LEWIS SPERRY CHAFER

TEOLOGÍA SISTEMÁTICA

TOMO I

editorial clie

EDITORIAL CLIE
CLIE, E.R. n.º 2.910-SE/A
C/ Ferrocarril, 8
08232 VILADECAVALLS (Barcelona) ESPAÑA
E-mail: libros@clie.es
Internet: http:// www.clie.es

TEOLOGÍA SISTEMÁTICA DE CHAFER
TOMO I
Lewis Sperry Chafer

Traductores:
Evis Carballosa
Rodolfo Mendieta P.
M. Francisco Liévano R.

ISBN: 978-84-8267-517-6
ISBN obra completa: 978-84-8267-516-9

Printed in COLOMBIA

Clasifíquese:
0004 TEOLOGÍA SISTEMÁTICA
CTC: 01-01-0004-12
Referencia: 224735

Lewis Sperry Chafer

DR. LEWIS SPERRY CHAFER

SU VIDA Y MINISTERIO

El Reverendo Lewis Sperry Chafer DD, Lit. D., quien nació en un hogar Cristiano en Rock Creek, Ohio, el 27 de Febrero 1871, tuvo antepasados quienes fueron ministros fieles al evangelio.

Su padre, el Reverendo Thomas Franklin Chafer, nació in 1829, y fue graduado de Franklin College, Cincinnati, y en 1864 de Auburn Theological Seminary. Después de un ministerio fructífero, murió en el ano 1882 a la edad de 53 anos, cuando Lewis Sperry tenía solamente once años de edad. William Chafer, el abuelo paterno nació en Ingleterra, y se trasladó con su familia a Los Estados Unidos, dedicándose a la agricultura.

La madre de Lewis Sperry, Lois Lomira Sperry, nació en 1836 y murió en 1915 a la edad de 79 años cuando el tenía cuarenta años de edad. El padre de ella era predicador (Welch Wesleyan) además de ser guarnicionero. Su abuela materna era Anna Sperry de descendencia Irlandesa. Lewis Sperry estudió en las escuelas públicas de Rock Creek. Desde 1885-1888 asistió a New Lyme Institute, Ohio, donde fue introducido al estudio serio de la música.

Cuando su madre se trasladó a la ciudad de Oberlin, Ohio, Lewis Sperry asistió al Colegio de Oberlin y al Conservatorio de Música de 1889 hasta 1892. Allí conoció a Ella Loraine Case, una señorita que era no solamente muy espiritual sino tambíen dedicada a la música.

Durante esos años Lewis Sperry Chafer, asistió al Evangelísta Arthur T. Reed, como Ministro de Música, a la misma vez que dirijía la música para otros evangelístas, durante un período de 7 anos.

El 22 de Abril, 1896 Chafer se casó con la Señorita Case en Chatauqua, New York, quien llegó a ser su amada y fiel esposa, y colaboradora en su ministerio como cantante y pianista. Al año siguiente, Dr. Chafer empezó las compañas evangelísticas las cuales llevó acabo hasta su muerte, cantando and predicando siempre acompañado por su fiel esposa.

En 1900 Dr. Chafer fue ordenado en Buffalo, New York. Tres años después llegó a ser asociado con el Dr. C. I. Scofield, pastor and fundador de la Iglesia Congregacional de Northfield. Desde entonces ellos colaboraron en el ministerio de la enseñanza de la Palabra de Dios hasta la muerte del Dr. Scofield en 1921.

A la misma vez Dr. Chafer colaboró como Ministro de Música con destacados cantantes del evangelio, tales como Ira Sankey, D. A. Towner, George Stebbins, y otros en las grandes Conferencias del Verano de D. L. Moody por las cuales la señora de Chafer siempre era organista. Durante los veranos, el Doctor Chafer celebró campañas evangelísticas durante las cuales fue asociado con los grandes predicadores conservativos y Bíblicos de aquel tiempo.

En el año 1916 en la oficina del Dr. Scofield en Dallas, Texas, se dedicó su vida completamente al ministerio de la enseñanza de la Bíblia.

Después de campañas evangelísticas grandemente fructíferas en casi todos los estados de los Estados Unidos, el vino a Dallas, Texas, con el propósito de fundar un Seminario Bíblico en el año 1922. Dos años después, Dallas Theological Seminary fue establecido con la colaboración del Dr. A. B. Winchester de Toronto, Canada, y del Dr. William Griffeth Thomas de Philadelphia. Dr. Chafer continuó como Presidente hasta su muerte en August 22, 1952.

Mientras fue presidente del Seminario, Dr. Chafer llevó a cabo su ministerio de enseñanza Bíblica en grandes conferencias en Ingleterra, Escócia, Irlanda, Bélgica, además de conferencias evangelísticas en Méjico, America Central y America del Sur donde fue siempre una bendición grande no solamente para los misioneros sino tambíen para las iglesias nacionales.

Además de ser ministro de música, evangelísta destacado, y maestro de la Bíblia, fue autor de libros doctrinales, bíblicos y conservativos, los cuales han sido en mucha demanda y de gran bendición a miles de personas, estableciéndolos en la fe y en la seguridad de su salvación. Los libros siguientes continúan siendo publicados en Inglés:

"Satanás" 1909
"Evangelismo Verdadero" 1911
"El Reino en Historia y en Prophecia" 1915
*"Salvación" 1916
*"El Hombre Espiritual" 1918
"Gracia" 1922
*"Grandes Temas Bíblicos" 1926
"La Carta a Los Efesios" 1935

Desde 1940 Dr. Chafer se hizo Editor de Bíbliotheca Sacra la revista doctrinal mas antigua en Los Estados.

En el cumplimiento de Efesios 4:8,11, Dios ha dado un maestro amado a la Iglesia. En realidad no cabe duda que por medio de esta obra sobre la teología, el propósito de Dios, como expresado en Efesios 12-16 será grandemente cumplido con inmensa bendición en "el cuerpo de Cristo."

Dr. C. Federico Lincoln, Dallas, Texas, Diciember 1947
Revisión: Ermalinda Stevens de Walker, Febrero 18, 1986
Milwaukee, Wisconsin

*Son publicados en español

CON TODO APRECIO
ESTA EDICION DE
LA TEOLOGIA SISTEMATICA
EN CASTELLANO
ESTA DEDICADA A
LOS PASTORES Y OBREROS LAICOS
DE HABLA ESPAÑOLA

Don Guillermo H. Walker 1974

LA TEOLOGIA SISTEMATICA POR EL Dr. Lewis Sperry Chafer

EN MEMORIA DEL Rev. Guillermo H. Walker

Con mucha gratitud para con el Señor de la cosecha, Publicaciones Españolas, Inc. presenta esta cuarta edición de la Teología Sístematica al pueblo cristiano, especialmente a los pastores, evangelístas, obreros y misioneros de Latina America y de España.

Esta Teología originó en el crescente convición en el corazón de Guillermo Walker, quien reconoció que había un vacio tremendo de literatura doctrinal y Bíblica en español y que todas las excelentes teologías y los libros doctrinales dejaba mucho que desear. En 1968, dijo "La nececidad aumenta por literatura doctrinal. Que mejor obra pudiera ser presentada a la comunidad cristiana que la Teología Sístematica."

La mano de Dios descansó sobre esta obra monumental desde el principio. El hecho de que Don Guillermo podía completar La Teología era debido en gran medida al trabajo laborioso y fiel de los traductores que Dios levantó en respuesta a nuestras fervientes oraciones. Dios, de una manera singular, mandó a Publicaciones Españolas unos obreros de España y de Guatemala para asistir en la revisión final de los manuscritos, alistándolos para la imprenta.

La Teología, al publicarse in 1974, tuvo una gran acojida, mucho major de la que se esperaba. La demanda continua para esta comprehensiva Teología es testimonio suficiente que La Teología ha venido a llenar un gran vacio en las comunidades cristianas de habla española alrededor del mundo.

El testimonio siguiente de un ranchero de ganado de Guatemala expresa perfectamente lo que millares han comentado sobre la Teología: "Es tanta la gratitud que embarga nuestros corazones que no encontramos palabras adecuadas para agradecer al Señor por el fructífero ministerio de cada uno de Uds. Ha sido una labor monumental y de incalculable bendicíon espiritual, la obra que Uds. han llevado a cabo, al traducir al castellano la Teología Sístematica del Dr. Lewis Sperry Chafer. Esta obra ha sido un instrumento bendito que Dios ha usado para cambiar la vida de mi familia y la mía; sea el nombre del Señor glorificado."

Don Guillermo consideró que la Teología Sístematica, La Bíblia Scofield en español y La Bíblia Scofield en portugués eran su obra culminante de su ministerio. Una Semana después de mandar los manuscritos de la Bíblia Scofield en portugués a la imprenta, en plena actividad espiritual pasó de este mundo a su recompensa en la gloria. Dios le llamó a su presencia "ausente del cuerpo, presente con el Señor."

Ahora después de los años de transición desde la muerte del amado Editor y Presidente de Publicaciones Españolas, yo puedo decir que Dios me ha sido fiel, ayudándome, sosteniéndome, y contestando una multitude de oraciones a favor de la publicacíon de continuas ediciones de la Bíblia Scofield y esta cuarta edición de la Teología.

Agradezco humildemente las oraciones de muchos durante este período difícil. Ahora mi oración es que Dios derrame grandes bendeciones sobre todos aquellos que han de leer y estudiar esta Teología Sístematica.

Ermalinda Stevens de Walker, Presidente

PROLOGO

(Que todo estudiante debe leer cuidadosamente)

La Teología Sistemática, la más grande de todas las ciencias, atraviesa días críticos. Entre el rechazo y la ridiculización de ésta por aquellos que se autodenominan progresistas y la negligencia y la condensación de ésta por los ortodoxos, la Teología Sistemática, como influencia potente, se está acercando al punto de extinción. Es un hecho significativo que de más de dos veintenas de obras acreditadas y notables sobre Teología Sistemática que han sido producidas en este y otros países, una porción muy pequeña permanece aún impresa y la demanda de éstos trabajos es ínfima. El énfasis invariable de las Escrituras sobre la doctrina, asunto a que el Nuevo Testamento se refiere más de 400 veces, y al cual el cristiano debe de prestar atención (1 Ti.1:3; 4:6; 2 Ti.3:10,16; 4:2,3), permanece como una censura en silencio, ya sea oída o no, contra todas las nociones modernas que restan importancia a la teología dogmática y también se presenta como un correctivo a aquellos que muestran abandono hacia alguna porción de ésta.

No constituye secreto que el ministro promedio no está leyendo Teología Sistemática ni tampoco dichos escritos ocupan un lugar prominente en su biblioteca. Esta condición hubiese sido extremadamente sorprendente a ministros de dos generaciones atrás – hombres cuya posición era respetada entonces debido al profundo conocimiento que tenían de las doctrinas de la Biblia y cuyas predicaciones y escritos han ido muy lejos, en el engrandecimiento y edificación de la Iglesia de Cristo.

La situación presente no es un momento pasajero. El mismo efecto que tendría para un médico el desechar sus libros de anatomía y terapéutica lo tiene para el predicador el descartar sus libros de Teología Sistemática; y ya que la doctrina es la estructura del cuerpo de la verdad revelada, el abandono de ésta traerá por resultado un mensaje caracterizado por incertidumbre, inexactitudes e inmadurez. ¿Cuál es el campo específico de conocimiento que distingue la profesión ministerial sino el conocimiento de la Biblia y sus doctrinas? Al predicador le ha sido dada una responsabilidad de extremada importancia. Hombres de otras profesiones son incansables en sus esfuerzos por descubrir las verdades y perfeccionarse a sí mismos en el uso de las fuerzas correspondientes a sus varias vocaciones, aunque esto sea en el limitado campo de las cosas materiales. El predicador ha sido llamado a trabajar con las cosas de Dios, lo sobrenatural y lo eterno. Su servicio es diferente a todos los otros – diferente en cuanto a metas, diferente en cuanto a fuerzas disponibles, y por necesidad, diferente en cuanto a la preparación adecuada. La biblioteca de muchos ministros a veces no incluyen ni siquiera un sólo trabajo de teología, pero un médico seguramente poseará un digno trabajo sobre anatomía. Una manera moderna de pensar es la tendencia a tratar irrespetuosamente todo asunto doctrinal. Nunca podrá encontrarse un sustituto para el conocimiento de la Palabra de Dios. Solamente esa Palabra trata sobre asuntos eternos e infinitos, y solamente ella tiene poder para convertir el alma y producir una vida espiritual que honre a Dios. Hay un contenido espiritual ilimitado aunque latente dentro de la Biblia que contribuye mucho a su carácter sobrenatural. Este contenido espiritual no puede ser discernido por el hombre natural (ψυχικὸς), o no regenerado (1 Co.2:14), aunque éste haya adquirido el grado más elevado de conocimiento o autoridad eclesiástica. Las capacidades naturales de la mente humana no funcionan en el ramo de las cosas espirituales. El mensaje divino es presentado "no con palabras enseñadas por sabiduría humana, sino por las que enseña el Espíritu acomodando lo espiritual a lo espiritual" (1 Co.2:13), y el Espíritu le ha sido dado a los creyentes para que ellos puedan conocer "lo que Dios nos ha concedido". Cuando en la base de la erudición, se le ha permitido a hombres no regenerados dictar a la Iglesia lo que ésta ha de creer, la Iglesia ha descendido de su carácter sobrenatural al nivel de institución humana, y es correcto decir que no han sido regenerados aquellos hombres que niegan la única base sobre la cual un alma puede ser salvada.

El adquirir el conocimiento del contenido espiritual de la Biblia es una tarea de toda la vida. Los grandes predicadores que han conmovido los corazones de los hombres con poder divino han estado saturados de las verdades bíblicas obtenidas por medio del estudio directo y diario de las Escrituras. Los datos generales del conocimiento humano pueden ser adquiridos por medios corrientes, pero las verdades espirituales son aprensibles solamente cuando son enseñadas al corazón del individuo por el Espíritu Santo.

Ningún estudiante de las Escrituras debe de estar satisfecho solamente con el resultado de los estudios realizados por otros hombres. El campo es ilimitado y sus tesoros siempre nuevos. Ningún astrónomo limita su atención a los descubrimientos de otros hombres, sino que siempre está escudriñando el espacio por sí mismo tanto para verificar como para descubrir; y ningún teólogo digno estará satisfecho solamente con el resultado de las investigaciones de otros teólogos, sino que siempre estará escudriñando las Escrituras. Sin embargo, una introducción adecuada es necesaria y un método de estudio necesita ser establecido si tanto el astrónomo como el teólogo esperan continuar progresando con eficiencia creciente.

En el caso dei teólogo, esta responsabilidad de adquirir una introducción a la Biblia y su verdadero método de estudio, sin duda, descansa sobre un seminario teológico. Muchas veces el seminario ha tomado la actitud de que el estudio de la Biblia en español por su contenido espiritual no tiene lugar en un programa de estudios teológicos, asumiendo que estudios exegéticos limitados en porciones de los textos hebreo y griego son suficiente. La exégesis pertenece al departamento de los idiomas originales y su importancia no puede ser sobreestimada, ni tampoco debe de cesar una vez que el estudiante se gradúe. Pertenece al ramo de la investigación exegética el insistir en el estudio de los aspectos doctrinales, devocionales, históricos, proféticos y prácticos de la revelación divina; pero la exégesis puede, y frecuentemente así es, degenerar en un simple estudio gramatical y filológico del texto dando muy poca atención al contenido espiritual de las Escrituras. Los institutos bíblicos pueden enseñar la Biblia a los laicos, pero es la prerrogativa del seminario teológico el producir expositores exegéticos de las Escrituras con autoridad y precisión. Sin importar los ideales mantenidos por muchos seminarios modernos, el predicador ha sido llamado "a predicar la Palabra". A ser "apto para enseñar", a ser uno que se aparta de "las tradiciones de los hombres," y ser uno que divide bien la Palabra de verdad. Ya que el obtener el conocimiento de la Palabra de Dios es una tarea de toda la vida, ningún seminario, no importa que tan fiel sea su propósito, puede esperar el hacer más que el dar al estudiante una introducción de todo el texto de la Biblia, un método y hábito de estudio con verdaderos ideales y el impartir ímpetu para el estudio incansable del mismo Texto Sagrado.

Este debe de ser el punto de enfoque de todo plan de estudio. Estudios de teología, los idiomas originales, e historia deben de contribuir a este ideal, es a saber: el conocimiento de las Escrituras. Hay problemas sociales y pastorales acerca de los cuales el pastor debe ser instruido, pero éstos son secundarios en comparación con el llamamiento a ministrar la verdad de Dios. Hay también un valor de largo alcance en el conocimiento de la historia de opiniones teológicas, y la familiarización con los argumentos y conclusiones de los grandes hombres de las generaciones pasadas es esencial; pero, en importancia vital, ese conocimiento y familiaridad no son comparables con el entendimiento de la Palabra de Dios y la verdadera aplicación de esa palabra a los hombres de hoy. De igual manera, el estudio de evidencias es una disciplina importante para el estudiante de teología, pero las evidencias no envuleven la verdad misma. El químico que a través de un día de trabajo en su laboratorio ha comprabado el valor de varios alimentos sin duda se alegrará al poder participar de alimentos cuando haya concluído su día de labor. Así también un predicador debe estar percatado del alcance y el rumbo de la filosofía de su día, pero el debe comprender también que el único medio correcto para combatir el error es la declaración positiva de la verdad de Dios. Un predicador lleno del Espíritu y que imparte la verdad tendrá muy poco tiempo o disposición para dedicarse a la controversia sino que manifestará el mensaje sobrenatural y eficaz de Dios, contra el cual ningún error puede resistirse.

Aunque es cierto que la Biblia es la fuente del material que entra dentro de la teología sistemática, también es verdad que la función de la teología sistemática es explicar la Biblia. En su estado natural, el oro es frecuentemente pasado por alto por aquellos que no tienen ojos para distinguirlo. De igual manera los tesoros de la verdad divina son observados solamente por aquellos que han sido entrenados para reconocerlos. En sus años de entrenamiento, el estudiante de teología debe de ser llevado a través del campo completo de la doctrina para que pueda estar preparado para continuar su investigación en toda porción de la Biblia a través de su ministerio, estando preparado para proseguir inteligentemente en cada fase de la revelación divina. Sin esa completa introducción a la doctrina ningún predicador será capaz de sostener la verdad en sus proporciones correctas, ni tampoco podría asegurarse que él o su congregación no caerán en los errores de cultos antibíblicos, o en la incredulidad modernista. Después de cubrir de una manera general el campo completo de su profesión, el médico o el abogado pueden servir al público como especialistas en algún aspecto particular de esa profesión; pero el teólogo no debe especializarse en ningún departamento de la verdad. Aquellos que se ocupan en popularizar nuevas doctrinas han causado daños inestimables en la Iglesia, y la única manera de evitar ese peligro, o la de obtener predicadores que no sean "lanzados de un lado a otro por todo viento de doctrina" es el proveer la disciplina requerida en la teología sistemática que incorpora una completa consideración bajo la dirección de un maestro competente de los aspectos esenciales de cada doctrina y con el reconocimiento apropiado de la relación de las doctrinas entre sí. El racionalismo siempre ha procurado su admisión dentro de la iglesia cristiana; pero ha encontrado poca simpatía mientras los seminarios teológicos han dado un lugar adecuado a la teología sistemática aun en su forma esquemática. Hay un espacio muy reducido entre la ignorancia de la doctrina y el rechazamiento y la ridiculización de ésta y puede decirse con bastante certeza que no hay rechazamiento de la doctrina verdadera que no esté basado en la ignorancia.

Mientras que el seminarista necesita hoy, al igual que ayer, especializarse en la teología sistemática, la tendencia, desafortunadamente, es substituir la teología por la filosofía, la sicología y la sociología. Esto puede, hasta cierto punto, explicarse por el hecho de que la doctrina bíblica es una revelación, y los substitutos están dentro del campo del pensamiento del hombre natural.

En este siglo como en ningún otro, hay un mensaje específico que predicar a toda criatura, y, mientras que hay líderes que son un don de Dios a la iglesia, la obligación de testificar descansa sobre todo cristiano de igual manera.

Nunca se le da el debido reconocimiento al gran número de testigos fieles que cumplen su comisión como maestros de la escuela dominical, obreros en las misiones, obra personal, y como vivos exponentes de la gracia divina. Este es el evangelismo del Nuevo Testamento diseñado por Dios. Las fuerzas latentes para la evangelización en una congregación de creyentes van más allá de todo cálculo humano; pero ellos necesitan ser entrenados para esa tarea, y Dios ha ordenado definidamente que ellos sean entrenados. ¿Cómo podrán ellos realizar ese trabajo con destreza y exactitud aun en su limitada esfera de servicio? Que ese entrenamiento es necesario se indica en Efesios 4:11-12. Allí está escrito que hombres con dones – apóstoles, profetas, evangelistas, pastores y maestros, especialmente los pastores y maestros – son designados para la tarea de "perfeccionar a los santos para la obra del ministerio"; esto es, el ministerio ha sido encomendado a los santos. La revelación aquí indicada no es solamente el hecho de que los santos tienen un servicio de testimonio que realizar, sino también el hecho de que ellos han de ser equipados para este servicio por los hombres con dones que Dios ha puesto sobre ellos como sus líderes. La palabra *καταρτισμόν*, aquí traducida "perfeccionar" es un nombre que se usa una vez en el Nuevo Testamento y significa "equipar" y se refiere a esa preparación que todos los santos deben tener para poder ser efectivos al testificar de Cristo. La forma verbal de esa palabra se encuentra en otras partes del Nuevo Testamento y con un uso muy significativo De acuerdo con este pasaje (Ef.4:11-12) el pastor y maestro es responsable de equipar a aquellos que han sido puestos bajo su cuidado. Aunque esa preparación envuelve métodos de trabajos, incluye aun mucho más, es decir, un correcto conocimiento de la verdad.

Pero el pastor y maestro necesita ser entrenado para esa tarea. En las presentes condiciones esa preparación es puesta en las manos de los profesores en un seminario teológico. La responsabilidad de ellos es aún mayor que la de los otros hombres ya que las cosas celestiales trascienden a las cosas de la tierra. Observe este manantial fluyendo desde su fuente: toda verdad e ideales que el profesor imparte a sus estudiantes al prepararlos, ellos a su vez impartirán más tarde a grupos numerosos sobre los cuales ejercerán cuidado espiritual.

Si una congregación no está activamente ocupada en ganar almas y en hacer trabajos misioneros, usualmente se debe al hecho de que sus miembros han sido privados de los líderes que Dios puso para ese fin. Si el pastor no tiene pasión por ganar almas ni tiene visión misionera, estará limitado en su habilidad, y será inexacto en su exposición de la Palabra de Dios, su falta en estos aspectos de su ministerio pueden trazarse generalmente al hecho de que ha sido desposeído del entrenamiento espiritual y vital dispuesto por Dios.

Por lo tanto, puede decirse nuevamente que la responsabilidad del profesor del seminario no es nada menos que sobrehumana. Si esto es verdad, ningún hombre está capacitado para servir en la facultad de un seminario si no está totalmente consciente de su responsabilidad y, además de ese entrenamiento avanzado y destreza en la verdad que su posición demanda, es en sí mismo un ejemplo digno del celo misionero, pasión evangelística, y un incansable ganador de almas. ¡Qué grandes fuegos de avivamiento comenzarían a arder y qué fuerzas espirituales se descargarían si la iglesia demandase la purificación y perfección de la fuente de la enseñanza doctrinal al igual que la digna ilustración de la vitalidad espiritual y la pasión de ganar almas en la vida y ministerio de aquellos que moldean el carácter de los líderes escogidos por Dios!

Este no es un esfuerzo por rebajar la dignidad escolástica. La noción prevalente de que la excelencia académica y la pasión espiritual no pueden coexistir en una misma persona fue contestada de una vez y por todos al principio de la era cristiana en el caso del Apóstol Pablo, sin contar los miles de predicadores del pasado que han obtenido una envidiable erudición sin restringir sus vidas espirituales o disminuir la pasión por las almas.

La encuesta en relación con los efectos malignos de una teología incompleta puede considerarse con un reconocimiento completo que la enseñanza de una doctrina superficial en un seminario deja al pastor decisivamente descalificado, y su limitación se reflejará no tan solamente en su vida espiritual sino también en la vida espiritual y la actividad de todos aquellos que confían en su ministerio.

La crítica que ha sido incorporada en este prólogo en ninguna manera se relaciona al material incluido en las obras de teología sistemática existentes. La iglesia tiene una deuda inestimable a los grandes teólogos por el trabajo que ellos han hecho. Llamamos la atención solamente a ciertos grandes temas que extrañamente no aparecen por lo general en obras de teología sistemática. Si se dijera, que por haber sido omitidos, estos temas no pertenecen a la teología sistemática, pudiera contestarse que ningún hombre ha sido señalado por determinar que materia entra en esta ciencia. Ya que, como generalmente es reconocido por teólogos, la teología sistemática es el coleccionar científicamente, ordenar, comparar, exhibir, y defender todas las verdades de todas y cada una de las fuentes en relación a Dios y a sus obras, es obvio que no puede haber ninguna razón válida para omitir algunas de las doctrinas vitales de esta ciencia. Los teólogos no tienen el permiso de Dios para restringir el campo de la teología al material que se encuentra dentro del marco de sus respectivas denominaciones, o las más o menos restringidas enseñanzas de los líderes no inspirados que han formulado esas reglas. La revelación divina en su totalidad, y no solamente porciones de ésta que armonizan con los dictados aceptados, reta al estudiante de la doctrina.

Aunque el interés en la teología sistemática ha declinado en años anteriores, ha habido un interés creciente en la necesidad de una extensa obra teológica pre-milenial y dispensacional.

Tal obra ha sido una necesidad por mucho tiempo. Este trabajo tiene el propósito de iniciar un paso en dirección a llenar tal necesidad.

¿Por qué la necesidad de una obra extensa? Simplemente porque una parte de cualquier cosa nunca equivale a la totalidad de la cosa misma. Una investigación de muchos años en obras de teología sistemática ha resultado en el descubrimiento de que en el campo de la doctrina hay por lo menos siete grandes temas importantes olvidados. Pocos lectores, en verdad están en posición de percatarse lo que queda fuera en una obra de teología. Estas omisiones son: (1) el programa divino de las edades; (2) la iglesia, el cuerpo de Cristo; (3) la conducta humana y la vida espiritual; (4) angelología; (5) tipología; (6) profecía; y (7) el ministerio presente de Cristo en el cielo. Se puede señalar la pérdida de todo lo que abarca la omisión de estas doctrinas, por lo cual es necesario indicar algunos de los aspectos importantes de cada una de esas doctrinas.

I. EL PROGRAMA DIVINO DE LAS EDADES

Aunque algunas fases del programa divino para las edades pertenecen propiamente a la escatología, y ésta será tratada más tarde bajo ese tópico; ese asunto excede los límites de la escatología, y siendo, como es, tan vasto, debe de ser reconocido como fundamental para el correcto entendimiento de las obras de Dios en relación a este mundo.

El estudio dispensacional de la Biblia consiste en la identificación de ciertos bien definidos períodos de tiempo que son divinamente indicados, conjuntamente con el propósito revelado por Dios en relación con cada uno de ellos. Un reconocimiento de las distinciones divinamente indicadas en cuanto a períodos de tiempo y los mensajes pertenecientes a cada uno es el verdadero fundamento de una ciencia tal como la teología sistemática, la que se propone descubrir y exhibir la verdad en relación a las obras de Dios. No hay manera de contar la cantidad de errores prevalecientes debido al descuido de leer en una dispensación o edad lo que pertenece a otra.

Que Dios tiene un programa para las edades se presenta en muchos pasajes (Dt.30:1-10; Dn.2:31-45; 7:1-28; 9:24-27; Os.3:4-5; Mt.23:37-25:46; Hch.15:13-18; Ro.11:13-29; 2 Ts.2:1-12; Ap.2:1-22:21). Igualmente, hay bien definidos períodos de tiempo en relación al propósito divino. El Apóstol Pablo escribe acerca del período entre Adán y Moisés (Ro.5:14); Juan habla de la ley que fue dada por Moisés pero la gracia y la verdad vinieron por Jesucristo (Jn.1:17). Cristo también habla de "los tiempos de los gentiles" (Lc.21:24), los que evidentemente deben de distinguirse de la expresión judaica "los tiempos y las sazones" (Hch.1:7; 1 Ts.5:1). De igual manera, El habló de un período hasta entonces no anunciado entre sus dos advenimientos e indicó sus características distintivas (Mt.13:1-51), y predijo un tiempo aún futuro de "gran tribulación" y definió su carácter (Mt.24:9-31). Hay "los últimos días para Israel" (Is.2:1-5) como también "los últimos días para la iglesia" (2 Ti.3:1-5). El apóstol Juan anticipa un período de mil años y lo relaciona al reinado de Cristo, tiempo en que la Iglesia, la Esposa, reinará con El (Ap.20:1-6). Cristo se sentará sobre el trono de David y reinará sobre la casa de Jacob por siempre fue declarado por el ángel Gabriel (Lc.1:31-33) y que habrá un nuevo cielo y una nueva tierra es claramente revelado (Is.65:17; 66:22; 2 P.3:13; Ap.21:1). En He.1:1-2 un marcado contraste es trazado entre "el tiempo pasado", cuando Dios habló a los padres por los profetas, y "estos últimos días", cuando El nos está hablando por medio de su Hijo. De manera similar se revela que hay edades pasadas (Ef.3:5; Col.1:26) donde se refiere a la edad futura como la dispensación – *οἰκονομία* – de la plenitud – πλήρωμα – de los tiempos – καιρός.

El uso de la palabra αἰῶνας en Hebreos 1:2 y 11:3, con su referencia casi universal al tiempo ya sea restringido o sin restricción este significado particular en lo que se refiere al orden divino de los períodos de tiempo. El primero usado con ἐποίσεν τοὺς αἰῶνας y el otro con κατηρτίσθαι τοὺς αἰῶνας han sido ampliamente discutidos. El teólogo Dean Alford dice: "Hay dos clases principales de intérpretes: (1) los que ven en la palabra su significado ordinario de 'una época de tiempo'; (2) aquellos que no reconocen ese significado, pero suponen que ésta se ha unido al significado de la palabra 'el mundo', o 'los mundos'. Al primero pertenecen los padres griegos; y algunos otros. Por otra parte, el segundo es el punto de vista de la mayoría de los comentaristas (*N.T. for English Readers,* vol.2, parte II, p.529). En muchos pasajes, incluyendo los dos en cuestión, Vincent declara que αἰῶνας se refiere "al universo, el conjunto de edades o períodos, y sus contenidos los cuales están incluidos en la duración del mundo." La palabra αἰῶνας según Vincent "significa un período de tiempo; De otra manera sería imposible explicar el plural, expresiones explicativas tales como *esta edad,* o *la edad por venir*" (*Word Studies* Vol. IV, p. 59).

Considerando el significado aceptado de *ionas*, la interpretación natural del pasaje en cuestión es que Dios por medio de Cristo en verdad ordenó los períodos sucesivos, más allá de *kairos* dentro de *kronos*, extendiéndose en verdad a las cosas eternas o de la eternidad. Esta interpretación sostenida, según Alford, por los padres griegos, aunque no libre de dificultades, tiene más que una importancia pasajera para aquellos que disciernen la verdad, la fuerza y la fructificación de los períodos de tiempo de Dios.

El estudiante de las Escrituras que se ha consagrado a su tarea descubrirá que los grandes períodos de tiempo de Dios, caracterizados como están por específicos propósitos divinos, caen dentro de un orden bien definido, moviéndose con infinita certeza hacia el glorioso cumplimiento de lo que Dios ha decretado. Hay un orden en los días creativos. La edad de los patriarcas es seguida por la edad de los jueces, y esa edad es seguida por la de los reyes. Los tiempos de los gentiles, que termina la edad de los reyes, continúa hasta el Día de Jehová, cuyo extenso período es seguido por el Día de Dios, caracterizado por el Nuevo Cielo y la Nueva Tierra, los que no solamente serán santos en grado infinito, sino que permanecerán para siempre.

El programa de Dios es tan importante para el teólogo como la cianotipia lo es al ingeniero o la carta náutica al marinero. Sin su conocimiento, el predicador ha de divagar sin rumbo en la doctrina y fracasará en alto grado en su propósito de armonizar y utilizar las Escrituras. Sin duda una persona con mente espiritual que no conoce el programa divino puede discernir verdades espirituales aisladas, así como uno pudiera gozarse en una porción de color raro en una pintura sin observar la obra misma o la contribución específica que ese color hace al total de la obra.

A pesar de su importancia como uno de los aspectos sobresalientes de la doctrina, la Teología Sistemática, como es presentada generalmente en libros de textos, adolece del reconocimiento del programa divino para las edades.

II. LA IGLESIA, EL CUERPO DE CRISTO

La eclesiología, o la doctrina de la Iglesia, comprende tres divisiones principales – (a) la verdadera Iglesia, el cuerpo de Cristo, (b) la iglesia visible u organizada, y (c) el comportamiento y el servicio de los que han sido salvos en esta dispensación. Aunque de tremenda importancia, la primera y la tercera de estas divisiones prácticamente nunca son tratadas en obras de teología sistemática, mientras que la segunda, si del todo no mencionada, es normalmente restringida a los aspectos peculiares de alguna secta o rama de la iglesia visible con referencia específica a la organización y las ordenanzas.

El libro de los Hechos y las Epístolas introducen el asunto de una nueva clasificación de la humanidad llamada la *Iglesia* grupo que es, también, propiamente designado como una parte de la Nueva Creación ya que toda persona dentro de ese grupo ha experimentado el poder regenerador del Espíritu Santo (2 Co. 5:17; Gá. 6:15).

Las obras de teología sistemática generalmente han reconocido a los redimidos de esta edad, pero solamente como una supuesta secuencia o continuación en el progreso del propósito divino en Israel. Se hacen referencias a *la iglesia del Antiguo Testamento* y a *la iglesia del Nuevo Testamento* como siendo partes componentes de un mismo proyecto divino, dejando así de reconocer esas distinciones entre Israel y la Iglesia las cuales, siendo tan radicales en sus características, sirven para indicar las diferencias más amplias posibles entre ambas –diferencias en cuanto a origen, carácter, responsabilidad, y destino. Hay por lo menos veinticuatro marcadas diferencias aun por ser observadas entre Israel y la Iglesia, mientras que hay cerca de doce aspectos prominentes comunes entre ambos; pero las similitudes obvias no echan a un lado las diferencias. El hecho de que la revelación concerniente tanto a Israel como a la Iglesia incluye la verdad acerca de Dios, la santidad, el pecado, y la redención por la sangre, no elimina un aún mayor sistema de verdad en el que se revela que el israelita es tal por nacimiento natural mientras que el cristiano es cristiano por medio de un nacimiento espiritual; que a los israelitas les fue señalado el vivir y servir bajo un sistema legal meritorio, mientras que el cristiano vive y sirve bajo un sistema de gracia; que los israelitas como nación, tienen su ciudadanía presente y su destino futuro centralizados solamente en la tierra, extendiéndose hasta la Nueva Tierra que está aún por existir, mientras que los cristianos tienen su ciudadanía y futuro destino centrados solamente en el cielo, extendiéndose hasta el nuevo cielo que está aún por venir a ser (en relación tanto a las bendiciones terrenas como a las celestiales vea Ap. 21:1-22:7; 2 Pe. 3:10-13; He. 1:10-12; Is. 65:17; 66:22).

Respecto a la humanidad, el tiempo transcurrido desde Adán hasta el presente es por lo general reconocido por quienes aceptan el testimonio de las Escrituras ser aproximadamente de cerca de seis milenios, siendo estos divididos en tres períodos de cerca de dos milenios cada uno. En el período desde Adán hasta Abraham hubo una raza o linaje humano en la tierra –El gentil; en el período de Abraham a Cristo hubo dos –judío y gentil; y en el período del Pentecostés hasta la hora presente ha habido y hay tres –El judío, el gentil, y la Iglesia. En el milenio final y venidero habrán, de acuerdo con muchas profecías, dos razas o linajes en la tierra –El judío y el gentil– y como se ha visto, éstos, habiendo sido maravillosamente transformados, continuarán como habitantes de la Nueva Tierra en donde mora la justicia. Como puede verse, la dispensación presente solamente se caracteriza por la presencia en la tierra de una tercera agrupación humana – la Iglesia. No tan solamente Cristo anticipó este grupo de personas (Mt. 16:18), sino que estos aparecen al lado de Israel (1) como co-partícipes en el propósito de Su encarnación, (2) como recipientes de su ministerio, (3) como el objeto de Su muerte y Su resurrección, (4) como los beneficiarios de Su segunda venida, y (5) como relacionados con El en Su reinado. De estos aspectos de la verdad, puede observarse lo siguiente:

(1) Hubo dos propósitos independientes y ampliamente diferentes en la encarnación. (a) Del lado mesiánico y en relación con su oficio, como rey de Israel, Cristo nació de una virgen y vino dentro de esta relación humana con derechos reales indiscutibles para que pudiese cumplir el pacto de David (1 S. 7:8-18; Sal. 89:20-37; Is. 33:21, 22, 25-26). El ángel dijo a la virgen María, "y he aquí que concebirás en tu vientre, y darás a luz un hijo, y llamarás su nombre Jesús. El será grande, y será llamado hijo del Altísimo; y el Señor Dios le dará el trono de su padre David; y reinará sobre la casa de Jacob por siempre

y de su reino no habrá fin." (Lc. 1:31-33); y como el heredero legal a través del linaje humano, El será el ocupante sempiterno del trono terrenal de David, y reinará sobre la casa de Jacob por siempre (Is. 9:6-7; Lc. 1:33). (b) Del lado mediatorio y redentivo y para cumplir el pacto Abrahámico, es de igual manera verdad que por medio de la encarnación el Mediador entre Dios y el hombre es provisto con todas las bendiciones inagotables que el Mediador Teantrópico puede asegurar, y a través del nacimiento virginal.

El pariente redentor se realiza quien, tipificado por Booz, está capacitado para redimir el estado perdido y reclamar a su novia celestial –la Iglesia.

Mientras que estos dos diferentes objetivos son parte de la encarnación, los aspectos generales en relación a la encarnación son comunes a ambos cuando se contemplan tanto el propósito celestial en la Iglesia como el propósito terrenal en Israel, debe de observarse que: (a) no fue sino la segunda Persona de la Deidad quien vino en esta relación humana; (b) para hacer esto el se anonadó a sí mismo, haciéndose obediente a la voluntad del Padre; (c) tomó el cuerpo humano, alma y espíritu; y (d) la unión así formada entre la naturaleza divina y la humana resultó en la incomparable Persona Teantrópica.

(2) Cristo reveló dos líneas distintas de la verdad. En la primera, se presentó a sí mismo como el Mesías de Israel y llamó a esa nación al arrepentimiento nacional que por muchos años había sido profetizado declarando también el carácter de su reino terrenal y a sí mismo como el Cumplidor de los grandes propósitos mesiánicos. En aquel tiempo dijo de sí mismo, "no he sido enviado sino a las ovejas perdidas de la casa de Israel" (Mt. 15:24). Al enviar a sus discípulos él les ordenó diciendo, "en ciudad de samaritanos no entréis; sino id antes a las ovejas perdidas de la casa de Israel" (Mt. 10:5-6). En segundo lugar cuando era claro que Israel le había rechazado, comenzó a hablar de su partida y su segunda venida, y de una era hasta entonces no anunciada que debía intervenir y en la cual el evangelio sería predicado a todo el mundo tanto a los judíos como a los gentiles, y sus discípulos, cuyos mensajes anteriormente habían estado limitados solamente a Israel, fueron entonces comisionados a declarar las buenas nuevas a toda criatura. Una breve comparación de su mensaje de despedida a Israel –". . . odiados de todas las naciones" (Mt. 23:3, 25-46)– con su palabra de despedida a aquellos que habían creído en él para la salvación de sus almas (Jn. 13:1, 17-26), mostrará las diferencias más evidentes entre Israel y la Iglesia. Tales contrastes pueden extraerse de los evangelios casi indefinidamente, y sin estas diferencias a la vista solamente la

perplejidad puede caracterizar a aquel que lee los evangelios con atención.

(3) En su muerte y resurrección se disciernen los dos mismos diferentes objetivos. Para Israel su muerte era una piedra de tropiezo (1 Co. 1:23), tampoco su muerte tenía parte alguna en su oficio como rey sobre Israel –" ¡por siempre viva el rey! ". Aun así en su muerte Israel tuvo su participación hasta el punto de que finalmente El resolvió la cuestión de los pecados cometidos en épocas pasadas, los cuales solamente habían sido cubiertos de acuerdo con las provisiones de los sacrificios del Antiguo Testamento (Ro. 3:25), por medio de su muerte el camino fue preparado para que cualquier judío pudiese ser salvo a través de la fe en El; y a través de su muerte fue asegurada una base firme sobre la cual Dios aun *quitará* los pecados de esa nación en el tiempo en que *todo Israel será salvo* (Ro. 11:27). Sin embargo la nación de Israel no mantiene ninguna otra relación a la resurrección de Cristo que la prevista por David, es decir, que si el Cristo muriese necesitaba ser levantado otra vez de entre los muertos para que pudiese sentarse en el trono de David (Sal. 16:10; Hch. 2:25-31). En contraste con esto, se revela que Cristo "amó a la iglesia y se dio a sí mismo por ella"(Ef. 5:25-27), y que su resurrección es el comienzo de la nueva creación de Dios, lo cual incluye los muchos hijos que El está trayendo a la gloria (He. 2:10). En esa relación de la nueva creación, el creyente está en el Cristo resucitado y el Cristo resucitado está en el creyente. Esta doble unidad establece una entidad de relación la cual sobrepasa todo entendimiento humano. Cristo mismo comparó esta unidad a la que existe entre las Personas de la Deidad (Jn. 17:21-23). Por el bautismo del Espíritu Santo, efectuado, al momento de creer (1 Co. 12:13), la persona salvada es unida al Señor (1 Co. 6:17; Gá. 3:27), y por medio de esa unión con el Cristo resucitado es hecho participante de la vida de Cristo (Col. 1:27), es trasplantado del poder de las tinieblas al reino del Hijo Amado (Col. 1:13), es crucificado, muerto, y sepultado con Cristo, y es resucitado para andar en novedad de vida (Ro. 6:2-4; Col. 3:1), está ahora sentado con Cristo en los lugares celestiales (Ef. 2:6), es un ciudadano del cielo (Fil. 3:20), es perdonado de todos sus pecados (Col. 2:13), es justificado (Ro. 5:1), y es bendecido con toda bendición espiritual (Ef. 1:3). Este gran agregado de verdades, que es brevemente reseñado aquí, no se encuentra en el Antiguo Testamento; ni nunca se dice que los santos del Antiguo Testamento están de esa manera relacionados con el Cristo resucitado. Es imposible hacer que estas grandes revelaciones encajen con un sistema teológico que no haga distinción entre el carácter celestial de la Iglesia en contraste con el carácter terrenal de

Israel. Esa falta por parte de esos sistemas teológicos en discernir el carácter de la Iglesia verdadera, relacionado completamente como lo está al Cristo resucitado, explica la ausencia de la doctrina de la resurrección de Cristo y sus temas afines del contenido de esas obras teológicas.

(4) Los grandes eventos profetizados para señalar el cierre de la presente edad incluyen, El Día de Cristo, cuando la Iglesia será arrebatada para estar para siempre con el Señor –algunos por la resurrección y otros por transformación (1 Co. 15:35-53; 1 Ts. 4:13-17)– y el Día del Señor cuando la nación de Israel será recogida, juzgada y privilegiada al experimentar el cumplimiento de todos sus pactos terrenales en la tierra que le fue dada por la promesa de Jehová que no puede quebrantarse (Dt. 30:2-5; 2 S. 7:16; Sal. 89:34-37; Jer. 33:5-6; 31:35-37; 33:25-26).

(5) En el reino venidero del Mesías la distinción entre Israel y la Iglesia será aún más obvia. Israel, como nación, es vista a través de la visión profética estando en la tierra sujeta como súbdita del reino y en su reinado de gloria, mientras que la Iglesia estará reinando conjuntamente con Cristo (Ap. 20:6). Como su Esposa y compañera el lugar correcto de la Iglesia es compartir en Su reinado.

El Apóstol Pablo recibió dos revelaciones: (a) La de la salvación a la perfección infinita para el judío y el gentil a través de la fe en Cristo y en base de Su muerte y Su resurrección (Gá. 1:11-12). Que esa salvación es un ejercicio de gracia que sobrepasa a cualquier cosa hasta entonces experimentada en el Antiguo Testamento es claramente revelado en 1 Pedro 1:10: "Los profetas que profetizaron de la gracia que destinada a vosotros, inquirieron y diligentemente indagaron acerca de esta salvación." (2) La segunda revelación dada a Pablo fue la del Nuevo propósito divino expresado en el llamamiento de la Iglesia (Ef. 3:6). Este nuevo propósito no es el simple hecho de que los gentiles han de ser bendecidos. El Antiguo Testamento ha profetizado desde muy temprano las bendiciones al pueblo gentil. El propósito consiste en el hecho de que una nueva estructura de la humanidad iba a ser formada de entre judíos y gentiles, una relación en la que ni la posición de judío ni la de gentil es retenida, sino en la que Cristo es todo y en todos (Gá. 3:28; Col. 3:11). El Apóstol, de igual manera, registra el antiguo estado de los gentiles y los judíos y el estado presente de aquellos que ahora son salvos, ya sea de un grupo como del otro. Leemos en relación a los gentiles: "Que en aquel tiempo estabais sin Cristo, alejados de la república de Israel, y extranjeros a los pactos de la promesa, sin esperanza y sin Dios en el mundo (Ef. 2:12). Acerca del judío leemos "que son israelitas, de los cuales es la adopción, y la gloria, y el pacto, y la data de la ley, y el culto, y las promesas; cuyos son los padres, y de los cuales es Cristo según la carne, el cual es Dios sobre todas las cosas, bendito por los siglos. Amén." (Ro. 9:4-5). Pero acerca de la Iglesia leemos: "Bendito el Dios y Padre de nuestro Señor Jesucristo, el cual nos bendijo con toda bendición espiritual en lugares celestiales en Cristo. Según nos escogió en él antes de la fundación del mundo, para que fuésemos santos y sin mancha delante de él en amor; habiéndonos predestinado para ser adoptados hijos por Jesucristo a sí mismo, según el puro afecto de su voluntad, para alabanza de la gloria de su gracia, con la cual nos hizo aceptos en el Amado" (Ef. 1:3-6).

Teniendo por delante la misma fundamental diferencia, el apóstol Pablo enumera por separado a los judíos, los gentiles, y la Iglesia de Dios (1 Co. 10:32); y otra vez en Efesios 2:11 hace referencia a los gentiles como la *incircuncisión,* y a los judíos como la *circuncisión hecha con mano;* pero en Colosenses 2:11 Pablo se refiere a la *circuncisión hecha sin manos.* Esta última particularización indica la posición sobrenatural y el distintivo de aquellos que componen el Cuerpo de Cristo.

Aunque Jehová mismo estableció e impuso el judaísmo, esa religión no fue unida al cristianismo ni tampoco provee al presente la mas pequeña ventaja para el judío que desee convertirse al cristianismo. Con referencia al cristianismo, tanto judíos como gentiles están ahora, de igual manera, *bajo pecado.* Ambos necesitan de manera idéntica la misma gracia de Dios (Ro. 3:9), y esa gracia le es ofrecida precisamente sobre la misma base (Ro. 10:12). A Nicodemo, que aparentemente era uno de los ejemplos más perfectos del judaísmo, Cristo le dijo que tenía que nacer de nuevo, y el Apóstol Pablo oró por los isaraelitas quienes tienen "celo de Dios" para que fuesen salvados. Ellos eran culpables ya que después que los nuevos e ilimitados privilegios que en gracia habían venido a través de Cristo (Jn. 1:17), aún continuaban asidos a los distintos aspectos del antiguo sistema de méritos judaicos, "tratando de establecer su propia justicia" y no sometiéndose a sí mismos a la justicia imputada de Dios (Ro. 10:1-3).

Quien no pueda reconocer que la Iglesia constituye un nuevo y celestial propósito de Dios, absolutamente desasociado tanto del judío como del gentil (Gá. 3:28; Col. 3:11), sino que ve a la Iglesia solamente como una siempre creciente compañía de redimidos reunidos igualmente de todas las edades de la historia humana, tal vez haga bien en reflexionar en estas ideas: ¿Por qué fue roto el velo? ¿Por qué el Pentecostés? ¿Por qué el mensaje distintivo de las Epístolas? ¿Por qué las cosas *mejores* del libro de Hebreos? ¿Por qué fueron desgajadas las ramas judías? ¿Por qué el presente señorío y ministerio de Cristo en el cielo? ¿Por qué la visitación a los gentiles al presente y no antes? ¿Por qué la presencia permanente del Espíritu Santo dentro de todos los creyentes? ¿Por qué el bautismo del Espíritu Santo –algo único en el Nuevo Testamento? ¿Por qué las promesas terrenales a Israel y celestiales a la Iglesia? ¿Por qué fue cambiada la regla de vida divinamente dada de la ley a la gracia? ¿Por qué es Israel asemejada a la repudiada esposa de Jehová que luego ha de ser restaurada, y la Iglesia es asemejada a la novia desposada de Cristo? ¿Por qué los dos objetivos en la encarnación y la resurrección? ¿Por qué el nuevo día –el Día de Cristo– con su arrebatamiento y su resurrección de los creyentes y con sus premios por el servicio y los sufrimientos –un día que nunca se menciona en el Antiguo Testamento? ¿Por qué los *misterios* del Nuevo Testamento, incluyendo el del Cuerpo de Cristo? ¿Por qué la Nueva Creación, comprendiendo como la hace, todos aquellos que por el Espíritu están unidos al Señor y por siempre están en Cristo? ¿Cómo puede haber una Iglesia, estructurada como está, sino hasta la muerte, resurrección, y la ascensión de Cristo, y hasta el Día de Pentecostés? ¿Cómo podría la Iglesia, donde no hay ni judío ni gentil, ser parte alguna de Israel en esta o cualquier otra edad?

Al igual que la doctrina de la resurrección de Cristo, la doctrina de la Iglesia verdadera con su posición exaltada y sobrenatural y su destino celestial frecuentemente omitido en tratados teológicos solamente porque esos aspectos de la verdad no pueden encajarse en un sistema judaizado al que muy frecuentemente se ha sometido la Teología Sistemática. La magnitud de la pérdida espiritual causada por esa omisión es sólo levemente reflejada en la falta de entendimiento por parte de los creyentes en relación al llamamiento celestial con el correspondiente incentivo divinamente diseñado a vivir una vida santa.

III. LA CONDUCTA HUMANA Y LA VIDA ESPIRITUAL

Es posible que el énfasis moderno sobre la conducta humana expresado en la frase, "importa poco lo que uno crea, lo que importa es la clase de vida" cuando fue dicho por primera vez fue una protesta contra la omisión del tema de la conducta humana de las obras de Teología Sistemática. Fiel a sus limitaciones el mundo de hombres prácticos está más interesado en la justificación por obras que en la justificación por fe. Gran parte de la Biblia consiste en exhortaciones y el estudio de la conducta humana propiamente pertence a la ciencia cuyo propósito es descubrir, clasificar y exhibir las grandes doctrinas de la Biblia. Este tema incluye: (1) la conducta humana en general y en todas las edades –pasada, presente, y futura; y (2) el andar peculiar y sublime del creyente así como la vida diaria del cristiano: (a) su motivo; (b) sus normas elevadas; (c) su método en la lucha contra el mundo, la carne y el diablo; (d) sus pecados; (e) sus relaciones (f) su testimonio; (g) sus sufrimientos y sacrificio, su vida de fe y oración, y (h) competencia por los galardones.

1. LA CONDUCTA HUMANA EN GENERAL Y A TRAVES DE TODAS LAS EDADES. Desde el principio, Dios, en su fidelidad, ha revelado al hombre la precisa manera de vida que él requiere. Lo que pudiera llamarse *ley inherente* incorpora todo lo que el Creador espera y requiere de sus criaturas. Está bien expresado en la frase, "Sed santos, porque yo soy santo." Esa ley ha sido puesta sobre esta porción de la humanidad en todas las edades a quien ninguna otra ley le ha sido dirigida. Sin embargo, Dios ha revelado su voluntad específica a grupos particulares de personas en varias épocas. No es difícil identificar la responsabilidad particular impuesta por Dios sobre el hombre en cada edad. Durante gran parte de la historia del hombre éste ha sostenido una relación meritoria o legal con Dios; es decir, la declaración de Dios al hombre en relación con la conducta de éste ha sido, en substancia, "Si haces bien, te bendeciré (Dt. 28:1-14), y si haces mal, te maldeciré" (Dt. 28:15-68). Todos los asuntos gubernamentales, sociales y familiares, necesariamente proceden sobre el principio del reconocimiento del mérito humano. No es difícil, por lo tanto, que los hombres generalmente entiendan el aspecto legal de la gracia en el gobierno divino.[1] El hecho de que Dios, en su gracia soberana, ahora derrama, o asegura todos Sus beneficios salvadores antes de permitir al individuo hacer algo para si es aparentemente difícil de creer; pero es verdad, y hasta que esa verdad no sea reconocida el cristiano no podrá andar con Dios inteligentemente sobre la base del verdadero motivo de la gracia.

Aunque la Biblia deja por sentado los requisitos divinos para la conducta humana, en cada edad, hay tres sistemas amplios de gobierno divino que sucesivamente cubren el período de la historia de la humanidad desde el tiempo en que la primera Escritura Sagrada fué dada hasta el final del reinado mediatorio de Cristo, es decir (a) la Ley Mosaica, comprende la forma de vida prescrita en la edad de la ley, la que existió desde Moisés hasta Cristo, (b) la gracia como regla

---

[1]Puede observarse que los requisitos divinos para la justicia son de tal naturaleza que, en último análisis, Dios nunca puede apartarse de la base meritoria cuando trata con el hombre. La gracia es posible solamente debido a que el mérito todo suficiente de Cristo ha sido disponible, y satisface las demandas de todos los requisitos divinos para los que creen.

de vida, comprende la forma de vida, prescrita para la edad presente, la cual se extiende desde el primer advenimiento de Cristo hasta el segundo, y (c) la regla de vida del reino, comprende la manera de vida prescrita para la todavía futura edad del reino, la que sigue después de la segunda venida de Cristo. Aunque con frecuencia confundido, el gobierno divino es diferente en cada una de esas edades siendo perfectamente adaptado a la relación que el pueblo en sus respectivas dispensaciones sostiene con Dios. Cada uno de estos sistemas de gobierno humano está completo en sí mismo. La Ley Mosaica contiene los mandamientos, los estatutos, y las ordenanzas y fue la expresión de la voluntad de Dios, para Israel a quien solamente fue dirigida.

En las enseñanzas de la gracia dirigidas solamente a la Iglesia, Dios reveló por completo la manera de vida propia para aquellos que ya han sido perfeccionados en Cristo. La regla de conducta del reino comprende esa exacta responsabilidad que será requerida cuando Cristo reine en la tierra, cuando Satanás esté en el abismo , y cuando el conocimiento del Señor llenará la tierra así como el agua cubre la mar. Es bien razonable que existan preceptos ampliamente diferentes indicados para varios grupos de personas tan diversas en sus relaciones. La obligación humana hacia Dios no podrá ser la misma después de la muerte, resurrección y ascensión de Cristo, y el Día de Pentecostés, como fué antes de estos eventos. De igual manera, la obligación humana hacia Dios no puede ser la misma después que la Iglesia sea trasladada al cielo, el retorno de Cristo para reinar y el establecimiento del reino de los cielos sobre la tierra, como era antes.

En cuanto al carácter esencial de estos tres sistemas de la conducta humana, puede observarse que dos de ellos son legales y uno es de gracia. Hay dos simples pruebas disponibles para determinar esos preceptos de carácter legal distintos a aquellos que son por gracia: (a) lo que es legal está demostrado que lo es porque va acompañado de condiciones meritorias que determinan las bendiciones divinas (Ex. 20:12; Sal. 103:17-18; Mt. 5:3-12; 6:14-15) por otra parte lo que es por gracia es una apelación basada en las bendiciones divinas que ya han sido derramadas (Ro. 12:1-2; Ef. 4:1-3, 32; Col. 3:1). Hay mucho en común entre estos tres grandes sistemas de gobierno; cada uno de los diez mandamientos, con excepción del cuarto, es repetido en el sistema de la gracia; el primer mandamiento por sí sólo se repite en ese sistema en una forma u otra más de cincuenta veces, pero al aparecer así, éste, como otras características legales es siempre repetido para que pueda conformarse precisamente al carácter esencial de la gracia. (b) Otra vez aquello que es legal es demostrado por el hecho de que solamente se aplica a la habilidad humana;

mientras que lo que es por gracia es evidenciado por dos factores, la provisión de la ayuda divina y el ejercicio anticipado de ésta.

En general el sistema de la ley es presentado en el Antiguo Testamento (Ex. 20:1-31:18); las enseñanzas de la gracia se revelan en porciones de los Evangelios, el libro de los Hechos y las Epístolas del Nuevo Testamento mientras que el sistema del reino es presentado en las profecías del Antiguo Testamento concernientes al período mesiánico, y en aquellas porciones de los evangelios sinópticos que registran las enseñanzas acerca del reino, por Juan el Bautista y por Cristo. La importancia presente de esas distinciones, especialmente aquellas relaciones con la Iglesia, es obvia.

2. EL ANDAR CARACTERISTICO Y LA VIDA DIARIA DEL CRISTIANO. De acuerdo con las divisiones generales de este asunto como ya se ha indicado, podemos observar que el motivo que estimula la conducta y el servicio del que ha sido perfectamente salvado en Cristo es radicalmente por necesidad diferente de todo incentivo legal. Para el que ha sido salvado, estando perfeccionado por siempre en Cristo y habiendo sido aceptado en el Amado y es ahora un recipiente de toda bendición espiritual ninguna aplicación meritoria es propia; y el único motivo para una conducta correcta para tal persona, es el andar como es digno de la vocación a que ha sido llamado. Vivir con vista a asegurar el favor de Dios y vivir en el favor de Dios que ha sido asegurado en Cristo, son dos motivos totalmente diferentes. Uno es legal y el otro es de gracia y la manera de vida de gracia está gobernada por ruegos divinos que son adaptados a aquellos que están bajo la gracia (Ro. 12:1, 2; Ef. 4:1-3).

En cuanto a sus demandas las reglas de vida para el cristiano bajo gracia sobrepasan en gran manera a las requeridas a personas en otras dispensaciones. Esto no sugiere que el uno es más santo que el otro, sino que declara que el uno requiere más méritos que el otro. La ley dice "amarás a tu prójimo como a tí mismo", pero Cristo dice "un nuevo mandamiento os doy que os améis unos a otros como yo os he amado" (Jn. 13:34); la manera de vida requerida a un hijo de Dios se verá como algo sobrehumano en casi todos los particulares. En verdad, Dios no tiene dos medidas, una para la tierra y otra para el cielo. Como ciudadanos del cielo al creyente, aunque aún está en la tierra, se le ordena a vivir de acuerdo a los altos y santos ideales de su país natal (2 Co. 10:5; Gá. 5:16; Ef. 4:1-30; 5:2; 1 Ts. 5:19; 1 P. 2:9; 1 Jn. 1:7). Este ideal divino es doble: primero, victoria sobre toda forma de mal; y, segundo, la realización de toda la voluntad de Dios realizada por el Espíritu en el carácter y el servicio. La espiritualidad incluye esos dos aspectos mencionados. El ser debidamente librado de toda forma de mal es negativo y, el cuando realizarse no nos libra de la necesidad de una obra espiritual positiva en la vida cristiana para la gloria de Dios. La vida espiritual es el tema más grande del Nuevo Testamento después de la salvación por gracia. Toda fase de esta vida sobrenatural está establecida en las porciones doctrinales de las Epístolas del Nuevo Testamento. El predicador necesita conocer esas verdades si ha de experimentar forma alguna del poder divino en su propia vida ó en su ministerio. Asimismo, necesita saber este sistema de verdad para poder guiar a otros por el camino de la Santidad y del servicio inteligente. Los seminarios generalmente, no ofrecen instrucción en este importante campo de la doctrina; pero, a manera de contraste, en varios sitios han surgido convenciones con el propósito específico de estudiar con profundidad la vida espiritual. Estas, al parecer, son hasta cierto punto una protesta en contra del trágico fracaso de las instituciones teológicas en preparar pastores y maestros para el uso de los Sagrados ministerios que Dios ha encomendado. El *método* del cristiano en su lucha contra el mundo, la carne, y el diablo es también una revelación específica. En el momento de la Salvación el creyente entra en un triple conflicto de carácter humano en sus fuerzas y de largo alcance en sus posibilidades tanto en sus trágicas derrotas como en sus victorias gloriosas. Todo el alcance y el carácter del sistema mundial dirigido como lo está por su dios Satanás y ofreciendo sus atracciones y alicientes es fiel y exactamente presentado en el Nuevo Testamento. Así también, la doctrina de la *carne (σάρξ)*, con su constante enemistad contrista el Espíritu, y todas las cosas espirituales, es fielmente declarado para que el creyente no tan solamente entienda la complejidad de su nuevo ser, sino que también conozca la manera en que esa vida, a pesar de la carne, pueda convertirse en una vida *espiritual (πνευματικός)*, para la gloria de Dios; y de igual manera el creyente se enfrenta al gran enemigo de Dios quien es un impaciente y cruel enemigo, y quien con fortaleza y estrategia suprahumana, anda "como león rugiente buscando a quién devorar." La única provisión para la victoria en este triple conflicto es una confianza sencilla en el poder de Otro. Este plan no debe parecer extraño a quien ya haya descubierto los resultados maravillosos que se aseguran cuando se ha confiado en el Señor para la Salvación del estado perdido. La fe es la victoria que vence al mundo (1 Jn. 5:4), es la confianza en el Espíritu de Dios lo que vence a la carne (Gá. 5:16,17), y es la fe la victoria que vence al diablo (Ef. 6:10-16; 1 Jn. 4:4; Jud. 9).

No es suficiente demandar de los cristianos que sean buenos. A la luz del modo de vida sobrenatural perteneciente a su elevada vocación, sus propias limitaciones, y el triple conflicto a que ellos se enfrentan, el problema para ellos es, cómo hacer lo que es bueno (Ro. 7:18), y mientras que el Apóstol no aprendió con precisión los distintivos que gobiernan la vida de fe solamente conoció la derrota (Ro. 7:15-24). El conjunto de verdades relacionadas con la vida de victoria en el Espíritu es tan extensa y sus principios tan divinamente ordenados como lo son también los mismos distintivos en la doctrina de la salvación. En este cuerpo de verdad, uno es confrontado con ese aspecto particular de la muerte de Cristo que señala el juicio de la naturaleza de pecado. Este aspecto de Su muerte es el fundamento justo de toda la obra de Dios en la Santificación. Esta no es una simple cuestión en decidir lo que es bueno y lo que es malo; es claramente cuestión de reclamar el poder divino en la manera prescrita por Dios para vivir de acuerdo con las reglas del cielo. Que nadie se imagine que esos aspectos de la vida son conocidos intuitivamente. Por el contrario, ellos demandan la más cuidadosa instrucción en el aula de clase a la vez que la oración profunda y ajustes de largo alcance en su vida si el pastor ha de ser un hombre de Dios y que aplica la inteligencia en la dirección de vidas espirituales.

El carácter y la cura del *pecado en el cristiano,* es una de las doctrinas más extensas de la Palabra de Dios incluyendo primeramente el triple preventivo de Dios para dicho mal –la Palabra de Dios, la habitación del Espíritu Santo, y la intercesión de Cristo en el cielo. En segundo lugar, el efecto peculiar del pecado en el cristiano sobre sí misma es la pérdida del compañerismo con Dios, la pérdida de la paz de Dios, la pérdida del poder de Dios, y la pérdida del gozo del Señor. En tercer lugar, el efecto del pecado del cristiano en relación a Dios mismo, y esa liberación de la condenación que Cristo obtiene como Abogado en el cielo. Ampliamente el Nuevo Testamento presenta la base de la cura a través de una propiciación específica por el pecado del cristiano (1 Jn.2:2), y, por precepto y ejemplo, la manera en que el cristiano que peca puede volver a tener completo compañerismo con Dios – una doctrina que encierra direcciones explícitas en armonía con el estado de salvación del cristiano, y que es tan importante, en verdad, como lo es la vida y el servicio de los creyentes en la tierra.

El cristiano mantiene relaciones variadas cada una de las cuales está expuesta en las Epístolas del Nuevo Testamento con instrucciones específicas. El creyente mantiene una relación con Dios el Padre, Dios el Hijo, Dios el Espíritu Santo; con Satanás, el sistema Mundial, consigo mismo, los gobiernos humanos, el cuerpo de Cristo, los inconversos, las autoridades eclesiásticas, esposos con esposas, y vice versa, padres con hijos, hijos con padres, patrones con siervos,

siervos con patrones, el fuerte con el débil, el débil con el fuerte.

El cristiano es un ciudadano del cielo y después de su salvación es detenido aquí en este mundo en la capacidad de testigo. El es un peregrino y un advenedizo, un embajador de la corte del cielo. En Su oración intercesoria Cristo no solamente dijo que los salvados no eran de este mundo, como tampoco El no era de este mundo, sino que también El los había enviado al mundo como el Padre lo envió a El al mundo. A ellos ha sido encomendado el mensaje de reconciliación y es a ellos a quienes ha sido dada la gran comisión. Después de haber muerto por los pecadores, no puede haber habido un mayor deseo o propósito en el corazón de Cristo que el de hacer que este evangelio sea proclamado a aquellos por quienes él murió. El pastor es un líder divinamente señalado y es un maestro en la promoción de esta empresa. El trabajo misionero debe de ser la actividad principal de cada iglesia, el mejor aspecto de su inversión financiera y oración, y nunca debe cesar en llamar a lo mejor de la juventud en la congregación a ir como heraldos del evangelio hasta los confines de la tierra. Naturalmente, el estudiante de teología que va al campo misionero buscaría instrucciones en la espiritualidad misionera pero aquel que sirve como pastor necesita esa instrucción aún más porque sobre él descansa ese liderazgo que alcanza nuevas vidas para el servicio misionero, y la oración y el sostenimiento financiero de aquellos que van.

El cristiano es llamado al *sufrimiento* y al *sacrificio* conjuntamente con la experiencia de la gran paz y el gozo celestial. Los sufrimientos serán sobrellevados y los sacrificios se convertirán en gozo en la proporción en que la verdad de Dios haya alcanzado su corazón, y la verdad naturalmente alcanzará su corazón solamente cuando es traída por un fiel pastor profundamente enseñado en la Palabra que Dios ha dado. De igual manera, la fe efectiva y la oración constante, que deben de ser la experiencia permanente tanto del Pastor como de su congregación, proceden solamente del conocimiento de las Escrituras y la obediencia a éstas.

La doctrina de los galardones que han de ser otorgados ante el tribunal de Cristo por la fidelidad de la vida y el servicio corresponde directamente con la doctrina de la gracia divina, y ningún predicador o laico será inteligente en su esfuerzo ni estará poseído de uno de los grandes incentivos divinos si no es persuadido por estas provisiones y revelaciones.

Los aspectos más sobresalientes de la doctrina de la conducta humana y la vida espiritual han sido brevemente expuestos. Esta doctrina es intensamente práctica y naturalmente ocupará un lugar amplio en el mensaje del fiel pastor. Este tema incluye más que un sistema de ética. Todo el campo de la conducta humana está envuelto con sus principales distinciones de las edades en el sistema divino del gobierno humano y hay que añadir a esto los aspectos más específicos de la responsabilidad cristiana. Aunque pertenece a la revelación de Dios y aunque de gran importancia, prácticamente no se le dá ningún conocimiento a los aspectos de la conducta humana o a la vida espiritual en las obras de Teología Sistemática y de igual manera un sinnúmero de pastores han sido enviados desde los seminarios sin una preparación bíblica adecuada para enfrentarse a una de las más grandes tareas.

IV. ANGELEOLOGIA

Conforme a la revelación divina, la obra creadora de Dios normalmente se divide en tres aspectos principales y en el orden siguiente: (a) las huestes angélicas (b) las cosas materiales, y (c) la vida sobre la tierra y el hombre como la corona de la creación. Que los ángeles son seres creados se enseña en la Biblia (Col. 1:16; Sal. 148:2-5), y aunque el número de ángeles es vasto (He. 12:22; Mt. 26:53; Sal. 68:17; Ap. 5:11), todos fueron creados al mismo tiempo, y permanecerán numéricamente invariables ya que ellos ni se propagan ni mueren. De la manera que hay tres obras principales en la creación así también hay tres resultados distintos: (a) los ángeles, o lo que es completamente inmaterial, (b) la materia o sea que es completamente material, y (c) la vida física en la tierra o aquello que está compuesto por una combinación de lo inmaterial y lo material. De manera similar, así como hay un orden de vida inferior al hombre, también hay un orden de vida superior al hombre.

Solamente la Biblia presenta una información digna de ser creída en relación a los ángeles. Se les menciona cerca de 108 veces en el Antiguo Testamento y 165 veces en el Nuevo Testamento, y cada pasaje, se observará, constituye una contribución diferente a esta vasta e importante revelación. Aunque Dios no ha dado al hombre ninguna reciprocidad en relación a los ángeles, éstos evidentemente están muy conscientes de la existencia y las actividades de los hombres (He. 1:14), y el hecho de la existencia de los ángeles no es menos cierta. La Biblia revela, además, que los ángeles están sujetos a clasificaciones. Hay ángeles notables cuyos nombres y ministerios están registrados –Gabriel, Miguel, el Querubín, el Serafín, autoridades y poderíos, ángeles elegidos, y, los santos ángeles, quienes deben ser siempre diferenciados de los ángeles caídos de los cuales algunos están libres, y otros están encadenados en espera del juicio venidero.

Los ángeles han estado y estarán, presentes en ciertos eventos de la historia. Estuvieron presentes en la creación (Job 38:6, 7) al ser dada la ley (Gá. 3:19; Hch. 7:53; He. 2:2), en el nacimiento de Cristo (Lc. 2:13), en la resurrección (Mt. 28:2), en la ascensión (Hch.1:10) y estarán presentes en la segunda venida de Cristo (Mt. 25:31; 13:39; 24:31; 2 Ts. 1:7). En cuanto a sus actividades, los ángeles están limitados en conocimiento (Mt. 24:36), están disponibles para la defensa (Mt. 26:53), separán a los justos de los injustos (Mt. 13:41, 49), contemplan la deidad con gozo (Lc. 15:10), escuchan cuando Cristo confiesa a los fieles (Lc. 12:8), transportan un alma de la tierra a la hora de la muerte (Lc. 16:22), son espíritus administradores (He. 1:14), serán juzgados por los santos (1 Co. 6:3), no deben ser adorados (Col. 2:18), las mujeres deben de cubrir sus cabezas debido a los ángeles (1 Co. 11:10). Además de esto tenemos extensas listas de las actividades de ángeles específicas en distintas ocasiones y lugares mencionadas en más de cien pasajes de las Escrituras.

Esta división de la Teología Sistemática es en verdad vasta, incluyendo como lo hace, tanto la satanología como la demonología. Esta concierne a la primera creación de Dios y pone al descubierto una compañía de criaturas más elevadas que los hombres en su esfera de existencia (Heb. 2:7). La doctrina del pecado, especialmente en cuanto al origen y a la terminación del mal en el presente conflicto espiritual, es trazable únicamente en la esfera de verdad perteneciente a la satanología. Por sobre doce obras aceptadas de Teología Sistemática examinadas, la mayoría ignora el estudio de los ángeles completamente, mientras que otras le dedican muy poco espacio a ciertos aspectos del asunto. Resulta difícil comprender como una ciencia que se propone descubrir y exponer las obras de Dios pudiera restringirse tanto como la Teología Sistemática en lo que concierne al estudio de los ángeles.

Ya que Satanás es el engañador de todo el mundo, la verdad sobre él, en cuanto al ejercicio de su poder, será encubierta, distorsionada y abandonada, pero teniendo una revelación divina por la cual guiarse, los teólogos por indiferencia aparente, no tienen el interés de instigar esa forma de engaño que envuelve una tragedia espiritual de un alcance infinito y eterno.

El programa divino de las edades incluye la gran realidad del mal y da cuenta tanto de su terminación como de su comienzo y de su curso a través de la historia. Cuando la doctrina del mal en cuanto a su futuro, es examinada sin prejuicios, se descubrirá la verdad que resultará en la abolición del concepto romano de una iglesia que conquista al mundo, o la idea protestante de un mundo transformado por el evangelio. Por carecer de una presentación devota y sabia de la verdad contenida en la satanología y la demonología por parte de predicadores y maestros cuidadosamente enseñados, aun los creyentes se unen al mundo en su ridiculización y ataques tocante a la solemne revelación respecto a Satanás y a los demonios. Qué pudiese ser más enfático, penetrante o convincente que las palabras de Cristo: "No temáis a los que matan el cuerpo, mas el alma no puede matar; temed más bien a aquel que puede destruir el alma y el cuerpo en el infierno" (Mt. 10:28). Aun aquellos que desean ser serios frecuentemente se dejan llevar por creencias grotescas y antibíblicas con resultados malignos. Hay abundantes referencias bíblicas que explican las verdades esenciales respecto a Satanás –su origen, su condición anterior al pecado, su caída, su estado presente, su poder y autoridad, sus métodos, sus motivos, sus relaciones, sus actividades pasadas, presentes y futuras, sus juicios en sus aspectos variables y su destino final. De igual manera, hay abundantes textos bíblicos acerca de los demonios –su origen, número, habitación, actividades y condenación final.

El inmenso y vital compendio de verdad contenida en la satanología no puede ser bosquejado aquí. Algunas preguntas pueden servir para indicar algo de la extensión del tema: ¿Quién es Satanás? ¿De dónde procede? ¿Cuál era su estado original? ¿Para qué propósito específico fué creado? ¿Cuál pasaje específico de la Biblia describe el estado original de Satanás y sus responsabilidades? ¿Qué profundas verdades son descubiertas al hacer una exégesis completa de dicho pasaje? ¿Cuál pasaje bíblico registra en detalles el pecado de Satanás? ¿Qué envuelve cada una de las cinco declaraciones de rebelión de Satanás? ¿Cuál de esas declaraciones revela el motivo central de Satanás? ¿Cuál fué el pecado de Satanás de acuerdo con una traducción literal de 1 Timoteo 3:6? ¿Cuáles son los resultados universales del poder de Satanás? ¿Cuál fué la base sobre la cual Satanás apoya su autoridad sobre la humanidad en el período entre Adán y Cristo? ¿Qué logró Cristo con su muerte según Colosenses 2:14, 15? ¿Era cierta la pretensión de Satanás conforme a la revelación dada en Lucas 4:6, 7? ¿Cuál es su autoridad en el presente? ¿Sobre qué derecho actúa Satanás hoy? ¿Sobre cuáles esferas reina Satanás hoy? ¿Cuáles son los dos aspectos del mundo representados en la palabra *cosmos?* ¿Cómo es posible que Dios ame al uno (Jn. 3:16) y no al otro (1 Jn. 2:15-17; Stg. 4:4)? ¿Qué precisamente es el mundo al que el creyente no debe amar? ¿Quién es el dios del *cosmos?* ¿Qué significa la mundanalidad en el cristiano? ¿Es todo el sistema mundial malo delante de Dios? ¿Qué añade 1 Juan 2:16 a esta doctrina? ¿Pertenece la guerra al ramo del sistema mundial? ¿Cuál es la victoria que vence al sistema mundial?

¿Por medio de qué poder se obtiene la victoria? ¿Qué tanto de verdad puede Satanás incorporar en un sistema falso y aún sin ofrecer esperanza para los perdidos? ¿Cuáles son los juicios futuros de Satanás? ¿Dónde pasará el diablo la eternidad? ¿Cuál es la relación de Satanás con Dios? ¿Cuál es la relación de Satanás con el mundo? ¿Cuál es su relación con los creyentes? ¿Quiénes son los demonios? ¿De dónde proceden? ¿Qué se sabe en relación a su número? ¿Qué pasajes de la Biblia presentan las características generales de la demonología? ¿Están los demonios activos hoy? Si lo están, ¿qué hacen? ¿Cuál es el juicio futuro de éstos? ¿Dónde pasarán la eternidad?

El hombre que ha sido puesto por Dios para que predique la Palabra no puede escapar la responsabilidad de declarar esas verdades. Si el predicador se ve obligado a excusarse por no haber recibido estas enseñanzas en el seminario, entonces dicho predicador confronta de nuevo el daño inconmensurable producido por una deficiente teología sistemática. Esto pudiera compararse a un oficial del ejército que es enviado a una batalla sin saber la naturaleza, la situación, el equipo o la fortaleza del enemigo. Un predicador no debe de dar un solo paso fuera del seminario sin saber la revelación explícita de Dios en relación a Satanás y los demonios así como un soldado no debe enfrentarse al enemigo sin antes conocer los recursos de dicho enemigo.

V. TIPOLOGIA

El Dr. Patricio Fairbairn comienza su valioso tratado acerca de los tipos con la siguiente declaración: "La tipología de las Escrituras ha sido uno de los aspectos más abandonados de la ciencia teológica." Esta declaración es de gran importancia no solamente por el reconocimiento de una pérdida inestimable en la Iglesia de Cristo, sino por el hecho de que la tipología es colocada por ese digno teólogo en un lugar correcto dentro de la Teología Sistemática. El Dr. Fairbairn no dice que no se le haya dado atención a la tipología en generaciones pasadas. Por el contrario, él demuestra que desde los tiempos de Orígenes hasta el presente ha habido aquellos que han enfatizado este tema, y que algunos lo han enfatizado más allá de lo debido. El asunto es que la teología, como ciencia, ha descuidado el estudio de este gran campo de la revelación. La tipología, como la profecía, ha sufrido frecuentemente a causa de sus amigos y de sus enemigos. El hecho de que algunos extremistas han dejado de diferenciar entre lo que es típico y lo que solamente es alegórico, análogo, paralelo, ilustrativo, o similar, puede haber ahuyentado a algunos teólogos de este campo. Cuando la verdad es materializada por improvisados y extremistas, una nueva responsabilidad es impuesta sobre los eruditos conservadores para declarar dicha verdad de manera correcta. Es obvio que el ser negligente hacia la verdad es un error mayor que sobreenfatizarla o presentarla erróneamente; y la tipología, aunque absurda para algunos, es, sin embargo, conspícua debido a su ausencia en las obras de teología sistemática. Como prueba del abandono hecho a la tipología está el hecho que de más de veinte compendios de teología sistemática examinados solamente uno hace mención a este asunto en su índice y el autor ha hecho una pequeña referencia en una nota al calce.

Un tipo es una anticipación divinamente propuesta que ilustra su antitipo. Estas dos partes de un mismo tema están relacionados entre sí por el hecho de que la misma verdad o principio está incorporada en ambos. No es la prerrogativa del tipo el establecer la verdad de una doctrina; sino que, por el contrario, éste ayuda a la fuerza de la verdad que es presentada en el antitipo.

Por otra parte, el antitipo sirve para elevar al tipo fuera del lugar común colocándolo en lo que es inagotable e invistiéndolo de riquezas y tesoros hasta entonces no revelados. El cordero de la pascua como tipo inunda la gracia redentora de Cristo con riqueza de signficado, mientras que la redención misma provee al Cordero de la pascua de todo su maravilloso significado. Aunque ės verdad que el tipo no es la realidad, como la es el antitipo, los elementos encontrados en el tipo han de ser mayormente observados en el antitipo. De modo que el tipo puede, como ocurre frecuentemente, guiar específicamente a un correcto entendimiento del antitipo. El tipo es tanto la obra de Dios como lo es el antitipo. A través del reconocimiento de la relación entre el tipo y el antitipo, como la profecía en su cumplimiento, la continuidad sobrenatural y la inspiración plenaria de toda la Biblia es establecida. Tanto el campo de la tipología como el de la profecía es vasto, habiendo más de cien legítimos tipos, de los cuales la mitad se refieren al Señor Jesucristo. En mayor grado, en el campo de la profecía hay más de trescientas predicciones detalladas acerca de Cristo que fueron cumplidas en su primer advenimiento. Hay tres factores primordiales que contribuyen a demostrar la unidad entre los dos Testamentos: el tipo y el antitipo, la profecía y su cumplimiento, y la continuidad en el progreso de la narración y la doctrina. Estos factores, como hilos entretejidos que se extienden de un Testamento al otro, unen ambas partes no solamente en una pieza, sino que también sirve para trazar un diseño que, por su carácter maravilloso, glorifica al Diseñador.

Las dos palabras griegas *τύπος* y *ὑπόδειγμα* sirven en el Nuevo

Testamento para expresar el pensamiento de aquello que es típico. La palabra τυπος significa una impresión que puede servir como molde o patrón, y aquello que es típico en el Antiguo Testamento es un molde o patrón de lo que es antitipo en el Nuevo Testamento. La raíz de la palabra τύπος es traducida al español con tres palabras: ("ejemplo" 1 Co.10:11; Fil.3:17; "figura" He.8:5; Hch.7:43; y "señal" Jn.20:25). La palabra δεῖγμα significa "representación" o "ejemplo" y cuando se combina con el prefijo ὑπό se refiere a algo que es mostrado claramente ante los ojos de los hombres. La palabra ὑπόδειγμα es traducida por las palabras "ejemplo" (Jn.13:15; He.4:11) y "figura" (He.9:23). Por lo general los tipos son clasificados como de *personas* (Ro.5:14; ver, además, Adán, Melquisedec, Abraham, Sara, Ismael, Isaac, Moisés, Josué, Daniel, Salomón, etc.); de *eventos* (1 Co.10:11; ver, además, la preservación de Noé y sus hijos en el arca, la redención de Egipto, la fiesta de la pascua, el éxodo, el paso del mar Rojo, el maná en el desierto, el agua de la roca, la serpiente alzada en el desierto, y todos los sacrificios); de alguna *cosa* (He.10:20; ver también el tabernáculo, la fuente de bronce, el cordero, el Jordán, una ciudad, una nación); de una *institución* (He.9:11; ver también el sábado, el sacrificio, el sacerdocio, el reino); una *ceremonia* (1 Co. 5:7, ver todos los servicios señalados en el Antiguo Testamento). Es imposible en este espacio presentar una lista completa de todos los tipos reconocidos mencionados en el Antiguo Testamento. Un verdadero tipo es una profecía de su antitipo, y habiendo sido así diseñado por Dios, no debe colocarse en el plano de la especulación humana, sino como una parte vital de la inspiración misma. Naturalmente, Cristo es el más sobresaliente antitipo ya que el objeto supremo tanto del Antiguo como del Nuevo Testamento es "el testimonio de Jesucristo." En respuesta a la pregunta de cómo un tipo puede diferenciarse de una alegoría o de una analogía, algunas reglas pueden considerarse. Entre éstas se ha declarado que nada debe considerarse como típico si no es sostenido como tal en el Nuevo Testamento. Esta declaración está sujeta a dos críticas: (a) a la luz de 1 Corintios 10:11, no hay límites marcados definidamente en la frase "estas cosas," aun así todo aquello que está incluido ahí se dice ser típico, (b) Hay muchos tipos fácilmente reconocidos que no son directamente sancionados como tales por ningún pasaje específico del Nuevo Testamento. Como el problema de la aplicación primaria y secundaria de la verdad, el reconocimiento de un tipo debe ser dejado en todo caso, al discernimiento de un juicio guiado por el Espíritu Santo.

Es la prerrogativa de la ciencia de la Teología Sistemática descubrir, clasificar, escribir y defender las doctrinas de las

Escrituras, y las características precisas de la tipología permanecen aún inciertas mayormente debido a que los teólogos han puesto su atención en otras cosas, ¡pero quién se atrevería a estimar las restricciones impuestas en la propia vida espiritual del estudiante de teología así como sobre las bendiciones y, a través de él, sobre todos aquellos a los que él ministra, cuando los tipos que son grandes cuadros presentados por Dios sobre grandes verdades son borrados de todos los cursos de estudios diseñados para prepararlos para un ministerio fructífero y digno de la Palabra de Dios! No es suficiente dar a estos temas un reconocimiento superficial en el estudio de evidencias; el estudiante debe de estar tan saturado de esas maravillas del mensaje de Dios que todo su ser brille con esa radiante luz espiritual que nunca puede ser apagada.

VI. PROFECIA

La proporción de la importancia de la profecía en relación con otros aspectos de la verdad bíblica está indicada por el hecho de que por lo menos una quinta parte de la Biblia era, cuando fue escrita, una anticipación del futuro. Otra parte de ese extenso material ya se ha cumplido, pero aún queda mucho por cumplirse. En cada paso del progreso humano le ha agradado a Dios declarar de antemano con precisión lo que El va a hacer. Podría suponerse que tal demostración de poder sobrenatural impresionase a los hombres; pero éstos siempre permanecen indiferentes a este fenómeno. El anuncio divino sobre el futuro ha sido normalmente revelado como un mensaje a aquellos que han estado en relación estrecha con Dios. Su palabra, "¿Encubriré yo a Abraham lo que voy a hacer? " (Gn.18:12), sin duda muestra uno de los motivos de Dios en Su revelación profética. Que todavía El revela Sus intenciones como están registradas en la Biblia a aquellos que están en estrecho compañerismo con El es evidente en Juan 16:12,13. Ese contexto registra las palabras de Cristo a Sus discípulos al final de aquellos inolvidables tres años y medio durante los cuales ellos tuvieron el privilegio de sentarse a Sus pies y aprender de El. Después de haber completado aquellos años de instrucción, El dijo, "Aún tengo nuevas cosas que deciros, pero aún no las podéis sobrellevar. Pero cuando venga el Espíritu de verdad, él os guiará a toda verdad:. . . y os hará saber las cosas que habrán de venir." De manera que las enseñanzas de Cristo están divididas en dos partes, a saber: (a) Aquellas cosas que los discípulos pudieron recibir antes de ser iluminados por el Espíritu de Dios, y (b) las cosas que ellos pudieron recibir después de haber sido iluminados. Para ilustrar esa división podemos decir que es evidente que ellos no podían en aquel tiempo recibir verdad alguna relacionada con la muerte de Cristo ya que entonces ellos no creían que El iba a morir (Mt.16:21,22); pero inmediatamente después de la venida del Espíritu, Pedro declaró: "Pero Dios ha cumplido así lo que había antes anunciado por boca de todos sus profetas, que su Cristo había de padecer" (Hch.3:18). El contexto de Juan 16:12,13 viene a especificar aquellos aspectos de la verdad que los discípulos no podían recibir, pero que recibirían después a través del ministerio didáctico del Espíritu Santo. Entre esas verdades, como el primero y único tema que fue específicamente mencionado, tenemos "y él os hará saber todas las cosas que habrán de venir." Es evidente en los Evangelios Sinópticos que el Señor había hablado mucho en presencia de ellos acerca de las cosas futuras, pero ellos no captaron las palabras proféticas de Cristo como tampoco comprendieron las referencias a la muerte del Señor. Antes del Pentecostés, Pedro indudablemente se unió a los demás para inquirir: "Señor ¿restaurarás el reino de Israel en este tiempo? " (Hch.1:6); pero poco tiempo después de Pentecostés Pedro pudo decir: ". . . para que vengan de la presencia del Señor tiempos de refrigerio, y él envíe a Jesucristo, que os fue antes anunciado; a quien de cierto es necesario que el cielo reciba hasta los tiempos de la restauración de todas las cosas de que habló Dios por boca de sus santos profetas que han sido desde tiempo antiguo" (Hch.3:19-21). Por lo tanto, tiene que concluirse que la habilidad de entender "cosas que están por venir" está limitada solamente a aquellos que están en tal relación con el Espíritu Santo que pueden ser enseñados por El.

Es importante notar, además, que aunque la profecía fue hecha clara a la iglesia primitiva, todo ese sistema de verdades conjuntamente con otras doctrinas vitales fue perdido de vista durante la Edad Media y, aunque no fueron enfatizados por los reformadores, han estado haciéndose cada vez más claras en particular durante las dos últimas generaciones ya que hombres capaces y reverentes han estado estudiando la palabra profética.

El tema de la profecía es en realidad, vasto. Es razonable suponer que hay tanto que escribir acerca del pasado como lo hay tocante al futuro y que el teólogo que ignora las profecías que aún no se han cumplido está, por lo tanto, eliminando una gran parte del material que entra en la totalidad del programa revelado por Dios. Aun los eventos pasados serán interpretados con incertidumbre por quienes no comprenden el programa revelado por Dios tocante a los eventos futuros; Dios obra por medio de su propósito inquebrantable e indivisible, incluyendo todo lo pasado y todo lo futuro, y es tan peligroso interpretar el pasado aparte del futuro como lo es interpretar el futuro aparte del pasado. Como una línea divisoria en tiempo, el presente es algo solamente incidental. Hubo un tiempo en el que algunas profecías que ya se han cumplido no se habían cumplido, y habrá un tiempo cuando las profecías que aún permanecen sin cumplirse se cumplirán. El programa divino de eventos que tan cuidadosa y fielmente han sido preparados y presentados en las Escrituras y revelados al corazón dispuesto por el Espíritu de Verdad muy poco le preocupa un *ahora* que es variable y transitorio.

La Escatología, al ser tratada por autores de Teología Sistemática, ha incluido poco más que una breve referencia a la resurrección del cuerpo, el estado intermedio, un juicio futuro, un tratamiento limitado tocante a la segunda venida de Cristo, y una igualmente limitada referencia sobre el cielo y el infierno. En contraste con esto, insistimos aquí que debido a que ningún punto de tiempo marca una división final entre las cosas pasadas y las futuras, la Escatología, siendo el arreglo ordenado de "las cosas que están por venir" debe incluir *todo* en la Biblia que era profético al momento en que fue revelado. Cuando la Escatología es ampliada de esta manera, la Teología Sistemática cumple su digno propósito, al menos en esta división de la misma. A ningún hombre jamás le ha sido dada la libertad de eliminar cualquier obra futura de Dios, del campo de la Teología Sistemática. A continuación presentamos una breve síntesis de los principales aspectos de la profecía ya cumplida:

El futuro de los hijos de Noé, la esclavitud de Israel en Egipto, el futuro de los hijos de Jacob, Israel en la tierra de Palestina, Israel bajo servidumbre, los juicios de las naciones circunvecinas a Israel, una restauración parcial de Israel, la venida y el ministerio de Juan el Bautista, el nacimiento de Cristo, los oficios de Cristo, Sus ministerios, Su muerte, Su sepultura, Su resurrección, Su ascensión; la edad presente, el Día de Pentecostés, la formación de la Iglesia, la destrucción de Jerusalén, el curso y el carácter de la edad presente.

Igualmente bosquejamos a continuación los aspectos principales de la profecía que aún permanece sin cumplirse: los últimos días de la Iglesia, la primera resurrección, el levantamiento de la Iglesia, la Iglesia en el cielo, la entrega de galardones, las bodas del Cordero, la gran tribulación sobre la tierra, el hombre de pecado, los últimos sufrimientos de Israel, el comienzo del Día de Jehová, la segunda venida de Cristo, la batalla del Armagedón, la destrucción de la Babilonia eclesiástica, la destrucción de la Babilonia política, el aprisionamiento de Satanás, el recogimiento y juicio de Israel, el juicio de las naciones, la entronización de Cristo, la resurrección de los santos de la gran tribulación, el reino material, el desatamiento de

Satanás y su última rebelión, el juicio de Satanás, el gran trono blanco, el destino de los malos, el destino de los redimidos, el nuevo cielo y la nueva tierra. Además de la diferencia que hemos señalado entre la profecía cumplida y la que está por cumplirse, el estudiante que se está preparando para el alto llamamiento de predicar la Palabra de Dios debe también recibir una introducción tocante a las profecías relacionadas a los dos Testamentos, los grandes períodos de tiempo, los judíos, los gentiles y la Iglesia de Dios, las grandes avenidas de las profecías, y la gran consumación de todas las cosas hacia la cual gravita la actividad divina. Casi un sinnúmero de detalles sobre la verdad están incluidos en esta concentración de pasajes bíblicos; pero solamente cada predicador debe saber si ha de cumplir su elevado y santo ministerio como expositor de la Palabra de Dios. Cuando la profecía es ignorada, una porción considerable de la Biblia con su poder santificador es sacrificada, gran parte del material diseñado por Dios para probar su invariable fidelidad es perdido; y el conocimiento de Su Plan y Su propósito, que solamente provee una inteligente cooperación con Dios en su servicio, se hace imposible.

VII. EL MINISTERIO PRESENTE DE CRISTO EN EL CIELO

El ministerio presente de Cristo en el cielo, el último de estos grandes temas de doctrina que consideraremos, generalmente es mencionado con más frecuencia en obras de Teología Sistemática que los temas ya presentados; pero cuando es introducido generalmente es reducido al espacio de unos pocos párrafos y el material abarcado no se extiende más allá de un reconocimiento somero tocante a la intercesión presente de Cristo y su abogacía y la relación que el Espíritu Santo sostiene como el Abogado en la tierra con la abogacía de Cristo en el cielo. La verdad vital en cuanto al valor sin límites para el creyente del ministerio presente de Cristo en el cielo y el largo alcance que éste tiene para la Iglesia no es incluido en esas breves discusiones.

Ignorando casi por completo los cuarenta días del ministerio de Cristo, posterior a su resurrección con la demostración del hecho que el cuerpo resucitado de Cristo es adaptable a la vida sobre la tierra ya que El aún vivirá aquí durante el Milenio de paz en la tierra, y con una breve referencia a la ascensión sin reconocer las dos entradas de Cristo en el cielo, y las riquezas de la verdad revelada en Su obra antitípica como cumplidor del tipo de la redención en el cual el sumo sacerdote presenta la sangre en el lugar Santísimo y en el que la gavilla de la ofrenda mecida ante Jehová como hecho profético de las primicias en la resurrección, estos autores van directamente a hacer una leve referencia para reconocer el hecho de que Cristo está sentado en el trono del Padre en los cielos. El profundo alcance de la diferencia entre el trono de Cristo –el trono de David, que es el trono de Su gloria, el que Cristo ocupará en la tierra– y el trono de Su Padre, en el cual El ahora está sentado, por lo general no es observado por estos autores.

Ninguna discusión sobre el ministerio presente de Cristo es adecuada si no incluye ciertos aspectos sobresalientes de esa revelación. En el plano más amplio de su ministerio mediatorio, Cristo está ahora sentado en los cielos en "espera." La palabra griega *ἐκδέχομαι* contiene la idea de uno que espera recibir algo de otro. A través de Hebreos 10:12,13 aprendemos que Cristo está ahora en la actitud de uno que está *esperando.* Mientras que la realización de todo lo que El espera está anticipada en el Salmo 2:1-12; Daniel 2:44,45; 2 Tesalonicenses 1:7-10 y Apocalipsis 12:10 (en estos pasajes se revela que toda la humanidad le será entregada a El y que El regirá dicha humanidad en absoluta justicia), debe observarse que los reinos de este mundo no pasan a ser el reino de Cristo en virtud del servicio y ministerio humanos, sino por el poder instantáneo de Dios y en medio de la rebelión de la humanidad contra Dios en la tierra.

Después de Su ascensión le fue dado a Cristo el ser "cabeza" sobre todas las cosas a la iglesia la cual es su cuerpo" (Ef.1:19-23). A través de su muerte y su resurrección, Cristo recibió una exaltación y un nombre glorificado (Fil.2:9,10), un nuevo gozo (He. 12:2), una experiencia por medio del sufrimiento (He.2:10), y a El le fue dado por el Padre ser "cabeza sobre todas las cosas a la iglesia." Por estas y por otras Escrituras puede verse que la Iglesia tuvo su comienzo con la muerte, resurrección y ascensión de Cristo, y la venida del Espíritu Santo. Este Señorío no es uno solamente de autoridad y ministerio; sino que es la verdad de una unión orgánica entre la Cabeza (Cristo) y el Cuerpo (la Iglesia). Comenzando con Su ascensión, Cristo dio inicio a un triple ministerio sacerdotal en el cielo:

Como Dador de dones (Ef.4:7-16), y director del ejercicio de éstos (1 Co.12:4-10) y como es tipificado en el Antiguo Testamento por los sacerdotes al consagrar a los hijos de Leví (Ex.29:1-9), Cristo permanece constantemente activo en el cielo. En relación a esto, el campo de servicio cristiano en pleno es correctamente introducido y la diferencia es notada entre la triple actividad universal del creyente como *sacerdote,* y el ejercicio de su don.

Como Intercesor, Cristo continúa en el cielo el ministerio que había comenzado aquí en la tierra (Jn.17:1-26). Este ministerio se extiende a su cuidado pastoral por aquellos a quienes ha salvado. El vive por siempre intercediendo por ellos, y por esa razón él puede salvar por siempre a aquellos que por medio de El se acercan a Dios (He.7:25). El no ora por el mundo, sino por aquellos que el Padre le ha dado (Jn.17:9). La intercesión de Cristo se relaciona a la debilidad, la inmadurez, y las limitaciones de aquel por quien El ora. Su intercesión provee para la eterna seguridad del creyente.

Como abogado y como Aquel que aparece por nosotros en el cielo (He.9:24), Cristo tiene que ver con el pecado del cristiano. En caso de que haya pecado en su vida, el creyente tiene un abogado para con el Padre. Un abogado es uno que expone la causa de otro ante una corte, y hay abundante razón para que Cristo abogue la causa de aquel que peca constantemente y cuyo pecado de otra manera le condenaría eternamente. Como Abogado, Cristo defiende la eficacia de Su propia sangre en favor del hijo de Dios que ha pecado, y la obra que El realiza es tan perfecta que, mientras que aboga a favor del cristiano que ha pecado, Cristo recibe el título de "Jesucristo el Justo."

No tan solamente está la doctrina del pecado del cristiano en el centro del presente ministerio celestial de Cristo, sino que también la intercesión de Cristo con Su abogacía forma la base de la verdad de la seguridad eterna de todo aquel que es salvo. Un completo entendimiento de las Escrituras tocante al extenso tema del pecado en el cristiano, en lo referente al efecto que el pecado surte en la vida del creyente y en Dios es de importancia primordial para el ministro en su propia vida, y en la de aquellos a quienes él se propone guiar a vivir una vida cristiana inteligente.

A la luz de 1 Juan 1:4-9; 2:1,2 y 1 Corintios 11:31,32, no puede dudarse que haya una atención divina especialmente dada y una provisión hecha por los pecados específicos que son cometidos por los hijos de Dios. La importancia de tal verdad es reconocida cuando se ve en su amplio alcance, en su influencia práctica en el poder espiritual y la santidad, y en el hecho de que es tan adaptada a la necesidad de los santos que han pecado, como la salvación es adaptada a aquellos que están perdidos. Aun así el reconocimiento del carácter del pecado en el cristiano tanto con su prevención como con su remedio provistos divinamente, conjuntamente con la realidad del ministerio presente de Cristo en el cielo, está tristemente ausente en cursos de entrenamiento ministerial.

En la totalidad de esta obra teológica, en contraste a lo generalmente acostumbrado en tratados de esta naturaleza, toda materia histórica es omitida de la discusión inmediata. El estudiante no prosigue el estudio de la historia de la doctrina a medida que avanza. Hay una declaración constructiva de la teología en su forma sistemática que es más eficaz si no es interrumpida constantemente con simples citaciones de creencias pasadas. En el plan seguido por el Seminario Teológico de Dallas el estudiante concluye su investigación teológica con un extenso curso sobre la historia de la doctrina con el propósito de cubrir todos los aspectos históricos de esta gran ciencia; y de esa manera en un tiempo en que toda la información sobre cualquier aspecto de la verdad es presentada el estudiante puede esperar verla en su verdadera luz histórica.

Es por eso que contendemos porque un tratado completo de teología es necesario.

¿Por qué una Teología premilenial? Hasta donde este autor sabe esta obra es la única que presenta un estudio de teología ordenada y lógicamente desde el punto de vista premilenial. El valor supremo de esta interpretación se observará, como esperamos, al avanzar en el estudio de esta obra. ¿Por qué una teología dispensacional? Aparte de un sobrio reconocimiento de los grandes propósitos y de los períodos dados por Dios, jamás se ha recibido un verdadero entendimiento de la Biblia.

Cuando la Teología Sistemática incluye las interpretaciones premilenial y dispensacional de la Biblia, mucho material adicional es descubierto y la obra abarca mucho más.

El autor está totalmente convencido de la estupenda tarea que ha sido puesta sobre sus hombros como lo es el forjar por primera vez, hasta donde él sabe, un sistema lógico y completo de teología en conformidad con el sistema dispensacional y premilenial de interpretación de la Biblia. Una vez terminada la tarea, esta obra sale a la luz con verdadero agradecimiento a Dios por la medida de aceptación alcanzada. Tal vez el camino haya sido preparado para la producción de una obra aún mejor. Quiera Dios usar este esfuerzo para Su gloria.

APRECIACION

El autor aprecia la contribución de los Drs. Miner B. Stearns y John F. Walvoord, quienes leyeron el manuscrito críticamente; también al Dr. John H. Bennetch y a Mr. A.H. Dewey Duncan por la gran ayuda prestada en relación a la forma final del texto; así mismo a la desaparecida Loraine Case Chafer y a la señora Casey Smith, quienes generosamente tuvieron cuidado de los manuscritos, y a innumerables amigos quienes, conscientes de la tarea sobrehumana puesta sobre mis hombros, me han sostenido con sus oraciones. Nuestras más expresivas gracias a los amigos que voluntariamente han ayudado financieramente a la producción de esta obra. Al señor Richard D. Williams, nuestras apreciaciones por haber diseñado la cubierta.

LEWIS SPERRY CHAFER

RECONOCIMIENTO

Me es grato reconocer, y a la vez manifestarles profundos agradecimientos, a los distinguidos colaboradores, quienes han prestado su valiosa ayuda a esta obra literaria. Todos han servido con verdadero esmero y abnegación en la traducción al castellano la prestigiosa Teología Sistemática por Dr. Lewis Sperry Chafer. Los hermanos que han colaborado en esta forma son:

Rodolfo Mendieta P.
M. Francisco Liévano R.
José María Chicol
Evis Carballosa
Roberto H. Gould

Asimismo, conviene mencionar el trabajo de amor de parte de mi fiel esposa, quien ha dedicado numerosas horas en los preparativos del manuscrito. ¡Quiera Dios que esta magna obra sea usada ampliamente entre los hermanos de habla española para la edificación y la ensanchamiento de la verdadera Iglesia evangélica!

Guillermo Walker
Redactor

CONTENIDO

VOLUMEN I

VOLUMEN II

ANGELEOLOGIA

VOLUMEN III

SOTERIOLOGIA

LA OBRA SALVADORA DEL DIOS TRINO

VOLUMEN I
PROLEGOMENOS

PROLEGOMENOS

CAPITULO I

P R E A M B U L O

I. LA PALABRA TEOLOGIA

La palabra *teología*, conforme a su etimología, está compuesta de dos palabras griegas – *θεός*, "Dios" y *λόγος*, "discurso" o "expresión." De manera que Cristo como la Palabra Viviente, y la Biblia como la Palabra Escrita, son LOGOS de Dios. Ambos son a Dios lo que la expresión es al pensamiento y lo que el discurso es a la razón. La teología es, por lo tanto, una *θεο-λογία* (Teo-logía) o discurso acerca de un asunto específico, es decir, Dios. Sin embargo, ya que no puede haber una consideración completa tocante a Dios si no se contemplan Sus obras y sus planes en el universo que El ha creado, así como Su Persona, la teología puede extenderse apropiadamente hasta incluir todas las realidades materiales e inmateriales que existen y las verdades concernientes a ellos y contenidas en ellos. Aunque es excesivamente impráctico sobrecargar la ciencia de la teología con extensos discursos abarcando todas las "ologías" del universo, no es menos cierto, sin embargo, que la verdad básica que distingue a toda ciencia es su relación al Creador de todas las cosas y a Su propósito en la creación. Aunque comunmente no se incluye en la ciencia de la teología las otras ciencias que tratan las ideas de los hombres, éstas serían tanto santificadas como ennoblecidas si fuesen tratadas, como debían serlo, con ese temor y reverencia que reconoce el poder y el propósito del Creador. Un gran daño ha resultado, obviamente, de la tendencia moderna de divorciar todos los asuntos que colindan con lo natural de toda relación divina cuando, en realidad, no hay base sobre la cual esas "ologías" pueden descansar a no ser sobre propósito original del Creador.

Aunque no se encuentra en el texto Sagrado, la palabra *teología*, estando compuesta por dos vocablos bíblicos comunes, es bíblica en su carácter. En Romanos 3:2 las palabras *τὰ λόγια τοῦ Θεοῦ*, ("las palabras de Dios") ocurre; en 1 Pedro 4:11 las palabras *λόγια Θεῶ* ("las palabras de Dios") también aparece; y en Lucas 8:21 ocurre también la frase *τὸν λόγον τοῦ θεοῦ* ("la palabra de Dios").

II. USOS GENERALES DE LA PALABRA TEOLOGIA

Dentro del su significado enciclopédico, la palabra *teología* es usada con varios significados especiales. Cuando se desea reconocer al primer exponente de un sistema teológico, el nombre del personaje es combinado con el término, como por ejempos, *teología* agustiniana, teología calvinista, teología luterana, teología arminiana. Cuando se tiene a la vista la fuente de su material se emplean términos específicos tales como *teología revelada, teología natural, teología católica,* y *teología evangélica.* Así, de la misma manera, la teología puede ser clasificada por su lugar de origen como *teología ginebrina, teología de Mecersburgo, teología de Oxford, teología de Nueva Inglaterra* o *teología de Oberlin.* Cuando se trata del contenido particular de una teología dada puede llamarse *teología bíblica, teología fundamental, teología histórica, teología homilética, teología ética, teología práctica,* o *teología pastoral.* De igual manera, varias teologías pueden clasificarse por el método que emplean como la *teología dogmática, teología exegética, teología nueva, teología polémica, teología racional* o *teología sistemática.*

Entre estas clasificaciones generales hay varias formas de teologías que requieren una definición particular.

1. TEOLOGIA NATURAL. La teología natural es la ciencia que está basada solamente en aquellas verdades acerca de Dios y su universo que están reveladas en la naturaleza.

2. TEOLOGIA REVELADA. Esta expresión se refiere a la ciencia que está basada en aquellas verdades acerca de Dios y su universo que están reveladas en las Sagradas Escrituras.

3. TEOLOGIA BIBLICA. La teología bíblica se refiere a la ciencia que tiene por objeto investigar la verdad acerca de Dios y su universo en su desarrollo divinamente ordenado y su medio ambiente histórico como se presenta en los distintos libros de la Biblia. La teología bíblica es la exposición del contenido *doctrinal* y *ético* de la Biblia. Esta no es un substituto para la teología doctrinal o la ética, sino que es su complemento histórico. Es la consideración de la verdad bíblica como fue originalmente dada en su proclamación profética.[1]

---

[1]"El siguiente comentario es tomado de la *International Standard Bible Encyclopaedia,* Vol. I. pp469-70: '*La Teología Bíblica* parece definirse mejor como la doctrina de la religión bíblica. Como tal se ocupa del material contenido en el Antiguo y el Nuevo Testamento como el producto del estudio exegético. Este es el sentido técnico moderno de ese término, por el cual significa una representación sistemática de la religión bíblica en su forma primitiva . . .Esto no es confundir la ciencia de la teología bíblica con la de la dogmática, ya que sus características son claramente distintas. La ciencia de la dogmática es

4. LA TEOLOGIA PROPIA. Así se designa una ciencia limitada que solamente contempla la Persona de Dios-Padre, Hijo y Espíritu Santo, pero sin hacer referencia a las obras de cada uno de ellos.

5. LA TEOLOGIA HISTORICA. Es una ciencia que traza el desarrollo de la doctrina y se ocupa, además, de las distintas variaciones sectarias y el abandono de la verdad bíblica por parte de grupos herejes que han aparecido durante la era cristiana.

6. LA TEOLOGIA DOGMATICA. Estudia aquellas verdades sostenidas con certeza.

7. LA TEOLOGIA ESPECULATIVA. Estudia verdades teológicas sostenidas en lo abstracto y aparte de su importancia práctica.

8. TEOLOGIA DEL ANTIGUO TESTAMENTO. Así designada porque se limita a esa porción de las Escrituras.

9. TEOLOGIA DEL NUEVO TESTAMENTO. Así designada porque se limita a los libros del Nuevo Testamento.

10. PAULINA, JUANINA Y PETRINA. Estudia los escritos de los apóstoles así designados.

11. TEOLOGIA PRACTICA. Se ocupa de la aplicación de la verdad al corazón de los hombres.

12. TEOLOGIA TEISTA O SISTEMATICA. Es una ciencia que sigue un plan humanamente trazado o un orden de desarrollo doctrinal y que se propone incorporar en su sistema toda verdad acerca de Dios y su universo de todas y cada una de las fuentes existentes. La Teología Sistemática puede distinguirse de la Teología Natural en que la Teología Natural obtiene su información únicamente de la naturaleza; de la Teología Bíblica en que ésta obtiene su información solamente de la Biblia; y de la Teología Propia en que ésta está limitada a la consideración de la Persona de Dios, excluyendo sus obras.

Al definir la Teología Sistemática o Teísta, cierta terminología

---

histórico-filosófica; la de la teología bíblica es puramente histórica. La dogmática declara lo que, para la fe religiosa, tiene que ser considerado como verdad; la teología bíblica solamente descubre lo que los escritores del Antiguo y el Nuevo Testamento aducen como verdad. Esta última solamente considera el contenido de las ideas expuestas por los Escritores Sagrados, pero no se ocupa en investigar su corrección o verificación. Es el *qué* de la verdad, en estas autoridades documentarias, lo que la *teología* bíblica busca obtener. El *por qué*, o *con qué derecho*, es de esa manera expuesto como verdad, pertenece a la otra ciencia, la dogmática. La teología bíblica es por ello la más objetiva de esas ciencias; no tiene necesidad de la dogmática; la dogmática, por otra parte no puede existir sin la ayuda de la teología bíblica . . .La importancia de la teología bíblica radica en la manera en que dirige, corrige y completa toda la teología dogmática y moral al traerlas a las fuentes originales de la verdad. Su espíritu es de la investigación histórica imparcial."

errónea ha sido usada. Se ha dicho que es "la ciencia de la religión"; pero la palabra *religión* no es en ningún sentido un sinónimo de la Persona de Dios y de todas sus obras. De igual manera, se ha declarado que es "el estudio científico de las verdades que se encuentran en la Biblia," pero esta ciencia, aunque obtiene la mayor parte de su información de las Escrituras, sin embargo, también usa material de cualquier otra fuente. También se ha definido la Teología Sistemática como el estudio ordenado de la doctrina cristiana; pero ya que el cristianismo solamente representa una porción del campo total de la verdad relacionada a la Persona de Dios y a su universo, esta definición es inadecuada.

III. VARIAS DEFINICIONES

El Dr. W. Lindsay Alexander define la Teología Sistemática como "la ciencia de Dios. . .un sumario de la verdad religiosa científicamente ordenada, o como un condensación filosófica de toda la sabiduría religiosa" *(Teología Biblica,* I.1).

El Dr. A.H. Strong define la Teología Sistemática como la "ciencia de Dios y de las relaciones entre Dios y el universo" *(Teología Sistemática,* p.1).

El Dr. Carlos Hodge declara que la Teología Sistemática tiene como objeto "sistematizar los hechos de la Biblia, y examinar los principios o verdades generales que esos hechos encierran" *(Teología Sistemática,* I. 18).

El Dr. W.H. Griffith Thomas declara: "La ciencia es la expresión técnica de las leyes de la naturaleza; la teología es la expresión técnica de la revelación de Dios. Está dentro del campo de la teología el examinar todos los hechos de la revelación, estimar sus valores, y ordenarlos de manera que formen un sistema de doctrina. La doctrina, pues, corresponde a las generalizaciones de la ciencia *(Principios de Teología* p. XXI).

El Dr. W.G.T. Shedd define la Teología Sistemática como "una ciencia que se ocupa tanto del estudio de lo infinito como de lo finito de Dios como del universo. Lo material, por lo tanto, que está incluido en la teología es más amplio que lo de cualquier otra ciencia. La teología también es la más necesaria de todas las ciencias" *(Teología Dogmática* I, 16).

Agustín considera la Teología como "una discusión racional acerca de la deidad" *(Shedd, ibid.,* p. 18).

La siguiente definición es ofrecida por el autor; La Teología Sistemática puede definirse como el coleccionar, ordenar científicamente, comparar, exhibir y defender todas las verdades procedentes de cualquier fuente tocante a Dios y sus obras. Esta es teísta ya que sigue una tesis de diseño humano y presenta y verifica la verdad como la *verdad.*

IV. LOS ESTUDIANTES DE TEOLOGIA

La persona que se ocupa en el estudio de la ciencia de la Teología Sistemática es propiamente dicho un θεολόγος ó teólogo. Si el vocablo griego θεολόγος fuese usado activamente como lo indica su acentuación, indicaría uno que habla por Dios, pero el uso pasivo de dicha palabra se referiría a aquel a quien Dios habla. Es obvio que ambos conceptos están inherentes en el uso aceptado de la palabra *Teólogo.* Sin embargo, por necesidad, el teólogo tiene que llenar ciertos requisitos y es necesario que posea ciertos dotes si es que va a progresar dignamente en la tarea que se le ha encomendado.

V. REQUISITOS ESENCIALES

1. EL ASUMIR DE ANTEMANO LA INSPIRACION Y AUTORIDAD DE LAS ESCRITURAS. Aunque como apologista el teólogo puede ser llamado, si el momento así lo requiere, a defender verdades específicas que pertenecen a su campo de estudio, y aunque entre las doctrinas que él defiende está la de la autoridad y la veracidad de las Escrituras, el teólogo no se ocupa primordialmente en la tarea crítica de probar la inspiración y el carácter divino de la Biblia, sino más bien en ordenar y exhibir la verdad positiva que las Sagradas Escrituras dejan por sentado. Ya que la Biblia es una principal fuente de información, el teólogo es llamado a ordenar el material dado por Dios en un orden lógico y científico. El teólogo es un biblicista, es decir uno que no tan solamente considera la Biblia como la única regla de fe y práctica, sino que tiene además la única fuente de información fidedigna en las esferas donde la revelación divina habla. Así como el químico no podrá avanzar en su ciencia si dudase o rechazase el carácter esencial de los elementos con los que trabaja, de igual manera el teólogo que no acepta la fidelidad de la Palabra de Dios también fracasará. Es la tarea del crítico reverente el descubrir y defender el carácter esencial de la revelación divina; pero al teólogo le ha sido encomendada la tarea de sistematizar y declarar la revelación divina tal y como ha sido dada.

Debido al hecho de que la ciencia de la Teología Sistemática debe de seguir la verdad de las Escrituras como la Palabra de Dios, este siglo moderno y racionalista con sus dudas hacia la inspiración verbal, la revelación, y la autoridad bíblica no tiene interés hacia la ciencia de la Teología Sistemática, y aún más, se está alejando con desdén de dicho estudio. Dada la aceptación de la verdad de la revelación divina, la ciencia de la Teología Sistemática es posible y a la vez requerida, y de inmediato se descubre que excede a todas las otras ciencias, así como el Creador excede a Su creación.

2. LAS LEYES DE METODOLOGIA SON ESENCIALES EN LA CIENCIA DE LA TEOLOGIA SISTEMATICA COMO LO SON EN CUALQUIER OTRA CIENCIA. El teólogo no crea ninguno de sus materiales como tampoco el botánico crea las flores ni el astrónomo controla las estrellas. Al igual que otros científicos, al teólogo le es dado el reconocer el carácter de su materia y el arreglarla adecuadamente. El no debe malinterpretar ni cambiar la verdad que le ha sido encomendada, ni aún dándole un énfasis desproporcionado. Para poder existir, la ciencia, por necesidad, tiene que repeler lo falso, lo parcialmente falso, y toda forma de prejuicio sin fundamento y de noción preconcebida. La importancia de hallar y sostener la verdad en su absoluta pureza y en proporciones correctas no puede sobrestimarse. A este fin puede llegarse solamente por un método sistemático, una actitud científica, y una labor extensa. Debido a que las verdades de las Escrituras puede expresarse mejor en los idiomas originales, es esencial que el teólogo sea un exégeta en dichos idiomas y que esté tan bien informado como sea posible respecto al carácter preciso del mensaje de Dios con el cual el está tratando. Es absurdo pensar que algún científico ignore o menosprecie el valor esencial de alguna porción de la materia con que su ciencia tiene relación. De igual manera la ciencia de la Teología Sistemática estaría incompleta y conduciría a error hasta el punto en que se omita y mal interprete cualquier porción de la revelación divina. El estudiante digno de la Teología Sistemática, si no calificase para el elevado y más inclusivo título de *teólogo,* tendría derecho a ser reconocido como un *supercientífico,* lo cual es.

De los dos métodos usados en el estudio de la Palabra de Dios –el deductivo, por medio del cual un tema es ampliado con lujo de detalles, un método que pertenece por lo general al campo de la predicación, y el *inductivo,* por medio del cual varias declaraciones tocante a un asunto son reducidas a una declaración armoniosa y todo inclusiva– la inducción es de manera distintiva el método teológico. Las inducciones pueden ser *imperfectas* o *perfectas.* Las inducciones imperfectas resultan cuando algunas, pero no todas las enseñanzas de las Escrituras se toman como base para una declaración doctrinal. Una inducción perfecta se forma cuando todas las enseñanzas de las Escrituras, de acuerdo a su significado preciso, son hechas la base de una declaración doctrinal. Es evidente que para las mentes finitas la inducción perfecta es más o menos un ideal, y el hecho de que diferentes e imperfectas inducciones son hechas explica, hasta cierto punto, la amplia divergencia de creencia doctrinal aún entre hombres de igual sinceridad.

3. LA NECESIDAD DE RECONOCER LAS LIMITACIONES. Si no fuese por que Dios ha dado al hombre una revelación adecuada de Sí mismo y que El espera que los hombres le presten atención, parecería una presunción infundada que la mente finita buscase el comprender aquello que es infinito. El teólogo no debería jamás perder de vista, el hecho de que él, como ningún otro científico, está llamado a tratar con cosas supernaturales, con cosas que transcienden los límites del tiempo y el espacio donde ninguna mente humana por sí sola puede penetrar y con seres invisibles, incluyendo las tres Personas de la Deidad y los ángeles. Al ser confrontado con asuntos tales, el teólogo debe siempre estar en quietud y santa reverencia, como estuvo Moisés delante de la zarza ardiente, y siempre impresionado con la futilidad de depender sólo de la opinión humana, así como las desastrosas consecuencias a que tal dependencia puede llevar. De la manera más simple, Dios ha hablado tocante a Sí mismo, y de cosas infinitas y eternas, la Biblia es ese mensaje y, aunque el hombre no puede originar ninguna verdad similar, aún siendo finito, le ha sido dado el privilegio por la iluminación del Espíritu Santo de recibir, con cierto grado de entendimiento, la revelación concerniente a cosas que son infinitas.

4. LA ILUMINACION ESPIRITUAL ES NECESARIA Y HA SIDO PROVISTA. Aunque, como se ha dicho, la Biblia está expresada en el lenguaje más simple, su mensaje, en muchos aspectos, transciende la esfera del entendimiento humano; pero Dios ha provisto la manera de vencer estas limitaciones humanas. El Espíritu de Dios es dado a toda persona salvada como el *Paracleto* que habita en el creyente, proveyendo así una fuente inagotable tanto para el entendimiento como para la enseñanza. Eso fué lo que Cristo obró en el corazón de los discípulos que anduvieron con El por el camino de Emaús. El texto declara que Jesús no tan solamente les abrió las Escrituras sino que también les abrió el entendimiento como para que comprendiesen las Escrituras (Lc. 24:27-32, 45). De igual manera, el segundo *Paracleto* oficiaría en beneficio de todos aquellos en quienes él habita. Una condición vital, sin embargo, es impuesta la cual envuelve el tema de la piedad y la dedicación del creyente a la voluntad de Dios. Es solamente en aquellos que "no andan conforme a la carne, sino conforme al Espíritu" en quienes la Voluntad de Dios es hecha (Ro. 8:4), y es el cristiano espiritual quien discierne todas las cosas (1 Co. 2:15). De esta manera se introduce en el campo de la

Teología Sistemática una ley pedagógica que es extraña a otras leyes de investigación, es a saber, que la iluminación divina, por medio de la cual únicamente la revelación puede ser comprendida, tiene que depender de una condición del corazón que no tan solamente está rendida a Dios, sino que también está siempre listo para conformarse a la Palabra que El ha hablado. Aunque las porciones históricas y exhortativas de la Biblia son comprensibles al hombre inconverso y al cristiano frío, las doctrinas, por lo general, están selladas para ellos, y como la Teología Sistemática tiene tanto que ver con la doctrina, esa vasta ciencia está cerrada a las multitudes que no están faltos de educación o de cultura; pero que sí están faltos de ese ajuste personal e interno con Dios que es lo único que asegura un discernimiento espiritual. La iglesia siempre está en peligro, y nunca tanto como ahora, del desastre que necesariamente sigue cuando permite que hombres de distinción en las esferas de reconocimientos humanos, pero que son inconversos o fríos espiritualmente, dicten lo que ella debe creer. Por lo tanto, necesariamente sigue que, además de la disciplina mental como requisito previo, todo estudiante de Teología Sistemática, antes de adentrarse en este ilimitado y supernatural campo de investigación, debe dar evidencia indiscutible de que ha nacido de nuevo, y por medio de ese nacimiento ha venido a poseer el Espíritu de Dios, el Maestro Divino, y que está rendido a la voluntad de Dios, no tan sólo tocante a la verdad misma sino también tocante a la piedad. Sin esa preparación, el estudio de esta ciencia ha de ser de muy poco o de ningún provecho. Sin embargo, si a un estudiante desposeído de esta preparación esencial se le permite graduarse e ir con una autoridad impuesta por los hombres a predicar, los resultados no serían sino calamitosos en un plano infinito y él mismo caería en el peligro de recibir el irrevocable anatema de Dios (Gá. 1:7-9).

5. SE REQUIERE UN ESTUDIO PACIENTE E INCANSABLE. Como uno que se aventura más y más en las profundidades del mar sin esperanza alguna de alcanzar sus playas, así el teólogo está siempre enfrentándose con materias ilimitadas en el campo de la doctrina bíblica. Se ha tenido por costumbre que el teólogo emplee por lo menos tres años en estudios introductorios a la ciencia de la Teología Sistemática y bajo la instrucción de aquellos que a través de un estudio paciente y de experiencia pueden guiarse en esa investigación introductoria. Sin embargo, el estudio de la doctrina bíblica es una tarea de por vida y siempre demanda tiempo y fortaleza. Feliz es en verdad el estudiante que obtiene una introducción completa y bien balanceada del vasto campo de la Teología Sistemática, pero tres veces feliz es aquel que con

persistencia y propósito continúa su estudio hasta el final de sus días en la tierra. No es necesario decir más aquí tocante a la tragedia por la que ha de atravesar el estudiante de Teología Sistemática que, por una razón u otra, no fué introducido a este campo de estudio, y quien por lo tanto continúa predicando solamente en el plano inferior de la conducta humana y nunca, por falta del conocimiento necesario, expone la doctrina transformadora de la Palabra de Dios.

Han transcurrido muchas generaciones hasta que hemos llegado al día en que el púlpito cristiano ha alcanzado su nivel más bajo en lo tocante a la predicación doctrinal. No obstante, el corazón humano no ha cambiado y el remedio divino para el alma pecaminosa y perdida es el mismo, y el siervo de Dios que ministra a esas necesidades con verdadera eficacia descubrirá la importancia del estudio constante de modo que pueda probarse a sí mismo ser para Dios un obrero que no tiene de qué avergonzarse, que traza bién la Palabra de Verdad (2 Ti. 2:15).

6. FE. Como se ha dicho, el estudiante de Teología Sistemática ha sido llamado para entrar en el campo de las cosas sobrenaturales. Su investigación está casi totalmente limitada al único Libro que posee el soplo de Dios y el poder para comprender el mensaje que ese Libro presenta se obtiene solamente por la intervención directa del Espíritu de Dios. No tan solamente son estas cosas ciertas; sino que el elevado y santo servicio de aquel que expone este Libro ya sea oralmente o por una digna incorporación de esas verdades en su vida cotidiana, será ventajoso y efectivo solamente cuando se administra la Palabra en el poder de Dios. La Biblia no es entendida ni recibida por el hombre inconverso (1 Co. 2:14), ni tampoco los cristianos carnales pueden asimilar sus profundas revelaciones (1 Co. 3:1-3). Esta gran verdad no podría expresarse de manera más decisiva que como se expresa en Hebreos 11:3, "por fe entendemos." Debe darse la debida importancia al valor del poder mental innato y a la virtud de la diligencia constante, pero éstos por sí solos poco aprovechan en una ciencia que es sobrenatural en todas sus partes. Ninguna otra ciencia tiene sobre su puerta de entrada un rótulo escrito semejante al de la Teología Sistemática, "Solamente hombres de la fe que han efectuado su regeneración y les ha guiado a una completa dedicación a Dios deben tratar de entrar por aquí." Ninguna ley pedagógica es más infructuosa que la expresada en estas palabras, "Si alguno hace Su voluntad, conocerá la doctrina" (Jn.7:17), y "El que es espiritual juzga (discierne) todas las cosas" (1 Co. 2:15). Otra vez, "La misma unción os enseña todas las cosas" (1 Jn. 2:27).

7. LA TEOLOGIA SISTEMATICA NO DEBE SER ABREVIADA. Como toda ciencia verdadera la Teología Sistemática es

interdependiente y está interrelacionada en todas sus partes. Ni el astrónomo ni el químico tratarían de organizar sus materias o de alcanzar conclusiones correctas dejando fuera una tercera parte de los elementos o verdades relacionadas con dichas ciencias. Tampoco debe el teólogo tratar de alcanzar ninguna evaluación verdadera de sus varias doctrinas cuando vastos campos de la revelación divina han sido eliminados de su consideración. Los teólogos, más que todos los científicos, corren el riesgo de ser atados por la tradición o el simple prejuicio sectario. El campo de la investigación del teólogo no es sino la totalidad de la Biblia, y este campo se extiende más allá de los límites de los credos y ese limitado conjunto de verdades que fué recuperado por la Reforma del siglo XVI. Los sistemas de teología publicados frecuentemente omiten el programa dispensacional de Dios; la revelación paulina tocante a la Iglesia que es el cuerpo de Cristo; todo lo tocante a la verdad de la vida; la angeleología con la satanalogía y la demonología; la profecía, que por sí sola ocupa más de la quinta parte del texto de las Escrituras; lo tipológico; y el ministerio presente de Cristo en el cielo. Considerando el carácter de interdependencia e interrelación de la doctrina teológica, el teólogo, habiendo eliminado todo o parte de este gran campo de revelación, no puede esperar mantener la verdad en su perspectiva correcta y darle su verdadero énfasis. La meta de todo teólogo debe ser sostener la totalidad de la revelación divina en un equilibrio correcto de todas sus partes y libre de cosas pasajeras e inexactitudes.

VI. ALGUNAS ACTITUDES HACIA LAS ESCRITURAS

Aunque hay muchas actitudes por parte de los hombres hacia la Biblia, éstas pueden ser presentadas en cuatro divisiones generales.

1. RACIONALISMO. La actitud racionalista hacia la Biblia está sujeta a una doble división:

a) POSICION EXTREMA. El racionalismo extremista niega toda revelación divina y representa la creencia o la incredulidad de los infieles, ateos y agnósticos. Aunque los racionalistas extremistas ya eran numerosos en generaciones pasadas el número de ellos se ha incrementado grandemente hoy día y está destinado a aumentar hasta el final de la edad (Lc. 18:8; 2 Ti. 3:13).

b) LA POSICION MODERNA. El racionalismo moderno admite una revelación, pero solamente acepta las partes de la Biblia que son aprobadas por razones personales. Las razones por las que el racionalismo moderno rechaza partes del texto de las Escrituras puede estar basado en los supuestos descubrimientos de la alta crítica o en simples prejuicios personales. Para estos hombres la Biblia se convierte nada más que en un libro de errores teniendo cada cual la libertad de eliminar cualquier porción que decida rechazar, u honrar como divinamente autoritativa cualquier porción que se escoja recibir. La actitud del racionalismo moderno hacia las Escrituras es sostenida por los llamados *modernistas* de hoy e incluye todas clases de liberales desde los que simplemente niegan la inspiración plenaria y verbal hasta aquellos que rechazan todo el texto de las Escrituras como algo divinamente inspirado.

2. EL MISTICISMO. El Misticismo está sujeto a una doble clasificación:

a) EL MISTICISMO FALSO. Es la teoría que afirma que la revelación divina no está limitada a la Palabra de Dios escrita, sino que Dios revela verdad adicional a las almas que son suficientemente vivificadas por el Espíritu de Dios para recibirla. Los místicos de este grupo arguyen que, por medio de la negación propia y la devoción a Dios, los hombres pueden obtener la inmediata, directa y consciente realización de la Persona y la presencia de Dios y así de toda la verdad sobre El. El Misticismo falso incluye todos esos sistemas que enseñan la identidad entre Dios y el ser: humano-Panteísmo, Teosofía y filosofía griega. En éste se incluyen prácticamente todos los movimientos de santidad de hoy día; también, el Espritismo, los Adventistas del Séptimo Día, el Nuevo Pensamiento, Ciencia Cristiana, los Swidenborgianos, los Mormones, y los Testigos de Jehová. Los fundadores y promotores de muchos de estos cultos dicen haber recibido una revelación especial de Dios sobre la cual basan su sistema. Con mucho menos complicación con el error y la falsedad un misticismo falso puede discernirse en las creencias y prácticas de los Amigos o Quákeros. Al presentar su doctrina de la *luz interna* dicen que, teniendo la morada del Espíritu, el cristiano está en contacto con Aquel que inspiró y dió las Escrituras y que el Espíritu no tan solamente puede impartir verdad adicional a la que ya ha sido dada en la Biblia, sino que además el Espíritu fué designado por Cristo para hacer esa labor según Juan 16:12, 13: "Aún tengo muchas cosas que deciros, pero ahora no las podéis sobrellevar. Pero cuando venga el Espíritu de verdad, él os guiará a toda la verdad." La Iglesia por lo general ha creído que esa promesa fué cumplida en dos formas: (a) por la abilidad dada a los hombres, a quienes Cristo habló y por la cual ellos pudieron escribir el Nuevo Testamento; y (b) por el ministerio del Espíritu al enseñar a los apóstoles y a todos aquellos que en cualquier época están rendidos a El, la verdad ahora contenida en la Biblia.

Ninguna voz puede hablar con mayor autoridad para los Quákeros que la de Roberto Barclay cuya *Apología* fué publicada 1867. El dice: "Además, estas internas revelaciones divinas, que fueron hechas absolutamente necesarias para la edificación de la verdadera fe, ni contradice ni puede contradecir el testimonio exterior de las Escrituras, o la razón sana y correcta. Pero de aquí no se desprende, que esas revelaciones divinas han de estar sujetas a la examinación, ya sea del testimonio externo de las Escrituras, o de la razón natural del hombre, en cuanto a una más noble o cierta regla o criterio; porque esta revelación divina e iluminación interna, es lo que es evidente y claro en sí mismo" (Barclay, *Apología* ps. 13-14). En épocas anteriores esta forma de misticismo fué proclamada en las enseñanzas de Francisco de Sales, Tomás á Kempis, Madam Guyau, Arzobispo Fénelon, y Upham. Montano propagó esos conceptos por el siglo segundo. Posteriormente fueron mantenidos por Tertuliano y se convirtieron en un tema vital entre los reformadores. El misticismo espiritual extremado es conocido con el nombre *Quietismo,* que propone la muerte al yo, ignora las atracciones del cielo y las penas del infierno, y cesa de las peticiones en la oración o de la acción de gracias para que el yo no sea estimulado. De la misma manera se incluyen esas formas de enseñanza de la vida espiritual que imponen sobre el cristiano la responsabilidad de la crucifixión en lugar de reconocer el hecho de que el yo fue crucificado con Cristo, y que los beneficios de Su muerte han de ser recibidos ahora por la fe en la obra expiatoria realizada ya en la cruz y no por medio de méritos humanos. La Palabra de Dios nos enseña que la vida espiritual es producto de la obra del Espíritu Santo en el corazón del creyente que se ha rendido a El, y el Espíritu tiene todo el derecho divino para anular las obras de la carne en base del hecho de la muerte de Cristo en relación a la naturaleza de pecado, y no en base de obras humanas tales como la negación propia o la crucifixión del ego.

b) EL MISTICISMO VERDADERO. El Misticismo verdadero expresa que todos los creyentes son habitados por el Espíritu y por lo tanto están en la posición de ser iluminados por El; pero que hay una revelación completa que ha sido dada, y que la obra iluminadora del Espíritu se circunscribe a revelar las Escrituras en la mente del creyente. El Misticismo falso ignora la declaración de Judas 3 diciendo que hay una fe o sistema de fe "dado una vez a los santos", y que cuando el Espíritu fué prometido para "guiar a toda verdad" (Jn. 16:13), ésta es solamente la verdad contenida en las Escrituras (comp. 1 Co. 2:9, 10). Hay un conocimiento especial de los misterios o secretos de Dios dado a aquellos que son enseñados por el Espíritu de Dios, pero esos secretos sagrados ya están contenidos en el texto de la Biblia.

3. ROMANISMO. Uno de los más grandes errores de la Iglesia de

Roma es el de hacer de la iglesia, y no de la Biblia, la autoridad inmediata y final en todo lo referente a la revelación divina. Su opinión es que la autoridad de la iglesia se circunscribe a asuntos de fe y conducta moral y no en los campos de ciencia, el arte y la historia. Se arguye que hubo muchas cosas que Cristo y los apóstoles enseñaron que no están escritos en la Biblia (Jn. 20:30, 31 y 21:25); pero éstas, se dice, han sido preservadas por la iglesia y tienen tanta autoridad como esos preceptos que están escritos. También se asume por la iglesia de Roma que la voz del Papa es la voz de Dios y a su declaración debe dársele la misma obediencia que a la de Dios mismo. Esas comunicaciones a través del llamado vicario de Cristo se convierten así para el católico romano, tan autoritativas como lo son las palabras de Cristo y los apóstoles que no fueron escritas y que la Iglesia Romana dice haber conservado, ó tan autoritativas como la misma Palabra de Dios escrita. Que la iglesia de Roma considera las decisiones y las leyes de la iglesia como infalibles y autoritativas por sobre la Palabra de Dios escrita se comprueba por las muchas decisiones y juicios efectuados por dicha iglesia.

En respuesta a esas infundadas aserciones, puede observarse que la iglesia no ha preservado nada de valor espiritual, ni tampoco sus tradiciones han añadido nada vital a lo que ya ha sido preservado por Dios en las Sagradas Escrituras. La verdad tuvo su poder salvador y santificador en la iglesia primitiva antes del comienzo del Nuevo Testamento; pero la verdad salvadora y santificadora fue incorporada en la Biblia y, más allá de esto, las bendiciones de Roma, no efectuaron nada sino la multiplicación de errores y contradicciones lamentables.

El teólogo es confrontado aquí con el hecho y el alcance de la *tradición*. Por lo tanto debe examinar las Escrituras en relación a esto con cuidado (2 Ts. 2:15, 3:6; Gá. 1:14), y recordar que Cristo vino al mundo en un tiempo cuando la Palabra de Dios estaba saturada de las "tradiciones de los hombres" al punto que la autoridad de Dios estaba, hasta cierto punto, anulada.

Cristo descartó las tradiciones de los hombres y por eso fué condenado por los líderes religiosos de su día.

4. LA FE DEL PROTESTANTISMO ORTODOXO. Los protestantes ortodoxos mantienen ciertos artículos de fe bien definidos tocante a las Sagradas Escrituras.

a) La Biblia es la Palabra de Dios infalible.

b) La Biblia es la única regla de fe y práctica.

c) El razonamiento humano y el conocimiento deben estar totalmente sujetos a las Escrituras.

d) No hay luz interior o revelación añadida más allá de lo que está contenido en la Biblia. La doctrina sin control y la revelación divina individual, no teniendo reglas por las cuales probar sus diferentes pretensiones, constituyen un peligro obvio; y su suceptibilidad a grandes errores está demostrada por todas partes por las afirmaciones hechas por aquellos que sostienen esos puntos de vista. El Espíritu guía al individuo en lo concerniente a conducta y servicio, pero no en la formulación de doctrinas que puedan ser superimpuestas a la Palabra de Dios.

e) Ninguna autoridad relacionada con la formación de la verdad ha sido encomendada a la Iglesia o a los hombres más allá de aquella dada a los escritores del Nuevo Testamento.

VII. LAS PRINCIPALES DIVISIONES DE LA TEOLOGIA SISTEMATICA

1. BIBLIOLOGIA. Un estudio de las verdades esenciales concernientes a la Biblia.
2. TEOLOGIA PROPIA. Una consideración de las verdades tocante a Dios-Padre, Hijo y Espíritu Santo, aparte de sus obras.
3. ANGELEOLOGIA. Una consideración de las verdades tocante a los ángeles no caídos y caídos.
4. ANTROPOLOGIA. Una consideración de las verdades concernientes al hombre.
5. SOTERIOLOGIA. Una consideración de las verdades concernientes a la salvación.
6. ECLESIOLOGIA. Una consideración de las verdades concernientes a la iglesia.
7. ESCATOLOGIA. Una consideración a la de todo lo que está en la Biblia y fué profético cuando fué escrito.
8. CRISTOLOGIA. Una consideración de todo lo que la Biblia dice acerca del Señor Jesucristo.
9, PNEUMATOLOGIA. Una consideración de lo que la Biblia contiene acerca del Espíritu Santo.

CONCLUSION

El estudio de la Teología Sistemática tiene sus limitaciones debido a las incapacidades de la mente finita; aún así su estudio es tanto provechoso como necesario para todos los que han de estar llenos del conocimiento de Dios y de Su voluntad, y quienes, debido a ese conocimiento han de andar como es digno del Señor. El pensamiento humano no tiene objetivo comparable a la Persona de Dios. Como ha escrito Juan Dick (*Discursos sobre Teología,* p. 6): "Conocer este Ser poderoso, tanto como puede ser conocido, es la meta más noble del entendimiento humano; amarle, el ejercicio más digno de nuestros afectos; y servirle el más honroso y delicioso propósito al cual podemos dedicar nuestros talentos." En su discurso a estudiantes de Teología, el Dr. Dick declara *(ibid.,* p. 7): "La teología no es uno de esos recónditos asuntos que es relegado a los curiosos para que los investiguen, y en la contemplación del cual, hombres especuladores y pensadores puedan emplear sus horas de ocio y soledad. Su demanda de atención universal se manifiesta en el breve recuento que ahora ha sido dado tocante a su naturaleza. Sus instrucciones están dirigidas a personas de todas las clases: a los educados y a los no educados, al estudiante retirado y a aquél que está ocupado en las faenas de la vida. Es interesante a todos ya que proporciona el conocimiento de Dios, y su Hijo, quien es la fuente de la vida eterna. Pero en nuestro caso, hay una razón en particular, además de una consideración a nuestro bienestar personal, del por qué no debiese solamente ocupar una parte de nuestros pensamientos, sino constituir el principal objeto de nuestras investigaciones. La Teología es vuestra profesión, como la medicina es la del médico y leyes es la del abogado. Debe ser nuestra ambición sobresalir en ella, no, sin embargo, por los mismos motivos que estimula la diligencia de los hombres de otras profesiones, el deseo de la forma, o las posibilidades de ganancia, sino teniendo la mirada en el fiel y honorable desempeño de las responsabilidades del oficio que esperáis un día os sea encomendado. "Estos hombres son los siervos del Dios Altísimo, quienes nos muestran el camino de la salvación."

La solemne responsabilidad puesta sobre el estudiante de Teología Sistemática es triple para poder conocer lo que se pueda del vasto campo de la revelación divina: (a) Es el deseo de Dios que todos vengan a conocerle a El. (b) Este conocimiento es esencial si la manera de vida que ha de adornar la doctrina que profesamos ha de ser creída. (c) Este conocimiento es esencial, siendo, como es, el mensaje distintivo encomendado a aquellos que desean *predicar la palabra.*

BIBLIOLOGIA

BIBLIOLOGIA

CAPITULO II

INTRODUCCION A LA BIBLIOLOGIA

Ya que la teología sistemática o teísta, es el coleccionar, ordenar científicamente comparar, exhibir, y defender todas las verdades de todas y cada una de las fuentes tocante a Dios y sus obras, y ya que la Biblia en sus escritos originales es, por su propia digna declaración y por todas las pruebas que mentes devotas le han aplicado, la inerrante palabra de Dios, se deduce que, si ha de haber algún tipo de progreso en esta ciencia, el teólogo tiene que ser un Biblicista –uno que no solamente es un erudito de la Biblia, sino que también es un creyente en el carácter divino de todas y cada una de las partes del Texto Sagrado. Primordialmente, el teólogo es designado para sistematizar la verdad contenida en la Biblia y verla como la Palabra divinamente inspirada que Dios ha dirigido al hombre. Por lo tanto, tales investigaciones conducidas por los hombres en lo relacionado a probar o refutar que la Biblia es el mensaje inerrante de Dios a los hombres son, en gran parte, extra-teológicas y han de ser clasificadas como pertenecientes al criticismo bíblico y no a la Teología Sistemática. El estudiante, que a pesar de la afirmación de la Biblia ha de ser la Palabra de Dios, aún anda a tientas en busca de luz adicional concerniente a esa verdad, no está capacitado para comenzar el estudio de la Teología Sistemática. La llamada ciencia cristiana en un razonamiento infundado, aparte de que tergiversa y abandona todo aquello que es distintamente cristiano, no puede promover ninguna ciencia, ni tampoco puede tener parte en lo que la verdadera ciencia ha realizado. ¿Cómo sería posible mejorar la cirugía por medio de un sistema que proclama una noción fantástica que aun niega la existencia del cuerpo humano? La Teología Sistemática se propone construir una ciencia o un orden, producto de la revelación bíblica y en la base de que ésta es ὁ λόγος τοῦ θεοῦ *(la Palabra de Dios)* y así como la cirugía tiene que continuar en base de la creencia de la existencia del cuerpo humano, de la misma manera, la Teología Sistemática tiene que proceder en base de la creencia de que la Biblia es, en todas sus partes, la propia Palabra de Dios para el hombre.

Aunque la palabra *Biblia* significa "libro", las palabras *La Biblia* distingue a ese supremo e incomparable Libro. Este sobrepasa a todos los otros libros en cuanto a autoridad, antigüedad, literatura, y popularidad; pero aún así su supremacía singular es vista en el hecho de que revela la verdad tocante al Dios infinito, la santidad infinita, el pecado infinito, y la redención infinita. Es, por lo tanto, razonable concluir que la Biblia es en sí infinita, y como tal se confirma a sí misma, ya que ninguna mente humana ha podido comprender en su totalidad su mensaje o medido sus valores. πᾶσα γραφὴ θεόπνευστος *(Toda la escritura es soplada por Dios, 2 Ti. 3:16)* es la afirmación de la Biblia por sí misma y esa proclamación no puede ponerse en tela de duda como tampoco la expresión πνεῦμα ὁ θεός *(Dios es Espíritu, Jn. 4:24)*, ὁ θεὸς ἡ ἀγάπη ἐστίν (*Dios es Amor, 1 Jn.4:8*) ὁ θεὸς φῶς εστιν (*Dios es Luz, 1 Jn. 1:5).* Aquí se declara que el testimonio de la Biblia nos asegura que en los manuscritos originales cada oración, palabra, línea, marca, punto, jota o tilde fue colocada allí en completo acuerdo con el propósito y la voluntad divina. De esa manera el Dios omnipotente y omnisciente causó la formación del mensaje en cuanto a la precisa reproducción de su Palabra. El texto original era no tan solamente divino en cuanto a su origen, pero era infinitamente perfecto en cuanto a su forma. Es tan necesario como razonable que el libro de Dios – el libro del cual El es el Autor, y que trae la revelación y la disciplina del cielo a la tierra– fuese, en su forma original, inerrante en todas sus partes. Se le llama las Sagradas Escrituras debido a su eminencia (Jn. 7:42, 5:39, 2 Ti. 3:15).

La Teología Sistemática no es un fin en sí misma; su propósito es clasificar y clarificar la verdad expuesta en las Escrituras. Este debe convertirse en una gran contribución al entendimiento que el teólogo tenga de la Biblia misma.

Consideramos aquí en esta introducción lo siguiente: (1) el origen sobrenatural de las Escrituras, y (2) su estructura en general.

I. EL ORIGEN SOBRENATURAL DE LA BIBLIA

La Biblia es un fenómeno que puede explicarse de una sola manera –es la Palabra de Dios. No es la clase de libro que el hombre escribiría si *pudiese,* o que podría escribir si *quisiese.* Otros sistemas religiosos también tienen sus desviaciones excéntricas del curso normal de los procedimientos humanos, dichas desviaciones no son muchas, ni de poca importancia y éstas en verdad, han de esperarse ya que el hombre siempre ha tenido la determinación de creer en un Dios, o dioses, ya sea que su creencia esté basada en la verdad o no. El Obispo Hampden, escribiendo de lo bueno que pudiese reconocerse en las falsas religiones, dice: "Así que encontramos, aún en esas supersticiones que son más repulsivas al sentido común, ciertos elementos de verdades contrapesantes que han admitido y a la vez promovido una conglomeración de errores, que de otra manera resultarían tan enormemente repulsivos que no serían admitidos por el corazón humano" *(Ensayo Sobre la Evidencia Filosófica del Cristianismo,* ps. 132, 133, citado por Rogers, *El Origen Sobrehumano de la Biblia,* p. 4). Pero esos esfuerzos de la naturaleza humana y sus débiles aspiraciones son incompatibles con el vasto atavío de las características sobrenaturales que la Biblia exhibe.

El estudiante de la verdad está siempre llamado a reconocer afirmaciones contrarias que son tanto extra-bíblicas como intra-bíblicas. Aquello que es extra-bíblico comprende el campo vasto de las religiones, producto de la ingenuidad humana y las especulaciones filosóficas. Lo que es intra-bíblico comprende todos aquellos cultos y declaraciones parciales de la verdad divina que, aunque profesando basar sus sistemas en la Biblia, sin embargo, ya sea debido a un énfasis falso o a un abandono de la verdad, establecen a una confusión de la doctrina que es semejante a y tal vez más engañosa que el error mismo.

El conjunto de las pruebas del carácter sobrenatural de la Biblia presenta una exhibición casi inagotable de consideraciones que, si se observan con objetividad, nos obligan a concluir que este Libro no puede ser producto del hombre.

Aunque no se puede hacer una relación exhaustiva, algunas de las muchas características sobrenaturales de la Biblia son aquí enumeradas.

1. EL LIBRO DE DIOS. El uso de este título tiene como propósito llamar la atención a la afirmación presentada a través de la Biblia, que éste es el Mensaje de Dios para el hombre y no el mensaje de hombres a otros hombres, y mucho menos el mensaje del hombre para Dios. Declarar que la Biblia es *teocéntrica,* lo cual la Biblia revela en sus páginas, es afirmar que ésta es *antropoexcéntrica.* En este Libro, Dios es presentado como el Creador y Señor de todo. Esta es la revelación de Dios mismo, el testimonio de lo que El ha hecho y hará, y, al mismo tiempo, es revelación de la verdad que toda cosa creada está sujeta a El y manifiesta su bien más elevado así como su destino solamente estando en conformidad a Su voluntad. Toda palabra de la Biblia encierra declaraciones tan sublimes como, "No hay otro Dios como tú, arriba en el cielo, o abajo en la tierra" (1 R. 8:23) y, otra vez, "Tuya, oh Jehová, es la grandeza, y el poder, y la gloria, y la victoria, y la majestad; porque todo lo que está en el cielo y en la tierra es tuyo, tuyo es el reino, oh Jehová, y tú eres exaltado

como cabeza sobre todo" (1 Cr. 29:11). "Jehová, Jehová, fuerte, misericordioso y piadoso, tardo para la ira y grande en misericordia y verdad" (Ex. 34:6). "Sus misericordias sobre todas sus obras" (Sal. 145:9). De modo que Dios es presentado como ejercitando una autoridad todo inclusiva y absoluta sobre el ramo físico, moral y espiritual dirigiendo las cosas con el fin de que redunden para Su gloria. Este propósito divino está siendo ejecutado por agentes humanos y sus actividades constituyen la historia de la humanidad; pero cuando su obra sea completada, la historia del mundo será la historia de aquel plan original de Dios. Contrario a la naturaleza humana, la Biblia se proyecta totalmente hacia la gloria de Dios y no tiene otro propósito que honrarle. De acuerdo con la Palabra de Dios y comprobado por la experiencia humana, el hombre, sin la iluminación divina, es totalmente incapaz de recibir o entender la verdad acerca de Dios. ¿Quién entre la ciega humanidad es el escritor de obras de ficción capaz de producir los conceptos que aparecen a través de toda la Biblia? ¿Quién de los hombres ha diseñado la armonía peculiar y perfecta de las partes que cada una de las Personas de la Deidad realiza en la recensión, o el carácter divino de la constante e inalterable exhibición de la santidad y el amor infinitos —los juicios divinos, la estimación divina de todas las cosas incluyendo el ejército angelical y los espíritus malos? ¿Quién entre los hombres ha sido no tan solamente capaz de concebir una fabricación tal de nociones interdependientes, sino que ha sido capaz de hacer que estas se expresen perfectamente en una historia continua la cual, siendo fortuita, es, después de todo solamente una farsa —una hipócrita falsificación de la verdad? ¡Qué absurda es la suposición que el hombre solo pudiese haber escrito la Biblia si hubiese querido hacerlo! Pero si el hombre no originó la Biblia, Dios lo hizo, y debido a esa verdad la autoridad de ésta debe ser reconocida.

2. LA BIBLIA Y EL MONOTEISMO. Estrechamente relacionado, en verdad, está este tema con el que hemos analizado anteriormente. El hecho de que Dios es supremo implica que no hay ningún otro comparable a El; aún así casi universalmente la humanidad ha practicado las abominaciones de la idolatría con una obstinación que está lejos de ser accidental. El pueblo judío, del cual proceden las Escrituras humanamente hablando, no era inmune a esta tendencia. Desde los días del becerro de oro y a través de los siglos los israelitas siempre estuvieron retrocediendo a la idolatría y eso a pesar de la abundante revelación y del castigo. La historia de la iglesia está manchada por la adoración de imágenes tomadas del paganismo. ¡Qué tan encarecidamente el Nuevo Testamento previene a los

creyentes tocante al apartarse de la idolatría y la adoración de ángeles! A la luz de estas verdades, ¿Cómo podría suponerse que hombres –y aun Israel– sin la dirección divina pudiesen originar un tratado en el cual, con la mirada puesta en la gloria de Dios, clasifica la idolatría como una de las mayores y más repugnantes ofensas e insultos contra Dios? La Biblia no es el libro que el hombre hubiese escrito aun si hubiese podido.

3. LA DOCTRINA TRINITARIA. Aunque la Biblia claramente enseña el monoteísmo, también presenta el hecho de que Dios subsiste en tres Personas o Personalidades divinas. Esta distinción se encuentra entre dos extremos. Por un lado, la creencia que existen tres Personas separadas y distintas que están simplemente asociadas en cuanto a propósito y realización; y, por otro lado, que existe una sola Persona operando en tres esferas diferentes en cuanto a sus actividades. Sin embargo, la doctrina bíblica de la Trinidad sostiene que Dios es *uno* en esencia, pero que ha existido eternamente en tres Personas distintas. Indudablemente este es uno de los más grandes misterios. La doctrina alcanza más allá del límite del entendimiento humano, aunque es algo fundamental en la revelación divina.

Cuando el asunto es considerado separadamente, las Personas de la Deidad presentan la misma indiscutible evidencia en cuanto al origen sobrenatural de la Biblia.

a. DIOS EL PADRE: Vasto es en verdad, el material bíblico que declara las actividades distintivas y las responsabilidades adjudicadas a la Primera Persona. Se dice que El es el Padre de toda la creación, el Padre del Hijo Eterno –la Segunda Persona– y el Padre de todos los que creen para la salvación de sus almas. Esta revelación se extiende a todos los detalles de la relación paternal e incluye el enviar al Hijo para que la gracia de Dios fuese revelada. Ninguna mente humana puede producir la idea de Dios el Padre como ha sido revelado en la Biblia.

b. DIOS EL HIJO. El testimonio tocante a la Segunda Persona quien, de acuerdo con la Palabra de Dios, es el Hijo desde la eternidad, quien es por siempre la manifestación del Padre, y quien, aunque ahora está sujeto al Padre, es el Creador de todo lo material, el Redentor y el Juez último de toda la humanidad; ofrece la más extensa e ilimitada evidencia del origen divino de las Escrituras. La Persona y obra del Hijo de Dios con Su humillación y gloria es el tema predominante de la Biblia. Pero el Hijo, a su vez, se dedica a Sí mismo la gloria del Padre. Las perfecciones del Hijo no podrían compararse jamás a, ni aun ser comprendidas por el más sabio de los hombres. Si, después de todo, esta manifestación sin límites respecto al Hijo es simplemente ficción, ¿No es esto un reto razonable –aun a la mente del inconverso– que este supuesto autor sea descubierto, y, en la base de la perogrullada de que la cosa creada no puede ser mayor que el que la creó; ser adorado y reverenciado sobre todo lo que se llama Dios?

c. DIOS EL ESPIRITU SANTO. El Espíritu Santo quien es presentado en la revelación como igual en todo particular al Padre y al Hijo, es sin embargo, y para el avance de las presentes realizaciones divinas, presentado como Sujeto tanto al Padre como al Hijo. De igual manera, Sus servicios son vistos como el complemento y la administración de la obra del Padre y el Hijo. Así que el Dios Trino se ha manifestado a Sí mismo al hombre en términos que el hombre aún cuando asistido por el Espíritu, puede sólo débilmente comprender, ¡y qué pueril es la sugerencia que esas revelaciones son el producto de hombres que sin excepción desde los días de Adán son depravados, degenerados, e incapaces de recibir o conocer las cosas de Dios sin la iluminación divina!

Tal concepto propone nada menos la creencia que el hombre origina la idea de Dios, y que el Creador es producto de la criatura.

4. LA CREACION. Sin la habilidad de recibir las cosas de Dios o de conocerlas el hombre es incapaz de dar asentimiento inteligente a la afirmación que todas las cosas que existen fueron creadas de la nada por el inmediato acto de Dios (He.11:3). Reconociendo, sin embargo, que todas las cosas en existencia deben tener un principio, el hombre procede a fabricar su propia solución al problema del origen. Lo mejor que ha podido producir está representado en las teorías de la evolución, las cuales, debido a sus inconsistencias e hipótesis infundadas, son algo peor que la carencia de solución. ¿Debe acaso el hombre, quien es incapaz de descubrir alguna solución razonable a este problema, al mismo tiempo ser acreditado como Autor del testimonio del Génesis sobre la creación, el cual es la base única sobre la cual continúa toda la revelación subsiguiente?

5. EL PECADO. Entre los muchos tópicos sobre los que el hombre no podrá tener una información sin prejuicios, la verdad del pecado y su carácter maligno es sin duda uno de los más prominentes. Pero si se pone en tela de duda que la Biblia –la única fuente de información fidedigna sobre este tema– es de origen divino, no hay entonces otra alternativa sino que el hombre, como supuesto autor de las Escrituras, se ha sentado en juicio sobre sí mismo y es capaz de comprender lo que por todas partes se demuestra que el ser humano es incapaz de comprender, es a saber, lo horrendo del pecado. Y este problema no abarca solamente a un autor humano, sino por lo menos a cuarenta autores que tomaron parte en escribir la Palabra de Dios.

La totalidad de esos cuarenta hombres está en completo acuerdo en este vasto tema tocante al cual el hombre no podrá saber nada sin la revelación.

6. LA CURA DE LA MALDAD SEGUN LA BIBLIA. Si el hombre pecador no conoce naturalmente su pecaminosidad, mucho menos tiene la capacidad innata por la cual pueda conocer el remedio divino que no sólo es revelado al hombre en la Palabra de Dios, sino que ha demostrado su eficacia en cada caso en que el hombre ha cumplido los requisitos y se ha acogido a sus beneficios. Esta redención no solamente provee una solución perfecta para el creyente sino que se extiende hasta el nuevo cielo y la nueva tierra donde el pecado estará ausente por siempre. Es concebible que el hombre pueda soñar una utopía; pero ¿qué ser humano podría inventar un plan de salvación y hacer que tuviese éxito en todos los casos sin excepción? ¿Cómo podría el hombre inventar un plan que desacredita los méritos humanos, que obtiene el poder salvador de Dios, y que siempre da la gloria a Dios y desilusiona la vanidad humana? Por qué razón el hombre, en su utopía ficticia debiera preocuparse de que esa salvación se efectuase solamente de manera que preserve la infinita santidad de Aquel que redime? Es solamente después de haber sido redimido que el hombre puede, y eso debidamente, comprender el obrar poderoso de la gracia divina en la salvación de los perdidos. Pero si uno vacila en recibir la Biblia como la Palabra de Dios, es dejado sin ninguna otra alternativa que la de creer que el hombre es el autor de la redención y que esa salvación no tiene más valor redentor que el que el hombre pecaminoso pudiera impartirle.

7. LA EXTENSION DE LA REVELACION BIBLICA. Como un telescopio, la Biblia alcanza más allá de las estrellas y penetra las alturas de los cielos y las profundidades del infierno. Como un microscopio, la Biblia descubre los detalles más pequeños del plan y del propósito de Dios, así como los secretos escondidos en el corazón del hombre. Como un estereoscopio, tiene la capacidad de poner las cosas en su debida relación unas con otras, manifestando la verdadera perspectiva del propósito divino en el universo. En cuanto a lo que al conocimiento humano se refiere, la Biblia trata con la misma libertad acerca de las cosas conocidas como acerca de las desconocidas. La Biblia habla con la mayor libertad y seguridad acerca de las cosas completamente fuera del círculo de la vida y la experiencia humanas —de las cosas eternas así como de las cosas temporales. Hay un límite más allá del cual la mente humana, basando sus conclusiones en la experiencia, no puede avanzar, aun así los escritores de la Biblia vacilan cuando llegan a esa frontera, pero se mueven majestuosamente hacia lo desconocido con intrepidez. ¿Por cuáles otros medios, excepto a través de la Biblia puede uno contemplar la

eternidad pasada o futura? Pero la teoría que la Biblia no se origina en Dios solamente, impone la necesidad de creer que criaturas terrenas, limitadas y temporales se han levantado por sí mismas a las vistas sublimes de la eternidad y del cielo así como también el Ser Eterno que es Dios, y son capaces de sentarse en juicio sobre el destino eterno de las cosas. El hombre no podría escribir tal Libro, aun si quisiese.

8. LA ETICA DE LA BIBLIA. Las religiones de los paganos se ocupan muy poco de los asuntos morales. Sus sacerdotes no hablan casi nada de una vida pura y verdadera. Por el contrario, esas religiones son frecuentemente promotoras de los vicios más bajos. Es cierto que ellos no saben nada de la ética que resulta de la doctrina y está subordinada a ella. La Biblia ha introducido algo que es paralelo a todos los diseños morales y sistemas que el mundo ha podido producir. Ya sea la Ley Mosaica, la exhortación cristiana, o las reglas de conducta del reino, cada una se convierte en una obligación que descansa sobre aquellos a quienes es dirigida, debido al estado en el cual cada grupo de personas es colocado en la soberana bondad de Dios. En la Biblia, la ética está basada en la doctrina y se convierte en su resultado legítimo. En ningún otro caso es ese principio tan operante como en el caso del cristiano, el cual, debido a su posición *en Cristo* es llamado a andar como es digno de la alta vocación. La ética de la Biblia es tan sobrenatural en su origen y santo carácter como es el estado dentro del cual los elegidos de Dios son traídos.

La Biblia presenta una exposición categórica del fracaso ético del hombre así como también los juicios que pesan sobre él. La naturaleza depravada del hombre y su inevitable alejamiento de aquello que es recto enfáticamente excluye la teoría que sugiere que el hombre es el originador de una moralidad tan elevada como la que se encuentra en la Biblia, y como desde el ángulo humano las Escrituras son el producto de autores judíos, es pertinente observar que los hombres de esa nación, aun a la faz de todos sus privilegios, eran en muy poco mejor en su rectitud moral que los hombres de otras naciones. A esto hay que añadir el hecho que la medida bíblica de la vida santa es evidenciada por el testimonio de los muchos autores humanos de la Biblia que fueron producto de distintas culturas y vivieron en distintos siglos. ¿Cómo —pudiera preguntarse— hubiese podido la naturaleza humana espontáneamente ofrecer tan deprimente y desesperada descripción de sí misma como la que aparece en la declaración dogmática de la Biblia? En dicha declaración toda alma humana es descrita como completo fracaso. La Palabra de Dios declara: "Jehová miró desde los cielos sobre los hijos de los hombres para ver si había algún entendido, que buscara a Dios.

Todos se desviaron a una se han corrompido, no hay quien haga lo bueno, no hay ni siquiera uno" (Sal.14:2,3). Ellos son "por naturaleza hijos de ira, así como los demás" (Ef.2:3). ¿Cómo podría el fanatismo y la depravación encarnados convertirse en autores y campeones de esos principios de santidad residentes solamente en el cielo?

Otro asunto de relación a este tema general, el cual, como quiera que está sólo remotamente relacionado con el problema de la moral, pregunta cómo los judíos que estaban adentrados en el judaísmo hubiese podido originar un Libro tal como el Nuevo Testamento. No existe siquiera un aspecto del Cristianismo que no sea resistido naturalmente por los judíos. ¿Qué podría ser más repulsivo a un judío que el sentimiento que expresa, "No hay diferencia entre judío y griego, porque el mismo Señor es rico para con todos los que le invocan"? (Ro.10:12). ¿No era acaso el judaísmo producto de Dios y no fue éste practicado durante mil quinientos años bajo el favor divino? Debido a estas verdades indiscutibles, el judío incrustó los elementos del judaísmo en su corazón de ese monopolio religioso y su resultante aislamiento. No tan solamente los escritores judíos del Antiguo Testamento habían registrado todas las infamias de su propia nación y habían reconocido el castigo divino tan justamente traído sobre ellos, sino que también ahora escritores tan dignos como cualquiera de los del Antiguo Testamento son vistos abandonando el judaísmo completamente para sumarse a un sistema que contradice o reemplaza al judaísmo en casi cada uno de los puntos vitales. Estos son problemas que no deben ser tomados livianamente por aquellos que dudan del origen divino de las Escrituras y se ven obligados, por lo tanto, a explicar esas declaraciones diciendo que son producto humano.

9. LA CONTINUIDAD DE LA BIBLIA. La continuidad del mensaje de la Biblia es absoluta en cuanto a su consumación. Está atado por la sucesión de la historia, tipo y antitipo, la profecía y su cumplimiento y por la anticipación, presentación, realización y exaltación de la Persona más perfecta que ha caminado sobre la faz de la tierra y cuyas glorias son la efulgencia del cielo. Pero la perfección de esa continuidad es sostenida contra lo que para el hombre serían impedimentos insuperables; porque la Biblia es una colección de sesenta y seis libros que fueron escritos por más de cuarenta escritores diferentes –reyes, labradores, filósofos, pescadores, médicos, estadistas, eruditos, poetas, hombres del campo– que vivieron en diferentes países, sin oportunidad de reunirse y firmar acuerdos el uno con el otro, y durante un período de tiempo de no menos de mil seiscientos años de historia. Debido a

esos obstáculos de continuidad, la Biblia por fuerza natural debía ser la más heterogénea, inconmensurable, discordante y contradictoria colección de opiniones humanas que el mundo jamás haya visto; pero, por el contrario, la Biblia es exactamente lo que ha sido diseñada, es decir, un homogéneo, ininterrumpido, armonioso y ordenado relato de la historia completa de los tratos de Dios con el hombre.

Tampoco debe pasarse por alto que otros libros sagrados son el producto de un solo hombre y por lo tanto no envuelve el problema de continuidad que se produce cuando los escritos de cuarenta hombres desasociados el uno del otro son entretejidos en un todo perfecto. Cada una de las tres grandes religiones monoteístas tiene sus propios escritos sagrados. Sin embargo, el judaísmo y el cristianismo comparten el hecho que sus escritos son una compilación de los escritos de varios hombres. El libro que sostiene los postulados del islamismo es la obra del fundador de esa religión. Este proclama ser las palabras de Dios, sin embargo, no está escrito por la mano de un profeta, sino que tomado por medio de un dictado oral de una supuesta revelación. Comienza y termina en la persona de su primer maestro. De esos escritos ninguno de sus seguidores se atreve a quitar o añadir. El hombre aun en su estado mejor es una criatura efímera. Su vida está circunscrita a su propio día y generación y sus puntos de vista son comunmente provincialistas. Por medio de tales hombres, igualmente limitados en ellos mismos,Dios causó que una biblioteca se formase en un solo libro con su incomparable continuidad. Este Libro, conteniendo muchos libros, no ha adquirido las impresiones idiosincráticas de muchas mentes. Su armonía no es la producida por un conjunto de trompetas tocadas al unísono, sino la de una orquesta donde, aunque absolutamente a tono los instrumentos son perfectamente distinguibles. ¿Sobre qué base pudiese esta continuidad plena ser explicada si se declarase que la Biblia es algo menos que la Palabra de Dios?

10. LA PROFECIA Y SU CUMPLIMIENTO. Siempre ha complacido a Dios anunciar de antemano lo que va a hacer y la historia ha recogido la realización de la predicción. Un número elevado de profecías fueron anunciadas por los escritores del Antiguo Testamento acerca de la venida del Mesías y éstas fueron declaradas cientos y, en algunos casos, miles de años antes de la venida de Cristo. Esas predicciones que en el propósito divino habían de ser cumplidas en la primera venida de Cristo fueron cumplidas literalmente en ese tiempo. Muchas más están por cumplirse cuando Cristo venga por segunda vez, y es razonable creer, que éstas se cumplirán con la misma precisión. Si hubiese sido el caso que sólo

dos vaticinios hubiesen sido hechos y cumplidos, tales como el nacimiento virginal de Cristo y el ocurrir de éste en Belén de Judea, el carácter sobrenatural de las Escrituras sería probado por la historia que ha recogido su cumplimiento. Pero cuando esas predicciones abundan hasta ser miles en relación a las Personas de la Deidad, los ángeles, las naciones, las familias, individuos y los destinos y cada una de ellas es cumplida con exactitud en cuanto a tiempo y lugar, la evidencia del carácter divino de la Biblia se manifiesta en forma indiscutible. Un escritor de ficción pudiese presentar una situación imaginaria acerca de un supuesto tiempo y lugar y en ese tiempo y lugar hacer que sus personajes ficticios formulen una predicción simulada. Esta, entonces, ha de ser seguida por un capítulo aparentando ser un tiempo posterior y registrando el cumplimiento de una predicción fingida. Tal caso, en verdad, agotaría los poderes predictivos del hombre. Las profecías de la Biblia son cumplidas en caso por hechos verdaderamente históricos. La Biblia misma indica que la prueba final de toda profecía es su cumplimiento literal. Tampoco es el tiempo intermedio de poca importancia. Basado en condiciones obvias, un hombre pudiese realizar una conjetura afortunada en cuanto a sucesos que ocurrirían el día siguiente; pero la profecía bíblica deja a un lado el elemento de tiempo. No puede refutarse que el Salmo veintidós es un avance descriptivo de la muerte de Cristo, y nadie puede contradecir la Biblia en cuanto a la verdad de que hay un espacio de mil años entre la profecía de dicho evento y su cumplimiento. ¿Quién está preparado para creer que cientos de profecías que se han cumplido en las páginas de la historia y que cubren miles de años son el solo producto de la mente humana? Pero no existe ninguna otra alternativa para aquel que duda del origen divino de las Escrituras.

11. TIPOS Y ANTITIPOS. He aquí otra prueba de la continuidad.

Un tipo es un diseño divinamente trazado que representa su antitipo. Es una ilustración trazada por la propia mano de Dios acerca de Su verdad. El tipo y el antitipo están estrechamente relacionados el uno con el otro a través del hecho que la verdad o principio que los une es evidente en ambos. No es la prerrogativa del tipo el establecer la verdad de una doctrina; el tipo aumenta la fuerza de la verdad expuesta en el antitipo. Por otro lado, el antitipo sirve para alzar al tipo fuera del lugar común y lo pone en el lugar trascendental y lo reviste de riquezas y tesoros hasta entonces desconocidos. El cordero de la pascua adorna la gracia redentora de Cristo de rico significado, mientras que la redención reviste al típico cordero de la pascua con todo su maravilloso significado. La continuidad de las Escrituras, la profecía y su cumplimiento, y los tipos con sus antitipos, son los tres factores principales que no tan solamente sirven para exhibir la unidad de los dos Testamentos y como hilos entretejidos a través de un Testamento al otro, los unen en una estructura, sino también sirven para trazar el diseño que por su carácter maravilloso glorifica al Diseñador. Un verdadero tipo es la imagen de su antitipo, y siendo específicamente diseñado por Dios, es una parte vital de la revelación y la inspiración. Aun si la mente humana pudiese concebir las maravillas del antitipo (lo que no puede hacer), no podría trazar el patrón que se halla en el tipo ni inventar sus muchos detalles –frecuentemente incorporando muchos particulares y circunstancias que forman parte de la historia antigua. De esa manera la tipología como aparece en la Biblia demuestra que la Biblia es la clase de libro que el hombre no podría escribir si quisiese. Este Libro es divino en su origen y suprahumano en su carácter.

12. LA BIBLIA COMO LITERATURA. Como un medio para transmitir ideas, el reducir un idioma a la escritura, la Biblia es una obra de importancia inigualable. Es razonable y de esperarse que Dios, al comunicarse con el hombre, pusiese Su mensaje en forma escrita. ¿De qué otra manera pudiese éste ser meditado y preservado? Igualmente es de esperarse que la literatura así producida, sin importar las cosas secundarias y los medios usados, fuese digna de Su divino Autor. Este aspecto de la prioridad de la Biblia puede ser considerado provechosamente aun por el inconverso. Como pudiese anticiparse, las observaciones de todos los eruditos del mundo en general, ya sean a favor o en contra han estado de acuerdo en que, como literatura, la Biblia es sin igual. Es evidente, sin embargo –y esto no es suficientemente considerado– que esta superioridad de la literatura de la Biblia no pueda ser atribuida a sus autores humanos. Con pocas excepciones, éstos eran hombres comunes producto de épocas que no habían recibido ninguna preparación secular para la tarea que asumieron. En relación a esto es de notar que (con notables excepciones que son necesarias para aclarar la verdad; comp. Ro.7:15-25) el pronombre de primera persona está ausente de sus escritos. Las opiniones personales de los autores humanos acerca del material que ellos presentan son de poca importancia. Si el excepcional valor literario de sus escritos se hubiese debido a sus propias habilidades es inconcebible que el total de esos cuarenta autores hubiese olvidado dejar otros mensajes perdurables que los que están en la Biblia. En verdad que la nación judía, de cuya fuente esos autores humanos de las Escrituras casi en su totalidad proceden, no tiene ninguna otra literatura antigua de importancia fuera de este Libro Sagrado. Las cualidades intelectuales

y morales del judío de épocas tempranas para dicha producción puede medirse por el Talmud y los escritos talmúdicos. Con el mismo fin, los escritos posteriores de los judíos pueden también estimarse a través de una comparación de los Evangelios canónicos con los evangelios apócrifos, estos últimos tienen la tendencia de obstruir en lugar de ayudar en el conocimiento de Cristo. Un contraste similar puede extenderse a los escritos de los Padres de la iglesia primitiva o a hombres tales como los escritores del período de la Reforma, o los Puritanos en contraste con las Espístolas del Nuevo Testamento. Ningún otro mensaje escrito por el hombre sino sólo la Biblia ha conseguido un reconocimiento razonable de ser algo más que normalmente humano, o que pudiese mantener su pretensión de ocupar un lugar en una Biblioteca Divina. Cada época ha sido testigo de que gran parte de su literatura ha sido relegada al olvido, pero la Biblia permanece. Es literalmente verdad que libros van y vienen, pero la Biblia continúa por siempre. Fuera del marco de la literatura judía y cristiana, el Corán probablemente recibiría la primera consideración, aún así "sentimos la justicia", dice Castenove, de la declaración de Mohler, "que sin Moisés, los profetas y Cristo, Mahoma es simplemente inconcebible porque la substancia esencial del Corán se deriva del Antiguo y el Nuevo Testamentos" (Mahometanismo) *Enciclopedia Británica* citado por Enrique Rogers, *El Origen Sobrenatural de la Biblia,* 5a. ed. p. 266. El individuo devoto es, hasta cierto grado, incapaz de juzgar la Biblia en el campo limitado de las afirmaciones literarias de ésta. Para él, las palabras están revestidas de deleitosas y significativas verdades espirituales que de inmediato transportan el efecto del mensaje sobre el corazón más allá del alcance de una mera reacción a un estilo literario fuera de lo común. ¿Qué persona dotada de entendimiento espiritual no ha sentido con un alto grado de justificación, que las palabras comunes, cuando son usadas en la Biblia, frecuentemente se convierten en algo incomparablemente vital? ¡Entre el pueblo culto, qué generalizada es una apreciación limitada del Texto Sagrado! ¿Qué escritor u orador público desde el demagogo hasta el religioso no ha aprendido a depender de la misteriosa e infalible impresión causada por una nueva referencia a la Palabra de Dios?

Ningún escritor por sí solo ha sido capaz de imitar la simplicidad del lenguaje bíblico. Las más grandes verdades que Dios ha hablado al hombre están expresadas en lenguaje de niños. Para ilustrar: Siete monosílabas, ni una de ellas pasa de tres letras (en inglés), se usan para expresar las dos relaciones más vitales de los creyentes con el Cristo resucitado. Estas son: "Vosotros en mí y yo en vosotros" (Jn.14:20). Así mismo, ninguna expresión de origen humano jamás podría compararse a las declaraciones que se encuentran en las Escrituras. Ningún escritor de historias cortas ha producido jamás una narración comparable a la que se encuentra en Lucas 15:11-32. Los cuatro Evangelios, como todos los otros libros del Nuevo Testamento, son inagotables en las verdades que constantemente convergen; aun el texto está restringido a una brevedad inimitable. Por otro lado, el mensaje de la Biblia nunca es presionado, forzado, o imposible de leer. Lo cierto es que la narración a veces parece ser innecesariamente explícita (comp. Mt.25:34-45).

A diferencia de los escritores ordinarios, la Biblia emplea una forma puramente dramática. La Biblia afirma ciertos hechos e incidentes sin hacer comentario prejuicioso de clase alguna. Autores humanos parecen ser completamente incapaces de dejar que los hechos hablen por sí solos, ni tampoco están dispuestos a acreditar al lector con la requerida sagacidad para sacar sus propias conclusiones. ¿Qué novelista ha sido capaz de refrenarse de esas prolongadas introducciones de sus personajes que pretenden analizar cada motivo y hasta ese punto, prejuicia de antemano las conclusiones del lector? ¿Cuándo se ha escrito una biografía en que el lector retiene latitud alguna para hacer una evaluación basada en el personaje de la acción? La *opinión* del biógrafo y no la vida del personaje es frecuentemente exhibida. En la Biblia sin embargo, los esfuerzos analizadores y moralizadores del autor humano son excluidos y el intrincado campo de la aplicación de la verdad por el Espíritu de Dios no es desarreglado.

No pocos lectores de la Biblia resienten toda inscripción humana añadida al Texto Sagrado solamente debido a ese deseo razonable de permitírseles sacar sus propias conclusiones directamente de las Escrituras por el poder iluminador provisto por Su Autor —el Espíritu de Dios. Sin ofrecer las barreras literarias comunmnete halladas en las producciones literarias de los hombres, la Biblia fascina al niño y proporciona sabiduría. Esta, como ningún otro libro ha hecho o podría hacer, ha apelado a todas las razas o puebios sin importar la nacionalidad del individuo; como prueba de esto está el hecho que la Biblia, o porciones de la misma, y para llenar una urgente necesidad, ha sido traducida a más de mil idiomas y dialectos y la producción y distribución de éstas ha alcanzado la cantidad aproximada de cuarenta millones de copias por año. Esto es notablemente contrario a lo predicho por Voltair hace cerca de dos siglos cuando dijo que cien años después de su muerte la Biblia sería obsoleta. El deseo de traducir la Biblia a otros idiomas es comprensible. Este impulso ha servido para extender el conocimiento de la Palabra de Dios y ha ido lejos en mover el débil incentivo por parte de los hombres para traducir otros escritos antiguos. ¿Y qué, en verdad, puede decirse del volumen prodigioso y del carácter elevado de la literatura, la música y el arte que la Biblia ha provocado? La Biblia representa apenas tres centésimas del total existente de la literatura griega y romana; sin embargo ha atraído y concentrado sobre sí más pensamiento y ha producido más obras –explicativas, ilustrativas, apologéticas tocante a su texto, exégesis, doctrinas, historia, geografía, etnología, cronología y evidencias– que toda la literatura griega y romana combinada. De la misma manera, que pudiera decirse de las citas tomadas de la Biblia por casi toda clase de escritura en el mundo, ¿qué otro libro ha servido para desarrollar, fijar y preservar los idiomas en los cuales es traducido o retardar cambios y corrupción del lenguaje, como lo ha hecho la Biblia?

Desde cualquier punto que se enfoquen sus valores literarios puede verse que la Biblia no es el libro que el hombre pudo haber escrito si hubiese querido. La Biblia es, por lo tanto, la Palabra de Dios.

13. LA BIBLIA Y LA CIENCIA. Se confronta un problema no pequeño cuando se hace el esfuerzo de expresar verdades científicas de acuerdo al entendimiento de una edad de manera que al mismo tiempo fuese aceptable a todas las épocas subsiguientes. La ciencia está siempre cambiando y está sujeta a sus propias revisiones, por no decir a completas revoluciones. La ciencia refleja con un buen grado de corrección el progreso del conocimiento humano de generación en generación. En el campo de la ciencia, ningún autor ha podido evadir el ver sus obras caer en desuso de modo inevitable. Pero los Escritos Sagrados han sido constituidos en forma tal que no están en conflicto con la verdadera ciencia ni en ésta ni en cualquier otra época de la historia. Es imposible que los hombres escriban algo semejante a la Biblia en materia de ciencia. No es argumento contradictorio a la Biblia que ésta use expresiones comunes tales como "los fines de la tierra" "los cuatro ángulos de la tierra" o "la puesta del sol". No sería más comprensible decir "el levantarse de la tierra" que decir "la caída del sol." Esto último es lo que ocurre ante los ojos del hombre. En verdad ¿qué expresión podría usarse diferente a la que describe lo que el hombre ve con sus propios ojos? La Biblia está justificada en el uso de expresiones generales, especialmente debido a que ningún otro vocablo jamás ha sido propuesto, ni podrían descubrirse otros mejores. Solamente Dios podría ejecutar la tarea sobrehumana de escribir un libro que, aunque dispensando verdades tocante a la naturaleza aún desde su creación hasta sus glorias finales, no obstante evita un conflicto con la ignorancia y el fanatismo como los que han existido en variedad sin fin desde los anales de la historia del hombre.

14. LA BIBLIA Y EL PODER TEMPORAL. El sistema de

gobierno judío era una teocracia. Dios era el monarca sobre todos. No era una alianza de las fuerzas espirituales y los intereses del estado. Era una completa incorporación de los dos dentro del propósito divino. Aunque en el Nuevo Testamento a los creyentes se les ordena someterse a, y orar por, aquellos que hallándose en autoridad civil están sobre ellos, el gobierno está, por ordenación divina en el período presente, conocido como "el tiempo de los gentiles", en las manos de los hombres; y no hay unidad inherente posible entre la Iglesia que es de Dios y el estado que está en las manos de los hombres. Las instrucciones dadas son claras que los cristianos no deben aspirar al poder temporal ni depender de la autoridad civil para avanzar fines espirituales. La iglesia primitiva era fiel al Nuevo Testamento y su fenomenal progreso se debió a la persuasión y al amor. Es natural y normal para con los hombres el apelar a los poderes coactivos que le están disponibles para alcanzar sus fines. La historia testifica que no ha habido ningún otro movimiento, sino el cristianismo, que haya conseguido realizar sus propósitos apelando al corazón y a la mente. En verdad, uno de los desvíos de la iglesia de Roma es el haberse apartado de ese ideal espiritual. La intención de superar la oposición humana y derrotar las fuerzas del mal por medio de la confianza en el poder divino nunca pudo haberse originado en el corazón humano. Así que puede verse que la Biblia es supernatural en su carácter y no pudo haber sido el producto de los hombres.

15. LA PERDURABLE FRESCURA DE LA BIBLIA. Como ninguna otra literatura en el mundo, la Biblia invita y estimula a una constante repetición de su lectura. Sus páginas están siempre descubriendo nuevas joyas de la verdad aún para aquellos que están más familiarizados con ésta y su elevada apelación moral, así como su sentimiento conmovedor nunca deja de tocar el alma sensible. De nignún otro libro sino de la Biblia puede decirse verdaderamente que su mensaje es perennemente fresco y efectivo, y esto, a la vez demuestra el carácter y el origen divino de la Biblia.

Grandes hombres de todas las generaciones, devotos y no devotos, han tratado de dar expresión a sus convicciones tocante al carácter extraordinario de la Biblia. Cuando se contempla así la Biblia, una elocuencia sin par ha sido estimulada por la eminencia del tema. Entre esas declaraciones, la siguiente pertenece a Teodoro Parker:

"Esta colección de libros ha tenido una aceptación en el mundo como ninguna otra. La literatura de Grecia que asciende como el incienso de esa tierra de templos y actos heroicos, no ha tenido ni la mitad de la influencia que ha tenido este libro producido por nación menospreciada tanto en tiempos antiguos como modernos . . . Esta va igualmente a la cabaña del hombre sencillo como al palacio del rey. Está entrelazada en la literatura del erudito y colorea el hablar callejero. Entra en el gabinete de los hombres, se mezcla en todas las tristezas y alegrías de la vida. La Biblia atiende a los hombres en la enfermedad, cuando la fiebre del mundo está en ellos... Es la mejor parte de nuestros sermones; levanta al hombre por sobre sí mismo. Nuestras mejores oraciones están basadas en sus historias con las cuales nuestros padres y los patriarcas oraron. El hombre tímido, a punto de despertarse del sueño de su vida, mira a través del cristal de las Escrituras y su ojo se vuelve más brillante: no tiene miedo de estar solo, andar el camino desconocido y distante, tomar la mano del ángel de la muerte y decir adiós a la esposa e hijos... Unos mil famosos escritores surgen en este siglo para ser olvidados en el próximo. Pero el hilo de plata de la Biblia no está flojo, ni la taza de oro rota, como una crónica del tiempo sus decenas de siglos han pasado. (Citado por Enrique Rogers, *El Origen Sobrehumano de la Biblia,* p. 338).

El origen divino de la Biblia en todas sus partes está atestado por un sinnúmero de hechos y características, pero aquí se ha presentado lo suficiente para refutar toda afirmación de que el fenómeno que la Biblia presenta puede, con cualquier muestra de razón, ser atribuido a los hombres. La conclusión es que, habiéndose descubierto por todas partes que es un mensaje verdadero, la Biblia es lo que clama ser, la Palabra de Dios.

II. DIVISIONES GENERALES DE LA BIBLIA

1. LA ESTRUCTURA DE LA BIBLIA. El mensaje de la Biblia es completo. Incorpora todos sus capítulos y versículos en una unidad perfecta, y todas sus partes son interdependientes. El dominio de cualquier parte hace necesario el dominio del todo. Si se tolera un énfasis desproporcionado o se tiene indulgencia con novedades en doctrina, muy poco progreso puede hacerse en el correcto entendimiento de ésta. Los sesenta y seis libros, que por obra divina componen ese todo maravilloso, están divididos en dos partes principales –el Antiguo Testamento y el Nuevo Testamento– y estos Testamentos se prestan a la consideración de dos propósitos supremos en la revelación divina– uno terreno y otro celestial. Los libros del Antiguo Testamento están clasificados en *históricos* –desde Génesis a Ester– *poéticos* –desde Job hasta Cantares de Salomón– y *proféticos* –desde Isaías hasta Malaquías. Los libros del Nuevo Testamento están clasificados en *históricos* –desde Mateo hasta Hechos– *epistolarios* –desde Romanos hasta Judas– y *profético* –el Apocalipsis. En relación a la persona de Cristo –quien es el tema central de las Escrituras– el Antiguo Testamento es considerado como la *Preparación,* los cuatro Evangelios como la *manifestación;* los Hechos como la *propagación;* las Epístolas como la *explicación;* y

el Apocalipsis como *consumación.* El análisis esencial de cada libro, cada capítulo, y cada verso, pertenecen a otras disciplinas en el entrenamiento del estudiante en la Teología Sistemática.

2. LOS SERES CREADOS Y SUS RELACIONES. La Biblia es el único Libro de Dios. Contiene toda Su revelación al hombre y a través de todas las épocas de la historia. La Biblia exhibe el origen, el estado presente, y el destino de cuatro clases de seres racionales en el universo, es a saber: ángeles, gentiles, judíos y cristianos. Es pertinente en toda interpretación bíblica el observar que estos seres racionales continúan siendo lo que son a través de su historia.

a. LOS ANGELES. Los ángeles son seres creados (Sal. 148:2-5; Col. 1:16), su habitación es en el cielo (Mt. 24:36), sus actividades son tanto en la tierra como en el cielo (Sal. 103:20; Lc. 15:10; He. 1:14), y su destino es en la ciudad celestial (He. 12:22; Ap. 21:12). Estos continúan siendo ángeles a través de su existencia, ni se propagan, ni mueren. No hay razón alguna para confundir a los ángeles con alguna otra criatura de Dios. Aunque ellos caen, como en el caso de Satanás y los demonios, aún así continúan siendo clasificados como ángeles (Mt. 25:41).

b. LOS GENTILES. En cuanto a su procedencia, los gentiles tienen su origen en Adán y su cabeza natural está en él. Ellos son participantes de la caída de Adán, y aunque son objeto de profecías que declaran que ellos han de participar, como pueblo subordinado, con Israel en la gloria del reino venidero (Is. 2:4; 60:3, 5, 12; 62:1; Hch. 15:12), ellos en cuanto a su estado en el período desde Adán hasta Cristo, están bajo la múltiple acusación de estar "sin Cristo, alejados de la ciudadanía de Israel y ajenos a los pactos de la promesa, sin esperanza y sin Dios en el mundo" (Ef. 2:12). Con la muerte, la resurrección, y la ascensión de Cristo, y con la venida del Espíritu Santo, la puerta del privilegio del evangelio fué abierta a los gentiles (Hch. 10:48, 11:17, 13:47, 48), y de entre ellos Dios está llamando ahora una compañía elegida (Hch. 15:14). En el período de tiempo comprendido entre la cautividad de los judíos en Babilonia, por un lado y la aún futura restauración de la Palestina y Jerusalén a los judíos, por el otro lado, la dispensación del gobierno mundial le ha sido encomendada a los gentiles (Lc. 21:24). Este pueblo, también conocido como "las naciones" avanza en su historia y es visto tanto en el cuadro profético del milenio (Is. 60:3, 5, 12; 62:2; Hch. 15:17) como en la nueva tierra y como teniendo el derecho de entrar en la ciudad que ha de ser edificada (Ap. 21:24, 26).

c. LOS JUDIOS. Por medio del llamamiento a Abraham y todo lo que Jehová obró en él, una nueva raza o pueblo fué comenzado el cual, bajo pactos y promesas divinas inalterables, continúa para siempre. Tan diferente es esa raza en cuanto a sus características distintivas que todos los demás pueblos son antípodas de éste, es decir, ellos son clasificados como "los gentiles" o "las naciones", a diferencia de la nación judía. Tal preferencia dada a los judíos no puede ser entendida fuera del testimonio dado en la Biblia en cuanto al propósito eterno de Jehová para con ellos. La importancia que tiene delante de Dios el pueblo terrenal y todo lo que le está relacionado, se indica por el hecho de que más del ochenta por ciento de la Biblia se trata directa o indirectamente con ellos. A pesar de todos sus pecados y faltas, el propósito de Dios para con ellos no puede ser quebrantado (comp. Jer. 31:31-37). Su destino puede ser trazado hasta incluir el milenio y la nueva tierra que le ha de seguir. Sin embargo, en la presente edad, unida como está por los dos advenimientos de Cristo, todo el progreso en el programa nacional y terreno de Israel está suspendido temporalmente y el judío tiene el mismo privilegio que el gentil de ejercitar fe personal en Cristo como Salvador y de esos así redimidos, tanto judíos como gentiles, el pueblo celestial está siendo llamado. Claramente se indica a través de las profecías que cuando el presente propósito sea cumplido, Dios se volverá, y con toda fidelidad, llevará a efecto la completa realización de Sus promesas terrenales con Israel (Hch. 15:14-18; Ro. 11:24-27).

d. LOS CRISTIANOS. Una gran cantidad de pasajes bíblicos declaran directa o indirectamente que la edad presente no es prevista y es de carácter intercalar, y en ella una nueva humanidad aparece en la tierra con un nuevo e incomparable Guía y Jefe en el Cristo resucitado y que dicha Compañía está siendo formada por el poder regenerador del Espíritu Santo. De igual manera se revela que ahora no hay diferencia entre judíos y gentiles ya sea en cuanto a su necesidad de salvación (Ro. 3:9) o en cuanto al mensaje específico que les ha de ser predicado (Ro. 10:12). Puede verse, también, que en este nuevo Cuerpo en el que judíos y gentiles están unidos en una común salvación, la pared intermedia de separación –la larga enemistad entre judíos y gentiles– ha sido rota, habiendo sido "matada" dicha enemistad por la misma muerte de Cristo en la Cruz, haciendo la paz (Ef. 2:14-18). En verdad todas las antiguas distinciones se pierden y los que son salvados vienen a estar sobre una base donde no hay ni judío ni gentil sino que Cristo es todo en todos (Gá. 3:28; Col. 3:11). El Nuevo Testamento también dice que el cristiano, estando habitado por Cristo, ahora posee vida eterna y la esperanza de gloria (Col.1:27) y, estando en Cristo, está en una posición perfecta en Cristo, ya que todo lo que Cristo es –aún la justicia de Dios– ha sido imputado al creyente. Es así como el creyente ha sido ya constituido en un ciudadano del cielo (Fil. 3:20) y, habiendo sido resucitado con Cristo (Col. 3:1-3), y estando sentado con Cristo (Ef. 2:6), pertenece a otra esfera –tan definidamente, en verdad, que Cristo puede decir del tal: "No son del mundo como tampoco yo soy del mundo" (Jn. 17:14, 16; comp. 15:18, 19). Debe observarse también que debido a que ese nacimiento espiritual y esa posición celestial *en Cristo* son sobrenaturales, éstas son, por necesidad realizadas solamente por Dios, y con la exclusión de la cooperación humana la única responsabilidad impuesta al hombre es la de poner *fe* en el Unico que tiene poder para salvar a este pueblo celestial, que es la Nueva Creación de Dios (2 Co. 5:17; Gá. 6:15), ha sido encomendada, no en un sentido corporal sino solamente como individuos, una doble responsabilidad, es a saber, (a) adornar con una vida cristiana la doctrina que representan por la propia naturaleza de su salvación, y (b) ser testigos de Cristo hasta lo último de la tierra. También creemos que las Escrituras que dirigen al cristiano en su andar santo y en su servicio están adaptadas al hecho de que el creyente no está haciendo esfuerzo humano para conseguir una posición delante de Dios, sino que él ya ha sido "aceptado en el amado" (Ef. 1:6), y ya ha sido bendecido con toda bendición espiritual (Ef. 1:3; Col. 2:10). Es evidente que ningún esfuerzo humano podría hacer que persona alguna se elevase a cumplir estas altas responsabilidades y que Dios, anticipando la incapacidad del creyente para andar dignamente de la vocación con que ha sido llamado, ha derramado libremente Su Espíritu de poder para que more en cada uno de los salvados. También se ha dicho de esta compañía celestial que ellos, cuando el número de sus elegidos sea completado, serán quitados de este mundo. Los cuerpos de aquellos que han muerto serán resucitados y los santos que estén vivos serán arrebatados (1 Co. 15:20-57; 1 Ts. 4:13-18). En la gloria las personas que componen esta compañía serán juzgadas con relación a sus galardones por el servicio rendido a Dios (1 Co. 3:9-15; 9:18-27; 2 Co. 5:10, 11), la Iglesia corporal será unida a Cristo en matrimonio (Ap. 19:2-9), y entonces regresará con El para compartir como su compañera en Su reino (Lc. 12:35-36; Jud. 14, 15; Ap. 19:11-16). Esta Nueva Creación, como los ángeles, Israel y los gentiles puede ser trazada hasta la eternidad futura (He. 12:22-24; Ap. 21:1, 22:5). Pero, se recordará, el cristiano no posee ninguna tierra (Ef. 20:12; Mt. 5:5), ni casa (Mt. 23:38; Hch. 15:16), aunque es de la familia de Dios; ni capital terrena o ciudad (Is. 2:1-4; Sal. 137:5, 6) ni trono terrenal (Lc. 1:31-33), ni reino terrenal (Hch. 1:6, 7), ni rey a quien estar sujeto (Mt. 2:2), aunque los cristianos pueden hablar de Cristo como "el Rey" (1 Ti. 1:17; 6:15), ni altar aparte de la Cruz de Cristo (He. 13:10-14).

3. LOS PERIODOS DE TIEMPO DE LA BIBLIA. Unas cuantas de las divisiones de la Biblia pueden observarse cuando se traza el tiempo desde el principio hasta el fin a través de las Escrituras. Algunas de esas divisiones son:

a. DIVISIONES RELACIONADAS CON LA HUMANIDAD:

(1) *El Primer Período* de la historia humana, o desde Adán hasta Abraham, es caracterizado por la presencia en la tierra de una sola clase de personas: los gentiles.

(2) *El Segundo Período* cubre 2,000 años de la historia humana, o desde Abraham hasta Cristo, y está caracterizado por la presencia en la tierra de dos grupos de personas: los gentiles y los judíos.

(3) *El Tercer Período* de la historia humana, o desde el primer advenimiento de Cristo hasta Su segunda venida, está caracterizado por la presencia en la tierra de tres grupos de individuos: los gentiles, los judíos y los cristianos.

(4) *El Cuarto Período* se declara que será de mil años (Ap. 20:1-9), o desde la segunda venida de Cristo hasta el juicio del gran trono blanco y la creación de los nuevos cielos y la nueva tierra, está caracterizado por la presencia de dos clases de personas en la tierra: el judío y el gentil.

b. LAS DISPENSACIONES: Como una medida de tiempo, una dispensación es un período identificado por su relación a algún propósito particular de Dios –propósito para ser cumplido dentro de ese período. Las primeras dispensaciones, estando tan remotas en cuanto a tiempo, de la presente, no están tan claramente definidas como lo están las dispensaciones posteriores. Por esta razón, los expositores bíblicos no siempre están de acuerdo tocante a las características precisas de los períodos más remotos. Algunas obvias divisiones dispensacionales son:

(1) La Dispensación de la Inocencia, que se extiende desde la creación hasta la caída de Adán. El tiempo de su duración no es revelado, la comisión divina dada a Adán en ese período y su caída indica el curso y el fin de la intención divina dentro de esa era.

(2) *La Dispensación de la Conciencia,* que se extiende desde la caída de Adán hasta el diluvio, en cuya época la conciencia era, aparentemente, la característica distintiva de la vida humana en la tierra y la base de la relación del hombre con Dios.

(3) *La Dispensación de Gobierno Humano,* que se extiende desde el diluvio hasta el llamamiento a Abraham, está caracterizada por la delegación al hombre del gobierno propio, y es terminada por la introducción de un nuevo propósito divino.

(4) *La Dispensación de la Promesa,* que comprende desde el

llamamiento de Abraham hasta la promulgación y aceptación de la Ley de Moisés en el Monte Sinaí. Durante esta era solamente la promesa divina sostiene a Abraham y a su posteridad. Mientras que Hebreos 11:13, 39 se refiere a los santos del Antiguo Testamento generalmente, ya que ninguna de las principales promesas del Antiguo Testamento tuvieron su relación durante su propio período, esos pasajes son específicamente verdad en relación a aquellos que vivieron dentro de la era de la promesa. Que Abraham vivió por la promesa divina es el tema de ambos Testamentos.

(5) *La Dispensación de la Ley,* la cual se extiende desde la promulgación de la Ley de Jehová a través de Moisés y su aceptación por Israel en el Sinaí (Ex. 19:3-31:18). Esta continuó como el gobierno autoritativo de Dios sobre el Pueblo de Israel y de esa manera caracterizó esa edad hasta que terminó con la muerte de Cristo. Una breve porción de esa edad (probablemente de siete años que Cristo declaró que serían acortados, Mt. 24:21-22) que corresponde a la semana Setenta de Daniel (Dn. 9:24-27), aún está por cumplirse.

(6) *La Dispensación de la Gracia,* que se extiende desde la muerte de Cristo hasta Su regreso para recibir a Su novia. Esta es una edad caracterizada por la gracia en el sentido de que en esta edad Dios, quien siempre ha actuado en gracia hacia todos y cada uno de los seres humanos a quienes El ha bendecido, está haciendo una específica demostración celestial de Su gracia por medio y a través de la completa compañía de judíos y gentiles que han sido salvados por gracia y a través de la fe en Cristo. Estos son un pueblo celestial quienes, debido a que su ciudadanía está en los cielos, serán removidos de la tierra tanto por la resurrección como por el arrebatamiento cuando el número de sus elegidos sea completado. Como ya se ha dicho, un breve período seguirá al arrebatamiento de la Iglesia de la tierra; pero ese período no está relacionado con la edad presente y no está caracterizado por una demostración de la gracia divina, sino por los juicios de Dios sobre un mundo que ha rechazado a Cristo. Esta edad también es un período durante el cual el hombre es probado bajo la gracia.

(7) *La Dispensación del Reino,* la cual se extiende desde la segunda venida de Cristo y a través de mil años hasta terminar con la creación de un nuevo cielo y una nueva tierra. Esta dispensación está caracterizada por el hecho de que Satanás estará atado, los pactos de Israel serán cumplidos, la creación será librada de su presente esclavitud y el Señor mismo reinará sobre la tierra y sobre el trono de David, Su Padre.

c. LOS PACTOS: Dios ha entrado en varios pactos. Estos,

también, están bien definidos:

(1) *El Pacto de Redención (Tit. 1:2; He. 13:20),* en el cual, según piensan los teólogos, las Personas de la Deidad entraron antes que el tiempo fuese y en el cual cada uno asumió la parte en ese gran plan de redención que al presente le corresponde como lo revela la Palabra de Dios. En este pacto el Padre da al Hijo, el Hijo se ofrece a sí mismo sin mancha al Padre como un sacrificio eficaz, y el Espíritu administra y da poder para la ejecución de dicho pacto en todas sus partes. Este pacto descansa sobre muy poca revelación. Es más bien apoyado por el hecho de que es tanto razonable como inevitable.

(2) *El Pacto de las Obras.* Este es el nombre dado por los teólogos a esas bendiciones que Dios ha prometido a los hombres y que dependen del mérito humano. Antes de la caída, Adán estaba relacionado con Dios por medio de un Pacto de obras. Hasta que es salvo, el hombre está bajo la inherente obligación de ser en carácter como Su Creador y hacer Su voluntad.

(3) *El Pacto de la Gracia,* es la manera en que los teólogos designan todos los aspectos de la gracia divina hacia el hombre en todo tiempo. La administración de la gracia de Dios para el hombre es posibilitada en base de la satisfacción a los juicios divinos que es provista por la muerte de Cristo. La frase *Pacto de la Gracia* no se encuentra en la Biblia y, como es frecuentemente presentado por los hombres, está lejos de ser un concepto bíblico.

(4) *El Pacto Edénico (Gn. 1:28-30, 2:16, 17),* que es la declaración hecha por Jehová, incluyendo siete aspectos que condicionaron la vida del hombre en la tierra antes de la caída.

(5) *El Pacto Adámico (Gn. 3:14-19),* el cual también consta de siete partes y regula la vida del hombre en la tierra después de la caída. Gran parte de lo que está en este pacto es perpetuo a través de todas las generaciones y hasta que la maldición sea quitada de la creación (Ro. 8:19-23).

(6) *El Pacto con Noé (Gn. 8:20-9:22),* el cual, una vez más, contiene siete partes y presenta el intento divino tocante al gobierno y a la posteridad humana en todas las generaciones subsiguientes comenzando con Noé.

(7) *El Pacto Abrahámico (Gn. 12:1-3; 13:14-17; 15:1-18; 17:1-8),* el cual, de igual manera, está dividido en siete partes u objetivos divinos. Este pacto garantiza bendiciones eternas sobre Abraham, su simiente y todas las familias de la tierra.

(8) *El Pacto Mosaico (Ex. 20:1-31:18)* , el cual contiene tres partes, es a saber, los mandamientos, los juicios y las ordenanzas, las cuales a su vez, dirigían la vida moral, social y religiosa de Israel e imponía castigo por los errores. El Pacto Mosaico es un pacto de

obras. Sus bendiciones dependían de la fidelidad humana. Este también proveía los sacrificios restaurados por los cuales el pecado y las faltas de aquellos que estaban bajo el pacto podían ser remediados y éstos restaurados a una relación correcta con Dios.

(9) *El Pacto Palestino (Dt. 30:1-9),* el cual está dividido en siete partes y declara lo que Jehová hará aún al recoger, bendecir y restaurar a Israel y a su tierra.

(10) *El Pacto Davídico (1 S. 7:5-19),* el cual asegura tres importantísimas ventajas para Israel a través de la Casa de David, es a saber, un trono eterno, un reino y un Rey eterno que ha de sentarse sobre el trono de David.

(11) *El Nuevo Pacto con la Iglesia (Lc. 22:20),* el cual incluye toda promesa de la gracia salvadora y guardadora para aquellos que dentro de la presente edad han creído. Sus muchas bendiciones son posesiones o posiciones en Cristo.

(12) *El Nuevo Pacto con Israel (Jer. 31:31-34; He. 8:7-12),* este pacto es "nuevo" en el sentido de que reemplaza como regla de vida el Pacto Mosaico que Israel quebrantó pero éste no altera ni está en conflicto con el Pacto Palestino, el Pacto Abrahámico o el Pacto Davídico. Sus bendiciones son cuádruples y todas aún futuras, aunque incondicionalmente asegurado por la inquebrantable fidelidad de Dios.

d) LOS PERIODOS PROFETICOS:

(1) *Desde Adán hasta Abraham,* en el cual Enoc profetizó acerca de la segunda venida de Cristo (Jud. 1:14, 15), y Noé profetizó tocante a sus hijos (Gn. 9:24-27).

(2) *Desde Abraham hasta Moisés.* Durante ese tiempo la mayor parte la profecía del Antiguo Testamento fué escrita y gran parte de ella, cumplida. Se debe prestar atención a Deuteronomio 28:1-33:29 como la parte central de la predicción tocante a todas las bendiciones futuras de Israel.

(3) *Desde Moisés hasta Daniel.* Durante este tiempo la mayor parte de la profecía del Antiguo Testamento fue escrita y gran parte de ella, cumplida. Se debe prestar atención a Deuteronomio 28:1-33:29 como la parte central de la predicción tocante a todas las bendiciones futuras de Israel.

(4) *Desde Daniel hasta Cristo.* Una división de tiempo en la cual Jehová revela a través de Daniel el principio, el desarrollo, y el fin del gobierno gentil al igual que los propósitos divinos con Israel. Esa época específica incluye los escritos de Daniel, Ezequiel, Hageo, Zacarías y Malaquias. A esta edad, y como parte importante de la misma, debe añadirse todas las predicciones concernientes a la gran tribulación ya que ese tiempo de tan gran agonía es la semana setenta

de Daniel y, por lo tanto una muy vital e inseparable parte de dicha profecía sin importar el hecho de que siglos que son de naturaleza parentética son colocados dentro de dicho período.

(5) *Desde el Primer hasta el Segundo Advenimiento de Cristo.* Este período recoge toda la profecía del Nuevo Testamento tocante de Cristo como de los apóstoles.

(6) *Desde el Principio hasta el Final del Reino Milenial,* en cuya dispensación se revela que "vuestros hijos y vuestras hijas profetizarán" (Jl. 2:28).

(7) *El Estado Eterno,* que será el cumplimiento de gran parte de las predicciones, aunque no hay anticipación registrada de que alguien profetizará entonces: en verdad, se declara que la profecía entonces "Se acabará" (1 Co. 13:8).

e) LOS VARIOS ASPECTOS DEL REINO TERRENAL:

(1) *La Teocracia,* en la cual el gobierno divino sobre Israel es provisto en y a través de los jueces (Jue. 2:16, 18; 1 S. 8:7; Hch. 13:19, 20).

(2) *El Reino Prometido,* en el cual Dios entra en un pacto incondicional con David tocante a la inalterable perpetuidad de su casa, su reino, y su trono (2 S. 7:5-19; Sal. 89:20-37).

(3) *El Reino Anticipado por los Profetas,* tema en el que hay un extenso conjunto de pasajes bíblicos comprendiendo la mayor parte de la anticipación del Antiguo Testamento. Aparte del mal immediato de sus tiempos y la proclamación del juicio sobre las naciones circunvecinas, los profetas del Antiguo Testamento hicieron mucho hincapié en la Persona de su esperado Mesías, la gloria y bendiciones del reino venidero y el lugar que los gentiles han de ocupar en ese reino. En medio de esas predicciones hay un claro reconocimiento de la apostasía de Israel y del castigo que caería sobre la casa de David; pero no sin la seguridad de que el Pacto Davídico no puede ser quebrantado debido a la fidelidad de Jehová (2 S. 7:5-19; Sal. 89:20-37). Ese castigo se manifestaría en la forma de un esparcimiento universal de Israel –donde se hallan hoy– y que ha de ser seguido por el recogimiento de ese pueblo en su propia tierra cuando su Mesías regrese (comp. Dt. 28:63-68; 30:1-10). Estas profecías comenzaron a cumplirse en relación con la última cautividad en Babilonia seiscientos años antes de Cristo y marca el comienzo del período que Cristo designó como "los tiempos de los gentiles" (Lc. 21:24), y que tiene que continuar hasta el recogimiento de Israel cuando Cristo regrese, y lleva la señal inconfundible que Jerusalén es *hollada por los gentiles.* Dentro de esta extensa dispensación gentil hay otros aspectos del gobierno del reino en la tierra que reconoce la presencia y la autoridad de la

administración gentil.

(4) *El Reino Anunciado como "Habiéndose Acercado"*, pero rechazado por Israel. El reino que constituye una parte tan extensa de la expectación del Antiguo Testamento, en su anuncio y rechazamiento ocupa una gran parte de los Evangelios Sinópticos. La mayor parte del ministerio de Cristo anterior a la cruz es descrito abreviadamente en Juan 1:11, *El vino a los suyos y los suyos no le recibieron.* El Rey de Israel vendría a ellos *humilde, sentado sobre un asno* (Zac. 9:9; Mt. 21:5). Esta específica predicción tocante a la manera del ofrecimiento hecho por Cristo de sí mismo como Rey de Israel en su primer advenimiento, no debe ser confundido con Su venida sin oposición como el Mesías en poder y gran gloria en su segundo advenimiento (Mt. 24:29-31; Ap. 19:15, 16). Debido a Su rechazamiento en los días de su primera venida, Israel fue hecho culpable del acto manifiesto de la crucifixión de Su Rey, extendiendo así los siglos de su castigo. Sin embargo, el sacrificio fue provisto en la muerte de Cristo que responde a todas las demandas de la santidad divina contra el pecado y abrió la puerta de bendición a todos los pueblos de la tierra (Ro. 11:25-27).

(5) *La Forma de Misterio del Reino,* como fue bosquejado por Cristo en las siete parábolas de Mateo 13:1-52, continúa a través de esta edad. De acuerdo a su uso en el Nuevo Testamento, la palabra *misterio* se refiere a una verdad que ha permanecido hasta entonces sin revelación. La presente dispensación está caracterizada por la realización de un propósito divino que es correctamente llamado un *misterio.* Todo lo demás está siendo conformado a ese propósito. Efesios 3:1-6 declara este propósito y ahí se ve que es el llamamiento a un Nuevo Cuerpo tanto de judíos como gentiles, quienes todos y cada uno, son hechos nuevas criaturas por el poder regenerador del Espíritu Santo. El reino de los cielos es el gobierno de Dios en la tierra y El está ahora gobernando, en estos "tiempos de los gentiles", solamente en cuanto a la realización que los misterios del Nuevo Testamento puedan requerir. Esta es la extensión del reino en su forma de misterio (Mt. 13:11).

(6) *El Reino que ha de ser Reanunciado por los 144.000 en la Final Anticipación al Regreso del Mesías.* Cuando estaba a punto de partir de este mundo y en relación a los eventos que acompañarían Su segunda venida, Cristo declaró, "y este evangelio del reino será predicado en todo el mundo (*οἰκουμένῃ*) para testimonio a todas las naciones y entonces vendrá el fin" (Mt. 24:14; Ap. 2:4-9).

(7) *El reino en la manifestación,* o esa edad que sigue al segundo advenimiento de Cristo cuando todas las profecías y pactos concerniente a los judíos y los gentiles en la tierra glorificada serán

cumplidos. Esta era es comunmente llamada el milenio debido a la revelación de que será por mil años (Ap. 20:1-6).

f) DIVISIONES DE LA BIBLIA TOCANTE A LA HISTORIA DE ISRAEL EN LA TIERRA. A la luz del Pacto Palestino que garantiza a Israel una posesión eterna de la tierra prometida a Abraham y a su simiente, es esencial el observar que, conforme a la profecía y como castigos, los israelitas iban a ser tres veces desposeídos de su tierra y tres veces restaurados a ella. Es igualmente importante notar que ellos están ahora en la tercera privación de la tierra y están esperando su restauración a ella cuando su Mesías regrese. Habiendo sido restaurados, los israelitas no saldrán de allí jamás. Ya que la profecía es afectada en gran manera por la posición que Israel ocupa en cualquier tiempo dado en relación a su tierra esta división del mensaje de la Biblia es de vital importancia.

g) DIVISIONES DE LA BIBLIA TOCANTE A LOS GENTILES. El significado del largo alcance de la revelación concerniente a las varias posiciones gentiles es segundo solamente al de Israel. Estos son varios:

(1) *Como Estando Fuera de los Pactos Judíos y los Privilegios de la Comunidad,* el cual es su estado desde Adán hasta Cristo (Ef. 2:12).

(2) *Como Recibiendo una Dispensación de Gobierno Mundial al Tiempo de la Ultima Dispensación de Israel (Dn. 2:36-44).*

(3) *Como Teniendo Ahora el Privilegio de Recibir el Evangelio de la Gracia de Dios,* y, como individuos, a ser salvos en la nueva superintendencia natural, en gloria celestial de Cristo (Hch. 10:45, 11:17, 18; 13:42, 48).

(4) *Como Llevados a Juicios al Final de su Dispensación de Gobierno Mundial,* y en relación al trato dado a la nación de Israel (Mt.25:31-46).

(5) *Como Visto en la Profecía,* los que han de participar como pueblo subordinado en el reino de Israel (Is. 2:4; 60:3, 5, 12; 62:2; Hch. 15:17).

(6) *Como Entrando en y Continuando con el Reino de Israel (Mt. 25:34).*

(7) *Como participantes de la Gloria de la Ciudad Celestial,* después de la creación de los nuevos cielos y la nueva tierra (Ap. 21:24-26).

h) DIVISIONES DE LA BIBLIA TOCANTE A LA IGLESIA. Aunque, en cuanto a su historia terrenal, la Iglesia está limitada a esta presente edad, ésta puede ser reconocida:

(1) *Como Vista en los Tipos,* representada por ciertas novias del Antiguo Testamento.

(2) *Como Anticipada Directamente en Profecía (Mt. 16:18).*

(3) *Como siendo llamada del mundo,* y aún residiendo en éste, lo cual es cierto de la Iglesia en la presente dispensación (Hch. 15:14; Ro. 11:25).

(4) *Como Distinta del Judaísmo.* En las correctas divisiones de las Escrituras nada es más fundamental o determinante que la distinción entre el judaísmo y el cristianismo. Juzgado por la cantidad de espacio dado a este, el judaísmo ocupa la mayor parte de la Biblia incluyendo prácticamente todo el Antiguo Testamento y mucho del Nuevo Testamento. La Biblia presenta estos dos grandes sistemas, y es fácilmente uno de los graves errores del teólogo suponer que estos dos son uno solo. Es cierto que hay aspectos comunes a ambos, tales como Dios, el hombre, el pecado, y la redención; pero hay vastas diferencias entre ellos y esas diferencias tienen que ser observadas. Algunas de estas son enumeradas en los capítulos III y XI del volumen IV.

(5) *Como Recibida en el Cielo por la Resurrección y el Arrebatamiento,* y allí premiada y unida en matrimonio con Cristo. (1 Ts. 4:13-18; 2 Co. 5:10; Ap. 19:2-9).

(6) *Como Regresando con Cristo para su Reinado Terrenal (Jud. 14, 15; Ap. 19:11-16).*

(7) *Como Reinando con Cristo en la Tierra (Ap. 20:6).*

(8) *Como Participantes de la Gloria del Nuevo Cielo* y como tal, tan relacionada a la ciudad celestial, como para darle el título caracterizante de *la novia, la esposa del Cordero.*

4. *Las Principales Divisiones de la Bibliología.* La bibliología se divide naturalmente en siete partes, es a saber: 1) Revelación, 2) Inspiración, 3) Autoridad, 4) Iluminación, 5) Interpretación, 6) Vitalización y 7) Preservación.

CAPITULO III

REVELACION

En su uso teológico, la palabra *revelación* está limitada al acto divino de comunicar al hombre lo que de otro modo éste no podría saber. Esta forma extraordinaria de revelación –ya que se origina en Dios– está, por necesidad y en gran manera, subordinada a agentes y medios sobrenaturales. Nada puede ser más ventajoso para el hombre, ni hay nada más cierto, que el hecho mismo de que Dios le haya hablado. La pregunta satánica, "¿Conque Dios os ha dicho . . . ?" (Gn. 3:1), nos lleva la conclusión inequívoca de que siempre, la substancia del racionalismo y la duda tocante a la revelación divina, es engendrada por el *padre de mentira* y es ajena a la intuición natural del hombre.

Habiendo hecho Dios al hombre a su imagen y semejanza y habiéndole dotado de la capacidad de tener comunión con El, es razonable esperar que tal capacidad fuese debidamente ejercitada. Que, a su debido tiempo, Dios revele al hombre verdades tocantes a Sí mismo y a Sus propósitos, es por tanto lógico; como también, que le revele el verdadero lugar que para El ocupa en el plan divino de la creación, es decir: su relación con Dios, con la eternidad, con el tiempo y, al propio tiempo, con la virtud, el pecado y la redención; así como con todos los otros seres del universo en el cual la vida del hombre se desenvuelve. Adán, creado como fue en el punto cero de todo conocimiento y experiencia resultante del proceso de la vida tenía mucho que aprender aún dentro de la esfera de la existencia anterior a la caída. Dios –se nos dice– descendía y hablaba con Adán en el *aire del día.* Pero si el hombre, antes de la caída, necesitaba que se le impartiese conocimiento ¡cuánto más después de ella, cuyo ser ya entenebrecido, necesita ser enseñado por Dios! A este *otro hombre,* tiene que adicionársele, además, el conocimiento de lo que es el pecado y la redención. Dios ha hablado. Con ese fin la Biblia ha sido escrita y el revelar al hombre ese gran conjunto de verdades que en manera alguna podía adquirir por sí sólo y que la Palabra de Dios revela, parece haber sido su propósito sublime y supremo.

I. DIFERENCIA DE TRES IMPORTANTES DOCTRINAS

1) REVELACION Y RAZON. La Teología Sistemática, obtiene su información tanto de la revelación como de la razón, aunque la parte en la que interviene la razón no puede, en modo alguno, considerársela fundamental porque su autoridad es dudosa, limitada y hasta insignificante. Por *la razón,* según la consideramos en el contexto de este estudio, entendemos las facultades morales e intelectuales del hombre, ejercidas en la búsqueda de la verdad y sin la ayuda sobrenatural. Una valoración correcta de la razón no se encuentra frecuentemente. Ciertos hombres han sostenido que, sin dirección ni asistencia divinas, el ser humano no puede llegar a alcanzar toda la verdad que le es esencial para su bienestar aquí y en el más allá. En todas cuantas discusiones se producen en relación con este problema, la razón tiene que ser totalmente divorciada de la revelación, si es que ha de ser vista en sus verdaderas limitaciones. Tal separación, es extremadamente difícil de consumar, ya que la revelación ha penetrado en un grado inconmensurable hasta lo más profundo de la civilización. Debido a esta penetración, algunas naciones son llamadas *cristianas.* El verdadero estado del hombre bajo la razón, y cuando se halla aislado de la revelación, está parcialmente demostrado por las formas tan bajas de paganismo en que vive; pero aún los paganos están universalmente convencidos de la existencia de un Ser Supremo y, debido a esa convicción, están procurando evidencias que, en su estimación, expresan Su favor o Su descontento. Desde que Adán caminó y habló con Dios –cuya revelación él, sin duda, transmitió a su posteridad– ningún hombre en la tierra puede estar completamente vacío de la revelación divina. Aunque poseída en forma leve de tal revelación, la filosofía pagana es una deplorable manifestación de las limitaciones de la razón humana. Nunca esos sistemas han podido perfeccionar un código perfecto de responsabilidades morales ni tampoco podrían inventar una base autorizada en la cual apoyar sus preceptos. De igual manera, la luz de la naturaleza y la ayuda de la razón, han sido demasiado débiles para disipar incertidumbres tocante a la vida que hay más allá del sepulcro. Hablando acerca de los premios y los castigos futuros, Platón dijo: "La verdad debe de terminar o establecer cualquier cosa cierta acerca de estos asuntos, pero en medio de tantas dudas y discusiones, es la obra de Dios solamente." Y Sócrates hace que uno de sus personajes diga acerca de la vida futura: "Yo tengo la misma opinión que usted que, en esta vida, es, o absolutamente imposible o extremadamente difícil, llegar a un conocimiento claro de este

asunto" (Citado por Dick, *Teología,* pag. 15). No es el filósofo antiguo sino el incrédulo moderno quien argumenta a favor de la suficiencia de la razón humana y quien ridiculiza los postulados de la revelación.

Dentro de los límites de lo humano, la razón es importantísima; pero, comparada con la revelación divina, la razón es tanto falible como finita.

2) REVELACION E INSPIRACION. La revelación y la inspiración son en sí doctrinas cardinales de la Biblia, pero son frecuentemente confundidas. Esta confusión es tal vez debido, en gran parte, al hecho de que la revelación y la inspiración tienen que coincidir o converger en un punto, asegurar esa infalible declaración divina de la Biblia, sin vacilación, asegura ser. Esta es, por derecho propio, no solamente sistema de verdad *revelada,* sino que es el *único* sistema de verdad *revelada.* Es una intervención supranatural en los asuntos del hombre. Tal declaración, por necesidad, implica dos operaciones divinas, a saber, la *revelación,* que es la influencia divina directa que comunica la verdad de Dios al hombre y la *inspiración,* que es la directa influencia divina que garantiza una correcta y fiel transferencia de la verdad en el lenguaje que otros puedan entender.

Aunque estas dos operaciones divinas frecuentemente coinciden, también es verdad que estas a menudo actúan separadamente. Por medio de la más pura revelación, José, fue avisado por Dios en un sueño que debía huir a Egipto con María y el niño Jesús. No se nos dice, sin embargo, que él hubiese sido inspirado a escribir dicha revelación para beneficio de otros. Es más, multitudes de personas oyeron la voz de Dios cuando escucharon las misericordiosas revelaciones que constituyen la substancia de la predicación de Cristo; pero ninguno de ellos, excepto los discípulos escogidos, fueron llamados para ejecutar las funciones de escritores inspirados. Por otra parte, esos hombres inspirados, presentaron verdades con esa certeza que solamente la inspiración podía asegurar, pero esas verdades no eran, estrictamente hablando, revelaciones. Los escritores de la Biblia, frecuentemente registraron cosas que ellos mismos vieron o dijeron, en cuyo caso no había necesidad de revelación directa.

Esta diferencia es más ampliamente demostrada a través del hecho de que, aunque algunos hombres están de acuerdo en que la Biblia si presenta una revelación de Dios, están en desacuerdo en relación a la solución de varios problemas en cuanto a cómo la revelación de Dios pudo ser transmitida sin error a través de hombres falibles y que aún les faltaba mucho en su educadión de acuerdo con la cultura de sus tiempos. Estas y otras diferencias entre la revelación y la inspiración serán estudiadas más adelante al considerar ambas doctrinas más ampliamente.

3) REVELACION, INSPIRACION E ILUMINACION. Una clara diferencia entre revelación e inspiración, por un lado, e iluminación por otro, es también esencial. Esta última siendo la influencia o el ministerio del Espíritu Santo capacitando a todos aquellos que están en relación correcta con Dios para comprender las Escrituras. De Cristo está escrito que él *abrió* el entendimiento de ellos para que comprendiesen las Escrituras (Lc. 24:32, 45). Cristo mismo prometió que cuando el Espíritu Santo viniese, El *guiaría* a toda verdad. De igual manera, Pablo escribe: "Hemos recibido . . . el Espíritu que es de Dios para que sepamos lo que Dios nos ha concedido . . ." (1 Co. 2:12). Y Juan señala del Espíritu que El "os enseña todas las cosas. . ." (1 Jn. 2:27). Sin embargo, es obvio que la Iluminación, siendo la declaración de la Escritura ya dada, no lleva implícita la responsabilidad de *añadir* a esas Escrituras; ni tampoco la iluminación exige que, la transmisión inspirada e infalible de aquello que el Espíritu de Dios enseña, haya de escribirse en un idioma.

Inspiración, por la cual la revelación encuentra una infalible expresión, es confundida, tanto por los católicos romanos como por los racionalistas. Los católicos toman ese camino para poder mantener la creencia de que la iglesia romana, tanto primitiva como contemporánea, posee un dogma extra-bíblico de autoridad que es igual al de la Biblia –y superior a la Biblia, juzgando por sus conclusiones cada vez que se ve en la necesidad de dictaminar entre la Biblia y la Iglesia Católica. Esta es una usurpación palpable ya que las pruebas que establece una Biblia autoritativa e inspirada son más que suficientes mientras que las mismas pruebas a favor de una iglesia autoritativa e inspirada son inexistentes e inadmisibles. El racionalista, en uso de los argumentos de la razón, confunde la iluminación o la influencia general del Espíritu sobre todos los corazones regenerados, con la obra extraordinaria de la revelación y la inspiración. Ellos hacen ésto, aún cuando admiten una revelación divina específica, al atribuirle a los escritores de la Biblia toda la variabilidad, incertidumbre y deficiencia que caracteriza a los mejores hombres, aún cuando actúan bajo el poder capacitador del Espíritu.

La experiencia de Balaam, del Rey Saúl, y de Caifás, al proferir una revelación divina es prueba de que la inspiración no implica necesariamente iluminación espiritual. Y, por otra parte, el hecho de que un sinnúmero de aquellos que han sido bendecidos por la iluminación espiritual no reciben revelación ni ejercen las funciones de la inspiración, es prueba suficiente para desarmar las creencias del racionalismo.

Es significativo que en un pasaje, a saber, 1 Corintios 2:9-13, hay referencia a la *revelación* en el versículo 10, a la *iluminación* en el versículo 12, y a la *inspiración* en el versículo 13.

Finalmente, tanto la revelación como la inspiración, pueden distinguirse de la iluminación y ello en que, la iluninación es prometida a todos los creyentes; en que ésta admite grados, ya que aumenta o disminuye; en que depende no de la elección soberana de Dios, sino en una sincronización personal con el Espíritu de Dios. Y sin esta condición nadie podrá recibir jamás una salvación personal (1 Co.2:14), ni el conocimiento de la verdad de Dios revelada.

II. LA NATURALEZA DE LA REVELACION

Desde la primera revelación de Sí mismo en el Huerto del Edén hasta la consumación celestial cuando los redimidos puedan conocer como son conocidos y cuando lo que es en parte se acabe con el advenimiento de aquello que, en el concepto del entendimiento espiritual, es "perfecto" (1 Co.13:9-12), –aun cuando en los tiempos pasados El ha "dejado a todas las naciones andar en sus propios caminos" (Hch.14:15-17)– Dios nunca se ha dejado a Sí mismo sin testimonio. El ha obrado con fidelidad constante con el fin de que los hombres puedan ver más allá de su horizonte innato y captar, hasta cierto grado, las verdades y los aspectos de una esfera más amplia. Dios ha buscado por todos los medios posibles manifestarse a Sí mismo, Sus obras, Su voluntad y Su propósito. Con ese fin, por medio de Su Espíritu Santo, El ha movido a los hombres a desear este conocimiento. Este actuar divino de mover los corazones es de esta manera expresado por el Apóstol Pablo a los atenienses: "Para que busquen a Dios, si en alguna manera, palpando, puedan hallarle, aunque ciertamente no está lejos de cada uno de vosotros. . . "(Hch.17:27). Mientras que el más elevado y específico aspecto de Su más profundo deseo –en el que todos los redimidos pueden participar– es expresado de esta manera por el mismo Pablo: "A fin de conocerle, y el poder de su resurrección, y la participación de sus padecimientos, llegando a ser semejantes a El en su muerte. . . " (Fil.3:10). Ya que "el fin supremo del hombre es glorificar a Dios y gozarse en El por siempre", el hombre no está limitado en la esfera de su propio ser, aquella en la cual fue colocado por la creación. El camino está abierto para que él se mueva hacia esferas celestiales y conozca, aun ahora, algo del privilegio sublime del "compañerismo con el Padre, y con Su Hijo Jesucristo", poseer la vida eterna y anticipar una semejanza con Cristo. La revelación divina es el hacer saber al hombre todo lo que él debe saber, lo cual se encuentra entre el punto cero en el que comenzó su carrera como criatura y el carácter final de entendimiento debido al cual él, siendo redimido, puede tener comunión ininterrumpida con Dios en el cielo y responder inteligentemente a las cosas de Dios en las esferas eternas. En general se realiza una revelación divina cuando cualquier manifestación de Dios es discernida o cualquier evidencia de Su presencia, propósito o poder es comunicada. Tales manifestaciones pueden ser descubiertas comenzando desde el gran espectáculo de la creación hasta la más pequeña experiencia del más insignificante de los seres humanos. Tan estupendo, de largo alcance y complejo es este sistema de verdad que cualquier esfuerzo en delinearlo o clasificarlo será necesariamente incompleto.

Es práctica común entre los teólogos el subdividir la revelación en dos partes principales, a saber, la *general* y la *específica,* o la que es *natural* y la que es *supernatural*; y también la que consideran como *original* y la que suponen *soteriológica.* La primera de estas divisiones incorpora aquella revelación que es comunicada a través de la naturaleza y de la historia, mientras que la última incluye todo aquello que viene como una intervención natural de las cosas y que es supernatural en cuanto a su origen y a su método.

Para una exposición más completa, la revelación divina es particularizada aquí bajo siete maneras: a) Dios revelado a través de la *naturaleza,* b) Dios revelado a través de la *providencia,* c) Dios revelado a través de la *preservación,* d) Dios revelado por medio de los *milagros,* e) Dios revelado por medio de la *comunicación directa,* f) Dios revelado a través de la *encarnación,* y g) Dios revelado a través de las *Escrituras.*

1. DIOS REVELADO A TRAVES DE LA NATURALEZA. La trascendental gloria terrena que esperaba al hombre sin pecado cuando fue creado pudo haber carecido de significado para él fuera de la realización de que todo lo que contemplaba era la obra de Su Creador y, hasta ese punto, una revelación de la sabiduría del Creador, Su poder y Su gloria. Pero una exhibición tal y como el hombre vio antes que la maldición sobre éste (Gn.3:18,19; Ro.8:19-21), fue aumentada inconmensurablemente por la presencia de, y la comunicación con Dios. La revelación de la naturaleza era en sí misma impresionante, pero necesitaba entonces, al igual que ahora, ser completada por medio de una intimidad personal y estrecha con Dios. Sobre la relación entre los aspectos naturales y sobrenaturales de la revelación en el Edén, el Dr. B.B. Warfield escribe: "La impresión es poderosa que lo que se nos quiere comunicar es que el hombre habitó con Dios en el Edén, y gozó con El inmediata y no meramente mediata comunión. En ese caso, podemos entender que si el hombre no hubiese caído, hubiera continuado gozando ese

inmediato compañerismo con Dios y que, la cesación de esa comunión inmediata se debe al pecado" *(Revelation and Inspiration,* p. 8).

La Biblia señala definitivamente a la naturaleza como una revelación práctica de Dios. Leemos: "Los cielos cuentan la gloria de Dios, y el firmamento anuncia la obra de sus manos. Un día emite palabra al otro día, y una noche a otra noche declara sabiduría; no hay lenguaje ni palabras, ni es oída su voz. Por toda la tierra salió su voz, y hasta el extremo del mundo sus palabras. En ellos puso tabernáculo para el sol; y éste, cual esposo que sale de su tálamo, se alegra cual gigante para correr el camino. De un extremo de los cielos es su salida, y su curso hasta el término de ellos, y nada hay que se esconda de su calor" (Sal.19:1-6). Así mismo, la revelación de la naturaleza, con su valor limitado, es declarada en Romanos 1:19-23. La razón expresada en esos pasajes tocante al por qué la ira de Dios es revelada desde el cielo contra hombres injustos que retienen, o resisten, la verdad (v. 18) se dice ser ".. porque lo que de Dios es manifiesto, o se conoce, Dios se lo manifestó. Porque las cosas invisibles de él, su eterno poder y deidad, se hacen claramente visibles desde la creación del mundo, siendo entendidas por medio de las cosas hechas, de modo que no tienen excusa. Pues habiendo conocido a Dios, no le glorificaron como a Dios, ni le dieron gracias, sino que se envanecieron en sus razonamientos, y su necio corazón fue entenebrecido. Profesando ser sabios, se hicieron necios, y cambiaron la gloria del Dios incorruptible en semejanza de imagen de hombre corruptible, de aves, de cuadrúpedos y de reptiles" (Ro.1:19-23). Aquello que puede conocerse de Dios por medio de la naturaleza, ha sido revelado y en glorificarlo, volviéndolo en idolatría es, por parte del hombre, una acción sin excusa y merece la justa recompensa que Dios ha impuesto. Debe observarse, en relación a esto, que la revelación de la naturaleza no presenta nada en cuanto a la gran necesidad y al hecho de la redención. El mundo pagano, fuera de la revelación específica, llega a un débil reconocimiento de un Ser Supremo; pero la naturaleza no revela la verdad que: "De tal manera amó Dios al mundo que ha dado a su Hijo Unigénito, para que todo aquel que en él cree, no se pierda, más tenga vida eterna." Hasta que sea informado acerca de la gracia salvadora de Dios en Cristo Jesús, el pagano puede estar poseído de una excusa tocante a la redención; pero no hay indicación alguna de que esa ignorancia le favorezca en relación a la gracia salvadora de Dios.

Todos los argumentos teístico-naturalistas en cuanto a la existencia de Dios, están basados en la revelación concerniente a Dios que la naturaleza provee. Estos (aún por ser considerados bajo-

Teología Propia) no son sino un esfuerzo por parte del hombre de razonar partiendo de la naturaleza hacia su Causa, y ya que ese razonamiento está justificado, el hombre está "sin excusa."

2. DIOS REVELADO A TRAVES DE LA PROVIDENCIA. La Providencia es la ejecución, en todos sus detalles, del programa divino de las edades. Que tal programa existe no solamente es razonable en grado sumo, sino que está abundantemente registrado en las Escrituras (Dt. 30:1-10; Dn.2:31-45; 7:1-28; 9:24-27; Os.3:4,5; Mt.23:37-25:46; Hch.15:13-18; Ro.11:13-29; 2 Ts.2:1-12; Ap.2:1-22:21). Los extensísimos propósitos de Dios que cubren las edades desde la eternidad pasada hasta la futura son también perfectos aun en sus ínfimos detalles, abarcando hasta la muerte de los pajarillos y el recuento de los cabellos de la cabeza (Lc.12:6,7). Para discernir la providencia de Dios, solamente sirve la visión espiritual. La percepción limitada del inconverso, quien no tiene a Dios en ninguno de sus pensamientos, está bien expresada en la familiar frase: "El azar y el tiempo siempre están ocupados." Dicha frase, aunque forma parte de un himno cristiano, no tiene lugar alguno en la relación de un cristiano con Dios. Para el hijo de Dios, la inquebrantable providencia de Dios está expresada mejor en la Palabra de Dios de esta manera tan expresiva: "Y sabemos que a los que a Dios aman todas las cosas les ayudan a bien, esto es, a los que conforme al propósito son llamados" (Ro.8:28).

La doctrina de la providencia divina no carece de problemas. No puede ser de otra manera mientras haya pecado y sufrimientos en este mundo. Un entendimiento más amplio en cuanto a los propósitos divinos y los medios necesarios que Dios emplea para alcanzar esos fines ofrece mucha base en la trayectoria para encontrar una solución a estas dificultades. La revelación que Dios ha hecho de Sí mismo, a través de la providencia, es ilimitada. La Historia, es Su historia, y en las páginas de la Escritura, de tal manera se ha relacionado El a Sí mismo con los eventos futuros –tanto por medio de pactos como de predicciones– que se nos da la seguridad de que habrá una perfecta consumación de todas las cosas y el fin justificará los medios usados para llegar a éste.

3. DIOS REVELADO A TRAVES DE LA PRESERVACION. El Nuevo Testamento es específico en sus declaraciones concernientes a la relación que la Segunda Persona de la Deidad sostiene con este universo material. Está escrito de El como Creador: "Porque por él fueron creadas todas las cosas que están en los cielos, y que están en la tierra, visibles e invisibles, sean tronos, sean dominios, sean principados, sean potestades, todo fue creado por él y para él" (Col.1:16). "Y, tú, oh Señor, en el principio fundaste la tierra; y los

cielos son obra de tus manos" (He.1:10). También está escrito que Ese que por la Palabra de Su poder "efectuó" la creación (Heb.11:3), igualmente por la misma Palabra de poder ha hecho que las cosas tengan consistencia, y que continúen como estaban: "El es antes de todas las cosas, y por él todas las cosas subsisten" (Col.1:17); ". . . y sustentando todas las cosas por la palabra de su potencia (He.1:3), Cristo es también el dador y el sustentador de la vida (Jn.1:4; 5:26; Hch.17:25; 1 Co.15:45). El es el que da vida eterna (Jn.10:10,28), El mismo es esa vida que da (Col.1:27; 1 Jn.5:12). Así como la savia de la vid sostiene las ramas, así la vida divina es siempre la fuerza vital en el cristiano. Es verdad que "en él vivimos, y nos movemos, y somos" (Hch.17:28). Dios es de igual manera revelado en el cuidado que ejerce en la preservación de cada individuo, especialmente en aquellos que confían en El. Esa verdad, es expresada en dos pasajes del Nuevo Testamento: "No os congojéis pues diciendo: ¿qué comeremos o qué beberemos, o con qué nos cubriremos? Porque los gentiles buscan todas estas cosas; que vuestro Padre Celestial sabe que de todas estas cosas habéis menester. Mas buscad primeramente el reino de Dios y su justicia, y todas estas cosas os serán añadidas" (Mt.6:31-33). "Mi Dios, pues, suplirá todo lo que os falta conforme a sus riquezas en gloria en Cristo Jesús" (Fil.4:19).

En el Antiguo Testamento, el título Dios Todopoderoso (EL SHADDAI) transmite la verdad de que Dios sostiene a Su pueblo. Esa expresión indica más que el hecho de que Dios es un Dios de fortaleza, lo cual es; pero ese título incluye el impartimiento de su fortaleza de la misma manera que un niño extrae alimento del pecho de su madre. La palabra *Shad,* como aparece en *'El Shaddai', significa pecho,* y respalda el concepto del alimento que una madre imparte a su hijo.

Así es que puede verse que Dios es revelado a través de Su preservación de todas las cosas en general y de Su pueblo en particular.

4. DIOS REVELADO A TRAVES DE LOS MILAGROS. Todo lo que pudiese ser relevante para un completo entendimiento de cuanto los milagros revelan es cierto, ellos sirven para revelar a Dios ante el hombre. Esto no es menos cierto en un Testamento que en otro. El carácter sobrenatural de un milagro revela el poder divino, así como el propósito de Aquel por quien es realizado. Aparte del bien que fue realizado a través de los milagros de Cristo, sirvieron para probar que El era Dios manifestado en carne (Mt.11:2-6). La persona y el poder de Satanás, también son revelados a través de obras sobrenaturales (2 Co.11:14; Ap.13:1-18).

5. DIOS REVELADO POR MEDIO DE LA COMUNICACION

DIRECTA. Dios ha hablado al hombre. Este hecho presenta dos problemas diferentes, a saber, el del Dios que habla, y el del hombre que escucha. En el lado divino, es evidente que Dios, quien ha creado todas las facultades humanas, es abundantemente capaz de enviar Su mensaje a la mente del hombre. En el lado humano, a los hombres se les hizo saber con certeza que un mensaje de Dios les había sido dado y, debido a esa comunicación, ellos fueron movidos a dar dicho mensaje a otras personas.

La revelación de Dios, a través de una comunicación directa con los hombres, es un aspecto de largo alcance en relación a este tema. Este incluye teofanías, visiones, sueños y la comunicación de boca a boca con la que Jehová honró a Moisés como no honró a ningún otro profeta (Nm.12:8; Dt.34:10). Aunque El habló directamente con Adán, Caín, Enoc, Noé, Abraham, Isaac, Jacob y muchos otros. Ese misterio impenetrable de cómo los escritores de la Biblia recibieron el mensaje de Dios, aunque pertenece a la presente discusión, será considerado más ampliamente bajo la doctrina de la inspiración.

Al contemplar el hecho de la revelación divina directa, casi se confronta una verdad sin límite en cuanto a los detalles, modos y métodos. Esto es razonable. Dios, siendo una Persona y no un autómata, se adaptará a los individuos y a las situaciones en cuestión. La variedad del modo divino de tratar con los hombres se extiende desde las Teofanías, en las que Jehová, o el Angel de Jehová –quien es la Segunda Persona de la Deidad– aparece y habla a individuos. Y esa manera de comunicación directa continúa desde las primeras Teofanías del Antiguo Testamento hasta la aparición de Nuestro Señor a Pablo en el camino de Damasco, y a Juan en la isla de Patmos, y hasta la más simple y modesta impresión por la cual uno es divinamente influenciado a actuar o a hablar. ¡Qué natural y totalmente dentro del alcance de la experiencia de los santos de Dios está la palabra del siervo de Abraham: ". . . guiándome Jehová en el camino" (Gn.24:27)! Y, en verdad, tal guianza es la porción de todos los que han sido regenerados. Leemos, "Porque todos los que son guiados por el Espíritu de Dios, éstos son los hijos de Dios" (Ro.8:14).

No siempre exigió Dios a todos los que El habló que escribiesen Su Palabra. Esto es cierto particularmente durante aquellos siglos entre Adán y Moisés, cuando muy poco de la Biblia fue escrita y cuando Dios, de manera inmediata, dirigió los pasos de varios individuos. Qué comunicaciones divinas precedieron a las acciones de Melquisedec (Gn. 14:18-20), a las palabras de Labán (Gn.24:50), o a las de Balaam (Nm.24:3-9), no han sido reveladas. Hombres inspirados eventualmente, escribieron los mensajes que Dios dio a los hombres de antaño y así el testimonio ha sido preservado (Jud.14,15 presenta la única declaración existente de las palabras de Enoc). En cada caso, un mensaje de Dios es autoritativo y, por lo tanto, no debe ser considerado menos importante debido a que haya venido por medio de un sueño o una visión en lugar de haber sido en una conversación cara a cara con Dios. La revelación divina es sobrenatural y el mensaje dado es la pura Palabra de Dios. Los falsos profetas "profetizan de su propio corazón" (Ez.13:2-17; comp. Jer.14:14; 23:16,26). Evidentemente, había algo en la verdadera revelación que convencía al mensajero de la autoridad divina de su mensaje, y el falso profeta es por todas partes tenido como completamente consciente que sus palabras carecían de autoridad divina.

Estrechamente relacionada con esa forma de revelación que es directa y personal, está la experiencia de todos los que tienen comunión con Dios en oración o que reconocen Su voz hablándoles a través de las Escrituras. Dios se revela a Sí mismo y Su voluntad a los que en El esperan. Está escrito: "Y si alguno de vosotros tiene falta de sabiduría, pídala a Dios, el cual da a todos abundantemente y sin reproche, y le será dada" (Stg.1:5).

6. DIOS REVELADO A TRAVES DE LA ENCARNACION. Hay muchos pasajes de las Escrituras en relación a este asunto, pero solamente una porción de ellos pueden ser citados aquí. Al hacerse carne y habitar "entre nosotros" (Jn.1:14), el Señor Jesucristo, "quien es. . . Dios" (Ro.9:5), era, es, y por siempre será, "Dios manifestado en carne" (1 Ti.3:16). A Pedro, quien dijo: "Tú eres el Cristo, el Hijo del Dios Viviente", Cristo respondió, "ni carne ni sangre te lo ha revelado, sino mi Padre que está en los cielos" (Mt.16:16,17). Isaías había declarado, "y la gloria del Señor será revelada" (Is.40:5), y Juan escribió, "y vimos su gloria, gloria como la del Unigénito del Padre" (Jn.1:14). Asímismo se nos dice, "a Dios nadie le vio jamás", es decir, en Su esencia divina o en Su ser trino, pero, "el Unigénito Hijo, que está en el seno del Padre, el le ha dado a conocer" (Jn. 1:18). Esa declaración, contemplaba el poder y la sabiduría de Dios, ya que está escrito: "Cristo, poder de Dios y sabiduría de Dios (1 Co.1:24). Como el λόγος (Logos) eterno de Dios, el Señor Jesucristo siempre ha sido la expresión, o la manifestación de Dios, la Palabra de Dios *viviente,* así como la Biblia es la Palabra de Dios *escrita.* Del λόγος está escrito: "En el principio era el Verbo, y el Verbo era con Dios, y el Verbo era Dios. Este era en el principio con Dios. . . Y el Verbo fue hecho carne. . . y vimos su gloria" (Jn.1:1,2,14). Así como una palabra es la expresión de un pensamiento, así también el λόγος es la expresión de la Deidad. La Palabra viviente es siempre el Manifestador. El era el Angel de

Jehová, como era visto en todas las Teofanías, y es el Revelador último de Dios. El dijo: "El que me ha visto, ha visto al Padre." Aunque Dios "en otros tiempos y en diferentes maneras habló a los padres por los profetas", nos ha hablado "en estos últimos tiempos por medio de Su Hijo" (He.1:1,2). Cristo es la voz de Dios hablando con, y a los hombres, y esa es una forma directa y sin complicación de la revelación de Dios. Al contemplar u oír al Hijo, los hombres pueden saber cómo Dios es realmente. Esta revelación es completa, sin faltarle nada; ya que se nos dice que "en él habita toda la plenitud de la Deidad corporalmente" (Col.2:9). Pero hay aspectos específicos en los que el λόγος es la expresión de la Deidad a los hombres. El reveló el *poder* de Dios al extremo de que Nicodemo pudo decir: "Ningún hombre puede hacer estas señales que tú haces, si Dios no está con él" (Jn.3:2); y la *sabiduría* de Dios al extremo que aquellos que le oyeron expresaron "nunca hombre alguno ha hablado como este hombre" (Jn.7:46); y la *gloria* de Dios, hasta el punto que Juan pudo decir: "Vimos su gloria" (Jn.1:14); y la *vida* de Dios, a tal extremo que, otra vez Juan dijo: "Lo que era desde el principio, lo que hemos oído, lo que hemos visto con nuestros ojos, lo que hemos contemplado y palparon nuestras manos tocante al Verbo de Vida (porque la Vida fue manifestada y la hemos visto, y testificamos, y os anunciamos la vida eterna, la cual estaba con el Padre y se nos manifestó); lo que hemos visto y oído, eso os anunciamos, para que también vosotros tengáis comunión con nosotros; y nuestra comunión verdaderamente es con el Padre y con Su Hijo Jesucristo" (1 Jn.1:1-3). Pero por encima y más allá de todos estos atributos de Dios que el λόγος manifestó, está la revelación del *amor* de Dios; amor que aunque conspicuo en cada acto de Cristo, a través de todo su ministerio terrenal, era, no obstante, especial y finalmente revelado por medio de su muerte. "De tal manera amó Dios al mundo que dio a su Hijo Unigénito." "Dios muestra su amor para con nosotros, en que, siendo aún pecadores, Cristo murió por nosotros" (Ro.5:8), y "en esto hemos conocido el amor, en que él puso su vida por nosotros" (1 Jn.3:16).

Dios no pudo haberse acercado más, ni pudo haber revelado más claramente las maravillas de Su persona. Las perfecciones de Su propósito, ni las profundidades de Su amor y Su gracia, que de la manera en que lo hizo en la encarnación, que en la extensión de Su propósito abarca la vida, enseñanzas, ejemplo, muerte y resurrección del Hijo eterno, la Segunda Persona de la Deidad. Las multitudes de su día, oyeron y fueron bendecidas por sus palabras de gracia, y así, aunque no fueron llamados por Dios para escribir bajo inspiración lo que oyeron, no obstante, recibieron una gran parte de la revelación divina. El valor inestimable de esa revelación, que vino por la encarnación, conjuntamente con otras manifestaciones, ha sido preservado por todas las generaciones en las páginas de las Escrituras inspiradas e inerrantes.

7.DIOS REVELADO A TRAVES DE LAS ESCRITURAS. De todos los modos de revelación citados anteriormente, hay, por necesidad, algunas repeticiones y algunas interdependencias. No podría haber ningún juicio extenso o acertado de esa revelación que la naturaleza provee fuera de la interpretación divina que la Biblia proporciona. No podría haber providencia sin preservación, ni preservación sin providencia y éstas, a su vez, pueden ser vistas en su verdadera luz solamente como son presentadas en las páginas de la Palabra de Dios. Los milagros son una revelación de Dios para aquellos que los presenciaron, pero el testimonio de ellos en la Biblia extiende su valor a todos y en todas las generaciones de los que leen el Libro Sagrado. Lo que Dios ha dicho a los hombres directamente, podría ser fácilmente olvidado y pervertido, pero la substancia y la pureza de aquellos mensajes dados cara a cara, han sido preservados en las Sagradas Escrituras. Igualmente, el valor de la revelación en la encarnación, aunque existe muy separadamente de cualquier escrito, se ha convertido en un mensaje de infinita riqueza, extendiendo a todos el conocimiento de Dios y el camino a, y la seguridad de, la vida eterna. La vida y muerte de Cristo, son verdades indiscutibles de la Historia, pero la divina bendición está asegurada a todos los que creen en el testimonio que Dios ha dado acerca de Su Hijo (1 Jn.5:9-12).

Puede concluirse, entonces, que la Biblia es un aspecto específico y esencial de la revelación divina. Esta, sin embargo, presenta ciertas características importantes:

a. *La revelación divina es variada en sus temas.* Abarca lo doctrinal, devocional, histórico, profético y práctico.

b. *La revelación divina es parcial.* Está escrito: "Las cosas secretas pertenecen al Señor nuestro Dios; más las reveladas son para nosotros y para nuestros hijos, para siempre, para que cumplamos todas las palabras de esta ley" (Dt.29:29).

c. *En cuanto a las verdades reveladas, la revelación divina es completa.* Respecto al Hijo, él es el πλήρωμα (plenitud) de la Deidad corporalmente (Col.2:9); y tocante a la salvación final de todos los creyentes, ellos están πεπληρωμένοι (completos) en El (Col. 2:10). Aunque completos en El ahora, aún serán conformados a Su imagen (Ro.8:29; 1 Jn.3:2).

d. *La revelación divina es progresiva.* Su procedimiento está expresado por las palabras, "primero yerba, luego espiga, después grano lleno en la espiga" (Mr. 4:28). Cada libro de la Biblia se beneficia de la verdad acumulada anteriormente, y el último es como una gran estación donde convergen y terminan todos los grandes caminos de la revelación y la predicción. Ningún entendimiento adecuado de la verdad revelada puede ser obtenido sin la consumación de ese libro, y ese libro, a su vez, no puede ser entendido sin la comprensión de todo lo que ha sido dado anteriormente. El último libro de la Biblia, es la revelación suprema.

e. *La revelación es, primordialmente, para redención.* El progreso de la doctrina se desarrolla mano a mano con la doctrina de la redención. Dios ha hablado con el fin de que el hombre sea "sabio para salvación" (2 Ti. 3:15). Dios ha hecho que un testimonio tocante a su Hijo, fuese escrito y los hombres que creen ese testimonio son salvos y aquellos que no lo creen están perdidos (1 Jn. 5:9-12).

f. *La revelación divina es final.* Esta revelación incorpora la verdad "que fue dada una vez a los santos" (Jud. 3). De ésta nada se ha de quitar, y nada se ha de añadir.

g. *La revelación divina es correcta hasta en lo más íntimo.* "Toda la Escritura es inspirada por Dios" y es la Palabra de Dios *escrita.*

CAPITULO IV

INSPIRACION

El uso teológico de la palabra *inspiración* tiene como fin referirse a esa influencia controlante que Dios ejerció sobre los hombres que escribieron la Biblia. Esa expresión tiene que ver con el recibir el mensaje divino y la exactitud con que dicho mensaje es registrado. Todo lo que concierne al origen del mensaje pertenece, como hemos visto, al mucho más extenso campo de la revelación. Por cuanto Dios ha hablado por revelación y el hombre ha ejercitado la capacidad divinamente dada de recibir el mensaje de Dios, todo pensamiento y acción del hombre están ahora sujetos a ese mensaje estabilizador que Dios ha dado. Reemplazando el agnosticismo innato en el hombre, nacido de sus limitaciones como pecador, Dios ha dado al hombre un mensaje permanente en forma escrita el cual no tan solamente ensancha el campo del conocimiento humano hacia lo infinito, sino que también sirve como correctivo a esas nociones falibles o inestables y a esas teorías que son engendradas por la ignorancia humana. Feliz, en verdad, es el hombre regenerado que presta su atención con humildad a la Palabra de Dios. El mensaje divino sirve para dar forma y cuerpo a cada doctrina y a ninguna con mayor efectividad que a la doctrina de la *inspiración.* Cual las discordantes voces de los que edificaron la torre de Babel, los incrédulos de cada generación y en especial en estos últimos siglos, han aunado sus esfuerzos en oposición a la sublime doctrina de la inspiración que la Biblia claramente enseña. Al examinar muchos de los libros escritos durante el siglo pasado y que dan consideración a la doctrina de la inspiración, no puede pasarse por desapercibido el hecho de que ya sea el autor de una generación u otra, cada uno, a su vez, revela que, al momento de escribir su libro, un conflicto irreconciliable estaba teniendo lugar, habiendo alcanzado, según el, un punto de crisis entre aquellos que defendían y aquellos que se oponían a la bien arraigada creencia de la inspiración de las Escrituras. Esto es algo revelador; indicando, como lo hace, la oposición pertinaz que el hombre inconverso –por erudito que sea– ejerce contra todo lo que es sobrenatural.

Sin duda es el factor sobrenatural lo que constituye el corazón mismo de la doctrina bíblica de la inspiración, que no tan solamente da a ésta su carácter distintivo y elevado sino que también repele el intelecto espiritualmente entenebrecido del hombre inconverso –un entenebrecimiento que en ninguna manera es disipado por el saber humano. El filósofo a quien le resulta más fácil creer que, cuando la materia inorgánica accidentalmente se hizo "suficientemente compleja y en proporción adecuada, organismos vivientes pudieron haber aparecido", y que esos organismos, a su vez, "se desarrollaron espontáneamente hasta convertirse en seres humanos racionales", que creer que Dios creó al hombre a Su imagen y semejanza –y solamente debido a que hay una manifestación superficial de un supuesto proceso *natural* en el hombre que manifestó el elemento sobrenatural que es la substancia misma de la intervención divina– dicho filósofo se ofenderá ante la enseñanza de que Dios le ha hablado al hombre y ese mensaje ha sido, bajo la dirección divina, registrado en escritos infalibles.

Hombres devotos –algunos de gran erudición– han estado siempre de acuerdo tocante a las cualidades inerrantes y supernaturales de la Biblia. Esa creencia ha venido a ser conocida como "el punto de vista tradicional", o "la doctrina de la iglesia." Esta armonía de fe por parte de hombres devotos no es una concordancia derivada de la ignorancia, ya que la ignorancia es incapaz de concordar con algo. Esta se debe, indudablemente, al hecho de que la norma de la verdad tocante a la inspiración de la Biblia existe y, habiendo descubierto esa norma, los hombres proceden a ser automáticamente de un mismo modo de pensar. Fuera de esa norma solamente se escucharan argumentaciones disonantes. La siguiente declaración del Dr. B. B. Warfield contribuye grandemente a clarificar este asunto:

> "Esta doctrina de la inspiración difiere de las teorías que felizmente desean substituirla, en que ésta no es ni la invención ni la propiedad de un individuo, sino la fe firme de la iglesia de Dios universal; ni tampoco es ésta producto infecundo del ayer, sino que es persuasión segura del pueblo de Dios desde los albores de la iglesia hasta el día de hoy; ni es esta doctrina un sistema fluido que varía sus afirmaciones para adaptarse a todo nuevo cambio en el fluctuante pensar de los hombres, sino que desde el principio ha sido la convicción constante y permanente de la iglesia en cuanto a la divinidad de las Escrituras que le han sido encomendadas. Es en verdad un hecho sumamente impresionante –esta bien definida, primordial y estable doctrina de la iglesia tocante a la naturaleza y la fidelidad de la Palabra de Dios, que confronta con su gentil pero consistente afirmación todas las teorías sobre la doctrina de la inspiración que la energía inquieta del incrédulo y la especulación del medio-creyente han podido inventar en este nuestro siglo. Ciertamente aquel que anda en busca de la verdad en relación a la inspiración de la Biblia haría bien en tomar esta doctrina de la iglesia como su punto de partida", *Biblioteca Sacra* LI, 615-16, 1894."

Si se pudiese demostrar que la Biblia no alega ninguna doctrina en cuanto a su propia inspiración, los hombres tendrían justificación para tratar de formular una llamada "teoría de inspiración." Pero la Biblia es cuidadosamente clara y convincente tocante al carácter de su propia inspiración. Su enseñanza en cuanto a ésta, así como otras doctrinas vitales, reta al estudiante a realizar una meticulosa investigación y un serio estudio de ese Libro Sagrado. Es, sin embargo, una cosa realizar un estudio sincero y analítico de la extensa doctrina de la inspiración como está revelada en la Biblia, siendo responsable a toda palabra que Dios ha hablado sobre este aspecto de la verdad, y algo completamente distinto es ignorar lo que Dios ha hablado con el fin de inventar una *teoría* basada en el racionalismo. Lo cierto es que la Biblia no presenta ninguna teoría tocante a su propia inspiración que –contrariamente a la idea modernista que el cristianismo tiene que tomar su lugar entre las religiones comparadas– sea llamada a competir con sistemas producto de las maquinaciones de los hombres. La falta de relación que se interpone entre la revelación y la razón es tan conspicua en el campo de la inspiración como en cualquier otra parte, y el teólogo debe ser prevenido una vez más que su labor no es la de originar o crear una doctrina sino más bien la de recoger y ordenar científicamente la verdad relevante a este tema que Dios se ha complacido en revelarnos. Recalcamos: la cuestión no es lo que los hombres –aun los grandes eruditos– piensen que sea una teoría factible en cuanto a la manera en que la Biblia fue escrita; sino que es más bien lo que la Biblia declara acerca de sí misma.

Se admitirá que Dios es capaz de producir un libro que es verbalmente correcto, y una declaración precisa en todos sus aspectos de Su propio pensamiento. La Biblia, como fue escrita originalmente, dice ser ese Libro. Sin embargo, a la luz de esa declaración –decididamente dogmática– surgen ciertos problemas.

I. EL HECHO Y LA IMPORTANCIA DE LA INSPIRACION

Existe la necesidad de que comprendamos la contribución exacta que la inspiración aporta a la totalidad del propósito divino en la revelación. Como ya se ha demostrado, inspiración no es revelación. A lo sumo, la inspiración solamente puede recibir el mensaje y añadir el elemento de exactitud a los Escritos Sagrados, los cuales son ese sistema de verdad que Dios ha revelado. En la siguiente sección sobre la Bibliología, que trata de la *canonicidad* y la *autoridad*, se demostrará que la autoridad del mensaje de la Biblia no depende de la inspiración. Sin embargo, bajo ningún concepto debe concluirse de estas indispensables distinciones que el hecho de la inspiración en su forma plenaria y verbal no es una verdad trascendental. La revelación, la inspiración y la autoridad son doctrinas bíblicas, estrechamente relacionadas pero distintas la una de la otra; cada una de ellas suple una gran necesidad dentro de esa gran realidad que es *el mensaje de Dios al hombre.*

Aunque la preservación de la verdad en los escritos inerrantes es de un valor inestimable para todas las generaciones, gran parte de lo que ha sido incorporado en las Escrituras existía aun antes de haberse escrito, y el haber escrito esas verdades no añade nada a la substancia de las mismas. Si las partes esenciales de la revelación existiesen solamente en forma escrita éstas serían clasificadas algo así como ficción a pesar de que fuesen expresados en una forma literariamente perfecta. Así mismo, la profecía no cumplida aún, aunque al presente depende por completo de su forma escrita, sin embargo, tiene que culminar en un cumplimiento cabal.

Una vez que sea aceptado que Dios tiene un sistema de verdad que declara lo que El exige de los hombres, entonces no es difícil reconocer la imporancia de un texto inerrante de dicho sistema de verdad. Ni tampoco es de sorprenderse que una creciente presión sea ejercida, primero por un grupo luego por el otro, tratando de resquebrajar el testimonio que la Biblia da de sí misma tocante a su inspiración. Esa doctrina de la inspiración que la iglesia ha mantenido a través de todas sus generaciones, permanece, no porque sus defensores sean capaces de alzar la voz más alto que sus oponentes, ni como consecuencia de ninguna defensa humana, sino a causa de la realidad intrínseca en las mismas declaraciones divinas. Debido a que esta doctrina está de tal manera fijada en la Palabra de Dios, ningún santo ni apóstol podría hacer otra cosa sino *creer* la palabra que Dios ha hablado. Podrá observarse, por lo tanto, que mantener la creencia tradicional tocante a la inspiración no es necesariamente un fanatismo en favor de una "causa perdida", ni tampoco una retirada a favor de la posición de la iglesia romana de que una cosa es verdad porque la iglesia así lo afirma; creer en la inspiración de la Biblia es un reconocimiento y una aceptación de la enseñanza de la Biblia y esa fe lleva al hombre "al hermoso compañerismo de los apóstoles y profetas."

Se necesita dedicar poco espacio para citar los escritos de los que se oponen a la doctrina de la inspiración plenaria y verbal. En la mayoría de los casos ellos mismos han admitido directa o indirectamente que los hombres que escribieron la Biblia sostenían la creencia tradicional en cuanto a la inspiración. Algunos van aún más lejos y admiten que Cristo pudo haber tenido también esa creencia. Bajo esas condiciones es necesario que los que se oponen crean que los autores de la Biblia o bien estuvieron engañados o ellos mismos eran engañadores. A continuación introduciremos una breve discusión acerca de esos argumentos:

1. CRISTO VERSUS LOS APOSTOLES: Un concepto que ha sido formulado consiste en distinguir entre la supuesta creencia de Cristo y la de los apóstoles. Se trata por ese medio de presentar a Cristo en oposición a los apóstoles y procurando salvarles de las erróneas tradiciones de los judíos, incluyendo la creencia en la inerrancia de las Escrituras. Se ha declarado abiertamente: "Concluimos que es muy probable que el Redentor no compartiese el concepto de Sus contemporáneos judíos tocante a la inspiración de la Biblia, . . . por el hecho de que El repetidas veces expresa Su desacuerdo con la manera común entre ellos de ver y usar los libros sagrados. El dice a los escribas frente a frente que ellos no entendían las Escrituras (Mt. 22:29; Mr. 12:24), y que era ilusorio por parte de ellos pensar que poseían vida eterna en *ellas,* por lo tanto en un *libro* (Jn. 5:39). Aun como también El (en el mismo lugar) parece hablar con desaprobación tocante a que ellos escudriñasen las Escrituras, porque éstas proceden de un punto de vista tan pervertido" (Ricardo Rothe, *Zur Dogmatic,* p. 177, citado por Warfield, *Revelación* e *Inspiracion* ps. 184-185).

Acerca de esos dos pasajes, puede demostrarse con relativa facilidad, que el primero de ellos fué dirigido no a los apóstoles sino a los escribas y no hay evidencia que esa crítica hubiese sido dirigido a aquellos apóstoles que escribieron el Nuevo Testamento ni tampoco a los que no lo escribieron. Cualquiera que sea la interpretación de la frase en el segundo pasaje ("porque en ellas os parece que tenéis la vida eterna") hay la más absoluta seguridad que las Escrituras del Antiguo Testamento "son las que testifican" de Cristo (comp. Lc. 24:27). De esa manera los apóstoles son desacreditados, pero se pretende hacer un esfuerzo para librar a Cristo de la indefendible tradición a la que los apóstoles supuestamente estaban atados. Por medio de una hipótesis sin fundamento, se presenta a Cristo como dando cabida a un liberalismo y soltura de doctrina en armonía con la que Rothe mismo exhibe, y esto, a su vez, se toma como la ocasión de lanzar el llamado al " ¡Regreso a Cristo! ", el cual, tanto en éste como en otros instantes, significa: separémonos de los apóstoles tradicionalistas y acerquémonos al Cristo modernizado.

2. ACOMODACION: Una vez más, surge un argumento contra la doctrina sostenida por los apóstoles. Dicho argumento declara que los apóstoles creían que la inerrancia de las tradiciones judías era

una teoría insostenible, pero aún así ellos acomodaron su lenguaje, aunque contrario a sus creencias, a los insuperables prejuicios de sus días. Citamos: "Las Escrituras del Nuevo Testamento estaban completamente dominadas por el espíritu de su época, así que su testimonio concerniente a la inspiración de las Escrituras carece de valor independiente." (Stuart, *The Principles of Christianity* p. 70, citado por Warfield. *ibid.*, p. 191).

3. IGNORANCIA: De igual manera, se dice que los apóstoles eran "hombres ignorantes" (Hch. 4:13) y, por lo tanto, estaban predispuestos a errar, y que Cristo mismo, en su aspecto humano, pudo haber sabido apenas un poco más de lo que se sabía en su día. Se insinúa, además, que El no pudo haber tenido acceso a las verificaciones científicas de estos tiempos modernos y, por lo tanto, no pudo haberse levantado más que al nivel del pensamiento que caracterizaba su época. ¿Qué esperanza de armonía puede existir entre dos escuelas, una que libremente pone en tela de duda aún la autoridad de Cristo en una base sin fundamento de que, debido a su humanidad, El era tan infalible e ignorante como los demás hombres, mientras que otros le atribuyen toda la omnisciencia de la Deidad? En cuanto al apóstol Pablo, sus puntos de vista, aunque muy influenciados por la tradición judía, no fueron proferidos dogmáticamente, se dice, y por lo tanto, no tienen mucho peso.

4. CONTRADICCION: Finalmente, se ha discutido mucho tocante a supuestas "contradicciones" "inexactitudes" e "inconsistencias". Se señala con mucha seguridad que un libro inerrante no puede presentar tales problemas. ¿Pero quién es el juez? Si la Biblia contiene errores como Dios lo ve, el caso sería notorio; si contiene errores como los ve el hombre, la dificultad puede ser completamente explicada en la base de los malos entendimientos humanos. Esta última posibilidad apenas aparece en los escritos de los oponentes de la doctrina de la inspiración de la Biblia. El Espíritu de Dios ha declarado: "Toda palabra de Dios es pura" (Pr. 30:5); "Las palabras de Jehová son palabras limpias: como plata refinada en los hornos de tierra, purificadas siete veces" (Sal. 12:6); "La ley de Jehová es perfecta, que convierte el alma" (Sal. 19:7); y, "En cuanto a Dios, perfecto es su camino; y acrisolada la palabra de Jehová" (Sal. 18:30). Al ser confrontado con declaraciones como éstas, un hombre de razón e imparcialidad, por lo menos dará cierta consideración a la posibilidad de que los supuestos errores de la Biblia son simples apariencias producto de las limitaciones humanas.

Hay dificultades que surgen en relación al estudio del texto de las Escrituras. En el siglo diecinueve la crítica bíblica ha propuesto muchas objeciones a la credibilidad de la Biblia que, según se ha dicho, investigaciones científicas han producido. La publicación de esas pretensiones estimuló a hombres fieles que se aprestaron a defender la inspiración plenaria de las Escrituras. Conjuntamente con sus investigaciones surgieron los hallazgos de los arqueólogos; todo lo cual ha ido bien lejos tanto en la refutación de los llamados *errores,* como en la demostración de que, con suficiente luz, las supuestas *discrepancias* desaparecen. La participación que la Arqueología ha tenido en tan importante y extensa realización no puede estimarse; y, estamos seguros, esta demostración de la exactitud de la Palabra de Dios continuará hacia una mayor confirmación de la Biblia. Es de interés al menos que la investigación y la arqueología no han fortalecido en ningún punto la creencia de la oposición, sino que han servido en cada caso para confirmar las enseñanzas de las Escrituras. Muchos tratados sobresalientes han sido escritos que dejan por sentadas las recientes investigaciones. Estos deben ser leídos con sumo cuidado por todo estudiante. En relación a esos supuestos errores, el Dr. Carlos Hodge escribió, hace sólo tres generaciones, que "en su gran mayoría son insignificantes", y muy pocos de ellos en verdad son "de alguna importancia" *(Teología Sistemática,* I, 169).

Debe notarse la diferencia entre *objeciones* y *dificultades.* Las objeciones, si existen, pueden servir como obstáculo para que se exponga la doctrina en cuestión. No sucede lo mismo con las dificultades. Aquel que alberga objeciones contra la doctrina de la redención, con toda probabilidad se apartará por completo de dicha doctrina; mientras que, aunque hay dificultades tales en esa doctrina que la mente finita jamás ha podido resolver, puede entrarse en el camino de la vida y sus valores eternos pueden ser apropiados a pesar de las dificultades. En tal caso, el hombre humildemente declara que aunque no puede comprender todas las implicaciones del caso, reconoce que todas las verdades acerca de la doctrina pueden sin duda ser armonizadas y comprendidas donde existe suficiente entendimiento. Es alentador, especialmente, poder creer una doctrina cuando se ve que ésta soporta todas las pruebas a que se le someta. En relación a la doctrina de la inspiración plenaria y verbal, es igualmente razonable y ventajoso afirmarse donde lo han hecho los hombres devotos de todas las generaciones, incluyendo a Cristo y los apóstoles, y desde esa posición enfrentarse a esas dificultades y procurar solucionarlas.

Aparte de la indiscutible aseveración que la Biblia hace de su inspiración plenaria y verbal, existen dos consideraciones importantes, es a saber, (a) las Escrituras son en sí mismas un fenómeno de carácter tal –presentando verdades de tan vastas proporciones y tan maravillosas que la afirmación adicional de su exactitud divina aparece, *a fortiori,* como corolario necesario al todo. Una revelación tan trascendental difícilmente pudiese presentarse en forma perfecta fuera de la inspiración divina. Y (b) los hombres que sirvieron como escritores de los libros de la Biblia eran en sus propios méritos dignos testigos de confianza. Como tales, hay que acreditárseles, ya fuese hablando bajo inspiración o no. Esos hombres no fueron engañados ni eran engañadores. Aparte de la aserción bíblica de la inspiración, la base de la fe permanece, establecida, como está, por medio de testigos fidedignos. Esa aserción de inspiración no puede ser desacreditada mientras que los testigos no sean desacreditados. Así mismo, no es una evidencia pequeña siendo que los autores humanos –y hubo más de cuarenta de ellos, extendiéndose a más de 1600 años– inspirados o no, están de perfecto acuerdo tocante a las cosas que enseñan; ni nunca jamás uno de ellos escribió algo que sugiriese que la Biblia *no* es la Palabra inspirada de Dios.

El asunto que se trata no es nuevo. Ha aparecido ya en generaciones pasadas y de igual manera aparecerá en generaciones venideras mientras que exista en el mundo la incredulidad. La raíz del asunto está en qué es lo que ha de aceptarse: Las enseñanzas de la Biblia o las enseñanzas de los hombres.

II. TEORIAS SOBRE LA INSPIRACION

Las llamadas *teorías* de la inspiración son el producto de los esfuerzos realizados por los hombres que han tratado de explicar las relaciones existentes entre dos fuentes de origen. A continuación presentamos algunas de esas teorías.

1. DICTADO VERBAL O TEORIA MECANISTA: Si Dios hubiese dictado la Biblia a los hombres, el estilo de ésta sería uniforme. Esta tendría la dicción y el vocabulario del Autor divino, y estaría libre de las idiosincracias de los hombres (comp. 2 P. 3:15, 16). Toda evidencia de intereses por parte de los autores humanos estaría ausente (comp. Ro. 9:1-3). Es verdad que no siempre los autores humanos comprendieron el alcance de sus escritos. Moisés pudo haber sabido muy poco tocante al significado simbólico latente en la historia de Adán, Enoc, Abraham, Isaac y José, o acerca de la tipología de Cristo escondida en sus descripciones del tabernáculo el cual escribió de acuerdo al modelo que le fue mostrado en el monte Sinaí. Moisés no pudo haber entendido por qué no se debía de hacer referencia ni a los padres ni al principio o final de días de Melquisedec (He. 7:1-3). Cuando un mensaje es dictado indiscutiblemente es el producto del que lo dictó; pero si uno es libre

de escribir a favor de otro y entonces se descubre que, aunque escribiendo conforme a sus propios sentimientos, estilo y vocabulario, ha escrito el mensaje exacto de aquel por quien escribía y tan perfectamente como si hubiese sido dictado por él, se engendra la convicción de que se ha realizado una obra sobrenatural. Bajo este arreglo, recibe completo crédito por su labor, pero el mensaje divino es protegido. El resultado es tan completo como si hubiese sido verbalmente dictado; pero el método, aunque no le falta ese aire misterioso que siempre acompaña lo sobrenatural, está más en armonía con la manera en que Dios trata a los hombres, en la cual El *usa,* en lugar de *anular,* sus voluntades. No hay ninguna indicación de que Dios hubiese dictado algún mensaje al hombre a no ser aquel que Moisés escribió cuando estaba en la presencia de Jehová en el Monte Santo. Esta teoría del dictado verbal puede muy fácilmente clasificarse como una en la que el autor divino se enfatiza, casi hasta el extremo de excluir al autor humano.

2. INSPIRACION PARCIAL. De acuerdo con este concepto, la inspiración se extiende solamente a las enseñanzas y preceptos doctrinales, a las verdades desconocidas por los autores humanos. Así que el objetivo principal de la inspiración –el producir escritos inerrantes– es negado a ciertas partes de la Biblia. No importa en lo más mínimo en cuanto a lo que los autores humanos pudiesen haber sabido con anterioridad; la inspiración asegura la exactitud de todo lo que él escribió. Esta teoría de la inspiración parcial asume algo que no encuentra ningún apoyo bíblico. Es obvio que ésta trata de separar a los dos autores.

3. GRADOS DE INSPIRACION. El postulado de que hay grados de inspiración es una teoría que ha conseguido muchos adeptos. Los que se adhieren a dicha teoría tratan de clasificar los grados que proponen por medio de palabras como "insinuación, dirección, elevación, superintendencia, guianza y revelación directa." Aunque las Escrituras ofrecen poco aliciente a tales distinciones, no hay duda que esa clasificación se presta al rejuego de la imaginación y la especulación, cuyo valor, a lo sumo, es extremadamente dudoso. Esta teoría está clasificada como una en la que algunas partes de la Biblia se consideran inspiradas en mayor grado que otras, dando lugar a la contención de que la Biblia está infestada de errores. Se reconocen las dos fuentes de origen, pero no siempre se las concibe obrando en conjunción en ningún pasaje.

4. LA INSPIRACION DE CONCEPTOS Y NO DE PALABRAS. Esta hipótesis se esfuerza en concebir los pensamientos aparte de las palabras, siendo la teoría que Dios impartió ideas pero dejó en completa libertad al autor humano para expresar dichas ideas en sus

propias palabras. Completamente aparte del hecho de que las ideas no pueden transferirse por ningún otro medio sino a través de palabras, este concepto ignora la importancia inconmensurable de las *palabras* en todo mensaje. Aún aquellos documentos legales ejecutados por los hombres en relación a cosas pasajeras, pueden depender completamente de una de sus palabras. Puede decirse que casi todo pacto y toda promesa contenida en la Biblia depende en cuanto a su fuerza y valor de una de las palabras usadas. El estudio exegético de las Escrituras en los idiomas originales es un estudio de *palabras.* Esto se hace con el fin específico de que se obtenga el concepto de las palabras en lugar de que palabras sin importancia representen un concepto. Aparte del hecho que la inspiración verbal se extiende hasta las *palabras,* el estudio exegético está a un extremo. La Biblia, al referirse a su mensaje, nunca llama la atención a un simple concepto; sino que por el contrario habla su mensaje tal como ha sido encomendado a los hombres en las *palabras* que el Espíritu Santo enseña (1 Co. 2:13). Cristo dijo: "Las palabras que yo os he hablado son espíritu y son vida" (Jn. 6:63) y "yo les he dado las palabras que me diste" (Jn. 17:8), "y habló Dios todas estas palabras, diciendo" (Ex. 20:1). Enseñanzas bíblicas tan claras como éstas tocante a la importancia de las palabras que son específicamente usadas en la Biblia tienen el apoyo de cientos de pasajes de las Escrituras.

5. INSPIRACION NATURAL. Así como ha habido artistas excepcionales, músicos y poetas que han producido obras maestras que no han sido sobrepasadas, según dicen los que promueven esta teoría, también ha habido hombres con una percepción espiritual tan excepcional que, debido a sus dones innatos, pudieron haber escrito la Biblia. Esta es la noción más baja de la inspiración y enfatiza el origen humano excluyendo por completo el divino. Un escritor dice: "La inspiración es solamente una manifestación más elevada de lo que cada hombre posee hasta cierto punto." A esto alguien ha respondido: "La inspiración de todos equivale a la inspiración de ninguno." El objetivo esencial en toda la inspiración de la Biblia –el asegurar la exactitud divina para todas sus partes– está totalmente ausente de acuerdo con esta opinión.

6. INSPIRACION MISTICA. Ya que los cristianos han sido capacitados por Dios para varias tareas –Dios obrando en ellos "así el querer como el hacer de su buena voluntad" (Fil. 2:13)– algunos sostienen que, de igual manera, los autores humanos fueron capacitados para escribir la Biblia. Si esta teoría fuese verdad, cualquier creyente podría en cualquier tiempo por medio de una energía divina especial, escribir un libro sagrado. Los defensores de

esta hipótesis evidentemente no están interesados en la base sobre la cual descansa la autoridad de la Biblia. Schleiermacher, quien fué un genio de gran envergadura, probablemente ha sido el responsable de la diseminación general de esta teoría de la inspiración. El ha declarado que la inspiración es "un despertar y una sensación de la conciencia religiosa, diferente en grado pero no en clase a la inspiración piadosa o a los sentimientos intuitivos de los hombres santos." El Dr. B. B. Warfield, escribiendo acerca de la teoría de la inspiración mística, declara lo siguiente tocante a la influencia que Schleiermacher ha ejercido en la creencia general de la doctrina:

> "Formas muy variadas han sido tomadas por medio de este concepto; y más o menos se le ha dado expresión, en una forma u otra, en cada época. En sus manifestaciones más extremas, en el pasado ha tenido la tendencia de separarse a sí misma de la corriente central del pensamiento cristiano y aún ha tendido a formar nuevas sectas. Pero en nuestro propio siglo (el diecinueve), a través del gran genio de Schleiermacher se ha introducido en la iglesia como una avalancha y ha inundado cada rincón del mundo protestante. Como consecuencia, encontramos por todas partes hombres que quieren reconocer como de Dios solamente tales Escrituras que 'les afectan' –quienes vuelcan la clara y objetiva enunciación de la voluntad de Dios a la merced de las corrientes de pensamiento que inundan de un extremo a otro sus propias almas, –quienes 'persisten' algunas veces, en usar una cortante, pero desdichadamente cierta frase de Roberto Alfredo Vaughan, 'en su caprichosa repulsa de la luz exterior hasta que han convertido en tinieblas su luz interior' . . . A pesar de estos esfuerzos por introducir conceptos erróneos, la doctrina de la inspiración plenaria de las Escrituras, que ve la Biblia como un libro Autoritativo, en todas sus partes y elementos, por igual, dado por Dios, digno de confianza en todas sus afirmaciones, permanece hoy, como siempre ha sido, la fe vital del pueblo de Dios, y la enseñanza formal de la iglesia organizada." *Biblioteca Sacra* LI, 623-24, 1894.

Bajo la fuerza de la teoría de la inspiración mística, el origen divino es sepultado en los escombros del énfasis puesto en el origen humano. Esta teoría se muestra solamente como la normal y general percepción espiritual común a todo creyente en grados que varían en proporción a la relación personal de éste con Dios.

7. INSPIRACION PLENARIA Y VERBAL. Inspiración verbal significa que, en sus documentos originales, el Espíritu Santo dirigió en la selección de las palabras usadas. Sin embargo, la personalidad del autor humano fue respetada al extremo que sus características como escritor son preservadas y su estilo y vocabularios empleados, pero sin intromisión de errores.

Inspiración *plenaria* significa que la exactitud que la inspiración verbal asegura, se extiende a la totalidad de la Biblia, de manera que ésta es en todas sus partes tanto *infalibles* en cuanto a la verdad como *final* en cuanto a su autoridad divina. Esto, como hemos dicho, es la doctrina tradicional de la Iglesia y la que enseñaron tanto Cristo como los apóstoles. Esta enseñanza preserva el doble origen en un equilibrio perfecto, otorgando a ambos la exacta atribución que le es dada en la Biblia.

Ciertas referencias en las que se reconoce el doble origen, serán mencionadas a continuación: El mandamiento "Honra a tu padre y a tu madre" muestra la autoridad de ser "un mandamiento de Dios" en Mateo 15:4; pero en Marcos 7:10 Cristo introduce la misma enseñanza diciendo: "Moisés dijo." De igual manera el Salmo 110:1 puede ser comparado con Marcos 12:36, 37; Exodo 3:6, 15 con Mateo 22:31; Lucas 20:37, con Marcos 12:26; Isaías 6:9, 10 con Hechos 28:25; Juan 12:39-41; Hechos 1:16 con Hechos 4:25. Ciertos pasajes, y hay muchos de ellos, combinan una referencia a ambos orígenes en el mismo texto: Hechos 1:16; 4:25; Mateo 1:22, 2:15 (V. M.) Se declara que el Espíritu Santo es la voz que habla a través de los Salmos como aparece en Hebreos 3:7-11, a través de la Ley –Hebreos 9:8, y los Profetas –Hebreos 10:15.

Refiriéndose a la epístola a los Hebreos, Olshausen escribe: "En esta estupenda epístola, Dios, o el Espíritu Santo, es continuamente nombrado como el vocero en los pasajes citados del Antiguo Testamento; y esto no solamente en aquellos de los cuales se dice en el contexto del Antiguo Testamento, "Dijo Dios", sino también en aquellos en los que algún ser humano habla, v. g. David, como autor de un Salmo. En este aspecto, el punto de vista del autor se expresa claramente a sí mismo en lo referente al Antiguo Testamento y sus autores. El consideraba a Dios como el Principio que vivía, y obraba y hablaba en ellos por medio del Espíritu Santo; y por consiguiente la Escritura Sagrada era para él puramente la obra de Dios, aunque anunciada al mundo por medio de hombres" *(Die Echtheit des* N. T., p. 170, citado por Manly, *Bible Doctrine of Inspiration,* p. 172).

III. DUALIDAD DE AUTOR

Mediante la expresión *dualidad de autor* se señalan dos verdades, a saber, que, en el lado divino, las Escrituras son la Palabra de Dios en cuanto a que éstas se originan con El y son la expresión de Su mente en lo absoluto; y, en el lado humano, ciertos hombres han sido escogidos por Dios para el alto honor y la responsabilidad de recibir la Palabra de Dios y presentarla en forma escrita. Admitiendo que es el propósito de Dios poner su Palabra en forma escrita en manos de los hombres, el método que ha empleado para hacerlo ha sido la manera en que normalmente se hacía. Sin embargo, el uso de escritores humanos ha creado muchos problemas. Parece razonable el concluir que el producto del combinado de dos autores no pudiese ser la inerrante Palabra de Dios si escritores humanos tienen algo que ver con esto. Debido a que Dios ha combinado en una unión hipostática tanto la naturaleza divina como la humana, la misma pregunta es formulada tocante a la Persona teantrópica de Nuestro Señor. ¿No es cierto que la unión de la naturaleza humana con Su Ser único introduce todas las limitaciones y restricciones propias de la humanidad en dicho ser? Muy pocos, en verdad, están dispuestos a acariciar la idea de que alguna de las Personas de la Deidad no es perfecta, o que cualquier Palabra que Dios habla no es tan pura como El mismo. El germen de duda surge cuando y donde el elemento humano es combinado con el divino.

La palabra λόγος (Verbo), es usada en el Nuevo Testamento cerca de doscientas veces para indicar la Palabra de Dios escrita y siete veces para indicar al Hijo de Dios –la Palabra de Dios Encarnada (Jn. 1:1, 14; 1 Jn. 1:1, 5:7; Ap. 19:13); y es importante reconocer que en ambas formas del Logos tanto el elemento humano como el divino aparece en unión sobrenatural. Estas dos formas del Logos están sujetas a varias comparaciones: Ambas son la *Verdad* (Jn. 14:6; 17:17); *eternas* (Sal. 119:89; Mt. 24:34, 35; 1 P. 1:25); *vida* (Jn. 11:25, 14:6; 1 P. 1:23; 1 Jn. 1:1), *salvadoras* (Hch. 16:31; 1 Co. 15:2); *purificadoras* (Tit. 2:14; 1 P. 1:22); *santificadoras* (Jn. 10:12; He. 10:14); *engendran vida* (1 P. 1:23; Stg. 1:18); *juzgadoras* (Jn. 5:26, 27; 12:48); *glorificadas* (Ro. 15:9; Hch. 13:48). Mientras que la *teología* es la "Logía de Dios", el λόγος de Dios es la expresión de Dios –ya sea ésta en su forma Viviente (Encarnada) o Escrita.

Basando su confianza en pasajes bíblicos tales como Lucas 1:35, que registra las palabras del ángel a María –"Lo santo que nacerá de tí será llamado Hijo de Dios"– y Hebreos 4:15, donde dice que Cristo, el Perfecto Sumo Sacerdote, fué tentado en todo según nuestra semejanza pero sin pecado, es decir, separado de las tentaciones que resultan de una naturaleza pecaminosa; la iglesia ha creído con plena justificación que Jesucristo, la Palabra Viviente, no tan solamente era exento de la *práctica* del pecado, sino que también fué exento de la naturaleza pecaminosa, y que la perfección de Su deidad no fué en ninguna manera afectada por la unión de ésta con su humanidad. De igual manera y con la misma justificación, la iglesia ha creído que la perfección de la Palabra de Dios ha sido preservada aunque fué escrita por hombres. El paralelismo entre el Verbo Encarnado y la Palabra Escrita es mantenido solamente hasta un grado limitado. Hay también diferencias importantes. Un Libro inerrante, aunque producido por el Espíritu Santo y aún siendo vivo y activo y usado por El, está a gran distancia de la encarnación del Hijo Eterno de Dios. No existe unión hipostática o conjunción de naturalezas en la Palabra Escrita; y hay, en verdad, una gran diferencia que debe ser notada; mientras que la humanidad de Cristo era sin pecado y en ningún modo ahuyenta a la naturaleza adámica, los autores humanos de la Biblia eran pecadores cuyos pecados son registrados en la Biblia sin vacilaciones. En el caso de la Palabra Viviente (Cristo), la naturaleza humana jamás pudo haber pecado, ya que nunca pudo haber actuado fuera de su relación con la naturaleza divina. En el caso de la Palabra Escrita, el elemento humano estaba confinado a la sola y única tarea de una escritura inspirada, la cual en ninguna manera trataba de gobernar la conducta personal del escritor, ni tampoco dicha tarea continuó más allá del tiempo requerido para completarla. Al escribir la Biblia, los autores humanos escribieron con tal libertad que han dejado evidencias de sus características humanas personales; aún así esos autores no cayeron en errores siendo que, como ocurrió durante el tiempo en que escribieron, no se les permitió actuar aparte de, o contrario a, el preciso pensamiento de Dios, cuya Palabra ellos escribían. Esos escritores fueron literalmente "movidos", o llevados, por el Espíritu Santo (2 P. 1:21).

Si ha de dársele el merecido reconocimiento a la doctrina de la inspiración, tanto el origen divino como el humano, tiene que ser visto y aceptado con toda plenitud. Dios fue el solo Autor del Decálogo cuando éste fue escrito por Su dedo en las tablas de piedra. El elemento de inspiración y el doble origen apareció cuando Moisés, con la exactitud que la inspiración garantiza, transcribió el Decálogo en el manuscrito del Libro de Exodo. Por otra parte, cada palabra de la Biblia es de origen humano. Esta es una composición humana lo que constituye una de las grandes características de la doctrina de la inspiración. Tal vez sea una de las debilidades humanas producto de la caída que el hombre encuentre dificultad en mantener un equilibrio de la verdad y siempre tienda a inclinarse a un extremo u otro. Esta tendencia es puesta de manifiesto tocante a la Persona teantrópica de Cristo. Algunos van al extremo de la derecha y enfatizan Su deidad e ignoran Su humanidad, mientras que otros van al otro extremo y enfatizan Su humanidad al punto de ignorar Su deidad. La verdad en relación a la Persona teantrópica de Cristo es puesta de manifiesto cuando, muy aparte de la habilidad o falta de ella por parte del hombre para entender todo lo relacionado con dicha verdad, cada una de las naturalezas de Cristo es reconocida en su totalidad. Así, también, la verdad tocante a la doctrina de la inspiración es puesta de manifiesto cuando, muy aparte de la habilidad o falta de ella por parte del hombre para entender todo lo relacionado con dicha verdad, ambos orígenes (el divino y el humano) son reconocidos en sus características intrínsecas e inalterables. La Biblia no procede del hombre, ni tampoco el hombre contribuye en nada en cuanto a la infalibilidad y autoridad de ésta. Pero, sin embargo, la Biblia es dada *a través* del hombre como medio o instrumento. Este medio o instrumento es un factor vivo, voluntario e inteligente en la producción de las Escrituras. Indudablemente los hombres podrían comprender mejor la idea del origen de la Biblia si ésta viniese a ellos, ya fuese sólo como una obra humana –una colección de conceptos, deseos y conjeturas humanas, producto tal vez del más sabio de los hombres– o como un edicto de Dios –escrito sola y directamente por el Dedo de Dios. De igual manera, la dificultad sería eliminada si la Biblia fuese declarada ser la obra de dos autores independientes, en el sentido de atribuir parte de ésta sólo a Dios y la otra parte sólo al hombre, solamente concibiendo en el hecho de que ambos mensajes están unidos en un mismo volumen. Prácticamente todas las teorías sobre la inspiración están representadas por estas tendencias naturales que hemos expuesto anteriormente. Pero es pertinente en cuanto a la verdad, aunque algo más difícil, el observar y respetar el hecho que la Biblia es el producto de una dualidad de autor, y que es necesario dar a cada cual su importancia completa, inherente e indiscutible. Habiendo probado el origen divino de las Escrituras, es natural que, al tratar de proteger la pureza del mismo, concluir que los autores humanos eran simples *plumas* en las manos de Dios en vez de *escritores;* que éstos sin voluntad y como autómatas escribieron solamente las palabras que les eran dictadas. Tal concepto empequeñece el aspecto humano de la Biblia al extremo que lo elimina por completo. Por otra parte, habiendo probado el aspecto humano, es natural, que el tratar de conservar la importancia del mismo, se concluya que las Escrituras están propensas a limitaciones y a errores como por fuerza lo está todo lo que es producto humano. Esta última línea de razonamiento puede ser ampliada de esta manera: Si existe algún elemento humano en esos escritos, éstos tienen que ser falibles, y si éstos son falibles pueden ser, en cualquier grado, inexactos y erróneos.

Aunque existen sugerencias secundarias y variaciones, hay sólo cuatro clasificaciones primarias en cuanto a la doctrina de la inspiración. Estas son: a) La Biblia es de origen divino casi exclusivamente; b) la Biblia es de origen humano casi exclusivamente; c) La Biblia es en algunas partes casi exclusivamente divina y en otras casi exclusivamente humana y d) El origen divino y el humano existen sin peligro para ninguno, totalmente presente en cada palabra desde la primera hasta la última. La última de estas cuatro clasificaciones es declarada ser aquí la verdadera representación de la verdad tocante a la doctrina de la inspiración. Esta solución es, sin duda, considerada por el hombre natural como más llena de dificultades que las otras tres puestas juntas, y solamente basada en la preponderancia del elemento sobrenatural que hay en ésta. Manifiestamente, la Persona de Cristo sería más fácilmente comprendida bajo la hipótesis apolinaria de que El es casi totalmente divino, o bajo el concepto arriano de que El es casi completamente humano. Pero, a pesar de estas dificultades que para el hombre natural el elemento sobrenatural introduce, las Escrituras presentan una Persona teantrópica en quien tanto la naturaleza divina como la humana subsisten cada una en su plenitud inconfundible. De la misma manera sucede en el doble origen de la Palabra de Dios escrita.

Si la conjunción de dos autores envuelve contradicciones lógicas o la conglomeración de principios opuestos, cierto que esto pudiese objetarse. Pero en el caso de la Biblia y su dualidad de autor los elementos que se combinan son los mismos en naturaleza, y por arreglo divino son hechos converger en nada menos que la Palabra de Dios escrita. Si esta combinación de origen no puede ser entendida, al menos puede ser creída. En todo cuanto es sobrenatural, los hombres son incapaces de comprender, pero son capaces de creer. "El hombre que rehusa creer aquello que no entiende ha de tener un credo bastante reducido" (Manly, *Bible Doctrine of Inspiration,* p. 31). No podemos explicar la manera de la unión de la dualidad de autor de la Biblia, ni tampoco podemos resolver el problema negando las evidencias. Felipe Schaff ha escrito: "La Biblia es totalmente humana (aunque sin error) en contenido y forma, en la manera en que comienza, en su compilación, su preservación y su transmisión; pero al mismo tiempo totalmente divina tanto en sus pensamientos y palabras como en su origen, vitalidad, energía, y efecto" *(History of the Christian Church,* I, 93, citado por Manly, *ibid.,* p. 32).

El lado humano de la dualidad de autor de las Escrituras se hace extremadamente compleja por el hecho de que más de cuarenta hombres participaron en este incomparable servicio. En otros libros con excepción de la Biblia, el origen humano resalta, pero Dios ha ejercido Su propio poder al obrar a través de muchos autores; aún así El ha preservado la unidad de su revelación, y, al mismo tiempo, ha demostrado Su control sobre hombres con diferentes grados de proficiencia como escritores. La mente humana apenas puede vislumbrar qué sería la Biblia si hubiese sido el producto de un sólo hombre. Todos los hombres no son por naturaleza historiadores o poetas, o filósofos. Para producir un Libro que incorpore una variedad tal de aspectos literarios, Dios evidentemente emplea los talentos personales de cada uno de los escritores humanos, seleccionándolos conforme a su habilidad natural para la tarea que El les ha encomendado. Moisés, el historiador, David el poeta y dulce cantor, Pablo el filósofo de la lógica, son ejemplos. Cuando –después de la muerte y resurrección de Cristo y el Día de Pentecostés– el nuevo sistema de verdad que se conoce como el *cristianismo* iba a ser desarrollado e introducido, Dios no seleccionó a uno de los doce quien, debido a haber estado relacionado con Cristo por tres años y medio, debió haber sido seleccionado de manera natural, sino que, habiéndole llamado de su estado pecaminoso y habiéndole salvado, El preparó y usó el intelecto más grande de su época, si no de todas. Pero ya sea Moisés, Isaías, Daniel, Juan o Pablo, el hecho normal permanece que, aparte de la literatura que ellos produjeron y de sus cualidades personales para las mismas, cada autor humano escribió en su pureza el mensaje sublime que le fue encomendado, y la totalidad de esos escritos –siendo *sui géneris* debido a la dualidad de autor– constituyen la Palabra de Dios.

Una triple declaración del Dr. Basil Manly sumariza esta verdad de la dualidad de autor de las Escrituras:

"1. La Biblia es verdaderamente la Palabra de Dios, teniendo tanto la verdad infalible como la autoridad divina en todo lo que afirma y manda.

2. La Biblia es verdaderamente una producción humana. Esto es comprobado por todas las evidencias del origen humano que muestra tan clara y ciertamente como cualquier otro libro que haya sido escrito por hombres.

3. Esta dualidad de autor se extiende a cada parte de las Escrituras y al lenguaje así como a las ideas generales que son expresadas.

Podría sumarizarse en una sola frase: Toda la Biblia es verdaderamente la Palabra de Dios escrita por hombres" *ibid.,* p. 90.

IV. LO QUE LA PALABRA DE DIOS DICE ACERCA DE LA PALABRA DE DIOS

Las evidencias internas en cuanto al hecho de que la Biblia es la Palabra de Dios son tan numerosas como manifiestas. Como el Obispo Butler ha dicho en relación a la evidencia del cristianismo, así mismo puede decirse tocante a las evidencias de la inspiración, éstas son "de gran variedad y alcance . . . constituyendo en conjunto, un argumento; procediéndose a la convicción que surge de la clase de prueba que puede ser comparada a lo que ellos llaman *el efecto* en arquitectura u otras obras de arte, algo que es el resultado de un gran número de cosas organizadas de cierta manera específica, y tomadas para formar un punto de vista" *(Analogy,* parte II c. 7, citado por Manly, *ibid.,* p. 174). En verdad la evidencia interna es tan extensa que tabularla requeriría un estudio cuidadoso de, y referencia a, casi cada una de las páginas de las Escrituras –una tarea que pocos, acaso ninguno, han ensayado alguna vez. Esta abundantísima cantidad de material cuando es recogido y clasificado, para emplear la ilustración del Obsipo Butler, incluiría toda forma de afirmación desde las piedras fundamentales de declaraciones directas hasta las últimas implicaciones decorativas. Un extenso argumento de carácter polémico pudiese surgir en relación al uso de una palabra o un texto de las Escrituras referente a algún aspecto de la inspiración, pero la *doctrina* de la inspiración en sí misma lo abarca todo, incluyéndolo todo y representando la inducción de todo lo que la Biblia declara o sugiere a favor de sí misma.

Pudiera deducirse, a causa de la gran cantidad de literatura que pudiera usarse, que, de los pasajes principales que apoyan lo que la Biblia misma dice acerca de su inspiración, dos de ellos son de importancia vital –2 Ti.3:16 y 2 P.1:21– no tan solamente porque estos pasajes de manera directa e indiscutible proclaman la doctrina de la inspiración, sino que también debido a que esos versículos incluyen tanto sobre esta doctrina han atraído los ataques vigorosos de aquellos que no simpatizan con la doctrina de la inspiración plenaria y verbal. Esos oponentes a la doctrina han tratado de manipular la exégesis de dichos pasajes para hacer que la fuerza de la evidencia favorezca sus creencias. Es dudoso que exista alguna otra palabra del Nuevo Testamento que haya sido más cuidadosamente estudiada y escudriñada bajo los rayos analizadores de la erudición que la palabra θεόπνευστος (Teopneustos -"soplado por Dios", una palabra que evidentemente está formada por las palabras θεός - "Dios" y πνέω –"aliento", vea la traducción de Job 32:8 –"el soplo del Omnipotente"); esta palabra, cualquiera que sea su significado específico, envuelve la idea central o fundamental del primero de estos dos pasajes tan significativos.

Es razonable creer que así como esas lenguas en las que la Palabra de Dios fue escrita, por supervisión divina, estaban siendo desarrolladas a través del proceso natural por el cual surgen los idiomas, ciertas palabras fueron divinamente introducidas y su significado determinado y preservado con vista al importantísimo servicio que irían a prestar y la verdad exacta que trasmitirían en la Palabra de Dios escrita. Es igualmente concebible que ciertas palabras necesitasen ser de inmediato selladas ya que indicarían aspectos de relaciones sobrenaturales y tareas que pudieron haber tenido muy poca o casi ninguna ocasión de expresión antes y en tales tiempos cuando el lenguaje en cuestión estaba sirviendo solamente como medio para enunciar cosas mundanas y aquello que solamente es producto de la especulación de los hombres. La palabra *θεόπνευστος* aparece una sola vez en el Nuevo Testamento y probablemente está ausente por completo de toda la literatura secular griega. Mirando a la superficie del problema, es de presumir que nada exactamente similar a la idea de Palabra escrita "soplada por Dios" hubiese surgido entre el pueblo helénico que demandase el uso de esa expresión. Es justo asumir que esta palabra crucial es de origen divino habiendo sido producida por Dios con el propósito de dilucidar un concepto que no solamente era extraño dentro de las posibilidades humanas, sino que era y es supremo en el campo de lo divino. Así que los escritores del Nuevo Testamento encontraron un buen número de palabras divinamente preparadas e introducidas que eran capaces de ser ampliadas en su significado para transmitir verdades que hasta ese entonces habían permanecido sin revelar. El lector hará bien en notar a esta altura las muchas palabras compuestas formadas con *θεός*, *Χριστός* y *πνεῦμα* que pudieran entrar en su vocabulario.

El único texto donde *θεόπνευστος* aparece –2 Ti.3:16,17– dice lo siguiente: "Toda la Escritura es inspirada por Dios, y útil para enseñar, para redargüir, para corregir, para instruir en justicia, a fin de que el hombre de Dios sea perfecto, enteramente preparado para toda buena obra." La frase *toda la Escritura,* como es usada aquí es naturalmente idéntica en el alcance de su significado con la declaración del versículo anterior, en la que el Apóstol Pablo le recuerda a Timoteo que "desde la niñez" él ha conocido las Sagradas Escrituras" y éstas, declara él, pueden hacer a Timoteo sabio para la salvación por la fe que es en Cristo Jesús. Muy variadas y maravillosas son las cosas, enumeradas en el contexto, que la Escritura puede hacer y debido a ello es útil al "hombre de Dios." Esos valores que se detallan reciben poca oposición; la controversia tiene su centro más bien en las dos frases *–toda la Escritura* y *es inspirada por Dios.*

Cuando se hace el esfuerzo por determinar exactamente qué es lo que está incluido en la frase *toda la Escritura,* haremos bien recordando que 2 Timoteo es la última de las epístolas de Pablo, escrita, al parecer, muy cerca al tiempo de su martirio. Por ese tiempo casi todo el Nuevo Testamento había sido escrito ya –exceptuando solamente los últimos escritos del Apóstol Juan. Segunda de Pedro 3:16 claramente designa los escritos de Pablo como "escritura" y Pablo mismo, como está escrito en 1 Timoteo

5:18, al citar Deuteronomio 25:4 –"No pondrás bozal al buey que trilla"– como "escritura", añade a ésta Lucas 10:7 –"Porque el obrero es digno de su salario"– como Escritura igualmente inspirada y con la misma autoridad. Así que, en una época tan temprana, el Evangelio según Lucas –escrito por uno que no era de los doce– es aceptado por el Apóstol como Escritura autoritativa. En cuanto a los apóstoles mismos, Pedro escribe: "Para que tengáis memoria de las palabras que antes han sido dichas por los santos profetas, y del mandamiento del Señor y Salvador dado por vuestros apóstoles" (2 P.3:2). Yendo más allá de esta clara evidencia de que la frase *toda la Escritura* ya incluía la mayor parte del Nuevo Testamento, es idóneo a una simple fe el creer que Aquel que "llama las cosas que no son, como si fuesen" (Ro.4:17), al componer el pasaje en cuestión, incluyó en ese pasaje todo lo que, en su propósito soberano, debía ser escrito, con la Escritura que hasta ese entonces había sido escrita. Así es que puede concluirse que las palabras *toda la Escritura* no son ni nada más ni nada menos que aquellas comprendidas en la Biblia.

Con respecto a la segunda frase *–inspirada por Dios–* hay mucha más disensión. La palabra castellana *inspiración* procede del latín *spiro* y el pasaje en cuestión es traducido en la Vulgata: *Omnis scriptura divinitus inspirata,* mientras que en el griego dice: *πᾶσα γραφὴ θεόπνευστος* (*pasa grafe teopneustos*)–"toda la Escritura es soplada por Dios"). Podemos recoger mucho de interés al ver cómo esa frase ha sido traducida en otros idiomas:

El etiópico dice: "y cada escritura es en el (por el) Espíritu del Señor".

Wycliff traduce: "Toda escritura de Dios inspirada."

Tyndale expresa: "Toda escritura es dada por inspiración de Dios."

Cremer (*Biblico-Teological Lexicon of N. T. Greek,* ed. 2): "promovida por Dios, divinamente inspirada."

Thayer-Grimm (*Greek and English Lexicon of N. T., nueva ed.):* "Soplada por Dios, soplo interior de Dios."

Warfield: "Toda Escritura viendo que es soplada por Dios."

La Versión Moderna: "Toda la Escritura es inspirada por Dios."

Aparte de la Versión Revisada (en inglés) que parece dejar lugar a la idea de que *alguna* Escritura puede no ser inspirada, todas estas versiones expresan de manera enfática que la Biblia es soplada por Dios (*teopneustos,* inspirada). La cuestión a discutir aquí es si la expresión "soplada por Dios" ha de ser tomada en la forma *activa* que implicaría a la Escritura estar permeada y preñada con el soplo de Dios –siendo su característica distintiva el hecho que ésta ha recibido por impartición o inspiración el soplo de Dios. El pasaje prosigue diciendo que la Escritura es potente; porque es bastante el afirmar de ellas que pueden hacer a un hombre "sabio para la salvación". Que éstas son útiles para enseñar, para redargüir, para corregir, para instruir en justicia," para que por medio de ellas "el hombre de Dios sea perfecto, enteramente preparado para toda buena obra." Hay, al parecer, dos declaraciones: (a) toda Escritura es soplada por Dios y (b) toda Escritura es útil. Sin duda ésta es útil porque es soplada por Dios; pero la palabra θεόπνευστος no se refiere a la idea de inspirar en los hombres un mensaje, sino a la realidad de que ese mensaje es soplado (procede de) Dios. El mensaje es diferente y su efecto incomparable porque es la obra de Dios soplando y no porque haya sido fielmente transmitido por hombres. De esa manera fue transmitido y el poder determinante de Dios operaba sobre los autores humanos; pero la declaración de 2 Timoteo 3:16 solamente enfatiza el soplo de Dios en operación. Citamos nuevamente al Dr. Warfield:

> "Lo que es θεόπνευστος es "soplado por Dios", producido por el soplo creador del Todopoderoso. Y la Escritura es llamada θεόπνευστος para designarla como lo que es "soplado por Dios", producto de la inspiración divina, la creación de ese Espíritu que está en todas las esferas de la actividad Divina, el ejecutivo de la Deidad. . . Esta palabra no describe a Dios soplando en (dentro de) las Escrituras, sino que se le ha dado el concepto ordinario tanto por los Padres de la Iglesia como por los Dogmáticos. Lo que esa palabra afirma es que las Escrituras deben su origen a una actividad del Espíritu Santo y son, en el sentido más elevado y verdadero, Su creación. Es sobre esta base del fundamento divino que todos los elevados atributos de la Escritura están asentados" *(Revelation and Inspiration,* p. 280).

El resultado de tanta discusión parece ser tanto explícito como inequívoco. Las Escrituras en su totalidad son efectivas ya que son de Dios, sopladas por Dios, dadas por Dios, y determinadas por Dios.

El segundo pasaje de gran importancia, 2 Pedro 1:21 –"Santos hombres de Dios hablaron siendo inspirados (llevados) por el Espíritu Santo"– enfoca el problema de la inspiración desde otro ángulo. Como θεόπνευστος ha indicado que la Biblia se originó con, y es por lo tanto la Palabra de, Dios, φέρω (*fero*, llevar o cargar) indica el hecho de que el Espíritu de tal manera obró en los santos hombres de Dios para garantizar a través de ellos un testimonio inerrante de la mente de Dios. Los dos pasajes son suplementarios y juntos forman la entera revelación, es decir, que (a) la Palabra vino de Dios como Su propio "soplo" o *spiro* y (b) que bajo el soplo *inspiro* de Dios la Palabra fue fielmente transcrita por hombres santos escogidos para ese elevado servicio.

El contexto de este segundo pasaje es igualmente importante. Pedro ha declarado que el gran tema de la profecía –"el poder y la venida de Nuestro Señor Jesucristo" (como fue anticipado y prefigurado en la transfiguración)– está certificado por "testigos presenciales" que estuvieron con Cristo en el santo monte; pero esa verdad es hecha "más segura" por la palabra profética; y la referencia hecha es a la Palabra inspirada en su totalidad y no solamente a una porción que señala el elemento excepcional de la predicación. Todos los escritores de la Biblia eran profetas en el sentido amplio de la palabra y sus escritos eran proféticos (comp. Hch. 3:21; 10:43), en los que la predicación es la característica esencial en vez de la profecía.

La referencia a los "santos hombres" debe ser recibida conforme al significado de la raíz de la plabra *santo,* o *santificado* que es *separar* para un servicio o propósito específico. Esos hombres fueron elegidos por Dios para ese ministerio y no hay referencia hecha tocante a la santidad de sus vidas. Sin embargo, la experiencia de Isaías en la que sus labios fueron purificados con carbón encendido tomado del altar es un ejemplo claro (Is.6:1-8).

La palabra *φέρω*, como es usada en este pasaje, contiene el secreto respecto a la influencia particularizada del Espíritu Santo en estos hombres escogidos, lo cual aseguró la inspiración de las Escrituras. Esa palabra es muy expresiva sugiriendo el efecto del viento en las velas de un bote por medio del cual el bote es impulsado. Aunque *φέρω* indica el control divino sobre los autores humanos, dicha palabra permite en su amplitud de significado una variedad indefinida de maneras en el que el fin será conseguido.

Ahora introduciremos las llamadas *teorías* de la inspiración. Muy frecuentemente estas *teorías* constituyen un esfuerzo inquisitivo de investigar de cerca el misterio oculto en cuanto a *cómo* Dios movió a los hombres escogidos para que escribiesen como lo hicieron. En relación a este asunto la Biblia permanece en silencio. Leemos: "Jehová dijo a Moisés" (Ex.4:19; comp. Dt.34:10); la "visión" que Isaías "vio" (Is.1:1; comp. Ha.1:1; Mal.1:1); "La palabra de Jehová que vino" a Jeremías (Jer.1:2; comp. Os.1:1; Jon.1:1; Miq. 1:1; Hag.1:1; Zac.1:1). Dios apareció a Daniel en "visiones" y en "sueños". Juan declara que su testimonio es "verdadero" (Jn.19:35; 1 Jn.1:1-3). El Apóstol Pablo escribe: "Si alguno se cree profeta, o espiritual reconozca que lo que os escribo son mandamientos del Señor" (1 Co.14:32). En relación a *cómo* fue dada la revelación divina a los autores humanos, nadie mejor que Dios o los propios escritores escogidos pueden saber. Esta operación se encuentra completamente dentro de esas relaciones sagradas y personales en las cuales ningún otro puede inmiscuirse. Es aquí donde el alma devota vacilará y el prudente por lo menos respetará el silencio de Dios. Es posible que, como el testimonio de esos escritores sugiere, no tan solo había variedad en la manera en que Dios habló a los diferentes hombres, sino que también había variedad en la manera en que El habló a un mismo hombre en tiempos diferentes. La Biblia provee abundantes enseñanzas en cuanto al *hecho* de la inspiración; pero no ofrece ninguna explicación tocante a este fenómeno. El *cómo* de cada milagro está ausente, y la inspiración es un milagro. En cuanto a éste y a todos los milagros, el hombre es llamado a *creer* y no a *dilucidar.* Cristo señaló las limitaciones del hombre cuando dijo: "El viento de donde quiere sopla, y oyes su sonido; más ni sabes de dónde viene ni a dónde va; así es todo aquel que es nacido del Espíritu" (Jn.3:8). Si habiendo *experimentado* el milagro de la regeneración, aún así los hombres son incapaces de comprender su misterio, ¿cómo, entonces, podrían ellos discernir la obra del Espíritu en áreas en las cuales el hombre jamás ha penetrado?

En relación a esas *teorías*, o suposiciones, algunas verdades dañinas pueden notarse: (a) A aquellos que en su celo por la autoridad de Dios han sugerido que los autores humanos eran autómatas, puede decirse que la evidencia es lo suficientemente completa para demostrar el hecho de que estos hombres ejercitaron todos los aspectos de su voluntad y sus características individuales; pero fueron equipados para escribir solamente lo determinado por el Espíritu Santo. Fuera de este concepto de la inspiración no puede haber una dualidad de autor. (b) Para aquellos que proclaman que estos hombres elegidos escribieron bajo la influencia de facultades humanas superiores y el ejercicio de un genio poético también superior, puede decirse que el carácter de la verdad revelada demuestra que ésta es la Palabra de Dios, siendo digna de Dios, y esto nunca hubiera podido ser bajo las provisiones que esta teoría sugiere. (c) Para los que persisten en la noción que la inspiración hizo a los hombres elegidos infalibles y omniscientes, puede decirse que la evidencia prueba que esos hombres solamente fueron capacitados en transcribir la verdad y frecuentemente ellos mismos no entendían la importancia total de aquello que ellos escribían. (d) Para aquellos que imaginan que la inspiración en lo referente a los autores humanos tiende a elevar cada pasaje al mismo nivel de importancia espiritual, puede decirse que en este aspecto de la inspiración su meta y propósito son el garantizar una transcripción correcta del mensaje dado por Dios. La filosofía de Bildad, registrada en el libro de Job, no tiene la misma utilidad al hombre perdido que el evangelio de la gracia; pero ambos son exactamente lo que Dios quiso incluir en Su Palabra –cada uno en su lugar y para su propósito. Jehová ha dicho: "Así será mi palabra que sale de mi boca; no volverá a mí vacía, sino que hará lo que yo quiero, y será prosperada en aquello para lo que la envié" (Is.55:11). De igual manera la inspiración puede registrar la mentira de Satanás, pero no vindica ni santifica dicha mentira. Esta garantiza el testimonio exacto de lo que fue dicho –bueno o malo. Muchas acciones indignas están registradas, pero no son aprobadas por Dios.

Tocante a la libertad general de los autores humanos, Alejandro Carson ha dicho: "La inspiración. . . dejó a los historiadores inspirados bajo el poder y la regulación de las mismas leyes e influencias que guiaron a otros autores en sus composiciones, con la sola excepción de preservarlas sobrenaturalmente del error" (citado por Manlay, *Bible Doctrine of Inspiration,* p. 87). Esta declaración no deja lugar para la recepción del mensaje. Ellos pudieron haber sido exactos en declarar sus propios pensamientos. Ellos fueron, sin embargo, correctos en declarar los pensamientos de Dios que recibieron de El.

Puede verse de esta manera que la importancia específica de 2 Pedro 1:21 y su contexto radica en la palabra φέρω ya que ésta distingue los escritos de ciertos hombres escogidos que hablaron al ser *impulsados* por el Espíritu Santo. Su mensaje era la Palabra de Dios, y así la dualidad de origen es preservada.

Otro pasaje de gran importancia es Juan 10:34,35, donde se declara que Cristo, hablando con los judíos tocante a sus atesoradas Escrituras, dijo: "¿No está escrito en vuestra ley?" y "la Escritura no puede ser quebrantada." Las tres palabras, *Escritura, Ley,* y *Profecía* son intercambiables cuando se refiere, como cada una frecuentemente lo hace, al completo conjunto de la verdad revelada. En este contexto Cristo declara que una cosa escrita en la Ley no es sino *Escritura* que no puede ser quebrantada. Este pasaje es un ejemplo del invariable e incondicional honor que Cristo dio a las Escrituras como la autoritativa Palabra de Dios. De acuerdo con las Escrituras, las primeras palabras de Cristo después de su Bautismo fueron un triple reto a Satanás, y la derrota de éste fue obtenida por medio de las plabras "Está escrito." A través de su ministerio, Cristo constantemente declaró que las Escrituras tienen que cumplirse, dando así honor a ellas (Mr.14:49; Jn. 13:18; 17:12; comp., además, Jn.12:14; Mr.9:12,13). Asímismo, en el camino a Emaús El "comenzando desde Moisés, y siguiendo por todos los profetas. . . les declaraba en todas las Escrituras lo que de El decían" (Lc.24:27). También El dijo, la Escritura (continuamente) "da testimonio de mi" (Jn.5:39). Cristo de esa manera dio a las Escrituras la palabra de autoridad final. Volviéndonos solamente al Evangelio según San Mateo, esta verdad es hecha aún más clara (4:4; 7:10; 11:10; 19:4;

21:13,42; 22:29; 26:31,56). Lo mismo pudiera hacerse fácilmente con los pasajes que muestran la autoridad que todos los autores del Nuevo Testamento atribuyen a la Palabra de Dios.

El testimonio que la Biblia presenta tocante a su propia inspiración está difundido a través de todas sus partes. Cada escritor testifica acerca del carácter sobrenatural de sus escritos. Pero sin lugar a duda, la evidencia más concluyente de que la Biblia es inspirada está en esta doble verdad: (a) que Cristo aceptó de esa manera todo el Antiguo Testamento así como cada una de sus partes, y (b) que el Nuevo Testamento fue escrito bajo Su dirección y los instrumentos humanos tuvieron la promesa de una habilidad sobrehumana para escribir conforme a la mente de Dios.

Cuando se contempla lo que la Biblia dice acerca de su inspiración, de gran importancia, en verdad, son esos pasajes donde Dios y Su Palabra son tratados como uno solo. Está escrito en Gálatas 3:8 "y la Escritura, previendo que Dios había de justificar por la fe a los gentiles, dio de antemano la buena nueva a Abraham." De seguro que las Escrituras como tales, que aún no habían sido escritas, no predicaron a Abraham, pero Dios lo hizo. Así en Romanos 9:17 —"Porque la Escritura dice a Faraón: Para esto mismo te he levantado." Pero Exodo 9:16, que es el texto aquí citado, dice que ésta es la Palabra de Jehová a Faraón a través de Moisés. El hecho es manifiesto que la Escritura que aún no había sido escrita no podía ser responsable por el levantamiento de Faraón para un propósito específico; pero la Palabra de Dios, ya fuese hablada o escrita es la identificación de Dios mismo. Debe observarse especialmente que frases tales como "El dice", "El habló" y "El da testimonio", etc. indican la voz de Dios hablando lo que sea dicho. Las repetidas expresiones "La Palabra de Jehová", "La ley del Señor," "La Palabra de Dios", certifican sin excepción el origen divino de la Palabra. Debido a que es Su Palabra, ésta ha de permanecer para siempre (Is.40:8). Los hombres son designados a predicarla como la Palabra de Dios (Ro.10:17; 1 Co. 14:36); y así ésta vino primero a Israel (Hch.10:36,37), y entonces a los gentiles (1 Ts. 2:13).

Al declarar su propia inspiración, la Biblia pone un gran énfasis en el hecho de que hombres fueron dotados de poder para escribir la Palabra de Dios. "David en espíritu (literalmente, en el Espíritu) le llama Señor" (Sal.110:1 comparado con Mt.22:43). Que (el Espíritu Santo) por boca de David tu siervo dijiste" (Hch.4:25). "Todo esto aconteció para que se cumpliese lo dicho por el Señor por medio del profeta (Mt.1:22; 2:15). "Por lo tanto (como el Espíritu Santo ha dicho. . .") (He.3:7; Sal.95:7). "Y nos atestigua lo mismo el Espíritu Santo" (He.10:15; Jer.31:33,34). Jehová dijo a Moisés: "Ve, y yo estaré con tu boca y te enseñaré lo que hayas de hablar" (Ex.4:10-12). "Yo. . . pondré mis palabras en su boca" (Dt.18:18,19). "El Espíritu mío que está sobre tí, y mis palabras que puse en tu boca" (Is.59:21). "La Palabra de Jehová vino a mi, diciendo. . . te di por profeta a las naciones. . . He aquí he puesto mis palabras en tu boca" (Jer.1:4-9).

Los escritores del Nuevo Testamento no fueron en menos escala la voz de Dios. Cuando Cristo estaba para partir de este mundo, no solamente asignó la tarea de evangelizar a todos los que componen Su Iglesia, sino que también dio la seguridad a hombres escogidos que ellos serían llamados para escribir lo que El había dicho. El Espíritu Santo, les dijo, "os enseñará todas las cosas", "os recordará todo lo que os he dicho", "os guiará a toda la verdad" y "os hará saber las cosas que habrán de venir" (Jn.14:25,26; 15:26,27; 16:12-15). Aunque hay una aplicación general de estas palabras a todos los creyentes en cuanto a que el Espíritu Santo es el maestro de ellos, es evidente que la obra específica del Espíritu de *recordar todas las cosas* sólo podía ser experimentada por aquellos a quienes Cristo habló. El Apóstol Pablo no era uno de los doce y, por lo tanto, nunca pretendió tener sus instrucciones. Sin embargo, él testifica acerca del poder energizador del Espíritu. El escribió: "Lo cual también hablamos, no con palabras enseñadas por sabiduría humana, sino con las que enseña el Espíritu" (1 Co.2:13; 14:37; 2 Co.13:2,3; Gá.1:8-12; Ef.3:1-7; 1 Ts.2:13; 4:2,8,15; 2 Ts.2:13-15. Otros pasajes del Nuevo Testamento que deben notarse: 1 P.1:10-12; 2 P.3:1,2; Ap.1:3,10,11,19; 22:6,7,18,19).

En este estudio inductivo parcial de todo lo que la Biblia dice acerca de su propia inspiración, se ha dicho lo suficiente para demostrar que solamente la inspiración plenaria y verbal da una respuesta satisfactoria tocante al significado de esta doctrina.

V. OBJECIONES GENERALES A LA INSPIRACION PLENARIA Y VERBAL

Si se tiene en mente, ciertas verdades importantes tienden a disolver casi toda la existente objeción a la doctrina de la inspiración plenaria y verbal, es a saber:

(a) El progreso de la doctrina que se observa desde el Génesis hasta el Apocalipsis no implica que revelaciones más tempranas o parciales eran erróneas. Al concluir sus tres años y medio de instrucción a sus discípulos, Cristo les dijo: "Aún tengo muchas cosas que deciros" (Jn.16:12), pero eso no significaba que lo que El les había enseñado al principio era mentira. Nuevamente, y algo similar a esto, una idea falaz ha prevalecido en nuestro tiempo que deshonra la Palabra de Dios. Esta falsedad consiste en enseñar que hacia el final de su ministerio, el Apóstol Pablo se apartó del énfasis tocante a la venida del Señor que había exhibido en sus primeras epístolas, de manera notable 1ª a los Tesalonicenses; y no se ofrece ninguna otra razón a esa afirmación que el hecho que el Apóstol no menciona ese tema en sus epístolas posteriores. Las últimas epístolas de Pablo, obviamente, trataban un tema diferente; pero muy distinto a lo que algunos creen, el último capítulo de su última epístola presenta uno de los testimonios más enfáticos dados por el Apóstol en relación a la esperanza de la Segunda venida de Cristo (2 Ti. 4:6-8). Ese concepto sugiere que el Apóstol estaba errado en sus primeras epístolas y que corrigió su error en las epístolas escritas posteriormente. Pero, ¿quién podría decir que, si hubiese vivido más tiempo, él no hubiese, según este concepto, desacreditado al final de su vida *todo* lo que hubo escrito? Dudar sus primeros escritos equivale a degradar *todos* sus escritos, y solamente debido a que el elemento esencial de la inspiración está aquí relacionado, y no únicamente los errores de un hombre sincero. Esta situación bien puede servir para ilustrar las vicisitudes a las que es sometido un hombre cuando duda la fidelidad de las Escrituras, ya sea que su duda se origina sobre la cuestión del progreso de la doctrina o sobre el *supuesto* progreso de los instrumentos humanos.

(b) El hecho de que pueden existir diferencias en la traducción debido a la intervención de diferentes idiomas en la escritura de la Biblia. La inscripción puesta sobre la cruz estaba escrita en hebreo, latín y griego. El Apóstol Pablo normalmente citaba la Septuaginta, que es la versión griega del Antiguo Testamento. En cada caso en que se cite el Antiguo Testamento en el Nuevo Testamento debe recordarse que el Espíritu Santo es el autor de ambos Testamentos y que es completamente de la competencia del autor cuando cita sus propios escritos, cambiar o reestructurar cualquier cosa que haya dicho o escrito con anterioridad. Esto no implica necesariamente una corrección de lo que se ha escrito anteriormente. Puede ser, como sucede en el caso del Espíritu Santo, que ocurra una adaptación de una verdad que es aplicada a una nueva situación.

Todo estudiante devoto creerá que, en un grado considerable, el cuidado preservador de Dios ha estado sobre toda traducción meritoria de las Escrituras y que en esas traducciones ningún valor doctrinal esencial ha sido sacrificado.

(c) Aun en su forma más excelente, el entendimiento humano es imperfecto. Lo que parece ser una dificultad al presente –como se ha demostrado repetidas veces– queda completamente resuelto cuando se conocen todas las evidencias. En relación a esto, la arqueología ha contribuido bastante y sin duda continuará contribuyendo hasta el fin.

(d) El derecho a la inspiración verbal y plenaria es reclamado a favor de los documentos originales y no se extiende a ninguna transcripción o traducción. También es verdad que no existe ningún manuscrito original. Naturalmente, estos hechos dan lugar a la pregunta de si las traducciones presentes –en particular el texto con el cual estamos familiarizados– es en verdad digno de confianza. Este problema es digno de que reciba seria consideración y ha recibido la atención de los más grandes expertos en el campo de la crítica textual a través de todas las generaciones de la Iglesia. Pero dos pasajes especialmente han sido tópico de disputa –Marcos 16:9-20 y Juan 7:53-8:11. De estos dos pasajes, el último está mejor acreditado que el primero. En cuanto a las dificultades textuales generalmente, las siguientes citas son importantes.

De Westcott y Hort:

"En relación a la gran cantidad de palabras en el Nuevo Testamento, como sucede en la mayoría de la literatura antigua, no hay variación u otra base para la duda, y por lo tanto no hay lugar para la crítica textual; y aquí, por lo tanto, un editor es simplemente un copista. Lo mismo puede decirse con substancial verdad respecto a esas variaciones que nunca han sido recibidas, y que probablemente nunca lo serán, en un texto impreso. La proporción de palabras virtualmente recibidas y aceptadas por todos sin ser puestas en tela de duda, es muy grande, no menos, haciendo un estimado, de siete octavos del total. El octavo restante, por lo tanto, formado en gran parte por problemas de sintaxis y otras trivialidades, constituyen el área completa de la crítica. Si los principios seguidos en la presente edición son correctos, esta área puede ser grandemente reducida. Reconociendo por completo la responsabilidad de abstenernos de decisiones dogmáticas en casos donde la evidencia deja el juicio en suspenso entre dos o más interpretaciones textuales, encontramos que, poniendo a un lado las diferencias ortográficas, las palabras que en nuestra opinión aún están sujetas a duda solamente forman un dieciseisavo de la totalidad del Nuevo Testamento. En este segundo estimado la proporción de variaciones comparativamente triviales es decididamente mayor que en la anterior; de manera que la cantidad de lo que pudiese ser llamado *variación substancial* no es sino una fracción pequeña de la variación residuaria total, y puede, a duras penas, formar más que una *milésima parte* del texto completo." –*The New Testament in Greek*, II . 2, citado por Manly, *Bible Doctrine of Inspiration,* p. 223.

El Dr. Felipe Schaff, director del Comité de Revisores Americanos, escribe:

"Esta multitud de significados textuales en el texto griego no deben confundir ni alarmar al cristiano. Esto es el resultado natural de la gran riqueza de nuestra fuente documentaria; es un testimonio de la inmensa importancia del Nuevo Testamento; esto no afecta, sino más bien asegura, la integridad del texto;

y es un estímulo eficaz al estudio.

"Solamente cerca de 400 de las 100.000 o 150.000 variaciones afectan materialmente el sentido. De éstas, una vez más, no más de cincuenta son realmente importantes por alguna razón u otra; y aún de éstas cincuenta, ni una sola afecta un solo artículo de fe o un precepto de responsabilidad que no esté abundantemente apoyado por otro pasaje o por el tenor general de las Escrituras. El *Textus Receptus* de Stephens, Beza y Elzevir, y de nuestras versiones en inglés, enseñan precisamente la misma clase de Cristianismo que el texto uncial de los Manuscritos Sinaítico y Vaticano, las más antiguas versiones, y la revisión anglo-americana" *(Companion to the New Testament,* p. 177, citado por Manly, *ibid,* p. 224).

CONCLUSION

Del casi ilimitado campo de discusión provisto por la doctrina de la inspiración, se ha presentado lo suficiente para demostrar que la inspiración plenaria y verbal es la enseñanza inequívoca de la Biblia en relacín a sí misma, la enseñanza de Cristo y los apóstoles, y la creencia de la Iglesia desde su comienzo. De igual manera se ha señalado que la Palabra de Dios como ha sido escrita, ha venido de Dios como Su aliento y que hombres escogidos fueron equipados para recibir y registrar ese mensaje. En relación a *cómo* Dios transmitió a ellos esa Palabra y ha garantizado de sus manos un producto inerrante, las Escrituras guardan silencio. Un doble origen es preservado –Dios usó la voluntad y las facultades de los instrumentos humanos sin coerción y los escritores hicieron uso de sus voluntades y sus facultades sin hacer daño al mensaje divino. Aquellos que se inclinan a diferir de estas conclusiones tienen que enfrentarse a Cristo, los apóstoles, y los profetas sobre los cuales, después de todo, tenemos que depender para cualquier conocimiento de cualquier verdad. Si el testimonio de ellos es quebrantado en relación a la fidelidad de las Escrituras, se quebranta en relación a todo lo demás.

Las doctrinas de la revelación, inspiración, canonicidad y autoridad estando tan estrechamente relacionadas, la discusión que sigue es requisito para completar lo que hemos dicho anteriormente.

CAPITULO V

CANONICIDAD Y AUTORIDAD

La investigación del canon de la Biblia es un esfuerzo por descubrir la verdadera base de su autoridad. Las Escrituras del Antiguo y el Nuevo Testamento forman un canon debido a que estos son Palabras (oráculos) autoritativas. Por medio de la expresión *autoritativa* se sugiere que la Biblia en todas sus partes es la voz de Dios hablando al hombre. Su autoridad es inherente, siendo como es, nada menos que un edicto imperial: "Así dice Jehová." Cuando las Escrituras son consideradas como autoritativas debido a decretos de concilios eclesiásticos o leyes promulgadas por gobiernos humanos, éstas pueden ser consideradas como obligatorias solamente hasta donde se extiende la influencia humana. Pero, en contraste con tal concepto, las Escrituras van hasta el punto de declarar la voluntad de Dios a los concilios eclesiásticos y a los gobiernos de los hombres. Igualmente, así como una autoridad digna presupone la habilidad de ejecutar decretos, la Palabra de Dios no solamente proclama Sus propósitos firmes, sino que también establece el castigo que debe seguir cuando y donde los hombres no estén de acuerdo con ésta.

Siendo que las Escrituras están saturadas de la legítima y completamente justificable autoridad de Dios, y ya que éstas fueron escritas por hombres, y ya que el canon fue, hasta cierto punto, determinado por hombres, es pertinente investigar acerca de la naturaleza de esa autoridad divina y cómo es que reside en esos Oráculos. Así como ha surgido la duda tocante a la completa inspiración de las Escrituras a causa de la participación del hombre en su producción, de igual manera ha surgido la duda tocante a la autoridad de las Escrituras a causa de la participación que el hombre ha tenido en determinar cuáles escritos deben entrar en el canon. Se ha demostrado en relación al estudio de la doctrina de la inspiración que Dios ha usado instrumentos humanos para escribir la Biblia de tal modo que ha preservado esos escritos de las imperfecciones impuestas por las limitaciones humanas. Ahora nos falta exponer la verdad que Dios, aunque se ha valido de hombres en la formación del canon, los ha usado de tal modo que solamente esos escritos que componen los Oráculos divinamente constituidos con sus perfecciones de unidad, equilibrio y consumación de sus partes han sido escogidos.

Los problemas relacionados con la formación del canon son grandemente simplificados por medio de una gran realidad, a saber, que la Biblia está presente, y presenta en evidencia su exhibición de la perfección divina. Así que el problema es solamente el de trazar retroactivamente, partiendo desde el punto provisto por la infalibilidad de las Escrituras. No hay ocasión para teorizar acerca de si es o no posible reunir una colección de escritos –de muchos autores cuyas vidas fueron vividas en diferentes países y a través de muchos siglos– en un libro que sea digno de Dios. Un fenómeno tan estupendo ha sido realizado y su realidad no puede ser descartada. Una atención razonable a los hechos en cuestión mostrarán la verdad que el método empleado en la formación del canon de la Biblia es a la vez natural y sobrenatural. En esta obra hay una demostración de la coordinación de la determinación divina con la cooperación humana. Sin embargo, el elemento de la determinación divina es prominente en la formación del canon así como lo es en la dualidad de origen. La razón nos obliga a concluir que así como Dios ha producido el génesis de ciertos escritos incomparables, El también guiará, con igual fidelidad, no tan solamente en juntar esos escritos en una unidad, y sin ningún error en su selección, sino que determinará su orden final en esta relación con el fin de que su singular continuidad pueda ser manifestada.

Condiciones importantísimas y de largo alcance existieron al mismo tiempo en que se escribía la Biblia y se formaba su canon, que no existen ahora. Es necesario dar reconocimiento completo a esas condiciones si es que hemos de llegar a una verdadera evaluación del problema de la canonicidad. Las Escrituras de ambos Testamentos fueron compuestas cuando habían muy pocas obras literarias en producción. No era entonces como es ahora en que todos los individuos escriben cartas con relativa facilidad, cuando un gran número de personas se esfuerzan en producir libros y cuando la producción de obras religiosas ha alcanzado proporciones sorprendentes. Había en aquellos tiempos muy poca competencia y comparativamente poca necesidad de eliminación. De aquellos pocos que podían escribir, solamente aquellos que fueron movidos por Dios experimentarían el motivo imperioso que la inspiración imparte.

En el caso del Antiguo Testamento, los escritos fueron producidos, principalmente, por hombres que estaban en autoridad sobre la vida religiosa y hasta cierto punto, sobre la vida civil del pueblo. Moisés fue reconocido como el representante de Jehová y el dador de la Ley. Sus escritos, como los de los profetas reconocidos, no eran nada más que la preservación en forma escrita de lo que había sido proclamado oralmente y con autoridad indiscutible. Fueron muy pocos los que resistieron el mensaje de los voceros reconocidos por Jehová.

En cuanto al Nuevo Testamento, la escritura fue realizada, en su mayor parte, por hombres escogidos por Cristo. El Apóstol Pablo no constituye una excepción en esta clasificación ya que el Señor le apareció y lo llamó cuando iba en camino de Damasco. Estos hombres, es cierto, no ejercieron influencia alguna en el mundo de su tiempo y el mundo no tuvo nada que ver con la formación del canon del Nuevo Testamento. El Nuevo Testamento fue dirigido a un grupo insignificante y despreciado de creyentes (1 Co.1:26-29), pero la reacción espiritual respecto a estos escritos por parte de aquellos que constituían la "manada pequeña" era esencial para la determinación de lo que eventualmente entraría a formar parte del contenido final del canon del Nuevo Testamento. La comunicación estaba limitada, y por muchos años los escritos que eran comunes y efectivos en una comunidad no alcanzaban a todas las comunidades. Es muy posible que ninguna congregación llegó a poseer una copia completa de todo lo que está en el canon del Nuevo Testamento, sino hasta los primeros años del siglo segundo. Todas las copias de las diferentes porciones de las Escrituras eran hechas a mano y pocos, en verdad, podían poseer esos tesoros. La porción que pertenecía a una iglesia local era preservada con el mayor de los cuidados y su lectura formaba gran parte del compañerismo de los creyentes cuando se reunían. A ellos no les preocupaba el asunto del canon ni lo que pertenecía a éste. Ellos sabían que al leer esos escritos sus necesidades espirituales eran suplidas y de esa manera dichas porciones vinieron a ser apreciadas por todas partes, y esa fue la base para la formación del canon. Sin diseño ni esfuerzo, el canon vino a ser aprobado sobre la base del mérito particular de cada porción. Sin estar conscientes de la relevancia de lo que hacían, sin contiendas e independientemente del diseño humano fue realizada la gran prueba final en cuanto a cuáles escritos eran de la inspiración de Dios. La perfección del plan y la integridad de los resultados son una evidencia indiscutible del proceder soberano de Dios obrando a través de los agentes humanos.

Era natural que la iglesia latina tomase su tiempo antes de reconocer el valor sobrenatural de la epístola anónima a los Hebreos, y otros prejuicios existentes fueron sin duda reflejados en otras localidades. A su debido tiempo y bajo la dirección del Espíritu Santo, todas las dificultades fueron vencidas y el último libro –Apocalipsis– fue añadido para completar el todo. Sería imposible determinar exactamente cuándo el Nuevo Testamento fue reconocido como tal. Aceptando la fecha del Apocalipsis por el año

96 de la era cristiana, puede observarse que los escritos de Ignacio, en el año 115 datan solamente de veinte años después. De estos y otros de los primeros padres de la iglesia es evidente que, aparte del prejuicio natural entre los judíos creyentes hacia la Biblia antigua, el Nuevo Testamento, como existe en el presente, fue distinguido como tal y obedecido como Escritura tan temprano como en el siglo segundo. No hay evidencias en relación a cuál fue la iglesia que primero obtuvo una Biblia completa, ni en cuanto a la fecha precisa en que tal hecho haya ocurrido. No hay manera de saber todo lo relacionado al proceso mediante el cual cualquier iglesia recibiese una nueva porción de las Escrituras para ser añadida a aquella que ya poseían. Sin duda, el hecho de que una nueva porción era aceptada sin controversia por alguna otra asamblea iría muy en su favor. La manera en que el canon del Nuevo Testamento fue formado es algo totalmente natural, sin embargo lo que se realizó fue completamente sobrenatural.

No hay razón alguna para creer que hubo algo que correspondiese a una formación consciente de la Biblia entre estos cristianos primitivos. Ellos estaban muy agradecidos por cualquier mensaje que viniere de quien, por su asociación con Cristo o con los apóstoles, pudiese escribir o hablar con autoridad. Es evidente que no todos los mensajes así recibidos, aunque fieles a la verdad, fueron diseñados por Dios para ser parte de la Biblia. Ese elemento viviente que la inspiración imparte estaba –y probablemente sin identificación específica de éste por cualquiera que leyese sus páginas– con una determinación irresistible santificando (al apartar como algo infinitamente sagrado e infaliblemente verdad) aquellas determinadas porciones que eran divinamente separadas para constituir el canon del Nuevo Testamento.

En los días del ministerio terrenal de Cristo, el canon del Antiguo Testamento era ostensiblemente como es ahora; pero, como en el caso del Nuevo Testamento, ninguna persona o grupo de personas habían actuado con autoridad en la selección de los libros del Antiguo Testamento. El mismo carácter divino inherente que la inspiración garantiza había hecho de aquellos libros selectos la Palabra de Dios a diferencia de todos los otros libros escritos por hombres. Es inconcebible que ese elemento inefable que pertenece a la inspiración no impresionase entonces, como ahora a todos los interesados para que cualquier disensión que hubiese fuese mínima. Otros escritos, tal y como estaban, quedaron atrás, faltándoles esa específica cualidad divina. Sin embargo el canon del Antiguo Testamento no había sido cerrado porque no había ninguna autoridad humana para hacerlo. La iglesia primitiva había recibido el

Antiguo Testamento con validez suprema. Esto es evidente por la abundancia y la manera en que es citado en el Nuevo Testamento. Nuevos libros eran añadidos como una acumulación de algo que crecía sobre de, y estaba estrechamente relacionado a, el Antiguo Testamento. Los apóstoles y profetas que sirvieron como escritores del Nuevo Testamento estaban tan íntegramente equipados y eran tan dignos de escribir por medio de la inspiración del Espíritu como lo estuvieron los profetas del Antiguo Testamento. En realidad, la preparación del instrumento humano aunque de valor en el uso general de sus escritos no era el criterio final por el cual evaluar el texto Sagrado. La prueba de esto es la inclusión en el canon de ambos Testamentos de porciones anónimas.

El cierre formal del canon del Nuevo Testamento es por lo menos sugerido en Apocalipsis 22:18. La manera diferente en que ambos Testamentos concluyen es significativa. Toda la expectación de lo que está aún por complirse del Antiguo Testamento es articulada al cierre de dicho Testamento y los últimos versículos aseguran la venida de otro profeta. Pero no se vislumbra ninguna revelación continuada a la terminación del Nuevo Testamento, en su lugar se anuncia que El Señor mismo pronto regresará y la conclusión natural es que no ha de haber ninguna otra voz hablando desde el cielo antes de que la trompeta anuncie el regreso del Señor.

No es de poca importancia el hecho que desde que el canon de la Biblia fue divinamente cerrado no se ha hecho ningún esfuerzo por añadir algo. Finalmente, aunque llevado a efecto a través de la intervención y con la cooperación del hombre, Dios obró en la formación del canon –como lo hizo en el origen del texto de las Escrituras– un milagro estupendo. Su propia Palabra inerrante no solamente fue recibida y escrita de manera incomparable, sino que también fue inerrantemente coleccionada en un volumen y preservada de esa confusión, detrimento y desvío del propósito divino que, ya sea por substracción o por adición al canon, pudiese haber ocurrido. El cuidado directo de Dios sobre la formación del canon de las Escrituras es tan evidenciado y, de tal modo, para su gloria como lo es el cuidado que El ha tenido sobre la transmisión exacta de Su verdad a través de instrumentos humanos.

Ya que cualquier porción de la Biblia es canónica debido a que es un documento autoritativo, siendo como es la Palabra de Dios escrita, es altamente recomendable investigar de la manera más cuidadosa la fuente precisa y la naturaleza de su autoridad. El objeto de tal investigación no es necesariamente el deseo de sembrar la duda en cuanto a la constitución divina de las Escrituras. Bien puede ser el simple deseo de llegar a una concepción más digna de su importancia trascendental.

Sin tener en cuenta la infinidad de pruebas que demuestran que la Biblia es la Palabra de Dios escrita y por lo tanto está saturada de la misma autoridad que el Creador ejerce sobre su creación y que el cielo ejerce sobre la tierra, los seres humanos no se han sometido a la supremacía y a la autoridad de la Biblia. Los hombres inconversos que "no tienen a Dios en sus pensamientos", ignoran las Escrituras. El mundo moderno que se encuentra vacilante entre la influencia desmoralizadora de los ideales satánicos y las filosofías de los hombres, no aprecia ni admira la Biblia, y tal vez no debemos esperar que lo haga; podemos decir, por otra parte, que el mismo desprecio del mundo hacia la Biblia es una prueba más del carácter celestial de ésta.

La autoridad de las Escrituras del Antiguo y Nuevo Testamentos que le dan su prominencia canónica es atribuida, por lo menos, a siete causas diferentes. De éstas las tres primeras que nombraremos ya han sido consideradas con alguna amplitud y, por lo tanto, sólo es necesario enumerarlas ahora.

I. LAS ESCRITURAS SON AUTORITATIVAS PORQUE HAN SIDO INSPIRADAS POR DIOS

Declarar de las Escrituras, como ellas lo hacen de sí mismas, que son inspiradas por Dios, es otorgarles la autoridad suprema que sólo pertenece a Dios y que procede directamente de El sin reducciones ni complicaciones que pudiesen ser impuestas por factores contribuyentes. Esto significa que en su carácter plenario las Escrituras son, en su totalidad, la Palabra de Dios escrita. Estas poseen la peculiaridad indiscutible de ser nada menos que el edicto imperial —"Así dice Jehová."

II. LAS ESCRITURAS SON AUTORITATIVAS PORQUE FUERON ESCRITAS POR HOMBRES ESCOGIDOS QUE FUERON LLEVADOS POR EL ESPIRITU SANTO

Este aspecto de la autoridad Bíblica está estrechamente relacionado con el hecho de que el mensaje que esos hombres escogidos recibieron y predicaron era inspirado por Dios. La contribución específica que esto hace al campo de la autoridad es que garantiza, como se ha demostrado, que la participación humana en la dualidad de origen no produce ninguna imperfección en el valor infinito ni en la santa excelencia de que el mensaje divino sea conservado en los escritos inerrantes. El reducir el mensaje autoritativo a la forma escrita no añade ninguna supremacía suplementaria ni dominio a éste, pero es un medio efectivo por el cual el edicto divino puede alcanzar a aquellos que están sujetos a éste. Que la autoridad de las Escrituras no se deriva de los hombres inspirados ni de la inspiración propiamente atribuida a ellos es evidente por el hecho de que esos libros de la Biblia que son anónimos son considerados tan autoritativos como cualquier otro libro del canon.

III. LAS ESCRITURAS SON AUTORITATIVAS EN CUANTO A QUE ESTAN ACREDITADAS POR LOS QUE PRIMERO LAS RECIBIERON

En el caso del Antiguo Testamento, la congregación de Israel bajo la dirección de sus ancianos, reyes, profetas y sacerdotes, dieron su sanción a aquellos escritos que formaron el primer canon. En el caso del Nuevo Testamento, la iglesia primitiva, incluyendo a sus oficiales y ministros dio sanción al segundo canon. Sin ser ellos conscientes, tanto en un caso como el otro, de que estaban siendo usados por Dios para realizar un objetivo tan importante, ellos, sin embargo, bajo la dirección del Espíritu Santo, determinaron lo que no pudo haber sido pospuesto para generaciones venideras, ni abandonado a otros pueblos, es a saber, el decidir la inclusividad y la exclusividad del canon de la Biblia. La inclusión de una página o una palabra que no había sido inspirada y diseñada por Dios para que sirviese como Escritura de cierto habría obrado nada menos que un daño inconmensurable a lo que tenía como propósito manifestar una perfección infinita. En la misma medida, el haber dejado fuera una página o una palabra que hubiese sido inspirada y diseñada por Dios con el fin de que ocupase un lugar en el canon habría manchado de manera desastrosa la impecable Palabra de Dios. Si se hubiese permitido cualquiera de los dos defectos hipotéticos mencionados, la Biblia hubiera sido reducida a una obra indigna de su Autor divino. Así es que puede verse que la aceptación y la acreditación del material preciso que fue preparado por inspiración y diseñado por Dios para que formase parte de Su Santa Palabra, aunque realizado por instrumentos humanos y sin tener en cuenta el conocimiento de ellos en relación a lo que hacían, fue realizado en su totalidad a través de la superintendencia y la determinación divina.

IV. LAS ESCRITURAS SON AUTORITATIVAS YA QUE SON AUTENTICADAS POR EL SEÑOR JESUCRISTO LA SEGUNDA PERSONA DE LA DEIDAD

El término legal, "La Ley de Dios", es una de las designaciones propias y legítimas que se dan a la Biblia, y debido a que sugiere la idea del imperio o dominio divino, es una expresión adecuada y pertinente cuando se desea subrayar la autoridad de las Escrituras.

En cualquier gobierno que establece sus leyes teniendo en cuenta la libertad y el bienestar de sus súbditos, hay dos procedimientos ampliamente diferentes representados en el diseño de dichas leyes, es a saber, (a) el precepto, o ley, es escrito y acordado por legisladores y (b) dicho precepto o ley es mandatorio y operante cuando ha sido firmado por el jefe de estado –el presidente o rey de una nación. Este proceso es especialmente usado en gobiernos monárquicos como el de Inglaterra donde existen relaciones establecidas entre el parlamento y la corona. Estos dos aspectos imperativos –la creación y ejecución de leyes por un lado, el asentimiento real por el otro– no son en ninguna manera intercambiables ni deben ser confundidos. Estos hechos en relación al proceso mediante el cual las leyes civiles son ejercitadas, pueden servir como ilustraciones para poner en perspectiva una de las características importantes de la base sobre la cual descansa la autoridad canónica de las Escrituras.

Continuando con la misma analogía, se observará que el origen de las Escrituras como el aliento de Dios, la determinante influencia sobrenatural de los instrumentos humanos, y el control divino ejercido sobre un gran número de personas en armonía esencial que ha servido para separar y sellar los Escritos Canónicos, ha garantizado el edicto o ley perfecta, pero su carácter mandatorio es grandemente favorecido por la autenticación certificación y la aprobación real del Rey de reyes.

Ninguna consideración es dada en este momento a esas funciones y actividades que pertenecen específicamente a la humanidad de Cristo.

Fué del lado divino de Su Ser que El confirmó la Palabra de Dios; en el lado humano El estaba sujeto a ella. Como el auténtico corroborador de las Escrituras, Cristo no solamente era uno de los muchos que hablaban bien de los Oráculos de Dios. De igual manera, El no estaba ofreciendo la opinión de un profeta, sacerdote o rey humano, aunque El era todo eso por siempre. Su confirmación de las Sagradas Escrituras era nada menos que la de la Deidad, la Segunda Persona de la Santísima Trinidad. Esta sanción real por parte del Hijo de Dios no añade nada a la inspiración o al carácter sobrenatural inherente en la Biblia y que ya estaba en ésta con anterioridad, lo que la aprobación de Cristo proporciona a la totalidad perfecta de la Biblia es la inconmensurable *autoridad* que proporciona la firma del rey sobre el edicto. Constituye un concepto equivocado el suponer que la *autoridad* de la Biblia se encuentra primordialmente ya sea en el hecho de la inspiración de los instrumentos humanos o en alguna acción por parte de Israel o de la Iglesia. La voz de Dios, verificada a través del Hijo, y (un tema aún por considerar) el uso de las Escrituras por el Espíritu, forman la base de la autoridad canónica. La inspiración de los escritores Sagrados tiene una parte que se relaciona con el campo de las letras, que tiene sus aspectos humanos. Por otra parte aquello que constituye la Biblia como *La Ley de Dios* no es una cuestión literaria de clase alguna; sino algo que ha de ser clasificado como *teológico, moral*, y *vital.* Es algo más que un asunto de vida o muerte en cuanto a la referencia de esas expresiones a esta esfera; ésta abarca nada menos que las cuestiones de la *vida eterna* y la *muerte eterna.* Naturalmente, pertenece a la sabiduría y está en armonía con la verdad el descubrir esa autoridad trascendental dentro de la Deidad misma y no en ninguna cooperación humana, no importa qué tan excelente sea ésta.

Los cuatro Evangelios contienen más de treinta y cinco referencias directas y citas de las Escrituras por parte del Hijo de Dios. Estas, como se podrá ver, no solamente registran su testimonio tocante al carácter divino de la inspiración plenaria y verbal de las Escrituras, sino que, tomadas como un todo, éstas contemplan el Antiguo Testamento y por ello sirven para certificar los aspectos plenarios de su perfección. Ya que es en, y a través de, esas citas hechas por Cristo que El ha dado su aprobación real a la *Ley de Dios,* un examen cuidadoso de éstas –tal y como nos es posible realizar aquí– es obligatorio.[1]

Cuando Cristo declaró: "Yo soy . . . la verdad" (Jn. 14:6), El estaba declarando algo más que la verdad incontrovertible de que El mismo era

---

[1] Mt. 4:4, 7, 10; Lc. 4:4, 8, 12; Lc. 4:16-27; Mt. 5:17, 18, 21-43; Mt. 6:29; Mt. 8:4; Mr. 1:44; Lc. 5:14; Mt. 8:11; Lc. 13:28; Mt. 9:13; Lc. 16:29-31; Mt. 10:15; Mr. 6:11; Mt. 11:10; Lc. 7:26, 27; Mt. 12:3-8; Mr. 2:24-28; Lc. 6:3-5; Mt. 12:40-42; Lc. 11:29-32; Mt. 13:14, 15; Mt. 15:1-9; Mr. 7:6-12; Mt. 16:4; Mt. 17:11; Mr. 9:11-13; Mt. 19:3-9; Mr. 10:2-12; Mt. 19:18, 19; Mr. 10:19; Lc. 10:26, 27; 18:20; Lc. 18:31; Mt. 21:13-16; Mr. 11:17; Lc. 19:46; Mt. 21:42; Mr. 12:10-11; Lc. 20:17; Mt. 22:28-33; Mr. 12:24-31; Lc. 20:37-39; Mt. 22:36-40; Mt. 22:34, 44, 45; Mr. 12:35-37; Lc. 20:41-44; Mt. 23:1-3, 23, 35; Lc. 11:51; Mt. 24:15, 16; Mr. 13:14; Lc. 17:26-31; Mt. 24:24, 31; Mr. 14:21, 27; Lc. 22:37; Mt. 26:53-56; Mr. 14:49; Mt. 27:46; Mr. 15:34; Lc. 23:46; Lc. 24:25-32, 44-47; Jn. 1:51; 3:14; 5:39, 45-47; 6:32, 45; 7:19-23, 38, 39; 8:39, 40, 44, 56-58; 10:33-36; 13:18,26; 17:12,17; 19:28.

verdadero. El se declaró a sí mismo como *la verdad* y en el sentido que El es el tema central de la Palabra de Verdad, El es el Amén, el Testigo Fiel y Verdadero (Ap. 1:5; 3:14; Is. 55:4). El dijo acerca de sí mismo: "Yo para esto he nacido y para esto he venido al mundo, para dar testimonio a la verdad" (Jn. 18:37) –no solamente como testigo al valor moral de la verdad, sino como testigo de la Palabra de Dios. "Tu palabra es verdad" (Jn. 17:17). La frase "para esto he venido al mundo", eleva Su ministerio de autorización al nivel más alto de ser uno de los propósitos primarios de la encarnación. Con el mismo fin, el apóstol declara: "Pues os digo que Cristo Jesús vino a ser siervo de la incircuncisión para mostrar la verdad de Dios, para confirmar las promesas hechas a los padres" (Ro. 15:8). El es, en verdad el Confirmador divino de esos escritos que fueron entonces identificados como "Las Escrituras", de las cuales también él afirmó que "no podían ser quebrantadas." Así la Segunda Persona de la Deidad añade su aprobación real a la *Ley de Dios.* Si este testimonio real parece comprender nada más que el Antiguo Testamento, podrá recordarse que Cristo designó y comisionó a los escritores del Nuevo Testamento y que El Habló desde el cielo diciendo "El que da testimonio de estas cosas" (Ap.22:20), y eso fue dicho tocante al canon del Nuevo Testamento (vs.18-19).

V. LAS ESCRITURAS SON AUTORITATIVAS POR HABER SIDO RECIBIDAS, TRANSMITIDAS Y ATESTIGUADAS POR LOS PROFETAS

Los profetas del viejo orden fueron divinamente designados como voceros de Dios, y lo mismo es cierto de los profetas del Nuevo Testamento. Cuando hablaba con el apóstol Juan el ángel dijo: "Yo soy consiervo tuyo, y de tus hermanos los profetas" (Ap. 22:9). Los profetas están entre los líderes sobresalientes del nuevo orden (Ef. 2:20); y ellos hablan para la edificación, la exhortación y el consuelo de los santos (1 Co. 14:3).

La ley mosaica designó responsabilidades específicas a varios grupos y oficiales del Antiguo Testamento con respecto a las Escrituras.

1. LA RELACION DE LA CONGREGACION CON LAS ESCRITURAS. La congregación de Israel fue amonestada, "No añadiréis a la palabra que yo os mando, ni disminuiréis de ella, para que guardéis los mandamientos de Jehová que yo os ordeno" (Dt. 4:2). Así que el pueblo no tenía autoridad para originar ni comunicar, pero sí fueron mandados a guardar los mandamientos del Señor, que incluyen la habilidad de identificar esos Oráculos a los

cuales ellos debían de ser obedientes.

2. LA RELACION DEL REY CON LAS ESCRITURAS. La relación del rey con las Escrituras es como sigue: "y cuando se siente sobre el trono de su reino, entonces escribirá para sí en un libro una copia de esta ley, del original que está al cuidado de los sacerdotes Levitas, y lo tendrá consigo, y leerá en él todos los días de su vida, para que aprenda a temer a Jehová su Dios, para guardar todas las palabras de esta ley y estos estatutos, para ponerlos por obra" (Dt. 17:18, 19). Aunque ningún rey gobernó a Israel hasta después del período de los jueces –un período de cerca de quinientos años– el sistema mosaico anticipaba el oficio de rey y proveía la amonestación divina que gobernaba la actitud del rey hacia las Escrituras. El rey recibió su autoridad gubernamental por la cual él podía dar muerte a profetas y sacerdotes; pero en su relación a la Palabra de Dios escrita, el rey no era diferente al más humilde de sus súbditos.

3. LA RELACION DE LOS OFICIALES CON LAS ESCRITURAS. Los Jueces eran mediadores en asuntos comunes; pero si venía ante ellos algún asunto muy difícil para el juez se apelaba a los sacerdotes, quienes servían como una corte suprema sobre los jueces. El juez era instruido de esta manera: "Cuando alguna cosa te fuera difícil en el juicio, entre una clase de homicidio y otra (civil), entre una clase de derecho legal y otra (ceremonial), entre una clase de herida y otra (lepra), en negocios de litigio en tus ciudades; entonces te levantarás y recurrirás al lugar que Jehová tu Dios escogiere; y vendrás a los sacerdotes y levitas, y al juez que hubiere en aquellos días, y preguntarás, y ellos te enseñarán la sentencia del juicio. Y harás según la sentencia que te indiquen los del lugar que Jehová escogiere, y cuidarás de hacer según todo lo que te manifiesten" (Dt. 17:8-10). Los versículos que siguen a los ya mencionados, prescriben la pena de muerte para aquellos que rehusen hacer conforme a la decisión de la corte suprema de Israel. El servicio del juez, el rey, o el sacerdote tocante a la ley de Dios escrita era el de interpretación y administración y nunca el de la elevada responsabilidad de escribir u originar las leyes. Ellos estaban para mostrar la sentencia del juicio "conforme a la Ley" (Dt. 31:9-13).

4. RELACION DE LOS LEVITAS CON LAS ESCRITURAS. A los levitas les fue conferida la custodia de las Escrituras. De modo que ellos fueron instruidos: "Tomad este libro de la ley, y ponedlo al lado del arca del pacto de Jehová nuestro Dios, y esté allí por testigo contra tí" (Dt. 31:26).

5. LOS PROFETAS EN RELACION A LAS ESCRITURAS. Al profeta le fue dada la alta responsabilidad de recibir y comunicar la Palabra de Dios. No todos los escritos de los profetas, aunque eran la

Palabra de Dios para aquel tiempo, se convirtieron en Escrituras,[1] ni pudieron todos los que clamaron ser profeta pudieron ser oídos.

La prueba entre el verdadero y el falso profeta era tanto razonable como natural. Las instrucciones eran "y si dijeres en tu corazón ¿cómo conoceremos la palabra que Jehová nos ha hablado? Si el profeta hablase en nombre de Jehová, y no se cumpliese lo que dijo, ni aconteciere, es palabra que Jehová no ha hablado; con presunción la habló tal profeta; no tengas temor de él" (Dt. 18:21-11).

La responsabilidad del profeta de hablar por Dios y la estipulación de que el pueblo oyese está registrado en el mismo centro de la Ley establecida para Israel. Sin duda el pasaje, como muchos otros, tiene

---

[1]El Rev. C. H. Walker, M. A., Rector del Colegio de Divinidad de Londres, ha dicho: "Todo lo que un profeta o un apóstol escribe no es necesariamente Escritura, a menos que él u otro profeta lo comunique como tal . . . El escritor de Crónicas, el libro que ocupa el último lugar en el canon del Antiguo Testamento, ha notado la exclusión del canon de un número de obras que fueron escritas por profetas, que aparentemente fueron antes que él en tiempo. Si reconocemos que "el libro de las crónicas de Samuel vidente, las crónicas del profeta Natán, y las crónicas de Gad vidente (1 Cr. 29:29) sobrevivieron entre los sobresalientes libros de Samuel y los dos primeros capítulos del primer libro de Reyes, no obstante ¿qué ha sucedido con la profecía de Ahías el silonita y la profecía del vidente Iddo contra Jeroboam, hijo de Nabat" (2 Cr. 9:29)? ¿Dónde están las palabras de Semaías el profeta, y de Iddo el vidente tocante a las familias (o lo que significa propiamente la palabra *l'hithyaches* en 2 Cr. 12:15)? ¿Qué era el *Midrash* del profeta Iddo (2 Cr. 13:22) en las que los caminos y dichos de Abías fueron escritos? Suponiendo que "el libro de Jehú, el hijo de Hanani", fue "hecho ascender en el libro de los Reyes de Israel" en el sentido de ser realmente incorporado en el libro de Reyes tal y como lo tenemos (2 Cr. 20:34, y esto es más dudoso), aún así los "hijos de Joás, y la multiplicación que hizo de las rentas" que estuvieron escritas en el *Midrash* del libro de los Reyes, ciertamente no han pasado a nosotros, y este *Midrash* tiene que ponerse entre los libros perdidos (2 Cr. 24:27). "Los demás de los hechos de Uzías, primeros y posteriores, fueron escritos por el profeta Isaías, hijos de Amóz" (2 Cr. 26:22). ¿Pero dónde están ellos? La historia de ese rey es más corta aun en Reyes que en Crónicas. Uzías es nombrado dos veces en la "visión de Isaías", y en cada una de las veces en relación a la fecha de la profecía solamente (Is. 1:1 y 6:1). La oración de Manasés y muchos otros asuntos históricos fueron "escritos entre los dichos de los videntes" u Hosai (2 Cr. 33:19). Pero éstos no pueden ser leídos hoy. Estos por lo menos, y muy posiblemente otros trabajos mencionados en el mismo libro de la Sagrada Escritura, fueron casi ciertamente el trabajo de profetas. *Pero aun así éstos no son Escritura.* El escritor del libro canónico de Crónicas (o posiblemente sus antecesores) deliberadamente los pusieron a un lado, en vez de poner en ellos el sello de la autoridad divina. De aquí que es claro que *el origen profético en sí no constituye que algo sea Escritura.* La historia de la quema del rollo por Joaquín (Jer. 36) es suficiente para mostrar lo que sucede cuando se destruye algo que estaba determinado a ser Escritura. ¿Se hubiese atrevido el autor de Crónicas a destruir algo que había sido dado como Escritura por alguien con la autoridad de Jeremías?" (*La Inspiración Autoritativa de la Sagrada Escritura* ps. 168-170).

su cumplimiento final en el ministerio profético de Cristo. Cristo es el último de todos los profetas; el último Sacerdote entre todos; el último Rey entre los reyes. Esta instrucción es una autorización inmediata a los profetas que bajo el poder de Dios sucedieron a Moisés. El pasaje dice "Profeta de en medio de tí, de tus hermanos como yo, te levantará Jehová tu Dios; a él oiréis . . . Profeta les levantaré de en medio de sus hermanos, como tú; y pondré mis palabras en su boca, y él les hablará todo lo que Yo le mandaré. Mas a cualquiera que no oyere mis palabras que él hablare en mi nombre, yo le pediré cuenta" (Dt. 18:15, 18, 19). El verdadero mensaje del profeta tenía que ser recibido y obedecido por toda la casa de Israel desde el rey en su trono hasta el menor en el reino. De esos pasajes, sin embargo, esas porciones determinadas por el Espíritu de Dios fueron hechas canónicas. El verdadero profeta atestiguaba su propio mensaje y demostraba su autoridad por medio de evidencia sobrenatural. Esto no presuponía que un profeta atestiguase el mensaje recibido por otro profeta y trasmitido con autoridad. Tal corroboración puede observarse especialmente tocante a los escritos que tienen su lugar en el canon del Nuevo Testamento.

En el sentido amplio del vocablo, como ya hemos indicado, el profeta era uno que anunciaba o proclamaba al igual que uno que profetizaba o predecía el futuro. El profeta siempre era lo primero y solamente asumía la segunda responsabilidad cuando una necesidad específica lo demandaba. El título de profeta connota el recibir y proclamar el mensaje de Dios sobre cualquier asunto sin restricción en lo que concierne al tiempo de su aplicación. Los profetas del Antiguo Testamento continuarían hasta la llegada de Juan (Mt. 11:13) y la abrupta terminación de éstos revela el plan divino tocante a un nuevo canon cuyos escritores proféticos debían de recibir su comisión de Aquel que Juan anunciaría. Malaquías concluye con una mirada hacia el ministerio profético que Juan había de cumplir en parte. "He aquí yo os envío al profeta Elías antes que venga el día de Jehová, grande y terrible" (Mal. 4:5), y hablando acerca de Juan, Cristo dijo: "Y si queréis recibirlo, él es aquel Elías que había de venir" (Mt. 11:14). Así es que el canon del Antiguo Testamento permaneció abierto hasta Juan, pero el del Nuevo Testamento fue cerrado con el último escrito del último apostól. El Antiguo Testamento en cuanto a su esperanza, estaba centrado en el primer advenimiento de Cristo. La esperanza del Nuevo Testamento está centrada en la segunda venida de Cristo; sus palabras finales provienen del mismo Señor Glorificado, "He aquí yo vengo pronto." Y el escritor inspirado añade: "Amén, sí, ven, Señor Jesús."

La Iglesia, o aquellos a quienes fue dado el Nuevo Testamento, se dice estar edificado en el fundamento de los apóstoles y profetas (Ef. 2:20), en lugar de decir que los apóstoles y profetas están edificados en ésta. La Iglesia no es la que ha derramado sobre los hombres autoridad apostólica y profética, sino por el contrario, hombres escogidos, movidos por el Espíritu Santo, recibieron y proclamaron la verdad y la doctrina por medio de la cual la iglesia ha venido a existir y en la cual tiene que continuar hasta el fin de su peregrinaje terrenal. Una cosa es autorizar y ordenar un profeta, y otra muy diferente es solamente reconocer lo que Dios ha constituido con autoridad soberana. Ni la congregación de Israel ni la Iglesia, jamás ha funcionado fuera de esta última realidad mencionada.

Puede concluirse, entonces, que el servicio más elevado que Dios ha puesto en manos de los hombres es el de profeta, y transcendiendo el ministerio normal de un profeta estaba ese servicio, encomendado a unos pocos profetas, por el cual ellos recibían y proclamaban aquellas porciones que por autorización divina iban a constituir el canon de las Escrituras. Debido a que un minsiterio profético general de anunciar la verdad de Dios ha de continuar a través de toda esta edad (1 Co. 14:3; Ef. 4:11), es posible que la afirmación anunciando que las profecías "se acabarán" (1 Co.13:8) anticipase el cierre del canon del Nuevo Testamento; porque donde no hay un profeta divinamente designado y debidamente comprobado no hay Escritura para ser recibida y promulgada.

VI. LAS ESCRITURAS SON AUTORITATIVAS YA QUE ES LA PALABRA EMPLEADA POR DIOS, EL ESPIRITU SANTO

Habiendo originado y transmitido las Escrituras por medio de profetas escogidos, la autoridad de esos escritos es revelada aún por el hecho que el Espíritu emplea las Escrituras como Su propio lenguaje al hablar a los hombres. La Biblia, por ser la Palabra de Dios, es adecuada para expresar perfectamente en cada ocasión en que el Espíritu funciona para ejecutar su soberanía y propósito divino. La Escritura es la "espada del Espíritu" (Ef. 6:17), y "Así dice Jehová" es siempre el equivalente de "Así dice el Espíritu Santo." La frase, "El Espíritu dice claramente" (1 Ti. 4:1), puede ser aplicada con entera justificación a toda la Palabra de Dios. Esta es Su voz, hablando —no solamente en el sentido de que procede de El, pero también en el sentido de que es empleada por El como su propio vocabulario y fraseología. Es esta palabra a la que el Espíritu, en sumo grado, se limita a Sí mismo al hablar a los hombres.

VII. LA AUTORIDAD DE LA BIBLIA PUEDE VERSE EN EL HECHO DE QUE SIN EL MAS LEVE DESVIO ESTA VERIFICA Y SATISFACE TODO LO QUE DICE SER

Este tema, aunque ya ha sido considerado en su lugar lógico en relación a la apologética, bien podría tratarse brevemente ahora y dentro de una más o menos comprensiva clasificación de sus partes:

1. PODER PERDURABLE. Los escritores bíblicos declararon que las Escrituras perdurarían, siendo como son las palabras de Dios para los hombres, la cual ya ha sido comprobada como verdad a través de la preservación sobrenatural de dichos oráculos. Más adelante daremos consideración al tema de la preservación de dichos escritos.

2. PODER IMPERIAL. La Biblia, por incorporar el evangelio, es el "poder de Dios para salvación" (Ro. 1:16), y, como muchas veces se ignora, el evangelio es dirigido al hombre en forma de un edicto imperial. Es algo que debe ser obedecido (Hch. 5:32; Ro. 2:8; 10:16; 2 Ti. 1:8; He. 5:9; 1 P. 4:17). Este no tan solamente contiene la oferta divina para la salvación de los hombres sino que también penetra en el mismo corazón con poder iluminador y transformador. "Así que la fe es por el oír, y el oír por la Palabra de Dios" (Ro. 10:17). "Porque la Palabra de Dios es viva y eficaz y más cortante que toda espada de dos filos; y penetra hasta partir el alma y el espíritu, las coyunturas y los tuétanos, y discierne los pensamientos y las intenciones del corazón" (He. 4:12). La Palabra de Dios debe de ser predicada y no la palabra de los hombres y donde quiera que se predica la Palabra de Dios ésta justifica su propia proclamación de ser "el poder de Dios para salvación."

3. PODER SANTIFICADOR. La autoridad de la Biblia es afirmada y demostrada en el hecho de que esta tiene poder santificador. El Señor oró así: "Santifícalos en tu verdad: tu Palabra es verdad" (Jn. 17:17). La nación de Israel aún ha de ser santificada por la Palabra de verdad. El pacto de Jehová declara: "Pero este es el pacto que haré con la casa de Israel después de aquellos días, dice Jehová: Daré mi ley en su mente y la escribiré en su corazón; y yo seré a ellos por Dios; y ellos me serán por pueblo" (Jer. 31:33); Bendiciones inconmensurables son provistas para aquellos en quienes la Palabra de Dios habita "abundantemente en toda sabiduría" (Col. 3:16); y al tomar "la espada del Espíritu, que es la Palabra de Dios" (Ef. 6:17), la armadura de Dios, por la cual el enemigo puede ser derrotado, es completada. Las vidas de un sinnúmero de santos de Dios han probado que la Biblia es un poder santificador.

4. PODER REVELADOR. La Biblia testifica y prueba su

autoridad de ser una revelación dada a los hombres. Toda información autoritativa de cosas celestiales y mundanas, de tiempo y eternidad, de lo bueno o lo malo, es derivada de la Palabra de Dios. En todos sus puntos y por todas las pruebas a que el hombre ha podido someter esta vasta revelación de erudición ésta ha probado ser nada menos que "la sabiduría de Dios" revelada a los hombres.

5. EXACTITUD. La autoridad de la Biblia también es demostrada por el hecho de su corrección hasta el grado infinito en asuntos de historia y de profecía. La información histórica registrada en los escritos originales es inerrante, y la profecía no solamente revela los eventos que han de ocurrir en el futuro, sino que también provee la seguridad absoluta que todo lo que ha sido predicho será ejecutado por la soberana y, por lo tanto, irresistible autoridad de Dios. De ese modo ha sido demostrada la autoridad divina de las Escrituras en el gran despliegue de profecías que ya han sido cumplidas, y así se demostrará en la completa realización de todo lo que aún está por cumplirse. "El celo de Jehová de los ejércitos hará esto."

6. PODER EFICAZ. La Biblia prueba su autoridad por la manera en que prevalece por encima de las actividades humanas. Su dominio comenzó con un puñado de personas despreciadas que vivían en una pequeña comunidad. Esta no ha compartido su tarea con ninguna otra agencia. Como el rompimiento de un dique ha brotado como un torrente sumergiendo al mundo. Al hacer esto, ha conquistado imperios aun sin esperarlo, siendo odiada y ridiculizada. Sus defensores han sido condenados a muerte atroz pero sin devolver los ataques. La depravación imperante no ha podido detener su avance victorioso. Como la edificacion del templo donde no se oía el golpe del martillo, así también ha crecido este maravilloso edificio de Dios. No queremos decir con esto que la Biblia ha transformado al mundo; pero la Palabra de Jehová ha sido y será cumplida cuando dice: "Así será mi palabra que sale de mi boca; no volverá a mí vacía, sino que hará lo que yo quiero, y será prosperada en aquello para que la envié" (Is. 55:11). Los hombres, en verdad, no han estado ciegos al hecho de que éste libro autoritativo atribuye todas sus cualidades y efectividad solamente a Dios. Ninguna teoría inventada por los hombres puede explicar la autoridad irresistible de la Biblia. Hablando acerca de su propia Palabra, Jehová dice, "Porque mis pensamientos no son vuestros pensamientos, ni vuestros caminos son mis caminos, dijo Jehová" (Is. 55:8).

7. PROFECIA. La Biblia demuestra su autoridad al proponer un programa divino que solamente Dios puede completar. Hasta un punto considerable este programa ya ha sido ejecutado. Fuera de ese plan tan amplio ¿cómo podrían interpretarse los grandes pactos

eternos de Jehová con Abraham, David, Israel, y la Iglesia? Fuera de un propósito divino irresistible ¿cómo podría entenderse la declaración "dice el Señor, que hace conocer todo esto desde los tiempos antiguos? " (Hch. 15:18). La autoridad inimitable por la que Jehová completará su obra es igualada en todo respecto por la autoridad de su Palabra que revela su propósito.

CONCLUSION

De estas siete manifestaciones de la autoridad de las Escrituras, tres son primordiales. (a) El hecho que la Biblia es el aliento de Dios es consumado en la transmisión de ese mensaje a los profetas escogidos y en el reconocimiento y la identificación del canon sagrado por aquellos a quienes primeramente fue dado. Ni la parte realizada por los instrumentos humanos ni la realización por aquellos que, bajo la dirección divina determinan el canon, constituye la autoridad de la Biblia, aunque algunos han declarado que tal autoridad puede observarse en la inspiración de los hombres o de dogmas de la iglesia como producto de sus asambleas y concilios. (b) El sello real que la Segunda Persona de la Trinidad ha dado a la Biblia está estrechamente relacionado al asentimiento de los profetas, pero éstas dos fuentes de autoridad no pueden ser libremente comparadas. Y (c) el uso de las Escrituras como Su propia Palabra por parte del Espíritu Santo está estrechamente relacionado al poder manifiesto de las Escrituras y demuestra su autoridad final. Así que, resumiendo, la autoridad de la Palabra de Dios puede ser trazada a tres realidades, a saber, (a) las Escrituras son el aliento o soplo de Dios –Su propia Palabra dada a los hombres; (b) las Escrituras poseen la verificación y aprobación o sello real del Hijo de Dios; y (c) éstas se originan con, y son empleadas por, el Espíritu de Dios.

CAPITULO VI

ILUMINACION

El propósito de Dios al proporcionar la Biblia es que el hombre, a quien la Biblia ha sido dirigida, puede poseer una información confiable tocante a cosas tangibles e intangibles, temporales y eternas, visibles e invisibles, terrenales y celestiales. Debido a las limitaciones innatas del hombre, este tesoro es de valor inconmensurable para él. El hombre en el huerto del Edén, antes de su caída, dependía de la comunicación directa de Dios en cuanto a todas las cosas físicas y espirituales. Indudablemente que el hombre aprendió mucho antes de la caída, pero una nueva y drástica incompetencia apareció en su mente y corazón como resultado del cambio calamitoso impuesto por la caída. Desde aquel momento en adelante, Dios ha contemplado al hombre en un estado de "densas tinieblas", y en el "valle de sombra de muerte." Densa, en verdad, es la tiniebla, y profunda, en verdad, es la sombra de muerte. La frase descriptiva, *la sombra de muerte,* que se repite cerca de dieciocho veces en la Biblia, es usada siempre en las Escrituras como una vívida descripción del estado del ser humano.

I. FORMAS ESPECIFICAS DE OBSCURIDAD ESPIRITUAL

Además de la obscuridad original causada por la caída, hay por lo menos cuatro formas específicas de ceguera espiritual que, de acuerdo a la Biblia, son experimentadas por ciertos miembros de la raza humana y que incrementan sin medida las tinieblas naturales del hombre. Se requiere dar alguna consideración a la necesidad de la iluminación como antecedente para una comprensión adecuada de todo lo que ésta proporciona.

1. LA CEGUERA DE ISRAEL. Conjuntamente con la ceguera natural, una ceguera judicial ha caído sobre Israel como la anunciada por Jehová por medio del profeta Isaías con estas palabras: "Anda, y dí a este pueblo: Oíd bien, y no entendáis, ved por cierto más no comprendáis. Engruesa el corazón de este pueblo, y agrava sus oídos, y ciega sus ojos, para que no vea con sus ojos, ni oiga con sus oídos, ni en su corazón entienda, ni se convierta, y haya para él sanidad"

(Is. 6:9, 10; comp. también Mt. 13:14, 15; Mr. 4:12; Lc. 8:10; Jn. 12:40; Hch. 28:26, 27; 2 Co. 3:14, 15). Se predijo que esta ceguera vendría sobre Israel al tiempo de la venida del Mesías. Dicha ceguera vino sobre ellos como había sido anticipada y causó esa incredulidad nacional que no solamente rechazó a su Mesías (Hch. 2:22-24), sino que fue también la ocasión del rompimiento de las ramas naturales del olivo (Ro. 11:13-25); solamente, sin embargo, por el tiempo de la duración de esta edad. Isaías también dice: "Porque Jehová derramó sobre vosotros espíritu de sueño, y cerró los ojos de vuestros profetas, y puso velo sobre las cabezas de vuestros videntes. Y os será toda visión como palabras de libro sellado, el cual si dieren al que sabe leer, y le dijeren "Lee ahora esto"; él dirá: No puedo porque está sellado. Y si se diere el libro al que no sabe leer, diciéndole: Lee ahora esto; él dirá: No sé leer" (Is. 29:10-12). La ceguera espiritual, aunque nacional no es universal. En Romanos 11:25 está escrito: "Porque no quiero, hermanos, que ignoréis este misterio, para que no seáis arrogantes en cuanto a vosotros mismos: que ha acontecido a Israel endurecimiento en parte, hasta que haya entrado la plenitud de los gentiles." En Efesios 1:22, 23 se nos muestra que la frase *plenitud de los gentiles* se refiere al propósito presente de Dios al llamar a la iglesia tanto de entre los judíos como de los gentiles. Aquellos de entre los judíos que, siendo iluminados por el Espíritu de Dios, obedecen el evangelio, son salvos para la gloria eterna y no permanecen en la ceguera en que estaban.

Pero viene el día en que el velo que ahora cubre los ojos de la nación de Israel será quitado. El "velo será quitado por Cristo." Pero Israel como nación aún no ha creído en Cristo como su Mesías. "Pero cuando se conviertan al Señor el velo se quitará" (2 Co. 3:14-16). Esta iluminación nacional que, sin duda, será manifestada en ellos a través de un nuevo y correcto conocimiento de las Escrituras, fue profetizado por Isaías: "Levántate, resplandece; porque ha venido tu luz, y la gloria de Jehová ha nacido sobre tí. Porque he aquí que tinieblas cubrirán la tierra, y oscuridad las naciones; mas sobre tí amanecerá Jehová, y sobre tí será vista su gloria. Y andarán las naciones a tu luz, y los reyes al resplandor de tu nacimiento" (Is. 60:1-3).

Así que, según se revela, para los israelitas hay dos posibles iluminaciones: una para el judío individual que cree para la salvación de su alma, esta iluminación disipa toda previa tiniebla; y la otra para toda la nación, que será la porción de ellos cuando el "Sol de Justicia" nazca trayendo salvación en sus alas (Mal. 2:4), y cuando el Libertador venga a Sión para apartar la impiedad de la casa de Jacob (Ro. 11:26). Ya que la Palabra de Dios entonces estará escrita "en sus corazones", es evidente que el agente que el Espíritu Santo usará para iluminar esa nación será las Sagradas Escrituras.

2. TINIEBLAS DE LOS GENTILES. Las tinieblas que ahora experimentan las naciones gentiles, aparte de la ceguera satánica, no es otra cosa que el producto de la caída. El inconverso, que no ha conocido ningún otro estado, está inconsciente de su condición y por lo tanto casi de manera universal niega esos pasajes de las Escrituras que describen su condición. Hay varias descripciones de esa ceguera gentil presentada en la Biblia. Aun cuando la luz, que es Cristo, brilló en las tinieblas, "Las tinieblas no la comprendieron" (Jn. 1:4; comp. Ef. 5:11; 1 Jn. 2:11). Pero las siguientes palabras de Jesús declaran la iluminación que llegará a ellos cuando Cristo regrese: "El pueblo que andaba en tinieblas vió gran luz; los que moraban en tierra de sombra de muerte, luz resplandeció sobre ellos" (Is. 9:2). Es cuando la gloriosa LUZ de Dios, el Mesías que regresa, venga a Sión que las bendiciones prometidas hace siglos alcanzarán a los gentiles también.

3. TINIEBLAS SATANICAS. Una revelación extraordinaria es hecha en 2 Co. 4:3, 4 en cuanto al hecho que los inconversos, tanto judíos como gentiles, están ciegos al evangelio y que esa ceguera es como un velo sobre sus mentes. Esta incapacidad de responder al evangelio ha sido impuesta sobre el hombre por Satanás con el propósito de impedir una recepción normal del mensaje de la gracia salvadora de Dios. Esta obstrucción no es evidenciada en cuanto a otros aspectos de la verdad diferentes al evangelio. El pasaje dice: "Pero si nuestro evangelio está aún encubierto, entre los que se pierden está encubierto; en los cuales el dios de este siglo cegó el entendimiento de los incrédulos, para que no les resplandezca la luz del evangelio de la gloria de Cristo, el cual es la imagen de Dios." Dos declaraciones hechas por Cristo que son de extrema importancia en cuanto a la incapacidad del hombre inconverso. A Nicodemo le dijo, "El que no naciere de nuevo, no puede ver el reino de Dios" (Jn. 3:3); y tocante a las relaciones presentes del Espíritu, Cristo dijo, " . . . el Espíritu de verdad, el cual no puede recibir el mundo, porque no le ve ni le conoce" (Jn. 14:17). De la misma manera, también el Apóstol señala que el conocimiento que el mundo posee, forjado como está en un entendimiento pervertido de Dios y Su verdad a la luz de falsas filosofías y conceptos humanos, es el mismo instrumento que Satanás usa para descarriar al hombre. Pablo dice, "El mundo mediante la sabiduría no conoció a Dios" (1 Co. 1:21). De igual manera, después de haber señalado que los hombres se han apartado deliberadamente de la verdad acerca de Dios mostrada por la naturaleza el mismo Apóstol escribe, "Profesando ser sabios, se hicieron necios"; y debido a la insensatez de ellos Dios los entregó a

la "inmundicia", a "pasiones vergonzosas" y a "una mente depravada" (Ro. 1:19-32). Todo esto es una revelación adicional del estado pecaminoso del inconverso. Pero estas restricciones –tanto naturales como satánicas– pueden ser vencidas por el poder iluminador del Espíritu Santo. Con esto en mente, el Espíritu reprende, o ilumina, al mundo tocante a los aspectos cardinales del evangelio, es decir, "pecado, justicia y juicio" (Jn. 16:7-11). Las Escrituras son evidentemente el agente primordial usado por el Espíritu Santo con ese fin, porque "la fe es por el oír, y el oír, por la Palabra de Dios" (Ro. 10:17).

4. CEGUERA CARNAL. Habiendo descrito las restricciones del *ψυχικός* (el hombre natural) en cuanto a su incapacidad para recibir las cosas del Espíritu de Dios (1 Co. 2:14) y habiendo evaluado la capacidad del *πνευματικός* (el hombre espiritual) (1 Co. 2:15), el Apóstol describe el limitado conocimiento espiritual del *σαρκικός* (el hombre carnal) y asigna la causa de la carnalidad al grupo específico a quien él le está escribiendo. El pasaje dice: "De manera que yo, hermanos, no puedo hablaros como a espirituales (*πνευματικός*), sino como a carnales (*σαρκικός*) como a niños en Cristo. Os dí a beber leche, y no vianda; porque aún no érais capaces, ni sois capaces todavía " (1 Co. 3:1-2). El hombre aquí es considerado como un *hermano* y como *un niño en Cristo,* todo lo cual demuestra que es un hombre *salvado.* Sin embargo, su aceptación de la Palabra de Dios está limitada a sus más simples mensajes –comparados a la *leche* en contraste con *la vianda* –y esto, se dice, es debido a su vida falta de espiritualidad. La misma falta de espiritualidad en los creyentes se presenta en Hebreos 5:12-14: "Porque debiendo ser ya maestros, después de tanto tiempo, tenéis necesidad de que se os vuelva a enseñar cuáles son los primeros rudimentos de las palabras de Dios; y habéis llegado a ser tales que tenéis necesidad de leche, y no de alimento sólido. Y todo aquel que participa de la leche es inexperto en la palabra de Justicia, porque es niño; pero el alimento sólido es para los que han alcanzado madurez, para los que por el uso tienen los sentidos ejercitados en el discernimiento del bien y del mal."

II. LA OBRA ILUMINADORA DEL ESPIRITU SANTO

El período de tiempo entre los dos advenimientos de Cristo es frecuentemente designado como *la Era del Espíritu Santo,* y es propio que así sea, ya que estos tiempos se caracterizan por la actividad y la administración del Espíritu. En estos días específicos también, el Hijo de Dios es bendecido en grado no pequeño por el hecho de que el Espíritu Santo habita en El, y el Espíritu reside en el cristiano con el fin de que ese poder sobrenatural pueda siempre estar a su disposición. Si no fuese por esta reserva y suficiencia divinas, la manera de vida sobrehumana que ahora se espera de cada creyente sería algo imposible y, por lo tanto, un requisito inconsistente. Entre las operaciones efectuadas por el Espíritu en esta era están las de iluminar y enseñar a la persona en quien El habita. Esta recepción de la verdad no está limitada a las cuestiones comunes, sino que también se extiende a las "cosas profundas de Dios", y la experiencia del creyente cuando es enseñado por el Espíritu Santo es algo muy peculiar en este respecto, que el divino Maestro está dentro de su corazón y por lo tanto el creyente no oye una voz hablando desde fuera y a intervalos, como sucede con maestros humanos, pero la mente y corazón son despertados sobrenaturalmente desde adentro para comprender lo que de otra manera sería desconocido. Solamente necesitamos observar aquí que, por necesidad, este ministerio despertador del Espíritu puede ser grandemente obstruido por el pecado o por falta de espiritualidad por parte del hijo de Dios. Esta sola verdad explica la diferencia existente entre el cristiano espiritual que "discierne todas las cosas" y el cristiano carnal que no puede recibir las verdades más profundas y vitales que son comparadas a la vianda o alimento sólido (1 Co. 2:15; 3:1-3).

En el día de Su resurrección, Cristo anduvo junto a dos de sus discípulos en el camino a Emaús (Lc. 24:13-35) y se nos dice que El *declaró* y *abrió* las Escrituras a aquellos discípulos. Igualmente, la noche que Jesús apareció al grupo completo de los discípulos El les abrió el entendimiento para que comprendiesen las Escrituras (Lc. 24:45). Hasta la crucifixión, aquellos hombres no habían creído que Cristo iba a morir (Mt. 16:21-25), y fue con la finalidad de que ellos conocieran algo acerca del significado de Su muerte y Su resurrección que El abrió los ojos del entendimiento de ellos (Lc. 24:46). Así que un campo ilimitado de verdad apareció ante ellos, a saber, el evangelio que ellos iban a proclamar (Lc. 24:47, 48); pero no sin el Poder que el Espíritu, que vendría sobre ellos, proporcionaría (Lc. 24:49). El día de Pentecostés, Pedro, quien tan recientemente había rechazado la predicción tocante a la muerte de Cristo (Mt. 16:21-23), predicó el valor de esa muerte con un poder tan convincente que tres mil personas fueron salvadas. Es evidente que el entendimiento de Pedro había sido abierto tocante a la muerte de Cristo; esto, sin embargo, no era la primera experiencia de Pedro con el poder penetrante de la revelación divina. En respuesta a la pregunta de Cristo, "y vosotros ¿quién decís que soy yo? " Pedro respondió, "Tú eres el Cristo el hijo de Dios viviente" a lo que Cristo respondió:

"Bienaventurado eres, Simón, hijo de Jonás, porque no te lo reveló carne ni sangre, sino mi Padre que está en los cielos" (Mt. 16:15-17). Aunque en las Escrituras, antes citadas, el Padre y el Hijo se dicen haber revelado aspectos definidos de la verdad a varios hombres, el Espíritu de Dios es el Maestro divino desde su advenimiento el día de Pentecostés, y una cantidad grande de pasajes bíblicos atestiguan ese ministerio específico del Espíritu.

Después de haber anunciado de antemano el poder iluminador del Espíritu sobre los inconversos por medio del cual el velo satánico en cuanto al evangelio es quitado y sin el cual nadie jamás podría recibir a Cristo como Salvador (Jn. 16:7-11), el Señor continuó, "Aún tengo muchas cosas que deciros, pero ahora no las podéis sobrellevar. Pero cuando venga el Espíritu de Verdad, él os guiará a toda la verdad; porque no hablará por su propia cuenta, sino que hablará todo lo que oyere, y os hará saber las cosas que habrán de venir" (Jn. 16:12-13). La parte principal en este pasaje es que Cristo, quien había estado enseñando sus discípulos por espacio de tres años y medio, va a continuar enseñándoles pero por medio de un nuevo sistema. La frase, "Cuando venga el Espíritu de verdad" sin duda anticipa la venida del Espíritu el día de Pentecostés y las nuevas realizaciones que serían posible por Su permanencia en el corazón de los discípulos –no siendo el menor de dichos ministerios el servir como Maestro. Pero tiene que reconocerse que el Espíritu deliberadamente no origina nada. Lo cierto es que "hablará todo lo que oyere", y " recibirá de lo mío", dijo Cristo, "y os lo hará saber" y, nuevamente, "tomará de lo mío (incluyendo *todas las cosas* del Padre), y os lo hará saber." Es así cómo al presentar el mensaje del Cristo excelso que el Espíritu *glorificará a Cristo.* Sin esta manera tan definida y sin precedente de impartir la verdad, los discípulos –como es igualmente verdad de todos los creyentes desde aquel día hasta hoy– no podían *sobrellevar* las *muchas cosas* que, evidentemente, aún no habían sido comprendidas después de tres años y medio de enseñanza ininterrumpida. El lenguaje no podía expresar de manera más explícita el hecho de que ciertos aspectos de la verdad –de importancia extrema– no pueden obtenerse por medios didácticos normales. Esas revelaciones sobrenaturales tienen que ser expuestas por el Cristo glorificado por mediación del Espíritu y solamente cuando el Espíritu habla desde Su incomparable posición de cercanía, dentro del mismo corazón.

El sermón del Aposento Alto, en el que se encuentra el pasaje antes referido es el germen que origina esa forma de doctrina que posteriormente sería desarrollada en las Epístolas. No es de extrañar, por lo tanto, que el Apóstol Pablo expone este asunto con mayor amplitud. Esto lo encontramos en 1 Co. 2:9-3:4, y dice:

> "Antes bien como esta escrito: Cosas que ojo no vio, ni oído oyó, ni han subido al corazón del hombre, son las que Dios ha preparado para los que le aman. Pero Dios las reveló a nosotros por el Espíritu; porque el Espíritu todo lo escudriña, aún lo profundo de Dios. Porque ¿quién de los hombres sabe las cosas del hombre sino el espíritu del hombre que está en él? Así tampoco nadie conoció las cosas de Dios sino el Espíritu de Dios. Y nosotros no hemos recibido el espíritu del mundo, sino el Espíritu que proviene de Dios, para que sepamos lo que Dios nos ha concedido, lo cual también hablamos, no con palabras enseñadas por sabiduría humana sino con las que enseña el Espíritu, acomodando lo espiritual a lo espiritual. Pero el hombre natural no percibe las cosas que son del Espíritu de Dios, porque para él son locura y no las puede entender porque se han de discernir espiritualmente. En cambio el espiritual juzga todas las cosas; pero él no es juzgado de nadie. Porque ¿quién conoció la mente del Señor? ¿Quién le instruirá? Mas nosotros tenemos la mente de Cristo. De manera que yo, hermanos, no pude hablaros como a espirituales, sino como a carnales, como a niños en Cristo. Os dí a beber leche, y no vianda porque aún no érais capaces ni sois capaces todavía, porque aún sois carnales; pues habiendo entre vosotros celos, contiendas y divisiones, ¿no sois carnales, y andáis como hombres? Porque diciendo el uno: yo ciertamente soy de Pablo; y el otro; yo soy de Apolos. ¿no sois carnales?"

La verdad central en este contexto es presentada en el primer versículo citado donde se nos dice que Dios ha preparado ciertas "cosas" para los que le aman –cosas que no se aprenden por la vista, el oído, o el corazón (poder de razonamiento; comp. Is. 52:15; 64:4; 6:9, 10; Mt. 13:15). Esta declaración negativa tocante al ojo, el oído y el corazón es abundantemente apoyada por el versículo siguiente donde dice que estas "cosas" específicas son *reveladas* a nosotros por el Espíritu. Estas "cosas" son una realidad presente, y no, como a veces se supone, una colección de glorias futuras que han de experimentarse en el cielo. El Espíritu que revela estas "cosas" es Aquel que "todo lo escudriña aún lo profundo de Dios." No es difícil creer que la Tercera Persona de la Deidad está en posesión de toda la verdad; lo maravilloso es que esa Tercera Persona habita en el más insignificante de los cristianos, y de esa manera pone a ese cristiano en la posición de recibir y comprender esa verdad trascendental que el Espíritu conoce. Dentro de su propia capacidad, el hijo de Dios no puede saber mas que "las cosas del hombre" que están dentro del alcance del "espíritu del hombre que está en el hombre." Estupenda, en verdad, es la revelación de que "el Espíritu que es de Dios" ha sido recibido y con el propósito específico de que los hijos de Dios "sepamos lo que Dios nos ha concedido." Y como está escrito: "Pero la unción que vosotros recibisteis de él permanece en vosotros, y no tenéis necesidad de que nadie os enseñe; así como la unción misma os enseña todas las cosas y es verdadera, y no es mentira, según ella os ha enseñado, permaneced en él" (1 Jn. 2:27).

Después de declarar la estupenda realidad que el cristiano está habitado por el Maestro Supremo y por lo tanto ya ha sido admitido en un Seminario incomparable donde la instrucción es *concedida* en forma gratuita, es decir, sin limitación, el Apóstol procede a señalar, como ya hemos notado, una triple división de la humanidad, y a mostrar la prueba tocante a esa clasificación en la base de la actitud de cada uno hacia la Palabra de Dios. (a) El hombre natural o inconverso no puede recibir las Escrituras, ya que éstas se han de discernir por el Espíritu, y el hombre natural, aunque educado con todo lo que el ojo, el oído y el poder de razonamiento puede impartir, no ha recibido el Espíritu (comp. Jd. 19, donde la palabra *sensuales* es la misma que aquí se traduce *natural;* también 1 Co. 15:46; Stg. 3:15), y por lo tanto toda revelación es *locura* para él.

Si este hombre natural, debido a sus éxitos humanos y a su autoridad eclesiástica, fuese puesto en una posición de poder moldear y dirigir los asuntos de la Iglesia de Cristo en la tierra, su influencia sería siempre un grave peligro para las cosas de Dios. Tal vez no le falten ni la reverencia ni la sinceridad; pero éstas no son substitutos de la *revelación* que solamente proviene del Espíritu Santo. (b) El hombre espiritual está en una posición de recibir *toda* la verdad (no se sugiere que ya la ha obtenido). El está habitado por el Espíritu no sea obstruccionado en Su ministerio de enseñanza dentro de su corazón, y (c) el cristiano carnal demuestra su carnalidad por medio de su incapacidad de recibir las verdades profundas que son comparadas al *alimento sólido* en contraste con la *leche.* La necesidad del hombre carnal es la santificación no la regeneración.

Para que no se piense que lo que el Espíritu enseña es un aspecto pequeño en el vasto campo del conocimiento humano, haremos bien en repasar lo que se incluye en la categoría de las "cosas" que son enseñadas por el Espíritu. Estas son: "cosas" relacionadas con el Padre, "cosas" relacionadas con el Hijo, "cosas" relacionadas con el Espíritu, "cosas" que están por venir y "cosas" relacionadas con el reino de Dios; porque "el que no naciere de nuevo (de arriba) no puede ver el reino de Dios" (Jn. 3:3). Así que, en comparación, la suma total del conocimiento humano queda reducido hasta lo insignificante.

No hay disciplina didáctica en el mundo que pueda compararse a las enseñanzas de Cristo por medio del Espíritu Santo, tanto debido a que los temas tratados se caracterizan por su infinidad, como también por el método usado por el Maestro por medio del cual El, por el Espíritu, entra en los más profundos rincones del corazón donde se originan las impresiones y allí no solamente habla de verdades de magnitud trascendental, sino que también hace que el discípulo reciba las cosas que son reveladas. "Por la fe entendemos" (He.11:3). Que Cristo continuará la enseñanza que comenzó mientras estaba en la tierra es claramente prometido (Jn.16:12-15), y sugerido en Hechos 1:1, donde se hace referencia a "todo lo que Jesús comenzó a hacer y a enseñar." Teniendo en cuenta que la característica del ministerio y su mensaje esencial se encuentran en el ramo de la verdad espiritual que solamente puede ser discernida por el Espíritu Santo y quien de hecho requiere una entrega a El por parte de aquel a quien enseña, el ministro o el estudiante de Teología harían bien en buscar por medio de un estudio de sí mismo y de la confesión el estar en relación correcta con Aquel de quien depende todo el progreso en el conocimiento de la verdad de Dios.

El requisito de una vida en conformidad con la voluntad de Dios, por parte del estudiante, no es incidental ni opcional; es *arbitrario, determinante* y *crucial.* No hay la más leve posibilidad de que la mente más brillante y educada pueda dar un paso hacia adelante en el conocimiento de la verdad espiritual sin la enseñanza directa y sobrenatural del Espíritu Santo habitando en el corazón. De aquí que sea imperativo el acto del nuevo nacimiento. De igual manera, no puede haber una comprensión digna y cabal de la verdad revelada por Dios de parte de un cristiano carnal y falto de espiritualidad. De hecho que sea imperativo el aspecto de la entrega de la vida a Dios.

CAPITULO VII

INTERPRETACION

Es propio requerir del teólogo que entienda cómo exponer las Escrituras. Esta es la especialidad en la cual él sirve. Sin embargo, él se enfrenta a un amplio aspecto de interpretaciones que aparece cuando se consideran todas las escuelas de pensamiento teológico. No obstante ya sea que una o muchas personas lo hayan obtenido o no, hay solamente un sistema de revelación correlativo y recíproco establecido en la Palabra de Dios. Aunque ellos edifican sus estructuras sobre textos de prueba seleccionados (los cuales con frecuencia reciben interpretaciones prejuiciosas) la Biblia no se presta a sí misma igualmente en apoyo del calvinismo, arminianismo, formas variadas de creencias lapsarianas, postmilenialismo, premilenialismo y amilenialismo. Las amplias divergencias y contradicciones entre éstos y otros sistemas de interpretación sirven para demostrar la falibilidad de hombres sinceros. Se ha dicho a veces que cualquiera cosa buena o mala, puede probarse o defenderse por medio de las Escrituras. Tal concepto solamente tiene validez cuando se tolera el mal uso o el abuso del Texto Sagrado. Es perceptible que todos los sistemas teológicos y aun los cultos o sectas modernas hacen uso de la Biblia.

Es probable que, debido a las limitaciones humanas, ningún sistema teológico ha alcanzado ese estado que lo hace exento de todo error y que incorpora en sí mismo toda la verdad en un equilibrio feliz. Hombres sinceros se han esforzado por alcanzar este objetivo, mientras que otros, aparentemente con frecuencia se han quedado cortos en ese santo respeto hacia la Palabra divina que conduce a un escudriñamiento de todas las cosas y a una retención de lo que es bueno. El *anatema* irrevocable que descansa sobre todos los que pervierten el evangelio de la gracia divina (Gá.1:8,9) puede ser considerado, hasta cierto grado, como verdad tocante a la falsificación de toda revelación divina. Debido a todas estas consideraciones, el estudiante fiel hará bien en darse infatigablemente al estudio del Texto Sagrado y demandar de sí mismo esa relación correcta con Dios que asegura la inestimable dirección divina a toda la verdad. Las conclusiones de otros hombres deben recibir el debido respeto. Es la tarea del estudiante, habiendo considerado y pesado la contribución hecha por los hombres al entendimiento general de las Escrituras, elevar esos resultados indubitables de erudidicón más allá de las realizaciones de las generaciones pasadas, procurando ser tan humilde y veraz como lo han sido los padres. Entre otras cosas, 2 Timoteo 2:15 manda a "estudiar" lo cual es la aplicación y la investigación del texto de la Escritura en sí y no solamente la lectura de los escritos de otros hombres acerca del texto.

La ciencia de la interpretación —naturalmente llamada *Hermenéutica* la cual es una expresión que denota el arte de interpretación literaria, especialmente las Sagradas Escrituras— incluye el reconocimiento de los principios sobre los cuales debe conducirse un verdadero análisis. Esta ciencia debe diferenciarse de la *Exégesis,* que es la aplicación de las leyes de la interpretación. Estas dos disciplinas merecen un extenso estudio como asignaturas apartes en todo plan de estudios teológicos.

Entre todas las principales divisiones de la Bibliología, la Hermenéutica, o ciencia de interpretación, mantiene un lugar único, siendo, como es, completamente la obra del hombre. Sus resultados, por lo tanto, cuando más, son caracterizados por imperfecciones debido a las limitaciones humanas, y está sujeto a reglas y a principios de procedimiento tan generales como obviamente son de esperarse. Cuando se asume la tarea de interpretar las Escrituras debe darse la debida consideración a los siguientes asuntos:

I. EL PROPOSITO GENERAL DE LA BIBLIA

Al escudriñar las Escrituras,[1] debe tenerse en mente el hecho que más allá de la esfera que limita el objetivo primordial por el cual la Biblia fue dada como revelación de Dios, aparecen aspectos incompletos. La Biblia no es un libro de texto sobre ciencia o historia. La Biblia es una declaración plenaria procedente de Dios acerca de Sí mismo y de Sus obras —especialmente cuando esas obras conciernen al bienestar eterno de los hombres. Los escritores sagrados escribieron acerca de otros temas ocasionalmente, y lo que ellos escribieron es correcto hasta donde llega. Esto, como ya se ha

---

[1] La palabra ἐρευνάω (ereunao, 'escudriñar'), usada seis veces en el Nuevo Testamento y siempre de manera significativa (Jn.5:39; 7:52; Ro.8:27; 1 Co.2:10; 1 P.1:11; Ap.1:23), es usada tres veces en relación a un ejercicio efectuado por los hombres por medio del cual ellos examinan la Biblia con sumo cuidado. Los profetas de antaño de esa manera "escudriñaron" las Escrituras (1 P.1:11), y si el modo imperativo es aceptado, Cristo mandó a sus oyentes que hiciesen lo mismo (Jn.5:39).

subrayado, es algo notable. Con referencia a las cosas mundanas, a esos escritores no se les permitió ir más allá de la inteligencia de sus contemporáneos haciendo referencias a descubrimientos científicos que tendrían lugar posteriormente, ni tampoco expresarse dentro de esas restricciones en forma tal que produjese cosas absurdas cuando sus escritos fuesen comparados con conocimientos científicos futuros, tales como los profetizados por Daniel en 12:4.

II. EL CARACTER DISTINTIVO Y EL MENSAJE DE CADA LIBRO DE LA BIBLIA

Aunque requiere bastante trabajo, es esencial apuntar las características de cada libro de la Biblia, ya que el factor vital de cualquier revelación es el lugar que ésta ocupa en el libro y a la luz del mensaje específico de dicho libro. Los cuatro Evangelios ofrecen una ilustración de esta verdad. La verdad registrada en el evangelio según San Mateo está relacionada con el carácter *real* de Cristo. El evangelio según San Marcos presenta a Cristo como *siervo.* En el evangelio según San Lucas encontramos la verdad acerca de la humanidad de Cristo; mientras que la verdad registrada en el evangelio según San Juan está relacionada de manera especial con el tema de la Deidad de Cristo.

Cada libro de la Biblia no solamente mantiene un propósito específico, sino que también es necesario observar la contribución que dicho libro hace a la estructura total de la Biblia.

III. ¿A QUIEN FUE DIRIGIDA CIERTA PORCION DE LA BIBLIA?

Una interpretación correcta de cualquier parte de la Biblia depende mucho de la diferencia que pueda existir entre la aplicación *primaria* y *la secundaria* del pasaje que se estudia. Como ya se ha indicado, "Toda la Escritura" es *para* el creyente en el sentido de que es útil para enseñar, para redargüir, para corregir, para instruir en justicia (2 Ti.3:16); pero no toda la Escritura es *acerca* de él. Esto es obvio ya que toda la Escritura no está dirigida a los ángeles o a los gentiles. De igual manera, toda la Escritura no está dirigida al judío o al cristiano. Las Escrituras son "útil" porque están saturadas de valores morales y espirituales; esto es verdad aun cuando éstas ejercen solamente la influencia de una aplicación secundaria.

Una aplicación primaria es hecha cuando un pasaje de la Escritura es reconocido como que tiene relación directa con aquellos a quienes ha sido dirigido. Una aplicación secundaria es hecha cuando se reconoce que un pasaje de la Escritura no es directamente aplicable a cierta persona o clase de personas, pero sus enseñanzas morales y espirituales son, sin embargo, propias para ellos. Para ilustrar esto diremos lo siguiente: El cristiano puede obtener mucha preciosa verdad de la gran cantidad de pasajes tocante al sábado judío, pero si se le diese a dichos pasajes una aplicación primaria para el cristiano, a quien nunca fue dirigida, él no tendría ningún fundamento bíblico para guardar el primer día de la semana (lo cual sí tiene) y no podría ofrecer ninguna excusa en cuanto al por qué no guarda los aspectos específicos de la ley del sábado. El, al igual que todos los quebrantadores del sábado, debía ser condenado a morir apedreado (Nm.15:32-36). De igual manera si toda la Escritura fuese de aplicación primaria para los cristianos de esta edad, entonces ellos están en peligro del infierno de fuego (Mt.5:29,30), de plagas indescriptibles, enfermedades y otros males y debido a éstas disminuirían en número (Dt.28:58-62), y ser responsables de la sangre de las almas perdidas (Ez.3:17,18). Se ha dicho del cristiano que "no vendrá a condenación" (Jn.5:24) y "ahora, pues, ninguna condenación hay para los que están en Cristo Jesús" (Ro.8:1). Los falsos sistemas teológicos no han encontrado mejor punto de apoyo que el de la confusión de la aplicación primaria y secundaria de la Palabra de Dios.

Es evidente, también, que ningún otro aspecto de la interpretación requiere mayor discernimiento nacido de un estudio profundo como éste. La aplicación exacta de algunos pasajes especialmente en los Evangelios Sinópticos, es extremadamente difícil. La exhortación del Apóstol a "estudiar" es también un aviso; porque la Escritura no será "usada bien" sin un "estudio" constante y arduo. Sin embargo, esta es la tarea primordial del teólogo y su valor puede ser medido, en alto grado, por su conocimiento analítico y su habilidad en aplicar, el texto completo de la Palabra de Dios.

IV. CONSIDERACION DEL CONTEXTO

La naturaleza y el alcance de la verdad bajo consideración en cualquier lugar ha de ser descubierta, casi invariablemente, por el contexto inmediato. El estudiante necesita aprender a establecer los límites del contexto sin preocuparse de las divisiones mecánicas en capítulos y versículos. No se podría encontrar una ilustración mejor tocante a un contexto que se extiende más allá del límite de un capítulo que el que aparece en el relato de Mateo acerca de la Transfiguración de Cristo. Este contexto comienza con el último verso del capítulo 16 y continúa hasta el capítulo 17. Para el lector promedio, Mateo 16:28 no tiene relación alguna con 17:1-8 debido a la intromisión artificial de la división en capítulos. Mateo 16:28 por sí solo, parece ser una distorción de la verdad; pero cuando es visto como una parte del relato de la transfiguración, su anuncio no tan solamente es explicado, sino que también proporciona una contribución muy importante al propósito de la transfiguración (comp. 2 P.1:16-21). De la misma manera, la promesa de 1 Corintios 2:9 se ve cumplida, no en un tiempo futuro en el cielo sino *ahora*, si el lector continuara leyendo hasta el versículo 10. Nuevamente, *ἀδόκιμος* (adókimos, 'desaprobado' o 'eliminado') de 1 Corintios 9:27 no puede significar la pérdida de la salvación en un contexto que solamente trata de los galardones del servicio cristiano.

V. CONSIDERAR TODOS LOS PASAJES RELACIONADOS CON EL ASUNTO QUE SE ESTUDIA

Una interpretación correcta ha de depender bastante de un estudio inductivo de todo lo que la Biblia dice sobre un asunto determinado. La conclusión no debe ser nada menos que el consenso de ese testimonio completo. Aunque no hay una completa unanimidad en cuanto al significado de 2 Pedro 1:20, la mayoría de los comentaristas favorecen la interpretación que sugiere que ningún pasaje de la Biblia en relación a un tema debe ser considerado separadamente de otros pasajes bíblicos sobre el mismo tema. El pasaje dice: "Entendiendo primero esto, que ninguna profecía de la Escritura es de interpretación privada". No puede haber referencia aquí tocante a la privacidad del que interpreta, porque, después de todo, toda interpretación es personal y por lo tanto privada. Del versículo que sigue hay cierta base que nos permite concluir que la falta de privacidad perteneció a los profetas que no revelaron sus opiniones privadas, sino que fueron movidos por el Espíritu Santo. Sin embargo, parece estar más en armonía con las condiciones básicas que todos deben reconocer, que la declaración de una doctrina o tema de la Palabra de Dios será fiel al pensamiento de Dios únicamente cuando todo lo que El ha dicho sobre ese tema es traído a consideración. La *profecía,* como es vista en este pasaje y como ya se ha subrayado, es ese amplio mensaje que incluye todo lo que los escritores del Antiguo Testamento han escrito.

La necesidad de una completa inducción es indicada cuando se reconoce el progreso de la doctrina. Las primeras relaciones tocante a la redención por la sangre no han de verse aisladamente, aunque se observará que esas primeras revelaciones fue todo lo que Dios había revelado por cierto tiempo. La redención por sangre es consumada en la muerte de Cristo y definida en la estructura doctrinal, construida sobre esa muerte, por los apóstoles. Por lo tanto una interpretación de la redención basada en un pasaje privado o aislado de las primeras Escrituras sería engañoso; aun los pasajes primeros hacen una gran contribución a la revelación total.

VI. DESCUBRIR EL SIGNIFICADO EXACTO DE LAS PALABRAS CLAVES EN EL TEXTO

Sin el conocimiento de los idiomas originales en que la Biblia fue escrita, no puede haber conclusiones muy acertadas referente a lo que enseña un pasaje difícil. Es por eso que el estudio del hebreo y el griego hasta el punto de poder realizar por uno mismo una exégesis correcta es algo muy esencial y pertenece a la preparación del exponente de la Biblia. La historia de los grandes predicadores y maestros del pasado en cuanto al uso que hicieron de los idiomas originales es muy estimulante. Aquellos que no han obtenido un conocimiento práctico de los idiomas originales no están en posesión de saber la riqueza de información que dicha habilidad imparte. El depender por completo de las investigaciones de otros, aunque esto no cohiba al predicador de tener un ministerio fructífero, es desalentador ya que la autoridad vital al hablar (que debe de estar revestida de humildad) está ausente.

VII. LA NECESIDAD DE EVITAR PREJUICIOS PERSONALES

Es extremadamente fácil torcer o moldear la Palabra de Dios para hacerla conformarse a nociones personales preconcebidas. El hacer esto no es nada menos que "adulterar la Palabra de Dios" (2 Co.4:2), y es digno del juicio de Aquel cuya Palabra es así pervertida. En ningún otro momento debe ejercitarse más la conciencia y buscarse más la mente de Dios que cuando se está investigando el significado exacto de las Escrituras y cuando se transfieren los resultados a otros.

Estas y otras instrucciones con relación al procedimiento lógico y el método científico son presentados en cualquier curso completo de hermenéutica, y cuando todos éstos son tomados en conjunto proporcionan el mejor resguardo que los hombres hayan inventado contra las incorrecciones y el énfasis desproporcionado de las doctrinas de la Biblia.

CAPITULO VIII

VITALIDAD

La palabra *vitalidad* se refiere a la vida o poder vivificante que, como ningún otro libro, la Biblia posee. La Palabra de Dios posee varios atributos. En el Antiguo Testamento estos aparecen en dos de los Salmos. Siete de ellos aparecen en el Salmo 19: "La ley de Jehová es perfecta, que convierte el alma; el testimonio de Jehová es fiel, que hace sabio al sencillo. Los mandamientos de Jehová son rectos, que alegran el corazón; el precepto de Jehová es puro, que alumbra los ojos. El temor de Jehová es limpio, que permanece para siempre; los juicios de Jehová son verdad, todos justos (vs. 7-9). Así mismo, siete atributos de la Biblia son mencionados en el Salmo 119. Estos son: *fiel* (v. 86), *amplio* (v. 96), *recto* (v.128), *maravilloso* (v.129), *puro* (v.140), *eterno* (v. 160), *justicia* (v. 172). El Nuevo Testamento añade que La Palabra de Dios es *verdad* (Jn.17:17), *útil* (2 Ti.3:16), *viva* y *eficaz* (He.4:12).

Muy significativo es, sin duda, el uso de las palabras ζῶν (*zon,* viva) y ἐνεργής (*energes,* 'eficaz' o 'poderosa') en relación a las Escrituras. La palabra ζωή, usada cerca de 140 veces en el Nuevo Testamento, significa *vida* ya sea como una realidad o como una forma de conducta. La raíz de dicha palabra aparece en cada una de las trece veces que se repite la frase, "el Dios viviente." Dos veces aparece dicha raíz como parte integral de la Palabra Escrita. Está escrito: (a) Porque la palabra de Dios es viva y eficaz (activa), y más cortante que toda espada de dos filos; y penetra hasta partir el alma y el espíritu, las coyunturas y los tuétanos, y discierne los pensamientos y las intenciones (ideas) del corazón (He.4:12). La referencia en este pasaje a "La palabra de Dios," ha sido tomada por los Padres apostólicos y en general por muchos otros en épocas posteriores como una referencia al *Logos* o Verbo Viviente, dando a dicha palabra el mismo uso dado por el Apóstol Juan; pero el contexto no favorece la idea del Logos en este caso y sí la de la Palabra escrita. En la epístola a los Hebreos la Segunda Persona es presentada como el Hijo de Dios y en 6:5 y 11:3 no se usa la palabra *Logos,* sino otra completamente diferente (ῥῆμα, *rema*), la cual se usa siempre para designar una forma de expresión oral y nunca para referirse a la Persona de Cristo. Concerniente a la interpretación que atribuye esta referencia a la Palabra de Dios hablada como tal, debe señalarse que prácticamente no existe ninguna diferencia entre la Palabra hablada y la Palabra escrita, debido a que la una no es más que una forma en que la otra aparece. Ambas son igualmente el aliento de Dios. El elemento de *vida*, que aquí se dice estar inherente en la Palabra de Dios, es aún más que aquello que ahora está en autoridad en contraste con aquello que se ha convertido en una letra muerta; es más que algo que suple alimento, aunque en verdad la Escritura suple tal cosa. La Escritura es *viva* en el mismo sentido en que Dios es el *Dios viviente* (comp. He.10:31). Los predicados usados aquí no tan solamente son reveladores, sino que están ordenados de tal manera que forman un clímax.

La Palabra de Dios es *viva*, es *eficaz*, es *cortante*, es *penetrante*, y es *discerniente*. (b) "Siendo renacidos, no de simiente corruptible, sino de incorruptible, por la palabra de Dios que vive y permanece para siempre" (1 P.1:23). Aquí aparece nuevamente la palabra ζάω (*zao*), con el pensamiento adicional de la duración eterna. Tampoco se debe pasar por alto aquí las palabras de Cristo cuando dijo: "Las palabras que yo os he hablado son espíritu y son vida" (ζωή – *zoe*, Jn.6:63).

La segunda palabra, que ya ha sido subrayada en Hebreos 4:12, es ἐνεργής, que atribuye a las Escrituras la calidad de poseer *energía* o eficacia. Esta es la energía que es producida por la esencia de la vida. Este elemento de poder, o energía, no está carente de pruebas. La verdad siempre es poderosa, y las Escrituras, siendo *verdad* (Jn. 17:17; 8:32), siempre prevalecen donde se afirman la conciencia y la sinceridad; pero el poder de la Palabra de Dios es la "espada del Espíritu" (Ef.6:17); pero aun esa fuerza vital librada por el Espíritu al blandir Su espada no explica por completo la *energía* (eficacia) de la Biblia. La Palabra de Dios escrita es el soplo de Dios. Y, por lo tanto, tiene vida inherente. Esta verdad no significa que la Biblia posea personalidad, o sea, que la Biblia sea semejante a un ser humano. Lo que sí es verdad es que la vida divina reside en la Biblia. Y debido a esa realidad, ciertas estupendas tareas se dicen ser efectuadas por la Palabra de Dios:

I. EL PODER DE LA PALABRA DE DIOS SOBRE LOS INCONVERSOS

La Palabra de Dios es el agente que genera la fe. Como está escrito: "La fe viene por el oír, y el oír por la palabra de Dios" (Ro.10:17). También el Apóstol declara que las Escrituras "te pueden hacer sabio para la salvación" (2 Ti.3:15). Y Pedro dice que es a través de "grandes y preciosísimas promesas" que los hombres pueden "ser participantes de la naturaleza divina' (2 P.1:4). El Salmista declara: "La ley de Jehová es perfecta, que convierte el alma" (Sal.19:7). Así, como el "agua", la Palabra de Dios coopera con el Espíritu en la realización del nuevo nacimiento (Jn.3:5; Tit.3:5). "Siendo renacidos, no de simiente corruptible, sino de incorruptible, por la Palabra de Dios" (1 P.1:23).

II. EL PODER DE LA PALABRA DE DIOS SOBRE LOS CREYENTES

En Su oración sacerdotal, Cristo pidió al Padre que aquellos que Le había dado fuesen santificados por medio de la verdad, añadiendo, "Tu palabra es verdad... Y por ellos yo me santifico a mí mismo, para que también ellos sean santificados en la verdad" (Jn. 17:17-19). La Palabra de Dios es un alimento que imparte fortaleza: "Desead, como niños recién nacidos, la leche espiritual no adulterada, para que por ella crezcáis para salvación" (1 P.2:2). Las Escrituras tienen un valor especial para los creyentes. "Por lo cual también nosotros sin cesar damos gracias a Dios, de que cuando recibisteis la palabra de Dios que oísteis de nosotros, la recibisteis no como palabra de hombres, sino según es en verdad, la palabra de Dios, la cual actúa (ἐνεργεῖται, 'genera energía') en vosotros los creyentes" (1 Ts.2:13). "Y ahora, hermanos, os encomiendo a Dios, y a la palabra de su gracia, la cual es poderosa para sobreedificaros y daros herencia con todos los santificados" (Hch.20:32). Y, por último, la Palabra de Dios es un agente purificador. Escribiendo acerca del cuidado de Cristo por su Iglesia, el Apóstol dijo: "... para santificarla, habiéndola purificado en el lavamiento del agua por la palabra" (Ef.5:26; comp. Sal.37:31; 119:11).

A la luz de la evidencia que tan definidamente señala que la Palabra de Dios es viva, y que además es un agente vital con poder sobrenatural, el predicador carece de excusas para presentar un mensaje diferente. La promesa divina hecha a través de Isaías es: "Porque como desciende de los cielos la lluvia y la nieve, y no vuelve allá, sino que riega la tierra, y la hace germinar y producir, y da semilla al que siembra, y pan al que come, así será mi palabra que sale de mi boca; no volverá a mi vacía, sino que hará lo que yo quiero, y será prosperada en aquello para que la envié" (Is. 55:10, 11). Y con el mismo propósito, Jeremías escribió: "¿No es mi palabra como fuego, dice Jehová, y como martillo que quebranta la piedra? " (Jer. 23:29). Dios usa Su Palabra. Esta es eficaz en las manos del Espíritu Santo para producir resultados sobrenaturales. Es por esa razón que el Apóstol, con la sabiduría que Dios le dió, exhorta a su discípulo, Timoteo, a "predicar la Palabra."

CAPITULO IX

PRESERVACION

El pacto de Jehová, es decir, que Su Palabra permanecerá para siempre, ha sido proclamado hasta el presente. Los hombres han realizado sus mejores esfuerzos para destruir la influencia de las Escrituras. Muchos han testificado en contra de la Biblia y también han predicho su desaparición; pero hoy, como en ningún otro tiempo de la historia del mundo, la Biblia se distingue como una influencia positiva para el bien, y dicha influencia continúa creciendo. La preservación de la Biblia, al igual que el cuidado divino en guiar a los instrumentos humanos que la escribieron como también en la formación del canon, no ha sido incidental, ni accidental, ni fortuita. Las Escrituras representan el cumplimiento de la promesa divina. Lo que Dios ha realizado en Su fidelidad, continuará hasta que Su propósito sea realizado. En realidad, los hombres pueden hacer muy poco en su intento por frustrar la efectividad de la Palabra de Dios, pues está escrito de dicha Palabra: "Hace mucho que he entendido sus testimonios, que para siempre los has establecido", y, "Para siempre, oh Jehová, permanece (está establecida) tu palabra en los cielos" (Sal. 119:152, 89). Y Cristo afirmó: "El cielo y la tierra pasarán, pero mis palabras no pasarán" (Mt. 24:35); y el Apóstol Pedro declara que "la Palabra de Dios" es aquella "que vive y permanece para siempre" (1 P. 1:23).

No es una pequeña distinción conferida sobre la Biblia que ésta haya sido clasificada entre las pocas realidades que permanecen para siempre. El escritor de la epístola a los Hebreos predice el tiempo en que serán removidas todas aquellas cosas que pueden ser conmovidas y la continuación de aquellas cosas que no pueden ser conmovidas. El escritor se refiere específicamente al reino de Dios y contempla, naturalmente, todo lo que está incluido en dicho reino (He. 12:25-29). La permanencia eterna de la Biblia es predicha; no quiere decir esto que su mensaje en todas sus partes necesita ser predicado como lo es ahora, sino que ésta es indestructible, siendo, como lo es, la Palabra de Dios eterno. No es que se haya escogido un libro de manera arbitraria de entre los innumerables volúmenes escritos por los hombres y luego darle el más alto honor. La Biblia es eterna en su propio derecho. La Biblia permanece para siempre debido a que nada de lo que Jehová ha hablado puede ser quebrantado o destruido. En verdad, es por medio de Su Palabra escrita que Dios anuncia Sus mandamientos acerca de "todas las cosas" que no pueden ser conmovidas. Las Escrituras son el instrumento legal por medio del cual Dios se obliga a Sí mismo a ejecutar todos los detalles de Sus pactos eternos y a cumplir todas las predicciones hechas por Sus profetas. El instrumento legal que garantiza toda esta vasta consumación tiene que continuar, y continuará, hasta que la última promesa, por la que permanece como garantía, haya sido cumplida. Ni una jota ni una tilde del testimonio divino puede pasar hasta que todo se haya cumplido.

TEOLOGIA PROPIA

TEOLOGIA PROPIA

CAPITULO X

INTRODUCCION A LA TEOLOGIA PROPIA

La expresión *TEOLOGIA PROPIA* es una designación más o menos moderna que representa el punto lógico para el comienzo del estudio de la Teología Sistemática, siendo como es, un tema primordial, a saber, una investigación científica de lo que puede conocerse de la existencia, las Personas, y las características del Dios Trino –Padre, Hijo y Espíritu Santo– y muy aparte de sus obras. Debido a que el campo de la Teología Sistemática es tan vasto, es sabio reservar la consideración de las obras del Dios Trino, tal y como son reveladas en la Arqueología, la Antropología, la Soteriología, la Eclesiología y la Escatología, para su tiempo oportuno. Una investigación completa de la verdad tocante a la Segunda y la Tercera Personas, incluyendo sus obras ha de efectuarse bajo los temas denominados Cristología y Neumatología

Siguiendo el período de tiempo –de duración desconocida– cuando el hombre antes de pecar estaba en una normal e ininterrumpida relación con Dios, y que terminó con la expulsión del hombre de la presencia de Dios, hombres sinceros y pensadores capacitados han estado ocupados en un esfuerzo efímero por penetrar en el vasto campo que representa el conocimiento de Dios. La desventaja del hombre ha sido, en verdad, dramática, pues como está escrito: "El hombre natural no recibe las cosas que son del Espíritu de Dios, porque para él son locura y no las puede entender, porque se han de discernir espiritualmente (1 Co. 2:14) y otra vez, "No hay Dios en ninguno de sus pensamientos" (Sal. 10:4). Sin duda cada generación ha añadido algo a la totalidad de la especulación finita en relación a Dios. En medio de todas las conjeturas del hombre respecto al conocimiento de Dios, el Señor ha hablado a través de una revelación específica de Sí mismo, y para aquellos que han sido iluminados dicha revelación es final y de largo alcance. Pero para los que aún están en tinieblas muy poco es añadido a través de la revelación, y como prueba de ello está su indiferencia hacia las Escrituras y su inhabilidad natural en recibirlas. Las fuentes del conocimiento de Dios, las cuales están algo inter-relacionadas, son cuatro:

I. INTUICION

Intuición es esa confianza o creencia que se desprende directamente de la constitución de la mente. Tiene que ser siempre así; de ahí que la intuición es una función humana necesaria. Por lo tanto puede decirse que el conocimiento intuitivo es aquel que la mente normal y natural asume ser verdad. Esta incluye temas como el *tiempo* y la *eternidad; espacio, causa* y *efecto;* el *bien* y el *mal; demostración matemática; existencia propia,* la *existencia* de la *materia* y la persona de Dios. Estas y otras verdades vitales, habiendo sido ya aceptadas por la mente racional, son poco mejoradas por demostración adicional, ni son estas grandemente disminuidas por medio de contra argumentos. El conocimiento intuitivo es poco mas que una predisposición en relación a ciertas verdades. Cada tema de la intuición ofrece un campo de interminable investigación y alberga depósitos ilimitados de realidad. Esto es especialmente verdad en relación al conocimiento de Dios. La propia creencia universal en Dios prueba que este conocimiento es intuitivo. Tal conocimiento general no es producto de la superstición de mentes pervertidas ya que esta es evidentemente más positiva donde la cultura y la educación están más arraigadas. En medio de un universo de trascendentes maravillas, ya sea que se observen en sus grandezas telescópicas o en su perfección microscópica, la mente racional ofrece una sola explicación para el fenómeno que se observa, a saber, un Dios de sabiduría y poder infinitos. Es verdad que algunos hombres han procurado alejarse de esta concepción intuitiva de Dios a favor del *agnosticismo.* La Biblia reconoce este estado de mentalidad anormal cuando dice: "Dijo el necio en su corazón, no hay Dios (Sal. 14:1; 53:1).

Si se entiende por una definición una declaración completa de todo lo concerniente a un asunto, entonces es imposible para el hombre definir a Dios. Lo más que el hombre puede hacer es reconocer la posición incomparable que Dios ocupa por sobre todos los demás seres, reconocer Sus atributos y fraguar una declaración general de lo que la mente concibe como verdad. La amplitud del alcance de esta declaración, necesariamente, dependerá del grado de entendimiento a que haya avanzado la mente del autor de dicha declaración. Un campo vasto de visión personal es perceptible hasta este punto, que se extiende desde la intuición mas elemental del converso ignorante hasta la experiencia con Dios más completa que pertenezca al más espiritual y maduro de todos los santos. Una separación bien clara de dos grupos será vista con claridad cuando se analice este amplio campo del entendimiento humano –el entendimiento del inconverso por un lado y el del creyente por el otro teniendo ambos muy poco en común. Puede decirse de las personas regeneradas que en su conocimiento de Dios han pasado más allá de la mera intuición y han alcanzado esa profunda percepción que es la revelación.

Intuición es conocimiento directo, una percepción racional que por su naturaleza precede todos los procesos de observación y de dirección. Descartes enseñó que el intelecto se encuentra a sí mismo al momento del nacimiento, o cuando la mente se despierta a una acción consciente, para estar en posesión de conceptos que solamente necesitan ser identificados por lo que son. Calvino escribió: "Aquellos que juzgan correctamente siempre estarán de acuerdo en que hay un sentido indeleble de divinidad grabado en la mente de los hombres *(Institutos,* 1:3:3, citado por Strong, *Teología Sistemática,* p. 30).

En la base de su naturaleza esencial, las verdades intuitivas han de ser probadas por ciertos factores, a saber, ya sea o no que (a) éstas sean *universales* –es decir, que sean comunes a todos los hombres, no que todos los hombres las entiendan o que estén de acuerdo con ellas, sino en el sentido de que todos los hombres consciente o inconscientemente se rijan por ellas (b) que éstas sean *necesarias* es decir, éstas operan en la constitución de toda personal normal; y (c) que éstas sean *evidentes por sí solas* y tengan *demostración propia* –es decir, que no estén sujetas a ninguna otra verdad para su reconocimiento.

El siguiente párrafo del Dr. W. H. Griffith Thomas *(Principles of Theology,* ps. 4, 5) servirá para sumarizar este tema:

"¿Cuál es el origen de la idea de Dios? Hay dos explicaciones generales. Algunos consideran la idea de Dios como un Ser Supremo, en un lenguaje técnico como una intuición de la razón moral. San Pablo parece haber reconocido en la mente una percepción innata de Dios (Hch. 17:28). Esto significa que la creencia en un Dios personal es algo natural en cada hombre, no como una idea perfecta ó completa, sino que envuelve una capacidad para creer cuando la idea es presentada. Si eso es así, ésta es una de las instrucciones vitales de la naturaleza humana. Es un verdadero error pensar que nosotros derivamos la idea de Dios de la Biblia, ya que pueblos que jamás han oído acerca de la Biblia poseen una creencia definida en un Ser Supremo. La Biblia revela el carácter de Dios y su propósito para con el hombre, y así nos da una verdadera idea del Ser Divino; pero el énfasis está en la verdad, en vez del simple hecho. De la misma manera, es incorrecto decir que obtenemos la idea de Dios de la razón, ya que la razón en este respecto no es originadora. Por medio de la reflexión podemos obtener una idea más completa de Dios, pero la razón misma no es la fuente de esa concepción. Aquellos que sostienen que nuestra idea de Dios es intuitiva analizan la concepción de Dios en tres elementos: primero, una conciencia de poder en Dios que conduce a un sentimiento de nuestra dependencia en El; segundo, una conciencia de Su perfección que conduce a una realización de nuestra obligación a El; tercero, una conciencia de Su Personalidad que conduce a un sentido de adoración a El.

Otros objetan a la idea de Dios como intuitiva, y dicen que es el resultado de la razón reconociendo instintivamente la Verdad, la Belleza y la Bondad y que éstas convergen en el pensamiento de una Realidad. En este punto de vista estos tres elementos ofrecen un argumento a favor del teismo."

La última de estas tres teorías es aquella ofrecida por Everett en su obra *Teísmo y la Fe Cristiana* (la cual es unitaria y hegeliana) y a la que le falta el apoyo a la experiencia humana así como el de las Escrituras.

II. LA TRADICION

La tradición puede considerarse ya sea (1) como aquello que es remoto –las primeras impresiones de la raza– o (2) como aquello que es presente –las enseñanzas impartidas a los niños.

1. LA TRADICION REMOTA. La Biblia nos dice que el hombre antes de la caída comenzó con la forma más elevada del conocimiento de Dios, tal y como existe en todo aquel que ande y hable con Dios. Su memoria y su sentido de la realidad de Dios no fueron perdidos a causa de la caída, pues aun entonces Adán escuchó la voz de Dios en juicio y recibió la provisión divina cuando la misma mano de Dios cubrió su desnudez lo cual implicaba una demostración de la gracia de Dios hacia el pecado. El testimonio de Adán acerca de Dios fue transmitido directamente a las generaciones sucesivas, por cientos de años, con toda la pureza de una expresión original y en una época cuando la tradición como medio de educación era de suma importancia. Puede por lo tanto, concebirse que el comienzo original y autoritativo del conocimiento tradicional acerca de Dios fuese diseminado de generación en generación. Por otra parte, es necesario admitir que la tradición tiene tanto poder para transmitir el error como la verdad, que la naturaleza pecaminosa del hombre está siempre presta para apartarse del conocimiento de Dios (Ro. 1:19-32), que si las ideas tradicionales acerca de Dios permanecen es a pesar de las fuerzas contrarias.

2. LA TRADICION PRESENTE. La influencia presente de la tradición como está representada en las enseñanzas dada a los niños es el aspecto más vital de la educación. A los niños se les enseña la fe (o ninguna fe) de sus padres, y cuando el conocimiento salvador de Dios penetra en un hogar o en una comunidad el efecto de dicha

penetración puede trazarse a las generaciones sucesivas. Lo opuesto a esto también es verdad.

La influencia del maestro o del padre sobre el entendimiento del niño acerca de Dios y su relación con El es de largo alcance, de otra manera la iglesia romana no declararía que es de escasa consecuencia lo que pueda resultar de influencias posteriores siempre y cuando dicha iglesia haya tenido a su cargo el moldear la edad temprana.

Esto, como podrá observarse, está estrechamente relacionado al tema de la *intuición;* ya que un niño no puede ser enseñado en aquello para lo cual no posee una facultad competente para recibir. Toda educación se basa en el principio de que el discípulo tiene la capacidad para recibir la instrucción que se le imparte. Debe de existir una habilidad latente que solamente necesita ser despertada por el reto que los hechos o las verdades presentan. En el conocimiento de Dios, los niños reciben la verdad más fácilmente que los adultos. Esto no es una señal de *inmadurez.* Es más bien producto de la pureza. ". . . los de limpio corazón verán a Dios."

Sobre la relación general entre la tradición y la intuición, El Dr. Samuel Harris ha declarado:

"¿Por qué es la creencia en la existencia de Dios característica común a toda la humanidad? ¿Por qué ha sido tan espontánea, poderosa y persistente? ¿De qué forma llegan al hombre las ideas de inmensidad y eternidad sin necesidad de ser enseñadas? Algunos dicen que esas ideas proceden del conocimiento que el hombre tiene de sus propias limitaciones. Pero ¿cómo puedo yo tener la idea de lo finito, lo condicionado y lo imperfecto a menos que lo pueda contrastar con las ideas de lo infinito, lo incondicionado y lo perfecto? Y si se dice que estas ideas y la idea del Dios perfecto han sido trasnmitidas por medio de la tradición, esto solamente nos induce a preguntar nuevamente, ¿cómo se originó dicha tradición, para que los hombres de antaño la tuviesen y así pudiesen transmitirla? Ciertamente, si la creencia en una divinidad no tiene raíz en la constitución humana, si el hombre no posee el elemento de una facultad para conocer a Dios, entonces esa idea graciosa de un Espíritu absoluto, infinito en poder y perfecto en sabiduría y amor, no pudo haberse asignado por el hombre ni aun pudo habérsele comunicado por medio de la instrucción o de la revelación externa. Esta idea simplemente le es totalmente imposible"—*La Auto-revelación de Dios,* ps. 357-58.

III. LA RAZON

La expresión *razón* se usa para describir la capacidad más elevada del hombre —aparte de la revelación y la energía divina que le es impartida— en su adquisición del conocimiento de Dios. Es esa cordura por parte del hombre lo que hace posible la búsqueda de las deducciones lógicas basadas en esas realidades que él observa.

El tema general de la *razón* puede ser considerado ya sea (1) en la base de su propio valor intrínseco, o (2) en la base de aquello que ésta ha realizado.

1. EL VALOR INTRINSECO. El valor intrínseco de la razón debe incorporar el hecho esencial que la razón es una de las características pertenecientes a Dios, y que el universo en su orden, sistema y propósito refleja la perfecta razón que es Dios. Del mismo modo, todas las conclusiones de los seres racionales no son más que el reconocimiento de, y la adaptación a la razón primordial que es Dios. Concerniente al hecho que el hombre puede conocer por medio de la razón solamente hasta donde éste asume que Dios existe y que Dios actúa en perfecta razón el Dr. Samuel Harris ha dicho:

"Si las matemáticas a través de las que los astrónomos hacen sus cálculos no son las matemáticas de todo el espacio y el tiempo, toda nuestra astronomía carece de valor. Si la ley de la casualidad y el principio de la uniformidad de la naturaleza que las mismas causas complejas siempre producen los mismos efectos, no son verdad, universalmente, toda nuestra ciencia es anulada. Si la ley del amor no es la ley de todos los seres racionales todo el conocimiento ético es aniquilado. Que los principios de la razón están por todas partes y son siempre los mismos es la base de la posibilidad del conocimiento racional. Pero esto solamente indica que la Razón suprema y Universal, que está en todas partes y es siempre la misma, está generando energía en el universo y el fundamento último de su existencia, su constitución y su desarrollo. Y esta Razón Enérgica clara es Dios. La ciencia asume que el universo es un sistema de cosmos unido y ordenado bajo principios y leyes universales y uniformes, y que por medio de ellas puede determinar el fundamento del universo en su forma más extensa en el espacio y que ha sido y será el pasado más remoto y el futuro más distante. Esto es posible solamente porque estas verdades y leyes son eternas en la única absoluta Razón que las expresa por medio de su poder en la constitución y evaluación del universo. Y el Teísmo añade que la evaluación del universo es la expresión siempre progresiva y la realización, no solamente de verdades y leyes, sino también de ideales y fines racionales; ideales y fines de sabiduría y de amor que son eternas y el prototipo de la Razón Absoluta, es decir, Dios" *La Base Filosófica del Teismo,* ed. rev. p. 82.

2. LAS REALIZACIONES. El valor de la razón al medirse por sus realizaciones en el caso de Dios puede ser observado en el desarrollo del universo. La razón que descansa en el carácter absoluto de Dios, sus resultados son infinitamente perfectos. La consumación de todas las cosas como las Escrituras predicen será una demostración de esto. El valor de la razón al ser medido por sus resultados como es ejercitada por los hombres es algo completamente distinto. Todas las limitaciones e imperfecciones humanas son reflejadas en el ejercicio de la razón humana. El hombre, siendo finito, es confrontado con el hecho de que sus premisas y sus deducciones frecuentemente son distorsionadas por el error. Sin embargo, en ningún otro campo esta facultad elevada del hombre ha sido más ejercitada que en su

esfuerzo en probar, por medio de la deducción natural y sin la revelación, la existencia de Dios. Nadie ha sobresalido más en este esfuerzo que Samuel Clarke (1675-1729). Los argumentos naturalistas que han sido expuestos por los grandes metafísicos han tenido su origen, mayormente, en los antiguos, pero cuando se permite, fuera de la revelación, estos argumentos han conducido a nada más real que "a los ídolos mudos de la filosofía desestimada por el mismo filósofo e ignorada por la multitud; reconocida en privado pero desconocida y olvidada en el mundo." No ha habido nada en estos razonamientos que haya revelado la realidad de Dios a algún corazón ni tampoco ha habido lo suficiente para evitar que los hombres gravitasen hacia el politeísmo, el panteísmo, o cualquier otro concepto anti-teísta. El volverse a la idolatría fue hasta cierto punto, el esfuerzo humano por realizar los ideales indignos que ha sido el producto del error de sus razonamientos.

En general y aparte de los argumentos teísticos normales que los hombres han aducido, el proceso del razonamiento en dirección al descubrimiento de la verdad acerca de Dios ha seguido tres métodos generales, a saber por medio de *negativas,* un plan que propone la eliminación de todas las imperfecciones, por medio de la *eminencia,* el cual es un método que atribuye todas las existencias humanas a Dios, y por medio de la *deducción,* cuyo proceso atribuye todas las perfecciones a la Deidad. [1]

---

[1] Dios es un Ser, y no cualquier clase de ser; pero una *Substancia,* que es el fundamento de otros seres. Y no solamente una *substancia,* sino *perfecto.* Aún así muchos seres son perfectos en su clase, pero limitados y finitos. Pero Dios es absoluto, pleno y en todo aspecto infinitamente perfecto, y por lo tanto por sobre todos los espíritus, sobre todos los ángeles quienes son comparativamente perfectos. La infinita perfección de Dios incluye todos los atributos, aún el más excelente. Esta excluye toda dependencia, existencia insuficiente, composición, corrupción, mortalidad, contingencia, ignorancia, injusticia, debilidad, miseria y cualquier otra imperfección. Esta incluye la necesidad de ser, independencia, unidad perfecta, simplicidad, inmensidad, eternidad, inmortalidad, la vida más perfecta, conocimiento, sabiduría, integridad, poder, gloria, felicidad y todos éstos en el más alto grado. No podemos penetrar los secretos de ese Ser eterno. Nuestra razón sólo puede comprender una pequeña parte de él, y cuando ya no puede ir más, entonces viene la fe, y creemos mucho más de lo que podemos comprender: y esa fe nuestra no es contraria a la razón, pero la razón misma nos dicta que debemos creer mucho más de Dios que lo que ésta nos puede informar (Lawson, *Theo, Política).* A estos podemos añadir un párrafo admirable de la pluma de Sir Isaac Newton: "La Palabra de Dios frecuentemente significa *Señor,* pero todo señor no es Dios; es el dominio de un Ser espiritual" o Señor, lo que hace a ese Señor ser Dios; verdadero dominio, verdadero Dios; supremo, el supremo; falso, el falso Dios.

De tal dominio verdadero se deriva que el verdadero Dios es infinitamente perfecto; El es eterno e infinito, omnipotente y omnisciente, es decir, El existe desde la eternidad y hasta la eternidad, y está presente desde la infinidad hasta la infinidad.

El gobierna todas las cosas que existen, y conoce todo lo que puede conocerse: El no es la eternidad o la infinidad, pero es eterno e infinito, El no es el tiempo o el espacio, pero El permanece y está presente; El siempre permanece, y está presente en todas partes; El es omnipresente, no sólo virtualmente, sino también substancialmente; ya que el poder no puede subsistir sin la substancia. Todas las cosas son sostenidas y se mueven en El; pero sin ningún resentimiento mutuo; El no sufre en lo absoluto a causa del movimiento de los cuerpos; ni tampoco ellos ejercen resistencia alguna a causa de su omnipresencia. Confesamos que Dios tiene que existir necesariamente, y por esa misma necesidad El existe siempre y en todas partes. Por lo cual también El tiene que ser perfectamente similar, todo ojo, todo oído, todo brazo, todo el poder de percepción, entendimiento y actuación; pero en una manera, no corporal, en una manera diferente a los hombres, en una manera completamente desconocida para nosotros. El está desposeído de todo cuerpo y de toda forma corporal, y por lo tanto no puede ser visto, oído, o tocado ni debe ser El adorado bajo la representación de ninguna cosa corporal. Tenemos ideas de los atributos de Dios, pero no conocemos la substancia ni aún de una cosa; solamente vemos las figuras y colores de los cuerpos, sólo oímos sonidos, solamente tocamos superficies extensas, olemos olores y probamos sabores; y no sabemos, ni podemos saber por cualquiera de los sentidos o acto reflejo su substancia íntima y mucho menos podemos tener noción alguna de la substancia de Dios. Le conocemos por medio de sus propiedades y sus atributos (Watson, *Institutos,* I, 268-69).

IV. REVELACION

Dios ha hablado al hombre a través de la naturaleza, a través de la manifestación de Sí mismo en Su Hijo, y a través de las Sagradas Escrituras. Por medio de la Palabra de Dios escrita, el hombre ha venido a poseer la verdad en su forma más absoluta. Las tenues luces de la intuición, la tradición y la razón éstas sumergidas dentro de la irradiación refulgente de la verdad revelada. No puede aplicarse ninguna medida a la ganancia que la Palabra de Dios concede a aquellos que humildemente reciben y se benefician por medio de su mensaje.

De estas cuatro fuentes de conocimiento acerca de Dios, la intuición y la tradición añaden muy poco a la ciencia de la Teología Sistemática. La razón y la revelación son factores vitales; sin embargo, la revelación sobrepasa a la razón así como la Palabra de Dios sobrepasa los pensamientos de los hombres.

La expresión *Teología Propia* es una designación más o menos moderna que representa el punto de partida lógico en el estudio de la Teología Sistemática, siendo como lo es, su tema principal, a saber, una investigación científica sobre lo que puede conocerse de la existencia, las Personas, y las características del Dios Trino –Padre, Hijo y Espíritu Santo. Muy aparte de las obras de los miembros de la Deidad, la Teología Propia está sujeta a una doble división: (1) *Teísmo,* que se ocupa de la existencia y el carácter de Dios como un Ser trascendental, el Creador, Preservador, y Gobernador del universo; y (2) *Trinitarianismo,* que es el reconocimiento de las tres Personas que componen la Deidad, con referencia específica a sus funciones y características y sus relaciones dentro de la Deidad.

TEISMO

CAPITULO XI

ARGUMENTOS TEISTAS NATURALISTAS

La etimología de la palabra *teismo* proporciona amplio margen de aplicación, pero en su uso común ha venido a significar una creencia en Dios e incorpora un sistema de fe que constituye una filosofía, limitada, en verdad, de alguna manera a los hallazgos y conclusiones que la razón humana sugiere. Aún en su expresión bíblica, el teísmo no está circunscrito al cristianismo, aunque el cristianismo es un sistema teísta. La palabra teísmo pudiera, con un valor práctico, ser más claramente definida. I. H. Fichte ha escrito: "Una vez más ahora es el tiempo de instalar el teísmo, esa convicción inextinguible y fundamental de la humanidad, como una ciencia en su verdadero significado, pero de la misma manera hay que librarla de tantos impedimentos y obstáculos que por tanto tiempo han opacado su verdadera luz. El teísmo no es ni una hipótesis escarbada de una especulación parcial, como algunos la representan; ni es una invención de origen sacerdotal ni es producto de un temor supersticioso, siendo estas formas antiguas de representarlo que aún prevalecen en nuestros días. Tampoco es el teísmo una simple confesión de fe exclusiva de una escuela o religión. El teísmo es la meta final de toda investigación, silenciosamente efectiva en aquellos que externamente lo niegan" (Theistiche Weltansicht; "Volwort" S. IX, citado por Harris, *La Base Filosófica del Teísmo,* ed. rev., p. 314).

Ya que todos los cursos de estudio general están relacionados necesariamente a las cosas creadas, no hay un asunto más importante al cual la mente finita pueda dirigirse que el *teísmo* con su estudio de la Persona y el carácter de Dios. El teísmo, también como el campo de la Teología Propia, sobrepasa todos los demás temas, así como la infinidad se remonta por sobre lo que es finito. Como ha escrito Guillermo Cooke: "En verdad no existe ningún elemento de sublimidad ni en actualidad ni concebible en la naturaleza, sino aquello que es indefinidamente excedido por la idea de Dios. La proposición, por lo tanto, de que hay un Dios, no tiene igual, ni paralelo; está por sí sola en una grandeza inigualable y sin rival; y si su grandeza no prueba su verdad, al menos la hace digna de ser investigada, e impone una tarea pesada sobre los hombros del incrédulo; ya que si ésta fuese falsa, no tan solamente es el más grande de todos los errores, sino que es un error más magnánimo que la verdad misma —y aún algo más ennoblecedor y digno a la mente que cualquier verdad que la naturaleza pueda presentar a nuestra vista. Si esto resultase ser una paradoja, su solución es una tarea consignada a aquellos que niegan la existencia de un Dios", *(La Deidad,* 2a. ed., p.3).

La Biblia siempre le recuerda al hombre acerca de sus limitaciones así como de las inescrutables perfecciones de Dios. El agnosticismo antiteísta se ha refugiado en la negación de la posibilidad del conocimiento de Dios, pero lo cierto es que hay un verdadero conocimiento de Dios —verdadero hasta donde es posible llegar— que no alcanza a cubrir todo el asunto. Tal deficiencia, en verdad, puede ser predicada de gran parte si no de todo conocimiento humano. En su defensa del agnosticismo antiteísta, Hamilton ha declarado: "La consagración más elevada y verdadera de toda verdadera religión debe ser un altar —ἀγνώστῳ θεῷ— al Dios no conocido o desconocido." Es probable que esa inscripción haya representado el nivel más elevado que por sí solo el filósofo de Atenas haya podido alcanzar (Hch. 17:23). Sin embargo, ese concepto se ha convertido solamente en un punto de partida al discurso pronunciado por el Apóstol Pablo bajo la inspiración divina. Hay en esta instancia un medio para una atractiva y estrechamente relacionada discusión tocante a la confianza que inspira el pensamiento mismo en relación a la contemplación de lo infinito; pero es suficiente indicar que las limitaciones que el agnosticismo antiteísta admite poseer se deben a su declaración negativa concerniente a Dios, lo cual resulta en un vacío inexorable carente de substancia para el pensamiento racional. La más vaga de todas las impresiones tocante a Dios es aquella que lo titula como *Absoluto,* lo cual es empleado por el panteísmo y el agnosticismo. Careciendo de cualidades o atributos, es algo en blanco en sí mismo e igualmente en blanco como asunto del pensamiento. El fetichismo más bajo tiene más substancia que esto. En oposición a esa ignorancia manifiesta está el hecho que Dios se ha revelado a Sí mismo a los hombres, y esa revelación está apoyada y reforzada por el poder iluminador del Espíritu Santo. Además de esto también está la doble revelación por la cual el Padre revela al Hijo y el Hijo revela al Padre. Está escrito que el Hijo ha declarado: "Todas las cosas me fueron entregadas por mi Padre; y nadie conoce al Hijo sino al Padre, ni al Padre conoce alguno sino al Hijo, y aquel a quien el Hijo lo quiera revelar" (Mat. 11:27). A través de la autoridad del Hijo se nos dice que la vida eterna es dada, con el fin de que el Padre y el Hijo sean conocidos (Jn. 17:3). Cristo oró por aquellos que le crucificaron, diciendo: "Padre, perdónalos, porque no saben lo que hacen" (Lc. 23:34), y el Apóstol, al escribir acerca de Cristo como la manifestación de la sabiduria de Dios deja de manifiesto la naturaleza precisa de la ignorancia de los que ejecutaron a Cristo al escribir: "La que ninguno de los príncipes de este siglo conoció; porque si la hubiesen conocido, nunca hubieran crucificado al Señor de gloria" (1 Co. 2:8). Más allá del simple conocimiento de Dios que está dentro del círculo del teísmo y es común a las multitudes, es posible *conocer* a Dios en la misma intimidad con que un hijo conoce a su padre. ¿Y qué podrá decirse de aquellos que por mediación del Espíritu dan un paso de avance para conocer "las cosas profundas de Dios"? ¿Cómo, en verdad, puede interpretarse la expresión "Abba, Padre" si Dios no puede ser conocido? El agnosticismo con su confesada ignorancia haría bien en prestar atención a las palabras de Cristo: "Mirad pues, no suceda que la luz que en ti hay, sea tinieblas" (Lc. 11:35). Pasando más allá del bajo nivel del agnosticismo,hay dos campos diferentes de investigación teísta.—(a) aquel que está dentro de esas verdades que pertenecen a la esfera de la creación, o la naturaleza, y está sujeto a la razón humana; y (b) aquel que, aunque incorpora todo lo que está revelado en la naturaleza, se extiende hasta incluir la ilimitada, absoluta y completa revelación afirmada en las Sagradas Escrituras. La primera de estas áreas de investigación mencionadas es correctamente designada *Teísmo Naturalista,* y la otra *Teísmo Bíblico.*

La Teología Propia penetra toda área de la cual cualquier verdad pueda ser derivada relevante a la existencia y al carácter de Dios, o el modo de Su Ser. Sin embargo, teniendo en cuenta la división básica de la humanidad en *salvados* y *perdidos* con sus correspondientes habilidades para comprender la verdad divina hay una ventaja peculiar en una división del tema general del teísmo en aquello que es *naturalista* y aquello que es *bíblico.* El hombre inconverso, aunque incapaz de recibir las cosas de Dios, es confrontado por todas partes sin embargo, con efectos que apuntan a una Causa y con un diseño que revela la presencia de un Diseñador. Para el tal, el teísmo naturalista con su limitación a la Creación y a la razón se adapta en forma peculiar. Para el estudiante devoto quien, siendo salvo, es capaz de recibir "las cosas profundas de Dios", no hay ninguna satisfacción final y completa en el teísmo naturalista que él no experimente en el teísmo bíblico. Sin embargo, él no debe ignorar ninguna parte de la revelación divina. Todo lo que pertenece al teísmo naturalista es de vital importancia al estudiante de teología, si se tiene en cuenta que, en un grado limitado, Dios se ha revelado en Su creación (Sal. 19:1-6; Ro. 1:19, 20), y debido a que los inconversos, especialmente los eruditos, andan a ciegas en la esfera de esas verdades que pertenecen al área circunscrita al teísmo naturalista. Descubrir, exhibir y defender todo lo que la razón afirma y que la revelación descubre tocante a lo que puede conocerse acerca de Dios, es una tarea que descansa sobre la Teología Sistemática. Es la función del teísmo naturalista presentar tales argumentos y llegar a tales conclusiones como los que están dentro del área de la razón; mientras que es la función del teísmo bíblico el reconocer, clasificar y exhibir la verdad proclamada por la revelación. Estas dos fuentes fundamentales del saber, aunque completamente diferente en cuanto al método que ambos emplean y al material que utilizan, sin embargo coinciden en cuanto a las partes esenciales de un gran tema –la Teología Propia. En las siguientes discusiones el autor no pretende ninguna originalidad en la presentación del argumento racional o en el descubrimiento de la revelación. Gran parte de lo que es presentado ha sido el producto de las discusiones de escritores desde épocas tempranas. En verdad que tan generales son muchas de éstas formas de pensamiento, como aparecen en el inmenso volumen de literatura heredado por la presente generación, que el citar a un autor original sería en verdad difícil si no imposible. Debido a que la razón es innata en el hombre y la revelación es por lo general algo que se adquiere sin la cual la mayoría de los hombres han tenido que vivir y laborar es propio que los hallazgos de la razón sean examinados y pesados frente a los de la revelación.

El libro de la naturaleza es tanto el libro de Dios como lo es el Libro de la revelación. El universo es Su obra y por lo tanto tiene que atestiguar Su Persona, y hasta donde puede avanzar, manifiesta Sus caminos. La voz de la naturaleza y la voz de la revelación al proceder de la misma fuente tienen que armonizar; ninguna de las dos puede ser despreciada con impunidad. No contendemos que el libro de la naturaleza es comparable en extensión, exactitud y exposición con el Libro de la revelación. Mentes piadosas, completamente satisfechas con las Sagradas Escrituras, no deben permanecer indiferentes al testimonio de la naturaleza, ni tampoco deben los frívolos y profanos desechar o ignorar los argumentos de la razón. El estudiante sincero de la verdad dificilmente haría tal cosa. Tampoco apartaría su mirada de la luz de Dios. Como sus nombres indican, la filosofía es "el amor a la sabiduría" y la ciencia es "la interpretación de la naturaleza", por lo tanto ningún filósofo de reputación haría por ignorar la Fuente de toda verdad y ningún científico sincero rehuiría la investigación ni la correcta evaluación de los postulados del teísmo naturalista. La afirmación que *hay un Dios* introduce al momento la causa de todas las causas, la finalidad de toda la filosofía, y el alfa y la omega de toda la ciencia. La consistencia demanda que todo estudiante que está en afinidad con la secuencia que se observa entre las causas secundarias y sus efectos, no debiese discontinuar su investigación de manera abrupta cuando éstos son consumados en el descubrimiento de la Primera Causa, a saber, Dios. Si las verdades y las fuerzas de la naturaleza cautivan la mente seria, ¡Cuánto más cautivadora debía ser la Persona y el poder del Dios que ha creado la naturaleza! ¡Y cuánto más es añadido a la importancia de esta investigación dentro del postulado que afirma que *hay un Dios* cuando se añaden el valor moral y el de la salvación! Fué erróneo por parte de Pilato el apresurar la pregunta: ¿Qué es verdad? pero aún fué mayor su error al volver las espaldas sin esperar por la incomparable respuesta que pudo haber brotado de los labios de Aquel que era la encarnación de la verdad.

Cuando la evidencia de que hay un Dios es investigada a lo largo de la razón, las leyes de la lógica y de la dedicación son tan esenciales como la verdad que se está investigando. Todo lo obviamente contradictorio y absurdo debe ser rechazado, mientras que todo hecho probado debe ser aceptado y examinado con imparcialidad y justicia ¿De qué otra manera pudiese efectuarse progreso alguno digno de confianza?

Los argumentos teístico-naturalista o que están basados en la razón solamente comprenden un campo de demostración limitado. La existencia, la personalidad, la sabiduría y el poder de Dios son considerados; pero ninguna prueba derivada de la naturaleza o la razón puede ser invocada para probar o establecer el hecho del amor y del poder salvador de la gracia de Dios. Todo lo relacionado a la redención pertence a la revelación y constituye un mensaje imperativo que es tan necesario que creen en un Dios a través de la naturaleza o en razón como lo es para aquellos a quienes no ha llegado ningún conocimiento de Dios.

Los argumentos encaminados a probar la existencia de Dios que están circunscritos a los límites del teísmo naturalista están sujetos a una doble clasificación general, a saber, al argumento *a posteriori* y el argumento *a priori.*

Un argumento *a posteriori* es inductivo en su procedimiento y se adapta más naturalmente al proceso de la razón humana. Este tipo de argumento va del fenómeno a su causa, de los detalles al principio, del consecuente al antecedente y del efecto a la causa. Hay tres argumentos *a posteriori* de carácter primario que normalmente se ofrecen en discusiones teísta-naturalista –el *cosmológico,* el *teleológico,* y el *antropológico.* El argumento *a posteriori* es empleado cuando desde el mecanismo delicado e intrincado de un instrumento u obra de arte el hecho de la mente creadora es evidenciada con su poder de diseñar y formar. Como declara el Apóstol: "Porque toda cosa es hecha por alguno; pero el que hizo todas las cosas es Dios" (He. 3:4); es decir, así como la casa prueba la existencia de un arquitecto, así prueba el universo la existencia de un Creador.

El argumento *a priori* es deductivo en su procedimietno ya que va de la causa del fenómeno, del principio a los detalles, del antecedente al consecuente, y de la causa al efecto. Este tipo de razonamiento es empleado por el astrónomo cuando basado en las leyes que gobiernan el movimiento del sistema solar él determina el tiempo del regreso de un cometa o un eclipse; o cuando el paleontólogo determina por medio del principio de la anatomía comparativa, el tamaño y la forma de animales prehistóricos de algún fósil geológico. El argumento *a priori* es aquel que está basado en algo que ha tenido lugar con anterioridad como una supuesta realidad, una creencia innata, o una impresión intuitiva. Conjeturar como una premisa que los milagros son imposibles con su conclusión silogística que por lo tanto no hay milagros, es promover una hipótesis *a priori.* El argumento ontológico es el único argumento *a priori* que los maestros han promovido en el campo del teismo naturalista. El argumento ontológico es extremadamente difícil, siendo muy refinado para ser seguido por el hombre promedio. De hecho que aún grandes metafísicos se han declarado a sí mismos estar inseguros en cuanto a su valor como evidencia. Frente a esto, metafísicos tan renombrados o tal vez más renombrados han subrayado su valor. El argumento cosmológico atribuye el cosmos a su Creador. El argumento teleológico reconoce los fines racionales en la creación, mientras que el argumento antropológico se diferencia del cosmológico y del teleológico en la esfera de sus principios lógicos, trazando de la mente y el espíritu del hombre hacia su Creador. El argumento antropológico es una extensión a un ramo más específico de las características generales de los argumentos cosmológicos y teleológicos. Aunque cada uno de estos argumentos *a posteriori* son diferentes en sus áreas de pruebas, los tres son necesarios para consumar el argumento teísta. Se observará que lo más que puede esperarse de este argumento es un esfuerzo por probar algo de la verdad acerca de Dios. Pero, en verdad, se ha de realizar mucho si por medio de estos métodos racionalistas el hecho de la existencia de Dios es manifestado. A esto, el *teísmo bíblico* tiene mucho que añadir en cuanto a la Persona, los atributos, el propósito y los caminos de Dios.

Estos argumentos teístico-naturalistas deben de ser pesados ahora separadamente y en el orden ya sugerido.

I. EL ARGUMENTO COSMOLOGICO

El universo es un fenómeno o un efecto que indica una causa adecuada. El argumento cosmológico presenta evidencia de que Dios existe y que es la Primera Causa de todas las cosas. Existen cuatro teorías que han sido propuestas por filósofos y metafísicos en cuanto al origen del universo material: (a) que la constitución de la naturaleza es eterna y que sus formas han existido siempre; (b) que la materia ha existido siempre, pero su constitución presente y su forma han estado sujetos a un auto-desarrollo, lo cual era la creencia de Epicuro, y es también la creencia del ateo moderno; (c) que la materia es eterna, pero su clasificación presente y su orden son la obra de Dios, como enseñaban Platón, Aristóteles y muchos otros; (d) que la materia es una cosa creada, habiendo sido traída a la existencia de la nada por el poder engendrador de Dios, lo cual es la revelación bíblica. La útlima de estas cuatro filosofías no debe ser confundida con la noción imposible que el universo ha evolucionado por sí solo de la nada. Su declaración es que Dios por su infinito poder ha causado que la materia inexistente exista. Está escrito: "En el principio creó Dios los cielos y la tierra" (Gn. 1:1), y, ". . . de modo que lo que se ve f u e h e c h o de lo que no se veía" (He. 11:3). Leland ha declarado: "Pocos, si algunos, de los antiguos filósofos paganos reconocieron que Dios es, en el más propio sentido, el Creador del universo. Al llamarlo . . . "el Arquitecto del universo", ellos no querían decir, que El lo trajo de la inexistencia a la existencia, sino solamente que El lo fabricó de materiales prexistentes, y lo dispuso en una forma y orden regular" *(La Necesidad de la Revelación,* citado por Watson, *Insitutos,* I, 274).

El argumento cosmológico depende de la validez de tres verdades contribuyentes: (a) que todo efecto tiene su causa; (b) que el efecto depende de la causa para su existencia, y (c) que la naturaleza no puede producirse a si misma. El carácter esencial y fundamental de estas verdades constituyen así como la deducción convincente que el universo ha sido originado por la creación directa de una autosuficiente, inteligente y eterna Causa ha de manifestarse a través del desarrollo de este argumento.

Sobre el significado de la palabra *causa,* una cita del Dr. Carlos Hodge es apropiada: "La enseñanza común sobre este asunto incluye los siguientes puntos: (1) Una causa es algo. Tiene existencia real. No es simplemente un nombre dado a una relación. Es una entidad real, una substancia. Esto es obvio porque algo inexistente no puede actuar. Si aquello que no existe puede ser una causa, entonces la unidad puede producir algo, lo cual es contradictorio, (2) una causa no solamente tiene que ser algo real, sino que además tiene que tener poder o eficiencia. Debe de haber algo en su naturaleza que justifique los efectos que produce. (3) Esta eficiencia tiene que ser adecuada, es decir, suficiente y apropiada para el efecto, que ese es un juicio verdadero de la naturaleza de una causa es algo fácil de observar. "El Dr. Hodge prosigue a ilustrar estos puntos a través de la experiencia. El ha escrito: (1) . . . Somos causas. Podemos producir efectos, y los tres detalles mencionados anteriormente están incluidos en nuestro auto-conocimiento como una causa. Somos existencias verdaderas, tenemos poder; tenemos poder adecuado a los efectos que producimos. (2) Podemos apelar a la percepción humana universal. Todos los hombres otorgan este significado a la palabra causa en su lenguaje ordinario. Todos los hombres asumen que cada efecto tiene un antecedente a cuya eficiencia se debe. Ellos nunca estiman una simple anterioridad, no importa que tan uniforme haya sido en el pasado, o que tan cierta en el futuro, como algo que constituye una relación causal. La sucesión de las estaciones ha sido uniforme en el pasado, y estamos confiados que lo será en el futuro; pero nadie afirma que el invierno es la causa del verano. Todos están conscientes que la causa expresa una relación completamente diferente a la de un simple antecedente. (3) Este concepto de la naturaleza de la causación está incluido en la creencia universal y necesaria, que todo efecto tiene que tener su causa. Esa creencia no es que una cosa tiene siempre que preceder a otra; sino que nada puede ocurrir, que ningún cambio puede producirse, sin el ejercicio de poder o eficiencia en algún lugar, de otra manera algo pudiese surgir de la nàda. *Teología Sistemática,* I, 209.

La distinción vital entre causa y efecto reside en la misma naturaleza del lenguaje humano. "El lenguaje de toda nación está formado sobre la unión de causa y efecto. Ya que en todo idioma no tan solamente hay muchas palabras que expresan directamente ideas sobre este asunto, tal como causa, eficiencia, efecto, producción, produce, efectúa, crea, genera, etc.; o palabras equivalentes a estas; pero todo verbo en todo idioma, con excepción de los verbos impersonales intransitivos, envuelve, por supuesto, producción o eficiencia, y siempre se refiere a un agente, o causa, de tal manera, que sin la operación de esta causa o agente, el verbo carecería de significado. Toda la humanidad con excepción de algunos filósofos ateos y escépticos han estado de acuerdo en reconocer esta concesión, y ellos (los escépticos) lo han reconocido tan completamente como otros en su idioma acostumbrado" (Dwight, *Theology*, I. 5, citado por Watson, *op. cit.*, I, 280,281).

La creencia intuitiva que todo efecto tiene su causa es el principio básico sobre el cual el argumento cosmológico avanza a sus innegables conclusiones. *Ex nihili, nihil fit* – de la nada, nada puede surgir– es un axioma que ha sido reconocido por los filósofos de todas las edades. Aceptar que alguna cosa se ha hecho existir a sí misma es aceptar que dicha cosa actuó antes de existir, lo cual es algo absurdo. La existencia no puede ser engendrada por la inexistencia. Si hubiese sido el caso en la eternidad cuando no había ni materia ni espíritu, ni seres de ninguna clase –inteligentes o sin inteligencia, creados o sin crear. El universo mismo un vacío sin límites, de esa manera hubiese tenido que permanecer por siempre. Pero dos ideas básicas son posibles, a saber, (a) que el universo con todo su sistema organizado y formas complejas ha existido siempre –teoría que, aunque desprovista de cualquier semblante de justificación, ha sido un gran impedimento a la creencia racional en una Primera Causa a través de todas las generaciones; y (b) que el universo ha sido tanto diseñado como creado por Dios y para fines dignos. La primera proposición es sostenida por el ateo, mientras que la última es la mantenida por el teísta.

Razonando desde la supuesta premisa que no hay Dios, el ateo está obligado a proclamar que la materia es eterna y, por lo tanto, auto-suficiente. La materia está compuesta de innumerables partículas que no están relacionadas, o que no dependen la una de la otra. Así que, a cada partícula tiene que atribuírsele el elemento de auto-suficiencia eterna. A la materia inerte hay que añadirle, entonces, todas las fuerzas químicas, las leyes de la naturaleza y el principio de la vida en todas sus formas. El ateo no puede modificar las demandas de su filosofía basada en la supuesta premisa que no hay Dios. Si él recortase en lo más mínimo su postulado de la auto-suficiencia de la materia o permitiese que éste descendiese el rango de hipótesis en vez de una certeza infalible, la estructura total del ateísmo se desplomaría. El ateo se vanagloría en su incredulidad y en su completa sumisión a la razón; pero si la idea que la materia es auto-suficiente y eterna se halla ser solamente una conjetura o una teoría, todo es renunciado. De hecho, si fuese verdad que la materia es auto-suficiente y eterna, entonces sería posible demostrarlo y pudiera proclamarse como una proposición axiomática. Pero esto no es así. La filosofía ateísta descansa en una hipótesis improbable que ha sido debilitada hasta el punto de la extinción a causa de los últimos descubrimientos científicos. La afirmación que la creación de la materia es imposible está basada en la observación que la creación de la materia resulta para el hombre. Pero ¿quién ha substanciado jamás la afirmación que la creación de la materia es imposible para el Dios infinito? La afirmación que Dios creó todas las cosas no ofrece contradicción de clase alguna, sino que solamente confiere a Dios más habilidad que la que reside en el hombre. Cudworth declara: "Debido a que es completamente innegable, acerca de nosotros, y de todos los seres imperfectos, que ninguno de éstos puede crear ninguna *nueva substancia,* los hombres se apresuran a medir todas las cosas por medio de sus propias limitaciones, y a suponer como algo universalmente imposible para cualquier poder crear alguna cosa. Pero ya que es cierto, que los seres imperfectos pueden por ellos mismos producir *algunas cosas* de lo que no existía antes, tales como *nuevos pensamientos, nuevos gestos,* y *nuevas modificaciones* de cosas corporales, es ciertamente razonable pensar que un ser absolutamente perfecto puede hacer algo más, a saber, crear *nuevas substancias,* o darles totalmente su ser. Y pudiese pensarse tan fácilmente para Dios, o un ser omnipotente hacer un mundo completo, materia y todo, . . . como lo es para nosotros crear un *pensamiento* o mover un dedo, o enviar los rayos de sol, o una vela de cera, o finalmente, hacer que un cuerpo opaco refleje su imagen en un vaso de agua, o proyectar una sombra; todas estas cosas imperfectas no son sino las *energías,* los *rayos,* las *imágenes* o las *sombras* de la Deidad. Para que una substancia sea hecha de la nada por Dios, o por un Ser infinitamente perfecto, no es para éste el ser hecho de la nada en el sentido imposible, sino que proviene de aquel que es *todo.* . . Pero la nada es en sí misma imposible, lo cual no implica una contradicción: Y aunque fuera una contradiccion que una cosa sea y no sea al mismo tiempo, seguramente que no hay contradicción en concebir un ser imperfecto, quien antes no era, pero que después llega a ser." –Citado por Watson, *ibid.,* I, 325-326.

Como un rechazamiento ciego de la verdad, la declaración del ateo que la materia es auto-suficiente y eterna es igualado por el concepto improbo y absurdo que la naturaleza es capaz de auto-generación, que el azar es una explicación adecuada del origen del universo, o que la necesidad es la base de la existencia de todas las cosas. Sin duda, en el deliberado rechazamiento de Dios por parte de ellos los hombres se han animado a sí mismos al adherirse a esas nociones falsas y que deshonran a Dios. Sin embargo, el argumento cosmológico a favor de la existencia de Dios como la Primera Causa de todas las cosas permanece firme e inafectado en su valor evidencial.

Por medio de la misma lógica o razonamiento que demuestra queel universo presente no pudo haberse producido a sí mismo pues no pudo haber actuado antes de existir, así la Primera Causa no es auto-creada, sino que es eterna y por lo tanto auto-suficiente, ya que El no depende de nada fuera de Sí mismo, no habiendo sido causado por nada ni nadie. La propuesta de una progresión de causas secundarias, es decir, que toda causa es el efecto de una causa previa, no ofrece ninguna solución al problema de origen de las cosas. Es verdad que la mente puede ser engañada por la extensión indefinida de tal progresión; pero la razón ratifica que hay una Primera Causa Original. Esta idea de la progresión de causas secundarias que resulta de una primera causa es ilustrada por Wollaston: "Supongamos que una cadena colgase desde el cielo de una altura desconocida, y aunque cada uno de los eslabones de ésta gravitasen hacia la tierra, y no fuese visible el objeto de donde colgase, aún así no descendiese, pero mantuviese su situación, y de este modo surgiera una pregunta concerniente a qué sujeta o mantiene la cadena, ¿sería suficiente responder que el primer eslabón cuelga del segundo y el segundo, del tercero; y así infinitamente? Porque ¿qué sostiene la totalidad? . . . Y así es, en una cadena de causas y efectos, moviéndose, o (como si fuese) gravitando hacia algún fin. El último, o el más cercano al suelo, o (como pudiera decirse) está suspendido, de la causa sobre éste. Este nuevamente, si no fuese él la primera causa, está suspendido como un efecto de algo sobre sí" *(La Religión y la Naturaleza Delineadas,* citado por William Cooke, *La Deidad,* 2a. ed. p. 40). A esto añade el Dr. Paley lo siguiente: "Una cadena compuesta por un número infinito de eslabones no puede sostenerse a sí misma como tampoco lo puede una cadena con un número finito de eslabones. Si aumentásemos el número de eslabones de diez a cien y de cien a mil, etc., no hemos ayudado en lo más mínimo, no observaremos ni la más pequeña intención hacia la auto-suficiencia" (citado por Watson, *op. cit.,* I, 283). Hay una Primera Causa auto-suficiente y eterna, y esa Primera Causa es lo suficientemente sabia para concebir la creación en toda su maravilla, y suficientemente poderosa para hacer que exista. La declaración de Locke tocante al argumento cosmológico es la siguiente: "Yo existo: y no he existido siempre; todo lo que comienza a existir tiene que tener una causa: la causa tiene que ser adecuada: esta *causa adecuada* es ilimitada: ésta tiene que ser Dios" (citado por Watson, *ibid,* I, XV). Así mismo, la declaración de Howe acerca del argumento es concluyente: "(1) Algo ha existido desde la *eternidad;* de ahí que (2) tiene que haber existido sin causa: de ahí (3) que tiene que ser independiente; y de ahí que (4) tiene que ser necesario; de ahí que (5) tiene que ser auto-generador: y de ahí que (6) tiene que ser *originalmente vital,* y la *fuente de toda vida"* (citado por Watson *ibid*).

De lo que hemos dicho podrá observarse que el argumento cosmológico es enfatizado como prueba de varias cualidades de Dios, a saber, *auto-suficiente, eterno, omnisciente, poderoso, ilimitado, independiente, vital,* y la *fuente de toda vida.* Aunque puede llegarse a estas conclusiones muy independientemente de la revelación y sólo por medio de la razón, la deducción es completa. No podemos dedicar espacio aquí para cubrir las extensas discusiones que preceden cada uno de estos argumentos. Esto debe ser emprendido por el estudiante como lectura adicional. Una cita de Juan Howe (1630-1705), un teólogo puritano inglés, servirá para formular algunos aspectos del argumento cosmológico y también revelar la manera en que los grandes silogistas del pasado prepararon sus ataques contra el ateísmo:

"Nosotros, por tanto, comenzamos con la existencia de Dios; para cuya prueba, podemos estar bien seguros, *Primero* que ha habido algo o alguien desde toda la eternidad; o que mirando en retrospecto, alguien de existencia real tiene que ser declarado como eterno. Permítase que aquellos que no están acostumbrados a pensar solamente acerca de las cosas que pueden ver con sus propios ojos, y a quienes el razonar solamente parece algo difícil porque no han tratado de comprobar lo que pueden hacer en éste, pero usan sus pensamientos un poquito, y al avanzar unos pocos pasos fáciles, muy pronto se encontrarán a sí mismos tan seguros de esto como de lo que pueden ver, oír o comprender, o ser alguna cosa.

"Porque estando seguro de que algo es ahora, (que usted ve, por ejemplo, o es algo), usted tiene que reconocer, que ciertamente algo siempre era o siempre ha sido o ha existido por toda la eternidad; o de otra manera usted tiene que decir, que, en algún tiempo nada era; o que todo ser una vez no era. Y así, ya que usted encuentra que algo *ahora* es, hubo un tiempo cuando el ser *comenzó* a ser; es decir, que hasta ese tiempo no hubo nada; pero ahora, en ese tiempo algo primero comenzó a ser. Porque qué puede ser más claro que eso si todo ser *alguna vez* no era, y *ahora* algún ser es, todo lo que es tuvo un comienzo. Y de ahí sigue, que algún ser, es decir, el primero que comenzó, tuvo que comenzar por sí mismo y de la nada, o se hizo a sí mismo antes de que nada fuese.

"Pero ahora, ¿no ve usted plenamente que es completamente imposible que alguna cosa hiciese eso, es decir, cuando aún no era nada, y cuando nada aún existía, que se hiciese a sí mismo, o que comenzase a existir por sí sola? Porque ciertamente, hacerse a sí mismo, es hacer algo. Pero, ¿puede acaso aquello que es nada hacer algo? Para que algo sea hecho es necesario alguien que lo haga. Por consiguiente una cosa tiene que ser primero antes de poder hacer algo; y por lo tanto habría que deducir, que algo era antes de ser; o que *era* y *no era*, era *algo* y no *era nada,* al mismo tiempo. Y aún más, que era diferente de sí misma; porque una causa tiene que ser algo diferente de aquello que es causado por ésta. Por consiguiente es muy aparente, que algún ser *siempre* ha sido, o *nunca comenzó* a ser.

"De donde, además, es también evidente, *en segundo lugar,* que algún ser no fue causado o creado, o siempre fue de sí mismo sin ninguna causa. Porque lo que nunca ha sido debido a otro nunca ha tenido causa, ya que nada puede ser su propia causa. Y algo, como es aparente por lo que ya se ha dicho, nunca ha surgido de otro. O podría claramente argumentarse así; ya sea que algún ser no fue causado, o que todo ser fue causado. Pero si todo ser ha sido creado, entonces por lo menos uno tuvo que ser la causa de sí mismo; lo cual ya ha sido probado ser imposible. Por lo tanto la expresión comunmente usada tocante al primer ser, que fue por sí mismo, debe solamente ser tomado *negativamente,* es decir, que no fue producto de otro, no *positivamente,* como si en un tiempo dado se hubiese creado a sí mismo. O que de ser de tal naturaleza que era absolutamente imposible que pudiese no haber existido; ni que nunca por sí mismo pasó de la no existencia a la existencia.

"Y ahora es aún más evidente, *tercero,* que algún ser es independiente de otro, es decir, mientras que ya es evidenciado que algún ser nunca dependió de algún otro, como causa productiva, y no esperaba de otro para comenzar su existencia, es de hecho igualmente evidente que éste es simplemente independiente, o no puede depender de otro para su continua existencia. Porque lo que nunca necesitó una causa sostenedora o conservadora, y, para hacer esto más claro aún, o algún ser es independiente, o todos los seres son dependientes. Pero no hay nada fuera del círculo de todo ser sobre lo cual pueda depender. Por consiguiente decir, que todo ser depende, es decir, depende de la nada, a saber, que no depende. Porque depender de la nada, es no depender. Es por lo tanto una contradicción manifiesta decir que todo ser depende; contra lo que no es un alivio el estimular, que todos los seres a su vez dependen uno del otro. Porque así, sin embargo todo el círculo o esfera del ser debía depender de la nada; o uno por último depende en sí mismo, que tomado negativamente, como antes es cierto, y es lo que tratamos de demostrar –que uno, el sostén común para todos los demás, no depende de nada que esté fuera de sí mismo.

"De donde también se desprende, *cuarto,* que tal Ser es necesario, o que necesariamente existe: es decir, que es de tal naturaleza que no podría ni puede dejar de ser. Porque lo que es en el ser, ni de su propia voluntad, ni la de ningún otro, es necesariamente. Pero lo que no fue hecho por sí mismo (que ha sido probado ser imposible), ni por ningún otro (como se ha probado que algo no es), es manifiesto, éste ni depende de su voluntad, ni de ningún otro en cuanto a ser. Y por lo tanto, si la existencia no se debe en nada al querer serlo, sino a la necesidad de su propia naturaleza. Por consiguiente siempre es por una simple, absoluta y natural necesidad, siendo de una naturaleza a la que es totalmente repugnante e imposible nunca haber sido, o aun dejar de ser y ahora habiendo avanzado hasta aquí, y estando seguro, que hasta aquí creemos que estamos sobre terreno firme; es decir, habiendo obtenido una completa certeza, que hay un Ser eterno, sin causa, independiente y necesario, y por lo tanto existiendo real y eternamente; podemos avanzar un poco más.

"Y con la misma seguridad añadimos, *quinto,* que este Ser eterno, independiente, sin causa, y necesario, es auto-suficiente, es decir (como al presente se entiende), no uno que actúa sobre sí mismo, sino es que tiene poder para actuar sobre otras cosas, en y por sí mismo, sin derivarlo de ningún otro. O que por lo menos que hay tal Ser que es eterno, sin causa, etc. que tiene el poder de acción en y de sí mismo. Porque un Ser como el que ha sido evidenciado es por sí mismo activo o inactivo, o tiene el poder de acción en sí o no lo tiene. Si decimos que no, que se considere lo que decimos, y con qué propósito lo decimos. . . " *El Templo Viviente,* citado por Watson *ibid.* I, 281-284.

Habiendo señalado lo incierto de la declaración del ateo que la materia en todas sus formas es eterna – cuya conjetura el ateo usa para apoyar su creencia que no hay Dios, el argumento *a posteriori* en su forma cosmológica comienza, por lo tanto, con el reconocimiento del universo como un fenomeno o efecto que sugiere una causa, y procede a indicar que la causa es *auto-suficiente, eterna, omnisciente, poderosa, ilimitada, independiente, vital,* y la *fuente de toda vida.* Si no hubiese un Dios ¿De dónde procede ese fenómeno o efecto llamado el universo? ¿ A cuál Primera Causa pudiera decirse que pertenecen todos esos atributos tan evidenciados?

II. EL ARGUMENTO TELEOLOGICO

El argumento teleológico, siendo a *posteriori;* ofrece evidencia que Dios existe desde la base del orden y la adaptación del universo. La palabra *teleología* está compuesta de las palabras τέλος y λόγος y por lo tanto significa la *doctrina de la finalidad* o del *propósito racional.* El principio relacionado al argumento cosmológico no es abandonado, pero, sobre la base de ese principio el argumento teleológico procede a establecer, por medio de la evidencia racional, la inteligencia y el propósito de Dios como son manifestadas en el diseño la función y la consumación de todas las cosas. Por ese medio se declara la presencia de Dios. El argumento teleológico no podría ser mejor expresado que como aparece en las palabras del salmista: "El que hizo el oído ¿no oirá? El que formó el ojo ¿no verá? El que castiga a las naciones ¿no reprenderá? ¿No sabrá el que enseña al hombre la ciencia? " (Sal.94:9,10). El hecho de la existencia de un diseño, que es demostrado en toda cosa creada, exhibe la inteligencia y el propósito racional del Creador. Esa intención manifiesta que ha caracterizado todas las obras de Dios es ilustrada –tan aproximadamente como lo finito puede ilustrar lo infinito– por el hecho de la existencia de un diseño y un propósito que son exhibidos en las realizaciones de los hombres, cuyas realizaciones, debido a ese diseño, manifiestan la inteligencia y el propósito racional de los hombres.

En esta época caracterizada como ninguna otra por el desarrollo mecánico, los hombres están impresionados, y es justo que así sea, con lo que la ingeniosidad y la diligencia humana han realizado. Pero en verdad el hombre no origina nada, y su más apreciado acto de invención no es sino el descubrimiento y utilización de provisiones y fuerzas que ya estaban en existencia a causa del acto creador de Dios. Cuando el hombre se gloría en su descubrimiento de los secretos de la naturaleza, es pertinente inquirir quién ha creado y constituido la naturaleza con sus maravillas unidas y sistematizadas, tan extraordinarias, en verdad que ninguna mente humana puede comprender su extensión telescópica, ni comprender su perfección microscópica. De este despliegue incomprensible de maravillas el hombre arrebata ocasionalmente una fracción de algo que a lo sumo ni aun podría ser una débil representación de ese todo del cual dicha fracción forma parte. Puede concluirse, entonces, que es la función del argumento cosmológico indicar la existencia evidente así como el poder del Creador tal y como esos atributos son exhibidos en el Cosmos que El ha creado; con la misma finalidad, es la función del argumento teleológico mostrar la existencia evidente, el diseño completo y la inteligencia del Creador manifestada en el orden, estructura, y fin de todas las cosas que forman parte del universo.

Probablemente no hay aspecto del teísmo naturalista tan cautivador y que se preste más a un estudio amplio y detallado con el uso de un número casi interminable de ilustraciones que el argumento teleológico. La siguiente cita, tomada de una obra escrita por Bowne, concierne a la estructura y al giro del argumento.

"Si, pues, el conocimiento fuese posible, tenemos que declarar que el globo terráqueo progresa conforme a leyes mentales y principios, que ha establecido todas las cosas sobre relaciones racionales, y que ha equilibrado su intercambio en proporción cuantitativa y cualitativa, y ha medido esta proporción numéricamente. "Dios geometriza", dijo Platón. "Los números son la esencia de la realidad", dijo Pitágoras. Y con esto concuerdan todas las conclusiones del pensamiento científico. Los cielos son matemáticas cristalizadas. Todas las leyes de la fuerza son numéricas. Los intercambios entre la energía y las combinaciones químicas son también así. Los cristales son geometría sólida. Muchos productos orgánicos muestran leyes matemáticas similares. En verdad, se dice frecuentemente que la ciencia nunca alcanza su forma final hasta que se convierta en matemática. Pero la mera existencia en el espacio no implica movimiento en relaciones matemáticas o existencia en forma de matemática. El espacio es solamente el estado amorfo de la forma, y es completamente compatible con lo irregular y sin forma. Es de igual manera compatible con la ausencia de la ley numérica. Lo verdaderamente matemático es la obra del espíritu. De ahí la maravilla que los principios matemáticos sean tan extensos, que tantas formas y procesos en dicho sistema representan conceptos matemáticos definidos y que éstos sean correctamente pesados y medidos por medio de números.

Si el universo estuviese en un estado de inercia, pudiésemos posiblemente contentarnos con decir que las cosas existen en relaciones tales de una vez y por todas, y que no hay otra manera de escaparse de ese hecho. Pero el cosmos no tiene esa clase de existencia rígida de monotonía, este es, por el contrario un proceso conforme a reglas inteligibles; y en este proceso el orden racional es perpetuamente mantenido y restaurado. El pasaje y la medida se efectúan continuamente. En cada cambio químico la cantidad exacta de los elementos participantes es combinada. En cada cambio de lugar las intensidades de atracción y repulsa son instantáneamente ajustadas para que se correspondan.

Separadamente de la cuestión del diseño, el simple hecho de los ajustes cualitativos y cuantitativos de las ċosas, conforme a las leyes fijas, es una verdad de absoluta importancia. El universo está activo en una multitud de puntos o en una multitud de cosas, a través del sistema, y obra en cada una con referencia exacta a sus actividades en todas las demás. El desplazamiento de un átomo a una distancia ínfima requiere un reajuste correspondiente en todos los demás dentro del control de la gravedad. Pero todos están en movimiento constante y por lo tanto el reajuste es continuo e instantáneo. La sola ley de la gravedad abarca un problema de tal magnitud que nuestras mentes flaquean en el esfuerzo por comprenderla. Pero cuando las otras leyes de fuerza son añadidas la complejidad del problema desafía todo conocimiento. Además podríamos referirnos al proceso de crecimiento en las formas orgánicas, por las que innumerables estructuras son constantemente producidas o mantenidas, y siempre en relación con la forma representativa en cuestión. Pero no hay necesidad de abundar en este tema.

Aquí, pues, tenemos un problema, tenemos solamente los dos principios de inteligencia e irracionalidad de razonamiento propio y de necesidad ciega, para su solución. El primero es adecuado, y no es ni remoto ni violento. Este asimila los hechos dentro de nuestra experiencia, y ofrece la única base de orden del cual esa experiencia proporciona alguna sugerencia. Si adaptamos este concepto todas las evidencias se convierten en espléndidas y de consecuencia.

Si seguimos el otro punto de vista, entonces tenemos que asumir la existencia de un poder que produce lo inteligente y racional, sin ser él mismo inteligente y racional. Obra en todas las cosas, y en cada una con referencia exacta a todas, pero sin conocer nada por sí mismo ni de las leyes que sigue, ni del orden que ha establecido, ni de los millones de partículas aparentemente consolidadas en su propósito que incesantemente produce y mantiene. Si preguntásemos por qué hace tal cosa tenemos que contestar, porque así, la respuesta tiene que ser, por hipótesis. Pero esto se reduce a decir que las cosas son porque tienen que ser. Es decir, que el problema es totalmente abandonado. Los hechos son referidos a una necesidad hipotética turbia, y esto a su vez, al ser investigado, es el mismo problema en forma diferente. No existe ninguna explicación adecuada sino la que ofrece el teísmo" – Bowne, *La Filosofía del Teísmo*, ps. 66-69; citado por Miley, *Teología Sistemática*, I, 87-89.

Tocante a la combinación de elementos disociados para un fin provechoso con la evidencia patente de un diseño demostrado por el resultado, Paul Janet ha escrito: "Cuando una combinación compleja de fenómenos heterogéneos aparece en armonía con la posibilidad de un acto futuro que no habrá sido incluido de antemano en ninguno de dichos fenómenos en particular, esa armonía solamente puede comprenderse por la mente humana por medio de una clase de pre-existencia, en una forma ideal, del mismo acto futuro, que lo transforma de un resultado a un fin –es decir, en una causa última." *(Causas Finales*, p. 85, citado por Miley, *ibid.*, p. 90).

Dilucidado sobre este fenómeno de la combinación de elementos disasociados con un fin ventajoso, el Dr. Juan Miley presenta esta ilustración: "El casco de un barco, el mástil, las velas, el ancla, el timón, el compás, la carta náutica no están necesariamente relacionados y en relación a su procedencia física son fenómenos heterogéneos. El uso futuro de un barco no está limitado solo a uno de esos objetos, pero es hecho posible por la combinación de ellos. Esa combinación en el barco completamente equipado no tiene interpretación en nuestra inteligencia racional excepto en lo tocante a su existencia previa en cuanto a su uso en el pensamiento y el propósito humano. El uso del barco, por lo tanto, no es el simple resultado de su existencia, sino la causa final de su construcción" (*ibid.*, I, 90).

El organismo humano con su relación al medio ambiente en el cual funciona es una exhibición de un diseño, y por lo tanto indica tanto la existencia como la inteligencia de su Diseñador. Sobre este aspecto del argumento Pablo Janet ha escrito lo siguiente:

"El mundo físico exterior y el laboratorio interno de los seres vivientes están separados el uno del otro por velos impenetrables, y sin embargo, están unidos el uno del otro por una increíble armonía establecida de antemano. Por fuera hay un agente físico llamado luz; por dentro, hay una maquinaria óptica adaptada a la luz; por fuera, hay un agente llamado sonido; por dentro una maquinaria acústica adaptada al sonido; por fuera vegetales y animales; por dentro órganos adaptados para la asimilción de esas substancias; por fuera, un medio ambiente, sólido, líquido o gaseoso; por dentro mil medios de locomoción adaptados al aire, la tierra y el agua. Así por un lado, hay los fenómenos últimos llamados vista, oído, nutrición, volar, caminar, nadar, etc., por otro lado, los ojos, los oídos, el estómago, las alas, las aletas y los miembros motores de todas clases. Vemos claramente en estos ejemplos las dos designaciones de la relación –por un lado, un sistema; por el otro, el fenómeno final en el cual termina. Si hubiese solamente un sistema y una combinación, como en cristales, aún así, como hemos visto, tiene que haber habido una causa especial para explicar ese sistema y esa comunicación. Pero aún hay más, hay el acuerdo entre un sistema y un fenómeno que solamente sería producido mucho después bajo nuevas condiciones – consecuentemente una correspondencia que no podría ser fortuita, y que sería necesariamente así si no admitimos que el fenómeno final y futuro es precisamente el nexo del sistema y la circunstancia que, de cualquier manera, ha predeterminado esa combinación.

Imaginemos a un obrero ciego, escondido en un sótano, y desposeído de toda inteligencia, quien, solamente obedeciendo a la necesidad de mover sus piernas y brazos, pudiese haber forjado una llave, sin saberlo, adaptada para los más complicados cerrojos que pudiesen imaginarse. Esto es lo que la naturaleza hace en la creación de seres vivientes.

En ningún otro lugar es exhibida esta predeterminada armonía, a que nos hemos referido, en una manera más maravillosa que entre el ojo y la luz. "En la construcción de ese órgano", dice Trendelenburg, "tenemos que admitir ya sea que la luz ha triunfado sobre la materia y la ha producido, o de otra manera que es la materia misma que se ha convertido en gobernadora de la luz. Esto es al menos lo que debiese resultar de la ley de las causas eficientes pero ni una ni otra de estas hipótesis en realidad tiene lugar. Ningún rayo de luz cae dentro del profundo secreto del vientre maternal, donde se forma el ojo. Aún menos podría la materia inerte, la cual no es nada sin la energía de la luz, ser capaz de comprenderla. Pero aun así, la luz y el ojo están hechos el uno para el otro, y en el milagro del ojo reside de manera latente el conocimiento de la luz. La causa propulsora en su desarrollo necesario, es empleada aquí para un servicio más elevado. La finalidad ordena la totalidad y supervisa la ejecución de las partes; y es con la ayuda del fin que el ojo se convierte en la luz del cuerpo" –*Op. cit.*, ps. 42, 43, citado por Miley, *ibid.*, ps. 90-91.

La elaboración del argumento teleológico hecho por Guillermo Paley (1743-1805) registrado en su obra *Teología Natural, o Evidencia de la Existencia y Atributos de la Deidad Coleccionados de las Observaciones de la Naturaleza,* no tiene rival en su clase. En la siguiente breve referencia en la que él reta aquellos que suponen que el universo es el resultado de cambios, su claro pensamiento y su exquisita dicción son puestas de manifiesto:

"¿Por medio de qué arte pudiesen ellos hacer una semilla? y ¿en qué forma pudiesen ellos inspirarle el semen? y aquellos que piensan que este globo terráqueo estaba convenido por la conglomeración fortuita (o fatal) de particular materiales, ¿por qué toque de magia pudiesen ellos persudadir a tantas de esas partículas para que se juntasen formando un grano de tierra? Tenemos el hábito de buscar minuciosamente la ocurrencia de milagros; si no quisiésemos decir más vanamente que nuestra idea de milagros es aquello que es novedoso, diríamos que estamos rodeados de ellos; y el milagro más grande es, que no lo vemos. Vosotros para quienes las producciones diarias de la naturaleza (como así lo llamáis) son tan comunes, ved si podéis imitarla. Poned a prueba vuestra destreza produciendo una rosa. Recordad que necesitáis tener material pre-existente. ¿Pudiéseis probar que el Creador del universo la tuvo, o aun defender la posibilidad de la existencia de materia no creada? Y supongamos que los hombres pudiesen disponer de toda la materia necesaria, ¿Pudiesen ellos decir qué hacer con ésta, o cómo administrarla, de modo que la hiciesen producir aunque fuese una sola flor, de la cual pudiesen gloriarse por haberla producido? " (citado por Watson, *Institutos,* I, 304).

Nuevamente, una cita tomada de Cicerón con el mismo fin pero que demuestra el hecho que los argumentos teístico-naturalista estaban en uso de un siglo o más antes del nacimiento de Cristo: "¿Puede hacerse algo al azar que tenga todas las características de diseño? Cuatro dados pueden acaso caer todos de ases a la vez; pero, ¿pensaría usted que cuatrocientos dados, tirados al azar, producirían cuatrocientos ases? Si varios colores fuesen arrojados sobre un lienzo sin diseño, pudiesen tener la apariencia de un rostro humano pero pudiese usted imaginarse que dichos colores pudiesen producir un cuadro tan hermoso como el de Coan de Venus? Un cerdo, al voltear la tierra con su hocico, pudiese trazar algo parecido a la letra A; pero se imaginaría usted que un cerdo describiría, sobre la tierra el Andromaque de Ennio? Corneades se imaginó que, en las excavaciones rocosas en la isla de Chíos hubo de encontrar en una roca hendida la imagen de la cabeza de un pequeño Pan (o deidad de los bosques). Yo creo que él pudiese haber encontrado una figura semejante; pero seguramente no una de la que se pudiese decir que fue forjada por un escultor tan excelente como Scopas. La verdad es que lo fortuito nunca imita perfectamente al diseño" *(De Divinatione,* lib. i, cap. 13, citado por Cooke, *La Deidad,* ps. 134-35).

Una interesante ilustración de la influencia del argumento teleológico hacia un escéptico es relatada por el Dr. William Cooke de la siguiente manera:

"Hace algunos años, tuve la mala fortuna de enfrentarme a los engañosos argumentos de Hume tocante a la causación. Sus aparentes deducciones conmovieron la fe de mi razón tocante a la existencia de Dios, pero él no pudo vencer la respuesta de mi corazón hacia una negación tan monstruosa, y por consiguiente dejó ese infinito e inquietante deseo por encontrar un lugar de reposo, el cual el ateísmo no tan solo no puede dar, sino que también de manera absoluta y desenfrenada desafía.

En una hermosa noche de Mayo, estaba yo leyendo, bajo la luz de la puesta del sol, mi libro favorito de Platón. Estaba sentado en la hierba, entremezcladas con flores doradas, en las márgenes del río Colorado en el estado de Texas. En el oeste distante, apenas se vislumbraban las cúspides irregulares de las Montañas Rocosas.

Yo estaba en la búsqueda de uno de los sueños más preciados de los académicos. Muy pronto cautivó mi imaginación sin estimular mi fe. Lloré al pensar que no podía ser cierto. Finalmente llegué a esa sorprendente oración, *"Dios geometriza."* " ¡Reverencia vana! " Exclamé, mientras dejaba caer el libro a mis pies. El libro cayó junto a una hermosa florecilla, que lucía fresca y radiante, como si acabase de caer del seno del arco iris. La desprendí de su tallo y comencé a examinar su estructura. Tenía cinco filamentos; el cáliz tenía cinco partes, la base constaba también de cinco partes que parecían los rayos de una estrella. Esta combinación proporcionada en cinco en el mismo retoño me pareció muy singular. Nunca había pensado cosa semejante. La última frase que habia leido del libro del discípulo de Sócrates aún sonaba en mi oído –"Dios geometriza." Ahí estaba el texto, escrito muchos siglos atrás, y ahí estaba la florecilla, en el remoto desierto del oeste que proporcionaba un comentario sobre el asunto. De pronto pasó por mi mente, como si fuese un rayo de luz –sentí cómo mi corazón latía en mi pecho. El enigma del universo fue abierto. Veloz como el pensamiento calculé las posibilidades contra la producción de esas tres ecuaciones de cinco en una sola flor, por cualquier principio desprovisto de razón para percibir números. Encontré que había ciento veinticinco posibilidades en contra de tal suposición. Extendí el cálculo a dos flores elevando al cuadrado la cifra mencionada. Las posibilidades se elevaron a la cantidad de quince mil seiscientos veinticinco. Volví mis ojos al bosque; los árboles estaban literalmente vivos y repletos de esos retoños dorados, donde innumerables abejas volaban y las mariposas gozaban el dulzor de la miel.

No trataré de describir mis sentimientos. Mi alma se volvió un torrente de radiantes pensamientos. Tomé de nuevo mi apreciado libro de Platón de sobre la hierba, donde lo había dejado caer en un momento de desesperación. Una y otra vez lo apreté contra mi pecho como una madre haría a su pequeño. Besé a aquel libro al igual que aquel retoño, mojándolos alternativamente con lágrimas de gozo. En mi entusiasmo incontrolable llamé a los pajarillos que volaban alegres sobre las ramas, entonando sus cantos al día que terminaba – '¡Cantad, pajarillos; cantad, dulces trovadores! He aquí vosotros y yo tenemos un Dios' "– *Ibid.*, ps. 136-138.

III.EL ARGUMENTO ANTROPOLOGICO

El argumento antropológico sigue el mismo orden *a posteriori* que los dos argumentos anteriores, pero a diferencia del argumento cosmológico que vislumbra la totalidad del cosmos y el argumento teleológico que observa el elemento del diseño que se revela en todo el universo, el argumento antropológico está limitado al campo de la evidencia, en cuanto a la existencia de Dios y sus cualidades, que puedan ser deducidas de la constitución del hombre. Hay factores filosóficos y morales en la constitución del hombre que pueden ser proyectados con el fin de encontrar sus orígenes en Dios, y en esa base este argumento ha sido también designado con el nombre de *argumento filosófico* o *argumento moral.* Pero debido a que la amplitud de este argumento comprende la totalidad del hombre, el uso de la expresión *argumento antropológico* es más satisfactorio.

En la base del principio declarado por el salmista –"El que hizo el oído ¿no oirá? El que formó el ojo ¿no verá? El que castiga a las naciones ¿no reprenderá? ¿No sabrá el que enseña al hombre la ciencia? "– el argumento antropológico indica que los elementos que son reconocidos como las propiedades innatas del hombre tienen que ser poseídos por el Creador. Como base de prueba la constitución orgánica del hombre pertenece al argumento teleológico, pero hay factores específicos en el ser humano que suplen pruebas exepcionales de la consumación divina, y éstas son propiamente bosquejadas en el argumento antropológico. Al comienzo de su discusión sobre el argumento antropológico, el Dr. A. A. Hodge dice: "El argumento cosmológico nos condujo a una Primera Causa auto-suficiente. El argumento de orden y adaptación operantes en el proceso del universo ha revelado esta gran Primera Causa como poseyendo inteligencia y voluntad; es decir como un espíritu personal. El argumento moral o antropológico ofrece nueva información por inferencia, confirmando de inmediato las conclusiones previas en lo concerniente a la existencia de una Primera Causa inteligente y personal, y al mismo tiempo añadir los conceptos de los atributos de santidad, justicia, bondad y verdad. El argumento de diseño incluye el argumento de causa y el argumento de justicia y benevolencia incluye los argumentos de causa y diseño y añade a ellos un nuevo elemento suyo propio" *(Bosquejos de Teología,* p. 41).

El hombre se compone de una parte material y otra inmaterial, y estas dos partes constituyentes no están relacionadas. La materia posee los atributos de extensión, forma, inercia, divisibilidad y afinidad química; mientras que la parte inmaterial del hombre posee los atributos de pensamiento, razón, sensibilidad, perceptibilidad y espontaneidad. Si fuese posible explicar el origen de la parte física del hombre por una teoría de desarrollo físico (lo cual no es posible), lo inmaterial, en cuanto a su origen, permanece como un problema insoluble aparte del reconocimiento de una causa suficiente.

Aunque en su estructura orgánica general la parte material del hombre es similar a la de los animales más elevados, es tan definida que es superior a todos los aspectos de la creación material. La mano del hombre ejecuta los altos diseños de su mente en todas clases de estructuras y artes, su voz responde a las demandas de una mente elevada en su lenguaje; su oído oye y sus ojos ven en áreas de realidad más allá de los límites de las bestias. El cuerpo humano es por ello una prueba específica de la existencia de un Creador, ya que de otra manera sería inexplicable.

La parte inmaterial del hombre, que incluye los elementos de la vida, inteligencia, sensibilidad, voluntad, conciencia y una innata creencia en Dios presenta aun más insistentemente en necesidad de una causa adecuada. La vida no puede brotar de la materia inerte, y aunque el evolucionista dice poder trazar todo lo que hoy existe a un vapor original, o protoplasma, todas esas formas de vida, de acuerdo a esa teoría, tienen que haber estado presente en forma latente en aquel algo original. Tales hipótesis no serían toleradas en ningún campo de investigación excepto en aquellos casos donde la ignorancia de la mente natural queda demostrada en su incapacidad de recibir las cosas de Dios. Otra vez decimos que la inteligencia del hombre con sus descubrimientos, invenciones, ciencia, literatura y arte demanda de manera insistente una causa adecuada. Igualmente, y bajo la misma inevitable obligación, tanto la sensiblidad como la voluntad, con sus capacidades trascendentes, demandan una causa digna. Y, finalmente, la conciencia al igual que la creencia innata en Dios pueden explicarse más acertadamente afirmando que el hombre procede de Alguien que posee todos esos atributos en un grado infinito. Una fuerza ciega, no importa que tan excepcional sea, nunca podría producir un hombre con inteligencia, sensibilidad, voluntad, conciencia y una creencia innata en el Creador. El producto de una fuerza ciega nunca se daría a sí mismo a la tarea del arte, la ciencia, y la adoración a Dios.

De acuerdo con la teoría evolucionista del desarrollo natural, la criatura es el efecto de una causa natural y está formada y diseñada conforme a fuerzas sobre las cuales no tiene control alguno; pero en forma súbita este efecto surge y ejerce autoridad y poder sobre la misma naturaleza que supuestamente le produjo, y dirige todos sus recursos naturales para servir su propósito y su voluntad. ¿No sería acaso oportuno investigar cuando fue que el hombre se volvió señor de la creación que se supone lo hubo creado? "¿Pudiera concebirse –pregunta Janet– que el agente privilegiado del poder de coordinar la naturaleza para sus fines es en sí mismo un simple resultado de lo realizado por la naturaleza, sin designarse un fin a si mismo? ¿No es esto algo así como un milagro el admitir dentro de la serie mecánica de fenómenos un eslabón que súbitamente tuviese el poder de invertir, de alguna manera, el orden de la serie, y que siendo solamente un resultante de un número infinito de antecedentes, debiese de ahí en adelante imponer en la serie esta nueva e impremeditada ley, que hace de la resultante la ley y la regla del antecedente?" *(Causas Finales* ps. 149-150, citado por Miley, *Teología Sistemática,* I, 103).

El Dr. Augusto H. Strong, escribiendo en relación al argumento antropológico, ha dicho lo siguiente:

"El argumento es complejo y puede ser dividido en tres partes. I. La naturaleza moral e intelectual del hombre tiene que haber tenido como su autor un Ser intelectual y moral. Los elementos de prueba son los siguientes: (a) El hombre como un ser moral e intelectual ha tenido un comienzo sobre este planeta. (b) Fuerzas materiales e inconstantes no ofrecen causa suficiente para explicar la razón, la conciencia y el libre albedrío del hombre. (c) El hombre como un efecto, solamente encuentra una causa que sea poseedora de auto-suficiencia y naturaleza moral, es decir, que tenga personalidad . . . II. La naturaleza moral del hombre prueba la existencia de un Dador de la ley y Juez que es Santo. Los elementos de prueba son: (a) La conciencia reconoce la existencia de una ley moral que tiene autoridad suprema. (b) Las violaciones deliberadas de dicha ley es seguida por sentimientos de pesadumbre y temores de juicio. (c) Esta ley moral, ya que no es por auto-imposición, y esas amenazas de juicio, ya que no son auto-ejecutadas, respectivamente favorecen la idea de una santa voluntad que ha impuesto dicha ley, y de un poder penal que ha de ejecutar los juicios de la naturaleza moral . . . III. La naturaleza moral y voluntaria del hombre prueba la existencia de un Ser que puede proporcionar de sí mismo un objeto satisfactorio para el efecto humano y una finalidad que demanda las actividades más elevadas del hombre y garantiza el progreso más elevado. Solamente un Ser Poderoso, Sabio, Santo, Bueno y en extremo mayor que cualquier ser conocido en la tierra puede llenar las necesidades del alma humana. Tal Ser tiene que existir. De otro modo la necesidad más grande del hombre permanecería sin suplirse, y el creer una mentira, sería una virtud más fructífera que creer la verdad." *Teología Sistemática*, ps. 45-56.

Resumiendo el alcance y el valor de los argumentos *a posteriori*, podemos observar: (a) En el argumento cosmológico la existencia de un Cosmos, que se originó dentro del tiempo, constituye una prueba de una Primera Causa que es auto-suficiente y eterna y que posee inteligencia, poder y voluntad. (b) En el argumento teleológico la evidencia del diseño extiende la prueba de la inteligencia de la Primera Causa hasta detalles de grandeza telescópica y perfección microscópica más allá de la endeble habilidad del hombre para descubrirlos o comprenderlos. Y (c) en el argumento antropológico, mientras que se confirman las pruebas presentadas por los dos argumentos anteriores, se obtiene una manifestación adicional que sugiere los elementos de inteligencia, sensibilidad, y voluntad en la Primera Causa; y el aspecto moral de la conciencia en el hombre declara que su Creador es movido por Su santidad, justicia, bondad y verdad.

IV. EL ARGUMENTO ONTOLOGICO

"La Ontología es ciencia o la discusión sistemática tocante al ser verdadero; la doctrina de las categorías o las características universales y necesarias de toda existencia" *(New Standard Dictionary,* 1913). El argumento ontológico en el campo del teísmo consiste en una línea de razonamiento que parte de Dios, la Primera Causa absoluta de todas las cosas, y se dirige a las cosas que El ha causado –específicamente, la idea innata de la existencia de Dios. Dios es reconocido como el Creador de la mente humana en la cual este concepto de El se encuentra. El hecho de la existencia de Dios está relacionado a esta idea innata. Así como la afirmación del idealismo es que las cosas materiales no existen, siendo, como aseguran, solamente una percepción mental, el argumento ontológico es lo opuesto del idealismo en cuanto a que afirma que hay realidad o substancia donde la mente reconoce que dicha substancia existe. De acuerdo con este argumento la existencia de Dios está confirmada por el hecho de que la mente humana cree que El existe. Este es un argumento *a priori* y, tocante a su eficacia como prueba de la existencia de Dios, siempre ha habido diferencias de opiniones entre los metafísicos. El Dr. Shedd usa en su discusión de este argumento las dos terceras partes del espacio dado a las pruebas teístas, mientras que R. S. Foster declara que él nunca ha comprendido el significado o la fuerza de dicho argumento. Anselmo (1033? -1109) es reconocido como el primero en enunciar dicho argumento pero las revisiones posteriores nunca han favorecido dicha declaración. A continuación citamos lo que dice la Enciclopedia Británica bajo el título de *Anselmo:*

"En el *Prosologion,* como el mismo autor nos dice, el objeto es probar la existencia de Dios por medio de un solo argumento. Este argumento es la celebrada prueba ontológica. Dios es ese Ser mayor que el cual no puede concebirse ningún otro. Pero, si ese mayor que el cual ningún otro puede concebirse solamente existe en el intelecto, no sería entonces el más grande de todos, porque pudiésemos añadir a su existencia. Se deduce, entonces, que el Ser mayor que el cual no puede concebirse, es decir, Dios, necesariamente tiene existencia real" (14a. ed.). Gaulio, el monje, inmediatamente puso en tela de duda este argumento, diciendo que nosotros en todo tiempo nos formamos ideas de seres imaginarios y la realidad o existencia verdadera no puede atribuirse a dichos seres. La respuesta de Anselmo fue que la objeción era convincente respecto a seres imperfectos o finitos, ya que con ellos la verdadera existencia no es el contenido esencial de esa noción; pero que esa objeción no podría aplicarse al Ser más perfecto ya que la existencia real es el factor más esencial en dicha idea. Gaunilo declaró que la idea de una ' isla perdida ' no significa que exista tal realidad. A esto Anselmo respondió diciendo que si Gaunilo pudiese mostrar que la idea de la 'isla perdida' significa existencia *necesaria,* el encontraría la isla y le garantizaría que la isla jamás se perdería otra vez" (ver Shedd, *Teología,* I. 226-27).

El Dr. Samuel Harris ha escrito:

"Es evidente por lo tanto que la mente humana no puede deshacerse de la idea de lo absoluto. Esta persiste en el conocimiento implícito, regulando el pensamiento, aún cuando teóricamente es rechazado. Es evidente que sin la premisa, explícita o implícita, de que un ser absoluto existe, la razón del hombre no puede resolver sus problemas, ni descansar satisfechos con ninguna realización intelectual, ni asirse a la realidad de su razonamiento, ni conocer la continuidad, la unidad y la realidad del universo. La conclusión necesaria es que el principio de que existe un Ser absoluto es una ley mental primordial y necesaria, un elemento integral de la razón, y un postulado necesario en todo pensamiento acerca del ser.

En esta exposición del origen de la idea del Ser absoluto y nuestra creencia en su existencia, he presentado el llamado argumento *a priori* de la existencia de Dios en su significado verdadero. Este es un argumento que parte de la idea de un Ser absoluto o perfecto y va a demostrar su existencia. Para probar lo concluyente de este argumento hay que demostrar tanto que la idea del Ser perfecto es una idea racional necesaria, como que la existencia del Ser es necesariamente incluida en la idea; es decir, su existencia tiene que ser tan necesaria a la razón como la idea misma. Esto es lo que se ha demostrado" –*La Auto-Revelación de Dios,* ps. 163-64.

Concerniente al mismo argumento Milton Valentine ha escrito: "La semilla de este asunto estaba incluida en la doctrina platónica de las 'ideas' pero fue formulada por primera vez por Anselmo en el siglo once. De la existencia en la mente humana de la idea de un 'ser perfectísimo', se concluye que los seres más perfectos existen –porque la existencia real es una parte integral y necesaria de la idea del ser más perfecto. Descartes, el obispo Butler, Leibnitz, Sousin, y muchos otros escritores eminentes han usado este sistema de argumentación; pero, por sí solo, frecuentemente se ha demostrado ser inadecuado, pues confunde la existencia objetiva con la existencia ideal o mental" *(Teología Cristiana,* I, 189).

Así mismo el Dr. Carlos Hodge declara: "Si este argumento tiene alguna validez, esto carece de importancia. Es solamente decir que lo que tiene que ser en realidad es. Si la idea de Dios tal como existe en la mente de todo ser humano incluye la de la existencia real, entonces hasta donde la idea alcanza, aquel que posee la una también posee la otra. Pero el argumento no muestra como es que lo ideal supone lo real" *(Teología Sistemática,* I, 205).

Ricardo Watson ha escrito en relación al mismo argumento: "No hay ningún ejemplo, hasta donde yo se, de ningún ateo que se haya convertido por medio de este argumento y argumento pudiese clasificarse entre esos esfuerzos extremos a favor de la verdad. Está bien intencionado, pero no es satisfactorio y hasta ahora por un lado ha conducido a la negligencia del más convincente, y poderoso curso de argumento obtenido de las cosas que se ven; y por otra parte, ha estimado la dependencia sobre un modo de investigación para el cual la mente humana es inadecuada, lo cual en muchas cosas ha provocado gran confusión y que difícilmente es conducido de la misma manera por dos personas diferentes; probablemente también ha sido engañoso en sus resultados al incluir a un escepticismo que no surge de la naturaleza misma del caso, sino de las investigaciones imperfectas e insatisfactorias del entendimiento humano, cuando es obligado a ir más allá de los límites de su poder" *(Institutos Teológicos,* I, 330).

CONCLUSION

El argumento *a posteriori* en sus tres partes siempre ha sido válido y vital. El argumento *a priori* ha producido muy poco o casi nada de carácter substancial. Tocante a la diferencia en el uso de ambos, el Dr. Juan Dick declara: "Es por medio de este argumento *(a posteriori)* que llegamos al conocimiento de la existencia del Autor del universo y no por medio de especulaciones abstractas de necesidad. Nunca hubiésemos sabido que El existe, sino por nuestra propia existencia y la de otros seres a nuestro alrededor, y como de ese modo comprendemos que El existe y tiene que existir, parece absurdo hablar de probar su existencia *a priori.* Cualquiera que sea el uso que se le da a este argumento para probar sus perfecciones, no puede ser empleado para probar su existencia. El Dr. Clarke reconoce que el argumento *a posteriori* es el argumento más generalmente usado, el más fácil de comprender, y hasta cierto punto más adaptable a todas las capacidades: y, por lo tanto, debe ser el argumento en el que debemos de insistir" (*Teología*, p. 83).

El cristiano espiritual quien, por sobre todo, reconoce el "así ha dicho Jehová" y está consciente del poder iluminador provisto por Dios, se beneficiará muy poco de los argumentos teístico-naturalistas; sin embargo estos argumentos existen y contribuyen a la teología aquello que la razón facilita. En esta base estos argumentos deben ser considerados por todo estudiante de teología.

CAPITULO XII

TEORIAS ANTITEISTAS

El hombre natural, quien no recibe ni conoce las cosas de Dios (1 Co. 2:14), ha procurado a través de todos los tiempos responder a la incógnita tocante al universo visible y por medio de sus esfuerzos constantemente ha comprobado la veracidad de la estimación divina en relación a las limitaciones humanas. Es posible que resulte difícil para la mente que ha sido iluminada espiritualmente comprender la densa confusión en la que el hombre inconverso está sumergido a pesar de su sinceridad. Debe recordarse, además, que el crear un argumento en ningún modo garantiza la iluminación divina. Solamente a través del nuevo nacimiento puede el hombre "ver el reino de Dios." El remedio para las tinieblas espirituales es "la luz del mundo." Las especulaciones de los hombres inconversos –y a veces éstos son hombres de gran inteligencia– son variadas y complejas. Sin embargo, dichos hombres han formulado ciertas líneas generales de filosofía, y éstas, como las falsas religiones del mundo, revelan las limitaciones espirituales del hombre pecador.

El *teísmo* significa una creencia en Dios y en su forma naturalista es una filosofía racional concerniente a Dios que se limita a una Esencia divina. El teísmo bíblico cree que la Esencia, según la revelación, subsiste en tres Personas. Como filosofía racionalista, el teísmo naturalista es apoyado por los argumentos tradicionales que han sido considerados con anterioridad, y puede ser distinguido de ciertas teorías antiteístas.

La percepción que el hombre tiene de la naturaleza y su incansable investigación tanto de los fenómenos como del origen del universo está testimoniado por la historia de la filosofía. Han sido muchas las escuelas de pensamiento que han aparecido, algunas de las cuales aún están en existencia mientras que otras han pasado a la historia. Estos sistemas de pensamiento reflejan de manera innegable las especulaciones del hombre desprovisto de la revelación. Está escrito que algunos filósofos rechazaron la revelación que les fue dada (Ro. 1:18-32). También es cierto que hay otros a quienes les fue negada la revelación que hubiesen respondido y se hubiesen regocijado en la gloriosa luz que ésta ofrece. Platón declaró: "Los filósofos son capaces de comprender lo eterno e inmutable . . . aquellos que ponen sus afectos en aquello que en realidad existe." La sinceridad que acepta la luz adicional se refleja en declaraciones como ésas. Los primeros filósofos se ocuparon en la cosmología y no fue sino hasta la época de Sócrates y Platón que se le dió consideración a las cuestiones intelectuales y morales. El hecho que Sócrates confundió el conocimiento con la virtud sugiere la inmadurez manifestada en su filosofía. El estudiante de teología debe familiarizarse con las principales teorias antiteístas de las épocas pasadas; ya que éstas siendo más o menos innatas en las mentes de los inconversos tienden a reaparecer en una forma u otra. Algunas de esas teorías son las siguientes:

I. ATEISMO

Una negación abierta y positiva de la existencia de Dios es conocida con el nombre de *ateísmo* (*ἄθεος* – sin Dios). Dicha expresión no designa propiamente la simple ignorancia de Dios. Es muy probable que jamás haya existido un ateo consistente. El ateo común es un individuo esporádico que en su esfuerzo por mantener una supuesta premisa de negación de la Deidad ha causado un desequilibrio tanto en su intuición como en su razón. El hombre no es capaz de ajustarse a las conclusiones lógicas del ateísmo. Si el hombre se ajustase a dichas conclusiones, no solamente repudiaría a Dios, a todo valor moral, y a toda realidad espiritual, sino que también repudiaría la constitución humana en su parte inmaterial. Para el ateo consistente no podría existir ni la mente, ni la conciencia, ni la moralidad, ni la sensibilidad, ni la voluntad. La teoría del ateo no podría apoyar sus propias afirmaciones ya que tal apoyo requiere el poder mental que el ateo tiene que negar. Para el ateo el universo material es sólo un accidente y todas sus maravillas de coordinación y desarrollo son de carácter fortuito. El no conoce causa alguna para nada, ni aun para su propia existencia. El no posee ninguna esperanza ni para el presente ni para la eternidad. Cuando el ateo niega la existencia de Dios lo hace por medio de una premisa que trasciende las limitaciones que les son permitidas por su credo de negación. Como escribió Juan Foster (1770-1843):

"La sorpresa se vuelve entonces al gran proceso, por el cual un hombre pudiese alcanzar a poseer la gran inteligencia capaz de saber que no hay Dios. ¡Cuántos siglos y cuánta luz se necesitan para llegar a obtener tal cosa! Esa inteligencia abarca los propios atributos de la Divinidad, mientras que se niega a Dios. Pues a menos que ese hombre sea omnipresente, a menos que dicho hombre esté en todas partes al mismo tiempo, él no puede saber si en algún lugar hay alguna manifestación de la Deidad, por la cual él sería derrotado. Si él no sabe o conoce absolutamente todos los agentes del universo, aquel que es desconocido para él puede ser Dios. Si él mismo no es el agente principal del universo, y no sabe quién realiza esa función, aquel que la realiza puede ser Dios. Si él no tiene la posesión absoluta de todas las proposiciones que constituyen la verdad universal, tal vez aquella que él no posee demuestra que hay un Dios. Si él no puede con certeza explicar las causas de todo lo que ve y sabe que existe, esa causa puede ser un Dios. Si él no sabe todas las cosas que han sido hechas en las recónditas edades pasadas, algunas cosas pueden haber sido hechas por un Dios. Por lo tanto, a menos que él sepa todas las cosas, es decir, que cancele a Dios haciéndose a sí mismo un dios, él no puede saber si el Ser cuya existencia él está negando no existe. Pero él debe saber que él no existe, de otra manera merece ser tratado con el mismo desdén y compasión por la osadía con la que tan firmemente confiesa su creencia y la practica." *(Ensayos,* i, carta v, citado por Miley, *Teología Sistemática,* I, 113.

No podríamos encontrar una definición más completa del ateísmo que la que ofrece el Dr. A. A. Hodge:

"El ateísmo, conforme a su etimología, significa una negación de la existencia de Dios. Dicha expresión fue aplicada a Sócrates y a otros filósofos por los griegos de la antigüedad, para indicar el hecho que no se ajustaban a la religión popular. En ese mismo sentido fue aplicada a los cristianos primitivos. Puesto que el uso de la palabra teísmo ha sido perfectamente fijada en todas las lenguas modernas, ateísmo necesariamente significa la negación de la existencia de un Creador personal y un Gobernador Moral. A pesar de que la creencia en un Dios personal es el resultado de un reconocimiento espontáneo de Dios como habiéndose manifestado a sí mismo en la conciencia y en las obras de la naturaleza, el ateísmo es aun posible como un estado anormal de la conciencia inducido por la especulación humana o por la indulgencia en las pasiones pecaminosas, precisamente de la misma manera en que es posible el idealismo subjetivista. El ateísmo existe en las formas siguientes: 1. Práctico, 2. Especulativo. A su vez el ateísmo especulativo se divide en (1) Dogmático, como cuando se concluye o (a) que Dios no existe, o (b) que las facultades humanas son del todo incapaces de establecer o verficar su existencia (ej. Herbert Spencer, '*Primeros Principios*', pt. 1). (2) Escéptico, como en el caso de la simple duda de la existencia, y la negación de las evidencias que normalmente son presentadas. (3) Virtual, como en los casos en que (a) se mantienen principios esencialmente inconsistentes con la existencia de Dios, o con la posibilidad de nuestro conocimiento de El (ej. por materialistas, positivistas, idealistas absolutos). (b) Cuando se niegan algunos de los atributos esenciales de la naturaleza divina, como hacen los panteístas, y como lo hace J. S. Mill en su '*Ensayo Sobre Religión.*' (c) Cuando se ofrecen explicaciones sobre el universo que excluyen la intervención de un Creador y Gobernador inteligente, el gobierno moral de Dios, y la libertad moral del hombre (ej. las teorías de Darwin y Spencer, y por lo general todas las teorías necesitaristas)." *Bosquejos de Teología,* ps. 46,-47.

II. AGNOSTICISMO

El teísmo también debe ser diferenciado del agnosticismo, que es la creencia que afirma que no existe base suficiente ni para asegurar ni para negar la existencia de Dios. Por lo tanto, los que así creen, no opinan ni ofrecen respuesta a la pregunta: ¿Existe Dios? En realidad es una aversión a aceptar las impresiones de la mente tocante a ciertos asuntos como dignos de confianza, o ser convencidos por un proceso de razonamiento lícito. Los más notables agnósticos de épocas pasadas son Sir W. Hamilton, Dean Mansel, Herbert Spencer y Huxley. Este último fue quien introdujo la expresión *agnosticismo* por el año 1870. Es evidente por la etimología de la palabra que esta puede ser aplicada a cualquier grado o género de incredulidad sobre cualquier asunto. Sin embargo, dicha palabra es usada con un sentido limitado. La Enciclopedia Británica dice lo siguiente:

"Mientras que el escepticismo, como un vocablo técnico en la filosofía, denota varios niveles de duda en cuanto a si parte o todo el proceso psicológico, diseñado para proveer conocimiento, en realidad lo hace, el agnosticismo a su vez afirma que, de ciertas clases de objetos o hechos, poseemos conocimiento cierto, mientras que tocante a otras clases de supuestas existencias no sabemos ni podemos saber nada. La clase de objetos acerca de los cuales el agnóstico dice que es imposible tener conocimiento son los que tienen prioridad en el estudio de la metafísica y la teología: Dios, el alma y su inmortalidad, y –hablando más generalmente– las realidades últimas de las que los fenómenos, como los que la ciencia estudia, son solo apariencias. De esos fenómenos, tenemos un siempre creciente e indiscutible conocimiento; en cuanto a las cosas en sí, de la existencia o de la percepción, de las que las 'cosas' de sentido común y ciencia sólo son las sombras y apariencias que podemos conocer, nunca podemos tener conocimiento puro y sin contaminación subjetiva. Si sabemos *que* éstos existen, no podemos saber *qué* son; si podemos afirmar la existencia de éstos, ignoramos lo concerniente a su esencia" *(s. v., Agnosticismo,* 14a. ed.).

Una vez más, como sugiere la etimología de la palabra, el agnosticismo simplemente es el *no saber.* Su objetivo es desacreditar la certidumbre en el campo del conocimiento humano. El agnosticismo es un ataque contra los poderes mentales del hombre y engendra una desconfianza en los hechos y fuerzas comunes de la existencia humana. Esta es una filosofía negativa en todos sus aspectos y por lo tanto destructiva en sus efectos sobre la verdad que es obtenida a través de las funciones normales de las facultades humanas. El agnosticismo repudia las pruebas razonables, cuyos procesos, si fuesen seguidos consistentemente, eliminarían de hecho las mismas pruebas ofrecidas por sus propias teorías. El Dr. Jorge Park Fisher ha escrito lo siguiente:

"Es obvio que el agnosticismo es la destrucción de la ciencia. Todas las investigaciones y los razonamientos de la ciencia proceden de axiomas

–llámenles intuiciones, postulados racionales, o por cualquier otro nombre. Pero éstos, según los agnósticos, simplemente denotan un cierto nivel al que ha llegado el proceso de la evolución. ¿Qué impide que éstos desaparezcan, o que se conviertan en otros axiomas, con el progreso continuo de este proceso? ¿Qué sucederá con las propias doctrinas del agnosticismo? Está claro que en esta filosofía, todo conocimiento de las realidades, a diferencia de las impresiones transitorias, es como una casa edificada sobre la arena. Toda ciencia queda reducida a *Schein* –una simple apariencia. Es imposible para el agnóstico limitar su conocimiento a la experiencia, y rechazar como sin confirmar las implicaciones de la experiencia, sin antes abandonar todas sus creencias. Si se aferra a su principio, su credo será muy corto. El conocimiento está limitado al momento presente. Yo estoy consciente de recordarme de una experiencia pasada. No puedo negar ese conocimiento de la realidad presente sin provocar una contradicción. ¿Pero cómo sé yo que aquello que recuerdo –ya sea un pensamiento, un sentimiento, o una experiencia cualquiera– alguna vez tuvo realidad? ¿Cómo sé yo algo del pasado, o que hay un pasado? Pues bien, la memoria es necesaria para la comparación de las sensaciones, para razonar, y para toda nuestra actividad mental. Pero el creer en la memoria significa trascender a la experiencia. Yo tengo ciertas sensaciones que las atribuyo de manera colectiva a una causa que denomino mi "cuerpo". Sensaciones similares me llevan a reconocer la existencia de otros cuerpos como el mío. ¿Pero cómo sé yo que esos cuerpos están conscientes? ¿Cómo sé yo que mis semejantes a quienes veo a mi derredor tienen mentes como la mía? Los sentidos no pueden percibir la inteligencia de los amigos que me rodean. Yo deduzco que ellos son inteligentes, pero en esa deducción yo trasciendo la experiencia. La experiencia reducida a sus términos exactos, según los métodos del agnosticismo, se reduce a las sensaciones presentes –las sensaciones de un momento pasajero. Cuando el agnóstico va más allá de esto, cuando insinúa que lo que se recuerda fue una vez conocido, que sus semejantes son entes que piensan, y no autómatas sin mente, que existen seres inteligentes fuera de él, de hecho él está trascendiendo la experiencia. Si él fuese a afirmar que Dios es inteligente, él no sería culpable de una mayor suposición que cuando concede inteligencia a sus semejantes a quienes ve a su derredor, y con quienes conversa." *(Las Bases de la Creeencia Teísta y Cristiana,* ed. rev., ps. 78-79).

El agnosticismo se expresa mejor mediante la frase, "yo *no quiero* creer", que mediante la frase, "yo no *puedo* creer."

III. EVOLUCION

"En general", escribió el ya fallecido Dr. Leander Keyser, "la evolución es la teoría que afirma que el Cosmos ha surgido de una materia cruda y homogénea y ha adquirido su estado presente y heterogéneo por medio de fuerzas inherentes en él mismo" *(Un Sistema de Teísmo Natural,* p. 106). La evolución puede ser *teísta* o *ateísta.*

La evolución teísta reconoce a Dios como el Creador de las substancias originales, pero afirma que la evolución es el método por el cual ha tenido lugar todo desarrollo acaecido partiendo de un supuesto estado elemental hasta llegar al estado presente de madurez. La evolución ateísta, por otra parte, rechaza la Persona de Dios, niega Su intervención en la creación, y postula que la materia es eterna y autónoma.

Desde el principio el hombre pecador, careciendo de conocimiento de la revelación y sin la disposición para estimar la obra de Dios, se ha entregado a la especulación del problema del origen del universo como aparece ante él. Con todo su énfasis puesto en la credulidad, la teoría evolucionista es la mejor solución que el hombre natural ha podido ofrecer al problema de origen del mundo. Es evidente que éste es un sistema maligno. "Dios no está en sus pensamientos." Este sistema no da cabida a Dios, ni tampoco se hace referencia en lo absoluto a Su Palabra. No podría ser de otra manera. La doctrina bíblica de la creación encuentra la explicación para todas las cosas en el hecho de la creación divina, el cual es un principio diametralmente opuesto a aquel propuesto por la teoría de la evolución. Por otra parte, los promotores de la teoría de la evolución tratan de evadir cualquier consideración a lo sobrenatural, procurando, como lo hacen,. reducir las obras de Dios a un simple proceso natural. La doctrina bíblica de la creación se orienta hacia Dios; la teoría evolucionista, a pesar de la suposición del teísmo evolucionista que Dios creó aquello de lo cual el universo hubo de haber evolucionado, se aleja de Dios.

Los evolucionistas distinguen entre las cosas viviente y las no vivientes y reconocen que cada una de estas realidades presenta su propio problema en cuanto a origen y desarrollo. En realdiad, la teoría evolucionista, propiamente hablando, no se ocupa en el problema del origen. Este, más bien, tiene que ver con la manifestación o la expansión de las cosas partiendo de un supuesto principio. En cuanto al origen del universo material, muy pocos, en verdad, están preparados para defender el concepto de que es eterno y auto-generado. La materia, siendo inerte y careciendo de inteligencia, no puede ponerse a sí misma en operación ni tampoco podría actuar con un propósito determinado. Solamente una inteligencia no menos que infinita y con capacidad suficiente para hacer tal obra pudo haber realizado tal principio. La inmensidad de la tarea y la inteligencia que demanda no son empequeñecidas por la suposición de que una vez todo existió en la forma de una nube de fuego o de un protoplasma. Es dudoso pensar que requiera un menor esfuerzo crear un huevo del cual pueda surgir un pollo que hacer un pollo completamente desarrollado. El vapor de fuego o protoplasma que sostiene este universo potencialmente dentro de sí, sería una miniatura de la totalidad. Hasta donde se extiende la teoría evolucionista, el problema de la causa de la miniatura permanece sin solución.

En su introducción tocante a la *evolución,* la Enciclopedia Británica dice: "Desde los tiempos primitivos el hombre debe haber especulado concerniente a la naturaleza y el origen de la multitud de seres vivientes, tanto plantas como animales, que pueblan la superficie de la tierra. Algunos han asumido" –este escritor humildemente interpone lo que considera ser una mejor frase, a saber, que ellos *creen* con absoluta autoridad– "que las formas diversas con sus diferentes contornos y tamaños, propiedades y hábitos, fueron creadas cada una especialmente, con toda probabilidad para ocupar un lugar en particular y para servir un propósito especial; otros prefieren considerarlos como productos de la naturaleza gradualmente desarrollados. Según la doctrina moderna, la evolución y la diversidad de lo que vemos a nuestro derredor se deben a las acciones pasadas de las 'causas naturales', que aún pueden ser observadas en el presente. Este concepto ha sido aplicado a todo el cosmos incluyendo tanto los organismos vivientes como los no vivientes."

En relación al punto hasta donde la evolución es ahora recibida por individuos educados, la misma introducción prosigue a subrayar:

> "La idea de la evolución ha penetrado muchos otros departamentos del pensamiento. La antropología y la etnología han sido permeadas por ésta, al igual que la historia y la religión comparada. La psicología moderna reconoce que la mente humana es incomprensible sin un fondo evolucionista. La idea de la evolución ha re-enfatizado nuestro parentezco con los animales; ha destronado al hombre de su posición como señor de la creación; pero en lugar de la antigua idea de la fijación nos ha dado la idea del posible avance de la raza humana, y del hombre como el custodio del futuro progreso evolucionista. Repetimos, es universalmente mantenido por biólogos competentes que todos los organismos, vivos o extintos, han surgido de remotos ancestros comunes a través de un proceso de cambio gradual o evolución, y aún más, que la materia viviente o 'vida' misma, en toda probabilidad surgió de la materia inorgánica en sus primeras etapas del progreso evolucionario. La única duda que aún permanece tiene que ver con los pasos exactos del proceso, y la naturaleza y la relativa importancia de los diferentes factores que han contribuido a éste." –14a. ed., VIII, 916-17.

La declaración anterior que "la vida misma con toda probabilidad surgió de la materia inorgánica" es una simple conjetura. Esta es, sin duda, la mejor solución que la mente impía del ser humano puede ofrecer al problema del origen de la vida. Aparentemente aquí el verdadero método científico de proceder solamente en la base de hechos *probados* es lanzado al viento. La evolución es una simple generalización basada en una hipótesis. Aun si fuese el caso que todos los hombres de ciencia se adhiriesen a dicha suposición, ésta no tiene el derecho de proclamarse a sí misma como una ciencia autoritativa, como ahora hace la evolución, hasta que sea verificada por los hechos. Al definir un *hecho,* el New Century Dictionary declara: "Una obra o acto . . . también, algo que en verdad ha ocurrido, o que es el caso real; una ocurrencia verdadera, o estado de cosas, a diferencia de algo simplemente profesado o creído; por consiguiente, una verdad conocida por medio de una verdadera observación o de un testimonio auténtico" (ed. de 1936). La hipótesis evolucionista no llena ninguno de los requisitos mencionados y por lo tanto carece de la *verdad* o *hechos* en los que una ciencia pudiese basarse. En contraste con esto, habiendo establecido la verdad que la Biblia es la Palabra de Dios a través de una demostración que armoniza completamente con todo lo necesario para substanciar un hecho, es entonces científico creer que "en el principio Dios creó los cielos y la tierra." Esa declaración presenta un hecho probado que está basado en un "testimonio auténtico" y es, por lo tanto, científico. Sin embargo, debido a las tinieblas espirituales que cubren el entendimiento humano tocante a Dios y Sus obras, la Escritura con exacta finalidad y claridad afirma: "Por la fe entendemos haber sido constituido el universo por la palabra de Dios, de modo que lo que se ve fue hecho de lo que no se veía" (He.11:3).

En círculos intelectuales, como en otros aspectos de la vida, los hombres escogen entre las únicas alternativas, a saber la creación directa de las cosas por Dios como lo declara Su Palabra autorizada, o la evolución de este complejo y maravilloso universo sin una causa o propósito direccional, de la nada. En el último análisis, la elección es entre Dios y la nada. ¡Y qué tiniebla se manifiesta por parte de aquellos que eligen la *nada*!

Cualquier esfuerzo por analizar las teorías de la evolución naturalista debe tener en cuenta el hecho que, a pesar de su antigüedad, ésta es una creencia moderna y no debe ser clasificada entre los conceptos olvidados del pasado. La doctrina no es nueva, habiendo sido sostenida en forma rudimentaria, por muchos filósofos antiguos. En los últimos tiempos ha aparecido con la supuesta importancia que hombres sagaces y cultos le han designado. En los días de Huxley –hace aproximadamente un siglo– él dió a esta teoría el peso de su gran influencia. Huxley declaró: "La substancia de la vida está compuesta de materia ordinaria, diferenciándose de ésta solamente en la manera en que los átomos están dispuestos." Y añade, "Debo de guardarme cuidadosamente contra la suposición que trato de sugerir que nada parecido a la abiogénesis haya ocurrido en el pasado o que ha de ocurrir en el futuro. Con la química orgánica, física molecular, a la fisiología aún en su infancia, y cada día dando pasos prodigiosos, creo que sería la epítome de la presuposición que cualquier hombre dijese que las condiciones bajo las cuales la materia asume las propiedades que llamamos 'vitales', no puedan algún día ser artificialmente reunidas" (citado por Hodge, *Theology,* II, 5). La declaración autoritativa hecha más recientemente tocante a los postulados de la evolución naturalista se encuentran en la última edición de la Enciclopedia Británica, donde se afirma –una porción de cuya declaración hemos citado anteriormente: "Finalmente está el valor pragmático de la teoría de la evolución. El biólogo al estudiar la materia viviente, encuentra que la idea de la evolución obra y le ayuda a interpretar sus hechos y a descubrir nuevas verdades y principios; mientras que ninguna otra teoría que hasta ahora ha aparecido le ayuda del todo. La idea de la evolución es un instrumento biológico tan importante como, por ejemplo, el microscopio . . . Personas irresponsables afirman frecuentemente que el ' Darwinismo está muerto. ' Esto está muy lejos de la verdad. En lo que concierne al darwinismo como una afirmación razonada del hecho de la evolución, éste está más firmemente cimentado hoy que en los propios tiempos de Darwin, y cada día acumula más evidencias en su favor. Solamente respecto a la naturaleza de las variaciones que han de ser seleccionadas la teoría de la evolución ha sufrido por medio de la selección natural alguna modificación importante; en otros respectos ésta permanece inalterable." (VIII, 916).

Existen ciertos obvios fenómenos para los cuales la teoría de la evolución no ofrece ninguna explicación, a saber, el origen de la materia; la materia nunca ha evolucionado en vida; las especies permanecen separadas dondequiera que se observan y nunca se ha observado ninguna mutación de las especies; el movimiento; la vida; el estado consciente; Cristo; la experiencia cristiana; una vida futura. Lejos de ser cuestiones subordinadas, éstas son verdades esenciales de toda la creación. No es suficiente afirmar ahora que la evolución es un principio que no puede ocuparse en detalles. Las realidades mencionadas anteriormente son fundamentales. La ciencia para que sea digna de ese nombre debe conducirse en la base de *hechos probados.* Los hombres de ciencia que se subscriben a las teorías improbables de la evolución naturalista hacen afrenta a los requerimientos de su profesión. Como ha declarado el Dr. Miley: "La evolución es entonces una inferencia tomada de una simple hipótesis. Este no es el método de la ciencia. Una hipótesis es una base extremadamente insuficiente para cualquier ciencia. Ninguna teoría puede reclamar una posición científica sino hasta que se ha verificado a sí misma con hechos" *(Systematic Theology,* I, 135). La explicación de esta extraña separación por parte de muchos eruditos de la reconocida base fundamental de la ciencia es que ellos no tienen otra salida. Ya que "el hombre natural no percibe las cosas que son del Espíritu de Dios" (1 Co.2:14), ellos no encuentran ninguna solución al problema del origen en la revelación que afirma que Dios creó el universo. A tal mente, evidentemente le resulta más fácil creer en una teoría que no ha sido substanciada que afirma que algo evolucionó de la nada; que la materia produjo la vida, que creer que Dios creó todas las cosas mediante Su poder suficiente y para Sus más sabios fines. La iluminación espiritual, y no la discusión, es el remedio eficaz para curar la incapacidad del hombre inconverso. ¡Qué anormal son estas cosas! ¡Qué pervertida es la experiencia intelectual de una persona que juzga como "estupidez" los sublimes actos creativos de Dios, pero no ven la estupidez de pensar que un renacuajo o un mono fuese el progenitor de los hombres! Sólo la fe y no los razonamientos científicos es capaz de descubrir las cosas de Dios. "Por la fe", y no todos los hombres tienen fe, "entendemos haber sido constituido el universo por la palabra de Dios, de modo que lo que se ve fue hecho de lo que no se veía" (He.11:3). La doctrina de la creación divina no tan solamente es el punto de partida de la revelación, sino que el resto de la Escritura reconoce esa doctrina y se alimenta de ella.[1]

IV. EL MATERIALISMO

"La doctrina que enseña que los hechos de la experiencia han de ser explicados en su totalidad en relación a la realidad, actividades, y leyes de la substancia física o material. En el campo de la psicología, esta doctrina niega la realidad del alma, como ente psíquico; en

---

[1]Para que no se piense que la doctrina de la creación divina está limitada a los primeros versículos de la Biblia, presentamos a continuación más de setenta y cinco pasajes – cada uno de los cuales da testimonio directo por medio de la inspiración. Tan entretejida está dicha doctrina a través de la Biblia que negar la creación divina es abandonar todo vestigio de revelación. El final, como se demuestra por todas partes, es la niebla del ateísmo o las negaciones del agnosticismo. Los pasajes son: Gn. 1:1-3 (comp. 1:1-31; 2:1-25); Ex. 20:11; 1 S. 2:8; Neh. 9:6; Job 9:8, 9; 12:8, 9; 26:7, 13; 28:24-26; 37:16, 18; 38:4, 7-10; Sal. 8:3; 19:1, 4; 24:1, 2; 33:6-9; 65:6; 74:16, 17; 78:69; 89:11, 12; 90:2; 95:4, 5; 102:25; 103:22; 104:2-6, 24, 30, 31; 119:90; 124:8; 136:5-9; 148:5; Pr. 3:19; 8:26-29; 26:10; 30:4; Ec. 3:11; 11:5; Is. 40:12, 26, 28; 42:5; 44:24; 45:7-12, 18; 48:13; 51:13; 66:2; Jer. 5:22; 10:12; 27:5; 31:35; 32:17; 33:2; 51:15, 16; Am. 4:13; 5:8; 9:6; Jon. 1:9; Zac. 12:1; Jn. 1:3, 10; Hch. 14:15; 17:24; Ro. 4:17; 11:36; 1 Co. 8:6; 2 Co. 4:6; 5:18; Ef. 3:9; Col. 1:16, 17; 1 Ti. 6:13; He.1:2,10; 2:10; 3:4; 11:3; Ap.4:11; 10:6; 14:7.

cuanto a la cosmología, niega la necesidad de asumir la existencia de Dios como Espíritu Absoluto, o de cualquier otra base espiritual o primer principio: en oposición al *espiritismo.* Las teorías materialistas han variado desde el principio, pero la mas comunmente aceptada considera todas las especies de vida perceptiva y mental como productos de organismos, y el universo mismo como explicable en términos de elementos físicos y sus movimientos" *(New Standard Dictionary,* 1913). A esto añade la Enciclopedia Británica: "Tal vez pueda decirse correctamente que el materialismo es al presente un necesario postulado metodológico de investigación científica natural. La tarea del científico es explicar todas las cosas por medio de las causas físicas que son comparativamente bien comprendidas y excluir la interferencia de causas espirituales. Fue la gran tarea de Descartes excluir religiosamente de la ciencia todas las explicaciones que no fuesen confirmadas científicamente (14a. ed. s. v.).

El mundo espera la introducción de una ciencia balanceada y sin prejuicios que dé a lo espiritual su lugar trascendente por sobre la materia. El servilismo ciego de los evolucionistas modernos quienes, por falta de luz espiritual, se ven obligados a buscar el origen de la vida en una emanación de la "complejidad físico-química" (lo que sea que eso signifique –ver la Enciclopedia Británica sobre la *evolución)* es como hundirse a sí mismo en el lado del cual es incapaz de alzar sus ojos. Así como Dios es más grande que las obras de Sus manos, así el espíritu del hombre, siendo directamente impartido por Dios (Gn. 2:7), sobrepasa en importancia la mera "casa de barro" en la cual habita. La historia de la ciencia se ha caracterizado por la admisión de innumerables mal entendimientos y errores. En el campo de lo que es solamente físico, se han realizado ciertos progresos; pero en lo que concierne a la vida y al ser espiritual, no ha habido ningún progreso, ni puede haberlo mientras los hombres de ciencia no admitan la revelación como una fuente válida de información. Si toda ciencia vacila tocante al problema de la vida, ¿cuándo se despertarán sus sacerdotes para apreciar la gran maravilla del "don de Dios que es vida eterna a través de Cristo Jesús Señor nuestro?

V. EL POLITEISMO

La creencia y doctrina que hay más de un Dios se conoce con el nombre de *politeísmo,* y así, esta constituye una desobediencia al primer mandamiento del Decálogo. Ha sido la creencia de los infieles y de los evolucionistas modernos que, desde su desarrollo de la existencia animal elemental, el hombre ha creído en muchos dioses. Por el contrario, tanto la evidencia bíblica como la histórica demuestra que el hombre comenzó creyendo en un solo Dios y luego se apartó de esa creencia, no queriendo "retener a Dios en su mente." No podría escribirse una historia mejor y más correcta de ese alejamiento que la que encontramos en Romanos 1:18-32. Nuevamente nos referimos a algo escrito por el Dr. A. A. Hodge:

"El politeísmo . . . distribuye las perfecciones y las funciones del Dios infinito entre muchos dioses limitados. Este surgió de la adoración de la naturaleza representado por los antiguos Vedas de la India, que tan presta y generalmente hubo de substituir al monoteísmo primitivo. Al principio, como prevaleció por largo tiempo en Caldea y en Arabia, consistió en la adoración de los elementos especialmente las estrellas y el fuego. Posteriormente tomó formas especiales de las tradiciones, las supersticiones, y la relativa civilización de cada grupo. Entre los pueblos más salvajes descendió al fetichismo como en el oeste y el centro de Africa. Entre los griegos fué hecho el vehículo para la expresión de su refinado humanitarianismo en la apoteosis de hombres heroicos en vez de la revelación de dioses encarnados. En la India, surgiendo de una filosofía panteísta, el panteísmo ha sido llevado al más extravagante de los extremos, tanto en lo referente al número como el carácter de sus dioses. Todas las veces que el politeísmo ha sido ligado a la especulación aparece como el complemento del panteísmo." (*Outlines of Theology,* ps.47,48).

El politeísmo no presenta ninguna semejanza a la doctrina bíblica de una Trinidad de Personas representando una Esencia. La creencia Trinitaria está basada en el hecho fundamental que hay un Dios –Jehová nuestro Elohím es un Jehová (Dt. 6:4), y sostiene que ese Dios único subsiste en tres Personas. La Biblia es en sumo grado una revelación monoteísta.

VI. IDEALISMO Y REALISMO

En relación a estas dos escuelas de pensamiento, el New Standard Dictionary (ed. de 1913), señala: "el idealismo: Ese sistema de pensamiento que se propone interpretar y explicar la totalidad del universo, las cosas y las mentes con sus relaciones, como la realización de un sistema de ideas, o como la evolución progresiva de una idea. Dicho concepto adquiere varias formas dependiendo del punto de vista de lo que la idea o el ideal es, y cómo nos aseguramos de éste. El idealismo normalmente es considerado como, y en sus particularidades frecuentemente es, la antítesis del realismo; pero los extremos de ambos se favorecen mutuamente, pues, aunque en muchas ocasiones se niegan el uno al otro, también muchas veces las dos escuelas coinciden en sus afirmaciones. Por otra parte, mientras que el agnosticismo admite la posibilidad de la existencia de la realidad como independiente de lo consciente, al mismo tiempo niega la posibilidad de conocer dicha realidad. El idealismo, por lo tanto, se diferencia del agnosticismo al rehusar admitir la posibilidad de una realidad que no sea ideal."

Concerniente al realismo como filosofía, igualmente se declara: "La doctrina que mantiene que los objetos del conocimiento humano tienen existencia real, y no solamente existencia en la mente de aquel que los percibe o que de otro modo los reconoce. El realismo por lo tanto, es opuesto al *nominalismo, fenomenalismo,* y al *idealismo escéptico* o *subjetivo.*"

VII. EL PANTEISMO

Como la palabra sugiere, el panteísmo es la creencia que Dios es todo y que todo es Dios, confundiendo de esa manera a Dios con la naturaleza, la materia con el espíritu, y al Creador con las cosas que El ha creado. Dos rumbos diferentes se han tomado en relación a la filosofía panteísta. Uno es que la materia origina todas las cosas y es Dios, siendo la vida y el espíritu modos de la existencia del Absoluto total. El otro postula que el espíritu lo es todo y que la materia no tiene existencia substancial más allá de la impresión mental, o la ilusión, de que ésta existe. En ambos casos, Dios es todas las cosas. De modo que tanto el idealismo como el realismo están representados en las dos formas de esta filosofía. Como puede observarse en las antiguas religiones brahamana y budista, esta creencia ha conducido a la doctrina de la transmigración del alma, la cual también mantiene que el alma deriva toda su existencia de Dios y eventualmente, después de innumerables reencarnaciones, regresa a Dios y es absorbida en El. En los "vedas" se enseña que "todo el universo es el Creador, procede del Creador, y regresa a él." Igualmente, la misma fuente dice: "¡Tú eres Brama, tu eres Vishnú, tú eres Kodra, etc.; tú eres aire, tú eres Andri, tú eres la luna, tú eres substancia, tú eres Djam; tú eres la tierra, tú eres el mundo! ¡Oh, Señor del mundo, a tí la adoración humilde! ¡Oh, Alma del mundo, tú que supervisas las acciones del mundo, que destruyes el mundo, que creas los placeres del mundo! ¡Oh, Vida del mundo, los mundos visibles e invisibles son el juego de tu poder; tú eres el soberano, Oh, Alma Universal; a tí la adoración humilde!" (citado por Cooke, *The Deity,* ed. rev. p. 170).

Aparentemente la imaginación humana no necesita más que una leve sugerencia para fabricar, por medio de la imaginación, misterio sobre misterio y fábula sobre fábula, y, al parecer, sin jamás ser recusada por el hecho de que tal actitud redunda en un engaño monstruoso. En contraste con esto, la revelación ha provisto una estabilización para la mente humana la cual, de otro modo, como el caso de los demonios de Lucas 11:24, "andan por lugares secos, buscando descanso; y al no encontrarlo", se apresta a deificar y adorar cualquier cosa desde un "reptil" hasta el universo mismo. Hasta qué punto puede adentrarse el panteísmo como filosofía es algo que se refleja en numerosos escritos –antiguos y modernos. Lucano dijo: "Todo lo que podéis ver es Júpiter." Séneca preguntó, "¿Qué es Dios? ", respondiendo, "El es todo lo que veis, y todo lo que no veis" (citado por Cooke, *ibid.*, ps. 171-72). La siguiente versificación compuesta por el Dr. Mason Good de un poema atribuido a Orfeo representa el pensamiento filosófico de su día:

> Jove existe primero, cuyos truenos resuenan en el cielo;
> Jove último, Jove en el medio, todo procede de Jove.
> Jove es femenina, el inmortal Jove es masculino;
> Jove es la amplia tierra –el cielo irradia con palidez.
> Jove es el Espíritu ilimitado, Jove es el fuego
> que calienta al mundo de sentimiento y deseo.
> El mar es Jove, el sol y la luna;
> Jove el rey supremo, la fuente soberana de todo.
> Todo el poder es suyo; a él sea toda la gloria
> Porque su vasta forma abarca todo lo que vive.
> –citado por Cooke, *ibid.*, p. 171.

El panteísmo se ha convertido en la herencia de toda nación sobre la tierra y ha afectado las corrientes del pensamiento humano más allá de lo imaginable. Este asume la eternidad de la materia y la idea absurda que la materia tiene poder para originar la vida y el espíritu. En su forma idealista éste contradice la percepción humana y destruye el fundamento mismo en el que está basada la razón y el método fundamental de su propio procedimiento. El panteísmo destruye también las distinciones más esenciales de las cosas existentes, por las que únicamente éstas pueden ser identificadas. Según el panteísmo, el alfarero y el barro son exactamente lo mismo –si es que existen del todo. Los promotores de estos conceptos por fuerza contradicen en sus vidas diarias las propias especulaciones que mantienen. Ellos no pueden presentar un teorema, ni aun comenzar a formularlo, sin apartarse de su idea principal. Todo esfuerzo por incrementar esta teoría asume el principio mismo que la destruye. Al tratar de apoyarla, sus exponentes destruyen la supuesta base de dicha teoría. El panteísmo destruye todas las distinciones. Reduce todos los elementos de un mismo nivel. Este concepto no reconoce en lo absoluto que Dios es infinito mientras que la creación es finita; que Dios es omnipotente mientras que la creación es impotente; que Dios es inmutable mientras que la creación es mutable; que Dios es eterno mientras que la creación experimenta nacimiento y muerte. El error es algo incidental para otras mentes, pero es algo inevitable y esencial para los maestros panteístas. Aunque el panteísmo concibe un dios tal y como la especulación humana puede producir, éste es el progenitor del ateísmo y de la más terrible idolatría. Además, al proclamar que la materia es Dios y Dios es la materia, está muy cerca de la declaración del necio al decir que no hay Dios. De igual manera, el panteísmo está a un solo paso de la adoración de cualquier objeto inanimado o animado, ya que dicha teoría mantiene que todo es parte de Dios. Un sistema tal conduce a la blasfemia y a la permisibilidad. El panteísmo destruye la base de todo concepto moral. Si toda la naturaleza fuese Dios, entonces las acciones humanas no se diferenciarían de Dios sino que serían las propias acciones de Dios. Toda la gama de los crímenes humanos se convierte en algo tan digno como la virtud misma. Las expresiones usadas para describir la virtud sólo serían ideas convencionales. La razón sería asesinada y la virtud difamada. Tal es el fruto de la filosofía del panteísmo actual prevaleciente en los centros educacionales modernos. El estudiante de teología haría bien en reflexionar sobre la siguiente declaración, producto normal de la filosofía panteísta: "La creencia en un Dios personal y viviente es la base principal y el origen de nuestro carcomido estado social; además, entre tanto que la humanidad dependa, aunque sea un pelo, de la idea del cielo, no hay felicidad qué buscar aquí en la tierra. El hombre mismo es la religión del futuro. Dios necesita del hombre, pero el hombre no tiene ninguna necesidad de Dios" (citado por Cooke, *ibid.*, p. 186). Estas repugnantes afirmaciones constituyen el propio credo del ateísmo y del comunismo, que están aferrados al cuello de los intereses sociales del mundo y que odian las cosas de Dios con odio perfecto.

El siguiente párrafo escrito por el Dr. Guillermo Cooke, publicado en 1862, resume el carácter maligno de esta filosofía:

> "Ya sea que contemplemos el sistema teórica o prácticamente, ésta es la monstruosidad más horrenda que la mente humana haya podido fabricar jamás. Esta filosofía personifica en grado sumo lo absurdo y lo inmoral. Esta fue generada por medio de la vanidad, estimulada por medio del orgullo, y madurada por medio de la más consumada depravación. Vista por medio del lente de la filosofía, dicho sistema es una notoria tontería; vista a través de la moralidad es detestablemente obscena; y, vista a través de la religión, es una horrible blasfemia. Es repugnante a nuestra razón, y repulsiva a nuestro sentido moral; es una desafortunada desgracia tanto para el intelecto como para el carácter del hombre, lo cual es humillante y nauseabundo contemplar; y la desgracia es aún más profunda cuando pensamos acerca de los hombres, los países y la edad de las personas entre las que este sistema se ha popularizado. Un maníaco no podría igualar su imbecilidad, ni podría un demonio exceder su maldad. El mismo Príncipe de las Tinieblas . . . no podría desear una humillación más completa para el intelecto humano, una destrucción más completa del carácter y la felicidad humana, una subversión más perfecta de la autoridad y los designios del

Dios Todopoderoso. Su aceptación universal consumaría los deseos de ese espíritu maligno y apóstata, al disolver todos los lazos de la sociedad, destruyendo los fundamentos del orden y la felicidad social, y llenando la tierra de bajas pasiones, violencia y sangre. No nos maravillamos del esparcimiento del socialismo, el comunismo, el libertinismo, la anarquía, y el odio hacia la religión; no nos sorprende que los vicios se practiquen abiertamente, los crímenes se cometan con impunidad, y que los malos hombres sean tenidos en reputación. ¡Existe una causa para esto! El saber y la inteligencia han prostituido sus poderes al abogar una mentira atea, y la han propagado a través de toda la sociedad; y tal mentira al ser sancionada, y al ministrar a las más bajas pasiones humanas, ha producido los efectos que deploramos." (*Ibid.*, págs. 187-188).

VIII. EL DEISMO

Esta expresión procede del latín *Deus* (Dios) y está estrechamente relacionada a la palabra griega *Teos*. Como filosofía el deísmo mantiene que Dios es un ser personal, infinito y santo, y que es el Creador de todas las cosas; pero que El deliberadamente abandonó Su creación después de completada con el propósito de que ésta fuese auto-suficiente en todo sentido por medio de las fuerzas residentes en ella. Dios no está presente en la creación sino que es un ser trascendente. El deísmo rechaza las Escrituras o cualquier sugerencia de que Dios está obrando providencialmente desde la creación. Según este sistema, no existe la posibilidad de allegarse a Dios por medio de la oración, o de tener comunión y compañerismo con El. El deísmo es "la religión de la naturaleza" ya que mantiene que todo lo que puede conocerse de Dios está limitado a las deducciones que puedan obtenerse de la creación. No hay ninguna influencia moral que provenga del deísmo y esto ha sido demostrado por sus seguidores. Carlyle describió de esta manera el concepto deísta de Dios: "Un Dios ausente, sentado sin hacer nada desde el primer sábado en las afueras del universo, contemplando como se mueve" (citado por Strong, *Theology*, p. 204).

IX. EL POSITIVISMO

El positivismo es la filosofía elaborada por Augusto Comte (1798-1857) y que está basada en la idea que el conocimiento del hombre está limitado a hechos visibles o fenómenos, y de éstos el hombre sólo tiene conocimiento parcial. El positivismo rechaza toda consideración de la metafísica o de la filosofía especulativa. Los argumentos teístas en cuanto a la Primera Causa y al diseño, así como las conclusiones del razonamiento humano, también son negados.

X. EL MONISMO

"La doctrina que relaciona la explicación de todas las existencias, actividades y desarrollos del universo, incluyendo los seres físicos y psíquicos o espirituales, a un último principio o substancia: éste se opone al *dualismo* filosófico y al *pluralismo*. Si se concibe ese principio o substancia en forma de vida personal, la doctrina toma las características de *monismo idealista;* si se concibe como materia y mecanismo físico, entonces se llama *monismo materialista;* y si se presenta como algo que niega la realidad tanto de la vida personal finita como de las existencias físicas finitas, pero afirma que ambos son solamente las manifestaciones fenomenológicas de una base impersonal, la doctrina se convierte en *monismo panteísta" (New Standard Dictionary,* ed. de 1913).

XI. EL DUALISMO

"El sistema o teoría que afirma la existencia de una dualidad radical o doble división de la naturaleza, ser u operación. En la historia del pensamiento filosófico se han desarrollado cuatro especies de *dualismo,* que hasta cierto punto son interdependientes pero no son idénticas, según el asunto que se considere. Estos son:

(1) DUALISMO TEOLOGICO, o la doctrina que afirma que hay dos opuestos principios eternos, o seres divinos, uno bueno y el otro malo. Este concepto caracterizó la doctrina del Zoroastrismo y ciertos sistemas gnósticos, pero es opuesto por religiones monistas tales como el cristianismo y el mahometismo. Una forma especial de esta doctrina surgió durante las primeras controversias de la Iglesia. Dicha doctrina fue introducida por Nestorio, quien mantenía que el Logos habitó en Jesús como una persona distinta, de modo que se le atribuía à Cristo una doble personalidad, en vez de ser una sola persona divino-humana.

(2) DUALISMO FILOSOFICO, o la teoría que considera que el ser último del universo, o "Fundamento-cósmico", es una dualidad o que está constituido de dos elementos independientes e irreductibles, lo cual es lo contrario tanto al monismo idealista como al materialista.

(3) DUALISMO PSICOLOGICO O PSICOFISICO, es la teoría que afirma que el cuerpo humano y el alma son dos existencias diferentes.

(4) DUALISMO ETICO, o el sistema moral que demanda y justifica una clase de conducta hacia sus semejantes en el mismo grupo social y otra clase de conducta hacia el resto de los hombres" *(Ibid.)*.

XII. PLURALISMO

Aparte del uso general en relación al aspecto plural de las cosas, la expresión *pluralismo* tiene un significado filosófico específico en el cual la unidad esencial del mundo es negada. Dicho concepto afirma que "debido a que la mente crea su propio mundo, para los propósitos prácticos, hay tantos mundos como la mente puede crear" *(Ibid.)*.

CONCLUSION

Estos son en general los argumentos naturalistas a favor y en contra de la existencia de Dios, y las cuestiones filosóficas que éstos engendran. De esto, tan importante como lo es, la mente espiritual se vuelve con alivio a la completa, satisfactoria, y autoritativa revelación de Dios como está escrita en Su Santa Palabra.

CAPITULO XIII

LA PERSONALIDAD DE DIOS

El progreso en la búsqueda del desarrollo sistemático de la verdad teológica que hasta ahora hemos obtenido debe observarse que, bajo el tema de la Bibliología, la Biblia se ha demostrado ser la Palabra de Dios escrita y, bajo el *teísmo naturalista,* ha sido presentada la evidencia concluyente que la razón ofrece en cuanto a la existencia de Dios. Estos son aspectos vitales de la verdad teológica y sobre la base de estas realidades comprobadas puede estudiarse el teísmo bíblico. Una vez más se afirma que la Teología Sistemática obtiene su información tanto de la *razón* como de la *revelación.* También se afirma que la Biblia, siendo la Palabra de Dios escrita, sus declaraciones son aceptadas como finales, en lo que concierne a discusiones futuras en esta obra de teología. Pueden haber problemas de interpretación; pero no consideraremos ningún problema en cuanto a la fidelidad de las Escrituras. Así mismo, el hecho de la existencia de Dios, establecido por medio de la razón, no será sometido a ninguna discusión adicional. Una mente espiritual, persuadida del valor de una revelación inerrante, responderá de manera natural y correcta a la verdad presentada por la revelación, y ha de ser impresionada de manera ínfima por los resultados de la razón. Sin embargo, la evidencia obtenida por medio de la razón es poderosa dentro de sus propios límites y ofrece cierta seguridad de que, cuando la revelación y la razón son correctamente evaluadas, no tan solamente están en armonía, sino que también son suplementarias. La verdad siempre tiene que concordar con sí misma sin importar los diferentes ángulos de donde se mire ni los diferentes campos donde se encuentre. Si ocurriese que la razón ofreciera conclusiones que estén en desacuerdo con la revelación, es necesario deducir que la razón está errada ya que ésta adolecería de un guía infalible fuera de la revelación.

En ningún otro momento el alma consagrada a Dios se percata más de sus limitaciones que cuando es confrontada con la responsabilidad de la debida comprensión de la Persona de Dios. El hombre pecador es incapaz, fuera de la iluminación divina, de comprender al soberano Creador, o la limitada y subordinada criatura en la importancia correspondiente a cada una; y el regenerado recibe ese conocimiento de Dios que hasta él llega solamente a través de la obra iluminadora del Espíritu Santo. Moisés llegó a poseer el patrimonio de la verdad que pertenecía al pueblo escogido y fue educado en toda la sabiduría de Egipto, aún así cuando estuvo de pie ante la zarza tuvo que quitarse el calzado de sus pies.

El *teísmo bíblico* no está, como el *teísmo natural*, limitado al proceso del razonamiento humano y a los simples hechos tocante a la existencia de Dios; sino que es una manifestación de los detalles de la maravillosa verdad en la relación a Dios en términos explícitos escritos por inspiración divina y preservados para siempre. El estudiante tiene que confrontar su responsabilidad personal en obtener, a través de la oración y la meditación y mediante el poder iluminador del Espíritu, la idea correcta y los conceptos dignos de Dios.

La verdad revelada concerniente al Ser divino puede ser clasificada como aquello que es *abstracto,* o que está dentro de Dios mismo –Su Persona, Sus atributos, Sus decretos y Sus nombres– y aquello que es *concreto,* o la manifestación de Sí mismo en tres Personas. Los aspectos *abstractos* de la verdad acerca de Dios están basados en el hecho de que Dios es una Unidad o esencia. Los aspectos *concretos* de la verdad acerca de Dios están basados en el hecho de que Dios existe en una trinidad de Personas, lo cual se conoce con el nombre de *trinitarianismo.* Tocante a la verdad *abstracta* acerca de Dios, puede observarse lo siguiente:

I. LA PERSONALIDAD DE DIOS

Dios ha declarado en Su Palabra inerrante que el hombre, muy contrariamente a otras cosas materiales, ha sido creado a imagen y semejanza del Creador. Está escrito: "Entonces dijo Dios: Hagamos al hombre a nuestra imagen, conforme a nuestra semejanza . . . Y creó Dios al hombre a Su imagen, a la imagen de Dios lo creó" (Gn. 1:26, 27). De esto se deduce, por lo tanto, que hay una semejanza entre Dios y el hombre. En este modo de comparar las cosas la Biblia procede a presentar la naturaleza y el carácter de Dios. El es una Persona con esas facultades y elementos constituyentes que son básicos de la personalidad. Esas facultades y elementos en Dios son *perfectos* en grado infinito; pero en su *naturaleza* éstos mantienen un parecido extraordinario a esas facultades y elementos *imperfectos* pertenecientes al hombre. Contrario al concepto bíblico de Dios, el Arzobispo King afirma: "Porque no sabemos como son Sus facultades en sí mismas, le damos nombres de esos poderes que a nuestro parecer son necesarios para producir tales efectos, y le llamamos sabiduría, entendimiento, y presciencia; pero al mismo tiempo debemos, por lo menos, ser sensibles que éstos son de una naturaleza totalmente diferente a la nuestra, y que nosotros no tenemos una noción o concepto directo y propio de ellos" (Sermón sobre la *Predestinación* y la *Presciencia Divinas,* citado por Cooke, *The Deity,* ed. rev. p. 216).

Esta presentación tiene que ser objetada. Es cierto que solamente una pequeña porción de todo lo que Dios es puede ser conocida, pero no es verdad que Dios es tan diferente del hombre que no pueda formularse ningún concepto propio de El. En cuanto a las facultades y las propiedades existe semejanza, y en relación a los atributos intelectuales y morales hay una correspondencia en la *naturaleza* de ellos aunque no existe comparación alguna en cuanto al grado de *perfección.* Voluntad, amor, verdad, fidelidad, santidad, justicia, son realidades que pertenecen tanto a Dios como al hombre, y aunque hay una gran desigualdad en el grado que ellos representan, la *naturaleza* de estas características es la misma en cada esfera.

Nuevamente, la objeción, como muchas otras en diferentes ramos de la verdad, deja de reconocer la finalidad de la declaración divina que el hombre ha sido creado a "imagen y semejanza" de Dios. La posibilidad de una diferencia en los significados de estas dos palabras –*imagen y semejanza*– como se usa en las Escrituras, no necesita ser discutido ahora. El asunto en cuestión es que Dios de manera enfática afirma que hay reciprocidad entre Sí mismo y el hombre. En la base del principio expuesto por esta afirmación, el hombre está justificado en trazar las características divinas de ese patrón que, aunque fragmentario, su propio ser suministra.

No se afirma de ningún modo que la naturaleza corporal del hombre esté incluida en esa comparación, ya que se dice de Dios que El es Espíritu (Jn. 4:24). Se deduce, por lo tanto, que esta semejanza está circunscrita solamente a la parte inmaterial del hombre. Cuando se describen las características de Dios en lenguaje humano se usan expresiones llamadas antropomorfismos. Estos frecuentemente se usan en relación al cuerpo humano y a sus distintas propiedades. En relación a Dios se declara: "El eterno Dios es tu refugio, y acá abajo los brazos eternos" (Dt. 33:27); "Mi Padre que me las dió, es mayor que todos, y nadie las puede arrebatar de la mano de mi Padre" (Jn. 10:29); "Jehová dijo así: el cielo es mi trono, y la tierra estrado de mis pies" (Is. 66:1); "Porque los ojos de Jehová contemplan toda la tierra, para mostrar su poder a favor de los que tienen corazón perfecto para con él" (2 Cr. 16:9); "He aquí no se ha acortado la mano de Jehová para salvar, ni se ha agravado su oído para oír" (Is. 59:1); ". . . porque la boca de Jehová lo ha hablado" (Is. 58:14). Del mismo modo se hace referencia al "rostro" de Dios (Ex. 33:11, 20), y a Su "naríz" (2 S. 22:9, 16). Antropomorfismos como éstos se usan a través de la Biblia incontable número de veces, y debe notarse que donde se atribuye a Dios la posesión de órganos físicos, ello no es una afirmación directa de que Dios posee tales órganos, ni tampoco un cuerpo físico con todas sus partes; pero El es capaz de realizar precisamente las mismas funciones que dichos órganos realizan en el hombre. "El que hizo el oído, ¿no oirá? El que formó el ojo, ¿no verá? " (Sal. 94:9). El Dr. W. H. Griffith Thomas ha escrito: "Algunas veces surgen objeciones en contra del concepto bíblico de un Dios antropomórfico, pero las objeciones carecen de validez ya que tenemos que usar lenguaje humano, y las nociones de hombre y personalidad son las más elevadas para nosotros. Lógicamente, es más adecuado el uso de expresiones antropomórficas que de expresiones zoomórficas o cosmomórficas, y cuando atribuimos a Dios emociones y sensibilidades también lo libramos de todas las imperfecciones que acompañan a estos elementos al ser concebidos por los seres humanos. Al revelarse a Sí mismo, Dios tiene que condescender al nivel de nuestras capacidades, y usa un lenguaje que nos resulta comprensible" *(The Principles of Theology,* p. 15). ¿No es acaso uno de los propósitos más vitales de la encarnación que Dios sea revelado a los hombres al nivel de la personalidad humana de modo que el hombre sea capaz de comprenderlo?

Ricardo Watson ha escrito: "Cuando se dice que Dios es espíritu, no tenemos razón para concluir que el propósito de dicha afirmación es la mera formulación de una analogía distante y vaga. La naturaleza de Dios y la del hombre no son la misma, sino parecidas, ya que tienen muchos atributos en común, aunque, en lo que concierne a la naturaleza divina, dichos atributos poseen un grado de perfección infinita" *(Institutes,* cap. IV). También el Dr. Chalmers hace el siguiente comentario: "La mente del hombre es una creación, y por lo tanto indica a través de sus características el carácter de Aquel por cuyo decreto y ejecución de Su voluntad tiene su existencia" *(Natural Theology,* I, 306). Y acerca del mismo asunto, ha dicho el escritor Roberto Hall: "El cuerpo tiende a separarnos de Dios debido a lo opuesto de su naturaleza; el alma por el contrario, nos une a El de nuevo, por medio de esos principios y facultades que, aunque infinitamente inferiores, poseen una cualidad que armoniza con la del Creador. El cuerpo es creación de Dios; el alma es Su imagen" (Sermón sobre *The Spirituality of the Divine Nature).* Teodoro Mopsuesteno ofrece esta brillante ilustración: "Cuando Dios creó al hombre, Su obra final y culminante, fue como si un rey habiendo edificado una gran ciudad, y habiéndola adornado con muchas y variadas obras, después de haberlas perfeccionado todas, ordenase que una grande y hermosa imagen de sí mismo fuese colocada en medio de la ciudad, para así manifestar a aquel que construyó dicha ciudad" *(Ap. Petav.* t. iii., lib. ii., citado por Cooke, *op. cit.*, ps. 219-20).

Y escribiendo acerca del mismo tema, el Dr. J. J. Van Oosterzee ha declarado:

"El hombre sólo puede hablar de Dios en forma humana; y, si nuestra naturaleza está verdaderamente relacionada con la de Dios, ¿cómo podríamos concebirle sin la mezcla de una sola característica derivada de nosotros? Este es el profundo significado de las palabras de Jacobi: 'al crear al hombre, Dios teomorfizó; por lo tanto el hombre tiene que antropomorfizar.' 'Dios desciende a nosotros para que nosotros podamos elevarnos hasta El.' Antropomorfismo y antropopatismo no constituyen en ninguna manera el antípode, sino que son expresiones que imperfectamente se aproximan a la verdad; y también en la interpretación de las Sagradas Escrituras, nuestra parte es simplemente trazar, tanto como sea posible, la verdad fundamental en tales expresiones. Al hacer tal cosa, es necesario que expliquemos cuidadosamente los conceptos antropomórficos por medio de aquellos que son puramente espirituales, y no lo contrario, guardándonos así con discernimiento espiritual contra el "pensar de una manera terrena" . . . acerca de la majestad de Dios. Después de considerarlas y explicarlas de esa manera, aún las expresiones antropomórficas de las Escrituras se convierten en un medio para el mejor conocimiento de Dios; una adaptación sublime a las necesidades y las debilidades humanas, santificada por la fe que nos permite ver, ya que el Hijo de Dios ha aparecido sobre la tierra en forma humana. El antropomorfismo pertenece a la manera en que necesariamente Dios se revela, y aquel que le teme al follaje que tenga cuidado de no perder el grano, para retener solamente a un Dios apático"-*Christian Dogmatic,* I, 255.

Es igualmente cierto que la debilidad y el pecado humano no pueden en ningún modo ser atribuidos a Dios, y, asimismo hay características en Dios que no pueden ser expresadas en términos de la vida humana. Pero las propiedades mentales y morales del hombre sirven para demostrar el hecho significativo y trascendental que los atributos que son iguales en naturaleza, si no en su grado de perfección, residen tanto en Dios como en el hombre. Para el estudiante devoto no existe margen para la especulación racionalista en cuanto a si es posible reducir a Dios a una norma o patrón. Dios ha afirmado en términos claros que el hombre, por virtud de su creación, ha sido diseñado para exhibir ciertos elementos que son propios del Creador –una revelación tangible tocante al hecho que el hombre ha sido creado a imagen y semejanza de Dios. No es posible obtener un concepto fiel de la Persona de Dios a través de un razonamiento panteísta, el cual no reconoce ninguna distinción de poderes o de cualidades en Dios; ni tampoco se obtiene por medio del concepto superficial que afirma que Dios no es sino la suma de Sus capacidades y por lo tanto es divisible en tantas partes como corresponda al número de sus atributos. Dios es una *Persona,* y sin restarle nada a esa verdad está el hecho que El es inmaterial e infinito. Sus capacidades resultan de lo que El es, pero Su suficiencia no es la medida o el equivalente de Sí mismo. Existe siempre el peligro que al concepto humano de Dios se le limite a ser satisfecho con el entendimiento de las obras divinas, y no prosiga a contemplar los aspectos de mayor consecuencia de Su Persona divina. Sir Isaac Newton lo ha expresado de la manera siguiente: "No es lo eterno y lo infinito, sino el Ser eterno e infinito" (ver Watson, *Institutes,* I, 268). No es suficiente discernir las obras de Dios y Sus características; el corazón debe conocer a Dios como Persona.

Voltaire declaró: "Dios hizo al hombre a su imagen, y el hombre le ha devuelto el favor" (citado por S. Harris, *God the Creator and Lord of All,* I, 176). Lo falaz de esta declaración es que el hombre es acreditado con haber creado a Dios en el mismo sentido en que Dios ha creado al hombre. Solamente por medio de un argumento *a posteriori* puede el hombre razonar partiendo de sus propias capacidades como persona a la Persona de su Creador. Este argumento en ninguna manera debe ser tomado como que el hombre trata de llegar a una conclusión respecto al origen de Dios. La mente humana refleja la inteligencia divina y, a pesar de la disparidad en grado, debe de concluirse en la base de la autoridad divina que la inteligencia en Dios es de la misma naturaleza que en el hombre; que la sensibilidad en Dios es de la misma naturaleza que en el hombre; y que la voluntad y el amor de Dios son de la misma esencia que los del hombre. Si en su investigación de las obras de Dios, el hombre descubriese que las partes esenciales y de motivación de su propio ser no son en su naturaleza correlativas con las partes esenciales y activas del Ser divino, y por lo tanto sujeto a los mismos principios y leyes que invariablemente gobiernan todas las personalidades, entonces todo el conocimiento humano queda disuelto en la densa niebla de la ilusión, por no decir de la decepción.

El concepto común es que la materia es la realidad primaria, o la fuerza de las cosas tangibles, y que las cosas del espíritu son irreales como fantasmas. El teísmo bíblico, por otra parte, contempla la *Persona* de Dios como la realidad primaria y todo lo demás –aún el hombre– como un medio de la revelación divina y como la expresión de la obra creadora de Dios. Las cuatro primeras palabras de la Biblia son decisivas y empíricas –"En el principio Dios." Si el Creador de todas las cosas dijese tocante a un fragmento específico de Su creación, "he hecho esto a mi imagen y semejanza", le corresponde a la criatura aceptar dicha declaración y actuar conforme a ella. Tal aceptación no tan solamente le da a Dios la posición primaria en Su universo, sino también reconoce que Dios es una *Persona* con todo lo que esa expresión implica.

Por lo tanto debe concluirse que la personalidad de Dios tiene que ser estudiada a la luz del propio ser y conciencia del hombre. Este principio está en conformidad con un principio esencial de la ciencia, a saber, que las cosas que manifiestan las mismas cualidades de hecho son equivalentes. Nada es más claro que la unidad de la personalidad. Esta reúne todo su pasado en sí misma por medio de la facultad de la memoria, su presente por la percepción inmediata, y su futuro a través de su método de planear y por la facultad de la anticipación. Sin el reconocimiento de esta unidad de todas las partes de una personalidad no podría haber ningún análisis de la vida humana ni de la ciencia de la psicología. La vida animal, dentro de la cual el hombre puede penetrar hasta un cierto límite, debido a su incapacidad de colocar la percepción animal a la luz de la suya propia, no presenta ninguna evidencia de inteligencia racional, ni de libertad de selección, ni de propósito para dignos fines que pertenecen al ramo de la personalidad.

Los elementos que se combinan para formar la personalidad son: el intelecto, la sensiblidad, y la voluntad; pero todos estos actuando juntos requieren una libertad tanto de acción externa como de selección de fines hacia los cuales se dirige la acción. La inteligencia tiene que dirigir, la sensibilidad tiene que desear y la voluntad tiene que determinar la dirección que conduzca a fines racionales. No puede haber personalidad alguna, ya sea humana, angélica o divina, sin estos complejos pero esenciales aspectos. Sin estos no podría haber personalidad. A través del argumento cosmológico hemos visto que existe un ser Creador que posee una voluntad auto-suficiente. Por medio del argumento teleológico conocemos que hay un ser Creador que posee poderes mentales capaces de diseñar y determinar los medios para llegar a un fin. Y por medio del argumento antropológico podemos decir que existe un Creador que posee sensibilidad. Tocante a esto el testimonio de las Escrituras es abundante. El testimonio de la Biblia es que el hombre, los ángeles y Dios poseen los elementos esenciales que conjuntamente constituyen la personalidad. Se dice de Dios que el es inteligente y omnisciente: "Grande es el Señor nuestro, y de mucho poder, y su entendimiento es infinito" (Sal. 147:5); "Dice el Señor, que hace conocer todo esto desde los tiempos antiguos" (Hch. 15:18); "Y no hay cosa creada que no sea manifestada en su presencia; antes bien todas las cosas están desnudas y abiertas a los ojos de aquel a quien tenemos que dar cuenta" (He. 4:13). De igual manera se dice que Dios posee sensibilidad. El ama la justicia y odia la iniquidad. El es un Dios compasivo. Su amor infinito lo ha movido a ofrecer el sacrificio supremo por medio del cual la redención ha sido provista para beneficio del hombre pecador. "Dios es amor" (1 Jn. 4:16). Y finalmente, el atributo de la voluntad también está presente en Dios: "Nuestro Dios está en los cielos; todo lo que quiso he hecho" (Sal. 115:3); " . . . Mi consejo permanecerá, y haré todo lo que quiero" (Is. 46:10); " . . . Y él hace según su voluntad en el ejército del cielo, y en los habitantes de la tierra, y no hay quien detenga su mano y le diga: ¿Qué haces? " (Dn. 4:25).

Abundando sobre el tema de la personalidad de Dios, el Dr. Juan Miley ha dicho: "Si Dios no es un ser personal, el resultado inevitable sería el ateísmo o el panteísmo. Importa poco cual de los dos. Las implicaciones funestas y tenebrosas son bastante parecidas. Si no hay un Dios personal, entonces no hay un Dios auto-suficiente y con el poder moral y racional de la auto-determinación, no hay agente divino personal en el universo. Una fuerza ciega, por necesidad, tendría que haber sido la causa de todo. La existencia del mundo y de los cielos carecen de razón y de fin. No hay razón para la existencia del hombre, ni hay una finalidad moral o racional. Dios no tendría interés en el hombre, ni tampoco un gobierno racional y moral sobre él. El sentido universal de la obligación moral y de la responsabilidad tienen que ser pronunciados como un engaño. La adoración debería finalizar, pues falta un ser digno de que se le adore. Todo lo que queda es la sombra de un universo sin teleología ni providencia divina" *(Systematic Theology,* I, 173).

Bajo el aspecto del teísmo bíblico que estamos considerando, el concepto que reconoce la esencia única de Dios es aquí expuesto. En una consideración posterior de este tema trataremos de manera amplia el hecho de la existencia eterna de Dios en tres Personas, y que cada una de dichas Personas posee la personalidad que requiere la perfección divina. Dios siempre ha procurado revelarse al hombre, no como una influencia o fuerza ciega, sino como una Persona viviente con quien el hombre puede tener comunión. La invitación a tal comunión presupone y necesita una similitud de naturaleza entre aquellos que participan de esa relación. " . . . Y nuestra comunión verdaderamente es con el Padre, y con su Hijo Jesucristo" (1 Jn. 1:3). El Padre y el Hijo se revelan a sí mismos como Personas (Mt. 11:27), y el Padre y el Hijo envían al Espíritu cuya misión revela claramente que El es una Persona (Jn. 14:16-17, 26; 15:26; 16:7-11). La verdad fundamental de toda la Escritura es el hecho que Dios es Uno que subsiste en tres Personas.

CAPITULO XIV

LOS ATRIBUTOS DE DIOS

Aunque completamente inadecuado, el concepto que el hombre tiene de Dios se mide por medio de esas características que él atribuye a Dios. La Biblia presenta una revelación que, aunque limitada por las barreras impuestas por el lenguaje humano, es la de una Persona y esta revelación atribuye a Dios esas elevadas características que son propias de El. Esas cualidades que son atribuidas reciben propiamente el nombre de *atributos.* Declarar Su Persona y la suma total de Sus atributos, constituiría una definición completa de Dios que el hombre nunca podría esperar realizar.

La pregunta *¿Puede Dios ser definido?*, ha sido contestada en forma negativa por algunos escritores debido al reconocimiento que ninguna definición podría agotar completamente la idea en cuestión —especialmente cuando esa idea se caracteriza por la infinidad. Sin embargo, una definición de algo no requiere un conocimiento de todas sus partes. Se diría lo suficiente si se mencionase un número adecuado de los elementos que lo distinguen de otras cosas. Según este concepto de lo que es una definición, Dios puede ser definido. Una distinción de inmediato es evidente entre la definición de los filósofos racionalistas quienes, desestimando la revelación, tratan de definir a Dios dentro del campo limitado que la razón permite, y la que ofrecen aquellos hombres que reconocen el mensaje autoritativo que la Biblia presenta. Los filósofos racionalistas han definido a Dios como "un ser autosuficiente, en quien está asentada la base del fundamento del mundo." O, también, "Dios es un ser cuya existencia está basada en sí mismo." Algunos añaden que Dios es *independiente, infinito, necesario,* en cuanto a Su existencia, y *eterno.* Esas clases de definiciones proceden del *argumento a posteriori,* y aquellos que ofrecen tales conceptos, lo hacen casi completamente basado en la razón y aparte de la revelación. Una definición filosófica de Dios que ha recibido aprobación general es, "Dios es el ser más perfecto, y es la causa de todos los otros seres." El propósito de esa definición es afirmar que Dios es el Ser Supremo, elevado por sobre todos, al que nadie puede compararse. Esta definición es bastante insuficiente ya que no menciona nada acerca de las cosas morales. Kant objetó a este concepto en la base de ese defecto y añadió que Dios es *libre* en Sí mismo y es una *voluntad moral pura.*

Volviéndonos a las Escrituras se observará inmediatamente que Dios no es específicamente definido en ninguna declaración, sino que Su existencia y sus atributos son asumidos y aparecen solamente cuando el texto en varios lugares y en diferentes maneras afirma lo que El es y lo que hace. Una verdadera definición bíblica de Dios podrá obtenerse solamente de manera inductiva al estudiar todos los pasajes relacionados al tema (ver Gn. 1:1; Job 11:7-9; 36:26; 37:5, 23; Sal. 77:19; 92:5; 97:2; 145:3, 147:5; Prov. 25:2; Is. 40:28; Jer. 10:10-16; Mt. 11:27; Ro. 11:33, 34, etc.).

Es cierto, como ya se ha observado, que Dios, necesariamente, es revelado aun en la Biblia –por medio de las expresiones que pertenecen a la vida y a la experiencia humana. El es presentado en términos antropomórficos y antropopáticos. Como puede anticiparse, cuando las mentes finitas pasan a contemplar lo infinito, el conocimiento obtenido es, cuanto más, solamente parcial, y en relación a esto, hay dos líneas diferentes y casi paradójicas de verdad igualmente apoyadas por las Escrituras. (1) David, refiriéndose al entendimiento divino, dice: "Tal conocimiento es demasiado maravilloso para mi; alto es, no lo puedo comprender" (Sal. 139:6). Y el Apóstol, escribiendo acerca de la gloria de Dios, declara: "El único que tiene inmortalidad, que habita en la luz inaccesible; a quien ninguno de los hombres ha visto ni puede ver, al cual sea la honra y el imperio sempiterno. ¡Amén! " (1 Ti. 6:16). Del mismo modo, también, él se refiere a "la imagen del Dios invisible" (Col. 1:15) y "al Rey de los siglos, inmortal, invisible" (1 Ti. 1:17). No obstante (2) El se ha revelado en Cristo. Juan declara: "Y aquel Verbo fue hecho carne, y habitó entre nosotros (y vimos su gloria, gloria como del unigénito del Padre), lleno de gracia y de verdad" (Jn. 1:14) y "A Dios nadie le vio jamás; el Unigénito Hijo, que está en el seno del Padre, él le ha dado a conocer" (Jn. 1:18). Aun cuando Dios está elevado a un grado de excelencia tan incomparable, los hombres son amonestados a ser santos y perfectos como Dios es Santo y perfecto (Mt. 5:48; 1 P. 1:16).

En relación a una definición de Dios, es muy probable que nada más extenso o bíblico haya sido redactado que lo que se encuentra en la Confesión de Westminster, cuya tesis tiene la notable superioridad de ser el trabajo combinado de muchos eruditos devotos en vez de ser el producto de un solo hombre. Esta Confesión declara:

"1. Hay solo un Dios viviente y verdadero, quien es infinito en ser y en perfección, un espíritu purísimo, invisible, sin cuerpo, partes o posesiones, inmutable, inmenso, eterno, incomparable, todo poderoso, todo sabiduría, todo santidad, absolutamente libre, soberano, que obra todas las cosas según el puro afecto de su voluntad inmutable y justa, para su propia gloria; perfecto en su amor, gracia misericordia, paciencia, abundante en bondad y verdad, perdonador de la iniquidad, transgresión y pecado; el galardonador de aquellos que diligentemente le buscan; y también sumamente justo y terrible en sus juicios, odiando todo pecado y quien en ningún modo absolverá al culpable.

II. Dios tiene toda la vida, la gloria, la bondad, la bendición, en y de sí mismo, solamente El es en y para sí mismo todo suficiente, sin tener necesidad de ninguna de sus criaturas, ni de recibir gloria alguna de éstas, sino solamente manifestando su propia gloria en, por, para y sobre ellas; solo él es la fuente de todo ser, de quien, y a través de quien, y para quien son todas las cosas; y tiene el dominio más soberano sobre ellas, para hacer por medio de ellas, para ellas, y sobre ellas, todo lo que él quisiere. Delante de él todas las cosas están abiertas y manifestadas; su conocimiento es infinito, infalible, e independiente sobre sus criaturas, de modo que para él nada es fortuito o incierto. El es infinitamente santo en todos sus propósitos, en todas sus obras, y en todos sus mandamientos. El es digno de recibir de los ángeles, los hombres, y todas las demás criaturas cualquier adoración, servicio, u obediencia que él se complazca en requerir de ellos.

III. En la unidad de la Deidad hay tres personas de una substancia, poder y eternidad; Dios el Padre, Dios el Hijo y Dios el Espíritu Santo. El Padre es de ninguno, ni engendrado ni en origen; el Hijo es eternamente engendrado del Padre, el Espíritu Santo procede del Padre y del Hijo" *(La Confesión de Westminster,* cap. II).

Los atributos de Dios presentan un tema tan vasto y complejo y tan alejado del alcance de las facultades finitas que cualquier esfuerzo por clasificarlos solamente puede ser aproximado en cuanto a corrección y cabalidad. Del mismo modo, también, los atributos están tan interrelacionados e interdependientes que la posición exacta de algunos de ellos es difícil si no completamente imposible. Es evidente que ninguna otra área de la Teología Sistemática ha ocasionado mayor confusión y desacuerdo entre los teólogos que el causado por el esfuerzo de ordenar la categoría de los atributos divinos. En general los teólogos han separado esos atributos en divisiones bajo diferentes terminologías. Una clasificación de esos atributos representa, según se dice, aquellas características que solamente aparecen en Dios y no se encuentran por ninguna parte de la creación; la otra clasificación representa aquellas características en Dios que, hasta un grado limitado, se encuentran en los ángeles y en espíritus humanos, que de manera objetiva proceden de Dios hacia otros seres. Algunas de estas divisiones se expresan como: Incomunicables y comunicables; natural y moral; inmanente o intransitivo y emanente o transitivo; pasivo y activo; absoluto y relativo; negativo y positvo. Obviamente existen variedades de distribuciones sugeridas en esas mencionadas divisiones. La expresión incomunicable tiene como propósito representar estos atributos que no admiten ninguna extensión o grado y que pertenecen solamente a Dios. Entre éstos tenemos auto-suficiencia, simplicidad, infinidad, eternidad e inmutabilidad. Los llamados atributos comunicables, los cuales, en grado limitado, se encuentran en los seres creados, son sabiduría, benevolencia, santidad, justicia, compasión y verdad, etc. Los atributos naturales pretenden indicar lo que es inherente en Dios, mientras que los atributos morales son aquellos que operan por virtud de la voluntad divina. Los atributos intrínsecos o intransitivos son aquellos que permanecen dentro del propio Ser de Dios, mientras que los emanentes o transitivos proceden de Dios y producen ciertos efectos. Los atributos absolutos son aquellos que tienen que ver con la relación de Dios consigo mismo, mientras que los atributos relativos tienen que ver con Sus relaciones con otros. Los atributos negativos, según se cree, son aquellos que están libres de las limitaciones finitas, mientras que los atributos positivos son aquellos que, en grado limitado, pertenecen a las criaturas. Ha habido muchos malentendidos cuando se ha sugerido esta última distinción. Se ha afirmado que debido a que la expresión *negativo* en este caso sugiere algo que no está en Dios; estos atributos pudieran referirse a alguna limitación divina. Por el contrario, la expresión sugiere algo que está en la criatura que no está en Dios. Puede decirse de Dios que El es incorpóreo mientras el hombre es corpóreo; Dios es inmutable, pero el hombre es mutable; Dios es independiente mientras que el hombre es dependiente, etc. Los llamados atributos negativos son clasificados algunas veces bajo cuatro títulos generales, a saber: existencia propia, inmensidad, eternidad y plenitud.

Un atributo es una propiedad que es intrínseca al que posee dicho atributo. Es aquello por lo cual algo es distinguido o identificado. La expresión tiene dos aplicaciones completamente diferentes, lo cual se evidencia por medio de las dos clasificaciones ya mencionadas. Parece ser cierto que algunas cualidades que específicamente no son atributos de Dios han sido incluidos por algunos escritores bajo este título. Un cuerpo tiene sus propiedades distintivas, la mente tiene sus propiedades, y de la misma manera, hay atributos específicos que pueden enunciarse acerca de Dios. El cuerpo es más que la suma total de todas sus propiedades, lo cual también es cierto de la mente, y Dios es más que la suma de sus atributos. Sin embargo, en cada caso esas características peculiares retienen un valor intrínseco en el sentido de que el cuerpo, la mente, o Dios mismo no pueden concebirse aparte de las cualidades atribuidas a ellos. Por medio del pensamiento abstracto, Dios puede concebirse aparte de sus atributos; no obstante es verdad que El es conocido por Sus atributos y fuera de ellos El no aparecería como lo que en realidad es. Por otra parte, aunque cualquier concepto verdadero de Dios tiene que incluir Sus atributos, se requiere que éstos en sí sean tratados como ideas abstractas.

En su búsqueda por designaciones correctas y diferenciantes, los teólogos han agotado toda la terminología que el idioma ofrece. En cada clasificación alguna verdad vital sirve como base. La dificultad radica en que, debido al carácter inagotable e individual de cada verdad tocante a Dios, la verdad básica en la que la clasificación es hecha descansar resulta ser insuficiente en cierto grado.

Suficiente se ha dicho acerca de los diferentes atributos de Dios tal como han sido ordenados por los hombres. El plan de esta tesis es presentar los atributos hasta cierto punto en su naturaleza independiente e individual, tratando solamente de distinguir entre aquellas verdades reveladas acerca de Dios que *constituyen* Su Ser esencial y aquellas verdades acerca de El que *caracterizan* Su Ser esencial. No es posible encontrar expresiones completamente satisfactorias por medio de las cuales esta distinción y división dentro de las verdades concernientes a Dios pueden expresarse. Dios es el sujeto mientras que Sus atributos son esas verdades que pueden predicarse acerca de El; pero los predicados no son el sujeto. El océano, como el cielo es azul. El color *azul* por lo tanto es visto como un predicado del océano y del cielo; pero el color azul no es ni el océano ni el cielo. Si se tiene en mente esta distinción, importa poco si las expresiones *atributo, predicado,* o *determinante* son usados para representar todas las verdades respecto a Dios –aquellas que constituyen Su Ser conjuntamente con aquellas que Le caracterizan. Debe observarse también que aunque el énfasis tiene que recaer necesariamente sobre las verdades constitucionales de Su Ser, no hay ninguna desviación deliberada de los hechos o verdades intrínsecas y caracterizantes. La totalidad de la esencia divina está en cada atributo y el atributo pertenece a la totalidad de la esencia. Los atributos pertenecen eternamente a la esencia. La esencia no existió primero fuera de los atributos. La consideración de las verdades acerca de Dios será presentada ahora en el siguiente orden:

I. PERSONALIDAD

Ya hemos prestado atención a la realidad de la personalidad de Dios; pero hacemos una revisión del tema debido a que éste forma el punto de partida lógico para la investigación de ciertas verdades esenciales concerniente a Dios. Algunos escritores han incluido la *personalidad* como uno de los atributos característicos de Dios, mientras que evidentemente éste debe ser clasificado como un atributo constitucional o inherente. Este es en sí la esencia propia del Ser de Dios y es esto lo que más que nada Le constituye en el sujeto acerca de quien puede predicarse atributos caracterizantes.

Como ya se ha dicho, la Personalidad tiene sus partes componentes, a saber: inteligencia, sensibilidad y voluntad. Cada uno de éstos, como se ha demostrado, está presente en Dios en un grado infinito, y debido a que esas cualidades pertenecen a la personalidad de Dios, no han de ser, en su uso primario, clasificados como atributos caracterizantes.

1. OMNISCIENCIA. El intelecto humano tiene su correspondiente característica en Dios; pero en referencia a Dios éste se denomina propiamente *omnisciencia.* Obviamente, una vasta diferencia existe entre los dos. El intelecto humano es apenas algo más que la capacidad o la disposición para adquirir conocimiento, el cual después de adquirido, cuando se compara con la omnisciencia, es inferior hasta lo elemental, mientras que el entendimiento de Dios es todo inclusivo e infinito. Hay dos medidas evidentes del conocimiento divino: (1) *omnisciencia*, que incluye todas las cosas acerca de Dios mismo y todas Sus obras; y (2) *presciencia,* que puede ser limitada a las cosas específicamente preordenadas. Una investigación de la relación existente entre presciencia y preordenación será reservada para ser considerada por el tema de la Soteriología, donde lógicamente pertenece.

La mente finita no puede comprender toda la verdad acerca de la omnisciencia como tampoco puede comprender lo relacionado a la omnipotencia divina, la omnipresencia o el amor divino.

Cualquiera que sea el significado de la omnisciencia, solamente la omnisciencia puede llegar a conocer de manera absoluta. Sin embargo, alguna porción de esa maravillosa realidad divina puede ser comprendida y lo que no puede ser conocido puede ser recibido mediante la fe en la Palabra de Dios.

La omnisciencia de Dios comprende todas las cosas –cosas pasadas, presentes y futuras, y tanto lo posible como lo real. Como se encuentran en la Biblia, las obras de Dios son, en cuanto a su tiempo y relación, declaradas como del pasado, del presente y del futuro. Por orden divino, los eventos siguen una secuencia y orden cronológico. Pero, para Dios, las cosas del pasado son tan reales como si fuesen presentes y las cosas del futuro son tan reales como si fuesen pasadas. El es quien "Llama las cosas que no son como si fuesen" (Ro.4:17; comp. Is.46:10). Perfectamente conocidas de El, como si se estuviesen efectuando ahora, son todas sus obras desde la fundación del mundo (Hch.15:18). Un hombre parado en medio de una calle sólo puede ver en cierto momento la porción más pequeña de una procesión, y de igual manera el hombre observa las obras de Dios. Pero como uno que contempla desde una elevación (Sal.33:13) y ve toda la procesión de un vistazo, así Dios ve Su programa de eventos en la totalidad de Su Unidad. El conoce el fin desde el principio. La omnisciencia trae todas las cosas –pasadas, presentes y futuras– con igual realidad delante de la mente de Dios. Estrictamente hablando, la distinción de la presciencia en Dios es un concepto humano; pues el conocimiento de Dios es completo y cierto en contraste con lo incompleto e incierto. Es intuitivo y no discursivo; pero en esta perfección de conocimiento simultáneo, completo e intuitivo todos los eventos futuros, tanto posibles como reales, son conocidos por El. Como ha escrito Charnocke: "El conocimiento de una cosa no es, para Dios, antes que otro, un acto de conocimiento no engendra otro. En lo que respecta a los objetos en sí, una cosa precede a otra; un año precede a otro; una generación de hombres es antes de otra; una es la causa, la otra es el efecto; en la mente de la criatura existe tal sucesión, y Dios sabe que ha de haber esa sucesión; pero no existe ese orden en el conocimiento de Dios; pues El conoce todas esas sucesiones de una vez, sin que haya sucesión de conocimiento en él" (*El conocimiento de Dios,* citado por Shedd, *Theology*, I. 355).

Que Dios conoce todas las cosas futuras que son solamente posibles y que nunca llegan a ser realidades es algo revelado en la Palabra de Dios. Todo aviso dado por Dios es una declaración de peligro y mal que El sabe ha de seguir a una decisión errónea. La predicación de Jonás al pueblo de Nínive era referente a una destrucción segura que sólo fue evitada debido a un profundo arrepentimiento. Cristo dijo "¡Ay de tí Corazín! ¡Ay de tí, Betsaida! Porque si en Tiro y en Sidón se hubieran hecho los milagros que han sido hechos en vosotras, tiempo ha que se hubieran arrepentido en cilicio y en ceniza. Por tanto os digo que en el día del juicio, será más tolerable el castigo para Tiro y para Sidón, que para vosotras. Y tú Capernaum, que eres levantada hasta el cielo hasta el Hades serás abatida. Porque si en Sodoma se hubieran hecho los milagros que han sido hechos en tí, habrían permanecido hasta el día de hoy" (Mt.11:21-23; comp. 1 S. 23:5-14; 2 R. 13:19; Jer.38:17-20).

La omnisciencia de Dios puede ser estudiada tanto en su forma prototípica como en sus aspectos presentes. La forma prototípica tiene que ver con aquello en Dios que primero planeó y diseñó el universo antes que éste fuese traído a la existencia, o fuese actualizado por el poder creador omnipotente. Los arquetipos del universo existieron desde la eternidad en la mente de Dios, y la creación no fue sino el ejercicio de la omnipotencia por el cual se le dio realidad a lo que la omnisciencia había concebido. De esa manera únicamente se produjo el orden y el sistema que ahora existe con su perfección y belleza, su propósito realizado y su estabilidad. Tal producción por parte de Dios no fue la simple organización o la aplicación de elementos existentes, sino que fue la *creación* de materiales adecuados para el fin previsto. Este surgir de toda la creación con sus leyes, su consistencia, su adaptación y sus variedades y auto-perpetuantes formas de vida –incluyendo al hombre, hecho a la imagen divina– es una manifestación de la omnisciencia arquetípica que conmueve hasta dejar perpleja toda comprensión humana. Según los conceptos arquetípicos, el genio intuitivo del hombre construye diferentes mecanismos y es capaz de anticipar precisamente cuál será el resultado de las combinaciones complejas de las partes y las fuerzas, aun antes de que cualquier porción de éstas sea diseñada o construida. Así sucede con relación a Dios, con la característica adicional que en la creación divina aun los mismos materiales fueron creados para los fines incomparables de Dios.

Aunque fuese verdad que mediante la omnisciencia arquetípica Dios discernió la naturaleza de los elementos requeridos en la realización de dichos elementos, debe rechazarse naturalmente cualquier sugerencia al efecto que la naturaleza posee independencia de acción. Dios es la siempre presente y permeable energía, guiando y dirigiendo todas las cosas. No tan solamente se declara de Cristo que El creó todas las cosas visibles e invisibles, sino que también se afirma que por medio de El todas las cosas subsisten o tienen consistencia (Col.1:16,17). Se dice que El "Sustenta todas las cosas con la palabra de su poder" (He.1:3). Ni está este universo tan atado a las leyes y fuerzas de la naturaleza como para excluir interposiciones e intervenciones divinas especiales. Esas intervenciones no constituyen ninguna excepción a la exactitud de la presciencia o eterno conocimiento de Dios. Estos son parte de la omnisciencia arquetípica de Dios y son tanto previstas como diseñadas por El desde la eternidad. Con la misma omnisciencia o presciencia Dios conoce de antemano las acciones de todos los agentes morales. Aquí surge una discusión que ha dividido a los teólogos en campos opuestos, un grupo afirma que esa presciencia divina es incompatible con la libre acción moral o libre albedrío, y el otro afirma su compatibilidad con dicha libertad. Mediante sus premisas, un grupo se ha visto obligado a negar la completa presciencia de Dios, mientras que el otro grupo se ha visto obligado, por la fuerza de su propia lógica, a negar la libertad humana. Es evidente que ambas posiciones no pueden ser completamente verdad. Una u otra o ambas tienen que estar equivocadas. En la mente de un gran grupo de teólogos no existe ningún conflicto entre la presciencia divina y la libertad humana. La presciencia divina en sí implica certidumbre, aunque en sí misma no implica ningún elemento de necesidad o determinación.

Un problema formidable surge tocante a la relación entre la doctrina de los decretos de Dios y la libertad humana, este problema debe ser considerado a su debido tiempo.

Los metafísicos pueden llegar a confundir el entendimiento de una persona, pero no pueden disponer de ese estado consciente innato que toda persona experimenta y que muestra su propia libertad para actuar como desee hacerlo. Indudablemente esa libertad está circunscrita por fuerzas mayores y desconocidas; pero dentro del alcance del auto-conocimiento humano, la libertad de acción opera sin obstáculo. Por un lado, la revelación presenta a Dios como conocedor de antemano de todas las cosas incluyendo las acciones de los agentes humanos, y fuera de ese conocimiento Dios sería ignorado y hasta ese grado sería imperfecto. Por otro lado, la revelación apela a las voluntades humanas considerando evidentemente que el hombre es capaz de hacer una libre elección –"Todo aquel que quiera, venga."

La enseñanza bíblica, al igual que la creencia racional que no existe ninguna contradicción entre la presciencia divina y la libre acción o contingencia moral fue atacada primero por Aristóteles y luego por el Dr. Adán Clarke y Chevalier Romsay. El Dr. Clarke ha declarado: "Dios ha ordenado *algunas* cosas como absolutamente ciertas. El ha ordenado otras como *contingentes.* Estas El las conoce como contingentes." El Dr. Clarke, en defensa de su creencia afirma: "Como omnipotente implica el poder de *hacer* todas las cosas, así también omnisciencia implica la *habilidad* de conocer todas las cosas; pero no la obligación de saberlo todo . . . Dios, aunque poseído de omnipotencia, evidentemente no la ejerce en grado absoluto –no hace todo lo que podría hacer– así que, aunque él podría saber todas las cosas, aún así El ha escogido ser ignorante de algunas cosas, debido a que El no considera propio saber todas las cosas que podría saber" *(Comentario sobre Hechos Dos,* citado por Cooke. La *Deidad* ps. 285,86). Chevalier Ramsay ha escrito: "Es algo que pertenece a la elección de Dios, pensar acerca de ideas finitas" (Citado por Watson, *Institutes,* I, 376).

Descontando la implicación que estas objeciones presentan, a saber, que Dios teme saber el resultado de una libre acción moral, éstas introducen un error que es inaceptable. Es verdad que la omnipotencia es de tal naturaleza que no compromete a Dios al acto de hacer todo lo que El es capaz de hacer, pues la omnipotencia solamente es la habilidad de actuar con poder ilimitado. En contraste con esto, la omnisciencia no es la simple habilidad de adquirir conocimiento, sino que la posesión misma del conocimiento. La propuesta del Dr. Clarke equivale a hacer a Dios *capaz de conocerlo todo* sin ser *omnisciente.* Si este supuesto paralelo entre la omnipotencia y la omnisciencia fuese verdad, la omnipotencia consistiría de un acto infinito mientras que la omnisciencia consiste en la verdadera comprensión de todas las cosas. Ricardo Watson ha dicho respecto a estas teorías: "La idea que propone que Dios ha elegido conocer ciertas cosas, y no otras supone una *razón* del por qué él rehusa conocer alguna clase de cosas o eventos, cuya razón, al parecer, solamente puede surgir de su naturaleza y circunstancias, y por lo tanto, supone al menos un conocimiento parcial de ellas, de lo cual surge la razón por la cual él escoge no conocerlas. La doctrina, por lo tanto, es algo contradictoria. Pero lo desafortunado respecto a esta opinión es que no confronta la dificultad que surge de la pregunta tocante a armonía de la presciencia divina y los libres actos del hombre; ya que algunas de las acciones fortuitas, por las que el hombre es responsable, estamos seguros que han sido *conocidas de antemano* por Dios, pues por medio de Su Espíritu fueron *predichas* por los profetas; y si la libertad del hombre puede ser reconciliada en esos casos con la presciencia de Dios, no hay mayor dificultad en cualquier otro caso en que pueda ocurrir" *(Institutos Teológicos,* I, 376-77).

Si Dios fuese ignorante de las acciones futuras de los agentes libres, no podría haber ninguna seguridad de control divino sobre el destino humano como ha sido prometido en cada uno de los pactos incondicionales que Dios ha hecho y como está garantizado en cada profecía bíblica. Si Dios no sabe las acciones futuras de los agentes libres, entonces El siempre está aprendiendo cosas nuevas y tiene que estar cambiando sus planes y sus propósitos constantemente. En relación a esa situación, Jonatán Edwards escribió lo siguiente: "En tal situación, Dios debe tener muy poco que hacer excepto reparar los eslabones quebrados tan bien como pueda, y rectificar su marco desequilibrado y sus movimientos desencadenados de la mejor manera posible. El Señor Supremo sobre todas las cosas de seguro estará en grandes dificultades para gobernar el universo que El ha creado y preservado por medio de su completa incapacidad de encontrar cosas de primordial importancia que posteriormente sobrevendrían a su sistema, las cuales, si sólo El hubiese sabido, hubiese hecho una provisión conveniente a favor de ellas" (citado por Cooke, *op.cit. p. 291).*

Si se preguntase si el agente moral tiene la libertad de actuar de modo diferente al que Dios ha previsto que él ha de actuar, se puede contestar que la voluntad humana debido a su inherente libertad de selección es capaz de elegir la dirección contraria a la prevista por Dios; pero él no hará tal cosa. Si él lo hiciese, eso sería precisamente lo que Dios ha determinado de antemano.

La presciencia divina no coacciona; ésta solamente sabe cual ha de ser la elección humana. Los socinianos afirman hasta que la elección humana no tiene lugar, no está sujeta al conocimiento y por lo tanto ni aun Dios podría saber cuál ha de ser la elección; pero esto significa confundir la ignorancia humana con la omnisciencia divina. Lo que Dios conoce de antemano es cierto, no debido a que El lo sabe de antemano, sino porque Dios lo ha decretado. Los hombres que crucificaron a Cristo hicieron precisamente lo que mil años antes había sido predicho y, por lo tanto, determinado que ellos harían, aun el decir, "se encomendó a Jehová, líbrele él; sálvele, puesto que en él se complacía" (Sal.22:8; comp. Mt.27:43). Y como estaba escrito, ellos repartieron entre sí sus vestiduras, y echaron suerte sobre Su ropa. "Esto fue para que se cumpliese la Escritura . . . y así lo hicieron (por haber estado profetizado) los soldados" (Jn.19:24). Dentro de sus propias experiencias, esos hombres dijeron e hicieron precisamente lo que ellos habían escogido hacer libremente; pero ellos dijeron e hicieron solamente lo que había sido divinamente determinado y por lo tanto, divinamente conocido de antemano (Hch.2:23).

El reto tocante a si Dios lo conoció todo de antemano y por lo tanto supo de antemano acerca del pecado y pudo haberlo evitado, debe ser ampliado para incluir el hecho que Dios sabe que el hombre continúa en pecado, y que nuevas generaciones de pecadores están naciendo. Así mismo, este reto debe considerar que la perfecta presciencia de Dios estaba percatada de que el pecado demandaría el más grande de los sacrificios que aun Dios podría hacer –la muerte de Su Hijo. A pesar de lo terrible del pecado y del sacrificio que éste requiere, Dios no fue sorprendido por una calamidad fortuita ni por un fracaso.

Sus propósitos están siendo efectuados y al final se verán en su carácter justo y bueno. Mucho de lo que entra dentro de este estupendo problema está fuera del alcance del entendimiento humano, pero dentro de la jurisdicción divina que es siempre compatible con la santidad infinita.

Existe un problema aún más profundo que el de la reconciliación de la presciencia divina con la libertad de las criaturas morales a saber, la propia libertad del mismo Dios si en verdad, Su concepto ha de ser eternamente completo dentro de Su eterna presciencia.

Evidentemente, no hay problema delante de Dios en cuanto a una elección entre dos clases de acciones, pues la omnisciencia dirige a lo que es correcto, y aquello que es correcto ha sido discernido y determinado por toda la eternidad. Lo que cualquier ser inteligente conoce está tan estrechamente relacionado con lo que él se propone y hace que es algo difícil aislar asuntos que sólo están limitados al conocimiento. El carácter Santo de Dios no puede cambiar. El no posee ninguna libertad que comprenda contradicción alguna de Su Santo carácter. Cuando es confrontado con el hombre pecador expresa Su desagrado y rectos juicios son pronunciados; pero cuando el pecador se vuelve a El y se acoge a Su gracia, Su misericordia sobreabunda y Sus juicios son abandonados. En tal caso, la santidad es inmutable. Aunque en un caso rechaza y en el otro favorece, es la misma santidad en ambos casos. No hay cambio alguno en Dios, pero sí hay ajustes en relación a los cambios que ocurren en el hombre.

La proyección práctica de la omnisciencia es muy variada. Por arreglo divino en la creación, los hombres están siempre dentro de la observación de Dios. El hombre no puede escaparse de Dios ni de sí mismo. El proverbio mahometano que dice: "Dondequiera que hay dos personas reunidas Dios hace la tercera" (citado por Cooke, *ibid.*, p.. 298), podría también resumirse diciendo que donde hay una persona, Dios hace la segunda. La afirmación bíblica, "Tu, oh Dios, me ves" anuncia el hecho que nadie jamás se escapa de Su observación. Qué fatuidad se manifiesta cuando se supone que algún pecado es secreto, solamente porque permanece escondido de los hombres. El Salmista ha dicho: "Pusiste nuestras maldades delante de tí, nuestros yerros a la luz de tu rostro" (Sal. 90:8, comp. Job 42:2; Is. 29:15; Jer. 23:24; He. 4:13). Qué sabias son las palabras de Séneca, "Debemos siempre conducirnos como si viviéramos en público; debemos pensar como si alguien pudiese mirar lo que está pasando por lo más íntimo de nuestro ser; y hay Uno que nos ve de esa manera ¿De que vale entonces que alguna obra sea ocultada del hombre? Nada puede ser escondido de Dios. El está presente en nuestras propias almas, y penetra nuestros pensamientos más íntimos, y en verdad, nunca está ausente de nosotros" *Séneca* epíst. LXXXIII, citado por Cooke, *ibid.*, p. 299). "Verdaderamente, la posición del hombre delante de Dios es "Temblad y no pequéis" (Sal. 4:4).

La omnisciencia de Dios garantiza que todos los juicios futuros serán según la verdad; nada será pasado por alto o evaluado falsamente. Tocante a esto, el Sr. Cooke ha escrito: "Si el ojo del transgresor sólo pudiese ser abierto a la realidad de su posición, ¡qué horror le llenaría! Una escena más aterradora que la del Sinaí en llamas –más sorprendente que la mano escribiendo en la pared en el palacio de Belsasar– un panorama más terrible que el drama del gran conflicto universal irrumpiría delante de él, vería a la Deidad ofendida en todos los aspectos, se vería a sí mismo envuelto dentro de la presencia y los atributos del Dios eterno, su Creador y su Juez (*Ibid.*, p. 301). "Aunque cavasen hasta el Seol, de allá los tomará mi mano; y aunque subieren hasta el cielo los haré descender. Si se escondieren en la cumbre del Carmelo, allí los buscaré y los tomaré, y aunque se escondieren de delante de mis ojos en lo profundo del mar, allí mandaré la serpiente y los morderá. Y si fueren en cautiverio delante de sus enemigos, allí mandaré la espada, y los matará; y pondré sobre ellos mis ojos para mal, y no para bién" (Am. 9:2-4).

La omnisciencia de Dios está acompañada de gran aliento y esperanza para aquellos que están en relación correcta con El. Todo esfuerzo sincero, aunque infructífero, todo sufrimiento a través de la incomprensión, toda prueba puede ser sufrida a la luz de la verdad que Dios ve y conoce perfectamente todas las cosas. Las palabras que cierran el Antiguo Testamento tienen gran significado: "Entonces los que temían a Jehová hablaron cada uno a su compañero; y Jehová escuchó y oyó, y fue escrito libro de memoria delante de él para los que temen a Jehová y para los que piensan en su nombre. Y serán para mi especial tesoro, ha dicho Jehová de los ejércitos en el día en que yo actúe y los perdonaré, como el padre que perdona al hijo que le sirve" (Mal. 3:16, 17).

En estrecha afinidad con la omnisciencia divina, aunque superior a esta, está la *sabiduría* divina. Esta, como atributo de Dios, implica un juicio correcto y el uso perfecto del conocimiento. En verdad, el conocimiento es el material del cual la sabiduría edifica su estructura. Dios no es menos perfecto en sabiduría que en cualquier otro de sus atributos. Lo cierto es que Su sabiduría trasciende de tal manera la de todos los otros seres que las Escrituras declaran que El es "el único sabio Dios" (Jud. 1:25; comp. Tim. 1:17). Su sabiduría está manifestada en el vasto, complejo pero perfectamente organizado universo, en el hecho que todo propósito de Dios es el mejor que la infinidad puede diseñar en la perfección de Sus acciones por las cuales todas las cosas son realizadas por El. Ningún aspecto de las obras de Dios deja de manifestar la perfección de Su sabiduría. Sin embargo en ninguna otra forma se ha manifestado más la sabiduría de Dios que en el plan de la redención. Aquí se revela como Dios ha resuelto el mayor de todos Sus problemas, a saber, como puede El ser justo y el justificador de los pecadores. En 1 Corintios 1:22-25 se hace referencia a la solución de este problema: "Porque los judíos piden señales y los griegos buscan sabiduría; pero nosotros predicamos a Cristo crucificado para los judíos ciertamente tropezadero y para los gentiles locura mas para los llamados así judíos como griegos, Cristo poder de Dios y sabiduría de Dios. Porque lo insensato de Dios es más sabio que los hombres y lo débil de Dios es más fuerte que los hombres."

La Biblia contiene un abundante testimonio tanto acerca del conocimiento como de la sabiduría de Dios:

"Porque los ojos de Jehová contemplan toda la tierra, para mostrar su poder a favor de los que tienen corazón perfecto para con él. Locamente has hecho con esto; porque de aquí en adelante habrá más guerra contra ti" (2 Cor. 16:9); "Mas El conoce mi camino; me probará y saldré como oro" (Job 23:10); "Cuan innumerables son tus obras, oh Jehová! Hiciste todas ellas con sabiduría; la tierra está llena de tus beneficios" (Sal. 104:24); "Al que hizo los cielos con entendimiento porque para siempre es su misericordia" (Sal. 136:5); "Oh Jehová, tu me has examinado y conocido. Tú has conocido mi sentarme y levantarme; has entendido desde lejos mis pensamientos. Has escudriñado mi andar y mi reposo, y todos mis caminos te son conocidos. Pues aún no está la palabra en mi lengua, y he aquí, oh Jehová, tú la sabes toda. Detrás y delante me rodeaste, y sobre mi pusiste tu mano. Tal conocimiento es demasiado maravilloso para mi: alto es, no lo puedo comprender. ¿A dónde me iré de tu Espíritu? ¿y a dónde huiré de tu presencia? Si subiere a los cielos, allí estás tú; y si en el Seol hiciere mi estrado, he aquí allí tú estás. Si tomare las alas del alba y habitare en el extremo del mar, aun allí me guiará tu mano, y me asirá tu diestra. Si dijere: Ciertamente las tinieblas me encubrirán; aun la noche resplandecerá alrededor de mí. Aun las tinieblas no encubren de tí y la noche resplandece como el día; lo mismo te son las tinieblas que la luz" (Sal. 139:12): "Porque Jehová tiene contentamiento en su pueblo: hermoseará a los humildes con la salvación. Regocíjense los santos por su gloria, y canten aun sobre sus camas" (Sal. 149:4-5); "Jehová con sabiduría fundó la tierra, afirmó los cielos con inteligencia" (Prov. 3:19); "He aquí se cumplieron las cosas primeras y yo anuncio cosas nuevas antes que salgan a la luz, yo os las haré notorias" (Isa. 42:9); "Por amor de mi siervo Jacob y de Israel mi escogido, te llamé por tu nombre; te puse sobrenombre aunque no me conociste" (Isa. 45:4); "Porque yo conozco sus obras y sus pensamientos; tiempo vendrá para juntar a todas las naciones y lenguas; y vendrán y verán mi gloria" (Isa. 66:18); "El es el que hizo la tierra con su poder, el que afirmó el mundo con su sabiduría y extendió los cielos con su inteligencia" (Jer. 51:15); "Y vino sobre mi el Espíritu de Jehová, y me dijo: Así ha dicho Jehová: Así habéis hablado ¡oh, casa de Israel! y las cosas que suben a nuestro espíritu, yo las he entendido" (Ez. 11:5); "Para que sea tu limosna en secreto y tu Padre que ve en lo secreto te recompensará en público. No hagáis, pues, semejantes a ellos; porque vuestro Padre sabe de que cosas tenéis necesidad antes que vosotros le pidáis. Porque los gentiles buscan todas estas cosas pero vuestro Padre celestial sabe que tenéis necesidad de todas estas cosas" (Mt. 6:4, 8, 32); "que hizo sobreabundar para con nosotros en toda sabiduría e inteligencia" (Ef. 1:8), "para que la multiforme sabiduría de Dios sea ahora dada a conocer por medio de la iglesia a los principados y potestades en los lugares celestiales" (Ef. 3:10): " ¡Oh, profundidad de las riquezas de la sabiduría y de la ciencia de Dios! ¡Cuán insondables son sus juicios, e inescrutables sus caminos! " (Ro. 11:33).

2. SENSIBILIDAD. Esta expresión introduce el segundo elemento de la personalidad. Tanto el uso filosófico como el teológico de la palabra *sensibilidad* incluye las formas más elevadas de sentimiento y representa los deseos racionales y morales al igual que los apetitos degradados. Aunque existe una diferencia de grado y de pureza esencial entre la sensibilidad humana y la divina, la realidad de la sensibilidad divina no puede dudarse. Descartar la gran cantidad de pasajes bíblicos acerca de este tema alegando que la sensibilidad divina tal como aparece en la Biblia no es más que un antropomorfismo, no satisface la exigencia de este asunto; por el contrario, y mucho más de acuerdo con la verdad, la sensibilidad humana es sólo un tenue reflejo de aquello que existe en Dios en un grado infinito de perfección. El hecho de que en Dios las emociones de amor y paciencia y los atributos de santidad, justicia, bondad, misericordia y fidelidad existen en una demostración eficiente de la verdadera cualidad de Dios en contraste con los errores del deísmo y el panteísmo. Con frecuencia en verdad, ciertos teólogos han tratado de eliminar del pensamiento de los hombres esa naturaleza viva y sensible, que por medio de diferentes expresiones, la Biblia afirma y confirma. Definir a Dios por medio de negativas es justificable solamente cuando los elementos de debilidad e imperfección, que residen en el hombre, han de ser eliminados. Este procedimiento es llevado a un extremo cuando Dios es presentado como una inteligencia pura y una fuerza pero sin esas emociones que sostienen la actitud divina y motivan la acción de Dios. La sensibilidad de Dios está tan bién definida como los otros esenciales de la personalidad –la inteligencia y la voluntad. Sin la débil experiencia del amor humano, los hombres no podrían comprender nada de la revelación que encontramos en las palabras de Cristo al Padre: "Porque tu me amaste desde antes de la fundación del mundo", y las palabras de Cristo a los hombres: "Porque de tal manera amó Dios al mundo." No constituye una limitación para Dios que el requiera un objeto a quien amar, o que Su amor varie en relación a diferentes objetos. Hay una fuerza peculiar en las palabras dirigidas a Israel: "Con amor eterno te he amado" (Jer. 31:3), y en las palabras: "a Jacob amé, mas a Esaú aborrecí" (Ro. 9:13, comp. Mal. 1:2-4).

La sensibilidad de Dios incluye Su Ser racional. El ha expresado Su deseo final en el universo y de dicho universo, en su forma original. El pudo decir que "Era bueno en gran manera." Quien haya contemplado la hermosura de la creación no podrá negar la naturaleza estética en Dios. El escritor Hugo Miller ha escrito lo siguiente en relación al hecho de que el hombre deriva se estética de Dios: "yo mantengo que recibamos la verdadera explicación del carácter humano de la obra del Creador antes que el hombre fuese en el estupendo texto donde se nos dice que "Dios hizo al hombre a su imagen y semejanza." No hay aquí limitación alguna a la cualidad moral: la imagen moral que el hombre tuvo, y que perdió en gran medida; pero la imagen intelectual él aún retiene. Como un geómetra, un matemático, un químico, un astrónomo –es decir, en todos los departamentos de las llamadas ciencias estrictas– el hombre difiere de su Creador, no en clase, sino en grado; no como materia difiere de la mente, o las tinieblas de la luz, sino simplemente como una simple porción de espacio o de tiempo difiere de *todo* el espacio o *todo* el tiempo. Ya me he referido a la invención mecánica como algo exactamente igual en las producciones divinas y humanas; ni puedo dudar que, no solamente en el penetrante sentido de lo hermoso en forma y color que es nuestro privilegio como hombres experimentar y poseer en cierto grado sino también en la percepción de la armonía que constituye el sentido *musical,* y en ese sentimiento poético que la Biblia nos proporciona con sus ejemplos más tempranos y mejores, y que pudiésemos designar el sentido *poético,* tenemos el sello y la impresión de la imagen divina" *(El Testimonio de las Rocas,* pp. 259-60, citado por Miley, *Teología* I, 197), Igualmente Bowne ha escrito:

"Sostenemos, por lo tanto, que Dios no solamente es pensamiento puro, sino que también es absoluta intuición y sensibilidad.

El no tan solamente comprende la realidad en su forma más absoluta, sino que la ve en su situación absoluta, y la goza en su absoluta sensibilidad. No podemos, sin incurrir en una contradicción, pensar que haya algo en el mundo de lo imaginable que sea excluido de la fuente de todo pensamiento y conocimiento. Nuestro concepto de Dios solamente como pensamiento puro excluirían las armonias de luz, sonido y forma de su conocimiento, y lo limitaría a un conocimiento del esqueleto del Universo en vez de Su hermosura viviente. El concepto de Dios como sensible aparece en forma antropomórfica solamente debido a la confusión mental. Para quienes no piensan, la sensibilidad implica un cuerpo; pero en realidad ésta es tan puramente una afección espiritual como el más abstracto pensamiento. Todo lo que el cuerpo realiza a nuestro favor es manifestar la sensibilidad, pero éste en ningún modo la produce y es completamente concebible que ésta exista en un ser puramente espiritual completamente desprovisto de cuerpo.

No pudiese haber una manera más irracional de concebir el conocimiento divino que la que asume que ésta comprende la realidad solamente como existe para el pensamiento puro, y pierde por completo la apariencia y la vida de las cosas. Por el contrario, tal y como consideramos nuestra razón como un débil tipo de la razón infinita, así también consideramos nuestras instrucciones como una débil representación de la intuición absoluta y así mismo consideramos las armonías de la sensibilidad y sentimientos como los ecos ajenos de la absoluta sensibilidad, notas descarriadas que circulan de la fuente de los sentimientos, la vida y la belleza" (*Metafísicas,* ps. 201-2, citado por Miley, *ibid.,* ps. 198-99).

Existen ciertos modos que deben ser observados tocante a la sensibilidad divina y moral, todos ellos, a su vez, son los bién definidos atributos de Dios.

a. SANTIDAD. La santidad de Dios es *activa.* Como motivo primordial, ésta estimula todo lo que El hace; por lo tanto El es justo en Sus caminos. Aunque El es infinitamente santo, Dios no obstante mantiene una relación con las criaturas que cayeron en pecado; El no permanece indiferente separado de Sus criaturas sino que está vitalmente cerca de ellas. Su santidad no es aquella que es engendrada por un esfuerzo contraste o preservado a través de la segregación de otros seres. La santidad de Dios es intrínseca, no creada, y sin mancha, ésta puede observarse en toda actitud divina y en cada acción de Dios. No tan solamente comprende la devoción de Dios hacia lo bueno, sino que también es la base misma y la fuerza de Su odio hacia aquello que es malo. Por lo tanto en la santidad divina existe la capacidad para reaccionar hacia otros que es tanto positiva como negativa.

Los siguientes pasajes, seleccionados del gran volumen del testimonio bíblico sobre este tema, servirán para declarar la santidad de Dios:

"Y dijo: No te acerques; quita tu calzado de tus pies, porque el lugar en que tú estás pisando, tierra santa es" (Ex. 3:5); "Habla a toda la congregación de los hijos de Israel y díles: Santos seréis porque santo soy yo Jehová nuestro Dios" (Lev. 19:2); "No hay santo como Jehová; porque no hay ninguno fuera de tí y no hay refugio como el Dios nuestro" (1 Sam. 2:2); "He aquí en sus santos no confía y ni aun los cielos son limpios delante de sus ojos" (Job 15:15); "Porque tú eres santo tú que habitas entre las alabanzas de Israel" (Sal.22:3); "Reino de Dios sobre las naciones, se sentó Dios sobre su santo trono" (Sal. 47:8); "Redención ha enviado a su pueblo; para siempre ha ordenado su pacto; Santo y temible es su nombre" (Sal. 11:9); "Y el uno al otro daba voces, diciendo: Santo, santo Jehová de los ejércitos toda la tierra está llena de su gloria" (Isa. 6:3); "Porque así dijo el Alto y Sublime, el que habita la eternidad y cuyo nombre es el Santo: Yo habito en la altura y la Santidad y con el quebrantado y humilde de espíritu para hacer venir el espíritu de los humildes, y para vivificar el corazón de los quebrantados" (Isa. 57:15); "Este es el mensaje que hemos oído de él, y os anunciamos: Dios es luz, y no hay ningunas tinieblas en él" (1Jn. 1:5); "y los cuatro seres vivientes tenían cada uno seis alas y alrededor y por dentro estaban llenos de ojos; y no cesaban día y noche de decir: Santo, santo, santo es el Señor Dios Todopoderoso el que era, el que es y el que ha de venir" (Ap. 4:8); "Y clamaban a gran voz, diciendo: ¿Hasta cuando, Señor, santo y verdadero, no juzgas y vengas nuestra sangre en los que moran en la tierra?" (Ap. 6:10); "¿Quién no te temerá ¡oh, Señor! y glorificará tu nombre? pués sólo tú eres santo; por lo cual todas las naciones vendrán y te adorarán, porque tus juicios se han manifestado" (Ap. 15:4).

b. JUSTICIA. Esta es una expresión legal y se refiere al carácter esencial del gobierno divino en esa elevada y armoniosa excelencia hacia la cual dicho gobierno avanza. Debemos reconocer aquí que Dios tiene el derecho absoluto y la autoridad sobre Sus criaturas. En su rebelión contra Dios, la criatura ha rehusado orgullosamente reconocer la verdad acerca de la autoridad y el derecho del Creador. Dios pudo según Su placer, haber creado o no, El pudo haber creado otra clase de seres y pudo no haber creado aquellos seres que creó. El tiene el perfecto derecho de disponer de todas Sus obras como le plazca. Si se piensa en esto con detenimiento se haría evidente que el lugar correcto del hombre es el de una criatura sometida y que el destino más elevado del hombre será alcanzado, no resistiendo al Creador sino por medio de una conformidad absoluta a Su voluntad. Debido a que la autoridad del Creador es absoluta, es una causa superlativa de gratitud que Dios es perfecto en justicia. ¡Qué miseria tan grande sería para la criatura si fuese de otro modo!

La justicia divina es exhibida en el hecho de que leyes justas son dadas a los hombres, que esas leyes son sostenidas por sanciones adecuadas, y en que esas leyes son ejecutadas imparcialmente.

Ningún favoritismo es jamás practicado, aunque se extiende el favor infinito hacia aquellos que se acogen a las justas provisiones que para la salvación han sido hechas posibles a través del sacrificio de Cristo por el pecado. Acerca de esto puede señalarse, que en ningún otro aspecto es la justicia divina más manifestada que en el plan de la redención. Lo que es hecho en el lado divino a favor de los hombres perdidos a través del sacrificio de Cristo, es ejecutado en perfecta justicia —tal justicia en verdad, está en completa armonía con la santidad infinita. La Justicia demanda que el castigo, habiendo caído sobre Otro y ese beneficio habiendo sido recibido como la base de la esperanza por el culpable, no ha de recaer nuevamente sobre el culpable. La Santidad dicta que no ha de haber tolerancia hacia el mal por parte de Dios. Es verdad que El considera nuestra condición y se acuerda que somos polvo; pero Dios nunca condena el pecado. No se dice que Dios sea misericordioso o bondadoso cuando El justifica al que cree en Cristo; se dice que El es *justo* (Ro. 3:26). Con el mismo fin cuando El perdona y limpia al cristiano que confiesa sus pecados, se dice que Dios es *fiel* y justo (1 Jn. 1:9, comp. 1 Cor. 11:31, 32). En Su trato administrativo y teocrático con las naciones —especialmente con Israel— hay extensiones tanto de Sus bendiciones como de Sus juicios aun en generaciones sucesivas. Ninguna de esas extensiones de juicios o castigos llegó a ser una finalidad del trato divino con el individuo en la justicia retributiva de Dios, la cual da a cada individuo conforme a su relación personal con Dios. Una, y solamente una, provisión ha sido hecha y a un costo infinito –por la cual el malo puede escapar el castigo de tal justicia. Rechazar esa puerta abierta de la salvación la cual es Cristo y en la cual Dios sin poner en peligro Su santidad puede ejercer gracia completa y perfecta hacia el pecador, se convierte de inmediato en la completa y final condenación del pecado.

Finalmente la justicia de Dios será vista en la disposición divina hacia todas las criaturas en el final –gloria eterna para aquellos que a través de la redención han pasado a esas relaciones con El que le da libertad de hacer por ellos en perfecta justicia todo lo que Su amor infinito dispone y condenación eterna para aquellos que persistentemente repudian a Dios. La justicia requiere que los santos sean remunerados por su fidelidad –algunos mas y otros menos. Con la misma consistencia, la justicia demanda que han de haber grados de experiencia en el estado de los perdidos. Está escrito "Porque todos los que sin ley (la ley de Moisés) han pecado, sin ley (la ley de Moisés) también perecerán; y todos los que bajo la ley han pecado, por la ley serán juzgados . . . en el día en que Dios juzgará por Jesucristo los secretos de los hombres, conforme a mi evangelio" (Rom. 2:12-16). Es verdad que el crimen aumenta delante de Dios en proporción a la luz dada al pecador. No es la intención del pasaje anterior el sugerir que aquellos que estaban sin la ley de Moisés (1 Cor. 9:21) escaparán al juicio (estos han pecado contra una ley según los versículos 14 y 15), pero el juicio a quien se le dió más luz será sujeto a mayor condenación. La experiencia normal es que todos "perecerán" (comp. versículo 12 y Jn. 3:16; 10:28). La experiencia anormal es que el judío, a quien fué dada la ley mosaica, sufrirá mayor condenación. M. R. Vincent ha escrito: "*Ambas* clases de hombres serán *condenados;* en ambos el resultado será que *perecerán* pero el jucio *por la ley* está limitado a aquellos que tienen la ley" (*Word Studies* sobre Rom. 2:12). Y Godet añade: "Solamente los judíos serán, estrictamente hablando, sujetos a un *exámen cuidadoso* tal y como surge al aplicar los artículos de un código en particular" (Citado por Vincent, *loc. cit.*). Ellos todos y cada uno, se perderán eternamente (comp. Ap. 20:12-15).

Las Escrituras dan testimonio de la justicia de Dios: "Sea, pués, con vosotros el temor de Jehová; mirad lo que hacéis, porque con Jehová nuestro Dios no hay injusticia, ni acepción de personas, ni admisión de cohecho" (2 Cro. 19:7); "¿Será el hombre más justo que Dios? ¿Será el varón más justo que el que lo hizo? " (Job 4:17); "El temor de Jehová es limpio, que permanece para siempre; los juicios de Jehová son verdad, todos justos" (Sal. 19:9); "Justicia y juicio son el cimiento de tu trono; misericordia y verdad van delante de tu rostro" (Sal. 89:14); "Proclamad y hacedlos acercarse y entren todos en consulta; ¿quién hizo oir esto desde el principio, y lo tiene dicho desde entonces, sino yó Jehová? Y no hay más Dios que yo, Dios justo y salvador; ningún otro fuera de mí" (Isa. 45:21); "Por cuanto ha establecido un día en el cual juzgará al mundo con justicia, por aquél varón a quien designó, dando fe a todos con haberle levantado de los muertos" (Hch. 17:31); "Y cantan el cántico de Moisés siervo de Dios y el cántico del cordero, diciendo: Grandes y maravillosas son tus obras, Señor Dios Todopoderoso; justos y verdaderos son tus caminos, Rey de los santos" (Ap. 15:3).

c. AMOR. Ciertas expresiones –tres en total– son usadas en la Biblia para describir a Dios de manera amplia, a saber, *Espíritu* –"Dios es Espíritu" (Jn. 4:24); *Luz* –"Dios es luz" (1 Jn. 1:5); y *Amor* "Dios es amor" (1 Jn. 4:8). Por medio de la palabra *amplia* se afirma que las expresiones *Espíritu, Luz y Amor* se refieren no solamente a virtudes particulares entre las muchas que hay en Dios, sino que Dios es precisamente en Sí mismo todo lo que esas expresiones significan. Mas específicamente concerniente al *Amor:* Dios no ha adquirido el amor, ni tampoco mantiene el amor por medio del esfuerzo; este es la estructura de Su propio ser. El es la fuente inagotable de todo amor. Este es, debido a ese hecho, preeminentemente la cosa que El requiere. "El amor es el cumplimiento de la ley." Sin el atributo del amor. Dios no seria lo que es. Como ningún otro atributo, el amor es el motivo primordial de Dios, y para satisfacer Su amor toda la creación ha sido formada. Es debido al hecho que Dios no necesita nada para lo cual tenga que depender de otro ser, que El siempre está derramando e impartiendo Su amor. Es esencial, también, que El ha de tener aquellos sobre los cuales Su benevolencia pueda ser conferida; de ahí que hay innumerables criaturas que son por sobre todas las cosas objetos de Su amor. La expresión *amados* se usa en relación a los cristianos para indicar que ellos son *amados* de Dios.

Es innegable que ha existido siempre un amor infinito entre las personas de la Deidad; también es evidente que Dios en el sentido más digno se ama a Sí mismo de manera suprema. El amor divino, por lo tanto, no comenzó a ser ejercitado solamente cuando las criaturas –objetos de Su amor– fueron creadas Su amor hacia las criaturas existió en forma anticipada. Dentro de Dios mismo es verdad que desde la eternidad "la misericordia y la verdad se encontraron; la justicia y la paz se besaron" (Sal. 85:10). Es la entrada del pecado en la creación de Dios lo que produjo un conflicto dentro de los atributos de Dios. La Santidad de Dios condena el pecado mientras que Su amor procura salvar al pecador. Solamente el amor pudo haber hecho el sacrificio requerido para que el pecador pudiese ser salvo. Esta tarea no debe interpretarse como si un Dios (Cristo) estuviese salvando al pecador de otro Dios (el Padre). Ha sido dentro de la propia naturaleza de Dios que se han hecho los ajustes necesarios de los atributos. "Dios estaba en Cristo reconciliando consigo al mundo" (2 Co.5:19). El amor Divino, aunque es sin medida, siempre está en armonía con la razón y la justicia divina. La reconciliación entre la santidad y el amor, en lo que concierne al afecto del pecado sobre esos atributos aunque efectuada a su debido tiempo en la cruz, fue anticipada desde la eternidad. Se dice de Cristo que El es el "cordero que fué inmolado desde la fundación del mundo" (Ap.13:8). El amor de Dios tuvo su manifestación perfectamente en la muerte de Cristo (Jn. 3:16; Ro. 5:8; 1 Jn. 3:16). Este no es un simple afecto, sino que es una libre elección de Dios que puede ser reconocida en todo lo que El hace. "Dios es amor."

d. BONDAD. Este atributo, si se contempla como aquello que está dentro de Dios, está estrechamente ligado a Su santidad; si es contemplado como algo que procede de Dios, está estrechamente relacionado al amor. La infinita bondad de Dios es una perfección de Su ser que caracteriza Su naturaleza y es en si la fuente de todo aquello en el universo que es bueno. Las expresiones específicas empleadas para describir la bondad de Dios son (a) la *benevolencia* que es la bondad en su sentido genérico pues comprende todas las criaturas y asegura el bienestar de ellas; (b) *complacencia,* que es aquello en Dios que aprueba todas Sus perfecciones así como todo aquello que está en conformidad con El; (c) *misericordia,* que es la bondad de Dios ejercida en favor de la necesidad de Sus criaturas; y (d) *gracia,* que es el acto gratuito de Dios por aquellos que carecen de méritos, cuya libertad de acción ha sido asegurada a través de la muerte de Cristo.

Las expresiones *misericordia, amor y gracia* son frecuentemente confundidas. Estas aparecen en un contexto limitado en Efesios 2:4, 5 y son usadas allí con verdadera discriminación: "Pero Dios, que es rico en misericordia, por su gran amor con que nos amó, aún estando nosotros muertos en pecados, nos dio vida juntamente con Cristo (por gracia sois salvos) . . ."

Hay un triple, presente e inmediato ejercicio de la misericordia divina. Primero, se dice que Dios es misericordioso hacia aquellos que ponen su confianza en El. Para ellos El es "el Padre de Misericordia" (2 Co. 1:3), y ellos son invitados a acercarse al trono de la gracia donde, se les asegura que han de "obtener misericordia" (He. 4:16). Segundo, la misericordia divina aun será manifestada en favor de Israel cuando ellos sean reunidos en su tierra (Is. 54:7). Tercero, Dios ejercita Su misericordia cuando el pecador es llamado de su estado pecaminoso y es salvado por la gracia divina (Ro. 9:15, 18; 1 Ti. 1:13). Sin embargo, la misericordia de Dios tiene su manifestación suprema en la entrega de Su Hijo por los perdidos de este mundo. Los pecadores que creen no son considerados ahora como salvados a través del ejercicio inmediato y personal de la misericordia divina; sino más bien, ya que la misericordia de Dios ha provisto un Salvador quien es el Sustituto perfecto para ellos, tanto como el que ha cargado los pecados, para que ellos puedan ser perdonados de todas sus transgresiones, y como el fundamento de justicia para una completa justificación, Dios se dice ser "justo" cuando El justifica a aquel que solamente "cree en Jesús" (Ro. 3:26). Por lo tanto, desde cualquier ángulo que se mire, Dios es "rico" en misericordia.

e. VERDAD. El carácter de Dios entra en consideración cuando se le llama el Dios de verdad. El no tan sólo manifiesta y confirma aquello que es verdad, sino que también permanece fielmente en Su promesa, y ejecuta toda advertencia y todo augurio que ha hecho.

Fuera del elemento de *verdad* en Dios no podrá haber certeza de clase alguna en esta vida, y los seres humanos andarían en gran perplejidad sin saber su procedencia ni su destino. Sin la *verdad* en Dios, una revelación es solamente una farsa. Por el contrario, como la Biblia afirma, "Sea Dios veraz mas todo hombre mentiroso" (Ro. 3:4). Aunque los hombres engañen, la veracidad de Dios jamás puede ser puesta en tela de duda ni en el grado más ínfimo. La verdad en Dios es la certeza de que lo que El ha revelado es en conformidad con la naturaleza de las cosas y que sus revelaciones pueden ser confiadas con absoluta seguridad. Esta certeza caracteriza de igual manera toda revelación dada por Dios por cualquier medio. Dios ha dado al hombre los sentidos los cuales, en condiciones normales, proporcionan una información fiel y verdadera tocante a los objetos que Dios quiere que el hombre reconozca. Los mismos filósofos que insisten que la materia no existe, sino que sólo es una impresión en la mente, se contradicen a sí mismos al evadir los peligros y las fuerzas de la naturaleza. Nuevamente la razón, aunque insuficiente en sí misma, es cuando sus conclusiones basadas en la realidad, otra demostración de la verdad divina. La demostración final de la verdad de Dios está en la Biblia. Esta, siendo la Palabra de Dios, es verdad en todas sus partes. Hay un gran despliegue de verdaderos temas, y asuntos acerca de los cuales el hombre por sí solo no podría saber nada. La Biblia suple esa información correcta. "Las palabras de Jehová son palabras limpias, como plata refinada en barro de tierra, purificada siete veces" (Sal. 12:6). Se afirma en las Escrituras que Dios es guardador de Su pacto. Algunos de Sus pactos sólo contienen promesas y otros contienen promesas y avisos. El es fiel a toda Su palabra. "Dios no es hombre, para que mienta ni hijo de hombre para que se arrepienta. El dijo ¿y no hará? Habló ¿y no lo ejecutará? (Num. 23:19). "Fiel es el que prometió" (He. 10:23). Cuando el hombre deja de cumplir su parte en un pacto condicional, Dios queda libre de dicho pacto si El entonces hace lo contrario a lo establecido en ese pacto, El no es infiel. Habiendo prometido a Abraham sin ninguna condición que la simiente de Abraham sería librada de Egipto (Gn. 15:13, 14), está escrito "y pasados los cuatrocientos treinta años, en el mismo día todas las huestes de Jehová salieron de la tierra de Egipto" (Ex. 12:41).

Es siempre verdad, porque Dios es verdadero, que "No faltó palabra de todas las buenas promesas que Jehová había hecho."

Dios es igualmente veraz en la ejecución de sus promesas de juicio, pero hay indicios de piedad para aquellos que se vuelven a El. Dios dice: "En un instante hablaré contra pueblos y contra reinos, para arrancar, y derribar, y destruir. Pero si esos pueblos se convierten de su maldad contra la cual hablé yo me arrepentiré del mal que había pensado hacerles" (Jer. 18:7, 8). Así mismo se declara también que Dios estima al inconverso como estando ya bajo condenación y que, "El que no cree en el Hijo no verá la vida; sino que la ira de Dios está sobre el." Pero, por otra parte, se promete que "El que cree en el Hijo tiene vida eterna" (Jn. 3:36). No existe mayor certeza de perdición que la que se encuentra en el hecho que Dios, quien no puede mentir, ha dicho que será así.

La fidelidad de Dios es la fuente inagotable de consuelo y seguridad para aquellos que viven en relación correcta con El, y son participantes de los pactos de Su promesa. Es de gran significación cuando Cristo dijo: "Yo soy . . . la verdad" (Jn. 14:6).

3. VOLUNTAD. El tercer elemento esencial en la personalidad es la *voluntad* y puede observarse mucho acerca de la voluntad de Dios. La voluntad es aquello en Dios que pone en acción todo lo que El ha diseñado. Como evidencia que la voluntad pertenece a Dios está el hecho que ésta pertenece a la personalidad, la perfección, la independencia, la obra de la creación, y es directamente afirmada respecto a Dios por las Escrituras (Jn. 1:13; Ro. 8:27; 12:2; 1 Co. 1:1; Ef. 1:5). La voluntad de Dios puede ser considerada como *libre y omnipotente.*

a. LIBERTAD. La voluntad de Dios es *libre.* Su actuar es conforme a la sabiduría, es ejercitada en poder infinito y mantiene solamente los justos propósitos de Dios; pero así todo es libre en sentido de que es independiente de todas Sus criaturas así como de sus acciones. Al reflexionar de esa manera acerca de la voluntad de

Dios, los teólogos frecuentemente distinguen entre la voluntad *establecida* de Dios y Su voluntad *didáctica*. La voluntad establecida o decretada de Dios será considerada más ampliamente más adelante en este tratado. Este aspecto de la voluntad divina es Su propósito eficaz tocante a todo lo que es, o será, en la creación que El ha realizado.

En contraste con esto, la voluntad didáctica de Dios es aquella que solamente manda pero no obliga a Sus criaturas. Estos dos aspectos de la voluntad no están en conflicto. La voluntad didáctica puede ser resistida, como frecuentemente lo es. Toda desobediencia a Sus mandamientos, aunque predeterminados, no tiene la aprobación de El. La voluntad didáctica ofrece un precepto que los hombres pueden recibir o rechazar. La voluntad de Dios no determina lo que es correcto o incorrecto. Algunas veces se ha sugerido la idea, que Dios por decreto soberano puede hacer que lo malo sea bueno y lo bueno malo. Lo que es la voluntad de Dios es bueno porque ello expresa Su carácter santo. Sin embargo, concerniente a cosas, algunas buenas y otras malas, que Cristo oró: "Si Padre: porque así te agradó" (Mt. 11:26).

Otra distinción en la libre voluntad de Dios es que algunos de sus propósitos son secretos, llamados *voluntas beneplaciti*, y otros son revelados, llamados *signi*. Dios mandó a Abraham a que ofreciese su hijo, pero estaba en la voluntad secreta de Dios el librar a Abraham de aquella situación, la diferencia entre *beneplacite y signi* la encontramos en Deuteronomios 29:29: "Las cosas secretas pertenecen a Jehová Dios; mas las reveladas son para nosotros y para nuestros hijos para siempre, para que cumplamos todas las palabras de esta ley (comp. Sal. 36:6; Rom.11:33-34).

b. OMNIPOTENTE. El poder infinito de Dios, designado como *omnipotencia*, es empleado en la ejecución de todo lo que es la voluntad de Dios. Mucho de lo que Dios hace es por voluntad directa sin usar intermediarios o agentes de clase alguna. Dios dijo: "Sea la luz: y fué la luz." Esto es la omnipotencia operando a través de la voluntad. La voluntad del hombre está limitada a pensamientos, propósitos, actos volitivos, y ciertos movimientos físicos. El hombre no puede producir nada por la fuerza de su voluntad. La habilidad divina en producir la existencia del universo de la nada por el acto de Su voluntad en la gran manifestación de poder.

Tal poder sólo pertenece a Dios. Es el capaz de hacer todo lo que quiere, pero El puede no desear hacer todo lo que Su omnipotencia le permite. Su voluntad está dirigida hacia fines santos y dignos. El no puede contradecirse a sí mismo. Juan Hawe ha dicho: "Pertenece a un ser autosuficiente estar siempre lleno y libre, y al que recibe, al ser que depende de otro, estar siempre vacio y hambriento" (citado por Watson, *Institutes,* I, 363).

Don Ricardo Watson ha escrito abundantemente concerniente a la omnipotencia divina. Lo siguiente es de vital importancia:

"En la revelación que ha sido diseñada para maravillar y contratar lo malo, y producir fortaleza mental y consolación al bueno bajo toda circunstancia, la omnipotencia de Dios es por lo tanto en una gran variedad de puntos de vistas impresionantes, y relacionadas con las ilustraciones más sorprendentes. Esta está representada por el hecho de la *creación,* la creación de los seres vivientes *de la nada,* lo cual en sí, aunque ha sido limitado a un solo objeto, aunque pequeño, sobrepasa la mente finita y confunde las facultades. Esto no requiere ningún esfuerzo para con Dios –"El dijo y fué hecho, El mandó y existió." La *extensión y la variedad* de sus obras engrandecen el concepto. "Los cielos cuentan la gloria de Dios y el firmamento anuncia la obra de sus manos." "El solo extendió los cielos y anda sobre las olas del mar; El hizo la Osa, el Orion y las Pléyades, y los lugares secretos del sur; El hace cosas grandes e incomprensibles, y maravillosas sin número. El extiende el norte sobre vacio cuelga la tierra sobre la nada. Ata las aguas en sus nubes y las nubes no se rompen debajo de ellas. El encubre la faz de Su trono, y sobre él extiende su nube. Puso límite a la superficie de las aguas, hasta el fin de la luz y las tinieblas." La *facilidad* con que El sostiene, ordena, y controla el más poderoso y dificil de los elementos, presenta su omnipotencia bajo un aspecto inefable de dignidad y majestad, "todas las cosas en el subsisten." El detuvo la mar "cuando ponía al mar su estatuto, para que las aguas no traspasasen su mandamiento." Porque El mira hasta los fines de la tierra, y ve cuanto hay bajo los cielos. Al dar peso al viento, y poner las aguas por medida; cuando El dió la ley a la lluvia y camino al relámpago de los truenos." "¿Quién midió las aguas con el hueco de su mano y los cielos con su palmo, con tres dedos juntó el polvo de la tierra, y pesó los montes con balanza y con pesas los collados?" Las descripciones del poder Divino frecuentemente son *aterradoras* "Los pilares del cielo tiemblan y se espantan a su reprensión." "El traspasa los montes y ellos no lo saben; el los trastorna en su ira, el sacude la tierra fuera de su lugar, y las columnas de ella tiemblan; el manda el sol y no se levanta y sella las estrellas." La misma absoluta sujeción de las criaturas bajo su dominio es vista entre los habitantes inteligentes del universo material, y los angeles, los hombres más elevados, y los espíritus malignos, son llevados con la misma facilidad que los elementos más débiles. "El hace a sus ángeles espíritus y a sus ministros llamas de fuego." Ellos cubren sus rostros delante de su trono, y se postran a Su servicio. "El está sentado sobre el círculo de la tierra, cuyos moradores son como langostas; el extiende los cielos como una cortina, las despliega como una tienda para morar." "El reduce a los príncipes a la nada." "El establece a uno y quita al otro", "porque el reino es del Señor y el es el gobernador entre las naciones."

"Los ángeles que pecaron los arrojó al infierno y los entregó a prisiones de oscuridad, para ser reservados a juicio." Las escenas finales de este mundo completan este concepto trascendental de la majestad y el poder de Dios. Los muertos de todas las edades se levantarán de la tumba al mandato de su *voz* y el mar dará los muertos que están en él. Delante de El huirá el cielo y la tierra, las estrellas del cielo caerán y el poder del cielo será conmovido. Los muertos grandes y pequeños, estarán de pié ante Dios, y son separados como el pastor separa las ovejas de los cabritos. Los malos serán enviados a la condenación eterna y los justos a la vida eterna.

De estas vistas maravillosas de la omnipotencia de Dios, esparcidas casi por cada una de las páginas de la Biblia, el poder radica en su *verdad.* Estas no son exageraciones orientales, confundidas con lo sublime. Todas las cosas en la naturaleza responde a ellas, y renuevan de edad en edad la energía de la impresión que ni puede menos sino ser dejada en la mente que piensa. El orden de las órbitas astrales indica la constante presencia de un poder invisible e incomprensible: Esos mares lanzan el peso de sus olas contra las orillas pero por todas partes confrontan "los límites fijados por decreto perpetuo." La marea alcanza su altura. Si sólo fluyese por unas pocas horas, la tierra cambiaría su lugar con el fondo del mar, pero bajo un control invisible ésta vuelve a su sitio." El toca las montañas y de ellas brota humo", esto no es simple imaginación. Cada volcán es un testimonio de esa verdad a la naturaleza que encontramos en las Escrituras y los terremotos enseñan, que delante de El, "las columnas del universo tiemblan." Los hombres forman grandes ejércitos, y las grandes naciones, nos dan la idea de gran poder humano: pero permítase colocar a un ejército en medio de las tormentas de arena y el viento abrasador del desierto como ocurre frecuentemente en el oriente, o delante de "su frigidez" como ocurre en nuestros días en Rusia, donde uno de los ejércitos más poderosos ha sido visto en retirada o pereciendo ante la furia de la nieve y el frío, ó permítase ver la condición de una gran nación que es visitada por el hombre, o por una plaga incontrolable, y no es figura del lenguaje decir, que "todas las naciones son delante de él *menos que la nada* y *vanidad."*

Ni tampoco al pasar revista a esta doctrina de las Escrituras debe pasarse por alto los cuidadosos usos prácticos que los escritores sagrados hacen tocante a la omnipotencia de Dios. En ellos no se menciona para nada la sabiduría personal como frecuentemente es el caso entre los escritores paganos; no hay especulación carente de la servidumbre *moral,* y eso deliberadamente *diseñado.* El procurar mantener viva en el hombre el temor y la aclaración a Dios, y traerle a una feliz confianza en ese gran poder que llena y controla todas las cosas, hemos observado, que son las razones para esos grandiosos despliegues de la omnipotencia de Dios, que aparecen a través del texto sagrado con una sublimidad que solamente la inspiración puede suplir. "Cantad su gloria entre las gentes, y entre todos los pueblos sus maravillas. Porque grande es Jehová, y digno de suprema alabanza, y de ser temido sobre todos los dioses. Alabanza y magnificencia delante de el; poder y alegría en su morada. Tributad a Jehová, ¡oh familias de los pueblos! Dad a Jehová gloria y poder. Dad a Jehová la honra debida a su nombre. Jehová es mi luz y mi salvación; ¿de quién temeré? Jehová es la fortaleza de mi vida; ¿de quién he de atemorizarme? Si Dios es por nosotros, ¿quién contra nosotros? Mi socorro viene de Jehová, que hizo los cielos y la tierra. En el día que temo, yo en tí confío." Por lo tanto como puede observarse, "nuestros temores naturales, que son muchos, nos hacen acudir a Dios, y nos recuerdan, ya que sabemos lo que Dios es, acogernos a su omnipotencia."

Aunque las vistas que las Escrituras nos ofrecen acerca de la omnipotencia de Dios son abundantes no debemos por ello considerarnos limitados a estos. Así como cuando las Escrituras nos declaran la eternidad de Dios, lo hacen con el propósito de presentarnos algo de esa peculiaridad temerosa de la naturaleza Divina, que El mismo es la fuente de vida, y que El es Eterno, porque El es el "Yo soy"; así que se nos enseña a no medir su omnipotencia por medio del despliegue que de la misma se hace. Estas son las manifestaciones del principio, pero no la *medida* de la capacidad, y si apelásemos a los descubrimientos de la filosofía moderna, la cual con la ayuda de instrumentos, ha engrandecido de tal manera los límites visibles del universo visible, y añadiendo las estrellas, visibles a simple vista, nuevas manifestaciones del poder Divino en esos cuerpos nebulosos de los cielos que aparecen en la forma de innumerables luminarias celestes, cuyas inmensas distancias combinan su luz antes de que llegue a nuestros ojos; por ello nosotros casi que extendemos infinitamente el círculo de la creación y entramos en un campo antes desconocido y maravilloso de la operación Divina; pero aún se nos recuerda, que su poder es en verdad *eterno* e *ilimitado*. "He aquí todo esto es parte de sus caminos, pero que poco es conocido de El y el rugir de su poder ¿quién lo puede comprender? Es un pensamiento estupendo el poder concebir un poder del cual se deriven todos los demás poderes y al cual todo lo demás está sujeto, a lo que nada puede oponerse; que puede destruir completamente todos los demás poderes un poder que actúa de la manera más perfecta; de pronto, en un instante con la mayor facilidad: pero la Biblia nos guia a la contemplación de mayores profundidades las cuales son insondables. La omnipotencia de Dios es inconcebible y sin límites, procede de la perfección infinita de Dios, y el hecho que su poder es ilimitado; y en cada instante imaginable de la eternidad, ese poder inagotable de Dios puede, si es de Su agrado, añadir más criaturas a las ya existentes o mayor perfección a ellas." *Ibid.*, I, 360-63.

II. ATRIBUTOS INHERENTES

En la investigación anterior, los atributos de Dios relacionados con la personalidad han sido contemplados aparte de su clasificación ya sea *inherente* o *caracterizante*. Es necesario confesar que existen grandes dificultades cuando se trata de clasificar los atributos de Dios de manera arbitraria. La presente clasificación de los atributos incluye aquellos que son claramente *inherentes* y estos completan la lista de los predicados que caracterizan a Dios. Estos describen la esencia de Su Ser. Estos no son comunicados a otros seres. El hecho que estos son característicos de Dios y ausentes de todos los demás seres de inmediato produce una dificultad que no se encuentra en el estudio de atributos que son, hasta cierto grado, reflejados en las criaturas. Teniendo alguna relación vital con el bien en contraste con el mal, el hombre puede por analogía razonar partiendo de sus ideales de aquello que es bueno hacia la perfecta justicia de Dios; pero tal base de razonamiento o tal fuente de opinión no existe cuando se investiga acerca de los atributos inherentes. El tema completo es abstracto, teórico y trascendental, en lo que concierne a la experiencia humana. La expresión, *atributos inherentes* es empleada solamente por falta de otra mejor. Existe un interrogante válido en cuanto si la simplicidad, la infinidad, la omnipresencia, la inmutabilidad, la eternidad y la soberanía son atributos en sí. Estas proclamaciones surgen fuera de la perfección de Sus atributos personales y son igualmente una realidad de cada uno de ellos. La santidad, el amor, y la justicia de Dios son todas infinitas en su alcance y aquello que caracteriza otros atributos puede a duras penas ser en sí un atributo. Estos atributos inherentes son los siguientes:

1. SIMPLICIDAD. Por medio de esta expresión se afirma que el Ser divino es simple, sin mezcla, puro e indivisible. El hombre es un complejo de espíritu y materia. Los ángeles si no tienen cuerpo adaptado al medio ambiente en el cual existen, estarían más cerca del ideal de la simplicidad divina que los hombres, pero aún carecen de la perfección de la simplicidad que solamente Dios posee. La complejidad no es el ideal más elevado en cualquier ser. Así como en las obras de arte, entre más simple una cosa es, más satisfacen y permanecen sus propiedades. Así es con Dios. Siendo El el Perfecto, debe ser adorado como la finalidad y la infinidad de la simplicidad. Acerca de la simplicidad de Dios, el Dr. A. A. Hodge ha escrito:

"La palabra *simplicidad* es usada, *primero,* en oposición a la composición material, ya sea mecánica, orgánica o química, *segundo,* en sentido metafísico como negación a la relación entre substancia y propiedad, esencia y modo. En el primer sentido de la palabra las almas humanas son simples, porque no están compuestas de elementos, partes y órganos. En el segundo sentido de la palabra nuestras almas son complejas, ya que hay en ellas una diferencia entre su esencia y sus propiedades, y sus modos sucesivos o estados de existencia. Debido a que Dios es infinito, eterno, auto-suficiente desde la eternidad necesariamente el mismo sin sucesión, los teólogos han mantenido que en él la esencia, y la propiedad y el modo son uno. El siempre es lo que es; y sus diferentes estados de conocimiento, emoción y voluntad no son sucesivos y transitorios sino coexistentes y permanentes, y él es lo que es en esencia, y por la misma necesidad que él existe. Todo lo que está en Dios, ya sea pensamiento emoción, voluntad o acción, es DIOS.

Algunos hombres conciben a Dios como pasando a través de varios modos y estados transitorios de igual manera que los hombres, y por lo tanto ellos suponen que las propiedades de la naturaleza divina están relacionadas a la esencia divina como las propiedades de las cosas creadas están relacionadas a las esencias que las poseen. Otros enfatizan la idea de la simplicidad en tal grado que niegan cualquier distinción en los atributos divinos en sí, y suponen que la única diferencia entre ellos se encuentra en el modo de la manifestación externa, y en los efectos producidos. Ellos ilustran sus ideas por medio de los diferentes efectos producidos en diferentes objetos por el mismo reflejo del sol. Para evitar ambos extremos los teólogos han estado acostumbrados a decir que los atributos divinos se diferencian de la esencia divina así como el uno del otro, primero, no en su *realidad* o como una cosa difiere de otra, ni en forma tal que sugiere alguna composición en Dios. Ni segundo, solo *nominalmente,* como si no hubiese nada en Dios que verdaderamente corresponda a nuestros conceptos de sus perfecciones. Sino tercero, se dice que estos difieren *virtualmente,* de manera que hay en él un fundamento o razón adecuada para todas las representaciones que aparecen en las Escrituras concerniente a las perfecciones divinas, y por los conceptos que consecuentemente tenemos de ellos."- *Bosquejos de Teología,* ps. 136-37.

Cuando se trata de definir la simplicidad tal como se manifiesta en

Dios, algunas veces surge alguna confusión. (1) La simplicidad del Ser en Dios no es una contradicción de la Trinidad de Personas en cuyo modo El existe. El hecho de la Trinidad no demanda la existencia de tres Esencias; ésta, por el contrario, demanda una Esencia y dicha Esencia es lo suficientemente *simple* en sí misma. La totalidad de la Esencia está en cada Persona. (2) Las atributos de Dios no son porciones desasociadas de Su Ser que cuando se juntan forman a Dios. Su Esencia está en cada seno de Sus atributos y cada atributo manifiesta alguna verdad relacionada con Su pura Esencia. Como ha dicho J. F. Bruch: "Los atributos Divinos pertenecen a Dios, no como si ellos constituyesen su naturaleza, como si todo Su Ser consistiese solamente de una combinación del mismo, pero debido a que estos son las *formas* y *expresiones externas*, en las que Su Ser es revelado y se hace manifiesto" (citado por Van Oosterzee, *Dogmatics,* I, 253). Y (3) Dios, siendo simplicidad infinita, no está difundido como una emanación de partículas pudiesen brotar de una fuente para formar nuevas entidades de existencia. Como Creador, El es el Autor de todas las cosas. El sopló en el hombre el soplo de la vida y el hombre fué hecho de tal manera que él manifiesta la "imagen" y "semejanza" de Dios; pero la vida humana no forma parte de Dios como un elemento contribuyente en el Ser de Dios. Todo lo que Dios es retiene su carácter simple como Dios, indivisible e invariable. Nada puede mezclarse sin la posibilidad de ser separado. A esto hay que añadir el hecho que una cosa que ha sido mezclada es el producto de algún otro ser y Dios es la Primera Causa de todas las cosas y El no ha sido ni el producto de una mezcla ni la creación de nadie. La simplicidad de Dios es esencial al mismo modo de Su Ser.

2. UNIDAD. Muy estrechamente relacionado al atributo de la simplicidad se encuentra el de la unidad, estando la diferencia en que aún si fuese posible mezclar a Dios a pesar de Su simplicidad, El todavía sería una *unidad,* o uno en Sí mismo. El todavía sería una unidad o entidad única si El, al igual que el hombre, estuviese compuesto de materia y espíritu. Si sólo hubiese un hombre en el mundo, a él le sería aplicable la palabra *unidad,* si sólo pudiese haber un hombre en el universo también a él habría que aplicar la designación de *unidad esencial.* De igual manera la palabra *unidad* debe de distinguirse del hecho que Dios es Espíritu ya que El podría ser más que Espíritu puro y aún así retener Su unidad.

La relevancia teológica de la palabra *unidad* en cuanto a Dios se refiere es que Dios es una esencia. El trinitarianismo no es triteísmo. Los unitarios no son más defensores de la doctrina de la unidad divina que los trinitarios. "Jehová nuestro Dios, Jehová uno es" (Dt. 6:4). Toda la Biblia enfatiza el hecho de la unidad de Dios y en ninguna parte mas que en el Decálogo. De igual manera está escrito: "Ved ahora que yo, soy yo, y no hay dioses conmigo" (Dt. 32:39). "Así dice Jehová, Rey de Israel, y su Redentor, Jehová de los ejércitos: Yo soy el primero, y yo soy el postrero, y fuera de mí no hay Dios" (Is. 44:6); "Y que no hay más que un Dios" (1 Co. 8:4). Este tema sublime no podría expresarse de manera más convincente y adecuada que como aparece en el credo de Atanasio. Allí se declara "que adoramos a un Dios trino, una trinidad en unidad; sin confundir las personas ni dividir la substancia; pues hay una persona del Padre, otra la del Hijo, y otra la del Espíritu Santo; pero la Deidad del Padre, la del Hijo, y la del Espíritu Santo es toda una, la gloria es igual, la majestad es coeternal. Así que el Padre es Dios, el Hijo es Dios, y el Espíritu Santo es Dios, y aún así no hay tres dioses, sino un Dios" (citado por Watson, *Institutes,* I, 474).

La unidad de Dios es una afirmación. Esta no determina lo que Dios es en Sí mismo. La unidad solamente tiene que ver con Su modo de existencia. La unidad, por lo tanto, no recibe ninguna atención por parte de algunos teólogos al estudiar los atributos de Dios. El lugar lógico donde se da consideración completa a este asunto es en el estudio de la Trinidad (allí referimos al lector).

3. LA INFINIDAD. Este es un atributo de Dios que expresa una idea negativa solamente en el sentido de que Dios es infinito y, por lo tanto, *no* es finito. El hecho de la infinidad de Dios se relaciona a todos los atributos en que ellos son lo que son en grado infinito, o sin terminación. Dios trasciende todas las limitaciones impuestas por el tiempo y el espacio. El no puede ser aprisionado ni por el tiempo ni por el espacio. De la misma manera El conoce todas las cosas perfectamente. El puede hacer que las cosas sucedan, aún referente al crear como El quiere aparte de los medios o el material, y siempre en perfección sin medida. En toda cualidad moral El está completo hasta la infinidad.

Dios ha sido llamado "El Absoluto" que es un esfuerzo por expresar el hecho que El existe eternamente sin ninguna causa fuera de Sí mismo y que solamente El es la causa suficiente de todo lo que es. Esto es infinidad demostrada hasta lo sumo.

4. ETERNIDAD. Por medio de la palabra *eternidad* se expresa la relación que Dios sostiene con la duración. Dios, siendo el Autor del tiempo, no está condicionado a éste en manera alguna. El es libre de actuar en relación al tiempo, es igualmente libre de actuar fuera de las limitaciones de éste. Actuando dentro del tiempo El dijo a Abraham: "¿Hay para Dios alguna cosa difícil? Al tiempo señalado volveré a tí, y según el tiempo de la vida, Sara tendrá un hijo" (Gn. 18:14). Y nuevamente: "Pero cuando vino el cumplimiento del

tiempo, Dios envió a Su Hijo, nacido de mujer y nacido bajo la ley" (Gá. 4:4).

La palabra *eternidad* se usa de dos maneras: (1) para describir aquello que es ya de la eternidad pasada, o que pertenece a la eternidad futura. La creación no tiene parte en la eternidad pasada, ya que tuvo un principio. Por otra parte, tanto los hombres como los ángeles tienen cierta relación con la eternidad futura, ya que ellos nunca dejarán de existir. (2) La eternidad es la manera más adecuada de describir el concepto de lo que es eterno. Es en este aspecto de la eternidad que se designa a Dios como el "Dios eterno." El es desde la eternidad y hasta la eternidad. El problema en cuanto a como se dispone del tiempo en la eternidad está más allá del entendimiento de la mente finita. Así mismo, es de poca consecuencia el especular tocante a como y de que manera el tiempo comenzó y que, si en verdad es así, causará su fín. La pura idea de la eternidad es demasiado amplia para el pensamiento humano. En relación a esa obvia verdad, el Dr. Samuel Harris ha escrito lo siguiente:

"El Ser eterno existe sin principio ni fin. La existencia limitada por el tiempo tiene que tener un principio y puede tener un fin. Un ser limitado no tiene ninguna garantía por sí que ha de existir para siempre. Su existencia puede ser terminada por el poder del cual depende. Esas limitaciones no existen en Dios. En relación a éstas no se presentan ningunas dificultades.

Otra limitación del ser en tiempo es que su existencia es transicional a través de una sucesión de eventos. Esto por lo general causa más dificultad. La siguiente afirmación, hasta donde llega, parece darnos un verdadero significado. Dios como Espíritu absoluto existe independientemente del tiempo. El tiempo, con el universo condicionado por este, depende de El. Al actuar en el tiempo Dios permanece a través de todas sus sucesiones y cambios inmutable y siempre el mismo. El no está en la cadena de causas y efectos. El no existe en transición a través de formas sucesivas del ser. En su ser y en sus atributos esenciales como Espíritu personal, el es inmutablemente el mismo, el Eterno de quien todas las sucesiones de eventos proceden y por comparación con quien como el criterio invariable de sucesión es posible. El es el YO SOY. Aún en nuestro propio ser encontramos una analogía tocante a esto. Todo ser personal persiste en tener identidad, mientras está sujeto a actos sucesivos y cambios. Un hombre, a la imagen de Dios en su personalidad racional y libre, también es un YO SOY; el permanece siendo la misma persona, invariable en su personalidad y en sus atributos esenciales, a través de todas las transiciones y cambios de su vida. La materia está en un estado de cambio constante y fluidez. Pero aún así esto nos da una analogía débil. Estamos obligados a pensar acerca de átomos invariables que no son afectados por todos los choques y movimientos de esta acción energética desde que el mundo fué creado. Dios es invariable y eterno no solamente en su ser y en sus atributos esenciales, sino también en la plenitud de su conocimiento, sin aumento ni disminución, y por lo tanto sin sucesión. Pero así como la ausencia en Dios de las limitaciones en tiempo no prohibe ni su presencia ni su actuar en este, de la misma manera tampoco prohibe su conocimiento de las distinciones del tiempo ni de los eventos como presente, pasado o futuro. El universo en toda su existencia es un arquetipo de la razón de Dios; él ve en este el mapa o plano de todo lo que se está realizando progresivamente en el tiempo. Pero él ve la diferencia entre un ser que existe en el tiempo y otro visto sólo idealmente que existirá en el futuro distante o que ha existido en el pasado y ya no existe más. Si el no supiese esto estaría limitado en el tiempo. No tan sólo sería El incapaz de actuar en éste, sino también de ver a través de éste. Pero su Razón es un ojo abierto, viendo todo lo que es, ha sido, o será, y viéndolo en su relación al tiempo tal y como es medido por los eventos . . . El propósito de Dios al realizar este plan maestro en el universo finito en las formas de tiempo y espacio es un plan invariable y eterno. Aunque imanente y siempre activo en el universo, él está conduciéndolo progresivamente a través de Su acción dentro del tiempo. Y Su amor, que constituye su carácter, es un eterno e invariable amor que El está expresando continua y progresivamente en todas Sus acciones de creación, preservación, providencia y redención.

El resultado a que hemos llegado es, no una eternidad como tiempo sin medida, sino el Dios inmutable y eterno que existe en todo tiempo y que se está revelando progresivamente en el universo tal y como existe en el tiempo. Dios es el YO SOY. El universo es aquello que viene a ser. Dios es eterno. El universo es la revelación progresiva y nunca completada de Dios en el tiempo y el espacio.

La eternidad de Dios está relacionada con su auto-suficiencia. El no tiene causa. Por lo tanto, él no puede tener principio. El trasciende toda la cadena de causas y efectos. Por lo tanto, El nunca puede dejar de existir." *Dios el Creador y el Señor de Todo,* I, 123-124.

5. INMUTABILIDAD. Como aparece en el *New Standard Dictionary* (ed. de 1913), la inmutabilidad es el estado o cualidad de ser aquello que "no es capaz de experimentar cambio, ya sea por aumento o disminución, desarrollo o evolución propia; inalterable; invariable; permanente; como, Dios es *inmutable.*"

Dios no está sujeto a cambio alguno no importa cual sea la esfera de relaciones. El no podría ser menos de lo que es, y, debido a que El llena todas las cosas, El no podría ser más de lo que es. El no puede ser removido de ningún lugar, ni está Su conocimiento ni su santidad sujetos a variación. La Escritura declara: "Dije: Dios mio, no me cortes en la mitad de mis dias; por generación de generaciones son tus años. Desde el principio tu fundaste la tierra, y los cielos son obra de tus manos. Ellos perecerán, mas tu permanecerás; y todos ellos como una vestidura se envejecerán. Como un vestido los mudarás, y serán mudados; pero tú eres el mismo, y tus años no se acabarán" (Sal. 1-2:24-27); "Acordaos de las cosas pasadas desde los tiempos antiguos; porque yo soy Dios, y nada hay semejante a mí, que anuncio lo por venir desde el principio, y desde la antigüedad lo que aún no era hecho; que digo: Mi consejo permanecerá, y haré todo lo que quiero" (Is. 46:9, 10); "Porque yo Jehová no cambo; por esto, hijos de Jacob, no habeis sido consumidos" (Mal. 3:6); "toda buena dádiva y todo don perfecto desciende de lo alto, del Padre de las luces, en el cual no hay mudanza ni sombra de variación" (Stg. 1:17).

No solamente hay ausencia de cambio en Dios mismo, sino que también los principios morales que él ha establecido son de carácter permanente. Concerniente a esto, el Dr. Miley ha escrito: "La historia sagrada revela un obligatorio cambio de estructura en las antiguas dispensaciones de la religión revelada, y un gran cambio al comparar las complicadas ceremonias del judaísmo con las simples formas del cristianismo, pero los mismos principios morales permanecen a través de todas esas economías. Un cambio que ocurre dentro de las esferas de la utilidad es completamente consistente con la invariabilidad de Dios, mientras que los principios morales invariables son una profunda realidad de su inmutabilidad. Que él considera la misma persona ahora con reprensible desagrado, y luego con aprobación de amor, no tan sólo es consistente con su inmutabilidad, sino también un requisito de esta o la luz del cambio moral en el objeto de su cambiada atención" *Teología Sistemática,* I, 221).

Como ha sido sugerido por el Dr. Miley, algunos pasajes parecen indicar que Dios está sujeto a cambios. La declaración escrita en Génesis 6:6, diciendo: "Y se arrepintió Dios de haber hecho hombre en la tierra", tiene que ser considerada a la luz de Números 23:19: "Dios no es hombre para que mienta, ni hijo de hombre para que se arrepienta." En un capítulo (1 S. 15), está escrito que Dios dijo: "Me pesa haber puesto por rey a Saul" (vs. 11, 35); pero también dijo por medio de Samuel: "Además el que es la Gloria de Israel no mentirá, ni se arrepentirá, porque no es hombre para que se arrepienta" (v. 29). Dios, aunque es inmutable, no es inmóvil. Si El prosigue consistentemente un curso recto, Su actitud tiene que adaptarse a todo cambio moral que ocurra en el hombre. "La invariable santidad de Dios requiere que El trate al malo diferente del justo. Cuando el justo se convierte en malo, su trato hacia el tiene que cambiar. El sol no es inestable o parcial porque derrite la cera pero endurece el barro –el cambio no está en el sol sino en el objeto sobre el cual éste brilla. El cambio en el trato de Dios hacia los hombres es descrito antropomórficamente, como si fuese un cambio ocurrido en el mismo Dios –otros pasajes con estrecha relación con el primero que ha sido dado sirven para corregir cualquier mal entendimiento. Avisos de juicio no cumplido, tales como el de Jonás 3:4, 10, han de ser explicados por medio de su naturaleza condicional. De ahí que la inmutabilidad de Dios asegura que su amor se adaptará a sí mismo a todos los diferentes modos y condiciones de Sus hijos, para guiar sus pasos, simpatizar con sus penas, contestar sus oraciones. Dios nos responde más prestamente que el rostro de la madre frente a las variaciones de su bebé" (Strong, *Teología Sistemática,* p. 124).

6. OMNIPRESENCIA O INMENSIDAD. La relación que Dios sostiene con el espacio recibe la designación de *omnipresencia* e *inmensidad.* El concepto de Dios presentado en las Escrituras es que El está presente en todo lugar. Tal noción es difícil de comprender por la mente finita. También la Biblia declara que Dios –cada una de las tres Personas– reside en un lugar en un momento dado. Acerca del Padre, se declara: "Padre nuestro que estás en los cielos" (Mt. 6:9); acerca del Hijo se declara que El, después de su ascensión, "se sentó a la diestra de la Majestad en las alturas" (He. 1:3); y concerniente al Espíritu en Su relación a la Iglesia, se dice: "en quien vosotros también sois juntamente edificados para morada de Dios en el Espíritu" (Ef. 2:22; comp. Sal. 113:5; 123:1; Ro. 10:6, 7; 1 Co. 3:16; 6:19). Por otra parte, el Padre es visto en el Hijo y el Hijo en el Padre (Jn. 17:21); el Padre es "sobre todos, y por todos, y en todos" (Ef. 4:6); el Hijo está presente donde dos o tres están reunidos en Su nombre (Mt. 18:20; comp. 28:20; Col. 1:27). El Espíritu, al igual que el Padre y el Hijo, habita en todo creyente (Ro. 8:9).

La dificultad para la mente finita surge cuando tanto la revelación como la razón abstracta afirman la omnipresencia de Dios. Todos los altos seres conocidos por el hombre, incluyendo los ángeles, están limitados a un solo lugar en un momento dado. Cuando ellos están aquí no están allá. Las cosas materiales ocupan alguna parte o lugar en el espacio, pero nunca lo ocupan todo. El espacio ha sido definido como "la extensión vacia de materia o cuerpo, y capaz de recibir o contener materia o cuerpo" (citado por Dick, *Teología*, 90). Es así que el espacio excede todo lo que contiene. Dios es la causa del espacio y por lo tanto no está sujeto a este (comp. 1 R. 8:27). En relación con Su creación, incluyendo el espacio, Dios es tanto imanente como transcendente. Si el espacio está limitado por barreras, El lo sobrepasa de manera infinita. Es probable que las palabras *omnipresencia* e *inmensidad* representan ideas algo diferentes. La omnipresencia naturalmente relaciona a Dios con el universo donde otros seres están y como estando presente con ellos, mientras que la inmensidad sobrepasa toda la creación y se extiende sin fin.

Hay por lo menos tres argumentos que a favor de la inmensidad y la omnipresencia divina son presentados por la razón abstracta. (1) La perfección de Dios demanda que El esté presente en todas partes. Si hubiese algún lugar donde El no estuviese, la mente humana podría concebir un ser mayor que llenase todos los lugares y por lo tanto Dios sería imperfecto hasta el punto en que El no respondería a la idea de la inmensidad. Acerca de esta importante consideración el Dr. Dick ha escrito: "El resultado es, que en nuestra opinión es mejor para un ser estar en muchos lugares que estar en pocos, estar en todos los lugares que estar en muchos. Suponer, por lo tanto, que Dios existe solamente en una parte del universo, estar en el cielo pero no en la tierra, circunscribir su esencia dentro de cualquier límites no importa su extensión, sería concebirle semejante a sus criaturas. Sería fácil imaginar un ser aún más perfecto, pues ciertamente sería más perfecto aquél ser que estuviese presente al mismo tiempo en el cielo y en la tierra. Por lo tanto, parece que armonizar con la razón es atribuir inmensidad a Dios" *(Ibid.,* p. 99). (2) La propia naturaleza de Dios requiere que El esté presente en todas partes. El ejercicio de Sus atributos no está limitado a una localidad sino que es igual dondequiera de ahí que, como El está donde están Sus atributos, El es omnipresente. (3) Así mismo, la razón también afirma que, debido a que Dios no usó ningún mecanismo ni ningún agente en la creación y ya que todo vino a existir al mismo tiempo, El estaba presente en ese tiempo donde la creación tuvo lugar.

El error del panteísmo que afirma que Dios es la suma total de toda la vida que existe –el alma del universo– ya ha sido señalado; pero hay el peligro que la mente, al tratar de hacer real la omnipresencia de Dios, lo haga concibiendo a Dios como difundido por dondequiera en el sentido de que solamente una pequeña parte de El está presente en un lugar determinado, como lo está la vida humana, pero parcialmente presente, en cualquier parte del cuerpo que éste ocupa. Dios, sin embargo, está totalmente presente en todo lugar. Si la naturaleza divina está residente en muchos lugares, eso no se realiza por medio de una difusión con el fin de que cada uno pueda compartir una pequeña parte de esa naturaleza. El está totalmente presente tan completamente como si no estuviese en ningún otro lugar –Padre, Hijo y Espíritu Santo– en cada templo humano en el cual El habita, y en toda parte de Su dominio. El Dr. Samuel Clarke lo ha expresado bien al decir: "Aquello que con más seguridad podemos afirmar, y que ningún ateo puede decir que es absurdo, y que sin embargo, es suficiente para todos los propósitos sabios y buenos, es esto; que mientras todos los seres creados y finitos pueden sólo estar presentes en un solo lugar a la vez, y los seres corporales aún en ese lugar de manera muy imperfecta y diferente, para cualquier propósito de poder y actividad, solamente por medio de las mociones sucesivas de los diferentes miembros y órganos; la Causa Suprema, por el contrario, siendo una esencia infinita y simplísima, y comprendiendo todas las cosas perfectamente en sí mismo, *está en todo tiempo igualmente* presente, tanto en su esencia simple como por medio del inmediato y perfecto ejercicio de todos Sus atributos, en *cada lugar* de la gran inmensidad sin límite, como si en realidad fuese todo un solo lugar" *(Discurso sobre el Ser y los Atributos,* p. 46, citado por Dick, *Ibid.*, p. 100).

No es en ningún modo razonable para la mente finita el suponer que ésta puede entender el aspecto divino de la omnipresencia. Las palabras del salmista expresan los pensamientos del más sabio de los hombres: "Tal conocimiento es demasiado maravilloso para mí; alto es, no lo puedo comprender" (Sal. 139:6). Las Escrituras abundan en declaraciones concernientes a la omnipresencia divina, y ningún pasaje es más directo y concluyente que el Salmo 139:7-12: "¿A dónde me iré de tu Espíritu? ¿Y a dónde huiré de tu presencia? Si subiere a los cielos, allí estás tú, y si en el Seol hiciere mi estrado, he aquí, allí tú estás. Si tomare las alas del alba y habitare en el extremo del mar, aún allí me guiará tu mano, y me asirá tu diestra. Si dijere: ciertamente las tinieblas me cubrirán; aún la noche resplandecerá alrededor de mí. Aun las tinieblas no encubren de tí, y la noche resplandece como el día; lo mismo te son las tinieblas que la luz." A esto bién puede añadirse Amos 9:2: "Aunque cavasen hasta el Seol, de allá las tomará mi mano; y aunque subieren hasta el cielo, de allá las haré descender."

Para los hombres sensibles, la omnipresencia de Dios se convierte en un poder que controla los impulsos a las malas acciones. "Tú eres Dios que ve" (Gn. 16:13). Con igual efectividad, la omnipresencia de Dios es una consolación indispensable para el justo. El relación a este tema, el Dr. Dick ha escrito lo siguiente en su singular elocuencia:

> "Por último, para el justo esta doctrina es una fuente de abundante consolación. En todo lugar éste encuentra un amigo, un protector, y un padre. ¿No anuncian su presencia la voz del trueno, el rugir del océano y la furia de la tempestad? Los justos no tienen nada que temer, pués el amor hacia ellos preside sobre las conmociones de los elementos. ¿Ven ellos a Dios en las más tranquilas escenas de la naturaleza, en el progreso silencioso de la vegetación, en las sonrisas de los cielos, y en los beneficios constantes que suplen sus necesidades, e imparte tanta felicidad entre todas las clases de seres vivientes? ¡Oh! ¡Cuán delicioso es el pensamiento que El, en quien ellos han puesto su confianza, está tan cerca que ellos siempre pueden tener la seguridad de ayuda presta y efectiva! Este pensamiento está preparado para avivar toda escena, y para endulzar cualquier condición. Ha de hacer que los manantiales de gozo irrumpan en el desierto seco y sediento, y vista el sequedal con gozo y verdor. Ha de dar sabor a la comida insípida, y agua fresca. Ha de alivianar la presión de la pobreza y aliviar los dolores de la aflicción. Ha de disipar los honores de la prisión, y consolar al exilado de su país y sus amigos. ¡Qué pensamiento tan sublime, que no podemos ir donde Dios no esté! Un buen hombre puede ser privado de su reputación, su libertad, todos sus bienes terrenales; pero el odio mortal de sus enemigos nunca podría hacer brotar de sus labios la queja: "Me habéis quitado a mi Dios, y ¿qué más me queda?" Cualquiera que sean las aflicciones que le aflijan y prueben su fe, y cualquiera que sea el cambio de

circunstancias que la providencia sabia le depare, aunque no haya ningún corazón humano que simpatice con él, y ninguna mano bondadosa que active en amistad, el puede expresar su fe y su gozo con las palabras del salmista: "Con todo, yo siempre estuve contigo; me tomaste de la mano derecha. Me has guiado según tu consejo, y después me recibirás en gloria" (Sal. 73:23, 24). –Dick, *Teología,* p. 102).

7. SOBERANIA. Muchos escritores omiten la *soberanía* de los atributos de Dios. Esta es más propiamanete una *prerrogativa* de Dios que un atributo y debe toda su realidad a las perfecciones divinas que han sido nombradas. La soberanía es el fundamento mismo de la doctrina de los decretos divinos, los cuales trataremos más adelante. Sin embargo, cuando contemplamos la trascendencia perfecta de la Persona divina, se requiere que su soberanía sea incluida.

La soberanía de Dios es discernida en la manera absoluta en que todas las cosas han recibido su lugar correspondiente en la creación, en el haber designado al hombre sus dias y sus generaciones así como los límites de su habitación, y en el ejercicio de la gracia salvadora. Hay paz perfecta y el más elevado destino para aquellos que, conociendo la voluntad de Dios, se someten a ella. Hay penas y angustias esperando por aquellos que, sabiendo la voluntad de Dios, la ignoran. Debido a la soberanía divina, el evangelio de la salvación en Cristo es presentado en muchos pasajes como algo que debe ser *obedecido.* Nuevamente, la autoridad de Dios es revelada en el hecho que cosas que eran solamente posible no fueron permitidas por El hacerse realidad. En relación a las cosas existentes, Dios está en absoluta autoridad, en la base de una o más consideraciones. (1) El es el Creador y su dominio es perfecto y final. El es libre de disponer de Su creación como El quiere, pero Su voluntad, como se ha visto, está completamente guiada por las características verdaderas y benevolentes de Su persona. Toda la majestad y la gloria pertenecen a Dios. Todas las cosas materiales son Suyas mediante la más absoluta posesión. Los hombres mantienen propiedades mediante derechos que solamente son temporales y permitidos por Dios. "Porque mia es toda bestia del bosque, y los millares de animales en los collados" (Sal. 50:10). (2) La autoridad de Dios está establecida sobre los redimidos mediante la obra de la redención. Y (3) El está en autoridad sobre aquellos entre los redimidos que decididamente rinden sus vidas a El. Las Escrituras expresan la estimación de la soberanía de Dios como no lo podría expresar las palabras del hombre: "Jehová mata, y el da vida; el hace descender al Seol y hace subir. Jehová empobrece y él enriquece; abate, y enaltece. Y El levanta del polvo al pobre, y del muladar exalta al menesteroso, para hacerle sentarse con príncipes y heredar un sitio de honor. Porque de

Jehová son las columnas de la tierra, y él afirmó sobre ellas el mundo" (1 S. 2:6-8); "Tuya es ¡oh Jehová! la magnificencia y el poder, la gloria, la victoria y el honor; porque todas las cosas que están en los cielos y en la tierra son tuyas. Tuyo ¡oh Jehová! es el reino, y tú eres excelso sobre todos. Y las riquezas y la gloria proceden de tí, y tú dominas sobre todo; en tu mano está la fuerza y el poder, y en tu mano el hacer grande y el dar poder a todos" (1 Cr. 29:11, 12); "Y no nos metas en tentación, mas líbranos del mal porque tuyo es el reino, y el poder, y la gloria, por todos los siglos. Amén." (Mt. 6:13).

CONCLUSION

Los atributos de Dios forman un conjunto de verdades y fuerzas que están entrejidas y son interdependientes y que armonizan con la Persona de Dios. El omitir u oscurecer cualquiera de estos, o cualquier énfasis desproporcionado sobre cualquiera de ellos solo puede conducir a un error fundamental de magnitud inconcebible. Una gran tarea pesa sobre el estudiante de teología para descubrir esos atributos y exponerlos según la verdad. El Dr. Morris Roach ha escrito lo siguiente tocante a esa comunión de los atributos de Dios: "El error que hemos notado en relación al énfasis anormal dado a los atributos de Dios puede ser corregido por medio de la comunión de los atributos. El panteísmo, el politeísmo, el deísmo, el materialismo, el idealismo, y la evolución revelan anormalidades en el carácter de Dios a los cuales suscriben sus creencias. Los errores de todos los conceptos falsos de Dios pueden corregirse por medio de una aplicación de Su verdadero carácter como es total y sistemáticamente armonizado por medio de la comunión de esos elementos en Su naturaleza. La teología cristiana es el único campo que estudia de manera proporcionada y correcta el carácter de Dios como producto de Sus atributos. No es posible atribuir poder a Dios en sentido de un "simple poderío." El carácter no puede ser producto del poder. Solamente el amor no es un atributo completo en sí, y no es, por si solo, una base suficiente de su carácter. El carácter completo y perfecto no puede ser atribuido donde sólo existe una porción de los atributos de Dios. El carácter en Dios es el producto de todos Sus atributos en relación objetiva uno con el otro" *(La Personalidad de Dios,* tesis sin publicar –1933–, Seminario Teológico de Dallas, ps. 174-175). El amplísimo tema del conflicto causado por el pecado entre la santidad y el amor de Dios será considerado bajo el tema de la Soteriología.

En lo que hemos dicho, nos hemos esforzado en presentar algunas características acerca de las perfecciones de Dios. Se ha dicho comparativamente poco cuando se considera el incomprensible carácter y el Ser de Dios. Sólo Dios puede declarar Su gloria. El es Aquel de quien el hombre no debe pensar sin que su corazón se inunde de la más profunda reverencia. Dios es un enemigo terrible de aquellos que le repudian; pero para aquellos –aún los más pecadores– que creen en Su Hijo, El es Su Dios, y todas sus ilimitadas perfecciones obran a su favor, y esto garantiza que todo ha de obrar para bien.

"Por lo tanto, al Rey de los siglos, inmortal, invisible, al único sabio Dios, sea honor y gloria por los siglos de los siglos. Amén."

CAPITULO XV

LOS DECRETOS DIVINOS

En Sus Implicaciones Teológicas el término *decreto* representa el plan con que Dios ha procedido en todos Sus actos de creación y de continuación. El hecho de que El tenga un plan semejante no es sólo la deducción justificada de la razón –siendo El perfecto en sabiduría– pero es el fiel testimonio de la Biblia. Los numerosos pasajes que aseveran *el decreto, el propósito, la presciencia, la predeterminación y la predestinación*, por las cuales se dice que Dios actúa, convienen para establecer la verdad de que, ya directa o indirectamente y como se estableció en la Confesión de Westminster, El origina y ejecuta "todo lo que sucede." Ninguna deducción con respecto a Dios podría deshonrarlo o confundir más que suponer que El no es soberano sobre Sus obras, o que El no está obrando de acuerdo a un plan que articule los dictados de la infinita inteligencia. La imaginación humana podría pintar una situación antes que cualquier acto creativo de Dios fuese ejecutado, cuando Dios, como lo fue, tenía ante Sí una variedad infinita de planes o diseños para escoger –todos y cada uno representando un posible programa de acción divina para alcanzar y elaborar el que ahora está en ejecución– sería razonable y da honor a Dios el llegar a la conclusión de que el presente plan como ha sido ordenado y como se está llevando a efecto es, y al fin se probará que lo es, el mejor plan y propósito que podría haber sido proyectado por la sabiduría infinita, consumado por el poder infinito y que será la satisfacción suprema para el infinito amor. Un ejercicio tal de la imaginación tendría un defecto notable, a saber, como el de suponer que el plan y propósito divinos que ahora están en proceso no han sido preparados desde la eternidad. Este hecho no sirve sino para enfatizar el punto que tenemos a la vista, esto es, que el plan es tan perfecto como su Autor. Es más esencial aclarar el pensamiento de las mentes devotas que toda sugerencia que tienda a denotar que Dios no está siguiendo un plan que sea digno de El, o que El está parcialmente en autoridad, o que El ha fallado y que está tratando de salvar algo del naufragio, o que El se está conformando con las cosas existentes sobre las que El no tiene control; será descartado, a pesar de los problemas inmediatos que crean la presencia del pecado y los sufrimientos, se le acreditarán a Dios que, al fin, El habrá efectuado lo que está sólo en consonancia con Su sabiduría y bondad infinitas. Una evaluación tal del presente orden se demanda a la luz de la revelación, ya considerada, como el carácter esencial de Dios, siendo la única conclusión que la razón sin prejuicios puede aprobar.

Al pesar los hechos de la soberanía de Dios en la ejecución de sus eternos propósitos, surgen problemas –problemas más difíciles de los que encontramos al pesar las verdades concernientes a la Persona y atributos de Dios. En última instancia, las realidades cognoscibles se proyectan en el infinito pero sin el elemento de contradicción aparente. En primera instancia, o al contemplar la soberanía divina como se ve sobre el control del universo por un Dios santo, en que ha entrado el pecado y en el que se dice que hay libertad de acción de parte de seres distintos del Dios soberano, surgen conflictos de relaciones. Algunos de estos problemas no pueden ser resueltos en este mundo; ni nunca los han sido resueltos aquí, ni lo serán jamás. En la discusión previa el problema que engendra la presencia del pecado en el mundo lo abordamos a la luz de la *presciencia* divina. Ahora ha de ser abordado a la luz de el *propósito y permisión* divinos. Cuando este problema es reducido a sus mínimas dimensiones, no quedan más que dos proposiciones: o (1) que Dios es soberano que todo lo que siempre ha existido o que ha de existir está dentro de Su plan, o (2) que El no es soberano y que más o menos lo que existe en el universo está desafiando Su carácter santo y sobre lo cual El no tiene autoridad. La última proposición, en la forma extrema en que aquí es presentada, es descartada por todos los individuos devotos y reflexivos, aunque muy a menudo se adopta alguna modificación de esa proposición como un alivio de la carga que impone el problema del pecado en el universo de Dios. No se puede conceder ninguna modificación de la soberanía divina sin retar el mérito de Dios. Ni un vestigio de una concepción laudable de Dios queda en la mente del que tal cosa supone, hasta el grado más ínfimo, Dios ha fracasado, ha sido vencido, o no le está dando importancia al pecado. Dificultades insuperables surgen, en apariencia, de estas dos proposiciones; pero las que engendra la primera son mucho menos que las que engendra la segunda. Por tanto, es mejor atacar las dificultades desde la posición donde se sostiene la absoluta soberanía divina y dignidad de todas las obras de Dios. Sin duda sería digno de consideración la manera justa y autoritativa en que El ejecuta Sus fines. Habiendo establecido mediante la investigación de los atributos de Dios, Su carácter santo, Su infinita justicia, Su omnisciencia y omnipotencia, es de la incumbencia para la mente racional encarar las dificultades que surgen cuando se intenta una verificación de todo lo que la soberanía de Dios demanda, desde el puntò de vista de todo lo que se ha probado que es Dios. A lo mejor, el entendimiento del hombre es falible, y esta limitación siempre ha sido demostrada por el modo somero y ligero con que el hombre trata con estas dificultades. El suponer que la sabiduría de los hombres no es un asunto serio; no solamente, todos ellos deben haber sido hallados mentirosos sin traspasar los linderos de la revelación concerniente a la corrupción moral del corazón humano. No obstante, es cosa más seria el sospechar de la sabiduría, santidad o autoridad de Dios. Moisés ha registrado en Deuteronomio 29:29 que hay cosas secretas que pertenecen a Dios, y que hay cosas reveladas que pertenecen a los hombres. Es una tontería suponer que las cosas reveladas incluye todo lo que debe conocerse. El teólogo no debe ser desvirtuado antes bien, alabado aquel que, al confrontarse con las cosas secretas de Dios, está listo para decir, *yo no se.*

Respecto a las cosas reveladas puede decirse otra vez que muchísimo de lo que pertenece a esa categoría no tiene lugar en el divino mensaje para los no regenerados, para quienes las cosas de Dios son, a lo más, sólo "locura" (1 Co. 2:14). Igualmente, mucho de lo que está revelado no pertence a todas las personas regeneradas quienes, por su inmadurez o carnalidad, sólo pueden recibir "la leche de la palabra." Muchas porciones de la revelación divina siendo clasificadas divinamente como "manjar sólido", no son para los bebés. El extenso daño que se ha hecho en ciertos períodos de la historia de la Iglesia por la predicación indiscriminada a toda clase de hombres de las doctrinas de la *soberanía, predestinación y elección,* va más allá de toda estimación. Los hombres no regenerados no tienen que ser gravados con la necesidad de acertar si son o no elegidos. Dios habla a los que son absolutamente fieles con el fin de que puedan ejercitar su fe en Su Hijo como su Salvador y por ende, ser salvos. Los evangelistas al proclamar su mensaje a los perdidos propiamente ignoran todos los problemas que surgen respecto a aspectos pertenecientes a las condiciones obtendias antes de la caída del hombre. Es suficiente saber para el inconverso que ellos están justamente condenados, y que se aseguran para ellos una perfecta salvación mediante la gracia salvadora de Dios en Cristo Jesús. Distinto de esto, incumbe al estudiante de teología, a quien se dirige la más profunda revelación de Dios, el penetrar en lo que puede ser conocido acerca de cómo el hombre llegó a perderse y lo que podría ocurrir en medio de un universo en el que un Dios santo reina en forma suprema. Hablando de la gracia salvadora de Dios para los inconversos, el Obispo Moule declara: "Gracia es el complemento inmerecido de la necesidad", pero puede agregársele, el evangelio de la gracia no incluye la discusión de temas oscuros y difíciles tales como alrededor de la doctrina de la *elección* o de la permisión del pecado en el mundo. Ni tales temas son adaptados para hacer retroceder a los santos tal como describe el Apóstol cuando dice: "Porque debiendo ya ser maestros después de tanto tiempo tenéis necesidad de que se os vuelva a enseñar cuáles son los primeros rudimentos de las palabras de Dios; y habéis llegado a ser tales que tenéis necesidad de leche, y no de alimento sólido" (He. 5:12).

I. EL DECRETO DE DIOS

La doctrina del decreto divino es solamente otro método de asignar a Dios la posición de ser la primera causa de todo lo que existe. Hay un plan comprehensivo en que todas las cosas tienen su lugar y del cual proceden. El Catecismo Abreviado de Westminster afirma que "es su propósito eterno, según el consejo de su voluntad, por medio del cual, para su gloria, él ha predeterminado todo lo que ha de suceder" (Pregunta 7). No obstante Dios no ha decretado nada concerniente a sí mismo –tal como Su existencia, Sus atributos, la manera de Su subsistencia en tres Personas, o alguna relación inherente o asunción de responsabilidades entre la Deidad. Ni ha decretado Dios con respecto a Su propia existencia y actos transitorios como que El se mandara a Sí mismo a crear, a sustentar y a gobernar el universo. El decreto de Dios se relaciona a Sus actos que no le son inmanentes e intrínsecos y que están fuera de Su propio Ser.

El término *decreto de Dios* aparece primero en singular, siendo que Dios no tiene más que un plan. El ve todas las cosas de una vez. Por conveniencia, los aspectos separados de este plan pueden llamarse los *decretos de Dios;* pero no debiera haber implicación en esto de que el infinito entendimiento de Dios avanza a pasos o en una sucesión. Y no hay posibilidad de que el plan sea alterado por omisiones o adiciones. Ni es cierto que Dios sostenga un diferente propósito desconectado concerniente a cada aspecto de Su única intención. Con Dios hay un decreto inmutable abarcando en el mismo cada detalle, aun la caída de un pajarillo. Es el conocimiento divino desde la eternidad. "Dice el Señor, que hace conocer todo esto desde los tiempos antiguos" (Hch. 15:18).

Hay que observar que Dios formó Su decreto en la eternidad, aunque su ejecución es en el tiempo. Siendo el decreto eterno, lo son todas sus partes. En la mente de Dios es uno, aunque en su realización hay sucesión. La misión de Cristo sobre la tierra fue vista en una concepción, pero hubo un intervalo de treinta y tres años entre Su nacimiento y Su muerte. El fue "destinado desde antes de la fundación del mundo, pero manifestado en los postreros tiempos" (1 P. 1:20). Agustín afirma: "Dios no quiere una cosa ahora y otra luego; sino una, y de una vez, y siempre, él quiere las cosas que quiere; no una vez y otra, no ahora esto, ahora aquello; ni quiere después lo que antes no quería, ni tampoco no quiere lo que antes quería; porque Su voluntad es inmutable; y ninguna cosa mutable es eterna" (*Confess.*, XII, XV, citado por Shedd, *Theology*, I, 395). El poder para concebir una cosa como un todo antes que sea ejecutada en el orden en que su intención requiere, no está enteramente fuera de la línea de la mente finita. Hay toda razón para creer que Salomón previó y diseñó cada detalle del templo antes que principiara ninguna obra. Esa visión según él fue tan comprehensiva respecto a aquellos aspectos que habrían de ser ejecutados al final del proceso como en cuanto a los que estaban al principio en orden al procedimiento. La piedra del ángulo no es menos evidente en la mente del arquitecto que la piedra del fundamento. Es cierto que la previsión humana está sujeta a desarrollo y cambio, mutabilidad que nunca ocurre en la visión del prototipo divino.

Habiendo así enfatizado el carácter *eterno* del decreto divino, se puede agregar que el decreto de Dios es *sabio,* siendo el producto de la sabiduría infinita. Hay una razón digna para todo lo que Dios ha hecho o ha de hacer. Aun Su permisión del mal, como la ira del hombre, será hecha para alabarle (Sal. 76:10). " ¡Oh, profundidad de la sabiduría y de la ciencia de Dios! ¡Cuán insondables son sus juicios é inescrutables sus caminos! " (Ro. 11:33).

Así mismo, el decreto de Dios es *libre.* " ¿Quién enseñó al Espíritu de Jehová, o le aconsejó enseñándole? ¿A quien pidió consejo para ser avisado? ¿Quién le enseñó el camino del juicio, o le enseñó ciencia, o le mostró la senda de la prudencia? " (Is. 40:13 - 14). Estando solo cuando hizo Su decreto, Sus determinaciones no fueron influenciadas por persona alguna. Aparte del hecho de que El debe actuar de acuerdo a Su santidad y sabiduría, El era libre para hacer o no hacer. Dentro de la esfera de Sus perfecciones, el podía hacer lo que quisiera. Está cerca de la impiedad asegurar que Dios no *podía* haber hecho otra cosa que lo que ha hecho, aunque es probable de que El no *hubiera* hecho de otro modo, siendo guiado por lo que es digno de Sí mismo. Finalmente, el decreto divino es absolutamente *incondicional.* Su ejecución en ninguna manera es suspendida por condiciones que pueden o no surgir. La noción arminiana de que la voluntad del hombre es soberana en su poder para resistir al Todopoderoso ha de ser rehusada, siendo que dondequiera es refutada en la historia de los tratos de Dios con los hombres. Dios puede, por buenas razones, permitir que prevalezca la voluntad del hombre; pero El no tiene que hacerlo así. El tiene el poder sobre cada voluntad para hacer que se cumpla Su buena voluntad. "Que anuncio el porvenir desde el principio, y desde la antigüedad lo que aún no era hecho, que digo: mi consejo prevalecerá, y haré todo lo que quiero" (Is. 46:10). "Que hace todas las cosas según el designio de su voluntad" (Ef. 1:11). Tal declaración no podría hacerse con plena confianza si la ejecución de Su propósito dependiera de la cooperación de otros que tuvieran el poder de impedirla. Esta fase del tema todavía se tratará más detenidamente.

Se puede hacer referencia otra vez a la distinción entre conocimiento que Dios tiene concerniente a eventos futuros, por el que El reconoce ciertas cosas como meramente *posibles* pero nunca llegan a la *realidad* y por tanto no han de ser incluidas en Su decreto eterno, y cosas que son divinamente *determinadas.* De todo lo que Su conocimiento y omnipotente poder pueden alcanzar, El se propuso hacer sólo algunas cosas, y ese propósito hizo esas cosas seguras para siempre. Hay los que en este punto introducirían otra distinción dentro del conocimiento de Dios. Ellos alegan el reconocer ciertas cosas –notablemente, los libres actos de los hombres– no del todo provienen de Dios, sino más bien de la criatura. Para estos actos libres se afirma que Dios podría no tener otra relación que tener presciencia de lo que hará la criatura. Esta noción es promovida por los que sostienen que los decretos de Dios son condicionales, terminando en que unos son escogidos para la vida eterna sobre la base de la presciencia divina cuanto a su fe y obediencia. Esta teoría, si fuera cierta, sostendría la idea antibíblica de que, al fin de cuentas los hombres son salvos a base de sus propios méritos y dignidad. Esta pretensión no sólo se opone a la doctrina de la salvación por gracia sola, sino que deja la cuestión de cómo si Dios es el autor del pecado sin respuesta y coloca a Dios en la indigna posición de depender de Sus criaturas. Las Escrituras, mientras reconocen una libertad de acción en el hombre, no obstante, afirman que el hombre no está exento del control de su Creador. Se puede decir que Dios conoce cuales serán los actos de los hombres cuando se ponen bajo ciertas circunstancias. Es igualmente cierto que El es el autor de las circunstancias. Dios sabía que Adán puesto bajo las circunstancias que obtuvo, caería. Dios podía haber arreglado el asunto de otro modo, pero no lo hizo. La cuestión en cuanto a la relación entre la responsabilidad divina y la humana en un desarrollo tal, es compleja sobremanera. Dios no faltó en advertir a Adán, ni cuando pronunció la sentencia sobre él después de su pecado, Dios no asumió responsabilidad alguna. Se pudiera haber observado más aún que si

Adán hubiera obedecido a Dios como El le había ordenado, no hubiera habido necesidad de un Redentor; todavía el Redentor tanto como la necesidad de El estaban evidentemente en el decreto de Dios por toda la eternidad (Ap. 13:8). Este problema, todavía por considerarse más completamente, está lejos de alcanzarse, pero no es resuelto por ninguna teoría que busca escapar de las dificultades a través de la salida de una supuesta irresponsable presciencia divina.

Si no se hubiera acordado para los hombres un cierto conocimiento de Dios, ellos podrían ser perdonados por la suposición de que Dios no sabe lo que está haciendo, que no tiene poder para rescatarse a Sí mismo del dilema a que la ignorancia lo hubiera lanzado o que El no mantiene una norma de santidad. Tales conclusiones pueden haber sido tomadas entre gente pagana a los que no les ha sido dada revelación alguna. Pero Dios se ha revelado a los hombres y éstos son sin excusa si sostienen conceptos de El que desprecian Sus perfecciones. Los problemas existen, pero cada uno debe ser afrontado y resuelto –hasta donde puedan resolverse– sin la menor desviación de la infinita dignidad de Dios. Cierto sistema de teología principia con el hombre se centra en el hombre y termina con el hombre; y Dios es introducido únicamente cuando El se conforma a esta noción antropo-céntrica. Por otra parte, ciertos sistemas de teología principian con Dios, se centran en Dios y terminan con Dios; y el hombre es introducido sólo cuando el se conforma a esta idea teo-céntrica. Es obvio a cuál de estos dos sistemas generales presta la Biblia su apoyo y cuál, al fin, da descanso y satisfacción al corazón del hombre El más grande problema emerge cuando el hombre dirige sus pensamientos a la soberanía de Dios y todo lo que ella implica. Estos problemas jamás se resuelven minimizando a Dios, la santidad, el pecado, o la responsabilidad humana. Los sistemas de teología publicados que ya omitan el decreto divino, o se opongan a la doctrina, son justamente reprensibles. Ellos quitan el timón del barco y lo dejan flotar sujeto al viento y la marea. Es una deshonra aún para un hombre asegurar que él no actúa con propósitos, fines racionales a la vista, o que él no emplea medios dignos para realizar esos fines. La doctrina del decreto divino en sí misma no introduce nada misterioso o profundo. Declara que Dios diseña y decide antes de actuar, y que todos sus actos están en armonía con su carácter perfecto y con sus atributos. Los problemas aparecen cuando el hombre, con su propio libre albedrío, y el hecho del pecado entran en escena.

El término *decreto divino* es un intento de reunir en una sola designación lo que las Escrituras refieren por medio de varias designaciones –el *propósito* divino (Ef. 1:11), *determinado consejo*

(Hch. 2:23), *elección* (1 Tes. 1:4), *presciencia* (1 P. 1:2; comp. 1:20), *predestinación* (Ro. 8:30), *la voluntad* divina (Ef. 1:11), y *Su beneplácito* (Ef. 1:9). Cuando se hace referencia a consejos divinos no sugiere una conferencia de parte de Dios con otros seres, sino que Sus consejos son consumadamente sabios. Del mismo modo, la referencia a Su divina voluntad no sugiere actos caprichosos o irrazonables. La sabiduría infinita dirige la determinación divina. Es en este sentido que se dice que Su decreto es el "consejo de Su voluntad." Estos términos ciertamente significan que Dios actúa únicamente de acuerdo a un propósito eterno, el que reúne todas las cosas.

Cuando se procura llegar a un correcto entendimiento de la doctrina del decreto divino, es esencial distinguir entre decreto y predestinación, y entre predestinación y elección y retribución. El decreto divino abarca todo lo que fue y lo que está en el futuro. Cuanto habrá de acontecer en el tiempo fue decretado desde la eternidad, sea bueno o malo, sea grande o pequeño, ya sea efectuado directamente por Dios o indirectamente por medio de sus agencias. El decreto mismo provisto para las acciones libres de las criaturas é incluye lo que a los hombres les ha placido llamar *accidentes.* Con respecto a aquello de qué es lo bueno a distinción de lo qué es malo, usualmente se hace una discriminación la una es por ordenación divina y la otra por *permiso* divino. El decreto divino abarca el acontecimiento entero del universo incluyendo las cosas materiales y las inmateriales. El término *predestinación* es restringido para criaturas de Dios ya sean angélicas o humanas y prescindiendo del hecho de que en las Escrituras ordinariamente se aplica a los buenos, es, en su significado lato, aplicado apropiadamente a todos los seres creados –algunos de los cuales son los elegidos y algunos los reprobados. Una vez más, *elección* es más estrecha en su significado que predestinación, ya que se refiere sólo a los que están en buenas relaciones con Dios y destinados para eternas bendiciones; y opuesta a esto está la *retribución,* designación que incluye a todos los que no son elegidos.

De no haber entrado el pecado en el universo y de haber quedado todas las criaturas en su primer estado, es probable que no se habría levantado objeción contra la doctrina del *decreto divino,* con su reconocimiento de la soberanía. En esta conexión es digno de notarse que hay vastos dominios del universo y esferas de la autoridad divina en donde la soberanía divina no ha sido controvertida. Dentro de lo que es, comparativamente, una excesivamente limitada porción del universo, la santidad y el pecado ahora están en disputa y la duración de este conflicto está restringida a esa inconcebible fracción de la eternidad que representa el tiempo. Quien en la eternidad pasada reinó supremo, reinará en la eternidad venidera con todos los enemigos distribuidos. Es una improbabilidad de magnitud inmensa –aun cuando se sujete sólo a la razón– que El que reina en toda la eternidad sobre el vasto dominio del universo, que haya encontrado su derrota y llegue a ser impotente antes que omnipotente frente a aspectos morales que en Su eterno consejo El ha permitido que existan por un tiempo limitado. Las Escrituras afirman la indefectible soberanía de Dios y nunca más enfáticamente que cuando predice el rápido acercamiento de la hora cuando el pecado no será más. Realmente, ¿quién está determinando la hora cuando cesará el pecado? ¿Ha de cesar por mero capricho? o ¿es que Dios no tiene más relación vital cuanto a su cesación que preveer que cesará? ¿Quién hace que cesen las guerras? ¿Por cuál poder o autoridad Satanás será atado y confinado al abismo y finalmente echado en el lago de fuego? ¿Es un mero accidente, acerca del cual Dios sólo prevé, que este universo todavía será limipiado de toda maldad? o ¿es una fábula de que el Creador pronunciará todavía sentencia contra todo enemigo? ¡A solo Dios sea la majestad, el dominio y el poder por siglos y para siempre! Amén.

Habiendo dirigido una débil nota de alabanza a Dios, ahora es necesario –como es de la incumbencia de todo estudiante del teísmo bíblico– prestar atención a los problemas que engendra el tema de la soberanía divina. En una meditación tal hay aspectos implicados que son muy vastos para que la mente finita pueda sondear, y ninguna persona inteligente y reverente, se sorprenderá al descubrir los límites de su mente finita. Cuando se está en los límites entre lo finito y lo infinito, entre el tiempo y la eternidad, entre la perfecta é irresistible voluntad de Dios y la impotente y pervertida voluntad humana, entre la gracia soberana y el pecado merecedor del infierno, ¿quién entre los hombres es demasiado orgulloso para no exclamar: *Hay algunas cosas que yo no entiendo.*

Los aspectos difíciles no son la carga de ningún sistema particular de teología. Pertenecen propiamente a todos, y ninguno que suponga que no tiene que ver con tales problemas es recomendable.

Es probable que estas cuestiones son difíciles en gran parte a causa de los limitados conocimientos de la mente humana cuanto al carácter esencial del pecado, del esencial, aunque ampliamente diferente, alcance de la voluntad humana al compararse con la voluntad divina, y del verdadero y final propósito de Dios. Con estos hechos preparativos en mente los problemas no son, como en su amplitud general, sino realmente dos, a saber: (a) *el problema moral,* o el hecho que el mal está presente en un universo sobre el que Dios reina supremo, y (2) *el problema de la voluntad,* o la aparente irreconciliabilidad del libre albedrío del hombre y la soberanía de Dios. Estos son los que pasamos a examinar.

1. DOS PROBLEMAS BASICOS. (a) EL PROBLEMA MORAL. La presencia permitida del pecado en el universo sobre el que el infinitamente santo Dios rige introduce un choque de ideas que en todas sus implicaciones ninguna mente humana puede armonizar. Considerando las dos realidades disonantes, es decir, Dios y el pecado, es cierto que la solución de la dificultad no se descubrirá en dirección de ninguna presunción de que Dios fue incapaz de prevenir que el pecado acaeciera en el universo, o que El no puede hacer que cese en cualquier momento de tiempo. Al mismo propósito, es cierto que el dilema no será arreglado o exonerado por ninguna suposición de que el pecado no es excesivamente pecaminoso a la vista de Dios —eso es lo que aborrece con perfecto aborrecimiento. El asunto puede quedar sin modificación de que Dios, quien es activa e infinitamente santo y quien es absolutamente libre en todas sus empresas, siendo libre para crear o no crear y para excluir el mal de lo que El había creado, no obstante, ha permitido que aparezca el mal y que siga su curso en esferas humanas y angélicas. Esta confusión también se intensifica a un grado inconmensurable por el hecho de que Dios sabía cómo permitió que se manifestara el pecado, que a El le costaría el sacrificio más grande que para Dios es posible hacer —aun la muerte de Su Hijo. Las Escrituras afirman con abundante certeza que (a) Dios es Todopoderoso y que, por tanto, no se podía imponer el pecado contra Su voluntad permisiva; (b) que Dios es perfectamente santo y que aborrece el pecado ilimitadamente; y (c) que el pecado está presente en el universo con todo el daño para los seres creados y que este daño a causa de que algunos dejan de entrar en la gracia redentora, seguirá sobre ellos por toda la eternidad venidera.

Si las Escrituras afirman que una cosa es verdad, como tal ha de ser recibida por causa cristiana. Pareciera que allí hay un conflicto de ideas, como se ha notado anteriormente, mas permanece el hecho de que el relato bíblico de cada asunto en consideración es *cierto,* hay que atribuir la dificultad al insuficiente entendimiento de la mente humana. La Biblia no se propone a dar ninguna explicación de esos dilemas que el hombre observa. Los aparentes conflictos de ideas evidentemente no tienen realidad ni existencia en la mente de Dios. Mediante un atento estudio de ciertos problemas, pueden removerse algunas dificultades.

(1) La Naturaleza Esencial del Pecado. Aunque el campo entero de la hamartiología está indicado para este punto en la presente

discusión, su estudio completo ha de reservarse para su lugar correcto como una subdivisión de la Antropología. El problema del pecado en el universo de Dios es minimizado al grado ínfimo cuando se estudia la precisa naturaleza del pecado. Muy a menudo se ha supuesto que el mal es una creación divina y por lo tanto no llegó a realizarse sino hasta que Dios le dio su lugar entre las cosas existentes; considerando que el mal, como una realidad abstracta, no es cosa creada más de lo que es la virtud. Así, tanto como ha existido Dios, ha existido la virtud; y tanto como ha existido la virtud, ha habido un concebible oponente de ella, aunque no había la más leve posibilidad que lo opuesto de la virtud pudiera encontrar expresión hasta que fuesen creados los seres que tuvieren la habilidad de pecar. Una deducción tal no ha de ser juzgada aun como una moderada forma de dualismo, o la presciencia de Dios que previó el presente conflicto entre el bien y el mal y, en efecto, el mismo presente conflicto, su dualismo. En el propósito de Dios ¿cómo podría haber sido muerto el Cordero, como una ofrenda por el pecado desde la eternidad, si el hecho potencial del mal no estuviese bajo la consideración divina? Por otra parte, el problema de cómo el mal podría entrar en el universo y hallar su manifestación sólo por el permiso divino, es más difícil de comprender. Hasta donde tiene que ver el primer pecado del hombre, había un siniestro tentador presente a quien se le asigna mucha responsabilidad; pero en el caso del primer pecado de los ángeles la cosa es verdaderamente desconcertante, porque no había ni una tentación exterior ni una depravación interior presentes. Ciertamente un permiso pasivo divino no genera una impelente disposición para el mal. Este aspecto de toda la averiguación por permitir el pecado es sin duda su intrínseca esencia o naturaleza, y está enteramente fuera de la línea de la comprensión finita.

Como a cuál propósito puede servir la presencia del pecado en el universo, se han propuesto varias sugerencias, ninguna de las cuales, ni todas combinadas, ha probado una respuesta completa a la pregunta. (a) El propósito final de Dios que es llevar a los hombres a ser semejantes a El, ellos, para alcanzar este fin, tienen que llegar en cierto grado a conocer lo que El conoce. Ellos deben reconocer el carácter malo del pecado. Esto lo sabe Dios intuitivamente, pero tal conocimiento deben adquirirlo las criaturas sólo por observación y experiencia. Obviamente, si el propósito divino ha de llegar a realizarse, se le debe permitir que el mal se manifieste. No está revelado lo que la demostración del pecado y de su experiencia puede significar para los ángeles. (b) Hay aquello en Dios que ninguna criatura jamás ha visto —aunque ellas han mirado Su gloria, Su sabiduría y Su poder— especialmente Su *gracia* hacia los caídos y pecadores. Pero no es posible ninguna demostración de la gracia, a menos que haya objetos de la gracia, y no podría haber objetos de la gracia aparte de la presencia y la experiencia del pecado. (c) Así mismo, el principio del pecado –una cosa opuesta a la virtud– tiene que ser traído a juicio final y completo. El universo tiene que ser purgado de las realidades del pecado y sus posibilidades. Una cosa abstracta no puede ser juzgada rectamente hasta que haya llegado a ser concreta. Así puede ser juzgada en su carácter real, como lo fue juzgada en la cruz. Pero el mismo hecho de llevar el mal a una forma concreta incluía su presente manifestación en el universo.

De estas sugerencias, proferidas por la razón, se puede concluir que el propósito divino primario fue ni evitar la presencia del pecado en el universo, porque Dios pudo haberlo prevenido, ni disponer de él antes de su tiempo señalado, porque su total realidad podría haber terminado y sido descartado en cualquier momento por una palabra de Su mandato. Que pueden haber muchos hijos en la gloria capaces de cantar el cántico de redención (Ap. 5:9) y que el universo entero puede ser limpiado de toda maldad son conocimientos sobresalientes de los propósitos divinos; pero estos fines deseados dependen enteramente de su complacencia por la presencia del pecado en el mundo. Una meditación semejante nunca menguaría la estimación humana del aborrecimiento divino del pecado, ni habría ningún estímulo para que una criatura peque. Que el pecado es infinitamente malo está demostrado por la ruina que ha traído entre los ángeles, la presente depravación de la humanidad con todas sus calamidades, y el hecho de que ningún remedio para el pecado se pudo hallar a un costo inferior que la misma sangre del Hijo de Dios. Está cerca de ser imperdonable la presunción de un ser finito que se atreva a evaluar y se siente a juzgar el curso que Dios persigue. El es digno de confianza y se puede confiar en El enteramente. "El hace bien todas las cosas", y es la esperanza valiosa de cada creyente de que estará satisfecho cuando despertare a Su semejanza (Sal. 17:15).

(2) El Hecho de Permitir el Pecado. Los teólogos calvinistas generalmente han hecho la distinción en toda vez que aparece en medio de todo lo que abarca el campo del decreto divino, dividiendo este vasto tema en dos colecciones –los decretos que ellos llaman *eficaces* y los que llaman *permisivos.* Los decretos eficaces son los que determinan las cosas que ocurren por causas físicas (Job 28:26), y por fuerzas espirituales (Fil. 2:13; Ef. 2:8, 10; 4:24). Los decretos permisivos abarcan solo aspectos morales que son malos. El término *permisivo* indica que Dios no promueve activamente la ejecución de los decretos que están de esta manera indicados. En contraste con los eficaces, que activa el propósito divino que opera hacia el fin de que

los hombres *quieran y hagan* Su buena voluntad, en vía de permiso "en las edades pasadas él ha dejado a todas las gentes andar en sus propios caminos" (Hch. 14:16); "les cumplió pues, sus deseos" (Sal. 78:29; comp. 106:19). Con respecto a su voluntad permisiva se alega, Dios determina no estorbar el curso de acción que Sus criaturas persiguen; pero El determina regular y controlar las fronteras y los resultados de tales acciones. John Howe ha dicho sobre este punto: "La voluntad permisive de Dios es su voluntad de permitir cuanto El piensa o dispone permitir, o, no impedir; mientras que lo que así quiere o determina permitir, El también se propone regular, y no contemplar como un ocioso y frío espectador, sino disponer todos aquellos *permisos* hacia fines grandes y sabios que le son propios" (*Decress,* Lecture I, citado por Shedd, *Theology,* I, ps. 406-7).

Se le dará la debida consideración al hecho que, al permitir el pecado, Dios decreta lo que más aborrece, y lo que, como se ha notado, a El le costaría el más grande de todos los sacrificios. Tal decreto está relacionado con Su "buena voluntad", sólo hasta el punto en que, por razones que sólo El conoce, permite la entrada del pecado y su presente proceder. Se confiesa que el problema es una dificultad admitida por todos, pero no queda sola. El permiso para el mal *continúa* con cada hora sucesiva de la historia humana. Lo que en Sus propios consejos El no impidió en el principio, El no lo impide en todo su desarrollo subsecuente. La manifestación del mal tiene que seguir su curso determinado y llegar a su meta propuesta. El enfoque arminiano hacia la solución de este problema no asigna a Dios relación alguna con la entrada del pecado en el universo más que El preveía lo que sucedería. Este punto de vista es totalmente inadecuado, siendo que la presciencia de parte de Dios conlleva, necesariamente, toda la fuerza de un soberano propósito. Una cosa que no es segura no puede ser prevista, y nada puede ser seguro hasta que el soberano decreto de Dios lo hace tal. Se levantan objeciones contra la doctrina del decreto divino por algunos en el terreno de hacer *necesarias* las acciones humanas. Pero la acción humana no es menos necesaria cuando se considera desde el punto de vista de la presciencia que desde el del decreto divino. La menor de todas las cosas que Dios prevé pueden ser no menos ciertos que el universo mismo. Dios creó a los ángeles y a los hombres con el pleno conocimento que pecarían. La razón mantiene que la responsabilidad por los problemas de Su creación, al fin de todo, caen sobre el Creador. En ningún punto se permite a las criaturas el determinar la responsabilidad desde ellos hasta Dios. Cuando Dios pronunció juicio contra Adán. El no dijo, *Parcialmente yo soy culpable puesto que yo te crié.* La culpa cayó sobre Adán solamente. La raza cayó con Adán y llegó a ser lo que es, "hijos de ira" (Ef.2:3), y el pecado original con todo su fruto nunca está eslabonado con Dios en manera alguna. Este principio prevalece así como en la esfera de los galardones que todavía han de ser dados a los fieles. Todo mundo debe saber que todas y cada una de las virtudes o servicio digno es efectuado por el poder habilitador del Espíritu de Dios; todavía, al conferir sus galardones, no se espera que Dios diga *Yo reclamo la más grande participación en todo lo que vosotros hicisteis por mi.* El honor y crédito por el servicio descansará sólo sobre el fiel indivisible como si ellos la hubieran efectuado en su propia fuerza.

El mal permitido divinamente en la esfera humana se extiende a través desde el primer pecado de Adán. Está escrito que Dios endureció el corazón de Faraón a fin de que se pudiera hacer una demostración completa del poder divino. A través de esa demostración todos los egipcios llegaron a conocer algo de Jehová (14:4). Otra vez, y como una revelación concerniente a la actitud de Dios hacia el pecado, es obvio el hecho que Dios mandó a Adán no pecar, y todavía, a menos que Adán pecara, no había necesidad de Redentor, Redentor del cual se había decretado en las edades pasadas eternas antes de Adán, que El vendría (Ap. 13:8). De modo similar, Dios dijo al Rey Saúl que si hubiera guardado los mandatos que le había dado, su casa hubiera sido establecida para siempre (1 S. 13:13); sin embargo se había determinado por decreto y se había predicho proféticamente que el trono eterno y reino de Israel habría de venir a través de la tribu de Judá y no de la de Benjamín, a la que pertenecía Saúl (Gn. 49:10). Al mismo objeto se puede percibir que, en la controversia entre Jehová y Satán según se describe en los primeros dos capítulos de Job, Satán admite que no puede testificar nada contra Job a menos que Dios se lo permita; y está escrito que Jehová le dio el permiso a Satán. De nuevo, la experiencia de un individuo que peca es sugestiva. Después que se ha cometido el pecado, el que peca podría decir: *Dios tiene la culpa. El me pudiera haber evitado pecar.* No obstante, eso *no* lo dice el pecador, puesto que en su interior hay conciencia de que solo él es el responsable. Los mártires hubieran podido haber prevenido el pecado de homicidio por parte de sus ejecutores si se hubieran retractado de su posición relativa a la verdad en cuestión. Aún Cristo mismo podría haber prevenido a un incontable número de personas del inmensurable pecado de la crucifixión del Hijo de Dios, si hubiera descendido de la Cruz. Todo esto sugiere el hecho obvio que meramente evitar el pecado no siempre es el asunto primario.

Con todas estas situaciones a la vista, la mente sincera rehusa el achacar el pecado a Dios, ya sea directa o indirectamente.

Entonces, se puede concluir que, el pecado está en el mundo porque Dios lo permite, lo que El aborrece perfectamente y que, siendo soberano, tenía poder para impedir su manifestación si El hubiera escogido hacerlo así. El que El no haya impedido la manifestación del pecado demuestra que El, siendo quien es, debió haber tenido un propósito a la vista distinto de evitar el pecado. Aquí, como en ninguna otra parte en el universo, el fin justifica los medios.

b. EL PROBLEMA DE LA VOLUNTAD. Esta dificultad se presta a varias presentaciones. En general se puede afirmar así: Si Dios es soberano y sólo pueden ocurrir las cosas que están determinadas en Su decreto, ¿hay alguna esfera exceptuada en que la criatura humana pueda ejercitar su libre albedrío? O, de otro modo, ¿podría la voluntad humana actuar siempre fuera de la voluntad de Dios? Y si no, ¿es su acto libre?

Para los problemas planteados en estas preguntas, se han formulado respuestas más o menos claras. Pero antes de considerar estas respuestas, es bueno dar alguna atención a la naturaleza precisa de los problemas incluidos.

Como primeras criaturas, así ángeles como hombres fueron alegre y perfectamente sujetos a la voluntad de Dios. Tal, verdaderamente, es el presente estado de los ángeles santos y no hay necesidad de inquirir en cuanto a ellos y cómo ejercitan su voluntad. Están determinados a hacer sólo lo que agrada a Dios. Libertad para actuar de otra manera se acordó para ellos tan plenamente como para aquellos ángeles "que no guardaron su dignidad" (Jud. 6). Ellos continuaron en su voluntad é indudablemente continuarán haciendo así por toda la eternidad. El primer pecado cometido en el cielo y en el universo mismo, lo fue cometido por el más grande de todos los ángeles y antes –quizá edades antes– de la creación del hombre. El ángel que pecó primero en el cielo es descrito tanto en su persona como en su puesto señalado por Dios, en Ezequiel 28:11-15 y bajo el título de "el príncipe de Tiro." La naturaleza de ese pecado está registrada en Isaías 14:12-14 en donde el ángel es presentado bajo el título de Lucero, hijo de la mañana", y en donde el preciso carácter de su quíntuple pecado se revela. Se verá que el pecado consiste en el ejercicio de la voluntad del ángel en oposición a la voluntad de Dios. Ninguna imaginación podría pintar, ni lenguaje alguno podría expresar lo terrible del momento cuando por primera vez, una criatura se opuso a la voluntad soberana de Su creador. Fue el mismo ser que como una consumación de su propio pecado ha dicho: "Seré semejante al Altísimo" (Is. 14:14), que más tarde apareció en el jardín del Edén y, siguiendo a la creación del hombre, allí aconsejó al primer hombre y la primera mujer el *ser como Dios* (Elohim, comp. Dn. 5:11). La traducción de la versión de 1909 dice "seréis como dioses" queda abierta a cuestiones, siendo que el nombre de la Deidad que usa aquí el Espíritu es *Elohim.* Es un nombre plural, ciertamente, pero es el original de donde se deriva el título Dios que es casi universalmente traducido a través del Antiguo Testamento. El que había pecado y caído diciendo: "Seré semejante al Altísimo", ahora propone al hombre que por desobediencia *sea como Dios.* Sólo en ese respecto –independencia– podría tanto el ángel como el hombre ser como Dios.

Contra todo esto, se ha revelado que la perfecta humanidad de Cristo fue enteramente sujeta a la voluntad de Su Padre. Está escrito acerca de El que "entrando en el mundo dice: . . . He aquí que vengo . . . oh Dios, para hacer tu voluntad" (He. 10:5-7; comp. Sal. 40:6-8). Podría no ser perfecta humanidad o criatura la que no está completamente sujeta a la voluntad de Dios; y el primer paso en la salvación por parte de aquellos para quienes se ha provisto la redención es que ellos *obedezcan* el evangelio (Hch. 5:32; 2 Ts.1:8; He. 5:9; 1 P. 4:17). Con esta provisión a la vista no hay necesidad de que nadie se pierda de los que quieran ser salvos.

La elección humana de lo que es bueno, como escoger lo que es malo se origina en el *interior,* como la volición del individuo y es *libre* en el sentido de que el individuo no es consciente de que alguna necesidad sea impuesta sobre él. Toda acción humana está incluida en este concepto. Siendo que la acción humana es restringida no por otra cosa que por la persuasión moral o por emociones, la pregunta es hasta qué punto es libre la voluntad humana. En contra del sentido de libertad de acción que experimenta el individuo, la Escritura enseña que hay restricciones múltiples sobre la voluntad. En cuanto a los inconversos se asegura que ellos siendo hijos de desobediencia Satanás les da la energía *(ἐνεργέω –energéo)* (Ef. 2:2), hecho que denota casi un dominio ilimitado sobre los que así son energizados. En cuanto a los regenerados la revelación es que "Dios es el que en vosotros produce" (ἐνεργέω) (Fil. 2:13), hecho que denota un dominio de Dios casi ilimitado sobre los salvos. Así la familia humana entera –tanto los inconversos como los salvos– está incluida, y nadie de éstos será libre por una influencia superior. Esta influencia, tan pronto como lo es, puede ser totalmente desconocida dentro de la línea de la experiencia humana. La Biblia afirma plenamente que Dios influencia a los no regenerados, hasta cierto punto, así como Satanás y el poder de la naturaleza caída influencian al regenerado. La influencia de Dios sobre los inconversos debe ser ejercitada si alguna vez ellas han de volverse a El con fe salvadora. Cristo declaró: "Ninguno puede venir a mí, si el Padre que me envió no le trajere" (Jn. 6:44); y el Apóstol ha escrito por el Espíritu: "Por gracia sois salvos por medio de la fe; y esto no de vosotros, pues es don de Dios" (Ef. 2:8; comp. Fil. 1:29). Se produce mucha confusión por las afirmaciones de que Dios en ocasiones impide la visión espiritual y endurece corazones. El ordenó con respecto a Israel: "Engruesa el corazón de este pueblo, y agrava sus oídos, y ciega sus ojos, para que no vea con sus ojos, ni oiga con sus oídos, ni su corazón entienda, ni se convierta, y haya para el sanidad" (Is. 6:10). Este es un juicio sobre la nación por sus malos caminos y sirve también como la ceguera del pueblo, como se predijo, a través de la era presente en la que los judíos y gentiles igualmente son puestos frente a la gracia salvadora de Dios y Su propósito en cuanto al llamamiento de la Iglesia (Ro. 11:25). Siete veces afirma que Dios endureció el corazón de Faraón (Ex. 4:21; 7:3; 9:12; 10:20, 27; 11:10; Ro. 9:17, 18), y tres veces se dice que Faraón endureció su propio corazón (Ex. 8:15, 32; 9:34; comp. Dt. 2:30. Nota, también Ex. 7:13, 22; 8:19). Así también se registra en 2 Tesalonicenses 2:11 que Dios dará a la gente de la edad de la tribulación venidera "un poder engañoso" (o mejor "operación de error") para que crean la mentira. Este engaño es con el fin de que todos ellos puedan ser juzgados, los que no recibieron el amor de la verdad para ser salvos. No es un mero acto *permisivo* aquí o en el caso de Faraón. Definidamente se dice que Dios es la *causa* de estos estados del corazón, así como es la *causa* de la ceguera de Israel. En estos ejemplos, como en otros a menudo, aparentemente Dios no pide ser exonerado de la responsabilidad directa de las causas que se le atribuyen a El. Es cierto que en los ejemplos arriba citados, Dios no crea el corazón malo, sino más bien saca a una acción manifiesta lo que está latente dentro del corazón con el fin de que pueda ser juzgado. "De manera que de quien quiere, tiene misericordia, a quien quiere endurecer, endurece" (Ro. 9:18).

La voluntad de la criatura es una creación de Dios y en relación a ella Dios no sustenta ni timidez ni incertidumbre. El hizo la voluntad de la criatura como un instrumento por el que El puede cumplir su propósito soberano y es inconcebible que alguna vez se frustre Su propósito. En cuanto a la paciencia de la soberanía de Dios sobre todas sus criaturas, el estudiante debería leer con reverente atención Isaías 40:10-31 y Job 38:1-41:34.

Al ejercitar Su voluntad el hombre sólo está consciente de su libertad de acción. El determina su proceder por las circunstancias, pero Dios es el Creador de las circunstancias. El hombre es impelido por emociones, pero Dios es capaz de originar y de controlar cada una de las humanas emociones. El hombre se enorgullece de que él se gobierna por juicio experimental, pero Dios es capaz de fomentar cada uno y todo pensamiento o determinación de la mente humana. Dios moldeará y dirigirá en todas las causas secundarias hasta que Su propio eterno propósito sea una realidad. ¿De qué otra manera podría El cumplir sus pactos que El ha encomendado al control de las acciones y destinos de los hombres para el fin del tiempo y para la eternidad? Su elección es *segura;* porque a los que predestinó a ellos –no más, no menos– llama; y a los que llama, a ellos –no más o menos– El justifica; y a los que justifica, a ellos –no más o menos– El glorifica. Cuando predestina, El asume la responsabilidad de crear, llamar, salvar y de completar de acuerdo a Su propósito. Al llamar El los mueve para creer para la salvación de sus almas, a los que El ha escogido. Al justificar El provee un sustituto y eficaz Salvador quien por Su muerte y resurrección El es legalmente capaz de colocar al primero de los pecadores en una relación tan perfecta con El como la de Su propio Hijo. Y al glorificar, El perfecciona todo ese amor infinito que ha proyectado. El número preciso que ha de ser glorificado es precisamene el número y los mismos individios –no más ni menos– que El predestinó. Cada uno ha creído, ha sido salvo, ha sido perfeccionado y presentado, como Cristo lo es, en gloria. Los hombres entran conscientemente en esta gran empresa sólo por fe, o sea respondiendo al llamamiento eficaz. Naturalmente, a ellos les parece que ellos, actuando libremente dentro de la restricta esfera de su conciencia, determinan cada cosa. Su acción es vital porque ni un eslabón en la cadena de Dios puede faltar. El punto en donde surge la equivocación es con referencia al hecho que, hasta donde su conocimiento les sirve, ellos están seguros que actúan libremente; con todo, cada persona verdaderamente regenerada testificará que él no hubiera vuelto al Señor aparte de esa toda importante atracción divina de su corazón. La elección divina es absoluta. Si esto le parece a alguien que es quitar las cosas de las manos de los hombres y encomendarlas a las manos de Dios, al menos debe concederse que, cuando así se encomienda a Dios, las cosas están en buenas manos y éste, después de todo, es el mismo universo de Dios en donde El tiene derecho soberano para hacer según los dictados de Su propia voluntad. También debe concederse que la esfera de la acción humana, hasta donde puede significar alguna cosa en la esfera de la conciencia humana, es dejada en perfecta libertad de acción. No debiera considerarse un crimen de parte de Dios el que El revele a Sus elegidos que Su poder soberano y propósito están operando a través y sobre todas las fuerzas humanas y causas secundarias.

Escribiendo de la solución propuesta del problema que engendra las dos voluntades, el Dr. John Dick afirma:

"Aquí venimos a una cuestión que ha comprometido la atención y ejercitado la inventiva, y confundido la sabiduría de los hombres en todos los siglos. Si Dios ha preordenado todo cuanto ha de suceder, es necesaria toda la serie de eventos, y la libertad humana es quitada. Los hombres son instrumentos pasivos en las manos de su Hacedor; ellos no pueden hacer nada sino lo que secreta e irresistiblemente son influenciados a hacer; por tanto, ellos no son responsables de sus acciones; y Dios es el Autor del pecado. A esta objeción se replica, que el decreto divino es extrínseco a la mente humana; que no ejerce fuerza o influencia sobre nuestras facultades; y que, mientras asegura el futuro de los eventos, los deja para que sean ejecutados en el ejercicio de nuestra libertad. Mientras determina que algunas cosas habrían de suceder necesariamente, determina que otras cosas han de suceder libremente. Dios ha decretado, no sólo que los hombres actúen, pero que ellos lo hagan libremente, y en consonancia con su racional naturaleza. El determina el acto, pero los hombres siendo agentes libres, era posible, con respecto a su libertad abstractamente considerada, que ellos pueden actuar de modo diferente. No obstante, cuando Ud. ha reflexionado sobre esta respuesta, y la ha despojado de su forma técnica, Ud. hallará que no vale nada. Unicamente dice, que, a despecho del decreto de Dios, el hombre retiene su libertad de acción, y por consiguiente, nos evade con una aseveración bajo el pretexto de darnos una explicación. Creyendo que todas las cosas están inmutablemente fijadas en los consejos divinos, queremos saber cómo la predestinación es consistente con la libertad. ¿Con qué propósito se nos dice que Dios ha decretado que algunas cosas sucederán necesariamente, y que otras, libremente? ¿Qué información nos da esta respuesta? ¿Cuál duda resuelve? La pregunta queda en pie, ¿Cómo pueden ser libres tales acciones que fueron fijadas de modo que no se puedan evadir?

Es un método más inteligible explicar el asunto por la doctrina, que hace consistir la libertad en el poder de acción de acuerdo con la inclinación predominante, o los motivos que aparecen más fuertes a la mente. Las acciones que son el efecto de la volición son libres. De cualquier manera que se produjera el estado de mente que hizo que la volición surgiera, la libertad del agente no es mayor ni menor. Es su voluntad sola la que ha de ser considerada, y no los medios por los que ha sido determinada. Si Dios preordenó ciertas acciones, y colocó a los hombres en tales circunstancias que las acciones se efectuaran de acuerdo con las leyes de la mente, no obstante los hombres son agentes morales, porque ellos actúan voluntariamente, y son responsables de los actos que ellos mismos han consentido hacer. La libertad no consiste en la libertad de acción, sino en la opción de actuar. La opción es determinada por algo en la mente misma, o por algo que desde afuera influencia a la mente; pero cualquiera que sea la causa, la opción hace la acción libre, y al agente responsable. Si se admite esta definición de libertad, Ud. verá que es posible reconciliar la libertad de la voluntad con los decretos absolutos; pero no tenemos que librarnos de cada dificultad. Esta teoría hace aparecer las acciones humanas tan necesarias como las mociones de la materia de acuerdo a las leyes de la gravitación y de la atracción; y el hombre aparece como una máquina, consciente de sus movimientos, y consintiéndolos, pero impelido por algo diferente de sí mismo.

Sobre un tema de tal naturaleza nadie debiera avergonzarse de reconocer su ignorancia. No se nos pide que reconciliemos los decretos divinos y la libertad humana. Es suficiente saber que Dios ha decretado todo lo que ha de suceder, y que los hombres son responsables por sus acciones. De estas dos verdades se nos afirma en las Escrituras, y la última es confirmada por el testimonio de la conciencia. Sentimos que somos libres, aunque no independientes de Dios; de modo que podemos excusarnos a nosotros mismos cuando hemos hecho nuestro deber, y acusarnos cuando lo hemos descuidado. No debiera existir en nuestras mentes sentimientos de aprobación y de reprobación referente a nuestra propia conducta o la de otros hombres, si creemos que los hombres son necesariamente agentes. Pero el lazo que conecta los decretos divinos y la libertad humana es invisible. "Tal conocimiento es demasiado maravilloso para nosotros; es sublime, no lo podemos alcanzar." Si todas las cosas en la religión fueran niveladas a la comprensión de la razón, no habría lugar para la fe. Es mejor creer humildemente, que razonar con presunción. Y todos estos razonamientos pueden llamarse presuntuosos, cuando conducen a negar la inmutabilidad de los consjeos divinos, o de la libertad de la voluntad humana; que al hombre lo hace una máquina, y a Dios, el autor del pecado." –*Lectures on Theology*, p.186.

2. PREDESTINACION. El término *predestinación* significa predeterminar el destino. El conjunto de verdades que representa este vocablo es propiamente una subdivisión del decreto divino. No tiene relación con el destino de las cosas materiales, pero en su significado más amplio concierne al destino de todas las criaturas inteligentes, incluyendo a los ángeles y los hombres. Por voluntad de revelación específica, poco se sabe del destino de los ángeles. Se asume que los santos ángeles permanecerán en ese estado y que se verán en la ciudad eterna (He.12:22-24). Los ángeles que no guardaron su dignidad son destinados al lago de fuego (Mt.25:41; comp. Ap.20:10), y no hay insinuación alguna que se haya ofrecido redención para ellos. Una revelación mucho más determinante se halla en la Biblia con relación al destino de los hombres. Y tan seguro como que Dios ha preordenado cualquier cosa que ha de suceder, el futuro de cada ser humano está señalado en el plan eterno de Dios. Igual que la doctrina más grande del decreto divino, este aspecto particular de la predestinación está atestado de perplejidades, todas las cuales, puede creerse, se deben a las restricciones que rodean a la mente humana. Siendo que la predestinación divina se enseña en la Biblia sin diminución, hay que aceptarla y creerla. Los racionalistas procuran modificar esta revelación; como era de esperarse, ha resultado en grandes complicaciones.

Aparte del destino predeterminado que pertenece a Israel y a las naciones que heredarán la tierra", la doctrina de la predestinación cae en dos divisiones, a saber, (1) elección y (2) retribución. En su significado primario y básico el término *retribución* tenía que hacer tanto con las recompensas que se acreditan a los salvos como con los castigos que se acumulan para los perdidos. Elección y retribución, son contraparte la una de la otra. No puede haber elección de alguno que no implique el rechazamiento del otro.

a. ELECCION. La elección que se promulga en las Escrituras, aparte de la elegida nación de Israel –que no estamos considerando ahora– es aquel favor de Dios, notablemente una plena y libre salvación, que es acordada para algunos, pero no para todos. Se dice de algunos que son "escogido en el Señor" (Ro.16:13); "escogidos . . . para salvación" (2 Tes.2:13); "escogidos . . . en él antes de la fundación del mundo" (Ef.1:4); "predestinados para ser adoptados hijos" (Ef.1:5); "los predestinó para que fuesen hechos conforme a la imagen de Su Hijo" (Ro.8:29); "elegidos según la presciencia de Dios" (1 P. 1:2); y "vasos de misericordia que El preparó de antemano para gloria" (Ro.9:23). El término *elección* no debiera construirse para significar solamente un propósito divino general para proveer salvación para todos los hombres. Se refiere a un expreso propósito divino para conferir salvación para algunos, más no para todos. Ni debiera inplicar el término que Dios bendecirá a los que crean. Más bien especifica a aquellos que creerán. Algunos, pero no todos, están escritos en el libro de la vida del Cordero. La evasión de las claras palabras de las Escrituras no asegura nada en la comprensión de este más solemne tema. Cualquiera que pueda ser el caso de los no elegidos, en cuanto a los salvos se dice que El "nos salvó y llamó con llamamiento santo, no conforme a nuestras obras, sino según el propósito suyo y la gracia que nos fue dada en Cristo Jesús antes de los tiempos de los siglos" (2 Ti.1:9); "Según nos escogió en él antes de la fundación del mundo, para que fuésemos santos y sin mancha delante de él" (Ef.1:4).

No es una mera arbitrariedad en la elección divina, porque Dios en esto, como en todo lo que El hace, se gobierna por infinita sabiduría, santidad y amor. Como base de Su elección, El no previó diferencia de carácter de uno superior a otro. Su elección no está basada en dignidad anticipada. La elección es un acto de la gracia aparte de las obras. Ni la fe ni las buenas obras son causa de la elección divina. Ellas son más bien el fruto de la elección. Los hombres no son primero santos y entonces escogidos; sino que son escogidos, y entonces, santos. Fue para que pudieran ser santos que fueron escogidos. El destino de los hijos de Isaac fue determinado antes que ellos hubiesen hecho algo bueno o malo, para que el hecho de la soberana elección de Dios permaneciera sin complicaciones (Ro.9:11-13). El hecho de que una supuesta elección *condicional* es la creencia de la mayoría, se debe, indudablemente, a la renuencia por parte del hombre de admitir que ningún mérito reside en su ser natural.

Con el mismo propósito, la elección de Dios es *inmutable.* Algunos han contendido que está en el poder del elegido el frustrar los cálculos del Todopoderoso. Se han escrito opiniones tales como éstas: "Es falso decir que la elección está confirmada desde la eternidad." "El hombre puede invalidar su elección." Ellos "por sí mismos pueden cambiar de creyentes a incrédulos," de elegidos a no elegidos. Para estos maestros no hay palabra u obra de Dios que sea segura. A pesar de que Dios ha dicho: "Acordaos de las cosas pasadas desde los tiempos antiguos; porque yo soy Dios, y no hay otro Dios, y nada hay semejante a mí, que anuncio lo por venir desde el principio, y desde la antigüedad lo que aún no era hecho; que digo: Mi consejo permanecerá, y haré todo lo que quiero" (Is.46:9,10).

Los supralapsarios sostienen que el propósito final de Dios en la creación es la manifestación de Su perfección y que Su misericordia se revelará en la elección de algunos y Su justicia se revelará en la reprobación de todos los otros. Así se declara una solemne verdad; pero entonces ellos avanzan hacia una inconsistencia. Para alcanzar su deseado fin, ellos alegan que Dios primero decretó crear al hombre y entonces colocarlo en circunstancias en donde caería, y enviar a Su Hijo para morir por los que escogió para salvación. En este arreglo, se ve a Dios tratando la caída del hombre sólo como un medio para lograr un fin. Los hombres fueron elegidos o reprobados antes del decreto concerniente a la caída y sin referencias a la caída. Así ellos no fueron vistos como pecadores, sino como criaturas, y como tales ellos fueron escogidos o reprobados sin una base para su reprobación o sin una ocasión para el ejercicio de la gracia. El efecto de este bosquejo doctrinal es robar a Dios toda su piedad y amor y presentarlo como uno que desatiende el sufrimiento de sus criaturas. Una respuesta tal puede contestar la fría y errada razón humana, pero desprecia totalmente el abundante testimonio de la Palabra de Dios en donde la compasión divina es enfatizada.

Los sublapsarianos afirman que, en el orden de Su decreto electivo Dios primero permitió la caída y entonces determinó el destino de los hombres desde ese punto de partida como una posición sin méritos delante de El. Esta posición a lo menos provee un terreno para el ejercicio de la gracia y una base para la condenación de los perdidos.

Estrechamente relacionada a la controversia lapsariana está la pregunta de si algunos que son predestinados en vida fueron así escogidos en vista del hecho que Cristo moriría por ellos, es decir, por Su amor, o que El murió por ellos porque ellos eran los elegidos de Dios. La última parecería ser verdad, siendo que Dios primero amó al mundo y, a causa de ese amor, Dios dio a Su Hijo unigénito.

La doctrina de la elección es una enseñanza cardinal de la

Escritura. Indudablemente está acompañada de dificultades que son una carga para todos los sistemas de teología por igual. Con todo, ninguna palabra de Dios puede ser alterada o descuidada. No se gana la menor ayuda cuando se recuerda que la revelación y no la razón, es la que conduce a la fe. Cuando la primera ha hablado, a la última se le asigna el papel de escuchar y asentir.

b. RETRIBUCION. En el propósito de Dios hay algo que es llamado *retribución.* Como un acto divino, el término significa que algunos son rechazados cuando no son elegidos. La palabra *preterición* se ha preferido por los que son menos severos. Seguramente, ningún creyente precavido escogería términos en relación a la condenación de los perdidos que sean innecesariamente fuertes. El tema es de sobresaliente solemnidad y no hay evidencia de compasión cuando los hombres se expresan a propósito respecto al futuro estado de los no regenerados en términos ásperos y crueles. Es un tema que siempre le saca lágrimas a uno. Al escoger la palabra *preterición* se intenta implicar que Dios no asume actitud activa alguna hacia los no elegidos más que pasarlos por alto, dejándolos bajo la justa condenación que merece su estado de perdición. Así se supone que, en algún grado, Dios es relevado de responsabilidad si se afirma en cuanto a El que El *pasa por alto* más bien que reprueba a los no elegidos. Tales distinciones son más un engaño de palabras que una discriminación de los hechos. Aparte de este terrible tema y bajo ninguna circunstancia más análoga, tal selección de palabras elaboradas difícilmente se podrían aguantar. Es imposible escoger activamente a alguno de entre un grupo y no, al mismo tiempo y por el mismo proceso, rechazar activamente a los restantes. Sin embargo, existe una real distinción en la manera divina de tratar con una clase al compararla con la otra.

Nuevas y completas bendiciones inmerecidas se ofrecen a los electos, mientras que los no elegidos cosechan solamente la justa recompensa de su estado de perdición. Dios hace por una clase lo que no hace por la otra, pero ambos agregados pasan ante su mente y se convierten en objetos de Su determinación. En la Biblia se usan expresiones en extremo dolorosas para describir la decisión divina respecto a los no elegidos. Ellos "no están escritos" en el libro de la vida (Ap.13:8); son "vasos de ira preparados para destrucción" (Ro.9:22); ellos fueron "desde antes . . . destinados para esta condenación" (Jud.4); ellos "tropiezan en la palabra, siendo desobedientes; a lo cual fueron también ordenados" (1 P.2:8). Se dice que Dios ama a unos menos que a los otros (Mal.1:2,3). Algunos son llamados "la elección", y otros son llamados "el resto" (Ro.11:7). Una lectura desapasionada de Romanos, capítulos nueve y once, llevará a la seguridad, sea que los hombres crean o no respecto al asunto, la Palabra de Dios es valiente en declarar que unos están destinados para bendición y otros lo están para experimentar condenación. Las limitaciones humanas y el perverso razonamiento difícilmente pueden juzgar rectamente sobre estos sujetos. Es claro que la condenación de los no elegidos no es aparte de una debida consideración de su indignidad. Se presenta a Dios como un objeto de adoración y amor, por lo cual El no podría ser revelado como Uno que únicamente ejercita autoridad separada de la bondad y la justicia. El verdadero problema podría plantearse así: ¿Estaba Dios sólo decretando la reprobación de los transgresores de Su santa voluntad? En otras palabras, ¿Es el mal digno de eterna separación de Dios? Sobre este tema la mente humana no puede arrojar luz. Lo que es la verdadera naturaleza del pecado, según la evalúa Dios quien es infinitamente santo, el pecado asume la calidad de infinito. Naturalmente surge la pregunta: ¿No podría Dios haber elegido para salvar a todos? Con el mismo fin se levanta otra pregunta: ¿Al reprobarlos a todos no podría El haber sido justificado? Para todas esas preguntas, aunque sinceras, no hay respuesta posible. Está probado que Dios es digno de confianza indisputable, y se asegura que El está haciendo lo que es mejor. Esa conclusión será comprendida por todos cuando el deber sea cumplido. En una compañía, El está demostrando Su gracia; en la otra se puede ver Su justicia. Los no elegidos son juzgados por sus deméritos, mientras que los elegidos, que en todo respecto son como indignos, son hechos el objeto de Su gracia.

Un peligro que puede resultar de prestar atención a estos temas debido a la incomprensión humana, es que puede el corazón, con el tiempo, perder de vista la revelación que Dios es de infinita compasión, no queriendo que ninguno perezca, y a causa de esa verdad ninguna persona, no importa cuán pecadora sea, que desee ser salva, no le es necesario caer de esa gracia eterna. La invitación es para todos. Nada es más agradable para Dios que el ejercicio de Su gracia.

La razón está en sinfonía con la revelación cuando asegura que cada parte de la creación de Dios servirá para un propósito, y la revelación agrega que redundará en Su gloria; aun la ira del hombre le alabará (Sal.76:10). De este modo se insinúa que ninguna maldad traspasará los límites de lo que al final será para Su gloria. El que los malos pueden contribuir para la gloria final de Dios ha sido bien afirmado en la Confesión de Westminster: "El resto de la humanidad, le plugo a Dios, según el inescrutable consejo de Su voluntad, por el cual El extiende o rehusa la gracia, según le plazca, para la gloria de Su soberano poder sobre sus criaturas, pasar por alto, y ordenarlas para deshonra e ira por su pecado, para alabanza de Su gloriosa justicia" (cap. III, sec. VII).

3. OBJECIONES A LA DOCTRINA DEL DECRETO DIVINO. Discusiones casi interminables han surgido sobre la doctrina del decreto divino y su subdivisión, la predestinación. El mayor desacuerdo entre los sistemas calvinista y arminiano se centra en este punto. Ninguna fase del sujeto se ha descuidado y es impráctico, si fuera posible, el acometer en esta obra una revisión o análisis de estos extensos argumentos. Las bibliotecas teológicas corrientes están repletas de este material.

Con respecto a las objeciones en general se puede decir: Aun la razón en su estado antes de la caída no hubiera calificado para sentarse como juez de la revelación sobrenatural. ¡Cuánto menos puede hacer esto la razón caída! El Espíritu Santo ha hablado, y la soberana determinación de Dios es tan claramente mantenida en las páginas de la Biblia como son cualesquiera de las prerrogativas de los hombres. Después de todo ¿qué conoce el hombre acerca de Dios o los temas comprendidos para lograr esos fines que la infinita sabiduría ha predeterminado? No le conviene al más sabio de los hombres especular aun sobre lo que Dios debe o no debe hacer. Mucho de lo que se ha escrito sobre este tema se distingue por su chocante irreverencia. Las objeciones a la doctrina del decreto divino comunmente son de dos clases, a saber: (1) Los que comprenden el carácter moral de Dios, y (2) Los que comprenden la agencia moral del hombre. Sobre el último, no agregaremos una palabra más allá de lo que se ha dicho antes.

a. LA JUSTICIA DE DIOS. Se ha objetado que la Predestinación representa a Dios como uno que hace acepción de personas. El podría ser uno que tiene respeto de personas si entre todos los que merecen El salvara a unos y pasara por alto a los otros; pero ninguno de los de la raza humana caída tiene en sí mismo base para hacer tal reclamo ante Dios. Los que El salva son salvados sin el más leve respeto a mérito humano. Dios obra en la gracia salvadora como un *soberano* y no como un *juez*. La Palabra de Dios, que con tanta insistencia afirma la absoluta autoridad y libertad de Dios, también declara por boca del apóstol Pedro: "En verdad comprendo que Dios no hace acepción de personas" (Hch.10:34; comp. Lev.19:15). Con temas inmediatos a la vista, los hombres inquieren el que Dios haya traído a la existencia a criatura alguna sabiendo previamente que se perdería para siempre; pero esta pregunta implica que Dios era libre para crear o no crear, también asume que la felicidad de cada ser viviente es el objetivo divino primario. Aunque tal suposición es la conclusión natural de un ser humano ego-céntrico, tiene poco o ningún apoyo de las Escrituras. La pregunta en su totalidad penetra más allá de las fronteras del entendimiento humano y puede sólo propender a pensamientos equívocos concerniente a Dios.

b. EL AMOR DE DIOS. Se ha disputado que siendo que Dios se ha revelado como amando a todos los hombres es consistente que no repruebe a ninguno. En un intento para satisfacer esta afirmación algunos Redencionistas Limitados se han fincado en que Dios sólo ama a los elegidos; pero tal conclusión evidentemente fue alcanzada muy lejos de las enseñanzas de la Biblia. No sólo es contraria a la enseñanza bíblica,sino que deshonra a Dios y estorba toda libertad en la predicación del evangelio. Hay una verdadera dificultad involucrada en este reto; no obstante es fácilmente posible que, mientras tiene un genuino y universal afecto por todas Sus criaturas y desea para ellas lo bueno –lo que es el testimonio de las Escrituras– todavía por grandes razones no reveladas a los hombres, El no satisface todos sus deseos. Los hombres inteligentes reprimen sus deseos y afectos en interés de más grandes fines. Tal acción es tan posible en la línea de la razón divina como lo es en la línea de la razón humana.

c. LA PREDESTINACION PREDETERMINADA QUE LOS HOMBRES PECARIAN. Tal inferencia pudiera parecer repugnante superficialmente para algunas mentes que tengan algún fundamento. Ya se se ha indicado que ni la Biblia ni la conciencia de los hombres jamás acusan a Dios de promover el pecado; ni las Escrituras retroceden en la aseveración de que Dios ha preordenado todo lo que debe suceder. Esas aparentes contradicciones son armonizadas en Dios, si no en la mente humana. Ninguna ilustración esclarecedora de esta contradicción aparente se puede hallar que la que está implicada en la muerte de Cristo y el eterno propósito de Dios en esa muerte. Dios había determinado que Su Cordero fuera muerto y predijo que Su muerte sería a manos de hombres malos. Su predicción aun había anticipado las mismas palabras que estos hombres proferirían al tiempo de la muerte de Cristo (Sal.22:8). La manera de la muerte de Cristo y las palabras precisas de sus ejecutores no fueron meramente preconocidas por una previsión que nada determina. Estos hombres malvados hicieron su deber y pronunciaron sus palabras bajo esa necesidad que impone la predetermianción; pero dentro de la esfera de la conciencia de estos hombres, ellos hicieron precisamente lo que querían hacer sin pensamiento de necesidad. Ellos se hubieran ofendido con vehemencia si hubieran tenido alguna sugerencia de que ellos estaban cumpliendo a la letra el más importante decreto de Dios. La extraña armonía entre predestinación y pecado humano es aseverada en Hechos 2:23: "Este, entregado por determinado consejo y anticipado conocimiento de Dios, prendisteis y matasteis por manos de los inicuos, crucificándole."

d. LA PREDESTINACION Y LOS MEDIOS PARA SUS FINES. Esta objeción pregunta, ¿los elegidos se salvarán ya sea que ellos tengan interés en su salvación y se conformen o no a la verdad? En respuesta está establecido que la predestinación incluye todos los medios requeridos y anticipa todos los pasos para alcanzar sus fines. Si los elegidos han de ser llamados y justificados a fin de estar preparados para la gloria, Dios afirma que El cuidará de su llamamiento y de su justificación. El llamamiento incluirá la respuesta salvadora, que en su ejercicio experimental será para cada individuo como la acción sin ayuda de su propio libre albedrío. Habiendo de este modo decretado el libre albedrío como el paso necesario en el cumplimiento de Su eterno propósito, se vuelve tan esencial a la vista de Dios como cualquier otro eslabón en la cadena.

e. LA PREDESTINACION Y LA PREDICACION DEL EVANGELIO. Las preguntas de la objeción son: (a) la necesidad de la predicación del evangelio a los que son elegidos, (b) la inutilidad de ésta a los que no lo son, y (c) la sinceridad en la predicación del evangelio a los que no son elegidos. El primer problema ha sido resuelto en el párrafo precedente. Respecto al segundo problema, se puede afirmar que ningún hombre sabe quiénes son y quiénes no son elegidos, por tanto, la instrucción divina a los predicadores es de ir por todo el mundo y predicar el evangelio a *toda* criatura. Respecto a la sinceridad divina en ofrecer el evangelio a los que no son elegidos, se puede observar que uno de los pecados de los perdidos por el que un justo castigo descansa sobre ellos es el pecado de rechazar a Cristo, o sea, el de la incredulidad. Es evidente que ningún rechazamiento puede afirmarse de aquellos a quienes no se les ha predicado el evangelio, y propiamente, no lo han rechazado (Ro.2:12).

f. LA PREDESTINACION Y EL FATALISMO. El término *fatalismo* puede significar que todas las cosas están tan predeterminadas por Dios que no es posible ninguna escogencia humana o "que todos los eventos, incluso la escogencia humana, están absolutamente determinados en una forma mecánica por sus causas físicas antecedentes; determinismo físico" *(New Standard Dictionary,* s. v.). Se logra este concepto siempre que la soberanía de Dios es forzada para excluir la libre actuación del hombre, o cuando Dios no es tomado en cuenta y los hombres imaginan que son guiados por fuerzas ciegas sobre las que ellos no tienen control. La elección más importante que el hombre puede hacer es aceptar a Cristo como su Salvador, y sólo se apela a la voluntad del hombre para esta decisión. Si el hombre es libre en el dominio de las cosas más vitales y eternas, se supone que él es igualmente libre en asuntos de menor importancia.

g. EL DECRETO DIVINO Y EL SUFRIMIENTO HUMANO. Este, la última de las objeciones a la soberanía divina por examinarse, apela a la sabiduría y bondad de Dios en las preguntas en vista del sufrimiento y de la muerte que están sobre el mundo. Se indica una teodicea, esto es, una defensa de la dignidad de Dios frente a todo el dolor y la agonía que hay en el mundo. Mucho de lo que ha pasado ya en esta discusión ha sido hacia el fin de que Dios pueda ser vindicado contra las conclusiones de la incomprensión humana. Las proporciones de cualquier teodicea naturalmente serán determinadas por el número de problemas presentados para su consideración. Unicamente el problema del sufrimiento humano queda en este inventario. Este tema ha estado ante la raza desde los días de Job. Los hombres han estado confundidos, no sólo por la presencia del sufrimiento humano en el mundo donde Dios, quien es infinita bondad reina, pero por el hecho de que a menudo los malos prosperan mientras que los piadosos languidecen en sufrimiento y pérdida. Como está escrito en el Salmo 73, el escritor testifica que él era "azotado y castigado" todas las mañanas mientras él miraba la prosperidad de los malos. No fue sino hasta que él entró al santuario cuando comprendió sus propósitos. Dios se ha revelado a sí mismo a los Suyos que están en el mundo. Ellos son capaces de elevar su presente angustia a causa de la seguridad superior con la que el conocimiento de Dios los enriquece.

El sufrimiento puede ser como una disciplina para los santos o como un castigo para los pecadores (1 P.3:17). En cualquier caso no hay sino una Mano que la otorga –El que nunca yerra o falla– en quien se puede y se debe confiar implícitamente; El que de en medio de estas tinieblas de maldad todavía manifestará su propia justicia como el medio día. El sufrimiento es un medio que Dios usa para la manifestación de Su más perfecta voluntad. El nunca se equivoca; nunca falla. "Amados, no os sorprendáis del fuego de la prueba que os ha sobrevenido, como si alguna cosa extraña os aconteciese, sino gozaos por cuanto sois participantes de los padecimientos de Cristo, para que también en la revelación de Su gloria os gocéis con gran alegría. Si sois vituperados en el nombre de Cristo, sois bienaventurados, porque el glorioso espíritu de Dios reposa sobre vosotros. Ciertamente, de parte de ellos, él es blasfemado, pero por vosotros él es glorificado. Así que, ninguno de vosotros padezca como homicida o ladrón, o malhechor, o por entremeterse en lo ajeno; pero si alguno padece como cristiano, no se avergüence, sino glorifique a Dios por ello" (1 P.4:12-16). Aun Cristo con todas sus perfecciones no escatimó el sufrimiento. Está escrito: "Puesto que Cristo ha padecido por nosotros en la carne, vosotros también armaos del mismo pensamiento; pues quien ha padecido en la carne, terminó con el pecado" (1 P.4:1).

Escribiendo sobre el tema general de las objeciones a la doctrina del decreto divino y con una palabra de oportuna advertencia, el Dr. John Dick afirma:

> "Puede ser que no sirvan para un gran porpósito el acumular objeciones contra la infalibilidad de los decretos divinos, o de la responsabilidad del hombre; ponerles atención cuando otros las proponen; revolverlas en nuestras mentes; confundirnos al intentar contestarlas, y permitirnos el ser inquietados y dudar porque nuestros esfuerzos no tienen éxito. Aunque probáramos a nuestra absoluta satisfacción, como muchos lo han hecho, que los decretos de Dios no son absolutos, o que el hombre no es libre, todo lo que hemos ganado es, confirmar nuestras mentes en la creencia de una falsedad; porque ambas doctrinas deben ser verdaderas, siendo que están expresamente declaradas en las Escrituras. Inclinémonos ante su autoridad, y regulemos nuestros pensamientos y nuestra conducta por sus decisiones. Si todavía oponemos nuestros argumentos a sus dictados, debemos tomar nuestro curso; pero guardémonos, no sea que luchemos por nosotros mismos dentre de la infidelidad o el ateísmo, y busquemos un refugio para nuestras dudas al rechazar la revelación, porque inculcan verdades que nos parecen contradictorias, o en la triste conclusión, que nosotros vivimos huérfanos en el mundo, en donde el acaso es el que domina, que el hombre es el espectro de una hora, el pasatiempo de un accidente y de la pasión, y que, como él no sabe de dónde vino, así no puede decir a dónde va. En oposición a esta desconsoladora e impía conclusión asgámonos pronto del credo que está en consonancia con la razón así como con la revelación, que el Ser supremo maneja los asuntos del universo que El creó; que todas las criaturas dependen de El y que todos los eventos están sujetos a Su control: que mientras los hombres buenos le obedecen por opción, la ira y las pasiones de los malos están subordinadas a sus planes; que mientras su poder infinito los encamina a sus propósitos, él es un Gobernador moral y Juez, cuya justicia será aplicada en castigo a los transgresores, aun por aquellas acciones que fueron los medios de ejecución de sus propios decretos." – *Lectures on Theology*, p. 195.

4. MAYORES MANIFESTACIONES DE SU DECRETO DIVINO. Hay que notar varias manifestaciones del decreto divino específicamente: a. LA CREACION. El relato bíblico de la creación declara que de Su propia libre voluntad y no por necesidad, y por un acto más bien que por un proceso, Dios creó de la nada todo cuanto existe. Se indica una distinción entre la revelación de que una causa suficiente, en la persona del Dios Eterno, creó todas las cosas de la nada, y la noción atea de que la materia es eterna así como auto-evolucionada. La frase *creatio prima seu inmediata* denota esa forma de creación que trajo a existencia todos los elementos necesarios. La frase *creatio secunda seu mediata* denota un acto

subsecuente de Dios por el cual El puso en orden y formó del caos lo que siguió a la creación original. Este es el orden de los eventos como se hallan en los versículos iniciales de la Biblia. Hay tres actitudes generales hacia el relato bíblico de la creación, a saber: (a) que es sólo alegórico, (b) que es la base para un proceso de espiritualizar la enseñanza, y (c) que es histórico. La última actitud mencionada es la única que se conforma a la narrativa de Génesis y para más de cincuenta afirmaciones en todo el Texto Sagrado (comp. Sal.33:6; 148:5). A través de la Biblia Dios es honrado como el Creador soberano, y toda la creación depende absolutamente de El (comp. Neh.9:6; Hch. 17:28; Ro.11:36; 1 Co.8:6; Col.1:16; Ap.4:11). También la Biblia afirma que Dios existe antes de las cosas que El creó (comp. Sal.90:2; Jn.17:5,24) La Biblia claramente asigna la obra de la creación a cada una de las tres Personas de la Deidad separadamente –al Padre (1 Co.8:6); al Hijo (Jn.1:3; Col.1:16,17; He.1:10-12); al Espíritu Santo (Gn.1:2; Job 26:13; 33:4; Sal. 33:6; 104:29,30; Is.40:13); y a Dios, *Elohim,* el nombre plural (Gn.1:1,26).

Queda por observar que siendo Dios el único que existía antes de la creación del universo, El debe haber creado todas las cosas para Su complacencia y así que El, que es digno, debe ser glorificado.

b. EL PROGRAMA DE LAS EDADES. El propósito soberano, ilimitado de Dios se ve en la ordenación de la secuencia de las edades. Que Dios tiene un programa de las edades se descubre en muchos pasajes (comp. Dt.30:1-10; Dn.2:31-45; 7:1-28; 9:24-27; Os.3:4,5; Mt.23:37-25:46; Hch.15:13-18; Ro.11:13-29; 2 Tes.2:1-12; Ap.2:1-22:31). De modo semejante, hay períodos de tiempo bien definidos relacionados con el propósito divino. El apóstol Pablo escribe acerca del período entre Adán y Moisés (Ro.5:14); Juan habla de la ley como dada por Moisés, pero de la gracia y la verdad como viniendo por Cristo (Jn. 1:17). Cristo también habla de los "tiempos de los gentiles' (Lc.21:24), los que evidentemente se distinguen de "los tiempos y sazones" de los judíos (Hch.1:7; 1 Ts. 5:1). Así mismo, El habló de un período no anunciado hasta ahora entre sus dos advenimientos é indicó sus aspectos distintivos (Mt. 13:1-51), y predijo un tiempo todavía futuro de "gran tribulación" y definió su carácter (Mt.24:9-31). Hay los "últimos días" para Israel (Is.2:1-5) así como los "últimos días" para la Iglesia (2 Ti.3:1-5). El apóstol Juan anuncia un período de mil años y lo relaciona con el reino de Cristo, tiempo en que la Iglesia, Su esposa, reinará con El (Ap.20:1-6). Se declara por el ángel Gabriel que Cristo se sentará en el trono de David por siempre y reinará sobre la casa de Jacob (Lc.1:31-33), y que habrá un nuevo cielo para habitar para siempre y una nueva tierra está tan claramente revelado (Is.65:17; 66:22; 2 P.3:13; Ap.21:1). En Hebreos 1:1,2 se describe un marcado contraste entre "el tiempo pasado" cuando Dios habló a los padres por los profetas y "estos últimos días" cuando El nos está hablando por Su Hijo. De modo semejante se descubre que hay *edades pasadas* (Ef.3:5; Col.1:26), la *edad presente* (Ro.12:2; Gá.1:4) y la *edad* o *edades, por venir* (Ef.2:7; He.6:5; note Ef.1:10, en donde la edad futura es designada *la dispensación –οἰκονομία–* del cumplimiento –*πλήρωμα*– de los tiempos –*καιρός*.

El uso de *αἰῶνας* en Hebreos 1:2 y 11:3 con su referencia casi universal a tiempo, ya sea limitado o ilimitado, es de particular significado como guiando al arreglo divino de los períodos de los tiempos. El primero con *ἐποίσεν τοὺς αἰῶνας* y el último con *κατηρτίσθαι τοὺς αἰῶνας* han sido muy discutidos. Dean Alford afirma: "Las principales clases de interpretación son dos: (1) Los que ven en la palabra su significado ordinario de una "edad de tiempo"; (2) los que no reconocen tal significado, pero suponen que se fundió con el de "el mundo", o "los mundos." Al (1) pertenecen los Padres griegos, y algunos otros. Por otra parte, (2) es el punto de vista de la mayoría de los comentaristas" *(N. T. for English Readers,* Vol. II, Parte II, p. 599). En algunos pasajes, incluso los dos en cuestión, Vincent declara que *αἰῶνας* tiene referencia al universo, la suma de las edades o períodos, y su contenido que está incluido en la duración del mundo." La palabra, afirma él, "significa un período de tiempo. De otra manera hubiera sido imposible explicar el plural, o expresiones calificativas tales como *esta edad,* o la edad *venidera" (Word Studies,* IV, 59).

Considerando el significado aceptado de *αἰῶνας*, la interpretación natural del pasaje en cuestión es que Dios por Cristo arregló los períodos sucesivos, mucho más alla de *καιρός* dentro de *Χρόνος*, extendiéndolo verdaderamente a las cosas eternas o de la eternidad hasta la eternidad. Esta interpretación, sostenida, según Alford, por los Padres griegos, aunque no libre de dificultades, es de valor más transitorio para los que no disciernen el hecho, la fuerza y fruición de los períodos-tiempo de Dios.

c. PRESERVACION. Esta forma de actividad divina no es sino la obra continua de Dios por la cual El mantiene y consuma los objetivos de Su creación. La doctrina de la *preservación* contesta el reclamo de la filosofía Deísta, y afirma que el soberano decreto divino será perfeccionado para siempre (comp. Neh.9:6; Sal.36:6; Col.l:17; He.1:2,3).

d. PROVIDENCIA. Otra vez aquí Dios se revela en la providencia como el Soberano que, Sus eternos propósitos pueden ser revelados, moldeados todos los eventos tanto morales como físicos. Mientras que la preservación continúa la existencia de las cosas, la providencia dirige su progreso. Se extiende a todas las obras de Dios. El Dr. A. A. Hodge explica la providencia como sigue:

"Habiendo Dios decretado absolutamente desde la eternidad todo lo que había de suceder y habiendo creado desde el principio todas las cosas de la nada por la palabra de Su potencia y en lo sucesivo continuando presente constantemente a cada átomo de su creación, sustentando todas las cosas en existencia y en la posesión y ejercicio de todas sus propiedades, El *también* continuamente controla y dirige las acciones de todas sus criaturas así preservadas, así que mientras El nunca viola la ley de su varia naturaleza, El todavía infaliblemente causa todas las acciones y eventos singulares y universales para que sucedan de acuerdo al eterno e inmutable plan contenido en su decreto.

Hay un designio en la providencia. Dios ha escogido Su gran fin, la manifestación de Su propia gloria, pero en orden a ese fin El ha escogido innumerables fines subordinados; éstos son fijos; y El ha señalado todas las acciones y eventos en sus diferentes relaciones como medios para tales fines; y El así continuamente dirige las acciones de todas las criaturas a fin de que todos estos fines generales y especiales se lleven a efecto precisamente al tiempo, por los medios, y en el modo y bajo las mismas condiciones, que El propuso desde la eternidad." – *Outlines of Theology*, p. 262.

La doctrina de la providencia puede extenderse para abarcar casi todas esas penetraciones dentro de ambos teísmos, el naturalista y el bíblico. Naturalmente cae dentro de una división cuádruple: (a) *preventiva* (comp. Gn.20:6; Sal.19:13); Dios usa a los padres, los gobernantes, las leyes, las costumbres, la opinión pública, Su Palabra, Su Espíritu, y la conciencia, como medios para un impedimento providencial del mal. El Espíritu, la Palabra y la oración benefician más al cristiano; (b) *permisiva,* que abarca lo que Dios no restringe (comp. Dt.8:2; 2 Cr.32:31; Os.4:17; Ro.1:24,28); (c) *directiva,* por cuya acción Dios guía los caminos de los hombres y a menudo fuera del conocimiento de tal guianza (comp. Gn. 50:20; Sal.76:10; Is.10:5; Jn.13:27; Hch.4:28); (d) *determinativa,* acción por la cual Dios decide y ejecuta todas las cosas según el consejo de Su propia voluntad.

La providencia de Dios así combina con la libertad humana que, aunque los caminos de Dios son seguros, en ningún sentido son *fatalismo.* Igualmente, la providencia de Dios es lo opuesto al azar. El cuidado divino alcanza al último detalle de la vida tanto como sus más grandes aspectos. Ciertos atributos de Dios demandan el ejercicio de Su providencia. Su justicia le impulsa a El a asegurar todo bien moral; Su benevolencia le impele a cuidar a los suyos; Su inmutabilidad asegura que lo que El ha empezado lo perfeccionará; y Su poder es suficiente para ejecutar todo lo que quiere.

e. ORACION. Aunque Dios condiciona ciertas acciones de los suyos sobre la oración, no se sigue que esas cosas condicionadas de esa manera son inciertas. Este, de nuevo, es el problema de las voluntades divina y humana combinadas en tal manera como para realizar el preciso propósito divino a través de la libre selección de los hombres. La oración eficaz es para la gloria del Padre (Jn.14:13), en el nombre del Hijo (Jn.14:14), y en el poder capacitador del Espíritu Santo (Ro.8:26,27). La sumisión a estas condiciones asegura que la voluntad humana está en acuerdo con la voluntad divina y Sus propósitos. Entonces, ¿por qué ha de ofrecerse la oración? Sólo por el hecho del propósito divino, que la contestación a la oración representa, se incluye el aspecto de la oración. Tanto como está decretado que se hará en respuesta a la oración, cuanto se ha decretado que se hará absolutamente. "Debemos agregar a esto que la verdadera oración no es *meramente* humana, pero es sostenida y dirigida por el Espíritu Divino, como el Espíritu de oración, y que tiene hasta tal punto un carácter profético, en el que la providencia divina es una con el presentimiento del hombre. De aquí el sello de la oración con el amén . . . La oración sale de la eterna libertad del hijo y regresa a la eterna libertad del Padre" (Lange, citado por Van Oosterzee, *Dogmatics,* I, 350).

f. MILAGROS. Lo que en el mundo físico sobrepasa todo conocimiento humano o poderes morales y por tanto se ascribe a agencias sobrenaturales, se le llama milagro. Es un poder suficiente actuando fuera de la línea natural de causas y efectos. Pero los milagros no indican que Dios haya introducido algo imprevisto en Su eterno propósito, porque el milagro, como todo lo demás, está incluido en Su plan eterno. Los milagros son tales sólo a la vista del hombre; para Dios son sólo eventos extraordinarios en la providencia divina. Aunque los milagros son maravillas (Hch.2:19) a los ojos de los hombres y exhiben el poder de Dios, su verdadero propósito es el de una 'señal' (Mt.12:38; Jn.2:18). Ellos certifican y autentican a un maestro o su doctrina. Por esta razón la falsa doctrina siempre ha recurrido a supuestas ocurrencias sobrenaturales para establecer sus pretensiones. A Satanás se le acredita poder milagroso (2 Tes.2:9; Ap.13:13-15). Siendo que la Palabra de Dios se ha escrito en su perfección, y se ha preservado, no hay más necesidad de señales. La necesidad actual es la guianza del Espíritu a toda verdad, ministerio que es provisto para todo aquel que se rinde a El.

g. GRACIA. Aunque se han revelado muchos objetivos, el propósito supremo de Dios en la creación parece ser la demostración de la *gracia.* La manifestación de Su divina gracia como es en Cristo (Tito 2:7), no sólo está dentro del decreto divino, sino que es el mayor aspecto de ese decreto.

CONCLUSION

Como se indicó al principio de esta discusión sobre la doctrina del decreto divino, los secretos designios de Dios no pueden ser resueltos por ninguna mente finita. Hasta donde es posible hemos intentado examinar especialmente algunos malentendidos innecesarios; y si los problemas han sido aliviados en algún grado, el trabajo no ha sido en vano.

Al concluir la traducción de alrededor de sesenta y cinco páginas sobre el decreto de Dios y la predestinación por Hermann Venema en su *Institutes of Theology*, el traductor – Rev. Alex W. Brown– escribe un comentario que bien puede servir como una observación final a lo que aquí se ha escrito sobre esta tan difícil división de la teología:

"Después de la extensa e ingeniosa discusión por el autor sobre el tema de la predestinación, confesamos que nos sentimos justamente donde estábamos. Intentando reconciliar la doctrina de la elección con la oferta de la universalidad del evangelio y con la expresa voluntad de Dios que no quiere que nadie perezca; él solo ha cambiado la dificultad, no la ha quitado. El hecho es, ellos están sin esperanza de reconciliación en nuestro presente estado, y los que han intentado mejor lo hubieran dejado como estaba. Es una verdad revelada en la Escritura que todos los que son o serán salvos lo son o lo serán como consecuencia del propósito eterno de Dios, en otras palabras, que todos los creyentes son personas elegidas, escogidas en Cristo antes del principio del mundo, y que nadie creerá en Cristo y ser hecho participante de Su salvación excepto aquellos que son objeto de este propósito o decreto divino. También la Escritura revela que hay un propósito divino con respecto a los no elegidos o escogidos. Pensamos que es imposible admitir lo uno sin admitir lo otro. La elección es un acto de mente de parte de Dios con respecto a algunos –reprobación o preterición, o cualquier otro nombre que pueda ser empleado es también un acto de mente de parte de Dios respecto a otros– El rehusó escogerlos. Si por ejemplo, leemos que los nombres de algunos fueron escritos en el libro de la vida, leemos también que los nombres de otros no lo fueron. ¿Hallamos algo que habla como de vasos de misericordia preparados de antemano para gloria? Encontramos que habla de otros como de vasos de ira preparados para destrucción. ¿Se dice que algunos fueron escogidos en Cristo antes del principio del mundo? También se dice que otros desde antes fueron ordenados para condenación, que tropiezan en la Palabra, siendo desobedientes, para lo cual fueron también ordenados. Ahora debemos tomar la Palabra de Dios tal como la encontramos y recibir sus afirmaciones como verdades con cualesquiera que sean las dificultades que puedan acompañar su recepción. Puede ser que no seamos capaces de ver cómo la existencia de estos decretos pueden ser consistentes con la libertad y la responsabilidad humanas, o con la justicia y bondad de Dios. Pero el hecho es, nosotros nada tenemos que hacer con la reconciliación de estas cosas aparentemente contrarias. Eso compete a Dios, no a nosotros. Si las hallamos a ambas claramente reveladas, estamos obligados a recibirlas. Nuestra razón debe permanecer en silencio ante este o cualquier otro misterio contenido en Su

Palabra. Debe ser tratado como fue tratado Zacarías por el ángel. Cuando el sacerdote a quien él anunció la nueva del nacimiento de un hijo, le preguntó, "¿En qué conoceré esto? ", el ángel cerró su boca, y le dijo: "Ahora quedarás mudo." Así como Agar, mientras estuvo obediente a Sara, fue ocupada como sierva; pero cuando usurpó y contradijo y no permaneció sumisa, fue expulsada de la familia de Abraham; así la razón, mientras esté sujeta a la revelación ha de ser bondadosamente ocupada como una útil sirvienta, pero al momento que empiece a oponerse a la fe ha de ser abandonada y echada afuera como a uno que está legislando sobre uno que está investido con una autoridad y a quien tiene que someterse humildemente y con voluntad.

El deber que incumbe a los que predican y oyen el evangelio con relación a esta dificultad es claro. Las doctrinas de la elección y la de la reprobación hay que creerlas porque Dios las ha revelado. Pero al dar el mensaje de misericordia el predicador no tiene nada que hacer con ellas –él tiene que proclamar el mensaje como si tales cosas no existieran, y no dejarlas más interferir en su presentación a todos la oferta de una libre y perfecta salvación en Cristo, como lo harían los médicos al desempeñar los deberes de su profesión. Hay predestinación tanto en el último caso como en el primero – una predestinación que comprende tanto los fines como los medios. Algunos están destinados a morir, otros a recobrarse; pero él trata con todos, como que si su pericia en cada caso habría de tener éxito. Lo mismo encierra una verdad con respecto a los que han de oír el evangelio. El hecho de que Dios ha elegido a algunos para vida eterna y pasar por alto al resto no debiera permitírsele que interfiera con el deber de trasmitirles la oportunidad de ser salvos, no más que el hecho de los decretos de Dios se extienden a todas las ocupaciones ordinarias de la vida debieran interferir en ningún grado con la atención que ellas les darían a éstas. Su regla del deber en ambos casos es no qué es lo que Dios se ha propuesto hacer, sino qué es lo que ha dicho Dios. Todos los eventos han sido preordenados –los que se relacionan con su condición temporal tanto como los que tienen que ver con su condición espiritual. Pero así como, sin tomar en consideración el hecho de que el día y la hora de su muerte han sido fijadas antes que ellos salgan del mundo, y más allá donde todos sus esfuerzos no les pueden llevar, ellos, no obstante, trabajarían activamente como si la preservación de sus vidas dependiera únicamente de su propio esfuerzo; de la misma manera, sin pretender espiar dentro de los misterios del gobierno de Dios en los asuntos espirituales, ellos debieran rendirle sumisión a la declaración de que "el que creyere será salvo", y trabajar diligentemente en el uso de los medios que la salvación de este modo puede ser de ellos como si el éxito dependiera enteramente de ellos mismos. Permítaseles mostrar toda diligencia en probar su llamamiento terminando con la oferta de misericordia que les es ofrecida y por el esfuerzo de hacer la voluntad de su Padre celestial, y entonces ellos pueden descansar seguros de su elección." – ps.334,35.

CAPITULO XVI

NOMBRES DE LA DEIDAD

Así como no se presenta ningún argumento en el Antiguo Testamento para probar la existencia de Dios, de la misma manera no se anticipa ningún argumento para demostrar que Dios puede ser conocido. Los hombres de aquellos tiempos conocieron a Dios porque El se les presentó. Esa verdad no implica Su apariencia corporal. En efecto, hay poco que linda con una concepción física ni, por otra parte, hay mucha doctrina que establezca el hecho de Su divina esencia. La delineación de Dios en el Antiguo Testamento es así totalmente ética. Con referencia al modo en que Dios se revela, el Dr. A.B. Davidson en su *Theology of the Old Testament,* afirma:

"La peculiaridad del concepto del Antiguo Testamento más bien aparece cuando surge la pregunta, *cómo* es conocido Dios. Aquí tocamos una idea fundamental del Antiguo Testamento –la idea de la *Revelación.* Si los hombres conocen a Dios, es porque El mismo se ha hecho conocer a ellos. Este conocimiento se debe a lo que El hace, no a lo que los hombres mismos logran. Como Dios es la fuente de toda vida, y como el conocerle es la vida más sublime, su conocimiento no puede ser alcanzado por ningún mero esfuerzo humano. Si el hombre tiene algo de Dios, lo ha recibido de Dios, que se lo comunica en amor y gracia. La idea de que el hombre puede alcanzar el conocimiento y compañerismo con Dios por medio de su propio esfuerzo es enteramente extraño al Antiguo Testamento. Dios habla, El aparece; el hombre escucha y contempla. Dios se acerca a los hombres; les da mandamientos. Ellos lo reciben cuando El se acerca; aceptan Su voluntad y obedecen sus preceptos. Moisés y los profetas ahora son presentados como mentes meditabundas que reflejaron al Invisible, y formularon conclusiones respecto a El, o ascendieron ellos a elevadas concepciones de la Deidad. El Invisible se manifestó ante ellos, y ellos lo conocieron . . . Pero, como quiera que mucho del Antiguo Testamento reposa sobre el terreno que todo conocimiento de Dios procede de la revelación de Sí mismo, y que hay tal verdadera y real revelación, está lejos de denotar que esta revelación de Dios es una completa exhibición de El como El lo es realmente. No se puede hacer una exhaustiva comunicación de Dios, porque la criatura no la puede comprender. Quizá, tampoco Dios puede revelarse tal cual El es. De donde Moisés solamente vio una forma, vio solamente Su espalda. Su rostro no puede ser comtemplado. Por eso a los patriarcas El les aparecía en forma humana. Así en el tabernáculo se manifestó en el humo que descendió sobre el arca. Así también, en el Edén se supo que El estaba presente por la presencia del querubín, que era la carroza divina que El manejó. Todas estas cosas significaban Su presencia, mientras al mismo tiempo indicaban que El mismo no podía ser visto." –pgs. 34,35.

Los nombres de personas en la Biblia tienen un significado, el que usualmente conlleva alguna impresión tal como del carácter intrínseco del que lleva el nombre. Esta verdad se acentúa por el hecho que, cuando una persona adquiere una nueva significancia, el nombre le fue cambiado según el caso – Abram a Abraham, Jacob a Israel, Salomón a Jedidíah. Dios mismo llamó a Moisés y a Ciro por sus nombres. El descubrimiento del carácter a través del nombre es cierto en cuanto a la Deidad en grado absoluto. Dios no sólo ha inspirado las páginas en donde aparecen Sus nombres, sino que El ha anunciado o revelado Sus nombres específicamente a los hombres y con una referencia especial al significado de dichos nombres. En el principio Adán le dio nombre a todas las cosas que Dios había creado, pero los nombres de Dios son auto-revelados. Así el estudiante no entra en este punto en un campo de inútil especulación. Están comprendidas revelaciones profundas y verdades tocante a Dios que no son descubiertas de otra manera ni por otros medios. Por tanto, se le dará un amplio espacio a esta fuente de verdad. Toda investigación teísta tiene a la vista el propósito de que la realidad de lo que Dios es pueda ser conocida por el hombre, y será de mayor ventaja toda la atención que podamos prestarle a los nombres divinos y sus significados. El Dr. Lindsay Alexander escribe: "Procediendo a considerar las revelaciones de la Biblia concerniente a Dios, la primera cosa que demanda nuestra atención es los *nombres* por los que Dios se designa a Sí mismo. Como la Biblia declara hacer conocer, no a Dios como es en Sí mismo, sino Su *Nombre* o la manifestación externa de Sí mismo a sus criaturas inteligentes, así adhiere una importancia especial a las palabras con que se nos indican estas manifestaciones. Todos los nombres por los que la Biblia designa a Dios son significativos; y de esta suerte cada uno permanece como el símbolo de alguna verdad tocante a Sí que El quería que recibiésemos. Esto nos indica la importancia que nosotros nos apropiemos correctamente de la importancia de los Nombres Divinos en la Escritura" *(System of Biblical Theology,* I,25)

Es digno de notarse, verdaderamente, que los nombres de la Deidad ocurren en grupos de tres,siendo algunas de estas ocurrencias (1)los tres nombres primarios de la Deidad en el Antiguo Testamento *–Jehová, Elohim* y *Adonai;* (2) los tres mayores compuestos con Jehová *–Jehová Elohim, Adonai Jehová, Jehová Sabaot;* (3) tres compuestos con El. *–El Shaddai, El Elyon* y *El Olam;* (4) tres clases generales de nombres divinos – el propio y peculiar nombre *Jehová,* apelativos tales como *Elohim* y *Adonai, y tipos atributivos e hipotéticos, tales como El Todopoderoso,* y *Dios de los Espíritus;* (5) el título completo de la Deidad en el Nuevo Testamento *–Padre, Hijo* y *Espíritu Santo;* El título completo de la Segunda Persona *–Señor Jesu-Cristo;* y (7) la distinción trinitaria –*La Primera Persona, La Segunda Persona* y *La Tercera Persona.*

I. LOS NOMBRES PRIMARIOS DE LA DEIDAD EN EL ANTIGUO TESTAMENTO

Los títulos primarios del Antiguo Testamento no presentan una revelación individualizada de tres Personas, sino más bien tres realidades características dentro de la Deidad. En adición a otros varios significados, el nombre *Jehová* exhibe las íntimas profundidades del Ser Divino, el nombre *Elohim,* siendo plural en su forma, insinúa el hecho de tres Personas, y el nombre *Adonai* proclama autoridad divina. Como se indica arriba, el nombre *Jehová,* es reservado divinamente para su inefable servicio como el inmaculado e incompartible nombre de la Deidad.. *Elohim* y *Adonai* son menos distintivos siendo que estos títulos algunas veces son aplicados a criaturas. En la Versión Autorizada, Elohim está traducido 'Dios' y Adonai está traducido 'Señor', sólo con la letra inicial en mayúscula. En esta tesis no se podrá efectuar un estudio filológico completo de los varios nombres de Dios, ejercicio que pertenece propiamente al campo de las lenguas originales.

1. JEHOVA. A pesar de toda la investigación que los eruditos han hecho del nombre *Jehová,* muy poco se sabe más allá de lo que está preservado en el Sagrado Texto. Se ha perdido su pronunciación original, y eso se debe a la renuencia de los judíos a pronunciar el nombre durante muchos siglos. Sea que su actitud fuere tenida como superstición o reverencia, no hace ninguna diferencia con la misma pérdida. El nombre *Jehová* está más plenamente definido en las Sagradas Escrituras que todos los otros títulos juntos de la Deidad. Algunas veces en los Salmos el nombre original se contrae a *Jah,* que es la sílaba final de *aleluya* (comp. Sal.68:4). Ha surgido alguna confusión por el hecho de que este nombre aparece muchas veces en las Escrituras (notablemente, Gn.15:2) antes que haya sido declarado en Exodo 6:3: "Y aparecí a Abraham, a Isaac y a Jacob como Dios Omnipotente, más en mi nombre Jehová no me dí a conocer a ellos." Esto parece ser una contradicción; pero hay dos explicaciones corrientes: (a) que el nombre fue usado libremente desde Adán hasta Moisés, como lo registra la Escritura, pero su significado en ningún tiempo había sido descubierto; (b) que aparece en el texto como un anacronismo o previamente, término por el que se indica que, como Moisés escribió la narración del Génesis él usó el término para designar a la Deidad, pero que la gente de todas aquellas generaciones anteriores no usaron el nombre. Esta última explicación falla bajo todo punto de vista, porque está registrado que los hombres hablaban a, o de la Deidad, como

Jehová (comp. Gn. 15:2), mientras que la primera solución, aunque no libre de problemas, parece ser la más razonable. De cualquier modo que se use el título, es obvio que la Escritura no derrama luz, más que por inferencia, sobre el significado del nombre hasta que es revelado específicamente a Moisés. Aun Moisés mismo parece que tenía necesidad de ser instruido con respecto a este título cuando le fue explicado (comp. Ex.3:14). La nueva revelación de Jehová es como El que existe por Sí mismo – "YO SOY EL QUE SOY" – y la palabra *hayah* (comp. *Yawe*), de que evidentemente se forma la palabra *Jehová*, conlleva también la idea de un continuo llegar a ser, esto es, por una revelación siempre creciente. Así por este sobrenombre se revela que Jehová es "El que existe en Sí que se revela a Sí mismo." Con relación a esta frase de este tema, el Dr. Gustavo Federico Oehler escribe: "El nombre significa, *El que es*, de acuerdo con Exodo III:14; más particularmente, *El que es lo que El es*. Pero como no es la idea de una *continua existencia* que tiene el verbo *havah* o *hayah*, sino la de *existencia en moción*, de llegando a ser y sucediendo . . ., así también la forma del nombre al derivarse del imperfecto nos lleva a entender en él la existencia de Dios, no como una existencia en reposo, sino una que está siempre en acción, simpre haciéndose conocer en un proceso de transformación. De aquí que es un error encontrar en el nombre la noción abstracta de ὄντως ὄν. Dios es más bien *Jahwe* hasta donde El ha entrado en una relación *histórica* con la humanidad, y en particular con el pueblo escogido de Israel, y se muestra a Sí mismo continuamente en esta relación histórica como El que es, y que es lo que El es. Mientras el paganismo descansa casi exclusivamente en las revelaciones *pasadas* de sus divinidades, este nombre testifica, por otra parte, que la relación de Dios con el mundo es en un estado de continua actividad viviente; testifica, especialmente con referencia al pueblo que se dirige a su Dios por este nombre, que ellos tienen un futuro en su Dios" *(Old Testament Theology*, p. 95).

La designación *Jehová* aparece en el Texto Sagrado después de la creación del hombre y se usa generalmente donde está implicada una relación entre Dios y el hombre, y de modo especial en la redención del hombre. Es en la redención de Israel de Egipto en donde se esclarece el verdadero significado del nombre. Son aplicados todos los atributos que participan en la redención –santidad, justicia y amor por los pecadores. Es con su Redentor que tiene que hacer Israel, y por tanto, Sus pactos con ellos son mayormente bajo el nombre *Jehová* (comp. Ex.20:2; Jer.31:31-34). Fue Jehová mismo quien impartió a Moisés el significado de este título: "Y Jehová descendió en una nube, y estuvo allí con él, proclamando el nombre de Jehová. Y pasando Jehová por delante de él, proclamó: ¡Jehová! ¡Jehová! fuerte, misericordioso y piadoso; tardo para la ira, y grande en misericordia y verdad; que guarda misericordia a millares, que perdona la iniquidad, la rebelión y el pecado, y que de ninguna manera tendrá por inocente al malvado; que visita la iniquidad de los padres sobre los hijos y sobre los hijos de los hijos, hasta la tercera y cuarta generación" (Ex.34:5-7); "Y le respondió: Yo haré pasar todo mi bien delante de tu rostro y proclamaré el nombre de Jehová delante de tí; y tendré misericordia del que tendrá misericordia, y seré clemente para con el que será clemente" (Ex. 33:19); "Dios es conocido en Judá; en Israel es grande Su nombre" (Sal.76:1). Ante todo, el nombre, como se le reveló a Moisés es, la desvelización de la verdad de la *eternidad* de Dios. Un descubrimiento tal era de esperarse y de ser atendido. Jehová *vive* como ningún otro ser existe. El es inmutable, infinito y eterno. La Escritura constantemente dirige el pensamiento de los hombres a este elevado concepto. El no cambia (Mal.3:6); El, como Rey, ha de reinar por siempre (Sal.10:16; 99:1; 146:10); El es Creador y Autor de todas las cosas y el Gobierno universal (Am.5:8; Sal.68:4; Jer.32:27). Ningún judío instruido que estaba presente dejó de entender el hecho de que Jesús aseguró de Sí mismo que El es "Yo soy", el *Jehová,* del Antiguo Testamento. El relato declara: "Abraham vuestro padre se gozó de que habría de ver mi día, y lo vio, y se gozó. Entonces le dijeron los judíos: Aún no tienes cincuenta años, ¿y has visto a Abraham? Jesús les dijo: De cierto, de cierto os digo: Antes que Abraham fuese, Yo soy. Tomaron entonces piedras para arrojárselas; pero Jesús se escondió y salió del templo; y atravesando por en medio de ellos, se fue." (Jn.8:56-59).

Como se ha notado anteriormente, la confusión en cuanto al nombre *Jehová* ocurre por el hecho de que por muchos siglos –los mismos siglos en que una gran parte del Antiguo Testamento fue escrito– los judíos sin gozo alguno, rehusaron aun pronunciar este nombre, y cuando fue escrito le añadieron puntuaciones pertenecientes a otros títulos de la Deidad al nombre *Jehová,* nombre al que los lectores se dirigieron en sustitución de otra designación. De este modo la escritura del nombre *Jehová* es complejo en el texto. El evitar la pronunciación misma de este nombre puede juzgarse como una mera superstición; pero fue claramete en un intento de reverencia, con todo, mucha desorientación, e indudablemente esta práctica, con todos los resultados de confusión que ha traído, sirvió para producir una honda impresión en todos, en cuanto al inefable carácter de Dios.

2. ELOHIM. Este, el apelativo más frecuente en el Antiguo Testamento, aparece algunas veces como *El* o *Eloa.* La designación *El* se traza a través de los escritos babilonios, fenicios, arameos, árabes, tanto como por los escritos hebreos. En cierto grado pertenece al mundo semítico. *Elohim* es el plural de *Eloah.* El último aparece usualmente en

poesía sagrada. La derivación de este nombre es naturalmente algo problemática. Algunos la hacen derivar de una raíz que significa *El Fuerte,* y otros de una raíz que denota *temor,* y de aquí se proclama la idea esencial que es la fuente de la reverencia (Gn. 31:42, 53). J. B. Jackson, en su *Dictionary of Scripture's Proper Names* (p. VIII), declara que algunos nombres es capaz que se deriven, con igual exactitud, de dos y aun de tres raíces diferentes, como por ejemplo, cuando la raíz es una que tiene un radical débil, o duplica la segunda radical, la inflexión de tales verbos son similares en cierto grado." No hay duda que todo lo que las ideas de estas dos raíces originan es verdad en cuanto al significado de Elohim. El es El Fuerte, quien es fiel a todos sus pactos y que es digno de ser reverenciado y temido por lo que El es. En el Salmo 85:15 se da un tributo de alabanza y de revelación del significado del nombre, no diferente de la de Jehová en Exodo 34:5-7, en donde se lee así: "Mas tú Señor, Dios misericordioso y clemente, lento para la ira y grande en misericordia y verdad."

Hasta tiempos más recientes, los teólogos creían que la forma plural de *Elohim* con sus combinaciones variantes, con sus pronombres ya en singular o plural, adjetivos, y verbos, indicaban la trinidad del Ser en una esencia. Oehler acredita a Dietrich (1846) que fue el primero en negar la idea que la forma plural sugiera la trinidad de Personas, aunque Richard Watson se refiere a Buxtorf (el joven, 1599-1664) como "opuesto" a la creencia general de la iglesia y Buxtorf denota que él sigue a ciertos judíos en esta oposición. Sin embargo, él admite que tan *es* difícil leer poderes *ad extra* dentro de esta forma plural como lo es leer pluralidad de personas *ad intra* (vea Watson's, *Institutes,* I, 468). El pensamiento de Dietrich, como el de Buxtorf, es que la forma plural no es numérica sino cuantitativa, e indica grandeza ilimitada. Oehler la llama un plural de "infinita plenitud," Delitzsch, un "intensivo plural" (citado por Oehler, *op. cit.,* p. 88). Otros afirman que es un "plural de majestad." Dietrich tiene el apoyo de todos los que al presente comprende la moderna escuela de teología, mientras algunos teólogos y la mayoría de expositores se adhieren a la creencia original. Los argumentos esgrimidos para esta violenta salida de la creencia que por tanto tiempo ha permanecido han sido examinados y prueban nada más que son una opinión humana. Contra todo esto, hay que notar algunas importantes consideraciones: (a) La Biblia se inicia con la aserción que Elohim es el Creador y la forma plural se reconoce por los pronombres plurales como: "Entonces dijo Dios: Hagamos al hombre a nuestra imagen, conforme a nuestra semejanza" (Gn.1:26); otra vez, "y creó Dios al hombre a su imagen, a imagen de Dios lo creó; varón y hembra los creó" (1:27). El pronombre plural en un caso y el singular en el otro es legítimo en que *Elohim* puede servir para indicar la pluralidad de

Personas, o la unidad en una Esencia. En otras porciones, la Palabra de Dios distintamente asigna la obra de creación a cada una de las tres Personas separadamente (Gn.1:1,2; Col.1:16). Por tanto, es tanto razonable como consistente que el plural de las Personas divinas se indicara en el relato de la creación en Génesis. El Salmo 100:3 es de gran significado sobre este punto, siendo que le asigna a Elohim la creación: "Reconoced que Jehová es Dios; El nos hizo, y no nosotros a nosotros mismos; pueblo suyo somos, y ovejas de Su prado." (b) Otra vez, el hecho de la trinidad en la Deidad es una de las enseñanzas cardinales de la Biblia y toca el mismo centro del Ser divino, y el hecho de que es el propósito de los nombres divinos el descubrir este Ser indica la más fuerte suposición que la doctrina de la Trinidad está incluida en la revelación que los nombres pronostican. Indudablemente nada nuevo o desordenado se introduce si en uno de los nombres divinos se halla que descubre la forma plural en el Ser de la Deidad. De otro modo sería difícil. (c) Aunque la doctrina de la Trinidad no es tan conspicua en el Antiguo Testamento como en el Nuevo, allí está y, si allí del todo, naturalmente está inherente en los nombres por los cuales Dios específicamente se revela a Sí mismo a los hombres. En una división ulterior de la Teología Propia se le dará una más amplia consideración a la doctrina de la Trinidad tal como se halla en el Antiguo Testamento. Siendo que se han presentado suficientes argumentos en su contra, esta tesis procede sobre la base de la antigua y digna creencia de que la trinidad de Personas está implicada en el plural del nombre *Elohim.*

Deuteronomio 6:4 es un pasaje de gran importancia en la presente discusión: "Oye Israel: Jehová nuestro Dios (Elohim), Jehová uno es." Quizá la palabra clave para el significado de este pasaje es *'ehadh,* aquí se traduce 'uno.' La palabra que a menudo se encuentra en el Antiguo Testamento, no obstante, es algo específica en su significado. Mientras se usa muchas veces con éfasis particular sobre la distinta solidaridad de la cosa presentada, es la palabra usada universalmente cuando está a la vista una cosa que se compone de partes unificadas, como 'la tarde y la mañana, *un* día'; 'los dos serán *una* carne'. No es posible probar que *'ehadh,* como se usa en el pasaje en cuestión, representa unificación de partes que, en este caso, indicaría que la pluralidad en la Deidad es *una* Esencia. Si no es así, el pasaje afirma que *Jehová* nuestro *Elohim* es Uno en el sentido de que no hay otro. Esta es una importante enseñanza del Antiguo Testamento. Si la palabra *uno* se usa aquí en el sentido unificar, el pasaje indica que *Jehová* –siempre en número singular– nuestro *Elohim* –en número plural– no obstante, es Uno –pluralidad en Uno– Jehová –singular en número. Con una interpretación tal este pasaje aparece de tremenda importancia en el campo general de la enseñanza trinitaria del Antiguo Testamento. En todo caso la voz *Uno* en este texto no es *yahadh,* la que denota absoluta unidad indivisible.

Así mismo, mucha importancia inherente hay en la correcta interpretación de Génesis 3:5, en donde se registran las palabras de Satanás a Adán y Eva: "Mas sabe Dios que el día que comiereis de él, serán abiertos vuestros ojos, y seréis como dioses sabiendo el bien y el mal." La frase, "seréis como dioses", por falta de consistencia de parte de los traductores, no deja de conducir a erróneas conclusiones. El uso de la palabra dioses en plural y sin mayúscula le sugiere a algunas mentes una referencia a los ángeles que en ciertas ocasiones, creen ellos, son designados como *hijos de Dios.* (comp. Gn.6:4; Job 1:6; 2:1). Pero el pensamiento no está restringido a los ángeles (comp. Is.43:6). Otra vez, la palabra *dioses* debe pensarse que se refiere a los dioses paganos; y siendo que no habían paganos en el tiempo en que Satanás apareció a Adán, ni se le había ocurrido a mente alguna la idea de "muchos dioses" una interpretación tal es imposible. La palabra original traducida dioses no es otra que *Elohim.* Se justificaría el plural si ese fuera el modo que los traductores hicieran en todas partes, pero no es así. No tiene excusa la omisión de la mayúscula. Satanás, que había dicho, "Y seré semejante al Altísimo" (Is.14:14), dijo a Adán y Eva, "Seréis como Elohim." La palabra Elohim ocurre dos veces en Génesis 3:5 y no hay razón alguna para traducirla *dioses* en un caso más que en el otro.

Al mismo propósito el Salmo 138:1 al llevar la forma plural de *Elohim,* el texto dice así: "Delante de los dioses te cantaré salmos." La Septuaginta implica que aquí son ángeles los que están a la vista. La palabra es *Elohim* y su plural no tiene que confundir a nadie en este punto. La omisión de la mayúscula inicial también es para confusión. Se ha sugerido que *Elohim* en este pasaje debe tomarse en el sentido de trasladarse a, o para incluirse en el lugar santísimo, y ante el lugar donde Elohim habita el Salmista ofrece su alabanza (comp. Sal.5:7).

Habiendo indicado que *Elohim* con artículo es indicativo del Dios verdadero, el Dr. Lindsay Alexander escribe acerca del título sin el artículo, como sigue:

"Elohim, no obstante, sin el artículo, tiene la misma fuerza y así se usa en una multitud de pasajes. Cuando se usa en relación a Dios va acompañado con verbos y adjetivos en el singular. Se han hecho varias sugerencias en vía de explicación de esta construcción particular de un sustantivo plural con adiciones en singular. Todas concuerdan que es una *constructio ad sensum;* pero en cuál sea el sentido así indicado los críticos no están de acuerdo. Los antiguos teólogos sostienen que el hecho de la Trinidad está indicado de este modo, siendo el sustantivo plural el que expresa el distintivo de la Deidad, las adiciones en singular indican, no obstante, que Dios es uno. Esto ahora es rechazado casi universalmente; pero yo no estoy seguro si merece hacerse así. Indudablemente es una ley de sintaxis hebrea que un sujeto en que la pluralidad está combinada en una unidad se construye en plural con los verbos y adjetivos en singular . .. Siendo éste un uso establecido en el lenguaje hebreo a mi no me parece del todo improbable, porque era que los antiguos hebreos sabían de algún modo a lo menos de la distinción de la Deidad que ellos no construían no sólo Elohim, sino otras designaciones de la Deidad en el plural con los verbos y adjetivos en singular" – *System of Biblical Theology,* 34,35.

De modo semejante Richard Watson observa, después de haber discutido varios pasajes en que está implicada la pluralidad de la Deidad: "Estos ejemplos no es necesario multiplicarlos. Ellos son el lenguaje común en las Sagradas Escrituras, que ninguna crítica ha sido capaz de resolver como meros modismos, y que solo la doctrina de una pluralidad de personas en la unidad de la Deidad puede explicar satisfactoriamente. Si fueran meros modismos, no podrían ser malinterpretados por aquellos a quienes el hebreo era su lengua nativa, para implicar pluralidad . . . Al argumento para la trinidad se deriva de los nombres plurales dados a Dios en las Escrituras Hebreas, se le opuso Buxter el joven (1599-1664); quien aun admite que este argumento no debiera rechazarse por los cristianos enteramente, por el mismo principio sobre el que no pocos de los judíos se refieren a esta aplicación enfática del número plural a una pluralidad de poderes o de influencias, o de operaciones, es decir, *ad extra;* ¿por qué nosotros no podemos referirla, *ad intra,* a una pluralidad de personas y a obras personales? *Ciertamente, quién conoce* con seguridad lo que era cuando los antiguos judíos entendieron por esta pluralidad de poderes y facultades? " *(Theological Institutes,* I, 468).

Esta línea de discusión debiera continuarse indefinidamente; pero desde que anticipa la verdad que ha de contemplarse bajo el tema *trinitarianismo,* se reservará mayores evidencias para esa tesis.

3. ADON, ADONAI. Este nombre de la Deidad aparece con gran frecuencia en el Antiguo Testamento, y expresa dominio y posesión soberanos. El Dr. C. I. Scofield escribe sobre este nombre:

"(1) El significado primario de *Adón, Adonai* es Señor, y se aplica en las Escrituras del Antiguo Testamento tanto a la Deidad como al hombre. Los últimos casos se distinguen por la omisión de la mayúscula. Al aplicarse al hombre la palabra se usa en dos relaciones: *señor* y *esposo* (Gn. 24:9, 10, 12, ' señor puede ilustrar el primero; Gn. 18:12, ' señor ', ilustra el último). Estas dos relaciones existen entre Cristo y el creyente (Jn. 13:13, ' señor '; 2 Co. 11:2, 3, 'esposo').

(2) Dos principios inherentes en la relación de señor y siervo: (a) el derecho del señor a obediencia implícita (Jn. 13:13; Mt. 13:10; Lc. 6:46); (b) el derecho del siervo para dirección en el servicio (Is. 6:8-11). En Exodo 4:10-12 se ilustra la clara distinción en el uso de los nombres divinos. Moisés siente su debilidad e incompetencia, y ' Entonces dijo Moisés a Jehová; ¡Ay, Señor! (Adonai) nunca he sido hombre de fácil palabra ', etc. Siendo que el *servicio* está en juego, Moisés (apropiadamente) se dirige a Jehová como Señor. Pero ahora está en juego el *poder* y no es el Señor (Adonai) sino *Jehová* quien contesta (refiriéndose

al poder de la creación) –' Y Jehová le respondió, ¿quién dió la boca al hombre? . . . Ahora pues, ve, y yo estaré con tu boca. ' La misma distinción aparece en Josué 7:8-11." (*La Biblia Anotada de Scofield,* p.22).

II. COMPUESTOS

El nombre supremo, *Jehová,* se compone con Elohim, como *Jehová Elohim,* traducido como Jehová Dios (comp. Gn. 2:4); con *Adonai,* como *Adonai Jehová,* traducido como "Señor Dios"; y con *Sabaot* como *Jehová Sabaot,* traducido como "Señor de los Ejércitos."

El nombre primario *Elohim* se compone con *Shaddai,* como *El Shaddai,* traducido como el "Dios Todopoderoso" (comp. Gn. 17:1); con *Elyon,* como El Elyon, traducido como el "Dios Altísimo"; y con *Olam,* como El Olam, traducido como "Dios eterno" (Gn. 21:33).

Todavía, Jehová se combina con siete apelativos. (a) *Jehová-Jire,* "Jehová proverá" (Gn. 22:14); (b) *Jehová-Rapha,* "Jehová tu sanador" (Ex. 15:26); (c) *Jehová-nissi,* "Jehová nuestra bandera" (Ex. 17:8-15); (d) *Jehová-Shalom,* "el Señor es paz"(Jue. 6:23, 24); (e) *Jehová-ra-ah,* "Jehová mi pastor" (Sal. 23:1); (f) *Jehová-tsidkenu,* "Jehová justicia nuestra" (Jer. 23:6); y (g) *Jehová-shamma,* "Jehová está allí" (Ez. 48:31).

III. EPITETOS DEL ANTIGUO TESTAMENTO

Dios es mencionado metafóricamente en el Antiguo Testamento como Rey, Legislador, Juez, Roca, Fortaleza, Castillo, Libertador, Pastor, Esposo, Labrador y Padre.

IV. NOMBRES DE LA DEIDAD EN EL NUEVO TESTAMENTO

Como estos términos y sus relaciones han de ser considerados en breve bajo la discusión trinitaria, aquí sólo daremos un breve bosquejo.

El nombre completo y final de la Deidad es *Padre, Hijo y Espíritu Santo.* Esto puede hacerse más explícito como, Dios el Padre, Dios el Hijo y Dios el Espíritu Santo. Los títulos de la Primera Persona son mayormente limitados a combinaciones asociadas con la palabra *Padre.* El es el Dios y Padre de nuestro Señor Jesucristo; el Padre de Misericordias; se dirige a El como Abba, Padre; Padre Celestial; Padre de los Espíritus; Padre Santo; Padre Justo; Padre de las Luces; y Padre de Gloria.

En todo hay como trescientos títulos o designaciones en la Biblia que se refieren a la Segunda Persona. Sin embargo, Su nombre completo y final es Señor JesuCristo, siendo *Señor* el título de Deidad, *Jesús* es el título de humanidad, *Cristo* es el título de Su oficio como Profeta, Sacerdote y Rey, o sea, el Mesías del Antiguo Testamento. Es evidente que la selección de los nombres y su orden de colocación en cualquier texto dado es con propósito divino y manifiesta sabiduría divina en cada caso.

No hay nombres revelados del Espíritu Santo. El es conocido por medio de títulos descriptivos tales como *El Espíritu de Dios, El Espíritu de Cristo.* Hay mas de veinte de estas designaciones.

CONCLUSION

Al final de este examen entre lo vital del teísmo y antes de entrar a estudiar la comprometedora investigación del modo trino de existencia, una breve mirada retrospectiva puede que no deje de ser provechosa. Habiendo demostrado el hecho que la autoritativa y confiable naturaleza de las Escrituras, y habiendo establecido la base de la creencia en la existencia de Dios para satisfacción de la razón, y se ha hecho el esfuerzo de exponer, basado en la revelación, el carácter e infinidad de Dios como se representan en Sus atributos, Su soberanía según se manifiestan en Su decreto, y Su gloria, como se descubre en Sus nombres. Como necesariamente quedan sin solución algunas preguntas, la abrumadora realidad de la Persona de Dios, carácter y medios se han exhibido y defendido. Así El permanece ante la mente atenta y devota como El que es Supremo sobre toda Su creación, y es el solo objeto de adoración y gloria. Esfuerzos como éstos pueden adolecer de sus defectos. La mente finita no puede retratar enteramente lo infinito ya sea por imaginación o por palabra. Ahora debe estar claro que Dios es el Todo en todo. Sin una creencia tal en la realidad que El es, todo lo cierto llega a ser incierto e incomprensible. La idea de la existencia de Dios no es una mera hipótesis; es la única base sobre la cual la razón y el humano entendimiento pueden construir su frágil estructura. ¡Cuán irremediablemente todos esos edificios son demolidos cuando la verdad esencial respecto a Dios es controvertida! A la luz de la completa exhibición que proporciona el teísmo, se demanda una fe personal de seres racionales, que ha de ser establecida por estudios teístas. Una fe de tal naturaleza es un tesoro que necesita guardarse y defenderse de ataques hostiles, y se debe hacer todo esfuerzo para crecer en Su conocimiento.

TRINITARIANISMO

CAPITULO XVII

INTRODUCCION AL TRINITARIANISMO

Habiendo investigado la verdad fundamental de la existencia de Dios, y habiendo exhibido algunas evidencias de Sus perfecciones como se ven en Sus atributos, Su soberanía y la revelación de Sí mismo a través de Sus nombres –todo lo cual está contendio en el *teísmo,* que es una revelación general de la *Teología Propia*– ahora falta inquirir si Dios es, según Su modo de existencia, una *absoluta* unidad, o subsiste como una pluralidad de Personas. Si El subsiste como una pluralidad de Personas, ¿qué clase de Personas son éstas y cuál es su número?

Reconociendo que la palabra *trinidad* no se encuentra en el Texto Sagrado y que la doctrina que representa tampoco es enseñada directamente, el Dr. W. Lindsay Alexander afirma:

"Pero aunque una verdad no esté formalmente anunciada en la Escritura, puede estar implicada en las afirmaciones de la misma que llegan a ser la expresión propia y necesaria de estas afirmaciones. En este caso la doctrina es una conclusión sacada inductivamente de lo que anuncia la Escritura, y así es tan ciertamente una doctrina de la Escritura como lo es una ley natural –como la de la gravitación – es una enseñanza de la naturaleza. Entonces, mientras admitimos que la doctrina de la Trinidad no se apoya exactamente en la misma base como las doctrinas formalmente enunciadas en la Escritura; reclamamos para ella una autoridad igual sobre la base de que está implicada en los aciertos de la Escritura, y es la propia evolución y expresión de ésta. Como una doctrina es una inducción humana de las enseñanzas de la Escritura; pero siendo hecha imparcialmente la inducción, es tanto una enseñanza de Dios en Su Palabra como lo es cualesquiera otra de las doctrinas que El ha anunciado formalmente allí. Los fenómenos (para usar la fraseología baconiana) con los que aquí tenemos que tratar son, por una parte, el hecho claramente revelado que hay un solo Dios; y, por otra parte, la no menos claramente revelada verdad de que hay tres a quienes se les asignan los atributos y las cualidades de Deidad en el más alto grado, el Padre, el Hijo y el Espíritu Santo. Estas afirmaciones han de ser recibidas por todos los que conocen las Escrituras como la regla de fe: la cuestión es: ¿Cómo han de ser construidas como tales, sin hacer injusticia a ninguna, para obtenerse una justa y armoniosa expresión de la verdad completa contenida en ellas? " (*System of Biblical Theology*, I, 94,95).

En esta división de la Teología Propia, se confronta el más grande misterio de la verdad revelada. Una mera dificultad en concebir lo que es peculiar y conveniente al Infinito, no ofrecería objeción a una doctrina basada en la revelación. La naturaleza de Dios debe presentar misterios a la mente finita, y el trino modo de existencia es quizá el supremo misterio. M. Coquerel afirma: "Dios es el único Ser Inteligente, para quien no existe misterio alguno. El ser sorprendido, el estar indignado al encontrar misterios, es ser sorprendido, es estar indignado de no ser Dios." *(Christianism Experimental,* citado por *Crusaders of the Twentieth Century,* W. A. Rice, p. 228). De modo inevitable, se han discutido anticipadamente algunos problemas al considerar el plural de Elohim. Si ha de formarse un concepto correcto de Dios es esencial un conocimiento del aspecto del modo de existencia divina. Un descubrimiento tan importante, se podría esperar, que reclamaría un campo extenso en la revelación, y en algún sentido debería ser confirmado por la razón. Es obvio que, con referencia a la revelación y en pasajes muy numerosos que han de aducirse, se hace una clara referencia a las distinciones en la Deidad. El Padre, el Hijo y el Espíritu Santo son constantemente mencionados como Personas separadas con operaciones específicas que se dice ser efectuadas por cada una. Todo esto aparece en las narraciones, en la doctrina y en la adoración que es rendida por la criatura en su relación con el Creador. Todos los atributos divinos así como las propiedades de la personalidad son atribuidas a cada Persona de la Deidad con tanta certeza y frecuencia, que el hecho de un modo trino de existencia no puede ponerse en duda por una mente prejuiciada. Por otra parte, se han hecho descubrimientos igualmente claros y numerosos que presentan a Dios como Uno en esencia. Estas dos aseveraciones de la Biblia son igualmente autoritativas y, por tanto, demandan su reconocimiento en el mismo grado. Como ninguna mente humana jamás ha comprendido cómo tres Personas puede formar una sola Esencia, esa precisa verdad es el testimonio en todas partes de la Biblia. No es posible definir estas distinciones e implicarlas a todas. Sin duda, hay un conocimiento distinto que identifica a cada Persona, y todavía hay una unidad de posesión de atributos y de naturaleza. Este descubrimiento presenta una complejidad que sobrepasa el entendimiento, pero está libre del elemento de contradicción; porque existe contradicción cuando dos cosas contrarias son predicadas de la misma cosa y en el mismo respecto. Tales contradicciones no aparecen en la revelación y los intentos de alegar tal cosa han fracasado. La doctrina de la Trinidad se deriva completamente de la revelación, siendo que la creación es incapaz de servir como un medio de expresión por los aspectos que comprende. La doctrina como se presenta en las Escrituras es por tanto, digna de ser creída aunque no es explicable. El *cómo* de ninguna realidad sobrehumana no es, y probablemente, no podría ser captado por la mente finita. Es suficiente saber de una fuente confiable que la realidad *sí* existe. Comprender una proposición es una cosa; comprender la verdad o el hecho asegurado en esa proposición es cosa enteramente diferente. Estos dos aspectos del entendimiento son constantemente distinguidos en la experiencia humana. Ningún científico ni filósofo tienen una explicación que ofrecer de cómo la mente actúa sobre la materia, ni pueden descubrir los misterios relacionados con la vida misma –nutrición, asimilación y crecimiento– ni pueden entender el trabajo interior de un vasto orden de hechos probados y fuerzas que presenta la naturaleza. La incapacidad para penetrar en las profundidades de tales fenómenos no es razón para rechazar los mismos hechos obvios. El modo trino de existencia de las tres Personas que forman una Esencia pertenece a una categoría de hechos esenciales y el asunto inexplicable no hay que confundirlo con la evidencia de la misma verdad abstracta. Ningún otro argumento se ha propuesto contra la concepción trinitaria más que el de que no se ajusta a las limitaciones de la mente humana. En una defensa del Unitarianismo el Dr. Channing escribe acerca de esta doctrina como de "un ultraje a nuestra naturaleza racional", y "que contradice y degrada nuestra razón." Si el Dr. Channing da a entender por "naturaleza racional" que él acepta sólo lo que la mente humana entiende y por lo tanto lo aprueba la razón humana, puede asegurarse que ni el Dr. Channing ni cualquier otro hombre jamás han confinado sus acciones a tales restringidas limitaciones. Cada ser humano emplea una interminable sucesión de realidades y fuerzas concernientes de las que no se puede ofrecer ninguna explicación. ¿No han de ser estas, del mismo modo clasificadas, como "un ultraje a nuestra naturaleza racional" tanto como la inexplicable doctrina de la Trinidad?

La revelación concerniente a una trinidad de Personas relacionadas en una esencia no contradice la verdad absoluta. Es evidente que como un todo individuos enteramente identificados por separado, uno no es tres, ni tres son uno. Tal cosa es una contradicción. La doctrina de la Trinidad no afirma tal inconsistencia. Afirma no más que un ser puede ser singular en un sentido y plural en otro. Varias ilustraciones de tal realidad en la naturaleza se pueden introducir. En la constitución de un ser humano hay conjunción de unidad en pluralidad. Los elementos materiales y los inmateriales se combinan para formar un individuo. Cada uno de estos elementos es esencial para la existencia humana, ¿por qué se le niega la unidad y la pluralidad en el caso de la divina existencia? ¿Se supondría que Dios podría incluir en Su criatura lo que El no puede manifestar en Sí mismo? Por esta analogía no se intenta demostrar que una persona humana combinando en sí misma lo material y lo inmaterial es comparable a los elementos ú órdenes con tres personas que subsisten en una divina esencia. La analogía no va más allá de establecer un *principio.* En el caso del ser humano hay una conciencia con una subsistencia doble; en el caso de la Deidad hay tres conciencias y sólo una naturaleza. Así se prueba que el principio de pluralidad no es incompatible con unidad. En un caso, siendo común a la experiencia humana no se tiene duda alguna de ello; en el otro caso, estando fuera de la línea de la experiencia humana, se levantan objeciones irrazonables. Es probable, si ambas de estas dos posiciones estuvieran fuera del campo de la experiencia humana, habría tanta confusión engendrada por la presentación de la una como de la otra. Después de todo, ¿cuál es más anormal: un ser puramente espiritual que subsiste como tres personas con una naturaleza o una persona que subsiste con dos naturalezas que son tan inmensamente diferentes la una de la otra como es lo material y lo inmaterial? En su forma abstracta, la una proposición no es más compleja que la otra, y siendo que la conjunción de pluralidad y unidad es el hecho más obvio de la vida humana no debiera llamarse un insulto a la razón humana que Dios mismo afirma, y sobre la autoridad de la revelación, que Dios representa la conjunción de la pluralidad, y la unidad –una esencia subsistiendo en tres Personas.

La restricción que generalmente se le impone a la Teología Propia, a saber, que abarca únicamente las personas de la Deidad separadas de sus obras, es lo que vamos a observar en este tratado. La doctrina de la Trinidad se divide en cuatro partes mayores: (1) El hecho de la Trinidad; (2) Dios el Padre, la Primera Persona; (3) Dios el Hijo, la Segunda Persona; y (4) Dios el Espíritu Santo, la Tercera Persona. Se anticipa que la tercera de estas divisiones o sea la que concierne al Espíritu Santo, se estudiará más completamente bajo la Soteriología y la Pneumatología.

I. CONSIDERACION PRELIMINAR

Prosiguiendo más allá en el intento de captar lo que puede conocerse con relación al trino modo de existencia, hay que evitar dos errores: (a) que puede suponerse que la Deidad esté compuesta por tres distintas Personas –como decir Pedro, Santiago y Juan– que están relacionadas entre sí solo en el sentido vago en que los hombres pueden asociarse entre sí con relación a ciertos ideales o principios, suposición que, en el caso de Dios, sería *triteísmo;* o (b) que Deidad es una sola Persona y que el aspecto trino de Su Ser es no más que tres campos de intereses, actividades y manifestaciones, que es la suposición del Sabelianismo. Cae un peso sobre el estudiante de teología el reconocer que, prescindiendo del misterio involucrado, él está señalado para descubrir y defender la verdad de que la Biblia es monoteísta hasta el último grado, contendiendo, como lo hace, que hay un Dios y sólo uno; como igualmente afirma que este Dios existe en tres Personas definidas e identificadas.

El término *personalidad* aplicado a Dios no ha de entenderse o tomarse en su estricto sentido filosófico, en cuyo caso se indican los seres distintos enteramente. Dios es un Ser, pero El es más de un Ser en tres relaciones. A cada una de las Tres Personas se le atribuyen actos bien definidos que son de carácter personal. Estos actos establecen personalidad indefectiblemente. El lenguaje en este punto es incapaz de expresarlo. Las Personas no son separadas, sino distintas. La Trinidad se compone de tres Personas unidas sin existencia separada –tan completamente unidas como para formar Un Dios. La naturaleza divina existe en tres distinciones Padre, Hijo y Espíritu Santo. La personalidad se expresa en tres términos como, *yo, tú, él* –y es así como las Personas de la Deidad se dirigen la una a la otra– y en actos personales; pero no se requiere que el un Dios sea restringido a una Persona, aunque esa restricción se presenta a través de toda la creación. Por tanto, no existe razón para negar esta complejidad a la Deidad. El término *persona* no es empleado generalmente en la Biblia, aunque todo lo que constituye personalidad es repetidamente afirmado de cada miembro de la Trinidad. Esto difícilmente será disputado. En Hebreos 1:3 se afirma que el Hijo "es la imagen misma" de la *Persona* del Padre. Mientras que la palabra usada aquí puede significar cualquier identidad específica tal como una esencia o persona, sirve para afirmar la distinción que existe entre dos Personas de la Deidad y la igualdad de Ellas. Varias palabras griegas fueron reducidas a su significado más exacto cuando se levantó la controversia contra Arrio quien negaba que Cristo fuera de la misma substancia con el Padre, y contra Sibelio, quien concedía la Deidad al Hijo y al Espíritu pero les negaba personalidad propia. Así los términos bíblicos han resistido las pruebas de las mayores investigaciones y la prueba de la doctrina de la Trinidad está ampliamente escrita en la historia de la Iglesia. La conclusión de la Iglesia cuanto a la enseñanza de la Biblia concerniente a la relación dentro de la Deidad está bien establecida por Hermann Venema en su *Institutes of Theology:*

"1. Decimos que hay tres ὑποστάσεις o subsistencias, verdadera y propiamente así llamadas, que son mutuamente distintas –poseyendo cada una inteligencia, auto-subsistencia, y separadas y comunicables a las otras– y a las que llamamos personas, según la definición que hemos dado de dicho término. Por esto no queremos decir que hay tres modos de subsistencia, o tres modos de manifestación, sino, como hemos dicho, tres subsistencias inteligentes realmente distintas entre sí. Porque una persona sugiere la idea de uno poseído de inteligencia y poder, que subsiste por sí, y tal es lo que queremos decir cuando afirmamos que hay tres personas en la Deidad.

2. Decimos que las tres personas o subsistencias tienen cada una realmente una naturaleza divina –una naturaleza que incluye todos los atributos de los cuales ya hemos hablado como pertenecientes a un Ser perfecto, tales como independencia, eternidad, inmutabilidad, omnipotencia, etc.

3. Decimos que estas subsistencias tienen una no separada, sino una y la misma divina naturaleza. Hay un solo Dios, como hemos dicho, y por tanto debe de haber sólo una divina naturaleza existente en cada uno –la misma *en número* y no meramente la misma *específica* esencia común a las tres.

4. Decimos además, que las tres personas participantes de una y la misma esencia permanecen en estrecha relación del uno al otro, procediendo la Segunda Persona de la Primera y la Tercera, de la Primera y la Segunda. Esta relación está implicada en los nombres Padre, Hijo y Espíritu Santo –siendo el Padre la fuente de la esencia de la que participan los otros dos. Esta participación de esencia, con referencia al Hijo, se le llama *generación* –y, con referencia al Espíritu, *procesión* o aliento.

Esta es una simple y, hasta donde nos es posible lograr, una clara explicacón del misterio de la Trinidad –de donde podemos saber a lo menos en modo general lo que entendemos por esta doctrina." (p.201).

Probablemente ninguna doctrina de la Palabra de Dios es más trascendente en sus implicaciones que la de la Trinidad. Los que fallan en ver esto y los que minimizan su importancia ordinariamente abrazan una herejía respecto a las dos Personas –la Segunda y la Tercera. El Dr. Joseph Priestley dijo: "Todo lo que se puede decir por ello es, que la doctrina, por mucho que fuera improbable en sí misma, es necesaria para explicar algunos textos particulares de la Escritura; y que, si no hubiera sido por esos textos particulares no hubiéramos tenido necesidad de ella, porque no hay ningún hecho en la naturaleza, ni propósito moral alguno que son el objeto y el fin de toda religión, que la requiera" (*History of Early Opinions,* citado por Watson, *Institutes,* I, 452).

Esta afirmación muy característica de los que se oponen a la doctrina de la Trinidad "hacen los hechos de la naturaleza" y "propósitos de la moral" el "objeto y el fin de toda religión", e ignoran la idea entera de una auto-revelación divina, la obra de la redención y el destino eterno. Obviamente, es en estos campos descuidados en esta forma que la verdad relativa a la Trinidad tiene sus más completas manifestaciones. La negación de la doctrina de la

Trinidad es deshonra de Cristo, del Espíritu Santo y al testimonio de la Biblia. Esta triple deshonra bien puede ser observada específicamente.

II. TRES DESHONRAS

1. CRISTO. En la consideración de la doctrina de la Trinidad la cuestión crucial tanto la absoluta Deidad de Cristo como la Segunda Persona y el Espíritu como la Tercera Persona están comprendidas. Los que se oponen a la doctrina de la Trinidad automaticamente rechazan la Deidad del Hijo y del Espíritu. Hay que observar una importante distinción entre el alegato de que Dios como una Esencia es solamente una Persona, y el reclamo de que Dios aunque una Esencia es igualmente tres Personas divinas. Ambos reclamos podrían no ser verdad y aquellos, cualesquiera que puedan ser, que están errados en este asunto están juntamente equivocados y apenas separados de las alucinaciones de los paganos. Se ha considerado por mucho tiempo por muchos que es un asunto opcional de si la existencia trina de Dios sea o no reconocida, la infundada suposición es que si es rechazada la concepción trinitaria, la idea de "un Dios" todavía permanece para bendecir a la humanidad, considerando que la única fuente segura de conocimiento de Dios está en la Biblia y la Biblia nada sabe de "un Dios" que no subsista en una triple Personalidad. Waterland expresa: "Si Dios es Padre, Hijo y Espíritu Santo, las obligaciones que le pertenecen a Dios serían obligaciones propias de esa trina distinción la que debe cumplir en efecto (según el caso); y cualquiera que deja alguna de ellas fuera de la idea de Dios, falta en honrar a Dios perfectamente, y en servirle en proporción a las manifestaciones que él ha hecho de si mismo" (citado por Watson, *Institutes,* I, 453). Contra estas aserciones los que niegan la trina existencia de la Deidad no adoran al Dios de la Biblia, es la alternativa que los Trinitarios son culpables de idolatría cuando rinden completo honor divino al Hijo y al Espíritu, si se probara que la existencia trina como una revelación es apoyada por ninguna evidencia de valor.

El Dr. Priestley, de acuerdo con otros de días más recientes, no encuentra lugar para la pretensión Trinitaria tanto en la naturaleza como en lo moral; pero la Biblia declara que la naturaleza es creación del Hijo, es sustentada por El, y existe en un sentido peculiar, por El (Col. 1:16, 17). Similarmente, mientras pueda concebirse que las ideas morales pudieran derivarse de la noción Unitaria de Dios, no podría haber redención para los que fracasan, fuera de la que es efectuada por el Hijo en Su sacrificio sustitutorio. Un esquema moral que no provee cura para los que fracasan es la condenación de todos, siendo que todos fracasan. El sentimiento de que Dios puede perdonar el pecado como un acto de pura generosidad es un insulto a la santidad y al gobierno divino. La imperativa necesidad de la redención para el mundo en su presente estado es evidenciada por el hecho de que Dios, quien conoce todo lo que está involucrado, la ha provisto a ese inmensurable costo. Fue Jehová el que fué traspasado (Zac. 12:10); Dios el que compró la Iglesia con Su propia sangre (Hch. 20:28); fue ὁ Δεσπότης – el Alto Señor que rescató a los pecadores (2 P. 2:1); y el Señor de gloria fue crucificado (1 Co. 2:8)– comp. Watson, *Institutes,* I, 459.

No sólo el completo plan de salvación tropieza en la Deidad del Hijo, pero la medida del amor de Dios es reducida a cero si Dios dio sólo a una criatura al hombre como Su don de amor para ellos (Jn. 3:16; Ro. 5:8; 2 Co. 9:15; 1 Jn. 3:16). Una expresión tal del amor divino sería débil en verdad. De la misma manera, si Cristo es sólo una criatura, como alegan los oponentes del trinitarianismo, Su amor por los hombres es poco más que caso incidental. Para citar de nuevo a Waterland: "Si Cristo era en forma de Dios, igual a Dios, y verdadero Dios, entonces fue un acto de infinito amor y de condescendencia de Su parte al hacerse hombre; pero si él no era más que una criatura, no hubo condescendencia sorprendente al embarcarlo en una obra tan gloriosa; tal como ser el Salvador de la humanidad, y tal como prometerle ser el Señor y Juez, el ser admirado, reverenciado y adorado así por los hombres como por los ángeles" *(Importance of the Doctrine of the Trinity,* citado por Watson, *Institutes,* I, 458). Fue el amor de Cristo mismo que le hizo venir a este mundo como Salvador. Ninguna criatura podía, por ninguna razón, decir al Padre: "Y ahora, pues, Padre, glorifícame tú para contigo, con aquella gloria que tuve contigo antes que el mundo fuese" (Jn. 17:5).

Es este amor de Cristo el que motiva todo amor cristiano. Este es un gran tema, pero de poca fuerza si Cristo no es Dios. Ricardo Watson lo ha expresado muy bien:

"El amor de Cristo para nosotros también como un motivo de generoso servicio, sufrimientos y muerte, en beneficio de otros, pierde toda su fuerza y aplicación. "El amor de Cristo nos constriñe; pensando esto, que si uno murió por todos, luego todos son muertos." Ese amor de Cristo que constriñó al Apóstol fue un amor que lo llevó a morir *por* los hombres. San Juan hace el deber morir por nuestros hermanos obligatorio sobre todos los cristianos, si son llamados a hacerlo y hay razón para el mismo hecho: "El puso Su vida por nosotros, nosotros debemos poner nuestra vida por los hermanos." Sin duda, su significado es con el fin de salvarlos; y aunque los hombres son salvos mediante la muerte de Cristo por ellos en un sentido muy diferente de aquel en que ellos pueden ser salvos por nuestra muerte en razón de instruirles, y así instrumentalmente salvando a otros; aún el argumento se funda sobre la necesaria conexión que hay entre la muerte de Cristo y la salvación de los hombres. Pero, en el esquema Sociniano Cristo, en ningún sentido murió, ni en la manera general de interpretar tales pasajes, *"en beneficio de los hombres"*: ¿por cuál beneficio, independiente de la *propiciación,* que niegan los Socinianos, derivan los hombres de la voluntaria muerte de Cristo, considerado como un mero instructor humano? Si se dijese que Su muerte fue un *ejemplo,* no lo fue especial y peculiarmente así; porque tanto profetas y apóstoles han muerto con resignación y fortaleza. Si se alegara que fue para confirmar Su doctrina, la respuesta es que, en este punto de vista, era nugatorio, porque había sido confirmada por milagros indubitables. Si habría él de confirmar su misión por su resurrección ésta tenía que haber seguido después de una muerte violenta; y además el beneficio que los hombres derivan de él es por esta noción, puesta en su *resurrección,* y no en su *muerte,* que siempre es presentada en el Nuevo Testamento con marcado y sorprendente énfasis. El motivo para un generoso sacrificio de comodidad y de vida, en favor de los hombres, que emana de la muerte de Cristo, por tanto, no existe donde quiera que se niega su Deidad" –*Ibid.,* I, 460-61.

Así, cuanto a la todo-suficiencia de Cristo, el Dr. Richard Graves ha declarado: "Si el Redentor no fuera omnipresente y omnisciente ¿podríamos nosotros estar seguros que El siempre oye nuestras oraciones y que conoce la fuente y el remedio de todas nuestras miserias? Si El no fuera todo-misericordioso, ¿podríamos estar seguros que El siempre está dispuesto a perdonarnos y aliviarnos de nuestras cargas? Si El no fuera omnipotente, ¿podríamos estar seguros que El es siempre capaz para sostenernos y fortalecernos, para iluminarnos y dirigirnos? De cualquier ser menos que Dios debemos sospechar que sus propósitos pueden vacilar; sus promesas, fallar; su misma existencia, quizá, terminar; porque de todo ser creado la existencia tiene que ser dependiente y terminable" (*Scriptural Proofs of the Trinity,* citado por Watson, *ibid.,* I, 461).

2. EL ESPIRITU SANTO. Igualmente está involucrado en este problema la Deidad del Espíritu Santo, quien, de acuerdo con las Escrituras ejercita todo poder y función de Dios. William Sherlock, en su *Vindication* ha escrito de modo convincente:

"Nuestra salvación por Cristo no consiste sólo en la expiación de nuestros pecados, etc., pero en la comunicación de la Divina gracia y poder, para renovarnos y santificarnos: y esto es lo que se le atribuye al *Espíritu Santo* en todas partes de la Escritura, como su oficio peculiar en la economía de la salvación del hombre. Por tanto, debe hacer un *cambio fundamental* en la doctrina de la gracia y asistencia Divinas el negar la Divinidad del Espíritu Santo. Porque ¿puede una criatura ser el origen y la fuente universal de la gracia y vida Divinas? ¿Puede una criatura *finita* ser una clase de alma para toda la Iglesia cristiana, y para cada miembro sincero de ella? ¿Puede una criatura hacer tan estrecha aplicación a nuestras mentes, conocer nuestros pensamientos, poner límites a nuestras pasiones, inspirarnos con nuevos afectos y deseos y ser más íntimo con nosotros que lo que somos con nosotros mismos? Si una criatura fuera el único instrumento y principio de gracia, pronto seremos tentados bien a negar la gracia de Dios, o bien a hacerla solo una cosa externa, y a abrigar pobres conceptos de ella. Todos esos dones milagrosos que fueron otorgados a los apóstoles y cristianos primitivos para la edificación de la Iglesia; todas las gracias de la vida cristiana, son fruto del Espíritu. El Espíritu Divino es el principio de inmortalidad en nosotros, que vivificó nuestras almas primero, y en el último día, levantará del polvo nuestros cuerpos; obras que proclaman suficientemente su Deidad; y que no podemos creer sinceramente, en la noción del Evangelio, si El no lo es" (citado por Watson, *ibid.*, I, 461-62).

3. LAS ESCRITURAS. Afirmar que las Escrituras enseñan la Unidad divina subsistente en tres Personas no es cometer petición de principio. Es más bien estar en desacuerdo con los que fallan en considerar el testimonio bíblico, y en estar de acuerdo con los más sabios y mas grandes hombres que tienen parte en la Iglesia de Cristo. Con respecto al testimonio que las Escrituras aportan al punto de vista Trinitario, bien podemos citar de nuevo a Richard Watson:

"Pero la importancia de la doctrina de la santísima trinidad puede ser defendida finalmente de la manera en que la negación de ella afectaría el *crédito de las Sagradas Escrituras* mismas; porque si esta doctrina no estuviera contenida en ellas, es obvia su tendencia a extraviar. Su constante lenguaje es así adaptado para engañar, y aun para compeler a creer en una falsedad, aun en puntos fundamentales, y a conducir a las prácticas idolátricas mismas, que ellas perderían todo derecho a ser mirada como una revelación divina de la verdad, y debe más bien ser esquivada antes que estudiada. Una gran parte de las Escrituras es dirigida contra la idolatría, de la que se declara ser ' esa cosa detestable que el Señor abomina" y en prosecución de este designio, la doctrina de que hay sólo *un* Dios es formulada en los términos más explícitos, y confirmada constantemente por apelación a sus obras. El mismo primer mandamiento en el decálogo es, ' No tendrás dioses ajenos delante de mí ' y la suma de la ley, como nuestro deber para con Dios, es que le amemos ' de todo nuestro corazón, con todo nuestro entendimiento, con toda nuestra alma con toda nuestra fuerza. ' Si la doctrina de una trinidad de Personas Divinas en la unidad de la Deidad es consistente con todo esto, entonces el estilo y maneras de las Escrituras están en perfecta concordancia con los fines morales que ellos proponen, y las verdades en que ellas instruirían a la humanidad; pero si el Hijo y el Espíritu Santo son criaturas, entonces el lenguaje de los libros sagrados es de lo más falaz y peligroso. Porque ¿cómo se podría explicar, en ese caso, que Dios en el Antiguo Testamento estuviese hablando en términos plurales, y que esta pluralidad estuviese restringida a tres? ¿Cómo es que el mismo nombre *Jehová* fuere dado a cada uno de ellos, y eso repetidamente y en las ocasiones más solemnes? ¿Cómo es que el encarnado Mesías prometido fuera investido, en las profecías de su advenimiento, con los más excelsos atributos de Dios, y que obras infinitamente sobrehumanas y divinos honores se hayan pronosticado de él? ¿y que actos y características inequívocas de Divinidad, de acuerdo a la común estimación de la que es la humanidad, se le atribuyeran al Espíritu también? ¿Cómo es que en el Nuevo Testamento, el nombre de *Dios* le fueran dado a ambos, y sin ninguna insinuación de que han de tomarse en un sentido inferior? ¿Que la *creación* y *conservación* de todas las cosas se le atribuyan a Cristo; que él fuera *adorado* por ángeles y por hombres; que se le representara sentado sobre el trono del universo para recibir la adoración de todas las criaturas; y que en la misma forma del bautismo al iniciarse dentro de su Iglesia, en una pública y solemne profesión de fe, al efectuarse este bautismo está unido al *nombre* del Padre, Hijo y Espíritu Santo? ¡Un Dios y dos *criaturas!* Como si la misma puerta de entrada a la Iglesia cristiana se hubiera hecho a propósito la puerta del peor y más corruptor de los errores jamás introducidos en la humanidad –*confiar en y adorar a criaturas como a Dios;* el error que ha esparcido tinieblas y moral desolación sobre la totalidad del mundo pagano" – *Ibid.,* I, 462-63.

Al concluir este argumento a favor de un reconocimiento justo y bíblico del modo trino de la existencia divina, se puede observar que toda la economía de la redención del hombre sirve para traer al hombre la revelación de Dios en Su triple subsistencia y la ofuscación, ciertamente, es la visión espiritual que no recibe instrucción de esta revelación ilimitada que Dios ha ofrecido al hombre.

III. UNA DEFINICION GENERAL

En sus enseñanzas, la Biblia no es *politeísta* –muchos dioses– ni *triteísta* –tres dioses– ni *unitaria* –un dios que ejercita sus intereses y poderes en varias maneras. La doctrina monoteísta de un Dios que subsiste en una pluralidad de Personas –tres no menos, no más– es la que está acorde a toda la Escritura y, aunque caracterizada por el misterio cuando se llega a ella con una mente finita, es, sin embargo, sin contradicción y es perfecta en todas sus adaptaciones y en todas sus partes. Es tan perfecta como Dios a quien manifiesta. De los primeros padres y escritores más recientes se pueden aducir testimonios casi interminables relativos al concepto Trinitario de Dios. Los que siguen serán suficientes:

Agustín, "Todos los expositores católicos de las divinas Escrituras que yo he podido leer, que han escrito antes de mí concerniente a la Trinidad, quien es Dios, se han propuesto enseñar, de acuerdo a las Escrituras, esta doctrina que el Padre, el Hijo y el Espíritu Santo insinúan una unidad divina de una y la misma substancia en una igualdad indivisible; y por tanto que no hay tres Dioses, sino un Dios." *Tertuliano,* "El es Dios y el Hijo de Dios, y ambos son uno, y así Espíritu de Espíritu y Dios de Dios resulta *en otro modo de ser, no en número;* en orden, no en estado o posición (v. y g., como divino); y ha salido de, pero no ha salido fuera de (o separado de) la fuente (divina) original . . . Ellos son tres, no en substancia, sino en poder . . . Abrazad pronto siempre la regla que admito, en concordancia con lo que yo testifico que el Padre, Hijo y Espíritu no están separados. Cuando digo que son distintos, sólo la ignorancia o la perversidad tomarán esto con el significado de una diversidad que resulta en separación . . . Porque el Hijo es distinto que el Padre, no por diversidad sino por distribución; no por división, sino por distinción. El Padre y el Hijo no son el mismo, pero difieren el uno del otro en su manera de existencia *(módulo)*." *El credo de Anatasio,* ' Adoramos un Dios en trinidad, y trinidad en unidad; ni confundiendo las personas ni dividiendo la substancia. ' *Gieseler,* ' La unidad e igualdad de las personas, que necesariamente resultaron de tener igualdad en esencia no fue enteramente reconocido de inmediato, aun por los de Nicea, pero continuó para ser más claramente percibido, hasta que al fin fue expresado por Agustín por primera vez con decidida consecuencia lógica ' *(Church History,* traducción revisada por H. B. Smith, Vol. I, p. 313). *El Catecismo Mayor de Westminster* afirma del Padre, el Hijo y Espíritu Santo que ellos ' son un verdadero, eterno Dios, lo mismo en substancia, igual en poder y gloria (p. 9). ' Sobre el aspecto numérico de la doctrina el Dr. Samuel Harris dice: ' Vemos, por tanto, que la prevalente doctrina de la iglesia y sus teólogos ha sido que Dios el Padre, Hijo y Espíritu Santo, es numérica é indivisiblemente uno en su substancia y esencial existencia. Así que, el Padre, Hijo y Espíritu Santo no son tres Dioses, uno en una meramente unidad genérica, como los hombres son uno en la unidad del género; ni en una unidad moral solamente, como las personas del mismo carácter moral y con un mismo propósito son uno. Ellos se distinguen como tres únicamente dentro la numérica e indivisible unidad y singularidad de Dios'." – *God the Creator and Lord of All,* I, 324-25, comp. p. 323.

Cualquier concepto verdadero de esta doctrina debe incluir tres aspectos principales, a saber, "*La unicidad* y la *singularidad* de Dios; las tres distinciones eternas o modos de existencia del Dios único – el Padre, el Hijo y el Espíritu Santo; y la propia Deidad de cada uno de los tres –Dios, Espíritu Indivisible Absoluto en cada uno de este peculiar y eterno modo de ser" (comp. Harris, *ibid.* p.322). Como un ejercicio de su discernimiento el estudiante hará bien en escudriñar más críticamente las siguientes definiciones de la idea Trinitaria como lo afirman varios teólogos y maestros reconocidos:

El Dr. John Dick: "Mientras que hay sólo una divina naturaleza, hay tres subsistencias, o personas, llamadas el Padre, el Hijo y el Espíritu Santo que poseen, no una similar, sino la misma esencia numérica, y la distinción entre ellos no es meramente nominal, sino real" (citado por Wardlaw, *Theology,* II,6).

A. H. Strong: "En la naturaleza del Dios uno hay tres distinciones eternas . . . y estas tres son iguales"; (palabras de E. A. Park citadas aquí) "la doctrina de la Trinidad, por una parte, no afirma que tres personas están unidas en una persona, o tres seres en un ser, o tres dioses en un Dios (triteísmo); ni, por otra parte, que Dios meramente se manifiesta a sí mismo en tres diferentes modos (trinidad modal, o trinidad de manifestaciones); sino más bien que hay tres distinciones eternas en la substancia de Dios" *Theology,* p. 144).

Joseph Cook: "(1) El Padre, Hijo y el Espíritu Santo son un Dios; (2) cada uno tiene una peculiaridad incomunicable a los otros; (3) ninguno es Dios sin los otros; (4) cada uno, sin los otros, es Dios" (citado por Strong, *loc. cit.).*

Agustín: "El Padre no es la Trinidad; ni el Hijo, la Trinidad; ni el Espíritu Santo la Trinidad; pero dondequiera que se hable de uno solo, entonces no están hablando como de tres, en número plural, sino de uno, la Trinidad misma" (citado por Scofield, *Correspondence Course,* 558-59).

Scofield: "Dios es uno. . . El existe en una personalidad que es triple, indicada por *la relación* como Padre e Hijo; por su manera de ser como Espíritu; y por las *diferentes funciones* que Dios tiene tanto en su manifestación como en la obra de la redención" – *Biblia Anotada,* p. 1004.

Carlos Hodge: "Los hechos escriturales son, (a) El Padre dice Yo; el Hijo dice Yo; el Espíritu dice Yo. (b) El Padre dice Tú al Hijo, y el Hijo dice Tú al Padre; y de modo semejante el Padre y el Hijo usan el pronombre El o de El con referencia al Espíritu. (c) El Padre ama al Hijo; el Hijo ama al Padre; el Espíritu testifica del Hijo. El Padre, Hijo y Espíritu son distintamente sujeto y objeto. Ellos actúan o son objeto de acción. Nada se agrega a estos hechos cuando se dice que el Padre, Hijo y Espíritu son distintas personas; porque una persona es un ser inteligente que puede decir yo, a quien puede dirigirse como a Tú, y que puede actuar y ser el objeto de acción. La suma de los hechos anteriores se expresa en la proposición: El Unico Ser divino subsiste en tres personas Padre, Hijo y Espíritu. Esta proposición no agrega nada a los hechos mismos, porque los hechos son: (1) Que hay un Ser divino. (2) El Padre, Hijo y Espíritu Santo son divinos. (3) El Padre, Hijo y Espíritu son, en el sentido ya establecido, personas distintas. (4) Se les atribuyen atributos inseparables de la substancia por las Escrituras, al decir que el Padre, Hijo y Espíritu poseen los mismos atributos, se dice que ellos son lo mismo en substancia, son iguales en poder y gloria" *(Theology,* I, 144).

Calvino: "Dios afirma que El es único (unicum), con todo así como El distintamente propone el ser considerado en tres personas; que a menos que lo aceptemos, sólo vibran en nuestro cerebro el desnudo y vacío nombre de Dios, sin el Dios verdadero. Aún más, no sea que alguien soñara con un Dios triple, o piense que la simple esencia de Dios es partida en tres personas, debemos buscar una corta y fácil definición, que pueda librarnos del error" *(Institutes,* Libro I, c 13, par. 2, citado por W. L. Alexander, *Theology,* I, 99-100).

Dean Swift: "Dios nos manda a creer que hay una unión y que hay una distinción; pero en cuanto a qué es esa unión o cual esa distinción toda la humanidad es igualmente ignorante; y debe continuar así, a lo menos hasta el día del juicio, sin alguna nueva revelación. Por lo tanto, yo repetiré otra vez la doctrina de la Trinidad como está afirmada positivamente en la Escritura: Que Dios está allí expresado en tres diferentes nombres como Padre, como Hijo y como Espíritu Santo; que cada uno de éstos es Dios, y que no hay más que un Dios. Pero esta unión y distinción son un misterio absolutamente para la humanidad" *(Works,* Vol. III, p. 434, citado por Alexander, *ibid.,* p. 101).

Dr. Pye Smith: "En la absoluta perfecta unidad de la Divinida Esencia hay tres objetos de nuestra concepción, o sujetos conocidos por diferentes propiedades, que en las Escrituras son designados por las atribuciones de tales nombres o títulos, pronombres, cualidades y actos que son propios a Personas racionales, inteligentes y distintas. En lugar de Personas el término Subsistencia es preferido por muchos. Estas tres Subsistencias Divinas no son Esencias separadas (esta noción sería Triteísmo). Ni meros nombres, o propiedades, o modos de acción (Modalismo o Sabelianismo); pero esta unidad de Subsistencias es una necesaria, esencial e inmutable propiedad de la Divina Esencia. Hay caracteres Hipotéticos o Propiedades Personales que son distintivos de cada Persona, y que expresan las *relaciones* de cada una hacia las otras" *(Theology,* p. 277, citado por Alexander, *ibid.,* p. 102).

El Credo Niceno: "Creemos en un Dios, Padre Todopoderoso, Hacedor de todas las cosas visibles e invisibles; y en nuestro Señor Jesu-Cristo, el Hijo de

Dios, engendrado por el Padre, que procede de la esencia del Padre, Dios de Dios; luz de luz, verdadero Dios de verdaderó Dios, engendrado no hecho, de una esencia con el Padre; por quien fueron hechas todas las cosas, así las que están en los cielos como las que están en la tierra, etc., y en el Espíritu Santo. Los que dicen que hubo un tiempo en que El no era, y que El no era antes que fuera engendrado, y que El fue hecho de lo que no era; o que dicen que El es de una diferente hipóstasis o esencia que la del Padre, o que el Hijo de Dios es creado, alentado y capaz de cambio, la Iglesia Católica lo anatematiza" (Alexander, *ibid.,* p.98).

El Credo de Atanasio: "La fe católica es que adoramos a un Dios en Trinidad, y Trinidad en unidad, no confundiendo las Personas ni separando la substancia. La Persona del Padre es una, la del Hijo es otra, la del Espíritu Santo, otra. Pero la Divinidad del Padre, Hijo y Espíritu es una, su gloria igual, coeterna su majestad . . . El Padre no hecho, ni creado, ni engendrado; el Hijo procede del Padre solo, no hecho, ni creado, sino engendrado; El Espíritu Santo procede del Padre y del Hijo, no hecho ni creado, ni engendrado, sino procedente. Por tanto hay un Padre no tres Padres; un Hijo, no tres Hijos; un Espíritu Santo, no tres Espíritus Santos. Y en esta Trinidad no hay nada prior o posterior, nada mayor o menor; pero todas las tres Personas son coeternas y coiguales, para que en todas las cosas ambos, una Trinidad en unidad y una unidad en Trinidad, ha de ser adorada" (citado por Alexander, *ibid.,* 98, 99).

Un sumario satisfactorio de esta gran aseveración de la Biblia es hecho por el Dr. W. L. Alexander, como sigue:

"En lo tocante a la distinción en la Deidad es real y eterna, y está marcada por ciertas propiedades peculiares a cada Persona y que no es comunicable. Estas propiedades son tanto *internas* como *externas;* la última con relación a los modos de Subsistencia en la divina esencia; la primera al modo de revelarse al mundo. La *notae internae* son *actos* personales y *nociones;* siendo la primera (1) Que el Padre engendra al Hijo, y exhala al Espíritu; (2) Que el Hijo es engendrado por el Padre y con el Padre exhalan el Espíritu; (3) Que el Espíritu procede del Padre y del Hijo. Las *nociones* personales son: (1) Al Padre le son peculiares el no ser engendrado y la paternidad; (2) Exhalación que pertenecen al Padre y al Hijo; (3) Filiación como peculiar al Hijo; (4) Procesión *(spiratio passiva)* como peculiar al Espíritu. Las *notas externas* son: (1) Las *obras* en la economía de la redención peculiares a cada uno: el Padre manda al Hijo a redimir y al Espíritu para santificar; el Hijo redime a la humanidad y envía al Espíritu; el Espíritu es enviado a la mente de los hombres y los hace participantes de la salvación de Cristo. (2) Las *obras* atributivas o apropiativas, v. y g., las que, aunque comunes a las tres Personas, en las Escrituras siempre se atribuyen a una de ellas, como la creación universal, conservación y gobierno del Padre a través del Hijo; la creación del mundo, levantamiento de los muertos y la conducción del juicio, al Hijo; la inspiración de los profetas y apóstoles, al Espíritu."–*System of Biblical Theology*, I, 104.

Serían de gran beneficio práctico si el estudiante, habiendo considerado el testimonio registrado anteriormente, procurara formular una definición de la idea Trinitaria, evitando los errores que han sido señalados.

IV. EL VERDADERO ENFASIS

Siendo que la Segunda Persona de la Deidad es revelada como la declaración concreta o manifestación de Dios a los hombres (Jn. 1:18; 2 Co. 4:6; 5:19), la investigación dentro de la doctrina de la Trinidad por los teólogos muy a menudo se ha concentrado sobre la Segunda Persona como descuidar la doctrina misma. Una actitud semejante por parte de los hombres es natural, porque la totalidad de la fe cristiana está –quizá más que cualquiera otra– condensada en las palabras, "Dios estaba en Cristo reconciliando consigo al mundo, no imputándole sus pecados . . . " (2 Co. 5:19). Neander dice con referencia a este texto: "Reconocemos en esto el contenido de la cristiandad sumarizada en breve" (citado por Harris, *God the Creator and Lord of All,* p. 294). Es en la obra de la redención en donde las distinciones entre las Personas de la Deidad aparecen más claramente. Esto se enfatiza en el libro *The Christian View of God and the World,* por el Dr. James Orr: "La doctrina de la Trinidad no es el resultado de la mera especulación, no es una teoría o hipótesis hilvanada por los teólogos de sus propias fantasías, mucho menos, como algunos escritores eminentes sostendrían, la importación de la metafísica griega en la teología cristiana. Es, en primera instancia, el resultado de un sencillo proceso de inducción de los hechos de la revelación cristiana . . . La concepción trina de Dios queda justificada, cuando se muestra el concepto que sustenta la revelación trina que Dios ha hecho de Sí mismo, y la actividad trina en la obra de la redención" (ps. 303-4, citado por Harris, *ibid.,* p. 322).

Es sumamente difícil para judíos, mahometanos y unitarios el comprender que los cristianos están mucho más seguros de la doctrina de *un Dios* de lo que están ellos, y más así, puesto que es para los cristianos no sólo una revelación de las Escrituras, sino que es un tema fundamental que les ha sido encomendado exhibir y defender. El conocimiento del modo trino de existencia, no perjudica, degrada o complica la doctrina del *Dios único,* ni mengua la obligación de sustentarla. El Corán refleja este malentendido: "No digáis, *Hay* tres dioses; evitad *esto,* será mejor para vosotros. Dios es un solo Dios . . . Ciertamente son infieles los que dicen, Dios es el tercio de tres; porque no hay dios además de Dios . . . y cuando Dios le diga *a Jesús el último día,* ¡Oh, Jesús, hijo de María, ¿has dicho a los hombres, Tenedme a mí y a mi madre por dos dioses además de Dios? El responderá, Sea a tí la alabanza! no me pertence a mí decir lo que no debo" (citado por Rice, *Crusaders of the Twentieth Century,* ps. 212-13). Los judíos resisten a esta doctrina puesto que reconocer la Trinidad en la Deidad, por su parte, es reconocer la

Deidad de El que se identificó como *Jesús de Nazaret.* El Unitario resiste esta doctrina, siendo que de otro modo él tiene que reconocer la necesidad y la manera de la redención a través de Cristo. El mahometismo se opone a esta doctrina, puesto que conocerla es ignorar la advertencia del Corán y, en su mente, es apartarse del fundamento de su fe, es decir, que *sólo hay un Dios.* Los misioneros cristianos al Islam encaran esta resistencia como lo hacen los misioneros entre los judíos y el misterio inexplicable que presenta el modo trino de existencia es un problema adicional en su obra. W. A. Rice, Licenciado en Artes, escribe en *The Crusaders of the Twentieth Century:* "Nada sería más fácil que hacer prosélitos entre los indúes y los mahometanos si sólo se prescindiera de esta doctrina de la Trinidad" (p. 230). Ninguna de estas gentes distintas son abiertamente receptivas a las Escrituras. Los judíos rechazan el Nuevo Testamento; los unitarios rechazan la confiabilidad de todas las Escrituras; y los mahometanos rechazan la Biblia misma. Evidentemente los mahometanos lograron de la Iglesia Católico-Romana cuanta impresión tuvieron del cristianismo, y es evidente que su conocimiento de la Biblia fue muy pobre.

Al acercarse al tema de la Trinidad, el estudiante debe estar bien preparado para enfrentarse a un profundo misterio que, necesariamente, no es explicado a las mentes finitas. El hecho de que la doctrina esté envuelta en misterio tiende a restringir su estudio por los que por iluminación espiritual están dispuestos a creer el testimonio de Dios en cuanto a cosas desconocidas. Para otros la doctrina de la Trinidad no presenta problemas, siendo que la rechazan por completo la falta de respetar el silencio de Dios aquí, como siempre, conduce a confusión. Ciertamente, tal ha sido el carácter de mucho de la controversia teológica sobre la contención trinitaria. Con cierta agudeza natural el Dr. Robert South (1634-1716) ha dicho de esta doctrina: "Como el que la niega puede perder su alma; así el que se esfuerza mucho por entenderla puede perder el juicio" *(Works,* Vol. II, p. 184, citado por Harris, *op. cit.*, p. 295). De la misma manera, John C. Doederlein (1780) ha dicho: "Hemos alcanzado un campo largo tiempo soñado, amplio para cosechar, hasta ahora sembradas y confundidas con la zarza las semillas que han sido plantadas ampliamente por la fructífera ingenuidad de los teólogos y alentada por el calor de los concilios y los sínodos, mezclada con las tempestades de los anatemas; cosechas que muchos buenos hombres parece que piensan que debe ser cortada, o, si la sagrada maleza tiene que ser perdonada, que se abandone a los teólogos para su cultivo" *(Institutio Theologiae Christianae,* Vol. II, ps. 332, 333, citado por Harris, *loc. cit.).*

CAPITULO XVIII

PRUEBA DE LA DOCTRINA TRINITARIA

Las pruebas de la esencial doctrina de la Trinidad pueden derivarse tanto de la razón como de la revelación, aunque la utilidad y validez de la primera a menudo ha sido disputada. El hecho de que hombres igualmente sinceros no estén de acuerdo en relación a la posibilidad de que la razón sirva en el campo de esta doctrina es evidencia que la mente humana sin ayuda fracasa en su intento de investigar las cosas profundas de Dios. Pero más objetable que los intentos de la razón, es el esfuerzo de ilustrar lo que no tiene contraparte en la vida humana ni en la naturaleza. La existencia trina y una de Dios es vastamente mayor que el ejercicio de las tres funciones primarias tales como poder, intelecto, y voluntad; o la correspondencia de las tres divisiones en el ser humano, cuerpo, alma y espíritu; o alguna sugerencia creada por el movimiento, la luz y el calor en su relación con el sol; o tres tonos combinados dentro de un efecto de armonía; o (como lo sugiere Sir D. Brewster) que un solo rayo de luz puede ser descompuesto en tres colores primarios –rojo, amarillo y azul– con su variante intensidad de poderes químicos. Porque a causa de su inconexión, tales ilustraciones, puede decirse, "oscurecen el consejo" con palabras vacías de importancia. Richard Baxter (1615-1691) afirma: "Pero por mi parte, aunque yo sinceramente considero la doctrina de la Trinidad el verdadero meollo de la religión cristiana (como lo expresamos en nuestro bautismo), y como Anastasio lo expresó en su credo, la mejor explicación que yo jamás he leído; pienso que es muy inconveniente ir más allá de la luz que tenemos de parte de Dios para guiarnos en este tremendo misterio" *(Christian Religion,* citado por Watson, *Institutes,* I, 449). No tanto como una fracción de importancia pueden establecerse entre tales ocurrencias incidentales dentro del dominio finito y lo infinito de la realidad que el modo tri-uno de existencia que presenta el Dios único. Una ilustración que falla en ilustrarlo es algo peor que ninguna.

I. LA RAZON

Este acceso a la doctrina del modo triuno de la existencia de Dios es propiamente una continuación de lo que ya se ha presentado bajo los argumentos racionalistas por la realidad de lo que Dios, y tales requisitos como se expusieron e impusieron respecto al alcance y valor de la razón en la consecución de cosas divinas aplicadas como buenas en este punto. Como se ha afirmado antes, la razón no puede dar un asentimiento inteligente a todo lo que la revelación descubre, lo que se debe a las limitaciones de la razón. Sin embargo, no puede haber una final contradicción levantada entre la razón y la revelación, siendo que la revelación es, sobre cualquier cosa, la revelación de la razón infinita. Dios es la última perfección y razón y cualquier cosa que El revela no es otra cosa que la manifestación de la razón infinita. Owen Feltham (1668) ha testificado: "Yo creo que no hay nada en la religión contrario a la razón, si la conocemos correctamente" (citado por Cooke, *The Deity,* p. 470). Es igualmente cierto que, si realmente hemos de entender, no hay palabra en la revelación a la que la razón no diera una respuesta afirmativa. La creencia en la doctrina de la Trinidad –un Dios que subsiste en tres modos de existencia– no debería fundarse en la razón. Es una revelación. No obstante, es legítimo observar, si se hace con alguna atención, que la razón, hasta donde le es posible llegar, consiente en lo que la revelación descubre. La Biblia, siendo infinitamente cierta, no busca apoyo de la finita razón. Sobre esto sostiene Hermann Venema: "Aunque la razón no nos proporciona asistencia por hacer alguna afirmación expresa sobre el tema, ni la niega ni se le opone. Enseña la unidad de la divina esencia; pero, aunque no puede probar que esa esencia existe en varias personas, no adelanta nada refutando tal doctrina. La deja en su propio y legítimo lugar" *(System of Theology,* p. 197).

Un restablecimiento es de orden, a fin de que no se entienda que la razón es llamada sobre el asentimiento de la imposible noción de que uno es tres y tres son uno. La doctrina de la existencia tri-una de Dios no sostiene ninguna semblanza con tales contradicciones abstractas, siendo la aseveración de que en la Deidad hay distinciones en conciencia personal que están combinadas en identidad de naturaleza y de atributos. Anteriormente se ha probado que no hay absurdo implicado cuando se sostiene que pluralidad coexiste en la unidad. El elemento de misterio que está presente es normal. El problema no es el *cómo* del misterio, sino el *hecho.* Ninguna explicación lógica distinguirá entre estas tan extensamente separadas proposiciones.

Adelantando en estas líneas de contemplaciones racionalistas de esta gran doctrina, no hay demanda de originalidad. Los argumentos expuestos son los que han empleado varios escritores –demasiados, ciertamente, para alguna identificación de paternidad literaria. La línea de razonamiento será en una serie de proposiciones independientes, como sigue:

1. LOS ATRIBUTOS DIVINOS SON ETERNOS. Siendo que Dios existe eternamente, Sus atributos que existen necesariamente, existen eternamente. Ningún atributo de Dios es derivado, pues esto lo haría a El dependiente a ese grado. Igualmente, ningún atributo de Dios es adquirido, pues eso implicaría que Dios ha existido en algún tiempo como un Ser imperfecto. Sus atributos coexisten con Su existencia. Desde que toda suficiencia, inmutabilidad, omnipresencia, omnisciencia, omnipotencia, bondad, amor, santidad, y una disposición para comunión son atributos de Dios, han sido Sus atributos precisamente en la misma manera por toda la eternidad.

2. ACTIVIDAD ETERNA DE LOS ATRIBUTOS. Los atributos de Dios son eternamente activos. Esta verdad indujo a algunos antiguos a concluir que Dios, para satisfacer Sus atributos estuvo creando cosas materiales eternamente. Aristóteles alega: "Dios, quien es naturaleza inamovible (inmutable) cuya esencia es energía, no se puede suponérsele haber descansado o dormido por la eternidad, haciendo del todo nada, y entonces, después de edades infinitas, haber empezado a mover la materia, o a hacer el mundo" (*Met.*, Lib. XIV, c. 6, citado por Cooke, *The Deity*, p. 476). Esta línea de razonamiento falla en que se basa en la falacia de que la actividad de Dios está circunscrita a la creación de cosas materiales. Aunque los atributos de Dios han sido eternamente activos, la creación tuvo su principio. Afirmar de Dios que Su omnisciencia no ha estado activa eternamente es afirmar que hubo un tiempo cuando El no supo nada. No hay tiempo que, en el ejercicio de Su omnipotencia El no hizo nada. Así, y con significado específico en esta oportunidad, no hubo jamás un tiempo cuando Su disposición por comunión no estuvo activa. No se puede abrigar el pensamiento que implique el que alguna vez hubo ocasión cuando Su divina santidad, justicia y bondad no fueran activas. Es igualmente evidente que como Dios vive en la realización de Sus atributos, éstos deben haber sido activos desde toda la eternidad, y así El estará relacionado a Sus atributos por toda la eternidad venidera. Hay que observar, no obstante, que Dios no es, como un autómata, gobernado por Sus atributos, pero siempre está actuando en inteligencia y razón que pueden incluir alguna variedad en el énfasis dado a algunos atributos sobre otros bajo circunstancias atenuantes.

3. LOS ATRIBUTOS REQUIEREN AGENTE Y OBJETO. El ejercicio de los atributos divinos implica que se requiere tanto un agente como un objeto. Poder, amor y disposición para la comunión, como todos los otros atributos, necesitaban ambos, agente y objeto.

De modo semejante, generalmente hablando, el agente no puede ser numérica, idéntica e individualmente el mismo. Requiriendo relaciones recíprocas, no pueden brotar y ser ejercitados dentro de una unidad absoluta. Si existe alguna excepción es en el dominio de la omnisciencia en donde se reconoce el auto-conocimiento. La ilustración familiar es aquel de un espíritu enteramente aislado de otros seres sin saber que exista ningún otro. ¿Podría ese espíritu bajo tales circunstancias ejercer poder ejecutivo, amor o disposición a la comunión? Así sería con Dios. El es un perfecto Agente en el ejercicio de perfecciones y atributos infinitos; se podría preguntar ¿pero quién es el objeto? La creación presenta un vasto orden de objetos y éstos todos son beneficiados por Su agencia; pero la pregunta es más exigente en que inquiere quién sirvió de objeto en el ejercicio de los atributos eternos en esa situación que existía antes que fuera creada. Los atributos de Dios fueron activos antes de la creación y, si es así, debe haber habido así agente como objeto igual que ahora. El restringir el objeto divino a la creación es privar a Dios del ejercicio de Sus cualidades y características durante ese período que precedió a la creación. También se sigue que, siendo que la creación era un asunto de opción divina y así eventual, es restringir el ejercicio de los atributos divinos a aquello que es eventual o contingente. En semejante caso los atributos divinos deben no haberse ejercitado del todo. Todo esto sugiere el absurdo de que si los atributos divinos no hayan sido ejercitados en la eternidad pasada, que ellos, bajo ciertas circunstancias, podrían no ser ejercitados ahora, y que pueden no ser ejercitados nunca. Tal razonamiento puede ser rechazado. Cicerón representa a Valerio como proponiendo a sus opositores la extraña pregunta: "¿Qué fue lo que indujo a Dios a adornar los cielos con estrellas y brillantes luminarias? como si él previamente estuviese como uno que vivía en una obscura é incómoda habitación y deseara una mejor residencia? Si es así, ¿Por qué estuvo tan largo período sin la gratificación de su deseo?" *(De Nature Deorum,* Lib. I, c. 9, citado por Cooke, *ibid.,* p. 493). Mientras esta referencia es más o menos inaplicable al caso, es cierto que el ejercicio de los atributos divinos no empezaron con la creación. Dios estaba tan tranquilo y quieto antes de la creación como después. Es igualmente imperativo reconocer que nunca había existido un universo finito, y pudo nunca haber sido, la completa satisfacción objetivamente del Ser infinito. Un hombre puede gozarse con su perro fiel, pero todas las actividades y capacidades de un hombre no se satisfacen con un perro como objeto. Se puede notar aquí que aun el hombre que es hecho a imagen de Dios no es finalmente satisfecho con la creación como su objeto. El no encuentra descanso o completa satisfacción hasta que se la procura largamente en el que es Infinito. El Salmista externa esta verdad cuando dice: "Como el siervo brama por las corrientes de las aguas, así clama por tí, oh Dios" (Sal.42:1). El destino del hombre es de eterna duración. El observará la creación del nuevo cielo y la nueva tierra, si es redimido, los gozará para siempre. Habiendo recibido el don de la vida eterna, es escasamente animado a poner sus afectos en las cosas temporales y en los sentidos. Más bien se goza en fincar sus afecciones en las cosas de arriba, en donde está Cristo sentado a la diestra de Dios (Col. 3:1-3).

Dios no está dependiente de la creación como un objeto para el ejercicio de Sus cualidades. El no depende de nada más allá que de sí mismo, por tanto.

4. DIOS ES SUFICIENTE EN SI MISMO. La razón así afirma que en Dios hay lo que corresponde así al agente como al objeto. Todo esfuerzo por descubrir un objeto fuera de Dios divinamente adecuado tiene que fracasar. Algo ha de ser descubierto, pues ciertamente existe, que es anterior e infinitamente superior a todo lo que la creación puede aportar. En este punto puede notarse que la anticipación de la creación no podría servir como un objeto adecuado; porque si cuando se realizó la creación, es insuficiente para servir como un objeto infinito no podría así servir cuando existió como una idea prototípica. Está en armonía con la independencia e infinita excelencia de la Deidad el afirmar que sus recursos están en El mismo, y es igualmente cierto que El también es la respuesta a cada deseo de Su propio Ser. En Su relación con la creación, El da sin recibir nada. El es la fuente de toda bendición y halla en El mismo su propia felicidad. El es la esfera en la cual El puede ejercitar Su propia naturaleza infinita. El ejercicio de Sus atributos es tan esencial como la existencia de los mismos. Así, si no hay otra esfera que corresponde a Su infinidad, estos atributos tuvieron que ser ejercitados dentro de El mismo y dentro de Sí mismo. El ha hallado satisfacción por la eternidad. Por tanto es necesario concluir que el propio modo del Ser divino responde a todas estas demandas. El agente y el objeto están comprendidos dentro de Sí mismo. Así se afirma una pluralidad de la naturaleza divina.

5. EL AGENTE Y EL OBJETO SON PERSONAS. Siendo que la naturaleza divina incluye pluralidad, tiene que ser una pluralidad de Personas. Una pluralidad tal no puede afirmarse de la divina Esencia, porque las Escrituras distintamente testifican cuanto a la verdad de que hay *un solo Dios.* Semejantemente, esta pluralidad no puede ser la de menos oficios o modos de manifestaciones, porque éstas no podrían servir en su relación de uno a otro como agente y objeto.

Sólo Personas pueden servir en esta reciprocidad. En el caso del ejercicio de los atributos morales, tanto el agente como el objeto deben exhibir inteligencia, consciencia y agencia moral. En esta experiencia de comunión, la necesidad es tanto más en el objeto como lo es en el agente, que habrá similitud en pensamiento, disposición, voluntad, propósito y afecto. Si el agente fuere una Persona, el objeto tiene que ser una Persona también; todo lo que pertenece a la Deidad es necesariamente eterno. Como se ha visto, nada en Dios puede ser de contingencia o adventicio. Cada atributo y cualidad divina es eterna y, de la misma manera, la Persona, o Personas a quienes estos atributos pertenecen, son eternas. Ninguna de estas Personas dentro de la Deidad podría carecer de los aspectos esenciales y atributos de Deidad y mantener algún lugar en la comunión que comprende la Deidad. Por la necesidad más empírica estas Personas tienen que ser co-iguales. Ninguna graduación pertenece a la infinidad. No hay esfera de existencia intermedia entre la Deidad infinita y la criatura finita. Todo cuanto está dentro de la Esencia de la Deidad nada le falta que pertenezca a la infinita entereza. Todos deben ser iguales en poder, gloria, sabiduría, benevolencia, dignidad y disposición a la comunión. Estos atributos siempre han existido y siempre serán ejercitados por cada Persona dentro de la Deidad. En toda la plenitud de la infinidad estos atributos han estado eternamente en cada Persona. Por consiguiente, como cada Persona siempre han ejercitado estos atributos hasta el infinito y eternamente, viene a ser evidente que cada uno siempre ha sido y será infinitamente activo como agente y como objeto. Es imposible para una mente finita comprender el íntimo y constante afecto que el amor infinito ha generado dentro de la Deidad. Cada uno amando y siendo amado recíprocamente. Cada uno con perfecto entendimiento apreciando las perfecciones de los otros. La santa voluntad de Uno en perfecta concordancia con la santa voluntad de los Otros. No hay que sorprenderse que el Padre dijera del Hijo: "Este es mi Hijo amado en quien tengo complacencia."

6. LA PLURALIDAD EN DIOS ES UNA TRINIDAD. Hasta aquí en este argumento se ha afirmado una pluralidad dentro de la Deidad, pero hay que emitir algunas pruebas como evidencia de que esa pluralidad es una unidad –no más, y no menos. Este es el claro testimonio de la revelación, pero el propósito de este argumento es primero demostrar todo lo que se pueda a través de la razón antes de volver a la revelación. Se ha visto que debe de haber una pluralidad de Personas a fin de que los atributos divinos puedan ser ejercitados dentro de la Deidad y aparte de la creación, y que cada Persona debe servir tanto como agente y como objeto en la comunión y

reciprocidad que corresponde a esa relación; pero si todas las formas de las Personas han de ser experimentadas debe de haber acción asociada tanto como lo que es individual. El unido compañerismo y concordancia que tiene especial significado entre los hombres en la tierra (Mt. 18:19) indudablemente tienen su contraparte en el compañerismo entre la Deidad. En una extensión no pequeña tal acción conjunta está implícita en la comunión y armonía entre las Personas de la Deidad, armonía que ha sido reconocida. De donde se sigue que como el elemento de acción conjunta como agente es experimentada por dos, debe de haber una tercera Persona que sirva como objeto. No hay necesidad para más de tres Personas en la Deidad y no podrían ser menos. *Tres* es el número de la perfección divina, no sólo en el testimonio de la Biblia, el que es suficiente y final, pero sobre el terreno del hecho que dentro de una tríada de Personas cada demanda que la reciprocidad puede presentar es satisfecha. Dos Personas finitas armonizando como agentes por la función asociada de Seres tienen que tener como objeto una tercera Persona igualmente calificada como ellas mismas. Así Padre e Hijo siendo agentes asociados, dicen, en el ejercicio de amor infinito, tener al Espíritu Santo como su objeto; el Hijo y el Espíritu siendo agentes asociados, tienen al Padre como su objeto; y el Padre y el Espíritu siendo agentes asociados tienen al Hijo como objeto de Su amor. De este modo se ve que tres es una medida grande de concordancia entre la revelación y la razón concerniente a la Deidad Trina.

El impugnador individual al dogma Trinitario haría bien en prestar atención a las enseñanzas de la Biblia sobre este tema; pero si él, por incredulidad no es dócil a la Palabra de Dios, debiera atender sobre lo que dice lo menos exacto, a pesar de que todavía empírica, a los dictados de la razón. El punto de partida de los testigos cristianos, sea que traten con judíos, unitarios, mahometanos o agnósticos, es una defensa de la unidad de Dios. El cristiano no le ceda el primer lugar a nadie en su insistencia de que hay *un* solo Dios. El cristiano está en posesión de todo aquello que el judío y el mahometano proclaman, e infinitamente más.

7. LA BIBLIA APOYA LA RAZON. Otra vez y siguiendo bajo el tema general de la *razón,* se verá que la Biblia sostiene y justifica cada conclusión racional cuanto al modo trino de existencia de Dios. La verdad existió antes que se hiciera revelación alguna en forma escrita. Por tanto, ella no depende de la revelación para probar su veracidad. Al mismo fin, se puede decir que algunas verdades, aunque registradas y en ninguna manera contrarias a la razón no son demostrables por la razón. Si, como se ha probado, la revelación es infinitamente cierta, se sigue que, la razón le adelantaría una

contradicción a la revelación, de donde la razón está equivocada. La doctrina de la Trinidad es una de las más inequívocas enseñanzas de la Biblia. Aunque la razón no tiene ocasión para ayudar a la revelación con respecto a esta doctrina, la revelación puede asistir a la razón. Ahora hay que prestar atención a este campo de la investigación. Las Escrituras disponibles serán sólo como para aseverar la eterna existencia de la Deidad. Algunas cosas, afirma la Escritura, han existido *desde* la fundación del mundo, o entre los límites del tiempo, mientras que otras Escrituras afirman que algunas cosas existieron *antes* de la fundación del mundo, o desde toda la eternidad. De Cristo se dice que fue muerto *desde antes* de la fundación del mundo (1 P. 1:20).

a. EL ETERNO EJERCICIO DEL AMOR. En su gran oración Sacerdotal Cristo dijo al Padre: "Porque me has amado desde antes de la fundación del mundo" (Jn. 17:24). El amor es un atributo divino que, como todos los otros atributos, como se ha demostrado, no sólo es eterno y por lo tanto ejercitado desde antes de la creación del universo y aparte de éste, pero requiere que él, como agente tendrá un objeto en todo sentido co-igual y recíproco. Esta declaración de parte de Cristo se refiere a ese eterno ejercicio del amor. Por medio de estas palabras de Cristo el lector es llevado hacia atrás a esa pavorosa eternidad que precedió a la creación, donde no había más agente ni objeto fuera de las Personas de la Deidad. Dios, como una Persona individual, no se amó meramente a Sí mismo, sino que amó a otras Personas diferentes de El, que comprenden la Esencia que es Dios.

b. EL EJERCICIO DE MUTUA GLORIA. En la misma oración y hablando directamente con Su Padre de cosas perfectamente del conocimiento de ambos, Cristo dijo: "Y ahora pues, Padre, glorifícame tú para contigo, con aquella gloria que tuve contigo antes que el mundo fuese" (Jn. 17:5). La frase *παρὰ σεαυτῷ* ("contigo mismo") es definida, indicando una gloria con la Persona del Padre aparte de eternas dignidades u honores. Lo mismo se expresa de nuevo por las palabras, *παρὰ σοί* ("contigo"). Desde la eternidad el Hijo ha participado de la gloria que pertence a la Deidad. La gloria es de dignidad, perfección e infinita beatitud. Siendo Dios inmutable, su gloria nunca puede cambiar. La fecha de esta gloria no podría quedar inadvertida. Es desde antes de la creación de los mundos e indudablemente anterior a la existencia de los seres angélicos que estuvieron presentes para mirar esa gloria. Alguna insinuación de esa gloria podemos ver en Apocalipsis 21:23, en donde se dice que esa misma gloria incambiable ha de ser manifestada en las edades venideras.

c. EL EJERCICIO DEL CONOCIMIENTO. Una pluralidad de Personas en la Deidad provee una mutua comunión de conocimiento entre agente y objeto. Tal es el caso ahora y lo ha sido siempre. Las palabras de Cristo sobre este aspecto de eterna reciprocidad son de gran importancia: "Así como el Padre me conoce, y yo conozco al Padre" (Jn. 10:15); ". . . y nadie conoce al Hijo sino el Padre, ni al Padre conoce alguno, sino el Hijo" (Mt. 11:27). De modo semejante se descubre que el Espíritu conoce. Está escrito: "Mas el que escudriña los corazones sabe cuál es la intención del Espíritu; porque conforme a la voluntad de Dios intercede por nosotros" (Ro. 8:27); "Pero Dios nos las reveló a nosotros por el Espíritu; porque el Espíritu todo lo escudriña, aun lo profundo de Dios" (1 Co. 2:10). Así no sólo la reciprocidad de agente y objeto en la esfera del conocimiento es asegurada, sino que la eternidad de ambos se declara, del Hijo y del Espíritu.

d. EL EJERCICIO DE LA DISPOSICION DIVINA PARA LA COMUNION. Si la tri-una existencia hubiera sido de Seres enteramente distintos sin una mutua relación que los uniera, bajo tales circunstancias, hubiera sido fácil para estos Seres haberse separado el uno del otro y perturbados por intereses rivales; pero siendo de una Esencia, no podría haber separación instigada por intereses propios. La preposición significativa *con* se emplea para denotar esta eterna comunión. Como se ha notado arriba, Cristo habla al Padre de la gloria que El tuvo *con* el Padre en las edades pasadas, y Juan introduce su evangelio con la sublime declaración: "En el principio era el Verbo, y el Verbo era con Dios, y el Verbo era Dios" (Jn. 1:1). La misma relación es presentada en 1 Juan 1:2. Del Cristo se dice que El era "aquella vida eterna, la cual estaba con el Padre." La frase *"en el principio"*, como la usa aquí Juan, difícilmente podría ser una referencia de haber sido otra cosa que a la eternidad pasada que fue previa al evento mencionado en el versículo siguiente, esto es, "Todas las cosas por él fueron hechas, y sin él nada de lo que ha sido hecho fue hecho." En tal tiempo y bajo tales circunstancias, se afirma que el Hijo, o Logos, estaba *con* Dios, también que entonces, como ahora, y como será El siempre, el Hijo Logos, era y es Dios. Nunca hubo ni nunca pudo haber habido otra cosa que mutua comunión, todo-satisfactoria para ambos, agente y objeto, entre estas personas de la Deidad. Esta comunión, aparte de todo lo creado, fue completa y perfecta antes como después de la creación. Es dentro de la esfera de la Deidad trina que hay una insondable profundidad de significado a la palabra: "El unigénito Hijo que está en el seno del Padre", y "como tú, Padre, estás en mí, y yo en tí", y "yo soy en el Padre y el Padre en mí", y una vez más todavía, "Todas las cosas que tiene el Padre son mías."

Así se ve que las deducciones que la razón finita afirma están sustentadas por la Palabra de Dios, la que es infinitamente verdadera. Hay una pluralidad en la Deidad desde la eternidad y esto en la reciprocidad que agente y objeto han mantenido amor mutuo, gloria, conocimiento y comunión desde la eternidad –una relación tan suficiente que las demandas infinitas han sido satisfechas. A esto, la creación que ocurrió después, no podía agregar nada.

II. LA REVELACION

Como las Escrituras asumen la existencia de Dios basada en el hecho El nunca empezó a ser, de la misma manera y por la misma razón, las Escrituras asumen el modo de existencia tri-uno de la Deidad. Las tres Personas concurren en la revelación como Autores y son, en esa relación, no para ser ensalzados solo como los sujetos de la revelación. La existencia del autor de cualquier libro se asume, y, según estas realidades, la doctrina de la existencia tri-una no se basa sobre aserciones bíblicas directas, o ningún uso de la palabra *trinidad,* palabra que no se encuentra en el Sagrado Texto. La palabra trinidad empezó a usarse en el segundo siglo. Es de gran valor que los nombres de Dios son auto-revelados, y eso en el Antiguo Testamento, el nombre Elohim es plural y que en el Nuevo Testamento, el nombre Θεός, aunque singular, está representado en pluralidad tri-una como Padre, Hijo y Espíritu Santo. Se nota también que el mensaje primario del Antiguo Testamento respecto a la Deidad es de Su unidad, pero hay muchas indicaciones de que hay una pluralidad de Personas. Así, y con el mismo propósito, hay que notar en conexión con el Nuevo Testamento, siendo que tiene que ver con varios aspectos de la redención, qué parte asume cada Persona distinta de la Deidad, que su mensaje primario relativo a Dios es de las tres Personas son definidas indicaciones, de nuevo esta representación, que hay un solo Dios.

1. LA DOCTRINA DE LA TRINIDAD SEGUN SE EXPONE EN EL ANTIGUO TESTAMENTO. Anteriormente se ha llamado la atención en este tratado a la importancia de la verdad de que la palabra *Elohim,* es plural, y, por tanto que es usada apropiadamente con la forma plural del lenguaje; pero ésta, como muchas doctrinas antiguotestamentarias, es enteramente aparte del desarrollo doctrinal completado en el Nuevo Testamento en donde aparecen las distinciones entre Padre, Hijo y Espíritu Santo. ¿Por qué se habría de resistir a la declaración del Antiguo Testamento de que el nombre *Elohim* es una referencia velada a la trinidad de Personas en la

Deidad, cuando el Nuevo Testamento establece que la trinidad de Personas existe y siempre ha existido? Si no hubiese un desarrollo ulterior de la doctrina Trinitaria que la insinuación adelantada por la forma plural *Elohim,* el caso sería diferente, porque el plural de *Elohim* no es prueba suficiente y final del modo tri-uno de existencia; pero no la forma singular de *θεός* cuando por Escrituras autoritativas se ve que representa a tres Personas distintas y guía de modo inequívoco a la correcta solución del problema que origina el plural de *Elohim.* El caso es aún más fuerte cuando se descubre que los oponentes no ofrecen argumento contra esta interpretación, sino que meramente la sustituyen con otra noción.

En el Salmo segundo se hace una definida distinción entre Jehová y Su Mesías (v. 2). En este Salmo Jehová afirma, "Pero yo he puesto mi rey sobre Sion, mi santo monte" (v. 6), y el Hijo, quien es el Rey, declara, "Jehová me ha dicho, mi hijo eres tú; yo te engendré hoy." De modo similar, se establece una distinción en muchos pasajes entre Jehová y el Siervo de Jehová, o el Angel de Jehová. Enteramente apoyando la verdad de que Dios es una Esencia en la que subsisten tres Personas, está el hecho que el Angel de Jehová a veces es otro distinto de Jehová, y otras veces El es Jehová mismo. Otra vez en el Salmo veintidós, que recoge la oración de Cristo dirigida al Padre cuando Cristo estaba en la cruz, se registra que El dijo: "Dios mío, Dios mío, ¿por qué me has desamparado? " (v. 1); así también en el versículo 15, "y me has puesto en el polvo de la muerte." Así, igualmente, el nombre *Emmanuel* por inspiración es interpretado "con nosotros Dios", que indica no *menos* que el hecho de que Dios ha entrado en la esfera humana en la encarnación del Hijo, quien se hizo carne y habitó entre nosotros. Ni es de menor importancia de que los tres nombres primarios de la Deidad en el Antiguo Testamento son directamente asignados a cada una de las tres Personas. Que la Primera Persona es *Jehová, Elohim y Adonai* no es necesario señalarlas. Aun es igualmente verdad que estos nombres son aplicados a la Segunda Persona. Se le llama *El* (Is. 9:6), *Jehová* (Sal. 68:18; Is. 6:1-3; 45:21). Así también, el Espíritu es llamado *Jehová* (Is. 11:2, literalmente *Espíritu de Jehová;* comp. Jue. 15:14), y el *Espíritu de Elohim* (Ex. 31:3, literalmente *Espíritu de Elohim).* Le dedicaremos también un pensamiento a la alocución que el sumo sacerdote usaba al invocar una bendición sobre el pueblo de Israel, y por autoridad divina: "Jehová te bendiga, y te guarde; Jehová haga resplandecer su rostro sobre tí, y tenga de tí misericordia; Jehová alce sobre tí su rostro y ponga en tí paz" (Nm. 6:24-27). Las tres partes de esta bendición concuerdan con los ministerios de las tres Personas de la Deidad. El pensamiento que sigue en cuanto a *La*

Persona de Cristo por J. Pye Smith, presenta este aspecto de la verdad muy bien: "El primer nombre de la fórmula expresa el amor benévolo de Dios; el Padre de misericordias y fuente de todo bien; la segunda bien concuerda con la gracia de nuestro Señor Jesucristo, que redime y reconcilia; y la última es apropiada a la pureza, consolación y gozo, que se reciben por la comunión del Espíritu Santo" (citado por Watson, *Insitutes,* I, 470). Aquí hay una sorprendente correspondencia con las bendiciones registradas en el Nuevo Testamento, que tan claramente mencionan a las Personas de la Deidad, y les asigna sus respectivos ministerios (comp. 2 Co. 13:14).

Por su gran significado dirigimos la atención a la triple atribución de Isaías 6:3. Sobre este pasaje Richard Watson ha escrito:

"La esencia de la visión es el lugar santo del templo y por tanto se ubica en la misma habitación y residencia de *Los Santos,* celebrada aquí por los serafines que ante ellos cubrieron sus rostros y el uno al otro daban voces diciendo: ' Santo, santo, santo, Jehová de los ejércitos. ' Este pasaje, si estuviese solo, podría ser eludido diciendo que este acto de adoración *Divina* mencionado aquí, es únicamente *enfático,* en la forma hebrea de expresión, un *superlativo;* aunque eso se ha asumido, pero de ninguna manera se ha probado. Sin embargo es digno de seria observación, que este acto distinto de adoración trina, del que a menudo se ha supuesto que señala una pluralidad de personas como el objeto de ella, es contestado por una voz procedente de la excelsa gloria que anonadó la mente del profeta cuando fue favorecido por la visión, respondiendo en el mismo lenguaje de pluralidad en que la doxología de los serafines se expresó. ' Después oí la voz del Señor que decía: ¿a quién enviaré, y quién irá por nosotros? ' Pero ésta no es la única evidencia que en este pasaje *Los Santos* a quienes se habían dirigido por su apropiada e igual designación de *santo* eran las *tres* divinas substancias de la Deidad. El ser a quien se dirigieron era el ' Señor de los Ejércitos. ' Todo esto admite que incluye al *Padre;* pero el evangelista Juan en XII, 41, en manifiesta referencia a este caso, observa, ' Estas cosas dijo Isaías cuando vio su gloria (de Cristo) y habló de él. ' Por tanto, en esta visión tenemos también al *Hijo* cuya gloria en esta ocasión se dice que vio el profeta. Hechos XXVIII, 25, determina que también estaba la presencia del Espíritu Santo. ' Bien habló el Espíritu Santo por medio del Profeta Isaías a nuestros padres, diciendo: ' Ve a este pueblo y diles: De oído oiréis y no entenderéis; y viendo veréis y no percibiréis. ' Estas palabras citadas de Isaías, el Apóstol Pablo declara que fueron dichas en esta misma ocasión por el ' Señor de los Ejércitos. ' ' Y dijo: Anda, y dí a este pueblo: oíd bien y no entendáis; ved por cierto mas no comprendáis.'

Ahora, pongamos todas juntas estas circunstancias –el lugar, el lugar santísimo; la repetición del homenaje. Tres veces Santo, santo, santo –el Jehová de los ejércitos, a quien se dirigió– el pronombre plural usado por este Un Jehová, nosotros; la declaración de un evangelista, de que en esta ocasión Isaías vio la gloria de Cristo; la declaración de San Pablo de que el Señor de los ejércitos era el Espíritu Santo; y la conclusión no va a aparecer sin la mayor autoridad así circunstancial como declaratoria, de que la adoración, Santo, santo, santo, se refiere al Divino trio, en la una esencia del Señor de los ejércitos. En efecto, en el libro de Apocalipsis, en donde ' el cordero ' se representa tan constantemente como sentado en el trono Divino, y en donde por nombre está asociado con el Padre, como objeto de igual homenaje y de alabanza de santos y ángeles; esta escena de Isaías es transferida al capítulo cuatro, y los 'seres vivientes' los serafines de Isaías, se oyen en el mismo esfuerzo y con el mismo ritmo repitiendo: "Santo, santo, santo es el Señor todopoderoso, el que era, el que es, y el que ha de venir.' " – *Ibid.*, I, 470-71.

Asimismo, la triple bendición que Jacob imploró sobre los hijos de José es bien descrita por Herman Venema:

" 'El Dios en cuya presencia anduvieron mis padres. . .el Dios que me mantiene desde que yo soy hasta este día, el Angel que me liberta de todo mal, bendiga a estos jóvenes' (Gn.48:15-16). Si la doctrina de la Trinidad no está revelada en este pasaje será difícil dar razón para tan largo prefacio. Pero examinémoslo un poco más detenidamente. En las palabras de Jacob hemos hecho mención de tres distintas personas – 'El Dios en cuya presencia anduvieron mis padres", y 'el Angel que me liberta de todo mal' – aquí tenemos a lo menos dos personas; pero es mucho más decir: 'El Dios que me mantiene.' El último de éstos es incuestionablemente distinto del Angel, y también el Dios en cuya presencia anduvieron sus padres. Así hay tres personas distintas, bajo tres nombres personales y ejecutando distintos oficios. 'El Dios que me mantiene' y 'el Angel que me liberta' ambos son representados como en posesión de lo que es peculiar a una persona divina, y como permaneciendo en el mismo fundamento con el verdadero Dios. A ambos se le atribuyen obras divinas. Son mencionados como objeto de adoración divina y como el manantial de bendiciones, Jacob invoca una bendición de los tres. Pero el verdadero Dios es el objeto de adoración – el único ser a quien se puede dirigir la oración. En todas partes del Antiguo Testamento leemos de santos orando a, o invocando bendiciones de nadie más que de Dios. Como si Jacob hubiera dicho: El que es la fuente de las bendiciones bendiga a estos mozos. Ninguna criatura puede bendecirles efectivamente. Los otros dos, por tanto, que mencionó Jacob, son divinos realmente. Esto está confirmado por las Escrituras que describen a Dios el Padre como guiador, el maestro, o en cuya presencia anduvieron nuestros padres – el Hijo de Dios como el Goel, el Angel que redime – y Dios quien es el autor de toda iluminación, santificación y consuelo, como el Espíritu Santo que nos nutre con alimento espiritual." – *System of Theology*, ps.210-11.

Tres personas están indicadas en 2 Samuel 23:2,3; Isaías 48:16; 63:7-10. De la misma manera, en vista de que el hecho de la creación es adjudicada a cada una de las Personas de la Deidad separadamente tanto como a Elohim por las palabras "Entonces dijo Dios (Elohim), hagamos al hombre a nuestra imagen" (Gn.1:26), es una fuerte confirmación de la misma verdad de que Eclesiastés 12:1 tiene el plural, como a la letra dice: "Acuérdate de tu Creador (Creadores) . . ."

Como un sumario de la doctrina de la Trinidad como se halla en el Antiguo Testamento, el Dr. W.H. Griffith Thomas afirma en sus *Principios de Teología* (ps. 25,26), y bajo el encabezamiento,La Doctrina Anticipada":

"A esta escena, y sólo aquí, podemos buscar otro apoyo para la doctrina. A la luz de los hechos del Nuevo Testamento no podemos abstenernos de preguntar si no pudo haber habido alguna indicación de ella en el Antiguo Testamento. Como la doctrina surge directamente de los hechos del Nuevo Testamento, no nos interesamos en hallar una demostración más completa de ella en el Antiguo. No debemos esperar demasiado porque, como la función de Israel fue la de enfatizar la singularidad de Dios (Dt.6:4), cualquier revelación prematura pudiera haber sido desastrosa. Pero si la doctrina fuere cierta debemos esperar que los judíos cristianos, a cualquier costo, buscarían alguna anticipación de ella en el Viejo Testamento. Nosotros creemos encontrarla allí. (a) El uso del plural ' Elohim ', con el verbo singular "bara", a lo menos es notable, y parece llamar a algún reconocimiento, especialmente cómo el mismo solecismo gramatical es usado por el Apóstol Pablo (1 Ts.3:2, griego). Entonces también de los plurales ' nuestro ' (Gn.1:26), ' descendamos ', ' confundamos ' (Gn.11:7), parece indicar alguna conversación en Dios. No es satisfactorio decir que con esto se refería a los ángeles, ya que ellos no están asociados con Dios en la creación. Cualquiera que sea el significado de este uso, parece, de cualquier modo, implicar qué el monoteísmo hebreo fue una intensiva realidad viviente. (b) Las referencias al ' Angel de Jehová ' prepara el camino para la doctrina cristiana de una distinción en la Deidad (Gn.18:2,17; 18:22 con 19:1; Jos.5:13-15 con 6:2; Jue. 13:8-21; Zac.13:7). (c) Las alusiones al ' Espíritu de Jehová ' forman otra línea de enseñanza del Antiguo Testamento. En Génesis 1:2 el Espíritu es sólo una energía, pero en libros subsecuentes, un agente (Is.40:13; 48:16; 59:19; 63:10). (d) La personificación de la Sabiduría divina en Proverbios 8 también es digna de observarse, porque la conexión entre la personificación de la Sabiduría de Proverbios 8, el Logos de Juan 1:1-18, y la ' sabiduría ' de 1 Co. I, 24 difícilmente podría ser accidental. (e) También hay otras indicaciones, tales como la Triplicidad de los Nombres Divinos (Nm. VI, 24-27; Sal. XXIX, 3-5; Is. VI, 1-3), que, mientras por una parte no pueden ser recalcados tampoco se les puede pasar por alto. Todas estas son indicaciones que podrían contarse hasta que viniera el cumplimiento de los tiempos. El trabajo especial de Israel fue el de guardar la trascendencia y omnipresencia de Dios; y fue para el cristianismo el desarrollar la doctrina de la Deidad a la plenitud, profundidad y riqueza que encontramos en la revelación del Hijo Encarnado de Dios."

2. LA DOCTRINA DE LA TRINIDAD ESTABLECIDA EN EL NUEVO TESTAMENTO. En el Nuevo Testamento el campo de testimonio e investigación relativo a la doctrina de la Trinidad es extensamente grande. Hay quienes declaran, y no son poco, que no hay pruebas concretas en el Antiguo Testamento que establezcan el modo triuno de existencia, esto es, aparte de la influencia retroactiva de la revelación del Nuevo Testamento. Es evidente que ciertos judíos piadosos sentían el aspecto plural de la existencia divina. Tales hombres como los que tradujeron la Septuaginta investigaron las Escrituras, pero poco se ha resgistrado con seguridad que ellos hayan llegado a entender claramente el modo tri-uno de existencia de Dios uno a quien adoraban. A ellos se les dio vigorosamente instrucción de defender la concepción monoteísta de la Deidad. Como es cierto de todos los santos de todas las edades, su creencia ocultaba en sí misma

vastas realidades a las que ellos nunca lograron. Aun cuando el aspecto plural de la Deidad fuera divinamente captado por algunos, más que por otros, la plenitud de la declaración esperaba el cumplimiento de los tiempos.

La revelación del Nuevo Testamento es ilimitada. La mención de un nombre de la Deidad o de su pronombre correspondiente es simultáneamente la declaración de una distinción trinitaria. Como el elemento de la virtud moral en la prescripción de la conducta cristiana, el modo trino de existencia de la Deidad está presente en todas partes y se da por sentado a través de todo el Nuevo Testamento. Es así completamente la esfera de todas las relaciones que requieren análisis. A lo menos, algunos de los aspectos más gloriosos de esta verdad pueden ser considerados separadamente con provecho. A continuación vienen cuatro líneas de investigación a saber: (a) los nombres de Dios, (b) los atributos de Dios, (c) las obras de Dios, y (d) la adoración de Dios.

a. LA TRINIDAD Y LOS NOMBRES DE DIOS. A cada una de las tres personas se les aplican directamente los nombres de Dios. No surge ninguna cuestión relativa a que los títulos divinos pertenezcan propiamente al Padre. Sin embargo el Hijo y el Espíritu Santo llevan las mismas designaciones. El Hijo es llamado Dios (Jn. 1:1), *el verdadero Dios* (1 Jn.5:20), *Dios . . . bendito por los siglos* (Ro.9:5), *Gran Dios* (Tito 2:13. Así también el Espíritu es llamado *Dios* (Hch.5:3-9) y *Señor* (2 Co.3:17).

Mientras los diferentes nombres de las Personas de la Deidad son plenamente empleados en todas partes en el Nuevo Testamento la designación completa de Dios como se revela en el Nuevo Pacto en, y como una parte de, la gran comisión, a saber: "Por tanto, id., y haced discípulos, bautizándolos en el nombre del Padre, y del Hijo, y del Espíritu Santo" (Mt. 28:19). Como el bautismo subsiste como el acto inicial de un creyente en acto público de testimonio por Cristo, así, en ese umbral, es proclamado el título completo del Dios en cuya comunión entra el candidato. En esta conexión, es muy significativo que la primera aparición en público de Cristo fuera la de Su bautismo, y que, aunque no se registra ninguna fórmula que Juan hubiese pronunciado sobre Cristo en esa ocasión, las tres Personas de la Deidad estaban presentes y fueron identificadas. El Padre reconoció al Hijo –"Este es mi Hijo amado"–; el Hijo estaba presente y visible; y el Espíritu se vio descender sobre Cristo en forma de paloma. En la gran comisión se instruye en cuanto al bautismo para que fuera administrado en el *nombre,* no en *los nombres* –el nombre único del Padre, y del Hijo y del Espíritu Santo. La frase *el nombre,* es una fuerte declaración de la unidad divina que subsiste como Padre, Hijo y Espíritu. La ordenanza a la vista ha de ser ejecutada por la autoridad de ese incomparable nombre, pero ese nombre triple.

b. LA TRINIDAD Y LOS ATRIBUTOS DE DIOS. Es un hecho desafiante que los atributos de la Deidad se atribuyen a cada uno de los Tres Benditos. (a) Del Padre se dice, "Desde el siglo y hasta el siglo, tú eres Dios" (Sal.90:2); del Hijo se dice que El es el "Alfa y Omega", el principio y fin, el primero y el postrero", de que "El era en el principio con Dios", y que "Sus salidas son desde el principio, desde los días de la eternidad" (Ap.1:8,17; Jn.1:2; Miq. 5:2); del Espíritu está escrito, "Cristo, mediante el Espíritu eterno se ofreció a sí mismo sin mancha a Dios" (He.9:14). (b) Poder infinito es ejercido por cada Persona. Se dice del Padre, "Sois guardados por el poder de Dios" (1 P.1:5); del Hijo –"de buena gana me gloriaré en mis debilidades, para que repose sobre mi el poder de Cristo" (2 Co.12:9); del Espíritu –"con potencia de señales y prodigios, en el poder del Espíritu de Dios" (Ro. 15:19). (c) A cada una de las Personas de la Trinidad se les atribuye omnisciencia: El Padre escudriña el corazón" (Jer.19:10); el Hijo –"las iglesias sabrán que yo soy el que escudriña la mente y el corazón"(Ap.2:23); El Espíritu– "Así tampoco, nadie conoció las cosas de Dios, sino el Espíritu de Dios" (1 Co.2:11). (d) Así, la omnipresencia pertenece a cada Persona: Dios ha dicho, "¿No lleno yo, dice Jehová, el cielo y la tierra? " (Jer.23:24); Cristo dijo, "Porque donde están dos o tres congregados en mi nombre allí estoy yo en medio de ellos" (Mt.18:20); el Salmista escribió en cuanto al Espíritu: "A dónde huiré de tu presencia? " (Sal.139:7). (e) Santidad es el carácter de cada Persona de la Trinidad: De la Primera Persona se inquiere, "¿Quién no te temerá, oh Señor, y glorificará tu nombre? , pues tú sólo eres santo" (Ap.15:4); Cristo es El Santo –"Más vosotros negasteis al Santo" (Hch.3:14); y del Espíritu en todas partes se dice que es el Espíritu Santo. No es de maravillarse que los ángeles exclamaran, "Santo, santo, santo, Jehová de los Ejércitos" (Is.6:3). (f) Se atribuye verdad a cada una de las tres Personas. Del Padre, Cristo dijo, "El que me envió es verdadero" (Jn.7:28); está escrito cuanto a Cristo: "Esto dice el Santo, el verdadero" (Ap.3:7); y del Espíritu, "Y el Espíritu es el que da testimonio; porque el Espíritu es la verdad" (1 Jn.5:6). (g) En verdad, las tres Personas son igualmente benevolentes: Del Padre se declara, "Su benignidad te guía a arrepentimiento" (Ro.2:4); Cristo amó a la iglesia (Ef.5:25); "Les enviaste tu buen Espíritu" (Neh.9:20). (h) La disposición para la comunión es compartida por cada Persona: Se dice que el Padre y el

verdaderamente es con el Padre y con el Hijo (1 Jn.1:3); y se da testimonio de la *comunión* del Espíritu Santo, (2 Co.13:14).

La misma cualidad puede establecerse concerniente a cada aspecto del carácter de Dios. Lo que es cierto de una Persona lo es de las otras dos, y esto es evidencia conclusiva de que la Deidad es una Trinidad de Personas infinitas, no obstante, *un Dios.*

No hay insinuación de que una Persona de la Deidad asuma estos atributos por las otras dos Personas, o que los atributos son tenidos en sociedad. Todos son adjudicados a uno como si no existiesen los otros. Así la relación particular de Uno en Tres y de Tres en Uno, es sostenida aparte de aquellas participaciones interdependientes usuales que caracterizan todas las combinaciones humanas y mutuas manifestaciones. El hecho de que cada Persona posee todas las características divinas y tan completamente que pareciera que ninguna otra necesita poseerlas, habla de las distinciones entre las Personas como tales.. Por otro lado, el hecho que todas ellas manifiestan estas características idénticamente en las mismas formas y en la misma medida, habla de la unidad de donde emana su modo de existencia.

c. LA TRINIDAD Y LAS OBRAS DE DIOS. Cada obra distintiva de Dios no sólo se dice que fue efectuada por una Persona de la Deidad, sino que las obras mayores de Dios son adjudicadas a cada una de las Tres Personas. No hay ningún ejemplo en que se diga que estas Personas se combinaron en lo que hicieron; más bien es que la misma cosa en una Escritura se atribuye a una Persona que en otra Escritura se atribuye a otra, y así hasta que a cada una de las Tres Personas le es acreditada la misma obra y, en cada caso, es como si ninguna de las otras Personas estuviesen jamás relacionadas a ella. No se reconoce ningún compañerismo aparente. El hecho de anunciarse de cada Una como ejecutando enteramente una empresa dada, completamente aparte de las Otras, es indicación de la verdad que las Personas mantienen una distinción la una de la otra. Por otra parte, el hecho de que cada Una hace completa y perfectamente la tarea encomendada y en una forma que implicaría que ninguna otra necesita ejecutarla, indica una misteriosa unidad mucho más concentrada que no se conoce en ninguna experiencia humana. Algunas de estas principales obras de Dios de las que se declara haber sido totalmente ejecutadas por cada Persona e independientemente de las otras se estudiarán específicamente.

(1) *La Creación del Universo.* La empresa estupenda de producir la existencia de un universo inconmensurable se afirma que fue efectuada por cada Persona enteramente aparte de participación, compañerismo o cooperación. Se afirma de Dios, la Primera Persona.

"Desde el principio tú fundaste la tierra: y los cielos son obra de tus manos" (Sal.102:25); De Cristo se dice: "Porque por El fueron creadas todas las cosas, las que hay en los cielos, y las que hay en la tierra, visibles e invisibles" (Col.1:16); y del Espíritu Santo está escrito: "Y el Espíritu de Dios se movía sobre la faz de las aguas" (Gn.1:2), y "Su Espíritu adornó los cielos" (Job 26:25). Todo esto está combinado en la sublime declaración de "En el principio creó Dios (Elohim) los cielos y la tierra" (Gn.1:1). El acto de la creación, separado, aunque completo, por parte de cada Persona es reunido en la aserción de que Elohim –nombre que presagia el misterio de pluralidad en unidad y unidad en pluralidad– efectuó la empresa.

(2) *La Creación del Hombre.* La creación del hombre es el acto creativo de Dios, siendo que de ningún otro se ha dicho que la cosa creada es hecha a su imagen y semejanza. Este acto creativo de Dios es también la obra de las Personas separadas de la Trinidad: Se dice que *Jehová Elohim* "formó al hombre del polvo de la tierra y sopló en su nariz soplo de vida; y fue el hombre un ser viviente" (Gn.2:7); de Cristo está escrito, "Por El fueron creadas todas las cosas, las que hay en los cielos y las que hay en la tierra, visibles e invisibles" (Col.1:16); así con el mismo propósito se declara, "El Espíritu de Dios me hizo, y el soplo del Omnipotente me dio vida" (Job 33:4). En vista de esto el sabio amonesta, "Acuérdate de tu Creador en los días de tu juventud" (Ec.12:1); y se le ha dicho a Israel, "Porque tu marido es tu Hacedor (Is.54:5; ambas citas en plural).

(3) *La Encarnación.* Tres Personas están presentes en la encarnación: el Espíritu engendra al Hijo, pero en tal manera que el Hijo se dirige a la Primera Persona como Su *Padre.* Tal es la naturaleza de la regeneración en el caso de las almas. Siendo que la regeneración es por el Espíritu, el salvado así una vez para siempre, desde entonces en adelante, se dirige a la Primera Persona como *Padre.*

(4) *La Vida y el Ministerio de Cristo.* El Hijo siempre hizo la voluntad del Padre, y con este fin, el Espíritu le fue dado al Hijo sin medida.

(5) *La Muerte de Cristo.* Cuando pendía de la cruz, y desde allí se dirigió al Padre, está escrito que El dijo, "Y me has puesto en el polvo de la tierra" (Sal.22:15). Similarmente del Padre se dice, "El que no escatimó ni a Su propio Hijo, sino que lo entregó por todos nosotros" (Ro.8:32). Así mismo, "Porque de tal manera amó Dios al mundo que ha dado a Su Hijo Unigénito" (Jn.3:16); el Hijo habló por sí, diciendo, "Nadie me la quita (mi vida) sino que yo de mí mismo la pongo. Tengo poder para ponerla y tengo poder para volverla a tomar" (Jn.10:18). Otra vez, Pablo testifica en cuanto al

sacrificio de Cristo que "El cual me amó y se entregó a sí mismo por mi" (Gá.2:20). De la parte del Espíritu en la muerte de Cristo, se dice, "Cristo . . .por el Espíritu eterno se ofreció sin mancha a Dios" (He.9:14).

(6) *La Resurrección de Cristo.* Entre muchas declaraciones que aseguran que el Padre levantó al Hijo de la muerte, una declara: ". . . al cual Dios levantó" (Hch.2:24); y el Hijo dijo de su vida y resurrección, "tengo poder para volverla a tomar" (Jn.10:18), y "Destruid este templo y en tres días lo levantaré" (Jn.2:19). En esta misma conexión se dice del Espíritu, "Cristo (fue) muerto en la carne, pero vivificado en el espíritu" (1 P.3:18).

(7) *La Resurrección de Toda la Humanidad.* Se dice de ambos, del Padre y del Hijo: "Porque como el Padre levanta a los muertos y les da vida, así también el Hijo a los que quiere da vida" (Jn.5:21), y de la Tercera Persona se ha dicho: "Y si el Espíritu de aquel que levantó de los muertos a Jesús mora en vosotros, el que levantó de los muertos a Cristo Jesús vivificará también vuestros cuerpos mortales, por Su Espíritu que vive en vosotros" (Ro.8:11).

(8) *La Inspiración de las Escrituras.* Aquí las tres Personas aparecen en varios pasajes: "Toda escritura es inspirada por Dios" (2 Ti.3:16); "Los profetas . . . inquirieron . . . escudriñando qué persona y que tiempo indicaba el Espíritu de Cristo que estaba en ellos, el cual anunciaba de antemano los sufrimientos de Cristo, y las glorias que vendrían tras ellos" (1 P.1:10,11); y del Espíritu, "Los santos hombres de Dios hablaron siendo inspirados por el Espíritu Santo" (2 P.1:21).

(9) *La Autoridad del Ministro.* Está escrito en cuanto al Padre: ". . . nuestra competencia viene de Dios, el cual así mismo nos hizo ministros competentes de un nuevo pacto" (2 Co.3:5,6); y del Hijo, el Apóstol testifica: "Me tuvo por fiel, poniéndome en el ministerio" (1 Ti.1:12); y el mismo Apóstol instruye a los ancianos de la iglesia de Efeso: "Por tanto, mirad por vosotros, y por todo el rebaño en que el Espíritu Santo os ha puesto por obispos, para apacentar la iglesia del Señor, la cual él ganó por su propia sangre" (Hch.20:28).

(10) *La Presencia Residente.* Hay "un Dios y Padre de todos, el cual es sobre todos, y por todos, y en todos" (Ef.4:6). Se declara que la nueva vida del creyente es "Cristo en vosotros, la esperanza de gloria" (Col.1:27). Y, ¿O ignoráis que vuestro cuerpo es templo del Espíritu Santo, el cual está en vosotros, el cual tenéis de Dios y que no sois vuestros? " (1 Co.6:19).

(11) *La Obra de la Santificación.* Judas escribe a los creyentes como a los que son "santificados en Dios Padre" (Jud.1); otra vez, de Cristo se dice: "Porque el que santifica y los que son santificados, de

uno son todos; por lo cual no se avergüenza de llamarnos hermanos" (He.2:11). Asimismo el Apostol escribe del Espíritu Santo en relación a los creyentes: "Mas ya habéis sido lavados, ya habéis sido santificados, ya habéis sido justificados en el nombre del Señor Jesús, y por el Espíritu de nuestro Dios" (1 Co.6:11).

(12) *La Seguridad del Creyente.* Deben presentarse varios aspectos de esta verdad. Cristo declaró en cuanto al Padre que, "nadie las puede arrebatar de la mano de mi Padre" (Jn.10:29), y no sólo, lo mismo es prometido por el Hijo mismo (Jn.10:28), sino que el Hijo ha obrado en cuantas maneras efectivas con el mismo fin. Está escrito: "¿Quién es el que condenará? Cristo es el que murió; más aún, el que también resucitó; el que además está a la diestra de Dios, el que también intercede por nosotros" (Ro.8:34). Nada podría dar más seguridad que el creyente está sellado (por el Espíritu) para el día de la redención" (Ef.1:14).

¡Maravillosas, ciertamente, son las obras de Dios y de significado sobresaliente es el hecho que estas obras son, en cada caso, totalmente efectuadas por cada una de las Personas de la Trinidad, no en compañía o mutua cooperación y en cada caso suficientemente para hacerla aparecer como innecesario que la obra sea ejecutada por Otro! Así se demuestra la unidad y pluralidad existente en la Deidad en un plano de relación por encima y más allá de la experiencia humana.

d. LA TRINIDAD Y LA ADORACION A DIOS. Todas las criaturas inteligentes están destinadas a rendir adoración a Dios, y su adoración, como ha de ser, comprende al Dios Trino.

(1) Por los Angeles. Como se ha observado, los ángeles rinden honor a las tres Personas cuando dicen: "Santo, santo, santo, Jehová de los Ejércitos" (Is. 6:3), y "los seres vivientes" dicen: "Santo, santo, santo es el Señor Dios Todopoderoso, el que era, el que es, y el que ha de venir" (Ap. 4:8).

(2) Por los Santos. Toda oración y adoración ahora se dirige, por instrucción divina, al Padre, en el nombre del Hijo, y en el poder capacitador del Espíritu Santo (Jn. 16:23, 24; Ef. 6:18).

(3) Las Bendiciones. En Números 6:24-26 está registrada la bendición que el sumo sacerdote habría de implorar sobre el pueblo, como: "Jehová te bendiga y te guarde; Jehová haga resplandecer su rostro sobre tí, y tenga de tí misericordia; Jehová alce sobre tí su rostro, y ponga en tí paz." En 2 Corintios 13:14, la bendición más usada por la Iglesia, se registra así: "La gracia del Señor Jesucristo, el amor de Dios, y la comunión del Espíritu Santo sean con todos vosotros. Amén."

Como un sumario de su extensa discusión sostenida sobre la

doctrina de la Trinidad, el Dr. Horace Bushnell escribe:

"Para entender este profundo misterio en el círculo de su profunda repercusión, recibimos nuestra más fuerte impresión de Dios, como si fuera solamente una cosa perceptible, no provechosa; una verdad muerta, no viviente; un artículo teológico, completamente fuera de la vida práctica; una verdad tan escolástica y refinada como que en efecto no tuviera relación con la experiencia cristiana; estamos seguros que nada puede ser más inadecuado que esto; o causar una pérdida a la religión, que es más deplorable, a menos que haya una categórica negación del misterio mismo. Desde este punto de vista no podemos sino esperar que lo que hemos podido decir puede tener cierto valor . . . preparando a algunos para encontrar cuán glorioso y cuán bendecido es experimentar un don, cuán vasto un abrimiento de Dios al hombre; cuán poderoso, transformador, transportante puede ser este gran misterio de Dios. Podemos desear para el lector nada más beatífico en esta vida que haber encontrado y haber traído plenamente al sentimiento el significado práctico de este acto o hecho eterno de Dios, que nosotros llamamos la Trinidad Cristiana. En ninguna otra parte las cadenas de la limitación se rompen como aquí. En ninguna parte el alma navega en la inmensidad como aquí; en ninguna parte llena su ardiente incensario con el fuego eterno de Dios, que cuando canta:

Una inexplicable Trinidad,
Una en la más simple unidad.

. . . ni hará que suframos alguna impaciencia ni precipitarnos en un acto de presunción, porque la Trinidad de Dios nos cuesta algunas luchas de pensamiento, y por no poder encontrar como asirla sin algún sentimiento de perplejidad y perturbación. Simplemente porque Dios es muy grande para nuestra improvisada y pueril comprensión,El debe manifestarse en formas que nos costara y nos pusiera en un tenso empeño. Así es con todos los grandes temas . . . No permitamos que bajas presunciones nos desvíen, entonces, de este glorioso misterio hasta que le hayamos dado suficiente tiempo y le hayamos abierto ventanas suficientes por nuestras alabanzas y nuestras oraciones, para permitirle la revelación de su gloria. Que también haya una bienvenida recomendación a nuestra reverencia, que tantos amigos de Dios y hombres justos de las edades pasadas, tales como los que libraron luchas más grandes que nosotros y lograron mayor madurez en su andar santo, ellos mismos se inclinaron en adoración ante este santo misterio, y cantaron con aleluyas en la adoración en sus templos y en sus ayunos en los desiertos y en el fervor de su testimonio. Y como en su *Gloria Patri,* la más sublime de sus doxologías, es una forma de himno por las edades, compuesta para ser cantada continuamente por la gran procesión de los tiempos hasta que éstos sean absorbidos por la eternidad, lo mejor que nosotros podemos hacer para permitir que las olas nos levanten como los levantaron a ellos, y pedir que nos envuelva en ella: Gloria demos al Padre, al Hijo y al Santo Espíritu; como eran al principio, son hoy y habrán de ser, eternamente. Amen." –*New Englander,* Vol. 12, Nov., 1854, citado por Harris, *God the Creator and Lord of All,* I, 406-7.

CAPITULO XIX

DIOS EL PADRE

Procediendo a una más amplia investigación dentro de lo que la revelación descubre respecto a las características individuales y relaciones de cada uno de los Tres Benditos, que es peculiar a la Primera Persona, conocida como el *Padre,* está en primer lugar. Primero, es esencial observar la diferencia entre aquella noción en cuanto a Dios que es promovida por los monoteístas de la clase de los unitarios y la presentación bíblica del *Padre.* Muy a menudo se ha supuesto que todo sistema que reconoce a Dios en todo, concuerda con el sistema cristiano hasta el punto en que la Primera Persona es compartida por todos, es decir, la creencia cristiana está satisfecha si otras dos Personas le son agregadas al Dios Uno a quien se supone que conozcan igualmente. El error de esta suposición se hace evidente cuando se ve que el concepto cristiano, basado en las enseñanzas de las Escrituras, no es que el *Dios uno* de los unitarios es la Primera Persona más dos que defienden dudosos títulos a la dignidad de Deidad; sino que el *Dios uno* es aquella completa Esencia que subsiste como Padre, Hijo y Espíritu Santo, y que si alguna de estas tres Personas ha de ser designada como un representativo de la idea unitaria de Dios, a la que los cristianos añadirían dos más, cualquiera de estos Tres, siendo ellos absolutamente iguales en cada particular, pueda ser delineado con propiedad imparcial por tal imaginaria discriminación. La noción monoteísta, como la proclaman los judíos, mahometanos y unitarios, es de un Dios que es una Persona; mientras que la idea cristiana de un Dios que responde a cada demanda del monoteísmo bíblico, no obstante, subsiste en tres Personas iguales. El Padre no es el Dios de la Biblia más de lo que es el Hijo o el Espíritu. Los Tres son *un Dios.* Se reconoce que, para los propósitos de manifestación y redención, el Hijo ha elegido voluntariamente el hacer la voluntad del Padre y hacer esa voluntad en dependencia del Espíritu. Con el mismo propósito, el Espíritu Santo ha escogido voluntariamente hablar no de El mismo como el Autor de lo que dice, sino hablar todo lo que oyere. Es antibíblico y superficial y deshonra al Hijo y al Espíritu el asumir que estas sujeciones voluntarias ser deben a una inherente inferioridad. Tal pretensión les roba a estas dos Personas una de sus más grandes glorias –esa sujeción voluntaria con el fin de que puedan realizarse objetivos dignos. El Unitarianismo, hasta donde les interesa a ellos las Escrituras, se cogen de esos pasajes en donde se afirma de estas sujeciones voluntarias y por estos pasajes procuran probar que las Escrituras declaran una inferioridad inherente del Hijo y del Espíritu, al enseñar estas conclusiones, ellos deben o desacreditar o rechazar totalmente la más grande porción de Escrituras (que más adelante estudiaremos) que declaran la absoluta Deidad del Hijo y del Espíritu. Debe concluirse, entonces que, afuera de estas relaciones más o menos temporarias que las sujeciones voluntarias engendran, el Padre no es en ningún respecto inherente superior ya sea al Hijo o al Espíritu. La Paternidad de Dios tiene varias manifestaciones. En Efesios 3:15 la frase, "toda la familia" sobre la cual se dice que Dios es el Padre, sería mejor traducida *toda paternidad,* que descubre la verdad que esta Paternidad incluye varias filiaciones, y ella misma es esa que norma por la cual todas las paternidades son normadas y por la cual son nombradas. Las Paternidades distintivas de Dios son:

I. PATERNIDAD SOBRE LA CREACION

La Paternidad de Dios sobre la creación es una de extensión inmensurable. En el pasaje de Efesios, citado arriba, hay alusión a familias en los cielos y en la tierra. En Hebreos 12:9 Dios es mencionado como "el Padre de los espíritus", y en Santiago 1:17, El es llamado "el Padre de las luces." De modo semejante, en Job 38:7, los ángeles son llamados hijos de Dios (comp. Job 1:6; 2:1; Gn. 6:4). Como para la más estrecha relación de la divina Paternidad sobre la humanidad, se dice de Adán –después de haber trazado la genealogía de Cristo retrospectivamente hasta Adán –que es un "hijo de Dios." Así también, en Malaquías 2:10 se afirma: "¿No tenemos todos un mismo padre? ¿No nos ha creado un mismo Dios? " Todavía aun, en Hechos 17:29, se registra que el Apóstol dijo a los Atenienses en su sermón en el Areópago: "Siendo, pues, linaje de Dios." Estos pasajes con 1 Corintios 8:6 donde se declara: "Para nosotros, sin embargo, sólo hay un Dios el Padre, del cual proceden todas las cosas", enseñan que es dentro de la latitud del uso bíblico de la palabra *Padre,* aplicada a Dios, para encerrar a todos los seres creados como pertenecientes a esa Paternidad. Así se ha revelado que hay una forma de Paternidad universal que, dentro de sus propios límites, sería reconocida; pero esto, tan importante como pueda serlo, en ninguna manera ha de confundirse con la Paternidad y fraternidad que es asegurada por la obra regeneradora del Espíritu. Habría de agregarse como un hecho calificativo que esta forma general de parentesco entre Dios y la creación no es generalmente afirmada del Padre pero se declara que es entre Dios y Su creación. Su amor por toda la humanidad se expresa en las palabras: "Porque de tal manera amó Dios al mundo que ha dado a su Hijo unigénito."

II. PATERNIDAD POR RELACION INTIMA

La relación íntima entre Jehová e Israel que debía toda su realidad a la graciosa obra de Dios, está expresada divinamente por la figura de padre e hijo. En Exodo 4:22 se dice que Jehová instruyó a Moisés para decir a Faraón: "Israel es mi hijo, mi primogénito." No hay ninguna indicación de que ellos fueran hijos por la regeneración. Ni eran por ese tiempo un pueblo redimido, como lo fueron después de salir de Egipto. Anticipando la preciosa amistad de Dios para con Salomón por amor de David, Dios dijo a David: "Yo le seré a él padre, y él me será a mí hijo" (2 S. 7:14). De modo semejante, en un esfuerzo para traer a Dios a los corazones de Su pueblo, el Salmista dice: "Como el padre se compadece de sus hijos, se compadece Jehová de los que le temen" (Sal. 103:13).

III. EL PADRE DE NUESTRO SEÑOR JESUCRISTO

La frase "el Dios y Padre de nuestro Señor Jesucristo" es el título completo de la Primera Persona de la bendita Trinidad, y se incorpora también el título completo de la Segunda Persona. Verdad, Dios el Padre de todo el que cree, pero por toda la eternidad venidera El ha de ser reconocido por esa sobresaliente distinción que, en parte, ha sido Suya a través de toda la eternidad pasada, a saber, el *Dios y Padre* de nuestro Señor Jesucristo. La relación de la Segunda Persona a la Primera Persona ha sido por la eternidad la de un Hijo, y, como cualquier cosa relacionada con la Deidad, no es sólo eterna pero es inmutable. El no llegó a ser un Hijo del Padre, como dicen algunos que lo fue, por Su encarnación, o por Su resurrección, ni es El un Hijo por un mero título, ni El está asumiendo tal relación temporalmente para que pudiera ejecutar Su parte en el Pacto de Redención. De todas estas pretensiones, la de la filialidad por la encarnación ha tenido muchos exponentes y ninguno más efectivamente que Ralph Wardlaw, quien hizo ciertas distinciones que otros de la escuela de interpretación fallaron en notar, señaladamente, de que el título *Hijo de Dios* no es, según esta creencia específica, para significar que El es un Hijo sólo por conducto de Su humanidad —idea que linda con la opinión unitaria—

ni es verdad que el título pertenece sólo a Su Deidad. El Dr. Wardlaw afirma que le pertenece a la Persona de Cristo incluyendo Su Deidad y Su humanidad, siendo que las dos residieron en El, siguiendo la encarnación. Esta teoría de la filialidad por la encarnación no objeta, la preexistencia de la Segunda Persona como el Logos de Dios, pero afirma, que el título específico *Hijo de Dios* no se aplica al Logos sino hasta la unión hipostática de las naturalezas divina y humana en la encarnación. Viene entonces, la pregunta de cuándo el título empezó a tener el propio uso. Los teólogos generalmente han hecho énfasis en su insistencia de que la filialidad divina es desde la eternidad. Su creencia sobre este asunto está basado en claras evidencias escriturales. El fue el *Unigénito* del Padre desde toda la eternidad, no teniendo otra relación con el tiempo y la creación más que El es su Creador. Es evidente que la relación del Padre y del Hijo solamente exhibe los aspectos de *emanación y manifestación* y no incluye los conceptos usuales de derivación, inferioridad, o distinción como del tiempo del comienzo. El Hijo, siendo verdadero Dios, es eternamente en una absoluta igualdad con el Padre. Por otra parte, la Primera Persona llegó a ser el Dios de la Segunda Persona por la encarnación. Sólo por Su humanidad podría Cristo dirigirse al Padre como "Mi Dios." Esto lo hizo El en el momento de la suprema manifestación de Su humanidad cuando dijo en la cruz: "Dios mío, Dios mío, ¿por qué me has desamparado? " Y otra vez, después de Su resurrección, dijo El: "Subo a mi Padre y a vuestro Padre; a mi Dios y a vuestro Dios" (Jn. 20:17). Sobre este punto de su eterna Filialidad, el Dr. Van Oosterzee dice:

> "Esta relacion entre el Padre y el Hijo no tuvo principio, sino que existió por toda la eternidad. Esto nos es asegurado por el Señor mismo suficientemente claro (Jn. 8:58; 17:5, 24), y por Sus primeros testigos (Jn. 1:1; Ap. 22:13; Col. 1:17, y en muchos otros lugares). Porque aquí hay muy poca base para aceptar una pre-existencia puramente ideal, como para hablar de un período de tiempo antes de la creación, en que el Hijo –previamente no existente– fue llamado a la existencia por el Padre. El Arrianismo, que afirma esto último propiamente se considera exegéticamente insostenible en absoluto. Una sana exposición de Colosenses 1:15, 16 muestra, no que el Hijo es aquí colocado a nivel con la criatura como en oposición al Padre, sino en un nivel con el Dios invisible como opuesto a la criatura . . . Como una legítima consecuencia de todo lo que se ha dicho se puede deducir que el Padre hace la más perfecta *revelación de Sí mismo* en y a través del Hijo. Si el Padre vive en luz inaccesible, en el Hijo el Invisible se hace visible (Jn. 1:18). En el Padre adoramos en alguna manera Al que está oculto, en el Hijo al Dios que se revela a Sí mismo (He. 1:3). ' como las formas humanas se reflejan en el espejo, y todo lo que está en el sello también se encuentra en su impresión, así en El, como el resplandor de Su ser invisible, el Invisible se ha hecho visible. Dios se encuentra otra vez y se refleja en el Logos, como en Su otro yo' (Tholuck).. Así el Hijo es uno con el Padre, en la comunión del Espíritu Santo." – *Christian Dogmatics,* I, 278-79.

El Dr. Van Oosterzee, en el curso de su argumento, confunde el tema por tomar pasajes que enseñan la eternidad del Logos o Segunda Persona, pero que no involucran ninguna referencia a la eternidad del Hijo. Se hallará que pocos pasajes le dan apoyo directo a la eternidad de la relación filial; pero suficientes de éstos son evidentes, se cree, para sostener la doctrina. Nignuno de éstos es más conclusivo que Colosenses 1:15, 16, que el Dr. Oosterzee emplea en la anotación anterior. Se dice que Dios dio a Su Hijo para ser Salvador. Esto no significa que Dios dio al Logos Eterno o Segunda Persona quien, a su vez, llegó a ser un Hijo por haber sido dado. El Dr. Wardlaw, con otros muchos, parece estar errado, al querer probar la teoría de la filialidad por la encarnación tomando Hebreos 1:2-4. En esta conexión se dice que el Hijo ha sido "hecho heredero de todas las cosas." Como el nombramiento antecede a la encarnación, así el nombramiento le fue dado al Hijo antes de la encarnación. El Dr. Wardlaw hace un importante comentario sobre la extensión del significado que ha de asignársele a los dos títulos –*Hijo de Dios* e *Hijo del Hombre:*

"Por tanto, si se alegare que la misma cosa que hemos estado diciendo del título Hijo de Dios puede ser afirmado igualmente del Hijo del Hombre, lo concedemos al punto. El uno y el otro son títulos iguales de Su persona. Ni el uno Lo representa como solo Dios, ni el otro como sólo hombre; pero ambos Lo distinguen como Emmanuel, ' Dios manifestado en carne. ' ' El nombre 'Hijo de Dios' denota que El es realmente Dios; y el de 'Hijo del Hombre', que El es realmente hombre. Pero como 'Hijo del Hombre' no significa que El sea solo hombre, tampoco 'Hijo de Dios' implica que El sea sólo Dios. Bajo el nombre Hijo del Hombre, El habla de Sí como haber descendido del cielo y estando en el cielo mientras está en la tierra (Jn. III, 13), como el que tiene poder para perdonar pecados (Mt. IX), para levantar a los muertos y para juzgar al mundo (Mt. XXV, 31, 32; Jn. V, 27). Por lo que este nombre debe incluir más que Su naturaleza humana. Hablando de Sí mismo bajo el nombre de Hijo de Dios, declara que El puede hacer nada de Sí mismo (Jn. V, 19), y que el Padre es mayor que El (Jn. XIV, 28), por tanto el nombre Hijo de Dios debe incluir más que su divina naturaleza. La verdad es que estos nombres se usan indistintamente para denotar la persona de Emmanuel, y no para darnos un punto de vista separado o abstracto de Sus naturalezas o de sus actos peculiares, siendo éstos fácilmente reconocidos por la naturaleza misma de dichos actos. En Su persona encontramos a Dios ejecutando acciones de hombre, y a un hombre ejecutando las acciones, y ejercitando y exhibiendo las perfecciones de Dios; porque aunque poseía dos distintas naturalezas, no obstante es tal su unión en El que hacen una sola; de modo que si las abstraemos o las separamos, perdemos la persona del Hijo; ya no es El mismo" (Mc Lean's Works, vol. III, ps. 308, 309). –*Systematic Theology*, II, 52, 53.

Varios pasajes denotan la generación del Hijo –"El unigénito del Padre"; "el Hijo unigénito"; "el unigénito Hijo de Dios." En base de estos y otros términos la distinción teológica manifiesta al efecto que el Hijo es eternamente engendrado. Como "el primogénito de toda criatura" Cristo está enteramente desligado de todo ser creado, siendo, como lo es, engendrado *antes* de todos los seres creados. Esta distinción entre Cristo y la creación es profunda, un misterio, siendo que sus realidades están fuera de la línea del conocimiento humano. Cristo es por generación y no por creación. El es el creador de todas las cosas. No se afirma que el Padre o el Espíritu sean engendrados. Este aspecto es peculiar al Hijo. No es el resultado de ningún acto divino, sino que ha sido por toda la eternidad. Las palabras del Credo Niceno son: "El unigénito Hijo de Dios, engendrado por el Padre antes de todos los mundos, Dios de Dios, Luz de Luz, verdadero Dios de verdadero Dios, engendrado no creado, siendo de una substancia con el Padre"; el de Atanasio: "El Hijo procede sólo del Padre; no es hecho, ni creado, sino engendrado . . . generado desde la eternidad de la substancia del Padre" (citado por A. A. Hodge, *Outlines of Theology*, ps. 116, 118).

Es probable que los términos *Padre* e *Hijo* como se aplican a la Primera y Segunda Personas de la Deidad, son algo de carácter antropomórficos. Esa sublime y eterna relación que existía entre estas dos personas se expresa mejor al entendimiento humano en los términos de *Padre* e *Hijo,* pero enteramente sin la implicación de que las dos Personas, por el lado divino, no sean iguales en cada particular. Sobre la doctrina de la subordinación del Hijo, el Dr. John Miley bien ha dicho: "En las economías divinas de la religión, particularmente en la obra de la redención, hay una subordinación del Hijo al Padre. Hay, ciertamente, esta misma idea de subordinación en las obras creativas y providenciales del Hijo. Sin embargo, la plenitud de esta idea es en la obra de la redención El Padre da el Hijo, manda al Hijo, entrega al Hijo, prepara un cuerpo para su encarnación, y en filial obediencia el Hijo cumple el placer del Padre, aun hasta la muerte de cruz (Jn. III, 16, 17; Ro. VIII, 32; Sal. XL, 6-8; He. X, 5-7; Fil. II, 8). El terreno de esta subordinación es puramente en su filiación, no en distinción alguna de esencial divinidad" (*Systematic Theology,* I, 239).

IV. PATERNIDAD SOBRE TODO CREYENTE

Bajo este cuarto aspecto de la Paternidad divina, está a la vista una relación más íntima y la realidad de su residencia. Generación y regeneración son parientes cercanos. La primera es el principio de la vida que es el punto de partida de la existencia física, mientras que la última es el principio de la vida que es el punto de partida de la espiritual existencia. Con la autoridad de Dios las Escrituras testifican que los hombres en su estado natural de generación están espiritualmente muertos hasta que nazcan de nuevo, de lo alto. Este nacimiento, con su impartimiento de la naturaleza divina, es un misterio. El, como el soplo del viento, se aprecia por sus efectos, pero no se descubre al hombre cómo es que se opera. Como en sus relaciones con Dios los hombres están o ya completamente perdidos, no estando regenerados, o bien perfectamente salvos, siendo regenerados. Esta transformación discriminatoria es operada enteramente por Dios –El sólo es capaz– y, como todas las empresas divinas, de ningún modo puede ser ayudada por alguna operación o virtud humana.

La relación única que el hombre puede sostener en esta obra de Dios es la *fe,* creencia o confianza en Dios que haga lo que sólo El es capaz de hacer. Habiendo prometido estas bendiciones en respuesta a la fe, El nunca falta en hacer así como lo ha prometido. La actitud de fe misma es necesariamente una obra de Dios, siendo que los no regenerados no tienen tal capacidad de sí mismos. Aquellos que creen y son salvos, son los elegidos de Dios. Entre los muchos aspectos de la empresa divina de la salvación, la regeneración es una. Este nuevo nacimiento es operado por Dios el Espíritu Santo y resulta en legítima Paternidad por parte de Dios, y en legítima filialidad, por parte del hombre que cree. La regeneración es el propio plan de Dios por el que los perdidos pueden entrar en relación con El, quien está real e infinitamente cerca, y no hay mayor encomio del plan de que es enteramente satisfactorio a Su infinito amor. No es necesario introduicr aquí los extensos aspectos soteriológicos de la regeneración. En este punto es suficiente decir si se hace claro que cada individuo que es nacido de Dios así ha llegado a ser un hijo de Dios en el más vital e inmutable significado de filialidad y ha sido recibido en la casa y familia de Dios. El regenerado puede decir, y así lo dice, *Abba, Padre* –término de relación filial. Esta filialidad, aunque introduce al creyente a una posición de heredero de Dios y coheredero con Cristo, no es en el mismo plano con la Filialidad de Cristo, quien lo es por la eternidad. Cristo nunca usó la frase *Padre nuestro.* El llamado "Padre Nuestro" no es una excepción a esto, siendo que es una oración con la que El enseñó a Sus discípulos a orar; pero El no oró ni podría hacerla Suya. El habló de "mi Padre, y vuestro Padre; mi Dios y vuestro Dios." No obstante, las relaciones de Paternidad y filialidad entre Dios y los creyentes son maravillosas y gloriosas más allá de lo que puede expresarse.

CAPITULO XX

DIOS EL HIJO: SU PREEXISTENCIA

La unidad de Dios, tal como se ha indicado, es un elemento esencialmente fundamental de la revelación. Se presenta en las Escrituras con gran solemnidad y allí se mantiene con el más absoluto cuidado. Los preceptos directos, las promesas, las amenazas y los ejemplos de castigo por causa de la idolatría tienen el propósito de hacer sobresalir esta verdad básica. Sin embargo, conjuntamente con esta verdad tan vital, sin que se descalifique o disminuya la unidad, se nos ofrece una revelación adicional, es decir, que Dios existe en tres Personas. Aun el Antiguo Testamento proclama en forma tan clara esta pluralidad que el judío devoto no podía dejar de observarla, ni tenía ninguna razón para rechazarla hasta que se levantaron sus prejuicios contra las afirmaciones de Aquel que se presentó con las credenciales completas que lo acreditaban como el Mesías que el pueblo judío había esperado tanto tiempo. En el ejercicio de ese detrimento, el judío se apartó de cualquier verdad que hubiera sostenido con respecto a la deidad de su Mesías y del Espíritu Santo. Se volvió entonces defensor de cierta forma de monoteísmo que no era el que sostenían sus apreciadas Escrituras. Como ya se dijo, no es cuestión de agregar otras dos personas a Aquella que el judío se complace en reconocer como su Dios, ni de designar a esa Persona como una de las Tres; sino un reconocimiento de la revelación adicional de que el Dios único que todos reconocemos igualmente existe en una pluralidad triple. Con la ventaja de esta revelación, la mente iluminada llega a enterarse de la grandiosa verdad de que las tres Personas son iguales en todo aspecto y de que a cada una de Ellas se le debe el mismo honor y la misma adoración. Para esa mente espiritual, que es la que se deja guiar por las Escrituras, cada Persona de la Trinidad, por el hecho de que ejerce funciones específicas e individuales, ocupa un puesto distinto. Ya se ha hecho referencia a los rasgos característicos que le son peculiares al Hijo. De este modo introducimos el más grande de todos los temas de la teología sistemática. Por el hecho de que este tema es de importancia suma y determinante, los conflictos doctrinales de la era cristiana –que han sido muchos– se han librado en torno a él. En algunos casos, la lucha ha sido entre los que creyeron y los que no creyeron; pero más a menudo, esta lucha se ha librado entre hombres de igual sinceridad que buscaban determinar la verdad con respecto al Dios Hombre, nuestro Señor Jesucristo. Está establecida su completa humanidad; sin embargo, de El se nos revela claramente que es igual con el Padre y con el Espíritu Santo. A El se le dan los títulos de Jehová, Redentor y Salvador y está investido de todos los atributos que le corresponden a la Deidad. El es el tema más grande de toda la profecía. Hay cosas que están escritas con respecto a El que no pueden decirse con certidumbre de ningún ángel ni de ningún hombre. Por causa de su afirmación de que El era lo que realmente es, murió acusado de blasfemia. El llevó sobre Sí los pecados del mundo en su muerte expiatoria, y, por causa de esa muerte, El perdonó pecados, y sólo en su nombre se perdonan y serán perdonados los pecados hasta el fin del mundo. El se levantó de entre los muertos con lo cual selló todas las afirmaciones sobre Su Deidad. Ahora El está sentado en el trono de Dios, y se le ha dado todo el poder tanto en el cielo como en la tierra. De El se ha declarado que es el Creador de todas las cosas, visibles e invisibles, la Fuente de la vida eterna, el Objeto de la adoración tanto de los ángeles como de los hombres. El ha de resucitar a los muertos, y como Juez, El determinará el estado futuro de todos los seres creados. Desde el punto de vista divino, El es la Manifestación de Dios para los hombres, el Dispensador de todos los elementos que en la vida humana son aceptables ante Dios. Los contrastes que se han establecido entre su humanidad y su divinidad no pueden hacer menos que producir el fuego de una furiosa y prolongada controversia —que muy a menudo se realiza por el interés de meras consideraciones metafísicas y ontológicas, sin guardar el debido respeto a la sencillez de la realidad que con respecto a El establece la Palabra de Dios. De estas disensiones, la Iglesia ha aprendido mucho, y no hay verdad que sea más empírica que aquella de que "las cosas de Cristo" sólo se revelan a las mentes espirituales y sólo por medio de la revelación.

Como verdadero punto de partida para cualquier pensamiento digno con respecto a Cristo, bien haría el teólogo en fijar en su mente el hecho esencial de que la segunda Persona es intrínsecamente igual en todo aspecto a las otras dos Personas de la Trinidad, y que El sigue siendo lo que siempre ha sido, a pesar de los falsos conceptos que han surgido por el hecho de su generación eterna, o por su condición de Hijo, o por causa de cualesquiera deducciones naturales que surjan por el hecho de Su encarnación y de su humillación. No es posible ningún enfoque de la cristología bíblica que no se base en la verdad absolutamente determinante de que la segunda Persona, encarnada, aunque haya sido "varón de dolores, experimentado en quebranto," es el eterno Hijo de Dios. De esa verdad tiene que proceder la Cristología. Es indispensable rechazar la distinción sociniana según la cual las palabras *Deidad* y *Divinidad* son distintas, y que Cristo no fue Deidad, sino Divinidad, en el sentido de que sólo participó de los elementos divinos. El es divino en el sentido de que es absoluta Deidad. De otro modo, el lenguaje de la Biblia resulta completamente confuso. La mente sencilla tiene que reconocer la serie de evidencias que hay con respecto a la Deidad de Cristo. De otro modo, tendría que demostrar por medio de razones válidas por qué no las reconoce. El fútil intento de los unitarios de deshacerse del gran cuerpo de verdad que afirma la Deidad de Cristo es indigno de consideración.

Nunca se ha hecho una pregunta tan vital como la siguiente: "¿Qué pensáis del Cristo? " (Mt.22:42). Y similarmente, "¿Quién dicen los hombres que es el Hijo del Hombre? " Superficialmente, los hombres religiosos han respondido a esta pregunta: "Unos, Juan el Bautista; otros, Elías; y otros, Jeremías, o alguno de los profetas." Otros que han estado más cerca de El han contestado: "Tú eres el Cristo, el Hijo del Dios viviente" (Mt. 16:13-16). No queda base para el argumento del judío, ni del mahometano, ni del ateo que rechaza completamente la doctrina del Ser sobrenatural de Cristo. Los arrianos profesaban una gran adoración a Cristo, hasta reconocían su preexistencia; pero, por cuanto creían que El era una Creación de Dios, rechazaban la verdad de su eterna preexistencia. En tiempos más recientes, la controversia ha sido con los socinianos y con los sucesores de ellos, los unitarios, todos los cuales, con una clara inconsecuencia, han buscado mantener para ellos el digno nombre de *cristianos,* mientras deshonran a Aquel cuyo nombre han adoptado. Este insulto inmensurable al Señor Jesucristo sería suficiente si se confinara a aquellos que llevan el nombre de unitarios; pero estas enseñanzas heréticas están penetrando otra vez, como han penetrado en otros tiempos, en todos los que profesan ser verdaderos cristianos, bajo el oropel de la erudición que, por el hecho de estar motivada por la incredulidad y de ser tan oscura como el corazón del hombre natural, tiende a promover su acariciado modernismo. El llamado *modernismo* no puede explicarse sobre la base de una supuesta debilidad en el testimonio bíblico. Los más grandes eruditos de la era cristiana se han inclinado con completa sumisión a la autoridad de las Escrituras, y han aclamado su mensaje como perfecto y final. El unitarismo y su otro yo –el modernismo– reflejan la caída de esa fe, que es lo que caracteriza al que no es regenerado espiritualmente. Permanece la misma verdad que han sustentado los santos y que llenó de gloria a los mártires en su muerte. Rara vez ha sido mártir el unitario.

El Dr. Joseph Priestley se indignó grandemente cuando el judío David Levi le dijo que, al mirar el Nuevo Testamento, él (Levi) descubrió que allí se presenta a Jesús de Nazaret como Dios, y por esa razón no consideraba que el Dr. Priestley era cristiano, a pesar de todo cuanto éste pudiere decir en contrario. Las mismas pruebas que le demuestran al unitario (de cualquier nombre) que Dios el Padre es Deidad, se presentan para demostrar con igual intensidad y fuerza que el señor Jesucristo es también Deidad. Basando todo completamente en la Palabra de Dios, que es la única que puede darnos testimonio confiable, atenderemos de inmediato algunos aspectos del amplio campo de la Cristología.

La importancia de este tema se puede descubrir en el hecho de que, ya sea directa o indirectamente, casi todo lo que entra en la teología sistemática pudiera incorporarse en la Cristología. Puesto que en esta obra se dedica un volumen entero a la Cristología, sólo tomaremos aquellos aspectos relacionados con la doctrina de la Trinidad, en la medida en que sea necesario en preparación para los estudios de antropología, soteriología, doctrina de la Iglesia y escatología. Del mismo modo, puesto que le compete a la teología propiamente dicha el restringir el estudio de el Cristo a Su Persona, aparte de sus obras, este estudio se conformará a ese principio. La disquisición más amplia sobre Cristología (Vol. V) está sujeta a estas siete divisiones principales: (a) su preexistencia; (b) su encarnación; (c) su muerte; (d) su resurrección; (e) su ascensión y oficio actual; (f) su regreso y su reino; y (g) su autoridad eterna y sus relaciones. Esta discusión, que es más restringida, la dividiremos así: (a) su preexistencia; (b) sus nombres; (c) su Deidad; (d) su encarnación; (e) su humanidad; (f) la *kenosis;* y (g) la unión hipostática.

¡Que el Espíritu Santo, cuya obra consiste en tomar de lo de Cristo y hacérselo saber a sus hijos, ilumine la mente del que escribe y de todos los que, con paciencia, prosiguen en el estudio de estas páginas!

El primer paso para probar que el Señor Jesucristo tiene un puesto igual y legítimo en la Trinidad, se da cuando se confirma la verdad de que El existió antes de venir a este mundo en forma humana. Por necesidad, los testimonios que comprueban el estupendo tema de la preexistencia de Cristo sólo pueden obtenerse en la Biblia. No existe ninguna otra fuente de información. La demostración de que Cristo preexistió no es, sin embargo, una prueba completa de que El es el mismo Dios. Esa prueba refuta el argumento sociniano según el cual Jesucristo es sólo hombre, pues ningún hombre ha existido antes de su nacimiento; pero no refuta la hipótesis arriana de que Cristo es un Ser creado que existió como tal antes de entrar en la esfera humana.

La evidencia decisiva sobre la Deidad de Cristo aparece en otra parte de este tema general. No podemos emplear el espacio que nos corresponde aquí para la investigación de pasajes secundarios que sólo implican la preexistencia de Cristo. Hay varias expresiones en que reside esta implicación. El dijo de Sí mismo que fue enviado al mundo (Jn.17:18); del mismo modo, está escrito que El vino en carne (Jn.1:14); El participó de la carne y de la sangre (He.2:14); El se halló en la condición de hombre (Fil.2:8); El dijo: "Yo soy de arriba' (Jn.8:23); y " . . . yo no soy del mundo" (Jn.17:14); También habló de haber descendido del cielo (Jn.3:13). En todas estas declaraciones se nos indica que El preexistió, pues ninguna de ellas pudiera aplicarse a la existencia de los seres humanos. Pero más bien enfocaremos nuestra atención: (a) en los pasajes principales de importancia indiscutible, y (b) en la Persona del Angel de Jehová.

I. PASAJES PRINCIPALES QUE TRATAN SOBRE LA PREEXISTENCIA DE CRISTO

Juan 1:15,30. Dos veces en estos pasajes, Juan el Bautista afirma que Cristo " . . . era primero que yo." Allí nos indica una relación de tiempo, y aunque Juan era mayor en edad que Cristo, aquél declaró que Cristo era primero que él. La idea unitaria de que en este caso Juan estaba declarando que, por escogencia divina, Cristo era de un rango y de una dignidad más elevados que Juan, es imposible, y no la puede probar la exégesis desprejuiciada. Si Juan hubiera estado refiriéndose sólo a algo relacionado con la escogencia divina y con la dignidad, él hubiera dicho solamente: "El *era* primero que yo." El texto, pues, declara que, en punto a tiempo, Cristo le precedió a Juan.

Juan 6:33,38,41,51,58,62. En estos pasajes Cristo, repite siete veces la declaración de que El vino "del cielo." A esto se le puede agregar las palabras que Cristo le dijo a Nicodemos: "Nadie subió al cielo, sino el que descendió del cielo; el Hijo del Hombre, que está en el cielo" (Jn.3:13). Similarmente, El enfatizó esta verdad al pronunciarla de nuevo en Juan 3:31: "El que de arriba viene, es sobre todos; el que es de la tierra, es terrenal, y cosas terrenas habla; el que viene del cielo, es sobre todos." Los socinianos tratan de deshacerse de este cuerpo de verdad y, mediante pura invención que no tiene ni siquiera un vestigio de apoyo bíblico ni tradicional, ofrecen la hipótesis de que un tiempo después del nacimiento de Cristo, El fue llevado al cielo, para recibir la Palabra de Verdad, la cual se le encomendó a El, y, por tanto, El bajó del cielo. Los sustentadores de esta forma de doctrina posteriores a Socinio y a sus seguidores inmediatos, creen que estos pasajes afirman que Cristo ha sido "admitido para que tenga íntimo conocimiento de las cosas celestiales." Si éste fuera el caso, Cristo no sería superior a Moisés o a cualquiera de los profetas. En *Juan 3:13* se señala que ningún hombre ha subido al cielo, y que Cristo es el Unico que ha estado en el cielo. Hay una traducción de este pasaje que dice: "Ningún hombre, con excepción de Mí mismo, ha estado jamás en el cielo." Con la misma finalidad, la declaración del señor en *Juan 6:62,* no sólo prevé la ascensión literal de Cristo que se nos narra posteriormente en *Hechos 1:10,* sino que declara además, que cuando El ascendió, volvió a "subir a donde estaba primero." Sobre esta controversia pudiéramos citar con provecho a un antiguo escritor, el Dr. Eduardo Nares:

> "No tenemos sino las contradicciones positivas del partido unitario, con las cuales nos quieren probar que Cristo no vino del cielo, pese a que El dijo de Sí mismo que El había venido del cielo; que, aunque Cristo declaró que El había visto al Padre, El no lo vio; que aunque El afirmó que El vino de Dios de la manera más *peculiar* y *singular,* El no vino de Dios de una manera distinta de aquella en que vinieron los profetas de antaño, de la manera en que vino su propio precursor" *(Remarks on the Imp.* –Unitarian– *Version,* obras citada por Watson en *Institutes* Vol. I, pg. 481).

Juan 8:58. La declaración por parte del Salvador, sobre su propia preexistencia es en verdad sumamente enfática. El dijo: "Antes que Abraham fuese, yo soy." Ya quedó demostrado, cuando estudiamos el tema general de *teísmo bíblico,* que la expresión *Yo soy* establece el significado del inefable nombre *Jehová,* y que afirma nada menos que su eterna preexistencia. Es evidente, además, que los judíos reconocieron que, mediante esta declaración, Cristo se presentó como Jehová. Esto se nota en su amargo resentimiento. ¿Cómo podía El, que todavía no tenía cincuenta años de edad, haber existido antes que Abraham? Para contestarles esta pregunta, Cristo les dijo que El no sólo había existido *antes* que Abraham, sino que El había existido siempre antes del tiempo en que estaba hablando. Tal es la afirmación que se halla implicada en la aplicación del eterno *Yo soy* a El mismo. Los judíos creyeron que esa era una blasfemia en grado sumo, y se sintieron obligados por la ley a lapidarlo. Procedieron de inmediato a cumplir este hecho, pero Cristo hizo una demostración de su propio poder sobrenatural que había dicho poseer, al desaparecer de en medio de ellos. No son dignas de consideración las teorías unitarias según las cuales lo que Cristo estaba afirmando en ese momento era que su existencia en ese tiempo era anterior al momento cuando Abraham llegaría a ser padre de muchas naciones, por medio de la predicación del Evangelio a los gentiles, o que Cristo sólo preexistió en la presciencia de Dios. Fausto Socinio interpretó este pasaje de la siguiente manera: "Antes que Abraham llegara a ser Abraham, es decir, el padre de muchas naciones, Yo soy, o he llegado a ser el Mesías" (citado por Alexander en *Theology,* Vol. I, pg. 369). Esta declaración se incluyó posteriormente en la confesión de fe sociniana. John Whitaker describe mejor este importante evento, a su manera:

" 'Abraham vuestro padre –les dijo nuestro Salvador a los judíos– se gozó de que había de ver mi día; y lo vio, y se gozó.' De este modo nuestro Salvador se les estaba presentando a sus compatriotas como el Mesías; ese gran Objeto de esperanza y deseo de sus padres, y particularmente de este primer padre de los fieles, Abraham. Pero sus compatriotas, puesto que no reconocieron que él podía proclamarse con carácter de Mesías, y por tanto, no admitieron que El tenía prioridad sobrenatural de existencia con respecto a Abraham, prefirieron considerar que las palabras de El tenían una significación meramente humana. 'Entonces le dijeron los judíos: Aun no tienes cincuenta años, ¿y has visto a Abraham?' Pero ¿qué contestó nuestro Salvador ante este comentario tan bajo y grosero con respecto a lo que El había dicho? ¿Se retractó El, acomodando su lenguaje a la horrible perversidad de ellos, y abandonando así sus pretensiones que había declarado de que poseía esa dignidad? ¡No! Si hubiera actuado así, hubiera sido degradante para su dignidad, e injurioso para los intereses de ellos. El realmente repitió la misma afirmación. El realmente proclamó con mayor fuerza su prioridad de existencia. El aun sublima tanto su carácter divino como su preexistencia. Se remonta mucho más allá que Abraham. Asciende hasta más allá del orden de la creación. Y se coloca con Dios en la cabeza del universo. De este modo, El se arroga el más alto tono de dignidad, que era el que los judíos esperaban que asumiera su Mesías. Y El hizo también esto de la manera más enérgica que la sencillez de su lenguaje, tan natural para la grandeza inherente, pudo permitir. Además, El introdujo lo que dijo con mucha solemnidad formal, la cual creció con la repetición: 'De cierto, de cierto os digo –exclama El– ANTES QUE ABRAHAM FUESE, YO SOY.' El no dice de Sí mismo lo que dice de Abraham: *Antes que Abraham fuese, yo era.* Esta declaración en realidad hubiera sido suficiente para afirmar su existencia antes de Abraham. Pero no hubiera sido suficiente para declarar lo que El quería afirmar: su pleno derecho a la majestad del Mesías. Por tanto, El abandonó todas las formas de lenguaje que pudieran acomodarse sólo a las criaturas de Dios. Sólo retiene una, que era la apropiada para la misma Divinidad: 'Antes que Abraham *fuese* –o en forma aún más propia: *Antes que Abraham fuese hecho*– YO SOY.' De esta manera, El mismo se otorga existencia *increada* y *continua,* en contraposición directa con la existencia *contingente* y *creada* . . . El coloca sobre Sí mismo el sello de la *eternidad,* que es el mismo que Dios apropia para su Deidad en el Antiguo Testamento; y del cual un apóstol dice posteriormente: 'Jesucristo es el mismo ayer, y hoy, y por los siglos.' Los judíos ni siquiera pretendieron entender mal lo que El decía. No lo podían entender mal. Ellos oyeron que El reclamaba para Sí directa y decisivamente los más nobles derechos que le correspondían al Mesías, y los más altos honores que sólo le correspondían al Dios de ellos. Ellos consideraron que El era simplemente un pretendiente a esos honores. Por tanto, lo miraron como a un blasfemo arrogante. 'Tomaron entonces piedras para arrojárselas '; por cuanto para ellos El era un blasfemo; y lo hubiera sido en verdad, si hubiera pretendido ser Dios, sin ser a la vez el Dios y el Mesías de ellos. Pero inmediatamente el probó ante los sentidos de ellos que sí era tanto su Dios como su Mesías, al ejercer los poderes enérgicos de su Divinidad ante ellos. Pues ' . . . Jesús se escondió y salió del templo; y *atravesando por en medio de ellos,* se fue' " (citado por Watson, *Ob. cit.,* Vol. I, pgs. 482,483).

Juan 1:1-4,14. Esta porción bíblica tan conocida dice: "En el principio era el Verbo, y el Verbo era con Dios, y el Verbo era Dios. Este era en el principio con Dios. Todas las cosas por él fueron hechas, y sin él nada de lo que ha sido hecho, fue hecho. En él estaba la vida, y la vida era la luz de los hombres . . . Y aquel Verbo fue hecho carne, y habitó entre nosotros (y vimos su gloria, gloria como del unigénito del Padre, lleno de gracia y de verdad." No hay ninguna parte de la Biblia que sea más conclusiva con respecto a la preexistencia de Cristo que ésta. En la misma forma como en el pasaje que antes vimos (Jn. 8:58), allí se hace el intento de expresar el pensamiento de la existencia eterna mediante el uso del pretérito imperfecto del verbo, en el cual está implicada la idea de un eterno presente. El es. El no sólo era en el tiempo del comienzo, antes que El mismo hubiera creado todas las cosas con la Palabra de su poder (comp. v. 3). El no sólo *estaba* con Dios, sino que *era* Dios. El que ha sido siempre, nunca comenzó a ser. Con la más completa certidumbre, el Texto Sagrado continúa el relato diciendo que el Eterno "fue hecho carne, y habitó entre nosotros." Con respecto al orden de estos eventos, a la verdad que ellos nos revelan y a la majestad que este pasaje describe, el Dr. B.B. Warfield hace un comentario luminoso:

"Aquí Juan le da a la Persona que llegó a encarnarse un nombre que le es peculiar en el Nuevo Testamento: el *Logos,* el Verbo. Según los calificativos que Juan le aplica al Verbo, tal palabra no puede referirse a otra cosa que no sea el mismo Dios ' considerado en su carácter creador, operativo, revelador de Sí mismo y comunicativo ', es decir, la suma total de lo que es divino" (C. F. Schmid). Mediante tres declaraciones bien definidas, él expresa desde el principio la eterna existencia de Cristo, su eterna comunicación con Dios y su eterna identidad con El: ' En el principio era el Verbo, y el Verbo era con Dios, y El Verbo era Dios ' (Jn. 1:1). ' En el principio, ' es decir, en ese punto del tiempo en que comenzaron las cosas (Gn.1:1), ' era el Verbo. ' El es antes del comienzo de todas las cosas Y El no sólo es antes que ellas, sino que Juan agrega de inmediato que El mismo es el Creador de todas las cosas: ' Todas las cosas por él fueron hechas, y sin él nada de lo que es hecho, fue hecho ' (1:3). Así que a El se le separa de la categoría de todas las criaturas. Según esta verdad, no se nos dice que El fue el primero de los seres existentes que llegó a ser –que *en el principio El ya había llegado a ser;* sino que, ' en el principio ' –cuando las cosas comenzaron a ser– El ya *era.* Esto expresa la eternidad del ser del cual se habla: ' . . . en esta relación, el tiempo imperfecto del original sugiere, hasta donde el lenguaje humano puede sugerirlo, la noción de una existencia absoluta, supra–temporal" (Westcott). Esta eterna existencia no estaba, sin embargo en aislamiento: "Y el Verbo era con Dios." Aquí la expresión está plena de significado.

Aquí no se afirma solamente que El era coexistente con Dios, como dos Seres que están el uno junto al otro por relación de lugar, ni siquiera que los Dos tenían concepciones comunes. Lo que se nos sugiere es una relación activa entre los Dos. Por tanto, la distinta Personalidad del Verbo no se intima oscuramente. Desde la eternidad, el Verbo ha sido con Dios en igualdad de condiciones: El que en el principio ya ' era ', ' era ' también una perfecta comunión con Dios. Así que, aunque El era en cierto sentido como una segunda Persona al lado de Dios, sin embargo El no estaba en ningún sentido separado de Dios: ' Y el Verbo era Dios. ' Permanece todavía el eterno ' era '. Aunque en cierto sentido era distinto de Dios; en otro sentido igualmente cierto, El era igual a Dios. No hay sino un Dios eterno; este Dios eterno es el Verbo. En cualquier sentido podemos distinguirlo del Dios con Quien El es; sin embargo El no es otro que el mismo Dios, pues El mismo es este Dios. El predicado nominal "Dios" ocupa una posición preponderante en esta declaración, y está colocado en la oración copulativa de tal modo que establezca un agudo contraste con el complemento de la declaración anterior: ' con Dios '; como para evitar inferencias inadecuadas en cuanto a la naturaleza del Verbo que se está describiendo, aunque tales inferencias fueran momentáneas por causa de dicha expresión. Juan quería que nosotros comprendiéramos que el Verbo que era en la eternidad, no sólo era coeterno con Dios en igualdad de condiciones, sino el mismo Ser de Dios" *(International Standard Bible Encyclopedia,* Vol. IV, págs. 2342, 2343).

Juan 17:5. En esta oración que el Salvador elevó a su Padre, El dice: "Ahora pues, Padre, glorifícame tú para contigo, con aquella gloria que tuve contigo antes que el mundo fuese." Esta incalificable declaración según la cual El había participado personal y legítimamente de la gloria que sólo le correspondía a la Deidad, antes que el mundo fuese, es otra de las proclamaciones de la verdad de que Cristo existió antes de su encarnación, y, puesto que es parte de su oración al Padre, no está sujeta a las restricciones que son necesarias cuando uno se dirige a los hombres. Allí El le está hablando a su Padre con respecto a cosas que corresponden a su eterna relación con la Trinidad. Las brillantes explicaciones unitarias según las cuales Cristo participó de la gloria con el Padre sólo en el sentido de que El estaba previsto en los eternos consejos de Dios, son falsas. Si fueran ciertas, para que fueran consecuentes con la petición de El de que le fuera restaurada su gloria, esta oración sólo significaría que El le estaba rogando al Padre que lo devolviera a su condición prevista de no existencia, sin ninguna esperanza verdadera de lograr una gloria real.

Filipenses 2:6. " . . . el cual, siendo en forma de Dios, no estimó el ser igual a Dios como cosa a que aferrarse." Este pasaje decisivo, que todavía nos queda por estudiar cuando veamos las implicaciones de la *kenosis* o anonadación de Cristo, lo citamos aquí en razón de que contiene una clara afirmación de que Cristo, antes de la encarnación, existió en forma de Dios. El asunto de su anonadamiento tiene que ver sólo con su forma humana, pues difícilmente se puede considerar que su forma pre-encarnada y divina entra en esta cuestión. Esto sólo lo hacen aquellos que tienen que subvertir o invalidar todas las Escrituras que se oponen a sus ideas preconcebidas que proceden de la incredulidad. Acerca del importante fundamento sobre el cual se basa este pasaje, es decir la Deidad esencial de Cristo, el Dr. B. B. Warfield escribe ampliamente. Citamos parte de ello:

"La declaración está hecha en forma histórica: relata el desenvolvimiento de la vida de Cristo sobre la tierra. Pero presenta su vida sobre la tierra como una vida con todos sus elementos ajenos de su naturaleza intrínseca, la cual El tomó con el solo propósito de cumplir un propósito no egoísta. El vivió sobre la tierra como Hombre y se sometió a la suerte común de todos los hombres. Pero El no fue un hombre por naturaleza, ni estaba sujeto en su naturaleza a los destinos de la vida humana. El era por naturaleza Dios; y naturalmente hubiera vivido como Dios, 'igual a Dios.' El llegó a ser hombre mediante un acto voluntario, 'no tomándose en cuenta a Sí mismo', y habiendo llegado a ser hombre, voluntariamente vivió la vida humana sometido a aquellas condiciones que le imponía el cumplimiento de su propósito abnegado. Los términos en que se hacen estas grandiosas afirmaciones merecen la más cuidadosa consideración. El lenguaje en que se expresa la intrínseca Deidad de nuestro Señor, por ejemplo, es probablemente tan vigoroso como pueda serlo cualquier lenguaje que se haya inventado. Pablo no dice simplemente: *El era Dios.* Prefiere decir: '. . . el cual, siendo en forma de Dios', con lo cual está empleando un giro que hace hincapié en el hecho de que nuestro Señor poseía la cualidad específica de Dios. 'Forma' es un término que expresa la suma de todas las cualidades características que hacen que una cosa sea precisamente lo que es. Así que, la 'forma' de una espada (en este caso principalmente lo relativo a su configuración material y externa) es todo aquello que hace que determinada pieza de metal sea específicamente una espada, en vez de ser, por ejemplo, una pala. Y la 'forma de Dios' es la suma de todas las características que hacen que el Ser que llamamos *Dios* sea específicamente Dios, en vez de ser, por ejemplo, un ángel o un hombre. Por tanto, cuando se dice que nuestro Señor estaba 'en forma de Dios', se está declarando en la forma más expresiva posible, que El es todo lo que es Dios, que posee la plenitud de los atributos que hacen que Dios sea Dios. Pablo prefiere esta manera de expresarse en este caso instintivamente, por el hecho de que está presentando a nuestro Señor como ejemplo de abnegación. Su mente no está concentrada en el solo hecho de que El es Dios, sino en la riqueza y plenitud de su Ser de Dios. El era Dios, y sin embargo, no contempló sus propias cosas, sino las de los demás. También debe observarse cuidadosamente que al hacer esta gran afirmación con respecto a nuestro Señor, Pablo no fija su pensamiento distintivamente en lo pasado, como si estuviera describiendo un antiguo modo de ser nuestro Señor, pero que ya no es su modo, por el hecho de su acción mediante la cual El llegó a ser ejemplo de abnegación. Nuestro Señor, dice él, 'siendo –es decir *habiendo existido, habiendo subsistido*– en forma de Dios.' El pasaje se ha traducido en ocasiones en cualquiera de esas maneras . . . Pablo, pues, no está hablándonos aquí de lo que nuestro Señor fue una vez, sino de lo que El ya era, o mejor, de lo que es en su naturaleza intrínseca. No está hablando de un modo pasado de existencia de nuestro Señor, antes de suceder la acción que él está presentando como ejemplo —aunque en realidad el modo de existencia que él describe era el de nuestro Señor antes de dicha acción— con el solo propósito de pintar un fondo sobre el cual se pudiera colocar la acción de que nos habla en forma prominente. Lo que él nos está diciendo es Quién es el que hizo estas cosas, y qué fue lo que hizo por nosotros, para que podamos apreciar cuán grandes cosas ha hecho El a nuestro favor" (*Ibid.*, págs. 2338,2339).

II. EL ANGEL DE JEHOVA

Es sumamente significativa la unanimidad de credo por parte de todos los eruditos devotos con respecto a que el Angel de Jehová es la pre-encarnada segunda Persona de la Trinidad. No podemos ofrecer aquí la discusión de este tema en todas sus partes. Pero seguiremos dos líneas de evidencia: (a) la que demuestra que este Angel es una Persona divina, y no sólo un ser creado correspondiente a las huestes celestiales; y (b) la que nos prueba que este Angel no es otro Ser que el Cristo de Dios, la segunda Persona de la bendita Trinidad.

1. EL ANGEL DE JEHOVA COMO PERSONA DIVINA. Ninguna persona que acepte el testimonio bíblico pone en tela de juicio el hecho de las apariciones de una Persona divina. La Biblia afirma que Cristo se presentó (se apareció) una vez en la consumación de los siglos, para quitar de en medio el pecado, por el sacrificio de Sí mismo (He. 9:26); que actualmente El se presenta (aparece) ante Dios por nosotros (He. 9:24); y que "aparecerá por segunda vez, sin relación con el pecado, para salvar a los que le esperan" (He. 9:28). Pero como Angel de Jehová, El apareció muchas veces en el cumplimiento de los propósitos de Jehová y en el trato de Dios con los santos del Antiguo Testamento. A este Ser poderoso algunas veces se le da el nombre de *el Angel de Jehová;* y otras veces se dice que su aspecto es "como el aspecto de un ángel de Dios", con lo cual se nos da a entender que El estuvo siempre en la presencia de Dios. Este Ser es en verdad muy distinto de los ángeles que fueron creados. El es un ángel sólo por oficio. Esto significa que El es Uno de la Divinidad que sirve como Mensajero o Revelador. El es siempre la Manifestación de Dios (Juan 1:18). La primera prueba que presentamos es la de que este Angel es Deidad, a pesar de sus apariciones o del servicio que cumplió.

La evidencia primaria de que este Angel es de la Divinidad está en el hecho de que, entre los varios nombres que se le dan, a ese Angel se le dan títulos que sólo corresponden a la Deidad: *Jehová y Elohim.* Como tal, El moró en medio de Israel, como Objeto supremo y final de la adoración de ellos. Al pueblo de Israel se le dijo: "No tendrás dioses ajenos delante de mí." Así que, Aquel a quien ellos adoraban cuando gozaban del favor divino era, por necesidad, Deidad. Nuestra preocupación en este punto sólo se relaciona con el nombre *Jehová.* Este título, por encima de todos los otros, es el que mejor corresponde a la Deidad, puesto que en ningún momento se le aplica a ninguna otra persona. Al hacer énfasis en esta verdad, la Biblia declara: "Buscad al que hace las Pléyades y el Orión, y vuelve las tinieblas en mañana, y hace oscurecer el día como noche; el que llama a las aguas del mar, y las derrama sobre la faz de la tierra; Jehová es su nombre: "Am. 5:8). "Y conozcan que tu nombre es Jehová; tú solo Altísimo sobre toda la tierra" (Sal. 83:18). "Yo Jehová; este es mi nombre; y a otro no daré mi gloria, ni mi alabanza a esculturas" (Is. 42:8). Cuando se le da este nombre inefable a la segunda Persona de la Trinidad, el Señor Jesucristo, se completa la evidencia de que nuestro Salvador no sólo es Deidad, sino que El existió desde la eternidad como tal. Cuando éste, que es el más sublime de todos los títulos en el cielo y en la tierra, se le da a Aquel que también lleva el nombre de *Angel,* como en el cognomento *Angel de Jehová,* no significa que ese nombre se ha empleado en contra de los principios de las Escrituras, sino que ese nombre indica a una Persona de la Deidad, el cual, por causa de su servicio y de sus relaciones peculiares, aunque es increado, recibe el nombre de *Angel.* Ciertos pasajes (comp Ex. 17:15; Nm. 10:35, 36; Ez. 48:35) en los cuales el nombre de Jehová se relaciona con objetos materiales, no constituyen excepción alguna, ni debe surgir confusión por el hecho de que a este Angel se lo llame *Jehová* algunas veces, y otras veces, el *Mensajero de Jehová.* Está escrito que Jehová dijo: " . . . yo envío mi Angel" (o Mensajero); pero de ese Angel se dice claramente que es el mismo Jehová. Es evidente que se habla de la misma Persona cuando Jehová dice: " . . . yo envío mi Angel", y cuando dice: "Yo iré." Si surge un misterio absoluto en este punto, no es otro que el que penetra en toda la doctrian de la Trinidad y en su Esencia. Todos los pasajes bíblicos que hablan del Angel de Jehová constituyen la evidencia y deben estudiarse (Gn. 16:7; 18:1; 22:11, 12; 31:11-13; 32:24-32; 48:15, 16; Ex. 3:2, 14; Jos. 5:13, 14; Jue. 3:19-22; 2 R. 19:35; 1 Cr. 21:15, 16; Sal. 34:7; Zac. 14:1-4). Según estas Escrituras, la demostración es conclusiva en el sentido de que el Angel de Jehová es parte de la eterna Divinidad.

2. PARTE DE LA TRINIDAD. De igual manera, las Escrituras son muy claras al presentar la verdad de que el Angel de Jehová del Antiguo Testamento es el Cristo del Nuevo. Hasta cierto punto considerable, la comprensión de todo lo que se dice a este respecto depende del reconocimiento del hecho de que las palabras *mensajero*

y *siervo,* cuando se usan con respecto a Jehová, son equivalentes al nombre *Angel de Jehová.* Las apariciones de la Deidad que se registran en el Antiguo Testamento, rara vez son de la primera Persona como tal. Son más bien del Manifestador, del Mensajero, de Jehová-su Angel o del Angel de Jehová. El es el que aparece y cumple la misión. Ese Angel no es otro que Aquel por el cual todas las cosas fueron creadas, el cual se designa en el Nuevo Testamento con el nombre de *el Cristo de Dios* (Col. 1:16; He. 1:2). El apareció como Mensajero del Pacto a Abraham, Isaac, Jacob, Moisés y Agar. El fue el que sacó al pueblo de Israel de Egipto. El fue el que dio la ley en el monte Sinaí, y El será el Ejecutor y también el Sustentador del Pacto que todavía queda por cumplirle a Israel (Jer. 31:31-33). No cabe duda de que el tabernáculo, y posteriormente el Templo, debían ser los lugares en que Jehová se complacía en morar y encontrarse con su pueblo. Malaquías declara que el Mensajero del Pacto vendrá súbitamente a su Templo. El hecho de que se refiera a *su Templo* implica que el Mensajero es Jehová, quien moraba en el Templo y para el cual existía. Ese pasaje, que evidentemente se refiere a la segunda venida de Cristo, dice: "He aquí, yo envío mi mensajero, el cual preparará el camino delante de mí; y vendrá súbitamente a su templo el Señor a quien vosotros buscáis, y el ángel del pacto, a quien deseáis vosotros. He aquí viene, ha dicho Jehová de los ejércitos" (Mal. 3:1). Sin embargo, El ya había venido en esa forma súbita al tabernáculo que Moisés levantó en el desierto, y de la misma manera súbita al Templo que Salomón construyó y dedicó a Jehová. Así volverá, tal como lo predice Malaquías, al Templo que estará en Jerusalén, y entonces comenzarán los juicios que por tanto tiempo se han esperado contra Israel. Pero cuando Cristo estuvo aquí en la tierra y en Jerusalén, siempre estaba en el Templo. El Templo era para El su casa de habitación. El evento decisivo que tuvo mayor significación en lo que concierne a su relación con el Templo en su primera venida, fue su entrada formal en este lugar, como consumación de la llamada Entrada Triunfal en Jerusalén. Todos los evangelistas informan cuidadosamente sobre este evento. Se verá que este suceso es un advenimiento conspicuo de Jehová a su Templo. Cuando Cristo se acercaba a Jerusalén, procedente de Galilea, se detuvo en el pie del monte de los Olivos, y envió a dos discípulos a una aldea para que le procuraran un pollino en el cual El pudiera montar para entrar así en la ciudad. La distancia que le quedaba por caminar era de menos de dos kilómetros. La búsqueda de este medio de transporte no tenía por objetivo el de la distinción personal de alguna clase egoísta, ni tampoco lo buscó por causa del cansancio. Estaba predicho que El entraría en la ciudad en los días de su humillación. Ese acto estaba tan específicamente incluido en el programa del Mesías como su nacimiento virginal en Belén. Todo judío culto estaba enterado de esa profecía. He aquí la profecía: "Alégrate mucho, hijo de Sion; da voces de júbilo, hija de Jerusalén; he aquí tu rey vendrá a tí, justo y salvador, humilde, y cabalgando sobre el asno, sobre un pollino hijo de asna" (Zac. 9:9; comp. Mt. 21:1-10; Mr. 11:1-10; Lc. 19:29-40; Jn. 12:12-15). Así cumplió Cristo la expectación con respecto al Mesías, y no era otro que el Mensajero de Jehová del Antiguo Testamento. La reacción del pueblo no se puede explicar de otro modo, sino entendiendo que actuó inconscientemente. Pero, de cualquier modo, cooperó en el cumplimiento de esta predicción tan importante. Ellos decían: " ¡Hosanna al Hijo de David! ¡Bendito el que viene en el nombre del Señor! ¡Hosanna en las alturas! (Mt. 21:9). Era la Pascua, y la ciudad estaba llena de judíos de muchos países extranjeros. Hasta ese momento Cristo había evitado las demostraciones para que los judíos no se precipitaran en darle muerte a El antes que cumpliera cabalmente su ministerio. Su ministerio estaba llegando a su fin, y, mediante este acto, El afirmó su derecho de Mesías. Si las hosannas de la multitud hubieran sido acalladas, las piedras hubieran clamado. Tan grande era en realidad la demanda imperativa de que se cumplieran las profecías. Hablando con la Autoridad de Jehová, El dijo al entrar en el Templo: "Mi casa, casa de oración será llamada; mas vosotros la habéis hecho cueva de ladrones."

Con respecto al ministerio de Juan el Bautista, se dijo que él cumplió la profecía de Isaías: "Voz que clama en el desierto: Preparad camino a Jehová; enderezad calzada en la soledad a nuestro Dios" (Is. 40:3). Así que Cristo, a Quien Juan anunció, *era* y *es* Jehová, y si El es Jehová, El existió desde la eternidad. De igual modo, el Angel que le apareció a Abraham, a Jacob, a Moisés en la zarza, y como una Voz que hizo temblar la tierra, claramente se identifica con Cristo en el Nuevo Testamento. El es el Angel de Jehová. Sobre esta conclusión, que es la que afirman las Escrituras, la que sostuvieron los primeros Padres de la Iglesia y la que apoyan todos los intérpretes que desean glorificar a Cristo, Richard Watson escribe:

"Hemos establecido, pues, que el Angel de Jehová y Jesucristo nuestro Señor son la misma Persona, y este es el primer gran argumento para establecer su Divinidad . . . Hemos investigado sobre las manifestaciones de la misma Persona desde Adán hasta Abraham; desde Abraham hasta Moisés; desde Moisés hasta los profetas; desde los profetas hasta Jesús. En cada una de estas manifestaciones, El apareció en forma de Dios, y nunca pensó que era un acto de latrocino el ser igual a Dios. 'Se vistió con los mantos propios del estado de Dios; usó la corona de Dios; y empuño el cetro de Dios'; siempre ha recibido el homenaje y el honor que se le debe a la Divinidad. No hay nombre que se le de al Angel de Jehová que no se le de a Jehová Jesús; no hay ninguna característica que se le atribuya al Uno que no se le atribuya al Otro; la adoración que le rindieron al Uno los patriarcas y profetas, se la rindieron al Otro los evangelistas y apóstoles; y las Escrituras declaran que el Angel de Jehová y Jesús son la misma augusta Persona, la Imagen del Invisible, a Quien nadie puede ver y quedar vivo; *el Angel Redentor, el Redentor del género humano, y el Dios Redentor" (Theological Institutes,* Vol. I, pg. 504).

En vista del testimonio tan amplio que se encuentra en las Escrituras del Antiguo Testamento, nadie puede dudar razonablemente con respecto a que Jehová ha de venir a establecer un reino de justicia en toda la tierra. Así está escrito en el *Salmo 96:1-13,* y repetido esencialmente en el *Salmo 98:7-9,* cuyo énfasis debe notarse: "Brame el mar y su plenitud, el mundo y los que en él habitan; los ríos batan las manos, los montes todos hagan regocijo delante de Jehová, porque vino a juzgar la tierra. Juzgará al mundo con justicia, y a los pueblos con rectitud." Esta es una descripción de la segunda venida del Mesías, y la respuesta del corazón iluminado se encuentra en las últimas palabras de la Biblia: "Amén; sí, ven, Señor Jesús."

CAPITULO XXI

DIOS EL HIJO: SUS NOMBRES

El carácter mesiánico del *Salmo 45* es indiscutible. Su último versículo es, a la vez, una promesa y una profecía: "Haré perpetua la memoria de tu nombre en todas las generaciones, por lo cual te alabarán los pueblos eternamente y para siempre." Según todo lo que se nos revela en el nombre del Mesías, El ha de ser alabado en todas las generaciones. Amplia es, en verdad, la suma total de todos sus nombres, sus títulos y otras designaciones descriptivas que se le aplican. Por el hecho de su encarnación, su obra de Redención y sus múltiples relaciones, el número de los nombres que se le dan supera el número de los que se le atribuyen al Padre y al Espíritu y a todos los ángeles, hasta donde dichos nombres se nos revelan. Como es cierto en el caso de cada Persona de la Divinidad, los nombres de la segunda Persona constituyen una revelación distinta. Es probable que casi todas las verdades esenciales que residen en la segunda Persona se expresen por medio de algún nombre específico. Por ejemplo, *Emanuel* es el nombre que expresa las relaciones de su encarnación; *Jesús* expresa las relaciones de su salvación; *el Hijo del Hombre,* las de su humanidad; *el Hijo de Dios,* las de su Deidad; *Señor,* las de su autoridad; *el Hijo de David,* las de su derecho al trono; *Fiel y Verdadero,* las de sus manifestaciones; *Jesucristo el Justo,* las de la equidad con la cual El hace frente a la condenación que merece el pecado de los que son cristianos. Hemos de considerar algunos de los principales títulos en forma específica.

I. JEHOVA, SEÑOR

En la discusión anterior establecimos algunas verdades relativas al carácter de Jehová que tiene la segunda Persona de la Trinidad. Sin quitarle vigor a lo dicho, se pueden presentar más evidencias sobre este particular, para que la gloria sea de Aquel a Quien le corresponde. A El se le llama apropiadamente *Jehová.* Esto se debe al hecho de que El es *Jehová;* debe recordarse, sin embargo, que este nombre sólo es aplicable a la Deidad. Es el nombre inefable que representa la exaltación eterna que no puede comunicarse a ninguna otra criatura. Está escrito en el *Salmo 83:18:* "Y conozcan que tu nombre es Jehová; tú solo Altísimo sobre toda la tierra." Similarmente, leemos en *Isaías 42:8:* "Yo Jehová; este es mi nombre; y a otro no daré mi gloria, ni mi alabanza a esculturas." No se puede presentar una prueba más grande de la Deidad de Cristo que el hecho de que a El se lo llama legítimamente *Jehová.* Sólo necesitamos concentrar un poco nuestra atención para descubrir que a Cristo se le da constantemente el nombre de *Jehová.* En *Zacarías 12:10,* Jehová predice con respecto a Sí mismo: "Y derramaré sobre la casa de David, y sobre los moradores de Jerusalén, espíritu de gracia y de oración; y mirarán a mí, a quien traspasaron, y llorarán como se llora por hijo unigénito, afligiéndose por él como quien se aflige por el primogénito." Esto no se podía decir de ningún otro de la Divinidad, sino de Cristo, pues no se pudiera decir del Padre ni del Espíritu Santo que lo "traspasaron", ni que "llorarán" por El. No obstante, el que está hablando es Jehová. ¿Qué otra aplicación se le pudiera dar a *Apocalipsis 1:7,* donde leemos: "He aquí que viene con las nubes, y todo ojo lo verá, y los que le traspasaron; y todos los linajes de la tierra harán lamentación por él?" Con el mismo propósito, la profecía que se nos presenta en *Jeremías 23:5, 6,* declara que el Renuevo Justo, hijo de David, que es un Rey, será llamado "*Jehová, justicia nuestra.*" Sólo Cristo, y nadie más, es el que ha sido hecho por nosotros justificación *(justicia)* (1 Co. 1:30). Y sólo *en Cristo* fuimos "hechos justicia de Dios" (2 Co. 5:21; Ro. 3:22). Del mismo modo, el Jehová que subió a lo alto, y llevó cautiva la cautividad, según el *Salmo 68:18,* no es otro que el mismo Cristo, según *Efesios 4:8-10.* Y en el *Salmo 102,* donde aparece muchas veces el nombre *Jehová,* en el versículo 12 con significación especial, hay otra prueba en el mismo sentido, pues en *Hebreos 1:10* y siguientes se nos declara que en ese salmo se habla del Señor Jesucristo.

El siguiente es el testimonio de Isaías: "Entonces dije: ¡Ay de mí! que soy muerto; porque siendo hombre inmundo de labios, y habitando en medio de pueblo que tiene labios inmundos, han visto mis ojos al Rey, Jehová de los ejércitos." San Juan, en el Nuevo Testamento, interpreta que este pasaje de *Isaías* se refiere a Cristo. El dice: "Isaías dijo esto cuando vio su gloria, y habló acerca de él" (Cristo –Jn. 12:41). Podemos agregar que así como el Jehová del Antiguo Testamento declara que El es el Primero y el Ultimo (Is. 41:4; 44:6; 48:12), asimismo en el Nuevo Testamento se declara que Cristo es el Primero y el Ultimo (Ap. 1:8, 18; 22:13, 16). Las huestes del cielo no se preocupan para retirarle a Cristo el honor que le deben a Jehová. Está escrito con respecto al cántico de ellas: "Y cantan el cántico de Moisés siervo de Dios, y el cántico del Cordero, diciendo: Grandes y maravillosas son tus obras, Señor Dios

Todopoderoso justos y verdaderos son tus caminos, Rey de los santos. ¿Quién no te temerá, oh Señor, y glorificará tu nombre? pues sólo tú eres santo; por lo cual todas las naciones vendrán y te adorarán, porque tus juicios se han manifestado" (Ap. 15:3, 4). Como ya lo observamos, Cristo es el Jehová del Templo (comp. Mt. 12:6; Mal. 3:1; Mt. 21:22, 23), y El es el Jehová del día de reposo (Mt. 12:8).

Otra prueba amplia y clara sobre el hecho de que Cristo es Jehová se puede ver en el título *Señor* que el Nuevo Testamento atribuye a Cristo más de mil veces. *Jehová* es un término hebreo que no se emplea en el Nuevo Testamento. Pero es equivalente del término *κύριος (Señor),* que también se les aplica al Padre y al Espíritu Santo. De modo que se justifica el procedimiento de tratar el significado del nombre *Señor* en el Nuevo Testamento, como una continuación del significado específico del nombre Jehová, del Antiguo Testamento. Ese sería el significado natural de muchas declaraciones sublimes según las cuales Cristo es: "Señor de todos" (Hch. 10:36; Ro. 10:12); "Señor de gloria" (1 Co. 2:8); "Rey de reyes y Señor de señores" (Ap. 17:14; 19:16).

II. ELOHIM, DIOS

Son muchas las Escrituras en las cuales se le asigna este título a la segunda Persona de la Trinidad. Hay dos pasajes notables en *Isaías* en los cuales se predice la segunda venida de Cristo; en ellos se le da el título de *Elohim.* Cuando el profeta Isaías predice el ministerio del precursor de Cristo, y su mensaje, escribe: "Voz que clama en el desierto: Preparad camino a Jehová (el Señor); enderezad calzada en la soledad a nuestro Dios" (Is. 40:3). En el cumplimiento de esta predicción, Lucas declara que se refiere a Cristo: "... como está escrito en el libro de las palabras del profeta Isaías, que dice: Voz del que clama en el desierto: Preparad el camino del Señor, enderezad sus sendas" (3:4). Es evidente que el adjetivo posesivo "nuestro" que se emplea en el pasaje profético de *Isaías* incluye a los santos de todos los tiempos, y afirma la verdad de que el que lleva este nombre es Creador, Benefactor y Juez; y que a El se le debe eterna adoración. No hay hombre que pudiera llenar los requisitos que corresponden a este nombre tan exaltado.Del mismo modo, en otro pasaje de *Isaías* que nadie puede interpretar mal, en medio de otros nombres igualmente significativos, el profeta declara que Cristo es *el poderoso El.* He aquí el pasaje: "Porque un niño nos es nacido, hijo nos es dado, y el principado sobre su hombre; y se llamará su nombre Admirable, Consejero, Dios fuerte, Padre eterno, Príncipe de paz. Lo dilatado de su imperio y la paz no tendrán límite, sobre el trono de David y sobre su reino, disponiéndolo y confirmándolo en juicio y en justicia desde ahora y para siempre. El celo de Jehová de los ejércitos hará esto" (Is. 9:6, 7). Los demás títulos que se encuentran en este pasaje son tan supremos como el título *Dios fuerte.* El es Admirable, Consejero, Padre eterno, y un Rey que establecerá un reino de perfecta paz. Este poderoso Dios nació como cualquier niño. El Anciano de días llegó a ser un infante en los brazos de una madre humana; el Padre eterno llegó a ser un Hijo para el mundo. Cada uno de estos nombres respira el carácter de la Deidad, y todos en conjunto, sin discusión, corresponden a la segunda Persona de la Trinidad.

El Nuevo Testamento da un testimonio aún mayor. Se predijo con respecto a Juan el Bautista que él volvería el corazón de muchos "al Señor Dios de ellos." El Apóstol Juan certifica que "el Verbo era Dios." Mateo nos dice que Emanuel es "Dios con nosotros"; no como mera presencia espiritual, sino en completa identificación eterna con la familia humana. El apóstol Pablo exhorta a los ancianos de Efeso: "Por tanto, mirad por vosotros, y por todo el rebaño en que el Espíritu Santo os ha puesto por obispos, para apacentar la iglesia del Señor, la cual él –Dios– ganó por su propia sangre" (Hch. 20:28). El escritor de la *Espístola a los Hebreos* dice con respecto a Cristo: "Tu trono, oh Dios, por el siglo del siglo." Tomás, a pesar de su incredulidad, exclama: " ¡Señor mío, y Dios mío! " Y el apóstol Pablo, en otra epístola, predice el regreso de Cristo como "manifestación gloriosa de nuestro gran Dios, y Salvador Jesucristo" (Tit.2:13). Se puede aceptar como cierto que en la combinación de títulos tales como *Dios Padre, Cristo y Dios, Dios y nuestro Salvador, nuestro gran Dios y Salvador,* sólo se alude a una Persona: a Cristo. A Cristo se lo llama específicamente *Dios* (comp. Ro. 15:6; Ef. 1:3; 5:5, 20; 2 P. 1:1). En 1 Juan 5:20, 21, a Cristo se lo llama: "el verdadero Dios, y la vida eterna." Así que El "es Dios sobre todas las cosas, bendito por los siglos. Amén" (Ro. 9:5).

III. HIJO DE DIOS, HIJO DEL HOMBRE

Se nos presenta un estudio interesante y fructífero relacionado con estos títulos. Cristo mismo no se dio a menudo el nombre de Hijo de Dios; pero aceptó esa designación cuando cualquier persona se la daba. El hecho de que El afirmó ser el *Hijo de Dios* fue lo que causó que lo acusaran de blasfemia y lo sometieran a juicio (Lc. 22:67-71). En este sentido, a El se le hicieron dos preguntas directas: " ¿Eres tú el Cristo? " y " ¿Luego eres tú el Hijo de Dios? " Pudo ser posible que en la estimación de los judíos, el hecho de que El afirmara que era el Mesías no era una maldad tan grande como el hecho de que dijera que El era Hijo de Dios. A El se lo condenó por blasfemia, por causa de su incalificable afirmación de que El era Hijo de Dios. Juan agrega: "Por esto los judíos aun más procuraban matarle, porque no sólo quebrantaba el día de reposo, sino que también decía que Dios era su propio Padre, haciéndose igual a Dios" (Jn. 5:18). Y también dice: "Le respondieron los judíos, diciendo: Por buena obra no te apedreamos, sino por la blasfemia; porque tú, siendo hombre, te haces Dios" (Jn. 10:33). Es también evidente que Cristo dijo repetidamente que Dios era su Padre, y aunque El les recordó a sus seguidores que Dios es Padre de ellos, su propia condición de Hijo es una realidad que no se puede confundir con la de los demás. Esto es cierto con respecto a toda clase de condición de hijo que reconozca la Biblia, y especialmente en el caso de la condición de hijos que tienen los creyentes cristianos con Dios por medio de la regeneración. Jesús enseño a sus discípulos a orar: "Padre nuestro que estás en los cielos"; pero El mismo no hizo esa oración, ni podía hacerla, con ellos (comp. Mt. 11:27). El *Evangelio según San Juan* es el que hace más hincapié en el nombre *el Hijo de Dios,* y con mucha propiedad, pues es el Evangelio que trata sobre su Divinidad. En ese Evangelio, *el Hijo,* que evidentemente es una forma abreviada de la expresión *el Hijo de Dios,* ejerce juicio (5:22); tiene vida en Sí mismo y a los que quiere da vida (5:26, 21). El da vida eterna (10:10); es la voluntad del Padre que todos los hombres honren al Hijo, como honran al Padre (5:19); y sólo lo que El oye del Padre es lo que habla (14:10). El Hijo confiesa que, por el lado divino, El tiene un Padre, y por el lado humano, El tiene un Dios (20:17). Una porción bíblica conclusiva e impresionante en relación con esto es la de *Mateo 28:18-20*, donde leemos: "Y Jesús se acercó y les habló diciendo: Toda potestad me es dada en el cielo y en la tierra. Por tanto, id, y haced discípulos a todas las naciones, bautizándolos en el nombre del Padre, y del Hijo, y del Espíritu Santo; enseñándoles que guarden todas las cosas que os he mandado; y he aquí yo estoy con vosotros todos los días, hasta el fin del mundo. Amén." Aquí se ve que la autoridad no sólo se le da al Hijo, sino que El se nombra en la Trinidad en igualdad de condiciones con las otras Personas de la Divinidad. El apóstol Pablo comenzó su ministerio con un mensaje que no tenía nada de incertidumbre con respecto al Hijo de Dios. Así dice la Biblia: "En seguida predicaba a Cristo en las sinagogas, diciendo que éste era el Hijo de Dios." Y él continúa este énfasis con respecto a la Deidad del Hijo en la *Epístola a los Romanos:* "Pablo, siervo de Jesucristo, llamado a ser apóstol, apartado para el evangelio de Dios, que él había prometido antes por sus profetas en las Santas Escrituras, acerca de su Hijo nuestro Señor Jesucristo, que era del linaje de David según la carne, que fue declarado Hijo de Dios con poder, según el Espíritu de santidad, por la resurrección de entre los muertos" (1:1-4).

Con respecto al título *Hijo del Hombre,* se debe reconocer con toda su significación el hecho de que el mismo Cristo se refirió a Sí mismo casi universalmente con este título. Ese nombre se lo aplica El mismo treinta veces en *Mateo,* quince veces en *Marcos,* veinticinco veces en *Lucas* y doce veces en *Juan.* En *Hechos* también se le aplica este nombre a Cristo una vez (7:56); y en *Apocalipsis* se le aplica dos veces (1:13; 14:14). Este mismo cognomento aparece en ciertas partes del Antiguo Testamento, especialmente en *Salmos, Ezequiel y Daniel.* Durante los últimos años se ha discutido mucho el problema sobre por qué Cristo prefirió este título en vez del nombre más sublime, *Hijo de Dios.* La impresión que generalmente se tenía antes era que la expresión *Hijo de Dios* destacaba la Deidad del Salvador, mientras que el término *Hijo del Hombre* destacaba su humanidad. Es muy probable que en la mayoría de los casos se logre esta diferencia. Sin embargo, esa no es una regla. El título *Hijo del Hombre* se refiere a una amplia realidad. En *Marcos 2:28* se declara que " . . . el Hijo del Hombre es Señor aun del día de reposo"; mientras que en *Mateo 8:20* aparece Cristo con el mismo nombre, pero en condición humilde: "Las zorras tienen guaridas, y las aves del cielo nidos; mas el Hijo del Hombre no tiene donde recostar su cabeza." Algunos han querido explicar el continuo uso que Cristo hizo de este nombre según el significado que tiene en el Antiguo Testamento. Difícilmente pudiera establecerse esa relación, aunque hay una clara predicción con respecto al Mesías, en la cual se emplea ese nombre (Dn. 7:13, 14). El hecho de que Cristo prefirió este título no parece restringirse a los aspectos mesiánicos de su ministerio. La gente preguntaba: "¿Quién es este Hijo del Hombre? " (Jn. 12:34). Y Cristo preguntó también: "¿Quién dicen los hombres que es el Hijo del Hombre? " (Mt. 16:13). Las varias respuestas en este último caso, como la pregunta que hacía el pueblo, difícilmente podrían indicar que este título específico se relacionaba generalmente con la esperanza mesiánica. Se diría más bien que, desde el punto de vista de Cristo, teniendo el trasfondo de su Deidad desde la eternidad en mente, éste era el rasgo natural de su Persona mientras estuvo en la tierra, por ser el rasgo nuevo: su humanidad. Mediante este nombre, El se acercó a aquellos a los cuales habló y para los cuales cumplió su ministerio. Sin duda alguna El estableció alguna clase de contacto por causa de la relación que su título de humanidad sugería, el cual no hubiera conseguido con el solo título divino. El uso del título *Hijo del Hombre* por parte de nuestro Salvador no le impedía presentarse en su forma exaltada cuando la ocasión lo demandara. En *Marcos 10:45* se nos hace una importante revelación con respecto al Hijo del Hombre: "Porque el Hijo del Hombre no vino para ser servido, sino para servir, y para dar su vida en rescate por muchos."

IV. SEÑOR JESUCRISTO

La verdad esencial con respecto a la Persona del Redentor se nos revela en éste que es su título completo y oficial. El nombre *Señor* no es otro que el de Jehová, y se refiere a su Deidad. El nombre *Jesús* corresponde a su humanidad y se relaciona con el camino de salvación por medio de su sacrificio salvador. "Me preparaste cuerpo." El título *Cristo,* aunque se emplea como identificación general de la segunda Persona, en su implicación técnica significa todo lo que estaba predicho en el Antiguo Testamento: Profeta, Sacerdote y Rey. Puesto que los oficios a los cuales se refieren estos títulos ocupan tan amplio espacio en la cristología, y puesto que han de ser considerados ampliamente en otras divisiones de esta Teología Sistemática, no es necesario que prosigamos este estudio aquí.

La primera declaración del primer escrito que se ha conservado del apóstol Pablo contiene una designación de Deidad, que parece ser la más común de todas las que él usó: ". . . de Dios nuestro Padre y del Señor Jesucristo" (1 Ts. 1:1; comp. 2 Ts. 1:1; Gá. 1:1; 1 Co. 1:3; 2 Co. 1:2; Ro. 1:7; Ef. 1:2; 6:23; Col. 1:2; Flm. 1:3; Fil. 1:2; 1 Ti. 1:2; Tit. 1:2; 2 Ti. 1:2). Por medio de esta expresión se puede ver que él exaltó el carácter de este nombre y de Aquel que lo lleva. La designación *Señor Jesucristo* es tan sublime como el término *Dios,* con el cual está en pareja indisoluble.

CAPITULO XXII

DIOS EL HIJO: SU DEIDAD

Puesto que no hay problema entre los cristianos profesantes con respecto a la Deidad del Padre y del Espíritu Santo, sería razonable suponer que tampoco lo hubiera con respecto a la Deidad del Hijo, si El no se hubiera encarnado en forma humana. La Deidad del Hijo se afirma en la Biblia en forma tan cabal y tan clara, en todos sus aspectos, como se afirma la del Padre y la del Espíritu Santo. Por otra parte, la humanidad del Salvador está igualmente establecida en forma dogmática. Para aquellos que mantienen en su pensamiento las dos naturalezas de Cristo separadas, tanto con respecto a su sustancia como con respecto a su manifestación, hay menos perplejidad en lo que concierne a la Deidad de Cristo. La dificultad surge para aquellos que, creyendo que tienen que combinar las dos naturalezas, intentan sacar un punto medio en el cual la Deidad se inclina y la humanidad se exalta hasta llegar a ser equivalentes. Para tales personas, el error resultante es biforme: sumergen la Deidad del Señor en el mar de las dudas y privan a la humanidad del Señor de todo aquello que es natural. En esas condiciones, las Escrituras, que presentan tan claramente cada una de estas dos naturalezas tiene que ser discutidas o calificadas más de lo que efectivamente significan. La unión hipostática de las dos naturalezas de Cristo hemos de considerarla en otra parte de este tema general. Debe observarse, sin embargo, que el verdadero método científico sería el de establecer primero el hecho de las dos naturalezas de Cristo, antes de entrar en el misterio que ese hecho implica. La verdad de las dos naturalezas de Cristo está perfectamente demostrada; el misterio reside en su coexistencia en una persona. El Dr. A. B. Winchester escribe lo siguiente sobre el método científico:

"La zarza que ardía y no se consumía era un misterio. Moisés hubiera podido darle la espalda y dedicarse a considerar algo 'práctico', como dicen los hombres de negocios. Pero, si él hubiera hecho eso, ¡qué visión, qué experiencia, qué ocupación para la vida entera, qué carácter y qué gloria hubiera perdido! Todo progreso en el conocimiento de cualquier clase sólo se hace posible mediante el reconocimiento tanto de los hechos como del misterio, y cada misterio tiene su hecho. El procedimiento científico consiste en que lo conocido se haga piedra pasadera hacia lo desconocido; en avanzar de lo simple a lo complejo; del hecho al misterio. Invertir el orden, ignorar el hecho y comenzar con el misterio es algo anticientífico y una barrera efectiva para cualquier avance posible en el conocimiento. Hay que recordar que esta es la ley inexorable en el progreso del conocimiento de cualquier clase, secular o religioso. ' . . . grande es el misterio de la piedad: *Dios fue manifestado en carne* ' . . . (1 Ti. 3:16). Al estudiar este *gran misterio,* tenemos que seguir el mismo orden; es decir, primero el hecho y luego el misterio. Esto es precisamente lo que no han hecho los teólogos racionalistas y escépticos. Moisés fue un individuo científico. Su atención fue sorprendida por el hecho de la zarza y por el hecho de la llama. Decidió investigar reverente y cuidadosamente los hechos, y esperar con paciencia hasta que se le revelara el misterio. Estimadísimos lectores, no perdáis esta lección importante. Esa pequeña zarza que ardía y no se consumía es un símbolo que irradiaba con la gloria del Angel del Pacto, nuestro precioso y glorioso Salvador Jesucristo. Esa zarza lo representa en la constitución misteriosa de su Persona compleja, y en la gran obra redentora, que necesitó para su cumplimiento la unión –no la mezcla– de las naturalezas divina y humana en una Persona gloriosa y misteriosa. La llama que no se consumía en la zarza es un símbolo de la presencia de Jehová Jesús, que predice, tal como lo anuncian otros símbolos, la futura aparición del gran Dios y Salvador Jesucristo en 'carne' " *(God Hath Spoken,* págs. 179, 180).

La segunda Persona de la Trinidad ha sido siempre la Manifestación de la Deidad, y nunca fue tan evidente tal Manifestación como en la encarnación. Es tan vital esta verdad que El pudo decir: "El que me ha visto a mí, ha visto al Padre" (Jn. 14:9). También dijo: "Todas las cosas me fueron entregadas por mi Padre; y nadie conoce al Hijo, sino el Padre, ni al Padre conoce alguno, sino el Hijo, y aquel a quien el Hijo lo quiera revelar" (Mt. 11:27). La manifestación de la Divinidad no depende sólo de la humanidad del Hijo, la cual logró por medio de la encarnación, pues El fue el perfecto Revelador de Dios desde la eternidad. Por esta causa, El sólo sirvió como Angel de Jehová. Hay abundantes razones que nos llevan a creer que la humanidad finita por sí misma nunca hubiera podido servir como medio a través del cual hubiera podido expresarse lo infinito. De las palabras de Cristo que se encuentran en Juan 5:23 y 1 Juan 2:22, 23 se deduce que el que no ve a Dios en Cristo, no ve a Dios de ninguna manera. También se deduce que el primer paso que debemos dar al acercarnos a la comprensión de la Persona de Cristo es el de un reconocimiento desprejuiciado de su Deidad. Hay ciertas líneas de evidencias que establecen esta realidad:

I. A CRISTO LE CORRESPONDEN LOS ATRIBUTOS DIVINOS

No hay ningún atributo de la Deidad que no se le aplique a Cristo en la misma forma plena de infinidad. De estos atributos podemos notar los siguientes:

1. ETERNIDAD. Este atributo sólo puede aplicársele a Dios. Es posible que los ángeles hayan vivido tanto tiempo como para observar incontables edades que han llegado y han pasado, pero la multiplicación de edades no constituye la eternidad. La de afirmar para algún ser el atributo de eternidad es una aserción específica y peculiar. En *Isaías 9:6* se le da a Cristo el nombre de "Padre eterno", o sea *Padre de la eternidad.* Miqueas declara que este mismo Jesús que, por el lado humano, había de nacer en Belén; por el lado divino "sus salidas son desde el principio, desde los días de la eternidad" (Mi. 5:2). Así también Juan anuncia que este *Logos* de Dios *era* en el principio, y que no era otro que el mismo Dios eterno (Jn. 1:1, 2). Jesús dice de Sí mismo: "Antes que Abraham fuese, yo soy" (Jn. 8:58). Mediante esta declaración, Cristo proclamó su Deidad, y sus enemigos así lo entendieron, pues tomaron piedras para lapidarlo por causa de la blasfemia. El es *Vida eterna* y es el Administrador de ella. Cualquier criatura puede, por el principio de generación, engendrar según su especie; pero sólo un Ser eterno puede engendrar vida eterna. El nuevo nacimiento "de arriba viene."

2. INMUTABILIDAD. De ninguna cosa creada puede decirse que es inmutable. Jehová puede decir de Sí mismo: "Porque yo Jehová no cambio" (Mal. 3:6). En el *Salmo 102:25-27* hay un mensaje con respecto a Jehová que se cita en *Hebreos 1:10-12*, donde se aplica a Cristo de la siguiente manera:

> "Tu, oh Señor, en el principio fundaste la tierra,
> Y los cielos son obra de tus manos.
> Ellos perecerán, mas tú permaneces;
> Y todos ellos se envejecerán como una vestidura,
> Y como un vestido los envolverás, y serán mudados;
> Pero tú eres el mismo,
> Y tus años no acabarán."

El Señor Jesucristo es el mismo "ayer, y hoy, y por los siglos" (He. 13:8).

3. OMNIPOTENCIA. Ya se indicó antes que el título *Dios fuerte* se emplea para referirse a Cristo (Ap. 1:8). Está escrito que El reinará hasta poner a todos sus enemigos debajo de sus pies (1 Co. 15:25), y que "puede también sujetar a sí mismo todas las cosas" (Fil. 3:21).

4. OMNISCIENCIA. Se sostiene definidamente en las Escrituras que Cristo sabía todas las cosas eternamente. Juan declara que El sabía desde el principio quiénes eran los que no habrían de creer, y quién lo traicionaría (Jn. 6:64); y que "él sabía lo que había en el hombre" (Jn. 2:25). Pedro le dijo: "Señor, tú lo sabes todo" (Jn. 21:17). El Señor dijo de Sí mismo: " . . . el Padre me conoce, y yo conozco al

Padre" (Jn. 10:15). Sobre *Marcos 13:32,* donde se nos dice que Cristo declaró que El no sabía el día ni la hora de su regreso, se puede observar que ese pasaje no es distinto de *1 Corintios 2:2,* donde el apóstol escribe: "Pues me propuse no saber entre vosotros cosa alguna sino a Jesucristo, y a éste crucificado." El pensamiento es el de *no hacer conocer o no causar que otro conozca.* Entonces el significado de esas palabras de Cristo es que, en cuanto a tiempo, la verdad que El menciona no se les ha encomendado ni al Hijo ni a los ángeles para que la publiquen.

5. OMNIPRESENCIA. No hay ningún atributo que sea más distintivo en los reinos que le son peculiares a la Deidad que el de la omnipresencia, y no hay ninguno que sea más extraño a cualquier criatura que éste. No obstante, de Cristo se dice que El es "la plenitud de Aquel que todo lo llena en todo" (Ef. 1:23). Cristo prometió que El, que tiene por residencia el cielo, vendría a hacer su morada en los creyentes cristianos (Jn. 14:23), con el Padre, así como Jehová anduvo con Israel (Lv. 26:12). También prometió que, donde dos o tres estuvieren congregados en su nombre, allí estaría El en medio de ellos (Mt. 18:20). Asimismo, El les ha prometido a sus mensajeros en todas las tierras y en todas las edades: ". . . he aquí yo estoy con vosotros todos los días, hasta el fin del mundo" (Mt. 28:20).

6. OTROS ATRIBUTOS PRINCIPALES. A los atributos divinos que hemos dicho que le corresponden a nuestro Salvador podemos agregar otros, especialmente los atributos de la *vida* (Jn. 1:4; 5:26; 10:10; 14:6; He. 7:16); la *verdad* (Jn. 14:6; Ap. 3:7); la *santidad* (Lc. 1:35; Jn. 6:69; He. 7:26); y el *amor* (Jn. 13:1, 34; 1 Jn. 3:16).

Se razona, pues, efectivamente, que si los atributos representan los elementos del ser, y los atributos divinos son los rasgos que distinguen a la Deidad, y todos los atributos divinos se le atribuyen a Cristo, El es Deidad en el sentido más absoluto de la palabra.

II. LAS PRERROGATIVAS DE LA DEIDAD SE LE ATRIBUYEN A CRISTO

Del Salvador se dice que El es el Creador y Preservador de todas las cosas, y que El tiene autoridad sobre la creación. El perdona pecados, levanta muertos, y ha de juzgar al mundo. A El se le rinde verdadera adoración, y El la acepta. Los escritores inspirados lo honran como Deidad, y aquellos que lo conocen mejor lo aman más y le sirven de la mejor manera. Algunas de estas patentes verdades podemos considerarlas en forma amplia:

1. EL ES EL CREADOR DE TODAS LAS COSAS. Sólo introduciremos aquí tres de los principales pasajes bíblicos sobre este particular, y en apoyo de esta declaración. En lo que parece ser una consideración sobre el relato mosaico de la creación, Juan declara, *positivamente,* que "Todas las cosas por él fueron hechas" (por el *Logos); y, negativamente,* " . . . sin él nada de lo que ha sido hecho, fue hecho"; y *universalmente,* " . . . el mundo por el fue hecho" (Jn.1:3,10). No se pudiera estructurar una afirmación más concluyente y dogmática. El mismo mundo material en el cual El vivió y se movió fue obra de sus manos. Con la misma significación positiva y universal, el apóstol Pablo, por medio del Espíritu, declara: "Porque en él fueron creadas todas las cosas, las que hay en los cielos y las que hay en la tierra, visibles e invisibles; sean tronos, sean dominios, sean principados, sean potestades; todo fue creado por medio de él y para él" (Col.1:16). Y agregando la verdad de que todos los elementos de su universo se sostienen en coherencia por medio de El, el escritor de *Hebreos* dice: "Y: Tú, oh Señor, en el principio fundaste la tierra, y los cielos son obra de tus manos" (1:10). Por tanto, si crear todas las cosas como Originador de ellas, y ser el Objeto de ellas como Propietario, es señal de Deidad, el Señor Jesucristo es Dios en el sentido absoluto de la palabra.

2. EL ES EL PRESERVADOR DE TODAS LAS COSAS. El Señor de la gloria, el Salvador del mundo, sostiene todas las cosas con la palabra de su poder (He.1:3), y como lo notamos, El es Aquel por el cual todas las cosas subsisten (Col.1:17). Tan vasto como es el universo, es un todo orgánico que se mantiene en coherencia mediante el poder de una Persona omnipotente: el Cristo de Dios.

3. EL PERDONA PECADOS. El derecho y la autoridad de perdonar pecados, puesto que el pecado es perverso por el hecho de que constituye ofensa contra Dios, sólo puede ejercerlo el mismo Dios. Así que, cuando Cristo actuó directamente en el perdón de pecados, lo cual sucedió en varios casos, mediante ese hecho estaba afirmando que El es Dios. En una ocasión El realizó un notable milagro con el propósito de convencer a los escribas de que " . . . el Hijo del Hombre tiene potestad en la tierra para perdonar pecados" (Lc.5:24). Del mismo modo se nos revela que Cristo perdona los pecados de los que creen en El. El apóstol Pablo escribe: "De la manera que Cristo os perdonó, así también hacedlo vosotros" (Col.3:13).

4. CRISTO RESUCITARA A LOS MUERTOS. El hizo eso cuando estuvo aquí en la tierra. Al identificar aquello que le es peculiar a la Deidad, el apóstol Pablo escribe: " . . . para que no confiásemos en nosotros mismos, sino en Dios que resucita a los muertos" (2

Co.1:9). Con el mismo objetivo, Cristo dijo: "Porque como el Padre levanta a los muertos, y les da vida, así también el Hijo a los que quiere da vida" (Jn.5:21). En Juan 5:28,29 se nos presenta una clara predicción: "No os maravilléis de esto; porque vendrá hora cuando todos los que están en los sepulcros oirán su voz; y los que hicieron lo bueno, saldrán a resurrección de vida; mas los que hicieron lo malo, a resurrección de condenación." Tan cierto en realidad es el hecho de que Cristo tiene el poder de levantar los muertos, que El dijo de Sí mismo: "Yo soy la resurrección y la vida" (Jn.11:25).

5. CRISTO REPARTIRA LAS RECOMPENSAS A LOS SANTOS. Aunque los santos están libres de toda clase de juicio que pudiera corresponderles por causa del pecado, por cuanto Cristo llevó sobre Sí los pecados de ellos, los redimidos de esta edad, sin embargo, tendrán que aparecer todos ante el Tribunal de Cristo, y allí recibirán la aprobación o la desaprobación de El con respecto al servicio que le prestaron en el mundo (2 Co.5:10).

6. EL JUICIO CONTRA ESTE MUNDO SE LE HA ENCOMENDADO A CRISTO. El mismo Señor dijo: "Porque el Padre a nadie juzga, sino que todo el juicio dio al Hijo" (Jn.5:22). Teniendo esta verdad en mente, debemos notar que los muertos, pequeños y grandes, tendrán que aparecer ante el trono de Dios para ser juzgados por El (Ap.20:12). Esto quiere decir que a Cristo se le identifica con Dios y se le declara Dios.

7. LA ADORACION QUE SOLO LE CORRESPONDE A DIOS SE LE RINDA CON ENTERA LIBERTAD A CRISTO. A Dios se le adora primariamente por el hecho de que El es el Creador. El salmista dice: "Venid, adoremos y postrémonos; arrodillémonos delante de Jehová nuestro hacedor" (Sal. 95:6). Igualmente, Cristo declaró: "Venga tu reino. Hágase tu voluntad, como en el cielo, así también en la tierra' (Mt.6:10). Ningún hombre, ni siquiera un apóstol, sería capaz de soportar que lo adoraran (comp. Hch.10:25,26; 14:8-15); ni ningún ángel santo acepta la adoración que sólo a Dios corresponde (Ap.22:8,9). Sin embargo, Cristo dijo: " . . . para que todos honren al Hijo como honran al Padre. El que no honra al Hijo, no honra al Padre que le envió" (Jn.5:23). El sentido en el cual debe ser honrado puede determinarse según la manera en que los escritores sagrados lo honran. Cuando El ascendió al cielo, ellos lo adoraron (Lc.24:52). A los primitivos cristianos se les conocía como los que invocaban el nombre de Cristo (Hch.9:14; comp. 22:16; Ro.10:13; 1 Co.1:2). Para aquellos que están completamente familiarizados con el texto del Nuevo Testamento, no es necesario señalar que, así como Cristo fue adorado antes de la encarnación (Is.6:3), así mismo, y aún con más insistencia, se le presenta como objeto de adoración después de

su encarnación. Como consecuencia de esta verdad, no es un rasgo despreciable el hecho de que ahora toda oración se hace en el nombre de Cristo (Jn.14:13,14). Tampoco debe parecernos extraño el hecho de que aquellos que lo conocieron mejor fueron los que más impelidos se sintieron a adorarlo. El mismo ha probado ser el Objeto más satisfactorio de adoración para todos los santos de todas las edades, tanto las pasadas como la presente.

¡Cuán completa es, entonces, la evidencia que establece la real Divinidad de Cristo! Hemos demostrado que El existió desde la eternidad en forma de Dios; que a El se le dan los títulos que le corresponden a la Deidad; que los atributos de la Deidad se le aplican a El; y que El funciona en todas las prerrogativas de la Deidad: El es Creador y Preservador del universo, Perdonador de pecados, el que levanta a los muertos, el que administra vida eterna y eternas recompensas, el que juzga al mundo y el que recibe la adoración de ángeles y hombres. Nada se declara del Padre o del Espíritu, que no se declare del Hijo. Discutir este cuerpo de evidencias es rechazar toda la prueba, y ese sendero es el que lleva lógicamente al rechazamiento de Dios y al ateísmo. O el Señor Jesucristo es Dios en el más absoluto sentido de la palabra, o no lo es de ninguna manera.

No se conoce una síntesis más sucinta sobre la evidencia de que Cristo es Dios que la de Samuel Greene:

"En las Sagradas Escrituras aprendemos con respecto a Cristo, que su *nombre* es Jehová; el Señor de los ejércitos; el Señor Dios; el Señor de la gloria; el Señor de todos; El es el verdadero Dios; el gran Dios; y Dios sobre todas las cosas; el Primero y el Ultimo; el YO SOY, o Ser de propia existencia. Vemos que todos los *atributos* y perfecciones incomunicables de Jehová le corresponden a Cristo. ¡El es Eterno, Inmutable, Omnipotente, Omnipresente, Omnisciente! Vemos que las *obras* que sólo pueden ser hechas por Jehová, las hace Cristo. El creó todos los mundos; sostiene todas las cosas con la palabra de su poder; gobierna todo el universo, y provee lo necesario para toda la creación; la fuerza de su voz llamará a millones de personas de entre los muertos en el día de la resurrección; El las juzgará a todas en el gran día. Aunque la compañía que habrá de estar ante su augusto tribunal será innumerable como la arena que está en la orilla de la mar, sin embargo, El recordará perfectamente todas las acciones de ellos, sus palabras y sus pensamientos, desde el nacimiento de la creación hasta el fin de los tiempos: ¡eso es demasiado para el hombre, pero es muy fácil para Cristo!

El ha elegido su pueblo antes que el mundo fuera; la Iglesia es su propiead; El redime al mundo perdido; El es la Fuente de toda gracia y de la eterna salvación para su pueblo; y El es el que envía al Espíritu Santo a preparar la Iglesia para su gloria. El presentará a esa Iglesia ante Sí mismo al fin, y le dará el reino. Y nosotros *hemos de actuar hacia Cristo* exactamente en la misma forma como tenemos que actuar con respecto a Dios el Padre: tenemos que creer en El, ser bautizados en su nombre, orar a El, y servirle y adorarlo en la misma forma en que servimos y adoramos al Padre. Estos son los hechos y las verdades que prueban irresistiblemente la Deidad de Emanuel. ¿Cuáles son las pruebas más vigorosas que éstas que tenemos sobre la existencia de Jehová? " (*Present Day Tracts. Christology* "La Divinidad de Cristo," Pg. 30).

OBJECIONES

No está dentro del objetivo de esta obra el detenerse ampliamente sobre el aspecto negativo de cualquier verdad; pero así como la doctrina fundamental de la inspiración de las Escrituras ha sido asaltada, igualmente ha sufrido el asalto la doctrina fundamental de la Persona de Cristo. Las objeciones generales revelan la incapacidad de los objetantes para reconocer y recibir la verdad que está establecida en la Palabra de Dios. Esto es cierto especialmente con respecto a las dos doctrinas mencionadas. En cada una de ellas hay unión de lo divino con lo humano. Para la mente no regenerada, la autoridad doble de la Biblia es un misterio insoluble; lo mismo sucede en el caso de la unión de las dos naturalezas de Cristo. Con respecto a las objeciones que se hacen contra la verdad de la Deidad de Cristo, el Dr. B.B. Warfield presenta una ilustración apropiada extraída de los escritos de Schmiedel:

"Prosiguiendo de este modo, Schmiedel se fija primariamente en cinco pasajes que a él le parece que llenan las condiciones establecidas; es decir, que hacen declaraciones que están en conflicto con la reverencia hacia Jesús de que están penetrados los Evangelios y, por tanto, no podían haber sido inventadas por los autores de los Evangelios, sino que tuvieron que llegarles procedentes de la tradición primitiva fija. Y estas declaraciones se conservan en su cruda contradicción con el punto de vista de los evangelistas, de conformidad solamente con uno o dos de ellos; mientras que el otro, o los otros, en caso de que refieran los mismo, modifican las declaraciones para que estén en armonía con su punto de vista relativo a la reverencia. Estos cinco pasajes son los siguientes: *Marcos 10:17* y siguientes (' ¿Por qué me llamas bueno? Ninguno hay bueno, sino sólo uno, Dios '); *Marcos 3:21* (Sus familiares creían que El estaba loco); *Marcos 13:32* (' Pero de aquel día y de la hora nadie sabe, ni aun los ángeles que están en el cielo, ni el Hijo, sino el Padre '); *Mateo 12:31* y siguientes: (Puede ser perdonada la blasfemia contra el Hijo del Hombre); *Marcos 15:34; Mateo 27:46* (' Dios mío, Dios mío, ¿por qué me has desamparado? '). A éstos él agrega otros cuatro que se refieren al poder de Jesús para realizar milagros, a saber: *Marcos 8:12* (Jesús no acepta hacer un milagro); *Marcos 6:5* y siguientes (Jesús no pudo hacer milagros en Nazaret); *Marcos 8:14-21* (' La levadura de los fariseos, y la levadura de Herodes ' no se refiere al pan sino a la enseñanza); *Mateo 11:5; Lucas 7:22* (Las señales del Mesías son sólo figuradamente milagrosas). A estos nueve pasajes, él los llama ' los pilares fundamentales para una vida verdaderamente científica de Jesús. ' Desde este punto de vista, tales pasajes prueban, por una parte, que ' El (Jesús) existió realmente, y que los Evangelios contienen por lo menos ciertos hechos confiables con respecto a El, caso éste que, según parece sugerirlo él, estaría sujeto a la duda legítima, si no fuera por la existencia de esos pasajes; y, por otra parte, que, ' en la Persona de Jesús sólo tenemos a un ser completamente humano, y que lo divino debe buscarse en El sólo en la forma en que es posible hallar ese atributo en el hombre. ' Teniendo esos pasajes como base, él se propone investigar, no admitiendo nada como creíble si no está de acuerdo con el Jesús puramente humano, no milagroso, que es el que estos pasajes implican" *(Christology and Criticism* – pgs. 189,190).

No es necesario hacer otro comentario que no sea el de que la declaración de la verdad que sostiene que si el Cristo de Dios ha de presentarse a la vez como Dios y como Hombre, es de esperarse que su humanidad se presente conjuntamente con su Deidad.

Richard Watson escribe una valiosa declaración sobre la Deidad esencial de Cristo. Todos debieran conservarla y leerla:

"Con respecto a Cristo, debe observarse que los títulos Jehová, Señor, Dios, Rey, Rey de Israel, Redentor, Salvador y otros nombres de Dios, se le atribuyen a El; que El está investido con los atributos de eternidad, omnipotencia, omnipresencia, infinita sabiduría, santidad, bondad, etc.; que El fue el Dirigente, el Rey visible y el Objeto de adoración de los judíos; que El constituye el gran Tema de las profecías, y que de El se habla en las predicciones de los profetas en un lenguaje que, si se les aplicara a los hombres o a los ángeles, los judíos no lo hubieran considerado sagrado, sino idólatra. Tal lenguaje, por tanto, a menos que concordara con su antigua fe, hubiera destruido completamente el crédito de esos escritos. También debe observarse que a El se le conoce eminentemente en el Antiguo y en el Nuevo Testamentos como el Hijo de Dios, título que es suficiente para probar que el que lo asume considera que en El hay Divinidad, por la circunstancia de que, por haber afirmado nuestro Señor esa verdad, fue condenado a morir como un blasfemo por el Sanedrín judío; que El se encarnó en nuestra naturaleza, hizo milagros mediante su propio poder, y no como los hicieron sus siervos, en el nombre de otro; que El tiene autoridad de perdonar pecados, pues por obra de su sacrificio, y sólo por él, se le perdonan los pecados al mundo entero; que El se levantó de entre los muertos, para sellar todas estas pretensiones de Divinidad; que El está sentado sobre el trono del universo, y se le ha dado toda potestad en el cielo y en la tierra; que sus inspirados apóstoles lo presentaron a El como Creador de todas las cosas, visibles e invisibles, como el verdadero Dios y la Vida eterna, como Rey eterno, inmortal, invisible, el único sabio Dios y nuestro Salvador; que ellos le rindieron a El la más sublime adoración; que ellos confiaron en El y ordenaron que todos los demás confiaran en El con respecto a la vida eterna; que El es la Cabeza de todas las cosas; que los ángeles lo adoran y le sirven; que El levantará los muertos en el día postrero; que El juzga los secretos de los corazones de los hombres, y que El determinará finalmente el estado de los justos y de los salvados" *(Theological Institutes* –Vol. I, pg. 473).

CAPITULO XXIII

DIOS EL HIJO: SU ENCARNACION

La encarnación se considera con toda propiedad como uno de los siete eventos principales en la historia del universo, desde el principio de la historia hasta el fin. El siguiente es el orden cronológico de dichos eventos: (1) la creación de las huestes angelicales (Col.1:16); (2) la creación del universo material y del hombre (Gn.1:1-31); (3) la encarnación (Jn.1:14); (4) la muerte de Cristo (Jn.19:30); (5) la resurrección de Cristo (Mt.28:5,6); (6) la segunda venida de Cristo (Ap.19:1-16); y (7) la creación de los nuevos cielos y la nueva tierra (Ap.,21:1; Is.65:17).

Estos eventos estupendos no sólo constituyen los más grandes planes divinos, sino que cada uno de ellos en su turno indica el comienzo de un evance nuevo e inmensurable en el programa maravilloso de realizaciones divinas. La encarnación no es de ningún modo el menor de los eventos de esta serie, pues no es menos que el gran evento de profunda significación mediante el cual la segunda Persona de la eterna Divinidad entró en la esfera humana, se hizo participante de los elementos humanos –cuerpo, alma, espíritu– con el determinado propósito de seguir siendo participante de todo lo que es humano por toda la eternidad. Es cierto que en El, lo que era mortal se vistió de inmortalidad (1 Ti.6:16), y que El ha sido glorificado y es glorificado con la infinita y suprema gloria (Ef.1:20,21; Fil.2:9-11; He.1:3).

Ciertamente, desde el punto de vista divino, el descenso de la segunda Persona de la Trinidad, desde las inefables alturas de los cielos donde moraba en la eternidad a la esfera habitada meramente por las criaturas de su mano, para poder elevar a estas criaturas a la gloria eterna, constituye un evento de infinita importancia. Esta experiencia decisiva y que no ha de repetirse en la existencia eterna de la segunda Persona, que por sí sola está más allá del alcance de la comprensión humana, en tanto que su efecto sobre aquella compañía de redimidos tomados de entre sus criaturas, los cuales, por medio del derecho inherente establecido mediante su venida a la esfera humana, han de ser presentados finalmente conforme a su imagen, constituye una realización de extraordinaria importancia, ya sea que esta realización la evalúen los moradores de la tierra o los principales ángeles del cielo.

La importancia trascendental de esta doctrina se puede ver en la verdad de lo que es el único Dios Hombre y lo que hace, todo lo cual se basa en la realdiad de su encarnación: su Deidad esencial, su humanidad, su Personalidad y su nacimiento virginal son factores constituyentes de la Persona del Dios Hombre. Aunque ya estudiamos su Deidad, es propio para la correcta comprensión de este tema contestarnos las siguientes preguntas: (a) ¿Quién se encarnó? (b) ¿Cómo se encarnó? y (c) ¿Cuál fue el propósito de su encarnación?

I. ¿QUIEN SE ENCARNO?

Para poder llegar siquiera a algo que parezca respuesta para esta importantísima pregunta, hay que llenar el requisito de tener una verdadera comprensión de la segunda Persona de la Trinidad, Cristo, hasta el punto de tener valiosas convicciones. La doctrina de *la Persona de Cristo* no es de interés especulativo. Esta doctrina es la urdimbre de la estructura del cristianismo mismo, y de todo lo que entra en la esperanza mesiánica para Israel y para el mundo. Los fundadores de las religiones antiguas sólo dieron origen a ideas y sistemas que cualquier hombre hubiera podido fomentar. Los hombres que comenzaron estos sistemas no permanecieron como fuente de sustentamiento de todo lo que ellos propusieron, ni como ejecutores vivientes de los asuntos del universo en que residen los hombres y los ángles. Aun dentro del judaísmo y el cristianismo, los hombres como Moisés y Pablo hubieran podido ser reemplazados por otros igualmente buenos. Pero cuando hablamos de Cristo, las cosas son completamente diferentes. Charles Gore escribe sobre este tema:

"Reconocer esta verdad es asombrarse por el contraste que en este respecto hay entre el cristianismo y otras religiones. Por ejemplo, el lugar que ocupa Mahoma en el mahometismo no es como el que ocupa Cristo en el cristianismo, sino como el que ocupa Moisés dentro del judaísmo. El profeta árabe no reclamó para sí ninguna clase de reconocimiento distinta de la que reclamaban los profetas hebreos; es decir, lo mismo que reclaman todos los profetas, sean verdaderos o falsos, o parcialmente verdaderos y parcialmente falsos: que ellos hablan la Palabra del Señor. La sustancia del mahometismo, considerado sólo como religión, descansa sencillamente en el mensaje que contiene el Corán. El mahometismo, como ninguna otra religión, se basa en un libro. La persona de su profeta Mahoma no tiene ninguna otra significación que no sea la de suponer que él certificó la realidad de las revelaciones que registra el libro.

Buda es el fundador del Budismo, y supongo que es uno de los seres más nobles de la humanidad; pero sólo es un descubridor o redescubridor de un método, de un camino, el camino de la salvación, lo cual significa un medio para lograr la emancipación de las abrumadoras cadenas de la existencia, y para lograr el Nirvana o *Paranirvana,* es decir, la bendita extinción final. Habiendo descubierto este camino, después de muchos años de fatigosa búsqueda, él puede enseñarlo a otros, pero él sólo es permanentemente un ejemplo preeminente de éxito en la prácitica de su propio método, uno de la serie de budas o iluminados, que derramaron sobre otros hombres la luz de su conocimiento superior . . .

Claramente, sería el método de Buda, y no la persona, el que iba a salvar a sus hermanos. En cuanto a la persona, Buda murió, tal como el escritor de los escritos budistas lo declara repetidamente, "con una muerte de tal naturaleza que no dejó atrás absolutamente nada." Posteriormente sólo vive metafóricamente en el método y en la enseñanza que él les legó a sus seguidores. No estamos tocando ningún punto discutible cuando afirmamos que, según los escritos budistas, la vida personal y consciente del fundador de esa religión se extinguió en la muerte. Pero este hecho singular señala el contraste entre el budismo y el cristianismo. Las enseñanzas de Jesús difieren efectivamente de las de Buda: hay diferencia en los ideales que ellos propusieron; pero no difieren más en el ideal que en el lugar que ocupa la persona que propuso ese ideal. Porque Jesucristo no enseñó un método mediante el cual los hombres pueden lograr la extinción de su ser; ya fuere que El personalmente existiera o que hubiera sido aniquilado; sino que se les ofreció a los hombres de la tierra como la Satisfacción para su ser –su Maestro, su Ejemplo, su Redentor– así que cuando El abandonó la tierra, les prometió sostenerlos desde el mundo invisible, mediante su continua presencia personal, y comunicarles su propia vida. Y les prometió que, al fin, ellos se encontrarán con El cara a cara, y entonces El será Juez de ellos. La relación personal con El es la esencia de la religión que él fundó desde el principio hasta el fin" *(The Incarnation of the Son of God* –pgs. 7-10).

El *Señor Jesucristo* no solamente hizo el universo, como su Creador; ni sólo formula aquellos principios e ideales que constituyen la gloria intrínseca de la Biblia, sino que El continúa impartiéndose a Sí mismo para los hombres finitos y para ejecutar y consumar el programa que la Infinidad ha establecido. Teniendo estas verdades en mente, no debe extrañarnos que la Persona de Cristo sea, como en realidad lo es, el Punto central de toda controversia moral y religiosa. El estudiante de teología puede seguir la historia de esta controversia en otras partes de esta disciplina. Sin la realidad del Dios Hombre, no hay base suficiente para las verdades de la salvación, la santificación ni para la comprobación de que el mundo está perdido. Este Dios Hombre es la Esperanza de todos los hombres en todas las edades, y del mismo universo.

Teniendo en mente estas consideraciones, debemos recurrir a la discusión anterior de esta tesis, en la cual estudiamos con atención específica todo lo que se relaciona con la Persona del Cristo pre-encarnado. Allí demostramos, por medio de muchas Escrituras, y vimos que es el testimonio de todas las Escrituras, que Aquel que vino al mundo no es otro que la segunda Persona de la Divinidad, que es igual en todo aspecto al Padre y al Espíritu Santo. La unión hipostática de las dos naturalezas de Cristo, la cual se cumplió en la encarnación, es un tema que se tratará en una división específica de este tratado, donde se estudiará cada una de estas naturalezas separadamente. Así que, por ahora, no necesitamos detenernos largamente a considerar estos aspectos de la verdad relacionada con el Cristo encarnado. Es suficiente señalar que Cristo es Dios en su naturaleza divina, y Hombre en su naturaleza humana; pero en su Personalidad como Dios-Hombre, El no es ni lo uno ni lo otro separadamente de la unidad que es su Persona. No es posible separar cualquiera de estas naturalezas de la otra, aunque cada una de ellas puede estudiarse por separado. La naturaleza divina es eterna, pero la naturaleza humana se origina en el tiempo, aunque está destinada a continuar eternamente. Esta unión es una profunda realización, y es una realidad unica del Dios Hombre. La verdad que esta unión encarna está bien declarada en el Credo de Atanasio, como sigue:

"Perfecto Dios y perfecto Hombre, con alma racional y carne humana que subsisten de tal modo que, aunque El es Dios y Hombre, sin embargo El no es dos Personas; sino un Cristo: Uno, no por conversión de la Divinidad en carne, sino por haber tomado Dios la humanidad; Uno solo, no por confusión de sustancia, sino por unidad de persona; porque así como el alma racional y la carne son un hombre, así Dios y el Hombre son un Cristo."

La misma verdad se presenta también en el segundo artículo del Credo de la Iglesia de Inglaterra:

"El Hijo, que es el Verbo del Dios eterno, de una misma sustancia con el Padre, tomó la naturaleza humana en el vientre de la bendita virgen, de la sustancia de ella, de tal modo que las dos naturalezas completas y perfectas, la Divinidad y la humanidad, se unieron en una Persona, para no volverse a dividir jamás; por tanto, esa Naturaleza es un Cristo, verdadero Dios y verdadero hombre (tanto el Credo de Atanasio como el de Inglaterra los cita Watson en *Institutes* – Vol.I, pg. 617).

La Biblia utiliza el lenguaje más brillante al declarar que fue Uno de la Divinidad Trina Quien llegó a ser Dios Hombre mediante la encarnación.

Isaías 7:14: "Por tanto, el Señor mismo os dará señal: He aquí que la virgen concebirá y dará a luz un hijo, y llamará su nombre Emanuel." Esta doble predicción es explícita, pues afirma que Uno ha de nacer de una mujer, el cual, por ninguna circunstancia pudiera implicar, por derivación, ninguna otra cosa que no fuera un ser humano. Sin embargo, Este que ha de nacer es Emanuel, que significa "Dios con nosotros." Pero, *con nosotros,* en el sentido más profundo de la palabra. Es decir, El llegó a ser *uno de nosotros.*

Isaías 9:6, 7. "Porque un niño nos es nacido, hijo nos es dado, y el principado sobre su hombro; y se llamará su nombre Admirable, Consejero, Dios fuerte, Padre eterno, Príncipe de paz. Lo dilatado de su imperio y la paz no tendrán límite, sobre el trono de David y sobre su reino, disponiéndolo y confirmándolo en juicio y en justicia desde ahora y para siempre. El celo de Jehová de los ejércitos hará esto." Aquí se delínea otra vez esta compleja Personalidad doble. "... un niño nos es nacido, hijo nos es dado." Estas declaraciones se refieren a las naturalezas humana y divina respectivamente. El Hijo que nos es nacido, se sentará en el trono de David; pero el Hijo que nos es dado lleva los títulos de Deidad, y tiene las responsabilidades del gobierno y de la autoridad del universo sobre sus hombros.

Miqueas 5:2. "Pero tú, Belén Efrata, pequeña para estar entre las familias de Judá, de tí me saldrá el que será Señor en Israel; y sus salidas son desde el principio, desde los días de la eternidad." Aquí se ve, de igual manera que Uno ha de venir a una localidad geográfica en la tierra –Belén– lo cual constituye su identificación humana; sin embargo, sus salidas son desde los días de la eternidad.

Lucas 1:30-35. "Entonces el ángel le dijo: María, no temas, porque has hallado gracia delante de Dios. Y ahora, concebirás en tu vientre, y darás a luz un hijo, y llamarás su nombre JESUS. Este será grande, y será llamado Hijo del Altísimo; y el Señor Dios le dará el trono de David su padre; y reinará sobre la casa de Jacob para siempre, y su reino no tendrá fin. Entonces María dijo al ángel: ¿Cómo será esto? pues no conozco varón. Respondiendo el ángel, le dijo: El Espíritu Santo vendrá sobre tí, y el poder del Altísimo te cubrirá con su sombra; por lo cual también el Santo Ser que nacerá, será llamado Hijo de Dios." No se podía dar ninguna seguridad más explícita sobre la doble realidad dentro de los límites del lenguaje humano que la que se nos presenta en estos versículos. Lo que muy claramente humano se predica de Aquel que es el Hijo del Altísimo, el cual fue, como no podía serlo ninguna otra persona humana, ese "Santo Ser."

Juan 1:1,2,14. "En el principio era el Verbo, y el Verbo era con Dios, y el Verbo era Dios. Este era en el principio con Dios ... Y aquel Verbo fue hecho carne, y habitó entre nosotros (y vimos su gloria, gloria como del unigénito del Padre), lleno de gracia y de verdad." En una exposición que ya hicimos sobre este pasaje, hicimos notar que, en él, en forma más positiva que en ninguna otra parte, se declara que el eterno Dios, el *Logos,* se hizo carne, para poder vivir entre los hombres. De acuerdo con lo que revela el contexto en que se encuentra este pasaje, El fue el que creó todas las cosas, y de El procede toda la vida, especialmente la vida eterna que poseen *los que creen en El y lo reciben (12).*

Filipenses 2:6-8. "... el cual, siendo en forma de Dios, no estimó el ser igual a Dios como cosa a qué aferrarse, sino que se despojó a sí mismo, tomando forma de siervo, hecho semejante a los hombres; y estando en la condición de hombre, se humilló a sí mismo, haciéndose obediente hasta la muerte, y muerte de cruz." Esta gran porción cristológica de la Palabra de Dios coloca a Cristo en tres posiciones, cada una de las cuales es final en relación con toda la revelación referente a la encarnación: (a) El era en forma de Dios, (b) El era igual a Dios, y (c) El apareció en la tierra en la semejanza de los hombres. Basta por ahora con estas pocas palabras, pues el estudio amplio de este pasaje tendremos que reservarlo para la consideración posterior que haremos de la *kenosis.* La palabra determinante en este pasaje es *μορφῆ*, la cual indica que el Cristo pre-encarnado era en la *forma* de Dios en el sentido de que El existió *en* la naturaleza de Dios y *con* ella. El *era* Dios y, por tanto, ocupó el lugar que le corresponde a Dios y poseía todas las perfecciones divinas. El obispo Lightoot, al escribir sobre este pasaje de las Escrituras, y especialmente sobre la palabra *μορφῆ*, declara: "Aunque la palabra *μορφῆ* no es sinónimo de *φύσις* ni de *οὐσία*, sin embargo, la posesión de la *μορφῆ* envuelve la participación en la *οὐσία* también; pues *μορφῆ* no implica los accidentes externos, sino los atributos esenciales." Su preexistencia en forma de Dios es evidencia completa de que El es Dios; pero Este mismo es el que tomó para sí la *μορφῆ* de un siero y *ὁμοίωμα* de hombres. Hay completa realidad, tanto en la naturaleza divina como en la humana.

Colosenses 1:13-17. "El cual nos ha librado de la potestad de las tinieblas, y trasladado al reino de su amado Hijo, en quien tenemos redención por su sangre, el perdón de pecados. El es la imagen del Dios invisible, el primogénito de toda creación. Porque en él fueron creadas todas las cosas, las que hay en los cielos y las que hay en la tierra, visibles e invisibles; sean tronos, sean dominios, sean principados, sean potestades; todo fue creado por medio de el y para él. Y él es antes de todas las cosas, y todas las cosas en él subsisten." El orden de anotación está inverso en este sublime pasaje, pero la declaración directa no pierde su vigor. Aquel que, siendo humano y habiendo provisto la Redención por medio de su sangre, es, sin embargo, el eterno Hijo de Dios, es también el Creador de todas las cosas, visible e invisibles."

1 Timoteo 3:16. "E indiscutiblemente, grande es el misterio de la piedad:

> **"Dios fue manifestado en carne,**
> **Justificado en el Espíritu,**
> **Visto de los ángeles,**
> **Creído en el mundo,**
> **Recibido en gloria."**

En este punto, el lector se halla frente a frente con una afirmación directa: "Dios fue manifestado en carne"; y todo lo demás que de El se predica sólo sirve para fortalecer esta verdad bien establecida.

El libro de *Hebreos.* Esta Epístola es abundante en revelaciones cristológicas. La más conclusiva, en verdad, es la enseñanza de que el eterno Hijo de Dios y Creador, que se describe en el capítulo 1, es Aquel que, según el capítulo 2, es participante, juntamente con "los hijos" de "carne y sangre."

Estos pasajes llevan la mente que se inclina ante la Palabra de Dios a una gran conclusión: que el eterno Hijo de Dios ha entrado en la esfera humana. El *método* y el *propósito* de este estupendo movimiento por parte de Dios se considerarán posteriormente.

II. ¿COMO SE ENCARNO EL HIJO DE DIOS?

Las Escrituras contestan esta pregunta en la misma forma explícita como dan testimonio de la encarnación. El nació en una familia humana, y así llegó a poseer su propio cuerpo humano identificable, su alma y su espíritu. En esto se puede ver la diferencia entre lo que se llama *morada* divina, que no implica más sino que los seres humanos pueden participar de la naturaleza divina, y la *encarnación,* que no es menos que el acto por el cual la Deidad toma la humanidad sobre Sí, de un modo en que nadie más pudiera poseerla. También se afirma que el Cristo de Dios nació de una virgen. Esto se afirma expresamente, sin que se note la más leve sugestión en contrario. La generación de esa Vida en el vientre de la virgen es un misterio, pero no es nada imposible para el Dios que creó todas las cosas. El hecho de que Cristo nació de una virgen confirma que El no recibió la naturaleza caída de su Padre, y, para que nadie pensara que sería posible que la naturaleza caída se apoderara de El por medio de la naturaleza de la madre humana, el ángel que anunció su nacimiento le declaró a María que "el Santo Ser" que le nacería sería llamado, por causa de esa santidad, "el Hijo de Dios." El reconocimiento de la insistencia bíblica sobre el hecho de que Cristo no sólo fue libre de pecado, sino también de la naturaleza pecaminosa, es sumamente esencial. Y repetimos, no se intima absolutamente nada en contrario.

La doctrina del *nacimiento virginal* no es tan extensa como la doctrina de la *encarnación.* La primera sólo se reconoce como un paso en toda la empresa de la *encarnación;* mientras que en ésta, el estudio se extiende a toda la vida del Hijo de Dios, desde el nacimiento virginal hasta la eternidad. Toda la revelación sobre la encarnación tiene alguna indicación sobre el carácter permanente de dicha doctrina. Está en conformidad con el Dios Hombre glorificado que los hombres de la era presente se acerquen a El y con El tengan comunión eternamente. Los cuerpos de estos hombres que se acerquen a El han de ser trasladados o resucitados, para que sean semejantes "al cuerpo de la gloria suya" (Fil.3:21).

De Cristo se nos declara que El es "... el único que tiene inmortalidad, que habita en luz inaccesible" (1 Ti.6:16). La resurrección es del cuerpo, y así fue en el caso de Cristo. Su cuerpo humano se levantó, fue visto por muchos testigos, y ascendió al cielo donde se presentó como Primicias de todos los santos, los cuales también aparecerán como Cristo en gloria. El cuerpo humano glorificado de Cristo ha llegado a convertirse en una revelación para las huestes angélicas con respecto a la realidad que los santos demostrarán en el cielo, cuando ellos también reciban sus cuerpos glorificados. Con repecto a Cristo, y en relación con su segunda venida, está escrito: "Y se afirmarán sus pies en aquel día sobre el monte de los olivos" (Zac.14:4). El será reconocido entonces por las cicatrices de las heridas que tiene en sus manos (Zac.13:6), y como Hijo de David, se sentará en el trono davídico (Lc.1:32). Es muy poco, en verdad, lo que se nos dice con respecto al alma y al espíritu de Cristo. Lo mismo sucede con respecto a los santos en su gloria futura. Sin duda alguna, esto se debe al hecho de que la Biblia emplea el término *cuerpo* para referirse a todo lo que es humano (comp. Ro.12:1; He.10:5; 1 Ti.3:16; He.2:14).

Es razonable que al identificarse Cristo como un miembro individual de la raza humana, El entrara en ese estado por medio del nacimiento, y siguiera el proceso normal de crecimiento y desarrollo a través de la infancia hasta llegar a su condición de Hombre. Y ese hecho es también natural. Cuando estudiemos la unión hipostática, consideraremos los problemas más intrincados relacionados con la unión de las dos naturalezas en una sola Persona.

III. ¿CON QUE PROPOSITO SE ENCARNO EL HIJO DE DIOS?

La doctrina de la encarnación es una revelación de carácter muy puro, y en ningún otro aspecto tiene que depender el estudiante tanto de la Palabra de Dios, como cuando estudia esta cuestión. Por lo menos se nos revelan siete razones principales de *la encarnación:* (1) para que El pudiera manifestar lo de Dios al hombre; (b) para que El pudiera manifestar lo del hombre a Dios; (c) para que El pudiera ser misericordioso y fiel Sumo Sacerdote; (d) para que El pudiera destruir las obras del diablo; (e) para que El pudiera ser Cabeza de toda la creación; (f) para que El pudiera sentarse sobre el trono de

David; y (g) para que El pudiera ser el Redentor del género humano. Consideraremos cada uno de estos aspectos con la debida amplitud.

1. PARA QUE EL PUDIERA MANIFESTAR LO DE DIOS AL HOMBRE. El Cristo encarnado es la Respuesta divina a la pregunta: ¿Cómo es Dios? El Dios Hombre expresa de lo Infinito tanto cuanto pueda traducirse en las ideas y realidades humanas. Cristo es Dios. Por tanto, no se puso en práctica ninguna ficción cuando aquello que es completamente distinto del hombre se redujo a la comprensión de aquellos que tan grandemente necesitaban esa información, y cuyas mentes se encuentran sobrenaturalmente entenebrecidas. Es cierto que cuando el Señor estuvo aquí en la tierra demostró el *poder* de Dios. Nicodemo dio este testimonio: "Rabí, sabemos que has venido de Dios como maestro; porque nadie puede hacer estas señales que tú haces, si no está Dios con él" (Jn.3:2). Pero Cristo no vino en primer lugar a demostrar el poder de Dios. El demuestra, de igual manera, la *sabidurá* de Dios. La gente decía de El: " ¡Jamás hombre alguno ha hablado como este hombre! " (Jn.7:46). Sin embargo, su propósito primario no fue el de demostrar la sabiduría de Dios. El también manifestó la *gloria* de Dios. Eso lo hizo en el monte de la Transfiguración, y de acuerdo con 2 Corintios 4:6 " . . . iluminación del conocimiento de la gloria de Dios –que hay– en la faz de Jesucristo." Pero El no vino esencialmente a exhibir la gloria de Dios. Sin embargo, El vino a revelarnos el *amor* de Dios. El, que siempre está en el *regazo* del Padre, es una manifestación de ese regazo. Está escrito: "A Dios nadie le vio jamás; el unigénito Hijo, que está en el seno del Padre, él le ha dado a conocer" (Jn.1:18). Dios, en estos últimos días, nos ha hablado por el Hijo (He.1:2). El Hijo no nos ha hablado del poder, ni de la sabiduría, ni de la gloria, sino del *amor*. Debe anotarse también que Cristo manifestó el amor de Dios en su ministerio terrenal; pero la suprema revelación de ese amor la hizo en su muerte de cruz. A este respecto dicen las Escrituras "porque de tal manera amó Dios al mundo, que ha dado a su Hijo unigénito, para que todo aquel que en él cree, no se pierda, mas tenga vida eterna" (Jn.3:16). "Mas Dios muestra su amor para con nosotros, en que siendo aún pecadores, Cristo murió por nosotros" (Ro. 5:8). "En esto hemos conocido el amor, en que él puso su vida por nosotros" (1 Jn.3:16). "En esto consiste el amor: no en que nosotros hayamos amado a Dios, sino en que él nos amó a nosotros, y envió a su Hijo en propiciación por nuestros pecados" (1 Jn.4:10). La muerte de Cristo por los *pecadores* y por sus *enemigos* es la más grande expresión del amor divino. La muerte de Cristo por la raza perdida es la más notable y decisiva experiencia por parte de Dios. Si pudiéramos ver la actitud divina como la vemos ahora, nos revelaría el mismo amor y la

misma buena voluntad, si fuera necesario, de hacer el mismo sacrificio en favor de aquellos que lo necesitan, sacrificio que fue hecho ya en el Calvario. El amor de Dios no conoce las experiencias espasmódicas. Ese amor es ahora y siempre lo que fue en el momento en que fue manifestado. Esta revelación de Dios a los hombre se hizo posible y tangible mediante la encarnación.

La encarnación está relacionada con el oficio profético de Cristo, puesto que el profeta de Dios es el mensajero divino para los hombres. Al predecir el oficio profético de Cristo, Moisés escribió: "Profeta de en medio de tí, de tus hermanos, como yo, te levantará Jehová tu Dios; a él oiréis; . . . Profeta les levantaré de en medio de sus hermanos, como tú; y pondré mis palabras en su boca, y él les hablará todo lo que yo le mandare. Mas a cualquiera que no oyere mis palabras que él hablare en mi nombre, yo le pediré cuenta" (Dt.18:15,18,19). La suprema importancia de esta predicción se ve en el hecho de que el Nuevo Testamento se refiere a ella cuatro veces (comp. Jn.7:16; 8:28; 12:49,50; 14:10, 24; 17:8). Estaba declarado que este profeta predicho debía de ser "de tus hermanos," que sería Jehová el que lo *levantaría,* "de en medio de tí." Esta es una clara predicción del Cristo encarnado.

2. PARA QUE EL PUDIERA MANIFESTAR LO DEL HOMBRE A DIOS. Cualquiera que sea la estimación en el sentido de que la raza caída está inclinada a tomar para sí las cualidades y la dignidad del primer Adán, lo cierto es que, en su humanidad, el último Adán es el ideal que satisface cabalmente al Creador, Aquel en Quien el Padre halla perfecta complacencia. El mismo Padre celestial dijo con respecto a El: "Este es mi Hijo amado, en quien tengo complacencia; a él oíd." Esta voz del cielo se oyó en el bautismo –su entrada al oficio de Sacerdote (Mt.3:17)–; en la transfiguración –tiempo en que fue reconocido su ministerio profético (Mat.17:5)–; y volverá a oírse otra vez, según el *Salmo 2:7,* cuando El asuma el trono davídico para cumplir su oficio de Rey. No se nos revela lo que pudiere haber estado reservado para Adán y para su raza, en caso de no haber ocurrido la caída; sin embargo, el ideal divino para el último Adán y para sus redimidos –el cual se extiende hasta la gloria eterna– cumple la expectación divina hasta un grado de perfección infinita. El único requisito que el hombre como criatura de Dios debe cumplir es el de hacer la voluntad del Creador. El último Adán, el Hombre perfecto, siempre hizo las cosas que su Padre quería. En esto, El es el Ejemplo de todos aquellos que están *en El.* Hay una base razonable, sobre la cual descansa el llamado a que todos los redimidos sean como Cristo: "Haya, pues, en vosotros este sentir que hubo también en Cristo Jesús" (Fil.2:5). "Pues para esto fuisteis

llamados; porque también Cristo padeció por nosotros, dejándonos ejemplo, para que sigáis sus pisadas" (1 P.2:21). Así que, aquella ética que es resultado moral de la sana doctrina, no sólo hace hincapié en la Palabra escrita, sino que también está encarnada y establecida en la Palabra Viviente.

3. PARA QUE EL PUDIERA SER MISERICORDIOSO Y FIEL SUMO SACERDOTE. Tal como concluimos en el punto anterior, vemos a Cristo ante Dios, como la verdadera Representación de todo lo que es perfecto en la esfera humana. Así, como Sacerdote, lo podemos ver, como Representante del hombre ante Dios en el sacrificio y a favor de la imperfección en la esfera humana. Ninguna ley dentro del reino de Dios es más arbitraria en su inexorable necesidad que aquella según la cual es necesario un sacrificio de sangre para la remisión del pecado humano. Cualquiera que sea la interpretación que se acepte en el reino de las cosas simbólicas, la sangre eficaz del cumplimiento sólo podía ser la de Uno de la Divinidad, que no tuviere la menor complicidad con el pecado humano, ya que el propósito de ella era el de servir de remedio para dicho pecado. Sólo Dios podía cumplir un sacrificio que pudiera satisfacer las demandas de la infinita santidad. Hay una profunda significación en las palabras que el Hijo eterno le dirigió al Padre en el momento de entrar en este mundo: ". . . me preparaste cuerpo" (He.10:5). Eso se dice en contraste con "la sangre de los toros y de los machos cabríos", y en cuanto a la capacidad de esos elementos para "quitar los pecados." Estas Escrituras implican que el sacrificio convenido en los consejos divinos y eternos habría de ser cumplido por el Hijo, la segunda Persona de la Divinidad, y que el cuerpo necesario que habría de derramar la sangre había sido preparado por el Padre. Por tanto, no es la sangre de una víctima humana, sino la sangre de Cristo, que es Dios (comp. Hch.20:28). Es función del sacerdote la de presentar ofrendas por el pecado. Cristo, como Sacerdote, se ofreció *a Sí mismo* sin mancha a Dios (He.9:14; comp. 1 P.1:19). El sirvió tanto de Sacrificio como de Sacerdote oferente. Esa "sangre preciosa" que Cristo derramó llegó a ser la base sobre la cual actúa Dios para poder perdonar los pecados humanos. Esa sangre vale para aquellos que están perdidos, si quieren refugiarse en su poder salvador. Es la sangre que limpia continuamente a los que son salvos, de todo pecado (1 Jn. 1:7). Como Sacerdote misericordioso y fiel, el Señor de la gloria vive "siempre para interceder" por los que se acercan a Dios por medio de El (He.7:25). Debajo de todo esto está la necesidad de que la segunda Persona de la Divinidad, Quien se hizo cargo de la estupenda tarea de presentar a los hombres ante Dios, tuviera algo que ofrecer en sacrificio –un sacrificio aceptable

de sangre más pura que la de cualquier hombre o cualquier bestia. Para cumplir esta finalidad, la encarnación llegó a ser una divina necesidad.

4. PARA QUE EL PUDIERA DESTRUIR LAS OBRAS DEL DIABLO. Como lo veremos, cuando estudiemos la doctrina relativa a Satanás, la relación que existió entre Cristo y el maligno alcanza a las esferas que están más allá de la comprensión humana. Se nos revelan algunas cosas. La mente atenta puede investigar mucho comparando el fracaso del primer Adán por causa de la tentación satánica, con la victoria del último Adán en iguales circunstancias. Pero toda tentación o prueba está dentro de la esfera humana (Stg.1:13), y por tanto, en el caso de Cristo, presupone la encarnación. Recordemos que se dice de la muerte de Cristo que es el juicio contra el "príncipe de este mundo" y el despojo de los principados y las potestades (Jn.12:31; 16:11; Col.2:15); pero la muerte es una realidad únicamente humana, y si el Cristo de Dios había de morir para someter a juicio las obras de Satanás, de ello se deduce que El tenía que encarnarse.

5. PARA QUE EL PUDIERA SER LA CABEZA DE LA NUEVA CREACION. La Nueva Creación es una compañía de seres humanos que se unen a Cristo, los cuales son salvos individualmente por medio de la gracia redentora, y están destinados a aparecer en gloria en conformidad con su Cabeza que es el Cristo resucitado (Ro.8:29; 1 Jn.3:2). Ellos están *en El* mediante una relación que, en el Nuevo Testamento se compara con la que tienen los miembros del cuerpo humano con la cabeza, con la cual están unidos y de la cual dependen. Ellos tendrán cuerpos resucitados semejantes al cuerpo glorificado de Cristo después de la resurrección (Fil.3:20,21); pero la humanidad de Cristo exigió su encarnación.

Las dos divisiones de este tema que nos quedan por considerar: la que se relaciona con el *trono davídico* y la relativa al hecho de que Cristo llegó a ser el *Pariente Redentor,* representan el doble propósito de Dios, en el cual se incluye su propia revelación en Cristo. El trono davídico es la consumación y realización del propósito terrenal de Dios (comp. Sal.2:6), en tanto que el Pariente Redentor es el Medio para que se cumpla la sublime finalidad de que muchos hijos pueden ser recibidos en la gloria (He.2:10). El debido reconocimiento de estos dos planes divinos, ampliamente diferentes y, sin embargo inmutables, es fundamental para la correcta comprensión de la Biblia. Esta distinción se encuentra en toda porción del texto de las Escrituras, y caracteriza a todos los eventos tanto históricos como escatológicos. Esta presentación doble de la verdad debe observarse especialmente en la manifestación externa de la encarnación. Puesto que estos temas ocupan un espacio tan amplio dentro de la verdad que estamos considerando, nos concretaremos a darles un tratamiento lo más breve posible. Posteriormente se considerarán ampliamente.

6. PARA QUE EL PUDIERA SENTARSE EN EL TRONO DE DAVID. En realidad es muy digno de notarse el hecho de que los dos principales pasajes bíblicos que se refieren al nacimiento virginal de Cristo, sólo le asignan un propósito a ese nacimiento: para que El pudiera sentarse en el trono de David. He aquí los pasajes: "Porque un niño nos es nacido, hijo nos es dado, y el principado sobre su hombro; y se llamará su nombre Admirable, Consejero, Dios fuerte, Padre eterno, Príncipe de paz. Lo dilatado de su imperio y la paz no tendrán límite, sobre el trono de David y sobre su reino, disponiéndolo y confirmándolo en juicio y en justicia desde ahora y para siempre. El celo de Jehová de los ejércitos hará esto" (Is.9:6,7). "Entonces el ángel le dijo: María, no temas, porque has hallado gracia delante de Dios. Y ahora, concebirás en tu vientre, y darás a luz un hijo, y llamarás su nombre JESUS. Este será grande, y será llamado Hijo del Altísimo; y el Señor Dios le dará el trono de David su padre; y reinará sobre la casa de Jacob para siempre, y su reino no tendrá fin" (Lc.1:30-33). Este mismo propósito terrenal se tiene en mente en la resurrección de Cristo. Pedro, el día de Pentecostés, dijo con respecto al mensaje del *Salmo 16:8-11,* que Cristo fue levantado para que se sentara sobre el trono de David: "Pero siendo profeta, y sabiendo que con juramento Dios le había jurado que de su descendencia, en cuanto a la carne, levantaría al Cristo para que se sentase en su trono, viéndolo antes, habló de la resurrección de Cristo, que su alma no fue dejada en el Hades, ni su carne vio corrupción" (Hch.2:30,31). Igualmente, ese gran propósito terrenal se tiene en mente con respecto a la segunda venida de Cristo: "Cuando el Hijo del Hombre venga en su gloria, y todos los santos ángeles con él, entonces se sentará en su trono de gloria" (Mt.25:31; comp. 19:28; Hch.15:16).

La gran ruta de la profecía con respecto al trono davídico comienza propiamente con el Pacto de Dios con David, tal como se registra en *2 Samuel 7:16.* Después que Jehová le dijo a David que no se le permitiría construir el Templo de Dios, sino que Salomón lo levantaría, y que el reino de David sería establecido para siempre, a pesar de las maldades que sus hijos pudieran cometer, le dijo: "Y será afirmada tu casa y tu reino para siempre delante de tu rostro, y tu trono será estable eternamente." La comprensión que tuvo David de este pacto se nos revela en los versículos siguientes (18-29), y su interpretación de dicho pacto se encuentra en el *Salmo 89:20-37.*

David acepta este pacto soberano y reconoce que es de duración eterna. Según las Escrituras que tratan sobre el pacto divino relacionado con el trono de David, no puede hallarse ni siquiera una pequeña base para la prevaleciente idea teológica de que Jehová estaba previendo en este pacto un reino espiritual, que tendría el trono davídico establecido en el cielo. Puesto que Jehová ha decretado directamente que el trono davídico habrá de pasar a Salomón y a sus sucesores, surge un serio problema para los espiritualizadores de dicho pacto, pues tienen que establecer el tiempo y las circunstancias en los cuales el trono pasa al cielo, y cuando la autoridad que representa ese trono pasa de lo que es terrenal a lo que es celestial.

Jeremías anuncia la misma continuidad de sucesión que se le reveló a David: "He aquí vienen días, dice Jehová, en que yo confirmaré la buena palabra que he hablado a la casa de Israel y a la casa de Judá. En aquellos días y en aquel tiempo haré brotar a David un Renuevo de justicia, y hará juicio y justicia en la tierra. En aquellos días Judá será salvo, y Jerusalén habitará segura, y se le llamará: Jehová, justicia nuestra. Porque así ha dicho Jehová: No faltará a David varón que se siente sobre el trono de la casa de Israel. Ni a los sacerdotes y levitas faltará varón que delante de mí ofrezca holocausto y encienda ofrenda, y que haga sacrificio todos los días. Vino palabra de Jehová a Jeremías, diciendo: Así ha dicho Jehová: Si pudiereis invalidar mi pacto con el día y mi pacto con la noche, de tal manera que no haya día ni noche a su tiempo, podrá también invalidarse mi pacto con mi siervo David, para que deje de tener hijo que reine sobre su trono, y mi pacto con los levitas y sacerdotes, mis ministros. Como no puede ser contado el ejército del cielo, ni la arena del mar se puede medir, así multiplicaré la descendencia de David mi siervo, y los levitas que me sirven. Vino palabra de Jehová a Jeremías, diciendo: ¿No has echado de ver lo que habla este pueblo, diciendo: Dos familias que Jehová escogiera ha desechado? Y han tenido en poco a mi pueblo, hasta no tenerlo más por nación. Así ha dicho Jehová: Si no permanece mi pacto con el día y la noche, si yo no he puesto las leyes del cielo y la tierra, también desecharé la descendencia de Jacob, y de David mi siervo, para no tomar de su descendencia quien sea señor sobre la posteridad de Abraham, de Isaac y de Jacob. Porque haré volver sus cautivos, y tendré de ellos misericordia" (Jer. 33:14-26).

Se puede, pues, concluir que la segunda Persona de la Divinidad se encarnó para que se cumpliera la promesa que le fuera hecha a David. Con esa finalidad, se nos dice que el trono y el reino del Encarnado son eternos, y que serán ocupados por el Mesías eterno de Israel. Ese es el testimonio de la Palabra de Dios, directo y sin complicaciones. Así que, la encarnación era necesaria para que el Rey pudiera sentarse sobre el trono de David para siempre.

7. PARA QUE EL PUDIERA SER EL PARIENTE REDENTOR. Cuando estudiemos una de las divisiones principales de la teología sistemática, la soteriología, demostraremos que hay por lo menos catorce razones en la Biblia que nos explican la muerte de Cristo; y, puesto que El nació para morir, se infiere que El nació, o se encarnó, por cada una de estas catorce razones. Sin embargo, la mayor parte de estas razones no son sino aspectos variados del tema general que trata sobre la cura para el pecado, la cual, en lo que respecta a la encarnación, se puede atender dentro de un aspecto de la verdad soteriológica: el *Pariente Redentor.* Como en muchos otros casos, nos encontramos frente a una doctrina que trasciende el entendimiento humano; pues nadie pudiera jamás saber completamente en esta vida la *ocasión* de la Redención, que la constituye el pecado, el *precio* de la Redención, el cual está pagado y que es la preciosa sangre de Cristo, o la *finalidad* de la Redención, que es el estado de los salvos. Las verdades que involucra este tema están previstas en el Antiguo Testamento, en los que propiamente se pueden denominar *los símbolos del Pariente Redentor.* En los símbolos del Antiguo Testamento se hallan dos líneas generales de enseñanza al respecto: (a) la ley que gobierna al que habría de redimir (Lv. 25:25-55), y (b) el ejemplo del redentor (libro de Rut). El símbolo de la redención es más sencillo; pero el cumplimiento que fue realizado por Cristo en la cruz es, en realidad complejo, aunque sigue implícitamente los mismos delineamientos que se hallan en el símbolo. Las condiciones de los símbolos son: (a) el redentor tiene que ser un pariente (Lv. 25:48, 49; Rut 3:12, 13); (b) el redentor tiene que ser capaz de redimir (Rut 4:4-6; comp. Jer. 50:34); y (c) la redención la cumple el redentor, o *goel,* mediante el pago de las justas demandas (Lv. 25:27). La redención era de personas, no de estados, y en la redención simbólica se hacían provisiones según las cuales el individuo podría redimirse él mismo. Aquello que no tuviera un valor mayor que el de una posesión o herencia, no podía retenerse a su anterior propietario legítimo, si él era capaz de redimirlo. Detrás de todo esto está el otorgamiento de la tierra a las tribus y familias que, tal como se estableció el arreglo, debía mantenerse como herencia permanente a través de las sucesivas generaciones. El tipo de redención que podía hacer la misma persona no tiene lugar en la Redención del cumplimiento del símbolo; pues allí no se presenta la ocasión en que Cristo tenga que redimirse a Sí mismo, ni hay tampoco base sobre la cual pueda afirmarse el pecador para redimirse

a sí mismo del pecado. El gran acto redentor del Antiguo Testamento es el que realizó Jehová cuando libertó a Israel de la esclavitud de Egipto. En ese acto, que es fiel al plan de la verdad redentora, y en el cual hay muchos símbolos de la Redención que hemos de estudiar, la redención la ejecuta completamente Jehová (Ex. 3:7, 8); El la realizó por medio de una persona: Moisés; la realizó por medio de sangre (Ex. 12:13, 23, 27); y mediante su propio poder – Israel fue sacado de Egipto mediante un poder sobrenatural. La Redención del Nuevo Testamento sigue los mismos pasos. La realizó Dios, por medio de Cristo, mediante la sangre del Hijo de Dios, y logró la liberación de la esclavitud del pecado por el poder del Espíritu Santo. La redención de Israel fue la de una nación, para esa generación y para todas las sucesivas. Delante de Jehová, ellos son una nación redimida para siempre. Su redención se verificó y se estableció, en el plano simbólico, en la muerte de Cristo.

Volviendo a los principales rasgos del símbolo que representa el pariente redentor del Antiguo Testamento, se puede decir (a) que el redentor tenía que ser un *pariente.* Esta es en realidad la razón, dentro del propósito celestial, de la encarnación del eterno Hijo de Dios en la familia humana. Para que pudieran ser redimidos los esclavos del pecado, los cuales delante de Dios están perdidos, era necesario que Aquel que los iba a redimir fuera Pariente de ellos. Sin embargo, lo que parece ser esencial en el símbolo no crea la necesidad en el cumplimiento de él. La necesidad que se ve el cumplimiento sí es la que crea la necesidad en el símbolo. El símbolo no puede hacer más que reflejar lo que es cierto en su cumplimiento. (b) El hecho de que el redentor tenía que ser capaz de redimir es una verdad que, cuando se estudia en el cumplimiento del símbolo, envuelve hechos y fuerzas de Dios que el hombre no alcanza a comprender. El hecho es que, al actuar según la dirección de la infinita sabiduría y en posesión de los recursos infinitos, la sangre de Dios (Hch. 20:28)[1] se derramó en la Redención, lo cual indica en grado sumo que no valía ninguna otra clase de redención. La muerte de Cristo es la única respuesta para el estado perdido del hombre. El

---

[1] Esta expresión es alarmante y muchos le hacen objeciones. La aceptación de ella depende de la amplitud con que se reciba la unión que las dos naturalezas en la Persona de Cristo. Es evidente que Dios no puede morir, y que, aparte de esta unión, El no tiene sangre que pueda derramar. Igualmente es cierto que la perfecta humanidad que Cristo logró mediante la encarnación lo capacitaba para derramar sangre hasta la muerte. Si la sangre de Cristo, que fue derramada hasta la muerte, era sólo humana, entonces hubiera podido utilizarse cualquier sacrificio humano adecuado. La unión de las dos naturalezas de Cristo es tan completa que su sangre llega a ser la sangre de Dios. Esta investigación sólo es eficaz cuando se toma en cuenta ese hecho.

Pariente Redentor, o *Goel,* podía pagar el precio. Por ser El el Dios Hombre, podía derramar su "sangre preciosa" que, por el hecho de la unidad de su Ser con el Padre, era en un sentido muy real la sangre de Dios. (c) El mismo *tenía la voluntad* de redimir. La suposición racionalista según la cual la provisión de sacrificio por parte del Padre en la Persona de su Hijo fue una imposición atroz e inmoral –un acto que ni siquiera lo haría un padre humano– se viene a tierra cuando se reconoce que el Hijo se manifestó agradado y dispuesto a cooperar con el sacrificio de Sí mismo. En realidad, la unidad dentro de la Divinidad crea una identidad de acción que se expresa bien en estas palabras: "... Dios estaba en Cristo reconciliando consigo al mundo" (2 Co. 5:19).

El tema total de la sujeción del Hijo al Padre es tan extenso como la vida terrenal del Hijo. Hablando del Padre, el Hijo dijo: "Porque el que me envió, conmigo está; no me ha dejado solo el Padre, porque yo hago siempre lo que le agrada" (Jn. 8:29). Sin embargo, la sujeción del Hijo al Padre está completamente dentro de la relación de la humanidad de la Persona encarnada con su Padre. No es primariamente una sujeción de la Deidad de la segunda Persona a la Deidad de la primera Persona. Entre las dos divinas Personas hay una cooperación eterna, no alguna clase de sujeción. Se verá posteriormente que la sujeción al Creador por parte del hombre es algo inherente en el mismo orden de las cosas creadas, y que el Dios Hombre no pudiera ser *perfecto* hombre, de acuerdo con el propósito del plan de la encarnación, si no hubiera estado, como hombre, completamente sujeto al Padre. Así que *Goel*, el Pariente Redentor, Cristo, cumple el simbolismo al querer redimir.

Así como *Juan 18:37,* con su declaración según la cual Cristo es Rey, trata sobre el propósito terrenal de Dios, así *Juan 12:27,* con su referencia a la muerte de Cristo, trata sobre el propósito celestial de Dios. En ambos pasajes hay una expresión de finalidad: "Para esto he venido"; "Para esto he llegado."

CONCLUSION

Queda, pues, demostrado que la *encarnación* es de suprema importancia. Cualquiera que sea la importancia que le corresponda a la doctrina de la *Deidad* de Cristo, o a la doctrina de su *humanidad,* la doctrina de la *encarnación* las incluye a las dos. Los posteriores estudios que haremos sobre la unión hipostática y la *kenosis* servirán para elucidar el completo significado de la *encarnación.*

CAPITULO XXIV

DIOS EL HIJO: SU HUMANIDAD

En cualquier tesis cristológica es indispensable un estudio específico sobre la humanidad del Señor Jesucristo. Inevitablemente, este aspecto de la verdad concerniente a Cristo ha sido tratado hasta cierto grado en las secciones anteriores de esta discusión, y el mismo tema ha de reaparecer en lo que sigue. En la Persona de Cristo se constituye una nueva realidad al agregarse su humanidad a aquello que, desde la eternidad, ha sido su no menguada Deidad. Aparte de esta unión de las dos naturalezas no hay Dios Hombre, ni Mediador, ni Redentor, ni Salvador. No se ha logrado dominar toda la verdad relativa a Cristo cuando, por ventura, se ha demostrado su Deidad esencial; tampoco se ha logrado dominar dicha verdad cuando sólo se ha logrado una demostración similar de su humanidad esencial. El Cristo de Dios es la combinación incomparable – y en grado no pequeño, incognoscible – de estas dos naturalezas. Pesar lo que es divino, o lo que es humano, en el Dios Hombre – fuera de ciertas limitaciones naturales en el estudiante – comparativamente es un asunto sin complicaciones. La complejidad ilimitada surge cuando estas dos naturalezas se combinan en una misma Persona, tal como se combinan en Cristo. Esta complejidad la consideraremos en la siguiente división de esta tesis. El objetivo de la presente investigación es el de descubrir y reconocer la humanidad de Cristo.

La era cristiana ha visto una regresión del énfasis en la cristología. Los primeros siglos se caracterizaron por las discusiones calculadas para establecer la *humanidad* de Cristo, mientras que el requerimiento actual parece ser el de establecer el reconocimiento de la Deidad de El, y el de hacer hincapié en este aspecto. El apóstol Juan, en su Evangelio nos presentó la Deidad de Cristo, y en sus Epístolas estableció fielmente la humanidad del Señor. Las siguientes palabras suyas son indicativas del tiempo en que escribió: "En esto conoced el Espíritu de Dios: Todo espíritu que no confiesa que Jesucristo ha venido en carne, no es de Dios; y este es el espíritu del anticristo, el cual vosotros habéis oído que viene, y que ahora ya está en el mundo" (1 Jn. 4:2, 3).

En este punto surge una poderosa motivación que nos lleva a investigar los aspectos históricos de esta fase de la cristología.

Richard Watson compiló una admirable condensación de la antigua controversia sobre la humanidad de Cristo. Nos basta hacer la siguiente cita:

"La fuente del error antiguo parece haber sido de carácter filosófico. Tanto en las escuelas orientales como en las griegas, se tenía como idea favorita de cualquier cosa que se uniera a la *materia* estaba necesariamente contenida en ella, y que la más alta perfección de esta vida era una abstracción de las cosas materiales, y, en la otra una total y final separación del cuerpo. Esta opinión fue también la causa probable que condujo a algunas personas, en el tiempo de San Pablo, a negar la realidad de la resurrección, y a explicar en forma figurada. Pero, a pesar de lo que eso haya podido significar, fue una de las bases principales que sirvió para rechazar la propia humanidad de Cristo por parte de las diferentes ramas de gnósticos que, en realidad, erraron con respecto a las dos naturalezas. Ellos no negaron las cosas que las Escrituras atribuyen a la naturaleza humana de nuestro Señor; pero afirmaron que esas cosas sucedieron sólo en forma aparente, y por tanto, las llamaron *docetae* y *phantasiastae.* En un período posterior, Eutiques cayó en un error similar, al enseñar que la naturaleza humana de Cirsto fue absorbida por la Divina, y que su cuerpo no tuvo existencia real. Estos errores han desaparecido, y no hay peligro por ninguno de los dos lados; y esto, en realidad, no porque los hombres hayan llegado a ser menos propensos o menos dispuestos a errar, sino porque la filosofía –de cuyas vanas pretensiones, o por la confianza en la cual, han surgido los mayores errores religiosos– tomó un carácter diferente en las edades posteriores. En tanto que estos errores negaban la existencia real del cuerpo de Cristo, la herejía apolinaria rechazaba la existencia de un *alma* humana en nuestro Señor, y enseñaba que la Divinidad ocupaba su lugar. Así que estos dos puntos de vista le negaban a Cristo la propia humanidad, y en conformidad con ello, los dos fueron condenados por la iglesia en general. Entre los que sostuvieron la unión de las dos naturalezas en Cristo, la divina y la humana, lo cual se llama en lenguaje teológico la unión hipostática o personal, hubo también varias distinciones que los llevaron a diversidad de opiniones. Los nestorianos reconocían dos personas en nuestro Señor, mística y más estrechamente unidas que lo que cualquier analogía humana puede explicarnos. Los monofisistas sostenían que en Cristo sólo hubo una persona y una naturaleza; y que la suposición de que en El hubo dos naturalezas o dos personas, en alguna forma misteriosa, confundía. Los monotelitas veían dos naturalezas en Cristo, pero sólo la voluntad divina. Otras variaciones se propagaron en diversas épocas; pero el verdadero sentido de las Escrituras parece haber sido muy exactamente expresado por el Concilio de Calcedonia, que se celebró en el primer siglo: que en Cristo hay *una Persona;* en la unidad de la Persona, *dos naturalezas:* la divina y la humana; y que no hay cambio, ni mezcla, ni confusión de estas dos naturalezas, sino que cada uno retiene sus propiedades que la distinguen. Con esto está de acuerdo el Credo de Atanasio, cualquiera que haya sido el tiempo de su aparición" *(Theological Institutes,* Vol. I, págs. 616, 617).

Las Escrituras declaran que Cristo poseyó cuerpo humano, alma y espíritu, y que experimentó las emociones que corresponden a la existencia humana. Surgen muchas dificultades cuando se sostiene el pensamiento de que en una sola Persona hubo dos voluntades: la divina y la humana. Aunque este problema es difícil, en el Nuevo Testamento se enseña claramente que Cristo, por el lado humano, poseyó una voluntad que estuvo completamente rendida a la voluntad del Padre. El rendimiento de la voluntad, aunque evita cualquier posible conflicto entre la voluntad del Padre y la voluntad del Hijo, de ninguna manera sirve para quitar la voluntad humana de esta Persona única. La voluntad humana estuvo siempre presente en El, a pesar del uso que El haya preferido darle.

La verdad concerniente a la humanidad de Cristo puede probarse, mediante las Escrituras infalibles, de un modo completamente científico. La realidad de su naturaleza humana se determina por la presencia de hechos que son distintamente humanos. Este principio es el que requiere la ciencia en la prosecución de cualquier investigación. Los hechos relativos a la humanidad de Cristo pueden resumirse en parte de la manera siguiente:

I. LA HUMANIDAD DE CRISTO FUE PREVISTA ANTES DE LA FUNDACION DEL MUNDO

Esto se nos declara en *Apocalipsis 13:8,* donde se declara con respecto a Cristo que El es el "Cordero que fue inmolado desde el principio del mundo." Todos los pasajes que se refieren a Cristo como *Cordero* tratan sobre su humanidad. Se relacionan con su cuerpo humano, con el perfecto sacrificio por el pecado. La humanidad de Cristo, así como todo el plan de la Redención, la tenía Dios en sus planes desde antes de la fundación del mundo. La cruz, con su sacrificio humano, es un hecho eterno tanto en propósito como en efecto.

II. EN EL ANTIGUO TESTAMENTO EXISTIA LA EXPECTACION DE UN MESIAS HUMANO

Esta expectación era de dos clases: (a) la representada en los símbolos y (b) la predicha en las profecías:

1. LOS SIMBOLOS. De más de cincuenta símbolos de Cristo que se hallan en el Antiguo Testamento, la mayoría representa, ya sea directa o indirectamente, entre otros rasgos, la humanidad de El. Es obvio que dondequiera que se derrama sangre, o se sacrifica un cuerpo, o aparece una persona simbólica, se indica el elemento humano.

2. LAS PROFECIAS. Es suficiente citar aquí unas pocas selecciones del cuerpo de Escrituras proféticas: "Y pondré enemistad entre ti y la mujer, y entre tu simiente y la simiente suya; ésta te

herirá en la cabeza y tú le herirás en el calcañar" (Gn. 3:15). "Por tanto, el Señor mismo os dará señal; He aquí que la virgen concebirá, y dará a luz un hijo, y llamará su nombre Emanuel" (Is. 7:14). Lo que la virgen iba a concebir y a dar a luz era un hijo humano; sin embargo, ese Hijo debía ser Emanuel, que traducido es: "Dios con nosotros." "Porque un niño nos es nacido, hijo nos es dado, y el principado sobre su hombro; y se llamará su nombre Admirable, Consejero, Dios fuerte, Padre eterno, Príncipe de paz. Lo dilatado de su imperio y la paz no tendrán límite, sobre el trono de David y sobre su reino, disponiéndolo y confirmándolo en juicio y en justicia desde ahora y para siempre. El celo de Jehová de los ejércitos hará esto" (Is. 9:6, 7). El patriarca Job estaba consciente de que había una distancia insuperable entre él y Dios. El deseaba que hubiera un "árbitro" que pudiera poner su mano sobre Dios y sobre el hombre: "Porque no es hombre como yo, para que yo le responda, y vengamos juntamente a juicio. No hay entre nosotros árbitro que ponga su mano sobre nosotros dos" (Job 9:32).

III. UNA PROFECIA ESPECIFICA DEL NUEVO TESTAMENTO

Además de la expectación del Antiguo Testamento con respecto a la humanidad de Cristo, encontramos en el Nuevo el mensaje del ángel a María: "Y ahora, concebirás en tu vientre, y darás a luz un hijo, y llamarás su nombre JESUS. Este será grande, y será llamado Hijo del Altísimo; y el Señor Dios le dará el trono de David su padre; y reinará sobre la casa de Jacob para siempre, y su reino no tendrá fin. Entonces María dijo al ángel: ¿Cómo será esto? pues no conozco varón. Respondiendo el ángel, le dijo: El Espíritu Santo vendrá sobre ti, y el poder del Altísimo te cubrirá con su sombra; por lo cual también el Santo Ser que nacerá, será llamado Hijo de Dios" (Lc. 1:31-35).

IV. LA VIDA DE CRISTO SOBRE LA TIERRA

Está escrito: "Por lo cual debía ser en todo semejante a sus hermanos" (He. 2:17). Se nos declara que El es humano de varias maneras:

1. POR SUS NOMBRES. *Jesús* es su nombre humano. Está relacionado con su vida humana, su cuerpo, su muerte, y con la gloria que se le otorgó por causa de su gracia redentora (Fil. 2:5-9). Algunas veces se le llama "El Hombre Cristo Jesús", y alrededor de ochenta veces, "El Hijo del Hombre." Este último nombre fue el que El

prefirió, como si, desde el punto de vista divino fuera más necesaria la revelación del aspecto humano.

2. POR SU PARENTESCO HUMANO. Se emplean varias expresiones inequívocas con respecto a su parentesco humano: "descendencia, en cuanto a la carne", "su hijo primogénito", "de la descendencia de éste"; "su padre David", "la descendencia de Abraham", "hecho de mujer", "vino de la tribu de Judá." Cada una de estas expresiones declaran la humanidad de Cristo.

3. POR EL HECHO DE QUE EL POSEYO CUERPO HUMANO, ALMA Y ESPIRITU. Notemos estas Escrituras: "En esto conoced el Espíritu de Dios: Todo espíritu que confiesa que Jesucristo ha venido en carne, es de Dios; y todo espíritu que no confiesa que Jesucristo ha venido en carne, no es de Dios; y este es el espíritu del anticristo, el cual vosotros habéis oído que viene, y que ahora ya está en el mundo" (1 Jn. 4:2, 3). "Entonces Jesús les dijo: Mi alma está muy triste, hasta la muerte" (Mt. 26:38). "Habiendo dicho Jesús esto, se conmovió en espíritu" (Jn. 13:21).

4. POR SUS LIMITACIONES HUMANAS. En este punto nos hallamos frente al contraste más grande entre la Deidad y la humanidad de Cristo. El se cansó; invitó, sin embargo, a los cansados a acudir a El en busca de descanso. El tuvo hambre; aunque El era "el pan de vida." El sintió sed; y fue, no obstante, "el agua de la vida." El estuvo en agonía; sin embargo, El sanó toda clase de enfermedad y quitó todo dolor. El "crecía en sabiduría y en estatura, y en gracia"; con todo, El era desde la eternidad. El fue tentado; no obstante, El, como Dios, no puede ser tentado. El limitó sus propios conocimientos; aun cuando, El era la Sabiduría de Dios. El dijo: "Mi Padre es mayor que Yo" (con referencia a su humillación, ya que el Hijo tuvo que llegar a ser un poco menor que los ángeles); pero El también dijo: "El que me ha visto, ha visto al Padre." "Yo y el Padre uno somos." El oró, lo cual les corresponde a los humanos; sin embargo, El contesta la oración. El dijo: ". . . mas ésta es vuestra hora, y la potestad de las tinieblas"; a pesar de eso, a El le es dada toda potestad en el cielo y en la tierra. El durmió sobre una almohada en la barca; sin embargo, se levantó y reprendió la tempestad. El fue bautizado, acto que sólo les toca a los humanos; empero, permanentemente Dios declaró que El era su Hijo. El caminó dos jornadas largas hasta Betania; aun cuando el sabía en qué momento había muerto Lázaro. El lloró en la tumba de este hombre; sin embargo, lo sacó de la muerte a la vida. El confesó que a El le darían muerte; no obstante, sólo unos minutos antes había recibido la declaración inspirada de Pedro, en la cual el apóstol afirmó que Jesús era el Cristo, el Hijo del Dios viviente. El preguntó: "¿Quién

dicen los hombres que es el Hijo del Hombre? "; pero, Juan nos dice que " . . . no tenía necesidad de que nadie le diese testimonio del hombre, pues él sabía lo que había en el hombre." El tuvo hambre; y sin embargo era capaz de volver las piedras en pan. Mas El no hizo esto; pues si lo hubiera hecho, no hubiera sufrido como sufren los hombres. El dijo: "Dios mío, Dios mío, ¿por qué me has desamparado? "; pero el mismo Dios a Quien El clamaba era el que "estaba en Cristo reconciliando consigo al mundo." El murió; sin embargo, El es Vida eterna. El funcionó libremente en su ministerio terrenal dentro de lo que es perfectamente humano; y libremente funcionó también en su vida terrenal dentro de lo que es perfectamente divino. Su vida terrenal, por tanto, da tanto testimonio de su humanidad como de su Deidad. Y estas dos revelaciones son igualmente ciertas.

Todos los oficios que caracterizan a Cristo –Profeta, Sacerdote y Rey– tal como se ven tanto en el Antiguo como en el Nuevo Testamento, en cada caso dependen en grado sumo de la humanidad que El poseyó.

V. LA MUERTE Y LA RESURRECCION DE CRISTO

Aparte de su humanidad, no hubiera podido derramarse la sangre; la sangre de Cristo, sin embargo, se califica como sumamente "preciosa" por el hecho de que era la sangre de la Divinidad Trina. Dios no sólo *utilizó* al Jesús humano como sacrificio; Dios estaba *en* Cristo como Agente reconciliador. "Porque la sangre de los toros y de los machos cabríos no puede quitar los pecados. Por lo cual, entrando en el mundo dice: Sacrificio y ofrenda no quisiste . . . no te agradaron. Entonces dije: He aquí que vengo, oh Dios, para hacer tu voluntad . . . En esa voluntad somos santificados mediante la ofrenda del cuerpo de Jesucristo hecha una vez para siempre" (He. 10:4-10).

VI. LA HUMANIDAD DE CRISTO SE DESCUBRE EN SU ASCENSION Y EN SU OFICIO ACTUAL

Mientras los apóstoles estaban mirando fijamente al cielo, lo vieron subir allí con el cuerpo resucitado. El se sentó "a la diestra del poder de Dios." De El se dice que es "el Hijo del Hombre que está en el cielo." Esteban, cuando lo vió, después que El ascendió, dijo: "He aquí, veo los cielos abiertos, y al Hijo del Hombre que está a la diestra de Dios." Por medio de su humanidad, Cristo ha llegado a ser "misericordioso y fiel sumo sacerdote en lo que a Dios se refiere." El está ahora en el cielo como nuestro Sumo Sacerdote. Su ascensión y su actual ministerio en el cielo declaran su humanidad.

VII. LA HUMANIDAD DE CRISTO ES EVIDENTE EN SU SEGUNDA VENIDA Y EN SU REINO

Los mensajeros angelicales dijeron: "Este mismo Jesús, que ha sido tomado de vosotros al cielo, así vendrá como le habéis visto ir al cielo." El dijo de Sí mismo: "... y verán al Hijo del Hombre viniendo sobre las nubes del cielo, con poder y gran gloria. Será entonces cuando "se sentará sobre el trono de su gloria"; se sentará sobre "el trono de David su padre." La humanidad de Cristo se ve, pues, tanto en su segunda venida como en su reino.

CONCLUSION

Son tan aparentes y están tan presentes en todas partes los hechos que se refieren a la humanidad de Cristo, que insistir en más comprobaciones es igual a hacer un esfuerzo para comprobar la existencia de Dios. Hay un peligro, y siempre lo ha habido: que a la luz de estas patentes realidades, la mente puede inclinarse a liberar su propia comprensión de la Deidad de Cristo. Tampoco es imposible, por otra parte, llegar a magnificar demasiado su Deidad hasta el punto de excluir una concepción correcta de su humanidad. Las controversias de la Iglesia que han cristalizado en credos han hecho mucho para estabilizar el pensamiento con respecto al Dios Hombre. Sin embargo, aunque por medio de estos credos se ha pavimentado una avenida sobre la cual podemos recorrer, cada mente puede instruirse personalmente y, mediante sus propias consideraciones, llegar a conclusiones correctas.

Como una importante diferenciación sobre el tema general de la humanidad de Cristo, el Dr. John Dick escribe:

"Se ha hecho una distinción entre la *condescendencia* y la *humillación* de Cristo; la primera consiste en la asunción de nuestra naturaleza, y la última, en la subsiguiente degradación y los sufrimientos. La razón por la cual la asunción de nuestra naturaleza no se cuenta como parte de su humillación es que El retiene dicha naturaleza en su estado de exaltación. Esta distinción parece ser favorecida por Pablo, quien lo presenta primero como ' hecho semejante a los hombres ', y luego, ' estando en la condición de hombre, se humilló a sí mismo, haciéndose obediente hasta la muerte, y muerte de cruz ' (Fil. 2:7, 8). Tal vez éste es el punto de vista más exacto sobre este asunto; pero los escritores teológicos no siempre le han dado la debida atención, por lo cual algunos de ellos han considerado la encarnación como parte de su humillación" *(Lectures on Theology,* pág. 323).

Según la *Epístola a los Hebreos,* el que fue el Resplandor de la gloria divina y la imagen expresa de su Ser *condescendió,* o sea que bajó a un nivel en el cual tomó parte de la carne y la sangre con los hombres. Y además, este mismo Ser exaltado entró en la esfera de la *humillación,* al someterse a la muerte de cruz. La humillación estaba en mente cuando El vino al mundo, pues El nació para morir. El dijo: "Mas para esto he llegado a esta hora" (Jn. 12:27). Sobre este propósito principal de Cristo al asumir la forma humana, escribe el Dr. B. B. Warfield:

"Está declarado que el fin inmediato por el cual nuestro Señor asumió la humanidad fue para poder morir. El ' fue hecho un poco menor que los ángeles,... para que por la gracia de Dios gustase la muerte por todos ' (He. 2:9). El participó de carne y sangre,... ' para destruir por medio de la muerte... ' (He. 2:14). El Hijo de Dios como tal no podía morir; a El le corresponde la ' vida indestructible ' (He. 7:16). Por tanto, si El iba a morir, tenía que tomar para Sí otra naturaleza en la cual no le fuera imposible la experiencia de la muerte (He. 2:17). Por supuesto, esto no significa que El deseaba la muerte para su propio bien. El propósito de este pasaje (de *Hebreos)* es el de salvar a los lectores judíos de la ofensa de la muerte de Cristo. Lo que se les dice es que observen, por tanto, a Jesús, que fue hecho un poco menor que los ángeles por causa del sufrimiento de muerte, y que ahora está ' coronado de gloria y de honra, a causa del padecimiento de la muerte, para que por la gracia de Dios gustase la muerte por todos ' (He. 2:9). E inmediatamente se le da fuerza al argumento en el sentido de que tal acción era eminentemente conveniente para que el Dios Todopoderoso perfeccionara al Capitán de la salvación de ellos (como Salvador) por medio del sufrimiento, para llevar a muchos a la gloria. El significado de este pasaje bíblico es, pues, que sólo mediante el sufrimiento de Cristo, estos hombres, siendo pecadores, podían llegar a la gloria. Por tanto, en la afirmación más clara del versículo 14, leemos que nuestro Señor participó de carne y sangre, ' para destruir por medio de la muerte al que tenía el imperio de la muerte, esto es, al diablo, y librar a todos los que por el temor de la muerte estaban durante toda la vida sujetos a servidumbre ' (incluido el versículo 15). Y en la afirmación todavía más clara del versículo 17 se nos dice que el objeto final por el cual Cristo asimiló la naturaleza humana fue ' para expiar los pecados del pueblo. ' Así que nuestro Señor vino al mundo para la salvación de los pecadores; pero, como la salvación sólo podía realizarse mediante el sufrimiento y la muerte, el fin inmediato por el cual El asumió la naturaleza humana fue el de tener una naturaleza que pudiera morir. Cualquiera otra cosa que se quiera decir gira en torno a esta verdad" (*Biblical Doctrines,* págs. 186,187).

CAPITULO XXV

DIOS EL HIJO: LA *KENOSIS*

En esta división de nuestra breve consideración cristológica, hemos de considerar un pasaje de la Escritura que, por el hecho de que los incrédulos lo han interpretado mal y lo han magnificado hasta sacarlo de sus proporciones, ha sido tratado exegéticamente en forma más completa por los eruditos de las generaciones pasadas que casi cualquiera otra porción de la Palabra de Dios. Nos referimos a *Filipenses 2:5-8,* que dice: "Haya, pues, en vosotros este sentir que hubo también en Cristo Jesús, el cual, siendo en forma de Dios, no estimó el ser igual a Dios como cosa a que aferrarse, sino que se despojó a sí mismo, tomando forma de siervo, hecho semejante a los hombres; y estando en la condición de hombre, se humilló a sí mismo, haciéndose obediente hasta la muerte, y muerte de cruz."

El problema se centra en el verbo ἐκένωσεν que, con respecto a Cristo, significa que El se *despojó de Sí mismo, quedó vacío de Sí mismo.* El contexto inmediato en que se encuentra este pasaje es claro en cuanto a qué fue aquello de lo cual se despojó. Tendremos que tratar esta verdad específica en forma completa. Procedente de este verbo ha entrado en la teología la palabra *kenosis,* con toda la terminología que corresponde a dicho nombre. La *teoría de la kenosis* es generalmente un punto de vista sobre el auto-anonadamiento de Cristo, el cual sucedió en la encarnación, cuando El cambió lo que pudiera llamarse su modo de existencia eterna, por el modo de existencia relacionado con el tiempo, la forma de Dios por la forma de siervo o esclavo. En este cambio van involucradas ciertas consecuencias y pérdidas de derechos, que los incrédulos han llevado mucho más allá de lo que garantizan las Escrituras. La discusión teológica que se ha engendrado por este motivo está muy lejos de la sencillez de la iglesia primitiva, que es la que refleja este pasaje; y también está muy lejos de la intención del apóstol Pablo, que fue el que escribió estas palabras. Naturalmente, la expresión *se despojó de Sí mismo* puede sugerir para aquellas mentes que así lo quieran la idea de que El se deshizo de sus atributos divinos. Los eruditos devotos no pueden aceptar esa concepción, y evidentemente no sólo cuentan con el apoyo del contexto en que se encuentra el pasaje, sino con el de toda la Escritura. Uno de los grupos ha puesto demasiado énfasis en las limitaciones de Cristo, mientras que el otro, aunque tiene en cuenta dichas limitaciones, ve el hincapié que la Palabra de Dios hace en las manifestaciones de su Deidad. La controversia es, pues, entre los que, por causa de sus propias limitaciones naturales, ven muy pocas realidades en el Dios Hombre, y los que se oponen a ellos, que son los que, mediante la iluminación del Espíritu Santo, reconocen que en Cristo hubo, sin complicaciones y sin mengua, la presencia de las dos naturalezas. Cada estudiante de teología debe leer una buena parte del gran volumen de literatura que ha producido esta controversia.

Tanto la *condescendencia* de Cristo –su descenso de las esferas celestiales a la condición de hombre– como su *humillación* –de su condición de hombre a la muerte de cruz– se indican en este pasaje. El asunto de la *kenosis* no se relaciona tanto con su humillación como en su *condescendencia.* La pregunta es ésta: ¿De cuánto se despojó El? La respuesta ha de hallarse naturalmente en el descubrimiento de lo que entra en ese hecho que se llama Dios Hombre. Si en su encarnación, el Hijo de Dios hubiera abrogado su estado de Deidad, el rendimiento sería fuera de todo cálculo. Si por otra parte, El retuvo su Deidad, y sólo tuvo que sufrir el hecho de que ciertas manifestaciones de su Deidad tuvieron que estar veladas durante cierto tiempo, entonces se puede comprender más fácilmente dicho rendimiento. La verdad fundamental de que el eterno Dios no puede dejar de ser lo que es ya la demostramos en esta obra, y cualquier teoría que proponga que Dios el Hijo pudiera dejar de ser lo que siempre ha sido y lo que siempre será, es un error de primera magnitud. Pero, surge otra pregunta: ¿Las manifiestas limitaciones de Cristo (comp. Mt. 8:10; Mr. 13:32; Lc. 2:52; He. 4:15; 5:8) no implican la ausencia de las perfecciones divinas? ¿No es esta doble realidad del funcionamiento de dos naturalezas en una Persona lo que constituye su unicidad? El es el Dios Hombre, misterioso en realidad para las mentes finitas, pero no menos real, según el testimonio de las Escrituras. Si El ha de servir como Mediador entre Dios y el hombre, debe esperarse que haya complejidad en El, más allá de toda comprensión humana.

Cuando uno se acerca a este notable pasaje, debe tener en mente el propósito del apóstol Pablo, el cual se declara en el versículo 4: "No mirando cada uno por lo suyo propio, sino cada cual también por lo de los otros." Hacer esto es tener la mente de Cristo, puesto que eso es precisamente lo que El hizo, sin aferrarse egoístamente al estado que le correspondía por derecho propio, se liberó de él a favor de otros, o en otras palabras similares que expresan la misma verdad con respecto a Cristo: "Porque ya conocéis la gracia de nuestro Señor

Jesucristo, que por amor a vosotros se hizo pobre, siendo rico, para que vosotros con su pobreza fueseis enriquecidos" (2 Co. 8:9). Evidentemente, según la Epístola, no hay necesidad de convencer a los cristianos filipenses de que Aquel que apareció en la forma de un siervo ya había existido en la forma de Dios, y que El, antes de llegar a ser semejante al hombre, no tuvo el ser igual a Dios como cosa a que aferrarse. Ellos aceptan todo esto como verdad. El mensaje del Apóstol es de carácter práctico y no teológico: "Haya, pues, en vosotros este sentir que hubo también en Cristo Jesús" (v. 5). Esta manera incidental y más o menos familiar de referirse a la preexistencia de Cristo es un fuerte argumento que prueba que los creyentes filipenses habían aceptado esta doctrina.

Este pasaje, según lo afirman los que se dedican al estudio de la *kenosis* se puede dividir en tres partes, a saber: (a) la "forma de Dios", (b) la condescendencia, y (c) la "forma de siervo . . . semejante a los hombres."

I. LA "FORMA DE DIOS"

La primera revelación con respecto al gran movimiento por parte de Cristo desde la eterna gloria, que sólo a Dios pertenece, a la muerte de un villano sobre una cruz, es el hecho de que El existió ("siendo": *habiendo sido* o *habiendo existido)* en la forma de Dios. Este verbo no tiene la idea de un estado que fue y que ya no es.

> "No contiene, sin embargo, ninguna indicación sobre la cesación de estas circunstancias o esta disposición, o modo de existencia; y mucho menos en un caso como el presente, que se expresa en esa forma verbal (se emplea el gerundio simple o compuesto, que indica inmediatamente anterioridad o coexistencia), que no indica de ninguna manera que el modo de existencia a que se refiere llegó a su fin en la acción que se describe con el verbo de la oración principal a la cual está subordinada la proposición con gerundio (comp. los pasajes paralelos en cuanto a uso de gerundio: Lc. 16:23; Hch. 2:30; 2 Co. 8:17; 12:16; Gá. 1:14). Así que, Pablo no está diciéndonos aquí que nuestro Señor fue una vez, sino más bien que El ya era, o mejor, que es en su naturaleza intrínseca. No está el describiendo un modo pasado de existencia de nuestro Señor, antes de suceder la acción que está presentando como ejemplo – aunque el modo de existencia que él describe era el modo de existencia de nuestro Señor antes de dicha acción– con el solo propósito de pintar un fondo sobre el cual se pudiera colocar la acción de que nos habla en forma prominente. Lo que él nos está diciendo es Quién es el que hizo estas cosas, y qué fue lo que hizo por nosotros, para que podamos apreciar cuán grandes cosas ha hecho El a nuestro favor" (B. B. Warfield, *Biblical Doctrines,* pág. 178).

La expresión "en forma –μορφῆ– de Dios", no tiene el significado de una mera apariencia externa. Esa expresión afirma que Cristo fue esencial y naturalmente *Dios*. El no miró esa condición como algo a lo cual aferrarse. Si μορφῆ significa en este caso sólo la apariencia externa, entonces fue muy poco lo que Cristo dejó al bajar a la esfera humana. Del mismo modo, la palabra μορφῆ se emplea en este pasaje en forma de contraste para describir la condición de siervo, y en este caso no es tampoco una mera apariencia externa, de otro modo su condescendencia se reduciría a la nada. La medida de la "gracia de nuestro Señor Jesucristo" se ha exhibido por sus dos extremos. Empequeñecer cualquiera de los dos, o ambos, equivale a falsificar aquello que Dios ha declarado solemnemente como cierto. Afortunadamente, este pasaje no está solo. Todas las Escrituras que se refieren a la verdad de la existencia pre-encarnada de Cristo como Deidad, sellan la fuerza de esta declaración según la cual El existió en igualdad con Dios, y era Dios. Así también todos los pasajes que afirman su Deidad después de la encarnación –y son muchos– establecen el hecho de que la Deidad no fue abandonada por parte de Cristo, ni ninguno de los atributos que le corresponden, cuando El se hizo carne. Se implica un cambio de posición o relación, pero no se implica el abandono del Ser esencial, ni tampoco es posible tal clase de abandono (comp. Ro. 1:3, 4; 8:3; 2 Co. 5:21; Gá. 4:4). Toda la plenitud reside en El (Col. 1:19), y aun en forma más enfática se expresa esta verdad: "Porque en él habita corporalmente toda la plenitud de la Deidad" (Col. 2:9). No fue otro que el mismo Dios el que "fue manifestado en carne" (1 Ti. 3:16). El mismo Dios se manifiesta mediante la aparición de el Salvador Jesucristo (2 Ti. 1:10); y Aquel que ha de venir, el Dios Hombre glorificado, se nos declara que es "nuestro gran Dios y Salvador Jesucristo" (Tit. 2:13). Aun si *Filipenses 2:6* fuera un pasaje oscuro, de ninguna manera podría estar sujeto a "interpretación privada", sino que exigiría conformidad con el abundantísimo testimonio de las Escrituras en el sentido de que la Deidad del Hijo de Dios no cesó de ningún modo por el hecho de la encarnación.

Muy a menudo se piensa que la venida de Cristo al mundo fue una visita sin preparación y en forma abrupta. Esta manera de pensar ha hecho que, para muchos, la comprensión de toda la revelación divina se haga más difícil. Mirando retrospectivamente por medio de la Palabra de Dios se puede ver que ha habido progreso continuo en la revelación de Dios a los hombres, y que la primera venida de Cristo, aunque relacionada con el problema del pecado, ahora nos la está revelando el Espíritu Santo como un paso preparatorio para la revelación final, cuando se verán la presencia y el poder de Dios en su segunda venida. La amplitud del estado de Cristo antes de venir a este mundo lo describe muy bien el Dr. Samuel Harris:

"Así que en el conocimiento de Cristo nos levantamos sobre el ' provincialismo de este planeta ', y establecemos comunión con los ángeles y arcángeles y con los espíritus finitos de todos los órdenes y de todos los mundos. Dios, en ese modo eterno de su Ser que se llama *Logos,* el Verbo, el Hijo, existió y estaba cumpliendo los grandes propósitos de su eterna sabiduría y su eterno amor, antes de su venida, en Cristo, a la tierra. En el misterio de su Ser eterno, El se estaba revelando, manifestándose en la acción como el eterno Espíritu personal, el eterno Arquetipo y Original de todos los seres racionales. De algunos modos, que son desconocidos para nosotros, El puede haberse revelado a los habitantes racionales de otros mundos, según la semejanza de ellos, como Espíritu personal. Innumerables miríadas de personas finitas pueden haber confiado en El y haberlo adorado, en otros mundos, antes que El se revelara a la tierra mediante el Hijo de María. El mismo dice en su oración al Padre Celestial: ' aquella gloria que tuve contigo antes que el mundo fuese. ' Y El se describe a Sí mismo como el Hijo del Hombre, que descendió del cielo, y que, aun cuando estaba sobre la tierra, estaba en el cielo" *(God the Creator and Lord of All,* Vol. I, pág. 413).

Otro ha insinuado que esta tierra pudiera ser "la Belén del universo." Este pensamiento es razonable a la luz de la verdad revelada con respecto a todo lo existente. Hay algunos, como el Dr. I. A. Dorner en particular, que sostienen con mucha razón y apoyados por algunas porciones bíblicas, que la primera venida de Cristo no fue sólo una misión relacionada con el pecado, con su cura, sino que era necesaria para el progreso de la propia revelación divina. Dorner sostiene que ver a Dios revelado en Cristo es una experiencia esencial para muchos, y para todos los que han de llegar a los reinos de la gloria, sea que hayan pecado o no. ¿Cuál es el profundo y oculto significado de aquellas palabras que afirman que Cristo, cuando estuvo aquí en la tierra fue "visto de los ángeles"? De cualquier modo, la historia de la encarnación es la reducción de ese modo eterno de existencia y el encubrimiento de el resplandor de su gloria, para que Dios pudiera manifestarse a los hombres y para que se lograra la Redención a favor de los perdidos.

II. LA CONDESCENDENCIA

La magnitud de la transición de la altísima gloria de los cielos a la esfera de los hombres no puede estimarse. "Por lo cual, entrando en el mundo dice: . . . He aquí que vengo, oh Dios, para hacer tu voluntad, como en el rollo del libro está escrito de mí" (He. 10:5-7). Este pasaje registra unas palabras que pronunció Cristo antes de llegar a la edad de su madurez, tal vez antes de su nacimiento de la virgen María; pues está escrito en el *Salmo 22:10* que, mientras estaba en la cruz, El le dijo al Padre: "Sobre ti fui echado desde antes de nacer; desde el vientre de mi madre, tú eres mi Dios." Desde las remotas edades pasadas, Dios lo escogió a El para que fuera inmolado como Cordero (Ap. 13:8). Además de todo esto, el Espíritu de Dios hizo que se escribieran muchas predicciones que anunciaban la venida de Cristo. Incluso una de ellas se hizo en el mismo jardín de Edén. De ese modo fue prevista y registrada la condescendencia del Hijo de Dios. Era un plan divino, preparado y realizado por Dios. Cristo fue el Don del Padre para el mundo; El, sin embargo, prefirió venir y someterse a la voluntad de Otro. A El le *agradó* hacer la voluntad de su Padre, tanto por el gozo de la obediencia como por su infinita comprensión y vital participación en todo aquello que fue propuesto en los consejos eternos de Dios. ¿Qué otro significado puede tener la declaración: "cuando vino el cumplimiento del tiempo"? ¿No es que había llegado el momento en que "Dios envió a su Hijo, nacido de mujer y nacido bajo la ley"? (Gá. 4:4). No hay ninguna maravilla del universo que sea más grande que ésta: Que Aquel que era en el principio con Dios, y es Dios, se hizo carne. Juan da testimonio de que Cristo fue visto y tocado por los hombres (Jn. 1:1; 1 Jn. 1:1). El fuego que ardía en la zarza –que simbolizaba su Deidad– no consumía la zarza –que simbolizaba su humanidad. Aunque sea bajo su origen, Aquello que representa la zarza permanece sin consumirse para siempre.

III. LA "FORMA DE SIERVO, HECHO SEMEJANTE A LOS HOMBRES"

"A Dios nadie le vio jamás; el unigénito Hijo, que está en el seno del Padre –que mora siempre allí–, él le ha dado a conocer" (Jn.1:18). El es el Mensajero de todos los mensajeros, el Siervo más efectivo de todos los siervos. Con este propósito, El tuvo que llegar a ser tal como se le exigió, para que pudiera servir como Revelación de Dios y como Redentor del hombre. El dijo: "Mas yo estoy entre vosotros como el que sirve." Y El tuvo una experiencia real de servicio humilde cuando les lavó los pies a los discípulos. La expresión "forma de siervo" es idéntica en lo que concierne a la realidad con la expresión "forma de Dios." Pero esta última significa originalmente que El era todo aquello que hace que Dios sea Dios. La primera significa que El es todo lo que hace que un siervo sea siervo. Se nos revela su título de siervo: "Fiel y Verdadero" (Ap.19:11). Ese título nos revela mucho, pues implica perfecta obediencia y perfecta realización. Esto lo hizo El hasta la muerte, y muerte de cruz. Con visión profética, El dijo antes de morir: ". . . he acabado la obra que me diste que hiciese" (Jn.17:4). Y cuando le llegó el momento de la muerte, dijo: "Consumado es" (Jn.19:30). ¡Cuán grande es la Revelación! ¡Cuán perfecta la Redención!

El, que existió inmutablemente como la Forma precisa, o como la Realidad que es Dios, asumió lo que es humano, no para que tomara el lugar de lo divino, sino en conjunción con ello. El se agregó a Sí mismo la forma de siervo, al hacerse semejante a los hombres. El fue *Hombre,* pero ese término no fue suficiente para definirlo. Por el hecho de ser la Persona del Dios Hombre, su humanidad, aunque completamente presente, se describe con la expresión: "hecho semejante a los hombres."

Puesto que está escrito que El "se despojó a sí mismo," la investigación de la *kenosis* es ésta: ¿De qué se despojó El? Por causa de la inmutabilidad de la Deidad, era completamente imposible que ella menguara, o que El abandonara alguno de los atributos divinos. Tales ideas ni siquiera se sostienen en ninguna parte de la Escritura. Debemos volver a observar que toda la revelación doctrinal que nos presenta el pasaje que se refiere a la *kenosis* se está empleando como una ilustración para la virtud humana que allí se está aconsejando, de no mirar cada uno por lo suyo propio, sino cada cual también por lo de los otros. La subordinación de uno mismo en favor de otros no requiere que uno se descarte a sí mismo. Cristo se despojó del interés propio, no asiéndose de su estado de exaltación, aunque ése era su estado legítimamente como algo muy valioso de que tenía que despojarse en favor de otros. Al hacer esto, El condescendió hasta una posición baja: su gloria quedó velada, y El fue despreciado y rechazado por los hombres. Ellos no vieron ningún atractivo en El para desearlo. El fue como raíz de tierra seca, sin parecer ni hermosura (Is.53:2). El dijo en la cruz, con respecto a Sí mismo: "Mas yo soy gusano y no hombre; oprobio de los hombres, y despreciado del pueblo. Todos los que me ven escarnecen; estiran la boca, menean la cabeza" (Sal.22:6,7). La misma gloria esencial de su condescendencia no consiste en que la Deidad se apartó de El, sino en que Dios obró de esa manera. Dios estaba en Cristo reconciliando consigo al mundo (2 Co.5:19).

Con referencia al pasaje de la *kenosis,* y a las formas generales de interpretarlo, no se ha hallado mejor declaración que la del Dr. Charles Lee Feinberg en la *Bibliotheca Sacra,* Vol. XCII, pgs. 415-418, la cual anotamos a continuación:

"Cualquier explicación bíblica sobre la doctrina de la Persona de Cristo tiene que incluir este pasaje como prominente, si no como fundamental. Pero al exponerlo, las mentes de los hombres han tenido que preguntarse: ¿De qué se despojó Cristo? ¿En qué consistió la *kenosis?* Estas preguntas se hicieron prominentes en las primeras décadas del siglo pasado cuando las ramas reformada y luterana de la Iglesia Protestante de Alemania intentaron llevar a cabo una base factible de unión. Pasajes como *Juan 14:28* y *Marcos 13:32,* donde está escrito: '. . . porque el Padre mayor es que yo, ' y, ' Pero de aquel día y de la hora nadie sabe, ni aun los ángeles que están en el cielo, ni el Hijo, sino el Padre ', fueron los pasajes que constituyeron el punto de partida, aparte de *Filipenses 2:5-11,* para gran parte de los pensamientos y de la discusión sobre el asunto. Cuando uno se encuentra directamente frente a él, es inevitable considerar lo siguiente: Si Cristo era Dios en su estado preexistente, y luego llegó a ser hombre, ¿qué fue lo que El perdió en esta transacción? Ha habido cuatro teorías generales sobre la *kenosis,* y todas ellas persiguen la misma finalidad. Según Bruce, ' La idea dominante de la kenosis en la cristología es que, al encarnarse el eterno *Logos* preexistente, para poder hacer posible la encarnación en su forma histórica real, se redujo a Sí mismo al rango de las medidas de la humanidad ' *(The Humiliation of Christ* pg. 136). Las cuatro clases de especulación en lo relativo a la *kenosis* son éstas: (a) la dualista absoluta, (b) la metamórfica absoluta, (c) la semi-matamórfica absoluta, y (d) la real, pero relativa.

La primera clase, establecida por Thomasius y otros, sostiene que los atributos de Dios pueden dividirse en dos grupos nítidamente diferentes: los atributos éticos o inmanentes y los atributos relativos o físicos. Los primeros son realmente los esenciales a la Divinidad. Los atributos de la Trinidad inmanente son aquellos de los cuales no puede desprenderse; los de la Trinidad administrativa son aquellos de los cuales sí puede desprenderse. Los atributos divinos de omnipresençia, omnisciencia y omnipotencia son sólo expresivos de la libre relación de Dios con el mundo, y no es necesario considerarlos como indispensables. Se supone que los atributos esenciales de la Deidad sean: poder absoluto, amor absoluto, verdad absoluta y santidad absoluta. Esta teoría no puede permanecer, por el hecho de que establece una distinción muy aguda entre los atributos de Dios y de ello deduce conclusiones que son insostenibles. ¿Puede ser Cristo verdadero Dios, aunque El mantuvo absoluta santidad, si perdió la omnisciencia o la omnipresencia? Esta teoría rebaja al *Logos* hasta un grado en el cual no se puede garantizar su condición de tal. Además, la negación de la omnipresencia en el *Logos* encarnado parece muy débil ante una declaración como la que se halla en *Juan 3:13:* ' Nadie subió al cielo, sino el que descendió del cielo; el Hijo del Hombre, que está en el cielo. ' Esas son palabras directas de Jesucristo.

La segunda clase de especulación, que ha sido sostenida por hombres como Gess, Godet y Newton Clarke, se aferra realmente a un metamorfismo absoluto mediante ' el suicidio divino. ' Según esta posición, el Logos pre-encarnado se humilló tanto a Sí mismo y se despojó de todos los atributos divinos, que llegó a ser puramente un alma humana. Para poder escapar del estigma del *apolinarismo,* aclaran que ellos no afirman que el *Logos* tomó el lugar del alma humana en Cristo, sino que El llegó a ser una alma humana. Su eterna consciencia cesó, y la volvió a obtener gradualmente a medida que logró una vez más la plenitud de la vida divina. Esta teoría es tan contraria a la enseñanza bíblica con respecto a la unión hipostática histórica, la cual debe ser siempre la vara de medir para cualquiera y para todos los puntos de vista con respecto a la Persona de Cristo, que no necesita ninguna detallada refutación.

La tercera teoría, que es la que representa Ebrard, sostiene que el eterno Hijo, al hacerse Hombre, no se sometió a una pérdida, sino a un disimulo de su Deidad, en el sentido de que ' las propiedades divinas, aunque todavía las tenía, sólo las poseía el Dios Hombre en la forma temporal apropiada para el modo humano de existencia. El *Logos,* al hacerse carne, cambió la forma de Dios, es decir el modo eterno de ser, por la forma de hombre, esto es, el modo temporal de ser ' *(The Humiliation of Christ* –A. B. Bruce, pg. 153). Este cambio es a la vez perpetuo y absoluto. Este punto de vista, cuando se juzga a la luz de la Palabra de Dios, no va más lejos que los dos anteriores. Si esta teoría fuera cierta, entonces Cristo no fuera completamente Dios y Hombre al mismo tiempo, tal como nos lo presentan las Escrituras.

Nos queda fijarnos en la cuarta teoría sobre la *kenosis* en la Cristología, la cual declara que el *Logos* encarnado posee todavía su Divinidad en el sentido real y verdadero, pero la posee dentro de los confines restringidos de la consciencia humana. La verdadera Deidad no está en existencia fuera de la verdadera humanidad. Las propiedades de la naturaleza divina no están presentes en su infinitud, sino que se cambian en propiedades de la naturaleza humana. La objeción que se le hace a esta teoría es que los atributos de Dios no son tan elásticos, como los proponentes de esta teoría quieren hacernos creer, que puedan extenderse o contraerse a voluntad. La omnisciencia significa siempre omnisciencia; la omnipresencia es siempre omnipresencia; la omnipotencia es siempre omnipotencia. No hay ninguna omniprescencia limitada, pues el *Logos* estaba en el cuerpo de Cristo, también estaba en el cielo (Jn.3:13).

¿Entonces, cuál es la teoría cierta sobre *la kenosis,* o anonadamiento de Cristo? Ante todo, tiene que establecerse el principio de que ' el *Logos* . . . no dejó de ser lo que era en la esencia de su eterna naturaleza, ni por un momento –a pesar de su humillación voluntaria' *(Christian Dogmatics* –J. J. Van Oosterzee, Vol. II, pg. 515). Cuando el *Logos* preexistente y eterno tomó para Sí la humanidad, El se despojó de la visibilidad de su gloria. Los hombres no podían ver en El su Deidad, pues estaba velada para ellos. La *kenosis* implica, además, que Cristo se despojó del ' ejercicio independiente de sus atributos divinos, ' como lo señala correctamente Strong *(Systematic Theology* –pg. 382). Cristo estaba poseído de todos los atributos esenciales y de todas las propiedades divinas; pero El no los utilizó sino para complacer al Padre. Creemos que esto es precisamente lo que significa la siguiente declaración de Cristo: ' No puede el Hijo hacer nada por Sí mismo, sino lo que ve hacer al Padre ' (Jn.5:19). Para la propia discusión cristológica es indispensable, entonces, una explicación apropiada y una comprensión de *Filipenses 2:5-11,* como también de todas las porciones bíblicas relacionadas con la *kenosis."*

CONCLUSION

Una sencilla ilustración –la de la negación de Cristo a Sí mismo– que empleó el apostol Pablo para hacer énfasis en la gracia que se le ha dado al cristiano de negarse a sí mismo– se ha desarrollado hasta llegar a ser una de las principales controversias entre los teólogos. Esto ha sucedido por causa de la inmensurable verdad que significa la obra que Cristo realizó, y en parte por causa de la mala comprensión de la terminología empleada por el Apóstol. Queda claro, sin embargo, que se refiere a la verdad de la encarnación y a todo lo que ella incluye.

CAPITULO XXVI

DIOS EL HIJO: LA UNION HIPOSTATICA

El adjetivo *hipostático* se deriva del sustantivo *hipóstasis,* palabra procedente del griego que significa en castellano: "El ser o la sustancia de la cual los fenómenos son una manifestación." De esto se deduce que la unión de carácter hipostático es una unión de naturalezas que, en sí mismas son independientes y distintas. La expresión *unión hipostática* le corresponde a la teología, y sólo es aplicable a Cristo en Quien, como en ningún otro, se unen dos naturalezas distintas y disímiles. En la historia no se encuentra ningún ejemplo de otro ser como Cristo en este respecto, ni aparecerá ningún otro. El es el Dios Hombre incomparable, el Mediador, el Arbitro (comp. Job 9:32,33). No puede haber otro, pues toda demanda, ya sea de satisfacción divina o de necesidad humana, queda completamente satisfecha en Cristo. Esta única Persona que tiene dos naturalezas, que es a la vez la Revelación de Dios para los hombres y la Manifestación de la humnidad ideal y perfecta, es la que ocupa el lugar central en todo pensamiento humano reverente, y su Persona compleja y gloriosa es la que ha promovido las disputas de los pasados siglos. El no es sólo de inmenso interés para los hombres, sino que en El solamente hay esperanza para la humanidad tanto en el tiempo como en la eternidad. El es el Don de Dios, la única Solución de Dios para la raza caída. Dentro del hombre no hay recursos que le valgan para proveer un árbitro cuyo derecho y autoridad sean perfectamente divinos y perfectamente humanos. Nada de lo que el hombre puede producir podría redimir un alma del pecado, ni pudiera proveer la sangre expiatoria esencial que por sí sola pudiera satisfacer la santidad ofendida. Da lástima que la tendencia de la discusión teológica con respecto a la única Persona de Cristo ha sido metafísica, teórica y abstracta, y que se le haya dado tan poca atención a la verdad de que su maravillosa persona es mediadora, salvadora y satisfactoria para siempre. El estudio de las controversias de los siglos pasados sobre la Persona de Cristo constituye por sí mismo una disciplina; por tanto, no se incluye en el plan de esta obra de teología sistemática, sino lo que pueda deducirse de la verdad histórica en relación con ciertas advertencias sobre algunos puntos en los cuales se ha hecho un énfasis desproporcionado. El tema específico de la unión hipostática lo dividiremos en dos partes principales, a saber: (a) la estructura de la doctrina y (b) las relaciones del Dios Hombre.

I. LA ESTRUCTURA DE LA DOCTRINA

Cuatro factores vitales constituyen la estructura de esta doctrina específica: (a) su Deidad, (b) su humanidad, (c) la preservación completa de cada una de estas dos naturalezas sin confusión ni alteración, y (d) la unidad del Hombre Dios.

1. LA DEIDAD. Las pruebas que ya dedujimos en la sección anterior de esta tesis dependen en este punto de la declaración de la Deidad de Cristo. Esa evidencia nos demostró la verdad de que Cristo no es sólo un Miembro de la Divinidad coigual con el Padre y el Espíritu antes de su encarnación, sino que El retuvo esa realidad "en los días de su carne." Todavía queda por ver, sin embargo, que esta experiencia de la encarnación, mediante la cual dos naturalezas se unieron en una Persona, sólo le corresponde al Hijo. Vemos que el Padre y el Espíritu están asociados y activos en todo lo que concierne al Hijo; pero sólo el Hijo tomó para Sí la forma humana, y El es, por tanto, glorificado como Pariente de la familia humana. Aunque la unidad trinitaria original es compleja y difícil para la comprensión humana, permanece tan perfectamente después de la encarnación como antes (comp. Jn.10:30; 14:9,11).

2. SU HUMANIDAD. Del mismo modo, una sección anterior de esta tesis demostró que la encarnación fue el medio por el cual Cristo asumió una humanidad completa y perfecta. El no poseía antes esta humanidad, y al agregarla a su eterna Deidad dio como resultado el Dios Hombre que es Cristo. Aunque su Divinidad es eterna, su humanidad la obtuvo en el tiempo. Por tanto, el Dios Hombre –destinado a ser así para siempre– comenzó con la encarnación. También se nos revela que, aunque la asunción de la humanidad fue primero una condescendencia y luego una humillación; por medio de su muerte, su resurrección y su ascensión, El obtuvo una gloria excelentísima. El gozo "fue puesto delante de él" (He.12:2), y por la obediencia que manifestó en la cruz, "Dios también lo exaltó hasta lo sumo" (Fil.2:9). Así se hace referencia a una gloria y a un gozo excelentes, que exceden a toda gloria y a todo gozo que haya habido antes. Su condescendencia y su humillación no le fueron relevadas mediante la acción de desechar su humanidad, sino mediante la glorificación de ella. En el cielo está un Hombre glorificado que no renunció a su humanidad. Como tal, El ministra a favor de los suyos que están en el mundo, y como tal, El está sentado sobre el trono del

Padre, hasta que, por la autoridad y el poder que el Padre le ha dado a El, todos sus enemigos sean puestos por estrado de sus pies (He.10:12,13), y los reinos del mundo llegan a "ser de nuestro Señor y de su Cristo" (Ap.11:15).

Por tanto, debe reconocerse que el Dios Hombre es el *mismo Dios* y el *mismo Hombre,* y que su humanidad, perfecta y completa, es tan perdurable como su Deidad.

3. LA PRESERVACION COMPLETA DE CADA UNA DE SUS DOS NATURALEZAS SIN CONFUSION NI ALTERACION EN SU UNIDAD. Este no es un esfuerzo para defender la Deidad ni la humanidad de Cristo, consideradas separadamente. Ya ese esfuerzo lo cumplimos en páginas anteriores. Es más bien un esfuerzo para defender la verdad, tan evidentemente enseñada en el Nuevo Testamento, de que la no disminuida Deidad de la segunda Persona de la Trinidad incorporó en su Ser aquella perfecta humanidad que adquirió y que retendrá para siempre. Sobre estas dos naturalezas se puede afirmar, según las evidencia que ofrecen las Escrituras, que están unidas en una sola Persona, y no en dos; que en esta unión, lo divino no se degrada de ninguna manera por causa de su amalgamación con lo humano; y de la misma manera y con la misma plenitud, lo humano no se exalta de ninguna manera ni se eleva por encima de lo que es la humanidad no caída.

La realidad según la cual la no disminuida Deidad y la humanidad no caída se unieron en la Persona del Dios Hombre no tiene paralelo en el universo. No es necesario que uno se sorprenda si por causa de la contemplación de ese Ser surgen problemas que la capacidad humana no puede resolver; ni tampoco debe admirarnos que ese importante desafío que constituye Cristo para el pensamiento y la investigación humana haya sido el motivo principal de la controversia teológica desde el principio de la época presente, puesto que la Biblia no nos presenta ninguna cristología sistematizada, sino que se limita a ofrecernos la sencilla narración con sus aspectos pertinentes. Sobre las verdades sobrenaturales han escrito los más grandes teólogos, las han ponderado las mentes más devotas, las han proclamado los más dignos profetas de Dios. El ordenamiento y sistematización de la verdad relativa a la Persona del Dios Hombre no sólo no puede evadirse, sino que llegó a convertirse en una de las cargas más grandes que reposa sobre los hombros de los que ejercen la dirección de la Iglesia de Cristo. El credo de cualquier iglesia se lee fácilmente y se profesa, pero es bueno recordar que a través del fuego blanco de la controversia es como se ha forjado el credo que tenemos como herencia. La Palabra de Dios aconseja que los hombres tengan cuidado de la doctrina (1 Ti.4:13,16), y en este caso, con respecto a

Cristo, hay un campo ilimitado en el cual hay tesoros inapreciables escondidos y verdades no descubiertas que, no sólo determinan el destino de los hombres, sino que despiertan la capacidad humana para la meditación, la adoración y la alabanza. El más grande de todos los objetivos divinos y la provisión de las mayores necesidades humanas dependen, para su realización, del carácter del Dios Hombre, del Cristo de Dios. Si la unión hipostática de dos distintas naturalezas en Cristo se somete a un comentario superficial, resulta inefectivo desde todo punto de vista, se frustra el propósito de Dios, los hombres siguen en sus delitos y en la condenación, el cristianismo llega a ser sólo un paganismo refinado y el mundo queda sin esperanza. Repetimos: este asunto no es el de un punto de vista correcto con respecto a la Deidad, ni con respecto a la humanidad de Cristo, consideradas separadamente. Es el asunto relativo al Dios Hombre, lo que El es, por haberse encarnado y por haber llegado a ser a la vez Dios y Hombre. Decimos con toda reverencia que la Deidad de Cristo no pudiera, sin la compañía de su humanidad, salvar al perdido; ni tampoco su humanidad podría, actuando separadamente, redimir. Los aspectos que envuelve este asunto son tan grandiosos como el eterno propósito de Dios y tan imperativos como las necesidades combinadas de todas las almas perdidas. Tan delicado es el ajuste de estas dos naturalezas en Cristo que hacer hincapié en una sola de ellas a expensas de la otra es sacrificar la eficacia de todo. Es tan natural estimar que la naturaleza divina de Cristo trasciende la naturaleza humana en dignidad, Ser eterno e intrínseca gloria, que casi desaparece por completo la importancia de la naturaleza humana en El. Cualquiera que pueda ser la diferencia entre la Deidad y la humanidad cuando se separan severamente, y se coloca cada una en representación de su propia esfera, es indispensable observar que la manifestación de Dios, la redención de los perdidos y mucha de la gloria futura reside en gran parte en la humanidad de Cristo.

Igualmente, es natural suponer que la naturaleza divina podría recibir daño hasta cierto punto si se combina con lo humano; y que la naturaleza humana sería exaltada fuera de sus limitaciones precisas si se combina con lo divino. La enseñanza de las Escrituras sirva para salvar al lector de esas conclusiones naturales. La Deidad de Cristo queda incólume al unirse en una Persona con lo que es la naturaleza humana no caída, y esta humanidad no caída retiene sus normales limitaciones. La confusión y la incertidumbre que vendrían si estas dos naturalezas estuvieran sujetas a alteraciones problemáticas estarían fuera de la comprensión humana.

También es natural llegar a la conclusión de que la presencia de dos naturalezas tiene que dar por resultado dos personalidades. Esto no pudiera ser cierto de ninguna manera, pues Cristo se representa siempre como una Persona, aunque sea una coalición de dos cualidades tan ampliamente diferentes. Sobre esta fase profundamente importante del tema, el Dr. B. B. Warfield escribe con su acostumbrada claridad:

"Allí está, pues, el fundamento de la invariable concepción de toda la literatura del Nuevo Testamento sobre la constitución de la Persona de nuestro Señor. Desde *Mateo,* donde se presenta a Cristo como una de las Personas de la Santísima Trinidad –28:19–, o si preferimos el orden cronológico de los libros, desde la *Epístola universal de Santiago,* donde se nos presenta como la Gloria de Dios, o *Shekinah* (2:1), hasta el *Apocalipsis,* donde se nos presenta declarando El mismo que es Alfa y Omega, el Primero y el Ultimo, el Principio y el Fin (1:8,17; 22:13), se piensa consecuentemente que su Ser fundamental es el ser de Dios. Al mismo tiempo, desde los Evangelios Sinópticos, en los cuales se nos presenta dramáticamente como un hombre que anda entre los hombres, su condescendencia humana que se registra cuidadosamente, y su sentido de dependencia de Dios se hacen resaltar tanto que la oración llega a ser casi su más característica acción, hasta las Epístolas de Juan, en las cuales se hace notar que el cristiano verdadero es el que confiesa que Jesucristo ha venido en carne (1 Jn.4:2) y el *Apocalipsis,* en el cual se hacen notar su nacimiento de la tribu de Judá y de la casa de David (5:5; 22:16), su vida ejemplar de conflicto y victoria (3:21) y su muerte en la cruz (11:8), se piensa igualmente que El es verdadero Hombre. Sin embargo, desde el principio hasta el fin de toda la serie de libros, aunque primero se haga prominente la primera de esas dos naturalezas y luego la otra, nunca hay conflicto entre las dos, ni ninguna confusión en sus relaciones, nunca se presenta un cisma en su acción unitaria personal; pero obviamente, a El se le presenta como una Personalidad, compuesta en realidad, pero indivisible. En este estado del caso, no sólo se pueden obtener evidencias en forma apropiada sobre la constitución de la Persona de nuestro Señor, de cualquier parte del Nuevo Testamento y de cualquier pasaje bíblico que se cite legítimamente para explicar o sostener algún pasaje que no se refiera a la porción del Nuevo Testamento en que se encuentre dicha evidencia. Pero no tendríamos justificación alguna si no empleáramos esta común presuposición de que todo el cuerpo de esta literatura ilustra y explica las diversas representaciones con las cuales nos encontramos de paso en sus páginas, representaciones que pudieran fácilmente hacerse aparecer como contradictorias, si no se colocan en armonía mediante su relación como partes componentes de esta única concepción unitaria, que es la que sirve de base y les da consistencia a todas ellas. Difícilmente pudiera imaginarse una prueba mejor sobre la veracidad de alguna doctrina que su capacidad para armonizar completamente con una multitud de declaraciones que, sin esa doctrina, se presentarían a nuestras mentes como una masa de confusas inconsecuencias. Una llave que penetra perfectamente en el agujero de una cerradura bien complicada, difícilmente podría decirse que no es la llave verdadera" *(Biblical Doctrines* –pgs. 206,207).

La verdad concerniente a la compleja Persona de Cristo, se establece en el Nuevo Testamento. La obra del teólogo es la de descubrir su orden apropiado y la de discernir su preciso significado.

Este resultado no se logrará si se permite que la opinión humana se entremeta. Llegar a una correcta estimación de la Persona de Cristo ha sido el objetivo de los más grandes eruditos, cuyas conclusiones han sido cristalizadas en forma de credos. El credo calcedonio ha sido la norma del pensamiento cristiano ortodoxo, desde el momento en que fue diseñado en el siglo V. de J. C. Ese credo dice lo siguiente:

"Nosotros, entonces, siguiendo a los santos Padres, todos con el mismo consentimiento, enseñamos a los hombres a confesar a Uno y al mismo Hijo, nuestro Señor Jesucristo, el mismo perfecto en Divinidad y también perfecto en Humanidad; verdadero Dios y verdadero Hombre, de un alma capaz de razonar –racional– y un cuerpo; consustancial –co-esencial– con el Padre conforme a la Divinidad, y consustancial con nosotros conforme a la Humanidad; en todas las cosas como nosotros, pero sin pecado; engendrado por el Padre antes de todas las edades en lo que toca a su Divinidad, y en estos últimos días, a favor nuestro y de nuestra salvación, nacido de la virgen María, la madre de Dios, en lo tocante a lo humano; Uno y el mismo Cristo, Hijo, Señor, Unigénito, que debe ser reconocido en sus dos naturalezas: *inconfundible, inmutable, indivisible e inseparablemente;* la distinción de las naturalezas no es quitada de ningún modo por la unión, sino que más bien la propiedad de cada naturaleza se preserva, y concurren en una Persona y una Sustancia, no separadas ni divididas en dos personas, sino unidas en Uno y el mismo Hijo, el Unigénito, Dios el *Logos,* el Señor Jesucristo; como lo han declarado los profetas desde el principio con respecto a El, y el mismo Señor Jesucristo nos lo enseñó, y el credo de los santos Padres nos lo ha entregado" *Creeds of Christendom,* Schaff, Vol. II, págs. 62, 63, citado por Miley en *Theology,* Vol. II. pág. 7).

La Declaración de Fe que se hizo en Westminster es fiel al credo de Calcedonia, aunque se expresa en lenguaje diferente. Allí está escrito:

"El Hijo de Dios, la segunda Persona de la Trinidad, que es el mismo Dios eterno, de una misma sustancia e igual con el Padre, tomó sobre Sí la naturaleza del hombre cuando vino el cumplimiento del tiempo, con todas sus propiedades esenciales y comunes enfermedades; sin embargo, El fue sin pecado; fue concebido por el poder del Espíritu Santo, en el vientre de la virgen María, de la sustancia de ella. Así que, dos naturalezas completas, perfectas y distintas –la Divinidad y la humanidad– se unieron inseparablemente en una Persona, sin conversión, ni composición, ni confusión. Esa Persona es verdadero Dios y verdadero Hombre, y sin embargo es un Cristo, el único Mediador entre Dios y el hombre" (capítulo VIII, sección 2, citado por Cunningham, *Historical Theology,* tercera ed., Vol. I, pág. 311).

Es poca la duda que les queda a los hombres devotos sobre el hecho de que la Deidad de Cristo se halla siempre presente y que siempre permanece. Su humanidad, que se originó en el tiempo, está sujeta a muchas suposiciones, y, por tanto, hemos de seguir sólo los dictados de la infalible Palabra de Dios. He aquí una breve cita del Dr. W. Cunningham, que está llena de significado:

"Los elementos distintivos constituyentes del hombre, de un ser humano, de uno que esté poseído de la perfecta naturaleza humana, son un cuerpo y un alma unidos. Cristo tomó para Sí un cuerpo verdadero y un alma racional, y los retuvo, y todavía los retiene en toda su integridad y con todas sus cualidades esenciales. El fue concebido mediante el poder del Espíritu Santo, en el vientre de la virgen María, ' de la sustancia de ella ', como se declara en la Confesión de Fe del Catecismo Ampliado de Westminster. Las palabras ' de la sustancia de ella ' sirven como negación para una antigua herejía, revivida por algunos anabaptistas después de la Reforma, según la cual El fue concebido *en* el vientre de María, pero no *de* la sustancia de ella, y pasó a través del cuerpo de ella sin derivar nada de sus sustancia. El propósito de esa expresión es el de afirmar, en oposición a dicha herejía, que ella contribuyó a la formación de la naturaleza humana de Cristo, en la misma forma como las madres contribuyen ordinariamente a la formación de sus hijos. Habiendo tomado así un cuerpo verdadero, formado de la sustancia de la virgen María, El lo retuvo continuamente, tal como se manifestó en toda la historia de su vida, de su muerte y en el período que siguió a la resurrección y todavía lo tiene allí donde está sentado a la diestra de Dios. El tomó también para Sí un alma racional, dotada de todas las facultades ordinarias y de las capacidades de las almas de los hombres, incluyendo la facultad volitiva, lo cual se afirma en oposición al error de los monotelitas. Esto lo vemos claramente manifestado en toda la historia de su vida, tanto antes como después de su muerte y de su resurrección; y las pruebas de este hecho pueden deducirse fácilmente con todo detalle, mediante la investigación de todo el testimonio que Dios nos ha dado con respecto a su Hijo" (William Cunningham, D. D., *Historical Theology,* Vol. I, pág. 313).

El Dr. John Miley nos ha hecho un verdadero servicio al trazar el desarrollo del pensamiento cristológico a través de los primeros siglos. Aunque sus declaraciones al respecto son extensas, reproducimos a continuación parte de ellas:

"En el cristianismo, aun desde su comienzo, Cristo fue el gran tema del Evangelio, de la experiencia y de la esperanza en la vida cristiana. Por tanto, El no podía dejar de ser el tema de gran parte del pensamiento. Ni ese pensamiento podía limitarse sólo a meditaciones devotas, sino que inevitablemente tenía que entrar al estudio de la verdadera naturaleza y personalidad de Cristo. Para la más profunda consciencia cristiana, Cristo era el Salvador por amor del cual todo pecado tenía perdón, y en cuya comunión se recibían todas las ricas bendiciones de la nueva vida espiritual. Según esa consciencia, El no podía ser meramente un hombre. Es verdad que en la historia de su vida El se presentaba en forma de hombre y con la posesión de las características humanas; pero aún con ello, para la consciencia cristiana El tenía que haber sido más que hombre. ¿Pero cuánto más? ¿Y más en qué? Tales preguntas no podían dejar de formularse; y en el mismo preguntar había un deseo de alcanzar en pensamiento cristiano sobre la doctrina de la Persona de Cristo. En este movimiento del pensamiento, las muchas declaraciones de la Escritura que le asignan a Cristo una naturaleza superior y superiores perfecciones que las meramente humanas tendrían que ser pronto investigadas. Fue entonces cuando comenzó a tomar forma una doctrina sobre la Persona de Cristo. El es humano y, sin embargo, es más que humano; El es el Hijo de Dios encarnado en la naturaleza del hombre; es humano y divino.

Las reflexiones no podían detenerse en este punto. Si Cristo es tanto divino como humano en su naturaleza, ¿cómo están relacionadas estas naturalezas la una con la otra? ¿Cuál es la influencia de la una sobre la otra y viceversa, para explicar su conjunción o unión en El? ¿Es Cristo dos personas según las dos naturalezas que posee, o una sola Persona mediante la unión de las dos? Esas preguntas eran inevitables. Y tampoco podían quedar sin respuesta. Las respuestas se dieron mediante diversas teorías sobre la Persona de Cristo, que aparecieron en los primeros siglos del cristianismo. No debe parecernos extraño que tales teorías diferían. El tema es uno de los más profundos. Se basa en el misterio de la encarnación divina. El Hijo divino se invistió a Sí mismo con la naturaleza humana. Esa era la declaración de la encarnación, hecha en forma fácil; pero tal declaración nos deja en la superficie de una profunda realidad. Con una unión meramente táctil o de simpatía entre las dos naturalezas que, en consecuencia, indicaría dos distintas personas en Cristo, desaparecería la realidad de la encarnación divina. Con dos distintas naturalezas, y las correspondientes dos clases de hechos, divinos y humanos, ¿cómo podía El ser una Persona? ¿Está en El humanizada la naturaleza divina o deificada la naturaleza humana? ¿O la unión de las dos naturalezas dio como resultado una tercera naturaleza diferente de ambas, con lo cual se produjo la unicidad de personalidad? Las Escrituras no dan ninguna respuesta directa para estas preguntas. Nos ofrecen muchos hechos cristológicos, pero en forma elemental, y dejan la estructuración de la doctrina de la Persona de Cristo a los recursos del pensamiento cristiano. Pronto se establecieron varias doctrinas. En cada caso, la doctrina se estructuró de acuerdo con lo que se tenía como el hecho más vital o determinante de la cristología, en relación con la Persona de Cristo. El resultado fue una producción de puntos de vista contrapuestos y errores en la doctrina. La contención era más o menos inevitable. El interés en el tema era tan profundo que las teorías no podían conservarse como meras opiniones privadas, ni permanecer indiferentes ante los puntos de vista contrarios. La lucha llegó a ser un serio detrimento para la vida cristiana. Por tanto, había necesidad de una cuidadosa estructuración de la doctrina sobre la Persona de Cristo; había la necesidad de que tal construcción fuera obra del verdadero pensamiento cristiano, y de que se hiciera de la manera más segura y con la más alta sanción moral de la Iglesia de Cristo.

El estado de los hechos que hemos señalado exigía alguna acción de la Iglesia, que pudiera indicar lo correcto o, por lo menos, que pudiera mitigar los males existentes. Ciertamente había necesidad de que se corrigieran los errores en la cristología y de que se reconciliaran los partidos contendientes. Pareció bien que un concilio que pudiera integrar el pensamiento doctrinal más verdadero de la Iglesia sería lo mejor para lograr esta finalidad. Así se constituyó el Concilio de Calcedonia en el año 451 d. de J. C. El Concilio de Nicea se preocupó especialmente por la doctrina de la Trinidad. La doctrina que se estructuró clara y vigorosamente afirmaba la Divinidad verdadera y esencial de Cristo, pero no expresaba nada en forma definida con respecto a su personalidad. Durante más de un siglo, esta gran cuestión permaneció todavía sin que alguna asamblea que tuviera la propia representación de la Iglesia le diera alguna formulación doctrinal. La estructuración de tal doctrina fue la obra especial del Concilio de Calcedonia. El asunto no era nuevo. Ya se había hecho mucha obra preparatoria. Muchas mentes estaban en posesión de la verdadera doctrina, la cual ya se había convertido en la fe prevaleciente en la Iglesia. Pero hubo esa clase de preparación para la obra del Concilio. En realidad, la carta notable de Leo, papa de Roma, a Flavio, patriarca de Constantinopla, bosquejaba en forma tan exacta y completa

la doctrina de la Persona de Cristo, que al Concilio fue poco lo que le quedó por hacer que no fuera el trabajo de vaciar ese material en el molde de su propio pensamiento y promulgarlo con la sanción moral de la Iglesia." *(Systematic Theology,* Vol. II, pags. 5-7).

II. LAS RELACIONES

Un enfoque práctico para la correcta comprensión de la Persona del Dios Hombre puede hacerse al estudiar las principales relaciones que El, en su condición de tal, sostuvo mientras estuvo aquí en la tierra. Estas relaciones son las siguientes:

1. SU RELACION CON EL PADRE. Por el lado divino de su Ser, el Cristo de Dios siempre ocupó el puesto exaltado de comunión con el Padre sobre la base de la igualdad. Notablemente su oración de Sumo Sacerdote, que se encuentra en *Juan 17:1-26;* y cualquier otra referencia que se haga a su Deidad implican esta igualdad y unicidad. Por el lado humano de su Ser, aquello que es inherentemente la relación de la criatura con el Creador se expresa a perfección, es decir, la perfecta sumisión a la voluntad del Padre. La completa obediencia de Cristo al Padre ha sido motivo para que se dude en cuanto a su igualdad con el Padre. Por tanto, es necesario insistir vigorosamente en este punto, el cual le da fuerza a la verdad de que su actitud de siervo es una función que corresponde completamente a su humanidad. Hubo eso en su propia naturaleza divina, que fue el primer *deseo* de ser el Obediente. El dejó la gloria *voluntariamente,* y ese ejercicio de su voluntad precedió a la encarnación (He. 10:4-7). De igual manera, El ha de ejercer autoridad en todas las edades futuras por disposición del Padre. El ha de reinar para siempre jamás, pero de acuerdo con la verdad de que toda autoridad le ha sido dada por el Padre (Mt. 28:18; Jn. 5:27; 1 Co. 15:24-28).

2. SU RELACION CON EL ESPIRITU. Otro aspecto difícil concerniente a la revelación sobre las relaciones del Dios Hombre es el que se relaciona con la verdad de que El hizo sus obras maravillosas mediante el poder del Espíritu Santo. Está escrito que fue el Espíritu el que engendró la humanidad del Dios Hombre (Lc. 1:35); que El descendio sobre Cristo (Mt. 3:16); que el Espíritu le fue dado a Cristo sin medida (Jn. 3:34; comp. Lc. 4:1); Cristo afirmó que sus obras las realizaba por el poder del Espíritu (Mt. 12:28); y Cristo se ofreció a Sí mismo a Dios por el Espíritu eterno (He. 9:14). Este hecho de la dependencia de Cristo del Espíritu Santo es el tema que tendremos que tratar plenamente cuando estudiemos la doctrina del Espíritu Santo. Por ahora es suficiente observar que otra vez se está teniendo en cuenta la humanidad de Cristo. Siendo igual con el Espíritu, quedaba completamente dentro de su propio poder el

intervenir en cualquier obra milagrosa, pero esto complicaría evidentemente las relaciones internas de su propio Ser, y le quitaría la posición en la cual El aparece como ejemplo para sus seguidores. Los cristianos tienen el privilegio de servir con el poder del Espíritu; y así también sirvió el Cristo de Dios, pero sólo dentro de la esfera de su humanidad. Se puede observar igualmente que la cooperación de las personas de la Divinidad puede formar base para estas relaciones. Contra la verdad de que Cristo obró mediante el poder del Espíritu Santo está la verdad correspondiente de que el Espíritu estaba sujeto a Cristo, pues es Cristo Quien envía el Espíritu al mundo (Jn. 16:7), la cual es una prerrogativa divina; y que el Espíritu no le da origen a su propio mensaje, sino que sólo habla lo que oye, es decir el mensaje de Cristo (Jn. 16:13).

3. SU RELACION CONSIGO MISMO. La incesante discusión ha continuado, y muchas y variadas opiniones se han expresado en cuanto a la propia consciencia que Cristo pudo haber tenido. ¿Cómo pudo El conocer y sentir el poder y la sabiduría de lo infinito, y todavía preservar aquello que es debilidad humana y limitación? ¿Cómo pudo El conocer y a la vez dejar de conocer? ¿Cómo pudo El ser la fuente de todo poder, y sin embargo, estar inclinado y expuesto a la fragilidad humana? Si se predicaran dos personalidades de El, sería concebible que una, siendo divina, pudiera estar consciente de las cosas que corresponden a ese reino, mientras que la otra, siendo humana, pudiera estar consciente de las cosas restringidas. La Palabra de Dios no le da sanción a la idea de una doble personalidad en Cristo. Cualesquiera que sean sus diversas habilidades y cualidades, El sigue siendo una Persona individual.

Naturalmente es necesario dirigir la consideración hacia el problema que se relaciona con la averiguación sobre cuando en el desarrollo de su vida desde la infancia a la condición de hombre completo, El llegó a estar consciente de su Deidad y, por tanto, a estar seguro de que era Dueño de recursos ilimitados. Esta cuestión se ha presentado a la consideración de todas las generaciones, y parece llamarles la atención aun a aquellos que manifiestan muy poco interés en los aspectos vitales del estudio cristológico. Recientemente, un escritor sugirió, y no es una idea nueva, que en el tiempo de la encarnación, la Deidad de Cristo pasó al estado de coma, del cual hubo una recuperación gradual a medida que avanzaron los años. Sin embargo, por más sincero que parezca dicho escritor, tal sugestión no es menos que un insulto a la Deidad de Cristo. Ninguna verdad puede estar mejor establecida que aquella que declara que la Deidad, por cuanto es inmutable en cualquier aspecto que entre en la existencia divina, nunca puede estar sujeta a la más leve experiencia de inconsciencia. No hay mayor problema en la manera como la Deidad consciente puede combinarse con la infancia humana que el que haya en la manera como la Deidad se combina con la humanidad como tal. Por el lado divino de su Ser –aun cuando El era feto en el vientre de la virgen– El hubiera podido ordenar que todas las cosas materiales se volvieran a la nada, y de allí hubiera podido llamarlas de nuevo a la existencia. El campo del contraste entre las dos naturalezas se amplía, según les parece a las mentes finitas, cuando se considera al Creador de todas las cosas como un niño indefenso en los brazos de una madre humana. Este misterio es el mismo de la encarnación, y constituye un problema de fe y no de comprensión.

Cristo estuvo muy lejos de ser un niño normal. Es indispensable creer que El nunca pecó en su niñez, así como tampoco pecó en su condición de hombre completo. Difícilmente pudiera considerarse normal, desde el punto de vista humano, un niño que se desarrolla y llega a la edad madura sin haber pecado en el sentido absoluto en que la Deidad no puede pecar. María tenía muchas cosas en las cuales *meditar,* y una de ellas era la pureza de su Hijo. El enfoque que se hace sobre esta complejidad es a menudo incorrecto. Se piensa que Cristo fue primeramente un infante humano, que en alguna ocasión de su experiencia tomó la consciencia de Deidad. La verdad es que El fue Dios desde la eternidad, y que tenía la consciencia divina que no podía nunca ser empañada, y, en la inmutable experiencia de la Deidad, El entró en los reinos correspondientes al cuerpo humano, al alma y al espíritu. Evidentemente, en las mentes de algunos, Cristo fue más el *Hombre Dios* que el *Dios Hombre.* Tanto en su infancia como en el período de gestación, El esperó la hora para la manifestación más completa; pero El fue siempre el *Logos* consciente de Dios que siempre estaba presente. Cualquiera que pueda ser la solución para el problema de las dos voluntades –la divina y la humana– en una sola Persona, el problema de la consciencia divina y la consciencia humana es aún más desconcertante. Es sencillamente uno de los muchos enigmas. ¿Cómo pudo El ser tentado, cuando Dios no puede ser tentado? ¿Cómo pudo El morir, cuando Dios no puede morir? Estos son problemas que la mente finita no puede resolver. Ciertamente no hay otro que puede compararse con El. El es "Dios . . . manifestado en carne", el único Dios Hombre que tendrá jamás el universo. ¿Por qué, en realidad, deben sorprenderse los hombres si no pueden comprender a Dios? Sorprenderse de esta manera es maravillarse de que la revelación de Dios sea más grande que los hombres.

4. SU RELACION CON LOS ANGELES NO CAIDOS Y CON

LOS CAIDOS. En la Biblia se indica una amplia relación entre los ángeles no caídos y el Señor de la gloria. Evidentemente, ellos lo atendieron a El y lo observaron desde su nacimiento hasta su ascensión. La encarnación de su Creador y los eventos que sucedieron para la perfecta Redención constituyeron el gran momento para los santos ángeles.

Con respecto a los ángeles caídos, surge una relación que es más o menos paradójica. Una de las clases de testimonio con respecto a El está en que El les dio ordenes a los espíritus malos, con lo cual se completa su autoridad divina. Ellos nunca resistieron la soberana voluntad de El. Incluso ellos previeron los juicios que han de venir sobre ellos, cuando dijeron: "¿Qué tienes con nosotros, Jesús, Hijo de Dios? ¿Has venido acá para atormentarnos antes de tiempo?" (Mt. 8:29). Sin embargo, por otra parte, El mismo fue tentado por Satanás. Esta tentación estuvo limitada completamente a la esfera de su humanidad, y se relacionó con asuntos que tenían que ver con la voluntad del Padre para El. En el primer ejemplo, su Deidad está actuando en un modo divino. En el segundo, su humanidad se sujeta a una forma pecualiar de tentación. Las respuestas a las tentaciones del diablo se basan todas en la gran verdad de que El es la Persona del Dios Hombre.

5. SU RELACION CON LA HUMANIDAD. Ya destacamos lo suficiente la verdad de la humanidad de Cristo en una sección anterior de este tema. El es *Emanuel:* Dios hecho Hombre, un miembro de la raza humana. El no es Uno que *era* Dios, o que dejó de ser Dios cuando se hizo carne; El es Dios manifestado en carne. Si El hubiera dejado de ser Dios, o si El no se hubiera hecho hombre, no hubiera podido ser el Pariente Redentor. No se le ha concedido a esta raza un honor mayor que el que se nos revela en la palabra *Emanuel.*

6. SU RELACION CON EL PECADO Y CON LA NATURALEZA PECAMINOSA. En esta relación todo es negativo en tanto se relacione con la Persona de Cristo. Un gran tema, que corresponde a la soteriología, parecería extraño aquí: es el que trata sobre la declaracion según la cual *El se hizo pecado por nosotros (2 Co. 5:21).* Con respecto a esta Persona, es cierto que su humanidad fue tan impecable como su Deidad. Tal como el hombre no caído, El es libre de la naturaleza de pecado, pero es igualmente cierto que El nunca pecó. Con respecto a la naturaleza pecaminosa, el ángel anunció, aun antes de su nacimiento que El sería un "Santo Ser" (Lc. 1:35), y en todo sentido, El fue tentado como hombre, menos en el hecho de que las tentaciones no surgieron de una naturaleza pecaminosa (He. 4:15). Con respecto al fruto de la naturaleza caída, sin temor alguno, desafió a sus enemigos, diciéndoles: "¿Quién de

vosotros me redarguye de pecado? " (Jn. 8:46). Y no ha habido nadie en las generaciones subsiguientes que haya tenido éxito en acusar a Cristo de pecado. Aunque El vivió entre los hombres, como uno de ellos, durante 33 años, El retuvo la santidad de la Deidad en todos sus aspectos.

a. LA IMPECABILIDAD DE CRISTO. Una seria cuestión, bastante hipotética, y sin embargo, vital, surge en cuanto a si Cristo, siendo humano, tuvo la capacidad de pecar. ¿Podía El pecar, o era impecable? Aquí entra el hecho de la *unidad* de su Persona, y llega a ser en gran medida la llave para la solución del problema. Algunos desean acentuar la realidad de la humanidad de Cristo, y por tanto, enseñan que El no podía pecar, aparentemente sin tomar en cuenta todo lo que esta afirmación significa. Otros se han afirmado en que, por causa de su sabiduría infinita y su poder, El *no hubiera pecado.* En el curso del argumento que engendra este problema, es esencial reconocer que, como lo demostró el caso del primer Adán, un ser humano no caído puede pecar; y de allí se puede razonar, si no hubiera otros factores que considerar, que la humanidad no caída de Cristo pudo haber pecado. En este punto es donde interviene el error. Si aislamos la humanidad de Cristo, y la dejamos aparte, se afirma que, no teniendo ningún apoyo, pudo haberse revelado contra Dios como lo hizo Adán. La falacia que descamina está en la hipótesis de que la humanidad de Cristo hubiera podido estar sola alguna vez, sin el apoyo de su Deidad. En Adán no había sino una naturaleza, la cual no podía estar de otro modo que no fuera sin el apoyo, y sola. La humanidad de Cristo no estuvo nunca divorciada de su Deidad, ni podía estarlo, ni podía tampoco estar en alguna posición de responsabilidad indirecta en el pecado. El Dr. W. G.T. Shedd usa con buenos resultados la ilustración de un alambre que puede ser doblado por las manos humanas, pero si se suelda con una fuerte barra de acero inflexible, el alambre no podrá doblarse. Si se arguye que la humanidad de Cristo parecía que actuaba separadamente en asuntos de conocimiento, debilidad humana y limitaciones, eso se puede aceptar; pero no debe aceptarse sin antes recordar que, aunque su humanidad pudo parecer que actuaba independientemente en ciertos modos que no se relacionaban con aspectos morales, por el hecho de la unidad de su Persona, su humanidad no hubiera podido pecar, sin que Dios también pecara. Y de una conclusión de esta naturaleza, todas las personas devotas tienen que retroceder con temor santo. En Dios no hay ninguna clase de tinieblas (1 Jn. 1:5), ni siquiera hay en Dios alguna sombra de variación (Stg. 1:17). Este exasperante problema se reduce, pues, a la simple cuestión de si Dios hubiera podido pecar; porque Jesucristo es Dios. Si se admite que Dios no puede –no sólo no hubiera pecado– pecar, hay que conceder que Cristo no podía –no sólo no hubiera pecado– pecar. Sólo nos queda observar que, puesto que El es "el mismo ayer, y hoy, por los siglos" (He. 13:8), si El hubiera sido capaz de pecar en la tierra, todavía sería capaz de pecar. En tal caso, la posición del creyente cristiano, *en Cristo,* estaría siempre corriendo un riesgo. El asunto es, pues, si el Dios Hombre tuvo la capacidad de pecar. Cuando así se ve esta cuestión, no queda ninguna base para posterior discusión por parte de los que honran al Hijo como honran al Padre (Jn. 5:23).

El Dr. Charles Lee Feinberg establece muy bien la impecable persona de Cristo, de la siguiente manera:

"Ante todo, la unión hipostática le dio al mundo una Persona impecable. Con esto se predica de Cristo no sólo la *anamartesia* –ausencia de pecado– sino la impecabilidad. Este no es precisamente un asunto de *posse non peccare –poder no pecar–* sino de *non posse peccare –no poder pecar.* No es suficiente decir que Cristo no pecó; hay que declarar inequívocamente que El no podía pecar. El sostener siquiera por un momento la idea de que Cristo pudo pecar, envolvería asuntos que exigirían una revolución radical en nuestro concepto de la Divinidad. Decir que Cristo no podía pecar no equivale a sostener que El no podía ser tentado. Por cuanto El era hombre, podía ser tentado; pero, por cuanto era Dios, no podía pecar, pues no había ningún principio en Cristo que hubiera correspondido a la solicitud del pecado. Cuando Satanás tentó al último Adán en el desierto, Este fue tentado en todos los puntos (1 Jn. 2:16), como fue tentado el primer Adán, y como es tentada la raza humana desde entonces; sin embargo, en el caso de Cristo no hubo pecado. El pecado, como algo inherente en la naturaleza, o como acto externo, fue extraño a la persona de Cristo. Lucas registra que el ángel le dijo a María que de ella nacería un ' Santo Ser ' que sería llamado ' Hijo de Dios ' (Lc. 1:35). La naturaleza de pecado hereditaria que María tenía, que había recibido de Adán por intermedio de sus progenitores, no se la transmitió a Cristo, por el hecho de su concepción milagrosa, la cual se realizó por operación del Santo Espíritu de Dios. Cristo pudo desafiar posteriormente, no a sus amigos, sino a sus enemigos, a que lo acusaran de pecado (Jn. 8:46). El sabía que cuando el príncipe de este mundo viniera, no tendría nada en El (Jn. 14:30). Pablo dice con respecto a Cristo que Dios ' lo hizo pecado ' por nosotros, aunque El no conoció pecado (2 Co. 5:21). Aunque El fue tentado en todas las formas en que somos nosotros tentados, sin embargo, El fue sin pecado (He. 4:15). Realmente se nos dice que El fue santo, inocente, sin mancha, apartado de los pecadores (He. 7:26). En resumen, el testimonio combinado de las Escrituras revela que en El no hubo pecado (1 Jn.3:5)." *(Biblioteca Sacra,* Vol. XCII, págs. 422, 423)."

7. SU RELACION CON LOS QUE SON SALVOS. Todo lo que Cristo significa para el cristiano puede clasificarse ya sea como beneficio que fluye de su Deidad, o como beneficio que procede de su humanidad. En la esfera de la Redención y en todo lo que concierne a los que son salvos por la sangre de Cristo, la humanidad y la Deidad de El están tan estrechamente relacionadas que no pueden

separarse fácilmente. En cuanto al hecho de que El es dechado, ideal y ejemplo para el cristiano, ese hecho se origina en su humanidad. A ningún ser humano se le pide que imite a Dios; pero sí se le pide que sea como Cristo, lo cual se refiere a las adorables perfecciones humanas de Cristo. En este respecto, el creyente cristiano debe ser santo porque Dios es santo. Todo esto se hace posible en el cristiano por medio del poder del Espíritu Santo que lo capacita.

CONCLUSION

Es obra del Espíritu Santo la de tomar de lo de Cristo y manifestárselo a los hombres. Aparte de esta revelación, Cristo sería siempre un Misterio confuso. Un escritor modernista dice: "El fue al mismo tiempo humilde y orgulloso, ágil de pensamiento y débil de pensamiento, de visión clara y ciega, de mente sobria y de mente fanática, con profundo conocimiento de los hombres y sin conocimiento de Sí mismo, claro en sus enfoques sobre lo presente y lleno de sueños fantásticos con respecto a lo futuro. Su vida fue, como lo ha dicho notablemente Lepsius, *una tragedia de fanatismo.*" El honor que los apóstoles inspirados, que vivieron con El, le atribuyeron, está muy lejos de esta declaración. Tal declaración no está de acuerdo con la adoración de los mártires, los cuales murieron por pura devoción a su Salvador; ni tampoco es la voz de los santos dignos, ni de los eruditos devotos a través de la historia de la Iglesia sobre la tierra. Desde los días de los apóstoles, la Persona del Dios Hombre ha sido reconocida y adorada en su compleja naturaleza doble. El Dr. B. B. Warfield resume todo este tema en su manera característica:

"Las doctrinas de las dos naturlaezas de Cristo proveen, en pocas palabras, la única posible solución para los enigmas de la manifestación en la vida humana del Jesús histórico. Esas doctrinas se nos presentan, no como creadoras de las dificultades, sino como el medio para resolverlas, con lo cual nos prestan el mismo servicio, para nuestro pensamiento, que nos prestan todas las demás doctrinas cristianas. Si miramos la doctrina de las dos naturalezas simplemente como si fuera una hipótesis, nos exije la atención, por causa de la multiplicidad de fenómenos que en ella se reducen al orden y se unifican; y en este plano que es inferior, se nos presenta también como aceptable. Pero tal doctrina no nos llega como una simple hipótesis. Es una afirmación con respecto al Señor, de todos los testigos primitivos de la fe cristiana. Es, en realidad, el propio testimonio del mismo Señor, mediante el cual nos revela el misterio de su Ser. Es, para decirlo brevemente, la simple declaración del *hecho que se llama Jesús,* tal como ese hecho se nos revela en todas sus manifestaciones. Nosotros podemos rechazar ese hecho, si lo queremos, pero si lo rechazamos, estamos rechazando al único Jesús real, para aceptar a otro Jesús, que no es otro, sino una creación de la pura fantasía. Las alternativas que están frente a nosotros son:

o el Cristo histórico de las dos naturalezas, o una gran falsificación (*Christology and Criticism,* pág. 309, 310)."

Agregaremos unas palabras del Dr. Feinberg, que son de valor especial:

"Para recapitular, entonces, digamos que en esta discusión sobre la unión hipostática, hemos seguido varias líneas de averiguación creíbles, teniendo en mente el curso del pensamiento cristológico, para demostrar su utilidad como base para el posterior pensamiento teológico; desde el punto de vista profético, esta unión ha demostrado ser un tema definido de la profecía; históricamente, la representación bíblica de dicha unión establece que ella es un asunto indiscutible de la historia; críticamente, o sea analíticamente, llama la atención a las implicaciones de la doctrina; y finalmente, en lo relativo a la funcional, tal unión pone en claro cuáles son las consecuencias o los beneficios que fluyen de ella. En conclusión, nos quedamos estupefactos ante la presencia de esta gran obra que ha cumplido Dios: la unión hipostática con todo su insondable misterio, y sin embargo, con todos sus beneficios sobreabundantes. También nos quedamos maravillados cuando recordamos que este Dios Hombre es el Centro del doble propósito de Dios según el cual El tomó la determinación ' de reunir todas las cosas en Cristo, en la dispensación del cumplimiento de los tiempos, así las que están en los cielos, como las que están en la tierra ' (Ef. 1:10). Nosotros proclamamos con Pablo: ' ¡Oh profundidad de las riquezas de la sabiduría y de la ciencia de Dios! . . . Porque de él, y por él, y para él, son todas las cosas. A él sea la gloria por los siglos. Amen' " (Ro. 11:33, 36) (Ob. cit., Vol. XCII, págs. 425, 426).

A todo esto, podemos agregar las palabras del inspirado Apóstol: "E indiscutiblemente, grande es el misterio de la piedad:

Dios fue manifestado en carne,
Justificado en el Espíritu,
Visto de los ángeles,
Predicado a los gentiles,
Creído en el mundo,
Recibido en gloria" (1 Ti. 3:16).

"Pablo, apóstol de Jesucristo por mandato de Dios nuestro Salvador, y del Señor Jesucristo nuestra esperanza" (1 Ti. 1:1).

CAPITULO XXVII

DIOS EL ESPIRITU SANTO

Al dedicarnos a este gran aspecto de la doctrina bíblica, de inmediato tenemos en mente tres consideraciones determinantes, a saber: (a) aunque el designio de esta obra se adhiere estrechamente a la costumbre prevaleciente de tratar en la teología propiamente dicha sólo lo relativo a las *Personas* de la Divinidad, y no la obra de Ellas, la revelación con respecto al Espíritu Santo –por cuanto El es el Administrador de las empresas divinas– está casi totalmente contenida en Escrituras que revelan alguna forma de su actividad, y por tanto, es inevitable hacer mención de dicha actividad. (b) Puesto que dedicaremos un volumen entero a la Doctrina del Espíritu Santo, sólo introduciremos aquí aquello que estimemos conveniente o esencial en preparación para lo que entra en esta discusión. (c) En esta obra de teología sistemática no tenemos el propósito de seguir cierta costumbre establecida de menospreciar, y hasta cierto punto deshonrar, al Espíritu Santo. No obstante, en conexión con esto, es bueno que recuerde el lector que, en el campo de las evidencias relativas a la Deidad del Espíritu, en gran parte, los mismo argumentos, basados en las mismas Escrituras que ya empleamos al estudiar la Deidad del Hijo, son pertinentes y apropiados. La discusión de esta doctrina, tal como se admite en esta tesis, para este capítulo, tiene siete partes: (a) la personalidad del Espíritu Santo; (b) la Deidad del Espíritu Santo; (c) el testimonio del Antiguo Testamento; (d) el testimonio del Nuevo Testamento; (e) sus relaciones; y (g) su carácter adorable.

I. LA PERSONALIDAD DEL ESPIRITU SANTO

Así como la preocupación en el transcurso del razonamiento concerniente a Dios el Hijo se centró en la Persona del Dios Hombre, de igual manera, la preocupación en el transcurso del razonamiento relacionado con el Espíritu Santo se centra en lo que pueda saberse con respecto a su Persona, pero no en todo con la misma complejidad que surge cuando se estudia la unión de las dos naturalezas en Cristo. El asunto en este caso es el de saber si el Espíritu es realmente una Persona. Naturalmente, los que se oponen a la verdad de que Dios existe en tres Personas iguales han buscado siempre degradar al Espíritu hasta convertirlo en una mera Influencia, como también han buscado degradar al Hijo, hasta convertirlo en un simple Hombre. Tales opositores, y muchas personas carentes de instrucción que descuidadamente se han unido a ellos, han establecido la mayor parte de la enseñanza de que el término *espíritu* significa aquello que es más etéreo, lo cual se simboliza por medio del viento y del aliento. Se verá fácilmente que cualquiera que sea el argumento se basa en el solo hecho de la incorporeidad del Espíritu Santo, tal como les es propiamente aplicada a los ángeles y al Padre. Ya hemos aducido abundantes evidencias para demostrar que un ser no es menos persona por el hecho de que tenga un modo incorpóreo de existencia: intelecto, sensibilidad y voluntad. Los siguientes pasajes bíblicos sugieren el carácter etéreo del Espíritu: "El espíritu de Dios me hizo, y el soplo del Omnipotente me dio vida" (Job 33: 4). "Y habiendo dicho esto, sopló, y les dijo: Recibid el Espíritu Santo" (Jn. 20:22). Obviamente, estos pasajes afirman que tanto la antigua creación de las cosas materiales como la nueva creación de realidades espirituales son resultados de la obra del Espíritu como Aliento de Dios. Indudablemente, los actos creadores que aquí se mencionan son las obras supremas de Dios, y difícilmente podríamos creer que el viento o el Aliento de Dios como tal pudiera realizarlas, ni tampoco pudiera hacerlas ninguna influencia impersonal procedente de Dios. Ninguno de los atributos divinos funcionó nunca como Creador, ni los atributos divinos tienen alguna esencia de personalidad. Basta citar el pasaje que se encuentra en *Juan 16:13* para contradecir la idea de que el Espíritu no es más que uno de los atributos divinos: "Pero cuando venga el Espíritu de verdad, él os guiará a toda la verdad; porque no hablará por su propia cuenta, sino que hablará todo lo que oyere, y os hará saber las cosas que habrán de venir" (comp. Jn. 14:16, 17, 26; 15:26; 16:7-15; Mt. 28:19). La *sabiduría* es uno de los títulos de Cristo, tal como se usa en el libro de *Proverbios;* pero esa no es base sobre la cual puede uno afirmarse para decir que Cristo es sólo ese atributo de Dios que es la *sabiduría.* Del mismo modo está claro, por el hecho de que el Espíritu ejerce *poder* e *influencia,* que no se puede decir que El no es más que los atributos divinos a que se refieren estas palabras. Hay dos pasajes similares (Ro. 7:6 y 2 Cor. 3:6) que son los que algunos piensan que implican que el Espíritu es sólo un atributo de Dios. He aquí el contenido de dichos pasajes: "Pero ahora estamos libres de la ley, por haber muerto para aquella en que estábamos sujetos, de modo que sirvamos bajo el régimen nuevo del Espíritu y no bajo el régimen viejo de la letra" (Ro. 7:6). ". . . el cual asimismo nos hizo ministros competentes de un nuevo pacto, no de la letra, sino del espíritu; porque la letra mata, mas el espíritu vivifica" (2 Co. 3:6). Aquí se tienen en mente dos de las eras bíblicas: la antigua estaba dominada por la ley, la cual administraba la muerte; la presente está dominada por el Espíritu, el cual administra vida.

La ciencia llega a sus conclusiones sobre la base de hechos concurrentes. Si se sigue este procedimiento en lo relativo a las evidencias existentes sobre la personalidad del Espíritu, se verá que El, por cuanto es el Administrador divino que siempre ha estado en acción, en lo cual ha manifestado todos los elementos de la personalidad, tiene más derecho a ser reconocido como Persona que cualquier otro. Sería superfluo citar las Escrituras en este punto, puesto que, de los centenares de pasajes bíblicos que se refieren al Espíritu, uno de ellos pudiera servir como cualquiera de los otros. El hecho de que todos estos pasajes incluyen al Espíritu en forma distinta, separadamente y con iguales atribuciones de Deidad –Padre, Hijo y Espíritu Santo– y el hecho de que Cristo se refirió a El como a otro Consolador (Paracleto), capaz de funcionar en todo aspecto como el mismo Cristo lo hizo, sirve para acabar con las dudas con respecto a la personalidad del Espíritu Santo.

II. LA DEIDAD DEL ESPIRITU SANTO

Debemos considerar algunos argumentos específicos y adicionales sobre la Deidad del Espíritu Santo –además de los que ya presentamos con respecto a la Deidad del Hijo, en los cuales también participa el Espíritu Santo. Podemos reunir estos argumentos en cuatro grupos generales:

1. AL ESPIRITU SANTO SE LE DA EL NOMBRE DE DIOS. En el Antiguo Testamento se habla del Espíritu como de Jehová (Is. 61:1). En el Nuevo Testamento, Pedro acusa a Ananías de haber mentido al Espíritu Santo, y declara que eso es mentir contra Dios: "Y dijo Pedro: Ananías, ¿por qué llenó Satanás tu corazón para que mintieses al Espíritu Santo, y sustrajeses del precio de la heredad? Reteniéndola, ¿no estaba en tu poder? ¿Por qué pusiste esto en tu corazón? No has mentido a los hombres, sino a Dios" (Hch. 5:3, 4). Del mismo modo, en 2 Corintios 3:17 se dice del Espíritu que es el *Señor,* nombre que es claramente el título de Jehová.

2. AL ESPIRITU SANTO SE LE ASOCIA CON DIOS. Como ya lo observamos, es verdad, y no de poca importancia, que al Espíritu se le asocia con el Padre y con el Hijo, en igualdad de Ser, posición y responsabilidad. Por razones muy desconectadas de la posición o capacidad de las Personas de la Divinidad, al Hijo se le da el segundo

lugar, y al Espíritu Santo el tercero, para que así el título completo de Dios pueda aparecer en el Nuevo Testamento. Todas las características de la Deidad les corresponden por igual al Espíritu, al Padre y al Hijo.

Sobre las relaciones que existen entre las Personas de la Divinidad, Richard Watson, incorporando una amplia cita del obispo John Pearson, escribe:

"En cuanto a la *manera* de su Ser, la doctrina ortodoxa afirma que, así como Cristo es Dios por FILIACION eterna, así el Espíritu es Dios por *procedencia* del Padre y del Hijo. ' Y creo en el Espíritu Santo, el Señor y Dador de la vida, que *procede* del Padre y del Hijo, que, juntamente con el Padre y el Hijo, es adorado y glorificado ' *(Credo niceno).* ' El Espíritu Santo es del Padre y del Hijo, no fue hecho, ni creado, ni engendrado, sino que *procede ' (Credo de Atanasio).* ' El Espíritu Santo, *procedente* del Padre y del Hijo, es de una misma sustancia, majestad y gloria con el Padre y con el Hijo, el mismo y eterno Dios ' *(Ariticles of the English Church –Artículos de fe de la Iglesia Inglesa).* La iglesia latina introdujo el término *spiration,* del verbo *spiro,* respirar, para denotar la manera de su *procedencia.* Sobre esto comenta el Dr. Owen: ' . . . así como el aliento vital del hombre tiene una emanación continua de él, y sin embargo, no se separa absolutamente de la persona, ni la abandona, así el Espíritu del Padre y del Hijo procede de Ellos, mediante una continua Emanación divina, pero a la vez permanece Uno con Ellos. ' Sobre este refinado punto de vista, poco puede decirse que tenga evidente autoridad bíblica. Sin embargo, el mismo término con el cual se designa a la tercera Persona de la Trinidad, VIENTO o ALIENTO, puede aplicársele a la tercera Persona como el término Hijo a la Segunda, para expresar, aunque imperfectamente, *alguna indicación de esa manera de ser mediante la cual se distinguen los Dos* el Uno del Otro y del Padre. Fue una notable acción de nuestro Señor, que ciertamente no le quita continuidad a la idea, aquella en que impartió el Espíritu Santo a sus discípulos: ' . . . sopló, y les dijo: Recibid el Espíritu Santo ' (Jn. 20:22).

Pero cualquier cosa que pensemos con respecto a la doctrina de la *spiration* (la manera de su *procedencia),* la PROCEDENCIA del Espíritu Santo reposa sobre la autoridad directa de la Biblia, y de esa manera la afirma el obispo Pearson:

' Ahora bien, esta procedencia del Espíritu, con referencia al Padre, se nos comunica expresamente, en relación con el Hijo, y virtualmente se halla contenida en las Escrituras. Primero, se nos dice expresamente que el Espíritu Santo procede del Padre, como nuestro mismo Salvador lo afirma: *Pero cuando venga el Consolador, a quien yo os enviaré del Padre, el Espíritu de verdad, el cual procede del Padre, él dará testimonio acerca de mí* (Jn. 15:26). Y esto es también evidente según lo que hemos afirmado: pues siendo Padre y Espíritu, son el mismo Dios, y siendo así el mismo en la unidad de la naturaleza de Dios, son, sin embargo, distintos en personalidad; Uno de Ellos tiene que tener la misma naturaleza del Otro; y por cuanto ya hemos señalado que el Padre tiene su naturaleza de Sí mismo, y no de ningún otro, se deduce que el Espíritu la tiene del Padre.

' En segundo lugar, aunque no se diga expresamente en la Biblia que el Espíritu Santo procede del Padre y del Hijo, sin embargo, la sustancia de la misma verdad se expresa virtualmente en ella; pues aquellas mismas expresiones que se refieren al Espíritu Santo en relación con el Padre, para explicar que procede del Padre, se dicen también del Espíritu Santo en relación con el Hijo; por tanto, tiene que presuponerse la misma razón con referencia al Hijo, en la misma forma en que se expresa con referencia al Padre. Por cuanto el Espíritu procede del Padre, se dice que es el Espíritu de Dios y el Espíritu del Padre. *Porque no sois vosotros los que habláis, sino el Espíritu de vuestro Padre que habla en vosotros* (Mt. 10:20). Según el lenguaje del apóstol Pablo, el Espíritu de Dios es el Espíritu que proviene de Dios: *. . . nadie conoció las cosas de Dios, sino el Espíritu de Dios. Y nosotros no hemos recibido el espíritu del mundo, sino el Espíritu que proviene de Dios* (1 Co. 2:11, 12). Ahora bien, al mismo Espíritu se le da el nombre de Espíritu del Hijo: *Y por cuanto sois hijos, Dios envió a vuestros corazones el Espíritu de su Hijo . . .* (Gá. 4:6). La Biblia habla también del Espíritu de Cristo: *Y si alguno no tiene el Espíritu de Cristo, no es de él* (Ro. 8:9). Pedro habla de *. . . el Espíritu de Cristo* que estaba en ellos –los profetas– (1 P. 1:11). Y Pablo habla del Espíritu de Jesucristo: *Porque sé que por vuestra oración y la suministración del Espíritu de Jesucristo, esto resultará en mi liberación* (Fil. 1:19). Entonces, si al Espíritu Santo se lo llama el Espíritu del Padre, por el hecho de que procede del Padre, se deduce que, por cuanto se lo llama Espíritu del Hijo, El también procede del Hijo.

'Repetimos: como el Espíritu Santo procede del Padre, El es enviado del Padre; de Aquel que tiene, mediante manifestación original, el derecho de encomendar una misión: *. . . el Consolador, el Espíritu Santo, a quien el Padre enviará en mi nombre, . . .* (Jn. 14:26). Pero el mismo Espíritu que es enviado por el Padre, es también enviado por el Hijo: *. . . cuando venga el Consolador, a quien yo os enviaré . . .* (Jn. 15:26). Por tanto, el Hijo tiene el mismo derecho del Padre, de encomendar una misión, y en consecuencia hay que reconocer que El manifestó la misma esencia. El Padre no es enviado nunca por el Hijo, por cuanto El no recibió la Divinidad de su Hijo; pero el Padre envía al Hijo, por cuanto El le comunicó la Divinidad a Este. Del mismo modo, ni el Padre ni el Hijo son enviados por el Espíritu Santo, pues ninguno de Ellos recibió la naturaleza divina del Espíritu; pero tanto el Padre como el Hijo envían al Espíritu Santo, por cuanto la naturaleza divina, común al Padre y al Hijo, le fue comunicada por los dos al Espíritu Santo. Por esa razón, las Escrituras declaran expresamente que el Espíritu procede del Padre; por eso también ellas enseñan virtualmente que procede del Hijo' " –*Theological Institutes,* Vol. I, págs. 628-630).

3. LOS ATRIBUTOS DE DIOS SE PREDICAN TAMBIEN DEL ESPIRITU SANTO' El Espíritu es *eterno* (He.9:14). El es *omnipresente,* puesto que se dice que El mora en todo creyente (1 Co.6:19). El es *omnisciente.* El es el que escudriña todas las cosas, aun las cosas más profundas de Dios (1 Co.2:10). El tiene *suprema majestad,* pues entristecerlo, despreciarlo o blasfemarlo es pecado en su forma más seria. El da vida (Jn.6:63). El inspira las Escrituras (2 Ti.3:16). El enseña (Jn.16:13). El regenera (Jn.3:6). El es el Espíritu de *verdad* y *de gracia,* y El es *santo;* se le rinde honor especialmente con este adjetivo calificativo.

4. EL ESPIRITU SANTO PUEDE SER BLASFEMADO. Ninguna persona que no sea la Deidad puede ser objeto de blasfemia, y en el

caso del Espíritu, y en ciertas circunstancias que se dieron cuando Cristo estuvo aquí en la tierra, el Espíritu podía ser blasfemado al atribuirle a Satanás las obras que eran realizadas por el Espíritu Santo (Mt.12:31).

Se puede concluir, entonces, que el Espíritu es Uno que comparte igualmente la Deidad, y que, aunque el Hijo y el el Espíritu tienen relaciones específicas con respecto a la *manera* de su posición, no se deduce de ellos que el Hijo y el Espíritu sean menos Deidad que el Padre. Esta conclusión está en armonía con toda la Palabra de Dios, la cual le atribuye el Espíritu igual honor que al Padre y al Hijo.

III. EL TESTIMONIO DEL ANTIGUO TESTAMENTO

En este punto, se exhibe de nuevo aquel progreso de doctrina que se hace evidente en la Biblia. Se descubre mucho de lo concerniente al Espíritu de Dios en el Antiguo Testamento; pero, como en el caso del Hijo, y más exactamente en el caso de la Trinidad, la revelación completa y directa sobre el trino modo de existencia se reserva para el Nuevo Testamento. Con las revelaciones primitivas y más limitadas, y con la muy importante preocupación de los santos del Antiguo Testamento, que era la de mantener la verdad monoteísta en su pureza esencial, aparentemente hubo suficiente razón para retener la completa revelación del modo trino de existencia divina, para revelarlo en el tiempo cuando la segunda Persona y la Tercera estuvieran en el cumplimiento pleno de sus respectivos ministerios. Sin embargo, la doctrina del Espíritu Santo sufre menos cambio al pasar del Antiguo Testamento al Nuevo que la doctrina del Hijo. Tiene que haber lugar en el caso del Hijo para la encarnación, la vida terrenal y todo lo que estos hechos significan, mientras que el Espíritu, aparte del hecho de que El cumple diversas actividades y en las diferentes edades, y de que realmente es residente en el mundo a través de toda esta era, siempre es el mismo en su modo esencial de ser en todas las edades. Aunque el Nuevo Testamento ha de agregar mucho a la verdad concerniente al Espíritu Santo, el Antiguo Testamento no deja ninguno de sus aspectos vitales sin anunciarlo.

El título mediante el cual se conoce más comunmente a la tercera Persona de la Trinidad, lo encontramos en los primeros versículos de la Biblia, sin necesidad de ninguna introducción ni preparación. Se dan por ciertos su Persona y su poder. Pero, aunque esto es cierto, se verá que varios libros del Antiguo Testamento no hacen ninguna referencia al Espíritu. En cambio, El aparece en todos los libros del Nuevo Testamento, menos en *Filemón,* en la *Segunda Epístola de Juan* y en la *Tercera de Juan*. Realmente se menciona más frecuentemente en los escritos del apóstol Pablo que en todos los libros del Antiguo Testamento juntos. Sobre la identidad del Espíritu, tal como El se presenta en el Nuevo Testamento, en armonía con los documentos del Antiguo Testamento, el Dr. James Denney escribe:

"Todos los apóstoles fueron judíos, hombres que, como se ha dicho, tenían el monoteísmo como una pasión en su sangre. Ellos no dejaron de ser monoteístas cuando se hicieron predicadores de Cristo, sino que entendieron a Dios de un modo que no se lo había enseñado la antigua revelación . . . Las distinciones fueron reconocidas en Aquello que una vez había sido una simplicidad de la naturaleza divina. La más obvia fue la distinción entre el Padre y el Hijo, y fue enriquecida por medio de las propias enseñanzas de Cristo, y de la experiencia real de la Iglesia, con la posterior distinción del Espíritu Santo" (citado por Warfield, *Biblical Doctrines,* pg. 103).

Estos ministerios, aunque está fuera del plan generalmente aceptado para la teología propiamente dicha, pueden mencionarse en apoyo de que el Espíritu es el Espíritu de la Divinidad y que ha probado ser el Administrador de las cosas de Dios. Estas divisiones se anotan a continuación:

1. EL ESPIRITU SANTO EN LAS EMPRESAS COSMICAS. Desde el primer versículo del Antiguo Testamento hasta el último se da testimonio con respecto al Espíritu como poder activo de Dios, que creó todas las cosas, y mediante el cual se sostienen. La impresión que nos da el texto es que hay Uno en la Divinidad que es trascendente, que habla la palabra o da el mandamiento, que puede ser designado con el término *la Palabra de Dios;* y Uno que ejecuta aquello que se determina. Dios dijo: *Sean las cosas* (o, lleguen a ser). Y Aquel que cubre todas las cosas hizo que tal mandamiento se cumpliera. En las subsiguientes Escrituras se halla mucha luz que cae sobre los estupendos eventos que se mencionan brevemente en los primeros versículos del *Génesis.* En el principio del *Evangelio según San Juan,* se nos declara que el Verbo es Dios, y que todas las cosas fueron hechas por El. Este informe confirma la verdad ya expresada, es decir, que por mandato del Verbo, todas las cosas fueron hechas, y que fueron hechas por Aquel que administra y ejecuta la voluntad y el propósito divinos. Así se nos da alguna luz básica para la comprensión de la verdad, que de otro modo sería compleja, según la cual de cada uno de los componentes de la Divinidad se dice que funcionó separadamente como Creador. Así se dice que las Personas de la Divinidad obraron en la encarnación, en la muerte y en la resurrección de la segunda Persona. De igual manera se ven obrando conjuntamente en la nueva creación, cuando el alma del hombre nace del Espíritu, para una relación en la cual Dios es su Padre, y la base

de esta salvación es la obra redentora del Hijo. Todo mandamiento divino que tenga autoridad y propósito creadores es ejecutado por Aquel que administra la voluntad divina. Es de gran importancia la posterior confirmación de la Escritura del Antiguo Testamento relativas a la obra del Espíritu en la creación, además de lo que se encuentra en *Génesis 1:1, 2.* Está escrito: "Su espíritu adornó los cielos" (Job 26:13); "Envías tu Espíritu, son creados, y renuevas la faz de la tierra" (Sal.104:30). "El espíritu de Dios me hizo, y el soplo del Omnipotente me dio vida" (Job 33:4). En estos pasajes encontramos también abundantes evidencias con respecto a la personalidad del Espíritu, las cuales se oponen a las afirmaciones del panteísmo. En estos pasajes se presenta también a Dios tanto inmanente como trascendente en su relación con el mundo que hizo. La obra del Espíritu en la esfera del gobierno divino es un aspecto todavía más pronunciado en la doctrina del Antiguo Testamento.

2. LA OBRA DEL ESPIRITU SANTO EN ASUNTOS GUBERNAMENTALES. Este asunto, que es vitalmente importante, no tiene que restrigirse al sólo gobierno de los hombres en el cual toma parte importante el Espíritu; sino que se extiende también al gobierno divino sobre todas las cosas, y contempla la autoridad de Dios que se manifiesta no sólo en la dirección, sino también en la creación de realidades espirituales. En este punto se hace obvio el contraste entre las edades de antes de la cruz y la era presente. En el tiempo antiguo, el Espíritu descendía sobre individuos, aparentemente sin tomar en cuenta las cualidades personales. En la era presente, El establece su morada en todos los que creen en Cristo. Cuando Oehler escribe sobre la autoridad y las realizaciones del Espíritu, afirma:

> "El domina dentro del sistema de teocracia (Is.43:11; Hag.2:5; Neh.9:20); pero no todos los ciudadanos de la teocracia del Antiguo Testamento como tales participaron del Espíritu en la misma forma, lo cual era el deseo de Moisés (Nm.11:29), sino que esa manera de obrar se reservó para la futura comunión de salvos (Jn.3:5). En el Antiguo Testamento, la obra del Espíritu en el reino divino consistía más bien en *investir los órganos de la teocracia con los dones requeridos para su función.* Y esos dones de oficio en el Antiguo Testamento son similares a los dones de la gracia en el Nuevo Testamento" (1 Co. 12 y siguientes) *(Old Testament Theology* - pág.141).

La expresión que se repetía tan a menudo: "El Espíritu de Jehová vino sobre", les correspondió característicamente a muchos que cumplieron órdenes y actuaron directamente en nombre de Dios. Esto es especialmente notable en los hombres escogidos que actuaron en la construcción del tabernáculo y del Templo. La notable manifestación del Espíritu que vino sobre los hombres del período del Antiguo Testamento es aquella que recibe como nombre *el*

Espíritu de la profecía. Dios levantó sus profetas en todas las generaciones, pero a muy pocos les indicó que escribieran, y de los que escribían, no fueron muchos los escogidos para que escribieran la Escritura. La autoridad suprema de los profetas era reconocida por reyes y gobernantes. Otros hombres también podían hacer que se cumpliera la ley, pero el profeta proclamaba la ley de Dios, que debía cumplirse. El hecho de que los profetas del Antiguo Testamento eran especialmente investidos con el Espíritu de Dios se afirma en el Nuevo Testamento: "Porque nunca la profecía fue traída por voluntad humana, sino que los santos hombres de Dios hablaron siendo inspirados por el Espíritu Santo (2 P.1:21). Dos pasajes extraordinarios y vitales tienden a revelarnos la gran expectación de la gente y las provisiones que se les hacían divinamente: "Según el pacto que hice con vosotros cuando salisteis de Egipto, así mi Espíritu estará en medio de vosotros, no temáis" (Hag.2:5). "No con ejército, ni con fuerza, sino con mi Espíritu, ha dicho Jehová de los ejércitos" (Zac.4:6). Fue dentro de una nación consagrada a Dios, Israel, que el poder divino obró, protegiendo, instruyendo, dirigiendo todo con el objeto de que la voluntad de Dios para ese pueblo se cumpliera.

En la misma forma como en las empresas cósmicas, que están tan evidentemente fuera de la obra específica, y para confusión de todas las naciones panteístas de igual modo en los asuntos de gobierno, se ve al Espíritu como un Soberano que utiliza materialmente por designio propio, completamente aparte de la volición del instrumento. Esas obras las realiza sin tener en cuenta los dones naturales que el instrumento pueda poseer, y completamente aparte de ellos. Este acercamiento a los hombres desde afuera se destaca por el hecho de que el Espíritu se les da específicamente de parte de Dios (Is.42:1). Dios llama a los hombres con su Espíritu (Nm.11:25; Ex.28:3; 31:3). Esto es, en el caso de la plenitud del Espíritu Santo que se nos ordena en el Nuevo Testamento, la vendida de El *sobre* los hombres (Jue.14:6,19; 1 S.11:6). Así, también, el Espíritu "viene sobre" (cae sobre) el profeta (Ez.11:5), e inviste al hombre de El mismo (Jue.6:34). Muchas de estas realizaciones del Espíritu en el Nuevo Testamento, donde cada creyente cristiano es templo del Espíritu y se le ordena: "sed llenos del Espíritu"; esta bendición no depende de la soberana acción divina, sino del ajuste humano a la voluntad de Dios. Similarmente, el contraste se ve además, en la presencia del Espíritu en el creyente del Nuevo Testamento, la cual no es durante el momento correspondiente al cumplimiento de una obra específica divina, sino una realidad permanente hasta el fin del sendero del peregrino. Es verdad que el Espíritu obró inmediatamente en el instrumento que utilizó en cada ocasión o necesidad, y por medio de él. En relación con este aspecto de la verdad, el Dr. A. B. Davidson escribe: "La idea que prevaleció entre el pueblo –y parece que fue la opinión de los escritores mismos del Antiguo Testamento– parece haber sido ésta: el profeta no hablaba por inspiración general de Jehová, con la cual se le investía una vez y para siempre, como, por ejemplo, en el momento de su llamamiento; sino que cada palabra, particular que hablaba, fuera predicción o consejo práctico, se debía a inspiración especial que era ejercida sobre él para esa ocasión determinada" (*The Expositor*, Julio de 1895, pg. 1, citado por Warfield, *Biblical Doctrines* , pág.117).

Ninguna consideración sobre el aspecto gubernamental de la doctrina del Espíritu en relación con Israel puede considerarse completa, si no tiene en cuenta un gran pasaje mesiánico en el cual, como en ninguna otra parte de la Palabra de Dios, se enseña que aun el gobierno del reino ha de ser ejercido mediante el poder del Espíritu: "Saldrá una vara del tronco de Isaí, y un vástago retoñará de sus raíces. Y reposará sobre él el Espíritu de Jehová; espíritu de sabiduría y de inteligencia; espíritu de consejo y de poder, espíritu de conocimiento y de temor de Jehová. No juzgará según la vista de sus ojos, ni argüirá por lo que oigan sus oídos; sino que juzgará con justicia a los pobres, y argüirá con equidad por los mansos de la tierra; y herirá la tierra con la vara de su boca, y con el espíritu de sus labios matará al impío" (Is.11:1-4). En este pasje se nos presenta al Espíritu en las siete manifestaciones de su plenitud, lo cual no implica que hay siete distintos espíritus, sino que más bien se refiere a una medida completa o plena de un Espíritu.

De igual importancia es notar la expectación que había en el Antiguo Testamento con respecto a la relación del Espíritu con Cristo durante el tiempo de su primera venida. Hay un pasaje en que se registra esta esperanza: "He aquí mi siervo, yo le sostendré; mi escogido, en quien mi alma tiene contentamiento; he puesto sobre él mi Espíritu; él traerá justicia a las naciones. No gritará, ni alzará su voz, ni la hará oír en las calles. No quebrará la caña cascada, ni apagará el pábilo que humeare; por medio de la verdad traerá justicia. No se cansará ni desmayará, hasta que establezca en la tierra justicia; y las costas esperarán su ley" (Is.42:1-4). En este pasaje el profeta Isaías prevé otra vez, tanto la primera como la segunda venida de Cristo, y dice del Espíritu de Jehová que ha de estar sobre El en ambos advenimientos. La parte de esta predicción que corresponde específicamente a la primera venida, es identificada e indicada por el mismo Cristo, según Lucas 4:16-21. La predicción completa con respecto a las dos venidas es la siguiente: "El Espíritu de Jehová el

Señor está sobre mí, porque me ungió Jehová; me ha enviado a predicar buenas nuevas a los abatidos, a vendar a los quebrantados de corazón a publicar libertad a los cautivos, y a los presos apertura de cárcel; a proclamar el año de la buena voluntad de Jehová, y el día de venganza del Dios nuestro; a consolar a todos los enlutados; a ordenar que a los afligidos de Sion se les de gloria en lugar de ceniza, óleo de gozo en lugar de luto, manto de alegría en lugar de espíritu angustiado; y serán llamados árboles de justicia, plantío de Jehová, para gloria suya" (Is.61:1-3). Hay otro pasaje del Antiguo Testamento que describe la obra del Espíritu en relación con la segunda venida de Cristo y con el establecimiento del gobierno mesiánico: "Y después de esto derramaré mi Espíritu sobre toda carne, y profetizarán vuestros hijos y vuestras hijas; vuestros ancianos soñarán sueños, y vuestros jóvenes verán visiones. Y también sobre los siervos y sobre las siervas derramaré mi Espíritu en aquellos días" (Jl.2:28,29).

3. EL ESPIRITU SANTO EN RELACION CON LOS INDIVIDUOS. Ya le hemos concedido atención a la obra del Espíritu Santo en el cosmos y en el gobierno de Dios sobre Israel, tanto pasado como futuro. La tercera parte de la verdad relativa al Espíritu Santo, tal como se nos revela en el Antiguo Testamento, es la que trata sobre su relación con los individuos, en la esfera de la propia vida y experiencia de ellos. Una doctrina que abarca la enseñanza del Antiguo Testamento con respecto al Espíritu Santo no puede formarse de un modo tan completo como el que abarca la misma verdad en el Nuevo Testamento. La doctrina de la regeneración mediante el Espíritu le cayó a Nicodemo como una sorpresa y como un desconcierto. En el Antiguo Testamento no se dice que el Espíritu venía a morar en los santos que eran contados como el pueblo del Pacto de Dios. Ni hay tampoco ninguna palabra en el Antiguo Testamento relacionada con el *bautismo* del Espíritu, a la cual tengan que acudir los creyentes del Nuevo Testamento como si fuera una orden para el Cuerpo de Cristo. El israelita nacía en una relación de Pacto con Jehová, y de ahí en adelante podía continuar la correcta relación con El, por medio de los sacrificios que eran, en el caso del pecado, la base del perdón y de la restauración. Que muchos de los santos del Antiguo Testamento llegaron experimentalmente a una profunda comunión con Dios lo demostró un gran número de individuos, muchos de los cuales se nombran en *Hebreos 11:1-40*. Un caso sorprendente es el del rey Saúl. Cuando él fue elegido para ser rey, Samuel declaró: "Entonces el Espíritu de Jehová vendrá sobre tí con poder, y profetizarás con ellos, y serás mudado en otro hombre . . . Aconteció luego, que al volver él la espalda para

apartarse de Samuel, le mudó Dios su corazón; y todas estas señales acontecieron en aquel día" (1 S.10:6,9). Debe recordarse que, a pesar de toda esta investidura de capacidad divina, Saúl fracasó, y Jehová mismo declaró cuando le habló a David sobre el reino de Salomón: "... pero mi misericordia no se apartará de él como la aparté de Saúl, al cual quité de delante de tí" (2 S.7:15). Se indica continuamente en el Antiguo Testamento que el Espíritu que se daba alguna vez a un individuo podía retirársele (comp. Sal.51:11; Is.63:10,11).

Puesto que la era mesiánica es la gran expectación de los profetas del Antiguo Testamento, aquellos pasajes que tratan sobre la relación del Espíritu con los hombres en esa era tenemos que introducirlos aquí. Los juicios que vendrían contra Israel serían "... hasta que sobre nosotros sea derramado el Espíritu de lo alto, y el desierto se convierta en campo fértil, y el campo fértil sea estimado por bosque" (Is.32:15). La siguiente es la promesa del reino: "Porque yo derramaré aguas sobre el sequedal, y ríos sobre la tierra árida; mi Espíritu derramaré sobre tu generación, y mi bendición sobre tus renuevos" ... "Y este será mi pacto con ellos, dijo Jehová: El Espíritu mío que está sobre tí, y mis palabras que puse en tu boca, no faltarán de tu boca, ni de la boca de tus hijos, ni de la boca de los hijos de tus hijos, dijo Jehová, desde ahora y para siempre" (Is.44:3; 59:21; comp. Ex.11:19; 18:31; 36:26; 37:14; 39:29). Del mismo modo, Zacarías profetiza sobre el mismo pueblo y sobre las condiciones del mismo reino futuro: "Y derramaré sobre la casa de David, y sobre los moradores de Jerusalén, espíritu de gracia y de oración; y mirarán a mí, a quien traspasaron, y llorarán como se llora por hijo unigénito, afligiéndose por él como quien se aflige por el primogénito" (Zac.12:10; comp. Jl. 2:28,29).

Al concluir este examen del testimonio que nos da el Antiguo Testamento sobre el Espíritu Santo, todavía nos preguntamos si el texto de dicho Testamento es suficientemente explícito para justificar la fe de los santos del Antiguo Testamento, puesto que no tenían otras escrituras que no fueran la propias; si ellos reconocieron a las Personas distintas y separadas en la Divinidad. ¿Está dentro de la comprensión del Antiguo Testamento, de sus enseñanzas, que así introducen a la Persona y obra del Espíritu Santo, que El debe distinguirse con esa individualidad que les corresponde a las Personas de la Trinidad? No se halla mejor conclusión al respecto que la del Dr. B. B. Warfield, que es la que anotamos a continuación:

"Tal identificación no necesita incluir, sin embargo, la afirmación de que el Espíritu de Dios se entendía en el Antiguo Testamento como se entiende el Espíritu Santo en el Nuevo Testamento, como una hipóstasis distinta en la naturaleza divina. Sea que esto sea así, o que lo sea hasta cierto punto, hasta dónde pueda ser cierto es un asunto que corresponde a una investigación separada. El Espíritu de Dios ciertamente actúa como una Persona y se nos presenta como una Persona a través del Antiguo Testamento. En ningún pasaje se le concibe de otra manera que no sea personalmente –como un Ser libre, dotado de voluntad e inteligente. Esto en sí mismo, sin embargo, es el penetrante testimonio de las Escrituras respecto de la personalidad de Dios. Porque es igualmente cierto que dondequiera en el Antiguo Testamento se identifica al Espíritu Santo con Dios. Este no es sino el penetrante testimonio de la unidad divina. El asunto que tenemos que examinar es hasta dónde se entendía que un Dios personal abarcaba en su unidad distinciones hipostáticas. Este asunto es muy complicado y necesita un detenido estudio. Hay, en realidad, tres preguntas que van incluidas en una general que, para favorecer la claridad, tendremos que mantenerlas aparte. Podemos preguntarnos: ¿Puede el cristiano realmente comprender que el Espíritu de Dios del Antiguo Testamento es el mismo Espíritu Santo personal del Nuevo? De inmediato podemos contestar esta pregunta afirmativamente. Luego podemos preguntarnos: ¿Hay algunas indicaciones en el Antiguo Testamento que predigan y traten de revelar algo sobre el Espíritu hipostático del Nuevo? Parece que esta pregunta la podemos contestar también en forma positiva. Entonces podemos preguntarnos: ¿Tienen estas indicaciones tal claridad que puedan revelarnos esta doctrina, aparte de la revelación del Nuevo Testamento? Esta pregunta tendríamos que contestarla negativamente. Hay varias indicaciones, y varios puntos de enlace con la enseñanza más clara del Nuevo Testamento. Pero sólo son indicaciones, y, aparte de la enseñanza del Nuevo Testamento, podríamos explicárnoslas fácilmente como personificaciones o manifestaciones ideales del poder de Dios. Indudablemente, junto con el énfasis sobre la unidad de Dios y la identidad del Espíritu con Dios, Quien lo da, hay una distinción que se reconoce entre Dios y su Espíritu –en el sentido por lo menos de una discriminación entre lo que significa *Dios sobre todo* y *Dios en todo,* entre el Dador y lo Dado, entre la Fuente de la ley moral y su Ejecutor. Esta distinción emerge desde *Génesis 1:2;* y no es menos observable a medida que avanzamos a través del Antiguo Testamento. Se hace prominente en las notables expresiones en las cuales, por una parte, se dice que Dios envía, pone, coloca, derrama, vacía su Espíritu sobre el hombre; y por otra, se dice del Espíritu que viene, que reposa, que cae, que se precipita sobre el hombre. Hay como cierto modo de tratar de hacer que el Espíritu sea Algo objetivo en relación con Dios en ambos casos; en el primero, por cuanto El es enviado de parte de Dios, como si se separara de El; en el último, por cuanto aparece casi como una Persona distinta, actuando *sua sponte* –por voluntad propia" (*Ibid.,* págs. 124-126).

IV. EL TESTIMONIO DEL NUEVO TESTAMENTO

Cualquiera que pueda haber sido la fuerza de la revelación del Antiguo Testamento con respecto al Espíritu Santo, y por causa de las limitaciones que exigía el progreso de la doctrina divinamente impuesto, es evidente que la plena manifestación de su personalidad y de su Deidad, la completa indicación de su posición de igualdad en la Divinidad, y la comprensión específica y objetiva de su obra, se nos declaran en el Nuevo Testamento. La verdad concerniente al Espíritu Santo forma uno de los temas principales prácticamente en todos los libros del Nuevo Testamento. Ese debe ser un hecho muy impresionante para todos los que se interesan en él. No cabe dentro del plan de esta discusión el intento de hacer una presentación general de tan vasto tema. En este punto, basta decir que el mismo Espíritu Santo que se nos revela en el Nuevo Testamento es el que aparece en forma tan completa en el Antiguo Testamento, aunque el mensaje del Nuevo le agrega mucha verdad. Está en evidencia el progreso de esta doctrina, sin que se manifieste ningún cambio en la Persona que estamos considerando. Sin necesidad de una amplia explicación preliminar sobre el Espíritu, como Dios mismo, en el Nuevo Testamento se ve en la majestad de su divina Persona. A El se le presenta como Uno que viene al mundo por promesa tanto del Padre como del Hijo (Jn. 14:26; 16:7), y en esa calidad vino el día de Pentecostés. En vista de la revelación del Antiguo Testamento, la cual afirma que El ya estaba en el mundo, surge un problema con respecto al significado de estas promesas según las cuales El vendría al mundo. La respuesta está escondida en la distinción que hay entre una *omnipresencia,* que fue el modo de la presencia del Espíritu antes del día de Pentecostés, y una *residencia,* que es el modo de su presencia en el mundo después de Pentecostés. Ha de ocurrir que este Espíritu cuya residencia es la Iglesia de Cristo, el Templo de piedras vivas (Ef. 2:18-22), definitivamente abandonará este mundo cuando su Templo sea quitado; y sin embargo, luego que su residencia sea quitada de este mundo, todavía estará en el mundo en su carácter de Omnipresente. Hay que reconocer que éste no es un procedimiento nuevo, puesto que lo misma ha sido cierto con respecto a la segunda Persona, la cual estuvo primero en el mundo en su condición de Omnipresente, y luego vino a ser residente en este mundo durante 33 años; luego abandonó este mundo, pero todavía permanece aquí su presencia omnipresente, puesto que El mora en cada creyente cristiano (Col. 1:27), y está asistente dondequiera que dos o tres se congreguen en su nombre (Mt. 18:20).

V. SUS TITULOS

Es extraño en verdad que no se nos haya revelado ningún nombre específico que le podamos aplicar al Espíritu Santo. A El hay que reconocerlo más bien mediante títulos descriptivos. A continuación se dan por lo menos algunas de estas designaciones: "Espíritu de vuestro Padre" (Mt. 10:20); "Espíritu de Dios" (Mt. 12:28); "Espíritu del Señor" (Lc. 4:18); "Espíritu Santo" (Lc. 11:13);

"Espíritu de verdad" (Jn. 14:17); "Espíritu de vida" (Ro. 8:2; Ap. 11:11); "Espíritu de adopción" (Ro. 8:15); "el Señor es el Espíritu" (2 Co. 3:17); "Espíritu de su Hijo" (Gá. 4:6); "Espíritu de Jesucristo" (Fil. 1:19); "el Espíritu que nos ha dado" (1 Jn. 3:24); "Espíritu eterno" (He. 9:14); "Espíritu Santo de la promesa" (Ef. 1:13); "el Espíritu" (Jn. 7:39); "el Consolador" (Jn. 15:26); "el glorioso Espíritu de Dios" (1 P. 4:14); "los siete espíritus" (Ap. 1:4).

VI. SUS RELACIONES

De nuevo nos lleva el desarrollo de este tema a la obra del Espíritu y, por tanto, tenemos que restringirnos en este punto a la mera indicación, antes de la consideración más amplia que vendrá después. Hay ciertas relaciones del Espíritu Santo, que si se consideran por separado, pueden servir para ampliar lo que se ha de considerar después con respecto a El:

1. RELACION DEL ESPIRITU CON EL PADRE. Se nos declara que el Espíritu Santo procede del Padre. El ejecuta los planes del Padre. Los amplios títulos "el Espíritu de Dios" y "el Espíritu de vuestro Padre" se pueden aceptar como referencias a Aquel que de ese modo se relaciona con el Padre. Dios mismo, que es Espíritu (Jn. 4:24), le da el Espíritu a su Hijo (Jn. 3:34), y también lo da a todos los que creen en Cristo (Jn. 7:39).

2. RELACION DEL ESPIRITU CON EL HIJO. La relación entre la segunda y la tercera Personas de la Divinidad es un tema ilimitado que abarca todas las obras del Hijo, que fueron realizadas por el poder del Espíritu. Algunos creen que Cristo realizó todas sus obras milagrosas por el poder del Espíritu, y en esto fue un Ejemplo para todos los creyentes cristianos a los cuales se les ha indicado que deben vivir y servir al Señor por el Espíritu. La tercera Persona de la Divinidad recibe algunas veces el título de Espíritu de Cristo (comp. Ro. 8:9), el cual evidentemente lo relaciona con la segunda Persona, como la Persona que es enviada por la Segunda (Jn. 16:7), y que ejecuta los planes y aplica los valores que surgen de la segunda Persona.

3. RELACION DEL ESPIRITU SANTO CON EL MUNDO. Existen dos pasajes bíblicos luminosos que indican la relación del Espíritu con el mundo. El primero es *2 Tesalonicenses 2:6, 7,* el cual presenta al Espíritu, aunque la identidad no se afirma directamente, como un Poder que impide el misterio de iniquidad. "Y ahora vosotros sabéis lo que lo detiene, a fin de que a su debido tiempo se manifieste. Porque ya está en acción el misterio de la iniquidad; sólo que hay quien al presente lo detiene, hasta que él a su vez sea quitado

de en medio." El segundo pasaje es el que se encuentra en *Juan 16:7-11,* en el cual se presenta al Espíritu como Uno que convence al mundo, o lo ilumina con respecto al pecado, a la justicia y al juicio. Esta es la obra del Espíritu Santo en la persona no regenerada, la cual es una preparación esencial para que la persona puede aceptar a Cristo como Salvador en forma inteligente. He aquí el pasaje: "Pero yo os digo la verdad: Os conviene que yo me vaya; porque si no me fuere, el Consolador no vendría a vosotros; mas si me fuere, os lo enviaré. Y cuando el venga, convencerá al mundo de pecado, de justicia y de juicio. De pecado, por cuanto no creen en mí; de justicia, por cuanto voy al Padre, y no me veréis más; y de juicio, por cuanto el príncipe de este mundo ha sido ya juzgado." Del mismo modo como el mundo es uno de los tres principales enemigos del creyente cristiano, el Espíritu es aquel Poder capaz de librar de las incitaciones del mundo.

4. RELACION DEL ESPIRITU CON LA CARNE. La carne tiene su naturaleza inherente, que es la procedente de Adán y, por tanto, se dice que es *contraria* al Espíritu, y que la carne *codicia contra el Espíritu,* así como también el *deseo del Espíritu es contra la carne.* Así se nos señalan dos maneras de andar completamente diferentes: la de la carne y la del Espíritu. Es cierto que el andar en la carne es anular el poder del Espíritu (Ro. 8:6, 13); y que andar en el Espíritu es echar a perder las obras de la carne (Ro. 6:6; 8:4; Gá.5:16).

5. RELACION DEL ESPIRITU CON EL DIABLO. Otra vez nos encontramos en la esfera del conflicto del cristiano. Y, tal como sucede en el encuentro contra la carne, la victoria contra el diablo sólo se logra mediante el poder del Espíritu. El pasaje bíblico principal que trata sobre este asunto es *Efesios 6:10-17,* el cual señala que la victoria sólo se puede lograr cumpliendo este mandamiento: "... fortaleceos en el Señor, y en el poder de su fuerza." Por tanto, hay que tomar "toda la armadura de Dios." La provisión completa se nos señala en *1 Juan 4:4:* "Hijitos, vosotros sois de Dios, y los habéis vencido; porque mayor es el que está en vosotros, que el que está en el mundo."

6. RELACION DEL ESPIRITU CON LOS CRISTIANOS. Muy profundas y características son las relaciones del Espíritu con el creyente en Cristo. El Espíritu lo regenera, mora en él, lo unge, lo bautiza, lo sella y lo llena, con lo cual no sólo crea los factores esenciales que en conjunto hacen del cristiano lo que él es, sino que le dan poder para andar como es digno del supremo llamamiento.

7. RELACION DEL ESPIRITU CON LOS PROPOSITOS DIVINOS. Aunque esto sea algo así como recapitulación, diremos que la última relación del Espíritu, que hemos de mencionar, es la

que comprende las inmensurables empresas y propósitos divinos de los cuales el Espíritu es el Administrador y Ejecutor, desde su comienzo hasta su consumación final en la gloria.

VII. SU CARACTER ADORABLE

Por razones específicas no reveladas, la tercera Persona de la Deidad lleva el título distintivo *Espíritu Santo.* No pudiéramos llegar a la conclusión, basados en alguna evidencia bíblica, de que El es más que el Padre o que el Hijo; más bien decimos que se hace hincapié en su carácter adorable. Hay una probabilidad muy grande de que, como El mora en seres pecadores sobre la tierra, se le aplica este título como para establecer el contraste. Se nos asegura que, cuando la segunda Persona se encarnó –relacionándose así con la humanidad– el ángel se refirió a El diciendo que nacería un "Santo Ser" (Lc. 1:35). Así también, la tercera Persona de la Deidad, aunque reside en los corazones humanos, todavía es, y siempre será, el Espíritu Santo de Dios.

CONCLUSION

Aunque se ha menospreciado, se ha descuidado y no se le ha dado el debido reconocimiento a esta doctrina, el Espíritu es aquel Miembro adorable, majestuoso, siempre glorioso de la Trinidad, en igualdad de condiciones con el Padre y el Hijo. El hecho de que se le menosprecie no se debe a ninguna falla por parte de la Biblia en declarar que El es una Persona, o en establecer su carácter trascendental y la importancia infinita de su obra. Naturalmente, el pensamiento humano comienza con la primera Persona y se extiende hasta la Segunda, y es probable que, habiendo considerado a estas Dos, haya llegado tan cerca del punto de saturación que sea muy poca la capacidad que le queda para responder a las legítimas afirmaciones de la tercera Persona de la Divinidad. Llega a ser un solemne deber de todo estudiante de la Palabra de Dios, el de corregir hasta donde le sea posible toda tendencia a pasar por alto la verdad con respecto al Espíritu y, por medio de la oración y la meditación, llegar a una comprensión más profunda de su Persona y de su presencia. En realidad es digno de censura aquel cristiano que no sabe algunos de los hechos concernientes a Aquel del cual es templo. Es cierto que el ministerio del Espíritu es el de glorificar a Cristo, pero no hay ningún apoyo en la Palabra de Dios para esa indignidad que el común descuido por parte de algunos cristianos le impone al Espíritu.

VOLUMEN II
ANGELEOLOGIA

ANGELEOLOGIA

CAPITULO I

INTRODUCCION A LA ANGELEOLOGIA

Una verdad que se incluye en el cuerpo didáctico de las Sagradas Escrituras es la que declara que existe un orden de seres celestiales muy distintos de los seres humanos y de la Deidad, y que ellos ocupan un estado superior al actual del hombre caído. Estos seres celestiales se mencionan por lo menos 108 veces en el Antiguo Testamento y 165 veces en el Nuevo, y de este extenso conjunto bíblico el estudiante de la Sagrada Escritura, puede elaborar la doctrina de los ángeles (comp. Gabelein, *The Angels of God,* p. 12).

El vocablo *ángel,* que se deriva bien de *mal'ak* del hebreo del Antiguo Testamento, o bien de *aggelos* del griego del Nuevo Testamento, quiere decir simplemente mensajero. Estos seres ejecutan las órdenes de Dios a quien sirven. Los ángeles santos son mensajeros del Creador, mientras los caídos son mensajeros de Satanás, denominado en la Biblia "el dios de este siglo", y a quien ellos mismos han prometido servir. A veces a los hombres se les llama *mensajeros* como en Apocalipsis 1:20, aunque hay ciertos expositores, bien representados por Alford, que afirman que los mensajeros de las siete Iglesias de Asia son seres del mundo espiritual. –La palabra *ángel* no sólo es genérica por aplicarse a todos los órdenes de los espíritus creados, sino que también se usa para expresar su servicio u oficio.

Al estudiar la doctrina de los ángeles, como el estudiar cualquier otra doctrina teológica, hay campo suficiente para el uso de la razón. En vista de que Dios es Espíritu (Jn. 4:24) y de que en ninguna manera participa de los elementos materiales, es natural presumir que hay seres creados que se asemejan más a Dios que las criaturas mundanas que participan igualmente de lo material y lo inmaterial. Hay reino material, reino animal y reino humano; así que se puede considerar que hay un reino angélico o de los espíritus. Sin embargo, la Angeleología no descansa sobre el razonamiento, ni sobre la suposición, sino sobre la revelación divina.

Tal como el universo ha sido ordenado no ha sido voluntad de Dios que los hombres tengan relaciones con los ángeles, ni tampoco conciencia viva de su presencia. Con todo, la Biblia declara que los ángeles no sólo observan los acontecimientos humanos, sino también que los ángeles buenos son ministros de los herederos de la salvación (He. 1:14) y que los ángeles malos hacen la guerra contra lo que hay de Dios en el hombre (Ef. 6:12). La realidad de la influencia angélica en los asuntos humanos no está limitada a cierta porción de la historia humana. Se nos dice que los ángeles han estado presentes desde la creación y continuarán estándolo hasta la eternidad venidera. Los ángeles integran dos de los cinco grupos en que se dividen todas las criaturas finitas creadas por Dios; a saber, los ángeles santos y los caídos. Los otros tres grupos son, el de los gentiles, los judíos y los verdaderos cristianos. Todas estas clases de seres finitos, sin tomar en cuenta ni el tiempo ni el orden de su principio, seguirán en su propia categoría hasta la eternidad, teniendo siempre las mismas características que Dios les dió al crearlos. Es decir, no hay ninguna evidencia de que habrá otros órdenes de seres finitos que serán creados ni en este siglo, ni en los futuros.

Durante la Edad Media una especulación grotesca y sin provecho caracterizaba las discusiones sobre la doctrina de los ángeles, y eso resultó en el actual desprecio en cuanto a ese cuerpo de verdad. Sobre estas discusiones antiguas el Dr. Augustus Strong escribe: "Los escolásticos debatieron tales cosas como, cuántos ángeles pudieran pararse sobre la punta de una aguja (la relación entre los ángeles y el espacio); o si sería posible para un ángel estar en dos lugares a la vez; o cuánto fue el intervalo de tiempo entre la creación de los ángeles y su caída; o si el pecado del primer ángel causó el pecado de los demás; o si tantos ángeles retuvieron su dignidad de ser ángeles como el número de los que cayeron; o si nuestra atmósfera es el lugar de castigo para los ángeles caídos; o si los ángeles que sirven de guardianes tienen a su cargo a los niños desde su bautismo o desde que están en el seno de sus madres" *(Systematic Theology,* sexta edición, p. 221). En la misma forma también Rossetti en su obra *La Sombra de Dante,* en las páginas 14 y 15 dice de El Dante lo siguiente: "La caída de los ángeles rebeldes él piensa que ocurrió unos veinte segundos después de ser creados, y que tuvo su origen en el orgullo de Lucero que no le permitió estar dispuesto a esperar hasta el momento predeterminado por su Creador para darle conocimiento perfecto" (citado por Strong).

La presencia de los espíritus ha sido reconocida en casi todos los sistemas religiosos. Sobre esto el Dr. Guillermo Cooke ha escrito lo siguiente:

"En verdad, en casi todos los sistemas religiosos, sean viejos o modernos, encontramos tales seres; en los Eones de los Gnósticos, los Demonios, los Semidemonios, los Genios y los Lares que tienen un papel tan importante en las teogonías, las poesías y la literatura en general de la antigüedad pagana, tenemos abundante evidencia de la creencia casi universal en la existencia de las inteligencias espirituales y que ocupan distintos rangos entre el hombre y su Creador. En muchos casos, sin embargo, hallamos a veces la verdad vestida de ficción y los hechos deformados por las fantasías extravagantes de la mitología. Aquí podemos notar con brevedad la doctrina pagana tocante a los seres espirituales. Se creía que las almas de los difuntos héroes y los hombres buenos fueron elevados a la dignidad que les correspondía y a la felicidad eterna; éstos fueron llamados demonios y se suponía que servían como mediadores entre la divinidad suprema y el hombre. Sin embargo había otra clase de demonios de los cuales se creía que nunca jamás habían habitado en cuerpos mortales, y de éstos había dos categorías: los buenos que se ocupaban en guardar a los hombres buenos, y los malos que envidiaban la felicidad humana y buscaban cómo impedirles alcanzar la virtud deseada y al mismo tiempo efectuar su ruina. Estos conceptos son una substitución de la verdad; pero en las Escrituras tenemos la verdad misma en su pureza original, libre de las corrupciones supersticiosas y la imaginación licenciosa del poeta; y la verdad es mucho más majestuosa a causa de su simplicidad sin adorno.

Los filósofos y poetas paganos a menudo hablaron del ministerio de los seres espirituales. En varias ocasiones Sócrates habló del buen demonio que le atendió, dirigiéndole y guiándole por medio de sus sugerencias. Platón enseñó que la clase más alta de demonios, los que nunca habían habitado en los cuerpos mortales, habían sido designados como los guardianes de los hombres. Pero el viejo Hesíodo atribuye un ministerio a los espíritus que antes habitaron en cuerpos mortales durante la edad de oro, y los menciona como:

Oh, espíritus etéreos celestiales
Por Júpiter al mundo designados
A guardar a los hombres sois enviados,
Y os hacéis invisible a los mortales
Marcando a los buenos y malvados.

Situados cual espías inmortales
Observáis muy atentos vuestro encargo;
Por miriadas cada hombre es circundado,
Repartiendo oro y glorias eternales
Por divino permiso que os es dado.

Tenemos aquí una representación breve de ese sentimiento general acerca de los oficios de tales seres superiores, la que es ampliada abundantemente en las especulaciones de los filósofos y en las ficciones soñadas por los poetas. Pero, al dejar esas teorías fantásticas y dramas divertidos de los paganos, avancemos con certeza a la consideración de la verdad sencilla que nos revela la Palabra de Dios y también notar lo que han visto los santos en cuanto al mundo angélico." *Christian Theology, edición quinta,* pp.610-11, 21-11.

CAPITULO II

INFORMACION GENERAL SOBRE LOS ANGELES

La doctrina de los ángeles puede ser considerada en 12 divisiones generales, las que serán expuestas a continuación.

I. LAS ESFERAS ANGELICAS

Al echar una mirada a la revelación bíblica concerniente a los seres angélicos, es preciso considerar la más amplia esfera del universo en su totalidad y no restringir esta contemplación a los límites terrenales. Notamos en primer lugar que la astronomía moderna ha presentado mucha evidencia que demuestra la inmensidad de la creación material. Hay sistemas solares mucho más grandes que éste y que se extienden más allá de la comprensión del poder humano. Tenemos conocimiento de otros soles con sus planetas y satélites que están tan distantes de nuestro sistema como cincuenta a cien mil millones de kilómetros. Camilo Flammarión afirma: "Entonces entiendo que todas las estrellas que siempre se han visto en el firmamento, los millones de puntos luminosos que forman parte de la Vía Láctea, los cuerpos celestiales innumerables, los soles de toda magnitud y de todo grado de brillantez, los sistemas solares, los planetas y los satélites que por millones y millones se extienden en el inmenso vacío que nos rodea; que todo lo que los seres humanos han llamado el universo, no representa en lo infinito más que un archipiélago de islas celestiales y nada más que un pueblo de menor importancia en la totalidad de una gran población. En esta ciudad del imperio sin límites, en este pueblo de una tierra sin fronteras, nuestro sol y su sistema representa un puntito, una casita aislada entre los millones de otras habitaciones. ¿Será nuestro sistema un palacio o una chocita en esta gran ciudad? Probablemente una chocita. ¿Y la tierra? La tierra es una cámara en la mansión solar –una habitación miserablemente pequeña." (citado por Gabelein en *"The Angels of God"*, pp. 8-9).

Desde tiempos remotos los hombres han pensado sobre la cuestión de si la tierra es el único planeta habitado. La ciencia ofrece sus conjeturas, pero la Biblia habla con autoridad sobre este viejo problema. Se nos revela que los ángeles viven en las esferas celestes y que no hay cifras humanas para contarlos, tan grande es su número. Se les reúne en grupos que se identifican como *tronos y dominios, principados y potestades, autoridades y las huestes celestiales.* Pero todos ellos están sujetos al Señor Jesucristo, quien creó este universo y todo lo que contiene, incluyendo a los seres angélicos. El creó las "cosas. . . visibles e invisibles" (Col.1:16). El apóstol Pedro declara que estos seres creados están sujetos a Cristo (1 P.3:22). No hay indicio alguno de que ellos estén limitados a esta esfera terrestre, ni a ninguna otra esfera del universo. Cristo dijo: "En la casa de mi Padre muchas moradas hay" (Jn.14:2). La "casa de mi Padre" es nada menos que este universo en el cual hay muchas moradas. San Judas afirma (v.6) que los ángeles tienen su propia habitación. Sobre este pasaje el Dr. A. C. Gabelein ha escrito: "En la epístola de Judas encontramos esta declaración significativa, 'Y a los ángeles que no guardaron su dignidad, sino que abandonaron su propia morada, los ha guardado bajo oscuridad, en prisiones eternas, para el juicio del gran día' (Judas 6). . . Lo primordial que deseamos considerar aquí es el hecho, y hecho sobresaliente, que estos ángeles tuvieron su propia habitación. Se les dio su propio estado. Nos parece que esto aporta pruebas conclusivas de que los ángeles tienen moradas en los cielos, que son lugares donde ellos moran, y de los cuales pueden salir como ministros de Dios" *op. cit.*, ps. 39, 40). Hooker declara: "Los ángeles están unidos en una asociación entre sí. . . Hay que considerar que existe una sociedad de los ángeles de Dios, y que hay una ley que los organiza en ejército, perteneciendo a distintos grados u órdenes"(Lc.2:13; Mt.26:53; He.12:22)" *(Ecc. Polity,* Libro I, 4.2, citado por Gerhart, *Institutes of the Christian Religion,* I, 644). Es importante tomar en cuenta esta consideración, pues es natural que los hombres crean que la esfera humana forma el centro y los otros órdenes de seres creados se congregan alrededor de él. La existencia de los ángeles es anterior a la de la humanidad por siglos sin cuento, y todo lo que se relaciona al dominio unido y a los hechos de los ángeles, para lo que fueron creados, continuamente se ha ejecutado sin referencia alguna a, ni dependiente de ese orden de existencia humana que es inferior al de los ángeles. El significado de las designaciones anteriormente citadas *–tronos, dominios, principados, potestades y autoridades–* no tiene ninguna relación a, ni dependencia de las cosas mundanas. Esta terminología expresa más bien la cooperación que hay entre los ángeles mismos. Esto presenta otra esfera de relación que en sí misma es tan vasta como el universo en que reside y en donde funciona. Se declara que los seres angélicos tienen interés en lo que ocurre en la tierra y también algo de sus servicio se dirige hacia nuestro globo. Pero ninguna revelación nos es dada tocante a la extensión o a la naturaleza de los hechos y las fuerzas que constituyen la realidad en que viven los ángeles, la que estaba en acción siglos antes de la creación del hombre. Lo que la Biblia dice no se dirige a los ángeles, ni tampoco ese libro trata de dar una descripción completa de su estado ni de las relaciones entre ellos. Sin embargo, se implica que el universo, tan inmenso que el ojo humano apenas comienza a penetrarlo, está habitado por seres espirituales inmensurables, y que, los habitantes de esta tierra, son hechos participantes de aquellos extensos dominios al ser librados de las limitaciones de la esfera terrestre, no para llegar a ser ángeles, sino para entrar en esa esfera que la teleología divina ha designado para ellos.

Con nuestra visión natural no hay cómo discernir la presencia de los ángeles, pero eso no impugna la verdad de que los ángeles están alrededor de nosotros en todo lugar. Milton ha escrito, no por inspiración divina, sino como la imaginación poética le dictó, así: "Hay millones de seres espirituales que andan invisibles en la tierra, sea que estemos dormidos o despiertos" (citado por Strong, *Systematic Theology,* sexta ed. p. 227). Cuando la visión natural del mozo en 2 Reyes fue aumentada, pudo ver toda la montaña llena de caballos y carrozas de fuego alrededor de Eliseo. Una razón de que los ángeles sean invisibles a la pupila humana pudiera ser de que si fueran vistos serían adorados por los hombres. El hombre, que tan inclinado es a la idolatría, que tiende a adorar aun las obras de sus manos, no podría resistir el adorar a los ángeles si estuvieran delante de su vista. El Apóstol habla contra "el culto a los ángeles" (Col.2:18), y Juan testifica así: "Yo Juan soy el que oyó y vio estas cosas. Y después que las hube oído y visto, me postré para adorar a los pies del ángel que mostraba estas cosas. Pero él me dijo: Mira, no lo hagas: porque yo soy consiervo tuyo, de tus hermanos los profetas, y de los que guardan las palabras de este libro. Adora a Dios" (Ap.22:8,9).

II. REALIDAD DE LOS ANGELES

A la luz de tanta revelación, las especulaciones del gnosticismo tienen que ser rechazadas. Los ángeles son en verdad seres vivos del más alto rango y su presencia es en verdad de mayor consecuencia en el universo –aunque en ninguna manera son seres tan independientes en el sentido de que se crearan a sí mismos, con todo– sí son seres libres y morales que en siglos pasados por lo menos tenían el poder de determinar su destino propio. Se revela que algunos de los ángeles "pecaron" y que "no guardaron su dignidad" (2 P.2:4; Jud. 6). No hay ninguna revelación plena tocante a los temas importantísimos y a las épocas extensas apenas tocadas en aquellas breves declaraciones. Ocurriera lo que ocurriere no hubo cómo quebrantar la relación entre la criatura y su Creador y, como lo declara la Escritura, al fin estos ángeles caídos tendrán que dar cuentra al Dios que ellos habían repudiado (Ez.28:16,17; Mt.25:41). La suficiencia de los ángeles, como la de toda criatura, depende sólo de Dios. Se mueven y viven sólo por virtud el poder divino. Aun el gran Miguel, el arcángel que luchó con Satanás, afirmó su dependencia de Dios.

III. IMPORTANCIA RELATIVA DE LOS ANGELES Y LOS HOMBRES

Las Escrituras afirman que el hombre "fue hecho poco menor que los ángeles" (Sal.8:4,5; He.2:6,7). Si esto se refiere a su estado o a las cualidades inherentes y esenciales no se determina con claridad. Es probable que los ángeles sean superiores a los hombres en ambos aspectos. Ha habido mucha discusión en tiempos antiguos sobre este asunto. Entre los escritores más recientes, Martenson, junto con otros, arguye que los ángeles son inferiores a los hombres, mientras Dormer con un grupo más grande, insiste en que los ángeles son superiores. La Biblia dice que el hombre fue hecho a la imagen de Dios; no hay tal referencia con respecto a los ángeles. El hombre posee un cuerpo material con todas sus experiencias; no hay nada acerca de tales experiencias entre los ángeles, aunque es manifiesto que los demonios buscan incorporarse cuando se les presenta la oportunidad.

Discutiendo sobre los ángeles el Dr. Gerhart escribe sobre la importancia relativa entre ellos y los hombres: "El hombre es un ser físico-espiritual, uniéndose orgánicamente en su constitución cuerpo y alma. No es verdad, como frecuentemente se enseña, que el cuerpo es un impedimento al alma, una degradación de la naturaleza humana, ni el cuerpo es tampoco el resultado de un castigo. Más bien es un elemento de dignidad, una condición necesaria para una vitalidad espiritual, lo que une al hombre a dos mundos distintos. Por un lado la organización física une la vida humana, la personalidad humana, a lo material con todas las fuerzas y los procesos de la naturaleza hasta su origen primitivo. Por otra parte la vida espiritual sirve de enlace entre el hombre y el dominio metafísico del espíritu. Conectado así tanto con los dominios celestiales y el terrenal es, la constitución del hombre que lo condiciona para ser mediador entre lo finito y lo infinito, entre lo material y lo espiritual, el representativo de Dios en Sus relaciones con el mundo y el órgano del mundo en sus relaciones con Dios. La revelación no da esta posición tan elevada a ninguno de los órdenes angélicos" *(Op. cit.* ps. 648,649). Martensen, escribiendo en su *Dogmatics* (ps. 132,133) declara: "aunque el ángel, en relación al hombre, es el espíritu más potente, el espíritu del hombre, sin embargo, es el más rico y más comprensivo. Porque el ángel con todo su poder es solamente la expresión de una sola de esas fases que el hombre en la naturaleza interna de su alma, y la riqueza de su propia individualidad, se propone a combinar en un microcosmo completo y perfecto. . . Es precisamente porque los ángeles son solamente espíritus y no son almas, que ellos no pueden gozarse de la misma rica existencia como lo puede el hombre, cuya alma es el punto de unión en donde se encuentran el espíritu y la naturaleza" (citado por Gerhart, *ibid).* Ninguna consideración de la importancia relativa entre el hombre y los ángeles sería completa si no tomamos en cuenta que el hombre, aunque actualmente hundido en el lodo cenagoso de la desesperación, con todo puede experimentar la redención y ser colocado en un lugar seguro, fundamento llamado la Roca (Sal.40:2), y es destinado a ser conforme a la imagen de Cristo y este estado final lo coloca por encima de los ángeles. Se nota que hay una discrepancia notable en muchos de los esfuerzos para delinear un contraste entre estos dos órdenes de la creación divina. La Biblia es la única fuente de información digna de confianza y es principalmente una revelación al hombre acerca de su propia relación con Dios. Lo revelado acerca de los seres angélicos es la parte que tiene que ver con los asuntos humanos, y hay poco indicio tocante a aquellas grandes esferas de su actividad en que se ocupan los ángeles. La discusión no tiene solución satisfactoria pues carecemos aun de un conocimiento elemental concerniente al mundo de los ángeles.

IV. PERSONALIDAD DE LOS ANGELES

La verdad relacionada con la personalidad de los ángeles también es difícil de expresarse. No podemos aceptar, por ejemplo, la siguiente vaga declaración dada por Martensen:

"Hay muchas categorías de espíritus debajo del cielo, y por esto mismo hay muchos grados de espiritualidad e independencia espiritual; y justamente podemos afirmar que los ángeles están divididos en clases. . . Si contemplamos a los ángeles en su relación al concepto de la personalidad, se puede afirmar que hay potestades, cuya espiritualidad está tan lejos de ser independiente, que ellos solo poseen una personalidad representada; en suma, son solamente personificaciones. De tal carácter son las tempestades y llamas que ejecutan los mandamientos del Señor. Otros poderes existen en la creación que poseen un grado de espiritualidad más alto, un estado intermedio de existencia entre la personificación y la personalidad. En esta categoría se puede clasificar los poderes espirituales en la historia, como por ejemplo, los espíritus de las naciones y las deidades de la mitología. . . Pero, si en este asunto hallamos poderes en la historia que viven en esa región que media entre la personalidad y la personificación, no es menos cierto que la revelación reconoce una tercera clase de poderes cósmicos que constituyen un libre y personal reino espiritual." *Christian Dogmatics,* p. 131, ciatdo por Gerhart, *op. cit.,* p. 642.

Aunque su servicio o su dignidad puede variar, no hay implicación alguna en la Biblia de que algunos de los ángeles son más inteligentes que otros. Se declara que los ángeles tienen todo el elemento de personalidad. Son seres individuales, y aunque son espíritus, pueden experimentar las emociones; rinden culto inteligente (Sal.148:2); contemplan la faz del Padre con debida comprensión (Mt.18:10); saben sus limitaciones (Mt.24:36), su inferioridad al Hijo de Dios (He.1:4-14); y, en el caso de los ángeles caídos conocen su habilidad para el mal. Los ángeles son individuos y aunque se aparecen en su capacidad individual, con todo están sujetos a distintas clasificaciones y varios rangos de importancia.

V. CREACION Y MODO DE EXISTENCIA DE LOS ANGELES

Basándonos en Colosenses 1:16,17 se puede presumir que todos los ángeles fueron creados simultáneamente. De la misma manera, se presume que la creación de los ángeles se completó en aquel tiempo y que ninguno será añadido a ese número. No están sujetos a la muerte u otra forma final de existencia; por lo consiguiente tampoco su número disminuye. Parece que el plan divino para la propagación de la raza humana no tiene contraparte en el orden angélico. Cada ángel, por ser una creación directa de Dios, tiene una relación personal e inmediata con el Creador. El Señor Jesucristo dijo con respecto a ciertos individuos de la familia humana cuando aparezcan en el mundo de los resucitados que "en la resurrección ni se casarán, ni se darán en casamiento, sino serán como los ángeles de Dios en el cielo" (Mt.22:28-30). Por lo tanto se concluye que no hay ni aumento ni disminución entre estos seres celestiales.

La existencia de los ángeles se da por sentado en las Escrituras, y éstas son la única fuente de información digna de confianza acerca de estos seres, a los cuales, aparte de sus apariciones sobrenaturales, no son accesibles a la esfera del conocimiento humano. Como el hombre es la suprema creación en las esferas terrenales, así los ángeles lo son en las esferas más altas descritas en Colosenses 1:16,17, en donde está escrito: "Porque en él fueron creadas todas las cosas, las que hay en los cielos y las que hay en la tierra, visibles e invisibles; sean tronos, sean dominios, sean principados, sean potestades; todo fue creado por medio de él y para él. Y él es antes de todas las cosas, y todas las cosas en él subsisten." Como los ángeles, juntamente con otros seres morales, fueron creados por Cristo y para Cristo, así ellos permanecerán siempre para la alabanza de Su gloria. Aunque es la verdad que algunos de la raza humana y ciertos ángeles no adoran a Dios, la mayor parte de los angeles están delante de Su trono en adoración incesante. Es asunto de mayor importancia en los consejos divinos que ciertas criaturas caídas en pecado niegan el añadir su nota de alabanza a El, quien merece todo honor. Este repudio no podría existir para siempre. Es agradable leer que Cristo, en Su reino, no permitirá ningún otro dominio ni autoridad, y que, al final de esta dispensación, El, mediante el ministerio de los ángeles recogerá de las esferas humanas todo lo que ofende. En cuanto a la disposición relativa a la enemistad en las esferas más altas, se dice: "Porque preciso es que él reine hasta que haya puesto a todos sus enemigos debajo de sus pies. Y el postrer enemigo que será destruido es la muerte" (1 Co.15:25-26), mientras tocante a la disposición de sus enemigos en las esferas más bajas nos dice lo siguiente: "Enviará el Hijo del Hombre a sus ángeles, y recogerán de su reino a todos los que sirven de tropiezo, y a los que hacen iniquidad, y los echarán en el horno de fuego; allí será el lloro y el crujir de dientes. Entonces los justos resplandecerán como el sol en el reino de su Padre. El que tiene oídos para oír, oiga" (Mt.13:41-43).

Comparada a la existencia humana y animal, la de los ángeles se puede denominar incorpórea, pero sólo en el sentido de que no tienen un organismo mortal. Hay la implicación bíblica de que los ángeles sí tienen cuerpo en alguna forma. Dios es Espíritu, pero cuando Cristo se dirigió a los judíos, hablando del Padre, dijo: "Nunca habéis oído su voz, ni habéis visto su aspecto" (Jn.5:37; comp. Ex.33:23; Ez.1:1-28; Sal.104:2). Es esencial para un espíritu que tenga forma localizada, determinada y espirtual. Muchas veces se confunde el problema al imponer sobre los seres espirituales las limitaciones que corresponden a la humanidad. Para los santos en el cielo se les promete "un cuerpo espiritual" –un cuerpo adaptado al espíritu del hombre (1 Co.15:44). Ese mismo es el tipo de cuerpo de nuestro Señor glorificado (Fil.3:21). El apóstol Pablo nos llama la atención a que hay varias clases de cuerpos aun en la tierra (1 Co.15:30,40), y sigue diciendo, "Hay cuerpos celestiales y cuerpos terrenales." La evidencia de que no hay cuerpos celestiales es mínima, si el problema descansa sólo sobre la verdad de que el hombre no tiene el poder para discernir tales cuerpos. Los espíritus existen en una forma de organización que es adaptada a su modo de ser. Son tanto finitos como espaciales. Todo eso puede ser la verdad aunque estén alejados de esta esfera terrena. Pueden acercarse a la esfera de la vista humana, pero ese hecho no significa que tienen que conformarse a la existencia humana. Según lo que demande la ocasión ellos pueden aparecerse a hombres de tal manera que pasan como tales. Si no, ¿cómo pudieran algunos "hospedar a los ángeles sin saberlo"? (He.13:2). Volviendo a su apariencia en otras ocasiones se describe el aspecto angélico como relámpago y su vestido blanco como la nieve" (Mt.28:2-4). Cuando Cristo declaró en Lucas 24:37-39, "un espíritu no tiene carne ni hueso, como veis que yo tengo", no quiso decir que los espíritus no tienen cuerpo alguno, sino que los cuerpos que tienen es de distinta constitución que la de los hombres. En una manera discreta y prudente el Dr. Guillermo Cooke ha investigado este campo de verdad relacionado a la naturaleza y corporalidad de los ángeles, así:

"En el Antiguo Testamento el Salmista los denomina ' flamas de fuego ' (Sal.104:4) que el autor de Hebreos interpreta ' hace a sus ángeles espíritus ' en Hebreos 1:7; y el verso 14 del mismo capítulo dice que ellos son espíritus ministradores. Pero es aquí donde surge la pregunta: ¿Son los ángeles tan espirituales que en efecto son seres inmateriales como Dios mismo? , o más bien son incorporados en un material de refinada textura? Las opiniones, tanto modernas como antiguas están muy divididas en relación a este asunto. Atanasio, Basilio, Gregorio de Nicea, Cirilo y Crisóstomo enseñaron que los ángeles existen en forma absolutamente inmaterial; pero Clemente de Alejandría, Orígenes, Cesario y Tertuliano, entre otros de los padres tempranos, creyeron que esos seres benditos se incorporaron en una forma de existencia material más refinada. El término espíritu aplicado a ellos por sí mismo no puede en lo absoluto resolver el problema; porque tanto en el hebreo como en el griego esa palabra es primariamente un término material pues indica aliento, aire o viento y, por lo tanto, puede aplicarse sin violencia a lo que sea puro espíritu o igualmente a una naturaleza de una materia refinada. Es verdad que cuando se aparecieron los ángeles a los hombres tomaron forma humana visible. Sin embargo, eso no es prueba de su materialidad, porque los espíritus humanos en su estado intermedio, aunque sin cuerpo, han tenido contacto con los hombres y aparecieron en forma humana de materia. Eso se ve en el monte de la Transfiguración donde tanto Moisés como Elías fueron reconocidos por los discípulos. También podemos añadir que los ancianos que aparecieron al apóstol Juan y conversaron con él en el Apocalipsis tuvieron forma humana (comp. Ap. 5:5 y 7:13). Pero aún éstas apariciones no nos darán una solución definitiva para el problema. Hablando teológicamente, no hay nada inconsecuente ni improbable en la suposición de que los ángeles estén investidos de una naturaleza de materia refinada. Sin duda alguna el cielo es una habitación adecuada para los tales. Enoc y Elías fueron exaltados en cuerpo y alma al cielo mediante una translación, la humanidad glorificada de nuestro Señor está entronizada allí; y los ángeles, aunque envueltos en una materia refinada, pueden habitar en los esplendores de la presencia divina . . . Con todo, como es una ley de adaptación que ninguna materialidad tan cruda como 'carne y sangre' pueden entrar en ese reino bendito, se sigue que si los ángeles como espíritus habitan en una forma de cuerpo material, ése mismo tiene que ser tan refinado en su naturaleza para excluir todo lo que involucra la posibilidad de deterioro, ni tampoco una organización con apetitos y deseos carnales. Nuestro Señor ha decidido eso al afirmar que los seres humanos en el cielo no se casan ni se les dan en casamiento, pero son como los ángeles de Dios. (Mt. 22:30). En esta comparación entre el estado final de los justos y el estado presente de los ángeles, tenemos una apreciación de la condición de ambos. Hace que nuestro interés en este tema se aumente al saber que los seres tan exaltados, con los cuales vamos a vivir para siempre, tienen una naturaleza común con la nuestra en muchas maneras; y aún es más interesante saber que en lo relacionado con los atributos más altos tanto de los ángeles como los de los hombres, se asemejan a la naturaleza humana de Cristo."—*Christian Theology*, pp. 613-14.

El arte de la edad medieval ha basado su representación de todos los seres angélicos con alas sobre una descripción bíblica en Dan. 9:21 en que nos habla de un ángel "volando con presteza". De cualquier modo, es verdad que la Biblia dice que los querubines, y los serafines o seres vivientes sí tienen alas. Y los querubines así aparecen en las imágenes de oro en el arca sobre el propiciatorio. Los ángeles, como se nota en Daniel 9:21, pasan de un lugar al otro con una velocidad increible.

VI. LA MORADA DE LOS ANGELES

El lugar de residencia de los ángeles es igualmente un asunto definitivo de la revelación divina. Se nos insinúa eso en la verdad antes anotada que todo el universo está habitado por huestes sin número de los seres espirituales. Este vasto orden de seres con todas sus categorías tiene habitaciones fijas y centros para sus actividades. Mediante el uso de la frase "los ángeles que están en el cielo" (Mr. 13:32) Cristo afirma definitivamente que los ángeles habitan las esferas celestiales. El apóstol Pablo escribe, "un ángel del cielo" (Gá. 1:8) y, "Toda la familia en los cielos y en la tierra" (Ef. 3:15). También, en la oración que Jesucristo enseñó a sus discípulos, los instruyó a decir: "Hágase tu voluntad, como en el cielo, así también en la tierra" (Mt. 6:10). El Dr. A. C. Gabelein ha escrito lo siguiente acerca de la morada de los ángeles, diciendo:

"En el hebreo, el vocablo *el cielo* está en el plural o sea *los cielos*. La Biblia habla de tres cielos, siendo tercero el cielo de los cielos, la misma morada de Dios y donde ha estado eternamente su trono. El tabernáculo que los Israelitas poseyeron fue una muestra de los cielos. Cuando Moisés estuvo en el monte de Dios, miró al inmenso cielo y vió los tres cielos. No tenía telescopio, pero el mismo Dios le mostró los misterios de los cielos. Entonces Dios le advirtió a Su siervo cuando iba a comenzar la construcción del tabernáculo, diciéndole, 'Mira, haz todas las cosas conforme al modelo que se te ha mostrado en el monte' (He. 8:5). El tabernáculo tuvo tres compartimientos, el atrio exterior, el Lugar Santo y el Lugar Santísimo. Una vez al año el sumo sacerdote entró en este lugar terrenal de adoración, pasando por el atrio, por el Lugar Santo y finalmente entró en el Lugar Santísimo llevando consigo la sangre del sacrificio para esparcirla en la presencia de Jehová. Pero, Aarón fue solamente un tipo de El que es más grande que Aarón, o sea el verdadero sumo Sacerdote. La Escritura dice que El *traspasó los cielos* (He. 4:14). 'Porqué no entró Cristo en el santuario hecho de mano, figura del verdadero, sino en el cielo mismo para presentarse ahora por nosotros ante Dios' (He. 9:24). El pasó por los cielos, el atrio, el cielo que envuelve a la tierra; el Lugar Santo, que son los inmensos universos con sus inmensurables distancias, y finalmente entró en el tercer cielo, aquél que los astrónomos saben que existe pero que ningún telescopio puede alcanzar. En los lugares celestiales, según la Epístola a los Efesios, están los principados y potestades, una compañía de innumerables ángeles. Sus moradas están en esos lugares celestiales. El Dios que los creó, que los hizo espíritus apropiándoles cuerpos conforme a sus naturalezas espirituales, tiene que haberles dado también sus habitaciones. También es significativo, y no sin razón, que la frase 'los ejércitos del cielo' quiere decir tanto las estrellas y los ejércitos angélicos. 'Jehová de los ejércitos' también tiene ese significado doble, porque El es Señor de las estrellas y Señor de los ángeles". *Op. Cit.*, págs. 34-35.

VII. NUMERO DE LOS ANGELES

Su alusión al número de los ángeles es una de las superlativas de la Biblia. Nos dice que son una multitud "que nadie la puede contar". Es razonable concluir que hay tantos seres espirituales en existencia que como los que ha habido de seres humanos en toda la historia de la tierra. Es significativo que como la frase "el ejército del cielo" describe tanto a las estrellas de la creación física como a los ángeles, éstos pueden considerarse tan numerosos como aquellas (Gn. 15:5). Citando otra vez al Dr. Cooke él agrupa todo el testimonio bíblico tocante al número de ángeles, dice:

"Oigase lo que dice Micaías: 'yo ví a Jehová sentado en su trono, y todo el ejército de los cielos estaba junto a él, a su derecha y a su izquierda' (1 de Reyes 22:19). Oigase a David en Salmo 68:17, 'Los carros de Dios se cuentan por veintenas de millares de millares.' Eliseo vió a un destacamento de estos seres celestiales enviados para guardarle y la Escritura dice que 'el monte estaba lleno de gente de a caballo y carros de fuego alrededor de él' (2 R. 6:17). Veamos lo que dice Daniel, 'millares de millares le servían, y millones de millones asistían delante de él' (Dn. 6:10). He aquí lo que los pastores de Belén vieron y oyeron la noche del nacimiento del Divino Redentor: 'Una multitud de las huestes celestiales, que alababan a Dios, y decían: Gloria a Dios en las alturas' (Lc. 2:13). Fíjense en lo que Jesús mismo dice en Mateo 26:53, '¿Acaso piensas que no puedo ahora orar a mi Padre, y que él no me daría más de doce legiones de ángeles? ' Echese una mirada al magnífico espectáculo que Juan el apóstol vió cuando contemplaba aquel mundo celestial y dijo: 'Y miré, y oí la voz de muchos ángeles alrededor del trono, y de los seres vivientes, y de los ancianos; y su número era millones de millones' (Ap. 5:11). Si tomamos esta cifra literalmente alcanza a un billón, pero representa sólo una parte de las huestes celestiales. Es probable, sin embargo, que este número no debe tomarse en su significado preciso, sino que nos es dado para indicar que hay una multitud inmensa superior a lo que generalmente los seres humanos calculan. Por lo tanto leemos en He. 12:22 no de un cierto número limitado de ángeles, sino nos habla de 'la compañía de muchos millares de ángeles". *Op. Cit.*, ps. 614-15.

VIII. PODER DE LOS ANGELES

Lo que es verdad tocante a todas las criaturas de Dios en cuanto al poder que ejercen es igualmente cierto con relación a los ángeles; es decir, que su poder es derivado de Dios. Su poder es restringido aunque muy grande. No son capaces de hacer lo que sólo a la Deidad corresponde, actos tales como crear, actuar sin medios o escudriñar al corazón humano. Ellos pueden influenciar la mente humana como una criatura puede influenciar a otra. El conocimiento de esta verdad será de grande importancia más luego cuando nos toque considerar la ascendencia que los espíritus malos pueden tener sobre los seres humanos. Se hallará que los seres humanos pueden impedir la influencia de los malos espíritus sólo por el poder de Dios (Ef. 6:10-12; 1 Jn. 4:4). Aun en el caso de un ángel, él puede pedir la ayuda divina al estar en conflicto con un ángel malo (Jud. 1:9). El Dr. Cooke continúa en el párrafo siguiente en su misma manera comprehensiva tocante al poder angélico:

" 'Fuerte ángel' y 'ángel poderoso' son términos que se leen en el Apocalipsis. El nombre Gabriel quiere decir *el fuerte de Dios;* y entre otras designaciones de las órdenes angélicas hallamos la de *potestades (δυνάμεις).* El atributo de poder extraordinario pertenece a las naturalezas angélicas en general, y eso aprendemos de la boca de David quien exclama: 'Bendecid a Jehová, vosotros sus ángeles, poderosos en fortaleza'. Nos es imposible hacer una comparación entre el poder de un ser espiritual y el poder físico del hombre por las limitaciones sobre éste último, simplemente por su estructura física. Sin embargo, si se estima el poder de un hombre por los efectos maravillosos que él puede producir a causa de su inteligencia superior y los instrumentos que utiliza, entonces tenemos la demostración que nos dará una pálida idea de los recursos del poder de los ángeles, porque su conocimiento superior de la naturaleza los capacita para emplear en un más alto grado que nosotros los recursos del universo para llevar a cabo cualquier comisión encomendada por Dios. Sea lo que fuere el modo o la medida en que ellos ejerzan sus poderes, los efectos son maravillosos. Milton los describe como capaces de sacar los montes de sus fundamentos para arrojarlos sobre sus antagonistas. Eso, ciertamente, es poesía; pero en los documentos verídicos de las Sagradas Escrituras tenemos la verdad sin ser apocada por la ficción. En la Biblia hallamos a un sólo ángel como ministro de venganza, que destruye a 70 mil personas del reino de David en solamente tres días; otro destruye en una sola noche a 85 mil soldados, armados correspondientemente del orgulloso monarca asirio; y también leemos en otra porción bíblica de un ángel que destruyó a todos los primogénitos de Egipto en una sola noche. En el Apocalipsis vemos a los ángeles deteniendo a los cuatro vientos del cielo, derramando las copas de la ira divina y enviando los fuertes truenos de la ira de Dios sobre las naciones culpables; la vieja tierra tiembla al ver la demostración del poder angélico como ministros del Dios que toma venganza sobre los pecadores. Pero los ángeles son igualmente administradores del poder para bien; y mientras su naturaleza santa les hacen los fieles ejecutores de la justicia, su benevolencia y santidad les asegura deleite en emplear sus energías en el servicio de la misericordia. *Ibid.*, ps. 620-21.

IX. CLASIFICACION DE LOS ANGELES

1. LOS GOBERNANTES. La revelación identifica ciertos grupos y también personajes individuales importantes entre los ángeles. Ya hemos mencionado unas cinco representaciones de supremacía entre estos seres; a saber, tronos (*θρόνοι*), dominios (*κυριότητες*), principados (*ἀρχαί*), autoridades (*ἐξουσίαι*) y potestades (*δυνάμεις*). Puesto que la Biblia nunca se entrega a la tautología, se puede creer que hay un significado específico inherente en cada una de estas designaciones, y tal significado se relaciona al que corresponde a las realidades terrenales que también llevan esos títulos. La verdad revelada tocante a los ángeles no es suficientemente completa para hacer una analogía plena todavía. El término *tronos* se refiere a los que se sientan en ellos; los *dominios,* a los que reinan; los *principados,* a los que gobiernan; las *potestades,* a los que ejercen la supremacía, y las autoridades se refiere a los que tienen la responsabilidad imperial. Y, aunque parezca que haya semejanza entre estas denominaciones, se puede asumir que por su medio se hace referencia a una dignidad incomprensible y a varios grados de importancia. Las esferas celestiales de gobierno exceden a los imperios humanos así como el Universo es más grande que la tierra.

2. LOS ANGELES ESCOGIDOS. Se hace referencia en 1 Timoteo 5:21 a los "ángeles escogidos", y eso nos abre un campo de investigación muy interesante en lo relacionado a la extensión de la doctrina de la elección tocante a los ángeles por parte de su Creador. Se concederá que los ángeles fueron creados con un propósito, y que en su reino, como en el del hombre, los designios del Creador serán llevados a cabo perfectamente. La caída de ciertos ángeles que prevista por Dios tanto como la del hombre en el Edén. A la vez se implica que los ángeles han pasado su período de prueba.

3. LOS QUERUBINES, LOS SERAFINES Y LOS SERES VIVIENTES. Hay por cierto muchas interpretaciones sobre esta triple clasificación de seres angélicos. El Dr. Strong insiste en que ellos son "figuras artificiales, simbólicas y temporales que en sí

mismas no tienen existencia personal". El trata de sostener esta idea mediante la aserción de que estas designaciones específicas no están unidas a los ángeles en ningún pasaje bíblico. El Dr. Smith (Diccionario Bíblico) y Dean Alford (Testamento Griego) sostienen que éstos son meramente símbolos de los atributos de Dios. La mayoría de los expositores bíblicos reconocen a éstos como ángeles exaltados a un alto rango, pero separados de los gobernantes. Algunos expositores tratan de descubrir distinciones de posición y rango entre los que son designados con estos términos. Nos parece lo más satisfactorio concederles no solamente el más alto puesto, sino también la misma agrupación general. Los distintos términos usados parecen indicar una distinción de servicio más que una de posición esencial. A causa del estado tan exaltado de estos ángeles debemos considerar su servicio con la debida atención que merecen.

a. Los Querubines. El título *querubín* habla de su posición alta y santa y su responsabilidad como tal se relaciona estrechamente con el trono de Dios como defensores de Su santo carácter y presencia. En su *Biblia Anotada* el Dr. C. I. Scofield tiene una anotación bajo Ezequiel 1:5 y dice lo siguiente:

"Los 'seres vivientes' son idénticos con los querubines. El tema es algo obscuro, pero tomando en cuenta la posición de los querubines en la puerta del Edén, en la cubierta del arca del pacto, y en Apocalipsis 4, se concluye claramente que ellos se relacionan con la vindicación de la santidad de Dios contra el orgullo del hombre pecador quien, a pesar de su pecado, podría alargar su mano para tomar del árbol de la vida (Gn. 3:22-24). Los querubines que estaban sobre el arca del pacto, habían sido hechos de una pieza con el propiciatorio, y contemplaban allí la sangre derramada que hablaba, tipológicamente, de la perfecta preservación de la justicia divina por medio del sacrificio de Cristo (Ex. 25:17-20; Ro. 3:24-26, notas). Los seres vivientes (o querubines) parecen ser seres reales del orden angélico. Compare Isaías 6:2, nota. Querubines o seres vivientes no son idénticos con los serafines (Is. 6:2-7). Los querubines parecen relacionarse con la santidad de Dios que ha sido ofendida por el pecado; los serafines, con el problema de la *impureza* en el pueblo de Dios. El pasaje en Ezequiel es sumamente metafórico, pero el efecto fue la revelación de la gloriosa presencia del Señor. Revelaciones como ésta se hallan invariablemente asociadas con un nuevo servicio y una nueva bendición. Comp. Ex. 3:2; Is. 6:1-10; Dn. 10:5-14; Ap. 1:12-19." *Op. cit.,* p. 806.

b. Los Serafines. El título *serafín* habla de la adoración sin cesar, de su ministerio de purificación, y de su humildad. Aparecen una sola vez bajo esa designación en la Biblia en Isaías 6:1-3. Su triple atribución de santidad a Dios según la registra Isaías es repetida otra vez por Juan (Ap. 4:8), pero el apóstol los llama seres vivientes, y eso nos ayuda mucho a establecer su identidad y agrupación. El Dr. Scofield en su nota sobre Is. 6:1-3 dice lo siguiente:

"(6:2) Heb.: 'abrasadores'. Esta palabra ocurre solamente aquí. Compare Ezequiel 1:5, nota. En muchas maneras los serafines se hallan en contraste con los querubines, aunque ambos expresan la santidad divina, la cual exige que el *pecador* tenga acceso a la divina presencia solamente por medio de un sacrificio que en verdad vindique la justicia de Dios (Ro. 3:24-26, notas), y que el *santo* se purifique antes de ofrecer su sacrificio al Señor. Gn. 3:24-26 es una ilustración de la primera de estas demandas; Is. 6:1-8, de la segunda. Puede decirse que los querubines están relacionados con el altar y los serafines con el lavacro." *Op. cit.*, p. 692-3.

c. Los Seres Vivientes. Esta frase es un título, y representa a estos ángeles en su obra de manifestar la plenitud de la vida divina, la actividad incesante, y la permanente participación en la adoración de Dios.

Lo incierto tiene que caracterizar el entendimiento humano en lo relacionado con los ángeles. Tocante a su majestad, su adoración de Dios y la gloria sobresaliente del objeto de su adoración, el Obispo Bull (1634-1710) (citado por el Dr. Gabelein) escribió lo siguiente:

"Cuando consideramos cuán gloriosos son los ángeles, pero al mismo tiempo son criaturas de Dios y Sus siervos como lo somos nosotros, y que ellos adoran ante el trono divino esperando cumplir los santos mandamientos de Dios, tal consideración, si la permitimos penetrar profundamente en nuestros corazones, tiene que llenarnos de las más reverentes estimaciones de la gloriosa majestad de Dios todo el tiempo, pero especialmente en nuestro acercamiento a El en adoración, y hacernos sentir la más grande reverencia y humildad. Muy a menudo debiéramos fijar nuestros pensamientos en la visión que tuvo Daniel quien vió al Anciano de Dios sentado sobre Su trono con millares de millares de ángeles que le servían y millones de millones que le asistían.

¡Con cuánta reverencia debiéramos conducirnos al dirigirnos a la majestad divina, ante Quien esconden sus rostros los mismos serafines! Y si ellos se encubren los pies dándose cuenta de sus imperfecciones naturales al compararse con el Dios infinitamente glorioso, ¡cómo debiéramos nosotros, tan viles pecadores como somos, sonrojarnos y sentirnos avergonzados en Su presencia, sin la presunción de confianza en nosotros mismos, sino descansar sobre la infinita misericordia divina y los méritos de nuestro Redentor y Abogado, Jesucristo!

Y cuando nos sentimos tentados hacia la vanidad y el orgullo, o pensamos más alto de nosotros o de nuestro servicio de lo que debiéramos, entonces reflexionemos en la enorme distancia que existe entre nosotros y los santos ángeles y cuán pobre, imperfecto y estropeado es nuestro servicio comparado con Su santo y excelente ministerio que los santos ángeles ejecutan para Dios y en nuestro favor. Sin embargo, cuando pensamos en el ministerio propongámonos tomarlos como modelos y ejemplos que debiéramos seguir". *Op. cit.*, pgs. 46-47.

4. LOS ANGELES INDIVIDUALES. *a. Lucero, hijo de la mañana. (Is. 14:12).* Este ser angélico por cierto es el más exaltado de los ángeles tanto por la creación como por su posición –él ocupa un puesto en el texto bíblico después de las tres personas de la Trinidad.

A causa de su pecado –el primero cometido en todo el universo hasta donde la revelación bíblica descubre– llegó a ser Satanás y aparece en la Palabra de Dios bajo 40 distintos títulos. Por cuanto él es el tema de la siguiente sección que trata de la satanalogía, vamos a dejar a un lado por ahora nuestra investigación de la verdad tocante a este ángel poderoso.

b. Miguel. (Dan. 12:1). El significado de este nombre es muy llamativo, pues quiere decir, *¿quién es como Dios?* En qué sentido él es como Dios no se revela; pero de los tres pasajes donde se hace mención directa de él, se puede notar que tiene gran autoridad. Según Daniel 12:1 él es quien "está de parte" del pueblo de Daniel, es decir, Israel, indudablemente en alguna forma de defensa. En Judas 9 se ve envuelto en una controversia con Satanás sobre el cuerpo de Moisés; pero es notable que en tal situación, a pesar de su grandeza personal, él mismo no "se atrevió a proferir juicio de maldición contra Satanás", sino que en dependencia de Dios reprende a Satanás con estas palabras: "El Señor te reprenda". En este texto se le da el título adicional de *arcángel;* y hay un solo arcángel. Otra vez vemos a Miguel en la predicción escrita en Apocalipsis 12:7-12. Allí se presenta como jefe de los ejércitos celestiales que ganan una victoria en el cielo sobre Satanás y sus ángeles. Además hay que notar que Tesalonicenses nos revela que "la voz del arcángel" será oída cuando Cristo venga a recibir a Su Iglesia.

c. Gabriel (Dan. 9:21). Este nombre significa *el poderoso* y evidentemente él es todo lo que ese títilo implica. En la Biblia nunca es llamado un arcángel, pero muchas veces los hombres lo llaman así. En las Escrituras él aparece 4 veces y siempre como mensajero o revelador del propósito divino. Habló con Daniel tocante al fin de los siglos (Dn. 8:15-27). Asimismo trajo a Daniel esa predicción casi incomparable que se encuentra en Daniel 9:20-27. El profeta había descubierto en los escritos de Jeremías (25:11-12) que el período de tiempo determinado que Israel debiera pasar en Babilonia era de setenta años y que ese tiempo había llegado a su fin. Entonces él se puso a orar por su pueblo. Esa oración, la misma que tenemos en el capítulo 9 del libro de Daniel, tiene que haber ocupado apenas unos pocos minutos, pero durante esos mismos momentos Gabriel pasó con una rapidez increíble desde el trono de Dios hasta el lugar donde oraba el Siervo de Dios en la tierra. Fue entonces cuando este ángel le mostró a Daniel el propósito de Jehová en lo relacionado al futuro de Israel. Fue el mismo Gabriel que llevó el mensaje a Zacarías acerca del nacimiento de Juan Bautista, y él también vino a la virgen María trayéndole el más grande mensaje jamás oído tocante al nacimiento de Cristo y de Su ministerio como Rey que se sentaría sobre el trono de David (Lc. 1:26-33).

5. LOS ANGELES ESPECIALMENTE DESIGNADOS. Se conoce a ciertos ángeles solamente por el servicio que ellos rinden. De éstos, hay los que sirven como mensajeros de juicio (Gn. 19:13;2 S. 24:16; 2 R. 19:35; Ez. 9:1, 5, 7; Sal. 78:49). Se hace mención del "vigilante" (Dn. 4:13, 23); "el ángel del abismo" (Ap. 9:11); "el ángel que tiene poder sobre el fuego" (Ap. 14:18); "el ángel de las aguas" (Ap. 16:5); y de "siete ángeles" (Ap. 8:2). En los escritos apócrifos hay mención de tres ángeles de los cuales la Biblia no habla nada; éstos se llaman Rafael, Uriel y Jeremiel.

No hacemos referencia en esta enumeración, del Angel de Jehová puesto que hemos demostrado claramente en otra sección de este tratado que ese ser es nada menos que el Cristo pre-encarnado, la segunda persona de la Santísima Trinidad. Porque no tiene relación alguna con los ángeles creados, no se le debe clasificar entre ellos.

X. EL MINISTERIO DE LOS ANGELES

Las 273 referencias a los ángeles en la Biblia son en gran manera narraciones de sus actividades, y en ellas se revela un amplio campo de hechos notables. Sin embargo, lo más importante no es su relación con los habitantes terrestres, sino su servicio a Dios. Este es principalmente un servicio de adoración, y sugiere la majestad inefable y la gloria de Dios que los ángeles no caídos comprenden, la cual sigue sin cesar para siempre a causa de la dignidad infinita de Dios. El apóstol Juan declara que en su adoración las criaturas vivientes "no cesaban día y noche de decir, Santo, santo, santo es el Señor Todopoderoso, el que era, el que es, y el que ha de venir" (Ap. 4:8). Isaías declara que ellos "daban voces el uno al otro, diciendo: Santo, santo, santo, Jehová de los ejércitos; toda la tierra está llena de su gloria" (Is. 6:3). Con el mismo propósito el salmista escribe; "Bendecid a Jehová, vosotros sus ángeles, poderoso en fortaleza, que ejecutáis su palabra" (Sal. 103:20); "Alabad a Jehová desde los cielos; alabadle en las alturas. Alabadle, vosotros sus ángeles; alabadle, vosotros todos sus ejércitos" (Sal. 148:1, 2). La humildad de los ángeles, sugerida por su manera de cubrirse los pies (Is. 6:2), es natural puesto que está siempre delante de El cuya majestad y gloria es trascendente. Para los ángeles el nacimiento, la vida, la muerte, la resurrección y la ascensión de Cristo eran realidades estupendas. No es cosa de poca consecuencia que Cristo –como lo declara el apóstol Pablo– mientras que estaba en la tierra, "fué visto de los ángeles" (1 Ti. 3:16). El interés angélico y su devoción al Señor de la gloria son medidos hasta cierto grado por la adoración que Le han ofrecido desde su creación hasta el presente. El santo más espiritual sólo muy débilmente puede anticipar lo que será el mirar directamente y sin fin la faz del Señor de la gloria. ¡Qué tal será la reacción que se despertará en el corazón humano al ver a su Creador y Redentor! Aun con su mayor capacidad de apreciación, no hay cómo saberlo de antemano, pero tal capacidad de apreciar a Dios siempre ha sido un atributo de los ángeles y también lo han experimentado. Ellos contemplan al Señor sin un velo intermedio. Su consideración de El mientras estuvo en la tierra es presentada convenientemente por el Dr. Cooke en las siguientes palabras:

"¡Con cuánta constancia acompañan (los ángeles) al Salvador encarnado durante Su misteriosa vida terrenal entre los hombres! En Su nacimiento ellos son Sus heraldos y con cánticos triunfantes anuncian las buenas nuevas a la humanidad. En su tentación le ministran; en su agonía lo socorren; al resucitar ellos son los primeros en proclamar su triunfo; al ascender ellos vienen para escoltarle a su trono de intercesión; en su estado glorificado le rinden a El su homenaje supremo como Señor; y cuando El venga para juzgar al mundo ellos formarán parte de su comitiva! ¡Qué pensamientos sublimes les vendrían a la mente, y cuántas emociones de gozo y de admiración sentirán los ángeles al presenciar las escenas que vieron durante la vida terrenal de Cristo, y las que todavía ven en el cielo con su naturaleza doble y su obra de redención ya completada¡ *¡Dios encarnado!* Todo eso fue nuevo para ellos. ¡Qué condescendencia tan asombrosa! *¡El obedeció a sus propias leyes como si fuera una mera criatura, y con la actitud de un siervo!* Eso fue completamente nuevo. Ellos le habían visto como el gobernador del universo, pero jamás hasta este momento como un súbdito. *Entró en conflicto con Satanás y experimentó una prolongada tentación.* Eso fue nuevo. Le habían visto sacar al ángel rebelde de su presencia y arrojarlo a la perdición eterna; pero jamás hasta ahora lo había sujetado a la tentación del ser cuya sutileza y poder habían seducido a miríadas para su ruina eterna. *Sufrió el escarnio y los reproches de parte de los pecadores.* Esto también fue nuevo. Ellos habían visto a millares de espíritus felices adorarle y amarle; pero jamás hasta ahora le habían visto a El personalmente insultado, vituperado y maltratado por sus criaturas. *¡El gimió en el Getsemaní y luego fue crucificado entre dos malhechores, muriendo como una víctima sacrificial!* Esto fue nuevo. ¡Lo habían visto a El sumamente feliz y glorioso; pero al verlo moribundo, al oír ese grito de agonía y contemplarlo como un cadáver sangriento –y todo para salvar al mundo de pecadores que se había revelado contra El! ¡Qué amor tan misterioso! *Luego lo vieron, después de todo lo dicho, ya entronizado y glorificado en su naturaleza humana.* Todo eso fué cosa nueva en la historia moral del universo. Todas esas escenas estaban llenas de interés, de maravilla y de misterio; una serie de maravillas en grados sucesivos más elevados hasta culminar en la presencia permanente del Dios-hombre en el cielo y resplandeciente de una gloria que llena los cielos de los cielos. En todo eso tenemos temas en los cuales las mentes angélicas pudieron instruirse por largo tiempo; aquí estaba el desarrollo de verdades escondidas; aquí estaba el descubrimiento de las perfecciones divinas antes desconocidas; y aun desarrollándose con mayor refulgencia mientras siguen avanzando las edades!" *Op. cit.*, ps. 622-23.

No hay cómo explicar el fiel servicio de los ángeles hacia los seres humanos sobre la base de su propio amor para con la humanidad. Les interesa lo que tiene que ver con su Dios. Si El habría de entregar a Su propio Hijo para morir por la raza perdida de los hombres, ellos le seguirían tanto como fuese posible, y por lo menos ofrecerían un servicio instantáneo, por amor a El, siempre que se les pidiese. No es de la imaginación, sino la realidad de que los ángeles sirven a los hombres en mil distintas maneras. No hay verdad mejor establecida en las Escrituras que la de Hebreos 1:14, "¿No son todos espíritus ministradores, enviados para servicio a favor de los que serán herederos de la salvación? "

Con respecto a los ministerios específicos de los ángeles en la tierra a favor de la humanidad -especialmente para los santos– se puede decir que los detalles forman un campo de investigación muy extenso en el cual no hay tiempo para entrar por ahora. Aunque los ángeles estuvieron presentes en la creación, no hay ninguna referencia a su ministerio en la tierra sino hasta en los días de Abraham. En compañía de Jehová ellos visitaron al patriarca en Mamre (Gn. 18:1-2) y de allí siguieron adelante para librar a Lot de Sodoma. Los ángeles se aparecieron a Jacob y fueron reconocidos por Moisés. Está escrito que la ley "fue ordenada por medio de ángeles" (Gá. 3:19), y que fue administrada "por disposición de ángeles" (Hch. 7:53). Su cuidado por el pueblo elegido de Dios se hace notorio en ambos Testamentos. En el Salmo 91:11-12 está escrito: "Pues a sus ángeles mandará acerca de ti, que te guarden en todos tus caminos. En las manos te llevarán para que tu pie no tropiece en piedra"; y en He. 1:14: "¿No son todos espíritus ministradores, enviados para servicio a favor de los que serán herederos de la salvación? " También debemos notar que fue un ángel que acompañó a los tres hebreos en el horno de fuego (Dan. 3:25), y estuvo con Daniel en el foso de los leones (Dan. 6:22).

En la fraseología del Antiguo Testamento a veces se les denomina a los ángeles *hijos de Dios,* mientras los hombres son llamados *siervos de Dios.* En el Nuevo Testamento ésto se ve al revés. Los ángeles son los siervos y los cristianos son los hijos de Dios. Este orden tan peculiar pudiera deberse al hecho de que en el Antiguo Testamento se ve a los hombres relacionados a esta esfera en la cual los ángeles son superiores; mientras que en el Nuevo Testamento se ve a los santos en relación a su estado final de exaltación a la semejanza de Cristo, un estado superior al de los ángeles.

Volviendo al Nuevo Testamento nos damos cuenta de que hay muchas referencias a los ángeles en los Evangelios y los Hechos. En vista de la verdad de que era el Creador de ellos, el Señor de la gloria a Quien ellos sirven y adoran, que dejó Su gloria y descendió a una esfera más baja que la de los ángeles, no es extraño que uno de las huestes celestiales anunciara el nacimiento del precursor a su padre; también el nacimiento del Salvador a María; y que ángeles anunciaran Su nacimiento al mundo y que ellos mismos dirigieran la fuga a Egipto; que ellos Le ministraran en el desierto; que Le socorrieran en el huerto; que estuviesen preparados en legiones para defenderle en caso los llamase; que Le vieran morir y colocar Su cuerpo en la tumba; que estuviesen también presentes para anunciar Su resurrección; que ellos dieran consejo a los discípulos en la hora de Su ascensión otra vez al cielo. Así se nota que la relación de los ángeles al encarnado Hijo de Dios es uno de los aspectos principales de la revelación bíblica sobre los cuales la mente consagrada pudiera meditar con gran provecho. En el plan de Dios esta presente edad o dispensación evidentemente carece de las manifestaciones angélicas. Esto pudiera ser porque en los santos de esta dispensación, como en ninguna otra, habita el Espíritu Santo y así sujetos a la dirección divina, la que es más constante, vital y elevadora de lo que pudieran ser las visitaciones angélicas. Sin embargo, los ángeles serán prominentes de nuevo hacia el fin de esta edad. Es entonces cuando el Señor volverá con la voz de arcángel. La Escritura dice que en su segundo advenimiento "Enviará el Hijo del Hombre a sus ángeles, y recogerán de su reino a todos los que sirven de tropiezo, y a los que hacen iniquidad, y los echarán en el horno de fuego; allí será el lloro y el crujir de dientes" (Mt. 13:41, 42; comp. v. 30). Es entonces también cuando Cristo "enviará a sus ángeles con gran voz de trompeta, y juntarán a sus escogidos, de los cuatro vientos, desde un extremo del cielo hasta el otro" (Mt. 24:31). Se hace énfasis generalmente sobre la presencia de los ángeles en las escenas del segundo advenimiento. Está escrito: "Porque el Hijo del Hombre vendrá en la gloria de su Padre con sus ángeles, y entonces pagará a cada uno conforme a sus obras" (Mt. 16:27); "Os digo que todo aquel que me confesare delante de los hombres, también el Hijo del Hombre le confesará delante de los ángeles de Dios" (Lc. 12:8, 9). A estas citas se puede añadir la de Judas 14-15 que menciona "con sus santas decenas de millares" que parece referirse a los ángeles.

Después de la dispensación del Reino, para la cual no se predice ningún servicio angélico, y cuando el Rey mismo estará presente en su gloria visible para reinar y cuando el Espíritu Santo será derramado sobre toda carne (Jl. 2:28-32; Hch. 2:16-21), otra vez los ángeles serán vistos en relación eterna y final con esa ciudad que descenderá del cielo (He. 12:22-24; Ap. 21:12).

Hay ciertos pasajes del Nuevo Testamento que indican los

ministerios específicos de los ángeles. Lucas 16:22 declara que los ángeles llevaron un alma a ultra tumba al momento de su muerte; pero de ser siempre éste el caso es pura conjetura. Hechos 5:19 y 12:7 relatan la liberación de los apóstoles de la cárcel, y 8:26; 10:13 y 27:23 nos dicen que los ángeles eran los instrumentos divinos para llevar mensajes a los hombres.

XI. LA DISCIPLINA PROGRESIVA DE LOS ANGELES

Las Escrituras revelan la verdad de que los ángeles están aprendiendo mucho al observar a los hombres en la tierra, especialmente en lo que trata del desarrollo de la obra de la redención, Incidentalmente, esto indica que los ángeles no son omniscientes. Sin embargo, no se debe concluir que ellos saben menos que los hombres. En verdad, ¡cuán interesante (y qué gran campo de descubrimiento) les sería para los hombres si les fuera dado a ellos ver todo lo que sucede en las esferas angélicas! La declaración de Pedro, "cosas en las cuales anhelan mirar los ángeles" (1 P. 1:12), nos revela la verdad en cuanto al interés de los ángeles en lo de los hombres. Es significativo que esta palabra "cosas" se relaciona al programa de Dios en los dos advenimientos de Cristo y al evangelio de la gracia que se predica a todo el mundo. Para el mismo fin la Iglesia en la tierra es una revelación a los ángeles en cuanto a la sabiduría de Dios. Está escrito: "para que la multiforme sabiduría de Dios sea ahora dada a conocer por medio de la iglesia a los principados y potestades en los lugares celestiales" (Ef. 3:10). Por lo tanto, la Iglesia también será una revelación a los ángeles de la gracia divina; porque dice en otro lugar: "para mostrar en los siglos venideros las abundantes riquezas de su gracia en su bondad para con nosotros en Cristo Jesús" (Ef. 2:7). Al escribir sobre este tema, Otto von Gerlach indicó lo siguiente: "Por la revelación de Sí mismo en Cristo, por la institución de la iglesia cristiana en la tierra, Dios en una manera hasta aquí desconocida se glorifica delante de las huestes celestiales. Estos llenos de temor reverente y alabando a Dios por la maravilla de la creación, ahora ven Su sabiduría glorificada en una nueva forma en la iglesia cristiana al notar cómo se salvan los hombres. Se manifestó en la redención una riqueza de la sabiduría divina enteramente nueva e inagotable" (Citado por Gerhart, *op. cit.*, ps. 664).

No hay base bíblica para la creencia de que la redención mediante la muerte de Cristo es ofrecida a los ángeles caídos (comp. Mt. 25:41; Ap. 20:10). Los santos ángeles evidentemente son beneficiarios y pasan a las esferas más altas de conocimiento y espiritualidad como consecuencia de lo que ven del amor redentor de Cristo. Así Cristo llega a ser para ellos un Mediador. Ningún otro escritor ha establecido tan claramente esto como el Dr. Gerhart, a quien citamos:

"El apóstol hace énfasis sobre el hecho de que la sabiduría de Dios es revelada a los principados por medio de la Iglesia. La existencia de la Iglesia y la predicación de las inescrutables riquezas por ella determinan el crecimiento de los ángeles en conocimiento espiritual. Cuánto más conocimiento de la verdad cristiana sabrán los ' principados ' cuando la Iglesia cristiana, todavía imperfecta, llegue a la perfección; ese místico cuerpo de Cristo, todavía militante, peleando contra sus enemigos tanto humanos como diabólicos, llegue a ser la Iglesia triunfante. La consumación final en el segundo advenimiento (de Cristo) afectará no sólo la posición relativa y el conocimiento espiritual de los ángeles, sino también afectará la *vida* de ellos según la revelación de ciertos pasajes bíblicos. Indirectamente, a lo menos, ellos participarán en los beneficios espirituales que llegan a la Iglesia por el Hijo del Hombre. Pablo enseña (en Efesios) que Dios el Padre ' nos ha dado a conocer el misterio de su voluntad, según su beneplácito —de reunir todas las cosas en Cristo en la dispensación del cumplimiento de los tiempos, así las que están en los cielos, como las que están en la tierra. ' Tanto la raza humana en la tierra como las órdenes angélicas en los cielos se incluyen en la frase ' todas las cosas ' que han de ser reunidas en Cristo. Entonces los espíritus angélicos tendrán una relación con la Cabeza de la Iglesia que no tienen por ahora, y que jamás tendrán antes del cumplimiento de los tiempos. El apóstol enseña la misma verdad en Colosenses 1:20 pues dice que agradó al Padre reconciliar consigo en su Hijo todas las cosas así las que están en la tierra, como las que están en los cielos. Las cosas invisibles y visibles, sean tronos o dominios, o principados o potestades; fueron creados por el Hijo y para El. Por lo tanto, todas las órdenes angélicas existen para el Hijo; 'El es el propósito de su existencia. En el Hijo estas órdenes de espíritus subsisten. El es la ley por la cual son gobernados y controlados. Habiendo hecho la paz entre los gentiles y los judíos por la sangre que él derramó en la cruz. Cristo llega a ser un mediador para los ángeles también, por quien su vida pasa de su presente esfera a una más alta de la perfección y gloria espiritual. El reino del Hijo del Hombre incluye tanto las órdenes de espíritus angélicos como todas las razas de la humanidad. Cuando la edad (αἰών) excelente que está pronto a realizarse venga a superar a la edad (αἰών) el presente, los ángeles, como consecuencia de la glorificación del cuerpo místico, subirán a una comunión más íntima con el origen que produce la vida, la luz y el amor. Pero, aunque la vida y los conocimientos de los ángeles sea elevados a un plano de perfección espiritual más alto mediante la Iglesia, sin embargo en la gloria final del reino de Dios, la posición y autoridad de los ángeles estarán subordinados a la autoridad y el oficio de los santos." *Ibid.*, ps. 664-665.

XII. LOS ANGELES COMO ESPECTADORES

Hay cuatro casos en que se dice que los ángeles observan. En Lucas

15:10 ellos se dan cuenta del gozo del Señor cuando se arrepiente un pecador. No es el gozo de los ángeles como muchas personas suponen, pues, compárese Judas 24. En Lucas 12:8, 9 tenemos estas palabras de Cristo: "Os digo que todo aquel que me confesare delante de los hombres, también el Hijo del Hombre le confesará delante de los ángeles de Dios; mas el que me negare delante de los hombres, será negado delante de los ángeles de Dios." También nos dice en 1 Ti. 3:16 que Cristo "fue visto de los ángeles", y en Ap. 14:10-11 dice que los ángeles observarán los castigos eternos de los que adoraron a la bestia y su imagen. Al contrario, nos dice en 1 Co. 6:3 que la Iglesia juzgará a los ángeles aunque no tienen mucha preparación en el presente para juzgar cosas de menor importancia en la tierra.

La presencia de los ángeles en la creación se nota en la Biblia (Job 38:7); al tiempo de la entrega de la ley (Gá. 3:19; Hch. 7:53; He. 2:2); en el nacimiento de Cristo (Lc. 2:13); en Su tentación (Mt. 4:11); en Su resurrección (Mt. 28:2); en Su ascensión (Hch. 1:10); y en Su segunda venida (Mt. 13:37-39; 24:31; 25:31; 2 Ts. 1:7).

CONCLUSION

Un conocimiento de la realidad de las vastas huestes de seres angélicos con los beneficios que se derivan de los buenos y la oposición de parte de los malos, nos será dado por la meditación en las Escrituras que contienen estas verdades, y por la oración.

CAPITULO III

PARTICIPACION ANGELICA EN EL PROBLEMA MORAL

Las palabras *problema moral* se refieren al conflicto que siempre está presente donde los agentes morales y libres se enfrentan con el problema de lo malo y lo bueno. La fuerza de este conflicto llega a su clímax en tres ocasiones principales. a) La caída de los ángeles, b) la caída del hombre, y c) la muerte expiatoria de Cristo. De éstos el primero y el segundo tienen una relación íntima; lo mismo se puede decir del segundo y el tercero. Pero la relación entre el primero y el tercero es remota pues se trata principalmente no de personas, sino de principios. Lo malo comenzó con la caída de un ángel. Ese pecado fué seguido por el de una multitud de otros ángeles según Apocalipsis 12:4. Aquel acto de rebelión contra Dios de parte de un ser angélico también volvió a realizarse en el huerto del Edén, pero en esta ocasión fue cometido por el primer hombre y el resultado fue que su naturaleza depravada le fue transmitida a toda la raza humana desde aquel funesto día. Al analizar esta secuencia histórica ya presentada, es posible reconocer que la raza fue herida mediante el pecado de su cabeza federal al ser tentada por el ángel que primero pecó en el cielo, y que una multitud de ángeles pecaron por la influencia de ese mismo pecador original. Hasta aquí ningún problema insuperable se presenta; pero sí es dificilísimo tomar el próximo paso y hallar una razón del por qué un ángel no caído, sin tentación de afuera, y viviendo en la misma presencia de Dios, y que debe haber sabido la diferencia entre la luz moral y las tinieblas morales, escogió estas últimas. ¿Cómo se explicará el nacimiento del mal moral en el seno del bien moral? El aspecto metafísico del origen del mal es un problema que los teólogos jamás han podido solucionar; por lo tanto sólo nos será posible considerar ciertos aspectos consecuentes con la finita mente humana.

Como en el caso de la caída del hombre, cuando nos acercamos al complejo tema de la caída de los ángeles, es imperativo, a la luz de lo revelado acerca de Dios, que reconozcamos ciertas verdades inmutables. (a) Dios solo es santo y en ningún sentido es El el instigador del pecado angélico, ni indirecta ni directamente. (b) Aunque los ángeles fueron creados para llenar un propósito, su caída fue anticipada desde la eternidad. (c) Se les dió la autonomía de ángeles, la que les permitió permanecer en, o salir de ese estado santo en el cual fueron creados. (d) A diferencia de los hombres que reciben una naturaleza corrompida al tiempo de su concepción física igual a la de su primer padre, los ángeles que cayeron sostuvieron una relación personal con Dios e individualmente, ellos se apartaron de su estado original de santidad como el primer ángel. (e) Aunque la caída del hombre abrió el camino por el cual Dios pudo demostrar Su gracia en la redención (Ef. 2:7), en el caso de los ángeles caídos no se les dió la oportunidad de la redención y la reconciliación con Dios.

Los ángeles fueron creados con la responsabilidad de la auto-determinación (libre albedrío). Ese fue el ideal divino representado por ellos en la creación. La posibilidad de cometer lo malo en ninguna manera era una necesidad. El declarar que Dios debiera haber impedido su caída puesto que tuvo el poder para hacerlo resulta en una confrontación entre la voluntad divina en Su gobierno y la de Su creación, o sea la expresión de la voluntad de Dios en la constitución de los ángeles.

Aunque los ángeles al ser creados despertaron conscientes en su estado de santidad sin tentación exterior, no obstante estaba en su incumbencia tanto el querer como el hacer lo que pertence a la santidad. Como en el caso del hombre, parece que se les concedió a los ángeles un período de prueba. El amor de Dios para ellos fue el del Creador para sus criaturas; pero les fue dada aquella libertad de acción que corresponde a la responsabilidad angélica. Tal libertad también le fue dada al primer hombre, pero con una excepción de primordial importancia: ya había en existencia un reino de maldad con su fuerte incitación externa para hacer el mal. Tal fuerza externa no existía para los ángeles cuando ellos comenzaron a existir consciente. Por lo tanto se puede eliminar del problema moral a todos aquellos ángeles que pecaron bajo la influencia del primer ángel pecador. Cada uno cayó individualmente, pero afectados por la fuerza de ciertas influencias que se presentaron después de experimentar su estado de santidad original. Un estado de santidad confirmado es el privilegio de los ángeles no caídos que siempre contemplan y gozan la presencia de Dios, lo que es una consecuencia mucho más probable para ellos de lo que pudiera ser para el hombre caído que jamás ha visto a Dios, ni ha experimentado por un momento la santidad inmaculada. San Agustín declara: "Que ninguno dude que los santos ángeles en sus moradas eternas están seguros y ciertos de la felicidad eterna y verdadera, aunque ciertamente no son co-eternos con Dios mismo" *(La Ciudad de Dios,* XI, 33, citado por Gerhart, *Institutes,* I, 670). Así también Richard

Hooker escribe: "Dios ocupa a los agentes naturales sólo para efectuar algunos propósitos, pero no ocupa a los ángeles sólo así porque ellos siempre contemplan la faz de Dios (Mt. 18:10) y enamorados de Su hermosura se adhieren a El eternamente. El deseo de ser semejantes a Dios en bondad los hace ser insaciables e infatigables en sus esfuerzos para hacer toda clase de bien a las criaturas de Dios, pero especialmente a los hijos de los hombres" (*Libro I,* iv. 1, citado por Gerhart, *ibid.,* ps. 670-71).

Los ángeles definitivamente fueron influenciados hacia la santidad. Esa comunión constante con Dios que se otorga a los santos ángeles, y que originalmente se extendió a todos ellos, es inmensurable en su potencialidad. La única ley era suficiente para suplir cualquier necesidad que tuvieran y así alcanzarían la felicidad deseada. Esa ley definió cada detalle de la relación existente entre ellos y Dios. El apartarse de esa voluntad resultaría en asumir una actitud falsa hacia todas las cosas. Más adelante vamos a considerar el alcance de esa desviación que cambió el amor por el aborrecimiento y la amargura.

En lo que concierne al problema del primer pecado del primer ángel, se debe notar que, bajo las condiciones que existían en aquel entonces, faltaban casi todos los medios por los que el pecado avanza. Rebelarse o declararse en contra de Dios fue la única dirección en que tal ser podía pecar. Sobre esta verdad muy patente Hooker ha escrito: "Por lo tanto, parece que no había otra manera en que los ángeles pudieran pecar, sino por el reflejo de su auto-contemplación, la admiración de su amor anterior, su adoración e imitación de Dios" (*Ecc. Pol.,* Libro I, cp. IV,2, citado por Gerhart, *ibid.* 672). A este engreimiento por posesionarse del mando de lo que el Creador había propuesto ser la autoridad y el guía, se refirió el Apóstol cuando escribió del "neófito" en lo relacionado al orden en la iglesia, diciendo: "No sea que envaneciéndose caiga en la condenación del diablo" (1 Ti.3:6; comp. Is.14:12; Ez.28:17). Aunque se revela así la naturaleza del primer pecado tan definitivamente, con todo, es un misterio cómo este principio de pecado podía recibir una bienvenida en tal ser. Continuar con Dios como Su sabiduría había especificado representaba por lo menos la sensatez angélica; apartarse de aquel camino divino fue el colmo de la insensatez angélica, pero es la responsable en este caso. El pecado no tiene lugar en la naturaleza y posición de un ángel no caído. Su presencia es nada menos que el desorden y la falta de razón.

Tanto la filosofía como la teología han tratado de solucionar el problema que se presenta en el primer pecado. Cualquier vestigio de verdad que éstos sugieran, en todo caso, ninguna es suficiente. El tratar de descubrir una razón comprensible en un caso donde la mente reconoce que la razón ha faltado como en el primer pecado angélico, es simplemente imposible. El pecado, siendo una contradicción de la razón e irracional en sí mismo, no está sujeto a la razón. Es muy posible que una criatura irracional y acostumbrada a los caminos depravados pueda tratar de entender con simpatía la insensatez que una criatura semejante exhibe, pero en ninguna manera es eso una explicación razonable para poder comprender el pecado cometido por un ángel no caído.

La criatura –sea ángel u hombre– es creada para que sea teo-céntrica. Cuando el *yo* llegue a ser el centro de su propio mundo, eso contradice la ley básica de su existencia como criatura, y resulta en una completa falsificación del orden moral divino. También se halla como una violación del designio original en cuanto a esas relaciones recíprocas que hay entre los seres finitos mismos. El pecado, pues, no sólo es contra Dios, sino también contra todos nuestros semejantes.

La caída de un ángel hace que surjan dos preguntas teológicas: a) ¿Cómo podía un Dios Santo permitir pecar a cualquier criatura? b) ¿Cómo podía pecar un ángel santo sin influencia exterior? Al considerar el problema presentado por la primera pregunta se puede decir –aunque realmente no tiene que ver mucho con la presente discusión– que se declara que la creación original de Dios es *buena* delante de Sus ojos; que el omnisciente Dios, sabiendo que ciertos de los seres morales creados dejarían el camino recto y caerían, sin embargo les dio existencia a pesar de la certeza de tal conocimiento. Con todo, en el caso de los ángeles como en el de los hombres, Dios atribuye la falta moral, no a sí mismo, sino a la criatura. En cuanto a la segunda pregunta podemos añadir esto a lo anteriormente dicho: la maldad moral en el universo es un hecho final que no se puede explicar ni tampoco ignorar su existencia. Cuando lo seguimos hasta su origen en el día que fue cometido por el primer ángel no caído, se descubre la verdad que estima que la maldad es un misterio, irracional y pecaminoso en sumo grado. El decreto de Dios anticipó todo lo que habría de existir; pero el pecado no tiene su origen en el decreto, sino en un acto libre del pecador. El pecado no se halla en la naturaleza de las criaturas hechas por la mano de Dios; si fuera así todos habrían faltado. Así que, el pecado no es concomitante con un agente libre y moral, si así fuera, todos los agentes libres y morales tendrían que pecar. El Dr. Gerhart, escribiendo sobre el tema del primer pecado dice: "El *ego* se declara contra su ley fundamental, hecho para el cual no hay una explicación razonable más que ésta, que juntamente con la creación de un ser moral autónomo, se creara la *posibilidad* de poder escoger lo malo, como una prerrogativa suya"

(Ibid.,688). Pero el Dr. Gerhart admitiría que el mero poder de escoger jamás constituye una razón para escoger. El problema queda sin explicación. San Agustín ha escrito algo sobre este aspecto del problema moral que es muy importante notar: "Si preguntamos sobre la causa de la miseria de los ángeles malos, se nos ocurre –y parece razonable– que son miserables porque han dejado a Aquel quien es supremamente, y se han vuelto a sí mismos que no tienen esa esencia de ser. Y este vicio se llama orgullo. Si se hacen más preguntas como ¿cuál era la causa directa de su mala voluntad? , la contestación es simplemente: No la hay; porque, ¿qué es lo que hace que la voluntad sea mala cuando es la voluntad misma la que hace malo al acto? Y consecuentemente la mala voluntad es la causa de la mala acción, pero no hay causa eficiente para la mala voluntad. . . Cuando la voluntad abandona lo que es más alto que ella y se vuelve a lo que es más bajo, se hace mala, no porque sea malo el volverse, sino porque el volverse mismo es malo. Por lo tanto, no es la cosa inferior lo que ha hecho mala la voluntad, sino es ella misma que se ha hecho así por desear inicuamente algo inferior." *(la Ciudad de Dios,* Libro XII, vi, citado por Gerhart, *Ibid.*, 685).

El pecado consiste en el vivir y actuar egoístamente de parte de una criatura, la que por creación es diseñada para ser teo-céntrica. Tomar otra dirección resulta en angustia en el presente y luego lo lleva a la perdición; la primera resulta en la tranquilidad presente y luego le conduce a la gloria eterna. Sin duda los ángeles comprendieron estos conceptos hasta cierto punto, y eso resulta en que el comienzo del pecado sea más misterioso que nunca. La maldad en el universo no es un accidente, ni cosa imprevista por Dios, o no le sería posible a El predecir su curso y su fin como lo hace. El conflicto de las edades se presenta en las pocas palabras de Génesis 3:15. La maldad tiene que seguir su curso hasta el fin, y hacer una plena demostración de su naturaleza para poder ser juzgada, no como una teoría, sino como un hecho concreto. "Aún no ha llegado a su colmo la maldad del amorreo hasta aquí" (Gn.15:16). El trigo y la cizaña crecen juntos hasta el fin de esta edad. (Mt.13:30). Dios ha establecido un día en el cual juzgará al mundo por aquel varón a quien designó (Hch.17:31). Y el hombre de pecado se revelará a su debido tiempo determinado por Dios según 2 Tesalonicenses 2:6-8. Así nos ha sido revelado que la maldad y el bien ambos continuarán hasta llegar a su fin determinado, y la Escritura testifica que la maldad será juzgada y llegará a su fin para no reaparecer nunca jamás.

CAPITULO IV

SATANOLOGIA: INTRODUCCION

Los seres del mundo de los espíritus, sean santos o no, se llaman *ángeles* (Ap. 12:7). Generalmente se refiere a los ángeles impíos como *δαίμονες* o *δαιμόνια*, las que se traducen como *demonios.* Hay sólo un *διάβολος* o *diablo.* Así que, hay un solo arcángel entre los ángeles impíos como lo hay entre los santos ángeles. Este jefe de los ángeles caídos aparece en las Escrituras bajo 40 títulos, a lo menos, de los cuales algunos son descriptivos, mientras otros son nombres propios, Cuando se le titula en Apocalipsis 12:10 "el acusador de nuestros hermanos", eso es un título descriptivo; pero cabe notar que mucho se revela también de él en sus nombres propios. Estos son: *Serpiente* (ὄφις), que significa *su sutileza; Lucero, hijo de la mañana,* que fue su nombre en el cielo antes de su caída; *Diablo* (Διάβολος), que significa *acusador* o *calumniador* y es de origen griego; *Satanás* (Σατανᾶς), que significa *resistidor,* y es de origen hebreo;'Απολλύων, que quiere decir *destructor; Dragón* (Δράκων), que se refiere a su poder; *el príncipe de este mundo;* el *príncipe de la potestad del aire; el dios de este siglo.* Cuatro de estos títulos personales aparecen en un solo versículo (Ap.12:9). Se puede aplicar el vocablo *Belial* al jefe de los angeles caídos sólo por implicación, aunque es verdad que el Apóstol Pablo atribuye este título a un personaje definitivo cuando pregunta: "¿Qué concordia (tiene) Cristo con Belial? " (2 Co.6:15). El señor H.A.W. Meyer (véase Gerhart, *Institutes,* 691) insiste en que el término es una referencia general a Satanás en la misma forma como lo es *πονηρός* –el maligno (traducido así en 1 Jn.5:19, pero *mal,* Mt.6:13; Jn.17:15; 2 Tes.3:3). Parece obvio en Mateo 12:24 (véase v. 27 también) que los judíos llamaban a este ser angélico *Beelzebú* (Βεελζεβούλ), compare 2 Reyes 1:2,3,6,16, lo que significa que él es "príncipe de los demonios." Como *Διάβολος* él es el único, el agente infernal que manda a todos los *δαιμόνια* o demonios. Este potente ángel se ve en la Biblia con una prominencia o importancia y poder, segundo después del Trino Dios. Se le menciona en las Sagradas Escrituras tantas veces como a todos los demás ángeles juntos. Se ve desde la primera página de la historia humana hasta la última, y siempre se le presenta como factor importantísimo en lo relacionado con los hombres, a los ángeles y al universo mismo.

Nos parece de grande significado el hecho de que las Santas Escrituras trazan con detalles y cuidado la historia de este espíritu maligno desde su creación, a través de toda su carrera y hasta su juicio final. No se da tal atención a ningún otro ser tan analizado, ni a quien se le dé tanta publicidad en lo que concierne a sus motivos, métodos, carácter y propósito como se le da a Satanás. El teólogo bíblico tiene que tomar en cuenta esta vasta revelación, pues es una doctrina de mayor importancia en la Biblia, porque se trata del que es el originador del pecado y quien lo promueve tanto en las esferas angélicas como en las humanas, y él mismo es el enemigo más encarnizado de las cosas divinas. Pero hay muy pocos que pueden decir con el apóstol Pablo, "no ignoramos sus maquinaciones." Este espíritu es el que engaña a todo el mundo y se ve claramente que el mundo no cree que él existe, y esa incredulidad obra grandemente para ventaja suya. Puesto que la mayoría de la gente está ignorante o mal informada acerca del diablo, no es cosa rara que un gran porcentaje haya caído en el poder de este "enemigo de las almas." Los "saduceos modernos" buscan cómo hacer que el diablo llegue a ser sólo un "lenguaje figurado", "una personificación metafórica de la maldad", o "una ilusión de mentes inestables." Los tales niegan su personalidad como lo hacen en el caso de los demonios. Y Satanás los anima a creer así pues tales impresiones le sirven para quitar los prejuicios y temores acerca de sus obras infernales. En cuanto a lo dicho que el diablo es "lenguaje figurado" sin personalidad verdadera, podemos afirmar que tal figura no se ve como ángel creado que peca y que es jefe del reino de las tinieblas y que llegará algún día a su destino final, como el juicio del Dios eterno y justo. Una metáfora difícilmente entraría en un hato de cerdos para causar su destrucción inmediata. Ni tampoco una metáfora ofrecería los reinos de este mundo al Señor Jesucristo, afirmando que los tales le habían sido entregados para darlos a quien él quisiera. El Dr. Gerhart ha escrito enfáticamente sobre este tema al decir lo siguiente:

"Esa exégesis racionalista que atribuye la posesión demoníaca a la superstición, y hace que lo revelado en el Nuevo Testamento sobre este tema se convierta en fantasía, si fuera aplicada a toda la enseñanza bíblica acerca de lo invisible y lo metafísico, haría que el mundo espiritual entero se volviera ilusorio. Hay sólo un corto paso entre la burla que se hace del diablo y la que se hizo del Redentor. No hemos olvidado que la creencia en la personalidad del diablo y la influencia de demonios en asuntos humanos asumió formas bien grotescas durante la edad medioeval; ni tampoco que las interpretaciones erróneas de la posesión demoníaca han hecho que los hombres cometan actos horrendos. Pero el abuso de las verdades bíblicas no hace que sean menos verdaderas en su representación del poder del diablo sobre los hombres malos y de la naturaleza. ¿Es superstición afirmar que Satanás es aquel maligno que es príncipe de este mundo porque algunos teólogos y eruditos en otras edades han hecho malas interpretaciones y aplicaciones de ciertos milagros de nuestro Señor? Si se aplicara ese método de razonar a las supersticiones verdaderas, ¿no haría que el monstruoso error del politeísmo fuera la prueba de que no hay Dios? , o ¿no haría que el oráculo de Delfos probara que Isaías no puede ser profeta genuino? o que la adoración de los fetiches en el Africa probara que ninguna adoración es digna del hombre? ¿O que el *totem* de los indígenas norteamericanos fuera la prueba de que no hay providencia divina? "– *Op. cit.*, ps. 709,710.

En la Santa Biblia hallamos que todos los elementos de la personalidad se aplican a Satanás. Si usamos métodos que le quitan a Satanás la personalidad, tenemos que decir lo mismo de la personalidad de nuestro Señor y del Espíritu Santo. El torcimiento de la verdad bíblica en tal forma sólo sirve para que ella sea guía errónea para los que la leen. Lo raro es que el mundo sigue usando la terminología bíblica relacionada con Satanás, pero sin darle el significado verdadero. Sin tomar en cuenta la revelación bíblica, el mundo ha creado en su imaginación un ser grotesco que lleva ciertos adornos extraños, el cual ha llegado a ser el carácter central en su ficción y dramas, y entonces, estando convencidos de que tal ser no existe, han echado toda la revelación bíblica al limbo de la mitología de edades pasadas. Desafortunadamente no hay cómo echar a un lado al espíritu maligno como lo revela la Biblia al pasar por alto la verdad divina cuando se usan los métodos de interpretación mencionados. No hay falta de evidencias para probar la personalidad de Satanás y de los demonios. El relato de sus hechos, como el de su destino constituyen las páginas más negras de la Palabra de Dios. El lago de fuego fue preparado no para los hombres, sino "para el diablo y sus ángeles" (Mt.25:41). No se juzgan ni los personajes ficticios, ni las metáforas por la muerte de Cristo, ni se les asigna el lago de fuego.

La caída de este poderoso ángel no era un compromiso entre el bien y el mal. El llegó a ser la encarnación del mal y totalmente carente del bien. La maldad esencial de esta persona no puede ser estimada por la mente humana. Sin embargo, su maldad es constructiva y concuerda con los ideales y proyectos que son malos simplemente porque se openen a Dios y Sus obras. Se dará mayor consideración al pecado consumado de este ser al desarrollar esta tesis. Sólo hay que agregar aquí que Satanás es la personificación viviente del engaño. Muy reveladoras son las palabras de Cristo al dirigirse a los judíos así: "Vosotros sois de vuestro padre el diablo, y los deseos de vuestro padre queréis hacer. El ha sido homicida desde el principio, y no ha permanecido en la verdad, porque no hay verdad en él. Cuando habla mentira, de suyo habla; porque es mentiroso, y padre de mentira" (Jn.8:44). También podemos mencionar el testimonio triple en el Apocalipsis. Allí en 12:9 se declara que Satanás es engañador de todo el mundo; en 20:2,3 se predice que será arrojado al abismo, encerrado y sellado hasta el fin, "para que no engañe más a las naciones hasta que fuesen cumplidos mil años." En la misma forma dice que, "cuando se cumplan los mil años Satanás será suelto de su prisión y saldrá a engañar a las naciones que están en los cuatro ángulos de la tierra" (20:7,8). Así también el tiempo de la gran tribulación, el hombre de pecado hará que la gente crea *la mentira,* la que es instigada por el diablo y recibida por la gente a causa de un "poder engañoso." Con todo esto ante la mente no es difícil dar razón de las imposturas presentes tan generalizadas; que los maestros modernos no creen en la personalidad de Satanás; que los no regenerados no aceptan su realidad; y que los cristianos en todo lugar están malinformados o ignorantes acerca de sus maquinaciones. Pocos hay, en verdad, que marcharían bajo la bandera de Satanás a sabiendas; pero se notará por lo anterior que hay pocos en realidad que no le rindan lealtad a él en cierto grado. Siendo que la verdad acerca de los ángeles es extrañamente ilusoria para la mente humana, se puede esperar que en el pensar de muchos es una realidad lo concerniente a Satanás y los demonios. A pesar de estos impedimentos de la mente natural, no hay excusa alguna por la abierta negación de la revelación divina la cual es tan clara como extensiva.

El que quiera ser hallado fiel y útil como digno expositor de las Escrituras, y guía para la humanidad, después de conocer al Trino Dios y los valores positivos de Su gracia redentora, debiera comprender la verdad acerca del enemigo de Dios, el cual "como león rugiente, anda alrededor buscando a quién devorar" (1 P.5:8). Los conflictos y pruebas del cristiano pueden explicarse por tres realidades *–el mundo, la carne y el diablo;* pero este último enemigo es el dios de este mundo, y la naturaleza mala que domina la carne se originó de la mentira de Satanás en el huerto de Edén, y él mismo es el opositor contra el creyente no sólo en la esfera de la carne y sangre, sino también en las actividades de la vida espiritual.

Si se observa el texto de las Escrituras, se hallará que éste es el más fuerte de los enemigos y es presentado a la vista del cristiano como segundo en importancia al Trino Dios, Padre, Hijo y Espíritu Santo. Si nos falta el conocimiento tocante a este enemigo –como a veces lo hacen los estudios teológicos– los resultados serán muy trágicos alcanzando hasta la eternidad. Si se da a este tema su debida atención en un curso de estudios bíblicos como lo hace la Biblia, habrá muchas páginas que estudiar y eso sin apología. Sobre todo, que no sea considerada superstición cuando se le da atención cuidadosa a tanta revelación explícita, o cuando se toma la porción bíblica en su más natural y literal significado. Fácilmente se pueden engendrar ideas fanáticas y no escriturales en lo relacionado a los malos espíritus de parte de los que tienen poco conocimiento de la Palabra de Dios; pero por lo mismo nos es imperativo tener cuidado para conformarnos a lo revelado en la Biblia. Los paganos siempre se han torturado a sí mismos por sus imaginaciones acerca de la presencia e influencia de los espíritus malos; a nosotros nos toca estar agradecidos a Dios por la revelación ya dada.

La creencia en la influencia maligna de los espíritus malos es anterior a la Biblia y se extiende a las regiones a donde nunca ha llegado la Biblia. Plutarco declara: "Había una antigua opinión de que hay ciertos demonios impíos y malignos, que envidian a los hombres buenos y tratan de impedirles en su búsqueda de la virtud, para que no puedan participar de una felicidad que ellos mismos no gozan" *(de Defect. Orac.*, p. 431, tomo 2, Edit, Paris, 1624, citado por Cooke, *Christian Theology,* p. 628). La adoración de demonios en Africa, Birmania, Ceilán, Persia y Caldea, parece ser el desarrollo pervertido de una revelación más antigua dada al principio de la raza humana. *The International Standard Bible Encyclopaedia* declara: "Hay sin duda alguna, dificultades serias para aceptar la doctrina de una potestad personal, sobrenatural y maligna como se deban en parte, por lo menos, a la falta de entender la doctrina y ciertas de sus aplicaciones. También se debe admitir que cualesquira que sean las dificultades en tal enseñanza, están exageradas y a la vez no reciben contestación de parte del escepticismo vago e irracional que lo niega sin investigación. Hay problemas en cualquier punto de vista de este universo y por lo menos algunos se resuelven al creer en un poder mundial, maligno y sobrenatural" (IV, 2695).

Muchos creen que la tierra en su primer orden (como otros planetas) era la habitación de los espíritus; que Satanás era rey de ese dominio; y que el caos indicado en Génesis 1:2 fue resultado directo del pecado de él. Poco se sabe de tales cosas y mejor es respetar el silencio de Dios.

Ha habido tres objeciones generalmente ofrecidas contra la doctrina acerca de Satanás según la enseña la Biblia. (1) Se declara que tiene su origen en la mitología, lo que no puede sostenerse. La Biblia no trata de sistematizar esta división teológica más que otra. Todo lo que se presenta bíblicamente es con la cordura y limitación que caracteriza en todo el concepto divino mundial. (2) La segunda objeción es que la doctrina acerca de Satanás se conforma al dualismo del Mazdaismo. A esto se puede replicar que toda la doctrina del mal –aparte de la anticipación eterna de ella– tuvo su principio y tendrá su fin definitivamente. Toda maldad no sólo existe por permiso divino, sino que a la vez está bajo limitaciones divinas. (3) Se dice que la doctrina concerniente a Satanás destruye la unidad de Dios; pero la creación por Dios de otras voluntades distintas a la Suya, en ninguna manera milita contra la unidad de Dios porque ellas tienen que dar cuenta a Dios de sí. Al fin de todo, como en el principio, "Dios es el todo y en todo."

Las divisiones principales de Satanalogía son (a) La carrera de Satanás; (b) El carácter maligno de Satanás; (c) El *cosmos* satánico; (d) El motivo satánico; y (e) El método satánico.

CAPITULO V

SATANALOGIA: CARRERA DE SATANAS

Al abrirse esta división de la Satanalogía, conviene que demos gracias a Dios por el libro que El ha preparado, preservado y presentado a Su pueblo; un libro que revela la verdad con una precisión infinita en lo relacionado a los habitantes de los dominios espirituales, y enseña que tal es la naturaleza de estos seres con referencia específica a la relación que ellos sostienen con la humanidad. Como hemos mencionado anteriormente, la Palabra de Dios da gran énfasis sobre la verdad tocante a un ángel muy poderoso. Hay una extensa revelación acerca de su creación, su estado original, su caída, el desarrollo y manifestación de su autoridad, los varios juicios que le tocan, y su destino final en el lago de fuego. La carrera revelada de Satanás es una historia larguísima que se extiende de un pasado sin fecha hasta una eternidad venidera sin fin, y que está llena de muchos detalles importantes.

I. SATANAS, SU CREACION ESTADO ORIGINAL Y CAIDA

Estos tres aspectos de la historia tienen una relación tan íntima que es imposible estudiarlos separadamente. El pasaje central que trata específicamente con este asunto de la carrera de Satanás es: *Ezequiel 28:11-19.* Una porción bien considerable de este contexto inmediato será estudiada verso por verso, pero en vía de preparación se observará que la revelación acerca de Satanás principia con ese período sin fecha entre la creación de los cielos y la tierra en forma perfecta aprobada por su Creador en Génesis 1:1, y esos juicios que acompañaron al fin de aquel período en el cual la tierra llegó a ser desordenada y vacía (Gn.1:1; Is.24:1; Jer.4:23-26). Se verá que esta extensa porción del profeta Ezequiel es una descripción del más potente de los ángeles, (muy significativo en verdad, es el hecho de que se dice más sobre este ángel que sobre cualquier otro, y aún más que sobre todos los demás ángeles juntos), del tiempo de la gloria prístina de la tierra, y del pecado inicial angélico. Es razonable esperar que la Biblia provea la información sobre esta historia tan vital y determinante como lo es ésta, y lo hace. El contexto inmediato que rodea esta profecía de Ezequiel da una crónica de los juicios divinos sobre los enemigos de Israel, y, según 1 Crónicas 21:1, Satanás pertenece a ese grupo.

La porción que tiene que ver con Satanás está un poco velada, pues se revela mediante imágenes orientales. Por supuesto, tal forma de expresar la verdad es tan legítima como cualquiera otra forma literaria, pero tal modo de expresión sólo es comprensible para los que buscan con diligencia su significado más profundo. Para comprender bien esta revelación acerca de Satanás, no es de poca importancia notar que los versículos anteriores de este capítulo (Ez. 28:1-10), aunque dirigidos al "príncipe de Tiro", son palabras más bien para el hombre de pecado –esa encarnación y obra maestra satánica– como las que siguen tratan de Satanás mismo. Hay un notable significado en la forma como se relacionan estas porciones y cómo siguen la una a la otra en cierta secuencia. La Palabra de Dios siempre identifica al hombre de pecado por su arrogación blasfema de querer ser Dios. En verdad, esto es lo esencial de la semejanza entre Antíoco Epífano y el hombre de pecado (comp. Dan. 8:9 con 7:8. Nótese también lo relacionado con el hombre de pecado en Mateo 24:15; 2 Tes. 2:3-4; Ap. 13:6). En Ezequiel 28:1-10 se declara esta característica con un énfasis llamativo. Como un príncipe es inferior y sujeto al rey, así el hombre de pecado está sujeto a Satanás.

Antes de este discurso a un "príncipe" y a un "rey" en Tiro, se hace alusión en el capítulo 25 a cuatro naciones que son: Amón, Moab, Edom y Filistea; y los mensajes a estos reinos ocupan sólo diecisiete versículos, mientras el mensaje para Tiro requiere ochenta y tres versículos. Tal proporción nos parece algo llamativa surgiendo así una importancia simbólica de aquella sola ciudad. Como Babilonia anteriormente, Tiro era la ciudad comercial del mundo. Mediante el énfasis ya notado se insinúa una elevación del ideal mundano de lo que significa éxito. Como en la actualidad lo que significa *éxito* es partir al mundo de ultratumba dejando todo aquí sin llevar nada consigo; mientras que el dejar nada aquí y llevar todo consigo le parece al mundo un verdadero *fracaso.* Por lo tanto Tiro llega a ser un símbolo del amor a las riquezas del mundo.

Este mensaje dirigido al "rey de Tiro" sirve para identificar al personaje en vista con uno de los cuarenta títulos por los que se le conoce en la Biblia. Como en los salmos mesiánicos se distingue entre David mismo y el más grande Hijo (el Mesías) por los rasgos sobrenaturales que se incluyen, en la misma manera la persona aludida en esta Escritura como "rey de Tiro" es reconocida como el más sublime de los ángeles. El no podía ser un mortal. Se considerarán ahora algunos de esos rasgos importantes.

Ezequiel 28:11, 12. "Vino a mí palabra de Jehová, diciendo: Hijo de hombre, levanta endechas sobre el rey de Tiro, y dile: así ha dicho Jehová el Señor: Tú eras el sello de la perfección, lleno de sabiduría, y acabado de hermosura."

Es necesario dar suprema importancia a esta Escritura cuando se reconoce que contiene no la palabra de un profeta para el rey de Tiro, sino la de Jehová. Una endecha, lo que significa una angustia intensa acompañada por golpe de pecho, es un término impresionante para describir el pesar de Jehová por los pecadores, ¿y no es esto siempre así? ¿Falta Jehová jamás en lamentarse por Sus criaturas pecadoras? Concediéndose que pudiera haber una aplicación secundaria de este lamento a algún rey de Tiro, tal conjetura tendría poco valor o significado en vista de los rasgos sobrenaturales que se introducen inmediatamente, como: "Así ha dicho Jehová: Tú eras el sello de la perfección, lleno de sabiduría, y acabado de hermosura." Se insinúa así que todo el poder creativo en lo que tiene que ver con la sabiduría y hermosura se ve en esta criatura. Tales frases no deben salir de la boca de Dios para aplicarse a un hombre caído quien, además, es un rey pagano. La expresión, sin embargo, concuerda con la verdad al notar que es un mensaje al más alto de los ángeles antes de su caída.

Ezequiel 28:13. "En Edén, en el huerto de Dios estuviste; de toda piedra preciosa era tu vestidura; de cornerina, topacio, jaspe, crisólito, berilo y ónice; de zafiro, carbunclo, esmeralda y oro; los primores de tus tamboriles y flautas estuvieron preparados para tí en el día de tu creación."

No importa mucho si esto se refiere a un Edén prístino o al Edén de Génesis 3. Satanás ha estado en ambos; pero nadie aseguraría que el rey de Tiro fuese así favorecido. El ornamentárselo con joyas sugiere su gran importancia y el lustre de su apariencia. Así con tanto esplendor se exhibió en el huerto de Edén, porque su nombre *nahash* (hebreo) traducido serpiente, quiere decir *el reluciente.* El apóstol Pablo declara que aún ahora él "se disfraza como ángel de luz" (2 Co. 11:14). Las piedras preciosas que se mencionan aquí se ven sólo tres veces en la Biblia: (a) en el pectoral del sumo sacerdote, y así fueron una manifestación de la gracia divina; (b) en la Nueva Jerusalén que refleja así la gloria de Dios; y (c) como parte de la vestidura de este gran ángel y representa lo más alto de la creación de Dios. No había cómo distinguir esta criatura de Dios en mejor forma que por medio de estas piedras preciosas. En igual forma esta apariencia presenta a este ángel en su creación como diadema de alabanza a su Creador. "Tamboriles y flautas" se prepararon en él. No necesitaba instrumento alguno de alabanza para glorificar a su Creador; *él* era diadema de alabanza. Pero la declaración más reveladora en este versículo es la que afirma que él es un ser *creado.* Esta verdad esencial se anuncia otra vez en el verso quince donde dice que era "perfecto" en todos sus caminos desde el día en que fue creado. El poder y la sabiduría de este ser son tan vastos que muchos han pensado que él es tan eterno como Dios mismo. Siendo criatura, a pesar de su posición, él tiene que estar sujeto al fin a su Creador y dar cuenta a El. Y eso lo hará Satanás algún día.

Ezequiel 28:14. "Tú, querubín grande, protector, yo te puse en el santo monte de Dios, allí estuviste; en medio de las piedras de fuego te paseabas."

Es muy llamativo que este ser pertenece al orden de los querubines, porque, como hemos indicado antes, estos seres angélicos están relacionados al trono de Dios como protectores y defensores de Su santidad. Habiendo presentado recientemente la prueba al respecto, no hay necesidad de repetirla aquí. Jehová dirige una palabra especial a este ángel: "Yo te puse en el santo monte de Dios." El rindió este servicio específico como querubín o protector sobre el mismo trono de Dios, pues la frase *el monte de Dios* se ocupa en el Antiguo Testamento para designar el asiento de la autoridad de Dios (comp. Ex. 4:17; Sal. 2:6; 3:4; 43:3; 68:15; Is. 2:2; 11:9). De estos versículos se puede concluir que este gran ángel fue creado superior a los otros ángeles para ser defensor del trono divino. Si se sugiriera que el Dios Todopoderoso no tiene necesidad de defensores, se podría contestar que no es cuestión de lo que Dios necesita, sino lo que El ha revelado. Sin duda El no necesitaba el querubín en la entrada del huerto de Edén; con todo lo puso allí.

La frase que falta escudriñar en el verso 14, "en medio de las piedras de fuego te paseabas", es algo obscura. Es posible que se refiera a la gloria primordial de la tierra. Las piedras de fuego pueden ser una manifestación del fuego consumidor que Jehová es. En tal caso, esta declaración querrá decir que en su posición tan elevada este ángel andaba en una íntima relación a la santidad divina.

Volviendo por un momento a la identificación de este ser, se admitirá que esta descripción tan exaltada no corresponde a ningún rey de Tiro. Ningún miembro de la raza caída ha sido jamás diadema de alabanza, ni tampoco ha sido creado directamente por Dios, ni tampoco había sido puesto en el santo monte de Dios, ni había andado entre las piedras de fuego, ni tampoco era perfecto en todos sus caminos desde su creación.

Ezequiel 28:15. "Perfecto eras en todos tus caminos desde el día que fuiste creado, hasta que se halló en ti iniquidad."

Ahora se cambia la descripción y se hace mención del primer

pecado de este ángel. Se halló iniquidad en él. Parece que fue descubierto un pecado secreto. La omnisciencia de Dios no puede ser engañada, ni tampoco falta en conocer todas las cosas. Si nuestros pecados secretos se hallan delante de la luz de su rostro (Sal. 90:8), se puede decir lo mismo de los pecados secretos de los ángeles también.

Ezequiel 28:16. "A causa de la multitud de tus contrataciones fuiste lleno de iniquidad y pecaste; por lo que yo te heché del monte de Dios, y te arrojé de entre las piedras de fuego, oh querubín protector."

La palabra *contrataciones* es muy sugestiva. El mismo pensamiento ocurre en respecto al hombre de pecado en Ezequiel 28:5. Lo que se expresa en esta palabra *contrataciones* no tiene que ver nada con la compra y venta y el cambio de mercaderías de parte del mundo comercial. La palabra en el original significa "dar rodeos" o pasear. Pémber sugiere que se trata del asunto de la calumnia y eso puede indicar la obra de Satanás de pasear entre los otros ángeles tratando de conseguir su lealtad por calumniar a Dios, y así hacerles rebelarse contra el Creador. La acusación directa "y pecaste" seguida por su arrojamiento del cielo son rasgos importantes en la carrera de Satanás, y los vamos a considerar en detalle más adelante.

Ezequiel 28:17. "Se enalteció tu corazón a causa de tu hermosura, corrompiste tu sabiduría a causa de tu esplendor; yo te arrojaré por tierra; delante de los reyes te pondré para que miren en ti."

Se infiere por estas frases lo que era el pecado de Satanás, el pecado se describe plenamente en otras escrituras. La naturaleza egoísta de todo pecado es evidente en la cita de arriba. Con todo es un paso bien largo desde "las piedras de fuego", con todo el honor y gloria que tal frase significa, al lago de fuego hacia el cual marcha la carrera de Satanás.

Ezequiel 28:18-19. "Con la multitud de tus maldades y con la iniquidad de tus contrataciones profanaste tu santuario; yo, pues, saqué fuego en medio de ti, el cual te consumió, y te puse en ceniza sobre la tierra a los ojos de todos los que te miran. Todos los que te conocieron de entre los pueblos se maravillarán sobre tí; espanto serás, y para siempre dejarás de ser."

Parece obvio que estos versos indican el juicio inmediato, el futuro y el juicio final de Dios sobre este gran ángel, juicios que se encuentran descritos en otras porciones de la Biblia.

En este solo contexto Dios da el origen, el estado, el carácter y el pecado del más alto de los seres angélicos. No hay cómo exagerar la importancia de esta revelación en lo que tiene que ver con la doctrina de los ángeles y la del hombre. Dios no creó a Satanás como tal; El creó un ángel que era perfecto en todos sus caminos, y aquel ángel pecó por oponerse a la voluntad de Dios. Por aquel acto él llegó a ser Satanás, el opositor, y todo lo demás que sus títulos significan. La pregunta hecha por los antiguos sobre ¿quién hizo al diablo? ha sido contestada en el pasaje ya considerado. Allí se ve que Dios creó al santo ángel que poseía el poder de escoger entre lo bueno y lo malo, y él escogió lo malo. Mediante el poder degenerador de pecado, lo mismo como Adán, Satanás llegó a ser un personaje muy distinto del que fue creado por Dios. Cuando Dios crea un ser para cumplir un determinado propósito, ese ser tiene que cumplir perfectamente ese ideal divino. Conviene, pues, al tratar de descubrir las dimensiones de este gran ángel, identificar el propósito por el cual él fue creado y evaluar sus cualidades a la vista de tal propósito. Por su pecado Satanás perdió su santidad original y también su posición celestial, pero retuvo su sabiduría y se ha dedicado a seguir en los caminos del mal en los cuales sus conocimientos han sido prostituidos al nivel de *mentiras, engaños, trampas y astucias.* El alcance de estas obras, su carácter elevado, la motivación y los métodos de Satanás constituyen la parte principal de lo que será estudiado más adelante. En su libro, *Satanás,* F. C. Jennings da un resumen al finalizar su exposición de la porción en Ezequiel con las siguientes palabras: "(a) a causa de su fondo y lenguaje, es imposible aplicarla a un hijo caído de Adán; (b) por lo tanto el tal tiene que ser un espíritu o ángel; (c) este ángel o espíritu, cualquiera que sea, era lo más alto de la creación prístina de Dios; (d) su oficio era el de defender el trono de Dios, e impedir que se acercara lo malo y lo injusto; (e) se halló en él la iniquidad que consistía en la exaltación de sí mismo; (f) la sentencia por su pecado consiste en la expulsión de su posición aunque no ha sido llevado a cabo por completo" (ps. 55-56).

II. EL PECADO DE SATANAS

El pecado preciso de Satanás está delineado con claridad y con muchos detalles mayormente en un pasaje bíblico central; a saber, Isaías 14:12-17. Es verdad que, desde el principio Satanás no ha cesado de pecar; pero en éste pasaje el enfoque está sobre su pecado inicial el cual (según la revelación bíblica) es el primero cometido en el universo. Una exposición parcial se ha hecho sobre este pasaje importante en una división anterior de esta tesis, y apropiadamente aparecerá otra vez como asunto fundamental en la hamartiología En verdad, este primer pecado no sólo ayuda a comprender al primer pecador, Satanás, sino también es la norma o modelo de todo pecado, pues demuestra con claridad aquel elemento en el pecado que hace que sea lo que es –"sobremanera pecaminoso" (Ro. 7:13).

Por referirse este pasaje a una caída del cielo (Is. 14:12-17) presenta una pregunta de mucha importancia. Se trata de la cuestión del lugar donde Satanás reside ahora. ¿Fué echado en verdad del cielo o sigue ocupando la esfera en que fue puesto originalmente? Un concepto erróneo bien popular es que Satanás vive en las regiones infernales, pero eso no concuerda con la revelación bíblica. Al pensar en eso, conviene darnos cuenta de nuevo que hay en la Biblia tres cielos: (a) el de la atmósfera en el cual se mueven los pájaros, y en que el príncipe de este mundo es muy activo con gran autoridad; (b) el espacio astral que es la morada de las huestes angélicas como hemos indicado antes; (c) el "tercer cielo" que es la morada del Trino Dios y cuya ubicación no hay cómo precisar. La cuestión que estamos considerando es si Satanás y los ángeles caídos fueron echados de su habitación original. Hay ciertos pasajes que arrojan luz sobre el problema. De Cristo está escrito que "él dijo: yo veía a Satanás caer del cielo como un rayo" (Lc. 10:18). Si esto es historia o profecía tiene que determinarse por escudriñar otros pasajes de la Biblia. Apocalipsis 12:7-9 nos presenta un lanzamiento de Satanás del cielo a la tierra y parece que eso es futuro según la descripción dada. El pasaje dice: "Después hubo una gran batalla en el cielo: Miguel y sus ángeles luchaban contra el dragón; y luchaban el dragón y sus ángeles; pero no prevalecieron, ni se halló ya lugar para ellos en el cielo. Y fue lanzado fuera el gran dragón, la serpiente antigua, que se llama diablo y Satanás, el cual engaña al mundo entero; fue arrojado a la tierra, y sus ángeles fueron arrojados con él." El profeta Ezequiel predice un arrojamiento de Satanás al escribir: "Tú pecaste; por lo tanto te arrojaré como profano del monte de Dios" (28:16-19). El pasaje no revela el tiempo cuando esa promesa se cumplirá, fuera del hecho de que está relacionado con los juicios finales que le tocan al Diablo. Hay ciertos pasajes que indican que Satanás está todavía en aquel cielo al que tiene derecho por su creación. En Job 1:6 se dice que Satanás estaba entonces presente en el cielo. Está escrito: "Un día vinieron a presentarse delante de Jehová los hijos de Dios, entre los cuales vino también Satanás". Aparentemente no había nada raro en la presencia de Satanás en tal lugar, ni en esa ocasión. Se le pidió que diera cuenta de sus actividades, y lo hizo. En su informe, incidentalmente él revela la verdad de que tiene suficiente libertad para "rodear la tierra y andar por ella", y a veces puede presentarse en la misma presencia de Dios. El Señor Jesucristo dió esta amonestación a Pedro: "Simón, Simón, he aquí Satanás os ha pedido (ἐξῃτήσατο)"demandar por pedir"), para zarandearos como a trigo" (Lc. 22:31). Se implica por esto que Satanás apareció personalmente delante de Dios con esta petición. También el apóstol manda: "Vestíos de toda la armadura de Dios, para que podáis estar firmes contra las asechanzas del diablo. Porque no tenemos lucha contra sangre y carne, sino contra principados, contra potestades, contra los gobernadores de las tinieblas de este siglo, contra huestes espirituales de maldad en las regiones celestes" (Ef. 6:11-12). Se ve en este pasaje que las potestades malas aún frecuentan las esferas celestes. La evidencia que se nos da en estas escrituras –y aparentemente no hay otras contrarias– es que Satanás aún está en su morada original y estará allí hasta ser echado fuera a la tierra en el tiempo de la gran tribulación según Apocalipsis 12:7-9.

Si queremos interpretar correctamente los dos pasajes más importantes (Is. 14:12-17 y Ez. 28:11-19) que contribuyen más al conocimiento de la historia temprana de Satanás, es necesario que distingamos entre los puntos de vista de los autores humanos. Ezequiel en su visión profética se posa a la entrada de la historia angélica y vió en *perspectiva* hasta el fin de la carrera de Satanás, mientras Isaías en su visión profética se para al fin de la historia y mirando *restrospectivamente* vió lo que describe. La verdad que Isaías vió en retrospectiva explica la fraseología con que se abre su profecía, pues presume que ese gran ángel había caído entonces del cielo. Mucho de lo que se encuentra en esta predicción falta por cumplirse plenamente. Las aspiraciones y obras colosales de este ángel vistas por Isaías todavía no están concluidas.

Otra cosa notable son los extremos contrastes empleados por los profetas al aplicar ciertos títulos a este ángel. Al comenzar su descripción del estado santo y alto cuando Lucero fue creado, Ezequiel se dirige a él (hablando por Jehová) y usa el título terrenal "rey de Tiro"; mientras Isaías, quien trata de expresar la degradación de este ser, se dirige a él con su título celestial, "Lucero, hijo de la mañana". Parecería que se emplean estos títulos a propósito con el fin de que estos dos estados –uno que expresa lo más alto del poder creativo, y el otro que revela hasta lo bajo que él descendió– sean yuxtapuestos en forma llamativa. El título, "Lucero, hijo de la mañana" es una designación gloriosa celestial que identifica a este gran ángel antes de su caída moral. *Lucero* quiere decir "luciente o brillante" y es casi idéntico con *nahash,* la serpiente que significa "resplandeciente". El Señor Jesucristo tiene los títulos "la Estrella resplandeciente de la mañana" y "el Sol de justicia". Los títulos "Lucero, hijo de la mañana" y "estrella resplandeciente de la mañana" se parecen mucho. El Señor Jesús es llamado "el último Adán" como sucesor del primer Adán, quien cayó. ¿No es posible que en alguna forma no revelada aún, El sea "la Estrella resplandeciente de la mañana" como sucesor del caído "Lucero, hijo de la mañana"? Esto es sólo uno de los paralelos y contrastes que hay entre Cristo y Satanás, entre Cristo y Adán y entre Satanás y Adán.

La profecía dada por Isaías sigue: " ¡Cómo caíste del cielo, oh Lucero, hijo de la mañana! Cortado fuiste por tierra, tú que debilitabas a las naciones. Tú que decías en tu corazón: Subiré al cielo; en lo alto, junto a las estrellas de Dios, levantaré mi trono, y en el monte del testimonio me sentaré, a los lados del norte; sobre las alturas de las nubes subiré, y seré semejante al Altísimo. Mas tú derribado eres hasta el Seol, a los lados del abismo. Se inclinarán hacia ti los que te vean, te contemplarán, diciendo: ¿Es éste aquel varón que hacía temblar la tierra, que trastornaba los reinos; que puso el mundo como un desierto, que asoló sus ciudades, que a sus presos nunca abrió la cárcel? " (Is. 14:12-17).

Así el profeta anuncia la caída de este ángel, la ocasión de ella, y algo de su poder estupendo. En cuanto al último se dice que fue él que "debilitaba a las naciones", que "hacía temblar la tierra", que "trastornaba los reinos" y que "a sus presos nunca abrió la cárcel". Mucho de este vasto programa falta por cumplirse, y el poder y autoridad que eso connota pertenece a otra discusión más tarde. Otra vez se ve el énfasis que el pecado de Satanás debió haber sido secreto. Esto es lo que quiere decir las palabras, "tú que decías en tu corazón". También se declaran en este pasaje cinco formas de expresar la voluntad de Satanás opuesta a la de Dios; por ejemplo *"yo subiré"*. Débil en verdad es la imaginación humana para poder pensar en la crisis que existía en el cielo en aquel momento. Estas cinco formas del "yo haré" de Satanás parecen ser aspectos de un solo pecado. Cuando más tarde el Apóstol describía las características aceptables para un oficial de la iglesia, decía que el tal no debe ser neófito, "no sea que envaneciéndose caiga en la condenación del diablo" (1 Ti. 3:6). El Señor Jesucristo afirmó que Satanás no permaneció en la verdad, y que fue dominado por un deseo impío, y que ha sido homicida desde el principio (Jn. 8:44). Todas estas declaraciones son, sin duda, simplemente varias formas de describir un pecado –el buscar cómo salir de la esfera en la cual fue creado y del propósito y estado que le fueron asignados. Se observará pues, que esto es esencialmente lo que caracteriza todo pecado humano, como también el pecado angélico. Las cinco formas de expresar la voluntad de Satanás sobre la de Dios son:

1. "Subiré al Cielo". En este primer aspecto del pecado de Satanás, aparentemente él se proponía hacer como su morada propia el tercer, o más alto, cielo donde Dios reside junto con los redimidos (2 Co. 12:1-4). La habitación de los ángeles evidentemente está en un plano menor; porque, al volverse el Señor Jesús al más alto cielo después de su resurrección, se dice que se sentó "en los lugares celestiales, sobre todo principado y autoridad y poder y señorío" (Ef. 1:20, 21); pero Satanás, cuya morada es la de los ángeles (aunque sus actividades le permiten acceso tanto a la tierra como al tercer cielo (comp. Job 1:6; Ez. 28:14), impíamente determinó que su morada debiera ser más alta de la que le fué dada por su Creador. La gracia redentora de Dios no se satisfará hasta que algunos de entre la raza humana, aunque por creación fueron hechos un poco más bajo que los ángeles (Sal. 8:4-6; He. 2:6-8), sean llevados a participar en la ciudadanía celestial en la esfera más alta (Jn. 14:3; 17:21-24; Col. 3:3-4; He. 2:10; 10:19-20); pero Satanás no tiene derecho ni por posesión ni por redención a reclamar esa esfera como su morada. Su intención egoísta que se ve en esta Escritura es una afrenta al plan y propósito del Creador.

2. "Junto a las Estrellas de Dios Levantaré mi Trono". Se revela en este declaración que Satanás (aunque nombrado como defensor del Trono de Dios) aspiraba a posesionarse de un trono suyo propio y reinar sobre las "estrellas de Dios". Parece obvio que no se refieren al sistema astral, sino más bien a los seres angélicos (Job 38:7; Jud. 1:13; Ap. 12:3-4; 22:16). Evidentemente mucho de esta ambición impía de Satanás en cuanto a un trono se le ha permitido tener, pues está escrito que él es reconocido como rey (aunque juzgado ya) con autoridad tanto en lugares celestiales (Mt. 12:26; Ef. 2:2; Col. 2:13-15) y en los terrenales (Lc. 4:5, 6; 2 Co. 4:4; Ap. 2:13). Es muy claro el carácter pecaminoso del propósito satánico de conseguir un trono.

3. "En el Monte del Testimonio me Sentaré, a los Lados del Norte". Como hemos dicho antes, el concepto, "el monte" parece referirse al asiento del gobierno divino en la tierra (Is. 2:1-4), y la mención del testimonio parece referirse a Israel, pues otra traducción es *congregación.* Así que el pasaje enseña que la ambición también de Satanás es participar en el gobierno mesiánico en la tierra, un gobierno que tiene su centro en Jerusalén, la ciudad del gran Rey. Salmo 48:2 nos dice que el Mesías reinará en el monte de Sion, "a los lados del norte". También las Escrituras nos revelan que Cristo Jesús fue crucificado al lado norte de Jerusalén y allí El juzgó a los principados y potestades (Col. 2:15). Es posible que en ese juicio Cristo frustrara los designios impíos de Satanás para siempre para el reino mesiánico.

4. "Sobre las Alturas de las Nubes Subiré". Creemos que el significado de este dicho se aprenderá al descubrir lo que quiere decir la palabra *nubes.* De las 150 referencias a nubes en la Biblia, unas cien a lo menos tienen que ver con la presencia y gloria divina. Jehová apareció en una nube (Ex. 16:10); éste fue llamada "nube de Jehová" (Ex. 40:38); cuando Jehová estaba presente la nube llenó la casa (1 R. 8:10); "Jehová pone las nubes por su carroza" (Sal. 104:3; Is. 19:1). Como el Señor Jesús fue al cielo, así vendrá otra vez en las nubes del cielo (Mt. 24:30; Hch. 1:9; Ap. 1:7); también los distintos pueblos de Dios se comparan a nubes (Israel en Is. 60:8; y la Iglesia en 1 Tes. 8:17). El "hombre de pecado" que es de Satanás, se exaltará "sobre todo lo que se llama Dios, o es objeto de culto'" (2 Tes. 2:4), y en esto parece que Satanás busca para sí algo de la gloria que sólo pertenece a Dios.

5. "Seré Semejante al Altísimo". Esta quinta y última de las expresiones de la voluntad de Satanás en contra de la de Dios puede considerarse como la llave para entender y trazar sus motivos y métodos. A pesar de la impresión casi universal de que Satanás *no quiere ser como* Dios en lo más mínimo, aquí se revela que su propósito principal es *ser como Dios.* Se observará que no es su ambición ser como Jehová, el que existe en sí, lo cual ningún ser creado puede alcanzar, sino más bien él desea ser como el Altísimo, un título que significa "el poseedor de los cielos y la tierra". Por lo tanto, el propósito de Satanás es llegar a tener autoridad sobre el cielo y la tierra. Como en todo pecado, el carácter pecaminoso de éste se ve en el hecho de no querer permanecer en el puesto que le ha sido designado por el Creador. Al seguir este propósito de su vida como imitador de Dios y hacer imitaciones fraudulentas de las obras de Dios, parece que, con toda sinceridad, Satanás recomendó a Adán y a Eva que ellos mismos serían "como Dios", o *Elohim,* el Creador. A esta insinuación impía Adán respondió positivamente, y eso fue un reflejo fiel de la ambición suprema de Satanás de ser como el Altísimo, y así Adán entró en el mismo curso de un repudio del propósito de Dios para él. Tan universal es este pecado hoy que el hombre cree que en verdad ha hecho algo tremendo si, por gracia divina, él rinde su voluntad para hacer la voluntad de Dios, cuando en verdad él no se debiera haber apartado de cumplirla. En el extraño e inexplicable permiso de Dios, el hombre ideal satánico, ese "hombre de pecado", algún día se proclamará Dios mismo, sentándose en el templo de Dios (2 Tes. 2:4); pero afortunadamente esto parece ser el clímax de la arrogación impía del hombre y constituye una manifestación de que se aproxima el fin de la edad (Mt. 24:14, 15).

Bien se puede hacer un resumen del propósito de Satanás con los siguientes puntos: (1) Buscar la más alta posición en el cielo; (2) conseguir para sí los derechos de reinar tanto en el cielo como en la tierra; (3) ser reconocido como el Mesías; (4) recibir la gloria que a sólo Dios se debe; y (5) ser semejante al Altísimo, "Poseedor del cielo y de la tierra".

Es imposible evaluar en forma adecuada el efecto inmediato del pecado inicial de Satanás, en primer lugar sobre él mismo, y luego sobre esa vasta hueste de seres espirituales que "no guardaron su dignidad", sino más bien juraron lealtad a Satanás; y finalmente el efecto sobre la raza humana cuya cabeza federal (Adán) siguió la misma repudiación a Dios.

III. SATANAS SEGUN EL ANTIGUO TESTAMENTO

Se ve a Satanás en el Antiguo Testamento en distintas caracterizaciones, pero sólo cuatro veces bajo el título hebreo *Satán.* En 1 Cr. 21:1 se hace mención de Satanás incitando a David a que hiciese un censo de Israel en contra de la voluntad de Dios. Se ve claramente en este acto del diablo su propósito y carácter maligno. Tanto en el Salmo 109:6 como en Zacarías 3:1-2 podemos ver los designios satánicos. En el primero de estos dos pasajes se invoca la presencia de Satanás como juicio sobre los enemigos de Jehová, mientras el segundo presenta a Satanás como listo a resistir el propósito divino a favor de Josué el sumo sacerdote. Es Jehová mismo quien directamente reprende a Satanás; y esta verdad tiene su paralelo en el Nuevo Testamento en Judas 1:9 donde Miguel pide que Jehová reprenda a Satanás por su oposición. La cita de Satanás en el Antiguo Testamento que nos falta se encuentra en esa narración *iluminativa* de la discusión entre Jehová y Satanás sobre Job. Como esta porción bíblica requiere una investigación extensa en la próxima división de Satanalogía, no vamos a estudiarla por ahora, fuera de mencionar que Satanás, como siempre, se presenta como gran opositor de Dios.

La completa revelación del poder mundial rebelde de Satanás no se ve en el Antiguo Testamento, sino más bien en el Nuevo. Es posible que la revelación plena de tal reino satánico hubiera sido demasiado fuerte a la luz de lo incompleto de la verdad divina en aquel entonces. Así como hay progreso en el desarrollo de la doctrina sobre las cosas buenas, lo hay también de las malas para que la inter-relación y balance entre los dos permanezcan en forma correcta. En el Antiguo Testamento lo básico que aprendemos del reino y poder de Satanás es que Jehová mismo lo ha permitido. (Ex. 10:20; 1 S. 16:14; Is. 45:7; Am. 3:6). Esto del permiso divino en ninguna manera libra a los malhechores de la responsabilidad de sus hechos pecaminosos. El primer título por el cual se introduce este gran ángel en la Biblia no recibe completa clarificación con respecto a su significado hasta en Apocalipsis 12:9 (Véase también 2 Co. 11:3).

IV. SATANAS SEGUN EL NUEVO TESTAMENTO

Al comenzar a leer el Nuevo Testamento el estudiante bíblico se da cuenta en seguida de la gran actividad de Satanás y los demonios. Parecería que toda posibilidad de oponerse a Dios de parte de estos seres caídos se reunió para el encuentro. Con la certeza de que el propósito eterno de Dios en la redención iba a efectuarse, los poderes de las tinieblas se apresuraron a manifestar su rebeldía violentamente. Tanto esfuerzo satánico no sólo concuerda con lo revelado, sino también con la razón. Hay una sola situación comparable a esto, a saber, el tiempo del segundo advenimiento del Señor Jesús cuando se realizará lo dicho en Apocalipsis 16:13-14, que dice: "Pues son espíritus de demonios, que hacen señales, y van a los reyes de la tierra en todo el mundo para reunirlos a la batalla de aquel gran día del Dios Todopoderoso." Esta misma manifestación se revelará más completamente en el Salmo 2, como también en Apocalipsis 19:17-21. El verdadero carácter de aquel conflicto venidero se ve en el hecho de que éstos reyes que pelean son endemoniados.

Se puede atribuir una doble clasificación a la actividad de Satanás en el Nuevo Testamento, la que se manifiesta a causa de su autoridad como rey sobre los espíritus malos, y la segunda la que se manifiesta a causa de su dominio mundial. La contestación del Señor Jesucristo a los que le acusaron de haber echado fuera a Satanás por el poder del mismo Satanás fue que una casa dividida contra sí misma no permanecerá, y El les hizo una pregunta, "Si Satanás echa fuera a Satanás, ¿Cómo permanecerá su reino? " Se hace mención de este pasaje sólo para presentar la verdad de que Satanás sí tiene reino de espíritus malos. Cristo no sólo hace la implicación de un reino satánico, sino que lo dice en forma directa y es menester aceptar lo dicho por el Señor. También está escrito que Satanás es "el dios de este siglo" (mundo), de tal manera que él pudo ofrecer los reinos de este mundo a quien quisiera (Lc. 4:6). Es muy probable que toda actividad de Satanás tiene relación con una u otra de estas esferas de autoridad.

Al comienzo del ministerio del Señor Jesucristo en la tierra, Satanás lo encontró en el desierto. Hay mucho misterio relacionado con ese encuentro que sin duda se extiende a las esferas angélicas. También penetra a la unión hipostática de las dos naturalezas en Cristo. Aparentemente la tentación obra en la esfera de la humanidad y sugiere el ejercicio de los aspectos humanos —cuerpo, alma y espíritu– su ajuste a la presencia e impulsos de su deidad. Para la mente humana es imposible comprender la relación entre las dos naturalezas sin embargo, las declaraciones claras en la Biblia deben ser aceptadas. Sin duda estos problemas sobrenaturales son comprendidos por Satanás, y le dan amplio campo para conflictos que no tienen paralelos en la experiencia humana, sin embargo se ven los rasgos importantes de la situación con fidelidad. El Señor Jesús lleno del Espíritu, fue impulsado por el mismo Espíritu al desierto y allí se sujetó a una tentación o prueba que continuó cuarenta días y cuarenta noches. Como clímax de esta prueba Satanás le presenta una triple oferta. La primera involucra la destrucción de esa separación entre Su deidad y humanidad que Cristo Jesús siempre preservó. Si las necesidades comunes para comida y bebida fuesen provistas sobrenaturalmente por Su deidad, El no habría sido probado en todo como lo son Sus discípulos en este mundo. La segunda prueba o tentación consistía en posesionarse de los reinos del mundo en un tiempo abreviado y sin pasar por el sacrificio de la Cruz. El Padre tiene pacto con el Hijo en cuanto a la posesión de los reinos (comp. Salmo 2:8-9), pero el camino determinado por el Padre pasaría por la Cruz para llegar al triunfo. En cierto sentido podemos decir que Satanás tiene intereses personales en esto, pues hay gran diferencia entre el cambio de los reinos de este mundo por la adoración del Hijo de Dios en vez de seguir un camino de destrucción final en el lago de fuego. En la tercera tentación se le ofrece a Cristo la oportunidad de recibir un reconocimiento de parte del pueblo sin los sufrimientos y vergüenza predeterminados. En todas estas pruebas el Señor Jesús responde a Satanás con la Palabra de Dios y así demostró claramente que las acciones propuestas por Satanás no concordaban con la voluntad de Dios. El primer Adán fue vencido por Satanás; pero el último Adán hizo huír a Satanás. Como Hijo de Dios a la luz de Su deidad no había otra salida posible; como hombre verdadero Su victoria es inmensurable y llega a ser modelo para los santos de Dios en todas las edades.

Lo que significan los ataques subsecuentes de Satanás sobre el Señor Jesucristo como se infiere de Lucas 4:13, ("y cuando el diablo hubo acabado toda tentación, se apartó de él por un tiempo"), no es fácil discernir. Se puede afirmar, sin embargo, que había otros y era posible que Cristo lo experimentara muchas veces antes de morir en la Cruz.

V. SATANAS JUZGADO EN LA CRUZ

Al trazar la carrera de Satanás, el próximo evento que tenemos que notar es su juicio y el de los espíritus que le siguen, por la obra expiatoria del Señor. Este tema se extiende en su alcance hasta la vida y servicio de los ángeles. Se involucran asuntos que quedan fuera de la esfera terrenal, y es por eso que se debe estudiar el tema con cautela. Lo que está revelado debe ser recibido como Palabra de Dios y de esto ciertas conclusiones generales pueden deducirse. En Su muerte Cristo Jesús trató con el pecado como principio, o en totalidad, y mientras es un privilegio gozoso para un ser humano el saber que su propio pecado personal ha sido pagado en la Cruz, y que Dios está satisfecho con la muerte de Cristo; es muy evidente que lo alcanzado por el Señor es infinito y eterno. La Espístola a los Colosenses contiene dos pasajes notables que presentan el carácter sin límite de la obra de Cristo en la Cruz. En Colosenses 1:15-18 el apóstol atribuye al Señor la obra de la Creación y enseña que El es preeminente sobre todo, para luego declarar lo siguiente (1:19-22): "Por cuanto agradó al Padre que en él habitase toda la plenitud, y por medio de él reconciliar consigo todas las cosas, así las que están en la tierra como las que están en los cielos, haciendo la paz mediante la sangre de su cruz. Y a vosotros también que erais en otro tiempo extraños y enemigos en vuestra mente, haciendo malas obras, ahora os ha reconciliado en su cuerpo de carne, por medio de la muerte, para presentaros santos y sin mancha e irreprensibles delante de él." El alcance de la reconciliación que se provee mediante la cruz es tan infinito como ese dominio que incluye el cielo y la tierra. El término *reconciliación* no es equivalente con *restauración,* ni tampoco con *salvación.* Su significado preciso es "efectuar un cambio completo" y lo que se logra se ve claramente en que la estimación de Dios de todas las cosas ha cambiado por completo a causa de la obra de la Cruz. Cuando se dice (por ejemplo en 2 Co. 5:19) que Dios ha reconciliado consigo al mundo, eso no quiere decir que todos los hombres son salvos, ni que serán salvos. Y con un significado similar, la reconciliación de "todas las cosas", como se declara en Col. 1:20 no indica que todas las cosas en el cielo y la tierra son perfectos a la vista de Dios, ni que lo serán jamás. La reconciliación conseguida por la obra de Cristo en la Cruz ha provisto una base para la redención de los que Dios antes había escogido, y también la base para el juicio de los que rechazan la redención ofrecida a ellos. No hay ninguna insinuación en las Sagradas Escrituras de que los hombres caídos que siguen impenitentes, o que los ángeles caídos, serán rescatados del juicio final que les espera. (Mt. 25:41; Ap. 20:12-15). Es muy probable que todo lo que se incluye en la reconciliación no es comprensible a la mente humana, pero la verdad de que hay beneficios que se extienden a las cosas en el cielo y en la tierra mediante la obra de expiación sí es claramente comprensible. Son juzgados ya Satanás y todos sus seguidores. Estos seres caídos y sus malas obras han sido juzgados por Dios, aunque se espera una ejecución futura del juicio. Aunque el calcañar del Juez fue herido, es igualmente cierto que la cabeza de "la serpiente" ha sido herida. Es imposible herir la una sin herir la otra.

El segundo pasaje en Colosenses es sumamente explícito y claro, aunque es posible que nosotros no lo comprendamos por completo. Reza así: "Anulando el acta de los decretos que había contra nosotros, que nos era contraria, quitándola de en medio y clavándola en la cruz, y despojando a los principados y a las potestades, los exhibió públicamente, triunfando sobre ellos en la cruz" (Col. 2:14, 15). Aquí, como en el pasaje anterior, se declara enfáticamente que el valor de la obra expiatoria en la cruz se extiende a dos dominios, el humano y el angélico. No estamos considerando por ahora el efecto en el dominio humano, pero en ese dominio angélico se han realizado cumplimientos estupendos como lo declara el pasaje al mencionar el *despojamiento* de principados y potestades, exhibiéndoles públicamente, *triunfando* sobre ellos en la cruz. La imaginación humana pensaría que tales efectos se lograrían delante de un tribunal de juicio, pero el pasaje enseña más bien que eso es una realidad hoy efectuada en la cruz. Puesto que este tema es tan inmenso como la esfera y destino de los ángeles, el estudiante bíblico debe pedir sabiduría a Dios, y acercarse a su consideración con la debida humildad. La verdad del juicio de Satanás en la cruz se confirma mediante dos declaraciones del Señor Jesucristo, la una en Juan 12:31 que dice: "Ahora es el juicio de este mundo; ahora el príncipe de este mundo será echado fuera"; y la otra en Juan 16:11, "y de juicio, por cuanto el príncipe de este mundo ha sido ya juzgado." Se hicieron estas declaraciones inmediatamente antes de la crucifixión y así conecta el juicio de Satanás a la muerte anticipada del Señor. A éstas se puede agregar también lo dicho en Hebreos 2:14, "Así que, por cuanto los hijos participaron de carne y sangre, él también participó de lo mismo, para destruir por medio de la muerte al que tenía el imperio de la muerte, esto es, al diablo." En esta forma la enseñanza explícita de la Biblia es que Satanás y sus huestes fueron juzgados, aun siendo despojados, exhibidos públicamente, derrotados y echados fuera por el Señor Jesús mediante la obra del Calvario. Tal en verdad es el hecho histórico, pero falta todavía descubrir cuáles son los rasgos importantes de aquel juicio y los resultados inmediatos y futuros. Tocante al resultado inmediato, se puede repetir aquí que nos es menester hacer una diferencia entre un juicio hecho el cual consiste en una sentencia legal aún no ejecutada, y la ejecución final de la pena. La evidencia es concluyente de que todavía no se ha llevado a cabo la sentencia, pues Satanás aun anda libre y en esta actual dispensación Dios lo llama "el príncipe de la potestad del aire" (Ef. 2:2) y "el dios de este siglo" (2 Co. 4:4). Evidentemente se le permite seguir como usurpador hasta el tiempo de su ejecución. Una ilustración llamativa de la relación entre Satanás y el mundo la tenemos en una historia tomada del Antiguo Testamento. Se trata de David y Saúl. Es natural que David, primer rey que ocupó el trono davídico, sea tipo del Mesías (o Cristo) de quièn se dijo que sería el último rey que ocuparía tal trono (Lc. 1:31-33). Como hubo un tiempo entre el ungimiento de David y la expulsión de Saúl durante el cual éste reinó como usurpador bajo sentencia divina siendo David el rey designado por Dios; así también hay ahora un período durante el cual Satanás reina como usurpador bajo sentencia de muerte eterna, y la ocupación del trono de Cristo aún está en el futuro. En este período Satanás, el monarca rechazado, aún reina buscando como causar la muerte de todos los aliados con el Rey ungido de Dios. Sobre este importante período de la carrera de Satanás y el carácter de ese reino tipificado en Saúl, queremos citar algo escrito por el Sr. F. C. Jennings. Dice él:

"Así que, pueden recordar que Dios permitió que Israel escogiera su primer rey, y escogieron a Saúl, de quien se decía, 'desde los hombros arriba era más alto que todo el pueblo.' ¿Por qué se nos dice eso? ¿Habremos agotado su significado al pensar sólo que él era un hombre bien alto? Estoy seguro que no; sino más bien el Espíritu de Dios quiere proveer así un tipo perfecto de aquél que en la misma manera sobrepasaba a *sus* colegas. En otras palabras él era, según lo revelado en otras Escrituras, el superior de todas las inteligencias creadas del mundo de los espíritus. Pero Saúl desobedece, o, para conformarnos al lenguaje sugerido por el paralelismo, *se halló en él maldad* (Ez. 28:15), y fue removido de su oficio real, le fue rasgado de él el reino según 1 S. 15:27, 28, y entonces Dios ungió para sí otro rey, un rey-pastor, David. Ahora bien, no hay nadie que dude que David sea un tipo del amado Hijo de Dios, así que, ¿por qué no pudiera ser posible que Saúl fuera el tipo del opositor de Cristo? Seguramente lo es, pero debemos notar un punto importantísimo: *Saúl retuvo su trono, y aún fue reconocido como rey después de ser rechazado por Dios.* La sentencia fue pronunciada pero no se ejecuta en seguida. Y ¿qué de David? El es buscado como ave en las montañas y tiene que esconderse en la cueva de Adulam. Dios no intervino en seguida para quitarle a Saúl su dignidad de rey aunque en verdad él había perdido el derecho, el que le fué dado a David. El poder es de Saúl; el título es de David. David es rey *de jure;* Saúl es rey *de facto.* ¿No le parece que hay aquí una analogía maravillosa? Satanás, aunque ha perdido todo derecho y título de reinar sobre la tierra, sigue cual Saúl en su poder y dignidad. Como Saúl, Satanás reclama todo el poder del gobierno, mientras el 'David' verdadero, a quien pertenecen los derechos, vive en la cueva y en la cual se reúnen los 'descontentos' con las condiciones actuales del mundo en que viven. Los tales se reúnen con El y lo aceptan como Rey, siguiéndole en su rechazamiento. Así que, mientras Satanás es el príncipe de este mundo en el presente, la analogía de la historia inspirada y otras referencias bíblicas nos inducen a creer que él es un príncipe *usurpador;* un príncipe con el *poder,* pero sin el *título.* También conviene notar que, como Saúl, Satanás había sido ungido, ocupando una dignidad alta y algo de esa dignidad y ungimiento es de él todavía, de tal manera que, como David llama a Saúl 'el ungido del Señor', así Miguel reconoció la dignidad de Satanás y lo reprende en el nombre de Dios.' "*Op. cit.,* ps. 25-27.

Volviendo a la verdad central como está expresada en Colosenses 2:15, se recordará que el pecado específico que causó la caída de Satanás, la de los ángeles y del hombre, aunque motivado por el orgullo que produjo una carrera de impiedad, fué que este ángel presumió oponerse al plan y propósito de Dios tanto para él como para otras criaturas. El introdujo una filosofía de vida, un modo de procedimiento que es directamente opuesto a la voluntad revelada de Dios. Es mentira en el sentido de que contradice lo que es infinitamente verdad. Cuál debe ser el juicio para tal ofensa no corresponde a los hombres determinar, sino que le toca al tres veces santo Dios. El juicio propiamente tiene a la vista la naturaleza del crimen cometido, y por eso se declara que Satanás pasará la eternidad en el lago de fuego. Satanás dijo: "En lo alto, junto a las estrellas de Dios, levantaré mi trono . . . seré semejante al Altísimo." Parece claro que eso es lo esencial del programa de Satanás. Conforme a ese propósito le quitó a Adán el cetro y desde entonces ha dominado la gran mayoría de la familia humana por todas las generaciones. Efesios 2:12 declara enfáticamente que ellos están separados de Dios y no había cómo acercarse a El otra vez hasta que el Señor Jesús efectuara la obra de redención en el Calvario. Por supuesto, ha habido un número reducido de la raza (los patriarcas y el pueblo de Israel) a los cuales se les permitió acercarse por sacrificio de animales; con todo, la gran masa de la humanidad permaneció sin esperanza y sin Dios en este mundo. Por lo tanto, parece que el dominio del diablo sobre la raza humana se basaba en el hecho de que no podían alcanzar una relación más alta. A causa de este hecho fundamental, si Dios se hubiera acercado a los pecadores, Satanás podría haber presentado objeción a causa de la misma santidad de Dios que no le permite hacerlo. Satanás está completamente dedicado a su filosofía infernal y a defender a los que lo aceptan como suyo. Por lo menos jamás los soltaría sin una resistencia digna de su poder. Mientras Dios no trató con la impiedad del hombre en la Cruz, el conflicto resultó mayormente favorable para Satanás. En Isaías 14:17 está escrito que "a sus presos nunca abrió la cárcel." Tal declaración es muy reveladora. Sin embargo el mismo profeta Isaías, cuando hacía referencia a la obra del Mesías venidero, dijo que él vendría "a publicar libertad a los cautivos, y a los presos apertura de la cárcel" (Is. 61:1 y Lc. 4:16-21). Este encarcelamiento a que se refiere es mucho más serio y extenso de lo que hacen los gobiernos humanos. Jamás se sugiere que los encarcelados justamente por un crimen serán librados. El encarcelamiento vino a causa del repudio de Dios de parte de la cabeza federal (Adán) de la raza humana. Estos encarcelados no sólo son esclavos de pecado, sino también sirven al diablo. Es él quien opera en todos los hijos de desobediencia (Ef. 2:2); Satanás había atado una hija de Abraham por medio de una enfermedad física causada por un espíritu malo (Lc. 13:16); él mismo tenía el imperio de la muerte (He. 2:14, 15); y el apóstol testifica frecuentemente de las actividades de Satanás (comp. 1 Co. 5:5; 7:5; 2 Co. 12:7; 2 Tes. 2:18). Las invitaciones incomparables que se hace –"venga . . . el que quiera" y "al que a mí viene, no le echo fuera", sólo son posibles hoy por la redención efectuada por el Señor Jesucristo. La puerta está abierta ya y el evangelio debe ser predicado "a toda criatura".

Así que, se ve ahora que el juicio de Satanás por el Señor Jesús en la Cruz tenía que ver en primer lugar con ese crimen original de Satanás y con esa filosofía del repudio de Dios que ese pecado original representa. El pecado como principio de maldad fue juzgado. El juicio efectuado en la Cruz alcanza al mundo de seres humanos por quienes Cristo murió, y llega a ser la base del evangelio de salvación.

Por ahora será necesario pasar por alto ese extenso cuerpo de literatura relacionado con la actividad e influencia satánica, tanto sobre los impíos como sobre los cristianos, pues será incluido oportunamente en otra división de esta tesis.

VI. EJECUCION DE LOS JUICIOS DE SATANAS

La Palabra de Dios presenta la ejecución de esos juicios contra Satanás por la obra del Calvario en tres etapas o eventos sucesivos. Deben considerarse completamente aparte de los tres juicios ya pasados; a saber, (a) la degradación moral y consecuente pérdida de posición causada por la caída; (b) la sentencia pronunciada contra él en el Huerto del Edén y (c) el juicio de la Cruz. La ejecución futura triple de Satanás es lo siguiente:

1. SATANAS ARROJADO DEL CIELO. El lanzamiento de Satanás del cielo con su consecuente limitación, junto con los ángeles caídos, a la esfera de la tierra es revelado en Apocalipsis 12:7-12. El pasaje reza así: "Después hubo una gran batalla en el cielo: Miguel y sus ángeles luchaban contra el dragón, y luchaban el dragón y sus

ángeles; pero no prevalecieron, ni se halló ya lugar para ellos en el cielo. Y fue lanzado el gran dragón, la serpiente antigua, que se llama diablo y Satanás, el cual engaña al mundo entero; fue arrojado a la tierra, y sus ángeles fueron arrojados con él. Entonces oí una gran voz en el cielo, que decía: ahora ha venido la salvación, el poder y el reino de nuestro Dios, y la autoridad de Su Cristo; porque ha sido lanzado fuera el acusador de nuestros hermanos, el que los acusaba delante de nuestro Dios día y noche. Y ellos le han vencido por medio de la sangre del Cordero y de la palabra del testimonio de ellos, y menospreciaron sus vidas hasta la muerte. Por lo cual, alegraos, cielos, y los que moráis en ellos. ¡Ay de los moradores de la tierra y del mar! , porque el diablo ha descendido a vosotros con gran ira, sabiendo que tiene poco tiempo." Junto con lo revelado tocante a la verdad central de que Satanás y sus ángeles serán echados fuera del cielo, hay abundante revelación en este pasaje. Los medios que se ocupan para lanzar fuera a Satanás y a sus huestes son nada menos que la autoridad y el poder de los santos ángeles encabezados por Miguel. Siendo vencidos los ángeles caídos, se les limita a la esfera de la tierra, expulsados por completo de sus moradas habituales. Se eleva en el cielo un cántico de regocijo a causa del destierro de los ángeles, y todo esto es muy llamativo. Además, se dirige a la tierra y a sus habitantes un ¡ay! de angustia en vista de la calamidad que les ha venido con la presencia de los malos espíritus. Relacionado con ese lanzamiento es la gran ira del diablo, pues parece que por primera vez se da cuenta que la causa a que se había dedicado ya está perdida para siempre. Ciertamente no es causa de regocijo para los moradores de la tierra el tener al diablo enfurecido, juntamente con sus ángeles limitados a actuar en el orbe terrenal. Al contrario, esta situación que describimos es uno de los factores principales en el desarrollo de aquella gran tribulación que la Biblia predice para esos días (comp. Mt.24:21; Dn.12:1). En el pasaje de Daniel (12:13-17) encontramos que la fuerza de esa tribulación recae principalmente sobre el pueblo de Israel, lo que está confirmado en muchas otras Escrituras.

Ese lanzamiento del cielo de las huestes satánicas significa mucho también a los denominados "Hermanos" en el pasaje de Apocalipsis 12, los que son acusados delante de Dios por Satanás día y noche; además es notable lo que sigue: "y ellos le han vencido por medio de la sangre del Cordero y de la palabra del testimonio de ellos." Aquí puede surgir la pregunta acerca de qué es lo que constituye la oposición de Satanás en los caminos de Dios para con los hombres. Es posible que haya gran resentimiento contra la verdad de que la redención no se extiende a los ángeles caídos como a los hombres caídos. Parece que hasta cierto punto Satanás aún ejerce algo de su responsabilidad como defensor y promotor de la justicia sobre la cual siempre descansa el trono de Dios. Los ministros de Satanás se disfrazan como "ministros de justicia" (2 Co.11:15), pero aquí en este texto se hace referencia a una justicia *personal* o la *justicia propia.* El plan divino de redención propone justificar (declarar justo) a los pecadores delante de Dios a base de los méritos de Cristo que El proveyó en Su muerte por los perdidos. Es muy fácil creer que Satanás se opondría el declarar justos a los pecadores por la obra redentora del Señor Jesús, pues es justamente ese elemento en el mensaje del evangelio a que Satanás resiste, y sobre el cual él "ciega el entendimiento de los perdidos" (2 Co.4:3,4). El que ha sido "especialista" en fomentar el concepto de una "justicia propia", también ha sido el que menos comprende el concepto de una justicia imputada y se le opone enérgicamente. Esto no debe ser considerado como cosa extraña, pues el concepto de justificarse a sí mismo, o tener una justicia propia que vale delante de Dios es igualmente promulgado por los hombres en los cuales Satanás opera. Es por eso que él se opone al concepto bíblico de la justificación por gracia y por fe. Las acusaciones de Satanás contra los hermanos sin duda tiene que ver con los pecados cometidos personalmente por ellos. No parece concebible que les acusaría de lo que no sea verdad; tal modo de operación sería obviamente mentira. Más bien Satanás mismo está tan ofendido por el hecho de que los santos sean preservados a pesar de ser indignos como lo es imputarles justicia sin méritos propios al salvarlos. La Biblia nos ofrece una ilustración de esta posición inexpugnable de los redimidos. Dios dijo a Balac por medio del maldispuesto profeta Balaam: "Yo no he notado iniquidad en este pueblo, ni perversidad en Israel." Ciertamente había iniquidad en este pueblo, pero, cuando le ataca el enemigo de la gracia divina, Jehová se deleita en declarar que El no vio nada de lo malo ni perverso en ellos sobre lo cual podían ser acusados. Dios no dice que tales maldades no existen, pero sí los declara cubiertos con la sangre redentora, y así El no ve nada de lo que el enemigo los acusa. Sin embargo, cuando Dios trata con los redimidos mismos no se cansa de indicarles lo malo que cometen y enseñarles el camino de la santificación. De esta gran verdad el Salmista escribe: "Jah, si mirares a los pecados, ¿quién, o Señor, podrá mantenerse? " El hecho que no le atribuye iniquidad al redimido es posible a causa de la obra de redención y jamás resulta de cortesía de parte de Dios. La actitud del enojo expresado por Balac es un reflejo de la actitud de Satanás quien operaba en él. En la misma manera la maldad condenada en Caín no fue la inmoralidad, sino la manifestación de esa idea satánica de conseguir el reconocimiento divino por una dignidad personal propia. El sacrificio cruento ofrecido por Abel, el cual miraba hacia adelante a aquel sacrificio redentor de Cristo, se le proveyó una relación perfecta con Dios la cual jamás sería posible establecer por obras de justicia propia.

Se les dará a los santos los premios determinados delante del tribunal de Cristo en el cielo. En ese día jamás se hará mención de los pecados ya lavados por la sangre del Cordero, y tal silencio sólo es posible con el lanzamiento del acusador de los hermanos. Los que han experimentado el perfecto perdón de sus pecados y la justificación divina sentirán gran gozo en aquel día.

2. EL JUICIO DE SATANAS AL TIEMPO DEL SEGUNDO ADVENIMIENTO DE CRISTO. La venida de Cristo para establecer Su reino milenial termina con el tiempo conocido como la gran tribulación (Mt.24:20) y pone fin al reinado del hombre de pecado (2 Tes.2:8-10), y al mismo tiempo Satanás será atado con una cadena y echado al abismo. Esto se describe en las siguientes palabras bíblicas: "Vi a un ángel que descendía del cielo, con la llave del abismo, y una gran cadena en la mano. Y prendió al dragón, la serpiente antigua, que es el diablo y Satanás, y lo ató por mil años, y lo arrojó al abismo, y lo encerró, y puso su sello sobre el, para que no engañe más a las naciones, hasta que fuesen cumplidos mil años; y después de esto debe ser desatado por un poco de tiempo" (Ap.20:1-3). Este pasaje revela mucho más que el hecho de Satanás atado y arrojado al abismo. Se declara que Satanás es engañador de todo el mundo, y asegura que habrá un tiempo de mil años en la tierra sin esa actividad engañosa de parte del diablo. Su presencia en la tierra durante la tribulación ha hecho una mayor contribución a la angustia de ese tiempo. Por lo tanto, no es extraño de que su ausencia hace que el milenio sea un período de paz y justicia en la tierra. Creemos que no es posible para la mente humana comprender todo lo que está involucrado en estas declaraciones. Un poco más adelante en este pasaje se nos revela que Satanás será desatado por un poco de tiempo. Dice así: "Cuando los mil años se cumplan, Satanás será suelto de su prisión, y saldrá a engañar a las naciones que están en los cuatro ángulos de la tierra, a Gog y Magog, a fin de reunirlos para la batalla; el número de los cuales es como la arena del mar. Y subieron sobre la anchura de la tierra, y rodearon el campamento de los santos y la ciudad amada; y de Dios descendió fuego del cielo, y lo consumió" (Ap.20:7-9). Aquí se dice que otra vez las naciones serán engañadas, y ese engaño resulta una vez más en una guerra horrible, pero afortunadamente será la última. Se ha predicho que las guerras cesarían durante la edad milenial que es un tiempo de paz (Is.2:1-4), pero al ser suelto Satanás y sacado del abismo, en seguida

las naciones volverán a los conflictos como solución de sus problemas. Esta verdad doble de que no habrá guerra en la tierra cuando esté ausente el poder y los engaños satánicos, y que, al ser suelto una vez más el diablo, en seguida se vuelven a la guerra tan pronto como Satanás pueda engañar a las naciones; todo demuestra claramente que él es la causa de todas las guerras en la tierra. Pues bien, ésta es la última guerra porque Dios mismo·intervendrá con Sus juicios sobrenaturales y su destrucción.

Hay una profecía bíblica en el Antiguo Testamento que contribuye a aclarar lo revelado ya, de que Satanás estará en el abismo. Se dice en Isaías 24:21-23 lo siguiente: "Acontecerá en aquel día, que Jehová castigará al ejército de los cielos en lo alto, y a los reyes de la tierra sobre la tierra. Y serán amontonados como se amontona a los encarcelados en mazmorra, y en prisión quedarán encerrados, y serán castigados después de muchos días. Y la luna se avergonzará, y el sol se confundirá, cuando Jehová de los ejércitos reine en el monte de Dios y en Jerusalén, y delante de los ancianos sea glorioso." Parece que hay razón suficiente para creer que "los ejércitos de los cielos en lo alto y los reyes de la tierra sobre la tierra" se refiere a los ángeles caídos y sus principados y potestades; y si es así, entonces es claro que todos ellos, con su jefe, se hallarán en el abismo. ¿En cuál otro lugar pudieran estar en aquel tiempo de paz y justicia? Generalmente es una verdad bíblica que un rey y su reino son considerados como una unidad, y lo que pasa con uno, le toca al otro también (comp. Dn.2:37,38). Basándose en ese principio de interpretación, se puede presumir que los ángeles caídos acompañarán a Satanás hasta el fin de su carrera. Se observará que algunos de ellos ya están en cadenas esperando el juicio final que vendrá sobre todos los espíritus (Jud. 6; 2 P.2:4), y nos parece muy significativo que, a lo menos como testigos, los santos se asocian con Cristo en ese juicio (1 Co.6:3).

3. EL JUICIO FINAL DE SATANAS. Apelamos a las Escrituras mismas para describir mejor este último paso en la ejecución del juicio de Satanás. "Y el diablo que los engañaba fue lanzado en el lago de fuego y azufre, donde estaban la bestia y el falso profeta; y serán atormentados día y noche por los siglos de los siglos" (Ap.20:10).

CAPITULO VI

SATANOLOGIA:
EL VIL CARACTER DE SATANAS

Al acercarnos a este tema defícil e intrincado, se requiere que pensemos brevemente sobre una pregunta importante, a saber: ¿Cuánta libertad se le permite a los ángeles en el ejercicio de sus poderes para cometer el mal? De las implicaciones de ciertos pasajes bíblicos y las deducciones de la razón, se deduce que mucho de lo posible en lo pecaminoso para los hombres es imposible para los ángeles, y que ellos ni lo conocen. Por ejemplo, no hay evidencia de que los ángeles experimenten la tentación de cometer los pecados en que caen los humanos como son las relaciones inmorales, la glotonería, y la perversión de las funciones normales del cuerpo humano. Es igualmente cierto de que, para los ángeles, no hay tentación a la avaricia, el robo, etc., puesto que, conforme a lo que sabemos, ellos no tienen posesiones de ninguna clase. En verdad es más fácil descubrir los pecados que ellos cometen que sacar una lista de lo que obviamente no hacen. El pecado angélico se ve en dos maldades semejantes: *el orgullo ambicioso y la mentira,* en las formas que se manifiestan en la existencia angélica. Nuestra consideración del vil carácter de Satanás tiene que limitarse a estos dos pecados. Lo grave del pecado de Satanás no se descubre por compararlo con la maldad cometida en las esferas humanas, sino comparándolo con la santidad de Dios, y a la luz de lo que El requiere de los ángeles.

Como Dios es la personificación del bien, Satanás lo es de lo malo en su esfera de actividades. Por cuanto Dios es infinito, El es infinitamente bueno. Satanás, siendo finito, es malo sólo conforme a los medios y recursos a su alcance. Siendo que él es lo más alto de la creación de Dios, es el único que puede asumir el puesto de *antidiós.* Se reconoce que Satanás aún va a presentar a su anticristo y exaltarlo; pero es claro que desde el principio él se ha arrogado a sí mismo las funciones de antidiós, y es este concepto impío de ser dios el que lo motiva a seguir en su carrera de ambicioso orgullo. En la misma forma él es *antiverdad,* pero en las manifestaciones y formas que representan un desafío para los talentos del estudiante bíblico para descubrirlas. Así como la inteligencia de este ángel sobrepasa a la humana, también no es posible que la mente humana comprenda su naturaleza mala y sus obras. Sin embargo, se anticipa que los creyentes, enseñados por el Espíritu Santo, se dedicarán a estudiar estos importantes temas con discernimiento y con provecho. Las impresiones populares tocante al carácter de Satanás son generalmente erróneas. Sin duda alguna si el hombre de la calle tuviera que enfrentarse con el problema de definir la naturaleza pecaminosa de Satanás, encontraría poco de qué acusarle. Y eso no es extraño, puesto que el hombre pecador ha adoptado como su ejemplo el mismo ideal de Satanás. No se puede esperar que el mundo se juzgase a sí mismo, y esto es especialmente aplicable en vista de que Satanás ha cegado el entendimiento de los incrédulos. El vil carácter de Satanás se verá claramente en la doble maldad de que él es culpable, a saber, el orgullo ambicioso y la mentira.

I. SU DOBLE MALDAD

1. EL ORGULLO AMBICIOSO. Aunque toda la carrera de Satanás se caracteriza por manifestaciones de su orgullo, sin embargo hay tres pasajes bíblicos que directamente le acusan de este pecado específico.

1 Timoteo 3:6. Este importante pasaje encarece el uso de sabiduría al elegir obispos, pues no es conveniente nombrar a un neófito. Tal oficial no debe ser un "neófito, no sea que envaneciéndose caiga en la condenación (juicio) del diablo." Este es un juicio impuesto por Dios sobre el diablo por el pecado del orgullo. El próximo verso enseña que hay también lo que llama "descrédito del diablo" y "lazo del diablo" (comp. Jud. 9; 2 Ti.2:26; 2 P.2:11). Pero el texto que estamos considerando ahora advierte acerca del juicio del diablo que sigue al que cometiera el mismo pecado de él –el orgullo ambicioso. Citamos aquí este pasaje con el propósito de enfatizar la verdad de que el pecado de Satanás fue el orgullo. El efecto sobre el neófito en la posición oficial en la iglesia sería el de obscurecer el entendimiento (como lo hizo en Satanás) con respecto a los valores verdaderos. El verbo *τυφόομαι*, traducido "envaneciéndose" quiere decir "hacerse humo", y así por él la persona llega a ser cegada (comp. 1 Ti.6:4; 2 Ti.3:4). Es interesante observar lo que hasta cierto punto le hizo posible su carrera de maldad.

Ezequiel 28:17. Otra vez es necesario referirnos a esta cita a causa de su revelación clara del orgullo egoísta y pecaminoso de Satanás. Dice: "Se enalteció tu corazón a causa de tu hermosura, corrompiste tu sabiduría a causa de tu esplendor; yo te arrojaré por tierra; delante de los reyes te pondré para que se miren en tí." Satanás se puso orgulloso a causa de su hermosura y así descendió del alto y honorable puesto que le pertenecía desde su creación. Se ve en el verso 12 que llama a su hermosura *perfecta,* y su sabiduría, *acabada.* El significado de tales palabras se escapa a la mente humana puesto que expresan conceptos de Dios mismo concerniente a esta criatura, la más alta que Dios había creado. Sin duda, fueron estas cualidades las que produjeron casi automáticamente el orgullo como una consecuencia natural. Pero con ese obscurecimiento que el orgullo engendra es posible ser desviado de tal modo que llevara a dedicarse a otro curso de acción opuesto al que la sabiduría divina le había señalado.

Isaías 14:12-14. Aunque lo hemos citado antes con algo de exposición, citamos de nuevo este luminoso pasaje. "¡Cómo caíste del cielo, oh Lucero, hijo de la mañana! Cortado fuiste por tierra, tú que debilitabas a las naciones. Tú que decías en tu corazón: Subiré al cielo; en lo alto, junto a las estrellas de Dios, levantaré mi trono, y en el monte del testimonio me sentaré, a los lados del norte."

Aquí se ve que fue su orgullo el que impulsó a este gran ángel en su deseo insano. Con su entendimiento cegado, le era fácil repudiar al Creador y demostrar así su desagrado con la posición en que Dios le había puesto. Mediante la ambición y promoción de sí, piensa elevar su posición hasta el más alto cielo, y ser semejante al Altísimo.

Así que, la voz autorizada de Dios revela que la carrera de Satanás principió con el orgullo, y su poder para confundir el entendimiento le ha llevado a seguir en todos los caminos de maldad mencionados en las Sagradas Escrituras. El fruto más importante que ese orgullo satánico produjo se revela en la frase: "No permaneció en la verdad."

2. LA MENTIRA. Mas adelante ofreceremos una lista completa de las acusaciones contra Satanás, y parecería imposible que todas ellas tienen su origen en el pecado de la mentira el cual fue engendrado por el orgullo. Las palabras del Señor Jesús con referencia a este aspecto del pecado de Satanás son tan reveladoras como terminantes. El dijo: "Vosotros de vuestro padre el diablo sois, y los deseos de vuestro padre queréis hacer. El ha sido homicida desde el principio, y no ha permanecido en la verdad, porque no hay verdad en él. Cuando habla mentira, de suyo habla; porque es mentiroso y padre de mentira" (Jn.8:44). A estas palabras del Señor se puede agregar lo dicho en 1 Juan 3:8: "El que practica el pecado es del diablo; porque el diablo peca desde el principio. Para esto apareció el Hijo de Dios, para deshacer las obras del diablo."

La acusación del Señor Jesús contra estos judíos, de que ellos eran de su padre el diablo, en verdad es bastante seria, y ha provocado mucha controversia y confusión. Hay en la Biblia lo que se llama el nuevo nacimiento que resulta en la regeneración del pecador, quien llega a ser hijo de Dios al recibir la naturaleza divina –lo que es extraño en la vida normal humana. Del mismo modo hay tal cosa como la recepción de los ideales satánicos, y eso resulta en que la vida del individuo manifieste claramente que él es "hijo" del que es originador de esa manera de vida. Muy significativas son las frases empleadas tres veces por el Apóstol San Pablo, *hijos de desobediencia* (Ef.2:2; 5:6; Col.3:6), y lo dicho por Pedro, *hijos de maldición* (2 P.2:14; comp. 1 P.1:14, en donde dice *hijos obedientes);* y tales pasajes con sus contextos requieren mucho estudio de parte del mensajero de Dios para llegar a entender exactamente el significado de tal terminología bíblica. La desobediencia característica a que se refiere es federal, como lo es la obediencia característica mencionada en Romanos 5:19. Por nacimiento natural todos estamos sujetos a la ira divina que merece la desobediencia de la cabeza federal de la raza, con la cual cayó juntamente, sin embargo, los niños, con respecto a su infancia personal y su inocencia, ostentan la ciudadanía del reino de los cielos (Mt.18:1-4). Puesto que no es la desobediencia personal (sino federal) que está a la vista, lo que el título implica corresponde a todos los no regenerados, sin tomar en cuenta su subordinación personal. Por lo tanto es justo concluir que todos los no regenerados necesitan la gracia divina.

Todo eso establece la verdad de que hay una realidad solemne en las palabras de Cristo: "Vosostros sois de vuestro padre el diablo," basándose en esa filiación con la inevitable expresión de sus cualidades interiores, el Señor sigue diciendo: "Y los deseos de vuestro padre queréis hacer." Con autoridad divina el Señor Jesucristo atribuye el parentesco engendrado por el pecado, no a Adán, quien es un mero eslabón en la cadena, sino a Satanás, quien es el progenitor de la maldad. Ciertamente la frase *hijos de Adán* es un nombre suave en comparación con *hijos del diablo;* pero Cristo declara la realidad de la última.

La declaración de que Satanás es "homicida desde el principio" parece resultar de las influencias de él sobre otras criaturas. No sabemos por cierto si podemos acusar a Satanás de haber causado daño a otros ángeles o no, pero sí es fácil descubrir cómo él sedujo al hombre a pecar, cuyo resultado, como siempre, es la muerte. Es razonable suponer, y no sin base bíblica, que el que indujo a pecar al hombre, también hizo pecar a los ángeles inferiores. La culpa por haber originado el pecado no se atribuye a varios individuos en la Biblia; siempre se le achaca a Satanás, por lo consiguiente es él mismo quien causó la degradación de los ángeles, como lo hizo con los hombres. El principio satánico que se manifestó en Caín le impulsó a matar a Abel quien había manifestado el propósito e ideal divinos. Según las Sagradas Escrituras, el homicidio consiste no sólo en el acto mismo, sino también en el intento (1 Jn.3:12,15). Satanás mató a Adán y Eva, aunque pasaron muchos años antes de su muerte física. Los que habían sido creados inmortales como los ángeles, recibieron la recompensa de la muerte como pago por haber seguido el consejo de Satanás.

La raíz del asunto queda oculta en la acusación del Señor Jesús contra el diablo cuando dijo: "no ha permanecido en la verdad, porque no hay verdad en él. Cuando habla mentira, de suyo habla, porque es mentiroso y padre de mentira." Como se revela en la Biblia, el tema sobre la mentira (o falsedad) es inmenso; pero se le da importancia específica a la mentira como lo opuesto a la verdad que es Dios. En su naturaleza esencial, la mentira o falsedad es antidiós, porque no sólo es ella una tergiversación de la Persona y carácter de Dios, sino es también una perversión de Sus propósitos y caminos. Como el entendimiento humano no es capaz de comprender la crisis causada por el abandono de la verdad por parte de Satanás, quien "no permaneció" en ella; así tampoco el lenguaje humano es capaz de expresar las mentiras envueltas en su abandono. Satanás escogió no seguir en la esfera precisa en la cual había sido puesto por Dios en Su infinita sabiduría, voluntad y benevolencia. Pero el pecado de Satanás no significa dejar una esfera por otra, sino también escoger voluntariamente un principio o filosofía de vida en lugar de otro. Lo que Dios había revelado de Sí mismo como autoridad máxima, y lo que había designado para este gran ángel con respecto a sus relaciones y actividades, era *la verdad* en la cual la perfecta totalidad incluye todas sus partes constitutivas. Tal expresión general de la verdad, que era el reflejo de lo infinito del Diseñador en todo detalle, no podía sufrir el menor desarreglo de su balance y simetría; peor una completa fragmentación de todos sus aspectos vitales. Por medio de su acción impía el gran ángel propuso una dirección de vida independiente que en seguida en principio destronó al Dios de la verdad y se entronizó a sí mismo. Cada rasgo de su intento se caracterizaba por la independencia de, y la oposición a Dios. Tal voluntad violenta sólo puede ser estimada correctamente al recordar que la criatura –sea ángel u hombre– está hecha de tal modo que necesita ser guiada solo por Dios. Jeremías escribe claramente sobre la necesidad del hombre de la dirección divina así: "Conozco, oh Jehová, que el hombre no es Señor de su camino, ni del hombre que camina es el ordenar sus pasos" (10:23).

Como hemos indicado antes, el entregarse a una vida de

independencia dirigida por sí solo, es el único camino en el cual la criatura puede satisfacer su deseo satánico de ser semejante a Dios. Tal semejanza en verdad, es muy débil, pero sirve para satisfacer esa locura que en realidad es el pecado. No es de maravillarnos de que haya tanta miseria en el mundo cuando nos damos cuenta de que casi cada persona vive sin depender conscientemente de Dios. Cuanta angustia haya resultado de la carrera angélica de independencia de Dios, no ha sido revelado por completo todavía. Su destino, como el de la humanidad no regenerada, será la consumación normal de lo que merece su carrera miserable. Dios mismo, con todo lo que incluye Su perfecto plan y propósito, es *la verdad* en su sentido pleno y absoluto. El continuar con El en el rumbo que ha designado es el destino más alto para cualquiera de sus criaturas. El apartarse de tal rumbo resulta siempre en que el pecador recibe la pena del mal presente y futura. Hay dos palabras griegas que se han traducido con el sentido de mal, y son: ἁμαρτία, que quiere decir "errar el blanco", y ἄνομος, que significa "sin ley, o ilegalidad." Este último puede referirse a que los gentiles están sin ley, queriendo decir simplemente que la ley mosaica no les fue dada (1 Co.9:21); o puede significar un rechazamiento voluntario de la autoridad (1 Jn.3:4). La palabra "amartía" expresa plenamente esa falta de dar en el blanco de los propósitos y fines perfectos de Dios, mientras que "ánomos" sugiere toda la rebeldía de Satanás en su pecado original. Faltando el propósito de Dios para él, Satanás llegó a ser antidiós, destinado al lago de fuego para siempre. Tal fin, en comparación con su origen perfecto, representa una tragedia a un grado incomprensible. Sin embargo, nuestra discusión presente tiene que ver mayormente con el pecado satánico ilegal cuando repudió a Dios y rechazó Su voluntad para él. Su impío repudio no era un mero rechazamiento de un código de leyes, sino más bien era un rechazamiento completo del Legislador divino y de todas Sus benévolas intenciones para una vida sin fin.

Es notable que la pecaminosidad no se agota al cometer el crimen de rechazar a Dios y Su bondadoso plan; sigue tratando de entronizar el yo y proponiendo una forma de vida que es totalmente distinta, indigna, y que deshonra a Dios. Así que el pecado de Satanás no sólo fue *negativo* en su rechazamiento de Dios, sino también era *positivo* en el sentido de que ofrecía una filosofía de vida, una línea de conducta que se originó con Satanás, y que era egocéntrico, excluyendo a Dios completamente. Nuestra consideración de la Satanalogía tiene que tomar en cuenta estos hechos estupendos.

Se puede concluir pues, que en su última forma, la mentira substituye a Dios por el *yo* y la adopción de un plan de vida completamente egocéntrico en vez de teocéntrico. Esto es *la mentira.* Lo es porque es antidiós desde todo punto de vista. Este es el ilimitado significado de las palabras de Cristo concerniente a Satanás, cuando dijo: "no ha permanecido en la verdad", que es el aspecto negativo del pecado de Satanás. El Señor Jesucristo declaró que Satanás era mentiroso desde el principio, y eso representa lo positivo de aquel pecado original. Apartarse parcialmente de Dios es imposible. Dios o es todo, o no es nada en tales relaciones con la criatura. Todo lo falso visto en las vidas desviadas, participa en, o resulta de la mentira de Satanás, al independizarse de Dios, quien es la Verdad. Satanás "es mentiroso y padre de mentiras" (Ro.1:25; Ef.4:25; 2 Tes. 2:11).

Con un importante significado el contexto de este pasaje revela que Cristo anunció que El mismo dice la verdad; que ninguno puede redargüirlo a El de pecado; y que los que son de Dios oyen Sus palabras. De la misma manera, puesto que Cristo salió de Dios, es imposible que una persona sea de Dios y al mismo tiempo rechace al que Dios ha enviado al mundo. ¡Cuánto se declara en las palabras del Señor Jesús: "Yo soy la verdad! " El no sólo era Dios (la Verdad) encarnado, sino también, como perfecto hombre, permaneció en la verdad en el sentido de que El hacía siempre las cosas que agradaban al Padre. En esa fortísima tentación dirigida por Satanás, el Señor Jesús no pecó en lo mínimo por apartarse del camino que el Padre le había trazado.

La mentira satánica se introdujo al huerto de Edén, y allí nuestros primeros padres la adoptaron como suya. Satanás les dijo: "Seréis como Elohim." En esta ocasión la mentira no sólo consistía en el mero hecho de que ellos jamás podrían ser como Elohim (aunque eso es lo que Satanás afirmó), sino que consitía en un rechazamiento de Dios y de Su propósito para ellos. La filosofía que se incluye en las palabras de Satanás es diabólica en todas sus partes. Su carácter infernal no es mitigado por el hecho de ser una filosofía casi universal; ni tampoco por la verdad de que los que viven bajo su maldición ignoran que existe otra filosofía mejor. El apóstol escribe acerca de los que se guían por esta filosofía, en la siguiente forma: "Pues, habiendo conocido a Dios, no le glorificaron como a Dios, ni le dieron gracias, sino que se envanecieron en sus razonamientos, y su necio corazón fue entenebrecido. Profesando ser sabios, se hicieron necios. . . ya que cambiaron la verdad de Dios por mentira, honrando y dando culto a las criaturas antes que al Creador, el cual es bendito por los siglos. Amén. Y como ellos no aprobaron tener en cuenta a Dios, Dios los entregó a una mente reprobada, para hacer cosas que no convienen; estando atestados de injusticia, fornicación, perversidad, avaricia, maldad; llenos de envidia, homicidios, contiendas, engaños, y malignidades; murmuradores, detractores, aborrecedores de Dios, injuriosos, soberbios, altivos, inventores de males, desobedientes a los padres, necios, desleales, sin afecto natural, implacables, sin misericordia" (Ro. 1:21,22,25,28-31). Esta lista lamentable de pecados que se cometen por repudiar a Dios es una de las mentiras que son consecuencia legítima de la primera mentira. Este sistema mundano construido por el hombre es producto y manifestación de la mentira satánica. Se describe la escena de un mundo en rebeldía contra Dios y contra Su Mesías en el Salmo 2:1-3, que dice: "¿Por qué se amotinan las gentes y los pueblos piensan cosas vanas? Se levantarán los reyes de la tierra y príncipes consultarán unidos contra Jehová y contra Su ungido, diciendo, Rompamos sus ligaduras y echemos de nosotros sus cuerdas." Nos parece obvio que esta Escritura se cumplirá en los tiempos finales de esta dispensación cuando la mentira tenga su mayor manifestación. La carrera de maldad seguirá hasta su fin determinado y la teología que no anuncia tal fin, sino la conversión del mundo antes de la venida del Rey, ciertamente, no concuerda con la enseñanza bíblica. No se predice jamás que la mentira se transformará en verdad. Ella sigue su rumbo malo y terminará en el desarrollo del programa predicho concerniente a la segunda venida del Juez, el Señor Jesucristo.

No hay pasaje más determinante en las Sagradas Escrituras con relación a la manifestación de la mentira que 2 Tesalonicenses 2:1-12, en el cual se ve una concentración de todas las fuerzas del mal en la persona del Inicuo. A la vez se nos asegura que todos los participantes en ese desarrollo del mal serán juzgados a base de haber creído la mentira. Puesto que el pasaje es tan importante y final en lo relacionado al tema, lo citamos por completo: "Pero con respecto a la venida de nuestro Señor Jesucristo, y nuestra reunión con él, os rogamos, hermanos, que no os dejéis mover fácilmente de vuestro modo de pensar, ni os conturbéis, ni por espíritu, ni por palabra, ni por carta como si fuera nuestra, en el sentido de que el día del Señor está cerca. Nadie os engañe en ninguna manera; porque no vendrá sin que antes venga la apostasía, y se manifieste el hombre de pecado, el hijo de perdición, el cual se opone y se levanta contra todo lo que se llama Dios o es objeto de culto; tanto que se sienta en el templo de Dios como Dios, haciéndose pasar por Dios. ¿No os acordáis que cuando yo estaba todavía con vosotros, os decía esto? Y ahora vosotros sabéis lo que lo detiene, a fin de que a su debido tiempo se manifieste. Porque ya está en acción el misterio de la iniquidad; sólo que hay quien al presente lo detiene, hasta que él a su vez sea quitado de en medio. Y entonces se manifestará aquel inicuo, a quien el Señor matará con el espíritu de su boca, y destruirá con el resplandor de su venida; inicuo cuyo advenimiento es por obra de Satanás, con gran poder y señales, y prodigios mentirosos, y con todo engaño de iniquidad para los que se pierden, por cuanto no recibieron el amor de la verdad para ser salvos. Por esto Dios les envía un poder engañoso, para que crean la mentira, a fin de que sean condenados todos los que no creyeron a la verdad, sino que se complacieron en la injusticia."

Tenemos que rechazar aquí la tentación de comentar estos versículos, pues es mejor tratarlos en la consideración de la Escatología. Sin embargo, por ahora, es menester identificar las tres fuerzas mencionadas en el pasaje. Son: (a) La del hombre de pecado, (b) La del que detiene, y (c) La del destructor.

1. LA FUERZA DEL HOMBRE DE PECADO. Con lenguaje inconfundible el Apóstol predice que el Día del Señor (no el Día de Cristo) no llegará antes de que venga el hombre de pecado. El título es específico, y no hay razón para confundirlo con el más general; a saber, el anticristo. Sin duda el hombre de pecado es anticristo con respecto a su doctrina y conducta. En verdad, él aparece como la suprema falsificación satánica del Cristo de Dios. El es el último y más seductor engaño que Satanás presentará al mundo y millares lo seguirán (Ap.13:4-8); pero en ninguna de las Escrituras es él llamado *anticristo.* Enfatizamos esto aquí puesto que muchas personas interpretan el pasaje a la luz del término más general (anticristo), y así no llegan a distinguir lo esencial, de que se trata de una *persona específica.* El aparece en singular por todo el pasaje y se dice de él solamente lo que una persona puede hacer. Quisiéramos citar unas palabras de Dean Alford después de haber citado a muchos padres tempranos de la Iglesia, tales como Ireneo, Tertuliano, Justino Mártir, Orígenes, Crisóstomo, Cirilo de Jerusalén, Agustín y Jerónimo. Alford dice lo siguiente: "Los detalles primordiales de la historia tienen que descubrirse estudiando a los padres tempranos. Y es notable que su interpretación en general es bien clara y consecuente. Todos creen que (el pasaje) es una profecía del futuro no cumplida aún cuando ellos escribieron. Todos creen que la venida a que se refiere es la *parousía,* o el retorno personal de nuestro Señor para juzgar y establecer Su reino. Todos piensan que el adversario descrito aquí es un individuo, la encarnación y concentración del pecado." *(ibid.,* ps. 79,80). A pesar de los títulos adicionales dados a este personaje *–hijo de perdición* y *el inicuo–* con todo lo que ellos implican, la Iglesia Católico-romana ha enseñado que la profecía se cumple en Martín Lutero y todos los que le siguen. Por el contrario,

no son pocos los protestantes que han creído y enseñado que este inicuo se cumple en el Papa y el sistema que él representa. Con respecto a este último, que ha tenido buena acogida, se puede decir que, aunque es verdad que el Papa ha reclamado ser el vicario de Cristo, y que se sienta en un lugar de poder eclesiástico, con todo, ninguna interpretación del texto que es digna del nombre podrá enseñar que el Papado corresponde a la fraseología del Apóstol al decir: "el cual se opone y se levanta contra todo lo que se llama Dios." De la misma manera, si el Papado es el hombre de pecado, entonces todo se ha cumplido hace quince siglos, incluyendo la destrucción de ese gran enemigo de Cristo en Su retorno a la tierra. Aunque el hombre de pecado es en verdad un super-hombre a causa de su poder satánico, sin embargo es *hombre* y tanto su aparecimiento como su carrera predichas no se han cumplido. Cualquier otra conclusión que difiera básicamente de la anterior arrojaría dudas, con respecto a la inspiración del texto mismo. Después de diez y nueve siglos esta profecía todavía falta por cumplirse. El Apostol no cambiaría en lo más mínimo la terminología del texto si tuviera que escribir hoy sobre el mismo asunto. El hombre de pecado no ha aparecido; ni tampoco ha comenzado el Día del Señor. El misterio de iniquidad obra hoy como en los días del Apóstol Pablo. Cualquier otra cosa o sistema que se pudiera concebir para asemejar al anticristo, con todo tendríamos que insistir que el texto de 2 Tesalonicenses 2 tiene que ver con una persona designada como "el hombre de pecado, el hijo de perdición" y "el inicuo." Este último, *el inicuo,* lo conecta directamente con la mentira satánica y la consumación de todo lo que esa mentira implica.

Hay desacuerdo entre los comentadores con respecto a la identificación del templo en que este Inicuo se sentará. Algunos escritores tempranos optaron por una iglesia, pero los que escribieron más tarde creen que es el templo restaurado de los judíos. Pudiera ser que es solamente una forma de tabernáculo que se utilizará para el servicio de Jehová en el tiempo de la gran tribulación (comp. Dn.9:27; Ap.13:6).

(2). LA FUERZA QUE DETIENE. Después de haber identificado al hombre de pecado, el Apóstol procede a declarar que no se permitirá esa consumación satánica hasta el tiempo determinado por Dios. Sin duda alguna Satanás deseará esa consumación más pronto, pero es Dios quien determinará su consumación. El que Detiene seguirá impidiendo el desarrollo de la iniquidad hasta que El (llamado "quien lo detiene") sea quitado de en medio. La filosofía del antidiós está obrando y no hay nadie que pudiera impedirla en su totalidad sino una de las Personas de la Trinidad; y, puesto que el Espíritu Santo es el poder activo residente en el mundo en esta dispensación, es razonable concluir que El es "el que detiene". No sería posible hablar de otra fuerza alguna que a su debido tiempo le sea quitada para que el clímax de lo malo se realice en el aparecimiento y el poder del hombre de pecado. No como el omnipresente Espíritu, sino como el Espíritu Santo residente en la Iglesia, será él quitado del mundo cuando la Iglesia sea llevada al cielo (1 Tes.4:13-18). Lo que es la corrupción en el mundo realmente será demostrada durante esos pocos años que seguirán a la salida del que Detiene, y el Inicuo prosperará.

(3). LA FUERZA DEL DESTRUCTOR. El Señor Jesucristo en Su segundo advenimiento destruirá al Inicuo. Al escribir de este evento, y usando el término *anticristo,* lo que era común en su día, cuando se hacía referencia al hombre de pecado, Crisóstomo dice: "Justamente como el fuego al aproximarse hace que los insectos se encojan y los consume, así Cristo en su *parousía* y con Su palabra consumirá al Anticristo. Basta que haya venido el Señor, para que el Anticristo y todos los suyos perezcan" (citado por Alford, *ibid.,* ps. 80,81). Se dice que la llegada del hombre de pecado es "por obra de Satanás, con gran poder y señales y prodigios mentirosos, y con todo engaño de iniquidad para los que se pierden, por cuanto no recibieron el amor de la verdad para ser salvos." Así se impone ese Inicuo que ejerce el poder de Satanás y del engaño. A los que se pierden, habiendo rechazado el amor de la verdad (exactamente lo opuesto de la mentira satánica), Dios mismo "les envía un poder engañoso para que crean la mentira a fin de que sean condenados todos los que no creyeron a la verdad, sino que se complacieron en la injusticia." El mal latente en estos que rechazan a Cristo se ve ahora con toda claridad para que no haya nadie que ponga en tela de duda la justicia de ese juicio que cae sobre ellos. Dice que este juicio se debe directamente al hecho de que creyeron la mentira –esa mentira original que resultó en la repudiación del Dios de toda verdad y el rechazamiento de Su propósito benévolo. Esta mentira llega a ser la declaración abierta del querer hacer la voluntad de la criatura en contra de la del Creador a quien se debe toda obediencia, deferencia y sumisión. Estos dos posibles cursos de acción –estar de acuerdo o en desacuerdo con Dios– se ven en los escritos del Apóstol Juan cuando escribe sobre el asunto de la curación del pecado del creyente en Cristo, diciendo: "Si decimos que tenemos comunión con él, y andamos en tinieblas, mentimos, y no practicamos la verdad" (1 Jn.1:6). *La verdad* es algo que hay que hacer, y el faltar en hacerlo es cometer una mentira por medio de una acción. Al ajustarse locamente a la filosofía de vida y propósito de Satanás, aparte de Dios, todo el mundo está practicando la mentira y justamente les caerá ese juicio que recibirán Satanás y todos los que repudian a Dios.

II. LA PECAMINOSIDAD DE SATANAS

En este universo existen "los altos y los bajos" que pueden ser impedimentos para los hijos de Dios (Ro.8:39). Con relación a la sabiduría y conocimiento concerniente a Dios, hay lo alto (Ro.11:33; 1 Co.2:10). En el amor de Dios hay tanto alto como lo profundo (Ef.3:18). El uso de "lo profundo" es muy significativo, y con una sola excepción se encuentra en Apocalipsis 2:24 donde se hace referencia a las *profundidades* de Satanás. Esto quiere decir "doctrina satánica" como se ve también en 1 Timoteo 4:1, que menciona *doctrinas de demonios.* Naturalmente la doctrina de Satanás no tiene nada que ver con la redención efectuada por la muerte del Señor Jesús, ni tampoco con la posición de exaltación que recibimos por estar en el Cristo resucitado y exaltado. La doctrina satánica ensalza al *yo* y guía en el camino de Caín, o sea la promoción de la justicia propia personal. Esto es una forma de vida totalmente independiente de Dios a pesar de los pocos elementos de verdad que contenga. Ese pecado original de Satanás ha engendrado el de los ángeles y de toda la familia humana por centenares de generaciones. No hay esperanza para los ángeles caídos, pero sí la hay para la humanidad caída a la cual se predica el evangelio de la gracia divina mediante la sangre del Señor Jesucristo. Por la gracia de Dios, el salvo en Cristo vuelve a estar en correcta relación con Dios.

A Satanás le corresponde el título del primero de los pecadores; él es el pecador original y ha hecho el mayor daño. El ha practicado el pecado por un tiempo más largo que cualquiera otro, y ha pecado contra la mayor luz. Ciertamente sólo Dios es capaz de computar la extensión de su iniquidad, y evaluar el carácter espantoso de la pecaminosidad de Satanás. Sin embargo, es notable que ese pecado satánico es de tal naturaleza que el hombre del mundo lo elogiaría. Esto es lo que los impíos reclaman como su derecho al tratar de vivir independientemente de Dios. Lo siguiente es una lista parcial de las acusaciones divinas contra Satanás:

(1) El repudió a Dios en el principio (Is.14:12-14).

(2) El hizo que una tercera parte de las estrellas del cielo le siguieran (Ap.12:4).

(3) El ha pecado desde el principio (1 Jn.3:8).

(4) El es mentiroso desde el principio (Jn.8:44)

(5) En el huerto de Edén él menospreció a Dios y aconsejó a nuestros primeros padres a repudiar a Dios (Gn.3:1-5).

(6) El insinuó a Jehová que Job lo amaba y le servía sólo a causa de los beneficios que recibía (Job 1:9). No hay mayor insulto para Dios que éste, de no ser amado a base de Su dignidad, sino que por ser rico, puede sobornar a hombres como Job que *pretenden* que le aman.

(7) Cuando Dios le dio a Satanás permiso, él hizo que cinco calamidades cayeran sobre él (Job 1:13-2:7).

(8) Se levantó contra Israel (1 Cr. 21:1; Sal. 109:6; Zac.3:1-2).

(9) El debilitó a las naciones (Is.14:12).

(10) Hizo temblar la tierra (Is.14:16).

(11) Trastornó los reinos (Is.14:16).

(12) El puso el mundo como un desierto (Is.14:17).

(13) El asoló las ciudades del mundo (Is.14:17)

(14) El nunca abrió la cárcel a sus presos (Is. 14:17).

(15) El ha causado las guerras en la tierra, pues al ser atado por mil años las guerras cesan (Ap.20:2,7,8).

(16) El tentó al Hijo de Dios por 40 días y lo dejó por un poco de tiempo. Propuso a Cristo a que abandonara su misión, que desconfiara de la bondad de Su Padre, y que adorara al diablo (Lc. 4:1-13).

(17) Ató a una hija de Abraham por 18 años (Lc.13:16; comp. Hch.10:38).

(18) Entró en Judas y le impulsó a traicionar al Hijo de Dios (Jn.13:2).

(19) El ciega el entendimiento de los perdidos (2 Co.4:3,4).

(20) El quita la palabra del corazón de los perdidos a fin de que no la crean para ser salvos (Lc.8:12).

(21) Con los santos él usa asechanzas y lazos (Ef.6:11; 2 Ti.2:26).

(22) El ha tenido el imperio de la muerte del que ha abusado (He.2:14; comp. Ap.1:18).

(23) Cual adversario anda como león rugiente buscando a quien devorar (1 P.5:8).

(24) Se opone a Dios; persigue a los santos, y es padre de mentiras. Mediante sus emisarios él destrona el raciocinio, tortura a los seres humanos y los guía a la idolatría y a la superstición.

El Dr. Guillermo Cooke escribe con claridad sobre la depravación de Satanás y sus ángeles:

"La ley de la dependencia es universal, porque sólo Dios es la fuente de todo ser y de todo lo bueno. Cada criatura, no importa su posición en la escala de existencia, depende de Dios, no sólo en cuanto a su ser, sino también por lo bueno que tenga; por lo tanto sólo en la unión con Dios puede la criatura perpetuar su bondad y santidad. El pecado separa el alma de Dios; y separado de El, no experimenta Su favor, ni su fuerza para sostenerse en la virtud y bondad; y al privarse del favor y poder de Dios el alma tiene que depender de sí misma, llegando a ser motivada por sus propios instintos egoístas; y ese egoísmo, al profundizarse más y más puede producir toda clase de pecado e impiedad. Del aborrecimiento y la envidia nace el deseo de corromper todo lo que sea bueno, y de destruir a todos los que estén felices. Este deseo ocupa toda clase de estratagema y engaño a su Alcance para lograr su propósito. El ser angélico que es jefe de los angeles caídos se llama Satanás, que quiere decir adversario; ' la serpiente antigua ' a causa de su astucia. También es denominado ' mentiroso ', ' padre de mentira ' y mentiroso desde el principio ', y se dice que ' cuando habla mentira, de suyo habla. ' Se llama ' Apolión ' lo cual quiere decir, destructor porque se goza en destruir a las almas de los hombres. Además ' anda cual león rugiente buscando a quién devorar. ' No sólo es un destructor, sino también es ' homicida ', tanto de cuerpos como de almas, porque todas sus astucias y estratagemas le sirven para dicho fin. Todo el pecado y miseria de nuestro mundo durante seis mil años de historia, y todo lo que sucederá en el futuro, y toda la miseria que existe en el infierno son resultados de su influencia y le llenan de gran satisfacción." *(Christian Theology,* ps. 631,32).

El poder de Satanás y de sus ángeles caídos es limitado. Son simplemente criaturas que no pueden hacer nada fuera de la voluntad permisiva de Dios. Tanto Satanás como sus ángeles poseen grandes conocimientos, pero no son omniscientes; tienen muchísimo poder, pero no son omnipotentes; van por todo el mundo para cumplir sus responsabilidades delegadas, pero no son omnipresentes. Pueden sugerir lo malo, pero no pueden obligar la voluntad de otra criatura. Pueden usar astucia y engaños para arruinar a los hijos de Dios, pero no pueden forzar a nadie a cumplir sus designios. Tienen poder sobre la naturaleza cuando se les permite, pero no pueden crear nada, y sólo pueden emplear lo creado conforme a los decretos de Dios. Jamás han derrotado a Dios. En verdad Dios ocupa a Satanás como instrumento suyo para castigar y corregir a los santos desviados (Lc.22:31,32; 1 Co.5:5; 1 Ti.1:20). Este conocimiento no puede menos que ser de consuelo a los cristianos que se dan cuenta de lo serio del conflicto con los poderes de las tinieblas.

CAPITULO VII

SATANALOGIA: EL *COSMOS* SATANICO

Esta división de la doctrina concerniente a Satanás es un tema de proporciones inmensas –incomprensible, no reconocida ni identificada. Sin paralelo en la Biblia, este gran cuerpo de Verdad se presenta en las Sagradas Escrituras con una sola palabra– *κόσμος* (cosmos) que se encuentra en el Nuevo Testamento 187 veces y se traduce 186 veces por la palabra *mundo.* Hay dos otras palabras griegas traducidas a veces con la palabra mundo, pero éstas no nos interesan mucho por ahora. Una de ellas es *αἰών* que está relacionado con períodos de tiempo; y la otra *οἰκουμένη* que significa el mundo o tierra habitada. La palabra *αἰών*, cuando se refiere a la dispensación actual, revela que el mundo es malo en su carácter. Se acusó a Demas, no sólo de que había desamparado al apóstol Pablo (2 Ti. 4:10), sino también por haber amado este mundo (aión). Esto no quiere decir que amaba un período de tiempo, sino el mal que caracteriza ese período (comp. Gá. 1:4; Rom. 12:2; 2 Co. 4:4; Ef. 2:2; 6:12).

En su segunda epístola el apóstol Pedro menciona tres fases del mundo o de la tierra; a saber, (a) el mundo antes del diluvio, o "el mundo de entonces" (3:5, 6); (b) "los cielos y la tierra que existen ahora" (3:7); y (c) "cielos nuevos y tierra nueva" que han de venir (3:13). El *cosmos* del Nuevo Testamento sólo trata del mundo que existe ahora.

Los lexicógrafos están de acuerdo que la palabra *cosmos* quiere decir "orden, regularidad, disposición y arreglo", y que, como están traducidos Ex. 33:4-6 e Is. 49:18 en la versión de los Setenta, significa simplemente ornamento. La idea de orden y arreglo es tan inherente en el texto hebreo de Gn. 1:1, Dios habiendo creado orden perfecto o *cosmos,* el cual (por alguna razón no revelada) llegó a ser un *caos,* exactamente lo opuesto a *cosmos* (comp. Is. 34:11 y Jr. 4:23). Una investigación completa proveerá evidencia de que la versión de los Setenta emplea *cosmos* para traducir la idea de ornamentación (y una vez en el Nuevo Testamento en 1 P. 3:3), pero jamás lo usa para traducir el concepto de "mundo". La traducción de *cosmos* por "mundo" es peculiar del Nuevo Testamento, y presenta así un concepto enteramente nuevo en el progreso de la doctrina. El desarrollo etimológico es el siguiente: de lo que representa *orden* en el arreglo de cosas se pasa a pensar en la humanidad en relación a esas cosas; y, después de la caída del hombre, se piensa de él como separado y alejados de Dios por cuanto ahora está bajo la autoridad del antidiós (Satanás). Si estudiamos con cuidadosa atención los 186 usos de *cosmos,* traducido por "mundo", encontramos que donde se trata de valores morales siempre se indica una manifestación de la autoridad o influencia satánica. El concepto neotestamentario de *"el mundo"* es que éste se opone a Dios como la mundanalidad se opone a la espiritualidad. Aunque el lector descuidado de la Biblia tiene conceptos vagos si la *mundanalidad* mencionada en las Sagradas Escrituras es lo contrario a Dios; más bien el tal aparentemente piensa más que "mundo" se refiere a un lugar donde vivir, al globo o planeta en el cual tanto lo malo como lo bueno existen. Muchos se sorprenden al saber la verdad de que el uso neotestamentario de *cosmos* se presenta en su carácter impío y de antidiós. Como otros en el mundo, ellos son engañados para creer lo que Satanás quiere que crea: tocante al *cosmos* en que viven; por lo tanto ignoran la revelación bíblica de su verdadero significado. Se infieren las tinieblas del *cosmos* en las palabras de Cristo Jesús, "Yo, la luz, he venido al mundo" *(cosmos,* Jn. 12:46). Así también se promete que el Espíritu Santo convencerá al mundo *(cosmos,* Jn. 16:8). Al creyente en Cristo se le dice, "En el mundo *(cosmos)* tendréis aflicción" (Jn. 16:33); y en otro lugar dice, "No son del mundo *(cosmos)* como tampoco yo soy del mundo" (Jn. 17:14); también las palabras de Cristo son enfáticas en Juan 17:25,·"El mundo *(cosmos)* no te ha conocido" (al Padre); además tenemos lo siguiente: "Mi reino no es de este mundo" *(cosmos,* Jn. 18:36). Ciertas frases bíblicas son bastante llamativas, como: "el pecado entró en el mundo" *(cosmos,* Ro. 5:12); "para que . . . todo el mundo *(cosmos)* quede bajo el juicio de Dios" (Ro. 3:19); "el mundo *(cosmos)* no conoció a Dios mediante la sabiduría" (1 Co. 1:21); "los fornicarios de este mundo" *(cosmos,* 1 Co. 5:10); "para que no seamos condenados con el mundo" *(cosmos,* 1 Co. 11:32); "sin Dios en el mundo" *(cosmos, Ef. 2:12); "guardarse sin mancha del mundo" (Stg. 1:27); "la corrupción que hay en el mundo" (cosmos,* 2 Pd. 1:4); "habiéndose ellos escapado de las contaminaciones del mundo" *(cosmos,* 2 P. 2:20).

El *cosmos* es un vasto sistema u orden que Satanás ha elevado y promovido, el cual se conforma a sus ideales, fines y métodos. Su civilización ahora funciona separada de Dios –una civilización en la cual ninguno de sus promotores esperan que Dios tenga parte, ni tampoco Le toman en cuenta en sus proyectos, ni Le atribuyen a El un poder causativo. Se incluye en este sistema mundial sus gobiernos impíos, sus conflictos, armamentos, celos, educación, cultura, religiones morales y su orgullo. Esa es la esfera en que el hombre vive diariamente; es lo que él ve y emplea. Para multitudes innumerables es todo lo que conocen mientras viven en esta tierra. Justamente se le denomina *sistema satánico,* y en efecto podemos decir que esa frase es una buena interpretación de la palabra *cosmos.* Es literalmente un *cosmos diabólico.*

Se nos presenta una revelación importantísima en las palabras de 1 Juan 4:9 que reza así: "En esto se mostró el amor de Dios para con nosotros, en que Dios envió a su Hijo unigénito al mundo, para que vivamos por él." Además se revela en otro lugar que tal misión de parte del Hijo se debe al hecho de que "de tal manera amó Dios al mundo, que ha dado a su Hijo unigénito, para que todo aquel que en él cree, no se pierda, mas tenga vida eterna" (Jn. 3:16). Como en casi ningún otro versículo bíblico, hay un uso restringido de la palabra *cosmos* en esta porción tan conocida; no restringido en el sentido en que los adherentes a la doctrina de una redención limitada demandan; es decir, una limitación a los elegidos de esta dispensación, sino está restringido en su aplicación a la humanidad misma aparte de sus instituciones, prácticas y enlaces. Dios amó a los perdidos que componen *el cosmos,* y ese amor era tan grande que le motivó a dar a Su Hijo unigénito para proveerles una salvación tan completa en Cristo para que los que creen en el Hijo reciban la vida eterna. A la vez es la verdad que el cristiano espiritual experimentará esta misma compasión divina por el *cosmos* a causa del amor en su corazón producido por el Espíritu Santo.

Al contrario de esta revelación tocante al amor divino para con *el cosmos,* encontramos lo del deber del cristiano hacia ese *cosmos* en dos versículos en 1 Juan 2:15, 16, que dicen, "No améis al mundo *(el cosmos),* ni las cosas que están en el mundo *(el cosmos).* Si alguno ama al mundo, el amor del Padre no está en él. Porque todo lo que hay en el mundo *(cosmos),* los deseos de la carne, los deseos de los ojos, y la vanagloria de la vida, no proviene del Padre, sino del mundo *(cosmos).*" Parece que hubiera una contradicción. Dios ama al mundo o *cosmos,* pero si el creyente lo ama, el amor del Padre no se reproduce en él. Naturalmente la solución del problema se halla en el significado preciso de la palabra mundo o *cosmos* según sea empleada. Como hemos dicho, mientras el amor de Dios es para con la humanidad separada de sus instituciones, se advierte al creyente en Cristo a que no ame esas mismas instituciones que son totalmente malas en la estimación de Dios y, por consiguiente, él no las ama. De este mundo o *cosmos* tan malo el cristiano ha sido salvado. La limitación impuesta en 1 Juan 2:15, 16 no restringe al cristiano en su aprecio de la naturaleza, ni tampoco de eso que no está bajo la autoridad de Satanás. La declaración del apóstol Santiago es clara: "¡Oh almas adúlteras! ¿No sabéis que la amistad del mundo *(cosmos)* es enemistad contra Dios? Cualquiera, pues, que quiera ser amigo del mundo *(cosmos),* se constituye enemigo de Dios" (Stg. 4:4).

Satanás no ha creado nada. El orden y sistema de la creación material están incluidos en el mundo o *cosmos* sólo en el sentido de que se permite a Satanás asumir la autoridad sobre ella y así extraviarla. Las manifestaciones del *cosmos* casi en su totalidad provienen a causa de la dedicación de la humanidad (extraviada y dominada por Satanás) a esos principios de vida y acción que la mentira original ha producido. La misma creación fue afectada por la caída del hombre (Ro. 8:19-23), pero todavía retiene el carácter que le fue dado por Dios, y nunca llega a ser la propiedad de otro. En el mismo sentido es notable que esta dispensación actual, según Mateo 13:11, lleva su forma denominada "misterio". Cualquier gobierno de Dios tiene el carácter de *un reino.* El gobierno ahora sólo en el sentido de que lo que se llama *misterios* y constituyen lo distintivo de sus propósitos durante esta edad, si se llevan a cabo. Más sobre este asunto tan importante reaparecerá bajo la Escatalogía.

En las 187 veces que se usa la palabra mundo o *cosmos,* es muy significativo que nuestro Señor la ocupó más que todos los demás juntos. Aparece 68 veces en el Evangelio de Juan y 23 veces en su primera Epístola. El Señor Jesucristo usó la palabra mundo o *cosmos* 41 veces en Su discurso en el Aposento Alto, y 19 veces en Su oración sumo-sacerdotal en Juan 17. Parece que la realidad del carácter esencial del mundo o *cosmos* se enfatiza en proporción a lo alto del punto de vista y del santo carácter de la persona que lo contempla. Se ha sugerido que el discurso del Señor en el Aposento Alto corresponde al lugar santo en el templo y la oración sacerdotal al lugar santísimo, y si es así, entonces no es sólo notable que el Santo es consciente al significado verdadero de la palabra mundo o *cosmos,* sino también, conforme a la profundidad de la revelación de la Verdad, se multiplica lo revelado concerniente al sistema satánico opositor. A los cristianos enseñados por Dios el Espíritu Santo, que tienen, por lo tanto, la mente de Cristo, el *cosmos diabólico debe aparecer en su carácter malo esencial como el desarrollo de esa* mentira que reclama la independencia de Dios y está opuesta a Sus propósitos. La verdad total con respecto a la naturaleza y extensión de este *cosmos,* o sistema satánico, se encuentra en las Escrituras que lo mencionan. Se presenta esta revelación en varias divisiones.

I. AUTORIDAD DE SATANAS SOBRE EL *COSMOS*

El Nuevo Testamento contiene declaraciones casi increíbles tocante a los derechos y el control de Satanás sobre el mundo o *cosmo,* y la revelación misma es desconocida por los incrédulos. Aun el creyente en Cristo que acepta la Palabra de Dios como tal se halla confrontado con declaraciones que parecerían imposibles si no fueran escritos por la mano de Dios. Se puede suponer que Satanás trata de impedir que nosotros comprendamos estas declaraciones estupendas. Hay ciertos pasajes de mayor importancia que debemos examinar con atención:

Lucas 4:5-7. Este pasaje, tomado de la porción que habla de la triple tentación de Cristo por Satanás, dice así: "Y le llevó el diablo a un alto monte, y le mostró en un momento todos los reinos de la tierra. Y le dijo el diablo: A ti te daré toda esta potestad, y la gloria de ellos; porque a mí ha sido entregada, y a quien quiero la doy. Si tú postrado me adorares, todos serán tuyos." El método empleado por Satanás para mostrar al Señor todos los reinos de la tierra es muy llamativo. En seguida todo el procedimiento va más allá del dominio de las experiencias y recursos humanos, y funciona en conformidad a las realidades de otra esfera. Ver todos los reinos de la tierra desde un monte y en un momento implica algo sobrenatural. Nos hace pensar detenidamente al notar que Satanás llevó al Señor a cualquier lugar por algún motivo. Hay aquí manifestaciones de fuerzas que es incomprensible a la mente humana. Pero el rasgo más admirable de esta revelación es la declaración de Satanás (que no la refutó nuestro Señor) de que los reinos de este mundo o *cosmos* (comp. Mt. 4:8 para el uso específico de *cosmo)* se le habían sido entregados a él y a quien quisiera se los daría. Se predice que en algún tiempo en el futuro el dominio mundial será dado al hombre de pecado por Satanás, y esto parece confirmar su reclamo en cuanto a la disposición de tales reinos. Un método muy común de interpretar esta porción es el de decir que Satanás ofreció a Cristo el territorio sólo de Palestina, pero en aquel entonces Palestina fue una provincia sin importancia en el imperio romano; así que en ninguna manera pudiera significar "los reinos de la tierra". También, se ha enseñado que esta oferta de parte de Satanás es otra de sus mentiras; pero si esto fuera verdad entonces no habría sido una tentación a nuestro Señor, a quien nadie puede engañar. También si fuera mentira, la contestación del Señor Jesús no habría sido limitada a la asombrosa petición satánica de que Cristo adorara a Satanás, una criatura hecha por el Hijo de Dios mismo. Y no debe de olvidarse en todo esto, que todas las autoridades y potestades en el mundo de los espíritus fueron creados por Este con quien Satanás hablaba (Col. 1:16). Esté o no de acuerdo con la razón humana, la simple inspirada Palabra de Verdad sostiene la tesis de que todos los gobiernos humanos están en las manos de Satanás. La historia misma contiene muchas narraciones en donde es fácil ver la actividad de Satanás quien guiaba los destinos de ciertos gobiernos. Es más difícil aceptar este reclamo de Satanás en conexión con los gobiernos que actúan en formas recomendables a la vista humana. A pesar de la aprobación humana por ciertos gobiernos, la verdad es que todos ellos se manejan completamente independientes de Dios.

El reclamo de Satanás en este pasaje de San Lucas es doble: (a) el dominio de todo el mundo o *cosmos* le fue entregado, lo que quiere decir que tal entrega sucedió con el permiso de Dios, y (b) Satanás da los reinos a quien él quiere. Sin duda esta última declaración es verdad desde el punto de vista de Satanás, pero también es cierto que esa donación de parte de Satanás está conforme al propósito soberano de Dios. Permanece la verdad que "no hay autoridad sino de parte de Dios, y las que hay, por Dios han sido establecidas" (Ro. 13:1). Como siempre, Dios es soberano sobre todo, pero se le permite a la criatura seguir en sus caminos voluntariosos y pecaminosos, pero aun en eso él es culpable.

Juan 12:31; 14:30; 16:11. La revelación de que Satanás tiene autoridad sobre el mundo o *cosmos* no descansa sólo en los reclamos de él. Cristo Jesús lo denomina *el príncipe de este mundo o cosmos.* Dice la Biblia: "Ahora es el juicio de este mundo; ahora el príncipe de este mundo será echado fuera" (Jn. 12:31); "No hablaré ya mucho con vosotros; porque viene el príncipe de este mundo, y él nada tiene en mí" (Jn. 14:30); "y de juicio, por cuanto el príncipe de este mundo ha sido ya juzgado" (Jn. 16:11). También tenemos referencias bíblicas autoritativas escritas por manos apostólicas que se refieren a Satanás como "el príncipe de la potestad del aire" (Ef. 2:2), y como "el dios de este siglo" (2 Co. 4:4). Con el mismo fin, cuando el apóstol hacía referencia al conflicto entre el cristiano y las potestades de maldad (Ef. 6:12), declara que esta guerra es en contra de "los gobernadores de las tinieblas de este siglo", lo cual implica que toda la dispensación se caracteriza por tinieblas y que sobre ella hay gobernadores específicos. Así fielmente la Palabra inspirada de Dios declara enfáticamente la verdad de que el *cosmos* está bajo el control de poderes malos. El Señor Jesús, ascendido y glorificado, dio el mismo mensaje a la iglesia de Pérgamo, diciendo: "Yo conozco tus obras, y dónde moras, donde está el trono de Satanás" (Ap. 2:13). Aunque aquí no se define lo extenso de la autoridad de Satanás en este pasaje, sí se declara que Satanás ocupaba un trono terrenal. Finalmente, el apóstol Juan enseñaba que el poder del Espíritu Santo en el creyente es más poderoso que el de Satanás en las palabras siguientes: "Porque mayor es el que está en vosotros que el que está en el mundo" (1 Jn. 4:4). La frase específica *en el mundo,* identifica la esfera donde Satanás ejerce su poder. Mucha más luz se añade tocante a la relación entre Satanás y el mundo *(cosmos)* al considerar el pasaje siguiente:

1 Juan 5:19. Este pasaje decisivo reza así: "Sabemos que somos de Dios, y el mundo entero está bajo el maligno." El mundo de que hace mención aquí es el *cosmos* –el *cosmos* entero. Las dos frases de esta oración comprende todos los miembros de la raza humana. Por la frase "somos de Dios" se reconoce la verdad de que los cristianos están *en* el mundo, pero no son participantes en lo que pertenece a él. Pero lo importante del versículo se descubre en la última frase; a saber, el mundo entero *(cosmos entero)* está bajo el maligno. Otros versículos que traducen *πονηρῷ* así son: 1 Juan 2:13, 14; 5:18 y Juan 17:15 donde la palabra "mal" sería mejor traducida "maligno" también. La identidad del maligno es clara en el contexto de 1 Juan, pues es el mismo *diablo* a quien se refiere en 1 Juan 3:8, 10. Que el *cosmos* entero *está bajo* el maligno es tan llamativo como significante. La frase *"está bajo"* conlleva la verdad de que el *cosmos* se localiza en, y está bajo el control del maligno. Alford declara: "Por las palabras 'el maligno' se entiende que él es la morada de, y representante de todos los suyos, y así es similar a las expresiones, *en el Señor, en Cristo, en Cristo Jesús, y en el verdadero* como dice en verso 20. Estas expresiones llevan el significado de que lo del Señor es de los Suyos también. El verso 19 revela que, mientras nosotros somos de Dios, lo que implica nacer y proceder de El, e incluye un cambio de estado; el *mundo* (lo demás de la humanidad) *está bajo el maligno,* quedando así donde ha estado siempre. Algunos comentaristas han querido evitar la inconsecuencia con tales pasajes como 1 Juan 2:2 y 4:14, y tratan de dar otro significado a la palabra *mundo* en 1 Juan 5:19. Pero no hay inconsecuencia alguna. Si el Señor Jesucristo no hubiera llegado a ser una propiciación por los pecados de todo el mundo, y si El no fuera Salvador de todo el mundo, ninguno se podría haber separado del mundo para creer en El. Pero la verdad es que los que creen en El, se separan del mundo, y así nuestra proposición queda verdadera: el *mundo* es la negación de la fe en Cristo, y como tal está bajo el maligno, el adversario del Señor" *(El Nuevo Testamento para Lectores Ingleses,* nueva edición, vol. II, pt. II, ps. 917-18). La enseñanza de Pope y Moulton en el Comentario de Schaff concuerda en esto, pues dicen: "el maligno tiene todo el mundo en su poder, menos esa parte transformada por la nueva vida en Cristo. No dice que todo el mundo "es *del* maligno" . . . Los hombres del mundo sí están "en el que es falso", pero la palabra "en" no se usa aquí en su más sencillo significado, sino dice que *están bajo,* una frase que no se usa en ningún otro lugar y, por lo tanto tiene que entenderse a la luz de la enseñanza general de la Epístola. La frase "mundo entero" no se refiere solamente a los hombres del mundo, sino a su constitución, su economía, sus deseos, sus principios, sus motivos, su carrera y su destino; todo lo que no es de Dios queda en el poder del maligno y son sus esclavos" (citado por Gerhart, *Institutes,* p. 708). Se concluye que el pasaje enseña –como en muchos otros ya indicados– que el *cosmos* entero está en el diablo y controlado por él, menos los que se han salvado en Cristo Jesús.

Isaías 14:12, 16-17; Job 1:13-19; 2:7. Volviéndose a la séxtuple acusación contra Satanás en Isaías 14 y la quíntuple crónica en Job tocante a las actividades de Satanás sobre asuntos del mundo, se verá que Dios le permite a él ejercitar poderes cuyos resultados quedan más allá de la comprensión humana. Hemos de considerar estos once hechos estupendos de Satanás aparte de esas manifestaciones más remotas apuntadas en Apocalipsis 12:4, 15 y también del ejercicio de su poder en el hombre de pecado (2 Tes. 2:9-10), y mediante las dos bestias de Apocalipsis 13:1-7.

Está escrito en Isaías 14 que Satanás, cuando se llamaba *Lucero, hijo de la mañana,* y refiriéndose a un tiempo aún futuro después del cumplimiento de sus hechos maravillosos, (1) *él debilitaba a las naciones.* En la Palabra de Dios dice que las naciones, como tales, están opuestas a Dios (Sal. 2:1-3), y especialmente en contraste con la nación elegida de Dios, Israel. Esas naciones fuera de Israel componen el factor principal de lo que se llama *cosmos.* Lo que ellos hubieran sido si no hubieran aceptado los ideales satánicos sólo Dios lo puede estimar correctamente. No importa lo que piensen respecto de sus propias fuerzas; lo que vale es la estimación divina: "Ante El las naciones le son como la gota de agua que cae del cubo, y como menudo polvo en las balanzas le son estimadas. Como nada son las naciones delante de él; y en su comparación serán estimadas en menos que nada, y que lo que no es" (Is. 40:15, 17). Así también está escrito en Isaías 14:16-17: (2) que Satanás, al finalizar su carrera mala, *habrá hecho temblar la tierra;* (3) habrá *trastornado los reinos;* (4) habrá *puesto el mundo como un desierto;* (5) habrá *asolado las ciudades;* y (6) habrá impedido que la humanidad haya recibido beneficios importantes, pues *nunca abrió la cárcel a sus presos.* La imaginación no alcanza a describir el verdadero significado de aquellos hechos de Satanás, y el total de la maldad que el diablo habrá cometido está más allá de nuestra capacidad de estimación. Echando una mirada a lo que Satanás hizo después de recibir permiso de Dios en relación a Job, encontramos el poder de Satanás sobre la creación manifestado con cinco formas: (7) él hizo que los sabeos se llevaran los bueyes y asnas de Job y mataran a sus criados; (8) hizo caer fuego del cielo que quemó las ovejas junto con sus pastores; (9) hizo que los caldeos arremetieran contra los camellos y mataran a los criados; (10) causó la muerte de los hijos de Job por un viento fuerte del desierto que azotó las cuatro esquinas de la casa donde estaban, la que cayó sobre ellos; e (11) hirió a Job mismo con el peor sufrimiento corporal que jamás había sufrido. Sin duda hubiera matado a Job si Dios le hubiera permitido. Puesto que le fue dicho específicamente que no lo matara, nos hace creer que podía hacerlo y lo hubiera hecho si Dios se lo hubiese permitido. Es aquí donde se introduce todo el campo de revelación con respecto al poder de Satanás sobre el aspecto físico de la vida de los seres humanos, tema que no podemos desarrollar por ahora.

II. EL *COSMOS* ES ENTERAMENTE PECAMINOSO

Esto es en verdad una declaración muy difícil de aceptar, y aunque es la verdad, requiere explicación. Satanás sabe introducir aun cosas buenas en sí mismas en su sistema. Muchos ideales humanitarios, moralidad y aspectos de cultura armonizan con las realidades espirituales, aunque son partes del *cosmos.* La raíz del mal en el *cosmos* está en que su orden o sistema enteramente se ha organizado sobre la base de completa independencia de Dios. Es una manifestación de todo lo que Satanás puede producir como una exhibición total de lo que constituye la mentira original. Es la manifestación completa de lo que la criatura –tanto angélica como humana– puede producir por haberse embarcado en una empresa independiente de Dios el Creador. El *cosmos* no es un campo de batalla en el cual Dios y Satanás contienden por la supremacía; más bien es algo que Dios ha permitido para que la mentira tenga su pleno desarrollo y manifestación.

Es razonable suponer que el *cosmos* represente el empeño máximo de la criatura suprema, y que por haber comenzado repudiando a Dios, se ha mantenido separado de Su voluntad y Su propósito. El hecho de incluirse cosas buenas en este gran sistema es sin duda la razón de los muchos engaños. La verdad fundamental de que "todo lo que no proviene de fe es pecado" (Ro. 14:23; He. 11:6), no se reconoce, ni es aceptada en el mundo o *cosmos.* La *mentira* tiene que seguir su curso para ser juzgada, no como una hipótesis, sino en su total y final exhibición de que es contra Dios en lo más esencial. Principió con la repudiación de Dios de parte de un ángel y de un hombre, y será caracterizada por esa misma independencia y separación de la Deidad hasta que se manifieste el Anticristo, quien será destruido. Las obras humanitarias, la cultura, las leyes y las formas religiosas del *cosmos* no son una evidencia de que Dios es reconocido ni honrado como debe hacerse. Este es un mundo o *cosmos* que rechaza a Dios. Sus príncipes "crucificaron al Señor de gloria" (1 Co. 2:8), y si no fuera por el poder de Dios en limitarlos, le crucificarían otra vez y destruiría a Sus testigos. No demuestran ningún arrepentimiento por su crimen racial, y aunque siguen rechazando a Cristo como Salvador, toman prestado los ideales sociales de Sus enseñanzas; Su pureza y manera de vida son presentados como algo que se debe imitar, pero la salvación por medio de Su muerte cruenta es rechazada. El mundo o *cosmos* independiente, egocéntrico, engreído y autónomo no busca la redención puesto que no reconoce que tiene necesidad de ella. Es la encarnación de la filosofía de la cual Caín es el prototipo. Lo que Dios contempla en lo humano del *cosmos* se describe en Romanos 3:9-18. En esto la acusación divina contra la raza caída es infinitamente correcta y decisiva: "Como está escrito: no hay justo, ni aun uno; no hay quien entienda, no hay quien busque a Dios. Todos se desviaron, a una se hicieron inútiles; no hay quien haga lo bueno, no hay ni siquiera uno" (Ro. 3:10-12). Ciertamente Dios no está engañado en cuanto a los propósitos de Satanás. ¿No los descubrió en el principio? (Is. 14:13; Ez. 28:15). Un mundo o *cosmos* que crucificó a su Redentor aborrece a los redimidos como aborrece al Salvador de ellos (Jn. 15:18, 19), y que ama las tinieblas más que la luz, difícilmente engañará al Todopoderoso. Más bien será juzgado y destruido totalmente y no se hará ningún esfuerzo por rescatar nada de él cuando llegue su día de destrucción. Los pasajes siguientes son un suficiente testimonio acerca del carácter pecaminoso del *cosmos:* "Por medio de las cuales nos ha dado preciosas y grandísimas promesas, para que por ellas llegaseis a ser participantes de la naturaleza divina habiendo huído de la corrupción que hay en el mundo *(cosmos)* a causa de la concupiscencia" (2 P. 1:4); "Ciertamente, si habiéndose ellos escapado de las contaminaciones del mundo *(cosmos),* por el conocimiento del Señor y Salvador Jesucristo, enredándose otra vez en ellas son vencidos, su postrer estado viene a ser peor que el primero" (2 P. 2:20); "La religión pura y sin mácula delante de Dios el Padre es ésta: visitar a los huérfanos y a las viudas en sus tribulaciones, y guardarse sin mancha del mundo" *(cosmos,* Stg. 1:27); "¡Oh, almas adúlteras! ¿No sabéis que la amistad del mundo *(cosmos)* es enemistad contra Dios? Cualquier, pues, que quiera ser amigo del mundo *(cosmos),* se constituye enemigo de Dios" (Stg. 4:4); "Porque todo lo que es nacido de Dios vence al mundo" *(cosmos,* 1 Jn. 5:4); "No hablaré ya mucho con vosotros; porque viene el príncipe de este mundo *(cosmos)* y él nada tiene en mí" (Jn. 14:30); "Y todo espíritu que no confiesa que Jesucristo ha venido en carne, no es de Dios; y este es el espíritu del anticristo el cual vosotros habéis oído que viene, y que ahora está en el mundo" *(cosmos,* 1 Jn. 4:3). De la misma manera se dice que el creyente en Cristo ha sido "librado del actual siglo malo" (Gá. 1:4), y "librado de la potestad de las tinieblas" (Col. 1:13), y que no debe "conformarse a este siglo" (Ro. 12:2).

III. OBRAS SATANICAS EN EL *COSMOS*

Hemos de limitar nuestro estudio de este tema aquí, pues reaparecerá más adelante en otra división de la Satanalogía. El ángel que comenzó su carrera para "ser semejante al Altísimo" en ninguna manera ha abandonado ese ideal. El hecho de que de algún modo Satanás trata de hacer las obras de Dios no indica sino otro aspecto de su gran engaño. Las obras satánicas se ven claramente en algunos pasajes llamativos, y presentan a la vez el más alto ideal y los motivos más profundos de la gran multitud de la raza humana impulsada por Satanás. Un sólo pasaje contiene la completa revelación: "Porque todo lo que hay en el mundo *(cosmos),* los deseos de la carne, los deseos de los ojos, y la vanagloria de la vida, no proviene del Padre, sino del mundo" *(cosmos,* 1 Jn. 2:16). La tentación de Eva en el huerto de Edén consistió en tratar de satisfacer esos mismos deseos. "Y vió la mujer que el árbol era bueno para comer, y que era agradable a los ojos, y árbol codiciable para alcanzar la sabiduría; y tomó de su fruto, y comió; y dió también a su marido, el cual comió así como ella" (Gn. 3:6). Se puede reconocer con facilidad que la verdadera naturaleza de estos deseos son egocéntricos, y que no toman en cuenta a Dios.

Todos los "pleitos y guerras" (Stg. 4:1) entre los hombres simplemente son el resultado natural de las cualidades de esta gran federación. El Señor Jesús dijo a Pilato: "Mi reino no es de este mundo *(cosmos);* si mi reino fuera de este mundo *(cosmos),* entonces mis servidores pelearían para que yo no fuera entregado a los judíos; pero mi reino no es de aquí" (Jn. 18:36). Es un hecho notable que los gobiernos del mundo dependen de la fuerza física y una demostración de su poder para mantener su posición y autoridad, y la ley superior de amor no se adapta a los elementos que componen el *cosmos,* ni tampoco lo entienden.

IV. LAS COSAS DEL *COSMOS*

Toda propiedad terrenal es del orden satánico, la cual el creyente puede usar, pero no abusar: "Pero el que tiene bienes de este mundo *(cosmos)* y ve a su hermano tener necesidad, y cierra contra él su corazón, ¿cómo mora el amor de Dios en él?" (1 Jn. 3:17). "Pero los afanes de este siglo, y el engaño de las riquezas, y las codicias de otras cosas, entran y ahogan la palabra, y se hace infructuosa" (Mr. 4:19). "Pero esto digo, hermanos: que el tiempo es corto; resta pues, que los que tienen esposa sean como si no la tuviesen; y los que lloran, como si no llorasen; y los que se alegran, como si no se alegrasen; y los que compran, como si no poseyesen; y los que disfrutan de este mundo *(cosmos)*, como si no lo disfrutasen" (1 Co. 7:29-31). El apóstol Santiago escribe: "Hermanos míos amados, oíd: ¿No ha elegido Dios a los pobres de este mundo *(cosmos),* para que sean ricos en fe y herederos del reino que ha prometido a los que le aman?" (Stg. 2:5).

V. AUNQUE LOS CRISTIANOS ESTAN EN EL COSMOS, NO SON DE EL

Dos veces en su oración sacerdotal el Señor Jesús declara acerca de los Suyos: "No son del mundo *(cosmos),* como tampoco yo soy del mundo" *(cosmos,* Jn. 17:14, 16). También en otro lugar encontramos lo siguiente: "Si el mundo *(cosmos)* os aborrece, sabed que a mí me ha aborrecido antes que a vosotros. Si fuerais del *mundo (cosmos),* el mundo *(cosmos)* amaría lo suyo; pero porque no sois del mundo *(cosmos),* antes yo os elegía del mundo *(cosmos),* por eso el mundo *(cosmos)* os aborrece" (Jn. 15:18-19). Y el Apóstol Juan dice: "Hermanos míos, no os extrañéis si el mundo *(cosmos)* os aborrece" (1 Jn. 3:13). Los cristianos son enviados al mundo o *cosmos* (Jn. 17:18), como los que no tienen ninguna relación con él, fuera de la de ser sus testigos ante el mundo. Son *embajadores* (2 Co. 5:20); *extranjeros y peregrinos* (2 P. 2:11); y *ciudadanos del cielo* (Fil. 3:20) con respecto a este sistema mundano. Así es como Dios ve al cristiano en su relación con el *cosmos.*

Aunque Job pertenecía a una edad muy remota, su experiencia nos da una ilustración bien vívida tocante al cuidado de Jehová por los Suyos con respecto a los ataques de Satanás. En aquella narración se nos presenta a Job, no como un creyente que necesita castigo (ese fue el concepto erróneo de los tres amigos de Job; un error que Jehová condenó fuertemente después de la prueba), sino como uno de quien Jehová declara tres veces como "perfecto y recto" (Job 1:1, 8; 2:3). La querella de Satanás es doble: (a) que Jehová lo proteje tanto que Satanás no lo puede alcanzar, y (b) que Job no ama en verdad a Jehová. Satanás acusa a Jehová de que Job Le sirve sólo por la recompensa que recibe como un soborno de parte de Dios. Para probar si esto es o no así, Jehová sujeta a Job a ser probado por Satanás mismo, y es entregado a su poder. El cambio de la protección de Jehová a la prueba satánica tiene una importante limitación –el diablo no puede matarlo. Por lo tanto a Job le fue dado el honor inestimable de probar que Jehová es digno de toda adoración aparte de Sus beneficios dados a los hombres. La mentira de Satanás fue expuesta completamente para la gloria de Dios.

VI. LA IMPOTENCIA DEL *COSMOS*

La impotencia y limitaciones de este sistema mundano son muy evidentes. Su líder, aunque muy poderoso, es inferior al Señor Jesucristo: "Hijitos, vosotros sois de Dios, y los habéis vencido; porque mayor es el que está en vosotros que el que está en el mundo" *(cosmos,* 1 Jn. 4:4). Sus conocimientos y alcances son limitados: "Mirad cuál amor nos ha dado el Padre, para que seamos llamados hijos de Dios; por esto el mundo *(cosmos)* no nos conoce, porque no le conoció a él" (1 Jn. 3:1). "Pero el hombre natural no percibe las cosas que son del Espíritu de Dios, porque para él son locura, y no las puede entender, porque se han de discernir espiritualmente. En cambio el espiritual juzga todas las cosas; pero él no es juzgado de nadie" (1 Co. 2:14, 15). "No hay quien entienda, no hay quien busque a Dios" (Ro. 3:11). "Pero si nuestro evangelio está aún encubierto, entre los que se pierden está encubierto; en los cuales el Dios de este siglo cegó el entendimiento de los incrédulos, para que no les resplandezca la luz del evangelio de la gloria de Cristo, el cual es la imagen de Dios" (2 Co. 4:3-4). "Ellos son del mundo *(cosmos)*; por eso hablan del mundo *(cosmos)*, el mundo *(cosmos)* los oye" (1 Jn. 4:5).

VII. EL FIN DEL *COSMOS*

Este tema específico pertenece en verdad a la Escatalogía y será considerado más detalladamente bajo esa división de la Teología Sistemática. El hecho de que el *cosmos* será destruido y así terminado se declara en ambos Testamentos.

Salmo 2. En la predicción contenida en este Salmo, se ve a las naciones en su última y más diabólica rebelión contra Jehová y contra Su Mesías (comp. Ap. 16:13-14); pero, a pesar de su resistencia unificada, Jehová pondrá Su Rey sobre el trono de David en Jerusalén, que es el "santo monte de Sion". El Hijo recibe de la mano de Su Padre el gobierno y destruye a las naciones como vasija del alfarero con vara de hierro. Se advierte a los reyes y gobernantes que arreglen cuentas con Cristo antes de que comience al juicio.

Daniel, capítulos 2 y 7. En estas profecías que tratan del rumbo y el fin de las naciones gentiles, Dios revela la verdad de que serán aplastadas y llevadas "como se lleva el viento la paja del trigo", y el Rey de reyes gobernará sobre toda la tierra.

Mateo 25:31-46. Las naciones, las cuales no pueden resistir el poder soberano de Dios, se reúnen ante El para ser juzgadas, y entonces se determinará su destino. Unas entrarán a participar en Su reino milenial, mientras las demás serán echadas al lago de fuego preparado para el diablo y sus ángeles.

2 Tesalonicenses 1:7-10. Lo distintivo de este pasaje es la pavorosa destrucción de todo lo que compone el *cosmos.*

Apocalipsis, capítulos 14-22. Se requiere un entendimiento correcto de este extenso pasaje. No hay nada aquí que pudiese haber sucedido ya en la historia de la tierra. Se describe más detalladamente, no un tema nuevo, sino lo que ha sido ya presentado en la Palabra de Dios. Las falsas pretensiones religiosas y la apostasía que se aparta de la verdad divina, juntamente con el *cosmos* tendrán que ser juzgados finalmente antes de que el Rey tome posesión de Su trono para reinar en justicia sobre toda la tierra. Sólo Apocalipsis 18:24 sirve para identificar esta destrucción final como el juicio de Dios sobre el mundo o *cosmos* y de todo lo que éste siempre ha hecho.

Indudablemente, entonces, lo que Dios por ahora tolera en su sabiduría infinita, será destruido completamente. Se declara directamente: "Porque la apariencia de este mundo *(cosmos)* se pasa" (2 Co. 7:31); "Y el mundo *(cosmos)* pasa, y sus deseos; pero el que hace la voluntad de Dios permanece para siempre" (1 Jn. 2:17); "Pero el día del Señor vendrá como ladrón en la noche; en el cual los cielos se pasarán con grande estruendo, y los elementos ardiendo serán deshechos, y la tierra y las obras que en ella hay serán quemadas" (2 P. 3:10).

CAPITULO VIII

SATANALOGIA: MOTIVO DE SATANAS

Sea lo que fuere el motivo que ha impulsado a Satanás a obrar así desde el principio de su carrera, hay un problema más fundamental que antecede a todo lo malo en el universo. Ese es el del motivo que ha impulsado a Dios a permitir que existiera la maldad. El hecho de que El podría haberlo impedido no necesita defensa alguna puesto que El es el Absoluto Creador y Promotor de todo lo que compone el universo. Se han sugerido varias opiniones para solucionar este problema. Sin duda hay verdad en todas ellas y al unir todas las que son aceptables, representarían sólo una fracción de los motivos que hacen a Dios actuar así. Uno de los motivos más obvios, y que tiene relación al tema que estamos considerando, es el que enseña que, como regla general visto a través de las edades de la historia, y especialmente en las relaciones personales con Dios, es que El permite que lo que la criatura propone tenga una prueba experimental. Eso es lo que Jehová hizo en el caso de la acusación de Satanás contra Job, a saber: si se le sujetara a suficiente prueba, Job repudiaría a Jehová. Dios pudiera haber negado la veracidad de la acusación satánica, pero se le dió permiso a Satanás probar a Job para que la mentira tenga expresión experimental. Tal método era bien costoso en verdad, pero nadie puede dudar que la victoria ganada valía mucho más que el precio pagado. Es posible que Job sirva como tipo o representante de asuntos más importantes que ahora se desarrollan hasta su consumación en el mundo o *cosmos* entero. El tema es extenso y ofrece mucha luz al que lo siga a través de toda la Biblia.

Concediendo que sea verdad que Dios sujete los reclamos de la criatura a la prueba experimental, parece claro que la determinación de Satanás de edificar un sistema u orden de cosas completamente autónomo, y con Satanás mismo como el centro de toda actividad y relación, fue permitida por Dios su existencia para ser probada experimentalmente hasta ser destruida por el juicio divino. Si esto es o no un procedimiento sabio de parte de Dios, no hay criatura alguna que tenga suficiente información o conocimiento detallado que la capacite para juzgar lo que el Creador permitió. Lo que se puede observar señala en una sola dirección: que Satanás propuso tal rumbo; que Dios pudiera haberlo impedido pero más bien le permitió seguir el curso escogido, y así hizo que ese mismo curso de acción fuera la base para su justa condenación. Cuando Satanás y su "teoría" lleguen ante Dios para su juicio y ejecución, "toda boca se tapará", y todos serán culpables, no sólo a la luz de los ideales divinos, sino absolutamente culpables a la luz del fracaso total del *cosmos* edificado por Satanás. Se reconocerá que la mentira sí es mentira. ¿Cómo sería posible convencer a las criaturas voluntariosas y engañadas, con libre albedrío, sin una demostración completa que no dejaría lugar a duda, ni que se levantara voz alguna a reclamar que la mentira llegaría a probarse verdad con tal que hubiera suficiente oportunidad de demostrar su propia filosofía? La Biblia (2 Tes. 1:9-12) declara que aun se enviará a los hombres un poder engañoso a fin de llevar la mentira a su consumación final. No sólo se tapará toda boca, sino también todo el mundo *(cosmos)* quedará bajo el juicio de Dios (Ro. 3:19). Un *cosmos culpable,* y eso probado de tal modo que ninguna voz (aun la de Satanás) se alce para defenderlo es algo que representa una obra estupenda. Tal fin del *cosmos* sin duda contribuirá grandemente a la felicidad en el universo en la eternidad. La mentira incluye toda forma de rebelión de parte de las criaturas creadas por Dios, y el completo desengaño de todos los rebeldes y su juicio final representa una mayor contribución a la paz y felicidad de las edades futuras. Se dice en cuanto a Cristo que El "reinará hasta que haya puesto todos Sus enemigos debajo de sus pies." Aun la muerte, la pena divina por el primer pecado humano, será destruida, a fin de que "Dios sea todo en todos" (1 Co. 15:24-28). Por lo menos en una instancia el fin justificará los medios, y ninguna criatura temporal es suficientemente sabia para ofrecer una evaluación de los *medios* cuando necesariamente no es capaz de comprender el *fin.*

Muy a menudo se cree que la presencia de pecado y sufrimiento en el mundo son como intrusiones extrañas en el orden perfecto de Dios, y por ello se desafía a Dios. J. M. E. Taggart dice que "es una creencia desalentadora y repugnante que el destino del universo esté a merced de un ser que tiene todos recursos de la Omnipotencia, pero que no lo ha hecho mejor de lo que es" *(Some Dogmas on Religion,* p. 220). Al contrario de eso tenemos la revelación bíblica de que el *cosmos* es de origen satánico y que Dios interviene sólo para limitarlo hasta que el día de juicio llegue, y arrebate del *cosmos diabólico* a los que El, en Su divino propósito soberanamente ha elegido redimir. La presencia de pecado y sufrimiento no representa un fracaso de parte de Dios. Son resultados inevitables de la mentira satánica cuyas manifestaciones se extienden por todo el universo. O Dios reina sobre Su universo o no reina. La mentira dice que no reina Dios; la *verdad* declara que sí reina. Tal prodigioso aspecto en disputa no se puede tratar con indiferencia. Sus juicios son ciertos.

Al desarrollar este tema en cuanto a explicar la presencia del pecado y el sufrimiento en el mundo, se reconoce que existen otras válidas que ofrecen más valor evidencial con respecto a la justicia de Dios al permitir que el pecado entre al universo. Estas serán consideradas a su debido tiempo bajo hamartialogía.

Tanto el motivo como el método de Satanás se reflejan precisamente en la actitud y las acciones del hombre de pecado, a quien Satanás inspirará y por quien Satanás expresa sus propios designios. En 2 Tesalonicenses 2:4 se dice del hombre de pecado que "se opone y se levanta contra todo lo que se llama Dios o es objeto de culto". El propósito de Satanás es el de obstaculizar el programa divino, especialmente el de salvar a los perdidos, y, a la vez hacerse superior a Dios. Se implica que la ambición de Satanás le llevaría a posesionarse de la autoridad de Dios, y busca ser adorado como Dios, y llegar a ser el Todopoderoso.

El pasaje central que trata sobre el motivo de Satanás se encuentra en Isaías 14:12-14. Como se ha observado, cinco veces Satanás se expresó con el deseo de ser semejante al Altísimo o de exaltarse a sí mismo en alguna forma. Como hemos demostrado antes, hay una sóla forma en que la criatura –sea ángel u hombre– puede tratar de ser como Dios, y es la de ser independiente como lo es Dios mismo. Para lograr dicho deseo es necesario que la criatura repudie su dependencia normal de Dios, y el que lo hace tiene que consagrarse a un programa ideado por sí solo y mantenerse completamente separado de Dios hasta llegar al fin de su carrera. En todas estas actividades la exaltación propia es suprema y al oponerse a Dios persigue sólo el poder glorificarse a sí mismo. La Escritura dice claramente que el orgullo o el engreimiento es lo que incitó al más grande de los ángeles a embarcarse en una carrera independiente de Dios (Ez. 28:17; 1 Ti. 3:6). Parece que el diablo siempre vive confiado de que va a alcanzar su deseo hasta ese tiempo en el futuro, cuando sea arrojado del cielo a la tierra. Acerca de él en ese tiempo se declara: " ¡Ay de los moradores de la tierra y del mar! porque el diablo ha descendido a vosotros con gran ira, sabiendo que tiene poco tiempo" (Ap. 12:12).

Este gran proyecto de Satanás, inspirado por su orgullo desordenado, se limitó necesariamente a la esfera celeste hasta la creación del hombre. Durante esas edades se cree que él trataba de conseguir la lealtad de los ángeles de menor importancia (Ez. 28:18) para que siguieran la misma filosofía de liberación e independencia del Creador. La creación del hombre le presentó a Satanás la posibilidad de un nuevo campo para demostrar su poder para diseñar y ejecutar sus obras. Este *cosmos* actual es lo que Satanás propuso y cuya existencia Dios permite hasta llegar a su trágico fin profetizado.

Hay cuatro puntos importantes que indican el curso de Satanás en su determinación de actuar independiente de Dios:

(a) El dijo: "Seré semejante al Altísimo". Esto representa el origen de toda maldad y no requiere más comentario.

(b) El dijo a Adán y Eva, "Seréis como Dios" *(Elohim,* Gn. 3:5). Cuántos ángeles han escuchado esta sugestión y la han seguido nadie lo sabe aquí en la tierra. Su consejo fue oído y seguido por los progenitores de la raza humana. Por escoger ellos tal carrera, recibieron el castigo prometio por Dios en Su bondadosa amonestación. El había dicho: "El día que de él comieres, ciertamente morirás *(muriendo, morirás).* Jamás faltará ninguna promesa de Dios. Así que toda forma de muerte era la suerte de estas criaturas pecadoras. En el universo no se había conocido ninguna clase de muerte. No fue ésta el castigo divino sobre los ángeles que pecaron, pero para el hombre sí lo fue. Un aspecto grave de este castigo es la muerte espiritual que quiere decir la separación del alma y espíritu humano de su Dios. Este estado de los primeros padres de nuestra raza ha sido la herencia de todos sus descendientes en todas las generaciones. Pertenecen al *cosmos diabólico.* Hasta que sean redimidos por la gracia infinita, ellos participan no sólo en las obras de este *cosmos*, sino también en el espíritu satánico de independencia de Dios. Si un miembro de la raza perdida desea tener una relación correcta con Dios, el primer paso no es el de dar evidencia de querer obedecer a Dios en una forma general, sino el *obedecer* al evangelio de la salvación divina (Hch. 5:32; Ro. 2:8; 2 Tes. 1:8; He. 5:9; 1 P. 4:17). Detrás de este requisito está la verdad esencial de que una relación correcta con Dios requiere más que un arrepentimiento, seguido por el perdón divino. Se requiere que haya una satisfacción para la santidad de Dios ofendida. Esto se ha provisto en la muerte de Cristo y no se encuentra en ningún otro, y eso hace que Cristo Jesús sea el Camino hacia Dios para ser librado de la mano del maligno. No hay cómo medir el valor de esta curación divina provista en Cristo; porque al creer en El hay paz con Dios, perdón, regeneración juntamente con la vida eterna, justicia imputada y justificación. También está la promesa divina de que el creyente pronto experimentará la conformidad completa al Hijo de Dios en gloria. La mentira satánica: "Seréis como Dios" *(Elohim)*, llega a ser un engaño espantoso, mientras las ofertas de la gracia divina dan la seguridad de que finalmente estaremos unidos a Dios y viviremos conformes a Su santa voluntad para siempre. La mentira llega a ser el antípoda de la verdad en sumo grado. La mentira lleva a la ruina eterna a todos los que la siguen; la verdad llevará a la felicidad eterna con Dios a los que confían únicamente en el Señor Jesucristo. Es una maravilla de la gracia divina la que un alma sea trasladada de la potestad de las tinieblas al reino del Hijo amado (Col. 1:13). ¡Qué tragedia, en verdad, es la vida actual y el destino de cualquier ser humano que, a pesar de haber nacido ya perdido, siga rechazando la gracia de Dios y obstinadamente continúe en su afiliación con el *cosmos diabólico* y al fin participará en el juicio del enemigo de Dios en el lago de fuego.

Pero el plan de llegar a ser como *Elohim* por una mera independencia de Dios tuvo su origen con Satanás, y el proponérselo a Adán indica que el diablo sigue con su propósito original sin cambio alguno.

(c) Cuando se enfrentó con el último Adán (Cristo), Satanás no le dijo a El que sería como Elohim, pues bien sabe que Jesucristo es Dios mismo. Sin embargo, tenemos evidencia de su fuerte deseo de ser "semejante al Altísimo" expresado en las palabras "me adorares". El carácter presuntuoso e impío de esa demanda no puede repetirse en la historia del universo, ni tampoco en las edades futuras. Es probable que aquí, como en ningún otro lugar, la mentira se manifiesta en su carácter falso y pecaminoso al dirigirse directamente a El quien es la Verdad. Audacia sin medida es la palabra que describe la obra satánica de buscar la co-operación de los ángeles y de los hombres; pero ¿quién puede estimar la maldad del que sugiere que Dios, el Creador, se incline ante una de Sus criaturas? El orgullo evidentemente había cegado el entendimiento de Satanás, y tenemos nada menos que la locura angélica, la que aún es responsable por sus hechos. De todo lo que aprendemos de la triple tentación en el desierto, hay una verdad sobresaliente, a saber, que Satanás siempre busca *ser semejante al Altísimo.*

(d) No es un accidente el que la última manifestación de la mentira de Satanás sea el hombre de pecado, de quien se dice que "se opone y se levanta sobre todo lo que se llama Dios o es objeto de culto," y quien viene "por obra de Satanás, con gran poder y señales y prodigios mentirosos, y con todo engaño de iniquidad"; quien siempre se distingue por su reclamo blasfemo de ser Dios. En el escrito más antiguo se le describe en las palabras siguientes: "Hijo de hombre, dí al príncipe de Tiro: Así ha dicho Jehová el Señor: Por cuanto se enalteció tu corazón, y dijiste: Yo soy un dios, en el trono de Dios estoy sentado en medio de los mares (siendo tú hombre y no Dios), y has puesto tu corazón como corazón de Dios. . . Por tanto, así ha dicho Jehová el Señor: Por cuanto pusiste tu corazón como corazón de Dios, por tanto, he aquí yo traigo sobre tí extranjeros, los fuertes de las naciones, que desenvainarán sus espadas contra la hermosura de tu sabiduría, y mancharán tu esplendor. Al sepulcro te harán descender, y morirás con la muerte de los que mueren en medio de los mares. ¿Hablarás delante del que te mate, diciendo: Yo soy Dios? Tú hombre eres, y no Dios, en la mano de tu matador" (Ez.28:2,6-9). Dos veces se refiere a esta encarnación de Satanás en la profecía de Daniel (Dn.7:8; 9:27). En el primer pasaje se le caracteriza como el que tenía "boca que hablaba grandes cosas", y en el último se dice que es el que "hace cesar el sacrificio y la ofrenda." Esto es precisamente el testimonio del apóstol Pablo quien declara que él "se sienta en el templo de Dios como Dios, haciéndose pasar por Dios" (2 Ts.2:4). Parece que él hace cesar el culto dado a Jehová para ser adorado él mismo. De este mismo personaje Juan el apóstol escribe: "Vi una de sus cabezas como herida de muerte, pero su herida mortal fue sanada; y se maravilló toda la tierra en pos de la bestia, y adoraron a la bestia, diciendo: ¿Quién como la bestia, y quién podrá luchar contra ella? También se le dio boca que hablaba grandes cosas y blasfemias; y se le dio autoridad para actuar cuarenta y dos meses, y abrió su boca en blasfemias contra Dios para blasfemar de su nombre, de su tabernáculo, y de los que moran en el cielo. Y se le permitió hacer guerra contra todos los santos, y vencerlos. También se le dio autoridad sobre toda tribu, pueblo, lengua y nación. Y la adoraron todos los moradores de la tierra cuyos nombres no estaban escritos en el libro de la vida del Cordero que fue inmolado desde el principio del mundo" (Ap.13:3-8). Se espera, por lo tanto, que ese reclamo de ser Dios y ser adorado como Dios, sea el último acto en el drama de la iniquidad; y así es, según el testimonio apostólico en 2 Tesalonicenses 2. Es igualmente razonable que el Señor Jesús indicara a los judíos que la aparición de este inicuo "en el lugar santo" constituye el fin del siglo y una señal para los judíos que huyeran para alcanzar la seguridad (Mt.24:15-22).

El hecho de que Dios permite a Satanás seguir su carrera de mentira hasta su completa consumación con su hombre de pecado (la cabeza federal de las naciones), blasfemando de tal modo hasta reclamar ser Dios, al punto que matará a todos los que no le adoren; todo eso no representa un tema más misterioso que el de dar permiso a que la mentira tuviera existencia en el principio.

Siguiendo los aspectos más profundos de todo lo que mueve a Satanás, se ha sugerido que es motivado en primer lugar por el orgullo que es la causa predominante de su ambición impía. En segundo lugar, es posible que Satanás esté ofendido a causa del plan divino por el cual sus víctimas puedan ser rescatadas, alcanzando así una posición más gloriosa a la que jamás llegará ningún ángel. El Dr. Guillermo Cooke cita lo siguiente de los escritos de Plutarco: "Ha sido opinión bien antigua de que hay ciertos demonios impíos y malignos, que envidian a los hombres buenos y tratan de impedirles en su búsqueda de la virtud para que no alcancen una felicidad más alta que la de ellos" *(Christian Theology,* quinta Ed., p. 628). El hecho de que no hay redención ni para él, ni para los ángeles caídos tiene que resultar en envidia y ofensa, y engendra aborrecimiento satánico hacia Dios y los suyos. Y, en tercer lugar, aparentemente es imposible para Satanás reconocer otra base de relación entre Dios y Sus criaturas fuera de la del mérito personal, la cual era la forma de relación entre ellos en el principio. El mérito personal fue la base de la autoridad de Lucero en su defensa del trono de Dios. Así que la relación con Dios en base de Su gracia, en verdad era cosa extraña y ofensiva para Satanás, pues él sólo acepta la base del mérito personal. El hecho de que las criaturas pecaminosas y perdidas ya pueden justificarse sobre la base de la fe en un Cristo crucificado y resucitado, sin duda es desconcertante y detestable para Satanás. Su ideal siempre es éste y que promulgan sus mensajeros que se llaman "ministros de justicia (personal)" según 2 Corintios 11:13-15. En lo relacionado al mensaje de la salvación por gracia por el cual se salvan los pecadores, Satanás ciega el entendimiento de los hombres en cuanto a esta verdad "para que no les resplandezca la luz del evangelio" (2 Co.4:4). Todo creyente que trata de evangelizar a los perdidos pronto se da cuenta de cuán difícil es para los incrédulos entender el mensaje del evangelio, un mensaje de salvación aparte del mérito humano y que se recibe simplemente por la fe. F. C. Jennings escribe acerca de esa obra de Satanás al cegar el entendimiento humano, diciendo: "El (Satanás) trama en forma tal el curso de este cosmos: sus formas religiosas, sus ceremonias, todo lo decente y respetable, que llegan a formar un grueso velo que cubre *la gloria de Dios en la faz de Jesucristo,* la cual consiste en ofrecer la misericordia justa a los pecadores penitentes. Este velo no consiste en una vida depravada y pecaminosa, o cualquier otra forma de impiedad humana, sino en una fría formalidad, una decencia sin corazón, un engreimiento orgulloso, una etiqueta de alta estima, y aun en la membresía de una iglesia –pero todo eso *sin Cristo.* En verdad, es lo más fatal de las mentiras, el más obscuro de los velos, y lo más común entre los seres humanos. Es el camino que, por ser religioso, respetable y decente, *"parece ser recto al hombre, pero su fin es la muerte,"* pues no hay ni Cristo, ni Cordero de Dios, ni sangre expiatoria" *(Satanás,* ps. 29,30). Nos falta considerar el caso de que al oponerse a Dios, Satanás aun se mete en asuntos religiosos.

CAPITULO IX

SATANOLOGIA: METODO DE SATANAS

Al comenzar esta división de la satanología debemos notar otra vez que el propósito dominante de Satanás no es (como muchos suponen) el de tratar de ser diferente de Dios. Satanás mismo ha declarado explícitamente en Isaías 14:14 que la pasión suprema de su existencia es la de ser semejante al Altísimo. Anteriormente hemos trazado los designios de Satanás a través de la historia y de la profecía hasta su consumación; ahora se requiere que lleguemos a la conclusión de que desde la primera manifestación de su ambición hasta su última en el hombre de pecado, el hijo de perdición quien se declara ser Dios –todo revela que el diablo es impulsado por un solo motivo. La importancia de esto se ve en lo esencial que es para Satanás la adoración que pide que se le de al hombre de pecado, ya que si los moradores de la tierra no lo hacen, los pena con la muerte instantáneamente (Ap.13:15).

Se dice que la multitud no regenerada de la humanidad es engañada por Satanás, y tal engaño es tan trágico como digno de lástima. Satanás se impone sobre ellos por fraude, traición y subterfugio. No hay nada substancial en los objetivos en que han puesto sus esperanzas. Las Sagradas Escrituras reconocen una distinción en el efecto de las mentiras satánicas; a saber, que afectan el elemento humano en el mundo o *cosmos,* pero no el sistema entero que constituye el *cosmos.* Así que no se emplea la palabra *cosmos* en relación con estos engaños; en tal caso se usa la palabra οἰκουμένη, que significa los habitantes de la tierra, o sea las naciones. Está escrito en Apocalipsis 12:9 acerca de ellos en la siguiente forma: "Y fue lanzado fuera el gran dragón, la serpiente antigua, que se llama diablo y Satanás, el cual engaña al mundo entero (la tierra habitada); fue arrojado en la tierra, y sus ángeles fueron arrojados con él." También se dice en Apocalipsis 13:14 que sus engaños alcanzan "a los moradores de la tierra." Además, tenemos en el capítulo 20:3,8 y 10 que él engaña a todas las naciones de la tierra con la excepción de los individuos salvos. Con el mismo fin nos habla del poder de Satanás que ejercerá el hombre de pecado, el que será "con todo engaño de iniquidad para los que se pierden" (2 Tes.2:10). En ese cuadro tan negro, ciertamente, no hay esperanza alguna para los miembros de esta raza que rechazan al Señor Jesucristo. La Escritura dice, hablando del futuro de los hombres caídos: "los malos hombres y los engañadores irán de mal en peor, engañando y siendo engañados" (2 Ti.3:13). A la luz de toda esta revelación los sueños de los guías religiosos, que predican un mundo o *cosmos* transformado y regenerado por fuerzas humanas, son sin fundamento. Los engaños de Satanás continuarán hasta que sea atado y arrojado al abismo. Pero, ¿Quién va a atar a Satanás y ponerlo en esa prisión? Para ensalzar la justicia divina, es necesario que la disolución del *cosmos* y la desilusión de la mentira lleguen a los fines ya predichos cuando todo sea destruido en el momento de haber llegado al cenit de la maldad. Sólo entonces el Rey de los reyes reinará en justicia y prosperará. En aquel día la justicia y la paz cubrirán la tierra como el agua cubre el mar. ¿Qué forma de engaño es éste que aun los hombre buenos no entienden las enseñanzas sencillas de la Biblia con respecto al curso y el fin de la maldad? Las realidades estupendas representadas en el *cosmos diabólico* no son capaces de transformarse. Cuando Dios ha declarado que este mundo *(cosmos)* continuará hasta su fin predicho y con mayores engaños aún, y que habrá una encarnación de la mentira hasta ser destruida por el Señor Jesús en Su retorno a la tierra, no conviene buscar cómo salvarlo ni transformarlo. Se exhorta a los cristianos que busquen la salvación de los *individuos* a tiempo y fuera de tiempo; pero eso es muy lejos de tener como objetivo el rescatar lo que Dios ha destinado a la destrucción, lo que en su misma naturaleza es antidiós. El más grande engaño que Satanás impone (después de la m e n t i r a misma) sobre todos los impíos y sobre un gran número de cristianos también, es la idea de que sólo lo que la sociedad considera como malo pudiera originarse con el diablo –si en verdad existiera un diablo que pudiera originarlo. No es la mente humana, sino la revelación divina la que indica que gobiernos, moralidad humana, educación, comercio, arte, grandes empresas y mucha actividad religiosa se incluyen en el *cosmos diabólico.* Eso es, que el sistema elaborado por Satanás incluye todo lo bueno que él puede incorporar en el *cosmos* que sea consecuente con los ideales que persigue. Un asunto importante que se presenta aquí es si la presencia de la maldad grosera en el mundo se debe a la voluntad directiva de Satanás o si es a causa de su incapacidad de llevar a cabo todo lo que ha querido hacer. Lo probable es que él se ha embarcado en una empresa, impulsado por su orgullosa ambición, pero que no es capaz de controlar las fuerzas que ha puesto en acción. La revelación divina dice que todo el *cosmos* tiene que ser aniquilado, no sólo lo malo en él, sino todo, lo bueno y lo malo. Dios no va a incorporar en Su reino terrenal los vestigios de la empresa satánica caída. El *cosmos diabólico* tiene que ser "desmenuzado" y ser como el tamo de las eras que se lo lleva el viento, y todo sucede antes de que Cristo (la Piedra no cortada con mano humana) venga a la tierra para establecer Su reino que llenará toda la tierra (Dn.2:34,35,44,45). El Nuevo Testamento predice el mismo fin, diciendo: "y el mundo *(cosmos)* pasa, y sus deseos" (1 Jn.2:17). Lo único que sobrevivirá a este cataclismo se ve en la última parte del texto ya citado; a saber, "el que hace la voluntad de Dios permanecerá para siempre." *La mentira* se extiende al punto de que su manifestación incluye todo lo que hay en el *cosmos* edificado sobre el concepto satánico que lo dio a luz –*la independencia de Dios.* El hacer la voluntad de Dios es *hacer* la verdad; el actuar aparte de Dios es *hacer* la mentira. *La verdad,* que es la voluntad de Dios, y los que la hacen, permanecerán para siempre. No debe sorprendernos a nosotros que la estructura edificada por Satanás termine en tal forma, pero los que son del mundo *(cosmos)* no prestan atención a la Palabra de Dios ni aun a los cristianos les impresiona mucho la Verdad revelada. En eso se ve el alcance de la mentira satánica. La independencia de Dios que influye en todo el sistema, las mentiras acerca de la persona del diablo, de sus propósitos y la extensión de su sistema, todos ellos constituyen los aspectos primarios del *método* satánico en el *cosmos.*

Para poder seguir su propósito de exaltarse sobre Dios mismo, Satanás tiene que oponerse a las obras divinas, y tal oposición naturalmente se verá donde Dios está obrando actualmente. Puesto que Dios no tiene ningún programa de reformación, ni de educación, ni de civilización, jamás habrá conflicto entre el diablo y Dios en esas esferas. No hay evidencia alguna de que este presente orden de cosas representa parte del programa o propósito de Dios. La relación actual entre Dios y el *cosmos,* fuera de que El permite que exista, y le pone sus límites, es la de salvar del mundo un pueblo elegido para Su gloria eterna. Por el contrario, el doble objetivo de Satanás de exaltarse a sí mismo y oponerse a Dios son claves para poder entender lo que no sería posible sin ese conocimiento. Se revela además, que la enemistad de Satanás no sólo se dirige a la Persona de Dios (a quien teme con razón), sino está dirigida hacia todo verdadero hijo de Dios. Esto es algo que no se puede enfatizar demasiado. Satanás no tiene guerra con los suyos, o sea, aquella masa de la humanidad impía, pero hay evidencia abundante en las Sagradas Escrituras para probar que él no descansa nunca en la guerra contra los santos para dañar sus vidas o servicio. El motivo que lo explica se ve en 2 Pedro 1:4, donde dice que el creyente "participa de la naturaleza divina", y así le ofrece a Satanás una oportunidad de alcanzar a Dios al herir a aquellos que son la morada del Espíritu Santo. Es así como el creyente sirve a manera de enlace entre el sistema satánico y la Deidad, porque es la verdad también que Dios ama a los pecadores mediante los creyentes (Ro.5:5). En respuesta, el príncipe del sistema satánico busca siempre una oportunidad de alcanzar a Dios a través de los Suyos.

Hay varios pasajes importantes sobre este asunto, que podemos anotar aquí, y son: "Estas cosas os he hablado para que en mí tengáis paz. En el mundo tendréis aflicción; pero confiad, yo he vencido al mundo" (Jn.16:33); "Echando toda vuestra ansiedad sobre él, porque él tiene cuidado de vosotros. Sed sobrios, y velad; porque vuestro adversario el diablo, como león rugiente, anda alrededor buscando a quien devorar; al cual resistid firmes en la fe, sabiendo que los mismos padecimientos se van cumpliendo en vuestros hermanos en todo el mundo" (1 P.5:7-9); "Por lo demás, hermanos míos, fortaleceos en el Señor, y en el poder de su fuerza. Vestíos de toda la armadura de Dios, para que podáis estar firmes contra las asechanzas del diablo. Porque no tenemos lucha contra sangre y carne, sino contra principados, contra potestades, contra los gobernadores de las tinieblas de este siglo, contra huestes espirituales de maldad en regiones celestes" (Ef.6:10-12). Estos pasajes enseñan claramente que hay una enemistad satánica contra el creyente en Cristo, y que el cristiano necesita ayuda divina para defenderse. También revelan una intensidad de odio que resultaría en la muerte del cristiano si no fuera por la oración del Señor a favor de ellos, diciendo: "No ruego que los quites del mundo, sino que los guardes del mal (o maligno)" (Jn.17:15). Con razón el creyente puede esperar fuerte oposición de parte de Satanás y de sus huestes, y su sola defensa para su vida y servicio es la fe que vence al mundo *(cosmos)*.

También el creyente es el blanco de los ataques de Satanás por cuanto le ha sido encomendado el ministerio de la reconciliación, que por su vida victoriosa, la palabra predicada, y sus oraciones fervientes, se conocen las grandes verdades de la redención que es en Cristo Jesús. Si el diablo puede dañar en alguna forma el servicio del cristiano, impide así el desarrollo del propósito de Dios en el mundo. No hay otra explicación para las negras páginas de la historia eclesiástica, ni para el triste fracaso de la iglesia en cumplir con la evangelización del mundo, ni para las divisiones sectarias e indiferencia egoísta, o por su estado final según la presenta Apocalipsis 3:15-17. Es posible sentir esta oposición satánica cada vez que se hace un esfuerzo por alcanzar a los perdidos con el mensaje del evangelio. Se ve, por ejemplo, en el hecho de que aun en

Norteamérica hay pocos que han recibido un mensaje adecuado de la salvación en Cristo Jesús. Además, cuando se les predica el evangelio muchas veces se desvía introduciendo asuntos ajenos o de menor importancia. El obrero cristiano fiel, sea pastor o evangelista, es atacado fuertemente, pues Satanás usa toda estratagema para hacer que los perdidos no comprendan el mensaje de redención por gracia divina. A veces el llamamiento a aceptar a Cristo no es muy claro, y aun puede hacer que el oyente se extravíe, haciendo incomprensible el significado de la fraseología que se utiliza; y el resultado es que todo el esfuerzo llega a fracasar. También, el poder opositor de Satanás se ve en el ofrendador cristiano. Se dan millones de dólares para la educación, la civilización, la medicina y otras cosas importantes; pero lo de suma importancia, la evangelización del mundo, siempre está a la zaga y sufre por falta de fondos. Pero más notable aún es la guerra de Satanás en lo relacionado con la vida devocional del creyente, y porque esto representa un campo de actividad más perjudicial al éxito de los deseos satánicos hay necesariamente más fuertes ataques de parte del diablo y los suyos. Desgraciadamente hay pocos de los creyentes en Cristo que participan en este ministerio tan efectivo, a pesar de las promesas de Dios de bendecir al que lo haga. Si el diablo no puede inducir al creyente a negar a Cristo en alguna forma, o hacerle indiferente a las cosas espirituales, entonces procurará que caiga en la trampa de enfatizar alguna verdad de menor importancia, y eso hará que su testimonio sea menos efectivo por falta de balance.

La guerra de Satanás contra los propósitos de Dios es más evidente en lo que hace para impedir a los impíos el conocer la verdad. No sólo les ciega el entendimiento a los pecadores en cuanto al evangelio, sino también que sus mentes se llenan de temores cuando el Espíritu Santo los atrae a Cristo. El hecho de que no pueden descansar en Cristo para su salvación es un misterio aun para ellos, y sólo el poder iluminador del Espíritu de Dios puede convencerlos de su necesidad espiritual.

Satanás siempre ha podido adoptar sus métodos a lo que requieren las circunstancias y los tiempos. Si se ha ganado la atención de una persona, él hace que se niegue por completo la verdad en que piensa; o si se requiere que una verdad sea reconocida, él se lo permite con tal de que lo vital del plan de redención sea omitido. Este reconocimiento parcial de la verdad es practicado en el mundo hoy en día, porque mientras el resultado directo del testimonio del creyente al mundo o *cosmos* ha sido el de sacar de él una Esposa para Cristo, ha habido una influencia indirecta de ese testimonio que ha hecho que el mundo crea que sus ideales ya se ven en la Biblia, y aun ejemplificados en Cristo. Además, el mundo sabe que todos los principios de simpatía humanitaria o de gobierno justo son revelados en las Sagradas Escrituras. Así que ha surgido un reconocimiento popular del valor de esos preceptos bíblicos y del ejemplo que se ve en la vida del Señor Jesús. Tal condición ha prevalecido en el mundo hoy y ha hecho necesario que si un nuevo sistema de doctrina quiere adquirir seguidores, tiene que buscar sus preceptos en la Biblia, y hasta cierto punto incluir algo de la persona y obra de Cristo Jesús. El hecho de que el mundo ha reconocido el valor de las enseñanzas bíblicas es aceptado por algunos como una gran victoria de Dios, mientras la verdad es que más que nunca la humanidad caída rechaza las ofertas de salvación por gracia en Cristo. Es evidente que esta aceptación parcial del testimonio bíblico ha permitido que se levanten varios sistemas falsos e imitadores de la verdad, los cuales, según las Escrituras proféticas, constituyen los métodos más espantosos en la guerra satánica contra Dios. Pero es menester reconocer que el diablo no ha cedido en nada de lo básico de su posición, pues él puede aceptar mucha verdad bíblica con tal que no se reconozca la que es esencial a la salvación. Al favorecer mucho de la verdad bíblica en la forma de un sistema religioso espurio, él puede avanzar en su propia causa porque así satisface todos los deseos externos de religión que reclama el mundo sin darles lo necesario para salvarse del pecado que los tiene encadenados. Por lo tanto, no conviene consentir ciegamente a lo que promete de lo bueno en general simplemente porque es bueno o porque contiene algunas enseñanzas bíblicas; porque ha cesado el tiempo cuando todo lo bueno es de Dios y todo lo malo es del diablo –hay algo de bueno en las doctrinas diabólicas. En verdad, lo que es malo en su propósito se ha apropiado de lo bueno de tal modo que hay un solo asunto que los distingue. La enseñanza parcial de la verdad está hoy en conflicto con la de la verdad total, o sea la predicación de todo el consejo de Dios, y ¡ay de los que no pueden discernir la diferencia! La verdad parcial, aunque externamente religiosa, es de Satanás y lleva a los seguidores a la perdición eterna, mientras la verdad bíblica total es de Dios y conduce a sus seguidores a la vida eterna.

También se ha notado que la palabra "infiel" casi ha desaparecido del vocabulario dentro de una generación, y tal forma de negarse abiertamente la verdad se ha abandonado. Con todo, la Iglesia verdadera no está sin enemigos, éstos son más numerosos y temibles que nunca. Sin embargo, estos enemigos actuales, como las aves inmundas en el árbol de mostaza, han anidado en sus ramas. Rinden culto delante de sus más sagrados altares y dirigen aun sus instituciones. Estos "gallinazos" comen de la multitud, tanto dentro como fuera de la iglesia, que cegados por Satanás, están listos a aceptar formas de doctrina que prometen el mejoramiento del mundo aparentemente basadas en las Sagradas Escrituras; pero que, en realidad, están lejos de la voluntad de Dios, y realmente apoyan a Satanás, el enemigo de Dios.

Una imitación es la forma más natural que se esperaría de Satanás para resistir el propósito de Dios, porque por ella se logra el deseo satánico de ser semejante al Altísimo. Todo lo necesario está a la mano hoy día para el cumplimiento de esas condiciones predichas para el fin de la dispensación. En 2 Timoteo 3:1-5 encontramos lo siguiente de la pluma apostólica: "También debes saber esto: que en los postreros días vendrán tiempos peligrosos. Porque habrá hombres amadores de sí mismos, avaros, impíos, sin afecto natural, implacables, calumniadores, intemperantes, crueles, aborrecedores de lo bueno, traidores, impetuosos, infatuados, amadores de los deleites más que de Dios, que tendrán apariencia de piedad, pero negarán la eficacia de ella; a éstos evita."

Cada palabra de esta profecía es digna de atención, especialmente a la luz de las tendencias corrientes de la sociedad. Llamamos la atención especialmente al verso cinco, porque tiene aplicación al asunto de los falsificadores de la verdad: "que tendrán apariencia de piedad, pero negarán la eficacia de ella; a éstos evita." Dice claramente que en los postreros días aparecerán formas de piedad que negarán la eficacia de ella; y se advierte al creyente a que eviten a los tales. El elemento importante de la fe verdadera que será omitido en esta "apariencia de piedad" se describe en otras Escrituras. "Porque no me avergüenzo del evangelio, porque es poder de Dios para salvación a todo aquel que cree; al judío primeramente, y también al griego" (Ro. 1:16). "Pero nosotros predicamos a Cristo crucificado, para los judíos ciertamente tropezadero, y para los gentiles locura; más para los llamados, así judíos como griegos, Cristo poder de Dios, y sabiduría de Dios" (1 Co. 1:23-24). Por consiguiente, lo que se omite en estas "apariencias de piedad" es la salvación en Cristo Jesús. Esto es muy significativo, porque "no hay otro nombre bajo el cielo dado a los hombres, en que podamos ser salvos", y es únicamente por esa salvación que el hombre puede escapar del reino de las tinieblas. Sin ser salvos así, Satanás puede reclamarlos a todos como suyos. Tal vez sea necesario añadir que, según todos sus escritos, el apóstol Pablo predicaba esta salvación (de la cual no se avergonzaba) como una obra de regeneración efectuada por el Espíritu Santo; y cualesquiera que sean las otras teorías presentadas, esa es la enseñanza del Espíritu por medio de Pablo, el apóstol a los gentiles. La profecía acerca de los postreros días que hemos anotado, termina con un mandato dirigido a los creyentes que vivirán para Cristo en ese tiempo. A los tales se dice: "A éstos (los que tienen apariencia de piedad, pero que niegan su eficacia) evita." Puesto que las señales indican que ya estamos en los postreros días, es menester que obedezcamos el mandamiento del Señor y nos separemos de aquellas denominaciones e instituciones que niegan el evangelio de la gracia de Dios mediante la expiación cruenta de Cristo en la Cruz. El prestar apoyo a los ministerios o instituciones que niegan "la eficacia de ella" es apoyar a Satanás, el enemigo de Dios. Hay una fuerte advertencia en 2 Pedro 2:1 que conviene incluir aquí, y que dice: "Pero hubo también falsos profetas entre el pueblo, como habrá entre vosotros falsos maestros, que introducirán herejías destructoras, y aun negarán al Señor que los rescató, atrayendo sobre sí mismos destrucción repentina." En la misma forma, según este pasaje, la negación no es de la *persona* de Cristo, sino Su obra redentora –"al Señor que los rescató." Por lo consiguiente un rasgo importante de las herejías de los postreros tiempos es una apariencia de piedad que niega el poder de la salvación en Cristo.

Además, se dice que Satanás será el promotor, en los postreros tiempos, de un sistema de verdad o de doctrina: "Pero el Espíritu dice claramente que en los postreros tiempos algunos apostatarán de la fe, escuchando a espíritus engañadores y a doctrinas de demonios; por la hipocresía de mentirosos que, teniendo cauterizada la conciencia . . . " (1 Ti. 4:1-2). Aquí tenemos una descripción exacta de estos sistemas predichos. Lo que ofrecerán será tan atractivo y externamente religioso que "algunos apostatarán de la fe" siendo seducidos por espíritus engañadores. La palabra "fe" aquí no se refiere a la fe personal o sea la actitud de creer, sino es en referencia a la fe como un cuerpo de verdad (comp. Judas 3) que primeramente uno cree y luego la rechaza. Esto jamás lo hará una persona verdaderamente regenerada. Estos sistemas no sólo son de Satanás, sino también en sí son "hipocresía de mentirosos" y son predicados por los que tienen sus conciencias cauterizadas; esta terminología es bien llamativa. Una mentira cubierta por la hipocresía quiere decir que ellos todavía tratan de ser contados entre los fieles; y la conciencia cauterizada parece indicar que son capaces de pervertir el testimonio de Dios, guiando a otros ciegamente al camino de la perdición sin remordimiento ni pesar. Se hace referencia a las doctrinas de demonios otra vez en Apocalipsis 2:24 llamándolas "las profundidades de Satanás", que son la falsificación de lo que Pablo llama "lo profundo de Dios" revelado a los que Le aman (1 Co. 2:10). Así que se predice para los postreros días de esta dispensación tanto una apariencia de piedad que niega la eficacia de la salvación en

Cristo, y también un sistema conocido como "las profundidades de Satanás", o "las doctrinas de demonios", por la hipocresía de mentirosos. ¿Habrá duda de que estas escrituras describan la misma cosa puesto que se refieren al mismo tiempo? La mentira del uno es nada más que la negación hipócrita del otro.

Además de esto, Satanás tiene su asamblea o congregación, que es una imitación de las iglesias cristianas locales. Se refiere a esta congregación en Apocalipsis 2:9 y 3:9 como "sinagoga de Satanás", porque una asamblea organizada es igualmente necesaria para doctrinar en las profundidades de Satanás como lo es en la iglesia local en las cosas profundas de Dios. En Mateo 13 la cizaña aparece *entre* el trigo y esto sucede después de el aparecimiento del trigo. Así es como a veces los "hijos del maligno" se asoman en las congregaciones del Señor. La asamblea de Satanás, llamándose parte de la iglesia visible cristiana, tiene sus ministros y maestros. Esto se declara en 2 Corintios 11:13-15: "Porque estos son falsos apóstoles, obreros fraudulentos, que se disfrazan como apóstoles de Cristo. Y esto no es maravilla, porque el mismo Satanás se disfraza como ángel de luz. Así que, no es extraño si también sus ministros se disfrazan como ministros de justicia; cuyo fin será conforme a sus obras." En esto tenemos una revelación extraordinaria de la extensión posible de la falsificación satánica, pues aquí hay "falsos apóstoles, obreros fraudulentos que se disfrazan como apóstoles de Cristo y ministros de justicia." Nos dice que ellos son agentes del mismo Satanás, el gran engañador, que se disfraza como ángel de luz. Es claro que el método de este engaño es el de imitar a los ministros verdaderos del Señor Jesús.Cierto es que estos falsos apóstolos no pueden presentarse como tales sin incluir en su mensaje una "apariencia de piedad" y también cubrir sus mentiras con la hipocresía más sutil. La maldad no se verá exteriormente en estos sistemas; más bien se lo anunciará como "otro evangelio", o como un entendimiento más amplio de la verdad ya aceptada, y porque son proclamados por los llamados ministros de Cristo, serán muy atractivos y engañosos. Estos "ministros" tendrán sus vidas libres de grandes tentaciones diabólicas y se verá algo de la hermosura de aquel ángel de luz quien es la encarnación del engaño. Pero se debe notar que muchas veces estos falsos ministros no necesariamente conocerán el verdadero significado de sus ministerios. Por ser personas del *cosmos,* no regeneradas y así, ciegos con respecto al evangelio verdadero, son sinceros y predican lo que su jefe, el ángel de luz les ha revelado. Su evangelio es el de la razón humana y apela a los recursos humanos. No hay ningún aprecio para la revelación divina porque no conocen en verdad al Hijo de Dios, el Señor Jesucristo. Son ministros de justicia y tal mensaje no debe confundirse con el de la gracia de Dios. Se predica el primero buscando la reforma del hombre natural, mientras el de la gracia tiene el propósito de regenerarle por el poder de Dios. Porque todo esto es la pura verdad, ¡cuán peligrosa es la actitud de los que siguen a los ministros y guias atractivos simplemente porque reclaman ser tales, y porque son sinceros! Tales personas no se dan cuenta de que hay una prueba conclusiva de doctrina por la cual se puede discernir que tales sistemas religiosos son en realidad satánicos y no representan jamás la verdad de Dios. Vale la pena citar aquí la advertencia del apóstol Juan en 2 Juan 10: "Si alguno viene a vosotros, y no trae esta doctrina, no lo recibáis en casa, ni le digáis: ¡Bienvenido! "

Los falsos maestros usualmente están llenos de celo humanitario y son sinceros; pero son personas no regeneradas. Este criterio necesariamente se sigue al comprender que ellos niegan la única base de redención. Porque no son regenerados se dice de ellos que: "el hombre natural no percibe las cosas que son del Espíritu de Dios, porque para él son locura, y no las puede entender, porque se han de discernir espiritualmente" (1 Co. 2:14). Estos líderes religiosos pueden ser inteligentes, preparados y capaces de hablar con autoridad sobre todo aspecto de conocimiento humano, pero si no han nacido de nuevo su criterio en los asuntos espirituales no vale nada. Todo maestro debe ser examinado en cuanto a su actitud hacia la doctrina de la redención por la sangre de Cristo, y no considerar nada de sus personalidades, ni preparación, ni sinceridad.

Siendo que la redención por sangre expiatoria efectuada por el Señor en la cruz es la verdad central que da valor a la fe de la persona que cree porque es "poder de Dios para salvación" (Ro. 1:16; 1 Co. 1:23-24), cualquier sistema falso de doctrina que la omita tendrá que poner una verdad secundaria en ese lugar prominente desocupado. Se puede substituir por cualquiera de las grandes verdades bíblicas, tales como la salud física, la vida de ultratumba, la moralidad, la profecía no cumplida, o ritos religiosos. Todos estos tópicos se encuentran desarrollados en las Sagradas Escrituras, pero con énfasis y proporción apropiados; pero el hecho de que son de gran interés para la humanidad le proveen a Satanás la oportunidad de ocuparlas como verdades básicas y fundamentales en su falso sistema. Esto hace que muchas personas se fijen en lo secundario y pasen por alto lo de suprema importancia, porque las cosas secundarias son tangibles y visibles, mientras las espirituales no lo son. También Satanás les ha cegado el entendimiento en cuanto a lo que tiene valor eterno. Así que, es posible formular un sistema de doctrina que incluye toda verdad bíblica menos una: la exaltación de la Persona de Cristo, pero no su obra, y en esa forma una verdad secundaria llega a ser lo principal. Tal sistema será aceptado por la humanidad ciega, pero éste no incluirá el poder de Dios para salvación. Naturalmente se supondrá que esos sistemas satánicos no tendrán ni valor ni poder, porque Dios no los bendice, pero tal suposición no toma en cuenta el poder inherente en Satanás. Las Escrituras lo describen como un ser que tiene poderes milagrosos de tal modo que puede hacer maravillas que inducirán a todos en el mundo a seguirle y adorarle. El puede también conceder ese poder a otros según Apocalipsis 13:2. Así que no es una maravilla si sus "ministros de justicia" son capaces de ejercer poder sobrehumano si de este modo se logra un objetivo deseado por el diablo. Sin duda alguna ha habido manifestaciones del gran poder de Satanás durante todas las edades pasadas, porque es imposible que la humanidad haya adorado a otros dioses ciegamente sin recompensa alguna, y por eso Satanás mismo ha sido adorado (Lev. 17:7; 2 Cr. 11:15; Ap. 9:20).

Por lo tanto no es una evidencia conclusiva que un sistema de doctrina es de Dios simplemente porque hay manifestaciones de poder sobrehumano que la acompaña, ni tampoco que Dios ha contestado las oraciones porque ha habido contestaciones. Dios necesariamente se limita en Sus actividades conforme a la ley de Su propia santidad, y el acceso a Su presencia es únicamente por la sangre de Cristo, "por el camino nuevo y vivo que él nos abrió a través del velo, esto es, de su carne" (He. 10:19-20). El presentarse ante Dios en oración sin tomar en cuenta esa verdad es insultar y ensuciar al que es infinitamente puro y santo. Cierto es que este mundo dominado por Satanás no se allega a Dios por la sangre de Cristo Jesús.

A veces las iglesias cristianas caen en la trampa doctrinal de "todo engaño de iniquidad" que Satanás origina. Es triste cada semana observar a las iglesias llenas de personas que escuchan únicamente las filosofías humanas y que ninguno de ellos se levanta a protestar esa negación de la verdad que es la base para la existencia de la iglesia y la esperanza eterna del creyente. Los infieles de los siglos pasados eran hombres más honorables que éstos que predican en las iglesias porque quedaron fuera de ella. Pero hoy es notable cuán inconsecuentes son, pues hombres aun vestidos con ropa eclesiástica, que ministran sus ordenanzas y sostenidos con su dinero, atacan a Dios, que hizo que Cristo Jesús sea el único fundamento de justicia, santificación y redención. Las predicciones acerca de los postreros días no sólo se cumplen en el establecimiento de sistemas falsos de doctrina, sino también se encuentran en la misma iglesia visible: "Porque vendrán tiempos cuando no sufrirán la sana doctrina, sino que teniendo comezón de oír, se amontonarán maestros conforme a sus propias concupiscencias y apartarán de la verdad el oído y se volverán a las fábulas" (2 Ti. 4:3-4). Grandes actividades religiosas son posibles sin incluir la fe salvadora. Es posible pelear contra el pecado y aun no predicar a Cristo; hay como buscar los ideales más altos de las Sagradas Escrituras sin ofrecerles a los oyentes la forma de alcanzarlos. En verdad, son bien fascinantes estas actividades humanitarias, pero que son religiosas sólo en su forma y título. A la vez son bien atractivos esos líderes que anuncian que no están tan preocupados con las doctrinas bíblicas porque más importante les es ayudar a la humanidad que sufre tanto. Pero, toda esta actividad y preocupación son perdidas si no se incluye el mensaje positivo de la salvación en el Señor Jesús, quien dijo: "Yo soy el camino, la verdad y la vida" (Jn. 14:6).

¿Quién será el Dios de estos sistemas, o el poder que obra en esta gente, o el que contesta sus oraciones? Seguramente no puede ser el Dios de la Biblia el cual no puede negarse a sí mismo, cuya palabra jamás pasará. La revelación divina nos presenta un sólo ser que es capaz de efectuar tales obras, el mismo que tiene motivo suficientemente fuerte para hacerlos, porque la Biblia claramente predice que "se opondrá" y "se exaltará" así en los postreros tiempos. Muchas de las verdades secundarias son la herencia de los hijos de Dios; sin embargo, si hay necesidad de escoger lo mejor, la sabiduría divina indicaría que todas las verdades secundarias enfatizadas por Satanás son temporales, y jamás se les puede comparar con las riquezas eternas de la gracia divina en el Señor Jesucristo.

Hay ciertos grandes sistemas religiosos que no tienen relación alguna con la Biblia que han existido por centenares de años con millones de devotos, y que dan evidencia clara de que son de origen satánico. Entre ellos se cuenta el paganismo y el espiritismo. El problema moral del hombre siempre es instrumento ocupado por estos sistemas de religión para ganar adherentes. Se ha predicado una religión de buen carácter o dignidad personal y esta herejía es diametralmente opuesta al evangelio de la gracia de Dios en Cristo, la que salva al pecador sin mérito alguno. Tal mensaje se oye aún en la iglesia de tal modo que pocos que predican el evangelio escapan de esa propensión. Podemos afirmar, sin temor de contradicción, que a la medida en que se incluya algo de mérito humano en nuestra predicación, hasta ese punto hay algo del mensaje satánico. Los ministros de Satanás proclaman la justicia personal como base para ser aceptados por Dios (2 Co. 11:13-15). Y la Iglesia Católica Romana ha sido una de las principales fuentes de esa doctrina, confundiendo a millares de personas, guiándoles a la perdición.

Como se ha observado, las sectas se multiplican hoy en día como en ningún otro tiempo. Se incluyen entre ellos toda forma de doctrina desde la Ciencia Cristiana hasta el Buchmanismo, que igualmente niegan la redención mediante el sacrificio del Señor Jesús en la Cruz. La Ciencia Cristiana substituye la salud física por la salvación del alma, y el Buchmanismo predica el consagrarse a Dios en lugar del nuevo renacimiento por el Espíritu Santo. La creencia moderna de que la salvación es por fe mas la consagración es también errónea. Probablemente la secta moderna *Yo Soy* es la más atrevida de todas porque abiertamente declara que acepta todo lo incluido en la mentira original, lo que se ve en el nombre blasfemo de esta religión. Bien pudiera haberse denominado, *Yo seré semejante al Altísimo.* No hay espacio aquí para apuntar todas estas nuevas sectas y es imposible conceptuar cuán numerosas serán al pasar los años. Sin embargo, para todas, la prueba doctrinal por la cual tienen que ser examinadas es: ¿Qué lugar ocupa en su sistema la gracia redentora de Dios mediante el sacrificio y sangre derramada del Señor Jesús ?

CONCLUSION A LA SATANALOGIA

A la luz de lo que se ha escrito en las divisiones anteriores de la satanalogía, se puede concluir que, por la creación Satanás es el más elevado de los ángeles, el cual cayó en pecado cegado por el entendimiento torcido que siempre engendra el orgullo. Su pecado adoptó la forma de tratar de actuar independiente del Creador, lo que resultó en su encarnación de la Mentira como Dios lo es de la Verdad. Según el método divino de tratar con sus criaturas desviadas, le permite –si no se le requiere– desarrollar experimentalmente su filosofía, y hoy día la corrupción manifiesta en el mundo demuestra la naturaleza de pecado que aún no ha terminado su carrera. Las Escrituras proféticas infalibles indican que terminará después de demostrar cuán irracional, incomprensible y de ruina espiritual es dicha filosofía. Durante estas edades terribles de prueba, la Luz y las tinieblas luchan y también la Verdad contra la mentira. Cierto es que poca atención han prestado a las Escrituras los que enseñan que el maligno es una mera influencia en el mundo. Acerca de esa falta de atención a la revelación divina el Dr. Gerhart escribe: "En la historia de Jesús el hecho del aborrecimiento mortal de lo Malo contra lo Bueno, de la malicia demoníaca contra la Virtud inmaculada no se puede negar. Los que prefieren adjudicar tal inhumanidad y espíritu diabólico exclusivamente a los judíos y gentiles (en vez de reconocer a un espíritu personal maligno en el fondo), no se pueden librar del diablo, como lo suponen. Hacen del hombre un *diablo* porque él está investido con una clase y grado de *malicia* que deshumaniza la naturaleza humana; convierte a la tierra en un infierno, y la historia humana llega a ser la de una guerra entre demonios encarnados" (*Institutes of the Christian Religion,* I, 697). Tal vez las dos cosas declaradas aquí son la verdad. No sólo se ve a Satanás y sus ángeles como en verdad lo son, sino que la humanidad aliada con ellos a los ojos divinos es totalmente mala, si no diabólica. Los que han decidido seguir con el mundo o *cosmos,* si no se salvan por medio de Cristo, tendrán su parte en el lago de fuego preparado para el diablo y sus ángeles (Mt. 25:41; Ap. 20:10). A los tales, sin embargo, se les debe anunciar el evangelio de redención eterna por Cristo Jesús. ¡Cuán maravillosa es la gracia de Dios ofrecida a estos enemigos (Ro. 5:10)! Y ¡cuán benditas son las palabras del Señor . . ."que no se pierda, mas tenga vida eterna! "

CAPITULO X
DEMONOLOGIA

Inevitablemente mucho de este tema ha aparecido anteriormente en esta tesis. Falta, sin embargo, considerar más específicamente lo revelado acerca de los ángeles caídos denominados *demonios.* Se ha presentado alguna evidencia de que éstos son ángeles que siguieron a Satanás en su rebelión contra Dios, y no es insignificativo que se les llame ángeles propios de Satanás (Mt. 25:41; Ap. 12:9). Esto no quiere decir que él los creara, sino que es responsable por haberlos influenciado a enrolarse en su carrera de maldad. El testimonio de Dios en el huerto del Edén al trazar la culpabilidad del pecado de Adán a la mujer, y luego a la serpiente, bien puede aplicarse a estos seres angélicos caídos y así la responsabilidad por el comienzo del pecado cae última y justamente sobre el primer pecador –Satanás. También es muy significativo el hecho de que hay más pasajes bíblicos para desarrollar la verdad acerca de Satanás que los existentes acerca de todos los ángeles caídos juntos. En verdad este arcángel quien es jefe supremo de los demonios es muy fuerte. El es aquel *hombre fuerte* de Mateo 12:29 quien será atado y su casa destruida.

La Biblia declara que Satanás es rey de dos reinos; el de los espíritus caídos cuyo número es legión (Mr. 5:9; Lc. 8:30), y el del *cosmos.* Se hace mención de la autoridad que Satanás ejerce sobre las huestes de demonios en muchas porciones bíblicas, y la de Mateo 12:22-30 es un ejemplo bien claro, que dice así: "Entonces fue traído a él un endemoniado, ciego y mudo, y le sanó, de tal manera que el ciego y mudo veía y hablaba. Y toda la gente estaba atónita, y decía: ¿Será éste aquel Hijo de David? Más los fariseos, al oírlo, decían: Este no echa fuera los demonios sino por Beelzebú, príncipe de los demonios. Sabiendo Jesús los pensamientos de ellos, les dijo: Todo reino dividido contra sí mismo, es asolado, y toda ciudad o casa dividida contra sí misma, no permanecerá. Y si Satanás echa fuera a Satanás, contra sí mismo está dividido; ¿cómo, pues, permanecerá su reino? Y si yo echo fuera los demonios por Beelzebú, ¿por quién los echan fuera vuestros hijos? Por tanto, ellos serán vuestros jueces. Pero si yo por el Espíritu de Dios echo fuera los demonios, ciertamente ha llegado a vosotros el reino de Dios. Porque ¿cómo puede alguno entrar en la casa del hombre fuerte, y saquear sus bienes, si primero no le ata? Y entonces podrá saquear su casa. El que no es conmigo, contra mí es; y el que conmigo no recoge, desparrama." Los títulos *principados* y *potestades,* cuando se refieren a los espíritus caídos, indican a los ángeles fuertes sobre los cuales Satanás reina supremo.

Con referencia a la autoridad de Satanás sobre el *cosmos* las declaraciones son directas y terminantes. Dice que él es *dios de este siglo* (2 Co. 4:4), "el príncipe de este mundo" *(cosmos),* el que obra en los hijos de desobediencia, el que justamente se llama *la potestad de las tinieblas,* y el *maligno,* bajo cuya autoridad está todo el cosmos. En la misma manera la Biblia habla del trono terrenal de Satanás en Apocalipsis 2:13. Efesios 6:12 nos habla de la misma autoridad satánica donde dice: "Porque no tenemos lucha contra sangre y carne, sino contra principados, contra potestades, contra los gobernadores de las tinieblas de este siglo, contra huestes espirituales de maldad en las regiones celestes."

La Biblia declara enfáticamente que los demonios ejercen la voluntad de su rey, y parece que se han consagrado a llevar a cabo el último propósito de Satanás. A tal propósito se dedicaron cuando dejaron su dignidad de ángeles no caídos (2 P. 2:4; Jud. 6). Su servicio parece extenderse a todo el universo dondequiera que alcance la autoridad de Satanás. Aunque Satanás desea ocupar el trono de Dios, con todo, él no es omnipotente; sin embargo su autoridad y poder se extienden grandemente por tener a su mando todos los demonios. Satanás no es omnisciente; pero alcanza a saber mucho por la inteligencia y observación de sus súbditos malignos. Tampoco él es omnipresente, pero puede actuar en todo lugar mediante la presencia de su hueste leal de demonios.

Clarence Larkin, escribiendo en su libro, *The Spirit World*, (p.23), distingue entre los ángeles caídos atados y los que están libres. Citando Judas 6-7 dice: "Y a los ángeles que no guardaron su dignidad, sino que abandonaron su propia morada, los ha guardado bajo oscuridad, en prisiones eternas, para el juicio del gran día; como Sodoma y Gomorra y las ciudades vecinas, las cuales de la misma manera que aquellos, habiendo fornicado e ido en pos de vicios contra naturaleza, fueron puestas por ejemplo, sufriendo el castigo del fuego eterno", y uniéndolo con Génesis 6:1-4 que dice: "Aconteció que cuando comenzaron los hombres a multiplicarse sobre la faz de la tierra, y les nacieron hijas, y viendo los hijos de Dios que las hijas de los hombres eran hermosas, tomaron para sí mujeres, escogiendo entre todas. Y dijo Jehová: No contenderá mi espíritu con el hombre para siempre, porque ciertamente él es carne; mas serán sus días ciento veinte años. Había gigantes en la tierra en aquellos días, y también después que se llegaron los hijos de Dios a las hijas de los hombres, y los engendraron hijos. Estos fueron los valientes que desde la antigüedad fueron varones de renombre," el Sr. Larkin concluye que los ángeles caídos encadenados son así por haber tenido relaciones sexuales con mujeres de la raza humana. Las frases "en pos de vicios contra naturaleza" y "fornicación" refiriendose a Sodoma y Gomorra, para el Sr. Larkin sugiere que Judas 1:6-7 enseña semejanza con el pecado de los ángeles caídos en prisiones.

Se debe incluir todo lo relacionado con el asunto de los "hijos de Dios" mencionados en Génesis 6:1-4 (comp. Job 1:6; 2:1; 38:7) bajo el tema de demonología. Muchos eruditos bíblicos creen que éstos se refieren a los descendientes del linaje de Set; otros (por ejemplo, el Sr. Larkin) creen que esto se refiere a la unión de mujeres humanas con seres angélicos caídos. Probablemente no se llegará nunca a una solución satisfactoria para todos. El argumento del Sr. Larkin, que incluye mucho del argumento contrario, sigue:

"¿Quiénes son estos ángeles? No son de Satanás pués sus ángeles no están encarcelados en tinieblas, sino que andan libremente como su jefe. El lugar de su encarcelamiento no es el infierno, sino el tártaro. ¿Qué fue su pecado? La fornicación, y esto de una naturaleza anormal, la relación sexual ilegal de seres angélicos con 'carne extraña', o sea seres con una naturaleza distinta que las suyas. ¿Cuándo se cometió este pecado? El texto dice 'en los días de Noé' y que fue la causa del diluvio.

¿Quiénes eran estos 'hijos de Dios'? Algunos dicen que eran hijos de *Set,* y que las 'hijas de los hombres' eran hijas de *Caín,* y que el significado del texto es que los hijos del linaje justo de Set se unieron en matrimonio con las hijas de Caín, y el resultado fue descendientes impíos. La base de esto es que los 'hijos de Dios' eran descendientes de Set que vivían apartados de los de Caín hasta un poco antes del diluvio, y que constituían una raza pura y santa, mientras los descendientes de Caín eran impíos, sus mujeres irreligiosas y carnales, que poseyeron encanto físico que no lo tenían las hijas de Set. Tal suposición no tiene ninguna base bíblica. Es verdad que Génesis 4:26 dice que después del nacimiento de Enós, hijo de Set, los hombres comenzaron a invocar el nombre de Jehová; pero eso no debe limitarse necesariamente a los descendientes de Set, ni tampoco concluir que todos los descendientes de Set eran justos. Como fue en los años tempranos de la historia humana, era necesario que hermanos y parientes cercanos se casaran, sería poco probable que los descendientes de Set y de Caín no se casaran hasta un poco antes del diluvio, y sería bien raro que cuando se casaran les nacieran gigantes u hombres de renombre. Es notable que no haya mención de gigantas o "mujeres de renombre", lo que hubiera sucedido si esta unión fuera sólo entre los hijos de Set e hijas de Caín. Puesto que tanto los descendientes de Set (menos 8 personas) y los de Caín se murieron en el diluvio, es evidente que todos eran igualmente pecadores a la vista de Dios. Si se quiso decir los hijos de Set y las hijas de Caín, ¿por qué no lo dijo Moisés quien escribió el pentateuco? No basta decir que la gente del tiempo de Moisés supo lo que él quería decir. Las Escrituras deben decir lo que quieren decir. Nos dice que cuando *los hombres* comenzaron a multiplicarse sobre la faz de la tierra, y les nacieron hijas, los ' hijos de Dios ' vieron a las hijas de los *hombres*. Este uso de la palabra *hombre* significa toda la raza adámica, y no sólo los descendientes de Caín, y así se distinguen de los hijos de Dios. Si los ' hijos de Dios ' fueran hombres no habría contraste en las dos frases enunciadas.

Se usan cuatro nombres en Génesis 6: 1-4. Primeramente '*Bne-Ha-Elohim* ', traducido ' hijos de Dios"; "*Bnoth-Ha-Adam*", traducido "hijas de los hombres"; *Hans-Nephi-lim* ', traducido ' gigantes '; y '*Hog-Gibborim* ', traducido ' hombres de renombre '. El título ' Bne-Ha-Elohim ' o ' hijos de Dios ' no tiene el mismo significado en el Antiguo Testamento como lo tiene en el Nuevo. En el Nuevo Testamento se le aplica a los que han llegado a ser ' hijos de Dios ' por el nuevo nacimiento (Jn. 1:12; Ro. 8:14; 1 Jn. 3:1-2). En el Antiguo Testamento se aplica únicamente a los ángeles, y se encuentra así cinco veces. Dos veces se ve en Génesis (6: 2-4), y tres veces en Job donde se clasifica a Satanás, un ser angélico, entre los ' hijos de Dios ' (Job 1:6; 2:1; 38:7). La frase ' hijo de Dios ' así denota un ser que existe por un acto creativo de Dios. Tales seres eran los ángeles y también Adán denominado así en Lucas 3:38. Los hijos que nacen naturalmente de Adán no son creados específicamente por Dios. Adán fue creado ' a semejanza de Dios ' (Gn. 5:1) pero sus descendientes nacieron a semejanza de Adán, porque leemos en Génesis 5:3 que Adán *engendró un hijo a su semejanza conforme a su imagen* '. Así que, todos los que nacen de Adán y sus descendientes por generación natural se llaman ' hijos de los hombres ' y es únicamente por "nacer de nuevo ' (Jn. 3:3-7), que es una nueva creación, que ellos llegan a ser ' hijos de Dios ' en el sentido neotestamentario. La Sinagoga Judía antigua enseñaba que los ' hijos de Dios ' de Génesis 6:1-4 eran ángeles, y también los judíos helenistas antes y durante el tiempo de Cristo en la tierra. La Iglesia Cristiana sostenía la misma creencia hasta el siglo cuatro cuando comenzó a llamarlos ' hijos de Set ' por dos razones. Primeramente porque se comenzó la adoración de los ángeles, y si los hijos de Dios de Génesis 6:1-4 fueran ángeles que cayeron, querría decir que habría posibilidad de otra caída y eso afectaría el culto dado a los angeles. En segundo lugar, se comenzó a enseñar el celibato, y si se enseñaba que los ángeles en el cielo no se casaban; pero que algunos fueron seducidos por la hermosura de mujeres humanas y las tomaron para satisfacer sus deseos amorosos, se podría perdonar con facilidad a los célibes si acaso fuesen seducidos en la misma forma, en el siglo diez y ocho se revivió la ' interpretación angélica ' y eso es aceptado por muchos eruditos bíblicos hoy día." ps. 23-27.

El Sr. Larkin también enseña que Satanás tendrá un verdadero hijo en la persona del hombre de pecado. Este argumento se basa en una interpretación arbitraria de Génesis 3:15 que presume que la simiente de Satanás es en realidad el hombre de pecado. Si se sigue tal interpretación necesariamente todos los impíos serían en realidad descendientes de Satanás porque Cristo Jesús los llamó "hijos de vuestro padre, el diablo" (Jn. 8:44). Esta teoría también enseña que el conflicto mortal entre las dos simientes de Génesis 3:15 sucederá cuando el Señor Jesús destruye al hombre de pecado en Su segunda venida. Según 2 Tesalonicenses 2:8 el hombre de pecado es destruido en verdad, lo que pudiera corresponder a herir la cabeza de Satanás; pero no hay nada en tal evento que corresponda a herir a Cristo en

Su calcañar.

Los demonios evidentemente han estado activos en este universo desde el comienzo de la historia humana, pero a veces se ponen más activos de lo que son ordinariamente. La presencia en este mundo del Señor de gloria, su creador y contra quien se ha rebelado, parece haber incitado más que nunca la oposición de parte de los demonios. Aun Satanás después de haber tentado al Señor Jesús tres veces, le dejó por un tiempo no más. El conflicto final entre los dos sucedió en la Cruz cuando el que hirió el calcañar del Salvador, recibió una herida mortal en la cabeza.

Se predice un aumento de actividad demoníaca al finalizar esta dispensación y también en la Gran Tribulación. Todo eso llegará a su consumación cuando se echa fuera a Satanás y sus ángeles y sean confinados a la tierra. Es entonces cuando se pronuncia un *ay* sobre la tierra y un nuevo gozo se ve en el cielo. Gran actividad demoníaca se nota como uno de los *ismos* más antiguos de la raza humana, lo que la Biblia llama la posesión de espíritus malignos, y es nada menos que el *espiritismo* del día actual. Esto es pura demonología (comp. Lv. 20:6, 27; Dt. 18:10-11). La condenación absoluta de Dios cae sobre el espiritismo. El señuelo que los espiritistas ocupan para atraer a los interesados es esa curiosidad de los humanos por saber algo del más allá de la vida presente; y especialmente se despierta esa curiosidad en los que lamentan la muerte de un ser amado. Recientemente se ha revivido disfrazado en forma de una *investigación* de parte de hombres de ciencia. Una apostasía especial fue anunciada para los últimos días de la dispensación de la iglesia. Dice en 1 Timoteo 4:1-3: "Pero el Espíritu dice claramente que en los postreros tiempos algunos apostatarán de la fe, escuchando a espíritus engañadores y a doctrina de demonios; por la hipocresía de mentirosos que, teniendo cauterizada la conciencia, prohibirán casarse, y mandarán abstenerse de alimentos que Dios creó para que con acción de gracias participasen de ellos los creyentes y los que han conocido la verdad." Sin duda estas desviaciones de la verdad revelada se manifestarán en distintas maneras. A la vez se predice una manifestación de doctrina de demonios. La abrogación de la unión matrimonial que se menciona no es otra cosa que rebelión contra lo ordenado por Dios. A todo eso se puede añadir lo declarado en 1 Corintios 10:20-21 acerca del culto a los ídolos: "Antes digo que lo que los gentiles sacrifican, a los demonios lo sacrifican, y no a Dios, y no quiero que vosotros os hagáis partícipes con los demonios. No podéis beber la copa del Señor y la copa de los demonios; no podéis participar de la mesa del Señor, y de la mesa de los demonios."

Tal vez no haya otra Escritura acerca del mundo de los espíritus más malinterpretada que la de 1 Samuel que presenta el relato de la adivina de Endor y el rey Saúl. El espiritismo la ocupa para justificar sus reclamos, sin tomar en cuenta el hecho de que en todo lugar la Biblia condena enfáticamente lo que los espiritistas practican y enseñan. Hay una pequeña diferencia entre un supuesto contacto con una persona muerta y con el de los demonios o ángeles caídos. Aparte de esta sóla instancia en la experiencia del rey Saúl no hay ninguna evidencia de que ha habido contacto entre los espíritus de los muertos y los vivos. Un demonio fácilmente puede personificar un espíritu humano, y eso sería la explicación si en verdad ha habido contactos. El caso de la adivina de Endor es una excepción permitida por Dios para llevar a Saúl a juicio. Lo que sucedió no fue esperado por la adivina y no concordaba con ninguna experiencia anterior que ella hubiese tenido. Estaba acostumbrada a la co-operación de un espíritu maligno, pero ella vió lo que jamás había sido visto por ser humano y se espantó grandemente. Lo que pasó era en verdad el último acto de rechazamiento de parte de Saúl para Dios. El había ido a buscar información de los demonios en vez de pedirla de Dios. Una cosa es cierta, aunque es poco lo que explica en el relato de este episodio, es esencial recordar que es el único de esta clase que se relata en la Biblia. Lo apuntado no concuerda con la práctica de los espiritistas de hoy. La mujer, espantada, abandona su papel de *medium* y el espíritu de Samuel habla directamente a Saúl.

Al considerar el servicio que estos espíritus malignos prestan a Satanás, es importante distinguir entre el ser poseído o controlado por demonios, y la influencia de demonios. En la posesión demoníaca éstos se entran en el cuerpo humano y lo controlan; mientras que en el otro caso se hace guerra desde afuera por sugerencias, tentaciones y otras formas de influencia. Una investigación de las Escrituras con respecto a la posesión demoníaca nos revela lo siguiente:

Primeramente: que esta hueste se compone solamente de espíritus incorpóreos. Para probar esto ofrecemos la siguiente cita bíblica: "Cuando el espíritu inmundo sale del hombre, anda por lugares secos, buscando reposo, y no lo halla. Entonces dice: Volveré a mi casa de donde salí. y cuando llega, la halla desocupada, barrida y adornada. Entonces va, y toma consigo otros siete espíritus peores que él, y entrados, moran allí; y el postrer estado de aquel hombre viene a ser peor que el primero. Así también acontecerá a esta mala generación" (Mt. 12:43-45); "Y le rogaron todos los demonios diciendo: Envíanos a los cerdos para que entremos en ellos" (Mr. 5:12).

En segundo lugar ellos buscan cómo entrar en los cuerpos

mortales, sean de hombres o de animales, porque parece que la manifestación de su poder depende, hasta cierto punto, de estar así encarnados; además, siempre se ven así según el Nuevo Testamento. Citamos algunos de estos pasajes: "Cuando llegó la noche, trajeron a él muchos endemoniados y con la palabra echó fuera a los demonios, y sanó a los enfermos" (Mt. 8:16); "Y la gente unánime, escuchaba atentamente las cosas que decía Felipe, oyendo y viendo las señales que hacía. Porque de muchos que tenían espíritus inmundos, salían éstos dando grandes voces; y muchos paralíticos y cojos eran sanados" (Hch. 8:6-7); "Mientras salían ellos, he aquí, le trajeron un mudo, endemoniado, y echado fuera el demonio, el mudo habló" (Mt. 9:32-33); "Aconteció que mientras íbamos a la oración, nos salió al encuentro una muchacha que tenía espíritu de adivinación, la cual daba gran ganancia a sus amos, adivinando" (Hch. 16:16); "Y vinieron al otro lado del mar, a la región de los gadarenos. Y cuando salió él de la barca, en seguida vino a su encuentro, de los sepulcros, un hombre con un espíritu inmundo, que tenía su morada en los sepulcros, y nadie podía atarle, ni aun con cadenas. Porque muchas veces había sido atado con grillos y cadenas, mas las cadenas habían sido hechas pedazos por él, y desmenuzados los grillos; y nadie le podía dominar. Y siempre de día y de noche, andaba dando voces en los montes, y en los sepulcros, e hiriéndose con piedras. Cuando vió, pues, a Jesús de lejos, corrió, y se arrodilló ante él. Y clamando a gran voz, dijo: ¿Qué tienes conmigo, Jesús, Hijo del Dios Altísimo? Te conjuro por Dios que no me atormentes. Porque le decía: Sal de este hombre, espíritu inmundo. Y le preguntó: ¿Cómo te llamas? Y respondió diciendo: Legión me llamo; porque somos muchos. Y le rogaba mucho que no los enviase fuera de aquella región. Estaba allí cerca del monte un gran hato de cerdos paciendo. Y le rogaron todos los demonios diciendo: Envíanos a los cerdos para que entremos en ellos. Y luego Jesús les dió permiso. Y saliendo aquellos espíritus inmundos, entraron en los cerdos, los cuales eran como dos mil; y el hato se precipitó en el mar por un despeñadero, y en el mar se ahogaron" (Mr. 5:1-13).

En tercer lugar ellos son malignos, inmundos y depravados. Hay varios pasajes que comprueban eso; por ejemplo: "Cuando llegó a la otra orilla, a la tierra de los gadarenos, vinieron a su encuentro dos endemoniados que salían de los sepulcros, feroces en gran manera, tanto que nadie podía pasar por aquel camino" (Mt. 8:28); "Entonces llamando a sus doce discípulos, les dió autoridad sobre los espíritus inmundos, para que los echasen fuera, y para sanar toda enfermedad y toda dolencia (Mt. 10:1). También, parece que hay grados de iniquidad representados por estos espíritus, porque en

Mateo 12:43-45 se dice que el demonio "toma consigo otros siete demonios peores que él."

A veces se pregunta si la posesión demoníaca existe hoy día. Aunque el registro auténtico de tal actividad de los demonios se limita al período de los tres años y medio del ministerio público del Señor Jesús, es increíble que la posesión demoníaca no existiera antes de ese tiempo, o que no haya existido desde entonces. Debemos recordar que estos seres angélicos son bien inteligentes y que son gobernados por la inteligencia de Satanás, cuya sabiduría e inteligencia están claramente reveladas en las Escrituras. Es razonable concluir que ellos saben adaptarse a las distintas condiciones y circunstancias que hay hoy día según la región geográfica. Es evidente que todavía ellos desean tomar posesión de cuerpos mortales. La posesión demoníaca en el presente probablemente no es reconocida, puesto que hay gran ignorancia del hecho de que ellos son capaces de inspirar una vida ejemplar de moralidad tanto como manifestarse en los espiritistas religiosos. Con todo, desde los campos misioneros llegan todavía noticias de esas groseras manifestaciones semejantes a las de los tiempos bíblicos. Hay que recordar que tanto los demonios como su jefe aparecerán como "ángeles de luz" y no sólo como "leones rugientes", si es que pueden así lograr lo deseado por Satanás en su guerra contra la obra del Señor.

La influencia demoníaca, como la actividad de Satanás, tiene un motivo doble: el de obstaculizar el propósito de Dios para la humanidad, y el de extender la autoridad de Satanás. Por lo tanto, siguen fielmente las órdenes de su jefe supremo para destruir las obras divinas. Ejercen su influencia tanto para desviar a los impíos como para combatir sin cesar contra los creyentes en Cristo (Ef. 6:12).

Se puede comprender el motivo de los demonios en lo revelado acerca de su conocimiento de la autoridad y deidad del Señor Jesús, y del juicio eterno que les espera. Los pasajes que siguen son importantes a este respecto: "Y clamaron diciendo: ¿Qué tienes con nosotros, Jesús, Hijo de Dios? ¿Has venido acá para atormentarnos antes de tiempo? " (Mt. 8:29); "Pero había en la sinagoga de ellos un hombre con espíritu inmundo, que dió voces, diciendo: ¡Ah! ¿qué tienes con nosotros, Jesús Nazareno? ¿Has venido para destruirnos? Sé quién eres, el Santo de Dios. Pero Jesús le respondió diciendo: ¡Cállate, y sal de él! " (Mr. 1:23-25); "Pero respondiendo el espíritu malo, dijo: A Jesús conozco, y sé quién es Pablo; pero vosotros, ¿quiénes sois? " (Hch. 19:15); "Tu crees que Dios es uno; bien haces. También los demonios creen, y tiemblan" (Stg. 2:19).

Los demonios tienen poder de causar mudez (Mt. 9:32-33),

ceguera (Mt. 12:22), insensatez (Lc. 8:26-35), heridas (Mt. 9:18), gran fuerza física (Lc. 8:29), sufrimiento y deformidades (Lc. 13:11-17).

Hay una realidad bien solemne en toda esta Escritura citada. Indica que en verdad ha habido una intrusión de espíritus caídos al *cosmos.* Tal intrusión es normal en vista de que es Satanás mismo el arquitecto del *cosmos.* No hay nadie que pueda decirnos anticipadamente cuánto sentirá el universo cuando Cristo Jesús venga y "haya suprimido todo dominio, toda autoridad y potencia" (1 Co. 15:24), y que se cumpla la profecía de Apocalipsis 11:15: "Los reinos del mundo *(cosmos)* han venido a ser de nuestro Señor y de su Cristo; y él reinará por los siglos de los siglos."

ANTROPOLOGIA

ANTROPOLOGIA

CAPITULO XI

INTRODUCCION A LA ANTROPOLOGIA

La ANTROPOLOGIA –el estudio del hombre– se estudia desde dos ángulos completamente diferentes: el de la filosofía humana y el de la Biblia. El primero no tiene ninguna relación con la Biblia, y evita toda clase de relación con la revelación bíblica. El segundo es bíblico; se confina a la Palabra de Dios y a aquellas experiencias humanas que la corroboran y que pueden servir de testimonio confirmatorio de la verdad revelada en las Sagradas Escrituras. La primera es la concepción de los hombres, y refleja la filosofía humana de la vida. Esta se ofrece como disciplina secular en las escuelas universitarias. La segunda es la revelación de Dios en el sentido de que las Escrituras se originan en El y que presentan el informe que el hombre vanidoso se muestra reacio a aceptar. Es verdaderamente sugestiva la actitud de la educación moderna, que generalmente no le concede lugar a la revelación dentro de sus filosofías. Contra esta actitud, la antropología de la teología, aunque le presta la debida atención a las afirmaciones de los hombres, se estructura sólo en las verdades que Dios ha declarado en su Palabra. En la Biblia se descubre abundante material de naturaleza positiva y confiable. La Palabra de Dios no ofrece la información decisiva sobre este complejo tema. Y hay todavía una distinción más vital entre estas dos disciplinas antropológicas que difieren tan ampliamente. Esta diferencia está en la parte inmaterial del hombre. La antropología no bíblica es sólo una penetración en los aspectos emotivos e intelectuales de la vida humana, es decir, en lo que es psicológico; mientras que la antropología bíblica penetra más profundamente en los reinos de lo moral, lo espiritual y lo eterno. La antropología que no toma en cuenta la Biblia, no le da a Dios ningún lugar en el origen del hombre, ni en su cuidado, ni en su destino; en tanto que la antropología bíblica, puesto que es una inducción de la revelación divina, afirma verdades sumamente profundas en relación con esos aspectos del hombre. Como asunto general en la educación moderna, la antropología, aunque se ha desarrollado recientemente, reclama la misma importancia de las ciencias afines a ella: la biología y la psicología. La antropología incorpora las teorías de la evolución y es de carácter materialista. Aparte del hecho notable de que la biología y la psicología son también estudios que se relacionan con el hombre, es muy poco lo que hay en común entre ellas y la antropología.

La Enciclopedia Británica trae, en su decimocuarta edición, la siguiente definición de antropología: "Aquella rama de la historia natural que trata sobre la especie humana . . . Así que es parte de la biología, que es la ciencia de los seres vivos en general. En realidad, la antropología fue el desarrollo de los estudios biológicos realizados durante el siglo XIX. La llegada de la antropología a su forma moderna se debe principalmente al estímulo aportado por la investigación sobre el origen de las especies." Esta "forma moderna" de la doctrina del hombre tiene dos aspectos: (a) Lo que es el hombre –su evolución natural– y (b) lo que hace el hombre: su historia cultural, su relación con las cosas materiales, con él mismo, y con los demás.

La obra *The New Standard Dictionary* define la antropología teológica como "la rama de la ciencia teológica que trata sobre el hombre, tanto en su condición original como en su estado caído. Abarca la consideración de la creación del hombre, su condición primitiva, su prueba y su apostasía, su pecado original y sus actuales transgresiones" (edición de 1913).

Así como la teología sistemática incorpora lógicamente toda otra ciencia, así la antropología incorpora todo lo que se refiere al ser del hombre, tanto lo material como lo inmaterial, y, si fuera prudente ampliar su alcance, podríamos decir que también incluye varias disciplinas que son importantes ramas de la ciencia, pues en ella entran muchos aspectos de la biología y de la psicología. Atendiendo a los intrincamientos de esta última, y a su similitud con los dominios de la existencia espiritual, en la antropología se hace especial hincapié en todo aquello que pertenece a la psicología. Aquí surge una cuestión decisiva: la de si la Biblia se preocupa de enseñarnos las ciencias como tales o no. A pesar del hecho de que algunos hombres honestos han creído que se puede estructurar un amplio sistema de psicología basado en el texto bíblico, los maestros más ortodoxos creen que la verdad con respecto a Dios –su creación, y el hombre en relación con El– está en la Biblia en forma completa y final, pero en los temas relativos, la Biblia sólo da algunos datos los cuales son exactos. Esto queda muy ilustrado en lo relativo a la ciencia histórica. Todo lo que hay en la Palabra de Dios, que sea de naturaleza histórica, es absolutamente cierto; pero la Biblia no afirma ser un tratado exhaustivo de la historia del universo ni de la del mundo. El estudio del hombre tiene que incorporar algunos aspectos importantes de la verdad relacionada con lo que fue el hombre, con lo que es ahora y con lo que pudiera ser. En todo caso, es esencial un claro entendimiento de las realidades humanas. Con respecto a esta parte de la investigación, la Biblia no es deficiente. En lo que se refiere a la naturaleza, el hombre ocupa la posición central según la Biblia.

Al hablar sobre las afirmaciones que hacen algunos de que se puede sacar un completo sistema de psicología de la Biblia, J. I. Marais dice:

"Las afirmaciones extravagantes que hacen algunos escritores, en el sentido de que se puede desarrollar un sistema de psicología bíblica, le ha dado mala reputación a este asunto. Tan es así que Hofmann *(Schriftbeweis)* ha afirmado osadamente que ' se ha estructurado un sistema de psicología bíblica sin ninguna justificación que se halle en las Escrituras. ' Como principio, por tanto debe tenerse en mente que la Biblia no nos ofrece un sistema filosófico del hombre, sino que nos da en forma popular, un informe sobre la naturaleza humana en sus diversas relaciones. El estudio reverente de las Escrituras conducirá indudablemente al reconocimiento de un sistema bien definido de psicología sobre el cual se basa todo el plan de la Redención. Grandes verdades con respecto a la naturaleza humana se proponen y se aceptan tanto en el Antiguo como en el Nuevo Testamento; se hace hincapié en otros aspectos de la verdad desconocidos para los escritores que son ajenos a la revelación, los cuales se nos presentan, no en el lenguaje de las escuelas psicológicas, sino en el de la vida práctica. Allí se nos presenta a un hombre caído y depravado; pero también se nos presenta a Dios haciendo el intento de levantarlo, de redimirlo y de renovarlo. La psicología bíblica debe estudiarse desde este punto de vista, y nuestra meta debe ser la de "extraer los puntos de vista de la Escritura con respecto a la naturaleza, la vida, y los destinos de la vida y del alma, tal como se hallan determinados en la historia de la salvación" (Delitzsch, *Bible Psychology, p. 15).–The International Standard Bible Encyclopaedia,* Vol. IV, ps. 2494,2495.

Algunos han afirmado que lo que la Biblia presenta no es más que una psicología de los antiguos judíos. Otros declaran que, en los asuntos de la naturaleza, se les permitió a los escritores sagrados el empleo de los conocimientos que los hombres tenían en el tiempo en que fueron escritos los libros de la Biblia. Razonablemente, el concepto de la inspiración tiene que adaptarse a esos puntos de vista. C.A. Row, en sus Conferencias de Bampton de 1877, dice "que la inspiración no era un don general, sino funcional, y en consecuencia, se limitaba a los temas en los cuales entraba directamente la religión; y que en los demás temas, se dejaba en libertad a los escritores de los diversos libros de la Biblia para que usaran libremente sus facultades ordinarias" (citado por Laidlaw en *Bible Doctrine of Man*, p. 18). Parece que algunos hombres piensan que el escritor tiene más libertad de ejercer sus facultades cuando no está inspirado. Pero las sugestiones de esa naturaleza implican que la Biblia no es inspirada en todas sus partes. Ya no podemos devolvernos a estudiar estas cuestiones. Ya hemos ofrecido pruebas conclusivas sobre la infalibilidad de las Escrituras. El asunto que estamos tratando no es excepción en ninguna manera. La *integridad* de la declaración y la *exactitud* de la declaración son dos ideas completamente diferentes. Matthew Fontaine Maury –científico a quien el mundo honra como "el explorador de los océanos"– afirmó en un discurso académico, lo siguiente:

> "He sido criticado por hombres de ciencia, tanto de los Estados Unidos como de Inglaterra, por citar la Biblia para confirmar las doctrinas de la geografía física. La Biblia, dicen ellos, no fue escrita con propósitos científicos y, por tanto, no tiene autoridad en cuestiones de ciencia. ¡Les imploro el perdón! La Biblia *es* autoridad en cualquier asunto con el cual se relacione. ¿Qué pensarían ustedes de un historiador que rehuse consultar los documentos de la Biblia por la sola razón de que la Biblia no fue escrita con propósitos históricos? La Biblia es verdadera, y la ciencia es también verdadera. Los agentes que están empeñados en la economía física de nuestro planeta son ministros de Aquel que hizo tanto el planeta como la Biblia. Los documentos que El ha querido hacer, por medio de sus siervos, sobre la corteza de la tierra son tan verdaderos como los documentos que a El le ha placido hacer, por medio de sus siervos los profetas, en el Libro de la Vida. Las dos clases de documentos son verdaderos. Cuando vuestros hombres de ciencia, con vanos y apresurados conceptos, anuncian el descubrimiento de un desacuerdo entre la Geografía y la Biblia, confiad en que la falla no está en el Testimonio de los documentos de Dios, sino en el *gusano* que trata de interpretar la evidencia que no comprende. Cuando yo, que soy pionero de una de las ramas de esta bella ciencia, descubro que las verdades de la ciencia y las verdades de la revelación derraman luz unas sobre otras, y las unas sostienen a las otras, ¿cómo puedo, como hombre amante de la verdad que busca el verdadero conocimiento, dejar de señalar la belleza y el regocijo que hay en ese descubrimiento? La reserva en este caso sería pecado. Y si yo evitara la emoción con que tal descubrimiento sacude al alma, las ondas del océano levantarían su voz contra mí, y las mismas piedras de la tierra me acusarían" (informe presentado por Charles Lee Lewis en su *Biografía de Maury*, ps. 98,99).

Además de todo esto, la revelación que se encuentra en la Biblia con respecto al hombre se extiende a diversos campos en los cuales no puede entrar la antropología de concepción humana, como por ejemplo, la forma verdadera de la creación, el estado original del hombre, su caída, la causa real de la muerte en el mundo, el nuevo nacimiento, la base del derecho de la moral y la resurrección del cuerpo. En vano buscaría la antropología no bíblica conocer lo referente a estos temas; sin embargo, son realidades de la vida humana como tales son factores determinantes en cualquier psicología que tenga valor.

Por tanto, debe hacerse una fina discriminación. Por una parte, las verdades que enseña la Biblia con respecto al hombre no son conjeturas, ni están sujetas a los errores de los hombres de las épocas primitivas; por otra parte, esas verdades no constituyen, en lo que respecta a su condición de completas, una ciencia sobrenatural. Es cierto que el relato del origen del hombre lo tenemos en términos empleados por los hombres de los primitivos tiempos y que fue escrito directamente para las gentes de ese época. También es cierto que el desarrollo de esa doctrina sigue el encadenamiento de la revelación divina; pero así se logra una cualidad sobrenatural desde el principio hasta el fin, lo cual hace que armonice todo lo que se dijo durante muchos siglos como si fuera una sola narración consistente. Los hombres de los tiempos primitivos hablaron en su propio lenguaje a la gente de los tiempos primitivos. Pero la verdad que se revela en ese lenguaje se eleva sobre el nivel de los hechos naturales de tal modo que manifiesta el tino divino. La ciencia de todos los tiempos ha descubierto que estas sublimes enseñanzas de la Biblia están fuera del campo de sus propias observaciones, que es sumamente limitado. Las expresiones bíblicas sobre la verdad relativa al origen del hombre y sobre el lugar que le corresponde en la tierra, aunque se formaron en la edad en la cual fueron escritas, han servido pefectamente de vehículo del pensamiento en toda la historia humana. En todas las épocas, la ciencia de ese tiempo ha impuesto sus nociones siempre cambiantes relativas al origen del hombre sobre la teología. A la teología le ha tocado la tarea, en todas las épocas, de deshacerse de los espíritus difuntos de las opiniones de la filosofía y de la ciencia de la era anterior. En las Escrituras se indica claramente que el objetivo que tenían delante de sí los escritores bíblicos no era el de la ciencia, sino el de la teología. La iglesia primitiva fue pronto arrastrada hacia la filosofía platónica y hacia las doctrinas aristotélicas del alma. Esa fue la situación que caracterizó la doctrina del hombre en los siglos de la Edad Media. Esa doctrina es la concepción que tiene el hombre de que el relato divino del origen de las cosas es cierto en tanto que se conforme a la ciencia de su propio día. Si la ciencia de hoy es fiel al curso que establecieron para ella las pasadas generaciones –¿y por qué no serlo? – los mismos científicos la descartarían; sin embargo, la Palabra de Dios permanece la misma y para siempre. Las opiniones futuras de los humanos no podrán modificar la Palabra de Dios, así como no han tenido éxito en esa empresa ninguna de las opiniones pasadas. Hablando literalmente, la ciencia puede ir y venir, pero la Palabra de Dios marcha firmemente y para siempre.

CAPITULO XII

EL ORIGEN DEL HOMBRE

La respuesta al problema del origen del hombre es de una importancia inmensurable, puesto que de esa respuesta depende toda la estructura de la antropología. Por necesidad, la naturaleza del hombre, su responsabilidad y su destino están determinados por el hecho de su ser esencial tal como fue creado. Dos sistemas de pensamiento –el uno, pura suposición; el otro, una revelación– ofrecen la respuesta para la cuestión del origen del hombre. La suposición, es decir, la teoría de la evolución, es una especulación, una conjetura, una asunción. Esa es la mejor solución que la mente finita puede ofrecer, la mente no regenerada, la mente no iluminada espiritualmente. La revelación abarca una serie de armoniosas y razonables verdades, si se reconoce al Creador: Su Persona, Su poder y Su designio. Debemos estudiar estos dos sistemas de pensamiento por separado.

I. LA TEORIA DE LA EVOLUCION

En el volumen primero de esta obra se incluyó un análisis de la evolución, cuando estudiamos el teísmo naturalista. Por tanto, omitiremos una larga discusión sobre ese punto en esta parte. Si los hombres pensantes tuvieran cualquier cosa que pudieran colocar en el lugar de la evolución, no tolerarían nunca este sistema que no ofrece ni una prueba para las afirmaciones que hace. El hecho de llegar el hombre a la existencia es de estupendas proporciones. Entender que el hombre es el resultado de un proceso evolutivo accidental, que emergió de un supuesto germen primordial –germen que no puede explicarse aparte del Creador– y basar ese entendimiento en la pura imaginación fantástica, que no tiene siquiera una sombra de sustancia sobre la cual se pueda basar la prueba, es algo rayano con la desesperación mental y con la bancarrota de las ideas. Sin embargo, esta nociones indemostrables son las que se le están dando al mundo con el patrocinio de la educación y de la ciencia. Para la mente no regenerada, para la cual en realidad no existe Dios, el problema del origen de las cosas no se resuelve mediante la aceptación de la declaración de que Dios creó al hombre. Se puede saber cuán desesperadamente irreal es la revelación para tales personas, cuando se considera la farsa dogmática que colocan en lugar de aquella: la evolución. Tales maestros harían un gran descubrimiento si permitieran que la humildad y la sinceridad que está latente en sus seres los condujeran a averiguar *por qué* ellos no quieren aceptar que Dios es el Creador.

La evolución, considerada abstractamente, se nos presenta en dos formas diferentes. Por una parte, puede ser *naturalista.* Esta es la que sostiene que mediante la "selección natural" y la "supervivencia del más apto", las diversas formas de seres animados llegaron a ser lo que son, como resultado de una situación fortuita. Por otra parte, puede ser teísta. Este sistema quiere darle algún reconocimiento a Dios, al reconocerlo como Causa original, pero se adhiere a un supuesto proceso evolutivo por medio del cual Dios desarrolló al hombre de la cédula original que había creado. En este caso, la evolución es el *método* de Dios. Esta teoría evolutiva no sólo es indemostrable e irrazonable, sino que deshonra a Dios. El dice en su Libro, único en el cual se originan todas las concepciones de su Ser, cuál fue el método que El empleó para la creación del hombre. Descartar esta revelación y sustituirla por una infundada ficción humana es acusar a Dios de mentiroso y rechazar una clara afirmación de la Escritura, con la misma libertad con que otros rechazan otras páginas de la Biblia, si su incredulidad así se lo demanda. El método divino de creación reaparece constantemente en el Texto Bíblico y siempre precisamente de acuerdo con la primera revelación del libro de Génesis (comp. Mt.19:4; Ro.5:12-19; 1 Co.15:45-49; 1 Ti.2:13). Los esfuerzos que hacen los hombres para explicar las obras de Dios, parecen a menudo intentos para impedir que otros crean en El. El informe que Dios nos da es digno de El. Los que desprecian ese informe, también desprecian a Dios, desprecian sus divinos consejos y rechazan su gracia. Los que abrazan la teoría de que nuestros antepasados fueron animales irracionales deshonran a Dios y se deshonran a sí mismos.

Además del insulto contra Dios y contra el hombre, y además de su imperdonable e indefendible fracaso en presentar pruebas científicas para sus osadas afirmaciones, hay un efecto moral que causa la impía hipótesis de la evolución. Con esto no estamos diciendo que la evolución como sistema enseña la inmoralidad; pero sí queremos decir que esta filosofía pagana, puesto que desecha a Dios, que es la única fuente de los ideales morales, no puede engendrar ningún impulso moral. Así como es cierto que Dios creó al hombre, así también es cierto que en éste hay una inherente responsabilidad moral de ser como Dios en conducta, así como lo es por creación. Dios les ha dado un mandamiento razonable a las criaturas humanas: "Sed santos, porque yo soy santo" (1 P.1:16; comp. Mt. 5:48). El bienestar de las criaturas humanas no sólo fue planeado por Dios, sino que debe cumplirse para la gloria de El. Toda conducta moral se basa en ese hecho; no hay otra base sobre la cual pudiera descansar. Las acciones del hombre son buenas cuando se conforman con el carácter de Dios, y son malas cuando no se conforman con ese carácter. No existe otra base para la distinción entre el bien y el mal.

Por otra parte, si el hombre fuera producto de las fuerzas naturales, entonces no tendría más responsabilidad moral que la que demandan las fuerzas naturales. Si se elimina a Dios y su Palabra, así como quiere eliminarlos la hipótesis de la evolución, entonces los hombres pueden buscar sus ideales en los renacuajos, entonces la verdad no tiene fundamento, la santidad de los ángeles es una ficción, la corrupción del diablo es una difamación. Eso quiere decir que estamos advirtiendo sobre algo que no existe. Debe esperarse entonces que el animalismo se trepe a la sociedad y a las instituciones educativas en las cuales se apoya este sistema ateo. Si la sociedad y las instituciones educativas retienen todavía algunas ideas morales, a pesar de su filosofía impía, eso no es sino el impulso moral de la generación precedente, la cual honró a Dios. Pero tal impulso moral va menguando rápidamente. En realidad, la Biblia tendría que estar muy lejos, en un pobre comienzo, con sus concepciones sobre la conducta humana, que son tan altas como el cielo, para que el relato bíblico de la creación sea sustituido por las infundadas afirmaciones de la hipótesis evolucionista.

Además del gobierno natural de Dios, que El ejerce sobre la creación material y sobre todos los seres vivos, que son partes de su creación ordenada, El también ejerce una disciplina moral que aplica a los seres racionales tanto angélicos como humanos. Estos seres deben saber la diferencia entre el bien y el mal. Tal diferencia y tal gobierno moral quedarían eliminados si se elimina a Dios.

Aquella forma de modernismo que abraza las teorías humanas y rechaza la revelación de Dios es incapaz de estructurar un sistema de teología, y su manifiesta repugnancia por los aspectos doctrinales es un testimonio contra la teología. En realidad, uno tiene que acudir de nuevo a la Biblia, la cual declara: ". . . sea Dios veraz, y todo hombre mentiroso" (Ro.3:4).

La certidumbre que caracteriza ahora a los que respaldan la teoría de la evolución se refleja muy bien en el párrafo inicial de un artículo sobre la *evolución del hombre* que se encuentra en la décimocuarta edición de la *Enciclopedia Británica,* el cual dice:

"El difunto Sir E.B. Tylor, al escribir sobre la teoría evolutiva del origen del hombre, hizo la siguiente afirmación: 'En una forma o en otra, la teoría del origen humano se ha vuelto, en nuestro tiempo, parte de una estructura aceptada de la zoología, si no como una verdad demostrable, por lo menos como una hipótesis operante que no tiene rival efectivo.' Cuando Sir Edward Tylor hizo esta declaración en 1910, ya tenía 78 años de edad; su memoria hubiera podido hacerlo volver al tiempo cuando se creía que el hombre había venido al mundo como resultado de una creación especial, unos cuatro mil años antes del nacimiento de Cristo, y que no tenía parentesco con otros seres vivos. El tenía 27 años de edad cuando se publicó el *Origen de las Especies* de Darwin, en 1859. Dos años después que Huxley publicara su renombrado tratado sobre *El Lugar del Hombre en la Naturaleza,* en 1865, el mismo Tylor publicó una obra que arrojó nueva luz sobre la historia humana: *Researches into the Early History of Mankind and the Devolopment of Civilization (Investigaciones sobre la historia primitiva de la Humanidad y el Desarrollo de la Civilización).* Cuando Darwin publicó *El Origen del Hombre,* en 1871, Tylor también publicó su obra *Primitive Culture; Researches into the Development of Mythology, Philosophy, Religion, Art and Custom (Cultura Primitiva: Investigaciones sobre el desarrollo de la Mitología, la Filosofía, la Religión, el Arte y las Costumbres).* Hacia fines del siglo XIX, él ya había visto a muchos hombres que ocupaban las sillas rectorales de las universidades del mundo plenamente convencido de que la evolución era cierta. Cuando él murió en 1917, a la edad de 85 años, ya había visto otra generación de investigadores que se había desarrollado y que, después de aplicar las enseñanzas de Darwin a todos los aspectos del mundo del hombre –a su cuerpo, a su mente y a su cultura– permanecieron convencidos de que, como hipótesis operante, la evolución no tenía rival" (Vol. XIV, p. 758).

Así que, Sir E. B. Tylor admite que la teoría de la evolución es por lo menos una hipótesis eficaz, aunque no sea una verdad demostrable.

La semejanza de la constitución física del hombre con la de los animales superiores se afirma plenamente y se incluye en el relato del Génesis. Sin embargo, los que sostienen la teoría evolutiva se apoderan de estas similitudes como si pertenecieran exclusivamente a dicha teoría. Esto lo comprueba el primer párrafo del "resumen de la evidencia" que se incluye en el mismo artículo citado: "No importa cuál sea el aspecto del hombre que el estudiante de hoy quiere estudiar, la convicción de la evolución (cuantas veces quiera) le resulta cierta y obligatoria. Si lo que estudia es el desarrollo del niño en el vientre, se encuentra con una complicada serie de fenómenos que solo pueden explicarse mediante la aceptación de las enseñanzas de Darwin."

En la cuestión de las formas fósiles, se afirman los puntos más improbables con prejuicio a favor de la teoría de la evolución, lo cual va en detrimento de la teoría que se ha propuesto. Al tratar sobre la *paleontología,* y para presentar *evidencia,* el mismo artículo afirma: "Las formas fósiles del hombre se hallan en los estratos de la tierra recientemente formados; los que se encuentran en los estratos más antiguos son más simiescos que los que se hallan en los estratos más recientes. En los estratos aún más antiguos se hallan fragmentos fósiles de grandes antropoides; y en los anteriores a ellos se hallan los de los pequeños antropoides. En los documentos más profundos de la tierra no se han descubierto hasta ahora ninguna huella de antropoides. En esos estratos aún más antiguos aparecen restos fósiles de pequeños monos como los primates. Las capas geológicas, hasta donde el hombre las ha conocido, apoyan la teoría de Darwin sobre el origen del hombre; esos testimonios se oponen completamente a la creencia de que el hombre apareció de repente, mediante un acto especial de creación."

En este punto, el autor que estamos citando admite una completa contradicción entre la geología y el libro de Génesis. En lo que se refiere a las formas fósiles, no se han hallado ningunas que sean tan impresivas como las llamadas *Pithecanthropus erectus.* El mismo autor dice lo siguiente al respecto:

"El descubrimiento que arroja más luz sobre el progreso evolutivo del hombre lo hizo el profesor Eugène Dubois en Java durante 1891 y 1892. El era entonces cirujano del servicio militar colonial. Posteriormente fue profesor de geología en la Universidad de Amsterdam. En un estrato que contenía huesos fósiles de muchas especies extintas de animales, él consiguió 5 fragmentos de una clase extraña de seres. El reconoció que uno de esos huesos correspondía a una forma de transición entre el hombre y el simio: es decir, era realmente un eslabón perdido. A ese hueso le dio el nombre de *Pithecanthropus erectus,* y se lo atribuyó a una familia diferente de primates: la que está en el punto de transición entre los antropoides y el hombre. . . Los 5 fragmentos fósiles que se hallaron fueron estos: un casquete de cráneo que tenía exteriormente la forma que debía esperarse de una clase gigante de mono asiático, un fémur izquierdo y tres dientes. La distancia mayor que había entre los fragmentos era de 20 pasos. Posteriormente, él sexto fragmento: parte de un maxilar inferior que halló en otra parte de la isla, pero en un estrato de la misma edad geológica. El casquete craneano es plano, bajo y tiene grandes aristas como cejas; sus caracteres son más de simio que de humano; sin embargo, cuando el profesor Dubois logró obtener un vaciado en el interior del casquete, en él apareció el modelo de circunvolución que corresponde al cerebro del *Pithecanthropus,* el hombre fósil de Java. Ese modelo indicaba, todo en conjunto, que era humano. El *Pithecanthropus* tenía un cerebro más pequeño, más sencillo e infinitamente más primitivo que el del hombre inferior que vive en nuestro día."

Después de un largo trozo en el cual se amplía sobre el probable tamaño y la probable capacidad del cerebro de ese supuesto ser humano, el escritor concluye:

"El profesor Dubois, basado en evidencias dignas de confianza, le asignó al *Pithecanthropus* la época posterior del período Plioceno. Si aceptamos que la duración del Plioceno fue de 250,000 años, y consideramos al *Pithecanthropus* como representante del estado evolucionado que logró la humanidad en el principio de ese período, entonces tenemos que concluir que el cuerpo del hombre había llegado a adaptarse a su postura y porte peculiar antes del fin del período Plioceno, y que el desarrollo superior del cerebro ocurrió en el siguiente período, que fue el Pleistoceno... ¿Debemos considerar al *Pithecanthropus* como hombre o como simio? La respuesta es que era humano por causa de las siguientes razones: En punto a tamaño y forma, su cerebro casi logró el límite inferior del hombre moderno o *Neanthropus;* su postura y modo de moverse eran humanos; sus manos y brazos estaban libres de la locomoción; sus dientes estaban dentro del nivel de la variación humana. El *Pithecanthropus* representa una de las primeras formas de humanidad, y mediante su descubrimiento se hizo posible afirmar que la antigüedad del hombre podía situarse con certeza al fin del Plioceno. No es improbable que las formas superiores que el *Pithecanthropus* hayan evolucionado antes del fin del Plioceno. El estado que alcanzó el hombre de Piltdown en la primera parte del Pleistoceno apoya esa inferencia. La consideración de toda la evidencia nos hace esperar que los restos fósiles del primitivo hombre evolucionado deben buscarse en los estratos del período Plioceno, y los del hombre evolucionado de Neandertal, en las capas geológicas del Pleistoceno."

Esa credulidad que se aferra a 5 huesos o 6, que son "fragmentos fósiles", y que no representan más que un casquete craneano, un fémur y tres dientes, que cuando fueron hallados estaban a una distancia de 20 pasos entre sí, o sea alrededor de 20 metros, y que declara que este es el descubrimiento que arroja más luz sobre el progreso evolutivo del hombre", es casi imposible tomarlo en serio. Los hombres cultos no tratarían de situarse de ese modo en la sombra de la sombra, si pudieran, mediante alguna visión espiritual, entronizar a Dios en el lugar que le corresponde como Creador. Pero todavía es claro que, a pesar de los 5 o 6 "fragmentos fósiles", separados unos de otros por 20 metros de distancia (¿y por qué no aceptarán aquel poder que obró en la visión de Ezequiel de tal modo que los huesos secos "vivieron y estuvieron sobre sus pies"?), Dios creó al hombre a su imagen. Algunos hombres evidentemente prefieren la *imagen* del simio, pero todavía hay algunos que prefieren la *imagen* de Dios.

II. LA REVELACION

El hombre fue creado a la "imagen" y "semejanza" de Dios, y Dios es el único que puede realizar tan estupenda tarea. Dios, en su Palabra, no nos impone nociones pueriles y absurdas para que los hombres las creamos. El nos dice que hay una Causa suficiente y racional de todas las cosas. Eso es lo que quiere indicarnos cuando nos dice que El es el Creador. Un maravilloso cuerpo de armoniosa verdad se halla comprimido en los dos primeros capítulos de la Biblia. Es un acta de Dios que declara la relación existente entre el

Creador y la criatura humana. Ninguna otra literatura del mundo tiene una revelación directa tan completa, calculada para tener informada la mente del hombre y para guiar la investigación científica, como la que se encuentra en estos primeros pasajes de la Biblia. Esta porción de la Escritura ha inspirado un cuerpo incomparable de literatura, tanto constructiva como crítica; y sin embargo, el Texto permanece inmutable, y es actualmente tan satisfactorio como lo ha sido en todos los tiempos.

El hecho de que hay dos relaciones de la creación del hombre —una en cada uno de los dos primeros capítulos del Génesis— ha causado mucha discusión. Volvemos a decir que la repetición indica un gran hincapié, y en un tema como ése, teniendo en cuenta la incredulidad humana, sin duda, se hace indispensable una acentuada amplificación. Deben notarse, sin embargo, ciertas variaciones en los relatos, y, como se nota a menudo en la Biblia, los dos relatos son necesarios y complementan el informe. El primero es general. El segundo introduce detalles que, si hubieran formado parte del primero, hubieran echado a perder su majestuoso ritmo y su simetría. Según el primer relato, el hombre y la mujer son igualmente creación de Dios (1:26, 27); pero en el segundo relato se nos dice que el hombre fue el primero que llegó a existir, y que fue formado del polvo de la tierra, en tanto que la mujer fue tomada del hombre, mediante un arreglo especial de Dios que resultó en un ser de la misma plenitud (2:7, 21-25). Según la primera narración, la creación del hombre está estrechamente relacionada con la de los animales, los cuales son de tres clases: "animales de la tierra", "ganado" y "animales que se arrastran sobre la tierra." Pero en el segundo relato sólo se dice de estos animales que Dios los hizo según su clase. Sin embargo, del hombre se dice tres veces en un solo versículo, que forma parte del primer relato, que Dios lo creó (1:27). Este gran hincapié se hace inmediatamente después de la declaración solemne y formal de que Dios tenía el *propósito* de crear al hombre (1:26). La repetición insistente se ve otra vez en el hecho de que se nos dice tres veces que el hombre fue hecho a la *imagen* de Dios (1:26, 27). El lenguaje que se empleó en la Palabra de Dios no podía ser más insistente de lo que en realidad fue, al afirmar tres veces que Dios creó al hombre directamente, y tres veces que El creó al hombre a su propia imagen. Cualquier filosofía humana que niegue estas aseveraciones determinantes no está escogiendo ninguna de las dos opiniones dudosas con respecto a lo que Dios ha dicho; sino que pasa directamente sobre la más clara verdad que Dios haya revelado jamás al hombre, e implica que Dios es mentiroso hasta ese grado. Aunque sean los seudo-eruditos los que sostienen tal perversidad, hay que tener en cuenta que es una tendencia falsa hasta el último grado, y que procede de aquel osado carácter impío que fue el primero que contradijo a Dios al decir: "No moriréis" (comp. Gn. 2:17 con 3:4). La primera crónica de la creación del hombre registra con sublime sencillez el más difícil de todos los temas, es decir, el de que el hombre participa de la existencia animal, y sin embargo, en un sentido especial, fue hecho a semejanza de Dios. Y en cada caso se dice que fue el trino *Elohim* el que creó.

En el segundo relato, que se caracteriza por los detalles que se le agregan, se declara que el hombre y la mujer son semejantes en el aspecto físico, por haber sido hechos, el hombre directamente, y la mujer indirectamente, del polvo de la tierra. Aquí entra la química en lo que tiene que ver con el cuerpo humano. Macdonald, en su obra *Creation and the Fall (La Creación y la Caída),* pág. 326, afirma: "Es bien sabido que el cuerpo animal se compone, de una manera inescrutable que se llama *organización,* de carbono, hidrógeno, oxígeno, nitrógeno, cal, hierro, azufre y fósforo, sustancias estas que en sus diversas combinaciones constituyen una gran parte de la tierra sólida" (citado por Laidlaw en *The Bible Doctrine of Man (La Doctrina Bíblica del Hombre),* pág. 280. Es probable, también, que este origen terreno del cuerpo del hombre explique el hecho de que se le dio el nombre *Adán,* el cual parece ser una derivación de *adhamah,* palabra que significa *tierra.* Un aspecto más distintivo del ser del hombre, tal como se nos narra en relación con su creación, es la verdad de que Dios sopló en su nariz el aliento de las vidas (literalmente, la palabra es plural). F. Delitzsch escribe sobre esto: "No es solamente el principio general de vida que se le impartió al mundo que se individualiza en el hombre, sino que Dios sopla en la nariz del hombre la plenitud de su Personalidad . . . para que, en una forma correpondiente a la Personalidad de Dios, el hombre pueda llegar a ser alma viviente" (citado por Laidlaw, *ibid.,* pág. 283). De estos hechos tan sencillamente establecidos en estos dos capítulos se han desarrollado verdades doctrinales casi sin fin.

John Laidlaw resume la comparación general de los dos relatos de la creación en su obra *The Bible Doctrine of Man,* págs. 35-37, de la siguiente manera:

> "En todos los eventos, la relación de los dos relatos se hace muy clara cuando los colocamos el uno junto al otro. Al primero pudiéramos calificarlo de cósmico; al segundo, de fisiológico. El primero es el relato general de la creación del hombre: del hombre raza, del hombre ideal. El segundo es el relato de la producción del hombre real, del Adán histórico. El primero habla del mandato creador que puso al hombre en existencia; el último, del proceso plástico mediante el cual el Creador formó tanto al hombre como a la mujer: a él del polvo de la tierra; a ella de la carne y de los huesos del hombre. El primero se

refiere a ellos según su género: a imagen de Dios. El segundo, del elemento mediante el cual se realizó ese género: una estructura material informada por el soplo del mismo Dios. El primero se refiere al hombre como cabeza de todas las criaturas, señoreador de la tierra y de ellas. El último, al hogar que Dios le proveyó al hombre, a la obra que Dios le encomendó, a las relaciones formadas por el hombre, y finalmente, a la ley moral según la cual se iba a regir su comunión con Dios. Ningún lector desprejuiciado podrá ver otra cosa en los dos relatos que no sea una armonía razonable y real, que los distingue de una concordancia literal o verbal. Tampoco podemos dudar que la mano maravillosa que integró en un todo maravilloso –el libro de Génesis– varios párrafos de preciosa tradición, custodiando así la más sublime verdad espiritual, haya puesto estos dos relatos de la creación del hombre el uno junto al otro, para que se den luz mutuamente, sin necesidad de tener contacto absoluto, y sin necesidad de que se contradigan. Los resultados de este doble informe bíblico con respecto a la creación del hombre son claros, definidos e inteligibles. El origen del hombre no fue una emanación, sino la creación. Es decir, la formación del hombre de materiales existentes, por una parte, y de la plenitud bendita de la vida divina, por otra. Su origen está en la línea del orden natural de los seres vivos, pero en su clímax. Su posición entre ellos es central y suprema; pero su naturaleza se distingue de todos ellos en que el hombre fue formado a imagen de Dios"

Según ésta y todas las demás partes de la Biblia, Adán fue una persona real, como cualquiera que haya vivido sobre la tierra. No fue un hombre inferior de ninguna manera. Huxley declaró que el más antiguo esqueleto humano podía ser los restos de algún filósofo. Y Dana admitió que la especulación humana no se funda en ninguna evidencia. Así también, Darwin afirmó que la brecha entre el mundo animal y el hombre es sorprendente.

La única "teoría operante" sobre el origen del hombre es la que Dios mismo nos da. Y el evento de la creación no necesita restringirse con respecto al tiempo. No estamos obligados a aceptar la cronología tradicional que le asigna al hombre una existencia de 6000 años sobre la tierra. Fácilmente, y sin violencia al Texto Sagrado, la historia del hombre puede remontarse más allá de ese número de años. Sea cual fuere el número de años que lleva el hombre sobre la tierra, lo cierto es que Dios lo creó en forma inmediata y directa. Esta es la premisa de las Escrituras, y el que se aparta de ese testimonio renuncia a Dios como Creador.

III. CUANDO SE ORIGINO EL HOMBRE

Con respecto al tiempo del origen del hombre, éste constituye un desafío para varias clases de científicos: es un desafío para el historiador, que se preocupa por los hechos relativos a las primeras naciones, la distinción entre las razas y la posibilidad del origen común; lo es para el filólogo, que estudia el problema del origen de las lenguas a la luz de sus variadas formas de la actualidad; es un desafío para el arqueólogo y para el geólogo, que buscan la evidencia sobre la antigüedad del hombre. Lo que afirman estos hombres con respecto a la edad de la familia humana varía de tal modo que todas las posibilidades de infalibilidad se destrozan. El desacuerdo entre las autoridades de estas disciplinas no tiene la posibilidad de engendrar fe ni de establecer datos de confianza. Uno de los argumentos generales sostiene que el hombre ha vivido sobre la tierra mucho más tiempo que el trascurrido desde el año 4004 a. de J. C. Esta es la fecha que el arzobispo Usher le asigna al origen del hombre. Las demandas imperativas de los científicos modernos merecen sincera consideración por parte de los teólogos. Uno debe preguntarse si está obligado a aceptar los datos de la teología ortodoxa, que se basan en la cronología de Usher. Sobre el problema de la cronología escribe el Dr. Miley:

"Es bien sabido que el asunto de la cronología bíblica es, y siempre lo ha sido, algo indeterminado. Puede que algunos individuos hayan llegado a conclusiones muy positivas con respecto a los años exactos de las grandes épocas de la historia del mundo, pero no hay coincidencia de opiniones sobre este particular. Los estudiantes que han estudiado más profundamente este asunto hallan diferentes medidas de tiempo, y no varían tan ampliamente como los científicos; sin embargo, varían lo suficiente como para impedir el ajuste de la época posible con los hechos de la ciencia. Los principales puntos de vista en este particular son bien conocidos y fácilmente se pueden declarar. El origen del hombre ocurrió 4004 años antes del nacimiento de nuestro Señor, según Usher, el cual se basa en las Escrituras Hebreas. Según Hales, que se basa en la *Versión septuaginta,* el origen del hombre ocurrió 5411 años antes de Cristo. Entre estas dos cronologías hay una diferencia de 1407 años, la cual cubriría muchos de los hechos de la ciencia con respecto a la presencia del hombre en el mundo, y los pondría en armonía con la cronología bíblica. La aceptación de este cálculo no requiere ningún artificio ingenioso. Aunque, por causa de la *Vulgata,* prevaleció en la iglesia de Occidente la idea del período más corto, en la del Oriente prevaleció la del período más largo. Para toda la iglesia, éste ha sido un asunto común; y, aunque en raras ocasiones se ha hecho algún cálculo menor que el de Usher, también es cierto que no han sido raros los cálculos superiores a los de Hales. La incertidumbre de la cronología bíblica es de valor especial en su ajuste con los postulados razonables de la ciencia con respecto al tiempo del origen del hombre. Esa incertidumbre no es una idea reciente, ni un mero artificio que haya aparecido como resultado forzado de las exigencias que la ciencia les hace a los autores de cronologías bíblicas, sino que ha existido desde hace largo tiempo y se ha manifestado abiertamente. Los muchos resultados diferentes, que varían ampliamente, en los más cuidadosos cálculos, dan testimonio sobre la incertidumbre del tiempo al cual se refieren esos cálculos. Las tablas genealógicas son los principales datos de que se dispone para este cálculo; y hay que tener en cuenta que el objetivo de esas tablas es el de trazar el linaje de descendencia, y no la sucesión de los años. Por esta razón, la línea de conexión no siempre aparece trazada de padre a hijo, sino que, a menudo, conecta a un antepasado con algún descendiente prominente de alguna generación distante de él. Esto resulta bien para el propósito de establecer el linaje, pero, en lo que respecta a tiempo, causa perplejidad. ' Así, en Génesis 46:18, después de registrar los hijos de Zilpa, sus nietos y sus biznietos, el escritor agrega: *Estos fueron los hijos de Zilpa, . . . y dio a luz éstos a Jacob; por todas dieciséis personas.* Lo mismo ocurre en el caso de Bilha (v. 25): . . . ella *dio a luz éstos a Jacob; por todas siete personas.* Compárense también los versículos 7 y 22. Nadie puede pretender que el autor de este registro no usó un término comprensible para referirse a los descendientes posteriores a la primera generación. De la misma manera, según Mateo 1:11, Josías engendró a su nieto Jeconías; y según el versículo 8, Joram engendró a su biznieto Uzías. Y en Génesis 10:15-18 se dice que Canaán, el nieto de Noé, engendró a varias naciones enteras: al jebuseo, al amorreo, al gergeseo, al heveo, al araceo, al sineo, etc. Nada puede ser más claro, por tanto, que el hecho de que, en el uso bíblico, los verbos *engendrar* y *dar a luz* se usan en el sentido más amplio, para indicar la descendencia, sin restringirla a la generación inmediata" (Green: *The Pentateuch Vindicated from the Aspersions of Bishop Colenso,* pág. 132). Sería fácil presentar muchos otros ejemplos de hechos similares. Tales hechos justifican la incertidumbre prevaleciente con respecto a la cronología bíblica. En realidad, las tablas que proveen los datos principales, por su construcción son puramente genealógicas, y en el sentido propio no son cronológicas. Con tal incertidumbre de datos, no hay cronología bíblica que pueda estar establecida en cuanto a límites ni en cuanto a postulados doctrinales. De ello se deduce que el cálculo corriente puede extenderse como para que cuadre con cualquier demanda razonable de los hechos científicos con respecto al tiempo del origen del hombre, sin necesidad de pervertir ninguna parte de la Escritura ni de violar ninguna ley de la hermenéutica. Tales son las opiniones de los teólogos completamente ortodoxos en cuanto a credo, y sumamente leales a las Escrituras" *(Systematic Theology,* Vol. I, págs; 359-361).

Con respecto a su comienzo, el hombre es la más reciente de todas las criaturas; y a pesar del hecho de que los científicos suelen hablar en función de amplísimas edades, cuando se refieren al problema de la vida humana sobre la tierra –especialmente los evolucionistas cuya concepción depende tan completamente del asunto del origen, que está enterrado en el olvido de un tiempo pasado incomprensible– la extensión razonable de la historia humana sólo va varios miles de años más allá del tiempo propuesto por Usher. Esa extensión no está en conflicto, como ya se ha dicho, con el relato bíblico. Sin embargo, concede el tiempo suficiente para que justifiquen sus argumentos los historiadores, los geólogos, los arqueólogos y los filólogos.

Al considerar los postulados de los geólogos y los arqueólogos, el Dr. Miley *(ob. cit.,* Vol. I, págs. 363-365) cita ampliamente a un científico de su tiempo a cuyos descubrimientos no se han agregado ningunos hechos materiales en esta generación. Reproduciremos la cita completamente:

"Los cálculos que durante un largo tiempo se han basado en las gravas de Somme, región situada en el cono del Tinière, en las minas de turba de Francia y Dinamarca, en ciertos yacimientos cavernosos, han demostrado, todos ellos, que son más o menos deficientes. Posiblemente ninguno de estos cálculos llega más allá de seis o siete mil años que, según el Dr. Andrews, han transcurrido desde que se completaron los depósitos de guijarro arcilloso en América... Consideremos algunos hechos, aunque sean pocos. Se ha hecho mucho uso del "cono" o delta del Tinière, que está situado en el lado occidental del lago de Ginebra, como ilustración de la duración del período moderno. Esta pequeña corriente ha depositado en su desembocadura una masa de desechos, que ha arrastrado desde las montañas. En este depósito, que está cortado por una vía férrea, se halló que contenía restos romanos hasta una profundidad de 1,20 metros, utensilios de bronce hasta una profundidad de 3 metros y utensilios de piedra hasta una profundidad de 6 metros. La sedimentación cesó hace 300 años, y, calculándole al período romano una duración de 1300 a 1500 años, podríamos decir que la edad del cono es de 7000 a 10.000 años. Pero antes de la formación del presente cono, se había formado otro que era tan grande como 12 veces el tamaño del actual. Así que se afirma que la duración de los dos conos en conjunto debe ser de más de 90.000 años. Parece, sin embargo, que este cálculo se ha hecho sin tomar en cuenta dos elementos esenciales del asunto. No se ha hecho provisión para el hecho de que los estratos internos de un cono son necesariamente más reducidos que los externos; ni tampoco para el hecho posterior de que el cono más antiguo corresponde a un tiempo diferente (a la edad pluvial, a la cual hemos hecho referencia), cuando la lluvia era más abundante, y el poder transportador del torrente era más grande en proporción. Teniendo en cuenta estas condiciones, la edad del cono más reciente, que es el que contiene restos humanos, resulta ser de unos 4000 a 5000 años. El yacimiento de turba que se encuentra en Abbeville, al norte de Francia, ha crecido a razón de 3,75 centímetros por siglo. Puesto que dicho yacimiento tiene aproximadamente 8 metros de espesor, su crecimiento tuvo que haber durado más de 20.000 años; y sin embargo, es probable que sea más reciente que algunas gravas del mismo río que contienen utensilios de pedernal. Pero la composición de la turba de Abbeville indica que es de origen vegetal, y los tallos erectos que se preservan en ella prueban en primer lugar que el crecimiento del depósito ha debido ocurrir a razón de un metro por siglo, y que, después de la destrucción de la flora, su proporción de crecimiento ha disminuído rápidamente hasta el presente cuando casi no tiene ninguno. Así que la edad de ese yacimiento se reduce tal vez a menos de 4000 años. En 1865 tuve la oportunidad de examinar las gravas de la región de San Acheul, en el Somme, que ahora son famosas, y que algunos suponen que pertenecen a un período muy antiguo. Con los escritos de Prestwick y de otros observadores muy capacitados en mi mano, sólo pude comprobar que esas tranquilas gravas eran anteriores al período romano, pero sólo un levantamiento topográfico detallado hubiera podido demostrar hasta dónde eran más antiguas. Y eso, teniendo en cuenta las posibilidades de un nivel diferente de la tierra, la condición forestal del campo, una mayor abundancia de lluvias y un llenamiento glacial del valle del Somme con arcilla y piedras, interrumpido subsecuentemente por agua corriente, difícilmente pudieran esas gravas ser más antiguas que el depósito de turba de Abbeville... Creo, sin embargo, que Taylor y Andrews han demostrado subsecuentemente que mis impresiones eran correctas. Del mismo modo, tampoco puede percibir –y creo que todo geólogo americano que se haya relacionado con los monumentos prehistóricos del continente occidental debe estar de acuerdo conmigo– ninguna evidencia de gran antigüedad en las cavernas de Bélgica e Inglaterra, ni en las llamadas cocinas de Dinamarca, ni en los refugios rocosos de Francia, ni en los palafitos de Suiza. Al mismo tiempo yo desconocería todo intento de establecer fechas con términos precisos de años. Sólo tengo que agregar que las observaciones elaboradas y cuidadosas del Dr. Andrews en las playas elevadas del lago Michigan –observaciones que, según mi conocimiento son mucho más precisas que cualesquiera otras que se haya hecho en los depósitos de Europa– lo capacitan para calcular el tiempo que ha transcurrido desde que la América del Norte surgió de las aguas del período glacial, entre 5500 y 7500 años. Esto establece por lo menos la duración del período humano en la América del Norte, aunque yo creo que hay otras fuentes de evidencia que reducirían la residencia del hombre en la América a un período mucho más corto. Del estudio del delta del Misisipi y de la garganta del Niágara, sé que se han deducido períodos más extensos, pero Hilgard ha descubierto que los depósitos del Misisipi son en gran parte marinos, y la excavación del Niágara comenzó probablemente un largo tiempo antes del advenimiento del hombre" –Dawson, *Story of the Earth and Man,* págs. 292-296.

El profesor W. C. Green, doctor en divinidad, en su obra *The Pentateuch Vindicates,* pág. 128, dice:

"No debe olvidarse que hay un elemento de incertidumbre en el cómputo del tiempo que se basa en las genealogías; y la cronología sagrada se basa ampliamente en ellas. ¿Quién va a certificarnos que las genealogías antediluvianas y las anteriores a Abraham no han sido condensadas en la misma forma como fueron condensadas las posteriores a él? Si Mateo omitió nombres en la genealogía de nuestro Señor, para equilibrar los tres grandes períodos por los cuales pasó, ¿no podía Moisés haber hecho lo mismo para establecer siete generaciones entre Adán y Enoc y diez entre Adán y Noé? La cronología corriente se basa en la impresión *prima facie* de estas genealogías. Nos adherimos a esta cronología hasta que veamos buenas razones para abandonarla. Pero si estas indicaciones descubiertas recientemente sobre la antigüedad del hombre, con las cuales se han excitado tanto los científicos, cuando se estudien y se pesen cabalmente demuestran lo que cualquiera haya imaginado que pudieran demostrar, ¿qué sucederá entonces? Sencillamente, indicarán que la cronología popular se basa en una interpretación equivocada, y que, por equivocación se ha tomado un registro seleccionado y parcial de los nombres anteriores a Abraham, como si fuera un registro completo" (citado por A. A. Hodge en *Outlines of Theology,* pág. 297).

El filólogo, basándose en la suposición de que el hombre originó su propio lenguaje, arguye que se requieren vastas edades para poder cumplir esa finalidad, y a esto agrega aún más edades para el desarrollo del lenguaje hasta llegar a sus presentes formas variadas. Esta teoría pasa por alto el relato bíblico. Existen las mejores razones para creer que el hombre fue creado con la capacidad de hablar y de entender el lenguaje. La mente de Adán era madura cuando fue creado, como lo era su cuerpo. El relato del Génesis indica que él empleó el lenguaje desde el comienzo de su estado de consciencia. El relato de Génesis también registra que, después de un período durante el cual el hombre tuvo sólo una lengua sobre la tierra, Dios, directamente y con propósito determinado, confundió la lengua, y el resultado es el que tenemos hoy (Gn. 11:5-9). Si se aceptan estos relatos bíblicos, no tienen importancia las afirmaciones del filólogo.

Del mismo modo, el argumento del historiador según el cual se necesitó un tiempo extenso para el desarrollo de pueblos y naciones de aspectos físicos completamente diferentes, todos procedentes del mismo tronco, tampoco toma en cuenta la revelación divina. La variación de las naciones llevó a Agassiz a afirmar que cada división de la raza fue creada por separado. La teoría de Agassiz, aunque no tenía ninguna base, tenía por finalidad la solución de un problema que la ciencia nunca ha resuelto. El registro bíblico afirma que, cualquiera que haya sido el impulso de las características humanas antes del diluvio, la raza se reducía a una sola familia, y de ese tronco limitado brotó la actual población de la tierra. En Génesis 10:32 leemos el siguiente testimonio: "Estas son las familias de los hijos de Noé por sus descendencias, en sus naciones; y de éstos se esparcieron las naciones en la tierra después del diluvio." Este versículo es excesivamente claro con respecto al origen de las naciones. Dios hizo que las cabezas de las naciones fueran del linaje de Noé. No se nos da ninguna información sobre el grado hasta el cual llega esta relación de linaje. Es suficiente saber que, según la Palabra de Dios, el problema de las diferentes naciones que emergieron del mismo tronco se explica en este pasaje. Que Dios podía fundar razas procedentes de un solo hombre queda probado por medio del caso reciente de la formación del pueblo hebreo, el cual procede de Abraham. Originalmente, Abraham procedía del tronco común de los ciudadanos de Ur; sin embargo, Dios produjo, por medio de él, la raza mejor identificada que existe sobre la tierra. Y eso, sin decir nada de Ismael, y del pueblo característico que brotó de sus lomos.

Además de esos aspectos raciales que a Dios le ha placido establecer mediante control directo, está la verdad de que los tipos y las características humanos están siempre cambiando, por la fuerza de diversas influencias; pero sobre todas estas cosas, la familia humana no cambia. Retiene su unidad y su estructura física; y exhibe las mismas capacidades y la misma naturaleza moral y religiosa. Algunas partes de la raza pueden naufragar en el paganismo, y otras seguir el camino real de la sublime revelación; sin embargo, los hechos y las formas de la realidad humana no pueden cambiar. No hay restricciones híbridas entre las razas, por más distantes que se encuentren. Este solo hecho afirma la unidad de la familia humana. Ni el *poligenismo* –que arguye que hubo creaciones separadas para cada una de las distintas especies– ni el *preadamismo* –que afirma que la humanidad existió antes de Adán, y que él fue solamente la cabeza de un tronco específico– encuentran apoyo de ninguna clase en las Escrituras.

Cuando los hombres rechazan la Biblia y buscan hacer su propio camino a través de los problemas de la vida, sus tanteos son de poco valor, aunque pueden ser sinceros. La Biblia revela lo que Dios quiere que el hombre sepa. "Por la fe entendemos" (He. 11:3).

CAPITULO XIII

LA PARTE MATERIAL DEL HOMBRE EN LA CREACION

Habiendo considerado un poco la controversia entre los dos sistemas que tratan de resolver el problema del origen humano, esta obra procede sobre la base segura de que el hombre proviene de la mano de su Creador, en la forma precisa en que se declara en los infalibles Oráculos de Verdad. Hay, entonces, otra consideración que tenemos que hacer: la del estado del hombre en el momento de la creación. Aquí no surgen otras complicaciones que no sean las referentes a la correcta comprensión del Texto Sagrado. La teoría evolucionista es incapaz de ofrecer alguna clase de explicación sobre el primitivo estado del hombre. En ese sistema hay que depender de supuestas edades interminables que crean un olvido del cual no se puede esperar nada definido. Es muy lógico que, habiendo comenzado con nada, se termine con nada. Si se tomara prestada la idea de la existencia interminable del hombre, habría que afirmar que sólo el hombre creado por Dios puede durar para siempre. El supuesto hombre de origen natural no puede tener un destino más digno que aquel que se le asigna desde el principio. Con respecto a esa clase de hombre no hay información en la cual pueda confiarse. El sistema que, por su arrogancia, estigmatiza a Dios como mentiroso en los asuntos relativos al origen humano, tiene que hallar un destino lógico, sin depender para ello de la revelación. La teología sistemática se ocupa solamente de la verdad que se registra en la Biblia; y con respecto al hombre, la Biblia presenta un amplio número de hechos armoniosos que deben considerarse, y de los cuales deben sacarse conclusiones definidas.

La biforme naturaleza del ser del hombre –material e inmaterial– está determinada por el mismo modo en que fue creado. Está escrito: "Entonces Jehová Dios formó al hombre del polvo de la tierra, y sopló en su nariz –es decir, en su rostro– aliento de vida, y fue el hombre un ser viviente" (Gn. 2:7). Así que la parte material del hombre fue formada, en toda su integridad, del polvo de la tierra. Sólo le faltaba algo que Dios le daría, que era la vida. Ese soplo de Dios era el alma racional y el espíritu, con lo cual el hombre llegó a ser tan completamente diferente de las otras formas de vida que hay en el mundo, como Dios es distinto de la creación. Este aliento era una vida sin fin; una vida que no estaba sujeta a la muerte, aunque, como castigo por el pecado, el hombre tiene que morir. Ese es el carácter, y esa la duración de la vida que Dios insufló en el hombre. Esta vida de Dios no debe confundirse con "... la dádiva de Dios –que– es vida eterna en Cristo Jesús Señor nuestro" (Ro. 6:23). Esta última es la vida de la regeneración, que se otorga gratuitamente a todo el que cree en Cristo con respecto a la salvación de su alma. La Palabra de Dios registra tres clases de soplos de vida de Dios: (1) El soplo de vida por medio del cual el hombre llegó a ser alma viviente con existencia eterna. Esa existencia puede ser de bienestar o de dolor; (b) el soplo del Espíritu Santo, que el Cristo resucitado les dio a sus discípulos (Jn. 20:22); el soplo de la Palabra de Dios, que es la inspiración de la Biblia (2 Ti. 3:16).

La verdad con respecto al ser del hombre se puede dividir, de una manera algo natural, en siete partes, a saber: (a) la parte material del hombre; (b) la parte inmaterial del hombre; (c) el ambiente del primer hombre; (d) la responsabilidad del primer hombre; (e) las cualidades morales del primer hombre; (f) el temperamento del primer hombre; y (g) la tentación a que fue sometido el primer hombre.

Puesto que combina en sí mismo lo material –un cuerpo físico– y lo inmaterial –un alma y un espíritu– el hombre tiene dos clases de relaciones: con la sustancia y con la existencia del espíritu. Es verdad que los animales irracionales participan también de factores biformes similares; pero su parte inmaterial es sólo una forma de vida creada; y en su parte material, aunque son similares en muchos respectos con el hombre –poseen carne, huesos, nervios, cerebro, sangre, órganos vitales y poderes de procreación– carecen de los refinamientos del cuerpo humano. El cuerpo del irracional se adapta a las actividades del bruto; mientras que el cuerpo del hombre se adapta a la participación en el arte, la ciencia, la literatura y la mecánica. Es evidente que el cuerpo humano es un medio adecuado para la sensación, el éxtasis y el dolor que corresponden al carácter exaltado de la naturaleza humana, en contraste con los requerimientos menos elevados de la vida animal. Mucho de lo que es afín con esta parte de la discusión ya lo consideramos, cuando estudiamos el argumento antropológico para probar la existencia de Dios. El cuerpo del hombre y el cuerpo del animal irracional exhiben el pensamiento y el designio del Creador. Pero el cuerpo del hombre, puesto que es más delicado y refinado, es una manifestación imponente e impresiva del propósito de Dios.

I. EL CARACTER ESTRUCTURAL DEL CUERPO HUMANO

Con su incomparable y sublime sencillez, la Palabra de Dios declara que Dios formó el cuerpo del hombre del polvo de la tierra. Químicamente, esto es cierto. Una autoridad científica afirma que en el cuerpo humano están representados 16 elementos de la tierra. El los enumera: calcio, carbono, cloro, flúor, hidrógeno, yodo, hierro, magnesio, manganeso, nitrógeno, oxígeno, fósforo, potasio, silicona, sodio y azufre. Los minerales vitales son: calcio, hierro, potasio, magnesio, sodio y silicona. Todos estos minerales están presentes en el cuerpo humano, en forma orgánica, y constituyen cerca del 6 por ciento del cuerpo. El resto del cuerpo está compuesto por agua, carbono y gases. Aunque ningún mineral puede ser absorbido en su forma inorgánica, mediante la absorción en los vegetales o por medio de la acción química, está en condiciones de entrar al cuerpo humano. Así que se puede decir que el testimonio de la ciencia reitera la revelación bíblica según la cual "El . . . hombre es de la tierra, terrenal" (1 Co. 15:47-49); y el espíritu del hombre, como un "tesoro", está en "vasos de barro" (2 Co. 4:7).

Mediante una función maravillosa del cuerpo humano, la cual corresponde al proceso de la vida, el cuerpo normal de una persona viva está constantemente desechando y tomando los elementos que le son propios. El niño crece y el cuerpo de la persona madura se sostiene mediante la incesante apropiación de nuevos materiales que vienen directa o indirectamente del polvo de la tierra. Hasta cierto punto, el crecimiento y el sostenimiento del cuerpo es la continuación de la primera empresa creadora de Dios, cuando El formó el cuerpo del polvo de la tierra.

De solemne importancia son las palabras que afirman que el cuerpo del hombre vuelve a la tierra de la cual fue tomado. Sobre esta disolución está escrito: "Con el sudor de tu rostro comerás el pan hasta que vuelvas a la tierra, porque de ella fuiste tomado; pues polvo eres, y al polvo volverás" (Gn. 3:19).

Tan adaptado está el cuerpo a los propósitos y funciones del hombre inmaterial que él mismo no es consciente en ninguna forma de la separación entre alma y cuerpo. Todo éxtasis, todo dolor, toda sensación, toda habilidad que se exprese por medio del cuerpo, se identifica como algo que procede de una sola entidad, de la propia persona, como algo que le corresponde a su propio ser. En la más excepcional experiencia espiritual, el apóstol Pablo declara de sí mismo: "Conozco a un hombre en Cristo, que hace catorce años (si en el cuerpo, no lo sé; si fuera del cuerpo, no lo sé; Dios lo sabe) fue arrebatado hasta el tercer cielo" (2 Co. 12:2).

Aunque la parte material y la parte inmaterial del hombre se colocan a menudo la una contra la otra, y se hace referencia a ellas como partes componentes del ser del hombre, sin embargo, el hombre es una unidad –un ser– y lo único que puede separar lo material de lo inmaterial es la muerte. Hay una clase de psicología que considera que el hombre es una sola unidad, una mónada; y afirma que la parte inmaterial del hombre no es el hombre, y que la parte material tampoco lo es; sino que el hombre es el *tertium quid* de la unión de los dos elementos. Naturalmente, hay una base sobre la cual puede descansar esta tesis; pero la Biblia separa en forma definida y constante estos dos factores del ser del hombre. La consecuencia lógica de dicha psicología es que la muerte es el fin de la existencia del hombre, puesto que el cuerpo tan obviamente cesa en sus funciones y decae, y que la parte inmaterial del hombre, siendo, como se supone, inseparable del cuerpo, tiene que sufrir el mismo destino. Contra todo esto, las Escrituras enseñan con claridad que el hombre, aunque es una unidad, se compone de dos partes separables. Aunque la parte inmaterial reside en el cuerpo, lo único que el hombre experimenta es el sentido de la unidad. En la muerte, estos dos elementos se separan por un tiempo, para volverse a reunir en el tiempo y del modo que Dios ha determinado. De este modo queda demostrado que las dos partes son separables.

J. B. Heard, en su obra *Tripartite Nature of Man,* págs. 58, 59, declara:

"Estamos avanzando en la dirección correcta cuando sostenemos la existencia separada de la mente y el cuerpo, y sin embargo, consideramos que la mente satura completamente el cuerpo, y aún más, que es el principio formativo mediante el cual el cuerpo se constituye y se adapta a nuestra naturaleza y a nuestro uso. La meta hacia la cual marcha la investigación moderna es aquel punto en que el antiguo dualismo entre la mente y el cuerpo no desaparece, sino que más bien se combina según la misma alta ley de la unidad que hasta ahora no hemos comprendido. Si aceptamos esa unidad, ya no estarán en contraste la fisiología y la psicología, como lo están ahora, sino que más bien parecerán como dos partes de una misma cosa, o sea, sus aspectos externo e interno. La resurrección del cuerpo, que al presente es un tropiezo para los espiritualistas y una necedad para los materialistas, llegaría a ser entonces la sabiduría de Dios y también el poder de Dios, y de ese modo, las enseñanzas de la Escritura sobre la unidad de la verdadera naturaleza del hombre en una sola persona quedarían completamente vindicadas. Según la Escritura, el cuerpo no es esclavo del alma, ni tampoco es su cárcel, como ha enseñado constantemente la filosofía que sostiene el dualismo entre el cuerpo y el alma. Puede decirse que la relación entre las dos partes es simbólica: el cuerpo es la manifestación externa y el signo visible de la mente, que es interna y espiritual. La mente no se encuentra asentada en una sola parte del cuerpo, sino en todo; no emplea solamente una clase de órganos, los emplea todos. De donde el bien conocido hebraísmo,

' Todos mis huesos dirán: Jehová '; y la otra expresión *Naphshi,* que se traduce *mi alma,* pero que pudiera expresarse en mejor forma al decir *yo,* tienen su razón de ser. Toda la naturaleza de la mente respira por medio del cuerpo (citado por Laidlaw, *The Bible Doctrine of Man – Doctrina Bíblica del Hombre,* págs. 303,304).

En 1876, George Mivart escribió en sus *Lessons From Nature (Lecciones de la Naturaleza):*

"Nos parece, pues, que la lección que aprendemos de la naturaleza, con respecto al hombre, tal como la comprende nuestra consciencia y como se observa externamente, es que el hombre difiere fundamentalmente de cualquiera otra criatura que se presente a nuestros sentidos. Que difiere absolutamente y, por tanto, también difiere con respecto a origen. Aunque es una estricta unidad, un todo material que tiene una forma y una fuerza (no constituido de dos partes que actúan mutuamente, según la noción vulgar de cuerpo y alma), sin embargo, parecer ser una unidad compuesta en la cual se unen dos seres de distinto orden. Manifiestamente el hombre es *animal,* con funciones reflejas, sentimientos, deseos y emociones de animal. Sin embargo, es igualmente manifiesto que el hombre tiene una naturaleza especial, según la cual puede *mirar antes y despues,* lo cual lo hace *racional.* También vemos en él aquello que manifiestamente señala que es superior a la naturaleza: su capacidad de gobernar, comprender, interpretar y de completar mucho de la naturaleza. Esto lo vemos, por cuanto sabemos que él puede concebir que su mente tiene un poder aumentado infinitamente, y que carece de las limitaciones e imperfecciones que ella misma exhibe en él. Manifiestamente, el estudio de la naturaleza tiene que ser fútil cuando descuida las ideas de poder, sabiduría, designio, bondad y voluntad, las cuales se revelan en su propia naturaleza tal como él sabe que existe, y por tanto, puede concebir que existe en una forma mucho más elevada en ese vasto universo del ser del cual él es un fragmento consciente" (págs. 190, 191; citado por Laidlaw, *ibid.,* pág. 305).

El hecho de que en el Antiguo Testamento no se encuentra ninguna palabra distintiva para el cuerpo del hombre sugiere las limitaciones de esa doctrina en la revelación primitiva. Esto, sin embargo, está en armonía con el progreso de la doctrina que se observa en muchos temas específicos. El Antiguo Testamento se refiere al alma como una parte específica del hombre, y a porciones del cuerpo como miembros particulares. Santiago afirma que " . . . el cuerpo sin espíritu está muerto" (Stg. 2:26), lo cual implica que estos dos aspectos –cuerpo y espíritu– son separables. El apóstol Pablo declara: " . . . entre tanto que estamos en el cuerpo, estamos ausentes del Señor . . . pero confiamos, y más quisiéramos estar ausentes del cuerpo, y presentes al Señor (2 Co. 5:6-8). Y el Apóstol compara también el cuerpo con "el hombre exterior", y el alma y al espíritu con "el interior." Así escribe él: "Por tanto, no desmayamos; antes aunque este nuestro hombre exterior se va desgastando, el interior no obstante se renueva de día en día" (2 Co.

4:16). El testimonio personal de Pedro es definido: "Pues tengo por justo, en tanto que estoy en este cuerpo, el despertaros con amonestación; sabiendo que en breve debo abandonar el cuerpo, como nuestro Señor Jesucristo me ha declarado. También yo procuraré con diligencia que después de mi partida vosotros podáis en todo momento tener memoria de estas cosas" (2 P. 1:13-15). Cristo dio una impresionante advertencia que incorpora la misma verdad: "Y no temáis a los que matan el cuerpo, mas el alma no pueden matar; temed más bien a aquel que puede destruir el alma y el cuerpo en el infierno" (Mt. 10:28). Estas y otras Escrituras constituyen la prueba de que el hombre es un *ego* unificado entre tanto esté en el cuerpo; sin embargo no está tan unificado que no pueden identificarse sus elementos esenciales, y hasta, en determinadas circunstancias, separarse.

El cuerpo humano sufrió por causa de la caída. Nadie puede estimar cabalmente hasta qué punto se echó a perder. Llegó a ser un cuerpo moribundo y condenado a muerte. El hecho de que, tal como fue creado originalmente, poseía órganos vitales y se sostenía por sí mismo, como se sostiene actualmente, indica que, aparte de la protección y del sustento que Dios le puede proveer, el cuerpo original aún no caído era susceptible de muerte. La muerte entonces no era inevitable, aunque era posible evitarla. Dios impuso la sentencia de muerte –muerte en todas sus formas– sobre el primer hombre y, a través de él, sobre toda la raza (Ro. 5:12), como castigo por el pecado. El primer hombre que fue creado no estaba sujeto a la muerte; sin embargo, por causa del pecado, el hombre llegó a ser una criatura mortal. Aunque la vida está siempre construyendo el cuerpo, la muerte está siempre destruyéndolo, y tenemos la certeza de que, aparte de los que tomen parte en el traslado de la Iglesia y, por tanto, no verán muerte, la muerte ganará el conflicto. " . . . está establecido para los hombres que mueran una sola vez" (He. 9:27).

II. EL PORVENIR DEL CUERPO HUMANO

Aunque a menudo no se tiene en cuenta esta verdad, la Palabra de Dios declara que tanto los salvos como los impíos se levantarán de entre los muertos. Las siguientes palabras de Cristo no necesitan ninguna interpretación: "Porque como el Padre tiene vida en sí mismo, así también ha dado al Hijo el tener vida en sí mismo; y también le dio autoridad de hacer juicio, por cuanto es el Hijo del Hombre. No os maravilléis de esto; porque vendrá hora cuando todos los que están en los sepulcros oirán su voz; y los que hicieron lo bueno, saldrán a resurrección de vida; mas los que hicieron lo malo, a resurrección de condenación" (Jn. 5:26-29). El hecho de que Daniel 12:2, 3 es algo restringido indica que, tal como se afirma en el mismo contexto, sólo se refiere al pueblo de Dios, es decir, a Israel. Después de haber hecho referencia a la incomparable tribulación que está predicha para Israel, el profeta declara: "Y muchos de los que duermen en el polvo de la tierra serán despertados, unos para vida eterna, y otros para vergüenza y confusión perpetuas" (Dn. 12:2). La restricción se nota en las palabras "muchos de los que", expresión que indica que no son todos los que duermen en el polvo de la tierra. Indudablemente, los que no han de resucitar en ese tiempo son los gentiles no regenerados, de cuya resurrección hay revelación específica (comp. Jn. 5:28; Ap. 20:12). Hay todavía otro pasaje muy lúcido que declara la universalidad de la resurrección de todos los cuerpos humanos: "Porque así como en Adán todos mueren, también en Cristo todos serán vivificados. Pero cada uno en su debido orden: Cristo, las primicias; luego los que son de Cristo, en su venida. Luego el fin, cuando entregue el reino al Dios y Padre, cuando haya suprimido todo dominio, toda autoridad y potencia. Porque preciso es que él reine hasta que haya puesto a todos sus enemigos debajo de sus pies. Y el postrer enemigo que será destruido es la muerte" (1 Co. 15:22-26). La única excepción que se menciona en este texto es la de los santos que no "duermen"; sin embargo, sus cuerpos han de ser también cambiados. Está escrito: "He aquí, os digo un misterio: No todos dormiremos; pero todos seremos transformados, en un momento, en un abrir y cerrar de ojos, a la final trompeta; porque se tocará la trompeta, y los muertos serán resucitados incorruptibles, y nosotros seremos transformados. Porque es necesario que esto corruptible se vista de incorrupción, y esto mortal se vista de inmortalidad" (1 Co. 15:51-53). Y también con respecto a la universalidad de la resurrección de los cuerpos dice el mismo Apóstol: "Teniendo esperanza en Dios, la cual ellos también abrigan, de que ha de haber resurrección de los muertos, así de justos como de injustos" (Hch. 24:15).

Se puede obtener una descripción completa del carácter de la resurrección del cuerpo del creyente en Cristo, mediante deducción de toda la revelación que nos ofrece el Nuevo Testamento con respecto a la resurrección del cuerpo de Cristo: "Mas nuestra ciudadanía está en los cielos, de donde también esperamos al Salvador, al Señor Jesucristo; el cual transformará el cuerpo de la humillación nuestra, para que sea semejante al cuerpo de la gloria suya, por el poder con el cual puede también sujetar a sí mismo todas las cosas" (Fil. 3:20, 21). Esta declaración, sin embargo, se refiere sólo a los que, por ser salvos, serán resucitados cuando Cristo venga por su

Iglesia (comp. 1 Co. 15:23). Con respecto a la naturaleza de la resurrección del cuerpo de los no salvos, la cual tiene que esperar hasta el tiempo del juicio del gran trono blanco (Ap. 20:12), es muy poco lo que puede determinarse. No puede haber duda con respecto al *hecho* de su resurrección y de que sucederá en el tiempo divinamente señalado.

Hay una cuestión que es de sumo interés: ¿Cómo han de resucitar los muertos? ¿Con qué clase de cuerpo resucitarán? (1 Co. 15:35). Estas preguntas las contesta el apóstol Pablo en 1 Corintios 15:36-44. El problema de la posibilidad de que el cuerpo del creyente en Cristo reaparezca en forma literal y real, por medio de la resurrección, después de haberse disuelto en la tumba, o después de una destrucción directa de los elementos, ha dado motivo para que se propongan diversas teorías. La verdad más determinante en la resurrección de Cristo –que es el modelo de la resurrección del cristiano– es que El no dejó nada de su cuerpo material en la tumba. Contra esta revelación está la declaración de Pablo de que el cuerpo resucitado se relaciona con el cuerpo actual como se relaciona la cosecha con la semilla de la cual germinó, la cual siempre tiene que morir. Aun en la existencia presente del cuerpo hay dificultad para identificar sus partes en cualquier período de tiempo. La constante renovación de su sustancia es tal que todo el cuerpo se disuelve y se vuelve a construir cada siete años por lo menos. Por tanto, casi no se puede hablar de la identidad de las partículas ni de resurrección de reliquias así como la cosecha no es la reaparición de la materia real que había en la semilla que murió. En el caso de Cristo, cualquier vestigio de su cuerpo que se hubiera encontrado en la tumba hubiera servido para afirmar que El no había resucitado de entre los muertos. En esto hay un misterio evidente. No existe ninguna base para dudar de que la personalidad del individuo en su unidad orgánica: cuerpo, alma y espíritu, no solamente es redimida teniendo en cuenta la eternidad; sino que el cuerpo ha de ser también resucitado, y ha de participar de su redención específica juntamente con el alma y el espíritu del hombre (comp. 1 Co. 15:42-44). La especulación humana con respecto a las partículas específicas que identifican a cualquier cuerpo, en esta vida o en la otra, es inútil.

Habiendo declarado el hecho de que hay variedad en los cuerpos de las criaturas, y habiendo dicho que la resurrección del cuerpo tiene relación con el cuerpo actual, así como la cosecha se relaciona con la semilla, el Apóstol afirma que el cuerpo actual "se siembra". Estas son sus palabras: "Así también es la resurrección de los muertos. Se siembra en corrupción, resucitará en incorrupción. Se siembra en deshonra, resucitará en gloria; se siembra en debilidad, resucitará en poder. Se siembra cuerpo animal, resucitará cuerpo espiritual. Hay cuerpo animal, y hay cuerpo espiritual" (1 Co. 15:42-44). En este pasaje se demuestra el alcance del cambio por el cual ha de pasar el cuerpo del creyente en Cristo que haya experimentado la muerte. Habrá cuatro poderosas transformaciones: de la corrupción a la incorrupción; de la deshonra en gloria; de la debilidad en poder; del cuerpo animal, es decir, aquello que se adapta al alma, al cuerpo espiritual, esto es, aquello que se adapta al espíritu.

En todo el contexto en que se encuentra este pasaje hay dos palabras vitales: los verbos *sembrar* (v. 42) y *dormir* (v. 51). Las dos tienen el efecto de suavizar la expresión. La primera se usa en lugar del conocido verbo *sepultar.* Tanto en *sembrar* como en *sepultar* se encuentra la idea de enterramiento, pero en *sepultar* no se implica la esperanza de resurrección, la cual está envuelta en la palabra *sembrar.* Y aunque el verbo *dormir* es un término del Nuevo Testamento y significa *muerte* (Jn. 11:11-14; 1 Co. 11:30), sólo se refiere a los cristianos, por cuanto sus cuerpos serán despertados con la trompeta de Dios, cuando Cristo venga por su Iglesia (1 Ts. 4:16; 1 Co. 15:22). Se nos revela que el tiempo de esta resurrección será cuando Cristo venga a recibir a los suyos, es decir, a los que se salvan en Cristo en esta época de gracia. En el mismo capítulo de 1 Corintios se establece esta verdad: "Porque así como en Adán todos mueren, también en Cristo todos serán vivificados. Pero cada uno en su debido orden: Cristo, las primicias; luego los que son de Cristo, en su venida" (vs. 22 y 23). Y con el mismo propósito está escrito: "Tampoco queremos, hermanos, que ignoréis acerca de los que duermen, para que no os entristezcáis como los otros que no tienen esperanza. Porque si creemos que Jesús murió y resucitó, así también traerá Dios con Jesús a los que durmieron en él. Por lo cual os decimos esto en palabra del Señor: que nosotros que vivimos, que habremos quedado hasta la venida del Señor, no precederemos a los que durmieron. Porque el Señor mismo con voz de mando, con voz de arcángel, y con trompeta de Dios, descenderá del cielo; y los muertos en Cristo resucitarán primero. Luego nosotros los que vivimos, los que hayamos quedado, seremos arrebatados juntamente con ellos en las nubes para recibir al Señor en el aire, y así estaremos siempre con el Señor. Por tanto, alentaos los unos a los otros con estas palabras" (1 Ts. 4:13-18; comp. Fil. 3:10, 11, 20, 21; Tit. 2:11-13).

Una excepción de esta clara enseñanza con respecto a la universalidad de la resurrección de los cuerpos de los cristianos se encuentra en la siguiente declaración abrupta: "No todos dormiremos" (1 Co. 15:51); es decir, no todos los cristianos han de pasar por la muerte. Mediante estas sorprendentes palabras se nos revela un plan eterno de Dios que hasta ese momento era desconocido, y que, por tanto, se le denomina *misterio.* Como en otras partes de la Biblia se declara, algunos permanecerán vivos hasta el momento cuando Cristo venga por su Iglesia (1 Ts. 4:15-17); pero no entrarán en el cielo con las limitaciones del cuerpo que tengan aquí en la tierra. El cuerpo de ellos será transformado; y eso sucederá "en un momento, en un abrir y cerrar de ojos" (1 Co. 15:51, 52). El cambio que aquí se indica no es con respecto a residencia, aunque ése también está determinado (1 Ts. 4:17), sino el cambio de la misma naturaleza del cuerpo. Se declara también que la carne y la sangre no heredarán el reino de Dios, "ni la corrupción hereda la incorrupción" (1 Co. 15:50). ". . . se tocará la trompeta, y los muertos serán resucitados incorruptibles, y nosotros seremos transformados" (v. 52). Incluyéndose a sí mismo como de aquellos que pudieran no morir, el Apóstol establece el contraste entre los que serán levantados incorruptibles y los que serán transformados en cuerpos vivos sin experimentar la muerte. "Porque es necesario que esto corruptible se vista de incorrupción, y esto mortal se vista de inmortalidad" (v. 53). Aquellos a quienes se dirigen estas promesas son los que se han despojado "del viejo hombre", y se han vestido "del nuevo hombre" (Ef. 4:22-24; Col. 3:9, 10). En aquel día se vestirán de *incorrupción* o de *inmortalidad;* todo lo cual indica que la corrupción y la mortalidad desaparecerán. La incorrupción es aquel estado del cuerpo que se logra mediante la resurrección de entre los muertos, tal como se describe en los versículos que preceden (35-40), y ha de ser la experiencia de todos los creyentes en Cristo que hayan muerto; mientras que la inmortalidad es el estado del cuerpo que se logra mediante una transformación inmediata, sin necesidad de que intervenga la muerte. La inmortalidad será una excepción, pues sólo será para aquellos cuerpos que estén vivos cuando el Señor venga a llevar a su pueblo. El resultado final en ambos casos será idéntico: un cuerpo glorioso como el del Cristo resucitado (Fil. 3:20-21).

El uso teológico de la palabra *inmortalidad* en relación con la existencia eterna del alma tiene que estudiarse detenidamente. *Mortalidad* es un término que se refiere absolutamente a lo físico; y su palabra antónima, que es *inmortalidad del alma* tiene que ser una expresión equivocada, y no tiene la menor garantía bíblica.

Cristo es la única excepción en el programa humano que, de otro modo, sería universal: en El se logran tanto la incorrupción como la inmortalidad. Aunque murió, El no vio corrupción. Su estado presente no es el de la incorrupción, sino el de la inmortalidad. El Salmo 16:10 predice, tanto la muerte de Cristo como la verdad de que El no vería corrupción: "Porque no dejarás mi alma en el Seol, ni permitirás que tu santo vea corrupción". El apóstol Pedro cita la misma verdad en el sermón del día de Pentecostés (comp. Hch. 2:25-31). Pedro afirma que esas palabras no pueden referirse a David, puesto que David ya había visto corrupción. Por tanto, es una declaración exacta con respecto al estado corporal de Cristo, actualmente en el cielo: "El único que tiene inmortalidad, que habita en luz inaccesible; a quien ninguno de los hombres ha visto ni puede ver, al cual sea la honra y el imperio sempiterno. Amén" (1 Ti. 6:16). El hecho específico de que sólo Cristo tiene inmortalidad sólo puede entenderse a la luz de la verdad de que los que *duermen en Cristo* esperan la hora cuando El regrese, según el tiempo señalado. Ese será el momento cuando ellos experimentarán el cambio de la corrupción a la incorrupción; y lo mortal de los que estén vivos estará esperando el mismo momento para cambiarse a lo inmortal. Así que, Cristo es el único que ha entrado en la gloria con cuerpo inmortal. El es la manifestación de la realidad de la resurrección y las "primicias de los que durmieron" (1 Co. 15:20, 23).

En consecuencia, en la Biblia se presenta a la muerte como algo anormal, un castigo sobre el hombre por causa del pecado. Esta advertencia le fue dada, con toda fidelidad, a Adán. Se le dijo que si desobedecía "ciertamente morirás" (Gn. 2:17). Cuando Adán fue creado estaba libre de muerte. Pero, teniendo frente a él dicha advertencia, desobedeció, y la sentencia cayó sobre él. La discusión amplia de este evento corresponde al estudio del pecado. En esa parte, pues, lo discutiremos. Por ahora es suficiente indicar que las tres formas de muerte –la física, la espiritual y la muerte segunda– llegaron a aplicársele a la cabeza de la raza humana por causa del pecado. La muerte física es universal para toda la posteridad de Adán, y fue también *inmediata,* por el hecho de que Adán era el representante de dicha posteridad, por lo cual ella participó en la sentencia contra el pecado. Los descendientes de Adán participaron en el pecado, aunque esa descendencia " . . . aún estaba en los lomos de su padre" Adán (comp. He. 7:9, 10). Esa es la interpretación del versículo que se encuentra en Romanos 5:12, pues es la única que concuerda con la explicación que se halla en los versículos que siguen (13-21). El hecho de que la muerte física del hombre se explique en la Biblia como consecuencia de que éste participó en el pecado de Adán, es una realidad innegable. En el caso de Adán, la experiencia de la muerte física se le pospuso por muchos años, aunque, así como la muerte obra en todos los hombres, Adán comenzó a morir físicamente desde el día cuando pecó. En el aspecto espiritual, Adán murió en el momento cuando cometió la transgresión, y mediante un cambio degradante llegó a convertirse en un ser completamente diferente al que Dios había creado. Llegó a poseer una naturaleza humana caída, lo cual en sí es la muerte espiritual. Y él la trasmitió en forma *mediata* a su posteridad, según las leyes de la generación. Puesto que Adán, que ya era un ser caído, sólo podía reproducirse según su especie, la raza también está tan caída como su cabeza. La muerte segunda es un resultado inevitable de la muerte espiritual, y tendrán que experimentarla todos los que no acuden a Cristo por la fe, los que no quieren recibir el poder regenerador de Dios (Ap. 20:12-15).

La promesa con respecto a que la muerte física será destruida, y que no podrá haber más muerte, se afirma dos veces. Al enumerar las obras maravillosas que Cristo realizará durante su reino terrenal, el Apóstol declara: "Luego el fin, cuando entregue el reino al Dios y Padre, cuando haya suprimido todo dominio, toda autoridad y potencia. Porque preciso es que él reine hasta que haya puesto a todos sus enemigos debajo de sus pies. Y el postrer enemigo que será destruido es la muerte" (1 Co. 15:24-26). Así también, en Apocalipsis 21:4, donde se nos revela el estado futuro de los redimidos, está escrito: "y ya no habrá muerte." La abrogación de la muerte no es otra cosa que la revocación de la sentencia que se dio en el Edén, con excepción de los aspectos espirituales permanentes de la muerte; y se producirá no solamente mediante un decreto divino que determina su fin, sino también mediante una resurrección o reversión de todo lo que ha obrado la muerte física. La referencia a la cesación del reino de la muerte se presenta en 1 Corintios 15:26, en relación con el evento de la resurrección *final,* con la cual termina todo el programa de resurrección que comenzó con la resurrección de Cristo e incluye la resurrección de los que son de Cristo, en su venida. Incluye, por supuesto, también esta última resurrección de los demás muertos, los cuales tendrán que comparecer ante el gran trono blanco (Ap. 20:12). Ninguna disposición con respecto a la muerte física pudiera ser más completa y efectiva como aquella según la cual todos los que han vivido sobre la tierra se levantarán para vivir en estado consciente eternamente. De ahí en adelante, nadie podrá morir, pues no existirá muerte. Está predicho en forma muy clara que muchos, los que no tienen relaciones correctas con Dios, tendrán que existir completamente separados de Dios y de las bendiciones que les corresponden a los redimidos: "Y me dijo: No selles las palabras de la profecía de este libro, porque el tiempo está cerca. El que es injusto, sea injusto todavía; y el que es inmundo, sea inmundo todavía; y el que es justo, practique la justicia todavía; y el que es santo, santifíquese todavía" (Ap. 22:10, 11).

No hay ninguna complicación en la Palabra de Dios, cuando da el testimonio con respecto a la verdad de que el cuerpo del creyente en Cristo será de carácter eterno, así como el alma y el espíritu. Ya hemos aclarado que la palabra *inmortalidad* se refiere sólo al cuerpo del creyente cristiano, y no al alma. Cualquiera que sea la gran realidad que afirme esta palabra, sólo se refiere al cuerpo. Aunque habrá necesidad de cambios estructurales por el hecho de que la carne y la sangre no heredarán el reino de Dios (1 Co. 15:50), el cuerpo que el cristiano tiene ahora se levantará de entre los muertos, y no dejará nada atrás; entonces experimentará los cambios que Dios ha determinado. La última de las cuatro transformaciones físicas que se describen en 1 Corintios 15:42-44 es especialmente de gran significado y nos concede mucha iluminación. Allí se establece la verdad de que el cuerpo actual del cristiano se adapta al alma, y por tanto, es un *σῶμα ψυχικόν* mientras que el cuerpo que ha de tener se adaptará al espíritu, y por ello, será un *σῶμα πνευματικόν*. La medida de esta distinción se corresponde con la diferencia que hay entre el alma y el espíritu, ¡problema que es realmente difícil en la metafísica! Las implicaciones de esta diferencia tan amplia entre el alma y el espíritu del cristiano, tal como se nos presenta en estas dos clases de cuerpo, podría ayudar muchísimo a corregir ciertas teorías que afirman que alma y espíritu son una misma cosa. Puesto que el cuerpo resucitado o transformado ha de ser como el cuerpo glorificado de Cristo, y puesto que el cuerpo se adaptará al espíritu, se deduce que el espíritu del hombre deseará aquellos refinamientos indescriptibles que caracterizaron el cuerpo glorificado de Cristo. La Biblia dice que el cuerpo actual del cristiano es el de la humillación o de la limitación (1 Co. 15:43; Fil. 3:20, 21), pero el cuerpo que tendrá entonces satisfará todos los deseos del espíritu. Sobre este interesante tema, Laidlaw ha dicho lo que sigue:

"No es prudente que nosotros intentemos decir mucho en cuanto a cuándo y cómo vendrá el cuerpo. Sabemos que será un traje adecuado para un espíritu redimido y glorificado. Sabemos que será en sí una prenda, un trofeo, por el hecho de que todo lo que Cristo recibió del Padre lo conservó sin perder nada. Ese cuerpo espiritual representará el polvo redimido, el cuerpo rescatado de la tumba. No podemos aventurarnos a suponer cómo se estructurará dicho cuerpo en el secreto escondido de la vida después de la muerte. Si observamos cómo el cuerpo, aun aquí en la tierra, presenta una semejanza y una correspondencia con el hombre real, con la vida interna, no es difícil pensar que, para la maduración cristiana, su cuerpo futuro lo está preparando el Espíritu de Cristo que ya mora en su cuerpo mortal, y está vivificando dentro de él lo que ha de vivir para siempre. No se afirma ni se niega si el proceso de perfeccionamiento de los espíritus de los justos se está realizando ahora en el mundo invisible; tenemos libertad para creer lo uno o lo otro. Esto se aclarará cuando dichos espíritus aparezcan con Cristo, en su venida, cuando los hijos de Dios resplandezcan como un gran ejército. Aquél será el día de la adopción, es decir, de la redención de sus cuerpos. *Ahora vemos por espejo, oscuramente; mas entonces veremos cara a cara. Ahora conozco en parte; pero entonces conoceré como fui conocido*" (*Op. cit.*, págs. 260, 261).

Ahora bien, algunos creen que en 2 Corintios 5:1-8 tenemos una revelación especial en el sentido de que hay un cuerpo intermedio que ocupa el cristiano entre su muerte y la segunda venida de Cristo. El pasaje es el siguiente:

"Porque sabemos que si nuestra morada terrestre, este tabernáculo, se deshiciera, tenemos de Dios un edificio, una casa no hecha de manos, eterna, en los cielos. Y por esto también gemimos, deseando ser revestidos de aquella nuestra habitación celestial; pues así seremos hallados vestidos, y no desnudos. Porque asimismo los que estamos en este tabernáculo gemimos con angustia; porque no quisiéramos ser desnudados, sino revestidos, para que lo mortal sea absorbido por la vida. Mas el que nos hizo para esto mismo es Dios, quien nos ha dado las arras del Espíritu. Así que vivimos confiados siempre, y sabiendo que entre tanto que estamos en el cuerpo, estamos ausentes del Señor (porque por fe andamos, no por vista); pero confiamos, y más quisiéramos estar ausentes del cuerpo, y presentes del Señor."

El pensamiento que se expresa en esta porción es el de que los redimidos no desean esa larga separación entre su cuerpo y su alma, lo cual es necesaria e inevitable en caso de que no haya cuerpo intermedio. El cuerpo al cual se refiere se denomina "nuestra habitación celestial", y no el cuerpo que resucita de la tumba. Puesto que es de procedencia celestial corresponde a aquellas realidades que son eternas. El hecho de que pertenezca a las realidades eternas no quiere decir que ha de ser empleado eternamente. Con toda seguridad, el cuerpo final y glorioso se obtendrá cuando Cristo venga por su Iglesia. De igual manera, el cuerpo de que se habla en 2 Corintios 5:1-8 parece que se provee para que el espíritu del cristiano no esté fuera del cuerpo. Estos dos hechos parecen llevar a la conclusión de que sí hay un cuerpo intermedio.

En la *Biblia Anotada de Scofield,* el Dr. Scofield nos presenta un resumen exhaustivo sobre la doctrina de la resurrección. Es el siguiente:

"(1) Los patriarcas creían en la resurrección de los muertos (Gn. 22:5 con He. 11:19; Job 19:25-27); ésta fue revelada por medio de los profetas (Is. 26:19; Dn. 12:2, 12; Os. 13:14), y en las páginas del Antiguo Testamento se consignan casos de personas que resucitaron de entre los muertos (2 R. 4:32-35; 13:21). (2) Jesucristo dio vida a los muertos (Mt. 9:25; Lc. 7:12-15; Jn. 11:43, 44), y predijo su propia resurrección (Jn. 10:18; Lc. 24:1-8). (3) Una resurrección de 'muchos cuerpos de santos' siguió a la resurrección de Cristo (Mt. 27:52, 53, V. M.); y los apóstoles efectuaron también el milagro de dar vida a los muertos

(Hch. 9:36-41; 20:9, 10). (4) En el futuro habrá todavía dos resurreciones que incluirán a ' todos los que están en los sepulcros ' (Jn. 5:28), que se distinguen como la resurrección ' de vida ' (1 Co. 15:22, 23; 1 Ts. 4:14-17; Ap. 20:4) y la resurrección ' de condenación ' (Jn. 5:28, 29; Ap. 20:11-13), y que estarán separadas la una de la otra por un período de mil años (Ap. 20:5). La ' primera resurrección ', la ' de vida ', ocurrirá en la venida del Señor (1 Co. 15:23); los santos del Antiguo Testamento y los de la edad de la Iglesia se reunirán con El en el aire (1 Ts. 4:16, 17), mientras que los mártires de la gran tribulación, quienes también tendrán parte en la primera resurrección (Ap. 20:4), serán levantados al fin del período de dicha tribulación. (5) El cuerpo mortal estará relacionado con el cuerpo de la resurrección así como el grano que ha caído en tierra se relaciona con la siega (1 Co. 15:42-44, 49). (6) Los cuerpos de los santos que en aquel tiempo estén viviendo sobre la tierra, serán instantáneamente transformados (1 Co. 15:50-53; Fil. 3:20, 21). Esta ' transformación ' de los santos vivientes y la resurrección de los muertos en Cristo, es lo que se llama ' la redención del cuerpo ' (Ro. 8:23; Ef. 1:13, 14). (7) La ' resurrección de condenación (Jn. 5:29) ocurrirá después de los mil años. La resurrección corporal de los impíos no se describe. Ellos serán juzgados según sus obras y lanzados al lago de fuego" (Ap. 20:7-15). Págs. 1185.

III. DIVERSOS USOS DE LA PALABRA *CUERPO*

Debemos considerar los diversos usos que se le dan a la palabra *cuerpo* en el Nuevo Testamento.

Cuerpo del pecado (Ro. 6:6). Esta expresión no ofrece ninguna garantía para la antigua filosofía que enseña que el cuerpo es el asiento del mal y, por tanto, debe debilitarse y despreciarse. Ese punto de vista contradice el testimonio bíblico con respecto al cuerpo del hombre. El pecado no comenzó con el cuerpo, sino que es una rebelión de la voluntad contra Dios, y siempre ha continuado siendo igual. El cuerpo del cristiano tiene marcas inequívocas de honor y dignidad. El cuerpo es para el Señor y Señor es para el cuerpo (1 Co. 6:13); es templo del Espíritu Santo (1 Co. 6:15, 19); sus miembros deben ofrecerse completamente a Dios como instrumentos de justicia (Ro. 6:13); y el cuerpo debe presentarse a Dios en sacrificio vivo (Ro. 12:1). Si el cuerpo es el asiento del pecado, debiera ser abandonado, y no redimido; pero se dice que el Espíritu "vivifica" nuestros cuerpos mortales. En medio de sufrimientos anormales, la persona puede estar dispuesta a aceptar la liberación de su propio cuerpo; pero la actitud normal es la de alimentarlo y cuidarlo (Ef. 5:29). El hecho más conclusivo es el de que Cristo tuvo un cuerpo humano normal, pero sin pecado. No se indica nunca que su cuerpo haya sido fuente de ninguna clase de incitación al pecado. Aquí surge la distinción entre *cuerpo* (σῶμα) y *carne (σάρξ).* Esta distinción la consideraremos a su debido tiempo.

La expresión *el cuerpo del pecado* se emplea en Romanos 6:6 para referirse al "viejo hombre", o sea la naturaleza de pecado. Como el cuerpo humano expresa la vida del hombre, así el poder del pecado para expresarse puede ser anulado por el poder superior del Espíritu Santo. *El cuerpo del pecado,* por tanto, no es otro que el poder del pecado para manifestarse.

Este cuerpo de muerte (Ro. 7:24). Aquí hay otra vez una referencia a la naturaleza de pecado, es decir, la naturaleza que está en la carne (σάρξ), la cual se opone a Dios. La lucha de Pablo, según el testimonio que él mismo da en el contexto de este versículo (Ro. 7:15-25), es entre el *yo* que es salvo, considerado en forma hipotética, y la *carne,* considerada éticamente. El clama por la liberación, es decir, que él sea libertado de algo que él compara con un cuerpo muerto, que siempre está presente a él. El mismo Apóstol escribió con respecto a sí mismo que él golpeaba su cuerpo para mantenerlo en sujeción (1 Co. 9:27), pero lo que él hacía con el cuerpo era sólo un medio para lograr el letargo de su alma.

Cuerpo de la humillación nuestra (Fil. 3:21). En este caso, la *Versión Autorizada* en inglés, tiene una mala traducción *(Our Vile Body-Nuestro Cuerpo Vil).* Nada de lo que Dios hizo es *vil.* Así que dicha versión favorece las ideas paganas con respecto al cuerpo humano. En cambio, la traducción de la *Versión Revisada* en inglés tiene la misma traducción de nuestra *Versión Reina-Valera,* revisión de 1960: *"el cuerpo de la humillación nuestra."* Todos los exégetas sostienen que ésa es la traducción correcta. De igual modo, se interpreta mal la expresión "se siembra en deshonra, resucitará en gloria" (1 Co. 15:43). Allí se nos presenta el contraste entre el cuerpo actual –especialmente por el hecho de que tiene que experimentar la corrupción– y el cuerpo que ha de tener el creyente cristiano. La palabra *"deshonra"* no implica fracaso moral. Esta es una declaración que indica que este cuerpo no es el cuerpo de gloria como el que hemos de tener.

IV. EL CUERPO DE CRISTO

La expresión *el cuerpo de Cristo* tiene un significado biforme. Puede referirse a su propio cuerpo o su Cuerpo místico que se compone de todos los que son salvos de los cuales Cristo es la Cabeza.

En vista del hecho de que como cumplimiento de todos los símbolos de los sacrificios del Antiguo Testamento, y como Cordero de Dios, tenía que derramar la sangre que sirviera de base a la

Redención, fue el Hijo de Dios Quien, al entrar al mundo, expresó una palabra de gratitud a su Padre, en la siguiente forma: "Mas me preparaste cuerpo" (He. 10:5). Aunque el suyo fue un cuerpo humano real, no afectado por la caída, llegó a ser un cuerpo de distinción inapreciable por ser el cuerpo del Hijo de Dios. Ese es el cuerpo que, como ningún otro, se vistió de inmortalidad y llegó a ser un cuerpo de excelente gloria. Nadie en este mundo pudiera estimar realmente la actual y única distinción de ese cuerpo.

En lo que respecta al Cuerpo místico, es decir, la Iglesia, ninguna figura que se utilice para expresar la relación que existe entre Cristo y la Iglesia se emplea con más frecuencia que la de la cabeza y el cuerpo con sus muchos miembros. En esta figura hay dos notables pensamientos: el de la manifestación y el del servicio. Así como la vida interna se manifiesta por medio del cuerpo, así el Cuerpo de Cristo sirve para manifestar a Cristo en este mundo, y es el medio por el cual El realiza su actividad a través del Espíritu Santo.

CONCLUSION

Con respecto al cuerpo humano, podemos concluir que es, por creación, un producto del polvo de la tierra; se sostiene por medio de los elementos que se derivan de la tierra; y torna a la tierra. El cuerpo está sentenciado a muerte por causa del pecado. Está sujeto a la resurrección o a la traslación, y es eterno como el alma y el espíritu.

CAPITULO XIV

LA PARTE INMATERIAL DEL HOMBRE EN LA CREACION

I. EL ORIGEN DE LA PARTE INMATERIAL DEL PRIMER HOMBRE

Habiendo considerado de algún modo la doctrina de la parte material del hombre, y reconociendo que la revelación más importante con respecto al hombre cuando fue creado se encuentra en las palabras que afirman que el hombre fue hecho a *imagen* y *semejanza* de Dios, y que esta imagen se manifiesta en la parte inmaterial, y no en la material, nos corresponde investigar la verdad que Dios nos ha revelado con respecto a la parte inmaterial del hombre. Con respecto a su parte material, se dice que el hombre es creación directa e inmediata de Dios y que fue hecho de la materia existente. Esta escrito: "Entonces Jehová Dios formó al hombre del polvo de la tierra" (Gn. 2:7). Pero de la parte inmaterial del hombre no se nos dice que haya sido creada por Dios, ni que haya sido hecha de algún material existente, sino que el hombre llegó a ser un alma viviente como resultado del soplo divino en el vaso de barro; es decir, el soplo de las vidas (la palabra en el origen es plural). "Entonces dijo Dios: Hagamos al hombre a nuestra imagen, conforme a nuestra semejanza; y señoree en los peces del mar, en las aves de los cielos, en las bestias, en toda la tierra, y en todo animal que se arrastra sobre la tierra. Y creó Dios al hombre a su imagen, a imagen de Dios lo creó; varón y hembra los creó" (Gn. 1:26, 27). Estas declaraciones nos presentan hechos que están muy lejos del entendimiento humano y poderes incomprensibles. Queda claro, sin embargo, que la parte inmaterial del hombre no se originó mediante un acto de creación, sino mediante un acto de trasmisión. Puede que haya estado presente y activo algún elemento de la creación, pero es evidente que el hombre llegó a ser "alma viviente" mediante el soplo divino y, por tanto, su parte inmaterial es más increada que creada. Es una comunicación del Eterno. Los ángeles son seres creados (Col. 1:16), y puesto que son seres inmateriales, se deduce que sus seres, en todos sus aspectos, son creación directa muy aparte de cualquier materia existente. Tampoco se nos dice que ellos llegaron a ser lo que son mediante el soplo divino. Parece que el hombre ha sido exaltado al sitial de excelente dignidad y honor. El es, por señalamiento divino, el señor de la pequeña parte del universo en que vive; y es el medio de instrucción para los seres angélicos; y es razonable que el hombre sea altamente ennoblecido. Cualesquiera que sean las esferas en que los ángeles puedan ser excelentes, entre las criaturas de la tierra es esencial que haya uno que, siendo racional pueda tener preeminencia sobre todo lo que es mundano.

En realidad, son grandes las implicaciones del hecho del soplo divino con respecto a la prominencia y permanencia, y con respecto a la noble y solemne grandeza de los seres que fueron así engendrados. El alma y el espíritu humanos fueron, pues, originados por *Elohim,* título este que implica que las tres Personas de la Trinidad tomaron parte –y cada una como Persona suficiente en Sí misma– para garantizar el éxito de esta obra que es la corona de la creación, de los poderes creadores de *Elohim.*

II. LA IMAGEN DIVINA

Ya notamos el origen incomparable de la parte inmaterial del primer hombre. Ahora nos corresponde investigar el significado de la expresión *imagen* y *semejanza* de Dios. Estas palabras no sólo son representaciones exactas de hechos, sino que tienen en sí todo lo que la lengua puede decir con respecto a lo que es importante y supremo en el campo del entendimiento humano. Ninguna creación ni producción divina hubiera podido haberse inaugurado en un nivel más alto que éste de ser conforme a la *imagen* y a la *semejanza* de Dios. Estas dos palabras reaparecen en las Escrituras subsiguientes, y confirman la verdad de que toda la Biblia guarda armonía con el relato de la creación que se encuentra en Génesis. Se ha escrito mucho con el propósito de demostrar alguna diferencia vital entre estas dos palabras. Tales esfuerzos han fracasado en cuanto a establecer distinciones, aunque puedan existir. No era costumbre de los escritores bíblicos el multiplicar palabras cuando en realidad no existía ninguna distinción. ¿En qué consisten, pues, esta *imagen* y esta *semejanza?* Sólo necesitamos un poco de espacio para refutar algunas ideas indignas al respecto. Una de estas ideas ha llegado a hacer el esfuerzo de conectar esta *imagen* y *semejanza* con lo que se nos dice en Eclesiastés 7:29: ". . . Dios hizo al hombre recto, pero ellos buscaron muchas perversiones." Basados en esto arguyen que la postura recta del cuerpo del hombre refleja la postura de Dios, y que la *imagen* y la *semejanza* de Dios se refieren a esa postura. Pero, puesto que Dios es un Ser incorpóreo, no es perpendicular ni horizontal en cuanto a postura. Con la misma insuficiencia inherente, otros afirman que la idea de la imagen y la semejanza se agota en el solo hecho de que el hombre, como Dios, tiene su esfera de dominio. A esto se puede replicar que el hombre tuvo que existir antes que fuera investido de dominio, y que el hombre tiene autoridad en atención a que fue hecho a imagen y semejanza de Dios. La autoridad no es la que causa la imagen y la semejanza, sino que la imagen y la semejanza son las que confieren la autoridad. Es probable que sea igualmente ineficaz el intento de restringir la idea de la imagen y la semejanza a algún aspecto particular de Dios. El apóstol Pablo hace una declaración de amplio concepto: "Siendo, pues, linaje de Dios" (Hch. 17:29). Esta concepción difícilmente se pudiera restringir a un solo vínculo de afinidad. Que esta semejanza va mucho más allá de lo material y más allá de cosas específicas, y que envuelve realidades de Dios que el hombre no puede comprender, es algo que John Howe explica muy bien cuando dice que "tenemos que entender que nuestra semejanza con El, por ser linaje suyo, reside en algo más sublime, más noble y más excelente de lo que uno puede figurarse, así como ¿quién puede decirnos cuál sea la figura o imagen de un pensamiento, o de la mente, o del poder de pensar? " (citado por Watson, *Institutes –Principios–* Vol. II, pág. 10).

Con respecto a la creación, Dios había dicho que *era buena.* No sólo cumplió su plan cabalmente, sino que le produjo suprema satisfacción. Y en ella se incluian los aspectos morales –como el caso del hombre– no podía haber excepción. Su perfecta santidad no encontró deficiencia en lo que El había hecho. Esto puede que no implique una justicia sobredominante por parte del primer hombre, pero sí significa que el hombre tenía una inocencia real y satisfactoria. Hay pasajes del Nuevo Testamento que nos presentan tres aspectos que les corresponden a los que *se visten* de Cristo; es probable que éstos fueron los que el hombre perdió en la caída. Ciertamente, se vuelven a obtener por medio de la gracia salvadora. Está escrito: "Y vestíos del nuevo hombre, creado según Dios en la justicia y santidad de la verdad" (Ef. 4:24). "Y revestido del nuevo, el cual conforme a la imagen del que lo creó se va renovando hasta el conocimiento pleno" (Col. 3:10). La regeneración que se realiza en la nueva criatura, con todo lo que ella implica, le asegura *justicia, verdadera santidad* y *conocimiento.* Aunque en estos pasajes se afirma directamente sólo lo que obra la salvación, el lenguaje de ellos implica claramente que el hombre fue originalmente constituido según la imagen divina. No se puede hacer otra clase de deducción de estos notables pasajes. Aquello que es mejor en la criatura, evidentemente no es más que una miniatura de lo que es el Creador en grado infinito. Estas dos ideas –lo que es verdadero con respecto a Dios y lo que es cierto con respecto a los redimidos– pueden ser equivalentes en naturaleza, aunque no en grado. En todo caso, aquello que no es verosímil en Dios no pudiera formar parte de un ser que fue hecho a la semejanza de Dios.

Con respecto al conocimiento original que poseía Adán, Richard Watson escribe:

> "El ' conocimiento ', en el cual el apóstol Pablo, según *Colosenses 3:10,* dice que reside *la imagen de Dios,* de acuerdo con la cual fue creado el hombre, no es solamente la facultad del entendimiento, la cual es parte de la imagen natural de Dios; sino algo que puede perderse, puesto que eso es lo que ' se va renovando ' en el nuevo hombre. Debe entenderse, por tanto, que tal conocimiento es la facultad de saber en el ejercicio pleno de su poder original, y aquella disposición a aceptar, y a retener firmemente, y a dar aprobación sincera a la verdad religiosa. Este es el sentido en que se entiende el conocimiento en las Escrituras, cuando se habla en el sentido moral. Puede que no estemos dispuestos a acetpar, como otros conceden, que Adán entendió la profunda filosofía de la naturaleza, y que podía comprender y explicar los sublimes misterios de la religión. La circunstancia de que él le diera nombre a todos los animales, ciertamente no es prueba suficiente de que él había logrado un conocimiento filosófico con todas las cualidades y hábitos que lo distinguen, aunque tenemos que aceptar que esos nombres todavía se retienen en hebreo, y que es verdad que expresan las peculiaridades de los seres a que corresponden, como lo han afirmado algunos expositores. Parece que no se le concedió suficiente tiempo para estudiar las propiedades de dichos seres, ya que este evento ocurrió antes de la formación de Eva. En cuanto a la idea de que él pudo haber adquirido el conocimiento por intuición, es algo que contradice la Biblia, por el hecho de que se nos ha *revelado* que los mismos ángeles adquieren su conocimiento por medio de la observación y el estudio, aunque sin duda, con mayor rapidez que nosotros. Toda la transacción fue sobrenatural: Dios le presentó los animales a Adán, y es probable que él les diera los nombres mediante la dirección divina. Se ha supuesto que él fue el que le dio origen al lenguaje, pero la historia bíblica indica que nunca careció de lenguaje. Desde el principio tuvo la capacidad de hablar con Dios; así que podemos inferir que el lenguaje fue en él una dotación milagrosa y sobrenatural. Según la perfección con que fue creado, tenemos que llegar a la conclusión de que su entendimiento era cabal, profundo y mucho más perfecto que el de su posteridad; y que la adquisición de conocimiento le debió ser, por tanto, rápida y fácil. Sin embargo, tenemos que suponer que la excelencia de su conocimiento se relacionaba con la verdad moral y religiosa, puesto que ésa era su primera preocupación. ' Su razón era clara, su juicio, sin perversiones y su consciencia, sincera y sensible ' (Watts). En él, el mejor conocimiento ha debido estar primero, y toda otra clase de conocimiento ha debido estar al servicio del principal, según la relación que con él tuviera. El apóstol agrega al conocimiento ' la justicia y santidad de la verdad ', términos éstos que no sólo expresan la liberación del pecado, sino también virtudes positivas y activas" *(Theological Institutes –Principios teológicos–* Vol. II, págs. 14, 15).

El Dr. Isaac Watts afirma con respecto a las cualidades morales de Adán:

"Una criatura racional hecha de ese modo, no sólo tenía que ser inocente y libre, sino que también tenía que haber sido formada con una condición santa. Su voluntad tuvo que haber tenido un prejuicio interno hacia la virtud. Tuvo que haber en él una inclinación de complacer al Dios que lo hizo: un amor supremo hacia su Creador, un celo por servirle a El, un tierno temor de ofenderlo. Porque no había alternativa: o el nuevo hombre que acababa de ser creado amaba a Dios supremamente, o no lo amaba en absoluto. Si no lo hubiera amado, entonces tampoco hubiera sido inocente, pues la ley de la naturaleza requiere que haya un supremo amor hacia Dios. Si lo amaba, entonces debía estar dispuesto para todo acto de obediencia: esta es *la verdadera santidad del corazón.* Y, en realidad, si el hombre no hubiera tenido esta característica, ¿cómo podía un Dios santo declarar que la obra que había hecho era buena? Tenía que haber también en esta criatura una sujeción regular de las capacidades inferiores al sentido superior, y en ella, los apetitos y las pasiones debieron estar sujetas a la razón. La mente tuvo que tener el poder de gobernar en las facultades inferiores, para que el pudiera evitar la ofensa contra la ley de la creación. El debió también tener su corazón lleno de aprecio hacia las criaturas, especialmente hacia las que son de su misma especie, puesto que él iba a ser colocado entre ellas: el debía poner en práctica un principio de honestidad y verdad al tratar con ellas. Y si muchas de esas criaturas fueron hechas a un mismo tiempo, ha debido no haber orgullo, ni malicia, ni envidia, ni engaño, ni disputas, ni contenciones entre ellos;ha debido haber sólo armonía y amor"(citado por Watson, *ibid.*, pág. 15).

En este caso, los socinianos y sus sucesores han impuesto la opinión de que la santidad puede existir sólo como resultado de la concurrencia y la cooperación del individuo. En otras palabras, se afirma que la santidad es producto de la experiencia en la vida. Con esto están confundiendo dos cosas diferentes: el *hábito* de la santidad con el *principio* de la santidad. El hábito de la santidad no se logra mientras no esté adentro ese principio que obre con ese fin. Jonathan Edwards dice en su obra *Original Sin:*

"Creo que eso es una contradicción a la naturaleza de las cosas, tal como las juzga el sentido común de la humanidad. Es agradable para el buen sentido de los hombres, en todas las naciones y en todas las épocas, no sólo que el fruto o efecto de una buena elección sea virtuoso; sino que la misma buena elección, de la cual procede tal efecto, también lo sea. Sí, también el antecedente, sea alimento, disposición, temperamento, afecto de la mente o cualquiera otra cosa de la cual procede *esa buena* elección, se considera virtuoso. Esta es la noción general: no que los principios deriven su bondad de las acciones, sino que las acciones la deriven de los principios de los cuales proceden. Así que el acto de escoger lo que es bueno no es más virtuoso que el hecho de que procede de un buen principio o de una disposición virtuosa de la mente. Esto supone que una disposición virtuosa de la mente puede ser anterior a la elección de un acto virtuoso; y que, por tanto, no es necesario que haya primero pensamiento, reflexión ni elección, antes que pueda haber cualquier disposición virtuosa. Si la elección fuera primero, antes de la existencia de una buena disposición del corazón, ¿cuál sería el carácter de la elección? No puede haber virtud en una elección que no proceda de un principio virtuoso, según nuestra noción natural; la que no procede de un principio tal corresponde al amor propio, a la ambición, o a los apetitos animales. Un temperamento virtuoso, por tanto, puede ser anterior a un buen acto de elección, así como el árbol puede ser anterior a su fruto, y la fuente puede ser anterior a la corriente que de ella procede" (citado por Watson, *ibid.*, pág. 17).

La siguiente cita de Richard Watson manifiesta una clara comprensión con respecto al primitivo estado del hombre, y revela que la ha obtenido por medio de la observación y la meditación:

"La *causa final* de la creación del hombre fue la manifestación de la gloria de Dios, especialmente de sus perfecciones morales. Entre estas perfecciones brillaba con brillo supereminente la benevolencia. La creación de criaturas racionales y santas, según parece, era el unico medio de realizar un plan paternal y benevolente, para así impartir a otros seres una parte de la felicidad divina. La felicidad de Dios es el resultado de su perfección moral, y es completa y perfecta. Y también es específica: es la felicidad del conocimiento, de la rectitud consciente, de la suficiencia y de la independencia. Las criaturas eran capaces del conocimiento y de la rectitud consciente, pero solamente las de escoger lo que es bueno no es más virtuoso que el hecho de que procede de un buen principio incapaz de ser feliz. Sin embargo fue dispuesta y adornada para otros, y no sólo para ella misma. Si fue primorosamente preparada, fue para que otros se maravillen; si es útil es con el propósito de que les sirva a otros; si tiene belleza es para que la vean otros; si tiene armonía es para los oídos de otros. Las criaturas animadas irracionales pueden obtener ventajas de la sola materia; pero no parece que ellos estén conscientes de ello. Ellos disfrutan de los sentidos, pero no poseen los poderes de la reflexión, la comparación y el gusto. Ellos ven, pero no se admiran; ellos no pueden establecer relaciones. Ellos no están conscientes como para saberlo y para sentir el placer del conocimiento; ni para impartir el conocimiento a otros; ni para establecer bases para el porvenir; ni para ampliar conocimientos; ni para descubrir la causa eficiente y la causa final de todas las cosas; ni para disfrutar los placeres del descubrimiento ni las certidumbres de la imaginación y del gusto.Todo esto sólo les es peculiar a los seres racionales. Sobre todo, a los seres racionales les es peculiar conocer al gran Creador y Señor de todo; ver las distinciones entre lo correcto y lo incorrecto, entre el bien y el mal, en su ley; tener, por tanto, la consciencia de la integridad y de las pasiones bien ordenadas y perfectamente balanceadas; sentir la felicidad de la benevolencia universal e ilimitada; ser consciente del favor del mismo Dios; tener perfecta confianza en su cuidado y en su constante bendición; adorarlo; ser agradecido; tener esperanza sin límites en las incesantes bendiciones del porvenir; todos estos recursos de felicidad se agregaron a los placeres del intelecto y de la imaginación en la creación de los seres racionales. En cualquier parte del universo que hayan sido creados y colocados, tenemos suficientes razones para creer que esa fue la condición primitiva de todos ellos. Y sabemos, con toda seguridad, por la revelación de Dios, que esa fue la condición del hombre. En su creación y condición primitiva se manifestó eminentemente la bondad de Dios. El hombre fue hecho un espíritu racional e inmortal, sin límites para la constante ampliación de sus capacidades; porque, según toda la evidencia que nos provee nuestra propia consciencia, aun en nuestra condición caída, parece posible que el alma humana se esté acercando eternamente a lo infinito en cuanto a fuerza intelectual y logros. El hombre fue hecho santo y feliz; se le permitió la comunicación con Dios. No se lo dejó aislado, sino que tuvo el privilegio de vivir en sociedad. El fue colocado en un mundo de grandeza, armonía, belleza y utilidad; un mundo que estaba en correlación con otros mundos distantes, para que él mismo pudiera tener el sentido de la manifestación de la extensidad del espacio y de la vastedad de los diversos universos; y también para que sirvieran de incentivo a su razón, su imaginación y su devoción, para los ejercicios más vigorosos y saludables. El hombre fue colocado en un paraíso donde, probablemente, estaba exhibido en *modelo* todo lo sublime y lo gentil del escenario de toda la tierra; y todo aquello que pudiera deleitar el sentido inocente y excitar las investigaciones curiosas de la mente. Se le encomendó un trabajo para que pudiera emplear su atención; pero era de tal clase que no podía debilitarlo; también se le concedió tiempo para los altos propósitos de conocer a Dios, su voluntad y sus obras. Todo esto era una manifestación universal de su amor, del cual él era el principal objeto visible. Y la felicidad y la gloria de esta condición tendría que impartirse a su posteridad para siempre, mediante su obediencia y la de la descendencia suya en sucesión. Tal era el mundo; tales sus habitantes racionales, la primera pareja. Y así, la creación no sólo manifestó el poder y la sabiduría, sino también la benevolencia de la Deidad. El los hizo como El mismo, y los hizo capaces de disfrutar una felicidad como la suya" *(ibid.,* págs. 17-19).

Es posible que, como muchos afirman, la palabra *semejanza,* tal como se usa en Génesis 1:26 (comp. 5:1), se refiere a aquello que el hombre original tenía antes de la caída, y que perdió en ella; lo cual era en realidad un conjunto de grandes potencialidades que tenía el hombre, mayores que las que vuelve a adquirir por medio de la Redención. La suposición de que el Adán que cayó era la obra suprema de Dios, su máximo propósito, y de que la Redención es un intento de salvar algo de los escombros que quedaron de la caída, está muy lejos de la verdad. En su obra *Christian Doctrine of Sin* dice Müller:

"No se puede probar que la nueva criatura en Cristo no es nada más que la restauración al estado en el cual Adán fue creado. Hay, en realidad, cierta relación entre las dos. La Imagen divina que obra Cristo mediante la Redención es la única realización verdadera de la imagen con que el hombre fue creado. Al hombre se le dio originalmente una imagen, para que pudiera lograr la otra, si no directamente, mediante la fidelidad continua en obediencia y comunión con Dios; por lo menos indirectamente después de la caída, por medio de la Redención. Pero es evidente, por la misma naturaleza de esta relación, que las dos imágenes no son idénticas" (citado por Laidlaw, *The Bible Doctrine of Man,* pág. 135).

La salvación actual no es para que el hombre vuelva al estado del Adán no caído, sino para que llegue a estar en conformidad con el último Adán, que es el glorificado. Está escrito: "Porque a los que antes conoció, también los predestinó para que fuesen hechos conformes a la imagen de su Hijo, para que él sea el primogénito entre muchos hermanos" (Ro. 8:29). "El cual transformará el cuerpo de la humillación nuestra, para que sea semejante al cuerpo de la gloria suya, por el poder con el cual puede también sujetar a sí mismo todas las cosas" (Fil. 3:21). "Amados, ahora somos hijos de Dios, y aún no se ha manifestado lo que hemos de ser; pero sabemos que cuando él se manifieste, seremos semejantes a él, porque le veremos tal como él es"

(1 Jn. 3:2). Sea que esta consideración sobre la semejanza original del hombre con Dios esté de acuerdo con todo lo que es cierto, o que no lo esté, las Escrituras declaran con insistencia que, por causa del pecado, los hombres "están destituidos de la gloria de Dios" (Ro. 3:23). Los hombres no regenerados se encuentran "muertos en . . . delitos y pecados" (Ef. 2:1). ". . . están bajo pecado" (Ro. 3:9); "sin esperanza y sin Dios en el mundo" (Ef.2:12); pertenecen al mundo que "está bajo el maligno" (Jn.5:19). Cualquiera que haya sido el estado original del hombre, y cualquier cosa que de ese estado se preserve bajo las condiciones anotadas, debe identificarse con un cuidado excepcional. Con este fin debe ponerse mucha atención especialmente a lo que se nos quiere indicar mediante la palabra *imagen.*

Cualquiera que pueda ser la fuerza de significado de la palabra *semejanza* –sea que se refiere a diversos aspectos del hombre original, que éste perdió o que se echaron a perder con la caída; sea que sólo obedezca a una repetición con propósitos de insistir en un hecho; o sea que se refiera, como G.F. Oehler sostiene, al modelo original que siempre se reproduce en el hombre– lo cierto es que la palabra *imagen* sí es un término que emplean las Escrituras con completa libertad. En Génesis 1:26,27, aparecen las dos palabras: *imagen* y *semejanza;* pero la palabra *imagen* aparece tres veces, mientras que el término *semejanza* sólo aparece una vez. Esta última aparece otra vez en Génesis 5:1-3, junto con la palabra *imagen,* y con fuerza de significado: "Este es el libro de las generaciones de Adán. El día en que creó Dios al hombre, a semejanza de Dios lo hizo. Varón y hembra los creó; y los bendijo, y llamó el nombre de ellos Adán, el día en que fueron creados. Y vivió Adán ciento treinta años, y engendró un hijo a su semejanza, conforme a su imagen, y llamó su nombre Set." En este pasaje debemos observar otra vez que no se hace ningún esfuerzo aparente para asignarles significados específicos y distintos a estas palabras importantes. El pasaje sirve para establecer una verdad vital: que Adán, el cual fue hecho a imagen de Dios, engendró un hijo conforme a esa imagen, es decir, a Set. La Biblia no trata de revelarnos lo que le sucedió al linaje de Caín. No se encuentra su genealogía en la historia sagrada. Hay tres pasajes en el Nuevo Testamento que sirven para recordar lo que debe saberse con respecto a Caín, fuera del relato histórico que se nos da en Génesis (He.11:4; 1 Jn.3:12; Jud.1:11; comp. Lc.3:38). El importante pasaje que se encuentra en Génesis 5:1-3 debe reconocerse primariamente por la verdad que allí se afirma; que la *imagen* de Dios, sea cual fuere el significado verdadero del término *semejanza,* fue transmitida mediante la generación física y describe lo que es real en todo miembro de la familia humana. Debe dársele la debida consideración al mal que posteriormente impuso la caída; pero todavía permanece el hecho, como lo afirma la Palabra de Dios por todas partes, de que el no regenerado, el hombre caído, tiene también la imagen de Dios, su Creador. La importancia de esta revelación no pudiera jamás ser sobreestimada. Aquí no hay ninguna implicación con respecto a que el hombre no está caído, ni de que no está perdido aparte de la Redención. Más bien se entiende que la Redención se provee por causa de lo que el hombre es. La verdad de que el hombre tiene la imagen de Dios le da más valor a la realidad tanto de su estado perdido como de su condición final, en caso de que no acepte la salvación. El informe sublime y majestuoso nos dice que Dios creó al hombre, no como un mero ser sin identificación. Su individualidad es importante y él es supremo entre todas las criaturas de la tierra. El fue hecho a la semejanza de Dios. Casi es imposible dudar que Génesis 9:6 y Santiago 3:9 se refieren al hombre en su estado actual. "El que derramare sangre de hombre, por el hombre su sangre será derramada; porque a imagen de Dios es hecho el hombre." "Con ella bendecimos al Dios y Padre, y con ella maldecimos a los hombres, que están hechos a la semejanza de Dios." Pecar contra el hombre, ya sea mediante asesinato o por difamación es un hecho reprobable por el hecho de que la imagen de Dios reside en el hombre. A la vida humana le corresponde un carácter sagrado. El hombre tiene que respetar a su prójimo, no por causa del parentesco, sino por causa de la gloriosa verdad de que la vida humana le pertenece a Dios. Herir a un hombre es herir a uno que tiene la imagen de Dios.

El carácter sublime del hombre se indica especialmente en el Salmo 8, en el cual se presenta su grandeza en su pequeñez: "De la boca de los niños y de los que maman, fundaste la fortaleza, a causa de tus enemigos." En este salmo se dice que al hombre "Le has hecho poco menor que los ángeles." La palabra hebrea que se usa allí es *Elohim*, y se refiere específicamente a Cristo (comp. He.2:9), el cual estuvo durante un corto tiempo en un estado poco menor que el de los ángeles, de tal modo que pudiera sufrir la muerte. La aplicación más amplia (comp. He.2:6-8) se refiere al hombre, del cual se dice que fue coronado de gloria y de honra, y colocado sobre las obras de Dios. Teniendo en cuenta esta misma posición elevada del hombre, el apóstol Pablo dice: ". . . él es imagen y gloria de Dios" (1 Co.11:7). No es importante que en este momento decidamos qué significa esa gran declaración, que es grande en realidad, pues no pudiera decirse nada más loable del hombre, fuera de aquella nueva posición en que es colocado el redimido, el que está *en Cristo*.

Sobre los pasajes bíblicos que hemos citado, debe observarse que todos, con excepción de Génesis 1:26,27 y 2:7, se refieren al hombre en su condición actual. Aunque en toda la Biblia se dice mucho con respecto a la pecaminosidad del hombre y con respecto a las profundidades hasta las cuales ha descendido, nunca se dice que el hombre haya perdido la imagen de Dios. En efecto, como ya lo declaramos, la Biblia enseña directamente que el hombre caído retiene la imagen de Dios y que, precisamente, esta realidad es la que determina lo horrible de su degradación.

Los siguientes pasajes nos ofrecen una fuerte sugestión con respecto a lo que fue la manifestación original de la imagen divina: "Sed, pues, vosotros perfectos, como vuestro Padre que está en los cielos es perfecto" (Mt.5:48). "Sed, pues, misericordiosos, como también vuestro Padre es misericordioso" (Lc.6:36). "Sino, como aquel que os llamó es santo, sed también vosotros santos en toda vuestra manera de vivir; porque escrito está: Sed santos, porque yo soy santo" (1 P.1:15,16). En estos pasajes puede observarse que, hasta un grado bastante completo, se describe aquel hombre original en el Cual el Creador halló satisfacción.

Dos excelentes verdades muy importantes surgen en todo este cuerpo de escritos teológicos con respecto a la imagen con la cual fue creado el hombre: (a) Que el hombre caído tiene la imagen inalienable de Dios y (b) que el hombre fue lesionado por causa de la caída hasta tal grado que sólo la gracia redentora puede rescatarlo. Estas dos verdades están profundamente enclavadas en las Escrituras, sin hacer caso a las aparentes contradicciones que puedan presentar. La verdad no puede modificarse ni abandonarse. Sería fácil para las mentes no acostumbradas a la investigación decir que toda esta discusión con respecto a la imagen de Dios en el hombre es sólo una batalla de palabras, que casi no tiene valor práctico; pero lo cierto es que en este punto es donde se descubre la base para la antropología, la soteriología y la escatología. La parte vital que tiene la doctrina de que el hombre fue hecho a imagen de Dios en todas las partes de la teología es tan patente que no necesita ninguna elucidación. La base de la distinción entre los diversos sistemas de teología se determina en gran parte mediante este punto. Tanto luteranos como calvinistas sostienen la más alta condición del hombre antes de la caída, y el más obscuro cuadro después de la caída. Los romanistas, los socinianos y los modernistas de hoy consideran que el hombre no tenía un nivel tan elevado antes de la caída, pero creen que, después de la caída, su condición es halagadora. Esto no significa que los agustinianos –ni los luteranos, ni los calvinistas– vilipendian la vida humana, mientras que los modernistas la exaltan. No puede haber una concepción más alta del hombre que la de los luteranos y los calvinistas. Pero toda esta verdad se caracteriza en mucho por las presuposiciones dogmáticas. Esto, sin duda, se debe a las declaraciones de la Escritura en este respecto, que son sumamente breves. Hay muchos aspectos en los cuales Dios no ha hablado a los teólogos, y en esos lugares ellos colocan lo que se presenta agradable a su manera de pensar. Luego, en el posterior desarrollo de sus sistemas, ellos deducen de sus propias creaciones precisamente lo que habían preparado y necesitaban. A la luz de esto, es interesante leer los materiales que los hombres han preparado sobre este tema. Haría bien el estudiante en leer dichos escritos con atención.

Al concluir el estudio de la imagen divina en el hombre es esencial llegar a algunas convicciones definidas. Debe estructurarse una doctrina constructiva que esté de acuerdo con la Palabra de Dios. Estamos completamente de acuerdo con John Laidlaw cuando escribe:

> "La Escritura nunca habla de la imagen divina en el hombre, sino que siempre dice que el hombre fue hecho a imagen de Dios. Esto indica un profundo principio del pensamiento bíblico: presupone a Dios para poder explicar al hombre. Este principio no nos impone la 'tarea de Sísifo', que consiste en probar la existencia de Dios y lo sobrenatural con argumentos provenientes del hombre y de la naturaleza. Así que, con la expresión "imagen divina" no se refiere a aquellos elementos que hay en el hombre de los cuales puede deducirse una idea de Dios, sino, al contrario, a aquellos aspectos del Ser divino de los cuales el hombre es una copia. Si leemos lo que dice la Biblia con respecto a Dios en relación con el mundo, y lo que dice con respecto a Dios mismo, obtendremos magníficas conclusiones en relación con el hombre. Teniendo siempre como premisa la Idea divina, el hombre es una copia creada, y no como el *Logos,* que es la Imagen esencial" *(ibid.,* p. 118).

Así también, G F. Oehler declara que el hombre tiene la imagen divina en vista de los siguientes hechos: (a) Que la naturaleza humana se distingue de la de las bestias, puesto que Adán no halló ayuda idónea para él entre los seres inferiores de la creación, y el hombre puede matar animales irracionales, pero no puede dar muerte al ser que fue hecho a imagen de Dios. (b) El hombre fue puesto sobre la naturaleza como persona libre, por el hecho de que fue hecho de tal modo que pudiera tener comunión con Dios, y porque Dios lo escogió para que ejerciera la autoridad divina sobre los asuntos de la tierra *(Old Testament Theology,* Vol. I, pgs. 211, 212; citado por Laidlaw, *ibid.,* p. 346).

Jonatán Edwards resume este asunto de la siguiente manera: "La *imagen natural* de Dios consiste en gran parte en aquello mediante lo cual Dios, en su creación, estableció la diferencia entre el hombre y los animales irracionales; es decir, aquellas facultades y principios de la naturaleza según los cuales él es un ser moral; mientras que la imagen espiritual y moral con la cual fue hecho el hombre consiste en aquella excelencia moral con la cual fue dotado" *(On the Freedom of the Will*, parte I, sec. 5; citado por Laidlaw, *ibid.*, p. 112).

No se ha hallado ninguna declaración tan luminosa como la que sigue, que es de John Laidlaw, y aunque es algo extensa, la utilizaremos:

"Pasando del punto de vista de la Escritura con respecto a la relación de Dios con el mundo, al punto de vista bíblico sobre lo que Dios mismo es, descubrimos aquellas definiciones sublimemente sencillas del Ser divino: Dios es 'Espíritu', 'Amor'. Veamos cómo estos atributos pueden hallar su paralelo en el hombre, que es la copia creada de Dios.

Dicha copia se corresponde con lo que hemos investigado sobre la psicología bíblica, es decir, que es por el lado del *espíritu* por donde el hombre debe exhibir una analogía con la naturaleza divina. Ese es el único elemento en la constitución del hombre que puede atribuírsele propiamente a Dios. El es Espíritu. La existencia espiritual se afirma con respecto a Dios en forma absoluta y suprema. Aun más, de Dios se dice que es el Padre de los espíritus, y el Dios de los espíritus de toda carne. Esto indica que el mundo espiritual, incluyendo en él al hombre en tanto que él también tiene espíritu, guarda una relación más estrecha con Dios que el mundo de lo corpóreo. Nos hemos cuidado lo suficiente contra la idea platónica en este aspecto –una forma que le dieron a esta idea algunos padres griegos, lo cuales hicieron del *pneuma* algo físico que servía para conectar al hombre con Dios. Esta forma de declaración conduce fácilmente a la conclusión de que, por causa de la caída, la naturaleza humana ha sido alterada estructuralmente por la pérdida de una parte o elemento; mientras que la doctrina bíblica enseña que la naturaleza del hombre se ha degradado moralmente por la pérdida de su pureza. El punto principal de la psicología bíblica es siempre el del origen divino del hombre. Su vida, que es animal, intelectual y moral, es espiritual, por el hecho de que recibió el soplo especial de Dios. El 'espíritu en el hombre' es la 'inspiración del Omnipotente', y el hombre es espiritual en tanto que viva y actúe conforme a su origen divino y a la base de su vida. Así que, la Escritura enseña que la naturaleza espiritual que el hombre tiene, el espíritu del hombre que está en él, es un paralelo absoluto o una analogía suprema con el Espíritu absoluto y supremo que es Dios.

Así hallamos que, en la Biblia, se nos presenta el *intelecto* o la *racionalidad* en el hombre, no sólo como una función del 'espíritu' que está en él, sino como una función que fluye de una correspondencia con algo que hay en Dios. Es el soplo del Omnipotente el que le da al hombre el entendimiento y la instrucción. En el Edén cuando Dios presentó todos los animales a Adán para que les pusiera nombre, nos ofrece esta idea en forma pictórica. Esa 'admirable conferencia de filosofía', como la ha llamado el obispo Bull, que Adán, por indicación del mismo Dios, leyó en todos los demás animales, denota la correspondencia entre la inteligencia divina y la humana. 'Y todo lo que Adán llamó a los animales vivientes, ese es su nombre' (Gn.2:19). 'Pienso, oh Sócrates, que la explicación más cierta de estas cuestiones es que alguna facultad superior a la humana fue la que les dio los primeros nombres a las cosas, de tal modo que necesariamente resultaron correctos.' Algo similar hay que atribuirles a los artífices del tabernáculo, en cuanto a sabiduría, entendimiento, hábil ejecución, todo lo cual fue realizado en colaboración con el Espíritu de Dios. Así que, la Escritura le atribuye a la asistencia divina el conocimiento científico, la habilidad artística y todos los resultados de la razón. Y esto no procede de un vago sentido de piedad, sino de la teoría bíblica consecuente de que el espíritu del hombre se corresponde con el Espíritu de su Creador, y que aquel recibe sustento de Este. Cuando se enseña de este modo, se está poniendo el más noble cimiento a la filosofía del hombre. Y esto es a la vez una manifestación de la preciosidad del individuo y una predicción del progreso de la raza. La verdadera idea de la grandeza humana no se la debemos al pensamiento moderno, sino de los primarios axiomas de la revelación.

"Otro punto de analogía que señala la Biblia entre lo divino y el espíritu humano es la *consciencia propia.* "Una llama del Señor en el espíritu del hombre que escudriña todo lo que hay en las cámaras del corazón." La expresión "llama del Señor" puede afirmar el origen divino –la luz que el Señor ha encendido en el hombre– o la posesión divina, –la luz que es de Dios, la verdadera luz que ilumina a todo hombre–, o ambas cosas; pero la característica del espíritu humano en la cual se fija la descripción, es su poder de auto-penetración que escudriña lo más recóndito del ser humano. Con una figura muy similar se designa a la consciencia o consciencia moral en el Nuevo Testamento, como "el ojo", "la luz del cuerpo", "la luz que está en". Se afirma aun en forma más explícita que el espíritu del hombre que está en él es el único que conoce las cosas del hombre, y por tanto, es análogo con el Espíritu de Dios, que es el único que conoce las cosas de Dios. Esta analogía está reforzada, en otro texto, por la idea de la correspondencia o comunicación. "El Espíritu mismo da testimonio a nuestro espíritu, de que somos hijos de Dios" (Ro.8:16). De estos pasajes bíblicos se puede inferir claramente la consciencia propia del hombre como un aspecto esencial de su similitud con lo divino."

De la consciencia propia sólo hay un corto paso a la *personalidad.* Es una verdad manifiesta que la presentación que la Biblia hace de Dios es la de una Personalidad libre y auto-consciente. La asunción de que Dios es personal penetra en todas las páginas de la Escritura, desde el principio hasta el fin. Es tanto que a esto se le puede dar el nombre de antropomorfismo. La Biblia, como revelación de Dios para el hombre, comienza con Dios. Y su propia explicación de la doctrina no es que ella presenta a un Dios a la manera del hombre, sino que Dios puede revelarse al hombre, por el hecho de que el hombre fue hecho a semejanza de Dios. No es extraño que esto indique que al hombre se le debe enseñar a pensar con respecto a Dios como Persona, como Voluntad, como Santidad, como amor; ideas éstas de las cuales el hombre halla algunas copias en su propia constitución, puesto que dicha constitución se estableció según el modelo divino. Cuando la Biblia afirma que la personalidad del hombre tiene alguna relación con algo que hay en Dios, no se coloca en ninguna fórmula metafísica, sino en su profundo principio de la relación que hay entre Dios y el hombre, es decir, entre Dios y el ser humano individual, y también entre Dios y la raza humana. Este principio se afirma, por ejemplo, en Números 16:22, donde se invoca la relación de Dios con los espíritus de toda carne como razón para castigar a un hombre que había pecado, en vez de castigar a todo el pueblo. Esto se repite en Números 27:16 como razón por la cual Dios debe escoger a un dirigente especial para la congregación. El profeta Ezequiel utiliza el mismo argumento de propiedad divina como fundamento para una espléndida declaración sobre la moral de Dios al tratar con los individuos, en contraste con el federalismo inquebrantable con el cual presumía Israel que tenía que contar. El derecho de Dios en cada alma –pues *nephesh* se refiere al ser humano: "todas las almas son mías"– se convierte en la base de la prerrogativa divina de ejercer en cada individuo tanto el castigo como el perdón. El otro lado de esta relación se nos presenta en aquellos pasajes que afirman que el hombre existe para Dios, que es su Padre, que Dios lo ha buscado para que lo adore a El, que lo quiere redimir para que tenga vida eterna, la cual consiste en el conocimiento del Padre y del Hijo. Aun en la presente condición caída, y en las formas más desfavorables de esa condición, San Pablo presenta al hombre como un ser que es linaje de Dios, "para que busquen a Dios, si en alguna manera, palpando, puedan hallarle." En este pasaje, toda la esencia de la similitud entre el linaje y el gran Pariente se convierte en poderosa razón contra los esfuerzos artísticos del paganismo griego para humanizar lo divino. Puesto que el hombre es descendencia de Dios, no debe pensar que puede formar una imagen externa de Dios, ya que en él mismo está una imagen mucho mejor. No debe pensarse que la relación del hombre con Dios sea física, sino moral. La realidad de que somos del linaje divino se cita para ilustrar la verdad de que la humanidad está destinada a buscar a Dios, el cual no está lejos de ellos. Es decir, El se ha hecho cognoscible y concebible para los hombres. Solamente los seres personales pueden palpar y encontrar a un Dios personal; y al hacer eso, su semejanza con El se afirma y se confirma" *(ibid.,* ps. 120-126).

Cualquier estudio digno sobre la doctrina de la imagen de Dios en el hombre tiene que tomar en cuenta muy bien la relación del Señor Jesucristo con este tema. El es el Hijo de Dios; y la Biblia enseña que El, junto con el Padre y el Espíritu, también fue Creador de todas las cosas. Así que el hombre es producto de su poder creador. Pero la Biblia declara que El mismo es el Primogénito de toda la creación y, por tanto, el Señor de todo. En esto hay también un paralelo entre El y el hombre, puesto que de éste se dice que Dios le ordenó ser señor de todas las criaturas terrenales. Del Hijo se dice que El es "la Imagen" expresa de Dios. Su encarnación en la humanidad caída no le quitó nada a esta sublime realidad. La clase de Imagen que El es, pudiera compararse con un grabado en acero que reproduce todos los aspectos hasta el más mínimo detalle. Por otra parte, la clase de imagen que el hombre es pudiera compararse con un perfil oscuro, pero tiene toda la imagen. Esta verdad no puede despreciarse. La primera creación humana tiene su arquetipo en *Elohim,* pues el hombre fue hecho a imagen de *Elohim.* La Nueva Creación tiene su arquetipo en el Hijo de Dios. La gracia salvadora le da al hombre redimido la imagen de Cristo (Ro.8:29; 1 Jn.3:2).

III. LA DERIVACION Y LA PERPETUACION DE LA PARTE INMATERIAL DEL HOMBRE

Ya le hemos dado la debida atención a la verdad relativa a la parte inmaterial del hombre, al origen de esa parte en el primer hombre. Se nos ha revelado que el llegó a ser alma viviente mediante el soplo divino de las vidas (en el original, la palabra es plural). El problema que tenemos ahora delante es el relativo a la generación o perpetuación de la vida humana. En el plan de Dios para la humanidad, a dos seres originales –macho y hembra– se les dio esta orden: "Fructificad y multiplicad; llenad la tierra" (Gn.1:28). Así se nos indica que a Adán y Eva, lo mismo que a su posteridad, se les dio poderes creadores, que no sólo engendran el cuerpo de su descendencia, sino que explican directamente la existencia de sus naturalezas inmateriales. Sin embargo, se han presentado varias teorías para explicar el origen de la parte inmaterial del hombre, en el caso de cada miembro de la raza de Adán. Consideraremos tres de estas teorías.

1. LA TEORIA DE LA PREEXISTENCIA. Los abogados de esta hipótesis afirman, sobre bases racionales y muy aparte de la autoridad bíblica, que cualquiera que haya sido el origen del cual se derivó al principio la parte inmaterial del hombre –si fue creada o si existió eternamente– está sujeta a la reencarnación o transmigración de un cuerpo a otro, incluyendo los cuerpos de las formas inferiores de vida. Esta teoría, aunque la han abrazado con diversas modificaciones algunos hombres que pudieran servirse de la verdad bíblica, le debe su origen completamente a la filosofía pagana. Es uno de los postulados del hinduísmo, y modernamente está representada por la teosofía. Una teoría primitiva le atribuía un alma humana al Cristo preexistente. La *Enciclopedia Británica* afirma con respecto a este sistema:

"En teología se halla la doctrina de que Jesucristo tuvo un alma humana que existió antes de la creación del mundo –el primero y más perfecto de todos los seres creados– y que subsistió antes de su nacimiento humano, en unión con la segunda Persona de la Divinidad. Esta alma humana fue la que sufrió los dolores y las angustias que se describen en los Evangelios. La principal exposición sobre esta doctrina es la del Dr. Watts *(Works*, Vol. V, p. 274). Es muy poco el apoyo que ha tenido. En forma más amplia, esta doctrina se les ha aplicado a los hombres en general; es decir, se afirma que, en el principio de la creación, Dios creó las almas de todos los hombres, las cuales fueron como un castigo, para que se encarnaran en los cuerpos físicos de los que obraban el mal, hasta que la disciplina los acondicionara para la existencia espiritual. Los que apoyan esta doctrina de la preexistencia se hallan tan temprano como en el siglo II, entre los cuales se encontraron Justino Mártir y Orígenes. La idea no sólo corresponde generalmente a la metempsícosis y al misticismo, sino que prevalece ampliamente en el pensamiento oriental. Fue condenada por el Concilio de Constantinopla, en 540; pero ha reaparecido frecuentemente en el pensamiento moderno (comp. Wordsworth, *Intimations of Inmortality* – y es en efecto, una tendencia natural correlativa con la fe en la inmortalidad" (XIV ed., Vol. XVIII, p. 434).

El argumento de que la vida humana preexistió le da fuerza a la esperanza de la vida consciente después de la muerte; refleja el deseo natural del corazón humano de tener una existencia sin fin. El siguiente es un análisis claro de este sistema, y es del Dr. William G. T. Shedd, en su obra *History of Christian Doctrine:*

"La teoría de la *preexistencia* enseña que todas las almas humanas fueron creadas al principio de la creación, no sólo las de este mundo, sino las de todos los mundos. Todos los espíritus finitos fueron creados simultáneamente antes de la creación de la materia. El universo intelectual precede al universo sensible. Las almas de los hombres, en consecuencia, existieron antes de la creación de Adán. La vida preexistente fue antes de Adán. Los hombres fueron seres angélicos al principio. Por causa de su apostasía en la esfera angelical fueron transferidos, como consecuencia de su pecado, a cuerpos materiales en la esfera terrena; y actualmente están pasando por un proceso disciplinario, con el propósito de que sean restaurados todos ellos sin excepción, y vuelvan a disfrutar de su condición angélica preexistente. Estos cuerpos, a los cuales se unen, vienen a la existencia mediante el curso ordinario de la propagación física; de tal modo que la parte sensoria y material de la naturaleza humana no tiene existencia anterior a Adán. Sólo se afirma la existencia anterior a Adán del principio racional y espiritual de la vida" (tercera edición, Vol. II, ps. 4,5).

A esta teoría se le hacen tres objeciones: (a) No toma en cuenta las Escrituras. Aunque Orígenes, de quien se ha dicho que fue "la aurora y el ocaso" de la teoría de la preexistencia, en su método usual alegórico, intentó armonizar sus ideas con la Palabra de Dios, las distorsiones que le hizo a la Biblia le dejaron poca apariencia a las claras enseñanzas de la Palabra de Dios. (b) Aunque se reconoce el hecho del pecado en dicha teoría, sin embargo, se desacredita la doctrina del pecado original (c) Esta teoría no descansa sobre ninguna prueba.

2. LA TEORIA DE LA CREACION. Las doctrinas de la creación

de la parte inmaterial para cada cuerpo, y del generacionismo –que consideraremos posteriormente– se relacionan con el origen de la parte inmaterial del hombre. Una y otra son defendidas por hombres de igual ortodoxia, aunque son ampliamente diferentes hasta el punto de contradecirse. La doctrina de la creación enseña que Dios crea directa e inmediatamente un alma y un espíritu para cada cuerpo en el momento en que nace, y que lo único que engendran los padres humanos es el cuerpo. En cambio, el generacionismo enseña que el alma y el espíritu del hombre son también engendrados junto con el cuerpo. La cuestión no está determinada en forma definitiva. Cuando los hombres de buenas intenciones difieren tan ampliamente se debe generalmente a la falta de un testimonio decisivo de las Escrituras. Debe observarse que, en la historia de la iglesia, la teoría de la creación fue ampliamente aceptada en el Este, en tanto que el generacionismo era la doctrina aceptada en el Oeste. El asunto ha dependido siempre de la opinión personal; no ha habido orden ni separación sobre base teológica. Este asunto, sin embargo, envuelve grandes temas. Allí está incluida la humanidad de Cristo y toda la verdad con respecto a la transmisión del pecado original, y con respecto a la herencia.

Dos grandes teólogos de los tiempos modernos, los doctores Charles Hodge y William Shedd, aunque los dos se someten al sistema de teología calvinista, el primero defiende la teoría de la creación y el segundo, la del generacionismo. El plan que seguiremos en esta discusión consiste en citar con suficiente amplitud a cada uno de estos hombres, según su propio punto de vista. De esa manera obtendremos algunas ideas generales. El Dr. Hodge escribe:

"La doctrina común de la iglesia, y especialmente de los teólogos reformados, ha sido siempre la de que el alma del niño no la engendran los padres, ni se deriva de ellos, sino que es creada de manera inmediata por Dios. Los argumentos que generalmente se presentan a favor de este punto de vista son los siguientes:

1. Que es más consecuente con las enseñanzas prevalecientes de las Escrituras. En los documentos originales de la creación hay una notable distinción que se hace entre el cuerpo y el alma. El primero es de la tierra; la segunda es de Dios. Esta distinción se conserva a través de toda la Biblia. El cuerpo y el alma no sólo se presentan como sustancias diferentes, sino que también se indica que tuvieron diferentes orígenes. El cuerpo vuelve al polvo, dice el sabio Salomón, y el espíritu a Dios que lo dio. Aquí se indica que el alma es de un origen más elevado que el del cuerpo. El alma es de Dios en un sentido en que el cuerpo no lo es. Del mismo modo se nos dice que Dios ' . . . forma el espíritu del hombre dentro de él ' (Zac. 12:1); para dar ' aliento al pueblo ' que mora en la tierra, ' y espíritu a los que por ella andan ' (Is. 42:5). Este lenguaje concuerda muy bien con el relato de la creación original, en el cual se nos dice que Dios le dio al hombre soplo de vida, para indicar que el alma no es terrena ni material, sino que tuvo su origen inmediato en Dios. De donde a El se le llama "Dios de los

espíritus de toda carne' (Nm. 16:22). No estaría bien decir que El es el Dios de los cuerpos de todos los hombres. La realización que tiene el alma con Dios, por cuanto El es su Dios y su Creador, es muy diferente de la que tiene el cuerpo. Por tanto, en Hebreos 12:9, se nos dice: 'Por otra parte, tuvimos a nuestros padres terrenales que nos disciplinaban, y los venerábamos. ¿Por qué no obedeceremos mucho mejor al Padre de los espíritus, y viviremos?' La obvia antítesis que aquí se nos presenta es entre los que son padres de nuestros cuerpos y el que es el Padre de los espíritus. Nuestros cuerpos proceden de nuestros padres terrenales; nuestras almas proceden de Dios. Esto está de acuerdo con el uso corriente de la palabra *carne,* pues siempre se contrasta, ya sea expresamente o por implicación, con el alma. Pablo habla de los que *nunca han visto su rostro –en la carne–* de 'el vivir en la carne'. El les dijo a los filipenses que les era necesario que él permaneciera 'en la carne'; habla de su 'carne mortal'. El Salmista dice, al referirse al Mesías: 'Mi carne también reposará confiadamente'; y el apóstol Pedro explica que eso significa que su carne no vería corrupción. En todos éstos, y en una multitud de pasajes similares, la palabra *carne* significa el cuerpo, y la expresión 'padres terrenales' –de nuestra carne– significa *padres de nuestros cuerpos.* Hasta donde las Escrituras revelan cualquier cosa sobre este tema, su autoridad, por tanto, va contra el generacionismo, y a favor de la teoría de la creación de la parte espiritual del hombre.

2. Deducción del argumento de la naturaleza del alma. La doctrina de la creación de la parte espiritual del hombre es claramente más consecuente con la naturaleza del alma. Los cristianos admiten que el alma es inmaterial y espiritual. Que es indivisible. El generacionismo niega esta doctrina que se reconoce universalmente. Afirma que el alma admite 'la separación o división de su esencia'. Sobre la misma base en que se afirmó universalmente la iglesia para rechazar la doctrina gnóstica de la emanación, por ser inconsecuente con la naturaleza espiritual de Dios, se ha afirmado para rechazar, casi con la misma unanimidad, la doctrina de que el alma admite la división de su sustancia. Esta es una dificultad tan seria que algunos de los abogados de dicha doctrina se esfuerzan por evitar ese tema, negando simplemente que su teoría asume tal separación o división de la sustancia del alma. Pero esta negación es muy útil. Ellos sostienen que la misma esencia cuantitativa que constituyó el alma de Adán, constituye nuestras almas. Si esto fuera así, entonces, o la humanidad es una esencia general de la cual los hombres individuales son los modos de existencia; o lo que era total en Adán está distributivamente, partitivamente y por separación, en la multitud de sus descendientes. La derivación de la esencia, por tanto, implica, y generalmente se admite que implica, la separación o división de ella. Y esto tiene que ser así si se afirma que la identidad cuantitativa de la esencia en toda la humanidad se logra mediante la generación o propagación.

3. Un tercer argumento a favor de la teoría de la creación de la parte espiritual en cada ser humano, y contra el generacionismo, se deriva de la doctrina bíblica de la persona de Cristo. El fue verdadero hombre; tuvo una naturaleza humana verdadera; un verdadero cuerpo y un alma racional. El nació de una mujer. En cuanto a la carne, fue hijo de David. Descendió, pues, de sus padres. El se hizo en todo sentido como nosotros, pero sin pecado. Las dos teorías admiten esto. Pero, como ya lo indicamos con referencia al realismo, en la teoría del generacionismo, esto lleva necesariamente a la conclusión de que la naturaleza humana de Cristo fue culpable y pecaminosa. Nosotros somos participantes del pecado de Adán, tanto en la culpa como en la contaminación, por cuanto la misma esencia cuantitativa que pecó en él se nos comunicó a

nosotros. Se dice que el pecado es un accidente, y que supone una sustancia en la cual está inherente, o a la cual pertenece. La comunidad en el pecado supone, por tanto, comunidad en la sustancia. Si no estuviéramos en Adán como esencia, no pecaríamos con él, ni heredaríamos una naturaleza corrompida de él. Pero si estamos en él en cuanto a esencia, entonces su pecado es nuestro pecado, tanto en culpabilidad como en contaminación. Este es el argumento que el generacionismo repite en todas sus formas. Pero ellos insisten en que Cristo estaba también en Adán en cuanto a la sustancia de su naturaleza humana, en la misma forma como estamos nosotros en él. Afirman que si su cuerpo y su alma no se derivaron del cuerpo y del alma de su virgen madre, entonces El no fue verdadero hombre y, por tanto, no puede ser Redentor de los hombres. Lo que es cierto con respecto a los hombres tiene que ser, consecuentemente, cierto con respecto a El. El, por tanto, tiene que estar tan envuelto en la culpa y en la corrupción de la apostasía como los demás hombres. No vale afirmar y negar la misma cosa a la vez. Es una contradicción decir que somos culpables del pecado de Adán, por el hecho de que somos participantes de su esencia; y que Cristo no es culpable de ese pecado, ni está envuelto en esa contaminación, aunque El es también participante de la misma esencia. Si la participación en esa esencia envuelve comunidad de culpa y depravación en un caso, tiene que envolver lo mismo en el otro. Puesto que ésta parece ser la conclusión legítima del generacionismo, y puesto que esta conclusión es anticristiana y falsa, tal doctrina no puede ser verdadera" *(Systematic Theology,* Vol. II, págs. 70-72).

3. LA TEORIA DEL GENERACIONISMO. Este sistema de fe afirma que tanto la parte inmaterial del hombre como la material se propagan mediante la generación humana. El Dr. Shedd escribe sobre el carácter general de esta doctrina:

"El generacionismo explica la idea de las especies tanto al cuerpo como al alma. El sexto día, Dios creó dos individuos humanos, un macho y una hembra; y en ellos creó también la específica naturaleza psico-física de la cual se han procreado todos los individuos descendientes de la familia humana tanto psíquica como físicamente . . . La teoría de la creación individual de la parte inmaterial del hombre confina la idea de las especies al cuerpo; en este respecto concuerda con la teoría de la preexistencia; la única diferencia es la relativa al tiempo en que el alma es creada. Tanto la doctrina de la creación como la de la preexistencia sostienen que el alma humana es individual, y que nunca tuvo existencia para toda la raza en Adán. La doctrina de la creación de la parte espiritual en cada individuo afirma que el sexto día, Dios creó dos individuos humanos, un macho y una hembra; y en ellos creó también la específica naturaleza física de la cual se han procreado todos los descendientes individuales; y que el alma ha sido en cada caso una creación *ex nihilo,* que se ha infundido en el ser procreado . . . Hay que hacer la elección entre el generacionismo y la doctrina de la creación *ex nihilo* de la parte espiritual; puesto que la opinión de que el hombre en cuanto a su alma existió antes de Adán no tiene apoyo en la revelación. La Biblia enseña claramente que Adán fue el primer hombre; y que todos los espíritus finitos que existían antes de él eran ángeles. El problema de el generacionismo y la doctrina de la creación de la parte espiritual es el siguiente: Cuando Dios creó los dos primeros individuos humanos, Adán y Eva, ¿creó en ellos y con ellos la sustancia invisible de todas las generaciones subsiguientes, tanto del alma como del cuerpo, o solamente la del cuerpo? ¿Era simple o compleja la naturaleza humana que fue creada en Adán y Eva? ¿Era solamente física, o era psico-física? ¿Tenía la naturaleza humana en el primer par de individuos dos partes o una sola? ¿Se hizo provisión para la propagación de la naturaleza específica depositada en Adán, de tal modo que hubiera individuos que fueran una unión de cuerpo y alma, o solamente cuerpos sin alma? En consecuencia, la cuestión envuelve el valor *cuantitativo* del ser que fue creado el sexto día, cuando dice la Biblia que Dios hizo al 'hombre'. El generacionismo afirma que toda la sustancia invisible de todas las generaciones de la humanidad se originó *ex nihilo,* mediante el sencillo acto de Dios que se menciona en Génesis 1:27, en el cual creó al hombre, 'varón y hembra'. La doctrina de la creación afirma que sólo una parte de la sustancia invisible de todas las generaciones de la humanidad fue creada en el primer acto: la de los dos primeros cuerpos; la sustancia invisible que constituye sus almas se ha creado subsiguientemente, mediante tantos actos creadores como almas individuales hay. El generacionismo y la doctrina de la creación individual están de acuerdo en uno de los puntos más difíciles del problema: en la clase de existencia anterior a la existencia individual. La doctrina de la creación concede que la historia humana no comienza con el nacimiento del primero individuo humano. No intenta explicar el pecado original con referencia a Adán. Sostiene que el cuerpo y la vida física del individuo no es una creación *ex nihilo* en cada caso, sino que se deriva de una naturaleza física común que se originó el sexto día de la creación. Al hacer eso, tal teoría concede que en Adán hay existencia hasta ese punto. Pero este sistema de raza de la existencia humana, que es anterior al modo del individuo, constituye la dificultad en este problema; y al aceptar su realidad en cuanto al cuerpo, la teoría de la creación se echa encima la misma carga que el generacionismo. Porque es tan difícil pensar en una existencia invisible del cuerpo humano en Adán, como pensar de la existencia invisible del alma humana en él. En realidad es aún más difícil; porque el cuerpo de un hombre individual, como lo conocemos nosotros, es visible y tangible, en tanto que su alma no lo es. Y es más concebible una existencia invisible e intangible en Adán que una visible y tangible . . . Hay dificultades en cualquier teoría que se proponga sobre el origen del hombre, pero son menos las del generacionismo que las de la teoría de la creación de la parte espiritual en cada individuo. Si el misterio de una *completa* existencia en Adán, tanto en lo psíquico como en lo físico, se acepta, las dificultades con respecto a la imputación del primer pecado y a la propagación de la corrupción se alivian. Turretin dice que 'no hay duda de que, mediante esta teoría, parece que desaparecen todas las dificultades'. Pero el primer paso es el que cuesta. Adoptar un misterio revelado al principio, este misterio en este caso, como en todos los demás casos de los misterios revelados, es un paso que arroja una iluminación intensa, y hace que todas las cosas queden claras" (*Dogmatic Theology*, Vol. II. págs. 7-19).

Si seguimos esta porción del tratado del Dr. Shedd sobre este tema, descubrimos que él se propone discutir en 75 páginas algunos problemas que corresponden a tres distintos enfoques: las Escrituras, la teología y la psicología. Los estudiantes están obligados a hacer un estudio atento de estas páginas, que persiga una consideración exhaustiva de estos profundos aspectos. Hasta ahora, ningún partidario de la teoría de la creación individual de la parte espiritual ha presentado ningún cuerpo argumentativo convincente, y se estima que es dudoso que dicha teoría pueda presentar algún argumento de valor. Como ya se indicó, el problema de la humanidad de Cristo –que incluye un alma humana, un espíritu humano y un cuerpo humano– y el problema del pecado original y de la herencia entran ampliamente en esta controversia. Con respecto al alma humana y al espíritu humano de Cristo, el Dr. Hodge, influido por sus puntos de vista de la teoría de la creación, no puede ver cómo, según el generacionismo, Cristo pudiera salvarse de la participación en la naturaleza de Adán. Los teólogos del generacionismo han creído siempre que se ejerció una protección divina especial contra la naturaleza de Adán, que hubiera podido comunicarle al Hijo la madre humana. Lo que se llama "la inmaculada concepción", según el punto de vista generacionista de la Iglesia Católica, afirma para Cristo la libertad de la mancha del pecado original. Hablándole a María, el ángel le dijo: "El Espíritu Santo vendrá sobre ti, y el poder del Altísimo te cubrirá con su sombra; por lo cual también el Santo Ser que nacerá, será llamado Hijo de Dios" (Lc. 1:35). Por otra parte, es difícil entender que esa naturaleza pecaminosa que se les atribuye a todos los hombres, y que procede del pecado de Adán, pueda existir, si Dios crea cada alma y cada espíritu *ex nihilo* en el momento de nacer. Si, como arguye el generacionismo, la parte inmaterial del hombre se trasmite de padre a hijo, y que el padre procrea según su especie, la comunicación de la naturaleza que tuvo Adán no es sólo una consecuencia razonable, sino también inevitable. Cuando se intenta explicar la naturaleza universal del pecado, los partidarios de la teoría de la creación presentan extrañas especulaciones. Hemos de examinar estas especulaciones posteriormente cuando estudiemos lo relativo a la imputación del pecado. La Biblia da testimonio de que los padres engendran hijos, y no sólo cuerpos humanos. También es claro que las características mentales y temperamentales se heredan en la misma forma que la semejanza física. Probablemente no hay ningún pasaje bíblico tan revelador al respecto como el de Hebreos 7:9, 10: "Y por decirlo así, en Abraham pagó el diezmo también Leví, que recibe los diezmos, porque aún estaba en los lomos de su padre cuando Melquisedec le salió al encuentro." En este pasaje se declara que Leví pagó diezmos –acto que no pudiera atribuírsele al solo germen o a un cuerpo humano sin vida– cuando estaba en los lomos de su bisabuelo Abraham. El generacionismo reconoce que Dios realiza un acto creador cuando regenera a los hombres, y que todavía El ha de crear nuevos cielos y nueva tierra; pero que también es cierto que el orden de sucesión en la creación, en el cual el hombre llegó a ser un ser existente, cesó con la creación del primer hombre y con la consumación del sexto día. Debe reconocerse también que, si el hombre no es íntegramente procreado –cuerpo, alma y espíritu– él sería la única excepción entre todas las formas de vida creadas. Habría una sorprendente falta de real parentesco entre aquellos que, por ventura, son creados individualmente *ex nihilo* en el momento de nacer, y todos los demás animales. Bajo estas condiciones, la relación humana tiene que depender solamente de la procreación de un cuerpo sin vida. Así que la doctrina del Pariente que redime también entra en este asunto. Si la parte inmaterial de Cristo que fue humana fue una creación de Dios en forma directa y completamente desconectada del género humano procedente de Adán, entonces, la base para que el pudiera servir como Pariente redentor desaparece casi hasta desvanecerse.

La conclusión es que, aunque este tema está oculto en el misterio –como lo está el hecho de la vida de cualquier clase– la preponderancia de la evidencia sostiene la teoría del generacionismo.

IV. ELEMENTOS QUE CONSTITUYEN LA PARTE INMATERIAL DEL HOMBRE

El misterio de la vida es desconcertante, y nunca lo es tanto como cuando se acomete un análisis de la parte inmaterial del hombre. Toda la realidad del ser se debe ampliamente al hecho de que es una persona viviente la que actúa en el cuerpo, la que sostiene una relación consciente con todas las cosas, y sin la cual el cuerpo no sólo está muerto, sino también sujeto a inmediata decadencia. Pero en tanto que esa realidad permanezca en el cuerpo, la vida continúa, el cuerpo se preserva, y su estructura se renueva. Esa realidad es la que piensa, la que siente, la que razona, la que tiene voluntad. Esa realidad enigmática es la que comprende; y, sin embargo, no puede ser comprendida.

Para referirse al "hombre interior", la Biblia emplea varios términos: alma, espíritu corazón, carne, mente. Y surge entonces la pregunta sobre si estos son elementos separados que pueden existir separados los unos de los otros, o si son funciones o modos de expresión del mismo *ego.* Generalmente se cree que esto último es lo que está más cerca de la verdad, y hay razones para ello. Sin embargo, en la Biblia se hace constantemente referencia a estos elementos o facultades del "hombre interior" de tal modo que ninguno de esos términos puede representar toda la naturaleza inmaterial del hombre. Sólo cuando se logra una inducción completa se descubre lo que es específicamente cierto con respecto a cada uno de dichos elementos. Y el significado que dichos términos tienen en el uso bíblico hay que descubrirlo según el uso que se les da en el Texto Sagrado. La Biblia no es un libro de definiciones. Sus grandes realidades se asumen tales como son. En lo que tiene que ver con estos aspectos de la vida humana, se puede decir que la especulación humana tiende más a confundir que a clarificar. Estos términos son distintivos, y se usan en la Palabra de Dios con absoluta exactiud. De estos términos, hay dos a los cuales les daremos especial atención: *alma* y *espíritu.* Con esto no queremos decir que su uso es numéricamente superior, sino que tienen prominencia por causa de la manera en que se emplean. Del hombre íntegro se dice que está constituido de cuerpo, alma y espíritu; y eso, sin el reconocimiento de los otros aspectos del "hombre interior" que acabamos de mencionar.

Aquí surge una pregunta que ha unido y separado a los teólogos de todas las generaciones ¿Es el hombre un ser *dicótomo* –que tiene dos partes: material e inmaterial, con la suposición de que alma y espíritu son una misma cosa– o es un ser *tricótomo* –cuerpo, alma y espíritu–? Todos concederían de inmediato que, desde cualquier punto de vista, no hay la misma amplitud de distinción que se observa entre *cuerpo* y *alma,* o entre *cuerpo* y *espíritu,* en el caso de *espíritu* y *alma.* Una verdadera y profunda distinción se implica muchas veces entre *alma* y *espíritu;* sin embargo, muchas veces se usan los dos términos como sinónimos. Así que la controversia está entre los que quedan impresionados con las distinciones y los que se impresionan con las similitudes. Haríamos bien en reconocer que, cuando uno lo demanda, la Biblia les asigna a estos dos términos distintos significados; y cuando no se tiene en cuenta la distinción específica, la Biblia emplea en forma intercambiable. En otras palabras, la Biblia apoya tanto la dicotomía como la tricotomía. La distinción entre el alma y el espíritu es tan incomprensible como la misma vida; y todos los esfuerzos que hacen los hombres para establecer definiciones tendrán que ser siempre insatisfactorios. Para confirmar lo que se acaba de decir con respecto al uso que se les da en la Biblia a estos términos, se puede notar lo siguiente: el término *espíritu* se usa libremente para indicar la parte inmaterial del hombre (comp. 1 Co. 5:3; 6:20; 7:34; Stg. 2:26); y el término *alma* se emplea también de la misma manera (comp. Mt. 10:28; Hch. 2:31; 1 P. 2:11; véase el uso paralelo de estos términos en Lc. 1:46, 47). De igual manera, las mismas funciones generales se atribuyen tanto al alma como al espíritu (comp. Mr. 8:12; Jn. 11:33; 13:21 con Mt. 26:38; Jn. 12:27. Comp. 2 Co. 7:1 con 1 P. 2:11; 1 Ts. 5:23; He. 10:39. Comp. Stg. 5:20 con 1 Co. 5:5. Obsérvese también Mr. 8:36, 37; 12:30; Lc. 1:46; He. 6:18, 19; Stg. 1:21). Sobre los que parten de esta vida, a veces se dice que son *almas* y otras veces que son *espíritus* (Gn. 35:18; 1 R. 17:21; Mt. 27:50; Jn. 19:30; Hch. 2:27, 31; 7:59; He. 12:23; 1 P. 3:18; Ap. 6:9; 20:4). Así, también se nos presenta a Dios como Espíritu y como Alma (Is. 42:1, Jr. 9:9; Mt. 12:18; Jn. 4:24; He. 10:38).

Los que basan sus conclusiones sobre estas generalidades han afirmado que la Biblia enseña solamente la dicotomía. Pero contra esa posición está la verdad de que muy a menudo estos términos no pueden utilizarse intercambiablemente. En este punto debe observarse que existe la más estrecha relación entre el espíritu humano y el Espíritu Santo; tan estrecha, en realidad, que no siempre es posible saber a cuál de los dos se refieren ciertos pasajes del Texto Sagrado. El Espíritu Santo obra en el espíritu humano y por medio de él; pero esto no puede decirse con respecto al alma. "El Espíritu mismo da testimonio a nuestro espíritu, de que somos hijos de Dios" (Ro. 8:16). El alma puede perderse, pero no se afirma eso del espíritu (Mt. 16:26). Los tres pasajes bíblicos importantes que distinguen entre *alma* y *espíritu* son los siguientes: "Se siembra cuerpo animal, resucitará cuerpo espiritual. Hay cuerpo animal y hay cuerpo espiritual" (1 Co. 15:44). "Y el mismo Dios de paz os santifique por completo; y todo vuestro ser, espíritu, alma y cuerpo, sea guardado irreprensible para la venida de nuestro Señor Jesucristo" (1 Ts. 5:23). "Porque la palabra de Dios es viva y eficaz, y más cortante que toda espada de dos filos; y penetra hasta partir el alma y el espíritu, las coyunturas y los tuétanos, y discierne los pensamientos y las intenciones del corazón" (He. 4:12). Se ha escrito mucho con el propósito de armonizar estos tres pasajes con el punto de vista de la dicotomía. En este esfuerzo se pasa a menudo por alto el contenido de 1 Corintios 14:55, aunque presente una distinción que es inmensurable. La traducción *"cuerpo animal"* oscurece el hecho para el lector corriente. Realmente se refiere al cuerpo presente, el cual se dice que se adapta al alma, en contraste con el cuerpo futuro, el cual se adaptará al espíritu. El cuerpo futuro ha de ser como el cuerpo glorificado de Cristo, y la diferencia entre el cuerpo presente —corruptible, vergonzoso, débil y adaptado al alma— tal como se mide en este caso, y el cuerpo resucitado —incorruptible, glorioso, poderoso y adaptado al espíritu— indica cuál es el concepto y la capacidad del alma en contraste con el concepto y la capacidad del espíritu.

"Cara a cara, ¡cuán glorioso ha de ser así vivir!
¡Ver el rostro de quien quiso nuestras almas redimir!
Cara a cara espero verle más allá del cielo azul,
Cara a cara en plena gloria he de ver a mi Jesús."

Hemos de considerar individualmente cada uno de estos elementos que, en conjunto, constituyen la parte inmaterial del hombre:

1. EL ALMA. No se ha hallado un análisis mejor, tanto del alma como del espíritu, que el de J. I. Marais, en la *International Standard Bible Encyclopaedia.* Con respecto al alma humana, él escribe:

"El alma, como el espíritu, tiene varios matices de significado en el Antiguo Testamento, los cuales se pueden resumir de la manera siguiente: ' alma ', ' ser viviente ', ' vida ', ' sí mismo ', ' persona ', ' deseo ', ' apetito ', ' emoción ' y ' pasión '. En el primer caso significa aquello que respira, y se distingue como tal de la palabra ' carne ' *(bāsār;* Is. 10:18, Dt. 12:23), de la misma palabra ' alma ' *(she,er),* que se refiere a la carne interna que está pegada a los huesos (Pr. 11:17; ' A su alma '), y de la palabra ' cuerpo ' *(beten;* Sal. 31:9: ' mi alma también y mi cuerpo '), etc.

Como *respiración de la vida,* el alma parte en el momento de la muerte (Gn. 35:18; Jer. 15:2). De ahí parte el deseo de los santos del Antiguo Testamento de ser librados del Seol (Sal. 16:10: Porque no dejarás mi alma en el Seol), y también del sepulcro *(shahath;* Job 33:18: ' Detendrá su alma del sepulcro ').

Mediante una fácil transición, esta palabra llega a representar el *individuo,* la *vida personal,* la *persona,* con dos distintos matices que podrían indicarse mejor con las palabras latinas *ánima* y *animus.* Como *ânima,* el ' alma ' es la vida inherente en el cuerpo, el principio que anima la sangre (comp. Dt. 12:23, 24: ' Solamente que te mantengas firme en no comer sangre; porque la sangre es la vida, y no comerás la vida juntamente con su carne '). Como *animus,* es la ' mente ', el centro de nuestras actividades y de nuestras pasividades mentales. Así leemos de ' el alma hambrienta ' (Sal. 107:9), de el ' alma cansada ' (Jer. 31:25), del ' alma ' que no ' abominará ' (Lv. 26:11), del ' alma ' que ' tiene sed de Dios ' (Sal. 42:2), del ' alma ' que ' se entristeció ' (Job 30:25), del ' alma ' que ama (Cnt. 1:7), y muchas otras expresiones afines. Cremer ha caracterizado el uso de esta palabra en una sola declaración: '*Nephesh* (alma) en el hombre es el sujeto de la vida personal, de lo cual se deduce que *pneuma* o *rūah* (espíritu) es el principio' *(Léxico,* Vol. II, Pág. 795).

La individualidad del hombre, sin embargo, puede denotarse mediante la palabra *pneuma* también, pero con una distinción. *Nephesh* o ' alma ' sólo puede denotar la vida individual en una organización material o cuerpo. La palabra *pneuma* o ' espíritu ' no es tan restringida. La Escritura habla de ' los espíritus de los justos hechos perfectos ' (He. 12:23). Allí no puede haber la idea de organización material, física ni corpórea. Hay ' seres espirituales libres de los asaltos de las profanaciones de la carne '(Delitzsch). Si se quiere hacer un estudio del empleo excepcional de la palabra *psuchê,* en el mismo sentido, conviene examinar *Apocalipsis 6:9, 20:4* y (sin tomar en cuenta el significado de Salmo 16:10) y *Hechos 2:27.*

En el Nuevo Testamento aparece la palabra *psuchê* más o menos en las mismas condiciones en que aparece en el Antiguo Testamento. El contraste se mantiene cuidadosamente en ambos Testamentos. Se usa dondequiera que *pneuma* no pudiera emplearse; y sin embargo, parece a veces que se emplea en lugares donde pudiera sustituir a la palabra *pneuma.* Así, leemos en Juan 19:30: ' . . . entregó –Jesús– el *pneuma* ' al Padre. Y en el mismo Evangelio se nos dice: ' . . . pongo mi vida *-psuchê–* por las ovejas. ' Y en Mateo 20:28 se nos dice que el Hijo del Hombre vino ' para dar su *psuchê* –no su *pneuma)* en rescate por muchos. ' Esta diferencia es característica. Porque el *pneuma* tiene una relación con Dios que es diferente a la que con El tiene el *psuchê.* El ' espíritu ' –*pneuma*– es el soplo de Dios en la criatura, el principio de vida que se deriva de Dios. El ' alma ' –*psuchê*– es la posesión individual del hombre, aquello que distingue a un hombre del otro y de la naturaleza inanimada. El *pneuma* de Cristo estuvo sujeto al Padre en la hora de la muerte; su *psuchê* estaba también sujeta, su vida individual fue entregada ' en rescate por muchos '. El dio su vida ' por las ovejas '.

Esto explica aquellas expresiones del Nuevo Testamento que tratan sobre la salvación del alma, y de su preservación en las regiones de la muerte. ' Porque no dejarás mi alma en el Hades ' (el mundo de las tinieblas; Hch. 2:27). ' Tribulación y angustia sobre todo ser humano que hace lo malo ' (Ro. 2:9). ' Pero nosotros no somos de los que retroceden para perdición, sino de los que tienen fe para preservación del alma ' (He. 10:39). ' . . . recibid con mansedumbre la palabra implantada, la cual puede salvar vuestras almas ' (Stg. 1:21). Con las mismas expresiones o con otras similares podemos encontrarnos en el Antiguo Testamento cuando habla con respecto al alma. Así en Salmo 49:8 leemos: ' Porque la redención de su vida –alma– es de gran precio. ' Y también leemos: ' Pero Dios redimirá mi vida –alma– del poder del Seol ' (Sal. 49:15). Tal vez esto explique –por lo menos ésa es la explicación que da Wendt– por qué aun un cadáver recibe el nombre de *nephesh* o alma en el Antiguo Testamento; porque en la región de los muertos, el individuo retiene su individualidad, hasta cierto punto separada de Dios (comp. Hag. 2:13; Lv. 21:11).

La distinción entre *psuchê* y *pneuma,* o entre *nephesh* y *ruah,* a la cual hemos hecho referencia, se puede describir mejor en palabras de Oehler *(Old Testament Theology,* Vol. I, pág. 217): ' El hombre *no es* un espíritu, sino que *tiene* un espíritu. El es un *alma*. . . En el alma, que brota del espíritu, y que existe continuamente por medio de él, descansa la individualidad; en el caso del hombre, su personalidad, su *yo,* su *ego* '. El llama la atención a las palabras de Eliú que se encuentran en Job 33:4: ' El espíritu de Dios me hizo ', es decir, ordenó la existencia del alma; ' y el soplo del Omnipotente me dio vida ', es decir, le puso energía y fortaleza al alma, en existencia continua. Eso lo hizo el Omnipotente, a cuyas manos se rinde el espíritu que El sopló, cuando el alma parte de nosotros, o es tomada de nosotros (1 R. 19:4). Por consiguiente, según Oehler, las expresiones *naphshî* (mi alma), y *naphshekhā* (tu alma), pudieran traducirse en latín *egomet, tu ipse* (yo mismo, tú mismo); pero no pudieran traducirse así las palabras *ruhî* (mi espíritu), *ruhakha* (tu espíritu), que se refieren al alma que representa a toda la persona, como en Génesis 12:5, 17:14; Ezequiel 18:4" (Vol. V., págs. 2837, 2838).

2. ESPIRITU. Del mismo modo, citaremos parcialmente el análisis del espíritu humano que hace el mismo autor:

"Se usa primariamente tanto en el Antiguo como en el Nuevo Testamento para referirse al *viento,* como en Génesis 8:1; Números 11:31;. . . Hebreos 1:7 (ángeles, ' espíritus '). Se usa a menudo como *hálito,* como en Job 12:10; 15:30, y en 2 Tesalonicenses 2:8 (el Señor matará al inicuo ' con el espíritu de su boca '). En un sentido figurado se empleó para indicar el *disgusto,* la *ira* y como tal se le aplica al mismo Dios, de Quien se dice que destruye ' por el soplo de su ira ' (Job 4:9; Ex. 15:8; 2 S. 22:16; comp. 2 Ts. 2:8). Por tanto, también se aplica al hombre, en el cual es el asiento de las emociones en cuanto a deseos e inquietudes, y así gradualmente se le aplica a toda cualidad moral y mental en general (Ex. 28:3: ' espíritu de sabiduría '; Ez. 11:19: ' nuevo espíritu '). Donde el Espíritu divino conmueve profundamente al hombre es en los escritos de los profetas, y allí tenemos un empleo algo similar de dicha palabra, en expresiones como: ' y el Espíritu de Dios vino sobre él con poder ' (1 S. 10:10).

El espíritu como principio de vida en el hombre tiene varias aplicaciones: algunas veces denota *aparición* (Mt. 14:26: ' diciendo: ¡Un fantasma! '; comp. Mt. 12:43; Mr. 1:23, 26, 27; Ap. 1:4: ' . . . los siete espíritus que están delante de su trono '). Así que el espíritu es el principio de vida en el hombre –pero del hombre en tanto que se distingue de los irracionales– de tal modo que en el momento de la muerte, el espíritu se entrega en las manos del Señor (Lc. 23:46; Hch. 7:59; 1 Co. 5:5: ' a fin de que el espíritu sea salvo '). Por tanto, también se dice que Dios es ' el Padre de los espíritus ' (He. 12:9). Así se emplea generalmente para referirse a todas las manifestaciones de la parte espiritual del hombre: pensamientos, sentimientos, voluntad; y también para denotar ciertas cualidades que distinguen al hombre, por ejemplo, ' pobres en espíritu ' (Mt. 5:3); ' espíritu de mansedumbre ' (Gá. 6:1); ' espíritu de esclavitud ' (Ro. 8:15); ' espíritu de celos ' (Nm. 5:14); ' espíritu de cobardía ' (2 Ti. 1:7); ' espíritu de estupor ' (Ro. 11:8). Y se nos advierte contra la posibilidad de ser dominados por un espíritu malo: ' Vosotros no sabéis de qué espíritu sois. ' Así que los hombres pueden someterse al ' espíritu de error ', y apartarse del ' espíritu de verdad ' (1 Jn. 4:6). Leemos, por ejemplo, con respecto al ' espíritu de consejo ' (Is. 11:2), y al ' espíritu de sabiduría ' (Ef. 1:17).

Podemos avanzar un paso más hacia arriba cuando encontramos al espíritu humano en su relación con el Espíritu de Dios. Porque no es más sino una criatura a la cual Dios le ha impartido la vida de su Espíritu: la vida, pues, no es otra cosa que un resultado del soplo de Dios. De ese modo, la vida y la muerte se explican en forma realista, como el acto de impartir o de quitar el hálito de Dios, como en Job 27:3; 33:4; 34:14. En este último versículo, el espíritu y el aliento van juntos. El espíritu puede *revivir* (Gn. 45:27), o puede *angustiarse* (Sal. 143:4), o puede *abatirse* (Pr. 15:13). Y donde se ha sentido vivamente el pecado, hay ' espíritu quebrantado ', que se considera como un *sacrificio de Dios* (Sal. 51:17). Cuando el hombre se somete al poder del pecado, su mente sigue una nueva dirección, por cuanto lo domina el ' espíritu de fornicaciones ' (Os. 4:12); su espíritu se hace ' altivo ' (Ex. 7:8), en vez de ser ' sufrido de espíritu '; se hace necio, ' porque el enojo reposa en el seno de los necios ', y se apresura en su ' espíritu a enojarse ' (Ec. 7:9). ' El de espíritu fiel ' es el que resiste los chismes y la murmuración (Pr. 11:13). En casos como estos es donde aparece la diferencia entre 'alma' y 'espíritu' " *(ibid.,* Vol. V, págs. 2841, 2842).

En la misma obra, y bajo el título *Psicología,* el mismo autor presenta contrastes importantes entre el *alma* y el *espíritu:*

"Uniendo todo, la posición bíblica parece ser la siguiente: El Espíritu divino es la fuente de toda vida, y su poder se comunica en la esfera física, intelectual y moral. Ese Espíritu, como *spiritus spirans,* o sea el *espíritu que inspira,* mediante su mismo soplo hace del hombre un alma viviente: ' Y haya hálito de Dios en mis narices ' (Job 27:3). ' Les quitas el hálito –*ruah* (espíritu)– dejan de ser, y vuelven al polvo ' (Sal. 104:29). Por tanto se dice que Dios es el ' Dios de los espíritus de toda carne" (Nm. 16:22; 27:26).

El alma, aunque es idéntica con el espíritu, tiene algunos matices de significado que no los tiene el espíritu; ella es la que representa al individuo. ' El hombre es espíritu, por cuanto depende de Dios. El hombre es un alma, porque, a diferencia de los ángeles, tiene cuerpo, lo que lo relaciona con la tierra. Es *animal* por cuanto posee *anima,* aunque es un animal racional, lo cual lo distingue del bruto' "(Bavinck, *German Dogmatics,* Vol. II, pág. 268). *(Ibid.*, Vol. IV, pág. 2497).

Habiendo dicho que C. A. Auberlen dijo: "Cuerpo, alma y espíritu no son otra cosa que la base real de los tres elementos del hombre: consciencia del mundo externo, consciencia propia y consciencia de Dios"; John Laidlaw continúa diciendo lo siguiente:

"Sería relativamente fácil refutar cada una de estas divisiones propuestas, al confrontarlas con uno o más textos que no pudieran explicar. Es mejor aceptarlas como evidencia del empleo de la tricotomía en las Escrituras, el cual requiere reconocimiento y explicación. Sólo una paciente investigación sobre su surgimiento podría capacitarnos para comprender su fuerza. El hecho de que alma y espíritu indican distintas naturalezas del hombre, o, como lo expresa Delitzsch, denotan elementos separables de una misma naturaleza; o, como la expresan otros, se refieren a distintas facultades del hombre interno, implica una clase de análisis que está fuera de la armonía con el pensamiento bíblico, y que no sería consecuente con el examen imparcial de la fraseología bíblica. Por otra parte, el hecho de afirmar que en los pasajes que hay que explicar no hay más que una acumulación retórica de términos, no nos deja satisfechos . . .

Pasemos ahora del empleo natural al uso teológico de estos dos términos en el Nuevo Testamento. Surge un asunto importante: si la distinción que ha de hallarse entre *pneuma* con su valor de adjetivo por una parte, y *psyche* con su valor de adjetivo por otra, en el grupo bien conocido de pasajes, especialmente de Pablo (1 Ts. 5:23; 1 Co. 2:14; 15:44; He. 4:12; Jud. 19), es idéntica con la de las escuelas judías, o le debe su fuerza a una influencia superior. Si el empleo que les daba el Antiguo Testamento a estos términos, según se deduce de los Evangelios, en el empleo que les dieron nuestro Señor y los antiguos apóstoles, es analítico, entonces era natural y real que se opusiera a lo filosófico. Entonces, aunque se puede decir que Pablo adoptó el lenguaje filosófico de las escuelas judías, más bien estaba rescatando de las manos de ellas los términos empleados en el Antiguo Testamento, con un nuevo propósito. El paralelo entre su lenguaje tripartito y el de los platonistas y estoicos es bastante obvio. Pero la diferencia no es menos clara. Lo que Pablo tomó de ellos estaba sancionado en el uso de la *Septuaginta;* lo que él agregó era una aplicación del lenguaje del Antiguo Testamento para expresar la revelación de la gracia del Nuevo Testamento. El ser tripartito de Platón y de las escuelas platónicas era parte de un método para resolver el problema del mal. Tenía el propósito de explicar fuerzas morales divergentes en el hombre, por causa de que lo que es peor en él subyuga a lo que es mejor. Y lo explicaba así, asumiendo que había en la formación del hombre un elemento físico que se oponía eternamente a lo divino. En los términos de la tricotomía, tal como se deriva del Antiguo Testamento, no había tal corrupción. Estaban apropiados para algo mejor que para una explicación del mal en el hombre; es decir, para expresar, según el poder de la nueva revelación, la forma de su restauración. Esas palabras eran especialmente a propósito para expresar la nueva idea. Una de ellas especialmente, *espíritu (πνευμα)*, no había sido nunca adulterada por el pensamiento étnico o erróneo. Nunca se había usado en la psicología griega. Aun el más alto principio de Platón no era πνεῦμα sino νοῦς y sus derivados. Por tanto, aunque la idea de tricotomía del Nuevo Testamento fue sugerida por el uso de las escuelas griegas y greco-hebreas, los términos en sí eran bíblicos. El significado resultaba cierto de una vez para la sencilla psicología del Antiguo Testamento, y ampliado con plenitud en la revelación del Nuevo Testamento. Es claro que la distinción entre el hombre físico y el espiritual, entre el cuerpo físico y el cuerpo espiritual, es un pensamiento radical en la teología de las epístolas de Pablo. Pero en vez de estar basado en los elementos constituyentes de la naturaleza humana, surge principalmente de dos manifestaciones del pensamiento revelado. Uno de ellos se revela en la personalidad de una tercera Hipóstasis en la Divinidad, la cual se encuentra definida y completamente revelada en el Nuevo Testamento con el nombre de Espíritu, Espíritu Santo de Dios, Espíritu de Cristo. La otra es la unión espiritual de la humanidad redimida con Dios por medio de Jesucristo. La nueva vida que así se origina se denomina de varias maneras: 'el nuevo hombre', 'nueva criatura', 'el hombre interior', y especialmente 'el espíritu' en contraste con 'la carne'. La razón por la cual hubo que adoptar la palabra *pneuma* para expresar la nueva naturaleza de los creyentes cristianos, o la morada de Dios con los hombres, es clara. La tercera Persona de la Trinidad es el Agente que origina y sostiene esta vida nueva. Y con raro acierto, la misma palabra (*ruach* en el Antiguo Testamento, y *pneuma* en el Nuevo) denota al Espíritu de Dios y la vida que procede del cielo en el nuevo hombre. Este es, a la vez, un ejemplo de la influencia ennoblecedora de la revelación sobre el lenguaje, y de la capacidad y penetración que tiene la revelación progresiva en los destinos de la naturaleza humana. *Pneuma* y *psyche,* con sus derivados, asumen así, por la influencia del Nuevo Testamento y de su teología, un nuevo y más amplio significado. Además de denotar la vida física en común, y sin embargo, con diferencia de aspectos; además de denotar la vida interna en general, con su correspondiente diferencia de énfasis, indican también una distinción moral y espiritual. El hombre físico es hombre, tal como lo ha constituido su naturaleza y como lo ha afectado el pecado. El hombre espiritual es hombre, por cuanto la gracia lo reconstituye, y por cuanto el Espíritu de Dios mora en el. El hombre no regenerado es un hombre 'físico que no tiene el Espíritu'. La palabra de Dios hace diferencia entre lo que es físico y lo que es espiritual. El cristiano ha de ser santificado íntegramente en su vida tripartita: la vida física del cuerpo, la vida individual del alma y la vida interna del espíritu. Estos dos últimos aspectos son las bases de la vida natural y de la vida regenerada respectivamente. A medida que avanza el plan de la Redención, él tendrá que cambiar su cuerpo físico o natural, que tiene en común con todos los hombres, por haberlo recibido de Adán; por un cuerpo espiritual, glorificado, adaptado a su nueva naturaleza, y constituido a la manera del cuerpo glorioso de nuestro Señor. El primer hombre, cabeza de la raza, fue hecho *psyche* viviente; pero el segundo Adán es un *Pneuma* vivificante" (*op. cit.* págs. 66, 67, 70-73).

3. CORAZON. En su sentido psicológico, el término *corazón* se refiere, en ambos Testamentos, a la vida humana y al ejercicio de sus energías. El órgano físico que tiene este nombre es el distribuidor de la sangre, y la Biblia tiene el concepto de que la vida del cuerpo está en la sangre (Lv. 17:11). Así que es natural que se considere el corazón como el centro de la vida. Del mismo modo, el corazón es el

órgano que reacciona ante las emociones humanas y, por tanto fácilmente puede considerarse como el centro de la sensibilidad. Está escrito en el libro de Proverbios: "El corazón conoce la amargura de su alma" (14:10). Y también: "guarda tu corazón; porque de él mana la vida" (4:23). De este modo, la Palabra de Dios relaciona el término *corazón* con la consciencia propia natural. En este mismo sentido, Isaías 6:10 (pasaje que se cita seis veces en el Nuevo Testamento– y 1 Corintios 2:9 son pasajes específicamente reveladores. Dicen así: "Engruesa el corazón de este pueblo, y agrava sus oídos, y ciega sus ojos, para que no vea con sus ojos, ni oiga con sus oídos, ni su corazón entienda, ni se convierta, y haya para él sanidad" (Is. 6:10). "Antes bien, como está escrito: "Cosas que ojo no vio, ni oído oyó, ni han subido en corazón de hombre, son las que Dios ha preparado para los que le aman" (1 Co. 2:9). Muy al principio de la historia se dijo con respecto al hombre: " . . . todo designio de los pensamientos del corazón de ellos era de continuo solamente el mal" (Gn. 6:5). El profeta Ezequiel declara que Jehová tiene el propósito de darle a Israel un "corazón nuevo" (Ex. 36:26). Y el apóstol Pablo habla de la ley que estaba "escrita en sus corazones". El corazón se purifica "por la fe". Pedro escribe sobre el ornato "interno, el del corazón." Jehová "escudriña el corazón." De estos pasajes se puede deducir que el término *corazón* representa el ejercicio específico de las realidades de la vida humana y, por tanto, puede distinguirse hasta cierto punto del alma y del espíritu, aunque otra vez hay que decir que no se puede establecer una línea precisa entre estos conceptos, y que poco aprovecha la especulación humana con estos términos.

La palabra *corazón* aparece 600 veces en el Antiguo Testamento y por lo menos 120 en el Nuevo. La palabra *alma* sólo se nos presenta unas 400 veces en toda la Biblia. Y la palabra *espíritu,* un poco más que *alma,* incluyendo las referencias al Espíritu de Dios. El amplio uso de la palabra *corazón,* con todas sus variadas implicaciones, la coloca en una posición de suprema importancia en la psicología bíblica. Estrechamente relacionada con el término *corazón* está la palabra *riñones,* que aparece 15 veces en la Biblia, y sólo una de ellas en el Nuevo Testamento (Ap. 2:23). Parece que la palabra *riñones* simboliza la parte más interna del ser del hombre, el asiento de las emociones más profundas que sólo Dios puede conocer cabalmente. Seis veces se usa esta palabra *riñones* juntamente con la palabra *corazón*, lo cual es evidentemente para hacer hincapié en la naturaleza emocional del hombre.

4. CARNE. Este cuarto término psicológico que se menciona en la Biblia introduce una realidad aún más compleja que la que introducen los otros. La palabra *carne (σάρξ)* está sujeta a un empleo

triforme en el Nuevo Testamento. Cuando se pueden distinguir estos usos, cae cierta luz sobre este tema, que fácilmente se presta a incomprensiones. En algunos ejemplos, la "carne" se refiere solamente a la parte material del hombre. Claro que en tales casos no tiene ningunas implicaciones psicológicas. En esos casos es equivalente de la palabra *cuerpo* (σῶμα). En el sermón del Pentecostés, Pedro, refiriéndose a la esperanza que tenía David de que Cristo se levantaría de entre los muertos, dice: "Pero siendo profeta, y sabiendo que con juramento Dios le había jurado que de su descendencia, en cuanto a la carne, levantaría al Cristo para que se sentase en su trono, viéndolo antes, habló de la resurrección de Cristo, que su alma no fue dejada en el Hades, ni su carne vio corrupción" (Hch. 2:30, 31). En los dos casos en que se usa en este pasaje, su significado se restringe a la sustancia del cuerpo. En 1 Corintios 15:39, el apóstol Pablo amplía su significado hasta incluir la sustancia de todas las criaturas vivientes. Algunas veces dicho término va unido con la palabra *sangre:* "carne y sangre". En estos casos tiene profundo significado. Aunque también se utiliza para referirse al cuerpo humano (Ef. 5:29) y al cuerpo de Cristo (Jn. 1:14; 1 Ti. 3:16; He. 5:7), en estos casos específicos no es más que un sinónimo de *cuerpo.*

En su segundo significado se refiere a las relaciones y clasificaciones humanas. Con este significado, el término *carne* aparece muchas veces en el Antiguo Testamento. Pedro, citando a Isaías 40:6-8, declara: "Porque: Toda carne es como hierba, y toda la gloria del hombre como flor de la hierba. La hierba se seca, y la flor se cae; mas la palabra del Señor permanece para siempre. Y esta es la palabra que por el evangelio os ha sido anunciada" (1 P. 1:24, 25). Aquí se refiere a la gente que mora sobre la tierra –no a determinado número de cuerpos que se componen de carne, sino a cuerpos que tienen almas y están vivos. Sin embargo, aunque este empleo de la palabra sirva para indicar tanto el cuerpo como la vida que está en él, no envuelve ninguna referencia directa a las cualidades morales y éticas.

El tercer uso de la palabra *carne* es para designar aquello que se restringe absolutamente a la parte inmaterial del hombre. Al enfocar este uso específico de la la palabra, debe observarse que en el primer caso parece restringirse al cuerpo solamente; en el segundo, combina lo material con lo inmaterial, pero sin significación moral; mientras que en el tercero se restringe a la parte inmaterial del hombre, con significado especialmente ético y moral. La *carne,* pues, es un elemento en el hombre, que le corresponde tanto al regenerado como al no regenerado. Se opone a Dios y a la santidad. Aislando el significado de la sustancia material, bien pudiera definirse como la naturaleza caída, la disposición a pecar. La carne manifiesta el *yo,* y al hacer la evaluación de esa manifestación, puede suceder que el cuerpo esté incluido directamente, pero sin ninguna contribución de importancia. El apóstol Pablo habló de *sí mismo* en los siguientes términos: "Y yo sé que en mí, esto es, en mi carne, no mora el bien; porque el querer el bien está en mí, pero no el hacerlo" (Ro. 7:18). La carne se manifiesta ordinariamente por medio del cuerpo, pero no se emplea el término *carne* para indicar las tendencias malas. Hay también malos deseos de la mente (Ef. 2:3), y contaminación de espíritu (2 Co. 7:1). Algunas "obras de la carne", como "iras, contiendas, disensiones, herejías", no tienen ninguna relación con el cuerpo. A esas se les da el nombre de "sabiduría humana" –de la carne– (2 Co. 1:12). La sabiduría de los hombres se opone a la de Dios, pues procede de una "mente carnal" (Col. 2:18). Esta es la que caracteriza el gnosticismo. El término *carne,* cuando es de carácter ético, es similar a las expresiones "viejo hombre", "cuerpo de pecado" (Ro. 6:6), "cuerpo de carne" (Col. 1:22), "otra ley en mis miembros" (Ro. 7:23), "lo terrenal en vosotros" (Col. 3:5).

Así hemos descubierto que el término carne, cuando tiene significación ética, se refiere a la parte del hombre que por causa de la caída, se opone a Dios y a su santidad. Es aquella naturaleza caída que, aunque se expresa por medio de las obras del cuerpo, se debe identificar, sin embargo, como aquella parte inmaterial del hombre que está relacionada con la parte material en tanto que ésta es la residencia de aquélla, y aquélla se expresa por medio de ésta. Para el apóstol Pablo, la vida presente es una vida "en la carne" (Gá.2:20). En muchos sentidos, él está en la carne en la misma forma como está en el *cosmos.* Es la esfera de su actual morada y, por tanto, siempre es una ocasión de conflicto. En este sentido se introduce la palabra *carnal,* que es la traducción del término griego *σαρκικός*, y que se refiere a aquello que tiene carácter de *carne.* Hay un pasaje bíblico que trata directamente este tema (1 Co.3:1-4), en el cual aparece esta palabra griega dos veces. El hecho de que la carta se les dirige a los corintios, a quienes se distingue con los calificativos de "hermanos" y "niños en Cristo" (3:1), nos proporciona una evidencia conclusiva de que son personas regeneradas. Sin embargo, según las condiciones que se mencionan en el contexto, son carnales. Así que el término *carnal* aparece como una descripción del estado espiritual del cristiano que se deja dominar por la carne y no por el Espíritu de Dios. Esa clase de cristianos es la que "anda" según la *carne.* En la misma porción en que Pablo declara que está en la *carne* (Ro.7:14-25), escribe: "mas yo soy carnal, vendido al pecado"

(7:14). En esta porción de las Escrituras –que es de carácter muy personal– el Apóstol presenta un ejemplo del conflicto que se realiza por la presencia de la *carne* en el que es salvo. Pedro contribuye en este aspecto con una admonición: "que os abstengáis de los deseos carnales que batallan contra el alma" (1 P.2:11). La función del alma está generalmente en una esfera más baja de la vida humana que la del espíritu (comp. 1 Co. 15:44); pero aquí se descubre que la carne está en un nivel aún más bajo que el del espíritu, pues sus deseos van en detrimento del alma.

En un pasaje similar (Ro.8:5-13), el problema fundamental de si es la carne la que debe dominar al creyente cristiano, o el espíritu, se desarrolla hasta su fin lógico; es decir, vivir conforme a la carne es estar en el camino de la muerte; y vivir conforme al Espíritu es estar en el camino de la vida, que es la victoria sobre la *carne.* Allí se nos afirma que los cristianos están en peligro de muerte espiritual; sin embargo, es cierto que pueden llegar a vivir en la misma condición de aquellos que están muertos espiritualmente (comp. Ef.2:3). Pueden llegar a hacer "la voluntad de la carne." La *Versión Autorizada,* en inglés, emplea los adjetivos *carnally* (carnal) en Romanos 8:6, y *carnal* (carnal) en el versículo 7 del mismo capítulo. Pero en el original griego no aparece allí la palabra *σαρκικός* (carnal), sino el sustantivo *σάρξ* (carne). (*La Versión Reina-Valera,* revisión de 1960, sí utiliza la palabra "carne" en el versículo 7). La debida consideración de este contexto no dejará de impresionar la mente con respecto al carácter maligno de la *carne,* cuando se emplea en sentido ético. En ese caso, la *carne* tiene una oposición determinada e inalterable contra el Espíritu de Dios.

Siendo que el Espíritu Santo no mora en ninguna persona que no sea regenerada, el conflicto que se describe en estas porciones es entre lo que el cristiano es en sí mismo –*carne*– y el Espíritu de Dios que mora en él. Ese estado de guerra sólo lo tiene el que es hijo de Dios. Con respecto a este conflicto, debe hacerse la distinción entre la *carne* en su equilibrio con la *mente* (*νοῦς*; Ro.7:23,25), y la *carne* en su equilibrio con el Espíritu Santo (Ro.8:4-13; Gá.5:16-26). En el primer conflicto, es decir, el que hay entre la *carne* y la *mente*, no hay sino derrota, aunque se establece la verdad de que el cristiano puede servir con la mente a 'la ley de Dios", en tanto que con la carne sirve a "la ley del pecado" (Ro.7:25). En el conflicto más amplio entre la *carne* y el Espíritu Santo, puede que haya victoria. El posible triunfo se publica en dos pasajes principales, después de cada uno de los cuales hay una porción explicativa de lo más vital. He aquí los pasajes: "Porque la ley del Espíritu de vida en Cristo Jesús me ha librado de la ley del pecado y de la muerte. Porque lo que era imposible para la ley, por cuanto era débil por la carne, Dios, enviando a Su Hijo en semejanza de carne de pecado, condenó al pecado en la carne; para que la justicia de la ley se cumpliese en nosotros, que no andamos conforme a la carne, sino conforme al Espíritu" (Ro.8:2-4). "Digo, pues: Andad en el Espíritu y no satisfagáis los deseos de la carne. Porque el deseo de la carne es contra el Espíritu, y el del Espíritu es contra la carne; y éstos se oponen entre sí, para que no hagáis lo que quisiéreis" (Gá.5:16,17). Desde el punto de vista ético, no queda duda del carácter malo de la *carne,* después de estudiar más de 20 pasajes del Nuevo Testamento que tratan sobre este tema. Basta citar de ellos: "Porque si vivís conforme a la carne, moriréis, más si por el Espíritu hacéis morir las obras de la carne, viviréis" (Ro.8:13). "Pero los que son de Cristo han crucificado la carne con sus pasiones y deseos" (Gá.5:24). "Porque el que siembra para la carne, de la carne segará corrupción; más el que siembra para el Espíritu, del Espíritu segará vida eterna" (Gá.6:8). "En él también fuisteis circuncidados con circuncisión no hecha a mano, al echar de vosotros el cuerpo pecaminoso carnal, en la circunción de Cristo" (Col.2:11). "A otros salvad, arrebatándolos del fuego; y de otros tened misericordia con temor, aborreciendo aun la ropa contaminada por su carne" (Jud.23).

5. MENTE. En las Epístolas de Pablo, la palabra *mente* se emplea como uno de los elementos de la parte inmaterial del hombre, y está estrechamente relacionada tanto con el Espíritu como con la *carne.* El Apóstol habla de una *mente del Espíritu* y una *mente de la carne.* Obviamente, la *mente* humana puede relacionarse con lo malo y con lo bueno. Ya dijimos que Pablo escribe que él con la mente sirve a la ley de Dios (Ro.7:25). El mismo afirma en forma definida que la *mente* carnal es enemistad contra Dios (Ro.8:7). En otra parte, él incluye la *carne* y los *pensamientos* en una sola expresión: "haciendo la voluntad de la carne y de los pensamientos" (Ef.2:3). Esto implica el mal tanto en la *carne* como en la *mente.* La mente puede corromperse (Tit.1:15). Contra esto, Pedro dice que podemos ceñir "los lomos de vuestro entendimiento" (1 P.1:13).

John Laidlaw presenta el siguiente resumen con respecto a los cuatro elementos esenciales que constituyen la parte inmaterial del hombre: *alma, espíritu, corazón y carne:*

"Resumen: Nadie debe perder la comprensión de la psicología sencilla de la Biblia, la cual tiene muy en cuenta la significación original y el desarrollo de los cuatro términos principales: ESPIRITU, ALMA, CARNE, CORAZON. Estos son las *voces signatas* del punto de vista de las Escrituras sobre la naturaleza y la constitución del hombre. Todas giran en torno a la vida y al ser viviente. Las dos primeras, *alma* y *espíritu,* representan de diferentes maneras la vida en sí misma del ser viviente (no la vida abstracta). Las últimas, *carne* y *corazón,* denotan el ambiente de la vida y el órgano de la vida respectivamente; la *carne* indica aquello en lo cual es inherente la vida; el *corazón* denota aquello por medio de lo cual actúa la vida. Este sería el significado primigenio y sencillo de estos términos. Tienen también un significado secundario (el cual, en el caso de los tres primeros elementos –*espíritu, alma* y *carne* son expresiones que se refieren a la naturaleza del hombre vista desde diversos puntos. No son tres naturalezas. La única naturaleza del hombre se expresa realmente mediante cada una de estas formas de manifestación, de tal modo que cada una de ellas en particular puede designar el ser humano. El hombre, pues, es *carne,* como criatura corporal perecedera: ' Toda carne es como hierba. ' Es alma, por cuanto es ser viviente, criatura individual responsable: '. . . todas las almas son mías ' (Ez.18:4). ' Y se añadieron aquel día como tres mil personas ' –almas– (Hch.2:41). Y también es *espíritu.* En forma más común, sin embargo, se dice que tiene *espíritu,* como principio de vida derivado de Dios. El hombre es de un orden espiritual; es decir, de aquel al cual pertenecen Dios y los ángeles. Pero la palabra ' espíritus ' sólo se emplea para indicar la parte inmaterial de los hombres, sin tener en cuenta el cuerpo: ' A los espíritus de los justos hechos perfectos ' (He.12:23). '. . . a los espíritus encarcelados ' (1 P.3:19). El significado en estos pasajes es igual al de ' vi bajo el altar las almas ' (Ap.6:9). El corazón queda afuera de la tríada, pues nunca se dice que el hombre sea *un corazón,* ni que los hombres sean *corazones.* El *corazón,* pues, nunca se refiere al sujeto personal, sino al órgano personal. También se pueden agrupar así: *espíritu, alma* y *corazón.* Cada uno de estos términos puede emplearse para indicar un aspecto de la doble naturaleza del hombre, es decir, su vida superior o interna. Contra esos términos está la palabra *carne,* que representa la naturaleza inferior o el lado externo; de tal modo que cualquiera de los tres primeros elementos combinado con la *carne* puede formar una dicotomía que expresa el ser del hombre: carne y espíritu, carne y alma, carne y corazón. Volviendo otra vez a *espíritu, alma* y *corazón,* no en relación con la carne, sino en sus relaciones mutuas con la *vida,* llegamos a esa división conveniente y correcta sugerida por Beck, y seguida por la mayor parte de los investigadores desde entonces – un resultado claro e inteligible, que se justifica a través de todas las Escrituras, a saber, que el *espíritu* representa el principio de la vida, el *alma,* el sujeto de la vida, y el *corazón,* el órgano de la vida; definiciones estas que se pueden aplicar exactamente a los tres elementos constituyentes de la vida humana: (a) la vida física, (b) la vida mental y moral, (c) la vida espiritual y religiosa"–*ibid.*, págs. 91-93).

V. CAPACIDADES Y FACULTADES DE LA PARTE INMATERIAL DEL HOMBRE

Al pasar de los elementos que constituyen la parte inmaterial del hombre a sus capacidades y facultades, dejamos de considerar lo que *es* dicha parte inmaterial y nos concentramos en lo que *hace.* Gran parte de esta verdad la podemos deducir de las partes de la Biblia que tratan sobre las actividades de la parte inmaterial del hombre. La filosofía de Kant, que clasifica estas actividades en *intelecto, sensibilidad,* y *voluntad,* se acepta generalmente como base de las operaciones del pensamiento. A ella, sin embargo, habría que agregarle, aquella extraña y misteriosa función que se llama la *consciencia,* la cual también pudiera clasificarse fácilmente con los elementos que constituyen la parte inmaterial del hombre, y también con las actividades que él realiza. En efecto, la consciencia es como un solitario monitor que juzga todo lo demás dentre del hombre. Siguiendo la división kantiana, estudiaremos cada una de estas actividades por separado.

1. INTELECTO. La *Enciclopedia Británica,* decimocuarta edición, Vol. II, alude a la palabra *intelecto* como "un término general que denota la mente en relación con su capacidad para entender." Este tema propiamente le corresponde a la psicología. Sin embargo, cuando se toma en cuenta esa comprensión aumentada que obra el Espíritu Santo en la mente humana, el asunto entra al campo teológico. El Señor Jesucristo prometió una iluminación sobrenatural para los no regenerados, cuando dijo: "Pero yo os digo la verdad: Os conviene que yo me vaya; porque si no me fuere, el Consolador no vendría a vosotros; más si me fuere, os lo enviaré. Y cuando él venga, convencerá al mundo de pecado, de justicia y de juicio. De pecado, por cuanto no creen en mí; de justicia, por cuanto voy al Padre, y no me veréis más; y de juicio, por cuanto el príncipe de este mundo ha sido ya juzgado" (Jn.16:7-11). Esta iluminación evidentemente tiene el propósito de que el no regenerado pueda vencer esa incapacidad de la cual se nos habla en 2 Corintios 4:3,4: "Pero si nuestro evangelio está aún encubierto, entre los que se pierden está encubierto; en los cuales el dios de este siglo cegó el entendimiento de los incrédulos, para que no les resplandezca la luz del evangelio de la gloria de Cristo, el cual es la imagen de Dios." Del mismo modo, el Espíritu Santo guía a los regenerados a toda la verdad. Sobre esta obra de enseñanza e iluminación del Espíritu Santo habló Cristo, según se encuentra en Juan 16:12-15: "Aún tengo muchas cosas que deciros, pero ahora no las podéis sobrellevar. Pero cuando venga el Espíritu de verdad, él os guiará a toda la verdad; porque no hablará por su propia cuenta, sino que hablará todo lo que oyere, y os hará saber las cosas que habrán de venir. El me glorificará; porque tomará de lo mío, y os lo hará saber. Todo lo que tiene el Padre es mío; por eso dije que tomará de lo mío, y os lo hará saber." (comp. Jn.3:3; 1 Co.2:9-3:4; He.5:12-14; 11:3; 1 P.2:2; 1 Jn.2:27). Cuando el apóstol Pablo oró por los santos de Efeso, introdujo una realidad vital, al pedir "para que el Dios de nuestro Señor Jesucristo, el Padre de gloria, os dé espíritu de sabiduría y de revelación en el conocimiento de él, alumbrando los ojos de vuestro entendimiento, para que sepáis cuál es la esperanza a la cual él os ha llamado, y cuáles las riquezas de la gloria de su herencia en todos los santos" (Ef.1:17,18). En este

caso, la palabra *"entendimiento"* es una traducción del griego *καρδία*, tal como aparece en los mejores manuscritos. Y el pensamiento que evidentemente expresa es que el corazón, aunque generalmente se supone que es el asiento de las emociones, es también asiento del pensamiento y de la voluntad (comp. Ro.1:21). Por tanto, la recepción de la gran revelación por la cual ora Pablo es mucho más amplia de lo que pudiera ser si estuviera restringida solamente al intelecto o a las emociones. Platón emplea la expresión "ojo del alma" *(El sofista,* p. 254), y Ovidio, hablando de Pitágoras, dice: "Con su mente se acercó a los dioses, aunque estaban muy lejos en el cielo, y lo que le negó la naturaleza a la vista humana, él lo sacó a la vista con los ojos de su corazón" (*Metamorfosis,* c. 15, pgs. 62-64; citado por M. R. Vincent, *Word Studies,* Vol. III, p. 371). Toda la oración de Pablo tiene un propósito: "para que sepáis", y que sepáis mediante la capacidad peculiar del corazón, puesto que el corazón siente y entiende.

2. SENSIBILIDAD. Esta otra función de la parte inmaterial del hombre se clasifica propiamente como una parte importante de la psicología; sin embargo, hay mucho que es emocional tanto en Dios como en el hombre, lo cual es teológico. En este respecto, el hombre reflexiona sobre lo que es verdadero en Dios, o se lo imagina. ¡Cuán inmenso es el amor de Dios, y cuán real el amor y la devoción del corazón humano! En el caso de la sensibilidad, como en el del intelecto, el poder del Espíritu Santo puede obrar y ampliar la capacidad experimental. ". . . el amor de Dios ha sido derramado en nuestros corazones por el Espíritu Santo que nos fue dado" (Ro.5:5). Las Escrituras declaran que la compasión divina puede hallar expresión por medio del cristiano, y que dicha compasión no surge por motivo de la capacidad de los cristianos, sino por el Espíritu que mora en ellos. ". . . el fruto del Espíritu es amor" (Gá.5:22; comp. 1 Co.13:1-13). El cristiano que ama con amor divino tiene que amar a aquellos que son objeto del amor de Dios. La amplitud de esta posibilidad es ilimitada. Este amor divino es la fuerza impulsora del cristiano, y como consecuencia, en el cristiano deben elevarse las emociones y la vida al nivel de lo sobrenatural.

3. VOLUNTAD. La voluntad es justamente uno de los principales temas de la teología. No sólo aparece en la antropología, sino también en la soteriología. Y, por cuanto el hombre fue creado a imagen de Dios, y refleja los atributos divinos, la voluntad del hombre está directamente relacionada con el teísmo. El *hecho* mismo de la voluntad es una verdad teológica. Este último aspecto del tema corresponde específicamente a la soteriología, y lo hemos de considerar en su debido tiempo. Aquí debemos anotar, sin embargo,

que la voluntad actúa generalmente movida o influida por el intelecto y las emociones, y su voluntad no es otra cosa que la experiencia de actuar sin necesidad *consciente;* sin embargo, no se puede imponer ninguna necesidad que sea mayor que la que surge cuando el intelecto y las emociones reciben influencias de un poder superior. Con respecto a los que no son regenerados, la Biblia dice que Satanás obra en ellos y les da energía (Ef.2:2); y del regenerado dice que Dios es el que produce en él "tanto el querer como el hacer, por su buena voluntad" (Fil.2:13). Estos dos pasajes explican el caso de toda la humanidad y, por tanto, determinan la verdad, realmente importante, de que no hay voluntad humana que sea libre en el sentido absoluto de la palabra. Cristo se dirigió a los que estaban bajo la influencia satánica, como lo están todos los no regenerados, y les dijo: "Y no queréis venir a mí para que tengáis vida" (Jn.5:40). Y también declaró: "Ninguno puede venir a mí, si el Padre que me envió no le trajere" (Jn.6:44; comp. 5:21). Esta acción de traer es evidentemente la conmoción que Dios causa en todo el hombre interno, y lo experimenta el intelecto, las sensibilidades y la voluntad. La fe, o sea la confianza en Dios, es una obra divina en la mente, y para ello, ahí está la bondadosa invitación: ". . . al que a mí viene, no le echo fuera" (Jn.6:37). Esa es la invitación más atractiva. Existe un principio según el cual el que ve al Hijo, cree en El por causa de esa visión (Jn.6:40). Aparte de ese principio, nadie se inclina por naturaleza a creer. Para aquellos que están sujetos a la voluntad de Dios siempre hay un cúmulo creciente de conocimiento de la verdad a su disposición. A este respecto dijo Cristo: "El que quiera hacer la voluntad de Dios, conocerá si la doctrina es de Dios, o si yo hablo por mi propia cuenta" (Jn.7:17).

La *Enciclopedia Británica* dice lo siguiente con respecto a la voluntad en general:

"En psicología, la palabra *voluntad* se usa algunas veces como sinónimo de empeño, pero se emplea más usualmente en el sentido restringido de decisión deliberada, en contraste con el mero inpulso o deseo. En un acto de la voluntad hay deliberada elección entre varias alternativas, y frecuentemente una relación consciente con los intereses generales del yo del sujeto. La gente habla algunas veces como si la voluntad fuera una entidad independiente, o como una facultad que hace las decisiones, etc Pero esa es solamente una manera indeterminada de hablar. Tal como Spinoza y Locke lo señalaron hace tiempo, no hay voluntad fuera de los actos voluntarios o procesos del querer; y no es solamente la voluntad la que quiere, sino todo el ser. Lo mismo sucede con las hipóstasis 'querer es poder" y 'fuerza de voluntad.' No hay ninguna voluntad que sea fuerte, pero sí hay caracteres de voluntad fuerte, es decir, personas que pueden perseguir fines distantes (buenos o malos) con gran perseverancia; por otra parte hay también gente de carácter débil que fácilmente se deja influir y llevar por cualquier instinto, impulso o deseo que la mueva de tiempo en tiempo, y que no los puede dominar para poder perseguir fines remotos (XIV ed., Vol. XXIII, p. 605).

Sobre la voluntad, desde el punto de vista teológico, escribe el Dr. Augusto H. Strong:

"A. *Definición de Voluntad.* Voluntad es la facultad del alma para elegir entre diversos motivos, y para dirigir su actividad subsiguiente de acuerdo con el motivo que ha elegido. En otras palabras, es la facultad del alma para elegir tanto el fin como los medios para lograrlo. Llamamos preferencia inmanente a la elección del fin último. Y a la elección de los medios la llamamos volición ejecutiva.

B. *La Voluntad en Relación con Otras Facultades.* (a) Aceptamos la división tripartita de las facultades humanas: intelecto, sensibilidad, y voluntad. (b) Intelecto es el conocimiento del alma; sensibilidad es el sentimiento del alma (deseos, afectos); voluntad es la elección del alma (fines y medios). (c) En cada acto del alma actúan todas las facultades. El conocimiento envuelve sensibilidad y voluntad; el sentimiento envuelve conocimiento y voluntad; la voluntad envuelve conocimiento y sentimiento. (d) Lógicamente, cada una de estas facultades envuelve a la otra: el alma tiene que conocer para poder sentir; tiene que saber y sentir para poder querer. (e) Sin embargo, puesto que conocer y sentir son actividades, ninguna de estas dos actividades es posible sin la voluntad.

C. *La Voluntad y los Estados Permanentes.* Aunque todo acto del alma envuelve la actividad de todas las facultades, sin embargo, en cualquier acción particular, alguna de las facultades puede ser más prominente que las otras. Esa es la razón por la que hablamos de actos del intelecto, del afecto y de la voluntad. (b) Esta acción predominante de cualquiera de las facultades produce efectos sobre las otras facultades que están asociadas con ella. La acción de la voluntad le concede dirección al intelecto y a los afectos, y también una permanente inclinación a la misma voluntad. (c) Cada facultad, pues, tiene sus propias condiciones permanentes, y también sus actos transitorios, y la voluntad puede originar estas condiciones. Esa es la razón por la cual hablamos de afectos voluntarios, y con igual propiedad podríamos hablar de opiniones voluntarias. Estas condiciones voluntarias permanentes es lo que denominamos carácter.

D. La Voluntad y los Motivos. Las condiciones permanentes que acabamos de mencionar, tan pronto como han sido determinadas, también influyen en la voluntad. La fuerza de los motivos está constituida por puntos de vista y por disposiciones internas, y no simplemente por manifestaciones externas. (b) Estos motivos están a veces en conflicto y, aunque el alma no actúa nunca sin motivos, actúa, sin embargo, haciendo elección entre ellos, para determinar así el fin hacia el cual ha de dirigir sus actividades. (c) Los motivos no son *causas* que fuerzan la voluntad, sino *influencias* que la persuaden. El poder de estos motivos, sin embargo, está en proporción con la fuerza de voluntad que ha entrado en ellos, y ha hecho de ellos lo que son.

E. *La Voluntad y la Elección Contraria.* (a) Aunque no es posible ningún acto de pura voluntad, el alma puede poner en acción voliciones simples en dirección opuesta al previo propósito dominante; y en este sentido, el hombre tiene la facultad de la elección contraria (Ro.7:18: ". . . el querer el bien está en mí"). Pero, tan pronto como la voluntad ha entrado y se ha revelado en condiciones permanentes del intelecto, y de la sensibilidad, y en una inclinación fija de la misma voluntad, el hombre no puede hacer ningún acto que revierta su estado moral; y en este respecto, no tiene facultad de elección contraria. (c) En este último caso, el hombre puede cambiar su carácter sólo indirectamente, volviendo su atención a ciertas consideraciones convenientes que despiertan consideraciones opuestas, e invocando así motivos que impulsan un curso opuesto.

F. *La Voluntad y la Responsabilidad.* (a) Mediante actos repetidos de la voluntad en determinada dirección moral, los afectos pueden llegar a confirmarse en el bien o en el mal, hasta el punto de que previamente se haga cierta o necesaria la futura acción del hombre, buena o mala. Así, aunque la voluntad es libre, el hombre puede ser "esclavo. . . del pecado" (Jn.8:31-36), o "siervo de la justicia" (Ro.6:15-23; comp. He.12:23): "espíritus de los justos hechos perfectos"). (b) El hombre es responsable de los efectos de su voluntad y de la voluntad misma; de los asuntos voluntarios y de los actos voluntarios; de los puntos de vista intelectuales que asume y de los actos de la voluntad por medio de los cuales se han formado y mantenido hasta el presente tales puntos de vista (2 P.3:5: "ignoran voluntariamente").

G. *Inferencias Procedentes de Este Punto de Vista Sobre la Voluntad.* (a) Podemos ser responsables de los malos afectos voluntarios con los cuales nacemos, y de las preferencias de egoísmo heredadas de la voluntad, sólo basados en la hipótesis de que nosotros mismos originamos estos estados de los afectos y la voluntad, o tuvimos parte en su origen. La Escritura provee esta explicación, en su doctrina sobre el pecado orignal, que es la doctrina de una apostasía común de toda la raza en el primer antepasado, y de que hemos heredado de él la naturaleza corrompida mediante la generación natural. (b) Aunque permanece en el hombre, aun es su condición presente, una facultad natural de la voluntad, por medio de la cual puede poner en acción ciertas voliciones transitorias que se conforman externamente con la ley divina y, por tanto, pueden modificar su carácter hasta cierto punto; todavía es cierto que la inclinación pecaminosa de sus afectos no está directamente bajo su control; y esta inclinación constituye un motivo hacia el mal tan constante, inveterado y poderoso, que realmente influye en cada miembro de la raza para reafirmar su mala elección, de tal modo que se hace necesaria la obra especial del Espíritu de Dios en cada corazón para asegurarle la salvación. De ahí la doctrina bíblica de la regeneración" *(Systematic Theology,* pgs. 257,258).

4. CONSCIENCIA. La facultad de la *consciencia* es una de las mayores manifestaciones de la parte inmaterial del hombre. Sin duda, no hay otra facultad que revele más completamente lo que es la imagen de Dios en el hombre. La estimación por parte de los hombres sobre lo que realmente es la consciencia varía ampliamente. Algunos sostienen que no es una parte integral del hombre, sino la voz de Dios que habla directamente al que se ejercita en la consciencia. Por otro lado, y muy lejos de la posición anterior, está la noción de que la consciencia no es más que una inclinacióon de la mente, que le ha quedado por la disciplina de la niñez. La Escritura no apoya ninguno de estos extremos. Debe observarse, sin embargo, que la voz de la consciencia, cuando es normal aunque sea hasta cierto grado, siempre es leal al ideal divino, y esto a pesar del hecho de que en el hombre hay mucho –especialmente en la *carne*– que es

contrario a Dios. La consciencia no está sujeta a la voluntad, sino que más bien se sienta a juzgar la voluntad y todos los demás aspectos de la vida del hombre. La unidad del ser del hombre es, sin embargo, real, a pesar de los diversos elementos de su naturaleza inmaterial: *alma, espíritu, corazón* y *mente;* y a pesar de los diversos modos de expresión de esa naturaleza inmaterial: *intelecto, sensibilidad, voluntad, memoria* y *consciencia.* Todos estos elementos y manifestaciones se articulan perfectamente para formar una experiencia que se llama *vida.* La mente puede originar pensamientos; la memoria puede retenerlos; el espíritu puede discernir el valor de ellos; y el alma responde a dichos pensamientos; pero la consciencia juzga esos pensamientos con respecto a su valor moral. Naturalmente, sólo una pequeña parte de lo que experimenta el hombre es de carácter moral y, por tanto, no siempre se ejerce la consciencia. A veces, según lo demande la ocasión, la consciencia puede convertirse en un tormento, en un azote insoportable. En esto parece que cada individuo identifica más o menos a Dios. El individuo entiende que Dios sabe lo que sabe el individuo. Es poco lo que se preocupa la consciencia de que otros sepan lo que constituye su propia carga, cualquiera que sea el caso.

El testimonio de la Biblia con respecto a la consciencia es que ella puede ser natural, si corresponde a los no regenerados, y sobrenatural, si corresponde a los regenerados. La consciencia del no regenerado es *corrompida* (Tit.1:15), *mala* (He.10:22), *acusadora* (Jn.8:9), está cauterizada (1 Ti.4:2). Por otra parte, la consciencia sobrenatural, que es la del cristiano, es mucho más compleja. En efecto, surge una cuestión real sobre si es verdad que el cristiano vive según su consciencia. Se arguye que el cristiano es influido por el Espíritu Santo que mora en él, el cual se aflige o no se aflije, según la vida que lleva el cristiano. No hay ninguna descripción más vívida de la experiencia de alguno que haya entristecido al Espíritu como la que escribió David con respecto a sí mismo en el Salmo 32:2-4: "Mientras callé, se envejecieron mis huesos en mi gemir todo el día. Porque de día y de noche se agravó sobre mí tu mano; se volvió mi verdor en sequedades de verano." El apóstol Pablo afirma significativamente que su consciencia le daba testimonio en el Espíritu Santo (Ro.9:1). Según esto, parece que el Espíritu emplea la consciencia como medio de impresión y de expresión. Tal vez éste sea el descubrimiento de la verdadera realación entre el Espíritu Santo y la consciencia del cristiano. Teniendo esto en mente, podemos considerar ciertas verdades reveladas con respecto a la consciencia del cristiano. La consciencia se *purifica.* Está escrito: "Porque la ley, teniendo la sombra de los bienes venideros, no la imagen misma de las cosas, nunca puede, por los mismos sacrificios que se ofrecen continuamente cada año, hacer perfectos a los que se acercan. De otra manera cesarían de ofrecerse, pues los que tributan este culto, limpios una vez, no tendrían ya más consciencia de pecado" (He.10:1,2). Aquí no hay ninguna indicación de que el cristiano no es consciente del pecado que hay en su vida y que no confiesa. Se enseña, más bien, que todos los pecados pasados, habiendo sido perdonados como parte de la salvación, han dejado limpia la consciencia, de modo que ya no recrimina. Este pasaje bíblico nos presenta una prueba vital con respecto a la salvación de la persona, y se puede aplicar a cualquier creyente que profesa ser cristiano. Estrechamente relacionada con esta verdad está la llamada *buena* consciencia, que se menciona seis veces en el Nuevo Testamento (comp. 1 P. 3:16). Este aspecto de la consciencia se relaciona con el estado del corazón del creyente cristiano o lo refleja. La buena consciencia está libre de auto-acusaciones. Hay dos pasajes que sirven para describir esta realidad. En 1 Corintios 4:4, afirma el Apóstol: "... de nada tengo mala consciencia." En 1 Juan 3:20-22 se nos dice que la buena consciencia es un factor importante en la oración. Así dice el pasaje: "Pues si nuestro corazón nos reprende, mayor que nuestro corazón es Dios, y él sabe todas las cosas. Amados, si nuestro corazón no nos reprende, confianza tenemos en Dios; y cualquiera cosa que pidiéremos la recibiremos de él, porque guardamos sus mandamientos, y hacemos las cosas que son agradables delante de él." Evidentemente, esta forma específica de consciencia de que se nos habla en esta porción experimentaron los que eran fieles a Jehová en el judaísmo (comp. Hch.23:1; 2 Ti.1:3). De esta manera, la consciencia *da testimonio* (Ro.9:1) y puede ser sin ofensa (Hch.24:16). También es digno de notar el hecho de que la consciencia del cristiano inmaturo puede ser impulsada hacia el camino del pecado por el ejemplo que presentan los otros cristianos. Está escrito: "Porque si alguno te ve a tí, que tienes conocimiento, sentado a la mesa en un lugar de ídolos, la conciencia de aquel que es débil, ¿no será estimulada a comer de lo sacrificado a los ídolos? " (1 Co.8:10). El Apóstol califica a la consciencia que es estimulada como *consciencia* herida: "De esta manera, pues, pecando contra los hermanos e hiriendo su débil conciencia, contra Cristo pecáis" (v. 12).

CAPITULO XV

EL ESTADO DE INOCENCIA

I. EL AMBIENTE DEL PRIMER HOMBRE

La descripción del ambiente del primer hombre se encuentra en Génesis 2:8,9,15, donde leemos: "Y Jehová Dios plantó un huerto en Edén, al oriente; y puso allí al hombre que había formado. Y Jehová Dios hizo nacer de la tierra todo árbol delicioso a la vista, y bueno para comer; también el árbol de vida en medio del huerto, y el árbol de la ciencia del bien y del mal. . . Tomó, pues, Jehová Dios al hombre, y lo puso en el huerto de Edén, para que lo labrara y lo guardase." Se pudiera decir que, puesto que Jehová plantó un huerto en el cual "hizo nacer de la tierra todo árbol delicioso a la vista, y bueno para comer"; el ambiente era tan placentero como pudiera serlo en lo que respecta a las cosas materiales. La atracción del jardín estaba en armonía con todas las demás cosas que Dios había creado, con respecto a lo cual El "vio. . . que era bueno." La evidencia señala inequívocamente que un ambiente pobre tiende a impulsar a toda clase de mal. La situación en la cual fue colocado el primer hombre, por ningún motivo hubiera podido contribuir a la causa de la caída. Lo que queda de este maravilloso jardín es sólo el sueño de un poeta. J. Vondel (1654), el más distinguido de los poetas holandeses, en su gran obra *Lucifer,* presenta a Apolión en el momento en que le da el informe a Beelzebú sobre su visita al jardín de Edén, en la siguiente forma (traducción al inglés de Leonard Charles van Noppen, págs. 269, 270):

Apolión:

Señor mío, Beelzebú,
la tierra he observado con perspicaces ojos,
y ahora te presento los frutos que allí crecen,
lejos de estas alturas, bajo otros cielos solos,
debajo de otro sol. Juzga tú si merecen
alabanza estos frutos. Son del jardín de Dios.
¡Plantado allí y bendito deleita al morador.

Beelzebú:

Veo esas hojas de oro cargadas con sus perlas,

Veo el fulgor chispeante del rocío argentado.

¡Qué excelente perfume, si sólo puedo olerlas!
Color inmarcesible de luces irisado.
El placentero fruto de carmesí y de oro
no debieran tocarlo manos contaminadas.
El ojo tienta al gusto. Y aquí donde yo moro,
¿Quién no codiciaría el lujo terrenal?
El que extienda su mano y tome de aquel fruto
odiará nuestro día y hasta el pan celestial.
Y maldecir pudiera nuestra morada aquí.
¡Palidece ante el hombre la dicha angelical!

Apolión:

Sí, señor Beelzebú.
Aunque alto es nuestro cielo, abajo se nos va
ante aquello que vi. Mis ojos no me engañan.
Edén es el deleite del mundo de Jehová.
¡Más excelso ese huerto que nuestra gran morada!

Apolión:

Como la tierra misma, el huerto es circular.
En el centro se eleva el monte desde el cual
fluye la dulce fuente los campos a regar,
que lo divide en cuatro, pura como el cristal,
que riega campos y árboles. Los arroyuelos fluyen
y su rico aluvión alimenta la tierra.
El bedelio y la ónice en brillo se diluyen,
fulguran como el cielo tachonado de estrellas.
La gran naturaleza sembró constelaciones
de gemas cuyo brillo nuestro fulgor opacan,
y una gran vena de oro; pues ella deseaba
juntar sus mil tesoros para que allí brillaran.

Apolión:

Ninguno de nosotros, los ángeles de abajo
exhala ese suspiro tan dulce y refrescante
como el aire que el hombre respira sin trabajo,
y le acaricia el rostro. ¡Toque vivificante!
Todo allí son ternuras y bienaventuranzas
Muy bien se abulta el pecho de los fértiles campos
con hierbas y colores. Sus ramas flores lanzan.
Y múltiples perfumes con prodigiosos mantos
refrescan el rocío. La aurora y el ocaso
conocen su destino, miden su propio tiempo.
Y así flores y frutos reciben de sus rayos
la fuerza necesaria momento tras momento.

II. LA RESPONSABILIDAD DEL PRIMER HOMBRE

Con respecto a la manera de vida, la obligación que recayó sobre él —aparte de la tarea de arreglar y cuidar el huerto— es la misma norma o el mismo dechado para toda vida humana en la tierra. Durante el período indeterminado que vivió Adán antes de la caída, ese ideal se cumplió a cabalidad para satisfacción del Creador. Esa responsabilidad la podemos concretar en las palabras: *El hizo la voluntad de Dios.* No carecemos de evidencias para comprobar que Adán disfrutaba de una comunión ininterrumpida con Dios diariamente, y que recibía consejos y dirección de Dios. Pero Dios le impuso una prohibición. Esta prohibición era en realidad sumamente insignificante en proporción con todas las bondadosas instrucciones que recibía de la boca de Jehová. El ideal que Dios tiene actualmente para los redimidos es también el de que ellos descubran la voluntad de El y la practiquen. A menudo exageramos la parte negativa de la voluntad de Dios. Hay cosas que son malas y que no le convienen al cristiano, de las cuales deben abstenerse, pero la voluntad de Dios es positiva. La voluntad de Dios es aquello que uno puede *hacer,* con lo cual se mantiene la comunión con el Padre y con su Hijo (1 Jn. 1:3, 4). El hecho de que el cristiano puede andar y hablar con Dios, de que se le otorga la guía y la enseñanza del Espíritu Santo, y de que se le dota de la capacidad para que pueda cumplir la perfecta voluntad de Dios, ilustra, hasta cierto punto, el gran privilegio que tuvo el primer hombre, la gran responsabilidad que le correspondió, en aquel tiempo en que no había nubes interpuestas entre él y su Creador. "La vocación de la agricultura es una vocación antigua y honorable; fue necesaria aun en el Paraíso. El jardín de Edén, aunque no necesitaba ser desyerbado —pues no habían aparecido las espinas ni los cardos a causar perjuicio— sin embargo, había que arreglarlo y cuidarlo. La naturaleza, aun en su estado primitivo, permitió las mejoras, el arte y la industria. Era una vocación adecuada para el estado de inocencia. Era una provisión para la vida, no para el despilfarro; y le daba al hombre la oportunidad de admirar al Creador y de reconocer su providencia: mientras sus manos estaban cerca de los árboles, su corazón estaba con Dios" (Matthew Henry, *Commentary,* Fleming H. Revell Co., nueva edición revisada; sobre *Génesis 2:15).*

III. LAS CUALIDADES MORALES DEL PRIMER HOMBRE

Puesto que la santidad puede ser activa o pasiva —virtud positiva o ausencia del mal– las cualidades morales del primer hombre tuvieron que ser pasivas. El era inocente con respecto al pecado. No había tenido la oportunidad de desarrollar un carácter moral probado; sin embargo, no hay ningún documento para probar que él no entendía la diferencia entre el bien y el mal. Lo que habría de exigírsele moralmente al primer hombre y la medida de su obligación dependían en alto grado del desarrollo de él como ser creado. Si, como algunos han afirmado, el fue solamente un niño en cuanto a facultades mentales –lo cual implica que hubiera sido infante con respecto a los días de su existencia– entonces, su responsabilidad moral era muy pequeña, casi hasta el punto de desvanecerse. Y entonces la transgresión en la cual él cayó no hubiera exigido ningún juicio. En lo que respecta a la transgresión, Dios trató al hombre como si fuera completamente responsable. Este solo hecho certifica el desarrollo moral que había logrado. Dios hizo un hombre *maduro.* Es cierto que él no podía recordar ninguna clase de historia, ni podía poner en orden los valores acumulados por la experiencia; pero sí poseía estos valores hasta el grado requerido para la madurez de la acción. Tal fue el carácter del acto creador de Dios. No podía encontrarse testimonio más sublime sobre la plenitud de la excelencia humana como el que expresa la verdad de que el hombre fue creado de tal modo que le causaba complacencia a Dios y que fue recibido por El como compañero. Así que es imposible el pensamiento de la inmadurez y de la irresponsabilidad. Sin embargo, la santidad del primer hombre, antes de la caída, era pasiva en el sentido de que era inocente y de que su carácter no estaba probado.

IV. EL TENTADOR DEL PRIMER HOMBRE

Sobre este ser, que se llama Satanás, ya escribimos mucho en la Angeleología: con respecto a su persona y a su tentación. Diremos más cuando estudiemos la doctrina del pecado.

Debe reconocerse que no se identifica al tentador en el relato del *Génesis,* en el cual leemos: "Pero la serpiente era astuta, más que todos los animales del campo que Jehová Dios había hecho; la cual dijo a la mujer: ¿Conque Dios os ha dicho: No comáis de todo árbol del huerto? (Gn. 3:1). En Apocalipsis 12:9, es donde se identifica a la *serpiente* con el diablo o Satanás. Antes de eso, en el Nuevo Testamento, hay evidencias claras de que Satanás fue el que tentó a nuestros primeros padres (2 Co. 11:3; 1 Ti. 2:14). Se debe observar también que, a medida que progresa la revelación de esta doctrina, la manifestación clara sobre el tentador no se ofrece hasta después de haberse cumplido la Redención en la cruz. El hecho de que el relato original que se nos da en *Génesis* no identifica al tentador, sino que se refiere a la criatura que empleó Satanás como medio de comunicación, ha provocado diversas explicaciones de este importante evento, y ha levantado muchas críticas. El relato bíblico establece que el hombre y la mujer, habiendo sido creados evidentemente fuera del huerto, fueron colocados en él, y que se les encomendó cuidarlo. Dentro del jardín de Edén había dos árboles: "el árbol de vida" y "el árbol de la ciencia del bien y del mal". A nuestros primeros padres se les prohibió comer de éste último. El castigo, en caso de que comieran, sería la muerte en todas sus formas, pues Dios les dijo: ". . . el día que de él comieres, ciertamente morirás". Aparece la serpiente y contradice la palabra que Dios había dicho, y declara que si comen del fruto prohibido, sus ojos serán abiertos, que ellos serán como *Elohim* y que conocerán el bien y el mal. La mujer fue la primera que tomó del fruto, y luego le dio al esposo, el cual también comió. De acuerdo con la Palabra de Dios, ellos llegaron a ser culpables de muerte. Por tanto, fueron expulsados del jardín de Edén. A la luz de las Escrituras subsiguientes no es difícil reconocer que el tentador es Satanás. Más tarde descubrimos que este ser maligno busca siempre hacerles daño a las criaturas humanas de Dios. El tuvo que haber causado la caída de Adán y Eva, pues eso está en armonía con las acechanzas diabólicas que se nos describen fielmente en las Escrituras.

Hay tres opiniones tocante a la caída: (a) La de los que creen que ese relato es una ficción, un *mito*. Para ellos siempre es difícil descubrir cuál es la moraleja de la fábula; como se han apartado tan completamente de la interpretación natural, introducen con entera libertad tantas ideas cuantas puede inventar la mente humana. (b) El segundo grupo de intérpretes está compuesto por aquellos que intentan mezclar la realidad con lo ficticio en diversas combinaciones de la verdad con la alegoría. Lo absurdo de introducir aspectos alegóricos en aquello que se refiere a lo que es real la ha señalado muy bien el obispo Samuel Horsley (1733-1806):

"Ningún escritor de historia verdadera mezclaría ningún hecho positivo con alegorías en la misma narración, sin anotar alguna indicación de que lo alegórico procede de alguna tradición. Por tanto, si alguna parte de esta narrativa se refiere a hechos positivos, ninguna de sus partes puede ser alegórica. Por otro lado, si alguna de sus partes es alegórica, ninguna de sus partes puede estar constituida por hechos realmente positivos: el resultado de esta verdad sería que todo en cada una de las partes de toda la narración tiene que ser de carácter alegórico. Si la formación de la mujer, de la carne y del hueso del hombre, es una alegoría, entonces la mujer tiene que ser alegórica. Y, por tanto, el hombre tiene que ser también alegórico; porque la mujer alegórica sólo podía ser compañera de un hombre alegórico. Y si el hombre es alegórico, entonces su paraíso es también alegórico: sus árboles, alegóricos; sus ríos, alegóricos. Y de este modo podemos remontarnos hasta el principio de la creación, y concluir, por ello, en que los cielos son alegóricos y la tierra es también alegórica. Entonces, toda la historia de la creación sería una alegoría, en la cual no se nos descubre el asunto real. En esta absurdidad termina el esquema de la alegorización" (citado por Watson, *Theological Institutes,* Vol. II, pág. 30).

(c) Hay un tercer grupo de intérpretes que dice que el relato es literal. Estos afirman que el relato de Moisés, aunque sin duda contiene verdades más profundas que las que aparecen superficialmente, es un relato histórico con respecto a seres y condiciones reales. Se puede probar que es un informe literal, primeramente, por el hecho de que es parte de una narración histórica *continua.* La narrativa se continúa sin interrupción al pasar a la historia subsiguiente. Si este relato fuera una fábula y no historia, el carácter histórico de todo el Pentateuco quedaría en tela de juicio, porque nadie puede señalar cuándo se convirtieron en historia las primitivas fábulas. El argumento que se basa en que el relato histórico es continuo no puede refutarse. La historia tiene que ser claramente literal tanto en su comienzo como en su fin y en cualquiera de sus puntos. En segundo lugar, el carácter literal de este relato se hace evidente por el hecho de que posteriormente en las Escrituras se hace referencia a él con toda candidez, y se cita como base de enseñanzas y amonestaciones, para lo cual no sería útil ninguna fábula. La Biblia, como un todo y sin excepción, se refiere al libro de *Génesis* como a un relato histórico. Esto es un tema amplio que sólo podremos proseguirlo aquí hasta cierto punto.

Puesto que el libro de *Job* es más antiguo con respecto a sus escritos que el mismo *Génesis,* es significativo que en aquel libro se declare lo siguiente: "¿No sabes esto, que así fue siempre, desde el tiempo que fue puesto el hombre sobre la tierra, que la alegría de los malos es breve, y el gozo del impío por un momento? (Job 20:4, 5). En este caso, la palabra *hombre* pudiera traducirse igualmente Adán. Y también dice Job: "Si encubrí como hombre mis transgresiones, escondiendo en mi seno mi iniquidad" (31:33). Así también, puesto que Dios hizo al hombre recto (Ec. 7:29), Elifaz se refiere al primer pecado de la mujer cuando dice: "¿Qué cosa es el hombre para que sea limpio, y para que se justifique el nacido de mujer?" En los profetas se menciona el "Edén . . . el huerto de Dios." El libro de *Proverbios* se refiere cuatro veces al "árbol de la vida". El *Apocalipsis* lo menciona tres veces. Tal vez no hay ninguna declaración tan conclusiva como las palabras de Cristo que aparecen en Mateo 19:4, 5: "El, respondiendo, les dijo: ¿No habéis leído que el que los hizo al principio, varón y hembra los hizo, y dijo: Por esto el hombre dejará padre y madre, y se unirá a su mujer, y los dos serán una sola carne? " En esta Escritura se ve que Cristo reconoce que Dios hizo al primer hombre y a la primera mujer, y que las relaciones matrimoniales se basan en el hecho al cual se refiere Cristo, es decir, el hecho de que la mujer fue tomada del hombre, y por ese hecho dijo Adán: "Esto es ahora hueso de mis huesos y carne de mi carne; ésta será llamada Varona, porque del varón fue tomada. Por tanto, dejará el hombre a su padre y a su madre, y se unirá a su mujer, y serán una sola carne" (Gn. 2:23, 24). En este caso no pudiera haber serias dudas con respecto a la verdad de que Cristo se refiere a un evento histórico. Todo el simbolismo que hay entre Adán y Cristo deja de tener significado y propósito, si Adán y todo lo concerniente a él no es real. "El pecado entró en el mundo por un hombre"; "desde Adán hasta Moisés"; "la transgresión de Adán"; "si por la transgresión de aquel uno"; "por la transgresión de uno solo" (Ro. 5:12-21); "Fue hecho el primer hombre Adán alma viviente"; "El primer hombre es de la tierra, terrenal" (1 Co. 15:45, 47). "Pero temo que como la serpiente con su astucia engaño a Eva, vuestros sentidos sean de alguna manera extraviados de la sincera fidelidad a Cristo" (2 Co. 11:3). "Porque Adán fue formado primero, después Eva; y Adán no fue engañado, sino que la mujer, siendo engañada, incurrió en transgresión" (1 Ti. 2:13, 14). Ninguno de estos pasajes contiene alusiones retóricas. Ellos son, más bien, la base del sano razonamiento y de profundas doctrinas que serían todas sacrificadas si los eventos que se narran al principio de *Génesis* no son más que una fábula. El único motivo que levanta argumentos contra la historicidad de los documentos mosaicos es el hecho de que parecen absurdos puesto que, según dicen los que esto arguyen, no son verosímiles si los comparamos con la presente experiencia humana. Pero ese razonamiento no solamente asume que Dios está restringido a los modos de actuar que son corrientes en el nuestro día, sino también que el hombre es libre para sentarse a hacer juicio contra la Palabra de Dios. Las controversias giran en torno a los dos árboles y a la serpiente. Sobre estas objeciones escribe con suficiente amplitud Richard Watson:

"La falacia de la mayor parte de estas objeciones se puede, sin embargo, señalar fácilmente. Se nos pregunta, en primer lugar, si es razonable que supongamos que el fruto del árbol de la vida podía otorgar inmortalidad. ¿Pero qué hay de irracional en suponer que, aunque Adán fue creado exento de muerte, sin embargo, el fruto de ese árbol estaba destinado a que sirviera de instrumento para preservar su salud, para reparar las pérdidas de su naturaleza animal, y para mantenerlo en perpetua juventud? El Dios todopoderoso podía haber cumplido este fin sin acudir a ningunos medios, o haciendo uso de otros medios; pero, puesto que El a menudo emplea instrumentos, no es nada extraño que El ordenara que se preservara permanentemente de la muerte la vida de Adán, por medio de alimentos de una clase especial; así como no es extraño que hoy les preserve la vida y la salud a los hombres durante 70 años por medio de alimentos específicos, y que, para contrarrestrar los desórdenes de la salud, les de a las hierbas y a los minerales específicas cualidades medicinales. Y si, como algunos afirman, consideramos el comer del árbol de la vida como un acto sacramental, una expresión de fe en la promesa de la preservación continua, y un medio por el cual se impartía la influencia preservadora de Dios –noción ésta que, sin embargo no está tan bien fundada como la otra– todavía no es inconsecuente con la interpretación literal, y realmente no envuelve ninguna consecuencia irrazonable, ni nada que sea directamente contrario a la analogía de la fe. También se ha levantado neciamente la pregunta sobre si el fruto del árbol prohibido, o de cualquier árbol, hubiera podido comunicar el conocimiento del bien y el mal, o si hubiera podido comunicar algún efecto a las capacidades intelectuales. Pero esa no es la idea que expresa el relato histórico, por más literalmente que se tome. Así que tal objeción queda sin base. Con toda seguridad, a ese árbol se le podía dar el nombre de ' el árbol de la ciencia del bien y del mal ', sin que por ello se mezcle el relato con lo alegórico; ya sea que con ese nombre entendamos que al comer el hombre ese fruto llegaría a saber, por medio de una triste experiencia, cuál es el valor de lo *bueno,* que fue lo que él perdió, y la amargura de lo *malo,* que era lo que antes sólo conocía de nombre; o como lo entienden otros, que ese árbol fue escogido para probar la fidelidad de Adán para con su Creador y, en consecuencia, era el árbol del conocimiento del bien y del mal, es decir, un árbol que estaba allí con el propósito de permitir que se supiera si el hombre se iba a inclinar hacia lo primero o hacia lo último. Pienso que debe preferirse la primera interpretación, por el hecho de que armoniza mejor con los hechos históricos en general; pero cualquiera de las dos es consecuente con la interpretación literal, y no se podrá probar que haya en ninguna de ellas algún absurdo real.

En cuanto al relato con respecto a la serpiente, se ha objetado que, si se toma literalmente, resulta que el tentador invisible toma el cuerpo de un animal para llevar a cabo sus perversos designios. Pero debemos estar mejor relacionados con la naturaleza y las leyes de los espíritus incorpóreos, antes de poder probar que eso es imposible, o aun improbable. En cuanto a que un animal fuera escogido como medio para poder acercarse a Eva, sin despertar la suspicacia de ella, es manifiesto que, si concedemos que un espíritu superior fue el tentador real, era un buen procedimiento de parte de él el dirigirse a Eva por medio de un animal que ella tenía que reconocer como uno de los habitantes del huerto, en vez de presentársele en forma humana, ya que ella sabía que ella y su esposo eran los únicos seres humanos existentes hasta ese momento. La presencia de un extranjero de esa naturaleza la hubiera puesto prontamente en guardia. Pero luego se nos dice que el animal era un despreciable reptil. Ciertamente, este reptil no era repugnante antes de ser degradado en cuanto a forma. Por el contrario, era uno de los ' animales de la tierra ' (bestias), y no un reptil. Y también era más astuta y más sagaz ' que todos los animales del campo que Jehová Dios había hecho '. En consecuencia, era la cabeza de todos los animales inferiores a ella en cuanto a capacidades; y no es improbable que haya sido de una forma noble y hermosa. Por esta razón, nos importa en realidad su degradación corporal. Si hubo prudencia, entonces, de parte de Satanás, al elegir a ese animal como instrumento mediante el cual pudiera acercarse a la mujer, tuvo tan buen gusto en su elección como el que los alegorizadores, que parecen tan ansiosos en este punto, desean que él tenga.

El hecho de que el relato dice que la serpiente *habló* es otro de los tropiezos. Pero, como el argumento en este caso no es contra el incrédulo, sino con los que profesan aceptar como divinamente inspirado el relato mosaico, tal hecho no debe constituir ninguna razón para interpretar alegóricamente el relato, así como el hecho de que hablara al asna de Balaam no es razón suficiente para interpretar alegóricamente el relato de todo ese acontecimiento. No existe ninguna filosofía que puede probar que los espíritus malos o los buenos no tienen poder para producir sonidos articulados en los órganos de un animal. Por tanto, ese es un hecho que puede ser probado razonablemente por medio del testimonio. En la misma historia hay una razón clara que explica el hecho de que Satanás hiciera uso de ese poder. Al darle la capacidad de hablar a la serpiente, y de expresarse en tal forma que, según el relato, pareciera que la serpiente ya había comido del fruto, él escogió los medios más efectivos para impresionar a Eva con la idea fatal y peligrosa de que la prohibición con respecto al arbol del conocimiento era una restricción para la felicidad de la mujer y para su mejoramiento intelectual. De este modo le sugirió pensamientos perversos con respecto a su Creador. La objeción de que Eva no manifestó ninguna *sorpresa* cuando oyó que el animal hablaba, el cual, ella tenía que saber que antes no tenía esa facultad, tampoco tiene peso alguno, puesto que esa circunstancia pudo haber ocurrido, pero no se menciona en un relato histórico tan breve. Es más probable que Adán haya expresado alguna indicación de sorpresa y ansiedad, cuando su esposa le presentó el fruto; pero nada de eso se menciona en el relato" (*ibid.*, vol.II, págs. 24-26).

En cuanto a la equidad del juicio que cayó sobre la serpiente, continúa Watson:

"Se levanta una objeción contra la *justicia* de la sentencia que se pronunció contra la serpiente, en el caso de que el relato se considere real, y de que ese animal hubiera sido sólo el instrumento inconsciente del gran seductor. La respuesta a esta objeción es obvia: no podía ser un asunto de simplemente reclamarle a la serpiente. Lo mejor fue cambiarle la forma y degradar su especie en la escala de los seres. La serpiente no tenía ningun derecho de estar en la condición superior que tenía antes. La tenía porque así le plugo al Creador. Si se hubiera castigado a la serpiente con dolores y sufrimientos, la objeción tendría más apariencia de ser plausible. La serpiente no sufrió más que los otros animales en cuanto a correr el riesgo de la pena de muerte. En consecuencia no fue sino una de las criaturas irracionales que se consideró como ofensiva. Su degradación tenía el propósito de que le sirviera como recordatorio al hombre, y para indicar que el castigo real se le aplicaría, como lo demostraremos, al transgresor que usó a la serpiente de instrumento. Entre tanto, parece que la enemistad de toda la raza de serpientes contra la raza humana, su habilidad y su ponzoña, se las otorgó el Señor, sabia y bondadosamente, para que nos sirvieran de permanente advertencia para que sepamos que tenemos un gran enemigo espiritual que siempre nos acecha para herirnos y destruirnos" (*ibid.*, Vol.II, pág.27).

El hecho de que no se pronunciara ninguna sentencia directa contra Satanás está en armonía con la evidente intención divina de retener la revelación completa, para darla a conocer posteriormente según los Oráculos Divinos. Nadie puede dudar de que sobre Satanás tiene que caer algún día un juicio implacable, por su participación en la caída del hombre y por la iniquidad subsiguiente. Los problemas reales entre Dios y Satanás corresponden a otra esfera de existencia, que no se puede incorporar en los documentos que registran la historia humana en ese momento, pues complicarían la sencillez de la narrativa sobre la caída del hombre. Debemos prestarle atención, sin embargo, a una indicación un tanto velada del juicio que habría de venir sobre el tentador real, en la cruz. Esta indicación se halla en la maldición pronunciada contra la serpiente. Hay, además, justos juicios que caerán sobre Satanás en los tiempos futuros. No hay incertidumbre en la Palabra de Dios en lo relativo al juicio contra Satanás, que se halla en las palabras que El pronunció contra la serpiente: "Y pondré enemistad entre ti y la mujer, y entre tu simiente y la simiente suya; ésta te herirá en la cabeza, y tú le herirás en el calcañar" (Gn. 3:15). El arzobispo William King (1650-1729) escribió lo siguiente:

"Como el sentido literal no excluye lo místico, la maldición de la serpiente es un símbolo para nosotros, y una garantía visible de la maldición con la cual Dios golpeó al diablo, por lo cual, él llegó a ser la más abominable de todas las criaturas. Pero el hombre, mediante la ayuda de *la simiente de la mujer,* es decir, mediante la ayuda de nuestro Salvador, heriría en la cabeza al maligno, es decir, en el lugar en que el golpe es más mortal, y lo destruiría con ruina eterna. Entre tanto, la enemistad y el horror que les tenemos a las serpientes es para nosotros una continua advertencia del peligro que nos amenaza por parte del maligno, para que de todo corazón lo aborrezcamos a él y aborrezcamos todas sus obras" (citado por Watson, *ibid.,* Vol. II, pág. 39).

Hay cinco citas de los libros apócrifos que sirven para revelarnos la verdad de que los judíos de los primeros tiempos creían en el carácter literal del relato del *Génesis.* (Dos de estas citas se encuentran en apócrifos no aceptados por la Iglesia Católica Romana. Las otras tres están en los libros deuterocanónicos aceptados por dicha iglesia, aunque no los aceptan los judíos). "Oh Señor, Tú diste mandamiento, hablaste en el principio, cuando plantaste la tierra, Tú solo la plantaste, y diste mandamiento a la gente. Tú le diste un cuerpo sin alma a Adán, el cual fue obra de tus manos, y soplaste en él el aliento de vida, y llegó él a ser alma viviente delante de Ti. Lo introdujiste en el paraíso que tu mano derecha había plantado, y le diste mandamiento de que amara tus caminos; pero él cometió transgresión, e inmediatamente condenaste a muerte a él y a sus generaciones, de las cuales proceden naciones, tribus, pueblos y linajes innumerables" (2 Esdras 3:4-7; libro no aceptado por la Iglesia Católica Romana; traducción directa de la versión inglesa). "Oh-

Adán, ¿qué has hecho? pues aunque fuiste tú quien pecó, tú no eres el único que cayó, sino todos los que procedemos de tí" (2 Esdras 7:48). "Mas por envidia del diablo entró la muerte en el mundo, y la experimentan los que le pertenecen" (Sabiduría 2:24; *Biblia de Jerusalén;* libro apócrifo aceptado por la Iglesia Católica Romana). "Ella–la sabiduría– protegió al padre del mundo, al primer hombre formado por Dios, cuando fue creado solo; ella le levantó de su caída . . . " (Sabiduría 10:1; *Biblia de Jerusalén).* "De la tierra creó el Señor al hombre, y de nuevo le hizo volver a ella. Días contados le dio y tiempo fijo, y dioles también poder sobre las cosas de la tierra . . . De saber e inteligencia los llenó, les enseñó el bien y el mal" (Eclesiástico 17:1, 2, 7; *Biblia de Jerusalén;* libro apócrifo aceptado por la Iglesia Católica Romana).

V. LA TENTACION A QUE FUE SOMETIDO EL PRIMER HOMBRE

Del mismo modo, la crónica de la tentación se nos presenta en la forma más sencilla. Está escrito:

> "Pero la serpiente era astuta, más que todos los animales del campo que Jehová Dios había hecho; la cual dijo a la mujer: ¿Conque Dios os ha dicho: No comáis de todo árbol del huerto? Y la mujer respondió a la serpiente: Del fruto de los árboles del huerto podemos comer; pero del fruto del árbol que está en medio del huerto dijo Dios: No comeréis de él, ni le tocaréis, para que no muráis. Entonces la serpiente dijo a la mujer: No moriréis; sino que sabe Dios que el día que comáis de él, serán abiertos vuestros ojos, y seréis como Dios, sabiendo el bien y el mal. Y vio la mujer que el árbol era bueno para comer, y que era agradable a los ojos, y árbol codiciable para alcanzar la sabiduría; y tomó de su fruto, y comió; y dió también a su marido, el cual comió así como ella. Entonces fueron abiertos los ojos de ambos, y conocieron que estaban desnudos; entonces cosieron hojas de higuera, y se hicieron delantales" (Gn.3:1-7).

La pregunta directa que hizo Satanás, según el versículo uno, pudo sugerir que había injusticia en la restricción divina con respecto a tocar el árbol. La pregunta sirvió para hacer reaccionar a la mujer, la cual a su vez fue tan audaz que agregó las palabras: "ni le tocaréis", las cuales no las había dicho Dios. Esas palabras alteran en grado no pequeño el mandamiento divino. No se puede probar si había algún resentimiento en las palabras que agregó. Satanás, sin embargo, fue más osado que ella al afirmar: "No moriréis". Esa era una contradicción directa contra el decreto de Jehová. Es probable que, ya que Satanás estaba buscando la alianza de Adán y Eva con su propia causa que implica la independencia de Dios, él les estaba prometiendo que, mediante el poder que él ejercería, ellos se salvarían del juicio divino. Aparte de esta contradicción, Satanás les descubrió la verdad de que, al actuar independientemente, lo cual constituye realmente la desobediencia, ellos serían como dioses *(Elohim).* Como ya lo anotamos, la palabra *Elohim* aparece dos veces en el versículo cinco, y hay tanta razón para traducirla *dioses* en el primer caso, como la hay para traducirla de igual manera en el segundo. En ninguno de los dos casos se pueden dar otras razones. La ambición de ser "semejante al Altísimo" (Is. 14:14) fue el pecado original de este gran ángel, y no es poco el significado que se le agrega al hecho de que él trajo su propio pecado de independencia de Dios como tentación para Adán y Eva, y que ellos adoptaron esa filosofía de la vida. Aún más signficativo es el hecho de que en la triple tentación a la cual fue sometido Cristo –el último Adán– Satanás procuró, dentro de la esfera de la humanidad de Cristo, hacer que El actuara independientemente de la voluntad de Dios. Así se hace evidente que en esta disposición a actuar fuera de la voluntad de Dios reside el carácter del pecado. Esta conclusión queda confirmada por el hecho de que el acto final de la trágica empresa de Satanás será el de promover y exaltar al hombre de pecado, cuya identificación será posible por el hecho de que se proclamará como Dios. El estudio más exhaustivo de este gran tema, además de lo que apareció cuando estudiamos la angeleología, lo realizaremos, con todas sus conclusiones lógicas, cuando estudiemos la doctrina del pecado.

Puesto que Adán y Eva habían conocido bien la diferencia entre el bien y el mal, lo suficiente para formarse una base adecuada para la acción con respecto a la voluntad de Dios que se encontraba expresada en la prohibición que Dios les estableció, es evidente que el nuevo conocimiento del bien y el mal que obtuvieron por medio de la desobediencia era más profundo y de carácter diferente. Aunque no había nada atractivo en la proeza de llegar a saber el mal mediante la tristeza que esa experiencia proporciona y el valor del bien mediante la pérdida de él, hay sin embargo, un extraño deleite en la acción libre. Está escrito con respecto a Moisés, que éste escogió "ser maltratado con el pueblo de Dios, que gozar de los deleites temporales del pecado" (He. 11:25). A la mujer le pareció "que el árbol era bueno para comer, y que era agradable a los ojos, y árbol codiciable para alcanzar la sabiduría" (comp. 1 Jn. 2:16). Los más profundos anhelos de su propio ser respondieron a la tentación, y la hicieron rendirse ante el mal y rechazar a Dios. El hecho de que Adán cayó en el mismo pecado no le agrega nada más al relato, sino aquello que se declara en 1 Timoteo 2:14, donde se nos dice que él no fue engañado, sino que pecó con conocimiento y voluntad.

La posibilidad de prueba para Adán estaba sumamente restringida antes de la caída. El no estaba sujeto a la tentación de la avaricia, ni a la de la codicia, pues él era el señor de toda la creación terrenal. No podía ser inducido a las relaciones sexuales inmorales, puesto que estaba casado con la única mujer que había en el mundo, la única que podía atraerlo. El único pecado posible era el pecado supremo de rechazar a Dios. El hombre caído está sujeto a deseos pecaminosos; el hombre no caído sólo tenía deseos inocentes. En el hecho de comer del fruto no había nada que fuera inherentemente malo. El primer error no fue de carácter dietético. No fue un asunto de alimentación ni de alimentos malsanos. El árbol y el fruto sirvieron de base para la prueba con respecto a la obediencia de las criaturas a su Creador. Era un asunto tan amplio y real como la vida misma. La finalidad consistía en establecer si la criatura permanecería en la esfera en la cual había sido colocada por creación, o si se rebelaría contra su Creador. La importancia de dicho árbol como medio para probar al hombre no caído la expresa el Dr. William G. T. Shedd, en las siguientes palabras:

" 'El árbol de la ciencia ' era un árbol real que producía su fruto en el huerto. Pudo haber sido una palma datilera o cualquiera otra clase de árbol, y todavía ser ' el árbol de la ciencia del bien y del mal '. El hecho es que, tan pronto como Dios seleccionó un árbol específico del huerto, y mediante un estatuto positivo les prohibió a nuestros primeros padres que comieran de él, en el momento en que comieran se hacían transgresores del mandamiento divino, y entonces *conocerían* consciente y amargamente qué es el bien y en qué se diferencia del mal. Fue así como dicho árbol llegó a ser ' el árbol de la ciencia del bien y del mal '. No por ser cierta clase específica de árbol, sino por haber sido escogido como medio por el cual se probaría la obediencia implícita de Adán. El primer pecado fue único con respecto al estatuto que el hombre quebrantó. El mandamiento de Dios se confinaba al Edén. Nunca antes se había dado, ni se ha establecido después de esa ocasión. Así que la primera transgresión, la de Adán, no se repite. Fue una transgresión única, aquella de la cual se nos habla en Romanos 5:12, 15-19" (*Dogmatic Theology,* Vol.II, pág.154).

La prohibición que Dios le impuso a Adán se ha vuelto tema de muchas "bromas de tontos". Del mismo modo, se ha considerado que el castigo por la transgresión estaba fuera de proporciones con respecto a la maldad que representaba ese pecado. Ya se ha dicho lo suficiente con respecto a estas consideraciones superficiales. El obispo Joseph Butler (1692-1752), en su obra *Analogy (Analogía)* distingue entre los preceptos *positivos* y los *morales.* Así dice él: "Los preceptos morales son aquellos cuyas razones podemos comprender; los preceptos positivos son aquellos cuyas razones no podemos comprender. Los deberes morales surgen de la naturaleza misma del caso, y son anteriores al mandato externo. Los deberes positivos no surgen de la naturaleza del caso mismo, sino del mandamiento externo; y no serían deberes de ninguna clase si no fuera por el mandamiento que recibimos de Aquel del cual somos criaturas y súbditos (citado por Watson, *ob. cit.*, Vol. II, págs. 35, 36).

Se ha escrito mucho con respecto a la acción de la voluntad del hombre antes de la caída. El problema es difícil; es de carácter psicológico. No podemos estimar cabalmente la influencia del tentador sobre Adán. Cuando Adán fue creado ya estaba en el mundo el reino del mal. Dios ya había permitido la caída del más grande de todos los ángeles, y éste había conducido bajo sus órdenes, haciendo uso de la misma voluntad permisiva de Dios, a una hueste innumerable de ángeles que se rebelaron contra Dios. El problema surge, más bien, con respecto a los propios deseos de Adán. Si el codició el conocimiento prohibido y la independencia de Dios, entonces ya había caído. Sólo la caída de Satanás excede en complejidad a esta situación. Y en el caso de él no hubo tentador, ni hubo inclinación interna que brotara de una naturaleza caída. Satanás, sin embargo, se envaneció (1 Ti. 3:6), y llegó a ser víctima de una ambición impía, pues deseó salirse de la esfera en la cual Dios lo había colocado por creación, la cual estaba determinada por la sabiduría infinita. En esa esfera él hubiera podido experimentar el beneficio del poder infinito y ser sostenido y bendecido por el amor infinito. Adán puso en práctica el mismo pecado. Está escrito: "Por tanto, como el pecado entró en el mundo por un hombre, y por el pecado la muerte, así la muerte pasó a todos los hombres, por cuanto todos pecaron" (Ro. 5:12). La naturaleza precisa del pecado no cambió mediante su entrada en el mundo. Se le puede asignar alguna causa al pecado, pero nunca sería racional. Sobre esta verdad escribió Agustín (354-430): "Que nadie se dedique a buscar la causa eficiente de la mala voluntad; pues esa causa no es eficiente, sino deficiente, puesto que el mal en sí mismo no es eficiente para nada, sino un defecto. Y buscar una causa eficiente del pecado, fuera de la voluntad y que no sea la voluntad, es como intentar ver las tinieblas y oír el silencio." También dice Agustín: "Dios hizo al hombre recto y, en consecuencia, con buenas inclinaciones. La buena inclinación en el hombre es, entonces, obra de Dios. Pero la primera inclinación mala, la cual procedía de las malas inclinaciones humanas fue, más bien, una clase de apartamiento de la buena obra de Dios en su propia obra, y no una obra positiva. La voluntad ahora no tiene a Dios como fin; su fin es la voluntad misma" (citado por Shedd, *ob. cit.*, pág. 157).

La pena que amenazaba caer sobre Adán era la pena de muerte en todas sus formas: espiritual, física y eterna. Nuestros primeros padres murieron espiritualmente el día cuando desobedecieron a Dios. Ese mismo día llegaron a ser mortales, con lo cual comenzaron a morir físicamente; y de una vez quedaron sujetos a la muerte eterna, a menos que fueran redimidos de esta parte de la sentencia. Parece que Adán y Eva como seres creados tenían ante ellos la posibilidad de la muerte, pero no estaban sujetos a ella. Ellos estaban más bien sujetos a la vida, y tenían la posibilidad de tener una conformidad más estrecha con Aquel a cuya imagen y semejanza fueron hechos. El cuerpo inmortal que estos seres poseían antes del pecado era inmortal solamente en un sentido relativo. Estaba sujeto a aquello que realmente pudiera suceder. Algunos han sostenido que, si Adán hubiera salido bien en la prueba, hubiera llegado a ser inmortal en el sentido absoluto. Sostienen los que esto afirman que Adán hubiera adquirido, en ese caso, el cuerpo espiritual; pero no hay clara seguridad de que eso fuera cierto. Es cierto, sin embargo, que si hubiera resistido la prueba, no se le hubiera repetido. Su objetivo no era el de permanecer en la experiencia continua de nuestros primeros padres hasta hacerlos caer. Parece que a ellos no los molestó en absoluto la prohibición con respecto a determinado árbol y a determinado fruto, hasta el momento cuando se hizo notable por el hecho de que el tentador atacó por ese lado. El asunto, pues, no estaba en la prohibición como tal, sino en el empleo que le dio el tentador a dicha prohibición. El proceso mental por el cual pasó Eva se nos describe más claramente que aquel por el cual pasó Adán. Ella había observado el árbol y estaba enterada de la restricción que Dios había establecido con respecto a él, pero súbitamente, ella vio que el árbol era bueno, agradable a los ojos y que ofrecía la entrada al conocimiento superior. Sólo un momento tuvo ella estas nuevas impresiones. Si ella hubiera resistido la tentación, nunca más le hubiera llegado. La experiencia de los dos primeros padres no sirve de norma ni de dechado de las tentaciones que asedian a la humanidad caída, cuya experiencia es la de una incesante tentación, la de una prueba ininterrumpida, la de una consciencia que oprime con muchos fracasos y muchas derrotas.

Nos resta, pues, considerar la gran declaración *del protoevangelio,* que es como una palabra de esperanza de los labios de Jehová, al concluir el juicio que pronunció sobre la serpiente, y por medio de ella, contra el tentator que se había encarnado en la serpiente. Esta expectación profética no se cumple mediante una herida literal de la simiente de la mujer en la cabeza de la serpiente y la correspondiente herida de la serpiente en el calcañar del hombre. La serpiente, en esta profecía, es el mismo Satanás; y *la simiente de la mujer* no es otra que el Cristo encarnado de Dios. Esta gran expansión del juicio divino hacia lo universal y eterno constituye un apoyo para creer que toda la narrativa de estos relatos tiene aplicación mucho más profunda que la que permiten entender las limitaciones naturales de las sencillas crónicas históricas.

CAPITULO XVI

LA CAIDA

La caída del primer hombre debe considerarse a la luz de lo que le precedió –inocencia, tentador, tentación– y de lo que le siguió –muerte espiritual y depravación de los que pecaron, muerte espiritual y depravación de la raza y muerte física. Los factores que precedieron a la caída ya se han tratado en las últimas páginas. Los que siguieron serán tratados en forma completa cuando estudiemos la doctrina sobre el pecado. Por ahora consideraremos estos últimos, por lo menos en forma breve.

De una vez salta a la evidencia la amplia doctrina con respecto a la muerte. Dios les había advertido a nuestros primeros padres que el día que comieran del fruto que les había prohibido, *ciertamente morirían.* La sentencia que estaba prevista se dictó, y se les impuso la condena de muerte en sus tres formas: (1) Muerte espiritual, que es el acto mediante el cual alma y espíritu del hombre quedaron separados de Dios; ésta cayó sobre ellos en el momento que pecaron; (2) muerte física, que comenzó de inmediato su inevitable proceso de desintegración, el cual habría de culminar algún día en una separación mediante la cual alma y espíritu se separarían del cuerpo; y (3) muerte eterna, que es la muerte segunda, según la cual ellos quedaron sujetos al lago de fuego, donde alma y cuerpo estarán separados eternamente de Dios. Con respecto al lago de fuego, está escrito que fue preparado para el diablo y para sus ángeles. No fue preparado para los seres humanos. Ellos tendrán que entrar allí por el solo hecho de que rechazan a Dios y escogen su destino con Satanás y con sus ángeles. Incorporamos a continuación lo que escribió el Dr. Lindsay Alexander, en general, con respecto a la caída del hombre:

"Echemos ahora una breve mirada al efecto inmediato de la tentación. En este caso es también interesante notar el proceso mediante el cual el maligno consumó su triunfo sobre Eva. La narrativa de Moisés, aunque es breve, se puede considerar como una ilustración articulada del análisis que hace el apóstol Juan, en su teoría con respecto al mal, según la cual éste consiste en los deseos de la carne, los deseos de los ojos, y la vanagloria de la vida. Se nos dice que la mujer, cuando dirigió su mirada al árbol, vio que era bueno para comer: allí estaba presente el deseo de la carne, todos los más profundos e irregulares apetitos de los más bajos deseos. Ella vio que era agradable a los ojos: allí estaba el deseo de los ojos, el amor desordenado y el deseo desmedido por aquello que sólo es bello y atractivo, con el consiguiente anhelo de poseerlo, de poseer lo que sólo enriquece y magnifica. La mujer vio también que el arbol era codiciable para alcanzar la sabiduría. Allí estaba presente, pues, la vanagloria de la vida, el amor impío hacia la preeminencia, la incansable curiosidad de entremeterse en lo que Dios ha querido mantener en oculto, la ambición de tomar el poder aun más allá de lo que nos corresponde, y la impía presunción, si no de ser iguales a Dios, por lo menos de mantener el derecho sobre nosotros mismos con absoluta independencia de Dios. Estas tres inclinaciones del hombre son las principales fuentes del mal y ocasiones para caer en él que predominan en nuestro día y en nuestro mundo. Podemos ver que todas las tres tuvieron su participación en la manifestación del primer pecado que se cometió. Esas tres inclinaciones humanas vieron el origen del mal en nuestra raza; y así como se sentaron junto a la cuna del mal, así lo han alimentado desde entonces; y no perecerán completamente hasta que hayan sido absolutamente dominadas, cuando la naturaleza íntegra del hombre haya sido restaurada a su prístina pureza. El proceso mediante el cual Eva marchó por el sendero que el tentador le había preparado sirve también de ilustración para otra declaración del Nuevo Testamento. El apóstol Santiago dice: ". . . la concupiscencia, después que ha concebido, da a luz el pecado." Esta es la genealogía de la transgresión: primero aparecen los malos deseos y, luego, como consecuencia natural, vienen las malas obras. Eso le sucedió a la primera madre: comenzó con el deseo y terminó en el pecado. Ella permitió que el deseo de algo prohibido se alimentara en su corazón, y éste se desarrolló inmediatamente hasta producir una obra prohibida. Su corazón engañado la descarrió. La mente, que estaba traicionada por Satanás, la traicionó también. Y como el deseo la dirigió al pecado, así el pecado tiende a propagarse naturalmente. Así, pues, no bien había acabado Eva de cometer su pecado cuando ya estaba buscando meter a su esposo en el mismo lazo. Adán, sin embargo, no fue engañado como ella. El siguió el ejemplo de ella, pero con conciencia de lo que estaba haciendo. No podemos decir si siguió el ejemplo de ella por causa de una impensada indiferencia, o por demasiado entregamiento de sus afectos a ella, o por cierta caballerosidad que lo hizo pensar que él podía compartir con ella los riesgos que ella corría por la falta que había cometido. No sabemos qué fue lo que lo movió. Pero sí sabemos que lo que él hizo lo hizo con conocimiento cabal de que era malo y de las consecuencias que podía esperar de su actuación. Sea cual haya sido su caso, el pecado que cometió fue grande. El prefirió una pequeña satisfacción que el cumplimiento de los altos deberes y la gratitud. Olvidado de Dios, de su autoridad y de su ley, lo único que él vio fue la hermosa y sonriente imagen de su esposa, y oyó las hórridas palabras de su compañera que era hermosa, pero que ya había caído. Así fue persuadido a seguir el ejemplo de ella y a participar con ella en el pecado. Fue entonces cuando se completó la primera desobediencia del hombre. Se cumplió la ruina de nuestra raza. Allí se quebrantó el pacto y quedó el hombre bajo la maldición. La imagen de Dios en el hombre quedó de una vez manchada y desfigurada. Allí comenzó la discordia entre el cielo y la tierra. Fue entonces cuando las moradas del paraíso, que momentos antes habían sido las mansiones de la inocencia inmaculada, se convirtieron en tristes escenarios de culpabilidad, pasión y vergüenza" (*System of Biblical Theology*, Vol. I, ps. 195,196).

En el Libro IX de *El Paraíso Perdido* de Milton se describe la reacción de la naturaleza ante el pecado del hombre –que no es diferente de la reacción de la naturaleza cuando el remedio de Dios para el pecado del hombre se realizó en la cruz:

> "Con dolores de parto tembló toda la tierra
> Y la naturaleza gimió segunda vez;
> El cielo aún más bajo lanzó un horrible trueno
> Y lloró de tristeza por el mortal revés."

Los grandes eventos que ocurrieron junto con el primer pecado del primer hombre demandan consideración separada y atenta.

I. LA MUERTE ESPIRITUAL Y LA DEPRAVACION

La posterior investigación que haremos demostrará que tanto la muerte espiritual como la física, aunque son muy diferentes en carácter y en la forma en que se aplicaron a la posteridad de Adán, se originaron igualmente en el primer pecado del primer hombre. Las personas que están muertas espiritualmente, pueden estar físicamente vivas. El apóstol Pablo afirma que los cristianos de Efeso, antes de ser salvos, estaban "muertos en. . . delitos y pecados"; y que en ese tiempo de muerte espiritual andaban "siguiendo la corriente de este mundo o *cosmos,* conforme al príncipe de la potestad del aire, el espíritu que ahora opera en los hijos de desobediencia" (Ef.2:1,2). Del mismo modo, el mismo apóstol afirma: "Pero la que se entrega a los placeres (σπαταλῶσα); *complacencia de sí misma* viviendo (ζῶσα) está muerta" (1 Ti.5:6).

Cuando Adán cometió el primer pecado experimentó una conversión al revés. Llegó a ser degenerado y depravado. Dentro de él se desarrolló una naturaleza caída, que es contraria a Dios y siempre inclinada hacia el mal. Su constitución se alteró fundamentalmente y así llegó a ser un ente enteramente diferente del que Dios había creado. El más alto de todos los ángeles, en jerarquía, y todos los ángeles que se unieron a él en la rebelión contra Dios habían experimentado una caída similar a la degeneración. Ningún otro ser humano había llegado a ser pecador por haber cometido el pecado. Todos los demás nacen pecadores. Aquí hay que saber hacer la distinción entre el pecado como acto malo y el pecado como naturaleza mala. Por causa de un acto pecaminoso, Adán adquirió una naturaleza pecaminosa; entre tanto, todos los miembros de su familia nacen con la naturaleza pecaminosa.

Por causa del pecado, Adán quedó sujeto al dominio de Satanás. Literalmente, él se rindió ante el maligno. La amplitud de esta autoridad del maligno no se nos revela, y probablemente no pudiera revelársenos, puesto que se relaciona con aspectos y relaciones que están fuera del alcance de la comprensión humana. Es necesario poner atención a cuatro pasajes del Nuevo Testamento: 2 Corintios 4:3,4, donde se nos dice que los que están perdidos están bajo el poder de Satanás, hasta el punto en que el maligno les ciega el entendimiento con respecto al Evangelio de salvación; Efesios 2:1,2, donde se afirma que Satanás opera en los que no son salvos; Colosenses 1:13, donde se nos dice que, cuando llegamos a ser salvos, somos trasladados del poder de las tinieblas al reino del amado Hijo de Dios; y 1 Juan 5:19, que nos declara que todo el mundo o *cosmos,* "está bajo el maligno." Esta relación es vital y orgánica, comparable solamente con la verdad de que el cristiano está en Cristo y es una nueva criatura. Estos pasajes establecen la presente relación entre los no regenerados y Satanás; pero también nos revelan el hecho de que en esa relación quedó Adán desde el momento en que cometió el primer pecado. No se podría demostrar que la familia humana haya caído en tan fatal relación con Satán en ningún otro tiempo de la historia humana.

El cambio inmediato que se operó en Adán y Eva se nos revela en el mismo relato, cuando se nos dice que ellos se avergonzaron por descubrir que estaban desnudos. La narración de este incidente, del mismo modo como la narración del *protoevangelio* en *Génesis 3:15,* realmente alude a realidades mucho más profundas que fueron simbolizadas en la experiencia inicial de la humanidad. Según el empleo de los términos en las Escrituras, el vestido es símbolo de justicia. La vergüenza que experimentaron el primer hombre y la primera mujer no era entre ambos, sino entre ellos y Dios. Ellos habían experimentado un cambio en su constitución misma que los había separado de Dios. No se escondieron el uno del otro, sino que se escondieron de Dios. El hecho de que iban a ser echados inmediatamente del huerto prueba la verdad de que habían quebrantado voluntariamente su relación con Dios, por lo cual se escondían de su presencia. Cualquiera que haya sido su propia conciencia en ese momento, la fiel Palabra de Dios nos ofrece una evidencia indiscutible de que ellos mismos no se sentían ya dignos de encontrarse con Dios cara a cara. Y mucho del significado de esta verdad se halla oculto en el hecho de que ellos intentaron vestirse por su propia cuenta. Claro que el vestido que se inventaron no les fue útil en ningún sentido; Dios los vistió con pieles simbólicas del derramamiento de sangre. De este modo se pone en vigor otra de las grandes doctrinas de la Biblia: ". . . sin derramamiento de sangre no se hace remisión" (He.9:22). Y, "siendo justificados –declarados justos– gratuitamente –sin causa– por su gracia, mediante la redención que es en Cristo Jesús" (Ro.3:24).

Posteriormente, la Biblia enseña, con completa unidad, que toda la raza se ha depravado y está depravada –a menos que eche mano a la gracia salvadora de Dios; y también es igualmente evidente que no se puede señalar algún tiempo cuando sucedió esa depravación que no sea el día de la caída en el huerto de Edén. Algunos se resienten cuando oyen la afirmación de que los no regenerados están totalmente depravados. Eso sucede porque carecen del entendimiento correcto sobre el significado de la depravación. Según la opinión de los hombres, si se afirma que no hay nada bueno en el hombre, tal declaración es incierta; porque los hombres están prestos para declarar que no hay ser humano que sea tan degradado que no tenga nada bueno. Según la opinión de Dios, por otra parte, si se afirma que el hombre no tiene méritos para presentarse ante el Creador, el caso es completamente diferente. La doctrina de la depravación no corresponde al plano de la estimación que Dios tiene del hombre. Lo que afirma la Biblia con respecto al estado depravado y caído del hombre no lo hubiera escrito el hombre por su cuenta. El no hubiera tenido suficiente comprensión para poder formarse una conclusión correcta, ni siquiera hubiera podido basarse en sí mismo.

Las conclusiones del Dr. Shedd, con respecto a la depravación, nos vienen al punto:

> "La depravación o corrupción de la naturaleza es total. El hombre está 'inclinado completamente hacia el mal, y eso en forma continua' *Westminster Law Court,* p. 25; Génesis 6:5). 'Y vio Jehová que la maldad de los hombres era mucha en la tierra, y que todo designio de los pensamientos del corazón de ellos era de continuo solamente el mal. No puede haber sino una sola voluntad dominante en la voluntad al mismo tiempo, aunque junto con ella puede haber *remanentes* de la inclinación que antes dominaba. En Adán comenzó la nueva inclinación pecaminosa. Esta expulsó la anterior inclinación, que era santa. El llegó a ser entonces totalmente depravado porque, después de la apostasía, no le quedaron *reminiscencias* de la justicia original, en la forma como quedaron los vestigios del pecado original en la generación subsiguiente. Esto se prueba por el hecho de que no hay lucha entre el pecado y la santidad, en el hombre natural; en el hombre espiritual, sin embargo, sí la hay. En el regenerado '. . . el deseo de la carne es contra el Espíritu, y el del Espíritu contra la carne' (Gá.5:17). La santidad y el pecado están en un conflicto dentro del regenerado, tal que hace que él *gima dentro de sí mismo* (Ro.8:23). Pero en el hombre natural no hay tal conflicto, ni hay tal gemido. La regeneración es la restauración de la voluntad humana con algunos vestigios del pecado original. La total depravación no significa el más alto grado de intensidad del pecado, sino la absoluta ausencia de santidad. Cuando decimos que un hombre es totalmente depravado no queremos decir que es tan malo como puede serlo, sino que no tiene santidad, es decir, no tiene ese amor supremo hacia Dios. El adora y ama a la criatura antes que al Creador" (Ro.1:25) *(Dogmatic Theology,* Vol. II, p. 257).

Si seguimos el relato bíblico sobre la caída del hombre, el Texto

Bíblico no continúa el tema hasta el momento en que nos descubre la evidencia universal de la muerte (comp. Gn. 5:5-31). Allí encontramos la solemne declaración: "Y vio Jehová que la maldad de los hombres era mucha en la tierra, y que todo desginio de los pensamientos del corazón de ellos era de continuo solamente el mal" (Gn.6:5). ¡Cuán opuesta es esta declaración a la estimación original de Jehová con respecto a la creación! "Y vio Dios todo lo que había hecho, y he aquí que era bueno en gran manera" (Gn.1:31). Algunos hombres santos que escribieron bajo la dirección del Espíritu Santo declararon: "¿Quién hará limpio a lo inmundo? Nadie" (Job 14:4). "¿Qué cosa es el hombre para que sea limpio, y para que se justifique el nacido de mujer?" (Job 15:14). "He aquí, en maldad he sido formado, y en pecado me concibió mi madre" (Sal.51:5). "Ciertamente no hay hombre justo en la tierra, que haga el bien y nunca peque. . . He aquí, solamente esto he hallado: que Dios hizo al hombre recto, pero ellos buscaron muchas perversiones" (Ec.7:20,29). "¡Oh gente pecadora, pueblo cargado de maldad, generación de malignos, hijos depravados! Dejaron a Jehová, provocaron a ira al Santo de Israel, se volvieron atrás. ¿Por qué queréis ser castigados aún? ¿Todavía os rebelaréis? Toda cabeza está enferma, y todo corazón doliente. Desde la planta del pie hasta la cabeza no hay en él cosa sana, sino herida, hinchazón y podrida llaga; no están curadas, ni vendadas, ni suavizadas con aceite" (Is.1:4-6). "Nada hay fuera del hombre que entre en él, que le pueda contaminar; pero lo que del hombre sale, eso contamina al hombre. Porque de dentro, del corazón de los hombres, salen los malos pensamientos, los adulterios, las fornicaciones, los homicidios, los hurtos, las avaricias, las maldades, el engaño, la lascivia, la envidia, la maledicencia, la soberbia, la insensatez. Todas estas maldades de dentro salen, y contaminan al hombre" (Mr.7:15,20-23). "¿Qué, pues? ¿Somos nosotros mejores que ellos? En ninguna manera; pues ya hemos acusado a judíos y gentiles, que todos están bajo pecado. Como está escrito: No hay justo, ni aun uno; No hay quien entienda, No hay quién busque a Dios. Todos se desviaron, a una se hicieron inútiles; No hay quién haga lo bueno, no hay ni siquiera uno. Sepulcro abierto es su garganta; Con su lengua engañan. Veneno de áspides hay debajo de sus labios; Su boca está llena de maldición y de amargura. Sus pies se apresuran para derramar sangre; Quebrantamiento y desventura hay en sus caminos; No hay temor de Dios delante de sus ojos" (Ro.3:9-18). "Y manifiestas son las obras de la carne, que son: adulterio, fornicación, inmundicia, lascivia, idolatría, hechicerías, enemistades, pleitos, celos, iras, contiendas, disensiones, herejías, envidias, homicidios, borracheras, orgías, y cosas semejantes a éstas; acerca de las cuales os amonesto, como ya os lo he dicho antes, que los que practican tales cosas no heredarán el reino de Dios." (Gá.5:19-21). "Cuando alguno es tentado, no diga que es tentado de parte de Dios; porque Dios no puede ser tentado por el mal, ni él tienta a nadie; sino que cada uno es tentado, cuando de su propia concupiscencia es atraído y seducido. Entonces la concupiscencia, después que ha concebido, da a luz el pecado; y el pecado, siendo consumado, da a luz la muerte" (Stg. 1:13-15).

La doctrina de la *depravación* se deduce de esos testimonios, que pudieran ser grandemente ampliados. Estas Escrituras no pudieran explicarse de otro modo. Con respecto a este concepto, todas y cada una de las líneas de la Biblia están en armonía. Eso, precisamente, fue lo que motivó la gracia salvadora de Dios en Jesucristo. No se les puede decir una palabra más desorientadora e injuriosa a los que no son salvos que manifestarles que ellos están perdidos solo por causa de sus pecados personales. Si esto fuera verdad, ellos estuvieran perdidos solamente hasta el grado en que ellos han pecado. Los hombres están perdidos por *naturaleza* –"por naturaleza hijos de ira" (Ef.2:3). Esto tiene un significado mucho más profundo que la simple referencia a las malas actuaciones personales. En palabras de Cristo, "Vosotros sois de vuestro padre el diablo" (Jn.8:44). Sólo la gracia de Dios, que se les otorga a quienes no la merecen por medio de la cruz de Cristo, puede proveer salvación, una salvación que no sólo incluye el perdón de los pecados cometidos, sino que también imparte una nueva naturaleza divina.

La experiencia del hombre es un testimonio confirmador con respecto a su naturaleza de pecado. Es muy poco lo bueno que los hombres esperan de ellos mismos o de sus semejantes. Ellos huyen de toda relación con Dios y aun blasfeman su santo nombre; el muchacho marcha naturalmente en el camino del mal; tiene que recibir disciplina para que se enrumbe por el camino del bien.

Escribiendo con respecto a la depravación de la naturaleza humana, el Dr. Timothy Dwight declara: "En verdad, no hay doctrina de las Escrituras que se exprese en pasajes más numerosos, ni en formas tan variadas, ni en términos más directos que no permiten la mala comprensión" *(Theology,* Sermón No. 29). El Dr. Thomas Chalmers dice también: "Si es por medio de la sangre de Cristo, la sangre de la expiación, que se salvan todos los que llegan al cielo, entonces hay que llegar a la conclusión universal de que todos y cada uno de los que llegan al cielo y de los que se quedan por fuera –lo cual incluye a toda la raza humana– han pecado" *(Institutes of Theology,* Vol. I, p. 385). Del mismo modo, el Dr. Pye Smith afirma: "Las Escrituras nos presentan la santidad de carácter en cualquier persona de la humanidad como una *excepción,* e indica que eso se debe a la *gracia* que hace que los hombres sean *nuevas criaturas* y que *las cosas* sean *nuevas.* De ello se deduce que la maldad de los hombres extremadamente depravados se considera como la que produce los especímenes regulares de la naturaleza humana, por el hecho de que éste es el crecimiento espontáneo y desenfrenado de nuestra naturaleza" *(First Lines of Theology,* p. 383). Observemos también una breve declaración del Dr. Lindsay Alexander: "El Evangelio es un llamamiento a la raza como tal, para que se arrepienta y se vuelva a Dios. *"Dios... ahora manda a todos los hombres en todo lugar que se arrepientan"* (Hch.17:30). Pero, ¿por qué hay necesidad de arrepentimiento universal, si no hay la suposición del pecado universal? Los sanos no son los que necesitan al médico, sino los enfermos; por eso, Cristo no vino a buscar a justos, sino a pecadores al arrepentimiento. En consecuencia, cuando oímos que El hace el llamamiento *a todos los hombres en todo lugar,* no podemos dudar que ante los ojos de Dios todos los hombres son pecadores, y, además, que a menos que esto se admita y se reconozca no habrá cabal comprensión de la verdadera naturaleza ni del designio del cristianismo que hemos obtenido" *(ob. cit.,* p. 205). Nos impresiona también el pensamiento de Aristóteles: "Aparece algo más en nosotros, además de la razón natural, que pelea y lucha contra la razón; y así como los miembros del cuerpo cuando padecen de parálisis, si se mueven hacia la derecha, se apartan hacia la izquierda, así sucede en el alma" *(Etica a Nicómaco* 1:11). Y Plutarco declara: "Alguna porción del mal está mezclada en todos los que nacen; pues las simientes de nuestros seres son mortales, y por tanto, participan en la causa de esto, cuando la depravación del alma, las enfermedades y las preocupaciones serpentean sobre nosotros" *(De Consolatione ad Apollinem).* La afirmación de Kant es igualmente clara y enérgica: "El hecho de que el mundo yace en la maldad es un lamento tan antiguo como la historia; no, tan antiguo como la más antigua poesía. Se admite que el mundo comenzó con el bien, con la edad de oro, con la vida del Paraíso y con la comunión más feliz con el Ser celestial; pero también se admite que esa felicidad se desvaneció como un sueño; y ahora, el hombre marcha, con mayor velocidad aún, de lo malo –de lo moralmente malo, con lo cual marcha *pari passu* lo físicamente malo– a lo peor... Unos pocos pensadores modernos han presentado la opinión opuesta, la cual, sin embargo, sólo ha hallado aceptación entre los filósofos, y en nuestro día, principalmente entre los pedagogos. Según esa opinión, el mundo marcha progresivamente de lo malo a lo mejor, o por lo menos, hay base para ese progreso. Pero, con toda seguridad, esta opinión no procede de la experiencia, si quienes hablan de ello se refieren a la bondad o a la maldad moral, y no a la civilización; pues la historia de todos los tiempos se opone de manera decidida a dicha teoría (*Religion Innerhalb der Grenzen der Blossen Vernunft,* p. 1). G. L. Hahn dice: "Los observadores profundos de la naturaleza humana, en gran número, a partir de Kant, han reconocido la verdad de la doctrina bíblica, según la cual la raíz de la naturaleza moralmente humana es corrompida, de modo que cada uno se siente por naturaleza moralmente enfermo y atado, y que nadie por fuerza propia es capaz de cumplir la ley divina, aunque el hombre reconoce que dicha ley es buena e inviolable" (*Lehrbuch,* p. 364). (Todos los autores anteriores son citados por Alexander, *ibid.*, pg. 204, 205, 212, 213).

II. LA MUERTE FISICA

La separación de alma y espíritu del cuerpo, experiencia que se llama *muerte física,* no es comparable de ninguna manera con la *muerte espiritual,* aunque ambas se originan en el primer pecado del primer hombre. No son pocos los que se han confundido con respecto a estos amplios aspectos de la misma verdad. El estudio completo de este tema, no obstante, tenemos que posponerlo hasta que lleguemos al estudio sobre el pecado. Basta aquí indicar que, aunque las dos clases de muerte se originaron en el mismo punto, obviamente, son experiencias completamente diferentes. Hay quienes están muertos espiritualmente y, sin embargo, están físicamente vivos; y también hay muchos que han muerto físicamente y, sin embargo, tienen vida espiritual, en el sentido de que no pueden dejar de existir. Al fin, si el hombre no es redimido de la muerte espiritual en esta vida, por medio de la gracia redentora, va a parar en una interminable muerte segunda, mientras que la muerte física es despreciada por todos: salvos y no salvos. "Y ya no habrá muerte" (Ap.21:4). "Y el postrer enemigo que será destruido es la muerte" (1 Co.15:26).

CONCLUSION

Al estudiar el amplio campo que nos presenta la antropología bíblica, hemos considerado el origen del hombre por creación, su constitución, sus capacidades, la tentación a que fue sometido y la caída, y también los resultados de esa caída sobre él mismo y sobre su posteridad. Estos aspectos, junto con la doctrina del pecado –que es la que estudiaremos a continuación– constituyen la base del tema sumamente atractivo de la soteriología.

CAPITULO XVII

INTRODUCCION A LA DOCTRINA DEL PECADO

Se justifica el hecho de que dos de las grandes doctrinas bíblicas –el pecado y la Redención– vayan siempre de la mano. Fue nuestro pecado el que hizo surgir el plan de la Redención en el corazón de Dios, y la Redención es el único remedio contra el pecado. Estas dos realidades sirven de medida la una para la otra y viceversa. Cuando no se le da la importancia que se debe al pecado, la Redención se empobrece automáticamente, pues por ese desprecio la necesidad de ella decrece. El enfoque verdadero sobre la doctrina del *pecado* tiene el propósito de descubrir todo lo que se nos ha revelado con respecto a la pecaminosidad, y luego reconocer que el Salvador que Dios ha provisto es suficiente para resolver todos los problemas que ha impuesto el pecado. Uno de los métodos más efectivos que utiliza Satanás para atacar la obra salvadora de Cristo, consiste en suavizar aquella voz que proclama el carácter maligno y el horrible efecto del pecado. Aparentemente, no todos los que conocemos como maestros de la verdad de Dios están enterados de esta estrategia satánica. A menudo se afirma que es más prudente dejar que este aborrecible monstruo que se llama *pecado* siga acechando en la oscuridad, y preocuparnos por las virtudes más atractivas de la vida humana. El pecado es precisamente lo que Dios dice que es; y en este caso, las opiniones y las filosofías humanas deben inclinarse ante el testimonio de la Palabra de Dios, en la cual El declara cuál es la verdadera naturaleza del pecado. Las opiniones de hombres que se hacen sus propias ilusiones son de poco valor en este asunto que sólo puede determinarse por revelación.

Del mismo modo, el pecado hay que entenderlo como lo opuesto a la santidad. Los hechos esenciales relacionados con todas las distinciones entre la santidad y el pecado son de carácter ultramundano. No hay nada que en sí mismo sea tan restringido a la naturaleza misma de Dios, o que se base tan profundamente en ella, como la santidad. Y lo opuesto a la santidad –el mal– deriva todas sus propiedades del único hecho de que *no es santo*. Es legítima la investigación con respecto al pecado a la luz de sus efectos experimentales, filosóficos y sociológicos; pero las peculiaridades fundamentales del mal, así como las de su opuesto –la santidad– se descubren solamente a medida de que su relación con Dios les da forma y sustancia. Lo que Dios *es* y lo que Dios *dice* son los materiales de los cuales se derivan los valores morales y espirituales. Puesto que Dios se revela en forma adecuada solamente en las Escrituras de Verdad, es muy poca la comprensión que se puede tener sobre el carácter verdadero del bien o del mal, aparte de aquello que a Dios le ha placido revelarnos en la Biblia. Todo enfoque de este amplio tema que no tome en cuenta la Biblia tiene que ser de carácter especulativo y, por tanto, de poco valor permanente.

El Dr. Julius Müller, al comienzo de su tratado sobre *The Christian Doctrine of Sin,* escribe lo siguiente en relación con el carácter del pecado en esta esfera humana y con respecto a la importancia de conocer la revelación de Dios al respecto:

"No se requiere una profundidad especial de reflexión, sino sólo un grado moderado de honestidad moral, que nos impulse a meditar pausadamente ante UN GRAN FENOMENO DE LA VIDA HUMANA, y que una y otra vez nos haga volver a él con una mirada escrutadora. Me refiero al fenómeno del mal; a la presencia de ese elemento de perturbación y de discordia en una esfera en que la demanda de armonía y de unidad se siente urgentemente. Nos encontramos con ese fenómeno en cada vuelta de la historia de la raza humana, a medida que el curso de su desarrollo pasa ante nosotros; nos revela su presencia en muchas formas cuando fijamos nuestros ojos en las relaciones estrechas de la sociedad; y no podemos escondernos de esa realidad cuando miramos hacia adentro, hacia nuestros propios corazones. Es una sombra nocturnal, oscura y lúgubre, que lanza su tenebrosidad sobre cada uno de los aspectos de la vida y penetra continuamente en sus formas más bellas y brillantes. Algunos, en verdad, con sus concepciones filosóficas, creen que este asunto es insignificante e imaginan que pueden despachar el enigma más grande del mundo, la existencia del mal, con sólo dejar de pensar seriamente en él. Hablan de lo desagradable que es la reflexión seria con respecto a la parte oscura de la vida; creen que es ' conforme a naturaleza ' que mientras fijamente pongamos nuestros ojos sobre la oscuridad, más inmensurable nos parecerá; y nos aconsejan, para nuestro propio bien, que nos apartemos del problema del mal, pues nuestra preocupación con respecto a él no nos servirá para otra cosa que no sea para meternos en una lóbrega melancolía. ¡Cuán gustosamente aceptaríamos nosotros este consejo, si Novalis tuviera razón cuando prometió –y esta promesa expresa el pensamiento de Carpócrates el gnóstico, y tal vez también el de Fichte– que ' si el hombre se persuadiera repentina y absolutamente de que él es moral, realmente sería moral '! Si eso fuera verdad, si el hombre, con firme resolución, pudiera sacudir ' ese antiguo y doloroso delirio del pecado ' como si fuera un sueño salvaje y vacío, ya estaría libre del pecado. ¿Quién no se liberaría de él en forma tan fácil? Pero, así como el bien conocido invento del avestruz no lo salva del disparo del cazador, así el solo disparo de nuestros ojos contra la realidad del mal no hace que desaparezca, sino que más bien nos entrega con más seguridad en sus manos poderosas. Para poder conquistar al enemigo, primero tenemos que conocerlo; y las mismas quejas contra lo desagradable de la reflexión con respecto al mal es un testimonio enérgico sobre el peligro que hay de huir de ella" (Vol. I, ps. 28,29).

En la investigación sobre el tema del pecado se han seguido dos procedimientos generales: el *exegético* y el *especulativo.* El método exegético es el intento de formular, mediante la inducción basada en el testimonio bíblico, la doctrina completa del cómo se establece en las Escrituras. El método especulativo se caracteriza por la atención que le presta a la filosofía y a la experiencia humanas. Sin discusión, el método exegético se justifica; y sin embargo, aunque intenta formular la doctrina bíblica, es esencial reconocer la obra práctica de toda verdad bíblica a medida que se manifiesta en las vidas humanas.

¡Cuán elevada es la suma total de sombras espirituales que hay en este universo, tanto en el cielo como en la tierra! La amplitud y el carácter de estas sombras sólo serán computados cuando Aquel cuyas normas y evaluaciones son infinitas haya cumplido todo lo que ha decretado. Estos asuntos son inmensurables –por una parte con respecto a lo cuantitativo, pero mucho más con respecto a su carácter horrible– por cuanto el pecado ha causado una tragedia infinita tanto en el cielo como en la tierra. Pero es más aún: el pecado fue el que causó el más grande sacrificio divino, pues había la necesidad de pagar un rescate que no podía ser menos que la sangre del Hijo de Dios. Cualquier esfuerzo humano de estudiar un tema tan ilimitado, quedaría limitado, por una parte, a la única fuente autorizada de información: la Palabra de Dios; pero por otra parte, tendría que extenderse hasta donde a Dios le ha placido iluminar la mente. A lo mejor el hombre reacciona libremente contra la estimación divina con respecto al pecado; sin embargo, más desesperado tiene que sentirse en la apreciación de este problema cuando considera su presencia en el universo, que fue designado, creado, ejecutado y consumado según la voluntad libre y soberana de Uno que siempre actúa solamente dentro de una esfera que es infinitamente santa.

El problema que crea el pecado es más que un simple conflicto entre Dios y el mal en la conducta humana; ese problema envuelve los aspectos inmensurables e interminables del conflicto entre la santidad que es la sustancia del carácter de Dios y todo lo que se opone a ella; envuelve mucho más que la pérdida y el daño que sufre el que peca. El pecado se entremete en la esfera de los derechos divinos, que El, como Creador, concede a las criaturas de su mano. El triunfo final de la justicia sobre la iniquidad se afirma y se confirma en la misma naturaleza del Ser de Dios, pues se hace una grandiosa promesa de que ha de haber nuevos cielos y nueva tierra en los cuales *more* la justicia. Esa hora que por tanto tiempo se ha esperado le traerá a este mundo la destrucción de todo mal y demostrará la rectitud de Dios al permitir el pecado en el universo y en cada uno de los aspectos de su trato con él, desde su comienzo hasta su consumación.

Hay aspectos fundamentales de la doctrina del pecado que son mucho más profundos que el estudio acostumbrado que se hace sobre este tema. El anunciador del Evangelio tiene razón cuando piensa que todos los hombres están arruinados con la tragedia del pecado y, por tanto, sin detenerse a considerar los aspectos más profundos, procede a proclamar el Evangelio de la gracia salvadora de Dios. Del teólogo, sin embargo, se requiere que penetre hasta los más profundos problemas sobre el origen y sobre el carácter esencial del pecado, y que exponga esta doctrina no sólo en su relación con el hombre, sino en relación con su principio y con su fin, y en relación con los ángeles, y especialmente en su relación con Dios. Aunque por ahora sólo los consideraremos brevemente, a manera de introducción, los siguientes son los aspectos más profundos de esta doctrina que hemos de considerar exhaustivamente después.

I. LA NATURALEZA ESENCIAL DEL PECADO

El carácter santo de Dios es la norma única y final mediante la cual pueden juzgarse exactamente los valores morales. Para el que no toma en cuenta a Dios no hay normas morales fuera de las costumbres sociales o de los dictados de una consciencia incierta y pervertida. Y debe observarse que aun estas normas, aunque indirectas, decadentes y frágiles, son, sin embargo, reflejos de las normas de Dios. El pecado es malo porque es diferente de Dios. *El Catecismo Mayor de Westminster* declara: "El pecado es cualquier falta de conformidad o transgresión de cualquier ley de Dios, que fue dada como norma para la criatura racional." Sin embargo, por cuanto la ley de Dios no puede incorporar todo lo que es el carácter de Dios, y por cuanto cualquier cosa que se oponga al carácter de Dios es pecado, sea que esté expreso en la ley o que no lo esté, esta definición se fortalece cuando sustituimos la palabra *ley* por la palabra *carácter.* Es verdad que la desobediencia a la ley de Dios es pecado, pero no se debe deducir de esa verdad que el pecado se restringe solamente a la desobediencia de la ley de Dios. Similarmente, el egoísmo es pecado, pero el pecado no es siempre el egoísmo; el amor al dinero es la raíz de todos los males, pero todos los males no están representados en el amor al dinero. Así también, la incredulidad es pecado, pero el pecado es más que la incredulidad. Ya sea que se considere el pecado como la participación del individuo en la desobediencia de Adán, o como la naturaleza pecaminosa o como el estado según el cual el hombre está "bajo pecado", o como pecado personal con todos sus variados aspectos, siempre tiene su carácter esencial de pecaminosidad que consiste en el hecho de que es desemejante de Dios.

Dios da testimonio de tres grandes demostraciones de excesiva perversidad del pecado: (1) La primera demostración es el primer pecado que sucedió en el cielo, el cual hizo que el más elevado de todos los ángeles cayera de su jerarquía. Con él se levantaron en rebeldía contra Dios un gran número de ángeles menores. Este ángel supremo que cayó llegó a ser Satanás el adversario, el dios de este mundo, el príncipe de la potestad del aire. Los ángeles menores se convirtieron en demonios sobre los cuales ejerce Satanás su influencia determinante. Tanto Satanás como sus ángeles están condenados irremisiblemente: su destino será el lago de fuego para siempre jamás. No se nos revela contra qué luz inconcebible pecaron estos seres, pero sí se nos revela que para ellos no hay redención; y aunque Satanás y los demonios no cesan de pecar, su trágica caída del cielo y todo lo que ha sucedido como consecuencia de su pecado, tanto en el cielo como en la tierra, se debe al primer pecado que cometieron en el cielo. (2) El primer pecado del hombre es la segunda demostración de la excesiva perversidad del pecado. Este pecado hizo que la cabeza natural de la raza cayera y que toda su posteridad cayera con él. Directa o indirectamente, este pecado ha causado el inmensurable sufrimiento, las tristezas y la muerte de la raza, y llegará a su plenitud con el desastre eterno de todos los que están perdidos. (3) En la muerte de Cristo en la cruz, El llevó el pecado del mundo. Allí se midió finalmente el pecado, y se les reveló a los hombres y a los ángeles su perversidad. A la luz del carácter legal de la muerte de Cristo, es evidente que si hubiera habido sólo un pecador en el mundo que sólo hubiera cometido un pecado, Dios hubiera impuesto los mismos requerimientos sobre Aquel que tomó el lugar del pecador. Si Dios hubiera resuelto acabar con el pecado en el mundo inmediatamente después del primer pecado de Adán, y luego proveer una base justa de perdón divino y de justificación para ese pecador, la misma horrible carga hubiera caído sobre los hombros del único Sustituto que podía tomar el lugar de Adán como la que tuvo que llevar Aquel que cargó con los pecados del mundo. Este hecho se establece solemnemente en el derramamiento de sangre de corderos para que Adán pudiera vestirse.

Que Dios es santidad transparente y que en El no hay ningunas tinieblas es un hecho que nos garantiza de una vez que, aunque por sus propósitos inescrutables El permite el pecado en el universo, El no está envuelto de ninguna manera en su culpabilidad. Dios es justo en el sentido absoluto de la palabra, Juez de todo lo malo y Ejecutor de la sentencia que sus justos juicios tienen que imponer. Así que podemos volver a afirmar que Dios mismo es la norma de la santidad y que su carácter es el que determina la perversidad del pecado.

II. DE DONDE SE DERIVO EL PECADO

Los términos *mal* y *pecado* son algo diferentes. El *mal* puede referirse a aquello que, aunque está latente, no se expresa, y siempre se concibe como lo opuesto de lo bueno; mientras que *pecado* es aquello que concreta y activamente se opone a Dios en su carácter. Es difícil para la mente humana poder comprender el tiempo cuando no había nada que se opusiera a lo bueno, aunque, por falta de seres que fueran capaces de pecar, tal vez no se presentó la oportunidad para expresar lo malo. Pero, puesto que Dios no puede cometer errores, el pecado no podía llegar a la existencia hasta que fuera creada otra forma de seres; y aparentemente, inmediatamente después del nuevo acto creador de Dios, el más alto de todos los ángeles pecó, y el hombre también lo hizo del mismo modo.

Puesto que es difícil que la mente comprenda el mal como algo que pudo ser creado, el problema sobre de dónde se derivó el pecado no es fácil de resolver. En realidad es muy poco lo que se nos revela sobre este aspecto del pecado. El origen del pecado, sin embargo, en lo que se refiere a la primera desobediencia real al ideal divino, sí se registra en las Escrituras, y se le atribuye claramente la culpa al que pecó. Aunque tanto el bien como el mal adquieren su carácter instintivo de la perfección esencial e inmutable de Dios, El, que es infinitamente santo, no podía ser el Creador del mal, [1] aunque pudiera, por razones supremas, permitir sus manifestaciones.

---

[1] El uso del término *ra* en Isaías 45:7, donde se dice que Dios creó el *mal,* se clarifica cuando se comprende que de más de 450 veces que se usa esta palabra en el Antiguo Testamento, sólo unas pocas veces se refiere a Dios como *causa* de lo sucedido. Y en cada uno de estos casos, el mal a que se refiere consiste en el castigo que El impone sobre los que pecan. La Biblia no dice que Dios creó el pecado, sino que El impone calamidades y castigo al que peca. La corrección impuesta divinamente, según la expresa la palabra *ra* en forma clara, es una experiencia del *mal* que procede de Dios como castigo, en contraste con el bien que, de otro modo, se recibiría.

III. EL PERMISO DIVINO PARA EL PECADO

La presencia del pecado en el universo se debe a que Dios lo permite. Tiene que cumplir algún propósito justificable que no se puede lograr de otra manera; de otro modo, Dios no lo permitiría; o, habiéndolo permitido, terminaría con él de inmediato. El propósito que Dios tiene al permitir el pecado no se nos ha revelado y, sin duda, la mente humana no podrá comprender todo lo que esto significa. Las almas devotas continúan creyendo que, aunque no es posible ninguna manifestación de pecado sin el permiso de Dios, El mismo está completamente exento de la más leve complicidad con el mal que El mismo permite. Cuando Satanás discutió con Jehová lo relativo a Job, el maligno reconoció el permiso soberano de Dios, cuando le dijo a Jehová: "Pero extiende ahora tu mano, y toca su hueso y su carne, y verás si no blasfema contra ti en tu misma presencia." En respuesta a este desafío, Jehová le dijo a Satán: "He aquí, él está en tu mano; mas guarda su vida". Así, mediante una restricción soberana, Job pasó de la mano de Dios a la mano de Satanás. Pero, cuando la calamidad cayó sobre Job, Jehová se libera de la responsabilidad en ese mal cuando dice: " . . . tú me incitaste contra él para que lo arruinara sin causa."

A Dios no lo han sorprendido desastres inesperados con respecto a sus propósitos santos, ni El tiene que estar buscando la salvación de algo, de alguna desgracia imprevista. El mal que hay en el mundo es inmensurable, pero, sin que sea necesario mitigarlo o santificarlo en lo más mínimo, le corresponde a la fe creeer que, de alguna manera y en alguna parte, el mal cumple su parte necesaria en el cumplimiento del objetivo final de Aquel que con absoluta certeza cumplirá aquellos fines que son absolutamente perfectos. Si la imaginación del hombre pudiera penetrar en el tiempo pasado y comprender a Dios cuando se hallaba frente a diez mil planes diferentes, de los cuales el plan del presente universo no era sino uno, con sus luces y sus sombras, con sus triunfos y sus tragedias, con sus satisfacciones y sus sufrimientos, con sus ganancias y sus pérdidas; la voz de la fe diría que el presente universo, tal como estaba planeado y como se ha venido ejecutando y seguirá ejecutándose hasta el fin, es el mejor plan y el mejor propósito que pudo haberse impuesto la sabiduría infinita, que se ha ejecutado mediante el poder infinito, y que será la satisfacción más plena del amor infinito. Dios no hubiera podido crear nada más digno de El que lo que actualmente se encuentra en proceso. Por falta de perspectiva y de comprensión, la mente finita, en medio de las tinieblas espirituales circundantes, y observando sólo esas tinieblas, eliminaría cualquier sombra del cuadro; pero las conclusiones sobrepasan a la esfera de la comprensión humana, y el triunfo final que está todavía en el porvenir servirá para glorificar a

Dios con una gloria que no se lograría de otra manera, y habrá otras personas que también participarán de esa gloria. Por otra parte, Dios permitió el pecado, a pesar de su odio santo contra él, a pesar de que El sabía con anticipación que no sólo traería incontables sufrimientos y ruina eterna a las criaturas que El amaba, y a pesar de que El sabía que le costaría la vida de su propio Hijo. Más allá de la tragedia actual del pecado está el triunfo final del bien.

La mente devota no puede dejar de considerar el problema del permiso que Dios concede para que se realice el pecado, aunque la suma total de sus razonamientos sea inadecuada para darle una respuesta definitiva a este problema. Debe recordarse que este problema se extiende a las esferas angélicas y, por tanto, nos obliga a investigar lo relativo a la defección de los seres angelicales: por qué debía permitirse; y de igual manera, por qué se permitió la caída en la creación terrenal. Hay, sin embargo, un propósito redentor de excelentes glorias que se desarrolla a través del pecado del hombre; las Escrituras, sin embargo, no nos revela que haya redención para los ángeles caídos. De ellos se nos dice que están destinados, sin ninguna clase de esperanza, al lago de fuego (Mt. 25:41; Ap. 20:10); y como la Palabra de Dios guarda silencio con respecto a la razón por la cual se concedió el permiso para el pecado en las esferas angelicales, ese aspecto del tema no nos permite ninguna discusión. En la consideración de este asunto del permiso divino para el pecado en la tierra, hay dos hechos que permanecen, y a ellos debe aferrarse sin vacilación la mente humana: (1) El pecado es siempre y en todas partes sumamente perverso, y la condenación de Dios contra él no puede menguar, pues El no puede ser tolerante con el pecado. (2) Dios es en Sí mismo santo y perfecto en todos sus caminos. "Dios es luz, y no hay ningunas tinieblas en él" (1 Jn. 1:5). ". . . Dios no puede ser tentado por el mal, ni él tienta a nadie" (Stg. 1:13).

Hay aquí algunas razones que se han presentado para explicar el hecho de que Dios concede permiso para el pecado:

1. EL RECONOCIMIENTO DIVINO DEL LIBRE ALBEDRIO DE LAS CRIATURAS. Evidentemente, Dios tiene el propósito de conseguir una compañía de seres para su eterna gloria, que posean una virtud que es el resultado de una victoria de elección libre sobre el mal. En realidad, El habrá obrado en ellos, tanto el querer como el hacer la buena voluntad divina, por medio de su poder. Pero tan ciertamente como la elección del mal por parte del hombre es la base de la culpabilidad y del juicio del cual Dios no participa, así la elección del bien por parte de los que se salvan es la razón por la cual Dios recomienda y recompensa a las personas que han de estar delante de El eternamente, las cuales se identificarán como las que

resolvieron por elección propia andar con El. Debe observarse, no obstante, que el hombre no podría elegir entre el bien y el mal a menos que exista el mal.

2. EL VALOR ESPECIFICO DE LOS SERES REDIMIDOS. Las Escrituras no nos presentan a Dios como Aquel que busca evadir los problemas que surgen por causa de la presencia del pecado en el universo. El pudo haber creado seres inocentes, no caídos, incapaces de cometer errores; pero, como El deseaba tener almas redimidas, purificadas por sangre expiatoria y rescatadas mediante un costo infinito, la expresión de tal amor y el ejercicio de tal sacrificio sólo son posibles si el pecado existe en el mundo.

3. LA ADQUISICION DEL CONOCIMIENTO DIVINO. Las criaturas de la mano de Dios tenían que lograr, mediante el proceso del aprendizaje, el conocimiento que Dios ha poseído eternamente. Ellas sólo pueden aprender por medio de la experiencia y la revelación. Aun Cristo, como humano, fue hecho perfecto por medio del sufrimiento y, aunque El era Hijo, sin embargo, aprendió la obediencia por medio de los sufrimientos que soportó. No hay ninguna indicación en ninguna parte de las Escrituras de que El tuvo ni siquiera la más leve mancha de maldad, ni tampoco de que El necesitara aprender la realidad más profunda del pecado. Por otra parte, el hombre tiene que aprender tanto lo relativo al bien como lo concerniente al mal. El hombre tiene que comprender la perversidad del pecado si ha de lograr algún grado del conocimiento que Dios posee. Pero no puede lograr tal conocimiento a menos que exista el pecado como una realidad viviente que manifiesta siempre su carácter perverso.

Es razonable que en este momento nos preguntemos: ¿Hasta dónde debe llegar la humanidad en la experiencia del pecado y sus consecuencias para que pueda lograr el conocimiento del pecado? No es fácil la respuesta que amerita esta pregunta. Es evidente que el hombre comprende la realidad del pecado tanto por los sufrimientos que el pecado causa como por la revelación con respecto a los juicios que Dios impone sobre el que peca. Si el hombre ha de aprender esta lección, no puede menguar el sufrimiento ni pueden reducirse los juicios de Dios. Concluimos, por tanto, que si el hombre ha de lograr el conocimiento del bien y el mal, tiene que existir el mal en el mundo con todas sus consecuencias trágicas, y también la perspectiva del juicio divino contra el pecado.

4. LA INSTRUCCION DE LOS ANGELES. Se puede deducir de ciertas porciones bíblicas (comp. Ef. 3:10; 1 P. 1:12) que los ángeles observan a los hombres en la tierra, y que aprenden hechos importantes por medio de la experiencia actual de los seres humanos.

Sería tan necesario que los ángeles aprendieran la verdad con respecto a lo malo como lo es que aprendan la verdad con respecto a lo bueno. Pero esta adquisición de conocimiento del mal por medio de la experiencia humana habría que negársela a los ángeles, a menos que se permita que el mal sea un principio activo en el universo.

5. LA DEMOSTRACION DEL ODIO DIVINO CONTRA EL MAL. Evidentemente es de una importancia inmensurable para Dios el demostrar su odio contra el mal. El apóstol Pablo declara que Dios está dispuesto a "mostrar su ira y hacer notorio su poder" (Ro. 9:22); pero no se pudiera manifestar ningún juicio, ninguna ira, ningún poder en relación con el pecado, si no se permite la presencia activa del pecado en el mundo.

6. EL JUSTO JUICIO CONTRA TODO MAL. Más profundo aún que los simples detalles de la expresión del pecado es el hecho del *principio* constitutivo del mal. Si tal principio ha de ser juzgado por Dios, su carácter tiene que ser abiertamente manifiesto. Tal demostración no sería posible, si el pecado fuera solamente un asunto hipotético. Tenía que llegar a concretarse y manifestar que es completamente diferente de Dios. Como ya observamos cuando estudiamos la doctrina con respecto a Satanás, las proposiciones de las criaturas tienen que someterse siempre a la prueba experimental; y el propósito de Satanás de construir un *cosmos* tal como el que existe ahora, se está sometiendo a prueba, con el fin de que pueda ser juzgado con toda su maldad comprobada. Lo que ha de significar el juicio contra toda forma de mal y su completa deposición para la tranquilidad absoluta en las edades futuras sólo se nos revela parcialmente en la Palabra de Dios. Esa realidad que fue prevista en la mente divina, en las eternas edades pasadas, y que ha causado tanta ruina en su manifestación experimental en el tiempo, será proscrita de la presencia de Dios y de su creación para siempre, por medio de justos juicios.

7. LA MANIFESTACION Y EL EJERCICIO DE LA GRACIA DIVINA. Finalmente, algo que es de suprema importancia: en Dios hay algo que los seres creados no habían visto jamás. Las huestes angelicales habían visto su sabiduría, su poder y su gloria; pero nunca habían visto su *gracia*. No tenían ninguna concepción de la bondad de Dios para con los que no la merecen. Ellos pudieron haber visto algo de su amor, pero amor y gracia no son la misma cosa. Dios podía amar a los pecadores, pero, por falta de un sacrificio redentor, reconciliatorio y propiciatorio, El no se encontraba justamente libre para impartirles sus beneficios. Mediante un acto maravilloso de misericordia, El dio a su Hijo en sacrificio por los pecadores; así abrió el camino para el ejercicio de su *gracia* a favor de aquellos que, por

causa del pecado, sólo merecían la *ira* de Dios. Pero no hubiera podido haber ejercicio de gracia divina hacia el perverso e *inmerecedor* hasta que hubiera perversidad y seres *inmerecedores* en el mundo. Así, se declara que la revelación de la gracia divina en las edades venideras, con toda su maravillosa importancia (Ef. 2:7), demandará que haya objetos de gracia, y esto, a su vez, demanda que se permita la presencia del pecado en el mundo. Esta misma verdad se presenta otra vez, con una forma un poco diferente, y con respecto a la parte humana de Cristo. El, cuando le habló a Simón, con respecto a la mujer que le había lavado los pies con lágrimas, le dijo: "Por lo cual te digo que sus muchos pecados le son perdonados, porque amó mucho; mas aquel a quien se le perdona poco, poco ama" (Lc. 7:47).

Así, aunque es imposible que la criatura entienda por qué el Dios santo permite el pecado, sea en el cielo o en la tierra, es evidente que la realización de los grandes propósitos divinos necesitan que se conceda este permiso. Todo este problema queda mejor ilustrado, hasta cierto punto, mediante la experiencia del cristiano que ha pecado. Este, en primer lugar, admite que Dios, que no hubiera podido nunca impedir el pecado, sin embargo lo permitió. También reconoce que ha mejorado su comprensión y experiencia con respecto al pecado. Finalmente, admite que Dios, aunque permite el pecado, no está complicado ni en la culpabilidad ni en la maldad.

OBSERVACIONES PREVIAS

Al acercarnos a la investigación de la doctrina del pecado, tal como la acabamos de indicar, hay ciertos aspectos notables del estudio que merecen mención especial:

(1) El estudio que se acostumbra hacer con respecto a la doctrina del pecado, tal como se encuentra generalmente en los tratados de teología, se reduce a la discusión de un solo aspecto: el del pecado personal. Es verdad que algunos le conceden cierta atención al hecho de la naturaleza del pecado. Nuestra tesis se propone una investigación en siete aspectos, con lo cual creemos que se cubre totalmente la revelación bíblica al respecto.

(b) Se observará que, aunque el origen del pecado generalmente no se traza más allá del primer pecado del primer hombre, en el huerto de Edén, esta obra va hasta el pecado inicial que sucedió en las esferas angelicales.

(c) En este estudio sobre la doctrina del pecado se hace una clara distinción entre *la naturaleza pecaminosa que se trasmite,* que es la muerte espiritual, y *el pecado que se le imputa al pecador,* que es la causa de la muerte física.

(d) Toda la sección intitulada "El Estado del Hombre bajo Pecado" (capítulo XXI) representa un cuerpo de verdad que es muy extraño a las discusiones teológicas. La importancia de este aspecto sólo podrá comprenderse a la luz de la comprensión que se tenga del aspecto de la doctrina de la gracia que se relaciona con las eras bíblicas.

(e) Se admite que no es corriente introducir en la discusión de la doctrina del pecado lo relativo al remedio que Dios ha provisto. Esta discusión corresponde al campo de la soteriología y, por tanto, cuando lleguemos a ese estudio tendremos que estudiar en forma más completa las verdades relacionadas con la salvación.

(f) El orden que seguiremos en las principales divisiones de la doctrina del pecado se debe a la consideración de ciertas razones, que hacen que aparezcan en un arreglo diferente. Es obvio que, puesto que las dos realidades –la *naturaleza de pecado* y el *pecado que se imputa*– se derivan del pecado original de Adán, deben examinarse sucesivamente; pero el orden que debe haber entre el estudio de la naturaleza de pecado y el estudio del pecado personal es algo debatible, por cuanto en la experiencia de la humanidad, todos (con excepción de Uno), a partir de la caída, han pecado personalmente como resultado natural de la naturaleza de pecado con la cual han nacido. Por el lado opuesto está la verdad aún más primitiva de que la naturaleza de pecado es en sí el resultado de un pecado personal. Este hecho primario determina el orden que ha de seguirse en esta tesis.

(g) Si en los sistemas de teología que se han publicado hasta ahora se ha hecho cualquier intento de establecer las distinciones decisivas que surgen entre el método divino de tratar con los pecados del cristiano y el método con que Dios trata los pecados del no regenerado, no hemos descubierto tales escritos. Si se les hubiera puesto la atención debida a estas distinciones, muchas de las concepciones arminianas erróneas hubieran caído en el olvido. Por causa de las exigencias del caso, ciertas verdades que son propias de la doctrina del pecado aparecerán en un estudio diferente en que la soteriología determina el orden de la discusión.

El plan general que hemos de seguir es el siguiente:

(a) El pecado personal y su remedio
(b) La trasmisión de la naturaleza del pecado y su remedio
(c) La imputación del pecado y su remedio
(d) El estado del hombre "bajo pecado" y su relación con Satanás
(e) El pecado del cristiano y su remedio
(f) El castigo
(g) El triunfo final sobre el pecado

CAPITULO XVIII

EL PECADO PERSONAL

Con el término *pecado personal* nos referimos al pecado que se originó o que cometió una persona. Esta designación incluye tanto el pecado de los ángeles como el de los seres humanos. En esta parte de la doctrina, se considera el aspecto del pecado que, por causa de la experiencia y de la consciencia humana, a los hombres les parece que es la única base en que Dios se afirma para condenar a la humanidad. A menudo se afirma que si se perdona el pecado personal, ya no hay necesidad de nada más; pero es tanto razonable como bíblico llegar a la conclusión de que es más importante lo relativo a la raíz que lo relativo al fruto del árbol; porque en tanto que no se tomen en cuenta la raíz y el árbol, el fruto no deseado puede aparecer, y en el caso de la naturaleza de pecado, con toda seguridad aparecerá. Sin embargo, la doctrina del pecado personal es de gran importancia, y ocupa una parte de las Escrituras mayor que la que ocupan todos los otros aspectos de la misma doctrina combinados. En esta parte se considera la experiencia humana inmediata, que es lo que mancha las páginas de la historia con lágrimas y sangre. Repetimos que la importancia de este aspecto de la doctrina del pecado sólo se reconoce cuando se entiende que el primer pecado, del cual se han derivado todos los demás, fue un pecado personal. Los hombres tienen que ser salvos de sus pecados personales, y según sus obras, los hombres serán juzgados y condenados para siempre.

Esta parte de la doctrina del pecado nos permite hacerle un análisis en 8 aspectos, a saber: (a) El origen del pecado, (b) la naturaleza perversa del pecado, (c) definiciones generales, (d) términos generales y clasificaciones, (e) el remedio divino para el pecado personal, (f) el pecado original, (g) la culpabilidad, (h) la universalidad del pecado personal.

I. EL ORIGEN DEL PECADO

La clasificación más conocida que hacen los teólogos sobre las teorías con respecto al origen del pecado incluye las siguientes: (a) la teoría de la *necesidad,* (b) la teoría de la filosofía maniquea del dualismo, (c) la teoría que sostiene que Dios es el Autor del pecado, y (d) la que enseña que el pecado surge del abuso de la libertad moral.

La teoría de la *necesidad* afirma que el pecado es algo sobre lo cual Dios no tiene autoridad. Esta teoría carece de fundamento. La doctrina maniquea, que fue propuesta por Manes –nacido alrededor del año 215 d. de J. C.– sostiene que hay dos deidades: una buena y una mala; y que, por causa de la influencia de estas dos deidades, siempre han estado presentes en el universo los dos principios opuestos, que son los que explican la luz y las tinieblas, el alma y el cuerpo, el bien y el mal. Esta teoría falla también, por el hecho de que carece de fundamento. La idea de que Dios es el autor del pecado es una exageración descuidada de la doctrina de los decretos de Dios. Contra todas estas teorías está la verdad bíblica según la cual los hombres son responsables de su mala conducta, cualquiera que haya sido la previsión divina con respecto a todo lo que ha sido el pecado en el universo. Por tanto, es claro que tanto en las esferas angélicas como en las humanas, el pecado surge del abuso de la libertad moral.

Hay un estudio de la doctrina del pecado que es más complejo y más amplio que la clasificación que acabamos de anotar. Este estudio reconoce que el pecado tuvo tres comienzos diferentes: (a) la eterna previsión del pecado en la presciencia de Dios, (b) el primer acto concreto de pecado, que sucedió en el cielo y lo cometió un ángel que no había caído, y (c) el primer acto concreto de pecado en la tierra, que lo cometió el ser humano que tampoco había caído.

1. LA ETERNA PREVISION DEL PECADO EN LA PRESCIENCIA DE DIOS. Aunque la verdad de que Dios previó que el pecado había de manifestarse como una realidad que constituye el comienzo del pecado, en el sentido de que no representa un acto de pecado, la presciencia de Dios tiene que entrar ampliamente en este aspecto de la doctrina del pecado. La forma de dualismo que afirma que han existido desde la eternidad dos principios opuestos: el bien y el mal; y que los dos son primarios y esenciales –el uno en forma tan completa como el otro– no se puede aceptar. Y aquí no es necesario acudir al expediente de una disgresión, ni de la filosofía dualista antigua, ni de las modernas filosofías. Basta decir que, aunque por la voluntad permisiva de Dios se ha levantado un reino de tinieblas, en el cual se reúnen los angeles caídos y los seres humanos caídos, y aunque ese reino se levanta en rebeldía contra Dios, tal reino no ha existido eternamente, y su fin está claramente predicho. Este sucederá cuando se haya cumplido todo lo que se tenía en mente cuando Dios permitió que iniciara su curso. Dicho de otra manera, la

Biblia enseña que el mal es de carácter transitorio, y señala su comienzo, su desarrollo y su fin. La *previsión* del pecado y la *realización* del pecado son dos asuntos completamente diferentes. Y no se puede afirmar ninguna otra cosa en relación con la existencia eterna del mal, sino que Dios sabía que habría de producirse y que lo permitió. Mediante un plan tan profundo que no puede comprenderlo el entendimiento humano –en el cual entra mucho más lo relativo a los ángeles que lo relativo a los hombres– se concedió que aquello que pudiera llamarse el *principio* del mal tuviera su demostración experimental, para que el pecado pueda ser juzgado con la finalidad de que puedan ser silenciadas todas las voces de los seres creados, y para que todas las huestes que no han existido eternamente y que hasta ahora no conocen la dignidad de la santidad divina lleguen a estar en completa armonía con su Creador, pues de otro modo, por causa de rechazar a Dios, serían desterradas de su presencia para siempre.

La revelación con respecto al carácter santo de Dios impide que tengamos el pensamiento de que alguna forma de pecado pudo haber sido una realidad activa antes de la creación de los seres finitos, cuando sólo existía la Divinidad. La creación de los ángeles y, posteriormente, la de los seres humanos, de una vez hizo posible que el mal llegara a ser un hecho existente; y se convirtió en hecho real con la caída de los ángeles y con la caída de la humanidad. Dios no fue sorprendido ni derrotado por causa de dichos sucesos. Su determinación de darle existencia a los ángeles y a los hombres hasta la eternidad, así como también el propósito de probar y juzgar amplios asuntos morales hasta su consumación, demostrará tanto su infinita santidad como su infinita gracia y su gloria. Podemos confiar implícitamente en aquel que es santo, justo y bueno a toda prueba; podemos confiar que así es en todo aquello que está fuera de nuestra comprensión.

La razón no sólo confirma que Dios previó y planeó el programa que la creación está ejecutando actualmente, sino que también sostiene con toda claridad que Dios previó toda forma de mal desde la eternidad. En ese sentido, y solamente en él, el mal existió desde antes que la creación fuera consumada. Las mismas Escrituras prueban que el mal existió en la presciencia de Dios. Esto lo confirman las mismas Escrituras que indican que la Redención estaba eternamente en la mente y en los planes de Dios. No hay ninguna porción bíblica que exprese esta verdad en forma más vigorosa que *Apocalipsis 13:8,* donde se nos dice que Cristo es el Cordero que fue inmolado desde el principio del *cosmos.* Cualquiera que haya sido el origen del *cosmos* –aun en la forma de una previsión divina– el mayor motivo de la intención divina era un Cordero redentor. ¿No sería mejor decir que, fuera de las realizaciones del Cordero redentor, Dios no hubiera permitido la existenica del *cosmos?* ¿No es verdad que este universo, que en realidad es inmenso, se *centra en la Redención?* No hay ninguna redención que sólo tenga como objetivo el rescate de infortunados seres caídos en el pecado, para su propio bien. Si eso fuera todo lo que envuelve la Redención, no pudiéramos entender la razón de la caída. La Redención es para la gloria de Dios. Dios tiene un propósito eterno, y para su gloria se puede decir que ese propósito les provee eterna felicidad a todos los que gustosamente reciben su gracia. Ese beneficio, aunque es inmenso, no agota todo lo que hay en el eterno propósito de Dios.

En esta parte del tema del pecado, que se refiere a la presciencia divina con respecto al mal, es lógico que consideremos las realidades comparativas del bien y del mal. No se puede hallar un estudio más exhaustivo sobre este particular que el del Dr. Julius Müller. Aunque la siguiente cita es sumamente amplia, vale la pena incluirla aquí:

"Tenemos que llamar la atención con respecto a la supuesta independencia del principio del mal en relación con el bien, de lo cual depende que el dualismo permanezca o caiga. El bien . . . es completamente independiente del mal. Es naturaleza del bien revelarse en contraste con el mal, desde que el pecado hizo su aparición en el mundo. Pero el bien no necesita el mal para su propia realización. El amor sería eternamente el mismo, y siempre consciente de su propia naturaleza aunque no existiera el odio. El mal, por otra parte, es tan absolutamente independiente del bien que llega a existir solamente en contraste con él. Como la oposición implica que haya algo que se opone, el mal presupone el bien, y sólo puede concebirse como un apartamiento o caída de éste. Si el mal se considerara completamente primario y original, no pudiera llamarse en ningún sentido verdadero *mal* o ' aquello que no debiera ser. ' El hecho de que el mal depende del bien es aún más aparente cuando recordamos que el mal como antítesis no es más que una abstracción pervertida y una separación de un elemento esencial en nuestro concepto del bien moral: la elevación del amor propio al principio de acción. Por tanto, el bien moral no sólo es perfectamente inteligible en sí mismo y por medio de sí mismo, sino que el mal, por otra parte, sólo puede entenderse por medio del bien: *bonum index sui et mali* (el bien explica lo suyo y lo del mal). Esta expresión es análoga al magnífico dicho de Spinoza: *' verum, index sui et falsi '* (lo verdadero explica lo suyo y lo relativo a lo falso).

Nadie pudiera reprocharnos con justicia que estamos admitiendo aquí la concepción metafísica del bien que habíamos rechazado en nuestra investigación anterior: ese bien cuya negación positiva hace que el mal sea mal, no es por ningún motivo ' realidad ' manifiesta, sino que es la más profunda esencia del bien moral: el amor. No podemos reconocer el mal como lo sentimos en las profundidades de nuestra consciencia moral –no sólo como algo irracional, vano e indigno, sino como un brote horrible, aborrecible y continuo de innumerables males– mientras miremos al Ser eterno del cual se apartó el hombre, por causa del mal, sólo como ' sustancia absoluta ', como ' existencia real ' o algo por el estilo. La misma esencia de la doctrina cristiana con respecto a Dios sostiene que El, que es existencia absoluta, y en Quien está la fuente de toda realidad, es al mismo tiempo PERSONALIDAD Y AMOR. Reconociendo así que, por causa del mal, el hombre se opone al más santo amor, por la alineación y la enemistad de la voluntad humana, se puede explicar la peculiar claridad de nuestra consciencia moral con respecto al mal, el profundo horror que sentimos cuando nos detenemos a considerar ese hecho –que sólo está ausente cuando la consciencia se encuentra cauterizada. Así, al fin, hallan adecuada solución la vergüenza, el arrepentimiento, el remordimiento de consciencia. Si Dios no fuera Amor, no habría maldad ni indignidad, pero no podría existir el MAL.

El mal, por tanto, es la antítesis del bien, y como tal depende directamente de éste. Desde este punto de vista general con respecto al mal, podemos comprender por qué no se le puede atribuir en ningún sentido originalidad. Su dependencia del bien tiene, sin embargo, un aspecto positivo: para poder realizarse en nuestra vida terrenal, y para poder lograr las metas que ha elegido arbitrariamente para sus esfuerzos, el mal tiene que relacionarse con el bien en una o en otra forma, y reconocer y cumplir algunas de las demandas que el bien impone con toda autoridad. El mal en sí mismo no tiene ninguna facultad unificadora ni capaz de concentración; sólo puede producir una apariencia de vacío interno de unidad y una apariencia de compañerismo que siempre se desvanece. El mal no sólo causa división entre sus sirvientes y los aísla, sino que los hace chocar unos con otros por causa de los continuos choques de los intereses egoístas, de tal modo que si el mal tuviera siempre el único dominio sobre la vida humana, sobrevendría 'aquel estado de naturaleza' que Hobbes llamó *bellum omnium contra omnes* ('la guerra de todos contra todos'). Los poderes que están al servicio del mal dejarían a un lado sus luchas internas y se unirían todos contra el bien, y cuando fuera derrumbado el bien, tales poderes volverían a sus conflictos internos. A ninguna otra cosa se refiere Cristo, cuando habla del *βασιλεία τοῦ σατανᾶ* (Mt. 12:25, 26), que a esta combinación de poderes del mal. Pero, en tales circunstancias, el bien siempre iría por su propio camino; su dolor interno brotaría a través de todos los velos de la satisfacción terrena; los innumerables ayes y opresiones mediante los cuales los perversos se atormentan unos a otros, como instrumentos inconscientes del justo castigo de Dios, ocuparían completamente la existencia, y así la vida presente llegaría a ser una condenación de pecadores. Las necesidades sensoriales del hombre lo impelen a buscar el compañerismo de sus semejantes, aunque la razón y la ley de Dios hayan perdido su influencia sobre él; y para poder lograr posesiones y disfrutar de aquello por lo cual se esfuerza, en el pecado, él tiene que subordinar su voluntad a ciertas regulaciones de la sociedad. Estas regulaciones, sin embargo, se encargan de cumplir los principios de la justicia en las relaciones humanas, y su objetivo más profundo está basado en el amor.

Así descubrimos el hecho notable de que el mal, en nuestra vida terrenal, está obligado a someterse hasta cierto punto a la ley del bien, si no quiere ver destruidos sus propios sujetos e instrumentos. Como la esencia del mal es el egoísmo, el cual implica separación y aislamiento, toda sociedad organizada constituye un baluarte poderoso contra su poder abrumador, y así el peor abandono en el mal tiene que contribuir en alguna forma a mantener este baluarte. Así, toda banda de asaltantes que haya abandonado toda relación honesta con el resto del mundo, que haya declarado guerra abierta contra las leyes del Estado, hasta cierto punto restablece estas leyes para sí misma, porque establece restricciones sobre el poder destructivo del mal dentro de sus propios miembros. Así también, hemos visto en nuestro tiempo cierta rebelión demoníaca contra la majestad del cielo y de la tierra. Tan pronto como esa rebelión logre el dominio, procederá a establecer sus propias leyes de arbitrariedad absolutamente ilimitada contra los individuos, hasta acudir al fuego y a la espada.

Llevado por su propia discordia interna, el mal siempre da testimonio con respecto al poder conservador del bien en la sociedad; e igualmente como el bien, tiene que llegar a ser servicial a este último poder para el castigo del desorden y del crimen. Aun cuando los perversos se unan en declarada hostilidad contra el bien, tienen que someterse, en su misma manifestación, a ciertas cosas que se incluyen en cualquier concepción adecuada del bien, así sea la más abstracta y formal, tal como el orden, como la obediencia a alguna ley común. Por eso digo que el mal en sí mismo no tiene poder productivo ni formativo; no puede darse a sí mismo una realidad completa ni histórica en forma de arreglos para que la vida humana le sea peculiar; no puede lograr la supremacía en ninguna esfera de la sociedad, a menos que recurra a principios que tienen su origen en el bien. En relación con esto hay un fenómeno al cual ya nos referimos, y que es muy sorprendente y extraño: que el mal nunca se manifiesta abiertamente por sí mismo, en forma honesta, en la vida humana; siempre trata de esconderse en una forma o en otra (Jn.3:20). *El mal no se aventura por cuenta propia;* constantemente se oculta, y se esconde hipócritamente bajo alguna apariencia externa del bien. Este es el caso común de las llamadas "mentiras blancas", el cual ilustra sorprendentemente esta dependencia de la cual hemos estado hablando. Esta clase de mentira que, de un modo cobarde, se niega a sí misma, realmente reconoce que solo el bien es verdadero y correcto, y que el mal es aquello que no debiera ser, y que sólo presume que existe. Así, la base moral sobre la que descansa toda sociedad refrena al malvado más confirmado, que haya extirpado de él la última chispa de vergüenza que le quedaba, y que ya no le preste atención a la voz interna de su conciencia. Aun el tirano más poderoso y orgulloso se siente obligado —por causa de consideraciones prudentes que se las provee el principio de su despotismo caprichoso, cuando no ha llegado a ser todavía insensible ni absurdo— a enmascararse de tal modo que no parezca que él está buscando sus propios intereses, sino el bien general, la gloria o, talvez, el bienestar del pueblo.

Por tanto, si tenemos que reconocer el poder de la santidad en el control que el gobierno divino ejerce aun en aquello que se le opone, por medio de lo cual ese poder complementa sus manifestaciones generales, en medio de pasiones e intereses discordes y egoístas, ¿cómo podemos apoyar la idea dualista de que el mal es un principio independiente? En virtud de las condiciones a las cuales se sujeta el propósito divino en la historia de la raza, el mal puede verdaderamente impedir y retardar la realización de ese designio, pero no puede frustrarlo completamente. En el capítulo anterior vimos que el poder perturbador del mal ha penetrado completamente en el desenvolvimiento terrenal de la raza humana; sin embargo, aunque sea severo el conflicto en el cual estamos empeñados, ante la vista de Dios siempre está presente y visible el triunfo final del bien.

Si examinamos la variación interna del mal en forma más detenida, y vamos un paso más allá, lo descubriremos no solo en las altas esferas de la sociedad generalmente, sino también en la vida interna del individuo. Una pasión lucha contra otra; un afecto contraataca al otro; el hombre, aunque depende servilmente de los varios objetivos de su deseo, nunca encuentra aquel descanso, aquella satisfacción que busca en su servicio al pecado. No puede lograr sus objetivos ni aun con un total rendimiento a todas las pasiones, pues, fuera de la imposibilidad de satisfacerlos plenamente, no puede obtener suficiente fuerza para liberarse perfectamente de los otros impulsos que luchan por tener una libertad desenfrenada. Las dos tendencias fundamentales del pecado a las cuales nos hemos referido –el orgullo y la supremacía de los deseos de la carne– son precisamente las que se encuentran en el más sorprendente contraste y hostilidad mutua. Cualquiera que se meta entre estas dos corrientes será llevado sin descanso de acá para allá por ellas. Cuando el que allí esté metido se libere de una de esas corrientes lo agarra la otra. Cuando se presenta una situación de buen cultivo, esta alternación en el servicio al pecado se convierte en un juego secreto de voluntad arbitraria. El hombre aprende el arte miserable de volverse en un momento a uno de estos lados y en el otro, al otro; ya al orgullo, ya a la sensualidad. Los virtuosos progresos en los cuales él se levanta de la degradación de la sensualidad sólo le sirven para excitar y esforzar su humillada consciencia propia; entonces abandona los placeres de la carne para poder recrearse con los placeres del orgullo. Al reconocer correctamente el hecho de esta variación interna del mal, la educación moderna adopta frecuentemente el plan de conquistar los pecados de la degradación propia y del abandono en la juventud, mediante el estímulo de las pasiones del orgullo y la ambición. Esto lo hace por cuanto se ha alejado del principio cristiano sobre el cual solamente puede descansar el verdadero amor propio y noble y la verdadera seguridad personal. Y de este modo, ¡ay! , no hace otra cosa que echar fuera los demonios por Beelzebú, el príncipe de los demonios.

La bondad, por lo contrario, está siempre en armonía consigo misma; sus diversas partes, sus múltiples empeños y los actos en los cuales se realiza se fortalecen y se confirman mutuamente: cualquier cosa que viole el ideal del bien no puede ser confirmada ni sostenida por dicho ideal, pues no emplea el principio impío de que ' el fin justifica los medios. ' El mal no sólo varía respecto del bien, sino también respecto de sí mismo. El bien sólo tiene un enemigo: el mal; pero el mal tiene dos enemigos: el *bien* y el *mal*. Esta contradicción del mal consigo mismo, además de su importancia moral y psicológica, tiene un peculiar aspecto metafísico. El mal no tiene en realidad existencia independiente de Dios, el absoluto Bien; pero se esfuerza por obtener dicha independiente; y, como vimos, el mal no es más ni menos que el apartamiento del Dios viviente, esa palpitación de independencia de El. Cuando la criatura se rinde al mal, prácticamente niega que fue creada por Dios, pues no desea tener su existencia en El. Quiere vivir, conducirse y complacerse como si tuviera vida por sí misma y como si fuera su propio señor. ¿Cómo sería si Dios permitiera que el mal lograra sus propósitos en la criatura? ¿Cómo sería si El se separara del hombre así como el hombre se separa de Dios? En el momento en que la criatura perversa se emancipara de Dios, ésta naufragaría en la no existencia; pues el hombre no pudiera existir ni un momento, salvo en las manos de Dios, y como propiedad de El, su voluntad no pudiera ser de otro modo buena ni mala. El mal no posee en sí ningún ser sustancial, pero, como explica la *Formula Concordiae* (aquí seguimos a Agustín y nos oponemos a Flacio), sólo existe cuando penetra en algún ser en forma de una naturaleza o tendencia depravada. Por tanto, por causa de sus esfuerzos para separarse de Dios (en lo cual consiste la verdadera concepción del mal), claramente se mete en una contradicción que atenta contra su propia existencia. Si tuviera éxito, no sólo destruiría las bases que tiene en el bien, sino que se aniquilaría a sí mismo. Las plantas parásitas se esfuerzan por extraer todo el jugo del cuerpo orgánico del árbol en que vegetan, y lo adaptan a su propio desarrollo depravado y venenoso; pero, si logran la finalidad de sus esfuerzos, con ello logran su propia destrucción" *(The Christian Doctrine of Sin,* Vol. I, ps. 412-417).

Contra esta declaración conclusiva del Dr. Müller hay otra verdad que no puede pasarse por alto: que cuando el pecado toma la forma de hecho real o de realización, se convierte en una fuerza positiva por sí misma. El sentido en el cual el pecado es negativo tiene que restringirse a su relación con Dios y con su creación original. Este aspecto esencial de la verdad lo presenta muy bien Francisco J. McConnell, en *The International Standard Bible Encyclopaedia:*

"Muy a menudo se define el pecado como la mera ausencia de bondad. El hombre que peca es el que no guarda la ley. Este, sin embargo, difícilmente pudiera ser el pleno concepto bíblico. Por supuesto, al hombre que no guarda la ley se le considera *pecador;* pero la idea de la transgresión es la de una positiva oposición y la de un positivo quebrantamiento del mandamiento. Dos derroteros se les presentan a los hombres: uno es el del bien; el otro es el del mal. El derrotero del mal es en cierto sentido algo positivo en sí mismo. El hombre malo no se queda quieto; se mueve tan realmente como el hombre bueno: llega a ser una fuerza positiva a favor del mal. En todas nuestras discusiones tenemos que tener clara en nuestras mentes la idea de que el mal no es algo que tenga existencia propia. La Biblia habla de hombres malos. Y los hombres malos son tan positivos como sus naturalezas les permiten ser. En este sentido, el pecado marcha por un camino de destrucción positiva. Por ejemplo, en el pensamiento del escritor que describe las condiciones que, según su manera de creer, hicieron necesario el diluvio, tenemos un estado positivo del mal que contaminaba casi al mundo entero (Gn.6:11). Sería absurdo calificar al mundo del tiempo de Noé simplemente como un mundo negativo. Ese mundo estaba inclinado positivamente hacia el mal. Y así en posteriores escritos, el pensamiento de Pablo con respecto a la sociedad romana es el de un mundo de hombres perversos que se mueve con creciente velocidad hacia la destrucción de sí mismo y de todo lo que le rodea, por causa de sus malas obras. Es imposible creer que el concepto del pecado que se encuentra en el capítulo uno de *Romanos* está expresado en términos meramente negativos. Repetimos: no le hacemos completa justicia al concepto bíblico cuando hablamos del pecado en términos meramente negativos. Si se nos permite utilizar una ilustración de nuestro día, pudiéramos decir que, en el concepto bíblico, los hombres perversos son como las fuerzas destructivas del mundo de la naturaleza, que tienen que ser removidas para que pueda haber paz y salud para la vida humana" (Vol. IV, p. 2800).

Se puede concluir, por tanto, que el mal no tuvo existencia real antes de cometerse el primer pecado por parte de las criaturas que Dios había hecho, las cuales, según el designio divino, tenían la capacidad de pecar por medio de la oposición a la voluntad divina. Esa capacidad se restringe, por necesidad, a la criatura: porque si el pecado fuera la independencia de Dios, y aquello que es contrario a Dios, entonces podría deducirse que Dios mismo pudiera pecar con solo ser independiente de Sí mismo y contradecirse a Sí mismo. Tales ideas no solamente son absurdas, sino que son completamente extrañas a Aquel en quien solamente mora la santidad. Lo que la teología sistemática tiene que tratar son los hechos que nos indican que algunos ángeles cayeron en pecado, sin que haya ningún plan de redención revelado para ellos, mientras que otros permanecen en el estado en que Dios los hizo y continúan en el cumplimiento del designio divino, cumpliendo lo que Dios les ha encomendado. Otro hecho que debe considerarse por la teología es que toda la humanidad (con excepción de un Hombre) ha pecado, y que Dios ha provisto para ella un plan perfecto de Redención, y que se nos revela claramente que algunos lo aceptarán y otros lo rechazarán. Así que el *mal,* y su manifestación, el *pecado,* sólo llegaron a ser tales en virtud de que la criatura pervirtió la voluntad de Dios. El mal, pues, no tiene sustancia original en sí mismo. El mal es enajenación espiritual, y tiene que llegarle el fin a su debido tiempo, tal como Dios lo tiene determinado. No puede negarse que podrá existir eternamente como recuerdo, así como existió eternamente en el conocimiento de Dios.

2. EL PRIMER ACTO CONCRETO DE PECADO, QUE SUCEDIO EN EL CIELO Y LO COMETIO UN ANGEL QUE NO HABIA CAIDO. Como ya lo hemos hecho notar, la gran mayoría de obras de teología sistemática se quedan satisfechas con trazar el origen del pecado a partir de la caída del hombre en el Edén. Es cierto que el pecado humano comenzó allí; pero, aunque Adán sólo volvió a cometer el pecado que ya había cometido en el cielo un ángel principal, el carácter esencial del pecado debe determinarse, en gran medida, tomando en cuenta el pecado de ese ángel, y no sólo mediante la reproducción que de ese pecado hizo el primer hombre.

Hay una prueba convincente de que la Biblia es un libro sobrenatural. Se halla en el hecho de que ella descubre sin vacilación ni incertidumbre las condiciones anteriores a la historia humana, y del mismo modo, con toda libertad, descorre el velo de las edades venideras y penetra en ellas. Su mensaje no se restringe al campo que está comprendido dentro de las observaciones humanas, sino que también trata con respecto a otras partes del universo en la misma forma familiar en que trata lo relativo a la tierra. Entre sus revelaciones con respecto a otras esferas y al insondable tiempo pasado, nos ofrece una revelación de lo que parece ser el primer pecado que se cometió en el universo. Nos dice que ese pecado lo cometió en el cielo uno de los ángeles de más elevado rango; y, después de haber causado las más trágicas consecuencias en el ambiente angelical, se le sugirió al hombre de la creación de Dios en el jardín de Edén que también lo llevara a la práctica, y él lo hizo. En Romanos 5:12 se afirma que "el pecado entró en el mundo por un hombre." Así nos revela la verdad de que el hombre no fue el primero que pecó, sino que más bien fue el medio por el cual logró entrada en la tierra aquella forma de pecado que ya había sucedido en el cielo. El enfoque razonable para la comprensión de la verdad con respecto al primer pecado que se cometió en el cielo debe incluir: (a) la primera persona que pecó, y (b) la naturaleza del primer pecado.

a. LA PRIMERA PERSONA QUE PECO. El carácter sumamente perverso del primer pecado que se cometió en el universo se determina en gran parte por el carácter y la posición del primer ser que pecó. En la consideración de este ser y de las circunstancias en que pecó no nos presta ninguna ayuda el discernimiento natural del hombre. Es un asunto que corresponde por entero a la revelación. Esta revelación hace diferencias importantes entre el estado del hombre y el estado de los ángeles. Ante estas diferencias notamos que el método divino para establecer una raza de seres sobre la tierra consistió en crear un hombre y una mujer a los cuales Dios les dio instrucciones de que se multiplicaran y llenaran la tierra. En cambio, el método divino para llegar a tener incontables huestes de ángeles consistió en dar un decreto poderoso y creador. Sobre estos seres celestiales que fueron creados mediante ese decreto, Cristo indicó que nunca aumentan mediante procreación, ni disminuyen en número por causa de la muerte. Aunque los ángeles fueron evidentemente creados antes que las cosas materiales, puesto que parece que ellos observaron la obra creadora de Dios, no hay ninguna indicación con respecto al tiempo cuando ocurrió el primer pecado según el orden de los eventos. Se nos revela, sin embargo, la personalidad y la posición del ángel que lo cometió, y también la naturaleza precisa del pecado. Esta revelación se halla en el siguiente pasaje bíblico: "Vino a mí palabra de Jehová, diciendo: Hijo de hombre, levanta endechas sobre el rey de Tiro, y dile: Así ha dicho Jehová el Señor: Tú eras el sello de la perfección, lleno de sabiduría, y acabado de hermosura. En Edén, en el huerto de Dios estuviste; de toda piedra preciosa era tu vestidura; de cornerina, topacio, jaspe, crisólito, berilo y ónice; de zafiro, carbunclo, esmeralda y oro; los primores de tus tamboriles y flautas estuvieron preparados para tí el día de tu creación. Tú, querubín grande, protector, yo te puse en el santo monte de Dios, allí estuviste; en medio de las piedras de fuego te paseabas. Perfecto eras en todos tus caminos desde el día que fuiste creado, hasta que se halló en tí maldad" (Ez.28:11-15).

El personaje a quien este pasaje distingue con el título de "el rey de Tiro" es evidentemente de carácter angélico, o de un orden sobrenatural. Este hecho se nos revela completamente en el texto citado. Es posible que, en un sentido secundario, el pasaje se dirigió a cierto rey humano, el rey de Tiro; pero, puesto que casi todo lo que se le atribuye a este ser es sobrenatural, tiene que referirse primariamente a un ser de la creación angélica. Y entre los ángeles, esta peculiar descripción sólo puede referirse a uno: a aquel que, por causa de este pecado, llegó a ser Satanás. Este, que era el más alto de todos los seres angelicales en cuanto a jerarquía, aparece en la Biblia con unos 40 títulos diferentes, todos los cuales son reveladores, como todos los títulos que se hallan en las Escrituras, de la persona y del carácter de aquel a quien se aplican.

Puesto que el supremo esfuerzo de Satanás, en lo referente a la relación con la humanidad en su situación presente en la tierra, es el establecimiento del hombre de pecado, es significativo que el contexto anterior al pasaje que hemos anotado está constituido por diez versículos que tratan sobre el "príncipe de Tiro", cuyas dos blasfemas afirmaciones eran éstas: que él era Dios y que él se sentaba en el trono de Dios. Hay una clara identificación aquí que relaciona al príncipe de Tiro con el superhombre de Satanás, el hombre de pecado que ha de aparecer, y que fue profetizado por el apóstol Pablo en los siguientes términos: "Nadie os engañe en ninguna manera; porque no vendrá sin que antes venga la apostasía, y se manifieste el hombre de pecado, el hijo de perdición, el cual se opone y se levanta contra todo lo que se llama Dios o es objeto de culto; tanto que se siente en el templo de Dios, como Dios, haciéndose pasar por Dios" (2 Tes.2:3,4; comp. Mt.24:15; Ap.13:5-8). Es evidente que este "hombre de pecado" no ha aparecido, pues se nos revela el hecho de que su carrera será breve y que terminará con el "resplandor" de la venida de Cristo, y será destruido "con el espíritu de su boca." Como el príncipe se relaciona con el rey, así la persona blasfema que se describe en el capítulo 28 de *Ezequiel,* los versículos 1-10, se relaciona con el personaje que se nos presenta en los versículos 11-15 del mismo capítulo.

Es de gran importancia notar que el mismo Jehová es el que se dirige a ese poderoso ser a quien llama "el rey de Tiro", y lo describe con todas sus características sobrenaturales. Jehová es también el que pronuncia el lamento por causa de la caída de este gran ángel. La palabra *endecha* expresa una angustia extrema acompañada de palpitaciones del corazón. Tal, en realidad, es la actitud de Jehová hacia este ángel caído. Hay una infinita conmoción en cada palabra que se emplea para describir la inmensurable exaltación y el honor que se le había otorgado a este gran ángel. Esto se hace en vista de que luego él se reveló contra Jehová. Una frágil ilustración de esta endecha por parte de Jehová y con respecto a este ángel, se halla en la lamentación de David por causa de la muerte de Absalón: " ¡Hijo mío Absalón, hijo mío, hijo mío! " (2 S. 18:33).

Del mismo modo, Jehová declara que este ángel era el "sello", estaba lleno de "perfección, lleno de sabiduría, y acabado de hermosura", y que él había estado "en Edén", y que se cubría con toda clase de piedras preciosas. Como Satanás realmente apareció en el huerto de Edén, según se nos narra en *Génesis* (lo cual no hizo nunca el rey de Tiro), si consideramos los detalles que se establecen en el pasaje de Ezequiel, llegamos a la conclusión de que es probable que se refiera a la gloria primitiva del Edén terrenal, antes que la tierra llegara a estar "desordenada y vacía." Continuando esta descripción, Jehová declara que dicho ser angelical fue creado con maravillosa capacidad, y que, según se puede imaginar por la descripción, era como una corona de pura alabanza para el Creador. También se nos dice que pertenecía al orden de los querubines, el cual parece estar encargado de la protección de la santa presencia de Dios (comp. Gn.3:24; Ex. 25:18-22; 2 S. 6:2). Pero, con respecto a este ángel se nos dice que, como "querubín grande, protector", estaba colocado "en el santo monte de Dios", lo cual, de acuerdo con el simbolismo del Antiguo Testamento, se refiere al asiento del gobierno del trono de Dios en la tierra (comp. Is.2:1-4). El clímax de este importante pasaje bíblico se logra cuando se hace la declaración de que este ser era perfecto en todos sus caminos, desde el día en que fue creado hasta el día en que se halló en él iniquidad. Así, este pasaje nos descubre el carácter exaltado de este ser celestial y nos indica el hecho de su pecado. El pasaje continúa agregando más luz con respecto al pecado en sí, y al juicio de Dios que tendría que venir sobre él.

La identificación de este ser se puede resumir así: El era el sello de la sabiduría, la perfección y la belleza. Había estado en Edén, el huerto de Dios. Se cubría con piedras preciosas. Los tamboriles y las flautas sonaron ante él desde el día de su creación. El pertenecía al orden de los querubines, y se le dio el cargo de guardián de Dios sobre el monte santo. Se paseaba en medio de las piedras de fuego. Había sido perfecto en todos sus caminos desde el día de su creación. Así se nos describe al más exaltado de todos los seres celestiales creados. Y del mismo modo se nos revela que llegó un día cuando se halló en él iniquidad. El hecho de que esta descripción, hasta donde llega la revelación, no se puede aplicar a ningún otro ser que no sea Satanás, es prueba de que este pasaje se refiere a él.

b. LA NATURALEZA DEL PRIMER PECADO. El profeta Isaías, inspirado por el Espíritu de Dios, nos dice cuál fue la naturaleza de los detalles del pecado de Satanás. Así leemos: " ¡Cómo caíste del cielo, oh Lucero, hijo de la mañana! Cortado fuiste por tierra, tú que debilitabas a las naciones. Tú que decías en tu corazón: Subiré al cielo; en lo alto, junto a las estrellas de Dios, levantaré mi trono, y en el monte del testimonio me sentaré, a los lados del norte; sobre las alturas de las nubes subiré y seré semejante al Altísimo" (Is.14:12-14).

Aquí tampoco es difícil la identificación. Las palabras se dirigen a uno que lleva el nombre de Lucero, hijo de la mañana. Este título lo relaciona con la más alta jerarquía de ángeles, y su grandeza y poder se nos revelan en el contexto. Allí se nos dice que el "debilitaba a las naciones." Y en el versículo 17 leemos: "que puso el mundo como un desierto, que asoló sus ciudades, que a sus presos nunca abrió la cárcel" (comp. Is.61:1). El hecho de que este pasaje declara que Lucero ha caído del cielo y que fue cortado por tierra indica que Isaías está contemplando las estupendas realizaciones de este ser al final de su carrera, cuando ocurrirá la completa manifestación del mal que Dios permite. Entonces le vendrá a Satanás el juicio que está previsto y que el no ha experimentado todavía (comp. Ex.28:16; Job 1:6; Lc.10:18; Ef.6:11,12; Ap.12:7-9). También queda claro que, hasta este momento, el programa que Dios permite que Satanás realice no se ha cumplido cabalmente.

El pecado que cometió Lucero tiene cinco aspectos que se expresan mediante las cinco declaraciones de independencia de Dios. El conjugó todos los verbos de una manera impía en cada una de sus declaraciones: en primera persona de singular y en tiempo futuro, lo cual indica a la vez su egoísmo y sus planes, es decir, sus planes egoístas. Sólo puede conjugar verbos en esa forma quien tenga absoluta soberanía. Esto queda demostrado por medio de los grandes pactos incondicionales que Dios, el verdadero Soberano, hizo con los hombres. Cuando Dios dice: *Yo haré,* esa declaración es absolutamente normal. Hay, sin embargo, un uso secundario de dicha expresión que se le permite aun a la criatura. Cuando la persona se rinde incondicionalmente a Dios, entonces tiene el derecho de decir: *Yo haré la voluntad de Dios.* Este uso de las palabras sólo sirve para hacer hincapié en la realidad de que la voluntad de Dios es suprema. Pero tan pronto como estas palabras que sirven para expresar el intento soberano salieron de los labios del primer ángel que pecó, éste no expresó ni tenía en mente ningún elemento de sumisión. Esa afirmación representaba una independencia completamente impropia de las criaturas. En el momento en que una pequeña criatura tenga un pequeño propósito –caso que es cierto en cada uno de los que componen la masa de la humanidad– mediante el cual se oponga a Dios o trate de independizarse de El, en ese momento se manifiesta en él la base de toda clase de pecado. Las palabras de Lucero fueron más ominosas aún, puesto que, por la importancia de su posición, lo que se proponía no era menos que la producción de lo que llegó a ser el mundo o *cosmos.* Debemos considerar con cuidado las cinco manifestaciones egoístas de Satanás.

Ya se ha hecho una amplia exposición de Isaías 14:12-14 en el volumen que dedicamos a la angeleología. Por ello, en el presente estudio sólo haremos mención breve de estas vitales declaraciones.

"Subiré al cielo." El osado propósito que expresan estas palabras sólo se puede entender a la luz de la verdad de que existen tres cielos. Los ángeles tienen su morada correspondiente en el segundo cielo. La responsabilidad que se le había encomendado a Lucero de ser guardián del trono de Dios, le exigía que prestara sus servicios en un reino más elevado que es aquel en el cual Dios mora. Así se ve que la ambición de Lucero era de lo más impía: un intento voluntarioso de morar más arriba de la esfera que se le había concedido.

"Junto a las estrellas de Dios, levantaré mi trono." Esta declaración de Lucero expresa el propósito que tenía de lograr el dominio sobre los angeles. Es muy poco lo que podemos saber con respecto a todo lo que este propósito de Lucero envolvía o hasta dónde se extendía. Su ambición se ha cumplido hasta cierto punto, según la voluntad permisiva de Dios, pues Satanás es actualmente el jefe del reino de los espíritus malos (Mt. 12:26).

"En el monte del testimonio me sentaré, a los lados del norte." Es algo oscura esta declaración de Lucero. La comprensión de las palabras que en ella se usaron presta, sin embargo, algo de luz. La palabra *monte* es símbolo del trono de Dios; la palabra *testimonio* se refiere a la congregación de Israel; la expresión *los lados del norte* parece que hace referencia a la crucifixión, la cual ocurrió al norte de Jerusalén, y a la autoridad terrenal sobre Israel, la cual corresponde a Cristo, pues El es Redentor y Rey. Según esta interpretación se descubre que Lucero tenía el propósito de asegurar para sí un trono terrenal. En Apocalipsis 2:13 se nos declara que ese trono existe ahora.

"Sobre las alturas de las nubes subiré." En esta declaración se manifiesta la intención de conseguir algo de la gloria divina, pues las nubes simbolizan constantemente esa gloria.

"Seré semejante al Altísimo." Es la consumación planeada de todo lo que ha dicho. Era el supremo propósito de Lucero. Las otras declaraciones sólo sirvieron para preparar el camino de lo que iba a manifestar. En esta declaración se halla escondida toda la esencia del pecado. En ella se descubre la acción separada de Dios y contra El. De Satanás dijo Cristo que "no ha permanecido en la verdad" (Jn. 8:44), lo cual significa que apartarse de la voluntad de Dios es poner en práctica la mentira. En contraste con esta actitud estaba el propósito divino, la elección de que había sido objeto este ser, inmensurable como privilegio, de valor y gloria eternos. Lucero escogió el curso de acción independiente con la evidente determinación de mudarse al tercer cielo, de lograr la autoridad sobre la tierra, de usurpar la gloria divina y de ser semejante al Altísimo. Porciones posteriores de las Escrituras nos revelan que la ambición que Satanás tenía –por lo menos en lo que respecta a la tierra– era la de dominar el presente sistema universal, o *cosmos,* sobre el cual él es príncipe actualmente (Jn. 12:31; 14:30; 16:11); y él también es dios del *cosmos* en esta era (2 Co. 4:4). Evidentemente Dios ha permitido que Satanás ponga en práctica ese propósito que tenía, con la finalidad de que pueda ser sometido a juicio en forma más perfecta. Lo que Lucero era, y lo que pudo haber sido, si hacía la voluntad de Dios, fue precisamente aquello en lo cual no permaneció. Lo que inventó Satanás fue la *mentira;* por tanto, se le reconoce como padre de ella. La mentira estaba oculta en su corazón desde el principio. Los juicios futuros que han de caer sobre el *cosmos* están predichos en las Escrituras, y también está predicho el fin trágico que le espera a Satanás y a todos sus ángeles. Su destino será el Lago de Fuego. Teniendo todas estas revelaciones en mente, es pueril hablar de la posibilidad de que el *cosmos* se convierta. Sería como hablar de la conversión del diablo. Tanto el *cosmos* como el diablo tienen que llegar a su fin con la certeza de la infinitud.

Nunca será exagerada la importancia que le concedamos al primer pecado de Lucero –esa voluntariosa ambición que se manifestó contra Dios y que se proponía lograr el dominio del sistema del *cosmos*– el cual es la norma y el dechado de todo pecado. Todos los seres humanos que actúan independientemente y que no se preocupan de cumplir la voluntad de Dios están cometiendo el mismo pecado, y su destino ha de ser el mismo del diablo y de sus ángeles (Ap. 20:10-15), a menos que le echen mano a la gracia salvadora de Dios.

3. EL PRIMER ACTO CONCRETO DE PECADO COMETIDO POR EL HOMBRE EN LA TIERRA. Si se adoptara un error como la premisa fundamental en un orden de sucesos estrechamente relacionados, es muy pequeña la esperanza que queda de que todo ese orden de sucesos no se caracterice por el desvío de la verdad y la contradicción a ella. Difícilmente pudiera haber otra fase de la revelación divina que sea más necesaria para el correcto entendimiento de todas las doctrinas que la doctrina del *pecado.* Prácticamente, todos los sistemas heréticos de doctrina se basan en conceptos errados con respecto al pecado. Por tanto, las herejías

tienen que estar por necesidad saturadas de error. El intento de enumerar en forma completa todos estos conceptos errados resultaría inconsecuente con el objetivo de esta obra. En relación con esto, sin embargo, debe observarse que subestimar el verdadero carácter del pecado es (1) disentir de los términos explícitos empleados en la Biblia para establecer la suprema perversidad del pecado, con lo cual haríamos a Dios mentiroso; (2) contradecir, en alto grado, el carácter santo de Dios; (3) viciar el concepto correcto de culpabilidad humana; (4) no estar de acuerdo con el carácter sagrado y la autoridad de la Palabra de Dios; (5) considerar que la inevitable reprobación de Dios contra el pecado es un juicio extremo y sin garantías; (6) estimar no dignos de confianza los grandes hechos de la Redención, la reconciliación y la propiciación; y (7) no tomar en consideración la única razón suficiente que explica la muerte de Cristo.

Es cierto, como ya se dijo, que el pecado es perverso, por el hecho de que es desemejante de Dios, y de que sólo se demuestra que algo es malo cuando se compara con el carácter santo de Dios. Es igualmente cierto que el pecado exige que haya juicio, por cuanto está en rebeldía contra Dios y contra la ley. Puesto que Dios es infinito y su bondad no tiene límites, el pecado también llega a ser infinito y su carácter perverso llega más allá de cualquier cálculo humano. El pecado no sólo afecta al que peca de una manera inmensurable sino que se caracteriza aún más por la ofensa que le hace a Dios, por cuanto desprecia los derechos del Creador, quebranta su santa ley y echa a perder su propiedad.

Los profundos efectos del primer pecado humano se descubren a medida que se estudia su desarrollo a través de dos canales completamente diferentes: la *naturaleza de pecado* y el *pecado que se imputa.* Trataremos estos temas a su debido tiempo. Fijaremos por ahora nuestra atención en el primer pecado en sí mismo. El relato sobre el primer pecado humano se halla en Génesis 3:1-19. Habiendo prohibido específicamente que el hombre comiera del fruto de cierto árbol, y habiéndole advertido que el castigo por la desobediencia a esa prohibición sería la muerte, Dios colocó al primer hombre y a su mujer en una condición de prueba. Ellos comprendieron completamente el asunto y aparentemente cuando quedaron responsabilizados en este aspecto, ellos se abstuvieron de comer del fruto prohibido. La aparición del tentador fue la que los condujo a no respetar lo que Dios les había dicho. Los detalles de este pecado y las influencias que llevaron a la primera pareja a cometerlo ya los tratamos en la antropología. El hecho esencial sobre el cual nunca haremos el suficiente énfasis es el de que Satanás les propuso a nuestros primeros padres que siguieran el mismo camino por el cual él mismo se había aventurado, y en el cual proseguía, y que consistía en declararse independientes de Dios y apartarse de su voluntad y de sus planes. La ambición, un tanto corta de vista, indudablemente cegada por un orgullo impío, estuvo dispuesta a cambiar el estado y el destino que el amor, la sabiduría y el poder infinitos le habían dado por el infeliz bienestar de una vida egoísta con su eterna experiencia agónica de muerte. Evidentemente, a estos seres humanos no se les presentó la verdad íntegra. Se les dijo que serían como *Elohim* (Gn. 3:5), pero eso era solamente en un sentido: en el sentido de que sus ojos serían abiertos y sabrían el bien y el mal. Ellos como seres creados estaban disfrutando del bien; pero como seres caídos experimentarían el mal. Ellos no iban a ganar nada, sino que lo iban a perder todo. Toda criatura, sea angélica o humana, es, por creación, no sólo propiedad del Creador, según los derechos más vitales que pueda haber, sino que, por ser creada, depende completamente del Creador. Esta relación era bendita realmente y no causaba ninguna ofensa. El oponerse Adán y Eva a Dios por medio de la desobediencia, se embarcaron en una nave peligrosa, sin brújula, sin timón o gobernalle para navegar en un mar tempestuoso y sin costas. Tal rumbo sólo podía conducirlos a un fracaso ignominioso y a los juicios finales a que serán sometidos por Aquél a quien rechazaron y del cual se apartaron. Así queda plenamente demostrada la verdad de que el pecado es sólo una locura.

En último análisis no hay sino dos filosofías de la vida. El estar de acuerdo con la voluntad de Dios es una de estas filosofías. Ese fue el arreglo divino original para los humanos. La otra filosofía consiste en abandonar al Creador y rebelarse contra su autoridad y propósito. Con respecto a esta última filosofía, se puede decir que probablemente no hay ningún orgullo tan despreciable como aquel que se levanta contra la autoridad del Creador, y que presume inventar un programa de vida y de realizaciones que le sirva de sustituto al plan y al designio de Dios. Esta última filosofía es satánica y este horrible hecho no se cambia aunque toda la raza humana haya abrazado el ideal satánico. Con la aparición de Satanás en el huerto de Edén, no se estaba agregando ningún gran volumen para la elucidación de su filosofía. Habiendo cumplido su innoble propósito con la estrategia que sólo Satanás sabe emplear —apeló a los deseos humanos, empequeñeció el pecado, atacó el carácter de Dios, al indicar que a Dios le hace falta amor y que no es digno de confianza— les propuso a Adán y Eva la semejanza con *Elohim*. La antigua traducción, "... seréis como dioses ..." es completamente incorrecta. El texto original dice: *"Seréis como Elohim."* En estas breves palabras se expresa perfectamente la filosofía satánica, y conducen, a pesar del breve momento de satisfacción para el orgullo propio, el lago de fuego. Se anuncia el mismo fin para los ángeles y para los hombres que adopten y prosigan este camino hasta su amargo fin.

El propósito de Satanás no consistía solamente en rechazar a Dios; el tenía en sus designios un gran sistema universal, un *cosmos,* en el cual se proponía emplear mal los elementos que correspondían a la creación de Dios, los cuales son *buenos* en sí mismos. Satanás no crea nada. Ninguno de los pasos del proyecto satánico del *cosmos* era más esencial que el de lograr la alianza con la humanidad. Los hechos que estaban en juego en el jardín de Edén eran los relacionados con la carrera de Satanás, que determinarían la realización de toda su empresa. El tenía que lograr la supremacía sobre el hombre, pues de lo contrario hubiera fallado completamente. Muy poca fue la comprensión que tuviera Adán y Eva, de que mientras lograban la independencia de Dios, llegaban a ser esclavos de Satanás. Desde ese momento en adelante, Satanás había de vigorizarlos para que, como hijos de él, cumplieran su voluntad (Ef. 2:1, 2; Col. 1:13; 1 Jn. 5:19). De ese estado sólo podía rescatarlos el poder regenerador de Dios, el cual se hizo posible por medio del Redentor. Mientras se le permita a Satanás ser el que gobierna como príncipe del *cosmos,* es probable que la humanidad sienta cierta unión y cierta seguridad —algo en realidad muy vago— pero al fin, cuando Satanás y su autoridad sean destruidos, la desolación y segregación de los seres humanos no regenerados llegará al terror y a la angustia, los cuales durarán eternamente.

No se necesita una amplia investigación de las Escrituras para probar que el pecado se originó en las regiones celestiales, y que el hombre llegó a ser un medio por el cual el pecado logró entrar en el mundo (Ro. 5:12). También debe deducirse que, aunque el pecado humano puede manifestar su carácter de varias maneras, su raíz es la misma y consiste en apartarse del Dios viviente. Este apartamiento fue el que precipitó la caída del hombre, y el mismo espíritu de independencia permanece actualmente como maldición sobre la raza.

II. LA NATURALEZA PERVERSA DEL PECADO

En su carácter fundamental, el pecado es la incesante falta de voluntad por parte de la criatura para permanecer en la esfera limitada en la cual el Creador, según su infinita sabiduría, la había colocado. Esta falta de voluntad se puede expresar de diversas maneras, y algunas veces se piensa que esas expresiones indican la verdadera naturaleza del pecado. En sentido general el pecado es el hecho de la falta de conformidad con el carácter de Dios. El primer pecado del hombre fue un pecado personal, y, como ya se dijo, de él se derivó la naturaleza de pecado. En este aspecto, la experiencia humana de todos los miembros de la posteridad de Adán es al revés: ellos poseen la naturaleza caída, por lo cual llegan a cometer el pecado personal. Así, como ya se señaló, la naturaleza de pecado puede ser causa del pecado personal y viceversa.

Existe la más amplia diferencia entre la estimación que Dios tiene del pecado y la que tiene el hombre sobre lo mismo; lo cual no es otra cosa que un contraste entre lo que es infinito y lo que es finito. Sin embargo, hasta cierto punto, que puede ser cualquier cosa que se quiera menos universal, los hombres juzgan el pecado muy aparte de la revelación, sólo sobre la base de la natural evaluación humana.

Puesto que el pecado no sólo es negativo hasta el punto de no tener normas propias, sino que tiene que derivar sus medidas de aquello que es positivo o bueno, y puesto que el carácter santo de Dios es la norma de aquello que es bueno, se deduce que el pecado es tan malo como parece cuando se le ve desde el punto de vista ventajoso de la santidad de Dios. Ningún ser humano caído puede lograr jamás una comprensión cabal de la santidad de Dios, ni tampoco un concepto correcto de la naturaleza del pecado. Cuando se descubre que los juicios divinos contra el pecado llegan hasta la eternidad, tenemos que concluir que no le corresponde al hombre, que cayó y que es finito, la tarea de cuestionar estos juicios.

III. LAS TRES PRUEBAS PRINCIPALES QUE SEÑALAN LA EXCESIVA PERVERSIDAD DEL PECADO PERSONAL

1. LA PRUEBA ANGELICA. Un miembro de las huestes angelicales cometió un pecado, y los hombres, en su propia esfera, consideraron ese hecho sumamente loable. Ese pecado fue una *ambición impía.* Como resultado de tal pecado, dicho ángel cayó y se convirtió en el eterno enemigo de Dios, y se llevó consigo una gran hueste celestial. Algunos de esos seres que cayeron con él están atados en cadenas de oscuridad. Para ellos no hay ni rayo de esperanza a través de toda la eternidad.

2. LA PRUEBA HUMANA. Un individuo, el primer hombre de la creación cometió un pecado. Ese pecado fue tan inocuo, según se ve aparentemente, que los hombres están inclinados a ridiculizar el pensamiento de que Dios se dio cuenta de tal acto. Ese pecado es, sin embargo, según la estimación divina, suficientemente malo como

para causar la degeneración y la depravación de los seres que no habían caído, pero que cometieron dicho pecado, y para hacer que incontables millones de su posteridad sufran en la carne, y mueran, y que la inmensa mayoría de ellos pasen la eternidad en el reino del terror.

3. LA PRUEBA DIVINA. El Hijo de Dios sufrió en grado infinito, y murió en una cruz por causa del pecado. No había otro medio para poder lograr la Redención. Sin embargo, si sólo se hubiera cometido un solo pecado en este mundo, siempre hubieran sido necesarios los horribles sufrimientos y la muerte del Hijo de Dios, a fin de que pudiera haber perdón divino para ese pecado y justificación para ese pecador.

El estudio de los pecados personales de los que pecaron, los cuales aparecen registrados en la Biblia, ayudaría a comprender mejor la doctrina del pecado personal. Tal estudio tendría que incluir los pecados de Adán, Caín, Noé, Nadab, Abiú, Coré, Datán, Abiram, Aarón, Moisés, Acán, Elí, Saúl, David, Salomón, Pedro, Pilato, Judas, Ananías, Safira y Saulo de Tarso.

Cuando un hombre construye una máquina intrincada, compuesta de muchas partes, él espera que cada parte de la máquina permanezca en su puesto y que cumpla la función específica que se le ha asignado. La acción separada de una de las partes echaría a perder todo. La creación también está compuesta de muchas partes. Ahora bien, de acuerdo con su funcionamiento actual hay en ella un gran número de voluntades que actúan independientemente y causan confusión. Sólo Dios puede corregir este desorden. Y Dios hará esto en el tiempo debido y según su modo.

Así como no hay explicación racional del universo –un sistema de orden que abarca todas las leyes del movimiento de las estrellas, y de allí para abajo hasta incluir las leyes que rigen la vida de todo cuanto existe– fuera de la verdad de que Dios es el Diseñador, y el Sustentador de todo, así todo lo que se incluye en el carácter moral deriva sus valores de Dios. No debe haber más problema en reconocer a Dios como la fuente de lo moral que el que pueda haber para reconocerlo como fuente de lo físico y de lo intelectual. Si realmente existiera alguna estrella errante, que tuviera su centro de gravedad separado de todas las fuerzas de atracción del universo, tal estrella serviría para ilustrar la inteligencia creada, que está capacitada para un gran propósito, pero que sostiene sólo remotas relaciones con su Fuente, como si estuviera separada de Ella, desafiando injustificadamente los elementos de carácter santo de los cuales dependen todos los valores morales y de los cuales surgen todas las obligaciones. En realidad, Judas compara a "algunos hombres . . .

impíos" con "estrellas errantes, para las cuales está reservada eternamente la oscuridad de las tinieblas" (Jud. 1:4, 13). Así como se les impone a los elementos físicos la necesidad de permanecer dentro de los límites en que fueron colocados por mandato del Creador, si han de ser útiles al fin para el cual fueron creados, así, y en grado aún más importante, se les impone a los seres morales la necesidad de permanecer dentro de los límites en que fueron colocados por mandato del Creador, si éstos han de conocer la plenitud eterna de la vida y de la experiencia que el infinito amor y la infinita sabiduría les proponen. Fuera de esta permanencia razonable sólo puede haber *negra oscuridad;* pues aparte de Dios no existe luz, y el hombre separado de Dios, como no tiene poder para generar luz, está *lleno de tinieblas.*

El pecado combina usualmente un aspecto inmoral con el pecado de la desobediencia; y lo que eso significa delante de Dios no se nos pudiera revelar completamente.

Repetimos que el carácter perverso del pecado se refleja en las penalidades que se le imponen al que lo comete. La condenación de Satanás, la condenación de los hombres no regenerados y todos los sufrimientos de esta vida dan testimonio de que esa verdad es cierta; y se puede creer que cualquier pecado que cometa cualquier criatura es tan perverso, según la estimación divina, por causa de la posición en que se encuentra el pecador. El pecado trajo la ruina a incontable multitud de seres.

La absoluta independencia de Dios por parte de la criatura, ya sea ángel u hombre, es el principio básico del mal. Se manifiesta de muchas maneras. El profeta Isaías declara: "Todos nosotros nos descarriamos como ovejas, cada cual se apartó por su camino; mas Jehová cargó en él el pecado de todos nosotros" (Is. 53:6). El sabio Salomón dijo: "En las muchas palabras no falta pecado" (Pr. 10:19); "Peca el que menosprecia a su prójimo" (Pr. 14:21); "El pensamiento del necio es pecado" (Pr. 24:9). Y en el Nuevo Testamento leemos: ". . . todo lo que no proviene de fe, es pecado" (Ro. 14:23). "Y al que sabe hacer lo bueno, y no lo hace, le es pecado" (Stg. 4:17). "El pecado es infracción de la ley" (1 Jn.3:4). "Porque raíz de todos los males es el amor al dinero" (1 Ti. 6:10). Así nos indican las Escrituras el carácter amplio y complejo de las diversas manifestaciones del pecado, pero en cada caso, ya sea de la doctrina o de la experiencia humana, el pecado original se halla en la esfera de la relación de la criatura con el Creador.

IV. DEFINICIONES GENERALES

Al entrar al amplio campo de la definición del pecado, surge una distinción aparente entre el estado del corazón que impulsa hacia el pecado y el acto manifiesto del pecado en sí. En el caso de Adán, quien pecó sin que hubieran intervenido para ello ningunos incentivos de ninguna naturaleza de pecado, es evidente que su acto pecaminoso estuvo precedido y preparado por el consentimiento de su voluntad, y que, cuando él ya había determinado cómo iba a proceder, es decir, cuando ya estaba dispuesto a desobedecer a Dios, ya había pecado potencialmente. Esa actitud previa al acto de desobediencia pudiera definirse como un *estado* de pecado. Debe notarse, por tanto, que si a él se le hubiera impedido contra su voluntad el acto manifiesto del pecado de desobediencia, sin embargo, su actitud hubiera sido condenable por causa de su intención y de su voluntad. En el caso de la posteridad de Adán, toda la cual heredó la naturaleza de pecado, la cual incita a todos sus componentes incesantemente a pecar, existe en ella un constante estado de pecado, del cual sólo pueden librarse los que acuden al poder preventivo del Espíritu Santo. Por tanto, el pecado se define algunas veces como un estado del corazón o de la mente. Ya se ha escrito mucho sobre el tema del pecado desde el punto de vista de su enfoque físico; pero tales consideraciones son a menudo especulativas, y no tienen la intención de estudiar el carácter perverso del pecado tal como lo establece la Biblia. Siguiendo estas ideas especulativas se puede admitir que el pecado es una acción de la voluntad –ya sea una abierta omisión o una comisión– pero detrás de la voluntad se halla el corazón perverso. Cristo hizo hincapié en esto cuando dijo: "... lo que del hombre sale, eso contamina al hombre. Porque de dentro, del corazón de los hombres, salen los malos pensamientos, los adulterios, las fornicaciones, los homicidios, los hurtos, las avaricias, las maldades, el engaño, la lascivia, la envidia, la maledicencia, la soberbia, la insensatez. Todas estas maldades de dentro salen, y contaminan al hombre" (Mr. 7:20-23). La naturaleza del hombre caído es perversa, sea que expresa su verdadero carácter mediante actos manifiestos o que no los exprese.

Con el título *Modern Theories of Sin,* el Dr. W. H. Griffith Thomas (siguiendo a Orchard) presenta cuatro teorías que son las que citamos a continuación. Como son tan claras sus palabras, no agregaremos ningún comentario:

"(1) Teorías que le atribuyen el pecado a la voluntad del hombre (representadas por Kant, Coleridge y Müller).

"(2) Teorías que consideran que el pecado es una necesidad (sus representantes son Schelling, Weisse y Hegel).

"(3) Teorías que buscan la explicación del pecado confinándolo dentro de los límites de la religión (representadas por Schleiermacher y Ritschl).

"(4) Teorías que buscan la explicación del pecado en la observación empírica (representantes: Pfleiderer y Tennant)" *(The Principles of Theology,* pág. 170).

La definición general con respecto al *pecado personal* puede incluir dos aspectos: (a) el pecado contra Dios, y (b) el pecado contra la ley. Se logra una verdadera distinción entre el pecado contra la Persona de Dios –que se puede indicar con términos como *impiedad profanación, egocentrismo*– y el pecado contra el gobierno moral de Dios, el cual se expresa en forma más apropiada con las palabras *transgresión, rebelión, desenfreno.* Esta biforme división parece que comprende todo lo relacionado con la definición. Y parece que se pueden investigar todas las tendencias de las obligaciones del hombre a lo largo del desarrollo de estas dos relaciones. Estas dos formas de responsabilidad, que son *interdependientes,* son también inseparables. No se puede concebir ninguna relación con Dios que no reconozca su santa voluntad y su ley; ni tampoco se puede descubrir ninguna autoridad en su santa voluntad y en su ley que no se base en su santa Persona. La relación del hombre con Dios es una relación esencialmente de *estado,* mientras que la relación del humano con la voluntad de Dios es una relación de *acción.* El término general que en griego significa *pecado* es *ἁμαρτία,* el cual indica que se ha errado el blanco ideal que estaba establecido. Este blanco ideal es el carácter esencial de Dios, el cual se les hace conocer a los hombres por medio de la voluntad revelada del Señor o sea por medio de su ley. Concentraremos, pues, nuestra atención en estos dos aspectos del pecado y en el orden indicado:

1. EL PECADO CONTRA LA SANTA PERSONA DE DIOS. Los filósofos han debatido desde hace mucho tiempo la cuestión sobre si los hombres están capacitados para llegar a tener una distinción consciente entre el bien y el mal; si las leyes que él mismo hace –aunque las haga por medio de su comprensión limitada– son un reflejo de sus propios ideales o se derivan de Dios. Teóricamente, ésta es la cuestión sobre si la voz de la consciencia –la intuición del hombre con respecto a lo correcto y verdadero– es directa o indirectamente la voz de Dios, o sólo hemos de reconocerla como un factor natural del ser del hombre. Ya le dedicamos tiempo a este tema en un capítulo anterior de esta misma obra en el cual afirmamos que parece que la consciencia está sobre las otras facultades del ser del hombre como un monitor o juez, como una voz que está aparte del intelecto, de las sensibilidades y de la voluntad; es, sin embargo, una voz que puede ser impedida, pero que no puede ser silenciada. Por otra parte, puede ser estimulada de tal manera que podamos tener un agudo discernimiento. ¿Ha creado Dios un

instrumento que es capaz, por medio de sus propios recursos, de combatir por lo que es recto? ¿O es la consciencia la voz inmediata de Dios que habla al ser interno del hombre? Hay algo que es cierto: que Dios es el Bien original y que todo el bien del universo se deriva de Dios. La idea insostenible de que el bien es un principio eterno al cual Dios se adhiere, o aquella de que el bien es lo que es por el hecho de que Dios le ha asignado arbitrariamente el carácter que posee –que El hubiera podido de la misma manera hacer que el mal fuera bueno, si así lo hubiera preferido– no necesitan que las refutemos aquí. Puesto que Dios mismo es el Eterno, Inmutable en su infinita santidad, no tiene que suscribir ningún principio ni sujetarse a él. El es el Principio. Lo que es bueno y cierto no es la ley que gobierna a Dios; El es la fuente de estas virtudes. El no es en ningún sentido la fuente del mal ni de la mentira. El mal y la mentira no tienen fuente de origen. Hubo un tiempo cuando el mal sólo se podía considerar como una posibilidad; pero el bien, como todos los atributos divinos, en su más sublime realidad, tiene la misma existencia eterna que le corresponde a Dios. Hubo un tiempo –si se puede considerar tiempo– cuando el mal era sólo una previsión; todavía vendrá un tiempo –si así puede llamarse– cuando el pecado sólo será un recuerdo. El bien es inmutable desde la eternidad hasta la eternidad.

El efecto que tuvo el pecado en Dios y en su actitud hacia el mal se manifiesta en el plan mediante el cual El salva al perdido. Es muy poco lo que comprenden muchos que predican el Evangelio sobre el hecho de que la gracia de Dios que salva al perdido no es solamente una bondad ni una generosidad por parte de Dios. El hubiera podido salvar las almas sin necesidad del sacrificio de Cristo, si ése hubiera sido el caso. Era necesaria, sin embargo, la muerte de su Hijo como sacrificio por el pecado, pues Dios no podía comprometer su carácter santo al darle poca importancia al hecho del pecado. La misma estructura del Evangelio consiste en que Dios es infinitamente justo en su actitud hacia los pecadores, lo cual significa condenación perfecta y eterna, a menos que queden completamente satisfechas las demandas de la santidad divina. Dicho de otro modo, cualquier cosa que se haga para salvar al perdido tiene que hacerse de tal modo que preserve sin mácula el carácter de Dios. A algunos les ha parecido digno el concepto de que Dios es tan liberal y magnánimo que abandona sus santos requerimientos, sin tomar mucho en cuenta que el hecho de apartarse de sus santos juicios sería igual a perder hasta el último vestigio de la base de la justicia sobre la cual descansa su trono, la cual ciñe su gobierno y sostiene su carácter inmutable. Si Dios salvara a un alma de la condenación que pesa sobre ella por causa del pecado, moderando la condenación, o amando al pecador de tal manera que retirara o renunciara a alguna parte de las demandas de su santidad contra el pecado, para que el alma pudiera ser salva, Dios, a su vez, estaría perdido; su Ser esencial quedaría arruinado por el compromiso con el pecado; entonces El mismo necesitaría ser salvo de la disolución. Esa clase de verdad nunca se ha presentado con fuerza suficiente, ni podrá presentarse, pues la lengua humana es incapaz de expresar ese horrible deshonor contra Dios, que, en ese caso, estaría escondido en el llamamiento del Evangelio que ofrece salvación sobre la base de la caridad divina y no sobre la base de la sangre eficaz de Cristo. Si los hombres nunca hubieran predicado otro mensaje, sino el de que el pecado es excesivamente perverso, tanto que sólo puede perdonarse por causa de la sangre que derramó una de las tres Personas de la Trinidad, y que este sacrificio ilimitado era tan necesario para la cura del pecado de un solo individuo como lo es para los pecados de muchos, se hubiera logrado una mejor comprensión de la actitud divina hacia el pecado. Dios tiene que ser *justo,* y en realidad lo es cuando justifica al impío por el solo hecho de *creer* en Jesús (Ro. 3:26). La predicación de cualquiera otra cosa merece la abominación de que se nos habla en Gálatas 1:8, 9.

Lo que hemos defendido hasta este momento, ha tenido por finalidad el hacer hincapié en una verdad esencial: que el pecado es lo que se hace contra Dios. Afecta a Dios en forma inmediata y directa; y afecta también al que lo comete, en gran parte por medio de la reacción que surge por causa de la influencia primaria de todo acto pecaminoso en la Persona de Dios. Con respecto al hecho de que Dios observa el pecado, está escrito: "Porque sus ojos están sobre los caminos del hombre, y ve todos sus pasos" (Pr. 34:21). "¿No demandaría Dios esto? Porque él conoce los secretos del corazón" (Sal. 44:21). "Pusiste nuestras maldades delante de ti, nuestros yerros a la luz de tu rostro" (Sal. 90:8). "Aunque te laves con lejía, y amontones jabón sobre ti, la mancha de tu pecado permanecerá aún delante de mí, dijo Jehová el Señor" (Jer. 2:22). Hay dos testimonios que se encuentran en la Biblia, los c ales declaran que el pecado es directamente contra Dios: "Contra ti, contra ti solo he pecado, y he hecho lo malo delante de tus ojos; para que seas reconocido justo en tu palabra, y tenido por puro en tu juicio" (Sal. 51:4). "Y el hijo le dijo: Padre, he pecado contra el cielo y contra ti, y ya no soy digno de ser llamado tu hijo" (Lc. 15:21). Además de la condenación que se impone por causa de la naturaleza de pecado, el pecado personal tiene que ser juzgado y, en efecto, lo será. La santidad divina será la norma que se aplicará en ese juicio. Muy distinta, sin embargo, es la relación del cristiano que peca para con Dios. El cristiano también está sujeto al castigo, pero no está sujeto a condenación.

Además de la ofensa que el pecado constituye contra el gobierno de Dios, y además de la injuria que representa contra lo que es indiscutiblemente propiedad de Dios, por causa de su naturaleza inmoral, el pecado ultraja e insulta a la Persona santa de Dios. El es infinitamente puro y justo. El antiguo profeta dijo: "Muy limpio eres de ojos para ver el mal, ni puedes ver el agravio; ¿por qué ves a los menospreciadores, y callas cuando destruye el impío el más justo que él? (Hab. 1:13). Y el apóstol Juan escribe: "Este es el mensaje que hemos oído de él, y os anunciamos: Dios es luz, y no hay ningunas tinieblas en él" (1 Jn. 1:5). El apóstol Santiago también declara: "Dios no puede ser tentado por el mal, ni el tienta a nadie" (Stg. 1:13). Cuando esta verdad se considera aparte de todas las relaciones, no hay argumento con respecto a la santidad de Dios; sin embargo, la santidad de Dios es la mismísima verdad que sirve para medir la perversidad del pecado. El hecho de que Dios es trasparentemente santo es el que les concede significado a los términos *maldad, profanación e impiedad.*

Si se concediera algo de atención desprejuiciada a este tema, no resultaría irracional que Aquel que le da al hombre su existencia, que planea todo lo que es bueno para el hombre en el tiempo y en la eternidad, el que crea y arregla todo lo que le sirve al hombre de ambiente y de comodidad, que ejerce una providencia que provee y que proteje, el que mediante el pago de un costo infinito prepara un remedio para el pecado y para el fracaso del hombre, que ama al hombre con amor infinito y desea que, aunque se encuentre caído en el pecado, reciba las más ricas bendiciones, siendo El mismo diáfanamente santo, se siente ofendido e insultado por causa del rechazamiento que le hace el hombre, por el insulto a su carácter moral y por su rebelión contra la santa voluntad divina. Y nadie debiera sorprenderse de que, por causa de su inmutable justicia, El no puede olvidar el pecado, sino que tiene que demandar el pago del precio de la Redención, de la reconciliación y de la propiciación. Y solo El pudiera hacer ese pago. El hombre tiene que incluir todo esto en el cálculo con respecto a lo que entra en su salvación. No debe parecer raro que la salvación se restrinja a la fe en que Dios salva por medio del poder salvador de Cristo, ni tampoco que se considere el hecho de que el pecador rechace a Cristo el Salvador como el insulto más grande y peor contra Dios.

a. LA TEORIA DE QUE EL PECADO ES EL EGOISMO. Estrechamente relacionado con el hecho de que el pecado es la rebeldía contra Dios está el argumento ampliamente aceptado de que el pecado es el egoísmo, o el egocentrismo en alguna forma. Esta teoría afirma que tuvo sus defensores en los primeros días de la Iglesia. La defendió el Dr. Julius Müller, cuya obra *The Christian Doctrine of Sin,* ha sido aceptada por la erudición devota, desde hace largo tiempo, como el tratado más completo y más digno sobre este gran tema. También la han defendido posteriores teólogos, especialmetne el Dr. Augustus H. Strong. Este asunto en realidad puede enfocarse mediante una investigación sobre si el pecado es egoísmo, o si, más bien, el egoísmo es pecado. La diferencia entre estas dos proposiciones es obvia, y este asunto no debe dejarse pasar por alto sin la debida atención.

Ya se presentó un amplio argumento en esta obra para probar que la esencia del pecado, tal como fue cometido la primera vez por el más elevado de todos los ángeles y posteriormente por el primer hombre, fue un acto tanto egoísta como voluntarioso; un apartamiento de aquello que, por cuando había sido propuesto por Dios, era la verdad de Dios y siempre tendrá que serlo. La mentira llegó a sustituir esta verdad, y en ello iba incluido no sólo el rechazamiento del hombre contra Dios, sino también la adopción de un plan impío que no es otro que el presente sistema del *cosmos.* El comienzo del pecado, del primer pecado, es naturalmente la norma y el modelo de todo pecado. Es decir, lo que hizo Lucero es, con respecto a su naturaleza vital, el modelo de todos los pecados subsiguientes. En relación con esto se ha notado también que el último pecador del programa satánico, el hombre de pecado, tendrá el mismo propósito impío. Con respecto a él está escrito que "... se opone y se levanta contra todo lo que se llama Dios" (2 Ts. 2:4). Aunque siempre hay un campo muy amplio que está abierto para las múltiples manifestaciones del pecado, éste es, en su naturaleza esencial biforme: por una parte, el rechazamiento de Dios; por otra, la promoción de sí mismo. La oposición contra Dios y la exaltación del yo surgen indudablemente del mismo motivo egoísta. Es verdad lo que a menudo se afirma: que el egoísmo en todas sus formas constituye lo opuesto del amor que sacrifica, pues el egoísmo equivale al amor propio. Basados en esto, muchos han razonado con el Dr. Müller y el Dr. Strong, que son los más efectivos, que el amor es la primera obligación en el cumplimiento de la ley, como se nos declara en Mateo 22:27-40: "Jesús le dijo: Amarás al Señor tu Dios con todo tu corazón, y con toda tu alma, y con toda tu mente. Este es el primero y grande mandamiento. Y el segundo es semejante: Amarás a tu prójimo como a ti mismo. De estos dos mandamientos depende toda la ley y los profetas." Y en Romanos 13:10, leemos: "El amor no hace mal al prójimo; así que el cumplimiento de la ley es el amor" (comp. Gá. 5:14; Stg. 2:8). Según esto, la falta de amor tiene que ser el pecado que incluye a todos los demás. Si no se reconoce la diferencia que hay entre el estado o naturaleza de pecado y su forma externa o manifestación, tiene que surgir la confusión. En general, el amor objetivo es una manifestación; pero, aunque se considere que es un estado del corazón, la persona no regenerada necesita más que una revolución en sus emociones. Esa persona, en vez de cumplir la ley mediante el ejercicio del amor, hace "la voluntad de la carne y de los pensamientos" (Ef. 2:3). Sin embargo, si fuera capaz –hipótesis que se admite ser imposible– de ejercer el amor, todavía carecería de aquellas grandes trasformaciones que constituyen la salvación. En otras palabras, si la salvación del pecado puede lograrse mediante la adopción de una vida que se caracterice por el amor –aunque eso se logre con la ayuda divina– esa salvación sería por *obras;* esa salvación surgiría del hombre; y toda la gloria sería para el hombre. Si, como sucede a menudo, se restringe el problema a los pecados personales, aun estos están en algunos casos desprovistos del elemento egoísta. No es obligatorio que esté presente el elemento egoísmo en la malicia, ni en la enemistad contra Dios, ni siquiera en la incredulidad.

Se puede concluir que una parte de cualquier cosa no puede ser nunca el todo. El amor a Dios y al hombre no es todo lo que hay en el carácter santo, así como el amor egoísta no es todo lo que hay en el pecado. El altruismo de Cristo no agota sus virtudes, ni el egoísmo de Satanás agota la iniquidad que hay en él. Para el cristiano se puede decir que, aunque Cristo insistió mucho en el amor (comp. Jn. 13:34, 35; 15:12), El nunca indicó que el amor es lo único que se exige del hombre. Cuando El dijo: "guardad mis mandamientos", difícilmente pudiéramos decir que sólo se refería a uno de ellos. El pecado es cualquier falta de conformidad con el carácter de Dios. Es cierto que "Dios es amor"; pero también es cierto que El es mucho más que eso: El es *verdad,* El es *fidelidad,* El es *justicia.* Cuando la Biblia declara que la desobediencia es pecado, que la falta de fe es pecado, que el no hacer lo que se sabe que es lo bueno es pecado, no implica que, si se practica el amor, se corregirán todos esos males.

2. EL PECADO CONTRA LA LEY. El vocablo *ley* nos obliga a que le demos en el presente estudio un amplio significado, el cual debe incluir toda forma de voluntad revelada de Dios: (a) Las primeras comunicaciones de Dios a los hombres, que fueron preservadas por la tradición, (b) la consciencia humana, (c) la dirección espiritual que Dios otorga, (d) la Palabra de Dios que se halla en forma escrita, con sus aplicaciones para las diversas eras. Consideraremos estas formas de la ley de Dios en forma separada y

en el orden indicado:

a. LAS PRIMERAS COMUNICACIONES DE DIOS A LOS HOMBRES, QUE FUERON PRESERVADAS POR LA TRADICION. Este aspecto de la ley de Dios llena un amplio espacio de la historia humana. Aparentemente, ese fue el único sistema de gobierno para la vida humana que existió desde Adán hasta Moisés. Esas manifestaciones fueron las que determinaron la distinción entre el bien y el mal, tal como lo encontramos escrito con respecto a nuestros primeros padres. Ese fue el motivo de la separación entre Caín y Abel. Y sobre esa base fueron juzgados los antediluvianos; sobre esa base fueron condenados. Ese fue el motivo que hizo que los subsiguientes pueblos gentiles llegaran a ser aborrecibles ante Dios. Y a esas comunicaciones precisamente conformaron sus vidas Enoc, Noé, Job, Abraham, Isaac, Jacob y José. Jehová declaró a Isaac con respecto a su padre Abraham, el cual vivió 500 años antes de darse la ley: "Por cuanto oyó Abraham mi voz, y guardó mi precepto, mis mandamientos, mis estatutos y mis leyes" (Gn. 26:5). Hay una expresión similar en Génesis 18:19 ("el camino de Jehová"), que evidentemente reconoce que un edicto o mandato rigió en todos esos siglos de la primitiva historia. Sería difícil determinar hasta qué grado se preservaron estos primitivos requerimientos. El reconocimiento de la buena conducta y de la equidad que existe en los paganos tiene que deberse, hasta cierto punto, a las manifestaciones originales no escritas de esta ley de Dios, que fue divinamente revelada.

b. LA CONSCIENCIA HUMANA. Volvemos otra vez a la consideración de aquella misteriosa facultad del hombre natural, es decir, que está dentro de él, la cual se conforma no sólo con lo que *es,* sino, aún más, con lo que *debe ser;* esa facultad que, por la misma razón, trasciende lo moral, lo intelectual, lo afectivo y la voluntad, que es el juez de todos esos aspectos de la personalidad. La conciencia, aunque actúa como juez, no ejecuta sus decretos. Habiendo declarado lo que debe ser, con una claridad que sólo corresponde a su competencia, la conciencia tiene que depender del espíritu del hombre para que, por medio de su voluntad, ejecute los decretos. En un sentido más amplio, esta facultad vital del ser del hombre que gobierna y, sin embargo, no ejecuta sus juicios, es la *ley moral* de Dios. La ley en su forma escrita sólo presenta declaraciones generales sobre aquello que es aplicable en principio a aquellos a quienes se dirige. No puede indicar las obligaciones específicas que surgen en relación con las circunstancias cambiantes y peculiares de los individuos. La conciencia sola puede guiar en estos detalles de la vida. Obviamente, lo que acabamos de decir se puede aplicar al no regenerado; pues existe una relación diferente y una responsabilidad distinta para el regenerado quien, por el hecho de que en él mora el Espíritu Santo, tiene el privilegio de ser guiado por El. Además, Dios ha hablado de una manera particular a los judíos, y de otra manera particular a los cristianos, teniendo en cuenta las diferentes relaciones de cada uno de estos grupos con El; pero estas formas de hablar Dios, como la voz interna de la conciencia, son sólo proclamaciones de la ley moral que procede de Dios y es la afirmación de su naturaleza santa. Este concepto de la ley no presupone que el mal en el individuo debe corregirse, sino que es una dirección primaria positiva, un acto de señalar el camino a aquellos que de otra manera no lo conocerían. Aun las leyes humanas se basan, hasta cierto punto, en la revelación divina, y generalmente se aceptan o se rechazan según la conciencia, o según las convicciones de la verdadera conciencia de aquellos a quienes se encomienda la autoridad. Es cierto que las autoridades humanas han confundido algunas veces su autoridad para actuar con su poder de actuar, por el hecho de que han supuesto que el poder es el único que determina lo que es correcto; pero el hecho de que surge una gran resistencia a tal perversión apoya fuertemente el argumento de que existe en los hombres la *ley moral* como un sentido innato de lo que es justo en contraste con lo que es injusto. Así la conciencia como un rasgo de la ley moral coincide con las otras formas de ley y, normalmente proclama aquello que Dios exige. La violación de la conciencia, en tanto que ella afirma su autoridad, es pecado.

c. LA DIRECCION ESPIRITUAL QUE DIOS OTORGA. En este aspecto de la voluntad que Dios nos ha revelado sólo se puede incluir al cristiano. Es posible que el hijo de Dios rechace la dirección que le ofrece el Espíritu. La vida carnal va en oposición a la mente del Espíritu; sin embargo, la palabra *carnal* se les aplica a los cristianos (comp. 1 Co. 3:1). Reservaremos lo relativo a este amplio tema para darle una consideración completa posteriormente.

d. LA PALABRA DE DIOS QUE SE HALLA EN FORMA ESCRITA, CON SUS APLICACIONES PARA LAS DIVERSAS ERAS. Para el efecto de este punto de nuestra tesis, la definición más común de pecado es la evidencia, es decir, que el pecado es *ἀνομία* –violación de la ley, o *desobediencia*. El apóstol Juan declara que "... el pecado es infracción de la ley" (1 Jn. 3:4). Se le ha prestado cierta atención al asunto sobre si esta definición es completa o restringida. Esto lo hicimos cuando tratamos de lograr una definición apropiada del pecado. Allí observamos que cualquier falta de conformidad con la ley revelada no es un concepto suficientemente amplio sobre el pecado; porque puede haber mucho en el carácter de Dios que no tenga expresión específica en ninguna ley revelada; así como también la falta de fe es pecado, y sin embargo, todo pecado no es falta de fe; y saber el bien y no hacerlo es pecado, pero no todo pecado consiste en la falta de hacer el bien; y, repetimos, el amor al dinero es la raíz de todos los males; pero todos los males no están incluidos en el amor al dinero. Del mismo modo, la desobediencia es pecado; pero no todo pecado consiste en la violación de algún código escrito. Puesto que la ley escrita representa de la mejor manera todo lo relativo a los requerimientos divinos, se debiera hacer gran énfasis en la verdad profunda de que transgredir la ley, aquella ley que se le dirige a uno, es la desobediencia más específica que sólo se puede comparar con aquella desobediencia mediante la cual ángeles y hombres cayeron. La pregunta No. 24 del *Catecismo Mayor de Westminster* se concreta a la solemne verdad con respecto al pecado y la ley. Dice así: *"¿Qué es el pecado?"* Y la respuesta que se da es clara en lo que afirma: "El pecado es cualquier falta de conformidad con la ley de Dios, o cualquier transgresión de ella, pues esa ley se le ha dado como regla razonable a las criaturas."

Ninguna discusión con respecto al pecado en su relación de oposición con la ley pudiera ser cierta sin incorporar alguna exposición de 1 Juan 3:4-10. El significado más profundo de este pasaje sólo podrá entenderse cuando se tiene en mente la distinción entre el pecado del regenerado y el de aquel que no ha nacido de nuevo. Posiblemente no haya otro pasaje de la Biblia que contribuya tanto con respecto a este tema como éste de Juan. Es cierto también que son pocas las porciones de las Escrituras que han estado sujetas a tan variadas interpretaciones como ésta. Dicho pasaje establece una distinción entre el pecado que tiene su origen en Satanás y la justicia que tiene su origen en Dios. Esta justicia se refiere a la conducta (no la conducta que genera justicia como base para poder estar delante de Dios, sino la conducta que es estimulada a cumplir los deberes de rectitud por causa de la correcta posición que en la justicia divina se le atribuye a todo aquel que cree en Cristo). Ya se consideró este pasaje en forma general, pero es necesaria una consideración más amplia y esencial ahora mismo.

Probablemente, la expresión clave de este pasaje es: " . . . el pecado es infracción de la ley" (v. 4). El verbo *es* de esta expresión también se puede traducir *es equivalente a.* En los capítulos precedentes de este volumen, hemos presentado evidencias que prueban que el pecado lo comenzó Satanás en el cielo; por lo cual él fue el originador del pecado. También demostramos que el pecado, en su carácter esencial, es un apartamiento en desobediencia del propósito y de la voluntad de Dios. Este pasaje de Juan está de acuerdo con la característica más distintiva del pecado, es decir, la *desobediencia.* El Apóstol incluye aquí *toda* clase de pecado, y no *alguna* clase de pecado. El pecado es la desobediencia contra Dios y contra todo lo que es de carácter santo, contra todo lo que exije su carácter santo. Si se admitiera la interpretación de que en este pasaje sólo se tienen en cuenta algunos pecados, habría cierta explicación, que algunos han *supuesto* que es cierta, para las enérgicas declaraciones que siguen en el mismo pasaje.

La teología católica romana distingue entre pecado mortal y pecado venial. Agustín, Lutero y Beda el Venerable, en armonía con el tenor de esta Epístola, trataron de restringir el significado de esta forma de pecado al pecado contra el amor fraternal. Otros han restringido su significado al pecado *moral.* Sin embargo, el pasaje es claro en sus declaraciones. De la manera más evidente se refiere a *todo* pecado, y no sólo a los pecados *malos* en contraposición con los pecados *buenos.* El pasaje afirma certeramente cuál es el carácter del pecado (tal como lo indica la palabra griega *ἁμαρτία*): la desobediencia. Esta clase de desobediencia es en realidad extraña a la Redención del cristiano, al nuevo nacimiento del Espíritu y a la presente posición del creyente *en Cristo.* En el versículo 5, el Apóstol se refiere, dentro de un paréntesis, a la base de la gracia salvadora: "Y sabéis que él apareció para quitar nuestros pecados, y no hay pecado en él." No hay necesidad de suavizar, mediante modificaciones de ninguna clase, la declaración incalificable del versículo 6: "Todo aquel que permanece en él, no peca; todo aquel que peca, no le ha visto, ni le ha conocido." Cuando el individuo permanece en El, el pecado de la desobediencia queda excluido. Por el lado opuesto, el pecador desobediente no ve a Cristo ni lo conoce. Hay algunos que han introducido aquí una explicación para esta declaración ("todo aquel que peca, no le ha visto, ni le ha conocido"). Han señalado que la visión y la comprensión del cristiano se embotan por causa de la práctica del pecado, y que esta verdad no podría negarla ningún creyente cristiano que haya tenido la amarga experiencia del efecto del pecado sobre su propio corazón. Debe observarse, sin embargo, que el contraste que se establece en este pasaje no es entre el cristiano espiritual y el que no es espiritual, sino entre el que es hijo de Dios y el que es hijo de Satanás.

La declaración del versículo 7, que se dirige a los "hijitos" de Dios, es sumamente necesaria y vital. Allí está escrito: "Hijitos, nadie os engañe; el que hace justicia es justo, como él es justo." Este versículo, pues, declara que el que practica la justicia es, por causa del nuevo nacimiento, participante de la justicia que Dios adjudica.

Esa persona no solo *hace* justicia, sino que es *justa* por causa de su eterna posición en Cristo. Del mismo modo, el que practica la desobediencia (v.8) es del diablo.

Se nos aclararía mejor el pasaje si tomáramos primero la declaración culminante del versículo 10: "En esto se manifiestan los hijos de Dios, y los hijos del diablo: todo aquel que no hace justicia, y que no ama a su hermano, no es de Dios." La palabra *esto* se refiere a la libertad para practicar el pecado con desenfreno. El versículo 9 nos dice: "Todo aquel que es nacido de Dios, no practica el pecado, porque la simiente de Dios permanece en él; y no puede pecar, porque es nacido de Dios." Cualesquiera que sean las cualidades que se tengan en cuenta en la expresión "no practica el pecado" (literalmente, *no peca),* se está hablando de *todos los que son nacidos de Dios.* No hay ninguna parte de este pasaje que haya sido más tergiversada por la exposición torturante que el versículo 9. Sin embargo, la verdad que allí se nos revela es sólo la conclusión lógica de lo que se acaba de decir con respecto al pecado de desobediencia. En este pasaje no hay ninguna base para afirmar que existe la doctrina de la perfección impecable en el caso de algunos cristianos y que no es real en todos los cristianos. Se debe recordar que el Apóstol ya había hecho la advertencia contra tales conclusiones (1:8-10). Tampoco enseña la Biblia en este pasaje, ni en ningún otro, que el cristiano no peca. Lo que sí enseña es que el cristiano retiene su naturaleza que heredó de Adán, la cual es carnal hasta el día de su muerte, y que si no fuera por el poder renovador del Espíritu Santo, habría pecado en la vida del cristiano. Hay una diferencia importante entre las expresiones *no poder pecar* y *poder no pecar.* Esta última corresponde a las provisiones divinas. La Biblia enseña también que el cristiano, en el cual mora el Espíritu Santo, posee una nueva norma con respecto a lo que es bueno y lo que es malo. Con su conducta puede entristecer o no entristecer al Espíritu Santo. Hay un ilimitado sufrimiento del corazón para el hijo de Dios que comete el pecado de desobediencia. Las Escrituras abundan en ilustraciones de estos sufrimientos en las vidas de los santos cuyas biografías se encuentran en ellas. David compara este sufrimiento del corazón cuando se comete el pecado de desobediencia con el envejecimiento de sus huesos en medio del gemir de todo el día; y declara que la mano del Señor se agravó sobre él, y que su verdor se convirtió en sequedades de verano (Sal.32:3,4). Pablo, por causa de que no podía lograr sus ideales espirituales, dio testimonio de que era un hombre "miserable." Se puede concluir, entonces, que el verdadero hijo de Dios no puede cometer el *pecado de desobediencia,* sin ser presa de grandes sufrimientos, y que esos sufrimientos se deben a la presencia de la simiente o naturaleza divina en él. Esta reacción de la naturaleza divina contra el pecado en el creyente cristiano, la cual no pudieran experimentarla nunca los no regenerados que no tienen el Espíritu Santo (Jud. 19), constituye la base de la distinción entre los que son hijos de Dios y los que no lo son. En la Palabra de Dios se hallan muchas otras revelaciones que sirven para aclarar el carácter específico del pecado del cristiano. Algunas de estas aparecerán a medida que avance nuestro estudio.

Hasta cierto punto hay un elemento indefinido en la ley de Dios que se expresa por medio de la conciencia y por medio de la dirección del Espíritu Santo; pero tal elemento no hace falta en la ley de Dios que está incorporada en las Escrituras de Verdad. La ley escrita aparece en tres formas principales, según su aplicación a tres diferentes eras. La primera de esas formas se conoce con el nombre de Sistema Mosaico o Ley Mosaica, la cual era sólo para Israel, y estuvo en rigor solamente desde el monte Sinaí hasta la muerte de Cristo en la cruz. La segunda forma es la instrucción celestial que Dios les da a los cristianos que, habiendo sido perfeccionados en Cristo, son llamados a andar dignamente de acuerdo con su vocación celestial. La tercera forma de la ley de Dios será la que regirá en el reino futuro y que, sin duda, se extenderá hasta los gentiles que participen en el reino con los judíos, como norma de vida, para que así puedan disfrutar también de las bendiciones terrenales de Israel. La diferencia entre estas reglas dominantes de conducta, el tiempo de su aplicación y los castigos relacionados con cada una de estas formas son aspectos que estudiaremos en el tomo que trata sobre la doctrina de la Iglesia. Al intentar una vista global de los tiempos y modos en que Dios ha tratado con los hombres, tenemos que concederle atención, como ya se indicó, al período que transcurrió entre Adán y Moisés, o sea el período anterior a la ley (Ro.5:13; comp. Gn.26:5). Con la misma finalidad debe observarse que Dios casi no dirigió instrucciones de ninguna clase a los gentiles en forma directa. Con respecto a ellos, la Biblia dice que "no tienen ley" (Ro.2:14), y su condición se describe completamente en Efesios 2:12: "En aquel tiempo estabais sin Cristo, alejados de la ciudadanía de Israel y ajenos a los pactos de la promesa, sin esperanza y sin Dios en el mundo." Volvemos a repetir, sin embargo, que ninguna promesa o regla de vida se les impone a los salvos de la era presente, sean judíos o gentiles. A ellos Dios les dirige advertencias, así como lo hace con las naciones (Sal. 2:10-12); pero su mensaje principal para el no salvo es una invitación que está incorporada en el Evangelio de la divina gracia.

El Dr. Julius Müller proclama un claro reconocimiento de la

verdad importante de que la ley de Dios se presenta en varios sistemas que corresponden a pueblos específicos de diversas eras:

"Es evidente, según las indicaciones que aquí se nos dan con respecto a la relación de la ley moral con la conciencia del hombre, que su elevación a una claridad siempre creciente de convicción subjetiva depende del desarrollo progresivo del espíritu humano generalmente; y de allí debe también deducirse que la ley moral tiene que exponerse a turbaciones y oscurecimientos en individuos y naciones, a través de las fuerzas de las propensiones y tendencias de la voluntad que se esfuerza contra ella. Por tanto, sucede que la revelación positiva de la ley moral –la promulgación de una ley– halla su lugar apropiado en la serie de manifestaciones de Dios al hombre. La ley de Moisés, en sus preceptos morales, no es otra cosa que una republicación de la ley moral en su verdad intrínseca, adaptada a las necesidades de los israelitas; y, para reservar el conocimiento de ella en medio de la oscura y perversa influencia de la voluntad humana y del pecado, fue necesario concretarla por escrito para que sirviera de norma real de motivación. Pero como la ley moral estaba en este caso incorporada en un código, revestida de autoridad política externa, y entretejida con leyes rituales y civiles, la ley moral tenía que acomodarse tanto al carácter y a las relaciones históricas de los israelitas, como a los requerimientos del estado de cultura moral a que se había llegado en esa era. La exposición de ella en forma integral, tenía que ser, por tanto, limitada, y sus principios morales sólo se manifiestan en sus esquemas más amplios. La consideración desprejuiciada de la ley mosaica nos obliga a conceder que aunque ella anuncia los principios eternos de la verdadera moral, y está calculada para que produzca el conocimiento del pecado y el arrepentimiento, en la Iglesia cristiana hay un conocimiento mucho más desarrollado, por medio del poder del Espíritu Santo y el dechado de santidad de Cristo; un conocimiento mucho más desarrollado y profundo del conocimiento de la ley que el que hubieran podido darle posiblemente los israelitas por medio de Moisés" *(Ob. cit.,* Vol. I, ps. 38,39).

La ley escrita no tiene por finalidad originar el pecado. En Romanos 5:13 se declara que "había pecado en el mundo" antes de la ley de Moisés, aunque en ese tiempo, o sea hasta la ley, no se inculpaba a nadie de pecado. A la luz de todas las Escrituras que nos ofrecen testimonio sobre el período transcurrido entre Adán y Moisés, la declaración con respecto a que no se inculpaba a nadie de pecado debe entenderse que se refiere a las cosas específicas que introdujo la ley, y que llegaron a ser nuevos ideales, la infracción de los cuales se convirtió en abierto acto de desobediencia. Estos nuevos ideales, sin embargo, no estaban prescritos antes de darse la ley y, por tanto, en el tiempo primitivo, a los hombres no se les inculpaba de desobediencia a los mandamientos, puesto que todavía no se habían dado; pero había pecado en el mundo antes de promulgarse los mandamientos específicos. El mandamiento, que es "santo, justo y bueno" (Ro.7:12) mueve la reacción de la naturaleza de pecado y, por tanto, crea la discordia en la vida. Está escrito: "Mas el pecado, tomando ocasión por el mandamiento, produjo en mi toda codicia;

porque sin la ley el pecado está muerto" (Ro.7:8). También afirma San Pablo: "Pues la ley produce ira; pero donde no hay ley, tampoco hay transgresión" (Ro.4:15). "Pero la ley se introdujo para que el pecado abundase" (Ro.5:2). Decir que el pecado es desobediencia es concederle una ampiia aplicación, si se consideran todas las formas de la ley. Sin embargo, la afirmación de que el pecado es cualquier falta de conformidad con el carácter de Dios, es más amplia y completa.

V. TERMINOS GENERALES Y CLASIFICACIONES

Con respecto al significado preciso de los términos que corresponden a la doctrina del pecado, haría bien el estudiante de teología en estar informado sobre ellos. El término pecado es peculiar y restringido en su aplicación. Con respecto a este punto, el Dr. A. M. Fairbairn hace notar lo siguiente:

> "*Pecado* es un término religioso que sólo es inteligible en el campo del pensamiento y de la experiencia dentro de la religión. *Mal* es un término filosófico, e indica toda condición, circunstancia o hecho que en cualquier manera o en cualquier grado interfiera en la completa perfección, o sea en la felicidad de ser, ya sea ésta física, metafísica o moral. *Vicio* es un término ético; es el mal moral interpretado como la mancha de suciedad que deja el acto de apartarse de lo natural. *Crimen* es un término legal que denota la violación abierta o pública de la ley que la sociedad o el estado se han formado para su propia preservación y para la protección de sus miembros. Pero el término *pecado* difiere de todos estos conceptos en un respecto: todos esos conceptos pueden pertenecer a un sistema que no conoce a Dios; pero sin Dios no puede haber pecado" *(Christian Modern Theology,* décima Ed., p. 452).

Los pecados personales se pueden clasificar de una manera más o menos exacta, según los términos bíblicos familiares que encontramos tanto en el Antiguo como en el Nuevo Testamento.

(1) *Transgresión,* que es marchar por un lado del camino, o salirse de los límites que Dios ha establecido.

(2) *Iniquidad.* Este término se refiere a lo que es completamente injusto.

(3) *Error.* Consiste en olvidar lo recto, en descarriarse.

(4) *Pecado,* que es no llegar al blanco, equivocarlo.

(5) *Maldad:* es la manifestación o expresión de la naturaleza mala y perversa.

(6) *Mal.* Es una palabra que se refiere a lo que es realmente incorrecto y que se opone a Dios.

(7) *Impiedad:* falta de temor de Dios.

(8) Desobediencia, que es la falta de voluntad para someterse a la dirección y a la guía en los caminos de la verdad.

(9) *Incredulidad:* falta de confianza en Dios. "... sin fe es imposible agradar a Dios." La incredulidad aparece como el único pecado habitual que es de carácter universal. Los hombres no tienen pecados habituales diversos. Cada persona se distingue por su propio fracaso delante del Señor (comp. He.12:1,2, donde se hace referencia al "pecado que nos asecha" como algo que está en contra de la fe cuyo Autor y Consumador es Cristo).

(10) *Desobediencia en el sentido de infracción.* Esta consiste en el *menosprecio persistente de la ley divina y en la infracción de todas* las restricciones, con la finalidad de la satisfacción propia, sin tener en cuenta la admonición divina. El más brillante de todos los pasajes que tratan sobre este asunto –1 Juan 3:4-10– aparece con una traducción un tanto oscura, por causa de que se tradujo como *infracción* el término *ἀνομία.* La discusión sobre este pasaje sirve para desarrollar aquel aspecto del pecado que podemos expresar con las palabras *desobediencia en el sentido de infracción.* Este aspecto está en contraste con la justicia que impulsa al salvo, cuya naturaleza que ha recibido de Dios no puede marchar por el camino de la desobediencia. El no regenerado nos ofrece una prueba de su condición de perdido mediante su capacidad de cometer la desobediencia sin sentir ninguna tristeza en el corazón. Ellos no sienten aquel sufrimiento al cual se refiere David cuando dice: "Mientras callé, se envejecieron mis huesos en mi gemir todo el día. Porque de día y de noche se agravó sobre mí tu mano; se volvió mi verdor en sequedades de verano" (Sal.32:4). Cuando el hijo de Dios peca, siente por experiencia propia que está entristeciendo al Espíritu Santo (Ef.4:30). Tal experiencia lo mantiene exento de aquel descuido del alma que se expresa en griego mediante la palabra *ἀνομία*: desobediencia en el sentido de infracción. Por tanto, según 1 Juan 3:9, cualquiera que es nacido de Dios no comete desobediencia en el sentido de infracción. La presencia de la naturaleza divina en él evita que cometa tal pecado. Sin embargo, no hay ninguna referencia en este pasaje a la santidad perfecta. Esa perfección no pudiera hallarse en este pasaje, puesto que lo que allí se declara se refiere a todos los que son nacidos de Dios, y ninguno de ellos puede considerarse sin pecado delante de Dios. Del mismo modo, el versículo que sigue (3:10) declara que esta habilidad para cometer el pecado de desobediencia es la característica que distingue a los hijos del diablo de los hijos de Dios.

El pecado personal se puede clasificar según sus aspectos generales.

(1) En cuanto se refiere a los requerimientos divinos, los pecados personales pueden ser *comisiones* y *omisiones.*

(2) Con respecto a su objetivo, estos pecados se cometen contra

Dios, contra el *prójimo* o contra *uno mismo.*

(3) En lo relativo a la esfera de acción, los pecados personales pueden ser *internos* –en el alma– o *externos* –manifestados por medio del cuerpo.

(4) Por lo que respecta a la culpabilidad, la culpa puede tenerla la *persona sola,* pero también pueden participar *otras personas* (1 Ti.5:22). Probablemente no hay práctica pecaminosa que sea más difícil abandonar que aquella que se hace en participación con otros. La razón de esto es clara: uno no puede olvidar fácilmente la empresa común, como pudiera hacerlo si el asunto fuera algo personal, sin incriminar a los demás participantes y sin manifestarse superior a ellos.

(5) En lo que se refiere a la intención, estos pecados pueden ser *voluntarios* o *involuntarios.* Estos últimos pueden deberse a la ignorancia, a la pasión incontrolable o a alguna enfermedad.

(6) En relación con la perversidad, los pecados personales pueden ser *mayores* o *menores.*

(7) En lo relativo al sujeto que comete el pecado, éste puede ser *salvo* o *no salvo.*

(8) Por lo que respecta al castigo divino que se le impone a los pecados, algunos son *parcialmente juzgados en este mundo;* otros serán juzgados en el mundo venidero.

(9) En lo relativo al perdón divino, estos pecados pueden *ser perdonados,* y también pueden ser *imperdonables.* Puede verse una forma del pecado que no se perdona en el caso del pecado imperdonable, el cual sólo se cometió cuando Cristo estuvo aquí en la tierra. Tal pecado no es posible cometerlo en la actualidad, por una parte, porque Cristo no está aquí en la forma como estaba entonces, ni tiene con el Espíritu Santo la misma relación que entonces tenía, y por otra, porque la pena que pesa sobre el que comete el pecado imperdonable está en directa contradicción con la gracia divina de la salvación. No puede haber simultáneamente evangelio de salvación y pecado imperdonable.

(10) En lo referente a la causa, los pecados personales pueden ocurrir por causa de *ignorancia,* de *imprudencia,* de *negligencia,* de *malicia* o de *presunción.*

VI. EL REMEDIO DIVINO PARA EL PECADO PERSONAL

Ya discutimos el carácter específico del pecado personal. En esa discusión señalamos que el pecado personal en cualquiera de sus formas es el resultado de la naturaleza de pecado. Debe observarse, sin embargo, que la cura divina para el pecado personal es de un carácter completamente diferente al carácter del remedio de Dios para la naturaleza de pecado. Puesto que el individuo es participante de la naturaleza de pecado por nacimiento, no se le puede inculpar de pecado por causa de su naturaleza, aunque existe la condenación, por causa de la inherente falta de conformidad de la naturaleza con Dios. Por otra parte, tanto la culpa como la sentencia condenatoria se atribuyen al individuo por el hecho del pecado personal. El remedio divino para el pecado personal consta de dos partes: *perdón* y *justificación.* Se reconoce que estos dos temas corresponden primariamente a la soteriología. Por tanto, los trataremos en ese volumen. Puesto que no hay acuerdo absoluto con respecto a los límites precisos de división, nos parece bien incorporar en esta parte alguna referencia al remedio divino para cada uno de los principales aspectos del pecado.

1. PERDON. Al enfocar la doctrina del perdón del pecado personal, bien podemos señalar tres ideas erróneas que son realmente comunes, una de las cuales se relaciona directamente con este tema. (a) La primera de estas ideas erróneas la han impuesto los escritores teológicos que, al tratar el asunto total de la doctrina del pecado, concretan la discusión al tema específico del pecado personal, práctica errónea que ha impuesto incalculables restricciones sobre la doctrina en general. (b) Otros afirman que el perdón del pecado personal es equivalente a la salvación personal. Para ellos, el cristiano no es más que un pecador perdonado. Pero son más de 33 las realizaciones divinas que constituyen conjuntamente la salvación, de las cuales el perdón es sólo una. (3) El no hacer distinción entre el perdón que se les concede a los que no habían sido salvos y el que se les concede a los que ya son cristianos es otra idea errónea. Debe ser plenamente reconocida. En este estudio la reconocemos al reservar la discusión relacionada con el pecado de los cristianos para el momento cuando se estudie ese tema general.

Como acto de Dios, el perdón es común tanto en el Antiguo como en el Nuevo Testamento. Por lo que respecta a la relación de los idiomas originales de la Biblia con el inglés, la palabra *forgive* (perdonar) es una traducción de cinco diversas palabras hebreas y cuatro distintas palabras griegas. Una de las palabras que se utiliza en griego nueve veces pasó al inglés como *remisión.* En cuanto al castellano, el pensamiento fundamental que se expresa por medio de la palabra *perdón* es el de aquel acto de Dios mediante el cual El remite la deuda o injuria, o sea que libra al pecador de la deuda. Es el acto de quitar el pecado y su sentencia condenatoria de sobre el ofensor y ofensores, y colocar o imponer los justos juicios sobre

Otro. A través de todas las generaciones de la vida humana en la tierra, no hay declaración que pudiera ser más conclusiva al respecto que la que hallamos en Hebreos 9:22: "Y casi todo es purificado, según la ley, con sangre; y sin derramamiento de sangre no se hace remisión." En el período a que se refiere el Antiguo Testamento, encontramos que la palabra *perdón* sólo se refiere a un acto de Dios en relación con su trato nacional o individual con el pueblo de Israel o con los judíos prosélitos. La condición de los gentiles antes de la muerte de Cristo es la que se nos describe en Efesios 2:12, donde se nos declara que ellos estaban sin Cristo, sin privilegios de ciudadanía, sin pactos, sin promesas, sin esperanza y sin Dios en el mundo.

No hay sino una pequeña porción de las Escrituras que se refiere al perdón de pecados para los gentiles en los días de Cristo. Se nos dice que algunos gentiles ofrecieron sacrificios, de lo cual tenemos que deducir que ellos también recibían perdón. Para Israel, ya sea como nación o como individuos, el perdón divino era un acto de Dios que se basaba en el cumplimiento de las ofrendas de los sacrificios (ofrendas nacionales: Nm. 14:24,25; ofrendas individuales: Lv.4:31), aunque por ser un pueblo relacionado con Dios por medio de pactos que se basaban en los sacrificios, algunas veces eran perdonados, ya nacionalmente ya individualmente (Nm.14:11-20 y Sal. 32:1-5) sobre la base de la confesión del pecado. Cuando se concedía el perdón a base de la confesión, como en el Nuevo Testamento, esto se hacía justamente posible en atención a la sangre del sacrificio. Allí se puede ver la más grande distinción entre el perdón divino y el perdón humano. El perdón humano en sus mejores condiciones lo más que puede hacer es pasar por alto la culpa, renunciar al deseo de que se aplique el castigo o abandonar el propósito de inculpación. En tal perdón, la parte injuriada retira toda clase de reclamo que, de otro modo, podría imponerse sobre el ofensor. Tal perdón, hasta donde puede existir, es sólo un acto voluntario y gratuito de parte del ofendido, el cual rinde todas sus exigencias de compensación. Por otra parte, el perdón divino no se concede nunca al ofensor como un acto de lenidad, ni tampoco es el retiro del castigo, puesto que Dios, que es infinitamente santo, mantiene un gobierno que es invariablemente justo. Por tanto, no puede suavizar la ofensa del pecado. El perdón divino sólo se concede cuando queda satisfecha hasta la última demanda de castigo contra el ofensor. Puesto que ningún ser humano pudiera ofrecer jamás la satisfacción que exige la justicia divina por sus pecados, Dios mediante su infinita misericordia ha provisto toda esa satisfacción, incluso la propiciación divina que el pecador pueda necesitar. Esto es lo que llamamos Buenas Nuevas. El Dr. Henry C. Mabie ha dicho muy bien lo siguiente:

"Dios mismo, tal como lo indica vigorosamente Carnegie Simpson, en su libro *The Fact of Christ: es la ley moral, es el orden ético,* en un sentido en que ningún hombre ni padre terrenal puede serlo. Para los hombres, y particularmente para los hombres como pecadores perdonados, el *perdonar a otros es la primera y la más sencilla de todas las obligaciones; pero, para Dios, ese es el más profundo de todos los problemas.* Si El, como Gobernador moral del mundo, aun con el amor paternal más profundo, perdona, tiene que hacerlo de tal modo que no *legitime el pecado,* por una parte, y que pueda llevar el corazón al arrepentimiento y a la fe, por otra" *(The Divine Reason of the Cross,* p. 130).

En el orden del Antiguo Testamento, el valor del sacrificio eficaz de Cristo, que fue divinamente provisto, se aceptó como una esperanza y como símbolo que se cumplía en el derramamiento de sangre. A su debido tiempo, Dios justificó esa expectación; y así, todos los actos de perdón que se habían basado en las ofrendas resultaron haber sido justos, pues Cristo llevó también sobre Sí todos esos pecados que ya habían sido perdonados (Ro.3:25). Como verificación del hecho de que, en el antiguo orden, los sacrificios precedían al perdón divino para el ofensor, leemos la siguiente declaración cuatro veces en el capítulo cuatro de Levítico: "Así el sacerdote hará por él la expiación de su pecado, y tendrá perdón" (vs. 20,26,31,35). Correspondientemente, en el Nuevo Testamento, el perdón divino se basa invariablemente en el sacrificio que Cristo hizo. Pero debemos citar un pasaje: "En quien tenemos redención por su sangre, el perdón de pecados según las riquezas de su gracia" (Ef.1:7). Si alguien piensa que antes de su muerte Cristo también perdonó pecados, debemos recordarle que tal perdón precedía a esa muerte y era una preparación para ella. Puesto que El era el Cordero del sacrificio que había de ser inmolado, y que había decidido llevar sobre Sí todos los pecados, El dijo de Sí mismo: ". . . el Hijo del Hombre tiene potestad en la tierra para perdonar pecados. . . " (Mr. 2: 10). Recuérdese, sin embargo, que el perdón divino, puesto que se basa en la perfecta satisfacción que provee la muerte de Cristo, puede ser, y es tan completo en su carácter como lo es la obra del Sustituto sobre el cual se basa. Así, según *Colosenses 2:13,* se ve que el perdón divino alcanza para "todos los pecados" de aquel que ha sido salvo: pasados, presentes y futuros. Se dice que la perfección de esta transacción y su alcance son tales que el creyente cristiano se encuentra en una posición de paz con Dios: " . . . tenemos paz para con Dios . . . " (Ro. 5:1). Cuando esto sucede se puede decir: "Ahora, pues, ninguna condenación hay para los que están en Cristo Jesús" (Ro. 8:1). Tan inmensurable perdón corresponde solamente a la *posición* del cristiano, que está "en Cristo Jesús". Por el lado opuesto, todavía nos queda por considerar "El Pecado del Cristiano y su Remedio", que es el título del capítulo XXII de esta obra. Será un estudio sobre el método que Dios utiliza para tratar con el hijo de Dios que comete el pecado después de haber recibido la salvación, y sobre el hecho de que el creyente en Cristo está completamente perdonado por la sangre de Cristo, y por cuanto ha sido perfectamente acepto en el Amado.

Aunque por el lado de Dios, siempre está firme la libertad de perdonar los pecados, ya sea directa o indirectamente, por medio de la sangre de Cristo, los requisitos del lado humano varían según las circunstancias de las diversas épocas. Durante el período que trascurrió entre Abel y Cristo, el perdón, por el lado humano, dependía de la presentación de algún sacrificio específico. Durante la era presente depende, para el que todavía no es salvo, de la fe que ponga en Cristo; pero, para los que ya son salvos, los cuales dependen del valor de la sangre de Cristo, el perdón depende de la confesión del pecado, y es impulsado por el hecho de que Dios ya lo ha perdonado (Ef. 4:32). Pero en la era venidera, el perdón, por lo que respecta a la parte humana, dependerá de la voluntad del ofendido para perdonar a los que han pecado contra él (Mt. 6:14, 15). Los dos principios –*perdonar para ser perdonado* y *perdonar por haber sido perdonado*– no pueden armonizar. Ni tampoco se requiere que armonicen, pues corresponden a dos eras diferentes, y representan dos sistemas de administración divina completamente distintas.

Se puede concluir, entonces, que el perdón divino del pecado, en cualquier edad y bajo cualesquiera circunstancias, aunque varía en sus requerimientos por la parte humana, se basa siempre en el sacrificio de Cristo, y consiste en la remoción del pecado en el sentido de que ya no se inculpa de él al pecador, sino que se le carga a su Sustituto. No hay mejor palabra para expresar esta remoción del pecado por medio del perdón que la que se encuentra en Romanos 11:27, que se refiere al futuro trato de Dios con los pecadores de la nación de Israel: "Y este será mi pacto con ellos, cuando yo quite sus pecados."

2. JUSTIFICACION. Las palabras *justo* y *justificar* aparecen a menudo en la Biblia, y se relacionan cuidadosamente, en forma directa o indirecta, con la *justicia.* La justicia como elemento de carácter humano. Según el lenguaje bíblico y su significado, *ser justo o justificado* puede que no significa más que ser libre de culpa o inocente de cualquier acusación. El Antiguo Testamento describe a los santos, en lo que respecta a su carácter, como personas "justas", y parece que con ese carácter han de aparecer en la Nueva Jerusalén (He. 12:22-24). Cuando Cristo les habló a aquellos que todavía se encontraban bajo el antiguo sistema, mediante la parábola de la oveja perdida, Cristo se refiere a cien individuos de los cuales 99 son

"justos", que no necesitan arrepentimiento (Lc. 15:3-7). Del mismo modo, mediante las buenas obras, el hombre puede justificarse delante de su prójimo. Esta es la enseñanza que caracteriza a *Santiago 2:14-26.* Sin embargo, la justificación del hombre delante de Dios es de mucho más importancia. Y esta justificación se basa en la justicia que Dios adjudica. En el Antiguo Testamento se nos dice que Abraham logró que se le adjudicara justicia (Gn. 15:6, Ro. 4:1-4). Y David califica de "bienaventurado" a aquel a quien el Señor no inculpa de iniquidad, o sea aquel a quien le atribuye justicia sin obras (Ro. 4:6; comp. Sal. 32:1, 2). Así registra la Escritura el hecho de que Abraham logró que por fe se le atribuyera justicia, con lo cual nos indica que él fue justificado por la fe, puesto que no fue justificado por las obras. David escribió: "Porque no se justificará delante de ti ningún ser humano" (Sal. 143:2). Bildad, quien expresó las creencias de los antiguos, dijo: "¿Cómo, pues, se justificará el hombre para con Dios? " (Job 25:4). Aunque la justificación se previó en el Antiguo Testamento, se revela en forma más completa en el Nuevo Testamento. Con excepción de una obra, la justificación es la más sublime obra que Dios haya consumado a favor del creyente cristiano. Lo único que se puede considerar superior a ella es la gloria eterna que ha de manifestarse. "... a los que justificó, a éstos también glorificó" (Ro. 8:30). Aunque los aspectos precisos de esta gran doctrina se encuentran establecidos en la Palabra de Dios, ya sea en forma directa o indirecta, las perversiones de la Iglesia Católica Romana y la incredulidad arminiana le han robado a las multitudes cristianas la adecuada comprensión de los beneficios que la justificación les garantiza.

La atribución de justicia se logra mediante la unión vital con Cristo, mientras que la justificación es un decreto judicial de Dios, que se basa en la justicia que El mismo adjudica, y es un reconocimiento de ella. Hay un orden lógico –aunque no cronológico, puesto que cada uno de sus pasos se opera simultáneamente, en el momento en que la fe salvadora se hace efectiva– que nos conduce a la justificación consumada mediante decreto divino. Los pasos son estos: (1) Cuando el individuo cree, entra real y completamente a disfrutar de los valores que logró para él la muerte de Cristo. Esto incluye la remisión de los pecados; pero en realidad incluye mucho más, puesto que la muerte de Cristo llega a ser la base de la justificación divina. El significado correcto de Romanos 4:25 es de suprema importancia, por cuanto relaciona la justificación divina con la muerte de Cristo, y no con su resurrección. En este versículo leemos: "El cual fue entregado por nuestras transgresiones, y resucitado para nuestra justificación." Se deben distinguir tres causas de la justificación divina: (a) la *causa primaria:* la soberanía de Dios; (b) la *causa meritoria:* la muerte sustitutiva de Cristo; y (c) la *causa instrumental:* la fe. El texto de que estamos hablando se relaciona sólo con la causa meritoria, y es uno de los pocos textos del Nuevo Testamento que trata este aspecto de la verdad (comp. Ro. 5:9, donde se declara que la justificación se realiza mediante la sangre de Cristo; 2 Co. 5:21, donde la justicia que se adjudica, que es la base de la justificación, se dice que es posible por el hecho de que Cristo, mediante su muerte, fue hecho pecado por nosotros). "Consumado es", fue la voz que dio Cristo un poco antes de su muerte. Esa expresión perdería mucho de su significado si no sirviera como testimonio con respecto al hecho de que la justificación está establecida para siempre. Cierto grupo de expositores cree que este pasaje (Ro. 4:25) indica que la muerte de Cristo es la base del perdón, mientras que la resurrección es la base de la justificación. En esa forma se asume que así como el pecado causó la muerte de Cristo, así la justificación hacía necesaria su resurrección. Por el contrario, los pasajes que hemos citado indican que la justificación divina sólo se basa en la muerte de Cristo, el cual, habiendo establecido el fundamento para la justificación mediante su muerte, se levantó de entre los muertos "por cuanto era imposible que fuese retenido por ella" (Hch. 2:24). El obispo Moule afirma eso de la siguiente manera: "Nosotros pecamos; por tanto, El sufrió. Nosotros fuimos justificados; por tanto, El resucitó" *(Cambridge Bible for Schools and Colleges; Romans,* pág. 98). Esta interpretación preserva la forma gramatical, pues las dos declaraciones corresponden a una sola construcción. Es obvio que nadie es realmente justificado mientras no cree, pero *provisionalmente,* Cristo estableció una sola vez y para siempre la base justa sobre la cual puede ser justificado el que cree. Esto lo hizo Cristo mediante su muerte. Por cuanto esa obra había sido cumplida, El se levantó de entre los muertos.

Continuemos la enumeración de los pasos que conducen a la justificación divina en su orden lógico. Notemos (2) que el creyente en Cristo está unido a Cristo mediante el doble ministerio del Espíritu –mediante la regeneración, por la cual le es impartida al cristiano la naturaleza divina, que es el mismo Cristo que mora en él; y mediante el bautismo del Espíritu, por medio del cual el creyente cristiano se coloca en Cristo– en forma tan vital, con ese Cristo que es su Sustituto, que todo lo que Cristo es y lo que ha hecho se le imparte al hijo de Dios. Cuando el cristiano se le adjudica lo que Cristo es, eso se convierte en base para la justificación divina. Y lo que Cristo ha hecho se convierte en base para el perdón divino.

La doctrina de la justificación divina ha sufrido siempre por causa de aquella suposición sin base de que ella es sinónima de la doctrina del perdón divino. Algunas veces ha llegado casi a perderse por completo. Aunque la justificación divina y el perdón divino están estrechamente relacionados como beneficios para el cristiano, puesto que cada una de estas doctrinas señala hacia una dirección diferente, están completamente separadas la una de la otra. Aun el *Catecismo Menor de Westminster* –que usualmente es digno de confianza por su exactitud en la doctrina– confunde estas dos obras divinas. Este catecismo declara que "la justificación es un acto de la gracia libre de Dios, por medio de la cual El perdona nuestros pecados, y nos acepta como justos delante de sus ojos, sólo por causa de la justicia de Cristo que se nos adjudica, y nos recibe sólo por la fe." Similarmente, la teología de Roma declara: "No sólo la remisión de pecados, sino también la santificación y la renovación del hombre interior." Los arminianos van aún más allá cuando afirman: "La justificación es la remisión de los pecados y la sentencia del perdón." Juan Wesley afirmó: "La justificación es el perdón; el perdón de los pecados." Estas declaraciones sólo representan un ligero progreso con respecto al argumento unitario según el cual la justificación es sólo un cambio moral. Es cierto que nadie es justificado si no es perdonado; y, con respecto al perdón que acompaña a la salvación, nadie es perdonado si no ha sido justificado. Pero el perdón divino, que se repite a menudo en la experiencia del cristiano, es la sustracción de todo lo pecaminoso; mientras que la justificación, que se realiza una sola vez, se hace posible mediante la adición de aquello que es justo. El acto de aceptar a Cristo como Salvador es *un acto;* sin embargo, trae como resultados muchos beneficios específicos entre los cuales están el perdón y la justificación.

Del mismo modo, es esencial para la clara comprensión de la doctrina de la justificación, que se observe la distinción entre la justicia que se atribuye y la justificación divina. Es evidente que estos dos aspectos de la posición del cristiano están estrechamente relacionados, por el hecho de que en el original griego, éstas son dos formas de una misma palabra. La justicia que se atribuye o se adjudica, que es la justicia de Dios que se le aplica al creyente cristiano en virtud del hecho de que él está *en Cristo* –Cristo ha sido hecho por Dios, para él, justicia de Dios (comp. Ro. 3:22; 10:3, 4; 1 Co. 1:30; 2 Co. 5:21; Ef. 1:6; 2:13)– representa el valor inmutable que Cristo llega a tener para todos los que están en El. Esa justicia se logra totalmente mediante la posición del creyente cristiano en Cristo, y existe sólo en virtud de esa relación.

La *Espístola a los Romanos* distingue cuatro clases de justicia, a saber: (a) la justicia que es el carácter propio de Dios (3:25; 9:14);

(b) la justicia que es de carácter humano (10:3); la justicia que obra internamente el Espíritu Santo (8:4); y la justicia que se adjudica (1:17 y siguientes). Esta última es lo que Cristo es y la que llega a ser del cristiano mediante la adjudicación divina, es decir, mediante la aplicación, por cuanto es un beneficio divino legítimo que le viene al cristiano automáticamente por el hecho de estar en Cristo. Esa justicia de Dios, que es Cristo, nunca cesa *de facto* de ser la propia justicia de Cristo, ni tampoco llega a ser *de facto* parte alguna del carácter del creyente cristiano. Así como el vestido de novia no es la persona que lo lleva, la justicia que se adjudica constituye la posición del cristiano, lo que lo cubre; pero no es de ninguna manera la propia justicia del cristiano. Es cierto, sin embargo, que el irreductible valor de la justicia que se adjudica perdura mientras perdure el mérito de Cristo, pues tal justicia depende de El.

Por otra parte, la justificación divina es un decreto o reconocimiento público, por parte de Dios, de que el creyente cristiano a quien El ve perfeccionado con respecto a su posición, por cuanto está en Cristo, es justificado delante de sus ojos. Así (3), el último paso del orden lógico de la obra divina que nos lleva a la justificación se ve que no es la creación ni la investidura de la justicia que sólo se logra por medio de la relación del cristiano con Cristo, sino más bien, el *reconocimiento* oficial de esa justicia. El hijo de Dios es justificado en virtud del hecho de que Dios lo ha declarado justo. Dios no puede, ni podría legalizar una mera ficción, mucho menos una falsedad. La justicia que es base de su decreto justificador no es menos que la *absoluta* justicia de Dios que está a disposición del cristiano por medio de Cristo, y que se le adjudica a todo aquel que cree.

Con respecto al carácter legal y equitativo de la justicia que se adjudica y del decreto de justificación divina, debe observarse que, de las cinco ofrendas simbólicas del libro *Levítico,* en sus primeros cinco capítulos –el holocausto simbolizaba la ofrenda que Cristo hizo de Sí mismo a Dios, para cumplir la voluntad del Padre; la oblación simbolizaba la imparcialidad, el equilibrio y la perfección del carácter de Cristo; la ofrenda de las paces representaba a Cristo que es nuestra paz; la ofrenda por el pecado simbolizaba a Cristo, Quien llevó sobre Sí nuestros pecados; la ofrenda expiatoria simbolizaba a Cristo en su relación con la ofensa que el pecado ha obrado contra Dios y contra sus justas posesiones como Creador (comp. Sal. 51:4)– las primeras tres se clasifican como *ofrendas de olor grato.* Las demás se clasifican como *ofrendas que no son de olor grato.* Con esto se nos indica que en la muerte de Cristo hubo algo que fue grato al Padre, como un olor grato de incienso para El. Y del mismo modo, hubo también en la muerte de Cristo algo que fue horrible ante el Padre, lo cual estaba simbolizado por las ofrendas que no eran de olor grato.

Considerando estos dos grupos de ofrendas simbólicas un poco más detenidamente y en orden inverso, observamos: (a) que, por causa del carácter santo de Dios, y la imposibilidad de que El pueda ver el pecado con el menor grado de simpatía, su rostro se apartó de Cristo en el momento en que El llevaba todos los pecados. Fue entonces cuando el Salvador exclamó: "Dios mío, Dios mío, ¿por qué me has desamparado? " Muy bien pudiéramos preguntar *por qué* fue clavada la adorable segunda Persona de la Trinidad, en una cruz, y por qué fue desamparado por la primera Persona. En realidad, los hombres han dado muchas respuestas a esta pregunta. La Palabra de Dios sólo da una respuesta: que la segunda Persona, como Cordero de Dios, es la ofrenda sustitutiva por el mundo perdido. Como parte del valor que el sacrificio de Cristo tiene para Dios, el Padre puede perdonar los pecados personales de todos los que acuden a El por medio de Cristo Jesús. Como esta transacción se basa en la muerte de Cristo, es legal, pues, aunque tenga que perdonar al peor de todos los pecadores, Dios no queda complicado de ninguna manera, ni está dejando a un lado la justicia. Toda sentencia que su justo gobierno imponga sobre el pecado cae sobre el Sustituto, por lo cual queda plenamente satisfecha. (b) Del mismo modo, observamos que, cuando Cristo ofreció sus propias perfecciones al Padre, tal como estaba simbolizado en las ofrendas de olor grato, El estaba logrando una provisión legal, por medio de la cual el mérito del Hijo de Dios puede adjudicársele a la persona a quien El salva. Refiriéndose al deleite del Padre en este aspecto de la muerte de su Hijo, leemos en Hebreos 10:6, 7 las palabras que el Hijo habló al Padre, cuando el Hijo entró en el mundo: "Sacrificio y ofrenda no quisiste; mas me preparaste cuerpo. Holocaustos y expiaciones por el pecado no te agradaron. Entonces dije: He aquí que vengo, oh Dios, para hacer tu voluntad, como en el rollo del libro está escrito de mí." No debemos desatender el contraste que aquí se nos presenta. La palabra en la cual el Hijo dice que El recibió un cuerpo para el sacrificio (v. 5), indica que su sacrificio sería agradable al Padre, como los holocaustos y sacrificios del tiempo antiguo (nótese que El relaciona su muerte con las ofrendas de olor grato) no habían podido complacerlo. En ese aspecto de la muerte de Cristo, simbolizado por las ofrendas de olor grato, el rostro del Padre no se aparta, sino que, más bien, halla en él contentamiento. La segunda Persona, entonces, " . . . se ofreció a sí mismo sin mancha a Dios" (He. 9:14). Si se nos pregunta por qué la segunda Persona de la bendita Trinidad está en la cruz ofreciendo sus perfecciones a la primera Persona, podemos contestar:

Ciertamente, El no está haciendo esa ofrenda a manera de revelación al Padre, pues el Padre había conocido todas las perfecciones del Hijo eternamente. La razón es esta: puesto que el hombre caído no posee mérito propio delante de Dios, el Hijo, como Sustituto del pecador, ofrece su propio mérito perfecto al Padre, a favor del pecador. Así se logra establecer una base legal para que Dios se sienta libre, no sólo para perdonar en cumplimiento del símbolo de las ofrendas que no eran de olor grato, sino que del mismo modo se siente libre para adjudicar todas las perfecciones de su Hijo a la persona que El salva, según el simbolismo de las ofrendas de olor grato.

Concluimos, pues, que la justificación divina no es solamente la remoción de los pecados personales mediante el perdón, sino más bien, un decreto divino que declara al creyente cristiano cubierto eternamente con la justicia de Dios; la justificación no tiene relación directa con la resurrección de Cristo, sino que se basa en su muerte. La justificación es un acto divino que es justo en grado infinito, y, aunque no está en conflicto con la razón humana, sobrepasa todo entendimiento en su magnitud y gloria. La justificación divina es una porción de la perfección del cielo que Dios ha traído a la tierra. Es tan armoniosa la jurisprudencia divina que se dice que Dios es *justo* cuando justifica al pecador por el solo hecho de creer en Jesús (Ro. 3:26). La justificación divina, siendo legalmente justa, será defendida por Dios hasta la eternidad. En efecto, la misma justicia que una vez condenó al pecador, cuando éste sea justificado, defenderá su posición en Cristo para siempre. Se nos dice que el principal fin del hombre es el de glorificar a Dios. Todo ser creado debe hacer esto, pues Dios no ha creado ningún ser que no contribuya para su eterna gloria. Todos los seres, y cada uno de ellos, tendrán que demostrar la gracia divina en todas sus perfecciones (Ef. 2:7), o su ira (Ro. 9:22) en todas las edades venideras. La justificación divina es un aspecto del remedio divino para el pecado personal. Se extiende, también, a todos los demás aspectos de la desemejanza del hombre con Dios, y responde a todo desafío que pudiera venir contra el que es salvo por la fe en Cristo.

VII. EL PECADO ORIGINAL

La expresión *pecado original* incluye por lo menos dos implicaciones: (1) el primer pecado de la raza, y (2) el estado del hombre en todas las generaciones subsiguientes, como consecuencia del primer pecado de la raza. A este último significado de la expresión se le asigna una sección entera en esta división de nuestra tesis. El primer significado de ella es la razón por la cual incluimos este aspecto en el tema del *pecado personal;* porque el primer pecado de Adán, el cual obró su ruina y la de la raza, fue un pecado *personal.* Ya hemos dicho lo suficiente sobre el tema específico de la naturaleza del pecado original. No necesitamos repetir lo mismo. Basta señalar aquí que todo pecado humano es de la misma naturaleza del pecado original, y que, si el hombre que peca fuera colocado en el lugar de Adán como cabeza de la raza, el pecado más común de la vida humana tendría el poder de causar la caída del que pecó y de toda la raza que representa. El efecto obvio del primer pecado sirve como una de las mejores medidas para el carácter perverso del pecado.

VIII. LA CULPABILIDAD

El *New Standard Dictionary,* edición 1913, define la culpabilidad como el estado del que ha desobedecido a Dios conscientemente, y por tanto, se halla bajo la condenación divina." Desde el punto de vista teológico, esta definición es efectiva. El pecado no es asunto de tener *conciencia* del mal. Por cuanto se comete contra Dios, y deriva su mal carácter del hecho de que es desemejante de Dios, el pecado es malo, ya sea que el que peca lo reconozca o no. Así surge una distinción entre la *calidad de reprochable,* que tiene que ser moderada por circunstancias atenuantes, y la culpabilidad, que, en su significado primario, se refiere al hecho histórico de que cierto individuo cometió cierto pecado. No se halla mejor ilustración sobre la mitigación que puede determinar la calidad de reprochable, que la experiencia del apóstol Pablo como perseguidor de la Iglesia. El mismo escribe: "Habiendo yo sido antes blasfemo, perseguidor e injuriador; mas fuí recibido a misericordia porque lo hice por ignorancia, en incredulidad" (1 Ti. 1:13). Por otra parte, la culpabilidad, y algunas veces la calidad de reprochable, corresponden al individuo allí donde la propia estimación con respecto a sí mismo no coincide. Cristo enseña que hasta una mirada equivale al adulterio (Mt. 5:27, 28).

En su aspecto histórico, la culpabilidad por el pecado que se comete no puede cambiarse nunca; ni tampoco pudiera trasferirse a ninguna otra persona. Dios, mediante su gracia, puede olvidarla y no volverla a mencionar nunca, por cuanto ha removido toda culpa y toda condenación. El registro histórico permanece incambiable. Hay, sin embargo, un aspecto de la culpa, que se relaciona con la teología, el cual la considera como una obligación a la ley. Esta puede quitarse mediante el castigo que sufra otra persona a la cual se transfiera, para que sufra como sustituto de la persona culpable. Cristo llevó sobre Sí la culpabilidad nuestra; no la llevó en el sentido histórico, pues eso equivaldría a decir que El se hizo el real hacedor de los crímenes de los hombres, sino en el sentido de que el pecado del hombre constituye una obligación para con la justicia divina. El murió como Sustituto, "el justo por los injustos". En esta acción, El nunca llegó a ser injusto; sino que, como justo, El llevó las cargas que justamente les correspondían a los injustos.

El problema de la culpabilidad por causa del pecado es el que ha dividido a las dos escuelas principales de teología protestante: la calvinista y la arminiana. Este aspecto lo trataremos en el siguiente capítulo.

Con respecto a la culpabilidad, nos resta observar que, aunque es una obligación para con Dios, ningún pecador puede quitarse de encima su propia responsabilidad. El esfuerzo humano de sufrir no vale en este caso, ni para el tiempo ni para la eternidad. La obligación es muy grande. Es necesario insistir en esta verdad constantemente. Por tanto, se deduce que, fuera de la liberación que se provee por medio de los sufrimientos legales y sustitutivos de Cristo, el pecador tiene que permanecer culpable delante de Dios, en todos los sentidos de la palabra, por toda la eternidad. En base a esta verdad, se arguye con toda justicia, en lo que respecta a duración, que el castigo continúa eternamente, mientras dura la culpabilidad que es incambiable. Mientras exista la causa del castigo, hay razón para continuarlo; y esta es la misma razón que ha determinado que se castigue a todos. La mente humana sueña con un tiempo cuando el castigo haya sido pagado, y cuando el pecador haya logrado la liberación de la culpa; pero con la afirmación de que el pecador puede pagar el precio del castigo por el pecado, lo cual no puede ser cierto nunca. El hecho de la *culpabilidad* y el de la *conciencia* de ella son realidades inmensurables. Carlyle, al escribir en su obra *French Revolution,* Vol. III, declara lo siguiente con respecto a la culpabilidad:

"Hay un abismo entre el propósito del crimen y el hecho del crimen; es maravilloso pensar en esto. El dedo está en la pistola; pero el hombre no es todavía un criminal. No. Su naturaleza vacilante con respecto a la consumación del delito, ¿no le pudiera presentar más bien una pausa, un último instante de posibilidad? No es un criminal todavía; está a merced de cuestiones pasajeras, pues aun la idea más fija puede carecer de fijeza. Un ligero movimiento del músculo, y estalla el relámpago mortal; entonces sí es un criminal, y lo será para siempre; y la tierra se vuelve un terrible infierno para él; su horizonte ya no es de una corona de esperanza, sino que está cubierto con las llamas del remordimiento; oye voces desde las profundidades de la naturaleza. ¡Ay de él, ay de él! Esa es la naturaleza de que todos estamos constituidos; de esas minas poderosas de insondable culpabilidad y criminalidad. *Si Dios no restringe esto,* como bien se dice, ¿podría quedar en pie el más puro de los hombres? Hay profundidades en el hombre que se extienden hasta la más profunda condenación, así como hay alturas que alcanzan hasta el más alto cielo; porque, ¿no son tanto el cielo como la tierra, que fueron creados por el y para él, milagros eternos y misterios como el mismo hombre? " (citado por W. G. T. Shedd, en *Dogmatic Theology,* Vol. II, pág. 723).

En medio de la horrible verdad con respecto a la eternidad de la culpa y de sus consecuencias, no es poca la comodidad que se les concede a los que abrazan la salvación inagotable, inmutable y perfecta que otorga la obra sustitutiva. No sólo hay "paz para con Dios por medio de nuestro Señor Jesucristo", y una perfecta relación que no es menos que la justificación que Dios realiza para su propia satisfacción, sino que El no recordará ninguno de los pecados que cometió el que es salvo, por cuanto esa culpabilidad la tomó El mismo y la colocó sobre los hombros de la Persona de Cristo, su Hijo. Así, mediante el perdón y la justificación, aun el aspecto histórico de la culpa es removido, en una forma mucho más profunda de lo que podamos comprender, para todos los que creen.

IX. LA UNIVERSALIDAD DEL PECADO

La Biblia enseña que todos los miembros de la raza humana, con excepción de Uno, han sido y son pecadores por la práctica. Cualquier observación, por cándida que sea, comprueba esta verdad. Richard Watson cita cinco pruebas sorprendentes sobre la universalidad del pecado humano. Anotaremos los títulos que él utiliza en la amplia discusión que nos ofrece en sus *Institutes,* Vol. II, pág. 61-66.

1. En todas las edades, la maldad en grande y en general ha prevalecido entre las grandes masas de hombres que llamamos *naciones.*
2. El segundo hecho que debe explicarse es la fuerza de la tendencia a la maldad que hemos visto en general.
3. El tercer hecho es que las semillas de los vicios que existen en la sociedad pueden descubrirse en los niños, en su temprana edad: egoísmo, envidia, orgullo, resentimiento, engaño, mentira y a menudo, crueldad; y es tan cierto el caso, y tan explícitamente reconocido por todos, que el principal objetivo de la rama moral de la educación es el de aplicar correctivos, tanto mediante la coerción como mediante la orientación que se les da a los niños: permitiendo que manifiesten sus facultades, sus desviaciones y todas sus tendencias.
4. El cuarto hecho es que cada hombre es consciente de su tendencia natural hacia muchos males.
5. El quinto hecho es que, aun después de sentir un serio deseo y de haberse propuesto los hombres la renuncia a todos estos asuntos "para vivir templada, justa y píamente", como le corresponde a la criatura glorificar a Dios, y en su lucha hasta la eternidad, le hacen resistencia fuerte y constante las pasiones, los

apetitos y las inclinaciones del corazón, a cada paso y en todo intento."

Las Escrituras ofrecen un testimonio sencillo sobre la perversidad del hombre; exponen aun los pecados de aquellos que escribieron alguna parte de la Biblia. El Antiguo Testamento declara: "...no hay hombre que no peque" (1 R. 8:46). "Porque no se justificará delante de ti ningún *ser humano* (Sal. 143:2). "¿Quién podrá decir: Yo he limpiado mi corazón, limpio estoy de pecado? " (Pr. 20:9). "Ciertamente no hay hombre justo en la tierra, que haga el bien y nunca peque" (Ec. 3:20). El Nuevo Testamento es aún más vigoroso en sus declaraciones sobre este asunto. Cristo presupone que el pecado es una práctica universal (comp. Mt. 4:17; Mr. 1:15; 6:12; Lc. 24:47; Jn. 3:3-5). La misma predicación del Evangelio implica que todos necesitan la salvación. Aparte de la Redención, el hombre es injusto en la presencia de Dios. Los que no reciben la gracia salvadora de Dios están condenados en todo momento. La misma universalidad de la muerte de Cristo indica que Dios ve al mundo de los hombres como un mundo perdido, por el cual El dio a su propio Hijo (2 Co. 5:14, 15). En el Nuevo Testamento aparecen muchas declaraciones directas. Sólo citaremos algunas de ellas: "¿Qué, pues? ¿Somos nosotros mejores que ellos? En ninguna manera; pues ya hemos acusado a judíos y a gentiles, que todos están bajo pecado" (Ro. 3:9). "Pero sabemos que todo lo que la ley dice, lo dice a los que están bajo la ley, para que toda boca se cierre y todo el mundo quede bajo el juicio de Dios; ya que por las obras de la ley ningún ser humano será justificado delante de él; porque por medio de la ley es el conocimiento del pecado" (Ro. 3:19, 20). "Por cuanto todos pecaron, y están destituidos de la gloria de Dios" (Ro. 3:23). "Mas la Escritura lo encerró todo bajo pecado, para que la promesa que es por la fe en Jesucristo fuese dada a los creyentes" (Gá. 3:22). "Si decimos que no hemos pecado, le hacemos a él mentiroso, y su palabra no está en nosotros" (1 Jn. 1:10).

La experiencia del pecado personal está estrechamente relacionada con el hecho de la naturaleza de pecado, de tal modo que cualquier discusión sobre la una envuelve también a la otra. Los hombres han buscado la manera de modificar las enseñanzas de la Biblia con respecto a la perversidad del pecado, y han negado la doctrina de la naturaleza de pecado; pero nadie, comenzando por los primitivos filósofos paganos y siguiendo hasta los grandes dirigentes del pensamiento moderno, ha podido negar la universalidad del pecado.

La verdad relativa al pecado personal, aunque es muy amplia, sólo es una parte de la doctrina del pecado en general; así que de esta discusión es necesario pasar al estudio de la naturaleza de pecado que ha sido trasmitida.

CAPITULO XIX

LA NATURALEZA PECAMINOSA TRASMITIDA

Como todo efecto tiene su causa, hay una causa o razón que explica el hecho de que el pecado personal es universal. Esa causa es la naturaleza, que algunas veces se la denomina *naturaleza adámica,* o *pecado innato,* o *pecado original,* o el *viejo hombre.* Cualquiera que sea el término, se refiere a la realidad que se originó en Adán y que ha sido trasmitida desde Adán a toda la posteridad. El efecto del primer pecado sobre el Adán que no había caído fue una degradación: una conversión a la inversa. Como resultado inmediato de ese primer pecado, Adán llegó a ser completamente diferente del hombre que Dios había creado, para el cual Dios había establecido la ley de la generación, según la cual la reproducción de todo ser viviente debía ser "según su especie". Sobre la naturaleza adámica, que fue la que Adán obtuvo por la desobediencia, escribe Juan Calvino, en sus *Instituciones* (Vol. II, 2:12), lo siguiente: "Si el Autor de la naturaleza es Dios, ¿cómo puede librarse Dios de la culpa de que nosotros seamos perdidos por naturaleza? Contesto: hay una naturaleza biforme. La una es la que Dios produce; la otra es una corrupción de la primera. Nosotros no nacemos con la naturaleza con que Adán fue creado al principio" (citado por W. G. T. Shedd, en *Dogmatic Theology,* Vol. II, pág. 196). La experiencia de Adán, antes del primer pecado, fue única y distinta de la de todos los demás miembros de la raza, con excepción de Uno. Adán llegó a ser pecador por el mismo hecho de cometer el pecado. Todos los demás miembros de la raza –con excepción de Uno– son pecadores por cuanto nacieron pecadores. En el caso de Adán, el pecado personal fue la causa de su naturaleza de pecado; en el caso de los demás seres humanos –con excepción de Uno– la naturaleza de pecado es la causa del pecado personal. El hecho de que los pecadores pequen no debe causar ninguna sorpresa y, aunque esta verdad no mitiga la perversidad del pecado personal, queda claro que Dios tenía previsto que cuando la raíz es mala, el fruto es también malo. Cuando la fuente es amarga, el agua será también amarga. La razón divina tiene el propósito de enjuiciar a la raíz que es mala y a la fuente que es amarga. En el momento en que enfocamos este aspecto de la verdad, surgen profundos y amplios problemas, más o menos de orden metafísico. Nada puede ser más inútil que aquellos sistemas que se proponen estudiar las manifestaciones del pecado, sin investigar lo relativo a la causa. La falta de esfuerzo para identificar la causa correcta es síntoma de la necedad más grande. En el *Expositor* (págs. I-IX, 21), dice el Dr. George Matheson: "Hay la misma diferencia entre la idea cristiana con respecto a la oración y la idea pagana sobre el mismo asunto, como la que hay entre la idea cristiana sobre el pecado y la idea pagana en este aspecto. El paganismo no sabe nada con respecto al pecado; sólo sabe pecar; no tiene ningún concepto sobre el principio del mal; sólo comprende que hay una sucesión de actos pecaminosos" –citado por W. H. Griffith Thomas en *The Principles of Theology,* pág. 161. Otra necedad sería aquella idea racionalista según la cual la naturaleza adámica puede ser erradicada por medio de la llamada *segunda obra de gracia.* Como ha sido siempre el caso, la experiencia normal y la verdadera y santa doctrina corren parejas. No sólo le niega la Biblia la aprobación a esta idea de la erradicación, sino que la experiencia humana la contradice sin excepción. Bien ha dicho el Dr. Müller con respecto a un error similar: "Esta teoría no explica los hechos reales de nuestra vida moral y de nuestra conciencia; más bien introduce en ellos la falsedad; y los hechos se vengan al no tener en cuenta tal teoría" –*The Christian Doctrine of Sin,* Vol. I, pág. 30. Este aspecto de nuestro tema general corresponde íntegramente a la vida y a la experiencia cristiana. Por tanto, lo resumiremos en la siguiente división de nuestro estudio. En efecto, a esta parte –que se relaciona con los no regenerados– no corresponde nada que no pertenezca a las pruebas generales que establecen la verdad con respecto a la naturaleza de pecado, como parte vital de toda persona no regenerada.

Puesto que el pecado de Adán mereció la sentencia de muerte, tenemos que concentrar de nuevo nuestra atención en dicha sentencia en sus tres formas. Fuera de la revelación, el hombre sólo obtiene vagas nociones con respecto a la experiencia que se llama *muerte.* Sólo la revelación nos explica su origen, su presente dominio universal y su ocaso futuro. La muerte es un intruso que se metió en la creación de Dios. Como ser creado, el hombre era tan inmortal como los ángeles. La historia está escrita en términos sencillos. Dios le dijo a Adán con respecto al fruto prohibido: ". . . el día que de él comieras, ciertamente morirás." La muerte que así se le prometió al hombre y que después cayó como sentencia sobre él, abarcaba la muerte espiritual, que es la separación del alma y el espíritu de Dios; la muerte segunda, que es la forma permanente de muerte espiritual o separación entre Dios y el alma y el espíritu, y la muerte física, que es la separación de alma y espíritu del cuerpo. Por causa de la desobediencia a Dios, el hombre entró de inmediato en la experiencia de la muerte espiritual. Fue también condenado a la muerte segunda, a menos que fuera redimido, y luego comenzó en él el proceso de la muerte física, el cual se cumplió cabalmente en su debido tiempo.

Así como la muerte física tiene relación con el pecado que se imputa (que estudiaremos posteriormente), la muerte espiritual tiene relación con la naturaleza de pecado que se trasmite. Esta naturaleza se manifiesta de dos formas: inclinación al mal, que es la que generalmente sirve para identificarla, y depravación, que es la inhabilidad para hacer aquella clase de bien que puede agradar a Dios. La muerte espiritual se evidencia en estos dos aspectos, aunque, por el hecho de que la muerte está universalmente muy relacionada con la cesación de la vida, es más fácil relacionar la muerte espiritual con la incapacidad para hacer el bien que con la inclinación al mal. La verdad en la cual debemos insistir para aclarar muchas confusiones es aquella que nos indica que la muerte espiritual no es la cesación de ninguna forma de vida. Es, más bien, la separación entre Dios y la vida en toda su plenitud. El estado de muerte espiritual está bien descrito, con todas sus actividades en Efesios 2:1-3: "Y él os dio vida a vosotros, cuando estábais muertos en vuestros delitos y pecados, en los cuales anduvisteis en otro tiempo, siguiendo la corriente de este mundo, conforme al príncipe de la potestad del aire, el espíritu que ahora opera en los hijos de desobediencia, entre los cuales también todos nosotros vivimos en otro tiempo en los deseos de nuestra carne, haciendo la voluntad de la carne y de los pensamientos, y éramos por naturaleza hijos de ira, lo mismo que los demás." Esta descripción se complementa en Efesios 4:18, 19: "teniendo el entendimiento entenebrecido, ajenos de la vida de Dios por la ignorancia que en ellos hay, por la dureza de su corazón; los cuales, después que perdieron toda sensibilidad, se entregaron a la lascivia para cometer con avidez toda clase de impureza."

La muerte espiritual y la naturaleza de pecado son, pues, semejantes, en el sentido de que cada una manifiesta una vida de separación del conocimiento de Dios, de su vida, de su poder y de los beneficios de su gracia. La muerte espiritual es un estado. La naturaleza de pecado es el intento que hace el hombre caído de vivir en ese estado.

Nos falta observar que tanto la muerte espiritual como la naturaleza de pecado se trasmiten *directamente* de padres a hijos de generación en generación y en todas las generaciones. Aparentemente no hay disminución en la fuerza de este carácter en la vida pervertida. El último niño que le haya nacido a esta raza está tan afectado por la muerte espiritual y tan saturado de la naturaleza de pecado como lo estuvo Caín, quien recibió su tendencia pecaminosa directamente de su padre Adán.

I. EL HECHO DE LA NATURALEZA PECAMINOSA

Al tratar de analizar más específicamente lo que es la naturaleza de pecado, se debe recordar que es una perversión de la creación original de Dios y, en ese sentido, es algo anormal. Todas las facultades del hombre sufrieron por la caída y por la inhabilidad del hombre para hacer el bien. Y de esa confusión interna surge la extraña predisposición hacia el mal.

El Dr. W. G. T. Shedd escribe ampliamente sobre el daño que el pecado original le causó al hombre y sobre las características peculiares de la naturaleza de pecado. Suyas son las siguientes palabras:

"El pecado original, visto como una corrupción natural, puede considerarse con respecto al entendimiento. (a) Es ceguera: ' . . . para que abras los ojos de los ciegos ' (Is. 42:7). ' A pregonar . . . vista a los ciegos" (Lc. 4:18). ". . . y no sabes que eres un . . . ciego" (Ap. 3:17). ' . . . el dios de este siglo cegó el entendimiento de los incrédulos" (2 Co. 4:4). Todos los pasajes de la Biblia que se refieren a la regeneración como si fuera una *iluminación* califican el pecado original como ceguera (2 Co. 4:6; Ef. 5:14; 1 Ts. 5:5; Sal. 97:11, y otros). Y también todos los que califican al pecado de *tinieblas* (Pr. 4:19; Is. 60:2; Ef. 5:11; Col. 1:13; 1 Jn. 2:11; 1 Ts. 5:4; Ef. 4:18: " . . . teniendo el entendimiento entenebrecido"; Ro. 1:28: "una mente depravada"). El pecado enceguece y oscurece el entendimiento, pues destruye la conciencia de las cosas divinas. Por ejemplo, el alma que está destituida del amor de Dios, ya no es consciente del amor; si está destituida de la reverencia, ya no es consciente de la reverencia, etc. El conocimiento que esa alma tiene de tales afectos, por tanto, lo adquiere mediante la práctica; y es así como el que tiene el ciego con respecto a los colores y el que tiene el sordo con respecto al sonido. Por supuesto, Dios, que es el objeto de estos afectos, por la misma razón el es desconocido a tal alma. El discernimiento espiritual del cual se nos habla en 1 Corintios 2:6, es la conciencia directa del hombre regenerado. Es un conocimiento experimental. En la Biblia se califica al pecado de ignorancia voluntaria: "Estos ignoran voluntariamente, que en el tiempo antiguo fueron hechos por la palabra de Dios los cielos, y también la tierra" (2 P. 3:5). Cristo les dijo a los judíos: "Si yo no hubiera venido, ni les hubiera hablado, no tendrían pecado" (Jn. 15:22). Este pecado era el de no conocer "al que me ha enviado" (Jn. 15:21). Pero la ignorancia en este caso era voluntaria. Ellos querían ser ignorantes.

Otro efecto del pecado original sobre el entendimiento, que se incluye en la conciencia es (b) la *insensibilidad.* El pecado no extingue la conciencia, sino que la insensibiliza (1 Ti. 4:2: " . . . teniendo cauterizada la conciencia"). (c) La *corrupción* de la conciencia es otro de los efectos del pecado original: " . . . hasta su mente y su conciencia están corrompidas' (Tit. 1:15). " . . . se envanecieron en sus razonamientos ', o especulaciones (Ro. 1:21). La corrupción de la razón se puede apreciar en las estúpidas especulaciones de la mitología. Los mitos del politeísmo no son pura razón. La corrupción de la conciencia se puede apreciar también en el remordimiento. Esta facultad acusadora queda manchada por causa de la culpa. Y así deja de ser la ' buena conciencia ' de la cual se habla en Hebreos 13:18; 1 Pedro 3:16, 21; 1 Timoteo 1:5; 19; Hechos 23:1; o la ' limpia conciencia ' (1 Ti. 3:9). Se convierte, entonces, en una mala conciencia: una conciencia que necesita la limpieza de la sangre expiatoria que la limpie ' de obras muertas" (He. 9:14). Las obras muertas, puesto que no cumplen la ley, dejan la conciencia perturbada e intranquila.

Si consideramos el pecado original en relación con la *voluntad*, el pecado es (a) *enemistad* (Ro. 8:6). ' . . . la amistad del mundo es enemistad contra Dios . . . " (Stg. 4:4). " . . . fuisteis rebeldes al mandato de Jehová vuestro Dios" (Dt. 1:26). (Job 34:27; Is. 1:1; 30:9; 45:2, Ez. 12:2). También es (b) *odio* (Ro. 1:29; Sal. 89:23; 139:21; Ex. 20:5; Pr. 1:25; 5:12; Jn. 7:6; 15:18, 23, 24). Y es (c) *dureza de corazón o insensibilidad* (Ex. 7:14, 22; 2 R. 17:14; Job 9:4; Is. 63:17; Dn. 5:20; Jn. 12:20; Hch. 19:9; He. 3:8, 15; 4:7). Es también (d) *aversión:* ' . . . y no queréis venir a mí . . . ', es decir, no tenéis esa inclinación (Jn. 5:40; Ap. 2:21). Es, además, (e) *rebeldía:* ' . . . conozco tu rebelión, y tu dura cerviz" (Dt. 31:27; Ex. 32:9; Sal. 75:5; Is. 26:10; 43:4; Hch. 7:51; Ro. 10:21). Y es (f) *esclavitud* (Jer. 13:23; Mr. 3:23; Jn. 6:43, 44; 8:34; Ro. 5:6; 6:20; 7:9, 14, 18, 23; 8:7, 8; 9:16; 2 P. 2:14) –*Dogmatic Theology,* Vol. II, págs. 196-198.

Después de esta amplia declaración con respecto a la condición del entendimiento y de la voluntad en tanto que son afectadas por la naturaleza de pecado, el Dr. Shedd escribe con igual energía sobre la naturaleza caída y sobre su culpabilidad. Este asunto que ha dividido tan profundamente a las dos principales corrientes del protestantismo: calvinistas y arminianos, no sólo lo presenta el Dr. Shedd en forma clara, en defensa del punto de vista calvinista, sino que lo que él escribe sirve para poner de manifiesto el racionalismo superficial que se presenta en la idea arminiana. He aquí las palabras del Dr. Shedd:

"El pecado original, considerado como corrupción de la naturaleza, es pecado en el sentido de culpa. ' . . . Todo pecado, tanto original como actual, por cuanto es transgresión de la justa ley de Dios, por su propia naturaleza, hace que el que lo comete resulte culpable, por lo cual queda expuesto a la ira de Dios, y sujeto a la muerte, temporal y eterna ' *(Westminster Confession –Confesión de Westminster–* Vol. VI, pág. VI). ' La corrupción de la naturaleza permanece en aquellos que son regenerados; y aunque Cristo la perdona y la mortifica, sin embargo, tanto ella como todos los movimientos que se hagan dentro de ella se llaman propia y verdaderamente pecados" *(Confesión de Westminster,* Vol V, pág. V). Las antropologías semi-pelagianas, papales y arminianas, difieren de la agustiniana y de la reformada, pues niegan que la corrupción de la naturaleza incluye la culpa. A eso lo llaman desorden físico y mental que conduce al pecado, pero no lo consideran pecado en sí mismo.

La corrupción de la naturaleza envuelve también la culpa por las siguientes razones: (a) La Escritura no distingue entre pecado propio e impropio. Ἁμαρτία, que denota el principio del pecado, se utiliza intercambiablemente con Παράπτωμα, que denota el hecho mismo del pecado (Ro. 5:13, 15, 16, 17, 21. (b) Ἁμαρτία es un término equivalente de Ἐπιθυμία y de Σάρξ. "Pero yo no conocí el pecado sino por la ley; porque tampoco conociera la codicia, si la ley no dijera: No codiciarás" (Ro. 7:7; Ro. 8:3, 5). (c) El regenerado odia los vestigios de corrupción que quedan en él como si fueran pecado (Ro. 7:15); y Dios los mata por medio de su Espíritu (Ro. 8:13). (d) La codicia es prohibida en el décimo mandamiento (Ex. 20:10; comp. 1 Jn. 2:16). El décimo mandamiento . . . prohibe la concupiscencia interna, que es la característica principal de la naturaleza corrompida. Cristo también la prohibe en su exposición sobre el séptimo mandamiento: "Todo aquel que aborrece a su hermano es homicida" (1 Jn. 3:15; comp. Mt. 5:28). (e) La corrupción de la naturaleza envuelve la culpabilidad, por cuanto esa es la inclinación de la voluntad. La corrupción de la naturaleza es *voluntaria,* aunque no es *volitiva.* Se acepta universalmente que la inclinación al crimen envuelve tanta culpabilidad como el mismo acto criminal. "El pensamiento del necio es pecado" (Pr. 24:9). (f) Siguiendo el principio de que la causa tiene los mismos predicados que tienen los efectos, la corrupción de la naturaleza incluye la culpabilidad. Si las transgresiones reales son verdaderas y son propiamente pecados, entonces el corazón perverso o la inclinación que hace que se produzcan tiene que ser igualmente culpable de pecado. Si el arroyo es de agua amarga, la fuente también tiene que serlo. Si el acto del criminal lo hace culpable, entonces el odio del criminal también lo hace. (g) Si en la corrupción de la naturaleza o disposición pecaminosa no hubiera culpa, entonces habría cierta atenuación o excusa para las transgresiones reales. Estas últimas serían menos dignas de inculpación, si el carácter que hace que se produzcan y que hace más difícil la posibilidad de evitarlas no tiene determinación propia ni es culpable. (h) Si no hay culpabilidad en la corrupción de la naturaleza, entonces se torna imposible explicar por qué el niño que muere necesita Redención mediante la expiación con sangre. "Jesucristo . . . vino mediante agua y sangre"; es decir, tanto con el poder expiatorio como con el poder santificador (1 Jn. 5:6). Pero, si no hubiera culpa en la depravación natural, entonces Cristo hubiera venido para el niño *por agua solamente* y no *por sangre;* para su santificación, y no para justificación. La redención del niño implica que este es tanto culpable como contaminado. El niño tiene un alma racional; esta alma tiene una voluntad; esta voluntad tiene sus inclinaciones; estas inclinaciones, como las del adulto, se centran en la criatura, y no en el Creador. Esta es la culpabilidad, y necesita el perdón. También es contaminación, y necesita limpieza. (i) Dios perdona el pecado original así como la transgresión real, pues el nos otorga la "remisión de pecados.' 'La mente carnal', o sea la enemistad del corazón contra Dios, es una ofensa tan grande contra su excelencia y honor, como cualquier acto particular que proceda de ella. En realidad, si hubiera mutua buena voluntad entre las dos partes, cualquier ofensa ocasional externa sería menos seria. 'Supongamos –dice Thirlwall, *Letters,* pág. 46– que dos amigos se aman real y mutuamente, pero están expuestos a discutir a cada momento. Los dos pueden perdonar fácilmente la ofensa ocasional, por el hecho de que su disposición habitual es de mutua buena voluntad; pero si el caso fuera al contrario –que el odio los asfixiara, pero que ocasionalmente se desahogaran con actos inamistosos– ¡cuán poco importaría en realidad que ellos olvidaran la ofensa particular, si la enemistad continuara en el fondo de los dos corazones! ' Esto explica la culpabilidad que hay en el pecado como un estado del corazón hacia Dios, y la necesidad del perdón y de la limpieza" (*Ibid.*, Vol. I, pág. 198-200).

Melancton dice que la naturaleza de pecado es "la presente constitución conturbada de nuestra naturaleza" (*Apologia,* Art. I, ps. 51,53; citado por Müller, *ob. cit.*, Vol. II, p. 268). Al comparar al hombre caído con los animales, el Dr. W. H. Griffith Thomas declara: "La certidumbre y la conciencia de este hecho en el hombre es una característica que lo distingue de los animales, pues de ningunos otros seres puede decirse que están fuera de armonía con la ley de su naturaleza" (*ob. cit.*, p. 157).

Si no fuera porque la palabra *naturaleza* tiene también un significado secundario, no sería apropiado emplearla tal como se usa actualmente. La naturaleza, en primer lugar, es algo que Dios creó, tal como la naturaleza humana antes de la caída, la cual reflejaba la imagen y la semejanza de Dios. En su significado secundario, el término *naturaleza* designa la perversión de la naturaleza, con sus impías disposiciones, las cuales fueron engendradas por la caída.

Con respecto a la falta de sabiduría en general en lo relativo a los aspectos meramente metafísicos de la naturaleza caída, dice el Dr. James Denney:

"Con toda probabilidad, es un error entrar en consideraciones metafísicas al entrar en la discusión de este tema; el asunto de la inhabilidad del hombre para cualquier bien espiritual que acompañe a la salvación es un asunto de hecho, y debe resolverse, en último análisis, acudiendo a la experiencia. Cuando se haya descubierto que ha existido algún hombre, que haya sido capaz, *sin Cristo,* de reconciliarse con Dios, y de obtener el dominio sobre el mundo y sobre el pecado, *entonces* se podrá negar la doctrina de la incapacidad del hombre para salvarse y de su esclavitud del pecado; *entonces,* pero no antes" (*Studies in Theology,* p. 85; citado por W. H. Griffith Thomas, *ibid.*, p. 164).

Y teniendo en mente esta misma naturaleza, pero aplicándole el término *depravación,* el Dr. Denney señala, también la importante verdad de que la naturaleza del hombre caído es una unidad y, por tanto, cada una de sus partes sufre igualmente. He aquí sus palabras:

"Lo que significa eso no es que cada individuo es tan malo como puede serlo. Esa sería una declaración tan transparentemente absurda que difícilmente pudiera atribuírsele a alguna persona. Lo que significa es que la depravación que ha producido el pecado en la naturaleza humana se extiende a toda ella. La naturaleza del hombre es toda de una sola pieza, y aquello que la afecta, la afecta íntegramente. Cuando se viola la conciencia por la desobediencia a la voluntad de Dios, el entendimiento moral se entenebrece y la voluntad se debilita. No hemos sido estructurados en forma de compartimientos de agua herméticamente cerrados, uno de los cuales pudiera arruinarse mientras los demás permanecen intactos. Lo que venga a hacernos daño, con un toque corrupto y depravado, en un solo punto, tiene efectos en toda nuestra naturaleza, aunque esos efectos puedan estar por algún tiempo en el subconsciente" *Ibid.*, p. 83; citado por W. H. Griffith Thomas, *ibid.*, p. 165).

Además de los pasajes que se han citado anteriormente como prueba de la universalidad del pecado personal –la mayor parte de los cuales se aplican en forma semejante a la naturaleza de pecado– hay incontables pasajes bíblicos que se refieren al mal moral como una característica, como una señal distintiva, no de individuos ni de clases de hombres en ciertas localidades, sino de la naturaleza humana, tal como es en todas las circunstancias, con la única excepción de aquellos que son regenerados, sobre los cuales se nos revelan hechos específicos que se relacionan con esa naturaleza. Al hombre no regenerado se llama en la Biblia, el hombre *natural;* ciertamente, él no es natural en el sentido de que se acomoda a las inclinaciones de su alma, de que está pervertido en todos sus caminos, de que es fiel a las condiciones que siempre ha tenido la raza caída. Sólo necesitamos citar algunos pasajes ilustrativos, los cuales nos servirán para representar el testimonio bíblico invariable con respecto al estado del hombre caído ante los ojos de Dios.

Génesis 8:21. "Y percibió Jehová olor grato; y dijo Jehová en su corazón: No volveré más a maldecir la tierra por causa del hombre; porque el intento del corazón del hombre es malo desde su juventud; ni volveré más a destruir todo ser viviente, como he hecho." Es extraño, pero cierto, que esta estimación directa y conclusiva con respecto al hombre caído la pronunció Jehová en medio de su promesa de eterna misericordia. Este estado de mal al cual se refiere Jehová no lo origina cada individuo por cuenta propia; sino que es así desde el principio.

Salmo 14:2,3. "Jehová miró desde los cielos sobre los hijos de los hombres, para ver si había algún entendido, que buscara a Dios. Todos se desviaron, a una se han corrompido; No hay quien haga lo bueno, no hay ni siquiera uno." Este pasaje revelador lo cita el apóstol Pablo, en su extensa denuncia contra toda la raza, en Romanos 3:9-19. La declaración del Apóstol es tan importante que debemos citarla también en forma completa:

"¿Qué, pues? ¿Somos nosotros mejores que ellos? En ninguna manera; pues ya hemos acusado a judíos y a gentiles, que todos están bajo pecado. Como está escrito:

> No hay justo, ni aun uno;
> No hay quien entienda,
> No hay quien busque a Dios.
> Todos se desviaron, a una se hicieron inútiles;
> No hay quien haga lo bueno, no hay ni siquiera uno.

Sepulcro abierto es su garganta;
Con su lengua engañan.
Veneno de áspides hay debajo de sus labios;
Su boca está llena de maldición y de amargura.
Sus pies se apresuran para derramar sangre;
Quebranto y desventura hay en sus caminos;
Y no conocieron camino de paz.
No hay temor de Dios delante de sus ojos.

Pero sabemos que todo lo que la ley dice, lo dice a los que están bajo la ley, para que toda boca se cierre y todo el mundo quede bajo el juicio de Dios."

Aunque éste y otros pasajes nombran las diversas manifestaciones de la naturaleza de pecado, a la vez implican la existencia de tal naturaleza como la fuente del mal en el hombre.

Salmo 51:5. "He aquí, en maldad he sido formado, y en pecado me concibió mi madre." De todo el testimonio del Antiguo Testamento no hay nada más convincente que la declaración de este versículo. En el versículo tres del mismo salmo, el salmista David confiesa su gran pecado. En el versículo cuatro, él considera que su pecado es solo contra Dios, a pesar del hecho de que él había cometido ese gran crimen contra ciertos individuos y con ello había ultrajado a todo el reino de Israel. En comparación con esto, sin embargo, él declara en el versículo seis qué es lo que Dios ama.

Jeremías 17:5,9. "Así ha dicho Jehová: Maldito el varón que confía en el hombre, y pone carne por su brazo, y su corazón se aparta de Jehová. . . Engañoso es el corazón más que todas las cosas, y perverso; ¿quién lo conocerá? " Difícilmente podría expresarse en forma más clara la estimación divina con respecto al hombre caído y degenerado. En este pasaje se declara que el hombre es, en carácter, opuesto a Jehová. No se puede depositar confianza en el hombre, en ningún sentido. El segundo de estos versículos declara que el hombre no es malo en forma moderada. Según lo ve Jehová se nos declara que el corazón es "engañoso. . . más que todas las cosas, y perverso." Y también se nos dice que, a pesar de su vanidad y de su concepto para el cual no tiene ninguna base, el hombre no conoce la verdad con respecto a sí mismo.

Juan 3:6. "Lo que es nacido de la carne, carne es; y lo que es nacido del Espíritu, espíritu es." Vale la pena reimprimir lo que escribe el Dr. Julius al comentar este pasaje:

"En cuanto al Nuevo Testamento, tanto para los antiguos teólogos como para algunos de nuestros modernos graduados en divinidad, Juan 3:6 ha sido la norma de autoridad para la doctrina del pecado innato en el hombre: ' Lo que es nacido de la carne, carne es: y lo que es nacido del Espíritu, espíritu es. ' Si se toma en relación con lo que precede, esta declaración de Cristo prueba claramente el hecho de que la corrupción es inherente en la naturaleza humana, pues se ve que El hace que la participación en su reino dependa de una completa renovación, que es la que opera el Espíritu Santo. Esta necesidad universal de un nuevo nacimiento (comp. Jn.3:3,5; 1:12,13; Tit. 3:5; Stg. 1:18; 1 P. 1:3,23), este comienzo y desarrollo de una nueva vida, no sólo implica que el pecado ya está presente en toda vida humana, sino que ha echado profundas raíces en la naturaleza que el hombre ha heredado por nacimiento. Del mismo modo, el apóstol Pablo considera la renovación en Cristo Jesús como una ley universal de la vida humana, y dice que consiste en despojarse ' del viejo hombre," o sea en la muerte del ' viejo hombre' ' (Ef.4:22; Col.3:3,9; Ro.6:3-6). El intento de explicar estos pasajes de una manera que realmente no explica nada –por ejemplo, que el *viejo hombre* es ' el poder del vicio, confirmado por el hábito '– no necesita ninguna refutación." (*Op. cit.*, Vol. II, p. 276).

Romanos 1:18-8:13. En este pasaje, que es tan extenso que no nos permite citarlo al pie de la letra, notamos que así como es adecuado para la verdad de que esta Epístola presenta la revelación central con respecto a la salvación de la naturaleza de pecado y también del pecado personal, así también describe la corrupción de toda la raza en forma más completa que en cualquiera otra parte de la Biblia. Hay que tener en mente esta consideración al estudiar dicho pasaje.

1 Corintios 7:14. Debemos ponerle atención especial a este texto, en parte, porque contribuye mucho a la prueba en general; y en parte porque rara vez se utiliza en este sentido. He aquí su contenido: "Porque el marido incrédulo es santificado en la mujer –que cree–, y la mujer incrédula en el marido –que cree–; pues de otra manera vuestros hijos serían inmundos, mientras que ahora son santos." La inmundicia que se menciona aquí es claramente el estado de nacimiento de cada niño, si no fuera por la influencia que puede haber cuando alguno de los padres es cristiano. El padre que es cristiano no le quita al hijo la naturaleza de pecado, sino que el padre cristiano aparta, como diferente, a su hijo. Sin embargo, si el padre cristiano no puede quitarle la naturaleza caída a su hijo, la cual es santificada, ¡eso nos indica cuán ciertamente están bajo el poder de esa naturaleza los que son inmundos!

Efesios 2:3. "Entre los cuales también todos nosotros vivimos en otro tiempo en los deseos de nuestra carne, haciendo la voluntad de la carne y de los pensamientos, y éramos por naturaleza hijos de ira, lo mismo que los demás." La Escritura no carece de testimonio directo y conclusivo en este aspecto. Es algo de la *naturaleza* de la raza humana lo que la clasifica como "hijos de ira," en tanto que estén separados de la gracia redentora de Dios.

Gálatas 5:17-21. "Porque el deseo de la carne es contra el Espíritu, y el del Espíritu es contra la carne; y éstos se oponen entre sí, para que no hagáis lo que quisiereis. Pero si sois guiados por el Espíritu, no estáis bajo la ley. Y manifiestas son las obras de la carne, que son: adulterio, fornicación, inmundicia, lascivia, idolatría, hechicerías, enemistades, pleitos, celos, iras, contiendas, disensiones, herejías, envidias, homicidios, borracheras, orgías, y cosas semejantes a éstas; acerca de las cuales os amonesto, como ya os lo he dicho antes, que los que practican tales cosas no heredarán el reino de Dios." El Apóstol define aquí las obras de la carne. Ya hemos estudiado el significado de este término con suficiente amplitud, y tendrá que reaparecer en otros aspectos de la doctrina. El significado ético de la palabra *σάρξ*, según el uso que le dio el Apóstol, nos conduce otra vez a la naturaleza humana y a su corrupción. En este pasaje se nos presentan las obras de la carne en contraste con "el fruto del Espíritu (vs. 18-22). No hay nada que pueda alabarse en las obras de la carne. La conclusión de este asunto es que el hombre es, por naturaleza tal como lo declara Jeremías, "engañoso. . . y perverso."

Los siguientes son otros pasajes de las Escrituras que tratan sobre la naturaleza caída del hombre, y que deben también examinarse: Génesis 6:5; Job 11:12; 15:14,16; Salmos 58:2-5; 94:11; 130:3; 143:2; Proverbios 21:8; Eclesiastés 7:20; 9:3; Isaías 64:6; Jeremías 13:23; 16:12; Oseas 6:7; Mateo 7:11; 15:19; 16:23; Lucas 1:79; Juan 3:18; 8:23; 14:17; Romanos 3:9; 6:20; 1 Corintios 2:14; 3:3; Gálatas 3:22; Colosenses 1:13,23; 2:13; 3:5-7; 2 Timoteo 3:2; 1 Pedro 1:18; 4:2; 2 Pedro 1:4; 1 Juan 1:8; 2:16; 5:19.

II. EL REMEDIO PARA LA NATURALEZA DE PECADO

La consideración del remedio para la naturaleza de pecado envuelve aspectos que inmediatamente nos indican que corresponde al campo de la verdad relativa al cristiano y, por tanto, es apropiado reservar su estudio para esa parte de nuestro tema. Al que no es regenerado se le puede manifestar que, en el momento en que lo sea se le concederá una doble provisión, a fin de que pueda Dios tratar con él su caso. Así que, los que no son regenerados pueden esperar una experiencia de esa clase, y también pueden esperar el perdón y la justificación, aunque, puesto que todo lo relacionado con el remedio está tan íntimamente ligado con los problemas de la vida diaria del cristiano, la atención divina para esa naturaleza de pecado no se incluye en ningún momento en las ofertas que la gracia salvadora de Dios extiende a los que no son salvos. Por otra parte, la naturaleza de pecado es algo que hay que tratar ampliamente cuando se estudie la necesidad de la salvación que tienen todos los que no son salvos. El hombre sincero no puede presentar un mensaje más equivocado al que no es salvo que aquel que consiste en decirle que él está perdido por causa de su pecado personal. A esto, ellos pudieran replicar que, puesto que no han cometido ni siquiera el diez por ciento de los pecados que hubieran podido cometer, ellos apenas se hallan perdidos en un diez por ciento. Ese es el razonamiento que naturalmente se deduce de aquella forma de predicación que basa el estado perdido del hombre sobre los pecados personales que éste ha cometido. El hombre está perdido por *naturaleza:* nació con alma perdida, y no tiene ninguna esperanza fuera de la sangre redentora de Cristo. Se obtienen mejores resultados cuando se presenta la necesidad de la salvación para la raíz de todos los males que se hayan cometido. El doble remedio que Dios ofrece para el pecado consiste en (a) el hecho de que Cristo sufrió por los creyentes en El, el juicio que a ellos les corresponde por el pecado, y (b) el Don del Espíritu Santo, que mora en el creyente cristiano y puede darle la victoria sobre toda mala disposición. Dios ya ha realizado el juicio contra la naturaleza de pecado en los creyentes; de otro modo, no podría declararse lo que ciertamente declara la Palabra de Dios: "Ahora, pues, ninguna condenación hay para los que están en Cristo Jesús" (Ro.8:1).

En conclusión se puede volver a repetir que, en el principio, Dios declaró con respecto al hombre que era "bueno en gran manera." pero después de 1500 años de historia humana, Jehová dijo con respecto al mismo hombre: ". . . todo designio de los pensamientos del corazón de ellos era de continuo solamente el mal" (Gn.6:5). Y más de dos mil años después, El dijo: ". . . todos están bajo pecado. . . No hay justo, ni aun uno; . . . No hay quien haga lo bueno...ni siquiera uno" (Ro.3:9-12). Este contraste es tan vigoroso como lo puede permitir el lenguaje humano. Los teólogos difieren en ciertos aspectos de la doctrina del pecado; pero hay un notable acuerdo entre ellos con respecto a la universalidad del pecado. Este acuerdo puede explicarse por el hecho de que la Palabra de Dios es sumamente clara en su testimonio con respecto a la pecaminosidad del hombre, y por el hecho de que la experiencia humana corrobora completamente la enseñanza de las Escrituras. Hay quienes rechazan la doctrina de la depravación humana por falta de comprensión. Esta doctrina no implica que no hay nada bueno en el hombre, en tanto que lo observa otro hombre; más bien afirma que, por causa de la naturaleza caída, Dios no ve nada en los hombres que pueda recomendarlos ante El. Los hombres sólo son objetos de su gracia. Es significativo que las drásticas acusaciones contra toda la raza, que se hallan en el Nuevo Testamento, no son sino citas del Antiguo Testamento, con lo cual se demuestra la unidad de la Biblia en su testimonio con respecto a la doctrina de la depravación. Hay privilegios y pactos especiales que se les otorgan a los judíos; pero en lo que se refiere al pecado y al remedio divinamente provisto "no hay diferencia." El Dr. Timothy Dwight afirma, cuando escribe sobre la universalidad del pecado: "En verdad, no hay doctrina de las Escrituras que se exprese en formas más numerosas y variadas, ni en términos más directos, en los cuales es menos posible la incomprensión" *(Theology*, Sermón 29). Se puede observar, además, que el hecho de la pecaminosidad y de la depravación humana universal está implícito en la provisión de un sacrificio, ya sea en forma simbólica o en el cumplimiento del símbolo; también está implícito en el hecho de que el cuerpo humano ha sido afectado y, en el caso de los salvos, todavía espera su redención; y, además, en el hecho de que "Dios,. . . manda a todos los hombres en todo lugar, que se arrepientan" (Hch.17:30).

A partir del pecado original, que es la fuente causal, la posteridad de Adán ha alcanzado profundos resultados universales. La doctrina del pecado original se divide en dos ramas. Y es notable el hecho de que no hay relación entre ellas, fuera de la verdad de que ambas proceden de la misma raíz. Una de esas ramas tiene que ver con la corrupción original, que es la muerte espiritual; mientras que la otra tiene que ver con la culpa original, y con su castigo, que es la muerte física. Aunque el término *pecado original* se relaciona más frecuentemente con la corrupción original, se puede usar igualmente y con la misma propiedad para designar la culpa original. La primera parte de la doctrina del pecado original, que es la corrupción original, o sea la muerte espiritual, sostiene que toda la raza ha heredado, desde su primer progenitor, una naturaleza viciada, que está siempre e incurablemente en enemistad contra Dios, y es, ante los ojos de El, completamente depravada y está espiritualmente muerta, y es la raíz de la cual proceden los malos pensamientos, las malas palabras y las malas acciones, todos los cuales son sus frutos. Esta doctrina sostiene que Adán fue el primero y el único miembro de la raza que llegó a ser pecador por el hecho de haber pecado; en tanto que todos los demás miembros de la raza, desde el primero hasta el último, han nacido y nacen en pecado; no llegan a ser pecadores porque pecan, sino que pecan por cuanto ya son pecadores. Esta doctrina sostiene, de la misma manera, que este hecho de la corrupción de la naturaleza y de la muerte espiritual es la base principal y más importante sobre la cual Dios actúa en su juicio contra la raza; y que las malas obras, por más perversas que sean, no son sino una manifestación razonable de la naturaleza corrompida. Igualmente, fuera del hecho de la naturaleza corrompida, es imposible demostrar que los perdidos necesitan de la completa gracia salvadora de Dios. Por otra parte, esta completa gracia salvadora de Dios es algo que se necesita en la salvación de los perdidos por el hecho de que el ser total del hombre está depravado y espiritualmente muerto. Queda fuera de orden la consideración de que al hombre no se le puede culpar por la naturaleza que recibió al nacer. Aunque el hombre puede nacer en pobreza e ignorancia, él hace todo lo que puede para corregir esas limitaciones. Eso es algo que se justifica. Pero, ¡Cuánto más se justifica que el hombre acuda a la liberación que Dios le ofrece para ese estado de perdición en el cual nace, cuando recordamos que Dios, por infinito amor, y mediante el pago de un precio infinito, ha provisto bondadosamente tal liberación!

No nos vamos a preocupar en este estudio, por falta de espacio, por las diversas teorías que existen con respecto al estado caído del hombre. El argumento queda suficientemente comprobado por el hecho de que la naturaleza caída que el hombre recibe *directamente* de Adán (a) se establece en las Escrituras, (b) se observa en la historia y (c) lo corrobora la conciencia del hombre. Estas evidencias deben considerarse en el orden inverso:

(a) La conciencia humana de que hay en el hombre una naturaleza o una disposición mala es prácticamente universal, y se halla desde las primitivas crónicas de la experiencia humana. "Aparece algo más, además de la razón natural, en nosotros, que establece combate contra la razón." Eso lo dijo Kant; y agrega: "... *que el mundo entero está bajo el maligno* es un lamento tan antiguo como la historia; no, tan antiguo como la poesía, o aún más antiguo que ella." El apóstol Pablo decía de sí mismo: "Porque no hago el bien que quiero, sino el mal que no quiero, eso hago" (Ro.7:19). Tal es en realidad la conciencia de todos los hombres que piensan correctamente con respecto a ellos mismos.

(b) La historia demuestra que la naturaleza mala del hombre es inagotable. "La inhumanidad del hombre contra el hombre," las guerras, las inquisiciones, los asesinatos, la prostitución, la esclavitud, la crueldad, el engaño, la avaricia, la codicia, el orgullo, la incredulidad, el odio contra Dios; todo esto y mucho más ha tenido su parte en la historia de la raza.

(c) Para los que nos sometemos a la Palabra de Dios, las Escrituras son la autoridad final y explícita. Y ya hemos citado ampliamente el testimonio de las Escrituras.

CAPITULO XX

LA IMPUTACION DEL PECADO

Los que utilizamos traducciones teológicas procedentes del inglés tenemos que tener mucho cuidado con el empleo de las palabras *imputar* e *imputación* (nota del traductor sobre la cual se basa el cambio formal en la traducción de todo el primer párrafo de este capítulo). En inglés, el significado teológico de la palabra *imputar (impute)* es "atribuirle o adjudicarle a alguna persona alguna cosa (buena o mala). Por ello, tiene un significado vicario, en el sentido de que lo que se le atribuye se deriva de otro. En castellano, *imputar* es atribuirle a una persona algo censurable, reprochable, digno de acusación. A nadie se le imputa algo bueno, sino que se le atribuye. En cambio, en inglés sí tiene ese sentido, pues se afirma que al pecador se le *imputa* la justicia de Cristo, lo cual no es correcto en castellano. Al pecador se le adjudica la justicia de Cristo. (Así que la palabra *imputación* siempre estará bien empleada cuando se refiera a *inculpación* del pecado, pues esta palabra es la que denota la acusación oficial contra un delito. Nota del traductor.) En inglés, la palabra imputación tiene también el significado de sustitución, del cual carece absolutamente en castellano. Así, por ejemplo, se llama *imputation* a la acción expresada por las palabras de Pablo a Filemón: "Así que, si me tienes por compañero, recíbele como a mí mismo. Y si en algo te dañó, o te debe, ponlo a mi cuenta" (Flm.1:17,18). En castellano, esa acción no la llamamos *imputación* sino *sustitución*. El mismo apóstol Pablo escribe con respecto a los gentiles: "¿No será tenida su incircuncisión como circuncisión? " (Ro.2:26). En el texto del Nuevo Testamento hay dos palabras originales que tienen la idea de inculpación: ἐλλογέω, que se usa dos veces (Ro.5:13; Flm.1:18), y *λογίζομαι*, que se usa 41 veces, 16 de las cuales se hallan en el capítulo 4 de Romanos. En cuanto al inglés, se observa amplitud en la selección de palabras en la Versión Autorizada; pero el pensamiento esencial de la inculpación está siempre presente.

Tomando en cuenta las diferencias idiomáticas, cuando se dice en inglés que la Biblia presenta tres *imputaciones* principales, tendremos que decir que, cuando la Biblia se refiere a la inculpación del pecado, la Biblia presenta los siguientes tres hechos: (a) La *imputación* del pecado de Adán a la raza humana; (b) la *sustitución* del pecador por Cristo; y (c) la *adjudicación* de la justicia de Dios al creyente en Cristo. (En inglés, los tres casos son *imputación).* La inculpación puede ser *real* o *judicial.* La inculpación es *real* cuando se acusa a alguno de aquello que ha sido su propio antecedente; y es *judicial* cuando se lo acusa de lo que no ha sido su propio antecedente. Si se hubiera inculpado a los hombres de los pecados que se mencionan en *2 Corintios 5:19* –como han debido inculpárseles– esa hubiera sido una inculpación real. Esos pecados habían sido los que ellos habían cometido, y acusarlos de ellos, echarles la culpa de ellos, no hubiera sido más que la declaración oficial de la responsabilidad. Por otro lado, cuando el Apóstol dice: "ponlo a mi cuenta", él se refiere a una cuenta que no era suya realmente. El no tenía el antecedente. Esa es la *inculpación judicial:* es la sustitución.

Cualquier juicio inmaturo podría llegar a la conclusión de que los tres hechos principales que la Biblia presenta en relación con la inculpación del pecado: la imputación de pecado, la sustitución del pecador por Cristo y la adjudicación de la justicia de Cristo, son de carácter judicial. Esa estimación es la que ha caracterizado a ciertas escuelas de teología de las cuales ha surgido mucha doctrina equivocada. No es propio de este estudio, que se relaciona con la imputación del pecado, el detenerse a considerar los otros dos aspectos mencionados, a menos que sea por vía de ilustración. Esos dos aspectos corresponden a la Soteriología. Se verá, sin embargo, que el hecho de que Cristo le sirva de Sustituto al pecador, puesto que de ningún modo toma ese lugar por causa de sus propios pecados, es un claro ejemplo de la inculpación judicial. De la misma manera, la adjudicación de la justicia de Dios al creyente cristiano, aunque provee una base tan equitativa que por esa causa se dice que Dios es *justo* cuando justifica a los que creen en Cristo, sin embargo, no le otorga al creyente nada que haya sido su propio antecedente. Así que en la sustitución del pecador por Cristo hay una inculpación de carácter *judicial.* Sin embargo, en el caso de la imputación del pecado inicial de Adán a todos los miembros de la raza (de la cual Cristo es la única Excepción), hay una gran diferencia de opinión entre las diversas escuelas teológicas. Dividiremos este tema general sobre la imputación del pecado de la siguiente manera: (a) El alcance de la doctrina de la imputación del pecado; (b) teorías sobre la imputación del pecado; y (c) el remedio divino para el pecado que se le imputa al pecador.

I. EL ALCANCE DE LA DOCTRINA DE LA IMPUTACION DEL PECADO

El alcance de la controversia sobre la doctrina de la imputación del pecado se basa en el pasaje más teológico de la Biblia: Romanos 5:12-21. Este pasaje es esencialmente una elucidación de la declaración primaria que se establece en el versículo 12. De ello se deduce que cualquier interpretación del versículo 12 que no esté en armonía con los versículos 13 al 21 demuestra, por esa falta de armonía, que no es correcta. El verdadero estudiante de teología le dedica más tiempo a esta porción de las Escrituras. No es suficiente aceptar los mejores descubrimientos de los que estudian dicha porción, sino que demanda un penoso esfuerzo exegético. Al escribir sobre este punto, Stearns sugiere: "Cuando usted desee saber si algún hombre es un buen teólogo, abra el Nuevo Testamento griego de dicho hombre. Si se abre por su propia cuenta en el capítulo *5 de Romanos,* y usted ve que esa página está gastada y oscura, usted puede, con toda seguridad, tener a ese señor como un verdadero devoto de la ciencia sagrada" –*Present Day Theology,* pág. 321; citado por W. H. Griffith Thomas en *Principles of Theology,* pág. 163. En este gran pasaje se han concentrado los grandes pensamientos con los mejores propósitos. La interpretación racionalista es tan peligrosa aquí como en cualquier parte. Este asunto corresponde única y absolutamente a la revelación.

Como preparación para la exégesis correcta de Romanos 5:12, conviene observar que el primer pecado de Adán –llamado propiamente el *pecado original,* hasta donde concierne a la humanidad– es el tema fundamental que estamos discutiendo. Como ya se dijo, el primer pecado de Adán es la fuente causal de la cual proceden dos clases de influencia completamente diferentes. En el capítulo anterior estudiamos la naturaleza de pecado, que ha sido trasmitida, la cual pasa *por medio* de generación en generación y está estrechamente vinculada con la muerte espiritual. El objetivo del presente capítulo es la investigación de la otra corriente de influencia que surge del pecado inicial de Adán, que es la imputación del pecado al pecador, que constituye la única razón que la Palabra de Dios presenta como base para la imposición de la muerte física sobre la raza. La primera corriente de deducciones, ya estudiada, se relaciona con la *corrupción;* en tanto que la segunda, que es la que estamos estudiando, se relaciona con la *culpa.* Además de la revelación de que la culpa les corresponde a todos, está la verdad de que el castigo –la muerte física– se ha impuesto *directamente* sobre cada uno de los miembros de la raza, es decir, directamente desde

Adán a cada individuo, sin tener en cuenta las generaciones intermedias. Es como si sólo hubieran existido dos personas: Adán y ese miembro particular de la raza. Usando una moderna figura de dicción, diríamos que todo ser humano está relacionado con Adán, directa e individualmente, como por medio de una *línea privada.* Se pudiera dibujar un diagrama de dos líneas que bajan del mismo punto, el cual puede representar el pecado de Adán. Una de estas líneas es un arco inclinado hacia la derecha y la otra, un arco inclinado hacia la izquierda. Las dos convergen otra vez; y el punto de la nueva convergencia puede representar al individuo humano de cualquier tiempo y de cualquier lugar, pues este doble efecto del pecado de Adán alcanza a todos los miembros de la raza. Se puede hacer que una de las líneas represente la naturaleza adámica—que está emparentada con la muerte– la cual alcanza a todo individuo *mediante* la trasmisión del padre al hijo. Esta línea pudiera dividirse en muchas secciones que indiquen la intervención de las generaciones entre Adán y el individuo. Se puede hacer que la otra línea representa la imputación del pecado de Adán, la cual le llega al mismo individuo en forma directa desde Adán, sin tener en cuenta las generaciones intermedias. Aunque todos, en todas las generaciones, participan de esta relación personal con Adán, el carácter del individuo aislado de cada generación no mengua ni se confunde por ninguna circunstancia. La respuesta bíblica al asunto de que por qué cada persona está sujeta a la muerte física es que cada persona participa del pecado que afectó al mismo Adán, y que le causó la muerte física; y que, por tanto, cada persona participa también del castigo. La muerte física no se adquiere por herencia, ni tampoco es una infección que pasa de los padres a los hijos. Es el castigo por aquella acción impersonal, inconsciente, pero conjunta de cada individuo con Adán, en su desobediencia.

Ha resultado gran confusión cuando se identifica la naturaleza adámica y su corrupción con la idea de la culpa individual y el castigo que merece el individuo por su participación en ese pecado. No se debe olvidar que la naturaleza de pecado engendra cierta forma de culpabilidad, pero esa es aquella culpabilidad que surge de un *estado* del ser, mientras que la culpa por la participación se debe a la *acción.* Algunos escritores que han entrado en este campo difícil de la doctrina han enseñado, con una consciente desatención de la verdad vital, que la naturaleza de pecado es la causa de la muerte física. Es muy poca la aprobación que se puede hallar en las Escrituras para esa idea.

La muerte espiritual se halla implícita en Romanos 5:12-21 (pasaje que todavía nos queda por estudiar), pero cuando comenzamos con

Romanos 6:1, donde se ve que la naturaleza de pecado está en conflicto con la vida espiritual y con la santificación. En todo este pasaje se trata con respecto a la muerte espiritual. Naturalmente, la naturaleza de pecado y la muerte espiritual están en este caso estrechamente relacionadas como siempre. Producir el fruto de la naturaleza de pecado es estar en el camino, en el lado de la muerte espiritual; mientras que tener el poder para el bien por medio del Espíritu es estar en el camino, en el lado de la vida y de la paz (comp. Ro. 6:16, 21, 23; 7:5; 8:2, 6, 13). De los centenares de referencias que la Biblia hace con respecto a la muerte, sólo una mínima porción se refiere a la muerte espiritual. Tan grande es la preponderancia de los pasajes que se relacionan con la muerte física que multitudes de personas no caen en la cuenta de la verdad que corresponde a la muerte espiritual. El principal pasaje que trata sobre la muerte física, y que es el más intensamente teológico, es Romanos 5:12-21.

Este pasaje, como se dijo, consiste en una declaración primaria, que se restringe al versículo 12, mientras que todo lo demás —versículos 13-21— es la explicación de dicha declaración primaria. Por tanto, es razonable que nos dediquemos primero a descubrir el significado del versículo 12. Toda escuela de teología que se preocupe por las Escrituras busca su propia interpretación de este pasaje, para poder justificar sus afirmaciones o sus credos con respecto a la realidad del pecado y de la muerte, así como también con respecto a la realidad de la justicia y de la vida. Son muy pocas las porciones de la Biblia que han tenido que soportar tan variados tratamientos. Es probable que, hasta cierto punto, la verdad se encuentre en cada una de las interpretaciones que se hayan intentado, y también que haya algo de error en todas ellas; pero el objetivo de cada una de ellas es el de eliminar el error y establecer la verdad.

La colocación de este pasaje (Ro. 5:12-21) es un factor importante en la evaluación que se le haga. Está precedido de una porción (3:21-5:11) que contiene un mensaje de justificación y fe; y le sigue otra porción (6:1-8:13) que contiene un mensaje de santificación y fe. Se dice, tanto de la justificación como de la santificación, que se basan en la muerte de Cristo. La porción intermedia, que es la que estamos considerando, es la consumación de lo que precede y la preparación para lo que sigue. En este pasaje se nos presenta el cuadro oscuro del pecado y su castigo, en contraste con las glorias maravillosas de la justicia y de la vida. Allí se coloca a las dos cabezas universales de la raza, una junto a la otra, y se nos indican sus similitudes y diferencias. El primer Adán le trajo la ruina a la raza; el postrer Adán le trajo la salvación y la gloria a su pueblo. Hay muchos detalles en los paralelos en los cuales aparecen estas similitudes y diferencias. Estos detalles, aunque son de inmensurable importancia, por ningún motivo cambian el tema central, sino que más bien lo vigoriza. Y ese tema central es que aquello que perdió el primer Adán lo vuelven a obtener, con creces, los que reciben la gracia salvadora del último Adán. Existen muchas obras sumamente valiosas, tanto expositivas como exegéticas, que tratan este tema. Aquí sólo nos será posible una breve investigación sobre este pasaje.

Versículo 12. Para demostrar que es la consumación de la sección que le precede, que trata sobre la justificación (3:21-5:11), este versículo comienza con la expresión conjuntiva consecutiva "Por tanto". La idea es que, puesto que los hechos citados con respecto a la justificación son lo que son, se deduce que, como consecuencia, hay ciertas conclusiones y verdades adicionales. Sobre la conexión vital entre estas dos partes de las Escrituras, mediante la expresión conjuntiva *"por tanto"*, escribe el Dr. W. H. Griffith Thomas:

"La íntima relación de esta parte con la que inmediatamente le precede tiene que observarse con mucho cuidado. La primera expresión: "Por tanto" equivale literalmente a *en este sentido,* lo cual demuestra que el pensamiento continúa ininterrumpidamente. En los versículos 1-11 se ha demostrado que la justificación es permanente, y la prueba fundamental y garantía de esto es el mismo Dios, en el cual nos gloriamos (v. 11). La razón primaria se nos presenta en la porción que estamos estudiando (v. 12), al señalar que la relación del hombre con Adán lo envolvió en cierta clase de muerte por causa del pecado, y así su relación con Cristo le garantiza la vida sin falta. De este modo, estos versículos constituyen el centro lógico de la Epístola. Constituyen el gran punto central en el cual converge todo lo que precede, y del cual fluye todo lo que sigue. Las grandes ideas del pecado, la muerte y el juicio, según se indica aquí, van envueltas en la relación de la raza humana con Adán; pero, por otro lado, tenemos el hecho bendito de la unión con Cristo, y en esta unión tenemos la justicia y la vida. El hecho de representar a la humanidad en estas dos cabezas: Adán y Cristo, indica la significación de la obra redentora para toda la raza" –*St. Paul's Epistle to the Romans,* Vol. I, pág. 202.

La segunda palabra, "como", no es menos importante, puesto que es una partícula comparativa que indica el primero de una serie de contrastes, que son los que caracterizan a esta porción de las Escrituras. Las dos partes de este contraste son: la justificación que vino por medio de un Hombre contra la ruina que había venido por medio de otro hombre. El *como* relaciona lo dicho antes con la idea de la entrada del pecado por medio de un hombre. Se pudiera parafrasear de la siguiente manera: *Por tanto, así como el caso de la justificación es por un Hombre, así el caso de la ruina es por un hombre.* Tal es en realidad la esencia del argumento que sigue en el pasaje.

Las palabras "como el pecado entró en el mundo por un hombre" implican que el pecado ya había tenido su manifestación en otras esferas, y que el hombre, Adán, llegó a ser el medio o la puerta abierta por medio del cual entró el pecado en el mundo *cosmos.* Pero hay algo más. El texto continúa con la declaración: " . . . por el pecado la muerte". Aunque existe una estrecha relación entre la muerte espiritual y la muerte física –las dos tienen su origen en el primer pecado del primer hombre y, del mismo modo, convergen en cada individuo de la raza de Adán– el versículo 12 se refiere definidamente a la muerte física. Es posible que se haga alguna referencia, antes de llegar al fin del estudio de este pasaje, a la muerte, en una escala tan amplia que puede incluir ambas formas; pero esta palabra, en su declaración primaria, se refiere a la muerte física. El carácter universal de la muerte física no necesita argumentos. Así, las Escrituras declaran: "Y de la manera que está establecido para los hombres que mueran una sola vez, y después el juicio" (He. 9:27). El mensaje que el Apóstol declara en nuestro pasaje que estamos estudiando no es diferente: "así la muerte pasó a todos los hombres, por cuanto todos pecaron." El tiempo aoristo griego está bien traducido en nuestra Versión Reina-Valera revisada en 1960, en lo que se refiere a la última declaración. No es *por cuanto todos han pecado,* sino "por cuanto todos pecaron." En este punto, el idioma se esfuerza en indicarnos que todo miembro de la raza muere físicamente por el hecho de su propia participación en el pecado de Adán. Puesto que se tiene en mente un hecho único, completo e histórico, las palabras "todos pecaron" no pueden referirse a una naturaleza que resulta del hecho de ese pecado, ni puede referirse a los pecados personales de muchos individuos. No indica que el hombre llegó a ser perverso. Lo que indica la afirmación es que *todos pecaron* al mismo tiempo en las mismas circunstancias. De igual manera, el castigo, que es la *muerte,* no se debe a la contaminación, en cuyo caso indicaría que se refiere a la muerte espiritual, sino que se debe a la culpa por la participación en el acto; y eso indica la muerte física. La afirmación es clara; y lo que expresa es que todos participaron en el pecado inicial de Adán. Un pasaje paralelo, que tiene esta misma estructura gramatical, es el de Romanos 3:23: "Por cuanto todos pecaron." Sin ninguna base, se ha interpretado casi universalmente que este pasaje se refiere al pecado personal. *The International Revision Commentary,* editado por el Dr. Philip Schaff, dice lo siguiente: "Se refiere a un hecho único e histórico, es decir, al evento pasado de la caída de Adán, que fue virtualmente y al mismo tiempo la caída de la raza humana, representada por él y germinalmente contenida en él . . . En cuanto a la interpretación de las palabras, se puede insistir en que *"pecaron"* no es equivalente de *llegaron a ser perversos.* Hay dos puntos de vista al respecto: (1) Como hecho histórico, cuando Adán pecó, todos pecaron, por causa de la relación vital entre él y su posteridad. (2) Cuando Adán pecó, todos fueron declarados pecadores, por cuanto él era el representante de la raza. La objeción que se hace es que *pecaron* no es un término equivalente de *fueron considerados pecadores.* Eso hace que el paralelo entre Adán y Cristo sea más estrecho de lo que el pasaje parece garantizar hasta este punto (Romanos, Vol. VI, pág. 81, 82). Jamieson, Fausset, and Brown, en su *Comentario* (Zondervan Publishing House, 1934), declaran con respecto a esta misma frase: "Así la muerte alcanza a todo individuo de la familia humana, como el castigo le corresponde a cada uno de esos individuos." La construcción de la frase es tan exigente que los exégetas están de acuerdo en su gran mayoría. Extrañamente, sin embargo, Calvino no entendió la fuerza de la estructura de este pasaje cuando restringe su significado al hecho de nacer en pecado. Debe hacerse hincapié también en que sólo una explicación puede estar de acuerdo con el resto del pasaje que es de carácter explicativo, y que, naturalmente, esa interpretación es la que se requiere para la declaración primaria del versículo 12. La correcta interpretación del texto nos indica una real imputación del pecado de Adán a la raza humana. Si eso se puede explicar o entender es cosa completamente aparte del hecho de que tales palabras declaran que hay una imputación real, con su correspondiente culpa individual y el castigo, que es la muerte física.

El Dr. Charles Hodge dice:

"Este pasaje enseña claramente la doctrina de la imputación del pecado. Esta doctrina no incluye la idea de una identidad misteriosa de Adán con su raza, ni tampoco la de una trasferencia de la torpeza moral de su pecado a sus descendientes. No enseña que su ofensa fue personal o propiamente el pecado de todos los hombres, ni que este acto fue, en algún sentido misterioso, un acto de toda su posteridad. Tampoco implica, en relación con la justicia de Cristo, que esta justicia llega a ser personal e inherentemente nuestra, ni que su excelencia moral sea, en algún sentido trasmitida a los creyentes cristianos. El pecado de Adán, por tanto, no es la base del remordimiento nuestro; y la justicia de Cristo no es base de complacencia personal para aquellos a quienes se adjudica. Esta doctrina enseña sencillamente que, en virtud de la unión natural y representativa, entre Adán y su posteridad, el pecado de él sirve de base para la condenación de ellos, es decir, para que ellos estén sujetos a los males penales; y que, en virtud de la unión entre Cristo y su pueblo, la justicia de El sirve de base para la justificación de ellos. Para enseñar esta doctrina se utilizan muchas palabras (vs. 12, 15, 16, 17, 18, 19). Está tan claramente establecida esta doctrina, y tan a menudo repetida o declarada, y tan formalmente probada, que son pocos los comentaristas que no reconocen, en una forma o en otra, que esa es la doctrina del Apóstol"–*Commentary on the Epistle to the Romans,* edición de 1854, págs. 167, 168.

En su mayor parte, ésta es una declaración aceptable y luminosa. Sin embargo, parece que la declaración del Dr. Hodge diera la impresión de que no reposa sobre cada miembro de la raza una responsabilidad real, que sea suficiente para garantizar el castigo con la muerte.

La dificultad que surge casi en cada mente, con respecto al mensaje aparente de este versículo, consiste en la incapacidad universal para comprender qué es lo que envuelve la representación por medio de una cabeza general. Esta incapacidad es de lo más natural, puesto que no hay otra relación similar en la esfera general de la experiencia humana. En Adán estaba toda la raza potencialmente, de un modo que no se le puede atribuir a ninguno de los siguientes progenitores de su linaje. Ningún otro hombre fue primero en las generaciones de la humanidad; ni ningún otro hombre recibió la comisión divina de esta responsabilidad única. En Abraham, como progenitor de la raza de Israel, vemos una cabeza menos perfecta: la realidad sólo se halla en el linaje de Jacob. Sin embargo, Cristo es la cabeza perfecta de la nueva creación. Todo el simbolismo que hay en Adán con respecto a Cristo se basa en el hecho de que ha habido dos cabezas perfectas de la raza. Abraham, aunque es muy importante en su relación con Israel, no aparece en este simbolismo. Sin embargo, la más luminosa referencia de la Biblia con respecto a la cabeza de un linaje tiene que ver con Abraham. Dicho pasaje no sólo se refiere a la cabeza universal de un pueblo, sino que también declara que divinamente se reconoce que la descendencia actuó cuando se encontraba en los lomos de esa cabeza de linaje. Nos estamos refiriendo a Hebreos 7:9, 10, donde leemos: "Y por decirlo así, en Abraham pagó el diezmo también Leví, que recibe los diezmos; porque aún estaba en los lomos de su padre cuando Melquisedec le salió al encuentro." Leví, que, en su propia vida, según el arreglo divino, recibió los diezmos, no obstante pagó los diezmos a Melquisedec cuando estaba en los lomos de su bisabuelo Abraham (Gn. 14:20). Nadie alegaría que Leví pagó conscientemente o con propósito determinado sus diezmos a Melquisedec; sin embargo, Dios afirma que él los pagó. Esa es la estimación de Dios. Del mismo modo, nadie afirmaría que todo individuo de la raza de Adán pecó con él, conscientemente o con propósito determinado. Sin embargo, no puede haber duda de que Dios inculpa de la transgresión de Adán a cada uno de los miembros de la raza. En 1 Corintios 15:22, aparece la siguiente declaración: "Porque así como en Adán todos mueren, también en Cristo todos serán vivificados." Esa declaración implica la misma acción conjunta que se expresa en las palabras: *"todos pecaron."* En realidad, Dios no ve sino a dos hombres; y cada uno de los miembros de la raza está en el uno o en el otro. Los no regenerados están *en Adán;* los regenerados están *en Cristo.* La incapacidad para comprender la manifestación de esta clase de verdad surge de la inhabilidad para llegar a una profunda comprensión de lo que se nos quiere decir cuando se nos indica que algunos miembros de la familia humana están *en Adán,* y otros están *en Cristo.* La mente puede comprender los resultados específicos, pero no puede discernir la profunda realidad que entra en la relación de una cabeza con la agrupación que representa. Se verá en el desarrollo posterior de este pasaje –Romanos 5:12-21– que, tal como Cristo lo declaró (Jn. 14:20), y como lo elucidó el apóstol Pablo, por el hecho de estar el cristiano *en Cristo,* son inmensurables las bendiciones que fluyen de esa base. Por tanto, todos reconocen que el principio de imputación del pecado de la cabeza universal a su posteridad está establecido. Consecuentemente, todos debieran reconocer con entera libertad que al hombre natural le corresponden el daño y el desastre –incluyendo la muerte– por causa de estar *en Adán.* Esa es su posición. Con el mismo fin, y con respecto al hecho de que Cristo aceptó la inculpación que le correspondía al hombre, está escrito: "que si uno murió por todos, luego todos murieron" (2 Co. 5:14). La participación del pecador en la muerte de su Sustituto es, pues, contada como si fuera la propia muerte del pecador por sí mismo (es posible que el estudiante no haya notado que, aunque las traducciones no son siempre satisfactorias, ciertos pasajes se refieren a la acción de la muerte de Cristo en su condición de Sustituto, como si fuera una acción del mismo pecador: Ro. 6:2: " . . . los que hemos muerto al pecado." Ro. 6:6: " . . . nuestro viejo hombre fue crucificado juntamente con él." Col. 3:3: " . . . habéis muerto . . ." Ef. 4:22: " . . . despojaos del viejo hombre." Comp. Col. 3:9).

Así se ve que, según el principio de imputación, ciertas realidades de una persona se le inculpan a otra. El asunto queda completamente explicado cuando se consideran los tres hechos: se indica la necesidad del hombre por el hecho de que el pecado de Adán se le imputa a su posteridad; se logra la salvación del hombre cuando Cristo lo sustituye, tomando sobre Sí la culpa humana; y se establecen la norma eterna y la felicidad para el hombre al adjudicarle a éste la justicia de Dios, cuando él está en Cristo mediante el bautismo del Espíritu. Si se rechaza la doctrina de la imputación del pecado de Adán a la raza, entonces, la consecuencia demanda que también se rechacen la doctrina de la sustitución y la doctrina de la posición en Cristo.

Se concede que se pueden notar ligeras diferencias en ciertos respectos, cuando se comparan estos tres hechos. Estas diferencias se desarrollan en gran parte en atención a que la *imputación* del pecado de Adán a la posteridad es real, en tanto que tanto la *sustitución* del pecador por Cristo y la *adjudicación* de la justicia de Dios al creyente cristiano son de carácter judicial. No se dice nunca de ningún pecador que haya actuado conscientemente, ni de ninguna otra manera, para que se le adjudiquen los beneficios que fluyen de la muerte de Cristo, ni tampoco se dice que haya actuado de algún modo para lograr la perfecta posición de justicia en Cristo, pero sí se declara que toda la posteridad pecó con Adán en su pecado. Este aspecto particular, que envuelve la participación del pecador, no se halla ni en la *sustitución* ni en la *adjudicación;* pero sí es lo que vigoriza la realidad de la *imputación* del pecado de Adán a su descendencia.

Se puede deducir, entonces, que las palabras *"todos pecaron"* afirman que toda la humanidad –con excepción de Uno– está divinamente inculpada de haber participado en el pecado de Adán, y que el castigo por esa participación es, en cada individuo, la muerte física. Es natural suponer que esta expresión *–todos pecaron–* se refiera al pecado personal en la vida de cada individuo. Tan general es esta tendencia, a pesar de las traducciones claras, que el Espíritu de Dios dirigió al Apóstol para que presentara una prueba conclusiva de que allí no había ninguna referencia al pecado personal. Esta prueba es la que se encuentra en los dos versículos siguientes del pasaje.

Versículos 13, 14. "Pues antes de la ley, había pecado en el mundo; pero donde no hay ley, no se inculpa de pecado. No obstante, reinó la muerte desde Adán hasta Moisés, aun en los que no pecaron a la manera de la transgresión de Adán, el cual es figura del que había de venir." El obispo Moule, al escribir sobre los dos usos de la palabra *ley* en el versículo 13, dice: "En griego, estas dos palabras están sin artículo. A pesar de alguna dificultad, tenemos que interpretar que la primera se refiere a la ley de Moisés, y la segunda a otra ley de alguna clase. Probablemente se refiere a la voluntad declarada de Dios en general, contra la cual pecó Adán en su caso particular, y contra la cual nosotros también pecamos *en Adán" –Cambridge Bible, Romans,* pág. 105. La expresión "había pecado en el mundo" indica que el carácter de Dios era entonces como ha sido siempre aquello contra lo cual pecan los hombres; pero, como no había sido dada ninguna declaración escrita sobre las exigencias de Dios, no se podía inculpar a los hombres de haber quebrantado algo que no existía. Una ilustración muy útil para esta situación es la que se halla en las palabras de Cristo a sus discípulos con respecto a los gobernantes judíos: "Si yo no hubiera venido, ni les hubiera hablado, no tendrían pecado; pero ahora no tienen excusa por su pecado . . . Si yo no hubiese hecho entre ellos obras que ningún otro ha hecho, no tendrían pecado; pero ahora han visto y han aborrecido a mi y a mi Padre" (Jn. 15:22, 24). El Apóstol continúa con las palabras: "No obstante, reinó la muerte"; las cuales prueban que la muerte no se debe a la transgresión personal contra la ley en su forma revelada. Algunos expositores sostienen que la prueba de que el versículo 12 no se refiere al pecado personal está en el hecho de que no había ley contra la cual el hombre hubiera podido pecar. Otros sostienen que la evidencia de que no se refiere al pecado personal se halla en la verdad de que los niños y las personas incompetentes también mueren, como todos los demás; sin embargo, éstos no habían pecado voluntariamente en la forma como lo hizo Adán. Este último argumento, aunque es conclusivo, no se restringe al asunto de la edad. Probablemente las dos interpretaciones son correctas, y la evidencia es completa para probar que la muerte física no es el castigo por el pecado personal, sino el castigo por la participación en el primer pecado de Adán, como cabeza universal de la raza. El versículo 14 termina con la declaración de que Adán " . . . es figura del que había de venir." Unos pocos intérpretes creen que esta es una alusión a la segunda venida de Cristo, que todavía no se ha cumplido. Hay que recordar que el primer advenimiento de Cristo era una esperanza vital para el período de que estamos hablando. Los rabinos creían que el último Adán era el Mesías. Sin duda, esto era lo que creía el Apóstol antes de conocer a Cristo el Salvador.

Versículos 15-19. "Pero el don no fue como la transgresión; porque si por la transgresión de aquel uno murieron los muchos, abundaron mucho más para los muchos la gracia y el don de Dios por la gracia de un hombre, Jesucristo. Y con el don no sucede como en el caso de aquel uno que pecó; porque ciertamente el juicio vino a causa de un solo pecado para condenación, pero el don vino a causa de muchas transgresiones para justificación. Pues si por la transgresión de uno solo reinó la muerte, mucho más reinarán en vida por uno solo, Jesucristo, los que reciben la abundancia de la gracia y del don de la justicia. Así que, como por la transgresión de uno vino la condenación a todos los hombres, de la misma manera por la justicia de uno vino a todos los hombres la justificación de vida. Porque así como por la desobediencia de un hombre los muchos fueron constituidos pecadores, así también por la obediencia de uno, los muchos serán constituidos justos."

Después de haber afirmado la verdad de que Adán es figura de Cristo, el Apóstol continúa en esta porción enumerando ciertos paralelos y contrastes entre los dos. El Dr. W. H. Griffith Thomas hace el siguiente comentario sobre estos versículos:

"*Transgresión y don* (v. 15). No hay necesidad de considerar los versículos 13-17 como un paréntesis. Es mucho más simple y más natural considerar que los versículos 15 y 16 nos ofrecen los detalles de la analogía que se presenta en términos generales en los versículos 12 al 14. Y en todo sentido sería más claro y estaría en mejor armonía con el argumento la adopción de la forma interrogativa en estos versículos, de tal modo que leyéramos así: "¿Pero no debiera ser también el don así como fue la ofensa? " Si Adán es figura de Cristo, ¿no debiera haber alguna correspondencia entre la caída del uno y el don del otro? Con toda seguridad, ellos se parecen en sus efectos profundos, porque si por el pecado de uno, los muchos que tenían relación con él quedaron envueltos en muerte, es mucho más fácil creer que el sacrificio de gracia de un Hombre, Jesucristo, el Favor amante de Dios y su Don de justicia, abundara para los muchos que tienen relación con El.

Condenación y justificación (v. 16). Aquí podemos pasarnos otra vez a la forma interrogativa: "¿Y no debiera suceder con el don como en el caso de aquel uno que pecó? " Es decir, ¿no hay también una correspondencia entre el don de Dios y la ruina del hombre, con respecto al hecho de que tal ruina fue causada por un solo hombre? Porque en realidad, el don, que lleva a un justo descargo de la deuda del hombre fue ocasionado por muchas transgresiones; mientras que el juicio que lleva a condenación fue ocasionado por la transgresión de un solo hombre.

Muerte y vida (v. 17). En este caso indudablemente hay correspondencia, pues si en virtud de aquella única transgresión de un hombre, se estableció el imperio de la muerte por medio de la acción del hombre, es mucho más fácil creer que se establezca un reino de una clase completamente diferente (esto es, que esté en mejor armonía con el corazón de Dios), por medio de la acción de un Hombre, Jesucristo . . . Por supuesto, hay notables contrastes entre el pecado de Adán y la obra de Cristo; pero los mismos contrastes vigorizan el argumento para la analogía, que es el gran punto en el que Pablo desea insistir. La primera semejanza entre Adán y Cristo está en que tanto en la caída como en la Redención lograron profundos efectos: en ambas, "los muchos" están envueltos (v. 15). La segunda semejanza se halla en el hecho de que el resultado en ambos casos se produjo por medio de la acción de "un hombre" (vs. 16, 17).

Transgresión y justicia (v. 18). Aquí se reúnen varios puntos de comparación en una conclusión. Por un lado tenemos como causa una transgresión, y su efecto se extiende a todos los hombres para condenación. Por otro lado tenemos como causa una sentencia justa de descargo de la deuda, y el efecto se extiende a todos los hombres para justificación, lo cual conduce a la vida. Estas diferencias, sin embargo, sólo vigorizan el argumento de las correspondencias, en atención a que la gracia es más fuerte que el pecado. Si "los muchos" fueron envueltos en el pecado y en la muerte por medio de un hombre, Adán; "mucho más" podemos creer que "los muchos" serán envueltos en la justicia y la vida por medio de un Hombre, Jesucristo.

Desobediencia y obediencia (v. 19). Hay un punto en la comparación que está todavía incompleto. El pecado de Adán no ha sido contrastado con la obediencia de Cristo, sino con la causa de esa obediencia, la gracia (v. 15), y con el resultado de ella, el don (vs. 17, 18). Ahora se nos indica que esos efectos se lograron por medio de la obediencia de Cristo, que es exactamente el contraste de la desobediencia de Adán. Porque, como por la desobediencia de un hombre, Adán, los muchos que tenían relación con él fueron clasificados como pecadores, así por la obediencia de Un Hombre, Jesucristo, los muchos que tienen relación con El serán clasificados como justos."–*St. Paul's Epistle to the Romans,* Vol.I, págs. 206-209.

Versículo 20. "Pero la ley se introdujo para que el pecado abundase; mas cuando el pecado abundó, sobreabundó la gracia."

Hay dos aspectos que culminan en el versículo 20, a saber: *la desobediencia de un hombre,* y *la obediencia de un Hombre.* (La primera está sujeta a imputación; la segunda es la obra de sustitución de Cristo por el inculpado). Los dos aspectos han estado presentes hasta este punto. El judío hubiera podido preguntar con toda razón: ¿Si sólo hay condenación por el pecado de Adán, y justificación en Cristo, para qué sirve la ley? A esta pregunta se puede responder que la ley entró *(llegó al lado de* . . . como alrededor y sobre la verdad de que los hombres ya eran pecadores), para que la ofensa se hiciera mayor, para que se multiplicara. El imperio de la ley comenzó en el Sinaí y finalizó con la muerte y la resurrección de Cristo. La ley es, pues, un *modus vivendi ad interim,* "hasta que viniese la simiente." Es una administración temporal y no debe considerarse nunca como el principal objetivo divino –como ha sido considerada a menudo. La ley "fue añadida" (Gá. 3:19). Sobre la aparente injusticia de aquello que de una vez hace que crezca la base de la condenación, escribe F. W. Grant:

" . . . la ley se introdujo para que el pecado abundase." Uno pudiera preguntarse: ¿Se necesitaba eso? ¿No era eso agregar dificultad a la dificultad? ¿No era hacer más grande el infortunio de tal modo que no hubiera liberación? No es que así parezca, sino que debiera parecer en realidad; pero en realidad así fue: la ley, como lo veremos cabalmente en el argumento del capítulo 7, por causa de su oposición al mal innato, lo hizo elevar a su actividad completa y le comunicó nuevas energías: " . . . el poder del pecado, (es) la ley" (1 Co. 15:56). Esta fue en realidad su misión; y si eso hubiera sido todo, hubiera habido un desastre: ¡una administración en realidad de muerte y condenación! (2 Co. 3:7, 9). Pero la ley vino de paso, según lo dice al Apóstol, a cumplir un designio temporario, a hacer manifiesta la desesperada condición del hombre fuera de la gracia, en que todo mandato de Dios promueve la hostilidad del hombre: " . . . la ley se introdujo para que el pecado abundase" –*The Numerical Bible; Acts to II Corinthians,* pág. 223.

Pero cuando el pecado abundó, entonces la gracia sobreabundó. La enfermedad salió a la superficie mediante actos manifiestos. Las palabras que se tradujeron "abundó" y "sobreabundó" son muy diferentes en el original. El pecado se multiplicó; la gracia sobreabundó.

Versículo 21. "Para que así como el pecado reinó para muerte, así también la gracia reine por la justicia para vida eterna mediante Jesucristo, Señor nuestro."

Al terminar esta discusión, el Apóstol vuelve a declarar el contraste: el pecado reinó para muerte; la gracia reina para vida. Así se nos presenta el último contraste: es entre la *muerte* y la *vida.* La primera, por medio de Adán; la última, por medio de Cristo. Como siempre sucede en la Biblia, el cuadro oscuro del pecado se pinta sólo para que se vean más claramente las glorias de la gracia sanadora de Dios. Este cuadro, tal como lo pintó Besser, aparece así: *"Pecado, muerte, gracia, justicia, vida.* Estos cinco aspectos aparecen del siguiente modo: La gracia es la más alta que se eleva en el centro; a la izquierda aparecen los dos gigantes conquistadores: el pecado y la muerte; a la derecha, el doble premio de la victoria: la justicia y la vida; y sobre el nombre oculto de Adán aparece lozana la gloria del nombre de Jesús" –citado por M. B. Riddle, *Romans,* pág. 88.

Como comentario adicional sobre este pasaje, reproducimos completamente las observaciones de Jamieson, Fausset, and Brown, en su *Comentario,* que se encuentra al final de su luminosa exégesis sobre Romanos 5:12-21:

"Al repasar esta sección de oro de nuestra Epístola, se nos ocurren las siguientes observaciones adicionales: (1) Si esta sección no enseña que toda la raza de Adán, que estaba en él como cabeza universal de la raza, 'pecó en él y cayó con él en su primera transgresión', podemos quedarnos sin esperanza de lograr una exposición inteligible de dicha porción. El Apóstol, después de decir que el pecado de Adán introdujo la muerte en el mundo, no dice: *'y así la muerte pasó a todos los hombres por el hecho de que Adán pecó'*, sino *'por cuanto todos pecaron.'* Así que, de acuerdo con la enseñanza del Apóstol, *la muerte de todos se debe al pecado de todos;* y como esto no puede referirse a los pecados personales de cada individuo, sino a algún pecado del cual hasta los niños son culpables en forma inconsciente, igualmente que los adultos, lo único que puede significar es que la primera transgresión de la cabeza común se considera como *pecado de cada uno* de los miembros de su raza, y se castiga, como tal, con la muerte. Sería inútil volver atrás de esta imputación de la culpa del primer pecado de Adán a toda la raza, por el hecho de que parece que tuviera la apariencia de *injusticia.* Porque no solo todas las teorías están expuestas a la misma objeción, en una forma o en otra –además de ser inconsecuentes con el texto– sino que los *hechos reales de la naturaleza humana,* que nadie discute, y que no pueden explicarse, envuelven esencialmente las mismas dificultades que el *principio* sobre el cual el Apóstol aquí las explica. Si admitimos este principio, respetando la autoridad del Apóstol, un diluvio de luz cae inmediatamente sobre ciertos aspectos de los procedimientos divinos, y sobre ciertas porciones de los Oráculos divinos, que de otro modo quedarían envueltos en gran oscuridad. Y si el principio mismo parece duro para poderlo comprender, no es más duro que la *existencia del mal,* la cual, como hecho, no admite discusión, pero como un aspecto de la administración divina no admite explicaciones en su presente estado. (2) Lo que se llama *pecado original,* o sea aquella tendencia depravada hacia el mal con que cada hijo de Adán viene a este mundo, no se trata formalmente en esta porción (ni siquiera en el capítulo 7 de Romanos, donde más bien se trata sobre su naturaleza y su operación, y no sobre su relación con el primer pecado). Pero, en forma indirecta, esta porción da testimonio de ese hecho, pues representa el pecado original, a diferencia de cualquier otro, con una *vitalidad perdurable* en el seno de todo hijo de Adán, como un principio de desobediencia cuya virulencia se ha introducido en el nombre familiar de 'pecado original.' (3) ¿En qué sentido se emplea en todo este pasaje la palabra *muerte?* Ciertamente no se emplea en el sentido de la muerte *temporal,* como lo afirman los comentaristas arminianos. Pues como Cristo vino a deshacer lo que Adán hizo, lo cual está todo comprendido en la palabra *muerte,* habría que deducir entonces que Cristo sólo ha disuelto la sentencia por la cual el alma se separa del cuerpo en la muerte. Pero a través del Nuevo Testamento se nos enseña que Cristo ofrece una salvación que nos salva de una *muerte* inmensamente más inclusiva. Pero tampoco se emplea aquí el término *muerte* meramente en el sentido del *mal penal,* es decir, en el sentido de 'cualquier mal que se impone en el castigo por el pecado y en defensa de la ley' (Hodge). El asunto queda muy indefinido cuando entendemos que el término *muerte* es sólo una figura del lenguaje que representa el 'mal penal' en general –idea que, por cierto es extraña a la sencillez de las Escrituras– o por lo menos, entendiendo por *muerte,* en el sentido estricto de la palabra, sólo una parte de lo que ella significa; a la cual no debe acudirse mientras pueda hallarse una explicación más sencilla y natural. Por 'muerte', entonces, en esta porción, entendemos la destrucción del pecador, en el único sentido en que tal acción es posible. Aun la muerte temporal se llama 'destrucción' (Dt. 7:23; 1 S. 5:11, etc.), como una extinción de todo lo que los hombres consideran vida. Pero en algunas porciones bíblicas (Mt. 7:13; 2 Ts. 1:9; 2 P. 3:16 y otras) se expresa claramente una destrucción que se extiende tanto al cuerpo como al *alma,* y *al mundo futuro.* Esta es la *muerte penal* a que se refiere nuestro pasaje, y en vista de ello, retenemos ese sentido de la palabra, que es el propio. La vida –como un estado de disfrute del favor de Dios, de pura comunión con El, y de sujeción voluntaria a El– es algo malogrado desde el momento en que se halló el pecado en la criatura. En este sentido, la amenaza: '. . . el día que de él comieres, ciertamente morirás', se llevó a efecto inmediatamente en el caso de Adán, cuando él cayó. De ese momento en adelante, él estaba "muerto en vida". Y esa es la condición de todos los miembros de su posteridad desde el momento del nacimiento. La separación entre el alma y el cuerpo por causa de la muerte temporal conduce a la 'destrucción' del pecador un paso más adelante, al disolver su conexión con el mundo, del cual él extrajo una existencia placentera aunque desgraciada, y al introducirlo a la presencia de su Juez –primero, como espíritu sin cuerpo, pero luego, también con el cuerpo, en una condición permanente. Allí los pecadores 'sufrirán pena de eterna perdición, excluidos de la presencia del Señor y de la gloria de su poder' (este es el estado final). Así que, esta extinción, mediante la cual se le quita al cuerpo y al alma todo aquello que constituye la vida, pero que siempre le deja la eterna conciencia de una existencia desgraciada, es la 'MUERTE' en su sentido más amplio y más horrible.

No creemos que Adán entendió todo eso. Le era suficiente entender que 'el día que' desobedeciera iba a terminar su período de vida bendita. En esa idea sencilla estaba envuelto todo lo demás. Pero no era necesario que el comprendiera todos sus *detalles.* Ni es necesario, para llegar a esta conclusión, suponer que en ella entra todo lo que se nos quiere decir en todos los pasajes bíblicos en que aparece la palabra 'muerte'. Es suficiente saber que todo lo que hemos descrito está en el fondo del asunto, y que se cumplirá en todos aquellos que no sean felices súbditos del reino de la gracia. Sin duda alguna, todo esto es lo que se nos quiere indicar en un pasaje tan sublime y amplio como este: '. . . Dios . . . ha dado a su Hijo . . . para que todo aquel que en él cree, no se pierda, *mas tenga vida eterna'* (Jn. 3:16). ¿Y no debieran apresurarnos los indecibles horrores de la "MUERTE" –que ya "reina" en todos los que no están en Cristo, y se precipita hacia la consumación– a que huyamos rápidamente hacia 'el segundo Adán', para que recibamos 'la abundancia de la gracia y del don de la justicia', y así podamos reinar 'para VIDA eterna mediante Jesucristo, Señor nuestro"? (traducción directa).

II. TEORIAS CON RESPECTO A LA IMPUTACION

Como era de esperarse, este pasaje ha hecho surgir muchas interpretaciones sobre su enseñanza relativa a la *imputación*. Algunos se han ido por vías extrañas de especulación. Es esencial que el estudiante esté informado con respecto a los puntos de vista más generales que los hombres han presentado. A continuación anotaremos la breve introducción al estudio de Romanos 5:12-21, y el resumen (compendiado) de esta gran verdad, que nos ofrece *The International Revision Commentary*, editado por el Dr. Philip Schaff:

"El dominio universal del pecado y de la muerte sobre la raza humana es un hecho que el Apóstol enseña claramente en este pasaje, y nuestras experiencias religiosas lo confirma diariamente. Este dominio se extiende en línea ininterrumpida hasta nuestros primeros padres, por cuanto la transgresión de Adán está en relación causal con la culpa y el pecado de su posteridad. El Apóstol afirma esta relación, para poder ilustrar la bendita verdad de que el poder y el principio de la justicia de la vida comienzan en Jesucristo, el segundo Adán. De cualquier modo que se explique la existencia del pecado, siempre es una realidad terrible e inexorable. Lo menos que podría hacerse sería explicarla mediante la negación de los hechos salvadores paralelos, con los cuales, sin embargo, se contrasta, y que son prominentes en la mente del Apóstol a través de todo este pasaje. Los puntos principales que él sostiene y que, por tanto, tienen que entrar en cualquier teoría consecuente con su punto de vista sobre el pecado original son: (1) Que el pecado de Adán es el pecado de toda la posteridad (v. 12); es necesario determinar mediante el estudio de todo el pasaje, en qué sentido es cierta esa declaración. (2) Que hay un paralelo y un contraste entre la relación de Adán con su posteridad y la de Cristo con su pueblo (vs. 14-19). (3) Que este paralelo se aplica al punto que se ha discutido tan completamente en la primera parte de la epístola, es decir, que a los creyentes cristianos se les *adjudica* la justicia (vs. 12-18). (4) Que la relación de estas dos cabezas representativas de la raza tiene resultados de carácter moral; que la culpa y el pecado, la justicia y la vida, están relacionadas de un modo inseparable (vs. 17-19).

Se pueden repasar las diversas teorías que existen sobre estas posiciones:

I. TEORIA PANTEISTA DE LA NECESIDAD. Esta considera que el pecado es un atributo esencial (una limitación) de lo finito, y destruye el antagonismo radical entre el bien y el mal. No tiene nada en común con los puntos de vista de Pablo sobre el pecado y la gracia.

II. HEREJIA PELAGIANA. Explica la caída de Adán como un acto de desobediencia comparativamente trivial, infantil y que establece un mal ejemplo. Sostiene que todo niño nace inocente y perfecto, aunque falible, como Adán cuando fue creado. Esta teoría no explica nada, y virtualmente niega todas las afirmaciones que se hacen en este pasaje. Sus afinidades, lógica e históricamente, son con el socinianismo y con las múltiples formas de racionalismo. Esa teoría, y cualquier otra que niegue la relación de Adán con la posteridad en su pecado, no se enfrenta al gran problema de la salvación de aquellos que mueren en la infancia. Tales teorías, lógicamente, los excluyen del cielo de los redimidos, ya mediante la negación de que ellos necesitan salvación, o mediante el rechazamiento del único principio según el cual esa salvación, si ellos la necesitaran, es posible; es decir, el principio de la imputación del pecado de Adán a su posteridad.

III. TEORIA SOBRE LA CAIDA DE TODOS LOS HOMBRES ANTERIOR A ADAN. Esta implica la preexistencia de almas, según la idea de Platón y de Orígenes. Es pura especulación, e inconsecuente tanto con el versículo 12 de Romanos 5 como con el capítulo 3 de Génesis. Incidentalmente, esta teoría encuentra oposición en Romanos 9:11.

IV. TEORIA AGUSTINIANA O REALISTA. Sostiene que la relación entre Adán y su posteridad fue tal que, mediante su transgresión individual, él vició la naturaleza humana y la trasmitió, en ese estado corrupto y culpable, a sus descendientes mediante la generación física, de tal modo que hubo una participación impersonal e inconsciente de toda la raza humana en la caída de Adán. Hay, sin embargo, la siguiente diferencia: la transgresión individual de Adán dio como resultado la naturaleza de pecado; mientras que, en el caso de sus descendientes, la naturaleza de pecado o voluntad depravada da como resultado la transgresión individual. Esta opinión está de acuerdo en lo esencial con la exégesis gramatical del versículo 11; pero el mismo Agustín explicó incorrectamente el término 'por quien' de dicho versículo, y lo interpretó como si fuere *por aquel,* es decir, por Adán. Esta teoría acepta, pero no explica, la relación entre los géneros y las especies. Como en todos los demás asuntos que pertenecen a la fe, nos deja confrontados con un misterio. . .

V. TEORIA DE QUE ADAN ES CABEZA UNIVERSAL DE LA HUMANIDAD POR REPRESENTACION VICARIA. Sostiene que él es cabeza de la humanidad en virtud de cierto pacto que se hizo con él. Supone un pacto unilateral, llamado el pacto de las obras (para distinguirlo del pacto de la gracia), según el cual Adán debía someterse a prueba moral en representación de todos sus descendientes, de tal modo que su acto de obediencia o desobediencia, con todas sus consecuencias, se les contaría como de ellos, en la misma forma como la justicia del segundo Adán se le cuenta a todo su pueblo. Esta transacción, por ser *unilateral,* tiene su base fundamental en la complacencia soberana de Dios. Esta teoría es parte del sistema teológico desarrollado en Holanda, y ampliamente incorporado en las normas de la Asamblea de Westminster. Es necesario, sin embargo, hacer también una distinción en este caso.

1. Los fundadores y principales abogados de la teoría de que Adán es cabeza universal de la humanidad combinaron con ella el punto de vista agustiniano de la participación impersonal e inconsciente de toda la raza humana en la caída de Adán; por tanto, consideraremos que la imputación del pecado a la posteridad descansaba sobre bases a la vez éticas y legales. Este punto de vista, que difiere levemente de la opinión agustiniana, parece que concuerda mejor con los cuatro puntos fundamentales de nuestro pasaje, pues reconoce que Adán es cabeza tanto universal como natural de la raza.

2. Las escuelas que excluyen el elemento ético, y sólo sostienen que Adán es cabeza universal, afirman que, en virtud de ser Adán esa cabeza, y del arreglo soberano, su pecado y su culpa se les imputan directa e inmediatamente a todos los miembros de su posteridad. Eso hace que el paralelo entre Adán y Cristo sea exacto, en lo que corresponde a la imputación del pecado de Adán y a la adjudicación de la justicia de Cristo. 'En virtud de la unión entre él y sus descendientes, su pecado es la base judicial para la condenación de la raza; precisamente como la justicia de Cristo es la base judicial de la justificación de su pueblo.' Este punto de vista no niega que Adán es la cabeza natural de la raza, pero afirma que 'además, y sobre esta relación natural que existe entre el hombre y su posteridad, hubo una disposición divina especial, por medio de la cual él fue escogido como cabeza y representante de su raza' -(Hodge, *Theology*, Vol. II, ps. 195,197).

VI. RECHAZAMIENTO DE LA IMPUTACION. En agudo antagonismo contra la última teoría que hemos presentado, la mayor parte de los teólogos de la Nueva Inglaterra, virtualmente rechazaron por completo la doctrina de la imputación. Ellos 'sostienen que la perversidad de los descendientes de Adán es resultado, con *infalible certeza* (aunque no por necesidad), de su transgresión; algunos de ellos sostienen la depravación hereditaria, antes de la elección pecaminosa; otros enseñan que la primera elección moral de todos es universalmente pecaminosa, a pesar de la capacidad para la acción contraria.' En este sentido se hace una agradable distinción entre la habilidad natural y la inhabilidad moral. En tanto que esta teoría sea consecuente consigo misma, niega que la expresión 'todos pecaron' (v. 12) se refiera al pecado de Adán; más bien la toma como equivalente del pretérito perfecto *todos han pecado*, es decir, han pecado personalmente en el primer acto responsable.

VII. EL SEMI-PELAGIANISMO Y LAS TEORIAS ARMINIANAS AFINES. Aunque estas teorías difieren la una de la otra, están de acuerdo en que admiten la unidad en Adán, y los desastrosos efectos de la transgresión de Adán; pero consideran la corrupción hereditaria como un mal o infortunio, no propiamente como pecado ni como culpa procedente de ella y que nos exponga al castigo. El arminianismo, sin embargo, en este punto, se inclina hacia el agustinianismo aún más que el mismo semi-pelagianismo. Este último no le concede toda la fuerza al lenguaje del Apóstol en esta porción, ni simpatiza con su profundo sentido de la culpa y de la perversidad del pecado. Los abogados de cada una de estas dos corrientes no presentan ninguna declaración explícita y uniforme sobre este punto doctrinal.

Las opiniones que parecen apegarse más estrechamente al sentido gramatical de las palabras del Apóstol envuelven misterios de psicología, fisiología, ética y teología. Además de la revelación, nos enfrentamos con el hecho innegable, inexorable y terrible del dominio universal del pecado y de la muerte sobre toda la raza, tanto en niños como en adultos. No hay sistema de filosofía que pueda explicarnos eso; fuera de la Redención cristiana, el misterio permanece completamente en la oscuridad, pues carece de la iluminación del gran misterio del amor. De ahí que sea sabio, si intentamos penetrar en la tenebrosidad que envuelve el origen de esta terrible enfermedad, seguir tan de cerca como sea posible las palabras que nos revelan la curación. ¡Y cuánto más cuando el evidente propósito del Apóstol en este pasaje es el de darle la debida prominencia a la Persona y a la obra del Segundo Adán. Sólo en ello podemos hallar cualquier solución práctica para el problema relacionado con la primera cabeza de toda la raza; sólo allí podemos percibir la triunfante vindicación de la justicia divina y de la misericordia. La mejor ayuda para la unidad en la doctrina del pecado original consistiría en lograr las más profundas experiencias de aquello que se expresa con las palabras 'mucho más' (v. 17), que es lo que nos correponde a nosotros en Cristo Jesús. Sólo cuando estamos seguros de la justicia y de la vida que tenemos en El, podemos enfrentarnos sin temor a los hechos del pecado y de la muerte en Adán" (ps. 88-91).

III. EL REMEDIO DIVINO PARA EL PECADO QUE SE LE IMPUTA AL PECADOR

El remedio divino para este aspecto del pecado de Adán, que se les inculpa a todos los seres humanos, y que les trae como resultado la muerte física, aparece en el orden de sucesión de las realizaciones divinas que se consuman finalmente en la disposición completa con respecto a la misma muerte. Como la muerte es un juicio divino que se le impuso a la cabeza humana después de la creación, es extraña a la primera condición del plan divino para esta tierra. Cuando fue creado, el hombre era tan perdurable como los a ángeles. Aunque algunos ángeles pecaron, a Dios no le plugo imponer la sentencia de muerte sobre ellos. El juicio para ellos es en otra forma. El primer ángel que pecó no era cabeza general de todos los ángeles, ni tampoco hay entre ellos ninguna procreación, ni problemas de herencia. Por tanto, no pudiera haber ninguna experiencia paralela, con respecto a los juicios de Dios contra el pecado, entre la raza humana y los ángeles. Debe observarse, sin embargo que, como el remedio divino para el pecado humano se extiende a la creación terrena, la muerte es el destino de toda criatura así como lo es del hombre. Las Escrituras predican un día venidero cuando la muerte desaparecerá para siempre del universo. El apóstol Pablo declara que, como resultado del reino de Cristo sobre la tierra milenaria, la muerte, el último de los enemigos de Dios y de su creación, será desecha, y desaparecerá para siempre (1 Co.15:26). Similarmente, el apóstol Juan, cuando enumera las cosas que, aunque son las que caracterizan el presente orden, estarán ausentes en el orden futuro y final, escribe las siguientes palabras vigorosas: "y ya no habrá más muerte." Después de ese tiempo, se implica que no habrá ser viviente, incluyendo en esta estimación a los individuos no regenerados de la raza humana, que haya sido resucitado, como en realidad lo será, que reciba alguna promesa de consuelo por su paso a través de la muerte. Volviendo ahora a los aspectos varios y progresivos del trato de Dios con la muerte física, podemos observar:

1. LA MUERTE DE CRISTO. El estudiante cuidadoso de la doctrina, cuando examina las Escrituras, pronto se entera de la imperante necesidad de distinguir entre la muerte física y la

espiritual; y en ningún aspecto de este gran tema es tan impotente la mente humana como cuando considera la muerte de Cristo a la luz de estas distinciones. No podría haber duda con respecto a la muerte física de Cristo, aunque El, que no fue un Ser caído, no estaba de ningún modo sujeto a la muerte; ni debía El, en su muerte, ver corrupción (Sal.16:10); ni niguno de los huesos de su cuerpo debía ser quebrantado (Jn.19:36). Por otra parte, la muerte de Cristo fue un juicio completo contra la naturaleza de pecado a favor de todos los que son regenerados. El, como Sustituto, llevó sobre Sí la condenación que ningún mortal puede comprender; y ese castigo entró profundamente en los reinos de la muerte espiritual: la separación de Dios (comp. Mt.27:46). En su muerte El retrocedió, no del dolor físico, sino cuando contempló que tenía que ocupar el lugar del que lleva sobre sí los pecados, y previó que El tenía que *hacerse* pecado por nosotros. Fue entonces cuando pidió que, si era posible, pasara de El esa copa. La muerte de Cristo fue completamente a favor de otros. Sin embargo, aunque tanto el aspecto físico como el espiritual de la muerte tenía que estar, por demanda, presente en el sacrificio que El proveyó, no se le concede al hombre, cuando considera la muerte de Cristo, el desasociar estos dos aspectos.

2. LAS LLAVES DE LA MUERTE. Cristo llegó a poseer "las llaves de la muerte" por medio de su muerte y su resurrección. Que El no le había arrebatado a Satanás esta autoridad específica, antes de su muerte, es lo que indican las siguientes palabras: "para destruir por medio de la muerte al que tenía el imperio de la muerte, esto es, al diablo" (He.2:14). Sin embargo, después de su resurrección y de su ascensión, El habló desde los cielos, diciendo: "Yo soy. . . el que vivo, y estuve muerto; mas he aquí que vivo por los siglos de los siglos, amén. Y tengo las llaves de la muerte y del Hades" (Ap.1:17,18). El hecho de que el Hijo de Dios anule esta gran autoridad, asunto que ya había sido resuelto con respecto a Satanás, está de acuerdo con la palabra de Cristo, cuando dijo: "Toda potestad me es dada en el cielo y en la tierra"; y representa una trasferencia de autoridad que tiene que significar mucho en realidad para todos los miembros de esta raza condenada a muerte.

3. LA MUERTE DE LOS QUE NO SON SALVOS. Aunque hay muchas cosas que están a disposición de los que no son salvos, como consuelo para el pecado y sus juicios, a través de la gracia salvadora de Dios, ellos permanecen en la esclavitud del pecado y bajo la sentencia de muerte en todas sus formas hasta que lleguen a ser salvos, si es que llegan a serlo. En lo concerniente a la muerte física, que es el castigo por la participación del hombre en el pecado de

Adán, ellos se encuentran bajo sentencia de muerte, como juicio; en lo que tiene que ver con la muerte espiritual, ellos permanecen separados de Dios; en lo tocante a la muerte segunda, ellos están condenados a eterna separación de Dios. ¡Grande, en realidad, es la necesidad que tienen ellos del Salvador!

4. LA MUERTE DE LOS CRISTIANOS. Este amplio tema corresponde a una división posterior de esta tesis. Se puede decir, sin embargo, que, aunque la muerte, como único medio para partir de este mundo, continúa en vigencia, aun para el cristiano, hasta la venida de Cristo, sin embargo, para ellos, el aspecto de juicio que tiene la muerte se ha quitado para siempre. Del cristiano se dice: "Ahora, pues ninguna condenación hay para los que están en Cristo Jesús" (Ro.8:1). Y la muerte del cristiano, en lo que tiene que ver con su cuerpo, se describe como un sueño y en lo que tiene que ver con el alma y el espíritu, se describe como una partida para estar con Cristo.

5. LA MUERTE EN EL MILENIO. Parece que sólo hay un pasaje que debemos tratar en esta división que trata sobre la doctrina del remedio divino para la muerte física, que se refiere a la muerte durante el reino milenario de Cristo sobre la tierra. Está escrito en Isaías 65:20, y es de lo más evidente que se refiere a la edad del reino venidero: "No habrá más allí niño que muera de pocos días, ni viejo que sus días no cumpla; porque el niño morirá de cien años, y el pecador de cien años será maldito." Obviamente, la muerte física estará muy restringida en la edad de gloria sobre la tierra. Del mismo modo se nos dice que en esa misma era, el Mesías reinante suprimirá "todo dominio, y toda autoridad y potencia. . . y el postrer enemigo que será destruido es la muerte" (1 Co.15:24-26). Así se desvanecerá para siempre el reino de tan terrible maldición y de tan horroroso enemigo, al cual se le ha permitido que continúe imponiendo su infortunio aun en los redimidos a través de las edades. Será destruido por la autoridad y el poder irresistibles del Hijo de Dios.

CONCLUSION

Aunque la naturaleza de pecado y el pecado que se le imputa al pecador surgen del mismo pecado inicial de Adán, y del mismo modo convergen en cada uno de los miembros de la raza, tiene que haber una distinción decisiva entre los dos aspectos. La naturaleza de pecado es trasmitida *por medio de* las generaciones; el pecado que se le imputa al pecador, se le imputa en *forma directa.* Debe notarse también que tanto la naturaleza de pecado como el pecado que se le imputa al pecador se distinguen del pecado personal. En el primer caso, la naturaleza de pecado no es el acto del pecado; en el segundo, aunque se inculpa a los hombres individualmente, y se les mantiene bajo la pena de muerte física por su participación por lo que fue, en la experiencia de Adán, un pecado personal, las Escrituras sostienen que el pecado que se imputa no es igual al pecado personal, y esta desemejanza se demuestra con amplios argumentos. Nos queda todavía por estudiar, en el campo de las condiciones universales que se le deben reconocer a la doctrina del pecado, un aspecto: el estado del hombre bajo pecado.

CAPITULO XXI

EL ESTADO DEL HOMBRE BAJO PECADO Y EN SU RELACION CON SATANAS

I. EL HECHO

La expresión "bajo pecado" aparece dos veces en nuestra traducción española del Nuevo Testamento (Versión Reina-Valera, revisión de 1960): ". . . ya hemos acusado a judíos y gentiles, que todos están bajo pecado" (Ro.3:9). "Mas la Escritura lo encerró todo bajo pecado" (Gá.3:22). Hay otro pasaje que emplea, en inglés, la misma expresión; pero fue traducido al español de modo diferente, aunque con el mismo significado: ". . . yo soy carnal, vendido al pecado" (Ro.7:14; la traducción en inglés es *"sold under sin"*, es decir, *vendido bajo pecado*). Cada uno de estos pasajes tiene profundo significado. La fuerza de esta expresión se puede comprender cuando se compara con expresiones similares: *bajo la ley* y *bajo la gracia*(Ro.6:14). La preposición *bajo,* que se emplea en estos pasajes, no implica solamente que un sistema –pecado, ley, gracia– ejerce su dominio inherentemente sobre el individuo; más bien indica que, además de ese dominio, hay el reconocimiento divino de que esa relación es cierta. En lo que tiene que ver con la supremacía, esta estimación de Dios es mucho más importante que la mera fuerza de las circunstancias que surgen de cualquier situación.

El hombre, que ha estado bajo condenación por causa del pecado desde el comienzo de la raza, está, en la era presente (que está encerrada entre las dos venidas de Cristo), bajo un decreto divino de condenación; y esta condenación es en sí misma la base necesaria para las grandes ofertas de la gracia divina. Cada uno de los tres aspectos del pecado que ya hemos considerado, ha sido estudiado en su carácter universal; y el estado del hombre "bajo pecado" no es ninguna excepción. En efecto, este carácter universal es el que constituye la base para la comprensión del significado preciso de la expresión.

En *Romanos 3:9* descubrimos que el estado del hombre "bajo pecado" es peculiar a la era presente; y según la declaración de ese pasaje, los no regenerados, tanto judíos como gentiles, están en la misma condenación en lo que respecta a su relación con Dios, por cuanto todos están igualmente en condición de caídos y "bajo pecado." De igual manera, el Apóstol declara que tanto judíos como gentiles están ahora en la misma condición por el hecho de que la divina gracia se les ofrece a todos, y sólo por este medio pueden ser salvos. Leemos: "Porque no hay diferencia entre judío y griego –gentil–, pues el mismo que es Señor de todos, es rico para con todos los que le invocan; porque todo aquel que invocare el nombre del Señor –sea judío o gentil–, será salvo" (Ro.10:12,13; comp. Hch.15:9; Ro.3:22). Durante el período que transcurrió entre Abraham y Cristo, que se caracteriza en las Escrituras porque corresponde a la historia del pueblo judío, los judíos afirmaban con una convicción siempre creciente su importancia y posición superior sobre los gentiles, y eso con la más completa aprobación divina en lo que respecta a su posición superior. Los israelitas eran y son el pueblo escogido por Dios de entre todos los pueblos de la tierra (Ex.19:5; Dt.7:6,7; 10:15; Sal. 135:4). El apóstol Pablo declara respecto de ellos: "Que son israelitas, de los cuales son la adopción, la gloria, el pacto, la promulgación de la ley, el culto y las promesas; de quienes son los patriarcas, y de los cuales, según la carne, vino Cristo, el cual es Dios sobre todas las cosas, bendito por los siglos. Amén" (Ro.9:4,5). Pero respecto de los gentiles afirma: "En aquel tiempo estabais sin Cristo, alejados de la ciudadanía de Israel y ajenos a los pactos de la promesa, sin esperanza y sin Dios en el mundo" (Ef.2:12). Difícilmente pudieran servir mejor las palabras para establecer la más grande diferencia entre dos pueblos que en la forma indicada por estos dos pasajes. Tal, en verdad, fue la diferencia divinamente señalada entre judíos y gentiles durante los dos mil años que transcurrieron entre Abraham y Cristo. Por causa de este lugar de privilegio, los judíos, en vez de ser humildes en vista de esas bendiciones, habían desarrollado un orgullo nacional y una arrogancia hacia los gentiles, lo cual los llevó a rechazar cualquier contacto con ellos, a no entrar en las casas de ellos y a considerarlos como *perros.* Tal vez en la generación de Saulo de Tarso no hubo ningún judío que estuviera más saturado de prejuicios impíos contra los gentiles como él; sin embargo, bajo el poder transformador e iluminador del Espíritu Santo, Saulo llegó a ser Pablo, el "apóstol de los gentiles", la voz de Dios para declarar el mensaje –que en ese tiempo era más revolucionario de lo que casi hubiera podido ser cualquier otro– de que ". . . no hay diferencia entre judío y griego" –gentil. Hay abundantes profecías que anuncian el hecho de que en la edad del reino venidero, los judíos volverán a ser exaltados sobre los gentiles, y lo serán para siempre (Is.14:1,2; 60:12). Se deduce, por tanto, que, puesto que en las edades pasadas los judíos tuvieron una posición superior, por autoridad divina, sobre los gentiles, y puesto que en las edades venideras volverán a ser exaltados divinamente sobre los gentiles, ésta es en realidad la única edad cuando, por autoridad y arreglo divinos, se declara que "no hay diferencia entre judío y gentil." La posición nacional y según los pactos, de los judíos delante de Dios, está puesta a un lado durante la era presente. En esta era no se urge a los judíos a que reconozcan a su Mesías, sino a que crean en el Salvador crucificado y resucitado.

La posición común de judíos y gentiles "bajo pecado" se puede definir como un estado en el cual las dos clases de personas están absolutamente condenadas, y no tienen en absoluto ningún mérito delante de Dios. Inmediatamente después de la declaración de *Romanos 3:9,* en que se declara que tanto gentiles como judíos están "bajo pecado", sigue un contexto que define la condicón condenable de la raza humana en su totalidad. Así está escrito:

> "No hay justo, ni aun uno;
> No hay quien entienda,
> No hay quien busque a Dios.
> Todos se desviaron, a una se hicieron inútiles;
> No hay quien haga lo bueno, no hay ni siquiera uno.
> Sepulcro abierto es su garganta;
> Con su lengua engañan.
> Veneno de áspides hay debajo de sus labios;
> Su boca está llena de maldición y amargura.
> Sus pies se apresuran a derramar sangre;
> Quebranto y desventura hay en sus caminos;
> Y no conocieron camino de paz.
> No hay temor de Dios delante de sus ojos" (Ro.3:10-18).

Con la misma inclusividad total, que comprende a judíos y gentiles, se declara en Juan 3:18: "El que en él cree, no es condenado; pero el que no cree, ya ha sido condenado, porque no ha creído en el nombre del unigénito Hijo de Dios." En su vanidad, los hombres se inclinan a imaginar que pueden probar que su estado delante de Dios puede ser aceptable hasta cierto grado. Sin embargo, Dios declara que ellos *ya* han sido condenados, hecho que tiene que seguir su curso hasta la perdición eterna, a menos que, mediante la gracia, lleguen a ser salvos.

Hay dos pasajes que declaran que la posición de los hombres "bajo pecado" se debe a un decreto divino. Está escrito: "Mas la Escritura lo encerró todo bajo pecado, para que la promesa que es por la fe en Jesucristo fuese dada a los creyentes" (Gá. 3:22). En Romanos 11:32 hallamos una declaración paralela: "Porque Dios sujetó a todos en desobediencia, para tener misericordia de todos." En cada uno de estos pasajes se dice que esa posición se debe a un decreto divino. En el primero se dice que fue la Escritura la que encerró todo bajo pecado, mientras que en el último se nos dice que fue Dios quien sujetó a todos en desobediencia. La palabra συγκλείω, que en Gálatas 3:22 se tradujo "encerró", se tradujo de la misma manera en Lucas 5:6 y Gálatas 3:23; pero en estos versículos tiene los sentidos de *incluir* y de *confinar* respectivamente, en el sentido de restringir a límites definidos. Se observará que estas limitaciones, en cada caso, son impuestas divinamente. Así como la justificación divina es una declaración pública de Dios sobre el hecho de que el creyente cristiano está justificado delante de sus ojos, por haber logrado, mediante su posición en Cristo, que se le adjudicara la justicia de Dios; así estar bajo pecado no es sólo no tener mérito delante de Dios, sino estar en esa condición por cuanto Dios así lo ha declarado. En Gálatas 3:22 se nos dice que el hombre está encerrado por decreto divino en un estado en el cual no tiene ningún mérito, para que la promesa que es por la fe en Jesucristo –salvación en forma cabal y sólo por medio del mérito del Salvador– pueda ofrecerse a los que tienen fe. Y la fe de la cual se nos habla allí es la antípoda de las obras meritorias. Del mismo modo, en Romanos 11:32 se nos dice que Dios sujetó a todos en desobediencia, o sea a aquello que es la antípoda de la fe, para que todos pudieran llegar a ser, sin complicación de ninguna especie, objetos de la misericordia de Dios. Aunque estas Escrituras hacen hincapié en la remoción de bendiciones especiales que antes le correspondían sólo al judío, también es cierto que, en el nuevo sistema, los gentiles, como los judíos, están bajo pecado, aunque los gentiles no tenían antes nada que perder. Dios tiene que remover, tanto de judíos como de gentiles, todo vestigio de mérito humano que uno pueda suponer, a fin de que el camino en el cual puede actuar la misericordia quede expedito, libre de todas las complejidades que surgen cuando dos principios opuestos –la fe y las obras– se mezclan. Para que tanto judíos como gentiles pudieran obtener el privilegio de lograr todas las bendiciones divinas, sobre el principio de la fe sin méritos humanos, todos, sin excepción, fueron encerrados "bajo pecado."

II. EL REMEDIO

El remedio para este estado del pecador en el cual no hay méritos ni esperanza es la gracia salvadora de Dios por medio de Jesucristo, con toda su magnitud y con todas sus perfecciones. Esto es lo que nos indican los pasajes arriba citados. Las dos posiciones –la de estar *bajo el pecado* y la de estar *bajo la gracia* con todo lo que ella garantiza– son polos tan distantes el uno del otro como están el Oriente del Occidente, la santidad del pecado, el cielo del infierno. El pasaje declara que todos los hombres han sido colocados "bajo pecado", con el fin de que la gracia de Dios pueda ejercerse a favor de ellos sin complicaciones ni restricciones. Aunque este beneficio para el hombre sobrepasa todo entendimiento, pues al salvo no sólo se le perdonan los pecados, sino que es justificado *gratuitamente,* sin que él tenga que hacerle a Dios ni siquiera una mínima compensación (Ro. 3:24), y se le coloca en toda la perfección de Cristo (Ef. 1:6; Col. 2:10), sin embargo, la ventaja de Dios en la salvación de un alma es inmensamente superior. Satisfacer el amor de Dios es una realización más grande que concederle inmensurables bendiciones al hombre. Así descubrimos el supremo objetivo de la muerte de Cristo. El infinito amor de Dios hacia los hombres perdidos, la satisfacción de ese santo deseo de redimir –que es común en las tres Personas de la bendita Trinidad– constituye la suprema razón del sacrificio de Cristo. Ese sacrificio se consumó para que el amor del Padre pudiera ser manifestado en que El dio a su Hijo unigénito para que los hombres pudieran ser salvos (Jn. 3:16), para que el Hijo pudiera ver el trabajo de su alma y quedar satisfecho (Is. 53:11), y para que, por medio de la obra del Espíritu, muchos hijos pudieran llegar a la gloria (He. 2:10). Todo eso es de importancia inmensurable. En Dios había algo que no hubiera podido expresarse antes, ni pudiera expresarse ahora si no fuera por su gracia redentora. Las huestes angelicales y todas las inteligencias creadas pudieron haber visto el poder de Dios, su sabiduría y su gloria, tal como se revelan en la creación; pero, fuera de la demostración que el pecado y la gracia han provisto, nadie hubiera podido concebir el amor y la gracia de Dios hacia el pecador que merece la condenación. Así se nos revela que la salvación se provee, y sus inapreciables beneficios se garantizan, no sólo como una ventaja para los hombres, sino como una gracia aún mayor para Aquel cuyo infinito amor se satisface en ello. A fin de que el que es salvo pueda realmente llegar a conformarse con la imagen de su Hijo (Ro. 8:29; 1 Jn. 3:2), y ser una representación intachable de su gracia (Ef. 2:7), Dios se reserva todos los aspectos de la salvación para Sí mismo. "La salvación es de Jehová" (Jon. 2:9; Sal. 3:8). Siendo así la salvación, sobrenatural en todas sus fases, nadie sino Dios podía realizarla.

Entonces podemos concluir que los hombres, o están perdidos, por estar bajo pecado, lo cual significa que están sin méritos para presentarse ante Dios en lo que tiene que ver con la salvación, o están perfeccionados en Cristo para siempre, mediante la gracia salvadora de Dios, salvación ésta que les está garantizada a todos los que creen.

No tener mérito en lo relativo a la salvación es no tener nada que pueda contarse a favor de uno. De acuerdo con la razón humana, se supone que una persona moral y culta debiera tener algo que Dios pudiera aceptar e incorporar en su obra salvadora, pero no es así. Estar bajo pecado no es sólo estar sin esperanza, condenado por causa del estado pecaminoso, sino también estar sin mérito, absolutamente desprovisto de cualquier bien que pudiera ponerse a cuenta de uno. En Romanos 11:32, el apóstol dice: "... Dios sujetó a todos en desobediencia." Esa desobediencia es la incredulidad, de la cual se nos habla en Juan 3:18, y es la que constituye la base de la presente condenación de todos los hombres. Es probable que la primera reacción humana ante esta revelación, de que Dios ha decretado que el bien que los hombres creen que poseen no se podrá acumular a su favor ni en grado mínimo, sea un sentimiento de que Dios es injusto por el hecho de que rechaza hasta el bien que uno pueda poseer. ¿No ha estado el hombre acostumbrado a una posición de méritos en la disciplina de la niñez, en el reconocimiento de sus cualidades personales en todo lo relativo a la educación, y en las ventajas que le acreditan la sociedad y el gobierno por causa de su modo correcto de vivir? El pasaje (Ro. 11:32) continúa declarando que Dios no sólo sujetó a todos en desobediencia, lo cual es la condenación; sino que El hizo eso "para tener misericordia de todos." La salvación por gracia se realiza según un plan que es completamente de Dios y, por tanto, no puede incorporar nada, ni siquiera el mérito humano, en su cumplimiento. La salvación es cabal, completa en todas sus partes, toda procede de Dios, y es infinitamente perfecta; no deja lugar para ninguna contribución humana. Un puente pudiera ser condenado aunque haya mucho de valor en él. El ingeniero puede determinar si sólo debe repararse, agregándole algunos refuerzos en las partes débiles, o si debe destruirse para que dé lugar a una estructura completamente nueva. Hay algo que es seguro: si el antiguo puente es destruido, no se dejan intactas sus partes buenas para incorporarlas en la nueva estructura. Lo bueno queda a un lado, junto con lo malo. La salvación por la gracia es una estructura completamente nueva en la cual no puede incorporarse la bondad humana. Dios ha sujetado a todos en desobediencia, lo cual corresponde a la condenación de la primera estructura, sin tener en cuenta su valor, para que su excelente misericordia, que provee una estructura de perfección infinita, pudiera estar a disposición de todos. Se deduce naturalmente que si uno persiste en demandar que se le conceda crédito a su propio mérito, no puede ser salvo por la gracia de Dios, puesto que Dios no remienda estructuras imperfectas. En la salvación de los hombres, Dios ha tomado por su cuenta dos propósitos estupendos que hacen imposible la aceptación de estructuras imperfectas remendadas. (a)

Se nos declara que, por medio de su gracia salvadora, el creyente cristiano llegará a conformarse con la imagen de su Hijo. Esto excluye la posibilidad de que la salvación sea meramente una revisión de la antigua creación. En este punto, ni la circuncisión ni la incircuncisión valen nada, sino la *nueva criatura.* (b) La salvación tiene como objetivo primordial la demostración ante todos los seres del universo de la excelente gracia de Dios. Es verdad que los hombres son salvos "para buenas obras" (Ef. 2:10); y que Dios los amó tanto que dio a su Hijo, para que ellos no se pierdan, sino que tengan vida eterna (Jn. 3:16); pero el supremo motivo divino en la salvación de los hombres es el de demostrar en las edades venideras la gracia de Dios a todos los seres creados. Si esa salvación tuviera que incorporar alguna fracción del mérito humano, ya por ello sería imperfecta como demostración de la gracia de Dios. Así, pues, el mismo propósito que Dios tenía en su plan de salvación impedía que sólo se remendara la vieja estructura o que se conservara alguna parte de ella. Sería una necedad discutir y afirmar que una buena vida no es más beneficiosa para el estado, para la sociedad, o para el hogar que una mala vida; pero el asunto que estamos discutiendo, que es el de la salvación eterna, no se refiere al estado, ni a la sociedad, ni al hogar directamente: es el asunto de perfeccionar pecadores para que puedan disfrutar de la presencia de Dios en el cielo eternamente. El hombre caído está condenado por completo: raíz y ramas. No se le podría conceder crédito a nada de lo que él cree que es bueno. Ese supuesto bien, en el mejor de los casos, no tendría la misma calidad de la perfección de Cristo, ni tampoco se necesita, pues Cristo provee todo el mérito que se necesita o que pudiera necesitar el pecador. "De modo que si alguno está en Cristo, nueva criatura es; las cosas viejas pasaron; he aquí todas son hechas nuevas" (2 Co. 5:17). "Y todo esto es de Dios, . . ." (v. 18). Observe el lector el vigor de la palabra *todo,* cada vez que se emplea en este pasaje. En realidad, todo el que es salvo de esta manera tiene una nueva y sobrehumana obligación de vivir como debe uno que ha sido perfectamente salvo en Cristo; pero ni siquiera la fidelidad del cristiano, aunque le concede a él plenitud de bendiciones, le puede añadir nada a la nueva creación de Dios.

Se observará, sin embargo, que, puesto que Dios mismo es infinitamente justo, El no puede aceptar nada que no sea perfecto ante sus ojos. El no pudiera basar la salvación del pecador en una mera ficción; así que la basa en los méritos de su propio Hijo cuya perfección, por medio de la gracia infinita, se hace posible para todo pecador. Entonces el pecador, en último análisis, se salva mediante una salvación que se basa en méritos, pero los méritos de Uno que *fue hecho* justicia de Dios por nosotros.

No hay mala comprensión de la verdad del Evangelio que más prevalezca que aquella idea de que la gracia de Dios que salva al perdido es un artificio ajustable, que se puede ajustar a los diversos grados de merecimiento humano, que requiere menos gracia para salvar al individuo moral de la que requiera para salvar al individuo inmoral. Tal idea se basa en una concepción completamente errónea: la de que el mérito humano, o las obras, se puede combinar con la gracia divina para que el alma pueda ser salva. Contra esta idea, el Apóstol declara: "Y si por gracia, ya no es por obras; de otra manera la obra ya no es obra" (Ro. 11:6). "Pero al que obra, no se le cuenta el salario como gracia, sino como deuda; mas al que no obra, sino cree en aquel que justifica al impío, su fe le es contada por justicia" (Ro. 4:4, 5).

Así se puede observar que la expresión "bajo pecado" se refiere a un estado del hombre, que fue establecido por decreto divino, y que no había existido en otra era sino en ésta, puesto que por ese decreto, judíos y gentiles se colocan en el mismo nivel, es decir, en posición de objetos abyectos de la gracia divina, con el fin de que puedan ser salvos por medio de un principio completamente diferente del reconocimiento y la aceptación divina de los méritos humanos. Dios toma por su cuenta y asegura una *nueva creación* para la gloria de su gracia. Así se comprende también que el hecho de encerrarlos a todos en incredulidad es una necesidad, si se quiere que todos los seres humanos aparezcan delante de Dios como personas cuya estructura meritoria ha sido destruida y que, por tanto son elegibles para recibir como don de Dios, todo lo que comprende la nueva creación. Sólo Dios puede realizar la nueva creación; y El puede hacerse cargo de ella sólo por el hecho de que su Hijo llevó sobre Sí el demérito de los pecadores, y se ofreció a Sí mismo sin mancha a Dios, para que su mérito pudiera aplicársele a ellos.

La única actitud que debiera asumir la persona que, por estar bajo pecado, no tiene ningún mérito, hacia esta salvación tan grande y sobrenatural, debía ser la de confiar en Aquel que es poderoso para realizarla. Esta es la fe salvadora. No se le puede exigir más, y razonablemente no se le puede exigir menos, al pecador perdido. Por tanto, leemos en Gálatas 3:22: "Mas la Escritura lo encerró todo bajo pecado, para que la promesa que es por la fe en Jesucristo fuese dada a los creyentes."

III. RELACION CON SATANAS DE LOS QUE NO SON SALVOS

En la Biblia se describe la presente relación con Satanás de los que no son regenerados. Cuando esta relación se agrega a los cuatro aspectos del pecado que ya hemos estudiado, se completa un cuadro tenebroso. Aquí no hacemos ninguna referencia al estado eterno de los que mueren sin la salvación que es en Cristo. Es muy poca la preparación que tienen los no regenerados para poder reconocer su relación presente con Satanás. A Satanás se lo describe como el engañador del mundo (Ap. 12:9; 20:3, 8); y la incapacidad de los que no son salvos para discernir la revelación con respecto a ellos mismos es el resultado de la decepción satánica. Aunque hay muchos pasajes bíblicos que tratan sobre la presente relación con Satanás de los que no son salvos, hay cuatro que presentan este importante cuerpo de verdad en sus aspectos principales:

Colosenses 1:13: "El cual nos ha librado de la potestad de las tinieblas, y trasladado al reino de su amado Hijo." En esta Escritura se nos revela que el poder salvador de Dios se ejerce con el fin de que los que no son salvos sean libres" . . .de la potestad de las tinieblas". Evidentemente, Adán le entregó su cetro de autoridad y dominio a Satanás (Gn.1:26-28), hasta cierto punto, y Satanás lo ha tenido en su mano tanto por derecho como por conquista. El hombre caído tiene que ser rescatado del poder de las tinieblas, el cual es el estado de todos los que no son salvos.

Efesios 2:1-2. Aquí habla Pablo sobre el estado anterior de los que ya son salvos: "Y él os dio vida a vosotros, cuando estabais muertos en vuestros delitos y pecados, en los cuales anduvisteis en otro tiempo, siguiendo la corriente de este mundo, conforme al príncipe de la potestad del aire, el espíritu que ahora opera en los hijos de desobediencia." Esta clasificación, "los hijos de desobediencia", se refiere a la desobediencia de Adán como cabeza universal de la raza, e incluye a todos los no regenerados, los cuales son desobedientes y reciben su vigor de Satanás (nótese el empleo de la palabra ἐνεργέω – dar fuerza – tanto en Efesios 2:2 como en Filipenses 2:13).

2 Corintios 4:3-4. "Pero si nuestro evangelio está aún encubierto, entre los que se pierden está encubierto; en los cuales el dios de este siglo cegó el entendimiento de los incrédulos, para que no les resplandezca la luz del evangelio de la gloria de Cristo, el cual es la imagen de Dios." Aquí se nos descubre el hecho de que el no regenerado está restringido por Satanás en su capacidad para comprender el Evangelio de Cristo. Todo el que se dedica a ganar almas descubre la efectividad de esta ceguera.

1 Juan 5:19. "Sabemos que somos de Dios, y el mundo entero está bajo el maligno." Si tradujéramos más literalmente, notaríamos que lo que quiere indicarnos este versículo es que los no regenerados están inconscientes de su relación con Satanás. Están como si el maligno se los hubiera llevado dormidos en sus brazos.

Finalmente, podemos resumir el estado del hombre no regenerado: (a) Está sujeto a la muerte en todas sus formas, a causa de su participación en el pecado de Adán. (b) Como ha nacido en depravación o muerte espiritual, está separado eternamente de Dios, a menos que sea regenerado por el poder salvador divino. (c) Es culpable también de sus pecados personales, cada uno de los cuales es tan perverso delante de Dios como el primer pecado de Satanás o como el primer pecado de Adán. (d) Está bajo pecado, estado en el cual están colocados actualmente todos los hombres, tanto judíos como gentiles, por decreto divino. En ese estado no vale para nada ningún mérito humano; y eso lo ha hecho Dios para que su inflexible gracia salvadora pueda obrar a favor de todos los que creen. (e) Está bajo la influencia de Satanás, el cual tiene autoridad sobre él, pues ciega a los hombres con respecto al Evangelio, y los engaña con respecto a la verdadera relación que ellos tienen con él.

El problema de la liberación de la indecible tragedia del pecado no se resuelve minimizando ningún aspecto del pecado. Se resuelve acudiendo al Salvador cuya salvación es suficiente para toda necesidad, para el tiempo y para la eternidad.

CAPITULO XXII

EL PECADO DEL CRISTIANO Y SU REMEDIO

No hay parte de la doctrina bíblica sobre el pecado que sea más extensa y vitalmente importante que la que trata sobre el pecado del cristiano. Ha de observarse, sin embargo, que la teología sistemática que se encuentra en obras clásicas y que se enseña generalmente en los seminarios no reconoce este aspecto de la doctrina. No se puede calcular lo que pierde el estudiante de teología por ese motivo. Cuando se gradúa y es ordenado para el sagrado ministerio de la Palabra de Dios, se constituye en médico de almas y, si no conoce este aspecto de la doctrina del pecado, la mayor parte de las almas a las cuales ministra serán cristianos que sufren de alguna herida espiritual que el pecado les haya causado. En realidad, ¿cuál es el cristiano que esté empeñado en batalla –como lo están todos los cristianos– contra tres frentes: el mundo, el demonio y la carne; que no está a menudo, o la mayor parte del tiempo, en un estado de deterioro espiritual? El médico de almas no se escapa de este conflicto, y triste en realidad tiene que ser su apuro, si ignora las verdades esenciales con respecto al pecado del cristiano y el remedio divinamente provisto, de tal modo que no puede diagnosticar su propio caso ni aplicar la cura a su propio corazón herido. Aunque el pastor es un médico de almas, su primera responsabilidad es la de enseñar a los miembros de su rebaño lo relativo al pecado en su relación con los cristianos, para que ellos mismos puedan diagnosticar sus propios conflictos y aplicar inteligentemente la cura divina a sus propios corazones. La Biblia no propone ninguna intervención de sacerdotes, a la manera de la confesión auricular de la Iglesia Católica, para los hijos de Dios. Propone, sí, que el pastor sea instruido, que sea maestro, y que tenga un ministerio digno en lo que depende de él, en el campo de la verdad que concierne al progreso espiritual, al poder, a la oración y a la fuerza espiritual de los redimidos de Dios que se le entregan para su cuidado espiritual. La maldición del pecado en la experiencia espiritual y en el servicio cristiano es realmente trágica ¡pero es mucho más trágica cuando tanto el pastor como su grey ignoran los aspectos elementales de los pasos que deben darse para su cura, los cuales han sido divinamente definidos y revelados!

Al enfocar este gran tema, tal vez tienda a clarificar este aspecto de la doctrina, si consideramos separadamente la relación del cristiano con cada uno de los cuatro aspectos principales del pecado que acabamos de estudiar.

Por causa de su desemejanza de Dios, el pecado personal es siempre, igualmente perverso y condenable tanto en los salvos como en los perdidos; y no se ha provisto en ningún caso otro remedio que no sea la sangre absolutamente eficaz de Jesucristo. Los no regenerados *"tienen redención"* por medio de la sangre de Cristo; es decir, la sangre fue derramada, y se espera que el pecador se apropie su aplicación transformadora y salvadora. Por otro lado, está escrito con respecto a los cristianos: "Pero si andamos en luz, como él está en luz, tenemos comunión unos con otros, y la sangre de Jesucristo su Hijo nos limpia de todo pecado" (1 Jn. 1:7). Es sumamente significativo el uso del tiempo gramatical presente en este caso. Significa que, mientras el cristiano esté andando en la luz, tiene comunión –con el Padre y con su Hijo; comp. versículo 3– y perpetua limpieza mediante la sangre de Cristo. Es evidente que la limpieza depende del andar en comunión. Pero tenemos que comprender todo lo que implica este andar, para que no sufra distorsión la doctrina que se indica mediante ese acto. *Andar en la luz* no es estar sin pecado; eso sería *llegar a ser la luz.* Andar en la luz es responder a la luz y ser guiado por ella. Y *Dios es Luz* (v. 5). De un modo práctico, significa que cuando la luz, que es Dios, brilla en el corazón y revela el pecado o la tenebrosidad que allí hay, allí mismo en el corazón es juzgado ese mal y puesto fuera por el poder de Cristo y por su gracia. Este concepto está en armonía con el versículo 9: "Si confesamos nuestros pecados, él es fiel y justo para perdonar nuestros pecados, y limpiarnos de toda maldad." La sangre de Cristo tiene que aplicarse; y esto sucede cuando el cristiano confiesa sus pecados a Dios. Debe observarse, sin embargo, que aunque el pecado es siempre sumamente perverso, y aunque su única cura es mediante la sangre de Cristo, la acusación y el consecuente método de tratar Dios con los pecados del cristiano, por causa de su relación básica con Dios, es completamente diferente de la acusación que Dios tiene contra el pecado del no regenerado y de su remedio, pues éste en realidad no tiene ninguna relación con Dios.

El perdón divino del pecado para los hombres no regenerados está a disposición de ellos, sólo cuando se *incluye* en la suma total de todo lo que entra en su salvación. Por lo menos 33 obras divinas, incluyendo el perdón, se logran simultánea e instantáneamente en el momento en que el individuo es salvo. Esta maravillosa realización representa la inmensurable diferencia entre los que son salvos y los que no lo son. Aquellas definiciones corrientes que afirman que el cristiano es diferente del no salvo solamente en cuanto a ideales están realmente en un profundo error y deshonran a Dios. Esas corrientes sostienen que el cristiano es diferente en ideales, en su modo de vida, en sus relaciones externas, cuando en realidad el cristiano es una nueva creación en Cristo Jesús. Por cuanto él está en Cristo como nueva Cabeza, todo cambio necesario se realiza en él para que se conforme con su nueva posición y con sus nuevas posesiones. El perdón, entonces, en su aspecto de posición (Col. 2:13), es final y completo, y del cristiano que es perdonado de esa manera se puede decir: "Ahora, pues, ninguna condenación hay para los que están en Cristo Jesús" (Ro. 8:1). Sin embargo, esto es sólo una parte de lo que Dios ha realizado en la salvación. No animamos a los no regenerados para que busquen solamente el perdón de los pecados, ni cualquier otro aspecto particular de la gracia salvadora. Si ellos logran el perdón, tienen que obtenerlo como parte de la gracia salvadora, que es empresa divina. El perdón de los pecados y la salvación espiritual no son términos sinónimos. Por otra parte, cuando el pecado entra en la vida del cristiano, lo que se presenta en él es una cuestión de pecado y sólo de pecado. Los demás aspectos de su salvación no cambian. Esta verdad quedó bien explicada en nuestro Capítulo XVIII, en el cual vimos que el remedio para el pecado personal de los no regenerados incluye tanto el perdón como la justificación; es decir, no sólo el perdón que cancela la ofensa, sino también la justificación que garantiza una perfecta posición delante de Dios. En ninguna parte se nos indica que el cristiano tiene que volver a ser justificado, después de haber sido justificado en Cristo mediante su fe inicial; pero él tiene que recibir el perdón tantas veces cuantas cometa el pecado. Por tanto, los términos en que se nos presenta el remedio que Dios provee para estos dos grupos respectivamente –los que son salvos y los que no lo son– tienen que ser diferentes, como en realidad es la cura.

La diferencia entre el método divino para tratar con los pecados de los que no son regenerados y el que emplea Dios para tratar con los pecados de los que son salvos, todos los cuales son miembros de la familia humana, es una distinción doctrinal de profunda importancia. Si se confunden los dos métodos, lo único que pudiera resultar sería una tragedia espiritual para estos grupos a que nos referimos. La predicación de la idea arminiana según la cual, cuando el cristiano peca tiene que volver a ser salvo, ha causado indecible daño a incontables millones de personas; pero se ha ocasionado un desastre mayor aún, cuando, por descuido y mala orientación, se les predica a las personas no regeneradas el arrepentimiento como un requerimiento divino separado de la fe, la confesión de pecados como algo esencial para la salvación, y la reforma de la vida diaria como base de garantía para la correcta relación con Dios.

La Biblia distingue con gran claridad los dos métodos que Dios emplea para enfrentarse a los pecados de estas dos clases de personas. En 1 Juan 2:2 leemos: "Y él es la propiciación por nuestros pecados; y no solamente por los nuestros, sino también por los de todo el mundo." No podemos dedicarnos a considerar aquí la teoría que ofrecen los abogados de una redención limitada, cuando interpretan este pasaje. Sin discusión, este pasaje establece un contraste entre "nuestros pecados"; expresión que no pudiera referirse a aquellos de la masa de seres humanos no regenerados, y "los de todo el mundo" *(cosmos).* Esta clasificación incluye ciertamente mucho más que los pecados de la parte regenerada de la humanidad, a menos que la expresión se restrinja más de lo necesario en apoyo de alguna teoría. Este pasaje constituye una gran revelación para los no regenerados. Por causa de la muerte de Cristo, Dios les es ahora propicio. Pero, ¿quién puede medir el consuelo que hay para el cristiano quebrantado cuando él descubre que el pecado que su corazón tanto deplora ya lo llevó Cristo sobre Sí, y que Dios, basado en la justicia más grande, es *propicio* hacia los sufrimientos de los santos? Esa es una propiciación tan real y tan cierta que los brazos del Padre están abiertos para recibir al cristiano que, como el hijo pródigo, regresa a El, para confesarle sin reservas su pecado. Debe recordarse que, según la infinita exactitud de las Escrituras, el padre besó al hijo pródigo *antes* que éste comenzara siquiera a hacer alguna confesión. Así se nos revela que el Padre le es propicio a su hijo pecador, aun antes que se pueda suponer que el hijo merece algo, ya sea por arrepentimiento, por restitución o por confesión. ¡Lástima que persiste el pensamiento de que hay que ablandar el corazón de Dios con lágrimas! ¡Cuán maravillosa es la seguridad de que Cristo es ya la Propiciación por nuestros pecados!

Repetimos que los primeros cinco capítulos de *Romanos* nos presentan el hecho de la posición del mundo no regenerado delante de Dios, y establecen la base de la gracia salvadora del Evangelio de Dios; pero los capítulos seis al ocho del mismo libro se dirigen a los regenerados, y se relacionan con el problema del andar cristiano y con las provisiones divinas para ello. El problema del pecado, en lo que concierne a los creyentes cristianos, no se trata en los primeros cinco capítulos de *Romanos;* ni tampoco se halla ninguna fase de la salvación, en lo concerniente a los no cristianos, en los capítulos seis al ocho de la misma epístola. Similarmente, las partes exhortatorias de todas las epístolas se dirigen a los que son salvos. No pudieran dirigirse a los que no son salvos, puesto que lo que hay pendiente entre Dios y ellos no es el progreso de su vida espiritual, sino la necesidad de que los perdidos reciban el don de la salvación en Jesucristo, lo cual no está condicionado a obras ni a méritos humanos de ninguna clase, sino depende sólo de la fe salvadora en Cristo.

En el caso del cristiano, en contraste con el no regenerado, la posibilidad de pecar crece grandemente. Como el cristiano ha llegado al conocimiento de la verdad, cuando peca, se rebela contra una luz superior. En su nueva relación que tiene con Dios, su pecado contra El es de la misma clase de la maldad que comete un hijo contra su padre. Debe entenderse también que al cristiano, puesto que es ciudadano del cielo, se le llama normalmente a andar con la dignidad que demanda esta suprema vocación (Ef. 4:1). Y la norma no es menos que la ideal de ser como Cristo. Está escrito: "Porque para mí el vivir es Cristo, y el morir es ganancia" (Fil. 1:21). "Haya, pues, en vosotros este sentir que hubo también en Cristo Jesús" (Fil. 2:5). "Mas vosotros sois linaje escogido, real sacerdocio, nación santa, pueblo adquirido por Dios, para que anunciéis las virtudes de aquel que os llamó de las tinieblas a su luz admirable" (1 P. 2:9). Tal norma es completamente desconocida para los que no son regenerados que integran este mundo o *cosmos.* No es desrazonable que esas exigencias que son imposibles para la capacidad humana, se les hagan a los cristianos, pues a ellos se les da el Espíritu Santo cuyo poder está siempre a disposición de ellos; pero el peligro de posible fracaso siempre está presente y, como lo indican las citas que hemos anotado, es realmente grande. En las Escrituras se indica constantemente que el modo de vida del que llega a ser hijo de Dios es sobrenatural; y son las Escrituas las que lo dirigen en cuanto a su modo de vivir. Está escrito: "Refutando argumentos, y toda altivez que se levanta contra el conocimiento de Dios, y llevando cautivo todo pensamiento a la obediencia a Cristo" (2 Co. 10:5). ". . . para que anunciéis las virtudes de aquel que os llamó de las tinieblas a su luz admirable" (1 P. 2:9). "Dando siempre gracias por todo al Dios y Padre, en el nombre de nuestro Señor Jesucristo" (Ef. 5:20). ". . . os ruego que andéis como es digno de la vocación con que fuisteis llamados" (Ef. 4:1). ". . . andamos en luz" (1 Jn. 1:7). ". . . andad en amor" (Ef. 5:2). "Andad en el Espíritu" (Gá. 5:16). "Y no contristéis al Espíritu Santo de Dios" (Ef. 4:30). "No apaguéis el Espíritu" (1 Ts. 5:19). La mayor responsabilidad en la vida diaria y en el servicio, por causa de la posición exaltada que el cristiano tiene en Cristo, implica que, en la experiencia cotidiana, el cristiano necesita el recurso constante del perdón, para poder restaurarse mediante la gracia y mantener la comunión con Dios. En reconocimiento de esta necesidad imperativa, la Palabra de Dios presenta su enseñanza amplia con respecto al remedio para el pecado del creyente cristiano: una doctrina que no tiene paralelo dentro de la verdad correspondiente a los que no son regenerados.

Al continuar la consideración de las obligaciones que se les imponen a los cristianos por causa de su posición y de sus relaciones, se hace hincapié en ciertos conflictos que se presentan en la lucha que les es común a todos los salvos. Generalmente se enseña, y es una enseñanza correcta, que el conflicto del cristiano es contra tres frentes: (a) contra el mundo; (b) contra la carne; y (c) contra el demonio. Con esto se quiere afirmar que el cristiano es tentado por cualquiera de estas tres fuentes del mal. Es, pues, de suprema importancia que el hijo de Dios esté perfectamente enterado del alcance y del poder de cada una de estas poderosas influencias. Aquí sólo podremos emprender un estudio somero sobre estas fuerzas; pero le recordaremos al estudiante que ya se ha escrito suficiente en las páginas precedentes sobre estos temas en general.

I. EL MUNDO

Hay varias palabras griegas que se han traducido mediante la palabra *mundo;* pero sólo cuando ésta es una traducción del término griego *κόσμος* representa el pensamiento de un campo de batalla. Este mundo significa también *orden, sistema, leyes;* palabras éstas que indican que el mundo es un orden de cosas, o sistema. Pero cada vez que en esta palabra se implica el aspecto moral –y eso sucede muchas veces– se trata de un mundo o *cosmos* que se opone a Dios. Se nos declara que tuvo su origen –en cuanto a plan y orden– en Satanás. El es quien lo promueve, y es su príncipe y su dios. En gran parte el sistema de este *cosmos* se caracteriza por sus ideales y diversiones, los cuales llegan a ser tentaciones para el cristiano, el cual está en el *cosmos,* pero no es del *cosmos.* Estos aspectos del *cosmos* son a menudo sutiles falsificaciones de las cosas de Dios. No hay momento en que el cristiano necesite mayor ayuda divina que cuando intenta establecer una línea de separación entre las cosas de Dios y las cosas del *cosmos* de Satanás. En sus profundas realidades, las cosas de Dios no tienen ninguna relación con las cosas de Satanás. Pero en la línea divisoria es donde Satanás confunde las cosas. Lo que acabamos de decir es cierto: el creyente cristiano está *en el mundo,* pero no es del mundo. Puesto que los cristianos han sido sacados del sistema *del* mundo, según la relación de la nueva criatura, ya no son parte de él, como Cristo tampoco lo es. Pero Cristo los envió al mundo, así como el Padre lo envió a El, no a conformarse con el mundo, sino a servir de testigos de Cristo (Jn. 17:18). Sólo se ha provisto un plan para lograr la victoria sobre el mundo. Este plan se nos declara en 1 Juan 5:4: ". . . y esta es la victoria que ha vencido al mundo, nuestra fe." Esto no se refiere a una fe vacilante. Debemos notar que la acción de vencer está en pretérito perfecto, lo cual indica que esa es la fe que identifica al cristiano con Cristo. Así que el Apóstol continúa diciendo: "¿Quién es el que vence al mundo, sino el que cree que Jesús es el Hijo de Dios? " (1 Jn. 5:5). Hay la necesidad de afirmar que la victoria tiene que ser presente; pero la victoria es *Cristo,* y todos los que están en Cristo ya están equipados, mediante el Espíritu Santo que mora en ellos, para ser más que vencedores. El mundo, pues, representa un constante riesgo para el hijo de Dios, y la posibilidad que él tiene de incurrir en esa clase de pecado, que es la mundanalidad, está siempre presente en su vida.

II. LA CARNE

El hecho de que este tema reaparece en varios puntos, en un sistema ordenado de doctrina, es necesario e indica su inmensa importancia. Este término, en su implicación moral, denota aquello que le es propio a la estructura del ser humano no regenerado. Permanece como parte vital de ser de la persona regenerada y, mientras que haya vida en el cuerpo humano, permanece en conflicto contra el Espíritu Santo que mora en el cristiano. La carne es la que da ocasión al conflicto. Se han presentado argumentos que prueban que la carne, en su significado moral, es incurablemente mala ante los ojos de Dios. De ella surgen los malos pensamientos, los malos deseos y las malas acciones. Sólo cuando el creyente cristiano experimenta el poder del Espíritu de Dios, que puede repeler los deseos de la carne, puede vivir victoriosamente sobre las incitaciones que lo hacen proclive a la carne. Precisamente, después de la experiencia de regeneración que tuvo Pablo, fue cuando dijo de sí mismo: "Yo sé que en mí, esto es, en mi carne, no mora el bien" (Ro. 7:18). El también afirmó que la carne codicia contra el Espíritu y el Espíritu contra la carne; que estos dos elementos siempre están en oposición (Gá. 5:17). Y el Apóstol también enumeró "las obras de la carne" (Gá. 5:19-21). Hemos de observar que todo esto se dice en relación con la experiencia de las personas regeneradas. En Gálatas 5:16 se nos revela el único escape posible: "Digo, pues: Andad en el Espíritu, y no satisfagáis los deseos de la carne." Este pasaje no es una instrucción para las personas no regeneradas, ni se refiere a la naturaleza caída, que es el principio del mal en la carne. No afirma que ese principio ha de ser erradicado. Dios no propone la erradicación de la carne, ni la del mundo, ni la del demonio. El método divino es igual en los tres conflictos. La victoria se logra siempre mediante el poder superior y vencedor del Espíritu Santo.

III. EL DIABLO

Los tres enemigos del cristiano están en realidad estrechamente relacionados: el mundo, la carne y el diablo. Esta relación es especial entre el mundo, que es el sistema satánico, y Satanás, que es el "príncipe" y "dios" de ese sistema. Sin embargo, el mundo y la carne son influencias impersonales, mientras que Satanás, el más sabio de todos los seres creados, es personal. El es el que ejerce la *μεθοδεία –la acción del engaño, las artimañas y los artificios–* contra los hijos de Dios. Entre las personas no regeneradas y Satanás no hay ninguna clase de conflicto. Ellos reciben de el la *energía* (Ef. 2:2). En cambio, el cristiano está en el centro de la guerra más terrible y sobrenatural. Este conflicto se describe en *Efesios* como una *lucha.* La palabra significa una lucha determinada de vida o muerte: un forcejeo de guerra mano a mano, pie con pie, todo a todo. Pero ni siquiera se inspiran estos artificios y este poder de Satanás en la enemistad contra los hombres regenerados como tales. Su enemistad es directamente contra Dios, y ha existido desde la caída de Satanás, que ocurrió en las ignotas edades pasadas; y es también contra el creyente cristiano también, por el hecho de que éste ha llegado a ser participante de la naturaleza divina. "Los dardos de fuego del maligno" van apuntados solamente contra Dios. Poseer la inapreciable presencia de la naturaleza divina en la vida es identificarse con Dios de tal modo que el enemigo de El llega a ser igualmente enemigo del que llega a ser salvo.

Solemne, por tanto, es la revelación divina de que el más sabio de todos los seres creados, y el más poderoso no cesa de estudiar la estrategia por medio de la cual pueda hacer caer en la trampa al hijo de Dios; y, si pudiera, lo llevaría a la destrucción. ¡Cuán despreocupados, inconscientes e ignorantes son los cristianos en este sentido! ¡Cuán ingratos son, por causa de su comprensión limitada de la liberación que Dios opera a su favor cada momento de todos los días! Sin embargo, ¡cuánta derrota espiritual sufren los que son salvos como consecuencia de no realizar su lucha con el "poder de su fuerza", con la fuerza del Unico que puede dar la victoria, y por no tomar "toda la armadura de Dios"! Nunca se le ha dado al cristiano un consejo más vital que éste: "fortaleceos en el Señor, y en el poder de su fuerza." El debe vestirse de toda la armadura de Dios, para que pueda estar firme contra las asechanzas del diablo (Ef. 6:10, 11;

sobre el significado de *asechanzas* comp. Ef. 4:14). Hemos visto que la fe es el único camino hacia la victoria contra el mundo y la carne, y es igualmente cierto que la fe es la única vía hacia la victoria, según la Palabra de Dios, contra el poder de Satanás. ¡Cuán firme es esta palabra: "porque mayor es el que está en vosotros, que el que está en el mundo" (1 Jn. 4:4). Aun Miguel el arcángel, cuando contendió con Satanás, no profirió juicio contra él por su propia cuenta, sino que dijo: "El Señor te reprenda" (Jud. 1:9). Por ello, Santiago aconseja: "Someteos, pues, a Dios; resistid al diablo, y huirá de vosotros" (Stg. 4:7). De la misma manera, Pedro declara con respecto a Satanás: "al cual resistid firmes en la fe" (1 P. 5:9; comp. 1 Co. 10:3-5; Fil. 2:13; Jn. 15:15).

Contra la opinión humana, que es de naturaleza contraria, hay que concluir que, en este triple conflicto, no hay nada sino derrota y fracaso, en el sendero del cristiano, si él no busca el camino de la fe y de la dependencia del Espíritu de Dios. El hijo de Dios tiene que pelear "la buena batalla de la fe." Su responsabilidad no es la de hacer guerra contra sus enemigos mediante sus propios esfuerzos, sino más bien la de mantenerse en una actitud de fe siempre triunfante.

III. LA TRIFORME PROVISION

En reconocimiento del conflicto del cristiano mientras está en el mundo, Dios, en su maravillosa gracia, ha hecho una triforme provisión contra el pecado del cristiano. Si el cristiano comete el pecado, lo comete a pesar de estas provisiones. Estas tres provisiones son requisitos que se hallan tanto en el Antiguo Testamento como en el Nuevo.

1. LA PALABRA DE DIOS. El Salmista afirma: "En mi corazón he guardado tus dichos, para no pecar contra ti" (Sal. 119:11). Y en 2 Timoteo 3:16, 17 leemos: "Toda la Escritura es inspirada por Dios, y útil para enseñar, para redargüir, para corregir, para instruir en justicia, a fin de que el hombre de Dios sea perfecto, enteramente preparado para toda buena obra." Cuando la Palabra de Dios mora en el creyente cristiano es cuando éste se encuentra en el sitio de los logros espirituales (Jn. 15:7). Hay poca esperanza de victoria en la vida diaria para aquellos cristianos que, por cuanto ignoran la Palabra de Dios, no conocen la naturaleza de su conflicto, ni la liberación que Dios ha provisto. Por otra parte no se puede estimar cabalmente el poder santificador de la Palabra de Dios. Nuestro Señor oró: "Santifícalos en tu verdad; tu palabra es verdad" (Jn. 17:17).

2. LA INTERCESION DE CRISTO. Citemos otra vez al Salmista:

"Jehová es mi pastor; nada me faltará" (Sal. 23:1). En el Nuevo Testamento, la revelación sobre la intercesión de Cristo es también amplia e incluye el cuidado de Cristo como Pastor. Era muy poco lo que Pedro comprendía sobre la prueba que lo estaba esperando, ni de su miserable debilidad; pero Cristo lo había previsto todo. El le podía asegurar a Pedro: " . . . yo he rogado por ti, que tu fe no falte" (Lc. 22:32). En efecto, El ora por todos los que son salvos. Es probable que su oración intercesora que se encuentra en Juan 17 no sea sino el comienzo de la oración "por los que me diste", y que esta oración la continúa actualmente y sin cesar en el cielo. En esta incesante intercesión, el creyente cristiano tiene una seguridad eterna. Está escrito, en Romanos 8:34, que nadie puede condenarnos, puesto que, entre otras fuerzas eficaces que están a nuestro favor está la de que Cristo "intercede por nosotros". De igual modo, el escritor de los Hebreos nos revela la verdad de que Cristo como sumo Sacerdote, en contraste con los sacerdotes del antiguo tiempo, que estaban condenados a la muerte, ya no está sujeto a ella. Por tanto, El tiene un sacerdocio inmutable y sin fin; y, en atención a que El permanece para siempre como Sacerdote suficiente, puede salvar eternamente (es decir, mientras dure como Sacerdote) a los que se acercan a Dios por medio de El, y vive siempre para interceder por ellos. (He. 7:23-25). Esto nos garantiza la permanente duración, basada en la absoluta eficacia del Cristo intercesor, que es final y completa. Pero, como ya se dijo, la intercesión de Cristo es siempre un preventivo contra el fracaso y también una garantía de seguridad para los hijos de Dios.

3. EL ESPIRITU SANTO QUE MORA EN EL CRISTIANO. A los santos del antiguo tiempo se les recordó: "No con ejército, ni con fuerza, sino con mi Espíritu, ha dicho Jehová de los ejércitos" (Zac. 4:6). Así que, como ya se indicó, toda defensa y protección, y toda victoria para el cristiano depende del poder del Espíritu que mora en él.

V. EL DOBLE EFECTO DEL PECADO DEL CRISTIANO

El pecado del cristiano afecta a dos esferas: (a) al mismo cristiano y (b) a Dios. No hay discusión con respecto a la importancia relativa de estos dos resultados del pecado del cristiano. Consideraremos primero el que evidentemente tiene menor importancia.

1. EL EFECTO DEL PECADO DEL CRISTIANO SOBRE SI MISMO. Esta fase de la doctrina sobre el pecado del cristiano, aunque incluye en sus realidades todo lo que es de la experiencia, es

en realidad secundaria en relación con los aspectos determinantes y decisivos de la doctrina, que son los que hay que confrontar cuando se considera el efecto del pecado del cristiano en Dios. La *Primera Epístola de Juan* es la que registra el efecto perjudicial de los pecados del cristiano sobre sí mismo. En esa Epístola se considera a los creyentes cristianos como hijos de la casa y componentes de la familia del Padre. El efecto del pecado del hijo de Dios no se considera como la disolución de los lazos permanentes que unen al hijo con el Padre celestial, sino como un perjuicio para aquellas experiencias y relaciones normales, sublimes y gloriosas que sólo existen dentro del círculo familiar. La inexactitud de la doctrina en este punto puede traer como consecuencia incontables falsificaciones de la verdad, y el daño se producirá dentro de la esfera de la experiencia del cristiano, allí donde se originan y prosperan todos los sufrimientos espirituales. El apóstol Juan enumera por lo menos siete castigos experimentales aflictivos que, en conjunto, constituyen el efecto del pecado del cristiano sobre sí mismo.

En primer lugar, la luz de Dios, que en condiciones normales ilumina la mente del cristiano y su camino, se vuelve tinieblas (1 Jn. 1:6). Juan insiste particularmente en la verdad de que el cristiano puede andar en tinieblas o en luz. Cuando anda en la luz, tiene garantizadas las otras bendiciones espirituales y que son realidades que entran en su vida, pero el Apóstol declara específicamente que cuando el cristiano anda en la luz no se le presenta la ocasión de tropezar (2:10).

En segundo lugar, en 1 Juan 1:4 se nos indica que el pecado en el cristiano le trae como resultado la pérdida del gozo. Este gozo no es otro que el gozo celestial de Cristo que se le ha impartido (Jn. 15:11; Gá. 5:22). La oración de David, cuando hizo la confesión de su pecado, fue: "Vuélveme el gozo de tu salvación" (Sal. 51:12). Cuando el cristiano peca, pues, no pierde la salvación, sino el gozo celestial y normal que le corresponde en Cristo.

En tercer lugar, la pérdida de la comunión con el Padre y con su Hijo es inevitable para los hijos de Dios que andan en tinieblas. Por otro lado, para los que andan en la luz está reservada la riqueza de su presencia (1:3, 6, 7).

En cuarto lugar, aquellos cristianos que no guardan la Palabra de Dios, sino que más bien aman a este mundo, sufren la pérdida de la experiencia del amor divino que les ha sido impartido (2:5, 15-17; 4:12). La perfección de la compasión en el hijo de Dios es uno de los grandes temas de esta Epístola, y la experiencia de ese perfecto amor divino es suprema entre todos los éxtasis espirituales.

En quinto lugar, otro castigo que sufre el cristiano cuando peca es la pérdida de la paz (3:4-10). Este pasaje, que ya lo estudiamos, declara que el cristiano no puede cometer la desobediencia sin sentir angustia de corazón, que es la pérdida total de la paz. Esta reacción del cristiano hacia el pecado que ha cometido es la que lo distingue de los que no son regenerados, los cuales cometen el pecado de desobediencia sin ningún remordimiento de conciencia (3:10).

En sexto lugar, el creyente que peca sufre la pérdida de la confianza en Dios cuando acude a la experiencia de la oración (3:19-22). Esto es serio en realidad, y es una experiencia consciente e inmediata en todos los cristianos que no cumplen la voluntad de Dios.

En séptimo lugar, el creyente cristiano que peca debe esperar que pierda la "confianza" con respecto a la segunda venida de Cristo (2:28). Hay dos posibles experiencias en la venida de Cristo, que no pueden confundirse: el cristiano *tendrá confianza* o *se sentirá avergonzado* (4:17).

La verdad con respecto a la disciplina o castigo del Padre para con el hijo desobediente –doctrina que es de gran importancia y cuya comprensión es de lo más vital para cada cristiano– pudiera introducirse en este punto con toda propiedad. La reservaremos, sin embargo, para el capítulo siguiente que trata sobre el castigo divino. Allí tendremos que hacer algunas distinciones vitales entre disciplina (corrección) y castigo propiamente dicho.

Se pudieran mencionar otros aspectos correspondientes al poder y a las bendiciones espirituales que el cristiano pierde cuando peca. Todo lo correspondiente al fruto de la gracia y al ministerio del Espíritu Santo que mora en el cristiano sufre grandes daños por el pecado del cristiano. En todo esto se puede ver que el pecado es una tragedia de inmensurables proporciones en la experiencia del cristiano. El remedio que Dios ha provisto para el pecado del creyente cristiano es tanto natural como explícito, en vista de la relación del cristiano con la familia de Dios.

La responsabilidad que reposa sobre los que no son regenerados, de la cual depende el perdón de todos los pecados y la salvación, se expresa en una palabra que lo incluye todo: *creer;* mientras que la responsabilidad que reposa sobre el hombre regenerado, de la cual depende el perdón y la restauración de las relaciones normales con Dios se expresa también en una sola palabra: *confesar.* Cada uno de estos verbos se adapta específicamente a la situación, las circunstancias y relaciones a que corresponden. Cuando se les dice a los que no son regenerados que deben *confesar* sus pecados, como condición previa para el perdón y la salvación, se presenta una indecible confusión, la cual se produciría también si les decimos a los regenerados que tienen que *creer,* como condición previa para lograr la renovación de sus relaciones normales con Dios. Muchos errores de esta clase se encuentran en nuestros himnos. En algunos himnos se ponen en los labios de los inconversos ciertas palabras que los animan a pensar que ellos son hijos desobedientes que desean volver a Dios. De hecho, el hombre no regenerado nunca antes ha estado en relaciones favorables con Dios. Cuando recibe el perdón, como parte de su salvación, de ahí en adelante experimenta una *unión* con Dios que permanece para siempre; pero cuando al cristiano se le perdona el pecado, es para *restaurarlo* en la comunión con Dios, la cual puede quebrantarse de nuevo en cualquier momento. Los santos de todas las edades han vuelto a disfrutar de las bendiciones de su relación de pacto con Dios mediante la confesión de sus pecados. Este retorno, sin embargo, es completamente diferente al momento inicial cuando entraron a disfrutar esa relación de pacto con Dios. La pérdida de la bendición que se incluye en el pacto es en realidad diferente de la pérdida del pacto en sí. En el caso del creyente cristiano, que está relacionado con Dios mediante el Nuevo Pacto, hecho con la sangre de Cristo, la restauración a la comunión se logra siempre mediante la confesión del pecado a Dios. Leemos en 1 Juan 1:9: "Si confesamos nuestros pecados, él es fiel y justo para perdonar nuestros pecados, y limpiarnos de toda maldad." Similarmente, en 1 Corintios 11:31, 32 se declara: "Si, pues, nos examinásemos a nosotros mismos, no seríamos juzgados; mas siendo juzgados, somos castigados por el Señor, para que no seamos condenados con el mundo." Puesto que la confesión y la auto-disciplina se refieren a la misma acción por parte del cristiano, estos pasajes hacen hincapié en la misma importante verdad. La confesión y la auto-disciplina son la manifestación externa del arrepentimiento que hay en el corazón; y el arrepentimiento, que es un cambio de pensamiento y de propósitos, es el que hace que el cristiano vuelva a estar de acuerdo con su Dios. "¿Andarán dos juntos, si no estuvieren de acuerdo?" (Am. 3:3). El cristiano no puede a la vez tener comunión con Dios, que es Luz, y andar en tinieblas (1 Jn. 1:6). Andar en la luz no significa *llegar a ser luz,* lo cual significaría lograr la santidad infinita. Solo Dios es Luz. Andar en la luz no significa tampoco que uno nunca hace nada malo. Significa que cuando la Luz escudriñadora, que es Dios, penetra en el corazón y en la vida, y descubre aquello que es contrario a la voluntad divina, la persona confiesa de todo corazón e inmediatamente el pecado que hay en su vida a Dios, y El considera que ese pecado queda definidamente juzgado ante sus ojos. Al creyente cristiano se le da la garantía de que cuando se ajusta de esa manera a la luz (lo cual es *andar en la luz),* se le perdona el pecado, y la sangre de Cristo lo limpia de su contaminación. Tanto el versículo 8 como el versículo 10 del primer capítulo de la *Primera Epístola de Juan* tienen la naturaleza de un paréntesis. Las palabras de seguridad que se nos presentan en el versículo 7 continúan en el versículo 9, donde leemos: "Si confesamos nuestros pecados, él es fiel y justo para perdonar nuestros pecados, y limpiarnos de toda maldad." En la confesión está el ajuste con Dios, que es Luz. Debe observarse que la confesión de pecados se hace en primer lugar y siempre a Dios, y se hace extensiva a otros en la medida en que ellos hayan sido perjudicados por el pecado cometido. Es claro también que este perdón y esta limpieza divina no se nos presentan como actos de la misericordia y de la bondad divinas; más bien se nos indica que se realizan mediante la justicia que se hizo posible por medio del hecho de que el castigo que merece el pecado cayó sobre el Sustituto, que es el Cordero que Dios proveyó. Puesto que el Sustituto soportó el castigo, Dios aparece como *justo,* y no como *misericordioso,* cuando justifica al que no es salvo, por el solo hecho de *creer en Jesús* (Ro. 3:26); y también aparece como *justo,* y no como *misericordioso,* cuando perdona al cristiano que peca, por el solo hecho de *confesar* su pecado (1 Jn. 1:9). Al perdonar al cristiano que confiesa sus pecados, Dios es fiel a su carácter eterno y a su designio; y también es *justo* por el hecho de que Cristo llevó sobre Sí el castigo por el pecado. La base de esta provisión por medio de la cual el cristiano puede recibir el perdón y la limpieza es la fidelidad y la justicia de Dios, y su declaración es la culminación de este pasaje: "Y él es la propiciación por nuestros pecados" (1 Jn. 2:2). Puesto que esta porción tiene que ver solamente con los pecados de los cristianos, el gran aspecto de la propiciación a favor del mundo perdido sólo se menciona de paso. Nunca será demasiado el hincapié que se haga en el hecho de que Cristo *es* la Propiciación por *nuestros* pecados. Mediante su muerte, El hizo que Dios sea propicio y se sienta libre de perdonar y limpiar al cristiano que confiesa su pecado.

Es evidente que el perdón divino para el cristiano es de carácter familiar. No es la clase de perdón que se recibe una sola vez como parte de la salvación (Col. 2:13), sino el perdón que se le concede al que ya es miembro permanente de la familia de Dios. La unión vital con Dios, la cual se logra por medio de Cristo, nunca se ha quebrantado, ni puede quebrantarse en la vida del cristiano (Ro. 8:1). Esta renovación es para que el cristiano vuelva a su comunión normal con Dios. No hay ninguna parte de la doctrina cristiana en la cual pueda verse más claramente este carácter único y específico de la presente relación de gracia del creyente cristiano con Dios, que en este perdón familiar. El trato divino con los hombres en la edad de la gracia, como en cualquier administración completa de su gobierno divino, tiene por lo menos cuatro aspectos esenciales: (a) El establecimiento de la manera de vida que se desea (éste se halla en los consejos de gracia que se encuentran en el Nuevo Testamento); (b) el castigo por el incumplimiento (que ya lo señalamos cuando estudiamos las siete advertencias de castigo de la *Primera Epístola de Juan;* (c) el remedio para el pecado, con la revelación específica de sus términos (ya vimos que estos términos son un arrepentimiento genuino del corazón, expresado en la confesión y en la auto-disciplina); y (d) una motivación para la acción correcta.

La identificación de la razón divina para la acción correcta, en la administración de la gracia, es de suma importancia, por el hecho de que el principio motivador en la era de la gracia es diametralmente opuesto al principio motivador del sistema de la ley. En un sistema legal, lo que se hace tiene el objetivo de lograr permanencia y mérito. En la administración de la gracia, cualquier cosa se hace en reconocimiento de que la posición y el mérito ya los logró Cristo, y se le adjudican al cristiano. Esta clase de motivación es el carácter de la gracia, y está libre de contratos y de necesidades. Ya demostramos que el hijo de Dios, por cuanto está en Cristo, está justificado ante Dios, y será justificado para siempre. A esa posición no le puede añadir nada el mérito humano. Según el motivo que la gracia presenta para la acción correcta, y en concordancia con estas relaciones familiares que caracterizan las relaciones de la gracia, al creyente cristiano se le pide que perdone a todos los que lo ofenden, así como Dios lo ha perdonado a él completamente. Sobre este particular, leemos en Efesios 4:32: "Antes sed benignos unos con otros, misericordiosos, perdonándoos unos a otros, como Dios también os perdonó a vosotros en Cristo." Y en Colosenses 3:3: "Soportándoos unos a otros, y perdonándoos unos a otros, si alguno tuviera queja contra otro. De la manera que Cristo os perdonó, así también hacedlo vosotros." Esto, en realidad, es muy diferente de un sistema de trato divino en el cual la bendición del perdón se haga depender, en los términos más absolutos, del perdón que el ofensor les conceda a otros. Como una muestra del perdón en un sistema legal, leemos: "Porque si perdonáis a los hombres sus ofensas, os perdonará también a vosotros vuestro Padre celestial; mas si no perdonáis a los hombres sus ofensas, tampoco vuestro Padre os perdonará vuestras ofensas" (Mt. 6:14, 15). Comete un grave error la persona que, habiendo recibido el perdón de todas sus ofensas una vez por todas, por medio de la fe y de la obra de Cristo, asume ante Dios la actitud de que no está perdonada hasta que, por su propio bien, haya perdonado a todos los que le han ofendido. Sin duda alguna, tanto

Efesios 4:32 como Colosenses 3:13 no se refieren al perdón familiar que puede repetirse muchas veces, sino al perdón que acompaña a la salvación, el cual se concede una vez para siempre. Sin embargo, a menudo se confunde el perdón del cual se nos habla en Mateo 6:14, 15, que es una explicación que da Cristo sobre una declaración que El mismo había dado en relación con la oración del reino, con el perdón familiar. Sólo mencionaremos aquí tres de las distinciones que deben observarse entre el perdón que corresponde al reino y el perdón familiar.

Primera: En el caso de Mateo 6:12 se hace que el perdón dependa de la acción de *pedirlo.* Esto implica que la propiciación no es completa, o que a Dios hay que rogarle que perdone o persuadirlo a que otorgue el perdón. En el otro caso, que es el de 1 Juan 1:9, se hace que el perdón dependa de la *confesión* del pecado, lo cual indica que Dios es completamente propicio, y sólo espera que el ajuste con su voluntad, que es el que produce la confesión, se cumpla. A la luz de 1 Juan 2:2 y 1 Juan 1:9 es dudoso que el cristiano tenga que pedir perdón por sus pecados presentes; así como no fue necesario que pidiera el perdón que se concede una sola vez en la salvación. Cuando el cristiano fue salvo recibió el perdón por el hecho de *creer;* siendo salvo, él recibe el perdón por el hecho de *confesar* a Dios su pecado. Tanto el confesar los pecados como el creer son eficaces, y representan la obligación humana, que no es compleja de ninguna manera, en sus respectivas esferas, sin necesidad de ningún ruego, puesto que Cristo es "la propiciación por nuestros pecados; y no solamente por los nuestros, sino también por los de todo el mundo" (1 Jn. 2:2). No podría surgir ninguna objeción contra la declaración de que el pasaje que se encuentra en 1 Juan 1:1-2:2 es el principal pasaje de la Escritura que trata sobre el perdón familiar. Y hay un hecho que dista mucho de ser accidental, y que sobrepasa en significado: que en este pasaje, el hecho de pedir el perdón no constituye parte de la obligación del creyente cristiano cuando se encuentra en necesidad de perdón. El pasaje no nos lo enseña, ni mediante precepto, ni mediante ejemplo, ni siquiera por implicación.

Segunda: La segunda indicación de que Mateo 6:14, 15 no debe clasificarse como un pasaje que se refiere al perdón familiar, se puede descubrir al hacer la acostumbrada pregunta hipotética y abstracta: ¿Perdonaría Dios al cristiano, si éste no perdona primero a los que lo hayan ofendido a él? La respuesta no tiene que ser complicada. La falta de perdón en el cristiano es un pecado que tiene que confesar, y cuando lo confiesa, Dios se lo perdona por el hecho de que *lo confesó,* y no porque el cristiano rencoroso merezca el perdón del pecado debido a que haya cambiado su corazón. En efecto, nadie puede por su propia cuenta ordenarle al espíritu de su propio corazón que perdone, pues éste es rencoroso por naturaleza. La ternura de corazón y la disposición a sufrir son características divinas que no se logran mediante el esfuerzo humano, sino por la fe en el Espíritu que mora en el cristiano, cuyo poder y cuyo fruto están a la disposición de aquellos que, habiendo confesado todo pecado conocido, entre los cuales se incluye el rencor, reciben el poder para mantener toda clase de actitud correcta hacia Dios. Los principios y requerimientos que se establecen en Mateo 6:14, 15 se lograrán en el reino, pero en las relaciones de la gracia surge una pregunta que es mucho más profunda, y su respectiva contestación: ¿Cómo puede lograrse un corazón compasivo? La respuesta es que primeramente debe confesarse todo pecado, y que, luego, el corazón perdonador es posible sólo por medio del poder capacitador de Dios.

Tercera: el lugar y la importancia que ocupa el mérito humano en Mateo 6:14, 15, es una indicación que sirve para demostrarnos que ese pasaje no se refiere al perdón familiar de la gracia. El perdón del cual nos habla este pasaje precede al perdón divino y lo determina, y por tanto, es de carácter meritorio; mientras que en 1 Juan 1:9 se nos presenta una situación en la cual se abandona todo mérito supuesto, y se hace una humilde confesión del pecado, y la gracia reina, basada, como tiene que estarlo, sobre la propiciación que es en Cristo.

La confusión que puede surgir cuando no se distinguen las verdades que difieren, puede ilustrarse con el caso de ciertos predicadores que, por una parte arguyen honestamente que, según Mateo 6:14, 15, ningún cristiano que no perdone podrá ser perdonado; y por otra arguyen tan honestamente como en el primer caso, que el cristiano no debe perdonar a los que lo han ofendido hasta que éstos le hayan pedido el perdón. La lógica de ésta posición es obvia: Si un cristiano sólo puede ser perdonado cuando perdona, y si él no debe perdonar hasta que los que lo hayan ofendido le pidan el perdón, entonces él no puede recibir el perdón de Dios por sus propios pecados hasta que todos los que lo hayan ofendido a él se hayan arrepentido. Esta es en realidad una perspectiva bastante ambigua, para decir poco.

La obligación del cristiano hacia su hermano en Cristo está en un plano tan elevado que nadie pudiera esperar lograrlo mediante sus propios recursos; y esta dependencia de los recursos propios es la esencia de la relación que depende de los méritos. ¿Quién pudiera en realidad, mediante esfuerzos humanos, sin ninguna otra clase de ayuda, cumplir el nuevo mandamiento de Cristo: "Que os améis unos a otros, como yo os he amado"? (Jn.13:34; 15:12). La obligación de cada cristiano para con los demás cristianos se expresa en términos como éstos: "soportándoos con paciencia los unos a los otros en amor" (Ef.4:2). "Antes sed benignos unos con otros, misericordiosos, perdonándoos unos a otros, como Dios también os perdonó a vosotros en Cristo" (Ef.4:32). "Vestíos, pues, . . .de entrañable misericordia, de benignidad, de humildad, de mansedumbre, de paciencia; soportándoos unos a otros, y perdonándoos unos a otros si alguno tuviere queja contra otro. De la manera que Cristo os perdonó, así también hacedlo vosotros. Y sobre todas estas cosas vestíos de amor, que es el vínculo perfecto" (Col.3:12-14). Tales normas tan elevadas no pueden lograrse ni mantenerse si no se cuenta con el poder del Espíritu que mora en el cristiano. Si Dios es el que cumple estas normas en el cristiano, entonces no se basan en el mérito humano; y Mateo 6:14-15, por cuanto se refiere a un perdón que se base en méritos, al considerarlo a la *luz* de estas normas, es un pasaje que resulta extraño a la administración divina en la era de la gracia.

Nos quedan todavía tres importantes porciones de las Escrituras que se refieren al hecho de que Dios ha tratado siempre en forma específica y constantemente con las profanaciones del pueblo con el cual hizo pacto. (a) En Números 19:1-22 se nos informa sobre una ordenanza de la ley de Jehová, que El proveyó para el sacrificio y la incineración de una vaca alazana, y especificó que las cenizas de la vaca debían preservarse, y que, al mezclarlas con agua cuando la ocasión así lo demandara, servirían para la purficación, mediante el rociamiento de esa mezcla sobre cualquier israelita que estuviera inmundo. Estas cenizas de la vaca alazana, que se preservaban en un vaso y que servían durante un largo período de tiempo para la purificación, llegaron a ser símbolo de la limpieza perpetua que la sangre de Cristo le garantiza al hijo de Dios (1 Jn.1:7,9). (b) En Exodo 30:17-21 se nos presenta el informe sobre un mandamiento que Jehová le dio a Moisés, con respecto a la fuente de bronce que, por decisión de Jehová, estaba en la entrada del Lugar Santo, en la cual debían lavarse las manos y los pies los sacerdotes, antes de cada servicio que fueran a realizar en el Lugar Santo. El sacerdote que no cumpliera este estatuto merecía la pena de muerte. El sacerdote, aunque había nacido para este oficio, aunque era de la casa de Aarón y de la tribu de Leví, y aunque había sido completamente purificado ceremonialmente al ser introducido en el ministerio sacerdotal, sin embargo, estaba obligado a observar el lavamiento ceremonial de sus manos y de sus pies – los miembros del cuerpo que están en contacto con la profanación del mundo – antes de cada servicio. El sacerdote del Antiguo Testamento es un símbolo del creyente cristiano del Nuevo Testamento; y el constante lavamiento de los sacerdotes en el

Antiguo Testamento simboliza la constante purficación del creyente cristiano en el Nuevo Testamento, el cual nació para esta posición mediante el nuevo nacimiento y fue lavado una vez y para siempre mediante el lavamiento de la regeneración (Tit.3:5; comp. 1 Co.6:11). (c) En Juan 13:1-17 encontramos el relato del lavamiento de los pies de los discípulos, el cual lo cumplió Cristo. Mediante el uso de la palabra *νίπτω*. Cristo distingue el lavamiento que El estaba realizando como un lavamiento parcial y muy diferente en realidad del lavamiento *cabal* al cual El mismo se refiere en el versículo 10 de ese capítulo, mediante la palabra *λούω*. Este lavamiento parcial implica que estos discípulos, con excepción de Judas a quien Cristo despide de la compañía, estaban completamente lavados y ya no tenían necesidad de lavamiento ulterior, a menos que fuera el lavamiento de los pies. De igual modo, este lavamiento parcial tenía como objetivo el mantenimiento de la comunión, tal como se indica en las palabras: "Si no te lavare, no tendrás parte – *μέρος* – conmigo" (versículo 8).

Se puede concluir, por tanto, que ha habido una purificación continua, además de la purificación inicial que se cumple una vez y para siempre, la cual ha provisto y prescrito Dios para su pueblo en todas las edades; y que, en la era presente, la única responsabilidad humana en este sentido es la de un verdadero arrepentimiento o cambio de pensamientos con su correspondiente manifestación externa, que es la confesión; pero, por el lado divino, el perdón y la limpieza del cristiano sólo se hace posible por medio de la sangre *propiciatoria* de Cristo.

2. EL EFECTO DEL PECADO DEL CRISTIANO EN DIOS. De importancia mucho más profunda son los aspectos relacionados con el efecto que el pecado del cristiano causa en Dios, que los efectos que causan en él mismo. Los sistemas racionalistas de teología han sostenido que, puesto que Dios es infinitamente santo, el efecto del pecado del cristiano en El tiene que ser que El impone como pena la pérdida de la salvación, y que el remedio para esa situación es que el que ha pecado vuelva a ser regenerado. Puesto que los llamados pecados menores están constantemente en la experiencia del cristiano, se ha hecho necesario atribuirles a los pecados grandes y flagrantes el poder de quitar la salvación. Aparentemente, según esas ideas, hay que depender de la naturaleza generosa y de la indulgencia de Dios para que perdone los pecados menores. La Palabra de Dios no se presta, sin embargo, a apoyar en ningún sentido la idea de que hay pecados buenos y pecados malos, o de que Dios puede conceder alguna clase de perdón fuera de la obra sustitutiva de Cristo. El pecado, aun en su forma más inofensiva, es sumamente perverso ante

los ojos de Dios y, si no fuera por la sangre eficaz de Cristo, esos pecadillos tendrían el poder de separar al cristiano de Dios para siempre. Pero, puesto que el sacrificio de Cristo por el pecado abarca *todos* los pecados, el poder del pecado para separar al cristiano de Dios queda anulado, aunque, como ya lo vimos, el cristiano, por causa de su pecado puede experimentar la trágica pérdida de su comunión con Dios, el gozo celestial, la confianza y la paz.

Habiendo presentado el efecto del pecado del cristiano sobre sí mismo y habiendo declarado cuál es la responsabilidad humana en el aprovechamiento del remedio, el apóstol Juan continúa (1 Jn.2:1) presentando la verdad de que también hay remedio divino para el efecto del pecado del cristiano en Dios; pero que esta curación está completamente separada de la responsabilidad y de la cooperación humanas. Sólo Dios puede resolver sus propios problemas relacionados con la situación que le crea el pecado del cristiano ante su santidad y su autoridad gubernativa. La salvación que El ofrece por medio de Cristo es eterna. Esto significa que toda posibilidad de condenación que pudiera surgir ya ha sido prevista y se han hecho las provisiones necesarias. El cristiano no puede cooperar en ninguna forma en cuanto a la provisión de una base justa, ni para su salvación ni para su seguridad. Un solo versículo, 1 Juan 2:1, presenta una amplitud de doctrinas estrechamente relacionadas. El versículo dice: "Hijitos míos, estas cosas os escribo para que no pequéis; y si alguno hubiere pecado, abogado tenemos para con el Padre, a Jesucristo el justo." Cinco aspectos que contribuyen a una misma verdad deben distinguirse en este versículo:

Primero: "Hijitos míos". Mediante esta salutación queda en evidencia que el mensaje sólo se dirige a los que son hijos de Dios. Se debe hacer hincapié en que la seguridad que revela este pasaje, y la obra divina que se indica para esa seguridad, tienen que ver sólo con los que han nacido de nuevo. Hay una compañía siempre creciente de profesores de religión que, según parece, puede que nunca hayan pasado de muerte a vida. Lo que nos revela este pasaje sólo se puede aplicar a los que son salvos.

Segundo: " . . .estas cosas os escribo para que no pequéis" – *para que no estéis pecando*. Es probable que esto se refiera a las cosas que ya ha dicho como también a las que ha de seguir diciendo. El Apóstol había previsto que el efecto de esta epístola fuera el de disuadir a los verdaderos cristianos de la práctica del pecado. La seguridad de la vida eterna para todos los que son salvos está absolutamente garantizada en el Nuevo Testamento, y en ninguna parte de él en forma más completa que en este versículo. Sin embargo, hay muchos que enseñan que este versículo concede licencia para el pecado.

Contra esa idea racionalista, el Apóstol presenta aquí la gran verdad de la seguridad eterna como un motivo para no pecar. En realidad, cuando el creyente cristiano comprende perfectamente el hecho de la seguridad eterna, siempre ha demostrado, en la experiencia práctica, que sirve de impedimento al pecado.

Tercero: "...si alguno hubiere pecado". Aquí no puede haber duda alguna sobre la verdad de que el Apóstol se está refiriendo al mismo grupo limitado de los que son salvos. La expresión "hijitos míos", que constituye la salutación, y el pronombre *"nosotros"*, implicado en la primera persona del plural del verbo *"tenemos"*, son suficiente evidencia de que estos beneficios son sólo para los salvos. El hecho de que los cristianos pecan es patente. La fuente del pecado en el cristiano, como ya lo observamos, es la naturaleza de pecado, y la fuerza de esa tendencia puede verse en que el impulso a pecar domina a menudo toda clase de restricción. Dios ha provisto tres grandes factores que restringen la posibilidad de pecar en el cristiano: Su Palabra (Sal.119:11), el Espíritu Santo que mora en él (Gá.5:16) y la intercesión de Cristo (Lc.22:31-32). Pero también nos ha revelado Dios que cualquiera de sus hijos, si persiste, puede hacer caso omiso de esas fuerzas restrictivas. Sin embargo, cuando la voluntad del creyente cristiano está de acuerdo con la voluntad de Dios, estos mismos factores restringentes son los que capacitan al cristiano para vivir según se lo indica Dios.

Cuarto: "...abogado tenemos para con el Padre". La palabra *παράκλητος* se emplea para designar tanto al Espíritu Santo (Jn.16:7) como a Cristo (1 Jn.2:1). Cuando Cristo dijo que el Espíritu Santo es "otro" *παράκλητος*, con esa declaración estaba indicando que El mismo era un verdadero Ayudador para sus discípulos en ese tiempo. Sin embargo, su actual ministerio en el cielo como *παράκλητος* ya ha tomado la forma legal. Como Abogado, El expone la causa de otro ante el tribunal. Cristo hace el oficio de *Defensor*, y no de *Acusador* de aquellos que ha salvado. He ahí la escena de un juicio. El Padre es el Juez. En Apocalipsis 12:10 se nos dice que Satanás no cesa día y noche de acusar a los hermanos delante de Dios. La acusación que se presenta ante el tribunal es la de que hijo de Dios realmente ha cometido el pecado. Puesto que Dios es infinitamente santo, tiene que actuar con absoluta justicia contra todos los que hayan cometido ofensas. El acusador de los hermanos no presenta falsos cargos. Debe observarse que Cristo, como Intercesor, considera y apoya al cristiano en atención a la debilidad, inmadurez e ignorancia de éste; pero como Abogado, El se enfrenta a la más seria situación que pudiera presentársele a un hijo en la casa de su Padre celestial. Como Abogado, El defiende al creyente cristiano, aun cuando éste es acusado de pecados que realmente ha cometido. Esto lo hace El precisamente en el momento en que el cristiano está cometiendo el pecado, y no algún tiempo después. Se nos ofrece la garantía de que, si algún cristiano peca, tiene Abogado para con el Padre. Alguien pudiera suponer que el Abogado está implorándole al Padre que sea clemente hacia el ofensor; pero Dios no puede ser clemente con el pecado. Del mismo modo, alguien pudiera suponer que el Abogado presenta excusas a favor de su defendido; pero delante de Dios no puede haber excusas de ninguna clase. Otro podría suponer que el Abogado es capaz de hacer complejo el asunto de tal modo que llegue a ser un caso que distraiga el curso natural de la justicia; pero ese concepto tan indigno encuentra absoluta oposición en el mismo título que recibe el Abogado por el hecho de cumplir ese función, título que no se le aplica por ningún otro motivo en ninguna parte – "el justo".

Quinto: " . . .Jesucristo el justo". Es el título que recibe el Abogado por el cumplimiento de esa función. Así se nos revela que el oficio que hace el Abogado no sólo salva al ofensor de los santos juicios de Dios, sino que la defensa se hace sobre bases tan justas que al Abogado, por el hecho de la defensa que cumple, se le da el título de *"Jesucristo el justo"*. Este título no tiene relación con el propio carácter santo de Cristo, pues en este sentido El es justo en grado infinito; más bien tiene relación con la base justa en que se afirma el Abogado para librar al ofensor. Esta liberación la cumple El, a pesar de las inalterables demandas de la santidad de Dios y a pesar de que son ciertas las acusaciones de Satanás. Como Abogado en el cielo y a favor del cristiano que peca, Cristo presenta la defensa basada en la evidencia de su propia muerte, y así prueba el hecho de que El sufrió el castigo por ese pecado en la cruz. La remoción del castigo de sobre el creyente cristiano, por el hecho de que el mismo Abogado ya sufrió ese castigo en la cruz, es una transacción de justicia insuperable.

No hay ningún motivo que sea más efectivo para llamar al hijo de Dios a que abandone el pecado, que aquel que resulta aunque sea de un conocimiento parcial de lo que él le impone con su pecado a su Abogado en el cielo. Tal conocimiento no permite la tendencia al descuido, ni la liberación que logra el Abogado mengua las normas de los santos juicios de Dios. El hijo de Dios es preservado mediante el valor propiciatorio permanente de la muerte de Cristo. En este caso, como en el caso de la libertad que tiene Dios para hacer frente al efecto que causa el pecado del cristiano sobre él mismo, el efecto de ese pecado en Dios queda también anulado por el hecho que el texto indica de inmediato: "Y él es la propiciación por nuestros pecados."

Se puede, por tanto, concluir que el remedio para el pecado del cristiano se basa en el aspecto propiciatorio de la obra de Cristo que tiene en cuenta el pecado del cristiano; y que, sobre esa base, el efecto del pecado del cristiano sobre sí mismo sólo puede ser removido mediante la confesión del pecado; y que el efecto del pecado del cristiano en Dios tiene su cura en la misma obra propiciatoria de Cristo, pero sin ninguna contribución humana, puesto que Cristo, como Salvador, toma para sí no sólo la acción de *salvar* a los pecadores, sino la de *cuidar* a los salvos.

Para terminar el estudio específico sobre el pecado personal del cristiano, podemos volver a decir que el pecado es tan malo cuando lo comete el cristiano como cuando lo hace el que no es salvo; que el cristiano peca contra una luz más grande, contra su íntima relación con Dios, desde una posición más elevada, por estar en Cristo, y contra una norma más elevada de vida, que no es otra que la de la ciudadanía celestial, la que corresponde a la manifestación de Cristo en su carácter. También se nos declara que el cristiano está más asediado que el que no es regenerado, por el hecho de que él está empeñado en conflicto contra el mundo, la carne y el diablo. También hemos señalado que el cristiano cuenta con una ayuda provista divinamente, en la cual contribuyen la Palabra de Dios, la intercesión de Cristo y el Espíritu Santo que mora en el creyente cristiano. Y, finalmente, el pecado del cristiano reacciona contra él mismo, causándole daño espiritual, el cual sólo puede curarse mediante la confesión del pecado a Dios; también reacciona contra Dios, el cual, por cuanto le es propicio al pecador, por causa de la muerte de Cristo a favor del cristiano, continúa estimando al cristiano como hijo suyo, según la gracia infinita que provee la justa satisfacción para cada hecho pecaminoso.

VI. LA NATURALEZA DE PECADO EN EL CRISTIANO

Aunque ya estudiamos ampliamente el hecho de la naturaleza de pecado en nuestro Capítulo XIX, todavía nos queda por considerar el remedio divino para esa naturaleza. Nadie discutiría que no existe ningún remedio para esa naturaleza en lo que respecta a los no regenerados. Toda la revelación divina con respecto al remedio se concreta exclusivamente a un mensaje para los cristianos. Para enfocar el asunto relativo al remedio, debemos hacer una breve investigación sobre el origen, el carácter y la propagación de esta naturaleza.

Como advertencia fiel, Dios le dijo a Adán: " . . . el día que de él comieres, ciertamente morirás", O, *muriendo morirás* (Gn. 2:17).

Aunque su muerte física se demoró varios siglos, Adán murió espiritualmente el día en que desobedeció a Dios y rechazó sus preceptos. Todo el carácter del ser del hombre fue cambiado; no sólo en el sentido de que se le acusó de la culpa del pecado, sino que todas las partes de su ser fueron *cambiadas.* El, que cuando fue creado le había causado satisfacción al Creador, llegó a ser un hombre degenerado y depravado en sí mismo, capaz sólo de engendrar según su especie; y por medio del Adán caído se ha propagado una raza espiritualmente muerta, sobre la cual pesa la maldición de una muerte que no es otra que la separación: el alma y el espíritu, por esa maldición, están separados de Dios. Una indicación de este gran cambio en Adán es el hecho de que él trató de esconderse de la presencia de Dios, lo cual era una confesión del cambio que se había operado en su propio corazón. Del mismo modo, se nos presenta el relato bíblico sobre la expulsión del hombre del huerto de Edén, con todas sus penalidades, y la manifestación del juicio de Dios. Ya Dios no bajaba a estar con el hombre en el fresco del día. Esta condición de espiritualmente muerto en que quedó Adán, a la cual se le da el nombre de *naturaleza adámica* o *naturaleza caída,* se transmite sin disminución de padre a hijo a través de todas las generaciones.

Por todas partes se puede observar que los cristianos también tienen la inclinación hacia el pecado y que pecan. Esto es igualmente cierto en el caso de aquellos que, por causa de enseñanzas erróneas, han sido animados a profesar que han logrado la perfección impecable. Para poder llegar a una comprensión sobre el problema de la fuente de la cual procede el pecado del cristiano, y los factores que van envueltos en su cura, es esencial reconocer el significado y la fuerza de tres términos que se emplean en el Nuevo Testamento.

1. "CARNE" (*σάρξ*). Sobre el significado preciso de este término escribe el obispo Moule:

"Según el empleo que se le da a esta palabra en el Nuevo Testamento, en todo lugar (en que su significado no sea sólo literal) tiene uno de dos significados. O significa (a) la naturaleza humana en tanto que está condicionada por el cuerpo (por ejemplo, Ro. 9:3, 5, 9; 2 Co. 7:5); o (b) la misma naturaleza humana en tanto que está condicionada por la caída; en otras palabras, por el dominio del pecado, que comenzó entonces, y que obra tan ampliamente por medio de la vida *corporal* que tales condiciones casi se identifican en el lenguaje con la pecaminosidad . . . En relación con lo primero, la ' carne ' puede tener un significado neutro o santo (Jn. 1:14); en relación con lo segundo, se refiere a un estado que es esencialmente perverso, y que pudiera designarse con corrección práctica como (1) el estado del hombre no regenerado, y (2) en el caso del regenerado, como el estado de aquel elemento del ser que todavía resiste la gracia. Porque manifiestamente (comp. Gá. 5:17) ' la carne ' es un elemento que todavía permanece en el regenerado; no sólo en el sentido de las relaciones corporales, sino en el de las condiciones *pecaminosas.* Pero, en el último sentido, los regenerados no se *caracterizan* según la carne; no son ' carnales '; pues el *elemento dominante* en ellos no es ' la carne ', sino la voluntad renovada, que recibe el impulso del Espíritu de Dios" – *Cambridge Bible, Romans,* pág. 140.

Los impulsos y los deseos de la vida se llaman "deseos de la carne." "Andad en el Espíritu, y no satisfagáis los deseos de la carne" (Gá. 5:16); como; Ef. 2:3; 2 P. 2:18; 1 Jn. 2:16; Ro. 13:14). Es evidente que el empleo de la palabra *deseo,* en la Biblia, no se limita a la concupiscencia, es decir a los deseos desordenados, por el hecho de que la Biblia dice que el Espíritu Santo también tiene deseos "contra la carne" (Gá. 5:17; comp. Stg. 4:5). Las Escrituras son aún más explícitas con respecto a la amplitud del significado de esta palabra. Se hace referencia a la "sabiduría humana" *(carnal)* (2 Co. 1:12); y las "tablas de carne del corazón" (2 Co. 3:3); a la "mente carnal" (Col. 2:18; comp. Ro. 8:6). El apóstol Pablo no dice que su cuerpo, o su naturaleza son carnales; sino que dice: " . . . yo soy carnal" (Ro. 7:14). También dice: " . . . en mí, esto es, en mi carne, no mora el bien" (Ro. 7:18). El ego del no regenerado, dentro de sí mismo, es desesperadamente malo, y está condenado; pero está sujeto al control actual y a la transformación final que proveen la gracia y el poder de Dios.

Al "hombre natural" se le imparte una nueva naturaleza divina cuando el individuo llega a ser salvo. La salvación es más que un *cambio de corazón.* Es más que una transformación de lo viejo. Es una regeneración o creación de algo completamente nuevo que el hijo de Dios posee juntamente con su antigua naturaleza mientras esté en el cuerpo. La presencia de estas dos naturalezas opuestas (no dos personalidades) en un individuo produce un conflicto. "Porque el deseo de la carne es contra el Espíritu, y el del Espíritu contra la carne; y éstos se oponen entre sí, para que no hagáis lo que quisiereis" (Gá. 5:17). No se nos da ninguna indicación de que esta restricción divina sobre la carne será alguna vez innecesaria mientras el cristiano esté en su cuerpo; pero la Biblia da un claro testimonio de que el creyente cristiano puede experimentar una inquebrantable andanza "en el Espíritu", sin satisfacer "los deseos de la carne." Para garantizar todo esto, no se le promete la remoción de la "carne". En el cristiano permanecen el espíritu, el alma y el cuerpo humanos; y la victoria sobre la carne ha de ganarla mediante el poder del Espíritu que mora en él.

2. "EL VIEJO HOMBRE" (παλαιὸς ἄνθρωπος). De igual modo, el obispo Moule comienza su estudio sobre estas palabras de *Romanos* en la siguiente forma:

"Compárense, como pasajes ilustrativos, los siguientes: Ro. 7:22; 2 Co. 4:16;

Ef. 3:16, 4:22, 24; Col. 3:9; 1 P. 3:4. En vista del uso que se les da a estas palabras, el término ' ser ', según el uso popular (' el verdadero ser del hombre '), parece ser un equivalente regular de la palabra '*hombre* ' en este pasaje. Meyer lo traduce '*unser altes Ich* ' (nuestro viejo Yo). Aquí, el Apóstol considera al cristiano (figuradamente, por su puesto), antes de su unión con Cristo, como *otra persona;* tan profundamente diferente era su posición delante de Dios, como la de una persona desconectada de Cristo" *(Ibid.,* pág. 114).

El término "viejo hombre" sólo se usa tres veces en el Nuevo Testamento. Una vez tiene que ver con la actual *posición* del "viejo hombre" a través de la muerte de Cristo (Ro. 6:6). En los otros dos pasajes (Ef. 4:22-24; Col. 3:9, 10) se nos presenta el hecho de que el "viejo hombre" es algo de lo cual se despoja el cristiano, y ese hecho constituye la base para el llamamiento a una vida santa.

En *Romanos 6:6* está escrito: "Sabiendo esto, que nuestro viejo hombre fue crucificado juntamente con él, para que el cuerpo del pecado sea destruido, a fin de que no sirvamos más al pecado." No puede haber aquí ninguna referencia a la *experiencia* del cristiano; es más bien una crucifixión "juntamente con él", y de una manera muy evidente, en el mismo tiempo y en el mismo lugar en que Cristo fue crucificado. En el mismo pasaje sigue de inmediato la declaración con respecto al hecho de que el individuo ha dejado de estar en la cabeza universal que era Adán, para estar en la otra Cabeza universal, que es el último Adán. De esto se nos habla en Romanos 5:12-21. El primer Adán, que se había perpetuado en la naturaleza del creyente cristiano, fue juzgado en la crucifixión de Cristo. El "viejo hombre", la naturaleza caída, que había recibido de Adán, fue crucificada "juntamente con él." Como se verá, esta crucifixión es de suma importancia, por el lado divino, pues así se hace posible una verdadera liberación del poder del "viejo hombre".

En el segundo pasaje en que se usa el término "viejo hombre", el hecho de que el "viejo hombre" ya ha sido crucificado con Cristo se convierte en base para una exhortación: ". . . despojaos del viejo hombre, que está viciado conforme a los deseos engañosos, y renovaos en el espíritu de vuestra mente, y vestíos del nuevo hombre, creado según Dios en la justicia y santidad de la verdad" (Ef. 4:22-24).

La posición del tercer pasaje que usa el mismo término sugiere otra vez la experiencia correspondiente: "No mintáis los unos a los otros, habiéndoos despojado del viejo hombre con sus hechos, y revestido del nuevo, el cual conforme a la imagen del que lo creó se va renovando hasta el conocimiento pleno" (Col. 3:9, 10). En cuanto a *posición,* el viejo hombre ha sido destituido por completo. Experimentalmente, el viejo hombre permanece activo en la vida del cristiano, y sólo puede dominarlo el poder de Dios. No hay ninguna base bíblica para establecer distinción entre la *naturaleza adámica* y la *naturaleza humana.* Las personas no regeneradas sólo tienen una naturaleza, mientras los regenerados tienen dos naturalezas. No hay sino una naturaleza caída, que es la que procede de Adán; y no hay sino una nueva naturaleza, que es la que procede de Dios. El "viejo hombre" es, pues, la naturaleza adámica, la cual ya ha sido juzgada en la muerte de Cristo. Todavía permanece con el cristiano como un principio activo de su vida, y la victoria experimental sobre él sólo puede cumplirse por medio de la dependencia definida del Espíritu Santo que mora en el cristiano. El *viejo hombre* no representa todo lo que corresponde a la *carne,* sino solamente una parte.

3. "PECADO" (*ἁμαρτία*) La tercera palabra bíblica relacionada con el mal en el hijo de Dios es *"pecado".* En ciertas porciones de las Escrituras, especialmente en Romanos 6:1-8:13 y en 1 Juan 1:1-2:2, se hace una importante distinción entre dos empleos que se le da a la misma palabra "pecado". Los dos significados serán obvios si se recuerda que esa palabra se refiere algunas veces a la naturaleza adámica, y otras veces al resultado perverso de esa naturaleza. El pecado, como naturaleza, es la *fuente* del pecado que se comete. El pecado es la raíz que produce su propio fruto de pecado en la mala conducta. Pecado es aquello que el individuo es por nacimiento, mientras que los pecados son los hechos que el individuo hace en la vida.

Hay abundantes testimonios bíblicos que prueban el hecho de que la "carne", el "viejo hombre", o "pecado", es la fuente de todo mal. El hijo de Dios tiene, como bendito tesoro, la posesión de un "nuevo hombre" que mora en él, pero tiene este tesoro en un vaso de barro. Este vaso de barro es "el cuerpo de la humillación nuestra" (2 Co. 4:7; Fil. 3:21).

La personalidad –el ego– sigue siendo la misma individualidad a través de todas las operaciones de la gracia, aunque experimenta los más grandes avances posibles, de transformación y regeneración, al pasar de su estado de pérdida que tenía en Adán a las posiciones y posesiones del hijo de Dios en Cristo. Se nos dice que lo que era antes se perdona, se justifica, se salva, y recibe la nueva naturaleza, que es de carácter divino y que es la vida eterna. Lo que era, nace de nuevo y llega a ser nueva criatura en Cristo, aunque permanece con la misma personalidad con que nació de ciertos padres según la carne. La naturaleza adámica, como muerte física que es, y perpetuadora de la muerte espiritual, no se pierde; pero, en el caso de los redimidos, está sujeta a las provisiones divinas de la gracia, por medio de las cuales pueden restringirse sus daños. La salvación del *poder* del pecado, para el cristiano, como la salvación del *castigo* del pecado, para el no convertido, depende de dos factores: la provisión divina y la apropiación que haga el humano de esa provisión.

a. LA PROVISION DIVINA. En cada uno de estos aspectos de la salvación, la base justa de la provisión divina se halla en la muerte de Cristo. Para que los hombres perdidos puedan ser salvos del castigo del pecado, y para la gloria eterna "Cristo murió por nuestros pecados" (1 Co. 15:3). Para que los hombres regenerados puedan ser salvos del poder del pecado, "Cristo . . . murió, al pecado" (Ro. 6:9, 10). La muerte de Cristo por el pecado constituye la consumación de una obra en la cual Dios puede afirmarse, mediante la incesante energía de su Espíritu, para adelantar la santificación de los que, entre los salvos, andan "en el Espíritu." Puesto que Cristo murió por el pecado, no hay, pues, condenación para los que creen en El; su *posición* y su *seguridad* han sido perfeccionadas para siempre en Cristo. Puesto que Cristo murió al pecado, hay la posibilidad de andar según un nuevo principio que se hizo posible para los salvos, según el cual su actual *estado* y su *santidad* pueden realizarse conforme a la voluntad de Dios para ellos.

La nueva creación, que es la unión orgánica entre el Cristo resucitado y el creyente cristiano, se basa, según las Escrituras, en la obra sustitutiva de Cristo en todos sus aspectos, y se realiza mediante el poder regenerador del Espíritu, por medio del cual Cristo es engendrado en el cristiano; y por la obra bautizadora del Espíritu, mediante la cual el creyente cristiano asume su posición en Cristo. Las palabras de Cristo: " . . . vosotros en mí, y yo en vosotros" (Jn. 14:20) anuncian los dos aspectos del ministerio del Espíritu en relación con la nueva creación. Estas grandes trasformaciones las obra el Espíritu Santo en el momento de la salvación, y como parte de ella. Con respecto a la colocación del creyente en Cristo, está escrito: "Porque por un solo Espíritu fuimos todos –todos y cada uno– bautizados en un cuerpo, . . . y a todos se nos dio a beber de un mismo Espíritu" (1 Co. 12:13). Y también: "Porque todos los que habéis sido bautizados en Cristo, de Cristo estáis revestidos" (Gá. 3:27).

Si deseamos comprender qué es lo que hace el Espíritu Santo mediante su ministerio de bautismo, es esencial que determinemos el significado preciso de la palabra *βαπτίζω*. Esta es una de las palabras de mayor significación en el Nuevo Testamento, y se usa tanto en relación con el bautismo *real* como en relación con el bautismo *ritual;* es decir, tanto en relación con el bautismo del Espíritu como en relación con el bautismo en agua. Por cuanto se emplea de esa manera, cualquiera que sea el significado que se le asigne en uno de los casos, razonablemente debiera podérsele asignar en el otro. Así como βάπτω tiene un significado primario y uno secundario (sólo se emplea dos veces con su significado primario, que es el de *sumergir* –Lc. 16:24; Jn. 13:26– y una sola vez con su significado secundario, que es el de *teñir* o *colorar* con agua –Ap. 19:13; Is. 63:3–), así también el verbo βαπτίζω está sujeto a los dos significados, y no son pocos los exégetas que afirman que su empleo en el Nuevo Testamento se restringe a su significado secundario. Su significado primario, según prácticamente todas las autoridades en la materia, es *sumergir* en una envoltura física, o sea en una *posición dentro de* un elemento físico; en tanto que su significado secundario sólo puede aplicarse a la persona, cosa o poder que ejerce influencia dominante o trasformadora sobre el objeto del cual se dice que recibe el bautismo. Así que, muy aparte de una *inmersión* real, es posible que una persona sea bautizada en arrepentimiento, en la remisión de pecados, en un nombre, en Moisés o en Cristo. El bautismo que efectúa el Espíritu en Cristo es muy diferente del bautismo en un medio físico. El verbo βάπτω indica tanto la acción de colocar dentro de un elemento, como la de sacarlo de nuevo –en este sentido se acerca más a nuestra palabra castellana *zambullir*– mientras que el verbo βαπτίζω sí es equivalente de nuestro verbo castellano *sumergir*, pues, tanto en griego como en castellano sólo implica la colocación *dentro del* elemento. En el caso del bautismo en Cristo, no es deseable ni posible la remoción de esa posición. El que se une así a Cristo, participa de todo lo que es Cristo, con respecto a su posición meritoria; y de todo lo que Cristo ha hecho con respecto a la sustitución: su crucifixión, su muerte, su sepultura, su resurrección. Puesto que Cristo es justicia de Dios, el creyente cristiano, cuando se une por medio del bautismo del Espíritu con El, es hecho "justicia de Dios en él" (2 Co. 5:21); y por tanto, es hecho acepto "en el Amado" (Ef. 1:6); y, por la sangre de Cristo, ha sido *hecho cercano* (Ef. 2:13). De igual modo nos dice la Biblia que, cuando Cristo, para sufrir el juicio que merecía la naturaleza pecaminosa del creyente cristiano, fue crucificado, murió, fue sepultado y resucitó de entre los muertos; el hijo de Dios, por el cual Cristo hizo esa obra, también fue crucificado, murió, fue sepultado y resucitó de entre los muertos mediante su Sustituto, y en forma tan completa como si él mismo hubiera experimentado en forma personal cada uno de los aspectos de ese juicio. El pasaje de Romanos 6:1-14 es el pasaje central que trata sobre la santificación, que es una obra que cumple el Espíritu, y se basa en la muerte de Cristo por causa de la naturaleza de pecado. Nunca será exagerado el énfasis que se haga sobre la verdad de que la antigua naturaleza en cada creyente cristiano fue juzgada en la muerte de Cristo, con el fin de establecer los hechos precisos según los cuales Dios queda en libertad para dominar dicha naturaleza. El hombre no regenerado está *muerto en sus pecados* (Ef. 2:1); pero el regenerado está *muerto al pecado* (Ro. 6:2).

Este pasaje dice así: "¿Qué, pues, diremos? ¿Perseveraremos en el pecado para que la gracia abunde? En ninguna manera. Porque los que hemos muerto al pecado, ¿cómo viviremos aún en él? (comp. Ro. 6:7, 8, 11; Col. 2:20; 3:3). No le correspondería al cristiano, como hijo de Dios, hacer eso; ni es necesario que lo haga, ya que está *muerto al pecado.* El no podría alegar que tiene el poder contra una tendencia para la cual no hay dominio humano. La tendencia todavía está en él, y es más de lo que él puede controlar; pero Dios le ha provisto la posibilidad de liberación de su poder, tanto por haber juzgado la vieja naturaleza como por haberle dado al cristiano el poder del Espíritu. La liberación del cristiano sólo depende de Dios por medio de la obra del Espíritu; pero el cristiano no podría ser librado, si su naturaleza de pecado no hubiera sido justamente juzgada. Este fue el juicio que Cristo sufrió, y además El le ha dado al cristiano el Espíritu, que está siempre presente y que es capaz de todo. Así que los salvos no tienen la necesidad de pecar, sino que están libres para moverse en el plano y en el poder de la vida resucitada de su Señor. El argumento de este pasaje se basa en la unión vital por medio de la cual los cristianos están orgánicamente unidos con Cristo, por medio del bautismo en un cuerpo. El pasaje del capítulo 6 de Romanos continúa: "¿O no sabéis que todos los que hemos sido bautizados en Cristo Jesús, hemos sido bautizados en su muerte?" Tan ciertamente como los cristianos están en El, así mismo participan del valor de su muerte. Y el pasaje también declara: "Porque somos sepultados juntamente con él para muerte" (comp. Col. 2:12). Así que los salvos son realmente participantes de su crucifixión (v. 6), de su muerte (v. 8), de su sepultura (v. 4) y de su resurrección (v. 4, 5, 8), y tan esencialmente como participan, así han sido crucificados, han muerto, han sido sepultados y han resucitado. El ser bautizados en Cristo Jesús es la *substancia* de la cual la muerte con El, la crucifixión con El, la sepultura con El y la resurrección con El son los *atributos.* La primera es la causa, en tanto que los demás son efectos. Todo esto es con el propósito de que se cumpla uno de los grandes planes divinos: ". . . a fin de que como Cristo resucitó de los muertos por la gloria del Padre, así también nosotros andemos en vida nueva", o sea mediante un nuevo principio de vida. Entonces, el objetivo divino es el *andar* cristiano. Cristo murió en lugar del creyente cristiano. El juicio le correspondía al cristiano, pero Cristo llegó a ser su Substituto. Lo que Cristo hizo satisfizo para siempre las justas demandas de Dios contra el "viejo hombre", y abrió el camino para una andanza que pueda complacer muy bien a Dios (comp. 2 Co. 5:15).

A medida que avanza el pasaje de Romanos 6, esta idea de la participación del cristiano con Cristo se vuelve a presentar y aún con mayores detalles: "Porque si fuimos plantados –expresión que sólo se halla una vez en el Nuevo Testamento– juntamente con él en la semejanza de su muerte –la palabra "semejanza" tiene aquí el sentido de *unión* en una entidad única: *unicidad* (comp. Ro. 8:3; Fil. 2:7); así también lo seremos –desde ese momento y para siempre– en la de su resurrección." Los salvos ya están unidos con Cristo mediante el bautismo del Espíritu (1 Co. 12:12, 13), que los coloca en una posición que les permite escapar de todos los juicios contra el pecado, y los deja libres, por tanto, para entrar en la experiencia del poder eterno y de la victoria de la resurrección. ". . . sabiendo esto –es decir, por cuanto sabemos esto– que nuestro viejo hombre fue crucificado juntamente con él –con el mismo propósito divino que antes se declaró– para que el cuerpo del pecado sea destruido –nuestra capacidad de expresión está en el cuerpo. Este hecho se emplea como una figura en relación con la manifestación del pecado. No es, pues, que el cuerpo es destruido, sino que la capacidad y el medio de expresión del pecado quedan *anulados;* comp. versículo 12– a fin de que no sirvamos más al pecado –de que no seamos más esclavos del *viejo hombre.* Porque el que ha muerto, ha sido justificado del pecado –los que murieron una vez al pecado, como morimos nosotros en nuestro Substituto, están libres del poder del pecado. Y si morimos con Cristo, creemos que también viviremos con él –no sólo en el cielo, sino aquí también. Hay tanta certidumbre sobre la *vida* con El, como la que haya sobre la *muerte* con El; sabiendo –por el hecho de que sabemos– que Cristo, habiendo resucitado de los muertos, ya no muere; la muerte no se enseñorea más de él –con lo cual se nos anima a creer lo mismo con respecto a nosotros mismos. Porque en cuanto murió, al pecado murió –a la naturaleza de pecado– una vez por todas; mas en cuanto vive, para Dios vive –y así el cristiano puede vivir para Dios.

Así como este pasaje no prescribe que uno sea literalmente crucificado, que muera, que sea enterrado, ni que resucite, así tampoco impone la revalidación de dos de estas cuatro realizaciones divinas –la sepultura y la resurrección– mediante alguna ordenanza, sin tomar en cuenta el significado con el cual se supone que se establece tal ordenanza. Lo único que le toca al cristiano, en vista de que Cristo murió por su naturaleza de pecado, es *considerarse* muerto al pecado; en realidad, no es reconocer que la naturaleza de pecado está muerta, sino que él está muerto a esa naturaleza, por cuanto está en Cristo, y es participante de todo lo que Cristo hizo en el juicio contra dicha naturaleza. Aparte de este reconocimiento, se nos indica claramente que el pecado es una fuerza viva que reina en el cuerpo mortal (Ro. 6:11, 12).

El hecho de que la naturaleza de pecado fue juzgada es una revelación de suprema importancia, y nos demuestra la fidelidad de Dios a favor de los salvos; pero El también les revela a ellos el conocimiento de su inconmensurable provisión para la santificación de su vida diaria. El informe con respecto a la muerte de Cristo a la naturaleza de pecado no se nos da solamente para ampliar nuestro conocimiento personal sobre los hechos históricos; se nos da para que estemos seguros de que hay liberación del reino y del poder del pecado, en la misma forma como una vez se les garantizó a los creyentes cristianos, por medio de la revelación del hecho de que Cristo murió por sus pecados, que hay salvación del castigo del pecado. La muerte de Cristo al pecado es base para una gran confianza. Así podemos concluir que la provisión divina para la liberación del creyente en Cristo del dominio de la naturaleza de pecado es doble: (a) un juicio legal y justo contra la naturaleza de pecado; y (b) el Don del Espíritu de Dios, que es Victorioso y que mora en el cristiano.

b. LA RESPONSABILIDAD DEL CREYENTE EN CRISTO. Para lograr la liberación del poder del pecado, la responsabilidad del cristiano puede expresarse en una sola palabra: *Fe.* Una fe que no sólo reconoce que uno está muerto al pecado, sino también que está vivo para Dios (Ro. 6:11), y que hace que uno se rinda a Dios (Ro. 6:13). Al cristiano no le corresponde hacer nada más, puesto que, como se dijo, Dios provee la base justa para que el Espíritu Santo pueda obrar su liberación, y para que el mismo Espíritu pueda morar en el creyente cristiano con esa finalidad. Este requisito no es un *acto* de fe, como el que le sirvió una vez para la regeneración; sino una *actitud* de fe, que se renueva y persiste exitosamente todos los días. Andar en el Espíritu, o dependiendo de El, es estar libre de los deseos de la carne (Gá. 5:16). En este caso, la fe, como principio de procedimiento para la vida, es, como siempre, algo que está opuesto a las obras humanas. El Apóstol da testimonio de que el resultado de esta lucha, cuando él se esforzaba para lograr por su propia cuenta los ideales espirituales, era el fracaso absoluto; y sólo pudo concluir que la voluntad estaba con él, pero no estaba en él el hacer lo que él sabía que era bueno (Ro. 7:18).

Antes de citar esta porción de *Romanos,* que nos informa sobre la lucha del apóstol, debe notarse que no hay suposición errónea más universal y que conduzca a más errores que aquella de que el cristiano puede, mediante sus propios esfuerzos, dominar y controlar la naturaleza vieja. La experiencia del Apóstol y su fracaso en este aspecto se nos dan en la Escritura como advertencia para todos los cristianos. En este pasaje no se hace ninguna mención del Espíritu Santo. El conflicto no es entre el Espíritu y la carne; más bien es entre el nuevo *Yo* y el antiguo. El nuevo *Yo* es el hombre regenerado que, momentáneamente, está hipotéticamente aislado de la relación normal con el Espíritu y de la dependencia de El, y por tanto, aparece sólo con sus débiles fuerzas humanas para enfrentarse con toda la ley, o con la voluntad, o con Dios (v. 16), con la carne viciada (v. 18), y con las demandas de una vida santa, que humanamente no se pueden cumplir y que en realidad se le imponen a toda persona regenerada (vs. 22, 23, 25). La experiencia del Apóstol es la respuesta a una pregunta vital: ¿Puede el regenerado, aparte de la dependencia del Espíritu Santo, hacer la voluntad de Dios, por el hecho de que él se *deleita* en esa voluntad? (v. 22). Para poder buscar los aspectos principales del conflicto del Apóstol y de su derrota, emplearemos los dos nombres que él tuvo: Saulo, que era el nombre del hombre carnal, y Pablo que era el nombre del hombre regenerado. Anotamos a continuación el pasaje, teniendo en cuenta esos dos nombres, y agregándole algunos comentarios:

> "Porque lo que –yo, Saulo– hago, –yo, Pablo– no lo entiendo; pues –yo, Pablo– no hago lo que –yo, Saulo– quiero, sino lo que –yo, Pablo– aborrezco, eso hago –yo, Saulo. Y si lo que –yo, Pablo– no quiero, esto hago –yo, Saulo– apruebo que la ley –o sea la voluntad de Dios para mí– es buena. De manera que ya no soy yo –Pablo– quien hace aquello, sino el pecado que mora en mí –Saulo. Y yo sé que en mí –Saulo– esto es, en mi carne, no mora el bien; porque el querer el bien está en mí, pero no el hacerlo. Porque –yo, Saulo– no hago el bien que –yo, Pablo– quiero, sino el mal que –yo, Pablo– no quiero, ya no lo hago yo –Pablo– sino el pecado que mora en mí –Saulo. Así que, queriendo yo –Pablo– hacer el bien, hallo esta ley: que el mal –Saulo– está en mí. Porque según el hombre interior, me deleito en la ley de Dios; pero veo otra ley en mis miembros –Saulo– que se rebela contra la ley de mi mente –Pablo, que se deleita en la ley de Dios– y que me lleva cautivo a la ley del pecado –Saulo– que está en mis miembros. ¡Miserable –hombre cristiano– de mí! ¿quién me librará de este cuerpo de muerte? " (Ro. 7:15-24).

La respuesta a esta gran pregunta y grito de desesperación con que termina este pasaje se halla en uno de los versículos siguientes (Ro. 8:2): "Porque la ley del Espíritu de vida en Cristo Jesús me ha librado de la ley del pecado y de la muerte." Esto es más que una liberación de la ley de Moisés: es una liberación inmediata del pecado (de Saulo) y de la muerte (de sus resultados; comp. Ro. 6:23). El efecto de esta liberación se indica en la bendición de que habla el capítulo 8, en contraste con la condición miserable de que nos habla el capítulo 7. En este último caso, la evidencia es el *Yo* débil y derrotado, mientras que en el otro, la evidencia es el *Yo* victorioso en el Espíritu. El cristiano, pues, tiene que ser librado por "la ley –el poder– del Espíritu." Pero tenemos que ponerle atención al hecho que se nos declara en el capítulo 7, versículo 25, según el cual esto se logra "por Jesucristo Señor nuestro." El cristiano es librado por el Espíritu, pero esa liberación se hace justamente posible *por medio de* Jesucristo nuestro Señor, en atención a la unión del creyente cristiano con El en su crucifixión, en su muerte, en su sepultura y en su resurrección.

Similarmente, estaban todavía en evidencia en la experiencia del Apóstol las dos naturalezas, puesto que con la mente, él deseaba servir a la ley de Dios,pero con la carne, deseaba servir a la ley del pecado (Ro. 7:25). El no se quedó como un cristiano derrotado, pues halló el principio de la fe para la vida, y éste es el que él expresa en Romanos 8:4, el cual, junto con el versículo 3, constituyen la culminación de todo lo que ha dicho a partir del comienzo del capítulo 6: "Para que la justicia de la ley –la voluntad total de Dios para cada cristiano, hasta el último detalle, en todo momento de la vida– se cumpliese en nosotros." Nosotros no hubiéramos podido cumplir nunca la ley. Esta victoria, continúa diciendo él, es sólo para los que no dependen de la carne, sino para los que dependen del Espíritu. La liberación del poder de la antigua naturaleza, tal como se descubre en este pasaje, no depende de ningún esfuerzo humano, que no sea el esfuerzo requerido de mantener una actitud de *fe.* Hay una "batalla de la fe"; y en este conflicto, el combatiente busca, mediante la capacitación divina, preservar sólo una inquebrantable confianza en el Espíritu de Dios.

Tampoco se logra la libertad de la naturaleza de pecado por parte del cristiano,mediante la erradicación de esa naturaleza,a través de una falsa e imaginaria segunda obra de gracia. Aunque multitudes de personas defienden con sinceridad esta idea, no existe base bíblica, ni para la noción racionalista de la erradicación, ni para la supuesta segunda obra de gracia. Los argumentos que defienden esas ideas son tomados casi en su totalidad de la sola experiencia humana –que, entre todas las cosas, es lo más incierto. El carácter antibíblico de estas teorías es obvio: (a) La erradicación no es el método divino para tratar con los enemigos del cristiano. No hay erradicación, ni del mundo, ni de la carne, ni del demonio; ni siquiera la muerte física, que está tan estrechamente relacionada con la muerte espiritual, se erradica en esta vida. En todo caso, incluyendo la naturaleza adámica, el creyente cristiano no tiene sino una garantía de liberación: la dependencia del Espíritu que mora en él. (b) Si fueran ciertas las afirmaciones sobre la erradicación, no habría razón para mantener una posición de fe, y entonces todo el cuerpo de Escrituras que dirigen al cristiano a la realización de la victoria que sólo viene por fe no tendría ningún significado. Las expresiones *no ser capaz de pecar* y *ser capaz de no pecar* representan ideas ampliamente divergentes. La Palabra de Dios nos enseña que, mediante el poder del Espíritu que mora en el cristiano, el hijo de Dios, aunque esté siempre asediado por una mala disposición en esta vida, en determinado momento y bajo circunstancias específicas puede ser capaz de no pecar. Tal es, en realidad, el poder del Espíritu que mora en él; pero no hay ninguna palabra en la Escritura que apoye la idea de que cualquier cristiano puede llegar a una condición en la cual no es capaz de pecar. La conciencia de la perversidad, o sea de una tendencia hacia el pecado, ha sido la experiencia de los santos más espirituales de todas las generaciones, y especialmente de aquellos que han llegado a tener la más íntima comunión con Dios. Habiendo llegado muy cerca de Dios, Job, el de corazón recto, se aborreció a *sí mismo;* y Daniel, de quien no se registra ni un solo pecado, en circunstancias similares, dijo: "... antes mi fuerza se cambió en desfallecimiento, y no tuve vigor alguno" (Dn. 10:8). En Gálatas 5:16, 17 se nos describe el método por el cual cualquier miembro de esta raza caída ha podido lograr la espiritualidad: "Digo, pues: Andad en el Espíritu, y no satisfagáis los deseos de la carne. Porque el deseo de la carne es contra el Espíritu, y el del Espíritu es contra la carne; y éstos se oponen entre sí, para que no hagáis lo que quisiereis." Así que el método no consiste en pasar por alto la naturaleza de pecado; mucho menos en suponer que ha sido erradicada; más bien consiste en descubrir al Agente con el que se pueda contar para la victoria, que es el Espíritu que mora en el cristiano. "Así que, hermanos, deudores somos, no a la carne, para que vivamos conforme a la carne; porque si vivís conforme a la carne, moriréis; mas si por el Espíritu hacéis morir –o, consideráis que estáis muertos a– las obras de la carne, viviréis –o, estáis en el camino de la vida– (Ro. 8:12, 13). Lo opuesto de la muerte espiritual es la vida eterna por medio de Jesucristo nuestro Señor. A pesar de la presencia de la naturaleza de pecado, todo cristiano está *vivo para Dios,* pues ha pasado de muerte a vida; y todo cristiano, mediante el Espíritu que mora en él, está completamente equipado para toda buena obra.

El Dr. W. H. Griffith Thomas, en *The Principles of Theology,* al escribir sobre el Artículo IX de los 39 Artículos, y sobre "La Permanencia del Pecado Original", declara:

"Este asunto de la permanencia del pecado original en el regenerado es importante por dos razones: (a) por su oposición a todas las formas de lo que se ha llamado ' perfección impecable '; y (b) por otra parte, porque está contra cualquier rendimiento de derrota, o de aceptación de la derrota como inevitable. Algo hay que decir sobre cada uno de estos dos puntos.

(a) Es importante considerar la relación del pecado con nuestra naturaleza. La capacidad fundamental de la naturaleza humana es la de sentir por medio de impresiones de dolor o de placer. Estas impresiones se llaman las primeras sensibilidades, y han quedado en desorden por causa del pecado, y nunca se vuelven a rectificar completamente en esta vida, aunque la expiación cubre su defecto. Luego están las sensibilidades secundarias, las cuales conducen a los deseos, por una parte, y a las aversiones, por otra. En este punto es donde entra la divina gracia. Si la voluntad no consiente, no hay pecado personal; pero, bajo la voluntad, hay un desorden que es pecaminoso, con el cual tenemos que enfrentarnos. La responsabilidad se preocupa sólo de aquello que determina la voluntad. La expiación cubre lo demás, incluyendo la incapacidad y el defecto. Es también importante notar la distinción entre Adán y nosotros. El tenía la posibilidad de pecar, pero no tenía la tendencia hacia el pecado. Nosotros tenemos tanto la posibilidad como la tendencia; y esta tendencia es lo que el Artículo llama ' corrupción de la naturaleza ', ' infección de la naturaleza ', o ' concupiscencia '. La debilidad de la doctrina metodista que se conoce con el nombre de ' El Amor Perfecto ' está en que dicha doctrina enseña que la gracia satisface todas las necesidades de la naturaleza humana en el sentido de que la erradica. Pero eso no es cierto. La Escritura continuamente distingue entre *pecado* y *pecados,* entre raíz y fruto; pero, aunque la raíz permanece, como lo declara el Artículo, no hay necesidad de que produzca fruto.

(b) Pero la presencia de la perversidad innata en el regenerado, aunque es real y poderosa, no constituye ninguna excusa, ni mucho menos ninguna justificación para pecar. El Apóstol enseña claramente que la obra redentora de Cristo tenía el propósito de hacer inerte o inoperante el principio del mal en el cristiano (Ro. 6:6 *griego).* Así podemos decir que, aunque la Escritura enseña algo que está muy cercano de la erradicación, con la finalidad de que nosotros no podamos estar satisfechos con algo que sea inferior a la más alta clase de vida cristiana; por otra parte enseña que el principio del mal no se remueve del cristiano. Ese principio pierde su fuerza en el creyente cristiano, aunque el creyente no pierde la presencia de ese principio. Con el mismo propósito dijo el apóstol Pablo: ' . . . consideraos muertos al pecado ' (Ro. 6:11). Por tanto, él enseña que, aunque nosotros debemos estar muertos al pecado, el pecado no está muerto para nosotros. Este modo de hablar hubiera sido completamente imposible, si el pecado hubiera sido completamente erradicado. Es imposible dejar de notar en este punto la sorprendente afinidad entre la Iglesia Católica y la doctrina metodista según la cual el pecado es inherente sólo en la voluntad. Nuestro Artículo, en armonía con las Confesiones Protestantes del siglo XVI, va hasta una profundidad mayor, pues muestra que el pecado afectó la naturaleza mucho antes de que la voluntad comenzara a actuar.

Este asunto es vital para muchos de los aspectos más prácticos e importantes de la vida; porque si no tenemos la razón aquí, hay la posibilidad de que no la tengamos en lo demás. Los puntos de vista superficiales sobre el pecado inevitablemente se inclinan hacia puntos de vista superficiales con respecto a la obra redentora de Cristo. Por tanto, tenemos que estar en guardia contra esos extremos: por una parte tenemos que insistir en que, el principio del mal permanece aun en el regenerado, y permanecerá hasta el fin de su vida; por la otra, tenemos que ser claros en que este principio del mal no necesita ni tiene que producir malos resultados en la práctica, puesto que se nos ha provisto la gracia de Dios para enfrentarnos a él y vencerlo" (págs. 173-175).

VII. LA RELACION DEL CRISTIANO CON EL PECADO QUE SE LE IMPUTA A LA DESCENDENCIA DE ADAN

La muerte física, como lo observamos ya, es el castigo para el pecado que se le imputa al pecador y, aunque para el cristiano, el aspecto de juicio que tiene la muerte desaparece por completo, la experiencia de la muerte les corresponde a los cristianos hasta el retorno de Cristo, en atención a que éste es el único medio de partida de este mundo. El aspecto de castigo o juicio que tiene la muerte ha sido tan perfectamente abolido que se puede decir de los creyentes cristianos: "Ahora, pues, ninguna condenación hay para los que están en Cristo Jesús" (Ro. 8:1; comp. Jn. 3:18; Ro. 8:38, 39; 1 Co. 11:32). El apóstol Pablo declara: "¿Dónde está, oh muerte, tu aguijón? ¿Dónde, oh sepulcro, tu victoria? ya que el aguijón de la muerte es el pecado, y el poder del pecado, la ley. Mas gracias sean dadas a Dios, que nos da la victoria por medio de nuestro Señor Jesucristo" (1 Co. 15:55-57). Así se nos afirma que un poderoso triunfo se ha logrado sobre la muerte y sobre la tumba. "El aguijón de la muerte es el pecado"; pero el poder de la muerte para hacerle daño al cristiano fue anulado por la muerte de Cristo. ". . . el poder del pecado, (es) la ley"; pero todo el sistema de méritos lo terminó Cristo con su muerte en la cruz. El satisfizo todas las demandas de méritos al entregar su propio mérito perfecto a todos los que creen en El. La fuerza del pecado se ve en la verdad de que es *desobediencia;* sin embargo, la fuerza de la ley se vuelve fragilidad, cuando se la considera como medio de justicia, por causa de la debilidad de la carne (Ro. 8:3). Gracias, en verdad, sean dadas a Dios por esta victoria sobre el aspecto de juicio que tiene la muerte, victoria que ganó Jesucristo por nosotros. La única cura efectiva contra la muerte es la vida, y, aunque la paga del pecado –del pecado primero de Adán– es muerte; la dádiva de Dios es vida eterna "en Cristo Jesús Señor nuestro" (Ro. 6:23).

VIII. LA RELACION DEL CRISTIANO CON EL ESTADO DEL HOMBRE BAJO PECADO

Esta relación es sólo un recuerdo. El apóstol Pablo, al escribirles a los cristianos efesios sobre este mismo asunto, les dice: "Por tanto, acordaos" (Ef. 2:11). El cambio del estado de perdido *bajo pecado* al estado de salvo *bajo la gracia,* no pudiera estimarlo adecuadamente ninguna mente humana, ni lo pudiera describir cabalmente ninguna lengua. Lo que una vez fue completamente demérito se cambió por el mérito infinitamente perfecto de Cristo; el lugar que antes ocupaba en el *cosmos* el creyente cristiano se cambió por un lugar en el reino del Amado Hijo de Dios; y la condenación del juicio contra el pecado se cambió por una posición inmutable en la soberana gracia de Dios; gracia que no sólo sobreabunda, sino que no cesa. Nos dice la Biblia que los que están sin Cristo, están sin esperanza y sin Dios en el mundo o *cosmos* (Ef. 2:12); en cambio, cuando la Biblia se refiere a los que están bajo la gracia, con respecto a su posición inmutable, dice: "Bendito sea el Dios y Padre de nuestro Señor Jesucristo, que nos bendijo con toda bendición espiritual en los lugares celestiales en Cristo" (Ef. 1:3).

CAPITULO XXIII

EL CASTIGO

El tema general del castigo, con todas sus amplias aplicaciones, se divide en *disciplina, castigo y retribución.* De estos tres, los primeros dos se relacionan con la manera como Dios se enfrenta a los cristianos impenitentes; y el último se relaciona con el juicio final de Dios para los perdidos. Estas doctrinas las hemos de tratar separadamente y en forma completa posteriormente, en esta obra de teología. Aquí sólo introduciremos un esquema general.

I. LA DISCIPLINA

La doctrina de la disciplina está estrechamente relacionada con la del sufrimiento del cristiano, aunque no todos los sufrimientos son disciplinarios. Cuando Dios emplea el sufrimiento para corregir a sus hijos, entonces es cuando el sufrimiento se convierte en disciplina. Refiriéndose a esta verdad en general, tal como se tiene en el Antiguo Testamento, dice David: "Te haré entender, y te enseñaré el camino en que debes andar; sobre ti fijaré mis ojos. No seáis como el caballo, o como el mulo, sin entendimiento, que han de ser sujetados con cabestro y con freno, porque si no, no se acercan a ti." (Sal. 32:8, 9). El freno rudo se les aplica a los voluntariosos, pues de otro modo, El no pudiera tener sus ojos fijos en ellos. En el mismo salmo, David relata su propia experiencia como resultado de demorar su confesión a Dios: "Mientras callé, se envejecieron mis huesos en mi gemir todo el día. Porque de día y de noche se agravó sobre mí tu mano; se volvió mi verdor en sequedades de verano" (vs. 3, 4). Inmediatamente después de eso, él hizo su confesión y fue restaurado. Sobre esto escribe: "Mi pecado te declaré, y no encubrí mi iniquidad. Dije: Confesaré mis transgresiones a Jehová; y tú perdonaste la maldad de mi pecado" (v. 5). Hay cierta forma de corrección que puede evadirse mediante la confesión. Sobre este particular, está escrito: "Si, pues, nos examinásemos a nosotros mismos, no seríamos juzgados; mas siendo juzgados, somos castigados por el Señor, para que no seamos condenados con el mundo" (1 Co. 11:31, 32). La confesión es el juicio que uno hace contra sí mismo, y sirve para obviar la disciplina dolorosa que tiene que imponérseles a los rebeldes para que no sean condenados con el mundo o *cosmos*. Nadie será afligido de ese modo sin que al mismo tiempo esté consciente de que está resistiendo a Dios y de la razón por la cual se encuentra bajo corrección. La disciplina, en una forma o en otra, es experiencia universal de todos los que son salvos. Aun la rama que da fruto es limpiada para que lleve más fruto (Jn. 15:2). El principal pasaje de la Biblia que trata sobre la disciplina (He. 12:4-15) da testimonio sobre la necesidad de que todos los que son hijos reciban la disciplina.

II. EL CASTIGO

La experiencia del castigo está íntimamente relacionada con la de la disciplina; pero parece, según el pasaje en que se nos presenta, que difiere de ella (He. 12:6). Es razonable pensar que el castigo se refiere a la conquista de la voluntad y a los resultados de una vida rendida. Este tipo de castigo sólo puede efectuarse una sola vez en toda la vida del creyente cristiano. Por otra parte, la disciplina puede repetirse muchas veces, antes de consumarse el castigo. Dios no se satisface con la anarquía en su familia.

III. LA RETRIBUCION

Toda forma de disciplina tiene por objeto el mejoramiento o desarrollo del sujeto, con la finalidad de que en él se cumplan los altos y santos propósitos que Dios ha determinado para los que son salvos. Pero no hay ningún propósito de instrucción ni de preparación en la retribución que se les ha de dar a los perdidos. Las dos clases de personas a las cuales se refieren estos castigos en general se identifican en los dos pasajes que ya citamos. En 1 Corintios 11:31, 32, de la una clase se dice que es preservada, y de la otra, que es condenada. De igual modo, en Hebreos 12:6-8, de la una clase se nos dice que son "hijos"; mientras que a los de la otra clase se los llama los "no hijos". El juicio cae sobre ellos como vindicación de la dignidad de Aquel al cual toda criatura le debe su existencia, cuya voluntad se ha revelado, la cual ha sido violada por el pecado. Es bueno recordar que todo miembro de la familia humana estuvo una vez en la misma condenación, y siempre lo estaría si no fuera por la redención divina. Igualmente es justo reconocer que la oferta de gracia se extiende ahora al mundo entero, que está perdido. El castigo de los no regenerados se les inflige como una retribución por su ofensa contra Dios; así que llega a ser más que una imposición de las consecuencias del pecado. El orden moral del universo hay que sostenerlo, y en efecto, será sostenido. Pero algo mucho más profundo es la vindicación del deshonor que se la hace a la Persona de Dios. Si se reconoce la verdad de que los hombres más iluminados son incapaces de comprender la verdadera naturaleza del pecado, o su efecto sobre Aquel que es infinitamente santo, todos deben admitir que el castigo vindicativo está fuera de la comprensión humana. Eso se nos revela claramente en la Biblia, y más por medio de los labios de Cristo que de los de cualquiera otra persona. Esta revelación permanece no sólo por la autoridad con que habla la Biblia, sino también por el hecho de que no hay hombre que puede discutirla.

"Mía es la venganza, yo pagaré, dice el Señor (Ro. 12:19). En este versículo bíblico, Dios afirma primero su propia reacción hacia el pecado, en las palabras: "Mía es la venganza." Pero también afirma la necesidad de castigo, cuando dice: "Yo pagaré". Esta recompensa o castigo es más que un simple abandono del pecador. Es cierto que la "muerte segunda", que es la muerte eterna, es una separación de Dios, y que el estado eterno de los perdidos es un castigo inmensurable, a la luz del hecho de que las almas perdidas tendrán que recordar lo que la gracia hubiera podido hacer a su favor. El castigo es una imposición definida sobre el curso natural de los eventos; es una retribución que corresponde al castigo requerido. Así como el carácter de Dios es justo, así cualquiera que sea la pena que El imponga tiene que ser justa, y todos han de reconocerlo así. Dios no cometerá ningúna error en el juicio, así como no lo comete en ninguna otra de sus obras.

El castigo, que es para los cristianos, es una demostración del amor divino; pero la retribución es una manifestación de la ira divina contra los perdidos. No ha tenido Dios nunca la intención de permitir que los pecadores se enmienden ahora; ni tampoco la retribución será para que se enmiendan en la eternidad. El ha provisto, mediante el pago de un precio infinito, una perfecta regeneración y una nueva creación por medio de la fe en Cristo. Los hombres tienen libertad de recibir o de rechazar esta provisión. No hay ninguna palabra en la Biblia que se refiera a la extinción. El estado de los perdidos será tanto consciente como eterno. Aun la muerte física, de la cual los perdidos pudieran depender para hallar algún alivio, habrá sido destruida para siempre.

El cuadro negro del fracaso y de la tristeza humanos sólo se ha pintado con el fin de que con más prontitud se reciban las Buenas Nuevas de salvación. Todo lo que Dios ha revelado con respecto al destino de los perdidos tiene el propósito de llamar a los hombres a que se vuelvan hacia El y vivan en su gracia para siempre.

Surge un problema bien complejo cuando no se hace bien la

distinción entre la retribución y la redención. El problema surge cuando se piensa que el juicio de retribución ha de ser para restitución, mediante el valor de reparación de ese juicio. Si así fuera, entonces, ¿para qué la redención? Muchos hombres sinceros se han perdido en este punto del camino, y han caído en las teorías racionalistas del universalismo y de la restitución. Anotaremos dos citas amplias que arrojarán luz sobre este problema:

"El propósito definido del juicio divino en ninguna manera puede ser el mejoramiento de la persona que recibe el castigo, puesto que ese es el objeto de la *redención.* Si el castigo fuera el apropiado para esta finalidad, no hubiera habido necesidad de la redención. O, dicho de otro modo, si la redención logra este objetivo, ¿qué necesidad hay de la severidad del castigo? ¿Hemos de suponer que cuando la redención demuestra ser inefectiva para el mejoramiento del hombre, tiene que imponerse el castigo para poder lograr ese objetivo? Entonces habría que deducir que el castigo es más efectivo para la regeneración del hombre que la redención. El conflicto entre la esfera del castigo y la de la redención se vuelve de lo más complejo cuando recordamos que el principal propósito de la redención es el de suprimir el castigo mediante el perdón de los pecados. Si el castigo fuera de carácter restitutorio, ¿sería un acto de bondad el librar al hombre de él, antes que el juicio haya cumplido su obra de restitución? ¿Y cómo puede ser posible que la redención, que es precisamente la remoción del juicio, se renueve, si el castigo hace también lo mismo? Y sin embargo, la influencia del castigo en el que sufre, no puede negarse íntegramente. El castigo, en este caso, por una parte, actúa como una barrera contra las invasiones desoladoras del pecado, al reafirmar las ordenanzas fijas de la ley; y, por otra, le da testimonio al pecador de que el poder destructor que hay en el mal se vuelve contra él, y hace que el pecador tiemble cuando se rinde al pecado. De estas dos maneras, el castigo *prepara* al hombre para la obra de la redención. Pero según su naturaleza distintiva, el castigo no está adaptado ni calculado para que produzca un verdadero mejoramiento, una renovación interna en el pecador. Por el contrario, estas dos esferas: la de la redención, que es la única que puede cumplir una verdadera renovación, y la del castigo, se excluyen mutuamente. Dondequiera que comienza una participación viva en las bendiciones de la redención, cesa el castigo propiamente dicho– δίκη, ἐκδίκησις,τιμωρία; pero, en tanto que el hombre continúa sujeto al justo castigo de Dios, está excluido de esas bendiciones de la redención (Jn.3:36)" (Dr. Julius Müller, *The Christian Doctrine of Sin,* Vol. I, pág. 246.

"El castigo no es un medio apropiado para la reforma; porque la verdadera reforma sólo puede realizarse mediante la libre determinación de la persona. Es de naturaleza voluntaria. La determinación personal, sin embargo, cuando se produce por el temor de un castigo, no sería moral ni correspondería a la naturaleza de la virtud. Cualquier reforma que se efectúa según algún motivo egoísta no es reforma genuina. Además, si la verdadera reforma pudiera producirse por medio del castigo, ¿por qué no se dejó como único método legal y punitivo el del Antiguo Testamento? La administración antigua estaba llena de amenazas y castigos, y de ejemplos terribles en que realmente se ejecutó el castigo. ¿Por qué envió Dios a su Hijo, y estableció un nuevo pacto y una administración de misericordia? ¿De qué vale la redención, o sea la *remisión* del castigo, si el castigo en sí es saludable y restitutorio? Las Escrituras no presentan nunca el castigo como algo reformativo. El castigo apropiado para el pecado es la muerte (Ro.6:23). Así como la muerte temporal, que es la pena máxima en la legislación humana, no tiene el propósito de reformar al criminal, ni de restaurarlo en la sociedad humana, sino que lo corta para siempre de ella; así la muerte eterna, según la enseñanza bíblica, no tiene el propósito de que sirva de medio para educar al pecador ni de adaptarlo para el reino de los cielos, sino que lo proscribe y lo excluye para siempre de él"(Augustus D.Twesten, *Dogmatik,* Tomo II, párrafo 39; los dos citados por W.G.T. Shedd en *Dogmatic Theology,* Vol. II, págs. 738-739).

Un problema afín con estos que acabamos de mencionar es el de la actitud divina hacia las incontables multitudes que han muerto sin haber oído el Evangelio de la redención. Este tema también constituye una tentación para muchos. Hay muchos que afirman que los paganos serán salvos por causa de su ignorancia, o si vivieron según la luz de que disponían. Estas conclusiones se basan en la falacia de que el hombre no necesita la regeneración que se base en la sangre eficaz de Cristo. La naturaleza del plan de la salvación es tal que no incorpora cumplimientos parciales, ni se puede ejecutar en atención a las buenas intenciones. El problema llega a ser más profundo cuando se afirma que Dios, por cuanto es soberano, puede hacer lo que le plazca en estos casos. Esta idea relaciona la redención con la soberanía de Dios; aunque lo correcto es relacionarla con su justicia. Ni siquiera Dios puede redimir a nadie aparte de la sangre de su Hijo. Si lo hiciera, sería injusto; pues no puede haber otra satisfacción para la justicia de Dios por la maldad de las criaturas que esa sangre. Si alguien afirma que Dios queda en libertad para salvar, por medio de Cristo, a los que El quiera salvar, inmediatamente descubrimos la refutación de esa idea en la Palabra de Dios. Según ella, la gracia salvadora de Dios es algo que depende – excluyendo a los que mueren inocentes – de que el pecador la reciba. El elemento de la fe nunca puede faltar: "El que en él cree, no es condenado; pero el que no cree, ya ha sido condenado, porque no ha creído en el nombre del unigénito Hijo de Dios" (Jn.3:18). Si fuera verdad que los paganos pueden salvarse por causa de su ignorancia o de su fidelidad a la luz que tuvieron, no habría necesidad de realizar un programa mundial de evangelización. En efecto, el mismo hecho de llevarles el Evangelio a aquellos que son salvos mediante algo que está en ellos mismos sería una imposición de proporciones colosales; porque si tomamos para nosotros tal tarea, a los paganos, que supuestamente están salvos mediante sus propias virtudes, habría que transferirlos a un sistema en el cual probablemente se perderían para siempre, por el hecho de rechazar el Evangelio.

Según el cuadro bíblico, los paganos están absolutamente perdidos hasta el momento en que reciban el Evangelio. Si eso no fuera cierto, entonces todos los mandatos de ir a predicar el Evangelio que se encuentran en el Nuevo Testamento serían inútiles, y tendrían el propósito de perjudicar a las personas a las cuales se les da el mensaje, no el de ayudarles. El Evangelio engendra una responsabilidad y, para los que lo rechazan, llega a ser "olor de muerte para muerte", y para los que lo reciben, "olor de vida para vida" (2 Co.2:16).

En la raíz de todas estas dificultades está la idea racionalista de que todos los hombres han sido escogidos divinamente para la salvación; y que si no es así, eso quiere decir que Dios ha fracasado hasta cierto punto en su propósito. La verdad que aclara esto es el hecho de que El tiene una compañía de personas de todas las naciones que ha elegido, y que ninguno de éstos perderá la oportunidad de oír y recibir el Evangelio. El otro problema relacionado con el propósito de Dios en otras edades tenemos que reservarlo para posterior consideración.

CAPITULO XXIV

EL TRIUNFO FINAL SOBRE EL PECADO

La revelación y la razón se unen para dar testimonio de que el mal es algo temporal en el universo de Dios. La razón nos dice que, puesto que Dios es infinitamente santo y es el Diseñador y Creador del Universo, el mal tuvo que haber comenzado sus manifestaciones después de la creación y mediante permiso de Dios, y que tiene que servir para el cumplimiento de algún propósito compatible con la justicia divina. La razón también espera que cuando ese propósito se haya cumplido, el mal será separado de la creación de Dios, y Dios, que ha tomado a su cargo la responsabilidad de juzgar el mal, cumplirá esa obra hasta el grado de perfección que caracteriza a todas sus obras. Por otro lado, la revelación predice una victoria venidera sobre el mal, la cual es de tal naturaleza que ninguna mente humana puede comprenderla. El estudiante haría bien en detenerse y reflexionar sobre el maravilloso carácter del libro que con absoluta exactitud nos revela lo que ha de acontecer en la eternidad que tenemos delante, del mismo modo como nos revela los hechos de la eternidad que hubo antes de nosotros. Este libro incomparable fue dado mediante inspiración divina, con el propósito de que el hombre de Dios (es muy poco lo que le puede servir al que no sea hombre de Dios) pueda llegar a ser perfecto tanto en conocimiento como en carácter, mediante su poder santificador, y "enteramente preparado para toda buena obra" (2 Ti.3:16-17). Al estudiar el triunfo final de Dios, citaremos ciertos pasajes fundamentales de las Escrituras:

1 Corintios 15:25-28. Esta porción de la Biblia, que tiene carácter de paréntesis en medio de una amplia revelación con respecto a la resurrección, presenta el programa divino para la purificación del universo en preparación para la gloria eterna. Habiendo declarado que la resurrección será un hecho común para todos los hombres, y que habrá un orden de sucesión en la resurrección – (1) Cristo las Primicias; (2) los que son de Cristo en su venida; y (3) la resurrección final de los muertos impíos – el Apóstol indica que la segunda de estas resurrecciones, que es la que ha de ocurrir cuando Cristo venga por su Iglesia, le corresponde a un grupo que él designa con el nombre "los que son de Cristo". Esta declaración se corresponde con la declaración de 1 Tesalonicenses 4:16, donde se nos indica que los muertos en Cristo resucitarán primero; y con la declaración de Apocalipsis 20:4-6, donde se nos indica que aquellos sobre los cuales reposa el sello de la bendición divina resucitarán *antes* del comienzo del período de mil años; mientras que "los otros muertos" no volverán a vivir hasta que se hayan cumplido los mil años. En Juan 5:27-29 se registran las propias palabras de Cristo, en las cuales declara que habrá dos grupos en la resurrección, pero El no hace ninguna referencia al tiempo que ha de transcurrir entre los dos eventos de resurrección. Según Cristo, estos dos grupos resucitarán durante esta "hora" profética que ya ha durado casi dos mil años y que, según la profecía bíblica, continuará durante mil años después del retorno de Cristo. La idea de que habrá una resurrección general única, simultánea y en la cual estarán incluidos todos los seres humanos, en determinada hora, es más producto de la teología de la Iglesia Católica Romana que doctrina de las Escrituras.

En el período que trascurre entre la resurrección de Cristo y la resurrección de la compañía de "los que son de Cristo", tiene que lograrse completar el número de todos los que componen este grupo. Cuando Cristo venga por los suyos, no sólo llevará esta compañía para que esté con El, mediante resurrección y traslado, sino que en ese momento terminará esta específica empresa divina. Del mismo modo, el período que trascurrirá entre la resurrección de los que son de Cristo y la resurrección final, se caracterizará por el hecho de que Cristo estará ejerciendo personalmente el poder y la autoridad. Este período, según Apocalipsis 20:4-6 será de mil años. Al fin de este período, y en virtud de haberse cumplido el reinado de Cristo, la Bible enseña que El entregará "el reino al Dios y Padre" (1 Co.15:24). El reino al cual se refiere este pasaje es una esfera más amplia de autoridad divina, pues mediante su autoridad y poder, El pondrá a "todos sus enemigos debajo de sus pies" – sean éstos angélicos o humanos. El último enemigo que ha de ser destruido será la muerte. Por permiso de Dios, esta administración de gobierno divino ha entrado en rebelión contra Dios. Una gran compañía de ángeles no permaneció en su estado original, y la mayor parte de la familia humana ha estado o está en rebeldía contra Dios. La muerte, que era extraña al primitivo estado del hombre, ha traído la maldición sobre la tierra en todas las generaciones. La Biblia nos enseña que en aquel período milenario Cristo destruirá a todos sus enemigos, y entregará el reino restaurado al Dios y Padre. La palabra griega *παραδίδωμι* ha sido bien traducida: "entregue", en la cual no se puede imponer ninguna indicación de que el Hijo abandonará su propia autoridad para reinar. Esto no lo podría hacer El, puesto que El debe ocupar eternamente el trono de David (Lc.1:32-33; comp.

Is.9:6-7; Dn.7:14). No se debiera esperar que aquellos que no ven nada sobre el porvenir de Israel en la profecía, y que no reconocen el reino terrenal eterno de Cristo, observan la importancia de este pasaje. Para que éste sea el preciso significado que debe entenderse en este pasaje, el Apóstol continúa diciendo que Dios el Padre le sujetó todas las cosas al Hijo, con la única excepción, que es de suma importancia y muy razonable, de que el Padre, que fue el que le dio la autoridad al Hijo, no está sujeto al gobierno de su Hijo, el cual por lo demás es universal. Así, cuando el Hijo haya puesto a todos sus enemigos debajo de sus pies, cuando haya destruido la muerte, y cuando haya presentado el universo abolutamente conquistado al Padre, El continuará entonces, como ahora, su reino eterno. Nunca más volverá a levantarse una voz opositora en el reino universal de Dios; sino que Dios – Padre, Hijo y Espíritu Santo – tal como fue en el principio, será "todo en todos".

Son pocos los pasajes que tratan sobre el tema escatológico que sean de mayor importancia que el de 1 Corintios 15:24-28. En este pasaje aparecen tres factores determinantes: (a) Durante el período que transcurre entre la resurrección de los que son de Cristo y la resurrección final, el Hijo ejercerá amplia autoridad, con el propósito de destruir a todo gobierno y a toda autoridad que se le oponga a Dios. Cristo pondrá a todos sus enemigos debajo de sus pies. Aun el "postrer enemigo", que es la muerte, será destruido (el verbo griego cuya traducción en este versículo es "será destruido" es el mismo – καταργέω – que en el versículo 24 se tradujo "haya suprimido": comp. 2 Ti.1:10, donde, mediante el empleo del mismo verbo, se afirma que Cristo ya *abolió* la muerte para el creyente cristiano; y He.2:14, donde se nos revela que Cristo, por medio de la muerte destruirá al que tiene el imperio de la muerte; y 2 Co.3:13; Ro.7:4, donde se nos dice que el antiguo orden fue abolido por la muerte de Cristo; y finalmente, Ro.6:6, donde se nos enseña que, por la muerte de Cristo, el cuerpo del pecado es destruido). (b) Por cuanto el Padre le ha dado al Hijo toda autoridad (primero, como Creador – Col. 1:16; segundo, como Preservador – He.1:3; Col.1:17; y tercero, como Gobernante, mediante específico decreto divino – Mt.28:18; aunque el Padre se reserva ciertos poderes para El – Hch.1:7), el Padre mismo se exceptúa, para no estar en ningún tiempo sujeto a la autoridad que El mismo le ha dado al Hijo (comp.He.2:8). Y (c) el Hijo, cuando haya ejercido su poder de tal modo que todos los enemigos de la autoridad de Dios hayan sido puestos debajo de sus pies, continuará su reino, entonces como ahora, mediante la irrevocable autoridad del Padre. La construcción gramatical en griego, según los exégetas más dignos de crédito, no exige la conclusión de que, al presentar el reino restaurado al Padre (v.24), o que al continuar el reino en las edades venideras por autoridad del Padre, como lo ejerce ahora (v.28), el Hijo tiene que renunciar al reino. Esto no pudiera suceder, en vista de muchas predicciones que indican que El reinará eternamente. El, cuya relación con Israel y con esta tierra es la de Rey, y cuyo reino es eterno, en realidad reinará hasta que los reinos de este mundo hayan llegado a ser los reinos de nuestro Señor y de su Cristo; pero ése no será el fin, pues también se dice de El que "reinará . . .para siempre, y su reino no tendrá fin" (Is.9:7; Lc.1:33; Ap.11:15). Se nos revela, pues, mediante este importante pasaje, el triunfo final de Dios sobre todo el mal.

Apocalipsis 20:11-22:7. De los varios pasajes de la Escritura que tratan sobre el triunfo final de Dios, no hay ninguno que sea más vital y exhaustivo que el que vamos a considerar ahora. Nuestro *desiderátum* sería el de hacer una exégesis, palabra por palabra, pero en este capítulo sólo podremos hacer una leve referencia a dicho pasaje.

Cuando Cristo dijo: "En la casa de mi Padre muchas moradas hay" (Jn.14:2); parece que se estaba refiriendo al universo entero, en el cual hay varias moradas. El pasaje de Apocalipsis 20:11-22:7 dice que tales moradas son las siguientes: (1) El cielo nuevo, que es la morada de Dios; (2) la ciudad celestial, que se distingue del nuevo cielo en que desciende del cielo (Ap.21:2,10); (3) la tierra nueva, que será habitada por el Israel glorificado, pueblo éste que siempre ha estado relacionado con la esfera terrenal, y cuya existencia es, según el pacto que Jehová hizo con él, eterna. Con el pueblo de Israel estarán en la tierra "las naciones que hubieren sido salvas", las cuales le llevarán la gloria y el honor a ella; y (4) la morada de los que "estarán fuera", cuyos caracteres y estados serán incambiables, y estarán separados de Dios para siempre. La Iglesia (Jn.14:3) y los santos ángeles compartirán con el Dios Trino la primera morada, que es el cielo nuevo. Comparativamente es poco lo que se nos revela con respecto al carácter del cielo nuevo; probablemente eso se debe a que la mente finita no es capaz de comprenderlo. Sin embargo, es mucho lo que está escrito con respecto a la ciudad celestial, la cual se nos dice que desciende del cielo, de Dios: se nos informa sobre su carácter, sus dimensiones, sus habitantes, o sea, los que frecuentan sus portales, el material del cual estará constituida su estructura y su gloria. Los patriarcas esperaban esa ciudad. Abraham, que moraba en tiendas, buscaba "la ciudad que tiene fundamentos" (He.11:10,16). La ciudad será cosmopolita: la frecuentarán y disfrutarán de ella los que estarán en las otras moradas. En efecto, la esposa, cuyo hogar evidentemente será el cielo nuevo, donde estará Cristo, estará tan completamente identificada con la ciudad que ésta llevará también el nombre de "la esposa del Cordero". También se nos indica que en aquella ciudad tendrá el privilegio de hacer acto de presencia la Iglesia, por el hecho de que sus doce fundamentos llevarán los nombres de los doce apóstoles del Cordero. También entrarán en dicha ciudad los ángeles, el pueblo de Israel y las demás naciones, puesto que en sus puertas habrá doce ángeles, y éstas llevan los nombres de las doce tribus de Israel. Del mismo modo se nos dice que las naciones que hubieren sido salvas llevarán la gloria y el honor a ella. Esta ciudad estará construida de oro puro como cristal, incluso sus calles. La longitud de la ciudad será de doce mil estadios, lo que equivale a dos mil cuatrocientos kilómetros. Se nos dice que su longitud, su anchura y su altura son dimensiones iguales. La ciudad estará fulgurantemente iluminada con la gloria (*Shekinah*) de Dios. (3) La tierra nueva será la morada de los pueblos terrenales con los cuales Dios ha hecho pacto eterno. Y (4) la última morada es aquella en que tendrán que permanecer los que no quisieron aceptar la redención de Cristo.

Hebreos 12:22-24. En este pasaje se nos describe también la ciudad celestial, pero sólo en lo relativo a sus habitantes, o sea a aquellos que entran por sus puertas. Se observará que, como hay varias moradas en la casa del Padre, habrá por lo menos seis clasificaciones de las criaturas de Dios: los santos ángeles, la Iglesia, Israel, las naciones que hubieren sido salvas, los ángeles caídos que, junto con Satanás, serán lanzados al fuego eterno (Mt.25:41; comp. Ap.20:10), y los no regenerados los cuales, por no estar sus nombres escritos en el libro de la vida del Cordero, serán lanzados de igual modo al lago de fuego (Ap. 10:15; 21:8; comp. 21:27). Al comparar la morada de los no regenerados con la morada de los que han de disfrutar de la eterna bendición de Dios, se nos dice que la de aquellos es la morada de "fuera" (Ap.22:15).

Según *Apocalipsis 20:11-22:7,* los que han de estar en la ciudad celestial serán: Dios el Padre, Dios el Hijo (el cual tendrá allí el sugestivo título de el Cordero), los ángeles, la Iglesia, y los moradores de la tierra – tanto Israel como las naciones. En *Hebreos 12:22-24,* que es el pasaje que estamos considerando, aparece la misma clasificación de habitantes para la ciudad celestial: "Dios el juez de todos", "Jesús el Mediador del nuevo pacto", "la compañía de muchos millares de ángeles", "la congregación – Iglesia – de los primogénitos que están inscritos en los cielos", y "los espíritus de los justos hechos perfectos". Este último título evidentemente se refiere a Israel y a las naciones que para ese tiempo habrán sido purificadas mediante la gracia divina y de acuerdo con la redención de Cristo, las cuales morarán en la tierra nueva. En todo este plan está presente la sangre redentora de Cristo. En la enumeración de los habitantes que se nos da en Apocalipsis, Cristo aparece como el *Cordero;* y en la enumeración que se nos da en Hebreos, El aparece como *Mediador* del nuevo pacto, cuya sangre habla mejor que la de Abel. Según el hincapié que evidentemente se hace sobre la sangre de Cristo, podemos concluir que todo lo que Dios haya realizado para ese tiempo habrá tenido su base en el valor de la sangre de Cristo.

2 Pedro 3:7-13. Dos hechos esenciales se nos presentan en este pasaje: (1) Habrá un cielo nuevo y una nueva tierra. Los cielos de hoy arderán y serán deshechos; y los elementos se fundirán por el intenso calor. El mismo evento se nos describe en Hebreos 1:10-12, donde está escrito que los cielos y la tierra perecerán. Que se envejecerán como una vestidura, y serán mudados. Con respecto al hecho de que lo viejo ha de pasar, se nos declara en Apocalipsis 20:11 que el cielo y la tierra huirán de la presencia de Aquel que estará sentado en el trono, y no se hallará ningún lugar para ellos. Pedro da testimonio: "Pero nosotros esperamos, según sus promesas, cielos nuevos y tierra nueva, en los cuales mora la justicia (v.13). Esta esperanza se basa también en el Antiguo Testamento: "Porque he aquí que yo crearé nuevos cielos y nueva tierra; y de lo primero no habrá memoria, ni más vendrá al pensamiento" (Is.65:17). Tan sorprendente será esta nueva creación que no volverá a haber memoria del sistema presente. De igual manera leemos: "Porque como los cielos nuevos y la nueva tierra que yo hago permanecerán delante de mí, dice Jehová, así permanecerá vuestra descendencia y vuestro nombre" (Is.66:22). Según esta profecía, no sólo habrá nuevos cielos y nueva tierra, sino que Israel permanecerá para participar de esa gloria mientras dure la nueva creación.

Volvamos al pasaje del apóstol Pedro. Observemos que Pedro nos dice que el tiempo en que ha de ocurrir esta gran trasformación será "en el día del juicio y de la perdición de los hombres impíos" (2 P.3:7). Esto coincide precisamente con el informe que se nos ofrece en Apocalipsis 20:11-15, donde se nos dice que, cuando los muertos impíos se congreguen ante Dios para someterse al juicio final, es cuando todo el actual sistema huye de la presencia del que está sentado en el trono. Los habitantes del cielo y de la tierra que hayan sido escogidos por Dios para que habiten en la nueva creación tendrán que permanecer en el espacio y ser testigos de los más estupendos actos creadores de Dios: "Y el que estaba sentado en el trono dijo: He aquí, yo hago nuevas todas las cosas" (Ap.21:5).

Aunque es poco lo que se nos dice en la Biblia con respecto al carácter del cielo nuevo, como ya queda indicado, se nos revela mucho con respecto al carácter de la ciudad que desciende del cielo. Del mismo modo, hay importantes revelaciones, aunque más limitadas, con respecto a la tierra nueva. El siguiente es el pasaje más extenso de los que tratan sobre las condiciones que habrá en la tierra nueva: "Y oí una gran voz del cielo que decía: He aquí el tabernáculo de Dios con los hombres, y él morará con ellos; y ellos serán su pueblo, y Dios mismo estará con ellos como su Dios. Enjugará Dios toda lágrima de los ojos de ellos; y ya no habrá muerte, ni habrá más llanto, ni clamor, ni dolor; porque las primeras cosas pasaron" (Ap.21:3,4). Aquí se nos presentan dos clases de evidencias que prueban que este pasaje describe sólo las condiciones de la tierra nueva: (a) Las lágrimas, el llanto, el clamor y el dolor se describen como "cosas (que) pasaron". (b) El pasaje afirma que "Dios mismo estará con ellos como su Dios". El hará allí su tabernáculo y ellos serán su pueblo. El morará allí como mora ahora con los santos ángeles (Mt.23:30). El morará con los santos en luz (Col.1:12). Pero la revelación más grande es la de que Dios mantendrá una comunión ininterrumpida con los moradores de la tierra. La nueva tierra será tan santa como el nuevo cielo. Pedro declara que habrá "cielos nuevos y tierra nueva, en los cuales mora la justicia" (2 P.3:13). Así se nos declara que las tres esferas de gloria eterna – el cielo nuevo, la ciudad celestial y la tierra nueva – han de ser tan puras como el mismo Dios, y El morará en cada una de ellas para siempre. Del mismo modo, los tres órdenes de seres creados – los ángeles no caídos, la Iglesia de los primogénitos y los moradores de la tierra, entre los cuales estarán Israel y las naciones que hubieren sido salvas – disfrutarán de completa y eterna comunión con Dios. Puesto que ninguna palabra de Dios puede faltar, todas las profecías han de cumplirse y el triunfo final de Dios sobre el mal ha de ser tan perfecto como lo son todas sus obras.

De ese modo predicen las Escrituras el triunfo divino glorioso y universal, que todavía está en el porvenir. Este triunfo será a nivel infinito e incluye la disposición divina con respecto al *principio* del pecado. Aun un análisis somero como el que puede hacer la mente humana nos puede revelar el hecho de que la explicación más importante que la mente humana haya descubierto jamás sobre la razón por la cual se permitió que el pecado entrara en el universo, con su inmensurable ultraje para la creación y la horrible imposición del sacrificio para el Hijo de Dios, se halla escondida en este aspecto del asunto del pecado. Es verdad que la gracia de Dios no pudiera manifestarse, si no existieran criaturas caídas que, por causa de la corrupción del pecado, puedan ser objetos de la gracia de Dios; y también es cierto que la demostración de la divina gracia, cuya gloria inestimable no ha de observarse en este tiempo sino en la eternidad (Ef.2:7), constituyen razones obvias que nos explican la razón por la cual Dios permitió la entrada del pecado en el universo. Pero hay un hecho que es mucho más profundo e inclusivo: que el mal, como principio que se opone al bien fue ocasionado por aquella forma abstracta que existió antes de la creación, y que sobre la base de sus resultados concretos en la creación y por medio de ella, está sujeto al juicio divino y a ser destruido para siempre. El triunfo de Dios, cuando por medio de la cruz de Cristo salva un alma, y por medio de su poder la trasforma y la hace aparecer en el cielo conforme a la imagen de su Hijo, es en realidad incomprensible; y toda victoria que se logre sobre el pecado en cualquiera de sus formas tiene que redundar para la eterna gloria de Dios. Sin embargo, ¡cuán supremo en su infinita gloria es el juicio contra el pecado y su destrucción! ¡Cuán trascendentalmente bendita será la santa paz que reinará en el universo de Dios! Será más maravillosa aún que la paz que reinó en la eternidad pasada, puesto que el saber que la experiencia y el juicio del pecado han pasado produce más paz que el saber que esos eventos están por delante. La mente humana, puesto que está sumida en el fragor y en la tenebrosidad de la fase inmediata del conflicto, no puede desembarazarse de los perjuicios y de las influencias que la rodean, y por tanto, no puede comprender la seguridad del triunfo divino que Dios tiene determinado, y que ejecutará con la perfección que caracteriza a todas sus obras. De todas las maravillas de realización divina, ninguna puede sobrepasar en gloria el universo venidero, libre de pecado, en el cual la justicia no *contenderá* ni *sufrirá* como ahora, ni siquiera *reinará* la inmensidad de la creación de Dios, menos en la morada de los ángeles caídos y de los hombres perdidos.

Como Dios es infinitamente santo, no puede mantener otra relación con el pecado que no sea la de juzgarlo con la blanca llama de justicia que es El mismo. La muerte de Cristo como Cordero provisto por Dios, no sólo nos revela el inconmensurable amor de Dios hacia los pecadores, sino que abre el camino por el cual Dios, por causa del juicio contra el pecado que efectuó contra su propio Hijo, marcha con libertad a actuar sin restricciones de ninguna especie en el campo amplio del mismo universo.

Una clave para entender los caminos de Dios en todas las edades es el hecho de que El se complace en poner a prueba todo desafío. Sin duda alguna, este método le asegura el *desiderátum,* pues así toda boca tiene que cerrarse. Es razonable creer que el mal en su forma abstracta y como principio que se opone al bien, sea cual haya sido el tiempo cuando se manifestó, fue un desafío para Dios, y que, según la escala más amplia que pueda concebirse, sus exigencias se han sometido a la demostración, lo cual no sólo ha establecido el carácter del mal en toda su magnitud, sino que también hace manifiesto el carácter de Dios – revelación que es de suprema importancia – y su excelente gracia. Con esta finalidad, fue necesario permitir que el pecado tomara forma concreta, y que siguiera su curso hasta el fin. Por haber manifestado Dios su voluntad permisiva, el pecado cumplió su incalculable tragedia en las esferas angelicales; también obró la ruina cabal de la raza humana, si no fuera por la redención de gracia. Pero ese precio incalculable del daño que hizo el pecado lo pagó la sangre del Hijo de Dios, la cual constituye la única base justa en la cual se afirma Dios para hacer juicio contra todos los aspectos del mal, pues así se establece la santidad de su carácter eternamente, y asegura una redención consumada para aquellos que El mismo escogió desde antes de la fundación del mundo, por medio de los cuales El también puede demostrar las inescrutables riquezas de su gracia. Fue muy poco en realidad lo que comprendían los testigos oculares de la muerte de Cristo sobre la estupenda realización que Cristo estaba consumando, la cual se hallaba muy lejos de su inmediata visión. La cruz fue la sentencia absoluta de Dios contra el pecado, en el caso de cada creyente cristiano como individuo; y esto abarca a Israel, a los gentiles, a la creación, a las cosas del cielo, a las esferas angélicas y a todas las raíces del mismo mal, que es la desemejanza de Dios. El triunfo de Dios será perfecto y eterno.

"¡Oh profundidad de las riquezas de la sabiduría y de la ciencia de Dios! ¡Cuán insondables son sus juicios, e inescrutables sus caminos! Porque ¿quién entendió la mente del Señor? ¿O quién fue su consejero? ¿O quién le dio a él primero, para que le fuese recompensado? Porque de él, y por él, y para él, son todas las cosas. A él sea la gloria por los siglos. Amén."

VOLUMEN III
SOTERIOLOGIA

SOTERIOLOGIA

CAPITULO I

INTRODUCCION A LA SOTERIOLOGIA

La Soteriología es la parte de la Teología Sistemática que trata de la salvación. La palabra *salvación* es una traducción del término griego σωτηρία (σώζω y σωτήριος), y se derivan directamente de la palabra σωτήρ que significa *Salvador.* Σωτηρία aparece cuarenta y cinco veces en el Nuevo Testamento. Cuarenta veces se traduce por *salvación,* una vez por *liberación* (Hch. 7:25) , una vez por *salud* (Hch. 27:34), una vez por *salvarse* (Hch. 11:7), y dos veces por *ser salvados* (Lc.1:71; Ro. 10:1).

En contraste con el uso del Nuevo Testamento, la doctrina de la salvación que el Antiguo Testamento nos presenta es más intrincada, debido principalmente a un factor común a toda la revelación veterotestamentaria, a saber, el progreso doctrinal. Podríamos designar bien este progreso con palabras del mismo Cristo: "Primero hierba, luego espiga, después grano lleno en la espiga" (Mr. 4:28). Es obvio que, en el Antiguo Testamento, el término castellano Salvación abarca una gama de sentidos que llega desde el concepto de ser liberados de los enemigos hasta el de unas correctas relaciones con Dios. Deuteronomio 28: 1-14 describe el estado ideal de un israelita que vive en la Tierra Prometida, y para él la salvación consistía primordialmente en estar preservando de cuanto podría impedir las grandes bendiciones divinas. Tal era, en realidad, la suma de beneficios que el mismo Jehová ofrecía a Su pueblo. Mas Israel abrigaba siempre una esperanza todavía mayor en un triunfo espiritual que tendría lugar en un reinado ya pactado, aunque todavía futuro. Respecto a la posición que habían de ocupar en ese reinado dice la Escritura:

"Y te hará volver Jehová tu Dios a la tierra que heredaron tus padres; y será tuya; y te hará bien, y te multiplicará más que a tus padres. Y circuncidará Jehová tu Dios tu corazón, y el corazón de tu descendencia, para que ames a Jehová tu Dios con todo tu corazón y con toda tu alma, a fin de que vivas' (Dt.30:5-6); ' Pero este es el pacto que haré con la casa de Israel después de aquellos días, dice Jehová: daré mi ley en su mente, y la escribiré en su corazón; y yo seré a ellos por Dios, y ellos me serán por pueblo. Y no enseñará más ninguno a su prójimo, ni ninguno a su hermano, diciendo: Conoce a Jehová; porque todos me conocerán, desde el más pequeño de ellos hasta el más grande, dice Jehová; porque perdonaré la maldad de ellos, y no me acordaré más de su pecado ' (Jer.31: 33-34); ' Y yo os tomaré de las naciones, y os recogeré de todas las tierras, y os traeré a vuestro país. Esparciré sobre vosotros agua limpia, y seréis limpiados de todas vuestras inmundicias; y de todos vuestros ídolos os limpiaré. Os daré corazón nuevo, y pondré espíritu nuevo dentro de vosotros; y quitaré de vuestra carne el corazón de piedra, y os daré un corazón de carne. Y pondré dentro de vosotros mi Espíritu, y haré que andéis en mis estatutos, y guardéis mis preceptos, y los pongáis por obra. Habitaréis en la tierra que di a vuestros padres, y vosotros me seréis por pueblo, y yo seré a vosotros por Dios ' (Ez.36:24-28); ' Y luego todo Israel será salvo, como está escrito: Vendrá de Sión el Libertador, que apartará de Jacob la impiedad. Y este será mi pacto con ellos, cuando yo quite sus pecados' " (Ro.11:26-27).

Estas Escrituras, que representan un amplio despliegue de promesas similares, hablan de la nación como un todo, y predicen la restauración y la salvación de ese pueblo, de acuerdo con el eterno designio de Jehová. Frente a esta expectación nacional se encontraba también todo lo que una relación personal de cada individuo con Dios implicaba, pero esto era algo totalmente independiente de las grandes promesas que aseguraban la salvación de la nación.

Abraham tuvo descendencia de Agar, de Sara, y de Cetura; pero sólo "en Isaac (hijo de Sara) te será llamada descendencia" (Ro. 9:7). Y, una vez más, la elección divina para el pueblo de la promesa determina que, de los hijos de Israel, "el mayor servirá al menor" (Ro.9:12: comp. Is.60:12),y así los pactos de Dios con la nación serán realizados sólo a través de Jacob. De la descendencia de Jacob, si bien la preservación recae sobre la nación misma como un todo solidario, y aun "si fuere el número de los hijos de Israel como la arena del mar, tan sólo el remanente será salvo"; un remanente que se destacaba en cada generación en la medida en que ciertos individuos se mantenían en correcta relación con Dios. A este grupo se refiere el Apóstol cuando dice: "porque no todos los que descienden de Israel son israelitas" (Ro. 9:6), y es de este Israel espiritual del que también habla cuando declara: "y luego todo Israel será salvo" (Ro. 11:26). De esta manera, el resultado final del plan divino respecto al pueblo al que pertenecen los pactos terrenales, y cuyo destino es el de la tierra (comp.Mt.5:5), queda consumado tanto en relación al pueblo elegido, como en cuanto al cumplimiento de lo esperado por cada individuo israelita cuya existencia tenía lugar en el preciso tiempo en que se realizaban las promesas respectivas hechas al pueblo judío. La era actual debe ser siempre observada desde el punto de vista de su peculiar carácter, a saber, de que ahora ya no existe diferencia entre judíos y gentiles, tanto si miramos a su estado de perdición total, como si se mira a la necesidad que unos y otros tienen de ser salvos por pura gracia (Ro. 3:9), y tampoco hay diferencia en cuanto a las condiciones estipuladas para su salvación(Ro.10:12;comp.Hch.15:9). Las doctrinas específicas del judaísmo deben ser discernidas como tales, tanto en lo que se refiere a su carácter como en lo que se refiere a la dispensación en que tienen vigencia. Por falta de una revelación específica, la salvación del individuo bajo el judaísmo – respecto a condiciones, tiempo y carácter general – queda velada a los ojos humanos.

Respecto al significado del término *salvación,* ambos Testamentos se parecen mucho. Dicho vocablo sugiere los conceptos de liberación, seguridad, preservación, sanidad, restauración y curación; pero si bien el término *salvación* expresa una gama tan amplia de experiencias humanas, con todo, su uso específico y predominante está restringido a designar una obra de Dios en favor del hombre. Cuando se usa en este sentido, representa la quintaesencia de todo el mensaje bíblico, puesto que reúne en un solo concepto doce, al menos, de las doctrinas más vitales y comprensivas, como son: redención, reconciliación, propiciación, convicción de pecado, arrepentimiento, fe, regeneración, perdón de los pecados, justificación, santificación, perseverancia o preservación, y glorificación.

También es digno de observación el hecho de que el sentido del vocablo *salvación* comporta dos ideas fundamentales: por una parte, ser salvo implica el ser rescatado de un estado de perdición, mientras que, por otra parte, ser salvo es ser transferido a un estado de salvación, ser vitalmente renovado, y ser hecho idóneo para participar de la herencia de los santos en la luz. La predicación del Evangelio puede llevarse a cabo siguiendo uno de estos dos aspectos de la salvación. Puede amonestar a los impíos para que huyan de la ira venidera, o puede animarles con la contemplación de los beneficios que la infinita gracia de Dios proporciona. El estado miserable del que la salvación divina es capaz de rescatarnos, ha sido ya descrito en parte en anteriores volúmenes de la presente obra. En la parte destinada a la Satanología, se hizo notar que los no regenerados están bajo el poder de Satanás, quien obra a través de ellos, y que el único remedio a su alcance consiste en el poder liberador de Dios que nos traslada de la potestad de las tinieblas al reino de Su amado Hijo (Col. 1:13). Asimismo, tanto en la Antropología como en el Tratado sobre el pecado quedó demostrado que el hombre es nacido de una raza caída, condenado por su participación en el pecado de Adán, destinado a la ruina por el hecho de que sólo posee una naturaleza caída, juzgado como alguien que está bajo pecado, y que es culpable ante Dios a causa de sus pecados personales. También se afirma que la salvación divina lo es de la maldición de la Ley (Gá. 3:13), de la ira (1 Ts. 5:9; Jn. 3:36), de la muerte (2 Co. 7:10), y de la destrucción (2 Ts. 1:9). Por otra parte, la salvación divina proporciona un descargo y sobreseimiento de toda denuncia contra el pecador y pertrecha a éste con vida eterna en lugar de muerte, con el mérito perfecto de Cristo en lugar de condenación, y con perdón y justificación en lugar de ira.

En su sentido más amplio, la doctrina de la salvación incluye toda provisión divina a favor del creyente, desde su liberación del estado de perdición hasta su final introducción en la gloria hecho ya conforme a la imagen de Cristo. Siendo, pues, el designio divino de un alcance tan amplio, este tema se divide naturalmente en tres tiempos: (a) El cristiano *ffue* salvo al momento que creyó (Lc.7:50; Hch. 16:30-31; 1 Co.1:18; 2 Co.2:15; Ef.2:8; 2 Ti.1:9). Este pretérito marca el hecho esencial e inmutable de la salvación. En el momento de creer, el que es salvo queda completamente liberado de su estado de perdición, purificado, perdonado, justificado, nacido de Dios, revestido de los méritos de Cristo, libre del justo juicio de Dios de toda condenación, y a salvo para siempre. (b) El creyente está *siendo* salvo del dominio del pecado (Ro. 6:14; 8:2; 2 Co. 3:18; Gá. 2:20; 4:19; Fil. 1:19; 2:12; 2 Ts. 2:13). En este segundo tiempo de la salvación, el creyente está siendo preservado y santificado por Dios. (c) El creyente *todavía* necesita ser salvado de la presencia del pecado cuando sea introducido en la gloria, ya sin tacha (Ro. 13:11; 1 Ts. 5:8; He. 1:14; 9:28; 1 P. 1:3-5; 1 Jn. 3:1-3). A éstos podrían añadirse otros pasajes que, a su vez, presentan todos estos tres tiempos o aspectos de la salvación – 1 Co. 1:30; Fil. 1:6; Ef. 5:25-27; 1 Ts. 1:9-10; Tit. 2:11-13. Desde un parecido punto de vista, se puede afirmar que, en lo que toca a la salvación divina, ningún hecho mayor cabe que el que se nos declara en Jon. 2:9 y en Sal. 3:8, "La salvación es de Jehová". La verdad de que la salvación es de Jehová es mantenida tanto por la revelación como por la razón. En cuanto a la revelación, es testimonio constante de las Escrituras que cada rasgo de la salvación del hombre, desde su comienzo hasta su final consumación en los Cielos, es una obra de Dios en favor del hombre y no una obra del hombre en servicio de Dios. En cuanto a la razón, basta el considerar por un instante el carácter sobrenatural de cada paso en esta magna empresa, para percatarse de que el hombre no puede contribuir en absoluto a su realización. Es totalmente necesario que cada paso haya de darse por fe, puesto que, no poseyendo el hombre poder para producir un efecto sobrenatural, no tiene más remedio que arrojarse desarmado, por fe, en brazos de Otro que puede hacerlo. Estas verdades tan obvias pueden ser consideradas desde dos ángulos diferentes: (a) Lo que podríamos apellidar el aspecto *legal* del problema de la salvación de un ser pecador está implicado en la necesidad de satisfacer las ineludibles y santísimas exigencias de la justicia y del gobierno divinos que son ultrajados por el pecado en cada una de sus múltiples formas. Nadie puede hacer expiación por su alma y así salvarse a sí mismo. El castigo que su condición pecadora merece es tan grande que, puesto a pagar por sí mismo, no le quedaría al fin rédito alguno. Frente a esto, está la verdad de que Dios ha provisto en la muerte sustitucionaria de Su Hijo el pago completo de tal pena. Esta viene a ser la única esperanza para el hombre, pero esta actitud de depender de Otro, como regla general, está muy lejos de la actitud por la que el hombre intentara salvarse por su propio esfuerzo. (b) Lo que podríamos llamar el aspecto *práctico* del problema de la salvación de un ser pecador puede deducirse del carácter común a cuanto se incluye en el estado de salvación. Nadie, y bajo ninguna circunstancia, podría perdonar su propio pecado, darse a sí mismo la vida eterna, vestirse a sí mismo de la justicia de Dios, o escribir su nombre en los cielos. Por consiguiente, hemos de concluir que en las Sagradas Escrituras no se puede hallar verdad más obvia que ésta, a saber, que "la salvación es de Jehová". No sólo es provisto por Dios al instante todo cuanto se incluye en el concepto de salvación en su primer tiempo, y en respuesta a la fe sencilla de quien a El se confía para ello, basándose en la seguridad de que El es poderoso para salvar con justicia sólo a través de la muerte de Su Hijo, sino que Dios se revela también al pecador como Alguien que desea con un anhelo infinito el salvar. Quien no escatimó Su propio Hijo, sino que lo entregó por todos nosotros, difícilmente pudo dar una prueba mayor de Su pasión por salvar a quienes estaban perdidos.

El motivo más elevado que Dios tiene al ejercitar la obra salvadora de Su gracia es el satisfacer Su infinito amor hacia aquellos a quienes el pecado arruinó. De aquí se puede colegir la verdad de que la salvación de un alma significa para Dios infinitamente más de lo que podría jamás significar para la misma persona que es salva, prescindiendo de las gloriosas realidades que constituyen tal salvación. Pero, en adición a esta satisfacción del amor infinito, pueden descubrirse otros tres motivos divinos en la salvación de los que están perdidos: (a) Está escrito: "Porque por gracia sois salvos por medio de la fe; y esto no de vosotros, pues es don de Dios; no por obras, para que nadie se gloríe. Porque somos hechura suya, creados en Cristo Jesús para buenas obras las cuales Dios preparó de antemano para que anduviésemos en ellas" (Ef. 2:8-10). Está cargada con el mayor de los énfasis la verdad así declarada, de que la salvación es una empresa divina sobre la base de pura gracia, en la que no caben obras o méritos humanos. Esta salvación es *para* buenas obras, nunca *por* buenas obras; y lo es *para* tales buenas obras en cuanto que éstas están preparadas de antemano por Dios. (b) De la misma manera, se nos declara que lo que indujo a Dios a salvar a los hombres fue el provecho que tal salvación les proporcionaría a ellos. Juan 3:16 afirma: "Porque de tal manera amó Dios al mundo, que ha dado a Su Hijo Unigénito, para que todo aquel que en él cree, no se pierda, mas tenga vida eterna." En este texto tan familiar, se asegura claramente que cuantos creen en Cristo obtienen un doble beneficio – no se pierden, y reciben vida eterna. Estas ventajas son inconmensurablemente grandes, tanto en su valor intrínseco como en su duración eterna. Podría preguntarse si es posible un motivo más alto de parte de Dios para inclinarle a salvar al hombre, que el beneficio que el hombre mismo recibe de ello. Diremos que hay un objetivo en el ejercicio que Dios hace de Su gracia salvadora, el cual representa para Dios una realidad mucho más importante que las buenas obras o propio beneficio del hombre. Y es (c) el hecho de que la salvación del hombre es por gracia de Dios, a fin de que esta gracia divina pueda tener una manifestación adecuada. Acerca de esta verdad está escrito: "Para mostrar en los siglos venideros las abundantes riquezas de su gracia en su bondad para con nosotros en Cristo Jesús" (Ef. 2:7). Este motivo estaba en el seno de Dios, sin que ángel alguno hubiese podido intuirlo jamás. Los ángeles habían observado el poder y sabiduría divinos, desplegados en la creación y conservación de todas las cosas. Habían contemplado Su gloria, pero no habían visto Su gracia, pues no era posible una manifestación de la gracia divina mientras no existiesen criaturas pecadoras, que pudiesen ser objeto de gracia. La relevancia que en los reinos celestes tuvo la manifestación de la gracia divina no pudo ser apreciada en este mundo puesto que el amor divino no se mostró de un modo completo hasta que Dios entregó a Su Hijo a morir por los hombres perdidos. La importancia de tal demostración sobrepasa también la capacidad comprensiva del humano entendimiento. De igual manera, la gracia divina no pudo mostrarse de una manera perfecta hasta que hubo pecadores salvos mediante la muerte del Hijo de Dios, y la medida de esta gracia sobrepasa también la capacidad del entendimiento humano. El que un solo ser de entre esta nuestra raza caída y pecadora pueda ser transformado por el poder divino hasta el punto de representar una exhibición de Su gracia infinita, satisfactoria para el mismo Dios,es ya un pensamiento que trasciende toda inteligencia, y, aunque las amplias estancias de los cielos se viesen repletas de tales seres, dicha exhibición no ganaría más quilates por el hecho de multiplicarse los ejemplos puesto que cada individuo constituiría la expresión adecuada de la superlativa gracia de Dios.

Por la perfecta consumación que Cristo realizó con Su muerte – al morir el Justo por los injustos – el brazo salvador de Dios no está ya impedido en razón de aquellas justas demandas de castigo que, de no morir Cristo, el pecador habría de sufrir por el ultraje inferido al carácter santo y al gobierno justo de Dios, y, al quedar así Su brazo libre para actuar, Dios hace todo cuanto Su amor infinito le dicta. Ninguna cosa en los Cielos o en la Tierra – ni en el seno de la Deidad ni entre los seres creados – puede sobrepasar la meta que la salvación divina de un alma perdida alcanza, en calidad de manifestación de la gracia de Dios y satisfacción de Su amor. Este resultado incomprensible, inmenso, queda asegurado por la promesa de que cada uno de los salvos será hecho "conforme a la imagen de su Hijo" (Ro. 8:29); y el apóstol Juan testifica igualmente: "Cuando El se manifieste, seremos semejantes a él, porque le veremos tal como él es" (1 Jn.3:2). Esto es sin duda lo que el Apóstol tenía en mientes al escribir: "Y así como hemos traído la imagen del terrenal, traeremos también la imagen del celestial" (1 Co.15:49). Incluso ahora, Cristo está en el creyente como "la esperanza" de esa "gloria" (Col. 1:27), y este mismo cuerpo nuestro será transformado "para que sea semejante al cuerpo de la gloria suya" (Fil. 3:21). No es pequeña deferencia para un pecador merecedor del Infierno, el que Dios le haya amado hasta el punto, no solamente de cargar sobre sus espaldas divinas el castigo que merecían sus iniquidades, sino también de usarle como un agente que se encargue de proclamar eternamente ante el Universo el singular designio y la excepcional calidad de Su gracia incomparable.

Todo predicador del Evangelio haría bien en estudiar, a fin de darles el debido énfasis, las dos perfecciones divinas antes mencionadas, que resplandecen en la salvación del hombre, obtenidas ambas sobre bases de justicia mediante la muerte y resurrección de Cristo. Una de ellas viene a ser un traspaso de algo malo, mientras que la otra comporta la obtención garantizada de algo bueno. Estas dos perfecciones divinas son: (1) que, mediante la muerte de Cristo, todo juicio y condenación han sido tan perfectamente asumidos, que nunca más volverán a ser exigidos al creyente (Ro. 8:1). Incluso en la salvación de una persona, no se ha descargado un solo golpe, ni se ha proferido una sola crítica o censura. (2) Igualmente, y sobre la misma base de la muerte y resurrección de Cristo, es otorgada toda estipulación requerida para la comunión eterna con Dios en los cielos – Y todo ello, en verdad, partiendo del principio de pura gracia..

Concluimos esta introducción al estudio de la Soteriología prescribiendo al lector estudioso que preste una atención excepcional a este gran tema, y ello por estas dos importantes razones: (1) El mensaje de Dios abarca a toda la familia humana, y como el porcentaje de los inconversos es muy grande y el evangelio de la salvación es el único mensaje dirigido a los no salvos, resulta razonable el concluir que, en un ministerio bien equilibrado, la evangelización habría de ocupar no menos del setenta y cinco por ciento de la predicación hecha desde el púlpito. El resto puede emplearse en la edificación de los que ya son salvos. Está, pues, bien puesto en razón que, cayendo una parte tan considerable del mensaje de todo predicador dentro de los límites del campo general de la Soteriología, el estudio de esta parte de la Teología Sistemática debería ser emprendido con gran diligencia, sinceridad y oración expectante. (2) El predicador es un eslabón importante de la cadena que conecta el corazón de Dios con las almas de los hombres perdidos. Respecto a los otros eslabones de esta cadena, hay que hacer notar que no hay deficiencia alguna en el suministro de redención mediante el sacrificio de Cristo, ni tacha en el informe de tal redención, según está registrada en los oráculos divinos, ni debilidad o fallo de parte del Espíritu que capacita. No debería haber omisiones, defectos o pretensiones por parte del predicador en la presentación del mensaje de la redención ante aquellos para quienes ha sido provisto. Si se medita sobre ella con seriedad, la responsabilidad de la evangelización no puede menos de imponer su majestad al corazón del predicador y causarle un sentimiento de progresiva dependencia respecto de Dios. No es de extrañar que el Espíritu Santo, por boca del Apóstol, declare con un énfasis excepcional, rubricado por una doble repetición: "Mas si aun nosotros, o un ángel del cielo, os anunciare otro evangelio diferente del que os hemos anunciado, sea anatema. Como antes hemos dicho, también ahora lo repito: Si alguno os predica diferente evangelio del que habéis recibido, sea anatema" (Gá. 1:8-9). Este *anatema* jamás ha sido revocado, no puede serlo en tanto que la salvífica gracia de Dios haya de ser proclamada a un mundo perdido. Desde un punto de vista humano, una defectuosa presentación del evangelio podría desorientar a un alma hasta tal punto, que perdiera para siempre el rastro del camino de la vida. Al médico de almas incumbe conocer el remedio preciso que debe administrar. Un médico corriente puede, por error, destruir una vida que, en el mejor de los casos, no es sino una breve estancia en este mundo, pero el médico de almas se ocupa de algo en que entra en juego el destino eterno de la persona. Después de haber entregado a Su Hijo a morir por hombres abocados a la perdición, Dios no puede menos de apremiar sobre la manera en que este gran beneficio debe ser presentado, y no puede ser considerado injusto si pronuncia Su anatema sobre aquellos que pervierten el único camino de salvación, adquirido a tan alto precio. Un hombre de conciencia delicada, al percatarse de los eternos valores que entran en juego, podría sentir la tentación de retroceder ante tamaña responsabilidad, pero Dios no ha llamado a sus mensajeros a un fracaso semejante, sino que les prescribe "predicar la palabra" y les garantiza su presencia indefectible y su poder eficaz. Probablemente no hay en todo el campo de las verdades teológicas un punto en que tenga mayor aplicación el requerimiento aquel de Pablo: "Procura con diligencia presentarte a Dios aprobado, como obrero que no tiene de qué avergonzarse, que usa bien la palabra de verdad" (2 Ti. 2:15).

El estudio de la Soteriología ha de hacerse dividiendo la materia en los epígrafes siguientes: (1) El Salvador, (2) la elección divina, (3) ¿por quiénes murió Cristo? (4) la obra salvadora del Dios Trino, (5) la seguridad eterna del creyente, (6) la liberación del dominante poder del pecado y de las limitaciones humanas, (7) las estipulaciones de la salvación.

EL SALVADOR

CAPITULO II

LA PERSONA DEL SALVADOR

No hay más que un Salvador, y El es el único cualificado bajo todos los aspectos para salvar. Esta afirmación constituye el fundamento de la Soteriología, y, de estas dos declaraciones, la primera requiere una investigación sobre la *persona* de Cristo – este aspecto de la verdad ha sido ya estudiado a lo largo de abundantes páginas en el tratado sobre la Trinidad, ciñéndonos allí a la contemplación de Su Persona. El segundo aserto – que sólo El está cualificado para salvar – requiere una investigación sobre la *obra* de Cristo en la Cruz y es el soporte de todo el contenido de la Soteriología. Así, la Soteriología se convierte, a su vez, en la piedra angular de la Teología Sistemática, siendo, como es en su más alto grado, el aspecto que el hombre puede atisbar mejor dentro de la revelación que de Sí hace Dios a una raza caída. El volumen V de esta obra de Teología Sistemática está dedicado al estudio de la Cristología, y en sus páginas encontrará el lector una exposición más ordenada y completa de este gran tema. Como ya hemos aludido anteriormente, en el tratado sobre la Trinidad hemos considerado específicamente la Persona de Cristo. En Soteriología (aparte de una pequeña introducción), hay que considerar especialmente la obra de Cristo, mientras que en Cristología, estas dos verdades fundamentales han de ser consideradas conjuntamente. Según hemos antes intimado, al emprender el estudio de la obra de Cristo es esencial el ratificar o revisar ciertos hechos que se refieren a Su Persona, con el fin de garantizar un reconocimiento más amplio de la persona que toma a su cargo el proveer una salvación tan grande. Por tanto, la atención va dirigida primero hacia la Persona del Salvador. Que el hombre es incapaz de comprender a Dios es una verdad obvia, y es igualmente cierto que el hombre es incapaz de describir lo que no puede comprender. En la Biblia, Dios ha hablado de Sí mismo, y esto ha servido de mucha ayuda a la impotencia del hombre en sus tentativas para conocer la verdad acerca de Dios; con todo, esta revelación – aun en el caso de que la mente sea iluminada por el Espíritu – es captada obscuramente. Esto impone ineludibles cortapisas a cuanto un autor humano pueda escribir o a lo que una voz humana pueda proferir. El tema de la Persona de Cristo es inefablemente elevado; pero, para salir del paso, podemos subdividir este tema en cuatro aspectos – (a) las siete posiciones de Cristo, (b) Sus oficios, (c) Sus filiaciones, y (d) la unión hipostática.

I. LAS SIETE POSICIONES DE CRISTO

El campo entero de la Cristología puede resumirse en las siete posiciones en que las Escrituras nos presentan a Cristo. Aunque hayamos de estudiarlas más profundamente en Cristología, nos parece que no hay nada más luminoso para introducirnos en este vasto tema acerca de la Persona y de la obra de Cristo. El objetivo de esta parte preparatoria es un intento por captar – en la medida de lo posible – la grandeza infinita de Aquel que ha tomado a su cargo el salvar a los perdidos. El progreso espiritual del cristiano puede medirse por su crecimiento en "el conocimiento de nuestro Señor y Salvador Jesucristo" (2 P. 3:18). Cristo mismo afirmó que la obra del Espíritu en el corazón del creyente estaba dirigida a que "El me glorificará" (Jn. 16:14). En estos textos se indica que el concepto del creyente acerca del Cristo que le salva, no sólo debería extenderse en una panorámica sobrenatural, sino que habría también de incrementarse día a día. Estas siete posiciones son presentadas aquí, para que El tenga en todo preeminencia.

I. EL CRISTO DE ANTES DE LA ENCARNACION. Es indudablemente cierto que, en vista de que El tomó sobre Sí la forma y naturaleza humanas, la mente humana está inclinada a pensar de Cristo en términos de limitaciones humanas. Un remedio para esta posible desorientación consiste en meditar y reflexionar sobre Su preexistencia eterna, y dicha consideración conduce siempre a un concepto del Cristo encarnado que esté libre de humanas tergiversaciones. Así, después de haber recibido y acogido convenientemente algo de Su eterna Deidad, resultará normal el otorgar a Su Divinidad el lugar que le corresponde, cuando se investigue la verdad acerca de Su forma de existir en la época de la Encarnación. Es de esperar que el lector estudioso no descuide la investigación, suficientemente extensa, de los principales pasajes que se estudian en Teología Formal (Is. 7:14; 9:6-7; Mi. 5:2; Lc. 1:30-35; Jn. 1:1-2, 14; Fil. 2:6-8; Col. 1:13-17; 1 Ti. 3:16) y que tratan de la preexistencia eterna de Cristo, en cuanto que es una de las tres personas de la Deidad. Pero hay un pasaje que merece ser reconsiderado aquí en conexión con nuestro tema, es a saber,

Juan 1:1-2, 14. Aunque, por lo que la Biblia nos dice, el Hijo de

Dios no se atribuyó a Sí mismo el término *Logos,* sin embargo es el Espíritu Santo quien se lo aplica en el texto a que nos referimos. Existen las mejores razones para usar este epíteto, más de lo que se usa comunmente, para identificar al Hijo de Dios en el estado anterior a Su Encarnación. Era preciso poder echar mano de un nombre distintivo de Cristo en su preexistencia eterna, pero nos ha sido proporcionado en esta forma peculiar por el Espíritu Santo, quien al usarlo en esta conexión es para nosostros una autoridad inapelable en orden a usarlo, con la misma finalidad, en toda clase de circunstancias. Por su sola significación, el epíteto *Logos* comporta una revelación de largo alcance, no sólo de su divinidad, sino también de Su eterna y esencial relación a la Primera Persona de la Trinidad. De este nombre *Logos,* escribe A.B.D. Alexander:

"La doctrina del Logos ha ejercido una influencia decisiva y de largo alcance sobre el pensamiento especulativo y cristiano. La palabra tiene una larga historia, y la evolución de la idea que implica es realmente el desarrollo del concepto del hombre sobre Dios. Captar la relación de la divinidad con el mundo ha sido el anhelo de toda filosofía religiosa. Aun cuando, desde el alborear de la especulación occidental, se han concebido muy divergentes puntos de vista sobre la manifestación de Dios, el término griego *Logos* ha sido usado con un cierto grado de uniformidad por una serie de pensadores para expresar y definir la naturaleza y el modo de la revelación de Dios. *Logos* significa en el griego clásico tanto ' razón ' como ' palabra ', y que aunque en el griego bíblico el término se emplea predominantemente en el sentido de la ' palabra ', no podemos en puridad disociar ambos sentidos, puesto que toda palabra implica un pensamiento. Ahora bien, es imposible imaginar un tiempo en que Dios existiese sin pensar; de donde se deduce que Su pensamiento tiene que ser tan eterno como Su deidad. El término ' pensamiento ' es quizás la mejor versión del vocablo griego, ya que designa, de una parte, la facultad de razonar, o el pensamiento concebido en el interior de la mente; y, por otra parte, el pensamiento expresado al exterior mediante el vehículo del lenguaje. Las dos ideas, pensamiento y palabra hablada, están sin duda conglutinadas en el término *logos;* y en cualquier uso que se haga de este término tanto en filosofía como en las Escrituras, ambas nociones de pensamiento y de su expresión exterior están íntimamente conectadas" - *The International Standard Bible Encyclopaedia, III,* 1911-12.

La segunda Persona, cumpliendo el sentido pregnante del término *Logos,* es, y siempre lo ha sido, como siempre lo será, la manifestación de Dios, ya que esto va implicado en el término *Logos,* puesto que Aquel que lleva este nombre en el seno de la divinidad, es a la divinidad lo que el lenguaje es al pensamiento: su expresión. El Dr. W. Lindsay Alexander escribe con claridad sobre este punto:

"Este término comporta su propio sentido, es decir, la simple idea que se ofrece a nuestra mente al pronunciar esta palabra, describe a Jesucristo con tal exactitud y propiedad, que puede usarse, sin ulterior calificativo, para designarle, justamente como ocurre con los vocablos vida, luz, maná, Pascua, paz, etc. Pero esto nos obliga a inquirir: ¿en qué sentido es Jesucristo la Palabra o Verbo? Ya que es menester confesar que dicho término no nos ofrece un sentido tan obvio a primera vista como lo ofrecen algunos de esos otros términos con los que lo hemos comparado. Pues bien, para replicar a esto, pienso yo que la antigua respuesta es todavía la mejor. 'El Hijo – dice Orígenes – puede ser el Verbo porque anuncia las cosas ocultas de Su Padre'; o, como dice otro de los Padres, porque El es el intérprete de la voluntad de Dios. Aquí la idea es que, así como una palabra es el intérprete del invisible espíritu humano, así también Jesús, procediendo del seno del Padre, de Aquel a quien nadie ha visto jamás, nos lo ha revelado a nosotros. Las palabras echan un puente sobre el foso que existe entre las mentes. Son como alados mensajeros procedentes de una región que los sentidos son incapaces de divisar, y por medio de los sentidos transmiten a otros el conocimiento de aquel poder oculto del que son enviados, siendo así reveladores, por antonomasia de lo invisible, ya que nos manifiestan palpablemente lo que, por su naturaleza suprasensible, hubiese quedado por siempre oculto a nuestra vista, a no ser por ellos. De una manera parecida, Jesucristo nos ha dado a conocer a Dios y nos lo ha interpretado, pues, en Sí mismo, Dios se halla infinitamente distante de los límites de nuestro conocimiento, de tal manera que no podemos hallarle por mucho que indaguemos, y se debe únicamente a la revelación que El ha hecho de Sí mismo, el que podamos albergar sobre El la más insignificante idea que resulte apropiada. Mas, de todas las revelaciones que de Sí mismo ha hecho a los hombres, ninguna es tan completa, tan clara y tan impresionante como la que nos ha hecho en la Persona de Su Hijo. En El, todos los demás rayos de la luz que Dios ha emitido para iluminar nuestras tinieblas, están concentrados en un haz luminoso de gloria. En El, todas las otras palabras que Dios ha dirigido a los hombres, están reunidas y condensadas en una sola grandiosa expresión que a todas las abarca, y que, por ello, viene a ser *el Verbo* por antonomasia, es decir, la manifestación viva y personal de Dios a los hombres . . .

El lector atento del Antiguo Testamento no habrá dejado de observar el hecho de que, a lo largo de los escritos allí contenidos, aparecen una distinción entre el Dios como es en Sí mismo – oculto, invisible, inequívocamente, como en las apariciones del Angel de Jehová, que es Jehová mismo y, al mismo tiempo, Alguien distinto de Jehová — algo que sólo puede entenderse en el supuesto de una distinción entre el Dios en cuanto revelado y el Dios en cuanto oculto. En otros casos, se presenta la misma idea bajo ciertas formas de expresión que la presuponen y que, sólo con tal presuposición, tienen una explicación posible. Tal es, por ejemplo, la expresión tan frecuente 'El Nombre de Dios' – una expresión que indica algo distinto de Dios en cuanto Dios, pero a la que se atribuyen, no obstante, cualidades personales y divinas, ya que se intima a los hombres a que pongan su fe y confianza en el nombre de Dios; igualmente, Dios se sirve de Su nombre para ayudar y salvar a los hombres; Dios impone Su nombre a una persona o a un lugar, con el resultado de que Dios está en aquella persona o en aquel lugar; y muchos otros casos similares, que sólo tienen una explicación satisfactoria en el supuesto de que el nombre de Dios es Dios, no cual El es en Sí, sino cual El se revela a los hombres. De tal género es también la distinción entre 'el rostro de Dios', que nadie puede contemplar, y Su 'espalda', que Dios permitió ver a Moisés, condescendiendo con su insistente súplica. Así como el rostro en el espejo del alma; la parte espiritual, por decirlo así, del cuerpo; así también el rostro de Dios es Su esencial gloria interior, Su esencia en cuanto Espíritu; y así como la espalda de un hombre es como algo puramente material, impunemente expuesta al escrutinio de ajenos ojos, así también denota en Dios cuanto de El puede ser revelado y, de esta forma, ser conocido por Sus criaturas. Lo que esto significa, El mismo lo declara expresamente cuando en la misma conexión, al responder a la súplica de Moisés ' Muéstrame Tu gloria ', dice Dios: ' Yo haré pasar todo mi bien (propiamente, *belleza, majestad*) delante de tu rostro, y proclamaré el nombre de Jehová delante de ti '. Esto es lo que Moisés pudo ver, y esto – el divino nombre o revelación de Dios, la belleza o manifiesta perfección de Dios – es lo que Dios hizo pasar por delante de Moisés; y de esto es de lo que Dios dice que es Su espalda, por cuanto era algo que podía darse a conocer a los hombres, en contraste con su rostro, lo íntimo de Su esencia, que nadie puede verla, y vivir. Estos ejemplos son suficientes para demostrar que la idea de una distinción entre el Dios cual es en Sí mismo y el Dios cual es revelado a Sus criaturas, no podía menos de ser familiar a todo lector atento de las antiguas Escrituras judías; por tanto, al presentar S. Juan al gran Revelador de Dios como estando con Dios y siendo Dios, no traspasó los límites del pensamiento y de la inteligencia de un judío ilustrado." – *System of Biblical Theology,* I, 360-63.

El Evangelio según S. Juan contiene tres verdades definitivas respecto al verbo: (a) Por ser una misma cosa con Dios y por ser Dios, existe desde toda eternidad (1:1-2), (b) es hecho hombre (1:14), y (c) es la manifestación perenne de la Primera Persona (1:18). Toda la Biblia está de acuerdo con esta compendiosa revelación; tal es la Persona adorable, omnipotente, omnisciente y eterna, que vino al mundo para ser el Salvador de los hombres.

2. EL CRISTO ENCARNADO. En un esfuerzo razonable por conseguir una digna alabanza del Redentor, hemos de fijar en nuestras mentes esta verdad fundamental como la base de todas las otras realidades incluidas en Su maravilloso y excelso Ser, a saber, que, puesto que El reúne en Sí mismo una divinidad sin mengua y una perfecta humanidad, no hay ningún otro ser comparable a El, ni en el seno de Dios, ni entre los ángeles, ni entre los hombres. Esta Persona teándrica es tan Dios como el Padre y el Espíritu, pero ni el Padre ni el Espíritu se han unido hipostáticamente con una naturaleza humana. Igualmente, esta Persona teándrica es en todos los aspectos la personificación de cada rasgo de un auténtico ser humano, pero ningún otro ser humano ha estado jamás unido a la divinidad de una forma semejante. No intentamos insinuar que esta Persona teándrica sea superior al Padre o al Espíritu, sino sólo señalar que difiere de todos los demás seres del cielo y de la tierra en que la amplitud de la esfera de Su Ser se extiende hasta un punto inalcanzable por ningún otro ser. Su ser está en función perfecta y definitiva del servicio peculiar para el que sólo una Persona teándrica estaba indicada, y jamás puede surgir la necesidad de ningún otro ser para tal cometido. Como más adelante habremos de considerar todo el tema de la mediación, suspendemos de momento su investigación,

no sin antes enfatizar con la máxima urgencia la verdad de que, sin un estudio infatigable y una constante meditación de los rasgos peculiares de esta singular Persona teándrica, no cabe progreso alguno genuino "en el conocimiento de nuestro Señor y Salvador Jesucristo".

3. CRISTO EN SU MUERTE. De nuevo hemos de decir que más tarde nos espera una más extensa contemplación de los sufrimientos de Cristo; con todo, la correcta valoración del Salvador está ligada, en un alto grado, a Su obra en la Cruz. El Apóstol era consciente de dicha valoración cuando, en actitud de personal adoración, decía de Cristo: "el cual me amó y se entregó a Sí mismo por mí". Grandes ciertamente son los triunfos de Cristo mediante la Cruz – que se extienden hasta la transformación de todas las cosas en la tierra y en el cielo, y si se entienden correctamente, producen un conocimiento más rico y más pleno de Aquel que es poderoso para salvar.

4. EL CRISTO RESUCITADO. Por la Encarnación se llevó a cabo la unión de las dos naturalezas en una sola Persona teándrica, y en esta unión Su deidad quedó velada, y Su humanidad, aunque sin mancha de pecado, apenas podía distinguirse de la de los demás hombres en su trato corriente con la gente; pero la resurrección llevó a cabo la revelación de Su divinidad y la glorificación de Su humanidad. Mediante Su resurrección, ha llegado a ser lo que siempre será y lo que nadie antes de El había sido jamás – un hombre glorificado en el Cielo. De El (en cuanto Dios) está escrito: "El único que tiene inmortalidad, que habita en luz inaccesible; a quien ninguno de los hombres ha visto ni puede ver, al cual sea la honra y el imperio sempiterno" (1 Ti. 6:16). A causa de Sus sufrimientos y de Su muerte, Dios lo ha exaltado grandemente en la resurrección, y le ha dado el nombre que está sobre todo nombre. En cualquier reconocimiento de todo lo que el Salvador es, debe haber una contemplación de Su estado presente, es decir, de lo que El será para siempre en los cielos.

5. EL CRISTO ASCENDIDO Y SENTADO EN LOS CIELOS. El omnipresente Salvador, aunque habita en cada uno de los creyentes, aunque está presente d o n d e q u i e r a que dos o tres de los suyos están reunidos en Su nombre, y aunque acompaña a cada uno de los suyos hasta la consumación de los siglos, está, sin embargo, localmente presente en los cielos, sentado en el trono de Su Padre y ejerciendo allí el ministerio de Salvador de los hombres perdidos, y de Cabeza sobre todas las cosas para la Iglesia; está también preparando un lugar para los hijos que El mismo introduce en la gloria. Cuando estaba en este mundo, nadie lo conoció más intimamente que Juan el discípulo amado. El lo conoció sin duda

cuando era niño, lo contempló en Su vida pública, en la transfiguración, en Su muerte y en Su Resurreción; y, con todo, cuando le vio en Su gloria - como describe en Apocalipsis 1:13-18 - fue entonces cuando cayó como muerto a los pies del Salvador glorificado, y sólo pudo levantarse cuando fue alzado y fortalecido por la diestra de su Señor glorificado. Es con este mismo Salvador glorificado con quien se verán encarados los cristianos cuando entren en el cielo, y es de este Salvador de quien el creyente debe ahora estar bien enterado, si quiere saber quién es el que salva su alma.

6. EL CRISTO QUE VUELVE. La capacidad del lenguaje humano para expresar una gloria sin límite es puesta a prueba en los pasajes que describen la segunda venida de Cristo (comp. Is. 63:1-6; Mt. 24:27-31; Hch. 15:16-18; 2 Ts. 1:7-10; Ap. 19:11-16), y este aspecto de Su gloriosa Persona debe añadirse a la suma total de todo lo que es el Salvador, por quien los perdidos se salvan y por quien son introducidos sin mancha en la presencia de Su gloria.

7. EL CRISTO QUE REINA PARA SIEMPRE. Por la autoridad del Padre, el Hijo, a quien toda potestad ha sido dada, es menester que reine sobre el trono de David hasta que todos sus enemigos sean puestos por escabel de Sus pies. Entonces El, en virtud de la misma autoridad, reinará por los siglos de los siglos, a fin de que Dios sea todo en todos (1 Co. 15:24-28). Está profetizado que Su reino no tendrá fin - sobre el trono de Su padre David (comp. Is. 9:6,7; Ez. 37:21-25; Dn. 7:13-14; Lc. 1:31-33; Ap. 11:15). Tal es Aquel en quien el pecador cree y confía, y tal es Aquel a quien todos los cristianos son exhortados a conocer. La llamada a conocer a "nuestro Señor y Salvador Jesucristo" es una llamada a entrar en un inconmensurable reino de la realidad --de todas esas realidades que están incluidas en el Salvador.

II . LOS OFICIOS DE CRISTO

Ha sido siempre la creencia, basada en las Escrituras, de los intérpretes de la Biblia, tanto de los que vivieron en la dispensación del Antiguo Testamento, como de los pertenecientes a la economía del Nuevo Testamento, que el título *Mesías* del Antiguo Pacto y el título *Cristo* del Nuevo, implican la responsabilidad de un triple oficio –de Profeta, Sacerdote y Rey. Hay suficiente razón para retener esta división doctrinal, y por ello, estos oficios deben ser considerados por separado.

1. PROFETA. El trasfondo del concepto de profeta sugiere que se trata de un canal o medio de comunicación a través del cual el mensaje de Dios es transmitido a los hombres. A este respecto, el

ministerio profético es el inverso del sacerdotal, pues a este último compete el poner a los hombres en relación con Dios. Ambos ministerios pertenecen por igual a Cristo y constituyen conjuntamente dos aspectos primordiales de Su obra mediadora. Como Mediador, El está entre Dios y el hombre y asume la representación recíproca del uno frente al otro.

Hay que distinguir entre el profeta del Antiguo Testamento y el del Nuevo Testamento. En ambos casos, el área del ministerio es doble: *predecir* y *proclamar*. El ministerio de un profeta del Antiguo Testamento equivalía, en gran parte, al de un reformador o al de un patriota. Aspiraba a reintegrar en las bendiciones pactadas al pueblo que vivía bajo los pactos. El mejor ejemplo de esto lo encontramos en Juan el Bautista –el último profeta del antiguo orden y el heraldo del Mesías. De él dijo Cristo: "¿A un profeta? Sí, os digo, y más que profeta" (Mt. 11:9), y la mayor predicción que Juan pronunció fue la implicada en aquella frase: "He aquí el Cordero de Dios, que quita el pecado del mundo" (Jn. 1:29). Con la actitud de un reformador o reavivador espiritual, el profeta del Antiguo Testamento estaba encargado por Dios para amonestar acerca de los castigos de Dios que amenazaban a Su pueblo prevaricador y, juntamente con estas predicciones, atestiguar de parte de Jehová, que el designio y la fidelidad de Jehová respecto a las bendiciones finales sobre Israel eran indefectibles. El pueblo habría de pasar por pruebas, a causa de sus pecados, pero, en fin de cuentas, las bendiciones del pacto de Dios tendrían su realización, puesto que Dios es inmutable. Con relación a Israel, "los dones y el llamamiento de Dios son irrevocables" (Ro.11:29). En cuanto al profeta del Antiguo Testamento, puede apreciarse un proceso de evolución. Al principio se le llamó *el hombre de Dios;* más tarde fue conocido por *el vidente,* y finalmente fue identificado como *el profeta.* La línea de este progreso puede trazarse con facilidad, ya que el hombre de Dios, a partir del principio invariable de que los limpios de corazón verán a Dios, es capaz de ver y, por eso, llegó a ser conocido como el vidente, y los que tienen vista espiritual están a un paso de poder expresar lo visto, tanto en forma de predicción como de proclamación.

En el volumen I de esta obra, y en la parte dedicada a Bibliología, así como en el capítulo V dedicado a la canonicidad, quedó señalado que a las autoridades judías les estaban asignadas ciertas responsabilidades respecto a las Escrituras. La responsabilidad del pueblo aparece declarada en Deuteronomio 4:2: "No añadiréis a la palabra que yo os mando, ni disminuiréis de ella, para que guardéis los mandamientos de Jehová vuestro Dios que yo os ordeno". La instrucción para el rey que hubiere de gobernar –aunque en los quinientos años siguientes ningún rey iba a gobernar en Israel– fue declarado en Deuteronomio 17:18,19: "Y cuando se siente sobre el trono de su reino, entonces escribirá para sí en un libro una copia de esta ley, del original que está al cuidado de los sacerdotes levitas; y lo tendrá consigo, y leerá en él todos los días de su vida, para que aprenda a temer a Jehová su Dios, para guardar todas las palabras de esta ley y estos estatutos, para ponerlos por obra". Los jueces interpretaban la ley contenida en las Escrituras, pero si surgía un pleito que los jueces no podían dictaminar, se recurría a los sacerdotes que actuaban como un Tribunal Supremo, y el reo que no se avenía al dictamen de los sacerdotes era condenado a muerte. Esta importante providencia queda registrada en Deuteronomio 17:8-10: "Cuando alguna cosa te fuere difícil en el juicio entre una clase de homicidio y otra, entre una clase de derecho legal y otra, y entre una clase de herida y otra, en negocios de litigio en tus ciudades, entonces te levantarás y recurrirás al lugar que Jehová tu Dios escogiere; y vendrás a los sacerdotes levitas, y al juez que hubiere en aquellos días, y preguntarás; y ellos te enseñarán la sentencia del juicio. Y harás según la sentencia que te indiquen los del lugar que Jehová escogiere, y cuidarás de hacer según lo que te manifiesten". A los levitas estaba encomendada la custodia de las Escrituras, como está escrito: "Tomad este libro de la ley, y ponedlo al lado del arca del pacto de Jehová vuestro Dios, y esté allí por testigo contra tí" (Dt. 31:26). Pero al profeta le incumbía la grave responsabilidad de recibir y transmitir la Palabra de Dios. La comisión encargada al profeta de hablar de parte de Dios, y el requerimiento de oírla hecho al pueblo, aparecen promulgados en el centro de la Constitución de Israel. No cabe duda de que el pasaje, como muchos otros, tiene su cumplimiento final en el ministerio profético de Cristo. Cristo es el Profeta conclusivo de todos los profetas, el definitivo sacerdote entre los sacerdotes todos, y el Rey definitivo entre todos los reyes. El pasaje, que contiene una directa autorización a los profetas que, bajo la inmediata dirección divina, habían de suceder a Moisés, dice así: "Profeta de en medio de ti, de tus hermanos, como yo, te levantará Jehová tu Dios; a él oiréis. . . Profeta les levantaré de en medio de sus hermanos, como tú; y pondré mis palabras en su boca, y él les hablará todo lo que yo le mandare. Mas a cualquiera que no oyere mis palabras que él hablare en mi nombre, yo le pediré cuenta" (Dt. 18:15,18-19). El mensaje del verdadero profeta debía ser recibido y escuchado por toda la casa de Israel, desde el rey sentado en su trono hasta el último súbdito del reino, aunque de tales mensajes, solo entraron en el canon de las Escrituras las porciones que el Espíritu de Dios determinó. El verdadero profeta atestiguaba su propio mensaje y demostraba su autoridad con evidencia sobrenatural, lo cual no era obstáculo para que un profeta atestiguase el mensaje que otro profeta había recibido y comunicado con autoridad, corroboración que se observa especialmente con respecto a los escritos que tienen su lugar en el canon del Nuevo Testamento.

Por otra parte, los profetas del Nuevo Testamento –aparte de los específicos escritos del Nuevo Testamento– son llamados a un ministerio de proclamación más bien que de predicción. La palabra profética está completa en la Biblia con el reportaje de todo lo que ha de suceder hasta el final de lo programado por Dios; por eso, no hay ya necesidad de un profeta que profiera predicciones. La clasificación general de los ministerios del Nuevo Testamento se encuentra en Efesios 4:11, el pasaje clásico donde se dice con referencia al Señor ascendido: "Y el mismo constituyó a unos, apóstoles; a otros, profetas; a otros, evangelistas; a otros, pastores y maestros". El apóstol, cuyo derecho a tal título dependía de su inmediata relación a Cristo mientras vivió en este mundo, ejerció un ministerio que, naturalmente, no se extendió más allá de la primera generación de la Iglesia primitiva. El evangelista es el pionero de una misión más bien que el reavivador moderno que detenta dicho nombre y que obtiene escasa mención en el Nuevo Testamento. El pastor y maestro –parece ser que se trata de dos funciones de una misma persona– ejercita su servicio en la edificación de los santos para que éstos, a su vez, ejerciten sus repectivos ministerios. El servicio peculiar del profeta del Nuevo Testamento está bien definido en este pasaje: "Pero el que profetiza habla a los hombres para edificación, exhortación y consolación" (1 Co. 14:3). Hay otros pasajes de igual significado. Así hablando de la revelación del ministerio, declara el Apóstol: "que en otras generaciones no se dio a conocer a los hijos de los hombres, como ahora es revelado a sus santos apóstoles y profetas por el Espíritu" (Ef.3:5). De modo semejante, el beneficio que para la Iglesia suponen los hombres dotados de dones, es de nuevo citado por el mismo Apóstol en 1 Corintios 12:10, donde se habla de la profecía como uno de los dones que deben ser ejercitados: "A otro, el hacer milagros; a otro, profecía; a otro, discernimiento de espíritu; a otro, diversos géneros de lenguas; a otro, interpretación de lenguas". Igualmente son reveladores los versículos 28 y 29: "Y a unos puso Dios en la iglesia, primeramente apóstoles, luego profetas, lo tercero maestros, luego los que hacen milagros, después los que sanan, los que ayudan, los que administran, los que tienen don de lenguas. ¿Son todos apóstoles? ¿son todos profetas? ¿todos maestros? ¿hacen todos milagros?" La Iglesia es edificada sobre los apóstoles y profetas del

Nuevo Testamento –no sobre los profetas del Antiguo Testamento (Ef. 2:19-20).

Todo cuanto comporta el ministerio específico del profeta –tanto del Antiguo como del Nuevo Testamento– sirve sólo para poner en claro la importante verdad de que Cristo es Profeta, y, como tal, es supremo y conclusivo en tal oficio, pues El cumple a la perfección cuanto, a lo largo de los siglos, está contenido en el concepto específico de profeta según Dios. El más temprano e importante avance del ministerio profético de Cristo queda registrado, como ya hemos dicho anteriormente, en Deuteronomio 18:15-19, y su relevancia queda manifiesta por el hecho de ser citado varias veces en el Nuevo Testamento (comp. Hch. 3:22-23; 7:37). En este pasaje se afirma que el predicho profeta había de proferir sólo palabras que Dios le comunicase; ahora bien, cada afirmación de Cristo asegurando que Su mensaje le había sido dado por Su Padre (comp. Jn 7:16; 8:28; 12:49-50; 14:10,24;17:8) confirma la verdad de que El es el tal profeta. Esta gran predicción de Deuteronomio 18:15-19 comporta un sentido secundario que se puede aplicar a todos los profetas del Antiguo Testamento que hablaron de parte de Dios. La prueba eminentemente pragmática para distinguir entre el profeta verdadero y el falso aparece en los versículos 21 y 22: "Y si dijeres en tu corazón: ¿Cómo conoceremos la palabra que Jehová no ha hablado? ; si el profeta hablare en nombre de Jehová, y no se cumpliere lo que dijo, ni aconteciere, es palabra que Jehová no ha hablado; con presunción la habló el tal profeta; no tengas temor de él". El sentido profundo de ésta es que, puesto que Cristo es verdadero Profeta, toda palabra que El ha hablado ha de suceder con toda seguridad.

También queda indicado que Cristo se aplicó a Sí mismo el título de *profeta* pues en este sentido dijo: "No hay profeta sin honra, sino en su propia tierra y en su casa" (Mt. 13:57); y también: "Sin embargo, es necesario que hoy y mañana y pasado mañana siga mi camino; porque no es posible que un profeta muera fuera de Jerusalén" (Lc. 13:33). También es de advertir que Cristo fue reconocido por otros como profeta: "Aquellos hombres entonces, viendo la señal que Jesús había hecho, dijeron: Este verdaderamente es el profeta que había de venir al mundo" (Jn. 6:14). De aquí puede colegirse que un profeta del Antiguo Testamento es identificado por sus obras prodigiosas, y en este aspecto Cristo sobrepasó a todos los demás, como los sobrepasó en las adicionales capacidades de enseñar y predecir. Todo el ministerio profético de Cristo puede dividirse en tres períodos de tiempo, a saber:

a. EL MINISTERIO ANTERIOR A SU ENCARNACION. En cuanto *logos* , la Segunda Persona siempre ha sido la auto-revelación de Dios. Donde mejor se manifiesta quizás este método específico es en Jn. 1:18: "A Dios nadie le vio jamás; el unigénito Hijo, que está en el seno del Padre, él le ha dado a conocer". Cuandoquiera que ha de revelarse una verdad acerca de la personalidad de Dios o de Su mensaje – ya sea mediante el Ángel de Jehová o mediante el Hijo Encarnado– quien revela es la Segunda Persona en cuanto a *logos* .

b. EL MINISTERIO DURANTE LA ENCARNACION. Aun aparte de Sus enseñanzas, el *logos* era Dios manifestado en carne.

1) *Seis aspectos del ministerio de Cristo durante su Encarnación.* De Cristo declara la Escritura: "E indiscutiblemente, grande es el misterio de la piedad: Dios fue manifestado en carne, justificado en el Espíritu, visto de los ángeles, predicado a los gentiles, creído en el mundo, recibido en gloria" (1 Ti. 3:16). Estos seis grandes asertos son subdivisiones hechas por Dios del designio entero de la manifestación encarnada.

(a) "Dios fue manifestado en carne". En la persona de Cristo, el *logos* o expresión exhaustiva e incomprensible de Dios ha sido traducido a un lenguaje comprensible por las criaturas humanas. Su presencia entre los hombres era la presencia de Dios; cuanto El hacía era un acto de Dios y como debería ser reconocido; era Dios quien tomaba en sus brazos a los niños, resucitaba a los muertos, y reconciliaba consigo al mundo con Su muerte. Por eso dijo Cristo:"De cierto, de cierto os digo: No puede el Hijo hacer nada por sí mismo sino lo que ve hacer al Padre; porque todo lo que el Padre hace , también lo hace el Hijo igualmente" (Jn. 5:19). Mas aún, lo que Cristo decía no era otra cosa que la palabra de Dios, pues El afirmó que no sólo hacía las obras del Padre, sino que las palabras que hablaba eran las palabras de Dios. Está escrito: "El espíritu es el que da vida; la carne para nada aprovecha; las palabras que yo os he hablado son espíritu y son vida" (Jn.6:63). No sólo es el reino de Dios el que se ha acercado por la Encarnación (Lc. 10:9), sino que Dios mismo se ha acercado. Así como los hombres son valorados y conocidos por sus palabras y obras, así también puede ser apreciado y conocido Dios –en cuanto puede hacerlo la capacidad humana potenciada por el Espíritu– por las palabras y las obras de Cristo.

(b) *"Justificado en el Espíritu".* Esta aserción indica que todo cuanto Cristo llevó a cabo fue realizado con una perfección tal que lo justificaba – tanto en los Cielos como en la Tierra – siendo llevado a cabo mediante el Espíritu eterno. El fue llevado por el Espíritu (Lc. 4:1), obraba por el poder del Espíritu (Mt. 12:28) y, en Su muerte, se ofreció a Sí mismo a Dios mediante el Espirítu eterno. (He. 9:14). Es significativo, a este respecto, que el Espíritu le fue dado *sin medida* (Jn. 3:34).

(c) *"Visto de los ángeles".* En esta expresión se indica que, durante Su vida encarnada en este mundo, el conjunto de las huestes angélicas estaban pendientes de El. Desde el punto de vista de los ángeles, habiéndole conocido desde el comienzo de su existencia como su Creador y el objeto de su adoración incesante, Su descenso desde las alturas de la gloria infinita a la esfera oscura y a los confines de la existencia humana fue una experiencia que despertó en los ángeles el más vivo interés.

(d) *"Predicado a los gentiles".* Borrando las fronteras de todo pacto anterior, Cristo vino a ser el camino de salvación para todo miembro de la raza humana. La afirmación no queda restringida a una élite, pues la expresión "los gentiles" no puede ser más inclusiva. La importancia de este paso desde los confines de una nación escogida – a la que El mismo se había ligado con pactos inmutables – a una redención tan ilimitada como la misma raza humana, no puede ser apreciada debidamente.

(e) *"Creído en el mundo".* Mientras Cristo vivía en este mundo, muy pocos mantuvieron esta íntima relación con El, pero ellos constituían el primer núcleo de una muchedumbre innumerable de todo linaje, tribu y nación que han creído para salvación de sus almas. Nadie puede barruntar en este mundo lo que ello significa en las esferas celestiales.

(f) *"Recibido arriba en gloria".* Cristo trasladó su residencia desde este mundo o *cosmos* y ascendió al cielo, donde Su obra redentora fue aceptada por Su Padre quien le había enviado al mundo o *cosmos.* Su recepción en la gloria fue un reconocimiento público de la obra que había llevado a cabo.

Aunque un poco tardíamente en el orden cronológico, fue quizás con referencia a su comienzo real cuando el ministerio profético de Cristo fue atestiguado en el Monte de la Transfiguración por una voz venida del Cielo, como lo fue su oficio sacerdotal en Su bautismo, y lo será Su oficio regio cuando vuelva en Su segunda venida (Sal. 2:7). Es de notar que en cada uno de los tres relatos de la transfiguración, la voz no sólo declara "Este es mi Hijo amado (Mateo añade aquí 'en quien tengo complacencia')," sino que prosigue – como una indicación del oficio profético – "a él oíd".

(2) Cristo proclamando y prediciendo. En su sentido más pleno, Cristo desempeñó el ministerio profético de proclamar y predecir.

(a) Cristo proclamando. En cuanto a la predicación y enseñanza de Cristo, los que le escucharon recibieron una gran cantidad durante tres años y medio, aunque sólo una pequeñísima parte de este ministerio nos ha sido conservada en los Evangelios; sin embargo, se ha conservado, bajo la guía del Espíritu, precisamente cuanto se

necesita para una permanente condensación representativa del mensaje que El pronunció. Aquí es donde se evidencia la falsedad de la pretensión de la Iglesia de Roma de haber recibido de Cristo verdades que no están contenidas en el Nuevo Testamento, pues ninguna de estas pretendidas verdades puede parangonarse en importancia con el cuerpo de doctrina que encontramos en la Biblia. Un análisis de todo cuanto salió de los labios de Cristo pertenece a otra esfera del saber teológico; baste decir que, aparte de las muchas breves conversaciones o aseveraciones doctrinales registradas – tales como los capítulos 5 al 9 de Juan, porción de naturaleza tan fuertemente apologética –, hay tres discursos de gran extensión, que deben ser fielmente tenidos en cuenta por cuantos quieran percatarse del valor sin par que el ministerio profético de Cristo posee.

Mateo 5:1 – 7:29. Este discurso, comúnmente conocido como *El Sermón del Monte,* fue pronunciado por Cristo en los albores de Su ministerio y precisamente en el momento en que estaba presentándose a Sí mismo a Israel como Su profetizado Mesías, pues era el tiempo en que estaba proclamando que "el reino de los cielos se ha acercado" y estaba enviando a Sus discípulos con el explícito encargo de que no fuesen a los gentiles ni a los samaritanos, sino sólo a las ovejas perdidas de la casa de Israel (Mt. 10: 5–7). El lector menos avisado quedará impresionado por el cambio de dirección que presentan las ulteriores consignas dictadas por El (comp. Mt. 13:38; 28: 19; Hch. 1:8). El aludido discurso presenta la declaración del propio Rey en términos de admisión al todavía futuro reino en la tierra y prescribe el módulo de vida que se requiere en tal reino. En Escatología examinaremos más detalladamente el hecho de que este reino en la tierra que está todavía por venir, y que está pactado con Israel, fue ofrecido primeramente a los israelitas, y, al ser rechazado por éstos, quedó demorado hasta la segunda venida de Cristo. La oferta del reino y su rechazo por parte de Israel, bien expresado en la crucifixión del Rey, eran parte del plan de Dios (Hch.2:23) para llevar a cabo el sacrificio de Su Cordero, y en ningún sentido hacían peligrar el designio redentor previsto desde toda la eternidad (Ap. 13:8). Sin embargo, la crucifixión sirvió no sólo para llevar a cabo la redención, sino también para que el pecado de rechazar al Rey, pecado oculto en el corazón de los hombres, viniese a ser un acto concreto y manifiesto y, por ello, sometido al juicio como tal. Un monarca reinante que impone su ley sobre toda la Tierra, es la predicción garantizada en conexión con Su segunda venida; no obstante, si el establecimiento de tal reino fue pospuesto intencionadamente por Dios hasta el retorno del Rey, la aplicación de todo cuanto este discurso intima queda diferida hasta que el reino sea establecido en la tierra. El Sermón del Monte se caracteriza – entre otras cosas – por la ausencia de aquellos elementos que son distintivos del Cristianismo, como son la redención mediante la sangre de Cristo, la fe, el nuevo nacimiento, liberación de juicio, la Persona y la obra del Espíritu Santo. La ausencia de estos elementos tan vitales no pueden dejar de llamar la atención de cuantos son conscientes y celosos de la fe que ha sido dada una vez por todas a los santos. Sin embargo, este gran discurso presenta, conforme a la intención de Dios, las relaciones del futuro reino, con la perfección que caracteriza a todas las Escrituras.

Mateo 24:1 – 25:46. El Discurso de Olivete, pronunciado por Cristo en el Monte de los Olivos sólo unos pocos días antes de Su muerte, concierne primordialmente a Israel y asume el estilo de un mensaje de despedida a esta nación. Como el Sermón del Monte, también este discurso aparece parcialmente relatado en Marcos y Lucas, mientras que está extensamente registrado en Mateo. Los temas dominantes de este discurso son la gran tribulación y las advertencias hechas a Israel a tal respecto (Mt. 24:9–28); la gloriosa aparición del Mesías con relación a Israel (24:29–25:30), incluyendo las exhortaciones a "velar" (24:36–25:13), los juicios sobre Israel (24:45–25:30), y los juicios sobre las naciones a causa del trato dado por ellas a Israel (25:31-46). En este discurso no se hace referencia alguna a la Iglesia – a sus comienzos, el decurso de su existencia, sus ministerios, su marcha de este mundo o *cosmos* ni a la salvación por pura gracia o a la seguridad de los así salvos (comp. 24: 50-51; 25:30). Tampoco se hace referencia a la Persona ni a la obra del Espíritu Santo.

Juan 13:1 – 17:26. Estas sublimes enseñanzas, no registradas en los Evangelios Sinópticos, son conocidas bajo el título de *El Discurso del Aposento Alto* y, según la opinión más corriente, incluyen la Oración Sacerdotal del capítulo 17. Este mensaje está dirigido a los once tras la partida de Judas, en su mayor parte, y los discípulos no aparecen allí como judíos bajo la ley (comp.15:25), sino como quienes estaban "limpios" por la Palabra que les había sido hablada (comp.13:10; 15:3). En cuanto a su aplicación, es fijada por Cristo para una fecha que va más allá de Su muerte, de Su resurrección, de Su ascensión y del día de Pentecostés. El discurso contiene en forma embrionaria todo lo esencial del sistema de doctrina que es diferencialmente cristiano. Siendo dirigido a cristianos, no presenta verdades que son peculio de Israel , y al ser dirigido a quienes ya son salvos, no presenta aquellos aspectos de la salvación por gracia que son posibles gracias a la muerte y resurrección de Cristo, aunque esta verdad late implícita en el relato. Esta porción es como un semillero en el que se encuentra todo cuanto aparece más tarde desarrollado en las Epístolas del Nuevo Testamento, y es como un discurso de despedida de Cristo a los creyentes – los que el Padre le ha dado del mundo o *cosmos* (17:6).

Cuando se comparan entre sí estos tres grandes discursos, si ello se hace con la debida diligencia, se descubre que presentan las más notables diferencias en sus objetivos, en sus temas, y en su terminología. El reconocimiento de tales variantes es, naturalmente, un buen comienzo para discernir muchas doctrinas vitales, aunque debería estudiarse con el mismo discernimiento toda palabra que Cristo ha declarado en Su ministerio profético de proclamación.

(b) *Cristo prediciendo.* En este aspecto, Cristo superó a los profetas de todos los tiempos, hasta tal punto que, cuando se presta una especial atención al carácter y extensión del ministerio predictivo de Cristo, es inevitable un sentimiento de asombro y hasta de pavor reverencial. Refiriéndose a Su propio mensaje, Cristo aseguró que el Espíritu Santo no sólo suscitaría en los discípulos el recuerdo de Sus palabras, sino que les haría saber también las cosas que habían de venir (Jn.14:26; 16:13). El ministerio predictivo de Cristo incluía las acciones de los individuos en un futuro inmediato; Su propia muerte, Su resurrección y ascensión; la venida del Espíritu; la obra del Espíritu en la época presente; el hecho y el carácter de la nueva era; la Iglesia; el arrebatamiento de la Iglesia desde este mundo; Su segunda venida, precedida por la gran tribulación; la presencia de la abominación de la desolación de la que había hablado el profeta Daniel; los juicios sobre Israel y la gloria de su reino; el juicio sobre las naciones y su destino; y el estado futuro tanto de los salvos como de los réprobos.

c. EL MINISTERIO CELESTE. En esta clasificación podrían incluirse las predicciones y enseñanzas de Cristo en los cuarenta días que siguieron a Su resurrección, en los que habló primordialmente del reino de Dios (Hch.1:3) y, evidentemente, de sus aspectos futuros, así como de "los tiempos y sazones" de Israel, que el Padre ha puesto en Su sola potestad (Hch.1:7).. Entonces les predijo la proclamación del Evangelio en todo el mundo (Hch.1:8). Ya en el Cielo, habló a las siete iglesias del Asia Menor (Ap., Capítulos 2 y 3), porción de la Escritura que comporta un avance profético del curso de la historia de la Iglesia a través de los siglos. Gran parte de lo que el Cristo glorificado ha proferido directamente, queda registrado en el libro del Apocalipsis, el cual se cierra con aquella aseveración suya: "Ciertamente vengo en breve". Hay además otro sentido en el que Cristo como Profeta está dando predicciones a través de todos los siglos en, y mediante, Sus mensajeros, lo que está implícito en Hch.

1:1, donde Su proclamación terrenal es contemplada como solamente el comienzo de lo que ahora sigue teniendo lugar. Finalmente, habla también a través del Espíritu Santo, porque es la voz de Cristo la que el Espíritu escucha con vistas a reproducirla (Jn: 16:12-13).

2.SACERDOTE. No hay hecho alguno concerniente a Cristo que esté tan ratificado como el de Su sacerdocio. Puede verse en diversos tipos del Antiguo Testamento, y constituye la verdad nuclear del contenido de la Epístola a los hebreos. Estaba escrito que el Mesías había de ser un Sacerdote según el orden de Melquisedec (Sal. 110:4). A no ser por esta declaración específica, Israel no podía haber prestado su reconocimiento a un sacerdocio que no procedía de Leví por la línea de Aarón. En la Ley de Moisés se prescribía la pública consagración a la edad de treinta años (Nm. 4:3) y se indicaba la forma precisa en que había de llevarse a cabo (Nm. 8:7ss). Por Su consagración, Cristo cumplió toda justicia y, lo mismo que en el Monte de la Transfiguración donde Su oficio profético quedó atestiguado, o cuando se posesione del trono de David en que Su oficio regio quedará igualmente atestiguado, así también en Su bautismo quedó atestiguado Su oficio sacerdotal por aquella voz venida del Cielo. Tenemos una confirmación adicional de Su consagración sacerdotal en el descenso del Espíritu, en forma de paloma, sobre El, y en la proclamación de Juan el Bautista: "He aquí el Cordero de Dios, que quita el pecado del mundo" (Jn. 1:29). Téngase en cuenta que Cristo era de la tribu de Judá, y que ningún sumo sacerdaote se hubiera atrevido a consagrar como sacerdote a quien no fuese de la tribu de Leví. La misión del Bautista era doble: preparar al Señor un pueblo bien dispuesto (Lc. 1:17), y manifestar al Mesías, según él mismo declaró: "Mas para que fuese manifestado a Israel, por esto vine yo bautizando con agua" (Jn. 1:31). Juan señaló al Mesías apuntando hacia él como al "Cordero de Dios, que quita el pecado del mundo" (Jn. 1:29), e introduciéndolo en Su ministerio público por medio del bautismo. Es significativo que nadie se querellara contra Juan por bautizar a la gente o por bautizar a Cristo, mientras que hubiesen surgido objeciones si con ello hubiesen quedado preteridas las demandas del sistema mosaico. Está claro que Cristo es Sacerdote y como tal debía ser consagrado, mientras que Juan, por su parte, era hijo de sacerdote y elegible él mismo para la consagración; así resulta evidente que Juan sirvió de un modo específico en el bautismo de Cristo. El bautismo de Cristo a manos de Juan debe ser distinguido del "bautismo de Juan", puesto que éste último era para arrepentimiento y perdón de los pecados, todo lo cual era completamente ajeno a Cristo, mientras que el primero era el cumplimiento del ritual prescrito y, por tanto, un cumplimiento de la ley.

Es obvio que la expectación del sacerdocio de Melquisedec estaba libre de todo contexto tribal. Cristo es sacerdote según el orden de Melquisedec (He. 7:17) y sólo en un aspecto se acomoda, como antitipo, al modelo aarónico a saber, en que hizo Su oblación a Dios. Es cierto que la ofrenda era El mismo, con lo que vino a ser a un tiempo sacerdote y víctima del mismo sacrificio: el sacerdote oficiante – según el modelo aarónico –y el Cordero sacrificado, que "se ofreció a Sí mismo, sin mancha a Dios" (Ef. 5:2; Tit. 2:14; He. 9:14; 10:12). Pero, en un aspecto notable, Cristo no siguió el modelo aarónico, pues Aarón, como todos los sumos sacerdotes que le siguieron, debía ofrecer un sacrificio, en el Día de la Expiación, por sus propios pecados (comp. Lv. 16:6; He. 9:7). El hecho de que Cristo se ofreció a Sí mismo a Dios no contradice al hecho, también verdadero, de que fue ofrecido por el Padre (Jn.3:16; Ro.8:32; 2 Co. 9:15; Is. 53:10), o por el Espíritu eterno (He. 9:14).

Respecto al sacerdocio de Melquisedec, Cristo siguió su modelo en tres aspectos particulares:

a. EN SU PERSONA. Sea cual sea la identificación de Melquisedec – ya fuese un sacerdote gentil, al que se atribuye un significado típico, ya se le reconozca como una de las teofanías del Antiguo Testamento – lo cierto es que él tipifica a un rey – sacerdote, cuyo antitipo sólo puede encontrarse en el Señor Jesucristo – el sacerdote definitivo del Dios Altísimo, y el Rey de Paz. Tan marcada es esta doble distinción, que, de aquellos que están *en El,* se dice que son "un reino de sacerdotes" o, más exactamente, reyes y sacerdotes (Ap. 5:10). Con esta designación, se afirma la más estrecha unión y el más íntimo consorcio posible con Cristo y con ella también será identificada la Iglesia en todas las edades por venir. De Israel se podía decir que *tenía* un sacerdocio, pero de la Iglesia se puede decir que *es* un sacerdocio, y que le está reservado al reinar con Cristo (Ap. 20:4,6). Igualmente, así como había un sumo sacerdote sobre el sacerdocio de Israel, así también, de una manera parecida, Cristo es Sumo Sacerdote sobre la Iglesia: Sacerdote sobre los que son sacerdotes ellos mismos, como está escrito: "Por tanto, teniendo un gran sumo sacerdote que traspasó los cielos, Jesús el Hijo de Dios retengamos nuestra profesión. Porque no tenemos un sumo sacerdote que no pueda compadecerse de nuestras debilidades, sino uno que fue tentado en todo según nuestra semejanza, pero sin pecado. Acerquémonos, pues, confiadamente al trono de la gracia, para alcanzar misericordia y hallar gracia para el oportuno socorro" (He. 4:14-16). El Dr. C.I. Scofield nos ofrece el siguiente resumen de la doctrina sobre el sacerdocio del Nuevo Testamento:

"(1) Antes de la proclamación de la Ley, el cabeza de la familia ejercía también las funciones de sacerdote para los suyos (Gn. 8:20; 26:25; 31:54). (2) Cuando la Ley fue propuesta, la promesa divina para la perfecta obediencia a dicha Ley fue que Israel sería para Dios "un reino de sacerdotes (Ex. 19:6); pero Israel violó la Ley, y Dios limitó el oficio sacerdotal a la familia de Aarón, designó a la tribu de Leví para que asistiera a los sacerdotes aarónicos e instituyó de esta manera un sacerdocio que es típico del sacerdocio que ejerce el cristiano (Ex. 28:1). (3) En la dispensación de la gracia, todos los creyentes son incondicionalmente constituidos 'reyes y sacerdotes' (1 P. 2:9; Ap. 1:6), una distinción que Israel no logró obtener por medio de obras. El sacerdocio del creyente es, por lo tanto, un derecho de nacimiento así como cada descendiente de Aarón nacía para ser un sacerdote (He. 5:1). (4) El principal privilegio de un sacerdote es el tener acceso a Dios. Bajo la Ley, sólo el Sumo Sacerdote podía entrar en 'el lugar santísimo' y esto una sola vez al año (He. 9:7). Pero cuando Cristo murió, el velo, que es tipo del cuerpo de Cristo (He 10:20), fue roto, de modo que ahora los sacerdotes neotestamentarios, que son todos los creyentes, tienen accesso a Dios en el lugar santísimo, al igual con Cristo, el Sumo Sacerdote (He. 10:19-22). El Sumo Sacerdote está corporalmente allí (He. 4:14-16; 9:24; 10:19-22). (5) En el ejercicio de su función sacerdotal, el sacerdote neotestamentario es: (1) un *sacrificador* que ofrece un triple sacrificio: (a) su propio cuerpo (Ro. 12:1; Fil. 2:17; 2 Ti. 4:6; 1 Jn. 3:16; Stg. 1:27); (b) alabanza a Dios, 'el fruto de labios que confiesan su nombre', que ha de presentarse a El 'de continuo' (He. 13:15, V.M.; Ex. 25:22: 'Y hablaré contigo de sobre el Propiciatorio'); (c) sus bienes (He. 13:16; Ro. 12:13; Gá. 6:6; 3 Jn. 5–8; He. 13:2; Gá. 6:10; Tit. 3:14). (2) El sacerdote neotestamentario es también un *intercesor* (1 Ti. 2:1; Col. 4:12). *Biblia Anotada de Scofield*, pag. 1269-1270.

Queda como verdad esencial que, en cualquier aspecto concebible, Cristo es, en Su Persona, un Rey – Sacerdote, y que los creyentes, aunque han sido constituidos reyes y sacerdotes para Dios, lo son en virtud de su unión con Cristo.

b. POR NOMBRAMIENTO. El sacerdocio de Cristo no se lo ha arrogado El, sino que ha sido más bien el Padre quien le ha dado tal nombramiento, como está escrito: "Así tampoco Cristo se glorificó a sí mismo haciéndose sumo sacerdote, sino el que le dijo: Tu eres mi Hijo, yo te he engendrado hoy. Como también dice en otro lugar: Tú eres sacerdote para siempre, según el orden de Melquisedec" (He. 5:5-6, 10). Y también está escrito del Cristo que está en el cielo: "donde Jesús entró por nosotros como precursor, hecho sumo sacerdote para siempre según el orden de Melquisedec" (He. 6:20).

c. SU DURACION ETERNA. En contraste con el ministerio crucial de Cristo en cuanto Sacerdote según el modelo aarónico, se nos declara que Su sacerdocio según el orden de Melquisedec es eterno y sellado como tal por el juramento de Jehová. Tal es la aseveración de ambos Testamentos:

"Juró Jehová, y no se arrepentirá: Tú eres sacerdote para siempre según el orden de Melquisedec ' (Sal. 119:4); ' y esto no fue hecho sin juramento; porque los otros ciertamente sin juramento fueron hechos sacerdotes; pero éste, con el juramento del que le dijo: Juró el Señor, y no se arrepentirá: Tú eres sacerdote para siempre, según el orden de Melquisedec. Por tanto, Jesús es hecho fiador de un mejor pacto. Y los otros sacerdotes llegaron a ser muchos, debido a que por la muerte no podían continuar; más éste, por cuanto permanece para siempre, tiene un sacerdocio inmutable por lo cual puede también salvar perpetuamente a los que por él se acercan a Dios, viviendo siempre para interceder por ellos. Porque tal sumo sacerdote nos convenía: Santo, inocente, sin mancha, apartado de los pecadores, y hecho más sublime que los cielos; que no tiene necesidad cada día, como aquellos sumos sacerdotes, de ofrecer primero sacrificios por sus propios pecados, y luego por los del pueblo; porque esto lo hizo una vez para siempre, ofreciéndose a sí mismo. Porque la ley constituye sumos sacerdotes a débiles hombres; pero la palabra del juramento, posterior a la ley, al Hijo, hecho perfecto para siempre" (He. 7:20-28).

Puede, pues, así observarse que, en cuanto a su duración e inmutable valor, el sacerdocio de Cristo sigue al de Melquisedec, quien fue designado por Dios como tipo del sacerdocio de Cristo – siendo rey de paz, sin consignación de padre ni madre, y sin registro de descendencia, ni de comienzo de sus días, ni de final de su vida, ya que el texto inspirado declara: "Porque este Melquisedec, rey de Salem, sacerdote del Dios Altísimo, que salió a recibir a Abraham que volvía de la derrota de los reyes, y le bendijo, a quien asimismo dio Abraham los diezmos de todo; cuyo nombre significa primeramente Rey de justicia, y también Rey de Salem, esto es, Rey de paz; sin padre, sin madre, sin genealogía; que ni tiene principio de días, ni fin de vida, sino hecho semejante al Hijo de Dios, permanece sacerdote para siempre" (He. 7:1-3).

3. REY. Anteriormente hemos hecho un somero examen del oficio regio de Cristo. Una parte bastante considerable de la Escritura se refiere a Cristo relacionándolo con el trono de David, y afirma que reinará en dicho trono para siempre. Detenemos en este punto nuestra consideración sobre la doctrina de la realeza de Cristo, para reasumirla en la Escatología. Permítasenos, sin embargo, citar dos pasajes que registran el plan divino manifestado en Su nacimiento, tocante al trono de David: " Porque un niño nos es nacido, hijo nos es dado, y el principado sobre su hombro; y se llamará su nombre Admirable, Consejero, Dios fuerte, Padre eterno, Príncipe de paz. Lo dilatado de su imperio y la paz no tendrán límite, sobre el trono de David y sobre su reino, disponiéndolo y confirmándolo en juicio y en justicia desde ahora y para siempre. El celo de Jehová de los ejércitos hará esto" (Is. 9:6-7); "Y ahora, concebirás en tu vientre, y darás a luz un hijo, y llamarás su nombre JESUS. Este será grande, y será llamado Hijo del Altísimo; y el Señor Dios le dará el trono de David

su padre; y reinará sobre la casa de Jacob para siempre, y su reino no tendrá fin" (Lc. 1:31-33). La extensión del reinado de Cristo se observa en Su nacimiento – "el rey de los judíos, que ha nacido" (Mt. 2:2), como legítimo Heredero al trono de David, y reconocido como tal por el pueblo (Jn. 12:13); El reclamó para Sí el título de rey (Mt. 27:11); murió al ser acusado de pretender serlo (Mt.27:37); y vendrá de nuevo como "Rey de reyes, y Señor de señores" (Ap. 19:16).

III. LA FILIACION DE CRISTO

Como un paso más en la investigación general sobre la persona del Salvador, es menester considerar la múltiple filiación de Cristo, mientras estuvo en este mundo. Esta filiación es cuádruple.

1. EL HIJO DE DIOS. Las diversas teorías que pretenden que Cristo era: (a) Hijo de Dios en virtud de Su encarnación – un Ser que contenía en sí mismo tanto la divinidad como la humanidad y que no hubiese merecido el título ni de sólo Dios ni de mero hombre; (b) Hijo de Dios en virtud de Su resurrección; o (c) Hijo de Dios por mero título o por posición oficial, se vienen abajo ante el cúmulo de testimonios bíblicos que aseguran que era Hijo de Dios desde toda la eternidad. No se trata de la existencia eterna de la Segunda Persona, sino más bien de si el aspecto de su filiación era una realidad desde toda eternidad. No todo lo que entra en el concepto humano de la relación padre – hijo, tiene también lugar entre las primera personas y Segunda de la Deidad, puesto que en ningún sentido es la Segunda Persona inferior a la primera, ya que ambas son Uno en cuanto a su existencia eterna, lo mismo que en cuanto a la posesión de cada uno de los atributos y facultades. Es casi enteramente en la esfera de la manifestación – en cuanto *Logos* – donde se ejerce la filiación de la Segunda Persona. Es cierto que, de acuerdo con los designios de la encarnación de la redención, la Segunda Persona asumió aquí en la tierra un puesto de sumisión a la Primera Persona, pero esta subordinación no tiene nada que ver con Su filiación, puesto que la expresión teológica *generación eterna* implica que la Segunda Persona es, sin comienzo ni término, la manifestación de Dios. Es así como "el Unigénito Hijo" ha dado a conocer a Dios a los hombres (Jn. 1:18). El Hijo ha dicho: "He manifestado tu nombre a los hombres que del mundo me diste" (*cosmos* – Jn. 17:6; comp 1 Jn. 1:2; 4:9). El es el Unigénito por la unicidad de Su generación, así como también el Primogénito, por preceder a todos los demás engendrados, tanto en la existencia como en la esencia de Su Ser. Dios ha enviado a salvar al mundo a quien siempre fue Su Hijo, pues Este que nos fue dado no se hizo hijo por el hecho de ser dado, sino que era ya hijo antes de que fuera dado, lo mismo que cuando fue dado. Por eso

declara Isaías "Porque un niño nos es nacido", lo cual se refiere a Su humanidad; y "un hijo nos es dado", lo cual no sólo se refiere a Su divinidad, sino que también implica que, aunque ha nacido como niño, es un hijo y, en calidad de hijo no es nacido, sino dado. De la misma manera se nos anuncia que "de tal manera amó Dios al mundo, que ha dado a su Hijo unigénito". Como El era; éste fue, ni más ni menos, el Don que fue dado, a saber, el Hijo de Dios.

2. EL HIJO DEL HOMBRE. Este aspecto de la filiación de Cristo tiene las variantes, bíblicamente garantizadas, de *el Hijo de Adán, o el Hijo de María.* El título de *El Hijo del Hombre,* usado unas ochenta veces en el Nuevo Testamento, fue la designación casi constante que de Sí mismo hizo Cristo, y se refiere primordialmente a Su humanidad. Hay varios ejemplos notables en que el apelativo *Hijo del Hombre* se usa en conexión con realizaciones divinas y, viceversa, el apelativo *el Hijo de Dios* se usa unas pocas veces en conexión con aspectos humanos. Al llegar a este punto, surge una pregunta interesante: ¿por qué puso Cristo un énfasis tan chocante en aplicarse a Sí mismo un nombre que tan a las claras mostraba su humanidad? ¿Fue quizás porque, desde el punto de vista divino – y fuera totalmente de la valuación humana – era Su humanidad el elemento *nuevo* y, por tanto, el más apto para impresionar? La afirmación de que "El Verbo se hizo carne, y habitó entre nosotros" (Jn. 1:14), indica el principio en Cristo de una realidad que no tendrá fin, y lo que es verdad acerca de Su encarnación es igualmente verdad de Su asociación con los Suyos, puesto que, al estar ellos en El, nunca pueden ser separados de El. Así, pues, ambos hechos, el de Su humanidad y el de Su identificación con los Suyos, no pueden menos de exigir su supremo reconocimiento tanto en la tierra como en el cielo. El mismo sentido tiene la observación de que la redención que Cristo proporciona, se hace posible por medio de Su humanidad, y, aunque no es posible la redención sin intervención conjunta de su divinidad y de Su humanidad, la divinidad empero, por existir desde toda eternidad, no es el tema inmediato que postule una proclamación pública. Es *el Hijo del Hombre* el que ha venido a buscar y a salvar lo que estaba perdido (Lc. 19:10).

De este título *el Hijo del Hombre,* dice así el Dr. C.I. Scofield:

"El señor se designa a Sí mismo de este modo como ochenta veces. Es el nombre racial que El lleva en su carácter de Hombre representativo, según lo indicado por 1 Corintios 15:45-47; así como Hijo de David es su nombre distintivamente judío, e Hijo de Dios su nombre divino. Nuestro Señor usa continuamente este nombre implicando que su misión (ej. Mt. 11: 19; Lc. 19:10), su muerte y resurrección (ej. Mt. 12:40; 20:18; 26:2), y su segunda venida (ej. Mt. 24:37-44; Lc. 12:40) trascienden, así en su alcance como en sus resultados, todas las limitaciones meramente judaicas. Cuando Natanael le confiesa como 'el Rey de Israel', la respuesta de nuestro Señor es: '... cosas mayores que éstas verás... y a los ángeles de Dios que suben y descienden sobre el Hijo del Hombre'. Al hablar de que sus mensajeros serían echados fuera por los judíos, los pensamientos del Señor se trasladan al tiempo en que el Hijo del Hombre vendrá a juzgar no solamente a Israel sino a toda la raza humana (comp. Mt. 10:5,6 con v.23). Es también en este nombre que le es encomendado a El efectuar el juicio universal (Jn.5:22,27). Es asimismo un nombre que indica que en El se cumple la predicción del Antiguo Testamento acerca de las bendiciones a realizarse por medio de Aquel que había de venir (Gn. 1:26, nota; 3:15; 12:3; Sal. 8:4; 80:17; Is. 7:14; 9:6,7; 32:2; Zac. 13:7)." - *Ibid.* pag. 966.

Y el mismo Dr. Scofield afirma en otro lugar:

"El título 'Hijo del Hombre', que el Señor Jesucristo se lo aplica a sí mismo setenta y nueve veces, es usado por Jehová noventa y una veces al dirigirse a Ezequiel. (1) En el caso de Nuestro Señor el significado del título es claro: es su nombre racial como el Hombre representativo, en el sentido de 1 Co. 15:45-47. El mismo pensamiento, que implica un significado que trasciende las fronteras del Judaísmo, aparece en el título 'hijo del hombre' cuando se le aplica a Ezequiel. Israel había olvidado su misión (Gn. 11:10, nota; Ez. 5:5-8). Ahora, en la cautividad, Jehová no se olvidará de su pueblo, pero les recordará que ellos no son sino una pequeña parte de la raza por la cual El también se preocupa. De ahí el énfasis de la palabra 'hombre'. Los querubines tenían la 'semejanza de *hombre* (Ez.1:5); y cuando el profeta contempló el trono de Dios, él vio "una semejanza que parecía de *hombre* sentado sobre él' (Ez. 1:26). Véanse Mt. 8:20, nota; Ap. 1:12,13. (2) En cuanto a Ezequiel, el título indica no lo que el profeta es en sí mismo, sino lo que él es para Dios: un hijo del hombre, (a) escogido, (b) capacitado por el Espíritu, y (c) enviado de Dios. Todo esto es también verdad en lo que se refiere a Cristo, quien fue, además, el hombre representativo: la cabeza de la humanidad regenerada." – *Ibid.* , Pags. 807 – 808.

3. EL HIJO DE DAVID. Anteriormente hemos considerado, aunque someramente, el tema de la realeza de Cristo. Una investigación más extensa sobre el pacto davídico, con todo lo que el nombre *Hijo de David* connota, queda diferida para ser tratada en el estudio de la Escatología.El título *Hijo de David,* como el vocablo *Mesías,* son de índole típicamente judía. Así como Cristo es Señor y Cabeza de la Iglesia, así es Rey y Mesías de Israel. Es cierto que, posteriormente, será Rey de reyes, pero esta suprema autoridad será ejercida desde el trono de David y en conexión con su relación directa con Israel.

4. EL HIJO DE ABRAHAM. Aunque la filiación davídica está restringida a la casa y al pueblo de David, la filiación abrahámica se extiende a "todas las familias de la Tierra", en cuya redención son ellas benditas (Gn.12:3). Es significativo el modo con que el orden de la verdad en Mateo se indica en el versículo con que se abre el Evangelio: "Libro de la genealogía de Jesucristo, hijo de David, hijo de Abraham". Este evangelio del Rey trata primordialmente de Su relación con Israel (Mt. 10:5-7; 15:24,26); pero, consiguientemente

al rechazo de Israel, se vuelve hacia la obra redentora descrita en los últimos capítulos del Evangelio, y, en este servicio redentor, Cristo – el Hijo de Abraham – proporciona bendiciones a todas las familias de la Tierra (Mt. 28:18–20).

IV. LA UNION HIPOSTATICA

La singularidad única de la incomparable Persona del Salvador queda manifiesta, como hemos explicado, en Su unión de dos naturalezas en una única persona. Es Dios en sentido pleno y absoluto, igual en esto al Padre y al Espíritu. Pero, además, ha asumido una naturaleza humana perfecta y completa y, en esto, es semejante a Adán antes de la caída, y a los demás hombres – excepto en el menoscabo que el pecado comporta. Así, pues, lo que distingue al Dios – Hombre de todos los demás seres – ya sea en el seno de la Trina Deidad, o en el plano de los seres creados – es esta unión de dos naturalezas en una Persona. Ningún otro ejemplar ha existido de esta clase, ni existirá jamás, pues nunca habrá necesidad de que exista, ya que El satisface eterna y cumplidamente los objetivos que requerían tal unión.

Puestos a conocer a Cristo, como prescribe el Apóstol Pedro (2 P. 3:18), y a reforzar de esta manera nuestra convicción sobre la Persona que lleva a cabo la salvación de los hombres, nuestra mente debe estar siempre alerta para reconocer conjuntamente Su divinidad y Su humanidad. Todo pensamiento acerca de esta Persona teándrica debe ajustarse a la presencia en ella de una extensión del Ser que abarca dentro de Sí una participación, sin mezcla ni confusión, en dos esferas – divinidad y humanidad. Ambas naturalezas estaban presentes conjuntamente en cada momento de Su existencia, a partir de Su nacimiento de la Virgen María; pero es evidente que, cuando se considera en detalle un acto cualquiera o una declaración de Cristo, nos encontramos con que proceden unas veces de Sus naturalezas Hay que confesar que, en este punto, las opiniones de los teólogos difieren notablemente, y probablemente haya situaciones que desafíen todo análisis final de parte de unas mentes finitas; sin embargo, todo lector reflexivo de los Evangelios ganará mucha luz con ello, y esta investigación puede llevar al estudioso hasta cotas muy altas en las andanzas interminables que nos conduce al conocimiento profundo del Salvador. Puesto que las dos naturalezas que constituyen juntamente la única Persona teándrica de Cristo son distintas, el Espíritu de Dios, al hacer saber a los creyentes las cosas de Cristo (Jn. 16:14), tiene a bien el presentar al Salvador de una manera más real a quienes preserven con el cuidado más exquisito el reconocimiento de estas dos naturalezas, que se diferencian entre sí tanto como se diferencia lo infinito de lo finito.

CONCLUSION

Habiendo alcanzado el final de esta investigación algún tanto extensa acerca de la persona del Salvador, procederemos ahora a la contemplación del tema siguiente dentro de la primera parte de la Soteriología. Este tema será: *Los sufrimientos de Cristo.*

CAPITULO III

INTRODUCCION A LOS SUFRIMIENTOS DE CRISTO

Así como, en presencia de la zarza encendida, tuvo Moisés que quitarse el calzado de sus pies, porque el lugar que estaba pisando era tierra santa, así también deberíamos acercarnos con un santo pavor y respeto, tan grande como es posible a quienes están sujetos a limitaciones humanas, a la misteriosa, sublime y solemne revelación concerniente a los sufrimientos y muerte de Cristo. So pretexto de que transcienden el plano del humano entendimiento, resultaría fácil abandonar todo intento de penetrar en estas verdades inescrutables e inefables, si no fuera por el hecho de que este tema es tan extenso y manifiesto en la Biblia – primero en tipos, y depués en el antitipo. A la vista, pues, de tan clara revelación, es preciso concluir que es designio de Dios el que estos aspectos de la verdad sean investigados con el celo e interés, y asimilados en la medida que plazca al Espíritu de Dios el revelarlos a los corazones alertados y atentos. El tema recoge los más vastos espacios de la realidad. Por una parte, el tema de los sufrimientos y muerte de Cristo da alcance a la solución del mayor problema del Universo mismo, mientras que, por otra parte, desciende al nivel más bajo de lo humano. Se nos asegura también que el mismo Hijo que padeció y murió, por lo mismo que padeció aprendió la obediencia, es decir, adquirió experiencia de lo que es obedecer (He. 5:8; Fil. 2:8). Así, por extraño que parezca, también El fue perfeccionado como autor de la salvación (He. 2:10) y, habiendo sido probado de esta manera, es poderoso para socorrer a los que son tentados (He. 2:18). No está mal que el corazón de cada individuo se regocije con gozo eterno por el hecho de que sus propias necesidades quedan satisfechas por los sufrimientos y muerte de Cristo, pero bueno será recordar que la solución del problema del Universo es en sí misma un logro más extenso que los resultados concernientes al individuo, cuanto sobrepuja el Universo los intereses de una persona particular. Hay en cada caso aspectos que dicen relación directa a lo infinito, pero el problema universal excede al particular en una escala que sobrepasa todo entendimiento; ¿y qué diremos de todo cuanto, entre ambos extremos, queda implicado en beneficios masivos tales como la redención de Israel, el rescate de la

Iglesia al coste de Su preciosa sangre, el juicio de principados y poderes, y ese portentoso logro por el cual el eterno y Santo Dios queda libre para satisfacer la compasión de Su corazón hacia un mundo perdido? El reto que nos lanza esta tesis inagotable resulta todavía más amplio si se recuerda que la Persona teándrica que sufrió y murió, no es otra que "Dios manifestado en carne". Fue nada menos que Dios quien sufrió, y fue la sangre de Dios la que fue derramada (Hch. 20:28.)

El hecho de que los sufrimientos y la muerte de Cristo alcanzan tanto al Universo cuanto a la restringida esfera de la necesidad inmediata de una vida humana en una sola de sus pruebas, impele a la mente devota a preguntar por qué pudo haber surgido una tan gran necesidad. La necesidad es obvia, y la satisfacción que el sacrificio de Cristo le ha proporcionado es perfecta, pero ¿por qué tuvo que surgir tal necesidad en un Universo que Dios había creado tan santo como es El mismo, y como lo son todas las obras de Sus manos – un Universo del que El es, y siempre será, Dueño supremo? La misma perplejidad causa, a este respecto, el hecho de que la intrusión del pecado en el Universo iba a costarle a El, como de antemano lo sabía, el mayor de los sacrificios que el mismo Dios podía hacer – la muerte de Su Hijo. El mensaje evangélico de que "Cristo murió por nuestros pecados, conforme a las Escrituras" (1 Co. 15:3) es en verdad maravilloso, pero la Biblia no limita el designio de la muerte de Cristo a la necesidad de una persona humana, sino que la Palabra de Dios encierra materias de mayor amplitud, a las que es menester prestar la debida consideración. Que el mal iba a ser una realidad, y que necesitaría ser juzgado, estaba claramente previsto en la mente de Dios desde toda la eternidad, porque, según el plan divino, Cristo era el Cordero inmolado desde el principio del mundo (Ap. 13:8). El pecado, como ya lo preveía Dios, es en realidad de tal naturaleza, que sólo los sufrimientos y la muerte de Cristo podían satisfacer sus exigencias. Si Dios hubiera podido salvar a un pecador de un solo pecado exonerándolo de su deuda, descargándolo de su culpa o suavizándole la pena, entonces podía haber contemporizado con el problema del Universo y ahorrarse el inconmensurable sacrificio de Su Hijo, pero ni el problema de un solo pecado en una sola vida, ni el problema del Universo podían tener solución aparte de tal sacrificio. Al proceder a la contemplación de los sufrimientos y de la muerte de Cristo, es preciso que se cargue el debido énfasis en esta verdad referente a su necesidad ineludible.

Vamos a dividir el tema general de los sufrimientos y muerte de Cristo en dos partes: (a) Sus sufrimientos en vida, Y (b) Sus sufrimientos en la muerte. Los estudiaremos por este orden, reconociendo que son inmensamente desiguales en importancia.

I. SUFRIMIENTOS EN VIDA

La importancia teológica de lo que Cristo sufrió, de varias maneras, en los tres años y medio que duró Su ministerio público, es mucho mayor que el mero hecho de tales sufrimientos; en primer lugar, a causa de su significado típico; en segundo lugar, porque hay quienes les han dado una excesiva importancia en algunos aspectos, atribuyéndoles resultados que no les habían sido asignados.

Como tipo de Cristo, el Cordero pascual mostraba ser sin defecto al ser confinado en custodia –símbolo de sufrimiento– desde el décimo día del mes hasta el décimocuarto (Ex. 12:3,6). Así también , los sufrimientos de Cristo sirvieron para aportar una prueba completa de su carácter inmaculado, aun en medio de muchas y diversas pruebas, pues "fue tentado en todo según nuestra semejanza, pero sin pecado" (He. 4:15). Aunque sin relación inmediata con este tema, merece mencionarse el hecho de que los cuatro días de confinamiento del cordero pascual tipificaban la verdad de que Cristo fue "destinado desde antes de la fundación del mundo, pero manifestado en los postreros tiempos por amor de vosotros" (1 P. 1:20).

Los sufrimientos de Cristo en vida –tantas veces tergiversados– pueden clasificarse en (a) sufrimientos debidos a Su *carácter* (b) sufrimientos debidos a Su *compasión* y (c) sufrimientos debidos a Su *presciencia* de la suprema tribulación de Su muerte sacrificial. Pero, antes de considerar por separado estos tres aspectos de los sufrimientos en vida, es preciso advertir que en ninguno de ellos, ni en cualquier otra circunstancia de Su vida, llevó Cristo a cabo aspecto alguno de aquella obra de la que depende la salvación de una persona. Sólo puede resultar una terrible confusión doctrinal cuando no se concede que, cualquiera que haya podido ser el ministerio de Su vida pública bajo la designación divina, Su *obra definitiva* no comenzó hasta que fue levantado en la Cruz y esta obra quedó consumada cuando murió. La índole diferencialmente eficaz del aspecto doctrinal de los sufrimientos de Cristo en Su muerte no puede ser preservada de confusión a menos que se observe esta distinción en el terreno de la verdad.

I. SUFRIMIENTOS DEBIDOS A SU SANTO CARACTER. Si el alma justa de Lot estaba desazonada al ver y oír las obras impías de los habitantes de Sodoma (2 P.2:7-8), ¿cuánto más sería la congoja del purísimo Hijo de Dios en medio de las tinieblas morales y de la corrupción de la humanidad caída? Tamaño sufrimiento sólo pudo ser calibrado por uno que es la pureza y la santidad infinitas; con todo , ningún valor salvífico hay en tales sufrimientos, ya que lo que

El sufrió a causa de Su santidad no tiene parangón con lo que sufrió en Su muerte, porque en el primer caso, la pureza sin par de Su naturaleza santa quedó ofendida, es cierto, pero también quedó preservada en medio de la abominación circundante, mientras que en el segundo, El ocupó el lugar del pecador y quedó "hecho pecado", a pesar de que no conoció pecado (2 Co. 5:21). Todo cuanto los malos o el mismo Satanás pudieron descargar sobre El durante Su vida, lo sufrió a causa de Su santidad natural. Si El se hubiera solidarizado con la humanidad caída y hubiera hecho alianza con el enemigo de Dios, no hubiera tenido ocasión de sufrir en este aspecto. Esta verdad es la base de Su amonestación a los Suyos, quienes están ahora, como El también lo estuvo, en este mundo o *cosmos* pues les dijo: "Si el mundo os aborrece, sabed que a mí me ha aborrecido antes que a vosotros. Si fuerais del mundo, el mundo amaría lo suyo; pero por que no sois del mundo, antes yo os elegí del mundo, por eso el mundo os aborrece. Acordaos de la palabra que yo os he dicho: El siervo no es mayor que su señor. Si a mí me han perseguido, también a vosotros perseguirán; Si han guardado mi palabra, también guardarán la vuestra" (Jn.15:18-20). En ningún momento de Su ministerio terrenal, pudo insinuarse que Cristo estuviese desamparado por Su Padre, pero una vez, una sola vez, gritó: "Dios mío, Dios mío, ¿por qué me has desamparado?" Solo una mente distraída puede presuponer que Cristo estaba llevando sobre Sí el pecado como sustituto en cualquier otro momento que no fuesen aquellas oscuras horas del Calvario. Por el contrario, la voz venida del Cielo, tanto en Su bautismo como en Su transformación declaró que en El –el Hijo– el Padre encontraba una complacencia infinita. Aunque siempre hizo Cristo la voluntad de Su Padre –y en la muerte también– no siempre estuvo poniendo Su vida "en expiación por el pecado" (Is. 53:10). La tajante línea divisoria entre los sufrimientos de Su vida y los de Su muerte no es fácil de determinar, pues vemos que en Isaías 53, todo cuanto entra como inmediata preparación para Su muerte, está incluido, pues allí se presenta a Cristo como *herido, molido, castigado y sometido* a la pena de azotes, por cuyas llagas somos curados.[1] En

[1] No hay aquí referencia a la curación física. Según el Antiguo Testamento, la curación puede ser física o espiritual. Evidentemente se hace referencia a la curación física en Salmo 103:3, y a la curación espiritual en Salmo 147:3. En Isaías 43:5, y en su paralelo del Nuevo Testamento (1 Pedro 2:24) todo el contexto se refiere a cosas del orden espiritual, como *rebeliones, pecados, paz, muerte al pecado, santidad.* Este último término debe referirse a la curación del alma, si hemos de mantenernos acordes con el contexto. Cristo no llevó la enfermedad de la misma manera que llevó el pecado, ni fue *hecho* enfermedad como fue *hecho* pecado, pues El se hizo pobre para que otros se hiciesen ricos (2

las mentes de aquellos, que infligieron a Cristo los sufrimientos mortales, es probable que los azotes, las bofetadas, los esputos, y la coronación de espinas, como también los clavos y la lanza, eran parte de todo el procedimiento; y, si esto es así también los azotes quedan incluidos en los sufrimientos de Su muerte, quedando incontrovertible la verdad de que "por Su llaga fuimos nosotros curados".

2. SUFRIMIENTOS DEBIDOS A LA COMPASION DE CRISTO. Cristo era, en todos sus aspectos, la manifestación del Padre (Jn. 1:18). El Salmista declara: "Como el padre se compadece de los hijos, se compadece Jehová de los que le temen" (Sal. 103:13), y en esto, el Señor Jesucristo fue una perfecta representación del corazón del Padre. Todos Sus milagros de curación y restauración estaban dictados por Su compasión. Leemos en Mateo 8:16-17: "Y cuando llegó la noche, trajeron a él muchos endemoniados; y con la palabra echó fuera a los demonios, y sanó a todos los enfermos; para que se cumpliese lo dicho por el profeta Isaías, cuando dijo: El mismo tomó nuestras enfermedades, y llevó nuestras dolencias". Mucho se ha extendido una enseñanza errónea que sostiene que, cuando Cristo curaba, estaba llevando sobre Sí como sustituto las enfermedades de los curados por El. Es cierto que Mateo refiere a Isaías 53 las curaciones físicas descritas en este texto, pero un cuidadoso examen de este capítulo nos descubre que Isaías hace relación, tanto a los sufrimientos de Cristo en vida (vs. 1-4), cuanto a los sufrimientos de Su muerte (vs. 4b-12). La línea divisoria está en el versículo 4 y aparece señalada por la conjunción y, de la siguiente manera: "Ciertamente llevó él nuestras enfermedades, y sufrió nuestros dolores; *y* nosotros le tuvimos por azotado, por herido de Dios y abatido". Si se acepta esta división, eso que dice Mateo 8:16-17 de tomar nuestras enfermedades y llevar nuestras dolencias, y que está allí basado en Isaías 53:4, pertenece a los sufrimientos de Cristo en Su vida y está totalmente dentro de la región de Su compasión, la cual compasión, debido a su perfección infinita, sobrepujaba toda medida humana. Así Isaîas 53:4a fue cumplido por Cristo cuando, movido por esta compasión sin límites, curó a cuantos le fueron presentados. No todos los enfermos de aquel país o del mundo fueron curados por El, ni les fue hecha jamás semejante oferta, pues la compasión surge naturalmente hacia aquellos que están al alcance inmediato de

---

Co.8:9), pero nadie se atrevería a decir que, en consecuencia, se nos provee de riquezas temporales en la muerte de Cristo, y que estas riquezas sólo esperan a que nos las apropiemos por la fe, pues se hace allí referencia a riquezas espirituales. Igualmente es espiritual la curación que recibimos por las llagas de Cristo, no físicas.

nuestra observación. No es posible negar la realidad actualmente de las curaciones físicas que Dios efectúa hoy, pero ello se debe en realidad a la compasión que siente por los Suyos, no a los sufrimientos de Cristo en Su muerte.

3. SUFRIMIENTOS DEBIDOS A SU PRESCIENCIA. La visión anticipada de la Cruz estaba constantemente ante los ojos de Cristo. Sus palabras: "Para ello he llegado a esta hora" (Jn. 12:27), son sólo un ejemplo de sus miradas hacia adelante, según nos han sido conservadas en el Evangelio, hacia el interior de las oscuras sombras que se hallaban ante Sus ojos. Sus predicciones referentes a Su propia muerte (Mt.16:21; 17: 12,23 ; Mr. 9:30-32; Lc. 9:31,44,etc.), la inauguración de la Cena del Señor, la copa que había que apurar, y los sufrimientos de Getsemaní, todo ello pertenece a Sus sufrimientos por anticipación. Sobre este aspecto de los sufrimientos de Cristo, asegura C.H. Mackintosh en sus *Notas al Levítico:*

"Encontramos la oscura sombra de la cruz proyectándose a través de Su camino y produciéndole un vivísimo sufrimiento, el cual, sin embargo, no puede ser confundido con Su sufrimiento expiatorio ni con Sus sufrimientos debidos a Su carácter santo o a Su compasión. Tomemos, como ejemplo y prueba, un pasaje – 'Y saliendo, se fue, como solía, al monte de los Olivos; y sus discípulos también le siguieron. Cuando llegó a aquel lugar, les dijo: Orad que no entréis en tentación. Y él se apartó de ellos a distancia como de un tiro de piedra, y puesto de rodillas oró, diciendo: Padre, si quieres, pasa de mí esta copa; pero no se haga mi voluntad, sino la tuya. Y se le apareció un ángel del cielo para fortalecerle. Y estando en agonía, oraba más intensamente; y era su sudor como grandes gotas de sangre que caían hasta la tierra' (Lc. 22:39-44). De nuevo, leemos: Y'tomando a Pedro, y a los dos hijos del Zebedeo, comenzó a entristecerse y a angustiarse en gran manera. Entonces Jesús les dijo: Mi alma está muy triste, hasta la muerte; quedaos aquí, y velad conmigo.... Otra vez fue, y oró por segunda vez, diciendo: Padre mío, si no puede pasar de Mí esta copa sin que yo la beba, hágase tu voluntad'(Mt. 26:37-42). Por estos versículos se hace evidente que se aproximaba algo que el bendito Salvador jamás había afrontado anteriormente, – estaba siendo llenada para El una copa que aún no había catado. Si hubiese sido un portador de pecado durante toda Su vida, ¿a qué viene entonces esta intensa 'agonía' al solo pensamiento de afrontar el pecado y aguantar la ira de Dios en función de dicho pecado? ¿Qué diferencia hay entre el Cristo del Getsemaní y el Cristo del Calvario, si llevaba sobre sí el pecado durante toda Su vida? Había una diferencia objetiva, y ésta se debía a que El no fue un portador del pecado durante toda Su vida. ¿Cuál era esta diferencia? Que en Getsemaní, *preveía* la Cruz; pero en el Calvario la estaba *sufriendo* actualmente. En Getsemaní, 'se le apareció un ángel del cielo para fortalecerle'; en el Calvario, fue desamparado por todos, sin la presencia de angélicos consuelos. En Getsemaní, se dirige a Dios como *'Padre'*, mostrando así que gozaba de la plena comunión que tan inefable relación implica; pero en el Calvario, grita *'Dios* mío,*Dios* mío, ¿por qué me has desamparado?'; aquí el portador de pecado alza Sus ojos y contempla el trono de la Justicia Eterna envuelto en negras nubes, y el rostro de la Santidad inflexible vuelto al otro lado, porque El estaba siendo 'hecho pecado por nosostros.' " – 2a. edición, Págs. 64-65.

Al llegar a este punto, la materia exige que volvamos al tema del bautismo de Cristo, por el hecho de que es bastante frecuente la opinión de que Su bautismo fue un rito que le hizo solidario, como Portador de Pecado, con aquellos a quienes El vino a salvar. Esta conclusión se basa en una concepción del bautismo de agua como de algo que significa la muerte de Cristo más bien que la obra totalmente transformadora del bautismo del Espíritu, y de que Cristo, mediante Su bautismo, anticipó Sus sufrimientos mortales y estuvo, durante Su bautismo, ocupando Su lugar con los pecadores. Conectada en esto está la creencia de que Cristo recibió "el bautismo de Juan". Ahora bien, es cierto que Cristo fue bautizado por Juan, pero no es cierto que El recibiera lo que el Nuevo Testamento apellida *el bautismo de Juan,* que es un bautismo específico y bien definido como bautismo para arrepentimiento y remisión de los pecados. La siguiente cita de G. Smeaton (*The Doctrine of the Atonement,* P. 99) sirve para entender la forma en que esta teoría suele proponerse: "El no tenía impureza propia, pero se había incorporado de verdad a la humanidad y estaba avecindado dentro de las fronteras de la familia humana; y, de acuerdo con la Ley, todo aquel que simplemente hubiese tocado a una persona inmunda, o hubiese estado en contacto con ella, quedaba inmundo. De aquí que, al someterse a Sí mismo al bautismo en Su calidad oficial de Mediador, el Señor Jesús estaba diciendo virtualmente: 'Aunque sin pecado en un mundo de pecadores, y sin haber contraído ninguna mancha personal, vengo a bautizarme; porque, en Mi calidad pública u oficial de Mediador, soy deudor a cuenta de muchos, y llevo conmigo el pecado de todo el mundo, por el cual soy la propiciación'. El estaba ya expiando el pecado, y lo había estado llevando en Su cuerpo desde que tomó carne humana; y en esta Su cualidad de Mediador se le habían hecho promesas como base de Su fe y como el fundamento sobre el cual se ejercitaba Su confianza en cada uno de Sus pasos." Frente a esta concepción, las siguientes palabras del Dr. James W. Dale (*Christic and Patristic Baptism,* pp. 27-28) ayudan a descubrir la debilidad y el error de la pretensión de que Cristo fue bautizado con "el bautismo de Juan":

"Una cosa es ser bautizado por Juan, y otra muy distinta recibir el 'bautismo de Juan'. De aquí que, mientras la Escritura nos enseña que Jesús vino al Jordán a ser bautizado por Juan, no nos dice que viniera a recibir el bautismo de Juan; en realidad es imposible, desde un punto de vista correcto, concebir que hubiera podido recibirlo, puesto que cuanto implica un absurdo, es por necesidad falso e imposible; y que tal suposición es un absurdo se demuestra por el hecho de que 'el bautismo de Juan' era para pecadores, exigía 'arrepentimiento' y 'frutos dignos de arrepentimiento', y prometía 'remisión de los pecados', mientras que el Señor Jesucristo no era pecador y, por tanto, no podía arrepentirse de pecado ni hacer frutos de arrepentimiento en función del pecado, ni recibir la remisión de los pecados. Por tanto, la recepción del 'bautismo de Juan' por parte de Jesús era imposible, falsa y absurda. Más aún: el bautismo de Juan estaba destinado a 'preparar un pueblo para el Señor'. Ahora bien, administrar tal bautismo al Señor (¡preparar al Señor para Sí mismo!) es un absurdo. Por tanto, la recepción del bautismo de Juan por parte del Señor Jesús es imposible, falsa y absurda. Y tan absurdo es el suponer que recibió este bautismo en su forma, aunque no en su esencia, pues un bautismo es tal en tanto que su esencia se mantiene tal, y la esencia del bautismo de Juan radica en ser símbolo de la purificación interior mediante el arrepentimiento y la remisión de pecados. Ahora bien, en el Señor Jesús no había base alguna para tal símbolo y, por consiguiente, no había base alguna para el bautismo de Juan. La idea de que pudo recibir el bautismo de Juan representativamente es igualmente imposible. Para dar gloria a Dios en las alturas fue que el Señor Jesús 'llevó nuestras iniquidades' y 'fue hecho pecado por nosotros'; mas no por eso fue más idóneo para recibir el bautismo de Juan, pues el Señor Jesús no representa a pecadores arrepentidos, ni a pecadores cuyas iniquidades habían sido perdonadas; El vino como amigo de publicanos y pecadores, a llamar a los pecadores al arrepentimiento, y a dar arrepentimiento a Israel; pero, para tal Portador de Pecado, no había lugar en el bautismo de Juan. Cristo tenía que pasar por un bautismo hecho a Su medida, pero había de ser de sangre, no de agua; "sin derramamiento de sangre, no se hace remisión de pecados", como los que Jesús cargó sobre sí. En Su calidad de Portador de los pecados ajenos, ni tuvo, ni pudo tener nada que ver con el bautismo de Juan".

Nos hemos referido en este punto al bautismo de Cristo, sólo por el hecho de que Su bautismo es el episodio que, en la forma en que muchas veces se le interpreta, sirve más que ningún otro para confundir lo referente a la vida pública de Cristo y al ministerio implicado en ella, con lo referente a Su muerte. Hay que reconocer que El predijo Su muerte desde el principio de Su ministerio público – como también lo hizo el Bautista (Jn. 1:29), pero Su bautismo en nada contribuyó a Su obra redentora, conciliadora y propiciadora. La obra eficaz que Su Padre le encomendó fue inaugurada en la Cruz; allí fue proseguida, y allí fue consumada. Si no se observa la debida distinción entre lo que Cristo llevó a cabo en Su vida, y lo que llevó a cabo en Su muerte – y hay muchos que no parecen advertirlo - el resultado es sólo confusión doctrinal.

Queda un punto por considerar, a saber, la distinción que hombres, por otra parte devotos, han inventado entre lo que ha venido en llamarse obediencia *activa* de Cristo, y Su obediencia *pasiva,* entendiendo por *activa* la obediencia con que el Salvador mantuvo una perfecta rectitud de vida, guardando todas las intimaciones de Dios de una manera infinitamente perfecta, y por *pasiva* la obediencia con que aguantó los sufrimientos, tanto de Su vida como de Su muerte. No sólo no hizo nada malo, sino que ejecutó a la perfección cada acto bueno perteneciente a la esfera humana. Después demostraremos que, en calidad de nuestro Sustituto, Cristo no sólo soportó la pena del pecado, sino que presentó también a Dios Su santidad infinitamente perfecta. Esta ofrenda incluía Su vida terrenal en la que El cumplió perfectamente la voluntad de Dios, en el sentido de que Sus propios rasgos hubieran quedado incompletos sin ello. De manera semejante, hay quienes aseguran que Su obediencia *pasiva* era ingrediente obligado en cualquier privación que hubo de soportar mientras estaba en este mundo–*cosmos,* y que somos salvos por este aspecto de Su obediencia, tanto como por los sufrimientos de Su muerte. Jonatán Edwards decía que la sangre derramada por Cristo en Su circuncisión al octavo día de Su nacimiento era tan eficaz como la que fluyó de Su costado al golpe de la lanza. La debilidad de tal aserto queda manifiesta por el hecho de que la Palabra de Dios no concede valor salvífico a ninguna otra obediencia en los sufrimientos de Cristo que no sea la conectada con Su muerte. La declaración de que se hizo obediente hasta la muerte, y muerte de cruz (Fil.2:8), intima que en la Cruz se manifestó una obediencia específica, o sea, de una peculiaridad correspondiente a un designio también peculiar. Ciertamente, la salvación de los pecadores depende de la obediencia pasiva de Cristo en los sufrimientos de Su muerte y de la ofrenda sin mancha que de Sí mismo hizo a Dios; la salvación se basa en la sangre de la cruz, no en la de la circuncisión, ni aun en la que sudó en el huerto de Getsemaní, pues Cristo no nos proveyó de redención, ni de reconciliación, ni de propiciación, cuando fue circuncidado o bautizado.

II. SUFRIMIENTOS EN SU MUERTE

La posición central de la Cruz ha sido reconocida por todas las mentes devotas, desde el día del primer Viernes Santo hasta los tiempos presentes. Los inconversos ven en ella poco más que un "escándalo" – eso es para un judío - y una "locura" – eso es para un gentil; mas para los llamados, así judíos como griegos, es el poder de Dios – pues por ella queda libre para obrar Su poder salvador – y la sabiduría de Dios – pues por ella queda resuelto el problema más difícil que Dios tuvo jamás que afrontar, a saber: ¿cómo puede Dios permanecer *justo* y, al mismo tiempo, justificar al impío sin que éste ponga de su parte otra cosa que el creer en Jesús (1 Co. 1:23-24; Ro. 3:26; 4:5)? Cuando se nos dice que la Cruz es para los gentiles *locura,* no se insinúa que la ridiculicen, sino más bien que las interpretaciones que dan a la muerte de Cristo son necias, por no ser dignas del Hijo de Dios; y esta locura es común a toda interpretación que se le dé, salvo la que está consignada en la Palabra de Dios, a saber, que se trata de un sacrificio cruento ofrecido por el pecado por un sustituto que muere en lugar de los pecadores. El Apóstol Pablo hacía de la Cruz el supremo motivo para gloriarse, pues dice: "Pero lejos esté de mí gloriarme, sino en la cruz de nuestro Señor Jesucristo, por quien el mundo me es crucificado a mí, y yo al mundo" (Gá. 6:14).

En el párrafo con que se abre su libro *The Atonement and the Modern Mind,* dice el Dr. Jaime Denney: "La mayor parte de los cristianos estarán prestos a admitir que si la Redención, prescindiendo de toda definición técnica, significa algo para nuestras mentes, en realidad lo es todo, pues es la más profunda y restauradora de todas las verdades, ya que determina, más que ninguna otra, nuestros conceptos sobre Dios, el hombre, la historia, e incluso la naturaleza; los determina porque, de alguna manera, nos obliga a ponerlos todos de acuerdo con ella; ella es la inspiración de todo pensamiento, el impulso y norma de toda acción, la clave, en último recurso, de todo sufrimiento. Ya la llamemos un hecho o una verdad, un poder o una doctrina, es ahí donde se muestra específicamente *el hecho diferencial* del Cristianismo, o sea, su carácter peculiar y exclusivo; ella es el punto focal de la revelación, el punto en que penetramos en lo más profundo de la verdad de Dios, y en el que caemos del modo más completo bajo el poder de dicha verdad. Para quienes así la perciben, es la quintaescencia del Cristianismo, porque concentra en sí misma, como en un germen de infinito potencial, todo lo que la sabiduría, el poder y el amor de Dios significan con relación a los pecadores". Con el mismo énfasis hablaba el gran teólogo calvinista, Francisco Turretino (1623-1687), al escribir acerca de la importancia de esta muerte redentora que ella era "la pieza clave de nuestra salvación, el ancla de la fe, el refugio de la esperanza, la norma de la caridad, el verdadero fundamento de la religión cristiana, y el más rico tesoro de la Iglesia de Cristo. Con tal que esta doctrina se mantenga en su integridad, el Cristianismo mismo, la paz y la bendición de cuantos creen en Cristo están fuera del alcance de todo peligro; pero si se la rechaza o se la deteriora de algún modo, toda la estructura de la fe cristiana se hunde necesariamente en la decadencia y en la ruina" (citado por R.W.Dale, *The Atonement,* 4a. ed., pág. 3). No solamente está este tema de los sufrimientos y muerte de Cristo por encima de todos los demás, como lo atestiguan los precedentes testimonios, y no solamente es el punto central de la verdad revelada, sino que también es una verdad eterna con relación al pasado – Cristo es el Cordero que fue inmolado desde el principio del mundo (Ap. 13:8) - como lo es con relación al futuro, ya que es el tema dominante de la gloria venidera: "Y cantaban un nuevo cántico, diciendo: Digno eres de tomar el libro y de abrir sus sellos; porque tú fuiste inmolado, y con tu sangre nos has redimido para Dios, de todo linaje y lengua y pueblo y nación; y nos has hecho para nuestro Dios reyes y sacerdotes, y reinaremos sobre la tierra. Y miré, y oí la voz de muchos ángeles alrededor del trono, y de los seres vivientes, y de los ancianos; y su número era millones de millones, que decían a gran voz: El Cordero que fue inmolado es digno de tomar el poder, las riquezas, la sabiduría, la fortaleza, la honra, la gloria y la alabanza" (Ap. 5:9-12).

Al entrar en el tema de los sufrimientos y muerte de Cristo, hay que considerar algunas verdades importantes, acerca de las cuales han circulado muchas equivocaciones.

1. CONTRASTE ENTRE LA CRUCIFIXION Y LA CRUZ. Hay que distinguir entre la crucifixión – el mayor de los crímenes – y la Cruz, contemplada como el signo de la gracia redentora de Dios, y que el Dr. R.W. Dale describe como "el momento más sublime de la historia moral de Dios" (citado por Enrique C. Mabie, *The Meaning and Message of the Cross,* p.23). ¿Podría concebirse un mayor contraste? Puede darse el caso de pensar en los sufrimientos mortales de Cristo sólo desde el punto de vista de que fueron causados por hombres, y esta concepción unilateral puede conducir a extraños razonamientos. El Dr. Enrique C. Mabie cita lo siguiente para esclarecer esta impresión:

"En la columna reservada a correspondencia, del Rev. R.J. Campbell de Londres, en *The British Weekly,* un lector hizo poco ha la siguiente pregunta: ' Dirijo una clase de Biblia, entre cuyos alumnos hay algunos jóvenes que son excelentes y reflexivos. Estamos estudiando la vida de Cristo, y pronto llegaremos a la crucifixión; ¿cómo me las arreglaré para poner en claro que el acto de crucificar a Cristo fue un *crimen* y, al mismo tiempo, *la esperanza* en que descansa el cristianismo? ' Y el Sr. Campbell, antes de proceder a la respuesta, hace la siguiente observación: "Esta dificultad ocurre mucho más generalmente de lo que yo hubiera pensado '. Dicen que Lord Beaconsfield intentó una vez caricaturizar la Redención de la manera siguiente: ' Si los judíos no se hubieran impuesto a los romanos en su plan de crucificar a nuestro Señor, ¿qué hubiera sido de la Redención? Los inmoladores estaban tan predestinados como la víctima; y ambos elementos fueron suministrados por la raza santa; ¿cómo pudo ser un crimen lo que aseguró gozo eterno para toda la humanidad? '. Un prominente ministro unitario de Nueva York, en un sermón predicado hace pocos años en su propia iglesia, se expresó del modo siguiente al hablar de esta materia: ' ¿Qué significa para el mundo la redención? Significa que el Padre Eterno o no quiere o no puede acoger de nuevo en Su corazón a Sus hijos equivocados y errantes, a menos que el unigénito Hijo de Dios sea *matado,* y nosotros, como dice el antiguo y terrible himno, 'somos sumergidos en este océano de sangre'. ' Un ministro norteamericano supuestamente evangélico, en su rechazo de algunas falsificaciones del evangelicalismo, contra las que estaba protestando, se atrevió en un punto a decir – ' Hablando en puridad, la muerte de Cristo no era necesaria para la salvación de la humanidad. . . El no fue un suicida, sino que fue *asesinado.* Decir que Su muerte era una condición indispensable para la salvación de los hombres equivale a decir que la gracia de Dios tuvo que llamar en su ayuda a los asesinos, a fin de poder abrirse paso hasta los corazones humanos. Yo no estoy dispuesto a reconocerme deudor de Judas Iscariote por el perdón de mis pecados" – *Ibid.*, pp. 21-22.

Es probable que la ceguera que Satanás impone a los inconversos en relación con el Evangelio (2 Co. 4:3-4), así como la iluminación que los nacidos de nuevo reciben, se centren en este punto crucial: el sentido de la muerte de Cristo. En el primer caso, los hombres sólo ven un brutal asesinato y, puesto que la víctima era inocente – una persona amable y admirable – hay ancho campo para meditar en ciertas lecciones que pueden sacarse de tan trágica muerte. Con todo esto, y aun de buena intención, la Cruz se convierte en *locura.* En el segundo caso, los nacidos de nuevo, gracias a la iluminación que han recibido, pueden ver en la Cruz el completo designio y el plan entero de la gracia redentora. Está escrito – ¡y cuántos pasajes podrían citarse! – que Cristo fue "puesto" (lo cual es una evidente alusión a Su posición como víctima en la Cruz) para manifestar la justicia de Dios, de manera que "El sea el justo, y el que justifica al que es de la fe de Jesús" (Ro. 3:25-26).

Puesto que los sufrimientos y la muerte de Cristo son el punto central de toda la verdad revelada, y este punto puede ser apreciado de manera tan diferente – por una parte, como el mayor crimen; por la otra, como "el momento más sublime de la historia moral de Dios" – Sus sufrimientos y muerte exigen ser considerados con diligencia y oración, por encima de todos los demás hechos del Universo. Probablemente, ningún otro escritor ha expuesto con tanta fidelidad este gran contraste, con todo lo que implica, que el Dr. Enrique C. Mabie. La siguiente cita (*Ibid.* pp. 25-30), aunque algún tanto extensa, puede contribuir a aclarar este punto que discutimos:

"Comienzo, pues, este estudio haciendo notar que la tragedia de la crucifixión de Cristo en su terrible criminalidad, y la Cruz de la divina reconciliación en su singular majestad moral, son de índole totalmente distinta. La crucifixión, del lado humano, estaba ya iniciada en el primer pecado de nuestra raza, mientras que la reconciliación, del lado divino, estaba desde toda eternidad en el corazón de Dios aguardando el momento de ser activado, ya que Dios es lo que es en Su santidad paciente. Es cierto que, en aquellas últimas horas del Calvario, la profunda obra espiritual de la reconciliación se estaba consumando en la Cruz *simultáneamente* con el crimen que los verdugos de Cristo estaban perpetrando en El; sin embargo, en su espíritu y en su carácter moral, las dos actuaciones estaban, la una de la otra, a la mayor distancia posible. . . . Una imagen concreta, sacada del relato que el Nuevo Testamento nos ofrece de la crucifixión, puede aclarar la distinción estudiada en este capítulo. Todo lector atento que observe el informe sobre la ejecución de Jesús, se dará cuenta de las distintas actitudes mentales de los diversos tipos de gente que estaban ante la Cruz. Hay al menos cinco clases de personas cuyas actitudes eran fundamentalmente las mismas: la turba vulgar, que "pasaba meneando la cabeza '; los gobernantes judíos, que habían consentido en la crucifixión; el insultante malhechor que rechazó a Cristo; los soldados romanos, que no reconocían otro rey que el César; y los semisupersticiosos mirones, que, al oír el grito de ' Elí, Elí.., supusieron que Jesús llamaba a Elías. Cada una de estas cinco clases interpelaban igualmente a Cristo a que demonstrase que era realmente el Mesías, descendiendo de la Cruz y Salvándose a Sí mismo. La turba decía: ' ¡Bah! tú que derribas el templo de Dios, y en tres días lo reedificas, sálvate a tí mismo, y desciende de la cruz" (Mr. 15:29-30). Los gobernantes decían: ' A otros salvó, a sí mismo no se puede salvar. El Cristo, Rey de Israel, descienda ahora de la cruz, para que veamos y creamos" (Mr. 15:31-32). El malhechor decía: ' Si tú eres el Cristo, sálvate a tí mismo y a nosotros" (Lc. 23:39). Los soldados decían: ' Si tú eres el Rey de los judíos, sálvate a tí mismo ' (Lc. 23:37). El supersticioso decía: ' Dejad, veamos si viene Elías a bajarle ' (Mr. 15:36). Observemos que cada uno de ellos decía realmente a Jesús: ' *sálvate a Ti mismo* '. Todos ellos vieron principalmente la tragedia de la crucifixión y supusieron que, en este sentido, la Cruz marcaba el punto final en la vida de Jesús; a menos que Jesús emplease Su poder milagroso para arrancarse del patíbulo – o sea, mantenerse vivo de una manera sobrenatural – no creerían en El, pues quedaría completamente demonstrado para sus mentes que El no era lo que había pretendido ser: el Hijo de Dios, el Mesías de Israel, el Salvador del mundo. Ahora bien, frente a estas cinco clases, hay una sola brillante excepción, de alguien cuya posición difería radicalmente de la de los tipos que acabamos de examinar, y se expresa de un modo diferente: El malhechor que moría arrepentido, fue el primero, y el único entre todos los que, según el Evangelio, abrieron su boca en la ejecución de Jesús, que no dijo ' *sálvate a Ti mismo* ', sino '*Sálvame* '; y se dirigió a El usando el nombre ' Jesús ', es decir, el nombre salvífico, discerniendo quién y qué era realmente Cristo. Sí, él fue el único que vio que allí se encerraba algo más profundo que lo que los crucificadores adivinaban: que Jesús permitía que el santuario de Su cuerpo fuera derribado, a fin de poder ser reconstruido; y que, si Jesús había de salvar a otros de las necesidades espirituales en que se hallaban, El no podía salvarse a Sí mismo, sino que tenía que soportar el peso que el pecado había echado en Sus hombros de Salvador; él percibió que Jesús era en realidad ' el Rey de Israel ', "el escogido de Dios ', ' el buen pastor ', que ponía la vida por Sus ovejas, de manera que ' podía volverla a tomar '. Este malhechor arrepentido fue el primero y el único de los asistentes a la escena de la crucifixión, que vio todo un nuevo reino situado más allá de la inminente muerte de Jesús, en que él podía ser uno de los súbditos, y que este reino, empero, había de construirse desde el lado divino de todo lo que estaba sucediendo. El atisbó, al menos en esbozo, la resurrección futura y las gloriosas posibilidades en ella implicadas ... Sin duda se le concedió espiritualmente, preternaturalmente, la visión propia de alguien que se halla a lomos de las frontera que bordea el mundo celeste, y pudo así ver ambas vertientes del episodio de la crucifixión, la bajamente humana y la noblemente divina; pero especialmente vio con gran viveza la realidad de la reconciliación, y la vio desde el punto de vista celestial, como Dios la ve – y como todos deberíamos aprender a verla –; y exclamó en aquella oración modelo, que llevaba la impronta de su peculiar iluminación: ' Jesús, acuérdate de mí cuando vengas en tu reino ' (Lc. 23:42);– un reino condicionado por lo que Cristo estaba ahora llevando sobre sus espaldas. Este hombre, y sólo éste, en cuanto sabemos, entre cuantos estaban cerca de Cristo en el Calvario, percibió la reconciliación como acto de Dios – un acto deliberado y, a la vez, permisivo, – una reconciliación bien diferenciada de la criminalidad humana en la crucifixión. De cuantos seguidores de Cristo se hallaban presentes, probablemente no había ni un discípulo, ni una mujer, ni siquiera la propia madre del Salvador, María, que, en su total incapacidad para percatarse de lo que Dios estaba llevando a cabo, no hubiese tratado de impedir, a serle posible, la consumación del designio de Cristo en la Cruz. Por entonces ninguno de ellos llegó a comprender, como la comprendieron después a la luz de Pentecostés, la Cruz de la redención. Este moribundo, tan desdichadamente estigmatizado con el epíteto vulgar de ' el ladrón moribundo ', es realmente el creyente ideal; él y sólo él tuvo la visión correcta de la cruz de la reconciliación; sólo él divisó algo más que los trágicos horrores del acto de la crucifixión, absorto por una más amplia realidad: que Cristo, a pesar del tratamiento que recibía de los hombres, estaba en verdad quitando el pecado del mundo, como preparación de un reino espiritual situado detrás del momento culminante de Su muerte. El malhechor arrepentido solicitó la membresía en tal reino, privilegio de gracia que inmediatamente le fue asegurado por la respuesta de Jesús: ' De cierto te digo que hoy estarás conmigo en el paraíso" (Lc. 23:43).

Como hemos dicho anteriormente, la gente ciega e inconversa no puede discernir en la muerte de Cristo sino la tragedia humana que ello implica, y en vano se esfuerza sinceramente en revestirla de algún sentido espiritual; se le dramatiza, se multiplican los crucifijos, se la exhibe en cuadros; predicadores y poetas se fijan en los aspectos físicos de tal muerte y, muy a menudo, no descubren otra cosa que la angustia corporal que El experimentó. Con todo, nadie ha sembrado tanta confusión como la Iglesia de Roma con su dogma de la transustanciación y el peligro de idolatría que comporta el uso que hace de las imágenes. Roma es el típico ejemplo de una religión basada en el *crimen* de la crucifixión y, a la vez, vacía del verdadero concepto de la gloria de la Cruz. La crucifixión encierra una tragedia que no puede minimizarse, pero esa tragedia no es el fundamento de la redención, pues Dios no basa el don inconmensurable de Su amor en el mayor de todos los crímenes, sino en la sublime verdad de que de tal manera amó El al mundo, que ha entregado a Su Hijo Unigenito para que fuese el Cordero que El mismo había provisto para el sacrificio. Cristo era el Cordero de Dios – no de Pilato, y fue Dios, no Caifás, quien proveyó la sangre redentora.

Como puede suponerse, no hay punto alguno en la historia humana donde la soberanía de Dios y la responsabilidad del hombre, o libre albedrío, se encuentre tan vivamente yuxtapuestas como lo están en la crucifixión de Cristo. Del lado divino, la muerte de Cristo estaba predeterminada de tal modo que Dios asume toda la responsabilidad por ella, sin poder compartir con ningún otro la tarea de llevarla a cabo, pues éste era Su designio desde toda eternidad.

Estaba ya prefigurada en tipos inventados por Dios y todos sus detalles habían sido predichos por profetas capacitados por el Espíritu. En el Salmo 22 están registrados: el grito en medio del sufrimiento "Dios mío, Dios mío, ¿por qué me has desamparado? ¿Por qué estás tan lejos de mi salvación, y de las palabras de mi clamor? (v.1); las palabras exactas que los verdugos habían de pronunciar: "Se encomendó a Jehová; líbrele él; sálvele, puesto que en él se complacía" (v.8); el reconocimiento de la responsabilidad divina: "Y me has puesto en el polvo de la muerte" (v.15); las heridas de sus manos y de sus pies: "Horadaron mis manos y mis pies"(v.16); el reparto de sus vestiduras y el sorteo de su túnica: "Repartieron entre sí mis vestidos, y sobre mi ropa echaron suertes". Con el mismo fin tenemos en el capítulo 53 de Isaías el relato de que fue en verdad Jehová quien lo quebrantó, lo sujetó a padecimiento y puso su vida en expiación por el pecado (v.10). Igualmente, la soberanía de Dios se refleja en las cuarenta y tantas veces que el verbo *cumplirse* sale en el Nuevo Testamento y con referencia a la realización del designio de Dios en la muerte de Su Hijo. Del lado humano, los hombres estaban haciendo y diciendo precisamente lo que estaba predicho de ellos, pero de tal manera que la responsabilidad caía sobre ellos solos. Cristo fue rechazado por los Judíos, traicionado por Judas, condenado por Herodes, y crucificado bajo el poder de Poncio Pilato, mas tras la trama de todas estas acciones humanas, se nos declara que era Dios quien estaba en Cristo reconciliando consigo al mundo (2 Co. 5:19). Está escrito que Cristo fue *hecho* pecado (por el Padre – ciertamente no por Judas Iscariote), para que almas perdidas pudieran ser hechas (por el Padre - ciertamente no por Poncio Pilato) justicia de Dios en El (2 Co. 5:21). Dos hechos inconmensurables – tan lejanos entre sí como el este del oeste – fueron declarados por Pedro en su sermón de Pentecostés: "A éste, entregado por el determinado consejo y anticipado conocimiento de Dios, prendisteis y matasteis por manos de inicuos, crucificándole" (Hch. 2:23). Así como no hay nada que agradecer a Judas, a Herodes, o a Poncio Pilato, así tampoco hay base doctrinal en lo que ellos pusieron de su parte; el poder transformador de la muerte de Cristo no radica en la tragedia humana, sino en la reconciliación divina, porque la muerte y la resurrección de Cristo son partes integrantes de una misma empresa divina y, puesto que nadie puede afirmar que hombre alguno haya tenido parte en la resurrección, tampoco ha podido tenerla en el cumplimiento del propósito divino sobre la Cruz.

2. ¿QUIEN MATO A CRISTO? Estrechamente ligada al contraste entre los lados divino y humano de la muerte de Cristo, está la

pregunta: ¿Quién mató a Cristo? Como ya hemos indicado, la Escritura señala una responsabilidad tanto divina como humana por la muerte de Cristo – aunque no en comandita, puesto que cada una tiene completa explicación en su propia esfera. En conjunto, pueden enumerarse ocho individuos o grupos. Cuatro de ellos se nombran en Hch. 4:27-28: "Porque verdaderamente se unieron en esta ciudad contra tu santo Hijo Jesús, a quien ungiste, Herodes y Poncio Pilato, con los gentiles y el pueblo de Israel, para hacer cuanto tu mano y consejo habían antes determinado que sucediera". Aquí, de nuevo, el Espíritu Santo nos preserva la importantísima verdad de que estos individuos y grupos estaban haciendo precisamente cuanto la mano y el consejo de Jehová habían determinado. El quinto personaje responsable es Satanás – aunque bien pudo estar ayudado por innumerables cohortes de espíritus malignos. En el gran protoevangelio de Génesis 3:15, se nos dice no sólo que Cristo heriría a la serpiente en la cabeza, sino también que la serpiente heriría a Cristo en el calcañar, lo cual implica que Satanás hizo cuanto pudo para ejercitar su poder – ya directamente, ya indirectamente mediante agentes humanos – contra el Salvador. Hay muchos textos sagrados que revelan el libramiento de una tremenda lucha entre Cristo y los poderes de las tinieblas, pues está escrito: "Ahora es el juicio de este mundo; ahora el príncipe de este mundo será echado fuera" (Jn.12:31); "No hablaré ya mucho con vosotros; porque viene el príncipe de este mundo, y él nada tiene en mí" (Jn.14:30); "Y de juicio, por cuanto el príncipe de este mundo ha sido ya juzgado" (Jn.16:11); "Anulando el acta de los decretos que había contra nosotros, que nos era contraria, quitándola de en medio y clavándola en la cruz, y despojando a los principados y a las potestades, los exhibió públicamente, triunfando sobre ellos en la cruz" (Col.2:14-15). Lo que sucedió en la intimidad de la Cruz entre el Hijo de Dios y Satanás, pertenece a las esferas celestiales y no puede ser comprendido por los hombres. Las tres restantes personas a quienes se atribuye alguna responsabilidad por la muerte de Cristo son el Padre, el Hijo y el Espíritu Santo. La intervención del Padre es presentada en tipos, profecías y directas declaraciones, pues está escrito: "Dios se proveerá de cordero" (Gn.22:8); "Y me has puesto en el polvo de la muerte" (Sal.22:15); "Dios mío, Dios mío, ¿por qué me has desamparado? (Sal.22:1); "El escarnio ha quebrantado mi corazón" (Sal.69:20); "Con todo eso, Jehová quiso quebrantarlo, sujetándolo a padecimiento" (Is.53:10); "He aquí el Cordero de Dios" (Jn.1:29); "A éste, entregado por el determinado consejo y anticipado conocimiento de Dios" (Hch.2:23); "Para hacer cuanto tu mano y tu consejo habían antes determinado que sucediera"

(Hch.4:28); "El que no escatimó ni a su propio Hijo" (Ro.8:32); y "De tal manera amó Dios al mundo, que ha dado a su Hijo unigénito" (Jn.3:16).

La acción del Hijo está tipificada en la no-resistencia de Isaac en el monte Moriah; también proféticamente "Pero tú eres santo"(Sal.22:3), y "No abrió su boca" (Is. 53:7); y en directa declaración: "Nadie me la quita, sino que yo de mí mismo la pongo. Tengo poder para ponerla, y tengo poder para volverla a tomar. Este mandamiento recibí de mi Padre" (Jn. 10:18); "Entonces Jesús, clamando a gran voz, dijo: Padre, en tus manos encomiendo mi espíritu. Y habiendo dicho esto, expiró"(Lc.23:46); "Así como Cristo amó a la iglesia, y se entregó a sí mismo por ella" (Ef.5:25); "El cual me amó y se entregó a sí mismo por mí" (Gá.2:20);"Quien se dio a sí mismo por nosotros para redimirnos de toda iniquidad y purificar para sí un pueblo propio, celoso de buenas obras" (Tit.2:14); "Como el Hijo del Hombre no vino para ser servido, sino para servir, y para dar su vida en rescate por muchos" (Mt. 20:28); "En esto hemos conocido el amor, en que él puso su vida por nosotros; también nosotros debemos poner nuestras vidas por los hermanos" (1 Jn.3:16). La voluntariedad con que el Hijo se puso en las manos del Padre es la respuesta a la objeción de que es inmoral por parte de Dios el ofrecer a Su Hijo. Tal acto por parte de Dios, lo admitimos de buen grado, puede llegar a ser o el crimen más terrible o la más gloriosa consumación de la gracia divina; todo depende de un solo punto: de si el sacrificio es impuesto al Hijo contra Su voluntad o si El está de acuerdo y en cooperación con Su Padre. Ahora bien, que El estaba de acuerdo nos lo aseguran los textos citados más arriba, los cuales indican que Se ofreció a Sí mismo, así como los demás pasajes en que le vemos sometido a la voluntad de Su Padre, especialmente en He. 10:7: "Entonces dije: He aquí que vengo, oh Dios, para hacer tu voluntad, como en el rollo del libro está escrito de mí."

La acción del Espíritu Santo en los sufrimientos y en la muerte de Cristo se nos revela particularmente en un pasaje: "¿Cuánto más la sangre de Cristo, el cual mediante el Espíritu eterno se ofreció a sí mismo sin mancha a Dios, limpiará vuestras conciencias de obras muertas para que sirváis al Dios vivo? " (He.9:14).

3. LO QUE CRISTO SUFRIO A MANOS DE LOS HOMBRES Y LO QUE SUFRIO A MANOS DE SU PADRE. Aún más estrechamente ligada a la gran distinción entre la crucifixión como un crimen, y la cruz como la suprema manifestación de la compasión divina, está la diferencia que hay que notar entre lo que Cristo padeció a manos de los hombres, y lo que padeció a manos de

Su Padre. Las manos humanas pudieron infligirle los sufrimientos físicos y una muerte de la que otra víctima cualquiera hubiera muerto, pero sólo la mano de Dios pudo hacer de Cristo una ofrenda por el pecado, o cargar sobre El las iniquidades ajenas (2 Co.5:21; Is.53:6). De ahí que ningún concepto tan imposible ha sido vertido en verso como las primeras líneas de un himno que dice: "Descargo mi pecado en Cristo el Salvador, Cordero inmaculado de Dios fuente de amor", puesto que no está al alcance de ningún hombre el descargar sus pecados, o los de otro, en Cristo. Aunque Poncio Pilato hubiera podido experimentar una compasión sobrehumana por las almas perdidas, y hubiera crucificado al Salvador con esa mira, no hubiera podido hacer más que clavarlo en la cruz. Sólo Dios pudo proveer un portador de pecado, y sólo Dios pudo imputar el pecado a Aquel que El había provisto.

4. EL VALOR QUE PARA EL PADRE TUVIERON LOS SUFRIMIENTOS DE CRISTO. Todavía otra distinción vital –esencial, por cierto, para entender con claridad la naturaleza de los sufrimientos y muerte de Cristo– es la que se puede observar cuando se compara el valor de los sufrimientos de Cristo y de Su muerte, en cuanto atañen al Padre, con el mismo valor en cuanto atañe a los que son salvos a tal costo. Ningún ser humano puede hacer una computación exacta de dichos valores, pues ningún hombre podría jamás tasar cabalmente lo que supone el que uno que se salva no perezca, sino que posea actualmente la vida eterna, que esté unido a Cristo para participar en Su paz y en Su gloria, y que haya de llegar a ser, cuando vea a su Salvador, semejante a El. Frente a esto está la verdad de que, sin tener en consideración las bendiciones que Su amor infinito pudiera derramar sobre las criaturas de sus manos, el freno moral que el pecado impone a Dios no podría ser quitado ni por un decreto soberano de Su voluntad; fue necesario, a la luz de la santidad de Su carácter y de Su gobierno, que el precio de la redención fuera requerido de las manos del ofensor, o de las manos de un sustituto que estuviera dispuesto a morir en lugar del ofensor. En la muerte de Cristo por los pecadores, el freno moral es levantado, y el amor de Dios queda libre para actuar en favor de aquellos que reciban Su gracia y Sus bendiciones. El significado de esta libertad que la Cruz ha proporcionado a Dios, no admite medida, pero nos ha sido revelado que Dios, una vez desembarazado de tal obstáculo, lleva a cabo, para satisfacer Su amor, la mayor cosa que Dios puede hacer, a saber, transformar de tal manera al pecador que cree en El, que ese pecador aparecerá en la gloria eterna hecho conforme a la imagen de Cristo. No puede concebirse una realización mayor que ésta, pero ha de tener en cuenta que su objetivo primordial ha sido satisfacer el

amor de Dios hacia el pecador. Los que crean en El no perecerán, sino que tendrán vida eterna, mas todo esto ha sido hecho posible por el hecho de que de tal manera amó que dio a Su Hijo Unigénito. Lo que para Dios significa la libertad para ejercitar tal amor, por obra de la muerte de Cristo, es tan incomprensible como el mismo amor de Dios.

Al mismo respecto podría añadirse que, como la salvación de un alma demuestra la suprema gracia de Dios, la cual gracia no podía ser mostrada por ningún otro medio, la muerte de Cristo ha provisto y ha hecho posible esa sublime experiencia de parte de Dios, de ejercitar Su gracia sobreabundante. Una vez más, toda apreciación humana es incapaz de conocer adecuadamente el valor que la muerte de Cristo tiene para Dios.

5. LA SABIDURIA, EL PODER Y EL SACRIFICIO DE DIOS. Un acceso razonable a la contemplación de los sufrimientos y muerte de Cristo requiere que se preste la debida consideración a la sabiduría, al poder, y al sacrificio que Dios ha ejercitado al programar y llevar a cabo el plan para la salvación de los perdidos. Como ya hemos observado anteriormente, la cruz es escándalo para el judío y locura para el gentil, pero para los llamados, así judíos como gentiles Cristo es el poder de Dios y la sabiduría de Dios (1 Co.1:23,24). Con ello se afirma que el poder de Dios queda en libertad para actuar en favor de los perdidos, y que Su sabiduría se muestra en el plan de la salvación – y todo esto mediante la cruz de Cristo. En cuanto a Su poder, es de notar que conforme al Salmo 8:3 –"Cuando veo los cielos, obra de tus dedos"– la creación nos es presentada como un juego de los dedos de Dios; en cambio, cuando se dispone a salvar a los perdidos, vemos que, de acuerdo con Isaías 53:1 –"¿y sobre quién se ha manifestado el brazo de Jehová?" –es el gran brazo derecho de Jehová, símbolo de toda Su fuerza, el que aparece arremangado y puesto en guardia. En cuanto a Su sabiduría, se nos revela que, mediante la muerte de Su Hijo, tiene El resuelto Su problema más difícil, a saber, cómo ser justo y, a la vez, justificar al impío (Ro.3:26; 4:5). Y en cuanto a Su sacrificio, ninguna inmolación podría idearse tan grande como la que indican las palabras "El que no escatimó a su propio Hijo, sino que lo entregó por todos nosotros" (Ro.8:32). En verdad, sería necio suponer que está al alcance de la capacidad humana el *poder, la sabiduría, o el sacrificio de Dios* cual se revelan en la salvación de un alma.

6. LA ACCION CONJUNTA DE LAS TRES PERSONAS. Todavía unas palabras más de introducción, concerniente a la acción conjunta de las tres Personas de la Deidad en la salvación de los perdidos. Las tres Personas intervienen en la creación del Universo,

pero a cada una se atribuyen esta vasta obra por separado, implicándose que cada una obró por su cuenta y, que al obrar así, cada una era totalmente suficiente y responsable. Mas en la Obra, todavía mayor, de la redención –específicamente en los sufrimientos y muerte de Cristo– es el Hijo quien sufre y muere, pero el Padre es quien lo entrega, y el Espíritu eterno quien lo ofrece. Aquí se nos revela la más profunda acción conjunta y estrecha cooperación, pues el Hijo grita: "Dios mío, Dios mío, ¿por qué me has desamparado? " (Sal.22:1; Mt.27:46) y con todo, se nos asegura que el mismo Dios a quien El clamaba, era quien, en ese preciso instante, "estaba en Cristo reconciliando consigo al mundo" (2 Co.5:19). Para mentes finitas, todo esto resulta paradójico, pero sirve para enfatizar una vez más la verdad, más profunda aún, de que aunque hay tres Personas en Dios, las tres poseen la misma esencia en común. Ni el Padre ni el Espíritu Santo se han encarnado, pero la acción del Hijo siempre estuvo de acuerdo con la voluntad del Padre, y de una manera especial en Su muerte (Fil. 2:8). Igualmente, cuanto el Hijo llevó a cabo, fue en el poder del Espíritu, y nunca más perfectamente que en Su muerte. Objetivamente, no sólo fue el Padre quien *dio* al Hijo (Jn. 3:16), sino que El también *envió* al Hijo (Jn.3:17), *amó* al Hijo (Jn.3:35), es *glorificado* en el Hijo (Jn. 14:13), y *glorifica* al Hijo (Hch. 3:13); con todo, esta verdad está en perfecto acorde con otra más íntima realidad, a saber, que el Padre y el Hijo son uno (Jn.10:30; 14:9-11; 17:21). Así en un contexto más amplio de la revelación, que a los hombres resulta difícil comprender, el Dios Trino es el Salvador del mundo. El hacer caso omiso de este aspecto de la verdad ha ocasionado siempre conceptos acerca de Dios que son injuriosos, pues cuando se asignan a una Persona algunos atributos particulares con menoscabo de las otras dos, surge una teología que concibe al Padre como un árbitro de la justicia, un defensor de la santidad, etc.,mientras el Hijo se presenta como el manifestador de aquel amor divino que está dispuesto a rescatar al pecador de los castigos que el Padre exige. Pero el Hijo no nos salva de la ira del Padre, sino de los justos juicios contra el pecado; y del Salvador se nos dice que en Sus manos ha sido puesto todo juicio (Jn.5:27; Hch.10:42; 17:31 . Tampoco es el Padre el condenador del mundo, sino que fue El quien envió a Su Hijo al mundo para que el mundo sea salvo por El (Jn.3:17). Queda en pie la verdad de que el Padre dio al Hijo, el Hijo murió, y el Espíritu aplica el valor de esa muerte a cuantos creen.

7.DOS ASPECTOS PRIMORDIALES DE LA SOTERIOLOGIA. Para finalizar esta introducción, digamos que hay dos aspectos primordiales en la Soteriología: (a) la obra consumada del Salvador en la cruz, y (b) la aplicación de esa obra a los que creen. De ambos se nos dice que fueron determinados por Dios desde la eternidad, pues de la obra del Salvador está escrito que El es un Cordero inmolado desde la fundación del mundo (Ap.13:8), y del salvo se dice que fue escogido "en él antes de la fundación del mundo" (Ef.1:4). A éstos añadiremos en Eclesiología un tercer aspecto del designio eterno, a saber, que las obras buenas de los salvos fueron preparadas de antemano por Dios para que anduviesen en ellas (Ef.2:10). Estos tres –un Salvador predestinado, una salvación predestinada, y un servicio predestinado – constituyen los elementos esenciales en los propósitos eternos de Dios respecto a la Iglesia que es Su cuerpo. El tratamiento que los hombres dan a los dos primeros de estos propósitos eternos está frecuentemente caracterizado por la confusión. El Salvador ha terminado Su obra y sólo le resta al pecador *creer* y ser salvo, pues lo que Cristo ha hecho en la cruz y lo que ahora está dispuesto a hacer por el que cree son dos aspectos de la verdad muy diferentes entre sí. Por una parte, hay quienes enseñan que la salvación de un alma equivale a que Cristo muera por esa alma, mientras que, por otra parte, hay quienes encaminan a los inconversos a rogar a Dios por su salvación. Sin embargo, lo cierto es que los inconversos no son invitados a pedir a Cristo que muera por ellos, y es igualmente cierto que no son invitados a que apremien al Salvador para que les aplique la salvación, puesto que la promesa no es para los que piden, sino para los que *creen.* Ya que, mediante la muerte de Cristo, Dios está propicio, los pecadores pueden ser salvos, y los fieles pueden ser restaurados, sin reproche ni castigo por parte de Dios – no se descarga golpe alguno, ni se pronuncia condenación alguna. El Salvador ha muerto; esto es lo que hay que creer, y esta creencia conduce a la salvación del alma; pero lo que El hizo por el pecador hace dos milenios no ha de confundirse con la salvación que es llevada a cabo ahora, cuando el pecador cree. Hablando en pura hipótesis, el Salvador pudo haber muerto proveyendo así todo fundamento para una salvación perfecta, sin que nadie hubiese creído, pues la cruz a nadie coacciona a creer. Es la elección soberana de Dios, que escogió antes de la fundación del mundo los hombres que habían de salvarse, la que asegura la salvación. Al llevar a la práctica esta elección soberana, el Espíritu Santo llama, ilumina, engendra la fe, y aplica todo el valor de la muerte de Cristo a todo aquel que de esta manera cree.

CAPITULO IV

LO QUE CRISTO LLEVO A CABO EN SUS SUFRIMIENTOS Y MUERTE

Al predecir Su muerte en la cruz, dijo Cristo: "Para esto he venido al mundo"(Jn.18:37), y, de nuevo, "Porque el Hijo del Hombre vino a buscar y a salvar lo que se había perdido" (Lc.19:10). A la luz de estas expresiones podría concluirse que, como hemos afirmado anteriormente, el tema de los sufrimientos de Cristo en Su muerte es el fundamento de toda doctrina ortodoxa y el hecho central de este Universo cósmico, pues sobrepuja la importancia del Universo material –en tanto que el Universo provee una esfera en la que el mal puede ser comprobado, juzgado y desterrado para siempre. De lo que la cruz de Cristo ha llevado a cabo en el plano angélico y respecto al juicio final del mal, hemos dado previamente una somera idea en el tratado sobre el pecado o Hamartiología; con todo, es obvio que mentes finitas no pueden caminar largo trecho por sí mismas en este vasto campo de la realidad, pero algo nos ha sido revelado en relación a estos incomensurables temas, y a ello prestaremos atención a su debido tiempo. El tema general de lo que Cristo llevó a cabo en Sus sufrimientos mortales y en Su muerte se puede dividir, en aras de la claridad, en los siguientes catorce puntos: (l) una sustitución por los pecadores, (2) Cristo, fin de la Ley a cuenta de los salvos, (3) un rescate del pecado, (4) una reconciliación para los hombres, (5) una propiciación hecha a Dios, (6) el juicio del pecado, (7) la base del perdón y de la purificación del creyente, (8) la base de la dilación de los justos juicios divinos, (9) la desaparición de los pecados cometidos antes del Calvario, una vez que quedaron cubiertos por el sacrificio, (10) la salvación nacional de Israel, (11) las bendiciones sobre los gentiles en el milenio y por toda eternidad, (12) el despojo de principados y postestades, (13) la base de la paz, (14) la purificación de las cosas que están en los cielos. A fin de que el lector estudioso se anime a investigar estos inmensos temas de una manera más exhaustiva, daremos aquí un resumen introductorio o un esquema condensado de cada uno de ellos.

I. UNA SUSTITUCION POR LOS PECADORES

Aunque constituye el substrato que fundamenta mucho de lo que Cristo llevó a cabo, trataremos primero por separado el tema de la vicariedad de los sufrimientos y muerte de Cristo, por ser la base de toda verdad relacionada con la provisión divina para la curación del pecado, y subdividiremos este tema en cinco aspectos particulares, a saber, (1)los términos que implican sustitución, (2) el sufrimiento vicario en general, (3) la mediación, (4) la sustitución con referencia al juicio del pecado, y (5) la sustitución en el plano de las divinas perfecciones.

1. LOS TERMINOS QUE IMPLICAN SUSTITUCION. Dos preposiciones usa el original a este respecto *αντί* y *ὑπέρ*. Sobre el significado y fuerza de estos términos, dice así el Arzobispo R. C. Trench, en su *New Testament Synonyms*(4) (9a ed., pgs.290-291)

"A menudo se ha pretendido, y ello en defensa de una verdad de relevante importancia a saber, el carácter *vicario* del sacrificio y la muerte de Cristo, que en pasajes como He.2:9; Tit.2:14; 1 Ti.2:6; Gá.3:13; Lc.22:19,20; 1 P.2:21; 3:18; 4:1; Ro.5:8; Jn.10:15, en todos los cuales se dice que Cristo murió *ὑπέρ πάντων ὑπέρ ἡμῶν ὑπέρ τῶν προβάτων* y semejantes, *ὑπέρ* ha de tomarse como sinónimo de *ἀντί*. Se urge además que, siendo *ἀντί* primordialmente una preposición de equivalencia (Homero, II IX, 116,117) y secundariamente de cambio (1 Co.11:15; He.12:2,16; Mt.5:38), *ὑπέρ* ha de considerarse en todos esos pasajes como teniendo la misma fuerza. De esa forma, es evidente que cada uno de ellos vendría a ser un *dictum probans* en favor de una verdad que es en sí misma en extremo vital, a saber, que Cristo sufrió, no meramente *en nuestro favor y para nuestro bien* sino también *en nuestro lugar*, y llevando sobre sí aquella pena de nuestros pecados que, de lo contrario, nosotros mismos deberíamos haber soportado. Ahora bien, aunque algunos lo hayan negado, hemos de aceptar como cierto que *ὑπέρ* tiene a veces este significado. . .pero no es menos cierto que, en pasajes mucho más numerosos, *ὑπέρ* no significa otra cosa que, en favor de, por el bien de; así en Mt.5:44; Jn.13:37; 1 Ti.2:1; a cada paso. Hay que admitir que de aquí se deduce que, si sólo tuviésemos en la Escritura afirmaciones de que Cristo murió *ὑπέρ ἡμῶν* de que gustó la muerte *ὑπέρ παντός*, resultaría imposible sacar una prueba irrefragable de que Su muerte fue vicaria, de que El había muerto en nuestro lugar y que había llevado en Su cruz nuestros pecados y la pena de nuestros pecados; sin embargo podríamos hallar dicha prueba, como en efecto la hallamos, en otro lugar (Is.53:4-6). Solo con ayuda de otras afirmaciones en el sentido de que Cristo murió *ἀντι πολλῶν* (Mt.20:28), de que se ofreció como un *ἀντίλυτρον* (1 Ti.2:6), y trayendo los otros textos a concordancia con éstos, obtenemos un perfecto derecho a reivindicar tales declaraciones de la muerte de Cristo *por nosotros* como declaraciones también de Su muerte *en lugar nuestro*. Y está fuera de duda que la preposición *ὑπέρ* se emplea en ellas más bien en el sentido de abarcar ambos significados, expresando así que Cristo murió, a la vez, *en favor nuestro* (aquí se acerca más al significado de *περί*, (Mt.26:28; Mr.14: 24; 1 P.3:18; también *διά* se emplea una vez en este sentido, 1 Co.8:11), y *en lugar nuestro;* mientras que *ἀντί* sólo hubiese expresado el segundo de ellos."

Como asegura el Arzobispo, Trench,el término ἀντί no ofrece problemas, pues significa, de un modo tan definido como un idioma pueda hacerlo, *sustitución* - que uno toma el lugar de otro. Sin embargo, el término ὑπέρ tiene un sentido más amplio y, en algunos casos, sólo indica que un beneficio es provisto y recibido; aunque, en otros casos, es cierto que se convierte en equivalente a ἀντί.Por tanto, queda la vía libre, hasta cierto punto, para aquellos que desean minimizar la doctrina de la *sustitución* para enfatizar el uso más general de ὑπέρ, mientras que los que defienden con calor dicha doctrina, enfatizan su sentido vicario. La actitud más razonable consiste en admitir el sentido amplio de ὑπέρ al punto de que, cuando parezca expresar sustitución, de acuerdo con el contexto, se le conceda la misma fuerza que ἀντί. Si, con restringir el término ὑπέρ a la idea de mero *beneficio* quedase eliminada la doctrina, el caso sería diferente; pero, puesto que ἀντί cumple con su cometido específico y no admite tergiversación, la verdad adquiere mayor claridad y fuerza con el uso más específico y completamente legítimo de ὑπέρ en el sentido de *sustitución*. Filemón 1:13: "Yo quisiera retenerle conmigo, para que en lugar tuyo me sirviese en mis prisiones por el evangelio", y 2 Corintios 5:14: "Porque el amor de Cristo nos constriñe, pensando esto: que si uno murió por todos, luego todos murieron". Estos textos pueden servir para demostrar que ὑπέρ comporta, cuando el contexto lo tolera, el concepto de actual sustitución. Este doble sentido de ὑπέρ ofrece una gran ventaja, puesto que Cristo murió en lugar del pecador y a beneficio del pecador. El término ἀντί aparece en la declaración de que "el Hijo del Hombre vino . . .para dar su vida en rescate por muchos" (Mt.20:28), y el carácter absoluto de *sustitución* se observa en textos como Mt.2:22; 5:38; Lc. 11:11. Sin embargo, el término ὑπέρ ocurre en una gama mucho más amplia de textos sagrados, en los que habría de entenderse en un sentido más profundo: "Esta copa es el nuevo pacto en mi sangre, que por vosotros se derrama" (Lc.22:19-20); "El pan que yo os daré es mi carne, la cual yo daré por la vida del mundo" (Jn.6:51); "Nadie tiene mayor amor que éste, que uno ponga su vida por sus amigos" (Jn.15:13); "Cristo murió por los impíos . . .siendo aún pecadores, Cristo murió por nosotros" (Ro.5:6-8);"El que . . .lo entregó por todos nosotros" (Ro.8:32); "Si uno murió por todos, luego todos murieron" (2 Co.5:14-15); "Por nosotros lo hizo pecado" (2 Co.5:21); "Hecho por nosotros maldición" (Gá.3:13); "Cristo . . .se entregó a sí mismo por nosotros, ofrenda y sacrificio a Dios" (Ef.5:2,25); "Jesucristo hombre . . .el cual se dio a sí mismo en rescate por todos" (1 Ti.2:5-6); Cristo gustó "la muerte por todos" (He.2:9); "Cristo padeció . . .el justo por los injustos" (1 P. 3:18).

2. EL SUFRIMIENTO VICARIO EN GENERAL. Así como el sustantivo *vicario* o *vicegerente* se refiere a un delegado o agente que actúa haciendo las veces de otro, así también el adjetivo *vicario* significa que uno toma el lugar de otro, sirviendo o actuando como su sustituto. En el caso de una obligación entre hombre y hombre, la ley permite que la deuda sea cancelada por un tercero, con tal que no se haga injusticia a otros. Sin embargo, la permisión divina para que un sustituto actúe en lugar del hombre en su relación con Dios, es una de las provisiones más fundamentales de la gracia salvífica. Comoquiera que el hombre caído queda obligado con Dios como ofensor – tanto en su cabeza federal cuanto en sí mismo – contra su Creador y contra el gobierno divino, adquiera una deuda que nunca podría pagar, ni en el tiempo ni por toda la eternidad. A no ser que intervenga un vicario no hay esperanza para miembro alguno de esta raza caída. Ahora bien, ningún ser humano cargado con sus propios pecados podría hacer de sustituto por otro de sus semejantes, pues el vicario o sustituto debe estar sin pecado y dispuesto a soportar los juicios inconmensurables que la santidad divina no tiene más remedio que imponer siempre al pecado, ya que en Dios hay dos atributos que quedan implicados conjuntamente cuando una criatura peca: la justicia y la misericordia. La justicia impone, y continúa imponiendo, el juicio sin mengua que el pecado acarrea; ni por un instante puede la justicia suavizarse o menoscabarse en beneficio de la misericordia, porque, debido a Su santidad esencial, Dios no puede abrigar el menor grado de connivencia con el pecado. Queda en pie la verdad de que el alma que peca, ésa morirá, y no cabe mayor tergiversación del carácter santo de Dios y del gobierno de Dios que el suponer que Su justicia pueda ser jamás suavizada o modificada en beneficio de la misericordia, porque pretender que Dios podría salvar a un solo pecador del juicio de un solo pecado mediante el ejercicio de la misericordia, equivale a acusar a Dios de la mayor locura que podría conocerse en el Universo, ya que, si pudiera ser sanado un solo pecado en virtud únicamente de un acto de misericordia, se establecería entonces un principio general por el que todo pecado podría ser sanado y, de este modo, la muerte sacrificial y vicaria de Cristo resultaría completamente innecesaria. Cuando Cristo murió a manos de Su Padre como ofrenda por el pecado, es evidente – a no ser que se tenga a Dios por modelo de una locura infinita, si no de una infinita perversidad – que no había otro medio por el que los pecadores pudiesen ser salvos. La Biblia enseña sin ambages que Cristo con Su muerte afrontó las demandas de la justicia a cuenta del pecador – en lugar del pecador – y cuantos hayan de venir a Dios

por medio de El son salvos sin la más leve infracción de la santidad divina; y si se pregunta dónde está entonces la misericordia divina, la respuesta es que ya se manifiesta en la provisión de un Salvador que satisfaga las demandas de la justicia divina.

Acostumbran los teólogos a distinguir entre satisfacción *personal* y satisfacción *vicaria* a Dios por el pecado. Cuando el pecador carga con su propia pena, está perdido para siempre y, aunque el resultado es un fracaso, es algo que proviene de él que él ofrece a Dios, y ésta es una satisfacción *personal* a Dios. En cambio, cuando un pecador acepta a su vicario Portador de Pecado, entonces se salva para siempre y el resultado proviene del Salvador y es ofrecido al pecador, y ésta es una satisfacción *vicaria* a Dios. Estos dos principios – satisfacción a Dios, personal y vicaria son mejor conocidos por los vocablos *obras* y *fe.* El principio de las obras representa todo lo que el hombre puede hacer por sí mismo; el principio de la fe representa todo lo que Dios puede hacer por el hombre. El uno está carente de misericordia; el otro es la mayor manifestación posible de misericordia. El uno no alberga promesa alguna de bendición; el otro asegura toda clase de bendiciones espirituales en Jesucristo. Nadie ha enunciado el valor del sacrificio de Cristo con tanta claridad como Agustín. Dice él: "Uno y el mismo es el verdadero Mediador que nos reconcilia *con* Dios por medio del sacrificio redentor, permanece uno *con* Dios al cual lo ofrece, hace que sean uno en Sí mismo aquellos *por* quienes lo ofrece, y El mismo es juntamente el oferente y la ofrenda" *(Sobre la Trinidad,* IV, 14, 19, citado por Shedd, *Theology,* II, 400). La doctrina de la Biblia es que Dios salva a Su propio pueblo – a los que creen en El – de Su propia ira (comp. Sal. 38:1; Is. 60:10; Os. 6:1; Job 42:7-8). Sin confundirse ni contraponerse la una al otro, Dios experimenta al mismo tiempo tanto ira como amor, y ambos en la medida de Su Ser infinito. Ezequiel nos retrata a Jehová como golpeándose el pecho a la vez que se lamenta sobre la caída de Lucifer que se ha convertido en Satanás (Ez. 28:12); con todo, no hay redención para tal ángel, y su destino eterno es el lago de fuego (Ap. 20:10). ¡Cuán grande es la ira y la indignación de Jehová contra Israel, como se ve en los castigos que caen sobre ellos! Sin embargo, Dios los ama con un amor sempiterno. Igualmente, el cristiano descubre que la gracia por la que es salvo, le es concedida por el mismo tribunal que antes le condenaba; el que era trono de juicio terrible se ha convertido en trono de gracia. Sobre estas dos características de Dios – ira y amor – escribe el Dr. Enrique C. Mabie:

"Toda la Deidad está tras la redención, dentro de ella, y en la raíz de la misma. Después de todo, la gracia es gracia de Dios. Cuando surgió nuestro pecado, se creó una antimonia, una auto-oposición, por decirlo así, en Dios. Si miramos a la santidad de Dios, no puede menos de oponerse y condenar el pecado, de lo contrario no podría ser Dios; así que este lado o polo de la naturaleza divina debe juzgar y castigar el pecado. Pero hay también otro lado o polo en el Ser de Dios, llamado amor y, como tal, anhela con igual ardor y espontaneidad el perdonar y salvar. ¿Cómo, pues, pudieron reconciliarse, y ello para salvación de los culpables, estas dos opuestas polaridades que la previsión incluso del pecado, y su actual acaecimiento después, pusieron en acción a una y la misma Trinidad? Respondemos sin titubeos que Dios mismo decidió reconciliarlas por medio de Sus propios sufrimientos vicarios, voluntariamente aceptados, por grandes que fuesen; ésta fue la reconciliación esencial –la realidad cósmica– algo que satisfacía de un modo divino al mismo Dios. Pero Dios no podía manifestar esta realidad en forma que proporcionase la necesaria seguridad y socorro al hombre necesitado de ello, a no ser que tal reconciliación descendiese al plano de lo concreto y palpable, en la manifestación divino-humana que de su íntima realidad hizo Cristo en la cruz. Ni el hecho histórico del pacto podía ser afrontado y demostrado de otra manera en el mismo modo donde el pecado había ocurrido, sino por un hecho igualmente histórico que proporcionase la respuesta adecuada. . . Sólo así pudo Dios evidentemente ser presentado como "justo, y el que justifica al que es de la fe de Jesús" (Ro.3:26). De aquí que el concebir la redención de cualquier manera que no conceda al Padre Su más plena participación en ella, supone una visión miope y unilateral. En el caso presente, la gracia es algo que debe ser concebido como expresión del *gobierno* divino -pues es una función de gobierno- y, asímismo, hace referencia a un gobierno divino unificado, ya que la fuente de la gracia nunca puede ser dividida; ni se excluye en ella la acción de la Trinidad, ni se confunde la Trinidad con el Triteísmo, sino que surge en Dios una relación dual como expresión de los polos morales de Su Ser; y la reconciliación, hecha una necesidad por la entrada del pecado, ha de concebirse como igualmente inmanente en Dios, dentro de Su misma unidad. Así Dios *provee* desde un polo de Su naturaleza lo mismo que *exige* desde el otro polo, o sea, que Dios puede hacer lo uno con vistas a lo otro! " – *Under the Redeeming Aegis,* págs. 89-92.

Tan ciertamente como que Dios prevé y predetermina, el episodio del Calvario fue eternamente tan real para El como lo fue en la hora de su promulgación –la hora de la más grande de las realizaciones, la respuesta a todo lo que un Dios ofendido demandaba a fin de poder sentirse libre para ejercitar desembarazadamente Su amor a favor de los objetos de Su afecto. Estas dos polaridades en Dios estaban reconciliadas desde siempre en Su previsión de la cruz; con todo, quedaba la necesidad –lo que El había previsto– de que la cruz fuese un hecho histórico, una realización actual de algo ineludible. En verdad, si el corazón de Dios pudiera verse como es ahora, y como siempre ha sido, no sólo dscubriríamos en él un odio infinito hacia el mal, sino también la misma buena voluntad para entregar a Su Hijo por los impíos y enemigos Suyos. Así pues, el Calvario fue la necesaria ejecución en el tiempo de lo que el corazón de Dios albergaba en la eternidad; y el hecho de que en el seno de Dios estaba prevista desde toda la eternidad una reconciliación, que se haría real en el tiempo, y habría de ser reconocida por El como firme y estable para toda la eternidad, es lo que forma la base de Su gracia. Tengamos en cuenta que gracia no es lo mismo que amor. Por una parte, el amor puede estar anhelando salvar, pero, a causa de las demandas inmutables de la justicia, puede ser impotente para hacerlo. Por otra parte, la gracia en Dios es lo que el amor lleva a cabo a base de lo que Cristo ha hecho para satisfacer las demandas de la justicia. La auto-reconciliación en Dios, que la cruz proporciona, abre una nueva perspectiva para que Dios pueda realizar la salvación de los perdidos, la cual hubiera sido de otro modo imposible. Sin duda que Dios era libre para ejercitar Su gracia con los pecadores en los tiempos antiguos, en virtud de Su presciencia de la cruz; pero nuestra creencia de que Dios es libre para obrar así desde que la cruz fue un hecho, adquiere una gran seguridad. Por su propia índole, la gracia se refiere al gobierno divino, pues es un medio de realizar las cosas, y es en virtud de la cruz como Dios es libre para hacer cuanto hace por gracia. En los siglos venideros, El mostrará Su gracia por medio de la salvación de los pecadores que habrá llevado a cabo (Ef.2:7), y a los así salvos dice en Su Palabra: "Porque por gracia sois salvos por medio de la fe; y esto no de vosotros, pues es don de Dios; no por obras, para que nadie se gloríe" (Ef.2:8). Esta gracia incomparable no sólo ha sido efectuada *por* Dios, sino también *en* Dios, pues El es "el Dios de toda gracia". Y así, la paz es sellada por el Espíritu Santo en los corazones de los creyentes, por el hecho de que ahora están a bien con Dios y Dios está a bien con ellos.

3. LA MEDIACION. En su significado más amplio, el término *mediación* comporta al menos dos partes entre las que actúa. El lamento de Job refleja la necesidad de un mediador, cual se precisaba en el mundo antes de la venida de Cristo. Decía Job: "Porque no es hombre como yo, para que yo le responda, y vengamos juntamente a juicio. No hay entre nosotros árbitro que ponga su mano sobre nosotros dos" (Job 9:32-33). La separación entre el Dios justo y Job pecador es reconocida por éste diciendo: "Porque no es hombre como yo, para que yo le responda, y vengamos juntamente a juicio"; y el caso se tornaba más desesperado por el hecho de que no había "árbitro que ponga su mano sobre nosotros dos". Job tenía en su mente la idea de un mediador entre Dios y los hombres, establecido y aceptado por ambas partes. El concepto de Job, que describe a este agente intermediario con la facultad de poner su mano sobre ambas partes, es sumamente claro, al sobrepasar con mucho el nivel de condiciones que podrían surgir entre hombres, pues la imposición de manos que Job tiene ante su vista, nos habla de igualdad congénita entre el árbitro y aquél sobre quien es puesta la mano; y, puesto que

Job acaba de indicar que las partes enemistadas son Dios y él mismo, la imposición de manos del árbitro sobre Dios requiere que el tal árbitro esté también el mismo nivel que Job, con el derecho inherente a un semejante –que es el de representar a su propia estirpe. Así, en términos que rezuman de la sabiduría y del plan de Dios más de lo que es común en un hombre, Job declara los aspectos fundamentales que por necesidad se encuentra en el Mediador teándrico. El pecado ha producido una separación entre Dios y el hombre y, puesto que todos han pecado, la necesidad es universal. Que el pecado es una ofensa de Dios no necesita discusión, pero cuesta más de reconocer que el pecado ha endurecido el corazón humano, ha nublado la mente humana, y ha llenado al hombre de sinrazones y prejuicios. Por eso, cuando Adán y Eva pecaron, no se escondieron el uno del otro, sino de Dios.

Hay un sentido *público* o general, según el cual el reinado de Cristo será mediatorial por el hecho de que, estando entre Dios y el hombre, Cristo, como Rey, habrá derribado toda autoridad y a todos los enemigos de Dios, restaurando así la paz en un Universo desgarrado y atormentado por el pecado (1 Co.15:25-28); pero Su mediación *personal* es la tarea combinada de su obra como Profeta y como Sacerdote: como Profeta, representa a Dios ante los hombres; como Sacerdote, representa a los hombre ante Dios, ya que, en Su oficio sacerdotal, ofrece un sacrificio que satisface las demandas de la justicia divina y la más profunda necesidad del pecador sentenciado. Así El pone Sus manos sobre Dios y sobre el hombre: es un verdadero árbitro. En Su relación con el pecador, la obra del Mediador no es otra que la obra sustitucionaria de Cristo; y, para evitar repeticiones, no continuaremos de momento con este tema.

4. LA SUSTITUCION CON RELACION AL JUICIO DEL PECADO. Hemos dedicado anteriormente un párrafo aparte a considerar la fuerza que, para la doctrina de la sustitución, expresan los términos *αντι* y *ὑπερ*· Esta doctrina no sólo está claramente enseñada en la Biblia, sino que también ha hecho más para engendrar la confianza en Dios por el perdón del pecado que todas las enseñanzas morales de Cristo, como tales, y el ejemplo de Su vida juntos. También es de advertir que no es propiamente la doctrina de la muerte de Cristo por el pecado, sino más bien la muerte misma la que proporciona alivio al corazón agobiado. Es propio del estudiante de Teología el conocer las teorías, pero lo que el pecador agobiado necesita es la verdad de que Cristo murió realmente en su lugar.

Quizá se haya escrito sobre el tema de la muerte de Cristo más que sobre cualquier otro tema de la Biblia. Los textos han sido clasificados y analizados con exquisito cuidado. Los asertos bíblicos son convincentes y nos confirman que "Cristo murió por nuestros pecados"; "El llevó nuestros pecados"; "Fue hecho pecado por nosotros"; "Fue hecho maldición por nosotros". Se nos dice que la remisión del pecado y la liberación de la ira se efectúa totalmente mediante Su muerte por el pecado: "Dio Su vida en rescate por muchos". Su muerte fue una redención, una reconciliación, y una propiciación. Cualquier objeción que la erudición humana pueda inventar ha sido ya lanzada contra estas declaraciones, pero sin éxito. La verdad encuentra en sí misma su propia justificación, y resulta en verdad difícil argüir contra algo que siempre produce la bendición que anuncia. En conexión con esto, resulta de interés una aseveración de William Ellery Channing (1780-1842), "el apóstol del Unitarianismo". Dice así:

> "No deseamos ocultar el hecho de que hay diferencia de opiniones entre nosotros (los unitarios) con relación a un aspecto interesante de la mediación de Cristo; quiero decir, con respecto a la influencia precisa de su muerte en nuestro perdón. Muchos opinan que este acontecimiento contribuye a nuestro perdón, por cuanto fue el principal medio de confirmar su religión, y para imponerlo poderosamente en las mentes; en otras palabras, que proporciona el perdón conduciendo al arrepentimiento y a la virtud, que representan la grande y única condición para recibir el perdón. Muchos de nosotros estamos satisfechos con esta explicación, y pensamos que la Escritura atribuye la remisión de los pecados a la muerte de Cristo, *con un énfasis tan peculiar que deberíamos considerar que este acontecimiento tiene una influencia especial para retirar el castigo,* aunque quizá la Escritura no nos revela la manera con que contribuye a este fin. Sin embargo, aunque disentimos en cuanto al explicar la conexión entre la muerte de Cristo y el perdón del hombre, *conexión que todos reconocemos con gratitud,* estamos de acuerdo en rechazar muchas opiniones predominantes en relación con su mediación." - *Obras Completas,* citado por Juan Stock, *Revealed Theology,* pgs. 149-150.

El hecho de que Alguien que demostró Su divinidad, con pruebas que las mentes sinceras no pueden rechazar, vino a este mundo y murió con una muerte sacrificial —asegurando con veracidad irrecusable que moría a fin de que los hombres pudieran ser salvos de sus pecados, de que pudiese ofrecerse a Dios satisfacción, de que el hombre pudiese ser perdonado y justificado en virtud de Su muerte, y de que el gobierno moral de Dios no podía sostenerse de otra manera— ha impuesto un conjunto de verdades sobre el pensamiento de la humanidad, que se calcula que ha llegado a ser el factor más dominante en su filosofía de la vida. Cuando no lo es, ello debe atribuirse a la falta de atención, o a la incapacidad, o a proterva insinceridad. Decir, como se ha dicho, que no hay una sola palabra en la Biblia acerca de que el castigo debido por nuestros pecados haya sido infligido por un Dios justo a Su propio Hijo, es algo rayano en la deshonestidad. Tampoco satisface las demandas de la verdad revelada el afirmar que Cristo participó del pecado humano sólo por simpatía con el pecador, o que ofreció una especie de confesión vicaria por el pecador, o que, en cuanto hombre, tomó virtualmente Su parte en las consecuencias del pecado, tal como éste opera en el mundo. Todo esto sugiere la locura mencionada en 1 Corintios 1:23.

Una extensa clasificación de los pasajes que tratan de lo que Cristo llevó a cabo en Su muerte, fue preparado en 1871 por T. J. Crawford en el volumen *Vamos a reproducir aquí esa clasificación (de la edición hecha por R. W. Dale, Atonement,* 4a. ed., pgs. 443-458):

I. PASAJES QUE HABLAN DE CRISTO

(1) *Como muriendo por los pecadores:*

Mt. 20:28; Luc.22:19a; 22:19b-20; Jn. 6:51; 10:11,15,18; 15:12,13; Ro. 5:6-8; 2 Co.5:14,15; 5:21; Gá.2:20; 3:13; Ef.5:2,25; 1 Tes.5:9,10; I Ti. 2:5,6; Tit.2:13,14; He.2:9; I P.3:18; 1 Jn.3:16.

(2) *Como sufriendo por los pecadores:*

Ro. 4:25; 8:3; 1 Co.15:3; Gá.1:4; He.10:12; 1 P.3:18; Is.53:5,8.

(3) *Como llevando nuestros pecados:* He.9:28; I P.2:24; Is.53:6.

(4) *Como siendo "hecho pecado" y "hecho maldición por nosotros":*

2 Co.5:21; Gá.3:13.

II. PASAJES QUE ATRIBUYEN A LA MUERTE DE CRISTO

(1) *La remoción y remisión de los pecados, y la liberación de sus consecuencias penales:*

Jn.1:29; He.9:26; Mt.26:28; 1 Jn.1:7; Lc.24:46,47; Hch.10:43; 13:38,39; Ef.1:6,7; Col.1:13,14; Ap.1:5,6; Jn.3:14-17; 1 Ts.5:9,10.

(2) *La justificación*

Is. 53:11; Ro.5:8,9; 3:24-26.

(3) *La redención:*

Mt.24:28; Hch.20:28; Ro.3:23,24; 1 Co.6:19; Ef.1:7; Col.1:14; He.9:12; 1 P.1:18,19; Ap.5:9.

(4) *La reconciliación con Dios:*

Ro.5:10,11; 2 Co.5:18,19; Ef.2:16; Col. 1:21,22.

III. PASAJES EN LOS QUE EL SEÑOR JESUCRISTO ES REPRESENTADO

(1) *Como propiciación por el pecado:*

1 Jn.2:2; 4:10; He.2:17; Ro.3:25.

(2) *Como sacerdote:*

Sal.110:4; He.3:1; 2:17; 10:21; 4:14; 7:26.

(3) *Como representante:*

He.5:1; 7:22; Ro.5:12,18,19; 1 Co.15:20-22,45-49.

IV. PASAJES QUE REPRESENTAN LOS SUFRIMIENTOS DE CRISTO

(1) *Como "sacrificiales":* .. A éstos hay que añadir: 1 Co.5:7; Ef. 5:2; Ap.7:14,15; He.9:22-28; 10:11-14.

V. PASAJES QUE CONECTAN LOS SUFRIMIENTOS DE NUESTRO SEÑOR CON SU INTERCESION

(1) 1 Ti.2:5,6; 1 Jn.2:1,2; Ap.5:6, ya citado, reaparece, y Fil.2:8,9,10.

VI. PASAJES QUE REPRESENTAN LA MEDIACION DE CRISTO

(1) *Como procurando la gratuita influencia del Espíritu Santo:*
Jn.7:39; 16:7: 14:16,17; 15:26; 14:26; Hch.2:33; Gá.3:13,14; Tit.3:4,5.

(2) *Como confiriendo a todos los cristianos gracias que son fruto del Espíritu:*
Jn. 1:16; 15:4,5; 1 Co.1:4-7; 1:30; Ef.1:3,4; 2:10; 4:7; Col.2:9,10.

(3) Como liberándonos del dominio de Satanás :
1 Jn.3:8; Jn.12:31; He.2:14,15; Col.2:15.

(4) Como *obteniéndonos la vida eterna:*
Jn.3:14,15; 5:24; 6:40,47,51; 10:27,28; 14:2,3; 17:1,2; Ro.5:20,21; 6:23; 2 Ti.2:10; He.5:9; 9:15; 1 P.5:10; 1 Jn.5:11; Jud.21.

VII. PASAJES QUE INDICAN EL ESTADO DE LA MENTE DEL SALVADOR CUANDO PREVEIA Y CUANDO SOPORTABA LOS SUFRIMIENTOS:

Jn.10:17,18; Lc.12:50; Jn.12:27; Mt.26:36-44; 27:46.

VIII. PASAJES QUE HABLAN DE LA MEDIACION DE CRISTO EN RELACION

(1) *A los libres llamados y ofertas del evangelio:*
Jn.14:6; 1 Co.3:11; 1 Ti.2:5; Hch.4:12.

(2) *A la necesidad de la fe para obtener las bendiciones del evangelio:*
Jn.1:12; 3:18,36; 6:35; Hch. 13:38,39; 16:31; Ro.1:16; 3:28; 5:12; 10:4; Gá.5:6; Ef.2:8,9.

IX. PASAJES QUE HABLAN DE LA OBRA MEDIADORA Y DE LOS SUFRIMIENTOS DE CRISTO EN RELACION

(1) *A Su pacto con el padre:*
Jn.6:38-40,51.

(2) *A Su unión con los creyentes:*

Jn.15:4; Ro.6:5; 2 Co.4:10; Gá.2:20; Ef.2:5,6; Fil.3:10; Col.2:12; 3:3.

X. PASAJES QUE HABLAN DE LA MUERTE DE CRISTO

(1) Como *una manifestación del amor de Dios:*
Jn.3:16; Ro.5:8; 8:32; 1 Jn.4:9,10.

(2) Como *proporcionando un ejemplo de paciencia y resignación:*
He. 12:1-3; 1 P.2:20,21; Lc.9:23,24.

(3) Como *destinada a promover nuestra santificación:*
Jn.17:19; He.10:10; 13:12; 2 Co. 5:15: Gá.1:4; Ef.5:25-27; Tit.2:14; 1 P.2:24.

Es natural que mucho de lo que se ha escrito respecto a la primera venida de Cristo haga suponer que Su objetivo al venir ha quedado consumado en el único motivo que le llevó a encarnarse para entregarse en sacrificio por los pecadores. Así hay no pocos que pretenden que todo sacrificio Suyo, incluido el descender del cielo, así como toda privación y todo rechazo que sufrió, fueron de índole vicaria, es decir, llevados a cabo en favor y a favor de otros. No cabe duda de que otros salían beneficiados con todo ello; pero tales sacrificios no eran en manera alguna una sustitución, puesto que ningún otro había sido asignado al camino que El siguió; toda Su vida fue un sacrificio, pero, de acuerdo con el universal uso bíblico de tal tema, sólo el sacrificio de Su vida en la cruz es vicario y sustitucional. También es preciso recordar que la primera venida de Cristo sirvió grandemente para manifestar a Dios, poner a prueba a la nación de Israel, y satisfacer el amor de Dios. El pecador obtuvo sus beneficios, pero Dios obtuvo un beneficio de proporciones infinitas. De modo similar, la muerte de Cristo llega en sus efectos hasta las esferas angélicas y al mismo cielo; por tanto, no es suficiente con suponer que la muerte sustitucional de Cristo por los pecadores abarca todo lo que sus sufrimientos y muerte llevaron a cabo, pues ciertos epítetos sugieren un designio más amplio en los intereses y en las bondadosas tareas de Cristo. El es el Postrer Adán, la Cabeza, el Sumo Sacerdote, el Esposo, el Abogado, la Propiciación, el Intercesor; pero en ninguno de ellos, se pone El en el lugar de otro como su vicario o sustituto.

En medio de una revelación tan grande y tan compleja con referencia a las relaciones y logros de Cristo, ninguno es tan constantemente enfatizado como el de Su sustitución en los sufrimientos y en la muerte por los pecadores. Si esta gran transacción – la del Padre ofreciendo a Su Hijo como el Cordero de Dios para quitar el pecado del mundo – fuese extremadamente inmoral, como algunos falsamente declaran, quedaría no obstante en pie en las páginas de la Biblia basada en asertos que se repiten con más insistencia que casi ningún otro tema. En otras palabras, la doctrina de la sustitución no sólo es revelada por Dios al hombre como Su bondadosa solución al problema del pecado, sino que es efectiva, imponiendo una sola condición a todo aquel por quien Cristo murió: que *crea.* Resultaría en extremo difícil explicar la agonía del Salvador en el Huerto o en la Cruz – una agonía que sobrepujó con mucho cualquier tortura física – si se pretendiera que el pecado no fue descargado sobre El. Sobre este punto particular, escribió Enrique Rogers en su tercera carta sobre la redención: "Y recuerde que, si insiste en la injusticia de Dios al infligir a Cristo el sufrimiento por los pecados de otros, usted no puede escapar de una dificultad semejante, y aún mayor en su propio sistema; porque, ¿puede ser menos injusto infligir a Cristo tales sufrimientos *por ningún pecado en absoluto* ? Si fuese injusto aceptar a Cristo como sacrificio por los culpables, ¿Cuánto más injusto no va a ser el insistir en un sacrificio por nada, y más aún cuando la víctima ha implorado en Su agonía por tres veces que, *si era posible, pasase de El la copa?* " (citado por Stock, o. c., p. 156). La dificultad en esto de los sufrimientos y muerte de Cristo crece sobremanera cuando se considera que El mismo era el santo, impoluto, e inmaculado Cordero de Dios, pero ello no es óbice para apartarse de la verdad esencial de que Cristo vino a ser un sustituto legal, cuya tarea le exigía afrontar el juicio que comportaba el fracaso de aquellos a quienes representaba, pues El se hizo el Fiador voluntario, su Garante (He.7:22), afrontando las responsabilidades de ellos y pagando el rescate requerido. Este es precisamente el tenor del lenguaje que usa el Texto Sagrado. Si se pregunta a quién se pagó el rescate y cúyas son las exigencias satisfechas con el pago, responderemos que era obligado hacerlo a Dios con referencia a Su santidad. Hay que distinguir entre obligación *pecuniaria* y obligación *moral*; con todo, la Biblia insinúa que existe un verdadero paralelismo entre ellas al hablar del sacrificio y de la muerte de Cristo como rescate y redención. Una deuda contraída con el quebrantamiento de una ley o con la ofensa inferida a una autoridad, puede ser tan real como una deuda pecuniaria contraída con un semejante. Cuando un criminal es metido en la cárcel o es ejecutado, está pagando la deuda que ha contraído con el ultraje inferido a la ley y al orden. La base de toda obligación es el deber de la criatura de cumplir el plan y la voluntad del Creador, y en este punto, todos han pecado y están destituidos de la gloria de Dios. Un Sustituto inocente *ha comprado* la liberación de los pecadores (Hch.20:28), ha pagado el *precio* requerido (1

Co.7:23), como *rescate* (Mt.20:28), y *redención* (Ef.1:7). El aspecto legal de esta revelación es que Dios exigió que la obligación del pecador fuese afrontada, y no había retirada posible ante esta santa demanda. El amor de Dios se muestra en el hecho de que Cristo consintió *voluntariamente* en pagar la deuda, y en el hecho de que el Padre acepta el pago de manos del Sustituto. Así queda abierto el camino de la salvación para los pecadores a base de los sufrimientos y muerte del Sustituto; y, por añadidura a la realidad indiscutible que esta revelación manifiesta, la misma verdad es vindicada por la eficacia indefectible que ejerce en la experiencia de los que creen. Se podrá no creer y rechazar la provisión de Dios para el pecador por medio del Sustituto, pero resulta pueril el afirmar que la Biblia no enseña la doctrina de la sustitución. Dios es "muy limpio de ojos para ver el mal, ni puede ver el agravio" (Hab.1:13), sino que más bien magnifica la ley y la engrandece (Is.42:21), y no puede concebirse un más perfecto mantenimiento de la ley de Su Santo Ser, que el manifestado en la provisión de un sustituto capacitado que voluntariamente tome sobre sí el cumplimiento de la obligación del pecador. El Apóstol Pablo afirma: "Porque el amor de Cristo nos constriñe, pensando esto: que si uno murió por todos, luego todos murieron; . . .que Dios estaba en Cristo reconciliando consigo al mundo, no tomándoles en cuenta a los hombres sus pecados, y nos encargó a nosotros la palabra de la reconciliación . . .Al que no conoció pecado, por nosotros lo hizo pecado, para que nosotros fuésemos hechos justicia de Dios en él" (2 Co.5:14,19,21).

El sentido de éstas y de otras Escrituras no es que Cristo llevó el pecado del mundo de una forma cuantitativa o mercantilmente matemática, pues esto equivaldría a decir que, de haber habido un pecador más, Sus sufrimientos hubiesen aumentado paralelamente, o que, de haber habido un pecador menos, Sus sufrimientos hubiesen disminuido en una porción alícuota. En sentido *forense,* Cristo ofreció un sacrificio legal, cuyo valor está a disposición de todos cuantos creen. Si hubiese placido a Dios acabar con el pecado humano inmediatamente después del primer pecado del hombre, se hubiesen precisado exactamente los mismos sufrimientos y la misma muerte de parte del Salvador para salvar a ese único pecador de su único pecado. Por otra parte, queda extendida a la humanidad entera de un mundo perdido, puesto que Cristo ha cargado sobre sí el castigo judicial del pecado, la invitación a recibir estos beneficios que le han sido adquiridos. Sobre esta verdad de importancia vital, escribe el Dr. Augusto H. Strong: "El mismo sol y la misma lluvia se necesitarían, aunque sólo un labrador hubiese de beneficiarse de ellos en toda la tierra. Cristo no necesitaría haber sufrido más, aunque todos hubiesen de ser salvos, porque Sus sufrimientos, como hemos visto, no representaban el pago de una deuda pecuniaria. Cumplida la pena del pecador, la justicia permite el descargo del pecador, pero no lo exige, excepto como cumplimiento de una promesa a su sustituto, y aun entonces bajo la condición asignada del arrepentimiento y de la fe. La *redención* es ilimitada – toda la raza humana podría salvarse por medio de ella; pero la *aplicación* de la redención es limitada, – sólo los que se arrepienten y creen, se salvan de hecho por ella" (*Systematic Theology,* 20a reimpresión, 1958, p.773). La ilustración bíblica de la sustitución forense en los sufrimientos y muerte de Cristo es presentada en tipos: un cordero podía servir para un individuo, como en el caso de Abel ; o para una familia, como es el caso de la Pascua; o un carnero podía servir para toda una nación, como en el día de la expiación.

El valor del sacrificio no ha de calibrarse por la intensidad de la angustia del Salvador, sino más bien por la dignidad y el valor infinitos del que sufre, pues El no dio más o menos, sino que se dio *a Sí mismo,* se ofreció a Sí mismo, y éste "Sí-mismo" no era otro que la Segunda Persona de la Deidad, cuya dignidad y gloria es inmensa.

Estrechamente relacionada con el aspecto arriba tratado de la muerte vicaria de Cristo está la opinión sostenida por teólogos más antiguos, quienes decían que Cristo llegó a ser realmente *pecado,* más bien que a llevar la pena del pecado; esto es, que la condición real de la Segunda Persona cesó de ser santa y llegó a ser lo que es un pecador caído. Lo que Cristo llevó o llegó a ser no puede ser medido por el hombre por la sencilla razón de que nadie puede contemplar estos detalles desde la posición del inmaculado cordero de Dios. Sin embargo, Dios no sólo invita a los hombres a ser salvos por fe en Su Cordero, sino que declara con la misma veracidad que la salvación que ofrece está basada en la sustitución que Cristo llevó a cabo – el Justo por los injustos. El pecado *fue cargado* sobre El, fue *hecho* pecado, *llevó* nuestos pecados, fue hecho *ofrenda* por el pecado, y se *dio* a Sí mismo por nosotros (comp.Is.53:6,10,12; Ro.8:3; 2 Co.5:21; Gá.3:13; He.9:28; 1 P. 2:24); así le es conveniente al hombre procurar conocer *todo* lo que Dios ha dicho, creyendo que la intención de Dios es que el hombre lo entienda, puesto que ha honrado grandemente al hombre con tal revelación. El Dr. W. Lindsay Alexander, en su *System of Biblical Theology* (II, 102-106), discute este aspecto de la Soteriología en una manera que le va bien a esta tesis. Dice así:

"Comenzando por los que contemplan la redención de Cristo a la luz de una satisfacción legal o expiación judicial, he de hacer notar que todos están de acuerdo en opinar que la obra de Cristo deriva su valor de la unión de las naturalezas divina y humana en Su persona, y todos admiten que dicho valor es no sólo supremo, sino infinito. Con todo, hay entre ellos distintas escuelas o clases que difieren en cuanto a la naturaleza de la compensación pagada en nuestro lugar por Cristo al gobierno y la ley de Dios en cuanto a Su especial propósito e intención al ofrecerla, y la consiguiente extensión que Su obra estaba destinada a cubrir. Entre estas variantes de opinión advertimos las siguientes: (1) *La de los hipercalvinistas* – nombre que se les ha impuesto, no porque han sobrepasado a Calvino en sus doctrinas, sino por llevar los puntos de vista de Calvino a sus últimos extremos, y por sostenerlos con rigidez inflexible. *a.* Según ellos, la obra de Cristo era como un precio que se paga para eximir al hombre de los castigos en que había incurrido, –un precio que guardaba una fija y exacta equivalencia con el montante de la deuda en que el hombre había incurrido por sus pecados. De acuerdo con esta opinión, lo que Cristo pagó fue estrictamente un *quid pro quo;* tanto había en un lado como en el otro, pues lo que el Salvador sufrió obedientemente equivalía exactamente a los pecados de los salvos, y ello no como una *solutio tantadem,* sino como una *solutio ajusdem,* esto es, no mediante el pago de algo que fue del mismo valor, sino mediante el pago de aquello mismo que se debía. Esta opinión no puede ser atribuida a Calvino, pues él se expresa de una manera muy general respecto a la satisfacción que Cristo hizo por los hombres. ' Cuando decimos –advierte él– que la gracia nos fue adquirida por el mérito de Cristo, queremos decir que hemos sido purificados por Su sangre, y que Su muerte ha sido una expiación por nuestros pecados. ' ' Tengo por seguro que, si Cristo satisfizo por nuestros pecados, si El sufrió el castigo que nosotros merecíamos, si por Su obediencia El hizo propicio a Dios, si, finalmente, El, el justo, sufrió por los injustos, entonces la salvación nos fue procurada por Su justicia, lo cual tiene el mismo valor que si nosotros la hubiésemos merecido ' *(Institut.,*3). Estas afirmaciones son tan generales que podrían haber sido hechas por cualquiera que sostenga la teoría de la satisfacción. Sin embargo, entre los seguidores de Calvino, tanto en el continente como en este país, se encuentran quienes sostienen la doctrina ya enseñada, en toda su rigidez. No sólo se ha mantenido que Cristo se hizo "fiador por aquellos solamente que, en virtud de la elección eterna, le habían sido dados, ... y sólo a éstos reconcilió con Dios" *(Form. Cons. Helvet.,* art.13), –y que no satisfizo ni murió en manera alguna sino por todos y solos los que el Padre le había dado, que son los que realmente se salvan (Witsius, *Oecon. Foed.* ii.c9, pár.6); sino que se ha expresado ampliamente la de que hubo una transferencia del pecado de los elegidos a Cristo, y que El sufrió realmente lo mismo que ellos hubieran sufrido, y así pagó por su redención la cantidad exacta que la ley exigía como castigo debido a sus ofensas. Así, dice Owen de la satisfacción dada por Cristo: ' Fue una compensación sumamente valiosa, hecha a la justicia de Dios por todos los pecados de aquellos por quienes El satisfizo al padecer el mismo castigo que, con motivo de la obligación que pesaba sobre ellos, ellos mismos estaban forzados a padecer. Cuando digo *el mismo* –continúa explicando– quiero decir esencialmente el mismo en peso y en presión, aunque no en todas las circunstancias de duración y semejanza; porque era imposible que fuese retenido por la muerte ' *(Death of Christ, Works,* vol.x, p.269). Más adelante, en el mismo tratado *(ibid.,* p. 285), dice, con relación al descargo de los pecados sobre Cristo, que Dios ' cargó sobre El y le imputó todos los pecados de todos los elegidos, y procedió contra El de acuerdo con esto. El se mantuvo como nuestro garante, cargó realmente con toda la deuda, y tuvo que pagar el último cuadrante, como un fiador tiene que hacer si se le exige; aunque no pida prestado el dinero, ni tenga un penique de la suma que debe, con todo si se ejecutase la demanda, tendría que pagarlo todo. El Señor Jesucristo (si se puede hablar así) fue demandado por la justicia de Su Padre para ejecutar el pago, y en consecuencia, tuvo que sufrir cuanto exigía el pecado." En otro tratado, el mismo gran teólogo dice lo siguiente como expresión de su punto de vista concerniente a la satisfacción dada por Cristo: ' Cristo pagó la misma cosa que constituía la deuda; como si en la vida real un amigo pagase veinte libras por otro que debiese dicha cantidad, y no otra cosa de distinta especie... Afirmo que pagó *idem* esto, lo mismo que constituía la deuda, no *tantundem,* algo de otra especie que fuera equivalente ' *(Death of Christ, Works,* vol.x. c.ii. p. 438). Y más adelante dice: ' El aserto que intento sostener es el siguiente: Que el castigo que nuestro Salvador sufrió fue el mismo que el que la ley requería de nosotros, relajando Dios Su ley en cuanto a la persona que debía sufrirlo, pero no en cuanto al castigo que había que sufrir ' *(ibid.,* p. 447). Estas aserciones de Owen pueden considerarse como un claro y breve ejemplo de los puntos de vista sostenidos por los puritanos y primeros no conformistas acerca de la naturaleza y extensión de la expiación del pecado llevada a cabo por Cristo; es cierto que creían que era en sí misma de valor infinito, pero la consideraban como limitada, tanto en su destinación como en su eficacia, a los elegidos, siendo además como el pago legal de un *quid pro quo,* sufriendo Cristo la misma pena que ellos merecían como pecadores, a fin de liberarlos de su deuda. Hay quienes exageraron todavía más este talante mercantil de la redención, sosteniendo y defendiendo la idea de un exacto intercambio entre los pecados del hombre y la justicia de Cristo. El principal representante de esta corriente fue el Dr. Crisp, ministro de Brinkworth en Wiltshire, hacia la mitad del siglo XVII; y entre sus seguidores se cuentan Chauncy, Saltmarsh y Gill. La reimpresión de las obras del Dr. Crisp, llevada a cabo por su hijo al final de dicho siglo, indujo al Dr. Daniel Williams, un ministro presbiteriano inglés, a comentar sus peculiares puntos de vista sobre la redención, en una obra titulada *Gospel-Truth Stated and Vindicated* (Lond. 1692), de que hicieron varias ediciones, y que levantó una controversia un tanto violenta. De los avanzados puntos de vista sostenidos por el Dr. Crisp puede formarse el lector una correcta idea a base de sus mismas palabras que voy a citar de la obra del Dr. Williams. Hablando del descargo de nuestros pecados sobre Cristo, dice: ' Es la iniquidad misma lo que el Señor ha cargado sobre Cristo; no sólo nuestro castigo, sino nuestro mismo pecado. Esta transacción de nuestros pecados a Cristo es un acto real; nuestros pecados pasaron a ser de Cristo de modo que El se presentó como pecador en nuestro lugar. . Para decirlo más claramente: ¿has sido un idólatra, has sido un blafemo, has sido asesino, adúltero, ladrón, mentiroso, borracho? Si tienes parte en el Señor, todas estas transgresiones tuyas se convierten realmente en transgresiones de Cristo." En otro lugar, insiste así en la transferencia de nuestros pecados a Cristo y de Su justicia a nosotros: ' Nótese bien: Cristo mismo no es tan completamente justo, sino que nosotros somos tan justos como El; ni somos nosotros tan completamente pecadores, sino que Cristo vino a ser, siendo hecho pecado, tan completamente pecador como nosotros. Más aún, nosotros somos la misma justicia, pues somos hechos la justicia de Dios; y Cristo ha sido hecho delante de Dios la misma pecaminosidad que nosotros éramos. Así pues, aquí hay un cambio directo –Cristo toma nuestra persona y condición y se presenta en nuestro lugar; nosotros tomamos la persona y la condición de Cristo y nos presentamos en Su lugar '. Estos pasajes pueden servir para hacerse una idea clara de las doctrina sustentadas por esta escuela –escuela que, aun contando entre sus seguidores algunos de los hombres mejores y más piadosos, ha sido el principal soporte y promotor del antinomianismo en este país Sin embargo, la mayoría de los no-conformistas ingleses repudió y sigue repudiando estos puntos de vista. Bates, Howe, Alsop, con muchos otros calvinistas acérrimos, los denunciaron entonces unánimente como antibíblicos y peligrosos, y en años posteriores, la vigorosa pluma de Andrés Fuller –por no mencionar otros nombres menos famosos– se encargó de exponerlos y de defender puntos de vista calvinistas muy lejanos de ellos. Incluso el Dr. Owen levantó su voz contra ellos, porque en uno de sus mayores tratados, el de la *Doctrina de la justificación por la fe,* dice expresamente: "Nada hay tan absolutamente verdadero, nada tan sagrado y seguramente creído por nosotros, como que nada de lo que Cristo hizo o sufrió, nada de lo que llevó a cabo o por lo que tuvo que pasar, lo constituyó o pudo constituirlo, subjetiva e interiormente, y por ello personalmente, pecador o reo de pecado propio. El cargar con la culpa o reproche de las faltas de otro –el ser *alienae culpae reus*– no hace pecador a una persona, a no ser que lo haya hecho imprudentemente, o lo haya llevado a cabo irregularmente" (p. 201); y de nuevo: ' Nuestro pecado fue imputado a Cristo sólo en cuanto que El era nuestro fiador en aquel momento –y ello a fin de poder quitarlo, destruirlo y abolirlo. Nunca le fue imputado de forma que alterase en modo alguno Su estado y condición personal ' (p. 203). Y, por otra parte, mantiene con empeño que ' no obstante esta completa y plenaria satisfacción hecha una vez por los pecados del mundo que ha de ser salvo, todos los hombres continúan igualmente naciendo como 'hijos de ira', y mientras que no creen, la ira de Dios permanece sobre ellos, es decir, son reprensibles; y están bajo la maldición de la ley ' (p. 216); y de nuevo: ' La justicia de Cristo no se nos transfiere en forma que sea nuestra interior y subjetivamente, como lo era en El ' (p.218). Por estas citas es evidente que Owen estaba muy lejos de mantener los extremismos del Dr. Crisp y de su escuela. Los puntos de vista de Owen fueron aceptados y defendidos por el gran teólogo norteamericano Jonatán Edwards, quien, en su *Ensayo sobre la necesidad y racionalidad de la doctrina cristiana de la satisfacción por el pecado,* usa el siguiente lenguaje: ' Cristo sufrió el castigo completo del pecado que le fue imputado, o sea que ofreció a Dios algo que era plena y totalmente equivalente a lo que nosotros debíamos a la justicia de Dios por nuestros pecados ' (p. 384). ' La satisfacción de Cristo al sufrir el castigo del pecado necesita, hablando en propiedad, ser diferenciada en su propia naturaleza como algo distinto del mérito de Cristo, pues el mérito denota sólo cierta dignidad o valor, pero cuando consideramos los sufrimientos de Cristo puramente como la satisfacción por la culpa de otro, la dignidad del acto de Cristo al sufrir, no viene a cuento en manera alguna, sino solamente estas dos cosas, a saber, su igualdad o equivalencia con el castigo que el pecador merecía y, en segundo lugar, la unión entre Cristo y el pecador, o sea, la peculiaridad de haber sido aceptado Cristo en sus sufrimientos como el representante del pecador" (p.389).

Como conclusión, es de observar que, en Sus sufrimientos y muerte, Cristo cargó con algo más que la mera pena –aunque está claro que cargó con la pena, porque el estipendio del pecado es la muerte, y la maldición y condenación cayeron sobre El. Otros textos bíblicos indican una identificación con el pecador por parte de Cristo, y sugieren que tanto el pecado como la pena del pecado fueron descargados sobre El, pero nunca con menoscabo de Su carácter santo, o en forma que se pueda decir que necesitó ser salvado o perdonado. En realicad, fue precisamente al tiempo de Su muerte sacrificial, como veremos enseguida, cuando El estaba ofreciendo al Padre un mérito perfecto, en virtud del cual el pecador con sus deméritos pudiese ser aceptado para siempre. No hay que extrañarse de que nos hallemos ante un misterio inescrutable cuando el Dios infinito está llevando a cabo Su empresa más grande, y de una forma adecuada a las cosas eternas y celestiales.

5. LA SUSTITUCION EN EL PLANO DE LAS PERFECCIONES DIVINAS. Las palabras que componen este epígrafe sirven para introducir un aspecto muy descuidado del evangelio de la gracia de Dios. Es ciertamente verdad que el perdón justo del pecador es garantizado por la sustitución de Cristo como Portador de Pecado; pero la salvación de una persona incluye mucho más que esa remoción o sustracción del pecado que el perdón proporciona al pecador. Un pecador *menos* sus pecados, a duras penas podría ser tenido por un cristiano plenamente constituido. La salvación de un alma comporta algo *más* –la vida eterna es don de Dios, y la justicia de Dios es imputada a los que creen (Ro.5:17). Aunque la vida eterna es un don soberano, Dios no legaliza una ficción ni cuando imputa la justicia ni cuando perdona el pecado. Concedemos que ningún resultado moral queda implicado en el don de la vida eterna ni en la imputación de la justicia que el perdón del pecado comporta, pero es necesaria una base justa para tales bendiciones.

Los dos aspectos de la salvación –el don de la vida eterna y el don de la justicia– son elementos integrantes del gran hecho único de la unión con Cristo. Cristo se refirió con las más sencillas palabras a estos dos aspectos importantes de nuestra relación con El, cuando dijo: "Vosotros en mí, y yo en vosotros" (Jn.14:20). De la primera relación – *vosotros en mí* – se afirma que toda bendición espiritual queda garantizada por la posición del Cristiano en Cristo, como está escrito: "Bendito sea el Dios y Padre de nuestro Señor Jesucristo, que nos bendijo con toda bendición espiritual en los lugares celestiales en Cristo" (Ef.1:3). Y de la segunda relación – *yo en vosotros* – está escrito: "El que cree en el Hijo tiene vida eterna; pero el que desobedece al Hijo no verá la vida, sino que la ira de Dios está sobre él" (Jn.3:36); "Y este es el testimonio: que Dios nos ha dado vida eterna; y esta vida está en Su Hijo. El que tiene al Hijo, tiene la vida; el que no tiene al Hijo de Dios no tiene la vida" (1 Jn.5:11,12).

Del don de Dios que es la vida eterna, podría decirse que es uno de los beneficios estrechamente relacionados entre sí –que Cristo es así dado al creyente, y que el creyente es dado por el Padre a Cristo

(Jn.17:2,6,9,11,12 y 24). Ambos dones son expresión del amor del Padre y son soberanamente impartidos cuando, mediante la obra de Cristo, queda vía libre para el ejercicio de tal amor.

Por otra parte, la posición del creyente en Cristo está resguardada sobre base justa mediante la sustitución hecha por Cristo en la cruz. En el Volumen II, cap. XVIII, hemos expuesto mucha doctrina sobre la justicia imputada y su declaración por Dios, cuando El proclama que el justo queda justificado por toda la eternidad. Afirmamos allí que la justificación, basada en la justicia imputada, no es la legalización de una ficción, sino el reconocimiento de un hecho, el cual está garantizado para tal fin con provisión infinita. En general, esta provisión es doble: primera, mediante el bautismo del Espíritu en el cuerpo de Cristo.

Es de notar que el vocablo βαπτίζω se usa para designar tanto el bautismo ritual de agua como el bautismo real del Espíritu, y, prescindiendo de cualquier opinión que se tenga acerca del modo de administrar el bautismo de agua y de lo que éste significa, queda como verdad esencial el que el mismo vocablo se usa tanto para el bautismo ritual como para el real, variando sólo el modo de entender sus sentidos primario y secundario. El significado primario es *sumergir* –en el sentido de quedar debajo, no de entrar en el agua y volver a salir, o sea, que βαπτίζω significa sólo *introducir* (o ponerse algo) y, cuando se usa para describir el ministerio del Espíritu de unir al creyente con Cristo, lo que se desea es que no haya jamás un salir (o quitarse algo). El significado primario de tal vocablo sugiere un envolvimiento o cubrimiento físico –una *intusposición.* El significado secundario –derivado evidentemente del primario– es que algo es bautizado si está estrechamente unido a otra cosa que ejerce una influencia decisiva sobre él. Así es, en realidad, el bautismo para arrepentimiento; para perdón de pecados; en el Padre, el Hijo y el Espíritu Santo; en Moisés; en Cristo. En ninguno de estos casos hay una intusposición física; y, con todo, se trata de bautismos que tienen una importancia vital sin medida. Al impartir el Espíritu, Cristo bautizaba con el Espíritu (*ἐν πνευματί* –Mt.3:11. Comp. Mr.1:8; Lc.3:16; Jn.1:33; Hch.1:5). Igualmente, de Cristo estaba prometido que bautizaría también con fuego (Lc.3:16). En ambos bautismos, con Espíritu y con fuego, prevalece el significado secundario. Los creyentes son bautizados con el Espíritu en el cuerpo de Cristo (1 Co.12:13; Ro.6:3; Gá.3:27), y, como ya hemos dicho, en este bautismo no se da intusposición, aunque es procurada una unión vital que se define como siendo *unido al Señor* y *haciéndose miembro de Su cuerpo.* Esta unión determina lo que cualifica a la vida misma, pues el estar *en Cristo* es haber sido sacado del primer Adán y de la ruina que él introdujo, y ser situado en el postrer Adán, y así ser hecho participante de todo lo que El es. No puede concebirse cambio más real, ni más transformante; pues, así como la desobediencia federal del primer Adán ha constituido pecadores a los hombres, así la obediencia federal del postrer Adán constituye a todos "los que reciben la abundancia de la gracia y del don de la justicia" justos a los ojos de Dios, mediante una imputación basada en su nueva relación con la cabeza de la Nueva Creación – el Cristo resucitado (Ro.5:15-21). Cristo es la justicia de Dios, y cuantos están en El, son constituidos, por absoluta necesidad, lo que El es.

Aunque la cirugía no ha logrado todavía unir nuevos miembros al cuerpo humano, esta idea es empleada en el Nuevo Testamento como ilustración (Ef. 4:13-16; 1 Co. 12:18). Supongamos que la persona más honorable de un país – sea su rey o su presidente – habiendo perdido una mano, recibe por medio de una operación quirúrgica una nueva mano que le ha sido amputada al más notorio criminal; es una mano manchada con el crimen y sus huellas dactilares se hallan en el fichero de la policía. Sin embargo, una vez que ha sido unida al nuevo organismo, esta mano, en cuanto miembro de un nuevo sujeto, no sólo pierde su primitiva maldad y deshonra, sino que queda en un momento investida de todas las virtudes del nuevo organismo al que ha sido unida. Ningún miembro podría ser unido a Cristo sin participar, al mismo tiempo, de lo que Cristo es – la justicia de Dios. Si surge alguna dificultad cuando queremos imaginarnos esta maravillosa verdad, ello será debido a nuestra incapacidad para percatarnos de la absoluta unión con Cristo, que el bautismo del Espíritu lleva a cabo. Con todo, una tal imputación del mérito ajeno no sería posible al más soberano de los poderes, si éste no poseyese el derecho legal de obrar de esta manera. Y el aspecto legal de esta acción divina hay que encontrarlo, por su parte, en aquel aspecto de la muerte de Cristo tipificado por las ofrendas de suave perfume. Anteriormente hemos hecho referencia, en esta materia, a la base legal que los aspectos amargos de la ofrenda de Cristo en Su muerte proveen para el perdón de los pecados, y hemos observado que es a estos aspectos a los que demasiado frecuentemente se atribuye toda la suma y valor del evangelio de la divina gracia. Sin embargo, no hay razón alguna para esta parcial discriminación que encuentra demasiados valores en lo que las dos ofrendas de olor no suave representan en la muerte de Cristo, mientras desconoce casi completamente lo que representan las tres ofrendas de olor suave. Veremos cómo el aspecto de olor suave de la muerte de Cristo proporciona la misma base legal suficiente para otorgar el mérito que la que proporciona el aspecto de ofrenda de olor no suave para retirar el demérito. En un caso, hay un desplazamiento del pecado mediante el Sustituto que la pone a disposición de otros, mediante Su muerte.

Las tres ofrendas de olor suave representan a Cristo ofreciéndose a Sí mismo sin mancha a Dios (He. 9:14). Tales ofrendas no implican en manera alguna la idea de cargar con el pecado, y constituyen un olor suave para el Padre, puesto que El se complace siempre en Su Hijo y en todo lo que Su Hijo es. En cambio, en las ofrendas de olor no suave, el rostro del Padre está vuelto al otro lado, y el Hijo clama: "Dios mío, Dios mío, ¿por qué me has desamparado?". En las ofrendas de olor suave, la dignidad del Hijo es presentada al Padre, y el Padre se complace en ella. De estas tres ofrendas de olor suave, dice así concisa y claramente el Dr. Scofield en su *Biblia Anotada:*

"(a) El holocausto (1) Un tipo de Cristo en el acto de ofrecerse a sí mismo sin mancha a Dios para cumplir así la voluntad de su Padre, aun hasta la muerte. (2) Es un acto *propiciatorio* porque el creyente *no* ha tenido este placer de hacer la voluntad de Dios; y (3) es un acto *vicario* (v.4) porque Cristo lo realizó en lugar del pecador. Pero el pensamiento de *castigo* no es aquí prominente (He. 9:11-14; 10:5-7; Sal. 40:6-8; Fil. 2:8). Las palabras enfáticas (Lv. 1:3-5) son ' holocausto ', ' voluntario ', ' será aceptado ', y ' expiación '. - Pág. 120.

(b) La oblación. *La harina fina* representa la uniformidad y el perfecto balance del carácter de Cristo, es decir, aquella perfección de carácter en la cual nada faltaba ni sobraba; el *fuego* simboliza la prueba a que El fue sometido por medio del sufrimiento, hasta la muerte de cruz; el *incienso* significa el olor suave de su vida ante Dios (véase Ex.30:34); la *ausencia de levadura* indica el carácter de Cristo como ' la verdad ' (véase Ex.12:8, refs.); la *ausencia de miel* sugiere que la dulzura de Cristo no es aquella que puede existir aparte de la gracia; el *aceite mezclado* con la ofrenda es un tipo de Cristo que fue nacido por obra del Espíritu (Mt.1:18-23), y el *aceite sobre* la ofrenda, del Cristo que fue bautizado con el Espíritu (Jn.1:32; 6:27); el *horno* representa los sufrimientos invisibles de Cristo, su agonía interna (He.2:18; Mt.27:45,46), y la *sartén,* sus sufrimientos más visibles (por ej. Mt.17:27-31); la *sal* señala la fuerza de la verdad divina que neutraliza la acción de la levadura." --Ps. 121,122.

(c) La ofrenda de paz. Toda la obra de Cristo en relación con la *paz* del creyente se encuentra representada en esta ofrenda. El *hizo* la paz, Col.1:20; El *proclamó* la paz, Ef. 2:17; y El *es* nuestra paz, Ef. 1:14. En Cristo, Dios y el pecador se encuentran en paz; Dios es hecho propicio, y el pecador, reconciliado; y ambos se sienten satisfechos con lo que Cristo hizo en la cruz. Pero todo esto llegó a ser una realidad a costo de sangre y fuego. Los detalles en cuanto a la ofrenda hablan de comunión. Esto hace prominente el pensamiento de *comunión* con Dios por medio de Cristo. Por lo tanto, la ofrenda de paz se presenta como una provisión de alimento para los sacerdotes (Lv.7:31-34). Obsérvese que es el pecho (los afectos) y la espaldilla (la fuerza) de lo cual nosotros, como sacerdotes (1 P. 2:9) nos alimentamos en la comunión con el Padre. Esto es lo que de manera muy especial hace del sacrificio de paz una ofrenda de 'acción de gracias' " (Lev.7:11,12) – P. 122.

Si se pregunta por qué está la Segunda Persona en una Cruz, con la

Primera Persona que ha vuelto Su rostro al otro lado, la respuesta es que está llevando el pecado sobre Sí y que Dios no puede tener connivencia alguna con el pecado. Y si se pregunta por qué está la Segunda Persona en una cruz ofreciéndose a Sí misma con todas Sus perfecciones a la Primera Persona, responderemos que ello no se debe a que tuviese que hacer al Padre una revelación – sorpresa de Sí misma, sino a que estaba otorgando, o haciendo disponible, Su propia dignidad infinita. Es, pues, una situación a un nivel tal, que el más excelento miembro de una raza caída jamás podría presentar. Así, cuando el Padre haya de imputar al creyente la justicia de Dios que el Hijo constituye, y toda Su dignidad y mérito, encontrará todo esto a Su disposición y provisto legalmente mediante el aspecto de la muerte sustitucional que está tipificado en las ofrendas de olor suave.

Es recomendable no ignorar el aspecto de olor suave de la muerte de Cristo, y no hay por qué suponer que la justicia imputada es la arbitrariedad de un poder soberano, que no descansa sobre base defendible, porque ninguna defensa hay más segura que el testimonio de la Palabra de Dios en Romanos 3:26, de que Dios mismo es *justo* cuando justifica a los impíos que se limitan a *creer* en Jesús (comp. Ro. 4:5). La gloriosa hazaña del perdón de todo pecado y el, todavía mayor, logro de una posición perfecta ante Dios – tan perfecta como la de Cristo – en virtud de la imputación referida, no compromete el carácter santo de Dios, porque El permanece justo al justificar, no por cierto sobre la base de algo que pueda jamás encontrar en el hombre, sino sobre la base de lo que Cristo ha provisto para los que creen. Tal es el objetivo y la realidad de la sustitución que Cristo llevó a cabo por los pecadores en la cruz del Calvario.

II. CRISTO, EL FIN DE LA LEY EN FAVOR DE LOS SALVOS

Una discusión de la Ley en relación con su comienzo, su designio, su reinado y su final, está aquí fuera de lugar, pues su sitio es la Eclesiología. Pero tiene aquí una conexión inmediata por el hecho de que, en virtud de la muerte de Cristo y en favor de los que creen, el sistema legal y meritorio de las obras ha llegado a su término. En su concepto más amplio, la ley existe en forma de dos realidades completamente diferentes, a saber, la Ley de Moisés y la ley inherente a nuestra naturaleza.

La Ley de Moisés es la norma de conducta que Dios prescribió a Israel en el monte Sinaí, la cual ejerció su vigencia durante 1.500

años hasta que fue reemplazada por "la gracia y la verdad" (Jn. 1:17). Se trata del pacto que Dios estableció con Israel (Ex. 19:5) cuando los tomó de la mano para sacarlos de la tierra de Egipto, pero ellos invalidaron tal pacto (Jer. 31:32). El pacto de la ley fue estrictamente un acuerdo condicional, pues condicionó las bendiciones divinas a la fidelidad humana. El estatuto oficial y definitivo de este pacto está registrado en Dt. 28. A la luz de las nuevas bendiciones y relaciones que habían de seguirse en la era presente de la gracia, y en la todavía venidera del Reino, la Ley mosaica era una gestión divina *ad interim* hasta que apareciese la Simiente – Cristo. Era un παιδαγωγός, o sea, un conductor o preceptor de niños, para conducirnos a Cristo. Pero, después que Cristo, el objeto de la fe, ha venido, "ya no estamos bajo ayo (παιδαγωγός)"(Gá. 3:19-25). No obstante, aunque la vigencia de la ley ha desaparecido ahora – como no podía menos de ocurrir, a causa de su incompatiblidad con la regla de conducta que la gracia provee – quedará reestablecida cuando Israel vuelva a su tierra bajo el reinado del Mesías. De tales estipulaciones y con referencia al retorno de Israel a la tierra, dijo Moisés: "Y tú volverás y oirás la voz de Jehová, y pondrás por obra todos sus mandamientos que yo te ordeno hay" (Dt. 30:8). Aunque se trata de la misma ley que Moisés mandó a Israel cumplir, la situación habrá cambiado, pues Cristo estará en el trono de David reinando sobre Israel y sobre toda la tierra; Satanás estará en el abismo; y esta ley, más que ser una mera prescripción intimada a Israel, estará grabada en sus corazones (Jer. 31:33); pero su carácter legal no ha cambiado, pues es esta ley la que Moisés les prescribió. Digamos de pasada que es de importancia el observar que esta regla mosaica o código de conducta, no existió antes de ser promulgada por Moisés en el monte Sinaí; nunca, bajo ninguna circunstancia, fue prescrita a los gentiles; y podemos afirmar con la misma seguridad que tampoco es prescrita jamás a los cristianos, aunque haya cirstianos y gentiles inconversos que, por ignorar cuál es la voluntad de Dios para ellos, puedan atribuirse las obligaciones del sistema de la ley. Todos estos deben recordar que, el cargar con alguna parte de la Ley de Moisés, se comprometen a sí mismo a cumplir toda la ley. Por ser de carácter interino, la ley que Moisés prescribió llegó a su fin en la hora y bajo las circunstancias decretadas por Dios. En su propio lugar expondremos en detalle este gran cuerpo de doctrina, con lo que quedarán justificadas las afirmaciones contundentes que acabamos de proferir.

La ley inherente o natural quizá se define mejor como el derecho del Creador sobre la criatura y, consiguientemente, la responsabilidad de la criatura para con el Creador. En su malvada pretensión de independizarse de Dios, el hombre ha perdido el sentido de los derechos del Creador y mira la autoridad de Dios como una intrusión injusta en la esfera de la autonomía humana. Sin embargo, esta filosofía de gobierno autónomo, que Satanás persuadió a Adán a que la adoptase, aunque se le ha hecho tan imprescindible al hombre caído, que se siente incapaz de juzgar con otros criterios, nunca ha invalidado la inherente obligación de la criatura con su Creador. "Sed santos, porque Yo soy santo", es una intimación razonable, por drástica que parezca, porque proviene de un Dios santo que es el único que puede hacerla. Israel fue condenado por haber fracasado en la observancia de los mandamientos de Moisés – "porque ellos invalidaron mi pacto" (Jer. 31:32) - pero del hombre en general, y en cuanto sujeto a la ley inherente, se dice: "No hay justo, ni aun uno; no hay quien entienda, no hay quien busque a Dios. Todos se desviaron, a una se hicieron inútiles; no hay quien haga lo bueno, no hay ni siquiera uno" (Ro. 3:10-12). Durante un período de tiempo de al menos 2.500 años entre Adán y Moisés, sólo la ley inherente estuvo en vigor; pero esta ley fue lo suficientemente explícita como para que Dios juzgase a los hombres como culpables y purificase la tierra con un diluvio. En este período, las exigencias de la ley inherente fueron conocidas mejor de lo que nos ha sido transmitido. La Palabra de Dios respecto a la obediencia de Abraham, de la que hay constancia en Génesis 26:5, es de lo más expresivo: "por cuanto oyó Abraham mi voz, y guardó mi precepto, mis mandamientos, mis estatutos y mis leyes" (comp. 18:19; Ro. 5;13). La intimación hecha al hombre de que agrade a su Creador, es una obligación de la que nadie puede escapar.

Estos dos requerimientos legales – el sistema mosaico y la ley inherente o natural – se parecen en un detalle: ambos tienden a establecer el mérito humano como base de las bendiciones divinas. Y ambas obligaciones legales imponen al hombre sólo lo que un Dios santo podría aceptar y que el hombre caído nunca ha realizado, ni por asomo. El fracaso de Israel bajo el sistema mosaico fue tal, que la ley, que era en sí "santa, justa y buena", se convirtió en ministerio de condenación y de muerte (Ro. 7:12; 2 Co. 3:7,9), mientras que el fracaso bajo la ley inherente es tal, que a cuantos no han sido puestos a buen seguro de ella, sólo les espera un merecido castigo.

Esta extensa introducción ha sido escrita como preparación para entender en forma correcta una amplia gama de textos sagrados que tratan de este tema – Cristo, fin de la ley para los que creen. Citaremos primero el pasaje central, y a él seguirá una serie de textos que explican la naturaleza exacta de este aspecto del logro de Cristo en Su muerte.

Romanos 10:4: "Porque el fin de la ley es Cristo, para justicia a todo aquel que cree."

El contexto, sin tener en cuenta la tardía división en capítulos, comienza en Ro. 9:30 y presenta una extraña paradoja, a saber, que los gentiles creyentes, que no iban tras la justicia, han alcanzado la justicia, mientras que Israel, que iba tras la justicia, no ha alcanzado la justicia. Se introducen así dos métodos de ganar la justicia. Israel, mediante el esfuerzo propio, que la ley prescribía, pero ignorando la fe, no ha alcanzado la meta de la justicia, pues sus obras según la ley eran, como siempre, un miserable fracaso. Por el contrario, los gentiles que no se preocuparon de la ley, puesto que nunca les perteneció, sino que ejercitaron la fe, alcanzaron la meta de la justicia perfecta. Aquí se descubre una profunda verdad respecto al plan divino en dar la ley a Israel. Se nos dice que Dios dio la ley como "tropezadero y piedra de escándalo" a fin de acentuar precisamente la verdad que estamos examinando, a saber, que "Todo aquel que en él creyere, no será avergonzado". El ejemplo de Abraham, quien *creyó* a Jehová, y esto (su fe) le fue contado por justicia (Gn. 15:6) estuvo siempre ante los ojos de Israel, y David había descrito la bienaventuranza del hombre a quien Dios atribuye justicia sin obras (Ro. 4:6); no obstante, Israel tropezó en la piedra de escándalo del mérito humano, error que la humanidad siempre ha sido propensa a cometer – incluso muchos de los que mediante la fe están ya en posesión de una justicia infinita. El Apóstol advierte ya de entrada que el defecto de Israel no fue falta de celo, pues él da testimonio de que tenían un gran "celo de Dios", sino *ignorancia.* Desconocieron la verdad de que la fe en Dios podía llevar a cabo, mediante la gracia divina – como eran testigos Abraham, David, y los profetas – un ajuste totalmente satisfactorio para Dios, más aún, una justicia tan perfecta como El mismo. Le recordamos al lector estudioso la discusión anterior acerca de la base equitativa establecida por el aspecto de olor suave de la muerte de Cristo, mediante la cual Dios se halla libre para imputar cuanto Cristo es – incluso la justicia de Dios – a los que *creen,* y para ser *justo* El mismo cuando justifica al impío. Desdichadamente, esta ignorancia supina respecto a la justicia imputada, que tanto daño hizo a Israel, ha penetrado también en la Iglesia de Cristo, pues grandes multitudes de quienes pertenecen a la iglesia como miembros suyos, jamás han concebido ninguna otra relación con Dios, que no sea "la ley de las obras". Su culpabilidad es mucho mayor que la de Israel, porque, mientras Israel tenía el ejemplo de Abraham y de David, la iglesia tiene el ejemplo del fracaso de Israel y, además, el gran cuerpo doctrinal de la Escritura del Nuevo Testamento. La noción arminiana de que los fieles no pueden llevar una vida santa, sino a base de una relación con Dios fundada en las obras, ha penetrado muy profundamente en la iglesia. Esta ignorancia se manifiesta en la iglesia por el hecho de que se ignora el mayor incentivo de una vida santa que el corazón humano pueda conocer, a saber, "que andéis como es digno de la vocación con que fuisteis llamados" (Ef. 4:1). La persona que se percata de que ha alcanzado mediante la fe por gracia, la perfecta justicia de Dios, se sentirá incitada por un honor y una confianza tan grandes, a caminar por el camino que el mismo Dios ha escogido, más fielmente que la persona que espera – contra toda esperanza, puesto que está reconocida como una tarea imposible – satisfacer a un Dios santo con sus obras de perpetuo fracaso.

Pero, ¿tienen garantizada la perfecta justicia de Dios como una posición estable, como un vestido de boda, aquellos que se limitan a creer en Jesús? Así es, por cierto; pero la ignorancia de Israel y de tantos en la iglesia no deja sitio alguno para una verdad tan gloriosa. Naturalmente, no hay objeción alguna contra la necesidad de creer en Jesús, pues ello supondría una afrenta contra El; pero hay que añadir – dicen – arrepentimiento, confesión, consagración, buenas obras, etc., para completar lo que se supone razonable, sin darse cuenta de que la añadidura de un solo rasgo de mérito humano introduce un elemento que, por necesidad, ha de servir para tergiversar toda la índole de la gracia que es el único medio de salvación para una persona. Dejemos que la Escritura misma nos atestigüe esta verdad: "Porque no me avergüenzo del evangelio, porque es poder de Dios para salvación a todo aquel que cree; al judío primeramente, y también al griego. Porque en el evangelio la justicia de Dios se revela por fe y para fe, como está escrito: Mas el justo por la fe vivirá" (Ro. 1:16-17); "La justicia de Dios por medio de la fe en Jesucristo, para todos los que creen en él. Porque no hay diferencia. . . con la mira de manifestar en este tiempo su justicia, a fin de que él sea el justo, y el que justifica al que es de la fe de Jesús (Ro. 3:22,26); "Mas al que no obra, sino cree en aquel que justifica al impío, su fe le es contada por justicia" (Ro. 4:5); "Pues si por la transgresión de uno solo reinó la muerte, mucho más reinarán en vida por un solo, Jesucristo, los que reciben la abundancia de la gracia y del don de la justicia" (Ro. 5:17); "Mas la Escritura lo encerró todo bajo pecado, para que la promesa que es por la fe en Jesucristo fuese dada a los creyentes" (Gá. 3:22); "Porque el fin de la ley es Cristo, para justicia a todo aquel que cree" (Ro. 10:4).

Volviendo al texto central – Ro. 10:4, citado en último lugar – podrá observarse que hay cierta diferencia de opiniones respecto al sentido en que está escrito que Cristo es *el fin de la ley*. Algunos sólo ven ahí que El, con Sus sufrimientos y Su muerte, pagó la pena impuesta por la ley y así descargó al pecador de la acusación que pesaba contra él, lo cual está comprendido en el perdón. Otros entienden que Cristo cumple la ley suministrando el mérito que el Creador Santo demanda, lo cual está incluído en la justificación. Ambos conceptos están indudablemente contenidos en este pasaje; pero es preciso observar que cuanto se ha hecho, ha sido hecho para los que creen – sin añadir ningún otro requisito – y que el creer da por resultado el ser investido de la justicia de Dios. Como ya hemos advertido antes, el contexto del pasaje que estamos examinando opone entre sí dos modos muy distintos de proceder, a saber, (1) un intento de establecer la justicia mediante obras de celo, y (2) el logro de una perfecta justicia mediante la fe. Uno representa el sistema del mérito – el enemigo mortal de la gracia – que ofrece a Dios una justicia propia, con la esperanza de que la acepte, pasando por alto, en Su generosidad, las imperfecciones que comporta; el otro es un sistema basado completamente en expectación hacia Dios para recibir en Jesucristo la justicia perfecta de Dios, y, aunque las obras están completamente excluidas del fundamento sobre el cual se recibe esta justicia, este plan garantiza la más seria preocupación por parte del que recibe tal justicia, de poner la vida cotidiana a tono con la posición que se ha alcanzado por la fe sola. Sea cual sea el valor que se dé a este superior incentivo para una vida santa, queda fuera de discusión que tal es el plan de Dios para aquellos que son salvos de gracia mediante la fe. El sistema del mérito carece de meta, mientras que el sistema de la fe acuña su objetivo en el momento en que la persona cree. El sistema del mérito representa lo mejor que el hombre puede hacer, mientras que el sistema de la fe representa lo mejor que puede hacer Dios. El sistema del mérito nunca ha sido, ni puede ser, otra cosa sino fracaso ignominioso, que acaba en la perdición eterna, mientras que el sistema de fe nunca ha sido, ni puede ser, otra cosa sino perfección infinita, que acaba en la gloria eterna.

¡Con cuánto empeño se esfuerza el gran Apóstol en poner en claro la verdad de que estos dos sistemas – en un lado, ley, obras, mérito; en el otro, gracia, fe, promesa – no pueden coexistir! Dice así: "Y si por gracia, yo no es por obras; de otra manera la gracia ya no es gracia. Y si por obras, ya no es gracia; de otra manera la obra ya no es obra" (Ro. 11:6); "No desecho la gracia de Dios; pues si por la ley fuese la justicia, entonces por demás murió Cristo" (Gá. 2:21); "Porque si la herencia es por la ley, ya no es por la promesa; pero Dios la concedió a Abraham mediante la promesa. . . . Y si vosotros sois de Cristo, ciertamente linaje de Abraham sois, y herederos según la promesa" (Gá. 3:18,29).

Hechos 15:10. "Ahora, pues, ¿por qué tentáis a Dios, poniendo sobre la cerviz de los discípulos un yugo que ni nuestros padres ni nosotros hemos podido llevar? "

El capítulo entero forma el contexto de este versículo. El problema ante el primer concilio de la iglesia era el de la relación del sistema mosaico con los que son salvos de entre los gentiles. El concilio determinó que los cristianos gentiles no tenían que ser circuncidados ni guardar la ley (comp. v. 24); y los mismos judíos que tenían autoridad en la iglesia afirmaron que la observancia de la ley como sistema de mérito, había sido para los que estaban sujetos a ella como "un yugo de esclavitud" del que los creyentes están libres (comp. Gá. 5:1).

Romanos 1:16-17. "Porque no me avergüenzo del evangelio, porque es el poder de Dios para salvación a todo aquel que cree; al judío primeramente, y también al griego. Porque en el evangelio la justicia de Dios se revela por fe y para fe, como está escrito: Mas el justo por la fe vivirá."

Romanos 3:21-22. "Pero ahora, aparte de la ley, se ha manifestado la justicia de Dios, testificada por la ley y por los profetas; la justicia de Dios por medio de la fe en Jesucristo, para todos los que creen en él. Porque no hay diferencia".

No podría describirse un fracaso humano mayor que el que nos refiere Romanos 1:18-3:20. Desde este oscuro trasfondo, el Apóstol se vuelve bruscamente, con las palabras "Pero ahora" (3:21), a la más gloriosa provisión, a saber, que la justicia perfecta está disponible mediante la simple fe en Cristo. Esta bendición está asegurada completamente aparte, e independientemente, de cualquier ayuda que el sistema del mérito de la ley pueda proporcionar. Esta justicia provista por Dios se revelá a todos, y llega a todos los que creen. Dos veces aparece esta sencilla condición: es mediante la fe en Jesucristo, y se extiende a todos los que creen. No podría expresarse con términos más claros que se trata específicamente de una justicia *de* Dios (proveniente de Dios), y recibida por fe sin contar absolutamente con nada que tenga que ver con el mérito humano.

Romanos 3:31. "¿Luego por la fe invalidamos la ley? En ninguna manera, sino que confirmamos la ley".

Se han dado dos interpretaciones de este pasaje crucial: (1) que, mediante el poder habilitador del Espíritu, la justicia que demanda la ley, puede ser cumplida por el creyente; y (2) que el inconverso puede establecer la ley colocándose en la posición del cumplimiento que Cristo ha llevado a cabo de ella, pues cuanto la ley pueda exigir está ya cumplido en aquel que está perfeccionado en Cristo. La primera interpretación no es más que una forma más elevada de obras humanas que son cumplidas en el creyente, nunca por el creyente, aunque sean atribuidas al creyente, puesto que recibirá recompensa por ellas. La segunda interpretación está en armonía con toda la verdad revelada, pero será aceptada únicamente por quienes hayan captado la doctrina de la justicia imputada.

Romanos 4:5. "Mas al que no obra, sino cree en aquel que justifica al impío, su fe le es contada por justicia."

La frase "no obra" no implica negligencia en la vida cotidiana del creyente; sino que más bien se refiere a que es independiente de obras meritorias. Este texto revela la verdad importante de que el creer es lo opuesto a las obras meritorias, o sea, que creer no es hacer una obra meritoria, sino confiarse a la obra consumada de Otro, y así incluso el impío puede ser contado por justo a base de su fe en Cristo.

Romanos 4:11. "Y recibió la circuncisión como señal, como sello de la justicia de la fe que tuvo estando aún incircunciso; para que fuese padre de todos los creyentes no circuncidados, a fin de que también a ellos la fe les sea contada por justicia."

Lo que Abraham recibió antes de ser circuncidado y siglos antes que la ley fuese dada, no puede decirse que fuese el reconocimiento por parte de Dios de sus obras meritorias. Abraham es el modelo y, por tanto, el padre de todos los que reciben por fe la justicia imputada.

Romanos 4:13-16. "Porque no por la ley fue dada a Abraham o a su descendencia la promesa de que sería heredero del mundo, sino por la justicia de la fe. Porque si los que son de la ley son los herederos, vana resulta la fe, y anulada la promesa. Pues la ley produce ira; pero donde no hay ley, tampoco hay transgresión. Por tanto, es por fe, para que sea por gracia, a fin de que la promesa sea firme para toda su descendencia; no solamente para la que es de la ley, sino también para la que es de la fe de Abraham, el cual es padre de todos nosotros." En el caso de Abraham, como es el caso de todos los que ejercitan la fe abrahámica, la promesa de la justicia imputada es *fe* (nada de parte del hombre comp. v. 5), para que pueda ser por gracia (todo de parte de Dios), a fin de que la promesa pueda ser *segura.* No hay nada tan inseguro como la justicia basada en el mérito humano.

Romanos 4:23-24. "Y no solamente con respecto a él se escribió que le fue contada, sino también con respecto a nosotros a quienes ha de ser contada, esto es, a los que creemos en el que levantó de los muertos a Jesús, Señor nuestro."

Repitamos que Abraham es el modelo del cristiano bajo la gracia, no del judío bajo la ley. El carácter de su fe, según está descrito en los versículos 17-22, es digno de la más atenta consideración. Pero la justicia recibida por fe no es sólo la herencia de Abraham; es "también para nosotros." Esta bendita verdad está bien expresada por el Apóstol en Gá, 3:7,9: "Sabed, por tanto, que los que son de fe, éstos son hijos de Abraham.... De modo que los de la fe son bendecidos con el creyente Abraham" (comp. Jn. 8:37,39).

Romanos 5:19. "Porque así como por la desobediencia de un hombre los muchos fueron constituidos pecadores, así también por la obediencia de uno, los muchos serán constituidos justos."

De nuevo aquí, aunque en diferente contexto, se nos presenta la verdad enfatizada anteriormente, de que es mediante la ofrenda obediente y de olor suave de Cristo, como los muchos son contados por justos. Obsérvese que esto está muy lejos del concepto de verdadera justicia adquirida por obras y méritos humanos.

2 Corintios 5:21. "Al que no conoció pecado, por nosotros lo hizo pecado, para que nosotros fuésemos hechos justicia de Dios en él."

Estrechamente asociado a este texto está Romanos 3:22. En ambos hay clara referencia al hecho de que hay una justicia de Dios que *pasa a ser* la posesión de los que se limitan a creer en Jesús.

Gálatas 3:8. "Y la Escritura, previendo que Dios había de justificar por la fe a los gentiles, dio de antemano la buena nueva a Abraham, diciendo: En ti serán benditas todas las naciones."

Otra vez aquí, el gran beneficio de la justicia imputada que le fue otorgado a Abraham en respuesta a su fe, es presentado como sólo el primer fruto, por decirlo así, de lo que Dios en el día de Su gracia imputa a todos los que creen.

Gálatas 4:19-31. "Hijitos míos, por quienes vuelvo a sufrir dolores de parto, hasta que Cristo sea formado en vosotros, quisiera estar con vosotros ahora mismo y cambiar de tono, pues estoy perplejo en cuanto a vosotros. Decidme, los que queréis estar bajo la ley: habéis oído la ley? Porque está escrito que Abraham tuvo dos hijos; uno de la esclava, el otro de la libre. Pero el de la esclava nació según la carne; mas el de la libre, por la promesa. Lo cual es una alegoría, pues estas mujeres son los dos pactos; el uno proviene del monte Sinaí, el cual da hijos para esclavitud; éste es Agar. Porque Agar es el monte Sinaí en Arabia, y corresponde a la Jerusalén actual, pues ésta, junto con sus hijos, está en esclavitud. Mas la Jerusalén de arriba, la cual es madre de todos nosotros, es libre. Porque está escrito: Regocíjate, oh estéril, tú que no das a luz; prorrumpe en júbilo y clama, tú que no tienes dolores de parto; porque más son los hijos de la desolada, que de la que tiene marido. Así que, hermanos, nosotros, como Isaac, somos hijos de la promesa. Pero como entonces el que había nacido según la carne perseguía al que había nacido según el

Espíritu, así también ahora. Mas, ¿qué dice la Escritura? Echa fuera a la esclava y a su hijo, porque no heredará el hijo de la esclava con el hijo de la libre. De manera, hermanos, que no somos hijos de la esclava, sino de la libre." Esta extensa alegoría enseña lo que el Apóstol afirma en Romanos ll:6, a saber, que los dos sistemas - el de las obras y el de la fe - no pueden coexistir. La esclava, Agar, tipo del sistema de las obras humanas, debe ser despachada, porque la libre, Sara, tipo de la promesa y de la fe, y la esclava no pueden repartirse la herencia.

Gálatas 5:l. "Estad, pues, firmes en la libertad con que Cristo nos hizo libres, y no estéis otra vez sujetos al yugo de la esclavitud."

La inapreciable libertad del cristiano, que aquí se le intima a defender a toda costa, es la liberación que ha experimentado del sistema del mérito, de la ley, y de las obras humanas. Si, después de haber sido así liberado, recae en cualquier forma de observancia de la ley con la mira de establecer su propia justicia, *ha caído de la gracia* (v. 4). Y, en la misma medida, Cristo, el que imparte la justicia perfecta que es base de su posición, ha venido a ser sin provecho. Por eso, dice el Apóstol: "Porque si las cosas que destruí las mismas vuelvo a edificar, transgresor me hago" (2:l8). Esto constituye una advertencia muy seria.

En conclusión, digamos una vez más que, por Su muerte en su aspecto de olor suave, Cristo proporcionó la base justa sobre la que Dios es justo cuando justifica incluso a los impíos que se limitan a creer en Jesús. Todos están igualmente establecidos ante Dios por su unión con Cristo mediante el bautismo del Espíritu. En estos sentidos, Cristo es el *fin de la ley* - el sistema de ley, obras y méritos - para todo el que cree. Todo el sistema del mérito queda necesariamente despedido, ya se trate del sistema mosaico o de la ley inherente. No queda ya recurso de apelación a las obras meritorias en la vida de aquel que, mediante las riquezas de la gracia, está establecido en su posición ante Dios tan perfectamente como lo está Cristo. Los requerimientos de la dote de la gracia del Nuevo Testamento están libres de toda intimación al creyente sobre la base del mérito. Es cierto que hay base abundante para una intimación a que una realidad tan gloriosa como la justicia imputada sea guarnecida con una vida santa, pero esto es una cosa muy distinta de la práctica de los ignorantes israelitas que procuraban establecer su propia justicia, desconociendo - a pesar de una copiosa revelación - que hay una justicia de Dios que está a nuestro alcance. No hay en toda la Escritura una verdad tan categórica como la de que esta maravilla de la gracia divina - la justicia imputada - se recibe con la única condición de creer en Cristo.

III. UN RESCATE DEL PECADO

Este tema está estrechamente relacionado con los que le seguirán, el IV sobre la reconciliación, y el V sobre la propiciación. Se trata de tres enseñanzas en las que el valor de la muerte de Cristo aparece como alcanzando incluso a los no salvos. Otras doctrinas relacionadas con el valor que para los hombres tiene la muerte de Cristo - perdón, regeneración justificación, santificación - tiene su limitación en el hecho de que consideran tal muerte sólo con referencia a los que creen. Sin embargo, la trilogía - redención, reconciliación y propiciación - tiene su singularidad en el hecho de que sus beneficios se extienden tanto a los salvos como a los que no los son. Los beneficios esenciales que se derivan de tales realidades para el cristiano, serán examinados cuando tales doctrinas se estudien por separado. Por otra parte, cuando la verdad, en lo que concierne a estas tres enseñanzas, es estudiada diferencialmente en su relación con los no salvos, y las tres porciones así diferenciadas se combinan en un cuerpo armónico de verdad, el resultado es una explicación clara de todo lo que queda incluido bajo el denominador común de *la obra consumada de Cristo.* Esta expresión se deriva de aquellas palabras de Cristo en la Cruz "Consumado es" (Jn. 19:30). Estas palabras de Cristo no iban dirigidas a proclamar que Su vida, Su servicio, o Sus sufrimientos estaban tocando a su fin, sino más bien que la tarea específica que el Padre le había encomendado, y a la que no pudo dar cumplimiento hasta que estuvo en la Cruz, estaba consumada. Es cierto que el Padre le había encomendado una tarea para los tres años y medio de su servicio público, y a ella se hace referencia en pasajes como "Jesús les dijo: Mi comida es que haga la voluntad del que me envió, y que acabe su obra" (Jn. 4:34) y "Mas yo tengo mayor testimonio que el de Juan; porque las obras que el Padre me dio para que cumpliese, las mismas obras que yo hago, dan testimonio de mí, que el Padre me ha enviado." (Jn. 5:36). Pero, en contraposición a ésta, le fue encomendada al Salvador otra tarea específica, la cual comenzó con Sus sufrimientos en la Cruz y terminó con Su muerte; y es a ésta a la que se refieren las palabras "Consumado es." De esta misma obra salvadora de la Cruz fue de la que habló el Salvador en Su oración sacerdotal cuando dijo: "He acabado la obra que me diste que hiciese" (Jn. 17:4). El que pudiese hablar así de una obra que, en aquel momento, no había ni siquiera empezado, se explica por el hecho de que todo el Discurso del Aposento Alto, incluyendo la oración sacerdotal, fue fechada por Cristo en relación con la Cruz, la resurrección, la ascensión y la venida del Espíritu como si todos estos acontecimientos tan importantes hubiesen sucedido ya. Lo que fue llevado a cabo en la Cruz y consumado cuando El murió, puede descrubrirse únicamente por medio de una investigación de lo que comportaban Su redención, Su reconciliación y Su propiciación.

La redención es el aspecto de la obra de Cristo en la Cruz orientado hacia el pecado y, como tal, tiene un sentido limitado. En la tesis presente, trataremos de la redención en este sentido bíblico y específico, y no en el que le dan los modernos teólogos como expresión de todo lo que Cristo llevó a cabo en Sus sufrimientos y en Su muerte. La obra de Cristo en la Cruz es demasiado extensa como para que se la quiera comprender en una faceta cualquiera particular de la misma y, si se la quisiera expresar en su totalidad, podría servir para ello el término *reconciliación* o el término *propiciación,* lo mismo que *redención.* Ninguno de estos conceptos, ni los tres a la vez, podrían servir para indicar adecuadamente un tema tan vasto. El uso del término *redención* para expresar toda la obra salvadora de Cristo, se debe quizás, muy a menudo, al fallo en comprender todo lo que El llevó a cabo. Tal limitación es manifiesta cuando se habla de *redención limitada,* como si la obra de Cristo en la Cruz estuviese restringida (y, por tanto, agotada en su valor) a Su muerte por los elegidos que forman la Iglesia. No sólo no está limitado a la Iglesia, ni aun a la humanidad, el valor de Su muerte, puesto que alcanza a las esferas angélicas, sino que resultaría tan razonable el hablar de una *reconciliación limitada* o de una *propiciación limitada,* como el tildarla de *redención limitada.* El lector estudioso debe estar precavido contra toda suposición de limitación referente al valor de la muerte de Cristo. Veremos que, mientras Cristo murió por los elegidos que forman parte de la Iglesia - y al menos cinco aspectos del valor de Su muerte están relacionados con ella - también se dice claramente que murió por Israel como pueblo distinto y diferenciado, por el juicio sobre los ángeles caídos, por una purificación de los Cielos, y por todo el mundo o *cosmos.* La falacia de la así llamada redención limitada será estudiada más detenidamente en una ulterior división de este tema general. La redención es un acto de Dios por el cual El mismo paga como rescate el precio del pecado humano que el ultraje inferido a la santidad y al gobierno de Dios exige. La redención emprende la solución del problema del pecado, como la reconciliación hace con el problema del pecador, y la propiciación con el problema de un Dios ofendido. Las tres son infinitamente importantes y las tres se requieren para analizar debidamente toda la doctrina sobre la obra consumada de Cristo - consumada de veras, hasta un grado de perfección divina. Aunque son partes de un mismo todo, estos grandes temas nunca deberían ser tratados como sinónimos, pues resulta obvio el carácter específico de cada uno de ellos.

La redención provista para, y ofrecida a, el pecador, es una redención del pecado, que, según la Biblia, es un estado de esclavitud, respecto al cual es preciso pagar un precio para rescatar al esclavo y, además, ejercitar un poder para liberarlo. La redención divina es llevada a cabo con sangre - el precio del rescate - y con poder. Así lo fue también la liberación de Israel de la esclavitud de Egipto, que era tipo de la esclavitud del pecado. Israel fue rescatado con la sangre del cordero sacrificial, y fue sacado de la esclavitud a la libertad por un poder omnipotente. Este orden nunca ha sido invertido ni en los tipos ni en el antitipo.

La doctrina del Antiguo Testamento sobre la redención concierne, primordialmente, a una nación redimida y, por tanto, el tema está implicado a todo lo largo de las Escrituras judías. Exodo es el libro de la redención y Rut es la imagen típica del Redentor-Pariente. El término hebreo *ga'al* sirve para expresar el concepto de redención - el acto de poner en libertad mediante el pago de un precio de rescate; la cosa redimida puede ser una persona o un patrimonio (comp. Lv. 25:25,47-48). A la persona que se disponía a redimir se le imponían ciertos requisitos, altamente típicos: (a) Tenía que ser un pariente. Este aspecto de la verdad conduce al sentido del apíteto *Pariente-Redentor,* y constituye la exigencia básica que llevó al Hijo de Dios a descender del Cielo a la tierra e hizo necesaria la encarnación a fin de que pudiese ser un perfecto Pariente-Redentor. (b) El *ga'al* individual tiene que estar además capacitado para redimir. El precio, cualquiera que fuese su monto en cada caso, era pagado por la persona que redimía. Este requisito era obligatorio tanto en el caso del tipo como en el del antitipo. Sólo Cristo pudo pagar el precio de la redención - la sangre de un cordero santo, impoluto e inmaculado. La sangre de un hombre, especialmente de una raza caída, no hubiese sido suficiente; se requería la sangre de Dios (comp. Hch.20:28). (c) El *ga'al* individual tenía que estar libre de la desgracia que había sobrevenido a la persona que tenía que ser redimida. En nuestro caso, Cristo como Antitipo estuvo libre del contagio de la raza tanto como de la práctica del pecado. (d) El que había de redimir tenía que estar deseoso de hacerlo. Este aspecto fue cumplido por Cristo a la perfección. En el libro de Rut, Booz es, de este modo, el *individual* y el tipo que Dios proveyó de Cristo en la redención. Además de *ga'al* se encuentran en el Antiguo Testamento otros términos que comportan también el concepto de redención, como son:*padhah* (comp. Lv. 19:20; 27:29; Nm. 3:46,48-49,51; 18:16; Dt. 7:8; 13:5; Sal. 49:7-8,15; 111:9; 130:7; Mi. 6:4); *kanah* (comp. Neh. 5:8); *parak* (comp. Sal. 136:24); *ge'ullah* (comp. Lv. 25:26, 29,32; Rut 4:7; Jer. 32:7-8).

En el Nuevo Testamento, se usan tres vocablos griegos diferentes para expresar el concepto de *redención,* y la diferencia de sentido que comportan suele perderse para el lector en las versiones vernáculas. Estos vocablos son: (1) ἀγοράζω que significa *comprar en el mercado.* Aquí aparece la verdad esencial de que los no salvos son esclavos del pecado - "vendido al pecado" (Ro. 7:14), dominados por Satanás (Ef. 2:2; 1 Co. 12:2), condenados (Jn. 3:18; Ro. 3:19; Gá. 3:10). Quienquiera que haya de redimirlos tiene que ponerse en el lugar del esclavo, ser hecho maldición por el pecado, y derramar su sangre como rescate de redención (Mt. 20:28). (2) ἐξαγοράζω que significa comprar *del* mercado. Esto indica algo más que ἀγοράζω pues éste sólo implica el pago del precio requerido. La adición de εξ nos da el nuevo concepto de *sacar de.* Uno que haya sido sacado así, nunca más será devuelto al lugar de esclavitud y abandonado a la suerte de un esclavo. (3)λυτρόω,que indica que la persona redimida queda suelta y hecha libre. La redención, en su sentido más pleno, en cuanto está expresada por este vocablo, es la seguridad de que Cristo no se ha limitado meramente a transferir de un amo a otro la esclavitud del pecador, sino que lo ha comprado con la mira de hacerlo libre, pues Cristo no desea mantener en esclavitud a siervos involuntarios, como ya estaba típicamente profetizado en Exodo 21:1-6 (comp.Dt.15:16-17). Un esclavo liberado por su amo, quedaba completamente libre, pero podía quedarse voluntariamente como esclavo del amo a quien amaba. Esta nueva relación voluntaria quedaba sellada por el amo mediante la perforación de la oreja del esclavo efectuada con un punzón. Así, de acuerdo con el tipo, el cristiano es hecho libre, pero le queda el privilegio de sujetarse totalmente a Aquel que lo redimió. De ello habla el Apóstol cuando dice: "Así que, hermanos, os ruego por las misericordias de Dios, que presentéis vuestros cuerpos en sacrificio vivo, santo, agradable a Dios, que es vuestro culto racional. No os conforméis a este siglo, sino transformaos por medio de la renovación de vuestro entendimiento, para que comprobéis cuál sea la buena voluntad de Dios, agradable y perfecta." (Ro. 12:1-2). De igual manera, Cristo, en Su naturaleza humana, fue el ejemplo perfecto de una rendición voluntaria a la voluntad de otro. Conforme al Salmo 40, citado en Hebreos 10:5-7 y con referencia a la marca que se hacía al esclavo voluntario, Cristo dijo: "Sacrificio y ofrenda no te agrada; has abierto mis oídos; holocausto y expiación no has demandado. Entonces dije: He aquí, vengo; en el rollo del libro está escrito de mí; el hacer tu voluntad, Dios mío, me ha agradado, y tu ley está en medio de mi corazón"

(Sal. 40:6-8). La frase "has abierto mis oídos" podría también traducirse "has horadado mis orejas", con lo que se hace referencia evidente a lo provisto en Exodo 21:1-6. En cualquier respecto - de tipo y de antitipo - Cristo es el siervo voluntario.

Está, pues, claro que la doctrina de la redención, según los términos usados en el Nuevo Testamento, es el cumplimiento total de la verdad prefigurada en el Antiguo, así como que hay un sentido en que el precio se ha pagado, pero el esclavo no ha quedado automáticamente liberado - tal es el caso de todos aquellos por los que Cristo murió, pero que, con todo, no son salvos - y que, mediante una realización más profunda y abundante de la redención, el esclavo puede ser soltado y hecho libre - como es el caso de los que se salvan. La actitud pertinente de los no salvos hacia la verdad de que Cristo pagó con Su muerte el precio del rescate, es creer lo que se nos declara que es verdad, y así lo es en efecto, mientras que la actitud pertinente de los salvos hacia la verdad de que Cristo los ha hecho libres con Su muerte, es reconocer esta maravillosa libertad y, entregándose a Cristo, hacerse esclavos voluntarios del Redentor.

IV. RECONCILIACION PARA EL HOMBRE

La obra de Cristo en la Cruz, en cuanto que está orientada hacia el hombre, se llama *reconciliación* y es una doctrina específicamente novotestamentaria; más aún, es una realidad hecha posible mediante la muerte de Cristo. Los términos *reconciliar* y *reconciliación* aparecen muy pocas veces en el Antiguo Testamento, según nuestra versión castellana Reina-Valera (Lv. 8:15; 9:7; 16:6; 2 Cr. 29:24) y, de estos pasajes, quizás los únicos que se acercan al sentido específico de dichos términos son 2 Cr. 29:24, donde está relacionado con hacer una ofrenda, y en 1 S. 29:4, donde nuestra versión emplea la expresión equivalente "volver a la gracia", puesto que en Lv. 8:15; 9:7; 16:6, la traducción del verbo כִּפֶּר sería más exacta vertiéndolo por *expiar.* Mayor importancia reviste esta doctrina en el Nuevo Testamento, donde se usa para expresarla el verbo καταλλάσσω el cual sólo tiene un significado, a saber, *cambiar completamente.* Si se empleasen estas dos palabras en todo texto del Nuevo Testamento en que aparecen, según nuestra versión castellana, los términos *reconciliar o reconciliación* quedaría preservada la genuina fuerza del pasaje. Está escrito: "Porque si, siendo enemigos, fuimos reconciliados (cambiados completamente) con Dios por la muerte de Su Hijo, mucho más, estando reconciliados (cambiados completamente), seremos salvos por su vida" (Ro.5:10); "Porque si su exclusión es la reconciliación (el cambio completo) del mundo, ¿qué será su admisión, sino vida entre los muertos? " (Ro. 11:15); "Y si se separa, quédese sin casar, o reconcíliese (cambie completamente) con su marido; y que el marido no abandone a su mujer" (1 Co. 7:11); "Y todo esto proviene de Dios, quien nos reconcilió (cambió completamente) con Dios a ambos en un solo cuerpo, matando en ella las enemistades" (Ef. 2:16); "Y por medio de él reconciliar (cambiar completamente) consigo todas las cosas, así las que están en la tierra como las que están en los cielos, haciendo la paz mediante la sangre de su cruz. Y a vosotros también, que erais en otro tiempo extraños y enemigos en vuestra mente,haciendo malas obras, ahora os ha reconciliado (cambiado completamente)" (Col.1:20-21).

Donde mejor se manifiestan los dos aspectos de la reconciliación es en 2 Corintios 5:19-20. En el verso 19 se nos dice que el mundo (κόσμος), término que, por mucho que quiera estirarlo la exégesis, nunca indica los elegidos que se salvan saliendo de la zona de su influencia) es reconciliado con Dios. Este pasaje de importancia vital presenta la verdad de que, en y por la muerte de Cristo, Dios estaba *cambiando completamente* la posición del mundo en su relación a El mismo. La Biblia no afirma jamás que Dios se reconcilie. Si llegara a suponerse que Dios aparece como habiendo cambiado completamente Su actitud hacia el mundo a causa de la muerte de Cristo, habría que recordar que es Su justicia la que está implicada. Antes de la muerte de Cristo, Su justicia demandaba la ejecución de los castigos; pero después de la muerte de Cristo, esa misma justicia ha quedado libre para salvar a los perdidos. Por tanto, Su justicia no ha cambiado, ni puede actuar jamás de otra manera que con perfecta equidad. De este modo, Dios ve el mundo completamente cambiado en relación a El mediante la muerte de Cristo, pero El no se reconcilia o cambia. La misma interpretación ha de darse en Romanos 11:15. No es preciso extremar la crítica en este punto; sí, es cierto que hay en la Cruz una apariencia externa de un cambio de actitud por parte de Dios, pero esto afecta más bien a la propiciación que a la reconciliación, pues ésta última no afecta a Dios en sus realizaciones objetivas más de lo que le afecta la redención; es cosa cierta que la redención no afecta a Dios ni le afecta, en último análisis, la reconciliación, porque Dios es inmutable; siempre es recto, justo y bueno. Ahora bien, la propiciación, según veremos, no infunde compasión en Dios, sino que, más bien, le proporciona la libertad necesaria para ejercitar su compasión inmutable sin las trabas que, en otro caso, le impondrían las exigencias penales de Su justicia. Hay una verdad respecto de Dios que es preciso reconocer, y es que, dentro de Su propio Ser y desde toda la eternidad, Su santidad y Su amor han encontrado una transacción con referencia al pecador, mediante la muerte de Su Hijo; pero esto no es más que una nueva vía de acceso al mismo concepto de propiciación divina.

Se ha pretendido ver un resabio de universalismo en este aspecto reconciliatorio de la muerte de Cristo, por el que Dios procede a un reajuste de la posición del mundo con relación a El mismo, suponiendo así que reconciliación general equivale a Salvación general; y, para evitar tal conclusión, se afirma que Cristo murió sólo por los elegidos; sólo estos fueron cambiados completamente en la esfera de su relación con Dios. La falacia de esta argumentación queda totalmente al descubierto cuando el Apóstol en el v. 20 de 2 Co.5, pasa a afirmar que los embajadores de Cristo, a quienes ha sido encargada la palabra de la reconciliación, se ponen, en Su nombre, a rogar que se reconcilien con Dios, a los mismos hombres que, de acuerdo con el versículo 19, están ya reconciliados por Dios. La palabra *rogamos* implica que pueden ser reconciliados, o pueden no serlo, en respuesta a los mensajeros. ¿Qué es entonces lo que se les ruega a los hombres que hagan? Sencillamente esto: Dios está satisfecho con la solución que la muerte de Cristo ha dado al problema del pecado, y ahora se le pide al pecador que quede satisfecho también él con lo que satisface a Dios. Es aquí donde el elemento de la fe hace acto de presencia, pues nunca está ausente la fe cuando se trata de la salvación de los hombres. Resulta, pues, evidente que sea cual sea el *cambio completo* que se indique (para el *κόσμος*, según el versículo 19, no equivale a la salvación de nadie – sea elegido o no –), lo cierto es que ha hecho posible la reconciliación aludida en el versículo 20, donde sí equivale a salvación. Los inconversos son salvos cuando eligen personalmente el ponerse en línea con Dios mediante la muerte de Cristo. Verdaderamente, esto supone un cambio total desde la incredulidad y el rechazo de Cristo a la fe y a la aceptación de Cristo. En otras palabras, el valor reconciliatorio de la muerte de Cristo no se aplica al pecador al tiempo de tal muerte, sino *cuando* cree.

Esta doble reconciliación – la del mundo y la del individuo cuando cree personalmente – aparece con la misma evidencia en Romanos 5:10-11: "Porque si siendo enemigos, fuimos reconciliados con Dios por la muerte de Su Hijo, mucho más, estando reconciliados, seremos salvos por su vida. Y no sólo esto, sino que también nos gloriamos en Dios por el Señor nuestro Jesucristo, por quien hemos recibido ahora la reconciliación." En el primer caso, se dice que la muerte de Cristo ha reconciliado "enemigos" con Dios, y esta verdad se refiere a la reconciliación del mundo; en el segundo caso, "estando reconciliados" por la fe personal así como por el hecho de la muerte de Cristo, los salvos han de ser preservados por la presencia viva de Cristo como Abogado e Intercesor en los Cielos.

No puede discutirse el hecho de que hay dos clases de reconciliación: una llevada a cabo por Dios para todos, en Su amor hacia el mundo; la otra llevada a cabo en el creyente individual en el momento en que cree.

V. PROPICIACION RESPECTO DE DIOS

El valor que para Dios tiene la muerte de Cristo, como vindicación de Su justicia y de Su ley, se expresa por medio del vocablo *propiciación.* Esta intrincada doctrina queda expuesta en las varias formas y diversos usos de tal vocablo. No conocemos un análisis tan clarificador de esta doctrina como el realizado por el Dr. C.I. Scofield en su *Curso bíblico por correspondencia,* del que copiamos algunos fragmentos:

"La palabra propiciación aparece en la V.A. de la Biblia inglesa sólo tres veces. En 1 Juan 2:2 y 4:10, se dice que Cristo es 'la propiciación por nuestros pecados.' El término griego aquí es *hilasmós,* que significa 'lo que propicia'. En Romanos 3:25 se dice de Cristo: 'A quien Dios puso como propiciación por medio de la fe en su sangre, para manifestar su justicia, a causa de haber pasado por alto, en su paciencia, los pecados pasados.' Aquí el término griego es *hilastérion,* que significa 'el lugar de propiciación'. Pero en Hebreos 9:5, *hilastérion,* que es el término griego usado por el Espíritu Santo para designar el 'propiciatorio' con referencia al antiguo culto de Israel en el tabernáculo: 'Y sobre ella los querubines de gloria que cubrían el propiciatorio' *(hilastérion).* Por tanto, esto nos retrotrae al Antiguo Testamento. Todo cuanto el propiciatorio del tabernáculo representaba en sentido típico para un israelita, *eso* mismo es Cristo, en realidad, para el creyente y para Dios. . . . Antes de volvernos al Antiguo Testamento, notamos para el lector estudioso otros dos pasajes del Nuevo Testamento: Hebreos 8:12, 'Porque seré propicio *(hileōs)* a sus injusticias', y Lucas 18:13: 'Dios, sé propicio, *(hiláskomai)* a mí, pecador'. (1) El propiciatorio era la tapa o cobertura del Arca de la Alianza. El Arca era un cofre oblongo de madera de acacia, estampado en oro, de dos codos y medio de largo, y de un codo y medio de alto y de ancho. En este cofre o arca, estaban puestas, junto con una vasija que contenía maná del desierto, y la vara de Aarón, las 'dos tablas del testimonio, tablas de piedra escritas con el dedo de Dios' — los diez mandamientos, la santa Ley de Dios (Ex. 31:18). La tapa, o 'propiciatorio' estaba hecha enteramente de oro, símbolo de la justicia divina, y en cada extremo, y forjada de la misma pieza de oro, había una figura con las alas extendidas sobre el propiciatorio, un querubín. ' Y los querubines extenderán por encima las alas, cubriendo con sus alas el propiciatorio; sus rostros el uno enfrente del otro, mirando al propiciatorio los rostros de los querubines ' (Ex. 25:20). Los querubines son presentados en el Antiguo Testamento en conexión especial con la *gloria* de Dios, y como guardianes y vindicadores de lo que es debido a Su gloria (Ex. 1:13, 14,27,28; Gn. 3:24). (2) El propiciatorio *(hilastērion)* del culto del tabernáculo se llamaba en hebreo *kapporeth,* sitio de cobertura, y está íntimamente conectado con el término véterotestamentario ' expiación ' (heb. *kaphar,* cubrir el pecado). La sangre del sacrificio hacía expiación. . . por el pecado; el propiciatorio era el ' lugar de cobertura ' porque era allí donde se rociaba con la sangre del sacrificio. ' Tomará (el sumo sacerdote) luego de la sangre del becerro, y la rociará con su dedo hacia el propiciatorio al lado oriental; hacia el propiciatorio esparcirá con su dedo siete veces de aquella sangre ' (Lv. 16:14). (3) Por tanto, en sentido típico, la tapa de oro del Arca era un propiciatorio porque, con la justicia divina (el oro) ' cubría ' de los ojos de los querubines la Ley quebrantada, mientras que la sangre rociada ' cubría ' los pecados del adorador; así vino a ser el lugar de encuentro de un Dios santo con un hombre pecador: ' Y de allí *me declararé a ti, y hablaré* contigo de sobre el propiciatorio, de entre los dos querubines que están sobre el arca del testimonio ' (Ex. 25:22); ' Porque yo *apareceré* en la nube sobre el propiciatorio ' (Lv. 16:2); ' Y cuando entraba Moisés en el tabernáculo de reunión, para hablar con Dios, oía la voz que le hablaba de encima del propiciatorio ' (Nm. 7:89). (4) De aquí se sigue que Cristo es el propiciatorio (*hilastērion,* propiciatorio, ' trono de gracia ' – He. 4:16), porque es el lugar de encuentro y de comunión entre un Dios santo y un ser humano pecador, pero creyente. Al encontrarse con Dios en Cristo, el creyente puede decir confiadamente: ' ¿Quién acusará a los escogidos de Dios? Dios es el que justifica ' (Ro. 8:33). Y Cristo es el *hilasterion,* o propiciatorio, porque es el *hilasós,* el propiciador, que "se presentó una vez para siempre por el sacrificio de sí mismo para quitar de en medio el pecado ' (He. 9:26); ' Pero estando ya presente Cristo, sumo sacerdote de los bienes venideros, por el más amplio y más perfecto tabernáculo, no hecho de manos. . . y no por sangre de machos cabríos ni de becerros, sino por su propia sangre, entró una vez para siempre en el Lugar Santísimo, habiendo obtenido eterna redención ' (He. 9:11,12). El mismo es el propiciatorio rociado con Su misma preciosa sangre. (5) Queda todavía la pregunta: ¿qué o a quién propició mediante el derramamiento de Su sangre? La respuesta a esta pregunta pone de manifiesto la inexactitud del vocablo "propiciación" para verter el griego *hilastērion,* o el hebreo *kapporeth,* pues ' propiciar ' significa *apaciguar,* y sugiere la noción completamente falsa de que la ira de Dios quedó apaciguada y satisfecha mediante la sangre del sacrificio, cuando el hecho mismo de que sea Dios quien provea el propiciatorio y la propiciación, debería haber ahuyentado del pensamiento humano tal concepto. Dios es amor, y Su atributo supremo es la santidad; Su ley es la expresión de Su santidad, y la Cruz es la expresión de Su amor. Y en la Cruz se realiza un acto tal de rectificación del orden moral del Universo, y una satisfacción tal, en favor y en lugar del pecador, de las inflexibles exigencias de la ley – ' el alma que pecare, ésa morirá ' – que el amor de Dios puede fluir sin trabas hasta el pecador sin comprometer Su santidad. Así, pues, lo que en otro caso hubiera sido necesariamente un tribunal de justicia, se convierte, para el que cree en Cristo, en un propiciatorio, o sea, en un ' trono de gracia '. Por tanto, la propiciación se refiere a la ley y a los derechos de la santidad de Dios." – III, 482-485

La oración del publicano (Lc.18:13) ha sido mal interpretada y mal traída en gran manera, especialmente a causa de las versiones inglesas que han traducido el griego ἱλάσκομαι por *merciful* (misericordioso), en vez de *propitious* (propicio), que es el término indicado; esta inexactitud es responsable de muchos errores en el terreno de la evangelización. Dios no puede ser misericordioso con el pecador en el sentido de ser generoso o indulgente, y el publicano no pidió a Dios que hiciese un imposible tal, sino que pidió a Dios que fuese propicio. En conexión con esto, ha de tenerse en cuenta que este testimonio se refiere a la experiencia de un hombre que se expresaba en términos del Antiguo Testamento, antes de la muerte de Cristo. Después de presentar su ofrenda – como hacía todo el que se acercaba a Dios pidiendo perdón – fue justificado al pedir a Dios que fuese propicio para él, *el* pecador (con artículo, en griego). El error está en no percatarse de que la muerte de Cristo ha cambiado toda relación con Dios. El que una persona pida ahora a Dios que sea misericordioso con el pecador es tan desatinado como lo era en tiempo del Antiguo Testamento; el pedir a Dios ahora que sea propicio es rechazar la muerte de Cristo y desconocer su valor, pues equivale a postular que se haga algo cuando ya está hecho todo. Las personas no se salvan coaxionando a Dios para conseguir de El misericordias, sino creyendo que ha sido ya lo suficientemente misericordioso como para proveer un Salvador y que *es* ya propicio.

Como en el caso de la redención y de la reconciliación, también en la propiciación hay que distinguir dos aspectos: hay una propiciación que afecta a Dios en Su relación con el κόσμος – sin referencia alguna a los elegidos – y otra que afecta a Su relación con los elegidos. Esta doble propiciación se pone de manifiesto en 1 Juan 2:2, donde leemos:"Y él es la propiciación por nuestros pecados; y no sólo por los nuestros, sino también por los de todo el mundo". No se puede proferir un mensaje tan transformante como la proclamación de la verdad de que Dios *es* propicio. A base de esta buena nueva, los inconversos quedan en libertad de acercarse por fe, sabiendo que no serán castigados ni reprochados, sino, más bien, recibidos y salvos para siempre. Por su parte, los salvos que han pecado, si confiesan su pecado, quedan en libertad para acercarse a Dios en demanda del perdón y purificación necesarios, sabiendo que no serán rechazados jamás. El Hijo pródigo, ejemplo del hijo que retorna al Padre para ser rehabilitado a base de su confesión más bien que de su fe, recibió el beso de su padre *antes* de haber proferido su confesión. Con ello se nos revela que Dios *es* propicio, no cuando la fe o la confesión lo tornan propicio, sino a causa de la muerte de Su Hijo. Ni los pecadores inconversos ni los pecadores salvos tienen el cometido de hacer a Dios propicio, porque Cristo ha realizado ya perfectamente esa tarea, y el acceso a la gracia de Dios ha quedado ampliamente franqueado.

Cuando la redención, orientada hacia el pecado, la reconciliación, orientada hacia el hombre, y la propiciación, orientada hacia Dios, – todas ellas realizadas por Cristo en Su muerte – se consideran en su relación específica con los inconversos y se combinan las tres en un solo cuerpo de doctrina, forman conjuntamente lo que se llama propiamente *la obra consumada de Cristo.*

VI. EL JUICIO DEL PECADO

Con Sus sufrimientos y Su muerte, Cristo resolvió con igual exactitud y eficacia el problema de los pecados personales y el problema del pecado original; "Murió por nuestros pecados" (1 Co.15:3), y "murió al pecado" (Ro.6:10). Al tratar de la sustitución, hemos hablado ya de la muerte de Cristo por el pecado personal, o por "nuestros pecados". Ahora debemos abordar una verdad más profunda y compleja, a saber, que Cristo murió *al pecado.* Este tema queda grandemente iluminado cuando se observa que en Romanos, capítulos 6,7 y 8, y 1 Juan, capítulo 1, se indica una distinción entre el pecado que es un fallo personal o transgresión, y el pecado que es como una naturaleza. Aunque se usa el mismo término *pecado,* el contexto y la índole de la verdad que en cada caso se expone determinan dónde y cuándo se ha de interpretar en un sentido o en otro. Como un ejemplo de esta importante distinción, puede verse que 1 Juan 1:8 – "Si decimos que no tenemos pecado, nos engañamos a nosotros mismos, y la verdad no está en nosotros" – se refiere al pecado como naturaleza, acerca del cual hay gentes buenas que fácilmente pueden engañarse a sí mismos; sin embargo, la verdad no está en aquel que dice que no tiene pecado. Frente a esto y como un aserto distinto, dice 1 Jn.1:10: "Si decimos que no hemos pecado, le hacemos a él mentiroso, y su palabra no está en nosotros". En esta esfera del pecado personal, no cabe engañarse a sí mismo. El Espíritu entristecido, si ya no la misma conciencia, ha hecho ver al creyente la realidad de su pecado. Por otra parte, él sabe también que ha dejado de ajustarse a las instrucciones dadas en la Palabra de Dios, y que Dios ha declarado llanamente que nadie está libre de pecado en Su presencia. El afirmar de sí mismo no haber cometido pecado equivale a dejar a Dios por mentiroso y no beneficiarse de Su Palabra.

Por tanto, el método divino de tratar el pecado natural del creyente es primero traerlo a juicio, lo cual sucedió cuando Cristo "al pecado murió una vez por todas" (Ro. 6:10); pero nunca se enfatizará lo suficiente que este juicio no consiste en que la naturaleza del pecado quede destruida o su poder esencial disminuido. Así como Satanás fue juzgado por Cristo en la Cruz (Col. 2:14-15; Jn 16:11) y, con todo, sigue activo – quizá más activo que antes, por ser el dios de este siglo – así también el pecado natural está juzgado, aunque no por eso ha decrecido su poder. La segunda provisión de Dios al tratar el pecado natural es que su control en el creyente está a cargo del poder superior del Espíritu que en él mora. El pretender que el pecado natural está arrojado o arrancado de cualquier creyente, mientras está en este mundo, no es sino una forma más de racionalismo. Este error, tan extendido en algunos medios, será analizado en Neumatología, que es el lugar que le corresponde, limitándonos ahora a advertir que, siendo tres los enemigos del cristiano, mundo, demonio y carne (el pecado natural, u "hombre viejo", es sólo un elemento de uno de los tres) y no habiendo sido ninguno de ellos arrojado o desarraigado jamás, resulta completamente antibíblico y también irracional el pretender que el pecado natural ha quedado así destituido. Podría haber cierta apariencia de justificación para la teoría del desarraigo del pecado natural, si alguien pudiese probar tal cosa por la experiencia, lo cual no es posible. Frente a todas las suposiciones de tal racionalismo, esta verdad tan claramente enseñada por la Palabra de Dios de que el Espíritu de Dios es dado al cristiano como el recurso para poder obtener la victoria sobre cualquier enemigo, incluyendo el pecado natural, y este aserto de la Escritura, en lo que concierne al pecado natural, estaría fuera de razón y propósito si la extirpación de tal pecado entrase en los planes de Dios.

El juicio perfecto que del pecado natural realizó Cristo con Su muerte, tenía previsto el establecimiento de una justa base sobre la cual la naturaleza del pecado pudiera ser totalmente controlada por el Espíritu de Dios. El problema es de los que afectan a Dios y a Su santidad. Siendo totalmente perverso, el pecado natural sólo puede ser juzgado directamente por Dios, o en un sustituto que El elija. El Espíritu Santo, precisamente por ser santo, no podía habérselas con algo tan malvado de otra manera que descargando sobre él el justo castigo que merece, si no fuera porque el tal pecado estaba ya juzgado. Una vez que ha sido perfectamente juzgado por Cristo, todo el poder del Espíritu se halla ya sin frenos para llevar a cabo una continua victoria, día a día e instante tras instante, sobre el pecado natural. El actuar contra los frutos del árbol – los pecados personales – y no contra las raíces – el pecado natural – sería un procedimiento casi inútil. Dios ha manifestado palmariamente Su plan y método de acción respecto a la raíz – el pecado natural, y, si presta atención a esto, podrá el cristiano caminar inteligentemente hacia la experiencia de una vida santa en su quehacer cotidiano. Así como un inconverso puede continuar en su estado de perdición a causa de su fallo en captar por fe la verdad de que Cristo murió por sus pecados, así también un nacido de nuevo puede permanecer bajo el dominio del mal en su vida por no haber acertado a captar por fe la verdad de que Cristo murió a su pecado natural.

Romanos 6:1 – 8:13. El pasaje central de los que tratan sobre el juicio del pecado natural, u "hombre viejo", por medio de la muerte de Cristo, y la explicación de la nueva base sobre la que, a la vista de tal juicio, debe ser vivida la vida del creyente, es Romanos 6:1 - 8:13. Así como los capítulos del 1 al 5 de Romanos revelan el camino de la salvación para vida eterna y una posición de perfecta y eterna justicia para aquellos que, de entre los inconversos, creen – y ello gracias a la obra consumada de Cristo en cuanto redención (3:24), reconciliación (5:10) y propiciación (3:25), así Romanos 6:1 – 8:13 revela el camino hacia una forma de vida que glorifique a Dios en el nacido de nuevo, a base de lo que podemos llamar *la obra consumada de Cristo para el cristiano,* pues, mediante un juicio – infinitamente perfecto y completo – del pecado natural, el caminar bajo la influencia de un nuevo principio de vida es ya posible, gracias al poder eficaz del Espíritu Santo, (8:4), para el cristiano que por fe se considera a sí mismo muerto al pecado y vivo para Dios, y cuenta con el poder suficiente del Espíritu. Es de suma importancia el que el "viejo hombre fue crucificado juntamente con él (Cristo) "(6:6). Sobre esta base, el cuerpo del pecado, o sea, el poder del pecado para manifestarse, puede ser *invalidado* – no *destruido,* como dicen la V.A. inglesa y nuestra Reina – Valera. Aunque este gran cuerpo de doctrina es considerado en breve aquí en conexión con la muerte de Cristo, será considerado en detalle en Neumatología en su relación con la obra potenciadora del Espíritu.

Tanto la muerte de Cristo *por* los pecados como Su muerte *al* pecado son de carácter sustitutivo en el más alto grado, y en ningún lugar de la Escritura se enfatiza la sustitución tanto como en Romanos 6:1-10. Se detallan allí cuatro pasos en los que participa el creyente – crucifixión, muerte, sepultura y resurrección. Es significativo que el contexto más enérgico y explícito de los que tratan de la muerte de Cristo por los inconversos presente las mismas características, pero sin el detalle de la crucifixión. Dice así dicho pasaje: "Además os declaro, hermanos, el evangelio que os he predicado, el cual también recibisteis, en el cual también perseveráis; por el cual asimismo, si retenéis la palabra que os he predicado, sois salvos, si no creísteis en vano. Porque primeramente os he enseñado lo que asimismo recibí: Que Cristo murió por nuestros pecados, conforme a las Escrituras; y que fue sepultado, y que resucitó al tercer día, conforme a las Escrituras" (1Co. 15:1-4). En Romanos 6:1-4, que presenta la base para la santificación experimental, o conducta diaria, del cristiano, en el poder capacitador del Espíritu, leemos: "¿Qué, pues, diremos? ¿Perseveraremos en el pecado para que la gracia abunde? En ninguna manera. Porque los que hemos muerto al pecado, ¿Cómo viviremos aún en él? ¿O no sabéis que todos los que hemos sido bautizados en Cristo Jesús, hemos sido bautizados en su muerte? Porque somos sepultados juntamente con él para muerte por el bautismo, a fin de que como Cristo resucitó de los muertos por la gloria del Padre, así también nosotros andemos en vida nueva.". Y a esto se añade en el versículo 6: "sabiendo esto, que nuestro viejo hombre fue crucificado juntamente con él, para que el cuerpo del pecado sea destruido, a fin de que no sirvamos más al pecado". Todo el contexto de Romanos 6:1–10 es tan constante en su idea de sustitución, que queda indicada una coparticipación – concrucifixión, conmuerte, consepultura y conresurrección. Puesto que Cristo no pudo tener ninguna necesidad de dar ninguno de esos pasos en provecho propio, está claro que lo hizo todo a cuenta de aquellos cuyo pecado natural estaba condenado de esta forma. Este pasaje tan vital, sobre el que se basa toda la doctrina sobre el juicio de la raza de Adán, es sólo una ampliación de la pregunta con que se abre el contexto, a saber, "los que hemos muerto al pecado, ¿cómo viviremos aún en él? " Esto es, el aspecto de Su muerte *al pecado* implicaba una cuádruple participación – concrucifixión, conmuerte, consepultura y conresurrección. Tal es, en verdad, el juicio hecho por

Dios del "viejo hombre" (comp. v. 6), que forma la base de una perfecta emancipación, mediante el poder del Espíritu, del poder dominante en el "viejo hombre" – el pecado natural.

Teniendo en cuenta el claro aserto de que ésta es una muerte por el creyente, en el sentido de que él participa de lo que Cristo hizo en Su muerte al pecado, es de deplorar que haya quienes hayan interpretado este pasaje como si intimase la crucifixión de Sí mismo. Igualmente, debería tenerse en cuenta que si este pasaje se acepta como un indicador del bautismo ritual o de agua, como algunos lo han interpretado, se arroja por la borda la verdad de vital importancia, referente a la muerte de Cristo como juicio del pecado natural, puesto que el pasaje no puede englobar ambos conceptos; y si el pasaje está apuntando hacia el bautismo de agua o ritual, queda sacrificada la verdad central que suministra la base para poder liberarse del "viejo hombre". El más ardiente partidario de la opinión de que el bautismo ritual es una representación de la muerte de Cristo, a duras penas desearía referir esta ordenanza a la santificación, o vida victoriosa por el Espíritu, sino que exigiría que la ordenanza se refiriese a la salvación del pecador, o sea, a la muerte de Cristo por los pecados. A este respecto, el pasaje del 1 Corintios 15:1-4 es una base más razonable para tal ordenanza, puesto que Romanos 6:1-10 presenta sin género de duda la muerte de Cristo como base de la santificación experimental, no de la salvación de los perdidos. No hay bautismo ritual que pueda jamás unir una persona a Cristo en forma que participe vital y perfectamente en todo lo que Cristo es y en todo lo que ha hecho, pero esto es precisamente lo que el bautismo con el Espíritu realiza. Así, siendo bautizados en Cristo por el Espíritu, queda garantizada una participación en Su crucifixión, muerte, sepultura y resurrección.

En sus detalles principales, el desarrollo del argumento de Romanos 6:1-8:13 es como sigue: (1) Cristo murió al pecado, a fin de que el creyente no continúe en el pecado, como está escrito: "No reine, pues, el pecado (de la naturaleza) en vuestro cuerpo mortal, de modo que lo obedezcáis en sus concupiscencias" (6:12). Es aquí inevitable la implicación de que, si no se le ponen trabas, el pecado natural, aunque juzgado ya, afirmará su poder en el cuerpo mortal. También queda implicado que su reinado no se impone por encima de todo, como sucedería si estuviera libre de juicio, y también que ahora le cabe al cristiano la responsabilidad de "impedirle" enseñorearse, echando mano para ello, por supuesto, de los medios y recursos divinos que el Espíritu de Dios pone a su disposición. (2) Todo el sistema del mérito, con su apelación a las obras humanas y al esfuerzo, como estaba indicado en las relaciones con la Ley, ha pasado ya para el cristiano, y cuantos emplean este método de conducta apoyados en sus propias fuerzas, son derrotados a causa de su incapacidad para controlar el poder del pecado (7:1-25). (3) Hay victoria triunfal, en la que toda la voluntad de Dios es cumplida *en,* pero nunca *por,* el creyente (8:1-13). En esta parte final de todo el pasaje, se vuelve a afirmar que la liberación es por el poder, o ley, del Espíritu de vida en Cristo Jesús (8:2) y sobre la base de la verdad de que se nos proporciona un nuevo principio de acción que es tanto más eficaz cuanto aventaja el poder de Dios al poder de la carne débil. Toda la doctrina está resumida en dos versículos (8:3-4), en los que se declaran tanto el juicio efectuado por la muerte de Cristo en relación con la vieja naturaleza, como la fuerza directamente comunicada por el Espíritu: "Porque lo que era imposible para la ley, por cuanto era débil por la carne, Dios, enviando a Su Hijo en semejanza de carne de pecado y a causa del pecado, condenó al pecado en la carne; para que la justicia de la ley se cumpliese en nosotros, que no andamos conforme a la carne, sino conforme al Espíritu."

Podemos, pues, concluir que, en Su muerte, y como objetivo predominante, Cristo proporcionó un juicio contra el pecado natural, a base del cual el Espíritu Santo puede justamente librar del poder de ese pecado, y librará a cuantos "no andamos conforme a la carne, sino conforme al Espíritu" (8:4). Andar conforme al Espíritu es andar en consciente dependencia del Espíritu, o sea, andar por medio del Espíritu (comp. Gá. 5:16).

VII. LA BASE DEL PERDON Y DE LA PURIFICACION DEL CREYENTE

En el volumen segundo y en el apartado general sobre el pecado o Hamartiología, hemos ya analizado en detalle la doctrina específica y singular referente al pecado del cristiano. Allí hicimos notar que el pecado tiene siempre la misma malicia, sea quien fuere el que lo cometa, que sólo puede ser sanado por la sangre de Cristo, y que su curación, en el caso del cristiano, se hace mediante un perdón y una purificación en ambiente de *familia,* y ello queda garantizado con una confesión del pecado a Dios. Resta por indicar, por su conexión con este tema, que el perdón y la purificación del cristiano son posibles en justicia únicamente mediante la sangre de Cristo que El derramó en un sentido peculiar por el pecado del cristiano.

1 Juan 1:1 – 2:2. En el Nuevo Testamento se habla mucho del perdón del pecado del inconverso como un paso de vital importancia en su salvación. Se nos asegura que este perdón es otorgado cuando el pecador *cree.* El pasaje central que se refiere al pecado del cristiano, y en el que el perdón está condicionado por la *confesión,* es 1 Juan 1:1 – 2:2. En este contexto se examinan tanto el efecto del pecado del cristiano en él mismo, como el efecto de su pecado en Dios. Respecto a lo primero, el efecto es el de *tinieblas,* y la curación consiste en *andar en luz* (1:6-7). El andar en luz no significa en manera alguna el alcanzar la impecabilidad, pues esto equivaldría a *llegar a ser* la luz que sólo Dios es, sino que más bien consiste en hacerse sensible a la luz que Dios derrama en el corazón; o sea, que es una actitud de disponibilidad a confesar inmediatamente todo pecado tan pronto como se le reconozca por tal. Esta confesión pone al momento al cristiano en acuerdo moral con Dios, pues participa así de la denuncia que Dios hace de su pecado, y ello constituye la base para renovar la comunión con Dios. La promesa es que, cuando se anda así en luz y se amolda uno así a la luz, la sangre de Jesucristo limpia continuamente de todo pecado. Esta verdad queda ampliada en el versículo 9, donde se dice: "Si confesamos nuestros pecados, él es fiel y justo para perdonar nuestros pecados, y limpiarnos de toda maldad." Así se nos revela que tanto el perdón como la purificación del cristiano están basados en la sangre de Cristo. El que no se inflija ningún castigo, ni se descargue golpe alguno, ni se pronuncien palabras de condenación, sino que, por el contrario, sólo un perdón y una purificación perfectos procedan de Dios sin otra condición que la confesión, se debe al hecho de que Cristo *es* "la propiciación por nuestros (de los cristianos) pecados" (2:2). Dios *es* propicio mediante la muerte de Su Hijo.

Respecto a lo segundo, o sea, al efecto del pecado del cristiano en Dios, se nos dice que la curación se realiza mediante la intercesión de Cristo en el Cielo. Como Abogado, El aparece allí en favor y a cuenta del cristiano pecador, y apela, no a la debilidad del cristiano, sino a la suficiencia de Su propio sacrificio. El hecho de que El llevó ese pecado en la Cruz da respuesta satisfactoria a todo juicio divino contra ese pecado, y, otra vez, Dios aparece como propicio. Ninguna otra enseñanza del Nuevo Testamento - excepto la de la salvación de los perdidos – está tan perfectamente basada en la muerte de Cristo como la que declara el perdón y la purificación del cristiano; y no debería pasar desapercibido el que, en 1 Juan 2:2, el pecado del cristiano es designado como un objetivo específico e importante en la muerte propiciatoria de Cristo en la Cruz.

VIII. LA BASE PARA LA DILACION DE LOS JUICIOS DIVINOS

Los siete objetivos que acabamos de reseñar, realizados por Cristo en Sus sufrimientos y en Su muerte, aunque tienen un carácter eterno, por haber sido ya previstos desde toda eternidad y porque, en algunos de sus aspectos, sus efectos continuarán por toda la eternidad, son *personales* y han de valorarse en gran parte a la luz de los beneficios que al presente reportan. En cambio, las siete realidades, incluyendo la que ahora vamos a examinar, que nos quedan todavía por considerar, o tienen una aplicación ilimitada, o pertenecen a otros tiempos, o a otras esferas de existencia diferentes de las de la tierra.

La dilación de los justos juicios, aunque actúa tan notoriamente en todas las edades, no es materia de una revelación específica. Sin embargo, se nos descubre que Dios, por ser santo, no puede mostrar la menor connivencia con el pecado, a no ser, es cierto, que mire tal pecado como juzgado en la muerte de Su Hijo. El Dios eterno – que "llama las cosas que no son, como si fuesen" (Ro. 4:17) – ve todo pecado humano, desde el primero hasta el último, a la luz del sacrificio de Cristo; y en ese sacrificio y en un plano mucho más extenso que el empleado en la salvación de los individuos, El es libre para demorar aquellos juicios santos que, de otro modo, caerían con terrible celeridad sobre cada uno de los pecadores. También hay que advertir que los juicios diferidos no son juicios abandonados o renunciados, pues el día de la ira divina es ineludible a menos que el ofensor se guarezca bajo la sangre redentora de Cristo. Pero la paciencia de Dios – basada siempre en fundamento justo, pues, de lo contrario, Su carácter santo quedaría comprometido con el pecado – se extiende a los pecadores en Su clemencia (Ro. 9:22; 1 P. 3:20; 2 P. 3:9, 15), y en Su tenacidad (Gn. 6:3). El sabio ha escrito: "Por cuanto no se ejecuta luego sentencia sobre la mala obra, el corazón de los hijos de los hombres está en ellos dispuesto para hacer el mal" (Ec. 8:11). La certeza del juicio contra los que desprecian la paciencia divina queda asegurada (Mt. 24:48-51; Ro. 2:4-5). Dios es siempre santo en Su naturaleza y recto en Su acción, ya sea en Su paciencia o en Sus juicios.

IX. LA DESAPARICION DE LOS PECADOS COMETIDOS ANTES DEL CALVARIO, UNA VEZ QUE HAN SIDO CUBIERTOS POR EL SACRIFICIO

La economía divina en relación al modo de proceder con los pecados tales como los manifestados en los sacrificios de animales durante el extenso período que va de Abel a Cristo, consistía en cubrir, como indica la raíz hebrea *kaphar,* que se traduce por 'expiación'. Antes de la muerte De Cristo, esta economía divina basaba su justa actuación con respecto al pecado, en la previsión de tal muerte, siendo el sacrificio de los animales un símbolo o tipo de la muerte del Cordero de Dios. Con la presentación de un sacrificio y la imposición de las manos sobre la cabeza de la víctima, el ofensor reconocía su pecado delante de Dios y llegaba conscientemente a un arreglo, haciendo morir a un sustituto en lugar del pecador. Aunque, según se afirma en Hebreos 10:4 – "la sangre de los toros y de los machos cabríos no puede quitar los pecados" – Dios, no obstante, proveía una exoneración del ofensor, pero anticipando de Su parte que llegaría un día en que se establecería una base justa para dicha exoneración mediante la única muerte realmente sacrificial de Su Hijo, de la que la inmolación de animales no era más que un tipo. El vocablo hebreo *Kaphar* expresa con exactitud divina precisamente lo que tuvo lugar de parte de Dios en la transacción. El pecado era *cubierto,* pero no quitado", mientras no llegase la prevista muerte de Cristo. El verter *kaphar* por expiación o reconciliación, haciendo derivar el vocablo inglés 'atonement' de 'at-one-ment', pudo sugerir únicamente que el ofensor estaba de acuerdo (at one) con Dios mediante una transacción que se basaba sólo en un simbolismo. Del lado humano, el culpable era perdonado, pero del lado divino, a la transacción le faltaba el único acto que podía ajustarla a las exigencias de la santidad infinita. Dos textos del Nuevo Testamento arrojan luz sobre las restricciones que afectaban a la acción divina en relación con los pecados que eran cubiertos por los sacrificios de animales. En Romanos 3:25, se declara que el objetivo divino en la muerte de Cristo era la remisión de "los pecados pasados" que, en Su paciencia, había pasado por alto. En este texto, πάρεσις que la Versión Autorizada inglesa vierte por *remission,* y que sólo una vez aparece en el Nuevo Testamento y con un significado muy diferente al que comporta la fuerza del término ἄφεσις (el cual indica un perdón completo), solamente implica la dilación del juicio y revela que Dios pasaba por alto el pecado a la vista de los sacrificios. Igualmente, en Hechos 17:30 y con referencia a la misma economía divina, leemos: "Pero Dios, habiendo pasado por alto los tiempos de esta ignorancia, ahora manda a todos los hombres en todo lugar, que se arrepientan." La traducción de la R. V. de 1909 del término ὑπερεῖδον sugiere hoy indiferencia, o falta de importancia, por parte de Dios respecto a los justos juicios en que el pecado inevitablemente incurre, mientras que el verdadero significado de ὑπερεῖδον en este contexto es que los ineludibles e inminentes juicios eran pasados por alto sólo temporalmente.

Una serie de importantes contrastes entre la eficacia de los sacrificios de animales del orden antiguo, y la eficacia del sacrificio definitivo de Cristo es presentada en la Epístola a los hebreos. Entre éstos, y como final de la serie, se afirma (10:2) que los adoradores del orden antiguo nunca se veían libres de "conciencia de pecado", volviendo año tras año, como lo hacían, con sacrificios de animales. Esto era inevitable, dice el escritor sagrado, "porque la sangre de los toros y de los machos cabríos no puede quitar los pecados" (10:4), pero Cristo, se nos dice (10:9), quitó el orden antiguo para poder establecer el nuevo; y que el orden antiguo ha desaparecido, de nuevo se nos declara (10:26) con la frase "ya no queda más sacrificio (como los antiguos) por los pecados". Este hecho es igualmente puesto de manifiesto con las siguientes palabras: "Y ciertamente todo sacerdote está día tras día ministrando y ofreciendo muchas veces los mismos sacrificios, que nunca pueden quitar los pecados; pero Cristo, habiendo ofrecido una vez para siempre un solo sacrificio por los pecados, se ha sentado a la diestra de Dios (por estar ya acabada la tarea)" (10:11-12). Vemos así que la muerte de Cristo fue una justa consumación del orden antiguo, así como también la inauguración del nuevo. Puesto que en el orden antiguo Dios había perdonado los pecados a base de un sacrificio todavía futuro, cuando este sacrificio fue llevado a cabo, no sólo quitó con justo juicio los pecados que Dios habia perdonado antes,sino que demostró que Dios había sido justo al diferir Sus juicios sobre tales pecados. Este es el testimonio de Romanos 3:25, cuando, al referirse a la muerte de Cristo, se afirma: "A quien Dios puso como propiciación por medio de la fe en su sangre, para manifestar su justicia, a causa de haber pasado por alto, en su paciencia, los pecados pasados". Aquí, el modo divino de actuar pasando por alto los pecados pasados, estaba basado en la paciencia de Dios, mientras que el modo actual de confrontar el pecado es una transacción ya ejecutada, que ha tenido por resultado la absolución del pecador y el otorgamiento de su justificación sobre una base tan justa, que Dios es declarado ser justo al justificar así a un pecador que se limita a creer en Jesús (Ro. 3:26). No siendo provista base alguna en el orden antiguo para la completa absolución del pecador, la transacción aludida es adelantada y viene a ser una parte del nuevo pacto que Cristo hizo en Su sangre, y, por ella, el pueblo escogido del antiguo orden recibió "la promesa de la herencia eterna", según leemos: "Así que, por eso es mediador de un nuevo pacto, para que interviniendo muerte para la remisión de las transgresiones que había bajo el primer pacto, los llamados reciban la promesa de la herencia eterna." (He. 9:15).

La conclusión que hemos de sacar de este extenso cuerpo doctrinal de la Escritura es que los pecados cometidos en el período entre

Adán y la muerte de Cristo, que eran cubiertos por el ofrecimiento de sacrificios, fueron quitados y fueron juzgados en perfecta justicia como un objetivo importante de la muerte de Cristo.

X. LA SALVACION NACIONAL DE ISRAEL

La Escritura da testimonio de que Israel como nación ha de ser salvo de su pecado y librado de sus enemigos por el Mesías, cuando éste vuelva a la tierra. Es cierto que, actualmente, las presentes ofertas de la gracia divina se extienden a los judíos individuales lo mismo que a los gentiles individuales (Ro. 10:12), y que, dejando aparte los pactos inmutables de Jehová con Israel, los cuales se encuentran ahora en suspenso (Mt. 23:38-39; Lc. 21:24; Hch. 15:15-18; Ro. 11:25-27), el judío individual está ahora considerado por Dios como necesitado de salvación en la misma medida que lo está el individuo gentil (Ro. 3:9). Estos hechos, relacionados como están con el plan de la época presente – el llamamiento a formar conjuntamente parte de la Iglesia, tanto judíos como gentiles (Ef. 3:6) – no tienen vigencia en el plan divino para la época del reino venidero, cuando, según la promesa del pacto, Israel será salvo y habitará sin peligro en su propia tierra (Dt. 30:3-6; Jer. 28:5-6; 33:15-17). En el proceso de la argumentación que el Apóstol Pablo presenta en la Epístola a los romanos, y depués de haber declarado el hecho y el plan actuales de la salvación individual para el judío y para el gentil en los capítulos 1 al 8, pasa a responder en los capítulos 9 al 11 la inevitable pregunta: ¿qué es, bajo estas nuevas condiciones, lo que se ha hecho de los irrevocables pactos con Israel? (Ro.11: 27-29). Difícilmente podría darse una respuesta en términos tan tajantes o inteligibles como los siguientes: "... que ha acontecido a Israel endurecimiento en parte, hasta que haya entrado la plenitud de los gentiles; y luego todo Israel será salvo (Israel no puede significar aquí la Iglesia, porque la Iglesia ya es salva), como está escrito: Vendrá de Sion el Libertador, que apartará de Jacob la impiedad. Y este será mi pacto con ellos, cuando yo quite sus pecados. Así que en cuanto al evangelio, son (Israel) enemigos por causa de vosotros (los gentiles); pero en cuanto a la elección, son (Israel) amados por causa de los padres. Porque irrevocables son los dones y el llamamiento de Dios (en lo concerniente a Israel)" (Ro. 11:25-29). Es obvio que Israel, como nación, no es salvo ahora, ni se echan de ver ahora ninguno de los aspectos de los pactos eternos de Jehová con ese pueblo – la posesión definitiva de su tierra (Gn. 13:15), su entidad nacional (Is. 66:22; Jer.31:36), su trono terrenal (2 S. 7:16), su Rey (Jer. 33:15,17,21), y su reino (Dn. 7:14) – pero ninguno de estos aspectos puede jamás fallar, pues es fiel Dios, que lo ha prometido. La nación, si descontamos algunos rebeldes que serán "apartados" (Ez. 20:37-38), se salvará, y ello por medio de su propio Mesías, cuando éste venga de Sion (comp. Is. 59:20-21; Mt. 23:37-39; Hch. 15:16). El "todo Israel" de Romanos 11:26 es evidentemente el Israel separado y aceptado que habrá sido ya confrontado con los juicios divinos que están todavía por cumplirse contra tal nación (comp. Mt. 24:37-25:13). El Apóstol distingue claramente entre Israel como nación y el Israel espiritual (comp. Ro. 9:6; 11:1-36).

De todo lo dicho se deduce que la verdad pertinente en este tema no es la futura reocupación de su tierra por parte de Israel ni la liberación de sus enemigos – cosas ambas que, según muchas profecías, están aún por venir – sino más bien el hecho de que Jehová, en conexión con la segunda venida de Cristo como parte de la salvación de Israel, "quitará sus pecados". Este es el pacto de Jehová con ellos como El mismo declara (Ro. 11:27). Hemos advertido ya que, en los tiempos pasados, la actitud de Jehová respecto a los pecados de Israel - incluso los pecados por los que eran ofrecidos los sacrificios destinados al efecto, – era sólo un cubrimiento temporal de dichos pecados, y que Cristo en Su muerte llevó el juicio de esos pecados que Jehová había pasado antes por alto; pero la aplicación final del valor de la muerte de Cristo a favor de Israel espera el momento de su conversión como nación (comp. Is.66:8, una nación nacida "de una vez" – *pa'am* – literalmente, como medida de tiempo, 'un golpe', o 'un taconazo'). Es, pues, entonces cuando, de acuerdo con Su pacto, Jehová "quitará" sus pecados. En Hebreos 10:4, se afirma que es imposible que la sangre de los toros y de los machos cabríos pueda "quitar" el pecado; con todo, en Romanos 11:27 se promete que los pecados de Israel serán quitados. En ambos textos se emplea el verbo ἀφαιρέω, pero es en gran manera significativo que, en el segundo pasaje, que se refiere a la salvación nacional de Israel, se use una forma equivalente al futuro. La inducción que emerge de estos y de otros textos sagrados es que Jehová quitará, en un instante, los pecados de Israel, como parte de su salvación. A ningún pueblo sobre la tierra se le ha enfatizado tanto como a Israel que "sin derramamiento de sangre no se hace remisión" (He.9:22), y está revelado con la misma claridad que ninguna otra sangre puede servir jamás para ninguna remisión de pecados sino la sangre de Cristo. Concluimos, por tanto, que la nación de Israel será todavía salva y que sus pecados serán quitados para siempre mediante la sangre de Cristo. El mensaje de Isaías es "por la rebelión de mi pueblo fue herido" (Is.53:8), y de Caifás se dice que su consejo a los judíos fue que "nos conviene que un hombre muera por el pueblo".

La completa reagrupación de Israel en su propia tierra, que ha de cumplirse en el tiempo de su salvación y en conexión con el retorno de su Mesías (Dt. 30:3), es profetizada como uno de los milagros más grandes de toda la historia del mundo. En Jeremías 23:7-8, la reocupación de la tierra por parte de Israel aparece como una empresa divina superior incluso al paso del Mar Rojo. De manera parecida se afirma en Mateo 24:31 que este reagrupamiento será llevado a cabo por ministerio de los ángeles.

La Escritura emplea términos muy específicos para describir el carácter peculiar de la salvación de Israel, así como de su liberación y de sus futuras bendiciones. Obsérvese que ninguno de estos hechos se ha cumplido jamás en la historia de Israel, y que muchas de estas promesas no pueden aplicarse a la Iglesia, la cual está compuesta tanto de judíos como de gentiles, a no ser que se distorsionen del todo los principios de la hermenéutica. Jehová prometió que haría "volver" a sus cautivos, "circuncidaría" sus corazones (Dt. 30:1-6), escribiría Su ley en sus corazones, y no se "acordaría más de su pecado" (Jer. 31:33-34). También dijo: "Seré a ellos por Dios, y ellos me serán a mí por pueblo", y "Todos me conocerán desde el menor hasta el mayor de ellos" (He. 8:10-11). Se da seguridad a tal nación de que cuando estén reunidos y bendecidos por Jehová, "su habitación será gloriosa" (Is. 11:10). Serán consolados y su victoria se cumplirá gloriosamente (Is. 40:1-2). Jehová apacentará Su rebaño como pastor y "en su brazo llevará los corderos, y en su seno los llevará; pastoreará suavemente a las recién paridas" (Is. 40:11). También ha dicho Jehová a Israel: "Tu marido es tu Hacedor. . . y tu Redentor, el Santo de Israel", "Con misericordia eterna tendré compasión de ti", "Esta es la herencia de los siervos de Jehová, y su salvación (literalmente: justicia) de mí vendrá, dijo Jehová" (Is. 54:5,8,17). Los que fueron dispersados, serán reunidos (Ez. 34:11-14); los que fueron "odiados de todas las naciones", tendrán el poder supremo sobre todos los gentiles (Mt. 24:9, comp. con Is. 60:12); los que fueron ciegos por algún tiempo, verán (Ro. 11:25); los que fueron desgajados, serán injertados (Ro. 11:13-14); "Y gozo perpetuo será sobre sus cabezas . . . y huirán la tristeza y el gemido" (Is. 35:10). La previsión de estas bendiciones para Israel es el tema de todos los profetas, y tal es, en verdad, la salvación que le espera a este pueblo; pero Dios es libre para obrar justamente en favor de los pecadores, únicamente a base del hecho de que el Cordero de Dios ha quitado sus pecados. Uno de los objetivos de mayor importancia de la muerte de Cristo es, pues, la salvación nacional de Israel.

XI. LAS BENDICIONES SOBRE LOS GENTILES EN EL MILENIO Y POR TODA LA ETERNIDAD

El evangelio de la gracia de Dios está siendo ahora predicado por igual a judíos y gentiles, y a los que creen su mensaje les son prometidas las riquezas y las glorias celestiales; sin embargo, estas bendiciones celestes para la Iglesia no deben ser confundidas con las bendiciones terrenales que se le aseguran a Israel para el milenio, así como a los gentiles que participen del reino con Israel. La presencia de ciertas naciones gentiles en la tierra durante el reino milenial es un tema de las profecías del Antiguo Testamento. La selección de estas naciones y la base de tal selección nos es declarada de labios de Cristo y está atestiguada en Mateo 25: 31-46. La posición que les corresponde en el reino es permanecer y andar al resplandor de la gloria de Israel, y servirle (Is. 60:3,12; 61:9; 62:2). Serán un pueblo "sobre los cuales es invocado mi nombre, dice el Señor" (Hch. 15:17-18). Asimismo, estas mismas naciones son contempladas como habitantes de la nueva tierra que está por surgir, y allí son designadas como "las naciones que hubieren sido salvas" (Ap. 21:24). La colocación de estas naciones en el reino, la imposición del nombre de Jehová sobre ellas, y su salvación, sólo pueden llevarse a cabo a base de la libertad que Dios tiene, mediante la sangre redentora de Cristo, para bendecir a los pecadores. Las bendiciones de los gentiles durante el milenio y por toda la eternidad aparecen así como uno de los objetivos importantes de la muerte de Cristo.

XII. EL DESPOJO DE LOS PRINCIPADOS Y POTESTADES

Es importante, en verdad, l. revelación de que hay dignatarios supramundanos que, bajo permisión divina, ejercen una autoridad transcendente. Estos seres son designados como principados y potestades. El título (usado dos veces en relación a gobernantes de este mundo – Ro. 13:1; Tit. 3:1) no implica necesariamente que estos seres sean malignos, aunque, de acuerdo con el contexto, son presentados en la mayoría de los pasajes en que tales apelativos ocurren, como malignos. Parece evidente que el término *principados* *ἀρχή* comporta el hecho de su dignidad, y el término *potestades* (*ἐξουσία*), el de su autoridad. Con referencia a estos ángeles que "no guardaron su dignidad", Judas, al usar el término *ἀρχή* declara que abandonaron la morada de su dignidad, pero no implica que sacrificasen aspecto alguno de su poder y autoridad (Judas 1:6). Son seres creados (Col. 1:16), y su morada, aunque colocada sobre la esfera de la humanidad (He. 2:9), está por debajo del trono de Dios, en el que Cristo está ahora sentado (Ef. 1:21; He. 10:12). Sobre estos y sobre todos los seres supramundanos, Cristo tiene ahora supremo poder y autoridad suma (Col. 2:10). La Iglesia es ahora el instrumento de Dios para dar a conocer a estos seres "la multiforme sabiduría de Dios" (Ef. 3:10), así como en los tiempos venideros mostrará por medio de la Iglesia "las abundantes riquezas de su gracia" (Ef. 2:7). Estas dignidades celestiales están ahora ejerciendo su poder en conflicto con los santos de este mundo (Ef. 6:12), y el Apóstol Pablo afirma que, entre todas las fuerzas que se nos opongan, ni siquiera los principados y potestades "podrán separarnos del amor de Dios, que es en Cristo Jesús Señor nuestro" (Ro. 8:33-39). Está igualmente revelado que Satanás, que lleva el título de *el príncipe de la potestad del aire* (Ef. 2:2), es la autoridad reinante sobre todos los ángeles caídos (Ap. 12:7-9; Mt. 25:41). Es evidente que, desde el tiempo de su caída en un pasado inmemorial, Satanás y sus huestes celestes han estado en franca rebeldía contra la autoridad de Dios, y de que fue Satanás mismo quien indujo al primer hombre al intento de independizarse de Dios. Las personas piadosas de todos los tiempos han recibido exhortaciones y advertencias divinas a la vista de la oposición que Satanás hace a Dios. De modo semejante, cuando tentó al Hijo de Dios en el desierto, Satanás mostró su antipatía hacia el plan y designio que Dios había revelado. Al final, Satanás será arrojado para siempre; pero no sin que antes haya sufrido, con sus ángeles, una decisiva derrota frente a los ángeles santos (Ap. 12:7), y haya sido confinado al abismo por mil años (Ap. 20:1-3). Su definitiva y eterna morada es "el lago de fuego" (Ap. 20:10) que está "preparado para el diablo y sus ángeles" (Mt. 25:41).

Este juicio de Satanás, que acabamos de esquematizar, fue primeramente predicho, después pronunciado como sentencia legal, pero todavía ha de ser ejecutado. La predicción fue hecha por Jehová mismo (Gn. 3:15; comp. Is. 14:12; Ez. 28:16-19), y declara que, en la consumación de las enemistades entre la Simiente de la mujer – Cristo – y Satanás, Cristo heriría la cabeza de Satanás, y Satanás a su vez heriría el calcañar de Cristo. La batalla fue entablada en la Cruz, y, mientras fue obtenida contra Satanás la sentencia legal que garantiza la ejecución todavía futura, o sea, el aplastamiento de la cabeza de la serpiente, el calcañar del Hijo de Dios fue herido cuando murió en la Cruz.

El combate entre Cristo y Satanás, librado en el monte Calvario, implica resultados y poderes que pertenecen a esferas más altas que este mundo y cosas que transcienden los límites del tiempo. La mente finita no puede aspirar a captar el alcance y la índole de ese inmenso encuentro de fuerzas, pues no sólo se implica que, en esa batalla, Satanás utilizó al máximo su poder, sino que la lesión producida al Hijo de Dios, semejante a una herida en el talón, fue obra de Satanás, Es de advertir, sin embargo, que Satanás no es presentado como el único responsable de la muerte de Cristo, pues hay otros cuatro grupos o individuos también complicados (Hch. 4:27). Es probable que éstos fuesen sólo instrumentos del poder de Satanás (Ef. 2:2; Col. 1:13). Toda esta conspiración aparentemente incontrolada queda, no obstante, enmarcada en sus justas proporciones por la declaración fehaciente de que cuanto fue hecho por Satanás o por los hombres, fue sólo la ejecución del "determinado consejo" de Dios (Hch. 4:28). Del lado divino, la muerte de Cristo fue a manos de Su Padre (Jn. 3:16; Ro. 3:25; 8:32), aceptada por Cristo mismo como inmolación sacrificial de Sí mismo (Jn. 10:18; Gá. 2:20), mediante el Espíritu eterno (He. 9:14).

Al acercarse a la muerte, dijo Cristo: "Ahora es el juicio de este mundo; ahora el príncipe de este mundo será echado fuera" (Jn. 12:31); y "De juicio, por cuanto el príncipe de este mundo ha sido ya juzgado" (Jn. 16:11). De modo semejante, el Apóstol Pablo afirma, al referirse a la victoria que Cristo obtuvo sobre los principados y potestades mediante Su Cruz: "Anulando el acta de los decretos que había contra nosotros, que nos era contraria, quitándola de en medio y clavándola en la cruz, y despojando a los principados y a las potestades, los exhibió públicamente, triunfando sobre ellos en la Cruz" (Col. 2:14-15). Aunque la ley, ordenada por medio de ángeles (Gá. 3:19; He. 2:2), no es ahora la norma de vida para los creyentes del tiempo presente, no se puede estar de acuerdo con algunos que afirman que fueron las normas de la ley las que fueron "despojadas" por la muerte de Cristo. El *despojo* se refiere evidentemente a los principados y potestades. Además de la directa sentencia legal que Cristo obtuvo en la Cruz contra Satanás y sus huestes, y cuyos efectos sobrepasan nuestra comprensión, hay en esta victoria por lo menos dos factores que conviene tener en cuenta: (a) En su relación a la autoridad de Dios, Cristo y Satanás representan principios opuestos. En el pasado, Satanás pronunció cinco frases en futuro contra la voluntad de Dios (Is. 14:13-14), mientras que Cristo, al venir al mundo, dijo: "He aquí que vengo, oh Dios, para hacer tu voluntad" (He. 10:5-7). Recuérdese que estas palabras de Cristo a Su Padre son pronunciadas en conexión con Su prevista muerte sacrificial. (b) De Cristo estaba profetizado que abriría a los presos la puerta de la cárcel (Is. 61:1), pero de Satanás se dice: "que a sus presos nunca abrió la cárcel" (Is. 14:17). Es Satanás quien hace prisioneros, mientras que su liberación por parte de Cristo mediante su muerte, constituye un logro de largo alcance. Aparte del exiguo remanente cuyos pecados eran cubiertos por los sacrificios de animales durante el largo período que va de Adán a Cristo, la vasta multitud de los demás seres humanos estaban con relación a Dios bajo las seis inalterables denuncias referidas en Efesios 2:11-12. Estaban sin esperanza y sin Dios en el mundo, porque estaban sin Cristo, pues no habiendo sido provista aún ninguna vía de acceso ni desde ellos a Dios ni desde Dios a ellos, era obvio que Satanás asumiese el dominio sobre ellos, lo cual le fue posible por el hecho de haber arrebatado a Adán el cetro de la autoridad. Si, durante tan extenso período, se hubiera mostrado Dios propicio con una sola de dichas personas sin haber provisto una solución justa, ya en promesa mediante sacrificios de animales, ya en realidad mediante la sangre de Su Hijo, es probable que Satanás hubiese retado al Todopoderoso, acusándole de injusticia. De esta manera, a base de la pecaminosidad del hombre, Satanás mantuvo a sus presos en la cárcel. Pero al haber muerto Cristo por todos los hombres, como sin duda lo hizo, no hay ya otra barrera entre Dios y el hombre que la falta de fe en el Salvador, por parte del hombre. Los presos que, de otro modo, estarían "sin esperanza", quedan ahora confrontados con el evangelio de la gracia divina – "Todo el que quiera, puede venir".

Puede, pues, concluirse que uno de los objetivos más importantes de la muerte de Cristo fue el "despojo de principados y potestades".

XIII. LA BASE DE LA PAZ

En mentes finitas sólo cabe un ligero concepto de este inmenso tema, que puede normalmente dividirse en tres apartados generales. (a) La paz que ha sido procurada para los individuos que creen, está estrechamente relacionada con la reconciliación divina, así como con la propiciación, pero, no obstante, está especificada como uno de los objetivos más importantes de la muerte de Cristo. Puesto que el creyente ha sido absuelto de toda denuncia e incluso justificado en virtud del valor de la muerte de Cristo – valor que es recibido por fe – ha quedado garantizada una paz duradera entre Dios y el hombre de fe. El pasaje que más luz arroja sobre este aspecto de la paz personal es Romanos 5:1, donde leemos: "Justificados, pues, por la fe, tenemos paz para con Dios por medio de nuestro Señor Jesucristo". La misma verdad es también declarada en Efesios 2:13-14, de la siguiente manera: "Pero ahora en Cristo Jesús, vosotros que en otro tiempo estabais lejos, habéis sido hechos cercanos por la sangre de Cristo. Porque él es nuestra paz". Y, de nuevo, en Colosenses 1:20, después de declarar el amplio alcance general que la sangre de Cristo consiguió para la paz del mundo, el

Apóstol pasa a tratar de una aplicación más individual y personal de esa sangre y de la paz que proporciona, al escribir: "Y a vosotros también, que erais en otro tiempo extraños y enemigos en vuestra mente, haciendo malas obras, ahora os ha reconciliado en su cuerpo de carne, por medio de la muerte" (vs.21-22).

(b) De gran importancia es también la paz conseguida entre gentiles y judíos – a pesar de la prolija enemistad entre ellos y de la desproporción de sus respectivos privilegios, según se declaran con referencia a los judíos en Romanos 9:4-5, y con referencia a los gentiles en Efesios 2:11-12 – cuando ambos son incorporados por la gracia salvífica a un solo Cuerpo de Cristo. De ello escribe el Apóstol en Efesios 2:14-18: "Porque él es nuestra paz, que de ambos pueblos hizo uno, derribando la pared intermedia de separación, aboliendo en su carne las enemistades, la ley de los mandamientos expresados en ordenanzas, para crear en sí mismo de los dos un solo y nuevo hombre, haciendo la paz, y mediante la cruz reconciliar con Dios a ambos en un solo cuerpo, matando en ella las enemistades. Y vino y anunció las buenas nuevas de paz a vosotros que estabais lejos, y a los que estaban cerca; porque por medio de él los unos y los otros tenemos entrada por un mismo Espíritu al Padre." Este aspecto de la paz no depende únicamente de una mera experiencia de la gracia, que hemos tenido uno con otros, sino que es posicional; es decir, que por el mero hecho de ser miembros del mismo cuerpo, todas las diferencias han desaparecido automáticamente; "Donde no hay griego ni judío, circuncisión ni incircuncisión, bárbaro ni escita, siervo ni libre, sino que Cristo es el todo, y en todos" (Col. 3:11). En los pactos, Israel estaba ya en la posición de privilegio que es denominada *cerca* (Ef. 2:17); pero los gentiles que en su relación con los pactos estaban *lejos,* han sido hechos *cercanos* por la sangre de Cristo (Ef. 2:13).

(c) Y, finalmente, hay una paz que está por realizarse en el universo – prefigurada en los mil años bajo el Príncipe de Paz –, que será establecida con el juicio de Satanás (Col. 2:14-15) y de todas las fuerzas del mal, como está escrito: "Y por medio de él reconciliar consigo todas las cosas, así las que están en la tierra como las que están en los cielos, haciendo la paz mediante la sangre de su cruz" (Col. 1:20). El programa que Cristo seguirá está claramente predicho: primero, juzgará las naciones (Mt. 25:31-46), después de aplastar su resistencia (Sal. 2: 1-3,8-9, Is. 63:1-6); segundo, someterá todo gobierno y autoridad, lo cual requerirá un milenio e implicará la sumisión de las esferas tanto angélicas como humanas (1 Co. 15:25-26); y, tercero, restaurará para Dios un reino universal de paz, en el que el Hijo reinará eternamente con la autoridad del Padre, y

Dios será todo en todos (1 Co. 15:27-28).

XIV. LA PURIFICACION DE LAS COSAS EN LOS CIELOS

El pecado ha producido sus trágicos efectos entre las huestes angélicas, como lo ha hecho dentro de la raza humana, y la polución del pecado alcanza hasta más allá de los ángeles en los cielos, y de los hombres en la tierra. Su contaminación se ha extendido a las "cosas" inanimadas en ambas esferas. Se afirma en Hebreos 9:23 que era necesario que las figuras de las "cosas" celestiales fueran purificadas, y en Romanos 8:21-23 la creación misma, incluyendo las criaturas terrenales, ha sido puesta en esclavitud, de la que no se librará hasta el día en que el cuerpo del creyente sea redimido. A causa de esta esclavitud, la creación entera gime y está con dolores de parto hasta ahora. Incluso los redimidos han de gemir también dentro de ellos mismos durante el período actual en que esperamos la redención de nuestros cuerpos. El hecho de que la polución ha alcanzado a las "cosas" que hay en los cielos, lo mismo que a las "cosas" que hay en la tierra, es una revelación de extrema importancia y está considerada en la Escritura como algo totalmente aparte del efecto del pecado sobre los ángeles y los hombres.

Entre los contrastes propuestos en los capítulos 8-10 de Hebreos, entre las ceremonias típicas que prefiguraban la muerte de Cristo y esa misma muerte, se hace notar (He.9:23) que, así como el tabernáculo en la tierra era purificado con la sangre de los animales, así las "cosas" celestiales fueron purificadas en virtud de la sangre de Cristo cuando, como Sumo Sacerdote, entró en las aulas celestes, según leemos: "Pero estando ya presente Cristo, sumo sacerdote de los bienes venideros, por el más amplio y más perfecto tabernáculo, no hecho de manos, es decir, no de esta creación (el viejo tabernáculo); y no por sangre de machos cabríos ni de becerros, sino por su propia sangre, entró una vez para siempre en el Lugar Santísimo, habiendo obtenido eterna redención" (9:11-12). Y, refiriéndose al servicio del antiguo sumo sacerdote en el santuario terrenal, añade el escritor sagrado: "Y además de esto, roció también con la sangre el tabernáculo y todos los vasos del ministerio (cosas). Y casi todo es purificado, según la ley, con sangre; y sin derramamiento de sangre no se hace remisión" (9:21-22). Tal era el tipo; pero del ministerio de Cristo en Su cumplimiento del antitipo, se afirma: "Fue, pues, necesario que las figuras de las cosas celestiales (el viejo tabernáculo) fuesen purificadas así (con sangre de animales); pero las cosas celestiales mismas, con mejores sacrificios que éstos. Porque no entró Cristo en el santuario hecho de mano (el antiguo tabernáculo), figura (ἀντίτυπος) del verdadero, sino en el cielo mismo (9:23-24). Los contrastes y paralelismos establecidos así entre tipo y antitipo son obvios. El viejo santuario era ceremonialmente purificado con la sangre de los machos cabríos y de los becerros, pero Cristo entró por Su propia sangre en el Lugar Santísimo en lo alto, y las "cosas" celestiales fueron purificadas por esta sangre y con "mejores sacrificios" que los de los animales. El plural *sacrificios* usado aquí para referirse a la única oblación que Cristo hizo de Sí mismo, puede ser tenido por categórico – es decir, abarcando los muchos aspectos incluidos dentro de su categoría única.

Se han aventurado muchas teorías para explicar por qué las "cosas" celestiales, esto es, las que estaban en la esfera del Lugar Santísimo que es celestial (He. 9:23) necesitaban purificación. Sobre este punto, el deán Alford cita a F. Delitzsch como sigue: "Si no me equivoco, el sentido del escritor sagrado, en su pensamiento fundamental, es éste: el Lugar Santísimo de arriba, o sea, como el v. 24 muestra, *el cielo mismo,* el increado y eterno cielo de Dios, aunque en sí mismo es una luz imperturbable, necesitaba empero una *purificación* en la medida en que la luz del Amor hacia el hombre estaba, por decirlo así, obnubilada y oscurecida por el fuego de la ira contra el pecador; y el tabernáculo celestial, esto es, el lugar donde Dios revela Su majestad y Su gracia para con los ángeles y los hombres, necesitaba *purificación* en cuanto que los hombres habían tornado inaccesible, a causa de sus pecados, este lugar, que estaba destinado para ellos desde el principio, y por eso tenía que ser convertido en un lugar accesible de la manifestación de un Dios benigno hacia los hombres" (*New Testament for English Readers,* nueva ed., *in loc.*).

Esta explicación del problema no carece de dificultades, pues Delitzsch no sólo ha extendido la gracia de Dios a los ángeles, lo cual, en la medida en que ha podido ser observado, nunca aparece ni siquiera implícitamente en la Escritura, sino que ha hecho de la purificación de las "cosas", el apartamiento de la ira de Dios contra los pecadores de este mundo mediante la reconciliación de la cruz de Cristo. Es cierto que "las cosas, así las que están en la tierra como las que están en los cielos" son reconciliadas en la cruz, a fin de hacer la paz (Col. 1:20) – hecho que es algo muy diferente de la divina reconciliación de los habitantes de la tierra con Dios. Aunque el estudioso queda, con este problema, confrontado de nuevo con realidades supramundanas demasiado grandes para inteligencias limitadas, no estará de más el recordar que el pecado, en su aspecto más terrible de rebelión ilegal, ha entrado en los cielos por el pecado de los ángeles, o sea, en la morada de los seres celestiales designados por Dios como "los ángeles de los cielos" (Mt. 24:36). En cuanto a los "cielos increados", a los que se refiere Delitzsch, la Escritura parece guardar silencio.

La revelación de que "las cosas en la tierra y las cosas en los cielos" son reconciliadas por la cruz, o de que las "cosas" en los cielos fueron purificadas en virtud de la sangre de Cristo, así como la sangre de los animales servía para purificar los accesorios del tabernáculo terrenal no presta apoyo alguno al concepto de "reconciliación universal". Por el contrario, la Escritura declara con términos inequívocos que todos los ángeles caídos y todos los hombres inconversos marchan a la desdicha eterna.

Aunque en sus aspectos esenciales transciende el nivel de la humana inteligencia, está claro que la purificación de las "cosas" en los cielos constituyó uno de los objetivos más importantes de la muerte de Cristo.

CAPITULO V

LOS SUFRIMIENTOS Y LA MUERTE DE CRISTO EN TIPOS

El Dr. Patricio Fairbairn comienza su valioso tratado sobre los tipos (The Typology of Scripture) con la siguiente afirmación: "La Tipología de la Escritura ha sido uno de los más descuidados departamentos de la ciencia teológica". Esta declaración es significativa no sólo por el reconocimiento de una inestimable pérdida para la Iglesia de Cristo, sino por el hecho de que este insigne teólogo concede a la tipología el lugar que le corresponde en la Teología Sistemática. El Dr. Fairbairn no afirma que en las pasadas generaciones no se haya prestado atención alguna a la tipología. Por el contrario, procede a demostrar que desde el tiempo de Orígenes hasta la época actual ha habido quienes han enfatizado este tema, y que algunos incluso se han pasado de la raya. Lo que él quiere decir es que la Teología, como ciencia, ha descuidado este vasto campo de la revelación. La tipología, como la profecía, ha padecido con frecuencia más a manos de sus amigos que de sus enemigos. El hecho de que los extremistas no hayan acertado a distinguir entre lo que es típico y lo que es meramente alegórico, analógico, paralelo, feliz ilustración o semejanza, ha inducido a los teólogos conservadores a retirarse de este campo. Cuando la verdad es torturada por los antojadizos y los extremistas, se les impone con ello a los medios conservadores una nueva obligación de exponerla en sus justas proporciones. Es obvio que el descuidar la verdad es un error mayor que el enfatizarla demasiado o el plantearla equivocadamente; y la tipología, aunque maltratada por algunos, es, no obstante, más conspicua por su ausencia de las obras de Teología Sistemática. Que la tipología está descuidada resulta evidente por el hecho de que, de entre más de veinte obras de Teología Sistemática que hemos examinado, sólo una alude a este tema en el índice y su autor se ha contentado con una ligera referencia en una nota al pie de página.

Tipo es una prefiguración designada por Dios para ilustrar su respectivo antitipo. Estos dos elementos de un mismo tema están relacionados el uno con el otro por el hilo de la misma verdad o del mismo principio que lo enhebra a ambos. No es cometido del tipo el establecer la verdad de una doctrina, sino más bien el realzar la fuerza de la verdad declarada en el antitipo. Por otra parte, el antitipo sirve para elevar el respectivo tipo desde el nivel de un lugar común a la altura de lo inagotable y para investirlo de riquezas y tesoros que hasta entonces permanecían ocultos. El tipo del cordero pascual inunda la gracia redentora de Cristo de rico sentido, mientras que la redención misma reviste al tipo del cordero pascual de todo su maravilloso significado. Aunque es cierto que el tipo no es la realidad, como lo es el antitipo, con todo los elementos que se encuentran en el tipo se pueden, en líneas generales, observar en el antitipo. Así el tipo puede (y a menudo lo efectúa) guiar específicamente en la recta comprensión y estructuración del antitipo. El tipo es tan obra de Dios como lo es el antitipo. Mediante el reconocimiento de la relación que hay entre tipo y antitipo, como la que hay entre una profecía y su cumplimiento, se confirma la continuidad sobrenatural y la inspiración plenaria de toda la Biblia. El campo es vasto tanto en la tipología como en la profecía, habiendo más de un centenar de tipos legítimos, de los que una buena mitad conciernen sólo al Señor Jesucristo, y existe un campo todavía mayor de profecía donde hay más de trescientas predicciones detalladas concernientes a Cristo que se cumplieron en Su primera venida. Hay tres factores principales que sirven para mostrar la unidad entre los dos Testamentos: tipo y antitipo, profecía y su cumplimiento, y la continuidad del proceso de la narración y de lo doctrinal. Estos factores, como hilos trenzados que van enhebrados de un Testamento al otro, los unen no sólo en un único cañamazo, sino que sirven para trazar un solo diseño, que, por su maravillosa impronta, glorifica al Diseñador.

Los dos vocablos griegos *τύπος* y *ὑπόδειγμα* - sirven en el Nuevo Testamento para expresar el concepto de lo típico. *τύπος* significa una impresión o impronta que puede servir de molde o muestra, y lo que es típico en el Antiguo Testamento es un molde o modelo de lo que es antitípico en el Nuevo. *τύπος* es traducido al castellano en nuestra Reina-Valera del 1960 por seis vocablos diferentes (*forma,* Ro.6:17; *modelo*, Hch.7:44; He.8:5; *término* – forma de expresión – Hch.23:25; *ejemplo*, 1 Co.10:6,11; Fil.3:17; 1 Ts.1:7; 2 Ts.3:9; 1 Ti.4:12; Tit.2:7; 1 P.5:3; *figura*, Hch.7:43; Ro.5:14; y *señal* de los clavos, Jn.20:25. *Δεῖγμα* quiere decir *muestra* o *ejemplo*, y cuando va combinado con *ὑπο* indica lo que es expuesto manifiestamente a los ojos de los hombres. *ὑπόδειγμα* es vertido en castellano por dos vocablos (*ejemplo*, Jn.13:15; He.4:11; Stg.5:10; 2 P.2:6; y *figura*, He. 8:5; 9:23). Los tipos se clasifican generalmente como de *personas* (Ro.5:14; comp. Adán, Melquisedec, Abraham, Sara, Ismael, Isaac, Moisés, Josué, David y Salomón); o de *sucesos* (1 Co.10:11; comp. la preservación de Noé y de sus hijos en el Arca, la redención de Egipto, el memorial de la Pascua, el Exodo, el paso del Mar Rojo; el regalo del maná; el agua sacada de la roca, la serpiente levantada, y todos los diversos sacrificios); una *cosa* (He.10:20; comp. el tabernáculo, la jofaina, el cordero del sacrificio, el Jordán, una ciudad, una nación); una *institución* (He.9: 11; comp. el Sábado, el sacrificio, el sacerdocio, el reino); un *ceremonial* (1 Co.5: 7; comp. todos los nombramientos para un servicio o ministerio en el Antiguo Testamento). Resulta imposible enumerar en un corto espacio todos los tipos reconocidos como tales, encontrados en el Antiguo Testamento.

Antes de considerar los tipos del Antiguo Testamento nos conviene recordar las palabras del Apóstol Pablo a los corintios: "Porque no quiero, hermanos, que ignoréis que nuestros padres todos estuvieron bajo la nube, y todos pasaron el mar; y todos en Moisés fueron bautizados en la nube y en el mar, y todos comieron el mismo alimento espiritual . . . Y estas cosas les acontecieron como ejemplo, y están escritas para amonestarnos a nosotros, a quienes han alcanzado los fines de los siglos" (1 Co.10:1-3, 11).

En respuesta a la pregunta de cómo se puede distinguir un tipo de una alegoría o analogía, se han formulado algunas reglas. Entre ellas está la de que no se tenga por típico nada que no esté mantenido como tal en el Nuevo Testamento. Esta afirmación está sujeta a dos objeciones: (a) A la luz de 1 Co. 10:11, no hay una barrera definida en las palabras "estas cosas" y, con todo, cuanto está incluido allí, se nos dice que es *típico;* (b) Hay muchos tipos fácilmente reconocibles, que no están directamente sancionados como tales por ningún texto específico del Nuevo Testamento. Lo mismo que el problema de la aplicación primaria y secundaria de la verdad, el reconocimiento de un tipo ha de ser dejado, en todo caso, al discernimiento de un juicio guiado por el Espíritu.

Es prerrogativa de la Teología Sistemática el descubrir, clasificar, mostrar y defender las enseñanzas de las Escrituras, y las líneas precisas de la tipología son todavía inseguras, debido en gran parte a que los teólogos han prestado atención a otras cosas; pero ¡quién se atrevería a valorar la restricción impuesta a la vida espiritual y a las bendiciones del propio estudiante de Teología y, a través de él, a todos aquellos entre los que ejercen su ministerio, cuando los tipos,que son grandes cuadros de la verdad pintados por el mismo Dios, quedan borrados de todos los programas de un estudio destinado a prepararle para un fructífero y digno ministerio de la Palabra de Dios! No es bastante el conceder a estos temas un examen de pasada dentro del estudio de las pruebas, sino que el estudiante debería estar tan saturado de estas maravillas del mensaje de Dios, que todo su ser se tornase incandescente con ese resplandor espiritual que jamás se puede amortiguar.

Un tipo verdadero es una profecía de su antitipo y, habiendo sido designado como tal por Dios, no ha de ser justipreciado como una especulación humana más, sino como una parte vital de la misma inspiración. Naturalmente, Cristo es el antitipo relevante, ya que el objeto supremo tanto del Antiguo Testamento como del Nuevo es "el testimonio de Jesús".

Unos cincuenta tipos de Cristo bien definidos pueden reconocerse en al Antiguo Testamento, de los que una parte considerable son tipos de Sus sufrimientos y de Su muerte. Un tratado exhaustivo de tipo conservador sobre los tipos del Antiguo Testamento ha sido por largo tiempo un *desideratum,* pero una obra de tal envergadura no puede ser incluida aquí. Por el contrario, sólo podemos presentar un brevísimo sumario de los tipos más importantes que se refieren a la muerte de Cristo.

I. LOS SACRIFICIOS GENERALES DEL ANTIGUO TESTAMENTO

1. LA OFRENDA DE ABEL (Gn.4:4), que no sólo merece el favor de Jehová, sino que indica que, al salir del Edén, nuestros primeros padres habían recibido de Dios ciertas instrucciones sobre la importancia y el valor de los sacrificios cruentos. Con su sacrificio, Abel obtuvo testimonio de que era justo. En conexión con esto, habría de prestarse atención a Hebreos 11:4; 9:22b, así como a todo lo que la Escritura sugiere sobre la importancia de la sangre sacrificial. La doctrina no es de origen humano e igualmente es cierto que su cumplimiento en la muerte de Cristo es únicamente el plan y el designio de Dios.

2. EL ALTAR Y SACRIFICIO DE NOE (Gn. 8:20-22). La necesidad del sacrificio con sangre o cruento es la misma que en la historia de Abel; pero la erección de un altar representa una nueva responsabilidad. El altar es uno de los rasgos más importantes de la doctrina del Antiguo Testamento. El hombre fue instruido por Dios (Ex. 20:24-26) con la enseñanza de que el altar representa algo que no es obra de manos humanas, sino que es el sacrificio ofrecido sobre el altar lo que es bendecido por Dios para provecho de la persona humana. Es muy significativo el que la instrucción divina referente a la erección de un altar siga inmediatamente a la promulgación del Decálogo. Sobre el altar y su significado, escribe C.H. Mackintosh en sus *Notas sobre el Exodo* (3a. ed.):

"Resulta peculiarmente interesante para una mente espiritual, después de todo lo que ha desfilado por delante de nuestra vista, el observar las respectivas posiciones de Dios y del pecador al final de este memorable capítulo.. ' Y Jehová dijo a Moisés: Así dirás a los hijos de Israel. . . . Altar de tierra harás para mí, y sacrificarás sobre él tus holocaustos y tus ofrendas de paz, tus ovejas y tus vacas; en todo lugar donde yo hiciere que esté la memoria de mi nombre, VENDRE A TI Y TE BENDECIRE. Y si me hicieres altar de piedras, no las labres de cantería; porque si alzares herramientas sobre él, lo profanarás. No subirás por gradas a mi altar, para que tu desnudez no se descubra junto a él ' (Vs. 22-26). Aquí encontramos al hombre no en la posición de *un hacedor,* sino de *un adorador;* y esto, además, al final de Exodo XX. ¡Cuán claramente nos enseña esto que la atmósfera del Monte Sinaí no es la que Dios querría que el pecador respirase, – que no es el lugar apropiado para el mutuo encuentro de Dios y el hombre! "En todo lugar donde yo hiciere que esté la memoria de *Mi nombre, vendré a ti y te bendeciré. '* ¡Qué diferente de los terrores de la ígnea montaña es ese sitio donde Jehová registra *Su nombre,* a donde El ' viene ' a ' bendecir ' a Su pueblo que le adora! Pero, aún más, Dios viene a encontrarse con el pecador a la vera de un altar de piedras sin labrar y sin peldaños, es decir, en un lugar de culto que no requiere ni manufactura humana para su erección, ni humano esfuerzo para su acceso, porque la primera sólo serviría para mancillarlo, y el segundo sólo podría dejar al descubierto la humana ' desnudez '. ¡Tipo admirable del lugar de encuentro donde Dios se llega ahora al pecador, la persona y obra de Su Hijo, Jesucristo, donde todas las demandas de la ley, de la justicia y de la conciencia han quedado perfectamente satisfechas! El hombre ha estado inclinado, en todo tiempo y lugar, de una u otra manera, a ' emplear su propia herramienta ' en la erección de su altar, o a llegarse allá por los pasos de su propio hacer; pero el resultado de todos estos intentos ha sido ' polución ' y ' desnudez '. ' Caímos todos nosotros como la hoja ', ' todas nuestras justicias como trapo de inmundicia ' (Is.64:6). ¿Quién se atreverá a aproximarse a Dios aderezado con una vestidura de ' trapos de inmundicia '? ¿O quién se presentará a dar culto con una "desnudez" descubierta? ¿Hay algo tan disparatado como el pensar en acercarse a Dios de un modo que implica necesariamente polución o desnudez? Con todo, esto es lo que ocurre en todos los casos en los que se echa mano del esfuerzo del hombre para abrir el camino del pecador hacia Dios, pues no sólo no hay necesidad de tal esfuerzo, sino que sólo sirve para quedar marcado con profanación y desnudez. Dios ha descendido hasta acercarse tanto al pecador, incluso en lo más profundo de su ruina, que no le es necesario blandir la herramienta de la legalidad ni subir los peldaños de la justicia propia – y además, el obrar así sólo conduce a mostrar su impureza y su desnudez." – Ps.270-272.

Bajo este epígrafe general, pueden alinearse todos los sacrificios del Antiguo Testamento, todos los cuales están orientados hacia la muerte de Cristo.

II. LOS SACRIFICIOS PRESCRITOS EN EL ANTIGUO TESTAMENTO

1. EL CORDERO PASCUAL . La redención nacional y duradera de Israel, así como la seguridad del primogénito de cada hogar, fue

garantizada por el cordero pascual. Esta redención es de tan largo alcance, que Israel fue requerido, en reconocimiento de tal hecho, a repetir la celebración de la Pascua a lo largo de todas sus generaciones – no como una renovación, sino como un memorial, de la redención. Los dos aspectos generales del significado de la Pascua están también bien expresados por C. H. Mackintosh:

" 'Y tomarán de la sangre, y la pondrán en los dos postes y en el dintel de las casas en que lo han de comer. Y aquella noche comerán carne asada al fuego, y panes sin levadura; con hierbas amargas lo comerán. Ninguna cosa comeréis de él cruda, ni cocida en agua, sino asada al fuego; su cabeza con sus pies y sus entrañas ' (Ex. 12:7-9). Tenemos que contemplar el cordero pascual bajo dos aspectos, a saber, como base de paz y como centro de unidad. La sangre en el dintel garantizaba la paz de Israel. – ' Veré la sangre y pasaré de vosotros ' (v. 13). Ninguna otra cosa se requería para gozar de una paz estable, con referencia al ángel destructor, sino la aspersión de la sangre. La muerte tenía que realizar su obra a todo lo largo y ancho al fuego, y panes sin levadura; con hierbas amargas lo comerán. Ninguna una sola vez ' – pero Dios, en Su gran misericordia, encontró un sustituto irreprochable para Israel, sobre el cual fue ejecutada la sentencia de muerte. Así las demandas de Dios y la necesidad de Israel fueron satisfechas por una misma cosa, o sea, por la sangre del cordero. Esta sangre en el exterior demostraba que *todo* estaba perfectamente en orden, como establecido por Dios; y, por ello, dentro reinaba una paz perfecta. Una sombra de duda en el corazón de un israelita hubiera sido un deshonor hacia la base de la paz, fijada por Dios – la sangre de la expiación... Vamos a considerar ahora el segundo aspecto de la Pascua, como el centro en derredor del cual se reunía la asamblea, en comunión pacífica, santa y feliz. El Israel salvo por la sangre era una cosa, y el Israel alimentándose del cordero era otra completamente distinta. Eran salvos *sólo* por la sangre; pero el objeto en derredor del cual estaban reunidos era, obviamente, el cordero asado. Esta no es en modo alguno una distinción sin motivo. Es cierto que la sangre del cordero constituye el fundamento tanto de nuestra conexión con Dios como de la conexión que tenemos unos con otros, pues son precisamente los que son lavados en esa sangre, los que también son introducidos a la comunión con Dios y a la de unos con otros; así que, aparte de la perfecta expiación de Cristo, es obvio que no podría existir la comunión con Dios ni con Su Iglesia. Con todo, hemos de recordar que es a un Cristo viviente en los cielos a quien los creyentes son reunidos por el Espíritu Santo. Estamos unidos a una Cabeza viva – y nos hemos allegado a una ' piedra viva '. El es nuestro centro, y habiendo encontrado la paz mediante Su sangre, le tenemos a El como nuestro gran centro de reunión y vínculo de conexión. – ' Donde están dos o tres congregados en mi nombre, allí estoy yo en medio de ellos ' (Mt. 18:20). El Espíritu Santo es el único que reúne, Cristo mismo es el único objeto al que somos reunidos, y cuando nuestra asamblea es convocada de este modo, ha de caracterizarse por la santidad, de forma que el Señor Dios nuestro pueda morar entre nosotros. El Espíritu Santo sólo puede congregarnos en Cristo; no puede reunirnos en torno a un sistema, un nombre, una doctrina, o una ordenanza, sino que nos reúne en torno a una Persona, y esa Persona es el Cristo glorificado en los Cielos. Esto debe estampar una marca peculiar en la asamblea de Dios. Los hombres pueden asociarse por cualquier motivo, en torno a un centro cualquiera, o por cualquier objetivo que les plazca, pero cuando los asocia el Espíritu Santo, es siempre sobre la base de la redención realizada, en torno a la Persona de Cristo,y a fin de formar una morada santa para Dios (1 Co. 3:16-17; 6:19; Ef. 2:21,22; 1 P. 2:4,5)." – *Ibid.* págs. 137-138, 149-150.

Las seis condiciones esenciales que se requerían en el cordero pascual eran: había de ser un cordero sin mancha; que hubiese sido examinado cuidadosamente; había de ser inmolado; su sangre debía ser aplicada; su sangre debía realizar una perfecta propiciación contra los juicios divinos; se había de participar del cordero como alimento. No cabe duda de que Cristo es el antitipo en todos estos detalles.

2. LAS CINCO OFRENDAS (Lv. 1:1–7:38). Las cinco ofrendas son: el holocausto, la oblación, la ofrenda de paces la ofrenda por el pecado, y la ofrenda por la culpa. Se clasifican propiamente en ofrendas de olor grato, grupo que incluye las tres primeras, y ofrendas de olor no grato, que incluye las dos últimas. Ya se ha hecho referencia anteriormente a estas cinco ofrendas, y bastará en este punto con reafirmar que las ofrendas de olor grato representan a Cristo ofreciéndose a Sí mismo sin mancha a Dios (He. 9:14), y que esto es de índole sustitucional en cuanto que, estando el pecador totalmente desprovisto de méritos ante Dios (Ro. 3:9; Gá. 3: 22), Cristo ha interpuesto Sus propios méritos y los ha hecho disponibles sobre bases de perfecta equidad, como base de la aceptación del creyente y de su posición ante Dios. Por otra parte, ha de recordarse que las ofrendas de olor no grato representan a Cristo como sacrificio por el pecado y, en virtud de ello, el rostro del Padre se vuelve al otro lado y el Salvador clama: "Dios mío, Dios mío, ¿por qué me has desamparado? " (Sal. 22: 1; Mt. 27:46; Mr. 15:34). La base de un perdón justo y completo mediante la muerte de Cristo, está prefigurada de este modo en las ofrendas de olor no grato.

3. LAS DOS AVES (Lv. 14:1-7). Así como en el Día de la Expiación se requerían dos machos cabríos, para prefigurar el cuadro completo de la muerte de Cristo, así en la purificación de la lepra – tipo del pecado – se requerían dos avecillas. La inmolación de la primera avecilla nos habla de Cristo "entregado por nuestras transgresiones", mientras que la segunda avecilla, sumergida en la sangre de la primera, y después soltada, nos habla de Cristo "resucitado para nuestra justificación" (Ro. 4:25).

4. EL DIA DE LA EXPIACION. Una vez más, la grandiosa magnitud y realización de la muerte de Cristo es manifestada típicamente con magníficos detalles por las ceremonias y ritos peculiares requeridos en el Día de la Expiación. Acerca del sentido típico de las ofrendas prescritas para el Día de la Expiación – el becerro para el sumo sacerdote, y los dos machos cabríos – dice el Dr.C.I. Scofield:

"La ofrenda que el sumo sacerdote ofrece por sí no representa ningún aspecto de la obra de Cristo; El no ofreció sacrificio por sí mismo (He. 7:26,27). El valor *tipológico* del día de la expiación se basa principalmente en el ofrecimiento de los carneros y en el ministerio del sumo sacerdote. En un sentido tipológico, (1) todo es hecho por el sumo sacerdote. (He. 1:3, ' por medio de sí mismo '); lo único que el pueblo hacía era llevar el sacrificio (Mt. 26:47; 27:24,25). (2) El carnero muerto (' la suerte por Jehová ') representa aquel aspecto de la muerte de Cristo que vindica la santidad y justicia de Dios tal como éstas se expresan en la ley (Ro. 3:24-26), y que tienen un carácter *expiatorio.* (3) El carnero vivo representa aquel aspecto de la obra de Cristo que *quita* nuestros pecados de la presencia de Dios (He. 9:26; Ro. 8:33,34). (4) En el acto de entrar en el lugar santísimo, el sumo sacerdote es un tipo de Cristo quien por nosotros entró con ' su sangre ' en' el cielo mismo ' (He. 9:11,12). Su sangre convierte en un ' trono de gracia ' y en un ' propiciatorio ' lo que de otro modo sería un trono de juicio. (5) Nosotros, los sacerdotes del Nuevo Pacto, tenemos lo que Israel nunca tuvo: un velo rasgado que da libre acceso al lugar santísimo (Mt. 27:51; He. 10:19;20). De manera que para rendir adoración y recibir bendiciones, nosotros entramos, en virtud de la sangre de Cristo, donde El mismo está, en el lugar santísimo(He. 4:14-16; 10:19-22). La expiación realizada por Cristo, según la interpretación que de ella ofrece los tipos del Antiguo Testamento, tiene los siguientes elementos indispensables: (1) Es vicaria; la víctima expiatoria sufre la muerte en lugar del pecador. (2) La ley no es pasada por alto, sino honrada: cada muerte sacrificatoria es una ejecución de la sentencia de la ley. (3) La impecabilidad de Cristo, quien llevó sobre sí mismo nuestros pecados, se expresa en el sacrificio de cada animal: la víctima debe ser sin defecto. (4) El representa tipológicamente: (a) en las promesas, "le será perdonado", y (b) en la ofrenda de paces, o sea la expresión de la comunión, la cual es el más elevado privilegio de los santos." – *Biblia Anotada de Scofield* pág. 140

Los aspectos específicos requeridos son, pues: el becerro para el sumo sacerdote, la sustitución del animal por el pecador, el mantenimiento de la ley, el carácter perfecto del sacrificio, el pecado cubierto por la sangre del primer macho cabrío, y la culpa quitada por la soltada del segundo macho cabrío.

5. LA VACA ALAZANA (Nm. 19:1-22). La doctrina del Nuevo Testamento acerca de la purificación del creyente está afirmada en 1 Jn. 1:7,9. La mancha es limpiada por la sangre de Cristo, previa confesión. El tipo de tal purificación, que también cumplía un importante objetivo en la economía del sistema mosaico, es expuesto en la ordenanza sobre la vaca alazana. Sobre este asunto, escribe J.N. Darby:

"La vaca era quemada completamente fuera del campamento, incluyendo la sangre, excepto la que había sido rociada enfrente del tabernáculo de la congregación, o sea, donde el *pueblo* tenía que encontrarse con Dios. Allí se rociaba con la sangre siete veces (porque era allí donde Dios salía al encuentro de Su pueblo), un perfecto testimonio a los ojos de Dios de la expiación hecha por el pecado. Allí tenían acceso de acuerdo con el valor de esta sangre. El sacerdote echaba al fuego madera de cedro, hisopo y escarlata (o sea, todo lo que era propio del hombre, y su gloria humana en el mundo). 'Desde el cedro hasta el hisopo ', es la expresión de la naturaleza, desde lo más elevado hasta lo más bajo. La escarlata es la gloria externa (el mundo, si se quiere). Todo ello fue quemado en el fuego que consumió a Cristo, hecho sacrificio por el pecado. Entonces, si alguno contraía alguna impureza, aunque fuese meramente por negligencia, y de cualquier manera que fuese, Dios tomaba cuenta de la impureza. Y éste es un hecho solemne e importante: Dios provee la purificación, pero en ningún caso puede tolerar en Su presencia algo que sea inadecuado para purificar. Ello puede parecer duro en algún caso inevitable, como el de alguien que muera repentinamente en su tienda de campaña, pero era para mostrar que, en lo relativo a *Su* presencia, es Dios quien juzga lo que cuadra a Su presencia. El hombre estaba manchado y no podía presentarse en el tabernáculo de Dios. Para purificar al impuro, se tomaba agua corriente en la que habían echado las cenizas de la vaca, y se rociaba con ella al hombre el tercero y el séptimo día; entonces queda limpio." — *Synopsis of the Books of the Bible,* nueva ed., I, p. 264-265.

Los elementos esenciales de esta ordenanza eran: un animal sin mancha, la inmolación del animal, la combustión de todo él, la conservación de las cenizas para la purificación, la mezcla de las cenizas con agua, y la aplicación del agua y de las cenizas para la purificación de la mancha.

III. DIVERSOS TIPOS DE LA MUERTE DE CRISTO

1. LAS TUNICAS DE PIELES (Gn. 3:21), Jehová tomó a su cargo la situación de los primeros pecadores de la raza humana. Se nos revela que El mismo los vistió de pieles, lo cual implica que hubo derramamiento de sangre, siendo así una deducción de la razón más bien que un dato de la revelación la afirmación de que el sacrificio de animales fue introducido, según eso, por Dios, y que fue de esta acción por parte de Jehová de donde Abel aprendió la verdad que le indujo a presentar a Dios un sacrificio aceptable. Pocos tipos hay tan completos como éste. Dios toma la iniciativa en favor del hombre, queda implicada la imputación del pecado a un sustituto, y se revela el cubrimiento del pecador.

2. EL ARCA DE NOE (Gn. 6:14–8:19). La historia del diluvio está repleta de sugerencias de verdades importantes. Entre ellas, la seguridad de los introducidos en el Arca, parece una definida prefiguración de la seguridad de los que están en Jesucristo. Se usó brea para calafatear el arca y de este modo quedó protegida contra las aguas del juicio. El término hebreo que significa *brea* procede del mismo vocablo que se traduce siempre por *expiación.* Son muchos los escritores que han hecho notar lo significativo del uso de este término.

3. EL PAN Y EL VINO DE MANOS DE MELQUISEDEC (Gn. 14:17-24). Melquisedec sacando pan y vino a Abraham sugiere dos verdades importantes, a saber, (a) A lo largo de las Epístolas del

Nuevo Testamento, Abraham es presentado como el modelo del cristiano bajo la gracia, no del judío bajo la ley. La gracia por parte de Dios sólo es posible mediante la muerte de Cristo, quien dijo: "Abraham vuestro padre se gozó de que había de ver mi día; y lo vio, y se gozó" (Jn. 8:56). (b) El participar del pan y del vino por parte de Abraham quizá fue entendido sólo oscuramente por la mayoría de los que participan de dichos elementos hoy – pero todo ello tuvo sin duda un gran significado a los ojos de Dios.

4. LA OFRENDA DE ISAAC (Gn. 22:1-14). En esta memorable experiencia, Abraham aparece como el tipo del Padre que ofrece a Su Hijo. Abraham fue dispensado de la prueba final, pero, según Romanos 8:32, Dios "no escatimó ni a su propio Hijo, sino que lo entregó por todos nosotros." Isaac es el tipo del Hijo que se ofrece voluntariamente al sacrificio y es obediente hasta la muerte. El carnero trabado en el zarzal es el tipo de un sustituto ofrecido en lugar de otro.

5. JOSE (Gn. 37:2-50:26). Aunque José, como tipo de Cristo, nos ofrece un conjunto extremadamente rico de importantes verdades, sólo el arrojarlo a la cisterna - tipo de la muerte - y el sacarlo de ella - tipo de la resurrección – hacen alusión a la materia que tratamos ahora. No obstante, podríamos añadir que José, como Cristo, fue amado de su padre y odiado de sus hermanos.

6. EL MANA EN EL DESIERTO (Ex.16:14-22). Por el uso que Cristo hizo del maná como tipo de Sí mismo, según se atestigua en Juan 6, nadie puede dudar del sentido típico del maná caído del Cielo. De igual manera, Cristo, como pan bajado del Cielo, ha dado Su vida por el mundo.

7. LA ROCA GOLPEADA (Ex. 17:5-7; Nm. 20:7-13). Según 1 Co. 10:4, Cristo es aquella Roca. Por Su muerte se abre vía libre al agua de vida, pero El solo pudo ser golpeado una vez. El golpear la roca por segunda vez es tenido por Dios como un pecado tan grande, que impide a Moisés completar su tarea de introducir al pueblo de Israel en la tierra prometida. Y es que la muerte de Cristo es infinitamente suficiente y no admite repetición. Sería difícil descubrir la enormidad del pecado de Moisés si no fuera por la luz que arroja el antitipo - Cristo en Su muerte.

8. EL TABERNACULO(Ex. 25:1-40:38). En esta sola estructura con sus detalles, se nos presenta la más extensa tipología del Antiguo Testamento, y con ella hay mucho relacionado con la muerte de Cristo. El tabernáculo mismo es tipo de Cristo como único camino hacia Dios; el arca de la alianza rociada con sangre es el lugar de propiciación; el pan de la proposición es otro tipo de Cristo como el Pan de Vida dado por el mundo; todas las referencias a la plata

hablan de redención; el altar de bronce representa los juicios contra el pecado que Cristo llevó sobre Sí en Su muerte; el candelabro es tipo de Cristo luz del mundo; el altar de oro representa aquel aspecto de la muerte de Cristo que la hizo ser suave perfume de incienso para Dios; y la jofaina de bronce prefigura la purificación del creyente-sacerdote mediante la sangre de Cristo (1 Jn. 1:7,9).

IV. LA MUERTE DE CRISTO SEGUN LOS VARIOS TEXTOS DE LA ESCRITURA

No sólo causará impresión en el estudioso, sino que también le será sumamente ventajoso, el observar el lugar que la muerte de Cristo - considerada tanto en su aspecto histórico como en el doctrinal - ocupa en la Biblia. No necesitamos aludir más a la tipología que caracteriza las porciones más tempranas de la Palabra de Dios, y tampoco encontramos enseñanzas importantes sobre este tema en los libros históricos del Antiguo Testamento; sólo citaremos los pasajes más relevantes.

1. LA MUERTE DE CRISTO SEGUN EL GENESIS. Génesis 3:15 es una anticipación de la muerte de Cristo. En ese texto quedan implicadas la muerte de Cristo, su relación con los poderes angélicos, y su relación con el pecado y el juicio. Es adecuado que una reseña de la cruz y de su triunfo final aparezcan en los capítulos que registran los orígenes de todas las cosas.

2. LA MUERTE DE CRISTO SEGUN LAS PROFECIAS DEL ANTIGUO TESTAMENTO. Los Salmos que profetizan sobre la muerte de Cristo son 22:1-21 y 40:6-7. La predicción más relevante se encuentra en Isaías 52:13-53:12.

3. LA MUERTE DE CRISTO SEGUN LOS EVANGELIOS. En esta porción se encuentran cuatro extensos relatos de la muerte de Cristo, así como Sus propias predicciones respecto a Su muerte.

4. LA MUERTE DE CRISTO SEGUN ROMANOS, 1 Y 2 CORINTIOS, Y GALATAS. Puesto que el tema de la salvación es tan dominante en estos libros, y puesto que toda salvación se apoya en la muerte de Cristo, la doctrina del Nuevo Testamento se encuentra en gran parte en estas cuatro Epístolas. Los pasajes dignos de consideración son: Romanos 3:22-26; 4:25; 5:7-10; 6:1-15; 14:9,15; 1 Corintios 1:18-2:8; 15:3; 2 Corintios 5:14-21; Gálatas 1:4; 2:20; 3:10,13; 6:14-15.

5. LA MUERTE DE CRISTO SEGUN EFESIOS, FILIPENSES Y COLOSENSES. Los siguientes pasajes presentan la verdad más importante: Efesios 5:25-27; Filipenses 2:5-8; Colosenses 1:14-20; este último texto se refiere a la reconciliación de cosas, no de personas.

6. LA MUERTE DE CRISTO SEGUN LA EPISTOLA A LOS HEBREOS. En un alto grado, la Epístola a los Hebreos es un tratado sobre la muerte de Cristo, haciendo especial referencia a la verdad de que el viejo orden con sus sacrificios ha sido reemplazado por el único sacrificio de la cruz. El libro de Hebreos presta más imformación sobre la muerte de Cristo que ningún otro libro del Nuevo Testamento, como el Levítico la presta más que ningún otro de los libros del Antiguo Testamento. Obsérvense: Hebreos 1:3; 2:9; 5:1-10; 7:25-27; 9:12-15,16-18; 10:1-21; 12:2,24; 13:10-13.

7. LA MUERTE DE CRISTO SEGUN LOS RESTANTES LIBROS DEL NUEVO TESTAMENTO. En esta clasificación más general, son de notar varios pasajes: Hechos 17:3; 1 Tesalonicenses 4:14; 5:10; 1 Pedro 1:18-21; 2:21; 3:18; 4:1; 1 Juan 2:2; Apocalipsis 5:6,9,12; 13:8.

CAPITULO VI

LA TERMINOLOGIA BIBLICA RELACIONADA

CON LOS SUFRIMIENTOS Y MUERTE DE CRISTO

En el campo general de la doctrina que se refiere a los sufrimientos de Cristo y Su muerte, los escritores emplean ciertos términos específicos - algunos de los cuales son bíblicos, mientras que otros no lo son - cuyo significado debe ser discernido por el estudioso en su preciso valor. Consideraremos aquí doce de ellos:

I. EXPIACION

El *New Standard Dictionary* (ed. de 1913) define el sentido del término *expiación* así: "El medio activo de expiar, o de hacer reparación o satisfacción, de una ofensa o pecado; la remoción de la culpabilidad mediante el sufrimiento del castigo; reparación." En general, el término *expiación* es más inclusivo y definido que *reparación.*

II. PERDON Y REMISION

Mucho se ha escrito ya en esta obra acerca del significado doctrinal de estos términos; por tanto, no necesitamos añadir más aquí, sino sólo reafirmar que el perdón divino del pecado se ha hecho posible únicamente mediante la cruz de Cristo, y nunca se ejercita a espaldas de la expiación - ya sea anticipada, como ocurría en el Antiguo Testamento, ya realizada, como es el caso en la economía del Nuevo Testamento.

III. CULPA

La culpa (Gn. 42:21; Ro. 3:19; 1 Co. 11:27; Stg. 2:10), que significa que el culpable ha ofendido el carácter y la voluntad de Dios, es atribuida a todo ser humano, y ello bajo dos conceptos:

1. Como algo personal y referido así al hecho histórico del acto pecaminoso. En este sentido es intransferible, pues lo que está registrado ya como hecho histórico queda fijado para siempre.

2. Como una deuda con la justicia; tal es el uso teológico del

término *culpa*. Así es transferible en el sentido de que una persona inocente puede satisfacer la deuda, o sea, cumplir con la obligación de la persona culpable.

IV. JUSTICIA

Hablando en general, ya sea en su uso véterotestamentario o novotestamentario, el término *justicia* es sinónimo de rectitud. Aquí se tiene ante la vista la conducta de una persona con otra, especialmente la actitud justa de Dios hacia los hombres. El plan de la salvación mediante Cristo es en sí mismo tan perfecto, que Dios es declarado justo (no, misericordioso) cuando justifica al impío (Ro. 3:25; 4:5). Dios es siempre justo en todos Sus caminos.

V. JUSTIFICACION

Considerado teológicamente, el término *justificación* significa ser declarado justo. Es verdad que, estando en Cristo, el creyente es justo; pero la justificación es el reconocimiento y la declaración de Dios de que el que está en Cristo es justo. Y lo que Dios declara de este modo, lo sostiene. La justificación es inmutable.

VI. LA PENA O CASTIGO

Aunque no puede ser medido por la mente finita, tanto la razón como la revelación aseguran que el castigo por el pecado no es mayor que lo que la santidad de Dios exige, pues es la expresión de la autoridad judicial de Dios. Y esto es lo que Cristo ha pagado y satisfecho. Cualesquiera que fuesen estas exigencias, hemos de creer ahora que Cristo las ha satisfecho por aquellos que creen en El.

VII. PROPICIACION

Como ya se dijo anteriormente, la propiciación es el efecto o valor que la Cruz tiene en relación con Dios. Desde que Cristo murió, Dios es propicio. Esta verdad constituye el núcleo central del Evangelio y de lo que tenemos que creer.

VIII. RECONCILIACION

De manera semejante, respecto a la reconciliación, sólo unas breves palabras necesitan ser añadidas aquí. Ella representa el efecto y valor de la cruz en relación con el hombre. Puesto que el vocablo significa un cambio completo, el término no puede aplicarse con propiedad a Dios, que es inmutable, sino al hombre, quien, por la muerte de Cristo, es colocado en una diferente relación con Dios y con Sus juicios contra el hombre. Por su propia elección, el hombre puede ser cambiado o convertido con respecto a las justas demandas de Dios sobre él.

IX. REDENCION Y RESCATE

Estos dos términos tienen prácticamente el mismo significado. Redención implica el pago de un rescate y, en la redención que Cristo ha llevado a cabo, los juicios divinos contra el pecado, tras haber sido debidamente tasados, han quedado pagados por el sacrificio voluntario de Cristo. Digamos de nuevo que esto no es algo que necesite todavía ser cumplido, sino que, habiendo sido ya llevado a cabo, sólo necesita ser creído.

X. SACRIFICIO

Aunque este término significa en el uso común el desprenderse de algo que uno posee, su sentido doctrinal es ofrecer algo a Dios. Así todo animal que era inmolado en la economía mosaica era un sacrificio, y todos ellos eran una prefiguración del único sacrificio perfecto y definitivo que Cristo vino a ser en favor de los hombres perdidos (He. 9:26; 10:12).

XI. SATISFACCION

Las corrientes del pensamiento moderno han estado durante casi un siglo cerrando sus filas contra la doctrina de la satisfacción. El escándalo de esta doctrina es para dichas corrientes el hecho de que Dios, por presentar ciertas demandas santas contra el pecado, demandas que surgen de Su propio interior por el ultraje inferido a Su justicia y a Su carácter, ha aceptado como suficiente el pago que Jesucristo ha efectuado. Esta doctrina será considerada más extensamente en el siguiente capítulo de esta materia.

XII. VICARIO Y SUSTITUCIONAL

De nuevo estos dos vocablos ya aludidos, tienen idéntico significado y se refieren al sufrimiento de alguien en lugar de otra persona, en el sentido de que, en virtud de tal sufrimiento por parte del primero, el otro queda totalmente exonerado. Un vicario es un sustituto autorizado o aceptado en relación con un oficio o servicio, no meramente alguien que proporciona un beneficio en general. Cristo sufrió y murió a fin de que los hombres no sean requeridos a llevar su carga de condenación. El rechazar esta verdad equivale a rechazar la doctrina más clara de la Escritura, y también equivale a rechazar el evangelio, y la única base justa sobre la que Dios puede ejercitar Su gracia con los perdidos.

CAPITULO VII

TEORIAS FALSAS Y VERDADERAS SOBRE EL VALOR DE LA MUERTE DE CRISTO

La Teología Sistemática no presenta un tema tan difícil como el intento de analizar los valores conseguidos por Cristo en Su muerte - respecto a su necesidad; sus efectos en Dios, en los hombres y en los ángeles; y los principios implicados en su aplicación. Al acercarnos a este tema, puede aclararse la discusión principal si se establecen ciertos principios sobre los que debe basarse toda atención valiosa que se preste a este punto doctrinal.

I. CONSIDERACIONES PRELIMINARES

I. HECHOS REVELADOS. Según las Escrituras, la armonía original entre Dios y el hombre, de la que Adán cayó, debe ser tratada como una realidad fundamental. Aunque Dios estaba al principio en comunión ininterrumpida con el hombre, se vio obligado, a causa del pecado de éste, a arrojarlo del Paraíso y a proclamar que "sin derramamiento de sangre no hay remisión"; y aunque el hombre se hallaba al principio en comunión con Dios, quedó por el pecado alejado de Dios y está siempre en desasosiego hasta que, mediante las divinas promesas, sea restaurado a la justicia de Dios. Lo que constituye el detalle de estas renovadas relaciones ha variado en el decurso de los tiempos, de acuerdo con los diversos planes divinos. Los israelitas con sus pactos, cuando fueron restaurados a una correcta relación con Dios, llegaron casi a emular la condición del primer hombre antes de su caída, el cual estaba en comunión con Dios y disfrutaba de la bendición de una vida larga y tranquila en la tierra. Por otra parte, el cristiano, cuando se halla en la correcta relación con Dios que caracteriza su estado de salvación, es hecho conforme a Cristo, el Postrer Adán, y todas sus posesiones, posiciones, vida y expectación están centradas en aquel reino en que ahora está su Cabeza Viviente. Ya sea que dicho cambio se limite a las condiciones que se parecen a las del primer Adán, este cambio o metamorfosis es obra de Dios para el hombre, es realizado sobre una justa base que Dios ha establecido y está a disposición del hombre bajo las estipulaciones que Dios ha determinado, y pueden computarse como características respectivas de Dios y del hombre, el que Dios busca al hombre - como lo hizo en el Edén - y que el hombre se esconde de Dios e intenta - según estaba simbolizado por el delantal de hojas de higuera - cubrir su desnudez de la vista de Dios. Estos tres elementos de la verdad - Dios es el Salvador del hombre, Dios tiene la iniciativa en planear el modo de salvar al hombre, y Dios determina las condiciones en que el hombre puede ser salvo - son un razonable punto de partida para el estudio del complejo problema de esas teorías que los hombres han formulado para explicar el valor de aquello que Cristo llevó a cabo con su muerte, y la aplicación del valor de esa muerte a los que estaban alejados de Dios.

El hecho de que la Biblia dé tanto realce a la importancia de la muerte de Cristo - incluso haciendo el mundo, si no el Universo, *redento- céntrico-* junto con la correspondiente experiencia humana del único alivio y beneficio en las cosas espirituales por la cruz y a través de la cruz, ha impulsado a graves varones a formular teorías acerca de toda esta empresa divina. Como la Biblia no ofrece ningún sistema ya hecho de teología, tampoco presenta ninguna teoría prefabricada acerca del valor de la obra de Cristo en la Cruz; sin embargo, las dificultades son relativamente pequeñas cuando se reciben con fe sencilla las claras enseñanzas de la Palabra de Dios. El intento de formular una filosofía que se proponga analizar a Dios y todas Sus obras está abocado a enfrentarse con problemas insuperables. Es preciso hacer inferencias doctrinales, y algunas se han hecho con gran esmero, cubriendo toda la materia de lo que Dios ha revelado desde Génesis 3:15 hasta el himno triunfal con que se cierra la Biblia. De dichas inferencias emergen ciertas verdades, las cuales, si se coordinan correctamente, pueden constituir una teoría; pero hay que tener en cuenta que la teoría así formada, está en el mejor de los casos, caracterizada por el elemento humano y, como tal, sujeta a error. Una teoría nunca crea un hecho, sino que alcanza su meta cuando explica satisfactoriamente un hecho que ya existe. Así los hombres no han inventado ninguna verdad respecto al designio y al valor de la muerte de Cristo, sino que solamente han intentado trazar el significado de lo que Dios ha llevado a cabo. Sobre este punto de vital importancia, ha escrito R.W. Dale:

"¡Qué Idea la de una Expiación objetiva inventada por los teólogos para satisfacer las exigencias de los sistemas teológicos! Resultaría casi tan razonable el mantener que el aparente movimiento del sol fue inventado por los astrónomos para satisfacer las exigencias creadas por las teorías astronómicas. La tal Idea ha dejado perplejos a los teólogos, les ha creado nuevos problemas, y finalmente ha echado saltar en pedazos, uno tras otro, a diversos sistemas de teología, y se ha debido principalmente a este fracaso el que sistemas teológicos que un día fueron famosos y llenos de vigor, y de los que sus autores esperaban alcanzar una fama inmortal, se hayan desvanecido por completo. Si hubiera sido posible ahuyentar de la fe de la Cristiandad la tal Idea, el quehacer de la teología hubiera sido maravillosamente facilitado. *La historia de esta doctrina es una prueba de que la idea de una expiación objetiva no fue inventada por los teólogos* .... Es verdad, y verdad muy significativa, que el anhelo de ofrecer un sacrificio por el pecado es uno de los instintos más profundos de la vida religiosa de nuestra raza. También es verdad que este anhelo ha quedado satisfecho con la Expiación de Cristo. Pero el que, dejando a un lado las declaraciones clarísimas y llenas de énfasis de Cristo mismo y de Sus Apóstoles, la Iglesia se hubiera atrevido jamás a suponer que Su Muerte pudo ser la base sobre la que Dios perdona los pecados de la humanidad, es algo increíble... Si Moisés hubiese perecido a manos de sus inconstantes, ingratos y rebeldes compatriotas, me puedo imaginar a los profetas insistiendo, uno tras otro, en sus sufrimientos y muerte, a fin de inspirar en el pueblo una fidelidad a Dios como la que había sido puesta de manifiesto en el martirio de su gran líder. Y la Iglesia ha podido hacer lo mismo con la crucifixión de Cristo. Pero lo que debe contar para nosotros es el predominio universal de la idea de que, mientras los que dieron muerte a Cristo cometieron el mayor de los crímenes humanos, Su muerte fue la propiciación por los pecados del mundo. Puedo dar una explicación, y sólo una, del predominio de tal idea, y es que ella constituía un elemento importante y esencial en el prístino evangelio, que los Apóstoles hubieron de predicar a todas las naciones por comisión de Cristo, o sea, que la Iglesia recibió tal mensaje de los Apóstoles, y éstos lo recibieron de Cristo." *The Atonement,* 4a ed. ps.299-300, 309-310.

Primordialmente, la muerte de Cristo responde a una necesidad y a un plan dentro de Dios. La filosofía humana sufre torturas sin cuento siempre que pretende rastrear las solemnes realidades implicadas en tal muerte. Es obvio que el hombre no puede formular teoría alguna respecto a la muerte de Cristo, que sea completa en todos sus aspectos. El mejor procedimiento es recibir y creer simplemente lo que Dios ha dicho. Si tal procedimiento no deja mucho espacio al orgullo intelectual del hombre, quizás sea, en cambio, el mejor modo de preservar la verdad en toda su pureza y sencillez.

2. LA MUERTE DE CRISTO ES UNICA. La muerte de Cristo, no sólo no tiene paralelo en toda la historia humana, tanto respecto al modo como fue sufrida, cuanto en relación con el inmenso resultado que con ella se llevó a cabo, sino que además fue una crucifixión *voluntaria.* No ofreció resistencia, como ya había antes anunciado: "Nadie me la quita (la vida), sino que yo de mí mismo la pongo" (Jn. 10:18). Está muy lejos de lo normal en alguien que es inocente en grado infinito, el lanzarse a sí mismo a morir como un criminal. De ningún otro se pudo decir que fuese el Cordero de Dios que quita el pecado del mundo, o que pluguiese a Jehová quebrantarlo y cargar "en él el pecado de todos nosotros" (Is. 53:6,10). Las filosofías

humanas no están más capacitadas para penetrar en ésta que es la más crucial de todas las realizaciones divinas, que lo están para penetrar en el reino de lo infinito o en el interior del Ser Personal de Dios. No obstante, el pesado fardo con que los hombros del teólogo han de cargar es evidente en esta materia como en cualquiera otra, puesto que a él compete la tarea de sistematizar e interpretar la revelación precisa que Dios nos ha hecho. Queda excluida la mera especulación; con todo, a pesar de lo obvio de tal hecho, un gran volumen de la literatura que trata sobre el significado de la muerte de Cristo está embebida de conjeturas humanas.

3. SU EXTENSION. La inclinación casi universal a restringir el valor de la muerte de Cristo a un solo aspecto de la verdad, concretamente a su función de rescate o redención por el pecado, conduce inevitablemente a varios errores. El que Su muerte es la base de la justicia imputada y de la justificación, el que es la base sobre la cual el cristiano puede ser perdonado y caminar con el poder que Dios da, el que proporciona bendiciones eternas para Israel, y que es el fundamento en que descansa la futura perspectiva de una eternidad sin pecado, y el que, objetivamente, ella significa para Dios más de lo que puede significar a todos los hombres y ángeles juntos, parece que nunca se les ha ocurrido a muchos inventores de teorías en relación con el valor de la muerte de Cristo. Es evidente que una teoría que se limita únicamente al perdón de los pecados - por muy gloriosa que sea esta verdad - hará más concesiones al error que a la verdad.

4. SUS TRES DIRECCIONES. El problema del pecado, en cuanto afecta a los inconversos, es resuelto por la muerte de Cristo, y este valor apunta objetivamente hacia tres direcciones: una redención que apunta al pecado, una reconciliación que apunta hacia el hombre, y una propiciación que apunta hacia Dios. Aunque todo ello procede de Dios, también es verdad que el que toma la iniciativa proporciona y recibe un rescate; que proporciona y reconoce como Su propio Cordero al que quita el pecado, proveyendo así la reconciliación; y que provee también, mediante la muerte de Cristo, aquello mismo que le induce a mostrarse propicio.

Aunque el racionalismo condena como contradictorias estas verdades, ellas constituyen el verdadero núcleo central de la revelación divina con referencia a la obra salvífica de Dios y a Su gracia. Es uno más de los ejemplos con que nos hemos topado, en los que la revelación sobrepasa a la razón, y en que el alma devota puede alcanzar a conocer por simple fe lo que de otro modo jamás podría conocer.

Apenas es necesario advertir que una teoría que se proponga mostrar el valor de la muerte de Cristo, pero que omita una o más partes de esta triple división de la obra de Cristo en la Cruz, sólo puede despistar y engañar.

5. LA SATISFACCION DIVINA MEDIANTE LA MUERTE DE CRISTO NO EQUIVALE A LA SALVACION PERSONAL. La satisfacción referente a los juicios divinos contra el pecado, que Cristo ha provisto con Su muerte, no constituye automáticamente la salvación de aquellos por quienes El murió. Los inconversos son perdonados y justificados, no en el tiempo de la crucifixión hace más de diez y nueve siglos, sino en el momento en que creen; y los creyentes que pecan no son perdonados y limpiados en la fecha del Calvario, sino cuando confiesan su pecado. Dejando a un lado la verdad de que la disposición a creer, en el primer caso, y a confesar, en el segundo, es obrada en el corazón del individuo por el Espíritu Santo, queda, con todo, en pie la verdad de que estas bendiciones transformadoras están condicionadas por lo que se nos declara ser la preferencia electiva del hombre. El tratar la doctrina de la satisfacción confiriéndole el carácter de una provisión absoluta que se impone con necesidad determinante en la salvación de aquellos por quienes Cristo murió, sin tener en cuenta el elemento de la responsabilidad humana, no es más que otra deducción racionalista, fundada en una revelación parcial y que, por tanto, como todas las medias verdades, está sujeta a grandes errores.

6. TIPO Y ANTITIPO. Nadie que acepte la Escritura como Palabra de Dios, puede dudar de la ordenación, designio y sanción de Dios respecto a la verdad que empareja al tipo y al antitipo. Puesto que gran parte de la tipología pertenece a la muerte de Cristo, debe darse su justo valor a este específico cuerpo de doctrina, si se quiere reconocer todo el valor de la muerte de Cristo. El hecho de que se omita prácticamente en todas las discusiones teológicas que se refieren a la muerte de Cristo es un hecho evidente por sí mismo, y también es obvio el efecto de tal negligencia.

7. SE PUEDE DESCONFIAR DE LAS TEORIAS. Hablando con propiedad, no puede admitirse ninguna teoría en relación con el valor de la muerte de Cristo. Tal muerte es un *hecho* y la Biblia afirma sus múltiples efectos. La especulación humana siempre está en acción y la razón ha puesto objeciones a todos y cada uno de los mensajes de la revelación divina. El que la mayor de todas las empresas divinas se halle envuelta en el más profundo de los misterios no debería sorprender ni desasosegar las mentes devotas. El corazón humano - por mucha que sea la instrucción y experiencia que haya adquirido - no puede ni debe hacer otra cosa que creer el testimonio que Dios ha dado acerca de Su Hijo. Es cierto que se nos intima la necesidad de un estudio diligente de todo el mensaje revelado, a fin de que

podamos comprender correctamente la verdad que contiene (2 Ti. 2:15); pero todo argumento racionalista que contradiga a la revelación, está fuera de lugar en un genuino método teológico.

II. BOSQUEJO HISTORICO

Los múltiples y complejos puntos de vista acerca del valor de la muerte de Cristo que han proliferado durante la era cristiana, podrían dividirse en tres periodos: (a) desde el principio hasta Anselmo (D.C. 1100); (b) desde Anselmo hasta Grocio (D.C. 1600); (c) desde Grocio hasta los tiempos presentes.

1. DESDE EL PRINCIPIO HASTA ANSELMO. Parece ser que los escritores de la iglesia primitiva no intentaron muy definidamente formular una doctrina con relación al valor de la muerte de Cristo. Las enseñanzas de Cristo y de los Apóstoles eran recibidas con una fe sencilla. La siguiente cita de la *Epístola de Bernabé* (c. vii) servirá para indicar la creencia de los primitivos cristianos: "Por consiguiente, si el Hijo de Dios, que es Señor (de todas las cosas) y ha de juzgar a los vivos y a los muertos, padeció para poder darnos la vida por medio de su llaga, creamos que el Hijo de Dios *no pudo* haber padecido sino por nosotros." Podríamos añadir a ésta una cita de la *Epístola a Diogneto:*

> "Habiendo llegado a su colmo nuestra impiedad y habiéndose manifestado plenamente que la retribución que pendía sobre nuestras cabezas era el suplicio y la muerte, y habiendo llegado también el tiempo que Dios había designado para manifestar después Su benignidad y poder - ¡oh, cómo el amor de Dios y su inmensa deferencia para con los hombres, no Le llevó a mirarnos con odio, ni a rechazarnos, ni a conservar el recuerdo de nuestras ofensas, sino que lo sobrellevó con paciencia, y lo soportó! El mismo, con su misericordia, tomó sobre Sí el peso de nuestras iniquidades y dio Su propio Hijo en rescate por nosotros, al Santo por los transgresores, al Irreprochable por los malvados, al Justo por los injustos, al Incorruptible por los corruptibles, al Inmortal por los mortales. Pues ¿qué otra cosa, a no ser Su justicia, podía cubrir nuestros pecados? ¿En quién otro, sino en el Hijo único de Dios, era posible que fuésemos justificados nosotros, los inicuos e impíos? ¡Oh dulce intercambio! ¡Oh, inescrutable operación! ¡Oh beneficios que sobrepasan toda expectación! Que la impiedad de muchos quede escondida en un solo Justo, y la justicia de uno solo justifique a muchos transgresores."—cap. ix, ambos Padres citados por R. W. Dale. *Ibid.* ps. 271-171.

Sin embargo, hubo quienes sostuvieron desde una época temprana y casi universalmente, a pesar de las voces que se levantaron en contra, que el rescate que Cristo proveyó, fue pagado a Satanás. Hemos advertido anteriormente (Capítulo IV) que la muerte de Cristo llevó a cabo el juicio de Satanás (Jn. 12:31; 16:11; Col.

2:14-15), que Satanás es el poderoso enemigo que a sus presos nunca abrió la cárcel (Is. 14:17) y que fue derrotado por Cristo en Su muerte, hasta tal punto que Cristo "dio a los presos apertura de la cárcel" (Is. 61:1). Es evidente que textos como éstos ocupaban un lugar enormemente importante en los primeros días de la Iglesia, pero aquí, como ha pasado tantas veces a lo largo de todas las centurias de la historia de la Iglesia, la confusión surge de la presuposición de que Cristo sólo llevó a cabo una cosa en Su muerte. Satanás y sus ángeles fueron juzgados, pero el valor de la muerte de Cristo no está limitado a esa sola verdad, ni se le concede un lugar predominante. Podemos afirmar con la mayor certeza que no hay base alguna para la aserción de que Cristo pagó un rescate a Satanás por la redención de los hombres perdidos. Como un ejemplo de la protesta que algunos levantaron contra este concepto infundado, citemos lo siguiente de Gregorio Nazianceno:

"¿A quién y por qué motivo fue entregado el precio de la sangre que fue derramada por nosotros, aquella preciosa y noble sangre de Aquél que era Dios, y Sumo Sacerdote a la vez que víctima del sacrificio? Nosotros estábamos retenidos por el demonio, vendidos como esclavos bajo el pecado, habiendo conseguido placer por medio del vicio. Ahora bien, si el precio de la redención no se paga a ningún otro sino al que tiene en su poder a los cautivos, pregunto: ¿a quién se pagó este rescate, y por qué? ¿Al Maligno? ¡Oh, qué ultraje tan monstruoso! ¡Entonces el ladrón recibió no meramente un rescate de parte de Dios, sino al mismo Dios como precio de nuestra redención! ¡Magnífica paga por su tiranía, si la justicia le requería, en virtud de tal pago, a soltarnos! Pero si el rescate fue pagado al Padre, primeramente, ¿cómo pudo ser? Porque no era Dios el que nos tenía bajo Su poder. Y, en segundo lugar, ¿por qué razón la sangre de Su Hijo Unigénito tenía que dar ninguna satisfacción al Padre, quien ni siquiera aceptó a Isaac cuando su padre Abraham lo ofreció, sino que cambió el sacrificio de un ser racional por el de un carnero? Quede bien claro que fue el Padre quien ciertamente recibió el precio, no porque lo pidiese o lo necesitase, sino por la economía de la redención, y porque era menester que el hombre fuese santificado por la humanidad de Dios." *Opera*. Colonia, 1680, I, 691-692, citado por Dale, *ibid.*, ps. 273-274.

2. DESDE ANSELMO HASTA GROCIO. Lo escrito por Anselmo en su *Cur Deus Homo,* cambió repentinamente mucho de la opinión anterior. Anselmo defendió que la criatura ha ofendido al Creador, el cual tiene derechos soberanos de propiedad sobre todo lo que El ha creado, y que el rescate fue pagado a Dios. Este concepto se acerca mucho a la verdad de la propiciación divina, pero, de nuevo, carga un énfasis casi exclusivo sobre uno de los aspectos de la verdad. Las siguientes citas de *Cur Deus Homo* indicarán el carácter positivo del razonamiento de Anselmo, a quien se tiene por el inventor de la doctrina de la satisfacción:

"*El pecado no es otra cosa que no dar a Dios lo que le es debido...* La voluntad entera de una criatura racional debe estar sujeta a la voluntad de Dios . . .Quien no da a Dios el honor que le es debido, roba a Dios algo que le pertenece y deshonra a Dios; y en esto consiste el pecado . . .Todo aquel que peca, está obligado a devolver a Dios el honor que le ha robado; y ésta es la satisfacción que todo pecador está obligado a pagar a Dios (c. xi) . . .Nada hay tan intolerable en el orden de las cosas como el que una criatura robe a su Creador el honor que se le debe, y no le restituya lo que le ha robado . . .Si no hay nada mayor ni mejor que Dios, nada puede haber más justo que lo que preserva Su honor en la disposición de los acontecimientos, pues se trata de la Suprema Justicia, la cual no es ninguna otra cosa sino Dios mismo (c. xiii) . . . Es imposible que Dios pueda perder Su propio honor; porque, o el pecador paga de su propia voluntad lo que debe, o Dios se lo quita contra su voluntad. Pues o el hombre de su propio albedrío presenta a Dios la sujeción que le debe, ya sea no pecando, ya sea enmendándole contra su voluntad, y, por este medio, se muestra a sí mismo atormentándole contra su voluntad, y, por este medio, se muestra a sí mismo como su Señor, que es lo que el mismo hombre se resiste a reconocer de su propia voluntad." C.xiv., todo ello citado por Dale, *ibid.*, ps. 280-281.

Anselmo insistió mucho en el carácter representativo de Cristo como el Dios-hombre, diciendo que es imposible para el hombre caído dar a Dios una satisfacción condigna, y que Cristo como el representante de los hombres, e igualmente como verdadero Dios, pagó esta satisfacción como un sustituto, y así la satisfacción fue dada, por una parte, por Dios que era el único que podía cumplir adecuadamente con una exigencia tan grande y, por otra parte, por quien era, al mismo tiempo, el Hombre representativo.

Durante el período que comenzó con la influencia de Anselmo, se pusieron a discusión otros varios temas importantes estrechamente relacionados entre sí uno de los cuales era si Cristo se hizo en realidad el pecado que llevó sobre Sí - la suma total de todos los pecadores - o si, en sentido forense, llevó sobre Sí el juicio del pecado, como está prefigurado en sentido típico por el cordero que era eficaz para un individuo, como en el caso de Abel, o para una familia, como en la Pascua, o para la nación, como en el caso del Día de la Expiación. Martín Lutero defendió vigorosamente la idea de que Cristo vino a ser el pecado de todos los hombres, y no meramente el portador de sus juicios. En su comentario a Gálatas 3:13, dice:

"La doctrina del evangelio (que, entre todas, es la más dulce y llena de singular consuelo) no habla nada de nuestras obras ni de las obras de la ley, sino de la misericordia y amor inestimables de Dios hacia los pecadores más desgraciados y miserables: a saber, que nuestro misericordiosísimo Padre, viéndonos oprimidos y abrumados por la maldición de la ley, y así retenidos por la misma, de modo que nunca podríamos ser liberados de ella por nuestro propio poder, envió a Su Hijo Unigénito al mundo, y puso sobre El los pecados de todos los hombres, diciendo: 'Sé Tú Pedro, el renegado; Pablo, el perseguidor, blasfemo y cruel opresor; David, aquel adúltero; aquel pecador que comió la manzana en el Paraíso; el ladrón que estuvo colgado de la cruz; y, en una palabra, sé Tú la persona que ha cometido los pecados de todos los hombres. Mira, pues, que pagues y satisfagas por ellos'. Aquí viene ahora la Ley y dice: Lo encuentro que es pecador, y un pecador tal que ha tomado sobre Sí los pecados de todos los hombres, y no veo pecados en ninguna otra parte más que en El; por tanto, que muera en la cruz; y así le echa mano, y Lo mata. De esta manera, todo el mundo es purificado y limpiado de todos los pecados, y librado así de la muerte y de todos los males." - citado por Dale, *ibid.*, p. 289.

Otro problema que fue discutido fue el relacionado con la libertad de Dios por su implicación en la doctrina de la satisfacción. Si Dios tiene que exigir una satisfacción justa – no estándole permitido el perdonar el pecado como un acto de soberana indulgencia – ¿no queda restringida Su propia libertad, y limitado el ejercicio de su misericordia? Francisco Turretino (1682) defendió que la relación de Dios con el hombre caído no es de índole privada, pues comporta intereses públicos que no pueden ser dejados a un lado, si el gobierno de Dios ha de quedar en pie.

Los socinianos, en defensa de su interpretación racionalista del valor de la muerte de Cristo, sostuvieron que si Cristo dio realmente satisfacción a Dios por los hombres caídos, entonces aquellos por quienes Cristo murió, deberían quedar, en virtud de tal muerte, automáticamente salvos, lo cual es universalismo. Una respuesta a este reto fue la teoría de la redención limitada, la cual afirma que Cristo murió solamente por los elegidos, o por aquellos que, según el plan de Dios, habían de salvarse. Puesto que esta cuestión tan importante ha de ser tratada todavía extensamente, no la vamos a examinar de momento.

3. DESDE GROCIO HASTA LOS TIEMPOS PRESENTES. La teoría "rectoral" o "gubernativa" del valor de la muerte de Cristo fue inventada por Hugo Grocio (1583-1645), de Leyden, Holanda. Esta teoría, que pronto será discutida en detalle, ha ejercido una gran influencia sobre teólogos de mentalidad liberal, y, ha sido, desde su origen, casi la única que ha hecho una competencia notable a la tradicional doctrina de la satisfacción, doctrina que, aunque fue formulada por Anselmo, ha sido aceptada por los creyentes que forman la Iglesia a lo largo de las generaciones.

III. LAS TEORIAS EN GENERAL

Varias teorías más o menos definidas, o filosofías humanas, han sido propuestas con el intento de explicar lo que Cristo llevó a cabo en Su muerte. Cada una de ellas, a su vez, ha estado sujeta a variaciones y modificaciones que corresponden a una idea determinada que cualquier teólogo haya deseado incorporar a un esquema ya confeccionado. Algunos escritores han procurado, incluso en toda su extensión, clasificar dichas teorías. En la *New Schaff-Herzog Encylopaedia of Religious Knowledge* (I, 349-356), el Dr. B. B. Warfield presenta la siguiente quíntuple clasificación de tales teorías:

"(1) Teorías que conciben la obra de Cristo como *terminando en Satanás,* en el sentido de que se le obliga a soltar a las almas que había sometido a esclavitud. (2) Teorías que conciben la obra de Cristo como *terminando físicamente en el hombre,* en el sentido de que, por medio de una operación oculta en su interior, es introducido a participar de la vida de Cristo; son las llamadas 'teorías místicas.' (3) Teorías que conciben la obra de Cristo como *terminando en el hombre, en el sentido de hacer que éste se procure incentivos para obrar;* influyendo en él de forma que le conduzcan a un mejor conocimiento de Dios, o a un sentimiento más vivo de su relación real con Dios, o a un cambio revolucionario en su corazón y en su vida con respecto a Dios; son las llamadas 'teorías de influencia moral'. (4) Teorías que conciben la obra de Cristo como *terminando tanto en el hombre como en Dios, aunque primariamente en el hombre, y sólo secundariamente en Dios. . . .* son las llamadas 'teorías rectorales o gubernativas'. (5) Teorías que conciben la obra de Cristo como *terminando primariamente en Dios y secundariamente en el hombre. . . .* Esta teoría supone que nuestro Señor, condescendiendo compasivamente a participar de nuestra condición. . . . sintió tan vivamente nuestros pecados como si fueran Suyos, que pudo confesarlos y arrepentirse adecuadamente de ellos ante Dios; y ésta es toda la expiación que la justicia pide. . . . es la llamada 'teoría media' de la Expiación."

Como una ulterior preparación para entender correctamente las diversas teorías acerca del valor de la muerte de Cristo, todo estudiante de la Soteriología debería detectar la identidad de ciertos esquemas que asignan poca o ninguna importancia a la obra de Cristo. Entre ellos, y como totalmente único en sus pretensiones, está el Universalismo. Con un énfasis que supera al de los satisfaccionistas, este sistema declara que toda la raza quedó arruinada por el pecado. También pretende que Cristo murió por todos los hombres en el sentido más absoluto y que no se requiere dar ningún paso más, pues todos los hombres son salvos por la muerte de Cristo. Hay quienes llegan a extender esta salvación a los ángeles caídos, incluyendo a Satanás. Igualmente son propuestos otros esquemas que pretenden que los hombres pueden ser perdonados por un acto soberano de Dios. Este concepto existe en las mentes de grandes masas y es el resultado natural de descuidadas formas de predicar y escribir que lanzan directamente a los inconversos hacia la misericordia de Dios, sin referirse al hecho imperativo de que la misericordia divina es posible solamente por y mediante la muerte de Cristo como Redentor, Reconciliador y Propiciador. La Escritura no dice: "Cree en la misericordia de Dios y serás salvo", sino más bien "Cree en el Señor Jesucristo, y serás salvo." Es enseñanza constante de la Biblia que el pecador, ya perdido o salvo, del orden antiguo o del nuevo, nunca es perdonado sin contar con la sangre de Cristo, o lo que le sirve de tipo. Está bien claro en Hebreos 9:22 que "sin derramamiento de sangre, no hay remisión." El tal concepto de perdón por generosidad divina no sólo es ajeno al valor de la muerte de Cristo, sino que no tiene en cuenta los elementos que entran en juego referentes al ser personal y al gobierno de Dios que tal muerte protege de una manera tan perfecta. Tal concepto tampoco acierta a reconocer que, si a una sola persona le fuese perdonado un solo pecado en cualquier circunstancia por un acto soberano de Dios, sin tener en cuenta la base justa provista por Cristo en Su muerte, se introduciría con ello un principio general que haría posible el que Dios perdonase todo pecado por un acto soberano, y de esta manera haría innecesaria la muerte de Cristo. Es esta misma laxitud de pensamiento la que supone que el amor soberano de Dios puede ser el recurso para guardar de la perdición eterna a las almas; sin embargo, no hay persona que pueda salvarse de la perdición aparte de la obra de Cristo. En esto, los universalistas son más consecuentes que los que ensalzan el perdón soberano. El texto más citado por los abogados de la idea del perdón por un acto soberano de Dios es la parábola del "hijo pródigo", porque en ella no se habla de sangre eficaz, ni de regeneración, ni de ejercitar la fe. Pero es que allí se trata de una confesión y de un perdón pertinentes en el caso de un hijo que es restablecido en la comunión del Padre; y aun este perdón, como se nos asegura, siempre se apoya en la sangre de Cristo (comp. 1 Jn. 1:7,9). Fuera del tumulto de las opiniones humanas y de la baraúnda de encontradas voces, la Palabra de Dios nos ofrece claras y seguras afirmaciones acerca del valor de la muerte de Cristo. No obstante, debemos considerar específicamente algunas teorías, aunque respecto a las tres primeras hayamos de hacerlo con brevedad:

1. LA TEORIA MARTIRIAL. El argumento de la teoría martirial es que la incapacidad moral del hombre es animada por la muerte de Cristo como un mártir, así como por Su resurrección. Afirman que Cristo murió como un mártir a causa de las verdades que enseñó y de la vida que llevó, y que con Su muerte confirmó definitivamente Su doctrina y demostró palmariamente Su sinceridad. Esta teoría pierde de vista la necesidad del sacrificio y podría clasificarse entre las opiniones que esquivan cualquier referencia a la expiación objetiva. El Nuevo Testamento enseña claramente que la muerte de Cristo fue

totalmente voluntaria y las palabras mismas de Cristo son la refutación contundente de la teoría martirial: "Desde entonces comenzó Jesús a declarar a sus discípulos que le era necesario ir a Jerusalén y padecer mucho de los ancianos, de los principales sacerdotes y de los escribas; y ser muerto, y resucitar al tercer día" (Mt.16:21); "Nadie me la quita (la vida), sino que yo de mí mismo la pongo. Tengo poder para ponerla, y tengo poder para volverla a tomar. Este mandamiento recibí de mi Padre" (Jn.10:18). También se nos dice que, cuando murió, como el Dueño soberano de la vida, entregó Su propio espíritu: "Entonces Jesús, clamando a gran voz, dijo: Padre, en tus manos encomiendo mi espíritu. Y habiendo dicho esto, expiró" (Lc.23:46). Esta teoría sólo tiene en cuenta el aspecto ético de las enseñanzas de Cristo en lo que concierne a esta vida y a la vida futura; la muerte de un mártir – dicen – las hace más eficaces.

2. LA TEORIA DE LA INFLUENCIA MORAL. Esta teoría tuvo su origen en Fausto Socino (1539-1604) y fue la creencia característica de sus seguidores. Afirma que el valor de la muerte de Cristo no está dirigido objetivamente hacia Dios, sino que cumple su plan en la salvación humana mediante la influencia que dicha muerte ejerce en la vida cotidiana de los hombres. Proclama una reforma, pero sin pensar en una regeneración al estilo bíblico. Esta opinión debe clasificarse en el peldaño más bajo entre las teorías que no se preocupan por prestar un reconocimiento digno al valor de la muerte de Cristo, pues para ella, toda la vida de Cristo, Sus enseñanzas, Sus poderosas obras, Su muerte, Su resurrección, y Su ascensión sólo tienen un designio objetivo, que es el de ejercer sobre los hombres una influencia de tipo moral. Ello se presta a una gran variedad de ideas, pero el principio esencial queda intacto. Los modernos unitarios, al ser los más cercanos representantes de los puntos de vista socinianos, siguen perpetuando la teoría de la influencia moral más que ningún otro grupo de los tiempos presentes. Los abogados de esta teoría nunca se han preocupado de interpretar las enseñanzas de la Biblia. Todos los estudiosos de la Biblia reconocen que la muerte de Cristo tiene su efecto en las vidas de los que son salvos. Ningún texto lo declara tan bien como 2 Corintios 5:15, donde se afirma: "Y por todos murió, para que los que viven, ya no vivan para sí, sino para aquel que murió y resucitó por ellos."

Una teoría estrechamente relacionada con la teoría de la Influencia Moral y que debe ser clasificada junto a ella, es la que pretende que la muerte de Cristo fue una expresión de la simpatía de Dios hacia el pecador. Un ejemplo usado por los que predican este concepto es el de una madre inclinándose sobre la cuna de su niñito enfermo, donde la simpatía compasiva hace que se refleje sobre el rostro de la madre una pena mayor que la que se manifiesta en la cara del niño que sufre. Pero Cristo no murió meramente para hacerse compañero de los hombres que mueren, sino para que los hombres puedan escapar a la muerte; tampoco se limita a estrechar sus manos, mientras sufren el castigo merecido por sus pecados, sino que El mismo llevó sobre Sí ese castigo, para que ellos no tenga jamás que sufrirlo.

3. LA TEORIA DE LA IDENTIFICACION. Esta opinión sobre el valor de la muerte de Cristo podría formularse en pocas palabras: Los que defienden esta idea dicen que Cristo se identificó de tal manera con los hombres que pudo presentarse ante Dios como el representante de ellos, y así confesar los pecados de ellos como suyos, y arrepentirse en lugar de ellos. Resulta obvio que el elemento esencial de la expiación no queda incluído y, de nuevo, se supone que Dios queda justificado al perdonar soberanamente a los que se arrepienten, ya sea por un acto suyo personal o por el acto de otra persona que se ha identificado con ellos.

4. LA TEORIA RECTORAL O GUBERNATIVA. Al entrar en el análisis de la teoría Rectoral o Gubernativa, hay que reconocer que se diferencia netamente de las teorías antes mencionadas, por ser la única teoría que reconoce la necesidad de una obra objetiva de Cristo en relación a Dios. Otras teorías sólo se ocupan de la remisión del pecado del hombre, sin tener en cuenta las consecuencias morales más profundas que surgen cuando se afirma que un Dios santo perdona el pecado sin castigarlo. Sólo hay dos teorías - la de la Satisfacción y la Rectoral o Gubernativa - que pueden exigir la atención del hombre sincero que respeta el carácter santo de Dios y la revelación que El nos ha dado. Por esta razón, estas dos interpretaciones son situadas la una frente a la otra en todo análisis digno de este gran tema. Igualmente será necesario comparar de cerca estos dos sistemas a lo largo de la presente discusión.

La historia de la teoría Rectoral o Gubernativa ha sido ya descrita anteriormente. Allí hicimos notar que, como una normal interpretación de las Escrituras, muchos creyentes ya desde el principio sostuvieron la doctrina de la satisfacción divina mediante la muerte de Cristo y, aunque la doctrina de la satisfacción fue sistematizada por Anselmo en el siglo undécimo, fue ya sostenida en general, tanto como cualquier otra verdad, a lo largo de toda la era cristiana. En el siglo diez y seis, los ataques de que fue objeto la doctrina de la satisfacción partieron de los socinianos, que eran racionalistas y contrarios a la misma Escritura en que dicha doctrina se apoya. Estas Escrituras eran mal interpretadas y rechazadas en aras de la razón humana. Fue entonces cuando Hugo Grocio, jurista holandés y hombre de una inteligencia colosal, emprendió el proyecto de un esquema de interpretación que preservara alguna apariencia de valor objetivo en la muerte de Cristo y, al mismo tiempo, evitara gran parte del criticismo racionalista que había entonces lanzado su acometida contra la doctrina de la satisfacción. Aunque sus seguidores se hayan apartado, hasta cierto punto, de la filosofía grociana, las líneas esenciales de su teoría permanecen como él las trazó. Esta teoría ha sido el refugio de los arminianos, contitutye en gran escala la creencia de los teólogos del continente europeo, y ha sido la doctrina preferentemente sostenida por los independientes de Gran Bretaña y Estados Unidos. En este último país, ha sido defendida por hombres tales como Joseph Bellamy, Samuel Hopkins, John Samlley, Stephen West, Jonathan Edwards, Jr., Horace Bushnell, y Edwards A. Park. Este último afirmó que esta teoría era "la doctrina ortodoxa tradicional de los congregacionalistas norteamericanos". Sin embargo, la doctrina de la satisfacción ha sido, y es, sostenida por todos los calvinistas, y es la que aparece en todos los credos notables de la Iglesia.

Estos dos sistemas de interpretación están de acuerdo en que la muerte de Cristo y el derramamiento de Su sangre juegan un papel importante en la salvación de los hombres. La doctrina de la satisfacción incorpora el concepto de que la muerte de Cristo fue una sustitución penal que tenía por designio objetivo el proveer una base justa para que Dios perdonase los pecados de aquellos por quienes Cristo murió. La equidad, se nos dice, es perfecta, puesto que el Sustituto echó sobre Sí la pena, lo cual está expresado en la frase: "a fin de que él sea el justo, y el que justifica al que es de la fe de Jesús" (Ro. 3:26). La teoría Rectoral o Gubernativa arguye que Cristo proveyó con Su muerte un sufrimiento vicario, pero que de ninguna manera fue una sustitución en el castigo. Los abogados de esta teoría objetan a la doctrina de la imputación en todas sus formas, alegando especialmente que el pecado del hombre nunca fue imputado a Cristo y que la justicia de Dios nunca fue imputada a los que creen. Declaran, en fin, que una verdadera sustitución debe ser *absoluta* y, así, debe por necesidad remitir automáticamente la pena de aquellos por quienes Cristo murió. Por consiguiente, afirman que, puesto que Cristo murió por todos los hombres, y, sin embargo, no todos los hombres son salvos, falla la teoría de la satisfacción. Y es porque rechazan que haya una sustitución del carácter más absoluto con relación tanto a méritos como a deméritos, la cual no resulta efectiva sin una unión vital con Cristo – resultado de la fe salvífica – pero es patrimonio de todos los que están en Cristo.

Concedemos que surgen grandes dificultades siempre que mentes finitas intentan reducir el modo divino de obrar con relación a la salvación de los hombres perdidos – la mayor empresa divina – a las limitaciones de una teoría humana. Creyendo que la muerte de Cristo proveyó una satisfacción absoluta y que fue una sustitución completa y para evitar el problema que surge del hecho de que hay multitudes que no se salvan, un cierto sector de los calvinista s han afirmado que Cristo murió sólo por los elegidos, o aquellos que se salvan. Algunos más extremistas de este sector defienden que, en el caso de los elegidos, la fe salvífica no tiene tanta importancia, puesto que la muerte de Cristo tiene eficacia automática. Sin embargo, la mayoría de los calvinistas reconocen el hecho obvio de que incluso los elegidos no están más salvos que los no – elegidos hasta el momento en que creen en Cristo.

A juzgar por sus voluminosos escritos, no resulta fácil para los abogados de la teoría Rectoral o Gubernativa el especificar con precisión lo que ellos creen que Cristo llevó a cabo con Su muerte, y es igualmente difícil entender la exposición que nos ofrecen de su teoría. Decir, como ellos dicen, que los sufrimientos de Cristo fueron sacrificiales pero no punitivos, equivale a decir que Cristo satisfizo con Su muerte alguna necesidad divina diferente de la pena en que el pecado incurre por su ultraje a la santidad y al gobierno de Dios. Afirman que el pecado del hombre hizo que Dios sufriera y que este sufrimiento cayó sobre Cristo, aunque el Padre estaba en completa comunión con el Hijo a la hora de sufrir. Así los sufrimientos aparecen como manifestación de la compasión divina más bien que de un juicio penal, y declaran que, cuando se aprecian así, ni los sufrimientos quedan rebajados ni su eficacia queda reducida, porque, mediante los sufrimientos de Cristo, Dios revela Su odio santo contra el pecado y, como lo demuestra realmente en la cruz, expresa la aflicción que el pecado Le causa. Esto es todo lo que la teoría permite conceder como valor objetivo de la muerte de Cristo respecto a Dios y es así como se acerca al concepto de propiciación tanto como el sistema lo permite.

La disculpa de los que sostienen la teoría Gubernativa es que, puesto que Dios es amor y siempre lo ha sido, no hay lugar a tener que hacérnoslo propicio. Sin embargo, la Escritura declara que los inconversos eran "hijos de ira" (Ef. 2:3), y que Cristo ha vuelto a Dios propicio por medio de Su muerte (1 Jn. 2:2). En su valor objetivo con respecto al hombre, o sea, en cuanto se refiere al pecador por quien El murió, esto no significa para los defensores de esta teoría más que una influencia moral como la que se ejercería sobre la mente de alguien que es impresionado por el espectáculo de la tristeza divina por el pecado y de la compasión divina por el pecador. Con ello, la muerte de Cristo no realiza ningún cambio en la condición del pecador. Esto es todo lo que dicha teoría puede acercarse al concepto de reconciliación; sin embargo, la Biblia declara que Dios estaba en Cristo reconciliando consigo al mundo y que, por medio de tal muerte, de tal manera cambió la condición de los hombres que ahora no les toma en cuenta a los hombres sus pecados (2 Co. 5: 19). De manera semejante, si consideramos el valor de la muerte de Cristo en relación con el pecado, según esta teoría Dios es libre, en un sentido gubernativo, para perdonar a quien se arrepiente de sus pecados por el reconocimiento del hecho de la muerte de Cristo; y esto es todo lo que esta teoría puede acercarse al concepto de redención. Sin embargo, Cristo, según Su propia declaración, dio su vida "en rescate por muchos" (Mt. 20:28; comp. Mr.10:45; 1 Ti.2:6). La Teoría agota su fuerza en el único argumento de que, desde el lado rectoral o gubernativo de las exigencias divinas, habiendo Dios demonstrado en la muerte de Cristo Su odio al mal y, en los sufrimientos sacrificiales de Cristo, su compasión hacia el pecador, Dios puede salvaguardar Su gobierno perdonando por un acto soberano al pecador que se arrepiente bajo la influencia del hecho de la muerte de Cristo. Se pretende que el gobierno de Dios es protegido suficientemente en el mantenimiento de su santo nivel, si el perdón es concedido al pecador arrepentido como un acto de generosidad divina. Se han presentado argumentos muy elaborados para demostrar que un perdón basado en la expresión del desagrado divino respecto del pecado – la cual expresión es aceptada como una forma de expiación por el pecado –– no es un perdón soberano, sino que está basado en un factor meritorio. Pero tales argumentos carecen de todo peso para convencer a los que se oponen a tal teoría.

De lo dicho hasta aquí, podría concluirse que Grocio, como sus seguidores han hecho distinción entre lo que era *gubernativo* y lo que es *personal* en Dios en relación a Su juicio del pecado. La teoría declara que Dios no podría juzgar el pecado sobre base personal o como algo que ultraja Su santidad, puesto que El es amor, sino que debe juzgar el pecado a base de Su relación rectoral o gubernativa con los hombres. No tiene por qué recaer ningún castigo en un sustituto , y el pecador arrepentido es perdonado como un acto de compasión divina. Baur publicó una estimación de la obra de Grocio en *Bibliotheca Sacra* (IX, 259), y damos a continuación una breve cita suya a propósito de este aspecto de la teoría que venimos discutiendo: "El error fundamental del punto de vista sociniano es para Grocio el siguiente: que Socino consideró a Dios, en la obra de la redención, como ocupando el lugar de un mero acreedor o amo, que, con un simple acto de su voluntad, podía descargar plenamente de la obligación existente. Pero, como en el tema presente tenemos que habérnoslas con el castigo y con la remisión del castigo, no se puede mirar a Dios como a un acreedor, o como parte injuriada, puesto que el acto de infligir un castigo no compete a la parte injuriada como tal. El derecho a castigar no es uno de los derechos de un amo absoluto o de un acreedor, puesto que éstos tienen un carácter meramente personal; es el derecho sólo de un gobernante. De aquí que Dios debe ser considerado como un gobernante, y el derecho a castigar compete al gobernante como tal, puesto que existe, no por causa del que castiga, sino por el bien común, para mantener el orden y promover el bien público" (citado por Miley, *Theology,* II, 161). Por este breve análisis puede observarse que esta teoría, según es presentada por sus abogados, concede la mayor importancia a dos grandes conceptos, a saber, *arrepentimiento y perdón,* sin que este sistema reconozca ningún otro aspecto del valor de la muerte de Cristo, ni incluya ningún otro elemento de la gran obra de Dios en la salvación de un alma. Si surge la pregunta acerca de la necesidad de una exacción o castigo que mantenga en alto la santidad de la ley, el hecho de que Cristo sufrió sacrificialmente es tenido como suficiente para satisfacer la demanda. Grocio era arminiano en su teología y su teoría le va bien a cualquier sistema de interpretación de las Escrituras que se contente con medias verdades.

En cuanto a los métodos empleados por estos dos sistemas, es de notar que la doctrina de la satisfacción sigue las enseñanzas obvias de la Biblia, y es el resultado de un análisis sin prejuicios de la Palabra de Dios en lo que ésta nos dice acerca de la muerte de Cristo. Por otra parte, los defensores de la teoría grociana elaboran una filosofía que no está sacada de la Escritura y, tras exponer sus cavilaciones y razonamientos, tratan de demonstrar que, con ciertos métodos de interpretación, las Escrituras pueden ponerse en armonía con su teoría. Es muy significativo que los cristianos estando, como por lo general están, sometidos a la Biblia, hayan sostenido la doctrina de la satisfacción a lo largo de todas las edades.

Entre todos los que han expuesto y defendido la teoría Rectoral o Gubernativa, nadie le ha prestado una consideración más científica en los Estados Unidos que el Dr. John Miley, teólogo arminiano. Al afirmar su desacuerdo con la tradicional doctrina de la satisfacción, el Dr. Miley objeta (1) contra la doctrina de la sustitución, según es mantenida generalmente. Defiende que ni el pecado del hombre puede ser imputado a Cristo, ni la justicia de Dios puede ser imputada al hombre; y (2) que si el pecado del hombre es imputable a Cristo, el hombre no necesita de la fe personal para apropiarse el perdón, puesto que entonces no quedaría nada para ser perdonado.

Estos fueron los principales argumentos presentados por Socino y son los mismos que, a su vez, han sido presentados por muchos de la escuela arminiana. A la falacia que implican se le prestará la debida consideración en la próxima parte de este capítulo, pero debemos citar aquí al menos una parte de la defensa que el Dr. Miley hace de la teoría Rectoral o Gubernativa. Bajo el epígrafe general de "TEORIA Y NECESIDAD DE LA EXPIACION", dice así:

"*(1) Una Respuesta a la Necesidad Real.* La mediación redentora de Cristo implica su necesidad. Debe haber, y para ser científicamente consecuente tiene que haber, un acuerdo entre la doctrina de la expiación y la base de su necesidad. La teoría moral encuentra en la ignorancia y en las malas tendencias del hombre la necesidad de una verdad y de un móvil de más altura moral que los que la razón proporciona; la necesidad de las verdades y de los motivos más altos del Evangelio. Existe tal necesidad – muy verdadera y muy urgente. Y Cristo ha suministrado graciosamente la tan necesitada ayuda. Pero no por ello tenemos satisfecha parte alguna de la necesidad de una base objetiva para el perdón. De aquí que esta teoría no satisface la necesidad real de una expiación. Si la necesidad surgiese de una justicia absoluta que debe castigar el pecado, entonces la teoría de la satisfacción estaría de acuerdo con ella, pero sin fuerza para satisfacer sus exigencias, porque tal necesidad impide una expiación vicaria. Nosotros encontramos esa necesidad real en los intereses del gobierno moral – intereses que afectan a la gloria y a la autoridad divinas, y al bienestar de los seres morales. Cualquier cosa que salvaguarde estos fines, y que abra al mismo tiempo una vía al perdón, satisfará la necesidad real del caso presente. Y esto es precisamente lo que hace la expiación en la forma que nosotros la defendemos. En la exigencia del sacrificio de Cristo, como única base del perdón, es exaltado el nivel de la valoración divina del pecado, y se hace más cierto el castigo merecido con relación a todos aquellos que no obtienen el perdón mediante la gracia redentora. Y éstas son las especiales fuerzas morales mediante las que la ley divina pone un freno al pecado, protege los derechos, salvaguarda la inocencia, y asegura el bien común. Más aún, la doctrina que sostenemos no sólo da a estas fuerzas saludables la suma potencia moral, sino que también las combina con otra fuerza todavía más sublime, cual es el amor divino según se nos revela en el maravilloso medio de nuestra redención. Así mientras queda garantizado el sumo bien de los seres morales, la gloria divina recibe su más sublime revelación. Por consiguiente, esta doctrina tiene no sólo el apoyo que proviene de dar una respuesta satisfactoria a la necesidad real de expiación, sino también la recomendación de un gran aumento en las fuerzas morales del gobierno divino.

(2) *Fundada en la más profunda necesidad.* Nos enfrentamos aquí directamente con la doctrina de la satisfacción: porque es aquí donde sus defensores arguyen especialmente en su favor, y urgen contra nosotros especiales objeciones. Ya tenemos los principios y los hechos que deben decidir la cuestión. En su sistema, la necesidad consiste en la obligación absoluta que la justicia tiene de castigar el pecado, sin más, y, en último término, en una disposición punitiva por parte de Dios. Pero hemos mostrado anteriormente que no existe tal necesidad. Hemos mantenido una disposición punitiva en Dios, pero encontramos también en El una compasión por los mismos pecadores a los que Su justicia condena; y podemos concluir con razón similar que Su disposición de

clemencia encontrará satisfacción en un perdón gratuito de todos, tanta como la encontraría si no quisiese perdonar a ninguno, a no ser que un sustituto sufriese el castigo equivalente. ¿Quién puede demostrar que la disposición punitiva es la más fuerte? Retamos a que se nos presente un hecho que la exprese con tanta fuerza como expresa la cruz la disposición de la misericordia. Y no existiendo una necesidad absoluta de castigar el pecado, parece claro que, sólo por satisfacer las exigencias de la justicia rectoral, la compasión habría de triunfar sobre la disposición de una justicia meramente retributiva. De aquí que la alegada necesidad absoluta de una expiación resulta que no existe por ninguna parte. ¿Cuál es esta necesidad en la teoría gubernativa? Es la que surge del justo honor y autoridad del divino Gobernador, y de los derechos e intereses de los seres morales que le están sometidos. La libre remisión de los pecados sin una expiación, equivaldría a renunciar a tales valores. De ahí que la misma justicia divina, conservando todavía toda su disposición punitiva, pero teniendo en cuenta dichos derechos e intereses infinitamente más que una mera retribución del pecado, debe interponer toda su autoridad para excluir el caso de un perdón meramente administrativo. Igualmente, la santidad y bondad divinas, infinitamente preocupadas de tan altos valores, deben cerrar el paso a un perdón que equivalga a renunciar a ellos. Por tanto, la justicia, la santidad y el amor de Dios deben combinarse entre sí para exigir de un modo imperativo una expiación en Cristo como base necesaria del perdón. Estos hechos prestan la base para la más profunda necesidad de una expiación. Los fines rectorales de un gobierno moral constituyen para la misma justicia un imperativo más profundo que la retribución del pecado, simplemente como tal. Supongamos que un criminal está ante la ley con el demérito de su crimen. Este demérito, en sí, hace que su castigo sea justo, mas no forzosamente necesario; pero la protección de los demás ciudadanos, que quedarían expuestos a nuevos daños si el criminal quedara impune, hace que la rectitud judicial se vea obligada a imponer el castigo. El mismo principio es aplicable al gobierno de Dios. El demérito del pecado no impone al divino Juez la obligación de castigarlo; pero la protección de derechos e intereses por medio de la pena merecida, es una exigencia de su rectitud judicial, a no ser que esta protección quede garantizada por otros medios. Por consiguiente, resulta cierto que la expiación rectoral está fundada en la más profunda necesidad.

(3) *Valor rectoral del Castigo.* – Hemos hecho ya la debida distinción entre el oficio puramente retributivo y el rectoral del castigo. El primero se refiere simplemente al demérito del pecado; el segundo, a los grandes fines que han de conseguirse mediante la administración de la justicia y de la ley. Como quiera que el demérito del pecado es lo único punible en justicia, el elemento retributivo siempre condiciona al oficio rectoral de la justicia; pero el primero puede concebirse sin el segundo. Por tanto, la retribución penal puede ser considerada como un hecho distinto, totalmente independiente; como tal, es simplemente el castigo del pecado por ser un demérito, sin atender a ningún otro motivo u objetivo. Pero si alzamos nuestra vista hasta contemplar la justicia divina dentro de una esfera infinitamente más amplia, y sin aislarla de los demás atributos, sino inseparablemente unida a la santidad, a la sabiduría y al amor infinitos, como atributos de un mismo Dios que ejerce Su autoridad y gobierno sobre innumerables seres morales, hemos de pensar que el castigo que impone al pecado tiene siempre ulteriores metas en los intereses de su gobierno moral. Sostenemos, por consiguiente, que todo castigo impuesto por Dios tiene una función estrictamente rectoral, pues el castigo es el último recurso de todo

gobierno justo. En efecto, todo buen gobernante ha de procurar la obediencia de sus súbditos, y todos los restantes objetivos genuinos de una administración prudente y benéfica, por los medios más elevados y mejores; y esto de nadie se puede decir con más verdad que del divino Gobernador. Pero cuando fallan tales medios, queda todavía el recurso del castigo que ponga en sumisión a los incorregibles agentes de daños y perjuicios, con lo que los derechos e intereses comunes quedan protegidos. Esta protección es un valor propiamente rectoral del castigo, pero un valor que sólo se realiza cuando el castigo se ejecuta. Pero hay también otro valor rectoral del castigo simplemente como elemento de la ley, el cual consiste en su poder de influir en la conducta humana, y cuyas fuerzas saludables quedarán manifiestas con un breve análisis. El castigo, por su propia naturaleza, y también por las ideas morales a las que está asociado, hace su impacto en un determinado campo de las motivaciones humanas, a las que hace reaccionar y, por tanto, las somete a su influjo, el cual es tanto más saludable cuanto más elevadas son las ideas asociadas a cuyo estímulo responde dicha reacción. Pues primeramente, el castigo, como elemento legal, suscita un miedo instintivo. La fuerza intrínseca de este estímulo se mide por la severidad y certeza de su ejecución; pero su influencia real se debe en gran parte al estado actual de nuestra motivación subjetiva, pues hay quienes parecen totalmente insensibles a la severidad e inexorabilidad más grandes del castigo con que se les amenaza, mientras que otros son profundamente afectados por ello. De hecho, todo esto influye grandemente en la conducta humana; y, aun cuando éste es el poder más insignificante que el castigo tiene como motivo de obrar, con todo ya es algo, pues es preferible que se ponga un freno a las malas tendencias y se garantice la conformidad exterior a la ley mediante el dicho miedo, que no que tales objetivos no se puedan alcanzar de ninguna manera. Pero el principal valor rectoral del castigo, simplemente como elemento de la ley, consiste en las ideas morales que comporta, y la respuesta que de este modo suscita en nuestra razón moral. En la medida en que nuestra mente responde a estas ideas con la sana actividad de la conciencia y un más profundo sentido de la obligación, así también la fuerza rectora del castigo adquiere una forma más elevada de excelencia moral, pues tornándose clara expresión de la justicia misma al declarar el derecho en toda su sacralidad y reprobar el crimen en todas sus formas de daño o maldad, y en su profundidad abyecta que le hace merecedor de castigo, enseña con ello las normas imperativas del deber y gobierna la conducta por medio de principios más profundos, como son los de la obligación moral. Ahora los derechos son ya percibidos como algo sagrado, y se cumple el deber por el deber, y no por el miedo a las consecuencias penales de su violación o de su desprecio. Los mismos hechos tienen su más completa aplicación al castigo considerado como elemento de la ley divina, pero aquí su valor rectoral más elevado se debe únicamente a una revelación también más elevada de los atributos morales divinos, activos como siempre en todo lo que concierne al terreno de la administración moral.

(4) *Valor Rectoral de la Expiación.* – Los sufrimientos de Cristo, como verdadero sustituto en el castigo, han de cumplir el oficio de la pena en los objetivos obligatorios del gobierno moral. El modo de cumplirlo está determinado por la naturaleza del servicio que cumplen. Así como la saludable fuerza rectoral de la pena, como elemento de la ley, se ejerce especialmente por medio de las ideas morales que suscita, así también los sufrimientos vicarios de Cristo han de suscitar ideas morales, y gobernar la conducta por medio de ellas; de lo contrario, no tendrían por qué ocupar el lugar de la pena más bien que el

del perdón, para cumplir su elevada función rectoral. De aquí que los sufrimientos vicarios de Cristo son una expiación del pecado en cuanto que manifiestan a Dios en su justicia, santidad y amor; en cuanto que salvaguardan su honor y su ley, tienen en consideración los derechos e intereses de los seres morales y reprueban el pecado como algo intrínsecamente malo y enemigo acérrimo de sus propios derechos y del bienestar de sus criaturas. ¿Revela la expiación en Cristo tales verdades? Respondemos afirmativamente, y no necesitamos el imposible elemento penal de la teoría de la satisfacción para ningún aspecto de esta revelación. Dios revela su profunda preocupación por lo sagrado de Su ley, y por los intereses que ésta salvaguarda, por lo que hace para mantenerlos y protegerlos. El ordena declaraciones de su carácter sagrado y de su autoridad; encierra en ella las más fuertes sanciones de recompensa y castigo; reprueba en los más severos términos todo desprecio de sus requerimientos, y toda violación de los derechos e intereses que ella está destinada a proteger; castiga las transgresiones con las terribles penas de su justicia retributiva, aunque siempre tenga que sacrificar su compasión. La ausencia de tales hechos demostraría indiferencia hacia los grandes intereses que están en juego, mientras que su presencia demuestra, del modo más fuerte en que tales hechos pueden hacerlo, la preocupación de Dios por estos intereses; hechos que, con las ideas morales que comportan, dan peso y saludable poder rectoral a la ley divina. La omisión del elemento penal, sin una propia sustitución rectoral, dejaría la ley en completa debilidad. Ahora, sustituyamos el sacrificio de Cristo por la primordial necesidad del castigo, y como la única base del perdón, pero notemos al mismo tiempo qué es lo que reemplaza en la ley divina y en qué punto puede modificar la administración divina. Queda la ley, con todos sus preceptos y sanciones; la pena no ha sido anulada; el honor y la autoridad de Dios no han bajado de su pedestal; los derechos e intereses no son menos sagrados ni están salvaguardados en términos más débiles; el pecado tiene la misma reprobación; el castigo, la misma inminencia y severidad con relación a toda impenitencia e incredulidad contumaces. El cambio entero que tiene lugar en la economía divina es el siguiente – que, sobre la sola base del sacrificio vicario de Cristo, todos cuantos se arrepienten y creen pueden ser perdonados y salvos. Esta es la sustitución divina para la primordial necesidad de castigo. Por tanto, mientras todos los demás hechos dentro de la legislación y administración divinas quedan los mismos, y sin rebajar la expresión de verdades del más elevado poder y valor rectorales, este sacrificio divino en expiación del pecado sustituye la lección de una primordial necesidad de castigo por su propia revelación más sublime de las mismas verdades saludables; más bien añade su propia lección más sublime a la del castigo.

Como el castigo queda en su sitio, remisible, es verdad, con sus debidas condiciones, pero de ejecución segura en todos los casos de impenitencia, y, por tanto, finalmente ejecutado con frecuencia, la sanción penal de la ley proclama todavía toda la verdad rectoral que puede expresar. De aquí que el sacrificio de Cristo en expiación por el pecado, y en declaración de la justicia divina al perdonar, es una expresión adicional e infinitamente más elevada de las más saludables verdades morales. La cruz es la revelación más sublime de todas las verdades que las mejores fuerzas morales del gobierno divino encierran dentro de sí. La expiación en Cristo es tan singular y original en muchos de sus hechos, que resulta tanto más difícil el encontrar en hechos humanos las analogías para ilustrarla de un modo conveniente, aunque no faltan en este terreno algunos hechos que pueden servir para el caso. Un famoso conferenciante, en una reciente discusión sobre la redención, ha dado publicidad a una medida tomada por Bronson Alcott en el gobierno de su escuela y que consistía en que el propio maestro se ofrecía a sufrir el castigo en sustitución del alumno que había cometido la ofensa, y a sufrirlo a manos del propio ofensor. Nadie puede pensar razonablemente que tal sustitución era penal, ni que la culpa del alumno era expiada por los azotes que el maestro sufría en su lugar. La sustitución respondía simplemente a los objetivos disciplinares del castigo. Sin referirnos a la teoría de Bronson Alcott ni a la interpretación de Joseph Cook, ponemos el caso con toda la evidencia que le presta la filosofía de sus propios hechos, pues puede cumplir muy bien su oficio. Y aceptamos el testimonio de un resultado tan saludable, no sólo por garantizarlo la autoridad que más crédito merece, sino también por la suma credibilidad intrínseca que posee. Nadie en la escuela, y en sujeción a las normas de su disciplina, pudo desde entonces pensar menos severamente en cualquier transgresión a sus leyes, ni pudo pensar tampoco que el maestro reprobaba con menor severidad la maldad de tal transgresión, o que estaba menos resuelto a imponer estrictamente la obediencia; al contrario, todas estas ideas cobraron seguramente un impacto más intenso, y de un modo que les permitió ejercer la más saludable influencia. El sacrificio vicario del maestro vino así a ser un elemento moral poderoso y sumamente saludable en el mantenimiento de la disciplina. Incluso el castigo mismo del ofensor no hubiera podido garantizar de un modo tan excelente la obediencia prestada en aras de su misma obligación y excelencia. Podríamos poner también el caso de Zaleuco, tantas veces citado en debates como éste, aunque despojado frecuentemente de algunos detalles analógicos, hasta volverlo inútil para hacer una buena comparación. Este ejemplo no sirve para la teoría de la satisfacción, pero tiene su valor dentro de una teoría verdadera. Zaleuco era legislador y gobernador de los locrianos, primitiva colonia griega establecida en el sur de Italia. Sus leyes eran severas y rígida su administración, pero ambas eran muy apropiadas a la índole de tal pueblo. Su propio hijo fue una vez convicto de violar cierta ley, lo cual estaba penado con la ceguera. El caso fue presentado a Zaleuco, quien era a la vez gobernador y padre; de aquí, el conflicto originado en su alma. Hubiera sido un padre desnaturalizado, hasta el punto de descalificarle para el oficio de gobernante, si no hubiera sentido tal conflicto en su interior. El pueblo le pidió clemencia para su hijo, pero, como gobernante, sabía que la simpatía que había provocado tal reacción podía ser sólo transitoria, y que, a la larga, tal reacción se trocaría en acusación de parcialidad e injusticia; sus leyes quedarían deshonradas; y su autoridad, quebrantada. Así pues, el conflicto dentro de su alma continuaba, ¿Qué podría hacer él para conciliar sus deberes de gobernante y de padre? Al hallarse así entre la espada y la pared, encontró por fin el modo de expiar la culpa haciéndose arrancar uno de sus ojos en vez de uno de los ojos de su hijo. Esta fue una medida que sobrepasó las exigencias de la ley y de la justicia distributiva, puesto que éstas no podían imponer ningún castigo al gobernador y padre por motivo del pecado del hijo. Por tanto, la sustitución no fue penal, pues el sufrimiento vicario no era en forma alguna, ni podía serlo, retribuyente, ya que faltaban todas las condiciones para una retribución penal. Así que nadie puede razonablemente pensar que el pecado del hijo fue expiado, ni siquiera en parte, por lo que el padre sufrió en su lugar. Ya es suficientemente irracional la transferencia del pecado como un todo, pero la idea de dividirlo, dejando una parte al verdadero pecador para que la pague él mismo, y tranfiriendo la otra a un sustituto que la pague por él, sobrepuja todos los niveles del pensamiento racional. En cambio, la sustitución ya respondía a las exigencias rectorales del castigo, sin necesidad de ser penal, pues el gobernante protegía completamente su honor y autoridad, la ley seguía proclamando sus requerimientos y sanciones con inflexible fuerza, y el sacrificio vicario del gobernante en aras de su compasión paternal, tanto como en aras de su administración gubernativa, sirvió para intensificar todas las ideas que pueden granjearle a él honor y autoridad como gobernante, y a las leyes un poder saludable sobre su pueblo. Este es, pues, un caso genuino de expiación mediante sufrimiento vicario, que guarda estrecha analogía con la expiación divina. En ninguno de los dos casos tiene la sustitución el objetivo primordial de penalizar el pecado, sino los objetivos rectorales del castigo, constituyendo así la base objetiva del perdón. Por tanto, tenemos en este ejemplo una ilustración clara y poderosa del valor rectoral de la expiación. Pero hasta ahora, hemos presentado la naturaleza, más bien que la medida, de este valor. Este segundo aspecto será explicado en su propio lugar cuando tratemos de la suficiencia de la expiación.

(5) *La única expiación suficiente.* - Nada más erróneo que el suponer que la teoría rectoral implica acepción de personas o es indiferente, de algún modo, al carácter del sustituto en la expiación, puesto que, en la lógica inevitable de sus más profundos y determinantes principios, excluye toda sustitución inferior y requiere un sacrificio divino como la única expiación suficiente; sólo ella puede expresar adecuadamente las grandes verdades que pueden cumplir el oficio rectoral del castigo. El caso de Zaleuco puede servir de ilustración. El tenía en su mano otras salidas; sin duda que poseía dinero en abundancia y podía haber intentado comprar la impunidad de su hijo distribuyendo grandes sumas entre sus súbditos; disfrutando de un poder absoluto, podía haber encontrado otra persona de inferior condición como sustituto en el castigo de ceguera. Pero, ¿cuál hubiera sido entonces el sentido o el valor rectoral de tal medida? Esto no podía satisfacer las necesidades reales del caso y hubiese silenciado completamente las grandes verdades que exigen imperiosamente una afirmación en cualquier sustitución adecuada. En cambio, el sacrificio de uno de sus propios ojos por uno de los de su hijo proporcionaba la afirmación requerida, como ninguna otra medida podía proporcionarla. Lo mismo ocurre en la sustitución de Cristo en nuestro lugar: ningún ser inferior y ningún sacrificio inferior podía dar respuesta, mediante la expresión y afirmación de grandes verdades rectorales, a los necesarios objetivos del castigo. Y, como veremos en su lugar, ninguna otra teoría puede interpretar y aplicar tan plenamente todos los hechos en el sacrificio de Cristo, pues reserva un sitio que ocupar y una necesidad que llenar para cada elemento de valor expiatorio en su sustitución." – *Ibid.*, págs. 176-184.

R.W. Dale es el más relevante exponente inglés de la teoría Rectoral o Gubernativa aunque se sitúa más cerca de la doctrina de la satisfacción que el Dr. Miley. Sólo el estudio más meticuloso del lenguaje de Dale puede descubrir el punto de vista que él, evidentemente, sostuvo. Citamos aquí un breve fragmento de sus escritos:

"La Muerte de Cristo puede describirse como una Expiación por el pecado, pues fue un acto de Dios que hace innecesario el castigo del pecado. Fue una Muerte Vicaria, pues murió ' por nosotros ', ' por nuestros pecados ', ' en nuestro lugar ', porque el principio de que merecíamos sufrir fue asegurado en Sus sufrimientos, para no tener que ser afirmado en los nuestros. Fue desamparado por Dios, para que nosotros no tengamos que serlo. No sufrió para poder sólo participar de los castigos de nuestro pecado, sino para que dichos castigos nos puedan ser remitidos. Fue una Muerte Representativa, la Muerte de Alguien a quien los antiguos teólogos acostumbraban a describir como la nueva Cabeza Federal de la raza humana, o de la Iglesia. El lenguaje técnico de los teólogos oscurecía e incluso ocultaba la verdad que se intentaba expresar. El Señor Jesucristo es con toda verdad, por la ley original del Universo, el Representante de la humanidad. Su muerte puede ser descrita como un Rescate - un acto de Dios por el cual somos liberados o redimidos de las calamidades que nos amenazaban mientras estábamos expuestos al castigo del pecado, y por el cual somos también liberados o redimidos de aquellos males morales y espirituales de los que no había escape, excepto mediante la restauración en nosotros de la vida de Dios. Fue una Satisfacción a la justicia de Dios, sea cual sea el sentido en que el castigo de los culpables puede ser descrito como Satisfacción a la justicia de Dios. Fue un Sacrificio por el pecado - un reconocimiento, como jamás hubiésemos podido hacerlo por nosotros mismos, de la magnitud de nuestra culpa; un verdadero sometimiento, en nuestro lugar, al castigo de la culpa, y una confesión de que nuestra misma vida había sido justamente enajenada por nuestros pecados. Fue una Propiciación por el pecado - una Propiciación iniciada y efectuada por Dios mismo, mediante la cual somos introducidos a una relación tal con Dios, que todas las razones morales que exigían la retención de nuestros pecados desaparecen. Como acto de sumisión a la justicia de la Ley, por la cual estábamos condenados, acto llevado a cabo en nuestro nombre y que comportaba, en fin de cuentas, nuestra sumisión a la Ley, ' tiene la propiedad '– para citar la definición técnica de Propiciación, dada por uno de nuestros teólogos –' de disponer, inclinar, o inducir a la autoridad judicial a *admitir* la expiación; esto es, a aceptarla como razón válida para perdonar al ofensor ' (Dr. Pye Smith). O, para afirmar la que, a mi parecer, es la verdad completa, la Muerte de Cristo fue una Propiciación por los pecados de los hombres, porque fue una revelación de la justicia de Dios, a base de la cual puede El remitir las penas del pecado; porque fue un acto de sumisión a la justicia de estas penas en lugar de la humanidad, un acto en el cual fue real y vitalmente incluida nuestra propia sumisión; y porque garantizó la destrucción del pecado en todos cuantos, por fe, son reintegrados a la unión con Cristo. Constituye, por tanto, el argumento Supremo e irresistible, por el que podemos ahora apelar a la infinita misericordia de Dios para que nos otorgue el perdón de los pecados y nos libre de la ira venidera." - *Op. cit.*, ps. 432-434.

Como resumen de esta discusión de la teoría Rectoral o Gubernativa, tres son las acusaciones que podrían formularse contra este sistema:

(a) Es una hipótesis basada en la razón humana, pues, en vez de buscar en las Escrituras los testimonios claros sobre el tema que pretende exponer, pretende que esas mismas Escrituras, mediante una interpretación especial, puedan acomodarse a tal hipótesis.

(b) Intenta una distinción imposible entre los sufrimientos de Cristo en cuanto *sacrificiales,* y en cuanto *penales.* La debilidad de tal distinción queda patente en las dos ilustraciones arriba citadas - la del maestro castigado en lugar del alumno, y la de Zaleuco que sacrificó un ojo por el crimen de su hijo. De ellas asegura el Dr. Miley que no podían ser penales. Si quiere decir que no dieron a Dios satisfacción por el pecado según Dios lo veía, nadie se lo discutirá; pero, dentro de su propia esfera con respecto a las leyes y estatutos humanos, ambas constituyeron una clara sustitución penal que no sólo mantuvieron en pie la ley implicada, sino que, en la medida en que las normas humanas pueden exigirlo, descargaron justamente de su obligación al ofensor. Esta teoría está dominada por una falacia oculta bajo la falsa paridad que establece entre el gobierno divino y el humano.

(c) Restringe el objetivo del valor de la muerte de Cristo al solo aspecto del perdón de los pecados de los inconversos, presuponiendo que el hombre caído - si es que, de verdad, el hombre está caído - no necesita más que el perdón de los pecados. La muerte de Cristo al poder del pecado, y la muerte de Cristo como base para la imputación de la justicia, quedan o relegadas o rechazadas.

5. LA DOCTRINA DE LA SATISFACCION. Como hemos observado, la creencia de que Cristo satisfizo las justas demandas de Dios contra el pecado ha sido sostenida por los verdaderos creyentes a lo largo de la historia, precisamente porque está claramente testificada en la Palabra de Dios y, por ende, es una conclusión natural siempre que se examinan sin prejuicios las enseñanzas que sobre este tema nos ofrece la Biblia. Es, y ha sido siempre, la creencia incuestionable de los expositores, de los predicadores conservadores y de los evangelistas.

La doctrina de la satisfacción se bifurca en dos clasificaciones generales o escuelas de interpretación: la absoluta y la moderada. Con el término *absoluta*, nos referimos a una escuela teológica, según la cual, y marcando el énfasis en la aparente razonabilidad del caso, si Cristo dio satisfacción a Dios por los pecados de una persona, esta persona es por ello constituida uno de los elegidos y debe necesariamente ser salva, puesto que para ella no existe ya el castigo, por haber sido éste soportado perfectamente por el sustituto. La interpretación *moderada* de la muerte de Cristo asegura que, sobre la base autorizada de la Escritura, Cristo murió por todo el mundo o *cosmos* y que nadie es salvo ni se beneficia directamente de la muerte de Cristo hasta que cree. Puesto que esta fase de la discusión que se refiere al valor de la muerte de Cristo, ocupa una parte entera de este volumen, y que consideraremos inmediatamente, no necesitamos ocuparnos de ella al presente. En dicha parte, hemos de examinar los diversos puntos en que se diferencian las escuelas de pensamiento de quienes sostienen la doctrina de la satisfacción.

En contraste con todas las demás teorías respecto al valor de la muerte de Cristo - incluyendo la Rectoral o Gubernativa - las cuales restringen la obra de Cristo a un solo aspecto, el de proveer el medio por el cual pueda ser perdonado el pecador, la doctrina de la satisfacción, por tener en cuenta *todo* lo que la Biblia afirma, reconoce e incluye las prefiguraciones típicas del Antiguo Testamento, y se preocupa grandemente en estar de acuerdo con ellas, lo mismo que con las enseñanzas antitípicas del Nuevo Testamento; sostiene, a base de la Palabra de Dios, la real sustitución llevada a cabo por Cristo, tanto en el terreno de la desobediencia que él llevó sobre sí(*ἀντί*)en lugar del pecador como en el terreno de la obediencia que ofreció a Dios en lugar de aquellos que están carentes de obediencia; engloba la verdad de que Cristo, por medio de Su muerte, terminó con todo el sistema del mérito, en favor de los que creen; respeta las doctrinas específicas y de largo alcance de la redención, la reconciliación y la propiciación; presta una consideración sin reservas a la muerte de Cristo en su relación al pecado de naturaleza o poder del pecado y a los pecados personales que fluyen de él; tiene en cuenta los específicos pecados personales cometidos por los cristianos; llega hasta los dominios angélicos y hasta el Cielo mismo. Comparada con todo esto, una teoría que no puede, debido a sus limitaciones, extenderse más allá de un perdón gratuito o soberano de los pecados personales de los inconversos, no llega ni a un mero gesto humano en un terreno donde sólo el poderoso brazo del Dios infinito puede servir de algo. Y tampoco debe pasarse por alto que las tales teorías no sólo resultan absolutamente inadecuadas, sino que deshonran a Dios al presuponer que puede desdeñar, si no insultar, Su propia santidad con una actitud de indulgencia hacia el pecado; y, como hemos afirmado, si se admite una sola vez la indulgencia de Dios hacia el pecado, se introduce un principio que niega la Palabra de Dios y, además, si lo extendemos a todo pecado, haría de la muerte de Cristo una locura.

A la vista del hecho de que todo el presente volumen dedicado a la Soteriología es una explanación de la doctrina de la satisfacción, y de que toda esta obra de Teología está basada en tan sublime realidad, resulta fuera de propósito el hacer aquí un análisis más detallado.

CONCLUSION

En un discurso - "Modernas Teorías de la Expiación" - pronunciado en la inauguración de la Conferencia Religiosa habida en el Seminario de Princeton el 13 de octubre de 1902, y publicada en la Revista de Princeton de 1903, el Dr. B. B. Warfield presentó un análisis que es tenido por el más clarificador de todos los que se han publicado sobre esta materia. Juzgamos que este discurso tiene para todo estudiante de Teología la suficiente importancia como para justificar el que lo reproduzcamos aquí:

"Podríamos confesar ya desde el principio que no existe tal cosa como una teoría moderna sobre la Expiación, en el sentido en que hay una teoría moderna, digamos, de la Encarnación - la teoría de la *kenosis*, por ejemplo, que es una concepción enteramente nueva, jamás soñada hasta bien entrado el siglo diez y nueve, y que está abocada, así lo esperamos, a ser relegada al olvido al paso del mismo siglo. Todas las teorías de la Expiación hoy en boga, fácilmente pueden clasificarse bajo los viejos rótulos, y sus prototipos se remontan, más o menos remotamente, a fechas ya lejanas de la historia de la Iglesia.

Es un hecho que la visión que los hombres tienen de la redención va teñida, en gran proporción, de sus fundamentales sentimientos de necesidad - de qué ansían los hombres ser salvados ante todo. Y ya desde el principio pueden trazarse tres tipos bien diferenciados de pensamiento sobre esta materia, correspondientes a tres necesidades fundamentales de la naturaleza humana, según ésta se revela en este mundo de limitaciones. Los hombres se sienten oprimidos, o por la ignorancia, o por la miseria, o por el pecado en que se ven hundidos; y, mirando hacia Cristo para que les libre del mal bajo el cual cada uno en particular padece, se sienten inclinados a concebir Su obra primordialmente, o como revelación de una ciencia divina, o como inauguración de un reinado de felicidad, o como liberación de la maldición del pecado.

En la Iglesia primitiva, la tendencia intelectualista se alió con el fenómeno que llamamos Gnosticismo. El afán de paz y felicidad que era efecto natural de los atroces males sociales de la época, encontró su expresión más notable en lo que conocemos como Quiliasmo. El que no haya un nombre especial para describir la corriente que manifestaba el anhelo de ser liberados de la maldición del pecado, no significa que este anhelo fuera menos relevante o menos agudo, sino todo lo contrario. Las otras teorías eran rechazadas como herejías, y como tales recibían su designación apropiada; mientras que ésta constituía el punto de vista fundamental de la Iglesia misma, y, como tal, encontró su expresión en formas innumerables, algunas de las cuales eran, sin duda, grotescas sobremanera - como, por ejemplo, aquella descripción bastante extendida de la redención que la presentaba como la entrega de Cristo en pago del rescate a Satanás.

Nuestra moderna Iglesia, no hace falta que yo os lo diga, se parece mucho en esto a la Iglesia primitiva. Todas estas tres tendencias hallan eco completo en el pensamiento moderno, como en el de cualquier otra época de la vida de la Iglesia. Quizás en ningún otro período, fue Cristo presentado tan frecuente y apasionadamente como un mero Salvador social. Ciertamente, en ningún otro período ha sido Su obra tan predominantemente catalogada como una mera revelación. Mientras que ahora, como siempre, la esperanza de los cristianos, en general, continúa puesta en El, considerándolo específicamente como el Redentor del pecado.

Las formas de que se revisten hoy estos tipos fundamentales de pensamiento difieren grandemente, como es natural, de las que tenían en los primeros siglos. Esta diferencia es, en gran parte, el resultado de la historia del pensamiento a lo largo de los siglos. La asimilación de las doctrinas de la revelación por parte de la Iglesia fue un proceso gradual; y fue también un proceso evolutivo — al emerger las distintas doctrinas en la conciencia cristiana, en una secuencia natural, para ser discutidas técnicamente y formuladas científicamente. En este proceso, la doctrina de la redención no surgió para ser formulada hasta el siglo once, cuando Anselmo la trató por primera vez de un modo provechoso, y estableció para siempre las líneas generales en que se debe concebir la redención, si se la considera como obra liberadora del castigo del pecado. La influencia de la discusión de Anselmo no sólo es obvia, sino que ha sido también determinante en todo el pensamiento posterior hasta nuestros días. Sin embargo, la doctrina de la satisfacción expuesta por él no ha dejado de tener opositores. El extremo opuesto – el concepto general de que la obra expiatoria de Cristo consiste esencialmente en una revelación y tuvo, por tanto, su efecto primario en la liberación del error – fue defendido los mismos días de Anselmo por quien fue quizás el más agudo argumentador de todos los escolásticos, Pedro Abelardo. Y la teoría intermedia que, al parecer, fue inventada cinco siglos después por el gran jurista holandés, Hugo Grocio, gusta de ser considerada como casi contemporánea, al menos en germen, de la teoría anterior. Durante esos mil años de conflicto entre estas tres concepciones genéricas, cada una de ellas ha tomado formas proteicas, que han dado origen a una multitud de hipótesis combinadas o intermedias, pero, hablando en general, las teorías que se han repartido las preferencias de los teólogos pueden clasificarse sin dificultad dentro de uno u otro de estos tres tipos.

Para ser exactos, hay una cuarta conceptión general, que necesitaría ser examinada de cerca si pretendiéramos hacer una enumeración exhaustiva. Se trata de la idea mística que considera la obra de Cristo como resumida en la Encarnación, y ve el proceso salvífico como una levadura invisible que sirve de fermento a la humanidad mediante la operación interior de un germen vital plantado originalmente en la masa. Pero, aunque nunca hubo una época en que esta idea dejara enteramente de ser exteriorizada, comporta, con todo, un cierto aire aristocrático que la ha convertido, ordinariamente, en patrimonio privativo de unos pocos, a pesar de su aparente conveniencia; y, por eso, es probable que nunca haya tenido una aceptación multitudinaria excepto durante el breve período de tiempo en que el genio inmenso de Scheiermacher obnubiló de tal forma la mente de la Iglesia, que apenas se podía incluso pensar a no ser en las fórmulas que él enseñaba. Pero, hablando en general, el campo ha estado prácticamente a merced de las tres teorías que comunmente se han designado con los nombres de Anselmo, Grocio y Abelardo; y las distintas épocas se han diferenciado únicamente en las cambiantes expresiones con que dichas teorías se han formulado y en el relativo predomino que una u otra de ellas han ejercido sobre las otras dos.

Los Reformadores, como es obvio, fueron entusiastas predicadores de la concepción anselmiana - por supuesto, corregida, desarrollada y enriquecida por su propio pensamiento, más profundo, y por una visión más exacta. Sus sucesores adaptaron, dilucidaron y defendieron sus detalles, hasta que apareció prácticamente completada en la dogmática del siglo diez y siete. Durante todo este período, esta concepción fue dueña del campo teológico; las numerosas controversias surgidas en torno a ella fueron más bien en oposición a los socinianos o a los místicos, que mantenidas dentro del círculo de los maestros reconocidos de la Iglesia. Sólo cuando surgió el Racionalismo se hizo notoria una defección ampliamente extendida. Bajo el influjo de esta peste, los hombres no pudieron creer por más tiempo en la expiación vicaria que constituye núcleo de la doctrina anselmiana, y una redención hecha a precio de sangre cayó grandemente en desuso. Los refinados supernaturalistas llegaron solamente al nivel de la teoría grociana y concedieron a la expiación una necesidad sólo "demostrativa", en vez de "ontológica", atribuyéndole un efecto "ejecutivo", en vez de "judicial". Los grandes reavivamientos evangélicos del siglo diez y ocho y principios del diez y nueve barrieron, no obstante, todo esto. Es probable que hace medio siglo, la doctrina de la satisfacción penal disfrutaba de tanto favor en las iglesias, que no se prestaba a las teorías opuestas más que un interés meramente académico.

Por aquel tiempo comenzó a producirse un gran cambio. Me basta con mencionar nombres como los de Horace Bushnell, McLeod Campbell, Frederich Dennison Maurice, y Albrecht Ritschl, para dar una idea de lo tremendo del ataque que repentinamente fue lanzado contra las ideas centrales de una redención expiatoria. El efecto inmediato fue el provocar una defensa igualmente poderosa. Nuestros mejores tratados sobre la redención se alumbraron en ese período, y los presbiterianos en particular pueden estar bien orgullosos del papel que desempeñaron en aquella crisis. Pero esta defensa sólo pudo represar la marea, sin conseguir hacerla retroceder. El resultado final ha sido que la deserción de los conceptos de satisfacción, propiciación, expiación y sacrificio, reforzada continuamente por tendencias adversas a la doctrina evangélica, según el signo de nuestro tiempo, se ha extendido cada vez con mayor rapidez, y en algunos medios con virulencia cada día mayor, hasta llegar a producirse una enorme confusión sobre esta doctrina central del Evangelio. En torno nuestro se ha levantado un cúmulo de voces proclamando que es imposible formular una teoría, parecen dominados por la sensación de que sus tortuosos pasos avanzan a través de una espesa oscuridad. Este es, si no me equivoco, el verdadero estado de cosas en la Iglesia de hoy.

No quiero insinuar con esto que la doctrina de la expiación vicaria – que, al fin y al cabo, es el núcleo mismo del Evangelio – haya desaparecido de la consciencia de la Iglesia. No, no ha desaparecido de los corazones de la comunidad cristiana, pues es con sus términos como los cristianos humildes expresan aún en todas partes el fundamento de la esperanza de su salvación, y es también con sus términos como los celosos evangelistas de todos los lugares continúan apremiando con el mensaje de Cristo al oyente despierto. Tampoco ha desaparecido jamás del foro de las discusiones teológicas, pues tiene todavía a su servicio poderosos defensores dondequiera que un Cristianismo vivo ha penetrado en los círculos académicos; y, como regla general, cuanto más profundo es el pensador, tanto más claro es el tono en que se decanta su proclamación y su defensa. Pero, si fuésemos a juzgar tan sólo por la moderna literatura popular – procedimiento que, por fortuna, no es posible –– la doctrina de una expiación vicaria ha sido relegada completamente a segundo término. Probablemente la mayoría de los que acaparan audiencias más numerosas, ya sea como mentores académicos o como líderes religiosos del pueblo, han roto decididamente con ella, y recomiendan a su público algo diferente y, seguramente ellos lo creen así, algo muchísimo mejor. Incluso se ha puesto de moda respecto de esta materia un talante oratorio que resulta no solamente insolente, sino también abiertamente injurioso. No se le ahorran epítetos rudos con que designarla, ni acres invectivas con que demostrarla. Un reputado obispo de la Iglesia Episcopal Metodista nos dice que 'la teoría entera del castigo vicario, como base de un perdón condicional o incondicional, es inmoral, contradictoria y autodestructiva' (Obispo Foster, en su 'Filosofía de la experiencia cristiana', 1891, p. 113). Quizás él alegue con razón que, en esa arrebatadora frase, se expresa con notoria discreción e insólita caridad, pues para hacer justicia a tan odioso tema se necesita, según parece, la ampulosa agitación y la declamación impetuosa de la oratoria del Dr. Farrar. De seguro que si las palabras duras pudieran quebrar huesos, hace mucho que la doctrina del sacrificio vicario del Hijo de Dios por el pecado del hombre estaría hecha polvo.

¿Qué es, pues, lo que se nos ofrece a cambio? Hemos aludido ya a la confusión reinante en esta materia; en todo caso, no podemos entrar en detalles. No obstante, procuraremos expresar en pocas palabras la impresión general que causa la más reciente literatura sobre el tema.

Para conseguir una visión justa de la situación, creo que deberíamos tener en cuenta primeramente la gran influencia que la teoría grociana o rectoral de la expiación ejerce en los pensadores más sanos – es decir, la teoría que concibe la obra de Cristo, no en función de proveer la base sobre la que Dios perdona el pecado, sino en función de proveer la base sobre la que Dios puede dejar a salvo sus atributos mientras perdona los pecados movido únicamente de Su compasión. La teoría del universalismo hipotético, según la cual Cristo murió como el verdadero sustituto de todos los hombres condicionalmente, a saber, con la condición de que crean – ya se exponga en su forma remonstratense o en su forma amiraldiana – ha quedado hace tiempo fuera de combate en la lucha de las teorías, como en realidad lo tenía bien merecido. Con su desaparición, la teoría grociana ha venido a ser el ortodoxo punto de vista arminiano, y como tal la enseñan los más relevantes expositores del moderno pensamiento arminiano, lo mismo en Gran Bretaña que en Norteamérica; y quien lea la poderosa argumentación a tal efecto excogitada por el difunto Dr. John Miley, pongamos por caso, se verá compelido a confesar que es, en verdad, la más elevada forma de doctrina de la expiación adaptable al sistema arminiano. Pero no sólo resulta así la enseñanza prácticamente universal entre los arminianos wesleyanos, sino que ha llegado a ser también, bajo la influencia de maestros tales como los Drs. Wardlaw, Dale y Park, el distintivo incluso de los no-conformistas ortodoxos de Gran Bretaña y de los congregacionalistas ortodoxos de Norteamérica. También ha conseguido gran aceptación entre los presbiterianos escoceses; concretamente, es defendida por hombres de tanto prestigio y autoridad como, por ejemplo, el Dr. Marcus Dods. En el continente europeo está igualmente extendida entre los más prudentes maestros; podemos notar sin sorpresa, por ejemplo, que fue enseñada por el difunto Dr. Frederic Godet, aunque advertimos con satisfacción que él la mejoró considerablemente, y que su colega, el Dr. Gretillat, puso gran cuidado en corregirla. En una palabra, dondequiera que no se ha querido perder toda apariencia de una expiación "objetiva", como ahora se dice, se ha buscado refugio en esta media vía que Grocio construyó con este fin. Yo personalmente no considero esto precisamente como un saludable signo de los tiempos, pues pienso que, en el fondo, no hay en principio mucho que escoger entre la teoría grociana y las llamadas teorías 'subjetivas', y me parece sólo una ilusión el suponer que con ello se preserva una expiación "objetiva" de alguna manera. Pero, entre tanto, muchos la adoptan porque la creen 'objetiva', y ello basta para dar testimonio de un deseo remanente de preservar una expiación "objetiva". Nos vamos acercando cada vez más a las verdaderas características de las modernas teorías sobre la expiación, si nos percatamos de que hay una fuerte y notoria tendencia en torno nuestro a poner la base del perdón de los pecados únicamente en el arrepentimiento. En último término, la misma teoría grociana se reduce a esto. La demonstración de la justicia de Dios, considerada en esta teoría como el objetivo central de la obra de Cristo y, en especial, de Su muerte, se supone que no tuvo otro efecto en Dios que mantener incólumes Sus atributos al perdonar el pecado. Y esto no lo efectúa en cuanto que afecta al mismo Dios, sino en cuanto que afecta a los hombres – a saber, despertando en ellos un sentimiento tan agudo de la malicia del pecado, que les impulse a detestarlo de corazón y alejarse definitivamente de él, y esto es justamente Arrepentimiento. No podríamos encontrar mejor ilustración de este aspecto de la teoría que la que nos ofrece la afirmación, a este respecto, de uno de sus más distinguidos defensores aún en vida, el Dr. Marcus Dods. La necesidad de la redención, nos dice, se basa en la ' necesidad de una demostración tal de la justicia de Dios, que haga posible y a salvo para El el perdonar al impío. ' Cuanto engendre en el pecador un verdadero arrepentimiento y le impulse a la práctica de la justicia, dejará a Dios las manos libres para perdonarle. De ahí infiere el Dr. Dods que resulta inconcebible que Dios no perdone al pecador arrepentido, y afirma que la obra de Cristo se resume en una manifestación tal de la justicia y del amor de Dios, que es capaz de producir, con sólo percatarse de ello, un arrepentimiento adecuado. ' Siendo así la fuente de un arrepentimiento genuino y fructuoso, la muerte de Cristo remueve el obstáculo subjetivo radical interpuesto en la vía del perdón. ' ' Así pues, la muerte de Cristo ha hecho posible el perdón, porque capacita al hombre para arrepentirse con arrepentimiento adecuado, y porque manifiesta la justicia y vincula a los hombres con Dios. ' No hay aquí indicación alguna de que el hombre necesite algo más para poder arrepentirse que la presentación de unos motivos poderosamente calculados para inducirle al arrepentimiento. Es decir, no hay aquí indicación alguna de una apreciación adecuada de los efectos subjetivos del pecado en el corazón humano, haciéndole completamente insensible al impacto de unos motivos, por fuertes que sean, para obrar rectamente, y que, por tanto, requieren una acción interna del Espíritu de Dios en el corazón, antes de que pueda arrepentirse, ni hay indicación de la obtención de un tal don del Espíritu mediante el sacrificio de Cristo. Tampoco hay aquí indicación alguna de la existencia de un sentido de justicia en Dios, que le impide tener por justo al impío sin haberse satisfecho el reato de culpa. Todo lo que Dios exige para perdonar es arrepentimiento; todo lo que el pecador necesita para arrepentirse es una influencia conmovedora. Todo es muy sencillo, pero me temo que con ello no se va a la raíz del asunto, según nos lo presentan tanto la Escritura como la angustia de nuestro corazón despertado.

La tan extendida tendencia a presentar el arrepentimiento como el hecho expiador podría parecer así la responsable de la amplia aceptación que se ha otorgado a la teoría Rectoral de la redención. No obstante, ésta se ha debido en gran parte a muy diferentes causas y se la podría atisbar más bien retrotrayéndonos a enseñanzas como, por ejemplo, las del Dr. McLeod Campbell. El Dr. Campbell mismo no encontró el hecho expiador en el arrepentimiento del hombre, sino más bien en el arrepentimiento compasivo de nuestro Señor hacia los hombres. Reemplazó la doctrina evangélica de la sustitución por una teoría de la identificación ' simpática ', y la doctrina evangélica del pago expiatorio de la pena, por una teoría del arrepentimiento ' simpático '. Cristo llega a simpatizar tan plenamente con nuestro caso, según su idea, que es capaz de ofrecer a Dios un arrepentimiento adecuado por nuestros pecados, y el Padre dice: ¡Es bastante! Todavía aquí se sostiene que el hombre necesita un Salvador, y Cristo es presentado como tal Salvador, y se le considera como llevando a cabo por el hombre lo que el hombre no puede hacer por sí mismo. Pero el centro de gravitación de esta teoría está definidamente abajo, y siempre ha tendido a encontrar un nivel inferior. Por tanto, hay numerosas teorías intermedias en vigor – algunas muy complicadas, otras muy sutiles – que conectan esta tendencia, a través de una imperceptible gama de detalles diferenciales, con la proclamación del arrepentimiento humano como la única expiación que se requiere. Un caso típico de lo que venimos diciendo podría ser la teoría tan elaborada (la cual, como el hombre mismo, podría decirse que está hecha tremenda y maravillosamente) que han propuesto los modernos teólogos de

Andover. Esta teoría encuentra el hecho expiador en una combinación del arrepentimiento ' simpático ' de Cristo en favor del hombre con el arrepentimiento del hombre mismo bajo la impresión que le ha producido la obra de Cristo en su lugar – no en el uno sin el otro, sino en los dos a la vez. Una combinación similar del arrepentimiento ' revolucionario ' del hombre inducido por Cristo, y del arrepentimiento "simpático" de Cristo por el hombre, halla también cabida en los recientes teóricos alemanes, como, por ejemplo, en las doctrinas de Häring. A veces se halla revestido de lenguaje ' sacrificial ', y expresado en forma que comporta una apariencia incluso de ' sustitución '. Sin embargo, se trata justamente del arrepentimiento de Cristo, que es llamado equívocamente Su ' sacrificio ', y de nuestro arrepentimiento simpatizante con el suyo, y que es llamado nuestra participación en Su ' sacrificio '; y se nos explica solícitamente que aunque hubo ' una sustitución en el Calvario ', no fue una sustitución de un Cristo sin culpa por una raza culpable, sino la sustitución de la humanidad *más* Cristo por la humanidad *menos* Cristo. Todo lo cual no es sino una manera confusa de decir que el hecho redentor consiste en el arrepentimiento ' revolucionario ' del hombre, instigado por el espectáculo del arrepentimiento ' simpático ' de Cristo por el hombre.

El énfasis primordial en todas estas teorías de transición se carga obviamente en el arrepentimiento del hombre mismo más bien que en el de Cristo. En consecuencia, este último fácilmente es relegado al olvido y nos deja a solas con el arrepentimiento humano como el único hecho redentor – la reparación entera que Dios pide o puede pedir por el pecado. Y los hombres no dudan en proclamar hoy esto abierta y audazmente. Cientos de voces se levantan en torno nuestro declarándolo no sólo con claridad, sino hasta con pasión. Incluso aquellos que todavía se sienten obligados a atribuir de algún modo la reconciliación divina a la obra de Cristo, se cuidan a menudo de explicar que, en fin de cuentas, es esto lo único que quieren decir, y sólo porque atribuyen, de un modo u otro, a la obra de Cristo la tarea de excitar en los hombres el arrepentimiento, que es el fundamento inmediato del perdón. Así el deán Fremantle nos dice que son ' el arrepentimiento y la fe ' los que ' cambian en nuestro favor el rostro de Dios '. Y luego añade, sin duda como una concesión a los innatos, aunque ya creciditos, hábitos del pensar: ' Si, pues, la muerte de Cristo, vista como el punto cenital de Su vida de amor, es el medio del arrepentimiento destinado para todo el mundo, podemos decir también que es el medio de asegurarnos la misericordia y el favor de Dios, de procurarnos el perdón de los pecados. ' Y el Dr. (ahora Rector) Forsyth, cuyo ferviente discurso sobre la redención, pronunciado hace unos pocos años en una gran asamblea congregacionalista, cautivó completamente los corazones de todo el país, parece enseñar realmente poco más que esto. Cristo sintoniza con nuestra condición compasivamente, dice él, y da expresión a un adecuado sentido del pecado. Nosotros, al percibir el efecto de este Su entrar dentro de nuestra atmósfera de pecado, quedamos horrorizados del juicio que nuestro pecado ha hecho descargar sobre El. Este horror engendra en nosotros un adecuado dolor del pecado; Dios acepta este arrepentimiento como suficiente, y perdona nuestro pecado. Así el perdón se apoya próximamente sólo en nuestro arrepentimiento, como base suya; pero nuestro arrepentimiento es producido únicamente por los sufrimientos de Cristo; de aquí que, nos dice el Dr. Forsyth, los sufrimientos de Cristo pueden ser llamados la base última del perdón.

Está suficientemente claro que la función reservada a los sufrimientos y muerte de Cristo en esta teoría es algún tanto remota. En consecuencia, con toda facilidad se esfuman por completo, y parece enteramente natural que así suceda con aquellos cuya herencia doctrinal viene de Horace Bushnell, pongamos por ejemplo, o de la teoría sociniana de la escuela de Ritschl. No nos causa sorpresa el oír, por ejemplo, que para Harnack los sufrimientos y muerte de Cristo no juegan un papel importànte. Para él, todo el acto redentor parece consistir en la remoción de un falso concepto de Dios de las mentes de los hombres. Los hombres, por ser pecadores, se inclinan a mirar a Dios como a un juez airado, pero El es, por el contrario, sólo Amor. ¿Cómo se puede corregir este erróneo juicio del pecador? Por la impresión que puede causarle la vida de Jesús, centrada en el concepto de la Paternidad Divina. Con todo esto estamos ya suficientemente familiarizados, pero a duras penas estamos preparados para los extremos del lenguaje que algunos se permiten al expresarlo. 'Toda la dificultad ', declara un reciente escritor de esta escuela, ' no está en inducir o en capacitar a Dios para perdonar, sino en instigar a los hombres a que odien el pecado y deseen la salvación. ' Sin embargo, se nos asegura que incluso esta dificultad es fácil de salvar; y lo que se necesita para ello es sólo una instrucción adecuada. ' El cristianismo ', exclama nuestro escritor, ' fue una revelación, no una creación '. Empero, incluso esta falsa antítesis no le satisface. Y se remonta por encima de ella hasta el clímax de su pasión: ' ¿No habría acaso habido Evangelio? ' - pregunta retóricamente, como si nadie pudiera arriesgarse a contestarle no – ' ¿No habría habido Evangelio aunque Cristo no hubiera muerto? ' De esta manera, ' la sangre de Cristo ', de la cual hace depender la Escritura el hecho entero de la redención, se hace pasar como si no se necesitase, y el Evangelio de Pablo, que consistía no en Cristo *simplemente*, sino específicamente en ' Cristo crucificado ', queda desdeñado. Ahora ya podemos ir adelante sin estas cosas.

A este punto hemos llegado por causa del predominante evangelio del amor indiscriminado de Dios. Porque es aquí donde ponemos el dedo en la raíz de todo el ataque moderno contra la doctrina de una redención expiatoria. En el intento de hacer realidad el concepto del amor indiscriminado e indiscriminador, como hecho básico de la religión, toda la enseñanza bíblica acerca de la redención ha sido despiadadamente hecha pedazos. Si Dios es amor y nada más que amor, ¿qué necesidad posible cabe de una redención? Ciertamente, un tal Dios no puede necesitar ser aplacado. ¿No es El el Padre total y de todos? ¿No está suspirando por Sus hijos con un anhelo incondicional que excluye todo pensamiento de ' obstáculos al perdón'? ¿Qué otra cosa quiere El sino – precisamente a Sus hijos? Nuestros modernos teorizantes no se cansan nunca de cantarnos más y más variaciones sobre este solo tema fundamental. Dios no necesita ser movido a perdonar, o ser capacitado a perdonar, o incluso a perdonar sin lesión de Sus atributos. Para El no es problema si puede perdonar, o si puede quedar a salvo perdonando; no son éstas las maneras del amor. El amor es asaz osado como para orillar sin demora todas estas frías cuestiones. Toda la dificultad está en inducir a los hombres a que se dispongan a ser perdonados. Dios está continuamente extendiendo desde los cielos sus brazos anhelantes hacia los hombres; ¡oh, si los hombres permitieran siquiera ser cobijados en el ansioso regazo del Padre! Es absurdo, se nos dice – más aún, perverso – y hasta terrible blasfemia – el hablar de propiciar a un Dios como éste, reconciliarlo,de ofrecerle una satisfacción. El amor no necesita que le satisfagan, que le reconcilien, que le propicien; no, no tiene nada que ver con tales cosas. Por su propia naturaleza, fluye gratuito, espontáneo, instintiva e incondicionalmente, hacia su objeto. ¡Y Dios es Amor!

Bien, ciertamente, Dios *es* Amor. Y le alabamos por poder repetirnos a nosotros mismos esta gloriosa verdad guiados por una autoridad mejor que el apasionado aserto de esta especie de toscos teorizantes. ¡Dios *es* Amor! Pero de ahí no se sigue en manera alguna que sólo sea Amor. Dios *es* Amor; pero el Amor no es Dios y, por tanto, el término "Amor" ha de resultar siempre inadecuado para expresar a Dios. Que Dios es Amor puede ser – y para nosotros pecadores, perdidos en nuestro pecado y miseria si no fuera por ello, debe ser – la revelación cimera del Cristianismo. Pero no es de la revelación cirstiana de donde hemos aprendido a pensar en Dios como en alguien que no es otra cosa que amor. No cabe duda de que Dios es Padre de todos los hombres en cierto sentido verdadero e importante. Pero esta expresión "Todo-Padre" no la hemos captado de los labios de ningún profeta hebreo ni de ningún apóstol cristiano. Y el indiscriminado 'benevolentismo' que ha cautivado a tantos pensadores religiosos de nuestro tiempo, no es un concepto genuino del Cristianismo, sino de importación típicamente pagana. Cuando uno lee las páginas de la literatura religiosa popular, rebosante de inconsideradas afirmaciones acerca de la universal Paternidad de Dios, tiene una extraña sensación de ser retrotraído a la atmósfera del, por decirlo así, decadente paganismo de los siglos cuarto y quinto, cuando los dioses llegaban a su ocaso, y a quienes se aferraban resignadamente a los viejos modos les quedaba muy poco más que un amargado sentido de la *benignitas numinis.* ¡La *benignitas numinis!* ¡Cuán salpicadas están las páginas de aquellos geniales paganos antiguos con tal expresión; cuán empapados están sus cohibidos sentimientos, en la convicción de que la amable Deidad que habita en las alturas seguramente no será dura con los hombres que se afanan aquí abajo! ¡Cuán espantados quedan de la severa justicia del Dios de los cristianos, que aparece ante sus asustados ojos como ante los del moderno poeta que no ve a Dios sino como "el duro Dios que habitó en Jerusalén"! Seguramente que la Gran Divinidad es demasiado buena como para fijarse en los pecadillos del pobre hombre encanijado; seguramente que Dios los mira con divertida compasión más bien que con fiera aprobación. Como la olla de Omar Khayyam, están convencidos, ante todo, de que su Hacedor "es buena persona y todo irá bien".

No pueden menos de surgir en nuestras mentes la pregunta de si nuestro moderno indiscriminado 'benevolentismo' va más lejos que todo esto. ¿Significa toda esta proclamación unilateral de la Paternidad universal de Dios mucho más que la *benignitas numinis* de los paganos? Cuando tomamos en nuestros labios estas benditas palabras "Dios es Amor" ¿estamos seguros de expresar mucho más que nuestra repugnancia a creer que Dios va a pedir seriamente cuentas al hombre por su pecado? En una palabra, ¿estamos, en estos tiempos modernos, anhelando remontarnos a una captación más adecuada de la verdad transcendente de que Dios es amor, tanto como protestando apasionadamente contra la idea de vernos tiznados y tratados como pecadores merecedores de ira? Con toda seguridad, es imposible atribuir ningún contenido real a estas grandiosas palabras "Dios es Amor" a no ser que se las ponga junto a todos esos otros conceptos de igual sublimidad como 'Dios es Luz', 'Dios es Santidad', 'Dios es fuego consumidor'. El amor de Dios no puede ser captado en su longitud, anchura, altura y profundidad – todo lo cual excede al conocimiento – a no ser que sea captado como el amor de un Dios que vuelve el rostro ante la vista del pecado con inefable aborrecimiento y arde de inextinguible indignación contra él. Lo infinito de Su amor quedaría esclarecido no por la prodigalidad de su favor hacia los pecadores sin exigir expiación del pecado, sino – através de una santidad y de una justicia de tal calibre que le obligan a levantar la voz con infinita aversión e indignación –por un amor tan grande hacia los pecadores que le hace proveer una satisfacción por sus pecados, adecuada para tan tremendas exigencias. Después de todo la característica distintiva del Cristianismo no es que predica un Dios de amor, sino un Dios de conciencia.

Cierto crítico algún tanto frívolo, al contemplar la religión de Israel, nos ha dicho, como expresión de su admiración por lo que encontró allí, que ' un Dios honesto es la más noble obra del hombre '. Hay una profunda verdad escondida en tal observación. Sólo que es evidente que tal obra era demasiado noble para el hombre; y probablemente el hombre nunca la ha conseguido. Un Dios benévolo, sí: los hombres se han forjado para sí un Dios benévolo, pero un Dios absolutamente honesto, quizás nunca; este conocimiento se lo debemos a la revelación que de Sí mismo nos ha hecho Dios. Y ésta es realmente la característica distintiva del Dios de la revelación: El es un Dios completamente honesto y concienzudo – un Dios que se comporta honesta y concienzudamente consigo mismo y con nosotros. Y podemos estar seguros de que un Dios completamente concienzudo no es un Dios que puede comportarse con los pecadores como si no fuesen pecadores. En este hecho se apoya quizá la base más profunda de la necesidad de una redención expiatoria.

Y es también en este hecho donde se asienta la base más profunda del creciente fracaso del mundo moderno para apreciar la necesidad de una redención expiatoria. La rectitud de conciencia sólo puede ser sintonizada por una conciencia despierta; y en gran parte del reciente teologizar, la conciencia no parece especialmente activa. En verdad, nada hay tan sobrecogedor en la estructura de las recientes teorías sobre la redención como la evidente desaparición del sentido de pecado que subyace en ellas. Es seguro que, sólo cuando el sentido de culpabilidad y de pecado se ha desvanecido considerablemente, pueden los hombres suponer que todo lo que se necesita para purgarlo es arrepentirse. También es seguro que, sólo cuando el sentido del poder del pecado ha decaído profundamente, son los hombres capaces de imaginar que podrán y querrán echarlo fuera de sí por medio de un ' arrepentimiento revolucionario '. Y también es seguro que, sólo cuando el sentido de la atrocidad del pecado ha desaparecido prácticamente, puede el hombre imaginar que el Dios santo y justo puede tratar el pecado a la ligera. Si no tenemos mucho de que ser salvos, entonces una expiación muy pequeña será suficiente para nuestras necesidades. Después de todo, es solamente el pecador quien necesita un Salvador. Pero, si somos pecadores y nos percatamos de lo que ello significa, entonces clamaremos por un Salvador tal, que sólo después que El mismo fue hecho perfecto mediante el sufrimiento, pudo llegar a ser el Autor de una salvación eterna." – *Studies in Theology,* págs. 283-297.

LA ELECCION DIVINA

CAPITULO VIII

EL HECHO DE LA ELECCION DIVINA

Al emprender el estudio de este tema de la elección divina, nos proponemos hacerlo sumariamente, en atención al extenso estudio que de ello hicimos ya en el capítulo XV del volumen I. Sólo el apartado sobre la doctrina de los decretos, es decir, la elección divina, es un tema directamente conectado con este campo de la Soteriología.

Aunque la doctrina de la elección divina presenta dificultades que son insolubles para la mente finita, el hecho de la selección divina no está limitado a que Dios escoja para la gloria eterna a algunos de entre muchos; es algo que puede observarse en cualquier parte del Universo. La variedad existe en toda la creación de Dios: hay clasificaciones entre los angeles; se dice que una estrella difiere de otra en gloria; los hombres no nacen de la misma raza, con las mismas ventajas, ni con las mismas habilidades congénitas. Estas variaciones en las condiciones humanas no se deben a una mayor o menor eficacia del libre albedrío humano, puesto que los hombres no escogen su raza, ni sus condiciones de vida, ni si ha de ser en un país civilizado o primitivo, ni escogen tampoco sus dones naturales. Por otra parte, es algo claramente manifiesto para todos cuantos reciben la revelación, que la actitud de Dios para con toda la familia humana es de compasión infinita y de amor ilimitado y sacrificado. Aunque los dos hechos revelados - la elección divina y la universalidad del amor divino - parecen incompatibles en la esfera del humano entender, aquí, como en cualquier otro campo, el modo de honrar a Dios es *creer* y *descansar* en El. Por consiguiente, ¡a Dios sea toda la gloria! ¡Y a El se preste consideración en primer lugar! Aquellos sistemas del pensamiento religioso que exigen que la doctrina de Dios se acomode a la noción de supremacía del hombre, que empiezan por el hombre, defienden al hombre y glorifican al hombre, son fundamentalmente falsos y, por tanto, producen un error que deshonra a Dios. El orden de la verdad está establecido para siempre en la primera frase de la Biblia - "En el principio Dios." El es quien planeó, quien ejecuta y quien llevará a cabo con perfección infinita todo cuanto se ha propuesto. Nunca será derrotado o quedará decepcionado. El verdadero sistema del pensamiento religioso comienza por Dios, defiende a Dios y glorifica a Dios; y la criatura ha de acomodarse al plan y al designio del Creador. La caída del hombre es la única causa de la malicia del corazón que resiste a la supremacía divina.

Habiendo declarado que el creyente es bendito "con toda bendición espiritual en los lugares celestiales en Cristo" (Ef. 1:3), el Apóstol pasa a enumerar algunas de estas inmensas posesiones y posiciones en Cristo; ¿y qué cosa hay más puesta en orden que el que la contemplación del modo de obrar de Dios con los hombres comience por una declaración de la soberanía de Dios en la elección? Cuanto Dios otorga a Sus criaturas debe necesariamente ser absoluto en su naturaleza. Lo único que descubre en el hombre caído es un objeto de Su gracia sobreabundante. El primer hombre, Adam, estaba ante Dios sobre la base de una perfección natural, siendo el auténtico paradigma del designio creador de Dios; pero Adam cayó del estado de perfección natural, y desde entonces, tanto para él como para su descendencia, sólo la gracia de la regeneración pudo presentar dignamente ante Dios a cualquier ser humano. Dios no está atado por ninguna obligación en el ejercicio de Su gracia. Puede escoger, como lo hace, a quienes quiere, puesto que ni ve ni prevé en el hombre cosa alguna buena que pueda ser base o motivo para Sus bendiciones. Todo cuanto de bueno pueda encontrarse en el hombre redimido es obrado en él por la gracia de Dios. Es designio de Dios para aquellos que El escoge que sean "santos y sin mancha delante de El"; pero éste es un resultado operado por la gracia de Dios, nunca por el hombre mismo. Ciertamente, el hombre no ha escogido a Dios, y Cristo lo enfatizó al decir: "No me elegísteis vosotros a Mí, sino que yo os elegí a vosotros." Incluso el primer hombre, antes de la caída y totalmente libre para escoger, no escogió a Dios; ¡cuánto más cierto es que el hombre caído no escogerá por sí mismo a Dios! Por consiguiente, la provisión de la base de la redención no es suficiente en sí misma; la voluntad pervertida del hombre necesita ser cambiada por Dios. El corazón no regenerado ha de ser hecho inclinado a querer, así como transformado en su carácter esencial. Todo esto lo emprende y lo realiza Dios en Su gracia soberana: elige, llama, inclina el corazón, redime, regenera, preserva y presenta sin mancha ante Su gloria a los que son objeto de Su gracia soberana. Por otra parte, emplea los medios adecuados para la realización de Su designio. Del lado divino, las terribles exigencias del pecado deben ser satisfechas por el sacrificio de Su Hijo Unigénito; no es bastante que el pecado sea *declarado* abominable, sino que es preciso que su maldición sea *llevada* por el Cordero de Dios, que la voluntad del hombre sea convertida, que la regeneración sea operada por el Espíritu Santo, y que toda bendición espiritual y celestial sea garantizada por la provisión de una unión real con Cristo. Del lado humano, cuando la oposición del hombre contra Dios ha sido quebrantada divinamente, entonces él cree para salvación de su persona. Tan exigentes y reales son todos los medios divinos empleados para la salvación de los hombres perdidos, que se requiere del hombre el que crea y elija así ser salvo por la gracia de Dios, tanto como el que llegue a realizarse por él en la cruz del Calvario una redención efectiva. En el terreno de la experiencia humana, el hombre es consciente solamente de su poder de escoger o rechazar la salvación que es en Cristo; y, a causa de la realidad de esta elección humana, es salvo o se pierde de acuerdo con su fe o incredulidad en Cristo como su Salvador.

Aunque en la doctrina de la elección divina hay muchísimo que trasciende las limitaciones del finito entender, es verdad que el hombre no origina nada - ni siquiera el pecado, puesto que el pecado comenzó en los ángeles. Es Dios quien ha escogido a Sus elegidos; y aun cuando esta selección es al mismo tiempo soberana y definitiva, no obstante, ningún ser humano que desee ser salvo y cumpla los requisitos que propone el Evangelio, se perderá jamás.

La malicia del hombre caído se descubre en su natural disposición a denegar a su Creador el honor y la obediencia que la criatura le debe. La incapacidad del hombre para reconocer los límites de la condición en que ha sido creado en este mundo, o para quedar satisfecho con ello, es una evidencia primordial de la caída. En verdad que nada puede surgir en el hombre natural que pueda ser base del favor divino. Una tal base ha de tener su origen en la gracia soberana de Dios; y lo que de esta manera surge, es perfecto y digno de Dios.

El tratado sobre la doctrina de la elección se divide en dos partes, a saber, (a) el hecho de la elección divina, y (b) el orden de los decretos electivos. Este estudio del hecho de la elección divina puede subdividirse en cuatro aspectos, que son: (a) los términos usados (b) una revelación clara, (c) las verdades esenciales que comporta, y (d) objeciones a la doctrina de la elección.

I. LOS TERMINOS USADOS

1. EL USO BIBLICO. En el uso bíblico, la palabra *elección* designa un soberano designio de Dios expresado en fórmulas que recalcan su independencia de todo humano mérito, estirpe originaria o cooperación. Toda la doctrina está en armonía con la verdad,

anteriormente expuesta, de que, en la creación de Dios, tanto la variedad como la selección están presentes en todas partes. El término se usa en relación a Israel (Is. 65:9,22), a la Iglesia (Ro. 8:33; Col. 3:12; 2 Ti. 2:10; 1 Ts. 1:4; 1 P. 5:13), y a Cristo (Is. 42:1; 1 P. 2:6).

2. ESCOGIDOS. Esta palabra es sinónimo del término *elección*. Los elegidos de Dios son escogidos por El desde toda la eternidad. Como la *elección,* el término es aplicado a Israel (Is. 44:1), y a la Iglesia (Ef. 1:4; 2 Ts. 2:13; 1 P. 2:9), y se usa también de los apóstoles (Jn. 6:70; 13:18; Hch. 1:2).

3. ATRACCION. Hay una atracción general, según está mencionada en Jn. 12:32; "Y yo, si fuere levantado de la tierra, a todos atraeré a mí mismo"; y una atracción irresistible, que Cristo mencionó: "Ninguno puede venir a mí, si el Padre no le trajere; y yo le resucitaré en el día postrero" (Jn. 6:44).

4. LLAMAMIENTO. Este aspecto de la actividad divina es semejante a la atracción. Ningún texto de la Escritura define mejor el llamamiento divino, con todo lo que esto significa en su efectividad, que Romanos 8:30: "Y a los que predestinó, a éstos también llamó; y a los que llamó, a éstos también justificó; y a los que justificó, a éstos también glorificó."

5. DESIGNIO DIVINO. De nuevo, el término *designio* o *propósito* sugiere algo estrechamente afín a la elección. Está escrito: "Dándonos a conocer el misterio de su voluntad, según su beneplácito, el cual se había propuesto en sí mismo" (Ef. 1:9); "conforme al propósito eterno que hizo en Cristo Jesús nuestro Señor" (Ef. 3:11).

6. PRESCIENCIA. Este término específico significa meramente que Dios conoce de antemano. Se usa de Israel (Ro. 11:2) y de la Iglesia (Ro 8:29).

7. PREDETERMINACION Y PREDESTINACION. Estas palabras, casi completamente sinónimas, se usan en el Nuevo Testamento para declarar la verdad de que Dios determina lo que sucederá, antes de que ocurra. Estas palabras se refieren más bien a aquello a lo cual los hombres están destinados por Dios que a los hombres mismos. La predeterminación y predestinación de Dios preceden a la historia entera. Así como la presciencia reconoce la certeza de los acontecimientos futuros, así también la predeterminación y la predestinación hacen segura la futurición de estos acontecimientos. Ambas actividades de predeterminar y de predestinar no podrían funcionar separadamente. Tampoco se suceden la una a la otra, sino que dependen mutuamente la una de la otra y cada una es imposible sin la otra.

II. UNA REVELACION CLARA

Cualquiera que sea la reacción que la mente humana pueda registrar ante el hecho de la elección divina, la doctrina queda en pie como una revelación inequívoca. Esto no equivale a decir que esté exenta de complejidad, o que comporte problemas insuperables; y, como ya hemos observado en circunstancias similares, donde el humano entender alcanza sus últimos límites, queda aún como guía el factor de la fe. Unos momentos de reflexión sin prejuicios servirán grandemente en orden a aceptar una proposición muy simple, a saber, que éste es el Universo de Dios; todas las inteligencias creadas son obra de Sus manos y, por tanto, han de ser usadas como El haya dispuesto. Sólo queda por descubrir, lo cual es igualmente verdadero, que lo que El determina está dirigido por un entendimiento infinito, es ejecutado por un poder infinito, y es la manifestación de un infinito amor. ¡Cuán terrible podría ser la condición de la criatura, si se hallase en manos de un déspota perverso y alocado! ¡Cuán universal es también la confianza que la mente humana alberga en la bondad de Dios! ¿Por qué no habría de ser así? Mas, ¿por qué, cuando Su bondad es reconocida al menos confusamente, no es una base de descanso y confianza? ¿No está claro para todos que el poner en duda el plan de la elección divina es poner en duda la misma sabiduría y dignidad de Dios? Los ángeles, que saben muchísimo más del Ser de Dios, no cesan de adorarle a lo largo de los siglos. No hacerlo así equivaldría para ellos a descender al nivel de una infamia satánica. Teniendo en cuenta que Dios ha diseñado, creado y ejecutado todo cuanto existe, y que todo ello marcha hacia la consumación que El ha predeterminado, no habría de parecer extraño o irracional que El determine el curso y el destino de la historia humana. Los hombres escogen su destino mediante lo que a ellos les parece libre albedrío y se glorían de ser suficientemente listos para acomodarse a las circunstancias, pero Dios es el Autor de las circunstancias. El hombre responde ciegamente a las emociones de su corazón, pero Dios escudriña el corazón humano y es capaz de crear y controlar todo sentimiento que se insinúa en la mente del hombre. No cabe igualdad de condiciones entre Dios y el hombre en la competición por la supremacía. Cuando todos los vanos caprichos del hombre han llegado a su manifestación superlativa, aún continúa él siendo la criatura que funciona del modo que Dios lo creó. Es pura cordura dar a Dios el lugar que Le pertenece y reconocer Su soberano propósito electivo en todo lo que ha sacado a la existencia. La Biblia está identificada con la verdad de que Dios es supremo, con la autoridad y derecho soberano que pertenece normalmente al Creador sobre la creación. Puede dar amplitud de acción a los hombres, pero la esfera de su libertad de hombres nunca queda fuera de la esfera más amplia del eterno designio de Dios. Bien podemos citar algunos textos sagrados que señalan la incondicional autoridad de Dios.

No podría encontrarse un ejemplo tan contundente de la elección como el que Jehová asegura cuando pronuncia Sus siete "Yó haré" que forman el pacto incondicional con Abraham. "Haré de ti una nación grande, y te bendeciré. . . y serán benditas en ti todas las familias de la tierra." Estos propósitos, centrados en un solo hombre, fuera del cumplimiento de ninguna condición humana, alcanzan a toda la tierra e implican el poder y la jurisdicción de Dios no sólo sobre un destino humano individual, sino sobre gobiernos y naciones hasta el fin del mundo. A la luz de este hecho, no será difícil observar que la elección de una persona es poca cosa en comparación con el alcance de tal pacto, y que Abraham es el elegido de Dios para este honor. Debe prestarse atención a la predicción, que nunca ha fallado en su cumplimiento, en que Jehová declaró a Abraham: "Bendeciré a los que te bendijeren, y a los que te maldijeren maldeciré." Cuando las naciones que han de ser así juzgadas, estén delante del trono de la gloria de Cristo (Mt. 25:31-46), el Rey dirá a los que estén a Su derecha: "Venid, benditos", y a los de Su izquierda: "Apartaos de mí, malditos." Sin embargo, es de observar que en la predestinación, está preparado un reino desde la fundación del mundo para los que están a la derecha; pero no se indica ninguna preparación específica para los que están a la izquierda, sino que van al lago de fuego, preparado para el diablo y sus ángeles, porque los hombres no tienen parte legítima en tal destino, sino sólo en la medida en que han ligado su suerte a la de los enemigos de Dios y han repudiado, como Satanás, la autoridad del Creador. Muchedumbres de hombres vivieron en la generación de Abraham, pero Dios escogió y habló solamente a Abraham. Sería de tipo racionalista el disputar con Jehová por no haber hecho El por cada persona precisamente lo que hizo por Abraham y por haberlo hecho de acuerdo con Su gracia soberana, sin consideración alguna a méritos o deméritos por parte de Abraham.

En Su ministerio temprano, Cristo afirmó la incómoda verdad de la elección divina al decir: "Y en verdad os digo que muchas viudas había en Israel en los días de Elías, cuando el cielo fue cerrado por tres años y seis meses, y hubo una gran hambre en toda la tierra; pero a ninguno de ellas fue enviado Elías, sino a una mujer viuda en Sarepta de Sidón. Y muchos leprosos había en Israel en tiempos del profeta Eliseo; pero ninguno de ellos fue limpiado, sino Naamán el sirio" (Lc. 4:25-27).

Y ¿por qué había de ser escogida una oscura doncella para ser la madre del Redentor? ¿No habría una muchedumbre que se resentiría de ello a causa de la aparente parcialidad? Con todo, el ángel dijo a María: " ¡Salve muy favorecida! El Señor es contigo; bendita tú entre las mujeres" (Lc.1:28).

¿Fueron escogidos al azar ciertos hombres para ser apóstoles? ¿Tomó Cristo los primeros hombres que se encontró después que hubo determinado asociar consigo algunos hombres, o fueron escogidos estos hombres en los divinos consejos de la eternidad? ¿Fue una mera coincidencia que Saulo de Tarso fuese preparado con una educación esmerada y llamado a desempeñar la más grande de las tareas humanas - la formación de la doctrina cristiana? Dios pudo decir igualmente a Faraón: "Para esto mismo te he levantado, para mostrar en ti mi poder, y para que mi nombre sea anunciado por toda la tierra" (Ro. 9:17). Así se descubre que por medio del Faraón se cumple un poderoso designio; sin embargo, Faraón no lo entendió. Sin duda que se consideró a sí mismo digno de todo el crédito por lo que él era, siendo tan egocéntrico como cualquier otra persona "auto-suficiente."

El caso de Ciro es igualmente instructivo. Dios lo llamó por su nombre cuando Ciro no Le había conocido. Este poderoso rey fue llamado para que llegase a saber que Jehová es el Dios de Israel, y para que pudiese conocer a Jehová. El profeta declara: "Así dice Jehová a su ungido, a Ciro, al cual tomé yo por su mano derecha, para sujetar naciones delante de él y desatar lomos de reyes; para abrir delante de él puertas, y las puertas no se cerrarán: Yo iré delante de ti, y enderezaré los lugares torcidos; quebrantaré puertas de bronce, y cerrojos de hierro haré pedazos; y te daré los tesoros escondidos, y los secretos muy guardados, para que sepas que yo soy Jehová, el Dios de Israel, que te pongo nombre. Por amor de mi siervo Jacob, y de Israel mi escogido, te llamé por tu nombre; te puse sobrenombre, aunque no me conociste" (Is. 45:1-4). ¿Y por qué, de dos de los más grandes reyes de la tierra - Faraón y Ciro - que habían de ser elegidos es esta manera, había de estar el uno destinado a tener un corazón endurecido, y el otro a conocer a Jehová? La Escritura no deja lugar para suponer que estos destinos se debían a designios o trazos humanos; el testimonio en ambos ejemplos es que Jehová hizo precisamente lo que ocurrió en cada caso. Dios no pide que se le releve de tal responsabilidad. ¿Por qué hubo Dios de escoger a Jacob y rechazar a Esaú? ¿Por qué había de ser llamada la descendencia de la parte de Isaac y no de la de Ismael? Sólo porque Dios lo quiso así; ¿y se dirá que no había un motivo digno para estas selecciones divinas? ¿Podrá decirse que no hay razón alguna para los actos electivos de Dios sólo porque los hombres por ventura no los entienden? ¿Ha habido jamás alguna vida - sea en el plano de Faraón o en el de un apóstol - que no sirva al designio de su Creador? ¿No es verdad que no hay dos seres humanos iguales a los ojos de Dios y que nadie podría servir como sustituto de otra persona? ¿o podría ser extendido a otros el designio divino para uno, como los hombres exigirían ?

Lo menos que se puede decir es que resulta racional para cado uno el tener contentamiento en lo que la voluntad de Dios ha dispuesto para él, especialmente si se tiene en cuenta que, en Sus eternos designios, Dios extiende Su invitación graciosa, "Todo el que quiera, puede venir." No es de esperar que los no salvos vayan a aceptar la verdad que se refiere a la soberanía divina en la elección. La mente en que Satanás opera (Ef. 2:2) no cederá un solo punto a la autoridad de Dios. Todo este asunto concierne solamente a los regenerados y nunca debería ser presentado a, o incluso discutido en presencia de, los no salvos.

III. VERDADES ESENCIALES IMPLICADAS

1. DIOS HA ESCOGIDO ALGUNOS PARA LA SALVACION, PERO NO A TODOS. Esta verdad, a la cual los hombres se resisten con demasiada frecuencia por falta de una correcta comprensión de la naturaleza de Dios, o de la posición que El ocupa en relación con Sus criaturas, es razonable; aunque sólo puede conocerse por revelación. Esto, como antes hemos afirmado, no puede ser puesto en duda por quienes estén dispuestos a someterse a la Palabra de Dios. Se nos manifiesta con relación a los individuos, que han sido escogidos en el Señor (Ro. 16:13), escogidos para salvación (2 Ts. 2:13), escogidos en El antes de la fundación del mundo (Ef. 1:4), predestinados para ser adoptados hijos suyos (Ef. 1:5), elegidos según la presciencia de Dios (1 P. 1:2), vasos de misericordia que El preparó de antemano para gloria (Ro. 9:23). No puede ponerse en duda que estos pasajes hacen referencia a un acto de Dios por el que algunos son escogidos, mas no todos. La idea de elección, o selección, no puede ser aplicada a una clase entera sin relacionarla con ningún otro grupo. En el término *elección* está ineludiblemente implicada la verdad de que otros no son escogidos, sino que son pasados por alto. Esto sugiere una vez más la distinción, de la que hemos hablado en particular al tratar de los decretos divinos, de que la predestinación apunta hacia la elección o hacia la reprobación, y que la elección no puede ser entendida bajo otra luz que la de que otros - los no elegidos - son pasados por alto. El concepto expresado por la palabra *elección*

no puede ser modificado, puesto que asegura una intención expresa de parte de Dios de conferir la salvación a determinadas personas, pero no a todas; no es mero propósito de dar la salvación a los que crean, sino más bien determina quiénes han de creer.

2. LA ELECCION DIVINA FUE EJECUTADA DESDE TODA LA ETERNIDAD. Todas las cosas que se refieren a la historia humana fueron determinadas en los consejos eternos de Dios antes de la creación del hombre. Tres pasajes sirven para establecer esta verdad: "Según nos escogió en él antes de la fundación del mundo, para que fuésemos santos y sin mancha delante de él" (Ef. 1:4); "Quien nos salvó y llamó con llamamiento santo, no conforme a nuestras obras, sino según el propósito suyo y la gracia que nos fue dada en Cristo Jesús antes de los tiempos de los siglos" (2 Ti. 1:9); "Dice el Señor, que hace conocer todo esto desde tiempos antiguos" (Hch. 15:18). Hay quienes han sostenido que la elección tiene lugar en el tiempo y que lo que Dios se propuso en los tiempos antiguos fue el envío del Evangelio a los hombres. Se pretende que los hombres son elegidos sólo en cuanto que ellos ejercitan su propia voluntad al aceptar el ofrecimiento de la gracia divina. Un pasaje de la Escritura suministra un correctivo a los que así piensan: "Pero nosotros debemos dar siempre gracias a Dios respecto a vosotros, hermanos amados por el Señor, de que Dios os haya escogido desde el principio para salvación, mediante la santificación por el Espíritu y la fe en la verdad, a lo cual os llamó mediante nuestro evangelio, para alcanzar la gloria de nuestro Señor Jesucristo" (2 Ts. 2:13-14). Aquí se nos dice que la elección para salvación es "desde el principio," el cual corresponde a aquel principio citado en Juan 1:1. El evangelio, se nos dice también, sirvió como llamamiento para llevar a cabo la elección eterna para la salvación.

3. LA ELECCION NO SE APOYA MERAMENTE EN LA PRESCIENCIA. La obvia distinción entre presciencia y predeterminación, o predestinación, ha dado ocasión a muchas discusiones, habiendo quienes aseguran que Dios, mediante Su presciencia, hizo la separación entre los que de su propia elección habían de aceptar la salvación y los que la habían de rechazar, y, mediante esta información, Dios pudo predestinar a los que El supo que habían de creer. El carácter superficial de esta noción puede verse (1) en el hecho de que la presciencia y la predeterminación, o predestinación, no pudieron ser situados como en una secuencia, pues nada pudo ser conocido de antemano como cierto sin haber sido hecho cierto por la predeterminación, ni pudo ser predeterminado lo que no era conocido de antemano. De tres pasajes que se refieren a la relación entre estas dos actividades divinas, dos mencionan la

presciencia en primer lugar, mientras que el otro invierte este orden. En Romanos 8:29 está escrito: "Porque a los que antes conoció, también los predestinó"; y en 1 P. 1:2, el apóstol se dirige a los fieles como "elegidos según la presciencia de Dios." Pero en Hechos 2:23, donde se menciona el designio divino en la muerte de Cristo, se dice: "a éste, entregado por el determinado consejo y anticipado conocimiento de Dios." (2) La Escritura declara que todo lo que llega a suceder, está predeterminado por Dios, y no meramente previsto. La salvación es de gracia, sin obras. Los hombres no se salvan a causa de sus buenas obras, ya sean éstas previstas o realizadas. La elección se hace de acuerdo con la gracia no con las obras. Si la salvación es por gracia, ya no es por obras; y si es por obras, ya no es por gracia (Ro. 11:5-6). A la luz de esta revelación, es imposible construir una estructura de obras previstas como base de la salvación de ninguna persona. De manera semejante, Dios nos autoriza a negar que la fe y la santidad personal, aun previstas, determinen la elección divina. La Biblia invierte este orden al declarar que la elección es para la fe y la santidad. No es ligero error el confundir estos términos y hacer de la fe y la santidad la causa, y de la elección el efecto. La fe no puede tener destino más grande que el servir de medio para realizar lo que Dios ha determinado. Refiriéndonos de nuevo a los pasajes antes citados, se verá que Dios escogió desde el principio a los que se han de salvar y los predestinó a "la fe en la verdad" (2 Ts. 2:13); y que escogió a algunos antes de la fundación del mundo para que fuesen santos y sin mancha delante de El en amor (Ef. 1:4). Así se nos revela que los hombres no son primero santos y después elegidos, sino que son primeramente elegidos y que esta elección es para la santidad. Como una ilustración de este aspecto de la verdad, el Apóstol se refiere a la elección divina de Jacob en vez de Esaú antes de que hubiesen nacido y antes de que hubiesen podido hacer el bien o el mal. Todo esto, se nos dice, es a fin de que la elección de Dios permaneciese, no por las obras, sinó por el que llama (Ro. 9:10-13). Podríamos añadir que obras y cualidades dignas de aceptación no tienen asiento en ningún ser humano caído, a no ser que estas características sean implantadas en el corazón humano por la acción de Dios. Sería, por tanto, una necedad el esperar que Dios pudiera prever en el hombre lo que nunca existió. No cabe duda de que mucha gente se adhiere a una elección condicional para no verse forzada a reconocer la depravación del hombre.

4. LA ELECCION DIVINA ES INMUTABLE. Lo que fue determinado en los tiempos pasados no sólo llegará a suceder, sino que es inmutable. Quienes cargan un indebido énfasis en la capacidad

de la voluntad humana, proclaman que los designios salvíficos de Dios pueden quedar frustados, y que los elegidos de hoy pueden, a causa de la decisión humana, convertirse en los no elegidos del mañana. Se implica así que Dios no puede hacer otra cosa que acomodarse a la voluntad del hombre, y que Su determinación con respecto a Sus criaturas puede cambiar. Como réplica a esta idea, puede advertirse que Dios nunca ha creado una voluntad humana como instrumento para derrotar Sus propios designios, sino que la ha creado para que sirvan a Su voluntad inmutable. Siendo Dios el Creador de todas las cosas, es absurdo el suponer que el que crea no puede determinar la elección y el destino de aquello que El mismo ha producido. Refiriéndose a los que han errado y, mediante su desviación, "trastornan la fe de algunos", declara el Apóstol con términos que no dejan lugar a duda, "Pero el fundamento de Dios está firme (es decir, Su propósito eterno), teniendo este sello: Conoce el Señor a los que son suyos" (2 Ti.2:18-19). El lenguaje humano no puede expresar un aserto más positivo que el que aparece en Romanos 8:30: "Y a los que predestinó, a éstos también llamó; y a los que llamó, a éstos también justificó; y a los que justificó, a éstos también glorificó". Este texto, en armonía con toda la Biblia, establece que *todos* los que son predestinados, son llamados, que *todos* los que son llamados son justificados, y que *todos* los que son justificados son glorificados. No podría haber ni uno más ni uno menos; de lo contrario, Dios habrá fallado en la realización de Su beneplácito.

5. LA ELECCION EN RELACION CON LA MEDIACION DE CRISTO. En la investigación teológica surge un problema que no guarda estrecha relación con la vida cotidiana ni con el servicio del creyente, pero que se refiere al orden de los decretos electivos – y que será considerado en el capítulo IX – a saber, si Cristo murió por los hombres a causa de su elección para la salvación, o si son elegidos a causa de haber muerto Cristo por ellos. La cuestión no tiene nada que ver con la cronología, sino que afecta únicamente al orden lógico, o sea, a los signos lógicos de causa y efecto en la muerte de Dios. En otras palabras, puesto que es evidente que Dios no fue inducido a escoger por la presciencia de la fe y de la obediencia de los elegidos, ¿fue acaso influenciado por la prevista relación de los elegidos con el Salvador? Esto es cuanto podemos saber, que hubo algo en Dios que le impulsó a dar a Su Hijo por el mundo (Juan 3:16). De éste y otros pasajes de la Escritura se puede concluir que, aunque el Cordero fue inmolado desde la fundación del mundo (Ap. 13:8), la elección de algunos para la salvación mediante la muerte del Cordero, estableció la necesidad de tal muerte. Con esta

interpretación, la elección queda en primer lugar, sin ser influida por otros aspectos, y es así distintamente una elección según la gracia.

Todo este asunto es extremadamente abstruso y haremos bien con recordar aquí lo de Romanos 11:34: "¿Quién entendió la mente del Señor? ¿O quién fue su consejero?". Si los mejores hombres hubiesen de idear un programa para el Omnipotente, es probable que no incluyesen en modo alguno la elección, y es más que cierto que su esquema no comenzaría con la elección por gracia soberana, sin contar con los valores del mérito humano.

La doctrina de la elección no carece de sus dificultades – que son precisamente las normales cuando la mente finita intenta trazar los senderos de lo infinito. Dentro de su propia consciencia, el hombre reconoce muy poco fuera de su propio poder de determinación; sin embargo, al final y sin tener en cuenta los medios con que el hombre ha alcanzado su destino, será este destino el que no sólo fue previsto, sino también planeado, por Dios. Tal debe ser la convicción de toda persona devota que contempla la verdad obvia de que el Creador es tan fértil en recursos al ejecutar Sus designios como lo es al planearlos.

IV. OBJECIONES A LA DOCTRINA DE LA ELECCION

En su *Systematic Theology,* el Dr. Augusto H. Strong ha presentado las habituales objeciones contra la elección y las ha refutado de una manera tan breve y, al mismo tiempo, tan contundente, que nos parece oportuno citar aquí su material. Sólo vamos a citar en cada objeción una parte de su argumentación:

"(a) Es injusta para los que no están incluidos en este designio de salvación. – Respuesta: La elección no se refiere simplemente a criaturas, sino a criaturas pecadoras, culpables y condenadas. El que algunos hayan de salvarse, es cosa de pura gracia, mientras que los que no están incluidos en este designio de salvación, sufren únicamente la debida retribución por sus obras. No hay, por tanto, injusticia en la elección de Dios. Mas bien debemos alabar a Dios por salvar a algunos, que acusarle de injusticia porque salve a tan pocos . . .

(b) Presenta a Dios en su modo de obrar como parcial y aceptador de personas. – Respuesta: Puesto que nada hay en el hombre que determine la elección de uno más bien que de otro por parte de Dios, la objeción no es válida. Podría aplicarse igualmente a la selección que Dios ha hecho de ciertas naciones, como Israel, y de ciertos individuos, como Ciro, para ser recipientes de especiales dones temporales. Si no se puede tener por parcial a Dios al no proveer de salvación a los ángeles caídos, tampoco se le puede tener por parcial por no proveer de las influencias regeneradoras de Su Esíritu a toda la raza de los hombres caídos. . . .

(c) Nos presenta a un Dios arbitrario. – Respuesta: Presenta a Dios, no como arbitrario, sino como quien ejercita la libre elección de una voluntad sabia y soberana, de modos y por razones que son inescrutables para nosotros. Negar la posibilidad de tal elección es negar la personalidad de Dios. Negar que Dios tiene razones para su elección es negar Su sabiduría. La doctrina de la elección encuentra estas razones, no en los hombres, sino en Dios . . .

(d) Induce a la inmoralidad, al presentar la salvación de los hombres como independiente de su obediencia. – Respuesta: La objeción ignora el hecho de que la salvación de los creyentes está ordenada sólo en conexión con su regeneración y santificación, como medios; y de que la certeza del triunfo final es el incentivo más fuerte para una brava lucha con el pecado . . .

(e) Inspira orgullo a los que piensan de sí mismos como elegidos. – Respuesta: Esto sólo es posible en el caso de quienes pervierten esta doctrina. Por el contrario, su genuina influencia tiende a humillar al hombre. Quienes se ensalzan a sí mismos por encima de los demás, sobre la base de que ellos son los favoritos especiales de Dios, tienen motivo para poner en duda su elección. . . .

(f) Infunde desánimo en el esfuerzo por la salvación de los inconversos tanto de parte de ellos mismos como de parte de otros. – Respuesta: Puesto que se trata de un decreto secreto, no puede obstaculizar o desanimar dichos esfuerzos. Por otra parte, sirve de base al ánimo, y así es un estímulo para el esfuerzo; porque, sin la elección, es cierto que todos estarían perdidos (*comp.* Hch. 18:10). Mientras que humilla al pecador, de tal modo que le induce a pedir perdón, le anima mostrándole que algunos se salvarán, y (puesto que la elección y la fe están inseparablemente conectadas) que él se salvará con sólo creer. . . .

(g) El decreto de elección implica un decreto de reprobación. – Respuesta: El decreto de reprobación no es un decreto positivo, como el de la elección, sino un decreto permisivo de dejar al pecador en la rebelión que él mismo ha escogido y en el castigo que es su consecuencia natural." – Ps. 431-434.

CAPITULO IX

EL ORDEN DE LOS DECRETOS ELECTIVOS

De todos los decretos de Dios, que llegan al infinito, hay cinco que se refieren directamente al designio de Dios en la elección, en cuanto ésta pertenece a los que componen la Iglesia, el Cuerpo de Cristo. El problema que se presenta a las mentes de las personas reflexivas y devotas es sobre cuál es el orden que estos cinco decretos guardan en la mente de Dios. El modo de ordenarlos, aunque es lógico mas bien que cronológico, es algún tanto de índole especulativa, y con todo son grandes sus implicaciones. Por el término *lógico* se entiende que, aunque todo el programa es como un solo pensamiento en la mente de Dios, queda implicado evidentemente el principio de causa y efecto; esto es, un aspecto puede preparar el camino para otro y así llegar a ser la causa del otro. Vamos a enumerar estos decretos específicos, pero, por el momento, vamos a dejar de lado el orden estricto que guardan entre sí.

(1) El decreto de elegir a algunos para la salvación y dejar a otros en su justa condenación.

(2) El decreto de crear a todos los hombres.

(3) El decreto de permitir la caída.

(4) El decreto de proveer la salvación para los hombres.

(5) El decreto de aplicar la salvación a los hombres.

Se conocen cuatro escuelas de interpretación, cada una de las cuales postula un orden específico en la disposición de estos decretos electivos. Estas escuelas son: la *supralapsaria,* la *infralapsaria,* la *sublapsaria,* y la *arminiana,* estando clasificadas las tres primeras como calvinistas. Aunque la defensa de estos diversos órdenes afecta primordialmente al punto primero – la elección de algunos para la salvación y el dejar a otros en su justa condenación – los epítetos por los que son identificadas tres de dichas escuelas indican una clara referencia a la caída del hombre. La palabra *lapsario* apunta hacia alguien que cree en la doctrina de que el hombre es un ser caído. Sobre este tema concreto de investigación, escribe el Dr. Carlos Hodge estas frases autorizadas: "Hay que tener en cuenta que el objeto de estas especulaciones no es fisgonear en las operaciones de la mente divina, sino simplemente asegurar y presentar la relación que existe entre las diversas verdades reveladas en la Escritura concernientes al plan de la redención" (*Systematic Theology,* II, 321). Presentamos ahora una consideración más detallada de cada uno de los argumentos presentados por cada una de dichas escuelas:

I. EL ORDEN PROPUESTO POR LOS SUPRALAPSARIOS

Este grupo es a veces apellidado como el de los *Hipercalvinistas* o *Ultracalvinistas.* El aspecto primordial en el orden propuesto por esta escuela de intérpretes es que el decreto de elegir a algunos y de reprobar a todos los demás ocupa el primer lugar en el orden de los decretos y, mediante esta disposición, se declara que Dios eligió el destino de los hombres antes de que fuesen creados y antes de la caída. En realidad, con este sistema los hombres están abocados a la perdición antes de que pudieran pecar y sin otra causa que la voluntad soberana de Dios. Es cierto que Dios, como Causa Primera, al crear al hombre sabía quiénes serían reprobados, pero esta responsabilidad, como la de la presencia del pecado en el mundo, no puede nunca la criatura achacársela a Dios. Anteriormente concluíamos que la elección divina precede a la determinación de proveer un Salvador. El punto presente se refiere al orden que existe entre el decreto de elegir y el decreto de permitir la caída.

El orden que defienden los supralapsarios es el siguiente:

(1) Decreto de elegir a algunos para la salvación y de reprobar a todos los demás.

(2) Decreto de crear a los hombres, tanto elegidos como no elegidos.

(3) Decreto de permitir la caída.

(4) Decreto de proveer salvación para los elegidos.

(5) Decreto de aplicar la salvación a los elegidos.

Sobre este punto de vista de los supralapsarios, dice el Dr. Wm.G.T. Shedd:

> "La teoría supralapsaria coloca, en el orden de los decretos, el decreto de e l e c c i ó n de reprobación antes de la caída, en vez de después de ella. Supone que Dios comienza decretando que un cierto número de hombres serán elegidos, y otros reprobados. Este decreto es anterior incluso al de la creación, dentro del orden lógico. . . .Las objeciones contra este punto de vista son las siguientes: (*a*) Tal decreto de elección y reprobación se refiere a un no-ser, pues al hombre se le considera como creable, pero no como creado; por consiguiente, este decreto de elección y de reprobación carece de objeto real. . . . El hombre es algo que existe sólo idealmente, un concepto abstracto; y, por tanto, cualquier determinación divina que le afecte, es una determinación que afecta a un no-ser. Ahora bien, los decretos divinos de elección y de reprobación suponen algunos seres realmente creados, de entre los cuales pueda hacerse una selección y un rechazo. ' De *quien* quiere, tiene misericordia, y *al que* quiere endurecer,

endurece' (Ro. 9:18). Por tanto, el primer decreto, por orden de naturaleza, debe ser un decreto de crear. Dios ha de sacar al hombre a la existencia, antes de poder decidir lo que el hombre va a hacer o experimentar. No basta con replicar que el hombre está creado ya en la idea de Dios, aunque no en la realidad, cuando tiene lugar el decreto de predestinación, pues sería igualmente verdad que el hombre esta caído en la idea de Dios, cuando este decreto es proferido. Pero la cuestión es: ¿Cuál es el orden lógico, *en la idea divina,* entre la creación y la caída? (*b*) La Escritura nos presenta a los elegidos y a los no elegidos, respectivamente, como tomados de entre un grupo de seres ya existentes. Juan 15:19: 'Yo os elegí del mundo'. (*c*) Los elegidos son escogidos para justificación y santificación. Ef. 1:4-6; 1 P. 1:2. Por tanto, han debido estar antes caídos y, por consiguiente, creados. Dios justifica 'al impío', Ro: 4:5, y santifica al malvado. (*d*) La reprobación supralapsaria es un acto divino que no puede presuponer el pecado, porque no presupone la existencia. Pero la Escritura presenta a los no elegidos como criaturas pecadoras. En Judas 4, los que 'desde antes habían sido destinados para esta condenación' son 'hombres impíos, que convierten en libertinaje la gracia de nuestro Dios'. De acuerdo con esto, la Confesión de Westminster (III.7) afirma que Dios pasa por alto a los no elegidos, y 'los destina al deshonor y a la ira por su *pecado,* para alabanza de Su gloriosa justicia'. Los supralapsarios citan Ro. 9:11, en prueba de su aserción de que la elección y la reprobación son anteriores a la creación del hombre. 'Pues no habían aún nacido, ni habían hecho aún ni bien ni mal', cuando Jacob fue elegido, y Esaú fue dejado. Esta interpretación es errónea, pues nacimiento no es sinónimo de creación. Los padres no son los creadores de sus hijos. El hombre existe antes de nacer a este mundo; existe en el vientre; y existía en Adán" – *Dogmatic Theology,* I, 442-443.

II. EL ORDEN PROPUESTO POR LOS INFRALAPSARIOS

De acuerdo con esta escuela – propiamente llamados calvinistas *moderados*, el aspecto distintivo es que el decreto de elegir a algunos y de dejar a otros en la reprobación es posterior a la caída, siendo así el orden que defienden:

(1) Decreto de crear a todos los hombres.
(2) Decreto de permitir la caída.
(3) Decreto de proveer la salvación para los hombres.
(4) Decreto de elegir a los que creen y de dejar en justa condenación a todos los que no creen.
(5) Decreto de aplicar la salvación a los que creen.

El Dr. Carlos Hodge es uno, entre otros, que no hace distinción entre los puntos de vista infralapsario y sublapsario, al no mencionar este último. Por tanto, lo que escribe viene a combinar los dos, hasta cierto punto. Dice así sobre los infralapsarios:

"Que este punto de vista es consecuente y armonioso. Como todos los decretos de Dios son un solo propósito de designio que los abarca, no se puede admitir ningún punto de vista sobre la relación de los detalles que tal designio abarca, que no admita su plena reducción a la unidad. En todo gran mecanismo, cualquiera que sea el número o la complejidad de sus piezas, debe haber una unidad de designio. Cada pieza está relacionada con todas las demás piezas, y la percepción de tal relación es necesaria para una conveniente comprensión del todo. Además, como los decretos de Dios son eternos e inmutables, ninguna visión de Su plan de operación que suponga a Dios proponiéndose primero una cosa y después otra, puede ajustarse a la naturaleza de tales decretos. Y, como Dios es absolutamente soberano e independiente, todos Sus propósitos han de ser decididos desde Su interior o de acuerdo con el designio de su propia voluntad. No puede suponerse que sean contingentes o mantenerse en suspenso ante la acción de Sus criaturas, o ante cualquier cosa fuera de El mismo. El sistema infralapsario, como lo sostienen la mayor parte de los agustianos, cumple todas estas condiciones; todos los detalles particulares forman un todo comprensivo; todo se sigue en un orden que no supone cambio alguno de designio; y todo depende de la voluntad de Dios infinitamente sabia, santa y justa. El fin último es la gloria de Dios; para este fin crea el mundo, permite la caída, de entre los hombres caídos elige algunos para la vida eterna, y deja el resto a la justa retribución que merecen sus pecados. A quienes elige, a ésos llama, justifica y glorifica; ésta es la cadena de oro cuyos eslabones no pueden ser separados o trastrocados. Esta es la forma en que el esquema de la redención estaba en la mente del Apóstol al enseñarnos en Romanos viii.29,30." – *op.cit.*, p. 320.

III. EL ORDEN PROPUESTO POR LOS SUBLAPSARIOS

Esta disposición sostenida por un grupo que también son apellidados calvinistas *moderados,* se diferencia sólo ligeramente del orden propuesto por los infralapsarios. Técnicamente, los infralapsarios colocan la elección después del decreto de proveer la salvación, aunque el Dr. Hodge, arriba citado, no reconoce este aspecto al enumerar el orden de los decretos según es propuesto por los infralapsarios. Los sublapsarios se distinguen por colocar el decreto de elegir tras el decreto de permitir la caída. En general, el orden sublapsario es una refutación del orden supralapsario. La posición teológica del Dr. Hodge lo clasifica más razonablemente dentro de esta escuela. La distinción entre los infralapsarios y los sublapsarios está en que la escuela infralapsaria sitúa el decreto de proveer la salvación antes del decreto de elegir, mientras que la sublapsaria sitúa el decreto de elegir antes del decreto de proveer la salvación. El orden infralapsario, que coloca el decreto de proveer la salvación antes del decreto de elegir, hace posible la opinión de que Cristo realizó una redención ilimitada, mientras que el orden sublapsario, que coloca el decreto de elegir antes del decreto de proveer la salvación, favorece la teoría de una redención limitada. El orden propuesto por los sublapsarios es el siguiente:

(1) Decreto de crear a todos los hombres.
(2) Decreto de permitir la caída.
(3) Decreto de elegir a los que creen y dejar en su justa

condenación a los que no creen.

(4) Decreto de proveer salvación para los hombres.

(5) Decreto de aplicar la salvación a los que creen.

IV. EL ORDEN PROPUESTO POR LOS ARMINIANOS

Aquí el orden es idéntico con el del punto de vista infralapsario, con una excepción: El concepto arminiano de elección, que ellos hacen seguir al decreto de proveer la salvación, lo hacen depender de la presciencia de la virtud, fe y obediencia humanas, mientras que el punto de vista infralapsario sobre la elección, la reviste de una preferencia soberana en el escoger, aparte de la presciencia de cualquier mérito humano.

Refutando la idea arminiana de elección, el Dr. Shedd:

"En cuanto a la elección, Waston (Institutes,, II, 338) advierte lo siguiente: 'Ser elegido es ser separado del mundo ('Yo os elegí del mundo'), y ser santificados por el Espíritu ('elegidos para obedecer'). Se sigue, pues, que la elección no sólo es un acto de Dios en el *tiempo,* sino también que es *subsiguiente* a la administración de los medios de salvación. La elección en sí no puede ser eterna, porque los elegidos no fueron realmente escogidos del mundo desde la eternidad, y no pudieron ser realmente santificados para obedecer.' Esta explicación hace de la elección la santificación misma, en vez de su causa. 'Ser elegidos es ser separados del mundo, y ser santificados'. El término 'separados' es usado aquí por Watson, no como lo usa S. Pablo para designar elección, cuando dice que Dios 'lo apartó desde el vientre de su madre' (Gá. 1:15), sino en el sentido de santificación, como lo emplea S. Pablo en 2 Corintios 6:17: 'Apartaos, dice el Señor, y no toquéis lo inmundo'. Con esta interpretación, la elección viene a equivaler a la santificación, en vez de ser un acto de Dios que la produce, como se nos enseña en Efesios 1:4: 'Nos escogió. . . . para que fuésemos santos', y en 1 Pedro 1:2: 'Elegidos. . . para obedecer'" *op.cit.,*p.449.

CONCLUSION

Por lo que antecede, podrá observarse que las diferencias expuestas con relación a estos diversos órdenes de decretos, aunque parezcan a algunos demasiado especulativas, implican doctrinas vitales en sus mismos fundamentos. Las tres escuelas de calvinistas defienden igualmente que la elección divina es un escogimiento soberano de Dios, que expresa Su gracia, fuera de toda forma de obras humanas, ya previstas, ya existentes; y que la escuela arminiana, al hacer de la elección no más que una presciencia del mérito humano, afirma que, en fin de cuentas, el hombre se elige a sí mismo por medio de su fe y de su obediencia. Las escuelas calvinistas son el resultado de una fiel inferencia de la Palabra de Dios en lo referente a los decretos electivos, mientras que la escuela arminiana es una intrusión de la razón humana.

CAPITULO X

¿POR QUIENES MURIO CRISTO?

Este capítulo está dedicado a discutir la cuestión que, durante muchos siglos, ha dividido y divide todavía a algunos de los teólogos más ortodoxos y eruditos. Por una parte, los que según el lenguaje teológico son conocidos como *redencionistas limitados,* defienden que Cristo murió solamente por el grupo de elegidos que, a lo largo de todas las dispensaciones, estaban predeterminados por Dios para la salvación; y, por otra parte, los que según el mismo lenguaje teológico son conocidos como *redencionistas ilimitados,* defienden que Cristo murió por todos los hombres que viven en la era presente, la cual está comprendida entre las dos venidas de Cristo, y que Su muerte tiene otros valores específicos en su relación a las edades pasadas lo mismo que a las edades venideras. El estado de la cuestión está bien definido, y pueden encontrarse en ambos lados de la controversia hombres de sincera lealtad a la Palabra de Dios y que poseen una profunda formación teológica. Es verdad que la doctrina de la redención limitada es uno de los cinco puntos del Calvinismo pero no todos los que están legítimamente clasificados como calvinistas aceptan este punto del sistema. Es igualmente cierto que todos los arminianos son redencionistas ilimitados, pero el sostener la doctrina de la redención ilimitada no hace necesariamente arminiano a uno. No hay ninguna inconsecuencia en el hecho de que muchos redencionistas ilimitados crean, de acuerdo con todos los calvinistas, en el decreto inalterable y eterno de Dios por el que todas las cosas han sido determinadas de acuerdo con Su voluntad; en la elección soberana de algunos, pero no de todos, para la salvación; y en la predestinación divina de los que son salvos a la gloria celestial preparada para ellos. Sin la más ligera inconsecuencia, los redencionistas ilimitados pueden creer en una elección de acuerdo con la gracia soberana, que *nadie*, sino los elegidos, será salvo, que todos los elegidos serán salvos, y que los elegidos deben únicamente al poder divino el ser sacados del estado de muerte espiritual, siendo demasiado impotentes para avanzar desde allí un solo paso en dirección de su propia salvación. El texto “Ninguno puede venir a Mí, si el Padre que Me envió no le trajere” (Juan 6:44), forma parte de este sistema de doctrina lo mismo que del otro.

No es fácil estar en desacuerdo con buenos y grandes hombres. Sin embargo, ya que están repartidos a ambos lados de esta discusión, es imposible el mantener una convicción y no oponerse a los que son de la opinión contraria. El desacuerdo que ahora discutimos no es entre personas ortodoxas y heterodoxas, sino dentro de la mancomunidad de quienes tienen mucho en común y necesitan el apoyo y el estímulo de la confianza mutua. Pocos temas hay que hayan suministrado una investigación tan sincera y erudita.

I. CLASIFICACION DE LAS OPINIONES

Al percatarnos más en detalle de las divisiones del pensamiento teológico respecto a la extensión del valor de la muerte de Cristo, encontraremos que los redencionistas limitados se dividen en dos grupos generales, y que los ilimitados se dividen igualmente en otros dos grupos generales, haciendo así en total cuatro divisiones o partidos en relación con esta cuestión. La posición que cada uno ocupa puede definirse brevemente como sigue:

1. LOS REDENCIONISTAS LIMITADOS EXTREMISTAS. Este grupo es el que a veces es llamado el de los hipercalvinistas u ultracalvinistas, e incluye a los supralapsarios que, como hemos visto, afirman que el decreto de la elección divina ocupa el primer lugar en el orden de los decretos electivos - antes del decreto de crear a los hombres, antes del decreto de permitir la caída y antes del decreto de proveer la salvación. Tal opinión no puede dejar lugar para una redención ilimitada, ni puede estimular a predicar el evangelio a quienes, en su opinión, estaban reprobados desde el principio.

2. LOS CALVINISTAS MODERADOS QUE SON REDENCIONISTAS LIMITADOS. El apelativo *calvinista moderado* está basado, en este caso, en su creencia de que el decreto de elegir está precedido por el decreto de crear y por el de permitir la caída. Aunque defienden una redención limitada, dejan sitio para una mundial predicación del evangelio, y hacen ciertas concesiones que los calvinistas extremistas no pueden hacer.

3. LOS CALVINISTAS MODERADOS QUE SON REDENCIONISTAS ILIMITADOS. Los que pertenecen a esta escuela de interpretación defienden los cinco puntos del Calvinismo excepto uno, a saber, "la redención limitada", o lo que se ha venido en llamar "el punto más débil en el sistema doctrinal calvinista." Esta forma de calvinismo moderado es propia más bien de expositores de la Biblia que de teólogos, hecho que se debe sin duda a que la Biblia, tomada en su terminología natural y aparte de las forzadas interpretaciones que se requieren para defender una teoría, parece

enseñar una redención ilimitada. Los pertenecientes a este grupo creen que Cristo murió real y plenamente por igual por todos los hombres de la era presente, que Dios ha ordenado que el Evangelio sea predicado a todos aquellos por quienes Cristo murió y que, mediante la proclamación del Evangelio, Dios ejercitará Su poder soberano en la salvación de Sus elegidos. Este grupo cree en la absoluta depravación del hombre y en su total incapacidad para creer, a no ser que sea capacitado por el poder del Espíritu, y que la muerte de Cristo, en el plano forense de la imputación, es base suficiente para la salvación de todos y de cada uno de los hombres, con tal de que el Espíritu de Dios tenga a bien atraerle. Defienden que la muerte de Cristo por sí misma no salva a nadie, ni real ni potencialmente, sino que hace a todos los hombres *salvables* ; que la salvación es realizada por Dios solo, y en el momento en que el individuo cree.

4. LOS ARMINIANOS. No pretendemos aquí hacer un estudio exhaustivo del punto de vista arminiano, siendo ésta una discusión de los distintos puntos de vista sostenidos por calvinistas. Bastará con hacer notar que los arminianos sostienen que la muerte de Cristo fue para todos los hombres por igual, y que proporciona a cada uno una medida de gracia común, mediante la cual todos pueden creer si quieren. Según esta opinión, los hombres están sujetos al juicio divino sólo por el motivo de que rechazan voluntariamente la salvación de Cristo.

Además, puede mencionarse la teoría presentada por F. W. Grant, quien afirma que la muerte de Cristo fue *propiciación* para todo el mundo y *sustitución* para los elegidos; pero Grant no ha acertado a explicar cómo podría Dios ser propicio hacia el mundo, aparte del aspecto sustitucionario de la muerte de Cristo. Lo que intenta, sin duda, Grant es distinguir entre lo que es algo *potencial* para toda la humanidad y lo que ha sido *consumado* en, y *aplicado* a, los elegidos que se salvan.

II. PUNTOS DE ACUERDO Y DE DESACUERDO ENTRE LAS DOS ESCUELAS DE CALVINISTAS MODERADOS

Primero, tienen en común la creencia de que no todos los hombres se salvarán. Ambas escuelas concuerdan en rechazar toda forma de universalismo o de restitucionismo. Una muchedumbre innumerable se salvarán y otra muchedumbre innumerable se condenarán. *Segundo,* también concuerdan en creer que la muerte de Cristo es suficiente en el sentido de que puede satisfacer la necesidad de todo hombre caído. *Tercero,* igualmente en que los hombres no pueden salvarse por otro medio que por la muerte y resurrección de Cristo. *Cuarto,* en que el Evangelio ha de ser predicado a todos, pero la subyacente libertad para predicar es diferente en un grupo y en el otro. *Quinto,* la fe debe ser implantada en los inconversos por el Espíritu Santo. *Sexto,* sólo los elegidos se salvarán. *Séptimo,* todo cuanto Cristo hizo, sea por los elegidos o por los no elegidos, queda en suspenso en espera de que los inconversos cumplan las condiciones impuestas por Dios, puesto que nadie nace ya perdonado o justificado. *Octavo,* uno de los grupos cree que Dios provee salvación para los elegidos a fin de que los elegidos puedan ser salvos, mientras que el otro grupo cree que Dios proveyó salvación para todos los hombres a fin de que los elegidos puedan ser salvos. Ambas escuelas apelan a la Escritura, aunque una de ellas se ve obligada, a causa de las restricciones que sostiene, a realizar interpretaciones forzadas de los pasajes llamados universalistas. En el decurso de este capítulo, haremos referencia a estas interpretaciones forzadas.

No se requieren concesiones de parte de los redencionistas ilimitados, porque su sistema no es complicado ni retorcido. Los redencionistas limitados conceden que lo que Cristo hizo sería suficiente para salvar a los no elegidos si éstos estuvieron dispuestos a creer, pero los ultracalvinistas no podrían conceder que los elegidos pudieran perderse en el caso de que no llegaran a creer, puesto que, en dicho sistema, la muerte de Cristo en favor de una persona garantiza la seguridad de tal persona hasta tal punto que no puede llegar a perderse.

Al llegar a este punto, no estará de más el observar que la salvación es muchísimo más que el perdón de los pecados. No es difícil demostrar que los pecados quedan juzgados por el hecho de que Cristo cargó con ellos en la cruz, pero afirmar que el llevar el pecado equivale a la salvación de alguien por quien Cristo sufrió es otra cosa completamente distinta. Ciertos aspectos de la salvación del hombre llevada a cabo por Cristo están directamente garantizados mediante la cruz de Cristo - el perdón, la vida eterna, la justificación, todas sus posiciones en Cristo, y algunos aspectos de la santificación. No obstante, otros aspectos de la salvación - un lugar en la familia y en la casa de Dios, la adopción, la ciudadanía celestial, el acceso a Dios, la libertad, bajo la gracia, del sistema del mérito - son realizados por Dios como expresión de la benevolencia divina y se refieren a la muerte de Cristo sólo en cuanto que Dios queda libre, mediante la muerte de Cristo, para obrar en favor de los que creen. Es, por tanto, antibíblico y engañoso el pretender que no hay que distinguir entre el aspecto particular de la obra salvífica de Dios que consiste en proveer un Salvador, y la obra salvífica de Dios por la que se realizan las poderosas transformaciones que hacen de un cristiano lo que realmente es. No se exige al pecador ninguna responsabilidad de creer cuando se trata de proveer los valores de la muerte de Cristo, pero la salvación misma sólo se efectúa como respuesta a la fe salvífica. No hay inconsecuencia alguna, si Dios lo dispone así, en una circunstancia que deja en un estado de perdición incluso a los elegidos, hasta que creen, ni la hay en que alguien por quien Cristo murió, quede perdido para siempre. Los redencionistas limitados consideran la muerte de Cristo como realmente eficaz para los elegidos y carente de beneficios salvíficos para los no elegidos, mientras que los redencionistas ilimitados consideran la muerte de Cristo como eficaz para los elegidos y como potencial y provisional para los no elegidos. Carece de fundamento la noción según la cual una cosa es menos real por el hecho de que su aceptación sea incierta o condicional.

La apreciación humana del inmenso valor de la muerte de Cristo en favor de los hombres perdidos no queda rebajada o desacreditada en manera alguna por la creencia de que su valor se recibe en el momento en que se ejercita la fe salvífica, más bien que en el momento en que el Salvador murió. El redencionista ilimitado no se ve forzado, en manera alguna, a causa de su creencia, a ocupar un puesto secundario en engrandecer la gloriosa obra salvífica del Señor Jesucristo.

El camino real de la elección divina es algo completamente aparte del camino real de la redención. Respecto a la elección se nos declara que "a los que predestinó, a éstos también llamó; y a los que llamó, a éstos también justificó; y a los que justificó, a éstos también glorificó" (Ro. 8:30), y todo creyente puede regocijarse en esta gran certeza. Respecto a la redención está escrito que Cristo murió por los hombres caídos y que la salvación basada en esta muerte, es otorgada a todos cuantos creen, mientras que la condenación pende sobre aquellos que no creen, y precisamente por rehusar lo que ha sido provisto para ellos. Parecería innecesario el advertir que los hombres no pueden rechazar lo que ni siquiera existe, y si Cristo no murió por los no elegidos, éstos no pueden ser condenados por incredulidad (comp. Juan 3:18). Tanto la salvación como la condenación están condicionadas por la reacción del individuo ante una y la misma cosa, a saber, la gracia salvífica de Dios, hecha posible mediante la muerte de Cristo.

En un capítulo anterior, ha sido considerada la extensión del alcance de la muerte de Cristo. En total, han sido enumeradas catorce inmensas realizaciones divinas. Sólo una porción restringida de estas realizaciones está implicada en la presente discusión. A la luz de la grande y compleja obra de Cristo que alcanza a las edades pasadas y por venir, a una entera nación elegida, a la invalidación de todo el sistema del mérito, a las esferas angélicas, al propio Cielo, al juicio del pecado de naturaleza, a la propiciación por los pecados del cristiano, y a la demora en los justos juicios contra todo pecado, la cuestión de si murió por los elegidos o por todo el mundo queda reducida, relativamente, a un pequeño punto. Los redencionistas limitados conceden, con sus oponentes, que los juicios divinos son demorados con motivo de algo universal que Cristo realizó en Su muerte; mas, con sólo esto, ya se reconoce el principio de un valor universal en Su muerte y ya resulta en verdad insignificante el trecho que hay entre esta posición y la posición ocupada por los redencionistas universales.

Dentro de los dominios de la razón humana, surge un problema que ha sido el blanco de los ataques contra el Calvinismo de parte de los socinianos y de los arminianos - que si Cristo lleva el pecado de una persona, esta persona se aprovecharía de este sacrificio divino y quedaría libre del juicio que el Salvador llevó sobre Sí. Para eludir este problema, el redencionista limitado sostiene que Cristo murió sólo por los elegidos. El redencionista ilimitado cree que, mientras Cristo murió condicionalmente por todos, el beneficio se aplica solamente cuando se cumple la condición de la fe salvífica personal. El redencionista limitado de la escuela moderada cree con su oponente que nadie es perdonado hasta el momento en que cree, y de esta manera fracasa en la solución del problema que su sistema pretendía desenredar. Para el redencionista ilimitado, la aparente falta de equidad de un juicio que cae sobre una persona después de que Cristo ha llevado sobre sí tal juicio es tan sólo un misterio más de los que la mente finita no puede comprender. El redencionista ilimitado reconoce dos revelaciones igualmente claras - que Cristo murió por el mundo o *cosmos*, y que Su muerte es la base de la salvación para los que creen, y la base de la condenación para los que no creen. Que los hombres se salvan bajo la única condición de la fe personal, y que se condenan por falta de dicha fe, son claras enseñanzas del Nuevo Testamento. Es misterio igualmente grande, y estrechamente relacionado con el presente problema, que, aunque la fe es implantada por Dios en el corazón del hombre, los hombres son tratados como si fuesen ellos los que la produjesen; son eternamente bienaventurados los que poseen esta fe, y son condenados eternamente los que no la tienen. El alma devota debe reconocer sus propias limitaciones y contentarse, como siempre, con recibir como verdad lo que Dios ha dicho.

Gran parte de la doctrina englobada en estas observaciones introductorias se tratará en detalle en las páginas siguientes. La discusión de este tema que divide las dos escuelas de calvinistas moderados se llevará a cabo por el siguiente orden: (a) aspectos dispensacionales del problema; (b) tres palabras doctrinales; (c) la cruz no es el único instrumento de salvación; (d) la predicación universal del Evangelio; (e) ¿queda Dios derrotado si se pierden los hombres por quienes Cristo murió? (f) naturaleza de la sustitución; (g) el testimonio de las Escrituras.

III. ASPECTOS DISPENSACIONALES DEL PROBLEMA

A juzgar por sus escritos, los redencionistas limitados ignoran con frecuencia las distinciones dispensacionales, reconociendo, como es su costumbre, un solo propósito electivo de Dios, en el cual incluyen a todos cuantos, dentro de la familia humana, desde Adán hasta la presente generación han experimentado algún favor divino. Con este método de interpretación, los patriarcas pre-israelitas, los israelitas, y la Iglesia del Nuevo Testamento forman un todo sin solución de continuidad. Sin vacilar un momento, buscan material para su argumentación en las relaciones del Antiguo Testamento y dan por supuesto que todo cuanto ha tenido vigencia en anteriores dispensaciones es equiparable y aplicable a la era presente, mientras que los redencionistas ilimitados, debidamente informados, reconocen los aspectos dispensacionales de los modos de proceder de Dios con los hombres, y defienden que el aspecto universal del valor de la muerte de Cristo sólo podría aplicarse a la era presente en que ocurre el llamamiento de aquella compañía de elegidos que forman la Iglesia, la cual es el Cuerpo de Cristo - una era que difiere de todas las demás en muchos puntos, especialmente en que ha de predicarse un evangelio universal, todas las diferencias entre judíos y gentiles han quedado rotas (Ro. 3:9; 10:12; Ef. 3:6), y se producen tremendos cambios por la muerte y resurrección de Cristo, que colocan a las personas de esta era en una posición, hasta ahora desconocida, de responsabilidad ante Dios.

Debería reconocerse que Israel es una *nación* elegida, en la que cada una de sus sucesivas generaciones entraba por nacimiento físico, y que no hay base alguna en el hecho de la elección *nacional* de Israel para que se la compare con la Iglesia, la cual se compone de *individuos* elegidos, tanto judíos como gentiles, siendo cada uno de ellos predestinado, llamado, justificado, glorificado (Ro. 8:30), y comisionado para proclamar un evangelio universal, responsabilidad completamente desconocida en las edades anteriores. Es cierto que existía una puerta abierta para que los prosélitos entrasen en el Judaísmo; pero cualesquiera que hayan sido los hechos, nada se dice de que hubiesen sido predestinados a obrar así, o que ejercitasen fe salvífica, o que fuesen regenerados como lo son los hombres ahora, o que se les predicase jamás un evangelio. La chocante incapacidad para ver los distintos designios de Dios en relación con la humanidad se manifiesta en el folleto *The Redeemed, Who Are They?*, del Rev. James Mortimer Sanger, B.A. Defendiendo la opinión de que en todos los tiempos no hay más que dos clases de personas en el mundo - los buenos y los malos - este autor va más lejos al pretender que Génesis 3:15 presenta dos líneas de descendencia, y que Cristo murió por la descendencia de la mujer, pero no por la de Satanás. Por desgracia para esta teoría, la descendencia de la mujer es Cristo mismo, y nadie puede dudar, a base de Efesios 2:1-2, que la salvación les ha llegado desde entonces a algunos, por lo menos, que en un principio estaban ligados vitalmente a Satanás tan plenamente como lo pueda estar cualquier inconverso.

La elección nacional, que con demasiada frecuencia se confunde con la elección individual (adviértase la amonestación del Apóstol a la nación de Israel sobre este punto, según está registrada en Ro. 9:4-13), apunta solamente a la última bendición de Israel como nación y a su preservación nacional hasta el fin. Acab y Jezabel, juntamente con Abraham y Sara, eran igualmente partícipes de la elección nacional de Israel. Sin embargo, se predice un día de juicio para Israel, cuando multitudes serán rechazadas (Ez. 20:33-44; Dn. 12:1-3). Lo cual no obsta para que la Biblia reconozca un remanente espiritual en todas las generaciones de Israel; pero este grupo espiritual no participaba de ningún pacto adicional, distinguiéndose sólo por su voluntariedad de ser más fieles a las relaciones con Jehová que eran el privilegio común de todos en Israel. El remanente de Israel en la era presente es "un remanente escogido por gracia" (Ro. 11:5), y está compuesto de los que se salvan por fe en Cristo, participando así del llamamiento divino que pertenece a la Iglesia. Sólo cuando venga de Sion el Libertador, será salvo todo Israel (Ro. 11:26), y esta salvación no solamente servirá para la realización de todos sus pactos como nación en esta tierra, sino también para el perdón de sus pecados (comp. Jer. 31:34). En el tiempo presente, como ya hemos dicho, sólo un remanente de Israel son salvos como *individuos,* de acuerdo con la elección divina por gracia y para la gloria celestial de la Iglesia. Tampoco hay seguridad de que todos los gentiles vayan a salvarse en la presente dispensación; Dios está más bien visitando a los gentiles para sacar de ellos un pueblo para Su nombre (Hch. 15:14) A su debido tiempo, experimentarán los gentiles bendiciones universales (Hch. 15:18), pero no antes de que vuelva El que ha sido prometido y reedifique el tabernáculo de

David, que está caído (Hch. 15:16-17). Por tanto, el tema relativo a la redención limitada o ilimitada debe ser restringido a la era presente con el correspondiente designio divino en el llamamiento de la Iglesia; de otro modo, resultará una terrible confusión - tal como, en verdad, prevalece en gran escala en los tiempos actuales. Los problemas relativos a los modos de obrar de Dios con las gentes de otras edades son importantes en su respectivo lugar, pero nada tienen que ver con la presente discusión.

IV. TRES TERMINOS DOCTRINALES

Aunque corrientes en el lenguaje teológico, los términos *redención limitada* y *redención ilimitada* son inadecuados para expresar el conjunto del problema que estamos considerando. Hay tres aspectos importantes de la verdad expuestos en la doctrina del Nuevo Testamento, que se refieren a los inmensos beneficios provistos para los no salvos mediante la cruz de Cristo, y la redención no es más que no de ellos. Cada uno de estos aspectos de la verdad se expresa, a su vez, por un término, en torno al cual gira un grupo de derivados o sinónimos de dicho término. Estos tres términos son: ἀπολύτρωσις que se traduce por *redención;* καταλλαγή que se traduce por *reconciliación;* y ἱλασμός que se traduce por *propiciación.* Las riquezas de gracia divina que estas tres palabras representan, trascienden todo pensamiento o lenguaje humano; pero estas verdades tienen que ser declaradas en términos humanos, si se las ha de expresar de alguna manera. Así como es necesario tener cuatro Evangelios, por ser imposible el presentar en uno solo, o en dos, y aun en tres, la verdad completa acerca de nuestro Señor Jesucristo, así también la Escritura contempla el gran beneficio de la muerte de Cristo en favor de los no salvos desde tres ángulos, a fin de que lo que parezca faltar en uno sea complementado con los otros. Hay al menos otras cuatro grandes palabras - *perdón, regeneración, justificación y santificación* - que representan bendiciones espirituales garantizadas por la muerte de Cristo; pero éstas se diferencian de las tres anteriormente mencionadas en un punto importante, a saber, que estas cuatro palabras se refieren a aspectos de la verdad que pertenecen sólo a los que se salvan. Frente a éstas, las tres palabras - *redención, reconciliación y propiciación* - aunque engloban en el objetivo de su significado verdades vitales que pertenecen a la condición de los salvos, se refieren en particular a lo que Cristo realizó por los no salvos mediante Su muerte en la cruz. Lo que se denomina *la obra acabada de Cristo* podría definirse como la suma total de todo aquello que estas tres palabras connotan, cuando se restringen a los aspectos de su significado que sólo se aplican a los no salvos. La *redención* se halla dentro de la esfera de la relación que existe entre el pecador y sus pecados, y esta palabra, con las agrupadas en torno a ella, mira el pecado como esclavitud, al pecador como un esclavo, y la libertad que sólo puede obtenerse mediante la redención, o rescate, que es en Jesucristo (Juan 8:32-36; Ro. 6:17-20; 8:21; Gá. 5:1; 2 P. 2:19). La reconciliación está dentro de la esfera de la relación que existe entre el pecador y Dios, y mira al pecador como en enemistad con Dios, y a Cristo como el pacificador entre Dios y el hombre (Ro. 5:10; 8:7; 2 Co. 5:19; Stg. 4:4). La *propiciación* también está dentro de la esfera de la relación que existe entre Dios y el pecador, pero la *propiciación* se fija en una más amplia necesidad que Dios tiene de ser justo cuando justifica al impío, y a Cristo como una Ofrenda, un Sacrificio, un Cordero inmolado, que, al satisfacer todas las demandas de la santidad de Dios contra el ofensor, vuelve a Dios justamente *propicio* hacia tal ofensor (Ro. 3:25; 1 Jn. 2:2; 4:10). Así puede verse que la redención es el ángulo de la cruz que *mira hacia el pecado;* la reconciliación, el ángulo que *mira hacia el hombre;* y la propiciación, el que *mira hacia Dios,* y que estas tres grandes verdades se combinan para manifestar, de la mejor manera que es posible en términos humanos, una sola empresa divina.

De lo que precede, se puede colegir que la cuestión en debate entre los redencionistas limitados y los ilimitados, es una cuestión de reconciliación limitada o ilimitada, y de propiciación limitada o ilimitada, tanto como de redención limitada o ilimitada. Después de hacer un estudio cuidadoso de estas tres palabras y del grupo de palabras afines a cada una de ellas, a duras penas podría negarse que la verdad que representa cada una, incluye una doble aplicación.

Está el aspecto de redención, representado por la palabra *ἀγοράζω redimir,* palabra que significa *comprar en el mercado;* y, aunque se usa para expresar la redención en sentido genérico, su significado técnico implica únicamente la *compra* del esclavo, pero no conlleva necesariamente la idea de *libertarlo* de la esclavitud. En cambio, el término *ἐξαγοράζω*, que también se traduce por *redimir*, implica mucho más, puesto que *ἐξ*, que significa *de*, o *fuera de,* está combinado con *ἀγοράζω*, indicando así que el esclavo es *comprado sacándolo* del mercado (nótense aquí también los términos todavía más fuertes λυτρόω y ἀπολύτρωσις con sus sentidos de *soltar* y *liberación*). Hay, por tanto, una redención que *paga el precio*, pero no *libera* necesariamente al esclavo, y hay otra redención que termina en *libertad permanente.* Es probable que la referencia a la redención en la Confesión de Westminster, VIII, 6, y VIII, 8, tenga en cuenta la redención eficaz que queda completada en los que se salvan.

Según 2 Co. 5:19, hay una reconciliación que aparece como mundial y operada totalmente por Dios; con todo, en el versículo siguiente del contexto, se indica que el individuo pecador tiene la responsabilidad, en adición a la reconciliación universal operada por Dios, de reconciliarse él mismo con Dios. Lo que Dios ha realizado ha cambiado de tal manera el mundo en su relación con El mismo que, ahora El, ajustándose a las demandas de la justicia infinita, queda satisfecho con la muerte de Cristo como una solución del problema del pecado en el plano general. Sin embargo, el *desideratum* no se alcanza hasta que el individuo, ya incluido en la reconciliación del mundo, queda él mismo satisfecho con la misma obra de Cristo que ha satisfecho a Dios como la solución del problema de su propio pecado. Así, pues, hay una reconciliación que de suyo no salva a nadie, pero que sirve de base a la reconciliación de todo aquél que crea. Cuando uno cree, experimenta en sí mismo la reconciliación eterna, y llega a ser hijo de Dios mediante las riquezas de Su gracia. En un corto versículo, 1 Juan 2:2, Dios declara que hay una propiciación por nuestros pecados (los del cristiano), y no sólo por nuestros pecados, sino también por los de todo el mundo. Aunque más adelante nos detendremos en la interpretación de éste y de otros pasajes semejantes presentados por los redencionistas limitados, es obvio que el mismo doble aspecto de la verdad – el aplicable a los no salvos y el aplicable a los salvos – se nos indica con respecto a la propiciación, como está indicado tanto en el caso de la redención como en el de la reconciliación.

Por esta breve consideración de estos tres grandes términos doctrinales, se puede ver que el redencionista ilimitado cree en la reconciliación y en la propiciación ilimitadas tanto como en la redención ilimitada. Por otra parte, el redencionista limitado rara vez incluye una mención específica de las doctrinas de la reconciliación y de la propiciación en la discusión de este tema.

V. LA CRUZ NO ES EL UNICO INSTRUMENTO DE SALVACION

Uno de los puntos a los que más se aferran los redencionistas limitados es la pretensión de que la redención, una vez realizada, implica *necesariamente* la salvación de los que alcanzan tal favor. Según esta opinión, si el precio de la redención es pagado por Cristo, debe implicarse en cada caso *ἐξαγοράζω* o *ἀπολύτρωσις* más bien que *ἀγοράζω*. Todos los calvinistas sostienen con absoluta confianza que cada uno de los elegidos se salvará, cuando y como Dios lo tenga dispuesto, y que los inconversos sólo pueden creer por el poder que les comunica el Espíritu Santo; pero aquí la cuestión es si el sacrificio de Cristo es el único instrumento por el cual Dios salva *de hecho* a los elegidos, o si este sacrificio es una obra acabada, ciertamente, con respecto a su meta y designio, hacer a todos los hombres *salvables,* pero que es aplicada en gracia soberana por la Palabra de Dios y por el Espíritu Santo, sólo cuando el individuo cree. Es cierto que la muerte de Cristo no perdona de suyo a ningún pecador, no torna innecesaria la obra regeneradora del Espíritu Santo. Cualquiera de los elegidos, cuya salvación está predeterminada, y por los que Cristo murió, puede vivir la mayor parte de su vida en abierta rebelión contra Dios y manifestar, durante ese tiempo, todos los aspectos de depravación y de muerte espiritual. Esto solo bastaría para probar que los hombres no son salvos individualmente por la acción de Cristo al morir, sino más bien por la *aplicación* que Dios les hace de tal valor cuando creen. La sangre del cordero pascual se torna eficaz solamente cuando es aplicada al dintel de la puerta. El hecho de que un elegido pueda vivir alguna parte de su vida en enemistad para con Dios y en un estado en que está tan perdido como cualquier inconverso, indica decisivamente que Cristo no sólo debe morir para proveer una justa base para la salvación de tal persona, sino que tal valor le debe ser *aplicado* en el momento de su vida que Dios tenga decretado, el cual momento, en la generación actual, es casi dos mil años posterior a la muerte de Cristo no salva a los elegidos ni les impide rechazar las misericordias de Dios en el período de su vida que precede a su salvación.

El redencionista ilimitado defiende que el valor de la muerte de Cristo se extiende a todos los hombres, pero que sólo los elegidos, mediante una llamada eficaz que es obra de la gracia divina, llegan a apropiárselo, mientras que los no elegidos no son llamados, sino que son pasados por alto. Sostiene que Dios indica quiénes son los elegidos, no en la cruz, sino con un llamamiento eficaz y en el momento de la regeneración. También creen los redencionistas ilimitados que plugo a Dios colocar a todo el mundo en una posición de infinita obligación hacia El mediante el sacrificio de Cristo, y aunque el misterio de la condenación personal por el pecado y la incredulidad cuando uno no ha sido movido por el Esíritu a creer, no puede solucionarse en este mundo, los no regenerados, tanto elegidos como no elegidos, están claramente condenados por su incredulidad mientras permanecen en tal estado (Juan 3:18). No hay nada que aporte tanta claridad a esta discusión secular como el reconocer que la Biblia no presenta ninguna distinción vital entre elegidos y no elegidos, mientras se hallan en su condición de inconversos (1 Co.

1:24 y He. 1:14 podrían sugerir esta distinción en líneas sin relevancia dentro de la presente discusión). Ciertamente, la teoría que hace de la redención algo equivalente a la salvación no tiene validez cuando consideramos a los hombres en su condición de no regenerados, y esa salvación que es diferida por muchos años en el caso de un elegido, puede ser diferida para siempre en el caso de una persona no elegida, cuyo corazón nunca será movido por Dios. ¿Fue el objetivo de la muerte de Cristo el hacer *posible* la salvación de todos los hombres, o fue el hacer *cierta* la salvación de los elegidos? Alguna luz hemos ganado en esta discusión, al parar mientes en que los actos divinos que llevan a su consumación la salvación de un individuo, son realizados cuando éste cree en Cristo, no antes de creer.

VI. LA PREDICACION UNIVERSAL DEL EVANGELIO

El redencionista limitado se encuentra en una situación muy difícil cuando se enfrenta con la gran comisión que ordena predicar el evangelio a *toda* criatura, pues se le puede urgir a que conteste cómo se puede predicar un evangelio universal si no hay una provisión universal. El decir, por un lado, que Cristo no murió por los no elegidos, y añadir, por otro lado, que Su muerte es la base sobre la cual se ofrece la salvación a todos los hombres, está peligrosamente cerca de la contradicción. Sería mental y espiritualmente imposible para un redencionista limitado, si es fiel a sus convicciones, el urgir con sinceridad a los que ya se sabe que no son elegidos a que acepten a Cristo. Por fortuna, Dios no ha revelado nada por donde se pueda colegir la diferencia entre los elegidos y los no elegidos, mientras ambas clases están en su condición de inconversos. Sin embargo, el predicador del evangelio, si mantiene alguna duda respecto a la base para su mensaje en el caso de, al menos, una persona a quien se está dirigiendo, si es sincero, se enfrenta a un problema real en el desempeño de su comisión de predicar el evangelio a toda criatura. El creer que algunos son elegidos y que otros no lo son, no crea ningún problema al ganador de almas, con tal de que se sienta libre, de acuerdo con sus convicciones, para declarar que Cristo murió por todos aquellos a quienes él habla. Sabe que los no elegidos no aceptarán el mensaje. Sabe también que hasta un elegido puede resistirse casi hasta el día de su muerte. Pero si el predicador cree que alguna parte de sus oyentes están destituidos de toda base de salvación, puesto que no tienen parte alguna en los valores de la muerte de Cristo, ya no se presenta a su mente la cuestión de si aceptarán o rechazarán; sino que más bien viene a ser una cuestión de *veracidad* en la declaración del mensaje. Como ha hecho notar el Dr. W. Lindsay Alexander: "Con este supuesto (el de una redención limitada) las invitaciones y promesas generales del evangelio se quedan sin base adecuada, y parecen una mera burla en pocas palabras, una oferta de algo que no ha sido provisto. No basta con decir, en respuesta a esto, que, puesto que tales invitaciones existen realmente, estamos autorizados por la Palabra de Dios a urgirlas y justificados en aceptarlas; porque esto es una mera evasión" (*A System of Biblical Theology,* II, 111.) Representando el otro lado de la cuestión, otro británico, escribiendo no más allá de 1919, declara: " ¡Vaya con la consumada necedad de los seudoteólogos que tienen sus Biblias y, con todo, están continuamente repitiendo tales tópicos como 'todo aquel que crea' y 'todo aquel que quiera'! " Casi todos los teólogos han discutido en sus escritos la cuestión de una redención limitada o ilimitada, y podrían multiplicarse indefinidamente las citas esclarecedoras, si hubiera espacio para mencionarlas. Sobre la cuestión de las creencias de los sinceros predicadores del evangelio, el lector quedaría bien recompensado al investigar cómo, universalmente todos los grandes evangelistas y misioneros han acogido la doctrina de la redención ilimitada, y han hecho de ella la misma estructura básica de sus convincentes peroraciones.

VII. ¿QUEDA DIOS DERROTADO SI SE PIERDEN LOS HOMBRES POR QUIENES MURIO CRISTO?

Implicada en el planteamiento de este tema está la convicción frecuentemente expresada por los redencionistas limitados de que, para Cristo, el morir por los que no se han de salvar, equivale a experimentar una derrota por Su parte. Por supuesto, hay que conceder que, si la obra acabada es una *garantía* de salvación para aquellos por quienes Cristo murió, hay una derrota muy notoria en el caso de que uno solo fracase en ser salvo. Pero es una mera *presuposición* el que la redención sea una garantía de salvación, pues Cristo se convierte en garantía segura de salvación cuando uno cree. La muerte de Cristo es una transacción acabada, cuyo valor Dios nunca ha aplicado a una sola alma hasta que esa alma pasa de la muerte a la vida ; es *actual* en su disponibilidad, pero *potencial* en su aplicación. Afirmar que el valor de la muerte de Cristo queda en suspenso hasta el momento de la regeneración, no es insinuar que dicho valor sea menor en modo alguno de lo que sería si se aplicase en otro momento cualquiera. Hay razones basadas en la Escritura que explican por qué Dios puede proveer una redención para *todos,* cuando El tiene determinado el salvar sólo a *algunos.* El está justificado en colocar al mundo entero en una relación particular hacia El, a fin de que el Evangelio puede ser predicado con toda sinceridad a todos los hombres y para que, del lado humano, los hombres queden sin excusa, siendo juzgados, como así es en efecto, por su rechazo de lo que se les ha ofrecido. Los hombres de la presente dispensación son condenados por su incredulidad. Lo cual está expresamente declarado en Juan 3:18 e implicado en Juan 16:7–11, lugar en que aparece el Espíritu en Su obra de convencer al mundo de un solo pecado, a saber, de que "no creen en mí". Ahora bien, el rechazar a Cristo y Su redención, como hace todo el que no cree, equivale a pedir por su parte que la gran transacción del Calvario quede anulada y que su pecado, que fue echado sobre los hombres de Cristo, le sea devuelto a él mismo con todo su poder condenatorio. No queremos decir con esto que el pecado sea jamás retenido por el pecador de esta manera precisa, pero afirmamos que, puesto que Dios no aplica al pecador el valor de la muerte de Cristo hasta que ese pecador es salvo, Dios quedaría moralmente libre para retener al pecador que rechaza a Cristo, como responsable de sus pecados y, a esta inmensa carga, se añadiría toda la condenación que es justa consecuencia del pecado de incredulidad. En conexión con esto, se refieren los redencionistas limitados a tres pasajes que, en su opinión, indican que los inconversos mueren con sus pecados encima y, por tanto – dicen ellos – Cristo no pudo haber llevado sus pecados. Estos pasajes son:

Juan 8:24 "Si no creéis que yo soy, en vuestros pecados moriréis". Este es un aserto claro, que exige una breve exposición. Es un caso de creer en Cristo o, por el contrario, morir en la condenación del pecado. No se refiere Cristo solamente al pecado de incredulidad, sino a "vuestros pecados". Esto nos brinda la oportunidad de percatarnos de que Cristo dijo estas palabras *antes* de Su muerte y, también, de que aquí El les requiere a que crean que El es el "YO SOY" – o sea, Jehová. Estos hechos son de importancia en cualquier consideración específica de este texto, pero bastará con hacer notar que el pasaje es tan problema para un lado de la discusión como para el otro. Si los redencionistas limitados pretenden que estas personas a quienes Cristo se dirigía, morirían en sus pecados porque no eran elegidas y, por tanto, sus pecados no eran llevadas por Cristo, pueden replicarse (1) que la condición indicada por Cristo para que puedan escapar de morir en sus pecados no está basada en que El no muera por ellos, sino más bien en que ellos *crean* en El, y (2) si fuera verdad que ellos morirían en sus pecados por su condición de no elegidos, por los que Cristo no murió, sería igualmente verdadero que aquellos de entre ellos que eran de los elegidos (comp. vers. 30) y cuyos pecados fueron llevados por Cristo, no hubieran tenido necesidad de ser salvados de un estado de perdición. En otras palabras, este importante texto enseña que el valor de la muerte de Cristo, siendo tan maravilloso y tan completo como es en sí, no se aplica a los inconversos mientras no *creen.* Es la llamada eficaz del Espıritu la que señala a los elegidos de Dios, no una discriminación arbitraria, indefinida e imaginaria, hecha en la muerte de Cristo.

Efesios 5:6: "Por estas cosas viene la ira de Dios sobre los hijos de desobediencia". El epíteto *hijos de desobediencia* no se refiere a la personal desobediencia de ningún individuo de esta clase, sino más bien al hecho de que todos los inconversos son desobedientes en la capitalidad natural de Adam. Esto incluye a los elegidos y a los no elegidos en su condición de no salvos; pero debe notarse además que aquellas personas elegidas y salvas a las que el Apóstol está escribiendo aquí, no sólo eran hijos de desobediencia antes de ser salvos, sino que estaban bajo el poder operante de Satanás y en una condición de muerte espiritual (Ef. 2:1-2). Así se prueba de nuevo que el valor de la muerte de Cristo se aplicaba a los elegidos, no en la cruz, sino cuando creen.

Apocalipsis 20:12: "Y fueron juzgados los muertos por las coas que estaban escritas en los libros, según sus obras". Esta escena se refiere al juicio del gran trono blanco, de todos los inconversos de todos los tiempos, y debe ser tenido en cuenta que, en otras edades, los hombres estaban más ligados a un pacto de obras de lo que lo están ahora. La cifra y resumen del pecado de la era presente es la *incredulidad* (Juan 16:9), así como la cifra y resumen de la responsabilidad humana respecto de Dios en asegurarse una correcta relación con Dios en la *fe* (Juan 6:29). Es muy posible que aquellos de este vasto grupo que eran de esta dispensación, sean juzgados por solo este pecado de incredulidad que los incluye a todos, mientras que los de otras edades sean juzgados por muchos y diversos pecados; pero de las pruebas que anteceden es evidente que no es en manera alguna antibíblico el reconocer que los inconversos de esta era son juzgados de acuerdo con sus propios pecados específicos, ya que el valor de la muerte de Cristo no se les aplica ni es aceptado en favor de ellos, hasta el momento en que creen, y es evidente que todos estos nunca creyeron.

Al llegar a este punto, y en esta materia, es conveniente considerar el reto que generalmente lanzan los redencionistas limitados – que si Cristo llevó los pecados de los no elegidos, éstos no podrían perderse, porque incluso el pecado de incredulidad – dicen ellos – que lleva a la condenación, sería llevado entonces por Cristo y, por tanto, habría perdido su poder de condenar. Este reto hace surgir la importante cuestión de si Cristo llevó todos los pecados del hombre, excepto la *incredulidad.* Sobre este aspecto del tema, escribió John Owen hace casi tres siglos: "Dios hizo pender Su justa ira sobre, y Cristo sufrió las penas del Infierno por, o todos los pecados de todos los hombres, o todos los pecados de algunos hombres, o algunos pecados de todos los hombres. Si lo último – algunos pecados de todos los hombres – entonces todos los hombres tienen algunos pecados de los que responder, y así nadie será salvo. . . . .Si lo segundo, eso es lo que nosostros afirmamos, a saber, que Cristo sufrió como sustituto por todos los pecados de todos los elegidos del mundo. Si lo primero (a saber, que Cristo murió por todos los pecados de todos los hombres), entonces ¿por qué no son liberados todos del castigo de todos sus pecados? Tal vez diréis: por su incredulidad; no quieren creer. Pero esta incredulidad, ¿es pecado o no lo es? Si no lo es, ¿por qué habrían de ser castigados por ella? Si lo es, entonces Cristo o sufrió por ella el castigo correspondiente o no lo sufrió. Si lo hizo, ¿por qué ha de obstaculizar ella, más que los otros pecados suyos por los que Cristo murió, el que participen del fruto de Su muerte? Si no lo hizo, entonces no murió por todos sus pecados" (citado por W.L. Alexander, *ibid.,* II. 109-110).

A esto podría replicarse que el pecado de incredulidad asume una cualidad específica, al constituir la respuesta del hombre a lo que Cristo llevó a cabo por él, al llevar sus pecados en la cruz. Sin duda que, mediante la muerte de Cristo, queda Dios libre para poder perdonar el pecado de incredulidad, puesto que perdona libremente *todos* los pecados (Col. 2:13) y, por tanto, ninguna condenación hay para los que están en Cristo Jesús (Ro. 8:1). El pecado de incrdulidad, teniendo un carácter peculiar, es evidentemente tratado como tal en las Escrituras. Además, si Cristo llevó el pecado de incredulidad junto con los otros pecados de los elegidos, entonces ningún pecador elegido, mientras se halla en su condición de inconverso, está sujeto a ninguna condenación, ni necesita ser perdonado o justificado a los ojos de Dios.

Si se pregunta al llegar a este punto, como suele ocurrir, si la llamada general de Dios (Juan 12:32) puede ser sincera en todos los casos, ya que El no se propone salvar a los no elegidos, se puede afirmar que, puesto que la incapacidad de los no elegidos para recibir el evangelio se debe al pecado del hombre, Dios está justificado, desde Su propio punto de vista, al extender a ellos Su invitación. En relación con esto, hay que observar una importante distinción entre el *designio* soberano de Dios y Sus *deseos.* Por razones particulares y valiosas, Dios, como todo otro ser, puede proponerse hacer más o menos de lo que desea. Su deseo alcanza evidentemente a todo el mundo (Juan 3:16), pero está igualmente clara la revelación de que Su designio alcanza sólo a los elegidos. En el pasaje importante que dice: "el cual quiere que todos los hombres sean salvos" (1 Ti. 2:4), esta distinción se nota en que se usa la voz pasiva del verbo *salvar,* en vez de la activa.

VIII. LA NATURALEZA DE LA SUSTITUCION

Los redencionistas limitados creen sinceramente que la sustitución de Cristo en favor de una persona, comporta *necesariamente* la salvación de tal persona. Otro argumento de John Owen es el siguiente: "Cristo murió como fiador y como sustituto de aquellos por quienes murió, para poder liberarlos de la culpa y de la pena de muerte (Is. 53:5-6; Ro. 5:6-8; Gá. 3:13; 2 Co. 5:21). Es evidente que El cambia su posición por la nuestra, a fin de que nosotros podamos ser hechos justicia de Dios en El. . . . Al morir por los hombres, Cristo satisfizo por los pecados de ellos, para que ellos no murieran. Ahora bien, la justicia de Dios queda satisfecha en relación con los pecados por los que Cristo satisfizo; lo cual ciertamente no hizo por los pecados de los reprobados, pues éstos los castiga Dios con toda justicia y por toda la eternidad sobre las espaldas de los mismos réprobos (Mt. 5:26)" (extractado por Alexander, *ibid.,* p. 108). Esta es una correcta conclusión y disponemos de cierta luz mediante la atenta consideración de la naturaleza precisa de la sustitución misma.

No fue el hombre quien descubrió primero la necesidad de un sustituto que muriese en su lugar; esta necesidad se hallaba en el corazón de Dios desde toda la eternidad. ¿Quién puede explicar lo que significa realmente el pecado a los ojos de la infinita rectitud? ¿Quién se atreverá a computar el precio del rescate que Dios debe exigir por el pecador? ¿Quién puede definir cuáles eran los justos juicios de la santidad ultrajada, juicios requeridos por el Padre y satisfechos por el Hijo? ¿O quién puede declarar el costo que supuso para Dios el alejar para siempre de Su presencia el pecado mismo?

Dos preposiciones emplea el griego del Nuevo Testamento para expresar la doctrina de la sustitución: (1) Ὑπέρ (*por*) término de sentido amplio y que puede significar solamente que algo ya realizado viene a ser beneficio para otros. En este sentido, este término vendría a declarar que la muerte de Cristo fue beneficiosa, en mayor o menor grado, para aquellos por quienes El murió. Sin embargo, esta palabra encierra a veces el sentido más absolutamente sustitucional (comp. He. 2:9; Tit. 2:14; 1 P. 2:21; 3:18; 4:1). (2) ἀντί (que también se traduce *por*), palabra que comporta el concepto de completa sustitución de una cosa o persona en lugar de otra. Toda persona ortodoxa, sea cual sea la escuela a que pertenezca, sostendrá que la muerte de Cristo fue *por* los hombres en el sentido más definido. Sin embargo, la sustitución puede ser *absoluta o condicional,* y en el caso de la muerte de Cristo por el pecador fue tanto absoluta como condicional. Marshall Randles, en su libro sobre *Sustitución,* pág.10, establece este doble aspecto de la verdad así: "La sustitución puede ser absoluta en algunos aspectos, y condicional en otros; *v.g.*, un filántropo puede pagar el precio del rescate de una familia esclavizada, de manera que los hijos queden liberados incondicionalmente, pero los padres sólo a condición de que se muestren convenientemente reconocidos a tal gentileza. De manera parecida, la sustitución de Cristo fue en parte absoluta, y en parte condicional, en proporción a la capacidad del hombre para elegir y ser responsable. Su muerte sirvió para rescatar a los niños de la culpabilidad de la raza humana, siendo su justificación, como su condenación, independiente de su conocimiento y voluntad, y sin pasar por ninguna condición que pudiese trocar en problemático el beneficio. Pero, para el ulterior beneficio de salvar a hombres que han pecado personal y voluntariamente, la muerte de Cristo sirve potencialmente, produciendo el efecto de la salvación completa en los que Le aceptan con fe verdadera."

No se trata de que la sustitución de Cristo sea o no perfecta, pues siempre es completa, ya sea que se aplique en un momento o en otro, o que no se aplique nunca. Tampoco se trata de si el pecador es capaz o no de creer sin que Dios lo capacite para ello. Se trata más bien de si el valor completo de la muerte de Cristo puede estar *potencialmente* disponible para los no elegidos, aunque no se beneficien nunca de él, sino que, por el contrario, sean juzgados por no aceptarlo. Los redencionistas limitados, repitámoslo, creen que los elegidos se salvan porque es necesario que se salven en vista de que Cristo murió por ellos. Los redencionistas ilimitados creen que la muerte sustitucional de Cristo realizó con infinita perfección todo cuanto la santidad divina pudo jamás exigir por toda persona perdida de la era presente; que los elegidos se salvan a base de la muerte de Cristo por ellos mediante el llamamiento eficaz y el poder divino del Espíritu; que el valor de la muerte de Cristo es rechazado para siempre por los no elegidos, y que son juzgados por este rechazo.

A esto se ha objetado que la opinión de los redencionistas ilimitados hace del hombre, en fin de cuentas, su propio salvador; esto es, que se salva o se pierde de acuerdo con sus obras. La cuestión de si el creer en Cristo es una obra salvífica ha sido considerada anteriormente en esta tesis. Un solo pasaje de la Escritura bastará para aclarar esta materia. En Romanos 4:5 está escrito: "Mas al que no obra, sino cree en aquel que justifica al impío, su fe le es contada por justicia." Aquí la idea no es que el candidato a la salvación no hace ninguna obra *excepto* el creer, sino más bien que, al creer, se aleja de toda obra propia en la cual basarse, y confía en que Otro haga lo que ninguna obra humana podría jamás hacer. Así es como la decisión queda de parte del hombre, aunque reconociendo que nadie posee la fe salvífica sin que Dios le capacite para ello. Todos deben reconocer el hecho – que explicaremos más adelante – de que la manera peculiar en que Dios ilumina la mente y mueve el corazón de los inconversos a fin de que acepten de buen grado a Cristo como su Salvador, no es en manera alguna una coacción de la voluntad; más bien, la volición humana es reforzada y su decisión cobra un mayor acento. Resulta fútil intentar descartar el elemento de responsabilidad humana de los grandes textos del mensaje del Nuevo Testamento.

Está puesto en razón y ajustado a la Escritura el concluir que una sustitución perfecta está al alcance de los que se salvan: la cual, en el caso de los elegidos, es demorada en su aplicación hasta que ellos creen; y en el caso de los no elegidos, no se aplica nunca.

IX. EL TESTIMONIO DE LAS ESCRITURAS

En el proceso de la discusión entre los redencionistas limitados y los ilimitados, ambas partes echan mano de muchos textos de la Escritura y, naturalmente, cada grupo hace un esfuerzo para armonizar lo que podría parecer opuesto entre estas líneas de argumentación. Algunos textos citados por los redencionistas limitados son:

Juan 10:15. "Pongo mi vida por las ovejas". Esta aserción es clara. Cristo dio Su vida por Sus elegidos; sin embargo, es de notar que tanto la elección de Israel como la de la Iglesia están aludidas en este texto (Vers. 16).

Juan 15:13. Cristo puso Su vida por Sus amigos.

Juan 17:2,6,9,20,24. En este importantísimo pasaje de la Escritura, Cristo declara que da la vida eterna a cuantos le son dados a El, que Le ha sido dada una compañía de elegidos, que El ora en ese momento sólo por esta compañía de elegidos, y que desea que esta compañía de elegidos estén con El en la gloria.

Romanos 4:25. Aquí se dice que Cristo fue entregado por *nuestras* (de los elegidos) transgresiones, y resucitado para *nuestra* (de los elegidos) justificación. Esto también está especificado.

Efesios 1:3-7. En este extenso pasaje se declara con absoluta certeza que Cristo es el Redentor de Sus elegidos.

Efesios 5:25-27. Aquí se nos revela que Cristo amó a Su Iglesia y Se entregó por ella, para poder presentársela a Sí mismo con pureza y gloria infinitas.

Al considerar los textos citados, y muchos otros del mismo carácter específico, los redencionistas ilimitados afirman que el designio primordial de Cristo es llevar muchos hijos a la gloria y que nunca ha perdido de vista tal designio; está fuera de toda discusión que este designio estaba actuando sobre El en todos Sus sufrimientos y en Su muerte, y que Su corazón está centrado en aquellos que de esta manera Le son dados por el Padre. Sin embargo, ni uno solo de estos textos excluye la verdad, igualmente enfatizada en la Escritura, de que El murió por todo el mundo. Debe notarse la diferencia que hay entre el *hecho* de Su muerte y el *motivo* de Su muerte. Es probable que El muriera por todos los hombres, con la mira de asegurar la salvación de Sus elegidos. En tal caso, en Cristo habrían influido dos grandes motivos: uno, pagar el precio del rescate por la redención del mundo; otro, hacer efectiva la elección de Su Cuerpo y de Su esposa. El primero de estos designios parece estar implicado en textos como de Lucas 19:10: "Porque el Hijo del Hombre vino a buscar y a salvar lo que se había perdido", y el de Juan 3:17: "Porque no envió Dios a Su Hijo al mundo para condenar al mundo, sino para que el mundo sea salvo por El", mientras que el otro parece estar implicado en pasajes como Juan 10:15: "Así como el Padre me conoce, y yo conozco al Padre; y pongo mi vida por las ovejas". Las Escrituras no siempre incluyen en un lugar dado toda la verdad implicada en el tema de que se habla. De manera parecida, si del hecho de que en dichos pasajes (que se refieren sólo a los elegidos) se omite toda referencia al mundo de los no elegidos, se pretende argüir que Cristo murió solamente por los elegidos, entonces podría también argüirse con lógica inexorable que Cristo murió solamente por Israel (comp. Jn. 11:51; Is. 53:8); y que murió solamente por el Apóstol Pablo, pues Pablo declara: "El cual me amó y se entregó a Sí mismo por mí" (Gá 2:20). También podría pretenderse que Cristo oró solamente por Pedro, puesto que El dijo a Pedro: "Pero yo he rogado por ti" (Lc. 22:32). Para el redencionista ilimitado, estos pasajes no presentan la más ligera dificultad, pues interpreta esos grandes pasajes precisamente lo mismo que lo hace su oponente, ya que cree en la soberana elección de Dios y en el único designio celestial de congregar un pueblo redimido para la gloria de los Cielos. Sin embargo, el redencionista limitado no es capaz de habérselas tan fácilmente con los pasajes que tratan de la redención ilimitada. Los pasajes importantes pueden agruparse de la manera siguiente:

1. PASAJES QUE DECLARAN QUE LA MUERTE DE CRISTO FUE PARA TODO EL MUNDO (Jn. 3:16; 2 Co. 5:19; He. 2:9; 1 Jn. 2:2). El redencionista limitado afirma que el empleo de la palabra *mundo* en éstos y similares textos está restringido para significar el mundo de los elegidos, basando su argumento en el hecho de que el término *mundo* puede a veces estar restringido en la extensión de su significado, y pretenden que estos textos universalistas deben ser restringidos a los elegidos, para que estén en armonía con la revelación de que Cristo murió por el grupo de los elegidos. De acuerdo con esta interpretación, Juan 3:16 debería leerse así: "De tal manera amó Dios a los elegidos, que ha dado a su Hijo Unigénito, para que todo aquel (de los elegidos) que en él cree, no se pierda, mas tenga vida eterna"; 2 Corintios 5:19 así; "Dios estaba en Cristo reconciliando consigo a los elegidos"; Hebreos 2:9 así; "Para que por la gracia de Dios gustase la muerte por todos los que componen el grupo de los elegidos"; 1 Juan 2:2 así: "El es la propiciación por nuestros (de los elegidos) pecados; y no solamente por los nuestros, sino también por los pecados de los que componen el mundo de los elegidos"; y Juan 1:29 se leería así: "He aquí el Cordero de Dios, que quita el pecado de los elegidos".

En el volumen II se ha hecho ya un estudio de la palabra *cosmos.* Allí vimos que ordinariamente esta palabra se refiere a un sistema satánico de carácter antiteísta, aunque en unos pocos casos se refiere a los inconversos que están en el *cosmos.* Tres pasajes enfatizan la antipatía que existe entre los salvos, los cuales son "escogidos del mundo", y el mundo mismo: "Si el mundo os aborrece, sabed que a mí me ha aborrecido antes que a vosotros. Si fuerais del mundo, el mundo amaría lo suyo; pero porque no sois del mundo, antes yo os elegí del mundo, por eso el mundo os aborrece" (Juan 15:18-19); "No son del mundo, como tampoco yo soy del mundo" (Juan 17:16); "Sabemos que somos de Dios, y el mundo entero está bajo el maligno" (1Juan 5:19). Con todo, para mantener una teoría, se pretende que los elegidos, a quienes el mundo odia, y del que han sido salvados, son "el mundo". El Dr. Shedd alude a ciertos pasajes específicos. Citamos: "A veces es el mundo de los creyentes, la Iglesia. Ejemplos de este uso tenemos en: Juan 6:33,51, 'El pan de Dios que da vida al mundo' (de los creyentes); Ro. 4:13, Abraham es 'heredero del mundo' (los redimidos); Ro. 11:12, 'Si su transgresión es la riqueza del mundo'; Ro. 11:15, 'Porque si su exclusión es la reconciliación del mundo'. En estos textos, podría ponerse 'iglesia' en vez de 'mundo' " (*Dogmatic Theology,* II, 479). Es una pretensión, completamente ajena al Dr. Shedd, el declarar que la palabra *ecclesia* – los llamados de – habría de ponerse en lugar de la palabra *cosmos* en dichos textos. Ninguno de ellos requiere ser examinada a otra luz de la que suele concederse al sistema satánico.

2. PASAJES QUE SON INCLUSIVOS EN SU FINALIDAD (2 Co. 5:14; 1 Ti. 2:6; 4:10; Tit. 2:11; Ro. 5:6). De nuevo, los redencionistas limitados hacen notar que en varios pasajes la palabra *todos* queda restringida a los elegidos. Es cierto que tales textos deben ser restringidos si la causa de los redencionistas limitados ha de mantenerse en pie – pero, ¿están así retringidos, propiamente hablando? Según la interpretación de los redencionistas limitados, 2 Corintios 5:14 diría así: "Si uno murió por los elegidos, luego todos los elegidos murieron"; 1 Timoteo 4:10, así; "Que es el Salvador de los elegidos, mayormente de los que creen"; Tito 2:11, así; "La gracia de Dios se ha manifestado para salvación a los elegidos"; y Romanos 5:6, así; "A su tiempo murió (Cristo) por los elegidos, en su estado de impiedad".

3. PASAJES QUE OFRECEN A LOS HOMBRES UN EVANGELIO UNIVERSAL (Jn. 3:16; Hch. 10:43; Ap. 22:17, etc.). La palabra *quienquiera* (o *todo aquel que* o equivalentes) se emplea al menos 110 veces en el Nuevo Testamento, y siempre en sentido general.

4. HAY UN PASAJE ESPECIAL, 2 Pedro 2:1, en que los impíos y falsos maestros de los últimos días, que atraerán sobre sí mismos destrucción repentina, son presentados como quienes "negarán al Señor que los rescató". Así se nos dice que hay hombres que han sido redimidos, que niegan la base misma de la salvación y que están destinados a la destrucción. Para concluir esta parte de la discusión, permitásenos hacer dos afirmaciones:

(a) La interpretación de Juan 3:16 que los redencionistas limitados defienden, tiende a restringir el amor de Dios a los elegidos que están entre los inconversos. En apoyo de esto, citan pasajes que declaran el peculiar amor de Dios hacia los salvos. No cabe duda de que hay una "mucho mayor" expresión del amor de Dios hacia los hombres después que son salvos que antes de serlo (Ro. 5:8-10), aunque Su amor por los inconversos es inmenso; pero afirmar que Dios ama a los elegidos, es una mera presuposición sin fundamento en las Escrituras. Algunos redencionistas limitados son lo bastante atrevidos como para decir que Dios no ama en manera alguna a los no elegidos.

(b) Si Dios tuvo la intención de entregar a Su Hijo a la muerte por todos los hombres de la presente dispensación, en un sentido igual, a fin de que todos pudiesen ser invitados legítimamente a los privilegios del Evangelio, ¿pudo usar un lenguaje más explícito que el que ha empleado, para expresar tal intención?

CONCLUSION

Digamos de nuevo que el estar en desacuerdo con buenos y valiosos maestros, es indeseable, por no decir más; pero cuando estos maestros aparecen a ambos lados de una cuestión, como pasa en la presente discusión, nos parece que no cabe la alternativa. Por una inclinación mental profunda, hay hombres que tienden naturalmente a acentuar los inmensos valores de la muerte de Cristo, mientras que otros tienden a acentuar los resultados gloriosos de la aplicación de estos valores en la salvación misma de los perdidos. El evangelio tiene que ser entendido por aquellos a quienes es predicado; y resulta completamente imposible para el redencionista limitado, al presentar el evangelio, el ocultar convenientemente su convicción de que la muerte de Cristo es solamente para los elegidos. Y no hay nada que pueda confundir tanto a un inconverso como el que se le distraiga de la consideración de la gracia salvífica de Dios en Cristo, para hacerle fijarse en la cuestión de si es elegido o no. ¿Quién puede demostrar que es un elegido? Si el predicador cree que algunos de los que están escuchando su mensaje no pueden ser salvos bajo ninguna circunstancia, dichos oyentes tienen derecho a saber lo que el predicador cree, y a su tiempo lo sabrán. Asimismo, es una falta de sinceridad el esquivar el problema diciendo que el predicador no sabe si está presente algún no elegido. ¿Es que están ausentes de todo culto? ¿No está puesto en razón el suponer que están ordinariamente presentes, habiendo tan gran muchedumbre de gentes que probablemente nunca se salvarán? En la discusión de éste y de otros problemas que se refieren al valor de la muerte de Cristo, ningún error tan grande se podría cometer como el de entibiar, por la contemplación filosófica de unas verdades que vibran de gloria, luz y bendición, el fervor evangelístico de uno solo que se sienta llamado a predicar la salvación mediante Cristo a hombres perdidos. ¡Quiera Dios, que amó a un mundo perdido hasta el punto de entregar a Su propio Hijo a morir por ese mundo, comunicar esa pasión por las almas a quienes echan sobre sus hombros la tarea de llevar a los hombres el mensaje de un amor tan inmenso!

LA OBRA SALVADORA DEL DIOS TRINO

CAPITULO XI

LA OBRA ACABADA DE CRISTO

Respecto al tema que ahora vamos a considerar, no hay palabras en la Escritura que puedan describir con tanta exactitud y perfección como Jonás 2:9 y el Salmo 3:8 la verdad determinante del destino de que Dios es el Autor, Ejecutor y Consumador de la salvación del hombre. Dichos textos afirman: "La salvación es de Jehová". Aunque las referencias, como todas las demás del Antiguo Testamento, se fijan en aquellos aspectos de la salvación que son peculiares del antiguo orden – que a menudo no va más allá de la implicación de que el pueblo del pacto con Dios eran liberados de sus enemigos – estas declaraciones simples y contundentes sirven también para expresar la verdad que afecta a un campo más amplio de la empresa divina en la salvación de los hombres, según está registrada en el Nuevo Testamento. El predicador del evangelio debe estar siempre en guardia para no violar o contradecir, por una sola inferencia o intimación, la revelación transcendente de que la salvación es de Jehová. No debería presentarse jamás ni la más ligera insinuación que implicase que el hombre aporta alguna parte o contribución a la consumación final de tal empresa en la gloria eterna. Además, tanto la razón como la revelación pueden servir de guía a nuestras mentes, ya que, como veremos, cada paso en el camino desde la divina elección hecha antes de la fundación del mundo (Ef. 1:4) hasta la presentación sin mancha ni arruga en la gloria, es sobrehumano y, por tanto, debe ser llevado a cabo, si ha de realizarse, por Otro que es poderoso para salvar. En ningún otro punto ha errado el camino el Arminianismo – y con él todas las otras formas de racionalismo – tan completamente como en relación con la verdad de que la salvación es de Jehová, despistándose – a veces, de buena fe – con el hecho totalmente irrelevante de que Dios instruye al que es salvo acerca de su futura conducta. Cuando esta ulterior responsabilidad del cristiano llega a ser considerada como parte de las condiciones que se exigen del hombre para su salvación, sólo pueden surgir la confusión y la contradicción. Tales maestros sostienen que el hombre se salva por el poder de Dios mediante la fe, con tal que continúe guarneciendo, por medio de buenas obras, la doctrina que profesa. No menos subversiva de la verdad de la gracia divina es esa condición que exige del inconverso una cierta forma de obras meritorias como parte del paso que el hombre tiene que dar en la etapa inicial de su salvación. La piedra angular de todo el edificio de la Soteriología es que la salvación, desde el principio hasta el fin, es toda ella obra de Dios en respuesta a la fe salvífica, sin mezcla alguna de ninguna suerte de mérito, virtud u obras humanas. Es cierto que una persona salva ha de hacer cosas por Dios, pero la realidad de su salvación se debe sólo a que Dios ha hecho cosas por él. Este aspecto esencial de la salvación es considerado con demasiada frecuencia como una teoría y entonces, por inconsideración o inconsecuencia, se imponen a los inconversos como condición para salvarse unos prerrequisitos humanos que implican una negación de la verdad fundamental de que la salvación es por la fe sola. En esta introducción, sólo de paso haremos referencia a estos aspectos, ya que de ellos nos ocuparemos más adelante (capítulo XX) con la mayor atención.

Con el mismo fin y para que prevalezca la claridad, es esencial percatarse de que "la salvación (que) es de Jehová" comporta el que las tres Personas de la Deidad están empeñadas activamente en la realización de esta estupenda empresa. Ha sido demostrado en páginas anteriores que la verdad central de la Soteriología consiste en que la Segunda Persona se encarnó y murió con muerte sacrificial; sin embargo, cuando consideramos la salvación en un aspecto más amplio, vemos que fue llevada a cabo, con la misma plenitud, por la Primera Persona y por la Tercera. En cada uno de los aspectos de la gracia salvadora concurren las tres Personas. Incluso cuando estaba pendiente de la Cruz, no estaba solo el Hijo en su inmensa proeza. Era Dios quien estaba en Cristo reconciliando consigo al mundo; el Padre estaba ofreciendo Su Cordero; y el sacrificio era ofrecido mediante el Espíritu eterno(He. 9:14).

El plan completo de la empresa divina por la cual puede ser salva una persona y presentada sin mancha ante la presencia de Su gloria – sin referirnos a la elección divina que tuvo lugar antes de todos los tiempos – va a ser considerado ahora en siete apartados generales, a saber, (1) la obra acabada de Cristo, (2) la obra de convicción del Espíritu (Cap. XII), (3) las riquezas de la gracia divina (cap. XIII), (4) la doctrina de la seguridad (Caps. XIV-XVII), (5) liberación del poder dominante del pecado, (6) liberación de las limitaciones humanas (Cap. XVIII), y (7) el creyente presentado sin mancha (Cap. XIX).

No vamos a presentar excusas por discutir de nuevo la obra

acabada de Cristo, ya que ella es un factor esencial siempre inherente al tema presente. El considerarlo de nuevo será muy conveniente para el estudioso, pues es fundamental para una correcta comprensión del evangelio de la gracia divina, y debe acompañar a toda presentación digna de tal evangelio.

Ya hemos llamado anteriormente la atención hacia el hecho de que lo que se llama *la obra acabada de Cristo* incluye una triple consideración del valor de la muerte de Cristo en relación con los no salvos: tal muerte es redención respecto al pecado, reconciliación respecto al hombre, y propiciación respecto a Dios. Uno solo, o incluso dos, de estos aspectos de la muerte de Cristo en favor de los no salvos, no bastan para manifestar una expresión completa de esta fase específica de Su muerte, sino que se requieren los tres; los tres juntos forman un todo completo que es llamado propiamente *la obra acabada de Cristo*. No se puede concebir ningún aspecto del problema del pecado que no encuentre su solución en este triple logro. Considerando suficientemente estos aspectos doctrinales, el estudioso llegará pronto al punto en que el empleo teológico del término redención para referirse a todo lo que Cristo llevó a cabo en Su muerte, le parecerá ambiguo y su mente exigirá que se reconozca claramente la integración en dicha obra de los aspectos de *reconciliación* y de *propiciación,* tanto como el de *redención.* Con la misma certeza se apartará de la tradición teológica que ha venido usando estos términos como sinónimos que se refieren a una misma cosa. Puesto que estos tres aspectos de lo que Cristo llevó a cabo en Su muerte son fundamentales en todos los rasgos de la Soteriología, tenemos que referirnos a ellos en la discusión que sigue, como lo hemos hecho en la que precede.

No puede oponerse objeción alguna al hecho de que la obra acabada de Cristo es completa y únicamente una obra de Dios por el hombre a la cual el hombre no puede hacer ninguna contribución. Es cierto que los hombres tuvieron su parte en la crucifixión de Cristo (Hch. 4:27-28), pero sólo como perpetradores del mayor crimen del Universo. Los factores efectivos de la muerte de Cristo en favor de los no salvos no están ni remotamente dentro de la línea de la cooperación humana; en relación con esta triple obra de Cristo, el hombre no puede poner de su parte otra cosa que *creer* lo que está a su disposición; a los que creen, todo el valor de la obra acabada de Cristo les es puesto en cuenta y, con ello, quedan de una vez con Dios, y perfectamente guarecidos bajo la satisfacción que Cristo ofreció a la santidad ultrajada. De esta manera, el que cree queda para siempre en paz con Dios (Ro. 5:1). Estos inmensos beneficios hechos a un hombre caído son incomprensibles; pero aunque la suma total de todas las bendiciones divinas que han sido ganadas mediante la muerte de Cristo fueran acumuladas en un enorme conjunto, resultaría aún realmente pequeña, comparada con el valor que para Dios mismo supuso lo que Cristo llevó a cabo mediante Su muerte en la cruz.

Como designio propuesto, la salvación de los hombres tuvo su origen en Dios y está cumpliendo un objetivo que responde a la intención divina con la perfección infinita que caracteriza a toda obra de Dios. En cuanto a su importancia en relación con el fin último, la realización de Su intento no es sólo la meta más alta que se proponía, sino que constituye por entero dicho objetivo. El que los hombres sean rescatados de la miseria eterna es sólo una parte integrante del objetivo total; pues no ha de pasarse por alto que ni la creación del Universo, incluyendo todos los seres morales, ni la caída del hombre se impusieron a Dios como una necesidad. No es difícil deducir de la suprema declaración divina – Colosenses 1:15–19: "El es la imagen del Dios invisible, el primogénito de toda creación. Porque en él fueron creadas todas las cosas, las que hay en los cielos y las que hay en la tierra, visibles e invisibles; sean tronos, sean dominios, sean principados, sean potestades; todo fue creado por medio de él y para él. Y él es antes de todas las cosas, y todas las cosas en él subsisten; y él es la cabeza del cuerpo que es la iglesia, él que es el principio, el primogénito de entre los muertos, para que en todo tenga la preeminencia; por cuanto agradó al Padre que en él habitase toda plenitud" – que la creación, incluyendo los ángeles y los hombres, es realizada por la Segunda Persona, el Salvador del mundo, y para El, y que toda adherencia por la que el Universo se mantiene en cohesión compacta y toda progresión en la marcha del tiempo se deben a Su presencia, apoyo y poder inmediatos. Suprema sobre todo, es Su capitalidad en relación con la Iglesia, y por la Iglesia se proporciona a Dios satisfacción totalmente plena, porque es en la Iglesia donde se halla lo que corresponde a "las riquezas de la gloria de su herencia en los santos". Del lado divino, la salvación de los hombres no es meramente una expedición de rescate o un heroísmo; es cierto que para el hombre caído el poder ser salvo es de excepcional importancia, pero tras de ello está un proyecto divino cuya realización es en sí lo bastante importante como para justificar la creación de un Universo, la encarnación de la Segunda Persona, y Su muerte sacrificial. De aquí se sigue que el llevar muchos hijos a la gloria (He. 2:10) es un éxito mayor para Aquél por quien ha sido planeado y realizado que para los hijos que son glorificados. Cada paso que Dios da en esta magna obra presta una contribución permanente al gran logro que Le ha de glorificar desde ahora y para siempre.

Podemos concluir diciendo que, por la muerte de Cristo como redención respecto del pecado, reconciliación respecto del hombre, y propiciación respecto de Dios, se desarrolla una más alta moralidad por la que el Santo, que no puede contemplar el pecado con el menor grado de connivencia, puede permanecer justo mientras justifica al impío que se limita a creer en Jesús (Ro. 3:26; 4:5).

CAPITULO XII

LA OBRA DE CONVICCION QUE REALIZA EL ESPIRITU SANTO

Lo que presentamos en este apartado general se basa en el hecho de que hay dos realidades necesariamente subyacentes en el fondo de la salvación de una persona, a saber, (1) un modo justo de tratar el problema del pecado del hombre – y esto lo ha llevado Dios a cabo con el don de Su Hijo como el Cordero que quitó el pecado del mundo – y (2) una libre elección de la salvación por parte del hombre, por el hecho mismo de que Dios reconoce el libre albedrío del hombre para aquello para lo que El lo creó. Está puesto en razón el concluir que, puesto que el hombre renunció a Dios en el principio por un acto de su voluntad, así también debe volver a Dios por un acto de su propia voluntad. Al presente no nos interesa el que el hombre no pueda por sí mismo volver a Dios y el que deba ser capacitado para ello. En fin de cuentas, aunque esta capacidad le venga de otro, él obra por su propia voluntad, y esta verdad aparece enfatizada en cada pasaje en que la salvación del hombre es dirigida a su voluntad. "El que quiera, que venga".

El presente capítulo intenta hacer notar aquel aspecto de la obra salvífica por el que Dios, por el Espíritu, ejerce sobre los inconversos una influencia que les habilita para aceptar conscientemente a Cristo como su Salvador y les hace desear la salvación que Cristo proporciona. Defendemos igualmente que, si no fuera por esta influencia divina, ningún inconverso se volvería jamás a Dios. Por aquí se verá que, después de una cuidadosa y fiel presentación del evangelio de la gracia salvadora, ninguna verdad tiene tanta importancia como ésta en el modo de encarar las diversas formas de evangelismo. Es en conexión con esta obra específica de capacitación que realiza el Espíritu Santo como se manifiesta la elección soberana de Dios. Sólo están incluidos aquellos a quienes Dios *llama, atrae e ilumina.* El evangelio ha de ser predicado a todos, pero no todos van a responder a él. Y porque no todos responden al evangelio, los evangelistas y predicadores celosos se sienten con frecuencia desasosegados, suponiendo que unas invitaciones más fuertes, unos argumentos más poderosos, y una mayor influencia personal llevarían a los indiferentes a los pies de Cristo como su Salvador, ignorando así esta obra preliminar del Espíritu con su influencia decisiva, sólo con la cual los inconversos pueden creer. En la empresa de ganar almas, se ha insistido demasiado en acciones externas -- acciones que pueden ejecutarse sin que comporten una cordial recepción de Cristo como Salvador. Estas profesiones externas han sido tenidas con demasiada frecuencia como salvación. Y por el hecho de que tales confesiones superficiales han resultado espúreas, se ha dado pie a doctrinas que abogan por la posibilidad de renunciar a la fe salvífica. Puesto que se nos indica claramente que un ciento por ciento de los predestinados son llamados, que un ciento por ciento de los llamados son justificados, y que un ciento por ciento de los justificados son glorificados, (Ro. 8:30), el evangelista hará bien en considerar la importancia del divino llamamiento por el cual el corazón es movido y suficientemente iluminado para obrar conscientemente por su cuenta y por una decisión de la propia voluntad en la gozosa aceptación de Cristo como Salvador. Sólo confusión y oscuridad espiritual pueden resultar cuando, prescindiendo de esta iluminadora llamada divina los inconversos se ven como forzados por presiones humanas a hacer profesiones que no salen del corazón. No hay base alguna en la Biblia para la noción arminiana de una general dispensación de gracia por la que todos los hombres son capaces de responder a la invitación del evangelio; sin embargo, semejante creencia, a la que se añade el error de que los que son salvos pueden perderse de nuevo , ha incitado a los ganadores de almas a apremiar a los inconversos a que hagan profesiones externas que no tienen tras sí ninguna profundidad de convicción. Tales profesiones por necesidad han de terminar en fracaso, pero se ha prestado poca atención al daño que se ha causado a la persona que, en virtud de un impulso humano, intenta hacer una profesión de fe y se encuentra después con un fracaso. Cualquier método o invitación que animen a los hombres a hacer otra cosa que no sea *creer* en Cristo están llenos de peligros de orden infinito y eterno. Es cierto que sólo los elegidos van a creer, pero ¡qué tergiversación y que injuria se provocan contra la fidelidad de Dios cuando, a causa de una doctrina errónea y de una invitación que desorienta, se propone y defiende una teoría que contradice al pacto incondicional de Dios de que los predestinados serán llamados, justificados y glorificados!

El extenso tema que se refiere a la obra del Espíritu en el corazón humano, que precede a la salvación y la hace posible, será considerado en tres apartados, a saber, (1) la necesidad de la obra del Espíritu, (2) el hecho de la obra del Espíritu, y (3) el resultado de la obra del Espíritu.

I. LA NECESIDAD DE LA OBRA DEL ESPIRITU

El Dr. A.A. Hodge distingue tres sentidos en la palabra *incapacidad* cuando se aplica a los hombres – es *absoluta, natural y moral.* Dice el:

"Es *absoluta* en el sentido propio de este término. Ningún inconverso tiene poder directa o indirectamente para hacer lo que se exige de él a este respecto; ni de cambiar su propia naturaleza de manera que incremente su poder; ni de *prepararse* a sí mismo para la gracia, ni de cooperar *en primer lugar* con la gracia, hasta que, en el acto de la regeneración, Dios cambia su naturaleza y le da, mediante Su gracia, la graciosa capacidad de obrar graciosamente en constante dependencia de la gracia. Es *natural* en el sentido de que no es accidental o adventicia sino innata, y de que pertenece a nuestra naturaleza caída como ha sido heredada de padres a hijos por la ley natural desde la caída, aunque no pertenece a la naturaleza del hombre según éste fue creado, y en *este* sentido *no* es natural, puesto que el hombre fue creado con capacidad plena para hacer todo cuanto se podía exigir de él de alguna manera, y la posesión de tal capacidad es siempre un requisito para la perfección moral de su naturaleza; sin ella, puede ser un hombre verdadero, pero sólo con ella puede ser un hombre perfecto. Así la capacidad gratuitamente impartida al hombre en la regeneración no es una investidura extra – natural, sino que consiste en la restauración, en parte, de su naturaleza a su condición de integridad prístina. *No* es natural en otro sentido, porque en modo alguno es debida a ninguna deficiencia constitucional en la naturaleza humana, según existe ahora, en cuanto a las facultades racionales y morales de la persona, sino que esta incapacidad es puramente *moral,* porque, aunque todo hombre responsable posee todas las facultades tanto morales como intelectuales que se requieren para el recto obrar, el *estado* moral de sus facultades es tal que el recto obrar le resulta imposible. Su *esencia* está en la incapacidad de la persona para conocer, amar o escoger el bien espiritual, y su *fundamento* está en la corrupción moral que hace a la persona ciega, insensible, y totalmente contraria a cuanto es espiritualmente bueno". – *Outlines of Theology,* p. 340-341.

Y el Dr. W. Lindsay Alexander afirma también:

"La incapacidad del hombre para liberarse de la culpa y de la condenación surge de la falta de poder para hacer lo que se requiere para alcanzar el objeto; la incapacidad del hombre para ser bueno y santo surge de la falta de voluntad o inclinación a hacer lo que está al alcance de sus fuerzas físicas. Hablando en propiedad, la incapacidad en este último caso es simplemente la evidente falta de disposición para hacer lo recto, lo cual es fruto de su ceguera espiritual y de su depravación. El hombre no ha perdido su capacidad para ser santo; no ha cesado de ser un agente libre, que escoge lo que prefiere y decide sobre sus propios actos; no padece ninguna coacción del exterior que le impida ser santo, sino que la incapacidad espiritual que padece es la de una mente enfrentada contra Dios, destituida del principio de vitalidad y actividad espirituales, por causa de su carnalidad y mundanidad y por su pecaminosa lenidad que le torna incapaz de discernir la belleza de la santidad, y tan rodeada y penetrada de egoísmo que todo auténtico amor a Dios no encuentra cabida en ella. Es una incapacidad real, en cuanto que obstaculiza e impide al hombre el ser santo, aunque no destruye su capacidad para ser santo." *System of Biblical Theology,* I, 324.

Sin embargo, el objeto de nuestra inmediata discusión no es demostrar la general incapacidad del hombre caído - de lo que la Escritura presenta pruebas abundantes – sino el hacer evidente la verdad más específica de que los inconversos no pueden dar un solo paso en dirección a su salvación, a no ser que los capacite el poder del Espíritu. El error arminiano que afirma que a todos los hombres se da una gracia general y universal por la que, si quieren, pueden volverse a Dios, es expuesto y refutado por una gran abundancia de textos sagrados, y no puede encontrarse un solo pasaje en la Escritura que sostenga semejante error. Bueno será en este punto el considerar algunos de estos pasajes de vital importancia:

Romanos 3:10-18. "Como está escrito: No hay justo, ni aun uno; no hay quien entienda, no hay quien busque a Dios. Todos se desviaron, a una se hicieron inútiles; no hay quien haga lo bueno, no hay ni siquiera uno. Sepulcro abierto es su garganta; con su lengua engañan. Veneno de áspides hay debajo de sus labios; su boca está llena de maldición y amargura. Sus pies se apresuran para derramar sangre; quebranto y desventura hay en sus caminos; y no conocieron camino de paz. No hay temor de Dios delante de sus ojos".

Siguiendo a la declaración hecha en Romanos 3:9 del hecho característico de aquel tiempo de que tanto judíos como gentiles quedan acusados ahora de estar "bajo pecado", lo cual significa que están sin mérito alguno en relación con su salvación, los versículos 10-18 afirman que una condenación indiscriminada pende sobre todos los hombres. Entre las diversas afirmaciones de este pasaje, hay una que cierra directamente el paso a la idea de que los no regenerados o inconversos de esta era tienen en sí mismos capacidad para volverse a Dios; es el texto que dice: "No hay quien busque a Dios". A pesar de esta afirmación de tan largo alcance, se ha urgido a los hombres con demasiada frecuencia a "buscar a Jehová mientras puede ser hallado" (Is. 55:6), sin percatarse de la gran diferencia que hay entre la restauración de un pueblo que tiene un pacto y el estado presente de la raza humana – judíos y gentiles por igual – "bajo pecado". En el estado presente no hay más que Uno que busque. Lucas 19:10 nos registra las propias palabras de Cristo: "Porque el Hijo del Hombre vino a buscar y a salvar lo que se había perdido". Así vemos que sólo se debe a la iniciativa divina el que algunos de entre los perdidos sean llevados, en la era presente, al lugar donde pueden acoger la salvación que es en Jesucristo. Una porción de este pasaje de Romanos, como puede verse, está tomada del Salmo

14:1-3; con todo, resulta claro que, aunque el salmo presenta la impiedad natural del hombre como común a todos los tiempos y como revelación distintiva del Antiguo Testamento, omite la declaración *específica* de que no hay quien busque a Dios, implicando así tal vez que la incapacidad para buscar no sólo es real, sino que tiene una manifestación peculiar en la presente era de gracia.

1 Corintios 2:14. "Pero el hombre natural no percibe las cosas que son del Espíritu de Dios, porque para él son locura, y no las puede entender, porque se han de discernir espiritualmente."

Las "cosas que son del Espíritu de Dios", de las que aquí se dice que el hombre no regenerado es incapaz de percibir, incluyen un vasto campo de revelación, pero ninguna hay tan evidente como los textos de la Escritura que invitan a los hombres a ir a Dios y que extienden a ellos las muchas y maravillosas promesas. Para los no salvos, estos textos son "locura" y, debido a su incapacidad, no están en condiciones de conocer o recibir estas cosas de Dios. Romanos 8:7 da testimonio de la misma incapacidad: "Por cuanto la mente carnal es enemistad contra Dios; porque no se sujeta a la ley de Dios, ni tampoco puede." Igualmente, Romanos 1:21 afirma que, habiendo rechazado a Dios en los comienzos de la raza humana, los hombres "se envanecieron en sus razonamientos, y su necio corazón fue entenebrecido". Aquí, como antes, se proclama que hay mucho más que una depravación; se trata de la incapacidad del hombre para volverse a Dios, a no ser que el mismo Dios lo capacite para ello.

2 Corintios 4:3-4. "Pero si nuestro evangelio está aún encubierto entre los que se pierden está encubierto; en los cuales el dios de este siglo cegó el entendimiento de los incrédulos, para que no les resplandezca la luz del evangelio de la gloria de Cristo, el cual es la imagen de Dios."

Preciso será concluir de inmediato que éste es el pasaje más directo y decisivo sobre la cuestión de si los no salvos tienen algún poder, excepto por directa iluminación divina, para volverse a Dios con fe salvífica. Es el Evangelio – el único que puede salvar a los hombres – el que ha sido velado por Satanás a fin de que su verdad no les alcance. Los hombres no están cegados respecto a la moral, a la educación, a todo lo que contribuye a su refinamiento. En este plano, todos pueden desenvolverse sin dificultad y al nivel de su capacidad congénita. Por otra parte, como han de reconocer todos los ganadores de almas experimentados, los inconversos no reciben impresión alguna del camino de la salvación hasta que son despertados por el Espíritu y, cuando esto sucede, su respuesta y su entusiasmo tienen el carácter de lo sorprendente. Se nos dice que este cegamiento es llevado a cabo por Satanás, implicándose que ello forma parte de su estrategia en la ejecución de su designio de derrotar a Dios y Satanás en tiempos pasados, y ante el hecho de que, cuando un alma se salva, es trasladada "de la potestad de las tinieblas" (Col. 1:13) y se convierte en un testigo contra Satanás en esta esfera de su actividad. La misma verdad de que la mente de los inconversos está cegada se nos declara en Efesios 4:18: "teniendo el entendimiento entenebrecido, ajenos de la vida de Dios por la ignorancia que en ellos hay, por la dureza de su corazón"; a la luz de este pasaje, poco fundamento queda para la teoría de que el hombre es capaz de volverse a Dios con fe salvífica, a no ser que sea directamente capacitado por Dios.

Efesios 2:1-3: "Y él os dio vida a vosotros, cuando estabais muertos en vuestros delitos y pecados, en los cuales anduvisteis en otro tiempo, siguiendo la corriente de este mundo, conforme al príncipe de la potestad del aire, el espíritu que ahora opera en los hijos de desobediencia, entre los cuales también todos nosotros vivimos en otro tiempo en los deseos de nuestra carne, haciendo la voluntad de la carne y de los pensamientos, y éramos por naturaleza hijos de ira, lo mismo que los demás".

El Apóstol proclama así que un estado de muerte espiritual caracteriza a todos los "hijos de desobediencia"; y, puesto que esta desobediencia hace referencia al primer pecado de la cabeza federal de nuestra raza, la expresión *hijos de desobediencia* incluye a todos los inconversos – a todos los que, no habiendo sido unidos con el Cristo resucitado, no han sido hechos partícipes de la bendición que la obediencia de Cristo hizo posible (Fil.2:8). El estado de muerte espiritual es universal, y de una persona espiritualmente muerta no debería esperarse más de lo que puede producir. Estando bajo el control de Satanás, como declara este texto, no les permitirá ninguna conversión a Dios revolucionaria e independiente; así que los que se hallan en poder de Satanás sólo pueden convertirse a Dios cuando Uno que tiene mayor poder que Satanás le mueve a hacerlo.

Análoga a esta particular revelación es la que leemos en 1 Juan 5:19: "Sabemos que somos de Dios, y el mundo entero está bajo el maligno." Se requiere mayor comprensión de las realidades angélicas de la que poseen los seres humanos, para entender el sentido del verbo κεῖμαι, traducido aquí por *yacer* o *estar bajo de,* lo que implica una unión vital, si no orgánica, entre los inconversos y Satanás. A nadie le cabe la esperanza de escapar de tal relación, a no ser que Dios lo libere.

Juan 3:3: "Respondió Jesús y le dijo: De cierto, de cierto te digo, que el que no naciere de nuevo, no puede ver el reino de Dios".

Según este texto, Cristo enfatiza de un modo notable la

incapacidad de los inconversos. El reino de Dios es la esfera espiritual en la que uno sólo puede entrar por nacimiento de arriba, y que, aunque infinitamente real y rico en sus elementos esenciales, no puede ser visto o comprendido por hombres inconversos. Hay una fuerza especial en este aserto universal de Cristo, en vista de que va dirigido a uno de los hombres más fieles y religiosos de su tiempo. El hecho de que los más concienzudos entre los judíos necesitasen un nuevo nacimiento, lo cual evidentemente él entendió muy poco, no debería ser pasado por alto. No se insinúa con ello ningún descrédito de los grandes factores y de las bendiciones que el judaísmo comportaba, pero se demuestra claramente aquí, lo mismo que en cualquier otro lugar en que esta verdad aparece, que una nueva y maravillosa realidad entra en escena, a consecuencia de la muerte y resurrección de Cristo y de la venida del Espíritu Santo. Es a nivel de estas nuevas e inmensas bendiciones como se demuestra la incapacidad de los inconversos para "ver el reino de Dios".

Juan 6:44: "Ninguno puede venir a mí, si el Padre que me envió no le trajere; y yo le resucitaré en el día postrero".

Un pasaje paralelo – "Nadie viene al Padre, sino por mí" (Juan 14:6) – declara que sólo hay un camino de salvación para los perdidos (comp. Hch. 4:12; He. 7:25); pero el texto que ahora consideramos revela la verdad de que nadie vendrá jamás al Salvador, a no ser por el inmediato poder de atracción de Dios. El aserto es universal y definitivo, y el mensaje presentado es tan importante que el Salvador continúa diciendo: "Escrito está en los profetas: Y serán todos enseñados por Dios. Así que, todo aquel que oyó al Padre, y aprendió de él, viene a mí" (Juan 6:45).

La discusión presente implica toda la doctrina del llamamiento divino. Hay una atracción general que es ejercitada dondequiera y cuandoquiera que Cristo es predicado como Salvador (Juan 12:32), pero no debería confundirse con la atracción peculiar e irresistible a la que se hace referencia en Juan 6:44. De todos los que son así atraídos, pudo decir el Salvador con seguridad absoluta: "Y yo le resucitaré en el día postrero". Igualmente, hay una llamada general que puede sentirse cuandoquiera que es predicado el Evangelio, y que también puede ser rechazada, como lo es con frecuencia; pero, frente a ésta, hay la llamada eficaz de Romanos 8:30. En este texto, como antes hemos notado, se asegura que todo aquel a quien Dios predestina, es llamado, y, de nuevo, el mismo grupo numérico preciso de los que son llamados, son justificados; y el mismo grupo – ni uno más ni uno menos - han de ser glorificados. No se dice aquí, ni en ninguna otra parte, que los perdidos comiencen a dar paso alguno hacia Dios por sí mismos, sino que esto ocurre según lo que decide la soberanía de Dios.

Efesios 2:8-9: "Porque por gracia sois salvos por medio de la fe; y esto no de vosotros, pues es don de Dios; no por obras, para que nadie se gloríe".

Tan contundentemente habla este pasaje de la incapacidad del hombre en el plano de la fe salvífica, que se han hecho grandes esfuerzos para interpretarlo en el sentido de que es la salvación el don de Dios, más bien que la fe con que se recibe la salvación.Si se admite esta interpretación, la frase "por medio de la fe" queda prácticamente eliminada y no sirve para nada. El contraste que el pasaje establece entre la fe y las obras, se torna un contraste entre salvación y obras, para lo que ni la Escritura ni la razón prestan base alguna. Si el texto fuese único en la Palabra de Dios, declarando una verdad no propuesta en otra parte, podría haber algún asomo de razón en un intento exegético que viene a despojar al contexto de su sentido seguro; pero, si se le interpreta correctamente, aparece como uno más de los muchos textos de la misma índole general.

Aunque podrían citarse muchos otros textos que se refieren indirectamente a este asunto, ya hemos presentado los suficientes para establecer la doctrina de la incapacidad natural del hombre para ejercitar la fe salvífica. Si los hombres pudiesen por sí mismos dirigirse hacia Dios, no hubiera Dios provisto para tal necesidad; el hecho de que Dios haya provisto el capacitar al hombre es una prueba de la incapacidad humana. Es demasiado frecuente la suposición de que la única coerción que los inconversos padecen en la esfera de su capacidad para volverse a Dios, es su natural desafecto o prejuicio. Gran parte de la responsabilidad por tales suposiciones se debe al error arminiano sobre la gracia universal. Si los obreros cristianos no pueden sacar a los inconversos del poder de Satanás por medio del argumento y de la persuasión, les queda un medio mucho más efectivo como es la oración. Es probable que Dios haya incluido la oración entre los medios divinamente destinados a llamar eficazmente y a salvar a Sus elegidos; la oración no es un medio por el que los hombres puedan obtener algo al margen de la voluntad electiva de Dios, sino más bien uno de los pasos que conducen a la realización de tal voluntad.

II. EL HECHO DE LA OBRA DEL ESPIRITU

Un pasaje, que registra las palabras de Cristo en el Aposento Alto y que anuncia los rasgos peculiares de la era presente, declara específicamente el hecho de que el Espíritu Santo emprende en los corazones de los inconversos una obra que, con toda evidencia, no es su regeneración, pero puede definirse como una preparación de la mente a fin de que sea factible una consciente aceptación de Cristo como Salvador. A la luz de los textos de la Escritura que acabamos de considerar, no habría esperanza alguna de salvación para ningún individuo de la era presente, si no fuese por este ministerio especial del Espíritu. El pasaje totalmente único acerca de esta obra del Espíritu, dice así: "Pero yo os digo la verdad: Os conviene que yo me vaya; porque si no me fuere, el Consolador no vendría a vosotros; mas si me fuere, os lo enviaré. Y cuando él venga, convencerá al mundo de pecado, de justicia y de juicio. De pecado, por cuanto no creen en mí; de justicia, por cuanto voy al Padre, y no me veréis más; y de juicio, por cuanto el príncipe de este mundo ha sido ya juzgado" (Juan 16:7-11).

Evidentemente, esta obra específica es realizada en favor del mundo o *cosmos,* pero es dirigida necesariamente, no al *cosmos* como un todo, sino a los individuos. Todo lo que el Espíritu emprende en relación con este ministerio es indicado por el verbo ἐλέγχω que ha sido traducido de diversas maneras por *reprender o convencer.* El término tiene tanta importancia en este punto que no podemos pasar por él a la ligera.

El pensamiento expresado por ἐλέγχω no indica en manera alguna que haya de producir tristeza en el corazón, sino más bien una iluminación respecto a ciertas verdades que el Señor tuvo cuidado en enumerar; esto es, la iluminación seguirá tres líneas – "pecado, por cuanto no creen en mí"; "justicia, por cuanto voy al Padre, y no me veréis más"; y "juicio, por cuanto el príncipe de este mundo ha sido ya juzgado". Este ministerio es realizado en el propio corazón, por el cual todo el ser responde a realidades que no habían sido reconocidas antes. En contraste con este ministerio dirigido a los no salvos, es emprendido a escala mucho más amplia un ministerio de iluminación o de enseñanza en el corazón de los que se salvan. Este ministerio más amplio es descrito y definido en los versículos que siguen en el mismo contexto (Juan 16:12-15). Estos tres aspectos de la revelación que ahora consideramos – pecado, justicia, juicio – según el alcance que el Señor les atribuye, constituyen los elementos esenciales del Evangelio de la gracia divina.

1. "DE PECADO". En vista de la obra acabada por Cristo, en la que el pecado ha sido llevado por El y se nos han proporcionado toda clase de bendiciones, el inmenso fracaso de un individuo por quien Cristo ha muerto es que no *crea* en El. Es digno de notarse, aunque vayamos contra la opinión general, que el Espíritu no ilumina la mente con respecto a todos los pecados que el individuo ha cometido. No se trata de crear vergüenza o remordimiento acerca del

pecado, ni siquiera es principalmente un recordatorio del pecado cometido – aunque, por otra parte, nada hay que impida la pesadumbre o la conciencia del pecado; más bien se trata de que, puesto que el pecado ha sido llevado por Cristo, queda una única y gran responsabilidad en la actitud de cada uno para con el Salvador que llevó el pecado. El Señor declaró que esta incredulidad es la base de la condenación definitiva, al decir: "El que en él cree, no es condenado; pero el que no cree, ya ha sido condenado, porque no ha creído en el nombre del unigénito Hijo de Dios" (Juan 3:18). Hacer que el inconverso se percate de esto, es para el predicador una tarea demasiado grande; debe ser realizada por es Espíritu Santo, y El revelará esta verdad específica a los inconversos que no se han de salvar, dentro del designio electivo de Dios, cuando les sea predicado el Evangelio. El hecho indicado en este texto,que la única base de condenación es el fallo en *creer* en Cristo como Salvador, confirma la verdad, reafirmada más de cien veces en el Nuevo Testamento, de que la única condición para salvarse es la fe en Cristo como Salvador. Sólo los elegidos creerán, y aun ellos lo harán mediante el ministerio iluminador del Espíritu únicamente. No obstante, aunque no se nos da una explanación completa de todo lo que ello implica, los que no creen, según se indica en Juan 3:18, son tenidos como responsables por no creer. Si el hombre no hubiese caído, no experimentaría tal dificultad en el terreno de la fe; y, puesto que su incapacidad actual se debe en tan gran proporción a la prístina separación de Dios que el primer pecado produjo, posiblemente estos textos sagrados nos proporcionan una solución parcial a este problema.

Así, pues, el testimonio de esta porción de la verdad es que el iluminar a los no salvos en relación con el único pecado decisivo, que es el no creer en Cristo, es la obra del Espíritu.

2. "DE JUSTICIA". Puesto que la justicia imputada es la única forma de justicia incluida en la salvación por gracia, y puesto que este contexto presenta sólo aquellas verdades más vitales relacionadas con la salvación del hombre, verdades que el Espíritu Santo revela, resulta claro que aquí se hace referencia a la justicia imputada – la perfecta justicia de Dios que Cristo es y que el creyente viene a ser cuando está en Cristo. El resultado total es de una perfecta posición ante Dios – mucho más, por cierto, que la remoción del pecado por medio del perdón. Esto es lo que Dios imparte "al que no obra" (Ro. 4:5); y es de la mayor importancia la verdad de que quien haya de salvarse llegue a saber que no entra en una posición o sistema de mérito, que pudiera exigirle el producir su propia justicia como base para ser acepto a los ojos de Dios. Los predicadores del Evangelio han puesto mucho énfasis en el perdón de los pecados mediante la

redención que es en Jesucristo, y no es que se hayan excedido en ello, pero se ha descuidado deplorablemente el poner el mismo énfasis en la verdad igualmente importante de que al creyente le es imputada una perfecta posición ante Dios. La verdad del Evangelio, como aparece resumida en Juan 16:7-11, nos es presentada en rotunda perfección. El que sobrepuje el limitado discernimiento que el hombre tiene del Evangelio sólo sirve para demostrar la falta de atención que los hombres ponen en temas de la mayor importancia. Y frente a esta imprecisa noción de que cualquier clase de afirmación puede servir como mensaje del Evangelio, debería también tenerse en cuenta el irrevocable anatema de Gálatas 1:8-9. En realidad, son tan poco comprendidos el hecho y el valor de la justicia imputada – debido en gran parte al descuido de que han sido objeto – que no resulta fácil el desarrollar esta verdad hasta el mismo nivel de verificación que ha alcanzado la verdad más enfatizada del perdón de los pecados. No cabe duda de que las dos ideas – justicia imputada y perdón de los pecados – desafían la comprensión humana, que no acierta a enlazarlas, debido en gran parte, según parece, al hecho obvio de que el perdón de los pecados es una experiencia más o menos común en las relaciones humanas, mientras que la imputación de la justicia no tiene paralelo en la humana experiencia fuera del ámbito del mensaje evangélico. Sin embargo, si se las comparase como es debido, la justicia imputada, por ser el elemento constructivo y positivo, habría de ser tenida por quienes la comprendan, en mayor estima que el perdón de los pecados, que sólo tiene un carácter negativo. ¿Qué otra cosa podría contribuir tanto a la paz de nuestra mente y de nuestro corazón como el ser conscientes de haber recibido una posición segura, perfecta y eterna ante Dios?

En la medida en que la gran verdad de la justicia imputada es extraña a la experiencia humana y está basada en una Persona que se halla invisible en el Cielo más bien que en nuestro propio ser o en alguna capacidad o dignidad humanas, su presentación a las mentes entenebrecidas e inconversas debe ser llevada a cabo sobrenaturalmente por el Espíritu Santo. Esto es precisamente lo que El hace cuando convence de justicia. No se afirma aquí que el inconverso deba entender la compleja doctrina de la justicia imputada antes de que sea salvo; más bien sostenemos que hay que comprender la verdad de que tenemos una posición y una aceptación completas ante Dios, lo cual hace innecesarias todas las obras del mérito humano, y que esta perfecta posición procede de Cristo y está basada en una nueva y vital unión establecida entre Cristo y el creyente. Aquí entra un aspecto sobrenatural del Evangelio. El perdón divino del pecado es también una realización sobrenatural cuando está basado en la muerte de Cristo; pero, con demasiada frecuencia, se piensa que el perdón de los pecados no es más que un acto de benevolencia o de generosidad divina.

Hay que distinguir bien entre la forma de justicia que el hombre produce y se propone ofrecer a Dios como base para ser aceptados por El, y la forma de justicia que Dios ha puesto a disposición de los hombres. En el plan divino de salvación, el hombre cesa de sus propias obras y entra en el reposo, pues queda un reposo sabático sin fin, de todas las obras del mérito, para los creyentes (He. 4:9-10). Por lo que toca a los no salvos, los requisitos se cumplen cuando, por la iluminación específica del Espíritu Santo, reconocen que Cristo como Salvador satisface toda necesidad del corazón humano en el tiempo y en la eternidad. Esta es una declaración muy diferente de la proposición de que el pecado puede ser perdonado, pues se extiende al hecho constructivo más amplio de que a todo el que cree le es imputada una justicia perfecta. El hecho esencial de que el Espíritu Santo está comisionado para iluminar así la mente de los no salvos respecto a la justicia imputada, indica decisivamente que esta gran verdad debería ser incluida como elemento importante en toda predicación del Evangelio que se dirige a los no salvos. El estudiante que aspire a sobresalir como esmerado y eficiente predicador del Evangelio, hará bien en aprender – aunque sea a costa de un esfuerzo infatigable – la importante doctrina de la justicia imputada.

3. "DE JUICIO". con esta frase no se hace referencia al juicio venidero, sino más bien al mayor de todos los juicios, el cual ya tuvo lugar, puesto que fue llevado a cabo por Cristo como Sustituto al morir el Justo por los injustos, cuando el inmenso huracán del odio de Dios hacia el pecado enfiló contra Aquél que había sido hecho pecado por aquellos por quienes murió. Este juicio, según se nos declara, tuvo que ver con Satanás, el príncipe de este mundo, pero en un sentido mucho más profundo que si se tratase de un mero juicio de este gran personaje, ya que este juicio tuvo efectos infinitos para los no salvos, y fue el Espíritu Santo quien había de iluminarlos en relación a estos efectos.

La mente humana no puede concebir nada tan desahuciado y tan desvalido como un ser humano caído, por quien Cristo no hubiese muerto. Tal era, en grado desconocido, el estado de la humanidad antes de la Cruz – exceptuando a quienes pertenecían a la única nación con la que Dios había hecho Sus pactos, y que tenían la ventaja de los sacrificios de animales, los cuales prefiguraban los valores de la muerte de Cristo. Es verdad que el privilegio de los sacrificios de animales era extensivo a toda la humanidad antes de que la nación de Israel comenzase su historia, pero no nos ha sido revelado cuál era el valor preciso de estos sacrificios, y quienes los ofrecían no reivindicaron por mucho tiempo los beneficios de tales sacrificios (Ro. 1:21). Probablemente el hecho mismo de que estas multitudes no ofrecían ningún sacrificio vino a ser el pretexto que sirvió a Satanás para reclamar a esta gente como súbditos suyos. En Isaías 14:17, entre las sorprendentes realizaciones de Satanás allí enumeradas, se menciona que "a sus presos nunca abrió la cárcel". Si estaba o no en su poder el ponerlos en libertad, es cosa que no importa en la presente coyuntura; nos basta con saber que se encontraban desvalidos en poder de Satanás. Pero esta gente no estaba tan absolutamente desvalida como los ángeles caídos, por quienes, en cuanto sabemos por la Escritura, nunca fue ofrecido sacrificio alguno, puesto que, en la descripción de las poderosas hazañas que Cristo había de llevar a cabo en Su primera venida y que El mismo aseguró que se cumplían al venir El por vez primera, se dice que vino "a publicar libertad a los cautivos, y a los presos apertura de la cárcel" (Is. 61:1; comp. Lc. 4:16-21).

La misma verdad – que Satanás ejercía una amplia autoridad sobre los hombres, y que tal autoridad fue quebrantada por Cristo en Su muerte – está atestiguada en Colosenses 2:14-15, donde leemos: "Anulando el acta de los decretos que había contra nosotros, que nos era contraria, quitándola de en medio y clavándola en la cruz, y despojando a los principados y a las potestades, los exhibió públicamente, triunfando sobre ellos en la cruz." Aquí, como en Juan 16:11, se nos enseña que fue por la cruz y mediante la cruz como Cristo triunfó sobre Satanás y sus ángeles caídos. Este pasaje de Juan 16:11 no dice propiamente que los hombres son redimidos por el triunfo que Cristo obtuvo sobre Satanás y sus ángeles, sino más bien que son redimidos por la misma muerte que sirvió como juicio de Satanás y sus ángeles, y por esta muerte son liberados del poder que Satanás ejercía sobre ellos – como se indica en Colosenses 1:13: "El cual nos ha librado de la potestad de las tinieblas, y trasladado al reino de su amado Hijo", y en 1 Juan 5:19: "Sabemos que somos de Dios, y el mundo entero está bajo el maligno."

El Espíritu iluminará a los no salvos respecto al juicio – para hacerles saber que sus pecados están juzgados y, al mismo tiempo, que está juzgado el que, a causa de la autoridad que se ha arrogado sobre los no salvos, los retiene en su poder. Es una verdad fundamental del Evangelio el que Cristo en Su muerte como Sustituto llevó los pecados de los que se pierden, y no hay verdad que necesite tanta iluminación del Espíritu si ha de ser declarada a mentes cegadas por Satanás. Esta iluminación se refiere a una obra ya acabada, a la que no se necesita añadir nada, y a la que nada podría añadirse. Es una obra tan acabada como lo es la redención respecto del pecado, la reconciliación con relación al pecador, y la propiciación con relación a Dios; así, no es algo que el pecador haya de persuadir a Dios para que lo haga, sino algo ya perfectamente realizado, en relación a lo cual el no salvo no puede hacer otra cosa que creer lo que Dios ha hecho en su favor.

De aquí puede deducirse que Juan 16:7-11 presenta una verdad de inmensa importancia – una triple obra del Espíritu en favor de los no salvos, la cual no ha de confundirse con la obra más amplia que El realiza cuando, como parte de la obra de salvación, regenera, mora en, bautiza y sella a los hombres; ni ha de confundirse este ministerio específico del Espíritu de iluminar a los no salvos con el servicio que presta a los salvos cuando lleva fruto en ellos, ejercita sus dones, les enseña la Palabra de Dios, e intercede en ellos. Cuando el Espíritu ilumina las mentes cegadas por Satanás respecto al pecado, la justicia y el juicio, estas mentes que de lo contrario quedarían ciegas, quedan inmediatamente capacitadas por encima de lo normal para entender las tres grandes verdades fundamentales de que el pecado ha sido juzgado, que la justicia está disponible en Cristo y a través de Cristo, y que el pecado que acarrea la condenación es el fallo en creer lo que Dios ofrece ahora al pecador, a saber, una salvación perfecta en y a través de Cristo Salvador. Nadie se puede salvar sin esta iluminación, pues no hay otro poder capaz de abrirse paso a través de la ceguera que Satanás ha puesto en las mentes de los que se pierden. De aquí, pues, se sigue que todo evangelismo que se ajuste a la Palabra de Dios dedicará amplio espacio a esta obra preliminar del Espíritu y reconocerá que sólo la oración puede conseguir que las almas de los inconversos puedan ser movidas a creer en Cristo.

III. LOS RESULTADOS DE LA OBRA DEL ESPIRITU

Como regla que no admite excepción, la Escritura afirma la natural incapacidad del hombre caído para volverse a Dios con fe salvifica, a no ser que de un modo sobrenatural sea retirado el velo con que Satanás ha oscurecido su mente. De igual manera es verdad que esta iluminación divina produce una capacidad para entender el Evangelio, y que esta capacidad sobrepuja la competencia natural del individuo que recibe tal bendición. Los así favorecidos entran a participar de las riquezas de la gracia divina mediante una fe que Dios implanta, ya que esta fe, según se nos declara, es "no de vosotros, pues es don de Dios" (Ef. 2:8). Esta fe otorgada o implantada conduce a una transacción personal con Cristo – al compromiso específico sin el que ningún adulto o persona responsable puede salvarse. Con esta iluminación se ensanchan también las facultades naturales de ver y oír. El ciego recibe la vista y puede decir: "Habiendo yo sido ciego, ahora veo"; y el sordo puede oír. Algo similar era el sentido espiritual de los milagros en que Cristo dio vista a los ciegos y abrió el oído a los sordos, pues a estas realidades se refirió El al decir: "Y ésta es la voluntad del que me ha enviado: Que todo aquel que ve al Hijo, y cree en él, tenga vida eterna; y yo le resucitaré en el día postrero. . . . .Escrito está en los profetas: Y serán todos enseñados por Dios. Así que, todo aquel que oyó al Padre, y aprendió de él, viene a mí" (Juan 6:39-40,45). Estos pasajes exhiben la soberanía de Dios, y no hay en la Escritura un texto tan definitivo acerca de la determinación divina como el versículo 44 dentro del mismo contexto: "Ninguno puede venir a mí, si el Padre que me envió no le trajere; y yo le resucitaré en el día postrero." Es aquí en la esfera de una llamada eficaz donde la elección divina tiene su realización; no está determinada por la presuposición de que haya una selección de personas que sean las únicas por quienes Cristo murió, ni, por otra parte, se salvan los hombres por algo bueno – real o previsto – que pueda hallarse en ellos. Dios predestina en la soberanía de Su gracia, y a los que predestinó, a éstos llamó – ni uno más ni uno menos – ; y a los que llamó, a éstos justificó – ni uno más ni uno menos – ; y a los que justificó, a éstos glorificó – ni uno más ni uno menos. La costumbre arminiana de introducir en este pasaje el elemento humano por medio de frases tales como "si quieren oír la llamada" o "si permanecen fieles", merece el reproche común a cuantos distorsionan la Palabra de Dios añadiéndole algo. Mediante estas cuatro acciones divinas – predestinación, llamamiento, justificación y glorificación – se nos revela la soberana preferencia electiva de Dios. Ninguna de estas acciones está vinculada a la muerte de Cristo de tal manera que pueda pretenderse que es mediante esta muerte como Dios señala a los que ha escogido para Su gloria eterna. Por otra parte, los elegidos, y sólo los elegidos, serán llamados, justificados y glorificados; y hará bien el evangelismo en ponerse de acuerdo con esta revelación y no ir tras el error arminiano de suponer que, con métodos que introducen buenas obras o méritos humanos, puede una persona, si quiere, responder al evangelio de la gracia divina.

Todavía queda por observar que el individuo no regenerado debe creer por sí mismo. La recepción de Cristo como Salvador debe hacerse mediante una elección que surge del centro mismo del ser humano y en la que se refleje la preferencia consciente de la persona. Se han usado con demasiada frecuencia métodos que demandan meras acciones o gestos exteriores, que, aunque sinceros, no siempre evidencian una experiencia interior, ya que pueden ejecutarse a impulso de vivas instancias por parte de parientes y amigos que, siendo ya salvos, saben apreciar la importancia de una decisión por Cristo. La presión de estas influencias exteriores ha sido, en muchos casos, el factor determinante del éxito aparente que el evangelista ha cosechado en su obra. Se cree a menudo que, para que el evangelista se vea coronado por el éxito, debe poseer una personalidad dominadora e incluso dotada de extraordinarios poderes; si esto se combina con un hábil empleo de otras técnicas psicológicas, se llegan a obtener efectos casi irresistibles, y toda esta influencia masiva se centra sobre el inconverso para inducirle a ejecutar algo que por ventura no es de su propia elección, ni tiene trazas de valor alguno en el terreno de lo que constituye una auténtica decisión por Cristo. Unos pocos de estos "convertidos" han perseverado, sirviendo así de justificación a los métodos empleados sin tener en cuenta el efecto desastroso producido en una persona que, bajo tan irrelevantes presiones, ha hecho una profesión y ha tomado una posición que no evidenciaban una genuina aceptación de Cristo como Salvador. Los perdidos se salvan cuando oyen el Evangelio bajo la influencia de la iluminación divina, esto es, cuando oyen y creen; "Así que la fe es por el oír, y el oír, por la palabra de Dios" (Ro. 10:17). Tan cierto como que esto es verdad, lo es que el predicador ha de esperar que las almas se salven *mientras* él predica, más bien que después que ha concluido su mensaje y pretende que el inconverso haga algo a fin de salvarse. Queda un testimonio público por dar, de parte de los que son salvos; pero esto no debería confundirse con la simple condición de que el hombre perdido sea salvo mediante la fe personal en Cristo como Salvador. La invitación del ganador de almas posee su valor, pues plugo a Dios el encomendar la proclamación del Evangelio a los que han sido comisionados para predicar las buenas nuevas.

CAPITULO XIII

LAS RIQUEZAS DE LA GRACIA DIVINA

Este aspecto de la obra salvadora del Dios Trino, aunque limitado a las transformaciones operadas por Dios en el individuo en el momento de creer, no es sólo de suprema importancia, por cuanto define el carácter de la salvación, sino que también es casi infinito en su extensión. Los límites impuestos a este tema exigen hacer una clara distinción de una persona, y la salvación misma. Se incluyen en la esfera de la preparación aspectos tales como la obra acabada de Cristo, la obra iluminadora del Espíritu, y todas las demás con causas que proporcionan la base justa a fin de que una persona perdida pueda ser salva. No es tarea de poca importancia el tratar el problema del pecado en forma que Dios quede infinitamente libre para salvar a los perdidos; ni es hazaña de poco fuste el mover a un individuo cegado por Satanás a que escoja, de su propia elección, el recibir a Cristo como su Salvador. Estos dos problemas, como se recordará por las páginas anteriores, totalizan el conjunto de obstáculos que se oponen a la salvación del hombre caído. Para satisfacer las demandas de Dios, se requieren una redención, una reconciliación y una propiciación perfectas, mientras que, del lado humano, el problema está en que el hombre es un agente moral y libre y necesita el concurso de causas que garanticen al humano albedrío la posibilidad de una decisión correcta. También es preciso trazar una clara distinción entre la obra divina de la salvación en sí y las responsabilidades y actividades que pertenecen a la vida y al servicio del cristiano. Muchas realidades nuevas son creadas mediante la regeneración, y todos los aspectos de la experiencia humana quedan afectados por la poderosa transformación que la salvación suministra. Respecto a la distinción entre la salvación misma y las responsabilidades que de ella se siguen en la vida, el Arminianismo ha producido una nueva confusión con sus equívocos, pues pretende que la salvación misma – comoquiera que se la conciba – es probatoria y, por tanto, su permanencia depende de la fidelidad y de una vida santa. Nadie puede negar que a un cristiano corresponde llevar una vida santa por ser un hijo de Dios y un miembro del Cuerpo de Cristo, pero el hacer de la filiación, que por naturaleza es perenne e implica con respecto a Dios una posición que descansa totalmente en los méritos de Cristo, algo condicional y dependiente del mérito humano, es ir contra todo el orden de la gracia divina y hacer del hombre impotente, en fin de cuentas, su propio salvador.

La frase significativa "cosas. . . que pertenecen a la salvación" (He. 6:9), quizá se refiera a las grandiosas posiciones y posesiones que Dios realiza instantánea y simultáneamente en el momento en que un individuo ejercita fe salvífica en Cristo. Cuando las estudiemos en detalle - como nos queda por hacer - se verá que hay al menos treinta y tres de estas estupendas y sobrenaturales tareas divinas y que la suma total de estos logros es la medida de la diferencia que hay entre una persona que ya es salva y otra que está aún perdida. El hecho esencial y decisivo de que estos logros divinos son realizados instantánea y simultáneamente y nunca constituyen un orden o secuencia progresiva, establece la verdad de que todos los seres humanos pueden ser clasificados, en un momento determinado, como enteramente perdidos - por no haber realizado Dios por ellos ninguno de estos aspectos de la salvación - o perfectamente salvos - por haber realizado Dios de una manera completa y definitiva todo cuanto se incluye en la salvación directa de una persona. No hay estados intermedios, y de ningún ser humano puede decirse que está en parte salvo y en parte perdido. De acuerdo con el Nuevo Testamento, es preciso mantener que toda persona culta, civilizada, educada, moral y religiosa - sin tener en cuenta su profesión externa - que no ha sido salva por fe personal en Cristo, está perdida, y tan enteramente perdida como si no poseyese ninguna de las características referidas, las cuales, en su propio lugar, son de gran valor. Puede constituir un problema el saber si un individuo ha recibido la gracia salvífica mediante Jesucristo - y aquí se necesita una clara comprensión de la evidencia bíblica de un cambio tan profundo (comp. 2 Co. 13:5; 1 Jn. 5:13) - pero no es ningún problema el conocer la verdad esencial de que una persona está enteramente perdida mientras no está perfectamente salva por la obra infinita de Dios.

De manera semjante, el mensaje que se predique a estas dos clases de personas - las enteramente perdidas y las perfectamente salvas - necesariamente ha de ser diferente en cada uno de los aspectos. Es muy dudoso que pueda encontrarse un texto de la Escritura que pueda aplicarse igualmente a ambas clases. A los no salvos, Dios no hace exhortación alguna en relación con su manera de vida; no se les exige ningún mejoramiento o reforma. Las sociedades y los gobiernos civiles pueden urgir tanto a los inconversos como a los salvos a poner en práctica las normas prescritas, pero este hecho - en la medida en que está establecido - no debe confundirse con la inflexible actitud de Dios en Su relación con dichas clases de personas. Dios exige a los no salvos solamente que escuchen y presten atención al Evangelio. Frente a esto, toda exhortación divina a una fidelidad que glorifique a Dios va dirigida al cristiano, y desde el momento en que es salvo. No hay simplificación, recorte ni rebaja en las exigencias cristianas para acomodarlas a los que son principiantes en la gran responsabilidad del cristiano vivir. La Escritura alude a "niños en Cristo" pero éstos no lo son a causa de inmadurez, sino a causa de su carnalidad (1 Co. 3:1-2), y esta forma de carnalidad puede encontrarse incluso en quienes son cristianos desde hace cincuenta años.

Parecido al delito de corromper el Evangelio con su consiguiente anatema (Gá. 1:8-9), está el tan practicado por muchos predicadores que presentan a los no salvos las verdades de la vida cristiana, sin advertirles que tales verdades no van dirigidas a ellos. Al obrar así, se corre el peligro de que los no salvos lleguen a olvidar que existe una radical diferencia entre ellos y los cristianos, y se sientan inclinados a pensar que un cristiano es alguien que obra de una forma determinada, sin más, y que este modo de obrar es todo lo que Dios exige a las personas. No importa que al predicador le parezca esto de poca importancia; lo cierto es que nunca debe dirigirse a los cristianos acerca de sus deberes específicos sin advertir a los inconversos, si los hubiere, que dicho mensaje no va dirigido a ellos. Esta fiel distinción tendrá el efecto, al menos, de crear en las mentes de los inconversos la consciencia de que están perdidos.

Las treinta y tres tareas divinas en la salvación de una persona, que aquí son descritas como *las riquezas de la gracia* , representan todo cuanto El puede hacer para satisfacer Su infinito amor al pecador. Si esta afirmación parece excesiva a primera vista, a su debido tiempo se demostrará que es verdadera. Como ya hemos afirmado en un apartado anterior de este volumen sobre Soteriología, el motivo primordial que induce a Dios a salvar a los perdidos es la satisfacción de Su mismo amor, y El realiza infinitas transformaciones a fin de que este infinito amor quede satisfecho. Comparada con esto, la idea de que los hombres son sacados de su apuro, aun siendo una proeza que trasciende toda comprensión humana y que produce naturalmente su impacto en la mente del hombre, queda en lugar secundario en la misma medida en que el hombre está por debajo de Dios. El hecho de que la salvación de los hombres proporciona a Dios una oportunidad para satisfacer el infinito amor que tiene a Sus criaturas, es una verdad que se pasa por alto con demasiada frecuencia. Siempre se ha de tener en cuenta que, a causa del carácter peculiar de la santidad divina, Dios no puede hacer nada en favor de los pecadores mientras no se ha provisto una satisfacción por sus pecados - lo cual es llevado a cabo en la obra acabada de Cristo - y que, debido a que Dios tiene en cuenta que el hombre es un agente libre y moral, El no puede hacer nada sin que el hombre escoja por sí mismo el recibir a Cristo como Salvador - aun cuando esta elección es engendrada en el corazón humano mediante la iluminación del Espíritu. Pero cuando se cumplen estas condiciones fundamentales, todas las barreras caen y el amor infinito responde al instante prodigando a la persona que ejercita la fe salvífica el cúmulo de los divinos beneficios, las riquezas de gracia en Jesucristo. Como veremos, esto es, ni más ni menos, la cosa más grande que Dios Todopoderoso es capaz de hacer. Bastará una breve consideración para demostrar la verdad de este aserto, y es que la persona que es salva está destinada a ser conforme a la imagen de Cristo. El infinito no puede concebir cosa alguna que sobrepuje a esta excelsa realidad, y la omnipotencia no puede realizar una cosa mayor. El ser hecho conforme a la imagen de Cristo, el haber sido constituido ciudadano de los Cielos, acaba prácticamente con todo lo que implicaba la condición de la humanidad caída. Esta gran transformación está bien descrita con las palabras: "al Padre que nos hizo aptos para participar de la herencia de los santos en luz" (Col. 1:12); pero, de todas estas maravillas, ninguna hay tan grande como la de ser conformes a la imagen de Cristo (Ro. 8:29; 1 Jn. 3:2).

Otra revelación, que demuestra con la misma perfección la verdad de que la salvación es, en su aspecto inmediato, la suprema proeza divina, queda atestiguada en Efesios 2:7. Previamente, el Apóstol había mencionado una de las posesiones del creyente, a saber, el don de la vida eterna - expresado con las palabras "nos dio vida juntamente con Cristo" - y una de las posiciones del creyente, a saber, "en Jesucristo", y estas dos representan la gran realidad de la salvación eterna. La respuesta a la pregunta de por qué Dios había de llevar a cabo los inmensos beneficios que representan dicha posesión y dicha posición, es que, por medio de una salvación tan grande, Dios quería manifestar el atributo de Su gracia, el cual no podía ser manifestado de ningún otro modo. Efesios 2:7 declara: "Para mostrar en los siglos venideros las abundantes riquezas de su gracia en su bondad para con nosotros en Cristo Jesús". Había en Dios algo que ningún ser creado había visto jamás. Habían visto Su gloria, Su majestad, Su sabiduría, y Su poder; pero nadie, ni ángel ni hombre, había visto jamás Su gracia. Otros atributos pueden manifestarse de muy diversas maneras; pero la manifestación de la gracia está limitada a lo que Dios puede hacer por aquellos hombres que, a pesar de merecer ser castigados por El, son objeto de Su gracia. Como todo -

otro atributo o cualidad de Dios es preciso que tenga su perfecto ejercicio y su perfecta manifestación - incluso para Su propia satisfacción - así también Su gracia debe también tener su revelación infinitamente perfecta dentro de los límites impuestos a la tarea por la que Dios salva a los perdidos. Decir que un pecador es salvo por gracia equivale a declarar que, sobre la base de la muerte de un Sustituto y en respuesta a la fe en tal Salvador, Dios ha realizado una obra tan perfecta en su totalidad y tan exenta de la cooperación de otros seres, que resulta una completa, y plenamente satisfactoria para el mismo Dios, demostración de Su gracia. Un aserto de semejante calibre puede formularse con la misma facilidad con que unas palabras pueden formar una frase, pero ¿quién, en la Tierra o en el Cielo, es capaz de comprender la infinitud de una salvación semejante? Digamos también que esta demostración, por la misma naturaleza del caso, ha de tener su irradiación en la vida de cada individuo así salvo. Puede con razón presumirse que, aunque de toda la familia humana hubiese sido elegido un solo individuo para el supremo honor de manifestar eternamente ante la creación entera la infinitud de la gracia soberana, la salvación de esta sola persona no sería diferente de la salvación de cualquier otra de entre la incontable multitud de todas naciones y tribus y pueblos que son salvas por gracia.

Se pretende con demasiada frecuencia que la gracia divina en la salvación es una buena disposición por parte de Dios de completar en la vida de cada persona lo que quizás se eche de menos después que los propios méritos del individuo han sido debidamente valorados, pensando que, puesto que algunas personas poseen más valía que otras, debido a sus virtudes humanas o a la fidelidad de su carácter, se necesitaría menos gracia para los poseedores de estos presuntos méritos que la requerida para los que poseen pocos méritos o no los poseen en absoluto. La verdad, ya demostrada en detalle en el volumen II, es que todos los hombres están ahora considerados y declarados por Dios como estando "bajo pecado" - un estado en que ningún mérito humano es aceptado por Dios - con el fin de que una gracia uniforme, totalmente completa en sí misma, pueda ser impartida a todos por igual. Si se permitiese a los hombres contribuir a su salvación en el más pequeño porcentaje, dejaría de ser una manifestación de gracia y se tornaría en una imperfecta exhibición de uno de los más gloriosos atributos de Dios. Ninguna persona con seso concedería que un ser caído pudiese, bajo ninguna circunstancia y en ningún grado, hacer que un atributo divino llegase a ser una realidad experimental. El hombre puede llegar a ser un recipiente de gracia, pero no puede contribuir a ella en el sentido de habilitarla para que sea lo que es. No puede encontrarse una aseveración tan contundente de esta verdad sublime como la registrada en Romanos 4:16: "Por tanto, es por fe (nada por parte del hombre), para que sea por gracia (todo por parte de Dios), a fin de que la promesa sea firme para toda su descendencia (de Abraham)" (la que es según la carne, Israel, y la que es según el Espíritu, los elegidos de entre los gentiles). ¿Sobre qué otra base que la fe de parte del hombre y la gracia de parte de Dios, podría una promesa o designio de Dios estar *firme?*

Para concluir estas palabras de introducción, repetiremos que la gracia salvífica es aquello que Dios lleva a cabo a base de la muerte de Cristo - realizada y provista como una responsabilidad divina - y en respuesta a la fe de la persona en Cristo - lo cual es una responsabilidad humana. Este apartado general de este tema será presentado en tres partes: (1) el estado de los perdidos, (2) el carácter esencial de las empresas divinas, y (3) las riquezas de la gracia divina.

I. EL ESTADO DE LOS PERDIDOS

La palabra *perdido* se usa en el Nuevo Testamento de dos maneras muy diferentes. Un objeto puede estar perdido en el sentido de que necesita ser encontrado. Este uso del vocablo no implica la indicación de un cambio en la estructura o en el carácter del objeto perdido. Está perdido solamente en el sentido de que está fuera de su debido lugar. El Israel que andorreaba fuera de sus pactos fue descrito por Cristo como "las ovejas perdidas de la casa de Israel" (Mt. 10:6). De igual manera, un cristiano que ha interrumpido su comunión con Dios a causa del pecado, se halla desplazado, aunque no ha cambiado respecto a las realidades esenciales que hacen de él un hijo de Dios - la vida eterna, la justicia imputada y la unión con Dios. Tenemos una ilustración divina de esta maravillosa realidad en la triple parábola de Lucas 15. Una oveja se ha perdido y es "encontrada"; era oveja todo el tiempo, pero estaba fuera de su lugar. Una moneda es perdida de su lugar en la cofia de una mujer y es "encontrada"; era la misma moneda todo el tiempo. Un hijo estaba perdido y es "encontrado"; y era un hijo en cada paso de sus extravíos. Por otra parte, una persona puede estar perdida en el sentido de que necesita ser *salvada.* "El Hijo del Hombre vino a buscar y a salvar lo que se había perdido" (Lc. 19:10). Precisamente por el hecho de que en la salvación los cambios en las estructuras son tales que requieren provisiones divinas y poderes creativos divinos, la transición del estado de perdición al estado de salvación sólo puede ser hecha por Dios.

El conjunto doctrinal que estamos estudiando ofrece al menos cuatro razones para explicar por qué están perdidos los que pertenecen a esta raza caída:

1. La persona perdida no ha llegado a alcanzar ninguna de las realidades eternas que hacen de alguien un cristiano. Cuanto pueda decirse de los no salvos tiene carácter *negativo*. Ningún texto de la Escritura nos declara mejor esta verdad que Efesios 2:12, en donde Pablo recuerda a los cristianos de Efeso el estado de perdición del que fueron salvados: "En aquel tiempo estábais sin Cristo, alejados de la ciudadanía de Israel y ajenos a los pactos de la promesa, sin esperanza y sin Dios en el mundo."

2. Los individuos están perdidos también por el hecho de que han nacido con una naturaleza caída, pecadora. Este es, sin duda, el aspecto más condenatorio de la condición perdida del hombre. Cuando Adán pecó, experimentó una degradación o degeneración, tornándose un ser enteramente diferente; así que, después de su caída, sólo pudo procrear "a su propia imagen," y su primer hijo fue un asesino. Adán - formando un solo conjunto con Eva - es el único ser humano que se convirtió en un pecador al pecar, pues todos los demás miembros de la raza cometen pecados por haber nacido ya pecadores. Aunque esta naturaleza pecaminosa permanece en el cristiano mientras está en este mundo, fue ya juzgada por Cristo en la Cruz en favor del cristiano (Ro. 6:10), y su sentencia de condenación fue levantada. La muerte de Cristo al pecado de naturaleza es también la base de la liberación del creyente, por parte del Espíritu Santo, del poder del pecado congénito. Es cierto que los hombres se pierden por sus pecados personales, pero, puesto que los pecados personales son el fruto normal de una naturaleza pecaminosa, nunca deberían tenerse como la única, o incluso importante, base de la perdición de una persona. Y si se insiste en que está perdida por sus pecados personales, replicaremos que, en tal caso, una persona no regenerada podría fácilmente asegurar que nunca ha sido ni el uno por ciento de lo mala que podría haber sido, y que por tanto está perdida sólo en un uno por ciento. El estado de perdición consiste primordialmente en una naturaleza caída, que es malvada en un ciento por ciento. Un esfuerzo por ser bueno o por hacerse respetable es un remedio insuficiente para una naturaleza caída. Sólo la gracia de Dios, actuando sobre la base de la muerte de Su Hijo, puede servir para ello.

3. Los hombres están perdidos también por el decreto divino que atañe a cuantos viven en la Tierra - tanto judíos como gentiles - en la era presente, confinada entre las dos venidas de Cristo. Está escrito: ¿Qué, pues? ¿Somos nosotros mejores que ellos? En ninguna

manera; pues ya hemos acusado a judíos y a gentiles, que todos están bajo pecado" (Ro. 3:9); "Mas la Escritura lo encerró todo bajo pecado, para que la promesa que es por la fe en Jesucristo fuese dada a los creyentes" (Gá. 3:22). La frase "bajo pecado" significa, según hemos afirmado anteriormente, que Dios no acepta el mérito de ninguna persona como factor que contribuya a su salvación. Este decreto, que elimina todo mérito humano, es esencial, si es que la salvación ha de ser por gracia. Esto no implica que una vida honesta carezca de valor dentro de sus límites, pero el punto que ahora consideramos es el problema de cómo un Dios santo puede salvar *perfectamente* a quienes, a Sus ojos, están *perfectamente* perdidos, pues El no tiene en cuenta lo que los hombres consideran como bueno - y algunos poseen más bondad de esta clase que otros - para poder reemplazarlo con la perfección de Cristo; y así, lo que, de momento, parece una pérdida completa, resulta en fin de cuentas una ganancia infinita, puesto que, por la manera misma con que Dios salva a los perdidos, está preparando el material para una demostración celestial de las inescrutables riquezas de Su gracia (Ef. 2:7), lo que hace imposible la inclusión de cualquier elemento humano en este plan de salvación.

4. Igualmente, y para terminar, los hombres están perdidos por estar bajo el poder de Satanás. Sólo la Palabra de Dios puede hablar con autoridad sobre este tema. Bastará con citar los cuatro pasajes siguientes:

2 Corintios 4:3-4. Este texto declara que los no salvos están cegados en sus mentes pos Satanás, para que no les resplandezca la salvadora luz del Evangelio.

Efesios 2:2-3. El testimonio de este pasaje es que los no salvos son "hijos de desobediencia" - teniendo por cabeza al desobediente Adán - y que cada uno de ellos experimenta la operación de Satanás. En contraste con esto, es de notar Fil. 2:13, donde, usando el mismo término, se dice que el cristiano experimenta la acción de Dios.

Colosenses 1:13. Este texto remarca el hecho notable de que, cuando una persona es salva, es librada de la potestad de las tinieblas, dentro de la cual tenía su adecuada residencia.

1 Juan 5:19. Aquí se nos asegura que el *cosmos,* el cual incluye a los no salvos (puesto que forman parte de él), "está bajo el maligno." En el original griego, esta expresión es profundamente sugestiva, indicando que, en cierta medida, los no salvos están *en Satanás,* mientras que los cristianos están *en Cristo.*

Las Escrituras hacen suficiente hincapié respecto a la condenación que pende sobre los no salvos, para asegurar que, cuando pasan a ser salvos, lo son de la maldición de la Ley (Gá. 3:13), de la ira (1 Ts.

5:9; Jn. 3:36), de la muerte (2 Co. 7:10), y de la destrucción (2 Ts. 1:9).

II. EL CARACTER ESENCIAL DE LAS EMPRESAS DIVINAS

Antes de entrar en la enumeración de los treinta y tres sobrenaturales logros divinos que constituyen las riquezas de la gracia, es importante observar algo del carácter esencial de estas riquezas. En ellas aparecen siete peculiaridades de vital importancia: (a) no están sometidas a experiencia; (b) no son progresivas; (c) no tienen relación con el mérito humano: (d) son de carácter eterno; (e) sólo pueden conocerse por revelación; (f) son efectuadas únicamente por Dios; (g) en su producción no tiene parte el hombre.

1. NO ESTAN SOMETIDAS A EXPERIENCIA. Esto no implica que dichas riquezas carezcan de realidad, sino más bien que no manifiestan su realidad a la parte emocional de nuestra naturaleza o por medio del sistema nervioso. No puede encontrarse mejor ilustración de este hecho que la que nos proporciona la suprema empresa divina de la justificación, pues resulta obvio que la justificación no se siente; no hay sensación alguna que dé una evidencia contundente de que el creyente está justificado, sino que se basa únicamente en el testimonio de Dios. Lo mismo pasa con todas las riquezas éstas; no son tales que puedan ser identificadas por la experiencia humana.

2. NO SON PROGRESIVAS. Este aspecto de estas riquezas es de gran importancia. Comoquiera que tal es la índole de casi toda experiencia humana, parece natural la conclusión de que, cuanto Dios puede emprender, habría de empezar por la inmadurez y progresar por grados hasta llegar a la perfección en su día. Sin embargo, en el caso de estas riquezas, descubriremos que el proceso es diferente, pues toda empresa divina es realizada instantáneamente en el grado de perfección infinita que ha de tener para siempre. Una buena ilustración de esta verdad es la filiación. Hay muchos aspectos en la relación entre padre e hijo que están sujetos a progreso y cambio; pero la filiación misma no experimenta avance ni desarrollo. Un hijo es tan hijo en el momento de nacer como lo es en cualquier posterior momento de su vida. Así pasa con cualquiera de las realizaciones divinas que contribuyen a la salvación directa de los hombres.

3. NO TIENEN RELACION CON EL MERITO HUMANO. Bajo esta verdad, la cual es ajena a todos los procesos de la vida y de la

experiencia humanas, está el designio soberano de Dios de hacer cuanto hace de acuerdo con Su propio beneplácito, y es libre para obrar así porque el creyente aparece – y realmente lo es – miembro del Cuerpo de Cristo y, por tanto, apto para ser bendecido con toda bendición espiritual en Jesucristo. Todo cuanto es otorgado al Hijo de Dios, es también otorgado al que es miembro de Su Cuerpo. Es por eso por lo que estas riquezas de la gracia se fundan solamente en los méritos del Hijo de Dios y, por esta razón, son tan permanentes como el mérito en que se fundan.

4. SON DE CARACTER ETERNO. Como se ha dicho antes, la obra de Dios en favor del creyente está basada en la perenne perfección de Cristo y, por tanto, no está sujeta a las variaciones que caracterizan la vacilante experiencia humana. Como en el caso de la justicia imputada, en la que no cabe ni una brizna de mérito humano, toda obra de Dios en la directa salvación de los perdidos está mantenida por el mismo Dios y, por consiguiente, es eterna por su misma naturaleza. El don de la vida eterna es don de esa naturaleza divina que ha existido desde toda la eternidad y existirá por siempre jamás. La elección divina de los creyentes nunca es un azar.

5. SOLO PUEDEN CONOCERSE POR REVELACION. La imaginación y la especulación humanas no pueden servir en el menor grado para alcanzar el conocimiento de cuanto Dios realiza cuando Su amor queda en libertad por la muerte de Su Hijo y por la fe del pecador. No hay documento legal ni registro terreno que haya catalogado jamás tales riquezas. Tales bendiciones que sobrepujan todo conocimiento, sólo se pueden avizorar cuando se las considera una por una a la luz de todo lo que Dios ha declarado al respecto.

6. SON EFECTUADAS UNICAMENTE POR DIOS. Por su misma naturaleza, las riquezas de la gracia son necesariamente la obra de Dios en favor del hombre. ¿Quién podría salvarse a sí mismo hasta el punto de ponerse al mismo nivel con Dios para siempre, y justificarse para toda la eternidad? ¿Quién puede trasladarse a sí mismo desde el poder de las tinieblas hasta el reino del amor del Hijo de Dios? ¿Quién puede constituirse a sí mismo como ciudadano del Cielo o inscribir su nombre en aquel registro? Sólo Dios puede salvar, de acuerdo con aquellas maravillas que, según El mismo declara, son la porción de cuantos ponen su confianza en El.

7. EL HOMBRE NO TIENE PARTE EN SU PRODUCCION. En ciertos aspectos, esta aserción es puramente el lado negativo de la

afirmación que precede; sin embargo, bueno será hacer notar que alguien que es un pecador no puede dar un solo paso en la dirección de su propia redención. Quien está en la tierra no puede trazar para sí plan alguno en el Cielo, y quien es una mera criatura no puede moldearse a sí mismo a imagen de su Creador y, siendo temporal, no puede planear ni ejecutar para la eternidad. La salvación es algo más que la vida sin término de un buen hombre, pues proporciona las más radicales transformaciones, la adquisición de posesiones infinitas y el establecimiento en posiciones que están situadas en la esfera del Cielo y de Dios. "Y vosotros estáis completos en él" (Col. 2:10).

III. LAS RIQUEZAS DE LA GRACIA DIVINA

Mientras presentamos ahora las treinta y tres estupendas obras de Dios que forman el conjunto de la salvación de una persona, han de tenerse en cuenta los hechos esenciales, ya catalogados, respecto a estas vastas realidades. Son realizadas por Dios; son realizadas instantánea y simultáneamente; están basadas en los méritos de Cristo; y, por estar basadas en los méritos de Cristo, son eternas. De aquí se sigue que cada persona de la familia humana, en un momento dado, o es perfectamente salvo, al ser el recipiente de toda bendición espiritual en Jesucristo, o completamente perdido, al estar sin una siquiera de estas bendiciones espirituales – en la condición de aquellos que son condenados a causa del pecado de naturaleza, a causa de sus pecados personales, a causa de estar bajo pecado, y por estar hasta tal punto bajo el poder de Satanás. Estas treinta y tres riquezas de la gracia son las siguientes:

1. EL PLAN ETERNO DE DIOS. Estar en el plan eterno de Dios es una posición de extraordinaria importancia tanto con respecto a su realidad misma como a su índole eterna. La mente humana no puede captar lo que significa estar en el designio de Dios desde toda eternidad, ni lo que implica la declaración de que el mismo divino designio se extiende para toda la eternidad – "a los que predestinó. . . a éstos glorificó". Cuanto se requiera como pasos intermedios entre la predestinación y la gloria, ha de estar bajo el control absoluto de Dios y será realizado por Dios sin miramiento al elemento humano que necesariamente ha de intervenir. Ninguna voluntad humana ha sido creada para derrotar a la voluntad de Dios, sino que más bien la voluntad humana es uno de los instrumentos de que Dios se sirve para realizar sus designios en favor de la humanidad. Siempre ha sido así, y así tiene que serlo por necesidad, siendo Dios quien es. El estudioso que medite en la Persona de Dios, en Su eternidad y omnipotencia, en Su soberanía como Creador y

Gobernador de todas las cosas, y en Su designio electivo, quedará inmunizado contra esa forma de racionalismo – de carácter sutil, aunque connatural al corazón humano – que pretende que Dios, al crear, se ha atado inconscientemente las manos de tal manera que no puede ejecutar Su designio eterno con la amplitud absoluta que compete al Infinito.

Cinco términos se emplean en el Nuevo Testamento para expresar los aspectos de la verdad que se refiere al propósito soberano de Dios.

Previsto o conocido de antemano. Por difícil que pueda ser para un ser finito el captar este concepto, queda en pie la verdad de que Dios conoció desde toda la eternidad cada paso del programa entero de este Universo hasta el más minucioso detalle. La doctrina de la presciencia divina tiene sus propios límites, pues está fuera del atributo divino al que pertenece hacer que las cosas lleguen a realizarse; es lo que el término expresa y nada más – o sea, meramente que Dios conoce de antemano. Muy cercano al concepto de presciencia está el de – *predestinación* (Hch. 2:23;1 P. 1:2,20).

Predestinado. Según el empleo que de él hace el Nuevo Testamento, este gran término doctrinal declara que Dios determina de antemano lo que ha de suceder. El destino está determinado. En el uso del Nuevo Testamento, el término se refiere únicamente a lo que Dios ha predeterminado para Sus elegidos. Por tanto, no debe ser usado con referencia a los no elegidos ni a su destino, aunque no cabe ninguna duda razonable de que, de un modo que sobrepasa al humano entendimiento, el destino de los no elegidos está en la mente de Dios desde toda eternidad. La cuestión de si la presciencia precede a la predestinación, o la predestinación precede a la presciencia, es no solamente inútil sino también innecesaria. Dios no podía predestinar lo que no preconocía, ni podía conocer como futuro absoluto lo que El no había predestinado para que sucediera de cierto. Tres pasajes hay ante nosotros, y en dos de ellos la presciencia ocupa el primer lugar: "Porque a los que antes conoció, también los predestinó para que fuesen hechos conformes a la imagen de Su Hijo, para que él sea el primogénito entre muchos hermanos" (Ro. 8:29); "elegidos según la presciencia de Dios Padre en santificación del Espíritu, para obedecer y ser rociados con la sangre de Jesucristo" (1 P. 1:2), mientras que, en el tercero, la presciencia ocupa el segundo lugar: "a éste, entregado por el determinado consejo y anticipado conocimiento de Dios, prendisteis y matasteis por manos de inicuos, crucificándole" (Hch. 2:23). Las dos ideas que estos dos términos expresan deben por necesidad ser puestas una detrás de otra; pero no hay prioridad alguna en la relación que guardan la una con la otra. Por tanto, el mensaje de Dios para todo creyente es que ha sido igualmente conocido de antemano en la predestinación, y predestinado mediante la presciencia para la perenne realización de todas las riquezas de la gracia divina.

Elegido de Dios. El término *elegido,* referido a los cristianos, es diferencial en el sentido de designar a los predestinados, pero con una sola implicación referente a su destino. Ellos son los elegidos en la era presente y manifestarán la gracia de Dios en los tiempos venideros (comp. 1 Ts. 1:4; 1 P. 1:2; Ro. 8:33; Col. 3:12; Tito 1:1).

Escogido. Este término específico indica otro aspecto importante de la verdad. El término *escogido,* cuando se refiere a lo que Dios ha realizado en favor de los salvos, enfatiza el acto peculiar por el que Dios separa para Sí Sus elegidos, que son conocidos de antemano e igualmente predestinados. El cristiano tiene el gran privilegio de haber sido escogido en Cristo antes de la fundación del mundo (Ef. 1:4).

Llamado. Siguiendo la línea que el Nuevo Testamento traza para estos términos, las palabras *predestinación, elegido y escogido* no se usan para aquellos a quienes Dios ha seleccionado para la salvación, mientras están aún en su estado de perdición. Sin embargo, el vocablo *llamado* puede incluir en la amplitud de su signifcado incluso a aquellos que, en un momento dado, no han sido aún regenerados, pero que en el designio de Dios han de llegar a ser regenerados. Los ángeles son espíritus administradores no sólo en favor de los que ahora son ya salvos, sino también de "los que serán herederos de la salvación" (He. 1:14). "Fiel es el que os llama, el cual también lo hará" (1 Ts. 5:24). En toda esta discusión se hace referencia a una llamada *efectiva,* cual es indicada en Romanos 8:30, implicando que Dios no sólo hace una invitación, sino que también inclina el corazón a que la acepte gozosamente.

¡Cuán grande es, pues, esta obra que caracteriza una posición tan distinguida y cuán inconmensurables las posesiones de aquel que es incluido en los eternos designios de Dios!

2. REDIMIDOS. La redención, como doctrina y en cuanto se refiere a la era presente, tiene en puridad una triple acepción: (1) Tiene carácter universal en el sentido de incluir a todo el mundo y suministra una base suficiente de justicia para que Dios puede salvar a los que están perdidos. (2) Tiene un sentido más específico cuando se la mira como la posición a la que los salvos han sido elevados. Han sido rescatados en el mercado de esclavos y hechos libres con la libertad que es privilegio de los hijos de Dios (Gá. 5:1). No es una posición que haya de buscar o asegurarse por medio de la fidelidad, sino que es realizada por Dios en favor de toda persona regenerada. El ejercicio de la gracia divina – aun cuando tiene por fin la

justificación – se dice ser "mediante la redención que es en Cristo Jesús" (Ro. 3:24). En conexión con la redención es como el creyente obtiene "el perdón de pecados", y esto es "según", y una parte de, "las riquezas de su gracia" (Ef. 1:7). (3) Existe también la redención del cuerpo del creyente, y esta redención es la que el cristiano está esperando (Ro. 8:23). La idea aquí, como en todas las riquezas de la gracia, es que la redención es una posición de una realidad transformante, y la posesión de cuantos son salvos.

3. RECONCILIADOS. También aquí se tiene en cuenta una especial reconciliación, que va mucho más allá del aspecto o acepción en que se incluye al mundo entero. Es la reconciliación del creyente con Dios, según nos es presentada en 2 Corintios 5:20. Puede claramente echarse de ver una diferencia entre la reconciliación del mundo – según se declara en 5:19 – y la reconciliación del individuo – según se nos declara en 5:20-21. La reconciliación del mundo no contradice a la reconciliación del individuo. Esta última es aquella forma de reconciliación que es aplicada al corazón del creyente y tiene por fruto una paz perfecta y perpetua entre Dios y el creyente reconciliado. El estar perfectamente reconciliado con Dios a base de los méritos de Cristo, como sucede con todo hijo de Dios, es una posición de verdadera bendición y es una de las riquezas de la gracia divina.

4. PUESTO EN RELACION CON DIOS MEDIANTE LA PROPICIACION. La verdad central contenida en esta doctrina – y que compromete más que cualquier otro aspecto de ella – es el hecho permanente de que Dios *es* propicio. El ha quedado libre para actuar en favor de los pecadores en virtud de la muerte de Su Hijo por ellos. Lo que constituye el problema de Dios en la salvación de los pecadores, a saber, cómo solucionar el problema del pecado, ha sido perfectamente resuelto. En el caso de los no salvos, lo que resta es la responsabilidad humana en la fe salvífica. El hecho de que todo lo que pertenece a la responsabilidad de Dios ha sido ya perfectamente realizado, indica que Dios es propicio hacia los pecadores; pero también es propicio hacia todo hijo Suyo que ha pecado y ha sido comprado con sangre, y cuyo pecado ha sido llevado por Cristo en la Cruz. Es una verdad de la mayor importancia el que "El es la propiciación por nuestros pecados" (1 Jn. 2:2). La necesidad, tantas veces repetida, de una reconciliación entre el cristiano y su Padre, es posible gracias al hecho de que el Padre es propicio. El estar en una relación con Dios en la que El es propicio hacia los específicos pecados de un hijo suyo es un beneficio de la gracia infinita. Es una posición más ventajosa de lo que el corazón o la mente pueden comprender.

5. PERDONADOS TODOS LOS PECADOS. En el sentido de que ahora "ninguna condenación hay para los que están en Cristo Jesús," a los creyentes se les perdonan todos los pecados. La declaración de Colosenses 2:13 – "perdonándoos todos los pecados" – cubre todo los pecados, pasados, presentes y futuros (comp. Ef. 1:7; 4:32; Col. 1:14; 3:13). Sólo en el caso de estar completamente absuelto ante Dios, puede un cristiano estar en paz con Dios y estar justificado para siempre, como lo está.

El modo de obrar de Dios con el pecado es difícil, sin duda, de ser captado por la mente humana, especialmente cuando se trata de pecados que todavía no han sido cometidos. Sin embargo, debe recordarse que todo pecado de la era presente era aún futuro cuando Cristo murió. El poder condenatorio del pecado ha sido anulado para siempre, y en relación con esto pregunta el Espíritu Santo: "¿Quién acusará a los escogidos de Dios? " Las respuestas inspiradas son terminantes: Dios justifica en vez de acusar de pecado; y la condenación ha sido transferida a otro "que murió; más aún, el que también resucitó, el que además está a la diestra de Dios, el que también intercede por nosotros" (Ro. 8:33-34). Este capítulo de Romanos que comienza con "ninguna condenación" termina con "ninguna separación"; pero un perdón tan completo es posible tan sólo a base de la obra de Cristo al llevar sobre sí el pecado y ceder Sus méritos a los que son salvos mediante Su mediación y están en El. Los hombres o se apoyan en sus propios méritos o en los méritos de Cristo; si se apoyan en sus propios méritos – el único concepto que está al alcance de la razón humana y es propugnado por el sistema arminiano – entonces sólo hay condenación para cada individuo a los ojos de Dios; pero si se apoyan en los méritos de Cristo, estando en El – ya sea que se comprenda o no toda la base justa de esta posición – no queda otra cosa que una continua unión con Dios y, por tanto, no hay condenación alguna ni separación.

Al llegar a este punto, es preciso hacer una distinción entre este permanente perdón judicial y el perdón contínuamente repetido a los que pertenecen a la familia de Dios. La aparente paradoja de uno que está perdonado y que, con todo, necesita aún ser perdonado, se explica teniendo en cuenta el hecho de que hay dos esferas de relación, completamente distintas, entre el creyente y Dios. Respecto a su *posición,* que es inmutable como su filiación, puesto que está garantizada por su estar – en – Cristo, ni quedará separado de condenación y nunca perderá la justificación ni quedará separado de Dios. Respecto a su *condición,* que puede cambiar como la conducta diaria de un hijo y se halla completamente dentro de la relación familiar, debe ser perdonado y purificado (1 Jn. 1:9). El autor de la

Epístola a los hebreos declara que, si el antiguo orden de sacrificios hubiese sido tan eficaz como el sacrificio de Cristo, los que ofrecían sacrificios de animales por sus pecados "no tendrían ya más conciencia de pecado" (He. 10:2). Por otra parte, es un privilegio del creyente el verse libre del sentimiento de condenación por el pecado – nunca piensa en sí mismo como en una persona perdida, si es que está correctamente instruido en la Palabra de Dios; con todo, esto no equivale a decir que el cristiano no deba ser consciente de los pecados que comete. El pecado para el creyente debe ser algo más aborrecible que lo que pudo jamás serlo antes de que fuese salvo; pero, cuando peca, no habrá quebrantado el hecho permanente de su unión con Dios, aunque habrá dañado su comunión con El. Dentro de una relación familiar – relación que no puede quebrarse -- puede que peque como hijo (sin cesar de ser hijo) y ser perdonado y restaurado a la comunión del Padre sobre la base de la confesión de su pecado y de la verdad, más profunda todavía, de que Cristo ha llevado sobre sí el pecado que, de otro modo, produciría condenación.

Ninguna de las posiciones del creyente ante Dios, si se comprenden correctamente, es una bendición tan grande para el corazón como el hecho de que toda condenación ha desaparecido para siempre, habiendo Dios perdonado todas las iniquidades en atención a Cristo.

6. UNIDOS VITALMENTE A CRISTO PARA JUICIO DEL HOMBRE VIEJO "PARA UN NUEVO ANDAR". La doctrina esencial de la unión con Cristo aparece como base de muchas de estas riquezas de la gracia divina. En el presente aspecto de la verdad, sólo tenemos en cuenta lo que tiene que ver con la muerte de Cristo al pecado de naturaleza, y el pasaje central que declara esta verdad se encuentra en Romanos 6:1-10. Este importante pasaje bíblico será comentado en diversos lugares de esta obra teológica, pero siempre haremos notar que no se refiere directamente ni a un juicio de sí mismo por una especie de auto-crucifixión ni a una forma cualquiera de bautismo ritual. Si el pasaje no tuviese en cuenta más de lo que dichas interpretaciones implican, quedaría privada de su más fuerte ratificación, una de las verdades más vitales del Nuevo Testamenteo. La muerte de Cristo, prescindiendo totalmente de sus logros como modo de proceder contra el pecado, es un juicio del pecado de naturaleza, el cual juicio no significa que la tal naturaleza haya sido incapacitada para actuar o que su índole haya cambiado, sino que se ha obtenido un perfecto juicio contra ella y que Dios se halla ahora libre en justicia para proceder con ella como con algo ya sentenciado. La índole malvada de tal naturaleza, una vez juzgada, no impide ya al Espíritu Santo frenar el poder que ejercía sobre

nosotros. Así, por fe en el Espíritu inhabitante, el creyente puede ser liberado del poder dominante del pecado, a base de la muerte de Cristo como juicio del pecado de naturaleza. Este aspecto de la sustitucional en el mayor grado. El pasaje central asegura que la muerte de Cristo es un acto tan decisivamente ejecutado en favor del creyente, que es una co-crucifixión una co-muerte, una co-sepultura, y una co-resurrección (comp. Col. 2:12). La aplicación de esta verdad no es una intimación a ponerla en ejecución toda ella o en parte, sino más bien algo que el creyente ha de creer o reconocer que está ya verdaderamente hecho para él, siendo, como es, la base sobre la que, con una fe consciente, él puede reclamar el ser liberado del poder del congénito pecado de naturaleza.

Es una posición privilegiada de infinita bendición el poseer así a los ojos de Dios una situación permanente como corresponde a todo aquel por quien Cristo ha muerto con una muerte condenatoria del pecado de naturaleza.

7. LIBRE DE LA LEY. En el sentido que ahora le damos, la ley es algo más que un código o reglamento para gobernar la conducta. Se cree con demasiada frecuencia que el estar libre de la ley equivale a quedar relevado de la obligación de practicar lo que la ley prescribe, y, como la ley es "santa, y justa, y buena", resulta difícil a muchos el aceptar la enseñanza del Nuevo Testamento de que la ley no es la norma de conducta para el creyente. ¿Por qué – insisten – no ha de observar el creyente lo que es santo, justo y bueno? Contra esta idea está la inequívoca advertencia de que el cristiano, por la muerte de Cristo, está libre de la ley (comp. Jn. 1:17; Hch. 15:24-29; Ro. 6:14; 7:2-6; 2 Co. 3:6-13; Gá. 5:18). En uno de estos pasajes – Romanos 6:14 – se le dice a todo hijo de Dios que no está bajo la ley, y en otro – Romanos 7:2-6 – se le dice que está muerto a la ley, así como que está libre de la ley. Puesto que todo principio inmanente de la ley, excepto el cuarto mandamiento, sigue vigente, reafirmado e incorporado al modo de vida propio de la gracia, a duras penas puede admitirse como razonable la pretensión de que al creyente se le habría de prevenir explícitamente contra la observancia de las normas prescritas en la ley. La solución del problema hay que encontrarla en el hecho de que la ley es un sistema que requiere el mérito humano, mientras que las intimaciones dirigidas al cristiano, que se halla bajo la gracia, no tiene relación alguna con dicho mérito; puesto que el hijo de Dios es ya acepto en el Amado y se apoya para siempre en los méritos de Cristo, el aplicarle el sistema del mérito resultaría igualmente irracional y anitbíblico. Cuando los principios contenidos en el sistema del mérito reaparecen en las intimaciones de la gracia, lo hacen siempre con este radical cambio de perspectiva,

pues una cosa es el hacer algo contenido en la ley a fin de ser aceptado o bendecido. La liberación de la obligación o sistema del mérito es aquella "libertad" a la que se hace referencia en Gálatas 5:1. No es una libertad para hacer el mal, pero es un completo alivio del aplastante peso – el yugo de esclavitud (Hch. 15:10) – de las obras del mérito.

Ser "libre de la ley" (Ro. 8;2), "muerto a la ley" (Ro. 7:4), y "librado de la ley" (Ro. 7:6; comp Ro. 6:14; 2 Co. 3:11; Gá. 3:25), describen una posición de gracia a los ojos de Dios, rica y llena de perennes bendiciones.

8. HIJOS DE DIOS. Ser nacido de nuevo por el poder regenerador del Espíritu Santo a una relación en que la primera Persona Divina viene a ser un legítimo Padre, y aquel que es salvo viene a ser un hijo legítimo, es una posición que sólo tenuemente puede ser entrevista por cualquier ser humano que se halle en este mundo, puesto que una realidad tan desbordante más pertenece al cómputo de los valores celestiales que a los de la tierra. Sin embargo, esta misma regeneración es una de las realidades fundamentales en todo aquel que ha creído en Cristo como su Salvador. Este nacimiento de arriba realiza una transformación inmensa. Haber nacido en una mansión terrenal de noble abolengo es una gran ventaja, pero ser nacido de Dios, con todos los derechos y títulos que tal posición comporta – heredero de Dios y coheredero de Jesucristo – sobrepuja a todo humano entender. Esta nueva existencia no es sólo intensamente real, sino que, como toda vida engendrada, es perdurable por su propia naturaleza. El tema es tan extenso que incluye otras posiciones y posesiones, las cuales serán mencionadas en su tiempo, a medida que avanza nuestro análisis.

El Nuevo Testamento emplea diversos términos para expresar este nuevo nacimiento. Cada uno de ellos posee facetas distintas y reveladoras.

Nacido de nuevo. Tiene una singular importancia el que el Señor Jesucristo escogiese a Nicodemo, el hombre más religioso y ejemplar dentro del judaísmo, para declararle la necesidad del nuevo nacimiento como algo que tenía aplicación en su propio caso. El vocablo *ἄνωθεν* es traducido como de nuevo, y con ello se insinúa que no sólo es un verdadero nacimiento, sino que es nuevo en el sentido de que no forma parte del primer nacimiento según la carne, sino que es nuevo en el sentido de que es completo en sí mismo y no es producto de la carne. A esta distinción se refería Cristo al decir: "Lo que es nacido de la carne, carne es; y lo que es nacido del Espíritu, espíritu es" (Jn. 3:6). Otros pasajes que lo confirman son Jn. 1:12-13; 1 P. 1:23.

Regenerado. Este expresivo vocablo, que aparece en Tito 3:5 – "por el lavamiento de la regeneración" – comporta la misma idea de un re-nacimiento. El pasaje relaciona este nacimiento con una purificación, pero el nacimiento no consiste en una mera purificación o limpieza del antiguo ser; más bien indica que esta regeneración va acompañada de un lavamiento como es el perdón de los pecados.

Vivificado. La palabra *vivificado* expresa el concepto de que se hace vivir a un objeto que antes no poseía tal vida. Mediante la regeneración por medio del Espíritu, como es el caso de la carne, hay una comunicación de vida; la regeneración comunica la naturaleza divina. También son dignos de atención otros pasajes como Efesios 2:1 y Colosenses 2:13.

Hijos de Dios. Este título, usado muchas veces (comp. 2 Co.6:18; Gá. 3:26; 1 Jn. 3:2), proclama la verdadera relación existente entre Dios y los que son salvos. Son hijos de Dios, no por mero título o presunción, sino que son descendencia de Dios por verdadera generación. La realidad que el título enuncia no puede ser tomada demasiado literalmente.

Nueva creación. Con esta expresión, y en un lenguaje apropiado tanto como enfático, se ve cómo el poder creador de Dios entra en juego para la salvación de los hombres, pues es con respecto a esta salvación cuando se dice que son hechura Suya, creados en Cristo Jesús. Esta excelsa nueva creación no es solamente obra directa de Dios, sino que cuanto ella significa es debido a su relación vital con Jesucristo.

9. ADOPTADOS. La posición peculiar de alguien que es adoptado es un aspecto importante de las riquezas de la gracia divina. El lugar relevante que ocupa en el pasaje siguiente, indica su primordial importancia: "Según nos escogió en él antes de la fundación del mundo, para que fuésemos santos y sin mancha delante de él, en amor habiéndonos predestinado para ser adoptados hijos suyos por medio de Jesucristo, según el puro afecto de su voluntad" (Ef. 1:4-5). Al intentar descubrir en qué consiste realmente esta posición, es preciso percatarse de que la adopción divina no tiene casi nada en común con la adopción reconocida y practicada entre los hombres; pues, entre los hombres, la adopción es un medio para que un extraño llegue a formar parte de una familia; es, por tanto, una vía legal destinada a crear una relación entre padre e hijo, que sustituya la relación surgida de una generación real. Por otra parte, la adopción divina, tanto cuando se refiere al parentesco de Israel con Dios (Ro 9:4), como a la redención del cuerpo del creyente (Ro. 8:23), es primariamente un acto divino mediante el cual, alguien que es ya un hijo por nacimiento verdadero por obra del Espíritu de Dios, es

presentado en mayoría de edad en su relación con Dios. En el momento de la regeneración, el creyente, habiendo nacido de Dios y siendo, por tanto, un legítimo descendiente de Dios, es promovido en su relacion y en su responsabilidad a la posición de hijo adulto. La niñez y la adolescencia, épocas normales en la vida humana, quedan excluidas en la filiación espiritual y el creyente recién nacido queda inmediatamente libre de tutores y curadores – los cuales simbolizan el sistema de la ley – y es responsabilizado para vivir en plenitud la vida espiritual de un hijo adulto en la casa del Padre. No se conoce aquí ningún período de niñez irresponsable, y no hay parte alguna en la Escritura que trate de dirigir la conducta de los principiantes en la vida cristiana de una manera distinta a como lo haría con los que han llegado a la madurez, pues todo cuanto Dios dice al más antiguo y estable de los creyentes, lo dice a todos por igual, incluyendo a los más recientemente regenerados. No debería dar lugar a equívocos la mención que se hace en 1 Corintios 3:1 de los "niños en Cristo", pues se les llama niños a causa de su carnalidad, no a causa de su edad inmadura dentro de la vida cristiana. En la experiencia humana, el nacimiento legítimo y la adopción nunca se dan juntos en una misma persona, pues un padre legítimo no tiene por qué adoptar a su propio hijo, pero en el plano de la adopción divina, todo hijo de Dios es adoptado en el momento de nacer; es situado ante Dios como un hijo maduro y responsable. De este modo, la adopción viene a ser una de las importantes tareas divinas en la salvación de los hombres y es una posición de gran importancia.

10. ACEPTABLES A DIOS POR JESUCRISTO. Como posición a los ojos de Dios, ninguna podría ser tan elevada o definitiva como la de que un creyente pueda ser hecho "acepto en el Amado" (Ef. 1:6) y "aceptable a Dios por medio de Jesucristo" (1 P. 2:5). Tal estado es muy semejante al ya mencionado en el que no hay ninguna condenación y al, todavía por considerar, de la justificación; pero este aspecto de la verdad no solamente proclama el hecho maravilloso de que el cristiano es aceptado, sino que fundamenta esta aceptación en la posición que él ocupa en Cristo. Tan ciertamente como que un miembro cualquiera que fuese unido a un cuerpo humano participaría de todo cuanto es la persona a la que es unido – honor y posición – con la misma perfección y derecho, un miembro unido a Cristo por el bautismo del Espíritu participa de todo lo que Cristo es. Con referencia a esta unión con Cristo y lo que ella proporciona, se nos han declarado cosas admirables:

(a) HECHOS JUSTOS. Aquí no hay referencia a mérito alguno ni buenas obras de parte del creyente individual, ni nos referimos en modo alguno a la verdad incuestionable de que Dios es en Sí mismo un Ser justo, sino que más bien se hace referencia a la posición o cualidad que Jesucristo hizo posible por medio de Su muerte como sacrificio de olor suave, y que viene a ser en justicia la porción del creyente mediante su unión vital con Cristo. Se trata de la justicia imputada al creyente bajo la única condición da haber creído en Jesucristo como su Salvador. Las dos realidades primordiales que constituyen a un cristiano son: la participación de la vida eterna (Jn. 20:31) y la justicia imputada (2 Co. 5:21). De los dos grandes libros del Nuevo Testamento que tratan de la salvación, puede decirse que el Evangelio de Juan hace hincapié en el don de la vida eterna, mientras que la Epístola a los fieles de Roma enfatiza la justicia imputada. La vida eterna es definida como "Cristo en vosotros, la esperanza de gloria" (Col. 1:27), y la justicia imputada se basa en la verdad de que el creyente está en Cristo. Estas dos verdades supremas están concisamente expresadas por Cristo en siete breves y sencillas palabras, cuando dijo: "Vosotros en mí, y yo en vosotros" (Jn.14:20). Ya se trate de la recepción de la vida eterna o de la justicia imputada, sólo se impone una condición del lado humano, a saber, creer en Cristo como Salvador (Jn. 3:16; Ro. 3:22).

En un análisis anterior de este tema, hemos registrado los aspectos esenciales de la justicia imputada, y hemos citado el extenso conjunto de pasajes bíblicos que tratan de esta doctrina. El creyente es "acepto a Dios", incluso a un Dios infinitamente santo, puesto que ha sido *hecho* acepto en el Amado; y esto constituye un aspecto tranformante de las riquezas de la gracia divina.

(b) SANTIFICADOS POSICIONALMENTE. Con demasiada frecuencia se ha pasado por alto el hecho de que hay una santificación *posicional,* garantizada por la unión con Cristo y, a causa de este descuido, se han propuesto ciertas teorías acerca de una supuesta perfección sin mancha en la vida cotidiana, pretendiendo deducirlas de aquellas Escrituras que afirman el hecho de que el creyente ha sido "perfeccionado para siempre" mediante su santificación. El equívoco radica en el modo de concibir el *objetivo* de la santificación, el cual puede ser definido como la separación de una persona o cosa, un poner aparte, una clasificación. Es así como Cristo se santificó a Sí mismo al llegar a ser el Salvador de los perdidos con todo lo que esto implicaba (Jn. 17:19), y esta santificación ciertamente no podía implicar de Su parte mejoramiento alguno de su carácter moral. Igualmente, la santificación de un objeto inanimado, como el oro del templo o el don sobre el altar (Mt. 23:17,19). indica que no se requiere un cambio moral en la cosa santificada. Así, en el caso de la santificación de una persona, el cambio moral de la vida de tal persona no es necesariamente resultado de la santificación, pero ninguna persona o cosa es santificada sin que sea puesta aparte para formar una clase distinta por este medio. Cristo ha sido "hecho para nosotros .... santificación" (1 Co. 1:30), y a los corintios – aun cuando eran amonestados de malas acciones – se les aseguraba que estaban no sólo "lavados" y "justificados", sino también "santificados" (1 Co. 6:11). Esta santificación ni se refería a la condición de aquellos creyentes ni a su final transformación cuando han de aparecer en gloria (Ef. 5:27; 1 Jn. 3:2), sino que evidentemente indicaba la más importante de todas las clasificaciones, la que resulta de la posición de todo creyente al entrar en la Nueva Creación mediante su unión con Cristo y la participación de todo cuanto Cristo es. Esta verdad es declarada en la frase:

(c) PERFECTOS PARA SIEMPRE. Esta frase definitiva aparece en Hebreos 10:14 y se aplica igualmente a todo creyente. También se refiere a la posición del cristiano en Cristo. Tal unión con Cristo proporciona a un hijo de Dios la perfección del Hijo de Dios.

(d) HECHOS ACEPTOS EN EL AMADO. El estudioso hará bien en observar la fuerza del vocablo *hechos* como aparece en un considerable número de pasajes, donde indica que la cosa realizada no ha sido llevada a cabo por el creyente mismo para sí, sino que es la obra de Dios para él, pues si es hecho algo que antes no era, es evidentemente obra de otro en favor suyo. En este caso, se dice del creyente que ha sido *hecho acepto.* Es aceptado de parte de Dios, quien, a causa de Su santidad infinita, no podría aceptar a nadie menos perfecto que El mismo; por eso, esta provisión se realiza sobre la base de que el creyente es hecho acepto "en el Amado" (Ef. 1:6). Sin violentar en lo más mínimo Su santidad, Dios acepta a quienes están en unión con Su Hijo; y este hecho glorioso, o sea, que quien es salvo es acepto, constituye un aspecto inmenso de la gracia divina.

(e) HECHOS APTOS. Aquí aparece el vocablo hecho con todo su significado, paro con referencia al requisito que ha de exigirse a cuantos habrán de aparecer en la presencia de Dios en los Cielos. El texto en que aparece esta frase aseguradora es Colosenses 1:12, y en ella se afirma que el creyente es, incluso ahora, apto para esa gloria celestial: "dando gracias al Padre que nos hizo aptos para participar de la herencia de los santos en luz". No es una mera pretensión o una atrevida presunción lo que se indica en este pasaje. El último de los fieles, estando en Cristo, es *hecho apto* incluso ahora para ser partícipe de la herencia de los santos en luz; por tanto, no hay arrogancia ni vanagloria en aceptar esta afirmación de la Palabra de Dios como verdadera, y así lo es desde el momento en que uno cree en Cristo como Salvador.

Ser aceptable a Dios por Jesucristo (1 P. 2:5) es una realidad en cada uno de sus aspectos y esta verdad, aun siendo incomprensible como lo es, constituye un elemento importante en todo este campo de las riquezas de la gracia en Jesucristo.

11. JUSTIFICADO. Ninguna posición actual del creyente es tan excelsa y definitiva como la de ser justificados por Dios. Por la justificación, el salvo es levantado muy por encima de la situación de alguien que dependa de la generosidad y magnanimidad divinas, hasta la posición de alguien a quien Dios ha declarado justificado para siempre, y la justicia santa de Dios está tan comprometida a defender esta posición como pudo estarlo jamás anteriormente para condenarla. Las definiciones que los teólogos han dado de justificación se deben más a la tradición que a la Biblia. Sólo el descuido de las Escrituras ha podido causar el confundir la justificación con el perdón divino de los pecados. Es cierto que ambas cosas son un acto de Dios en respuesta a la fe salvífica, que nadie es perdonado sin ser justificado, y que nadie es justificado sin ser perdonado; pero estas dos grandes tareas divinas no tienen en común ningún detalle. Igualmente, aunque están tomados de la misma raíz griega, los términos *justicia* (imputada) y *justificación* representan conceptos completamente diferentes: el creyente es constituido justo en virtud de su posición en Cristo, pero es justificado por un decreto declaratorio de Dios. La justicia imputada es un hecho permanente, y la justificación es el reconocimiento divino de tal hecho. En otros lugares de la presente obra, pueden hallarse ulteriores consideraciones y un análisis más exhaustivo de la doctrina de la justificación, incluyendo el objetivo de esta empresa divina en la que Dios justifica al impío (Ro. 4:5) sin motivo humano (Ro. 3:24), y sobre una base tan digna, laudable e intachable, que El mismo permanece justo cuando justifica. El se reserva toda la iniciativa en todos los aspectos de este beneficio inconmensurable, pues la única obligación humana es *creer* en Jesús (Ro. 3:26). El cristiano tiene derecho a dar esta obra por terminada y decir, como en Romanos 5:1, "Justificados, pues por la fe. . . ". Aunque puede describirse con palabras, sólo el espirítu de Dios puede hacer que la mente se percate de verdad de esta posición esencial tan elevada y tan gloriosa.

12. HECHOS CERCANOS. Se dice del que es salvo, según Efesios 2:13, que es "hecho cercano". Este texto afirma: "Pero ahora en Cristo Jesús, vosotros que en otro tiempo estabais lejos, habéis sido hechos cercanos por la sangre de Cristo". Como hemos visto anteriormente, el vocablo *hechos* es significativo por asignar toda la

tarea a otra persona distinta de la que recibe la bendición. En el Nuevo Testamento se usan diversos términos para describir la estrecha relación establecida entre Dios y el creyente. Ser "hechos cercanos" no es sólo una obra exclusiva de Dios, sino que también implica el ser elevado a una relación con Dios infinitamente perfecta y completa, tanto que nada puede añadírsele ni en el tiempo ni en la eternidad. Lo que esta estrecha relación puede significar para el cristiano cuando esté presente al Señor, no es posible barruntarlo en esta vida; sin embargo, la realidad connotada por la frase *hechos cercanos* es una adquisición tan garantizada al comienzo de la salvación del cristiano como lo será en cualquier momento de la eternidad.

Las posiciones llevadas a cabo por Dios van con frecuencia acompañadas de la respectiva experiencia cristiana, y esto se verifica también en el asunto que nos ocupa. Mientras que, como hemos afirmado, la posición descrita como "estar cerca de Dios" es en sí completa y definitiva, al que ya está *cerca* se le exhorta a "acercarse" a Dios, como está escrito: "Acercaos a Dios, y él se acercará a vosotros. Pecadores, limpiad las manos; y vosotros los de doble ánimo, purificad vuestros corazones" (Stg. 4:8); "Acerquémonos con corazón sincero, en plena certidumbre de fe, purificados los corazones de mala conciencia, y lavados los cuerpos con agua pura" (He. 10:22). Estas exhortaciones pertenecen totalmente al plano de la experiencia cristiana, en el que se puede estar más o menos consciente de la comunión personal con el Padre y con el Hijo (1 Jn. 1:3). El proceso por el que un creyente puede acercarse – como lo demanda Santiago y al que Dios responde acercándose El mismo al creyente – consiste en confesar su pecado y ajustar la propia vida a la voluntad de Dios. En contraste con esto, debe observarse que, ya sea que se sienta o no, conscientemente, en comunión con Dios, el cristiano está siempre, y lo estará por siempre, hecho cercano a causa de su posición en Cristo.

13. LIBRADO DE LA POTESTAD DE LAS TINIEBLAS. Como se nos declara en Colosenses 1:13, la especial posición descrita en dicho pasaje, puede tomarse como ejemplo de todo lo que la Escritura dice sobre la liberación que el cristiano experimenta respecto del poder de Satanás y de sus espíritus malignos. Ya se han citado antes ciertos pasajes que se refieren al poder que Satanás ejerce sobre los no salvos. Uno de dichos textos, 2 Corintios 4:3-4, revela el poder que Satanás tiene para cegar la mente de una persona no regenerada para que no reciba la luz del evangelio; Efesios 2:1-2 declara que toda la caterva de los perdidos – designados como "hijos de desobediencia" (desobedientes por ser descendientes del

desobediente Adán) – está bajo la influencia de Satanás; 1 Juan 5:19 afirma que el mundo o *cosmos,* en contraste con los creyentes, los cuales son de Dios, "está bajo" el maligno. El texto que ahora analizamos – Colosenses 1:13 – dice así: "El cual nos ha librado de la potestad de las tinieblas, y trasladado al reino de su amado Hijo". Se observará que todos estos pasajes a los que nos hemos referido, aseguran que los no salvos están bajo el poder de Satanás y que el creyente es librado de tal poder, aun cuando deba continuar en guerra contra estos poderes de las tinieblas; y el Apóstol garantiza a los cristianos que la victoria es posible mediante una actitud de fe en el Señor (Ef. 6:10-12). El mismo Apóstol, al referirse a la comisión que él ha recibido de Dios, menciona como uno de los resultados de su ministerio el que los no salvos se conviertan "de las tinieblas a la luz, y de la potestad de Satanás a Dios" (Hch. 26:18).

El ser así librados es una grandiosa realidad y constituye una de las más relevantes posiciones en que el creyente es establecido mediante la gracia divina.

14. TRASLADADO AL REINO DE SU AMADO HIJO. Como hace notar Dean Alford en su exposición de Colosenses 1:13 (*N.T. for English Readers,* nueva ed., *in loc.*), la traducción *al reino* es "estrictamente local"; esto es, es *ahora* cuando se realiza, cuando se ejercita la fe salvífica, y se entra precisamente en la forma actual del reino de Dios y de Cristo. Otros dos pasajes arrojan luz sobre este gran cambio experimentado por todos cuantos pasan del estado de perdición al estado de salvación: "y os encargábamos que anduvieseis como es digno de Dios, que os llamó a su reino y gloria" (1 Ts. 2:12); "Porque de esta manera os será otorgada amplia y generosa entrada en el reino eterno de nuestro Señor y Salvador Jesucristo" (2 P. 1:11). En Colosenses 1:13, el vocablo "trasladado" se refiere evidentemente a ser retirado de la esfera del dominio de Satanás a la de Cristo. El reino es el de Dios, el cual puede también considerarse como reino de su amado Hijo. La entrada al reino de Dios se efectúa por el nuevo nacimiento (Jn. 3:5). Tal posición es mucho más que el ser meramente librado de las tinieblas, por grande que sea el provecho que esto comporte; es ser introducido y establecido en el reino del amado Hijo de Dios.

15. SOBRE LA ROCA QUE ES JESUCRISTO. Cuando se considera la gracia divina en cuanto ejercitada en favor de los perdidos, es esencial, como en otras materias de similar importancia, el distinguir entre los fundamentos y la superestructura. En la parábola de las dos casas – la una edificada sobre roca, y la otra sobre arena (Mt. 7:24-27) – Cristo no hizo referencia alguna a la superestructura, sino que más bien enfatizó la importancia del fundamento. El más

pequeño de los edificios edificado sobre roca aguantará las pruebas que sirven para comprobar la solidez de los fundamentos, y ello porque la roca aguanta bien. Frente a esto, el Apóstol habla (1 Co. 3:9-15) de la superestructura o sobreedificación construida sobre la roca, y que ha de pasar por la prueba del fuego. Aquí él hace pues, referencia, no a la salvación, sino a las obras en que el cristiano está empeñado; no se trata de costruir el carácter, sino el servicio, del cristiano. Digamos también que hay dos grandes clases de sobreedificación construida sobre la Roca que es Cristo, las cuales son comparadas respectivamente al oro, la plata y las piedras preciosas, por una parte, y a la madera, al heno y a la hojarasca, por la otra. Así como el oro y la plata son refinados por el fuego, mientras que la madera, el heno y la horarasca son consumidos por el fuego, así también el juicio del servicio cristiano es comparado al fuego en el cual el oro y la plata pasarán la prueba y obtendrán recompensa, mientras que lo que corresponde a la madera, al heno y a la hojarasca sufrirá pérdida; sin embargo, se nos declara que el creyente que sufra pérdida respecto a la recompensa por el servicio, será él mismo salvo, aunque pasando por aquel fuego que destruirá su servicio indigno.

La verdad importante que hay que tener en cuenta al llegar a este punto es que, mientras los no salvos edifican sobre arena, todos los cristianos permanecen y edifican sobre la Roca que es Jesucristo. Así están seguros, por los méritos de Cristo, en relación a su salvación, prescindiendo de su propia dignidad o fidelidad. Aunque esta comparación usada por Cristo no se presta a ser aplicada literalmente en cada detalle, se nos afirma claramente en esta lección objetiva que Cristo es el fundamento sobre el que el cristiano se asienta y edifica. El ser sacado de un fundamento de arena y ser colocado sobre la resistente Roca que es Cristo, constituye uno de los más ricos tesoros de la gracia divina.

16. UNA DADIVA DE DIOS EL PADRE A CRISTO. Ningún momento de la historia de los santos puede estar tan cargado de realidad que aquél en que, como consumación de Su misión redentora – prevista desde toda eternidad, y siendo ella misma el factor determinante del carácter de todos los tiempos venideros – el Señor Jesucristo pasó revista en Su oración al Padre a todo lo que había llevado a cabo mediante Su venida a este mundo o *cosmos*. Fue Su clara intención el que los Suyos que están en este mundo oyesen lo que El dijo en esta oración incomparable (Jn. 17:13). Las mentes devotas han ponderado y siguen ponderando con avidez cada una de las palabras dirigidas a ellas mismas en tan augustas y solemnes circunstancias. Pues, ¿cuál habría de ser la designación por la que los

creyentes habían de ser identificados con el Hijo? ¿Qué apelativo sería el más apropiado en tal conversación? ¿Qué denominación responde mejor al más alto ideal y concepto de la mente divina con respecto a los cristianos? Sin duda que el Hijo había de emplear el epíteto más superlativo, cualquiera que sea éste, al presentar solemnemente a los Suyos, y suplicar al Padre en favor de ellos. Siete veces durante esta oración, en una u otra forma, y refiriéndose exclusivamente a los salvos por El, los llama *los que me has dado.* Sólo el desconocimiento de la gran transacción implicada en este título puede explicar la poca atención prestada por los cristianos a este descriptivo epíteto. Cuando se le analiza bien, se ve que su trasfondo encierra dos importantes enseñanzas, a saber, que todas las criaturas pertenecen esencialmente a su Creador y, por ende, que Dios, con Su elección soberana, ha determinado desde antiguo escoger un grupo destinado a ser el tesoro peculiar de Su Hijo;pero el título mismo enuncia su propia historia de supremo interés e importancia, esto es, que el Padre ha dado cada creyente al Hijo. Y no es éste el único caso en que el Padre da al Hijo un grupo de gente, pues en el Salmo 2:6-9 se predice que, en Su segunda Venida y cuando El estará sentado en el trono davídico, las naciones a la sazón rebeldes y amotinadas serán entregadas al Mesías por Jehová. No será un delirio de nuestra fantasía si nos imaginamos una situación en los albores de la eternidad, en que el Padre va presentando al Hijo, uno por uno, todos los creyentes – cada uno con su particular relieve y valor diferente de los demás. Como un cofre de joyas, coleccionadas una por una y totalmente distintas entre sí, así aparecen estas prendas de amor ante los ojos del Hijo de Dios. Si una sola de ellas fuese echada de menos, El, el Salvador, se sentiría indeciblemente menesteroso. Son inconmensurables y superiores a todo conocimiento las riquezas de gracia que están escondidas bajo este sobrenombre superlativo *los que Tú me has dado.*

El comentario del Dr. C. I. Scofield sobre esta verdad es claro y lleno de fuerza: "Siete veces dice Jesús que los creyentes le han sido entregados a El por el Padre (vs. 2, 6 - dos veces -, 9, 11, 12, 24). Jesucristo es la dádiva de amor de Dios para el mundo (Jn. 3:16), y los creyentes son la dádiva de amor del Padre a Su Hijo Jesucristo. Es Cristo mismo quien encomienda el creyente al Padre para que lo guarde del mal; así que la seguridad del creyente descansa en la fidelidad del Padre a Su Hijo Jesucristo"*(Biblia Anotada de Scofield,* pág. 1095).

17. CIRCUNCIDADOS EN CRISTO. Una de las tres divisiones que el Apóstol hace de la humanidad es la "Incircuncisión" con

referencia a los gentiles no regenerados, la "Circuncisión hecha con mano en la carne" con referencia a Israel, y la "Circuncisión no hecha a mano" con referencia a los cristianos (Ef. 2:11; Col. 2:11). Sin embargo, la importante verdad de que el creyente ha sido circuncidado con una circuncisión no hecha a mano y sin tener nada que ver con la carne, es la posición de gracia que ahora consideramos. En el pasaje de Colosenses (2:11), se dice que la circuncisión espiritual del creyente consiste en "echar de vosotros el cuerpo pecaminoso carnal, en la circuncisión de Cristo." En este pasaje hallamos dos vocablos estrechamente relacionados, a saber, *cuerpo* σῶμα y *carne* σάρξ. El cuerpo físico no comete pecado a no ser que esté dominado por la carne - la cual incluye el alma y el espíritu, y manifiesta la naturaleza caída que todos poseemos, tanto los salvos como los no salvos. El cuerpo físico no es echado en sentido literal, sino que, siendo el instrumento o esfera de la manifestación del pecado, la carne con su "cuerpo de pecado" (Ro. 6:6), puede ser frenada o hecha inoperante por ahora. (Nuestra versión Reina-Valera dice "destruido", lo cual es una incorrecta traducción del original griego - *Nota del Traductor).* Así como el pecado de naturaleza fue juzgado por Cristo en Su muerte, así el creyente, por su vital situación en Cristo, participa de ese "echar de sí" que Cristo realizó, que fue para El como una circuncisión y que viene a ser una circuncisión espiritual para todo aquel por quien Cristo murió como sustituto. Es una circuncisión "no hecha a mano." El poder presentarse ante Dios como alguien cuya carne, o pecado de naturaleza, ha sido juzgada, y para quien ha sido abierta una vía de escape del dominio de la carne, es una posición provista por la gracia y llena de bendición.

18. PARTICIPES DEL SANTO Y REAL SACERDOCIO. En su primera Epístola, Pedro dice que los creyentes forman un sacerdocio santo (2:5) y un sacerdocio regio (2:9), y su realeza es afirmada una vez más por Juan cuando en Apocalipsis 1:6 se les llama "reyes y sacerdotes." Aquí se refleja el hecho de que Cristo es un rey-sacerdote; ahora bien, el creyente deriva de Cristo todas sus posiciones y posesiones; por tanto, cada hijo de Dios es ahora un sacerdote por su relación a Cristo el Sumo Sacerdote y reinará con Cristo durante mil años - cuando Cristo ocupe Su trono terrenal (Ap. 5:10; comp. 2 Ti. 2:12).

El sacerdocio ha pasado por distintas etapas o aspectos. Los patriarcas eran sacerdotes en sus respectivas familias. Más tarde, fue otorgado a Israel el privilegio de ser un reino de sacerdotes (Ex. 19:6); pero ello fue bajo condición e Israel fracasó en la realización de esta bendición, quedando el sacerdocio restringido a una sola tribu o familia. Sobre una base de gracia, en que Dios toma la iniciativa por los méritos de Su Hijo, es introducida en el Nuevo Testamento la verdadera y definitiva realización de un reino de sacerdotes. Toda persona salva es en la era presente un sacerdote para Dios. El sacerdote del Antiguo Testamento es tipo del sacerdote del Nuevo Testamento. Israel *tenía* un sacerdocio; la Iglesia *es* un sacerdocio. Ser sacerdote para Dios con la certeza de tener por delante una posición regia es una situación a la que el que cree en Cristo es elevado mediante la gracia salvadora de Dios.

19. LINAJE ESCOGIDO, NACION SANTA, PUEBLO ADQUIRIDO POR DIOS. Estas tres designaciones (1 P. 1:9) se refieren a una misma idea general, a saber, que el grupo de creyentes de la era presente - escogidos por igual de entre los judíos y de entre los gentiles - se distinguen de los judíos y gentiles no salvos, en la medida en que han sido transformados por treinta y tres estupendos milagros. Son un *linaje,* no en el sentido de estar limitados a un solo trecho de la vida humana, sino en el sentido de que son descendencia de Dios. Son una *nación* en el sentido de estar separados, como un grupo aparte entre todas las gentes de la tierra. Son un *pueblo adquirido* en el sentido de que han nacido de Dios y, por tanto, no son de este mundo o *cosmos.* Todo aquél que, estando en este mundo, es ciudadano del Cielo, perfeccionado en Cristo y designado para vivir en el poder de Dios y para Su gloria, no puede menos de ser separado como un pueblo adquirido.

Estas tres designaciones representan posiciones permanentes en las que el creyente ha sido establecido y, por su parte, contribuyen grandemente al conjunto total de las riquezas de la gracia divina.

20. CIUDADANOS DEL CIELO. Bajo esta designación se tiene en cuenta un privilegio comunitario, mejor conocido como *ciudadanía.* Escribiendo acerca de la condición de los fieles de Efeso, que habían sido gentiles antes de ser salvos, afirma el Apóstol que estaban "alejados de la ciudadanía de Israel" (Ef. 2:12). La ciudadanía de Israel, aunque de índole terrenal, era específicamente reconocida por Dios como algo aparte de todas las demás gentes. Ningún gentil podía allegarse a esta posición excepto en calidad de prosélito. Con esto se expresa que los gentiles, siendo ajenos a la ciudadanía de Israel, no tenían ningún reconocimiento por parte de Dios; con todo, la ciudadanía del cristiano en los Cielos es inmensamente superior, con excelsitud celestial, incluso a la ciudadanía de Israel. De los cristianos está escrito: "Nuestra ciudadanía está en los Cielos" (Fil. 3:20); sus

nombres están escritos en los Cielos (Lc. 10:20), y de ellos se dice que se han acercado "al monte de Sion, a la ciudad del Dios vivo, Jerusalén la celestial" (He. 12:22). Para reforzar esta verdad, escribe también el Apóstol: "Así que ya no sois extranjeros ni advenedizos, sino conciudadanos de los santos, y miembros de la familia de Dios" (Ef. 2:19). El actual domicilio en el Cielo es una experiencia asegurada para todos los que son salvos (2 Co. 5:8); pero la ciudadanía misma - ya se percate uno de ella o no por ahora - es una posición permanente otorgada a todos los que creen. En realidad, la posesión de tal ciudadanía mediante la instantánea separación de la presente esfera habría de ser la experiencia normal de cada cristiano en el momento de ser salvo. El quedarse aquí después de haber adquirido la ciudadanía en los Cielos produce una situación extraña; en reconocimiento de esta situación anormal, todo hijo de Dios es apellidado "extranjero y peregrino" (1 P. 2:11; comp. He. 11:13) en relación al sistema de este mundo o *cosmos.* De igual manera, se dice que es un "embajador" en nombre de Cristo (2 Co. 5:20). Quedarse aquí como testigo, extranjero, peregrino y embajador, es sólo una experiencia pasajera; mientras que la ciudadanía celestial será disfrutada para siempre. Es uno de los aspectos gloriosos de las riquezas de la gracia divina.

21. DE LA FAMILIA Y DE LA CASA DE DIOS. Muy semejantes a la ciudadanía, aunque más limitadas en su extensión, son las posiciones que se asignan al cristiano en la familia y en la casa de Dios. Como ya hemos observado, Dios mantiene diversas relaciones paternas; pero, en relación a Sus criaturas, ninguna es perfecta, tan enriquecedora, ni tan permanente como la que mantiene con la casa y familia de los santos. Tan grande es el cambio producido en la condición de los que son salvos, respecto a su parentesco con Dios, que de ellos está escrito: "Así que ya no sois extranjeros ni advenedizos, sino conciudadanos de los santos, y miembros de la familia de Dios" (Ef. 2:19). De esta posición se deriva una obligación que exige ser cumplida por todos y cada uno de los miembros de la casa. A ella se refiere el Apóstol cuando escribe: "Así que, según tengamos oportunidad, hagamos bien a todos, y mayormente a los de la familia de la fe" (Gá. 6:10). En la actual convivencia humana que hemos de mantener en este mundo o *cosmos* , no puede menos de observarse una diferencia limitada entre los salvos y los no salvos; con todo, los que forman la familia de la fe son un grupo totalmente aparte para Dios, y nadie que mantenga una verdadera relación filial con Dios como su Padre, puede jamás entrar a formar parte de esta familia. Las organizaciones humanas, incluso la iglesia visible, pueden

albergar una muchedumbre espiritualmente indiscriminada, pero "el fundamento de Dios está firme, teniendo este sello: Conoce el Señor a los que son Suyos (2 Ti. 2:19). En una casa grande, hay algunos vasos para honor y otros para ignominia, algunos de oro y plata, y otros de madera y de barro. Si alguno se limpia de vasos viles, será un vaso honroso, santificado, útil al Señor y dispuesto para toda obra buena (2 Ti. 2:20-21). Este cuadro de relaciones dentro de la casa,no implica que haya en la familia de Dios alguien que no sea salvo, sino que no todos los creyentes están, en su vida cotidiana, tan sometidos a Dios como deberían, y que, por una mayor dedicación, pueden progresar de la posición de vasos viles - de madera o de barro - a la posición y calidad de vasos honrosos - de oro y de plata.

Como la ciudadanía en los Cielos, así también la participación en la casa y familia de Dios es una posición tan exaltada como el Cielo mismo, y honrosa en grado infinito. Así se corresponden mutuamente con todos los demás aspectos de las riquezas de la gracia divina.

22. EN LA COMUNION DE LOS SANTOS. Así como la ciudadanía cristiana dice relación al Cielo, y la casa y familia pertenece a Dios, así la comunión de los santos corresponde a la mutua relación entre ellos mismos. El Nuevo Testamento hace gran hincapié en el hecho de este parentesco y en la obligación que engendra. El hecho de tal parentesco se extiende hasta realidades incomparables. Mediante el bautismo del Espíritu – por el cual los creyentes, en el momento de ser salvos, son unidos al Señor como miembros de Su Cuerpo - se crea una afinidad que responde a la plegaria de Cristo cuando pidió al Padre que todos los creyentes fuesen uno. Siendo nacidos del mismo Padre, el lazo familiar tiene ya notable importancia, pero el ser co-miembros del Cuerpo de Cristo sobrepasa todo otro concepto. Ser nacido de Dios tiene como efecto la filiación, pero estar en Cristo tiene por efecto una posición tan excelsa como es la posición del Hijo de Dios. Ser partícipe de esta posición, además de la fraternidad que proporciona el ser nacidos de Dios, constituye aquella relación vital por la que Cristo oró cuando dijo: "que todos sean uno; como tú, oh Padre, en mí, y yo en ti" (Jn. 17:21). Siempre que en la Biblia se repite una afirmación, es para hacer hincapié en ella. No obstante, podría parecer que, hablando con Su Padre, no hubiese motivo alguno para repetir; sin embargo, sólo en esta oración sacerdotal, Cristo ora explícitamente cuatro veces distintas que los creyentes sean *uno,* y una vez que sean *uno* en su relación con el Padre y con el mismo Cristo (Jn. 17:11, 21-23). Teniendo todo esto en cuenta, hay que conceder que muy pocas

verdades, si es que hay alguna, están tan enfatizadas en la Palabra de Dios como la unidad de los creyentes. Esta plegaria de Cristo comenzó a tener su respuesta el Día de Pentecostés, cuando los que entonces fueron salvos, fueron añadidos y fundidos en una sola corporación, y ha continuado teniendo respuesta siempre que, en el momento de creer, los que son salvos son también unidos al Cuerpo de Cristo, mediante la misma operación del Espíritu Santo.

Entre el Padre y el Hijo existe una unidad inescrutable; se trata del misterio mismo de la Trinidad; pues bien, a este mismo nivel ha pedido Cristo que los creyentes mantengan su mutua relación - "para que todos sean uno; como tú, oh Padre, en mí, y yo en ti. . . para que sean perfectos en unidad" (Jn. 17:21-23). Esta oración, como todas las de Jesús, obtiene su respuesta, y el hecho de la unidad entre los santos de Dios es una verdad actual, tanto si hay alguien que jamás pueda comprenderla en este mundo, como si no lo hay.

Esta maravillosa unidad entre los creyentes constituye la base lógica de toda acción cristiana entre los mismo fieles, y esta actitud debería ser consecuente con la unidad que existe. Nunca se exhorta a los cristianos a que *hagan* la unidad por medio de organizaciones o arreglos, sino que más bien se les intima a *guardar* la unidad que Dios mismo ha creado por medio de Su Espíritu (Ef. 4:1-3), y esto sólo puede realizarse de una sola manera, a saber, reconociendo y recibiendo, así como también amando y honrando, a todo otro hijo de Dios. El espíritu que induce a separarse de, y a excluir a, otros creyentes, es un pecado que sólo puede medirse a la luz de aquella inefable unión que la separación y la exclusión no tienen en cuenta. Estar en comunión con los santos es una posición de gracia demasiado excelsa y honrosa para el mero entendimiento humano.

23. UNA ASOCIACION CELESTIAL. Lo que el Apóstol llama "los lugares celestiales" es una frase que sólo se encuentra en la Epístola a los Efesios y no se refiere al Cielo como lugar, ni a especiales lugares de privilegio espiritual aquí en la Tierra, sino al plano actual de asociación con Cristo, la cual es un derecho nato de todos cuantos están en Jesucristo. Esta asociación es un consorcio con Cristo que incluye por lo menos siete esferas de interés y tareas comunes:

(a) CONSORTES CON CRISTO EN LA VIDA. El Nuevo Testamento no sólo declara que el creyente participa de una nueva vida, sino que asegura que esta vida es el mismo Cristo que mora en nosotros. En Colosenses 1:27 se revela un misterio que es "Cristo en vosotros, la esperanza de gloria"; y en Colosenses 3:4 se dice también que "Cristo. . . es nuestra vida." Igualmente está escrito en 1 Jn.

5:11-12: "Y este es el testimonio: que Dios nos ha dado vida eterna; y esta vida está en su Hijo. El que tiene al Hijo, tiene la vida; el que no tiene al Hijo de Dios, no tiene la vida." Más de ochenta veces aparece en el Nuevo Testamento la verdad de que, entre los aspectos más importantes que caracterizan a un cristiano, está la comunicación de una nueva vida de parte de Dios. Así se establece un consorcio único en la vida entre Cristo y todos los que creen, lo cual es a la vez una posición y una posesión.

(b) CONSORCIO EN LA POSICION. Como una posición sin par, el cristiano es resucitado con Cristo (Col. 3:1), y sentado con Cristo en asociación celestial. Esta verdad nos es revelada claramente en Efesios 2:6 de este modo: "y juntamente con él nos resucitó, y asimismo nos hizo sentar en los lugares celestiales con Cristo Jesús." Ser resucitado con Cristo y estar sentado con Cristo, es participar con él de una posición verdadera y permanente. Lo que ella contribuye al hecho total de la asociación del creyente con Cristo, basta por sí para caracterizar a todo el conjunto. El honor y la gloria que comporta sobrepasa todo conocimiento.

(c) PARTICIPES CON CRISTO EN EL SERVICIO. Hay un cierto número de textos que dan conjuntamente testimonio de que el servicio del cristiano se ejercita en consorcio con Cristo. Ningún pasaje tan directo y convincente como 1 Corintios 1:9, donde leemos: "Fiel es Dios, por el cual fuisteis llamados a la comunión con su Hijo Jesucristo nuestro Señor."El término griego *κοινωνία* connota a veces (comp.2 Co.6:14) el concepto de acuerdo o consorcio, y para armonizarlo con el mensaje del servicio cristiano, tema que caracteriza a esta Epístola, puede insinuarse en este pasaje la idea de una empresa conjunta. Algunos, como Meyer y Alford, ven aquí una participación en la gloria de la Segunda Venida de Cristo; pero, como esta Epístola es casi enteramente un paréntesis que comienza en el verso que sigue a este texto notable y termina en 15:57, es importante observar el versículo más próximo dentro del hilo directo del mensaje, a saber, 15:58. Vertiendo *κοινωνία consorcio* o *comunión,* los dos versículos que predominan y que conectan el mensaje, se leerían así: "Fiel es Dios, por el cual fuisteis llamados a la comunión con su Hijo Jesucristo nuestro Señor. . . . Así que, hermanos míos amados, estad firmes y constantes, creciendo en la obra del Señor siempre, sabiendo que vuestro trabajo en el Señor no es en vano." La misma Epístola asegura: "Porque nosotros somos colaboradores de Dios" (3:9); y 2 Corintios 6:1 designa a los creyentes como "colaboradores suyos" - en el mismo contexto se les llama "ministros de Dios" (6:4) y "ministros de un nuevo pacto" (3:6). Estar en tal consorcio con Cristo es una posición de responsabilidad sin límites, así como de excelso honor.

(d) PARTICIPES CON CRISTO EN SUS SUFRIMIENTOS. De todo el cuerpo de doctrina sobre el sufrimiento humano, un aspecto bien determinado de tal experiencia es *sufrir con Cristo.* "Si sufrimos, también reinaremos con El" (2 Ti. 2:12). También: "Porque a vosotros os es concedido a causa de Cristo, no sólo que creáis en él, sino también que padezcáis por él" (Fil. 1:29); y, de nuevo: "Amados, no os sorprendáis del fuego de prueba que os ha sobrevenido, como si alguna cosa extraña os aconteciese, sino gozaos por cuanto sois participantes de los padecimientos de Cristo, para que también en la revelación de su gloria os gocéis con gran alegría" (1 P. 4:12-13). El Apóstol da testimonio de sí mismo: "Ahora me gozo en lo que padezco por vosotros, y cumplo en mi carne lo que falta de las aflicciones de Cristo por su cuerpo, que es la iglesia" (Col. 1:24), y "Pues tengo por cierto que las aflicciones del tiempo presente no son comparables con la gloria venidera que en nosotros ha de manifestarse" (Ro. 8:18); de modo semejante dice: "a fin de que nadie se inquiete por estas tribulaciones; porque vosotros mismos sabéis que para esto estamos puestos" (1 Ts. 3:3).

Aunque todo hijo de Dios puede padecer el vituperio de Cristo, que es una bien definida forma de participar en Sus sufrimientos, la forma de comunión en el sufrimiento más cercana al corazón del Salvador es participar en Su celo y solicitud por la salvación de los perdidos - por quienes El murió. Tales anhelos no son connaturales a ningún hombre, sino que son infundidos en el corazón por el Espíritu Santo, quien hace que el creyente consagrado experimente la compasión de Dios. Está escrito: "El fruto del Espíritu es amor" (Gá. 5:22), y "El amor de Dios ha sido derramado en nuestros corazones por el Espíritu Santo que nos fue dado" (Ro. 5:5). Como un ejemplo de esta capacidad del creyente de experimentar la compasión de Cristo, el Apóstol da testimonio de sí mismo, diciendo: "Verdad digo en Cristo, no miento, y mi conciencia me da testimonio en el Espíritu Santo, que tengo gran tristeza y continuo dolor en mi corazón. Porque deseara yo mismo ser anatema, separado de Cristo, por amor a mis hermanos, los que son mis parientes según la carne" (Ro. 9:1-3). El consorcio con Cristo en el sufrimiento es algo real y refleja el hecho de que el cristiano ocupa una posición de inefable dignidad.

(e) PARTICIPES CON CRISTO EN LA ORACION. El acto mismo de orar en el nombre de Cristo es ya en sí una implicación de que El también ruega al Padre por aquellas cosas que son según la voluntad de Dios y por las que el cristiano ora. El pasaje central que trata sobre este aspecto de comunión es Juan 14:12-14: "De cierto, de cierto os digo: El que en mí cree, las obras que yo hago, él las hará también; y aún mayores hará, porque yo voy al Padre. Y todo lo que pidiereis al Padre en mi nombre, lo haré, para que el Padre sea glorificado en el Hijo. Si algo pidiereis en mi nombre, yo lo haré." "Mayores obras" serán hechas por el Hijo de Dios en respuesta a la oración del creyente en Su nombre. La participación en la responsabilidad es definida así: "Si algo pidiereis. . . yo lo haré."

(f) PARTICIPES CON CRISTO EN LOS DESPOSORIOS. Ser desposado con una persona es una posición a la vez definida y exigente. Es también un consorcio. La Iglesia está desposada con Cristo como una novia, y las nupcias tendrán lugar cuando El vuelva a tomarla consigo. Era deseo del Apóstol el poder presentar a los creyentes como una virgen pura (no *al modo* de una virgen pura) a Cristo (2 Co. 11:2); y por Efesios 5:25-27 se nos da a entender que Cristo ama a la Iglesia como un esposo puede amar a su esposa, y que se entregó a Sí mismo por Su Esposa.

(g) PARTICIPES EN LA EXPECTACION. La "esperanza bienaventurada" (Tito 2:13) es siempre la expectación del cristiano instruido, pues la Venida de Cristo será el momento de pasar de las presentes limitaciones a la plenitud de la gloria, y el momento de ver a Aquel que para el creyente es el centro de toda realidad. Pero también Cristo está ahora "esperando" (He. 10:13), y Sus anhelos de reclamar a Su esposa son tan grandes como fue antes Su vehemente deseo de morir por ella.

Toda clase de consorcio en las relaciones humanas crea sus correspondientes posiciones y posesiones; de igual manera, el séptuple consorcio que todo hijo de Dios mantiene con Cristo, crea sus posiciones y posesiones, las cuales son tesoros de la gracia divina.

24. TENIENDO ACCESO A DIOS. Si un ser humano pudiese vislumbrar, aunque fuese en una fugaz visión, la gloria, majestad y santidad de Dios, se asombraría de allí en adelante de que el ser humano - aunque se tratase de alguien no caído - pudiese tener acceso a Dios; con todo, a través de la mediación de Cristo, los pecadores encuentran una puerta abierta a la presencia de Dios. Al intentar entender lo que este acceso a Dios otorga, bien nos vendrá examinar en un orden determinado ciertas verdades reveladas:

(a) ACCESO A SU GRACIA. La gracia divina en acción es aquel logro que Dios se siente libre en realizar a causa de la satisfacción que Cristo ha dado por el pecado mediante Su muerte y resurrección; por tanto, el acceso a la gracia de Dios es acceso al valor de Su obra acabada. Esta puerta queda abierta para todos, pero sólo los que han creído han entrado por ella. De esta posición que Cristo ha proporcionado, leemos: "por quien también tenemos entrada por la fe a esta gracia en la cual estamos firmes" (Ro. 5:2). El creyente no sólo es *salvo* por gracia (Ef. 2:8), sino que *está firme* en la gracia; está dentro de la esfera de la gracia divina, pues la misma gracia que lo salvó, le sostiene; o sea, el mismo principio al que debe su salvación cuando cree, le es continuamente aplicado para salvaguardarlo a través de todo su peregrinaje terrenal. De esta gracia envolvente, dice Pedro así: "Antes bien, creced en la gracia y el conocimiento de nuestro Señor y Salvador Jesucristo" (2 P. 3:18). Parece ser que el concepto aquí expresado es que el cristiano, al estar dentro de la gracia, queda por ello destinado a crecer en el conocimiento de Cristo. Cierto que nadie puede crecer a no ser que haya encontrado entrada a la gracia divina por fe. No se trata de crecer más en gracia, sino de llegar a conocer más a Cristo, lo cual es posible a partir del momento en que el creyente ha entrado en la esfera de la gracia (comp. 2 Co. 3:18).

(b) ACCESO AL PADRE. De este específico acceso está escrito: "Porque por medio de él los unos y los otros tenemos entrada por un mismo Espíritu al Padre" (Ef. 2:18). Las tres Personas de la Deidad aparecen en este breve texto, pues declara que tanto el judío como el gentil, siendo salvos, tienen entrada por medio de Cristo y por el Espíritu al Padre. La parte esencial que Cristo ha llevado a cabo ha sido ya considerada en detalle, pero también una parte que el Espíritu Santo lleva a cabo. La percepción espiritual del cristiano (1 Co. 2:10), su comunión (2 Co. 13:14), y gran parte de sus títulos a la presencia divina (1 Co. 12:13), son directamente obra del Espíritu Santo. La verdad relevante - maravillosa más allá de toda comprensión - es que cada creyente tiene perfecta e inmutable entrada al Padre.

(c) ES UN ACCESO LLENO DE SEGURIDAD. Tan perfecta realmente es esta admisión a la presencia y al favor de Dios, que se le intima al cristiano a acercarse *confiadamente.* En este caso, la confianza le va bien al creyente, puesto que todos los obstáculos han sido obviados. Dos pasajes, ambos en la Epístola a los Hebreos, intiman esta confianza: "Acerquémonos, pues, confiadamente al trono de la gracia, para alcanzar misericordia y hallar gracia para el oportuno socorro" (4:16); "Así que, hermanos, teniendo libertad para entrar en el Lugar Santísimo por la sangre de Jesucristo, por el camino nuevo y vivo que él nos abrió a través del velo, esto es, de su carne" (10:19-10).

Ser uno de aquellos a quienes ha sido otorgado libre acceso a la presencia de Dios, equivale a ocupar una posición de gran privilegio y estabilidad, ya se mida esto con módulos celestiales o terrenales.

25. DENTRO DE UN CUIDADO MUCHO MAYOR DE DIOS. Cuantos están atentos a la voz de la revelación divina han de conceder que el amor de Dios hacia los no salvos es tan inconmensurable como el infinito; con todo, está también claramente revelado que la expresión del amor divino en favor de los salvos es "mucho más." La razón es que, si Dios amó a los pecadores y a los enemigos lo bastante como para entregar a Su Hijo a la muerte por ellos, Su actitud será "mucho más" hacia ellos cuando estén ya reconciliados y justificados, como asegura el Apóstol: "Mas Dios muestra su amor para con nosotros, en que siendo aún pecadores, Cristo murió por nosotros. Pues mucho más, estando ya justificados en su sangre, por él seremos salvos de la ira. Porque si siendo enemigos fuimos reconciliados con Dios por la muerte de su Hijo, mucho más, estando reconciliados, seremos salvos por su vida" (Ro.5:8-10). Este amor inconcebible de Dios hacia aquellos a quienes ha salvado, conduce a otorgarles diversas bendiciones:

(a) SON OBJETOS DE SU AMOR. El inmutable amor de Dios subyace a cuanto El emprende. Ya fue Su amor el que planeó el modo de salvación por medio de Cristo y, así, por Su gracia infinita. Es cierto que Dios es propicio, esto es, que mediante la muerte de Cristo está capacitado para recibir al pecador con las manos libres para dispensarle su favor; pero no fue la muerte de Cristo la causa de que Dios amase a los pecadores, sino que más bien fue Su amor el que proveyó tal propiciación en y a través de Cristo (Jn. 3:16; Ro. 5:8; 1 Jn. 3:16). La satisfacción dada por Cristo liberó al amor de Dios de las exigencias que la santidad ultrajada le imponían contra los pecadores. El amor de Dios no conoce mudanza; no puede experimentar altibajos, talantes ni tiempos, pues es el amor de Alguien que es inmutable en Su naturaleza y en Su conducta.

(b) OBJETOS DE SU GRACIA. Los hombres no son salvos para entrar en un período de prueba, sino en una esfera de gracia infinita – una esfera en que Dios los trata como aquellos por quienes Cristo ha muerto, y cuyos pecados han sido llevados ya por un Sustituto. Esta gracia comprende:

(1) *Salvación.* Pues está escrito que Dios nos vivificó en Cristo; "para mostrar en los siglos venideros las abundantes riquezas de su gracia en su bondad para con nosotros en Cristo Jesús. porque por gracia sois salvos por medio de la fe; y esto no de vosotros, pues es don de Dios; no por obras, para que nadie se glorie" (Ef. 2:7-9).

(2) *Salvaguardia.* Como declara la Escritura: "Por quien también tenemos entrada por la fe a esta gracia en la cual estamos firmes" (Ro. 5:2).

(3) *Servicio.* De esto se nos dice: "Como tú me enviaste al mundo,

así yo los he enviado al mundo" (Jn. 17:18); "Pero a cada uno de nosotros fue dada la gracia conforme a la medida del don de Cristo" (Ef. 4:7).

(4) *Instrucción.* Así también se nos asegura: "enseñándonos que, renunciando a la impiedad y a los deseos mundanos, vivamos en este siglo sobria, justa y piadosamente, aguardando la esperanza bienaventurada y la manifestación gloriosa de nuestro gran Dios y Salvador Jesucristo" (Tito 2:12-13).

(c) OBJETOS DE SU PODER. Una plena inducción de todos los pasajes en que se dice que Dios es *capaz* para obrar en favor de quienes confían en El, servirá de gran ayuda al estudioso. Ello comprobará que un poder infinito está siempre activamente comprometido en el sostén y la defensa del creyente, como está escrito: "y cuál la supereminente grandeza de su poder para con nosotros los que creemos, según la operación del poder de su fuerza" (Ef. 1:19); "Porque Dios es el que en vosotros produce así el querer como el hacer, por su buena voluntad" (Fil. 2:13).

(d) OBJETOS DE SU FIDELIDAD. Un consuelo sin límites es la provisión para cuantos reconocen la fidelidad de Dios. Se nos dice: "No te desampararé, ni te dejaré" (He. 13:5); "Estando persuadido de esto, que el que comenzó en vosotros la buena obra, la perfeccionará hasta el día de Jesucristo" (Fil. 1:6); "Fiel es el que os llama, el cual también lo hará" (1 Ts. 5:24).

(e) OBJETOS DE SU PAZ. No sólo se tiene en cuenta aquí la paz *con* Dios (Ro. 5:1) debida al hecho de que toda condenación ha desaparecido, sino también la paz experimental cuyo otorgamiento se nos promete: "La paz os dejo, mi paz os doy; yo no os la doy como el mundo la da. No se turbe vuestros corazón, ni tenga miedo" (Jn. 14:27); "Y la paz de Dios gobierne en vuestros corazones, a la que asimismo fuisteis llamados en un solo cuerpo; y sed agradecidos" (Col. 3:15), y "El fruto del Espíritu es. . . paz" (Gá.5:22).

(f) OBJETOS DE SU CONSOLACION. Respecto a la consolación divina está escrito: "Y el mismo Jesucristo Señor nuestro, y Dios nuestro Padre, el cual nos amó y nos dio consolación eterna y buena esperanza por gracia, conforte vuestros corazones, y os confirme en toda buena palabra y obra" (2 Ts. 2:16-17).

(g) OBJETOS DE SU INTERCESION. Aunque está revelado que el Espíritu Santo "intercede" por los santos conforme a la voluntad de Dios (Ro. 8:26) y se intima a los fieles que oren "en el Espíritu" (Ef. 6:18; Jud. 1:20), también se nos dice que uno de los actuales ministerios de Cristo en el Cielo es su continua intercesión por los santos. En Su Oración Sacerdotal, El dijo que no oraba por el mundo, sino por aquellos que el Padre le había dado; y es probable que su actual intercesión, como esta Oración Sacerdotal, esté limitada a los Suyos que están en el mundo. Tres textos afirman esta intercesión celestial: "¿Quién es el que condenará? Cristo es el que murió; más aún, el que también resucitó, el que además está a la diestra de Dios, el que también intercede por nosotros" (Ro. 8:34); "Por lo cual puede también salvar perpetuamente a los que por él se acercan a Dios, viviendo siempre para interceder por ellos" (He. 7:25); "Porque no entró Cristo en el santuario hecho de mano, figura del verdadero, sino en el cielo mismo para presentarse ahora por nosotros ante Dios" (He. 9:24).

El estar incluidos así en el "mucho más" amor y cuidado de Dios, representa una posición en la gracia divina de un valor incalculable.

26. SU HERENCIA. Ya hemos explicado de antemano parte de esta posición en la gracia en un apartado anterior, al hablar de que cada cristiano es un regalo del Padre al Hijo; sin embargo, además del tesoro que para Cristo representa como dádiva del Padre, Efesios 1:18 afirma que el creyente es también la herencia del Padre. Esta verdad sublime es objeto de la oración del Apóstol. Como si los efesios no lo pudiesen entender sin una revelación sobrenatural del Espíritu Santo, ruega así: "...alumbrando los ojos de vuestro entendimiento, para que sepáis cuál es la esperanza a que él os ha llamado, y cuáles las riquezas de la gloria de su herencia en los santos (Ef. 1;18). Mucho es lo que se promete al creyente respecto a su futuro lugar en la gloria; así leemos: "La gloria que me diste, yo les he dado, para que sean uno, así como nosotros somos uno" (Jn. 17:22); "Y a los que predestinó, a éstos también llamó; y a los que llamó, a éstos también justificó; y a los que justificó, a éstos también glorificó" (Ro. 8:30); "Cuando Cristo, vuesta vida, se manifieste, entonces vosotros también seréis manifestados con él en gloria" (Col. 3:4). Sólo mediante estos cambios que El habrá realizado en pecadores caídos, es como Dios será glorificado, pues ellos reflejarán "la gloria de su gracia" (Ef. 1:6). Cada hijo de Dios servirá como de vehículo o de irradiador mediante el cual podría contemplarse la gloria de la *shekinah* de Dios.

27. LA HERENCIA DE LOS SANTOS. Una verdad más fácil de comprender que la que acabamos de exponer es que el creyente tiene una herencia en Dios, pues la herencia del creyente es Dios mismo y todo cuanto Dios imparte. Esto es lo que afirma Pedro cuando dice: "Para una herencia incorruptible, incontaminada e inmarcesible, reservada en los cielos para vosotros" (1 P. 1:4). Las actuales bendiciones que el Espíritu trae al corazón y a la vida del cristiano, son comparadas a unas arras o pequeño pago anticipado de una

cantidad mayor que en su día será conferida. Escribe el Apóstol: "que es las arras de nuestra herencia hasta la redención de la posesión adquirida, para alabanza de su gloria" Ef. 1:14); "sabiendo que del Señor recibiréis la reconpensa de la herencia, porque a Cristo el Señor servís" (Col. 3:24). Una herencia eterna es la posesión prometida en el pacto de gracia (He. 9:15); los detalles específicos de esta herencia no pueden ser conocidos hasta que sean reivindicados en el Cielo.

28. LUZ EN EL SEÑOR. Las Escrituras nos presentan un extenso cuerpo de doctrina relacionado con el tema general de la luz, en su sentido simbólico. Por encima de todo ello está la suprema revelación de que "Dios es luz" (1 Jn. 1:5). El significado de este vocablo, en cuanto que es aplicado así a Dios, es que El posee una santidad transparente y carece totalmente de tinieblas morales. Esta santa luz que Dios es, tiene su manifestación en la faz de Cristo (2 Co. 4:6). por la gracia de Dios, el creyente ha llegado también a ser luz (Ef. 5:8) – no sólo porque la luz divina brilla en él, sino porque él mismo *es* luz en el Señor. Esta gran realidad no dispensa al creyente de la intimación de "andar en luz" (1 Jn. 1:7), la luz que Dios es, pues ambas verdades tienen vigencia y cada una engendra su obligación respectiva; andar en luz no es lo mismo que ser luz, sino más bien someterse totalmente al pensamiento y a la voluntad de Dios y ajustarse al carácter santo de Dios, respecto a lo cual la Biblia es lámpara para los pies y lumbrera para el camino (Sal. 119:105); en cambio, respecto a la luz que el creyente es, ha de notarse que el haber recibido la luz en el propio ser es una posesión, y el ser luz en el Señor es una posición. Nadie se convierte en luz mediante un esfuerzo por brillar, sino que, por el contrario, cuando uno ha llegado a ser luz en el Señor, y esto por obra de Dios, es cuando recibe el encargo de brillar como luz en un mundo en tinieblas. Podemos concluir con razón que la luz que el creyente es, puede identificarse como la morada interior de la naturaleza divina, y que esta luz está velada en este mundo, pero se manifestará en la gloria.

29. UNIDO VITALMENTE AL PADRE, AL HIJO, Y AL ESPIRITU SANTO. Por desconcertante que ello pueda parecer a la mente humana, las Escrituras presentan seis distintas revelaciones con respecto a las relaciones entre la Deidad y el creyente, y estas relaciones representan realidades que no tienen paralelo en las relaciones humanas. Se nos dice (1) que el creyente está en Dios Padre (1 Ts. 1:1), (2) que Dios Padre está en el creyente (Ef. 4:6), (3) que el creyente está en el Hijo (Ro. 8;1), (4) que el Hijo está en el creyente (Jn. 14:20), (5) que el creyente está en el Espíritu (Ro.

8:9), y (6) que el Espíritu está en el creyente (1 Co. 2:12). La fuerza de estas estupendas declaraciones está centrada en la intensidad del sentido que debe asignarse a la preposición *en*, según la acepción que tiene en cada una de estas seis revelaciones. Es evidente que el estar en el Padre, o en el Hijo, o en el Esíritu Santo, es una posición; y que, el que el Padre, o el Hijo, o el Espíritu Santo estén en el creyente, constituye una posesión. Como resultado de todo esto, surge una verdad correlativa, a saber, que los creyentes poseen una mutua inmanencia, como la del Padre en el Hijo, y la del Hijo en el Padre (Jn. 17:21). Como el cuerpo físico del creyente es una realidad corpórea, no es difícil imaginar este cuerpo como una morada; por eso, el cuerpo es llamado templo del Espíritu Santo (1 Co. 6:19). Por otra parte, es sobremanera difícil entender la afirmación de que el creyente está en el Padre, en el Hijo, y en el Espíritu Santo. Esta peculiar relación en cuanto al Hijo es ampliada en una séptuple declaración, o en siete imágenes: (1) el creyente es miembro del Cuerpo de Cristo (1 Co. 12:13), (2) el creyente es para Cristo lo que el pámpano es para la cepa (Jn. 15:5), (3) el creyente es para Cristo como una piedra en el edificio del que Cristo es la piedra principal del ángulo (Ef. 2:19-22), (4) el creyente es para Cristo como una oveja de su rebaño (Jn. 10:27-29), (5) el creyente forma parte de aquella compañía que constituye la Esposa de Cristo (Ef. 5:25-27), (6) el creyente es sacerdote en un reino de sacerdotes del que Cristo es el Sumo Sacerdote para siempre (1 P. 2:5,9), y (7) el creyente forma parte de la Nueva Creación de la que Cristo es la Cabeza como Postrer Adán (2 Co. 5:17). En Jn. 14: 20 ("En aquel día vosotros conoceréis que yo estoy en mi Padre, y vosotros en mí, y yo en vosotros"), se nos declaran tres grandes verdades adrede para que el creyente las tenga especialmente en cuenta durante la era presente, a saber, que (1) Cristo está en el Padre, (2) el creyente está en Cristo, y. (3) Cristo está en el creyente.

De igual modo, hay mucho en el Nuevo Testamento respecto a la relación que existe entre el Espíritu Santo y el creyente, lo cual se ha de examinar más en detalle en el volumen VI.

Las verdades distintamente declaradas en el presente apartado, representan no sólo las más vitales posiciones y posesiones que la gracia infinita puede crear, sino que también son como el corazón mismo del Cristianismo, no habiendo sido nunca intimadas en el Antiguo Testamento.

30. BENDECIDO CON LAS ARRAS O PRIMEROS FRUTOS DEL ESPIRITU. Como antes hemos aludido, las inconmensurables bendiciones que le llegan a cada hijo de Dios a causa de su relación con

el Espíritu Santo, son como arras o pequeño pago dado de antemano, que asegura con certeza la posterior donación de los dones más amplios de la gloria celestial. Estos actuales ministerios del Espíritu son llamados "arras" (2 Co. 1:22; Ef. 1:14) y "primicias" (Ro. 8:23) del Espíritu. De estas riquezas presentes se cuentan cinco: (1) El creyente es *nacido* del Espíritu (Jn. 3:6), y por este medio, Cristo es engendrado dentro del que ejercita la fe salvífica. (2) El creyente es *bautizado* por el Espíritu (1 Co. 12:13), y esto es una obra del Espíritu Santo, por la que el creyente es unido al Cuerpo de Cristo y pasa a estar en Cristo y, por ende, a participar de todo cuanto Cristo es. (3) El creyente es *inhabitado o ungido* por el Espíritu (Jn. 7:39; Ro. 5:5; 8:9; 2 Co. 1:21; Gá. 4:6; 1 Jn. 2:27; 3:24), y con esta divina Presencia el creyente queda bien equipado para cualquier conflicto y para todo servicio (4) El creyente es *sellado* por el Espíritu (2 Co. 1:22; Ef. 4:30), y esta es la obra de Dios Espíritu Santo por la que los hijos de Dios quedan puestos en seguro para el día de la redención (5) El creyente puede ser *llenado* del Espíritu (Ef. 5:18), ministerio por el cual el Espíritu ejercita Su poder y eficacia en el corazón en que habita.

La obra del Espíritu en el cristiano y por medio del cristiano tiene como fruto posiciones y posesiones que son en sí mismas realidades maravillosas de las riquezas de la gracia divina, y tomadas todas ellas en conjunto no son sino una pequeña degustación anticipada de la gloria que nos está reservada en el Cielo.

31. GLORIFICADO. Lo que Dios ha determinado, aun cuando esté todavía por venir, es considerado ya como suficientemente cierto como para ser tenido por actualmente realizdo, pues El es quien "llama las cosas que no son, como si fuesen" (Ro. 4:17). A cada hijo de Dios le espera una gloria celestial sin par – incluso el participar de la gloria infinita que pertenece a la Deidad. Acerca de esto leemos: "Pues tengo por cierto que las aflicciones del tiempo presente no son comparables con la gloria venidera que en nosotros ha de manifestarse" (Ro. 8:18); "Cuando Cristo, vuestra vida, se manifieste, entonces vosotros también seréis manifestados con él en la gloria" (Col. 3:4). No se debe concluir de aquí que hay una gloria presente y otra futura sin ninguna relación entre sí, sino que la gloria presente es la seguridad que Dios da de que la gloria venidera es ya una realidad actual. Ningún pasaje asegura esto tan claramente como Romanos 8:30, donde se afirma: "Y a los que predestinó, a éstos también llamó, y a los que llamó, a éstos también justificó; y a los que justificó, a éstos también glorificó".

Ser un santo glorificado es una posición de inmensa riqueza en la gracia divina y, con la seguridad que dan los designios divinos, resulta ya una posesión.

32. COMPLETO EN EL. Este, así como el apartado que sigue, sirve como broche de oro de todo lo dicho anteriormente en nuestro intento por catalogar las riquezas de la gracia divina; con todo, estas dos últimas son revelaciones específicas dentro del conjunto de riquezas que comporta la sublime gracia de Dios, pues sobrepuja a todo entendimiento o lo que el Apóstol insinúa en el término *completo,* cuando dice "Porque en él habita corporalmente toda la plenitud de la Deidad, y vosotros estáis completos en él, que es la cabeza de todo principiado y potestad" (Col. 2:9-10). En ningún texto de la Escritura puede descubrirse un descuido o inexactitud en el empleo de vocablos, y este pasaje nos presenta la voz del Espíritu Santo declarando que, según el módulo con el que Dios evalúa las cosas y la escala con que Dios las mide, un hijo de Dios está completo; ahora bien, esta transformación tan grande se debe al hecho decisivo de que él está en Cristo; por tanto, una vez más se nos declara la verdad de que, a causa de su unión vital con Cristo, el creyente participa de todo cuanto Cristo es. El Padre encuentra infinita complacencia en el Hijo, y no la puede encontrar en nada que sea inferior a la perfección del Hijo. Mientras que todos los hombres pueden aparecer siempre a los ojos del Padre como criaturas de Sus manos, los que son salvos aparecen, incluso ahora, como perfectos a Sus ojos, por la relación vital que tienen con el Hijo. Así se introduce un principio completamente ajeno a la costumbre y a la práctica humanas y que, naturalmente, sobrepasa al humano entendimiento, pero que está al alcance de la aceptación humana por fe, puesto que así lo declara la Palabra de Dios. Estar completo en Cristo es una gloriosa realidad y es parte de esa gracia que es extensiva a todos los que creen.

33. POSEEDOR DE TODA BENDICION ESPIRITUAL. Ningún texto de la Escritura cifra tan perfectamente *todas* las riquezas de la gracia como Efesios 1:3, donde leemos: "Bendito sea el Dios y Padre de nuestro Señor Jesucristo, que nos bendijo con toda bendición espiritual en los lugares celestiales en Cristo". Todas las riquezas de gracia catalogadas en los treinta y dos puntos anteriores, pueden resumirse en esta expresión definitiva: "toda bendición espiritual". Y de nuevo y decisivamente se nos declara que ello se realiza a base de la relación del creyente con Cristo. Así, todas las posiciones y posesiones que forman el conjunto de las riquezas de la gracia divina son atribuidas al lugar que el creyente ocupa en Cristo, siendo

patrimonio de quien cree en Cristo para salvación de su alma.

CONCLUSION

No estará fuera del lugar el reafirmar la verdad de que la salvación es una obra de Dios para el hombre, no una obra del hombre para Dios. Es algo que el amor le induce a Dios a hacer, y no un mero acto de compasión para rescatar a las criaturas de su miseria. Para llevar a cabo la satisfacción de Su amor, Dios ha tenido a bien hacer desaparecer, por medio de un sacrificio infinito, el obstáculo, de lo contrario insuperable, que el pecado había interpuesto; de igual manera, El quebranta la perversa oposición a Su gracia que la voluntad del hombre caído le presenta, inclinando los corazones de Sus elegidos para que ejerciten la fe salvífica en Cristo. Cuando el camino ha quedado así expedito, Dios queda libre para hacer cuanto su amor infinito le dicta. Nada que esté por debajo de unas transformaciones infinitas puede satisfacer al amor infinito. Hemos presentado una enumeración inadecuada de estas riquezas de gracia que en conjunto representan la infinitud de la gracia salvadora, pero todavía puede decirse que "ni aun la mitad se ha dicho jamás". El estudioso que pretenda ser exacto en su predicación del Evangelio, no sólo tendrá en cuenta, sino que siempre defenderá con denuedo, la verdad de que todas estas riquezas son puramente obra de Dios, y que el individuo no puede hacer otra cosa para obtenerlas que recibir de la mano de Dios lo que El es libre para dar en y por Jesucristo. Los que creen en Cristo en el sentido de recibirle (Jn. 1:12) como su Salvador, entran inmediatamente en posesión de cuanto el amor divino proporciona, pues estas treinta y tres posiciones y posesiones no son otorgadas una tras otra, sino simultáneamente; y no requieren un determinado período de tiempo para su ejecución, sino que son realizadas en un instante. Ellas trazan la línea divisoria que separa al que es salvo del que no lo es.

" ¡Es tu gracia, Señor, la que me fuerza
A serte cada día más deudor!
Haz que Tu amor, como una áurea cadena,
Vincule a Ti mi errante corazón"

LA ETERNA SEGURIDAD DEL CREYENTE

CAPITULO XIV

INTRODUCCION A LA DOCTRINA DE LA SEGURIDAD

Este aspecto de la Soteriología, comunmente intitulado por los antiguos teólogos *la perseverancia de los santos,* defiende que ningún individuo que haya recibido la gracia salvadora de Dios, puede caer total y definitivamente de tal estado, sino que será "guardado por el poder de Dios mediante la fe, para alcanzar la salvación" (1 P. 1:5). La doctrina de la seguridad es uno de los cinco puntos del sistema calvinista, pero merece mayor atención por estar declarada en el Nuevo Testamento en los términos más tajantes, y allí se ve que es un aspecto inseparable de cuanto Dios lleva a cabo cuando salva a una persona. Esta importante enseñanza está claramente establecida en la *Confesión de Fe de Westminster,* que dice así: "Aquellos a quienes Dios ha aceptado en Su Amado y, habiéndolos llamado eficazmente, los ha santificado por Su Espíritu, no pueden total ni definitivamente caer del estado de gracia, sino que ciertamente han de perseverar en ella hasta el fin, y se salvarán eternamente" (17.1).

De buen grado concedemos que los textos bíblicos que tratan de este tema requieren una esmerada exposición, a fin de que no aparezca entre ellos ni sombra de contradicción, y éste es un detalle, dentro de esta doctrina, que no vamos a pasar por alto. En un análisis de esta clase, un "de cierto, de cierto" no debe ser invalidado por un "si". Los términos que expresan certeza deben presentarse con la misma firmeza con que aparecen en el Texto Sagrado.

El sistema calvinista, que aquí sostenemos y defendemos como más afín al pensamiento paulino que ningún otro, se basa en el reconocimiento de cuatro verdades fundamentales, cada una de las cuales debe ser comprendida en su carácter básico. Estas verdades son: (1) *Depravación*, término expresivo de que nada hay en el hombre caído que pueda recomendarlo delante de Dios; de modo que sólo puede ser objeto de la gracia divina (2) *Gracia eficaz,* término que expresa el hecho de que la salvación del hombre caído es llevada a cabo totalmente por Dios – incluso la fe que ejercita en su salvación es un "don de Dios" (Ef. 2:8). (3) *Elección soberana y eterna,* lo cual significa que los que se salvan, mediante la gracia eficaz, del estado de depravación, han sido escogidos por Dios para tal bendición desde antes de la fundación del mundo (Ef. 1:4; Ro. 8:30). (4) *Seguridad eterna,* consiste en que los escogidos por Dios y salvos por gracia, son necesariamente preservados para la realización de los divinos designios. Dado que esto es lo que la elección soberana decide y lo que la gracia soberana lleva a cabo, las Escrituras – siendo infinitamente verdaderas – no pueden menos de declarar la seguridad del cristiano sin reservas ni medias tintas. Esto es lo que la Escritura declara con toda seguridad.

El Racionalismo en sus variadas formas y el Arminianismo en particular, presentan un reto a estas verdades soberanas. Para los arminianos, el efecto determinante de la depravación queda invalidado en gran parte por la supuesta concesión a todos los hombres de la llamada "gracia común" que proporciona al pecador cierta capacidad para convertirse a Cristo. Según esta creencia, los que son salvos por la gracia divina, son puestos transitoriamente en correcta relación con Dios, pues pueden perderla. El perseverar en esta correcta relación con Dios – no teniendo en cuenta el hecho de que se trata de la realización del designio divino – depende, según los arminianos, del mérito y de la conducta del hombre. De modo semejante, para los arminianos la elección soberana no es otra cosa que la presciencia divina por la que Dios puede escoger a los que han de actuar correctamente con respecto a Sus ofertas de gracia – una presciencia a que comporta el reconocimiento del mérito humano, lo cual contradice a la doctrina de la gracia soberana (Ro. 11:6).

Entre todas las enseñanzas del Nuevo Testamento, hay dos – la elección soberana y la gracia soberana – que están estrechamente relacionadas con la doctrina de la seguridad eterna. La razón es obvia, puesto que la elección personal, única forma de elección que allí se implica, tiene por meta definida las realidades eternas, las cuales, por necesidad absoluta, sólo pueden llevarse a feliz término y ser disfrutadas definitivamente mediante la salvaguardia de todos cuantos están incluidos en la elección. Igualmente ha de observarse que la base sobre la cual la gracia soberana prosigue su camino, provee al Dios santo de la libertad requerida, no meramente para salvar a los que son indignos, sino para preservarlos después que son salvos – aun cuando, como todos, siguen siendo indignos. Es en este más amplio campo de operaciones de la gracia de Dios, cuando es mal comprendido, donde surgen las ideas arminianas de inseguridad.

Por consiguiente, si Dios ha determinado en su elección soberana desde la eternidad, que algunos estarán "delante de él" en la gloria (Ef. 1:4) y éstos están predestinados a tal gloria (Ro. 8:30), y si Dios con Su gracia soberana ha suprimido cualquier barrera que el pecado y la voluntad humana puedan levantar contra tal designio, la seguridad queda garantizada, y negar esto equivale a pretender que, o la elección soberana o la gracia soberana (o ambas a la par), son impotentes. Con este argumento que no tiene vuelta de hoja, concluimos que la doctrina de la seguridad es un elemento indispensable de la teología paulina y calvinista.

Sobre la importancia vital de este aspecto de la verdad en su relación con la recta comprensión de la doctrina bíblica, escribe el rector Cunningham en su *Historical Theology* (3a. ed. II, 493):

"Si es cierto que Dios, desde toda la eternidad, ha escogido de una forma absoluta e incondicional a ciertos hombres, a determinadas personas, para la vida eterna, dichas personas se salvarán todas infaliblemente con toda seguridad. Si es cierto también que Dios ha dispuesto que nadie se salve a no ser que, ya en este mundo, sea conducido a un estado de Gracia, se arrepienta y crea, y persevere en la fe y en la santidad, con toda seguridad dará El a cuantos ha escogido para la vida, dicha fe y santidad, y les garantizará infaliblemente el perseverar en ellas hasta el fin. Y, según es también enseñanza del Calvinismo que Dios produce en algunos hombres la fe y la conversión ejecutando así Su decreto de elección, precisamente porque ha decretado salvar a *estos* hombres – y así lo hace con el designio de salvarlos – el *conjunto* de cuanto los calvinistas enseñan bajo el epígrafe de perseverancia queda así eficazmente abastecido y totalmente establecido – puesto que la fe y la regeneración nunca se producen sino sólo en aquellos cuya salvación final ha sido garantizada, y cuya perseverancia en la fe y en la santidad debe, consiguientemente, ser cierta e infalible. Todo esto es tan claro que no necesita ninguna ilustración; y los calvinistas, para ser consecuentes, tienen, por tanto, que pechar con la responsabilidad de sostener la perseverancia cierta de todos los creyentes o santos – de todos aquellos en quienes la fe y la santidad fueron una vez producidas."

A esto puede añadirse el testimonio del Dr. Ralph Wardlaw, quien escribe así:

"Respecto a esta doctrina, podemos observar en general que es una consecuencia necesaria de la doctrina de la elección personal que poco ha nos hemos esforzado por ilustrar en su sentido bíblico, y por establecerla sobre la base de la autoridad de la Escritura. La elección es elección para la salvación, no meramente para el privilegio o disfrute de los medios de salvación, sino para la salvación misma, a través de dichos medios. Si ésta es la enseñanza de la Biblia, entonces se sigue ineludiblemente que todos cuantos son elegidos para la salvación, obtendrán la salvación. Sostener lo primero y poner en duda 'o segundo implicaría una contradicción pues la perseverancia es una consecuencia de la elección y está incluida en ella, ya que no puede haber propiamente elección personal a la salvación sin ella, siendo una doctrina necesaria para la integridad de la otra; así pues, en vez de tratarse de dos enseñanzas distintas, se trata más bien de dos partes integrantes de la misma enseñanza. El suponer que alguno de los elegidos vaya a fracasar en su salvación final equivale a frustar la elección misma. Por tanto, los argumentos en favor de estos dos de los cinco puntos, tienen una clara reciprocidad; es decir, cada prueba de la elección es una prueba de la perseverancia, y cada prueba de la perseverancia es una prueba de la elección." – *System of Theology,* II, 550.

Mientras los cristianos y sus credos se dividen en estos dos grupos los calvinistas con su certeza de seguridad, y los arminianos con sus dudas y peligros imaginarios – encontraremos que la creencia o no creencia en la seguridad es cosa personal e individual, dependiendo del grado de conocimiento de la Palabra de Dios y de la conformidad a dicha Palabra que cada individuo posea. Muchos miembros de iglesias calvinistas se ven incapacitados, por falta de la debida instrucción, de elevarse por encima del racionalismo del punto de vista arminiano, mientras que algunos pocos enrolados en la membresía arminiana han descubierto la gloriosa realidad de la seguridad eterna. Por sí solo se explica el hecho significativo de que grandes multitudes, correctamente instruidas, se pasan del Arminianismo al Calvinismo, mientras que, por otra parte, de nadie correcta e inteligentemente instruido, se sabe que se haya pasado del Calvinismo al Arminianismo.

Hay al menos tres corrientes de doctrina fuera del campo calvinista o arminiano que son dignas de notarse: (1) Agustín sostuvo que algunos de los no elegidos pueden ser salvos y que éstos pueden apostatar. Este punto de vista nunca tuvo notables seguidores. De él dice el Dr. Cunningham:

"Parece ser que Agustín pensó que algunos que fueron verdaderos creyentes, y que habían sido regenerados hasta el punto de haber sido puesto bajo la influencia de la verdad divina y de los principios de la religión, podían apostatar y perderse finalmente, pero no creyó que tales personas que pudieron así apostatar, o apostataron de hecho, y perderse, perteneciesen al número de los que habían sido predestinados, o elegidos, para la vida, sino que sostuvo que cuantos han sido elegidos para la vida, han de perseverar necesariamente, y así alcanzar la salvación, ya que resultaba suficientemente claro que, si Dios ha escogido a ciertos hombres, absoluta e incondicionalmente, para la vida eterna – y esto lo creía firmemente Agustín – estas personas deben ser salvas, y lo serán, con toda seguridad. Si hay personas que pueden creer y ser regeneradas sin que hayan sido predestinadas a la vida, las cuales, consiguientemente, pueden apostatar y dejar así de alcanzar la salvación, es otra cuestión; y sobre esta cuestión parece ser que los puntos de vista de Agustín se vieron oscurecidos y falseados por las nociones que entonces prevalecían generalmente acerca de los objetivos y efectos de las ordenanzas exteriores y especialmente por algo como la doctrina de la regeneración bautismal, la cual ha sido, quizás, una causa de error fatal tan poderosa y extensa como ninguna otra de las doctrinas que Satanás jamás haya inventado. Por tanto, el error de Agustín consistió en suponer que los hombres pueden creer y ser regenerados sin haber sido elegidos para la vida, pudiendo así malograr su salvación final; pero él nunca acogió, ni pudo acoger, una noción tan irracional e inconsecuente como la de que Dios pudo haber escogido definitivamente a algunos para la misma vida eterna, y después permitir que apostatasen y pereciesen; y la negación de esta noción, que Agustín jamás sostuvo, constituye la suma y esencia de lo que los calvinistas han enseñado sobre el tema de la perseverancia." – *Op. cit.*, p. 490.

(2) Arminio, cualquiera que sea la verdad parcial o el error que sus seguidores hayan abrazado, no renunció él mismo a la creencia en la seguridad Citemos de nuevo a Cunningham:

"Arminio nunca renunció por completo a la doctrina de la perseverancia cierta de todos los creyentes, incluso después de haber abandonado todos los demás principios del Calvinismo, sino que habló de ello como punto sobre el cual no estaba completamente convencido, pues pensaba que requería una ulterior investigación - dando así virtualmente testimonio de la dificultad de arrojar por la borda la evidencia escritural sobre la que descansa esta doctrina. Igualmente, sus inmediatos seguidores dieron muestras durante algún tiempo de sentirse perplejos acerca de este punto; pero sus oponentes coetáneos no parecen haber dado mucho crédito a su sinceridad respecto a las dudas que ellos profesaban abrigar con respecto a ello, porque, aunque por algún tiempo no negaron directa y explícitamente dicha doctrina, todo el tenor de sus aserciones y argumentos parecían indicar con suficiente claridad que habían renunciado ya a la doctrina generalmente recibida por las iglesias reformadas acerca de este tema. Y poco después, incluso antes del Sínodo de Dort, renunciaron abiertamente a la doctrinas del Calvinismo; y no estoy enterado de que, desde entonces, haya ocurrido un solo caso en que un calvinista haya dudado en mantener esta doctrina, o en que un arminiano haya dudado en negarla." – *Ibid. pp. 490-491.*

(3) Algunos luteranos han pretendido que alguien que ha sido salvo puede apostatar, pero que el tal, con absoluta certeza, sería restaurado y finalmente salvo. Tampoco esta opinión ha tenido seguidores.

Apenas nos parece necesario recalcar que esta discusión atañe únicamente a los que son salvos en el sentido que el Nuevo Testamento da a este término. Es obvio que hay personas que, como meros profesantes, poseen todas las características externas – bautismo,. afiliación eclesial, simpatía y servicio – pero carecen de los rasgos que caracterizan realmente a una persona salva. Se nos asegura que los meros profesantes "salen" en su día del grupo de los creyentes, pues el Apóstol Juan afirma con respecto a los meros profesantes que "salieron de nosotros, pero no eran de nosotros; porque si hubiesen sido de nosotros, habrían permanecido con nosotros; pero salieron para que se manifestase que no todos son de nosotros" (1 Jn. 2:19). En las palabras "salieron de nosotros" se reconoce que existe una relación superficial. Igualmente, en las palabras "no era de nosotros" se descubre otra clase de relación. La primera no podía significar más que una mera profesión, mientras que la segunda implica la existencia de unos vínculos eternos, de los que no participaban los que salieron. Dios no se equivoca al discernir la verdadera clasificación de los hombres, pues de El está escrito: "Pero el fundamento de Dios está firme, teniendo este sello: Conoce el Señor a los que son suyos; y: Apártese de iniquidad todo aquel que invoca el nombre de Cristo" (2 Ti. 2:19). Nadie podría salir de la compañía de los fieles si no hubiese estado antes con ellos; y quienes de tal manera habían estado con ellos que podía decirse que no eran de ellos, sólo podían estar *con* ellos en el sentido de que eran meros profesantes (comp. Mt.13:3-7).

El poder preservador de Dios es otorgado solamente a los que se salvan. Cuando los arminianos aseguran que los supuestos cristianos han cesado de conducirse como tales, es preciso recordar el proceso tamizador que nos describen las palabras "Salieron de nosotros. . . .para que se manifestase que no todos son de nosotros".

Para concluir estas palabras de introducción, quizás pueda prestar un buen servicio el recalcar (1) que la verdad de la seguridad eterna pertenece a la esencia misma de la salvación, advirtiendo de antemano que esto quedará más claro en la discusión de lo que sigue, como ya quedó bastante claro por el análisis de la gracia divina que hemos efectuado anteriormente. Si la salvación no es más que una moneda suelta que uno tiene en la mano, y está allí segura sólo en virtud de la débil mano humana que la tiene asida, es probable, y casi cierto, que se pierda. Por otra parte, si la salvación es la creación de un nuevo ser, compuesto de elementos inmutables e imperecederos, y en cada uno de sus aspectos se le ha hecho depender de los méritos perfectos e inmutables del Hijo de Dios, entonces no cabe fracaso alguno. Es cierto que puede existir, y existe con demasiada frecuencia, pecado personal cometido por personas que son salvos; pero, como ya hemos visto, queda cargado a cuenta de la infinita satisfacción de la santidad de Dios sobre una base totalmente suficiente. (2) En realidad, no hay verdadero fundamento para trazar una distinción entre salvación y perseverancia, aunque por fines prácticos resulte conveniente trazarla. La conclusión de la discusión que antecede sobre lo que Dios se compromete a hacer cuando salva a una persona, demuestra la verdad de la afirmación de que Dios no está ofreciendo a los hombres una salvación que no sea eterna en su misma naturaleza; y a pesar de todas las experiencias humanas que con demasiada frecuencia se citan como factor decisivo, queda en pie la verdad de que no hay ninguna persona que, siendo una vez salva, se haya jamás perdido, o se vaya a perder, de nuevo. Las dudas acerca de la seguridad de los que son salvos, se deben casi siempre a un fallo en la comprensión de las realidades que Dios lleva a cabo en Su gracia soberana.

Estas declaraciones, expuestas adrede en un tono dogmático, serán defendidas en las páginas siguientes. Esta tesis será la consecuencia de un doble análisis en los dos próximos capítulos, a saber, (1) el punto de vista arminiano y (2) el punto de vista calvinsta.

CAPITULO XV

EL CONCEPTO ARMINIANO DE SEGURIDAD

Aunque en esta obra sólo nos hemos referido de pasada a uno de ellos, tres son los sistemas de teología que han surgido para ofrecer sus diversas pretensiones en el campo de la Soteriología. Estos sistemas son el Socinianismo, el Arminianismo y el Calvinismo. El Socinianismo y el Calvinismo están tan lejos el uno del otro como lo está la medianoche del mediodía. El Socinianismo en su día negó casi todos los aspectos de la doctrina cristiana, mientras que el Calvinismo se adhiere firmemente a la revelación que Dios ha dado. Es el Calvinismo el que busca el honrar a Dios – Padre, Hijo y Espíritu Santo – con sus puntos de vista acerca de la depravación, la culpa y el desvalimiento humanos, y lo hace a la luz de la soberanía y supremacía divinas, y de la suficiencia de la gracia divina. Por otra parte, el Arminianismo sostiene un punto de vista intermedio entre el racionalismo del Socinianismo y el carácter definidamente bíblico del Calvinismo. Un cierto grupo de Arminianos se han inclinado hacia el Socinianismo y, si los de este grupo fuesen consecuentes, negarían la obra de Cristo, como lo hacen los socinianos, y gran parte de la obra del Espíritu Santo. Los arminianos más conservadores – como lo fue Arminio mismo – aunque inconsecuentes consigo mismo y tiznados de racionalismo sociniano en sus puntos de vista sobre cualquier tema Soteriológico, muestran un cierto grado de docilidad a la Palabra de Dios y a las doctrinas que dicha Palabra de Dios manifiesta.

Hay verdades como el estado de perdición del hombre a causa del pecado y la necesidad de salvación, que son comunes a calvinistas y arminianos. A base de estas creencias comunes, ha sido posible entre los representantes de estos dos sistemas un cierto grado de esfuerzo conjunto en el evangelismo; con todo, no ha desaparecido, ni es posible que desaparezca, la controversia existente entre ambos grupos. En cualquiera de los temas importantes relacionados con la Soteriología, puede verse que la posición arminiana es débil e imprecisa y, en tal medida, engañosa. El predicador y el maestro instruidos se esforzarían por mantener el sentido preciso de las Escrituras. Lo que, en el terreno del servicio cristiano, puede pasarse por alto en areas de la armonía y de la unidad, no puede quedar fácilmente preterido cuando está en juego una ortodoxa exposición de la verdad. Junto con esto, es preciso recalcar – y la historia comprueba la verdad del aserto – que un estudio perseverante, integral e imparcial del Texto Sagrado debe conducir, y de hecho conduce, a la posición calvinista. En hipótesis, puede concebirse que tanto el Arminianismo como el Calvinismo estén equivocados, pero es totalmente imposible que ambos a la par tengan razón. La Biblia no se contradice; si un sistema es correcto, el otro está equivocado; no hay componenda posible. Mediante un estudio perseverante, muchedumbres incontables se han pasado del Arminianismo al Calvinismo, pero la Historia presenta pocos casos, si es que se ha dado alguno, de un tráfico en sentido inverso.

Se recordará que, después de todo, los apelativos de Arminianismo y Calvinismo no son sino epítetos convencionales para expresar sistemas generales y que cada uno de estos sistemas incluye una amplia gama de distintas posiciones dentro de las doctrinas respectivas. Como hemos indicado anteriormente, Arminio mismo no sostuvo las posiciones extremas de algunos de sus seguidores, por más que éstos retuviesen la denominación de arminianos. Igualmente, el hecho mismo de que haya, por lo menos, dos escuelas dentro del Calvinismo, impide la posibilidad de tener a Calvino como el promotor de toda forma de doctrina que aparezca bajo su nombre. En lo que toca a otras materias, el estudioso hará bien en leer atentamente una historia detallada del desarrollo de cada uno de dichos sistemas.

Con respecto a la verdad de la seguridad eterna, es de notar, como en otras doctrinas de relevante importancia, que es imposible poner de acuerdo con todas las personas sinceras. En vista del desacuerdo que existe, el estudioso no puede hacer otra cosa que dejarse guiar por la Palabra de Dios. Las dos pretensiones – que el cristiano está a buen recaudo y que no lo está – presentan una flagrante contradicción y no hay componenda posible entre las dos.

Aunque la doctrina de la seguridad no constituya la diferencia más importante entre estos dos sistemas teológicos, ni el sistema que la afirma ni el que la niega pueden escabullirse de la necesidad de ensamblar este punto particular, de un modo consecuente, dentro del conjunto doctrinal de la Soteriología. Es muy difícil evitar la acritud entre los defensores de tan divergentes opiniones, cuando no hay manera de encontrar una vía media de conciliación; y la controversia se agudiza más todavía debido a la inmensa importancia de la cuestión, puesto que el problema que mayormente está en juego es si la obra salvífica de Cristo en la Cruz incluye la preservación de quienes creen en El, o no; éste es el punto central y preciso de toda la controversia: o Cristo, mediante Su muerte, hizo lo suficiente en relación con los pecados del creyente como para que pueda decirse que "ninguna condenación hay, pues, para los que están en Cristo Jesús" (aunque no se dice que no haya ningún castigo), o no lo hizo; en otra forma: o Cristo, mediante Su muerte y resurrección, hizo lo suficiente para cumplir el tipo de sacrificio de perfume grato, de modo que pueda decirse que el creyente posee vida eterna y la posición estable del Hijo de Dios, por su unión con Cristo, o no lo hizo. Si no hay base suficiente para la total desaparición de la condenación y para el otorgamiento de la vida eterna y la imputación de los méritos de Cristo, entonces las más vitales enseñanzas del Nuevo Testamento quedan desprovistas de valor; y son precisamente estos importantes aspectos de la verdad de los que brillan por su ausencia en los escritos arminianos. Los teólogos arminianos son una mera proyección de las alicortas enseñanzas que su escuela ha transmitido de generación en generación y, por eso, desconocen las realidades de mayor alcance. Conocer estas realidades equivale a recibirlas y defenderlas, pues ellas constituyen la urdimbre misma del evangelio paulino.

El sistema arminiano puede convenientemente dividirse en tres aspectos generales: (1) el punto de vista arminiano acerca de las más importantes doctrinas soteriológicas, (2) el énfasis arminiano en la experiencia y en la razón humanas, y (3) la apelación arminiana a las Escrituras.

I. CONCEPTO ARMINIANO DE LAS MAS RELEVANTES DOCTRINAS SOTERIOLOGICAS

En esta discusión, nos limitamos a discutir los problemas de Soteriología. No tenemos aquí en cuenta el punto de vista arminiano acerca del valor de la muerte de Cristo, debido a que ya hemos tratado en detalle de este tema en una sección anterior de esta obra. Los puntos doctrinales que vamos a analizar aquí son: (a) el concepto arminiano de pecado original, (b) su concepto de llamada universal y de llamada eficaz, (c) su concepto de los decretos divinos, (d) su concepto de la caída, (e) su concepto de omnisciencia, (f) su concepto de soberanía divina, y (g) su concepto de gracia soberana.

1. CONCEPTO ARMINIANO DE PECADO ORIGINAL. Para un sistema doctrinal que tanta importancia concede al libre albedrío y pretende que, en virtud de una gracia común, todos los hombres quedan capacitados para actuar en orden a su propia salvación sin obstáculos de índole natural o sobrenatural, resulta sumamente difícil defender incondicionalmente la doctrina de la depravación total. Es notorio que el Arminianismo hace poco hincapié en la

enseñanza acerca de la incapacidad que constituye la esencia misma del pecado original, pues su concepto de depravación, por grande que se la suponga en su forma original, queda en gran manera contrarrestado por una imaginaria gracia común. Sin embargo, en el desarrollo de esta idea, se observa una muestra de las inconsecuencias del Arminianismo, que consiste en retirar con una mano lo que se otorga con la otra. Resulta excesivo el suponer que una gracia común – que ya en sí no tiene fundamento escritural – sea un correctivo adecuado para la total depravación; y así se explica, al menos en parte, el que, comenzando con una premisa tan débil como esa de la gracia común, se vean compelidos los arminianos a sostener nociones igualmente antibíblicas en cuanto a la santificación y la perfección sin tacha. Naturalmente, la voluntad humana, que se supone emancipada mediante la gracia común, igualmente podrá frustrar la realización de lo mejor con la misma eficacia con que puede escapar de lo peor, puesto que, si se concede a la voluntad humana un albedrío totalmente libre, este albedrío no siempre tomará la dirección correcta, o sea, hacia Dios, sino que igualmente podrá con la misma facilidad dar la espalda a Dios, y ello según sostienen los arminianos, incluso después de muchos años de vida y de experiencia en el estado de regeneración. Frente a esta falacia racionalista – apoyada en una teoría sin fundamento que supone una endeble deificación del hombre – la Escritura asegura y, de acuerdo con ella, el Calvinismo enseña que el hombre está totalmente corrompido, que Dios no tiene más remedio que tomar la iniciativa en la salvación del hombre caído – incluso impartiendo la fe salvífica – y que la salvación, siendo definidamente obra de Dios, no puede fracasar. Así se demuestra que una equivocada exaltación de la capacidad humana en el comienzo, se convierte en una verdadera ruina en el final. Por el contrario, el hombre que se reconoce totalmente incompetente, cayendo en las manos de Dios, el cual actúa con Su gracia soberana, está salvo y seguro para siempre. En este resultado, el hombre caído no tiene parte alguna, sino que toda la gloria de tal logro se debe únicamente a solo Dios.

2. CONCEPTO ARMINIANO DE LLAMADA UNIVERSAL Y DE LLAMADA EFICAZ. Sin referirnos a la redención limitada o ilimitada – tema que algunos teólogos se empeñan en traer a colación cuando se discute lo de la llamada eficaz, pero que creemos que sólo tiene una relación remota con el asunto que nos ocupa – la verdadera cuestión es si, como pretenden los arminianos, la influencia divina por la que los hombres son capacitados para recibir el evangelio y salvarse, es la gracia común que, según los arminianos, es otorgada a

todos los hombres, o si dicha capacitación divina es, como enseña el Calvinismo, una llamada específica y personal por la que el Espíritu Santo mueve a un individuo a entender y aceptar conscientemente la gracia salvadora de Dios que es en Jesucristo. Si la pretensión de los arminianos fuese verdadera – que Dios no capacita a uno más que a otro – el hecho de que, cuando el evangelio es presentado a ambos por igual, uno se salva y el otro no, es cosa de la voluntad humana, la cual – dicen – acepta o rechaza la invitación de la gracia. Tal teoría podría parecer plausible si no fuese por esa hilera de textos bíblicos, ya considerados en otra parte, que nos declaran que el hombre no tiene poder alguno para dirigirse él mismo hacia Dios. El Nuevo Testamento, no sólo no presta apoyo alguno al concepto arminiano de gracia común, sino que taxativamente enseña que los hombres se encuentran totalmente desvalidos en su condición caída (comp. Ro. 3:11; 1 Co. 2:14; 2 Co. 4:3-4; Ef. 2:8-9). Por otra parte, los calvinistas mantienen que, cuando Dios por Su Espíritu inclina el corazón de alguien a recibir a Cristo, este tal, al obrar así, es tan sólo consciente de su propia elección, pues es obvio que el presentar a alguien un argumento convincente que induce a una persona a tomar una decisión, no tiene nada que ver con una coacción impuesta a la voluntad, sino que, en tal caso, queda a salvo todo el normal funcionamiento de la voluntad y, en relación con el Evangelio, queda en pie la verdad de que "todo el que quiera puede venir"; con todo, detrás de esta verdad está otra verdad revelada más profunda, a saber, que ningún hombre caído consiente en aceptar a Cristo mientras no está iluminado por el Espíritu Santo (Jn. 16:7-11). Sobre este problema general, escribe Cunningham lo siguiente:

"Es importante fijar en nuestras mentes un concepto claro de las *alternativas* que hay en la explicación de este asunto, según que se adopte la doctrina calvinista o la arminiana sobre esta materia. El punto crucial de la controversia es éste: la positiva producción de la fe y de la regeneración en algunos hombres, mientras que otros continúan, en idénticas circunstancias y ante la misma llamada exterior, en su estado natural de impenitencia e incredulidad. Esto lleva implícita la pregunta: ¿quién establece la diferencia entre los que han pasado de muerte a vida, y se hallan ahora en el camino del cielo, y los que siguen aún caminando por el camino ancho que lleva a la perdición? ¿es Dios? ¿o son ellos mismos? Los calvinstas sostienen que es Dios quien establece esta diferencia, mientras que los arminianos – por mucho que traten de disimularlo, con afirmaciones generales acerca de la gracia de Dios y de la asistencia del Espíritu Santo – virtual y prácticamente atribuyen esta diferencia a los creyentes mismos, pues Dios, dicen, ha dado gracia suficiente – cuanto se necesita para obtener el resultado – a los otros tanto como a ellos; no hay diferencia alguna en la llamada que se les dirige, ni en la gracia que se les otorga, sino que son completamente iguales; la diferencia está en el resultado; ahora bien, si la gracia universal a todos otorgada es suficiente y, por ende, sustancialmente igual para todos, se sigue que esta diferencia en el resultado debe necesariamente atribuirse, como a su verdadera causa adecuada, a algo que hay en ellos mismos – no a la gracia de Dios, no a lo que El les ha impartido gratuitamente, sino a lo que ellos mismos han sido capaces de alcanzar, y han alcanzado, al sacar buen partido de lo que Dios les había concedido. Si a todos los que exteriormente son llamados, se les da gracia suficiente, entonces no se les da más que lo suficiente a los que de hecho se arrepienten y creen, porque, de lo contrario, resultaría falso que lo que concedió a los que continúan impenitentes e incrédulos *era suficiente o adecuado,* y así los arminianos contradirían a sus doctrinas fundamentales sobre todo este asunto. Y cuando se expone de esta manera tan clara el verdadero estado de la cuestión, y las reales alternativas que en ella se implican, no hay dificultad en ver y probar que la doctrina arminiana está en desacuerdo completo con la clara enseñanza de la Escritura – en lo que concierne a los grandes principios que regulan o determinan la índole espiritual y el destino eterno de los hombres, la verdadera fuente y el origen de todo bien espiritual que hay en ellos, la naturaleza verdadera de la fe y de la regeneración, en cuanto que comportan cambios que los hombres son totalmente incapaces de producir, e incluso de cooperar, en primera instancia, a que se produzcan, y en cuanto que son, no sólo la obra de Dios en los hombres, – el don de Dios, los hombres – sino también, y más en particular, el resultado, en cada caso, de una especial operación del Espíritu Santo – una operación presentada como totalmente peculiar y distintiva – realizada en unos y no en otros, según el designio de la voluntad de Dios, y que tiene como efecto *cierto* o infalible, allí donde se realiza, todas las cosas que acompañan a la salvación." – *Historical Theology,* 3a. ed. II, 404-405.

De nuevo se puede ver que la exaltación que los arminianos hacen de la voluntad humana en el asunto de la salvación personal, les estimula a pretender, como lo hacen, que ese mismo albedrío con que un individuo acepta a Cristo es también capaz de hacerle dar la espalda a Dios, después de ser salvo. La Palabra de Dios, al afirmar la incapacidad del hombre para convertirse a Dios, no presta apoyo a conclusiones tan racionalistas, sino que se nos revela que, después que alguien es salvo, "es Dios el que en vosotros produce así el querer como el hacer, por su buena voluntad" (Fil. 2:13), aunque esta continua influencia que el Espíritu ejerce sobre la volición del cristiano no significa en ningún respecto una coacción de la voluntad humana.

3. EL CONCEPTO ARMINIANO DE LOS DECRETOS DIVINOS. De nuevo, bajo este aspecto del tema general, tomamos contacto con esta solemne verdad respecto de Dios. Sólo el más negligente de los hombres dejará de reconocer que el tema de los decretos divinos, con sus correspondientes secuelas de predestinación, elección y reprobación, implica la contemplación de los más inefables, inaccesibles y misteriosos temas que la mente humana puede tener delante de sí. Comprender este inmenso tema equivaldría a comprender la mente de Dios; por eso, no es de extrañar que, al

meditar sobre algo tan grande, surjan dificultades en la mente humana, pues no podría ser de otro modo. Igualmente, todos están de acuerdo en que este tema, en todos los aspectos que comporta – filosófico, teológico y práctico – ha sido estudiado más que ningún otro; con todo, los misterios que encierra continúan forzosamente inescrutables hasta que amanezca sobre la mente humana la luz superior del otro mundo.

En su forma más sencilla, la cuestión que tenemos ahora ante nuestra vista puede formularse así: ¿Tuvo Dios desde la eternidad un plan que está ejecutando en el tiempo? Las dos posiciones extremas – Socinianismo y Calvinismo – merecen ser comparadas en este punto. El primero sostenía que todos los sucesos futuros que dependen de las causas segundas, como es la voluntad humana, son imposibles de conocer incluso para Dios, mientras que los calvinistas mantienen que Dios no sólo ha determinado cuanto tiene que pasar, sino que lo lleva a cabo mediante Su providencia. A medio camino entre estos conceptos tan divergentes se halla la posición de los arminianos – posición que presenta ideas contrapuestas, puesto que, mientras se apartan de los socinianos al no estar dispuestos a negar la presciencia de Dios, tampoco están dispuestos a aceptar la total soberanía de Dios por la que se le reconoce incondicionalmente Su autoridad para actuar, Su poder para llevar a cabo, y Su designio para disponer, todo lo que ha de suceder. De ahí que las doctrinas sobre los decretos divinos, la predestinación, la elección soberana y la reprobación, o son directamente negadas por los arminianos, o se les da una explicación retorcida mediante el recurso a la razón humana, haciendo así muchas veces violencia a las claras aserciones del Texto Sagrado. Proclaman que Dios no tiene ningún otro decreto respecto a la salvación de los hombres que el de estar dispuesto a salvar a los que crean, y condenar y reprobar a los que no crean; de todo lo demás, sólo el hombre es responsable sin ninguna intervención por parte de Dios. Una vez que Dios ha enviado a Su Hijo al mundo para hacer desaparecer el insuperable obstáculo del pecado, y ha contrarrestado la incapacidad del hombre impartiendo a todos una pretendida gracia común, es al hombre a quien compete hacer su propia elección, aunque, por supuesto, hay que predicarle el evangelio. En este plan, Dios nada determina, nada otorga excepto la eliminación de la incapacidad natural, y nada garantiza; ciertos individuos son escogidos por Dios sólo en el sentido de que El ha previsto su fe y sus buenas obras – fe y obras que surgen de ellos mismos y no son producidas por Dios. En fin de cuentas, según este sistema, el hombre es su propio salvador; y una salvación que surge con tales incertidumbres, que se basa en una mera presciencia del mérito humano, y que exalta la voluntad humana hasta conferirle la soberanía, no puede dejar sitio para la doctrina de la seguridad, puesto que la seguridad eterna de los que se salvan depende de la actuación soberana de Dios.

4. EL CONCEPTO ARMINIANO DE LA CAIDA. No es preciso volver a discutir en detalle el tema de la caída del hombre, ya tratado ampliamente en el volumen II, sino que lo ya tratado ha de servir de trasfondo a esta breve referencia a tema tan extenso y misterioso.

La doctrina sobre la caída del hombre está relacionada con todo el esquema bíblico de la predestinación mucho más estrechamente de lo que a veces se cree, pues, si prescindimos de la caída con su completo arruinamiento de la raza, no queda base suficiente para la doctrina de la gracia soberana con su total pretención del mérito humano, no para refutar el concepto de que la elección soberana representa una acepción de personas por parte de Dios. Los arminianos de la vieja escuela nunca han negado la caída del hombre, ni su extensión, pero pretenden que dicha caída, por grande que fuese, es contrarrestada por la concesión de la gracia común. Desde el momento en que esta gracia es impartida, el caso del hombre es diferente, pues la capacidad que el hombre recobra para actuar a favor o en contra de la voluntad de Dios viene a ser la piedra angular en la estructura arminiana de la Soteriología. Esta pretendida capacidad para rechazar a Dios, no sólo condiciona y hace contingente la salvación de los hombres, hasta el extremo de que a Dios apenas le queda otra cosa que prever lo que el hombre va a hacer sino que dicha capacidad sobrevive después de la conversión y hace posible que una persona ya salva pueda retroceder a su primitiva condición de perdida. Por el contrario, los calvinistas mantienen que los hombres son totalmente incapaces de liberarse a sí mismos y de dar un solo paso en el camino de su propia salvación, que no pueden presentar a Dios ningún mérito con que reclamar la salvación, y que dicha salvación es una empresa divina basada en un justo fundamento, que no sólo proporciona a un Dios santo la libertad para salvar a los impíos, sino que también le proporciona la misma recta libertad para guardarlos salvos para siempre.

Cuando este plan divino para la salvación de los hombres por gracia, es abandonado y se le sustituye con un sistema de méritos humanos, como los arminianos prefieren hacer, forzosamente han de sentirse acosados por dudas, retrocesos y fracasos que no tienen cabida en el Nuevo Testamento. En el sistema arminiano surge una grave cuestión, a saber, si una persona a quien se le ha inculcado la noción de que, en un gran porcentaje, es su propio salvador y guardián, puede encontrar jamás el reposo y la paz que son patrimonio de cuantos han cesado de apoyarse en sus propias obras y se han echado totalmente en manos de Dios.

5. EL CONCEPTO ARMINIANO DE OMNISCIENCIA. No es pequeña la dificultad que en el sistema arminiano surge del hecho obvio de que Dios no ha podido prever como cierta ninguna cosa futura, a no ser que El mismo la haya hecho cierta mediante Su predeterminación; ni la presciencia puede actuar sin la predeterminación, ni la predeterminación sin la presciencia. Una mera presciencia de lo que han de determinar las causas segundas, deja todo el plan del futuro a la deriva, sin rumbo ni brújula. De acuerdo con Su Palabra, Dios prevé, determina y ejecuta con toda seguridad; toda predicción de la biblia incluye estos elementos, y en ninguna parte se muestra esto tan decisivamente como en los sucesos relacionados con la muerte de Cristo. Dios previó que su Hijo moriría en una cruz, pero hizo mucho más que prever esto, pues Pedro declara que cristo como Cordero fue "destinado desde antes de la fundación del mundo" (1 P. 1:20); y un suceso tan importante no pudo ser dejado a merced de la incertidumbre de las voluntades humanas. "Manos de inicuos" fueron las que crucificaron al Hijo de Dios, pero ello sucedió de acuerdo con "el determinado consejo y anticipado conocimiento de Dios" (Hch. 2:23). La salvación de cada individuo que cree en Cristo no está a merced de la determinación humana más de lo que estuvo la muerte de Cristo. El concepto arminiano de la elección de algunos a la gloria eterna incluye en tal elección a los que creen en Cristo, perseveran y mueren en tal fe, mientras que la Escritura enseña que ciertos hombres creen, perseveran y mueren en la fe, precisamente porque están elegidos y destinados a la gloria eterna. Cuando se concede al hombre la responsabilidad de labrarse su propio destino eterno, como el Arminianismo propugna que puede hacerlo, preciso será caer en la cuenta de que todo ello puede llevarse a cabo tan efectivamente si lo previó Dios como si no lo previó. La seguridad, según el concepto que de ella tienen los arminianos, consiste en que lo que Dios previó, los hombres lo habían de hacer por sí mismos y, puesto que el elemento humano es el que prepondera en ello, el que una persona llegue efectivamente a la gloria del Cielo es más o menos casual – ciertamente no está predeterminada ni ejecutada por Dios.

6. EL CONCEPTO ARMINIANO DE LA SOBERANIA DIVINA. Cuantos poseen una mente piadosa conceden que Dios es el supremo Gobernador del Universo y que, a este fin ejercita Su autoridad y Su poder. El que El lleve a efecto precisamente lo que antes se ha

propuesto, no crearía ninguna dificultad como afirmación general, si no fuera por el hecho de que el admitirla conduce lógicamente a la posición calvinista respecto a la predestinación, justificación y glorificación de todos aquellos a quienes Dios ha escogido para la salvación eterna. Los calvinistas sostienen que Dios obra con razón suficiente, pero en un nivel mucho más alto de lo que el humano entendimiento puede comprender; y, por anto, no pretenden hallar sus propias razones para todos los caminos de Dios en relación con el Universo y con los hombres. Los arminianos, por el contrario, tratan de asignar una razón a los modos de proceder de Dios con los hombres y, con ello, vienen a negar Su soberanía. Es una actitud digna el creer que Dios gobierna todas las cosas, poniendo por obra precisamente lo que El ha querido y designado y que, al obrar así, siempre actúa dentro de los límites que Sus adorables atributos le imponen. También se sigue que, mediante Su omnipotencia, Dios pudo haber impedido todo mal en todas sus formas y que, puesto que el mal está presente, está sirviendo un designio que es digno de Dios y que, al final, será reconocido como tal por todas las inteligencias. Los arminianos tienden a desacreditar la soberanía de Dios al pretender que los acontecimientos no han de ser necesariamente considerados como dependientes de la voluntad de Dios. Esto ha conducido a grandes discusiones acerca de la volición divina; los arminianos se ven obligados a distinguir en Dios una voluntad antecedente y una voluntad consiguiente; la primera inclina a Dios a salvar a todos los hombres, mientras que la segunda es condicionada por la conducta humana; la voluntad antecedente no es una voluntad soberana; además, está restringida por la acción del hombre. Tal concepto está muy lejos de la enseñanza calvinista respecto a la voluntad eficaz de Dios – que no sólo elige salvar a algunos, sino que los salva de hecho y los preserva, después de preparar todo lo que se requería para este fin y de proporcionar todo lo que había antes preparado. Como dijimos anteriormente, los dos impedimentos o barreras que se interpusieron en el camino fueron el pecado y el libre albedrío del hombre. En la muerte sacrificial de Su Hijo, Dios se las hubo definitivamente con el obstáculo que el pecado respresenta; inclinando los corazones humanos (sin sombra de coacción) a desear Su gracia salvadora, impide la obstrucción que el libre albedrío del hombre podría presentar. Ambos sistemas – Arminianismo y Calvinismo – son, en este punto, consecuentes con sus respectivas posiciones: el Arminianismo propugna que el hombre tiene la última palabra y que Dios se ve obligado a adaptarse a este orden de cosas; el Calvinismo propugna que Dios es soberano y que el hombre queda obligado ajustarse a esta revelación. Los arminianos quedan privados de la excelsa bendición que es patrimonio de cuantos creen las verdades sublimes de la predestinación, elección y soberanía de Dios, porque no se deciden a aceptar estas verdades en toda su rotunda realidad; por haber incorporado a su esquema el limitado elemento humano, toda certeza acerca del futuro queda para el arminiano envuelta en la niebla de la duda, pues habiendo hecho del designio divino algo contingente, la ejecución de tal designio debe necesariamente quedar en la contingencia. Con ello, la gloriosa disposición divina por la que los impíos pueden ir al cielo se trueca en un mero programa moral con el que sóla las personas buenas pueden tener una esperanza.

7. EL CONCEPTO ARMINIANO DE LA GRACIA SOBERANA. Tan ciertamente como que hay en el mundo dos formas de religión completamente separadas entre sí y divergentes – una en que Dios salva al hombre; otra en la que el hombre se salva a sí mismo – así de taxativamente están el Calvinismo y el Arminianismo lejos el uno del otro. Todas las formas de religión que los hombres aprecian, pertenecen, con una sola excepción, al grupo que se caracteriza por la obligación que impone a los hombres de salvarse a sí mismos; y en este grupo está clasificado el Arminianismo, por la importancia que da al elemento del mérito humano. Formando por sí sola un grupo totalmente aparte, por su dedicación a la doctrina de la gracia pura e incondicional, la verdadera fe cristiana, según fue expuesta por el gran Apóstol y más tarde defendida por Calvino y por innúmeros teólogos antes y después de él, es un sistema de Soteriología caracterizado por el principio fundamental que Dios, sin ajenas ayudas y sin dar a nadie parte alguna en Su gloria inmutable, inicia, ejecuta y consuma la salvación del hombre; lo único que se requiere del lado humano es que el hombre reciba lo que Dios está dispuesto a darle, y esto se le dice que ha de hacerlo creyendo en Cristo como su Salvador. El Arminianismo falsea esta sublime obra de Dios mediante la intrusión de elementos humanos en cada paso del camino. En la interpretación de la Palabra de Dios respecto a la elección soberana, no acierta a elevarse por encima de su pretensión de que dicha elección consiste en el acto de la presciencia divina por el que Dios ve de antemano a los hombres de fe, santidad y constancia. Esta interpretación no sólo invierte el orden de las verdades – la Escritura declara que los hombres son elegidos *para* ser santos y no *por* ser santos – sino que intercala en el mismo comienzo del programa divino de salvación el elemento, destructor de la gracia, del mérito humano. En el asunto de la única condición para salvarse, que es creer en Cristo, los arminianos han añadido constantemente varios

requisitos al único que Dios ha prescrito, y todos ellos contravienen al elemento esencial de pura gracia por añadirle el elemento de obras humanas. De modo similar, en la esfera de la salvaguardia del creyente, la cual se nos declara que es totalmente obra de Dios, el Arminianismo hace la seguridad dependiente de la conducta humana. Los arminianos parecen extrañamente ciegos en cuanto a comprender el plan divino por el que, independientemente de todos los aspectos del mérito humano, los pecadores son elegidos desde la eternidad sin tener en cuenta sus méritos futuros, son salvos al presente con la sola condición de creer en Cristo, y guardados para toda la eternidad mediante el poder de Dios sobre una base que nada tiene que ver con la conducta humana. En realidad, el afirmar todo esto equivale a declarar que los arminianos están ciegos al verdadero evangelio de la gracia divina, que es la verdad central del Cristianismo – si es que la revelación paulina es tenida en cuenta de alguna manera. Frente a esto y en conformidad con el Nuevo Testamento, los calvinistas afirman que la elección se apoya sobre una base de gracia que no prevé ningún mérito humano en los escogidos, que la salvación actual es por la fe sola, y que los salvos son preservados totalmente por la gracia divina sin referencia alguna al mérito humano.

Parecería totalmente innecesario el recordar de nuevo al estudioso de aquí hay un importante cuerpo de doctrina que condiciona la vida cotidiana del creyente después que es salvo, y que la motivación de su conducta no se halla en la exigencia de añadir obras meritorias al perfecto plan divino de realizar la salvación por pura gracia, sino en la más razonable obligacion de "andar como es digno de la vocación con que fue llamado" (Ef. 4:1). Portarse bien como un hijo es, en principio algo muy diferente de la idea de portarse bien para llegar a ser hijo. La plaga de la Soteriología arminiana está en que parece incapaz de percatarse de esta diferencia y, por ende, no deja lugar a la acción de la pura gracia en la realización del propósito soberano de Dios mediante una perfecta salvación y una eterna preservación independientemente de toda forma de mérito o cooperación del hombre.

Aunque este tema es tratado abundantemente en diferentes lugares, es preciso en este punto decir unas palabras respecto al significado del término *gracia soberana* – un término usado por los calvinistas con genuina satisfacción, pero evitado y rechazado por los arminianos. La gracia soberana tiene su origen y viene a ser inmediatamente una completa realidad en la mente de Dios cuando, antes de la fundación del mundo, El elige un grupo de personas con el fin de llevarlas a la gloria mediante su ilimitado poder, hechas conformes a la imagen de Su Hijo y aparecer así ante todas las inteligencias como el medio por el cual Dios quiere mostrar las abundantes riquezas de Su gracia (Ef. 2:7). Esta manifestación ha de corresponder a Su infinidad y ha de satisfacerle perfectamente como la medida definitiva y exhaustiva de su atributo de gracia. Dos obstáculos, que El ha permitido que existieran, han de ser vencidos – el pecado y el libre albedrío del hombre. Para que Su gracia sea manifestada, y muestre su realce, El se encarga de superar por Sí mismo – pues ningún otro podría cooperar a ello – el obstáculo del pecado. Que este obstáculo ha sido superado se nos declara en muchos textos de la Escritura. Baste con citar aquí dos: "El siguiente día vio Juan a Jesús que venía a él, y dijo: He aquí el Cordero de Dios, que quita el pecado del mundo" (Jn. 1:29); "que Dios estaba en Cristo reconciliando consigo al mundo, no tomándoles en cuenta a los hombres sus pecados, y nos encargó a nosotros la palabra de la reconciliación" (2 Co. 5:19). Queda, por tanto, sólo el obstáculo de la voluntad humana. Habiendo asignado al hombre como criatura la posesión de una voluntad responsable, no puede Dios dar un paso en la realización de Sus designios soberanos, que tienda de alguna manera a coaccionar la volición humana, pero sí puede mover la mente del hombre despertándola a una cordura espiritual y poniendo ante él lo apetecible de la salvación por Cristo. Si Dios con Su poder produce una visión nueva de la realidad del pecado y de la bendición de tener a Cristo como Salvador y, movidos por esta iluminación, los hombres escogen ser salvos, sus voluntades no quedan coaccionadas ni queda paralizada la normal actuación de parte alguna de su propio ser. Es una sinrazón de los arminianos el objetar que la voluntad humana queda anulada por la elección soberana. Sobre este importante punto, dice así el Dr. Cunningham:

"Los arminianos suelen objetar a estas ideas sobre la eficacia segura o irresistibilidad de la gracia de Dios en la conversión, que no pueden compaginarse con la naturaleza de la voluntad humana, y con las propiedades que le han sido asignadas, y acostumbran a presentar nuestra doctrina como si ésta implicara que los hombres se ven forzados a creer y a convertirse a Dios contra su propia voluntad, quieran o no. Esto es una tergiversación, pues los calvinistas no sostienen tal opinión, ni puede demostrarse que su doctrina les obligue a sostenerla; más aún, una exposición completa de su doctrina sobre este punto la excluye o la contradice. Nuestra Confesión de Fe, después de reseñar la llamada eficaz, la cual implica palmariamente que la gracia de Dios en la conversión es un ejercicio de Su omnipotencia y no puede ser resistida con éxito, añade: 'Con todo, vienen con la mayor libertad, pues Su gracia les hace querer venir'. Esta especial operación del Espíritu, que no puede ser superada o frustrada, consiste precisamente en la renovación de la voluntad misma, comunicándole así un poder de querer lo que es bueno espiritualmente – poder que no es propio de su condición natural y que no podría recibir de otra fuente que no fuese una agencia divina y omnipotente – . En el ejercicio de este nuevo poder, los hombres pueden cooperar con el Espíritu de Dios que les guía y dirige y, al cooperar así, lo hacen, no constreñidos, sino voluntariamennte, – siendo conducidos, bajo la influencia de las noticias respecto a Cristo y el camino de salvación que les ha abierto y les ha inculcado, y de los motivos que tales ideas sugieren, a recibir a Cristo y a escoger aquella mejor parte que no les será quitada. Al comienzo de este proceso, no son actores en modo alguno, sino que están enteramente pasivos, – sujetos pacientes de una acción divina, pero desde el momento en que comienzan a actuar en este terreno, o simplemente a *hacer* algo, actúan libre y voluntariamente, guiados por motivos racionales que se derivan de las verdades que sus ojos han sido abiertos para ver, y que, humanamente hablando, podrían haberles conducido más presto a convertirse a Dios, si la impotencia moral de sus voluntades para todo bien espiritual no se lo hubiese impedido. Ciertamente, pues, no hay en todo esto cosa alguna que avale la pretensión de que, según los principios calvinistas, los hombres son forzados a arrepentirse y creer contra su voluntad, lo quieran o no. " – *Ibid.*, pp. 413-414.

Después de todo, aunque la voluntad humana conserva su libertad normal durante todo el proceso por el que los hombres son conducidos a la gloria eterna, el factor más importante en esta empresa es la deshonra de Dios. La pretensión arminiana de que la voluntad de la criatura puede derrotar a la voluntad del Creador, es a la vez una deshonra de dios y una deificación del hombre; resulta casi pueril afirmar que Aquel que ha creado todos los ángeles, todas las cosas materiales y todos los seres humanos con sola Su palabra, que conserva todas las cosas en su ser y hace que se mantengan conjuntamente en cohesión, que puede prometer a Abraham que en él serían benditas todas las familias de la tierra, y a David que su trono sería estable para siempre, que ha hecho innumerables predicciones acerca de Sus designios para el futuro, las cuales implican la inmediata dirección de las vidas de seres sin cuento, no pueda guiar el destino de una sola persona por el camino que le plugo escoger.

Ningún arminano ha puesto en duda que Dios desee guardar a los que ha salvado por Cristo; sus dudas se refieren simplemente a que Dios *no puede* hacer lo que desea, incluso después de haber superado cualquier obstáculo que se lo pudiera impedir.

Queda así demostrado que el punto de vista arminiano acerca de las siete doctrinas soteriológicas más relevantes, tiende a deshonrar a Dios, a pervertir y falsear la doctrina de la gracia divina, y muestra falta de fe en la revelación que Dios ha hecho.

II. EL ENFASIS ARMINIANO EN LA EXPERIENCIA Y RAZON HUMANAS

Aunque los arminianos citan la Escritura para defender su pretensión de que el cristiano no está a salvo – y dichos textos quedan por considerarse – acostumbran a apelar a la experiencia, se repite con frecuencia que algún individuo ha sido primeramente cristiano y después no ha sido salvo; pero, en cada caso que se cita, se presentan dos suposiciones sin fundamento. Ni se ha podido demostrar decisivamente que dicha persona fuese primeramente salva, ni se ha podido asegurar que después no fue salva. Se cita a Demas por haber desamparado al Apóstol Pablo (2 Ti.4:10), ha de tenerse en cuenta que ello no implica en manera alguna la idea de que Dios desamparase a Demas. De modo semejante, si se objeta que Judas – uno de los Doce – se fue a su lugar, también está claro que Cristo aseguró de él que era "el hijo de perdición" (Jn.17:12), sin implicación alguna de que hubiese sido salvo en ningún momento. Sobre el problema que suscita el caso de Judas, hace el Dr. Wardlaw las siguientes observaciones:

"(1). No hay evidencia de nada semejante a una verdadera gracia en Judas sino todo lo contrario (Jn. 6:64). Lo único que podría objetarse contra esto es el pasaje en que parece que se habla de él como uno de los dados a Cristo (Jn. 17:12). Esto me lleva a observar – (2), que en el contexto de tales palabras, Jesús dice cosas acerca de ' los dados a El ', que no es posible que fuesen verdad de Judas (Jn. 17:2,6,9,11,12). Seguramente que, si Judas hubiera sido ' guardado ' como los demás, no habría podido ser ' el hijo de perdición '. De ello se sigue que no estaba entre los ' dados ' y ' guardados '. (3). En este texto, es cierto que la frase empleada denota ordinariamente una excepción: – ' Y ninguno de ellos se perdió, sino ', etc. (*εἰ μη*). Sin embargo, hay que notar que hay casos en que *εἰ μή* no se usa como partícula exceptiva, sino adversativa, en el mismo sentido que *ἀλλά* (Gá.1:7; Ap. 9:4; 21:27). Esta explicación se confirma si se considera que el interpretarlo de otra manera es hacer que el Salvador se contradiga a sí mismo (Jn. 6:39). Si Judas era de los que le habían sido dados, y pereció, lo que allí dice Jesús no sería verdad. (4). Es verdad que de Judas se habla como escogido (Jn. 6:70-71). Sin embargo, es obvio que este escogimiento se refiere exclusivamente al oficio. Los términos mismos de los versículos citados bastan para mostrarlo. En cuanto a la razón por la que Jesús escogió a una persona como él para ser uno de los Doce, eso ya es una cuestión totalmente distinta, que nada tiene que ver con el presente problema. Tenemos más pruebas de que la elección no fue personal, sino oficial (Jn. 13:10,11,16). De estos versículos se desprende que Judas no era uno de Sus elegidos; y que no poseía, como ellos, el lavamiento de Su Espíritu. Si distinguimos entre los dos sentidos de ' escogido ', todo queda claro. (5). A base del principio tantas veces repetido, de personas a las que se alude de acuerdo con su profesión, sus signos exteriores, o su asociación, Judas aparecía entre los Doce como uno de ellos; y podía ser incluido con ellos bajo la misma designación general aunque espiritualmente, o propiamente hablando, no perteneciese a los que le habían sido dados por el Padre (Jn. 15:2; Mt. 15:13). – *System of Theology,* II. 570.

Al llegar a este punto, tiene cabida lógicamente la extensa enseñanza del Nuevo Testamento, referente al hecho del pecado del cristiano y a la provisión divina para tal pecado mediante la muerte de Cristo y bajo condición de que el pecado sea confesado – una doctrina grandemente descuidada, y por nadie tanto como por los teólogos arminianos, pues en el modo de pensar arminiano se echa en falta el reconocimiento de la sublime verdad de que, por haber llevado sobre Sí todo pecado en la Cruz, Cristo nos ha procurado de parte de Dios Padre una actitud propicia hacia "nuestros pecados" (los pecados del cristiano) y hacia "los pecados de todo el mundo" (los pecados de los no salvos). Este fallo de la teología arminiana se echa de ver en la respuesta que casi siempre dan a la pregunta de qué poder o agencia interviene para hacer que un verdadero hijo de Dios pueda tornarse de nuevo una persona no regenerada. La respuesta es que es el *pecado* lo que hace que el cristiano pierda su salvación – no los pecados leves que todos los cristianos cometen, de lo contrario nadie estaría salvo ni durante una hora, sino los graves y terribles – pero, si esto fuese verdad, entonces habría pecados que el cristiano puede cometer, que Cristo no habría llevado en la cruz, y que siguen teniendo poder condenatorio contra el creyente que ha quedado resguardado bajo las estipulaciones de la cruz. En cuanto a esto, declara la Escritura: "El que en él cree, no es condenado; pero el que no cree, ya ha sido condenado, porque no ha creído en el nombre del unigénito Hijo de Dios" (Jn. 3:18); "De cierto, de cierto os digo: El que oye mi palabra, y cree al que me envió, tiene vida eterna; y no vendrá a condenación, mas ha pasado de muerte a vida" (5:24); "Ninguna condenación hay para los que están en Cristo Jesús" (Ro. 8:1); "¿Quién es el que condenará? Cristo es el que murió; más aún, el que también resucitó, el que además está a la diestra de Dios, el que también intercede por nosotros" (Ro. 8:34); "Si, pues, nos examinásemos a nosostors mismos, no seríamos juzgados; mas, siendo juzgados, somos castigados por el Señor, para que no seamos condenados con el mundo" (1 Co. 11:31-32). Estos son pactos positivos e incondicionales que dan la seguridad de que el creyente nunca será condenado. Es cierto por el último de los pasajes citados, que el cristiano que peca será castigado,y en verdad que Dios disciplina sin indulgencia, y todo hijo que pertenece a Su casa no escapará de la corrección si peca; pero castigo y condenación son cosas totalmente distintas. Así, pues, de nuevo se pone en evidencia en este punto el contraste respectivo; la unión, que depende totalmente de la posición garantizada por estar en Cristo, es de una naturaleza completamente distinta de la comunión, la cual depende de la observancia que el creyente presta a todo lo que de él requiere la voluntad de Dios. La unión con Cristo, estando basada en los méritos inmutables de Cristo – El es el mismo ayer, y hoy, y por los siglos – debe continuar y continúa para siempre, y todos los problemas que afectan a la vida cotidiana del creyente son necesariamente confrontados sobre una base completamente diferente. Basar en la vida diaria del cristiano su continuidad en el estado de salvación, es esperar de él algo que ningún cristiano ha experimentado jamás en este mundo – una perfección sin tacha. Exigir a un cristiano la impecabilidad como única esperanza de seguridad – como lo hacen los arminianos – equivale a suscitar esa forma peculiar de negligencia o de desánimo que constituye la normal reacción de toda persona seria cuando se enfrenta con una imposibilidad. Todo esto conduce a la misma equivocación que es la calamidad de esa forma de racionalismo, incapaz de comprender el evangelio de la gracia divina. Este racionalismo propugna este plan a fin de que se salven las buenas personas, sean preservadas a causa de sus buenas cualidades personales, y sean recibidas en el Cielo por sus méritos propios. En cambio, el evangelio de la gracia divina formula su plan de manera que la gente mala – expresión que describe a toda persona de este mundo – pueda ser salva, ser preservada por el mismo medio por el que fue salva, a saber, mediante la obra salvífica y los méritos de Cristo,y ser recibida en el Cielo, no como modelo de perfección humana, sino como objeto de la gracia infinita. El Arminianismo, con su énfasis en la experiencia humana, en el mérito humano, y en la razón humana, parece comprender poco o nada la revelación de que la salvación es por pura gracia, mediante la fe.

Pocos arminianos han sido consecuentes en el asunto del efecto del pecado en un hijo de Dios. Parecen desconocer un vasto conjunto de pasajes bíblicos que revelan toda la verdad sobre el pecado y su remedio en relación con el creyente, pero, si son lógicos, deben requerir tantas regeneraciones como pecados se cometen; ahora bien, los arminianos no son consecuentes en este punto, pues, confrontados con el hecho obvio e indiscutible de que hay cristianos que no pierden su salvación a pesar de confesarse imperfectos, sostienen la noción antes citada de que son sólo las formas graves de maldad las que hacen a un creyente perder su salvación. Pero Dios declara de Sí mismo que no puede ver ningún pecado con indulgencia, y en Su propia santidad no cabe ni vestigio de mudanza, y el inferir que no le afectan los pecados de menor importancia, no sólo es contrario a la verdad, sino que es un insulto flagrante a El. El

Calvinismo, siguiendo la verdad contenida en la divina revelación, no infiere a la santidad divina tal ultraje, sino que se ajusta al plan divino por el que todo pecado, tanto antes como después de la conversión, queda justamente confrontado, pero para gloria de Dios y para la salvación eterna del creyente. Después de todo, ante las demandas de la santidad divina, sólo hay dos alternativas, a saber, o apoyarse en la perfección de Cristo o estar uno mismo sin pecado alguno. Lo segundo es imposible, y de haber existido tal alternativa, lo hubiera sido independientemente por completo de la intervención salvadora del Hijo de Dios; la primera alternativa es posible a todos y es ofrecida a todos sobre la única base de la fe en el Salvador que Dios ha provisto. La salvación por medio de Cristo es la esencia del Cristianismo, mientras que la salvación por los méritos propios no es mejor que cualquiera filosofía pagana, y de esta noción, tan ajena a la revelación del Nuevo Testamento, es de la que el Arminianismo participa.

Otra objeción del Arminianismo, supuestamente basada en la experiencia es que, si como el Calvinismo enseña y con la misma certeza lo revela el Nuevo Testamento, el creyente no puede perderse a pesar del pecado, el efecto de tal doctrina es la inducción al libertinaje, tendiendo así al Antinomianismo. En otras palabras, Dios no tiene otro motivo para presentar ante el creyente para garantizar que éste ha de observar una conducta fiel que la amenaza de que se va a perder a no ser que permanezca fiel. Como decía uno: "Si creyera que estaba a salvo por ser cristiano, inmediatamente me entregaría a gozar del pecado lo más posible". Estos sentimientos son propios de una mente no regenerada. La respuesta de una persona salva a la pregunta: "¿Perseveraremos en el pecado para que la gracia abunde?" es "En ninguna manera". O sea, que, aunque la mente carnal está presente en el cristiano y, con ella, la tendencia al mal, también tiene la mente del Espíritu, y esta voz nunca se calla del todo. La seguridad no significa, como supone el Arminianismo, que Dios se limita a guardar a salvo personas malvadas, sin tener en cuenta lo que éstas hagan, sino que ha tomado innumerables medidas para proteger la vida diaria del creyente, a saber, la Palabra de Dios que, introducida en el fondo del corazón, lo fortalece para no pecar contra Dios, la presencia del Espíritu victorioso como poder liberador en la vida de cada creyente, y el incomparable poder sustentador de la incesante plegaria de Cristo en favor de los salvos. Si alguien que profesó ser salvo, se apartó después del camino de la verdad y no mostró ningún deseo de una vida santa, no podría dar seguridad de haber sido una vez salvo y, por tanto, sería una excepción, y no una demostración de lo que es un cristiano deverdad. Ningún sistema de teología puede gloriarse de que su esquema doctrinal garantiza que los que son salvos no pecarán jamás, y sería difícil probar, aunque los arminianos lo afirman constantemente, que los que, como los Puritanos, creen estar seguros en Cristo, fueron y son mayores pecadores que los adeptos del Arminianismo que no tienen tal pretensión. Permítasenos repetir que el mayor incentivo posible en la vida de una persona es el que correctamente impulsa al verdadero creyente, y que ningún arminiano ha intentado seriamente ensayar en su propia vida, a saber, el honrar a Dios en su vida porque cree que es salvo y seguro en la gracia redentora de Dios, en lugar de intentar honrar a Dios porque de esta manera espera salvarse y estar seguro. El obrar bien nunca pudo salvar a un pecador ni preservar incluso a un santo, pero es verdad que el ser salvo y preservado por Dios comporta la más imperativa obligación de obrar bien.

En conclusión, podemos reafirmar que, en cuanto a la experiencia humana que el Arminianismo tiene a veces como prueba de que uno que ha sido salvo puede perderse de nuevo, no puede demostrarse que tal caso se haya dado jamás. Por el contrario, la revelación define de tal manera el poder salvador y preservador de Dios, que puede afirmarse con toda seguridad que ninguno de los que han sido regenerados de verdad, se ha perdido jamás ni puede perderse. En cuanto a la razón humana, que los arminianos utilizan contra la doctrina de la seguridad, sólo es menester hacer notar que ninguna razón humana es capaz de rastrear la empresa divina que proporciona tanto la salvación como la preservación a base del sacrificio y de los méritos imputados del Hijo de Dios, y sin exigir al pecador ninguna otra condición sino que crea en Cristo como su Salvador. Lo que Dios realiza está de acuerdo con la razón, pero es aquella otra razón más elevada la que caracteriza toda empresa divina.

III. LA APELACION ARMINIANA A LAS ESCRITURAS

De todas las pretensionses de los arminianos, la apelación a las Escrituras es el aspecto más digno de esmerada consideración, pues todos los que intentan exponer la Palabra de Dios deben admitir que hay algunos pasajes que, tomados a primera vista, parecen implicar que uno que ha sido salvo puede perderse de nuevo. El problema concierne al exacto sentido de tales pasajes y a cómo deben armonizarse en la mente divina, puesto que la Palabra de Dios no puede contradecirse a sí misma, con un número mucho mayor de testimonios escriturales – un cuerpo de doctrina que raras veces tratan los arminianos de discutir – que no admite diversas interpretaciones y que afirma dogmáticamente la seguridad eterna de un verdadero hijo de Dios. También queda el problema de cómo pueden dichos pasajes de supuesta inseguridad armonizarse con la verdad de la posición del creyente, tanto en el propósito electivo de Dios, como objeto de una gracia soberana, cuanto en el Cuerpo de Cristo con todo lo que esta membresía comporta. También se observará que no se hace violencia alguna a dichos pasajes cuando se los interpreta de manera que estén en armonía con los pasajes que declaran la preservación de los cristianos. Frente a esto, los pasajes que afirman la seguridad, juntamente con las demandas que presentan las doctrinas de la elección soberana y de la gracia soberana, sólo pueden interpretarse de una manera, a no ser que se les haga gran violencia mediante sustracciones o adiciones que sean fruto de opiniones humanas. El que los arminianos no se atreven a discutir estos textos es un hecho muy significativo.

Respecto al lugar que la doctrina de la seguridad ocupa en su relación con otras grandes doctrinas, quien estudie con atención las enseñanzas de la Biblia se percatará del hecho de que la pretensión arminiana no ayuda en manera alguna a contemplar de lleno las doctrinas de la elección soberana y de la gracia soberana, sino que queda satisfecha con presentar una consideración parcial de la doctrina de la seguridad, mientras que es de censurar su despreocupación tanto de la elección soberana, con su inalterable designio de llevar a la gloria eterna a quienes Dios ha predestinado, como de la gracia soberana, que responde a todo requisito que se exija y soluciona de una manera infinitamente perfecta cualquier problema que pueda plantearse en el proceso de llevar a un pecador perdido a tal gloria. Estas dos verdades son supremas y, comparada con ellas, la doctrina de la seguridad no es más que una pajita flotando en la superficie del fondo abismal de esas realidades divinas – *elección soberana y gracia soberana.* A poco que se consideren con seriedad estas grandes doctrinas, cualquier persona sin prejuicios ha de conceder que, si pudiese fallar Dios en Sus eternos designios en favor de una sola alma, después de haber llevado a cabo con Su gracia todo lo necesario para sortear cualquier obstáculo que pudiera interponerse, El mismo vendría a ser por ello un colosal fracaso. No es difícil darse cuenta del motivo que induce a los arminianos a poner un énfasis tan desproporcionado en la doctrina de la seguridad únicamente. La razón está en que el problema superficial de si un cristiano continuará salvo es fácil de comprender, mientras que los temas de la elección soberana y de la gracia soberana son demasiado complicados para ciertos tipos de mentalidad.

Pueden citarse hombres honestos como autoridades en uno cualquiera de los bandos de esta controversia, pues cualquiera puede equivocarse, pero la Palabra de Dios no puede errar ni contradecirse a sí misma; ella no nos presenta distintos sistemas de teología, entre los que los hombres puedan escoger; la elección divina o es soberana y, por ende, tan inalterable como la misma esencia de Dios, o no lo es; la gracia salvífica y preservadora o es infinitamente capaz de presentar al mayor de los pecadores sin falta delante de la santa presencia de Dios, o no lo es. Aquel para quien Dios ha comenzado, por medio de la regeneración, una buena obra, tendrá asegurada la continuación y consumación de dicha obra hasta el día de Jesucristo (Fil. 1:6), o no la tendrá. Tratándose de afirmaciones de tanta importancia, las posiciones intermedias o condicionales son imposibles. Dios o es supremo, con todo lo que esta aserción implica, o no lo es; y cuantos dudan de Su supremacía, deben examinarse bien a sí mismos para ver si es que están en la fe (2 Co. 13:5). Una colección de meras proposiciones negativas, fundadas en meras conjeturas humanas, no merecen el título de *Un Sistema de Teología Cristiana.*

En aras de la claridad y de la conveniencia, agruparemos aquí en distintas clasificaciones los pasajes – incluso los notoriamente falseados – que los arminianos presentan en defensa de su pretensión sobre la inseguridad; con ello insinuamos que lo que es cierto de un pasaje dentro de un grupo, es más o menos cierto de todos los del mismo grupo. Antes de examinar dichos pasajes, es preciso reafirmar ciertos hechos fundamentales, a saber: (1) que el problema no afecta a los que profesan la fe de una manera meramente nominal, y que no han sido realmente regenerados según la manera que se declara en el Nuevo Testamento; (2) que un pasaje dudoso - que se refiere a algo en que están en desacuerdo expositores de nota – no puede emplearse para invalidar una aserción positiva de la Escritura sobre cuyo sentido inspirado no cabe controversia; y (3) no puede permitirse que los recursos a la experiencia o incluso a la razón humana, por muy valiosos que puedan ser en su debido lugar, sirvan para contradecir, o incluso para cualificar, las declaraciones directas de la revelación.

Los pasajes implicados en este aspecto de la discusión son los siguientes:

1. TEXTOS MAL APLICADOS DISPENSACIONALMENTE. Igual que "el amor al dinero", el fallo en dividir correctamente la palabra de la verdad, es raíz del mal (doctrinal). En los textos de este grupo, el equivoco se debe en gran parte al fallo en distinguir la primaria aplicación de un texto, de la secundaria.

Mateo 24:13. "Mas el que persevere hasta el fin, éste será salvo." El contexto se refiere totalmente a la tribulación venidera (comp. vs. 21-22) y el pasaje está dirigido a Israel. Su identificación como destinatario de las palabras de Cristo aparece en numerosos lugares del Discurso del Olivete, pero en ninguno tan claramente como en el versículo 9, donde se predice: "Y seréis aborrecidos de todas las gentes por causa de mi nombre". El pasaje en cuestión está de acuerdo con el restante testimonio de la Escritura sobre la experiencia de Israel en la tribulación venidera. Israel será librado de ella (Jer. 30:7). A este tiempo se refería el Salvador cuando decía a los judíos: "El que persevere hasta el fin, éste será salvo". Frente a esto, ha de recordarse que el cristiano es ya salvo *ahora* desde que cree (Jn. 3:36; 5:24). Si dicho pasaje se hubiese referido a los cristianos, hubiese dicho, para estar de acuerdo con la doctrina cristiana: *El que es salvo, perseverará hasta el fin* (comp. Jn. 3:16; 10:28).

Mateo 18:23-35. Este extenso pasaje declara la ley del perdón, a saber, que quien está perdonado, debe también él perdonar. Aplicar a la Iglesia lo que se dice claramente del Rey en relación con el reino de los cielos (v. 23), es una confusión de la verdad sin excusa posible. Igualmente, hacer del mero acto de perdonar algo equivalente a la salvación eterna, no tiene perdón. Si la salvación del Rey es igual a la salvación de los perdonados, la obligación de éstos es salvar a sus deudores perdonándoles. Pero un cristiano, que está en Cristo y bajo la protección de la gracia infinita, no necesita ser librado de los verdugos hasta que pague una deuda que Cristo ha pagado ya.

Ezequiel 33:7-8: "A ti, pues, hijo de hombre, te he puesto por atalaya a la casa de Israel, y oirás la palabra de mi boca, y los amonestarás de mi parte. Cuando yo dijere al impío: Impío, de cierto morirás; si tú no hablares para que se guarde el impío de su camino, el impío morirá por su pecado, pero su sangre yo la demandaré de tu mano".

Resulta completamente irrelevante el presentar un pasaje que tan claramente representa una amonestación y una instrucción dirigida a Israel, mediante el profeta, durante el tiempo de su dispersión; con todo, este pasaje, como el de Ezequiel 18:20-26, es constantemente usado por los arminianos como evidencia de que el cristiano puede sufrir las terribles consecuencias de cargar sobre sí la sangre de alguna persona perdida. Otros pasajes de este grupo son el Salmo 51:11 y 2 Ts. 2:3.

2. TEXTOS RELACIONADOS CON LOS FALSOS MAESTROS DE LOS ULTIMOS TIEMPOS. La época conocida como "los postreros tiempos" para la Iglesia, aunque extremadamente corta si

se la compara con otras épocas y dispensaciones, ocupa un desproporcionado espacio en el Nuevo Testamento. Dichos tiempos constituyen el final mismo de la era cristiana, y preceden inmediatamente al arrebatamiento de la Iglesia de este mundo y de la entrada de la tribulación en el mundo. Estos "postreros tiempos" se caracterizan por los falsos maestros. De estos maestros nunca se dice que sean salvos, sino que, a causa del carácter peculiar de su perversidad, se acarrearán sobre sí mismos una rápida destrucción. Aparecerán sólo en "los postreros tiempos" y, por tanto, no pertenecen a la época entera. Tres pasajes son especialmente claros:

1 Timoteo 4:1-2: "Pero el Espíritu dice claramente que en los postreros tiempos algunos apostatarán de la fe, escuchando a espíritus engañadores y a doctrinas de demonios; por la hipocresía de mentirosos que, teniendo cauterizada la conciencia. . . ".

No citamos todo el contexto, pero presentamos lo suficiente para indicar que, bajo una peculiar e inequívoca inspiración, se nos dice que, en los postreros tiempos, hombres de autoridad en la Iglesia apostatarán del sistema doctrinal que es llamado *la fe,* y lo reemplazarán por doctrinas de demonios. Algunos suponen sin motivo que estos maestros son creyentes que se tornan apóstatas no regenerados. El pasaje, de acuerdo con otros textos que tratan de la misma verdad general, no dice sino que estas importantes personas, después de haber tenido algún entendimiento de "la fe" (comp. Jud. 3), la rechazarán hasta el punto de apostatar de ella y, en su lugar, escuchar doctrinas de demonios. La idea de que alguien salvo puede perderse de nuevo, no tiene base alguna en este texto.

2 Pedro 2:1-22. Este pasaje, demasiado extenso para ser citado, es en gran parte una identificación de los maestros de los últimos tiempos. De ellos se dice que introducirán herejías, no tienen en cuenta los anteriores castigos divinos, desprecian a los ángeles y a las potestades superiores, y han abandonado el camino recto. Estos, después de haber escapado de las contaminaciones del mundo por el conocimiento del Señor y Salvador Jesucristo – no mediante la aceptación de Cristo como Salvador, sino siendo deudores de Cristo por haber conocido mucha verdad, la cual después abandonan y pervierten – , se vuelven atrás de lo que han conocido. En lugar de ser bendecidos y salvados por la verdad, se vuelven a las herejías. A ellos – quizás ordenados como ministros - fue encomendado "el camino de la justicia" y "el santo mandamiento"; con todo, se vuelven hacia lo que les marca y define como falsos maestros. Son comparados al perro y la puerca. En nuestros días, no deberían caber dudas para discernir a los clérigos no regenerados. Sobre este pasaje, dice Burt L. Matthews, en un folleto que replica a otro escrito por Millard respecto a la seguridad (p.23), lo siguiente:

"Si el autor hubiera examinado el versículo 22, hubiese entendido el otro citado. Léanlo: "El perro vuelve a su vómito, y la puerca lavada a revolcarse en el cieno". Esto es cierto del perro mejor criado, y de la puerca mejor enjaezada y galardonada con el primer premio, porque sus respectivas naturalezas no han cambiado por ello. Es igualmente cierto de aquellos que conocen el camino de la justicia, pero se vuelven hacia lo malo de acuerdo con su naturaleza inalterada, puesto que nunca han nacido de nuevo, ni han recibido una nueva naturaleza, ni han sido hechos nueva creación en Cristo. A la vista del versículo 20, podemos preguntar: ¿cuántos miles de personas sin cuento han escapado de las contaminaciones del mundo por el conocimiento del Señor y Salvador Jesucristo, por el hecho de haber nacido en una familia cristiana y en una nación donde la ética de Cristo ha elevado la moralidad de costumbres, y sin embargo nunca han reconocido su deuda mediante la aceptación personal de Jesucristo como Salvador? ¿Cuántos se han vuelto a las contaminaciones de las naciones que no conocen a Dios, y cuánto peor es su condición que si nunca hubiesen conocido el camino de la justicia? La luz y el conocimiento acrecientan la responsabilidad".

Judas 1:3-19. Este es otro pasaje demasiado largo para ser citado íntegramente. Puesto que Judas añade su testimonio de la verdad al que el Apóstol Pedro presenta en el pasaje anteriormente citado, puede también observarse la semejanza. La identificación específica que Judas hace de los falsos maestros se declara en los versículos 4 y 16-19, donde leemos: "Porque algunos hombres han entrado encubiertamente, los que desde antes habían sido destinados para esta condenación, hombres impíos, que convierten en libertinaje la gracia de nuestro Dios, y niegan a Dios el único soberano, y a nuestro Señor Jesucristo. . .Estos son murmuradores, querellosos, que andan según sus propios deseos, cuya boca habla cosas infladas, adulando a las personas para sacar provecho. Pero vosotros, amados, tened memoria de las palabras que antes fueron dichas por los apóstoles de nuestro Señor Jesucristo; los que os decían: En el postrer tiempo habrá burladores, que andarán según sus malvados deseos. Estos son los que causan divisiones; los sensuales, que no tienen al Espíritu."

Poca atención se presta a este y a otros pasajes relativos a los falsos maestros de los últimos días, cuando se pretende que, a causa de las corrientes seguidas por estos falsos maestros con respecto a la verdad de Dios, no es de extrañar que los cristianos puedan apostatar. Dando por supuesto, de momento, lo que no es verdad, a saber, que aquí se trate de creyentes degenerados, puede observarse que en este pasaje no se hace mención alguna respecto a creyentes que no vivan en los postreros días, y que tampoco hay ninguna referencia general a la gente que haya de vivir en tal época, sino sólo a los mismos falsos maestros.

3. UNA MERA REFORMA DE VIDA O UNA PROFESION EXTERIOR. Bajo este apartado, se tiene en cuenta una amplia gama de experiencias humanas. Si se quieren entender claramente los hechos implicados, es esencial percatarse bien de cuáles son exactamente los elementos que la salvación incluye. Cuatro pasajes merecen especial consideración:

Lucas 11:24-26: "Cuando el espíritu inmundo sale del hombre, anda por lugares secos, buscando reposo; y no hallándolo, dice: Volveré a mi casa de donde salí. Y cuando llega, la halla barrida y adornada. Entonces va, y toma otros siete espíritus peores que él; y entrados, moran allí; y el postrer estado de aquel hombre viene a ser peor que el primero."

El Salvador presenta aquí un aspecto de la verdad relacionado con la Demonología, que nada tiene que ver ni aún remotamente con el tema de la salvación por gracia. Un demonio que sale de una persona, dejando su anterior domicilio libre de tan malvado inquilino, puede volver, trayendo consigo otros demonios peores que el primer inquilino. El sofisma que implica el uso de este texto para abonar la tesis de la inseguridad, se echa de ver cuando se tiene en cuenta que la retirada de un demonio no equivale a la salvación, en la que se imparte la naturaleza divina. De igual manera, la presencia de la naturaleza divina en un individuo es garantía cierta de que ningún demonio puede entrar en él (1 Jn. 4:4). El incidente aludido puede referirse a una reforma o mejoría en el caso de un determinado paciente, pero nada tiene que ver con la cuestión de si uno que es salvo puede perderse de nuevo.

Mateo 13:1-8. Esta parábola predice sin duda ciertas circunstancias que se cumplen en la era presente, y en ella se nos advierte que habrá muchos profesantes que no serán verdaderos creyentes. Cualquiera que sea la experiencia real de aquellos que son comparados a lo que cayó junto al camino, o a la semilla que cayó en pedregales, o a la que cayó entre espinos, la prueba decisiva es que todos estos no llegaron a madurar en *trigo,* como lo hizo la semilla que cayó en buena tierra. Los tres fracasos no representan tres clases de gente, sino más bien el efecto de la Palabra de Dios en personas diferentes. Esta Palabra mueve a muchos de una manera superficial, pero aquellos que son salvos por ella, son asemejados al trigo. Los tres fracasos no representan a gente que primeramente fueron trigo y después se quedaron en nada.

1 Corintios 15:1-2: "Además os declaro, hermanos, el evangelio que os he predicado, el cual también recibisteis, en el cual también perseveráis; por el cual asímismo, si retenéis la palabra que os he predicado, sois salvos, si no creisteis en vano."

El Apóstol no insinúa que algunos de los creyentes de Corinto estuviesen perdidos por falta de fe, sino más bien que su fe nunca había sido suficiente para ser salvos (comp. 2 Co. 13:5).

Hebreos 3:6,14: "Pero Cristo como hijo sobre su casa, la cual casa somos nosotros, si retenemos firme hasta el fin la confianza y el gloriarnos en la esperanza . . . .Porque somos hechos participantes de Cristo, con tal que retengamos firme hasta el fin nuestra confianza del principio."

En estos dos versículos encontramos un mismo pensamiento acerca de la seguridad, a saber, que la que es genuina persevera y que la que falla – a no ser que se la considere de otra manera – demuestra ser falsa.

Todo el tema de la profesión de fe está bien tratado en el Nuevo Testamento y, disponiendo de todo este cuerpo de doctrina, queda poca excusa para equívocos. El tema general de la profesión aparece directa o indirectamente en más de uno de los apartados de esta materia general. Es importante el observar de nuevo la distinción que Dios hace y el resultado final de lo que Dios clasifica como mera profesión. El hecho de la penetración del conocimiento queda proclamado en 2 Timoteo 2:19: "Pero el fundamento de Dios está firme, teniendo este sello: Conoce el Señor a los que son suyos." Y el resultado final de una mera profesión es anunciado en 1 Juan 2:19: "Salieron de nosostros, pero no eran de nosotros; porque si hubiesen sido de nosotros, habrían permanecido con nosotros, pero salieron para que se manifestase que no todos son de nosotros." El "salir" indica que los que salen "no son de nosotros", y salen para que este hecho tan importante quede "manifiesto".

4. UNA VERDADERA SALVACION SE PRUEBA POR SUS FRUTOS. En la parábola recién considerada acerca del trigo, el pensamiento del "fruto" representa la realidad que el cristiano es. En el terreno de la presente discusión, el fruto designa la expresión normal de una genuina regeneración – un test razonable de tal regeneración. No obstante, debe recordarse que es posible un estado como el de un cristiano que permanezca por algún tiempo sin comunión con Cristo. En tal estado no se dará ningún fruto; pero esa situación es una excepción, más bien que la regla, cuando se pone a prueba el test de la salvación por sus frutos. Ambos aspectos de la verdad – que la salvación ha de ser probada por los frutos, y que un creyente puede sufrir un bache temporal en su comunión con su Señor – tienen copioso soporte en el texto del Nuevo Testamento.

Juan 8:31: "Dijo entonces Jesús a los judíos que habían creído en él: Si vosotros permaneciereis en mi palabra, seréis verdaderamente mis discípulos."

No se puede admitir aquí la insinuación de que estos judíos tuviesen la obligación de mantenerse en el discipulado, sino más bien que si eran verdaderos discípulos, continuarían en las palabras de Cristo. También ha de notarse que Cristo solamente ha declarado que estos judíos eran *discípulos,* lo cual podría significar simplemente que eran *aprendices.* Con todo, siempre se cumple el mismo principio, ya se trate de un verdadero cristiano o de un mero aprendiz - lo que es genuino, persevera.

Santiago 2:17-18,24,26: "Así también la fe, si no tiene obras, es muerta en sí misma. Pero alguno dirá: Tú tienes fe, y yo tengo obras. Muéstrame tu fe sin tus obras, y yo te mostraré mi fe por mis obras. .. Vosotros veis, pues, que el hombre es justificado por las obras, y no solamente por la fe. . . Porque como el cuerpo sin espíritu está muerto, así también la fe sin obras está muerta."

Todo el contexto de Santiago 2:14-26 ha de reconocerse como el pasaje central sobre la verdad bíblica general de que una verdadera regeneración se demuestra por sus frutos. El Apóstol Pablo declara en Romanos 5:1 la verdad de que el requisito humano para la justificación ante Dios es la *fe*, nada más. El ser justificado eternamente ante Dios es una suprema empresa divina en favor del pecador, la cual no puede ser captada ni entendida por el mundo o *cosmos;* y es de tal naturaleza, que el que es objeto de esa justificación no puede hacer otra cosa en relación con ella sino recibirla, con todas las demás riquezas divinas, de la mano de Dios, con la sola condición de creer. Los límites exteriores del discernimiento por parte de los que son de este mundo consisten en la pacífica y razonable exigencia de que quien profesa ser salvo, viva de la manera que corresponde a tal profesión; y es de esperar que el mundo juzgue y rechace la profesión que no corresponde al ideal que se ha forjado respecto a lo que un cristiano debe ser, o sea, a lo que profesa ser. Los criterios del mundo están muy por debajo de los que Dios tiene para discernir a Sus hijos; y de esto, como de la justificación por la fe, el mundo no sabe nada; no obstante, en la esfera del testimonio cristiano, la Escritura recalca como de vital importancia la reacción del mundo ante la profesión del cristiano. El creyente está destinado a "andar sabiamente para con los de afuera" (los que están fuera de la familia de Dios – Col.4:5). La seguridad del creyente no está en las manos del mundo, sino que, como la justificación, está enteramente en las manos omnipotentes de la gracia de Dios. Este pasaje de Santiago no presta ningún apoyo a la pretensión arminiana de que los creyentes están inseguros.

Juan 15:6: "El que en mí no permanece, será echado fuera como pámpano, y se secará; y los recogen, y los echan en el fuego, y arden."

Los escritores arminianos consideran generalmente Juan 15:6 como el más formidable testimonio bíblico en favor de sus pretensiones en el terreno de la seguridad. El pasaje merece especial atención y, como muchos otros, requiere que se preste también atención a su contexto. El verdadero problema en cuestión con relación a este texto es si Cristo, al usar la metáfora de la vid y los pámpanos en y exhortar a una vida permanente, se refiere a la *unión o a la comunión* del cristiano en El. A menos que se capte bien esta distinción doctrinal, no hay base para una recta inteligencia del texto en cuestión. La idea de permanecer en Cristo como un pámpano en la vid puede servir de ilustración, ya de la unión, ya de la comunión, con El. Resulta fácil de discernir que El está usando esta metáfora para representar la comunión con El. La unión con El es resultado del bautismo del Espíritu pues, por esta operación divina, los creyentes son unidos al Señor (comp 1 Co. 6:17; 12:13; Gá. 3:27); y es una verdad fundamental que dicha unión eterna con Cristo no depende, ni puede depender, del esfuerzo o del mérito humanos. Por otra parte, la comunión con Cristo depende de la fidelidad y de adaptación del cristiano a Dios. Juan declara que "Si andamos en luz, como él está en luz, tenemos comunión unos con otros" – esto es, el creyente tiene comunión con Cristo (1 Jn. 1:7). El término *andar* se refiere a la vida diaria del creyente. Como podría esperarse con respecto a una materia tan importante y, con todo, tan fácilmente falseada, Cristo define con toda precisión el uso que hace del término *permanecer* si se trata de *unión* que depende de la suficiencia divina, o de *comunión* que depende de la fidelidad humana. Cristo suprimió toda incertidumbre al decir: "Si guardareis mis mandamientos, permaneceréis en mi amor; así como yo he guardado los mandamientos de mi Padre, y permanezco en su amor." (Juan 15:10). Guardar los mandamientos de Cristo es una responsabilidad humana – semejante a andar en luz. El cita el hecho paralelo de que permanece en el amor, o comunión, de su Padre haciendo la voluntad de su Padre. Es verdad que Cristo no estaba intentando preservar, mediante la obediencia, Su *unión* con el Padre – ¡es un hecho eterno de la realidad trinitaria! – para expresarlo a escala humana, no intentaba "conservarse salvo".

Todavía encontramos en este mismo contexto otra declaración de Cristo – tan decisiva como la anterior – en las palabras: "Todo pámpano que en mí no lleva fruto, lo quitará." (v.2). Se trata claramente de un pámpano *en El*, lo que indica unión con El, que no lleva fruto. De cierto que, si la unión con Cristo dependiese de llevar fruto, pocos pasarían la prueba. El que el pámpano infructuoso es "quitado" – literalmente, levantado de su lugar – se refiere a la supresión de esta vida que Dios se reserva el derecho a efectuar en quien persiste en su infidelidad (comp. 1 Co. 11:30; 1 Jn. 5:16). El verbo *αἴρω* que aquí habría que traducir "lo levantará", aparece muchas vecen en el Nuevo Testamento y casi siempre significa una retirada de un lugar a otro, o de una posición a otra. Es verdaderamente significativo su uso, con el prefijo *ἐπι*, en Hechos 1:9, donde se dice que el Señor "fue alzado" de sus ojos (comp. Jn. 17:15; Hch. 8:33). De aquí no se sigue que la muerte de un cristiano pueda siempre indicar el ser suprimido por Dios en razón de su infructuosidad. Si, como no cabe lugar a dudas, nadie puede saber cuándo ocurre tal caso, el hecho confirma la verdad de que se trata de una materia reservada a la divina responsabilidad y que no concierne a otros cristianos en el más mínimo grado. Si se pretende que un cristiano infructuoso no debería ir al Cielo, ha de recordarse que la seguridad del Cielo no depende de la comunión, o llevar fruto, sino de la unión con Cristo. También ha de tenerse en cuenta que todo éxito o fracaso del cristiano será juzgado en el *bema* – el trono de Cristo en los Cielos – y que el cristiano infructuoso debe, por tanto, ir al Cielo antes de que pueda presentarse ante dicho tribunal. Si el entrar en el Cielo no se debe a una empresa divina en favor de todos cuantos están en unión con Cristo, e independientemente de todo aspecto de mérito humano, entonces queda poca esperanza para nadie en este mundo.

Puede, por tanto, concluirse que en este contexto, Cristo está tratando de la comunión del cristiano con El, la cual comunión depende de la fidelidad humana. Es también importante el observar que es la falta de esta misma fidelidad lo que el mundo condena.

Con el trasfondo de todo lo que antecede, podemos acercarnos ya a Juan 15:6, donde se nos declara la verdad de que si alguien no permanece en Cristo, caerá bajo el juicio condenatorio de los hombres, pues entonces el testimonio del creyente ante el mundo viene a ser como un pámpano "echado fuera" y "secado". El juicio del mundo sobre el creyente infructuoso se nos describe en los términos más severos – " y los recogen, y los echan en el fuego, y arden". El introducir en este texto la idea de que Dios los echa fuera y los quema es pasar por alto la precisión de unas expresiones tan importantes, y contradecir las grandes verdades que declaran la salvación por pura gracia. Si se pregunta cómo se queman los hombres unos a otros en la experiencia de la vida práctica, diremos que este modo de expresarse es altamente metafórico, pues los hombres no se queman unos a otros en este sentido literal; pero aborrecen y rechazan una profesión inconsecuente. Este pasaje, pues, con su contexto, da testimonio de que la comunión, que depende del creyente, puede fallar, pero no dice que la unión, que depende de Cristo, haya jamás fallado o vaya a fallar.

2 Pedro 1:10-11: "Por lo cual, hermanos, tanto más procurad hacer firme vuestra vocación y elección; porque haciendo estas cosas, no caeréis jamás. Porque de esta manera os será otorgada amplia y generosa entrada en el reino eterno de nuestro Señor y Salvador Jesucristo."

Ya de entrada, es importante observar que el verbo πταίω, traducido aquí por *caer,* se traduce propiamente por *tropezar* (comp. Ro. 11:11; Judas 1:24), y que una amplia entrada en el reino eterno es más que una mera entrada, aun sin tener en cuenta la gloria de tal entrada. Se trata de la recompensa por la fidelidad, en añadidura a la entrada en aquel reino. Tanto la vocación o llamada como la elección están totalmente dentro de la soberanía de Dios, y a esto el hombre no puede añadir nada. Con todo, dentro de la esfera de un testimonio consecuente y especialmente como demostración externa en la conducta de lo que se ha operado dentro para toda la eternidad, el creyente puede añadir la certeza que suministra una vida santa.

El Dr. Juan Dick ha escrito lo siguiente:

> "La elección, por ser el designio que Dios se ha propuesto en Sí mismo, o sea, un acto inmanente de la mente divina, permanece desconocida hasta que se manifiesta en su ejecución. Nadie puede leer su nombre, ni el de ninguna otra persona, en el Libro de la vida, pues es un libro sellado, que ningún mortal puede abrir. Pero se nos asegura, por testimonio expreso de la Escritura, que tal decreto electivo existe, aunque de las personas en él incluidas nada se sabe ni se puede conjeturar, hasta que su existencia se haga evidente en el carácter y en la conducta de las personas. Un Apóstol señala el único medio de estar seguro acerca de este punto importante, al exhortar a los cristianos a 'Poner toda diligencia en hacer firme su vocación y elección'. Hacer firme significa aquí asegurar, hacer que una cosa resulte cierta a nuestra mente. Ahora bien, el orden a observar es el siguiente: primero, hacer firme nuestra vocación, o sea, asegurarnos de que hemos sido convertidos a Dios, y así nuestra elección puede ser firme o segura, es decir, manifiesta a nuestros propios ojos. Es la misma forma de razonar que usamos cuando deducimos la causa por el efecto. La operación de la gracia divina en la regeneración de una persona es prueba de que el hombre en quien tal cambio se ha producido, era objeto del favor divino desde toda eternidad." – *Lectures on Theology,* p. 190

En conexión con este tema, surge una situación determinada que el Dr. Dick no menciona, cual es la de un creyente vencido por el pecado y que no presenta por ello la evidencia que normalmente podría experimentarse en él, pero entonces él presentará otra evidencia de su regeneración, que tiene su manifestación peculiar en tales circunstancias – tal como una carga y un pesar de su pecado que ninguna persona inconversa experimenta jamás (comp. 1 Jn. 3:4-10; Sal. 32:3-5). Está, pues, designado por Dios que, incluso en un estado de pecado no reconocido, el creyente tendrá evidencia clara – si no es que ignora del todo la voz de su interior – de que es salvo y esta evidencia demostrará, al menos a él, que su vocación y elección son firmes.

1 Juan 3:10: "En esto se manifiestan los hijos de Dios, y los hijos del diablo: todo aquel que no hace justicia, y que no ama a su hermano, no es de Dios."

Aquí también hay que tener en cuenta todo el contexto (vv. 4-10). El pecado de un cristiano verdadero no es un pecado *ilegal* - en el sentido que la Escritura da a este término. A causa de la presencia del Espíritu morador, el creyente no puede pecar y permanecer indiferente a su pecado. El entristecimiento del Espíritu es una realidad experimental, y queda bien ilustrado en el caso de David según está registrado en el Salmo 32:3-4. Frente a esto, los inconversos pueden pecar sin experimentar auto- condenación, fuera de la que pueda surgir meramente de una conciencia que acusa. El versículo 9 de este contexto declara que los que son nacidos de Dios no pueden pecar 'ilegalmente', y el versículo 10 afirma que esta reacción interior de la persona contra el pecado es la prueba decisiva que establece la diferencia entre los que son salvos y los que no lo son. La conclusión es que todo el que peca 'ilegalmente', o sin reprocharse a sí mismo por ello, no es de Dios. No se dice que un cristiano que peca no sea de Dios; de lo contrario, todos los textos que tratan acerca del pecado del cristiano y de su específico remedio mediante la confesión, constituirían una contradicción. Otros textos que deben ser incluidos en esta clasificación son: Mateo 5:13; 6:23; 7:16, 18-19, los cuales podrían también ser clasificados entre los que son mal aplicados dispensacionalmente; 2 Timoteo 2:12, donde el elemento que se tiene en cuenta es el reconocimiento divino respecto al reinar con Cristo, y no la salvación o el lugar que el creyente ocupa en Jesucristo; 2 Pedro 3:17, donde se sugiere el peligro de caer de la firmeza, que los arminianos confunden con frecuencia como si equivaliese a caer de la salvación misma; Hechos 13:43; 14:22, donde una genuina salvación ha de demostrarse mediante la perseverancia en *la* fe - no la fe personal, sino en permanecer fiel al cuerpo doctrinal característico del Cristianismo; 1 Timoteo 2:14-15, que es otra advertencia específica de que sólo lo que persevera es genuino. Nótese también 1 Tesalonicenses 3:5 y 1 Timoteo 1:19 (comp. 1 Juan 2:19).

5. AMONESTACIONES A LOS JUDIOS. Tres pasajes importantes

pueden agruparse bajo este epígrafe; y, aunque la verdad que comportan está dirigida primordialmente a Israel, hay también en dos de ellos una aplicación secundaria a los gentiles todos.

Mateo 25:1-13. Todo el Discurso del Monte de los Olivos, en el que aparece esta porción, constituye la despedida de Cristo a Israel. Habiéndoles hablado de su tribulación que se acabará cuando El regrese glorioso, se les amonesta en todo el contexto desde 24:36 hasta 25:13 a estar en vela para el retorno de su Mesías. Este retorno no es ahora inminente, pero lo será al final de la propia era judía que desemboca en la tribulación. En 25:1-13, se advierte a los judíos que, cuando su Rey retorne con Su Esposa (comp. Lc. 12:35-36), serán juzgados y separados, y sólo una porción entrará en el reino. Este futuro juicio de Israel es el mensaje de la parábola de las vírgenes (comp. Sal. 45:14-15). La exclusión de cinco vírgenes del reino terrenal está de acuerdo con muchos pasajes del Antiguo Testamento (comp. Ez. 20:33-44), pero no tiene nada que ver con una supuesta inseguridad de los que, de entre todas las naciones, están en Cristo.

Hebreos 6:4-9: "Porque es imposible que los que una vez fueron iluminados y gustaron del don celestial, y fueron hechos partícipes del Espíritu Santo, y asimismo gustaron de la buena palabra de Dios y los poderes del siglo venidero, y recayeron, sean otra vez renovados para arrepentimiento, crucificando de nuevo para sí mismos al Hijo de Dios y exponiéndole a vituperio. Porque la tierra que bebe la lluvia que muchas veces cae sobre ella, y produce hierba provechosa a aquellos por los cuales es labrada, recibe bendición de Dios; pero la que produce espinos y abrojos es reprobada, está próxima a ser maldecida, y su fin es el ser quemada. Pero en cuanto a vosotros, oh amados, estamos persuadidos de cosas mejores, y que pertenecen a la salvación, aunque hablamos así."

El Dr. C. I. Scofield, en una nota sobre este pasaje en su *Biblia Anotada,* declara: "He. 6:4-8 presenta el caso de judíos que, profesando ser creyentes, se habían apartado de la fe en Cristo después de haber llegado hasta el mismo umbral de la salvación y experimentado la obra de iluminación y convicción realizada por el Espíritu (Jn. 16:8-10). No se dice que ellos tuvieran fe. Su experiencia era semejante a la de los espías en Cades Barnea (Dt. 1:19-26), quienes contemplaron la tierra y tuvieron el fruto mismo de ella en sus manos, y sin embargo volvieron al desierto."

Se ha pretendido que los cinco elementos que aparecen en los versículos 4 y 5 son una descripción de una persona salva y, por lo tanto, es posible para un creyente el "recaer". Sin duda que estos cinco elementos se cumplen en un hijo de Dios, pero es mucho más cierto que lo que aquí se indica, que estas cinco cosas aparecen como algo completamente inadecuado para describir a un verdadero hijo de Dios. Si se le compara con "los que una vez fueron iluminados", el creyente es "luz en el Señor" e hijo de la luz (Ef. 5:8). En comparación con el "gustar del don celestial", el cristiano ha *recibido* la vida eterna y le ha sido imputada la justicia. Comparado con el ser "hechos partícipes del Espíritu Santo", como lo es una persona inconversa cuando es iluminada con respecto al pecado, la justicia y el juicio (Jn. 16:8-11), el cristiano es nacido del Espíritu, bautizado con el Espíritu, habitado y sellado por el Espíritu. Comparado con los que han podido "gustar de la buena palabra de Dios", un hijo de Dios ha creído la Palabra para salvación. Y comparado con los que meramente han gustado de "los poderes del siglo venidero", el creyente experimenta el poder transformante que operó en Cristo, resucitándole de los muertos (Ef. 1:19). Esto queda clarificado con la ilustración que sigue en los versículos 7 y 8; el sol y la lluvia sobre la tierra que produce hierba provechosa, está próxima a la bendición, mientras que el sol y la lluvia que cae sobre la tierra que produce espinos y abrojos, está próxima a la maldición. De manera similar, la amonestación dirigida a los judíos puede desembocar, y puede no hacerlo, en la salvación. La controversia sobre este pasaje queda zanjada en el versículo 9: "Pero en cuanto a vosotros, oh amados (epíteto sólo usado para designar a los cristianos), estamos persuadidos de cosas mejores, y que pertencen a la salvación." Por tanto, es evidente que el escritor sagrado no intentaba, mediante los cinco elementos anteriormente indicados, referirse a los que son salvos. Añadamos que la imposibilidad de arrepentirse no se debe a que Dios haya retirado su oferta de salvación, sino al rechazo, por parte de la persona inconversa, del único camino que le es ofrecido. Si en algún momento aceptase la oferta que se le hace, podría salvarse; porque "el que quiera puede venir" Hebreos (10:26-29: "Porque si pecáremos voluntariamente después de haber recibido el conocimiento de la verdad, ya no queda más sacrificio por los pecados, sino una horrenda expectación de juicio, y de hervor de fuego que ha de devorar a los adversarios. El que viola la ley de Moisés, por el testimonio de dos o de tres testigos muere irremisiblemente. ¿Cuánto mayor castigo pensáis que merecerá el que pisoteare al Hijo de Dios, y tuviere por inmunda la sangre del pacto en la cual fue santificado, e hiciere afrenta al Espíritu de gracia? ".

El carácter peculiar de los pasajes exhortatorios en la Epístola a los Hebreos, se hace evidente en este contexto. El escritor está preocupado por las condiciones existentes a la sazón - tan poco tenidas hoy en cuenta. Esta preocupación quedó bien descrita por Santiago, al decirle a Pablo cuando éste regresaba a Jerusalén después de varios años de ministerio entre los gentiles: "Ya ves, hermano, cuántos millares (μυριάδες literalmente: *miríadas* - comp. He. 12:22; Ap. 5:11) de judíos hay que han creído; y todos son celosos por la ley" (Hch. 21:20). El escritor de Hebreos está dirigiéndose a judíos que están interesados en Cristo, y en cierto sentido, han creído; pero no hasta el grado de recibir la muerte de Cristo como el cumplimiento y la terminación de los sacrificios judaicos. La confusión entre ley y gracia siempre aflige, pero nunca ha existido, ni antes ni después, una situación semejante a aquella. Estas circunstancias son las que el autor tiene en cuenta en las exhortaciones que dirige a judíos que, cualquiera que hubiese sido su experiencia religiosa, todavía no eran salvos. Hay siete "si" en esta Epístola que retratan este tipo de judíos. Por supuesto, el autor, por ser él mismo judío, usa, como reconocimiento de la unidad judía, el pronombre *nosotros.* Los siete pasajes condicionales son éstos: "¿Cómo escaparemos nosotros, si descuidamos una salvación tan grande? " (2:3); "la cual casa somos nosotros, si retenemos firme hasta el fin la confianza y el gloriarnos en la esperanza" (3:6); "Porque somos hechos participantes de Cristo, con tal que retengamos firme hasta el fin nuestra confianza del principio" (3:14); "Y esto haremos, si Dios en verdad lo permite. Porque es imposible que los que una vez fueron iluminados . . .y recayeron, sean otra vez renovados para arrepentimiento" (6:4,6); "Porque si pecáremos voluntariamente después de haber recibido el conocimiento de la verdad, ya no queda más sacrificio por los pecados" (10:26); "Y si retrocediere, no agradará a mi alma" (10:38); "Porque si no escaparon aquellos que desecharon al que los amonestaba en la tierra, mucho menos nosotros, si desecháremos al que amonesta desde los cielos" (12:25).

Este pasaje particular (He. 10:26-29) forma un paréntesis; no es continuación del tema expuesto en el versículo anterior. El versículo 25 va dirigido a creyentes, mientras que el pasaje presente se dirige a judíos indecisos que vacilan en establecer una correcta relación con Cristo. Pecar voluntariamente indica la forma de pecado que el Antiguo Testamento designa como pecado que no procede de ignorancia. El pecado voluntario necesita un perdón divino basado en un sacrificio cruento. Esta advertencia recuerda al judío la nueva situación en la que los sacrificios mosaicos no tienen ya vigencia y, por tanto, sólo queda una alternativa entre el sacrificio de Cristo y el juicio. Pecar ahora, después que Cristo ha muerto, es algo más serio. El pecado ya no es solamente un insulto a la santidad y al gobierno de Dios, sino que se torna también un rechazo directo de Cristo. Por cuanto Cristo ha muerto por los hombres, estos quedan clasificados, o separados, como aquellos por quienes El murió, lo cual es una santificación según el sentido primordial de este término. Ningún pasaje del Nuevo Testamento describe tan claramente la malicia del pecado en esta época como éste; pero no es una advertencia dirigida a cristianos, ni implica la inseguridad de éstos. El Dr. James H. Brookes ha hecho del pasaje aludido (He.6:4-6) la siguiente descripción.

"Quizás no hay otro texto en las Sagradas Escrituras que haya causado a cristianos verdaderos tanto apuro como esta declaración alarmante. Enseguida se preguntan a sí mismos si es posible, después de todo, que nuestra salvación sea algo incierto. ¿Es posible llegar a la apostasía y perderse al fin? ¿Es posible que todas las seguridades de estar a salvo desde ahora y perfectamente y que todas las promesas de vida eterna dirigidas a los creyentes, se queden en nada? ¿No dice el Señor viviente que El da a Sus ovejas vida eterna, y que no perecerán jamás, ni nadie las arrebatará de Su mano? ¿Cómo es, pues, que por este texto parece que hay peligro de que perezcan? Para la conciencia delicada y el angustiado corazón de un verdadero hijo de Dios, la admonición del Apóstol suena como una sentencia de perdición; pero no es un creyente el destinatario de tan seria advertencia; no hay que olvidar que esta Epístola estaba dirigida a hebreos profesantes de la fe cristiana y a hebreos que de nuevo 'se habían sujetado al yugo de esclavitud'." – *The Truth*, XIII, 27.

Es preciso recordar que Israel sufre una ceguera peculiar con relación al Evangelio y a esta ceguera se refirió Cristo al decir: "Para juicio he venido yo a este mundo; para que los que no ven, vean, y los que ven, sean cegados" (Jn. 9:39), y esta ceguera fue predicha por Isaías: "Y dijo: Anda, y dí a este pueblo: Oíd bien, y no entendáis; ved por cierto, mas no comprendáis. Engruesa el corazón de este pueblo, y agrava sus oídos, y ciega sus ojos, para que no vea con sus ojos, ni oiga con sus oídos, ni su corazón entienda ni se convierta y haya para el sanidad." (Is. 6:9-10). El Apóstol vuelve a referirse a esto en 2 Corintios 3:14-16. Por tanto, no es extraño que judíos no regenerados sufran dificultades y perplejidades.

6. ADVERTENCIAS A TODOS LOS HOMBRES. Estas advertencias incluyen dos temas generales:

Apocalipsis 22:19: "Y si alguno quitare de las palabras del libro de esta profecía, Dios quitará su parte del libro de la vida, y de la santa ciudad y de las cosas que están escritas en este libro."

Las pretensiones arminianas dan a este pasaje una importancia que sólo tiene paralelo con la que dan a Juan 15:6, pero es preciso determinar bien el sentido del pasaje. En primer lugar, la advertencia va dirigida solamente a un solo y peculiar pecado de añadir o sustraer algo de la profecía de este libro - mostrando una peculiar protección divina de este libro – pero no prueba nada con respecto a la posibilidad de que un cristiano pueda perderse a causa de cualquier otro pecado. En segundo lugar, es evidente que nadie ha cometido jamás tal pecado, puesto que el libro no ha sufrido mutación alguna. Que un Dios soberano tenga poder para destruir una criatura, nadie puede negarlo, pero no cuando El mismo ha establecido un pacto con Su propio Hijo concerniente a los que El ha dado a Su Hijo para que estén donde El está y vean Su gloria; ni puede Dios romper Su pacto con los creyentes, según está reseñado en Romanos 8:30. Bien puede Dios mantener firme esta terrible advertencia, pero, a la luz de Sus pactos, ni puede permitir ni ha permitido jamás a un creyente cometer tal pecado o merecer este castigo. Una protección tan específica es garantía de seguridad.

1 Juan 5:4-5: "Porque todo lo que es nacido de Dios vence al mundo; y esta es la victoria que ha vencido al mundo, nuestra fe. ¿Quién es el que vence al mundo, sino el que cree que Jesús es el Hijo de Dios? "

El verdadero sentido de este pasaje quedó oscurecido por el fallo de la versión inglesa oficial (Authorized Version) que tradujo en presente, en vez de pasado, la última parte del versículo 4. La versión correcta es la que hemos dado, e indica que toda persona nacida de nuevo, sin excepción, vence al mundo al nacer de Dios - siendo salvado del mundo - por el hecho del nuevo nacimiento. Por el hecho de creer, uno se torna vencedor, pues vencedor es simplemente, en este noble sentido, sinónimo de *cristiano.* Hay también una victoria en la vida diaria, según se describe en Apocalipsis 12:11, pero el uso más amplio de este término específico se halla en las cartas a las siete iglesias de Asia (comp. Ap. 2:7, 11, 17, 26; 3:5, 12, 21). Si se lee entre líneas, en dichas cartas, la idea de "los que son salvos", el sentido queda claro.

7. LOS GENTILES PUEDEN SER CORTADOS CORPORATIVAMENTE. Dentro de este apartado, sólo tenemos un texto:

Romanos 11:21: "Porque si Dios no perdonó a las ramas naturales, a ti tampoco te perdonará."

Así como Dios excluyó a la nación de Israel, o sea, a "las ramas naturales", a fin de que se les abriera a los gentiles una puerta para oír el Evangelio en la era actual, así también puede dejar a un lado a los gentiles cuando haya acabado el día de gracia de éstos. La exclusión corporativa, ya sea de judíos o de gentiles, no suministra base alguna para presuponer que Dios excluirá jamás a un cristiano de la posición que ocupa en Jesucristo.

8. LOS CREYENTES PUEDEN PERDER SU RECOMPENSA Y

QUEDAR DESCALIFICADOS. Ya hemos aludido anteriormente a la doctrina de la recompensa. Con todo, hay dos textos que requieren una consideración especial y merecen una exposición más extensa:

Colosenses 1:21-23: "Y a vosotros también, que érais en otro tiempo extraños y enemigos en vuestra mente, haciendo malas obras, ahora os ha reconciliado en su cuerpo de carne, por medio de la muerte, para presentaros santos y sin mancha e irreprensibles delante de él; si en verdad permanecéis fundados y firmes en la fe, y sin moveros de la esperanza del evangelio que habéis oído, el cual se predica en toda la creación que está debajo del cielo; del cual yo Pablo fui hecho ministro."

Dos aspectos aparecen en este contexto: lo que Dios hace por el hombre, y lo que el hombre hace por Dios. En realidad, el contraste entre la responsabilidad divina y la humana aparece muchas veces en la Epístola a los Colosenses. El fallo en distinguir dos aspectos tan diferentes sólo ha engendrado confusión doctrinal, pero un estudiante digno de tal nombre no descansará hasta encontrar la línea divisoria entre ambos aspectos de la verdad. La supervivencia del arminianismo se debe en gran medida a su fallo en reconocer la abismal diferencia entre la obra de Dios, por la que el hombre es salvo, capacitado, preservado y presentado sin mancha ante Dios en la gloria - tareas que sobrepujan con mucho lo que los recursos humanos puedan aportar - y la obra del hombre, con la que rinde a Dios devoción y servicio y ejercita sus dones espirituales - todos los cuales, no se olvide, aunque puestos por Dios en manos del hombre con la promesa de recompensar su recto empleo, sólo pueden ejercitarse en la medida en que el hombre es capacitado para ello por el Espíritu Santo.

Ahora bien, el Apóstol declara que él querría que los creyentes, a quienes se dirige, se presenten "santos y sin mancha e irreprensibles delante de El" (v.22). Aunque el cristiano es capacitado por el Espíritu en todo lo que obra, tales frases implican también responsabilidad y fidelidad por parte del hombre, a la luz de tal responsabilidad, se colige naturalmente que todo depende de los mismos creyentes. Este aspecto se clarifica todavía más por el contexto siguiente: "si en verdad permanecéis fundados y firmes en la fe (la doctrina cristiana) y sin moveros de la esperanza del Evangelio que habéis oído" (v.23). Frente a esta afirmación de la responsabilidad humana, el contexto comienza con una referencia a la obra que Dios hace para el hombre – "Y a vosotros también, que erais en otro tiempo extraños y enemigos en vuestra mente, haciendo malas obras, ahora os ha reconciliado en su cuerpo de carne, por medio de la muerte". (vv.21-22).

A causa de una equívoca puntuación, que introduce una mera coma después de la palabra *muerte,* ambas líneas de pensamiento han quedado entramadas de tal forma que se ha dado pie a la suposición de que la obra de Dios en favor del hombre depende de la obra del hombre en favor de Dios. Así resultaría una interpretación a gusto de los arminianos, pero ése no es el sentido real del pasaje. Puesto que el texto original carece totalmente de puntuación, es lícito colocar un punto detrás de la palabra *muerte* (v.22) o, al menos, punto y coma, y comenzar una nueva parte de la frase con la palabra siguiente *para.* Este ordenamiento, sin necesidad de cambiar ninguna palabra, hace una distinción adecuada entre los dos aspectos de la verdad, que no tienen relación alguna en el sentido de que no son mutuamente dependientes, y así se impide al texto decir lo que no dice, o sea, que la obra de Dios depende de la obra del hombre, puesto que tal idea constituye una palmaria contradicción de todo lo que el Nuevo Testamento enseña acerca de la salvación por pura gracia de Dios. No hay afirmación más exhaustiva de la obra de Dios por el hombre, que la que hallamos en Colosenses 2:10: "Y vosotros estáis completos en él, que es la cabeza de todo principado y potestad".

1 Corintios 9:27: "Sino que golpeo mi cuerpo, y lo pongo en servidumbre, no sea que habiendo sido heraldo para otros, yo mismo venga a ser eliminado."

De nuevo tenemos aquí en perspectiva la diferencia entre recompensa por el servicio cristiano, y salvación. El tema es introducido, en cuanto se refiere al contexto en cuestión, con la pregunta del Apóstol: "¿Cuál es, pues, mi galardón?" (v.18). Esta pregunta va precedida y seguida por un extenso testimonio del Apóstol acerca de su propia fidelidad en el servicio. Ya en 3:9-15, había él distinguido entre salvación y recompensa, pero en este pasaje se fija únicamente en su recompensa y, para ilustrar el caso, compara el servicio cristiano a una carrera olímpica en la que todos los creyentes participan y en la que todos tienen que competir esforzadamente, observando las reglas de juego y absteniéndose de cuanto pueda perjudicar su clasificación. Esta referencia al servicio comparado con una carrera en el estadio es seguida del testimonio final del Apóstol en que declara que él mantiene su cuerpo en sujeción "no sea que, habiendo sido heraldo para otros, yo mismo venga a ser eliminado". Verter el término ἀδόκιμος por el castellano *reprobado* (bajo la influencia del *"reprobus"* de la Vulgata - *Nota del Traductor*) no es admitido comunmente, pues este término griego es la forma negativa de δόκιμος que significa, sin duda, *aprobado o comprobado, acreditado o aceptado.* En cuanto a su posición ante Dios, el creyente es ya acepto (Ef. 1:6) y justificado (Ro. 5:1). En cuando a su servicio, o sea, lo que el hombre puede hacer por Dios, debe todavía aparecer ante el trono de Cristo Juez, donde se distribuirán las recompensas y serán quemados los servicios deficientes (comp. 2 Co. 5:9-10; 1 Co. 3:15). El sentido preciso de ἀδόκιμος puede verse en 2 Timoteo 2:15: "Procura con diligencia presentarte a Dios aprobado, como obrero que no tiene de qué avergonzarse, que usa bien la palabra de verdad". Esta intimación no implica que la salvación dependa de una diligencia fiel, sino que afirma que los que son ya salvos deben ser diligentes para no quedar descalificados, y éste es precisamente el sentido de las palabras del Apóstol en el texto que estamos analizando. El deseo del Apóstol de estar libre de frivolidad, indecisión, desánimo o frialdad en su predicación, cosas que su Señor nunca vería con buenos ojos, es algo digno de un gran siervo de Dios y que debería ser bien meditado por cuantos son llamados a predicar la Palabra de Dios; pero no hay aquí señal alguna de inseguridad, porque ¿cómo podría el hombre que escribió el capítulo octavo de Romanos tener miedo de ser reprobado por Dios? ¿O cómo podría el Espíritu Santo que había dicho "no perecerán jamás" insinuar ahora que pueden perecer?

Otros textos que pertenecen a este grupo son Romanos 8:17; Apocalipsis 2:10; y todas las referencias que el Nuevo Testamento encierra acerca de las recompensas.

9. LOS CREYENTES PUEDEN EXPERIMENTAR FALTA DE COMUNION. Esta cuestión tiene que ver con el presente, así como las recompensas tienen que ver con el futuro, en la experiencia del creyente. En este grupo caben algunos pasajes de gran importancia.

Juan 13:8: "Si no te lavare, no tendrás parte conmigo."

Estas son palabras de Cristo a Pedro, cuando Pedro se oponía al intento de Cristo de lavarle los pies.El verbo νίπτω empleado aquí para *lavar,* significa un lavado parcial y se contradistingue del verbo λούω usado en el versículo 10 con el sentido de un baño completo. Todo ello forma un simbolismo de la limpieza espiritual: hay un baño completo (v.10) que corresponde al "lavamiento de regeneración" hecho una vez por todas, y hay otro baño parcial como el que se promete en 1 Juan 1:9. El baño parcial se repite en la vida del creyente tantas veces como confesiones hace de sus pecados. Cristo dijo que Pedro "no tendría parte" con él a menos que se dejase bañar parcialmente. El término "parte" (μέρος) sugiere que falta algo para un todo; es decir, Pedro carecería de la plena comunión con Cristo si no se dejaba limpiar, y esto vale lo mismo para cualquier cristiano; la limpieza y la comunión se recuperan después de la confesión del pecado; pero la cuestión de la seguridad con respecto a la salvación está aquí fuera de lugar.

Juan 15:2: "Todo pámpano que en mí no lleva fruto, lo quitará." Como se ha indicado anteriormente, aquí se habla de un pámpano que está en Cristo, pero que no da fruto, y el ser quitado significa evidentemente ser retirado de esta vida. Nadie puede poner en duda que Dios se reserva el derecho de quitar de en medio un pámpano inútil; pero ello no implica el ser quitado de la salvación, como una superficial interpretación arminiana pretende insinuar. Las mismas condiciones que se requieren para dar fruto, se requieren también para la comunión con Cristo.

1 Corintios 11:29-32: "Porque el que come y bebe indignamente, sin discernir el cuerpo del Señor, juicio come y bebe para sí. Por lo cual hay muchos enfermos y debilitados entre vosotros, y muchos duermen. Si, pues, nos examinásemos a nosotros mismos, no seríamos juzgados; mas siendo juzgados, somos castigados por el Señor, para que no seamos condenados con el mundo."

Está muy en su lugar el que este pasaje que pone fin a la sección de esta Epístola que trata sobre la carnalidad, nos presente tanto los efectos como los remedios de la carnalidad. En él se especifican ciertos pecados que conducen a la enfermedad física y a la misma muerte corporal. Sin embargo, es propio de todo pecado el conducir a la muerte (Ro. 8:6,13), pero esto es muy distinto de la muerte espiritual. El remedio, como en 1 Juan 1:3-9, es el auto-examen; pero, si el cristiano pecador no se juzga a sí mismo, deberá someterse a castigo; y ello a fin de que no sea jamás condenado con el mundo. Aunque este castigo pueda llegar al extremo de sufrir el "sueño" más profundo, o sea, el ser retirado de este mundo, no hay base alguna para interpretarlo en el sentido de muerte espiritual.

1 Juan 5:16: "Si alguno viere a su hermano cometer pecado que no sea de muerte, pedirá, y Dios le dará vida; esto es para los que cometen pecado que no sea de muerte. Hay pecado de muerte, por el cual yo no digo que se pida."

Este texto es bien explícito. Se refiere a un "hermano", término que nunca se usa para designar a un inconverso, y declara palmariamente que un cristiano puede pecar de tal manera que llegue a ser castigado con la muerte. Si el pecado no fuese de muerte, la oración podría servirle. Además, no hay evidencia alguna de que el "hermano" cese de ser lo que es en relación con Dios, o de que se trate de la muerte espiritual que conduce a la segunda muerte o muerte eterna. La posibilidad de tal castigo puede verse también en Juan 5:14.

10. LOS CRISTIANOS PUEDEN CAER DE LA GRACIA. Aunque la expresión "caer de la gracia" sólo ocurre una vez en toda

la Biblia, el uso popular ha hecho de ella un sinónimo de perderse, según suponen, después de haber sido salvos.

Gálatas 5:4: "De Cristo os desligasteis, los que por la ley os justificáis; de la gracia habéis caído."

Los cristianos pueden caer de la gracia, pero no precisamente por pecar; habrán caído de la gracia si, después de haber sido liberados de la ley con su sistema del mérito, se vuelven de nuevo a dicho sistema del mérito. Podemos afirmar con toda seguridad que ninguna persona que haya llegado a tener el más ligero conocimiento de lo que significa el estar perfectos en Cristo sin necesidad de añadir la más mínima obra humana para completar tal perfección, se ha vuelto jamás a la Ley. Las personas que han creído y recibido a Cristo como su Salvador, están completas en El, se percaten o no de ello, y son precisamente los que no se percatan de ello quienes pueden ser influidos por legalistas a volverse al sistema del mérito de que habían sido liberados. Una vez más, el contexto del pasaje nos guía a la recta interpretación del texto que analizamos. En la Epístola a los Gálatas el Apóstol declara dos verdades de suma importancia, a saber, (1) que el sistema de la ley no es un medio de salvación, y (2) que el sistema de la ley no proporciona una norma de vida a los que son salvos por la gracia de Dios. La ley, por su propia naturaleza, supone que la persona quien va dirigida, necesita establecer con Dios una relación basada en el mérito personal; por tanto, no tiene aplicación alguna a quien, por estar en Cristo, posee los méritos perfectos del Hijo de Dios. La libertad a que se refiere el Apóstol y en la que exhorta a los cristianos a estar firmes (Gá. 5:1) es esta misma liberación del insoportable yugo de la obligación del sistema del mérito. Desligarse de las bendiciones de la gracia con la pretensión de alcanzar méritos por medio de buenas obras, es caer de la gracia, y Cristo viene a ser inservible, en el sentido de que Su mérito perfecto que la gracia proporciona es ignorado y abandonado en aras de la esclavitud a un sistema intolerable de méritos personales. ¡Dios sea loado por el hecho de que es imposible que un verdadero creyente caiga realmente de Su gracia! Así pues, el caer de la gracia es algo que sólo tiene lugar en la esfera de la toma de conciencia de su propia responsabilidad como persona salva; de esta manera, puede sacrificar su gozo y su paz, pero no hay intimación alguna de que su salvación esté en peligro. Si no se llega a comprender cuál es la posición de un creyente en la gracia – y los arminianos no parecen llegar a comprenderla – , no hay tampoco esperanza de que se llegue a comprender lo que se insinúa con la expresión "caer de la gracia".

11. PASAJES SIN CLASIFICACION DEFINIDA O CON MEZCLA DE ASPECTOS. Para que esta lista resulte lo más

exhaustiva posible, es preciso mencionar algunos pasajes que no son fáciles de agrupar en una clasificación definida, como son: 1 Timoteo 5:8, donde de nuevo se menciona *la* fe y el hecho de que el fallo en proveer para los suyos es una negación de la fe y constituye una maldad que hasta los mismos incrédulos procuran evitar; 1 Timoteo 5:12, donde se condena a las viudas jóvenes que quebrantan su "fe", es decir, el compromiso que contrajeron (con Cristo, para un peculiar servicio en Su Iglesia – comp. W. Hendriksen sobre este versículo – *Nota del T.*); 1 Timoteo 6:10, donde de nuevo se menciona *la* fe, no la fe personal. 2 Timoteo 2: 18 afirma que la fe de algunos tocante a la doctrina específica sobre la resurrección era trastornada. En Apocalipsis 21:8,27, ciertas personas calificadas como *mentirosas* aparecen excluidas del Cielo; pero, a fin de no entender mal esto, es preciso observar que un hijo de Dios que dice una mentira no es un mentiroso en el sentido que la Biblia da a este término para calificar a los incrédulos – un cristiano que dice una mentira no es lo mismo, desde el punto de vista bíblico, que un mentiroso inconverso. Esta diferencia se aplica igualmente a otros pecados que son atribuidos a los inconversos, con lo cual ni siquiera insinuamos que un pecado sea menor por el hecho de que sea un cristiano el que lo comete. La intrusión misma de obras meritorias dentro de la esfera de la gracia es la base de la falsa interpretación que se hace de algunos textos; por ejemplo, Filipenses 2:12, donde se intima al creyente a ocuparse *en* su salvación, no *por* su salvación; o sea, que tiene que expresar en su conducta exterior la obra que Dios está haciendo en su interior. De manera similar, hay unos pocos casos en que el Evangelio es presentado como algo que hay que *obedecer* – nótense Hechos 5:32; Hebreos 5:8-9; pero no hay intimación alguna de que los hombres se salven por ser obedientes en su vida cotidiana; se trata más bien de obediencia a la invitación divina que el Evangelio de gracia pone delante de nosotros.

CONCLUSION

Antes de considerar la doctrina calvinista sobre la seguridad, tenemos que reafirmar que, ni en la esfera de la elección soberana, ni en la esfera de la gracia soberana, ni en la esfera de la experiencia humana, ni en la esfera de la interpretación de la Biblia, tienen los abogados del arminianismo base alguna en que justificar sus pretensiones, y aún se descubrirá más la insuficiencia de su posición cuando nuestra discusión pase del lado negativo al positivo. No estará de más el hacer notar que los arminianos no han estudiado los pasajes que tratan de la seguridad con la imparcialidad necesaria y con un esfuerzo por ponerlos de acuerdo con sus pretensiones de inseguridad. Con todo, el aspecto más importante de esta tesis se halla en el lado constructivo de la cuestión, y de éste es del que nos vamos a ocupar ahora por extenso.

CAPITULO XVI

LA DOCTRINA CALVINISTA SOBRE LA SEGURIDAD

Ha sido ineludible el evitar, por vía de contraste o comparación, durante el precedente análisis de la posición arminiana, a gran parte del contenido de la doctrina calvinista de la seguridad. Quizás hayamos dicho ya lo suficiente acerca del punto de vista calvinista sobre las doctrinas del pecado original, la llamada eficaz, los decretos, el hecho y la índole de la caída, la omnisciencia y soberanía divinas, y la soberanía de la gracia, aunque no estará demás el reafirmar que lo que se ha dado en llamar Calvinismo – en gran parte, por falta de un epíteto más apropiado – coincide, en la medida en que los hombres piadosos han sido capaces de entenderlo, con la esencia de la teología paulina, especialmente sus aspectos soteriológicos. Después de todo, la Teología Sistemática es el intento, por parte de los hombres, de establecer una disposición ordenada de lo que Dios ha revelado en la Biblia. La Palabra de Dios es consecuente consigo misma, y es una pena que personas buenas no puedan ponerse de acuerdo en cuanto a su interpretación. Permítasenos hacer algunas sugerencias en la búsqueda de la razón, o razones, que hay para esta falta de unidad. La primera es que plugo a Dios incrustar la verdad en el Texto Sagrado de tal forma que sólo los que se dedican incesantemente a su estudio y están cualificados para ello por una especial educación que han recibido, y junto con todo esto tienen una visión genuinamente espiritual, están capacitados para discernir con cierto grado de exactitud su revelación en toda su largura, anchura, altura y profundidad. Los que poseen poco o nada de los precedentes requisitos, emiten sólo opiniones superficiales, basadas en meras razones humanas con pretensiones de decir la última palabra. Este dogmatismo trivial ha arrastrado muchedumbres de personas que no se detienen a pensar, lanzándolas a las sectas y a movimientos religiosos esporádicos. Es bien conocido de todos el hecho de que, con mucha frecuencia, quien menos cualificado está para hablar con autoridad es el que más dogmatiza. Una segunda explicación del desacuerdo que existe en la interpretación de la Biblia es la servil sumisión a líderes humanos. Esta tendencia puede fácilmente acosar al mejor de los intérpretes. Cada secta se siente llamada a sostener sus escuelas teológicas y a proseguir con sus peculiares puntos de vista, y su teología es publicada y defendida por los que se han formado en los moldes respectivos. Ante el hecho de que sólo existe un cuerpo doctrinal de revelación que presenta un solo sistema dado por Dios, la explicación del desacuerdo que existe entre hombres sinceros y educacionalmente formados sólo puede atribuirse a esta tendencia a adherirse a autoridades humanas identificadas con la ideología tradicional del grupo o secta respectivos; hay que defender el credo de la denominación por encima de la misma Palabra de Dios. Así tenemos que, en la actualidad, apenas hay protestas cuando la Escritura es desacreditada, pero se levanta una fuerte oposición tan pronto como se pone en cuarentena la posición que la respectiva denominación ocupa. Raras veces cambian los hombres sus prejuzgados puntos de vista, sean buenos o malos, porque la temprana formación dentro de una disciplina teológica determinada sirve como de molde del que el individuo difícilmente puede zafarse. Un servilismo tal para con líderes y credos humanos puede obstaculizar tanto a calvinistas como a arminianos, pero hay que reconocer, sin embargo, que los calvinistas en general, a juzgar por sus escritos, se preocupan más en ajustarse a la Biblia, que cualquier otro grupo formado en torno a unas comunes creencias teológicas. La ignorancia, la intolerancia, la indocilidad y la servil adhesión a líderes humanos son las raíces de la confusión doctrinal con todos los males que tal confusión engendra. Sobrarían los apelativos de *Calvinismo o Arminianismo,* con sólo obtener una clara comprensión de la Palabra de Dios; con todo, estos apelativos representan, ante todo, dos escuelas contrarias del pensamiento teológico y, como el designio de esta tesis es defender la Palabra de Dios, el Calvinismo sale favorecido aquí, sólo porque él, a su vez, favorece a las Escrituras de la verdad, ya que las interpretaciones calvinistas, especialmente en lo que se refiere a la seguridad, no están forzadas, sino que muestran su docilidad a la Palabra de Dios. Las grandes doctrinas de la que tienen conexión con seguridad – depravación universal, llamaniento efectivo, decretos, la caída, omnisciencia y soberanía divinas y soberanía de la gracia – son tomadas por los calvinistas en el sentido más palmario y natural que puede deducirse del Sagrado Texto. No se niega que haya verdades demasiado profundas para la humana inteligencia; pero aun éstas, si se reciben en el sentido natural del lenguage de la Escritura, aun cuando no se lleguen a entender con perfección, se ven en armonía con el designio y el plan que Dios ha revelado. Ya hemos demostrado en el capítulo anterior de esta tesis, que los textos en que se basa el arminianismo, para defender sus pretensiones acerca de la inseguridad apelando a la Biblia, de ninguna manera favorecen de un modo decisivo tal posición. La interpretación que dan a estas porciones de la Palabra de Dios está bien descrita en aquel texto que dice: "casi en todas sus epístolas (de Pablo), hablando en ellas de estas cosas; entre las cuales hay algunas difíciles de entender, las cuales los indoctos e inconstantes tuercen, como también las otras Escrituras, para su propia perdición" (2 P. 3:16). Frente a estos pasajes a los que los arminianos recurren, está la declaración positiva, constructiva y consistente de pasajes sin cuento del Nuevo Testamento, que en términos inequívocos afirman que el creyente está seguro; añádanse a estas positivas afirmaciones de la Palabra de Dios, las que se deducen de toda otra doctrina que de alguna manera está relacionada con el cuerpo integral de la Soteriología. Ningún arminiano tiene la pretensión de demostrar que los pasajes positivos sean inciertos en su significado; su único recurso es la pretensión de que la responsabilidad humana ha de sobreentenderse en dichos pasajes, a fin de que puedan concordar con la interpretación que dan a los que llaman 'textos de inseguridad'. Así Juan 5:24 debe leerse de este modo: "El que oye mi palabra, y cree al que me envió, tiene vida eterna; y no vendra a condenación – se entiende, *si persevera hasta el fin.*" Romanos 8:30 ha de leerse así: "Y a los que predestinó, *por haber previsto su fe y obras,* a éstos también llamó, *con tal que estén dispuestos a oír tal llamada;* y a los que llamó, a éstos también justificó, *con tal que no pequen;* y a los que justificó, a éstos también glorificó, *con tal que no fallen en la perseverancia.*" No es pequeña responsabilidad el añadir a, o quitar de, la Palabra de Dios (Ap. 22:18-19), o adulterar con astucia tal Palabra (2 Co. 4:2).

Habiendo discutido anteriormente las creencias calvinistas con respecto a las grandes doctrinas soteriológicas, resta ahora considerar la explicación directa y positiva de la seguridad eterna, según la presenta el Nuevo Testamento.

Aunque existe un sinnúmero de declaraciones y referencias secundarias acerca de la seguridad del verdadero cristiano, este capítulo presentará doce razones de más peso, con las que el Nuevo Testamento declara por qué el creyente, una vez salvo, no puede jamás perderse. Permítasenos hacer notar, en conexión con cada una de estas razones, lo que va implicado en la negación racionalista de la verdad en cuestión. Se verá que estas doce razones observan una distribución igual en su relación con las tres Personas de la Deidad - cuatro de ellas apelan a la responsabilidad del Padre, otras cuatro a la responsabilidad del Hijo, y otras cuatro, a la del Espíritu Santo. Esta triple división eleva inmediatamente este tema a la categoría de doctrina primordial de la Soteriología. Respecto a estas doce razones, hay que advertir que una sola cualquiera de ellas ofrece en sí misma una base decisiva y suficiente para confiar en que un hijo de Dios está puesto a salvo para la gloria del Cielo; así que, cuando estas doce razones, cada una de por sí completa y concluyente, se consideran en conjunto, la evidencia es abrumadora. En general, el Nuevo Testamento presenta al Padre proponiendo, llamando, justificando y glorificando a los que creen en Cristo; al Hijo encarnándose para poder ser un Redentor de nuestra misma raza, muriendo una muerte sustitucionaria y eficaz, resucitando para ser un Salvador viviente, tanto como Abogado cuanto como Intercesor y siendo constituido Cabeza de la Iglesia en todo; y al Espíritu Santo administrando y ejecutando el designio del Padre y la redención que el Hijo ha llevado a cabo. Por tanto, está puesto en razón que las tres Personas de la Deidad tengan su peculiar participación en la obra de preservar para su disfrute lo que Dios ha determinado.

I. LAS RAZONES POR PARTE DE DIOS PADRE

Las cuatro razones en favor de la seguridad, asignadas al Padre, son: (l) el propósito soberano de Dios, (2) el poder infinito del Padre, libre para actuar, (3) el infinito amor de Dios, y (4) la influencia que en el Padre ejerce la oración de su Hijo.

1. EL PROPOSITO SOBERANO DE DIOS. No hay razonamiento digno de tal nombre y, de cierto, no hay un solo pasaje bíblico, que nos autorice a concluir que Quien creó todas las cosas según Su designio soberano - designio que se extiende a toda la eternidad y comprende hasta el más nimio detalle que jamás llegue a suceder - pueda ser frustrado en la realización de Sus designios; tampoco se puede negar que el llevar al Cielo a los hombres redimidos es uno de los designios primordiales de Dios al que sirve de fondo toda Su obra creadora. Resulta infundada y vana la declaración de que la salvación de las almas y el llamamiento de la Iglesia no es más que un detalle de importancia secundaria, el cual, aunque fallase, no tendría, por su misma insignificancia, mucho peso dentro del principal objetivo divino. Es cierto que, del lado humano, está el ejercicio de la voluntad con la que el hombre actúa de acuerdo con sus deseos y lo que juzga más conveniente; pero también es cierto, y más importante, que Dios moldea tales deseos e ilumina el juicio humano. Es natural en el hombre el concluir que, puesto que desde el punto de mira de su propia experiencia él tiene la opción de aceptar o no a Cristo, la salvación de una persona y el que arribe a la gloria del Cielo

es algo indiferente e incierto en la mente de Dios; pero el fallo en la salvación de una sola persona y en que ésta alcance la gloria, cuando Dios las ha predestinado para tal fin, significaría la bancarrota total de lo que la soberanía de Dios en realidad comporta, pues si Dios pudiese fallar en un detalle, por pequeño que este fuese, podría fallar en todo; y si pudiese fallar en algo, dejaría de ser Dios y el Universo entero marcharía a la deriva hacia un destino del que Dios mismo no sabría nada. Nadie puede dudar de que la encarnación y la muerte de Cristo eran detalles de importancia en el designio de Dios; pero todo esto, según está revelado, sucedió por el designio de llevar muchos hijos al Cielo, pues está escrito: "Pero vemos a aquel que fue hecho un poco menor que los ángeles, a Jesús, coronado de gloria y de honra, a causa del padecimiento de la muerte, para que por la gracia de Dios gustase la muerte por todos. Porque convenía a aquel por cuya causa son todas las cosas, y por quien todas las cosas subsisten, que habiendo de llevar muchos hijos a la gloria, perfeccionase por aflicciones al autor de la salvación de ellos" (He. 2:9-10).

Dios no entregó a Su Hijo como en un fortuito azar, con la incertidumbre de si, al menos, parte de su designio llegaría a realizarse. Cualquier mente piadosa quedaría sobresaltada ante la mera insinuación de algo tan deshonroso para Dios; y, con todo, es ineludible el admitir cada uno de los aspectos de tan impía consecuencia, si se acepta el principio de que Dios puede fallar en la realización de Sus designios en el caso de una sola alma. Efesios 1:11-12 nos ofrece una declaración adecuada con respecto al designio divino: "En él asimismo tuvimos herencia, habiendo sido predestinados conforme al propósito del que hace todas las cosas según el designio de su voluntad, a fin de que seamos para alabanza de su gloria, nosotros los que primeramente esperábamos en Cristo." Y, aunque repetidas veces nos hemos referido a ello anteriormente, Romanos 8:28-30 proclama el mismo inmutable propósito divino, asegurando plenamente que el designio divino se realizará. Dice así: "Y sabemos que a los que aman a Dios, todas las cosas les ayudan a bien, esto es, a los que conforme a su propósito son llamados. Porque a los que antes conoció, también los predestinó para que fuesen hechos conformes a la imagen de Su Hijo, para que él sea el primogénito entre muchos hermanos. Y a los que predestinó, a éstos también llamó; y a los que llamó, a éstos también justificó; y a los que justificó, a éstos también glorificó." La declaración primordial de este pasaje es que "a los que aman a Dios (se refiere a los que son salvos), todas las cosas les ayudan a bien, esto es, a los que conforme a su propósito son llamados." Todo este programa se centra en Su *propósito*, que comenzó con la actuación eficaz y conjunta de la predestinación y la presciencia. Y, para que este designio que fue previsto y predestinado pueda tener feliz cumplimiento, El llama, justifica y glorifica. Y este designio alcanza a cada individuo que es salvo. A la pregunta de si el individuo debe creer por su propia voluntad, hemos de responder que la llamada divina comporta el mover la voluntad humana - no mediante coacción, sino mediante persuasión - y que, con ello, se garantiza la única responsabilidad que le cabe al hombre - creer, lo cual es de inmensa importancia. Todo lo que Dios ha resuelto en favor de los que se salvan, lo ha prometido en un pacto incondicional y Su pacto no puede ser quebrantado; de lo contrario, la santidad de Dios queda en descrédito. ¿Puede una persona piadosa afirmar que Dios tiene poder para prometer, pero no para cumplir? Pues bien, El ha prometido, por la revelación misma de Su designio soberano, preservar completamente a los que son verdaderamente salvos. El no duda en incluir el elemento de la fe por parte del hombre en esta gran empresa. Con esta inclusión, no se introduce un elemento de inseguridad, como se supone a la ligera, pues no puede caber inseguridad alguna cuando El es el Autor de la fe. Cuando Dios dice que El salvará a los que creyeren, ha de entenderse por otros textos de la Escritura que Sus elegidos, bajo una persuasión que no puede fallar, creerán. El poder de Dios para hacer pactos incondicionales en la realización de Su designio soberano, queda demostrado en los pactos hechos con Abraham y con David. La única responsabilidad en cada uno de estos pactos está contenida en el "Yo haré" de Jehová. Ambos pactos alcanzan, en su cumplimiento, los tiempos venideros. A causa de su duración, si ya no existiese otro motivo, estos pactos no podrían tener apoyo en la fidelidad de ninguno de los dos hombres implicados. La extensión de sus vidas apenas marcó el comienzo de la realización de todo lo que Dios prometió en estos pactos. Es de peculiar interés el observar que, en el caso de David - lo que puede dejar perplejos a los arminianos - Dios declaró que los pecados de los hijos de David, a través de quienes había de perpetuarse el pacto, no abrogarían el pacto de ninguna manera; aunque también hay que tener en cuenta que Jehová se reservó el derecho de castigar a los descendientes de David que prevaricaron (2 S. 7:8-16; Sal. 89:20-37).

La palabra *promesa,* según la usa el Apóstol Pablo (comp. Ro. 4:13-14, 16, 20; Gá. 3:17-19, 22, 29; 4:23, 28), aunque se le descuida mucho en el estudio doctrinal, representa precisamente la forma de promesa incondicional que Dios hizo a Abraham - no la promesa de la misma cosa, pero sí de aquello que en cada caso es incondicional y, por tanto, constituye una expresión de la soberanía divina. La promesa hecha al creyente de la era presente no sólo concierne a objetivos diferentes, sino que alcanza niveles no revelados a Abraham. Dios no pactó con Abraham que había de presentar a Abraham sin mancha delante de Su gloria (Jud. 24); ni prometió que Abraham sería acepto en el Amado (Ef. 1:6). En las actuales relaciones, la palabra *promesa* representa cuanto Dios planea en Su gracia soberana en favor del creyente. Abraham sigue siendo el paradigma de salvación por la promesa, destinado por Dios (Gn. 15:6; Ro. 4:3, 20-25); pero el objetivo de la promesa es actualmente distinto por completo en el caso del creyente, si se le compara con el que estaba dirigido a Abraham. La fuerza de este principio, dispuesto por Dios, de hacer un pacto soberano de promesa y de realizarlo independientemente de toda condición humana, se echa de ver en Romanos 4:16, donde está escrito: "Por tanto, es por fe (nada de parte del hombre), para que sea por gracia (todo de parte de Dios), a fin de que la promesa sea firme." Si la meta que se pretende conseguir dependiese en algún punto de recursos o factores humanos, la promesa no podría ser *firme;* pero, siendo obra incondicional y soberana de Dios, el resultado es tan firme como la propia existencia del Dios eterno. De manera semejante, en Gálatas 3:22 está escrito que "la Escritura lo encerró todo (lo mismo al judío que al gentil) bajo pecado", lo cual significa que Dios no acepta mérito alguno de parte del hombre que pueda cargarse a cuenta de éste para su salvación. Y ello es así a fin de que "la promesa", que se realiza mediante la fe en Jesucristo, "fuese dada a los creyentes" - es decir, a los que se limitan únicamente a creer. *El* Apóstol pone sumo cuidado en hacer notar que, en el caso de Abraham, fue declarado justo por creer; no lo pudo ser por la observancia de la Ley, porque la Ley no fue dada sino quinientos años más tarde; ni puedo haber sido merecida mediante la circuncisión, puesto que Abraham no estaba todavía circuncidado (Ro. 4:9-16). Así que la promesa de gracia, con todo lo que incluye, va dirigida al creyente independientemente del sistema del mérito que la Ley le impondría e independientemente de todo el ceremonial. Se trata de un designio soberano del Dios soberano, que se lleva a cabo con perfección infinita mediante la gracia soberana, con la sola condición de creer en Cristo como Salvador.

Los arminianos insisten en que el mérito humano es esencial para la preservación y con ello niegan que los eternos designios de salvación se lleven a cabo por gracia soberana e incondicional; así tienen la promesa por no firme y niegan que Dios haya encerrado todo bajo pecado precisamente para que el elemento humano dejase para siempre de ser tenido en cuenta. Este equívoco del Arminianismo no es cosa de poca importancia, pues el evangelio que-

predica está peligrosamente cercano a ser "un evangelio diferente", que merece el irrevocable anatema de Gálatas 1:8-9.

El incondicional pacto divino de la promesa es la sustancia misma de un vasto cuerpo de la Escritura, pues está incluido en todos los textos en que la salvación y la preservación son presentadas como dependiendo de la fe en Cristo. Sirvan de ejemplo los textos siguientes: "Porque de tal manera amó Dios al mundo, que ha dado a Su Hijo Unigénito, para que todo aquel que en él cree, no se pierda, mas tenga vida eterna" (Jn. 3:16); "De cierto, de cierto os digo: El que oye mi palabra, y cree al que me envió, tiene vida eterna; y no vendrá a condenación, mas ha pasado de muerte a vida." (Jn. 5:24); "Todo lo que el Padre me da, vendrá a mí; y al que a mí viene, no le echo fuera" (De acuerdo con el original griego, la traducción correcta sería: "de ninguna manera le echo fuera", como traduce bien la Versión Autorizada inglesa. *Nota del Traductor*). (Jn. 6:37); "Y yo les doy vida eterna; y no perecerán jamás, ni nadie las arrebatará de mi mano" (Jn. 10:28); "Y a los que predestinó, a estos también llamó; y a los que llamó, a éstos también justificó; y a los que justificó, a éstos también glorificó." (Ro. 8:30).

2. EL PODER INFINITO DEL PADRE, LIBRE PARA ACTUAR. El problema implicado en el ejercicio del poder divino respecto a la preservación o salvaguardia del creyente es más complejo de lo que sería si no comportara aspectos morales. Dando por seguro que Dios es omnipotente, y en esto todas las personas piadosas estarán de acuerdo, no es difícil imaginar una situación en que Dios podría preservar a una persona cristiana mediante Su dominio absoluto, o una situación en que podría rodear al creyente de influencias que lo preservasen durante toda su vida; pero los cristianos siguen siendo pecadores e imperfectos, lo cual introduce un problema de índole moral cuando se considera el tema de su preservación. Sin duda, es éste problema moral el que constituye, según la mentalidad arminiana, un obstáculo formidable contra la seguridad; de ello trataremos con más detalle en el capítulo XVIII. Los arminianos declaran inmediatamente su creencia cuando se les pregunta sin rodeos ¿qué puede echar a perder la salvación de un cristiano? La respuesta, por supuesto, es: *el pecado* - pero no los pecados de poca importancia, que todo creyente comete; de lo contrario, ningún cristiano perseveraría hasta el fin, y es evidente que hay cristianos que perseveran; incluso cristianos dentro de la fe arminiana perseveran hasta cierto punto, y algunos llegan al Cielo por fin; y ningún arminiano se atreverá a decir que aquellos que, entre sus adictos, alcanzan el Cielo, lo hacen a base de una vida sin pecado. Por tanto, su pretensión es, más bien, que los que salen así favorecidos no

han cometido pecados lo suficientemente para echar a perder su salvación. Al decir esto, todos deben admitir que se introduce un elemento racionalista y antibíblico mediante la distinción entre pecados graves y pecados leves; y todavía es más atrevida, en su oposición a la recta fe, la conclusión obviamente implicada, de que un pecado puede condenar después que Cristo lo ha llevado sobre Sí, puesto que la Escritura declara que Cristo mediante Su muerte ha sido hecho propiciación por *nuestros* pecados (1 Jn. 2:2), lo cual significa ciertamente que los pecados del creyente, en contraste con "los pecados de todo el mundo", han sido especifíca y perfectamente juzgados en la muerte de Cristo - un juicio tan perfecto que el Padre ha quedado por ello infinitamente propiciado. Parecería innecesario el añadir aquí la precisión de que, aunque el pecado del cristiano nunca puede sobrepasar la propiciación ya hecha, de forma que la deje sin efecto, comporta consigo, sin embargo, otros castigos, y no es el menor de ellos el que el Padre impone al cristiano que sigue pecando sin arrepentimiento ni confesión (1 Co. 11:31-32).

El punto especial que queremos subrayar en este apartado es que Dios Padre no sólo es poderoso, por Su omnipotencia, para guardar a los Suyos, sino que queda *libre* para actuar y así guardarlos, mediante la muerte de Su Hijo, a pesar del problema moral que la imperfección de cada cristiano implica. El Nuevo Testamento da abundante testimonio de este incoercible poder de Dios para guardar a los que ha salvado mediante Cristo, como está escrito: "Mi Padre que me las dio, es mayor que todos, y nadie las puede arrebatar de la mano de mi Padre " (Jn. 10:29); "plenamente convencido de que era también poderoso para hacer todo lo que había prometido" (Ro. 4:21); "¿Qué, pues, diremos a esto? Si Dios es por nosotros, ¿quién contra nosotros? ... Por lo cual estoy seguro de que ni la muerte, ni la vida, ni ángeles, ni principados, ni potestades, ni lo presente, ni lo por venir, ni lo alto, ni lo profundo, ni ninguna otra cosa creada nos podrá separar del amor de Dios, que es en Cristo Jesús Señor nuestro" (Ro. 8:31, 38-39); "¿Tú quién eres, que juzgas al criado ajeno? Para su propio señor está en pie, o cae; pero estará firme, porque poderoso es el Señor para hacerle estar firme" (Ro. 14:4); "Y a Aquel que es poderoso para hacer todas las cosas mucho más abundantemente de lo que pedimos o entendemos, según el poder que actúa en nosotros" (Ef.3:20); "el cual transformará el cuerpo de la humillación nuestra, para que sea semejante al cuerpo de la gloria suya, por el poder con el cual puede también sujetar a sí mismo todas las cosas" (Fil.3:21); "Por lo cual asimismo padezco esto; pero no me avergüenzo, porque yo sé a quién he creído, y estoy seguro que es poderoso para guardar mi depósito para aquel día" (2 Ti.1:12); "Por lo cual puede también salvar perpetuamente a los que por él se acercan a Dios, viviendo siempre para interceder por ellos" (He.7:25); "Y a aquel que es poderoso para guardaros sin caída, y presentaros sin mancha delante de su gloria con gran alegría" (Jud.1:24). A todo esto podría añadirse la específica declaración de Efesios 1:19-21, donde se revela que el mismo poder que operó en Cristo para resucitarlo de los muertos – el supremo poder – es ejercitado "para con nosotros". ¿Quién podrá, pues apreciar las ventajas que proporciona a un hijo de Dios un poder tan inmenso?

A fin de mantener su posición, los arminianos necesitan insertar sus arbitrarias interpretaciones en cada una de estas declaraciones divinas, negando que el poder de Dios es libre para actuar en la preservación de los creyentes. La negación arminiana de la revelación de que Dios es propicio hacia los pecados del creyente, equivale a negar todo cuanto está incluido en la doctrina de la gracia soberana.

3. EL AMOR INFINITO DE DIOS. Lo que influyó en la elección que desde toda la eternidad hizo Dios de los que quería llevar a la gloria, fue Su amor por ellos. Si, como opinan muchos eruditos, las palabras *"en amor"*, que en la Versión Autorizada inglesa aparecen al final del versículo 4 de Efesios 1, se sitúan al comienzo del versículo siguiente (como hace nuestra Reina-Valera en la versión de 1960), un torrente de luz incide sobre esta importante revelación respecto al motivo de Dios. Con esta disposición del texto, el pasaje puede, y probablemente debe, leerse así: "en amor habiéndonos predestinado". El amor es uno de los atributos de Dios; "Dios es amor", lo cual significa que nunca ha tenido que adquirir el amor, que no tiene que hacer ningún esfuerzo por mantener el amor, y que Su amor no depende de ninguna condición, pues El es el autor de todas las condiciones. Dios amaba antes de que ningún ser fuese creado - si cabe un 'antes' cuando no había tiempo - es decir, cuando no existía sino Su propio Ser Trino. El se amaba a Sí mismo con un amor supremo, pero en un plano muy superior al de una mera auto-complacencia. Su amor es tan eterno e inmutable como Su propia existencia, y fue ya en ese pasado incomprensible cuando también amaba los seres que estaban todavía por crear. Aunque la expresión suprema de ese amor tuvo lugar en el tiempo en el momento de la muerte de Cristo, y aunque su evidencia se hace patente en la preservación y providencia que tiene de Sus redimidos, Su amor no tiene fecha de nacimiento y su continuación es tan inmutable como la predestinación a que da origen. Así que la predestinación, lejos de ser una dura y terrible predeterminación divina, es en realidad el supremo cumplimiento y la satisfacción perfecta de Su infinita compasión.

En un punto anterior de esta tesis, hemos llamado la atención hacia la verdad de que la salvación no surge de la miseria de los hombres a quienes Dios, en su misericordia, haya escogido aliviar, sino del amor de Dios hacia Sus criaturas, el cual no puede satisfacerse con menos que con hacernos conformes a la imagen de Cristo en Su presencia eterna. Es este inmutable encariñamiento el que el estudioso de la doctrina debe contemplar y a cuya luz debe deducir sus conclusiones. En esta contemplación, no le irá bien revestir la compasión divina del capricho y de la volubilidad que caracterizan al amor humano, como si Dios amase a Sus criaturas cuando son buenas, pero les retirase el afecto cuando no se portan bien. El hecho, aunque incomprensible, es que Dios amó a los hombres lo suficiente para entregar a Su Hijo a la muerte por ellos incluso cuando eran enemigos y pecadores (Ro. 5:7-10). No fue que la miseria de los hombres le causase una impresión suficiente para decidirle a proporcionarles algún alivio, sino que murió realmente por ellos en la Persona de Su Hijo. Es en este contexto - y en Romanos 5 - donde las palabras "mucho más" ocurren dos veces, poniendo en contraste la operación del amor de Dios en favor de los no salvos con la operación del amor de Dios por los salvos. No quiere esto decir que Dios ame más, aun cuando el individuo salvo por Su gracia es más digno de amor que cuando era inconverso; más bien significa que, mediante la salvación, Su amor ha encontrado la oportunidad de poder manifestarse mucho más en los que son salvos. "Pues mucho más, estando ya justificados en su sangre, por él seremos salvos de la ira. Porque si siendo enemigos, fuimos reconciliados con Dios por la muerte de Su Hijo, mucho más, estando reconciliados, seremos salvos por su vida" (Ro. 5:9-10). La preservación declarada al final de este pasaje, no es debida al hecho de la habitación de Cristo en el creyente, lo cual es vida eterna (Col. 1:7), sino al hecho esencial de la propia vida de Cristo y de todo lo que El, el resucitado Hijo de Dios, es para el creyente.

Si se tiene en cuenta esta verdad acerca del inmenso e inmutable amor de Dios a los creyentes, se verá que, a causa de este motivo inalterable, Dios llevará a feliz término lo que ha comenzado - lo que El predestinó con infinita certeza. El amor ha derribado todas las barreras que el pecado levantó, y el amor preservará, con una manifestación mucho mayor aún que la efectuada en el Calvario, a todos aquellos que ha escogido en Cristo antes de la fundación del mundo.

Poco lugar, en verdad, deja el Arminianismo para este inmutable e invencible amor de Dios hacia aquellos a quienes ha salvado. El negar este amor, su manifestación y satisfacción plenas, según nos lo declara Dios mismo, equivale a intentar disminuir, si no suprimir, la realidad esencial de uno de los más gloriosos atributos de Dios.

4. LA INFLUENCIA QUE EN EL PADRE EJERCE LA ORACION DE SU HIJO. Muchos epítetos emplea el Nuevo Testamento para designar a los que, de entre los judíos y los gentiles, son salvos - cristianos, creyentes, hermanos, hijos de Dios, la casa o familia de la fe, la familia de Dios, "mis ovejas", un reino de sacerdotes, Su Cuerpo, los santos - y cada uno de ellos, a los que pueden añadirse otros, comporta un sentido específico y sugiere una relación peculiar. Hay, sin embargo, un epíteto que, por la Persona que lo usó y por las circunstancias en que fue empleado, sobrepuja en sagrada sublimidad a todos los otros apelativos juntos. El Señor mismo lo usó en forma exclusiva en aquella hora suprema en que dejaba este mundo y volvía al Padre - una hora en que estaba rindiendo cuentas al Padre acerca de la consumación de Su misión incomparable a este mundo. Así pues, el tiempo y las circunstancias marcaban el clímax de todo lo que había llevado a cabo a su paso por la tierra. Cualquier término que el Salvador pudiese emplear en cualquier tiempo, tendría un importantísimo significado, pero por encima de todos y más sublime que lo más alto de los Cielos, está el apelativo que emplea al conversar sagrada y familiarmente con Su Padre Celestial. La mente devota se siente súbitamente alertada hasta el punto más alto de su atención para captar la terminología que usan en su diálogo el Padre y el Hijo. Es entonces en Su oración como Sumo Sacerdote cuando el Salvador se refiere siete veces a los que son salvos como "los que tú me has dado" (Jn. 17:2, 6, 9, 11-12, 24). Esta excelsa compañía incluye a todos los que creen en El a lo largo de los siglos (Jn. 17:20). Este epíteto sugiere inmediatamente un suceso de inmensa importancia ocurrido en el pasado y del que muy poco sabemos, pero es razonable suponer que cada uno de los individuos que en algún tiempo había de ser salvo por la gracia de Dios mediante el Salvador, Jesucristo, fue presentado individualmente en el alborear de la eternidad como un particular regalo amoroso del Padre al Hijo, que cada individuo tiene en la mente de Dios un lugar que nadie más puede ocupar, y que si una sola de estas joyas pudiera echarse en falta de todo el conjunto, el Señor quedaría defraudado, pues sólo el infinito puede ser dañado por la imperfección.

Al referirse a los creyentes como "los que me has dado", el Hijo hace al Padre este preciso ruego: "Padre Santo, a los que me has dado, guárdalos en tu nombre, para que sean uno, así como nosotros" (Jn. 17:11). El ruego de que sean *uno* se refiere indudablemente a la unidad orgánica de todos los creyentes, lo cual queda ilustrado mediante el símil de un cuerpo en relación con, y su cabeza; esto implica que ningún miembro puede faltar. Pero, para nuestro propósito, tiene más importancia el hecho y la fuerza del ruego que el Hijo dirige al Padre pidiéndole que guarde en Su nombre a los que le ha dado. Naturalmente, surge la pregunta de si esta petición del Hijo será escuchada; los arminianos dudan en creer que será respondida en el caso de cada uno de los creyentes, mientras que los calvinistas afirman que la petición hallará respuesta perfecta y hacen notar el hecho de que ninguna plegaria de Cristo ha quedado jamás sin respuesta, ni puede quedar. El objeto mismo de esta plegaria no debe ser pasado por alto: el Hijo pide al Padre que guarde a salvo a aquellos que El ha dado al Hijo. Si se pudiera demostrar - lo cual es imposible – que el Padre no tiene ningún interés personal en estas personas elegidas, habría que tener en cuenta que, por miramiento al Hijo, a quien nada puede ser denegado, el Padre debe usar Sus recursos infinitos para llevar a cabo precisamente lo que el Hijo ha rogado. Es así como la oración del Hijo de Dios al Padre viene a ser uno de los factores más importantes en la seguridad del creyente. Negar la preservación del creyente equivale a implicar que la plegaria del Hijo de Dios no hallará respuesta.

II. LAS RAZONES POR PARTE DE DIOS HIJO

Aunque las cuatro razones en favor de la seguridad del cristiano que dependen de Dios Hijo aparecen separadamente en diversos lugares del Nuevo Testamento, hay sin embargo un versículo en que todas ellas aparecen juntas, como una cuádruple respuesta a la desafiante pregunta de si un hijo de Dios está a buen seguro. El pasaje dice así: "¿Quién es el que condenará? Cristo es el que murió; más aún, el que también resucitó, el que además está a la diestra de Dios, el que también intercede por nosotros" (Ro. 8:34).

La pregunta con la que se abre este pasaje va precedida de otra similar: "¿Quién acusará a los escogidos de Dios? ", y que obtiene una respuesta de seguridad: "Dios es el que justifica". El razonamiento es que si Dios ha justificado ya, como es el caso de todo aquel que cree en Jesús (comp. Ro. 3:26; 8:30), ¿cómo puede El ni nadie condenar a quien Dios ha justificado? No se trata de ninguna manera del problema corriente de una persona que descubre imperfecciones o pecados en otra persona. Si fuera ése el caso, es Dios quien podría, por encima de todos los demás, descubrir los fallos del cristiano; más aún, El nunca ha cerrado los ojos a tales fallos, ni deja de tenerlos justamente en cuenta. Pero en el caso de la justificación del creyente, su seguridad está basada en los méritos imputados del Hijo de Dios y es suya legalmente por el hecho de estar en Cristo Jesús. Nunca puede existir a los ojos de Dios una justificación que se base en el mérito humano; por otra parte, una justificación que no está sujeta al mérito humano, tampoco puede hacerse depender del demérito humano. De la misma manera que, en el campo de las relaciones humanas, un padre terrenal tiene medios para corregir los errores de su hijo sin romper por eso su filiación ni su posición familiar, de la misma manera Dios como Padre mantiene la posición perfecta – que incluye una justificación completa y eterna – de un hijo Suyo en el mismo momento en que necesita corregir a tal hijo. Queda, pues, en pie la verdad de que, habiendo Dios justificado al impío (Ro. 4:5), no quiere ni puede contradecirse a Sí mismo acusándole de pecado, de forma que llegue a retirarle la justificación. Tratando de este punto, Dean Alford cita a Crisóstomo, quien escribe: "No dice 'Dios es el que remite los pecados', sino lo que es mucho más 'Dios es el que justifica', porque, cuando absuelve la sentencia del juez mismo, y de tal Juez, ¿qué peso y qué fuerza tiene el acusador? " (N.T. for English Readers, nueva ed., sobre Ro. 8:34). Es preciso comprender la equidad absoluta de esta medida, de lo contrario nunca entenderá el estudiose este tipo de salvación que la gracia soberana produce y que él está llamado a predicar.

La segunda pregunta, a la que sigue la cuádruple respuesta que ahora consideramos – "¿Quién es el que condenará? " – es totalmente semejante a la que le precede, aunque el cuerpo de doctrina que proporciona tal respuesta es diferente. Aquí, como en cualquier otro lugar del Nuevo Testamento, la pregunta de si el creyente está a salvo con certeza y para siempre, mediante las provisiones de la gracia infinita, es contestada afirmativamente. Respecto a la respuesta completa a esta segunda pregunta, anota De Wette: "Todos los grandes aspectos de nuestra redención están juntamente alineados, desde la muerte de Cristo hasta Su perpetua intercesión, como razones para desechar la implicación de la pregunta" (Alford, *loc. cit.*).

Pedimos que se preste sincera atención a esta pregunta y a su cuádruple respuesta, a fin de que pueda entenderse cumplidamente la verdad encerrada en este tema que ahora consideramos y que ocupa un lugar tan importante dentro de la Soteriología. Esta pregunta de si el verdadero creyente puede jamás ser condenado es propuesta y respondida por el Espíritu Santo; por tanto, se trata de palabras de Dios, no de meras palabras humanas. Es como si el Autor divino se anticipase a la confusión doctrinal que había de surgir y, teniéndola en cuenta, quisiera dejar registradas estas importantes preguntas juntamente con sus inequívocas respuestas. Y, con todo, unas preguntas tan directas y unas respuestas tan concluyentes no han impedido que una forma de incredulidad racionalista, que afecta actitudes piadosas y sanas, haya llegado a negar la revelación entera.

Las cuatro respuestas a la pregunta: "¿Quién es el que condenará? ", van a ser ahora examinadas por separado y en el orden en que aparecen, puesto que constituyen las cuatro razones en favor de la seguridad del creyente, que pertenecen, para su realización, al Hijo de Dios. Estas respuestas son: (1) Cristo ha muerto, (2) Cristo ha resucitado, (3) Cristo aboga, y (4) Cristo intercede.

1. CRISTO HA MUERTO. La primera respuesta a la pregunta "¿Quién es el que condenará? " es una verificación del hecho de que Cristo ha muerto, y está en primer lugar precisamente porque tal muerte es la base primordial para la seguridad de que el creyente no puede ser condenado. Cristo mismo ha llevado sobre Sí, de una manera completa y definitiva, la condenación que, de otro modo, pesaría sobre el cristiano que peca. No se introduce aquí un motivo nuevo, pues fue ya sobre la base de la eficacia de la muerte de Cristo para contrarrestar los pecados, como el creyente fue salvo en primer lugar y exento de toda pena o castigo, por haber quedado el Dios santo libre de este modo para perdonar con toda justicia cualquier pecado que se haya cometido o se haya de cometer, en lo que toca al poder condenatorio que el pecado posee (Ro. 8: 1). Es el mismo motivo, basado en el hecho de que Cristo murió por los pecados del cristiano (1 Jn. 2:2), el que deja a Dios en libertad para perdonar justamente el pecado – ahora dentro de la esfera de la comunión con Dios – del creyente que confiesa tal pecado (1 Jn. 1:9). La solución al problema de la salvación de una persona inconversa y al de la preservación de una persona salva es la misma. Esta solución encontrada por Dios es, no sólo equitativa y legal, sino también práctica y puesta en razón. Aunque las mentes cegadas por Satanás no pueden ver esta verdad hasta que son iluminadas, el hecho de que el Sustituto ha pagado la pena es el más simple de los métodos que pueden encontrarse para solucionar completamente un problema que no tiene otra solución posible. Aunque Dios se reserva el derecho de corregir y castigar a un hijo suyo, El nunca ha dado a entender, bajo Su palabra autorizada, que tal hijo Suyo se pueda condenar. Para defender sus posiciones teológicas, los arminianos tienen que negar, o que la muerte de Cristo fue una provisión divina suficiente contra el pecado y, por tanto, que el creyente debe ser descargado de los pecados que Cristo ya llevó, o tienen que abandonar del todo el testimonio de la Biblia y concluir que la muerte de Cristo no fue eficaz para nadie. Tales conclusiones se deducen inevitablemente de la posición arminiana respecto a la doctrina de la sustitución.

Naturalmente, no cabe una posición intermedia; o el creyente debe ser condenado por todos y cada uno de sus pecados – que es lo que lógicamente se deduce de la posición arminiana – o sus pecados no influyen para nada en su condenación, por haber sido castigados sobre las espaldas de Otro. No cabe duda sobre lo que la Biblia enseña sobre estas dos proposiciones, ni sobre hacia cuál de las dos se inclina.

2. CRISTO HA RESUCITADO. La gloriosa verdad de la resurrección de Cristo viene a ser inmediatamente la base sobre la que reposan dos razones decisivas en favor de la seguridad de un hijo de Dios: (a) que el creyente se ha hecho partícipe de la vida gloriosa del resucitado Hijo de Dios, y (b) que el creyente forma parte de la Nueva Creación sobre la que el Cristo resucitado es la Cabeza suficiente y total. La segunda de estas razones será considerada dentro de los aspectos de seguridad que dependen del Espíritu Santo. La primera, que es la que ahora vamos a considerar, es que un hijo de Dios participa de la vida resucitada del Hijo de Dios. Un aserto extremadamente importante de esta verdad aparece en Colosenses 2 y 3. El que el cristiano esté en el Cristo resucitado tiene como efecto el que se encuentre ya en la esfera de la resurrección. En el capítulo 2, el Apóstol afirma positivamente que el cristiano ha resucitado con Cristo (v. 12). Esta realidad no es un mero simbolismo o una simple metáfora; es tan verdad como la propia resurrección de Cristo, de la que participa; ser "reavivados" equivale así a ser hechos vivos mediante la recepción de la vida resucitada de Cristo. Del cristiano se dice que ha sido, y está aún, resucitado y sentado juntamente con Cristo en los lugares celestiales (Ef. 2:6). El estar en el Cristo resucitado y el tener dentro al Cristo resucitado, constituye una resurrección espiritual que, a su debido tiempo, quedará completada, en cuanto al ser entero del creyente, mediante la resurrección de su cuerpo o mediante la transmutación que experimentará en el arrebatamiento al Cielo. Esta realidad es la que tenía en cuenta el Apóstol, cuando escribía en Colosenses 3:1-4, refiriéndose a la vida cotidiana del creyente: "Si, pues, habéis resucitado con Cristo, buscad las cosas de arriba, donde está Cristo sentado a la diestra de Dios. Poned la mira en las cosas de arriba, no en las de la tierra. Porque habéis muerto, y vuestra vida está escondida con Cristo en Dios. Cuando Cristo, vuestra vida, se manifieste, entonces vosotros también seréis manifestados con él en la gloria".

La vida que el creyente recibe en la regeneración, es la vida del Cristo resucitado. Y esta vida no puede disminuir ni desaparecer. Es pretensión común de los arminianos que, sea lo que sea tal vida eterna, puede desaparecer y desaparece en muchos casos; hay quienes dicen que esta vida de resurrección es eterna mientras es poseída, pero que el cristiano puede llegar a ser desposeído de ella. Pero tal vida no es una mera adherencia que puede pegarse y despegarse, sino que es una naturaleza suministrada por generación divina y, como toda otra naturaleza que se posee, no puede ser despegada o perdida. Parece haber un vínculo especial de relación entre estas dos realidades – "vida eterna" y "no perecerá" – ya que ambas son empleadas conjuntamente por Cristo en dos ocasiones (Jn. 3:16; 10:28).

Negar la seguridad eterna de un hijo de Dios – que ha recibido la vida resucitada de Cristo como una segunda naturaleza – es negar la realidad de tal vida o su carácter imperecedero y permanente.

3. CRISTO ABOGA. En 1 Juan 1:1–2:2, se responden dos importantes preguntas, a saber, cuál es el efecto que para el cristiano tiene su propio pecado y cuál es su remedio, y cuál es el efecto que el pecado del cristiano tiene sobre Dios y cuál es su remedio. En una sección anterior de esta obra, nos hemos referido más en detalle a este ministerio específico de Cristo; con todo, al llegar a este punto, ello tiene una importancia crucial por su proyección sobre el tema de la seguridad de los ya salvos. Considerando de momento el efecto que para el cristiano tiene su pecado, se echa de ver por el solo análisis de 1 Juan, que allí se encuentran por lo menos siete consecuencias nocivas como resultado de tal pecado; sin embargo, ni una sola vez se insinúa que el creyente pueda volver a perderse. Uno de estos castigos es la pérdida de comunión con Dios Padre y con el Hijo, y el remedio, lejos de ser una nueva regeneración, consiste en una simple confesión a Dios de dicho pecado, hecha desde un corazón arrepentido (1 Jn. 1:3-9). Ya hemos considerado en el capítulo XIII las treinta y tres tareas que conjuntamente comportan la salvación de una persona; entre ellas está el perdón de todo pecado; ninguna de estas treinta y tres transformaciones puede ser tomada en solitario o separada del resto, ni pueden seleccionarse treinta y dos con la omisión deliberada de una sola, pues constituyen un todo indivisible; y ninguna de ellas está sujeta a una segunda experiencia o repetición de su recepción. Por tanto, ni siquiera el perdón de los pecados – que comporta la unión de Cristo y la traslación a un estado en el que no cabe condenación – se puede repetir de nuevo; porque el perdón del cristiano dentro de la familia y su retorno a la comunión con el Padre y el Hijo es un caso completamente distinto; con todo, también este perdón está basado en la misma muerte sustitucionaria de Cristo. La anulación del efecto que sobre el cristiano mismo produce su pecado es perfecta y completa, mediante la gracia divina, cuando hace de él la requerida confesión. Está bien especificada y es suficiente la

provisión por la que el pecado es perdonado y el pecador es limpiado (1 Jn.1:9).

Por otra parte, el efecto del pecado del cristiano sobre el Dios Santo es de lo más misterioso en verdad. Se nos asegura con el mayor énfasis posible que el menor de los pecados – como los que el creyente comete habitualmente, por omisión o comisión - tiene en sí mismo el poder de precipitar al creyente en la perdición, desde su posición excelsa, si no fuera por lo que Cristo ha llevado a cabo. Es aquí donde queda más al descubierto la forma de racionalismo que caracteriza al Arminianismo. Si no se tiene en cuenta la revelación, es natural concluir que Dios no puede seguir del brazo de alguien que continúa pecando, aunque se trate de alguien que es hijo Suyo por la regeneración; pero descubrimos que Dios no abandona a los que son imperfectos; luego el problema de la seguridad del creyente tiene su solución en cuanto al modo con que su pecado afecta a Dios.

El pasaje central, 1 Juan 2:1, se abre con la exclamación "¡Hijitos míos! ", lo cual es una prueba evidente de que la declaración se dirige – lo cual es valedero para toda la Epístola – a quienes son nacidos de Dios (Juan 1:12-13). Las "cosas" a las que el Apóstol se refiere son, sin duda, la doctrina especial del perdón y del limpiamiento del cristiano según revela el capítulo 1, y también la que sigue inmediatamente en este versículo, donde se descubre la manera divina de tratar el pecado del cristiano. El efecto de estas verdades en el creyente – contrariamente a lo que opinan los arminianos – es disuadirle de pecar. El hombre "natural", o sea, no regenerado, que se deleita en pecar, acogerá de buen grado una doctrina que levanta el castigo del pecado; y en cuanto a este punto, los arminianos parecen no poder ver más allá de lo que ve el hombre natural, pues fallan en reconocer que, para ejercitar la pureza, la santidad y la fidelidad, hay incentivos superiores al mero temor al castigo, pues, al menos en sus escritos, no mencionan dichos motivos más elevados. Todo esto se debe en gran parte a que, por causa de las mismas creencias que profesan, son incapaces de verse a sí mismos como aceptos y sellados en Cristo. Si se viesen a Sí mismos en una relación tal con Dios, tanto la razón como la revelación les traerían a las mientes la correspondiente obligación de vivir como debe vivir una persona aceptada y sellada, pues vivir de este modo es el motivo más elevado que puede influir en una vida humana, pues transciende en eficacia el mero temor a la ley o el miedo al castigo, los cuales, después de todo, no son tenidos en cuenta por nadie ni en medida alguna. Sobre la acusación de antinomianismo que los arminianos hacen generalmente contra los calvinistas, escribe así el Dr. Charles Hodge:

"El antinomianismo nunca ha tenido poder alguno en las iglesias de la Reforma. No hay ninguna conexión lógica entre el descuido de los deberes morales y un sistema que enseña que Cristo salva tanto del poder como del castigo del pecado, que la fe es el acto por el cual una persona recibe a, y se apoya en, Cristo tanto para la santificación como para la justificación, y que es tal la naturaleza de la unión con Cristo por la fe y la morada interior del Espíritu, que nadie participa, ni puede participar del beneficio de Su muerte, que no participe también del poder de Su vida; lo cual está de acuerdo con la autoridad divina de la Escritura, que declara que sin santidad nadie verá al señor (He. 12:14) y que, con el lenguaje del gran autor de la salvación por gracia, advierte a cuantos se precian del nombre de cristianos: 'no erréis; ni los fornicarios, ni los idólatras, ni los adúlteros, ni los afeminados, ni los que se echan con varones, ni los ladrones, ni los avaros, ni los borrachos, ni los maldicientes, ni los estafadores, heredarán el reino de Dios"(1 Co. 6:9-10).

El sistema que mira el pecado como un mal tan grande que requiere la perfecta justicia de Cristo para la justificación del pecador, no es un sistema que conduzca a opiniones laxas sobre la obligación moral, sino que el sistema más proclive a esta laxitud es aquél que enseña que las exigencias de la ley han sido rebajadas y pueden ser satisfechas por la obediencia imperfecta de hombres caídos, y que los pecados pueden ser perdonados por la absolución del sacerdote. Esta es la lección de la lógica tanto como de la historia." - *Systematic Theology*, III, 141.

Evidentemente, el Apóstol Juan previene que el poder de la verdad que está él declarando tiende a apartarnos del pecado, pues tal es el sentido de las palabras "para que no pequéis". La frase siguiente "si alguno hubiere pecado" se refiere exclusivamente a cristianos; no puede incluir a los inconversos junto con los salvos, pues se trata de *alguno* dentro de la comunión cristiana. Un uso similar, entre otros del Nuevo Testamento, se halla en 1 Corintios 3:12-15, donde es igualmente evidente la restricción de grupo. El vocablo *alguno* corresponde numéricamente al pronombre "nosotros" implícito en el verbo que sigue inmediatamente después. La provisión suficiente para el cristiano que peca está indicada en las palabras "abogado tenemos para con el Padre". La escena tiene lugar en el supremo tribunal del Cielo, donde el Padre actúa como Juez en Su trono (notemos, de paso, que, aunque un hijo de Dios haya pecado, Dios continúa siendo su Padre). También se halla presente un demandante o fiscal; su actividad como demandante está registrada en Apocalipsis 12:10, donde leemos: "Entonces oí una gran voz en el cielo, que decía: Ahora ha venido la salvación, el poder, y el reino de nuestro Dios, y la autoridad de su Cristo; porque ha sido lanzado fuera el acusador de nuestros hermanos, el que los acusaba delante de nuestro Dios día y noche." Si hace falta alguna voz acusadora, Satanás mismo se encargará de ello. La pregunta "¿Quién es el que condenará? " fácilmente incluye en la esfera de sus posibilidades algo mucho más fuerte que las acusaciones que un ser humano puede proferir contra un semejante. Pero ni siquiera la acusación de Satanás puede prevalecer, porque hay un Abogado, un Defensor. Lo que esto significa en cada momento para el creyente, nunca lo sabremos en esta vida. Esta verdad sobre la abogacía de Cristo está implícita en las siguientes declaraciones: "el que además está a la diestra de Dios" (Ro. 8:34) y "para presentarse ahora por nosotros ante Dios" (He. 9:24).

Si se pregunta qué influencia puede ejercer el Abogado sobre el Padre para que el creyente quede descargado de la condenación, alguien podría aventurarse a opinar que puede hacerlo presentando excusas; pero allí no valen excusas. Otro podría sugerir que pida indulgencia al Padre; pero el Padre, por ser infinitamente santo, no puede ser, y por tanto no es, indulgente con el pecado. Todavía otro podría proponer que este Procurador o Abogado es un sagaz leguleyo capaz de ganar un pleito que no tiene defensa posible; pero - y aquí está lo más fuerte de nuestro raciocinio - en este mismo trance y en conexión con la obra específica de salvar de la condenación a un cristiano que peca, es cuando este Abogado consigue un excelso título, que no consigue por ningún otro servicio, a saber, *Jesucristo el Justo.* El motivo para llamarle de este manera tan singular es probablemente doble: (1) El presenta la evidencia de Su propio sacrificio por el pecado en cuestión - o sea, el hecho de que lo llevó suficientemente sobre Sí en la Cruz. Por eso, cuando el Padre retira la condenación, Su base para obrar así es *justa,* puesto que se apoya en la muerte del Salvador. Y es precisamente por la conexión estrecha con este aspecto de su trabajo de Abogado, por lo que el propio contexto añade: "Y él es la propiciación por nuestros pecados". Al morir Su Hijo por el pecado del cristiano, el Padre se torna propicio. (2) Cristo es hecho para el creyente *justificación* (1 Co. 1:30; 2 Co. 5:21), y El, como Fuente de esta justicia imputada, es Aquél por quien el cristiano es salvo y en quien se apoya para siempre.

Resulta, pues, evidente que, aunque el Padre puede ejercitar una disciplina paternal, según Su beneplácito, sobre el hijo que yerra, este hijo no será condenado, puesto que Cristo que cargó sobre Sí el pecado del cristiano está presente en el Cielo en su favor, y Cristo es la justicia misma en la que el cristiano es acepto ante Dios.

4. CRISTO INTERCEDE. Entre las doctrinas descuidadas – y hay muchas - está la que nos presenta la intercesión de Cristo en favor de todos los que son salvos. El hecho mismo de que El está intercediendo, insinúa el peligro que acecha al creyente en esta tierra donde el enemigo domina, y la necesidad de la plegaria de Cristo en favor suyo. La extraña falta de atención prestada a este ministerio de

Cristo puede deberse a diversas causas, pero ninguna es probablemente más importante que la influencia y el poder de Satán, que desea robar al creyente el provecho y el confort que esta intercesión proporciona. Como consecuencia práctica, el creyente se queda sin conocer esta intercesión que se ejerce en su favor y, por tanto, privado de la ayuda y el vigor que este conocimiento suministra. El descuido no puede achacarse a falta de revelación, pues esta verdad aparece en el Texto Sagrado con más claridad que la ordinaria. Hay cuatro pasajes de especial importancia, a los que hay que prestar esmerada atención. Por ellos se verá que el designio de Dios en la intercesión de Cristo es la seguridad de todos aquellos por quienes El intercede.

Juan 17:1-26. Sería prolijo e innecesario reproducir aquí todo el texto de este supremo capítulo. El pasaje contiene la plegaria de Cristo y podemos concluir razonablemente que ella sirve como de norma o modelo de la oración que Cristo continúa haciendo en el Cielo. Si entonces era conveniente que El intercediese por los Suyos que estaban entonces en este mundo o *cosmos*, también lo será que ore ahora por los que están ahora en este mundo. En aquella oración, aparece al máximo Su solicitud por todos los que están en este mundo y, del mismo modo, Su seguridad de que el Padre puede guardarlos del mal. Como indicamos anteriormente, el ruego del Hijo por la preservación de los salvos, podría ser desatendido por el Padre sólo en el supuesto de que la oración de Cristo pueda no ser respondida, o que sobrepuje el poder del Infinito, aun cuando el Padre ha quedado libre de todo impedimento moral mediante la muerte de Cristo por el pecado. Los arminianos no han dudado en dar por buena esta segunda posición - o sea, que el preservar al creyente está por encima del poder de Dios, incluso cuando el problema que el pecado presenta ha sido solucionado. No obstante, el Salvador no cesa de interceder en favor de aquellos que El ha salvado y a fin de que sean preservados para siempre.

Romanos 8:34: "¿Quién es el que condenará? Cristo es el que murió, más aún, el que también resucitó, el que además está a la diestra de Dios, el que también intercede por nosotros."

En este texto se declara que no hay ninguna condenación para un hijo de Dios por la razón, entre otras ya consideradas, de que el Salvador "intercede por nosotros". Del lado divino del problema de la seguridad eterna del cristiano, hay evidentemente una definida dependencia de la plegaria del Hijo de Dios.

Lucas 22:31-34: "Dijo también el Señor: Simón, Simón, he aquí Satanás os ha pedido para zarandearos como a trigo; pero yo he rogado por ti, que tu fe no falte; y tú, una vez vuelto, confirma a tus hermanos. El le dijo: Señor, dispuesto estoy a ir contigo no sólo a la cárcel, sino también a la muerte. Y él le dijo: Pedro, te digo que el gallo no cantará hoy antes que tú niegues tres veces que me conoces".

Aunque éste es el testimonio de la oración de Cristo por un solo hombre, y precisamente por el que iba a negar a su Señor, podemos razonablemente deducir que Cristo mantiene esta misma solicitud y este mismo cuidado por cada creyente. Sin duda que El podría decir a cada creyente muchas veces al día "He rogado por ti". La petición que Cristo hizo por Pedro fue escuchada; pidió que la fe de Pedro no fallase, y no falló, aunque durante toda aquella triste experiencia Pedro mostró los rasgos de un creyente que ha perdido la comunión con su Señor. No hay insinuación alguna de que Pedro perdiese la salvación, o de que recuperase la salvación. El caso de Pedro ilustra bien la doctrina respecto a la restauración de la comunión del creyente con Dios - comunión que los arminianos confunden con la salvación. Y finalmente,

Hebreos 7:23-25: "Y los otros sacerdotes llegaron a ser muchos, debido a que por la muerte no podían continuar; mas éste, por cuanto permanece para siempre, tiene un sacerdocio inmutable; por lo cual puede también salvar perpetuamente a los que por él se acercan a Dios, viviendo siempre para interceder por ellos."

El Nuevo Testamento no registra una declaración más directa e inequívoca que ésta en relación con la seguridad eterna del creyente, y esta seguridad aparece aquí como dependiente totalmente de la intercesión de Cristo; o sea, que se dice en este texto que el creyente está a salvo en el sentido más absoluto porque Cristo ora por él - de lo contrario, el lenguaje deja de ser un medio fiable para transmitir el pensamiento.

En Su sacerdocio por los creyentes, Cristo difiere ampliamente de los sacerdotes del Antiguo Testamento y especialmente en un detalle particular: que, mientras estos eran mortales y su ministerio quedaba interrumpido con la muerte, el sacerdocio de Cristo es perpetuo, pues posee un sacerdocio inmutable, y esta verdad se corresponde igualmente con otra verdad igualmente importante, y es que El vive para siempre. "¿Por qué? ". Porque vive siempre y, por ello, Su ministerio como Sacerdote no tiene fin. Puede salvar a los cristianos - unos dicen "completamente" y otros "perpetuamente" o "eternamente εἰς τὸ παντελὲς puede entenderse en los dos sentidos a la vez, porque el que es salvo completamente es salvo perpetuamente – a los que por el se acercan a Dios, es decir, a los que creen en el Salvador). Esta certeza se basa en la perpetua capacidad que el Salvador siempre vivo tiene como Sacerdote para producir una seguridad eterna. La declaración es incondicional y la inequívoca garantía divina aparece como dependiendo directa y solamente, en cuanto a este pasaje se refiere, del persuasivo poder de la intercesión de Cristo. Tal poder es eficaz y su realidad infinita no puede ser comprendida por la mente humana; negar este poder supremo, como hacen cuantos no creen en la seguridad absoluta de un hijo de Dios, es mantener una pretensión sin fundamento alguno.

No estará de más observar que la intercesión de Cristo es algo más que un mero ejercicio de oración. Cristo es el Pastor y el Obispo de aquellos a quienes El salva, y El los conduce por Su propio camino preservándolos de las trampas y asechanzas de Satanás. Nunca sabrá en esta vida el creyente cuánto debe a la intercesión del Pastor que lo sostiene en cada momento de su vida. David obtuvo esta misma confianza aseguradora de su relación con Jehová cuando dijo: "Jehová es mi pastor; nada me faltará" (Sal. 23:1); no dio testimonio meramente de que no le había faltado nada hasta aquel momento, sino que declaró sin ambages que su porvenir estaba tan seguro como podía realizarlo el pastoreo de Jehová.

Volviendo de momento a un solo texto (Ro. 8:34) que comprende todas las cuatro razones para la seguridad del creyente, que dependen de Dios Hijo, permítasenos reafirmar que por medio de Su muerte sustitucionaria, Cristo proporciona al Padre justa libertad para impartir bendiciones eternas a los creyentes; por medio de Su resurrección, Cristo proporciona al cristiano una vida resucitada imperecedera; por medio de Su abogacía, contrarresta el efecto condenatorio de cada uno de los pecados del creyente, según estos pecados son vistos por Dios en el Cielo; y, por medio de Su intercesión, empeña el infinito poder de Dios - incluyento Su propio pastoreo - en favor de los creyentes. Cada paso de este incomprensible servicio del Salvador es en sí mismo completamente suficiente para alcanzar la meta requerida; con todo, el racionalismo arminiano contradice y niega cada uno de estos pasos.

Lo que el Salvador lleva a cabo - especialmente como Abogado e Intercesor - sucede de acuerdo con Sus previsiones; así salva y preserva simplemente porque la salvación que El proporciona es eterna por su misma naturaleza. Se sigue, pues, que nunca tenemos que implorarle el que abogue o interceda, aunque deberíamos darle gracias incesantemente por estos oficios.

III. RESPONSABILIDADES QUE PERTENECEN A DIOS ESPIRITU SANTO

Mucho es, en verdad, lo que el Espíritu Santo directamente lleva a cabo a fin de que un hijo de Dios esté a salvo para siempre. En la presente economía divina, El es el Ejecutor de muchísimas cosas que la Deidad emprende; con todo, igual que en el caso del Padre y del Hijo, hay cuatro logros característicos, llevados a cabo por la Tercera Persona, que requieren ser tenidos en cuenta.

1. EL ESPIRITU SANTO REGENERA. El continuo énfasis que el Arminianismo carga sobre el mérito humano, ha tendido a oscurecer una de las realidades primordiales de todo cristiano verdadero, realidad que es suministrada, no por méritos, sino por la gracia divina, en respuesta a la fe salvífica en Cristo. Esta realidad es que el creyente es regenerado e introducido así en un nuevo estado, una nueva existencia y una nueva relación que quedan bien definidas como "nueva creación". Está escrito en 2 Corintios 5:17: "De modo que si alguno está en Cristo, nueva criatura es; las cosas viejas pasaron; he aquí todas son hechas nuevas". El Apóstol declara igualmente que "somos hechura suya, creados en Cristo Jesús" (Ef. 2:10). Este pasaje nos revela el hecho de que, como resultado de la obra divina, el cristiano es nada menos que una divina criatura - una clase de ser que no existía antes. De este nuevo ser se dice que participa de la "naturaleza divina", lo cual implica que es tan permanente como el Dios eterno. De modo similar, escribe el mismo Apóstol: "Porque en Cristo Jesús ni la circuncisión vale nada, ni la incircuncisión, sino una nueva creación" (Gá. 6:15). El Señor puso el mayor énfasis en este particular punto durante su conversación con Nicodemo. Es muy significativo que, al declarar la necesidad del nuevo nacimiento, Cristo no escogió a una persona disoluta, sino a alguien del mayor rango dentro del judaísmo y de carácter moralmente irreprochable. Fue una interpelación personal la que dirigió a Nicodemo al decirle: "Os es necesario nacer de nuevo" y, aunque ello implica un misterio universalmente reconocido como tal, no por eso debe permitirse que sufran merma alguna tanto la realidad como la necesidad de la regeneración divina. En el caso de la generación humana, surge un ser que no existía antes y que seguirá existiendo siempre. De modo semejante, en la regeneración espiritual, se origina un ser que no era conocido antes como tal y que también continuará existiendo siempre. ¿Por qué regla de lógica se puede asegurar que una forma de existencia que tiene todas las trazas exteriores de ser temporal, pueda poseer una existencia eterna, y negar esta misma perpetuidad a una forma de existencia que, a causa de su origen y de su carácter esencial, no es temporal, sino eterna? Un padre de la tierra, mediante la generación humana, imparte a su hijo una naturaleza, y esta naturaleza permanece inmutable. Del mismo modo, pero en un grado mucho más elevado, el Espíritu

Santo forma una nueva criatura que es inmutable. Un padre terreno puede desheredar y abandonar totalmente a su hijo, pero no puede impedirle que continúe pareciéndosele, y la razón es obvia.

La dificultad del Arminianismo surge desde el principio, porque, según este sistema, la salvación en sí no es más que un estado moral, una buena intención, una decisión o una conducta exterior. Unas realidades tan provisionales y transitorias como éstas son completamente diferentes de aquella creación divina e inmutable, que Cristo intimó a Nicodemo y a la que se hace referencia en todos los textos del Nuevo Testamento relacionados con este tema. Puede afirmarse con certeza que la regeneración, según la presenta la Escritura, es una realidad permanente, y todo el que pone en duda la permanencia eterna de un hijo de Dios, pone en duda el proceso (y su resultado) por el que llega a ser un hijo de Dios. Cuando se nos declara que Dios es Padre de todos los creyentes, no se hace mera referencia a una tenue semejanza moral que una vida honesta podría sugerir; sino que se trata de una verdadera Paternidad y de una verdadera filiación, basadas en una regeneración real llevada a cabo por el Espíritu Santo.

2. EL ESPIRITU SANTO RESIDE. Estrechamente conectado con el hecho de la obra regeneradora del Espíritu Santo, está el hecho de que El mora dentro de cada uno de los verdaderos hijos de Dios. Además, existe un testimonio específico y extenso de la Escritura sobre esta particular verdad de la morada del Espíritu Santo. Un estudio más extenso de este punto tendrá lugar en el Neumatología. De entre la lista formidable de textos que tratan de este punto particular, hay uno que declara específicamente que el Espíritu que reside, permanece para siempre. Este texto registra las palabras de Cristo y relata Su plegaria con respecto a la venida del Espíritu Santo al mundo. Estas son las palabras del Salvador: "Y yo rogaré al Padre, y os dará otro Consolador, para que esté con vosotros para siempre: el Espíritu de verdad, al cual el mundo no puede recibir, porque no le ve, ni le conoce; pero vosotros le conocéis, porque mora con vosotros, y estará en vosotros" (Jn. 14:16-17). Así se da la seguridad de que el Espíritu Santo mora en el creyente, y que Su presencia es permanente; puede ser entristecido, pero no puede ser despedido; puede ser apagado - lo que comporta la idea de resistencia – pero no puede ser totalmente extinguido, porque El nunca abandona al cristiano; de lo contrario, las palabras de Cristo resultarían falsas y Su oración no quedaría respondida. Dice el Apóstol: "Y si alguno no tiene el Espíritu de Cristo, no es de él" (Ro. 8:9). Esta gran declaración no es una intimación de que el creyente pueda perder el Espíritu y, con El, la salvación; es una

afirmación positiva de que, si el Espíritu no mora en el corazón de una persona, esta persona nunca ha sido salva. El Apóstol Juan hace notar (1 Jn. 2:27) que el Espíritu puede ser identificado, entre otras características de Su presencia interior, como Alguien que *permanece*. Este texto decisivo dice así: "Pero la unción que vosotros recibísteis de El permanece en vosotros, y no tenéis necesidad de que nadie os enseñe; así como la unción misma os enseña todas las cosas, y es verdadera, y no es mentira, según ella os ha enseñado, permaneced en El".

Una vez más, la posición arminiana sólo puede ser mantenida negando la verdad que estos importantes textos declaran, diciéndonos que el Espíritu no sólo mora en cada creyente, sino que permanece para siempre.

3. EL ESPIRITU SANTO BAUTIZA. Pocas doctrinas del Nuevo Testamento han sido tan mal interpretadas como ésta del bautismo del Espíritu; y pocas desviaciones hay tan peligrosas como ésta, porque el discernimiento del creyente sobre cuáles son sus posesiones y posiciones depende del recto entendimiento de lo que implica esta tarea divina, y el conocimiento de dichas realidades constituye el auténtico motivo para una conducta que dé honor a Dios. Un sentido más pleno de este ministerio del Espíritu y su importancia como fundamento de otras doctrinas será analizado en un volumen posterior (VI). Como base sobre la que descansa la certeza de una seguridad eterna, el bautismo del Espíritu debería ser definido como la operación por la que el creyente individual es unido orgánicamente a Cristo. Por la regeneración que el Espíritu lleva a cabo, Cristo mora en el creyente; y por el bautismo del Espíritu, el creyente mora en Cristo. Esta unión es ilustrada en la Palabra de Dios mediante diversas metáforas - siendo la más notable la de los miembros de un cuerpo en relación con su cabeza. También se dice que esta unión es una humanidad de nueva creación en relación con el nuevo y santo (no caído) Postrer Adán, Jesucristo. Sería suficiente el hacer notar aquí que el glorioso Cuerpo de Cristo no quedará lisiado o mutilado por amputación de miembros, y que no habrá caída en el Postrer Adán, pues los miembros del Cuerpo de Cristo son lo que son, sólo a base del hecho de que su posición la constituye el mérito de Cristo, mérito que no puede desaparecer ni tener un fallo en su eficacia. De igual modo, la Cabeza de la Nueva Creación garantiza la misma perfecta posición. Si no fuera por el hecho de que algunas mentes parecen estar a oscuras respecto a este punto, sería innecesario reafirmar la obvia verdad de que Dios tiene a su cargo, a base de diferentes y adecuados fundamentos, el habérselas con las irregularidades que se dan en la vida del cristiano, sin que esto implique que haga pender

sobre su cabeza la amenaza de que, si llega a cometer un solo pecado, tendrá como consecuencia ser separado de la Cabeza de la Nueva Creación ya que esto es imposible. Es cierto que resultaría sencillo idear un plan por el que seres humanos sin pecado e inocentes pudiesen alcanzar el Cielo por sus propios méritos; pero el plan de Dios es llevar a la gloria seres pecadores y caídos, y este plan que El ha ideado no puede tener en cuenta ni el mérito ni el demérito humanos. Es inmensa la gracia que se manifiesta en la provisión de un método justo, mediante el cual hombres caídos pueden ser trasladados de un estado de ruina a una nueva creación; pero, después que alguien ha sido trasladado, ya no hay paso ni traspaso de un estado al otro, según parecerían exigirlo los cambios que el mérito o el demérito comportan.

Permítasenos reafirmar que, por el bautismo que el Espíritu realiza, el creyente es unido vitalmente al Señor. Estando así en Cristo, participa de la justicia de Dios que es Cristo, y queda así tan perfecto que da satisfacción a la santidad infinita, y es sobre esta base, y no sobre ninguna otra, por lo que Dios lo declara justificado en Su presencia. Aunque Dios puede disciplinar a uno que esté ya justificado, Dios no sería consecuente consigo mismo si, después de haberlo justificado, acusase a un elegido Suyo (Ro. 8:33).

Para el arminiano, la salvación no es más que una indefinida bendición divina sobre una vida que lo merece, y tal bendición permanece durante el tiempo en que la persona la sigue mereciendo. En cambio, para el calvinista, la salvación es un logro divino que no tiene nada que ver con el mérito humano, y que proporciona el perdón de los pecados, el don de la vida eterna, la justicia imputada, la justificación, la aceptación y la posición en Cristo, y la semejanza final con Cristo en la gloria eterna.

4. EL ESPIRITU SANTO SELLA. La última de las doce razones por las que el creyente está a salvo, que queda por mencionar en este tema, es la de haber sido sellado por el Espíritu Santo. El Espíritu Santo mismo que mora como unción, es el sello, pues Su presencia dentro del cristiano indica una transacción efectuada, una posesión divina y una seguridad eterna. El creyente es templo del Espíritu Santo (1 Co. 6:19); y, aunque por desgracia pasa desapercibido y desestimado aun por los hombres más buenos, el hecho de Su morada, es evidentemente, a los ojos de Dios, una realidad de la más alta distinción. Se trata de un hecho que caracteriza a la era presente (Ro. 7:6; 2 Co. 3:6). Tres referencias encontramos en el Nuevo Testamento en relación con este sellar del Espíritu: (1) *2 Corintios 1:21-22:* "Y el que nos confirma con vosotros en Cristo, y el que nos ungió, es Dios, el cual también nos ha sellado, y nos ha dado las arras

del Espíritu en nuestros corazones". Cada una de las cuatro partes de este pasaje habla de seguridad, y en él se afirma el hecho de que la presencia del Espíritu en el corazón del creyente es un deguste anticipado de la experiencia insondable de una bendición divina cuyo disfrute nos espera todavía en la gloria. El pasaje no insinúa incertidumbre alguna ni sobre las bendiciones presentes ni sobre su futura consumación. (2) *Efesios 1:13-14:* "En él también vosotros, habiendo oído la palabra de verdad, el evangelio de vuestra salvación, y habiendo creído en él, fuisteis sellados con el Espíritu Santo de la promesa, que es las arras de nuestra herencia hasta la redención de la posesión adquirida, para alabanza de su gloria". Una versión más correcta de este pasaje habría de comenzar por "habiendo creído, fuisteis sellados", etc. (así lo hace la *Revised Version* inglesa). Aquí, también, la idea de las arras, que la presencia del Espíritu constituye, vuelve a aparecer y da a entender claramente que las bendiciones que la presente relación con el Espíritu proporciona, son meramente una indicación de la gloria que está todavía por venir. Así como el Espíritu es como unas arras de la herencia futura, también es "las primicias" (Ro. 8:23) o primeros frutos de ella. (3) *Efesios 4:30 : "Y* no contristéis al Espíritu Santo de Dios, con el cual fuisteis sellados para el día de la redención." La redención a la que aquí se hace referencia es el último aspecto o fruto final de la redención, cuando el cuerpo será transformado hasta hacerse semejante al cuerpo de Cristo (Ro. 8:23) y el que haya sido sellado quedará completo para siempre - hecho conforme a la imagen de Cristo en la gloria. Como toda otra declaración concerniente a la seguridad, tampoco ésta presupone ninguna condición por parte del hombre, sino que aparece como obra de Dios, y sobre una base tan justa y tan independiente de la cooperación humana, que ninguna responsabilidad de parte del hombre puede ser incluida como un factor más en esta sublime realización de la gracia divina mediante Cristo.

Al acabar este apartado sobre el tema de la seguridad, conviene recordar que cualquiera de estas doce razones importantes que explican por qué un verdadero creyente está a salvo, serviría por sí sola para acabar con todas las dudas y controversias, si prestásemos únicamente atención a la Palabra de Dios, dejándonos de prejuicios. Estas razones cubren un vasto cuerpo de doctrina inefable de la que el Arminianismo no sabe percatarse, puesto que, para ser consecuente consigo mismo, este sistema no tiene otra alternativa que negar todas y cada una de estas doce razones, o falsearlas introduciendo en ellas el elemento humano que Dios ha tenido que dejar fuera, en aras de Su propia gloria. Es posible que algunos de estos arminianos no comprendan este cuerpo de inmensas verdades; otros es posible que no se atrevan a rechazar lisa y llanamente estas porciones del Nuevo Testamento. En todo caso, y por la razón que sea, lo cierto es que los arminianos no intentan siquiera la más leve explanación de los, con mucha razón, definidos como textos de la seguridad.

CAPITULO XVII

LA CONSUMACION DE LA OBRA SALVIFICA SEGUN LA ESCRITURA

Como la Epístola a los Romanos está destinada a dar el plan y el objetivo de la salvación por la gracia de Dios, hecha posible mediante la muerte de Cristo, era de esperar que esta Epístola presentase, como lo hace, la verdad de que quien es salvo, está a buen seguro para toda la eternidad. Esta Epístola se divide en tres partes, a saber: (1) salvación, que comprende los capítulos del 1 al 8; (2) dispensación, los capítulos del 9 al 11; y (3) exhortación, los capítulos del 12 al 16. La primera sección, que trata de la salvación, se subdivide en tres partes. Después de declarar la condición perdida del hombre en la peculiar forma que adopta en la era presente, el Apóstol pasa a tratar: (1) de la salvación de una persona no regenerada, la cual se consuma en la justificación (3:21–5:21); (2) de la salvación del creyente, o liberación del poder del pecado, la cual se consuma en la santificación (6:1–8:17) y (3) de la seguridad de los que son ya salvos (8:1-39). Por este esquema, se puede ver que la porción 8:1-17 desempeña un doble papel, puesto que aparece en dos de estas subdivisiones. La tesis presente tiene en cuenta solamente la porción que trata de la seguridad (8:1-39), la cual se apoya en la revelación de la salvación integral y esta porción se cierra con un argumento, a la vez claro y decisivo, en favor de la seguridad. Este argumento termina con la confesión del Apóstol de su propia creencia respecto a la seguridad de los salvos. En este punto, como en muchos otros, el Arminianismo no puede pretender que siga las huellas de S. Pablo. El estudioso se dará cuenta de que, después de haber declarado el carácter esencial de la salvación en sus dos aspectos principales, el Apóstol se ve en la precisión de dar respuesta a la pertinente pregunta de si tal salvación, que no depende de méritos humanos, es permanente.

Este gran capítulo, segundo en importancia después de Juan 17, se abre con una proclamación absolutamente digna de crédito, que sirve de aserto primordial, y cuya verdad es demostrada con siete importantes argumentos que ocupan todo el capítulo. Este aserto asombroso, inequívoco, divino, que plugo a Dios legarnos por escrito y confirmarlo con pruebas infalibles, es el siguiente: "Ahora, pues, ninguna condenación hay para los que están en Cristo Jesús." Las palabras que siguen: "los que no andan conforme a la carne, sino conforme al Espíritu", que se encuentran en la Versión Autorizada inglesa y en nuestra Reina-Valera, no forman parte de este texto original, como reconocen todos los buenos eruditos, sino que han sido añadidas, quizás por algunos que no podían admitir una aserción tan clara y terminante. Este pretendido elemento de buena conducta no sólo es ajeno al texto original, sino que constituye una contradicción de toda la verdad declarada anteriormente, así como de todo lo que sigue, en dicha Epístola. De igual manera, dicha intrusión tiende a trastornar toda revelación que, en relación con la salvación por gracia, se encuentra en el Nuevo Testamento. La frase añadida – "que no andan conforme a la carne, sino conforme al Espíritu" – pertenece propiamente al versículo 4, donde se trata de la responsabilidad del creyente. Cuando el lector se encuentra ante el inequívoco aserto "Ahora, pues, ninguna condenación hay para los que están en Cristo Jesús", se ve confrontado con el problema de si eso hay que tomarlo como una verdad literal e irrevocable. Si es verdad, garantiza un estado de bendición tan amplio como los mismos Cielos y tan extenso como la eternidad que implica. ¿Qué mayor base de paz podría darse que el que un ser caído, maldito y arruinado por el pecado, haya de entrar en una esfera de relación con Dios en la que no hay ninguna condenación, ni ahora ni por toda la eternidad? Si se responde que la promesa es para el presente, pero no para el futuro, debe observarse que, cuando el Apóstol argumenta en el contexto siguiente acerca de este maravilloso aserto primordial, lo considera siempre como de duración eterna, es decir, que, según su propio pensamiento, es algo que dura para siempre. Aunque haya que repetirlo una vez más, hay que percatarse de que, en tal declaración, no se hace depender dicha bendición del mérito humano, sino de que el así bendecido está en Cristo Jesús. Hay que recordar que, sobre la base justa provista por Cristo en el aspecto de grato perfume de Su muerte, y por el hecho de que el creyente es transferido al dominio e influencia de una nueva cabeza, por lo que participa de todo lo que Cristo es – incluso la justicia de Dios – no queda ni rastro del sistema de la Ley y del mérito que podría ensombrecer la manifestación perfecta que Dios hace de Su gracia soberana. La aceptación divina queda sellada para siempre, y sobre una base justa en cada uno de sus aspectos, a fin de que Dios mismo pueda ser declarado justo, y no sólo misericordioso, cuando justifica para toda la eternidad al impío que se limita a "creer en Jesús" (Ro. 3:26; 4:5). Se trata, por tanto, de una empresa que Dios lleva a cabo sin ayuda de nadie. Los arminianos no suelen oponer a esta revelación otro reparo que el decir que "es demasiado bello para ser verdad", y que estarían dispuestos a creerlo si pudieran. Sin embargo, esta maravillosa revelación constituye el núcleo mismo del mensaje del Nuevo Testamento con respecto a la gracia soberana, y estas grandiosas declaraciones no admiten ninguna otra interpretación. No se trata de una mera conmiseración por la desventura del hombre, que induzca a Dios a emprender una tarea tan vasta, sino que El se propone ejercitar y manifestar Su atributo de gracia como algo que no puede manifestarse de ningún otro modo. Todo este cuerpo de doctrina referente a la posición del creyente en Cristo, y por gracia soberana, es el verdadero trasfondo de la frase "Ahora, pues, ninguna condenación hay para los que están en Cristo Jesús", y si alguien es lo bastante osado como para enfrentarse contra todo el peso de veracidad que este texto comporta, se verá compelido, por una lógica inexorable, a negar todos y cada uno de los factores que forman parte de la doctrina de la gracia soberana. La pretensión arminiana de que la salvación de un pecador es como un negocio en comandita, en que una parte de la responsabilidad le incumbe a Dios, y la otra al pecador – una pretensión importante que tiene por meta preservar la dignidad del pecador – es algo no sólo ajeno a la revelación divina, sino que contradice también al principio mismo que dicha revelación proclama, puesto que los hombres o están completamente perdidos en el primer Adán, o están perfectamente salvados en el Postrer Adán; no cabe término medio ni componenda alguna; por tanto, todas las modificaciones que pretendan hacer en la doctrina de la gracia soberana, quedan excluidas para siempre. El pasar de un Adán al Otro no es tarea humana; Dios solo puede llevarlo a cabo, y el papel del creyente en esto no puede ser otro que el creer que Dios lo hace a Su propia manera, en y por Cristo. De esto, nadie puede gloriarse (Ef. 2:9).

Para analizar bien el capítulo octavo de Romanos, son de suma importancia los hechos indiscutibles de que ésta es la Epístola que Dios ha inspirado precisamente para declarar todo el plan y objetivo de la salvación por gracia, y que el capítulo octavo es como el broche de oro que cierra la parte doctrinal de esta Epístola.

Puesto que el aserto preliminar del capítulo octavo de Romanos es tan terminante, el Apóstol procede a presentar siete pruebas de su verdad. Al exponerlas, no podremos evitar la repetición de parte del argumento ya presentado.

1. LIBERADOS DE LA LEY

"Porque la ley del Espíritu de vida en Cristo Jesús me ha librado de la ley del pecado y de la muerte. Porque lo que era imposible para la ley, por cuanto era débil por la carne, Dios, enviando a Su Hijo en semejanza de carne de pecado y a causa del pecado, condenó al pecado en la carne; para que la justicia de la ley se cumpliese en nosotros, que no andamos conforme a la carne, sino conforme al Espíritu. Porque los que son de la carne piensan en las cosas de la carne; pero los que son del Espíritu, en las cosas del Espíritu. Porque el ocuparse de la carne es muerte, pero el ocuparse del Espíritu es vida y paz. Por cuanto la mente carnal es enemistad contra Dios, porque no se sujeta a la ley de Dios, ni tampoco puede; y los que viven según la carne no pueden agradar a Dios." (vs. 2-8).

En este contexto, la ley representa el sistema del mérito – aquella ordenación divina que, según el Nuevo Testamento, está en los antípodas del plan de Dios de salvación por gracia. Supuesta la verdad de que ambos sistemas han sido ordenados por Dios para ser aplicados en las épocas que Le plega escoger, están en mutuo contraste en cada aspecto. El hecho de que, bajo el nuevo orden, el principio de la ley ha quedado excluido por no tener nada que hacer en la realización del principio de la gracia (comp Ro. 11:6; 4:4-5; Gá. 5:4), no debería crear la impresión de que la ley no procedía de Dios, o de que no sea santa, justa y buena, o de que no ha sido sancionada por El. Sobre esto, el Apóstol no puede ser más enfático, pues al argüir que el poder de la ley ha sido designado por Dios, dice: "¿Qué diremos, pues? ¿La ley es pecado? En ninguna manera" (Ro. 7:7); "De manera que la ley a la verdad es santa, y el mandamiento santo, justo y bueno . . . . Porque sabemos que la ley es espiritual; mas yo soy carnal, vendido al pecado." (Ro. 7:12,14); "Entonces, ¿para qué sirve la ley? Fue añadida a causa de las transgresiones, hasta que viniese la simiente a quien fue hecha la promesa; y fue ordenada por medio de ángeles en mano de un mediador" (Gá. 3:19). Aunque era santa, justa y buena, la ley no tenía otra función que cumplir que el servir de norma de vida para un pueblo que ya estaba correctamente relacionado con Dios por los pactos que Dios había hecho con ellos. Sin embargo, en cuanto a sus justas demandas, no puede compararse en modo alguno con la norma de conducta propuesta al cristiano bajo la gracia. Como contraste, el sublime sistema de conducta bajo la gracia, mientras exige una conducta sobrenatural (comp. Jn. 13:34; 2 Co. 10:3-5; Ef. 4:30), provee de un poder y capacidad también divinos; o sea, que por la presencia del Espíritu que mora en el creyente, este es capacitado para cumplir lo que esas normas tan sublimes exigen. Por tanto, es preciso tener en cuenta este hecho curioso: que, aunque la ley exigía mucho menos, el sistema de la ley fue un fracaso; mientras que, enfrentados con las sublimes exigencias que para la vida cotidiana nos demanda la relación de gracia, cabe esperanza de escalar alturas tan elevadas.

Sirve de gran provecho el contar con el hecho glorioso de que, en lo que concierne a la posición del creyente en Cristo, los ideales celestiales son alcanzados con infinita perfección. Sólo en la esfera de los diarios conflictos del creyente, es donde el ideal de la gracia queda muchas veces muy por encima de nuestros logros. Se supone con demasiada frecuencia que las tareas de la gracia se reducen a obrar en la esfera de la conducta cristiana, y se soslaya el verdadero triunfo de la gracia, que consiste en presentar a un hijo de Dios perfecto para siempre. Por mucho que el Arminianismo haya influido en la desproporción que se ha llegado a establecer entre ambos extremos, no debe perderse de vista que el andar como es digno del llamamiento celestial – aunque de gran importancia – no puede compararse ni por un momento con el mismo llamamiento celestial. El creyente podrá a menudo fracasar en su lucha con el mundo, la carne y el demonio, pero esto no debería hacer que uno cerrase los ojos a las inmensas y divinas realidades por las que el creyente ha sido ya unido a Cristo y constituido así a los ojos de Dios tan perfecto como su Salvador. Es esa posición irreprochable en Cristo la que condiciona el modo de comportarse del creyente, pero nunca es la conducta del creyente la que condiciona su posición en Cristo. Es precisamente aquí, más que en cualquier otro aspecto, donde se echa de ver la diferencia esencial entre el Arminianismo y el Calvinismo. Los adeptos del sistema arminiano nunca han mostrado capacidad para entender la verdad relacionada con esta perfecta posición en Cristo, tan permanente como el Hijo de Dios, sino que, para el arminiano, la posición ante Dios consiste precisamente en lo que un débil creyente puede hacer de ella mediante su conducta diaria; no es extraño que, en estas condiciones, el cristiano pueda fallar y volver a perderse. En este punto, parece echarse en olvido que todo creyente tiene sus fallos cada día y, por tanto, sobre tal base, todos tendrían que perderse para siempre. Pero el Nuevo Testamento enseña que los que creen, son salvos del sistema, y así el creyente permanece para siempre. Así que en el sistema arminiano, Dios se torna un fracaso rotundo, al ser incapaz de llevar a cabo Sus designios de gracia; mientras que, en el sistema calvinista, Dios nunca fracasa ni en el más mínimo detalle.

La frase de importancia capital en el contexto que estamos considerando (Ro. 8: 2-4), en lo que concierne al presente aspecto de la verdad, es "Porque lo que era imposible para la ley, por cuanto era débil por la carne". Con estas palabras, el Apóstol está señalando la causa del fracaso del sistema de la ley (comp. Ro. 9:30-32). No quiere decir que la ley fuese, o sea, débil en Sí misma, sino que carecía de poder porque la carne a la que iba dirigida y de la que dependía su cumplimiento era demasiado débil para acomodarse a sus mandamiemtos. De aquí se sigue que, si Dios se propone llevar a la gloria seres perfectos, contando con esta debilidad, tiene que adoptar otro plan distinto y más eficaz que el diseñado para el sistema del mérito. El nuevo plan que Dios ha adoptado garantiza, como se ven en anteriores capítulos de Romanos, un triunfo de la gracia divina, llegando a justificar para siempre al que cree en Cristo. Por tanto, la discusión se centra por el momento en el problema de la vida diaria del justificado. Este problema se agudiza sobremanera por el hecho del "pecado en la carne", o sea, de la naturaleza que contraemos en Adán. Y este contexto afirma que la naturaleza adámica ha sido "condenada" – es decir, *juzgada* – . y ello a fin de que el Espíritu Santo puede estar justamente libre para controlar dicha naturaleza. El objetivo de toda esta divina provisión concerniente a la vida cotidiana es que "la ley" – entendiendo por ella la voluntad perfecta de Dios para cada momento de la vida del creyente – "se cumpliese en nosotros". Aquí el vocablo crucial es Eν, que en este caso está muy lejos de dar a entender que la voluntad de Dios sea cumplida *por* el creyente. El contraste se establece, pues, entre lo que el Espíritu puede hacer en el creyente, comparado con lo que el creyente puede, bajo el sistema del mérito, hacer por Dios. No obstante, a fin de que el cristiano pueda disponer del poder del Espíritu para los problemas de la vida diaria, se le dice que debe "no andar conforme a la carne, sino conforme al Espíritu". La conclusión de todo este asunto es que "ahora, pues, ninguna condenación hay para los que están en Cristo Jesús", porque han sido librados del sistema de la ley o del mérito.

II. EL HECHO DE LA PRESENCIA DE LA NATURALEZA DIVINA

"Mas vosotros no vivís según la carne, sino según el Espíritu, si es que el Espíritu de Dios mora en vosotros. Y si alguno no tiene el Espíritu de Cristo, no es de él. Pero si Cristo está en vosotros, el cuerpo en verdad está muerto a causa del pecado, mas el espíritu vive a causa de la justicia. Y si el Espíritu de aquel que levantó de los muertos a Jesús mora en vosotros, el que levantó de los muertos a Cristo Jesús vivificará también vuestros cuerpos mortales por su Espíritu que mora en vosotros. Así que, hermanos, deudores somos, no a la carne, para que vivamos conforme a la carne; porque si vivís conforme a la carne, moriréis; mas si por el Espíritu hacéis morir las obras de la carne, viviréis" (vs.9-13).

Habiendo hecho notar que la carne se opone a Dios y que el andar según la carne es ir por el camino de la muerte espiritual, así como el andar conforme al Espíritu es ir por el camino de la vida y de la paz, el Apóstol declara que el cristiano – refiriéndose a la posición – no está en la carne, aun cuando la carne está en el cristiano. El cristiano está "en el Espíritu"; pero el Espíritu también está en el cristiano, porque el Apóstol añade: "Y si alguno no tiene el Espíritu de Cristo (el Espíritu Santo), no es de él." Esta realidad de la residencia en, es de nuevo afirmada con las frases "si Cristo está en vosotros" y "si el Espíritu de aquel que levantó de los muertos a Jesús mora en vosotros." Ese morador vivificará el cuerpo mortal de aquel en quien El tiene su morada. Esto no hace referencia al poder que actualmente ejerce el Espíritu sobre nuestro cuerpo, sino más bien al hecho de que el Espíritu vivificará este cuerpo en la resurrección de los muertos. La presencia del Espíritu residente garantiza la permanencia del creyente – incluyendo su cuerpo mortal, pues también está bajo el pacto divino que asegura su futura presencia en la gloria. En esta inalterable declaración, no cabe ninguna inseguridad al estilo arminiano. Con todo, el Apóstol vuelve a referirse a la vida diaria del creyente, y afirma de nuevo la advertencia de que andar conforme a la carne es ir por el camino de la muerte espiritual, y que el andar conforme al Espíritu, es seguir por el camino de la vida y de la paz. Habiendo recibido la naturaleza divina "no hay, pues (a pesar de tener bien en cuenta la imperfección de la conducta el andar) ahora ninguna condenación para los que están en Cristo Jesús."

III. EL CRISTIANO ES HIJO Y HEREDERO DE DIOS

"Porque todos los que son guiados por el Espíritu de Dios, éstos son hijos de Dios. Pues no habéis recibido el espíritu de esclavitud para estar otra vez en temor, sino que habéis recibido el espíritu de adopción, por el cual clamamos: ¡Abba, Padre! El Espíritu mismo da testimonio a nuestro espíritu, de que somos hijos de Dios. Y si hijos, también herederos; herederos de Dios y coherederos con Cristo, si es que padecemos juntamente con él, para que juntamente con él seamos glorificados" (vv. 14-17).

Es cierto que "el fundamento de Dios está firme, teniendo este sello: Conoce el Señor a los que son suyos" (2 Ti. 2:19); y es imposible, impensable y – lo que es más importante – antibíblico, que Dios pueda perder ni uno solo de los que El ha engendrado para que sean realmente Sus hijos. Puede haber quienes "salieron de nosotros, pero no eran de nosotros" (1 Jn. 2:19); pero ello implica que "los que son de nosotros", nunca salen. Dios se reserva el derecho de castigar a un hijo que se desmanda, como hizo con los descendientes de David(comp. 2 S. 7:14; Sal. 89:30-33), pero el castigo de un hijo de Dios tiene como supremo objetivo "que no seamos condenados con el mundo" (1 Co. 11:31-32). "Todo aquel que es nacido de Dios", declara el Apóstol Juan, persevera; porque "la simiente de Dios permanece en él" (1 Jn. 3:9).

De igual modo, ser un hijo de Dios es ser heredero de Dios, y "coheredero con Cristo". Aquí se avistan todas las riquezas de Dios. Cristo dijo: "Todo lo que tiene el Padre es mío" (Jn. 16:15). La finalidad de hacer un testamento en favor de unos determinados herederos es que la herencia les pueda llegar sin falta. Nadie se atrevería a decir que hay peligros de que todo lo que el Padre ha legado al Hijo pueda sufrir pérdida o merma en su transmisión; y tampoco se puede pensar en que un "coheredero" sufra merma en la parte que le corresponda. La verdad revelada de que Dios lega Sus riquezas a Sus "coherederos con Cristo" significa que estos van a recibir tal beneficio; de lo contrario, Dios habrá fracasado. Así como dijo Cristo: "Padre, aquellos que me has dado, quiero que donde yo estoy, también ellos estén conmigo" (Jn. 17:24), de manera parecida el Padre ha legado a Sus herederos todas las riquezas de Su gloria; y el pretender que éstos no van a recibir su parte equivale a suponer que Dios ha sufrido una derrota. Existe una mancomunidad de intereses entre el Padre y el Hijo, como indican las palabras de Cristo "Todo lo mío es tuyo, y lo tuyo mío" (Jn. 17:10). Así queda demostrado que, por el hecho de que los creyentes son hijos y herederos de Dios, "ahora, pues, ninguna condenación hay para los que están en Cristo Jesús".

IV. EL DESIGNIO DIVINO

"Y sabemos que a los que aman a Dios, todas las cosas les ayudan a bien, esto es, a los que conforme a su propósito son llamados. Porque a los que antes conoció, también los predestinó para que fuesen hechos conformes a la imagen de su Hijo, para que él sea el primogénito entre muchos hermanos" (vs. 28-29).

Nada hay en este Universo que pueda ser tan fundamental o decisivo como el propósito de Dios. Compárese el pasaje que acabamos de citar, con Efesios 1:4-12. En este último se hallan afirmaciones tan contundentes como las siguientes: "nos escogió en él" (v.4); "habiéndonos predestinado" (v.5); "según el puro afecto de su voluntad" (v.5); "el misterio de su voluntad, según su beneplácito, el cual se había propuesto en sí mismo" (v.9); "habiendo sido predestinado conforme al propósito del que hace todas las cosas según el designio de su voluntad" (v.11); se declara que el objetivo divino es "para que fuésemos santos y sin mancha delante de él" (v.4); "para alabanza de la gloria de su gracia" (v.6); "de reunir todas las cosas en Cristo, en la dispensación del cumplimiento de los tiempos, así las que están en los cielos, como las que están en la tierra" (v.10); y "a fin de que seamos para alabanza de su gloria" (v.12).

A partir de estas declaraciones, cualquier persona devota concluirá con razón que, detrás de todas las causas segundas que Dios puede destinar a que cooperen en la realización de Sus designios, está un propósito soberano – el mismo que hizo a Dios crear al mundo y que continúa influyendo en la providencia y preservación divinas – y cuando el hombre se despoja de us prejuicios egocéntricos y se deja llevar del sentido común, no dejará de admitir que este Universo pertenece a Dios en propiedad absoluta y que, por tanto, Dios tiene derecho intrínseco y libertad indiscutible para hacer todas las cosas según el designio de Su voluntad. El reconocimiento de este señorío divino comporta igualmente el reconocimiento de que el hombre es una mera criatura y que su destino más alto llegará a alcanzarse, no en oposición a Dios, sino en completa conformidad con El.

El texto citado – Romanos 8:28-29 – afirma que hay quienes son llamados "conforme a su propósito" (de ellos se dice que "aman a Dios" y esto implica que Dios se ha revelado a ellos), y que es por ellos por los que El se preocupa de que todas las coasas les ayuden a bien. Es opinión común que, "todas las cosas" aquí mencionadas pueden echarse de ver en los más nimios detalles experimentados en la vida del creyente. Esta preocupación divina es una realidad y como tal debería ser reconocida, pero otros aspectos más importantes alistados en este contexto elevan el sentido de la frase "todas las cosas" a las esferas más sublimes de las divinas realizaciones, pues se dice que los salvos han sido conocidos de antemano, predestinados, llamados, justificados y glorificados. Tal es la lista de beneficios clasificados con mucha razón bajo el epígrafe de "bien".

No hay por qué enzarzarse de nuevo en este punto en la discusión sobre la relación que existe entre la presciencia y la predestinación divinas. Recordemos solamente que la pretensión arminiana es que Dios predestina porque conoce de antemano, mientras que los calvinistas afirman que Dios conoce de antemano porque predestina, o sea, que los calvinistas creen que nada puede ser previsto con certeza a no ser que Dios lo haya hecho cierto mediante Su predestinación o predeterminación. Los intentos de poner en sucesión estas dos grandes operaciones divinas están abocados al fracaso, puesto que no se trata de actos independientes, sino interdependientes, de la voluntad divina. Ni puede Dios reconocer lo que no ha predeterminado, ni predeterminar lo que no ha preconocido.

Esta porción de las Escrituras nos muestra que ciertas personas son llamadas según el propósito de Dios y son objeto tanto de Su presciencia como de Su predestinación. Sobre este fundamento, pasa el contexto a declarar que tales personas alcanzarán el destino que Dios se ha propuesto para ellos, pues Dios hace que todas las cosas cooperen a ese fin; si no llegasen a alcanzar esa meta, no sería mucho comparativamente lo que entraría en juego del lado humano, pero del lado divino el fallo sería tan grande como Dios Creador. No sirve el objetar, como hacen los arminianos, que Dios ha dejado los resultados todos de Su plan soberano, en cuanto afecta al grupo de los elegidos, en las propias manos de éstos, sino que no necesita apelar, en caso de fracaso, a la excusa de una coartada, por la sencilla razón de que no habrá tal fracaso. No cabe mayor ofensa a Dios, por parte de personas piadosas que pretender que la realización del plan soberano de Dios haya de estar condicionada por las causas segundas. Un Dios al que se degrada y se deshonra de esta manera, se torna, para la mente humana, alguien a quien de ninguna manera se puede llamar Dios. Así que todavía queda en pie, aunque todos los hombres vacilen en incredulidad (Ro.4:20), que "ahora, pues, ninguna condenación hay para los que están en Cristo Jesús."

V. LA EJECUCION DEL PROPOSITO DIVINO

"Y a los que predestinó, a éstos también llamó; y a los que llamó, a éstos también justificó; y a los que justificó, a éstos también glorificó. ¿Qué, pues, diremos a esto? Si Dios es por nosotros, ¿quién contra nosotros? El que no escatimó ni a su propio Hijo, sino que lo entregó por todos nosotros, ¿cómo no nos dará también con él todas las cosas? ¿Quién acusará a los escogidos de Dios? Dios es el que justifica" (vs.30-33).

Es cierto que, en la amplia gama de los seres creados, Dios tiene múltiples designios y no se puede dudar de que Su voluntad se cumple en todas las esferas. Es solamente en los limitados dominios de ciertos seres humanos donde surgen dudas relativas a la soberanía de Dios, y es significativo que tales dudas surgen de los hombres, no de Dios. Su Palabra debe ser tenida como la declaración de lo que El tiene por cierto, y El afirma Su soberanía incondicional e inequívocamente. Después de todo, las opiniones humanas, saturadas de autosuficiencia y afectadas por el deseo satánico de independizarse de Dios, carecen de auténtico valor. Y el tema entero de la predestinación escapa a las humanas perspectivas. En los versículos arriba citados, el Espíritu Santo, que es el Autor divino, afirma precisamente que lo que Dios planea, lo lleva a cabo hasta su consumación gloriosa. Por sus pasos contados y con medios completamente adecuados, Dios realiza cuanto se propone: a quienes predestina, llama; a quienes llama, justifica; y a quienes justifica, glorifica. Estas son algunas de las cosas que "ayudan a bien" a cuantos son llamados según el propósito de Dios. Ya hemos dicho mucho anteriormente acerca del llamamiento divino, el cual no sólo invita con la predicación del Evangelio, sino que también mueve la mente y el corazón para que el que es llamado acepte la gracia divina. Aquí se tiene en cuenta – como causa segunda – la voluntad humana, pues la voluntad del hombre se guía por lo que conoce y por lo que desea y, por eso, el método divino de actuar sobre la voluntad es incrementar el conocimiento del hombre y estimular sus deseos, a la vez que del lado divino de este método no cabe ningún resquicio para un posible fracaso, puesto que la meta está tan asegurada como toda otra realidad eterna y divina. Del lado humano, el hombre sólo es consciente de que él es quien hace lo que está haciendo; decidirse por un acto de su propia voluntad, a recibir la gracia que Dios le ofrece en Jesucristo. Para la mente humana, es un problema difícil el compaginar el hecho de que Dios pueda predeterminar y llevar a cabo la salvación eterna de un determinado número de personas que ningún ser humano ha podido jamás contar, garantizando que ninguno fallará, con el hecho de que cada individuo de toda esa muchedumbre está, al mismo tiempo, ejercitando libremente su propia voluntad y que podría, si así se lo propusiera, rechazar toda oferta que se le hiciera de la gracia divina. Por medio de la persuasión y de la iluminación es como Dios lleva a cabo Sus designios de una manera infinitamente perfecta, pero nunca coacciona la voluntad de ningún hombre. El llamamiento de Dios es *eficaz* porque todos los que son llamados, son justificados y glorificados.

Todo cuanto sirve para cualificar a un pecador para la santa esfera de lo celestial, queda perfeccionado en la justificación, puesto que ella es la consumación de cuanto la salvación comporta, tanto como remisión del demérito, cuanto por el mérito infinito – el mérito mismo de Cristo – que a los ojos de Dios proporciona. Como empresa divina, la justificación, en cuya producción no interviene ningún agente humano (Ro.3:24), incorpora, como algo esencial de por sí, no sólo el valor de la muerte y resurrección de Cristo, sino también todos y cada uno de los pasos que incluye la salvación divina por gracia. En realidad, es el objetivo mismo de aquello que la justificación incorpora, lo que induce al Apóstol a declarar, en los versículos 31 y 32, que Dios está "por nosotros". Esta es una verdad maravillosa, y la actitud amorosa de Dios se demuestra en que no escatimó la suprema dádiva de Su Hijo, sino que lo entregó por todos nosotros. Después de darnos la Dádiva suprema, todo lo demás queda incluido fácil y naturalmente. Dios da inequívoca seguridad de justificar a todo aquel a quien El predestina, y fundamenta tal justificación en la muerte y resurrección de Cristo; con esta base, la justificación se torna inmediatamente un acto divino completamente justo en sí mismo – y en grado infinito. No es extraño que el Espíritu responda: "Dios es el que justifica", a la pregunta que El mismo se hace: "Quién acusará a los escogidos de Dios?"; como diciendo: la única cosa que podría servir de cargo para acusar al creyente, ha sido ya puesta de lado de tal forma, que no cabe ninguna acusación posible. Desde el punto de vista de la santidad infinita, no es pequeña hazaña para Dios el justificar eternamente a un enemigo impío que se limita a creer en Jesús, y el hacer esto de una forma que el mismo Dios que justifica, queda resguardado de toda complicidad que podría engendrar la mera indulgencia con el pecado y la indignidad. No se trata de un mero desacuerdo entre hombres, donde un creyente acusa a otro de maldad, sino que es algo de dimensiones mucho más vastas, pues es Dios mismo quien queda confrontado con el problema del pecado de Sus elegidos. Los arminianos sostienen que Dios tiene que juzgar y condenar a una persona a la que ha salvado, si comete algo por lo que es menester acusarle. Contra este concepto, que parece no haber jamás comprendido las operaciones de la gracia divina, está el claro aserto de que Dios ha justificado ya a quien ha dado pruebas suficientes de ser un elegido por el hecho de creer en Cristo, y ello a pesar, no ya de un solo pecado del que se le pueda acusar, sino de todo pecado – pasado, presente y futuro.

Es, pues, cierto que el propósito de Dios en favor de Sus elegidos – sin tener en cuenta las dudas, los equívocos y la ceguera de los humanos – se lleva a cabo sobre una base tan recta y que alcanza un grado tal de perfección infinita, que "ahora, pues, ninguna condenación hay para los que están en Cristo Jesús".

VI. LA PROPIA OBRA DE CRISTO

"¿Quién es el que condenará? Cristo es el que murió; más aún, el que también resucitó, el que además está a la diestra de Dios, el que también intercede por nosotros." (v.34).

Como quiera que en el capítulo anterior hemos considerado extensamente los cuatro aspectos de la obra de Cristo en favor del creyente, según los muestra este versículo, nos basta con hacer una breve reseña de la verdad que el texto presenta. Con Su muerte sustitucionaria, Cristo ha llevado sobre Sí la condenación de los pecados de aquellos a quienes ha sido aplicado el valor de Su muerte, en respuesta a la fe salvífica. Por haberles sido aplicado el valor de tal muerte, no cabe en manera alguna que puedan volver a ser condenados. Y la resurrección de Cristo les ha provisto del don de la vida resucitada eterna, que no puede morir. La presencia de Cristo como Abogado en el tribunal de los cielos en favor del cristiano que peca, garantiza que aquello mismo que podría ser causa de nueva inseguridad, queda contrarrestado por la defensa que el Señor mismo hace ante el Padre, presentando el hecho de Su propio sacrificio suficiente para tal pecado, hasta el punto de preservar a dicho pecador sobre una base tan indiscutible que, al hacerlo, el Abogado se gana el título de "Jesucristo el justo". Y finalmente, el Salvador intercede y, por Su intercesión, puede salvar completa y perpetuamente a los que por El se acercan a Dios (He.7:25).

Cualquiera de estas cuatro realizaciones del Hijo de Dios bastaría por sí sola para refutar las pretensiones arminianas y, según las presenta el Nuevo Testamento, su objetivo es servir de base para la salvaguardia eterna del creyente. Por consiguiente, hemos de concluir que la primordial declaración del capítulo octavo de Romanos "Ahora, pues, ninguna condenación hay para los que están en Cristo Jesús", es totalmente verdadera y que el Salvador mismo ha suministrado por completo la base suficiente para la misma.

VII. LA INCAPACIDAD DE LAS COSAS CELESTIALES Y DE LAS TERRENALES

"¿Quién nos separará del amor de Cristo? ¿Tribulación, o angustia, o persecución, o hambre, o desnudez, o peligro, o espada? Como está escrito: Por causa de ti somos muertos todo el tiempo; somos contados como ovejas de matadero. Antes, en todas estas cosas somos más que vencedores por medio de aquel que nos amó. Por lo cual estoy seguro de que ni la muerte, ni la vida, ni ángeles, ni principados, ni potestades, ni lo presente, ni lo por venir, ni lo alto, ni lo profundo, ni ninguna otra cosa creada nos podrá separar del amor de Dios, que es en Cristo Jesús Señor nuestro." (vs.35-39).

Hasta ahora, los argumentos en favor de la doctrina de la seguridad eterna, sacados de las Escrituras, se han basado en los infinitos recursos que proveen las Personas de la Deidad. La presente porción que cierra Romanos 8, trata del hecho de la seguridad desde el lado negativo – haciendo notar la ineficacia de las demás fuerzas, tanto celestiales como terrenales. En cuanto a la primera parte, donde se enumeran las fuerzas terrenales (v.35), Dios las permite para la experiencia del creyente en el mundo y para que salga victorioso de ellas mediante el poder que recibe de Dios. Dios interpone Su autoridad para que el creyente se percate de la fuerza de estas cosas y prevalezca a pesar de ellas. En cuanto al segundo grupo, que engloba las realidades celestiales (vs.38-39), el Apóstol puede decir: "Estoy seguro" de que ninguna de ellas "nos podrá separar del amor de Dios, que es en Cristo Jesús Señor nuestro". La frase "Estoy seguro" es característica, pues el Apóstol Pablo la usa sólo en otra ocasión y, según la A.V. inglesa, sólo aparece tres veces en toda la Biblia; y en los dos casos en que Pablo la emplea – Romanos 8:38 y 2 Timoteo 1:12 – se hace referencia directa a la seguridad de un hijo de Dios. En el primer caso – Romanos 8:38 – Pablo incluye a todos los creyentes; en el segundo – 2 Timoteo 1:12 – da un testimonio personal con las siguientes palabras: "Por lo cual asimismo padezco esto; pero no me avergüenzo, porque yo sé a quién he creído, y estoy seguro que es poderoso para guardar mi depósito para aquel día." No es pequeño honor y aliento para quien cree que un verdadero hijo de Dios está a salvo para toda la eternidad, el estar en completa armonía, en este punto, con el gran Apóstol; especialmente cuando se tiene en cuenta que el aserto del Apóstol es proclamado por inspiración divina. Por el contrario, no es pequeño descrédito y delito por parte de quien niega la doctrina de la seguridad eterna el que, al intentar mantener su opinión, se ve precisado a impugnar el testimonio inspirado de quien, con preferencia a cualquier otro ser humano, fue escogido por Dios para recibir y transmitir este mismo evangelio de la gracia divina. Si descontamos su buena fe, hemos de afirmar que los arminianos no son paulinos en lo más esencial de su teología. Para ellos, las perplejidades doctrinales de un líder arminiano son más dignas de crédito y defensa que la enseñanza inequívoca e inspirada del Apóstol Pablo. Esta actitud incrédula queda patente en el modo con que los arminianos tratan – ordinariamente es un terrible descuido – todas las inequívocas declaraciones del Nuevo Testamento sobre la seguridad, y ninguna es por lo común tan maltratada por ellos como la que registran las palabras de Cristo en Juan 10:28-29. En este pasaje, declara el Salvador: "Y yo les doy vida eterna; y no perecerán jamás, ni nadie las arrebatará de mi mano. Mi Padre que me las dio, es mayor que todos, y nadie las puede arrebatar de la mano de mi Padre." La glosa, o evasión, que los arminianos hacen de este pasaje, consiste en afirmar que ningún poder puede "arrebatar" al creyente de la mano de Cristo o de la del Padre, excepto el creyente mismo, quien, según dicen ellos, puede, en virtud de la soberanía del humano albedrío, apartarse de tal seguridad. Parece como si el Señor hubiese tenido en cuenta de antemano una distorsión tan evidente por parte de quienes "tuercen las Escrituras, para su propia destrucción" e intercaló adrede la frase "y no perecerán jamás", frase que los arminianos no aciertan a tomar en su claro sentido.

Es de notar que entre todas las cosas celestiales y terrenales que el Apóstol enumera como fuerzas que tienen poder en su esfera respectiva, pero que son incapaces ni siquiera de ensombrecer la gran verdad de la seguridad del creyente, el Apóstol deja sin mencionar dos – la voluntad del hombre y el pecado del hombre -, que son los puntos de peligro según la teología arminiana. Sin tener en cuenta el objetivo de todo el argumento de este gran capítulo, los adeptos del arminianismo parecen suponer, lo cual es contrario a la realidad, que estos dos aspectos – el albedrío y el pecado – no entran en la enumeración de dichos poderes, precisamente porque el Apóstol creía que pueden separar de Cristo al creyente. Sin embargo, es fácil descubrir que estos dos factores son omitidos precisamente porque han sido tratados ya en anteriores porciones del mismo contexto. El albedrío humano ha quedado armonizado con el designio divino por la llamada eficaz (v.30), y el Hijo de Dios, mediante Su intercesión, preserva al creyente de las trampas del enemigo y, mediante Su abogacía, le preserva de la condenación que pudieran merecer sus caídas presentes. De este modo, también el pecado del cristiano ha sido juzgado en la muerte sustitucionaria de Cristo, con lo que, igual que en el caso del albedrío, vemos que ha sido tratado ya anteriormente en la argumentación de este capítulo, y ésta es la razón por la que estos dos factores no son incluidos en esta parte final.

Queda, por tanto, en pie la inequívoca afirmación de que "ahora, pues, ninguna condenación hay para los que están en Cristo Jesús", ya que queda demostrada por lo menos con siete pruebas importantes, y la última de las siete tiene como fin el demostrar que ninguna de las poderosas fuerzas celestes o terrestres puede separar a un hijo de Dios "del amor de Dios, que es en Cristo Jesús Señor nuestro" – un amor que ha quedado libre desde toda eternidad para realizar todos sus anhelos en favor de pecadores indignos, y ello sobre la base de la redención que es en Cristo.

CONCLUSION

Hemos afirmado aquí dogmáticamente, a base de las pruebas presentadas por la Palabra de Dios, que no hay un solo texto que, si se le interpreta correctamente, pueda incluso insinuar que un cristiano puede perderse, que no hay salvación ofrecida ahora a los inconversos que no sea eterna por su propia naturaleza, que ninguna persona verdaderamente salva se ha perdido jamás de nuevo, y que el Nuevo Testamento declara en términos numerosos e inequívocos que el creyente, aunque pueda estar sujeto a corrección y castigo, está eternamente a salvo de toda condenación.

"Estando persuadido de esto, que el que comenzó en vosotros la buena obra, la perfeccionará hasta el día de Jesucristo" (Fil.1:6).

"Bendito el Dios y Padre de nuestro Señor Jesucristo, que según su grande misericordia nos hizo renacer para una esperanza viva, por la resurrección de Jesucristo de los muertos, para una herencia incorruptible, incontaminada e inmarcesible, reservada en los cielos para vosotros, que sois guardados por el poder de Dios mediante la fe, para alcanzar la salvación que está preparada para ser manifestada en el tiempo postrero" (1 P.1:3-5).

CAPITULO XVIII

LIBERACION DEL PODER DOMINANTE DEL PECADO Y DE LAS LIMITACIONES HUMANAS

I. LIBERACION DEL PODER DEL PECADO

Continuando con la consideración de los siete aspectos de la salvación, el presente, que es el quinto, tiene que ver con las provisiones de Dios para el triunfo del creyente en su lucha diaria contra el mundo, la carne y el demonio. Parte de este tema general ha sido ya incluido en anteriores discusiones de la obra presente, y volverá a reaparecer, para ser tratado más exhaustivamente, tanto en Eclesiología como en Neumatología. Aunque prácticamente soslayadas en cursos y textos de Teología Sistemática, esta parte de la salvación que garantiza la liberación de la triple fuente del mal – que ahora vamos a considerar – y la otra parte de la salvación que garantiza la capacidad para elevarnos a un nivel mental y emocional de vida que sirva para dar gloria a Dios y para realizar toda obra buena dispuesta por Dios – lo que consideraremos en la segunda parte de este mismo capítulo – se requieren indispensablemente para una correcta comprensión de todo lo que Dios lleva a cabo en Sus designios soberanos para "llevar muchos hijos a la gloria". El problema de la vida diaria del creyente es de vital importancia por varias razones, y ninguna tan importante como la que se refiere a la seguridad del creyente. La escasa atención que el arminianismo presta a lo que realmente constituye la salvación, conduce a sus adeptos a pensar que una persona salva, aunque se le hayan perdonado los pecados que cometió antes de convertirse, no se ha tornado una nueva criatura, en la que mora el Espíritu Santo, y guiada por nuevos criterios mediante los cuales puede llevar una vida que glorifique a Dios. Si todas estas provisiones tan grandiosas fuesen reconocidas y aceptadas por los arminianos, podrían éstos mostrar un entendimiento más comprensivo de cuanto tiene relación con la vida y la conducta cotidiana del creyente, con respecto a su salvación perfecta y a su seguridad eterna en Cristo. No estará de más recordar que Dios conoce de antemano cualquier situación que pueda surgir en la vida de todo creyente. Ningún pecado toma por sorpresa a Dios, y, con todo, El no duda en salvar a los que El sabe que no serán perfectos a Sus ojos en su conducta diaria. Viendo de antemano lo que acecha al cristiano, Dios ha provisto no sólo que no habrá de ser condenado a causa del pecado, sino que podrá reclamar fuerzas sobrenaturales, mediante el Espíritu que mora en él, para derrotar a cualquier enemigo. Esta provisión de fuerzas supone mucho, como una coraza protectora de la doctrina de la seguridad, y como certificación de que Dios no muestra connivencia con el pecado, ni fracasa en ningún plan o designio. Ha de concederse la mayor importancia al hecho de que Dios provee al cristiano de lo que éste necesita en la esfera de su condición, o conducta diaria, así como de lo que se refiere a la esfera de su posición, o aceptación perfecta, en Cristo para siempre.

Habiendo garantizado al creyente una perfecta unión con Cristo, una perfecta posición, y una perfecta aceptación en Cristo, y sobre una base de equidad tan infinita que Dios permanece justo al justificar al impío, resta solamente el problema de la comunión con Dios y con el prójimo, y de una conducta que agrade a Dios. De la misma manera que un hijo puede conservar o perder su comunión con su padre terrenal, sin que esto afecte al hecho inmutable de su filiación, así también un hijo de Dios puede conservar o perder la comunión con su Padre celestial sin merma del hecho inmutable de su filiación divina. Y la filiación no es la única en el terreno de las realidades inmutables creadas por Dios y basadas en los méritos de Cristo; todas ellas, basadas en los mismos méritos de Cristo, son independientes de las vicisitudes de la vida diaria del creyente, por muy importante que pueda ser dicha vida en su respectiva esfera. Como dijimos anteriormente, cualquier persona corriente puede trazar un plan con el que individuos perfectamente inocentes puedan ir al Cielo, y en tal plan no habría necesidad alguna de que Cristo muriera; pero es algo muy diferente llevar al Cielo hombres caídos con todas sus iniquidades, y sólo Dios puede planear tal cosa. Y así lo ha hecho; y en ese plan que Dios ha trazado, ha provisto un perfecto sacrificio por el pecado y una perfecta posición para el creyente. Después de haber realizado todo esto en un grado tal que puede satisfacer las demandas de Su propia santidad, no es una vana presunción de Su parte el declarar que el cristiano está salvo y seguro en Cristo para siempre. El Calvinismo reconoce, cree y proclama esta verdad, sin dejar de tener debidamente en cuenta el plan completamente diferente e independiente que Dios tiene para capacitar al creyente a fin de que se comporte de una manera digna de la perfecta posición que ocupa en Cristo. Por el contrario, los arminianos han mostrado siempre una reprensible ceguera – parecida a la de un inconverso – respecto a esta importante diferencia. La equivocación de los arminianos, y que puede dar lugar a despistes en el campo de la Soteriología, consiste en sus repetidos intentos de establecer la posición del creyente sobre la endeble y vacilante base de su conducta cotidiana, en vez de establecerla sobre los firmes, suficientes e inmutables méritos de Cristo. La Soteriología arminiana viene a ser poco más que un sistema de buena conducta, puesto que, aunque admite la idea de la regeneración, ésta no tiene un valor permanente en la concepción arminiana, puesto que está a merced de las vicisitudes de unas supuestas virtudes humanas.

Al intentar presentar en este punto lo que la vida cotidiana del cristiano comporta, lo hacemos en la inteligencia de que todo ello, por mucho peso que posea y por importantes que sean sus consecuencias, es resuelto por Dios sobre una base distinta y completamente independiente de aquella perfecta providencia por la que el creyente es salvo por Cristo y está eternamente seguro en Cristo.

Es un hecho generalmente aceptado que el cristiano se ve confrontado con tres fuerzas enemigas que son las fuentes del mal - el mundo, la carne y el demonio – y que, cuando era todavía inconverso, estas fuerzas no le presentaban batalla, por la sencilla razón de que, entonces, él era parte de ese mundo, sin otras miras más elevadas que las de la carne, y estaba bajo el dominio de Satanás. La conciencia y las normas sociales es posible que tuviesen alguna pequeña influencia sobre su conducta, pero sabía muy poco, si es que sabía algo, del conflicto incesante que asedia a un hijo de Dios. En otras palabras, el problema del creyente en su vida diaria se acrecienta porque, a causa de los nuevos adversarios y del nivel más alto de santidad que su nueva condición justamente reclama, se siente humanamente más incapaz de cumplir las exigencias que su nueva vida le impone, que lo que se sentía para vivir con más o menos virtud dentro de la esfera del hombre inconverso. De aquí se sigue que, si el creyente ha de mantener su salvación por medio de una conducta correcta, como los arminianos pretenden, se va a ver derrotado sin remedio, a causa de la imposibilidad de cumplir las exigencias celestiales y de la terrible oposición de sus enemigos sobrehumanos, incluso antes de comenzar la batalla. La predicación que los arminianos hacen de sus ideas ha sido tolerada únicamente por su incapacidad, si no es que ha sido por su resistencia, a enfrentarse con las tremendas consecuencias que su posición implica. Y es que suena a cosa práctica y sencilla y muy en consonancia con la congénita presunción humana, el proponer una clase de salvación que depende, en su permanencia, del mérito humano. Con tal planteamiento, la necesidad de una preservante gracia divina es muy escasa. Dios sólo se hace preciso para perdonar los fallos que el hombre puede tener en su programa de auto-salvación. Así como el agua busca su propio nivel, así también el Arminianismo en su forma moderna, ha dejado de apelar, como primeramente lo hacía, a la ortodoxia de sus posiciones; entre otras razones, porque los adeptos de este sistema nunca se han apoyado en fuerzas sobrenaturales para llevar a cabo su esquema soteriológico.

Como quiera que los tres enemigos del cristiano – el mundo, la carne y el demonio – han sido considerados en detalle en el volumen II de esta obra, y aún volveremos a tratar de ellos más adelante, baste por ahora el mencionarlos brevemente. Con todo, no debe perderse de vista su verdadera índole; de lo contrario, quedará sin base suficiente de realidad la comprensión del verdadero carácter de la salvación divina respecto de estos enemigos, la cual salvación constituye el objetivo inmediato del presente volumen.

1. EL MUNDO. De entre los cuatro términos griegos – *αἰών*, *οἰκουμένη*, *γῆ* y *κόσμος*, que suelen traducirse por *mundo,* solo el último indica el enemigo con que el creyente se enfrenta. Un estudio de las 187 veces que este término ocurre en el Nuevo Testamento, como ya hemos apuntado, nos revela que el *cosmos* es un vasto sistema y orden de cosas, sobre el que Satanás domina como príncipe (Jn. 12:31; 14:30; 16:11), y en el que toda la humanidad inconversa se halla confederada con sus programas de educación y de diversión, sus regulaciones, sus rencillas, sus armamentos y sus guerras. El creyente es rescatado de este *mundo* cuando es salvo (Jn. 15:19; Col. 1:13; 1 Jn. 5:19), y debe ser preservado de él, aunque debe permanecer con él para dar testimonio. Sus módulos de conducta, sus incentivos, su control de las necesidades de la vida humana, la protección que obtiene para imponer sus normas, el ridículo que hace de la piedad verdadera, y los criterios falsos que instiga, hacen del *cosmos* el más complejo, sutil y formidable enemigo de un hijo de Dios. Este sólo puede mantener su bifronte posición ante el *cosmos* – habitar en él y servirle de testimonio – a base de un poder sobrenatural. Las palabras de Cristo: “En el mundo tendréis aflicción; pero confiad, yo he vencido al mundo” (en ambos casos se usa el término *cosmos* – Jn. 16:33), están cargadas de un hondo sentido – en realidad, demasiado hondo para la comprensión humana. Puesto que Cristo ha vencido al *cosmos* por medio de Su muerte, se nos declara que también el creyente ha vencido al *cosmos,* pues está escrito en 1 Juan 5:4-5: “Porque todo lo que es nacido de Dios vence al mundo; y ésta es la victoria que ha vencido al mundo, nuestra fe. ¿Quién es el que vence al mundo, sino el que cree que Jesús es el Hijo de Dios? ”. Este texto ha sido tomado con demasiada frecuencia

como una exhortación al cristiano a que venza al mundo; pero, si se lo toma lisa y llanamente, lo que aquí se declara es que, por el hecho de haber creído, el hijo de Dios, por su nueva relación con Cristo, ha vencido al *cosmos.* En un sentido primordial, el creyente participa de todo lo que Cristo es y de todo lo que ha hecho; sería, pues, imposible estar a la vez en Cristo y no estar fuera del *cosmos.* No obstante, aunque todo esto sea verdad con respecto a su posición, el cristiano tiene que experimentar en su vida diaria una batalla victoriosa contra las invitaciones que el *cosmos* le está haciendo continuamente. Sin embargo, es sumamente importante el percatarse de que, a juicio del mismo Espíritu del que el creyente ha de depender para vencer en su vida cotidiana, el *cosmos* ha sido ya vencido judicialmente. El hecho de que Cristo ha vencido al mundo y de que el creyente participa, desde el momento en que es salvo, de esta realidad, proporciona la suficiente base legal para ser preservado, mediante el Espíritu, del mismo *cosmos* en que tiene que vivir para dar testimonio en él.

2. LA CARNE. Al entrar en este tema, es menester distinguir desde el principio entre los términos *σῶμα* y *σάρξ*. El primero indica el cuerpo físico, mientras que el segundo, aunque a veces indica el cuerpo físico, representa generalmente una realidad viva e integral, que incluye la naturaleza caída con todas sus fuerzas y relaciones características inherentes de ella —una naturaleza caída imposible de desarraigar y que continúa dentro del creyente durante todo el tiempo de su vida en este mundo, pudiendo ser contrarrestada solamente mediante un continuo suministro del poder del Espíritu residente. Está escrito que, si el creyente se deja guiar del Espíritu en su conducta, no satisfará los deseos de la carne (Gá. 5:16). Sin embargo, debe haber una base legal, para que el Espíritu pueda controlar la carne con su naturaleza adámica; y, por eso, está también escrito que, a este fin, murió Cristo al pecado como juicio de la vieja naturaleza (Ro. 6:1-10) y de la carne (Ro. 8:3). Este juicio de la carne hecho por Cristo, no dio muerte a esta carne, sino que proveyó una base legal y justa, a fin de que el Espíritu de Dios pudiese cumplir Su ministerio como Libertador. Así se enfatiza de nuevo la verdad de que el creyente puede ser salvo, mediante la fe, del poderoso dominio del pecado; y de este modo, Dios provee para las necesidades del creyente en su vida cotidiana, y no cabe duda de que Dios tiene un designio muy preciso para capacitar en la esfera de la conducta diaria a esa misma persona a la que ha salvado para siempre. No hay comportamiento, por perfecto que parezca, que pueda incluso intentar el preservar a un hijo de Dios, sino que éste queda preservado a salvo por otra provisión completamente diferente, a

saber, la posición que ocupa en el Cristo resucitado. En lo que toca a una vida consecuente con su fe, y que pueda glorificar a Quien le ha salvado, el creyente tiene a su disposición todo el poder sobrenatural del Espíritu que mora en él.

3. EL DEMONIO. La lucha del cristiano con Satanás, y la necesidad de ser liberado sobrenaturalmente de este enemigo, están ampliamente atestiguadas en el Nuevo Testamento. Quien vaya estudiando metódicamente esta obra, habrá ya leído muchas páginas sobre este tema concreto. Lo que queremos recalcar en el presente capítulo es el doble hecho de que Satanás fue juzgado en la muerte de Cristo, y que la liberación del poder de Satanás es ahora posible gracias al Espíritu que mora en el creyente. Que Satanás nos presenta batalla es algo que no necesita demostración; bastará un texto, entre muchos, para hacerlo patente: "Porque no tenemos lucha contra carne y sangre, sino contra principados, contra potestades, contra los gobernadores de las tinieblas de este siglo, contra huestes espirituales de maldad en las regiones celestes" (Ef. 6:12). El juicio de Satán es también anunciado en varias porciones del Nuevo Testamento, pues está escrito: "y de juicio, porque el príncipe de este mundo ha sido ya juzgado" (Jn. 16:11); "anulando el acta de los decretos que había contra nosotros, que nos era contraria, quitándola de en medio y clavándola en la cruz, y despojando a los principados y a las potestades, los exhibió públicamente, triunfando sobre ellos en la cruz" (Col. 2:14-15). Como un criminal que ha sido condenado a pena capital y está esperando el día de su ejecución, así también Satanás está ya condenado y esperando el día en que se ejecute su sentencia. El hecho de que existe el medio de verse completamente libre del poder de Satanás, está descrito en los términos más claros: "Por lo demás, hermanos míos, fortaleceos en el Señor, y en el poder de su fuerza. Vestíos de toda la armadura de Dios, para que podáis estar firmes contra las asechanzas del diablo" (Ef. 6:10-11); "Hijitos, vosotros sois de Dios, y los habéis vencido; porque mayor es el que está en vosotros, que el que está en el mundo" (1 Jn. 4:4). No debe perderse de vista este doble punto de doctrina, a saber, que es posible para el Espíritu Santo el defender al creyente y librarle del poder de Satanás, a base del hecho de que Satanás ha sido ya juzgado por Cristo en Su muerte; y que Satanás, aunque ya está juzgado, es una realidad viviente y poderosa, a la que el creyente ha de resistir manteniéndose firme en la fe (1 P. 5:8-9).

CONCLUSION

Queda, pues, declarado que, con respecto a cualquier pecado o disposición que sea contraria a la voluntad de Dios, el creyente puede encontrar liberación o salvación de todo ello mediante el poder del Espíritu que mora en él, el cual tiene perfecta libertad para actuar a causa de los juicios específicos llevados a cabo por Cristo en la cruz, contra el mundo, la carne y el demonio. Una tal liberación representa una forma concreta de salvación y tiene su lugar dentro de la completa obra salvífica de Dios. La verdad con respecto a las consecuencias del pecado del cristiano queda de nuevo declarada. Es de notar que Dios tiene de antemano en cuenta los pecados del creyente; esto no quiere decir que Dios sea el autor de tales pecados, sino sólo que el plan divino de salvación no espera una perfección completa de parte de aquellos a quienes Dios salva y preserva, lo cual no merma en los creyentes piadosos el asombro de que Dios haya planeado un método con que llevar a la gloria de los Cielos a santos imperfectos. Dios prevé, juntamente con el pecado del creyente, el remedio que ha provisto para él, pues está escrito en 1 Juan 1:6-9 que el pecado del creyente puede ser sanado del efecto que dicho pecado pueda producir en él, si lo confiesa ante Dios. Esto no representa una nueva regeneración, pues cuando un hijo de Dios peca, continúa todavía en unión, aunque no en comunión, con El. Los inconversos se salvan mediante la fe, y los salvos quedan perdonados y limpios mediante la confesión. En ninguno de los dos casos, le queda al pecador ninguna pena por pagar; ni puede quedar, porque ha sido ya cargada a cuenta del Sustituto.

Queda, por tanto, en pie la verdad de que Dios no sólo provee un medio por el cual el creyente puede ser preservado de practicar el pecado, sino también un recurso mediante el cual el creyente continúa siendo un hijo de Dios y puede retornar a la comunión con El después de haber pecado.

II. SALVACION DE LAS LIMITACIONES HUMANAS

Ser librado del mal para que sea honrado Dios, que es el Salvador de los creyentes, no agota la gama de realizaciones del plan divino de salvación. Un hijo de Dios no sólo necesita ser liberado del mal, sino también ser *fortalecido* para toda obra buena, tal como ha sido preparado de antemano por Dios (Ef. 2:10), y cual es propio de quien ha sido salvo y ha recibido el honroso encargo de manifestar a Dios ante este mundo. Como ya hemos expuesto detalladamente en este capítulo, el cristiano tiene el deber de evitar el pecado y, si llega a cometerlo, debe ser salvado de él; como está escrito: "Porque la gracia de Dios se ha manifestado para salvación a todos los hombres, enseñándonos que, renunciando a la impiedad y a los deseos mundanos, vivamos en este siglo sobria, justa y piadosamente, aguardando la esperanza bienaventurada y la manifestación gloriosa de nuestro gran Dios y Salvador Jesucristo, quien se dio a sí mismo por nosotros para redimirnos de toda iniquidad y purificar para sí un pueblo propio, celoso de buenas obras" (Tito 2:11-14). La salvación que es por la gracia de Dios, no es *"por* obras"; esto es, nunca podría ser llevada a cabo mediante obras humanas, puesto que es obra de Dios; pero es *"para* buenas obras", y éstas son posibles únicamente cuando uno ha sido creado o rehecho en Cristo Jesús y provisto de un poder sobrenatural. Al presente, nos limitaremos a trazar un breve esbozo del extenso cuerpo de doctrina sobre el ministerio de capacitación que el Espíritu desempeña para que el creyente lleve una vida de servicio y testimonio.

1. EL ESPIRITU FORMA EL CARACTER DEL CRISTIANO. El mundo o *cosmos* tiene su molde peculiar para modelar caracteres. Muy a menudo, no son en realidad caracteres lo que modela, sino reputaciones; pues, como son siempre fruto del esfuerzo humano, dan como natural resultado la humana gloria. Frente a esto, el molde divino para formar caracteres cristianos consta de realidades transformadoras del corazón, mediante la operación del Espíritu morador. Este carácter cristiano queda admirablemente descrito en nueve vocablos que representan el "fruto del Espíritu": "Mas el fruto del Espíritu es amor, gozo, paz, paciencia, benignidad, bondad, fe (fidelidad), mansedumbre, templanza (dominio propio, o sea, auto-control - comp. 2 P. 1:6)" (Gá.5:22-23). Estas nueve gracias, no sólo aparecen como fruto directo del Espíritu en, y a través de, el creyente, sino que, en ese contexto, son presentadas frente a, o en contraste con, las obras de la carne, las cuales son enumeradas en los versículos 19-21. Cada vocablo de la lista que comprende los frutos del Espíritu, representa una característica divina directamente generada por la presencia del Espíritu. Esta manifestación del Espíritu es la experiencia normal del hijo de Dios, y será posesión suya, a no ser que el creyente mismo consienta que sea obstaculizada por los fallos de su comportamiento a los ojos de Dios.

2. EL ESPIRITU DA PODER PARA EL SERVICIO CRISTIANO. Este aspecto de la obra del Espíritu en el cristiano nos introduce de lleno en la doctrina de los dones potenciados por el Espíritu. Un don, en el sentido que el Nuevo Testamento da a este vocablo, es algo que el Espíritu produce para usarlo mediante el creyente; no se trata de un esfuerzo humano con la ayuda del Espíritu, sino que se nos dice que es una "manifestación del Espíritu" (1 Co. 12:7). También vemos que a cada creyente le es asignado algún don; esto es, a cada creyente se le asigna una tarea determinada y se le capacita para

poder llevarla a cabo. Si esta provisión divina no surte los efectos deseados, ello se debe, de ordinario, a falta de ajuste. También se nos dice que hay diversidad de dones, aunque, en todos los casos, es un mismo Espíritu el que los suministra. El texto más importante sobre esta materia dice así: "Ahora bien, hay diversidad de dones, pero el Espíritu es el mismo. Y hay diversidad de ministerios, pero el Señor es el mismo. Y hay diversidad de operaciones, pero Dios que hace todas las cosas en todos, es el mismo. Pero a cada uno le es dada la manifestación del Espíritu para provecho. Porque a éste es dada por el Espíritu palabra de sabiduría; a otro, palabra de ciencia según el mismo Espíritu; a otro, fe por el mismo Espíritu; y a otro, dones de sanidades por el mismo Espíritu. A otro, el hacer milagros; a otro, profecía; a otro, discernimiento de espíritus; a otro, diversos géneros de lenguas; y a otro, interpretación de lenguas. Pero todas estas cosas las hace uno y el mismo Espíritu, repartiendo a cada uno en particular como él quiere" (1 Co.12:4-11; comp. Ro.12:3-8; Ef.4:11; 1 P.4:10-11).

A estas realidades que son producidas por el Espíritu en la vida del creyente – el fruto del Espíritu y los dones por el Espíritu – puede añadirse que el Espíritu enseña la Palabra de Dios al creyente (Jn. 16:12-15; 1 Co. 2:9-3:1; 1 Jn. 2:27); le induce a la alabanza y a la acción de gracias (Ef. 5:19-20); guía a todo hijo de Dios (Ro. 8:14; Gá. 5:18); pone en ejercicio las facultades recibidas por fe (Ro. 8:16); e intercede en y por el cristiano (Ro. 8:26-27).

CONCLUSION

Por la breve reseña que hemos dado de la obra del Espíritu en la capacitación del creyente para una conducta santa y el servicio correspondiente, cual compite a quien ha sido perfeccionado en Cristo, vemos de nuevo que Dios provee también en la esfera de la vida diaria del creyente y, no olvidando que todas estas manisfestaciones del Espíritu no añaden nada a la perfecta posición que el cristiano ocupa en Cristo, puede observarse que la intención de Dios es que el que es salvo deba verse libre de las debilidades y limitaciones, que deshonran a Dios y hacen que el cristiano falle en un testimonio consecuente con la doctrina que profesa.

CAPITULO XIX

LA PERFECTA PRESENTACION DEL CREYENTE EN LA GLORIA

La experiencia final del pecador a quien Dios salva, es su presentación en la gloria. De ella habla el Apóstol Judas cuando escribe: "Y a aquél que es poderoso para guardaros sin caída, y presentaros sin mancha delante de su gloria con gran alegría" (Jud. 1:24). En este pasaje, el vocablo "caída" estaría mejor traducido por "tropiezo", y debe observarse que quien tiene esa "gran alegría" es Aquél que concibe, construye y termina toda la empresa, es decir, Dios; toda la obra es estrictamente Suya. De manera semejante, el Apóstol Pablo, escribiendo a los fieles de Corinto, les declaraba algo que tiene vigencia para todos los verdaderos creyentes – pues todos son el Cuerpo y la Esposa de Cristo –: "Porque os celo con celo de Dios; pues os he desposado con un solo esposo, para presentar*os como* una virgen pura a Cristo" (2 Co. 11:2). También aquí se descubre mejor la fuerza del texto cuando se omiten – de acuerdo con el griego original – la terminación *os* y el adverbio *como* que hemos subrayado, pues el Apóstol no quería meramente presentar a los creyentes como una casta virgen, sino más bien presentar una casta virgen a Cristo. De igual modo, el supremo anhelo de Cristo en Su muerte sacrificial fue presentarse a Sí mismo una Esposa perfecta, como está escrito: "Maridos, amad a vuestras mujeres, así como Cristo amó a la Iglesia, y se entregó a Sí mismo por ella, para santificarla, habiéndola purificado en el lavamiento del agua por la palabra, a fin de presentársela a sí mismo, una iglesia gloriosa, que no tuviese mancha ni arruga ni cosa semejante, sino que fuese santa y sin mancha" (Ef. 5:25-27)

La verdad de que el creyente será presentado sin mancha en la presencia de la gloria de Dios, está revelada en el Nuevo Testamento con magníficos detalles. Los cambios que tendrán lugar son incomprensibles para nuestra mente; pero, en conjunto, indican que la transformación tan extensa que será llevada a cabo, parece estar calculada para borrar casi todas las huellas de los elementos que constituyen conjuntamente la humanidad en el estado presente de su existencia. El ser reconstruida hasta quedar completamente apta para la esfera de lo celestial es una excelsa distinción garantizada por un poder infinito y mantenida por un propósito soberano. Esta es la herencia de cada creyente, sin variaciones debidas a presuntos diferentes grados de méritos humanos, porque se trata de una obra parigual realizada por Dios en favor de todo aquel que cree.

Algunos de los cambios que constituyen esta inmensa transformación, parte de la cual se opera ya en la presente condición del creyente, son enumeradas a continuación:

I. LA CIUDADANIA CELESTIAL

El hecho de que la ciudadanía celestial comienza en esta vida y en el preciso momento en que uno se hace creyente, no altera su carácter permanente, aunque haya de tener lugar un gran desarrollo desde el orden presente hasta el que está por venir. Aunque esta ciudadanía se posee ya ahora en cuanto al título y al derecho, sin embargo no se ejerce todavía y, por tanto, no tenemos de ella ninguna experiencia. Todavía nos esperan muchos bienes y honores en la toma de posesión de una posición tan excelsa.

II. UNA NUEVA FRATERNIDAD

Este aspecto de la felicidad venidera comprende un vasto campo de realidades eternas. Comienza con el nuevo nacimiento, el cual nos hace verdaderos y legítimos hijos de Dios, lo cual engendra, a su vez, todo un ámbito familiar y una relación hogareña. Así que no sólo se realiza una filiación respecto a Dios, sino también una noble consanguinidad con todos los santos de todas las épocas y, naturalmente, con todas las huestes de ángeles que permanecieron en la verdad. Estos lazos familiares quedan ya perfectamente establecidos en esta vida, pero todavía nos espera el gozarlos experimentalmente con mayor amplitud cuando todos los que son de Cristo se reúnan juntamente con El en la gloria.

III. UNA POSICION ETERNA PERFECTA

La perfecta posición en Cristo comienza ya en esta vida, pero su valor incalculable queda por manifestar y experimentar durante toda la eternidad. La mente humana puede captar muy poco del sosiego y de la bendición que entonces nos proporcionará el ser conscientes de que está asegurada nuestra posición y de que Dios nos ha provisto de todas las cualificaciones que se precisan para hacernos idóneos en la esfera de la santidad y pureza infinitas. El poeta Thomas Binney lo cantó así (1826):

¡Eterna Luz, eterna Luz!
Cuán pura el alma debe ser,
Cuando puesta ante tu vista escrutadora,
Puede gozosa vivir y tu faz ver.

Oh, ¿cómo podré yo, de mente oscura,
Así ante el Inefable aparecer,
Y llevar en mi espíritu desnudo,
El esplendor increado de Tu Ser?

Hay un camino que conduce al hombre
A las alturas de tan feliz mansión:
Hay una oblación y un sacrificio,
Un Espíritu poderoso, un Mediador.

Esto es, esto, lo que nos prepara
Para aquella feliz, santa visión.
Los Hijos que la noche aquí engendrara
Verán la Luz por medio del Amor.
(Versión libre del Traductor)

IV. UN CUERPO RENOVADO

Poco podemos anticipar del futuro deleite, de la satisfacción y del confort de un cuerpo renovado, que será modelado a semejanza del cuerpo glorioso de Cristo (Fil. 3:21). Hay que distinguir cuidadosamente entre la *posesión* de la vida eterna, y la experiencia de tal posesión que está por venir. La actual experiencia de la vida humana en un cuerpo sentenciado a muerte no tiene comparación con la experiencia de la vida eterna en un cuerpo renovado, semejante al cuerpo resucitado de Cristo – del mismo cuerpo que, en grado infinito, es idóneo para los menesteres eternos de la Segunda Persona de la Deidad. Al describir este asombroso cambio, el Apóstol declara (1 Co. 15:41-57) que este cuerpo corruptible se revestirá de incorrupción; siendo ahora mortal, resucitará inmortal; sembrado en "deshonra", resucitará en gloria; ahora tan débil, resucitará lleno de inefable poder; siendo ahora un cuerpo "animal" – adaptado al alma – se tornará cuerpo espiritual – adaptado al espíritu.

V. LIBERACION DE LA NATURALEZA PECAMINOSA

Aquí también resultan totalmente incompetentes todos los poderes humanos de adivinación del futuro. Tan incrustada está en la misma estructura de la existencia presente la pecaminosidad de nuestra naturaleza con todas sus perversas inclinaciones y su rebeldía contra el Espíritu que mora en nosotros (Gá. 5:17), que ninguna imaginación puede esbozar una descripción de la hora gloriosa en que nos veamos libres de tal lastre.

VI. SER SEMEJANTES A CRISTO

Si el destino del creyente no estuviese tan claramente certificado, nadie de este mundo podría creerlo. Sin embargo, el testimonio de la Escritura no puede ser mermado, pues leemos: "Y sabemos que a los que aman a Dios, todas las cosas les ayudan a bien, esto es, a los que conforme a su propósito son llamados" (Ro. 8:28); "Y así como hemos traído la imagen del terrenal, traeremos también la imagen del celestial" (Co. 15:49); "Amados, ahora somos hijos de Dios, y aún no se ha manifestado lo que hemos de ser; pero sabemos que cuando êl se manifieste, seremos semejantes a él, porque le veremos tal como él es" (1 Jn. 3:2). Aunque estos asertos parecen sobrepujar el nivel de lo posible, un destino tan excelso cuadra bien con las metas señaladas por los propios designios de Dios; pues no debe olvidarse que la salvación se realiza con el fin de que la gracia de Dios quede manifiesta; ahora bien, la gracia de Dios es infinita y, por ello, exige que la empresa adecuada para tal gracia alcance niveles infinitos. Igualmente, la salvación se realiza para satisfacer el amor infinito de Dios y, al satisfacer tal amor, Dios ha menester de hacer cuanto puede en favor de los objetos de Su afecto – por quienes ya ha quedado libre para actuar enteramente de acuerdo con los dictados de Su amor. Ser hechos conformes a la imagen de Cristo es la suprema realidad que puede darse en el universo, y el amor divino no puede quedar satisfecho con menos que la medida de sus logros. En general, la semejanza con Cristo incluye todos los demás aspectos indicados en esta enumeración de realidades celestiales.

VII. PARTICIPAR DE LA GLORIA DE CRISTO

Nuestras mentes limitadas no pueden comprender en esta vida lo que Cristo quiso precisamente dar a entender cuando oró así al Padre: "Padre, aquellos que me has dado, quiero que donde yo estoy, también ellos estén conmigo, para que vean mi gloria que me has dado; porque me has amado desde antes de la fundación del mundo" (Jn. 17:24); lo mismo podemos decir del hecho honroso registrado en Juan 17:22 "La gloria que me diste, yo les he dado"; el cual hecho no puede ser quebrantado. En consecuencia, leemos: "Por tanto, nosotros todos, mirando a cara descubierta como en un espejo la gloria del Señor, somos transformados de gloria en gloria en la misma imagen, como por el Espíritu del Señor" (2 Co. 3:18);

"Porque esta leve tribulación momentánea produce en nosotros un cada vez más excelente y eterno peso de gloria" (2 Co. 4:17); "Se siembra en deshonra, resucitará en gloria; se siembra en debilidad, resucitarán en poder" (1 Co. 15:43); "Cuando Cristo, vuestra vida, se manifieste, entonces vosotros también seréis manifestados con él en gloria" (Col. 3:4); "Porque convenía a aquél por cuya causa son todas las cosas, y por quien todas las cosas subsisten, que habiendo de llevar muchos hijos a la gloria, perfeccionase por aflicciones al autor de la salvación de ellos" (He. 2:10); "Mas el Dios de toda gracia, que nos llamó a su gloria eterna en Jesucristo, después que hayáis padecido un poco de tiempo, él mismo os perfeccione, afirme, fortalezca y establezca" (1 P. 5:10). Añádase a esto la gloria resultante de sufrir juntamente con Cristo – que es la recompensa por la solicitud que el creyente puede experimentar por las almas perdidas: "Pues tengo por cierto que las aflicciones del tiempo presente no son comparables con la gloria venidera que en nosotros ha de manifestarse" (Ro. 8:18); "Si sufrimos, también reinaremos con él" (2 Ti. 2:12).

Por todo esto, puede verse que la salvación de un alma, según el designio de Dios, lleva aparejada la satisfacción de tal designio. A quien Dios predestina, también le glorifica, y "el que comenzó en vosotros la buena obra, la perfeccionará hasta el día de Jesucristo" (Fil. 1:6). Para Dios no hay fracaso posible, y, precisamente por esto, los hagiógrafos del Nuevo Testamento son sumamente osados para declarar la certeza de la gloria que espera a todo aquel que cree. El que nunca se insinúe la posibilidad de un fracaso es debido al hecho de que la meta es tan cierta como el poder infinito que puede conseguirla. Los arminianos ensombrecen con dudas el supremo poder de Dios para llevar a cabo lo que Se ha propuesto, y la fidelidad y el crédito de las palabras que registran el designio y el poder de Dios; pero tales esfuerzos por debilitar el testimonio que Dios da de Sí mismo, no tienen ningún valor. Obsérvense las palabras de Balaam con respecto a Israel – el pueblo elegido de Dios en la tierra: "Dios no es hombre, para que mienta, ni hijo de hombre para que se arrepienta. El dijo, ¿y no hará? Habló, ¿y no lo ejecutará? He aquí, he recibido orden de bendecir; El dio bendición, y no podré revocarla. No ha notado iniquidad en Jacob, ni ha visto perversidad en Israel. Jehová su Dios está con él, y júbilo de rey en él. Dios los ha sacado de Egipto; tiene fuerzas como de búfalo. Porque contra Jacob no hay agüero, ni adivinación contra Israel. Como ahora, será dicho de Jacob y de Israel: ¡Lo que ha hecho Dios! " (Nm. 23:19-23). De la actitud de Jehová hacia este pueblo elegido se nos dice: "Porque irrevocables son los dones y el llamamiento de Dios" (Ro. 11:29). Si es una realidad que, a causa de Su elección soberana, Dios nunca ha de cambiar Sus designios respecto de Su pueblo en la tierra y no ve "iniquidad en Jacob" ni "perversidad en Israel", ni Se ha de arrepentir jamás de los dones ni del llamamiento de tal nación, ¿puede parecer una imposibilidad el que tenga capacidad para preservar el Cuerpo y la Esposa de Su Hijo, por los que se dice que Cristo murió en el sentido más específico? (Ef. 5:25-27).

CONCLUSION

Quien repase esta extensa tesis, que ha tenido por objeto el presentar los siete aspectos de la obra salvífica de Dios, verá que la salvación es de Jehová, ya sea en la esfera de la obra acabada, o de la obra de iluminación, de la de salvación, de la de preservación o de la de presentación. En cada detalle y en cada paso de su proceso majestuoso, es obra sólo de Dios – obra llevada a cabo a pesar del pecado de aquellos a quienes El salva, y a pesar de cualquier riesgo que la voluntad humana pueda ocasionar. Dios es soberano sobre todos los seres y es libre y poderoso para llevar a cabo todo lo que Se ha propuesto realizar.

Como hemos observado anteriormente, la salvación de un pecador, según nos lo atestigua la Palabra de Dios, es el único modo de ejercitar uno de los más conspicuos atributos de Dios, a saber, Su gracia; pues la salvación no sólo tiene que proporcionar una meta adecuada para el ejercicio de este atributo – midiendo completamente su amplitud – sino también satisfacer a Dios en grado infinito. En cuanto a la amplitud, la tarea divina comienza por algo que está totalmente perdido. Sobre esta materia, las opiniones humanas no son dignas de consideración, puesto que estiman que el hombre, en el peor de los casos, está necesitado de mucha asistencia por parte de Dios; de ningún modo pueden rastrear la inexpresable realidad del perdido y calamitoso estado del hombre. Palabras como las escritas en Romanos 3:9-19, rara vez son aceptadas por el hombre en el sentido intentado por el Espíritu Santo. Estar perdido significa estar en total condenación de parte de Dios, unido a Satanás y destinado juntamente con Satanás a ser arrojado en el lago de fuego. Una sentencia de tal calibre no se pronuncia por triviales fallos humanos; el hecho mismo de que a tal fallo corresponda el más tremendo de los castigos, revela de forma inequívoca la profundidad del abismo que para Dios significa la condición perdida del hombre. Frente a esto, la salvación supone una elevación del hombre salvo a la sublime altitud del Cielo – con referencia a una residencia eterna –

y lo transforma en la imagen de Cristo. El haber producido un ser semejante a Cristo es la tarea suprema del Universo, pues representa el límite que el mismo infinito no puede sobrepasar. Es pues, esta distancia entre el fondo abismal de la condición perdida y la semejanza a Cristo en los Cielos, la que no solamente pone en ejercicio el divino atributo de la gracia, sino que forma con ella una total ecuación. En cuanto a la satisfacción divina, la misma razón nos dicta ya que, puesto que los designios de Dios no admiten fallo, la medida de Su gracia en la salvación de una persona ha de satisfacerle en grado infinito. Tan completa es la manifestación de la gracia en cada indiviuo que se salva, que, aunque solamente una persona se salvase así por gracia, ello bastaría para satisfacer enteramente la esperanza que Dios ha puesto en ello, y serviría de convincente exhibición, para toda clase de inteligencias, de la supereminente y sobreabundante gracia de Dios; no por obras, para que nadie se gloríe.

Ya sería suficiente por parte de Dios el revelar el hecho de que intenta llevar muchos hijos a la gloria; pero El no se contenta con una revelación a medias, sino que presta a los hombres el gran honor de poder contemplar, para su asombro y deleite, los pasos que da y la base justa sobre la que lleva a cabo todo cuanto emprende. Pertenece a la esfera de las realidades eternas, el ser producidas por una capacidad incoercible e infinita; y la mente devota, después de percatarse de tales hechos, se cuidará muy bien de negar a Dios la autoridad, el poder y la libertad soberana que tiene para llevar a cabo, mediante Cristo, todo lo que Su adorable y santa voluntad se propone. El Apóstol oraba "para que el Dios de nuestro Señor Jesucristo, el Padre de gloria, os dé espíritu de sabiduría y de revelación en el conocimiento de él, alumbrando los ojos de vuestro entendimiento, para que sepáis cuál es la esperanza a que él os ha llamado, y cuáles las riquezas de la gloria de su herencia en los santos, y cuál la supereminente grandeza de su poder para con nosotros los que creemos, según la operación del poder de su fuerza, la cual operó en Cristo, resucitándole de los muertos y sentándole a su diestra en los lugares celestiales, sobre todo principado y autoridad y poder y señorío, y sobre todo nombre que se nombra, no sólo en este siglo, sino también en el venidero" (Ef. 1:17-21).

Por la justicia de Jesús,
La sangre que por mí vertió,
Alcanzaré perdón de Dios,
Y cuanto bien me prometió.
Que sólo El rescata sé:
Segura base es de mi fe.

CAPITULO XX

LAS CONDICIONES DE LA SALVACION

Exceptuando las doctrinas que se refieren a la Persona y a la obra de Cristo, no hay verdad de más largo alcance en sus implicaciones, ni hecho que merezca ser mantenido con mayor denuedo, que el que la salvación nos es impartida en toda su inmensa magnitud, en lo que concierne a la responsabilidad humana, por medio de la fe en Cristo como Salvador personal. A este único requisito, no se le puede añadir ninguna otra obligación sin hacer violencia a la Escritura y sin quebrantar totalmente la doctrina esencial de la salvación por pura gracia. Sólo la ignorancia o un descuido culpable en estructurar una Soteriología correcta, puede intentar la intrusión de alguna forma de obras humanas con sus presuntos méritos en una obra que, si ha de llevarse a cabo, tiene que ser hecha, por exigencia de su misma naturaleza, solamente por Dios y en virtud de Su gracia soberana. Pero son pocos realmente los que parecen comprender la doctrina de la gracia soberana y es un deber, al menos de caridad, el hacer ver que la gran confusión que existe acerca de temas de tan vital importancia se debe a esta falta de comprensión. Nuestro propósito en esta sección es demostrar que las riquezas eternas de gloria realizadas por la gracia soberana requieren, del lado humano, únicamente el creer. Las consecuencias prácticas de esta verdad deben necesariamente impresionar a todo predicador y ejercer una decisiva influencia en los métodos que se empleen en ganar almas. El candidato a este ministerio hará bien en poner su mensaje y sus métodos en completo acuerdo con las operaciones de la gracia divina, antes que intentar el adaptar a unas ideas puramente humanas esta inalterable verdad.

La salvación que es por fe comienza por estas poderosas transformaciones que hacen conjuntamente de un cristiano lo que este nombre significa en realidad; garantiza también la preservación del creyente, y lo trasporta finalmente al Cielo hecho ya conforme a la imagen de Cristo. El predicador o el ganador de almas que sabe entender y exponer convenientemente estas inmensas realidades, y preservarlas de todo intento de hacerlas depender en modo alguno de otro prerrequisito humano que no sea la fe salvífica en Cristo, merecerá el noble título de "buen ministro de Jesucristo, nutrido con las palabras de la fe y de la buena doctrina" (1 Ti. 4:6). Un poco de atención a las transformantes tareas divinas que la salvación de un alma perdida comporta, bastará para hacer que uno se percate del hecho de que todos y cada uno de los aspectos incluidos en esta obra representan una tarea sobrehumana y que, por tanto, si ha de llevarse a cabo, solamente Dios puede realizarla. Este descubrimiento preparará la mente para la recepción de la verdad de que lo único que el hombre puede aportar a esta grandiosa tarea es dejar completamente en las manos de Dios el que sea El solo quien la lleve a cabo. Así de sencillo es el acto de fe. Mas, comoquiera que aquí entran aspectos morales que han sido solucionados por Dios mediante la muerte de Cristo, éste ha venido a ser el único Salvador necesario y suficiente y, por eso, la fe salvífica va dirigida a El: "Todo aquel que en él cree" no se perderá, sino que tiene vida eterna. Pero, incluso después de haber entendido bien el carácter sobrenatural de la salvación, queda el peligro de gravar la responsabilidad humana con diversos enredos, hasta el punto de restar eficacia, en gran medida, a toda esta empresa de la gracia. Estas afirmaciones nos conducen naturalmente a una consideración en detalle de los aspectos más comunes de responsabilidad humana que, con demasiada frecuencia, son erróneamente añadidos a este solo requisito de la *fe o creencia.*

I. ARREPENTIRSE Y CREER

Puesto que el arrepentimiento – concebido como un acto distinto – casi comúnmente es añadido a la fe como requisito del lado humano para salvarse, es esencial la consideración del sentido bíblico de arrepentimiento. Esta consideración abarca los siguientes aspectos: (1) el sentido del vocablo, (2) la relación de arrepentirse con el creer, (3) la relación del arrepentimiento con el pueblo del pacto, (4) la ausencia de una exigencia de arrepentirse en los textos bíblicos que tratan de la salvación, y (5) el significado del arrepentimiento en ciertos pasajes específicos.

1. EL SENTIDO DEL VOCABLO.La palabra *μετανοια* es traducida siempre por *arrepentimiento.* El término griego significa *un cambio de mentalidad.* La práctica corriente de introducir el concepto de pena y dolor de corazón, tiene la culpa de gran parte de la confusión existente en el campo de la Soteriología. No hay ningún motivo para que el pesar de haber pecado deje de acompañar al arrepentimiento o de conducir al arrepentimiento, pero este pesar, cualquiera que sea, no es en sí arrepentimiento. En 2 Corintios 7:10 se nos dice que "la tristeza que es según Dios produce arrepentimiento", es decir, conduce al arrepentimiento; pero esta tristeza no debe confundirse con el cambio de mentalidad que puede llegar a producir. El caso

citado por Cristo, según testimonio de Mateo 21:28-29, del hijo que primeramente dijo: "no iré", y después se arrepintió y fue, es un buen ejemplo del verdadero sentido del vocablo. La llamada del Nuevo Testamento al arrepentimiento no es una invitación a la auto-condenación, sino a un cambio de mentalidad que promueva un cambio de vida en el camino recién comenzado. Esta definición del vocablo, según el sentido que le da el Nuevo Testamento, es fundamental. Poco o ningún progreso se puede hacer en un correcto estudio de la Palabra de Dios sobre este tema, mientras no se comprenda y mantenga como es debido el verdadero y preciso sentido de este término.

2. LA RELACION DEL ARREPENTIMIENTO CON LA FE. Muy a menudo, cuando se afirma —como hacemos aquí— que el arrepentimiento de debe añadirse a la fe como un requisito diferente para la salvación, se piensa que ello equivale a la afirmación de que el arrepentimiento *no* es necesario para salvarse. Por ello, afirmamos con toda la aseveración dogmática que el humano lenguaje permite, que el arrepentimiento es esencial para la salvación, y que nadie se puede salvar sin arrepentirse, pero ello va incluido en la fe y no debería ser separado de ella, puesto que es imposible hacerlo. La discusión se centra en este punto en el problema que la salvación de un inconverso comporta; y se puede asegurar, sin temor a equivocarse, que pocos errores han causado tanto impedimento a la salvación de los hombres perdidos, como la costumbre de exigirles dolor de corazón antes de que estuviesen en condiciones de ejercitar la fe en Cristo. Como quiera que tales emociones no pueden producirse a voluntad, se imposibilita así el camino de la salvación a todos aquellos que no experimentan la referida angustia. Este error da paso a otro muy serio, puesto que desorienta al inconverso, y consiste en exhortarle a que mire hacia dentro de sí mismo, en vez de fijar su mirada en Cristo como en su Salvador; así se hace depender la salvación de sentimientos, en vez de la fe. De igual modo, este error puede conducir a la gente a medir la validez de su salvación por la intensidad de la angustia que la precede o la acompaña, y es así como el dolor de corazón viene a ser la forma más sutil de obra meritoria y, en este sentido, lo contrario de la gracia. Como trasfondo de todo este falso supuesto de que las lágrimas y el dolor son necesarios, está el concepto erróneo, más serio todavía, de que Dios *no* está ya propicio, y por eso hay que aplacarlo, por medio del pesar arrepentido, para que se apiade de nosotros. La Biblia nos declara que Dios *es* propicio a causa de la muerte de Cristo por esos mismos pecados que nos producen pesadumbre; no hay motivo alguno para ablandar o calmar el corazón de Dios; su actitud hacia el pecado y

hacia el pecador es algo revelado; por eso, el insinuar, como algunos predicadores hacen a menudo, que Dios tiene que ser ablandado y aplacado mediante la angustia humana, es una forma terrible de incredulidad. El inconverso tiene delante de sí un evangelio de buenas nuevas para *creerlo,* y esto no equivale al mero concepto de que Dios tiene que ser halagado para que adopte una actitud salvífica, sino que significa que Cristo *ha* muerto y se nos ha impartido la gracia de Aquel que está ya, por eso mismo, propicio en grado infinito. El corazón del hombre tiene propensión a imaginar que el estar apesadumbrado del pecado es también una forma de expiarlo. Cualquiera que sea el lugar que le corresponda a la contrición por el pecado en la restauración de un cristiano que ha transgredido, nunca se enfatizará lo bastante el hecho de que para el inconverso – judío o gentil – no hay oportunidad para propiciar a Dios o para aportar ninguna clase de satisfacción mediante la pena y el dolor del corazón. Con notoria inconsecuencia, los mismos que predican que los inconversos deben experimentar un sufrimiento moral para ser salvos, han fallado totalmente en informar a sus oyentes cómo conseguir la tortura requerida. Hemos de repetir que, puesto que una genuina contrición no se puede producir a voluntad y hay mucha gente cuyo temperamento no es propicio a tales estados depresivos, el exigir a una persona que excite en sí misma una aflicción interior antes de que pueda ser salva por fe, se convierte en una especie de fatalismo, responsable de haber arrastrado a la desesperación a muchedumbres sin número. Y, con todo, es cierto que, desde el punto de vista arminiano, no cabría mayor herejía que el intento de excluir de las condiciones para la salvación el pretendido mérito del sufrimiento que el hombre pueda experimentar a causa de sus pecados personales.

Como hemos afirmado anteriormente, el arrepentimiento, que es un cambio de mentalidad, está incluido en la fe. Ninguna persona se puede convertir a Cristo desde cualquier otra creencia sin un cambio de mentalidad, y esto es, nótese bien, la suma total del arrepentimiento que una persona espiritualmente muerta puede jamás producir; ahora bien, este cambio de mentalidad es obra del Espíritu (Ef. 2:8). También han de tener en cuenta cuantos se dejen conducir por la Palabra de Dios, que la preparación esencial del corazón que el Espíritu Santo lleva a cabo en los inconversos para prepararlos a una consciente y voluntaria aceptación de Cristo como su Salvador – según está claro en Juan 16:8-11 – no es una pesadumbre por el pecado; el inconverso que cae dentro de esta esfera de divinas influencias, es iluminado – se le da un claro entendimiento – en cuanto a un *único* pecado, a saber, que "no creen en mí".

Creer en Cristo es un solo acto, dejando a un lado los múltiples resultados que produce; no es convertirse *de* una cosa a otra, sino más bien convertirse a una cosa *desde* otra. Y si estas expresiones suenan a mero retruécano, una investigación más esmerada nos lleva a descubrir que se trata de una distinción de vital importancia. Apartarse del mal puede fácilmente ser un acto completo en sí mismo, puesto que la acción puede quedar terminada al llegar a ese punto. El volverse a Cristo es también un acto solitario, y si ambos actos se toman por separado para juntarlos en uno, nos habremos formado el concepto de que, para salvarse, se requieren dos actos: arrepentimiento y fe. En cambio, convertirse a Cristo desde otra creencia es un solo acto, y en este único acto queda ya incluido el arrepentimiento, que es un cambio de mentalidad. El Apóstol enfatiza esta diferencia en términos precisos cuando dice a los fieles de Tesalónica: "os convertisteis a Dios desde los ídolos (este es el orden observado en el texto original – *nota del Traductor*), para servir al Dios vivo y verdadero" (1 Ts. 1:9). Este texto no favorece la pretensión de quienes sostienen que la gente debe primero, por medio de la contrición, volverse de los ídolos – ahí podría acabar la cosa – y, después, como un segundo y distinto acto, volverse a Dios. El texto sagrado sólo reconoce un único acto – "os convertisteis a Dios desde los ídolos" – lo cual supone un acto de la sola fe.

Cuantos insisten en el arrepentimiento como un segundo requisito junto con la fe, revelan inconscientemente que, en su concepto, la salvación no incluye más ingredientes que el problema de los pecados personales; pero la naturaleza pecaminosa o poder interior del pecado también necesita su tratamiento; y, con todo, no es objeto válido de arrepentimiento. La salvación incluye muchos y muy vastos aspectos y el aspecto de la solución del problema del pecado personal, aunque está incluido en ella, no es más que una pequeña parte del todo. A veces, se quiere destacar Hechos 16:18 como prueba de que los inconversos deben hacer un cierto número de cosas para poder ser salvos, cuando el texto en realidad enumera las distintas cosas que en ellos lleva a cabo el poder salvífico de Dios.

3. LA RELACION DEL ARREPENTIMIENTO CON EL PUEBLO DEL PACTO. La expresión *pueblo del pacto* puede tener varios sentidos, puesto que incluye a Israel, que está bajo los pactos inalterables de Jehová y, con todo, ha de ser objeto todavía de un nuevo y diferente pacto (Jer. 31:31-34), y a la Iglesia, compuesta de todos los creyentes de la presente dispensación, que son también ahora objeto del nuevo pacto concertado en la sangre de Cristo (Mr. 26:28; 1 Co. 11:25). Un pacto implica una relación mutua, porque

proporciona una correcta relación con Dios en los asuntos incluidos dentro de los límites de tal pacto. Un pacto sin condiciones, como lo son los arriba citados, no queda afectado por ningún elemento humano, y no puede ser cambiado ni siquiera por el mismo Dios. Sin embargo, el *hecho* de un pacto y la experiencia de sus bendiciones son dos cosas diferentes. Puede darse el caso de estar bajo las provisiones de un pacto incondicional y, al mismo tiempo, fallar, a causa del pecado, en gozar de sus bendiciones. Cuando el pecado restringe el disfrute de un pacto, y el pacto, por ser inalterable, permanece todavía, lo que se precisa no es hacer un nuevo pacto, sino resolver el problema del pecado que estropea la relación. De aquí se sigue que, tratándose de un pueblo del pacto, se necesita, por parte de Dios, un tratamiento especial de este pecado particular y, por parte del pueblo, un arrepentimiento distinto y específico respecto de dicho pecado; este arrepentimiento se expresa mediante la confesión a Dios. Después de confesar su pecado, David no oró para que su salvación quedase rehecha, sino para que le fuese devuelto "el gozo" de su salvación (Sal. 51:12). Del mismo modo, es el gozo y la comunión lo que la confesión del creyente le proporciona de nuevo (1 Jn. 1:3-9). Cuando Cristo vino a presentarse a Israel como su Mesías, anunciando que el reino se había acercado, invitó al pueblo, como hicieron también Juan el Bautista y los Apóstoles, a que se arrepintiera como preparación para el reino que se le brindaba. No hubo invitación alguna concerniente a la salvación o a la formación de nuevos pactos, sino a la restauración del pueblo mediante un cambio de mentalidad que les condujese a dejar sus pecados (Mt. 10:6ss.). El aplicar estas invitaciones hechas a los judíos del pacto en lo concerniente a la readaptación de éstos dentro de sus propios pactos, a gentiles inconversos, que son "ajenos a los pactos" (Ef. 2:12), es un error muy serio. De igual manera, un cristiano puede arrepentirse como acto completo en sí (2 Co. 7:8-10). La conclusión que se deduce de todo esto es que, mientras que el pueblo del pacto está destinado a realizar reajustes nacionales o personales con Dios por medio del arrepentimiento como acto completo en sí, no hay base alguna ni en la razón ni en la revelación para exigir a una persona inconversa de la presente dispensación a que añada, a fin de ser salva, al acto de fe un arrepentimiento que es propio de una persona que está bajo el pacto.

4. LA AUSENCIA DE UNA EXIGENCIA DE ARREPENTIMIENTO EN LOS TEXTOS QUE TRATAN DE LA SALVACION. Hay hasta 115 textos del Nuevo Testamento que ponen como condición para salvarse el *creer*, y 35 más ponen como condición la *fe*, vocablo que es sinónimo exacto del anterior respecto

a este punto. Estos pasajes de la Escritura, que totalizan un número de 150, incluyen prácticamente todo lo que el Nuevo Testamento declara acerca de la responsabilidad humana en la salvación; y es de notar que todos estos textos omiten cualquier referencia al arrepentimiento como acto diferente. Este hecho, que puede comprobarse fácilmente, no puede menos de impresionar enormemente a toda mente sin prejuicios. Asimismo, el Evangelio según S. Juan, escrito expresamente para presentar a Cristo como esencial objeto de la fe para vida eterna, no usa ni una sola vez la palabra *arrepentimiento.* De igual modo, la Epístola a los Romanos que constituye un completo análisis de todo lo que forma parte del plan entero de la salvación por gracia, no usa el término *arrepentimiento* en conexión con la salvación de una persona, excepto en 2:4, donde dicho vocablo es sinónimo de la salvación misma. Cuando el Apóstol Pablo y su compañero Silas respondieron al carcelero respecto a lo que tenía que hacer para ser salvo, dijeron: "Cree en el Señor Jesucristo, y serás salvo" (Hch. 16:31). Evidentemente, esta respuesta no menciona la necesidad de arrepentirse como algo que añadir al acto de creer. Resulta, pues, claro, a base de este aplastante peso de textos de evidencia irrefutable, que el Nuevo Testamento no impone el arrepentimiento al inconverso como condición para ser salvo. El Evangelio de Juan con sus expresiones salidas directamente de los labios de Cristo, la Epístola a los Romanos con su exhaustivo tratamiento del tema en cuestión, el Apóstol Pablo, y la lista entera de 150 pasajes del Nuevo Testamento, que componen el total de las divinas enseñanzas, quedarían incompletos y engañosos si se concediese al arrepentimiento un lugar aparte, o independiente del creer. Ninguna persona sensata se atrevería a defender tal idea contra un testimonio tan gigantesco; y cuantos lo han intentado, sin duda que lo han hecho sin prestar atención a esta evidencia ni considerar la debilidad de la posición que mantenían.

5. EL SIGNIFICADO DEL ARREPENTIMIENTO EN CIERTOS PASAJES ESPECIFICOS. Antes de entrar en el análisis de esta parte del tema, es preciso primeramente eliminar todos los pasajes del Nuevo Testamento que emplean el término *arrepentimiento* en relación con el pueblo del pacto. Hay, asimismo, pasajes que usan el vocablo *arrepentimiento* como sinónimo de creer (comp. Hch. 17:30; Ro. 2:4; 2 Ti. 2:25; 2 P. 3:9). Hay también pasajes que se refieren a un cambio del modo de pensar (Hch. 8:22; 11:18; He. 6:1, 6; 12:17; Ap. 9:20, etc.). Con todo hay que tener, una vez más, en cuenta, para analizarlos debidamente, tres pasajes relativos a Israel, los cuales se interpretan a menudo indebidamente (Hch. 2:38; 3:19; 5:31).

Hay, en fin, fuera de los Sinópticos, algunas referencias al bautismo de Juan, que era de arrepentimiento (Hch. 13:24; 19:4).

Quedan cuatro pasajes que merecen una consideración más extensa, a saber:

Lucas 24:47: "Y que se predicase en su nombre el arrepentimiento y el perdón de pecados en todas las naciones, comenzando desde Jerusalén".

Se verá que el arrepentimiento no es en sí mismo equivalente al creer o a la fe, aunque estando incluido en la fe, se usa aquí como sinónimo del término *creer.* Del mismo modo, hay que darse cuenta de que "el perdón de los pecados" no incluye todo lo que se nos brinda en la salvación, aunque la frase puede servir en este caso para designarla. Pero, sobre todo, el pasaje no requiere ninguna obligación por parte del hombre con respecto a su salvación. El arrepentimiento, que aquí es sinónimo de creer, conduce al perdón de pecados.

Hechos 11:18: "Entonces, oídas estas cosas, callaron y glorificaron a Dios, diciendo: ¡De manera que también a los gentiles ha dado Dios arrepentimiento para vida! ".

Otra vez el arrepentimiento, que está incluido en el creer, sirve como sinónimo del vocablo *fe.* Los gentiles, como todo el mundo, alcanzan la vida espiritual por la fe, que representa el cambio de mentalidad verdaderamente importante y esencial. Es cierto también que el pasaje no prescribe *dos* cosas que sean necesarias para la salvación (comp. v. 17).

Hechos 20:21: "Testificando a judíos y a gentiles acerca del arrepentimiento para con Dios, y de la fe en nuestro Señor Jesucristo."

Primeramente, aunque nada tiene que ver con el tema que estamos tratando, es importante el observar que el Apóstol coloca aquí a los judíos al mismo nivel que los gentiles, y ambos son objeto de la gracia divina. Tanto el judío, con su incomparable posición como pueblo, como el gentil con su ignorancia pagana, ambos tienen que experimentar un cambio de mentalidad con respecto a Dios. Mientras no se percaten de los designios de la gracia de Dios, no cabe en sus mentes la noción de la fe salvífica. Es muy posible, por otra parte, percatarse del propósito de Dios, como muchos hacen, y no recibir a Cristo como Salvador. En otras palabras, el arrepentimiento para con Dios no podría ser, en este caso concreto, equivalente a "la fe en nuestro Señor Jesucristo", aunque es posible que disponga para tal fe. Es significativo que se mencionen dos Personas de la que disponga para tal fe. Es significativo que se mencionen dos Personas de la Deidad, y es también de la mayor importancia el que Cristo aparezca como el único objeto de la fe. Quienes pretendan insistir en que aquí se mencionan dos condiciones, por parte del hombre, para la salvación, deben recordar de nuevo los 150 textos en los que se omite ese doble requisito.

Hechos 26:20: "Sino que anuncié primeramente a los que están en Damasco, y Jerusalén, y por toda la tierra de Judea, y a los gentiles, que se arrepintiesen y se convirtiesen a Dios, haciendo obras dignas de arrepentimiento".

Otra vez, se dirige el mismo mensaje a judíos y gentiles, como a quienes están al mismo nivel delante de Dios; y se mencionan dos obligaciones, a fin de obtener resultados espirituales - los de "arrepentirse y convertirse a Dios". Este texto estaría a favor de los arminianos si el arrepentimiento fuese, como ellos afirman, un pesar por el pecado; pero si se le da al vocablo su correcto sentido, o sea, un cambio de mentalidad, entonces no hay dificultad: se trata de un cambio de la mente que se convierte a Dios. También puede observarse que este texto es equivalente a 1 Tesalonicenses 1:9: "os convertisteis a Dios de los ídolos".

CONCLUSION

Con lo que precede, hemos intentado demostrar que la doctrina bíblica sobre el arrepentimiento no contradice a la verdad de que la salvación es por gracia mediante la fe, sin intervención alguna de obras o méritos por parte del hombre. Hemos afirmado que el arrepentimiento, que consiste en un cambio de mentalidad, está necesariamente incluido en el acto mismo de creer en Cristo, ya que nadie puede convertirse a Cristo desde otros objetos de su fe sin este cambio de mentalidad. Hasta 150 textos – incluyendo todas las más importantes invitaciones del Evangelio — limitan la responsabilidad humana en la salvación al acto de creer, o sea, a la fe. Nada se puede añadir a este simple requisito, si se quiere preservar incólumes las glorias de la gracia.

II. CREER Y CONFESAR A CRISTO

El afán de obtener éxitos notorios y de que quede bien claro el sincero deseo de hacer decisiones por Cristo, ha incitado a muchos predicadores a insistir en sus invitaciones o peroraciones de carácter general, en que los que han sido salvos hagan una pública confesión de su fe en Cristo. En la práctica, y en la mayoría de los casos, estas confesiones van unidas, en las mentes de los inconversos, con la fe salvífica, pareciéndoles, según les es presentada, que la confesión tiene la misma importancia que la fe. Se pretende justificar esta exigencia hecha a los inconversos a base de dos textos de la Escritura, que es preciso analizar:

1. TEXTOS DE LA ESCRITURA QUE TRATAN DE CONFESAR A CRISTO. *Mateo 10:31:* "A cualquiera, pues, que me confiese delante de los hombres, yo también le confesaré delante de mi Padre que está en los Cielos".

Este versículo, que aparece en el contexto de las enseñanzas de Cristo sobre el Reino, y como parte de las instrucciones a Sus discípulos, a quienes envía con un mensaje peculiar para Israel (comp. vs. 5-7), que irá acompañado de estupendos milagros (comp. v. 8), cuya realización nunca ha sido encomendada a ningún predicador de la dispensación actual, se aplica, primordialmente, a los discípulos mismos en relación con el fiel desempeño de la proclamación del Reino, y dicha intimación sólo puede extenderse a los israelitas a quienes eran ellos enviados. Pretender que este texto presenta una condición para salvarse al judío o al gentil de la era presente es un despiste verdaderamente deplorable.

Romanos 10:9-10: "Que si confesares con tu boca que Jesús es el Señor, y creyeres en tu corazón que Dios le levantó de los muertos, serás salvo. Porque con el corazón se cree para justicia, pero con la boca se confiesa para salvación."

Este mensaje, estando como está dentro de un contexto específico de enseñanzas que tratan primordialmente de la salvación por gracia, merece mayor atención. La fuerza del aserto positivo del versículo 9: "Si confesares con tu boca que Jesús es el Señor, y creyeres en tu corazón que Dios le levantó de los muertos, serás salvo", queda explicada en el versículo 10: "Porque con el corazón se cree para justicia, pero con la boca se confiesa para salvación", ya que aquí se insinúa el verdadero sentido del verbo "confesar". Acerca de este verbo, y en relación con este texto, escribía el difunto Dr. Arthur T. Pierson: "Este verbo indica un diálogo sostenido entre dos personas de naturaleza semejante. Al creer, recibo el amor de Dios; recibiendo Su amor, recibo Su vida; recibiendo Su vida, recibo Su naturaleza, y Su naturaleza se expresa naturalmente en mí según Su voluntad. Esto es la confesión. Como ha dicho Alexander Maclaren: 'No se enciende una vela para ponerla debajo de un celemín, porque o se apaga la vela, o se quema el celemín'. Hemos de dejar un respiradero para la vida, la luz y el amor; de lo contrario, ¿cómo pueden permanecer? Por eso, el confesar a Jesucristo como Señor es la respuesta espontánea a la nueva vida recibida de Dios. Al recibir el amor, somos nacidos de Dios, y al nacer de Dios, clamamos: 'Abba, Padre'; y 'Abba' no es sino la forma aramaica de nuestro vocablo 'papá'– dos sílabas que pueden pronunciarse antes de que salgan los dientes, puesto que basta para ello con las encías y los labios - es decir, la primera palabra de una persona recién nacida de nuevo, nacida de Dios, que conoce a Dios y que, teniendo una naturaleza como la de Dios, Le habla con el lenguaje de un niño."

Las dos acciones mencionadas en estos versículos, reciben en el contexto inmediatamente posterior una mayor explanación de sus respectivos significados. Acerca del creer, leemos: "Pues la Escritura dice: Todo aquel que en él creyere, no será avergonzado. Porque no hay diferencia entre judío y griego" (vs. 11-12); es decir, la salvación se promete tanto al judío como al griego (o sea, aunque éste sea un gentil) con la sola condición de creer. Sin duda que los tales no quedarán avergonzados. Y de la confesión se nos dice: "Pues el mismo que es Señor de todos, es rico para con todos los que le invocan; porque todo aquel que invocare el nombre del Señor, será salvo" (vs. 12-13). No puede pasar inadvertido que la confesión a que se refieren los versículos 9 y 10 equivale, según se nos declara, a invocar el nombre del Señor. En otras palabras, esta confesión es el ineludible reconocimiento hecho a Dios, de parte de uno que está ejercitando la fe salvífica, de que acepta a Cristo como su Salvador. Así como Abraham dio como un *amén* a la promesa de Dios - no un mero creer pasivo (Gn. 15:6; Ro. 4:3) - así también todo creyente responde a la promesa que Dios le brinda de salvarle mediante Cristo.

2. DOS RAZONES SIN VUELTA DE HOJA. Hay dos razones convincentes que muestran por qué la Escritura citada no presenta dos responsabilidades humanas en relación con la salvación por gracia:

(a) Pretender que es necesaria una pública confesión de Cristo como Salvador, en añadidura al acto de creer en Cristo, equivale a mantener que 150 textos en los que sólo aparece el creer, están incompletos y, en ese sentido, engañosos. Sin embargo, hay un cierto tipo de mentalidades que parecen capaces de construir toda su creencia sobre una interpretación de un texto, sin dejarse influir por el peso aplastante del cuerpo de doctrina bíblica que contradice a tal clase de interpretación.

(b) Exigir una pública confesión de Cristo como prerrequisito para la salvación por gracia es desautorizar la salvación de una muchedumbre innumerable de gentes que han sido salvas en circunstancias que impedían toda acción en público.

CONCLUSION

Confesar a Cristo es un privilegio del cristiano, así como un deber, y puede tener lugar en el momento en que uno es salvo, pero no es una condición para la salvación por gracia; lo contrario sería una intrusión de obras meritorias donde sólo cuenta la obra de Dios.

III. CREER Y BAUTIZARSE

En cualquier discusión respecto al verbo *βαπτίζω* ha de reconocerse que este vocablo se usa en el Nuevo Testamento para indicar dos cosas diferentes – un bautismo verdadero del Espíritu de Dios, por el que el creyente es unido a Cristo y está en Cristo, y un bautismo ritual de agua. Juan el Bautista hizo una distinción entre ellos al decir: "Yo a la verdad os bautizo en agua para arrepentimiento; pero el que viene tras mí, cuyo calzado yo no soy digno de llevar, es más poderoso que yo; él os bautizará en Espíritu Santo y fuego" (Mt. 3:11). Aunque el vocablo tiene dos acepciones, una primaria y otra secundaria, que guardan entre sí una estrecha relación, el hecho de que el mismo vocablo se use para el bautismo, tanto interior como ritual, sugiere la idea de una sola filiación para las dos acepciones en que se emplea. De hecho, en Efesios 4:5 se nos declara que hay un solo bautismo. Es preciso tener en cuenta esta previa constatación en torno a dicho vocablo, para entender correctamente el tema del que nos estamos ocupando. Naturalmente, cuando se afirma que uno debe creer y bautizarse, salta la pregunta de si se trata del bautismo interior o del ritual o de agua. Hay dos pasajes que demandan especial atención:

Marcos 16:15-16: "Y les dijo: Id por todo el mundo y predicad el evangelio a toda criatura. El que creyere y fuere bautizado, será salvo; mas el que no creyere, será condenado."

Una extraña negligencia en percatarse de que aquí se trata del bautismo del Espíritu, ha impedido la correcta interpretación de este pasaje. Se trata de algo evidente, y como tal habría que tomarlo. Con demostrar, tras un cuidadoso análisis, que aquí se hace referencia al bautismo verdadero que administra el Espíritu interiormente – bautismo necesario para salvarse – queda inmediatamente fuera de lugar la idea de un pretendido bautismo de regeneración. El Dr. James W. Dale, en su *Christic and Patristic Baptism* (ps. 392-394), ha discutido esta importante materia en un extenso argumento. Dice él:

"Todos, que yo sepa, cuantos interpretan la frase del Evangelista como si indicase el bautismo de agua, lo hacen sin haberse planteado la pregunta - ¿no se tratará aquí del bautismo *real* del Espíritu en vez del bautismo *ritual* o de agua? . Se ha llegado así a una falsa conclusión en materia tan importante, sin analizar debidamente el pasaje, decidiendo precipitadamente que no se trataba del verdadero bautismo escritural. Tal conclusión ni está basada en una razón necesaria, ni en el testimonio de la Escritura, ya se atienda al contexto total de la

Biblia o a lo que ésta enseña en este pasaje particular. Que no hay necesidad de limitar a un rito el bautismo del que se habla en este texto, es obvio, puesto que la Escritura nos habla de un bautismo real por el Espíritu, lo mismo que de un bautismo ritual, que es símbolo del primero, entre los que se puede elegir. Tampoco hay un solo lugar en la Escritura que avale la idea de identificar la salvación con un *rito;* ni puede pretenderse que tal aval tiene vigencia en este texto concreto (que identifica el *bautismo* con la salvación), porque el pasaje no ofrece ninguna evidencia de que se trata del bautismo de agua más bien que del bautismo real del Espíritu. Es preciso que los puntos siguientes sean universalmente admitidos: 1. El pasaje no habla explícitamente de un bautismo ritual; 2. Tampoco contiene aserto alguno del que implícitamente se pueda inferir como consecuencia necesaria que se trata del bautismo de agua; 3. La Biblia presenta un bautismo real y otro ritual, a fin de que las demandas que presenten las afirmaciones alípticas sobre bautismo, puedan ser satisfechas por el uno o por el otro; 4. El bautismo que satisfaga, según la naturaleza y el poder respectivos que la Escritura le atribuyen, las exigencias de un texto concreto, ése debe ser el bautismo designado por tal texto. Rechazamos toda directa conexión que se pretenda hacer entre el bautismo ritual y dicho texto, por la razón primordial de que el pasaje trata de la salvación y de sus condiciones (fe y bautismo). Todos cuantos no están sometidos a la jurisdicción papal admiten que el bautismo de agua no puede equipararse con la fe como condición para la salvación y, por tanto, se ven obligados a introducir excepciones para las que los términos de este pasaje no dan ningún pie. Afirmamos que el bautismo real del Espíritu Santo es el único bautismo del que se trata directamente en este texto, en general porque, *como condición para la salvación,* cumple del modo más absoluto e ilimitado los requisitos que saltan a la vista a la primera ojeada del texto, puesto que tiene la misma amplitud que la fe y está presente, sin excepción alguna, en todos los casos de la salvación. Aceptamos también este punto de vista por otras razones particulares, a saber: porque pone dicha acepción del ' fuere bautizado ' en total armonía con el ' creyere ' y el ' será salvo ', frases a las que se halla ligado; el uso de estos otros dos términos es elíptico, lo mismo que el de ' bautizado ': ' creer ' tiene en el Nuevo Testamento un doble empleo; el uno limitado al acto del intelecto, como el de ' los demonios que creen y tiemblan '; el otro incluye y controla las emociones del corazón, como en aquello de ' con el corazón se cree para justicia '; todos reconocen que es de esta acepción más elevada de ' creer ' de la que se trata en este pasaje. ' Salvo ' se aplica también en el Nuevo Testamento de dos maneras: una, la del cuerpo, como aquello de ' ya habíamos perdido toda esperanza de salvarnos ' (Hch. 27:20); otra, la del alma, como en Mt. 1:21: ' El salvará a su pueblo de sus pecados '. También es esta última forma de salvación la que es aceptada aquí sin reparos. De la misma manera, ' bautizado ' se usa en una acepción inferior y en otra superior; se aplica en el primer caso al cuerpo, como en "Yo os bautizo en agua '; y en el segundo, al alma, como cuando dice: ' El os bautizará en Espíritu Santo '. Siendo esto así, ¿por qué razón las expresiones ' creyere ' y ' será salvo ' se han de tomar en su acepción superior y, en cambio, el ' fuere bautizado ', que se encuentra en la misma frase y lleva la misma construcción, se ha de tomar en su sentido más bajo? Objetamos a ello que tal diversidad en la interpretación es antinatural y falta de todo fundamento justo. El único modo correcto de suplir lo omitido por la forma elíptica del texto es el siguiente: ' El que creyere (de corazón, en Cristo) y fuere bautizado (en Cristo, por el Espíritu Santo) será salvo (mediante la redención de Cristo)". La construcción permite, y el caso lo requiere, que se establezca una ligazón de unidad interdependiente entre los vocablos ' creyere ' y ' bautizado ', pues hay evidentemente un cierto *vinculum* que une entre sí estos dos términos y las ideas que representan. Dice MIDDLETON (Greek article, *in loco*): ' En la edición *Complutense,* el segundo participio lleva artículo, lo que altera materialmente el sentido, pues ello implicaría que el que creyere, igualmente que el que fuere bautizado, será salvo; mientras que la genuina lección de los MSS. insiste en el cumplimiento de ambas condiciones en cada individuo '. Esto es verdad; pero no es toda la verdad, puesto que esta fe y este bautismo no sólo no deben ser desunidos asignándolos a personas diferentes, sino que tampoco deben ser desunidos asignándolos a esferas diferentes, la una espiritual y la otra física; ahora bien, estando como están, unidos tanto por su naturaleza igualmente espiritual, como por su presencia en la misma persona, la verdad entera exige que se les reconozca, no como dos cosas distintas que coexisten en armonía, sino como interdependientes mediante una íntima y esencial relación de causa y efecto, es decir, el tal bautismo es una consecuencia que se deduce del creer".

El creer influye sobre una persona, mediante el poder de Dios de acuerdo con Su promesa en el Evangelio, poniéndola en el estado de salvación, con todos los valores, recibidos de Cristo, que ello comporta. La nueva relación con Cristo. por la que el creyente está en Cristo, es llevada a cabo por el bautismo del Espíritu Santo, y no puede estar ausente en ningún caso de genuina salvación. Por otra parte, todos cuantos son salvos, lo llegan a ser independientemente, por completo, del bautismo ritual. La forma de hablar que este texto presenta, es frecuente en la Biblia, y consiste en pasar de un objeto principal a uno de los aspectos que pertenecen a tal objeto, como, por ejemplo: "Ahora quedarás mudo, y no podrás hablar" (Lc. 1:20). La palabra *mudo* es parafraseada mediante la expresión *no poder hablar.* En el texto del que nos venimos ocupando, la palabra *creyere* es parafraseada mediante la expresión *y fuere bautizado,* refiriéndose al bautismo real o interior, que es parte integral de la salvación.

Hechos 2:38: "Pedro les dijo: Arrepentíos, y bautícese cada uno de vosotros en el nombre de Jesucristo para perdón de los pecados; y recibiréis el don del Espíritu Santo".

Es muy común la opinión entre los eruditos en las Sagradas Escrituras, que la traducción de este pasaje se echa a perder vertiendo respectivamente las dos preposiciones ἐπί y εἰς por *en y para.* Que ἐπι se traduce mejor por *sobre,* εἰς por *a* o *hacia,* es algo que no admite réplica. A esto podría añadirse la demanda de algunos eruditos de prestigio de que habría de intercalarse el gerundio *creyendo,* con lo que tendríamos la siguiente redacción: "Arrepentíos, y bautícese cada uno de vosotros (creyendo) en el nombre de Jesucristo para perdón de los pecados." Con ello, el pasaje quedaría en armonía con el resto de las Escrituras, como es norma preceptiva para todo buen exégeta (2 P.1:20); y el perdón de los pecados – que aquí equivale a la salvación personal – no se haría depender del arrepentimiento ni del bautismo.

El Dr. J.W. Dale está convencido de que el bautismo a que este versículo se refiere, lo mismo que el del versículo 41, es el bautismo interior del Espíritu Santo, y propone que los mismos argumentos que él emplea para probar que Mr.16:15-16 se refiere al bautismo real del Espíritu, tengan validez para demostrar lo mismo en Hch.2:38,41. También piensa que, de este modo, queda solventado un problema concreto, a saber, que no habría necesidad de defender la idea de que 3.000 personas fuesen bautizadas con el bautismo de agua en el escaso tiempo de la mitad de un día, y ello como una necesidad que les habría cogido por sorpresa, sin haber podido hacer las preparaciones convenientes, ni por parte de los mismos candidatos ni por parte de los que habrían de administrar el bautismo, mientras que, si, como opina el Dr. Dale, concluimos que se trata del bautismo real o interior, el cual está ineludiblemente incluido en la salvación de toda persona, y no es un mero testimonio que viene después, no tenemos enfrente ninguna dificultad difícil de superar. Y él enfatiza especialmente que, mediante esta interpretación, este texto queda a salvo de la tergiversación que exalta la necesidad del bautismo de agua hasta constituirle en algo esencial para la salvación.

Es significativo que el Apóstol Pedro conecte esta exhortación contenida en Hch. 2:38, con una promesa que se refiere a la recepción del Espíritu Santo. Con el desproporcionado énfasis que se ha cargado en el bautismo de agua – estimulado, sin duda, por los desacuerdos acerca del modo de administrarlo – ha quedado disminuida, hasta el punto de que muchos parecen no percatarse de su existencia, la importancia de la gran obra del Espíritu Santo en el bautismo interior, el cual condiciona la posición del creyente ante Dios y engendra los verdaderos incentivos para la conducta y el servicio del cristiano. Esta situación tiene ya precedentes, porque el Apóstol Pablo ya encontró en Efeso a ciertos individuos que ponían su confianza en "el bautismo de Juan", mientras confesaban: "Ni siquiera hemos oído si hay Espíritu Santo" (Hch. 19:1-3). En otras palabras, el estudiante hará bien en percatarse de que la verdad respecto al bautismo con el Espíritu es más importante de lo que el vulgo cristiano, guiado por maestros sectarios, supone ser.

CONCLUSION

El anterior análisis de dos textos, sobre los que se ha hecho apoyar la idea de la regeneración bautismal, ha tenido por objeto demostrar que el bautismo de agua, de cualquier modo que sea administrado, no es una condición que deba añadirse a la fe, como requisito necesario para la salvación.

IV. CREER Y SOMETERSE A DIOS

A causa de su peculiar sutileza, debida a su piadosa apariencia, nada tan eficazmente engañoso ha sido intercalado en la doctrina de la salvación por la sola fe, como la ulterior exigencia de que el inconverso debe prometer el cumplir la voluntad de Dios en su vida cotidiana, al par que se dispone a creer en Cristo. Es obvio que todo creyente debe desear dedicarse a Dios, y está tan clara en el Texto Sagrado la importancia de esta actitud, que mucha gente sincera, pero que no presta la debida atención a lo doctrinal, llegan fácilmente a suponer que esta dedicación, que es *voluntaria* en el caso del creyente, es *necesaria* en el caso del inconverso. Vamos a considerar este aspecto particular del tema general desde tres puntos de vista: (1) la incapacidad del inconverso, (2) lo que va implicado en ello, y (3) la responsabilidad del predicador.

1. LA INCAPACIDAD DE LOS INCONVERSOS. La idea arminiana de que, mediante la recepción de la llamada gracia común, cualquiera puede aceptar a Cristo como su Salvador, si así lo quiere, es una suave pretensión si se la compara con la idea de que una persona no regenerada, sin gracia común o no-común que se le brinde, es capaz de dedicar su vida a Dios. Ya hemos dicho bastante en las páginas que preceden, acerca del aplastante testimonio de la Biblia sobre la total incapacidad y la muerte espiritual de los inconversos: están completamente ciegos precisamente para el mensaje de que Cristo es su Salvador; y no pueden aceptarle a no ser que para ello sean iluminados por el Espíritu Santo, según nos lo declara la Palabra de Dios. La fe salvífica no es patrimonio de todos los hombres, sino un don específico de Dios a los que creen (Ef. 2:8). Siendo verdad todo esto, se sigue de aquí que el imponer la necesidad de dedicar a Dios la vida, como una condición más para salvarse, es una de las mayores sinrazones. Nunca se nos dice que el llamamiento de Dios a los inconversos tenga por objeto hacerlos súbditos del Señor, sino a que sean objeto de Su gracia salvadora. Es con la recepción de la naturaleza divina, mediante la obra regeneradora del Espíritu, como se adquieren unos criterios nuevos y una nueva capacidad para someterse a la autoridad de Cristo. Todos los que palpan estas cosas en la práctica, saben bien que una completa dedicación de sí mismo sobrepasa las fuerzas del más devoto de los

creyentes. Por eso, es tan desastroso el error de impedir a los inconversos la idea del Señorío de Cristo, aun cuando ellos son incapaces de ofenderse conscientemente por ello ni de reprochar al predicador por la inconsecuencia de que, al exigirles que entreguen sus vidas al Señor, les está pidiendo algo que ellos no pueden todavía llevar a cabo. Así se produjo una destructora herejía bajo el nombre del Movimiento de Oxford, la cual se ha especializado en este calamitoso error, con la agravante de que los promotores de este Movimiento omiten por completo la idea de la necesidad de creer en Cristo para salvarse e intiman únicamente la obligación de someterse a Dios; por consiguiente, confunden la conversión con la consagración, la fe con la fidelidad, y la fe para vida eterna con la pulcritud de la vida cotidiana. Como puede observarse fácilmente, el objetivo de este Movimiento es dejar a un lado la necesidad de la muerte de Cristo como base de la regeneración y del perdón, y promover la ruinosa herejía de que importa muy poco lo que uno crea con respecto al poder salvador de Cristo, con tal de que la vida cotidiana esté dedicada al servicio de Dios. Una seudo-dedicación a Dios es un extraño fragmento de religión con el que los inconversos pueden hacer una especie de sortilegio o juego de manos. Lo trágico de todo esto es que los que se acogen a semejante engaño, parecen incapaces de por vida de salir de semejante enredo mediante una auténtica fe en Cristo como Salvador; así que ningún ejemplo mejor que este Movimiento se puede presentar hoy para testificar de lo que significa "un ciego guiando a otro ciego".

2. LO QUE EN ELLO SE IMPLICA. Después de todo, esta práctica de intimar a los inconversos a someterse al Señorío de Cristo, comporta el aspecto comprometedor de la más sutil y auto-complaciente forma de obras meritorias. ¿Qué más podría esperar Dios que el que las criaturas de Sus manos fuesen capaces de hacer lo posible por serle obedientes con esta pretendida sumisión? Dentro de un idealismo tan optimista, la entenebrecida mente del inconverso entrevé seguramente alguna ventaja posible en someter su vida a la conducción de un Ser Supremo – del que en realidad no sabe nada. Tales conceptos son meramente intentos humanos de ponerse a bien con Dios y en nada se parecen a las condiciones del programa que Dios mismo ha planeado, el cual consiste en condenar primeramente al hombre y rechazar todo supuesto mérito de su parte, y ofrecer después al desvalido pecador una salvación perfecta y eterna, sin otra condición de su parte que el creer en Cristo como su Salvador.

Si lo que realmente implica la dedicación de sí mismo a Dios se expone en su forma legítima y radical, lo primero que resulta evidente es la posibilidad del martirio. Todo el que es verdaderamente fiel para con Dios debe ser fiel hasta la muerte (Ap. 2:10). Tal es, en verdad, el reto glorioso con el que cada creyente consagrado se ve confrontado y son millones los que han aceptado el reto y han sufrido muerte de mártir; pero ¿se atrevería el más celoso abogado de la idea de que el Señorío de Cristo ha de imponerse a los inconversos como condición para salvarse, a intimar a una persona no regenerada a que esté dispuesta no sólo a creer en Cristo, sino también a morir como un mártir? La mera proposición de tal pregunta sirve para demostrar la imprudencia y la ignorancia o negligencia de la verdad revelada, que tal error muestra.

Una persona no regenerada, a causa de su condición de muerte espiritual, no puede desear las cosas de Dios (1 Co. 2:14), ni predecir cuál será su modo de ver la vida después de ser salvo. Por tanto, es un error de primera magnitud el desviar la menguada capacidad del inconverso para ejercitar una fe salvífica impartida por Dios hacia la desconocida y compleja esfera de la consagración de sí mismo a Dios, la cual constituye el problema más difícil para el propio cristiano.

3. LA RESPONSABILIDAD DEL PREDICADOR. El predicador tiene la responsabilidad no sólo de impedir que el mensaje que dirige a los inconversos quede falseado por la mezcla de otros ingredientes que no sean la simple fe en Cristo, sino también de declarar sin ambages, cuando se dirige a los creyentes en presencia de inconversos acerca de lo tocante al carácter, conducta y servicio del cristiano, que el mensaje que presenta no va dirigido a los inconversos. Si esta advertencia se repite con la suficiente frecuencia, no sólo servirá para impedir que los inconversos que se hallan allí presentes caigan en el fatal error de suponer que Dios está tratando de mejorar sus conductas en vez de llevar a cabo la salvación de sus almas, sino que también imprimirá en sus mentes una noción tan importante como es la de que, a los ojos de Dios, ellos están condenados sin remedio a no ser que acepten a Cristo como su Salvador. Solo Dios puede remediar una situación en que largos porcentajes de aparentes miembros de iglesia son inconversos, y sin embargo, se les habla habitualmente como si fuesen salvos, sin otro motivo que el de estar enlistados en la congregación. Sería, en verdad, algo asombroso el que una persona no regenerada se percatase jamás correctamente de su presente relación con Dios, cuando se le permite creer que está incluida en todas las invitaciones que se hacen a los cristianos con respecto a su conducta diaria. Si el predicador no reconoce y respeta la importancia que tiene el percatarse de esta enorme diferencia entre el salvo y el inconverso, su falta será casi imperdonable, por cuanto los resultados de esta actitud conducirán fácilmente a impedir que

muchas almas se salven. Después de la atención debida que ha de prestar a la doctrina, la obligación más importante del predicador es predicar exclusivamente a los que ya son cristianos su deber de someterse al Señorío de Cristo, y a los inconversos la necesidad de creer en Cristo como su Salvador.

CONCLUSION

El estudio de este tema nos lleva a sugerir que, en toda predicación propiamente evangelística, se evite lo más posible el hacer referencia a la conducta que han de observar los ya regenerados. Con esto, no se falsea ni se escamotea la verdad a las personas a quienes el mensaje va dirigido, sino que simplemente se adapta a los límites de la condición actual de aquellos para quienes el mensaje del Evangelio tiene aplicación adecuada. Si hay entre los inconversos algunos que, por la incapacidad y debilidad que observan en sí mismos, están temerosos de que no podrán comportarse como buenos cristianos, es recomendable hacerles ver que, cuando adquieran la nueva relación con Cristo que es propia de quienes Le reciben como Salvador, poseerán nuevos poderes con los que serán capaces de vivir una vida que glorifique a Dios. Ofrecer esta seguridad es algo muy distinto de la práctica de introducir obligaciones que sólo a los ya cristianos pueden imponerse, como si, para salvarse, tuviesen que prometer de antemano que van a cumplirlas. Multitudes de inconversos han sido desviados de la única pregunta pertinente de si aceptaban a Cristo como su Salvador, hacia otras cuestiones acerca de diversiones mundanas y maneras de vivir impropias de un cristiano. Como quiera que un inconverso no posee el correcto criterio ni la debida luz espiritual para enfrentarse con tales problemas, lo único que puede esperarse es que tal persona se desconcierte ante tales proposiciones. Su problema no consiste en desprenderse de algo que, en su estado de inconversión, le parece normal, sino en recibir al Salvador con todo lo que esta salvación comporta.

V. CREER Y CONFESAR LOS PECADOS O REPARAR LOS DAÑOS

Vamos a dedicar aunque sólo sea unas breves líneas para exponer otro error que prevalece en ciertos grupos de gente piadosa. Los promotores de este error emplean un texto que sólo se aplica a los creyentes. El texto dice así: "Si confesamos nuestros pecados, él es fiel y justo para perdonar nuestros pecados, y limpiarnos de toda maldad" (1 Jn.1:9). Esta declaración, como ya hemos visto, está dirigida a creyentes que han pecado y nos presenta la base en virtud de la cual su comunión con Dios pueda serles restaurada. La noción de que la restitución o reparación de un daño debe hacerse antes de que uno pueda ser salvo, se apoya en la teoría, deshonrosa para Dios, de que la salvación sólo es posible para gente buena, y de que el pecador debe desprenderse de toda cosa mala antes de que pueda ser salvo. En otras palabras, equivale a suponer que Dios no está aún propicio respecto al pecado, sino sólo hacia quienes se han preparado a sí mismos para estar decentemente en Su presencia y en comunión con El. Ello comporta el desconocimiento de que una persona no regenerada no puede mejorar su condición de hombre caído y, en el caso de que pudiera hacerlo, estaría presentando a Dios sus méritos en un terreno en que queda completamente excluido todo mérito precisamente para que la gracia abunde y sea glorificada por toda la eternidad.

El predicador sabio debe mantenerse siempre en guardia para disuadir al hombre natural de su tendencia a marchar por la vía de la reformación más bien que por la vía de la regeneración. Cuantos consideran con seriedad su estado de perdición recibirán una mejor ayuda del cuerpo doctrinal que nos declara que Dios, mediante Cristo, es el único que salva y salvará de todo pecado; que El se las habrá con nuestra misma naturaleza pecaminosa; y que a El compete el rescatar a los hombres de su condición perdida bajo el pecado. Son diversos los métodos que el hombre natural propone para poder ser salvo, manteniendo al mismo tiempo su propia dignidad y sus pretendidos méritos, y uno de ellos es la pretensión de que hay que confesar los pecados y hacer restitución, como prerrequisitos de parte del hombre para ser salvo. Pero es Dios quien justifica al impío (Ro. 4:5); y precisamente cuando los hombres éramos "enemigos, pecadores y débiles" es cuando Cristo murió por nosotors (Ro. 5:6-10); hasta el punto de que todos nuestros deméritos fueron cargados a cuenta de Cristo en Su muerte. Hay un deber del que sólo los cristianos son responsables – poner todas las cosas en regla cuando ya son salvos – y esta responsabilidad no debería descuidarse. Queda, pues, en pie la verdad de que los que se salvan son salvos bajo la única condición de creer en Cristo.

VI. CREER E IMPLORAR A DIOS QUE NOS SALVE

Ninguno de los errores expuestos hasta el presente parece más razonable que el que vamos a exponer, y, sin embargo, ninguno de ellos infiere un golpe tan mortal al fundamento mismo de la gracia divina. Este error comporta la idea de que el pecador debe "buscar al

Señor" o que debe rogar a Dios que sea misericordioso con el. Estos dos conceptos, aunque casi idénticos, deben ser considerados por separado.

1. "BUSCAD AL SEÑOR". Esta frase, tomada de Isaías 55:6, representa la invitación de Jehová al pueblo de Su pacto, Israel, que se habían extraviado del verdadero camino de las justas bendiciones que disfrutaban bajo los pactos con Dios, a que se vuelvan a El. Era a ellos a quienes se intimaba el "buscad a Jehová mientras puede ser hallado" y el "llamadle en tanto que está cercano"; pero el Evangelio de la gracia de Dios en la era presente, declara tanto al judío como al gentil que "no hay quien busque a Dios" (Ro. 3:11), y que "el Hijo del Hombre vino a buscar y a salvar lo que se había perdido" (Lc. 19:10). Esta declaración de que, en la era presente, no hay nadie que busque a Dios, concuerda con el testimonio del Nuevo Testamento acerca de la incapacidad que los que se encuentran perdidos tienen para convertirse a Dios. A no ser que nazca de nuevo, el inconverso "no puede ver el reino de Dios" (Jn. 3:3), su mente está cegada por Satanás (2 Co. 4:3-4), y solamente pueden ejercitar una fe salvífica en Dios, en la medida en que son capacitados para ello por el Espíritu Santo (Ef. 2:8). A la luz de estas Escrituras, queda poco fundamento para la esperanza de que los inconversos "buscarán a Dios". Por otra parte – y esto es mucho más esencial para entender correctamente el plan de salvación por gracia – a los inconversos no se les intima que busquen a Dios. Siendo verdad todo esto, nunca debería situarse a los inconversos en la misma posición de quienes deben buscar a Dios o inclinarles a que sea propicio.

2. CREER Y ORAR. La cuestión que aquí se debate es si Dios está propicio. Si lo está, los inconversos no tienen motivo alguno para intentar encontrarle, o esperar a que "les tienda la mano", o implorarle que les salve. El ya está propicio en grado infinito y el único problema que se le presenta al hombre es que se percate de que tiene que ajustarse a esta revelación. El efecto transformador de esta verdad de que Dios es propicio, permea todos los aspectos de la Soteriología. Su alud de bendiciones – todo ello impulsado por Su amor infinito – aguarda, no la súplica implorante, insistente, que pueda moverle a impartir Su gracia, sino más bien, la sencilla disposición, por parte del hombre, a *recibir* lo que El ha provisto ya y se halla en libertad de impartirlo en, y a través de, Su Hijo, el Salvador.

Ya hemos llamado la atención, en una ocasión anterior, al hecho de que la salvación tiene su origen en el corazón de Dios y consiste precisamente en lo que Su amor infinito demanda y decide. Todo su objetivo y su extensión inmensa son el reflejo de Su amor inconmensurable; abarca cuanto el Infinito puede producir. El apuro del pecador es ciertamente serio y los beneficios que recibe de la gracia salvadora no tiene precio, pero todo esto junto tiene una importancia secundaria si se compara con la satisfacción que el grandioso amor de Dios exige. Como ya afirmamos anteriormente, sólo dos obstáculos pueden interponerse en el camino de esta satisfacción que exige el amor divino: el pecado de la criatura que es objeto de tal amor, y la voluntad misma de la criatura. Como Dios es el Creador de todas las cosas, también esos obstáculos están previstos en el decreto divino que ha decidido la existencia de todas las cosas. Con todo, El mismo, por ser el único que podía hacerlo, ha orillado, mediante el sacrificio de Su Hijo, el obstáculo que el pecado representaba, y El es también quien garantiza la cooperación de buen grado de la voluntad humana. El objetivo y el fruto de la muerte de Su Hijo es tornar a Dios justamente libre para actuar en beneficio de aquellos a quienes ama, y esta puesta en libertad del amor de Dios para que pueda actuar así es la propiciación. Por tanto, es preciso insistir en que Dios es o está ya propicio. Es el amor infinito el que ahora invita al pecador a la gloria eterna, y es el amor infinito el que aguarda la respuesta del pecador a tal invitación.

Con esta maravillosa revelación ante nuestros ojos, no queda ningún sitio para la idea de que el pecador debe "buscar a Dios", o de que debe rogar a Dios para que sea misericordioso y amable. No es preciso que los inconversos traten de persuadir a Dios a que sea bueno con ellos; al contrario, la invitación del Evangelio a los inconversos es a que crean que Dios es bueno. Y, puesto que estas grandes verdades sólo están reveladas en la Palabra de Dios, a los inconversos se les intima a que crean la Palabra de Dios, y la Escritura juega un papel muy importante en llevar a los hombres a la salvación (Jn. 3:5). Sin embargo, es cosa corriente entre los que, con gran celo por las almas, se dedican a predicar el Evangelio, el que fallen en comprender bien lo que la propiciación divina representa, hasta el punto de que parecen insinuar que la salvación se consigue implorando a Dios, con lo que se invalida el efecto de la mediación de Cristo en favor del pecador.

Suele citarse el ejemplo de la oración del publicano, como la mejor razón para urgir a los inconversos a que imploren de Dios piedad y salvación, porque – dicen – ¿qué cosa hay más puesta en razón que el que un inconverso ore como lo hizo el publicano: "Dios, sé propicio a mí, pecador" (Lc. 18:13)? Así, la súplica del publicano se toma como norma para todos los pecadores, cuando, en realidad, esto contradice a la verdad misma del Evangelio de la gracia divina. El caso de este publicano exige un esmerado análisis. Es fundamental el observar que se trata de un judío perteneciente a la dispensación del Antiguo Testamento y que está orando en el Templo según las normas requeridas para la oración de un judío en el Templo – nótese que no usa el vocablo *misericordioso* – pues este término está propiamente conectado con la idea de amabilidad, magnanimidad, indulgencia y generosidad. Según el texto original, que en la versión Autorizada inglesa aparece traducido con demasiada libertad, el publicano dijo: "Dios, sé propicio a mí, el pecador". En el texto aparece el verbo ἱλάσκομαι, que significa "hacer propiciación". Hay gran diferencia entre el vocablo inglés *merciful* (misericordioso), que emplea la A.V. inglesa, con todo lo que este vocablo implica, y el vocablo *propiciación.* Con el uso del término *misericordioso*, se da la impresión de que el publicano rogaba a Dios que fuese benigno, mientras que con el uso de la expresión *sé propicio* – si se la comprende bien – se da la noción correcta de lo que el publicano rogaba a Dios, a saber, que cubriera sus pecados de tal manera que quedasen perdonados, pero que, al mismo tiempo, lo hiciese de tal modo que protegiese Su propia santidad de toda complicidad con sus pecados.

Si el publicano hizo lo que los judíos acostumbran a hacer en su tiempo cuando subían al Templo a orar, dejaría un sacrificio en el altar, y es probable que viese cómo subía el humo del sacrificio mientras él oraba. Lo que él oró y el modo como lo hizo sólo correspondía al modo de orar de los judíos de su tiempo y en aquellas precisas circunstancias; sin embargo, su oración resultaría sumamente incongruente efectuada desde este otro lado del Calvario. En cuanto al término, *misericordioso*, ni lo usó el publicano en su oración, ni es el término apropiado en los labios de un pecador arrepentido, ni antes ni después del Calvario, porque Dios no puede ser misericordioso respecto del pecado en cuanto a tratarlo a la ligera, sea en una época o en otra. Ahora bien, respecto al término *propicio,* con lo que el vocablo implica, este término estaba justificado antes de morir Cristo, cuando el pecado quedaba cubierto mediante sacrificios que el mismo pecador proveía; por eso, estaba en su lugar el que el publicano, después de haber ofrecido su sacrificio, rogase a Dios que aceptase su sacrificio y perdonase sus pecados; sin embargo, de este otro lado del Calvario, cuando Cristo ha muerto garantizándonos una propiciación que queda establecida para siempre, ningún ultraje mayor podría inferirse a la inapreciable verdad sobre la que descansa el Evangelio que implorar a Dios el que se torne propicio. Una oración así puede ser producto de la ignorancia, pero el daño que hace es inmenso; cuando uno ruega ahora que Dios se torne propicio, está presuponiendo directamente que Dios *no* es propicio y, al hacerlo así, es como si rogase a Dios que haga algo más eficaz que lo que ya ha hecho al entregar a Su Hijo en sacrificio por nuestros pecados. Con sólo que pensemos por un momento sobre esto, nos percataremos del mal inmenso que se comete cuando se pide a Dios que sea propicio, cuando ya ha sido propiciado al precio infinito de la muerte de Su Hijo. El hecho de que Dios está ya propicio constituye el núcleo mismo del Evangelio de la gracia divina, y quien no reconozca esto ni vea la incongruencia de copiar la oración del publicano en la era presente, necesita aprender todavía la primera lección acerca del plan divino de salvación mediante Jesucristo. Los hombres no se salvan rogando a Dios que sea bueno, misericordioso o propicio, sino que se salvan cuando creen que Dios ha sido lo suficientemente bueno y misericordioso como para proporcionarnos un Salvador que le ha tornado propicio. En otras palabras, el pecador no se salva por impedir que Dios descargue sobre él el castigo que merece por sus pecados, sino por creer que ese castigo ha sido descargado sobre las espaldas de su Sustituto. Si alguien piensa que todo esto no es sino meras sutilezas teológicas y que, al fin y al cabo, Dios es amor y, por tanto, el pecador será tratado con amor, debería tenerse en cuenta el hecho de que fue precisamente con el fin de proporcionar una base justa para la salvación de los pecadores, por lo que el Hijo de Dios se encarnó, murió, y resucitó de entre los muertos. Insinuar que todo esto - y no hay manera alguna de salvarse si no es de este modo - es sólo una mera lucubración teológica, equivale a rechazar todo el plan de la redención mediante un Salvador y pretender presentarse delante de Dios, que es Fuego Consumidor, sin cobijo, sin escudo y sin defensa. Para terminar este apartado sobre los prerrequisitos que son necesarios, de parte del hombre, para la salvación de una persona, permítasenos reafirmar:

(a) Cada uno de los aspectos de la salvación del hombre, desde la elección divina en el pasado y a través de las sucesivas etapas – el sacrificio del Salvador, la iluminación por parte del Espíritu, la obra salvífica que Dios ejecuta en sus múltiples logros, la obra preservadora del Padre, del Hijo y del Espíritu, el poder liberador del Espíritu, la obra capacitadora del Espíritu, y la pincelada final y presentación de un creyente en la gloria – todo ello es una obra tan sobrenatural, que sólo Dios puede llevarla a cabo y, por tanto, la única actitud que el hombre puede mantener al respecto es creer que Dios así lo hará. Esta dependencia de parte del hombre, no sólo está muy puesta en razón, sino que, además, es lo único que Dios requiere de parte del hombre para llevar a cabo la salvación eterna de una persona. Tal confianza del hombre es un reconocimiento de que, según la revelación, Dios puede perdonar justamente al pecador en virtud de la muerte de Su Hijo por él. Así es como el pecador cree en Cristo como su Salvador.

(b) Ya hemos afirmado que el primordial designio divino al salvar a una persona, es la satisfacción del infinito amor divino en favor de esa persona, y el ejercicio del atributo de Su gracia soberana. Si se permite la más leve intrusión de obras o méritos humanos en esta grandiosa empresa divina, el designio de manifestar la gracia divina quedaría frustrado. Se sigue, pues, necesariamente que los hombres son salvos por la fe, independientemente de toda forma de mérito humano.

(c) En las páginas que anteceden, hemos hecho notar también que el Nuevo Testamento declara directa e inequívocamente, al menos en 150 pasajes, que los hombres son salvos únicamente por fe; y, en conexión con esto, hemos demostrado que no hay motivo para añadir a la fe algo más, ya sea el arrepentimiento, o el confesar a Cristo, o el bautizarse, o el consagrarse a Dios, o el confesar los pecados, o el rogar a Dios que nos salve, sino que basta con la fe sola. Esta fe es independiente de las obras (Ro. 4:5), consiste en ponerse en manos de Cristo (2 Ti. 1:12), y es un claro volverse - por un acto de la voluntad - o sea, una conversión a Dios desde cualquier otro punto de apoyo de nuestra fe (1 Ts. 1:9). "Cree en el Señor Jesucristo, y serás salvo".

EPILOGO

Mucho es lo que se requería y grande ha sido la tarea que hemos acometido al analizar lo que va incluido en la provisión, plan y designio del Dios Trino para la salvación de los hombres caídos o perdidos por el pecado. Toda la Palabra de Dios contribuye a esclarecer este vasto tema, pero plugo a Dios encerrar en una tersa expresión todo lo que la divina revelación nos dice en el campo de la Soteriología. Este mensaje quintaesenciado es el texto más familiar de toda la Biblia, y su trascendencia es reconocida universalmente por muchedumbres de toda nación y lengua a las que ha llegado la Palabra de Dios. El aprecio tan universal de un solo versículo de la Biblia viene a ser, de este modo, el testimonio más evidente y decisivo de que este texto sagrado responde con mayor plenitud y perfección que ningún otro, a las más perentorias necesidades y los más profundos anhelos del corazón humano.

Este versículo es el siguiente:

"Porque de tal manera amó Dios al mundo,
Que ha dado a Su Hijo Unigénito,
Para que todo aquel que en él cree,
No se pierda,
Mas tenga vida eterna" (Jn. 3:16).

Puede observarse que cada uno de los aspectos más importantes de la Soteriología está presente en este texto incomparable, y que con razón se le presenta como prueba irrefutable en favor de cada uno de dichos aspectos doctrinales. Veámoslo:

(a) "De tal manera amó Dios al mundo". Enseguida, y con sublime exactitud, se nos declara que la empresa entera de la salvación de los hombres, tiene su hontanar en el amor de Dios. Sí, es cierto que es a este mundo o *cosmos* en ruinas al que Dios ama, y esta verdad encarece aún más lo sublime y, con todo, gratuito, de este amor. No es un amor exclusivo hacia un grupo de escogidos - como si el epíteto *cosmos* que *odia,* que está *perdido,* y *necesitado* de la salvación (comp. 1 Ti. 2:4; 2 P. 3:9). ¿Cuál, pues, no sería la calamidad presente y la desesperación futura de todos los hombres, a no ser por la suprema revelación de que "Dios es amor"?

(b) "Que ha dado a Su Hijo Unigénito". Aquí tenemos en siete palabras el "don inefable" del Padre, el inconmensurable sacrificio del Hijo mediante el Espíritu eterno, y los beneficios sin límites para el pecador. En esta frase se resume toda la historia de la muerte sustitucionaria - tanto respecto a los méritos como a los deméritos - y de todos los logros obtenidos por el Salvador mediante Su sacrificio en la Cruz. La frase comprende Su humillación, Su humanidad, Su muerte, Su resurrección y Su eterna identificación con la familia humana; así, nos habla también de todos los beneficios que Su persona comportó a un mundo perdido y a los redimidos.

(c) "Para que todo aquel que en él cree". Con esta significativa declaración, se nos insinúa que no todos van a creer, y que hay en perspectiva un grupo de elegidos. También se nos declara aquí que la salvación es sólo mediante Cristo, y que, del lado humano, queda asegurada con la fe sola, sin mezcla alguna de obras meritorias.

(d) "No se pierda". Aquí está implicada la condición perdida de los pecadores y no es cosa despreciable el hecho de que esta implicación, con toda la certeza de tan tremendo infortunio eterno, saliese de los labios del Hijo de Dios, en cuyas manos ha puesto Dios el juicio final de la humanidad.

(e) "Mas tenga vida eterna". Aquí, como arriba, se nos revela la índole y la duración eterna de la salvación, y que la vida eterna, como toda otra faceta de la gracia divina, es un don de Dios.

De esta forma se nos revela que en este texto incomparable se hallan resumidas, por lo menos nueve de las grandes doctrinas de la Soteriología, a saber, el amor infinito de Dios, el sacrificio infinito por los pecadores, la elección soberana, la gracia soberana, la redención ilimitada, la salvación como obra de Dios, la salvación de la perdición, la seguridad eterna, y la salvación por gracia mediante la sola fe.

Al contemplar la excelsa cruz
Do el Rey del Cielo sucumbió,
Cuantos tesoros ven la luz
Con gran desdén contemplo yo.

No me permitas, Dios, gloriar
Más que en la muerte del Señor.
Lo que más pueda ambicionar
Lo doy gozoso por Su amor.

Desde Su faz hasta Sus pies
Unidos ved amor, pesar;
¿Qué unión tan fiel como ésta es
En otro ser podréis mirar?

Aquel dolor tan grande y cruel
Que sufre así mi Salvador
Exige en cambio para El
Un alma llena del amor.